辞海 语词分册

CIHAIYUCIFENCE

上

上海辞书出版社

《辞海》前言

《辞海》(1999年版)在建国五十周年之际如期问世。封面上"辞海"二字,是江泽民同志1998年12月7日亲笔所书。

《辞海》是以字带词,兼有字典、语文词典和百科词典功能的大型综合性辞典。1936年由中华书局初版于上海。1957年秋,毛泽东同志接受《辞海》主编人之一舒新城的倡议,决定修订《辞海》,并把这项任务交给上海。当时中华书局已经迁往北京,因此1958年春在上海另行成立独立的编辑出版机构——中华书局辞海编辑所(1978年改名为上海辞书出版社)。1959年夏成立辞海编辑委员会,先后由舒新城、陈望道任主编。1965年4月由中华书局辞海编辑所出版了《辞海》(未定稿)。

"文化大革命"结束后,1978年12月,中共上海市委决定恢复和充实辞海编辑委员会,由夏征农任主编。经过修订,在建国三十周年、四十周年之际,由上海辞书出版社分别出版了《辞海》1979年版和1989年版。这两版《辞海》各有三卷本、缩印本、增补本和按学科编印的分册。其中,三卷本和缩印本累计发行五百余万部。1992年,上海辞书出版社与东华书局合作,在台湾地区出版《辞海》(1989年版)。1993年,《辞海》获首届国家图书奖的最高奖——荣誉奖。

为祝贺《辞海》(1989年版)问世,江泽民同志题词:"发扬一丝不苟、字斟句酌、作风严谨的'辞海'精神,为提高中华民族的文化素质而努力。"

《辞海》(1999年版)在内容上和形式上都以新面貌出现在读者面前。本版篇幅较1989年版略增,条目有大量修订,主要是反映国内外形势的变化和文化科学技术的发展,弥补缺漏,纠正差错,精简少量词目和释文。本版新增彩图本,配置一万六千余幅图片,版式也有革新,分为四卷,另加附录、索引一卷。同时,继续出版普及本(三卷),并在此基础上出版缩印本,另外出版分册和光盘。

自1957年以来,《辞海》修订工作得到了中国共产党三代领导人的关心和支持,得到了全国学术界的精诚合作。全体编纂人员本着实事求是的精神,认真负责,精益求精。经过不断修订的《辞海》,在我国两个文明的建设中发挥了应有的作用,并将继续作出自己的贡献。

当今世界正在发生巨大而深刻的变化,知识创新速度大大加快,《辞海》涉及的学科和内容极为广泛,虽经反复修订,不足或错误之处仍属难免,热切希望读者批评指正。

辞海编辑委员会
上海辞书出版社
1999年9月

出 版 说 明

《辞海》(1999 年版)出版以来受到广大读者的热烈欢迎。

《辞海》是一部大型综合性辞典,其语词部分相当于一部中型偏大汉语词典,所收录的单字、复词、成语、典故,历来是读者在阅读时经常需要了解的;它的选词立目,古今兼收,范围极广;它的诠释,主要是介绍字词的读音、源流、演变情况,并提供释文例证。

在《辞海》79 版、89 版的各分册中,《语词分册》的发行量最大,已经超过百万册。现在我们根据广大读者的要求将 99 版《辞海》的语词部分辑集出版,并在增收词目、订正错讹、补充缺漏、更新内容、精炼文字、充实基本知识等方面作了努力,同时,突破传统的部首编排方式,改为按照汉语拼音音序编排全部词目,以适应读者快速查检的要求。

《辞海·语词分册》的编纂出版,是上海、南京、杭州、北京等地参加这项工作的专家、学者多年通力协作的结果,是专家学者智慧的结晶,反映了中国语文界学术研究的最新成果。谨在此表示衷心的谢意。

辞海编辑委员会

上海辞书出版社

2003 年 3 月

目　录

凡　例

单 字 和 复 词

一、本书共收单字(包括繁、异体字)19 485 个,其中 17 674 个列为字头。字头下所列复词 26 000 余条。

字 体 和 字 形

二、本书所用字体,以 1986 年国家语委重新发布的《简化字总表》、1955 年文化部和文改会联合发布的《第一批异体字整理表》为准,其字形则以 1988 年国家语委、新闻出版署联合发布的《现代汉语通用字表》为准。具体处理如下:

1.《简化字总表》中的简化字和《第一批异体字整理表》中的选用字作为正条,相应繁、异体字加〔〕附于单字之后,并另列参见条,注明为" × 的繁体字"或" × 的异体字"。

2. 偏旁类推简化字的范围,以《简化字总表》中的 132 个"可作简化偏旁用的简化字"和 14 个"简化偏旁"为准。凡偏旁类推的简化字都列为正条,其繁体字按下列情况处理:

(1) 相应简体字部首简化,其他部分不简化的,则该繁体字不另列参见条。

(2) 相应简体字部首之外的部分简化的,则该繁体字另立参见条。

(3) 相应简体字,既可作为部首又可独立使用者,则该繁体字不另立参见条(如"門"、"馬"等)。仅简化作为部首而不可简化单独使用者,则该繁体字作单字收列(如"言"、"金"等)。

(4) 不另列参见条的繁体字,收入本书索引以备查。

三、专用名词及古籍引文,一般用简化字和选用字,少数可能引起误解者,则保留原字体。

注 音

四、单字用汉语拼音字母注音,标明声调(轻声不标)。同义异读的,原则上根据 1985 年国家语委、国家教委和广电部联合发布的《普通话异读词审音表》注音。少数流行较广的异读、现代读音与传统读音不同的、口语音与读书音不同的,分别另注以"又读 ×"、"旧读 ×"、"读音 ×"。

五、同形异音词目第一字读音不同不注音,分别隶属于该字的不同读音之下;第二字以下读音不同加注拼音。

编 排 和 检 索

六、字头按拼音音序排列。同音字按笔画排列,笔画少的在前,笔画多的在后。笔画相同的按起笔笔形横、竖、撇、点、折次序排列。

七、词目隶属于首字读音之下。同一字头下所列词目不止一条的,按第二字的拼音次序排列,第二

字读音相同的,按笔画次序排列。第二字相同的按第三字排列,排列次序同第二字。以下类推。

八、一个字头对应几个繁体字或异体字的,按字义不同用㊀㊁㊂分行排列;多义的单字或复词用❶❷❸分项,一义中需要分述的再用(1)(2)(3)分项,一律接排。

九、书前有《汉语拼音音节表》,书后有《笔画索引》。

其 他

十、人名、地名、朝代、年号等标专名号,但专名与普通名词结合为另一词语者不标。

十一、引文中补出词语用〔 〕,夹注等用( )标明。

十二、附录有:《中国历史纪年表》、《万年公元干支年月日时互算表》、《中华人民共和国行政区划简表》、《中国少数民族分布简表》、《计量单位表》、《元素周期表》、《中国各民族主要传统节日一览表》、《汉族亲族称谓表》、《诗韵举要》、《词韵举要》、《汉语拼音方案》、《国际音标表》、《简化字总表》、《第一批异体字整理表》、《普通话异读词审音表》、《汉字偏旁名称表》、《新旧字形对照表》、《标点符号用法》。

汉语拼音音节表

A		bei	39	cāng	90	chóng	134	cuì	168
		bēn	39	cáng	92	chǒng	136	cūn	169
		běn	39	cǎng	92	chòng	136	cún	169
		bèn	40	cāo	92	chōu	136	cǔn	170
ā	1	bēng	41	cáo	93	chóu	137	cùn	170
á	2	béng	41	cǎo	93	chǒu	139	cuō	170
ǎ	2	běng	41	cào	94	chòu	139	cuó	171
à	2	bèng	41	cè	94	chū	140	cuǒ	171
a	2	bī	42	cēn	96	chú	142	cuò	171
āi	2	bí	42	cén	97	chǔ	143		
ái	2	bǐ	43	cēng	97	chù	145	**D**	
ǎi	3	bì	46	céng	97	chuā	146		
ài	3	biān	53	cèng	97	chuāi	146	dā	173
ān	5	biǎn	54	chā	97	chuái	146	dá	173
ǎn	7	biàn	55	chá	98	chuǎi	146	dǎ	174
àn	7	biāo	57	chǎ	99	chuài	146	dà	175
āng	9	biǎo	59	chà	99	chuān	146	da	182
áng	9	biào	60	chāi	100	chuán	146	dāi	182
àng	9	biē	60	chái	100	chuǎn	148	dǎi	182
āo	10	bié	60	chǎi	101	chuàn	148	dài	182
áo	10	biě	61	chài	101	chuāng	148	dān	185
ǎo	11	biè	61	chān	101	chuáng	149	dǎn	187
ào	11	bīn	61	chán	101	chuǎng	149	dàn	187
		bìn	63	chǎn	104	chuàng	149	dāng	190
B		bīng	63	chàn	105	chuī	149	dǎng	191
		bǐng	65	chāng	105	chuí	150	dàng	191
bā	13	bìng	66	cháng	106	chuǐ	151	dāo	192
bá	16	bō	67	chǎng	109	chūn	151	dáo	193
bǎ	17	bó	68	chàng	109	chún	153	dǎo	193
bà	18	bǒ	74	chāo	111	chǔn	155	dào	194
ba	19	bò	74	cháo	112	chuō	155	dé	197
bāi	19	bo	74	chǎo	113	chuò	155	de	198
bái	19	bū	74	chào	113	cī	156	děi	198
bǎi	20	bú	75	chē	113	cí	157	dèn	198
bài	22	bǔ	75	chě	114	cǐ	160	dēng	198
bai	23	bù	76	chè	114	cì	160	děng	199
bān	23			chēn	115	cōng	161	dèng	200
bǎn	25	**C**		chén	115	cóng	162	dī	201
bàn	26			chěn	118	còng	164	dí	202
bāng	27	cā	85	chèn	118	còu	164	dǐ	203
bǎng	28	cǎ	85	chēng	119	cū	164	dì	205
bàng	28	cāi	85	chéng	120	cú	164	diǎ	208
bāo	29	cái	85	chěng	125	cǔ	165	diān	208
báo	30	cǎi	86	chèng	125	cù	165	diǎn	210
bǎo	30	cài	87	chī	125	cuān	166	diàn	211
bào	32	cān	88	chí	126	cuán	166	diāo	213
bēi	34	cán	88	chǐ	128	cuàn	166	diǎo	214
běi	35	cǎn	89	chì	130	cuī	167	diào	214
bèi	36	càn	90	chōng	132	cuǐ	167	diē	215

dié	216	fāng	262	gèng	331	hē	389	jǐ	459
dīng	218	fáng	265	gōng	331	hé	389	jì	461
dǐng	219	fǎng	265	gǒng	337	hè	395	jiā	467
dìng	220	fàng	266	gòng	337	hēi	396	jiālún	472
diū	221	fēi	267	gōu	338	hén	396	jiá	472
dōng	221	féi	270	gǒu	340	hěn	397	jiǎ	473
dǒng	223	fěi	271	gòu	341	hèn	397	jià	475
dòng	223	fèi	272	gū	342	hēng	397	jiān	476
dōu	224	fēn	274	gǔ	345	héng	397	jiǎn	480
dǒu	225	fén	277	gù	350	hèng	398	jiàn	484
dòu	226	fěn	278	guā	352	hm	399	jiāng	489
dū	227	fèn	278	guǎ	353	hng	399	jiǎng	491
dú	228	fēng	280	guà	354	hōng	399	jiàng	491
dǔ	230	féng	287	guāi	354	hóng	399	jiāo	492
dù	231	fěng	288	guǎi	355	hǒng	402	jiáo	497
duān	232	fèng	288	guài	355	hòng	402	jiǎo	497
duǎn	233	fiào	290	guān	355	hōu	403	jiào	500
duàn	233	fó	290	guǎn	358	hóu	403	jiē	502
duī	235	fōu	290	guàn	359	hǒu	403	jié	504
duì	235	fóu	290	guāng	361	hòu	403	jiě	509
dūn	236	fǒu	290	guǎng	362	hū	405	jiè	510
dǔn	237	fū	290	guàng	362	hú	407	jie	513
dùn	237	fú	292	guī	362	hǔ	409	jīn	513
duō	238	fǔ	301	guǐ	366	hù	411	jǐn	519
duó	239	fù	303	guì	368	huā	413	jìn	520
duǒ	240			gǔn	369	huá	414	jīng	523
duò	240			gùn	370	huǎ	416	jǐng	528
		G		guō	370	huà	416	jìng	529
				guó	371	huái	419	jiōng	531
E		gā	310	guǒ	373	huài	420	jiǒng	531
		gá	310	guò	373	huān	420	jiū	532
ē	242	gǎ	310	guo	374	huán	421	jiǔ	533
é	242	gà	310			huǎn	422	jiù	537
ě	244	gāi	310			huàn	423	jū	539
è	244	gǎi	311	**H**		huāng	424	jú	542
ēi	246	gài	311			huáng	425	jǔ	544
éi	246	gān	312	hā	375	huǎng	429	jù	546
ěi	246	gǎn	315	há	375	huàng	430	juān	549
èi	246	gàn	316	hǎ	375	huī	430	juǎn	550
ēn	246	gāng	316	hà	375	huí	432	juàn	550
èn	247	gǎng	318	hāi	375	huǐ	434	juē	552
ēng	247	gàng	318	hái	375	huì	434	jué	552
ér	247	gāo	318	hǎi	375	hūn	437	juě	557
ěr	248	gǎo	321	hǎilǐ	376	hún	438	juè	557
èr	249	gào	322	hài	377	hǔn	440	jūn	557
er	251	gē	323	hān	377	hùn	440	jǔn	560
		gé	324	hán	377	huō	441	jùn	560
F		gě	327	hǎn	380	huó	441		
		gè	328	hàn	381	huǒ	441	**K**	
fā	252	gěi	328	hāng	384	huò	443		
fá	253	gèm	328	háng	384	huo	445	kā	563
fǎ	254	gēn	328	hǎng	385			kǎ	563
fà	256	gén	329	hàng	385			kāi	563
fān	256	gěn	329	hāo	385	**J**		kǎi	565
fán	257	gèn	329	háo	385			kài	565
fǎn	259	gēng	329	hǎo	387	jī	446	kān	565
fàn	261	gěng	330	hào	387	jí	453		

kǎn	566	làn	603	lǒu	665	méng	705	né	748
kàn	567	lan	604	lòu	665	měng	708	nê	748
kāng	567	lāng	604	lou	666	mèng	708	nè	748
káng	568	láng	604	lū	666	mī	709	ne	748
kǎng	568	lǎng	606	lú	666	mí	709	něi	748
kàng	568	làng	606	lǔ	668	mǐ	711	nèi	748
kāo	569	lāo	607	lù	669	mì	712	nèn	750
kǎo	569	láo	607	lú	673	mián	714	néng	750
kào	570	lǎo	608	lǚ	674	miǎn	715	ńg	750
kē	570	lào	610	lǜ	675	miàn	716	ňg	750
ké	572	lè	610	luán	677	miāo	717	ǹg	750
kě	572	le	611	luǎn	678	miáo	717	ngú	750
kè	573	lēi	611	luàn	678	miǎo	717	nī	751
kěn	576	léi	611	lüè	679	miào	718	ní	751
kèn	576	lěi	613	lūn	679	miē	719	nǐ	752
kēng	576	lèi	614	lún	679	miè	719	nì	752
kōng	577	lei	615	lǔn	680	mín	720	niā	754
kǒng	578	léng	615	lùn	680	mǐn	721	niān	754
kòng	579	lěng	615	luō	680	míng	722	nián	754
kōu	579	lèng	616	luó	681	mǐng	727	niǎn	755
kǒu	579	lī	616	luǒ	682	mìng	727	niàn	755
kòu	580	lí	616	luò	682	miù	728	niáng	756
kū	581	lǐ	620			mō	728	niàng	756
kǔ	582	lì	622			mó	728	niǎo	756
kù	583	li	629	**M**		mǒ	730	niào	756
kuā	583	liǎ	629			mò	730	niē	757
kuǎ	583	lián	629	m̃	686	mōu	734	nié	757
kuà	584	liǎn	631	ḿ	686	móu	734	niè	757
kuǎi	584	liàn	632	m̀	686	mǒu	735	nín	758
kuài	584	liáng	633	mā	686	mòu	735	níng	759
kuān	585	liǎng	634	má	686	mú	735	nǐng	759
kuǎn	585	liàng	636	mǎ	687	mǔ	736	nìng	759
kuāng	586	liāo	636	mà	688	mù	736	niū	760
kuáng	587	liáo	636	ma	688			niú	760
kuǎng	587	liǎo	638	mái	688			niǔ	761
kuàng	587	liào	639	mǎi	688	**N**		niù	761
kuī	589	liě	640	mài	689			nóng	761
kuí	589	liè	640	mān	690	nā	741	nǒng	761
kuǐ	591	lie	642	mán	690	ná	741	nòng	761
kuì	591	līn	642	mǎn	691	nǎ	741	nóu	762
kūn	592	lín	642	màn	691	nà	741	nòu	762
kǔn	593	lǐn	645	māng	693	na	742	nú	762
kùn	594	lìn	645	máng	693	nái	742	nǔ	763
kuò	594	líng	646	mǎng	694	nǎi	742	nù	763
		lǐng	651	māo	695	nài	743	nǚ	763
L		lìng	651	máo	695	nān	743	nǜ	764
		liū	652	mǎo	696	nán	743	nuán	765
lā	597	liú	652	mào	697	nǎn	745	nuǎn	765
lá	597	liǔ	656	me	699	nàn	745	nüè	765
lǎ	597	liù	656	méi	699	nāng	745	nún	765
là	597	lo	660	měi	701	náng	745	nuó	765
la	598	lóng	660	mèi	702	nǎng	746	nuǒ	766
lái	598	lǒng	663	mēn	703	nàng	746	nuò	766
lài	599	lòng	664	mén	703	nāo	746	
lán	600	lōu	664	mèn	705	náo	746	
lǎn	603	lóu	664	mēng	705	nǎo	747	
						nào	747	

O		piè	796	qiú	861	să	903	shú	993
		pīn	797	qiŭ	863	sà	903	shŭ	993
		pín	797	qū	863	sāi	904	shù	995
ō	767	pĭn	797	qú	866	sài	904	shuā	999
ó	767	pìn	798	qŭ	868	sān	904	shuă	999
ò	767	pīng	798	qù	869	săn	914	shuà	999
ōu	767	píng	798	quān	869	sàn	915	shuāi	999
óu	768	pō	802	quán	870	sāng	915	shuăi	999
ŏu	768	pó	803	quăn	873	săng	916	shuài	999
òu	768	pŏ	803	quàn	874	sàng	916	shuān	999
		pò	803	quē	874	sāo	916	shuàn	1000
P		pōu	805	qué	874	săo	917	shuāng	1000
		póu	805	què	874	sào	917	shuăng	1001
pā	769	pŏu	805	qūn	876	sè	918	shuí	1001
pá	769	pū	806	qún	876	sēn	919	shuĭ	1001
pà	769	pú	806			sēng	919	shuì	1003
păi	769	pŭ	808	**R**		shā	920	shŭn	1004
pái	770	pù	809			shá	922	shùn	1004
păi	771			rán	878	shă	922	shuō	1005
pài	771	**Q**		răn	878	shà	922	shuò	1005
pān	771			rāng	879	shāi	923	sī	1006
pán	772	qī	810	ráng	879	shăi	923	sĭ	1010
păn	774	qí	814	răng	879	shài	923	sì	1011
pàn	774	qĭ	819	ràng	880	shān	923	sōng	1016
pāng	775	qì	821	ráo	880	shăn	926	sŏng	1017
páng	775	qi	824	răo	880	shàn	927	sòng	1017
păng	777	qiā	824	rào	881	shāng	929	sōu	1018
pàng	777	qiă	824	rě	881	shăng	931	sŏu	1019
pāo	777	qià	824	rè	881	shàng	931	sòu	1019
páo	777	qiān	825	rén	881	shang	936	sū	1019
păo	778	qiānwă	829	rěn	886	shāo	936	sú	1020
pào	778	qián	829	rèn	886	sháo	937	sù	1020
pēi	779	qiăn	832	rēng	888	shăo	937	suān	1025
péi	779	qiàn	833	réng	888	shào	937	suăn	1025
pèi	780	qiāng	834	rèng	888	shē	938	suàn	1025
pēn	781	qiáng	835	rì	888	shé	939	suī	1026
pén	781	qiăng	836	róng	889	shě	940	suí	1026
pèn	782	qiàng	837	rŏng	892	shè	940	suĭ	1028
pēng	782	qiāo	837	róu	892	shéi	944	suì	1028
péng	782	qiáo	838	rŏu	893	shēn	944	sūn	1030
pěng	784	qiăo	839	ròu	893	shén	947	sŭn	1030
pèng	784	qiào	840	rú	894	shěn	949	sùn	1031
pī	784	qiē	841	rŭ	897	shèn	950	suō	1031
pí	787	qié	841	rù	897	shēng	951	suŏ	1031
pĭ	789	qiě	841	ruán	898	shéng	956	suò	1033
pì	790	qiè	841	ruăn	899	shěng	956		
piān	791	qīn	843	ruí	899	shèng	957	**T**	
pián	792	qín	845	ruĭ	899	shī	958		
piăn	794	qĭn	846	ruì	900	shí	963	tā	1034
piàn	794	qìn	847	rún	900	shĭ	970	tă	1034
piāo	794	qīng	847	rùn	900	shì	972	tà	1035
piáo	795	qíng	854	ruò	901	shi	982	tāi	1036
piăo	795	qĭng	855			shōu	982	tái	1037
piào	796	qìng	856	**S**		shŏu	982	tăi	1038
piē	796	qióng	857			shòu	986	tài	1038
piě	796	qiū	859	sā	903	shū	988	tān	1042

tán	1043	tǔn	1103	xiàn	1196	yàng	1295	zǎ	1402
tǎn	1046	tùn	1103	xiāng	1199	yāo	1295	za	1402
tàn	1047	tuō	1103	xiáng	1203	yáo	1297	zāi	1402
tāng	1047	tuó	1105	xiǎng	1204	yǎo	1299	zǎi	1403
táng	1048	tuǒ	1106	xiàng	1205	yào	1300	zài	1403
tǎng	1050	tuò	1106	xiāo	1208	yē	1301	zān	1404
tàng	1051			xiáo	1213	yé	1302	zán	1405
tāo	1051	**W**		xiǎo	1213	yě	1302	zǎn	1405
táo	1052			xiào	1217	yè	1303	zàn	1405
tǎo	1055	wā	1108	xiē	1219	yī	1306	zan	1405
tào	1055	wá	1108	xié	1219	yí	1315	zǎng	1405
tè	1055	wǎ	1109	xiě	1221	yǐ	1320	zàng	1406
tēng	1056	wà	1109	xiè	1222	yì	1323	zāo	1406
téng	1056	wa	1109	xīn	1225	yīn	1335	záo	1407
tī	1057	wāi	1109	xín	1229	yín	1338	zǎo	1407
tí	1058	wǎi	1110	xǐn	1229	yǐn	1341	zào	1408
tǐ	1060	wài	1110	xìn	1229	yìn	1345	zé	1409
tì	1062	wān	1111	xīng	1231	yīng	1346	zè	1411
tiān	1063	wán	1112	xíng	1233	yīngchǐ	1348	zéi	1411
tián	1070	wǎn	1113	xǐng	1238	yīngcùn	1348	zěn	1411
tiǎn	1072	wàn	1115	xìng	1238	yīnglǐ	1348	zèn	1411
tiàn	1073	wāng	1117	xiōng	1240	yīngliǎng	1348	zēng	1411
tiāo	1073	wáng	1117	xióng	1241	yīngmǔ	1348	zèng	1412
tiáo	1073	wǎng	1119	xiòng	1242	yíng	1348	zhā	1413
tiǎo	1076	wàng	1120	xiū	1242	yǐng	1350	zhá	1413
tiào	1076	wēi	1122	xiǔ	1244	yìng	1351	zhǎ	1414
tiē	1077	wéi	1124	xiù	1244	yō	1352	zhà	1414
tiě	1077	wěi	1128	xū	1246	yo	1352	zhāi	1415
tiè	1078	wèi	1132	xú	1249	yōng	1352	zhái	1415
tīng	1078	wēn	1135	xǔ	1249	yóng	1355	zhǎi	1416
tíng	1079	wén	1136	xù	1250	yǒng	1355	zhài	1416
tǐng	1081	wěn	1140	xuān	1252	yòng	1356	zhān	1416
tìng	1081	wèn	1141	xuán	1255	yōu	1357	zhán	1418
tōng	1081	wēng	1142	xuǎn	1258	yóu	1359	zhǎn	1418
tóng	1084	wěng	1142	xuàn	1259	yǒu	1363	zhàn	1418
tǒng	1088	wèng	1142	xuē	1260	yòu	1365	zhāng	1420
tòng	1089	wō	1143	xué	1260	yū	1367	zhǎng	1421
tōu	1089	wǒ	1143	xuě	1262	yú	1368	zhàng	1422
tóu	1090	wò	1144	xuè	1263	yǔ	1374	zhāo	1423
tǒu	1092	wū	1145	xūn	1263	yù	1378	zháo	1425
tòu	1092	wú	1148	xún	1265	yuān	1386	zhǎo	1426
tou	1092	wǔ	1153	xùn	1267	yuán	1388	zhào	1426
tū	1092	wù	1162			yuǎn	1392	zhē	1427
tú	1093					yuàn	1392	zhé	1428
tǔ	1095	**X**		**Y**		yuē	1393	zhě	1430
tù	1097			yā	1270	yuě	1394	zhè	1430
tuān	1098	xī	1167	yá	1271	yuè	1394	zhe	1431
tuán	1098	xí	1175	yǎ	1273	yūn	1396	zhēn	1431
tuǎn	1099	xǐ	1176	yà	1274	yún	1397	zhěn	1433
tuàn	1099	xì	1178	yān	1276	yǔn	1399	zhèn	1434
tuī	1099	xiā	1182	yán	1278	yùn	1399	zhēng	1437
tuí	1100	xiá	1183	yǎn	1282			zhěng	1439
tuǐ	1101	xià	1185	yàn	1286	**Z**		zhèng	1440
tuì	1101	xiān	1188	yāng	1290	zā	1402	zhī	1442
tūn	1101	xián	1192	yáng	1290	zá	1402	zhí	1445
tún	1102	xiǎn	1194	yǎng	1293				

zhǐ	1448	zhù	1474	zhuī	1481	zōng	1496	zuàn	1502
zhì	1450	zhuā	1477	zhuì	1482	zòng	1497	zuī	1503
zhōng	1457	zhuǎ	1477	zhūn	1483	zōu	1497	zuǐ	1503
zhǒng	1462	zhuāi	1477	zhǔn	1483	zǒu	1498	zuì	1503
zhòng	1462	zhuǎi	1477	zhùn	1484	zòu	1499	zūn	1504
zhōu	1464	zhuài	1477	zhuō	1484	zū	1499	zǔn	1504
zhóu	1466	zhuān	1477	zhuó	1484	zú	1499	zùn	1505
zhǒu	1466	zhuǎn	1478	zī	1487	zǔ	1500	zuō	1505
zhòu	1466	zhuàn	1479	zǐ	1490	zù	1502	zuó	1505
zhū	1468	zhuāng	1480	zì	1492	zuān	1502	zuǒ	1505
zhú	1471	zhuǎng	1480	zi	1494	zuǎn	1502	zuò	1506
zhǔ	1472	zhuàng	1480	zōng	1494				

A

ā

吖（ā）　译音字。如：吖啶黄（一种注射剂）。

另见 yā。

阿（ā）　❶作词助，用在称呼的前头。如：阿张；阿大；阿毛；阿哥。❷通"啊"。《儒林外史》第一回："儿阿，不是我有心要耽误你。"

另见 ǎ、à、ē、hē。

阿鼻地狱　译自梵语 Avicinaraka，指八大地狱中的第八狱。意为永受痛苦无有间断的地狱。佛教认为人在生前做了坏事，死后要堕入地狱，其中造"十不善业"重罪者，要在阿鼻地狱永受苦难。

阿爹　❶父亲。韩愈《祭女挐女文》："维年月日阿爹阿八……祭于第四小娘子挐子之灵。"❷对长者的敬称。王明清《摭青杂记》："女常呼项（项四郎）为阿爹，因谓项曰：'儿受阿爹厚恩，死无以报。'"翟灏《通俗编·称谓》："今农贾之家，称尊老者曰阿爹。"

阿斗　三国蜀后主刘禅的小名。刘禅为人庸碌无能，虽有诸葛亮等人全力扶助，也不能振兴蜀汉。后因称懦弱无能、不思振作的人为"阿斗"或"扶不起的阿斗"。

阿堵　六朝人口语，犹言这、这个。《世说新语·规箴》："王夷甫雅尚玄远，常嫉其妇贪浊，口未尝言钱字。妇欲试之，令婢以钱绕床不得行。夷甫晨起，见钱阂行，呼婢曰：'举却阿堵物。'"阿堵物，指钱。又《巧艺》："顾长康画人，或数年不点目睛。人问其故。顾曰：'……传神写照，正在阿堵中。'"

阿公　❶古代对父亲的俗称。《南史·颜延之传》载：何偃呼延之曰颜公。延之曰：'身非三公之公，又非田舍之公，又非君家阿公，何以见呼为公？'今方言也有称祖父为阿公的。❷女子称丈夫的父亲。❸对老年人的尊称。《水浒传》第二十一回："宋

江道：'阿公，你不知道，我还有一件物事做一处放着，以此要去取。'"

阿姑　妇称夫之母。《颜氏家训·治家》："女之行留，皆得罪于其家者，母实为之。至有谚云：'落索阿姑餐。'此其相报也。"

阿家阿翁　翁姑。赵璘《因话录》卷一："不痴不聋，不作阿家阿翁。"按《北史·长孙平传》引谚云"不痴不聋，不作大家翁"；《南史·庾仲文传》作"不痴不聋，不成姑公"。参见"家翁"。

阿罗汉　译自梵语 Arhat，亦译"阿罗诃"，简称"罗汉"，意译"应供"，即当受众生供养。❶释迦牟尼的十种称号之一。❷小乘佛教修行四果位之最高果位。谓通过修行已尽断三界见、修二惑，达到了杀贼（断除贪、瞋、痴等一切烦恼）、应供（应受人天供奉）、不生（永远进入涅槃，不再生死轮回）的修学顶端。

阿罗诃　❶佛教名词。即"阿罗汉"。❷唐代景教用来称其所信奉的神，译自叙利亚语 Alaha，意为上帝。见于《大秦景教流行中国碑》、《大秦景教三威蒙度赞》。

阿瞒　❶曹操的小字。《三国志·魏志·武帝纪》"太祖武皇帝"裴松之注："太祖一名吉利，小字阿瞒。"❷唐玄宗在家族中常自称阿瞒。南卓《羯鼓录》："汝南王璡，宁王长子也，姿容妍美，秀出藩邸。玄宗特钟爱焉……上笑曰：'大哥不必过虑，阿瞒自是相师。'"自注云："上于诸亲，常自称此号。"

阿奶　❶祖母。翟灏《通俗编·称谓》："今吴俗称祖母曰阿奶。"现仍有不少地方称祖母为"奶奶"或"阿奶"。❷母亲。袁枚《祭妹文》："阿奶问，望兄归否？"亦作"阿嬭"。李商隐《李贺小传》："阿嬭老且病，贺不愿去。"❸乳母。赵翼《陔馀丛考》卷三十八："俗称乳母为阿奶，亦曰奶婆。"

阿戎　堂弟。《资治通鉴·齐明帝建武四年》："〔王晏〕谓思远兄思

徵曰：'隆昌之末，阿戎（指王思远）劝吾自裁。'"胡三省注："晋宋间人，多谓从弟为阿戎，至唐犹然。"杜甫《杜位宅守岁》诗："守岁阿戎家，椒盘已颂花。"

阿阇梨　译自梵语 Ācārya，意为"轨范师"。佛教对教授弟子、纠正弟子行为的导师的称呼。原为印度婆罗门教授《吠陀经》时弟子对师之称。有出家、受戒、教授、授经、依止五种阿阇梨。

阿谁　犹言谁。何人。古乐府《十五从军征》："家中有阿谁？"《三国志·蜀志·庞统传》："向者之论，阿谁为失？"

阿翁　❶祖父。《世说新语·排调下》："张苍梧是张凭之祖，尝语凭父曰：'我不如汝。'凭父未解所以。苍梧曰：'汝有佳儿。'凭时年数岁，敛手曰：'阿翁讵宜以子戏父？'"❷丈夫的父亲。参见"阿家阿翁"。

阿咸　晋阮籍侄阮咸，有才名，后因称侄为"阿咸"。苏轼《和子由除夜元日省宿致斋》诗："朝回两袖天香满，头上银幡笑阿咸。"谓侄儿们笑自己头上戴的银幡。

锕〔鋼〕（ā）　化学元素〔周期系第Ⅲ族（类）副族元素〕。符号 Ac。原子序数89。具放射性。质量数为 227 的同位素，半衰期为21.773年。1899 年发现。化学性质与镧相似。存在于沥青铀矿及其他含铀矿物中。

腌（ā，又读 ān）　脏。王实甫《西厢记》第五本第三折："枉腌了他金屋银屏，枉污了他锦衾绣褥。"参见"腌臜"。

另见 yān。

腌臜　❶肮脏；不洁。王实甫《西厢记》第二本第二折："肺腑内生心且解馋，有什腌臜！"《红楼梦》第七十七回："你去吧！这里腌臜，你那里受得？"❷捉摸不透。董解元《西厢记诸宫调》卷三："自家这一场腌臜病，病得来跷蹊。"

á

嘠（á）惊讶声。翟灏《通俗编·语辞》引《庞居士传》："庞婆走田中,告其子庞大曰:'汝父死矣。'庞大曰:'嘠!'停锄脱去。"
另见 shà。

ǎ

阿（ǎ）惊讶声。如:阿!竟有这种事情?
另见 ā、à、ē、hē。

à

阿（à）❶"阿（ā）❶"的旧读。❷吴方言中作语助,表示询问,相当于北方话的"可"。如:阿是? 阿好?
另见 ā、ǎ、ē、hē。

a

呵（a）作语助,表停顿。《琵琶记·蔡公逼试》:"秀才,你此回不去呵,可不干费了十载青灯!"
另见 hā、hē、kē。

啊（a）❶表语气。如:快来啊。❷感叹声。如:啊,多好的收成!

āi

哎（āi）同"嗳"。感叹声。关汉卿《窦娥冤》第三折:"哎,只落得两泪涟涟。"

哀（āi）❶悲伤。《礼记·檀弓下》:"有妇人哭于墓者而哀。"❷怜悯。《诗·小雅·鸿雁》:"哀此鳏寡。"❸指居亲丧。《宋书·张敷传》:"居哀毁灭,孝道淳至。"参见"哀子"。❹姓。见"哀家梨"。

哀哀 悲伤不止。《诗·小雅·蓼莪》:"哀哀父母,生我劬劳!"《楚辞·九叹·逢纷》:"声哀哀而怀高丘兮,心愁愁而思旧邦。"

哀兵必胜 语出《老子》"故抗兵相加,哀者胜矣"。王弼注:"抗,举也;加,当也。哀者必相惜,而不趣利避害,故必胜。"意思是兵力相当的两军对垒,受压抑且充满悲愤心情的一方必定胜利。

哀册 古代帝王死后,将遣葬日举行"遣奠"时所读的最后一篇祭文刻于册上,埋入陵中,称为哀册。前蜀永陵和南唐二陵中的哀册皆作玉石策册的形状。辽庆陵的作石墓志状,刻契丹文及汉文。明定陵的哀册为木质板状,用丝绳编缀成册。

哀辞 文体名。用于对死者的哀悼。晋挚虞《文章流别论》:"哀辞者,诔之流也……率以施于童殇夭折,不以寿终者。其体以哀痛为主,缘以叹息之词。"（《太平御览》五百九十六引）其后也用于并非夭折者,仅因"以辞遣哀,故谓之哀辞"（徐师曾《文体明辨序说》）,如方苞的《张彝叹哀辞》,即是对一年逾六十的老者的吊唁。

哀感顽艳 形容词旨凄恻动人、缠绵绮丽。繁钦《与魏文帝笺》:"咏北狄之遐征,奏胡马之长思,凄入肝脾,哀感顽艳。"

哀鸿 《诗·小雅·鸿雁》:"鸿雁于飞,哀鸣嗸嗸。"嗸,同"嗷"。后用"哀鸿"比喻流离失所的难民。龚自珍《己亥杂诗》:"三更忽轸哀鸿思,九月无襦淮水湄。"

哀毁骨立 形容居父母丧,因哀痛万分以致形损,如仅以骨支撑身架。《后汉书·韦彪传》:"孝行纯至,父母卒,哀毁三年,不出庐寝。服竟,羸瘠骨立异形,医疗数年乃起。"《世说新语·德行》:"王戎虽不备礼,而哀毁骨立。"

哀家梨 亦作"哀梨"。传说汉朝秣陵人哀仲所种之梨实大而味美,时人称为"哀家梨"。何良俊《世说新语补·轻诋上》:"桓南郡（桓玄）每见人不快,辄嗔云:'君得哀家梨,当复不蒸食不?'"张文柱注:"旧语,秣陵有哀仲家梨甚美,大如升,入口消释。言愚人不别味,得好梨蒸食之也。"后以"如食哀家梨"比喻文辞流畅爽利。

哀矜 犹怜悯。高允《酒训》:"其言也善,则三复而佩之;言之不善,则哀矜而贷之。"

哀启 旧时附于讣告之后的书启,简述死者生平和病终情况。也有单独成文发送给亲友的。

哀荣 死后的荣誉。指殡葬哀悼等之隆重。白居易《祭卢虔文》:"方延宠光,遽阋幽穸。褒奖之命,虽已表于哀荣;遣奠之恩,宜再申于轸悼。"

哀诏 封建时代皇帝死后,继位新君下诏通告全国,称为"哀诏"。

哀子 古时居父母者的自称。《礼记·杂记上》:"祭称孝子孝孙,丧称哀子哀孙。"后来父在而居母丧者自称为"哀子"。

埃（āi）❶尘埃。李商隐《临发崇让宅紫薇》诗:"秋庭暮雨类轻埃。"❷一种在专门领域使用的计量微小长度用的单位。1 埃 = 10^{-8} 厘米 = 10^{-10} 米,记作 Å。曾用以表示光波的波长,及其他微小长度如原子、分子等的大小。因纪念瑞典光谱学家埃斯特朗（Anders Jonas Ångström, 1814—1874）而命名。

挨（āi）❶依次。如:挨门逐户。《老残游记》第四回:"从南头到北头,挨家去搜。"❷靠拢。如:挨肩。❸挤进。《红楼梦》第二十三回:"宝玉挨身而入。"
另见 ái、ǎi。

挨拶 拥挤。葛长庚《鹤林问道篇》:"昔者天子登封泰山,其时士庶挨拶,独召一县尉行轿而前。"

唉（āi）表示失望或无可奈何的感叹声。《史记·项羽本纪》:"唉,竖子不足与谋!"
另见 ài。

娭（āi）见"娭毑"。
另见 xī。

娭毑 方言。❶祖母。❷对年老妇女的尊称。

捱（āi）❶通"挨"。依次。见"挨❶"。❷通"挨"。挤进。见"挨❸"。
另见 ái。

欸（āi）叹息。《楚辞·九章·涉江》:"欸秋冬之绪风。"
另见 ǎi、èi。

嗳〔嗳〕（āi）同"哎"。
另见 ǎi、ài。

锿〔锿〕（āi）化学元素[周期系第Ⅲ族（类）副族元素、锕系元素]。旧名"鎄"。符号 Es。原子序数99。具强放射性。人工获得的放射性元素（1952年）。寿命最长的同位素[254]Es,半衰期为276天。

ái

莒〔薑〕（ái）干菜。
另见 qǐ。

挨（ái）通"捱"。❶遭受。如:挨打。❷拖延。鲁迅《华盖集续编·〈阿Q正传〉的成因》:"这样一周一周挨下去,于是乎就不免发生阿Q可要做革命党的问题了。"
另见 āi、ǎi。

敳〔敳〕(ái) 用力治事。《说文·支部》："敳,有所治也。"承培元《广说文答问疏证》："有所治,谓用力于所治之事也。"

另见 zhú。

磑〔磑〕(ái) 见"磑磑"。

另见 wèi。

磑磑 ❶坚固貌。《后汉书·张衡传》："行积冰之磑磑兮,清泉沍而不流。"❷高貌。《汉书·礼乐志》："磑磑即即,师象山则。"❸通"皑皑"。白色晶亮貌。枚乘《七发》："白刃磑磑,矛戟交错。"

挨(ái) ❶遭受。如:挨骂。❷苦度时光。王实甫《西厢记》第三本第三折："挨一刻,似一夏。"❸拖延。《红楼梦》第十一回："我知道这病不过是挨日子的了。"

另见 āi。

喍(ái) 见"喍喍"。

喍喍 见"崖柴"。

皑〔皑〕(ái) 白。古乐府《白头吟》："皑如山上雪,皎若云间月。"

澄(ái) 同"皑"。

喭(ái) 同"喍"。见"喭喭"。

喭喭 狗露齿欲咬貌。《管子·戒》："东郭有狗喭喭,旦暮欲啮我猳(豝),而不使也。"

癌(ái,旧读 yán) 又称"癌瘤"。由上皮细胞形成的恶性肿瘤。常见的有鳞状细胞癌、腺癌、未分化癌、基底细胞癌等。多发生于胃肠道、肺、肝、子宫颈、乳腺、鼻咽、皮肤等处。转移途径多经淋巴管,少数经血流。一般先至局部淋巴结,晚期可转移到远处器官,如肺、肝、骨、脑等。根据癌的性质、部位和有无转移,采用手术、放疗、药物等治法。早期诊断和早期治疗极为重要。

癌变 机体的正常细胞在致癌和促癌因素的协同作用下,细胞发生间变成为癌细胞的过程。

ǎi

毐(ǎi) 品行不端正的人。《说文·毋部》："毐,士之无行者。"

挨(ǎi) 推。《列子·黄帝》："挡拯挨扰。"

另见 āi,ái。

欸(ǎi) 象声。见"欸乃"。

另见 āi,èi。

欸乃 拟声词。元结《欸乃曲》："谁能听欸乃,欸乃感人情。"自注:"棹船之声。"柳宗元《渔翁》诗:"烟销日出不见人,欸乃一声山水绿。"

薆(ǎi) 同"矮"。

嗳〔嗳〕(ǎi) 嗳气;打嗝儿。

另见 āi,ài。

嗳气 胃肠道的气体从口排出的现象。常见于消化性溃疡、胃炎、胃肠功能紊乱、吞气症等。

嗳酸 胃内酸性的液体逆流到口腔的现象。大多由胃酸分泌过多引起,可见于消化性溃疡、胃炎、胃功能紊乱。

矮(ǎi) 短;低。与"高"相对。如:矮人;矮墙。

藹〔蔼〕(ǎi) ❶和气。如:蔼然可亲。❷果实繁盛貌。《尔雅·释木》："菶,蔼。"郭璞注:"树实繁茂菶蔼。"引申为树木茂密貌。扬雄《河东赋》："郁萧条其幽蔼。"❸油润貌。《管子·侈靡》："蔼然若夏之静云。"❹通"霭"。云气。陆机《挽歌》："倾云结流蔼。"

蔼蔼 ❶茂盛貌。束晢《补亡诗》："瞻彼崇丘,其林蔼蔼。"❷犹言济济。人众多而有威仪貌。《诗·大雅·卷阿》："蔼蔼王多吉士。"❸暗淡貌;昏昧貌。司马相如《长门赋》："望中庭之蔼蔼兮,若季秋之降霜。"

霭(ǎi) 同"霭(靄)"。

霭〔靄〕(ǎi) ❶云气。谢惠连《雪赋》："河海生云,朔漠飞沙,连氛累霭,掩日韬霞。"王实甫《西厢记》第四本第三折:"青山隔送行,疏林不做美,淡烟暮霭相遮蔽。"亦指轻烟。❷气象上把轻雾也称为"霭"。

霭霭 亦作"蔼蔼"。❶云密集貌。陶潜《停云》诗:"霭霭停云,蒙蒙时雨。"苏轼《题南溪竹上》诗:"湖上萧萧疏雨过,山头霭霭暮云横。"❷暗淡貌;昏昧貌。高蟾《春》诗:"明月断魂清霭霭,平芜归思绿迢迢。"

ài

乂(ài) 惩戒。《后汉书·窦融传》："其后匈奴惩乂,稀复侵寇。"李贤注:"惩,创也。《说文》云,乂亦惩也。"

另见 yì。

厄〔戹、阨〕(ài) 狭隘。《左传·昭公元年》："彼徒我车,所遇又厄,以什共车,必克。"

另见 è。

艾(ài) ❶植物名。学名 Artemisia argyi。别称"家艾"、"艾蒿"。菊科。多年生草本,揉之有香气。叶羽状分裂,背面被白色丝状毛。秋季开花,头状花序小而多,排成狭长的总状花丛。中国各地普遍野生;朝鲜半岛、日本、蒙古亦有分布。茎、叶含芳香油,可作调香原料;亦可用来杀虫和防治植物病害。叶入药,性温、味辛苦,功能散寒止痛、温经止血。主治月经不调、痛经、胎漏下血、带下等症。内服多炒炭应用。艾叶油有明显的平喘、镇咳、祛痰及消炎作用。叶加工如绒,称"艾绒",为灸法治病的燃料。❷艾的颜色,即苍白色。古代用为对老年人的尊称。《礼记·曲礼上》："五十曰艾。"孔颖达疏:"发苍白色如艾也。"❸美好。见"少艾"。❹养育。《诗·小雅·南山有台》："保艾尔后。"❺止;尽。如:方兴未艾。《诗·小雅·庭燎》："夜未艾。"❻姓。

另见 yì。

艾艾 《世说新语·言语》："邓艾口吃,语称艾艾。晋文王戏之曰:'卿云艾艾,定是几艾?'对曰:'凤兮凤兮,故是一凤。'"邓艾,三国时魏将。后因以"艾艾"形容口吃的人吐辞重复。如:期期艾艾。

艾虎 用艾做成的虎。旧俗端午节佩戴艾虎,谓能辟邪除秽。彭大翼《山堂肆考·宫集》卷十一:"端午以艾为虎形,或剪彩为虎,粘艾叶以戴之。"陈文艳《岁时广记》卷二十一:"王沂公《端五帖子》云:'钗头艾虎辟群邪,晓驾祥云七宝车。'"

艾豭 老公猪。《左传·定公十四年》："既定尔娄猪,盍归吾艾豭。"杜预注:"艾,老也。"陆德明释文:"豭,牡豕也。"

艾人 用艾草扎成的假人。旧俗端午节挂在门上以辟邪除毒。宗懔《荆楚岁时记》:"五月五日……采艾以为人,悬门户上,以禳毒气。"孟元老《东京梦华录·端午》:"又钉艾人于门上,士庶递相宴赏。"

艾炷 针灸学名词。又名"艾丸"(见《肘后备急方·治卒得惊邪恍惚方》)。用艾绒制成上尖下平的圆锥体物。供灸治用。其大小视需要而定,最常用的有麦粒样(直接灸)或枣核样(间隔灸)。宋窦材《扁鹊心

书·窦材灸法》："凡灸大人,艾炷须如莲子,底阔三分……务要紧实。"

阸（ài）　通"隘"。狭隘;险要。《左传·昭公元年》："彼徒我车,所遇又阸。"陆德明释文:"阸,本又作隘。"左思《吴都赋》："邦有湫阸而踕蹋。"

另见 è 厄。

阸塞　险要的地方。《史记·萧相国世家》："汉王所以具知天下阸塞,户口多少,强弱之处,民所疾苦者,以何具得秦图书也。""阨"同"阸"。

呃（ài）　不平声。李贺《致酒行》："少年心事当拿云,谁念幽寒坐呜呃。"

另见 è。

阨（ài）　同"厄"。

恚（ài）　古"爱"字。《说文·心部》："恚,惠也。"段玉裁注:"许君惠恚字作此。'爱'为行貌。乃自'爱'行而'恚'废。清李慈铭字恚伯,用此字。

导（ài）　同"碍(礙)"。《梁书·扶南国传》："高祖又到寺礼拜,设无导大会,大赦天下。"

另见 dé。

鷃〔鷃〕（ài）　又名巧妇。鸟名。《尔雅·释鸟》："桃虫,鷦,其雌鷃。"郭璞注:"俗呼为巧妇。"郝懿行义疏:《诗·小毖》传:'桃虫,鷦也。'陆玑疏云:'今鷦鷃是也,微小于黄雀。'"

砹（ài）　化学元素[周期系第ⅦⅠ族(类)主族元素]。放射性卤族元素。符号 At。原子序数 85。是天然放射系的蜕变产物。也可用 α 质点轰击金属铋而得。有 24 个同位素,都不稳定。比较稳定的同位素^{210}At,半衰期为 8.3 小时。金属性较本族其他元素强,易挥发,性质似碘。

唉（ài）　应答声。《庄子·知北游》："唉,予知之。"

另见 āi。

爱〔愛〕（ài）　❶喜爱;爱好。如:爱祖国;爱劳动。《庄子·德充符》："所爱其母者,非爱其形也,爱使其形者也。"引申为友爱。《左传·隐公三年》："兄爱弟敬。"❷特指男女间有情。如:恋爱。苏武《诗四首》："结发为夫妇,恩爱两不疑。"❸私通。《国策·齐策三》："孟尝君舍人有与君之夫人相爱者。"高诱注:"爱,犹通也。"❹惠。《左传·

昭公二十年》："古之遗爱也。"❺爱惜;吝啬。《孟子·梁惠王上》："百姓皆以王为爱也,臣固知王之不忍也。"朱熹注:"爱,犹吝也。"❻贪。《宋史·岳飞传》："文臣不爱钱,武臣不惜死,天下平矣。"❼通"薆"。隐蔽貌。《诗·邶风·静女》："爱而不见,搔首踟蹰。"马瑞辰通释:"爱而,犹薆然也……诗序言有静女俟于城隅,又薆然不可得见。"按郑笺、孔疏并释为"爱悦"的"爱"。❽姓。宋代有爱申。

爱称　表示喜爱、亲昵的称呼。如"老头儿"是对老汉的爱称,"宝宝"是对小孩的爱称。有时也用反语来表示,如称自己的所爱者为"冤家"。某些语言用构形手段表示爱称,如俄语друг(朋友)的爱称为дружок。

爱戴　衷心敬爱与拥护。《旧唐书·懿宗纪》："洽三军爱戴之情,荷千里折冲之寄。"

爱好　❶喜爱。《三国志·魏志·高贵乡公髦传》："吾以暗昧,爱好文雅,广延诗赋,以知得失。"❷犹自爱。萧统《答晋安王书》："汝本有天才,加以爱好,无忘所能,日见其善。"

爱继　旧时无子的人,惯例以近支之侄为嗣子,叫做"应继"。如应继者不合嗣父母的心意,也可在其他亲族中另选所爱者为嗣,谓之"爱继"。

爱莫能助　《诗·大雅·烝民》："爱莫助之。"毛传:"爱,隐也。"郑玄笺:"爱,惜也。"按传意谓隐而不见,故莫能助之。后用作对别人虽同情却无力帮助的意思,与郑笺意近。《警世通言·王安石三难苏学士》："子瞻左迁黄州,乃圣上主意,老夫爱莫能助。"

爱日　❶温暖的阳光。骆宾王《赠宋之问》诗:"温辉凌爱日,壮气惊寒水。"❷珍惜时光。《大戴礼记·曾子立事》："君子爱日以学,及时以行。"❸《法言·孝至》："不可得而久者,事亲之谓也,孝子爱日。"后因称子奉侍父母之日为爱日。

爱屋及乌　比喻爱其人而推爱于与之有关的人或物。《尚书大传·大战》："爱人者,兼其屋上之乌。"许自昌《水浒记·投胶》："他们都是你舅舅的相识,你何无爱屋及乌情?"

爱恶　犹爱憎。喜爱和憎恶。《易·系辞下》："爱恶相攻而吉凶生。"孔颖达疏:"或爱攻于恶,或恶攻于爱,或两相攻击,事有得失,故吉凶生也。"

爱憎　喜爱和憎恨。如:爱憎分明。《韩非子·说难》："故弥子之行未变于初也,而以前之所以见贤而后获罪者,爱憎之变也。"

砐（ài）　同"碍"。《列子·黄帝》："云雾不砐其视,雷霆不乱其听。"

堨（ài）　尘埃。《淮南子·兵略》训:"扬尘起堨。"

另见 è、yè。

偯〔僾〕（ài）　❶仿佛。《礼记·祭义》："祭之日,入室,偯然必有见乎其位。"❷窒息。《诗·大雅·桑柔》："如彼溯风,亦孔之偯。"毛传:"偯,唈。"郑玄笺:"如乡疾风,不能息也。"

偯逮　亦作"瑗逮"。眼镜。张宁《方洲杂言》："如钱大者二,其形色绝似云母石,类世之硝子,而质甚薄,以金相轮廓,而衍之为柄纽,其末合则为一,歧则为二……名曰偯逮。"参见"瑗逮❷"。

餲〔餲〕（ài）　食物经久而变味。《论语·乡党》："食饐而餲。"参见"饐"。

另见 hé。

隘（ài）　❶狭窄;狭小。《诗·大雅·生民》："诞置之隘巷。"引申为指人气量褊狭,心胸不宽。《孟子·公孙丑上》："伯夷隘,柳下惠不恭,隘与不恭,君子不由也。"❷险要之处。左思《蜀都赋》："一人守隘,万夫莫向。"❸穷困;窘迫。《荀子·王霸》："生民则致贫隘。"

另见 è。

隘薄　谓心胸狭小。《南史·宋庐陵孝献王义真传》："义真曰:'灵运(谢灵运)空疏,延之(颜延之)隘薄。'魏文云:'鲜能以名节自立者。'"

隘害　险隘要害。张衡《东京赋》："守位以仁,不恃隘害。"

薆〔薆〕（ài）　❶隐蔽;遮掩。《方言》第六:"掩、翳,薆也。"郭璞注:"谓蔽薆也。《诗》曰:'薆而不见'"按今《诗·邶风·静女》作"爱"。❷草木茂盛貌。曹植《临观赋》："丘陵窟兮松柏清,南园薆兮果戴荣。"

薆薆　阴暗不明貌。《史记·司马相如列传》："时若薆薆将混浊兮。"

薆薱　草木茂盛貌。张衡《西京赋》："郁蓊薆薱。"

碍〔礙〕（ài）　❶阻挡;限止。《法言·君子》："子未睹禹之

行水欤？一东一北，行之无碍也。"❷妨碍。如：有碍观瞻。❸遮蔽。杜甫《见王监兵马使说近山有白黑二鹰》诗："鹏碍九天须却避。"

嗳〔嗳〕(ài) 表示伤感或不耐烦的叹声。
另见 āi, ǎi。

嗌(ài) 咽喉室塞。《方言》第六："嗌，噎也……秦晋或曰嗌。"《庄子·庚桑楚》："儿子终日嗥而嗌不嗄。"
另见 wò, yì。

嫒〔嫒〕(ài) 爱女。参见"令爱"。

瑷〔瑷〕(ài) ❶美玉。❷见"瑷珲"。

瑷珲 旧县名。在黑龙江省北部。清设瑷珲厅，1913 年改设瑷珲县。1956 年改名爱辉县。1983 年撤销，并入黑河市。

璦〔璦〕(ài) 见"璦昲"、"璦璗"等。

璦璦 浓郁貌；茂密貌。欧阳詹《回銮赋》："瑞色璦璦而溶溶。"顾瑛《碧梧翠竹堂》诗："高堂梧与竹，璦璦排空青。"

璦璗 ❶云盛貌。潘尼《逸民吟》："朝云璦璗，行露未晞。"❷陆凤藻《小知录》卷九："璦璗，眼镜也。《洞天清录》载：璦璗，老人不辨细书，以此掩目则明。"

璦璗 昏暗貌。木华《海赋》："气似天霄，璦璗云布。"

璦昲 犹言依稀。《文选·木华〈海赋〉》："且希世之所闻，恶(何)审其名？故可仿像其色，璦昲其形。"李善注："仿像、璦昲，不审之貌。"

暧〔暧〕(ài) ❶昏暗貌。范成大《大暑舟行含山道中雨骤至霆奔龙挂可骇》诗："陕云暧前驱，连鼓讧后殿。"❷隐蔽。《后汉书·周燮黄宪等传赞》："韬伏明姿，甘是堙暧。"

暧暧 ❶昏暗貌。《离骚》："时暧暧其将罢兮。"❷隐蔽貌。陶潜《归园田居》诗："暧暧远人村，依依墟里烟。"

暧曃 昏暗貌。《楚辞·远游》："时暧曃其晄莽兮。"王逸注："日月暗黮而无光也。"

暧昧 ❶幽暗。何晏《景福殿赋》："其奥秘，则蔚蔽暧昧。"❷模糊；不清晰。《晋书·杜预传》："臣心实了，不敢以暧昧之见，自取后累。"❸态度不明或有不可告人的私隐。也特指男女间不正当的关系。

壒(ài) 同"堨"。尘埃。韩愈《秋雨联句》："白日悬大野，幽泥化轻壒。"

噎(ài) 见"噎气"。
另见 yī, yì。

噎气 呼气；嘘气。《庄子·齐物论》："夫大块噎气，其名为风。"

憸(ài) 恐惧。《太玄·文》："高明足以覆照，制刻足以悚憸。"范望解："刻杀万物于酉以悚惧也。"

餲(ài) 香。韩愈、孟郊《秋雨联句》："援菊茂新芳，径兰销晚餲。"

ān

厂(ān) 同"庵"。
另见 chǎng, hàn。

广(ān) 同"庵"。
另见 guǎng, guàng, kuàng, yǎn。

安(ān) ❶安全；安稳。《国策·齐策六》："今国已定，而社稷已安矣。"杜甫《茅屋为秋风所破歌》："风雨不动安如山。"❷安适。如：心安理得。《孟子·离娄下》："君子深造之以道，欲其自得之也；自得之，则居之安。"❸安逸；苟安。《左传·僖公二十三年》："怀与安，实败名。"❹习惯。《吕氏春秋·乐成》："三世然后安之。"❺安放；设置。如：安机器。陆游《东阳道中》诗："先安笔砚对溪山。"❻哪里；如何。《礼记·檀弓上》："泰山其颓，则吾将安仰？"❼犹"乃"、"于是"。《荀子·仲尼》："委然成文以示之天下，而暴国安自化矣。"❽姓。古代安息人或安国人来中国，有的就以安为姓，如汉有安世高(安息人)，唐有九姓商胡安门物(安国人)。通常认为，汉唐时期的安姓胡人曾对中西文化、经济交流作出过较大贡献。

安安 ❶温和貌。《书·尧典》："钦明文思安安。"王先谦《尚书孔传参正》卷一："状其宽和之德，故曰安安。"❷安于环境或习惯。《礼记·曲礼上》："积而能散，安安而能迁。"孙希旦集解："安安，谓心安于所安，凡身之所习、事之所便者，皆是也。"

安不忘危 太平时不能忘记危难，须戒慎警惕。《易·系辞下》："是故君子安而不忘危，存而不忘亡，治而不忘乱，是以身安而国家可保也。"

安步 缓缓步行。《国策·齐策四》："安步以当车。"后称从容步行为"安步当车"。

安步当车 见"安步"。

安车 古代一种小车，因可坐乘，故名。《礼记·曲礼上》："大夫七十而致事……适四方，乘安车。"郑玄注："安车，坐乘，若今小车也。"

安堵 亦作"案堵"、"按堵"。安居，不受骚扰。《史记·田单列传》："愿无虏掠吾族家妻妾，令安堵。"又《高祖本纪》："诸吏民皆案堵如故。"《汉书·高帝纪》作"按堵"。

安顿 安排；安置。杨万里《闷歌行》："客心未便安顿，试数油窗雨点痕。"《水浒传》第三回："再说金老得了这一十五两银子，回到店中，安顿了女儿。"

安分 守本分。如：安分守己。白居易《咏拙》诗："以此自安分，虽穷每欣欣。"

安富尊荣 身安、国富、位尊、名荣。《孟子·尽心上》："君子居是国也，其君用之，则安富尊荣。"后指安于富裕安乐的生活。《红楼梦》第七十一回："宝玉道：'我常劝你总别听那些俗语，想那些俗事，只管安富尊荣才是。'"

安居 生活安定。如：安居乐业。

安居乐业 安定地生活，愉快地从事其职业。《后汉书·仲长统传》："安居乐业，长养子孙，天下晏然。"

安澜 ❶澜，水波。波浪平静，比喻时世太平。王褒《四子讲德论》："天下安澜，比屋可封。"❷清代制度，每年秋汛后河堤平安无溃决者，河工人员向上呈送安澜奏报。《清史稿·河渠一》："东河总督姚立德言：'前筑土坝保固堤根，频岁安澜，已著成效。'"

安乐 舒服；快乐。《汉书·晁错传》："使先至者安乐而不思故乡。"

安乐窝 宋邵雍隐苏门山(在今河南辉县)中，自称安乐先生，称所居为"安乐窝"。后迁洛阳天津桥南，仍用此名。《宋史·邵雍传》："雍岁时耕稼，仅给衣食，名其居曰安乐窝。"后指安逸的生活环境。戴复古《访赵东野》诗："四山便是清凉国，一室可为安乐窝。"

安民 安定人民生活。《书·皋陶谟》："在知人，在安民。"后多指战乱之后抚慰人民，安定民心。《三国演义》第五十三回："玄德亲至武陵安民。"

安宁 安定；宁静。《汉书·文帝纪》："方内安宁。"

安排 ❶排，推移之意。安排，谓

听任自然变化。《庄子·大宗师》："安排而去化,乃入于寥天一。"郭象注:"安于推移而与化俱去,故乃入于寂寥而与天为一也。"❷安置;妥善布置。白居易《谕友》诗:"推此自裕裕,不必待安排。"

安琪儿 英文 angel 的音译,原意为"天使"。西方文学常用作"天真"、"美丽"、"纯洁"的象征。用为天使时,汉译常作"安琪儿"。

安人 宋徽宗时所定命妇封号,在宜人之下,孺人之上。自朝奉郎以上至朝散大夫之妻封之。明清为六品官之妻的封号。如封给母及祖母,称太安人。

安忍 安于为残忍之事。《左传·隐公四年》:"夫州吁阻兵而安忍,阻兵无众,安忍无亲,众叛亲离,难以济矣。"

安身 ❶容身;立足。《三国演义》第四十回:"近闻刘景升病在危笃,可乘此机会,取彼荆州,为安身之地。"❷犹立身。潘尼《安身论》:"盖崇德莫大乎安身,安身莫尚乎存正。"参见"安身立命"。❸休息;就寝。《左传·昭公元年》:"君子有四时:朝以听政,昼以访问,夕以修令,夜以安身。"

安身立命 指生活和精神有所依托。《景德传灯录》卷十"湖南长沙景岑禅师":"僧问:'学人不据地时如何?'师云:'汝向什么处安身立命?'"

安石榴 即"石榴"。或传说因由安息国传入我国,故名。

安泰 安定太平。如:国家安泰。白居易《幽居早秋闲咏》:"且得身安泰,从他世险艰。"

安土重迁 安于故土,不愿轻易迁居异地。《汉书·元帝纪》:"安土重迁,黎民之性;骨肉相附,人情所愿也。"

安息 安逸;安处。《诗·小雅·小明》:"嗟尔君子,无恒安息。"今用为对死者悼念语。

安详 谓言语行动从容自如。蔡邕《与何进书荐边让》:"安详审固,守持内定。"

安心 ❶心情安定。《墨子·亲士》:"非无安居也,我无安心也。"❷谓安然自足,别无所求。张华《励志诗》:"安心恬荡,栖志浮云。"❸存心;居心。《红楼梦》第一百十五回:"他为的是大爷不在家,安心和我过不去。"

安燕 ❶燕,通"宴",宴饮。安闲饮宴。《礼记·乡饮酒义》:"宾出,主人拜送,节文终遂焉,知其安燕而不乱也。"❷燕,通"晏"。安逸。《荀子·修身》:"安燕而血气不惰,劳倦而容貌不枯。"

安逸 舒服;逸乐。《北史·樊逊传》:"逊自责曰:'为人弟独爱安逸,可不愧于心乎?'"亦作"安佚"。《汉书·司马相如传下》:"居位甚安佚。"

安之若素 处之若平素所常遇者。《官场现形记》第三十八回:"见瞿太太常常如此,也就安之若素了。"

安置 ❶安放;安顿。韩愈《石鼓歌》:"安置妥帖平不颇。"白居易《游蓝田山卜居》诗:"拟求幽僻地,安置疏傭身。"❷就寝。罗大经《鹤林玉露》卷五:"〔陆象山家〕每晨兴,家长率众子弟致恭于祖祢祠堂,聚揖于厅,妇女道万福于堂,暮安置,亦如之。"❸宋时大臣被贬谪后在远处居住,叫"安置"。张端义《贵耳集》卷上:"三年(端平三年),明堂雷,应诏上第三书,得旨韶州安置。"

阴 〔陰、陰〕(ān) 见"谅阴"。另见 yīn,yìn。

郺 (ān) 古时当阳里名。见《玉篇·邑部》。

桉 (ān) 木名。见"桉树"。另见 àn 案。

桉树 桃金娘科,桉树属(Eucalyptus)植物的泛称。约有 600 种。原产澳大利亚及马来西亚,广泛引种于亚洲热带、亚热带各地。中国四川中部及长江以南各地栽培最多的有大叶桉、赤桉(E. camaldulensis)、蓝桉、细叶桉(E. tereticornis)、柠檬桉等。一般为常绿乔木。枝、叶、花有芳香。叶通常互生,多为镰刀形,有柄,羽状脉。早春开花,花白、红或黄色,多为伞形或头状花序;萼筒常为倒圆锥形,萼片与花瓣连合成帽状体(花盖),开花时脱落。蒴果成熟时顶端 3～5 裂。种子有角棱。在肥沃潮湿土壤上生长快。木材一般坚韧,耐久,可供枕木、矿柱、桥梁、建筑等用材;有的能产树胶(大叶桉);叶和小枝可提取挥发油(称桉油),供药用或作香料和矿物浮选剂。又为绿化树和蜜源植物。

氨 (ān) 氮的最普通的氢化物。化学式 NH_3。无色气体,具刺激异臭。极易溶于水,水溶液称氨水。常温下加压即可液化。工业上主要由氮和氢直接合成(高温高压下用铁作催化剂)。液态氨的蒸发热颇大(在沸点 -33.35℃ 时为 1.37 千焦/克),故可作致冷剂借以制冰。大量应用于制肥料、硝酸及其他化学工业。液态氨是优良的溶剂之一。

庵 〔菴〕(ān) ❶小草屋。《神仙传·焦先》:"居河之湄,结草为庵。"《南齐书·王秀之传》:"父卒,为庵舍于墓下持丧。"一说圆顶屋为"庵"。旧时文人的书斋亦多称"庵"。如:老学庵;影梅庵。❷亦称"尼庵"。比丘尼所居之寺。原指隐世修行者所住的茅屋。《释氏要览》卷上:"草为圆屋曰庵……西天僧俗,修行多居庵。"后一般指尼姑居住的寺庙。

盦 (ān) 大盂。《方言》第十三:"盂谓之柽,河、济之间谓之盦盤。"按《玉篇》及《广韵·二十五寒》都释盦盤为大盂。

谙 〔諳〕(ān) 熟记;熟悉。《后汉书·虞延传》:"陵树株蘖,皆谙其数。"王建《新嫁娘》诗:"未谙姑食性,先遣小姑尝。"

谙究 熟悉。《晋书·王隐传》:"博学多闻,受父遗业,西都旧事,多所谙究。"

荌 (ān) "庵"的古体字。

唅 (ān) 见"唅默"、"唅呓"。

唅默 缄默。《新唐书·杨场传》:"融(宇文融)方贵,公卿唅默唯唯,独场抗议,故出为华州刺史。"

唅呓 说梦话。《列子·周穆王》:"眠中唅呓呻呼,彻旦息焉。"

媕 (ān) 见"媕婀"。

媕婀 依违阿曲。韩愈《石鼓歌》:"中朝大官老于事,讵肯感激徒媕婀。"

媕 (ān) 见"媕臜"。

媕臜 同"肮脏"。

鹌 〔鵪〕(ān) 见"鹌鹑"。另见 yàn。

鹌鹑(Coturnix coturnix japonica) 简称"鹑"。鸟纲,雉科。雄鸟体长近 20 厘米。酷似鸡雏,头小尾秃。额、头侧、颏和喉等均淡红色。周身羽毛有白色羽干纹。冬季常栖于近山平原,潜伏杂草或丛灌间。以谷类和杂草种子为食。主

鹌鹑

要在中国东北及俄罗斯西伯利亚南部繁殖;迁徙和越冬时,遍布于中国东部。雄性好斗。肉味美,卵亦可食。各地多有饲养。

䐴（ān）　一种烹调法,即用盐豉葱姜与肉类同煮。《齐民要术》卷八有䐴鸡、䐴白肉、䐴猪、䐴鱼等法。

䐴腊　同"腌臘"。

裺（ān）　见"裺囊"。另见 yǎn。

裺囊　饲马的器具。《方言》第五:"饮马囊,自关而西谓之裺囊,或谓之裺筊,或谓之褸筊。"

鮟〔鮟〕（ān）　见"鮟鱇"。另见 yǎn。

鮟鱇（Lophiomus setigerus）　硬骨鱼纲,鮟鱇科。体前半部平扁,呈圆盘形,尾部细小,长达 50 厘米以上。背面紫褐色,腹面淡色,口内有黑白斑纹。头大,口宽,牙尖锐。背鳍最前三鳍棘分离,第一棘顶端有皮瓣;胸鳍宽大,臂状。体柔软,无鳞。为近海底层鱼类,常潜伏不动,以游离背鳍棘为饵诱捕其他鱼类等。中国沿海均产。

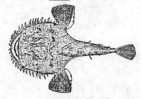

鮟　鱇

鞍〔鞌〕（ān）　❶马鞍。《汉书·李广传》:"今解鞍以示不去,用坚其意。"❷古地名。春秋属齐。在今山东济南市。《春秋》成公二年(公元前 589 年)鲁、晋与齐"战于鞍,齐师败绩",即此。

鞍桥　马鞍。鞍形拱起处像桥,故称。《北史·傅永传》:"能手执鞍桥,倒立驰骋。"

駿（ān）　同"鞍"。

盦（ān）　同"庵"。

馣（ān,又读 yǎn）　芳香。康海《一枝花·秋兴》套曲:"花无千日长馣,海岂一篙可探。"

馣馤　香气浓郁。《文选·司马相如〈上林赋〉》:"馣馤咇茀。"李善注:"《说文》曰:'馣馤,香气奄蔼也。'馣与晻、馤与荔,音义同。"

馣馣　香。《广雅·释训》:"馣馣,香也。"

馣薱　香气。钱大昕《木棉花歌》:"三月才过微雨润,木香花下香馣薱。"

闇（ān）　居丧的庐舍。见"谅闇"。
另见 àn 暗、yǎn。

鴿（ān）　同"鹌"。

雗（ān）　同"鹌"。

韽　声音微小难辨别。《周礼·春官·典同》:"微(指钟形)声韽。"郑玄注:"韽,声小不成也。"

鶕（ān）　同"鹌"。

鷁（ān）　同"鹌"。

ǎn

匼（ǎn）　见"阿匼"。另见 ē, kě。

垵（ǎn）　同"埯"。亦用于地名。福建龙海市有新垵。

俺（ǎn）　北方方言。我;我们。《红楼梦》第五回:"都道是金玉良缘,俺只念木石前盟。"

埯（ǎn）　亦作"垵"。❶坑。见《集韵·四十八感》。今称播种时挖的小坑为埯。❷覆土。见《集韵·五十琰》。今也称在小坑中播种瓜、豆等为埯。

俺（ǎn）　❶含在嘴里。《百喻经·俺米决口喻》:"昔有一人,至妇家舍,见其捣米,便往其所,偷米俺之。"❷梵语 Om 的音译。佛教咒语的发声词。《金刚经·补阙真言》:"俺呼噜呼噜。"

铵〔銨〕（ǎn）　化学名词。从氨根 NH₃ 衍生所得的正一价复根 NH₄⁺,称为铵离子。同一价金属(碱金属)离子相似。其盐类称为铵盐。铵盐的晶形、溶解度等性质,与相应的钾盐相近似。

揞（ǎn）　❶掩藏。《方言》第六:"揞,藏也。荆楚曰揞,吴扬曰揜。"今称手覆物为揞,与藏义同。❷用药面儿或粉末敷在伤口上。

晻（ǎn）　见"晻薆"。

晻薆　同"馣馤"。香气盛。司马相如《上林赋》:"晻薆咇茀。"

àn

犴〔一〕（àn）　同"豻"。
〔二〕（àn）　亦作"岸"。牢狱。《荀子·宥坐》:"狱犴不治。"杨倞注:"犴亦狱也。"参见"岸狱"。另见 hān。

岸〔峅〕（àn）　❶滨临江、河、湖、海、水库等水域边缘的陆地。如河岸、海岸等。在内河中,一般以寻常水位时陆地和水的分界线为准;在河口或海滨潮区中,以寻常潮高水位时的陆地和水的分界线为准。在河湾段,向内凹进的称凹岸,向外凸出的称凸岸。决定河流的左、右岸时,以面向下游作准,在左边的为左岸,在右边的为右岸。❷比喻高位。《诗·大雅·皇矣》:"诞先登于岸。"❸高貌。常用来形容人态度严峻或高傲。黄庭坚《定风波·次高左藏使君韵》词:"莫笑老翁犹气岸。"❹通"犴"。牢狱。见"岸狱"。❺露额。见"岸帻"。

岸狱　岸,通"犴"。监狱。《诗·小雅·小宛》:"宜岸宜狱。"陆德明释文:"《韩诗》作犴,音同。云乡亭之系曰犴,朝廷曰狱。"柳宗元《吊屈原文》:"犴狱之不知避兮,宫庭之不处。"

岸帻　帻,头巾,本覆在额上,把帻掀起露出前额叫"岸帻"。表示态度洒脱,不拘束。孔融《与韦端书》:"不得复与足下岸帻广坐,举杯相于,以为邑邑(悒悒)。"

按（àn）　❶抑制。《管子·霸言》:"按强助弱。"❷按捺;用手抚压。如:按电铃;按剑;按脉。雍陶《少年行》:"对人新按越姬筝。"❸按照。如:按劳分配;按制度办事。❹审察;研求。《汉书·贾谊传》:"按之当今之务,日夜念此至孰(熟)也。"《红楼梦》第八十二回:"翻了一本看去,章章里头,似乎明白,细按起来,却不很明白。"❺巡行。《史记·卫将军骠骑列传》:"按榆溪旧塞。"❻同"安"。见"按堵"。❼按语。如:编者按。

按兵　亦作"案兵"。止兵不动。《宋书·武帝纪上》:"我案兵坚阵,勿与交锋。"常与"不动"连用。《三国演义》第三回:"进(何进)使人迎董卓于渑池,卓按兵不动。"

按部就班　按,亦作"案"。语出陆机《文赋》"然后选义案部,考辞就班"。原指安章定句。后以"按部就班"为遵照规章办事或循序渐进的意思。《三侠五义》第九十四回:"只好是按部就班慢慢叙下去,自然有个归结。"有时也指按例而行,缺乏创新。

按堵　同"安堵"。安居;定居。《汉书·高帝纪上》:"吏民皆按堵如

故。”

按蹻 ❶推拿手法。唐王冰注："按，谓抑按皮肉；蹻，谓捷举手足。"《素问·金匮真言论》明吴昆注："按，手按也；蹻，足踹也。"❷指推拿按摩经络穴位的方法。《类经·论治类》明张景岳注："按，捏按也；蹻，即阳蹻、阴蹻之义。盖谓推拿溪谷蹻穴以除疾病也，病在肢体，故用此法。"

按脉 亦称"切脉"。触摸体表动脉搏动处以识别脉象的方法。可为诊断疾病提供依据。《素问·阴阳应象大论》："善诊者，察色按脉，先别阴阳。"

按图索骥 《汉书·梅福传》："今不循伯者之道，乃欲以三代选举之法取当时之士，犹察伯乐之图，求骐骥于市，而不可得，亦已明矣。"亦作"按图索骏"。杨慎《艺林伐山》卷七："伯乐《相马经》有'隆颡蛈日，蹄如累麹'之语，其子执《马经》以求马，出见大蟾蜍，谓其父曰：'得一马，略与相同；但蹄不如累麹尔。'伯乐知其子之愚；但转怒为笑曰：'此马好跳，不堪御也。'所谓'按图索骏'也。"骏、骥，均良马之称。因以"按图索骥"比喻食古不化，拘泥成法办事。赵汸《葬书问对》："每见一班按图索骥者，多失于骊黄牝牡，苟非其人神定识超，未必能造其微也。"今多比喻依照线索去寻求事物，易于获得。

按语 亦作"案语"。编者或作者对文章、词句所添加的评论、说明或考证的话。

汶（àn） 汶水。见《说文·水部》。段玉裁注："《日部》曰：'安雯，温也。'然则汶汶犹安雯，皆叠韵字。"参见"汶❶"。

另见 è。

豻（àn）❶古代北方的一种野狗，形如狐狸，黑嘴。《淮南子·道应训》："玄豹、黄罴、青豻。"❷古时乡亭的牢狱。引申为狱讼之事。《汉书·刑法志》："原狱所所以蕃若此者……狱豻不平之所致也。"

胺（àn） 氨（NH₃）分子中部分或全部氢原子被烃基取代而成的有机化合物。按代入烃基的数目分成三类：伯胺（RNH₂）、仲胺（R₂NH）、叔胺（R₃N）。按烃基的结构也可分成脂肪胺（如甲胺，CH₃NH₂）、芳香胺（如苯胺，C₆H₅NH₂）及杂环胺类（如吡啶）。大都具有弱碱性，能和酸形成盐。苯

胺是这类的重要代表物，是合成染料、药物等的原料。

案〔桉〕（àn）❶狭长的桌子。如：书案；案桌。❷架起来的砧板或搁板。如：肉案；案板。❸古时进食用的短足木盘。见"举案齐眉"。❹古时坐具。《周礼·天官·掌次》："王大旅上帝，则张毡案。"贾公彦疏："案，谓床也。"❺考察；考据；查究。如：案验；案语。《史记·魏其武安侯列传》："灌夫家在颍川，横甚，民苦之，请案。"❻犹榜。明清时童生考进秀才后公布的名单。参见"同案❶"。❼通"按"。手抚；用手压下。《史记·郦生陆贾列传》："郦生瞋目案剑。"又《魏其武安侯列传》："案灌夫项，令谢。"引申为控制。如：案节缓行。❽安定。见"案堵"。❾涉及法律的事件或政治上的重大事件。如：讼案；审案；破案；五卅惨案。❿关于建议、计划等的文件。如：议案；方案；草案。⓫处理公事的记录；案卷。如：备案；存案；有案可查；声明在案。⓬乃；于是。《荀子·礼论》："故先王案以此象之也。"

案牍 官府的文书。谢朓《落日怅望》诗："情嗜幸非多，案牍偏为寡。"

案堵 同"安堵"。定居；安定。《史记·高祖本纪》："诸吏人皆案堵如故。"

案件 涉及法律问题，经司法机关立案受理的事件。如民事案件、经济案件、刑事案件、行政案件。

案卷 ❶亦称"卷宗"，简称"卷"。一组互有联系的放入卷夹、卷皮内的文件组合体。一般反映一项工作活动的情况或一个问题等的处理过程。是文件处理和档案管理中的基本保管单位和统计单位。❷在诉讼法中，指案件处理过程中汇集的文件材料。案件审理结束后，将所有材料按程序分类整理，并装订成册，作为档案保存，以备复核查考。

案署 同"安堵"。安居，不受骚扰。《史记·秦始皇本纪》："帷帐钟鼓美人充之，各案署不移徙。"

案验 查明案情，以定其罪。《汉书·息夫躬传》："上恶之，下有司案验。"亦作"按验"。《汉书·文三王传》："始以恶言按验，既亡（无）事实，而发闺门之私，非本章所指。"

案由 每一个诉讼案件的原由。如刑事案件中，指何人被指控犯何种罪名（如盗窃、贪污等罪）；民事案件

中，指何人提出何种诉讼请求（如财产继承、损害赔偿等）。

暗〔闇、晻〕（àn）❶没有光或光不足；不明亮。如：昏暗；暗淡。❷愚昧不明。《晋书·周颛母李氏传》："名重而识暗。"❸秘密；不显露。如：暗号；暗器。《红楼梦》第二十五回："明里不敢罢咧，暗里也算计了。"❹通"谙"。见"暗练"。

暗蔼 亦作"黯蔼"。❶众盛貌。《文选·扬雄〈甘泉赋〉》："傧暗蔼兮降清坛。"李善注："暗蔼，众盛貌也。"亦指树木繁茂。王安石《寄曾子固》诗："峰峦碧参差，林树青暗蔼。"❷同"暗暧"。昏暗貌。《离骚》："扬云霓之暗蔼兮。"

暗暧 昏暗貌。《后汉书·卢植传》："〔日〕既食之后，云雾暗暧。"

暗暗 ❶幽暗隐约貌。《汉书·扬雄传上》："稍暗暗而靓（静）深。"颜师古注："暗暗，幽隐。"按《文选·扬雄〈甘泉赋〉》李善注作"深空之貌"。❷暗中；私下。《水浒传》第四十七回："石秀看了，只暗暗地叫苦。"

暗晊 昏暗貌。《文选·左思〈吴都赋〉》："旭日暗晊。"李善注："晊亦暗也。"吕向注："昏暗貌。"

暗淡 亦作"黯淡"、"暗澹"。不明亮；不鲜明。如：光线暗淡。吴融《东归望华山》诗："不奈春烟笼暗澹，可堪秋雨洗分明。"引申为没希望。如：前途暗淡。

暗箭 也叫"冷箭"。暗中放箭，比喻暗中陷害人。如：明枪易躲，暗箭难防。刘炎《迩言》卷六："暗箭中人，其深次骨，人之怨也，亦必次骨，以其掩人所不备也。"

暗练 亦作"谙练"。熟悉；熟练。《晋书·职官志》："蜀破后，令陈勰受诸葛亮围阵用兵倚伏之法，又甲乙校标帜之制，勰悉暗练之。"

暗昧 ❶昏暗。《楚辞·九思·守志》："彼日月兮暗昧。"亦谓模糊不明。《论衡·谢短》："上古久远，其事暗昧，故经不载而师不说也。"❷愚昧。《汉书·五行志中之下》："暗昧蔽惑，则不能知善恶。"

暗弱 愚昧软弱。《后汉书·董卓传》："皇帝暗弱，不可以奉宗庙为天下主。"

暗室 ❶指无光亮或隐秘的地方。骆宾王《萤火赋》："类君子之有道，入暗室而不欺。"后称心地光明，暗中不做坏事为"不欺暗室"。❷指墓穴。张九龄《惠庄太子哀册文》："夜漏尽兮暗室启。"

暗香 ❶幽香。元稹《春月》诗:“风柳结柔援,露梅飘暗香。”林逋《山园小梅》诗:“疏影横斜水清浅,暗香浮动月黄昏。”后亦喻指梅花。❷词牌名。南宋姜夔自制曲。绍熙二年(1191年),夔填咏梅花词二首赠范成大,成大使歌女唱之,并名为《暗香》、《疏影》。双调九十七字,仄韵。张炎以此二调咏荷花、荷叶,更名《红情》、《绿意》。

暗香疏影 ❶林逋《山园小梅》诗:“疏影横斜水清浅,暗香浮动月黄昏。”原为描写梅花的姿态和香味。后因以“暗香疏影”为梅花的代称。辛弃疾《和傅岩叟梅花》:“暗香疏影无人处,唯有西湖处士知。”❷词牌名。《暗香》、《疏影》原为南宋姜夔自制的两曲,元张肯取《暗香》之上阕、《疏影》之下阕合为一曲,故名。双调一百零五字,仄韵。

暗虚 指月蚀时,月球被蚀部分。《后汉书·天文志上》“明王事焉”刘昭注:“当日之冲,光常不合者,蔽于地也,是谓暗虚。”

暗翳 阴暗貌。《楚辞·九思·遭厄》:“云霓纷兮暗翳。”

暗中摸索 刘餗《隋唐嘉话》卷上:“许敬宗性轻傲,见人多忘之。或谓其不聪。曰:‘卿自难记,若遇何(何逊)、刘(刘孝绰)、沈(沈约)、谢(谢朓),暗中摸索著,亦可识之。’”后常用来比喻缺少指导和借鉴,独自探求事物的道理。《朱子全书·易》:“若在今日,则已不得其法,又不晓其词,而暗中摸索,妄起私意。”

赚〔赚〕(àn) 见“赚𩘻”。

赚𩘻 飓风。见《通雅·天文》。沈佺期《夜泊越州逢北使》诗:“赚𩘻萦海若。”

傫(àn,又读 è) 忧郁;迟钝。《荀子·不苟》:“通则骄而偏,穷则弃而傫。”王先谦集解引郝懿行曰:“《玉篇》:傫,五甘切,不慧也。”

黬(àn) 斑点。《庄子·庚桑楚》:“有生,黬也。”

黯(àn) ❶深黑。蔡邕《述行赋》:“玄云黯以凝结兮,集零雨之溱溱。”❷心神沮丧貌。柳永《玉蝴蝶》词:“黯相望,断鸿声里,立尽斜阳。”

黯淡 同“暗淡”。不明亮;不鲜明。吴融《东归望华山》诗:“不奈春烟笼黯淡,可堪秋雨洗分明。”

黯黮 昏暗貌。《楚辞·九叹·远游》:“望旧邦之黯黮兮,时混浊其犹未央。”

黯然 ❶黑貌。《史记·孔子世家》:“丘得其为人,黯然而黑,幾然而长。”❷颓丧貌。《文选·江淹〈别赋〉》:“黯然销魂者,唯别而已矣。”吕向注:“黯然,失色貌。”

黭(àn) 青黑色。《南齐书·王奂传》:“止今体伤楗苍黭。”

另见 yǎn。

āng

肮〔骯〕(āng) 见“肮脏”。

另见 háng,kǎng。

肮脏 不干净,引申为糟蹋。《醒世恒言》第三回:“那主儿或是年老的,或是貌丑的……你却不肮脏了一世。”

áng

卬(áng) ❶我。《诗·邶风·匏有苦叶》:“人涉卬否。”❷通“昂”。激励。司马相如《长门赋》:“意慷慨而自卬。”❸通“昂”。《汉书·食货志下》:“万物卬贵。”意谓物价上涨。

另见 yǎng。

卬卬 同“昂昂”。气概轩昂貌。《诗·大雅·卷阿》:“颙颙卬卬,如圭如璋。”郑玄笺:“志气则卬卬然高朗,如玉之圭璋也。”

仰(áng) 同“昂”。潘岳《西征赋》:“倦狭路之迫隘,轨踦躯以低仰。”

另见 yǎng。

仰仰 同“昂昂”。士气振奋貌。《周礼·地官·保氏》郑玄注引郑司农曰:“军旅之容,阚阚仰仰。”

仰首伸眉 形容意气昂扬的样子。司马迁《报任少卿书》:“乃欲仰首伸眉,论列是非,不亦轻朝廷羞当世之士邪!”“仰”,《汉书》作“卬”。

昂(áng) ❶高。《礼记·曲礼上》“奉席如桥衡”郑玄注:“横奉之,令左昂右低。”❷抬起。如:昂头。苏轼《和子由次王巩韵》:“简书见迫身今老,樽酒闻呼首一昂。”❸上升。如:昂贵。《楚辞·远游》:“服偃蹇以低昂兮,骖连蜷以骄骜。”《新唐书·崔神基传》:“俄而物价踊昂。”❹振奋貌。见“昂扬”、“激昂”。

昂昂 亦作“卬卬”。气概轩昂貌。《楚辞·卜居》:“宁昂昂若千里之驹乎?将泛泛若水中之凫乎?”

昂藏 ❶高峻;挺拔。《水经注·淇水》:“水出壶关县东沾台下,石壁崇高,昂藏隐天。”❷仪表雄伟,气宇不凡貌。李白《赠潘侍御论钱少阳》诗:“绣衣柱史何昂藏,铁冠白笔横秋霜!”

昂扬 高举;上扬。引申为振作奋发之意。如:斗志昂扬。

棉(áng) 斜的方椽子叫“飞棉”。《广韵·十一唐》:“棉,飞棉,斜桷。”

鞅(áng) 见“鞅角”。

鞅角 亦作“仰角”、“卬角”。有齿的木屐。《方言》第四:“屝、屦,粗履也。东北朝鲜冽水之间,谓之鞅角。徐土邳、圻之间,大粗谓之鞅角。”郭璞注:“今漆履有齿者。”戴震疏证:“《释名》云:‘仰角,屐上施履之名也。’鞅、仰假借通用。”又云:“《急就篇》‘卬角’颜师古注云:‘卬角,形若今之木履而下有齿。’卬即鞅。”

àng

枊(àng) ❶系马的桩。《三国志·蜀志·先主传》:“〔先主〕解绶系其颈着马枊,弃官亡命。”❷斗栱。《文选·何晏〈景福殿赋〉》:“飞枊鸟踊。”李善注:“飞枊之形,类鸟之飞。……今人名屋四阿栱为櫼枊也。”

瓮(àng) 同“盎”。《庄子·德充符》:“瓮瓮大瘿说齐桓公,桓公说(悦)之。”李颐注:“瓮瓮,大瘿貌。”

盎(àng) ❶一种腹大口小的盛器。《急就篇》卷三:“甀缶盆盎瓮罃壶。”颜师古注:“缶、盆、盎,一类耳。缶即盎也,大腹而敛口;盆则敛底而宽上。”❷洋溢;充盈。如:春意盎然;兴趣盎然。《孟子·尽心上》:“睟然见于面,盎于背。”朱熹注:“盎,丰厚盈溢之意。”

盎盎 ❶盈溢貌。苏轼《新酿桂酒》诗:“捣香筛辣入瓶盆,盎盎春溪带雨浑。”❷和盛貌。杜牧《李长吉歌诗叙》:“春之盎盎,不足为其和也。”

醠(àng) 清酒。《淮南子·说林训》:“清醠之美,始于耒耜。”一说浊酒。见《说文·酉部》。段玉裁以为“清于醴而浊于缇沈”。

亦作"盉"。参见"五齐(wǔ jì)"。

āo

凹(āo) 周围高,中间低。与"凸"相对。如:凹板;凹凸不平。

另见 wā。

颙〔顒〕(āo) ❶头凹。见《玉篇·页部》。❷头大目深貌。《文选·王延寿〈鲁灵光殿赋〉》:"颙颟顪而睽睢。"李善注:"颙颟顪,大首深目貌。"

熝(āo) 同"燺"。

燺(āo) 同"燺"。韩愈《陆浑山火和皇甫湜用其韵》:"焄枭煨燺熟飞奔,祝融告休酌卑尊。"

镳〔鐯〕(āo) ❶温器。引申为以温器煮烂。今字作"熬"。如:镳面;镳白菜。❷"鏖❶"的本字。

燺(āo) ❶亦作"熝"。把食物埋在灰火里煨熟。《齐民要术》作鳢鱼脯法:"草裹泥封,熝灰中熝之。"《广韵·六豪》:"熝,埋物灰中令熟。"❷用文火煨。褚人穫《坚瓠六集·田家乐》:"杜洗麸,熝葫芦。"❸一种烹调法,用多种香料加工食物。如:熝鸭;熝鸡。

鷍(āo) 同"颙(顒)"。

áo

敖(áo) ❶游嬉;闲游。《诗·邶风·柏舟》:"以敖以游。"❷喧噪。《荀子·强国》:"无爱人之心,无利人之事,而日为乱人之道,百姓讙敖。"❸通"熬"。煎熬;忧虑。《荀子·富国》:"天下敖然,若烧若焦。"❹通"廒"。粮仓。叶适《赵子容任温州司法为赋读书行》:"常平筑敖米山积。"❺通"螯"。《荀子·劝学》:"蟹六跪而二敖。"❻古地名。在今河南荥阳市西北。❼姓。宋代有敖陶孙。

另见 ào。

敖敖 ❶长大貌。《诗·卫风·硕人》:"硕人敖敖。"❷嘈杂声。《三国志·魏志·常林传》:"封高阳亭侯"裴松之注引《魏略》曰:"林夜挝吏,不胜痛,叫呼敖敖彻曙。"

敖仓 秦所置谷仓。故址在今河南荥阳市北敖山上。地当黄河和济水分流处。中原漕粮集中于此,再西运关中,北输边塞,是当时最重要的

粮仓。楚汉相争,刘邦取此仓,以供军需。汉魏均仍在此设仓。柳宗元《与李睦州书》:"盐东海之水以为咸,醨敖仓之粟以为酸。"亦泛指粮仓为敖仓。《淮南子·说林》:"近敖仓者不为之多饭,临江河者不为之多饮。"

敖荡 戏耍游荡。《汉书·丙吉传》:"不得令晨夜去皇孙敖荡。"颜师古注:"去,离也。敖,游戏也。荡,放也。"

敖民 游民。《汉书·食货志上》:"朝亡废官,邑亡敖民,地亡旷土。"颜师古注:"敖,谓逸游也。"

敖翔 同"翱翔"。《后汉书·仲长统传》:"敖翔太清,纵意容冶。"

厫(áo) 同"廒"。

隞(áo) 亦作"嚻"或"敖"。古邑名。在今河南荥阳市北敖山南。商王中丁、外壬建都于此。《史记·殷本纪》:"帝中丁迁于隞。"秦、汉和三国魏在此设仓,称为敖仓。

嶅(áo) 同"嗷"。

嶅(áo,又读 ào) ❶多小石的山。《说文·山部》:"嶅,山多小石。"段玉裁注:"鲁有具、敖二山,敖盖即嶅字,以多小石得名。"❷山高貌。见《集韵·三十七号》。

遨(áo) 游。《后汉书·刘盆子传》:"而犹从牧儿遨。"

嗷(áo) 见"嗷嗷"。

嗷嗷 亦作"嶅嶅"、"聱聱"。❶哀号声。如:嗷嗷待哺。《诗·小雅·鸿雁》:"鸿雁于飞,哀鸣嶅嶅。"陆德明释文:"嶅,本又作嗷。"❷众声喧杂貌。《汉书·刘向传》:"谗口嶅嶅。"

廒(áo) 本作"敖"。仓房。秦汉魏时在敖山(今河南荥阳北)上置谷仓,名敖仓。后世因沿称粮仓为"敖",又写作"廒"、"厫"。

廒商 中国旧时盐商的一种。两浙盐场贮盐地方称廒,故名。

潡(áo) 水名。见"潡水"。

潡水 古水名。源出今河南鲁山西北谷积山,东流至宝丰西北入汝水。

璈(áo) 古乐器名。《汉武帝内传》:"王母乃命诸侍女王子登弹八琅之璈。"

獒(áo) 大犬;猛犬。《尔雅·释畜》:"狗四尺为獒。"《左传

·宣公二年》:"公(晋灵公)嗾夫獒焉,明(提弥明)搏而杀之。"

撀(áo) 旁击。《公羊传·宣公六年》:"公怒,以斗撀而杀之。"何休注:"撀,犹擎也;撀,谓旁击头项。"

熬(áo,又读 āo) ❶煎干或煮烂。如:熬粥;熬盐。《周礼·地官·舍人》:"丧纪,共饭米、熬谷。"❷忍受;勉力支持。如:熬饥;熬夜。石君宝《秋胡戏妻》第四折:"我捱尽凄凉,熬尽柔肠。"❸通"嗷"。见"熬熬"。

熬熬 同"嗷嗷"。众口愁苦声。《汉书·陈汤传》:"国家罢敝,府藏(藏)空虚,下至众庶,熬熬苦之。"

熬煎 同"煎熬"。❶烹制食品。罗泌《路史·九合诸侯》:"犹庖宰之于味也,管仲断割,而隰朋熬煎之。"❷折磨。无名氏《来生债》第一折:"无钱君子受熬煎,有钱村汉显英贤。"

鷔〔鷔〕(áo) 传说中的凶鸟。《山海经·大荒西经》:"〔玄丹之山〕爰有青鴍、黄鷔、青鸟、黄鸟,其所集者其国亡。"

另见 ào。

碙(áo) 见"碙"。

聱(áo) ❶不接受别人的意见。见元结《自释书》:"彼诮以聱者,为其不相从听。"❷见"聱牙"。

聱牙 ❶乖忤。苏轼《上皇帝书》:"其间一事聱牙,常至终身沦弃。"亦作"聱齖"。元结《自释书》:"彼聱叟不羞聱齖于邻里,吾又安能惭漫浪于人间。"❷形容语句难读。韩愈《进学解》:"周《诰》殷《盘》,佶屈聱牙。"❸形容老树枝干杈枒。朱熹《枯木》诗:"百年蟠木老聱牙。"

螯(áo) 甲壳动物变形的步足。末端两歧,开合如钳。《荀子·劝学》:"蟹六跪而二螯。"杨倞注:"跪,足也。螯,蟹首上如钺者。许叔重《说文》云:'蟹六足二螯也。'"王先谦集解引卢文弨曰:"此正文及注'六'字,疑皆'八'字之讹。"

翱〔翶〕(áo) 见"翱翔"。

翱翔 鸟回旋飞翔。《淮南子·览冥训》:"翱翔四海之外。"高诱注:"翼一上一下曰翱,不摇曰翔。"比喻自由自在地遨游。《诗·齐风·载驱》:"齐子翱翔。"毛传:"翱翔,犹彷徉也。"彷徉,犹"徜徉"。

謷（áo）❶诋毁。《吕氏春秋·怀宠》:"謷醜先王,排訾旧典。"❷高大貌。《庄子·德充符》:"謷乎大哉,独成其天。"
　　另见 ào。

謷謷　同"嗷嗷"。众人悲叹声。《汉书·食货志上》:"吏缘为奸,天下謷謷然,陷刑者众。"

螯〔鰲、鼇〕（áo）传说中的海中大龟,一说大鳖。李白《猛虎行》:"巨螯未斩海水动,鱼龙奔走安得宁!"刘禹锡《白舍人自杭州寄新诗因而戏酬》:"螯惊震海风雷起,蜃斗嘘天楼阁成。"

螯戴　古代神话,渤海之东有大壑,其下无底,中有五山,常随波上下漂流,上帝使十五巨螯举首戴之,五山才兀峙不动。见《列子·汤问》。《楚辞·天问》:"螯戴山抃,何以安之?"后因用以比喻负荷之重或表示感戴的意思。庾信《谢赵王赉白罗袍裤等启》:"花开四照,惟见其荣;螯戴三山,深知其重。"

螯山　旧时元宵灯景的一种。把灯彩堆叠成一座山,像传说中的巨螯形状。《水浒传》第三十三回:"且说这清风寨镇上居民商量放灯一事,准备庆赏元宵。科敛钱物,去土地大王庙前扎缚起一座小螯山,上面结彩悬花,张挂五七百碗花灯。"

螯头　唐宋时皇帝殿前陛阶上镌有巨螯,翰林学士、承旨等官朝见皇帝时立于陛阶的正中,故称入翰林院为"上螯头"。江休复《江邻几杂志》:"刘子仪侍郎三入翰林,意望入两府,颇不怿。诗云:'蟠桃三窃成何事,上尽螯头迹转孤。'"文莹《玉壶清话》卷二:"李瀚及第于和凝相榜下,后与座主同任学士。会凝作相,瀚为承旨,适当批诏,次日于玉堂辄开和相旧阁,悉取图书器玩,留一诗于楹,携之尽去。云:'座主登庸归凤阁,门生批诏立螯头。'"后亦称状元及第为独占螯头。

螯足　古代神话中作为天柱的大龟四足。《淮南子·览冥训》:"往古之时,四极废,九州裂,天不兼覆,地不周载……于是女娲炼五色石以补苍天,断螯足以立四极。"成公绥《天地赋》:"断螯足而续毁,炼玉石而补缺。"

嚣〔囂〕（áo）❶通"嗷"、"謷"、"敖"。见"嚣嚣❶❸"。❷古邑名。一作隞。故址在今河南荥阳市北敖山南。《史记·殷本纪》:"帝中丁迁于嚣。"司马贞索隐:"隞亦作'嚣',并音敖字。"

　　另见 xiāo。

嚣嚣（áo）❶众口谗毁貌。《诗·小雅·十月之交》:"谗口嚣嚣。"《汉书·刘向传》引作"谗口嗸嗸",《潜夫论·贤难》作"谗口敖敖"。❷自得貌。《孟子·尽心上》:"人知之,亦嚣嚣;人不知,亦嚣嚣。"❸傲慢貌。《诗·大雅·板》:"听我嚣嚣。"毛传:"嚣嚣,犹謷謷也。"郑玄笺:"女(汝)反听我言嚣嚣然不肯受。"《尔雅·释训》:"敖敖,傲也。"陆德明释文:"敖,本又作謷,又作嚣,同。"❹众怨愁声。《后汉书·陈蕃传》:"今京师嚣嚣,道路喧哗。"

嚣然　"嚣"通"敖"。忧愁貌。《三国志·魏志·和洽传》:"农业有废,百姓嚣然。"

麈（áo）❶温器。本作"鏖",详该条。❷战斗激烈。《汉书·霍去病传》:"合短兵,麈皋兰下。"颜师古注:"麈,谓苦击而多杀也。"❸喧扰。黄庭坚《仁亭》诗:"市声麈午枕。"

麈兵　激烈的或大规模的战斗。庾信《哀江南赋》:"麈兵金匮,校战玉堂。"

麈糟　❶犹腌臜。污秽不洁。比喻可厌恶的。陶宗仪《辍耕录》卷十:"俗语以不洁为麈糟。"今亦谓心绪烦乱为"麈糟"。❷拼命厮杀。《汉书·霍去病传》"合短兵,麈皋兰下"颜师古注引晋灼曰:"世俗谓尽死杀人为麈糟。"

麈战　激战;苦战。《新唐书·王翃传》:"引兵三千,与贼麈战。"

酈（áo）同"嚣(囂)"。
　　另见 xiāo。

鼇（áo）鼇拜,人名,清满族大臣。
　　另见 áo 螯。

ǎo

夭（ǎo）指刚出生的禽兽。《淮南子·时则训》:"毋覆巢,杀胎夭。"亦指初生的草木。《国语·鲁语上》:"泽不伐夭。"
　　另见 wāi,yāo。

芺（ǎo）草名。味苦。也叫"苦芺"。《尔雅·释草》"钩芺"郭璞注:"大如拇指,中空,茎头有台,似蓟,初生可食。"郝懿行义疏:"钩芺即苦芺,钩、苦声相转也。"

拗〔抝〕（ǎo）用手折断。如:拗花。温庭筠《达摩支曲》:"捣麝成尘香不灭,拗莲作寸丝难绝。"
　　另见 ào,niù。

袄〔襖〕（ǎo）有衬里的上衣。如:夹袄;棉袄;皮袄。韩愈《酬崔十六少府》诗:"蔬飧要同吃,破袄请来绽。"

趹（ǎo,又读 ào）长。见"趹蔓"。

趹蔓　草木盛长貌。左思《吴都赋》:"尔乃地势坱圠,卉木趹蔓。"

媪（ǎo）❶老妇人。《国策·赵策四》:"媪之爱燕后,贤于长安君。"❷妇人的通称。《史记·卫将军骠骑列传》:"其父郑季,为吏,给事平阳侯家,与侯妾卫媪通,生青。"司马贞索隐:"媪,妇人,老少通称。"

蝹（ǎo）传说中的兽名。常伏地下食死人脑。见《广韵·三十二皓》。
　　另见 yūn。

麌（ǎo,又读 yǎo）幼麌。《国语·鲁语上》:"鱼禁鲲鲕,兽长麌麌。"韦昭注:"鹿子曰麌,麋子曰麌。"

鷤〔鷎〕（ǎo）见"鹈鷤"。

ào

吶（ào）答应声。

嵒（ào）亦作"礐"。山深奥处。常用作地名。浙江永嘉有霉嵒,奉化有松嵒。

坳（ào）同"坳"。

坳〔坳〕（ào,又读 āo）洼下的地方。参见"塘坳"。

坳堂　亦作"堂坳"。堂屋低洼处。《庄子·逍遥游》:"覆杯水于坳堂之上,则芥为之舟。"

拗〔抝〕（ào）❶违逆。如:违拗。❷发音不顺口。如:拗口令。
　　另见 ǎo,niù。

拗救　作旧体诗术语。详"拗体"。

拗句格　诗体名。详"拗体"。

拗口令　即"急口令"。

拗律　拗体的律诗。详"拗体"。

拗体　律、绝诗每句平仄都有规定,误用者谓之"失粘"。不依常格而加以变换者为"拗体"。前人所谓"拗",除有时变换第二、四、六字外,着重在五言的第三字和七言的第五

字。两联都拗的称"拗句格"，通首全拗的称为"拗律"。诗人中有故意为之者，如清王轩《声调谱序》云："韩（愈）、孟（郊）崛起，力仿李（白）、杜（甫）拗体，以矫当代圆熟之弊"。凡"拗"须用"救"，有拗有救，才不为病。一句中前面该平处用仄，则后面该仄处用平，是谓本句自救；上句该平的用仄，下句则该仄的用平，是谓对句相救。如此平拗仄救，仄拗平救，以调节音调，使其和谐，称为"拗救"。也有拗而不救者。

浇〔澆〕(ào)　通"暴"。人名。《离骚》："浇身被服强圉兮。"王逸注："浇，寒浞子也。'浇'亦作'暴'。"

另见 jiāo。

敖(ào)　通"傲"。倨慢。《礼记·曲礼上》："敖不可长，欲不可从。"

另见 áo。

敖弄　调笑戏弄。《汉书·东方朔传》："自公卿在位，朔皆敖弄，无所为屈。"颜师古注："敖，读曰傲。"

暴(ào)　❶通"傲"。傲慢。《书·益稷》："无若丹朱暴。"❷矫健貌。见"排暴"。❸人名。夏代寒浞之子。《论语·宪问》："羿善射，暴荡舟。"何晏集解："羿，有穷国之君，篡夏后相之位。其臣寒浞杀之，因其室而生暴。暴多力，能陆地行舟，为夏后少康所杀。"

傲(ào)　❶骄傲；轻慢。《书·舜典》："简而无傲。"《三国志·魏志·陈群传》："鲁国孔融，高才倨傲。"❷多言。《荀子·劝学》："故不问而告谓之傲。"杨倞注："傲，喧噪也。"

傲岸　性格高傲。李白《赠宣城宇文太守兼呈崔侍御》诗："崔生何傲岸，纵酒复谈玄。"

傲骨　高傲不屈的性格。袁宏道《感王胡庚》诗："傲骨终然遭白眼，穷途无计觅青蚨。"

傲很　倨傲凶狠。《后汉书·公沙穆传》："废嫡立庶，傲很放恣。"

傲慢　骄傲怠慢。《论衡·谴告》："子弟傲慢，父兄教以谨敬。"

傲睨　傲然睨视。形容倨傲、蔑视一切。黄庭坚《跋俞秀老清老诗颂》："清老往与余共学于涟水，其傲睨万物，滑稽以玩世，白首不衰。"

傲世　傲视当世。多指目无公卿，不屑出仕。夏侯湛《东方朔画赞》："苟出不可以直道也，故颉颃以傲世。"

傲霜枝　指秋菊。苏轼《赠刘景文》诗："荷尽已无擎雨盖，菊残犹有傲霜枝。"也用以比喻坚持节操的人。

傲物　自高自大，瞧不起人。《南史·萧子显传》："恃才傲物，宜谥曰骄。"

奥(ào)　❶室内西南角。《释名·释宫室》："室中西南隅曰奥，不见户明，所在秘奥也。"引申指内室。《楚辞·招魂》："经堂入奥。"❷含义深，不易理解。《尚书序》："《雅》《诰》奥义。"参见"奥妙"、"奥赜"。

另见 yù。

奥博　❶含义深广。鲁迅《中国小说史略·唐之传奇集及杂俎》："〔段成式〕亦早有文名，词句多奥博，世所珍异。"❷深藏广蓄。《颜氏家训·治家》："南阳有人，为生奥博，性殊俭吝。"

奥草　荒草。《国语·周语中》："民无悬耜，野无奥草。"韦昭注："皆垦辟也；奥，深也。"柳宗元《永州韦使君新堂记》："有石焉，翳于奥草；有泉焉，伏于土涂。"又《桂州訾家洲亭记》："伐恶木，刜奥草。"

奥妙　❶深奥微妙。贾岛《寄武功姚主簿》诗："静棋功奥妙，闲作韵清凄。"❷犹秘密；秘诀。《官场现形记》第一回："他是曾经发达过的人，晓得其中奥妙。"

奥区　腹地；深处。《后汉书·班固传》："防御之阻，则天下之奥区焉。"按《文选·班固〈西都赋〉》作"陕区"。《文心雕龙·宗经》："洞性灵之奥区，极文章之骨髓者也。"

奥援　暗中支持、帮助的力量。文秉《先拨志始》卷下："大愿巨奸，或燕处于园亭，或潜藏于京邸，奥援有灵，朝廷无法。"

奥赜　幽深隐微。许敬宗《劝封禅表》："参三才之奥赜，验百神之感通。"

鳌〔鷔〕(ào，又读 áo)　❶骏马。《吕氏春秋·察今》："良马期乎千里，不期乎骥鳌。"高诱注："鳌，千里马名。"❷比喻才能出众。

韩愈《荐士》诗："有穷者孟郊，受材实雄鳌。"❸恣纵奔驰。见"骄鳌❶"。❹通"傲"。轻视；傲慢。《吕氏春秋·下贤》："士鳌爵禄者，固轻其主。"《汉书·匈奴传上》："倨鳌其辞。"颜师古注："鳌与傲同。"

敫(ào)　见"稠敫"。

憿(ào)　同"傲"。倨傲。《吕氏春秋·侈乐》："勇者凌怯，壮者憿幼。"

鹜〔鶩〕(ào)　见"鸳鹜"。

另见 áo。

罂(ào)　同"吞"。

澳(ào)　海边弯曲可以停船的地方。如：胶澳；三都澳。

另见 yù。

懊(ào)　烦恼；悔恨。《南史·顾觊之传》："绰（顾绰）懊叹弥日。"

懊憦　悔。见《集韵·三十七号》。

懊忱　懊恼；烦闷。《内经·六元正纪大论》："目赤心热，甚则瞀闷懊忱。"亦作"懊憹"。

懊恼　悔恨；烦恼。古乐府《懊侬歌》："懊恼奈何许，夜闻家中论，不得侬与汝。"白居易《听竹枝赠李侍御》诗："懊恼何人怨咽多。"

懊丧　懊恼沮丧。《世说新语·言语》："鹤轩翥不复能飞，乃反顾翅，垂头视之，如有懊丧意。"

腴(ào)　鸟胃。见《玉篇·肉部》。

謷(ào)　亦作"謸"。❶戏谑。《荀子·礼论》："歌谣謸笑。"❷通"傲"。《新唐书·周墀传》："宿将暴謷不循令者，壂命鞭其背。"

另见 áo。

謷謷　傲慢妄言貌。《楚辞·九思·怨上》："令尹兮謷謷，群司兮諛諛。"王逸注："謷謷，不听话言而妄语也。"

謸(ào)　同"謷"。

鏊(ào)　烙饼器。铁制，平圆中心稍凸，下有三足，俗称鏊子或鏊盘。

鏉(ào)　同"鏊"。

B

bā

八 (bā) ❶数目。七加一所得。❷谓"八"字形。《初学记》卷九引《尚书大传》："尧八眉。八眉者,如八字。"

八拜 旧时世交子弟见长辈的礼节。邵伯温《邵氏闻见录》卷十："公(文彦博)至北京,李稷谒见,坐客次,久之。公著道服出,语之曰:'而父,吾客也,只八拜。'"又后世称异姓结为兄弟的为"八拜之交"。《醒世恒言·李汧公穷邸遇侠客》:"只见众人忙摆香案,抬出一口猪,一腔羊……祭过了天地,又与房德八拜为交,各叙姓名。"

八表 八方以外,指极远的地方。陶潜《归鸟》诗:"远之八表,近憩云岑。"

八病 古代关于诗歌声律的术语。为南朝梁沈约所提出,谓作诗应当避忌的八项弊病,即平头、上尾、蜂腰、鹤膝、大韵、小韵、旁纽、正纽。据《文镜秘府论》所述:平头指五言诗第一字、第二字不得与第六字、第七字同声(同平、上、去、入)。上尾指第五字不得与第十字同声(连韵者可不论)。蜂腰指五言诗第二字不得与第五字同声,言两头粗,中央细,有似蜂腰。鹤膝指第五字不得与第十五字同声,言两头细,中央粗,有似鹤膝(近人从宋蔡宽夫说,以为五字中首尾皆浊音而中一字清者为蜂腰,首尾皆清音而中一字浊者为鹤膝)。大韵指五言诗如以"新"为韵,上九字中不得更安"人"、"津"、"邻"、"身"、"陈"等字(即与韵相犯)。小韵指除韵以外而有迭相犯者(即九字之间互犯)。旁纽一名大纽,即五字句中有"月"字,不得更安"鱼"、"元"、"阮"、"愿"等与"月"字同声纽之字。正纽一名小纽,即以"壬"、"衽"、"任"、"入"为一纽,五言一句中已有"壬"字,不得更安"衽"、"任"、"入"字,致犯四声相纽之病。

沈约此说当时就受到钟嵘等人的批评。宋严羽《沧浪诗话·诗体》也说:"作诗正不必拘此,弊法不足据也。"

八采 八种彩色。《艺文类聚》卷十一引《春秋元命苞》:"尧眉八采,是谓通明。""采"亦作"彩"。《孔丛子·居卫》:"昔尧身修十尺,眉乃八彩。"

八达 ❶谓道路八面相通。《尔雅·释宫》:"一达谓之道路……八达谓之崇期。"❷一室四面开八个窗子。张衡《东京赋》:"复庙重屋,八达九房。"八达即《大戴礼记·明堂篇》的八牖。

八代 ❶指五帝三王之世。《晋书·陆机传》:"于是讲八代之礼,搜三王之乐。"❷指东汉、魏、晋、宋、齐、梁、陈、隋。苏轼《潮州韩文公庙碑》:"文起八代之衰。"

八狄 《尔雅》载有"八狄",郭璞注"八狄在北",但未列举名称。参见"五狄"。

八斗才 比喻高才。宋无名氏《释常谈·八斗之才》:"文章多,谓之'八斗之才'。谢灵运尝曰:'天下才有一石,曹子建独占八斗,我得一斗,天下共分一斗。'"李商隐《可叹》诗:"宓妃愁坐芝田馆,用尽陈王八斗才。"陈王即曹植,字子建。

八分 汉隶的别名。魏晋时也称楷书为隶书,因别称有波磔的隶书为"八分",以示区别。关于"八分"的解释,唐张怀瓘《书断》引王愔说:"字方八分,言有模楷。"又引萧子良说:"饰隶为八分。"张怀瓘解释为:"若八字分散,……名之为八分。"清包世臣说:"八,背也,言其势左右分布相背然也。"《唐六典》:"四曰八分,谓《石经》碑碣所用。"同意张说的人较多。

八风 八方之风。《吕氏春秋·有始》:"何谓八风? 东北曰炎风,东方曰滔风,东南曰熏风,南方曰巨风,西南曰凄风,西方曰飚风,西北曰厉风,北方曰寒风。"按《淮南子·墬形

训》作:炎风、条风、景风、巨风、凉风、飚风、丽风、寒风,与《吕氏春秋》略异。又《说文》:"风,八风也。东方曰明庶风,东南曰清明风,南方曰景风,西南曰凉风,西方曰阊阖风,西北曰不周风,北方曰广莫风,东北曰融风。"《左传·隐公五年》:"夫舞所以节八音而行八风。"服虔注:谓八卦之风,所说风名与《说文》同。参见"八节风"。

八哥(*Acridotheres cristatellus*) 亦称"鸲鹆"。鸟纲,椋鸟科。中国有三个亚种。指名亚种(*A. c. cristatellus*)体长约28厘米。体羽黑色而具光泽;喙和足黄色。鼻羽呈冠状。翼羽有白斑,飞时显露,呈"八"字形,故

八 哥

称"八哥"。杂食果实、种子和昆虫等。留居中国中部、南部各省区平原和山林间。雄鸟善鸣,经笼养训练,能模仿人言的声音。

八谷 ❶八种谷物。《小学绀珠·动植类》"八谷"引《本草》注:"黍、稷、稻、粱、禾、麻、菽、麦。"又《续古文苑·李播〈天文大象赋〉》苗为注指稻、黍、大麦、小麦、大豆、小豆、粟、麻。❷星名。《晋书·天文志上》:"〔五车星〕其西八星曰八谷,主候岁。"

八股文 亦称"时文"、"制义"或"制艺"。明清科举考试制度所规定的文体。每篇由破题、承题、起讲、入手、起股、中股、后股、束股八部分组成。"破题"用两句说破题目要义。"承题"是承接破题的意义而阐明之。"起讲"为议论的开始。"入手"为起讲后入手之处。下自"起股"至"束股"才是正式议论,以"中股"为全篇重心。在这四段中,都有两股排比对偶的文字,合共八股,故叫"八股文",也称"八比"。题目主要摘自

《四书》,所论内容也要根据宋朱熹的《四书集注》等书,不许作者自由发挥。

八卦 亦称"经卦"。《周易》中的八种基本图形,用"—"和"--"符号,每卦由三爻组成;以"—"为阳,以"--"为阴。名称是:乾(☰)坤(☷)震(☳)巽(☴)坎(☵)离(☲)艮(☶)兑(☱)。《易经》六十四卦皆由八卦两两相重组成。八卦起源于原始宗教的占卜。《易传》作者认为八卦主要象征天、地、雷、风、水、火、山、泽八种自然现象,每卦又象征多种事物,并认为"乾"、"坤"两卦在"八卦"中占特别重要的地位,是自然界和人类社会一切现象的最初根源。

八行书 信札的代称。旧时信笺每页八行,故称。《后汉书·窦章传》"更相推荐"李贤注引马融《与窦章书》:"孟陵奴来,赐书,见手迹,欢喜何量,见于面也。书虽两纸,纸八行,行七字。"温庭筠《酒泉子》词:"八行书,千里梦,雁南飞。"

八荒 八方荒远之地。贾谊《过秦论上》:"囊括四海之意,并吞八荒之心。"

八极 最边远的地方。《淮南子·墬形训》:"天地之间,九州八极。"又:"九州之外乃有八殥……八殥之外而有八纮……八纮之外乃有八极。"高诱注:"殥,犹远也。"又:"纮,维也;维落(络)天地而为之表,故曰纮也。"

八节 立春、立夏、立秋、立冬、春分、夏至、秋分、冬至为八节。《左传·僖公五年》:"凡分、至、启、闭,必书云物,为备故也。"孔颖达疏:"凡春秋分,冬夏至,立春立夏为启,立秋立冬为闭,用此八节之日,必登观台,书其所见云物气色。"

八节风 我国古代指二十四节气中二分二至和四立这八个节气的风的名称。《观象玩占·八方暴风占》:"北方坎风,名曰广莫风,又曰大刚风,主冬至四十五日。东北方艮风,名曰条风,主立春四十五日。东方震风,名曰明庶风,主春分四十五日。东南巽风,名曰清明风,主立夏四十五日。南方离风,名曰景风,主夏至四十五日。西南坤风,名曰凉风,主立秋四十五日。西方兑风,名曰阊阖风,主秋分四十五日。西北乾风,名曰不周风,主立冬四十五日。"

八戒 全称"八关斋戒",亦称"八斋戒"或"八戒斋"。佛教为在家男女教徒制订的八项戒条。(1)不杀生;(2)不偷盗;(3)不淫欲;(4)不妄语;(5)不饮酒;(6)不眠坐高广华丽床座;(7)不装饰打扮及观听歌舞;(8)不食非时食(过午不食)。八戒中,前七为戒,后一为斋。要求严于五戒,为临时奉行。

八骏 传说中周穆王的八匹名马。名称说法不一。《穆天子传》卷一:"天子之骏,赤骥、盗骊、白义、逾轮、山子、渠黄、华骝、绿耳。"郭璞注:"八骏,皆因其毛色以为名号耳。"《拾遗记·周穆王》:"王驭八龙之骏:一名绝地,足不践土;二名翻羽,行越飞禽;三名奔宵,夜行万里;四名超影,逐日而行;五名逾辉,毛色炳耀;六名超光,一形十影;七名腾雾,乘云而奔;八名挟翼,身有肉翅。"后亦泛指骏马。杜甫《骢马行》:"岂有四蹄疾于鸟,不与八骏俱先鸣。"

八恺 古代传说中的八个才德之士。《左传·文公十八年》:"昔高阳氏有才子八人,苍舒、隤敳、梼戭、大临、尨降、庭坚、仲容、叔达,齐圣广渊,明允笃诚,天下之民谓之八恺。"孔颖达疏:"恺,和也,言其和于物也。"《汉书·古今人表》庭坚作咎繇。

八面玲珑 原谓窗户宽敞明亮。马熙《开窗看雨》诗:"八面玲珑得月多。"后借以形容人手腕圆滑,世故深,处事接物面面俱到。

八面威风 形容威势甚盛。董毅《碧里杂存》卷上:"大将军八面威风。"

八声甘州 ❶词牌名。《甘州》本唐大曲名。此调因上下阕八韵,故名八声。乃慢词,与《甘州遍》、《甘州子》不同。双调九十七字,平韵。柳永所作"对潇潇暮雨洒江天"一首最为著名,故又名《潇潇曲》。❷曲牌名。南北曲均有。均属仙吕宫。北曲字句格律与词牌不同,用在套曲中。南曲又有二:一与词牌全阕或前半阕同,用作引子;一与词牌不同,但与北曲略同,用作过曲。

八石 古代方士和后来的道士烧炼外丹所常用的八种矿石药物,即:朱砂、雄黄、云母、空青、硫黄、戎盐、硝石、雌黄。《参同契》:"八石正纲纪。"陈显微解:"八石,外药也。"《抱朴子·论仙》:"长斋久洁,躬亲炉火,夙兴夜寐,以飞八石。"

八薮 古代八个泽薮的总称。《汉书·严助传》:"以四海为境,九州为家,八薮为囿,江汉为池。"颜师古注:"八薮谓鲁有大野、晋有大陆、秦有杨汗、宋有孟诸、楚有云梦、吴越之间有具区、齐有海隅、郑有圃田。"

八索 相传为古书名。《左传·昭公十二年》:"是能读三坟、五典、八索、九丘。"孔颖达疏引孔安国《尚书序》:"八卦之说,谓之八索;索,求其义也。"后世多以称古代典籍或八卦。

八体 秦始皇时定书体为八种,称为八体。即大篆、小篆、刻符、虫书、摹印、署书、殳书、隶书(见《说文·叙》)。大篆、小篆、虫书、隶书是四种字体,刻符、摹印、署书、殳书是由用途而区别的。

八维 四方与四角合称"八维"。《楚辞·七谏》:"引八维以自道兮,含沆瀣以长生。"

八仙 传说中的八位神仙。即铁拐李(李铁拐)、汉钟离(钟离权)、张果老、何仙姑、蓝采和、吕洞宾、韩湘子、曹国舅八人。八仙故事多见于唐、宋、元、明文人的记载。元杂剧里出现较多,但姓名尚不固定。至明吴元泰《八仙出处东游记传》里,才确定为以上八人。

八仙过海 神仙故事。相传铁拐李、汉钟离(即钟离权)、张果老、何仙姑、蓝采和、吕洞宾、韩湘子、曹国舅等八位神仙过海时,各有一套法术,民间因有"八仙过海,各显神通"之说。用以比喻各有各的本领,各有各的办法。故事被改编为许多传统剧种的节目。

八佾 佾,乐舞的行列。八佾,古代天子用的一种乐舞,排列成行,纵横都是八人,共六十四人。《论语·八佾》:"孔子谓季氏八佾舞于庭,是可忍也,孰不可忍也!"按:诸侯六佾,行六人;大夫四行,行四人。季氏是大夫,不该用八佾,所以孔子这样说。《穀梁传·隐公五年》:"舞夏,天子八佾,诸公六佾,诸侯四佾。"《左传·隐公五年》:"天子用八,诸侯用六,大夫四,士二。"

八裔 八方的边缘。木华《海赋》:"长波涾滪,迤涎八裔。"

八音 中国古代对乐器的分类。指金、石、土、革、丝、木、匏、竹八类。钟、铃等属金类,磬等属石类,埙属土类,鼓等属革类,琴、瑟等属丝类,柷、敔等属木类,笙、竽等属匏类,管、籥等属竹类。

八元 古代传说中的八个才德之

士。《左传·文公十八年》：“高辛氏有才子八人，伯奋、仲堪、叔献、季仲、伯虎、仲熊、叔豹、季狸，忠肃共懿，宣慈惠和，天下之民谓之八元。”孔颖达疏：“元，善也，言其善于事也。”《汉书·古今人表》季狸作季熊。后用以称颂有才德的人。刘禹锡《和浙西李大夫伊川卜居》诗：“早入八元数，尝承三接恩。”

八蜡 周代每年建亥之月（十二月）农事完毕后举行的一种祭祀。《礼记·郊特牲》：“八蜡以祀（据孙志祖校）四方。”郑玄注：“四方，方有祭也。蜡有八者：先啬一也，司啬二也，农三也，邮表畷四也，猫虎五也，坊六也，水庸七也，昆虫八也。”

八珍 ❶古代的八种烹饪方法。《周礼·天官·膳夫》：“珍用八物。”郑玄注：“珍，谓淳熬、淳毋、炮豚、炮牂、捣珍、渍、熬、肝膋也。”后指八种珍贵食品。陶宗仪《辍耕录》卷九说迤北八珍云：“所谓八珍，则醍醐、麆沆、野驼蹄、鹿唇、驼乳糜、天鹅炙、紫玉浆、玄玉浆也。玄玉浆即马奶子。”后世以龙肝、凤髓、豹胎、鲤尾、鸮炙、猩唇、熊掌、酥酪蝉为八珍。❷泛指珍馐美味。《晋书·葛洪传》：“藜藿有八珍之甘，蓬荜有藻棁之乐。”

八政 古代八种政事。说法有多种：(1)《书·洪范》：“八政：一曰食，二曰货，三曰祀，四曰司空，五曰司徒，六曰司寇，七曰宾，八曰师。”后世所言“八政”，多本此。(2)《礼记·王制》：“司徒修六礼以节民性，明七教以兴民德，齐八政以防淫，一道德以同俗。”孔颖达疏：“八政：一曰饮食，二曰衣服，三曰事为，四曰异别，五曰度，六曰量，七曰数，八曰制。淫谓过奢侈。”(3)《逸周书·常训》：“八政：夫妻、父子、兄弟、君臣。八政不逆，九德纯恪。”

八秩 《礼记·王制》：“七十不俟朝，八十月告存，九十日有秩。”本谓古代国君敬重年老之臣，使老臣不待朝事完毕即退下，每月每日派人致膳问候。后称八十岁为“八秩”。白居易《喜老自嘲》诗：“行开第八秩，可谓尽天年。”

八字 中国星相家的一种算命方法。根据中国古代的历法，一个人出生时间的年、月、日、时，各有天干、地支相配，每项用两个字代替，四项就有八个字，术家即根据这八个字推算人一生的命运。八字按年、月、日、时排成四列，故又称“四柱”。旧俗订婚时须先交换八字帖，也称“庚帖”，

或简称“八字”。

八驺 古时官员出行，有驺卒前导，辟除行人。官高的多至八人，故称八驺。《南齐书·王融传》：“融自恃人地，三十内望为公辅，直中书省夜，叹曰：‘车前无八驺卒，何得称为丈夫！’”

巴 (bā) ❶古族名、古国名。主要分布在今渝、鄂交界地带。相传周以前居武落钟离山（今湖北长阳西北）一带，廪君为著名首领，后向川东（今属重庆市）扩展。武王克殷，封为子国，称巴子国。春秋时与楚、邓等国交往频繁。周慎靓王五年（前316年）灭于秦，以其地为巴郡。信奉白虎，有人祭风俗，行船棺葬。在渝境的，部分称板楯蛮；南移到今湘西的，构成武陵蛮的一部分；先后移到今鄂东的，东汉时称为江夏蛮，两晋、南北朝时称五水蛮。❷蛇名。《说文·巴部》：“巴，虫也。或曰食象蛇。象形。”❸攀援；攀登。如：巴高枝儿。《水浒传》第三十六回：“行了半日，巴过山岭头，早看见岭脚边一个酒店。”❹靠近；挨着。《西游记》第二十七回：“这等半山之中，前不巴村，后不着店，有钱也没买处。”《红楼梦》第九十九回：“巴着窗户眼儿一瞧。”❺粘结着的东西。如：锅巴；泥巴。❻盼望。石子章《竹坞听琴》第三折：“我巴到你黄昏，盼到你明。”❼通“把”。参见“巴鼻”。❽口辅；面颊。如：嘴巴；下巴。❾通“笆”。白居易《买花》诗：“上张幄幕庇，旁织巴篱护。”❿压强的非法定计量单位。1巴 = 0.1兆帕。气象学中曾采用毫巴来计量气压，1毫巴 = 1百帕。⓫姓。汉代有巴茂；清代有巴慰祖。

巴巴 ❶特地；迫切。《红楼梦》第二十二回：“我巴巴儿的唱戏、摆酒，为他们呢！”❷用作形容性词语的语尾。如：可怜巴巴；干巴巴。李渔《蜃中楼·双订》：“若不回他一句，教他没趣巴巴的。”

巴鼻 根据；来由。陈师道《后山诗话》：“熙宁初，有人自常调上书，迎合宰相意，遂丞御史。苏长公戏之曰：‘有甚头求富贵，没些巴鼻便奸邪。’有甚意头，没些巴鼻，皆俗语也。”《水浒传》第四十五回：“这厮倒来我面前又说海阔黎许多事，说得个没巴鼻。”亦作“巴避”、“巴臂”、“把鼻”。董解元《西厢记诸宫调》卷三：“一刻儿没巴避抵一夏。”《小孙屠》戏文：“这般闲争甚巴臂，旁人听，是

何张志。”沈中孚《缩春图·失诗》：“我与你纵是后会有期，将做什么个把鼻？”

巴结 ❶奉承；讨好。《官场现形记》第三回：“戴升想巴结主人，趁空便进来回道：‘现在老爷已经过了班，可巧大后天又是太太生日，家人们大众齐了分子，叫了一本戏，备了两台酒，替老爷太太热闹两天。’”❷犹努力；勉为其难。《红楼梦》第六十四回：“若说一二百，奴才还可巴结；这五六百，奴才一时那里办得来？”

巴且 亦作“巴苴”。芭蕉。《汉书·司马相如传上》：“诸柘、巴且。”颜师古注引文颖曰：“巴且，草。一名巴蕉。”《史记·司马相如传》作“猼且”。《文选·司马相如〈子虚赋〉》作“巴苴”。

巴人 本指巴蜀之人，用作民间俗曲名。陈琳《答东阿王笺》：“夫听《白雪》之音，观《绿水》之节，然后《东野》《巴人》蚩鄙益著。”参见“下里巴人”。

扒 (bā) ❶攀援。如：扒着墙头儿。❷挖掘。如：扒坑；扒沟。❸脱掉；剥下。如：扒下衣裳；扒皮。

另见 pá。

叭 (bā) 象声。如：枪叭的一声响了。

另见 bā。

朳 (bā) 无齿的耙。见《玉篇·木部》。

凹 (bā) 犹挖。蒲松龄《寒森曲》第一回：“就该拿住赵恶虎，割了脑袋凹了心，方才解解心头恨。”

芭 (bā) ❶见“芭蕉”。❷香草名。《楚辞·九歌·礼魂》：“传芭兮代舞。”❸通“葩”。花。《大戴礼记·夏小正》：“拂桐芭。”

芭蕉 (*Musa basjoo*) 亦称“甘蕉”。芭蕉科。多年生草本。具匍匐茎。假茎绿或黄绿色，高达6米，略被白粉。叶片长圆形，长达3米，顶端钝圆，基部圆形，不对称；中脉粗大，侧脉多数，平行；叶柄长，叶翼张开。穗状花序下垂，苞片红褐或紫色。果肉质，黄色，有多数种子，不堪食用。原产日本琉球群岛和中国台湾。秦岭、淮河以南常露地栽培供观赏。叶纤维可织布（称“蕉葛”）；假茎、叶、花蕾和匍匐茎可作药用，功能清热解毒、利尿消肿、凉血、止痛。

芭篱 同“笆篱”。《史记·张仪列传》“苴蜀相攻击”司马贞索隐：

"今江南亦谓苇篱曰芭篱。"

奁（bā） 大。见《集韵·九麻》。

吧（bā） 拟声词。如：吧，吧，吧，打了三枪。

另见 ba。

吧吧 多言貌。《五灯会元》卷十八载黄龙道震师偈："石人问枯桩：'何时汝发华？'枯桩怒石人：'何得口吧吧？'"

岜（bā） 地名用字。广西有岜关岭。

犰（bā） 同"趴"。

钯〔鈀〕（bā） 方言。粑，饼类食物。《警世通言·赵太祖千里送京娘》："〔公子〕举棒望脑后劈下,打做个肉钯。"

靯〔軷〕（bā） 兵车。吴融《寒食洛阳道》诗："连靯驰宝马。"

秠（bā） 见"秠秠"。

趴（bā） 同"趴"。

峇（bā） 峇厘,印度尼西亚岛名。

钯〔鈀〕（bā） 兵车。见《说文·金部》。

另见 bǎ,pā,pá。

疤（bā） 疮口或伤口长好后留下的痕迹。《正字通·疒部》："俗呼疮痕曰疤。"《水浒传》第七十回："一个唤做中箭虎丁得孙,面颊连项都有疤痕。"

舥（bā） 同"疤"。

捌（bā） ❶用手分开。《淮南子·说林训》："故解捽者不在于捌格。"❷"八"字的大写。❸农具名。《广韵·十五鎋》："捌,无齿杷也。"《急就篇》卷三"捌杷"颜师古注："无齿为捌,有齿为杷,皆所以推引聚禾谷也。"

蚆（bā） 亦作"舥"、"趴"。贝名。《尔雅·释鱼》："蚆,博而颣。"郭璞注："颣者,中央广,两头锐。"郝懿行义疏："蚆者,云南人呼贝为海蚆。蚆、贝,声转也。尤侗《暹罗竹枝词》云：'海蚆买卖解香烧。'原注：'行钱用蚆。'然则蚆与舥皆蚆之别体矣。"

笆（bā） ❶用竹子或柳条编成的器物。如：车笆；笆斗；篱笆。❷竹名。即棘竹。

笆篱 亦作"芭篱"。即篱笆。用竹或棘条等编成的障隔。刘禹锡《洛中送韩七中丞之吴兴口号》："溪中士女出笆篱。"

豝（bā） ❶干肉。见《集韵·九麻》。❷同"巴"。尚仲贤《气英布》第四折："尾豝细,胸膛阔。"❸羊名。《红楼梦》第四十九回："薛宝钗穿一件莲青斗纹锦上添花洋线番豝丝的鹤氅。"

粑（bā） 见"糌粑"。

豝（bā） ❶母猪。《诗·召南·驺虞》："壹发五豝。"郑玄笺："豝,牝曰豝。"❷两岁的猪。见《广雅·释兽》。❸大猪。《太平御览》卷九〇三引何承天《纂文》："渔阳以大猪为豝。"❹通"豝"。干肉。

肥（bā） 见"舥"。

貏（bā） 同"豝"。

魀〔鲃〕（bā） 亦作"魣"。硬骨鱼纲,鲤科。一群淡水产中小型鱼类,常栖息水流湍急的涧溪中。体侧扁或呈亚圆筒形,常具口须。背鳍有时具硬刺,臀鳍具五分枝鳍条。主要分布于中国华南和西南。种类繁多,常见的有条纹光唇鱼（Acrossocheilus fasciatus）、黑脊倒刺魀（Spinibarbus caldwelli）、白甲鱼、金线魀、突吻鱼、袋唇鱼、鲮和东方墨头鱼（Garra orientalis）等。

魣（bā） 鱼名。即"魀"。

bá

友（bá） 今作"发"。❶犬奔貌。见《说文·犬部》。❷同"跋"。踏；踩。周伯琦《六书正讹·七曷末》："〔友〕又从艸, 行曰发。凡友涉、友履,皆用此字。别作'跋'者,后人所加也。"❸通"拔"。《周礼·秋官·序官》："赤友。"郑玄注："赤友,犹拣发也。主除虫豸自埋者。"

友乙 谓写字时字体非常随意。赵壹《非草书》："而今之学草书者,不思其简易之旨……诘屈友乙,不可失也。"

坺（bá,又读 bō） 谓耕地时第一耒起出的土块。《说文·土部》："一耒土谓之坺。"段玉裁注："一耒所起之土谓之坺,今人云坺头是也。"亦作"垻"。

垻〔壠〕（bá,又读 bō） 同"坺"。《国语·周语上》："王耕一垻。"韦昭注："王耕一垻,一耦之发也。耜广五寸,二耜为耦。一耦之发,广尺深尺。"

茇（bá） ❶草根。《淮南子·墬形训》："凡浮生不根茇者,生于萍藻。"❷在草间住宿。《诗·召南·甘棠》："召伯所茇。"

另见 pèi。

茇舍 古称军队在草野宿息。《周礼·夏官·大司马》："中夏教茇舍。"郑玄注："茇舍,草止之地。军有草止之法。"亦作"拔舍"。《左传·僖公十五年》："秦获晋侯以归,晋大夫反首拔舍从之。"

拔（bá） ❶拉出来；抽出来。如：拔草；拔剑。❷选取；提升。韩愈《送温处士序》："朝取一人焉,拔其尤；暮取一人焉,拔其尤。"❸移易。《易·乾·文言》："确乎其不可拔。"❹攻克。《史记·高祖本纪》："攻下邑,拔之。"❺突出；超出。见"拔萃❶"。❻猝然；迅速。《后汉书·寇恂传》："邯郸拔起,难可信向。"李贤注："拔,猝也。"❼箭的末端。《诗·秦风·驷驖》："舍拔则获。"

另见 bèi。

拔萃 ❶《孟子·公孙丑上》："出于其类,拔乎其萃。"后用以指才华突出。《后汉书·蔡邕传》："曾不能拔萃出群,扬芳飞文。"❷唐制,选人期未满,以试判授官,叫"拔萃"。《新唐书·选举志下》："选未满而试文三篇,谓之宏辞,试判三条,谓之拔萃,中者即授官。"清代也用以代称拔贡。

拔距 亦称"超距"。中国古代跳跃运动。以跳高、远为目标。《汉书·甘延寿传》："延寿……投石拔距,绝于等伦。"颜师古注引应劭曰："拔距,即超逾羽林亭楼是也。"《史记·白起王翦列传》："投石超距。"司马贞索隐："超距犹跳跃也。"

拔剌 象声词。《文选·张衡〈思玄赋〉》："弯威弧之拔剌兮,射蟠冢之封狼。"《后汉书·张衡传》作"拔刺",此状开弓声。岑参《至大梁却寄匡城主人》诗："仲秋萧条景,拔剌飞鹚鸪。"此状鸟飞声。

拔来报往 《礼记·少仪》："毋拔来,毋报往。"报,通"赴"。拔、报,都是快的意思。谓来去匆促、急速。后以"拔来报往"形容往来频数。《聊斋志异·阿纤》："拔来报往,蹀躞甚劳。"

拔茅连茹 《易·泰》："拔茅茹以

其汇。"王弼注："茅之为物，拔其根而相牵引者也；茹，相引之貌也。"后因以"拔茅连茹"比喻志趣相同者互相引荐，擢用一人就连带引进许多人。

拔苗助长　即"揠苗助长"。

拔山　形容力气大。《史记·项羽本纪》："力拔山兮气盖世。"陆机《吊魏武帝文》："力荡海而拔山。"

拔俗　谓超越凡俗，不庸俗。《后汉书·仲长统传》："至人能变，达士拔俗。"

拔宅上升　古代传说谓修道者全家同升仙界。《太清记》："许真君拔宅上升，惟车毂锦帐堕故宅。"亦简称"拔宅"。宋无《许山人家》诗："仙诏未颁迟拔宅。"

拔帜易帜　《史记·淮阴侯列传》："〔韩信〕选轻骑二千人，人持一赤帜，从间道草山而望赵军，诫曰：'赵见我走，必空壁逐我，若疾入赵壁，拔赵帜，立汉赤帜。'"后因以"拔帜易帜"比喻取而代之。

拔擢　选拔；提拔。李密《陈情表》："过蒙拔擢，宠命优渥。"

茷（bá）　见"茷骫"。
另见 fá，pèi。

茷骫　亦作"芃骫"。枝叶盘纡屈曲貌。《楚辞·招隐士》："树轮相纠兮，林木茷骫。"王逸注："枝条盘纡。"洪兴祖补注："茷，木枝叶盘纡貌，通作芃；骫，……骫骳屈曲也。"

较〔較〕（bá）　❶古代祭路神。祭后以车轮辗过牲口，取行道无艰险之意。《诗·大雅·生民》："取羝以较。"朱熹注："较，祭行道之神也。"梁简文帝《和武帝宴》："犒兵随后拒，较祭逐前师。"❷通"跋"，山行。《周礼·夏官·大驭》："犯较遂驱之。"郑玄注："行山曰较。"

胈（bá）　❶人身上的细毛。《庄子·在宥》："尧舜于是乎股无胈，胫无毛。"司马相如《难蜀父老》："〔夏后氏〕心烦于虑而身亲其劳，躬腠胝无胈，肤不生毛。"❷通"脖"。《警世通言·一窟鬼癞道人除怪》："〔吴教授〕看那从嫁锦儿时……胈项上血污着。"

飑〔颮〕（bá）　疾风。卢仝《月蚀诗》："封词付与小心风，飑排阊阖入紫宫。"

犮（bá）　❶用足踢草。《说文·犬部》："《春秋传》曰：'犮夷蕰崇之。'"按今本《左传·隐公六年》作"芟夷"。❷见"犮骫"。

犮骫　纡回屈曲。《汉书·司马

相如传上》："崔错犮骫。"颜师古注："崔错，交杂也。犮委，蟠戾也。崔音千贿反。犮音步葛反。骫，古委字。"

犮（bá）　矮人行走貌。《西游记》第三十七回："三藏扯开匣盖儿，那行者跳将出来，犮呀犮的，两边乱走。"

菝（bá）　见"菝葜"。

菝蕏　草名。见《广雅·释草》。王念孙疏证引《玉篇》、《广韵》，皆云："瑞草也。"

菝葜（Smilax china）　亦作"菝蒛"。俗称"金刚刺"、"金刚藤"。百合科。落叶攀缘状灌木。根状茎横生呈块状状，质坚硬。茎有刺。叶互生，卵圆形，革质，下面淡绿色，有时具粉霜；近叶柄中部有两条细长的卷须。夏初开花，花黄绿色，雌雄异株，伞形花序腋生。浆果球形，红色。广布于中国长江以南各地，朝鲜半岛、日本亦产。根状茎入药，性平、味甘酸，功能祛风利湿、消肿止痛，主治筋骨酸痛、痛风、疔疮肿毒等症；亦可提取淀粉和栲胶。

跋（bá）　❶翻山越岭。见"跋涉"。❷踏；踩。《诗·豳风·狼跋》："狼跋其胡，载疐其尾。"❸倒翻；拖转。《汉书·扬雄传上》："跋犀牦。"❹文体的一种，写在书籍或文章的后面，多用以评介内容或说明写作经过等。❺通"茇"。指烛根。《礼记·曲礼上》："烛不见跋。"❻见"跋扈"。❼姓。五代时有跋异。

跋扈　专横暴戾。《后汉书·梁冀传》："帝少而聪慧，知冀骄横，尝朝群臣，目冀曰：'此跋扈将军也。'"

跋前疐后　比喻进退两难。《诗·豳风·狼跋》："狼跋其胡，载疐其尾。"毛传："老狼有胡，进则躐其胡，退则跲其尾，进退有难。"韩愈《进学解》："跋前疐后，动辄得咎。"疐，同"疐"。

跋涉　犹言登山涉水。形容走长路的辛苦。如：长途跋涉。《诗·鄘风·载驰》："大夫跋涉，我心则忧。"毛传："草行曰跋，水行曰涉。"

魃（bá）　神话中的旱神。《神异经·南荒经》："南方有人，长二三尺，袒身而目在顶上，走行如风，名曰魃，所见之国大旱。"参见"旱魃"。

弊〔獘〕（bá）　见"弊拺"。
另见 bì。

弊拺　杂糅。《淮南子·俶真训》："独浮游无方之外，不与物相弊

拺。"高诱注："弊拺，犹杂糅，弊音跋涉之跋，拺读楚人言杀。"

齺（bá）　见"齼"。

bǎ

把（bǎ）　❶执；持。《国策·燕策三》："臣左手把其袖，而右手揕其胸。"引申作掌握。如：把舵；把犁。❷一手所握。《孟子·告子上》："拱把之桐梓。"赵岐注："拱，合两手也；把，以一手把之也。"引申为器物的量名。如：一把米；一把刀；一把椅子。又有约摸的意思。如：里把路；千把人。❸把守；看守。杨万里《松关》诗："竹林行尽到松关，分付双松为把门。"❹犹言拿。对付的意思。如：你打算把我怎么样？也有对人或物怎样处置的意思。《儒林外史》第六回："把我们不偢不保。"❺犹言让。致使的意思。《红楼梦》第七十六回："偏又把凤丫头病了。"❻给。《京本通俗小说·拗相公》："轿夫只许你两个……却要把四个人的夫钱。"❼被。萧德祥《杀狗劝夫》第二折："这明明是天赐我两个横财，不取了他的，倒把别人取了去。"
另见 bà。

把鼻　同"巴鼻"。

把臂　握住对方的手臂，表示亲密。《后汉书·吕布传》："太守张邈遣使迎之，相待甚厚。临别，把臂言誓。"引申为把晤，会晤。张九徵《与陈伯玑书》："过京口时，弟适入乡，未及把臂。"

把柄　亦作"欛柄"。刀剑之类的把手。比喻可以用来要挟他人的凭证。《红楼梦》第二十一回："这是一辈子的把柄儿，好便罢，不好，咱们就抖出来！"

把持　❶拿；握住。《论衡·艺增》："莫谓手空无把持。"❷谓独揽专断，不让他人参与。《白虎通·号》："迫胁诸侯，把持其政。"

把袂　拉住衣袖，亲切会晤。梁元帝《与萧挹书》："但衡巫峻极，汉水悠长，何时把袂，共披心腹？"

把势　❶梁同书《直语补证》："俗以无所凭借而妄自炫赫者谓之瞎打把势"旧时称不务正业靠敲诈过活为"吃把势饭"；称无故向人索取财物为"打把势"。❷亦作"把式"。专精某种技术、手艺的人。如：他是弹花的老把式。❸武艺。如：练把势的。

把玩　拿着赏玩。陈琳《为曹洪与

魏文帝书》:"读之喜笑,把玩无猒(厌)。"

把握 ❶掌握;控制。如:把握真理;把握时间。❷有信心把事情办成。如:把这件事做好,我有把握。❸一握;一把。《国语·楚语下》:"烝尝不过把握。"谓祭祀时用的牛,角的大小,不超过一把。❹犹言携手。《子华子·神气》:"今世之人,其平居把握,附耳呫呫,相为然约而自保,其固曾胶漆之不如也。"

把戏 ❶魔术、杂耍一类技艺的俗称。多在广场上演出。❷诡计;花招。《红楼梦》第十六回:"你别兴头,才学着办事,倒先学会了这把戏。"

把字句 汉语句式之一。用介词"把"构成的句子。汉语动词谓语句的宾语一般置于动词之后,而用了"把"字就能把宾语提到动词之前,以强调行为结果或行为方式,如"阳光把乌云驱散了"、"她把腰一扭就跳起舞来了"。这在语义上可视为宾语提前,而在结构上则是介词结构作状语。把字句的成立有某些条件:(1)动词一般是能带支配对象的行为动词,即能带施事宾语的及物动词;(2)所用动词的前边或后边要带有表示结果或方式的附加成分;(3)"把"字所介系的宾语通常是有定的,也就是说话人要有确指的对象。"把"字书面上也有用"将"字的。

钯 〔鈀〕(bǎ) 化学元素[周期系第 VIII 族(类)元素]。铂系元素之一。符号 Pd。原子序数 46。银白色金属。熔点 1 554℃。化学性质不活泼,但可溶于硝酸和王水中。海绵钯能吸收大量氢气,在室温和 101.325 千帕压力下所吸取的氢可达钯本身体积的 900 倍。因此,广泛地用作气体反应特别是氢化或脱氢的催化剂。用于制特种合金、印刷电路、电触点等。

另见 bā,pā,pá。

靶 (bǎ) ❶射击的目标。如:箭靶;枪靶。❷缰绳。《汉书·王褒传》:"王良执靶,韩哀附舆。"❸供加速器、原子核反应堆、放射性源以及 X 光管等所发出的粒子流轰击的实物样品。用以研究核反应,获得放射性同位素或产生 X 射线。

另见 bà。

bà

坝 〔壩〕(bà) ❶一般也称"拦河坝"。筑在河谷或河流中拦截水流的水工建筑物。按结构特点,分重力坝、拱坝、支墩坝等;按筑坝材料,分混凝土坝、土坝、堆石坝、木坝等;按施工方法,分分坮工坝、碾压土石坝、水力冲填土坝、水中填土坝、定向爆破土石坝等;按作用,分非溢流坝和溢流坝等。用以抬高水位,积蓄水量,在上游形成水库,供防洪、灌溉、航运、发电、给水之需。❷筑在河道岸边,借以引导水流、改变流向以保护河岸或造成新岸的水工建筑物,如丁坝、顺坝等。

把 (bà) 亦作"弝"。柄。如:刀把儿;锄把子。

另见 bǎ。

伯 (bà) 通"霸"。"五伯"同"五霸"。见"五霸"。

另见 bǎi,bó,mò。

弝 (bà) ❶弓背中间手握的地方。王维《出塞》诗:"玉弝角弓珠勒马。"❷通"把"。柄。李贺《申胡子觱篥歌》:"剑弝悬兰缨。"

杷 (bà) 通"欛"。器物的柄。《晋书·王濛传》:"临殡,刘惔以犀杷麈尾置棺中。"

另见 pá。

爸 (bà) 对父亲的称呼。通作"爸爸"。

耙 (bà) 同"穭(穭)"。见"穭秅"。

耙 (bà) ❶一种整地机械。用于耕后碎土、灭茬除草、平整地面。由耙架、工作部件、调整机构等组成。按工作部件分齿耙、圆盘耙、拖板耙、辊耙;按适用条件分旱地耙、水田耙。❷土壤耕翻后的碎土、灭茬、平整地面作业。

另见 pá。

罢 〔罷〕(bà) ❶放遣有罪的人。《史记·齐悼惠王世家》:"乃罢魏勃。"司马贞索隐:"罢,谓不罪而放遣之。"❷免去;解除。如:罢官;罢免。《晋书·魏舒传》:"时欲沙汰郎官,非其才者罢之。"❸停止。如:罢工;罢课。《论语·子罕》:"欲罢不能。"❹完。如:吃罢饭;洗罢澡。

另见 ba,bǎi,pí。

罢休 ❶休息。《史记·孙子吴起列传》:"将军罢休就舍。"❷不再计较。《金瓶梅词话》第四回:"早叫你早来,晚叫你晚来,我便罢休。"❸辞官退休。柳宗元《唐故岭南经略副使御史马君墓志》:"年七十,不肯仕,……因罢休。"❹停止。如:不完成任务,决不罢休。

齼 〔齫〕(bà) 牙齿外露。见《集韵·四十祃》。

靶 (bà) 通"把"。柄。王度《古镜记》:"友人薛侠者,获一铜剑,长四尺,剑连于靶,靶盘龙凤之状。"

另见 bǎ。

骲 (bà) 同"把"。器物手柄。见《玉篇·骨部》。

鲅 〔鮁〕(bà) 鱼名。即"马鲛"。

镈 〔鑮〕(bà) 亦作"穭"。❶摩田器。《说文·金部》:"镈,怕(耤)属也。"王筠句读:"《六书故》:镈,卧两杴,著齿其下,人立其上而牛挽之,以摩田也。"❷耕。见《广雅·释地》。王念孙疏证:"镈,田器之名,而因以为耕名。"

矲 〔矲〕(bà) 短。《方言》第十:"矲,短也。桂林之中谓短矲。矲,通语也。"

耰 〔穭〕(bà) 见"穭秅"。

穭秅 亦作"耙秅"、"罢亚"。稻摇摆状,亦作稻名。杜牧《郡斋独酌》诗:"罢亚百顷稻,西风吹半黄。"黄庭坚《送舅氏野夫之宣城》诗:"耙秅丰圩户,桁杨卧讼庭。"辛弃疾《水调歌头》词:"五亩园中秀野,一水田将绿绕,穭秅不胜秋。"

霸 〔霸〕(bà) ❶指春秋时势力最强、处于首领地位的诸侯。见"五霸"。❷依仗权势横行的人或势力。如:码头一霸;称霸一方。❸强横占据。如:霸占;军阀各霸一方。

另见 pò。

霸才 犹雄才。温庭筠《过陈琳墓》诗:"词客有灵应识我,霸才无主始怜君。"

霸道 ❶"王道"的对称。国君凭借威势,利用刑罚统治人民的方法。《史记·商君列传》:"吾说公(秦孝公)以王道而未入也……吾说公以霸道,其意欲用之矣。"❷蛮不讲理。如:横行霸道。《红楼梦》第十九回:"但只是咱们家从没干过这倚势仗贵霸道的事。"❸猛烈;厉害。如:这药性够霸道的。

霸府 南北朝时称专朝政的藩王或大臣的幕府。《南史·谢朓传》:"明帝辅政,以〔朓〕为骠骑谘议,领记室,掌霸府文笔。"指做皇帝前的南齐明帝。《北史·崔季舒传》:"虽迹在魏朝,而归心霸府。"指东魏权臣渤海王高欢。

霸王 指霸与王。《礼记·经

解》："义与信，和与仁，霸王之器也。"亦用以称古代的霸主。《史记·越王句践世家》："越兵横行于江淮东，诸侯毕贺，号称霸王。"又，项羽自立为西楚霸王，因亦特指项羽。

霸业　霸王的大业。《三国志·蜀志·诸葛亮传》："诚如是则霸业可成，汉室可兴矣。"

灞（bà）水名。见"灞河"。

灞河　渭河支流。在陕西省中部。源出蓝田县东秦岭北麓，西南流纳蓝水，折向西北经西安市东，过灞桥北流入渭河。长107公里，流域面积2 645平方公里。沿岸地势平坦，农业发达。

欛（bà）❶通"把"。器物的柄；把儿。参见"欛柄"。❷即耙。农具名。张国宾《薛仁贵》第三折："偏不肯拽欛扶犁，常只是抛了农器演武艺。"

欛柄　同"把柄"。洪昇《长生殿·情悔》："枉自去将他留下了这伤心欛柄。"

ba

叭（ba）见"喇叭"。
另见 bā。

吧（ba）亦作"罢"。❶用在句末表示估量、商量或祈使的语气。《红楼梦》第六十回："只我进去罢，你老人家不用去。"❷作语助，用在句中使句子停顿一下，带有假设的意思。如：说是丢开吧，一时哪里丢得开！
另见 bā。

罢〔罷〕（ba）表语气。同"吧"。
另见 bà，bǎi，pí。

bāi

刮（bāi）见"刮划"。

刮划　同"擘划"。筹划；安排。《水浒传》第二十回："吴用道：'兄长不必忧心，小生自有刮划。'"

掰（bāi）用两手把东西分开。如：一掰两半；掰开揉碎。

bái

白（bái）❶像霜雪一般的颜色。如：雪白。❷与"红"相对，象征反动。如：白区；白军。❸汉

民族传统丧服的颜色，因以为丧事的代称。如：办白事。❹纯洁。《汉书·匡衡传》："显洁白之士。"❺明亮。如：白天；白昼。苏轼《赤壁赋》："不知东方之既白。"❻清楚；明白。如：真相大白；不白之冤。《国策·燕策二》："臣恐侍御者之不察先王之所以畜幸臣之理，而又不白于臣之所以事先王之心。"引申为表明。如：表白；辩白。《吕氏春秋·士节》："吾将以身死白之。"❼告语。如：告白；禀白。特指戏曲中只说不唱的部分。如：说白；独白；对白。❽空无所有。如：空白。引申为没有效果或不付代价。如：白忙；白吃。❾通"别"。读错或写错字。如：认白字。❿古时罚酒用的酒杯。《文选·左思〈吴都赋〉》："飞觞举白。"刘逵注："白，罚爵名也。"参见"浮白"。⓫银子的代称。古称金银为黄白物。⓬通"帛"。《诗·小雅·六月》："白旆央央。"孔颖达疏："言白旆者，谓绛帛。"朱骏声谓"白"借为"帛"。⓭中国少数民族名。⓮姓。

白璧微瑕　白玉上有微小的斑点。比喻美好的人或事物微有缺憾。萧统《陶渊明集序》："白璧微瑕，惟在《闲情》一赋。"亦作"白玉微瑕"。《贞观政要》卷五："白玉微瑕，善贾之所不弃，小疵不足以妨大美也。"

白璧无瑕　美玉洁净无疵，比喻人或事物没有缺点。亦作"白玉无瑕"。《敦煌变文集·伍子胥变文》："彼见此物，美女轻盈，明珠照灼，黄金焕烂，白玉无瑕。"

白粲　秦汉时强制女犯为祭祀拣择精米的徒刑。《汉旧仪》："女为白粲者，以为祠祀择米也。"《汉书·惠帝纪》颜师古注引应劭曰："坐择米使正白为白粲，皆三岁刑也。"

白藏　秋天。《尔雅·释天》："秋为白藏。"郭璞注："气白而收藏。"

白丁　❶旧指平民，没有功名的人。《隋书·李敏传》："〔隋文帝〕谓公主曰：'李敏何官？'对曰：'一白丁耳。'"刘禹锡《陋室铭》："谈笑有鸿儒，往来无白丁。"❷犹白徒。本无军籍临时征集起来的壮丁。《新唐书·兵志》："开元十一年，取京兆、蒲、同、岐、华府兵及白丁，而益以潞州长从兵，共十二万，号长从宿卫。"

白堕　本为人名。《洛阳伽蓝记·城西法云寺》："河东人刘白堕善能酿酒，季夏六月，时暑赫羲，以罂贮酒，暴于日中。经一旬，其酒不动，饮之香美而醉，经月不醒。京师朝贵多

出郡登藩，远相饷馈，逾于千里，以其远至，号曰鹤觞，亦曰骑驴酒。"后因用为酒的别称。苏辙《次韵子瞻病中大雪》："殷勤赋黄竹，自劝饮白堕。"

白黑分明　亦作"黑白分明"。比喻是非分明。《汉书·薛宣传》："宣数言政事便宜，举奏部刺史郡国二千石，所贬退称进，白黑分明。"

白虹贯日　意谓白色长虹穿日而过。古人认为人间有不平凡的行动，就会有这种天象。《史记·鲁仲连邹阳列传》："昔者荆轲慕燕丹之义，白虹贯日，太子畏之。"裴骃集解引应劭曰："燕太子丹质于秦，始皇遇之无礼。丹亡去，故厚养荆轲，令西刺秦王。精诚感天，白虹为之贯日也。"司马贞索隐引《战国策》云："聂政刺韩傀，亦曰白虹贯日。"按"白虹贯日"，实际是一种大气光学现象。

白虎　❶四象之一。由西方七宿：奎宿、娄宿、胃宿、昴宿、毕宿、觜宿、参宿组成虎象。❷中国古代神话中的西方之神，后为道教所信奉，同青龙、朱雀、玄武合称四方四神。❸旧时以为凶神。

白驹　❶白色骏马。参见"白驹过隙"。❷《诗·小雅》篇名。《诗序》说是"大夫刺宣王"之作。郑玄笺："刺其不能留贤也。"因诗中含有挽留惜别之意，后亦用为赠别之辞。王粲《赠士孙文始》诗："白驹远志，古人所箴。"

白驹过隙　形容光阴过得极快。《庄子·知北游》："人生天地之间，若白驹之过郤，忽然而已。"成玄英疏："白驹，骏马也，亦言日也。"陆德明释文："郤，本亦作隙。隙，孔也。"《史记·魏豹彭越列传》："人生一世间，如白驹过隙耳。"

白龙鱼服　《说苑·正谏》："昔白龙下清泠之渊，化为鱼，渔者豫且射中其目。"后用"白龙鱼服"比喻贵人微行之危。也喻指微服出行。张衡《东京赋》："白龙鱼服，见困豫且。"

白麻　❶即"苘麻"。草生植物之一。❷唐代诏书用麻纸书写，有黄白麻的分别。凡赦书、德音、立后、建储、大诛讨及拜免将相等，均用白麻；制、敕用黄麻。《唐会要》卷五十七："故事：中书以黄白二麻为纶命重轻之辨，近者所由，犹得用黄麻。其白麻皆在此院。"又："凡将相出入，皆翰林草制，谓之白麻。"白居易《杜陵叟》诗："白麻纸上书德音，京畿尽放今年税。"参见"宣麻"。

白旄　古代军旗的一种。以牦牛

尾置竿首，用以指挥全军。《书·牧誓》："右秉白旄以麾。"麾，通"挥"。

白眉　《三国志·蜀志·马良传》："马良，字季常，襄阳宜城人也。兄弟五人，并有才名，乡里为之谚曰：'马氏五常，白眉最良。'良眉中有白毛，故以称之。"后因用以称兄弟辈中之优秀杰出者。崔泰之《同光禄弟冬日述怀》诗："吾族白眉良，才华动洛阳。"

白面书生　称年轻文弱的读书人。《宋书·沈庆之传》："陛下今欲伐国，而与白面书生辈谋之，事何由济？"

白鸟　❶白色的鸟。《诗·大雅·灵台》："白鸟翯翯。"❷蚊虫。《大戴礼记·夏小正》："〔八月〕丹鸟羞白鸟。丹鸟也者，谓丹良也；白鸟也者，谓蚊蚋也。"范成大《次韵温伯苦蚊》："白鸟营营夜苦饥，不堪薰燎出窗扉。"

白镪　白银的别称。《聊斋志异·宫梦弼》："及发他砖，则灿灿皆白镪也。"

白刃　利刃。《商君书·慎法》："且先王能令其民蹈白刃，被矢石。"

白日衣绣　犹"衣绣昼行"。旧谓有了功名富贵，夸耀乡里。《风俗通·怪神》："〔张辽〕以二千石之尊过乡里，荐祝祖考，白日绣衣，荣羡如此。"

白商　谓秋天。《文选·张协〈七命〉》："若乃白商素节，月既授衣。"李善注："《周礼》：'西方白。'《礼记》：'孟秋之月，其音商。'"参见"素商"。

白身　谓无功名。也指无官职的人。徐凝《自鄂渚至河南将归江外留辞侍郎》诗："欲别朱门泪先尽，白头游子白身归。"《宋史·娄机传》："机曰：'进士非通籍不能及亲，汝辈乃以白身得之邪？'"

白头如新　《史记·鲁仲连邹阳列传》："谚曰：'有白头如新，倾盖如故。'"意谓交友情意不投，时间虽久，仍和新相识的一样。倾盖，谓初见面。

白徒　未经军事训练临时被征集的壮丁。《汉书·邹阳传》："今吴楚之王，练诸侯之兵，驱白徒之众。"颜师古注："白徒，言素非军旅之人，若今言白丁矣。"参见"白丁❷"。

白文　❶书的正文，不附加评点注解。《朱子全书·易》："某自小时未曾识训诂，只读白文。"❷碑碣、印章的阴文。因所刻文字是虚（凹）的，故拓下来或盖出来的是黑（红）地白字。《宋史·太宗纪》："舒州上玄石，有白文，曰：'丙子年出赵号二十一帝。'"❸亦作"僰文"，白族民间流传的一种文字。俗称"汉字白读"，即用汉字记录白语，或用增损汉字笔画构成表意记音文字。历史上有白文著作、碑刻、佛经等，现仍有少数人使用。

白屋　用茅草覆盖的屋。《汉书·吾丘寿王传》："三公有司，或由穷巷，起白屋，裂地而封。"颜师古注："白屋，以白茅覆屋也。"旧亦指寒士的住屋。刘孝威《行还值雨》诗："况余白屋士，自依卑路旁。"亦代指平民或寒士。

白皙　白净，多形容人的肤色。《汉书·霍光传》："光为人沈静详审，长财（才）七尺三寸，白皙疏眉目，美须髯。"左思《娇女》诗："吾家有娇女，皎皎颇白皙。"

白相　同"薄相"。吴方言，游玩的意思。旧时称游荡无业、为非作歹的流氓为"白相人"。

白眼　露出眼白，表示鄙薄或厌恶。王维《过崔处士兴宗林亭》诗："科头箕踞长松下，白眼看他世上人。"参见"青眼❶"、"青白眼"。

白鱼入舟　《史记·周本纪》："武王渡河，中流，白鱼跃入王舟中，武王俯取以祭。"裴骃集解引马融："鱼者，鳞介之物，兵象也；白者，殷家之正色：言殷之兵众与周之象也。"旧因以谓用兵必胜的吉兆。

白云苍狗　杜甫《可叹》诗："天上浮云如白衣，斯须改变如苍狗。"后以"白云苍狗"比喻世事变幻无常。姚鼐《慧居寺》诗："白云苍狗尘寰感，也到空林释子家。"

白云亲舍　《新唐书·狄仁杰传》："荐授并州法曹参军，亲在河阳。仁杰登太行山，反顾，见白云孤飞，谓左右曰：'吾亲舍其下。'瞻怅久之。云移，乃得去。"后因以"白云亲舍"为思念父母之辞。汤显祖《牡丹亭·急难》："白云亲舍，俺孤影旧梅梢，道香魂恁寂寥。"

白云乡　犹仙乡。古人认为神仙居住天上，故称。《庄子·天地》："乘彼白云，至于帝乡。"《飞燕外传》："吾老是乡矣，不能效武皇帝求白云乡也。"陈师道《再和寇十一》："名字不归青史笔，形容终老白云乡。"

bǎi

百（bǎi）❶数目。十的十倍。❷举成数以言其多。如：百姓；百战百胜。《庄子·秋水》："秋水时至，百川灌河。"亦指百倍。如：百身何赎。

另见 bó，mò。

百步穿杨　简称"穿杨"。形容善射。《史记·周本纪》："楚有养由基者，善射者也，去柳叶百步而射之，百发而百中之。"《三国演义》第五十三回："〔关羽〕带箭回寨，方知黄忠有百步穿杨之能。"

百城　《南史·乐法才传》："武帝嘉其清节，曰：'居职若斯，可以为百城表矣。'"百城，谓各地的地方官。《北史·李谧传》："每曰：'丈夫拥书万卷，何假南面百城。'"南面百城：谓管辖许多地方，即做大官。后称储藏图书多为"坐拥百城"，本此。

百尺竿头　高竿的顶端，泛指高处。佛教譬喻道行修养到极高境界。《景德传灯录》招贤大师偈："百尺竿头须进步，十方世界是全身。"意思为不应满足于已有的成就，即使修养已达精湛的地步，仍须继续努力，更求上进。

百尺楼　指高楼。《三国志·魏志·陈登传》："汜（许汜）曰：'昔遭乱过下邳，见元龙（陈登字），元龙无客主之意，久不相与语，自上大床卧，使客卧下床。'备（刘备）曰：'君有国士之名，今天下大乱，帝主失所，望君忧国忘家，有救世之意，而君求田问舍，言无可采，是元龙所讳也。何缘当与君语？如小人欲卧百尺楼上，卧君于地，何但上下床之间邪！'"小人，刘备自称。百尺楼上，谓相距更远，鄙视更甚。参见"求田问舍"。

百川归海　谓众水最后都流入大海。《文选·左思〈吴都赋〉》："百川派别，归海而会。"李周翰注："江海下，故百川归会之。"比喻众望所归。蔡邕《郭泰碑》："犹百川之归巨海，鳞介之宗龟龙也。"

百二　❶以二敌百。一说是百的一倍。《史记·高祖本纪》："秦，形胜之国，带河山之险，县（悬）隔千里，持戟百万，秦得百二焉。"裴骃集解引苏林曰："秦地险固，二万人足当诸侯百万人也。"司马贞索隐引虞喜曰："言诸侯持戟百万，秦地险固，百倍于天下，故云得百二焉，言倍之也，盖言秦兵当二百万也。"后用为形容

秦陇地势险要之词。《后汉书·隗嚣传》："陇坻虽隘,非有百二之埶(势)。"元好问《岐阳》诗:"百二关河草不横,十年戎马暗秦京。"❷犹言百分之一二,形容数量之少。《文心雕龙·隐秀》:"凡文集胜篇,不盈十一;篇章秀句,裁可百二。"

百发百中 形容射箭准确,每一次都命中目标。比喻料事有充分的把握。《论衡·儒增》:"夫言其时射一杨叶中之,可也;言其百发而百中,增之也。"增之,谓言过其实。《封神演义》第三十六回:"丞相妙计,百发百中。"参见"百步穿杨"。

百废俱兴 一切废置的事情都兴办起来。范仲淹《岳阳楼记》:"政通人和,百废具兴。"具,通"俱"。

百工 ❶古代官的总称,犹言百官。《书·尧典》:"允厘百工,庶绩咸熙。"孔传:"工,官。"❷专指主管营建制造等事的官。《考工记·总序》:"国有六职,百工与居一焉,……审曲面埶(势),以饬五材,以辨民器,谓之百工。"郑玄注:"百工,司空事官之属……司空掌营城郭、建都邑,立社稷宗庙,造宫室车服器械。"❸西周时工奴的总称。《伊簋》:"官司康宫王臣妾百工。"《师毁簋》:"司我西偏东偏仆御百工牧臣妾。"春秋时沿用,并成为各种手工业工人的总称。《论语·子张》:"百工居肆,以成其事。"

百谷 谷类的总称。《书·舜典》:"汝后稷,播时(莳)百谷。"

百花生日 即花朝。旧俗以阴历二月十二日为"百花生日"。秦味芸《月令粹编》卷五引《陶朱公书》:"二月十二日为百花生日,无雨,百花熟。"一说为二月初二日,一说为十五日。参见"花朝"、"花朝月夕"。

百家 ❶指学术上的各种派别。《汉书·艺文志》载诸子有一百八十九家,以成数言,称为"百家"。❷泛指许多人家或家族。如:百家姓;百家衣。

百孔千疮 比喻损坏或缺漏极多。韩愈《与孟尚书书》:"汉氏已来,群儒区区修补,百孔千疮,随乱随失。"

百揆 古官名,总领百事之长。犹冢宰。《书·舜典》:"纳于百揆,百揆时叙。"孔传:"揆,度也,度百事,总百官,纳舜于此官。"《后汉书·百官志一》"太尉,公一人"刘昭注:《古史考》曰:'舜居百揆,总领百事。'说者以百揆尧初别置,于周更名冢宰,斯其然矣。"

百里 ❶百里之地,指一县。参见"百里才"。❷复姓。春秋时秦国有百里奚。

百里才 能治理一县的人才。古时一县辖地约百里,故称。《三国志·蜀志·庞统传》:"吴将鲁肃遗先主书曰:'庞士元非百里才也,使处治中、别驾之任,始当展其骥足耳。'"士元,庞统字。谓其才高,不只是治理百里小邑的人。

百炼刚 百炼之铁坚刚,比喻久经锻炼、意志坚强的人。刘琨《重赠卢谌》诗:"何意百炼刚,化为绕指柔。"参见"绕指柔"。

百两 "两"同"辆"。古时一车两轮,因以两计数,百两即百车。《诗·召南·鹊巢》:"之子于归,百两御之。"御,迎迓。后因以指结婚时的车辆。陆云《赠顾骠骑》诗:"百两集止,之子于归。"亦谓车辆众多。杨巨源《和吕舍人喜张员外自北番回》:"百两开戎垒,千蹄入御栏。"

百衲 ❶僧衣。"百衲衣"的简称。百衲,谓补缀多。法照《送无著禅师归新罗》诗:"寻山百衲弊,过海一杯轻。"❷用零星材料集成一套完整的东西。如:百衲本;百衲琴;百衲碑。

百衲衣 佛教僧服。"衲"原作"纳",密针缝纫之意。"百衲"形容缝纳之多。按佛教戒律规定,僧服须用人们遗弃的陈旧杂碎布片缝纳,故称之为"衲衣"。一般佛教僧人自称"衲子"或"贫衲",本此。

百朋 很多货贝。《诗·小雅·菁菁者莪》:"既见君子,锡我百朋。"郑玄笺:"古者货贝,五贝为朋。锡我百朋,得禄多,言得意也。"一说,五贝为一串,二串为一朋。

百忍 《旧唐书·刘君良传》:"郓州寿张人张公艺,九代同居……麟德中,高宗有事泰山,路过郓州,亲幸其宅,问其义由。其人请纸笔,但书百余忍字。"封建家族制度,聚族而居,易起纠纷,非百般忍耐,不能相安。后来张姓常以"百忍"为堂名,本此。

百日 ❶相当长的时间。《礼记·杂记下》:"子曰:'百日之蜡,一日之泽,非尔所知也。'"蜡,年终祭名。孔颖达疏:"其实一年而云百日,举其成数以喻其久也。"韩愈《双鸟》诗:"两鸟忽相逢,百日鸣不休。"❷旧时丧俗,人死后的第一百天,丧家多延僧诵经拜忏。《北史·胡国珍传》:"诏自始薨至七七,皆为设千僧斋,斋令七人出家;百日设万人斋,二

七人出家。"

百舌 即"乌鸫"。益鸟。全身黑色,唯嘴黄。善鸣,其声多变化,故称"百舌"。杜甫《寄柏学士林居》诗:"赤叶枫林百舌鸣,黄泥野岸天鸡舞。"

百身何赎 亦作"百身莫赎"。谓无可追回。追悼死者的极沉痛之辞。语出《诗·秦风·黄鸟》"如可赎兮,人百其身"。刘令娴《祭夫徐敬业文》:"一见无期,百身何赎!"

百乘 古代以四匹马拉一辆兵车为一乘,百乘即一百辆兵车。《左传·宣公二年》:"宋人以兵车百乘,文马百驷,以赎华元于郑。"《孟子·梁惠王上》:"千乘之国,弑其君者,必百乘之家。"赵岐注:"百乘之家,谓大国之卿。"

百世师 《孟子·尽心下》:"圣人,百世之师也。"苏轼《潮州韩文公庙碑》:"匹夫而为百世师,一言而为天下法。"谓人的品德学问可以做百代的表率。

百岁 ❶古人以为人生不过百岁,因以百岁指有生之年,"百岁后"则为死的讳称。《诗·唐风·葛生》:"百岁之后,归于其居。"《史记·高祖本纪》:"陛下百岁后,萧相国即死,令谁代之?"❷俗用为长寿之意。旧时婴儿生后一百天,称为"过百岁",取吉庆之意。

百闻不如一见 谓多闻不如亲见的可靠。《汉书·赵充国传》:"百闻不如一见,兵难隃(遥)度。臣愿驰至金城,图上方略。"

百行 指各种品德、行为。蔡邕《陈寔碑》:"兼资九德,总修百行。"《旧唐书·刘君良传》:"士有百行,孝敬为先。"

百姓 ❶古代对贵族的总称。《诗·小雅·天保》:"群黎百姓。"郑玄笺:"百姓,百官族姓也。"《国语·楚语下》:"民之彻官百,王公之子弟之质能言能听彻其官者,而物赐之姓,以监其官,是为百姓。"❷战国后用为平民的通称。《墨子·辞过》:"当今之主,……必厚作敛于百姓,暴夺民衣食之财。"

百叶 ❶牛羊的重瓣胃。《仪礼·既夕礼》"脾析蜱醢"郑玄注:"脾析,百叶也。"❷犹百世。《三国志·魏志·高堂隆传》:"秦不修文德,乃构阿房之宫,筑长城之守……自谓本枝百叶,永垂洪晖。"❸历书。《宋史·阎文应传》:"陈氏女将进御,[阎士良]闻之,遽见仁宗,仁宗披百叶择

日。"❹物体重叠及花之重瓣者。如：百叶箱。韩愈《题百叶桃花》诗："百叶双桃晚更红，窥窗映竹见玲珑。"❺吴方言称用豆汁制成的薄张。也叫"千张"。

百一 ❶百中得一，极言其难以遇到。韩愈《别知赋》："惟知心之难得，斯百一而为收。"❷古代讲灾变运数的人，以阴阳代表两种对立的势力，阴为六，阳为一，此长则彼消，到了极点，就反过来彼长此消。百一为阳数的极点，百六为阴数的极点。曹唐《小游仙诗》："未知百一穷阳数，略请先生止的看。"

百战百胜 谓每战必胜。《孙子·谋攻》："百战百胜，非善之善者也；不战而屈人之兵，善之善者也。"

百丈 纤缆。《南史·朱超石传》："时军人缘河南岸牵百丈。"杜甫《十二月一日》诗："一声何处送书雁，百丈谁家上濑船。"

百折不挠 挠，弯曲。比喻意志坚强，不论受多少挫折都不屈服。蔡邕《太尉乔玄碑》："其性庄，疾华尚朴，有百折不挠、临大节而不可夺之风。"亦作"百折不回"。

百子帐 ❶北方游牧民族的毡帐。《南史·河南王传》："有屋宇，杂以百子帐，即穹庐也。"❷唐代婚礼，取古代青庐之遗意，多张设帐幔，称为"百子帐"。陆畅《云安公主下降奉诏作催妆诗》："催铺百子帐，待障七香车。"程大昌《演繁露》卷十三："唐人婚礼，多用百子帐……椿柳为圈，以相连锁，可张可阖。为其圈之多也，故以百子总之，亦非真有百圈也。其施张既成，大抵如今尖顶圆亭子，而用青毡通冒四隅上下，便于移置耳。"

百族 民众；各式各类的人。张衡《西京赋》："尔乃商贾百族，裨贩夫妇。"

百晬 小儿出生百日举行欢宴。孟元老《东京梦华录·育子》："生子百日置会，谓之百晬。"

伯（bǎi）用于"大伯子"。妇人对夫兄之称。
另见 bà、bó、mò。

佰（bǎi，读音 bó）❶"百"的大写字。❷百人之长。《史记·陈涉世家》："俯仰仟佰之中。"司马贞索隐："仟佰谓千人百人之长也。"
另见 mò。

柏〔栢〕（bǎi）见"柏木"。
另见 bó、bò、pò。
柏木（Cupressus funebris）亦称

"垂柏"。柏科。常绿乔木，高可达30米。小枝细，下垂。叶小，鳞形，先端锐尖。球果球形，种鳞盾形，木质，成熟时开裂，每种鳞具5或6粒种子。种子小，两侧有窄翅。产于中国长江流域及以南地区，用作石灰岩山地造林树种。生长颇快。木材淡黄褐色、细致、有芳香，供建筑、造船、家具等用材。又为优良观赏树。

罢〔罷〕（bǎi）见"郎罢"。
另见 bà、ba、pí。

捭（bǎi）❶两手排击。段玉裁《说文解字注·手部》："谓左右两手横开旁击也。"左思《吴都赋》："莫不衄锐挫芒，拉捭摧藏。"❷通"擘"。分开。《礼记·礼运》："燔黍捭豚。"参见"捭阖"。

捭阖 犹言开合，战国时策士游说的一种方法。《鬼谷子·捭阖》："捭之者，开也，言也，阳也；阖之者，闭也，默也，阴也。"又："此天地阴阳之道，而说人之法也。"尹知章《鬼谷子序》："苏秦张仪往事之，受捭阖之术十有二章。"

猈（bǎi）短胫狗。见《说文·犬部》）。

摆㊀〔擺〕（bǎi）❶拨开；摆脱。杜甫《桥陵》诗："何当摆俗累，浩荡乘沧溟？"❷放置；陈列。如：桌子上摆着书。❸摇动。如：摇头摆尾；大摇大摆。韩愈《镇州初归》诗："别来杨柳街头树，摆弄春风只欲飞。"亦指来回摆动的东西。如：钟摆。❹傣语音译，意为"集会"。旧时傣族地区小乘佛教的一种集会，多在宗教节日以村寨为单位举行，邻近地方亦有人参加。期内不劳动，以银币、首饰、食品、鲜花等向佛奉献，称为"赕佛"，并举行宴会。建国后，傣族人民加以改革，庆丰收、物资交流、文艺会演等成为其新内容；并将一切群众性集会泛称为"摆"，参加集会称"赶摆"。
㊁〔襬〕（bǎi）衣、裙的下幅。如：下摆。

摆布 ❶布置；安排。《三国演义》第十三回："连夜摆布军士，护送车驾前奔箕关。"❷捉弄；任意处置。《红楼梦》第二十五回："你是最肯济困扶危的人，难道就眼睁睁的看着人家来摆布死了我们娘儿们不成！"

摆划 同"擘划"。筹划；安排。《儒林外史》第二十一回："这也不甚难摆划的事。"

摆脱 撇开；脱去束缚。《宣和书谱·李邕》："邕初学变右军行法，顿

挫起伏，既得其妙，复乃摆脱旧习，笔力一新。"

bài

呗〔唄〕（bài）梵语 Pāṭhaka 的音译，"呗匿"的略称，意译"赞叹"、"赞颂"。佛教举行宗教仪式时以偈语赞唱佛、菩萨的颂歌。有曲调，可用乐器伴奏。《高僧传》卷十三："天竺方俗，凡是歌咏法言，皆称为呗。至于此土，咏经则称为转读，歌赞则号为梵音。昔诸天赞呗，皆以韵入管弦。"在中国，三国时已有呗流传。中国佛教以其传自梵土（天竺），故亦称"梵呗"。
另见 bei。

败〔敗〕（bài）❶败坏；破坏。《书·大禹谟》："反道败德。"《史记·留侯世家》："竖儒，几败而公事！"❷摧残。《诗·召南·甘棠》："蔽芾甘棠，勿剪勿败。"❸倒败；破旧；腐烂。如：颓垣败壁；败絮。《论语·乡党》："鱼馁而肉败，不食。"❹输；失利。如：一败涂地；转败为胜。《宋史·岳飞传》："敌众败走。"❺衰落；雕残。如：衰败；残败；败残花。许浑《秋晚云阳驿西亭莲池》诗："心忆莲池秉烛游，叶残花败尚维舟。"

败北 战败而逃走。《史记·项羽本纪》："身七十余战，所当者破，所击者服，未尝败北。"亦指失败、失利。柳宗元《上大理崔大卿启》："秉翰执简，败北而归，不可以言乎文！"

败笔 ❶用坏了的废笔。元好问《洛阳卫良臣以星图见贶》诗："败笔成丘死不神，侯门书卷欲谁亲？"❷谓作品里有显著毛病的地方。

败绩 ❶指军队的溃败。《春秋·桓公十三年》："齐师、宋师、卫师、燕师败绩。"❷指事业的败坏、失利。《离骚》："岂余身之惮殃兮，恐皇舆之败绩。"王逸注："皇，君也；舆，君之所乘，以喻国也；绩，功也。"《新唐书·武平一传》："君文章固耐久，若言经，则败绩矣。"

败类 败坏同类。《诗·大雅·桑柔》："大风有隧，贪人败类。"后指堕落或变节分子。如：民族败类。

败露 坏事或隐私被发觉。《金史·选举志一》："文士中有偶中魁选，不问操履，而辄授翰苑之职，如赵承元，朕闻其无士行，果败露。"

败意 败兴；扫兴。《晋书·王戎传》："戎每与籍（阮籍）为竹林之游，

戎尝后至，籍曰：'俗物已复来败人意！'"惠洪《冷斋夜话》卷四："黄州潘大临工诗，冷字佳句，然甚贫，东坡、山谷尤爱之。临川谢无逸以书问有新作否，潘答书曰：秋来景物件件是佳句，恨为俗氛所蔽翳，昨日闲卧，闻搅林风雨声，欣然起题其壁曰：'满城风雨近重阳。'忽催租人至，遂败意，止此一句奉寄。"

败子 败家子。如：败子回头金不换。《韩非子·显学》："夫严家无悍虏，而慈母有败子，吾以此知威势之可以禁暴，而德厚之不足以止乱也。"

拜(bài) ❶行敬礼。《周礼·春官·大祝》有"九拜（拜）"，古时为下跪叩头及打恭作揖的通称。《论语·子罕》："拜下，礼也。"参见"拜手"。❷尊崇；倾倒。如：崇拜；拜服。❸以礼会见。如：拜客；拜访。杜甫《新婚别》诗："妾身未分明，何以拜姑嫜？"❹旧时用一定的礼节授与官职或某种名义，结成某种关系。如：拜将；拜老师；拜把兄弟。《后汉书·商伯夏传》："少以外戚拜郎中，迁黄门侍郎。"❺敬受。如：拜赐；拜教。参见"拜命❷"。❻敬词。如：拜托；拜读。❼通"拔"。《诗·召南·甘棠》："蔽芾甘棠，勿剪勿拜。"郑玄笺："拜之言拔也。"❽植物名。《尔雅·释草》："拜，蔏藋。"

拜忏 依照忏法礼佛诵念、忏悔罪业的做法。相传梁武帝梦见夫人郗氏死后变为蟒蛇，于是为她忏悔罪业，集录佛经语句，作成忏法十卷，名曰《梁皇忏》，使人拜诵。此为拜忏的开端。

拜尘 《晋书·石崇传》："[崇]与潘岳谄事贾谧，谧与之亲善，号曰二十四友，广城君每出，崇降车路左，望尘而拜，其卑佞如此。"后以"拜尘"为趋奉权贵之典。刘禹锡《望赋》："不作渭滨垂钓臣，羞为洛阳拜尘友。"

拜门 ❶登门拜谢。《孟子·滕文公下》："大夫有赐于士，不得受于其家，则往拜其门。"❷旧时新郎在结婚后若干日偕同新妇到女家去拜望，称"拜门"。吴自牧《梦粱录》卷二十"嫁娶"："两新人于三日或七朝九日，往女家，行拜门礼。"❸旧时拜有名望或有权势的人做老师，自称门生，也叫"拜门"。梁同书《直语补证》："徐幹《中论·谴交篇》云'有荣名于朝，而称门生于富贵之家者'，是今拜门生之始。"❹旧时新官上任，

入署至仪门，例须下拜，叫做"拜门"。

拜命 ❶感谢使命。《左传·庄公十一年》："孤实不敬，天降之灾，又以为君忧，拜命之辱。"杜预注："谢辱厚命。"这是宋湣公对鲁使臣臧文仲说的话，意思是"感谢您对我有所辱命"。命，指吊问之辞。❷受君命。《南史·欧阳颁传》："萧勃留之，不获拜命。"

拜扫 谒墓而祭，也叫"扫墓"。《北史·薛孝通传》："及宝夤将有异志，孝通悟其萌，托以拜扫求归。"按《事物纪原·岁时风俗》云，拜扫之俗，盖起于东汉光武帝建武年间。

拜石 《宋史·米芾传》："无为州治有巨石，状奇丑，芾见大喜曰：'此足以当吾拜。'具衣冠拜之，呼之为兄。"世称"米颠拜石"。

拜手 古代男子跪拜礼的一种。既跪，两手拱合，俯头至手与心平，而不至地，故称"拜手"，也叫"空首"。《书·益稷》："皋陶拜手稽首。"《列子·仲尼》："颜回北面拜手。"

棑(bài) 木名。见《广韵·十六怪》。
另见 pái。

捧(bài) 同"拜"。《周礼·春官·大祝》："辨九捧。"

稗〔稗〕(bài) ❶植物名。学名 Echinochloa crusgalli。亦称"稗子"、"稗草"。禾本科。一年生草本。秆直立或基部倾斜，光滑。叶鞘无毛，缺叶舌和叶耳。叶片线状披针形，上面粗糙。圆锥花序直立开展；小穗密集于穗轴一侧，有硬刺毛；第一外稃有一粗芒。颖果小，椭圆，平滑光亮，先端具小尖头。适应性强。有水稗和旱稗两种。水稗，生于沼泽，为稻田主要杂草；旱稗，又名"光头稗"，无芒，为旱地杂草。子粒可制饴糖、酿酒或作饲料。嫩茎、叶可作青饲料或干草。本种变化大，变种多。❷小。见"稗官"。

稗贩 不设店肆的小商贩。《宋史·高若讷传》："王蒙正知蔡州，若讷言：'蒙正起稗贩，因缘戚里得官。'"亦作"裨贩"。

稗官 小官。《汉书·艺文志》："小说家者流，盖出于稗官，街谈巷语，道听涂说者之所造也。"颜师古注："稗官，小官。"又引如淳曰："细米为稗。街谈巷说，其细碎之言也。王者欲知闾巷风俗，故立稗官，使称说之。"后因用为小说或小说家的代称。

稗史 通常指闾巷风俗、遗闻旧事的记录。相传古代统治者设立稗官，采录民间情况，以供参考。后世称杂记琐事的史籍为稗史，如清潘永因《宋稗类钞》、近人徐珂《清稗类钞》等。此外也有用以泛指"野史"的，如《明季稗史汇编》等。

輫〔輫〕(bài) 韦囊。即鼓风吹火用的皮囊。见《玉篇·韦部》。

粺(bài) 一石粗米春取九斗的精米。《诗·大雅·召旻》："彼疏斯粺。"毛传："彼宜食疏，今反食精粺。"郑玄笺："米之率，粝十粺九。"
另见 bài 稗。

摲(bài) 同"拜"。《说文·手部》："摲，首至地也。从手奉。扬雄说摲从两手下。"段玉裁注："扬所作《训纂篇》中字如此。见于《周礼》者作摲，他经皆作子云。"子云，扬雄字。

濞(bài) 见"潢濞"。

bai

唄(bai) 助词，同"呗(bei)"、"吧(ba)"。

bān

扳(bān) ❶拉；拨动。如：扳开关；扳枪机。❷扭转；挽救。如：扳回一局；他的病扳过来了。
另见 pān。

扳罾 也叫"扳罾网"。一种呈方形的小型网具。置水中，待鱼类游到网上后扬网捕捉。

攽(bān，又读 bīn) 分。《书·洛诰》："乃惟孺子，颁朕不暇。"孔传："当分取我之不暇而行之。"《说文·支部》引"颁"作"攽"。

朌(bān) 颁赐。《礼记·王制》："名山大泽不以朌。"

鳻〔鳻〕(bān) 大鸠。《方言》第八："鸠，自关而西，秦、汉之间，谓之鶝鸠，其大者谓之鳻鸠。"郭璞注："鳻音班。"
另见 fēn。

班(bān) ❶分赐。《书·舜典》："班瑞于群后。"❷分别。见"班马❷"。❸排列等级。《左传·庄公二十三年》："朝以正班爵之义。"引申为依次。《国语·周语上》："王耕一垅，班之三。"韦昭注：

"班,次也。三之,下各三其上也。王一坡,公三,卿九,大夫二十七也。"也指按一定标准的编组。如:甲班;进修班。❹班次;位次。如:早班;轮班。《仪礼·既夕礼》:"明日以其班祔。"❺旧称剧团;班子。如:三庆班;搭班。❻由若干名士兵编成的军队最基层一级组织。通常隶属于排。是最基层的战术小分队。❼遍及。《国语·晋语四》:"车班外内。"韦昭注:"班,遍也。"❽铺开。见"班荆道故"。❾同等;并列。《孟子·公孙丑上》:"伯夷、伊尹于孔子,若是班乎?"赵岐注:"班,齐等之貌也。"❿通"般"。盘旋。《易·屯》:"乘马班如。"孔颖达疏引马融曰:"班,班旋不进也。"班旋即盘旋。引申为旋归,返还。见"班师"。⓫通"斑"。如:班白;班驳。⓬姓。

班白　同"斑白"。

班班　❶明显貌。如:班班可考。《后汉书·赵壹传》:"余畏禁不敢班班显言。"❷整齐华盛貌。杜甫《忆昔》诗:"齐纨鲁缟车班班。"一说车声。❸犹彬彬。《太玄·文》:"文质班班,万物粲然。"

班驳　同"斑驳"。

班布　❶同"颁布"。布告周知。《后汉书·寇荣传》:"陛下当班布臣之所坐,以解众论之疑。"❷古代倭人国生产的一种五色布。《三国志·魏志·东夷传》:"奉汝所献……班布二匹二丈,已到。"亦作"斑布"。《南史·夷貊传上》:"古贝者,树名也。……抽其绪,纺之以作布,布与纻布不殊。亦染成五色,织为斑布。"

班车　❶公路运输企业定线、定时、按班次开行的客车。行驶于城镇乡村间,沿途停靠,集散旅客,运程一般较短。❷机关、企业事业单位定时定点接送职工上下班的汽车。

班行　班次行列。指在朝做官的位次。韩愈《示爽》诗:"强颜班行内,何实非罪愆。"后亦指同列、同辈。李贽《藏书》卷三十九"柳宗元":"柳宗元文章识见议论,不与唐人班行者,《封建论》卓且绝矣。"

班级　集体教学的一种相对固定的编制形式。一般按年龄、程度,把同一年级的学生编成一个班级或几个平行的班级,称单式班级。但在人数较少、条件较差的学校,也有的将两个或两个以上年级的学生编为一个班级,称复式班级。

班荆道故　朋友途中相遇,铺坐荆地,共话旧情。语出《左传·襄公二十六年》"伍举奔郑,将遂奔晋。声子将如晋,遇之于郑郊,班荆相与食,而言复故"。杜预注:"班,布也。布荆坐地,共议归楚,事朋友世亲。"孙仁孺《东郭记·为人也》:"知交偶然北与南,既蒙恩先达旧友应担,班荆道故,共把青云路揽。"亦作"班荆道旧"。陶潜《与子俨等疏》:"鲍叔、管仲,分财无猜;归生、伍举,班荆道旧。"

班马　❶亦称马班。汉代历史家司马迁和班固的并称。《晋书·陈寿传论》:"丘明既没,班马迭兴,奋鸿笔于西京,骋直词于东观。"司马迁是《史记》的作者,班固是《汉书》的作者,两人对历史学都有重要贡献,且是著名的散文家。❷离群的马。《左传·襄公十八年》:"齐师夜遁……邢伯告中行伯曰:'有班马之声,齐师其遁。'"杜预注:"夜遁,马不相见,故鸣。班,别也。"

班门弄斧　班,鲁班,古代的巧匠。在鲁班门前舞弄斧头,比喻在行家面前卖弄本领。《镜花缘》第五十二回:"闻得亭亭姐姐学问渊博,妹子何敢班门弄斧,同他乱谈?"

班师　军队出征归来;还师。《书·大禹谟》:"班师振旅。"蔡沈集传:"班,还也。"

班输　鲁班与公输般。古代两个巧匠。《汉书·叙传上》:"班输榷巧于斧斤。"颜师古注:"榷,竞也。"一说公输般亦作公输班,班输,即公输班。

班治　犹办治。治理。《荀子·君道》:"群者何也?……善班治人者也。"

般（bān）

❶样;种类。如:这般;百般。辛弃疾《鹧鸪天·送人》词:"今古恨,几千般?只应离合是悲欢?"❷通"搬"。搬运。《旧唐书·裴延龄传》:"若市送百万围草,即一府百姓,自冬历夏,般载不了。"❸通"班"。散布;分布。《汉书·礼乐志》:"灵之来,神哉沛。先以雨,般裔裔。"颜师古注:"般,读与班同。班,布也。裔裔,飞流之貌。"❹通"斑"。(1)斑纹。司马相如《封禅文》:"般般之兽,乐我君囿。"(2)乱。《汉书·贾谊传》:"般纷纷其离此邮兮。"❺通"瘢"。《隶续·丹阳太守郭旻碑》:"加有瑕般。"

另见 bō,pán。

般般　❶犹斑斑。《史记·司马相如列传》:"般般之兽,乐我君囿。"司马贞索隐:"般般,文采之貌也,音班。"

胡广曰:'谓驳虞也。'"❷犹种种、样样。方干《海石榴》诗:"亭际夭妍日日看,每朝颜色一般般。"

般师　同"班师"。还师。《汉书·赵充国传》:"般师罢兵。"

颁〔颁〕（bān）

❶颁布。张衡《东京赋》:"乃营三宫,布教颁常。"❷颁发;赏赐。《周礼·夏官·校人》:"颁良马而养乘之。"《宋史·岳飞传》:"凡有颁犒,均给军吏,秋毫不私。"❸通"斑"。见"颁白"。

另见 fén。

颁白　同"斑白"。《孟子·梁惠王上》:"颁白者不负戴于道路矣。"

颁斌　相杂貌。潘岳《藉田赋》:"士女颁斌而咸戾。"戾,来到。

颁布　公布;发布。《水浒全传》第七十一回:"宋江当日大设筵宴,亲捧兵符印信,颁布号令。"

颁行　颁布施行。《宋史·律历志十四》:"统元历颁行虽久,有司不善用之。"

斑（bān）

❶颜色驳杂不纯,指杂色的花纹或斑点。《礼记·檀弓下》:"貍首之斑然。"《晋书·王献之传》:"此郎亦管中窥豹,时见一斑。"宋之问《晚泊湘江》诗:"唯馀望乡泪,更染竹成斑。"❷头发花白。独孤及《秋夜书情》诗:"方知秋兴作,非惜二毛斑。"

斑白　头发花白,谓年老。杜甫《后出塞》诗:"斑白居上列,酒酣进庶羞。"亦作"班白"、"颁白"。《礼记·王制》:"斑白者不提挈。"《孟子·梁惠王上》:"颁白者不负戴于道路矣。"

斑驳　色彩杂乱错落。白居易《睡后茶兴忆杨同州》诗:"婆娑绿阴树,斑驳青苔地。"归有光《项脊轩志》:"三五之夜,明月半墙,桂影斑驳,风移影动,珊珊可爱。"

斑斓　❶亦作"斓斑"、"斒斓"、"班兰"。颜色错杂灿烂。如:五色斑斓。皮日休《石榴歌》:"斓斑似带湘娥泣。"《拾遗记·岱舆山》:"玉梁之侧,有斒斓自然云霞龙凤之状。"《后汉书·南蛮传》:"衣裳斑兰,语言侏离。"❷《北堂书钞》引《孝子传》云:"老莱子年七十,父母犹在,常服斑斓之衣,为婴儿戏。"后因以斑斓指敬养父母。朱鼎《玉镜台记·得书》:"违定省,绝温清,把斑斓疏旷。"

斑竹　❶亦称"湘妃竹"、"湘竹"。一种有斑块的竹子。《群芳谱·竹谱一》:"斑竹,即吴地称湘妃竹者。其斑如泪痕。"❷即"桂竹"。

搬（bān）❶移动。如：搬家；搬运。❷移用。如：生搬硬套。

搬弄❶犹播弄。摆布；挑拨。《西厢记》第二本第五折："玉容深锁绣帏中，怕有人搬弄。"李寿卿《伍员吹箫》第一折："他在平公面前，搬弄我许多的是非。"❷表演。纪君祥《赵氏孤儿》第二折："向这傀儡棚中，鼓笛搬弄。"

煸（bān）见"煸斓"。

煸斓同"斑斓"。

鹁〔鹁〕（bān）见"鹁鸠"。

鹁鸠同"斑鸠"。

瘢（bān）同"瘢"。

瘢（bān）❶创伤或疮疖等痊愈后留下的疤痕。如：刀瘢。《汉书·王莽传上》："诚见君面有瘢，美玉可以灭瘢，欲献其瑑耳。"❷斑点。如：汗瘢；雀瘢。

蝂（bān）见"蝜蝂"。另见 pán。

蝜蝂昆虫名。《说文·虫部》："蝂，蝜蝂也。"

辨（bān）通"班"。《汉书·高帝纪下》："吏以文法教训辨告，勿笞辱。"王念孙《读书杂志·汉书一》："辨读为班。班告，布告也。谓以文法教训布告众民也。"另见 bàn、biǎn、biàn、piàn。

癍（bān）斑点状皮肤病的通称。

辬（bān）同"斑"。《说文·文部》："辬，驳文也。"徐锴系传："今作斑。"《淮南子·泰族训》："田渔皆让长，而辬白不戴负。"高诱注："辬白，头有白发。"

鬖（bān）通"斑"。头发斑白。柳宗元《酬韶州裴使君二十韵》："虞童（虞翻）发未鬖。"另见 pán。

bǎn

反（bǎn）通"贩"。见"反反"。另见 fān、fǎn、fàn。

反反慎重而和善貌。《诗·小雅·宾之初筵》："其未醉止，威仪反反。"毛传："反反言重慎也。"马瑞辰《毛诗传笺通释》："《周颂·执竞》诗：'威仪反反。'传：'反反，难也。'义与此传重慎相成。"陆德明释文："《韩诗》作'贩贩'，音蒲板反，善

貌。"反，即"贩"字省略。

阪（bǎn）亦作"坂"。山坡。《诗·秦风·车邻》："阪有桑，隰有杨。"苏轼《后赤壁赋》："二客从予，过黄泥之阪。"

阪泉古地名。相传黄帝与炎帝战于阪泉之野，其今地有数说。一说在今河北涿鹿东南，《晋太康地志》："涿鹿城东一里有阪泉，上有黄帝祠。"一说在今山西运城市解池附近，《梦溪笔谈·辩证一》："解州盐泽方一百二十里。久雨，四山之水悉注其中，未尝溢；大旱未尝涸。卤色正赤，在阪泉之下，俚俗谓之蚩尤血。"

阪上走丸《汉书·蒯通传》："边城皆将相告曰'范阳令先下而身富贵'，必相率而降，犹如阪上走丸也。"谓事势发展之速如斜坡上滚弹丸一样。

阪阻崎岖险阻。《韩非子·奸劫弑臣》："托于犀车良马之上，则可以陆犯阪阻之患也。"

坂〔岅〕（bǎn）亦作"阪"。山坡。王褒《九怀·株昭》："骥垂两耳兮，中坂蹉跎。"

板㊀（bǎn）❶头。如：铺板；板壁。《左传·宣公十一年》："平板干。"引申指一切板状物。如：钢板；石板；纸板；玻璃板。❷印书用的板片。如：木板；雕板。引申指书籍的版本。如：宋板；明板。❸诏书，诏板。唐以前，帝王诏书、官府文件都刻写在板上，故称。《后汉书·杨赐传》："念官人之重，割用板之恩。"李贤注："板，谓诏书也。"❹朝笏，手板。王僧孺《与何炯书》："不得奉板中涓，预衣裳之会。"❺旧时笞刑所用的刑具；板子。关汉卿《金线池》第四折："既然韩解元在此替你哀告，这四十板便饶了。"❻中国民族乐器中用来打拍子的板。也指音乐的节拍。如：快板；慢板；一板三眼。❼扁平的。如：板斧；板鱼。❽结成块状。宋应星《天工开物·乃粒》："凡种绿豆，一日之内，遇大雨板土，则不复生。"❾呆板；不灵活。如：板滞；做事太板。❿因生气、不愉快而表情严肃。如：板着脸；面孔一板。

㊁〔闆〕（bǎn）见"老板"。

板板乖戾；不正常。《诗·大雅·板》："上帝板板，下民卒瘅。"

板荡《诗·大雅》有《板》、《荡》二篇，皆讥刺周厉王无道。后用以指政局混乱，社会动荡不宁。谢灵运

《拟魏太子邺中集诗·王粲》："幽厉昔崩乱，桓灵今板荡。"岳飞《五岳祠盟记》："自中原板荡，夷狄交侵，余发愤河朔，起自相台。"

板眼❶音乐术语。中国传统音乐常以鼓板按节拍，凡强拍均击板，故称该拍为"板"；次强拍和弱拍则以鼓签敲鼓或用手指按拍，分别称为"中眼"、"小眼"（在四拍子中前一弱拍称"头眼"，后一弱拍称"末眼"），合称"板眼"。乐曲节拍以一板一眼构成者称"一眼板"，即二拍子；由一板三眼构成者称"三眼板"，即四拍子；无固定板眼者则称"散板"；有板无眼者通称"流水板"。工尺谱中所用板眼记号不一，通常以"、"或"×"代表"板"，以"。"与"·"（或"、"）代表"中眼"与"小眼"。此外还有各种表示变化节奏的板眼记号，如表示后半拍起唱的"腰板"（"⌐"）和"腰眼"（"△"）等。参见"工尺谱"。❷比喻做事按一定的步骤，有条不紊。如：有板眼；板眼不乱。

板舆亦作"版舆"。古代老人常用的一种人抬的代步工具。潘岳《闲居赋》："太夫人乃御版舆。"因潘赋言侍奉母亲，后因以称在官而迎养父母。岑参《酬成少尹骆谷行见呈》："荣禄上及亲，之官随板舆。"

板筑亦作"版筑"。❶造泥墙的工具。板，夹墙板；筑，捣土的杵。《史记·黥布列传》："项王伐齐，身负板筑，以为士卒先。"❷相传殷傅说操板筑于傅岩之下，武丁举以为相。《孟子·告子下》："傅说举于版筑之间。"焦循正义引阎若璩《释地》："说身负版筑，为人所执役。"后因以指卑微的地位。《宋书·袁淑传》："举荐板筑之下，抽登台皂之间。"

舨（bǎn）大。《诗·大雅·卷阿》："尔土宇舨章，亦孔之厚矣。"毛传："舨，大也。"朱熹注："舨章，大明也。或曰，舨当作版。舨章，犹版图也。"

版（bǎn）❶筑墙用的夹板。《诗·大雅·绵》："缩版以载。"引申为版筑的土墙。《左传·僖公三十年》："朝济而夕设版焉。"亦用作所筑墙的量词。参见"版筑"。❷木简。《管子·宙合》："修业不息版。"尹知章注："版，牍也。"❸名册或户籍。《周礼·夏官·司士》："掌群臣之版。"参见"版图"。❹手版，即朝笏。《后汉书·范滂传》："投版弃官而去。"引申为授官。《晋书·皇甫重传》："元康中，华（张

华)版为秦州刺史。"❺印刷用的底版。如:木版;石版;铜版;铅版;珂珞版。引申为印刷一次之称。新闻纸一面也称一版。❻古时铸钱的模具。参见"版版六十四"。

版版 同"板板"。乖戾;不正。《尔雅·释训》:"版版荡荡,僻也。"郭璞注:"皆邪僻。"《广雅·释训》:"版版,反也。"王念孙疏证:"版、反声相近,字通作板。……《大雅·板篇》:'上帝板板。'传云:'板板,反也。'正义云:'邪僻,即反戾之义。'"

版版六十四 本指宋代铸钱,范土为模,每版六十四文,后引申为拘泥成规,不知变通。《通俗编·数目》:"版版六十四,见《豹隐纪谈》。按:凡鼓铸钱,每一版六十四文,乃定例也。""版"亦作"板"。范寅《越谚·数目之谚》:"板板六十四,铸钱定例也,喻不活。"

版缠 牵扯。《文选·谢灵运〈还旧园作见颜范二中书〉诗》:"感深操不固,质弱易版缠。"李善注:"版缠,犹牵引也。"

版荡 同"板荡"。指社会动乱不安。《晋书·惠帝纪论》:"生灵版荡,社稷丘墟。"

版籍 ❶"版"一作"板"。户籍册。《后汉书·仲长统传》载《昌言·损益》:"明版籍以相数阅。"注:"版,名籍也,以版为之也。"❷领土;疆域。《辽史·太祖纪上》:"于是尽有奚、霫之地。东际海,……北抵潢水,凡五部,咸入版籍。"

版图 版,户籍;图,地图。春秋战国时的一种疆域户籍地图。始见《周礼·天官·司会》,记有都、鄙、赞、里等行政单位的范围和人员。还记载有奴隶主的封地和人口。相当于后世的行政区划图。汉以前就有属国必须献版图的制度,献版图犹如献江山,故"版图"一词亦泛指国家疆域。

版舆 亦作"板舆"。古代一种由人扛抬的代步具。潘岳《闲居赋》:"太夫人乃御版舆,升轻轩。"因潘赋述奉养其母,后常用"潘舆"为在官迎养其亲的典故。

版筑 筑土墙,用两版相夹,装满泥土,以杵筑之使坚实,即成一版高的墙。《孟子·告子下》:"傅说举于版筑之间。"也指版和筑两种筑墙工具。《汉书·英布传》:"身负版筑。"颜师古注引李奇曰:"版,墙版也;筑,杵也。"后泛指土木营造之事。杜甫《泥功山》诗:"泥泞非一时,版筑劳人功。"

佅 〔鮮〕(bǎn) 米粉饼,也有用麦粉做的。《南史·齐衡阳王钧传》:"左右依常以五色佅饴之,不肯食。"

钣 〔鈑〕(bǎn) 即"饼"。《尔雅·释器》:"饼金谓之钣。"陆德明释文:"本亦作版。"也指金属板材。如:钣材。参见"饼(bǐng)"。

皈 (bǎn) 见"舢皈"。

鱍 〔鮫〕(bǎn) 即"比目鱼"。

蝂 (bǎn) 见"蝜蝂"。

bàn

办 〔辦〕(bàn) ❶治理;处理。如:办事;办公。《管子·中匡》:"公(齐桓公)曰:'民办军事矣,则可乎?'"《史记·项羽本纪》:"每吴中有大徭役及丧,项梁尝为主办。"❷置备;具备。如:办货;采办。《晋书·石崇传》:"为客作豆粥,咄嗟便办。"❸创设;兴办。如:办学校;办工厂。❹处罚。如:惩办;法办。《三国志·蜀志·费祎传》:"君信可人,必能办贼者也。"

办装 置办行装。《汉书·龚胜传》:"先赐六月禄直以办装。"亦作"办严"。《后汉书·吴汉传》:"每当出师,朝受诏,夕即引道,初无办严之日。"李贤注:"严即装也,避明帝讳,故改之。"

半 (bàn) ❶二分之一。如:半尺布;年已半百。《易·系辞下》:"知者观其象辞,则思过半矣。"❷极言其少。如:不值半文钱。❸不完全。如:半旧;半开半掩。❹犹言中。如:月半;半路;半途。《庄子·大宗师》:"然而夜半有力者负之而走。"

另见 pàn。

半豹 《晋书·殷仲文传》:"仲文善属文,为世所重。谢灵运尝云:'若殷仲文读书半袁豹,则文才不减班固。'"袁豹,晋代人,好学博闻。后以"半豹"比喻读书不多。杨慎《丹铅续录·半豹》:"李商隐四六启云:'学殊半豹,艺愧全牛。'"

半壁 半边。李白《梦游天姥吟留别》:"半壁见海日,空中闻天鸡。"刘沧《雨后游南山寺》诗:"半壁楼台秋月迥,一川烟水夕阳平。"

半臂 短袖或无袖的单上衣。邵

博《邵氏闻见后录》卷二十:"东坡自海外归毗陵,病暑,着小冠,披半臂,坐船中,夹运河岸千万人随观之。"

半部论语 宋初宰相赵普喜读《论语》,曾对太宗说:"臣平生所知,诚不出此。昔以其半辅太祖定天下,今欲以其半辅陛下致太平。"见罗大经《鹤林玉露》卷七。

半齿音 音韵学上"七音"之一。即舌面前鼻音加擦音。如"三十六字母"中之日[nz]母。

半刺 州郡长官的佐贰,如长史、别驾、通判等,均称半刺。庾亮《答郭预书》:"别驾旧与刺史别乘,同流宣王化于万里者,其任居刺史之半。"刘长卿《祭阎使君文》:"长卿昔尉长洲,公为半刺,一命之末,三年伏事。"

半丁 古代指能担任部分丁役的未成年人。《晋书·范甯传》:"以十三为半丁,所任非复童幼之事矣。"参见"全丁"。

半斤八两 旧制一斤合十六两,半斤等于八两。比喻彼此一样,不相上下。《水浒全传》第一百七回:"众将看他两个本事,都是半斤八两,打扮也差不多。"

半面 ❶东汉应奉记忆力很强,有一车匠曾于门中露半面看他,后数十年,于路见车匠,识而呼之。见《后汉书·应奉传》李贤注。后因以指见过面。白居易《与元九书》:"初应进士时,中朝无缌麻之亲,达官无半面之旧。"❷古代遮面之具。高士其《天禄识余》卷上:"元仁宗宴群臣于长春殿,供事内臣进馔,有咳病,帝恶其不洁,命为叠金罗半面围之,许露两眼,下垂至胸,自是进馔者,以此为例。"

半面妆 《南史·梁元帝徐妃传》:"妃以帝眇一目,每知帝将至,必为半面妆以俟,帝见则大怒而出。"李商隐《南朝》诗:"休夸此地分天下,只得徐妃半面妆。"亦简作"半妆"。王定保《唐摭言》:"蒋凝应宏词,为赋止及四韵,顷刻播传,或称之曰:'白头花钿满面,不若徐妃半妆。'"

半青半黄 农作物将熟未熟时青黄相杂。比喻事物未达到成熟的境地。《朱子全书·学三》:"今既要理会,也须理会取透,莫要半青半黄,下梢都不济事。"

半响 ❶半日。如称上午为前半响,下午为后半响。❷亦作"半晌"。一会儿。《水浒传》第二回:"王进看了半响。"也指较长的一段时间。

《三国演义》第三十八回："玄德拱立阶下,半晌,先生未醒。"

半舌音　音韵学上"七音"之一。即舌尖中边音。如"三十六字母"中之来(l)[1]母。

半身不遂　中医学病症名。亦作"半身不随"。指一侧肢体偏废不能运动的症状。

半途而废　中途停止。比喻做事没有恒心,有始无终。《中庸》："君子遵道而行,半途而废,吾弗能已矣。"

半仙　❶传说仙人居高空,因以称能上高空之游戏,或称登高山者。《开元天宝遗事》："天宝宫中,至寒食节,竞竖秋千,令宫嫔辈戏笑以为宴乐,帝呼为半仙之戏。"范成大《山顶》诗："翠屏无路强攀缘,我与枯藤各半仙。"❷旧称从事星相、占卜、巫术等迷信职业者。从事此类职业者亦有以此自称的。周密《武林旧事》卷六有施半仙。

半袖　短袖的衣服。《晋书·五行志上》："魏明帝著绣帽,披缥纨半袖。"

半衣　古代妇女上下装相连,半衣即上装。马缟《中华古今注》卷中："始皇元年,诏宫人及近侍宫人皆服衫子,亦曰半衣。"

半子　指女婿。《旧唐书·回纥传》："时回纥可汗喜于和亲,其礼甚恭,上言昔为兄弟,今为子婿,半子也。"

讪　[諰](bàn)　见"讪谍"。

讪谍　自矜。见《集韵·二十九换》。

扮　(bàn)　装扮;打扮。引申为扮演。《红楼梦》第二十二回："这个孩子扮上活像一个人,你们再瞧不出来。"

伴　(bàn)　❶伙伴;伴侣。《三国志·蜀志·李严传》："吾与孔明,俱受寄托,忧深责重,思得良伴。"❷陪伴;配合。如:伴读;伴奏。白居易《母别子》诗："不如林中乌与鹊,母不失雏雄伴雌。"

另见 pàn。

伴当　随从的仆人。《水浒传》第十八回："两个人在茶坊里坐定,伴当都叫去门前等候。"

伴侣　犹世仆。始自元初,大体系官僚势家隐占军匠而产生,由于世代承袭,遂出现了此姓为彼姓服役,乙姓为甲姓世仆的封建隶属关系。明清两代徽州地区伴侣、世仆较多。

清雍正朝《东华录》卷十："江南徽州府则有伴侣,宁国府则有世仆,本地呼为细民,几与乐户、惰民相同。又其甚者,如二姓丁户村庄相等,而此姓乃系彼姓伴侣、世仆。凡彼姓有婚丧之事,此姓即往服役,稍有不合,加以箠楚。及讯其仆役起自何时,则皆茫然无考。"清雍正时虽被承认为平民,但其与平民的界线,建国后方完全消失。

伴侣　同伴;朋友。韩愈《把酒》诗："我来无伴侣,把酒对南山。"

伴娘　女子出嫁,以熟悉婚嫁礼节之妇随护,谓之伴娘。《醒世恒言·钱秀才错占凤凰传》："高赞老夫妇亲送新郎进房,伴娘替新娘卸了头面。"

伴食宰相　唐卢怀慎官黄门监,和姚崇都在相位,卢自以才能不及姚,遇事让姚作主,时人称为"伴食宰相"。见《旧唐书·卢怀慎传》。后用来讽刺徒占职位而无能的高官。

伴奏　音乐术语。歌曲或器乐曲的有机组成部分之一,由一件或多件乐器奏出,用以衬托主要的歌唱或器乐演奏部分。如用钢琴或乐队伴奏独唱、重唱或合唱等。烘托舞蹈的器乐配乐,亦常称"伴奏"。

拌　(bàn)　❶搅和。如:拌面;拌菜;拌饲料;杂拌儿。❷争吵。如:拌嘴。

另见 pàn。

姅　(bàn)　谓女子月事、生育、小产等。《说文·女部》引《汉律》曰："见姅变不得侍祠。"《聊斋志异·庚娘》："曳女求欢,女托体姅,王乃就妇宿。"

绊　[絆](bàn)　❶拘系马脚的绳索。亦指拴缚。《诗·周颂·有客》"言授之絷,以絷其马"郑玄笺："絷,绊也。"引申为牵制或约束。如:绊脚。参见"羁绊"。❷走路时因脚受阻碍而倾跌。《红楼梦》第二十四回："那小红臊的转身一跑,却被门槛子绊倒。"

湴　(bàn)　污泥。见《广韵·五十九鉴》。

塯　(bàn)　污泥。见《广韵·五十九鉴》。亦作"湴"。

鞥　(bàn)　套在马后的皮带。《左传·僖公二十八年》："晋车七百乘,韅靷鞅鞥。"杜预注："在背曰韅,在胸曰靷,在腹曰鞅,在后曰鞥,言驾乘修备。"

鉚　(bàn)　同"绊(絆)"。

辨　(bàn)　通"办(辦)"。治理。《荀子·议兵》："城郭不辨。"王先谦集解引郝懿行曰："古无办字,荀书多以辨为办。"

另见 bān,biǎn,biàn,pàn。

瓣　(bàn)　❶瓜类的子。傅玄《瓜赋》："细肌密理,多瓤少瓣。"❷瓜果或球茎等中有膜隔开或可依其自然纹理分开的部分。如:瓜瓣;橘瓣;蒜瓣;豆瓣。❸指花的分片或草木的叶子。如:花瓣;叶瓣。❹计量片状物的单位。陈鹄《耆旧续闻》："敬授灵香一瓣,有急,请蓺以告。"

bāng

邦　(bāng)　❶古代诸侯封国之称。《书·尧典》："协和万邦。"后泛指国家。如:邻邦;友邦。❷分封。《书·蔡仲之命》："乃命诸王邦之蔡。"柳宗元《封建论》："周有天下,裂土田而瓜分之,设五等,邦群后。"❸姓。宋代有邦彪镜。

邦本　国家的根本。《书·五子之歌》："民惟邦本,本固邦宁。"后因以指人民。杜甫《入衡州》诗："凋弊惜邦本,哀矜存事常。"

邦伯　古代以称州牧,诸国之长。《书·召诰》："命庶殷,侯甸男邦伯。"孔传："邦伯,方伯,即州牧也。"又《盘庚下》："邦伯师长。"孔颖达疏引《礼记》郑玄注云："殷之州长曰伯,虞、夏及周皆曰牧。"后因称州刺史为邦伯。杜甫《同元使君春陵行序》："今盗贼未息,知民疾苦,得结(元结)辈十数公,落落然参错天下为邦伯,万物吐气,天下小安可待矣!"

邦畿　古代指直属于天子的疆域。《诗·商颂·玄鸟》："邦畿千里,维民所止。"千里,谓方千里之地。亦作"邦圻"。《春秋繁露·爵国》："天子邦圻千里。"

邦交　古代诸侯国之间的相互往来关系。《周礼·秋官·大行人》："凡诸侯之邦交,岁相问也,殷相聘也,世相朝也。"后泛指国与国之间的外交关系。如:建立邦交。

邦老　元代戏曲里盗匪、凶徒等的俗称。一般由净扮演。如杂剧《硃砂担》的白正是"净扮邦老"。

邦彦　《诗·郑风·羔裘》："彼其之子,邦之彦兮。"毛传："彦,士之美称。"后以"邦彦"称国中的美士。陆机《吴趋行》："邦彦应运兴,粲若春

林葩。"葩,开花。

帮〔幫、幚、幇〕(bāng)　❶帮助。《水浒全传》第七十四回:"我见你独自来,放心不下,不曾对哥哥说知,偷走下山,特来帮你。"❷中空物体旁边的部分。对"底"而言。如:鞋帮;桶帮。❸伙;群。如:大帮人马。《老残游记》第十二回:"东隔壁店里,午后走了一帮客。"❹同伙或同行。如:搭帮;茶帮;丝帮。❺帮会。如:青帮;洪帮。❻拦住;挟持。《水浒传》第十九回:"杜迁、宋万、朱贵本待要向前来劝,被这几个紧紧帮着,那里敢动?"

帮闲　陪官僚、富豪等玩乐,为他们帮腔效劳。也指帮闲的人。萧德祥《杀狗劝夫》第四折:"你两个帮闲的贼子好生无礼!"

梆(bāng)　见"梆子"。

梆子　❶亦称"梆"。巡更或召唤者所敲之器。《正字通·木部》:"斫木三尺许,背上穿直孔,今官衙设之,为号召之节;或以竹截作筒,两头留竹节,旁凿小孔,击之有声,亦曰梆,似古之用柝。"《水浒》第二回:"我庄上打起梆子,你众人可各执枪棒前来救应。"❷中国击乐器。由两根长短不等的硬木棒组成。长者为圆形,约十七厘米;稍短者为长方形。两手各执其一,互击发音。为梆子戏重要伴奏乐器。

浜(bāng)　小河沟。李翊《俗呼小录》:"绝潢断港谓之浜。"多用于地名。如:张家浜。

彭(bāng)　见"彭彭"。另见 páng、pēng、péng。

彭彭　盛多貌;强壮有力貌。《诗·齐风·载驱》:"行人彭彭。"又《大雅·烝民》:"四牡彭彭。"

綁(bāng)　同"帮"。鞋帮。《广韵·十一唐》:"衣治鞋履。"

bǎng

纺〔紡〕(bǎng)　同"绑"。绑缚。《国语·晋语九》:"献子执而纺于庭之槐。"另见 fǎng。

绑〔綁〕(bǎng)　捆扎;拴缚。如:捆绑;绑扎。《三国演义》第六十三回:"众军向前,用索绑缚住了。"

絣〔繃〕(bǎng)　❶麻鞋。《说文·糸部》:"絣,枲履也。"段玉裁注:"枲者,麻也。"❷小儿履。

見《玉篇》。

鞥(bǎng)　同"絣"。见《集韵·一董》。

榜〔牓〕(bǎng)　❶木片。《宋书·邓琬传》:"攸之缮治船舸,板材不周,计无所出。会琬送五千片榜供胡军用。"❷匾额。杜甫《宣政殿退朝晚出左掖》诗:"天门日射黄金榜。"❸揭示的名单。如:发榜;选民榜。杜牧《及第后寄长安故人》诗:"东都放榜未花开。"❹旧指官府的告示。《水浒传》第二十三回:"你不信时,进来看官司榜文。"也指张贴告示。白居易《杜陵叟》诗:"昨日里胥方到门,手持尺牒榜乡村。"❺题署。《清稗类钞·教育·秋水园改家塾》:"改家塾,榜其柱曰:'未能将母园何用,且望成才塾有灵。'"另见 bàng、bēng、péng。

榜书　一作"牓书"。古名"署书"。题在宫阙门额上的大字。后把招牌一类大型字通称"榜书",也叫"擘窠书"。

榜眼　科举制度中殿试一甲第二名称榜眼。宋时一甲第二、三名均称榜眼,意指榜中之双眼,后始以专属第二,而以第三名为探花。

膀〔髈〕(bǎng)　膀子,胳膊上部靠肩的部分。《水浒传》第五十七回:"十分腰围膀阔。"另见 páng。

bàng

并〔並、竝〕(bàng)　通"傍"。依傍;紧挨。《考工记·舆人》:"凡居材,大与小无并,大倚小则摧,引之则绝。"郑玄注:"并,偏邪相就也。"《史记·秦始皇本纪》:"并阴山至辽东。"张守节正义:"傍阴山东至辽东。"另见 bīng、bìng。

玤(bàng)　❶次于玉的美石,见《说文·玉部》。❷古地名。春秋虢地。在今河南渑池界。《左传》庄公二十一年(公元前 673 年):"虢公为王宫于玤。"

蚌(bàng)　河蚌,软体动物。有的能产珍珠。另见 bèng。

蚌胎　指珍珠。旧以蚌孕珠如人之怀妊,故称。李群玉《中秋越台看月》诗:"皓曜迷鲸目,晶莹失蚌胎。"

旁(bàng)　同"傍❶"。依傍;沿。《汉书·赵充国传》:"南

旁塞,至符奚庐山。"另见 páng。

旁午　交错;纷繁。《汉书·霍光传》:"受玺以来二十七日,使者旁午。"皮日休《桃花赋》:"或幽柔而旁午,或扯冶而倒披。"

埲(bàng)　❶用作地名。如:穷来埲。❷旧时称贵州土司为"埲目"。另见 běng。

棒(bàng)　❶棍子。如:棍棒;棒槌。《魏书·尔朱荣传》:"人马逼战,刀不如棒。"❷北方方言,用以形容人的强干,兼指体力和能力而言。如:这小伙子真棒!

梧(bàng)　❶农具名。即连枷。《方言》第五:"佥……自关而西谓之梧。"戴震疏证:"佥,今连枷,所以打谷者也。"❷通"棒"。棍子。《淮南子·诠言训》:"王子庆忌死于剑,羿死于桃梧。"另见 pǒu。

傍(bàng)　❶依傍;临近。如:依山傍水;傍人门户;傍晚;傍黑。《晋书·王彪之传》:"公阿衡皇家,便当倚傍先代耳。"❷姓。唐代有傍企本。另见 páng。

傍人门户　苏轼《东坡志林》卷十二:"桃符仰视艾人而骂曰:'汝何等草芥,辄居我上!'艾人俯而应曰:'汝已半截入土,犹争高下乎?'桃符怒,往复纷然不已。门神解之曰:'吾辈不肖,方傍人门户,何暇争闲气耶!'"后用为依赖别人,不能自立的意思。《红楼梦》第一百〇九回:"虽说咱们穷,究竟比他傍人门户好多着呢。"

谤〔謗〕(bàng)　❶指责。《国语·周语上》:"厉王虐,国人谤王。"❷说别人的坏话。如:诽谤;毁谤。《楚辞·七谏·沈江》:"正臣端其操行兮,反离谤而见攘。"

谤木　即"诽谤木",也叫"华表木"。相传尧舜时于交通要道竖立木牌,让人在上面写谏言。《淮南子·主术训》:"尧置敢谏之鼓,舜立诽谤之木。"《后汉书·杨震传》:"臣闻尧舜之时,谏鼓谤木,立之于朝。"

谤铄　比喻强烈的毁谤。铄,烈火销金。《旧唐书·魏元忠传》:"卿负谤铄,何也?"

塝(bàng)　地畔。见《正字通·土部》。谓田边的土坡。

蒡(bàng)　见"牛蒡"。另见 páng。

蜯（bàng）同"蚌"。《集韵·讲韵》："蚌，或作蜯。"

另见 máng。

榜（bàng）❶船桨。《楚辞·九章·涉江》："齐吴榜以击汰。"王逸注："吴榜，船櫂也。"参见"榜人"。❷划船。苏轼《至秀州赠钱端公》诗："孤舟夜榜鸳鸯起。"

另见 bǎng，bēng，péng。

榜人　船夫；摇船的人。曹植《朔风》诗："谁忘泛舟，愧无榜人。"张协《七命》："榜人奏采菱之歌。"

蜯（bàng）同"蚌"。《韩非子·五蠹》："民食果蓏蚌蛤。"

磅（bàng）❶磅（英 pound）。英制中的重量和质量的单位。分常衡磅或国际磅、金衡磅或药衡磅。常衡磅或国际磅：1 磅 = 0.453 6 千克，或 1 千克 = 2.205 磅；2 240 磅为 1 英吨；2 000 磅为 1 美吨；1 磅 = 16 盎司。金衡磅、药衡磅和常衡磅的关系是：常衡 1 磅 = 金衡、药衡 1.215磅；或金衡、药衡 1 磅 = 0.822 9 常衡磅。❷用磅秤量轻重。如：磅体重。

另见 páng。

镑〔鎊〕（bàng）英文 pound 的音译。英国、爱尔兰、埃及、叙利亚、苏丹、黎巴嫩、以色列、土耳其、塞浦路斯等的货币单位。一般在镑前冠以国名，以示区别。如英镑、爱镑、土镑等。

另见 pāng。

艕（bàng）❶船相靠傍。如：码头上船很多，要把船艕好。❷同"榜"。如：艕人。参见"榜人"。

bāo

包（bāo）❶裹扎；包围。《诗·召南·野有死麕》："野有死麕，白茅包之。"《汉书·匈奴传上》："善为诱兵以包敌。"颜师古注："包，裹取之。"亦指打成的包裹，或盛物的囊。《聊斋志异·小官人》："顿见一小人返入舍，携一毡包，大如拳。"❷量词。用于成包之物。如：一包衣服。❸包容；藏。如：无所不包。《后汉书·袁绍传上》："潜包祸谋。"❹保证。萧德祥《杀狗劝夫》第二折："他觉来，我自支持他，包你没事。"❺约定专用。如：包场；包一辆车。❻负责按照规定承担任务。如：包工。❼取。《汉书·叙传下》："猗与元勋，包汉举信。"颜师古注引刘德曰："包，取也。"❽通"苞"。丛生。

《书·禹贡》："草木渐包。"❾姓。

另见 páo。

包藏祸心　言内怀恶意。《左传·昭公元年》："小国无罪，恃实其罪；将恃大国之安靖己，而无乃包藏祸心以图之。"

包瓯　包裹缠结。《书·禹贡》："三邦厎贡厥名，包瓯菁茅。"后用以称贡物。《文选·左思〈吴都赋〉》："职贡纳其包瓯，《离骚》咏其宿莽。"刘良注："包，裹也；瓯，犹结也。"

包裹　包含；涵容。《文子·符言》："包裹天地而无表里。"

包涵　❶包含；容纳。《北史·徐则传》："包涵二仪，混成万物。"❷宽容；原谅。多用于向人请求的话中。《老残游记》第四回："请铁老爷格外包涵些。"

包荒　《易·泰》："包荒，用冯河，不遐遗。"本谓度量宽宏，对于荒秽遐远的，都能容受。后转作宽容、原谅或掩饰解。魏禧《寄儿子世侃书》："夫自何德何能于姻族，而姻族乃折节包荒若此！"

包举　统括；全部占有。贾谊《过秦论上》："有席卷天下，包举宇内，囊括四海之意，并吞八荒之心。"

包罗万象　形容内容丰富复杂，无所不包。《黄帝宅经》卷上："所以包罗万象，举一千从。"

包茅　古代祭祀时滤酒用的包扎成束的菁茅草。《左传·僖公四年》载：齐桓公伐楚，责之曰："尔贡包茅不入，王祭不共，无以缩酒。"杜预注："包，裹束也；茅，菁茅也。束茅而灌之以酒，为缩酒。"缩酒，滤酒。《后汉书·孔融传》："齐兵次楚，唯责包茅。"

包桑　同"苞桑"。比喻牢固。《后汉书·吴盖陈臧传论》："光武审《黄石》，存包桑。"李贤注："包，本也。系于桑本，言其固也。"《黄石》，兵书。《隋书·高祖纪下》："家无完堵，地罕包桑。"

包围　❶四面围住。如：池塘被密密的灌木包围着。❷在正面部队配合下向敌翼侧或后方突击，形成围攻态势的作战行动。分为战略包围、战役包围和战术包围。有一翼包围、两翼包围、四面包围等样式。

包厢　剧场观众席的一种。设于楼上。每一包厢设六七个座位，以栏杆隔成，有的为若干独立的小间。

包孕句　用主谓词组作句子成分的句子。如"这本书内容很好"句中的谓语"内容很好"就是主谓词组。

包孕句中的主谓词组，有人叫"句子形式"或"子句"。

苞（bāo）❶花未开时包着花朵的变态叶。如：含苞待放。❷草名，即席草，可制席子和草鞋。《礼记·曲礼下》："苞屦，扱衽，厌冠，不入公门。"❸丛生。《诗·曹风·下泉》："洌彼下泉，浸彼苞稂。"马瑞辰通释："按物丛生曰苞，为草木通称。"引申为攒聚，又通"哀"。《诗·大雅·常武》："如山之苞，如水之流。"又引申为茂盛。《诗·小雅·斯干》："如竹苞矣，如松茂矣。"❹通"包"。裹。《庄子·天运》："充满天地，苞裹六极。"

苞苴　❶蒲包。《礼记·少仪》"苞苴"郑玄注："谓编束萑苇以裹鱼肉也。"❷指馈赠的礼物。《庄子·列御寇》："小夫之知，不离苞苴竿牍。"引申指贿赂。《荀子·大略》："苞苴行与（欤）？谗夫兴与（欤）？"杨倞注："货贿必以物苞裹，故总谓之苞苴。"

苞桑　亦作"包桑"。根深柢固的桑树。《易·否》："其亡其亡，系于苞桑。"孔颖达疏："凡物系于桑之苞本，则牢固也。"一说丛生的桑树，以喻根深柢固。程颐《易传》："桑之为物，其根深固，苞谓丛生者，其固尤甚。"

孢（bāo）见"孢子"。

孢子　某些生物的脱离母体后不通过细胞融合而能直接或间接发育成新个体的单细胞或少数细胞的繁殖体。孢子一般微小。因性状不同，发生过程和结构的差异而有种种名称。植物通过无性生殖产生的称"无性孢子"，如分生孢子、孢囊孢子、游动孢子等；通过有性生殖产生的称"有性孢子"，如接合孢子、卵孢子、子囊孢子、担孢子等；直接由营养细胞通过细胞壁加厚和积贮养料而能抵抗不良环境条件的孢子称"厚垣孢子"、"休眠孢子"等。孢子有性别差异时，两性孢子有同形和异形之分。前者形态相同；后者形态有别，分别称大孢子和小孢子，大孢子指雌性的，小孢子指雄性的，它们并不通过融合，分别产生两性配子体而后产生后代。

枹（bāo）植物名。学名 *Quercus glandulifera*。一名"小橡子"。壳斗科。落叶乔木。叶长椭圆状倒披针形至长椭圆状倒卵形，有锯齿，齿端具腺状尖头，幼时被毛，老时

下面无毛或有疏柔毛,侧脉 7～12 对。坚果椭圆形,三分之一为壳斗所包。分布于中国山东、河南、陕西和长江流域各地,南达广西;亦见于朝鲜半岛和日本。木材可制器具,或充薪炭。

另见 fú。

胞（bāo）❶包裹胎儿的膜质囊。《庄子·外物》:"胞有重闉,心有天游。"❷同父母所生者为同胞;嫡亲的。如:胞姊妹;胞兄弟。《北齐书·孝帝纪》:"同胞共气,家国所凭。"引申为同一个国家或民族的人。

另见 páo。

胞与 "民胞物与"的省略语。旧称关怀或同情人的疾苦为"胞与为怀"。参见"民胞物与"。

炮（bāo） 一种烹饪法。把鱼肉等物用油在急火上炒熟。如:炮羊肉。

另见 páo,pào。

煲（bāo） 广东方言。❶用文火煮食物。如:煲饭。❷锅子;铫子。如:瓦煲;水煲。

褒〔襃〕（bāo）❶嘉奖;称赞。与"贬"相对。《汉书·王成传》:"宣帝最先褒之。"❷衣襟宽大。见"褒衣博带"。❸古国名。亦称有褒,姒姓,在今陕西勉县东。周幽王后褒姒,即其国之女。

褒贬 ❶赞美和贬低。如:褒贬是非。杜预《春秋序》:"推变例以正褒贬。"❷指责;批评。如:不落褒贬。

褒扬 赞美;表扬。应劭《风俗通·正失》:"世俗褒扬,言其德比成王,治几太平也。"

褒衣博带 古代儒生的装束。犹言宽袍大带。《汉书·隽不疑传》:"褒衣博带,盛服至门上谒。"颜师古注:"褒,大裾也。言著褒大之衣,广博之带也。"

褒义词 表示赞许意义的词。如"成果"指好的结果,"团结"指出于好的目的而结合等。

báo

雹（báo,读音 bó） 降自强烈的积雨云中的冰块。呈球形、圆锥形或不规则形。一般由霰或冻滴在积雨云中随气流升降,不断与沿途雪花、小水滴等合并,形成具有透明与不透明交替层次的冰块,当其增大到上升气流无法支持时即降落到地面。雹的直径大小不一,常见的

5～50毫米。降雹的持续时间虽不长,但降落大雹块时,有很大的破坏性。

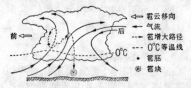

雹的形成示意图

笤（báo） 《方言》第九:"车枸篓,其上约谓之笤。"郭璞注:"即牵带也。"按即把小车篷四角扎定的绳索。

箁（báo,又读 fú）❶竹名。《齐民要术》引《异物志》:"有竹曰箁,其大数围,节间相去局促。"❷织具。见《集韵·一屋》。

薄（báo,读音 bó） 扁平物体的厚度小。如:薄饼。《诗·小雅·小旻》:"如履薄冰。"

另见 bó,bò。

膊（báo） 皮皱起。《山海经·西山经》:"松果之山,……有鸟焉,其名曰螃渠。其状如山鸡,黑身赤足,可以已膊。"郭璞注:"谓皮皱起也。"

bǎo

乓（bǎo） 《说文·匕部》:"乓,相次也,从匕从十。鸨从此。"王筠句读:"此即保甲。五家为比,故从匕;二五为十,故从十。互相保任,故曰相次。"按"保"有"养"义,妓女之母称鸨母,盖亦本谓养母。一说,"乓"即"鸨"的初文。《诗·唐风·鸨羽》:"肃肃鸨羽。"鸨为雁属,其飞成行,故引申之义为相次。从十,与"隼"同意。

骲〔骳〕（bǎo） 黑白杂毛的马。《尔雅·释畜》:"骊白杂毛,骲。"郭璞注:"今之乌骢。"

饱〔飽〕（bǎo）❶吃足。与"饥"相对。《孟子·梁惠王上》:"乐岁终身饱,凶年免于死亡。"❷充分;满足。如:饱受风霜。《诗·大雅·既醉》:"既饱以德。"

饱德 饱受恩德。语出《诗·大雅·既醉》"既饱以德"。牛弘《宴群臣登歌》:"饮和饱德。"

饱学 学识渊博。《西厢记》第一本:"老僧有个敝亲,是个饱学的秀才。"汤显祖《牡丹亭·延师》:"昨日府学开送一名廪生陈最良,年可六旬,从来饱学。"

宝〔寶、寳〕（bǎo）❶玉器的总称,引申以泛指一切珍贵的物品。《国语·鲁语上》:"以其宝来奔。"韦昭注:"宝,玉也。"❷银钱货币。古代的钱币多用"元宝"、"通宝"为文。又金银锭也叫"元宝"。参见"宝货❶"。❸珍爱。《书·旅獒》:"不宝远物,则远人格;所宝惟贤,则迩人安。"❹皇帝的印信。《新唐书·车服志》:"至武后,改诸玺皆为宝。中宗即位,复为玺。开元六年,复为宝。"也指帝位。如:大宝。❺佛教称佛、法、僧为"三宝",因称僧人所用之衣钵、锡杖等物为"法宝"。❻旧时对他人的敬称。如:宝号;宝眷。❼姓。东汉时有宝忠。

宝藏（—cáng） 珍藏。《史记·龟策列传》:"至周室之卜官,常宝藏蓍龟。"

宝货 ❶古代货币名。(1)据传说,周景王所铸大钱上的文字为宝货。《汉书·食货志下》:"周景王时,患钱轻,将更铸大钱……文曰宝货,肉好皆有周郭。"蔡云《癖谈》卷四:"景王钱文字不可考。唐固云:'大钱文曰:大泉五十。'班固云:'大钱文曰:宝货。'韦昭以为皆非事实,良是。"(2)王莽更改币制所发行的各种货币,统称宝货。《汉书·食货志下》:"莽即真,以为书'劉'字有金刀,乃罢错刀、契刀及五铢钱,而更作金银龟贝钱布之品,名曰宝货。"❷珍贵的物品。《论衡·状留》:"大器晚成,宝货难售也。"

宝卷 由唐代寺院中的"俗讲"发展而成的一种说唱文学。形成于明正德年间。明清间流行。与当时的民间宗教关系密切。原来题材多为宗教故事。以七、十言韵文为主,间以散文。明代有刊本行世,如《药师如来本愿宝卷》、《二郎宝卷》等。清末,取材民间传说的宝卷日益流行,有《梁山伯宝卷》、《文武香球宝卷》、《白蛇宝卷》等,达二百种以上。宣讲宝卷称"宣卷",清末发展成为一种曲艺。

宝库 储藏珍贵物品的库房。潘岳《关中》诗:"微火不戒,延我宝库。"比喻储藏丰富之处。如:知识宝库;文化宝库。

宝历 国祚;皇位。《隋书·炀帝纪》:"诏曰:'朕肃膺宝历,纂临万邦。'"白居易《贺雨》诗:"皇帝嗣宝历,元和三年冬。"

宝婺 星名。即婺女星,借指女神。李商隐《七夕偶题》诗:"宝婺摇

珠珮,常娥照玉轮。"后多用以称扬贵妇,如挽贵妇之丧多用"宝婺星沉"。薛稷《奉和送金城公主适西蕃应制》:"月下琼娥出,星分宝婺行。"

宝藏(—zàng) ❶矿产;储藏的珍宝财富。《中庸》:"今夫山,一拳石之多,及其广大。草木生之,禽兽居之,宝藏兴焉。"《汉书·食货志下》:"秦兼天下,币为二等……而珠玉龟贝银锡之属为器饰宝藏,不为币。"❷储藏珍宝和财物的库房。《宋史·太宗七女传》:"太宗尝发宝藏,令诸女择取之。"

宝祚 帝位。《周书·宣帝纪》:"朕以眇身,祗承宝祚。"

宝座 尊贵的座位。旧多指佛座或帝座。梁简文帝《大法颂》:"峨峨宝座,郁郁名香。"刘孝绰《奉和昭明太子钟山解讲》:"停銮对宝座。"

保(bǎo) ❶养;育。如:保养;保重。《国语·周语上》:"事神保民。"参见"保母❶"。古时以称任保育之官。见"师保❶"。❷安。《孟子·梁惠王上》:"保民而王,莫之能御也。"赵岐注:"保,安也。"❸保护;保卫。如:保家卫国。《左传·哀公二十七年》:"先保南里以待之。"❹保持。如:保暖;保墒。韩愈《寒食日出游》诗:"自然忧气损天和,安得康强保天性。"❺担保;保证。如:交保。《周礼·地官·大司徒》:"令五家为比,使之相保。"❻占有。《诗·唐风·山有枢》:"他人是保。"❼旧称佣工。如:酒保;佣保。《史记·季布栾布列传》:"〔栾布〕穷困,赁佣于齐,为酒人保。"❽旧时户籍编制的单位。《文献通考·兵考五》:"畿内之民,十家为一保。"❾通"堡"。小城。《礼记·月令》:"四鄙入保。"❿姓。明代有保睿。

保艾 犹言抚育。《诗·小雅·南山有台》:"乐只君子,保艾尔后。"毛传:"艾,养;保,安也。"

保镖 镖,亦作"镳"。旧谓有武艺者受雇于富商大贾、达官贵人,保护其财物和人身安全。袁枚《新齐谐·董金瓯》:"吾父某亦为人保镖。"也指从事这种行业的人。

保持 维持,不使消失或减弱。如:保持良好关系。袁宏《三国名臣序赞》:"衰世之中,保持名节。"

保赤 《书·康诰》:"若保赤子,惟民其康乂。"孔传:"爱养人如安孩儿赤子,不失其欲。"后称保育幼儿为"保赤"。

保傅 《大戴礼记·保傅》:"保,保其身体;傅,傅其德义。"古代辅弼天子和诸侯子弟之官,有太保、太傅等统称保傅。《国策·秦策三》:"足下上畏太后之严,下惑奸臣之态,居深宫之中,不离保傅之手。"

保辜 中国旧律规定殴人致伤者须在一定期限内保养被害人,如被害人在期限内平复,即减轻犯罪人的刑罚;如被害人在期限内死亡,则对犯罪人以杀人罪论处。所定的期限称为辜限。春秋时已有此制。唐律视伤人手段和轻重程度不同,规定了不同的辜限:"手足殴伤人限十日,以他物殴伤人者二十日,以刃及汤火伤人者三十日,折跌支体及破骨者五十日。"以后历代沿用,略有变化。

保固 ❶保其险固;据险固守。《荀子·富国》:"境内之聚也,保固视可。"《后汉书·侯霸传》:"王莽之败,霸保固自守,卒全一郡。"❷清代凡承办官府建筑工程,立期保证安全,称为"保固"。在限期内如有损坏,由承包人负责修理。见《清会典·工部》。

保母 ❶古代君主姬妾中专事抚养子女的人。《礼记·内则》:"异为孺子室于宫中,择于诸母与可者,必求其宽裕、慈惠、温良、恭敬、慎而寡言者,使为子师,其次为慈母,其次为保母,皆居子室。"❷亦作"保姆"。替人照管儿童、料理家务的妇女。

保全 保护使之安全。《汉书·贾捐之传》:"非所以救助饥馑,保全元元也。"

保守 ❶保卫坚守;保持不使失去。《史记·鲁仲连邹阳列传》:"燕将惧诛,因保守聊城。"❷维持旧状;不求改进。如:思想保守。鲁迅《二心集·〈硬译〉与〈文学的阶级性〉》:"格里莱阿说地体运动,达尔文说生物进化,当初何尝不大受保守者攻击呢?"

保庸 ❶保,安;庸,功。谓酬赏有功的人,使其心安。《周礼·天官·大宰》:"五曰保庸。"❷犹庸保。旧指雇工;仆役。《史记·司马相如列传》:"相如身自著犊鼻裈,与保庸杂作,涤器于市中。"

保障 ❶保护;卫护。也指起保卫作用的事物。《左传·定公十二年》:"且成,孟氏之保障也;无成,是无孟氏也。"《新唐书·张巡传》:"睢阳,江淮之保障也。"❷确保;保证做到。如:发展经济,保障供给。

鸨〔鴇〕(bǎo) ❶鸟纲,鸨科。体长可达1米。羽色主要颈

部为淡灰色,背部有黄褐和黑色斑纹,腹面近白色。常群栖草原地带,善奔驰。较普通的为大鸨(Otis tarda dybowskii),亦称"地鵏"。杂食性,但以吃

大鸨

植物为主。夏季在中国东北及内蒙古草原繁殖。秋季南迁到华北平原越冬。偶或飞至更南的鄱阳湖区。属国家一级保护动物。❷通"駂"。有黑白杂毛的马。《诗·郑风·大叔于田》:"叔于田,乘乘鸨。"毛传:"骊白杂毛曰鸨。"❸旧时老妓及妓女养母之称。如:老鸨;鸨母。

琲(bǎo) "宝(寶)"的古字。《后汉书·光武帝纪上》:"今若破敌,珍琲万倍。"

葆(bǎo) ❶草茂盛貌。《汉书·燕刺王旦传》:"头如蓬葆。"❷菜名。《史记·天官书》:"主葆旅事。"裴骃集解引晋灼曰:"葆,菜也;野生曰旅,今之饥民采旅生也。"❸隐蔽。见"葆光"。❹车盖。见"羽葆"。❺通"保"。《管子·正世》:"窖则民失其所葆。"❻保持。如:永葆革命青春。❼通"宝"。珍贵。《史记·留侯世家》:"果见穀城山下黄石,取而葆祠之。"裴骃集解引徐广曰:"《史记》珍宝字皆作葆。"❽通"褓"。《史记·鲁周公世家》:"成王少在强葆之中。"司马贞索隐:"强葆,即襁褓。"张守节正义:"葆,小儿被也。"参见"襁褓"。❾通"褒"。《礼记·礼器》:"不乐葆大。"郑玄注:"谓器币也。葆之言褒也。"

葆光 隐蔽其光。比喻才华藏而不露。《庄子·齐物论》:"注焉而不满,酌焉而不竭,而不知其所由来,此之谓葆光。"

堡(bǎo) 土筑的小城。《晋书·苻登载记》:"徐嵩、胡空各聚众五千,据险筑堡以自固。"现泛指军事上的防御建筑。如:碉堡。亦作"堢"。参见"堢"。

另见 bǔ,pù。

寚(bǎo) 同"宝(寶)"。

褓〔緥〕(bǎo) 见"襁褓"。

餔(bǎo) 同"饱(飽)"。

另见 piǎo。

鴇（bǎo）同"鸨（鴇）"。

bào

报〔報〕(bào) ❶告知；报告。《国策·齐策》："庙成，还报孟尝君。"❷传达信息的文件或信号。如：捷报；喜报；警报。❸定期出版的新闻纸；定期刊物。如：《人民日报》；《人民画报》；学报。❹断狱，判决罪人。《韩非子·五蠹》："报而罪之。"❺回答；答复。司马迁《报任少卿书》："阙然久不报，幸勿为过。"参见"报闻"、"报罢"。❻报答；报复。如：报恩；报仇。《诗·卫风·木瓜》："投我以木瓜，报之以琼琚。"《左传·宣公三年》："宋师围曹，报武氏之乱也。"❼旧指为报恩德而举行祭祀。《国语·鲁语上》："幕，能帅颛顼者也，有虞氏报焉。"韦昭注："报，报德。"

另见 fù。

报罢 ❶古代吏民上书言事，朝廷拒不采纳，宣令退去。《汉书·梅福传》："数因县道上言变事，求假轺传，诣行在所，条对急政，辄报罢。"❷科举落第，称"报罢"。

报称 相称地报人恩德。《汉书·孔光传》："诚恐一旦颠仆，无以报称。"

报复 ❶古代报恩、报仇都叫报复。《汉书·朱买臣传》："悉召见故人与饮食，诸尝有恩者，皆报复焉。"《三国志·蜀志·法正传》："一飡之德，睚眦之怨，无不报复，擅杀毁伤己者数人。"现谓带着敌意去回击批评或伤害过自己的人。❷回答；回信。《北史·萧宝夤传》："门庭宾客若市，而书记相寻，宝夤接对报复，不失其理。"❸通报。无名氏《鸳鸯被》楔子："不必报复，我自过去。"

报告 ❶宣告。《汉书·王莽传》："虽文王却虞芮何以加？宜宣告天下。"后专指对上级有所陈请或汇报时所作的口头或书面的陈述。❷在会议上向群众所作的正式陈述。❸犹讲演。按专题向听众作系统的讲述。

报命 事情办妥后回来复命。《汉书·司马迁传》："奉使西征……还报命。"

报聘 他国来聘，遣使回访。《三国志·蜀志·邓芝传》："〔孙权〕遂自绝魏，与蜀连和，遣张温报聘于蜀。"

报施 报答；酬报。《史记·伯夷列传》："然回也屡空，糟糠不厌，而卒蚤夭。天之报施善人，其何如哉！"

报闻 ❶回报已知所陈之事。《汉书·东方朔传》："四方士多上书言得失……其不足采者，辄报闻罢。"颜师古注："报云天子已闻其所上之书，而罢之令归。"❷报告上闻；报知。陈琳《为袁绍檄豫州》："擅收立杀，不俟报闻。"

报效 为报答他人的恩德而尽力。苏辙《为兄轼下狱上书》："使得出于牢狱，则死而复生，宜何以报？臣愿与兄轼洗心改过，粉骨报效。"也指以财物奉献给上司。《官场现形记》第二十六回："黄胖姑也劝他：'上紧把银子该报效的，该孝敬的，早些送进去。'"

报章 ❶《诗·小雅·大东》："虽则七襄，不成报章。"报，往来的意思。织锦时，横丝一来一往，组织成文，故称"报章"。❷酬答别人的诗文或书信。杜甫《早发湘潭寄杜员外院长》诗："相忆无来雁，何时有报章？"❸报纸。如：报章杂志。

刨〔鉋、鑤〕(bào) ❶刨子或刨床。❷用刨子或刨床刮平。

另见 páo。

抱(bào) ❶用臂膀围住。如：抱膝。引申为环绕。杜甫《江村》诗："清江一曲抱村流。"❷两臂合围的周长称抱。《史记·司马相如传》："檀檀木兰，豫章女贞，长千仞，大连抱。"❸存在心里。如：抱定宗旨。陶潜《停云》诗："愿言不获，抱恨如何！"❹胸怀。《宋书·范晔传》："区区丹抱。"❺禽鸟伏卵。如：抱窝；抱小鸡。❻抚育；扶持。《公羊传·成公十五年》："公子遂谓叔仲惠伯曰：'君幼，如之何？愿与子虑之。'叔仲惠伯曰：'吾子相之，老夫抱之。'"❼姓。北魏有抱嶷。

抱残守缺 抱，本作"保"。指好古的人墨守遗文，不肯弃去。《汉书·刘歆传》："孝成皇帝闵学残文缺，稍离其真……犹欲保残守缺，挟恐见破之私意，而无从善服义之公心。"后常用来比喻泥古守旧。江藩《汉学师承记·顾炎武》："岂若抱残守缺之俗儒，寻章摘句之世士也哉。"

抱法处势 《韩非子·难势》："抱法处势则治，背法去势则乱。"抱法，指制订和执行法令；处势，指凭借君主的地位和权力去实行统治。抱法处势，是战国韩非法治理论的重要观点，即把法和势结合起来，用势来保

证法的推行。

抱佛脚 求佛保佑之意。孟郊《读经》诗："垂老抱佛脚，教妻读黄经。"翟灏《通俗编·释道》引《宦游纪闻》："云南之南一番国，专尚释教，有犯罪应诛者，捕之急，趋往寺中，抱佛脚悔过，便贳其罪。今谚云'闲时不烧香，急来抱佛脚'，乃番僧之语流于中国也。"后比喻平时没有准备，临时慌忙应付。

抱负 ❶手抱肩负；携带。《后汉书·儒林传序》："先是，四方学士多怀挟图书，遁逃林薮；自是莫不抱负坟策，云会京师。"❷指怀抱的志愿。如：抱负不凡。雅琥《上执政四十韵》诗："稻粱犹不足，抱负岂能伸？"

抱关击柝 抱关，守关。击柝，击梆以警夜。泛指卑微的工作。《孟子·万章下》："辞尊居卑，辞富居贫，恶乎宜乎？抱关击柝。"

抱麐 麐，古代送葬时记执绋人姓名的版。《周礼·地官·遂师》："及窆抱麐。"按谓遂师（官名）抱持名版，检点执绋的人数。

抱璞 春秋时，楚人卞和献璞玉于楚王而遭刖足，"乃抱其璞而哭于楚山之下"。见《韩非子·和氏》。后因以"抱璞"比喻怀藏真才实学。元好问《怀益之兄》诗："抱璞休奇售，临觞得缓斟。"

抱朴 意谓抱守本真，不为物欲所惑。《老子·十九章》："见素抱朴，少私寡欲。"东晋道教理论家葛洪曾自号抱朴子。

抱薪救火 亦作"负薪救火"。比喻想消灭灾害，反而使灾害扩大。《史记·魏世家》："且夫以地事秦，譬犹抱薪救火，薪不尽，火不灭。"

抱怨 心怀怨恨。《晋书·刘毅传》："诸受枉者抱怨积直。"后谓心怀不满而埋怨他人。《红楼梦》第一回："那封肃虽然每日抱怨，也无可奈何了。"

抱柱 《庄子·盗跖》："尾生与女子期于梁下，女子不来，水至不去，抱梁柱而死。"梁，桥。后因用"抱柱"比喻坚守信约。李白《长干行》："常存抱柱信，岂上望夫台？"

趵(bào) 跳跃。见《集韵·三十六效》。

另见 bō。

豹(bào) 豹类的通称。哺乳纲，食肉目，猫科。体较虎小，大小视种类而异。体一般有黑色斑纹。善奔走。包括金钱豹、云豹、雪豹、猎豹(Acinonyx jubatus)等。

豹变　像豹文那样显著的变化。《易·革》："君子豹变,其文蔚也。"因用以比喻人的行为有很大变化。《三国志·蜀志·刘禅传》："降心回虑,应机豹变。"参见"虎变"。又指地位上升为显贵。刘峻《辨命论》："视彭韩之豹变,谓鸷猛致人爵。"彭韩,彭越与韩信,汉初的王侯。人爵,即官爵。

豹房　明武宗于宫禁中建造的淫乐场所。《明会要·方域二》："正德二年,帝为群阉蛊惑,乃于西华门别构院籞,筑宫殿,而造密室于两厢。句连栉列,谓之豹房。"

豹略　《六韬》中有《豹韬》,因称善于用兵为"豹略"。庾信《从驾观讲武》诗："豹略推全胜,龙图揖所长。"旧亦用为统兵者的名号。《新唐书·朱滔传》："左右将军曰虎牙、豹略,军使曰鹰扬、龙骧。"

豹死留皮　比喻留美名于后世。《新五代史·王彦章传》："〔彦章〕常为俚语谓人曰:'豹死留皮,人死留名。'"

豹隐　《列女传·陶答子妻》："妾闻南山有玄豹,雾雨七日而不下食者,何也?欲以泽其毛而成文章也,故藏而远害。"旧时因以"豹隐"比喻隐居。骆宾王《秋日别侯四》诗:"我留安豹隐,君去学鹏抟。"

豹直　直,同"值"。唐代称官吏节假值日为"豹直"。封演《封氏闻见记》卷五:"御史旧例,初入台陪直二十五日,节假直五日,谓之'伏豹',亦曰'豹直'。百司州县初授官陪直者皆有此名……言'伏豹'、'豹直'之义,盖取不出之义。"

苞（bào）　鸟伏卵。韩愈《荐士》诗:"鹤翎不天生,变化在啄苞。"

褒（bào）　同"抱"。《说文·衣部》:"褒,褒也。"褒,经典多借作"抱"。段玉裁注:"《论语》:'子生三年,然后免于父母之怀。'马融释以怀抱,即褒褒也。今字抱行而褒废矣。"

鲍〔鮑〕（bào）　❶动物名。学名 Haliotis。古称"鳆"或"石决明",俗称"鲍鱼"。腹足纲,鲍科。壳坚厚,低扁而宽,呈耳状,螺旋部只留痕迹,占全壳极小的部分。壳的边缘有一列呼吸小孔。壳表面粗糙,内面现美丽的珍珠光泽。多栖息于外海岩礁潮间带。中国沿海均产。为海味珍品。某些种能产珍珠,称"鲍珠"。壳可供药用及作镶嵌螺钿的材料。❷咸鱼;盐渍的鱼。《孔子家语·六本》:"如入鲍鱼之肆,久而不闻其臭。"❸通"鞄"。古代一种制革工作。《考工记·总目》:"攻皮之工,函、鲍、韗、韦、裘。"❹姓。

鮑（bào）　❶骨镞。《资治通鉴·宋顺帝昇明元年》:"帝乃更以鮑箭射,正中其齐。"胡三省注:"鮑,《集韵》云:'骨镞也。'齐与脐同。"❷击。见《玉篇》。

暴（bào）　❶凶暴;暴虐。如:暴徒;暴行。《淮南子·主术训》:"其次赏贤而罚暴。"❷损害;糟蹋。如:暴殄天物。《孟子·离娄上》:"暴其民甚,则身弑国亡。"❸急骤;猛烈。如:暴病;暴风雨;山洪暴发。《诗·邶风·终风》:"终风且暴。"毛传:"暴,疾也。"❹晴天骤起的大风。《尔雅·释天》:"日出而风谓之暴。"又我国东南沿海渔民称风暴为暴。❺急躁。如:暴躁;暴跳如雷。李寿卿《伍员吹箫》第三折:"为我平生性子懆暴,路见不平,便与人厮打。"❻短促。《大戴礼记·保傅》:"何殷周有道之长,而秦无道之暴?"❼突然。《史记·项羽本纪》:"今暴得大名,不祥。"❽徒手搏击。见"暴虎"。❾（旧读 pù）显露。《汉书·孙宝传》:"崇(郑崇)近臣,罪恶暴著。"❿姓。汉代有暴胜之。

另见 bó,pù。

暴发　❶突然发作。如:山洪暴发。医学上称疾病流行过程的一种表现。指在一个短期内某种疾病的病例突然大增。❷突然发迹。《儒林外史》第三十一回:"你要做这热闹事,不会请县里暴发的举人进士陪?"

暴虎　搏虎;徒手打虎。《诗·郑风·大叔于田》:"袒裼暴虎。"陈奂传疏:"暴、搏、捕,一语之转。"袒裼,露臂。参见"暴虎冯河"。

暴虎冯河　《诗·小雅·小旻》:"不敢暴虎,不敢冯河。"暴虎,徒手打虎;冯河,徒步渡河。谓有勇无谋,冒险行事。《论语·述而》:"暴虎冯河,死而无悔者,吾不与也。"与,赞成。

暴客　暴徒;盗贼。《易·系辞下》:"重门击柝,以待暴客。"击柝,敲梆巡夜。

暴戾　残暴,凶狠。《诗·小雅·頍弁序》:"〔幽王〕暴戾无亲,不能宴乐同姓,亲睦九族。"柳宗元《时令论下》:"若陈、隋之季,暴戾淫放,则不为矣。"

暴露　显露;揭露。如:暴露目标;暴露无遗。《汉书·孝成赵皇后传》:"暴露私燕,诬污先帝倾惑之过。"

暴虐　❶凶暴残酷。《左传·昭公二十年》:"暴虐淫纵,肆行非度。"❷侵侮虐杀。《汉书·匈奴传上》:"戎狄交侵,暴虐中国,中国被其苦。"

暴殄天物　残害灭绝天生之物。《书·武成》:"今商王受无道,暴殄天物,害虐烝民。"孔颖达疏:"天物语阔,人在其间;以人为贵,故别言民。则天物之言,除人外,普谓天下百物,鸟兽草木,皆暴绝之。"后也指任意糟蹋物品。《红楼梦》第五十六回:"既有许多值钱的东西,任人作践了,也似乎暴殄天物。"

暴徒　强暴不法的人。《盐铁论·大论》:"关内暴徒,保人阻险。"

虣（bào）　❶猛兽。《文选·鲍照〈芜城赋〉》:"伏虣藏虎,乳血餐肤。"李善注:"虣,古文暴字。"五臣本作"暴"。李周翰注:"暴、虎,虎狼也。"❷通"暴"。暴虐。《周礼·地官·司虣》:"禁其斗嚣者,与其虣乱者。"

儤（bào）　官吏接连值班。李肇《翰林志》:"凡当值之次,自给、舍、丞、郎入者,三直无儤;自起居、御史、郎官入,五直一儤;其余杂入者,十直三儤。"

暴（bào）　"曝"的古字。另见 pù。

瀑（bào）　❶急雨。见《说文·水部》。❷溅起的水。郭璞《江赋》:"挥弄洒珠,拊拂瀑沫。"

另见 pù。

曝（bào）　见"曝光"。另见 pù。

曝光　❶感光材料受光作用的过程。摄影的曝光,是使光线通过光学透镜后由快门和光圈来完成。曝光量取决于照度与曝光时间,即:曝光量＝照度×时间。用照相机摄影时,照度可用光圈来调节,曝光时间用快门来控制。电影摄影机由于胶片以恒速连续运转,除使用光圈外,也可配合使用装在机身内部的另一种遮光器(由两片能转动的金属薄片组成,俗称"叶子板")的开角度大小,进一步调节曝光量。❷真相显现出来。如:恶行曝光。

爆（bào）　❶木柴经火烧发出爆裂声。范成大《苦雨》诗:"润础才晴又汗,湿薪未爆先烟。"❷炸裂。如:爆炸。❸一种烹调法,把

鱼肉放在油里炸。如:爆鳝丝。

另见bó。

爆竿 爆竹。来鹄《早春》诗:"新历才将半纸开,小庭犹聚爆竿灰。"

爆竹 也叫"炮仗"、"爆仗"。用多层纸张密裹火药,接以药线。点燃药线,引爆火药发声。有单响、多响之别。古时节日或喜庆日,用火烧竹,爆裂发声,称为"爆竹",以为能驱除山鬼。见南朝梁宗懔《荆楚岁时记》。唐代亦称"爆竿"。宋代始有以卷纸裹火药者。将许多小型爆仗用药线串在一起,称为"鞭炮",引燃后响声不绝。《武林旧事·岁除》:"至于爆仗……内藏药线,一爇连百余不绝。"

bēi

陂(bēi) ❶山坡。岑参《首春渭西郊行》诗:"秦女峰头雪未尽,胡公陂上日初低。"❷圩岸;池。《诗·陈风·泽陂》:"彼泽之陂,有蒲与荷。"《世说新语·德行》:"叔度汪汪如千顷之陂。"❸边际;旁边。《国语·越语下》:"滨于东海之陂。"《汉书·礼乐志》:"腾雨师,洒路陂。"❹壅塞。《国语·吴语》:"乃筑台于章华之上,阙为石郭陂汉,以象帝舜。"韦昭注:"阙,穿也;陂,壅也。舜葬九疑,其山体水旋其丘,故壅汉水使旋石郭以象之也。"❺倾斜。左思《魏都赋》:"比冈隒而无陂。"

另见bì,pí,pō。

陂池 池沼。《礼记·月令》:"〔仲春之月〕毋漉陂池。"

杯〔桮、盃〕(bēi) 盛饮料器,古亦指盛羹器。如:茶杯;酒杯。《史记·项羽本纪》:"幸分我一杯羹。"杜甫《客至》诗:"隔篱呼取尽馀杯。"

杯弓蛇影 亦作"蛇影杯弓"。《晋书·乐广传》:"尝有亲客,久阔不复来,广问其故,答曰:'前在坐,蒙赐酒,方欲饮,见杯中有蛇,意甚恶之,既饮而疾。'于时河南听事壁上有角,漆画作蛇,广意杯中蛇即角影也,复置酒于前处,谓客曰:'酒中复有所见不?'答曰:'所见如初。'广乃告其所以,客豁然意解,沈疴顿愈。"按《风俗通·怪神》记应郴请杜宣饮酒,杯中有形如蛇,宣得疾,后于故处设酒,蛇乃弩影。其事相同。后用以比喻因疑虑不解而自相惊恐。纪昀《阅微草堂笔记·如是我闻四》:"况杯弓蛇影,恍惚无凭,而点缀铺张,宛如目睹。"

杯珓 旧时用来占卜吉凶的用具。韩愈《谒衡岳庙》诗:"手持杯珓导我掷,云此最吉馀难同。"方世举注:"程大昌《演繁露》:'问卜于神,有器名杯珓,以两蚌壳投空掷地,观其俯仰以断休咎。后人或用竹,或用木,斫如蛤形而中分为二。'"

杯盘狼藉 形容宴饮毕时杯盘零乱的情景。《史记·滑稽列传》:"日暮酒阑,合尊促坐,男女同席,履舄交错,杯盘狼藉,堂上烛灭。"亦作"杯盘狼籍"。《醒世恒言·灌园叟晚逢仙女》:"草堂中杯盘狼籍,残羹淋漓。"

杯圈 同"杯棬"。《礼记·玉藻》:"母没而杯圈不能饮焉,口泽之气存焉尔。"郑玄注:"圈,屈木所为,谓卮匜之属。"孔颖达疏:"杯圈,妇人所用,故母言杯圈。"后用作思念亡母的典故。如:杯圈之思。

杯棬 亦作"杯圈"。《孟子·告子上》:"以杞柳为杯棬。"赵岐注:"杯棬,杯素也。"焦循正义:"《大戴记·曾子事父母篇》卢辩注云:'杯,盘、盎、盆、盏之总名也。'盖杯为总名,其未雕未饰时,名其质为棬,因而杯器之不雕不饰者,即通名为棬也。"

杯水车薪 语出《孟子·告子上》"今之为仁者,犹以一杯水救一车薪之火也"。比喻力量微小,无济于事。《镜花缘》第十回:"其恶过重,就是平日有些小小灵光,陡然大恶包身,就如'杯水车薪'一般,那里抵得住。"亦作"杯水舆薪"。曾辅《唐颜文忠公新庙记》:"杯水舆薪,势且莫抗。"

杯中物 指酒。陶潜《责子》诗:"天运苟如此,且进杯中物。"

卑(bēi) ❶位置低下。与"高"相对。《中庸》:"譬如登高必自卑。"❷卑下。与"尊"相对。《易·系辞上》:"天尊地卑,乾坤定矣。"常用为自称的谦词。见"卑末"、"卑职"。❸衰微。《国语·周语下》:"王室其愈卑乎!"❹姓。汉代有卑整。

另见bì。

卑卑 ❶奋勉貌。《史记·老庄申韩列传赞》:"申子卑卑,施之于名实。"裴骃集解:"卑卑,自勉励之意也。"❷卑微。如:卑卑不足道。

卑鄙 ❶低微而鄙俗。诸葛亮《出师表》:"先帝不以臣卑鄙,猥自枉屈,三顾臣于草庐之中。"❷谓品质、行为恶劣。如:卑鄙龌龊;卑鄙小人。

卑谄 低声下气,阿谀逢迎。《史记·五宗世家》:"彭祖(赵王名)为人巧佞,卑谄足恭,而心刻深。"

卑躬屈节 亦作"卑躬屈膝"。形容谄媚奉承,没有骨气。《官场现形记》第五十五回:"他那副卑躬屈节的样子,洋船上的人是早已看惯的了,都不以为奇。"

卑陋 ❶低矮简陋。《旧唐书·李大亮传》:"居处卑陋,衣服俭率。"❷指地位低下。《晋书·贺循传》:"拔同郡杨方于卑陋。"

卑末 指低微的职位或职位低微的人。《后汉书·栾巴传》:"为吏人定婚姻丧纪之礼,兴立学校以奖进之,虽干吏卑末,皆课令习读。"也用作自称的谦词。王楙《野客丛书》附录《野老纪闻》:"子由代兄作《中书舍人启》,称:'伏念某草茅下士,蓬荜书生。'子瞻以笔圈'伏念某',用'但卑末'三字。"

卑人 ❶地位低下的人。《汉书·刘辅传》:"语曰:腐木不可以为柱,卑人不可以为主。"❷旧时戏曲、小说中常用作自称的谦词。

卑田院 "悲田院"的讹称。中国古代佛寺救济贫民之所。按佛教以施贫为"悲田",故名。唐代有悲田养病坊,见《旧唐书·武宗纪》。后称收容乞丐的地方。

卑微 地位低下而渺小。《史记·太史公自序》:"周德卑微,战国既强。"吴质《答东阿王书》:"奉至尊者,然后知百里之卑微也。"

卑污 卑下污秽。《史记·日者列传》:"矫言鬼神,以尽人财,厚求拜谢,以私于己,此吾之所耻,故谓之卑污也。"

卑以自牧 持谦虚态度以提高自己修养。《易·谦》:"谦谦君子,卑以自牧。"

卑职 低微的职位。《陈书·沈炯传论》:"仕于梁室,年在知命,冀郎署薄宦,止邑宰之卑职。"旧时用为下级官吏对上级自称之词。袁桷《修辽金宋史搜访遗书条例事状》:"卑职生长南方,辽金旧事,鲜所知闻。"

卑陬 惭怍貌;惶惧貌。《庄子·天地》:"子贡卑陬失色,顼顼然不自得。"成玄英疏:"卑陬,惭怍之貌。"陆德明释文引李颐云:"卑陬,愧惧貌。一云,颜色不自得也。"柳宗元《骂尸虫文》:"卑陬拳缩兮,宅体险微。"

杯（bēi）同"杯"。《山海经·海内北经》："有一女子，方跪进杯食。"《古文苑·王褒〈僮约〉》："汲水作铺，涤杯整案。"章樵注："杯，食器也。"

另见 pēi。

背〔揹〕（bēi）掮在肩背上；负荷。如：背小孩；背行李。引申为负担。如：背债；背包袱。

另见 bèi。

背榜　科举时代称名居榜末。俞樾《茶香室丛钞》卷七"担榜状元"："宋赵升《朝野类要》云：'第五甲末名为担榜状元。'按今有背榜之称，背负与担荷，其义一也。"

埤（bēi）通"卑"。低洼潮湿之地。《国语·晋语八》："松柏不生埤。"《荀子·宥坐》："其流也埤下。"杨倞注："埤，读为卑……其流必就埤下。"

另见 pí,pì。

萆（bēi）见"萆薢"。

另见 bì。

萆薢　中药名。亦称"粉萆薢"。薯蓣科植物粉背薯蓣（Dioscorea hypoglauca）的块茎。性平、味苦，功能利湿浊、祛风湿，主治小便浑浊、淋沥涩痛、风湿痹痛、带下等。根茎含多种皂苷。分离得的皂苷元（薯蓣皂苷元）可作合成皮质酮的原料。另有山萆薢（D. tokoro）及绵萆薢（D. septemloba）等亦供药用。

棹（bēi）木名。即棹柿。实似柿而青，汁可制漆，常用于制雨伞，也叫漆柿。

另见 bì,pí。

悲（bēi）❶悲哀；伤心。如：悲喜交集。《古诗十九首》："上有弦歌声，音响一何悲！"杜甫《送高三十五书记》诗："惨惨中肠悲。"引申为哀怜。柳宗元《捕蛇者说》："余悲之，且曰：'若毒之乎？'"又引申为怅望。《汉书·高帝纪下》："谓沛父兄曰：'游子悲故乡。'"颜师古注："悲谓顾念也。"❷动听。《论衡·自纪》："盖师旷调音，曲无不悲。"陆机《文赋》："寤《防露》与《桑间》，又虽悲而不雅。"

悲怆　悲痛忧伤。白居易《有感》诗："往事勿追思，追思多悲怆。"

悲愤　悲哀愤慨。《后汉书·董祀妻传》："后感伤乱离，追怀悲愤，作诗二章。"诗，指蔡琰所作《悲愤诗》。

悲风　凄厉的风。曹植《杂诗》："江介多悲风，淮泗驰急流。"杜甫

《乾元中寓居同谷县作歌七首》："呜呼一歌兮歌已哀，悲风为我从天来！"

悲欢　悲伤和欢乐。辛弃疾《满江红》词："今古恨，沉荒垒。悲欢事，随流水。"也单指悲伤、悲哀。陆游《纵笔》诗："暮雨潼关暗，秋风渭水寒。深芜埋壮士，千古为悲欢。"

悲笳　悲凉的笳声。笳是古代军中所用的号角。曹丕《与吴质书》："悲笳微吟。"

悲凉　凄凉；悲伤。颜延之《秋胡诗》："原隰多悲凉，回飙卷高树。"杜甫《地隅》诗："丧乱秦公子，悲凉楚大夫。"

悲秋　谓对秋景而感伤。语出《楚辞·九辩》"悲哉秋之为气也"。杜甫《登高》诗："万里悲秋常作客。"

悲天悯人　天，本指天命。谓哀叹时世，矜怜人民疾苦。语出韩愈《争臣论》"诚畏天命而悲人穷也"。《老残游记》第十一回："坎水阳德，从悲天悯人上起的，所以成了个《既济》之象。"

悲田院　见"卑田院"。
悲恸　谓极度悲哀。《后汉书·东海恭王彊传》："天子览书悲恸，从太后出幸津门亭发哀。"

薲〔蘪〕（bēi）❶草名。见《说文·艸部》。王绍兰《说文段注订补》引吴颖芳《说文理董》："《楚辞》：'传芭兮代舞'，薲即芭之正字。"❷古代舞者所执的牛尾。《尔雅·释器》："旄谓之薲。"《周礼·春官·序官》"旄人"郑玄注："旄，旄牛尾，舞者所持以指麾。"

碑（bēi）❶古时宫、庙门前用以识日影及拴牲口的竖石。《仪礼·聘礼》："上当碑。"郑玄注："宫必有碑，所以识日景（影），引阴阳也。凡碑，引物者，宗庙则丽牲焉以取毛血。其材，宫、庙以石，窆用木。"❷石碑。石上镌刻文字，作为纪念物或标记，也用以刻文告。秦代称刻石，汉以后称碑。如：纪念碑；墓碑。参见"碑碣"。

碑版　❶铭刻文字的碑碣。凡考证碑碣的体制、沿革及先后异同之征者，称碑版学。❷碑文。唐羊愉撰《景贤大师身塔石记》，末有"碑版所详，不复多载"语，即指碑碣上所刻志传文字。

碑额　碑头题字。王芑孙《碑版文广例》卷六："碑首或刻螭、虎、龙、雀以为饰，就刻其中为圭首，或无他饰，直为圭首，方锐圆椭，不一其制。

圭首有字谓之额，其额书，篆字谓之篆额，隶字谓之题额。"

碑碣　古人把长方形的刻石叫"碑"；把圆首形的或形在方圆之间、上小下大的刻石，叫"碣"。秦始皇刻石纪功，大开树立碑碣的风气。东汉以来，碑碣渐多，有碑颂、碑记，又有墓碑，用以纪事颂德，碑的形制也有了一定的格式。后世碑碣名称往往混用。

鵯〔鵯〕（bēi）❶白头鵯，即白头翁。头顶黑色，眉及枕羽白色。以昆虫、杂草种子及浆果等为食。❷见"鵯鶋"。

鵯鹏　鸟名。亦名"催明鸟"。欧阳修《鵯鹏》诗："红纱蜡烛愁夜短，绿窗鵯鹏催天明。"

鵯鶋　鸟名。即"寒鸦"。亦作"卑居"。也叫"雅乌"、"鵯乌"、"楚乌"。《尔雅·释鸟》："鶿斯，鵯鶋。"郭璞注："雅乌也。小而多群，腹下白。江东亦呼为鵯乌。"郝懿行义疏："今此鸟大如鸽，百千为群，其形如乌，其声雅雅，故名雅乌。"

犚〔犚〕（bēi）矮小的牛。《尔雅·释畜》"犚牛"郭璞注："犚牛庳小，今之犍牛也，又呼果下牛，出广州高凉郡。"

箄（bēi）竹制的捕鱼具。陆龟蒙《渔具诗序》："矢鱼之具……编而沉之，曰箄。"

另见 pái。

稐（bēi，又读 bài）黍的稐草。《说文·黍部》："稐，黍属也。"段玉裁注："稐之于黍，犹稗之于禾也。……穗与谷皆如黍，农人谓之野稐，亦曰水稐。"

襬（bēi）裙子。《方言》第四："裙，陈魏之间谓之帔，自关而东或谓之襬。"

另见 bǎi 摆。

耀（bēi）同"镙（鑗）"。

běi

北（běi）❶方位词。与"南"相对。曹植《白马篇》："羽檄从北来。"亦指向北去。《墨子·贵义》："子墨子不听，遂北。"❷败走；败逃。如：屡战屡北。《左传·桓公九年》："以战而北。"杜预注："北，走也。"《荀子·议兵》："大寇则至，使之持危城则必畔，遇敌处战则必北。"杨倞注："北，败走也。北者，乖背之名，故以败走为北也。"亦指败逃者。

贾谊《过秦论上》:"追亡逐北。"

另见 bèi。

北方话 汉语最大的一种方言,也叫"官话"。现代汉民族共同语的基础方言。以黄河流域为中心,分布于东北和长江流域中部及西南各省。使用人数约占汉族人口的 70% 以上。语音特点是:古全浊声母读清音,如"洞"和"冻"读音相同;辅音韵尾只有 -n[-n]、-ng[-ŋ] 两个;多数地区没有入声,只有阴平、阳平、上声、去声四个调类。北方话内部一致性很强,根据部分分歧,一般又分为华北方言、西北方言、西南方言、江淮方言等四个次方言。

北淝河 淮河支流。在安徽省北部。源出涡阳县北部,东南流经蒙城、怀远等县。长 225 公里,流域面积 2 866 平方公里。下游河床淤浅。经多次治理,其上、中游已分段引入涡河和沱河,下部分仍流至沫河口入淮河。

北国 古指北方之国。《诗·大雅·韩奕》:"奄受北国,因以其伯。"后泛指北方之地。《北史·魏纪》:"魏之先出自黄帝轩辕氏,黄帝子曰昌意,昌意之少子受封北国,有大鲜卑山,因以为号。"

北里 ❶古舞曲名。《史记·殷本纪》:"〔纣〕爱妲己,妲己之言是从,于是使师涓作新淫声、北里之舞、靡靡之乐。"曹植《七启》:"扬北里之流声。"❷唐代长安平康里,因在城北,亦称"北里"。其地为妓院所在,因用为妓院的代称。唐孙棨著有《北里志》。辛文房《唐才子传》卷六"张祜":"同时崔涯亦工诗,与祜齐名,颇自放行乐,或乘兴北里,每题诗倡肆。"

北门 ❶指北疆边防要地。《隋书·贺娄子幹传》:"自公守北门,风尘不警。"❷唐代禁卫军分南北衙,"北门",即指北衙。《新唐书·兵志》:"及贞观初,太宗择善射者百人,为二番于北门长上,曰百骑,以从田猎。""北门"之名盖由此而来。《资治通鉴·唐中宗神龙元年》:"北门南牙,同心协力。"胡三省注:"南牙谓宰相,北门谓羽林诸将。"参见"衙兵"。❸复姓。春秋时有北门驷。

北门锁钥 朱熹《五朝名臣言行录》卷四:"公(寇準)镇大名府,北使道由之,谓公曰:'相公望重,何不在中书?'公曰:'皇上以朝廷无事,北门锁钥,非準不可。'"谓大名为南北往来必经之地,故必须重臣坐镇

之。按《左传·僖公三十二年》"郑人使我掌其北门之管",即为寇语所本。后以北门锁钥、北门管钥、北门之管指北方的重镇或泛指军事要地。

北面 ❶古代君主南面而坐,臣子朝见君主则面北,因谓称臣于人为"北面"。《史记·田单列传》:"王蠋,布衣也,义不北面于燕。"❷古代学生敬师之礼。《汉书·于定国传》:"定国乃迎师学《春秋》,身执经,北面备弟子礼。"

北冥 亦作"北溟"。古人想像中的北方最远的大海。《庄子·逍遥游》:"北冥有鱼,其名为鲲。"李白《古风》:"北溟有巨鱼,身长数千里。"参见"南冥"。

北阙 古代宫殿北面的门楼,为臣子等候朝见或上书之处。《汉书·高帝纪》:"至长安,萧何治未央宫,立东阙、北阙、前殿、武库、太仓。"颜师古注:"未央殿虽南向,而上书、奏事、谒见之徒皆诣北阙。"亦用为朝廷的别称。孟浩然《岁暮归南山》诗:"北阙休上书,南山归弊庐。"

北堂 古代士大夫家主妇常居留之处。《仪礼·士昏礼》:"妇洗在北堂。"郑玄注:"北堂,房中半以北。"贾公彦疏:"房与室相连为之,房无北壁,故得北堂之名。"按房谓东房。《诗·卫风·伯兮》:"焉得谖草,言树之背。"毛传:"谖草令人忘忧;背,北堂也。"后因以"北堂"指母亲的居室。王禹偁《寄金乡张赞善》诗:"北堂侍膳侵星起,南庙催耕冒雨归。"亦用以借称母亲或祖母。参见"萱堂"。

北闱 明代礼部会试考房,称礼闱。洪熙元年(1425 年),南人北人分房取中,名额有定,谓之南闱、北闱。宣德、正统间,又分南、北、中闱。又北京的顺天乡试贡院,亦称"北闱";南京的应天乡试贡院,亦称"南闱"。见《明史·选举志二》。清代顺天乡试、江南乡试,也通称"北闱""南闱"。

北至 即"夏至"。张衡《西京赋》:"日北至而含冻,此焉清暑。"参见"南至"。

bèi

贝 〔貝〕(bèi) ❶蛤螺等类有壳软体动物的总称。《文选·宋玉〈登徒子好色赋〉》:"齿如含贝。"李善注:"贝,海螺,其色白。"❷古代用贝壳作的货币。《说文·贝

部》:"古者货贝而宝龟,周而有泉,至秦废贝行钱。"❸织成贝文的锦。《书·禹贡》:"厥篚织贝。"参见"贝锦❶"。❹姓。

贝编 即佛经,因用贝叶书写,故称。段成式《酉阳杂俎·前集》卷三曰《贝编》,内容皆采自佛经。

贝多 ❶树名。译自梵语 Pattra,亦作"贝多罗"。叶子可以代纸,印度人多用来写佛经。段成式《酉阳杂俎·广动植之三》:"贝多出摩伽(揭)陀国,长六七丈,经冬不凋。此树有三种……西域经书,用此三种皮叶。"也指佛经。李商隐《题僧壁》诗:"若信贝多真实语,三生同听一楼钟。"❷传说中的国名。任昉《述异记》卷上:"贝多国人献舞雀,周公命返之。"

贝锦 ❶古代锦名,上有贝形花纹。左思《蜀都赋》:"贝锦斐成,濯色江波。"❷比喻诬陷人的谗言。《诗·小雅·巷伯》:"萋兮斐兮,成是贝锦。"郑玄笺:"喻谗人集作己过以成于罪,犹女工之集采色以成锦文。"萋斐,文采相错杂的意思。《晋书·王濬传》:"而恶直丑正,实繁有徒,欲构南箕,成此贝锦。"

贝叶 印度贝多树的叶子,用水沤后可以代纸,古代印度人多用以写佛经,后因称佛经为"贝叶经"。《大慈恩寺三藏法师传》卷六:"丁卯,法师方操贝叶,开演梵文。"《宋史·天竺国传》:"僧道圆自西域还,得……贝叶梵经四十夹来献。"皇甫曾《锡杖歌》:"口翻贝叶古字经。"

贝子 ❶软体动物的一种,亦称海蚆,即宝贝。❷云南旧用贝为货币,叫做"贝子"。《本草纲目·介部·贝子》:"古者货贝为宝龟,用为交易,以二为朋。今独云南用之,呼为海蚆。以一为庄,四庄为手,四手为苗,五苗为索。"《元史·世祖纪九》:"定云南税赋,用金为则,以贝子折纳,每金一钱,直贝子二十索。"一索,贝八十枚。❸爵位名。满语为贝勒的复数。早期满族社会中,贝子意为"天生"贵族。清代颁定宗室爵号,有固山贝子,简称贝子,在亲王、郡王、贝勒之下,并以封蒙古贵族。

北 (bèi) 通"背"。乖违;相背。《书·舜典》:"分北三苗。"孔颖达疏:"善留恶去,使之分背也。"《国策·齐策六》:"士无反北之心。"

另见 bèi。

宋（bèi，又读bó）　草木生长蓬勃貌。见《说文·宋部》。

邶（bèi）　古国名。周武王封殷纣之子武庚于此。一说武王使其弟管叔、蔡叔、霍叔为三监，霍叔居邶。《说文·邑部》：“邶，故商邑，自河内朝歌以北是也。”郑玄《诗谱·邶鄘卫谱》：“自纣城而北谓之邶。”在今河南汤阴东南邶城镇；又今安阳东和卫辉市东北并有邶城。一说在今河北境内。

狽〔狽〕（bèi）　传说的兽名。参见“狼狽②”。

棑〔棑〕（bèi）　见“棑多”。

棑多　同“贝多”。

拔（bèi）　树木长大。《诗·大雅·绵》：“柞棫拔矣。”
另见bá。

备〔備、俻〕（bèi）　❶防备；预备；准备。《左传·成公十六年》：“申宫儆备，设守而后行。”《书·说命中》：“有备无患。”❷完备；具备。如：德才兼备。《诗·周颂·有瞽》：“既备乃奏。”❸设备。如：军备；装备。❹充任；充当。常用作谦词。杨恽《报孙会宗书》：“幸赖先人余业，得备宿卫。”❺全；尽。如：艰苦备尝；关怀备至。❻后墙。《淮南子·齐俗训》：“抽箕逾备之奸。”高诱注：“备，后垣也。”朱骏声《说文通训定声·颐部》谓借备为培，培有屋后墙之义。❼长的兵器。《左传·昭公二十一年》：“齐致死莫如去备。”杜预注：“备，长兵也。”❽富裕；美好。《荀子·礼论》：“故虽备家，必逾日然后能殡。”又《解蔽》：“故目视备色，耳听备声，口食备味，形居备宫，名受备号。”

备数　充数。一般用作谦辞。马融《长笛赋序》：“追慕王子渊、枚乘、刘伯康、傅武仲等箫、琴、笙、颂，唯笛独无，故聊复备数，作《长笛赋》。”

备位　犹尸位。谦词，谓己徒负空名，在位而不能尽职。《汉书·萧望之传》：“吾尝备位将相，年逾六十矣。”

备员　充数；凑数。《史记·平原君虞卿列传》：“愿君即以遂（毛遂）备员而行矣。”

怫（bèi）　通“悖”。违异；反背。《史记·太史公自序》：“五家之文怫异。”司马贞索隐：“怫亦悖也。”
另见fèi，fú。

勃（bèi）　通“悖”。乖戾。《晋书·苻生载记》：“此儿狂勃，宜早除之。”
另见bó。

背（bèi）　❶脊背。如：虎背熊腰。《孟子·尽心上》：“见于面，盎于背。”❷反面；后面。如：手背；纸背。❸背向着或靠着。如：背光；背山面水。《周礼·秋官·司仪》：“不正其主面，亦不背客。”❹离开。如：离乡背井。引申为去世。李密《陈情表》：“生孩六月，慈父见背。”❺违反；违背。如：背约。《左传·成公十一年》：“秦伯归而背晋成。”❻背叛。《韩非子·五蠹》：“夫父之孝子，君之背臣也。”❼背诵。如：背书。
另见bēi。

背城借一　谓在自己城下跟敌人决一死战。《左传·成公二年》：“请收合余烬，背城借一。”杜预注：“欲于城下，复借一战。”亦简作“借一”。《南史·梁武帝纪》：“群竖猖狂，志在借一。”

背道而驰　朝着相反的道路奔跑，比喻彼此的方向和目的完全相反。柳宗元《杨评事文集后序》：“其余各探一隅，相与背驰于道者，其去弥远。”

背晦　昏愦，作事悖谬。《红楼梦》第四十六回：“老爷如今上了年纪，行事不免有点儿背晦。”也作倒霉、处境不顺利解。

背叛　背离，叛变。《荀子·解蔽》：“故以贪鄙、背叛、争权而不危辱灭亡者，自古及今，未尝有之也。”《史记·项羽本纪》：“趣义帝行，其群臣稍稍背叛之。”

背畔　同“背叛”。《汉书·晁错传》：“行者深恐，有背畔之心。”

背时　不合时宜，也指时运不济。卢照邻《对蜀父老问》：“盖闻智者不背时而侥幸，明者不违道以干非。”

背水阵　汉将韩信率兵攻赵，出井陉口，令万人背水列阵，大败赵军。诸将问背水之故，信曰：“兵法不曰‘陷之死地而后生，置之亡地而后存’？”见《史记·淮阴侯列传》。按背河设阵，以示后无退路，激励将士死中求生。后又有“背水一战”之语，谓决一死战。

背诵　记熟文字，不看原文念出来。《三国志·魏志·王粲传》：“粲与人共行，读道边碑，人问曰：‘卿能暗诵乎？’曰：‘能。’因使背而诵之，不失一字。”潘耒《日知录序》：“九经

背心　❶离心。《韩非子·难三》：“吐都大而国小，民有背心，故曰政在悦近而来远。”❷无袖上衣。徐珂《清稗类钞·服饰类》：“半臂，汉时名绣褗，即今之坎肩也，又名背心。”

背依　同“负扆”。扆，户牖之间的屏风。古代帝王见诸侯时，背扆而坐。《汉书·徐乐传》：“南面背依，摄袂而揖王公，此陛下之所服也。”颜师古注：“依，读曰扆。”

钡〔鋇〕（bèi）　化学元素［周期系第Ⅱ族（类）碱土金属元素］。符号Ba。原子序数56。银白色软金属。有展性。化学性质活泼，易氧化，能与水作用，并释出氢气，燃烧时生成绿色火焰。钡盐除硫酸钡外均有毒。在自然界中主要以硫酸盐（重晶石）和碳酸盐（毒重石）两种形式存在。由电解熔融氯化钡（加氯化铵）而得。用于制造烟火、合金等。

葡（bèi）　具备。《说文·用部》：“葡，具也。”段玉裁注：“具，供置也。”《人部》曰：‘備，慎也。’然则防備字当作備，全具字当作葡，义同而略有区别，今则专用備而葡废矣。”按“備”同“俻”。备今简化作备。

倍（bèi）　❶照原数增加。《墨子·经上》：“倍，为二也。”孙诒让间诂引毕沅云：“倍之是为二。”又引杨保彝云：“即加一倍算法。”按加一倍算法即照原数加一次，或即称“倍”。三以上的倍数则为原数的乘数。❷加倍；愈加。王维《九月九日忆山东兄弟》诗：“每逢佳节倍思亲。”❸增益。《左传·僖公三十年》：“焉用亡郑以倍邻？”❹通“背”。背向；背着。《史记·淮阴侯列传》：“兵法右倍山陵，前左水泽。”❺通“背”。背弃。《礼记·缁衣》：“信以结之，则民不倍。”❻背诵。韩愈《韩滂墓志铭》：“〔滂〕读书倍文，功力兼人。”

倍叛　同“背叛”。违反；叛变。《荀子·礼论》：“是奸人之道，而倍叛之心也。”亦作“倍畔”。

倍日　一日作两日之用。《史记·孙子吴起列传》：“乃弃其步军，与其轻锐倍日并行逐之。”

倍蓰　倍，一倍；蓰，五倍。倍蓰，谓数倍。《孟子·滕文公上》：“夫物之不齐，物之情也。或相倍蓰，或相什百。”

倍僪　太阳旁的光气。《吕氏春秋

·明理》："其日有斗蚀，有倍僪，有晕珥。"

悖〔誖〕(bèi) ❶违背；违反。《礼记·中庸》："道并行而不相悖。"❷谬误；惑乱。《荀子·王霸》："不能治近，又务治远；不能察明，又务见幽；不能当一，又务正百：是悖者也。"《史记·太史公自序》："愍学者之不达其意而师悖。"张守节正义："颜云：'悖，惑也。各习师书，惑于所见也。'"❸遮蔽。《庄子·胠箧》："故上悖日月之明。"

另见 bó。

悖谬 亦作"悖缪"。犹荒谬，不合情理。《荀子·强国》："若是其悖缪也，而求有汤、武之功名，可乎？"

悖逆 违乱忤逆。多指犯上作乱。《管子·君臣上》："国家有悖逆反迕之行，有土主民者，失其纪也。"

悖入悖出 《礼记·大学》："货悖而入者亦悖而出。"意谓用不正当的方法得来的财物又被别人用不正当的方法拿去，或胡乱得来的钱财又胡乱花掉。纪昀《阅微草堂笔记·槐西杂志四》："生愤恚曰：'何不诉于神？'曰：'诉者多矣。神以为悖入悖出，自作之愆；杀人人杀，相酬之道，置不为理也。'"

被(bèi) ❶被子。《楚辞·招魂》："翡翠珠被，烂齐光些。"❷表；表面。《仪礼·士昏礼》："笄，缁被纁里。"❸覆盖。《楚辞·招魂》："皋兰被径兮。"❹背负。《后汉书·贾复传》："被羽先登。"❺穿着。《孟子·尽心下》："被袗衣。"❻加；及。《书·禹贡》："西被于流沙。"❼遭；受。如：被害。赵岐《孟子题辞》："幼被慈母三迁之教。"《史记·项羽本纪》："项王身亦被十余创。"引申为表被动之词，犹言"为"。无名氏《赚蒯通》第三折："今有韩信已被某家着人赚的来，将他斩了。"❽姓。春秋时郑有被瞻。

另见 bì，pī。

被服 ❶被子、衣服之类。《史记·孝武本纪》："文成言曰：上即欲与神通，宫室被服不象神，神物不至。"❷穿着。《古诗十九首》："被服罗裳衣，当户理清曲。"❸感受；蒙受。曹丕《让禅令》："含气有生之类，靡不被服清风。"引申为服膺。《汉书·河间献王传》："被服儒术，造次必于儒者。"

被酒 犹中酒。《史记·高祖本纪》："高祖被酒，夜径泽中，令一人行前。"张守节正义："被，加也。"

被字句 汉语句式之一。用介词"被"构成的表示被动意义的句子。如"小张被坏人欺侮了"、"他被大家推选为劳动模范"。构成这类句子的一般条件是：主语是受事，"被"字所介系的名词是施事；谓语动词须是及物动词。也有"被"字直接用在动词之前的，如"他被激怒了"、"机密被泄露了"。过去被字句一般用于表达不幸或不快的遭遇。后来使用范围扩大了，如"他被选为小组长"。口语里常用"叫"、"让"或"给"表示"被"的意义。

敦(bèi) ❶通"拔"。《淮南子·俶真训》："夫疾风敦木而不能拔毛发。"高诱注："敦，亦拔也。"❷通"勃"。盛貌。《梁书·钟嵘传》："太康中，三张二陆，两潘一左，敦尔复兴，踵武前王，风流未沫，亦文章之中兴也。"❸通"悖"。悖逆。《后汉书·史弼传》："二弟阶宠，终用敦慢。"

排(bèi) 通"鞴"。鼓风吹火之具。《后汉书·杜诗传》："造作水排，铸为农器。"李贤注："冶铸者为排以吹炭，令激水以鼓之也。"

另见 pái，pǎi。

哱(bèi) 见"暗哱"。

偝(bèi) ❶背弃。《礼记·坊记》："利禄先死者而后生者，则民不偝。"❷背向着。《礼记·投壶》："毋偝立。"郑玄注："偝，不正乡(向)前也。"

軰(bèi) 人名。《晋书·石勒载记》："石勒字世龙，初名軰。"

琲(bèi) 成串的珠。《文选·左思〈吴都赋〉》："珠琲阑干。"刘良注："琲，贯也，珠十贯为一琲。"

辈〔輩〕(bèi) ❶车百辆，亦指分行列的车。《说文·车部》："若军发车百两为辈。"戴侗《六书故·工事三》："车以列分为辈。"❷等列；同流。如：我辈；若辈；侪辈；流辈。杜甫《岁晏行》："高马达官厌酒肉，此辈杼轴茅茨空。"❸比。《后汉书·循吏传序》："边凤、延笃先后为京兆尹，时人以辈前世赵(赵广汉)、张(张敞)。"❹辈分；世代。如：前辈；后辈；长一辈；小一辈。❺毕生。如：一辈子。

辈出 一批接一批地出现。多指优秀人才。如：英雄辈出。《后汉书·蔡邕传》："名臣辈出。"

辈行 ❶辈分。韩愈《太原王公神道碑铭》："当时名公，皆折官位辈行愿为交。"❷同列、同辈的人。文天祥《山中漫成柬刘方斋》诗："二三辈行惟须醉。"

僃(bèi) 同"备(備)"。

惫〔憊〕(bèi) 疲乏。《庄子·山木》："何先生之惫耶？"

惫懒 顽皮，不顺从。《红楼梦》第三回："这个宝玉，不知是怎生个惫懒人物！"

焙(bèi) 用微火烘烤。如：焙茶。皮日休《寄怀南阳润师》诗："醉来浑忘移花处，病起空闻焙药香。"

蓓(bèi) 见"蓓蕾"。

蓓蕾 花蕾；含苞未放的花。萨都剌《溪行》诗："芙蓉发蓓蕾，桂树花斓斑。"

碚(bèi) 地名用字。欧阳修有《虾蟆碚》诗，自注云："今士人写作'背'字，音佩。"重庆市有北碚。

鞁(bèi) 古代车马上驾马的各种马具的总称。《国语·晋语九》："吾两鞁将绝，吾能止之。"韦昭注："鞁，靷也；能止马徐行，故不绝。"段玉裁《说文解字注·革部》："按韦以《左传》作'靷'，故以靷释之，其实鞁所包者多，靷其大者。"

楄(bèi) 木名。《山海经·中山经》："橐山，其中多樗，多楄木。"郭璞注："今蜀中有楄木，七八月中吐穗，穗成，如有盐粉著状，可以酢羹。"

骳(bèi) 见"骫骳"。

犕(bèi) ❶套车。《说文·牛部》："犕，《易》曰'犕牛乘马。'"段玉裁注："此盖与革部之鞁同义。鞁，车驾具也。故《玉篇》云：'犕，服也。以鞍装马也。'"❷八岁牛。见《玉篇·牛部》。一说六岁牛。见《本草纲目·兽部》。❸通"服"。顺服。《后汉书·皇甫嵩传》："卓风令御史中丞已下皆拜以屈嵩，既而抵手言曰：'义真犕未乎？'"李贤注："犕，即古'服'字也，今河朔人犹有此言，音备。"

褙(bèi) 见"褦褙"。

僃(bèi) 亦作"焗"。用火烘烤使干燥。《方言》第七："凡

以火而干五谷之类,关西、陇、冀以往谓之㸆。"按《新方言·释器》,㸆或变作焙。

糒(bèi) 干粮。《汉书·李广传》:"大将军使长史持糒醪遗广。"

餶(bèi) 同"糒"。

鞴(bèi) ❶同"鞁"。车马上的装备物。也指装备车马。王昌龄《塞上曲》:"遥见胡地猎,鞴马宿严霜。"❷鼓风吹火器。沈括《梦溪笔谈》卷二十:"使人隔墙鼓鞴。"

另见 bù。

鞴(bèi) 同"鞴"。

鞁(bèi) 同"鞁"。

bei

唄〔唄〕(bei) 表语气。"吧"的音变。❶表示勉强同意或让步。如:既然如此,就算了唄!❷表示事情或道理明显,极易了解。如:不懂,就学唄!

另见 bài。

臂(bei) 用于"胳臂"。

另见 bì。

bēn

奔〔犇、奔〕(bēn) ❶急走;跑。如:奔驰;狂奔。❷逃亡。《左传·僖公五年》:"晋灭虢,虢公醜奔京师。"❸旧指女子私往就男人。《国语·周语上》:"有三女奔之。"韦昭注:"不由媒氏也。"

〔奔〕(bēn) 姓。五代有奔洪进。

另见 bèn,fèn。

奔奔 形容鸟类雌雄紧紧相随。《诗·鄘风·鹑之奔奔》:"鹑之奔奔,鹊之彊彊。"郑玄笺:"奔奔、彊彊,言其居有常匹,飞则相随之貌。"

奔波 ❶奔腾的波涛。《水经注·渐江水》:"浚流惊急,奔波聒天。"❷忙碌地往来奔走。韩愈《论佛骨表》:"老少奔波,弃其业次。"

奔踶 犹奔驰。《汉书·武帝纪》:"故马或奔踶而致千里。"

奔凑 从各方奔来,聚合在一起。《后汉书·马防传》:"宾客奔凑,四方毕至。"

奔放 ❶疾驰。《后汉书·祢衡

传》:"飞兔骚裹,绝足奔放。"飞兔、骚裹,古代骏马名。❷比喻气势蓬勃横逸。如:热情奔放。袁宏道《徐文长传》:"喜作书,笔意奔放如其诗。"

奔竞 为名利而奔走争竞。《南史·颜延之传》:"外示寡求,内怀奔竞,干禄祈迁,不知极已。"

奔命 ❶奔赴应命;忙于应付。《左传·成公七年》:"吴始伐楚,伐巢,伐徐,子重奔命。"又《襄公二十六年》:"吴于是伐巢取驾克棘入州来,楚罢(疲)于奔命。"❷指应命急速奔赴前方的队伍。《后汉书·刘玄传》:"荆州牧某,发奔命二万人攻之。"

奔丧 《礼记·奔丧》孔颖达疏:"案郑《目录》云,名曰《奔丧》者,以其居他国,闻丧奔归之礼。"按孙希旦集解云:"奔丧者,在外闻其亲属之丧而归也。"又:"以丧之轻重,则有父有母有齐衰以下。"是奔丧非专指奔亲丧,但后来沿用,则专指奔赴亲丧而言。

奔蛇 ❶古代传说中一种能乘云雾而飞的蛇。《淮南子·览冥训》:"前白螭,后奔蛇。"高诱注:"奔蛇,腾蛇也。"参见"腾蛇❶"。❷形容蜿蜒曲折。杜审言《度石门山》诗:"泥拥奔蛇径,云埋伏兽丛。"

奔腾 飞奔急驰。杜甫《病橘》诗:"忆昔南海使,奔腾献荔支。"

奔突 横冲直撞。班固《西都赋》:"穷虎奔突,狂兕触蹷。"鲁迅《野草题辞》:"地火在地下运行,奔突;熔岩一旦喷出,将烧尽一切野草,以及乔木。"

奔逸 亦作"奔佚"。❶疾驰;飞跑。《庄子·田子方》:"夫子奔逸绝尘,而回(颜回)瞠若乎后矣。"❷奔放飘逸;不可羁束。傅玄《七谟序》:"若《七依》之卓轹一致,《七辨》之缠绵精巧,《七启》之奔逸壮丽,《七释》之精密闲理,亦近代之所希也。"王守仁《教条示龙场诸生》:"志不立,如无舵之舟,无御之马,漂荡奔逸,终亦何所底乎?"

奔走 ❶急行。《后汉书·史弼传》:"及下廷尉诏狱,平原吏人奔走诣阙讼之。"❷传达使命。《国语·鲁语下》:"士有陪乘,告奔走也。"❸谓为某种目的而多方活动。柳宗元《捕蛇者说》:"永之人争奔走焉。"也指互相帮忙。《后汉书·何颙传》:"袁绍慕之,私与往来,结为奔走之友。"

赉〔贲〕(bēn) 同"奔㊀"。参见"虎贲"。

另见 bì,féi,fén,fèn。

贲育 指战国时勇士孟贲和夏育。《汉书·司马相如传下》:"力称乌获,捷言庆忌,勇期贲育。"《文选·扬雄〈羽猎赋〉》:"贲育之伦,蒙盾负羽。"吕延济注:"贲,孟贲;育,夏育。皆秦武王壮士也。"后以泛称勇士。

骁〔骕〕(bēn) 马奔。见《玉篇·马部》。

锛〔錛〕(bēn) 锛子,削平木料的平头斧。亦谓用锛子削平木料。

běn

本(běn) ❶草木的根或茎干。《国语·晋语一》:"伐木不自其本,必复生。"《庄子·逍遥游》:"吾有大树,人谓之樗,其大本拥肿而不中绳墨,其小枝卷曲而不中规矩。"引申为计量花木的单位。《宋史·黄震传》:"广南岁进异花数千本。"❷事物的根源或根基。如:溯本穷源。《论语·学而》:"君子务本,本立而道生。"❸重要的;中心的。如:本部;本题。❹指自己或自己方面的。如:本乡。《淮南子·氾论训》:"立之于本朝之上,倚之于三公之位。"❺犹这;那。关汉卿《拜月亭》第三折:"你不知,我兵火中多得他本人气力来。"又《单刀会》:"自襄阳会罢,与刘皇叔相见,本人有高皇之气。"❻本来;原来。《孟子·告子下》:"此之谓失其本心。"诸葛亮《前出师表》:"臣本布衣,躬耕于南阳。"❼本钱;母金。韩愈《柳子厚墓志铭》:"其俗以男女质钱,约不时赎,子本相侔,则没为奴婢。"❽本业。参见"本末❸"。❾犹今。如:本年;本日。❿根据。柳宗元《答韦中立论师道书》:"本之《书》以求其质,本之《诗》以求其恒。"⓫书册。如:书本;帐本。引申为书册的计量单位。如:五本书。⓬版本。如:刻本;善本。⓭戏剧脚本。如:唱本。⓮封建时代臣下奏事的文书。如:本章;奏本。⓯宇宙的本原或本体。《庄子·天下》:"以本为精,以物为粗。"魏晋玄学主张以本为体,以末为用。王弼把《老子》的"道"作为天地万物之本,强调"崇本息末"。北宋邵雍继承此思想,提出"道为天地之本,天地为万物之本"(《观物内篇》)。南宋朱熹以"理"为本,认为"有是理便有是气,但理是

本"(《朱子语类》卷一)。

本草　"中药"的古称(见《汉书·郊祀纪》)。五代韩保升谓："按药有玉石、草木、虫兽,而云本草者,谓诸药中草类最多也。"故古代中药文献多称"本草",如《神农本草经》、《本草纲目》等。

本分　❶本身应尽的责任和义务。如:本分工作;读书是学生的本分。❷安分守己,不越轨。李文蔚《燕青博鱼》第三折:"怎知他欠本分,少至诚。"❸指适合自身才能、地位的。白居易《酬严十八郎中见示》诗:"忽惊鬓后苍浪发,未得心中本分官。"《朱子语类·程子之书一》:"譬如一草木,合在山上,此是本分。"

本领　❶本业;原来的行业。无名氏《赚蒯通》第一折:"想起某家元是屠户出身,不可忘其本领。"❷同"本事❷"。

本末　❶树木的根和梢。比喻事物的根源和结局。《礼记·大学》:"物有本末,事有终始。"引申为主次、先后。如:本末倒置。《荀子·富国》:"十年之后,年谷复孰,而陈积有余。是无它故焉,知本末源流之谓也。"❷指事实的始末详情。如:纪事本末。《三国志·魏志·武帝纪》:"养子嵩嗣,官至太尉,莫能审其生出本末。"❸中国历史上对农工商诸经济部门的一种划分。"本",即"本业",又作"本务"或"本事";"末",即"末业",又作"末作"、"末事"或"末产"。商鞅、《管子》作者、荀子等都以农业(包括家庭纺织业)为"本",以奢侈品生产和流通为"末"。韩非进一步以工商业为"末"。后来"本末"逐渐分别成为农业和工商业的通称。东汉末王符、明清之际黄宗羲则提出不同的划分标准。王符主张:"夫富民者以农桑为本,以游业为末;百工者以致用为本,以巧饰为末;商贾者以通货为本,以鬻奇为末。"(《潜夫论·务本》)黄宗羲提出工商皆本的观点,说:"夫工固圣王之所欲来,商又使其愿出于途者,盖皆本也。"(《明夷待访录·财计三》)主张以迷信、倡优、奇技淫巧等"不切于民用"的行业为"末",一概禁绝。到近代,资产阶级思想家大多反对以工商为"末",但严复认为农业和工商业"理实有本末之分","而于国为并重"(《原富》按语)。张謇也有类似观点。

本色　❶本来面目。如:英雄本色。陈师道《后山诗话》:"退之以文为诗,子瞻以诗为词,如教坊雷大使之舞,虽极天下之工,要非本色。"❷古以青黄赤白黑五色为正色,亦称本色。《文心雕龙·通变》:"夫青生于蓝,绛生于蒨,虽逾本色,不能复化。"❸本行。《新唐书·柳仲郢传》:"仲郢以为医有本色官,若委钱谷,名分不正。"❹中国历史上对赋税征原定征收之财物称本色。改征他财物称"折色"。明本色一般指米麦,折色范围较广。《明史·食货志二》:"云南以金、银、贝、布、漆、丹砂、水银代秋租。于是谓米麦为本色,而诸折纳税粮者,谓之折色。"中叶以后,赋税多折银,称"折色银",亦称轻赍。清本色不限于米麦,折色专指银两。

本事　❶真实的事迹。《汉书·艺文志》:"丘明(左丘明)恐弟子各安其意,以失其真,故论本事而作传。"❷犹言本领,技能。无名氏《赚蒯通》第一折:"我想韩信,淮阴一饿夫,他有什么功劳,甚些本事?"❸指农业。《管子·权修》:"故上不好本事,则末产不禁。"参见"本末❸"。❹指用文字扼要叙述电影、戏剧或小说的基本故事内容,作为介绍用。

本务　指农业。《韩非子·诡使》:"仓廪之所以实者,耕农之本务也,而綦组锦绣刻画为末作者富。"参见"本末❸"。

本业　❶指农业。《史记·商君列传》:"僇力本业,耕织致粟帛多者,复其身。"参见"本末❸"。❷本行,本身从事的行业。《红楼梦》第九十三回:"他也攒了几个钱,家里已有两三个铺子,只是不肯放下本业,原旧领班。"

本义　❶一个词的本来意义,相对引申义、比喻义而言。如"深","水深"是它的本义;"意思深"(深奥)、"印象深"(深刻)、"感情深"(厚)、"颜色深"(浓)等,都是从"水深"这个本义发展而来的。❷指造字时所着眼的意义。如"其",甲骨文为簸箕形,字的本义为簸箕。字的本义与词的本义有一致的,如"要",古文字两手叉腰,本义为腰,词本义也为腰;有不一致的,如"难",本义为鸟,词本义为困难。

本支　亦作"本枝"。树木的根干枝叶,比喻嫡系子孙和旁支子孙。《诗·大雅·文王》:"文王孙子,本支百世。"毛传:"本,本宗也;支,支子也。"

本字　表示本义的字。同"通假"相对。如《诗·小雅·六月》:"以奏

肤公。""公"是"功"的借字,"功"是本字。又《大雅·崧高》:"骏极于天。""骏"是"峻"的借字,"峻"是本字。

苯　(běn)　❶见"苯蒳"。❷化学式 C_6H_6。最简单的芳香族碳氢化合物。无色液体。有特殊气味。易燃,燃烧时有浓烟和明亮的火焰。熔点5.5℃,沸点80.1℃。蒸气有毒。易溶于有机溶剂,难溶于水。对氧化剂较为安定,但易和卤素、硫酸、硝酸、卤代烷、酰氯等发生卤化、磺化、硝化、弗-克反应等取代反应,形成苯的各种衍生物。主要由焦炉气及煤焦油获得,也可由乙炔合成。可作溶剂。其衍生物广泛用作合成树脂(聚苯乙烯)、合成农药等的基本原料。

苯蒳　草盛貌。《文选·张衡〈西京赋〉》:"苯蒳蓬茸,弥皋被冈。"薛综注:"言草木炽盛,覆于高泽,及山冈之上也。"

畚　(běn)　古代用草绳做成的盛器,后编竹为之,即畚箕。《左传·宣公二年》:"置诸畚。"《新唐书·张志和传》:"县令使浚渠,执畚无怍色。"也指用畚箕承物。如:畚垃圾。《宋史·苏轼传》:"儋人运甓畚土以助之。"

楄　(běn)　车篷。《方言》第九:"车枸篓,西陇谓之楄,南楚之外谓之篷。"郭璞注:"即軬字。"

bèn

夯　(bèn)　通"笨"。粗笨。如:夯汉。《儒林外史》第四十六回:"小儿蠢夯。"

另见 hāng。

体　(bèn)　同"笨"。粗壮。见《广韵·二十一混》。《资治通鉴·唐懿宗咸通十二年》:"葬文懿公主……赐酒百斛,饼饻四十橐驼,以饲体夫。""体夫"指举柩之人夫。

另见 tī,tǐ。

坌　(bèn)　❶尘埃。元好问《戊戌十月山阳雨夜》诗:"霏霏散浮烟,霭霭集微坌。"❷并;一起。《汉书·司马相如传下》:"登陂陁之长阪兮,坌入曾宫之嵯峨。"❸聚。元稹《说剑》诗:"古今困泥滓,我亦坌尘垢。"❹粗劣。无名氏《桃花女》第一折:"俺穿的是坌绢的这粗绸。"❺通"笨"。杨文奎《儿女团圆》第二折:"则他生的短矮也,那蠢坌身

材。"❻吴方言,指翻土。如:坌土;坌地。

坌集　聚集。《新唐书·儒学传序》:"四方秀艾,挟策负素,坌集京师。"

坌涌　犹喷涌。谓聚而上涌。《后汉书·祢衡传》:"飞辩骋辞,溢气坌涌。"

奔〔犇、逩〕(bèn)　❶投向。《红楼梦》第十五回:"只见那边两骑马直奔凤姐车来。"❷将近。《红楼梦》第七十六回:"已经是二十来年的夫妻,也奔四十岁的人了。"

　另见 bēn,fèn。

俖(bèn)　用于地名。河北滦南县有俖城镇。

笨(bèn)　❶不灵巧;不灵活。如:粗笨;笨重;笨手笨脚。❷愚蠢。如:笨人;笨头笨脑。

笨伯　❶体胖不灵巧的人。《晋书·羊曼传》:"豫章太守史畴以大肥为笨伯。"❷愚蠢的人。

渀(bèn)　入水貌。《后汉书·马融传》:"渀薄汾挠。"李贤注:"并入水貌也。"

猭〔獖〕(bèn)　守犬。见《广韵·二十一混》。

　另见 fén。

bēng

伻(bēng)　❶使。《书·立政》:"乃伻我有夏。"孔传:"乃使我周家王有华夏。"❷使者。《书·洛诰》:"伻来,来视予卜休恒吉。"

閍〔閍〕(bēng)　宗庙门。《尔雅·释宫》:"閍谓之门。"郝懿行义疏:"门,庙门也。"

抨(bēng)　遣;使。《汉书·扬雄传上》:"抨雄鸠以作媒兮。"

　另见 pēng。

祊(bēng)　❶宗庙门内设祭的地方。《诗·小雅·楚茨》:"祝祭于祊,祀事孔明。"毛传:"祊,门内也。"郑玄笺:"孝子不知神之所在,故使祝博求之平生门内之旁待宾客之处,祀礼于是甚明。"因以为祭名。《礼记·礼器》:"设祭于堂,为祊乎外。"❷古邑名。春秋郑国祀泰山的汤沐邑。在今山东费县东南。《公羊传》、《穀梁传》作"邴"。

绷〔絣〕(bēng)　❶穿甲的绳。《国策·燕策一》:"妻自组甲绷。"❷继续。《后汉书·班固传

下》:"将绷万嗣。"

　另见 bīng。

崩(bēng)　❶倒塌。如:山崩地裂。《春秋·成公五年》:"梁山崩。"❷败坏。《诗·鲁颂·閟宫》:"不亏不崩。"郑玄笺:"亏、崩,皆谓毁坏也。"❸旧称皇帝死为崩。《礼记·曲礼下》:"天子死曰崩。"

崩剥　❶衰乱。《后汉书·董卓传论》:"董卓初以虓阚为情,因遭崩剥之势。"虓阚,虎怒貌。❷倾圯,剥落。韦应物《答河南李士巽题香山寺》诗:"墙宇或崩剥,不见旧题名。"

崩摧　形容极度悲伤。曹植《王仲宣诔》:"号恸崩摧。"

崩角　《孟子·尽心下》:"王(武王)曰:'无畏,宁尔也,非敌百姓也。'若崩厥角稽首。"角,额角。形容叩头像山崩一样。俞樾《古书疑义举例·倒句例》:"当云厥角稽首若崩,今云若崩厥角稽首,亦倒句耳。"张之象《叩头虫赋》:"等摇尾而不殊,与崩角兮何异?"

崩溃　瓦解,溃散。《后汉书·东夷传》:"陈涉起兵,天下崩溃。"

绷〔綳、絣〕(bēng)　❶束;包扎;缠绕。《说文·糸部》:"禹葬会稽,桐棺三寸,葛以绷之。"❷婴儿的包被。《汉书·宣帝纪》"曾孙虽在襁褓"颜师古注:"褓,即今之小儿绷也。"❸拉紧。如:把缎子绷起来绣花。❹当中用藤皮、绳子或布帛等物绷紧的竹木框。如:床绷;藤绷;绣绷。❺勉强撑持。如:绷场面。

　另见 běng,bèng。

偹(bēng)　同"崩"。马王堆汉墓帛书《称》:"坤(卑)而正者增,高而倚者偹。"

　另见 péng。

棚(bēng)　同"绷(絣)"。

榜(bēng)　正弓弩器。《韩非子·外储说右下》:"榜檠矫直。"

　另见 bǎng,bàng,péng。

嘣(bēng)　拟声词,形容东西跳动或迸裂声。如:心嘣嘣直跳;嘣的一声弦断了。

鬏(bēng)　同"祊"。

béng

甮(béng)　"不用"两字急读的合音。用不着;不必。如:甮

说了;你甮管。

běng

埲(běng)　灰尘飞扬貌。如:灰尘埲塕。赵叔向《肯綮录·偶俗字义》:"尘起曰埲塕,上蒲蒙切,下乌孔切。"

　另见 bàng。

菶(běng,又读 péng)　见"菶菶"。

菶菶　草木茂盛貌。《诗·大雅·卷阿》:"菶菶萋萋。"

哔(běng)　见"哔哔"。

　另见 fēng。

哔哔　茂盛貌。《诗·大雅·生民》:"瓜瓞哔哔。"毛传:"哔哔然,多实也。"按王引之《经义述闻》卷七引王念孙曰:"哔哔,茂盛之貌,不必专训多实。"

绷〔綳、絣〕(běng)　板着;忍着。如:绷脸;绷不住了。

　另见 bēng,bèng。

琫(běng)　古代佩刀鞘上的装饰。《诗·小雅·瞻彼洛矣》:"鞸琫有珌。"毛传:"鞸,容刀鞸也。琫,上饰;珌,下饰也。"

鞛(běng)　同"琫"。

鞛(běng)　同"琫"。《左传·桓公二年》:"藻率鞸鞛。"

bèng

泵(bèng)　英文 pump 的音译。用以增加液体的压力并使之产生流动的机械。用来输送液体至位置较高、压力较高或距离较远的地方,或用于液力传动。一般用电动机或其他原动机驱动。按工作原理,可分为叶片泵(离心泵、混流泵、轴流泵、旋涡泵)、容积泵(往复泵、旋转泵)、特殊泵(喷射泵、气泡泵等);按用途,可分为上下水道给排水泵、锅炉给水泵、凝水泵、深井泵、流程泵、消防泵及输送半流体的泥浆泵、纸浆泵、煤水泵和混凝土泵等。

　另见 pìn。

迸(bèng)　❶喷射;涌出。白居易《琵琶行》:"银瓶乍破水浆迸。"❷散乱;走散。《后汉书·樊准传》:"饥荒之馀,人庶流迸。"

　另见 bǐng。

蚌(bèng)　见"蚌埠"。

　另见 bàng。

蚌埠 市名。在安徽省北部、淮河中游,京沪、淮南两铁路交会处。相传因盛产河蚌而得名。辖东市、西市、中市、郊区四区和怀远、固镇、五河三县。原为凤阳县蚌步集("步"后改"埠"),1947 年设市。人口 320 万(市辖区 73 万,1996 年)。向为淮河流域水陆交通与物资集散中心。有机械、食品、纺织、化学、电子等工业。名胜古迹有曹山、龙子河、汤和墓等。

堋(bèng) 同"塴"。另见 péng。

绷〔綳、繃〕(bèng) 强调硬、直、亮等。如:绷硬;绷脆;绷亮。

另见 bēng,běng。

塴(bèng) 亦作"堋"。棺下土;落葬。《左传·昭公十二年》:"郑简公卒,将为葬除……司墓之室有当道者,毁之则朝而塴,弗毁则日中而塴。"《说文·土部》引作"堋"。

甏(bèng) 大瓮;坛子。一种小口大腹的陶器。如:咸菜甏;一甏酒。

镚〔鏰〕(bèng) 见"镚子"。

镚子 原指清末不带孔的小铜币。今亦称小的硬币为"钢镚子"。

蹦(bèng) 双脚并拢着跳。如:乱蹦乱跳。也指东西从地面弹起。如:皮球蹦得很高。

bī

皀(bī) 谷粒、豆粒的别称。《颜氏家训·勉学》:"穷访蜀土,呼粒为逼,时莫之解。吾云《三苍》、《说文》此字白下为匕,皆训粒。"按今浙东方言犹称豆粒为豆皀。

屄(bī) 女子的外生殖器。

逼〔偪〕(bī) ❶逼迫;强迫。如:逼上梁山;形势逼人。古乐府《孔雀东南飞》序:"自誓不嫁,其家逼之。"❷强索。如:逼债;逼租。❸迫近。陈子昂《度峡口山》诗:"远望多众容,逼之无异色。"❹狭窄;局促。《淮南子·兵略训》:"是故入小而不逼,处大而不窕。"高诱注:"逼,迫也。"参见"逼仄"。

逼侧 同"逼仄"。

逼逻 也作辟逻、饆饠。犹言安排、张罗。无名氏《张协状元》戏文:"我却说与你妈妈,教逼逻些行李裹足之资。"

逼视 ❶靠近细看。《新元史·河渠志》:"河源在土蕃朵甘思西鄙,有泉百余泓,沮洳散涣,弗可逼视。"❷指注目而视,含有威逼的意思。

逼仄 亦作"逼侧"。狭窄。杜甫《逼仄行赠毕曜》:"逼仄何逼仄,我居巷南子巷北。"

逼真 与真的极为相似。韩愈《春雪间早梅》诗:"那是俱疑似,须知两逼真。"

幅(bī) 绑腿布,行縢。《左传·桓公二年》:"带裳幅舄。"参见"邪幅"。

另见 fú。

鹎〔鵯〕(bī) 见"鹎鶋"。

鹎鶋 古籍中鸟名。《尔雅·释鸟》:"鹎鶋,戴鵀。"郭璞注:"鵀即头上胜,今亦呼为戴胜。"参见"鵀"。

𫘪〔䮠〕(bī) 见"𫘪驼"。

𫘪驼 兽名。顾况《高祖受命造唐赋》:"𫘪驼、騊駼,犀象、乘黄,附翼之马,骨腾肉飞。"

豍(bī) 豍豆,即豌豆。见《广雅·释草》。

另见 biǎn。

錍〔鎞〕(bī) ❶钗。寒山诗:"罗袖盛梅子,金錍挑笋芽。"❷通"篦"。皮日休《鸳鸯》诗:"细錍雕镂费深功。"❸古时医生用以治疗眼病的器械。《北史·张元传》:"梦见一老翁以金錍疗其祖目。"

另见 pī。

螕(bī) 虫名。《说文·虫部》:"螕,啮牛虫也。"桂馥义证:"《玉篇》:'螕,牛虱也。'《一切经音义》十七:'今牛马鸡狗皆有螕也。'"

鲾〔鰏〕(bī) 硬骨鱼纲,鲾科。一群小型海洋鱼类。体侧扁,呈卵圆形,长约 10 厘米。青褐色,具暗色条纹。口小,能伸缩,完全伸出时呈管状。背鳍一个。体被小圆鳞。生活于热带近岸水域。种类颇多。中国主产于南海。例如牙鲾(*Gazza minuta*)和鹿斑鲾(*Leiognathus ruconius*)等。

bí

荸(bí,读音 bó) 见"荸荠"。

荸荠(*Eleocharis tuberosa*) 俗称"地栗"、"马蹄"、"乌芋"。莎草科。多年生水生草本。茎有主茎、叶状茎及匍匐茎三种。主茎短缩而不明显,其顶芽和侧芽向地上抽生叶状茎;向地下抽生匍匐茎。匍匐茎先端膨大为球茎;球茎扁圆形,表面平滑,老熟后呈深栗色或枣红色,有环节 3～5 圈,并有短喙状顶芽及侧芽。叶状茎丛生,直立,管状,浓绿色,有节,节上生膜状退化叶。穗状花序,花褐色。瘦果。性喜温暖湿润,不耐寒。以球茎繁殖,春夏间育苗栽植或直播,冬季采收。原产印度;在中国主要分布于江苏、安徽、浙江、广东等低洼地区。球茎作蔬菜,或代水果,也可制淀粉。

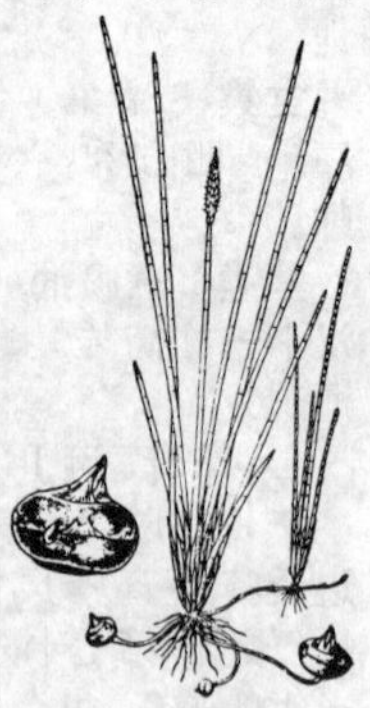

荸 荠

鼻(bí) ❶呼吸兼嗅觉的器官。分为外鼻和鼻腔。人的外鼻突出于面部。鼻腔是由鼻孔(外鼻孔)至咽的腔隙,由鼻中隔分成左右两半;其外侧壁上各有三个卷曲的突起,分别称上、中、下鼻甲,各鼻甲下方的空隙分别称为上、中、下鼻道;其前段生有鼻毛,起滤尘作用;上部的粘膜色黄,管嗅觉;下部的粘膜血管丰富,有调节吸入空气温度和湿度的作用。鼻中隔前部血管丰富,损伤时易出血。鼻粘膜内有腺体,分泌粘液。感冒时,粘膜血管充血、肿胀,造成鼻塞、分泌物增加。鼻腔又与鼻旁窦相通,共同调节空气温度、湿度和音色。❷中医学认为鼻与肺在生理和病理上有密切联系。《灵枢·脉度》:"肺气通于鼻,肺和则鼻能知臭香矣。"《灵枢·本神》:"肺气虚,则鼻塞不利。"❸器物上凸出以供把握的部分。如:剑鼻;印鼻。《考工记·玉人》:"驵琮七寸,鼻寸有半寸,天子以为权。"❹创始;开端。陆德明《经典释文》载司马彪本《庄子·天地》:"不推,谁其鼻忧?"参见"鼻祖"。

鼻息 ❶鼻中的呼吸。特指睡时的鼾声。苏轼《临江仙·夜归临皋》词:"家童鼻息已雷鸣。"❷见"仰人鼻息"。

鼻子 ❶即鼻。嗅觉器官。❷长子。《说文·王部》"皇"下云:"自,读若鼻。今俗以始生子为鼻子,是。"

鼻祖　始祖。《汉书·扬雄传上》："有周氏之蝉嫣兮，或鼻祖于汾隅。"

禈　(bí) 短裤。《方言》第四："无裆之裤谓之禈。"参见"犊鼻裈"。

bǐ

匕　(bǐ) ❶勺、匙类取食物的用具。《仪礼·士昏礼》："举鼎，入陈于阼阶南。西面北上，匕俎从设。"郑玄注："匕，所以别出牲体也。"❷箭头。《左传·昭公二十六年》："射之中楯瓦，繇（由）胸汏辀，匕入者三寸。"孔颖达疏："射之中楯瓦，先言中之之处，更说矢来之状，繇车轵矢激从车辕之上，其矢之匕镞入著楯瓦者犹深三寸，言其弓力多而矢入深也。"

匕鬯　《易·震》："震惊百里，不丧匕鬯。"王弼注："匕，所以载鼎实；鬯，香酒。"二者都为古代宗庙祭祀用物，后因以指宗庙的祭祀。陈子昂《大同受命颂》："皇帝嗣武，以主匕鬯。"后亦因《易·震》之语以"匕鬯不惊"形容法纪严明，无所惊扰。杨炯《益州温江县令任君神道碑》："束发登朝，匕鬯不惊于百里。"

匕首　短剑。《史记·吴太伯世家》："使专诸置匕首于炙鱼之中以进食，手匕首刺王僚。"司马贞索隐："刘氏曰：'匕首，短剑也。'按《盐铁论》以为长尺八寸。《通俗文》云：'其头类匕，故曰匕首。短刃可袖者。'"

匕　首

匕箸　食具，匙和筷。《三国志·蜀志·先主传》："曹公从容谓先主曰：'今天下英雄，惟使君与操耳。本初之徒，不足数也。'先主方食，失匕箸。"韩愈《与鄂州柳中丞书》："愚初闻时方食，不觉弃匕箸，起立。"

比　㊀(bǐ) ❶和顺。《诗·大雅·皇矣》："王此大邦，克顺克比。"❷比较；较量。如：比贡献；比干劲。《周礼·天官·内宰》："比其小大，与其粗良，而赏罚之。"引申为考校。参见"大比❶"。❸比拟；类似。如：寿比南山。《史记·天官书》："太白白比狼，赤比心。"张守节正义："比，类也。"❹比照；按照。《韩非子·内储说上》："人之救火死者，比死敌之赏。"❺向；对。如：用枪比着他。刘若愚《酌中志·忧危竑议》

前纪》："今跋中词意所指，直比皇上、贵妃。"❻中国古代对法律没有明文规定的案件比照类似的法律条文和过去的判例作出判决的制度。《秦简·法律答问》："臣强与主奸，可（何）论？比殴主。——斗折脊项骨，可（何）论？比折支（肢）。"汉高祖七年（公元前200年）诏，廷尉所不能决，谨具为奏，傅所当比律令以闻。比引判例亦自秦汉始，以后历代都实行比的制度。❼《诗》六义之一。古人作诗的一种手法，即比喻。《诗·大序》："《诗》有六义焉：一曰风，二曰赋，三曰比，四曰兴，五曰雅，六曰颂。"❽数学名词。比较两个同类量a和b间的关系时，如果以b为单位来度量a，称为a比b，所得的数k称为"比值"，记为$a:b=k$或$\frac{a}{b}=k$。"$:$"是比号，比号前的量称为比的前项，比号后的量称为"比的后项"。

㊁(bǐ，旧读 bì) ❶并列；紧靠。如：鳞次栉比。《史记·天官书》："危东六星，两两相比，曰司空。"❷亲近。《周礼·夏官·形方氏》："使小国事大国，大国比小国。"❸勾结。如：朋比为奸。《论语·为政》："君子周而不比，小人比而不周。"朱熹注："比，偏党也。"参见"比周"。❹近来。《后汉书·光武帝纪下》："比阴阳错谬，日月薄食。"❺屡屡；频频。《汉书·景帝纪》："间者岁比不登。"❻每；连。《汉书·文三王传》："孝王十四年入朝，十七年十八年比年入朝。"❼并；都。《国策·齐策五》："夫中山，千乘之国也，而敌万乘之国二，再战比胜。"❽及；等到。《国语·齐语》："比至，三衅三浴也。"❾为；替。《孟子·梁惠王上》："愿比死者壹洒之。"❿六十四卦之一，坤下坎上。《易·比》："象曰：地上有水，比。"孔颖达疏："地上有水，犹域中有万国，使之各相亲比。"
另见 pí。

比比　❶频频；屡次。《汉书·哀帝纪》："郡国比比地动。"元稹《白氏长庆集序》："未几入翰林，掌制诰，比比上书言得失。"❷处处；到处。如：比比皆是。陆游《上殿札子》："帅臣监司之加职者又比比而有。"

比辑　依次比较缀合。《汉书·瑕丘江公传》："江公呐于口，上使与仲舒议，不如仲舒。而丞相公孙弘本为《公羊》学，比辑其议，卒用董生。"颜师古注："比，次也；辑，合也。"

比肩　❶并肩。《汉书·路温舒

传》："比肩而立。"❷比喻地位相等。《三国志·吴志·吾粲传》："虽起孤微，与同郡陆逊、卜静等比肩齐声矣。"❸比喻接连而来。《论衡·效力》："殷周之世，乱迹相属，亡祸比肩。"❹即披肩。《元史·舆服志一》："服银鼠，则冠银鼠暖帽，其上并加银鼠比肩。"

比肩继踵　肩膀靠肩膀，脚尖碰脚跟。形容人多拥挤。《晏子春秋·杂下》："临淄三百闾，张袂成阴，挥汗成雨，比肩继踵而在，何为无人？"

比况　比照；仿效。《汉书·刑法志》："其后奸猾巧法，转相比况，禁罔寖密。"

比来　❶近来。《三国志·魏志·徐邈传》："比来天下奢靡，转相仿效，而徐公雅尚自若，不与俗同。"❷从前；原来。《北齐书·段荣传》："若使比来用其谋，亦可无今日之劳矣。"

比量　❶比较，考量。《颜氏家训·勉学》："比量逆顺，鉴达兴亡。"❷印度因明术语。在现量的基础上，由比度事物共相（一般属性）而获得的知识。即由推理获及的知识，属间接知识。如：见此山有烟，而断定此山有火。比量有时亦泛指推理与论证，其中又分为为他比量和为自比量。

比邻　近邻。王勃《杜少府之任蜀州》诗："海内存知己，天涯若比邻。"

比伦　犹比拟，比类。寒山诗："吾心似秋月，碧潭清皎洁，无物堪比伦，教我如何说！"

比拟　修辞学上辞格之一。把物拟作人，或把人拟作物的手法。前者叫"拟人"，如："油蛉在这里低唱，蟋蟀们在这里弹琴。"（鲁迅《从百草园到三味书屋》）后者叫"拟物"，如《木兰诗》："雄兔脚扑朔，雌兔眼迷离。两兔傍地走，安能辨我是雄雌？"结句是木兰自拟。

比年　❶每年。《礼记·王制》："诸侯之于天子也，比年一小聘，三年一大聘，五年一朝。"郑玄注："比年，每岁也。"❷连年。《周书·武帝纪上》："凉州比年地震，坏城郭。"❸近年。《后汉书·皇甫规传》："臣比年以来，数陈便宜。"

比如　譬如。用于举例的发端语。

比顺　同"顺比"。和顺亲近。《管子·五辅》："比顺以敬。"尹知章注："比，和也。"

比屋可封　亦作"比屋而封"。《新语·无为》："尧舜之民，可比屋而封。"《潜夫论·德化》："上圣和德

气以化民心,正表仪以率群下,故能使民比屋可封,尧、舜是也。"意谓唐虞之时,尽人皆贤,家家都有可受封爵之德行。后亦泛指到处都有,形容众多。

比物此志 比物,即比类、比喻。谓用事物行为来寄托、表达其心意。《汉书·贾谊传》:"圣人有金城者,比物此志也。"王先谦补注:"物,类也。志,意也。言臣如效死取义,则为国家不拔之基,圣人有'金城'之语,正比类此意也。"

比兴 中国古代诗歌写作的两种手法。比,譬喻,以彼物比此物;兴,寄托,先言他物以引起所咏之词。两字合用,通常指通过外物、景象而抒发、传达情感、观念。

比翼鸟 鸟名,即"鹣鹣"。传说此鸟一目一翼,不比并则不飞。见《尔雅·释地》郭璞注。常以比喻夫妇,白居易《长恨歌》:"在天愿作比翼鸟,在地愿为连理枝。"亦比喻形影不离的好友。曹植《送应氏》诗:"山川阻且远,别促会日长。愿为比翼鸟,施翮起高翔。"

比喻 亦作"譬喻"。修辞学上辞格之一。思想的对象同另外的事物有了类似点,就用另外的事物来比拟思想的对象,叫比喻。比喻的成立,实际上共有思想的对象、另外的事物和类似点三个要素。因此形式上就有本体、喻体和比喻词三个成分。凭着这三个成分的异同和隐现,比喻可分明喻、隐喻、借喻等。

比喻义 一个词除本义外,由比喻用法所形成的意义。如"担子"的"责任"义,"机械"的"呆板"义,即分别是两词的比喻义。

比周 语出《论语·为政》"君子周而不比,小人比而不周"。周,与人团结;比,与坏人勾结。"比周"连用,义同"比",指植党营私。《荀子·臣道》:"朋党比周,以环主图私为务。"亦谓密切连结,集结。《韩非子·初见秦》:"天下又比周而军坐下。"

比竹 ❶编管乐器,笙籥之类。《庄子·齐物论》:"人籁则比竹是已。"❷编织竹篾。刘禹锡《机汲记》:"由是比竹以为畚,置于流中。"

杜(bǐ) 大木匙。古祭祀时用以挑起鼎中的牲置于俎上,或盛出甗瓽中食物。《仪礼·士丧礼》:"乃杜载,载两髀于两端。"郑玄注:"乃杜,以杜次出牲体右人也。"

吡(bǐ) 见"吡啶"。另见 bì,pǐ。

吡啶 亦称"氮杂苯"。一种含氮六元杂环化合物。无色、可燃、有特臭的液体。沸点115℃。溶于水或有机溶剂。有弱碱性,与强酸结合成水溶性盐。化学性质有些和苯相似。工业上从煤焦油分离而得。可用作溶剂或有机合成原料。烟碱、异烟酰肼等都是吡啶的重要衍生物。

彼(bǐ) 邪。见《广韵·四纸》。

疕(bǐ) 头疮。《周礼·天官·医师》:"凡邦之有疾病者、疕疡者,造焉。"郑玄注:"疕,头疡,亦谓秃也。"

沘(bǐ) 水名。见"沘水"。

沘水 ❶"沘"本作"比",唐以后作"沘"。或作"泚",误。即今河南泌阳河及其下游唐河。公元23年,汉军与王莽军战于沘水西,大破之,即此。❷"沘"或作"泚",误。即今安徽淠河。《汉书·地理志》、《水经》皆作沘水,郦道元注云"沘字或作淠",此后遂通称淠水。

刜(bǐ) 见"刜剥"。

刜剥 象声词。白朴《梧桐雨》第四折:"碎声儿刜剥增百十倍歇和芭蕉。"

妣(bǐ) 指女性祖先。《诗·小雅·斯干》:"似续妣祖。"郑玄笺:"妣,先妣姜嫄也。"后为亡母之称。《礼记·曲礼下》:"生曰父,曰母,曰妻;死曰考,曰妣,曰嫔。"古时母在亦称妣。参见"考妣"、"先妣"。

紕〔紕〕(bǐ) 古代西北民族氐人所织的兽毛布。《逸周书·王会》:"请令以丹青白旄、纰罽……为献。"另见 pí,pǐ。

枇(bǐ) 通"匕"。古称祭祀用的大木匙。《礼记·杂记上》:"枇以桑。"郑玄注:"枇,所以载牲体者。"另见 bì,pí。

彼(bǐ) ❶他。《孙子·谋攻》:"知彼知己,百战不殆。"❷那。如:由此及彼。《孟子·公孙丑下》:"彼一时,此一时也。"❸通"被"。《隶释·咸阳灵台碑》:"德彼四表。"❹通"匪"。《诗·小雅·采菽》:"彼交匪舒。"《荀子·劝学》引作"匪交匪舒"。

彼苍 《诗·秦风·黄鸟》:"彼苍者天,歼我良人。"后人因以"彼苍"为天的代称。孟浩然《行至汉川作》诗:"万壑归于海,千峰划彼苍。"

彼一时此一时 《孟子·公孙丑下》:"孟子去齐。充虞路问曰:'夫子若有不豫色然。前日虞闻诸夫子曰:君子不怨天,不尤人。'曰:'彼一时,此一时也,五百年必有王者兴,其间必有名世者。'"本谓前时已出圣贤之人,现时又当出圣贤之人。后谓前一时同今一时情况大不相同,不可同日而语。《汉书·东方朔传》:"彼一时也,此一时也,岂可同哉。"亦作"此一时彼一时"。

柀(bǐ) 木名。《尔雅·释木》:"柀,黏。"陆德明释文:"黏,字或作杉。"按即紫杉。结实名柀子,即榧子。

秕〔秕〕(bǐ) ❶中空或不饱满的谷粒。《书·仲虺之诰》:"若苗之有莠,若粟之有秕。"❷坏;不良。见"秕政"。❸败坏。《后汉书·安帝纪赞》:"秕我王度。"❹通"纰"。见"秕谬"。

秕糠 秕谷和米皮,比喻琐碎无用的东西,糟粕。《庄子·逍遥游》:"是其尘垢秕糠,将犹陶铸尧舜者也。"杜佑《杜城郊居王处士凿山引泉记》:"栖迟衡茅,秕糠爵禄。"

秕谬 同"纰缪"。错误。《后汉书·卢植传》:"臣前以《周礼》诸经,发起秕谬;敢率愚浅,为之解诂。"惠栋补注:"'秕谬',疑'纰缪'之讹。"

秕政 不良的政治措施。《晋书·庾峻传》:"吏历试无绩,依古终身不仕,则官无秕政矣。"

俾(bǐ) 同"俾"。

笔〔筆〕(bǐ) ❶写字画画的用具。如:毛笔;画笔。❷书写;记载。见"笔削"。❸笔画。如:起笔;笔顺。❹本指账册上一条记录,因以为款项、债务等的计量词。如:一笔款子;一笔债。❺笔法;笔力。如:工笔;曲笔;伏笔。刘大櫆《论文偶记》:"予向谓文须笔轻气重,善矣,而未至也。"❻指书画。黄公望《张子政画山水跋》:"古笔遗墨,不复多见。"❼指散文。《南史·沈约传》:"谢玄晖善为诗,任彦升工于笔,约兼而有之。"

笔触 字画、作文中所表现的笔力。

笔锋 ❶毛笔的锋尖。宋姜夔《续书谱》:"笔欲锋长劲而圆,长则含

墨,可以运动,劲则有力,圆则妍妙。"❷字的锋芒,也叫"笔锋"。运笔时,能将笔之锋尖保持在字的点画之中者,叫"中锋";能藏在点画中间而不出角者,叫"藏锋";笔之锋尖偏在字的点画一面者,叫"偏锋"。偏锋写出笔画扁薄软弱,成为病笔。但偏锋逆行,则成侧锋。

笔耕 谓以笔代耕来维持生活。任昉《为萧扬州荐士表》:"既笔耕为养,亦佣书成学。"

笔名 作者在发表作品时所用的别名。例如鲁迅是周树人的笔名。

笔舌 写作者以纸笔代口舌,故为文章、言论之代称。薛昭纬《华州榜寄诸门生》诗:"机云笔舌临文健,沈宋章篇发咏清。"谓陆机、陆云、沈佺期、宋之问。

笔势 指作书笔画运行中产生的力学作用。表现字形之势,点画轻重向背与前后顾盼之势,通篇布局一气贯注之势。汉蔡邕《九势》:"势来不可止,势去不可遏。"唐张怀瓘《玉堂禁经》:"夫人工书,……必先识势。"有了笔势,书即生动,变化万端,出于意外。

笔受 照别人口授的话用笔记下来。《事物纪原》卷七:"太平兴国七年六月,译经院成,译经诏梵学僧笔受缀文。"

笔顺 写字时笔画先后的顺序。汉字的笔顺,一般是先左后右,如"汉"、"语"等;先上后下,如"章"、"常"等;先外后内,如"句"、"闻"等;还有少数的字是先中间后左右,如"水"、"办"等。

笔谈 ❶笔记一类的著作。宋沈括有《梦溪笔谈》。❷以文字交换意见或发表意见。

笔削 笔指记载,削指删除。古时文字写在竹简上,删改时要用刀刮去竹上的字,所以叫削。《史记·孔子世家》:"至于为《春秋》,笔则笔,削则削,子夏之徒,不能赞一辞。"后常用作请人修改文章之辞。陆龟蒙《酬谢袭美先辈》诗:"向非笔削功,未必无瑕疵。"

笔札 ❶笔和写字用的木板。古代用木板写字,叫札。《后汉书·贾逵传》:"帝敕兰台给笔札,使作《神雀颂》。"后来作纸笔解。❷指公文、书信。《宋史·钱熙传》:"熙负气好学,善谈笑,精笔札。"

俾(bǐ) ❶使。如:俾众周知。《左传·成公十三年》:"敢尽布之执事,俾执事实图利之。"❷从。《书·君奭》:"罔不率俾。"

俾倪 ❶城上小墙,有孔穴可窥外。《墨子·备城门》:"俾倪广三尺,高二尺五寸。"❷同"睥睨"。侧目视;侧目窥察。《史记·信陵君列传》:"侯生下见其客朱亥,俾倪,故久立与其客语,微察公子,公子颜色愈和。"

舭(bǐ) 船壳在船底和船侧间的弯曲部分。

啚(bǐ) "鄙"的古字。另见 tú。

崥(bǐ) ❶山足。《太玄经·增》:"崔嵬不崩,赖彼峡崥。"范望解:"峡崥,山足也。"按《广韵·四纸》:"崥,山足。"❷见"崥崹"。

崥崹 渐平貌。一说险峻貌。《文选·张协〈七命〉》:"既乃琼钑嵾崚,金岸崥崹。"李善注:"崥崹,渐平貌也。"吕向注:"金岸,岸之生金者。崥崹,险高貌。"

鄙(bǐ) ❶周代地方组织单位之一。五百家为鄙。《周礼·地官·遂人》:"五家为邻,五邻为里,四里为酇,五酇为鄙。"❷小邑。《周礼·天官·大宰》:"以八则治都鄙。"郑玄注:"都之所居曰鄙。都鄙,公卿大夫之采邑,王子弟所食邑。"❸郊野之处;边邑。《左传·隐公元年》:"既而大叔命西鄙、北鄙贰于己。"《文选·张衡〈东京赋〉》:"撞洪钟,伐灵鼓,旁震八鄙。"薛综注:"八鄙,四方与四角也。"❹质朴。《庄子·胠箧》:"焚符破玺,而民朴鄙。"❺庸俗;鄙陋。《左传·庄公十年》:"肉食者鄙,未能远谋。"❻轻视。《左传·昭公十六年》:"我皆有礼,夫犹鄙我。"杜预注:"鄙,贱也。"❼自谦之词。《国策·齐策一》:"鄙臣不敢以死为戏。"

鄙倍 浅陋,背理。《论语·泰伯》:"出辞气,斯远鄙倍矣。"朱熹注:"鄙,凡陋也;倍与背同,谓背理也。"

鄙薄 ❶浅陋,微薄。多用作自称的谦词。元稹《会真记》:"鄙薄之志,无以奉酬。"❷轻视;嫌恶。钟嵘《诗品》卷下:"希古胜文,鄙薄俗制。"

鄙夫 ❶庸俗鄙陋的人。《晋书·董京传》:"鱼悬兽槛,鄙夫知之。"❷自称的谦词。张衡《东京赋》:"鄙夫寡识。"

鄙近 庸俗浅近。钟嵘《诗品》卷上:"晋步兵阮籍诗,其源出于《小雅》,无雕虫之功,而咏怀之作,可以

陶性灵,发幽思。言在耳目之内,情寄八荒之表,洋洋乎会于《风》、《雅》,使人忘其鄙近,自致远大。"

鄙俚 粗俗。《文心雕龙·书记》:"夫文辞鄙俚,莫过于谚。"

鄙吝 庸俗,贪吝。《晋书·周札传》:"其鄙吝如此,故士卒莫为之用。"

鄙陋 ❶庸俗浅薄。《汉书·杨恽传》:"言鄙陋之愚心,若逆指而文过。"❷丑陋。《吴越春秋·勾践阴谋外传》:"不以鄙陋寝容,愿纳以供箕筹之用。"

鄙人 ❶指居住在郊野的人。《荀子·非相》:"楚之孙叔敖,期思之鄙人也。"杨倞注:"鄙人,郊野之人也。"❷鄙俗的人。《庄子·应帝王》:"〔天根〕请问为天下。无名人曰:'去!汝鄙人也,何问之不豫也!'"❸自称的谦词。《南史·蒯恩传》:"恩益自谦损,与人语,常呼位官,自称鄙人。"

鄙儒 不通达时变的儒生。《汉书·叔孙通传》:"通笑曰:'若真鄙儒,不知时变。'"颜师古注:"若,汝也。鄙,言不通。"

鄙事 卑贱之事。《论语·子罕》:"吾少也贱,故多能鄙事。"欧阳修《留题齐州舜泉》诗:"耕田浚井虽鄙事,至今遗迹存依然。"

鄙言 ❶浅俗的言辞。《南史·鲍照传》:"上好为文章,自谓人莫能及。照悟其旨,为文章多鄙言累句。咸谓照才尽,实不然也。"❷自谦之辞。《后汉书·马援传》:"勉思鄙言。"

鄙谚 俗谚。《韩非子·说林下》:"以管仲之圣,而待鲍叔之助,此鄙谚所谓'庖自卖裘而不售,士自誉辩而不信'者也。"

鄙夷 鄙薄,轻视。宋濂《燕书》:"先生不鄙夷敝邑,不远千里,将康我楚邦。"康,安。

鄙语 俗语。《大戴礼记·保傅》:"鄙语曰:'不习为吏,如视已事。'"卢辩注:"观前成事也。古谚云:'前事之不忘,后事之师也。'鄙,犹今言俗语然也。"

藦(bǐ) 草名。《尔雅·释草》:"藦,鼠莞。"郭璞注:"亦莞属也,纤细似龙须,可以为席。蜀中出好者。"

貏(bǐ) 同"貏"。

貏(bǐ) 亦作"貏"。见"貏豸"。

貏豸 渐平貌。《文选·司马相如〈上林赋〉》："陂池貏豸。"李善注："貏豸,渐平貌。"按此以虫喻山形,言其渐卑而隆长。

bì

币〔幣〕(bì) ❶货币。如:人民币;金币;银币。《史记·吴王濞列传》："乱天下币。"❷财货。《管子·国蓄》："以珠玉为上币,以黄金为中币,以刀布为下币。"❸帛,古人通常用作相互赠送的礼物;亦为礼物的通称。《仪礼·士相见礼》:"凡执币者不趋,容弥蹙以为仪。"胡培翚正义:"散文则玉亦称币,小行人合六币是也;对文则币为束帛、束锦、皮马及禽挚之属是也。"

币帛 ❶财帛。《礼记·月令》:"开府库,出币帛,周天下。"《后汉书·百官志三》:"中藏府令一人……掌中币帛金银诸货物。"❷缯帛,古人馈赠或祭祀用的礼物。《周礼·天官·大宰》:"六曰币帛之式。"郑玄注:"所以赠劳宾客者。"

必 (bì) ❶一定;定然。如:骄必败。《论语·雍也》:"如有复我者,则吾必在汶上矣。"❷决定;断定。马融《围棋赋》:"深念远虑兮,胜乃可必。"《汉书·匈奴传下》:"又况单于能必其众不犯约哉?"❸固执。《论语·子罕》:"毋意,毋必。"❹果真;假使。《史记·廉颇蔺相如列传》:"王必无人,臣愿奉璧往使。"杜甫《丹青引》:"将军尽善盖有神,必逢佳士亦写真。"❺姓。宋代有必赞。

毕〔畢〕(bì) ❶古时田猎用的长柄网。《庄子·胠箧》:"夫弓弩毕弋机变之知多,则鸟乱于上矣。"也指用长柄网捕取禽兽。《诗·小雅·鸳鸯》:"鸳鸯于飞,毕之罗之。"❷二十八宿之一,以形状像毕网得名。《诗·小雅·大东》:"有捄天毕。"❸网罗无遗之意。引申为尽、全。如:真相毕露。王羲之《兰亭诗序》:"群贤毕至,少长咸集。"❹结束。如:礼毕;毕业。《孟子·滕文公上》:"公事毕,然后敢治私事。"❺迅捷。《淮南子·览冥训》:"心怡气和,体便轻毕。"高诱注:"毕,疾也。"❻通"筚"。编竹,即编简。引申为简札。❼古国名。姬姓,始封之君为周文王之子毕公高,在今陕西咸阳北。春秋前已灭。❽姓。古代毕国人来中国的,有的以毕为姓,如唐有

毕诚。

毕逋 鸟尾摆动貌。《后汉书·五行志一》:"桓帝之初,京都童谣曰:'城上乌,尾毕逋,公为吏,子为徒。'"后因以称乌。何梦桂《己卯春过西湖》诗:"归来第五桥边路,半树残阳噪毕逋。"

毕竟 ❶了结。《论衡·量知》:"责乃毕竟。"❷到底;究竟。李商隐《早起》诗:"莺啼花又笑,毕竟是谁春?"

毕命 ❶绝命。《文选·曹植〈七启〉》:"故田光伏剑于北燕,公叔毕命于西秦。"刘良注:"或云:'荆轲字公叔。'"❷尽力效命。《三国志·魏志·陈思王植传》:"夫论德而授官者,成功之君也;量能而受爵者,毕命之臣也。"

闭〔閉〕(bì) ❶关门。《左传·哀公十五年》:"季子将入,遇子羔将出,曰:'门已闭矣。'"引申为关闭、堵塞。《易·复》:"先王以至日闭关。"《国语·晋语四》:"闭而不通。"❷结束;停止。如:闭幕;闭会。❸门闩的孔。参见"键闭❶"。❹通"柲"。正弓器。《诗·秦风·小戎》:"竹闭绲縢。"朱熹注:"闭,弓檠也。绲,绳;縢,约也。"❺古时指立秋、立冬。意即开始闭藏的节气。《左传·僖公五年》:"凡分、至、启、闭,必书云物。"参见"八节"。❻姓。

闭藏 ❶闭塞掩藏。《管子·度地》:"当冬三月,天地闭藏。"❷收藏,保管。《左传·襄公十年》:"闭府库,慎闭藏。"

闭厄 处境窘迫。《后汉书·何颙传》:"颙常私入洛阳,从绍(袁绍)计议,其穷困闭厄者,为求援救,以济其患。"

闭阁思过 谓独居反省。《汉书·韩延寿传》:"民有昆弟相与讼田自言,延寿大伤之,……是日移病不听事,因入卧传舍,闭阁思过。"后多作"闭门思过"。《镜花缘》第六回:"小仙自知身获重罪,追悔莫及,惟有闭门思过,敬听天命。"

闭关 ❶关闭城门。《易·复》:"先王以至日闭关,商旅不行,后不省方。"引申为断绝往来。如:闭关自守。《史记·张仪列传》:"大王诚能听臣,闭关绝约于齐,臣请献商於之地六百里!"❷谓闭门谢绝人事。江淹《恨赋》:"至乃敬通见抵,罢归田里,闭关却扫,塞门不仕。"❸佛教名词。亦称"坐关"。僧人闭居一室,在内讽经、坐禅,不与任何人交往,满

一定期限才出来。❹蛰伏。黄庭坚《谪居黔南》诗:"冉冉岁华晚,昆虫皆闭关。"

闭门羹 冯贽《云仙杂记》卷一:"史凤,宣城妓也,待客以等差……下列不相见,以闭门羹待之。"谓只作羹待客而不与之相见。后泛指拒绝客人进门,不与相见。

闭门造车 朱熹《中庸或问》卷三:"古语所谓闭门造车,出门合辙,盖言其法之同。"谓只要按照同一规格,闭起门来造的车子,也能合用。今用以比喻只凭主观办事,不问是否符合实际,与《中庸或问》的意思不同。

闭塞 ❶堵塞。如:水管闭塞。❷偏僻。交通不便,消息不灵通。如:山中闭塞之地。

芘 (bì) 通"庇"。荫蔽。《庄子·人间世》:"隐将芘其所藾。"陆德明释文:"本亦作庇。"

另见 pí。

坒 (bì) 相连接;鳞次栉比。《文选·左思〈吴都赋〉》:"商贾骈坒。"李善注引许慎《淮南子》注曰:"坒,相连也。"

吡 (bì) 拟声词。如:吡吡;吡里叭喇。

另见 bǐ、pǐ。

佖 (bì) 铺满。《汉书·扬雄传上》:"骈衍佖路。"颜师古注:"骈衍,言其并广大也。佖,次比也,一曰满也。"

佛 (bì) 通"弼"。辅弼。《诗·周颂·敬之》:"佛时仔肩。"

另见 bó、fó、fú。

庇 (bì) 遮蔽;掩护。如:庇荫;庇护。杜甫《茅屋为秋风所破歌》:"安得广厦千万间,大庇天下寒士俱欢颜。"

邲 (bì) 古地名。春秋郑地。在今河南荥阳市北。《春秋》宣公十二年(公元前597年):"晋荀林父帅师及楚子战于邲,晋师败绩。"即此。

诐〔詖〕(bì) 偏颇;邪僻。《论衡·自然》:"心险而行诐,则犯约而负数。"

陂 (bì) 不正;邪佞。《书·洪范》:"无偏无陂,遵王之义。"《荀子·成相》:"谗人罔极,险陂倾侧此之疑。"杨倞注:"陂与诐同。"

另见 bēi、pí、pō。

苾 (bì) 浓香。《大戴礼记·曾子疾病》:"苾乎如入兰芷之

室。"

苾勃　香气浓郁。《史记·司马相如列传》："腌暧苾勃。"张守节正义："皆芳香之盛也。"

苾芬　犹言芬芳。形容祭品的香美。《诗·小雅·楚茨》："苾芬孝祀。"郑玄笺："苾苾芬芬，有馨香矣。"后亦指祭品。《后汉书·乐成靖王党传》："乃敢擅损牺牲，不备苾芬。"

柀（bì）　通"篦"。栉。梳头用具。《广雅·释器》："柀，栉也。"引申指梳头。《后汉书·济北惠王寿传》："头不柀沐，体生疮肿。"
另见 bǐ，pí。

拂（bì）　通"弼"。见"拂士"。
另见 fú。

拂士　拂，通"弼"。辅弼的贤士。《孟子·告子下》："入则无法家拂士，出则无敌国外患者，国恒亡。"

畁（bì）　给予；付与。《诗·鄘风·干旄》："彼姝者子，何以畁之？"《左传·隐公三年》："周人将畁虢公政。"

咇（bì）　见"咇茀"、"咇莤"。

咇茀　同"秘茀"。香气盛。《文选·司马相如〈上林赋〉》："腌蔼咇茀。"李善注："秘茀、咇茀，音义同。"

咇莤　始发声貌。王褒《洞箫赋》："啾咇莤而将吟兮。"

卑（bì）　通"俾"。使。《荀子·宥坐》："卑民不迷。"
另见 bēi。

肶（bì）　同"髀"。大腿。见《集韵·十一荠》。
另见 pí。

服（bì）　见"服臆"。
另见 fú，fù。

服臆　因哀愤忧伤而气郁结。《史记·扁鹊仓公列传》："因嘘唏服臆……悲不能自止。"参见"愊臆"。

胇（bì）　同"鄪"。见《集韵·六至》。亦作"胇"。
另见 xī。

胇（bì）　古地名。《史记·鲁周公世家》："于是伯禽率师伐之于胇，作《胇誓》。"裴骃集解引孔安国曰："鲁东郊之地名也。"司马贞索隐："即鲁卿季氏之费邑。"参见"鄪"。
另见 xī。

饆〔饆〕（bì）　食物香。《诗·周颂·载芟》："有饆其香，邦家之光。"毛传："饆，芬香也。"

湴〔湴〕（bì）　见"湴波"。

湴波　风寒。《说文·欠部》："湴波，风寒也。"段玉裁注："《豳风·七月》'一之日觱发'传曰：'觱发，风寒也。'按觱发皆叚借字，湴波乃本字。"

閟〔閟〕（bì）　❶关闭。《诗·鲁颂·閟宫》："閟宫有恤。"毛传："閟，闭也。先妣姜嫄之庙在周，常闭而无事。恤，清静也。"引申为清静，幽深。《宋史·乐志十四》："瑶殿清閟。"❷闭门拒绝。《左传·庄公三十二年》："初，公筑台临党氏，见孟任，从之，閟，而以夫人言，许之。"❸闭塞；掩闭。《诗·鄘风·载驰》："我思不閟。"韩愈《岐山下》诗："自从公旦死，千载闭其光。"❹通"秘"。便秘。《素问·五常政大论》："其病癃閟。"王冰注："癃，小便不通；閟，大便干涩不利也。"❺终尽。《左传·闵公二年》："今命以时卒，閟其事也。"杜预注："冬十二月，閟尽之时。"

泌（bì）　❶涌出的泉水。《诗·陈风·衡门》："泌之洋洋，可以乐饥。"❷水名。(1)在河南省西南部，即唐河上游的别称，古名泚水。(2)在山东省中部，源出肥城市，流入汶水，现称卫鱼河。
另见 mì。

泌丘　指隐居之处。《文选·蔡邕〈郭有道碑文〉》："栖迟泌丘，善诱能教。"李善注："《毛诗》曰：'衡门之下，可以栖迟；泌之洋洋，可以疗饥。'"按《广雅·释丘》："丘上有木曰柲丘。"王念孙疏证谓"泌"与"柲"通。

怭（bì）　见"怭怭"。

怭怭　轻薄；轻佻。《诗·小雅·宾之初筵》："曰既醉止，威仪怭怭。"毛传："怭怭，媟嫚也。"

姂（bì）　女有容仪。见《广韵·五质》。

駜〔駜〕（bì）　马肥壮力强貌。《诗·鲁颂·有駜》："有駜有駜，駜彼乘黄。"

珌（bì）　古代佩刀之鞘末端的装饰。《诗·小雅·瞻彼洛矣》："鞞琫有珌。"毛传："珌，下饰也。"参见"琫"。亦指剑柄与剑身相接处之玉饰。

秘〔秘〕（bì）　弓檠，竹制，弓卸去弦后缚在弓里以防损伤的用具。《考工记·弓人》"譬如终绁"郑玄注："继，弓秘……弓有秘者，为发弦时备顿伤。"

賁〔賁〕（bì）　❶文饰貌。《书·汤诰》："賁若草木。"❷六十四卦之一，离下艮上。《易·賁》："象曰：山下有火，賁。"孔颖达疏："欲令火上照山，有光明文饰也。"
另见 bēn，féi，fén，fèn。

賁临　客套语。犹言光临。按《诗·小雅·白驹》："賁然来思。"毛传："賁，饰也。"朱熹注："賁然，光采之貌也。"谓来者賁然盛饰。"賁临"之语本此。

莗〔莗〕（bì）　同"筚"。《史记·楚世家》："莗露蓝蒌。"《左传·宣公十二年》作"筚路蓝缕"。参见"蓬莗"。

莗门　用竹、树枝编成的门。引申指贫穷人家的屋。《三国志·魏志·管宁传》："环堵莗门，偃息穷巷，饭鬻糊口，并日而食。"

柲（bì）　❶兵器的柄。《左传·昭公十二年》："君王命剥圭以为鏚柲。"杜预注："鏚，斧也；柲，柄也。破圭玉以饰斧柄。"❷弓檠，保护弓的竹片。《仪礼·既夕礼》："弓……有柲。"郑玄注："柲，弓檠，弛则缚之于弓里，备损伤，以竹为之。"

毖（bì）　❶谨慎。《诗·周颂·小毖》："予其惩而毖后患。"参见"惩前毖后"。❷告诫。《书·酒诰》："王曰：'封！汝典听朕毖，勿辩乃司民湎于酒。'"❸劳心。《书·大诰》："无毖于恤。"孔传："无劳于忧。"❹犒劳；慰劳。《书·洛诰》："伻来毖殷，乃命宁，予以秬鬯二卣。"❺通"泌"。泉水涌流貌。《诗·邶风·泉水》："毖彼泉水，亦流于淇。"

哔〔嗶〕（bì）　见"哔叽"。

哔叽　织物名。毛哔叽是精梳毛纱（线）织成的一种斜纹织物，经纬密度接近，纹路清晰，呢面光洁平整，质地柔软，通常染成藏青或黑色，适于作春秋服装料。棉哔叽以棉或棉混纺纱线为原料制织而成，有纱哔叽和线哔叽之分。

胇（bì）　见"胇胇"。
另见 fèi。

胇胇　大貌。见《广韵·五质》。

饆〔饆〕（bì）　见"饆饠"。

饆饠　❶波斯语 Pilaw 的音译。一种与肉类或蔬果合煮的饭。一说是古代的一种食品。段成式《酉阳杂俎

·酒食》："韩约能作樱桃饆锣，其色不变。❷同"逼逻"。张罗；安排。参见"逼逻"。

泲〔潷〕(bì)　泉水涌出貌。见《玉篇·水部》。

弲〔彈〕(bì)　射。《楚辞·天问》："羿焉弲日？"

费〔費〕(bì)　同"鄪"。另见 fèi。

愊(bì)　同"弼"。《玉篇·心部》："弼同，或作佛，辅也。"
另见 fú。

陛(bì)　帝王宫殿的台阶。《国策·燕策三》："秦武阳奉地图匣，以次进至陛下。"蔡邕《独断》卷上："陛，阶也，所由升堂也。天子必有近臣，执兵陈于陛侧，以戒不虞。"

陛戟　戟，古代兵器的一种。古代卫士持戟立于殿阶下两侧叫"陛戟"。《汉书·霍光传》："期门武士陛戟，陈列殿下。"

陛见　臣下进见皇帝。《后汉书·戴封传》："公车征，陛见，对策第一。"

陛下　对帝王的尊称。《史记·秦始皇本纪》："今陛下兴义兵，诛残贼，平定天下，海内为郡县，法令由一统，自上古以来未尝有，五帝所不及。"蔡邕《独断》卷上："谓之陛下者，群臣与天子言，不敢指斥天子，故呼陛下者而告之，因卑达尊之意也。"

绊〔緷〕(bì)　❶缝接。《仪礼·既夕礼》："冠六升，外绊。"郑玄注："绊谓缝著于武也。"贾公彦疏："武谓冠卷，以冠前后皆缝著于武……若凶冠，从冠下乡(向)外缝之，谓之外绊。"❷同"韠"。蔽膝。《广雅·释器》："韨谓之绊。"❸以组带约束玉圭。《考工记·玉人》"天子圭中必"郑玄注："必读如鹿车绊之绊，谓以组约其中央，为执之以备失队(坠)。"

鞸〔韠〕(bì)　古代作朝服的蔽膝。《诗·桧风·素冠》："庶见素鞸兮。"参见"韨"。

毖〔斃、獘〕(bì)　❶仆倒，倒下。《左传·哀公二年》："郑人击简子中肩，毖于车中。"又《隐公元年》："多行不义，必自毖。"❷死。如：毖命。《南史·梁长沙王业传》："零陵旧有二猛兽为暴，无故枕石而死。郡人唐睿见猛兽傍一人曰：'刺史德感神明，所以两猛兽自毖。'"

铋〔鉍〕(bì)　❶同"秘"。矛柄。❷化学元素[周期系第 V 族(类)主族元素]。符号 Bi。原子序数 83。纯铋是柔软的金属，不纯时性脆。常温下稳定。主要矿物为辉铋矿(Bi_2S_3)和铋华(Bi_2O_3)。液态铋凝固时有膨胀现象。用于制低熔合金，在消防和电气安全装置上有特殊的用途。

毤〔毵〕(bì)　见"毤毱"。

秘〔祕〕(bì)　"秘鲁(Perú)，国名"。位于南美洲西北部，西临太平洋，陆疆邻厄瓜多尔、哥伦比亚、巴西、玻利维亚、智利。面积 128.52 万平方公里。人口 2 380 万(1995 年)。主要有印第安人、印欧混血种人、白人等。西班牙语为官方语言。多信天主教。首都利马。历史悠久，11 至 16 世纪初，印加人以库斯科为首都建立了印加帝国。1533 年沦为西班牙殖民地。1821 年 7 月 28 日独立，名秘鲁共和国。
另见 mì。

猚(bì)　见"猚犴"。

猚犴　传说中的兽名。杨慎《升庵全集》卷八十一："俗传龙生九子不成龙……四曰猚犴，形似虎，有威力，故立于狱门。"旧时因狱门上绘猚犴，故又作为牢狱的代称。《法言·吾子》："剑客论曰：'剑可以爱身。'曰：'猚犴使人多礼乎？'"音义："狱也。"

烨〔煒〕(bì)　见"烨沸"。

烨沸　火盛貌。恽敬《喻性》："束蕴而庸庸，积薪而烨沸。"

被(bì)　通"髲"。假发。《诗·召南·采蘩》："被之僮僮。"
另见 bèi，pī。

敬(bì)　"弼"的古字。

萆(bì)　通"蔽"。隐蔽。《史记·淮阴侯列传》："从间道萆山而望赵军。"裴骃集解引如淳曰："萆音蔽，依山自覆蔽。"
另见 bēi。

椑(bì)　见"椑栀"。

椑栀　古代设置在官署前以遮拦人马的栅栏，用木条交叉做成。也叫"行马"。《周礼·天官·掌舍》："设椑栀再重。"

脴(bì)　❶胃。郑还古《博异志》："须还吾心，还吾脴，则怨可释矣。"❷同"髀"。大腿。杜牧《郡斋独酌》诗："白羽八扎弓，脴压绿檀枪。"

庳(bì)　❶低下。《左传·襄公三十一年》："宫室卑庳。"《国语·周语下》："陂塘污庳。"❷矮。《周礼·地官·大司徒》："其民丰肉而庳。"

敝(bì)　❶坏，破旧。如：敝帚；敝屣。《左传·昭公二十六年》："孟氏，鲁之敝室也。"杜预注："敝，坏也。"❷谦辞。如：敝处；敝校。《史记·吴王濞列传》："敝国虽狭，地方三千里。"❸困乏；疲惫。《左传·襄公九年》："以敝楚人。"❹弃。《礼记·郊特牲》："冠而敝之可也。"陆德明释文："敝，弃也。"❺通"蔽"。遮挡。《考工记·弓人》："长其畏(隈)而薄其敝。"郑玄注引郑司农曰："敝，读为蔽塞之蔽，谓弓人所握持者。"❻姓。春秋时齐有敝无存。

敝肠　坏心肠。《后汉书·董卓传》："羌胡敝肠狗态。"

敝膝　古代衣前盖膝的围裙。即蔽膝。《汉书·东方朔传》："后数日，上临山林，主自执宰敝膝。"颜师古注："敝膝，贱者之服也。与蔽同。"

敝屣　亦作"敝蹝"。破鞋。比喻不足珍惜的东西。《孟子·尽心上》："舜视弃天下，犹弃敝蹝也。"赵岐注："蹝，草履也；敝喻不惜。"

敝邑　❶古称本国的谦辞。《左传·襄公八年》："敝邑之众，夫妇男女，不遑启处以相救也。"后多指自己的故乡。❷偏僻的地方。《文选·左思〈吴都赋〉》："习其敝邑，而不覩上邦者，未知英雄之所躔也。"吕延济注："蜀但知习其敝小都邑，不见上国，不知英雄之所行历也。"

敝帚千金　比喻把自己并不好的东西当作宝贝。《东观汉记·光武帝纪》："家有敝帚，享之千金。""敝"亦作"弊"。曹丕《典论·论文》："各以所长，相轻所短。里语曰：'家有弊帚，享之千金。'此不自见之患也。"

敝帚自珍　比喻对自己的东西非常珍视和爱惜。常用作谦词。梁启超《清议报一百册祝辞并论报馆之责任及本馆之经历》："荳菲不弃，敝帚自珍。"参见"敝帚千金"。

閟(bì)　同"闭(閉)"。

鄪〔鄪〕(bì) 古邑名。亦作"费"、"肸"。春秋鲁地。在今山东费县西北。《史记·鲁周公世家》釐公元年(公元前659年),"以汶阳、鄪封季友"。

婢(bì) 女奴。古代罪人的眷属没入官为婢,后以通称受役使的女子。《世说新语·文学》:"〔郑玄〕尝使一婢,不称旨,将挞之。"

婢子 ❶婢女。梅尧臣《冬夕会饮联句》:"婢子寒且倦,主人哦不穷。"❷妾。《礼记·檀弓下》:"如我死,则必大为我棺,使吾二婢子夹我。"郑玄注:"婢子,妾也。"❸婢女生的儿女。《礼记·内则》:"父母有婢子,若庶子庶孙。"郑玄注:"婢子,所通贱人之子也。"❹古代妇人自称的谦词。《礼记·曲礼下》:"自世妇以下自称曰婢子。"

婢作夫人 《佩文斋书画谱》卷八引袁昂《古今书评》:"羊欣书,如大家婢为夫人,虽处其位,而举止羞涩,终不似真。"后因称文艺上刻意摹仿,而规模狭隘,才短力弱者为"婢作夫人"或"婢学夫人"。

綼〔綼〕(bì) 裳幅的缘饰。《仪礼·既夕礼》:"缬綼緆。"郑玄注:"饰裳在幅曰綼,在下曰緆。"

椑(bì) 内棺。《礼记·檀弓上》:"君即位而为椑。"郑玄注:"椑,谓杝棺亲尸者。"
另见bēi,pí。

皕(bì) 二百。见《说文·皕部》。清陆心源有藏书楼名"皕宋楼",藏有宋版书二百种,故名。

跸(bì) 足踏地。《乐府诗集·折杨柳歌辞》:"健儿须快马,快马须健儿。跸跋黄尘下,然后别雄雌。"

跛(bì) 一只脚站着。《礼记·礼器》:"有司跛倚以临祭,其为不敬大矣。"孙希旦集解:"立而偏任一足曰跛。"
另见bǒ。

贔〔贔〕(bì) 猛烈激疾貌。《水经注·河水四》:"悬流千丈,浑洪贔怒。"参见"贔屃❶"。

贔屃 亦作"贔屭"、"屃贔"。❶用力貌。《文选·张衡〈西京赋〉》:"巨灵贔屃。"薛综注:"贔屃,作力之貌也。"❷蠵龟的别名。《本草纲目·介部一》:"蠵龟,贔屃,贔屃者,有力貌,今碑趺象之。"碑趺是碑下的石座,习惯相沿雕作贔屃的形状,就是取其力大能负重的意思。

笓〔箆〕(bì) 篱笆。又泛指荆竹树枝编成的门、车等。如:笓门;笓路。

笓篥 即"觱篥"。

笓路蓝缕 亦作"筚露蓝蒌"。《左传·宣公十二年》:"筚路蓝缕,以启山林。"意思是坐着柴车,穿着破旧衣服去开辟山林。后因以"筚路蓝缕"形容创业艰辛。

笓门闺窦 穷人的住处。《左传·襄公十年》:"筚门闺窦之人,而皆陵其上。"杜预注:"筚门,柴门;闺窦,小户,穿壁为户,上锐下方,状如圭也。"亦作"筚门圭窦"。《礼记·儒行》:"儒有一亩之宫,环堵之室,筚门圭窬,蓬户瓮牖。"

湢(bì) ❶浴室。《礼记·内则》:"不共湢浴。"❷整肃貌。《新书·容经》:"军旅之容,湢然肃然固以猛。"❸见"湢测"。

湢测 水势迫蹙貌。《史记·司马相如列传》:"湢测泌㴉。"司马贞索隐引司马彪曰:"湢测,相迫也。"《文选·司马相如〈上林赋〉》作"偪(逼)侧"。

湢浴 浴室。陆游《灵秘院营造记》:"下至庖厨湢浴,无一不备。"参见"湢❶"。

湢㳽 水惊涌貌。见《玉篇》。

愊(bì) ❶至诚。《新唐书·刘瑑传》:"言多悬愊。"参见"悃愊"。❷郁结。见"愊臆"。

愊怛 急促貌。《礼记·儒行》"其大让如慢,小让如伪"郑玄注:"如慢如伪,言之不愊怛也。"孔颖达疏:"愊怛,谓急促之意。"

愊臆 亦作"愊亿"、"愊忆"、"膈抑"。因愤怒、哀伤、忧愁等而气郁结于中。《方言》第十三:"臆,满也。"郭璞注:"愊臆,气满之也。"《汉书·陈汤传》:"策虑愊亿,义勇奋发。"冯衍《显志赋》:"讲圣哲之通论兮,心愊忆而纷纭。"潘岳《夏侯常侍诔》:"愊抑失声,迸涕交挥。"

愎(bì) 执拗;倔强。如:刚愎自用。《左传·哀公二十七年》:"知伯贪而愎。"

愎谏 愎,义同违。谓不接受劝谏。《左传·僖公十五年》:"愎谏违卜,固败是求,又何逃焉。"

閟(bì) 同"闭(閉)"。

弻(bì) 同"弼"。

弼(bì) ❶矫正弓弩的器具,引申为纠正、辅佐。见"弼匡"、"弼违"。也指辅佐的人。《书·说命上》:"梦帝赉予良弼。"❷违背。《汉书·韦贤传》:"其梦如何?梦争王室;其争如何?梦我王弼。"颜师古注:"弼,戾也。言梦争王室之事,王违戾我言也。"

弼匡 辅弼匡正。《文选序》:"箴兴于补阙,戒出于弼匡。"李周翰注:"箴,所以攻疾防患;戒,警弼辅匡王也。"

弼亮 辅佐。《书·毕命》:"弼亮四世。"孔传:"辅佐文、武、成、康四世为公卿。"

弼违 《书·益稷》:"予违,汝弼。"孔传:"我违道,汝当以义辅正我。"后因称纠正过失为"弼违"。《晋书·武帝纪》:"择其能正色弼违匡救不逮者,以兼此选。"

弼针 即"别针",一种没有孔的针。为便于缝纫,先用弼针将衣料绷好,然后缝制。朱骏声《说文通训定声·谦部》:"《广雅·释器》:'铒,针也。'按今制衣袭用之,苏俗谓之弼针。"今亦泛指扣结或装饰衣物所用的针。

趩〔趩〕(bì) 亦作"踔"。古代帝王出行时的清道。《史记·梁孝王世家》:"得赐天子旌旗,出从千乘万骑,东西驰猎,拟于天子,出言趩,入言警。"《汉书·霍光传》:"诈令人为燕王上书,言光出都肆郎羽林,道上称趩,太官先置。"

萆(bì) 见"萆麻"。

萆麻(Ricinus communis) 大戟科。一年或多年生草本。全株光滑,被蜡粉,通常呈绿色或青灰、紫红色。茎圆形、中空,有分枝。叶大,互生,掌状分裂。圆锥花序,花单性无瓣,雌花着生在花序上部,花柱淡红色;雄花在下部,呈淡黄色。蒴果,有刺或无刺。种子椭圆形,种皮硬质,有光泽并具黑、白、棕色斑纹。原产非洲东部。中国都为零星种植。种子可榨油。油脂可制润滑油、媒染剂和药用。茎的韧皮纤维可制绳索和造纸。根、茎、

萆麻

叶、种子均可入药,功能祛湿通络、消肿拔毒。

跸 〔蹕〕(bì) ❶同"跸"。帝王出行时开路清道,禁止通行。《周礼·夏官·隶仆》:"掌跸宫中之事。"因即以指帝王的车驾。如:驻跸;扈跸。❷立时一足着力。《列女传·周室三母》:"立不跸。"

跸路 禁止行人来往,清道。曹植《孟冬篇》:"蚩尤跸路,风弭雨停。"

跸御 帝王出行时,禁止行人通行。《史记·司马相如列传》:"祝融惊而跸御兮,清氛气而后行。"

蜌 (bì) 蚌的一种。《尔雅·释鱼》:"蜌,蠯。"参见"蠯"。

膅 (bì) ❶同"愊"。见"膅臆"。❷见"膅膊"。

膅膊 象声词。韩愈《斗鸡联句》:"膅膊战声喧。"

膅臆 同"愊臆"。因哀愤忧愁而气郁结。曹丕《武帝哀册文》:"舒皇德而咏思,遂膅臆以苍事。"

鮅 〔鮅〕(bì) 鱼名。即"赤眼鳟"。银灰色,眼上缘红色,鳞片后缘具一小黑斑。头平扁,须一般两对,颇细小。栖息水的中下层。杂食性。

痹 〔痺〕(bì) ❶病名。即"痹证"。引申为麻木。《韩非子·外储说左上》:"叔向御坐平公请事,公肤痛足痹转筋而不敢坏坐。"❷气闷。《素问·脉要精微论》:"当病食痹。"王冰注:"故食则痛闷而气不散也。"

痹证 中医学病名。因受风寒湿热之邪侵袭而致经络闭阻气血凝滞引起的以痛为主症的疾病。风邪偏重者称行痹,肢体酸痛、游走无定处;寒邪偏重者称痛痹,疼痛较甚、得热则舒、受寒转剧;湿邪偏重者称着痹,痛处固定、肢体重着、肌肤麻木。风邪夹湿称风湿。治宜祛风、散寒、化湿为主而各有偏重。湿热留注或风寒湿邪久郁化热者称热痹,关节红肿热痛,并有发热、怕冷、汗出、口渴等症,治宜祛风化湿、清热凉血。疼痛遍历骨节者称历节。痹证还可采用针灸、推拿等法治疗。本病包括风湿性关节炎、类风湿性关节炎、骨关节炎等疾患。

煏 (bì) 用火焙干。煏为"焙"的转音。朱骏声《说文通训定声·颐部》:"今苏俗或言逼,或言焙。"

滗 〔潷〕(bì) 挡住渣滓把液体倒出来。如:把汤滗出去。

裨 (bì) 增添;补凑。《国语·郑语》:"若以裨同,尽乃弃矣。"韦昭注:"裨,益也。同者,谓若以水益水,水尽乃弃之,无所成也。"引申为补益。如:无裨于事。马融《长笛赋》:"况笛生乎大汉,而学者不识。其可以裨助盛美,忽而不赞。"

另见 pí。

辟 (bì) ❶国君。《尔雅·释诂》:"辟,君也。"《书·洪范》:"惟辟作福,惟辟作威,惟辟玉食。"❷法;刑。《说文·辟部》:"辟,法也。"《诗·大雅·板》:"无自立辟。"❸征召。《后汉书·钟皓传》:"前后九辟公府。"❹除去;消除。《楚辞·远游》:"风伯为余先驱兮,氛埃辟而清凉。"洪兴祖补注:"辟,除也,必亦切。"《庄子·庚桑楚》:"至仁无亲,至信辟金。"成玄英疏:"金玉者,〔小〕信之质耳,至信则弃除之矣。"❺彰明。《礼记·祭统》:"对扬以辟之。"❻通"壁"。星名。《礼记·月令》:"仲冬之月,日在斗,昏,东壁中。"陆德明释文"壁"作"辟"。❼通"避"。《荀子·荣辱》:"不辟死伤,不畏众强。"❽通"躄"。脚有病。《荀子·正论》:"不能以辟马毁舆致远。"❾通"襞"。见"辟积"。❿通"睥"。见"辟倪"。

另见 pì。

辟除 ❶汉代高级官吏自行任用属员的制度。中央最高行政长官如三公,地方官如州牧、郡守,都可自行征聘僚属,然后向朝廷推荐。与后代大小官吏都由吏部铨选的制度不同。又东汉时中央高级官吏亦往往不由其他官职中选调,而直接征聘有名望的人,亦称"征辟"。❷犹言扫除。《管子·心术上》:"故馆不辟除,则贵人不舍焉。"《荀子·成相》:"辟除民害逐共工。"

辟谷 亦称"断谷"、"绝谷",即不吃五谷。据称为中国古代的一种修养方法。辟谷时,仍食药物,并须兼做导引等工夫。《史记·留侯世家》:"留侯性多病,即导引不食谷。"裴骃集解:"服辟谷之药而静居行气。"后为道教承袭,当作"修仙"方法之一。该教谓,人体中有三虫(亦称"三彭"、"三尸")靠五谷而生,危害人体,经过"辟谷"修炼,可以除去"三虫",达到"长生不死"。

辟积 同"襞积"。

辟间 古代良剑名。《荀子·性恶》:"阖闾之干将、莫邪、巨阙、辟间,此皆古之良剑也。"

辟倪 同"睥睨"。

辟世 同"避世"。《论语·微子》:"且而与其从辟人之士也,岂若从辟世之士哉?"

辟书 征召的文书。阮籍《诣蒋公奏记辞辟命》:"开府之日,人人身以为掾属,辟书始下,而下走为首。"

辟席 同"避席"。古人席地而坐,表示敬重时要起立避原位。《礼记·哀公问》:"孔子蹴然辟席而对。"《史记·孔子世家》:"师襄子辟席再拜。"

辟邪 ❶我国古代传说中的一种神兽,似狮而带翼。《急就篇》:"射魃辟邪除群凶。"颜师古注:"射魃、辟邪,皆神兽名。"古代织物、军旗、带钩、印纽、钟纽等物常用辟邪为象,《博古图》有辟邪车。南朝陵墓前常有辟邪石雕像。❷异香名。苏鹗《杜阳杂编》卷下:"公主乘七宝步辇,四面缀五色香囊,囊中贮辟寒香、辟邪香、瑞麟香、金凤香,此香异国所献也。"❸宝剑名。马缟《中华古今注·刀剑》:"吴大帝有宝剑六:其一曰白蛇,二曰紫电,三曰辟邪,四曰奔星,五曰青冥,六曰百里。"

辟易 避开;退避。《国语·吴语》:"员不忍称疾辟易,以见王之亲为越之擒也。"《史记·项羽本纪》:"项王瞋目而叱之,赤泉侯人马俱惊,辟易数里。"

辟雍 亦作"辟廱"、"璧雍"。本为西周天子所设大学。《礼记·王制》:"大学在郊,天子曰辟雍,诸侯曰頖宫。"据说辟雍四周环水,东室称东序,为学干戈羽籥之所;西室称瞽宗,为演习礼仪之所;南室称成均,为学乐之所;北室称上庠,为学书之所。东汉以后,历代皆设,除北宋末年为太学之预备学校(亦称"外学")外,均仅为祭祀之所。

碧 (bì) ❶青绿色的美石。《山海经·西次二经》:"〔高山〕其下多青碧。"郭璞注:"碧,亦玉类也。"❷青绿色。江淹《别赋》:"春草碧色。"

碧汉 天河。徐夤《鹊》诗:"碧汉填河织女回。"

碧空 碧色晴朗的天空。李白《黄鹤楼送孟浩然之广陵》诗:"孤帆远影碧空尽,惟见长江天际流。"

碧落 犹言碧空。天空。白居易《长恨歌》:"上穷碧落下黄泉,两处茫茫皆不见。"

碧纱厨 床帐。用木作支架,蒙裹碧纱,可折叠,房室内外皆可张挂。

王实甫《西厢记》第四本第一折："今宵同会碧纱厨。"

碧纱笼 王定保《唐摭言·起自寒苦》："王播少孤贫，尝客扬州惠昭寺木兰院，随僧斋飧。诸僧厌怠，播至，已饭矣。后二纪，播自重位出镇是邦，因访旧游，向之题已皆碧纱幕其上。播继以二绝句曰：'……上堂已了各西东，惭愧阇黎饭后钟。二十年来尘扑面，如今始得碧纱笼。'"又吴处厚《青箱杂记》卷六："世传魏野尝从莱公游陕府僧舍，各有留题，后复同游，见莱公之诗，已用碧纱笼护，而野诗独否，尘昏满壁。时有从行官妓，颇慧黠，即以袂拂之。野徐曰：'若得常将红袖拂，也应胜似碧纱笼。'莱公大笑。"后以"碧纱笼"为所题受人赏识、重视之典。亦作"纱笼碧"、"纱笼壁"。

碧翁翁 指青天。陶穀《清异录·天文》："晋出帝不善诗，时为俳谐语，咏天诗曰：'高平上监碧翁翁。'"

碧霄 蓝天。温庭筠《寄分司元庶子兼呈元处士》诗："月榭知君还怅望，碧霄烟阔雁行斜。"

碧虚 ❶碧空。吴均《咏云二首》："飘飘上碧虚，蔼蔼隐青林。"刘禹锡《两何如诗谢裴令公赠别》："愿托扶摇翔碧虚。"❷绿水。李贺《钓鱼》诗："斜竹垂青沼，长纶贯碧虚。"

碧血 《庄子·外物》："苌弘死于蜀，藏其血，三年而化为碧。"后常以"碧血"称为正义而流的血。郑元祐《张御史死节歌》："孤忠既足明丹心，三年犹须化碧血。"

碧玉 古乐府《碧玉歌》有"碧玉小家女"之句，后因称小户人家有姿色的女子为"小家碧玉"。

蔽 (bì) ❶遮挡；遮蔽；蒙蔽。《史记·项羽本纪》："常以身翼蔽沛公。"陶潜《五柳先生传》："环堵萧然，不蔽风日。"《荀子》有《解蔽篇》，王先谦集解："蔽者，言不能通明，滞于一隅，如有物壅蔽之也。"❷概括。《论语·为政》："《诗》三百，一言以蔽之，曰：'思无邪。'"❸审断。《书·康诰》："丕蔽要囚。"蔡沈集传："要囚，狱词之要者也。蔽，断也。"❹通"簙"。博具；局戏。《方言》第五："簙谓之蔽。"❺古时丧车两旁的帘子。《周礼·春官·巾车》："木车蒲蔽。"

蔽芾 植物弱小或树叶初生状。《诗·召南·甘棠》："蔽芾甘棠。"《诗·小雅·我行其野》："蔽芾其樗。"

蔽膝 系在衣服前面的围裙。《尔雅·释器》："衣蔽前谓之襜。"郭璞注："今蔽膝也。"《急就篇》颜师古注："蔽膝者，于衣裳上著之以蔽前也。一名韨，又曰袆，亦谓之幨。"《方言》第四："蔽郭，江淮之间谓之袆……自关东西谓之蔽郭。"参见"袆❶"、"袆"、"韨❶"。

蔽翳 ❶掩蔽。元稹《苦雨》诗："已复云蔽翳，不使及泥涂。"❷草木茂盛蔽塞的地方。《宋史·吕惠卿传》："县处山林蔽翳之间，民病障雾蛇虎之害。"

秘 (bì) 见"秘䓖"。

秘䓖 亦作"咇茀"。香气浓烈。《广雅·释器》："秘䓖，香也。"《文选·司马相如〈上林赋〉》："晻薆咇茀。"李善注："秘䓖，咇茀，音义同。"

箅 (bì) 蒸锅中的竹屉。《世说新语·夙惠》："炊忘箸箅，饭今成糜。"

獙 (bì) 见"獙獙"。

獙獙 传说中的兽名。状如狐而有翼，音如鸿雁。见《山海经·东山经》。

弊 〔獘〕(bì) ❶害处；毛病。如：兴利除弊。《史记·平准书》："汤武承弊易变，使民不倦。"❷欺骗；蒙蔽。《韩非子·孤愤》："朋党比周以弊主。"亦指欺骗蒙混的事情。如：作弊；营私舞弊。《通典》卷八引沈约《晋书·食货志论》："事有讹变，奸弊大起。"❸败；疲困。《国语·郑语》："公曰：'周其弊乎？'对曰：'殆于必弊者也。'"《庄子·刻意》："形劳而不休则弊。"也引申为竭尽，止息。《管子·侈靡》："泽不弊而养足。"《周礼·夏官·大司马》："遂围禁，火弊，献禽以祭社。"❹低劣；坏。《吕氏春秋·音初》："土弊则草木不长。"扬雄《逐贫赋》："礼薄义弊。"❺仆，倒下。《周礼·夏官·大司马》："质明弊旗。"❻通"蔽"。隐藏；埋没。《国策·秦策五》："管仲……南阳之弊幽。"高诱注："幽潜不见升用，贫贱于南阳。"❼裁断；裁决。《周礼·天官·大宰》："以弊邦治。"

另见 bá。

弊弊 辛苦经营貌。《庄子·逍遥游》："孰弊弊焉以天下为事？"

弊端 弊病。陆九渊《荆国王文公祠堂记》："指陈时事，剖析弊端。"

弊绝风清 亦作"风清弊绝"。营私舞弊的事情绝迹，风气十分良好。多用于称颂吏治清明。周敦颐《拙赋》："天下拙，刑政彻，上安下顺，风清弊绝。"

弊屩 同"敝屦"。破草鞋，比喻不足珍惜的东西。《国策·燕策一》："则燕、赵之弃齐也，犹释弊屩。"

髲 (bì) 假发。《世说新语·贤媛》："湛(陶侃母)头发委地，下为二髲，卖得数斛米。"

髲髢 假发。柳宗元《朗州员外司户薛君妻崔氏墓志》："髲髢峨峨，笾豆惟嘉。"

髲鬖 高大貌。李商隐《日高》诗："水精眠梦是何人，栏药日高红髲鬖。"

畢 (bì) 同"毕❶"。见"畢弋"。

畢弋 打猎。《韩非子·说疑》："内不堙污池台榭，外不畢弋田猎。"

薜 (bì) ❶见"薜荔"。❷植物名。即当归。《尔雅·释草》："薜，山蕲。"又："薜，白蕲。"朱骏声《说文通训定声·解部》谓"皆即当归"。❸麻属。《尔雅·释草》："薜，山麻。"郭璞注："似人家麻，生山中。"

薜荔 (Ficus pumila) 亦称"木莲"、"鬼馒头"。桑科。常绿藤本，含乳汁。叶两型，在不生花序托枝上的叶小而成心状卵形；在生花序托枝上的叶大而近厚革质，椭圆形。夏秋开花，雌雄异株，花集生于肉质、囊状花序托内，以后发育成倒卵形的隐花果。产于中国中部和南部；亦见于日本、印度。果实富果胶，可制食用的凉粉；亦可入药，性平、味酸，功能补肾固精、通乳、活血消肿、解毒，主治肾虚腰酸、阳痿遗精、乳汁稀少、痈疽初起等症。

薜萝 薜，薜荔；萝，女萝。《楚辞·九歌·山鬼》："若有人兮山之阿，被薜荔兮带女萝。"说山鬼以薜荔为衣，以女萝为带。后用以称隐士的服装。《南齐书·宗测传》："量腹而进松术，度形而衣薜萝，淡然已足。"有时也借指隐者的住处。刘长卿《使回次杨柳过元八所居》诗："薜萝诚可恋。"

鵯 (bì) 见"鵯发"。

鵯发 风寒冷。《诗·豳风·七月》："一之日鵯发。"

鵯沸 泉水涌出貌。《诗·小雅·采菽》："鵯沸槛泉。"毛传："鵯沸，泉

出貌。"陈奂传疏谓"觱"与"泮"通。

觱篥 亦作"筚篥"、"悲栗"。又名"笳管"。中国古簧管乐器。以竹为管,上开八孔(前七后一),管口插有芦制的哨子。汉代起源于西域龟兹(今新疆库车一带),后为隋唐燕乐及唐宋教坊音乐的重要乐器。今民间流行者,以木为管,管端插有芦哨,称管子或"管"。

踾(bì) 踾地声。见《玉篇·足部》。
另见 fú。

骳(bì) 同"髀"。

篦(bì) ❶篦子,一种比梳子密的梳头用具。❷用篦子篦头。杜甫《水宿遣兴奉呈群公》诗:"耳聋须画字,发短不胜篦。"
另见 pí。

鷩〔鷩〕(bì,又读 biē) 雉的一种,即锦鸡。《尔雅·释鸟》"鷩雉"郭璞注:"似山鸡而小冠,背毛黄,腹下赤,项绿色鲜明。"参见"鵔鸃"。

壁(bì) ❶墙壁。杜甫《秋日夔府咏怀》:"东郡时题壁,南湖日扣舷。"引申指某些物体的表层。如:胃壁;肠壁;细胞壁。❷营垒。《史记·项羽本纪》:"诸侯军救钜鹿下者十余壁。"❸陡峭的山崖。《隋书·豆卢勣传》:"其山绝壁千寻。"❹一边;一面。王实甫《西厢记》第一本第一折:"他在那壁,你在这壁。"❺星名。二十八宿之一。

壁带 壁中横木,其露出的部分,形状像带,故称。《汉书·孝成赵皇后传》:"壁带往往为黄金釭,函蓝田璧,明珠翠羽饰之。"颜师古注:"壁带,壁之横木露出如带者也。"

壁垒 ❶古时军营周围的防御建筑物。《汉书·黥布传》:"深沟壁垒,分卒守徼乘塞。"比喻对立事物之界限。如:壁垒分明。❷壁、营壁垒,中垒。两个古星名。张衡《思玄赋》:"观壁垒于北落兮。"亦作"垒壁"。

壁立 ❶耸立如壁,形容山崖石壁的陡峭。《三国志·吴志·贺齐传》:"林历山四面壁立,高数十丈。"❷谓室中除四壁外,空无所有,极言其贫穷。《北史·崔挺传》:"家徒壁立,兄弟怡然。"

壁宿 ❶亦称"壁"、"东壁"。星官名。二十八宿之一。有飞马座γ和仙女座α两星。❷天区名。按《步天歌》,内有:壁、霹雳、云雨、天厩、铁

锧、土公等星官。

壁鱼 蠹虫。藏于衣服、书籍之中。杜甫《归来》诗:"开门野鼠走,散秩壁鱼干。"

避(bì) ❶让开;躲开。如:《史记·廉颇蔺相如列传》:"望见廉颇,相如引车避匿。"❷避免。如:避嫌疑。《吕氏春秋·介立》:"脆弱者拜请以避死。"

避地 谓迁地以避祸患。《汉书·叙传上》:"知隗嚣终不寤,乃避地于河西。"

避讳 ❶封建时代对于君主和尊长的名字,避免说出或写出而改用他字,叫做"避讳"。如汉文帝名"恒",就改恒山为常山。又如苏轼的祖父名序,轼作序时常改"序"为"叙"或"引"。《南史·王琨传》:"而避讳过甚,父名怪,母名恭心,并不得犯焉,时咸谓矫枉过正。"❷修辞学上辞格之一。说话时遇有犯忌触讳的事物,不直说该事该物,用旁的话来表述。如"现今还有香火、地亩,以备京中老了人口,在此停灵"(《红楼梦》第十五回)中的"老",就是"死"的避讳辞。

避坑落井 比喻避去一害,又受另一害。《晋书·褚翜传》:"今宜共戮力以备贼;幸无外难,而内自相击,是避坑落井也。"

避秦 陶潜《桃花源记》:"先世避秦时乱。"后因以"避秦"为避乱的代称。无名氏《天台洞》曲:"夕有猿敲户,朝无客аЛ门,见几个捕鱼人,犹自向山中避秦。"参见"桃花源"。

避实击虚 谓避开敌人的主力所在,攻击其防御薄弱之处。《孙子·虚实》:"兵之形,避实而击虚。"亦作"避实就虚"。《淮南子·要略》:"清静以为常,避实就虚,若驱群羊,此所以言兵也。"

避世 亦作"辟世"。逃避世事,即隐居不出仕。《庄子·刻意》:"此江海之士,避世之人,闲暇者之所好也。"《国策·秦策三》:"范蠡知之,超然避世,长为陶朱。"

避席 古人席地而坐,离座起立,表示敬意,谓之"避席"。《吕氏春秋·直谏》:"桓公避席再拜。"

嬖(bì) 宠爱;宠幸。《史记·殷本纪》:"〔纣〕好酒淫乐嬖于妇人,爱妲己。"旧时也指婢妾等被宠爱的人。

嬖大夫 下大夫的别称。《左传·昭公七年》:"宣子(韩宣子)为子产之敏也,使从嬖大夫。"

嬖人 受宠爱的人。《左传·隐公三年》:"公子州吁,嬖人之子也。"

嬖幸 宠爱狎昵。刘向《列女传》第七卷:"妲己者,殷纣之妃也,嬖幸于纣。"亦指所宠爱狎昵的人。《后汉书·皇甫规传》:"因缘嬖幸,受赂卖爵。"

缏〔缏〕(bì) 通"澼"。漂洗。吴肃公《明语林·雅量》:"俞允文家贫,不治生产,夫人绀缏洗助之不给也。"
另见 bó。

髀(bì) ❶股骨;大腿骨。《礼记·深衣》:"带,下无厌(压)髀,上无厌胁,当无骨者。"又《祭统》:"凡为俎者,以骨为主。骨有贵贱,殷人贵髀,周人贵肩。"❷古代测量日影的表。《周髀算经》卷上:"周髀长八尺,夏至之日,晷一尺六寸。髀者,股也;正晷者,勾也。"

髀肉复生 《三国志·蜀志·先主传》"表疑其心,阴御之"裴松之注引《九州春秋》:"备住荆州数年,尝于表坐起至厕,见髀里肉生,慨然流涕。还坐,表怪问备。备曰:'吾常身不离鞍,髀肉皆消;今不复骑,髀里肉生。日月若驰,老将至矣,而功业不建,是以悲耳。'"《三国演义》第三十四回作"髀肉复生"。后用为自叹久处安逸,思图有所作为之辞。

蠯(bì,又读 bèng) 蚌的一种。《尔雅·释鱼》:"蜌,蠯。"郭璞注:"今江东呼蚌长而狭者为蠯。"按即马刀。又名"竹蛏"。

濞(bì) 漾濞,二水名。在云南省境内。见《新唐书·吐蕃传上》。
另见 pì。

臂(bì) ❶胳膊,从肩到腕的部分。白居易《新丰折臂翁》诗:"玄孙扶向店前行,左臂凭肩右臂折。"❷兽虫等的前肢。《庄子·人间世》:"汝不知夫螳螂乎,怒其臂以当车辙。"❸弓弩的柄。《考工记·弓人》:"于挺臂中有柎焉,故剽。"
另见 bei。

奰(bì) 怒。《诗·大雅》:"内奰于中国。"孔颖达疏:"《西京赋》云:'巨灵奰屭,以流河曲。'则奰者,怒而自作气之貌。"

馥(bì) 象声。《文选·潘岳〈射雉赋〉》:"馥焉中镝。"徐爰注:"馥,中镝声也。"
另见 fù。

鷩(bì) 古县名。贵州遵义西有鷩县故城。

璧（bì）❶古玉器名。也有用琉璃制的。平圆形，正中有孔。古代贵族朝聘、祭祀、丧葬时所用的礼器，也作装饰品。商周至汉代的墓葬中常有发现。新石器时代也有形状类似的器物。《尔雅·释器》："肉倍好谓之璧。"邢昺疏："肉，边也；好，孔也。边大倍于孔者名璧。"❷美玉的通称。❸"璧还"的省称。如：奉璧。

璧

璧还 退回赠送之物或归还借用之物的敬辞。参见"完璧归赵"。

璧人 犹言玉人，谓其仪容美好。《世说新语·容止》"卫玠从豫章至下都"刘孝标注引《卫玠别传》："翩翩时，乘白羊车于洛阳市上，咸曰：'谁家璧人？'"

璧翣 挂在钟磬架两角的装饰。画缯为翣，戴以璧。《礼记·明堂位》："夏后氏之龙簨虡，殷之崇牙，周之璧翣。"郑玄注："簨虡所以悬钟磬也，……周又画缯为翣，戴以璧，垂五彩羽于其下，树于簨之角上，饰弥多也。"

璧赵 同"璧还"。

鬢〔鬢〕（bì） 见"鬢鬁"。

鬢鬁 多须。见《集韵·至韵》。

韠（bì） 同"韠（韠）"。

襞（bì）❶折叠衣服。《汉书·扬雄传上》："芳酷烈而莫闻兮，不如襞而幽之离房。"颜师古注："襞，叠衣也。离房，别房也。"❷衣服上的褶裥。见"襞积"。

襞积 亦作"襞襀"、"辟积"。衣服上的褶子。《汉书·司马相如传上》："襞积褰绉。"颜师古注："襞积，即今之裙褶。"

緊（bì） 捕鸟器。《说文·糸部》："緊，捕鸟覆车也。"《尔雅·释器》："緊……覆车也。"郭璞注："今之翻车也。有两辕，中施罥（绢）以捕鸟。"

躃（bì） 亦作"躄"。瘸腿。《礼记·王制》："喑聋跛躃。"

躄（bì） 同"躃"。《史记·平原君虞卿列传》："民家有躄者，槃散行汲。"

躄躄 行迟貌。李贺《感讽》诗："奇俊无少年，日车何躄躄！"

鼊〔鼊〕（bì） 见"鼊鼊"。

鼊

鼊（bì） 治刀使利。见《集韵·十二霁》。如：鼊刀布。

biān

边〔邊〕（biān）❶周缘；四侧。如：周边；四边。引申为边界、边境。如：屯边；边防。《汉书·陈汤传》："〔单于〕遁逃远舍，不敢近边。"又引申为止境，尽头。《南齐书·高逸传论》："无始无边。"❷旁侧；近旁。如：身边；手边。引申为靠近、接壤。《史记·高祖本纪》："齐边楚。"❸方面。如：这边；那边。❹用在两动词前，表示这两个动作同时进行：边走边谈。❺姓。东汉有边韶。

边垂 同"边陲"。边疆。《汉书·武帝纪》："朕将巡边垂，择兵振旅，躬秉武节，置十二部将军，亲帅师焉。"

边陲 边疆。《左传·成公十三年》："入我河县，焚我箕郜，芟夷我农功，虔刘我边陲。"

边幅 本指布帛的边缘，借以比喻人的仪表、衣着。《后汉书·马援传》："天下雌雄未定，公孙不吐哺走迎国士，与图成败，反修饰边幅如偶人形。"李贤注："言若布帛修整其边幅也。《左传》曰：'如布帛之有幅焉，为之度，使无迁。'"后谓不事修饰、不拘细节为"不修边幅"。

边际 边界；边缘。孟浩然《洛下送奚三还扬州》诗："水国无边际，舟行共使风。"后以"不着（或不落）边际"形容说话空泛无着落。

边款 也称"侧款"。刻于印侧的题记。隋、唐以来官印周围多刻有制印年月、编号、释文等。明以后篆刻家在印侧或上端刻年月、名款，甚至刻上诗文、图案等，多数为阴文，间用阳文。

边炉 也称"火锅"、"暖锅"。冷天餐桌上所用的一种便于随煮随吃的锅炉。一般中央有筒，置炭火，使锅中汤水经常沸腾。陈献章《南归寄乡旧》诗："生酒鲟鱼会，边炉蚬子羹。"

边塞 边疆设防之处。《史记·三王世家》："陛下过听，使臣去病待罪行间，宜专边塞之思虑，暴骸中野无以报。"

砭（biān） 同"砭"。

砭

砭（biān） 亦作"砭"。❶即"砭石"。❷谓以针刺治病。《新唐书·则天武皇后传》："帝（唐高宗）头眩不能视，侍医张文仲、秦鸣鹤曰：'风上逆，砭头血可愈。'"引申为刺。如：寒风砭骨。❸救治。王安石《舟中望九华山》诗："浪荒不走职，民瘼当谁砭。"

砭石 古代医疗工具。见《管子·法法》。多为经磨制而成的尖石或石片。可用来刺激体表某些部位以解除疾病痛苦，或刺破皮下浅表血管放血及切开脓疱排脓等。自出现九针后，砭石应用渐少。《灵枢·九针十二原》："余欲勿使被毒药，无用砭石，欲以微针通其经脉，调其血气，营其逆顺出入之会。"

笾〔籩〕（biān） 古代祭祀和宴会时盛果脯的竹器，形状像木制的豆。《周礼·天官·笾人》："掌四笾之实。"

萹（biān） 见"萹蓄"。

萹

萹蓄（Polygonum aviculare） 一名"扁竹"。蓼科。一年生平卧草本。叶长椭圆形或线状长椭圆形。夏季开花，花小，绿白或红色，簇生于叶腋。原野杂草。中国各地均产。全草入药，性平、味苦，功能利小便、清湿热，主治小便淋沥涩痛、湿热黄疸等症。

猵（biān） 獭的一种。《淮南子·兵略训》："夫畜池鱼者必去猵獭。"高诱注："猵，獭之类，食鱼者也。"

编〔編〕（biān）❶古时用以穿联竹简的皮条或绳子。《史记·孔子世家》："读《易》，韦编三绝。"后因以称一部书或书的一部分。如：人手一编；上编。韩愈《符读书城南》诗："简编可卷舒。"❷交织；编结。如：编草帽；编篱笆。《楚辞·九章·悲回风》："编愁苦以为膺。"❸组织排列。如：编组。也指成组的。如：编钟。❹编辑；制作。如：编杂志；编剧本。❺捏造。如：编派；胡编乱摘。

另见 biàn。

编贝 排列起来的贝壳。常用以形容牙齿的洁白整齐。《汉书·东方朔传》："目若悬珠，齿若编贝。"

编管 宋代官吏因罪除去名籍贬谪州郡，编入该地户籍，并由地方官吏加以管束，称"编管"。《宋史·胡铨传》："书既上，桧（秦桧）以铨狂妄凶悖，鼓众劫持，诏除名编管昭州。"

编户 指编入户籍的平民。《史记·货殖列传》："夫千乘之王，万家之侯，百室之君，尚犹患贫，而况匹夫编

户之民乎?"参见"编氓"。

编简 书籍,多指史册。杜甫《故武卫将军挽词》:"封侯意疏阔,编简为谁青?"

编氓 指普通人民。"编"谓编入户籍。《宋史·汪大猷传》:"贷钱射利,隐寄田产,害及编氓。"亦作"编民"。韩愈《太原王仲舒墓志》:"以其诳丐渔利,夺编人之产。"朱熹考异:"以民为人,盖避讳,当作民乃是。"

编派 捏造或夸大他人情状。《红楼梦》第六十四回:"他就编派了我这些个话,什么'面壁了','参禅了'的。等一会我不撕他那嘴!"

编磬 中国古击乐器。由悬挂在木架(古称"虡"或"簨虡"上的一系列石制或玉制的磬组成。用小木槌击奏。各时代形制大小不一,枚数不等。《初学记》卷十六引《三礼图》:"凡磬十六枚同一簨虡谓之编磬"。清乾隆时玉制者各枚大小一律,因厚薄相异而发音不同。

编磬

煸(biān) 烹调法的一道手续,就是把菜肴放在热油里炒到半熟,以便加作料或再加水烹煮。

稨(biān) 篱上豆。见《集韵·一先》。按即扁豆。

蝙(biān) 见"蝙蝠"。

蝙蝠 哺乳纲,翼手目动物的通称,是具有飞翔能力的哺乳动物。前肢除第一指外均极细长,指间以及后肢与后肢之间有薄而无毛的翼膜,通常后肢之间也有翼膜。胸部有乳头一对。分大蝙蝠和小蝙蝠两大类。前者体大,第一、二指均有爪,以果实为食,如狐蝠、果蝠(*Rousettus*)、犬蝠(*Cynopterus*)。后者体较小,仅第一指具爪,种类较多,一般以昆虫为食,如菊头蝠(*Rhinolophus*)、蹄蝠(*Hipposideros*)、伏翼、山蝠(*Nyctalus*)、鼠耳蝠(*Myotis*)、大耳蝠等;个别种类吃鱼(如食鱼蝠〔*Noctilio*〕)或吸食其他动物的血(如吸血蝠〔*Desmodus*〕等),还有食花蜜和花粉的(如长鼻蝠〔*Leptonycteris*〕)。分布极广。

筬(biān) 筬舆,竹子编成的舆床。《史记·张耳陈馀列传》:"上使泄公持节问之筬舆前。"

匽(biān) 同"笾(籩)"。

鯾〔鯾〕(biān) 鱼名。即"鲂"。

鯿〔鳊〕(biān) 动物名。学名 *Parabramis pekinensis*。亦称"长春鳊"、"北京鳊"。硬骨鱼纲,鲤科。体甚侧扁,中部较高,略呈菱形,长达30余厘米,重可达2千克。银灰色。腹面全部具肉棱。头小,上下颌前缘具角质突起。背鳍具硬刺,臀

鳊

鳍延长。栖息淡水中下层,草食性。分布于中国各地江河、湖泊中。肉味鲜美,为重要经济鱼类之一。可养殖。

鞭(biān) ❶驱使牲畜的用具。❷古刑具之一。《国语·鲁语上》:"薄刑用鞭扑。"引申为鞭打。《左传·庄公八年》:"鞭之见血。"❸古兵器。如:竹节鞭;三棱鞭。❹竹的地下茎。《本草纲目》卷二十七:"土人于竹根行鞭时掘取嫩者,谓之鞭笋。"

鞭爆 亦作"鞭炮"。❶成串的小爆竹。俗名"小鞭"。❷大小爆竹的总称。

鞭策 马鞭子。《礼记·曲礼上》:"乘路马,必朝服,载鞭策,不敢授绥。"郑玄注:"皆广敬也。路马,君之马。载鞭策,不敢执也。"《荀子·性恶》:"前必有衔辔之制,后有鞭策之威。"后用为驱使、督促之意。王安石《差张谔医男雯谢表》:"永依鞭策,书誓糜捐。"归有光《示庙中诸生》:"愿更加鞭策,以成远大。"

鞭长莫及 《左传·宣公十五年》:"古人有言曰:'虽鞭之长,不及马腹。'"杜预注:"言非所击。"谓马腹非鞭击之处。后以"鞭长莫及"比喻力所不及。《官场现形记》第五十四回:"除掉腹地里几省,外国人鞭长莫及。"

鞭笞 ❶用鞭子打。《韩非子·外储说右下》:"故王良造父,天下之善御者也。然而使王良操左革而叱咤之,使造父操右革而鞭笞之,马不能行十里,共故也。"❷比喻征伐。《汉书·陆贾传》:"然汉王起巴蜀,鞭笞天下,劫诸侯。"

鞭炮 也叫"小鞭"。见"爆竹"。

鞭辟近里 形容做学问切实。《二程全书·遗书十一》:"学只要鞭辟近里,著己而已。"后多作"鞭辟入里",常用来形容辞意深刻透辟。

鞭尸 鞭打仇人尸体以报怨泄愤。《史记·伍子胥列传》:"及吴兵入郢,伍子胥求昭王,既不得,乃掘楚平王墓,出其尸,鞭之三百,然后已。"《魏书·王慧龙传》:"誓愿鞭尸吴市,戮坟江阴。"

biǎn

贬〔貶〕(biǎn) ❶损减。《左传·僖公二十一年》:"贬食省用。"司马相如《封禅文》:"此天下之壮观,王者之卒(一作"丕")业,不可贬也,愿陛下全之。"❷降低。如:货币贬值。❸坠下。《诗·大雅·召旻》:"兢兢业业,孔填不宁,我位孔贬。"亦指降谪。如:贬职。柳宗元《贞符》序:"臣为尚书郎时,尝著《贞符》……会贬逐中辍。"❹给予不好的评价。与"褒"相对。如:贬义词。范宁《春秋榖梁序》:"片言之贬,辱过市朝之挞。"

贬损 屈节;贬抑。《公羊传·桓公十一年》:"行权有道,自贬损以行权,不害人以行权。"《汉书·艺文志》:"有所褒讳贬损,不可书见,口授弟子。"

贬义词 表示贬斥意义的词。如"后果"指坏的结果,"勾结"指坏的结合等。

窆(biǎn) 下棺于圹穴。《周礼·地官·乡师》:"及窆,执斧以莅匠师。"

扁(biǎn) ❶"匾"的本字。见"扁额"。❷面阔而体薄。如:扁平;压扁。
另见biàn,piān。

扁额 同"匾额"。挂在厅堂或亭树上的题字横额。

鶝〔鶣〕(biǎn) 鹰隼二岁色赤叫鶝,见《集韵·二十八狝》。按《禽经》:"鶝曰鶣。"张华注:"鹰色苍黄谓之鶝。"

匾(biǎn) ❶匾额。《红楼梦》第二十六回:"上面悬着一个匾,四个大字,题道是'怡红快绿'。"❷一种圆形浅边的竹器。如:针线匾。

匾额 亦作"扁额"。挂在厅堂或亭树上的题字横牌。亦单称"匾"或"额"。

惼（biǎn）　心地狭隘。《庄子·山木》:"方舟而济于河,有虚船来触舟,虽有惼心之人不怒。"

碥（biǎn）　指水流湍急、崖岸峻险的地方。《正字通·石部》:"蜀江自嘉州至荆门,水路有燕子碥、阎王碥,皆险地。"

褊（biǎn）　衣服狭小。《论衡·自纪》:"形大衣不得褊。"引申谓狭隘。《新书·道术》:"包众容易谓之裕,反裕为褊。"
　　另见 piān。

褊急　气量狭隘,性情急躁。《诗·魏风·葛屦序》:"其君俭啬褊急,而无德以将之。"《南史·江夏王义恭传》:"豁达大度,汉祖之德;猜忌褊急,魏武之累。"

褊小　狭小。《左传·隐公四年》:"卫国褊小。"《荀子·修身》:"狭隘褊小,则廓之以广大。"

褊心　亦作"偏心"。心地狭窄。《诗·魏风·葛屦》:"维是褊心,是以为刺。"《史记·汲黯郑当时列传》:"黯褊心,不能无少望。"

睥（biǎn）　同"藊"。即扁豆。见《正字通·豆部》。
　　另见 bì。

辨（biǎn）　通"贬"。《礼记·玉藻》:"立容辨卑,毋諂。"郑玄注:"辨,读为贬。自贬卑,谓磬折也。"
　　另见 bān、bàn、biàn、piàn。

藊

biàn

卞（biàn）　❶法度。《书·顾命》:"率循大卞。"❷性急。见"卞急"。❸角力;徒手搏斗。《汉书·哀帝纪赞》:"时览卞射武戏。"颜师古注引苏林曰:"手搏为卞,角力为武戏也。"❹姓。

卞急　急躁。《左传·定公三年》:"庄公卞急而好洁。"杜预注:"卞,躁疾也。"

弁（biàn）　❶古代贵族的一种帽子,有皮弁、爵弁。皮弁,武冠;爵弁,文冠。引申为加弁。《书·金滕》:"王与大夫尽弁。"亦为加冠的通称。《诗·齐风·甫田》:"婉兮娈兮,总角丱兮。未几见兮,突而弁兮。"❷放在最前面。龚自珍《送徐铁孙序》:"乃书是言以弁君之诗之端。"参见"弁言"。❸旧时称武官为弁。如:武弁;将弁。后专指管杂务的武职。如:弁目;马弁。❹快;急促。《礼记·玉藻》:"弁行,剡剡起屦。"陆德明释文:"弁,急也。"❺因恐惧而颤抖。《汉书·严延年传》:"吏皆股弁。"颜师古注:"股战若弁,弁谓抚手也。"❻用手搏斗。《汉书·甘延寿传》:"试弁为期门。"颜师古注:"弁,手搏。"
　　另见 pán。

弁髦　弁,指缁布冠,一种用黑布做的帽子;髦,童子的垂发。古代贵族子弟行加冠之礼,先用缁布冠把垂发束好,三次加冠之后,就去掉黑布帽子,不再用。因以比喻无用的东西。《左传·昭公九年》:"岂如弁髦,而因以敝之。"后指蔑弃。如:弁髦法令。

弁言　弁,古代的一种帽子。因谓书籍冠于卷首相当于前言或序文的文字为弁言。

苄（biàn）　见"苄基"。

苄基　即"苯甲基"。甲苯分子中的甲基消除一个氢原子后所构成的基团（$C_6H_5CH_2$—）。苯甲醇（又称"苄醇",$C_6H_5CH_2OH$）、苄氯甲烷（又称"苄氯",$C_6H_5CH_2Cl$）等分子结构中都含有这种基团。

抃（biàn）　鼓掌,表示欢欣。《吕氏春秋·古乐》:"帝喾乃令人抃。"高诱注:"两手相击曰抃。"

抃舞　因欢欣而鼓掌舞蹈。嵇康《琴赋》:"其康乐者闻之,则欨愉欢释,抃舞踊溢。"欨愉,和悦貌。

抃踊　鼓掌欢跃。《南史·宋武帝纪》:"亿兆抃踊,倾伫惟新。"

釆（biàn）　象兽指爪分别之形。义为辨别。此即"辨"字的古文,见《说文·釆部》"釆"。

汳（biàn）　古水名。见"汳水"。

汳水　古水名。据《说文》、《水经》,故道自今河南开封市东北分狼汤渠水东流至今商丘市北,下接获水。自晋以后被认为是汴水的下流,"汳"名遂废弃不用,通称汴水。一说"汳"即"汴"本字,魏晋人避"反"字改从"卞",不足据。参见"汴水"。

汴（biàn）　❶水名。见"汴水"。❷开封市的别称。详"汴京"。

汴京　❶五代梁、晋、汉、周与北宋定都于唐的汴州时,人称为汴京。正式称号是东京（梁称东都）开封府。❷金初以北宋旧都开封府为汴京,贞元元年（1153 年）改称南京。

汴水　古水名。(1)《汉书·地理志》作卞水,指今河南荥阳市西南索河。《后汉书》始作汴渠,移指卞水所入荥阳市一带从黄河分出的狼汤渠（即古鸿沟）。魏晋之际,自荥阳市汴渠东循狼汤渠至今开封市,又自开封东循汳水,获水至今江苏徐州市转入泗水一道,渐次代替了古代自狼汤渠南下颍水、涡水一道,成为当时从中原通向东南的水运干道;自晋以后,遂将这一运道全流各段统称为汴水。隋开通济渠后,开封以东一段汴水渐不为运道所经;唐宋人称通济渠为汴河,故有时改称这一段汴水为古汴河。金元后全流皆为黄河所夺,汴水一名即废弃不用。(2)隋开通济渠,因中间自今荥阳市至开封一段就是原来的汴水,故唐宋人遂将自出河至入淮通济渠东段全流统称为汴水、汴河或汴渠。北宋亡后,南宋与金划淮为界,此渠不再为运道所经,不久即归湮废。今仅残存江苏泗洪境内一段,俗名老汴河,上承濉河,东南流注入洪泽湖。

忭（biàn）　喜乐。符载《谢赐药方表》:"仰天忭跃,蹈地兢惶。"

变〔變〕（biàn）　❶变化;改变。如:瞬息万变;一成不变。《宋史·王安石传》:"变风俗,立法度,正方今之所急也。"❷变通;不墨守陈规旧制。《易·系辞下》:"《易》,穷则变,变则通。"❸突然发生的非常事件。如:事变;兵变。《新唐书·张说传》:"夫祸变之生,在人所忽。"❹怪诞的事物。《后汉书·彭宠传》:"其妻数恶梦,又多见怪变。"❺唐代说唱体文学作品之一。见"变文"。

变本加厉　萧统《文选序》:"盖踵其事而增华,变其本而加厉,物既有之,文亦宜然。"本意谓比原来更加发展。后谓变得比本来更加严重。《二十年目睹之怪现状》第六十八回:"久而久之,变本加厉,就闹出这邪说诬民的举动来了。"

变革　改变;改革。《周书·卢辩传》:"宣帝嗣位,事不师古,官员班品,随意变革。"

变故　意外发生的变化或事故。《汉书·杨恽传》:"遭遇变故,横被口语。"

变化　❶事物在形态或本质上的转化过程或新状态。❷中国哲学术语。事物运动、转化的两种形式或情况。《黄帝内经·素问·天元纪大论》:"物生谓之化,物极谓之变。"北宋张载《易说·乾卦》认为事物超出

极限的、显著的变化是"变",事物初生的、细微的变化是"化"。

变节 ❶改变原来的节操。《楚辞·九章·思美人》:"欲变节以从俗兮,愧易初而屈志。"今指丧失气节,向敌人屈服投降。❷谓改变品行。《汉书·朱云传》:"少时通轻侠,借客报仇……年四十乃变节,从博士白子友受《易》。"参见"折节❷"。❸变化季节。宋之问《宋公宅送宁谏议》诗:"露荷秋变节,风柳夕鸣梢。"

变天 ❶古代分天为九野,东北称"变天"。见《吕氏春秋·有始》。❷天气变化,多指晴转阴雨。今用以比喻反动势力的复辟。

变通 灵活运用,不拘常规。《易·系辞下》:"变通者,趣时者也。"趣时,即趋时。

变文 唐代的说唱体文学作品之一,又称敦煌变文,或简称"变"。当时有一种称为"转变"的说唱艺术,在表演时,往往与图画相配合,一边向听众展示图画,一边说唱故事。其图称为"变相",其说唱故事的底本称为"变文"。内容大体可分两类,一类讲述佛经故事,宣扬佛教经义;一类讲述历史传说或民间故事。形式约有散文韵文相间、全部散文和全部韵文三种。第一种形式较为常见,对后来的鼓词、弹词等有显著影响。这些作品至清光绪末,始在敦煌石室中发现,是研究中国古代说唱文学和民间文学的重要资料。近人所编《敦煌变文集》,辑录较为详备。

变质 人和物的本质发生变化,常指向坏的方面变化。如:蜕化变质。

阅 〔閞〕(biàn) 柱上的方木。《尔雅·释宫》:"阅谓之槉。"郭璞注:"柱上欂也。"郝懿行义疏:"柱头交处横小方木,令上下合也。"

玤 (biàn) ❶玉名。见《广韵·三十三线》。❷玉饰弁。见《集韵·三十三线》。

昇 (biàn) ❶日光明盛貌。见《玉篇·日部》。❷喜乐貌。见《说文·日部》。

便 (biàn) ❶方便;便利。《商君书·更法》:"治世不一道,便国不必法古。"贾谊《过秦论上》:"因利乘便,宰割天下。"❷简便。如:便条;便饭。❸熟习。《三国志·魏志·吕布传》:"布便弓马,膂力过人,号为飞将。"❹大小便。《汉书·张安世传》:"郎有醉,小便殿上。"❺就;即。《后汉书·班超传》:"或谓超可便杀之。"

另见 pián。

便殿 犹别殿。古时皇帝休憩闲宴的地方,别于正殿而言。《汉书·武帝纪》:"建元六年,高园便殿火。"颜师古注:"既有正寝以象平生正殿,又立便殿为休息闲宴之处耳。"

便捷 指行动利便敏捷。《淮南子·兵略训》:"虎豹便捷,熊罴多力。"

便利 ❶敏捷。《荀子·非十二子》:"辩说譬谕,齐给便利。"❷方便;顺利,没有阻碍。《史记·高祖本纪》:"地势便利,其以下兵于诸侯,譬犹居高屋之上建瓴水也。"❸大小便。《汉书·韦玄成传》:"玄成深知其非贤雅意,即阳为病狂,卧笑语,昏乱。"韦贤,玄成父。

便面 扇子的一种。《汉书·张敞传》:"自以便面拊马。"颜师古注:"便面,所以障面,盖扇之类也。不欲见人,以此自障面,则得其便,故曰便面,亦曰屏面。"后亦指扇面。

便旋 小便。洪迈《夷坚乙志·一·庄君平》:"一夕寒甚,叟起将便旋,为捧溺器以进。"

便衣 ❶简便的衣服。《汉书·李陵传》:"昏后,陵便衣独步出营。"颜师古注:"便衣,谓着短衣小袖也。"亦指常服,别于礼服或制服而言。❷身着便衣进行侦察活动的军人、警察、侦探等。鲁迅《书信集·致山本初枝》:"即使允许上陆,说不定也会派便衣钉梢。"

便宜 方便;适宜。《南齐书·顾宪之传》:"愚又以便宜者,盖谓便于公宜于民也。"也用作看怎样方便、适宜,斟酌处理的意思。如:便宜从事。

便宜从事 亦作"便宜行事"、"便宜施行"。谓可斟酌事势所宜,自行处理,不必请示。《史记·萧相国世家》:"何守关中……辄奏上,可,许以从事;即不及奏上,辄以便宜施行,上来以闻。"《三国演义》第四十五回:"汝既为水军都督,可以便宜从事,何必禀我?"

扁 (biàn) 通"遍"。《荀子·修身》:"扁善之度。"王先谦集解引王念孙曰:"扁读为遍。扁善者,无所往而不善也。"

另见 biǎn,piān。

昪 (biàn) 同"辩"。《资治通鉴·隋炀帝大业三年》:"秘书监柳昪。"胡三省注:"昪,与辩同。"

遍 〔徧〕(biàn) ❶普遍;到处。如:漫山遍野;遍体鳞伤。《荀子·性恶》:"足可以遍行天下。"❷从头到尾经历一次。韩愈《张中丞传后叙》:"吾于书读不过三遍,终身不忘也。"

缏 〔緶〕(biàn,旧读 pián) ❶用麻或麦秸等编成辫子模样的材料。如:草帽缏。《说文·糸部》:"緶,交枲也。"段玉裁注:"谓以枲二股交辫之也。"❷用针缝衣边。《汉书·贾谊传》:"经以偏诸,美者黼绣。"颜师古注:"谓以偏诸缏著之也。"

编 〔編〕(biàn) 通"辫"。结发为辫。参见"编发"。

另见 biān。

编发 结发为辫。《史记·西南夷列传》:"皆编发,随畜迁徙,无常处。"

弅 (biàn) 罪人相与讼。见《说文·弅部》。饶炯《说文解字部首订》:"弅即争辩本字。"

艑 (biàn) 一种大船。《宋书·吴喜传》:"从西还,大艑小艒,爰及草舫,钱米布绢,无船不满。"

辨 (biàn) ❶辨别;明察。如:明辨是非。《左传·成公十八年》:"周子有兄而无慧,不能辨菽麦。"《荀子·荣辱》:"目辨白黑美恶,耳辨音声清浊。"❷古代土地面积的单位。《左传·襄公二十五年》"井衍沃"孔颖达疏引贾逵云:"京陵之地,九夫为辨,七辨而当一井也。"❸通"辩"。争论。萧统《文选序》:"谋夫之话,辨士之端。"❹通"遍"。周遍。《左传·定公八年》:"子言辨舍爵于季氏之庙而出。"

另见 bān,bàn,biǎn,piàn。

辨白 分辨明白。《文心雕龙·定势》:"世之作者,或好烦文博采,深沈其旨者;或好离言辨白,分毫析厘者。所习不同,所务各异,言势殊也。"后多谓被人诬蔑而有所申辩。

辨合 辨,通"别",古代借贷所用的一种凭证,分为二,双方各执其一,两半相合才生效。辨合,谓"别"的两半相合。引申为验证。《荀子·性恶》:"凡论者,贵其有辨合,有符验。故坐而言之,起而可设,张而可施行。"

辨章 辨明。郭璞《方言序》:"辨章风谣而区分。"《书·尧典》"平章百姓",《诗·小雅·采菽》孔颖达疏引《尚书大传》作"辨章",亦辨别章明之义。参见"平章"。

辩 〔辯〕(biàn) ❶辩论;辩解。如:能言善辩。《荀子·劝

学》：“有争气者，勿与辩也。”引申为言语巧妙诡谲。《韩非子·五蠹》："子言非不辩也。"❷通"辨"。辨明；辨别。《左传·僖公四年》："子辞，君必辩焉。"《后汉书·仲长统传》："目能辩色，耳能辩声，口能辩味。"❸治理。《左传·昭公元年》："主齐盟者，谁能辩焉。"杜预注："辩，治也。"❹通"变"。《庄子·逍遥游》："若夫乘天地之正，而御六气之辩。"❺中国古代逻辑术语。指辩论、推论。墨子主张"辩是非"（《修身》），"辩其故"（《兼爱》）。《墨子·经上》："辩，争彼也；辩胜，当也。"并认为："夫辩者，将以明是非之分，审治乱之纪，明同异之处，察名实之理，处利害，决嫌疑焉。"（《小取》）荀子将辩分为"小人之辩"、"士君子之辩"、"圣人之辩"三种（《荀子·非相》）。

另见 pián。

辩才无碍　本佛教用语，谓菩萨说法，义理圆通，言辞流畅，毫不滞碍。《华严经》："若能知法永不灭，则得辩才无障碍；若能辩才无障碍，则能开演无边法。"后泛指能言善辩。《三国演义》第六十回："且无论其口似悬河，辩才无碍。"

辩慧　巧言狡黠。《商君书·农战》："农战之民千人，而有《诗》《书》辩慧者一人焉，千人者皆怠于农战矣。"亦作"辨慧"、"辩惠"。《商君书·垦令》："国之大臣、诸大夫，博闻、辩慧、游居之事皆无得为。"《韩非子·扬权》："辩惠好生，下因其材。"

辩给　口才敏捷。《韩非子·难言》："捷敏辩给，繁于文采，则见以为史。"《世说新语·文学》："太叔广甚辩给，而挚仲洽长于翰墨。"

辩口　口才好；善于辩论。《史记·范雎蔡泽列传》："齐襄王闻雎辩口。"

辩赡　说话条理清楚，理由充足。《晋书·王羲之传》："及长，辩赡，以骨鲠称。"

辫　〔辮〕（biàn）❶把丝缕或头发分股交织而成的条状物。如：丝辫；发辫。❷编结成辫。见"辫发"。

辫发　编发为辫。《南史·高昌国传》："面貌类高丽，辫发，垂之于背。……女子头发辫而不垂。"

biāo

杓（biāo）❶北斗第五、六、七星的名称。又称斗柄。《汉书·天文志》："杓携龙角。"颜师古注引孟康曰："杓，斗柄也。"❷拉开。《淮南子·道应训》："孔子劲杓国门之关，而不肯以力闻。"高诱注："杓，引也。"❸击。《淮南子·兵略训》："为人杓者死。"高诱注："杓，所击也。"

另见 sháo。

标　〔標〕（biāo）❶树梢。《管子·霸言》："大本而小标。"❷非根本的。如：治标。❸始端。《素问·天元纪大论》："少阴所谓标也，厥阴所谓终也。"❹表识；记号。如：商标；标记。《文选·孙绰〈游天台山赋〉》："赤城霞起而建标。"李善注："建标，立物以为之表识也。"❺揭出；显出。如：标价。任昉《王文宪集序》："汝郁之幼挺淳至，黄琬之早标聪察。"❻用比价方式发包工程或买卖货物的手续。如：招标；投标；开标。❼准的。如：目标；标的。❽榜样；模范。《晋书·王桢之传》："桢之曰：'亡叔（献之）一时之标，公是千载之英。'"❾表示竞赛优胜的旗帜。亦指冠军。如：锦标；夺标。❿出色。参见"标致❷"。⓫清代军队编制的名称，约相当于一团。

标榜　亦作"摽捊"、"标牓"。❶宣扬；吹嘘。《后汉书·党锢传序》："海内希风之流，遂共相摽捊。"李贤注："摽捊，犹相称扬也。榜与牓同，古字通。"《读通鉴论·唐宪宗》："轻薄淫荡之士，乐依之以标榜为名士。"❷揭示。《世说新语·文学》："〔殷浩〕为谢标榜诸义，作数百语，既有佳致，兼辞条丰蔚。"❸题额，书写榜文。《北史·皇甫亮传》："所居宅涝下，标牓卖之。"

标牓　同"标榜"。

标的　❶箭靶子。韩愈《国子助教河东薛君墓志铭》："后九月九日大会射，设的，高出百数十尺。"引申为目标或目的。❷准则；榜样。高诱《吕氏春秋序》："然此书所尚，以道德为标的，以无为为纲纪。"《宋史·胡安国传》："安国强学力行，以圣人为标的。"❸标志。《晋书·王彪之传》："为政之道，以得贤为急，非谓雍容廊庙，标的而已。"

标点符号　辅助文字记录语言的符号，是书面语的有机组成部分，用来表示停顿、语气以及词语的性质和作用。1951年中央人民政府出版总署公布"标点符号用法"，全国推行。1996年起实施的国家标准《标点符号用法》，共有16种，分点号和标号

两大类。点号作用在于点断，有句末点号3种：句号[。]、问号[？]、叹号[！]；句内点号4种：逗号[，]、顿号[、]、分号[；]、冒号[：]。标号作用在于标明，有9种：引号[""]、括号[（）]、破折号[——]、省略号[……]、着重号[．]、连接号[—]、间隔号[·]、书名号[《》]、专名号[___]。

标格　犹风范、风度。杜甫《奉赠李八丈判官曛》诗："早年见标格，秀气冲星斗。"

标举　❶犹高超。《宋书·谢灵运传论》："灵运之兴会标举，延年之体裁明密，并方轨前秀，垂范后昆。"❷显示；表明。《淮南子·要略》："人间者，所以观祸福之变，察利害之反，钻脉得失之迹，标举终始之坛也。"

标林　柱子。《淮南子·本经训》："标林欂栌，以相支持。"

标新立异　《世说新语·文学》："支道林在白马寺中，将冯太常（冯怀）共语，因及《逍遥》，支卓然标新理于二家之表，立异义于众贤之外。"谓支解释《庄子·逍遥游》篇，特创新意，立论与郭象、向秀诸家不同。后谓提出新的见解，显示与众不同为"标新立异"。《隋唐演义》第三十一回："但今作者，止取体艳句娇，标新立异而已，原没甚骨力规则。"

标志　❶亦作"标识"。记号。嵇康《声无哀乐论》："夫言非自然一定之物，五方殊俗，同事异号，举一名以为标识耳。"❷表明；显示。如：标志着胜利的新阶段。

标识　同"标志❶"。

标致　❶犹风度；文采。虞集《送彭德路经历韩君赴官序》："尚风节，则有党锢；尚标致，则多清谈。"❷谓容貌出色。无名氏《鸳鸯被》第一折："闻知他有个小姐，生的十分标致。"

标置　谓标举品第、评定地位。多指自高位置，自视甚高。《世说新语·赏誉下》："殷中军（殷浩）道韩太常曰：'康伯少自标置，居然是出群器。'"《晋书·刘惔传》："桓温尝问惔：'会稽王谈更进邪？'惔曰：'极进，然故第三流耳。'温曰：'第一复谁？'惔曰：'故在我辈。'其高自标置如此。"

标准　衡量事物的准则。如：取舍标准。引申为榜样；规范。孙绰《丞相王导碑》："信人伦之水镜，道德之标准也。"杜甫《赠郑十八贲》诗："示我百篇文，诗家一标准。"

标准音 ❶某一语言里作为规范的语音。一般以一个地点的语音为标准，地点的选择决定于语言使用情况的历史发展，通常是一个政治、经济或文化中心。现代汉语以北京语音为标准音。❷指音乐中用作定音标准的 a^1 音。在不同时期，各国所用的 a^1 音高度并不一致。1939 年 5 月在伦敦举行的国际会议决定标准音的频率为 440 赫。

飑 〔颮〕(biāo) 风骤貌。《文选·班固〈答宾戏〉》："游说之徒，风飑电激，并起而救之。"吕向注："飑，急风也。"在气象学中，指突然发作的强风现象。持续时间不长。出现时，风向突变（90°以上），瞬时风速由 8.0 米/秒以下增大到 11.0 米/秒以上，气压突增，常和雷暴、阵雨（或阵雪）甚至和冰雹、龙卷伴见。

飑飑 《文选·班固〈西都赋〉》："飑飑纷纷，缴缴相缠。"李善注："飑飑纷纷，众多之貌。"

骉 〔驫〕(biāo) 众马。左思《吴都赋》："骉駥飈霄。"

髟 (biāo) 长发下垂貌。潘岳《秋兴赋》："斑鬓髟以承弁兮，素发颯以垂领。"

另见 shān。

票 (biāo) 火飞。《太玄·沈》："见票如累，其道明也。"范望注："票，飞光也。"

另见 piāo，piào。

票骑 同"骠骑"。汉代将军名号。《汉书·霍去病传》："元狩三年春，为票骑将军，将万骑出陇西。"

彪 (biāo) ❶虎身斑纹。引申为有文采貌。《法言·君子》："以其弸中而彪外也。"弸，充满。参见"彪炳"。❷小老虎。庾信《枯树赋》："熊彪顾盼，鱼龙起伏。"❸比喻人躯干壮大。《水浒传》第六十三回："此人生的面如锅底，鼻孔朝天，卷发赤须，彪形八尺。"❹通"标"。旧小说、戏曲里用作人马队伍的量名。《水浒传》第四十八回："只见一彪军马从刺斜里杀将来。"❺姓。春秋时卫有彪傒。

彪炳 文采焕发。钟嵘《诗品·卷中》："晋弘农太守郭璞诗：宪章潘岳，文体相辉，彪炳可玩。"

彪焕 光华灿烂。萧统《七契》："璇题昭晰，珠帘彪焕。"

滮 (biāo) 同"滮"。

另见 hū。

猋 (biāo) ❶犬奔貌。引申为迅捷貌。《楚辞·九歌·云中君》："灵皇皇兮既降，猋远举兮云中。"王逸注："猋，去疾貌也。"❷通"飙"。暴风；旋风。《尔雅·释天》："扶摇谓之猋。"郭璞注："暴风从下上。"《礼记·月令》："〔孟春之月〕猋风暴雨总至。"郑玄注："回风为猋。"

藨 (biāo) 开黄花的苕。

摽 (biāo) ❶挥。《公羊传·庄公十三年》："曹子摽剑而去之。"❷高扬貌。《管子·侈靡》："摽然若秋云之远。"❸通"标"。见"摽榜"。

另见 biào。

摽榜 同"标榜"。《后汉书·党锢传》："海内希风之流，遂共相摽榜。"

摽帜 同"标志"。表记。《后汉书·皇甫嵩传》："角（张角）等知事已露，晨夜驰敕诸方，一时俱起，皆著黄巾为摽帜，时人谓之黄巾。"

滮 (biāo) 水名。见"滮池"。

滮池 古水名。一作淲沱，亦名冰池、圣女泉。在今陕西西安市西北。《诗·小雅·白华》："滮池北流。"郑玄笺："圭、镐之间水北流。"《水经·渭水注》："鄗水又北流，西北注与滮池合，水出鄗池西，而北流于鄗。"晋太元中，秦将邓景率众据滮池以击姚苌，即此。

骠 〔驃〕(biāo) 全身淡黄栗色而鬃尾等长毛近白色的马，今名"银鬃"或"银河马"。亦指全身黄栗毛的马，俗名黄骠马。

另见 piào。

膘 〔臕〕(biāo) 皮下脂肪肥厚，常以其厚薄为判别肥瘦的标准。如：上膘；落膘。也以形容小儿的肥胖。如：长奶膘。

另见 piào。

廘 (biāo) ❶通"穮"。耕耘。《诗·周颂·载芟》："绵绵其廘。"毛传："廘，耘也。"❷即莓。《尔雅·释草》："藨，廘。"郭璞注："廘，即莓也。"❸见"廘廘"。

另见 páo，piǎo。

廘廘 ❶勇武貌。《诗·郑风·清人》："驷介廘廘。"毛传："廘廘，武貌。"❷同"瀌瀌"。《诗·小雅·角弓》："雨雪瀌瀌。"《汉书·刘向传》引作"雨雪廘廘。"颜师古注："廘廘，盛也。"

熛 (biāo) ❶迸飞的火焰。《淮南子·说林训》："一家失熛，百家皆烧。"❷闪动。《后汉书·班

固传下》："海内云蒸，雷动电熛。"❸疾速。《史记·礼书》："卒如熛风。"《荀子·议兵》作"飘风"。

熛起 如火焰般突然兴起。《汉书·叙传下》："胜（陈胜）、广（吴广）熛起，梁（项梁）、籍（项籍）扇烈。"

飙 〔飆〕(biāo) 亦作"飈"。❶暴风。曹植《杂诗》："何意回飙举，吹我入云中。"❷泛指风。谢朓《纪功曹中园》诗："倾叶顺清飙，修茎停高鹤。"

飙尘 狂风卷起的尘埃。《古诗十九首》："人生寄一世，奄忽若飙尘。"

飙流 急疾的风速，比喻流派。《宋书·谢灵运传论》："源其飙流所始，莫不同祖《风》《骚》。"

赑 〔贆〕(biāo) 贝名。《尔雅·释鱼》："贝居陆，赑。"邢昺疏："居陆者名赑。"

镖 〔鏢〕(biāo) ❶刀鞘末端的铜饰物。❷一种暗器，形如矛头，用以投掷伤人。如：放镖。

镖客 也称"镖师"。指从事保镖职业的人。

瘭 (biāo) 见"瘭疽"。

瘭疽 手指末节软组织的急性化脓性炎症。中医学上称"蛇头疔"。常由轻微损伤引起。因指头内有坚韧的纤维索带，自指骨终于皮肤，结构紧密，不能伸缩。一旦发炎后，内压极易升高，使血管受压，引起末节指骨坏死。患瘭疽时指头有搏动性疼痛，尤以手下垂时为甚。治疗用抗菌药物和热敷，常需早期切开引流。

儦 (biāo) 见"儦儦"。

儦儦 行貌。《诗·小雅·吉日》："儦儦俟俟，或群或友。"《诗·齐风·载驱》："汶水滔滔，行人儦儦。"一说众多貌。

飚 (biāo) 同"飙（飆）"。

藨 (biāo) ❶草名。（1）即鹿藿。《本草纲目·菜部二》："鹿豆即野绿豆，又名劳豆，多生麦地田野中，苗叶似绿豆而小，引蔓生，生熟皆可食。"（2）蔽属，生水边，高四尺多，丛生。茎可做席、绳、鞋等物。（3）莓的一种。《尔雅·释草》："藨，廘。"郭璞注："廘，即莓也，今江东呼为藨莓，子似覆盆而大赤，酢甜可啖。"❷耕。见《广雅·释地》。

舆 (biāo) 火飞。见《说文·火部》。段玉裁注："此与熛音义皆同，《玉篇》、《广韵》亦然，引

申为凡轻锐之称。"

瀌（biāo）　见"瀌瀌"。

瀌瀌　雨雪盛貌。《诗·小雅·角弓》："雨雪瀌瀌，见晛曰消。"《汉书·刘向传》引作"麃麃"。

㸘（biāo）　同"㸚"。轻脆。《周礼·地官·草人》："轻㸘用犬。"郑玄注："轻脆者。"陆德明释文："本作㸚。"

鑣〔鑣〕（biāo）　❶马具。与衔合用，衔在口内，鑣在口旁。商周时有青铜制的，也有骨、角制的。《楚辞·九叹·离世》："断鑣衔以驰骛兮。"王逸注："鑣，勒也。"❷同"镖❷"。

鑣鑣　盛貌，指马饰。《诗·卫风·硕人》："四牡有骄，朱幩鑣鑣。"朱幩，缠在马口两旁鑣上的朱帛。

飚（biāo）　同"飙（飙）"。

穮（biāo）　耘田除草。《左传·昭公元年》："譬如农夫，是穮是蓘。"杜预注："穮，耘也；壅苗为蓘。"

驫（biāo）　同"鑣（鑣）"。

biāo

表〇（biāo）　❶衣服的外层；外衣。《楚辞·九叹·愍命》："今反表以为里兮，颠裳以为衣。"亦指加外衣。《论语·乡党》："必表而出之。"❷外；外面。如：表皮。《书·立政》："至于海表。"❸外表；外貌。如：一表非凡。❹表亲。如：姑表；姨表。徐夤《赠表弟黄校书辂》诗："我家诸表爱诗书。"参见"中表"。❺表示；表明。如：表同情；略表心意。《礼记·檀弓下》："君子表微。"孔颖达疏："若失礼微细，唯君子乃能表明之。"❻表彰。《史记·留侯世家》："表商容之闾。"❼发散。如：表汗。❽树梢。如：林表。❾标帜；标记。《管子·君臣上》："犹揭表而令之止也。"《吕氏春秋·察今》："荆人欲袭宋，使人先表澭水。"❿表率；标准。《礼记·表记》："仁者，天下之表也。"《淮南子·本经训》："抱表怀绳。"⓫特出；屹然独立貌。《楚辞·九歌·山鬼》："表独立兮山之上。"⓬鉴察。《红楼梦》第六十八回："我的这个心，惟有天地可表。"⓭亦称"竿"、"臬"、"臬"、"髀"、"碑"、"椑"和"高表"。

中国古老而简单的一种天文器具。早期用竹、木或石制成。标竿或石柱直立于平地，太阳光照射在表上，便向观测面上投射出一条影子。量度正午表影长度，可以测定方向、推定二十四节气、测定时刻和确定回归年长度等。汉以后表改为铜制，高一般8尺，也有10尺（西汉、清代）、9尺（南北朝）、40尺（元代）、60尺（明代）的，且与圭联用，成为圭表。后亦泛指表示度数、用量等的仪器。如：温度表；水表。⓮分类排列记录事项的文件；表格。如：统计表；收支对照表。⓯采用表格形式编纂的著述。如《史记》有《三代世表》、《十二诸侯年表》等。⓰古代章奏的一种。如：诸葛亮《前出师表》、李密《陈情表》。后亦泛称用于较重大事件的文体。如贺表、谢表等。⓱曲艺术语。指演员以第三人称叙述情景和描写人物。用说白的称"表白"，用演唱的称"表唱"。

〇〔錶〕（biāo）　可以随身佩带的计时的器具。如：手表；怀表。

表表　卓异；不同寻常。韩愈《祭柳子厚文》："子之自著，表表愈伟。"

表德　即表字。《颜氏家训·风操》："古者，名以正体，字以表德。"苏轼《减字木兰花·赠胜之》词："表德元来是胜之。"

表记　❶标志。《史记·夏本纪》："行山表木"司马贞索隐："表木，谓刊木立为表记。"❷信物。乔吉《金钱记》第一折："只有'开元通宝'金钱五十文，与他为表记。"

表里　❶表指外，里指内，表里即内外。《左传·僖公二十八年》："若其不捷，表里山河，必无害也。"杜预注："晋国外河而内山。"也指外表和内心；外部的和内在的。如：表里如一。《荀子·礼论》："文理情用相为内外表里，并行而杂。"杂，会集。❷互为补充、呼应。《后汉书·卢植传》："今《毛诗》《左氏》《周礼》各有传记，其与《春秋》共相表里。"李贤注："表里，言义相须而成也。"❸旧时赏赐或送礼用的衣料。亦作"表礼"。《红楼梦》第七回："看见凤姐初见秦钟，并未备得表礼来。"

表情　❶表达感情。《白虎通·姓名》："人所以相拜何，所以表情见意，屈节卑体尊事人者也。"❷表现在面部或姿态上的思想感情。

表率　榜样。《汉书·韩延寿传》："幸得备位，为郡表率。"

表形文字　也叫"象形文字"。描成物体形象的文字，代表一定的意义，有一定的读音。

表意文字　用一定体系的象征性符号表示词或词素的文字，不直接或不单纯表示语音。有人把古埃及文字、楔形文字和汉字看作表意文字。

表音文字　用字母表示语音的文字。现在世界上大多数文字都是表音文字，使用最为便利。根据字母所表示的语音单位不同，有音节文字（如日文）和音位文字（如英文）的区别。

表章　❶表扬；显扬。《汉书·武帝纪赞》："卓然罢黜百家，表章六经。"亦作"表彰"。《晋书·王导传》："帝下令曰：'导德重勋高，孤所深倚，诚宜表彰殊礼。'"❷奏章。周必大《玉堂杂记》卷中："然表章字如蝇头，几不可辨，玉音每嘉其恭顺云。"

表征　揭示；阐明。《文心雕龙·史传》："原夫载籍之作也，必贯乎百氏，被之千载，表征盛衰，殷鉴兴废。"也指事物显露在外的征象。

表识　亦作"表帜"。标记；标志。《后汉书·桓帝纪》："表识姓名，为设祠祭。"又《冯异传》："进止皆有表识，军中号为整齐。"

表缀　古代树立在田间的标木。上挂毛皮，用以表示分界。见阮元《揅经室集·释邮表畷》。因引申为表率、榜样。《大戴礼记·曾子制言中》："言为文章，行为表缀于天下。"亦作"表掇"。《吕氏春秋·不屈》："若施者，其操表掇者也。"高诱注："施，惠子名也。表掇，仪度。"

表字　旧时人于本名外，取与名之涵义相关的字以表德行、特性，称为"表字"。《宣和遗事·亨集》："此人是谁，乃谏议大夫张商英，表字天觉。"

婊（biāo）　见"婊子"。

婊子　俗称妓女为"婊子"。"婊"本作"表"。"表"是"外"的意思，即外室。后于"表"字旁加女成"婊"。

脿（biāo）　同"婊"。旧时称妓女为"脿子"。见陶宗仪《辍耕录·醋钵儿》。

剽（biāo）　末梢。《荀子·赋》："长其尾而锐其剽者邪？"

另见 piāo。

裱（biāo）　❶裱褙；装潢。阮大铖《燕子笺·授画》："裱手甚

好,发与他裱罢。"❷裱糊。《聊斋志异·余德》:"尹至其家,见屋壁俱用明光纸裱,洁如镜。"

裱褙 亦作"表背"、"装背"。即"装裱"。周嘉胄《装潢志·裱背十三科》:"《辍耕录》云'画有十三科',表背亦有十三科。"《京本通俗小说·碾玉观音》:"只听得桥下裱褙铺里一个人叫道……"又:"门前出着一面招牌,写着:璩家装裱古今书画。"

嶅(biǎo) 山顶。庾阐《采药诗》:"采药灵山嶅,结驾登九嶷。"

褾(biǎo) ❶袖端。虞龢《论书表》:"有一好事年少,故作精白纱褾,著诣子敬(王献之)。子敬便取书之,草正诸体悉备,两袖及褾略周。"❷衣服的绲边。如:褾领。❸同"裱"。如:褾褙。

櫄(biǎo) ❶柱。《淮南子·本经训》:"櫄林薄栌,以相支持。"高诱注:"櫄林,柱类。"❷通"标"。立木以为标记。《魏书·礼志四》:"列櫄建旌,通门四达。"

biào

受(biào) 《说文·受部》:"受,物落也,上下相付也。"段玉裁注:"以覆手与之,以手受之,象上下相付。"

俵(biào) 散发。《聊斋志异·种梨》:"方悟适所俵散,皆己物也。"

摽(biào) ❶落。见"摽梅"。❷击;打。《左传·哀公十二年》:"长木之毙,无不摽也。"❸捶胸貌。《诗·邶风·柏舟》:"静言思之,寤辟有摽。"毛传:"辟,拊心;摽,拊心貌。"
另见 biāo。

摽梅 《诗·召南·摽有梅》:"摽有梅,其实七兮;求我庶士,迨其吉兮。"摽梅,谓梅子成熟后落下来。后因用"摽梅"比喻女子已到结婚的年龄。郑世翼《看新婚》诗:"初笄梦桃李,新妆应摽梅。"

鳔〔鰾〕(biào) ❶软骨鱼类和少数硬骨鱼类的辅助呼吸器官。很多硬骨鱼也有鳔,却是密度调节器官。呈薄长囊形,位于消化管背面,椎骨、背大动脉和肾的腹面,大小不一,一般为两室,也有一室或三室的。或有一鳔管和食管连通(喉鳔类),或无鳔管(闭鳔类)。鳔内充有氧、二氧化碳和氮。有调节身体密度或在缺氧情况下辅助呼吸的作用。鳔可供食用或制鳔胶。❷鳔胶。即用鱼鳔制成的胶料。

biē

鹎〔鵖〕(biē) 见"鹎鵖"。

鹎鵖 传说中鸟名。《山海经·南山经》:"基山有鸟焉,其状如鸡,而三首,六目,六足,三翼,其名曰鹎鵖,食之无卧。"郝懿行笺疏:"鹎盖鹎字之讹,《玉篇》作鹎鵖,《广雅·释地》本此文作鹎鵖可证。"

瘪(癟、瘺)(biē) 见"瘪三"。
另见 biě。

瘪三 上海方言。指城市中无正当职业而以乞讨或偷窃为生的游民。一般都很瘦,形状猥琐,衣衫褴褛。

憋(biē) 闷在心里。如:憋气;心里憋得慌。

癟(biē) 同"憋"。

鳖(鱉、鼈)(biē) ❶动物名。学名 *Trionyx sinensis*。亦称"甲鱼"、"团鱼",俗称"王八"。爬行纲,鳖科。吻突尖长,体表无角板,覆以柔软革质皮肤。背甲长达24厘米,通常橄榄色,边缘有厚实的裙边。腹面乳白色。指、趾间有发达的蹼,内侧三指、趾具爪。生活于河湖、池沼中,捕食鱼、虾、螺等。中国除西藏、青海、新疆、宁夏外,各地均有分布。肉供食用;鳖甲入药。❷蕨的别名。《诗·召南·草虫》:"言采其蕨。"陆玑《毛诗草木鸟兽虫鱼疏》卷上:"蕨,鳖也,山菜也。周秦曰蕨,齐鲁曰鳖。"❸通"瘪"。《水浒传》第四回:"如今教洒家做了和尚,饿得干鳖了。"❹物形扁如鳖者。盛酒器有酒鳖。林洪《山家清事·酒具》:"旧有偏提,犹今酒鳖,长可尺五而匾。"植物中有木鳖子,昆虫中有土鳖子,皆以其形似鳖而名。

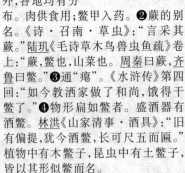

鳖

bié

别(bié) ❶离别。如:临别赠言;久别重逢。杜甫《石壕吏》诗:"天明登前途,独与老翁别。"❷区分;分类。如:内外有别;分门别类。《论语·子张》:"譬诸草木,区以别矣。"❸分出。《书·禹贡》:"岷山导江,东别为沱。"❹掉转。杜牧《陪昭应卢郎中》诗:"泥情斜拂印,别脸小低头。"❺另外。如:别出心裁。《陈书·姚察传》:"〔后主〕乃别写一本付察,有疑悉令刊定。"李煜《相见欢》词:"别是一般滋味在心头。"❻异样;特别。曹唐《刘阮洞中遇仙子》诗:"碧沙洞里乾坤别。"《西厢记》第四本第四折:"仔细端详,可憎的别。"王伯良注:"言可爱的异样也。"❼不要。《红楼梦》第四十回:"你可别多心,才刚不过大家取乐儿。"❽插着;用尖针扣定。如:胸前别着大红花。❾姓。唐代有别俨。
另见 biè。

别白 辨别明白。《汉书·董仲舒传》:"辞不别白,指不分明。"

别本 ❶亦称"副本"。从同一书抄出的复本。如《南史·刘孝绰传》称"又写别本封至东宫"。❷亦称"异本"。同书的另一来源的本子。由于所依据的底本不同,内容也有出入。如书有《别本十六国春秋》,帖有《黄庭经别本》。

别裁 辨别、剔除之意。杜甫《戏为六绝句》有"别裁伪体亲风雅"语,后世文人或用作诗歌选本的名称。意谓所选作品,已将不符合他们标准的"伪体"剔除。清沈德潜选有《唐诗别裁》等。

别出心裁 独创一格,与众不同的设计筹划。《镜花缘》第四十五回:"但这保儿有三十余口之多,不知贤妹可能别出心裁,另有炮制?"亦作"独出心裁"。

别风淮雨 "列风淫雨"之误。《文心雕龙·练字》:"《尚书大传》有'别风淮雨',《帝王世纪》云'列风淫雨';'别''列'、'淮''淫',字似潜移;'淫''列'义当而不奇,'淮''别'理乖而新异。"后因称别字连篇、以讹传讹为"别风淮雨"。

别馆 ❶帝王正宫以外的宫室。《史记·李斯列传》:"〔秦始皇〕治离宫别馆,周遍天下。"❷别墅。《晋书·石崇传》:"崇时在金谷别馆,方登凉台,临清流。"❸客馆。庾信《哀江南赋》:"三日哭于都亭,三年囚于别馆。"

别号 名和字以外另起的称号。如:李白字太白,别号青莲居士;姜夔字尧章,别号白石道人。《老残游记》第一回:"不知不觉,这'老残'二字便成了个别号了。"

别集 与"总集"相对。即编录一人的著作成为一书。通常别集以诗文作品为主,也包括论说、奏议、书信、语录等著作,内容较为广泛。如白居易的《白氏长庆集》、苏轼的《东坡七集》,都是著名别集。

别具只眼 具有独到的眼光和见解。杨万里《送彭元忠县丞北归》诗:"近来别具一只眼,要踏唐人最上关。"亦作"独具只眼"。

别开生面 杜甫《丹青引》:"凌烟功臣少颜色,将军下笔开生面。"赵次公注:"凌烟画像,颜色已暗,而曹将军重为之画,故云开生面。"后称开创新的风格面貌为"别开生面"。赵翼《瓯北诗话》卷五:"以文为诗,自昌黎始;至东坡益大放厥词,别开生面,成一代之大观。"

别名 亦称"异名"。通名以外的名称。

别墨 战国时墨家各派互指对方有别于墨子真传的称呼。《庄子·天下》:"相里勤之弟子,五侯之徒,南方之墨者,苦获、己齿、邓陵子之属,俱诵墨经,而倍谲不同,相谓别墨。"

别史 宋陈振孙《直斋书录解题》始以不属于"正史"、"杂史"的史书,称为"别史"。明黄虞稷《千顷堂书目》以编年体、纪传体以外,杂记历代或一代史实的史书,称为"别史"。

别室 旧时对妾的一种称谓。《北史·后妃传》:"尒朱氏,荣之女,魏孝庄后也,神武纳为别室。"

别墅 亦称"别业"。指本宅外另置的园林建筑游息处所。《晋书·谢安传》:"〔安〕方与玄(谢玄)围棋赌别墅。"

别体 另一体;从旧体变出的新体。《南史·刘孝绰传》:"兼善草隶,自以书似父,乃变为别体。"也指字的异体。

别绪 别离的情感。如:离情别绪。韩偓《别绪》诗:"别绪静愔愔,牵愁暗入心。"

别业 即别墅。石崇《思归引序》:"晚节更乐放逸,笃好林薮,遂肥遁于河阳别业。"

别义 一个词除本义以外的意义。包括转义(引申义、比喻义)及文字上的假借义等。

别有天地 另有一种境界。形容风光不同一般,引人入胜。李白《山中问答》诗:"桃花流水窅然去,别有天地非人间。"亦作"别有洞天"。《镜花缘》第九十八回:"各处尽皆画栋雕梁,珠帘绮户,那派艳丽光景,竟是别有洞天。"

别致 新奇;别具情趣。《红楼梦》第三回:"厢庑游廊,悉皆小巧别致。"

别传 传记文的一种。古代为人作传,列于家谱的称"家传",列于史乘的称"史传",这都是"本传";本传以外的传记,或对本传的补充记载,一般称为别传,以别于"本传"。如《赵云别传》,佚文见《三国志·蜀志·赵云传》裴松之注引。

别子 古指天子、诸侯嫡长子以外的儿子。曾巩《公族议》:"天子之适子继世以为天子,其别子皆为诸侯,诸侯之适子继世以为诸侯,其别子为其国之卿大夫。"适,通"嫡"。

别字 ❶别体字,即一字的另一写法。亦指误字,本当是这一字而误为另一字。俗称"白字",乃"别"音之转。如李清照《金石录后序》中的"壮月",即"八月",见《尔雅·释天》"月名"。山东人刻书不知,误改为"牡丹"。见顾炎武《日知录·别字》。❷别号。《南史·梁武陵王纪传》:"大智,纪别字也。"

菥(bié) ❶莳秧。《玉篇·艸部》:"菥,种概移莳也。"❷契约;合同。《释名·释书契》:"菥,别也。大书中央,中破别之也。"按今存的古菥文有晋太康五年杨绍买冢地菥,见王先谦《释名疏证补》卷六。

蚍(bié) 即"金龟子"。一种害虫。为害大豆、花生、小麦、薯类等的根部。

箷(bié) 同"菥❷"。《广韵·十七薛》:"箷,分箷,一云分契。"

徽(bié) 见"徽徊"。

徽徊 衣服飘舞貌。《史记·司马相如列传》:"蝙姽徽徊,与世殊服。"裴骃集解引郭璞曰:"衣服婆娑貌。"按《汉书》作"婆屑"。

徽(bié) 拂。《史记·孟子荀卿列传》:"适赵,平原君侧行徽席。"司马贞索隐:"张揖《三苍训诂》云:'徽,拂也。'谓侧而行,以衣徽席为敬,不敢正坐当宾主之礼也。"

蹩(bié) 同"蹩"。

蹩(bié) ❶跛脚。也指走路扭了脚。如:不小心蹩痛了脚。❷躲躲闪闪地走动。鲁迅《呐喊·药》:"蹩到临街的壁角的桌边。"

蹩脚 ❶跛脚。❷吴方言。质量不好。如:蹩脚货。旧时亦称人潦倒失意为"蹩脚"。

蹩躠 ❶用心力貌。《庄子·马蹄》:"蹩躠为仁,踶跂为义。"❷亦作"蹩躠"、"蹩屑"。舞时盘旋而行貌。张衡《南都赋》:"翘遥迁延,蹩躠蹁跹。"❸伛偻而行貌。《聊斋志异·续黄粱》:"参差蹩躠而行。"亦作"勃窣"、"勃屑"。

biě

瘪〔癟、瘪〕(biě) 犹"秕"。谷粒干瘪的病。引申为凹瘪,不饱满。如:干瘪;瘪壳。

另见 biē。

biè

别〔彆〕(biè) 见"别扭"。

另见 bié。

别扭 ❶不顺。如:看着很别扭。❷意见不投合;故意作梗。如:闹别扭。

繁(biè) 剑带。《新唐书·安禄山传》:"禁卫皆市井徒,既授甲,不能脱弓韣、剑繁。"

bīn

汃(bīn) 通"邠"。《说文·水部》"汃"下引《尔雅》:"西至汃国。"按今本《尔雅·释地》"汃"作"邠"。

另见 pà。

份(bīn) 同"彬"、"斌"。今本《论语·雍也》"文质彬彬",《说文·人部》引作"文质份份"。

另见 fèn。

邠(bīn) 分;搬。《儿女英雄传》第四回:"〔跑堂儿的〕讲的是提茶壶,端油盘,抹桌子,邠板凳。"

邠(bīn) ❶同"豳"。❷通"彬"。有文彩。《太玄·文》:"斐如邠如,虎豹文如。"

玢(bīn,又读 fēn) 见"玢豳"。

玢豳 玉的花纹。《汉书·司马相如传上》:"瑉玉旁唐,玢豳文磷。"

宾〔賓〕(bīn) ❶客人。如:来宾;贵宾。《仪礼·士冠礼》:"主人再拜,宾答礼。"❷以宾客之礼相待。《书·舜典》:"宾于四门,四门穆穆。"❸通"傧"。引导;相礼。《书·尧典》:"寅宾出日。"孔传:

"宾,导。"《穆天子传》卷六:"内史宾侯,北向而立。"<u>郭璞</u>注:"宾,相。"❹服从;归顺。《国语·楚语上》:"其不宾也久矣。"❺姓。<u>春秋</u>时<u>齐</u>有宾须无。

另见 bīn。

宾白 古代戏曲剧本中的说白。<u>明</u><u>徐渭</u>《南词叙录》:"唱为主,白为宾,故曰宾白。"一说"两人对说曰宾,一人自说曰白。"见<u>明</u><u>单宇</u>《菊坡丛话》)。

宾从 ❶来宾的随从。《左传·襄公三十一年》:"车马有所,宾从有代。"❷宾客和仆从的合称。《三国志·魏志·嵇康传》<u>裴松之</u>注引《魏氏春秋》:"会(钟会)名公子,以才能贵幸,乘肥衣轻,宾从如云。"❸犹宾服。服从;归顺。《史记·孙子吴起列传》:"守<u>西河</u>而秦兵不敢东乡(向),<u>韩</u><u>赵</u>宾从。"

宾服 古指诸侯按时入贡朝见天子,表示服从。《礼记·乐记》:"暴民不作,诸侯宾服。"也指边远部族顺从,以时入贡。《汉书·匈奴传上》:"四夷宾服。"

宾贡 ❶犹宾兴。古代地方向朝廷贡士时,设宴以待举之士。《隋书·梁彦光传》:"及大比,当举行宾贡之礼。"❷犹宾服。归顺纳贡。<u>韩愈</u>《后廿九日复上宰相书》:"九夷八蛮之在荒服之外者,皆已宾贡。"

宾阶 古代宾主相见时,客人自西阶而上,故称西阶为"宾阶"。《书·顾命》:"王麻冕黼裳,由宾阶隮。"隮,升。

宾客 ❶客人。《梁书·陶弘景传》:"更筑三层楼,<u>弘景</u>处其上,弟子居其中,宾客至其下。"❷古代称他国派来的使者。《论语·公冶长》:"<u>赤</u>也,束带立于朝,可使与宾客言也。"<u>邢昺</u>疏:"可使与邻国之大宾小客言应对也。"❸战国时贵族官僚对所养食客的称谓。《史记·孟尝君列传》:"<u>孟尝君</u>乃进冯<u>驩</u>而请之曰:宾客不知<u>文</u>不肖,幸临<u>文</u>者三千余人,邑入不足以奉宾客,故出息钱于<u>薛</u>。"❹东汉以后世家豪族对依附人口的一种称谓。《后汉书·马援传》:"亡命北地,遇赦,因留牧畜,宾客多归附者,遂役属数百家……<u>援</u>以三辅地旷土沃,而所将宾客猥多,乃上书求屯田<u>上林苑</u>,许之。"《三国志·魏志·李典传》:"<u>典</u>从父<u>乾</u>,有雄气,合宾客数千家在<u>乘氏</u>。初平中,以众随太祖。"❺官名。全称太子宾客。<u>唐</u>始置,为太子官属中之最高

级,官阶正三品。但仅备高级官员之升转,无实职。<u>明</u>以后不置。

宾礼 ❶古代五礼(吉、凶、军、宾、嘉)之一,诸侯朝见天子的礼节。《周礼·春官·大宗伯》:"以宾礼亲邦国。"按宾礼共有八种,即朝、宗、觐、遇、会、同、问、视。❷以宾客之礼相待。指帝王礼贤下士。<u>陆机</u>《辨亡论上》:"宾礼名贤,而<u>张昭</u>为之雄;交御豪俊,而<u>周瑜</u>为之杰。"

宾萌 战国时对外来客民的称谓。"萌"与"氓"音同通用。《吕氏春秋·高义》记<u>墨子</u>说:"翟度身而衣,量腹而食,比于宾萌,未敢求仕。"《商君书·徕民》谓三晋"其宾萌贷息(原误作'寡民贾息',从<u>孙诒让</u>《札迻》改正),民上无通名,下无田宅,而恃奸务末作以处"。

宾孟 孟,通"萌"。亦作"宾萌"。《荀子·解蔽》:"昔宾孟之蔽者,乱家是也。"参见"宾萌"。

宾师 旧时指不居官职而为君主所尊重的人。《孟子·公孙丑下》:"<u>管仲</u>且犹不可召,而况不为管仲者乎?"<u>朱熹</u>注引<u>范氏</u>曰:"<u>孟子</u>之于<u>齐</u>,处宾师之位,非当仕有官职者,故其言如此。"<u>张居正</u>《纂修书成辞恩命疏》:"宠以宾师之礼,委以心膂之托。"

宾实 犹"名实"。名声与事功。语出《庄子·逍遥游》"名者,实之宾也"。<u>钟嵘</u>《诗品·总论》:"昔九品论人,七略裁士,校以宾实,诚多未值。"

宾天 称帝王之死。<u>文秉</u>《先拨志始》卷上:"<u>李可灼</u>敢以无方无制之药,驾言金丹,夕进御而朝宾天。"参见"上宾❷"。亦用来泛称尊者之死。《红楼梦》第六十四回:"<u>俞禄</u>道:'昨日只曾上库去领,但只是老爷宾天以后,各处支领甚多。'"

宾兴 《周礼·地官·大司徒》:"以乡三物教万民而宾兴之。一曰六德:知、仁、圣、义、忠、和;二曰六行:孝、友、睦、姻、任、恤;三曰六艺:礼、乐、射、御、书、数。"<u>郑玄</u>注:"兴,犹举也。民三事教成,乡大夫举其贤者能者,以饮酒之礼宾客之,既则献其书于王矣。"后代地方官设宴招待应举之士,谓之"宾兴",即沿古制。

宾语 句子中受动词支配的成分,表示动作关涉的人或事物。在汉语中,宾语一般在动词的后面,常用名词或代词来充当。如"喝茶"中的"茶"、"认识他"中的"他"。

宾至如归 宾客到此,如已回家。

形容主人招待极其殷勤周到。《左传·襄公三十一年》:"宾至如归,无宁灾患,不畏寇盗,而亦不患燥湿。"

彬 (bīn) 见"彬彬"。

彬彬 文质兼备貌。《论语·雍也》:"质胜文则野,文胜质则史,文质彬彬,然后君子。"亦作"斌斌"。《史记·儒林列传序》:"自此以来,则公卿大夫士吏斌斌多文学之士矣!"后用来形容文雅。如:彬彬有礼。

彬蔚 华盛貌。<u>陆机</u>《文赋》:"颂优游以彬蔚,论精微而朗畅。"

梽 (bīn) 同"槟(檳)"。

傧 〔儐〕㊀(bīn,旧读 bìn)❶导引;迎接宾客。《周礼·春官·大宗伯》:"王命诸侯,则傧。"参见"傧相❶"。❷陈列。《诗·小雅·常棣》:"傧尔笾豆。"❸通"摈"。摈弃。《后汉书·张衡传》:"哀二妃之未从兮,翩傧处彼<u>湘</u>濒。"

㊁(bìn)❶敬。《礼记·礼运》:"山川,所以傧鬼神也。"❷通"颦"。蹙眉。<u>枚乘</u>《菟园赋》:"傧笑连便。"

傧从 侍从的人。<u>左思</u>《吴都赋》:"缔交翩翩,傧从奕奕。"

傧相 亦作"摈相"。❶古时称替主人接引宾客和赞礼的人。《周礼·秋官·司仪》:"掌九仪之宾客摈相之礼。"<u>郑玄</u>注:"出接宾曰摈,入赞礼曰相。"<u>苏辙</u>《齐州闵子祠堂记》:"笾豆有列,傧相有位。"<u>宋</u>以后婚礼中的赞礼者亦称"傧相"。《红楼梦》第九十七回:"傧相请了新人出轿……傧相喝礼,拜了天地。"❷举行婚礼时陪伴新郎的男子和陪伴新娘的女子。

斌 (bīn) 同"彬"、"份"。

瑸 (bīn) 亦通作"彬"。见"璘瑸"。

频 〔頻〕(bīn) 通"濒"。水边。《诗·大雅·召旻》:"池之竭矣,不云自频。"

另见 pín。

猵 〔獱〕(bīn,又读 biān) 即"猵"。《汉书·扬雄传上》:"蹈猵獭。"<u>颜师古</u>注:"猵,小獭也。"

滨 〔濱〕(bīn)❶水边。如:海滨;湖滨。《左传·僖公二十四年》:"其后,余从<u>狄</u>君以田<u>渭</u>滨。"引申指边缘。《诗·小雅·北山》:"溥天之下,莫非王土。率土之滨,莫

非王臣。"❷通"瀕"。迫近;几至。《国语·齐语》:"夫管夷吾射寡人中钩,是以滨于死。"

骉〔驫〕(bīn)　见"骉駍"。

骉駍　众声。《文选·扬雄〈羽猎赋〉》:"骉駍聆礚。"李周翰注:"谓众声也。"

缤〔繽〕(bīn)　纷;繁。《离骚》:"九嶷缤其并迎。"王逸注:"舜又使九嶷之神纷然来迎。"参见"缤纷"。

缤纷　❶繁多貌。《离骚》:"佩缤纷其繁饰兮。"陶潜《桃花源记》:"芳草鲜美,落英缤纷。"❷交错杂乱貌。张衡《思玄赋》:"思缤纷而不理。"

瑸〔璸〕(bīn)　❶珠名。王勃《益州德阳县善寂寺碑》:"金榜洞开,道瑸晖于帝幄。"❷见"瑸斒"。

瑸斒　玉的花纹。《史记·司马相如列传》:"瑹玉旁唐,瑸斒文鳞。"《汉书》作"玢豳"。

槟〔檳〕(bīn,又读 bīng)　见"槟榔"。

槟榔(Areca catechu)　棕榈科。常绿乔木。羽状复叶,小叶先端呈截断状。总叶柄三角状,有长叶鞘。单性花,肉穗花序,雄花生于花序顶端,雌花生于基部。果长椭圆形,橙红色,花萼宿存,中果皮厚,内含一种子。花、果均具芳香,果供食用。原产东南亚;中国广东、云南、福建、台湾等地有栽培。种子含槟榔碱和鞣酸等,供食用;中医学上用为消积、杀虫、下气行水药,性温、味苦辛,主治虫积、食滞、脘腹胀痛、水肿、脚气等症。果皮称"大腹皮",能行气、利水、消肿。

槟　榔

豩(bīn)　二豕。见《说文·豕部》。段玉裁注:"二豕乃兼顽钝之物,故古有读若顽者。"
另见 huān。

賓(bīn)　同"宾(賓)"。

镔〔鑌〕(bīn)　精炼的铁。《长生殿·合围》:"三尺镔刀耀雪光。"

蠙〔蠙〕(bīn,又读 pín)　见"蠙珠"。

蠙珠　即蚌珠。珍珠。《书·禹贡》:"淮夷蠙珠暨鱼。"孔颖达疏:"蠙是蚌之别名。此蚌出珠,遂以蠙为珠名。"

瀕(bīn)　❶同"滨"。水边。《墨子·尚贤下》:"昔者舜耕于历山,陶于河瀕。"❷迫近;靠近。如:瀕危。《汉书·地理志下》:"瀕南山,近夏阳。"

豳(bīn)　同"邠"。古邑名。在今陕西旬邑西。周族后稷的曾孙公刘由邰迁居于此,到文王祖父太王又迁于岐。《诗·大雅·公刘》:"笃公刘,于豳斯馆。"

豳文　豳,通"斑"。豳文指豹类的皮。《史记·司马相如列传》:"绔白虎,被豳文。"

彪(bīn)　虎皮的斑纹。《说文·虍部》:"彪,虎文彪也。"

霦(bīn)　璘霦,玉光色。见《广韵·十七真》。参见"璘彬"。

bìn

宾〔賓〕(bìn)　通"摈"。遗弃;排斥。《庄子·徐无鬼》:"先生居山林,食芋栗,厌葱韭,以宾寡人。"《史记·苏秦列传》:"其大上计破秦,其次必长宾之。"
另见 bīn。

摈〔擯〕(bìn)　❶同"屏"、"摒"。排斥;弃绝。《后汉书·赵壹传》:"恃才倨傲,为乡党所摈。"❷同"傧"。接引宾客。《周礼·秋官·小行人》:"凡四方之使者,大客则摈。"郑玄注:"摈者,摈而见之王,使得亲言也。"

髩(bìn)　同"鬓(鬢)"。

殡〔殯〕(bìn)　殓而未葬。《淮南子·要略》:"故治三年之丧,殡文王于两楹之间。"后亦指出葬。如:送殡。孔稚珪《北山移文》:"道帙长殡,法筵久埋。"

膑〔臏〕(bìn)　❶本作"髌"。膝盖骨。《史记·秦本纪》:"王与孟说举鼎,绝膑。"❷中国古代肉刑之一。剔去膝盖骨。司马迁《报任少卿书》:"孙子膑脚。"

鬂(bìn)　同"鬓(鬢)"。

髌〔髕〕(bìn)　同"膑"。❶膝盖骨。见《说文·骨部》。❷古代肉刑之一,剔去膝盖骨。《史记·鲁仲连邹阳列传》:"昔者司马喜髌脚于宋,卒相中山。"参见"膑❷"。

鬓〔鬢〕(bìn)　面颊两旁近耳的头发。白居易《卖炭翁》诗:"两鬓苍苍十指黑。"

鬓角　人体部位名。耳前面颊两旁成锐角形的头发分布区。汉刘熙《释名·释形体》:"鬓,滨也,滨崖也。为面额之崖岸也。"

鬓脚　亦作"鬓角"。耳旁鬓发下垂处。王安石《明妃曲》:"明妃初出汉宫时,泪湿春风鬓脚垂。"

鬓鸦　鬓边黑发。乔吉《新水令·闺丽》:"厌死回身拢鬓鸦,傍阑干行又羞。"

bīng

仌(bīng)　"冰"的古字。

冰〔氷〕(bīng)　❶水在零摄氏度或零度以下凝结成的固体。❷使人感到寒冷。如:井水有点冰手。❸用冰镇物使冷。如:把西瓜冰上。❹通"掤"。箭筒的盖。《左传·昭公二十五年》:"公徒释甲执冰而踞。"
另见 níng。

冰蘗　蘗,亦作"蘖"。即黄蘗,味苦。比喻寒苦艰辛的生活或处境。苏轼《次韵王定国南迁回见寄》:"十年冰蘗战膏粱。"参见"饮冰茹蘗"。

冰鉴　❶古代盛冰器,用以冷藏食物。《周礼·天官·凌人》:"祭祀共(供)冰鉴。"❷鉴,镜子。言镜洁如冰,比喻明察。江淹《谢开府辟召表》:"臣谬赞国机,职宜冰鉴。"❸指月。元稹《月》诗:"绛河冰鉴朗,黄道玉轮巍。"

冰解冻释　比喻障碍和困难像冰冻融解那样消释。《庄子·庚桑楚》:"是乃所谓冰解冻释者能乎?"亦作"冻解冰释"、"冰消冻解"。《朱子全书·中庸一》:"复取程氏书虚心平气而徐读之,未及数行,冻解冰释。"李贽《焚书·与曾中野书》:"昨见公,我两个月心事顿然冰消冻解也。"

冰镜　指明月。孔平仲《玩月》诗:"团团冰镜吐清辉。"

冰轮　指月亮。陆游《月下作》诗:"玉钩定谁挂,冰轮了无辙。"

冰清玉润　❶形容人的品性行为如冰之清、如玉之润。高濂《玉簪记·琴挑》:"果然是冰清玉润。"❷晋书·卫玠传》:"玠妻父乐广有海内

重名，议者以为妇公冰清，女婿玉润。"后美称女婿为"冰玉"，本此。

冰人 《晋书·索紞传》："孝廉令狐策梦立冰上，与冰下人语。紞曰：'冰上为阳，冰下为阴，阴阳事也；士如归妻，迨冰未泮，婚姻事也。君在冰上，与冰下人语，为阳语阴，媒介事也。君当为人作媒，冰泮而婚成。'"按："士如归妻，迨冰未泮"，见《诗·邶风·匏有苦叶》。后即称媒人为"冰人"。周文质《蝶恋花·悟迷》曲："细寻冰人颇可，好前程等闲差错。"

冰山 ❶漂浮在海中的巨大冰块。极地大陆冰川或山谷冰川末端，因海水浮力和波浪冲击，发生崩裂，滑落海中而成。大部沉于水下，露出水面部分仅占总体积的七分之一至五分之一。随海流

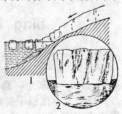
冰 山
1.冰山的形成
2.浮在海上的冰山

向低纬方向漂流，沿途不断融解碎裂，危害航海安全。❷比喻不可长久依傍的权势。《资治通鉴·唐玄宗天宝十一载》："或劝陕郡进士张彖诣杨国忠，曰：'见之富贵立可图。'彖曰：'君辈倚杨右相若泰山，吾以为冰山耳。若皎日既出，君辈得无失所恃乎？'"

冰释 像冰的融化一样，比喻涣散或离散，亦比喻疑点或隔阂完全消除。《老子》："涣兮若冰之将释。"杜预《春秋左氏传序》："涣然冰释，怡然理顺。"

冰霜 ❶比喻坚贞清白。《宋书·临川烈武王道规传》："处士南郡师觉，才学明敏，操介清修，业均井渫，志固冰霜。"❷比喻神色严冷。如：凛若冰霜。苏轼《临江仙·赠送》词："欢颜为我解冰霜。"

冰炭 比喻二者不能相容。《韩非子·显学》："夫冰炭不同器而久，寒暑不兼时而至，杂反之学不两立而治。"

冰纨 洁白透明的细绢。《后汉书·章帝纪》："癸巳，诏齐相省冰纨、方空縠、吹纶絮。"李贤注："纨，素也；冰，言色鲜洁如冰。"

冰翁 对他人岳父的敬称。取义于《晋书·卫玠传》"妇公冰清，女婿玉润"。张世南《游宦纪闻》卷六：

"又二里，有亭曰辅龙，乃先兄之冰翁董讳煟字季兴所创。"参见"冰清玉润❷"。

冰消瓦解 比喻完全消释或崩溃。隋炀帝《手诏劳杨素》："公以深谋，出其不意，雾廓云除，冰消瓦解。"亦作"冰散瓦解"。《三国志·魏书·傅嘏传》裴松之注引司马彪《战略》："由不虞之道，以间其不戒；比及三年，左提右挈，虏必冰散瓦解，安受其弊，可坐算而得也。"

冰雪 比喻纯净清彻。江总《入摄山栖霞寺》诗："净心抱冰雪，暮齿逼桑榆。"杜甫《送樊二十三侍御赴汉中判官》诗："冰雪净聪明，雷霆走精锐。"

冰玉 ❶比喻清润。苏轼《别子由》诗："又闻缑山好泉眼，傍市穿林泻冰玉。"谓泉水清如冰玉。❷岳父和女婿的美称。详"冰清玉润❷"。

并 (bīng) 古九州之一。详"并州"。
另见 bàng，bìng。

并州 古"九州"之一。《周礼·职方》："正北曰并州，其山镇曰恒山，其泽薮曰昭馀祁。"古恒山在今河北曲阳西北。昭馀祁故迹在今山西平遥西南。

并州剪 古时并州产的剪刀，以锋利著称。杜甫《戏题王宰画山水图歌》："焉得并州快剪刀，剪取吴松半江水。"也称"并刀"。姜夔《长亭怨慢》词："算空有并刀，难剪离愁千缕。"

兵 (bīng) ❶兵器；军械。贾谊《过秦论上》："收天下之兵，聚之咸阳。"❷战士；军队。《国策·西周策》："进兵而攻周。"现实行军衔制的军队，有分为上等兵和列兵的，也有分为一等兵、二等兵、三等兵的。❸军事；战斗。《孙子·计》："兵者，国之大事。"《史记·赵世家》："赵，四战之国也，其民习兵。"❹用兵器杀人；戕害。《史记·伯夷列传》："左右欲兵之。"《吕氏春秋·侈乐》："失乐之情，其乐不乐……反以自兵。"❺兵种。如步兵、装甲兵、防空兵、航空兵、空降兵等。

兵不血刃 谓不经过战斗而取得胜利。《荀子·议兵》："故近者亲其善，远方慕其德，兵不血刃，远迩来服。"

兵不厌诈 《韩非子·难一》："舅犯曰：'臣闻之，繁礼君子，不厌忠信；战阵之间，不厌诈伪，君其诈之而已矣。'"后以"兵不厌诈"指用兵时为

了制胜敌人，允许尽量使用欺诈的战术。《三国演义》第三十回："攸（许攸）笑曰：'世人皆言孟德奸雄，今果然也。'操亦笑曰：'岂不闻兵不厌诈！'"

兵符 ❶古时调兵用的凭证。《史记·魏公子列传》："嬴（侯嬴）闻晋鄙之兵符常在王卧内。"❷兵书之类。李峤《安辑岭表事平罢归》诗："绛宫韬将略，黄石寝兵符。"

兵革 革，用皮革制的甲。兵革是兵器衣甲的总称。《孟子·公孙丑下》："兵革非不坚利也。"引申指战争。江淹《铜剑赞序》："春秋迄于战国，战国至于秦时，攻争纷乱，兵革互兴。"

兵甲 ❶兵器甲胄，指军事装备。《孟子·离娄上》："城郭不完，兵甲不多，非国之灾也。"❷指战事。《周礼·夏官·诸子》："若有兵甲之事，则授之车甲，合其卒伍，置其有司。"贾公彦疏引《左氏传》云："国之大事，在祀与戎。"

兵谏 《左传·庄公十九年》："初，鬻拳强谏楚子，楚子弗从；临之以兵，惧而从之。"后称用武力胁迫进谏为"兵谏"。范宁《春秋穀梁传序》："《左氏》以鬻拳兵谏为爱君。"

兵解 古代方士之流称学道者死于兵刃为兵解，谓借兵刃解脱躯壳以成仙。《神仙传·郭璞》："敦（王敦）诛璞……瘗后三日，南州市人见璞货其平生服饰，与相识共语，非但一人。敦不信，开棺无尸，璞得兵解之道。"

兵连祸结 谓战争的灾祸连接不断。《汉书·匈奴传下》："汉武帝选将练兵……虽有克获之功，胡辄报之。兵连祸结，三十余年。"

兵略 用兵的谋略。《淮南子》有《兵略训》。《后汉书·皇甫规传》："郡将知规有兵略，乃命为功曹。"

兵募 唐初有"兵募"之称，兵指府兵，募指征人。征人名义上是自愿投充，实际仍出于征发。《旧唐书·刘仁轨传》："州县每发遣兵募，人身少壮，家有钱财，参逐官府者，东西藏避，并即得脱。无钱参逐者，虽是老弱，推背即来。"

兵器 即"武器"。

兵权 ❶统率军队的权力。《宋史·太祖纪赞》："建隆以来，释藩镇兵权。"❷用兵的权谋、策略。《北齐书·斛律光传论》："战术兵权，暗同韬略，临敌制胜，变化无方。"

兵燹 燹，兵火。指因战乱所遭致的焚烧破坏。《宋史·神宗纪二》：

"诏岷州界经鬼章兵燹者赐钱。"

兵杖　亦作"兵仗"。兵器的总称。杖,通仗,均指兵器。《汉书·文三王传》:"收兵杖,藏私府。"

兵质　质,箭靶。指攻击的目标。《韩非子·存韩》:"均如贵臣之计,则秦必为天下兵质矣。"

屏（bīng）　见"屏营"。
　另见 bǐng,bìng,píng。

屏营　❶犹彷徨。《国语·吴语》:"屏营彷徨于山林之中。"❷惶惧貌。任昉《到大司马记室笺》:"不胜荷戴屏营之情。"

绗〔絣〕（bīng）　错杂。《汉书·扬雄传下》:"绗之以象类。"
　另见 bēng。

枅（bīng）　见"枅桐"。

枅桐　亦作"枅间"。木名。即棕桐。张衡《南都赋》:"楈枒枅桐。"

捕（bīng）　箭筒的盖子。《诗·郑风·大叔于田》:"抑释捕忌。"

bǐng

丙（bǐng）　❶天干的第三位,因以为第三的代称。如:丙等。参见"丙夜"。❷五行中丙丁属火,因以为火的代称。如:付丙。参见"丙丁"。❸姓。汉代有丙吉。

丙部　❶原经、史、子、集四部中的史部。《隋书·经籍志一》:"魏秘书郎郑默,始制《中经》,秘书监荀勖,又因《中经》,更著新簿,分为四部,总括群书……三曰丙部,有史记、旧事、皇览簿、杂事。"❷唐以后指经、史、子、集四部中的子部。《旧唐书·经籍志上》:"四部者,甲、乙、丙、丁之次也……丙部为子。"

丙丁　《吕氏春秋·孟夏》:"其日丙丁。"高诱注:"丙丁,火日也。"丙丁于五行属火,因借指火。李光《与胡邦衡书》:"近又缘虚惊,取平生朋友书问,悉付丙丁。"

丙舍　❶古代王宫中的别室。《后汉书·清河孝王庆传》:"遂出贵人姊妹置丙舍。"也泛指正室两旁之屋。袁枚《上尹制府乞病启》:"对此日琴堂之官烛,忆当年丙舍之书灯。"❷停放灵柩的房屋。酒贤《秋夜怀伭元童》诗:"墓田丙舍知何所,一夜令人白发长。"

丙夜　三更,夜半的时候。范成大《中秋无月》诗:"丙夜清光些子见,

儿童惊喜强雄夸。"

邴（bīng）　❶古地名。春秋郑邑,在今山东费县东。《穀梁传》隐公八年(公元前 715 年):"郑伯使宛来归邴。"《左传》作"祊"。❷见"邴邴"。❸姓。春秋时齐有邴师。

邴邴　喜悦貌。《庄子·大宗师》:"邴邴乎其似喜乎!"

枋（bīng）　通"柄"。把柄;权柄。《周礼·春官·内史》:"掌王之八枋之法。"按即《天官·大宰》的八柄。
　另见 fāng。

秉（bīng）　❶禾稻一把。《仪礼·聘礼》:"四秉曰筥。"郑玄注:"此秉谓刈禾盈手之秉也。"引申即谓稻把。《诗·小雅·大田》:"彼有遗秉。"❷古量名。十六斛。《仪礼·聘礼》:"十斗曰斛,十六斗曰籔,十籔曰秉。"《论语·雍也》:"冉子与之粟五秉。"❸执持。如:秉笔直书。白居易《观刈麦》诗:"右手秉遗穗,左臂悬弊筐。"❹执掌;主持。如:秉国;秉政;秉公办理。❺通"柄"。权柄。《管子·小匡》:"治国不失秉。"❻通"禀"。禀受。如:秉性。❼姓。春秋时齐有秉意兹。

秉铎　❶古代指掌文教的官,亦称"司铎"。❷古代爵位名。汉武帝时设置,以赏军功。

秉彝　遵循常理。《诗·大雅·烝民》:"民之秉彝,好是懿德。"毛传:"彝,常。"郑玄笺:"秉,执也。民所执持有常道。"

秉烛夜游　秉,执持。入夜持烛游乐,意谓须及时行乐。《古诗十九首》:"昼短苦夜长,何不秉烛游?"李白《春夜宴从弟桃花园序》:"古人秉烛夜游,良有以也。"

怲（bīng）　见"怲怲"。

怲怲　忧甚貌。《诗·小雅·頍弁》:"未见君子,忧心怲怲。"毛传:"怲怲,忧盛满也。"吴师道《目疾谢柳道传张子长惠药》诗:"惟兹二三友,为我忧怲怲。"

柄（bǐng,又读 bīng）　❶器物的把儿。如:刀柄;斧柄。《墨子·备蛾傅》:"椎柄长六尺。"因以为有柄物的计量词。如:一柄伞。又引申为把柄。如:话柄;笑柄。❷植物花叶和枝茎相连的部分。如:花柄;叶柄。❸权力。《左传·襄公二十三年》:"既有利权,又执民柄。"❹执掌。如:柄国;柄政。《国策·韩策二》:"公仲柄得秦师,故敢捍楚。"❺

根本。《易·系辞下》:"谦,德之柄也。"

柄臣　掌权之臣。《汉书·朱云传》:"下轻其上爵,贱人图柄臣,则国家摇动而民不静矣。"颜师古注:"柄臣,执权之臣。"

柄用　任用,授权。《汉书·谷永传》:"永知凤(王凤)方见柄用,阴欲自托。"颜师古注:"言任用之授以权也。"

昺（bǐng）　同"昺"。

昺（bǐng）　光明。《抱朴子·行品》:"文彪昺而备体,独澄见以入神者,圣人也。"

饼〔餅〕（bǐng）　❶古代面食的通称。贯休《和韦相公见示闲卧》:"饼忆莼羹美,茶思岳瀑煎。"今指蒸烤而成的扁圆形食品。如:月饼;烧饼。郑燮《范县署中寄舍弟墨第四书》:"暇日咽碎米饼,煮糊涂粥。"❷物形扁圆像饼的。如:铁饼;豆饼。❸饼状物的计量单位。《后汉书·列女传》:"羊子尝行路,得遗金一饼。"

饼饵　饼类的总称。戴复古《刈麦行》:"前村寡妇拾滞穗(穗),馈粥有余炊饼饵。"

饼金　铸成扁圆状的黄金。韩偓《咏浴》诗:"岂知侍女帘帷外,剩取君王几饼金?"龚自珍《己亥杂诗》:"且仿齐梁铸饼金!"此处"饼金"指银元。

迸（bǐng）　通"屏"。驱除。《礼记·大学》:"迸诸四夷。"
　另见 bèng。

炳（bǐng）　❶光明;显著。《易·革》:"大人虎变,其文炳也。"❷点;燃。见"炳烛"。

炳炳麟麟　形容光明显赫。《文选·扬雄〈剧秦美新〉》:"帝典阙者已补,王纲弛者已张,炳炳麟麟,岂不懿哉!"李善注:"麟麟,光明也。麟与燐古字同用。"

炳灵　显赫的灵气。《文选·左思〈蜀都赋〉》:"近则江汉炳灵,世载其英。"吕向注:"炳,明也;载,犹生也。言江汉明显,故代生贤哲。"

炳蔚　形容文采的鲜明华美。语出《易·革》"大人虎变,其文炳也","君子豹变,其文蔚也"。《文心雕龙·原道》:"龙凤以藻绘呈瑞,虎豹以炳蔚凝姿。"

炳烛　燃烛照明。《说苑·建本》:"少而好学,如日出之阳;长而好学,如日中之光;老而好学,如炳烛

之明。"后因以"炳烛"比喻老而好学。

屏（bǐng）❶退避；隐迹。《礼记·曲礼上》："侍坐于君子，若有告者曰，'少间，愿有复也'，则左右屏而待。"《汉书·李广传》："与故颍阴侯屏居蓝田南山中。"❷忍住；抑制住。见"屏息"、"屏气"。❸亦作"摒"。除去；弃；逐。《论语·尧曰》："屏四恶。"《礼记·王制》："屏之远方。"

另见 bīng，bìng，píng。

屏迹　避匿；绝迹不与人往来。《新唐书·阳城传》："岁饥，屏迹不过邻里。"

屏居　退居；隐居。《汉书·窦婴传》："婴争弗能得，谢病，屏居蓝田南山下。"

屏气　抑制呼吸。也形容谨慎畏惧。《论语·乡党》："摄齐升堂，鞠躬如也，屏气似不息者。"《后汉书·李膺传》："自此诸黄门常侍，皆鞠躬屏气，休沐不敢复出宫省。"

屏退　❶排除；斥退。《隋书·音乐志下》："恶情屏退，善心兴起。"《三国演义》第四回："县令屏退左右。"❷退隐。《南史·萧藻传》："尝以爵禄大过，每思屏退。"

屏息　犹屏气。形容注意力集中或恐惧。如：屏息静听。《列子·黄帝》："尹生甚怍，屏息良久，不敢复言。"

屏语　避开他人而谈话。《汉书·傅介子传》："王起，随介子入帐中屏语。"

窉（bǐng）　同"病"。《广韵·三十八梗》引《尔雅》云："三月为窉。"参见"病月"。

绠〔緶〕（bǐng）　轮辐近轴处的突出部分。《考工记·轮人》："眡（视）其绠，欲其蚤（爪）之正也。"郑玄注："蚤当为爪，谓辐入牙中者也。郑司农云：绠读为关东言饼之饼，谓轮箄也。"

另见 gěng。

蛃（bǐng）　蛃鱼，即蠹鱼，衣、书中蠹虫。《尔雅·释虫》："蟫，白鱼。"郭璞注："衣、书中虫，一名蛃鱼。"

鉼〔鉼〕（bǐng）　鉼状金属块。《正字通·金部》："鉼，倾金银形似饼者。"《周礼·秋官·职金》"则共其金版"郑玄注："鉼金谓之版。"亦用作块状金属的量词。如：赐银千鉼。

另见 píng。

偋（bǐng）　同"屏❸"。除去。《荀子·荣辱》："恭俭者，偋五兵也；虽有戈矛之刺，不如恭俭之利也。"杨倞注："偋，当为屏，却也。"

另见 bīng。

棅（bǐng，又读 bìng）　同"柄"。权柄。《庄子·天道》："天下奋棅，而不与之偕。"成玄英疏："趋世之人奋动权棅，必静而自守，不与并逐也。"

病（bǐng）　见"病月"。

病月　夏历三月的别称。《尔雅·释天》："三月为病。"郝懿行义疏："病，本或作窉……然则窉者，丙也，三月阳气盛，物皆炳然也。"

蛃〔蛃〕（bǐng）　蚌的别称。《说文·鱼部》："蛃，蚌也。"段玉裁注："蚌者蜃属，亦名蛃。"按蛃、蚌一声之转。

禀〔稟〕（bǐng，旧读 bǐn）　❶领受；承受。如：禀性；禀承。陶潜《饮酒》诗："禀气寡所谐。"❷对上报告。如：禀告；禀陈。《儒林外史》第五回："汤知县把这情由细细写个禀帖，禀知按察司。"

另见 lǐn。

禀赋　犹天赋。指人所禀受的天资或体质。如：禀赋优异。陈造《戏作》诗："书生禀赋纸样薄，平日扶衰惟粥药。"

禀命　❶旧谓受之于天的命运或体气。《论衡·气寿》："凡人禀命有二品：一曰所当触值之命，二曰强弱寿夭之命。所当触值，谓兵烧压溺也；强寿弱夭，谓禀气渥薄也。"❷犹言承命，请命。命，指命令。《左传·闵公二年》："师在制命而已，禀命则不威。"制命，谓立命、发命。

禀受　承受。指受于自然的体性或气质。《论衡·气寿》："非天有长短之命，而人各有禀受也。"

鞞（bǐng）　刀鞘。参见"鞞琫"。

另见 pí。

鞞琫　刀鞘上的装饰物，也指刀鞘。《诗·大雅·公刘》："维玉及瑶，鞞琫容刀。"毛传："下曰鞞，上曰琫。"孔颖达疏："鞞者刀鞘之名，琫者鞘之上饰。"按《诗·小雅·瞻彼洛矣》作"鞸琫"。参见"琫"。

鉼（bǐng）　同"鉼"。

鞞（bǐng）　同"鞞"。

鞞（bǐng）　同"鞞"。《诗·小雅·瞻彼洛矣》："鞞琫有珌。"

另见 bì。

bìng

并㊀〔併〕（bìng）　❶兼；合。《史记·秦始皇本纪》："秦初并天下。"《国策·魏策一》："专心并力。"❷同；齐。如：并发症。《后汉书·郑玄传》："比牒并名。"李贤注："并名，谓齐名也。"❸竞。《汉书·贾谊传》："高皇帝与诸公并起。"❹通"屏"。屏除。《管子·霸形》"并歌舞之乐"尹知章注："并，除也。"又《弟子职》："既彻，并器，乃还而立。"注："并，谓藏去也。"

㊁〔並、竝〕（bìng）　❶相挨着；一齐。如：并肩作战。《诗·齐风·还》："并驱从两肩兮。"❷比上；等。《荀子·儒效》："俄而并乎尧禹。"❸犹言"连"。如：并此而不知。《聊斋志异·促织》："两股间脓血流离，并虫亦不能行捉矣。"❹并且。如：不但能如期完成，并能提早完成。❺用来加强否定的语意。如：并不；并非；并未；并无。

另见 bàng，bīng。

并当　同"摒挡"。料理；收拾。《世说新语·德行》："〔王长豫〕恒与曹夫人并当箱箧。"

并驾齐驱　并驾，两匹马并排拉一辆车；齐驱，一齐快跑。《文心雕龙·附会》："并驾齐驱，而一毂统辐。"后用以形容双方的事业或学业同时并进，不分前后。

并柯　连理枝，根株不同，而枝却并连生长在一起的草木。《文选·颜延之〈三月三日曲水诗序〉》："赪茎素毳，并柯共穗之瑞。"李善注："并柯，连理也。"

并禽　成对的禽鸟，多指鸳鸯。张先《天仙子》词："沙上并禽池上暝，云破月来花弄影。"

并头莲　陈淏子《花镜》卷五："〔并头莲〕红白俱有，一干两花。"因用以比喻恩爱夫妻。曾瑞卿《留鞋记》第四折："休拗折并头莲，莫揾杀双飞燕。"亦作"并蒂莲"。

并吞　兼并；容纳。《史记·秦始皇本纪》："囊括四海之志，并吞八荒之心。"郭璞《江赋》："总括汉泗，兼包淮湘，并吞沅澧，汲引沮漳。"

并行不悖　同时进行，不相抵触。《礼记·中庸》："万物并育而不相

害，道并行而不相悖。"悖，违背。

屏（bìng）见"屏当"。

另见 bīng、bǐng、píng。

屏当 亦作"摒挡"、"并(併)当"。收拾；料理。《晋书·阮孚传》："客至，屏当不尽，余两小簏，以为背后，倾身障之。"

病（bìng）❶失去健康的状态。如：患病；病态。也指害病。如：他病了。❷瑕疵；弊害。如：疵病；弊病。❸害。如：病国病民。❹病加重。《仪礼·既夕礼》："疾病，外内皆埽。"郑玄注："疾甚曰病。"❺困乏；疲惫。《论语·卫灵公》："从者病，莫能兴。"❻担忧；患苦。《礼记·乐记》："病不得其众也。"《左传·襄公二十四年》："范宣子为政，诸侯之币重，郑人病之。"❼不满；责备。《国语·晋语三》："舅所病也。"韦昭注："病，短也。"《礼记·表记》："君子不以其所能者病人。"郑玄注："病谓罪咎之。"❽恨。《左传·文公十八年》："与刖其父而弗能病者何如。"杜预注："言不以父刖为病恨。"

偋（bìng）隐蔽。见《说文·人部》"偋"段玉裁注。

另见 bǐng。

摒（bìng）❶除去；排除。如：摒绝妄念；摒之门外。❷见"摒挡"。

摒挡 同"屏当"。料理；收拾。如：摒挡行李。

蟛（bìng）见"蟛蟛"。

bō

发〔發〕（bō）见"发发"。

另见 fā、fà。

发发 象鱼跃声。亦作"鲅鲅"、"泼泼"。《诗·卫风·硕人》："鳣鲔发发。"《韩诗外传》引作"鲅鲅"。《吕氏春秋·季春纪》高诱注引作"泼泼"。

拨〔撥〕（bō）❶使东西移动或分开。如：拨钟；拨船；拨火。白居易《香炉峰下新卜山居草堂初成偶题东壁重题》诗："香炉峰雪拨帘看。"❷除去；废除。《汉书·司马迁传》："秦拨去古文。"参见"拨乱反正"。❸弹，拨弄乐器上的弦索。如：拨琵琶。弹琵琶时拨弦发声的用具也叫拨。白居易《琵琶行》："曲终收拨当心画。"❹调拨；调配。如：拨款。拨人到分厂去。❺不正。《荀子·正论》："不能以拨弓曲矢中。"

另见 fá。

拨剌 亦作"泼剌"、"拨剌"。象声之词。《后汉书·张衡传》："弯威弧之拨剌兮，射螧豭之封狼。"按《文选·张衡〈思玄赋〉》作"拨剌"，此状开弓声。杜甫《漫成一绝》："船尾跳鱼拨剌鸣。"此状鱼跃声。

拨乱反正 治平乱世，回复正常。《公羊传·哀公十四年》："拨乱世反诸正，莫近诸《春秋》。"《汉书·礼乐志》："汉兴，拨乱反正，日不暇给。"

拨冗 从繁忙中抽出时间来。《红楼梦》第十六回："见贾琏远路归来，少不得拨冗接待。"

波（bō）❶水的起伏现象。苏轼《赤壁赋》："清风徐来，水波不兴。"❷流转的目光。如：秋波。傅毅《舞赋》："目流睇而横波。"❸比喻事情的横生曲折。如：一波未平，一波又起。❹书法指捺的折波。见"一波三折"。❺通"播"。播迁；奔跑。如：奔波。❻宋元时口语，犹"吧"。关汉卿《窦娥冤》第一折："婆婆，你听我说波。"

波波 ❶奔波劳累貌。岑参《闲乡送上官秀才归关西别业》诗："风尘奈尔何，终日独波波。"❷面食名。即馎饦、磨磨。杨慎《升庵外集·饮食·毕罗》："馎罗，修食也。……今北人呼为波波，南人讹为磨磨。"

波臣 《庄子·外物》："周(庄周)顾视车辙中，有鲋鱼焉……曰：'我东海之波臣也，君岂有斗升之水而活我哉？'"波臣，鲋鱼自称，意谓水族中的臣仆奴隶。后亦借指淹死的人。汪中《哀盐船文》："旋入雷渊，并为波臣。"

波荡 ❶动荡，不稳定。《后汉书·公孙述传》："方今四海波荡，匹夫横议。"❷奔竞。《晋书·刘弘传》："惩波荡之弊，养退让之操。"

波动 比喻动荡；不稳定。如：情绪波动。

波及 本谓波浪所及，引申为播散到。《左传·僖公二十三年》："子女玉帛，则君有之；羽毛齿革，则君地生焉。其波及晋国者，君之余也。"王引之《经义述闻·春秋左传上》："波读为播。郑注《禹贡》云：'播，散也。'言散及晋国者也。"亦指影响到或牵涉到。柳宗元《与友人论为文书》："登文章之箓，波及后代，越不过数十人耳。"

波诮云诡 见"云诮波诡"。

波澜 波涛。马融《长笛赋》："波澜鳞沦。"范仲淹《岳阳楼记》："春和景明，波澜不惊。"常比喻像波澜一样壮阔起伏的现象。崔珏《哭李商隐》诗："词林枝叶三春尽，学海波澜一夜干。"

波俏 同"庯峭"。也作"波峭"。形容俊美而有风致。马致远《青衫泪》第二折："小子金银又多，又波俏。"

波峭 同"庯峭"。也作"波俏"。周密《齐东野语》卷八"庯峭"："今京师指人之有风指(致)者，亦谓之波峭。"

波扇 鼓动；扇动。《晋书·陈頵传》："頵与王导书曰：'……浮竞驰驱，互相贡荐，言重者先显，言轻者后叙，遂相波扇，乃至凌迟。'"

泼〔潑〕（bō）见"泼泼"。

另见 pō。

泼泼 鱼甩尾貌。《吕氏春秋·季春纪》"荐鲔于寝庙"高诱注："《诗》曰：'鳣鲔泼泼。'"按今本《诗·卫风·硕人》作"鳣鲔发发"。范仲淹《临川羡鱼赋》："泼泼晴波，在彼中河。"

骏〔驋〕（bō）❶马怒。见《广韵·十三末》。❷马奔跑。见《玉篇·马部》。

玻（bō）见"玻璃"。

玻璃 由熔体过冷所得，并因粘度逐渐增大而具有固体机械性质的无定形物体。一般性脆而透明，各向同性，受热无固定的熔点。通常指硅酸盐玻璃。最常见的是"钠钙玻璃"，以石英砂、纯碱、长石及石灰石等为主要原料，有时还加入少量澄清剂（如硝酸钠、氧化砷等）、着色剂（如氧化钴、氧化镍等）或乳浊剂（如磷酸钙、氟化钙等）。将原料混和、熔融、澄清、匀化后，加工成形，再经退火处理而得玻璃制品。除硅酸盐玻璃外，尚有以磷酸盐、硼酸盐为主的玻璃，以及以钛、锆、钒、锗、锑等氧化物或硫、硒、碲化合物为主要成分的特种玻璃。此外，还有由透明的有机高分子化合物形成的有机玻璃和金属玻璃。广泛用于生活用品、包装用品、建筑和照明材料以及高新技术等方面。

璑（bō）同"播"。

跛（bō）见"跛跛"。

另见 bào。

跛跛 蹄声。元稹《田家词》："牛吒吒，田确确，旱块敲牛蹄跛跛。"

砵（bō）用于地名。今内蒙古自治区卓资县有麻地砵。

钵 [鉢、缽、盋](bō) ❶僧徒食器,钵多罗(梵文 Pātra)的略称。《全唐诗话》卷六载:僧贯休入蜀,以诗投王建,有"一瓶一钵垂垂老,千水千山得得来"之句。❷盛器。如:饭钵;茶钵;乳钵。

般 (bō) 见"般若"。另见 bān,pán。

般若 梵语 Prajñā 的音译,一译"波若","智慧"之意。佛教用以指如实了解一切事物的智慧。佛教认为,般若智慧非世俗人所能获得,是一种超越世俗认识的特殊认识,通过般若可到达涅槃彼岸,为成佛所必需。为表示它和一般智慧不同,故用音译。大乘佛教称之为"诸佛之母"。

饽 [餑](bō) ❶面饼。见"饽饽"。❷茶上浮沫。陆羽《茶经·五之煮》:"凡酌,置诸碗,令沫饽均。沫饽,汤之华也。华之薄者曰沫,厚者曰饽。"

饽饽 北方方言。用以称馒头、糕点或其他面食。如:油面饽饽;硬面饽饽。《红楼梦》第七十一回:"这里有饽饽,请点补些儿。"

剥 ㊀(bō) ❶剥蚀脱落。《南史·褚炫传》:"风吹纸剥。"❷伤害。《书·泰誓中》:"剥丧元良。"❸六十四卦之一,坤下艮上。《易·剥》:"象曰:山附于地,剥。"孔颖达疏:"山本高峻,今附于地,即是剥落之象。"参见"剥复"。❹象声。见"剥啄"。

㊁(bō,又音 bāo) 去掉皮壳;去掉外层。如:剥橘子;剥花生。《诗·小雅·楚茨》:"或剥或亨(烹)。"另见 bó,pū。

剥夺 ❶用强制手段夺去。如:剥夺言论自由。❷剥削;掠夺。元稹《钱货议状》:"黎庶之重困,不在于赋税之暗加,患在于剥夺之不已。"

剥肤 《易·剥》:"剥床以肤,凶。"意谓损害及于肌肤。后因用"剥肤"形容受害很深。韩愈《郓州溪堂诗序》:"剥肤椎髓,公私扫地赤立。"

剥复 《周易》二卦名。剥,剥落;复,来复。《易·杂卦》:"剥,烂也;复,反也。"后合用为盛衰、消长之意。《宋史·程元凤传》:"极论世运剥复之机。"

剥落 ❶剥蚀脱落。李白《襄阳歌》:"君不见晋朝羊公一片石,龟头剥落生莓苔。"羊公,羊祜。❷谓科举应试落第。郑德辉《倩女离魂》第三折:"他得了官别就新婚,剥落呵羞归故里。"亦作"驳落"。

剥啄 象声词。指敲门声。高适《重阳》诗:"岂有白衣来剥啄,一从乌帽自欹斜。"亦指下棋声。陆游《自咏》:"高枕静听棋剥啄,幽窗闲对石嶙峋。"

菠 (bō) 见"菠菜"。

菠菜(Spinacia oleracea) 又名"菠薐"。藜科。一二年生草本。主根粗长,赤色,味略甜。基出叶椭圆或箭形,浓绿色;叶柄长而肉质。雌雄异株或少有同株,单性花或少有两性花。依果实是否有刺,可分有刺种与无刺种两类。性喜冷凉气候,耐寒性强,适于沙壤或粘壤土生长。原产伊朗;中国各地普遍栽培,北方以秋冬栽培和冬播春收为主,南方则秋、冬、春均可栽培。为主要绿叶菜之一。

跋 [蹳](bō) 踢;用脚拨开。《汉书·夏侯婴传》:"汉王急,马罢(疲),虏在后,常跋两儿弃之。"王先谦补注:"以足蹋两儿使下也。"

番 (bō) 见"番番"。另见 fān,pān,pó。

番番 勇武貌。《诗·大雅·崧高》:"申伯番番。"毛传:"番番,勇武貌。"

铍 [鈹](bō) 化学元素[周期系第Ⅶ族(类)副族元素]。符号 Bh。原子序数 107。具强放射性。化学性质应近似于铼。由重离子轰击法人工合成而得。质量数为 262 的同位素,半衰期为 4.7 毫秒。

鲅 [鱍](bō) 见"鲅鲅"。

鲅鲅 鱼跳跃掉尾的声音和状态。陆游《雨》诗:"池鱼鲅鲅随沟出。"亦作"发发"。

碆 (bō) 射鸟用的石制箭头。马融《广成颂》:"矰碆飞流,纤罗络缫。"

蕃 (bō) 见"吐蕃"。另见 fān,fán,pí。

播 (bō,旧读 bò) ❶撒;布种。如:播种;春播。《诗·豳风·七月》:"其始播百谷。"❷传播;传扬。如:广播;播音。《后汉书·袁绍传》:"播名海内。"❸分散。《书·禹贡》:"又北播为九河。"❹舍弃。《楚辞·九叹·思古》:"播规矩以背度兮。"❺迁徙;流亡。《后汉书·献帝纪赞》:"献生不辰,身播国屯。"参见"播迁"。

另见 bǒ。

播荡 犹"播越"。《左传·襄公二十五年》:"夏氏之乱,成公播荡。"

播弄 挑拨;摆布玩弄。如:播弄是非。白朴《梧桐雨》第二折:"如今明皇年已昏眊,杨国忠、李林甫播弄朝政。"

播迁 流离迁徙。卢谌《赠刘琨》诗:"王室丧师,私门播迁。"庾信《哀江南赋》:"始播迁于吾祖。"参见"播越"。

播扬 ❶发动。《左传·昭公三十年》:"将焉用自播扬焉!"杜预注:"播扬,犹劳动也。"❷传扬。《三国志·魏志·文帝纪》裴松之注引袁宏《汉纪》:"斯乃播扬洪烈,立功垂名之秋也。"

播越 流亡;流离失所。《左传·昭公二十六年》:"兹不穀震荡播越,窜在荆蛮。"

嶓 (bō) 见"嶓冢"。

嶓冢 山名。一作嶓。《书·禹贡》梁州:"岷嶓既艺",导山:"导嶓冢至于荆山",导水:"嶓冢导漾,东流为汉",指梁州境内漾水即汉水上源所出之山。漾水指西汉水某一支流,古人误以为系汉水上源,故班固、郑玄《水经》作者都认为西汉水所出的是嶓冢山,在今甘肃天水市和礼县之间。后人既知西汉水并非汉水上源,因又指今陕西宁强北汉源所出之山为嶓冢。北魏并置嶓冢县于山侧。此后地理图籍中遂有二嶓冢,学者所争论的问题是哪一个嶓冢系《禹贡》所指。

磻 (bō) 缴矢所用的石块。《文选·张衡〈西京赋〉》:"磻不特絓,往必加双。"薛综注:"沙石胶丝为磻。非徒获一而已,必双得之。"

另见 pán。

bó

百 (bó) 用于地名。广西壮族自治区有百色市。另见 bǎi,mò。

孛 (bó,又音 bèi) ❶变色貌。通作"勃"。《论语·乡党》:"色勃如也。"《说文·市部》引作"孛"。❷星芒四出扫射的现象,因即以为彗星的别称。《释名·释天》:"孛星,星旁气孛孛然也。"《公羊传·昭公十七年》:"冬,有星孛于大辰。孛者何?彗星也。"

字老 元代戏曲里老年男子的俗称。由外、末、净等脚色扮演。如杂剧《潇湘夜雨》的崔文远是"外扮孛老"。

字相 吴方言谓嬉游。亦作"薄相"。今多作"白相"。

伯 (bó) ❶父亲的哥哥。如：大伯；二伯。杜甫《醉歌行别从侄勤落第归》："汝伯何由发如漆？"❷指兄弟姐妹中年最长者。《诗·邶风·泉水》："问我诸姑，遂及伯姊。"参见"伯仲叔季"。❸对父辈亲友的通称。如：老伯；世伯。❹古时领导一方的长官。《周礼·春官·大宗伯》："九命作伯。"❺古爵位名。为五等爵的第三等。直至清代仍沿用。《礼记·王制》："王者之制禄爵，公、侯、伯、子、男，凡五等。"❻欧洲的爵位名。古罗马帝国时指皇帝侍从（comes），兼掌军事、民政、财政，有时出任地方长官。法兰克王国时代沿用（法 comte）。亦为封建社会的大领主。王权加强后成为贵族爵衔，即"伯爵（英 earl）"，位在侯爵与子爵之间。❼旧时对文章品德足为表率者的尊称。杜甫《暮春陪李尚书湖亭泛舟》诗："海内文章伯。"❽古代军队编制，百人为伯。参见"什伯❶"。❾古代祭名。《诗·小雅·吉日》："既伯既祷。"毛传："伯，马祖也。"因以为祭马祖之称。❿姓。春秋时有伯州犁。

另见 bà、bǎi、mò。

伯道无儿 晋代邓攸，字伯道，战乱中携子侄逃难，途中屡遇险，恐难两全，乃弃去己子，保全侄儿，后终无子。时人为他惋惜说："天道无知，使邓伯道无儿。"见《晋书·邓攸传》。后人因称无子为"伯道无儿"或"伯道之忧"。韩愈《游西林寺题萧二兄郎中旧堂》诗："中郎有女能传业，伯道无儿可保家。"

伯父 ❶父之兄。亦称与父辈分相同的年长男子。❷古天子称同姓诸侯。《仪礼·觐礼》："同姓大国，则曰伯父；其异姓，则曰伯舅。"郑玄注："伯父，同姓大邦而言。"

伯劳 亦作"博劳"，旧称"鵙"。鸟纲，伯劳科，伯劳属各种的通称。喙强而锐利。食大型昆虫以及蛙、蜥蜴或小型鸟兽等。中国习见的棕背伯劳，体长约28厘米。头、颈和上背呈珠灰色，向后至腰部渐转棕黄。头侧有黑色贯眼纹，翼及尾羽亦大部黑色。颏及喉纯乳白色。下体带灰色。夏栖山野，冬居平原。主食昆虫，为农林益鸟。终年留居中国西南及长江流域以南地区。

伯母 伯父之妻。《晋书·顾众传》："事伯母以孝闻。"

伯强 古代传说中的疫鬼名。《楚辞·天问》："伯强何处，惠气安在？"王逸注："伯强，大厉疫鬼也，所至伤人。"

伯氏 长兄。《诗·小雅·何人斯》："伯氏吹埙，仲氏吹篪。"郑玄笺："伯仲，喻兄弟也。"

伯兄 长兄。《书·吕刑》："伯父伯兄，仲叔季弟。"《孟子·告子上》："乡人长于伯兄一岁，则谁敬？"

伯仲 ❶指兄弟的次第。《诗·小雅·何人斯》："伯氏吹埙，仲氏吹篪。"郑玄笺："伯仲，喻兄弟也。"伊世珍《琅嬛记》卷上引《文粹拾遗》："李易安贺人李生启中有云：'无午未二时之分，有伯仲两楷（当作'偕'，一作'嗜'）之似。'"❷古代对五十岁后的男子不称名字而称排行，表示尊敬。《礼记·檀弓上》："幼名，冠字，五十以伯仲。"❸比喻不相上下的事物。王羲之《与谢安书》："蜀中山水，如峨眉山夏含霜霁，碑板之所闻，昆仑之伯仲也。"

伯仲叔季 兄弟行辈中长幼排行的次第，伯是老大，仲第二，叔第三，季最小。古时用于成年的表字或对人的敬称。《仪礼·士冠礼》："曰：伯某甫，仲、叔、季，唯其所当。"

佛 (bó) 通"勃"。《荀子·非十二子》："佛然平世之俗起焉。"杨倞注："佛，读为勃。勃然，兴起貌。"

另见 bì、fó、fú。

驳〔駁、駮〕(bó) ❶马毛色不纯。《诗·豳风·东山》："皇驳其马。"毛传："骊白曰驳。"亦泛指不纯；混杂。如：驳杂。《庄子·天下》："其道舛驳。"❷辨正是非；列举理由，否定别人的意见。如：辩驳；驳斥；反驳；批驳。《名义考》卷七："行移家以行下为仰，不允其议为驳。"又文体名。陈懋仁《文章缘起注》"驳"："汉兴，始立驳议。杂议不纯，故谓之驳。"❸用船搬运。如：驳运。❹传说中的猛兽。《山海经·西山经》："有兽焉，其状如马，而白身黑尾，一角，虎爪牙，音如鼓，其名曰驳。是食虎豹，可以御兵。"

驳荦 牛毛色不纯。引申为斑驳，文采交错。《汉书·司马相如传上》："赤瑕驳荦，杂臿其间。"颜师古注引郭璞曰："驳荦，采点也。"按此谓玉的文采。韩愈《纳凉联句》："大壁旷凝净，古画奇驳荦。"

驳落 颜色混杂。白居易《玩半开花赠皇甫郎中》诗："浅深妆驳落，高下火参差。"亦作"驳骆"。王嘉《拾遗记》卷十："东有云石，广五百里，驳骆如锦。"

驳议 文体名。臣属向皇帝上书的一种名称。蔡邕《独断》："凡群臣上书于天子者有四名，一曰章，二曰奏，三曰表，四曰驳议。"又说："其有疑事，公卿百官会议，若台阁有所正处，而独执异意者，曰驳议。驳议曰：某官某甲议以为如是，下言臣愚戆议异。"一般是指在上书中驳正别人的议论，如唐柳宗元有《驳复仇议》。

茀 (bó) 通"勃"。气急促貌。《庄子·人间世》："兽死不择音，气息茀然。"

另见 fú。

拍 (bó) 通"膊"。肩胛。《周礼·天官·醢人》："豚拍鱼醢。"

另见 pāi。

帛 (bó) ❶丝织物的总称。《左传·闵公二年》："卫文公大布之衣，大帛之冠。"❷指书籍。《文心雕龙·练字》："简蠹帛裂。"❸姓。东汉有帛意。

帛书 写在帛上的文字。《史记·封禅书》："乃为帛书以饭牛。"《汉书·苏武传》："言天子射上林中，得雁，足有系帛书。"

瓝 (bó) ❶小瓜，即瓞。《诗·大雅·绵》"绵绵瓜瓞"孔颖达疏引舍人曰："瓞名瓝，小瓜也。"❷草名。《尔雅·释草》："瓝，九叶。"郝懿行义疏引翟灏曰："《图经本草》关中呼淫羊藿为三枝九叶草，疑即此也。"

泊 (bó) ❶停船靠岸。《晋书·王濬传》："风利不得泊也。"❷停留；暂住。陈子昂《古意题徐令壁》诗："闻君太平世，栖泊灵台侧。"❸恬静；淡泊。《汉书·司马相如传上》："泊乎无为。"❹通"薄"。《论衡·率性》："禀气有厚泊。"❺厘米·克·秒制中粘度的单位。为纪念法国科学家泊肃叶（Jean Louis Poiseuille，1799—1869）而命名。1 泊 = 1 克/（厘米·秒）= 0.1 帕·秒。

另见 pō。

怕 (bó) 通"泊"。恬淡。《文选·司马相如〈子虚赋〉》："怕乎无为。"《汉书·司马相如传》作"泊"。

另见 pà。

坒〔塴〕(bó) 广东方言，即垻。高一市尺，宽三市尺。如：搭草菇坒。

驳〔駁〕(bó) 见"駁龺"。

駁龺 西域所产之骏马。《玉篇·马部》："駁龺，蕃中马也。"白居易《武丘寺路宴别诸妓》诗："清管曲终鹦鹉语，红旗影动駁龺嘶。"亦作"薄寒"。无名氏《酒泉子》词："红耳薄寒，摇头弄耳摆金镮。"

柏〔栢〕(bó) ❶柏(bǎi)的旧读。❷古国名。在今河南西平，春秋时为楚所灭。❸姓。
另见 bǎi、bò、pò。

柏梁体 七言诗体的一种。相传汉武帝在柏梁台上和群臣联句，共赋七言诗，每人一句，每句用韵，一句一意。世称柏梁体。后人多疑此诗为伪托。

勃(bó) ❶猝然。《左传·庄公十一年》："禹、汤罪己，其兴也勃焉。"❷旺盛貌。见"勃勃"、"蓬勃"。❸奋发或发怒变色的样子。《论语·乡党》："色勃如也。"参见"勃然"。❹通"渤"。渤海亦作勃海。
另见 bèi。

勃勃 旺盛貌。如：生气勃勃；野心勃勃。《法言·渊骞》："勃勃乎其不可及也。"

勃姑 鸟名，即鹁鸠。陆游《春社》诗："桑眼初开麦正青，勃姑声里雨冥冥。"

勃然 ❶犹忽然，猝然。《庄子·天地》："荡荡乎忽然出，勃然动。"❷兴起或奋发的样子。《淮南子·兵略训》："有圣人勃然而起，乃讨强暴，平乱世。"❸因发怒或心情紧张而变色。《孟子·万章下》："王勃然变乎色。"

勃窣 ❶同"勃屑"、"蹩躠❸"。匍匐而行。《汉书·司马相如传上》："媻姗勃窣上金堤。"颜师古注："媻姗勃窣，谓行于丛薄之间也。"❷《世说新语·文学》："刘(刘惔)前进谓抚军曰：'下官今日为公得一太常博士妙选。'既前，抚军与之话言，咨嗟称善曰：'张凭勃窣为理窟。'即用为太常博士。"按张凭有才气，长言语。勃窣，形容才华的由内而外迸发而出。又按《广韵·十一没》："窣：勃窣，穴中出也。"其义相近。

勃谿 谿，亦作"蹊"。指家庭中的争吵。《庄子·外物》："室无空虚，则妇姑勃谿，争斗也。"成玄英疏："勃谿，争斗也。"

勃屑 匍匐而行。《楚辞·七谏·怨世》："西施媞媞而不得见兮，蒹母勃屑而日侍。"王逸注："勃屑犹媻姗，膝行貌。"参见"勃窣❶"。

勃郁 亦作"郁勃"。风回旋的样子。《文选·宋玉〈风赋〉》："勃郁烦冤，冲孔袭门。"李善注："勃郁烦冤，风回旋之貌。"

㤊(bó) ❶强暴。《方言》第十二："㤊，强也。"郭璞注："谓强戾也。"戾即暴戾。❷怨恨。《方言》第十二："㤊，恚也。"郭璞注："今为怨恚。"《广雅·释诂》："㤊，恨也。"

胉(bó) 牲的两胁。《仪礼·士丧礼》："其实特豚，四鬄，去蹄，两胉、脊、肺。"郑玄注："胉，胁也。"

颮(bó) 见"颮飑"。

颮飑 夏季劲吹的东南风。沈贞《乐神曲·风伯》诗："骀荡兮春初，颮飑兮夏徂。"

垞(bó) 尘貌。见《玉篇·土部》。

钹〔鈸〕(bó) 古称"铜钹"、"铜盘"。中国击乐器。铜制，圆形，中部隆起如半球状，其径约当全径的二分之一。以两片为一副，相击发声。初流行于西域，南北朝时传至内地。唐代十部乐中有七部用钹。后被广泛采用于民间歌舞、戏曲、吹打乐、锣鼓乐中，并形成大小不同的多种形制，以及铙、镲、小镲等各种变体。

钹

铂〔鉑〕(bó) 化学元素[周期系第 VIII 族(类)元素]。铂系元素之一。符号 Pt。原子序数 78。俗称"白金"。银白色金属。熔点 1 772℃。质软而富有延展性。易机械加工。化学性质稳定，但溶于王水和熔融的碱。可用来制耐腐蚀的化学仪器(如铂电极等)以及特殊用途的合金。铂及其含铑合金可用作热电偶，铂铱及铂铜合金还可制作首饰等。在化学工业中常用铂(铂黑)作为催化剂。钌、锇、铑、铱、钯及铂六个元素，统称为"铂系元素"。

飑(bó) 同"颮"。

亳(bó) 古都邑名。商汤时都城。共有三处：(1)在今河南商丘市东南，相传汤曾居于此，又名南亳。(2)在今河南商丘市北，相传诸侯拥戴汤为盟主于此，又名北亳。(3)在今河南偃师市西，相传汤攻克夏时所居，又名西亳。灭夏后还都北亳。建国后在偃师市二里头发现商代早期宫殿基址。

浡(bó) ❶兴起貌。《孟子·梁惠王上》："天油然作云，沛然下雨，则苗浡然兴之矣。"❷涌出。《淮南子·原道训》："原流泉浡，冲而徐盈。"高诱注："浡，涌也。"

悖〔詩〕(bó) 通"勃"。盛貌。《左传·庄公十一年》："其兴也悖焉。"
另见 bèi。

襏〔襏〕(bó) 见"襏襫"。

襏襫 蓑衣一类的防雨服。《国语·齐语》："首戴茅蒲，身衣襏襫。"韦昭注："茅蒲，簦笠也；襏襫，襄襫衣也。"一说，粗糙结实的衣服。《管子·小匡》："身服襏襫。"尹知章注："襏襫，谓粗坚之衣，可以任苦著者也。"

剥(bó) 通"驳"。❶见"剥异"。❷转运；驳运。萧良翰《拙斋十议·优恤船户议》："故为今计，若河道疏通，不用起剥，则粮运生民并受其福矣。"
另见 bō、pū。

剥异 剥，通"驳"。犹辩难。《后汉书·胡广传》："若事下之后，议者剥异，异之则朝失其便。"

骠〔驃〕(bó) 水兽名。《文选·郭璞〈江赋〉》："骠马腾波以嘘蹀。"李善注："《山海经》曰：'骠马，牛尾，白身，一角，其音如虎。'"吕延济注："骠马，水兽。"

梻(bó，又读 pò) 见"榅"。

牪(bó) 母牛。曹操《与杨太尉书》："今赠足下锦裘二领……青牪牛二头。"

舶(bó) 航海的大船。欧阳修《白鹦鹉》诗："此鸟何年随海舶。"后亦泛称一般船只。

舶来品 指由外国进口的商品。旧时外国商品主要由水路用船舶载运而来，故名。

舶人 航海者。《新唐书·地理志七下》："国人于海中立华表，夜则置炬其上，使舶人夜行不迷。"

舶䑸风 梅雨结束盛夏开始时强

盛的东南风。苏轼《舶趠风》诗:"三旬已断黄梅雨,万里初来舶趠风。"该诗序云:"吴中梅雨既过,飒然清风弥旬。岁岁如此,湖人谓之舶趠风。是时海舶初回,云此风自海上与舶俱至云尔。"又朱国桢《涌幢小品》:"吴中五六月间,梅雨既过,必有大风连数日……谓之舶趠风。……凡舶遇此风,日行数千里,虽猛而不为害。"又舶趠风主旱。明陶宗仪《说郛》引汉崔寔《农家谚》有:"舶趠风云起,旱魃深欢喜。"

飚(bó)　《说文·瓜部》:"飚,小瓜也。"段玉裁注:"谓有一种小瓜名飚,一名瓞。"

脖〔頯〕(bó)　脖子;颈项。《红楼梦》第八十回:"金桂听了,把脖项一扭。"

烞(bó)　烟起貌。见《广韵·十一没》。

袹(bó)　衲裆谓之袹腹。见《集韵·二十陌》。按《广雅·释器》作"袹腹",即今背心。

另见 mò。

博(bó)　❶大。《淮南子·氾论训》:"岂必褒衣博带。"❷广;通。如:博学多闻;博古通今。《荀子·劝学》:"吾尝跂而望矣,不如登高之博见也。"《后汉书·章帝纪》:"博贯六艺。"❸众多;丰富。如:地大物博。《论语·子罕》:"博我以文,约我以礼。"❹通"簿"。见"博塞"。❺换取;取得。如:聊博一笑;以博欢心。《宋书·索虏传》:"若厌其区字者,可来平城居;我往扬州住,且可博与土地。"注:"伧人谓换易为博。"

博古　❶通晓古代事物。《孔子家语·观周》:"吾闻老聃博古知今。"❷图绘古器物形状的中国画,或以器物图形装饰的工艺品。如博古画、博古屏等。北宋大观中,徽宗命王黼等编绘宣和殿所藏古彝器,成《宣和博古图》三十卷。

博贯　博览贯通。《后汉书·班固传》:"年九岁,能属文诵诗赋,及长,遂博贯载籍。"

博劳　鸟名。即"伯劳"。《孟子·滕文公上》"今也南蛮鴃舌之人"赵岐注:"鴃,博劳鸟也。"

博洽　谓知识广博。《后汉书·杜林传》:"林从竦(张竦)受学,博洽多闻。"

博塞　本作"簙簺"。古代的博戏。《庄子·骈拇》:"问谷奚事,则博塞以游。"成玄英疏:"行五道而投

琼曰博,不投琼曰塞。"杜甫《今夕行》:"咸阳客舍一事无,相与博塞为欢娱。"

博施济众　语出《论语·雍也》:"子贡曰:'如有博施于民,而能济众,何如?'"何晏集解:"君能广施恩惠,济民于患难。"《二十年目睹之怪现状》第十五回:"所以孔子说,博施济众,尧舜犹病。"

博士买驴　讥讽文辞冗长芜杂,不得要领。《颜氏家训·勉学》:"邺下谚云:'博士买驴,书券三纸,未有驴字。'"

博徒　赌徒。《史记·魏公子列传》:"公子闻赵有处士毛公藏于博徒,薛公藏于卖浆家。"

博闻　见闻广博。《汉书·贾谊传》:"于是皆选天下之端士,孝悌博闻有道术者以卫翼之,使与太子居处出入。"

博闻强志　见闻广博,记忆力强。《史记·屈原贾生列传》:"博闻强志,明于治乱,娴于辞令。"亦作"博闻强识"、"博闻强记"。《礼记·曲礼上》:"博闻强识而让,敦善行而不怠。"《三国演义》第四十回:"粲博闻强记,人皆不及。尝观道旁碑文一过,便能记诵。"

博物　通晓许多事物。《汉书·楚元王传赞》:"博物洽闻,通达古今。"

博学　学问广博。《论语·子罕》:"大哉孔子,博学而无所成名。"

博雅　学识渊博雅正。《楚辞·招隐士序》:"昔淮南王安,博雅好古,招怀天下俊伟之士。"

博依　广泛地取助于比喻。《礼记·学记》:"不学博依,不能安诗。"郑玄注:"博依,广譬喻也。"孔颖达疏:"博,广也;依谓依倚也。谓依倚譬喻也。"

博弈　《论语·阳货》:"不有博弈者乎?"博,局戏,用六箸十二棋;弈,围棋。

博喻　比喻方式的复合类型。联贯使用多种喻体作比来描写表现一个事物对象。如苏轼《百步洪》诗:"长洪斗落生跳波,轻舟南下如投梭。水师绝叫凫雁起,乱石一线争磋磨。有如兔走鹰隼落,骏马下注千丈坡。断弦离柱箭脱手,飞电过隙珠翻荷。"后四句连用七个极快的动作为比喻来形容轻舟在百步洪急流中飞驰的情景:像兔子跑,像飞鹰疾落,像骏马下坡,像弦断离柱,像箭射脱手,像闪电过隙,像露珠翻荷。博喻在语

词句式上接连排叠,描写上多角度多层次,富有气势和力度。

荸(bó)　见"荸荠"。

鹁〔鵓〕(bó)　见"鹁鸠"、"鹁鸪"。

鹁鸪　即"鹁鸠"。陆游《东园晚兴》诗:"竹鸡群号似知雨,鹁鸪相唤还疑晴。"

鹁鸠　鸟名。亦作"鹁鸪"、"勃姑"。象其鸣声。天将雨,则鸣愈急,故俗称水鹁鸪。陆玑《毛诗草木鸟兽虫鱼疏》卷下:"鹁鸠灰色,无绣项,阴则屏逐其匹,晴则呼之。语曰'天将雨,鸠逐妇'是也。"

殕(bó)　倒毙。《新唐书·五行志二》:"东都大雨,人多殍殕。"

另见 fǔ。

锛〔鎃〕(bó)　本作"鬻"。《集韵·十一没》:"鬻、锛,《说文》:'吹釜溢也。'或从金。"按段玉裁《说文解字注》:"今江苏俗谓火盛水沸溢出为锛出,鬻之转语也,正当作鬻字。"

飵(bó)　同"馎"。

渤(bó)　❶水涌貌。❷见"渤海"、"渤澥"。

渤海　❶唐时以靺鞨粟末部为主体,结合其他靺鞨诸部和部分高句骊所建政权。武周圣历元年(公元698年)由粟末部首领大祚荣建立,初称震国。玄宗先天二年(713年),唐派崔忻封大祚荣为左骁卫大将军、渤海郡王,设置忽汗州,加授大祚荣为忽汗州都督,改称渤海。渤海按唐制建立政治、经济制度。使用汉文。唐玄宗以后,渤海经常派人到长安朝贡、请封号。多次派学生来京师太学学习,文化发达。农业产稻、粟、豆、麦。手工业品有布、绸、陶器。最盛时辖境有五京、十五府、六十二州。其中设在乌苏里江东岸一带的有四府十一州。上京龙泉府遗址在今黑龙江宁安市西南渤海镇。辽太祖天显元年(926年),被辽所灭,改称东丹,以辽太子倍为东丹王。后迁辽河流域,都辽阳。太子倍泛海入后唐后,东丹建置渐废。部分遗民以今鸭绿江畔白山市为中心建立定安国,辽圣宗时亦并入辽。❷中国的内海。在辽宁、河北、山东、天津三省一市间。东以辽东半岛南端老铁山角到山东半岛北岸蓬莱角间的渤海海峡同黄海相通。庙岛群岛绵亘峡口。南北长

556 公里,东西宽 236 公里,面积 7.72万平方公里。平均水深约 18 米,最深 70 米。为一个半封闭的大陆架浅海。沿岸有辽东、渤海、莱州三湾。辽河、海河、黄河等河口附近较浅。产对虾、蟹和黄鱼。海底富藏石油和天然气。

渤潏 水沸涌貌。晁补之《五丈渠》诗:"悬流下喷水渤潏,讹言相惊有怪物。"

渤解 即"渤澥"。

渤澥 古代称东海的一部分,即渤海。《文选·司马相如〈子虚赋〉》:"浮渤澥,游孟诸"《初学记》卷六:"东海之别有渤澥,故东海共称渤海,又通谓之沧海。"《史记·司马相如列传》作"勃澥"。裴骃集解:"《汉书音义》曰:'海别枝名也。'"司马贞索隐:"案《齐都赋》云,海旁曰勃,断水曰澥也。"

渤溢 水涌流貌。元稹《有酒》诗:"鲸归穴兮渤溢,鳌载山兮低昂。"

蒲 (bó) 见"蒲姑"。
另见 pú。

蒲姑 古国名。一作亳姑、薄姑。在今山东博兴东南。周成王即位时,与武庚和东方夷族反抗周朝,被周公所灭,作为吕尚的封地,连同周围地区,建立齐国。

搏 (bó) ❶搏斗。如:肉搏。《左传·僖公二十八年》:"晋侯梦与楚子搏。"❷拍击。见"搏髀"。❸跳动。如:脉搏。❹捕捉。《周礼·夏官·环人》:"搏谍贼。"❺攫取;拾取。《史记·李斯列传》:"铄金百溢,盗跖不搏。"

搏髀 拍击大腿,表示激动。亦指按照乐曲节奏打拍子。《史记·李斯列传》:"夫击瓮叩缶、弹筝搏髀而歌呼呜呜快耳目者,真秦之声也。"亦用为赞叹或惋惜的表示。《史记·张释之冯唐列传》:"上(汉文帝)既闻廉颇、李牧为人,良说(悦)而搏髀曰:'嗟乎!吾独不得廉颇、李牧时为吾将。'"

搏拊 简称"拊"。中国古击乐器。据《释名·释乐器》,搏拊形如鼓,革制,内盛糠,以手拊拍之。专用于雅乐。

鲌 〔鮊〕(bó) 硬骨鱼纲、鲤科。一群栖息淡水中上层的中型鱼类。体侧扁;口大,斜或上翘;腹面全部或后部具肉棱。背鳍具硬刺,臀鳍延长。以鱼、虾及水生昆虫等为食。中国各地江河、湖泊均产。大者

可达七千克,为淡水经济鱼类之一。常见的有红鳍鲌(Culter erythropterus)和翘嘴红鲌(Erythroculter ilishaeformis)等。

猼 (bó) 犬名。见《广韵·十九铎》。
另见 pò。

餺 〔餺〕(bó) 见"餺饦"。

餺饦 亦作"不托"、"飥饦"。一种煮食的面食。《齐民要术》卷九"饼法":"餺饦,挼如大指许,二寸一断,著水盆中浸,宜以手向盆旁挼使极薄,皆急火逐沸熟煮。"欧阳修《归田录》卷二:"汤饼,唐人谓之不托,今俗谓之餺饦矣。"

爆 (bó) 同"煿"。

燹 (bó) 古族名。亦作"僰人"。曾建有僰侯国。《史记·西南夷列传》:"取其筰马、僰僮。"张守节正义:"今益州南戎州北临大江,古僰国也。"春秋前后居住在以僰道(今四川宜宾)为中心的今川南及滇东一带。

箔 (bó) ❶苇子或秫秸织成的帘子,可以苫屋顶、铺床或当门帘、窗帘用。裴铏《传奇·裴航》:"俄于苇箔之下,出双玉手,捧瓷。"也指一般的帘子。白居易《长恨歌》:"珠箔银屏迤逦开。"❷养蚕用的竹筛子或竹席。韩愈《晚秋郾城夜会联句》:"春蚕看满箔。"❸金属薄片。如:金箔。❹涂过金属粉的纸。如:锡箔。

魄 (bó) ❶见"旁魄"。❷象声。《史记·周本纪》:"有火自上复于下,至于王屋。流为乌,其色赤,其声魄云。"
另见 pò,tuò。

膊 (bó) 同"髆"。❶膀子。如:肩膊;胳膊。❷大块肉。《淮南子·缪称训》:"故同味而嗜厚膊者,必其甘之者也。"高诱注:"厚膊,厚切肉也。"❸磔尸而曝之。《左传·成公二年》:"杀而膊诸城上。"孔颖达疏:"膊谓去衣磔之。"《方言》云:"膊,曝也。"❹见"腷膊"。

煿 (bó) 同"爆"。王实甫《西厢记》第二本第二折:"五千人也不索炙煿煎熬。"

蒪 〔蒪〕(bó) 见"蒪赾"。

蒪赾 饼名。皇甫枚《三水小牍》:"乃命溲面煎油作蒪赾者,移时不成。"

暴 (bó) ❶鼓起;突出。《红楼梦》第六十回:"你倒会扭头暴筋,瞪着眼,撖摔我。"❷见"暴乐"。
另见 bào,pù。

暴暴 突起貌。《荀子·富国》:"暴暴如丘山。"

暴乐 脱落稀疏貌。《尔雅·释诂》:"毗、刘,暴乐也。"郭璞注:"谓树木叶缺落荫疏,暴乐。见《诗》。"郝懿行义疏:"暴乐之为言,犹剥落也。"

踣 (bó) ❶仆倒。《吕氏春秋·行论》:"将欲踣之,必高举之。"《聊斋志异·席方平》:"〔席〕痛欲复裂,半步而踣。"❷倒毙。《国语·鲁语上》:"桀奔南巢,纣踣于京。"引申为处死、陈尸。《周礼·秋官·掌戮》:"凡杀人者踣诸市,肆之三日。"❸灭亡;败亡。《左传·襄公十一年》:"踣其国家。"《管子·七臣七主》:"故设用无度,国家踣。"

镈 〔鎛〕(bó) ❶锄田去草的农具。《诗·周颂·良耜》:"其镈斯赵,以薅荼蓼。"❷通"敷"。《淮南子·俶真训》:"华藻镈鲜。"俞樾《诸子平议》卷二十九:"按镈从尃声,尃犹敷也,谓以金敷布其上也。古者以金饰物谓之镈。"❸古代乐器。青铜制。形似钟而口缘平,有钮可悬挂,以槌叩之而鸣,是从钟发展来的形式。盛行于东周时代。一般自铭为钟,自铭为镈的仅有春秋时代齐国的"鑰镈",现藏中国历史博物馆。

镈

襮 (bó) 短袖衫。《潜夫论·浮侈》:"裙襮衣被,费缣百缣,用功十倍。"

駮 (bó) ❶传说中的猛兽。《尔雅·释畜》:"駮如马,倨牙,食虎豹。"❷树名。一名駮马。《诗·秦风·晨风》:"山有苞栎,隰有六駮。"孔颖达疏:"駮马,梓榆也,其树皮青白駮荦,遥视似駮马,故谓之駮马。"
另见 bó 驳。

薄 (bó) ❶轻微。《易·系辞下》:"德薄而位尊。"❷少。《左传·僖公三十年》:"焉用亡郑以倍邻?邻之厚,君之薄也。"❸淡薄。《庄子·胠箧》:"鲁酒薄而邯郸围。"❹土地贫瘠。《孟子·告子上》"则

地有肥硗”赵岐注：“硗，薄也。”❺不厚道。《史记·商君列传》：“商君其天资刻薄人也。”司马贞索隐：“薄，谓弃仁义不悃诚也。”❻减轻。《孟子·梁惠王上》：“省刑罚，薄税敛。”❼轻视；鄙薄。《史记·孙子吴起列传》：“曾子薄之（指吴起）。”❽草木茂密。《说文·艸部》：“薄，林薄也。”段玉裁注：“《吴都赋》：‘倾薮薄。’刘注曰：‘薄，不入之丛也。’按林木相迫不可入曰薄。”曹植《七启》：“搜林索险，探薄穷阻。”❾迫近。李密《陈情表》：“日薄西山，气息奄奄。”❿附着。《楚辞·九章·涉江》：“腥臊并御，芳不得薄兮。”⓫侵入。《荀子·天论》：“寒暑未薄而疾。”⓬通“箔”。（1）帘子。《礼记·曲礼上》：“帷薄之外不趋。”（2）养蚕之器。《史记·绛侯周勃世家》：“勃以织薄曲为生。”司马贞索隐：“谓勃本以织蚕薄为生业也。”⓭通“鑮”。装饰。《史记·礼书》“弥龙所以养威也”裴骃集解引徐广曰：“乘舆车金薄璆龙。”司马贞索隐引刘氏曰：“薄，犹饰也。”⓮通“泊”。停舟不行。谢灵运《富春渚》诗：“赤亭无淹薄。”⓯通“欂”。见“薄栌”。⓰通“亳”。《荀子·议兵》：“古者汤以薄。”⓱作语助。见“薄言”。⓲姓。汉代有薄昭。

另见 báo，bò。

薄笨车　一种制作粗简而行驰不快的车子。《宋书·刘凝之传》：“夫妻共乘薄笨车出市。”《南史·隐逸传》作“蒲笨车”。

薄薄　❶广大貌。《荀子·荣辱》：“薄薄之地，不得履之。”❷车疾驰声。《诗·齐风·载驱》：“载驱薄薄。”❸很淡薄。苏轼《薄薄酒》诗：“薄薄酒，胜茶汤。”

薄海　《书·益稷》：“外薄四海。”薄，逼近。谓及于四海。后统称海内外为“薄海”。陆世仪《乙酉元夕》诗：“敷天犹有泪，薄海但闻歌。”

薄寒　轻寒。《楚辞·九辩》：“憯凄增欷兮，薄寒之中人。”

薄宦　谓官职卑微。《南史·陶潜传》：“潜弱年薄宦，不絜去就之迹。”

薄技　亦作“薄伎”。微小的技能。《颜氏家训·勉学》：“积财千万，不如薄伎在身。”亦用为才力微小的谦词。司马迁《报任少卿书》：“主上幸以先人之故，使得奏薄伎。”

薄遽　同“迫遽”。犹言急迫。《汉书·严助传》：“王居远，事薄遽，不与王同其计。”颜师古注：“薄，迫也。遽，速也。”

薄栌　同“欂栌”。柱上斗栱。《汉书·王莽传下》：“为铜薄栌。”

薄媚　淡雅可爱状。陆龟蒙《野梅》诗：“风怜薄媚留香与，月会深情借艳开。”

薄命　谓命运不好。旧时常用以形容女子的痛苦遭遇。洪希文《书美人图》诗：“可怜前代汗青史，薄命佳人类如此。”

薄暮　傍晚；太阳快落山的时候。杜甫《对雪》诗：“乱云低薄暮。”

薄物细故　谓微小的事情。《汉书·匈奴传上》：“孝文后二年，使使遗匈奴书曰：‘……朕追念前事，薄物细故，谋臣计失，皆不足以离昆弟之欢。’”

薄相　玩要；游玩。苏轼《次韵黄鲁直赤目》：“天公戏人亦薄相，略遣幻翳生明珠。”按《太仓志》作“白相”，《吴江志》作“孛相”，今吴方言作“白相”。

薄行　品行不好。《世说新语·文学》：“郭象者，为人薄行，有俊才。”

薄幸　❶犹言薄情，负心。杜牧《遣怀》诗：“十年一觉扬州梦，赢得青楼薄幸名。”❷旧时女子对所欢的昵称。犹云冤家。周紫芝《谒金门》词：“薄幸更无书一纸。”

薄言　发语词。刘淇《助字辨略》卷五：“薄，辞也；言，亦辞也。薄言，重言之也。《诗》凡云‘薄言’，皆是发语之辞。”《诗·周南·芣苢》：“采采芣苢，薄言采之。”

馞（bó）　见“馝馞”。

𫄨〔繴〕（bó）　纺麻。吾丘瑞《运甓记·官诰荣封》：“缅想北堂恩义，苦𫄨麻翦发勤劬。”

另见 bì。

豰（bó）　小猪。《说文·豕部》：“豰，小豚也。”

另见 hù。

謈（bó）　因痛而呼喊。《汉书·东方朔传》：“上令倡监榜舍人，舍人不胜痛，呼謈。”榜，打。汪中《哀盐船文》：“痛謈田田，狂呼气竭。”

㩧（bó）　❶击。《晋书·石勒载记下》：“勒盛囊于百尺楼，自上㩧杀之。”❷投落。卢仝《忆金鹅山沈山人》诗：“夜叉喜欢动关锁，锁声㩧地生风雷。”

嚗（bó）　拟声词。《庄子·知北游》：“嚗然放杖而笑。”

簙（bó）　古时一种博戏。《楚辞·招魂》：“菎蔽象棋，有六簙些。”王逸注：“簙，一作博。”

髆（bó）　同“膊”。肩胛；肩膀。《颜氏家训·慕贤》：“古人云，千载一圣，犹旦暮也；五百年一贤，犹比髆也。言圣贤之难得，疏阔若此。”参见“膊❶”。

犦（bó，又读 bào）　同“犦”。参见“犦槊”。

犦槊　古代仪仗用的一种兵器。程大昌《演繁露》卷二：“《尔雅》：‘犦牛，犎牛也。’此兽抵触百兽，无敢当者。故金吾仗刻犦牛于槊首，以碧油囊笼之。”参见“犦矟”。

簿（bó）　通“箔”。如：蚕簿。

另见 bù。

爆（bó）　见“爆烁”。

另见 bào。

爆烁　犹剥落。枝叶稀疏不均貌。《诗·大雅·桑柔》“捋采其刘”毛传：“刘，爆烁而希也。”郑玄笺：“及已捋采之，则叶爆烁而疏。”亦作“暴乐”。

欂（bó）　见“欂栌”。

欂栌　即斗栱。柱上承梁的方木。《急就篇》卷三：“榱椽欂栌瓦屋梁。”朱骏声《说文通训定声·豫部》：“单言曰栌，累言曰欂栌……方木，似斗形，在短柱上，拱承屋栋。”

襮（bó）　❶绣着黼文的衣领。《尔雅·释器》：“黼领谓之襮。”《诗·唐风·扬之水》：“素衣朱襮。”❷外表。《汉书·叙传上》：“张修襮而内逼。”颜师古注：“应劭曰：‘张，张毅也，外修恭敬，斯徒马圉皆与亢礼，不胜其劳，内热而死。’师古曰：襮，表也。”❸暴露。《新唐书·李晟传》：“将务持重，岂宜自表襮为敌饵哉？”

犦（bó）　见“犦矟”。

犦矟　古代仪仗的一种。《新唐书·仪卫志上》：“又二人持犦矟，皆佩横刀。犦矟以黄金涂末。”杨巨源《贺田仆射子弟荣拜金吾》诗：“五侯恩泽不同年，叔侄朱门犦矟连。”亦作“犦槊”。见程大昌《演繁露》卷二。

礴（bó）　❶见“磅礴”。❷拍击。《南齐书·张融传》：“浪相礴而起千状，波独涌乎惊万谷。”

犦（bó，又读 bào）　亦作“犦”。即“封牛”。《尔雅·释畜》

"犦牛"郭璞注："领上肉犦胅起，高二尺许，状如橐驼，肉鞍一边。健行者日三百余里。今交州合浦徐闻县出此牛。"

䮧（bó）　鼠属。见《玉篇·鼠部》。

鸔（bó）　亦作"铸"。锅里的汤水煮沸而溢出。《说文·鬻部》："吹声沸也。"段玉裁《说文解字注》作"炊釜沸溢也"。注："今江苏俗谓火盛水沸溢出为铺沸，鸔之转语也。正当作鸔字。"按《集韵·十一没》同"铸"。

鎛（bó）　❶古乐器。《仪礼·大射礼》："笙磬西面，其南笙钟，其南鎛。"郑玄注："鎛，如钟而大，奏乐以鼓鎛为节。"❷同"镈❸"。

bǒ

跛（bǒ）　瘸一腿。如：跛足；跛行。《穀梁传·成公元年》："〔齐〕使跛者御跛者。"御音迓，迎。

另见 bì。

跛鳖千里　《淮南子·说林训》："跬步不休，跛鳖千里。"跬步，半步。比喻只要努力不懈，即使条件很差，也能获得成功。

播（bǒ）　通"簸"。摇；扬。《论语·微子》："播鼗武入于汉。"何晏集解："播，摇也；武，名也。"

另见 bō。

簸（bǒ）　❶扬去谷米粒中的糠皮杂物。《诗·大雅·生民》："或春或揄，或簸或蹂。"❷摇动。如：簸荡；颠簸。张衡《西京赋》："荡川渎，簸林薄。"

另见 bò。

簸弄　犹播弄、玩弄。韩愈《别赵子》诗："婆娑海水南，簸弄明月珠。"

簸扬　扬去谷物里的糠、秕等杂物。《诗·小雅·大东》："维南有箕，不可以簸扬。"

bò

柏〔栢〕（bò）　同"蘗"。

另见 bǎi，bó，pò。

薄（bò）　见"薄荷"。

另见 báo，bó。

薄荷（Mentha haplocalyx）　唇形科。多年生草本。茎方形，被有微柔毛。叶对生，卵形或长圆形，有腺点。秋季开唇形花，红、白或紫红色，轮生于叶腋。用分株、扦插或种子繁殖。中

国主要产区在江苏、江西、浙江、湖南等省。茎叶可提取薄荷油、薄荷脑，供医药、食品和化妆品工业用。茎叶入药，性凉、味辛，有祛风散热、止痛、健胃和祛痰作用，主治外感发热、头痛、咽喉肿痛、皮肤瘾疹等症。

薄荷
右：花

檗（bò）　同"蘗"。

擘（bò）　❶拇指。《尔雅·释鱼》："蝮虺博三寸，首大如擘。"❷弹。王建《宫词》："十三初学擘箜篌。"❸剖；分开。白居易《秦中吟》："果擘洞庭橘，脍切天池鳞。"宋濂《秦士录》："邻牛方斗不可擘，拳其脊，折仆地。"参见"擘肌分理"。

擘划　亦作"擘画"。筹划；安排。如：擘划经营。《淮南子·要略》："擘画人事之终始者也。"高诱注："擘，分也。"黄宗羲《周云渊先生传》："述学（周云渊）在南北兵间，多所擘画。"

擘肌分理　理，指肌肤的纹理。比喻分析事理十分细密。《文选·张衡〈西京赋〉》："剖析毫釐（厘），擘肌分理。"李周翰注："虽毫釐、肌理之间，亦能分擘。"亦喻烦苛琐细。《资治通鉴·梁武帝大同十一年》："惟务吹毛求疵，擘肌分理，以深刻为能，以蝇逐为务。"

擘窠　擘，划分；窠，框格。刻印时在印章上划分的横直界格。赵希鹄《洞天清禄集·古钟鼎彝器辨》："汉印多用五字，不用擘窠。"又写碑文划界大书，也叫"擘窠"。《通雅·器用·书法》："擘窠，言擘书窠分也。"

擘窠书　"大字"的别称。古人写碑为求匀整，有以横直界线画成方格者，叫"擘窠"。唐颜真卿《乞御书放生池碑额表》："前书点画稍细，恐不堪经久，臣今谨据石擘窠大书。"后泛指大字为擘窠书。

簸（bò）　见"簸箕"。

另见 bǒ。

簸箕　一种手工清粮农具。用竹篾或柳条等编成，形似畚箕而较大。用于扬净谷物。

蘗（bò）　同"檗"。《本草纲目·木部二》："蘗木，黄蘗。"黄蘗，亦称"黄柏"、"蘗木"、"黄柏椤"。落叶乔木。树皮厚，软木质。木材供建筑、航空器材、细木工等用。树皮可制软木，并入药。

bo

卜〔蔔〕（bo）　见"萝卜"。

另见 bǔ。

啵（bo）　表商榷或祈使语气，相当于"吧"。康进之《李逵负荆》第二折："你就对学究哥哥根前说啵。"亦作"波"。关汉卿《窦娥冤》第二折："我与你去问病波。"

bū

庯（bū）　同"庸"。

誧〔誧〕（bū）　❶大。见《说文·言部》。按《玉篇·言部》作"大言也"。❷谋；谏。见《广雅·释诂》。❸人相助。见《集韵·十一模》。

逋（bū）　❶逃亡。《左传·哀公十六年》："逋窜于晋。"引申为隐逸。如：逋客。❷拖欠。苏辙《送毛君致仕》诗："晚为二千石，得不偿所逋。"亦指拖延、稽迟。《晋书·蔡谟传》："顷以常疾，久逋王命。"

逋荡　玩忽职守，恣意游荡。《汉书·丙吉传》："吉驭吏耆（嗜）酒，数逋荡。"

逋负　❶拖欠赋税。《史记·汲郑列传》："庄任人宾客为大农僦人，多逋负。"庄，郑当时之字。❷泛指各种未偿的仇恨、债务等。《后汉书·段颎传》："洗雪百年之逋负，以慰忠将之亡魂。"

逋客　❶逃亡的人。孔稚珪《北山移文》："请回俗士驾，为君谢逋客。"❷避世隐居之人。耿沣《赠韦山人》诗："失意成逋客，终年独掩扉。"❸颠沛流亡之人。白居易《读李杜诗集因题卷后》诗："暮年逋客恨，浮世谪仙悲。"

逋留　稽留。《三国志·魏志·王朗传》："孙权欲遣子登入侍，不至。是时车驾徙许昌，大兴屯田，欲举军东征。朗上疏曰：'……臣恐舆人未畅圣旨，当谓国家惮于登之逋留，是以为之兴师。'"

逋慢　有意规避，不遵守法令。李密《陈情表》："诏书切峻，责臣逋慢。"

逋迁 谓流亡迁徙异地。《国语·晋语二》："辱收其逋迁裔胄而建立之，以主其祭祀。"

逋欠 谓拖欠租税。《宋史·孝宗纪三》："诏省部漕臣，催理已蠲逋欠者，令台谏觉察。"

逋峭 同"庸峭"。形容人物有风致。《魏书·温子昇传》："尝诣萧衍客馆受国书，自以不修容止，谓人曰：'诗章易作，逋峭难为。'"参见"庸峭"。

逋逃 逃亡的罪人。《书·牧誓》："乃惟四方之多罪逋逃，是崇是长，是信是使，是以为大夫卿士。"亦指流亡者。杜甫《遣遇》诗："奈何黠吏徒，渔夺成逋逃。"

逋亡 逃亡。《史记·秦始皇本纪》："发诸尝逋亡人、赘婿、贾人略取陆梁地。"

逋悬 拖欠。旧时常指拖欠租税。《三国志·吴志·华覈传》："夺其播殖之时，而责其今年之税，如有逋悬，则籍没财物。"

逋债 欠债。《晋书·武帝纪》："复天下租赋及关市之税一年，逋债宿负皆勿收。"

逋租 欠租。《后汉书·光武帝纪上》："初，光武为春陵侯家讼逋租于严尤，尤见而奇之。"

峬(bū) 见"峬峭"。

峬峭 同"庸峭"。

餔〔餔〕(bū) ❶食。《楚辞·渔父》："众人皆醉，何不餔其糟而歠其醨？"❷给食，以食与人。《史记·高祖本纪》："有一老父过，请饮，吕后因餔之。"❸通"晡"。申时，相当十五点至十七点。《后汉书·王符传》："非朝餔不得通。"

另见 bù。

餔歠 食与饮，泛指吃食。《孟子·离娄上》："孟子谓乐正子曰：'子之从于子敖来，徒餔歠也。'"朱熹注："餔，食也；歠，饮也。言其不择所从，但求食耳。"

餔时 申时，相当十五点至十七点。《淮南子·天文训》："〔日〕至于悲谷，是谓餔时。"高诱注："悲谷，西南方之大壑。"

庸(bū) 见"庸峭"。

庸峭 亦作"逋峭"、"波俏"、"波峭"。本为山岩屋势倾斜曲折貌，借以形容人物或文笔有风致。《魏书·温子昇传》："尝诣萧衍客馆受国书，自以不修容止，谓人曰：'诗章易作，逋峭难为。'"宋祁《宋景文公笔

记·释俗》："齐魏间，以人有仪矩可喜者，谓之庸峭。"周密《齐东野语》卷八："今京师指人之有风指者，亦谓之波峭。"

晡(bū) 申时，即午后三时至五时。亦泛指傍晚。宋玉《神女赋序》："晡夕之后，精神恍忽。"杜甫《徐步》诗："荒庭日欲晡。"

bú

轐〔轐〕(bú) 车伏兔。参见"兔❷"。

纀〔纀〕(bú) 《尔雅·释器》："裳削幅，谓之纀。"郭璞注："削杀其幅，深衣之裳。"江永《乡党图考·衣服》："深衣等裳无辟积，其当旁之衽，须斜裁，谓之杀。"按谓古代深衣下裳两旁裁为上狭下阔。参见"深衣"。

另见 fú。

醭(bú，旧读 pú) 酒、酱、醋等因败坏而生的白霉。也泛指一切东西受潮而生的霉斑。杨万里《风雨》诗："梅天笔墨多生醭。"

bǔ

卜(bǔ) ❶占卜。古人用火灼龟甲取兆，据以推测吉凶。后来也指用其他方法预测吉凶。《左传·桓公十一年》："卜以决疑，不疑何卜？"❷估计；猜测。柳宗元《答韦中立论师道书》："仆自卜固无取。"❸选择。陶潜《移居》诗："昔欲居南村，非为卜其宅。"❹赐予。《诗·小雅·楚茨》："卜尔百福。"❺姓。

另见 bo。

卜卜 啄木声。韩琦《啄木》诗："剥剥复卜卜，意若念良木。"

卜辞 即"甲骨文"。商代王室崇尚迷信，凡祭祀、征伐、田猎、出入、年成、风雨、疾病等，常用龟甲兽骨占卜吉凶，并在其上铭刻占卜时日、占卜者的名字、所占卜的事情和占卜结果等。甲骨上的文字，大都是占卜之辞，间或有少数记事文字，也常和占卜有关，所以一般称为卜辞。

卜儿 元代戏曲里老年妇人的俗称。一般由老旦或搽旦扮演。如杂剧《玉壶春》的李氏是"老旦扮卜儿"。

卜凤 《左传·庄公二十二年》："懿氏卜妻敬仲，其妻占之曰：'吉，是谓凤凰于飞，和鸣锵锵。'"卜妻敬仲，谓拟以女为田敬仲之妻求卜。后

因以"卜凤"称择婿。白居易《得乙女将嫁于丁既纳币而乙悔判》："况卜凤以求士，且靡咎言；何奠雁而从人，有乖宿诺。"

卜骨 古代占卜用的兽骨。多用牛、羊、猪的肩胛骨，根据火灼形成的裂纹以定吉凶。中国新石器时代晚期的龙山文化和齐家文化已开始出现，多用羊和猪的肩胛骨，火灼前不钻、凿。商代盛行用卜骨，有牛、羊、猪和鹿的肩胛骨，以牛肩胛骨居多，火灼前先行钻、凿。西周时期亦有发现。

卜甲 古代占卜用的龟甲。多用龟的腹甲，也有用背甲的，先行钻、凿，再以火灼，其作用与卜骨同。

卜居 ❶择地居住。费衮《梁溪漫志》卷四："建中靖国元年，东坡自儋北归，卜居阳羡。"也指择定建都的地方。《史记·秦本纪》："以牺三百牢祠鄜畤，卜居雍。"❷《楚辞》篇名。谓卜问所以自处之道。王逸说："《卜居》者，屈原之所作也。屈原体忠贞之性，而见嫉妒，……卜己居世，何所宜行。"因篇中有"屈原既放"、"屈原曰"等句，似出于第三者的记述，现代研究者多疑为非屈原所作。但亦有人认为系屈原自设问答之辞以寄意。

卜邻 选择好邻居。《左传·昭公三年》："谚曰：'非宅是卜，惟邻是卜。'二三子先卜邻矣。"杜甫《寄赞上人》诗："一昨陪锡杖，卜邻南山幽。"

卜筮 古时占卜，用龟甲称卜，用蓍草称筮，合称卜筮。《诗·卫风·氓》："尔卜尔筮，体无咎言。"《韩非子·亡徵》："用时日，事鬼神，信卜筮而好祭祀者，可亡也。"

卜数 犹术数。《史记·日者列传》："试之卜数。"司马贞索隐："卜数，犹术数也。"

卜算子 ❶词牌名。又名《缺月挂疏桐》、《百尺楼》、《眉峰碧》等。双调四十四字，仄韵。苏轼《黄州定惠院寓居作》一阕和陆游《咏梅》一阕都很有名。另有《卜算子慢》，八十九字或九十三字，仄韵。❷曲牌名。一名《百尺楼》。属南曲仙吕宫。字句格律与词牌半阕同。用作引子。

卜宅 ❶《书·召诰》："太保朝至于洛，卜宅，厥既得卜，则经营。"本指用占卜来择地建都。后来也指选择住处。杜甫《秋野》诗："系舟蛮井络，卜宅楚村墟。"❷以占卜选定墓地。《礼记·杂记上》："大夫卜宅与

葬日。"孔颖达疏:"宅谓葬地。"

卜昼卜夜　《左传·庄公二十二年》载:齐桓公使敬仲为工正,并到敬仲家去。敬仲设酒宴招待他。桓公甚乐。至晚,"公曰:'以火继之。'辞曰:'臣卜其昼,未卜其夜,不敢。'"后因以称宴乐无度、昼夜相继。亦作"卜夜卜昼"。纪昀《阅微草堂笔记·姑妄听之三》:"又冶荡殊常,蛊惑万状,卜夜卜昼,靡有已时,尚嘻嘻不足。"

卜筑　择地筑屋。孟浩然《冬至后过吴张二子檀溪别业》诗:"卜筑依自然,檀溪不更穿。"

卟（bǔ）　卟吩,旧称"晔"。由四个吡咯环通过四个碳原子所构成的一个多杂环化合物。

甫（bǔ）　通"圃"。见"甫田"。
另见 fǔ。

甫田　古泽薮名。即"圃田泽"。

补〔補〕（bǔ）　❶修整破损的衣服器物。《礼记·内则》:"衣裳绽裂,纫箴请补缀。"❷补足;补充。如:补课;增补。《晋书·刘弘传》:"随资品,选补诸缺吏。"❸补救。《汉书·晁错传》:"救主之失,补主之过。"❹补助;补益。如:滋补;补品。《孟子·梁惠王下》:"春省耕而补不足,秋省敛而助不给。"《汉书·董仲舒传》:"凡所为屑屑,夙兴夜寐,务法上古者,又将无补与?"颜师古注:"屑屑,动作之貌。补,益也。"❺补子的省称。见"补服"。

补服　旧时的官服。前胸及后背缀有用金线和彩丝绣成的"补子",也叫"背胸",是品级的徽识。此制明代已有。清代文官绣鸟,武官绣兽。一品,文鹤,武麒麟;二品,文锦鸡,武狮;三品,文孔雀,武豹;四品,文雁,武虎;五品,文白鹇,武熊;六品,文鹭鸶,武彪;七品,文鸂鶒,武彪(如武六品);八品,文鹌鹑,武犀牛;九品,文练雀,武海马。此外都御史、按察使等,均绣獬豸。详《清通典·礼·嘉四》。

补衮　❶皇帝穿衮龙衣,故称补救皇帝的缺失为"补衮"。《诗·大雅·烝民》:"衮职有阙。维仲山甫补之。"阮瑀《为曹公作书与孙权》:"愿仁君及孤虚心回意,以应诗人补衮之叹,而慎《周易》牵复之义。"❷唐代补阙官之别名。杜甫《北游》诗:"备员窃补衮。"洪迈《容斋四笔·官称别名》:"唐人好以它名标榜官称……补阙(今司谏)为内谏,又曰补衮。"

补苴　补缀。语本《新序·刺奢》:"今民衣敝不补,履决不苴。"苴,用草来垫鞋底。引申为弥缝。韩愈《进学解》:"补苴罅漏。"罅漏,漏洞。

补阙　官名。唐武则天时置,掌对皇帝进行规谏,并举荐人员。左补阙属门下省,右补阙属中书省。北宋时改为左右司谏。南宋及元明重又设置,均随设随罢。与左右拾遗合称"遗补"。

补语　❶动词或形容词后面的补充说明的成分。表示动作的情况、结果、数量、性状的程度等。常作补语的词是形容词和副词。如"说清楚"中的"清楚","好得很"中的"很"等。补语前边有时要用助词"得"。❷相当于"宾语",指动词所表示的动作关涉的人和事物。

捕（bǔ）　捉拿;捉取。《汉书·灌夫传》:"遣吏分曹逐捕。"陶潜《桃花源记》:"武陵人,捕鱼为业。"

捕风捉影　比喻虚空不实。《朱子全书·学一》:"若悠悠地,似做不做,如捕风捉影,有甚长进!"《红楼梦》第九十五回:"袭人心里着忙,便捕风捉影的混沌,没一块石底下不找到,只是没有。"今多用以比喻言行没有事实根据。

捕快　即捕役。《老残游记》第三回:"各县捕快捉来的强盗,不是老实乡民,就是被强盗胁了去看守骡马的人。"

捕役　也叫"捕快"。旧称州县官署担任缉捕工作的差役。

哺（bǔ）　❶鸟以食物饲幼鸟。《尔雅·释鸟》:"生哺,鷇。"郭璞注:"鸟子须母食之。"以食物喂幼孩也叫哺。如:哺乳。《汉书·贾谊传》:"抱哺其子。"❷指口中所含的食物。《史记·鲁周公世家》:"一饭三吐哺。"

鹐〔鷤〕（bǔ）　大鸨,亦名"地鹐"。参见"鸨❶"。

堡（bǔ）　集镇,常用为地名。如:柴沟堡;马家堡。
另见 bǎo,pù。

鷃〔鷃〕（bǔ）　鸟名。即乌鷃。《尔雅·释鸟》:"鹐,乌鷃。"郭璞注:"水鸟也。似鹐而短颈,腹翅紫白,背上绿色,江东呼为乌鷃。"

鞴（bǔ）　牛络头。亦谓络发(髮)。见《集韵·一屋》。

bù

不（bù）　❶表否定。如:不是;不能;不好。❷表禁止。不要。《孟子·滕文公上》:"病愈,我且往见,夷子不来。"❸未;不到。《孟子·梁惠王上》:"直不百步耳,是亦走也。"❹非;不是。《礼记·中庸》:"苟不至德,至道不凝焉。"❺无。《左传·襄公二十三年》:"不德而有功。"❻作语助,无义。《诗·大雅·文王》:"帝命不时。"郑玄笺:"不时,时也。"
另见 fōu,fǒu,fū,pī。

不才　没有才能。《左传·成公三年》:"二国治戎,臣不才,不胜其任,以为俘馘。"也用为自称的谦辞。宗臣《报刘一丈书》:"何至更辱馈遗,则不才益将何以报焉!"

不测　❶不可揣度,指意外的灾祸。文天祥《指南录后序》:"去京口,挟匕首以备不测。"❷不可探测。贾谊《过秦论》:"据亿丈之城,临不测之溪以为固。"

不臣　❶做官不尽臣职或对君主没有礼貌。《汉书·王尊传》:"倨慢不臣。"也指反叛。《三国演义》第三回:"〔董卓〕统西州大军二十万,常有不臣之心。"❷君主对手下的官吏特别看重,不以一般的臣礼相待。《汉书·郊祀志上》:"天子(汉武帝)又刻玉印,曰天道将军,使使衣羽衣,夜立白茅上;五利将军(栾大)亦衣羽衣,立白茅上受印,以视不臣也。"视,通"示"。

不成　❶未长成。《左传·哀公五年》:"齐燕姬生子,不成而死。"❷不成功;不行。《儒林外史》第五回:"自己吃不成的,也要与人吃;穿不成的,也要与人穿。"又第六回:"浑家道:'这不成,他要继我们第五个哩。'"❸反诘之辞。用于句首,犹难道。高观国《凤栖梧》词:"拼却一番花信阻,不成日日春寒去。"也用于句末。《儒林外史》第一回:"你又不曾犯罪,难道官府来拿你的母亲去不成?"

不成器　《礼记·学记》:"玉不琢,不成器。"比喻不成材,没有出息。《晋书·嵇绍传》:"沛国戴晞,少有才智,与绍从子含相友善,时人许以远致,绍以为必不成器。"

不逞　不得志;不满意。《左传·襄公十年》:"初,子驷为田洫,司氏、堵氏、侯氏、子师氏皆丧田焉,故五族

聚群不逞之人,因公子之徒以作乱。"后因称为非作歹的人为"不逞之徒"或"不逞"。《后汉书·史弼传》:"外聚剽轻不逞之徒。"《宋史·崔鹍传》:"阴交不逞,密结禁廷。"

不吃烟火食 烟火食,熟食。道家谓仙人不吃熟食。比喻人之超尘脱俗,有出世之想。阮阅《诗话总龟前集》卷九引《直方诗话》:"文潜(张文潜)先与李公择辈来于家,作长句。后再同东坡来,坡读其诗,叹息云:'此不是吃烟火食人道底言语。'"后也用以称赞诗文立意高超,言词清丽,不同凡俗。今多指处世怪诞,不近人情。含贬义。亦作"不食人间烟火"。

不齿 ❶不收录。《书·蔡仲之命》:"降霍叔于庶人,三年不齿。"孔传:"三年之后乃齿录封为霍侯。"❷不与同列,不能同列,表示鄙视。《诗·鄘风·蟋蟀序》:"淫奔之耻,国人不齿也。"《汉书·陈胜项籍传赞》引贾谊《过秦论》:"陈涉之位,不齿于齐、楚、燕、赵、韩、魏、宋、卫、中山之君。"颜师古注:"齿,谓齐列如齿。"❸周制,官分九等,叫"九命"。"三命"官参加乡饮不按年龄排列座次,叫"不齿"。《周礼·地官·党正》:"壹命齿于乡里,再命齿于父族,三命而不齿。"

不耻下问 乐于向学问较差或职位较低的人请教,而不以为耻。《论语·公冶长》:"敏而好学,不耻下问。"

不翅 同"不啻❶"。不止。《庄子·大宗师》:"阴阳于人,不翅于父母。"

不啻 ❶不止;不仅。《书·无逸》:"不啻不敢含怒。"《红楼梦》第一百十五回:"那膏粱文绣,比着令闻广誉,真是不啻百倍的了。"亦作"弗啻"。李翱《感知己赋序》:"为文将数万言,愈昔年见于梁君之文弗啻数倍。"❷无异于。归有光《花史馆记》:"百年之内,视二千余年不啻一瞬。"❸不如;比不上。《聊斋志异·促织》:"举家庆贺,虽连城拱璧不啻也。"

不打紧 无关紧要。《水浒传》第四十三回:"这两个小虎且不打紧,那两个大虎非同小可。"亦作"不紧"。无名氏《马陵道》第二折:"我死不紧,只可惜我腹中有卷《六甲》天书,不曾传授与人。"

不当家花拉的 北方方言。亦作"不当价"、"不当人子"、"不当家化化的"、"不当家花花的"。"不当"原为对神灵亵渎不敬的意思,引申为罪过。"家(价)"、"花拉的"都是语助。刘侗、于奕正《帝京景物略·春场》:"夜不以小儿女衣置星月下……亦不置洗涤余水,为夜游神饮马也,曰'不当价'。"纪昀云:"如吴语云罪过。"《红楼梦》第二十八回:"王夫人听了道:'阿弥陀佛!不当家花拉的!就是坟里里,人家死了几百年,这会子翻尸倒骨的,作了药也不灵啊!'"

不倒翁 玩具名。也叫"扳不倒儿"。赵翼《陔馀丛考》卷三十三:"儿童嬉戏有不倒翁,糊纸作醉汉状,虚其中而实其底,虽按捺旋转不倒也。吴伟业集中有诗。考之《撼言》,则唐人已有此物,名'酒胡子',乃劝酒具也。"常用以讽刺巧于保持自己地位的人。

不道 ❶无道;行事悖理。《左传·僖公二年》:"今虢为不道,保于逆旅,以侵敝邑之南鄙。"❷封建时代刑律中所称十恶之一。《汉书·翟方进传》:"后丞相宣(薛宣)以一不道贼,请遣掾督趣(促)司隶校尉。"颜师古注引如淳曰:"律:杀不辜一家三人为不道。"《唐律疏议·名例·十恶》:"五曰不道:谓杀一家非死罪三人,及支解人,造畜蛊毒厌魅。"❸不觉;不料。苏轼《洞仙歌》词:"但屈指西风几时来,又不道流年暗中偷换。"杨万里《戊戌正月二日雪》诗:"只愁雪虐梅无奈,不道梅花领雪来。"❹犹岂不知。邓林《桂树》诗:"客衫犹恨吴棉薄,不道边人尽铁衣!"

不第 参加科举考试(一般指进士考试)没有被录取。也叫"落第"、"下第"。《新唐书·选举志上》:"其不第则业如初。"

不吊 ❶不吊丧。《礼记·檀弓上》:"死而不吊者三:畏,厌,溺。"孔颖达疏:"此一节论非理横死,不合吊哭之事。"畏,受冤屈而死。厌,通"压",谓被崩崖坠石压死。溺,溺水而死。❷不仁;不善。《诗·小雅·节南山》:"不吊昊天,不宜空我师。"郑玄笺:"不善乎昊天,诉之也。不宜使此人居尊官,困穷我之众民也。"《左传·昭公二十六年》:"帅群不吊之人,以行乱于王室。"❸犹言不幸。《左传·襄公二十三年》:"敢告不吊。"

不二法门 佛教用以称直接入道、不可言传的法门。佛教认为离开语言文字的"真如"、"实相"之理,平等不二,非一非异,菩萨悟入此不二之理,谓之入不二法门。后用以譬喻唯一的门径、方法。

不贰 ❶没有二心;不背离。《楚辞·九章·惜诵》:"事君而不贰兮,迷不知宠之门。"《荀子·王制》:"王者之制,道不过三代,法不贰后王。"❷一致;没有差异。《孟子·滕文公上》:"从许子之道,则市贾(价)不贰。"后因称商店出售物品价格划一为"不贰价"。

不贰过 不重犯同样的错误。《论语·雍也》:"不迁怒,不贰过。"

不法 违法;不守法。《后汉书·窦融传》:"融在宿卫十余年,年老,子孙纵诞,多不法。"

不分 ❶亦作"不忿"、"不愤"。不服气,气不过。葛胜仲《浣溪沙·赏芍药》词:"不分与花为近侍,难甘《溱洧》赠闲人。"花,指牡丹。苏舜钦《送人还吴江道中》诗:"不愤东风促行棹,羡他双燕逆风飞。"参见"不忿❷"。❷没有料到。刘辰翁《乌夜啼·初夏》词:"不分榴花更胜一春红。"

不忿 ❶不恼恨。《礼记·坊记》:"从命不忿,微谏不倦,劳而不怨。"❷不服气。无名氏《连环计》第四折:"被我把几句忠义的说话激发他,连李肃也不忿其事,因此拔刀相助,得成大功。"

不甫能 不,语助词,无义。甫,才。才能够;好不容易。王实甫《西厢记》第五本第一折:"虽离了我眼前,却在心上有;不甫能离了心上,又早眉头。"亦作"不付能"。《乐府阳春白雪·无名氏〈游四门〉》曲:"不付能等得红娘至,欲审旧题诗,支上角门儿。"

不根 《汉书·严助传》:"朔(东方朔)、皋(枚皋)不根持论,上颇俳优畜之。"颜师古注:"论议委随,不能持正,如树木之无根柢也。"委随,依违从俗。引申为没有根据。如:不根之谈。

不共戴天 不同在一个天底下生活,表示仇恨极深,誓不两立。语出《礼记·曲礼上》。《宋史·秦桧传》:"言金人以'和'之一字,得志于我者十有二年,以覆我王室,以弛我边备,以竭我国力,以懈缓我不共戴天之仇,以绝望我中国讴吟思汉之赤子。"

不辜 犹无辜、无罪。《墨子·非攻上》:"至杀不辜人也。"也指无罪的人。《左传·昭公二十七年》:"今

又杀三不辜,以兴大谤。"

不穀 不善。古代诸侯自称的谦词。《左传·僖公四年》:"岂不穀是为。"

不轨 越出常轨,不守法度。《左传·隐公五年》:"不轨之物,谓之乱政。"《汉书·淮南厉王刘长传》:"臣怙恩德骄盈,行多不轨。"

不果 ❶终于没有实行;没有成为事实。《左传·哀公十五年》:"〔司徒瞒成〕归,告褚师比,欲与之伐公(卫庄公),不果。"《孟子·梁惠王下》:"君是以不果来也。"❷不果决。《国语·吴语》:"莫如此志行不果。"韦昭注:"果,勇决也。"

不寒而栗 不寒冷而发抖,形容极其恐惧。《史记·酷吏列传》:"是日皆报杀四百余人,其后郡中不寒而栗。"

不合时宜 不合时势所需;与世情不相投合。《汉书·哀帝纪》:"皆违经背古,不合时宜。"

不讳 ❶直言无忌。《楚辞·卜居》:"宁正言不讳以危身乎?将从俗富贵以偷生乎?"❷不避讳君主或尊长的名字。《礼记·曲礼上》:"诗书不讳,临文不讳。"参见"讳"、"避讳❶"、"嫌名"。❸死的婉辞。《汉书·丙吉传》:"君即有不讳,谁可以自代者?"亦作"不可讳"。

不惑 遇事能明辨不疑。《论语·为政》:"四十而不惑。"后用作四十岁的代称。应璩《答韩文宪书》:"足下之年,甫在不惑。"

不羁 不受约束;豪放。《文选·邹阳〈狱中上书自明〉》:"使不羁之士与牛骥同皁。"李善注:"不羁,谓才行高远,不可羁系也。"

不及物动词 也叫"自动词"或"内动词"。动词的一种。它所表示的动作一般不以动作者以外的事物为对象。如"走"、"来"、"坐"等。

不即不离 本佛教用语。《圆觉经》:"不即不离,无缚无脱。"后多指对人的关系或态度,既不亲近,也不疏远。《儿女英雄传》第二十九回:"处得来天然合拍,不即不离。"或用于文学艺术上,指既不着迹,又不离题。

不急之务 不急需做的事。王维《与裴秀才迪书》:"非子天机清妙者,岂能以此不急之务相邀?然是中有深趣矣。"

不济事 不能成事;不管用。《北齐书·高昂传》:"高都督纯将汉儿,恐不济事。"也指病重无救。《儒林

外史》第一回:"一日,母亲吩咐王冕道:'我眼见得不济事了。'"

不见经传 经传上没有记载。经,指古代的经书。传,指阐明经义的文字。罗大经《鹤林玉露》卷六:"俗语云:'但存方寸地,留与子孙耕。'指心而言也。三字虽不见于经传,却亦甚雅。"后指事物没有根据或没有来历。也指人物或事物没有名气。

不借 麻鞋、草鞋的别名。《方言》第四:"丝作之者谓之履,麻作之者谓之不借。"《释名·释衣服》:"齐人谓草屦曰屝……或曰不借,言贱易有,宜各自蓄之,不假借人也。齐人云搏腊,搏腊犹把鲊(一本作"把鲊"),粗兒(貌)也。"按《周礼·夏官·弁师》"玉璂"郑玄注:"璂读如薄借綦之綦。"綦,鞋带。搏腊、薄借、不借,盖皆一声之转,非不假借于人之义。

不近人情 不合人之常情,或性情行为怪癖。《庄子·逍遥游》:"大有径庭,不近人情焉。"法琳《辨正论》卷八注引刘义庆《宣验记》:"吴主孙皓,性甚暴虐,作事不近人情。"

不经 ❶不遵守成规定法。《左传·襄公二十六年》:"故《夏书》曰:'与其杀不辜,宁失不经。'"❷不合常理,近乎妄诞;没有根据。如:不经之谈。《史记·孟子荀卿列传》:"其语闳大不经。"

不经事 没有经历过世事;不懂事。《晋书·桓冲传》:"谢安乃有庙堂之量,不闲将略。今大敌垂至,方游谈不暇,虽遣诸不经事少年,众又寡弱,天下事可知!"

不经一事不长一智 犹"吃一堑,长一智"。不经历一件事情,就不能增长对于这件事情的知识。《红楼梦》第六十回:"俗语说:'不经一事,不长一智。'我如今知道了。"

不经意 不在意;不经心。《宋史·王安石传》:"其属文动笔如飞,初若不经意,既成,见者皆服其精妙。"夏文彦《图绘宝鉴》卷一:"古人画稿谓之粉本,前辈多宝蓄之,盖其草草不经意处,有自然之妙。"

不胫而走 刘昼《新论·荐贤》:"玉无翼而飞,珠无胫而行。"胫,小腿。后以"不胫而走"比喻事物不待推行,就迅速传播。陈衍《辽诗纪事叙》:"今诸作皆不传。虽由其国严禁文字出境,亦所作未臻佳妙;虽出境,亦未必流传,非若燕支、祁连、敕勒川诸歌,横绝一世,不胫而走也。"

不居 ❶不停留。孔融《论盛孝章

书》:"岁月不居,时节如流。"❷不占有。《老子》:"功成而不居。"

不具 ❶不完备。《后汉书·祭祀志上》:"建武元年已前,文书散亡,旧典不具。"❷不详尽。书信末尾的常用语。张彦远《法书要录·右军书记》:"想上下无恙,力知问,不具。"参见"不宣"。

不龟手 龟,通"皲"。使手不冻裂。《庄子·逍遥游》:"宋人有善为不龟手之药者,世世以洴澼絖为事。客闻之,请买其方百金……客得之,以说吴王。越有难,吴王使之将,冬与越人水战,大败越人。裂地而封之。"后用以比喻原先地位微贱而终得富贵。崔道融《旅行》诗:"谁怜不龟手,他处却封侯。"

不刊 刊,削除。古时书文字于竹简,有误则削。不刊谓无可改易。扬雄《答刘歆书》:"是县(悬)诸日月,不刊之书也。"

不亢不卑 不高傲,不卑屈,对人的态度或言语很有分寸。《儿女英雄传》第十八回:"顾先生不亢不卑,受了半礼。"亦作"不卑不亢"。

不可救药 病重到无药可治,比喻无法挽救。《诗·大雅·板》:"多将熇熇,不可救药。"孔颖达疏:"多行惨酷毒害之恶,熇熇然使恶加于民,不可救止而药治之。"亦作"不可救疗"。《左传·襄公二十六年》:"今楚多淫刑,其大夫逃死于四方,而为之谋主以害楚国,不可救疗。"

不可思议 佛教指思维和言语都不能及的境界。《维摩诘所说经·不思议品》:"诸佛菩萨有解脱名不可思议。"慧远《维摩诘所说经义记》卷一:"不思据心,不议就口,解脱真德,妙出情妄,心言不及,是故名为不可思议。"又卷十:"德成自在,妙用难测,心言不及,名不思议。"后用以指事物的不可想像或难于理解。

不可同日而语 指双方大不相同,不能相提并论。"不可"或作"岂可"、"未可"。"日"或作"年"。"语"或作"言"。《国策·赵策二》:"夫破人之与破于人也,臣人之与臣于人也,岂可同日而言之哉?"贾谊《过秦论》:"试使山东之国,与陈涉度长絜大,比权量力,则不可同年而语矣!"《汉书·息夫躬传》:"臣与禄异议,未可同日语也。"胡仔《苕溪渔隐丛话前集·洪觉范》:"公痴叔诗,如食鲥鱼,惟恐遭骨刺,与岐山猪肉不可同日而语也。"

不可向迩 迩,近。不可接近。

《书·盘庚上》："若火之燎于原，不可向迩"。《左传·隐公六年》引作"不可乡迩"，"乡"通"向(嚮)"。

不可一世 意谓冠绝一时，无与伦比。洪亮吉《卷施阁文乙集·四哀诗序》："推其梗概，实不可一世焉。"后多形容狂妄自大。《孽海花》第三十四回："圆圆的脸盘，两目炯炯有光，于盎然春气里，时时流露不可一世的精神。"

不可终日 一天也过不下去。语出《礼记·表记》"不以一日使其躬，儳焉如不终日"。儳，苟且不严肃。梁启超《变法通议·论金银涨落》："使全球十四万万人，莫不心如悬旌，儳然有不可终日之势。"

不快 ❶不愉快。《国策·秦策五》："文信侯去而不快。"❷不舒服。《后汉书·华佗传》："体有不快，起作一禽之戏。"陶宗仪《辍耕录》卷十一："世谓有疾曰不快。"

不愧屋漏 心地光明，不在暗中做坏事，起坏念头。语出《诗·大雅·抑》。参见"屋漏❶"。张载《西铭》："不愧屋漏为无忝，存心养性为匪懈。"

不郎不秀 比喻不成材或没出息。田艺蘅《留青日札》卷三十五"沈万三秀"："元时称人以郎、官、秀为等第，至今人之鄙人曰不郎不秀，是言不高不下也。"按"不郎不秀"或即"不稂不莠"，因字音和字形相近而转变。

不稂不莠 稂和莠都是混在禾苗中的野草。本谓禾苗中没有稂、莠之类野草，语出《诗·小雅·大田》。后比喻不成材或没出息。《红楼梦》第八十四回："第一要他自己学好才好；不然，不稂不莠的，反倒耽误了人家的女孩儿，岂不可惜?"亦作"不郎不秀"。

不羹 古城名。春秋楚地。《左传》昭公十一年(公元前531年)："楚子城陈、蔡、不羹。"有东、西二不羹城：东不羹在今河南舞阳西北；西不羹在今河南襄城东南。

不禄 死的讳称。《礼记·曲礼下》："天子死曰崩……大夫曰卒，士曰不禄。"郑玄注："不禄，不终其禄。"《国语·晋语二》："又重之以寡君之不禄。"韦昭注："士死曰不禄。礼，君死，赴于它国曰：'寡君不禄，谦也。'"

不露圭角 不露锋芒。参见"圭角"。

不律 笔的别名。《尔雅·释器》："不律谓之笔。"王筠《说文释例》卷十九："聿部云，楚谓之聿，吴谓之不律，燕谓之弗。"按"不律"合音为"笔"。

不伦不类 犹言不三不四。不像样；不规范。《红楼梦》第六十七回："王夫人听了，早知道来意了。又见他说的不伦不类，也不便不理他。"

不蔓不支 支，本作"枝"。周敦颐《爱莲说》："中通外直，不蔓不枝。"是说莲梗既不蔓延，也不分枝。后多比喻说话或文章简洁流畅，不拖泥带水。

不毛 ❶未加种植。《周礼·地官·载师》："凡宅不毛者有里布。"郑玄注引郑司农云："宅不毛者，谓不树桑麻也。"也指荒瘠的土地。《公羊传·宣公十二年》："锡之不毛之地。"❷古代祭祀所用的牲畜，杂色的叫"不毛"。《公羊传·文公十三年》："群公不毛。"何休注："不毛，不纯色。"

不敏 ❶不敏捷。《梁书·张率传》："相如工而不敏，枚皋速而不工。"❷不聪明，常用作自谦之词。如：敬谢不敏。《孟子·梁惠王上》："我虽不敏，请尝试之。"

不名一钱 名，占有的意思。极言贫穷。《史记·佞幸列传》："长公主赐邓通，吏辄随没入之，一簪不得著身。于是长公主乃令假衣食，竟不得名一钱，寄死人家。"《论衡·骨相》："通(邓通)有盗铸钱之罪，景帝考验，通亡，寄死人家，不名一钱。"

不谋而合 事前没有商量而意见相同或行动一致。陈天华《绝命书》："幸而各校同心，八千余人，不谋而合，此诚出于鄙人预料之外，且惊且惧。"

不宁唯是 宁，语助词，无义。犹言不但如此。《左传·昭公元年》："不宁唯是，又使围蒙其先君。"围，楚公子；蒙，瞒。

不佞 ❶犹不才。没有才能。《左传·成公十三年》："寡人不佞，其不能以诸侯退矣。"也用作自称的谦词。《国策·赵策二》："不佞寝疾，不能趋走。"❷不奸巧；不谄媚。《论语·公冶长》："雍(冉雍)也仁而不佞。"

不耦 犹不遇。《汉书·霍去病传》："然而诸宿将常留落不耦。"《史记·卫将军骠骑列传》作"不遇"。

不偏不倚 不偏向于任何一方。朱熹《中庸章句》题下注："中者，不偏不倚、无过不及之名。"亦形容不偏不歪，恰好命中。《二十年目睹之怪现状》第九十九回："不料鄞县县大老爷从门前经过，这盆水不偏不倚，恰恰泼在县大老爷的轿子顶上。"

不平 ❶不公平。《汉书·项籍传》："项王为天下宰，不平。"❷因不公平而引起的不满或愤怒。《史记·绛侯周勃世家》："景帝居禁中，召条侯(周亚夫)赐食。独置大胾，无切肉，又不置櫡，条侯心不平。"

不平则鸣 韩愈《送孟东野序》："大凡物不得其平则鸣。"后指遇事不平发出不满的呼声。

不器 不像器物，谓功用不局限于一方面。《礼记·学记》："大道不器。"《论语·为政》："君子不器。"

不求甚解 陶潜《五柳先生传》："好读书，不求甚解。"原意指读书只领会要旨，不过于在字句上花工夫。今多谓态度不认真，不求深入理解。《官场现形记》第五十四回："这人小的时候，诸事颠颠预预，不求甚解。"

不群 ❶卓异；不平凡。《汉书·景十三王传赞》："夫唯大雅，卓尔不群。"杜甫《春日忆李白》诗："白也诗无敌，飘然思不群。"❷孤高；不合群。《南史·萧子云传》："子云性沉静，不乐仕进，风神闲旷，任性不群。"

不仁 ❶不厚道，不合于仁。《论语·阳货》："宰我问三年之丧，期已久矣。……宰我出。子曰：'予之不仁也！'"❷刻薄；残忍。《孟子·滕文公上》："为富不仁矣。"❸丧失感觉；感觉迟钝。如：麻木不仁。《后汉书·班超传》："衰老被病，头发无黑，两手不仁。"

不日 ❶不多天；不久。《诗·大雅·灵台》："经始灵台，经之营之，庶民攻之，不日成之。"❷不记日期。《穀梁传·隐公元年》："不日，其盟渝也。"范宁注："日者，所以谨信，盟变，故不日。"杨士勋疏："结盟之后，信义不固，鲁更伐郑，故去日以恶之。所谓善恶两举，春秋之义也。"

不如归去 古人以为子规(杜鹃、杜宇)鸣声很像人言"不如归去"。《本草纲目·禽部三》："杜鹃，其鸣若曰不如归去。"诗、词、曲中多用为思归或催人归去之辞。王实甫《西厢记》第五本第四折："不信呵去那绿杨影里听杜宇，一声声道不如归去。"

不入虎穴焉得虎子 比喻不冒危难，不能成事。《后汉书·班超传》："不入虎穴，不得虎子。当今之计，独有因夜以火攻虏，使彼不知我多少，必大震怖，可殄尽也。"也比喻不经历

最艰苦的实践,就不能取得重大的成就。

不若 ❶不如。《荀子·王制》:"力不若牛,走不若马,而牛马为用,何也?"❷《左传·宣公三年》:"故民入川泽山林,不逢不若。螭魅罔两,莫能逢之。"杜预注:"若,顺也。"不顺,犹言不祥,不吉利。指传说中的魑魅魍魉等害人之物。

不衫不履 衣履不整齐。形容性情洒脱,不拘小节。杜光庭《虬髯客传》:"不衫不履,裼裘而来,神气扬扬,貌与常异。"

不胜衣 ❶极言体弱,不任衣之重。苏轼《次韵王巩颜复同泛舟》:"沈郎消瘦不胜衣,边老便便带十围。"亦作"不任衣"。梁武帝《白纻辞》:"纤腰嫋嫋不任衣,娇怨独立特为谁。"❷谦虚退让的样子。王定保《唐摭言·怨怒》:"夫叔向者,不能言,退然不胜衣,为晋国之望。"

不时 ❶不及时;不按时。《论语·乡党》:"不时不食。"南卓《羯鼓录》:"上使人召之,不时至。上怒,络绎遣使寻捕。"❷随时。苏轼《后赤壁赋》:"以待子不时之须。"

不识一丁 《旧唐书·张弘靖传》:"今天下无事,汝辈挽得两石力弓,不如识一丁字。"按"丁"与"个"字形相近,"丁"即"个"之误;后世因称不识字为"不识一丁"或"目不识丁"。

不世 不是每代都有的。犹言非常,非凡。《后汉书·袁绍传》:"诒(贻)太夫人不测之患,损先公不世之业。"

不世出 ❶不是每代都有;世所希有。《新唐书·韩愈传》:"每言文章,自汉司马相如、太史公、刘向、扬雄后,作者不世出。"❷杰出。《汉书·伍被传》:"夫蓼太子,知(智)略不世出,非常人也。"

不适 ❶不符合;不和谐。《管子·任法》:"凡为主而不得用其法,不适其意,顾臣而行。"❷不敷;不足。《汉书·黄霸传》:"又发骑士诣北军,马不适士。"颜师古注引孟康曰:"关西人谓补满为适。马少士多,不相补满也。"❸身体不舒服。如:稍感不适。❹同"不啻❶"。不止;不仅。《国策·秦策二》:"疑臣者,不适三人。"

不淑 ❶不善;不良。《诗·鄘风·君子偕老》:"子之不淑,云如之何?"❷不幸。《礼记·杂记上》:"寡君使某,如何不淑。"陈澔集说:"如

何不淑,慰问之辞,言何为而罹此凶祸也。"

不速之客 速,邀请。不请自来的客人。《易·需》:"有不速之客三人来。"

不祧 《礼记·祭法》:"远庙为祧。"帝王家庙中祖先的神主,除始祖外,世数远的要依次迁于祧庙中合祭;不迁移的叫做"不祧"。《宋史·礼志九》:"今太祖受命开基,太宗缵承大宝,则百世不祧之庙矣。"后用"不祧之祖"或"不祧之宗"比喻创业的人或不可废除的事物。章学诚《文史通义·书教下》:"迁史不可为定法,固书因迁之体,而为一成之义例,遂为后世不祧之宗焉。"迁史,司马迁的《史记》。固书,班固的《汉书》。

不通水火 谓与人不相往来。《汉书·孙宝传》:"杜门不通水火。"颜师古注:"不通水火,谓虽邻伍亦不往来也。"

不韪 ❶不是;错误。如:冒天下之大不韪。《左传·隐公十一年》:"不度德,不量力,不亲亲,不征辞,不察有罪,犯五不韪而以伐人,其丧师也,不亦宜乎?"❷犹言"不若",指害人的怪异之物。《山海经图赞·西山经·鸱鹆》:"君子服之,不逢不韪。"参见"不若❷"。

不咸 ❶不周遍。《国语·鲁语上》:"小赐不咸。"❷不和。《左传·僖公二十四年》:"昔周公吊二叔之不咸,故封建亲戚以蕃屏周。"杜预注:"咸,同也。"

不相得 ❶不相投合;不融洽。《易·革》:"二女同居,其志不相得,曰革。"《世说新语·忿狷》:"谢无奕性粗强,以事不相得,自往数王蓝田,肆言极骂。"数,斥责。❷没有相遇。《汉书·高帝纪上》:"过沛,使人求室家,室家亦已亡,不相得。"

不相干 ❶不相妨碍;不相干扰。《淮南子·兵略训》:"前后不相撚,左右不相干。"❷不相关涉。《朱子全书·论语九》:"又问杨氏'诚则明矣'之说。曰:'此说大了,与本文不相干。'"也指没有价值、没有意义或不正经。❸不要紧;没有关系。《红楼梦》第三十八回:"老祖宗只管迈大步走,不相干,这竹子桥规矩是硌吱硌吱的。"

不相能 不相容;不和睦。《左传·襄公二十一年》:"范鞅以其亡也,怨栾氏,故与栾盈为公族大夫,而不相能。"《聊斋志异·曾友于》:"家中

兄弟益不相能。"

不相中 不相得;彼此不融洽。《管子·国蓄》:"大国之君不相中,举兵而相攻。"《汉书·周勃传》:"子胜之嗣,尚公主,不相中。"

不祥 ❶不善。《墨子·天志中》:"且夫天下盖有不仁不祥者。"❷不吉利。《晏子春秋·谏下》:"今日寡人出猎,上山则见虎,下泽则见蛇,殆所谓不祥也?"

不消 不用;不必。《朱子全书·论语六》:"尹氏云:'命不足道。'盖不消言命也。"《儒林外史》第二十一回:"若情愿时,一个钱也不消费得。"

不肖 ❶不似,特指子不似其父那样贤能。《说文·肉部》:"肖,骨肉相似也;从肉小声。不似其先,故曰不肖也。"《孟子·万章上》:"丹朱之不肖,舜之子亦不肖。"❷不贤。《礼记·中庸》:"贤者过之,不肖者不及也。"❸旧时自称的谦词。《国策·齐策二》:"故仪(张仪)愿乞不肖身而之梁。"

不屑 不值得;不愿意。表示轻视。《孟子·告子上》:"一箪食,一豆羹,……蹴尔而与之,乞人不屑也。"

不朽 永不磨灭。《左传·襄公二十四年》:"大上有立德,其次有立功,其次有立言,虽久不废,此之谓不朽。"

不宣 犹言不尽,旧时书信末尾的常用语。柳宗元《答元饶州论政理书》:"书虽多,言不足导意,故止于此,不宣。"魏泰《东轩笔录》卷十五:"近世书гла,自尊与卑即曰不具,自卑上尊即曰不备,朋友交驰即曰不宣,三字义皆同,而例无轻重之说,不知何人定为上下之分。"

不旋踵 ❶不向后转,即不退却。《商君书·画策》:"是以三军之众,从令如流,死而不旋踵。"❷来不及移动脚跟转过身,形容时间极短。王安石《和吴冲卿雪》:"纷华始满眼,消释不旋踵。"

不学无术 没有学问,没有本领。《汉书·霍光传赞》:"然光不学亡术,暗于大理。""亡"通"无"。

不扬 ❶容貌不佳。《左传·昭公二十八年》:"夫今子少不扬。"杜预注:"颜貌不扬显。"❷不振。《楚辞·哀时命》:"志沈抑而不扬。"

不一 ❶不止一种;不一样。《管子·任法》:"法不一,则有国者不祥。"陆机《豪士赋序》:"夫立德之基

有常,而建功之路不一。"❷书信末尾用语,表示不详细说。归有光《与宣仲济书》:"人去草草,明当奉晤,不一。"亦作"不一一"。

不一而足 一,本作"壹"。《公羊传·文公九年》:"许夷狄者不壹而足也。"后用来表示同类的事物很多,不止一件或一次,不可尽举。《红楼梦》第一百十七回:"贾环、贾蔷等愈闹的不像事了,甚至偷典偷卖,不一而足。"

不遗余力 竭尽全力。《史记·平原君虞卿列传》:"秦不遗余力矣,必且欲破赵军。"

不亦乐乎《论语·学而》:"有朋自远方来,不亦乐乎?"后常用以表示程度过甚。《古今杂剧·吴起敌秦挂帅印》第四折:"吴起着我去打听秦兵去,谁想正撞着秦将,把我一阵杀得不亦乐乎,跑将来了。"

不翼而飞 比喻事物传播的迅速。也用来比喻事物忽然失踪。详"无翼而飞"。

不因人热《东观汉记·梁鸿传》:"常独坐止,不与人同食。比舍先炊已,呼鸿及热釜炊。鸿曰:'童子鸿不因人热者也!'灭灶更燃火。"后比喻性情孤傲,不仰仗别人。

不虞 ❶意料不到。《孟子·离娄上》:"有不虞之誉,有求全之毁。"也指意料不到的事情。《诗·大雅·抑》:"用戒不虞。"❷事前未作考虑、谋划。《孙子·谋攻》:"以虞待不虞者胜。"

不虞之誉 虞,意料。没有意料到的赞扬。《孟子·离娄上》:"有不虞之誉,有求全之毁。"

不遇 没有被识拔;不得志。《孟子·梁惠王下》:"吾之不遇鲁侯,天也。"《汉书·贾谊传赞》:"虽不至公卿,未为不遇也。"

不豫 ❶不快乐。《孟子·公孙丑下》:"吾何为不豫哉!"❷婉称帝王有病。语出《书·金縢》"王有疾,弗豫"。《明史·仁宗纪》:"帝不豫,遣使召皇太子于南京。"❸不犹豫。《楚辞·九章·惜诵》:"行婟直而不豫兮,鲧功用而不就。"一说不诳妄。见孙诒让《札迻》。❹不厌烦。《庄子·应帝王》:"无名人曰:'去!汝鄙人也,何问之不豫也!'"❺事前不作准备。《礼记·中庸》:"凡事豫则立,不豫则废。"

不长进 没有进步。《宋书·前废帝纪》:"世祖西巡,子业(前废帝)启参承起居,书迹不谨,上诘让之。

子业启事陈谢,上又答曰:'书不长进,此是一条耳。'"后多指行为不端。萧德祥《杀狗劝夫》第一折:"哥哥,这等人不长进……不撇了他去,待做甚么!"

不杖期 古代丧礼,期服有杖期、不杖期两种。凡夫为妻服丧,如果自己的父母还在,就不能持杖,称"不杖期"。

不知所云 不知道说些什么。《文选·诸葛亮〈出师表〉》:"临表涕泣,不知所云。"按《三国志·蜀志·诸葛亮传》"泣"作"零","云"作"言"。原为自谦之词,后指言语紊乱、空泛。

不值一钱 鄙弃之辞,犹言毫无价值。《史记·魏其武安侯列传》:"生平毁程不识不直(值)一钱。"亦作"一钱不值"。吴伟业《贺新郎》词:"竟一钱不值何须说。"

不栉进士 栉,梳头发。古代男子把头发梳成髻,用簪簪住。朱揆《谐噱录》:"关图有妹能文,每语人曰,有一进士,所恨不栉耳。"后因以"不栉进士"指才女。

不中(—zhōng) 不贤德,不行。《孟子·离娄下》:"中也养不中,才也养不才。"朱熹注:"无过不及之谓中……养谓涵育熏陶。"乔吉《金钱记》第三折:"这个先生实不中,九经三史几曾通!"

不中(—zhòng) ❶不恰当;不合适。《论语·子路》:"刑罚不中,则民无所错(措)手足。"❷不符合。《庄子·逍遥游》:"吾有大树,人谓之樗,其大本拥肿而不中绳墨。"

不周风 ❶西北风。《史记·律书》:"不周风居西北。"❷立冬的风。《易纬通卦验》:"立冬不周风至。"

不主故常 不守常规。《庄子·天运》:"其声能短能长,能柔能刚,变化齐一,不主故常。"成玄英疏:"齐变化之一理,岂守故而执常。"

不庄 书信结尾处用的谦词,犹言"不恭"。

不訾 不可计数。《史记·货殖列传》:"其先得丹穴,而擅其利数世,家亦不訾。"引申为尊贵无比。《汉书·盖宽饶传》:"用不訾之躯,临不测之险。"颜师古注:"'訾'与'赀'同。不赀者,言无赀量可以比之,贵重之极也。"

布 〔一〕(bù) ❶棉、麻、棉型化学短纤维织物及混纺织物的统称。❷古代钱币。《周礼·天官·外府》:"掌邦布之出入。"❸姓。元代

有布景范。

〔二〕〔佈〕(bù) ❶宣告。如:布告;公布。《周礼·夏官·训方氏》:"正岁则布而训四方。"郑玄注:"布告以教天下,使知世所善恶。"❷陈述。丘迟《与陈伯之书》:"聊布往怀,君其详之。"❸施予。范仲淹《答窃议》:"是先代帝王,先布之以恩,后责之以效也。"参见"布施❶"。❹流传。蔡邕《姜伯淮碑》:"德音外著,洪声远布。"❺展开;铺开。庾信《华林园马射赋序》:"上则云布雨施,下则山藏海纳。"

布摆 ❶安排;分布排列。《水浒传》第六十二回:"沙门岛往回六千里有余,费多少盘缠,你又没一文,教我们如何布摆!"无名氏《射柳捶丸》第三折:"战鼓声催,三军布摆。"❷捉摸。无名氏《符金锭》第二折:"这谜儿怎猜?我实难布摆。"

布帛菽粟 布帛菽粟都是生活必需品。比喻虽属平常,却是不可或缺的东西。《宋史·程颐传》:"其言之旨,若布帛菽粟然。"

布帆无恙 比喻旅途平安。《晋书·顾恺之传》:"恺之尝因假还,仲堪(殷仲堪)特以布帆借之,至破冢,遭风大败。恺之与仲堪笺曰:'地名破冢,真破冢而出。行人安稳,布帆无恙。'"李白《秋下荆门》诗:"霜落荆门江树空,布帆无恙挂秋风。"

布鼓《汉书·王尊传》:"毋持布鼓过雷门。"颜师古注:"雷门,会稽城门也,有大鼓,越击此鼓,声闻洛阳;布鼓,谓以布为鼓,故无声。"后常用布鼓与雷门并提,形容浅陋,与高手对比相差悬殊。葛洪《抱朴子·金丹》:"闻雷霆而觉布鼓之陋。"吴昌龄《东坡梦》第一折:"小官在吾兄根前,念《满庭芳》一阕,却似持布鼓而过雷门,岂不惭愧!"

布褐 粗布衣。贫者所服,因亦指贫贱者。《晋书·何琦传》:"琦善养性,老而不衰,布褐蔬食,恒以述作为事。"王维《献始兴公》诗:"鄙哉匹夫节,布褐将白头。"

布护 同"布濩"。散布。《汉书·司马相如传下》:"匪唯偏我,泛布护之。"颜师古注:"布护,言遍布也。"白居易《贺云生不见日蚀表》:"和气周流,密云布护。"

布濩 散布。《文选·张衡〈东京赋〉》:"声教布濩,盈溢天区。"薛综注:"布濩,犹散被也。"

布景 舞台美术的组成部分之一。包括用以构筑舞台空间的立体景片、

平面画景、帷幕和投影等。

布局　全面的规划安排。如:工业发展的布局。亦特指文章或绘画的结构层次。

布路　分散貌。《左传·襄公三十年》:"郑伯有耆酒,为窟室,而夜饮酒,击钟焉。朝至未已,朝者曰:'公焉在?'其人曰:'吾公在壑谷。'皆自朝布路而罢。"

布露　❶披露;公布。《三国志·蜀志·甘后传》:"臣请太尉告宗庙,布露天下。"❷古西域国大勃律的别称。《新唐书·西域传》:"大勃律,或曰布露。"

布施　❶以财物与人。《国语·周语上》:"享祀时至,而布施优裕也。"《庄子·外物》:"生不布施,死何含珠为?"❷施展。《西游记》第二十七回:"孙大圣布施手段,舞着铁棒。"❸译自梵语 Dāna,音译"檀那"。佛教谓施与他人财物、体力和智慧以求积累功德直至解脱的修行方法。认为以财物与人是"财布施",说法度人是"法布施",救人厄难是"无畏布施",分别简称为"财施"、"法施"、"无畏施"。

布素　形容衣著俭朴。布指质地,素指颜色。《宋史·李燔传》:"被服布素,虽贵不易。"亦指卑微的身份或平民。范仲淹《蔡公墓志铭》:"某自布素从公之游。"王晫《今世说·德行》:"自公卿以逮布素,皆欣然诚信相接。"

布算　谓排列算筹,进行推算。苏轼《真一酒歌引》:"布算以步五星,不如仰观之捷。"亦泛指卜卦推算。褚人穫《坚瓠馀集·筦在辛》:"子缨为之布算,亦甚忽略,而并不誉及科甲功名一字。"

布衣　布制的衣服。借指平民。《史记·李斯列传》:"夫斯乃上蔡布衣,闾巷之黔首。"《盐铁论·散不足》:"古者庶人耆老而后衣丝,其余则麻枲而已,故命曰布衣。"后多称没有做官的读书人。

布衣交　贫贱之交。《史记·廉颇蔺相如列传》:"臣以为布衣之交尚不相欺,况大国乎?"亦指不以势位骄人,平等相处如贫贱之交。《后汉书·隗嚣传》:"三辅耆老士大夫皆奔归嚣,嚣素谦恭爱士,倾身引接,为布衣交。"

步(bù)　❶步行。如:安步当车。《书·武成》:"王朝步自周。"❷行走时跨出一足为跬,左右足各跨出一跬为步。《荀子·劝学》:"不积跬步,无以至千里。"亦指跨出一步(二跬)的距离。《孟子·梁惠王上》:"以五十步笑百步,则何如?"又用为长度单位,历代不一。周代以八尺为步,秦代以六尺为步,旧制以营造尺五尺为步。❸跟着;踏着。如:步人后尘。❹运行;命运。见"天步❶"、"国步❶"。❺水边停靠船只的地方。通作"埠"。任昉《述异记》:"吴江中又有鱼步、龟步,湘中有灵妃步。"参见"埠"。❻姓。三国时吴有步骘。

步叉　同"鞴鞨"。盛箭器。《释名·释兵》:"步叉,人所带,以箭叉其中也。"韩翃《杂言赠哥舒仆射》诗:"步叉抽箭大如笛,前把两矛后双戟。"

步道　只能步行的小路。《说文·彳部》:"径,步道也。"段玉裁注:"此云步道,谓人及牛马可步行而不容车也。"又谓陆路。古乐府《安东平》:"凄凄烈烈,北风为雪,船道不通,步道断绝。"现在也称马路旁的人行道为"步道"。

步伐　古代指军队的行进与击刺。《书·牧誓》:"今日之事,不愆于六步七步,乃止齐焉,夫子勖哉!不愆于四伐、五伐、六伐、七伐,乃止齐焉,勖哉夫子!"蔡沈集传:"步,进趋也。伐,击刺也。"现泛指行进的步子。如:步伐整齐。

步罡踏斗　道教法师设坛建醮时礼拜星斗的步态和动作。据说步行转折,宛如踏在罡星斗宿之上,故名。道教以为这种动作能遣神召灵。步踏的姿态,据《云笈七籤》卷六十一:"其法先举左,一跬一步,一前一后,一阴一阳,初与终同步,置脚横直互相承如丁字形。"传说这种步法为夏禹所创,故又称"禹步"。

步履　犹步行。楼钥《次韵翁处度同游北山》:"相期更看水流处,步履未倦夸轻翮。"亦指脚步。

步辇　秦以后将帝王、皇后所乘之辇(车)去轮为舆,改由人抬,称步辇。偶亦特许大臣乘坐。熊忠《古今韵会举要·七遇》"步":"后世称曰步辇,谓人荷而行,不驾马。"《晋书·山涛传》:"帝尝讲武于宣武场,涛时有疾,诏乘步辇从。"

步趋　❶行走。《说文·行部》:"行,人之步趋也。"段玉裁注:"步,行也;趋,走也。二者一徐一疾,皆谓之行,统言之也。"《汉书·王吉传》:"休则俯仰诎信(伸)以利形,进退步趋以实下。"颜师古注引如淳曰:"今人不行,则膝已(以)下虚弱不实。"参见"步骤"。❷"亦步亦趋"的略语。犹言追随。《聊斋志异·封三娘》:"一女子步趋相从,屡望颜色,似欲有言。"

步头　即"埠头"。船舶停靠处或渡口。苏舜钦《寄王几道同年》诗:"步头浴凫暖出没,石侧老松寒交加。"

步挽车　古代一种用人拉的车子。《资治通鉴·晋安帝隆安五年》:"篡(凉王吕篡)醉,乘步挽车,将超等游禁中。"胡三省注:"步挽车不用牛马若羊等,令人步而挽之。"若,或。

步武　❶《国语·周语下》:"夫目之察度也,不过步武尺寸之间。"韦昭注:"六尺为步,半步为武。"谓相距不远。《后汉书·臧洪传》:"相去步武,而趋舍异规。"❷跟前人足迹走,比喻模仿、效法。柳宗元《为韦京兆祭杜河中文》:"分命邦畿,步武获陪。同志为友,星霜屡回。"

步檐　亦作"步楣"、"步堳"。走廊。谢灵运《伤己赋》:"望步檐而周流,眺幽闺之清阴。"

步摇　古代妇女的一种首饰。《释名·释首饰》:"步摇,上有垂珠,步则摇动也。"《后汉书·舆服志下》:"步摇,以黄金为山题,贯白珠为桂枝相缪,一爵(雀)九华(花),熊、虎、赤罴、天鹿、辟邪、南山丰大特六兽。"王先谦集解引陈祥道曰:"汉之步摇,以金为凤,下有邸,上有笄,缀五采玉以垂下,行则动摇。"白居易《长恨歌》:"云鬓花颜金步摇。"

步韵　即"次韵"。

步障　用以遮蔽风尘或视线的屏幕。《晋书·石崇传》:"〔石崇〕与贵戚王恺、羊琇之徒,以奢靡相尚……恺作紫丝布步障四十里,崇作锦步障五十里以敌之。"

步骤　犹"步趋"。❶缓行和疾走。《荀子·礼论》:"故君子上致其隆,下尽其杀,而中处其中,步骤驰骋厉骛不外是矣。"今指事情进行的程序、次第。如:有步骤地进行。❷追随。《晋书·桓温传论》:"步骤前王,宪章虞夏。"

吥(bù)　译音字。如:唝吥。

咘(bù)　地名字。广西隆安咘泉区。

怖(bù)　❶惶惧。《淮南子·诠言训》:"福至则喜,祸至则怖。"❷恐吓。《后汉书·第五伦传》:"依托鬼神,诈怖愚民。"

钚〔鈈〕(bù)　化学元素〔周期系第Ⅲ族（类）副族元素、锕系元素〕。符号 Pu。原子序数 94。银白色金属。具强放射性。化学性质活泼，能与许多金属形成合金。由钙还原四氟化钚而得。最重要的同位素^{239}Pu，半衰期为 2.436×10^4 年。自然界中仅含铀矿物中有痕量钚存在。用中子轰击^{238}U 而得。可作核燃料。另一同位素^{238}Pu，半衰期为 87.8 年，可作核电池的能源。

埔(bù)　通"埠"。码头。如：埔头。亦用于地名。归有光《先妣事略》："由千墩埔而南。"
另见 pǔ。

馎〔餔〕(bù)　❶糖渍干果。❷馎子，婴儿吃的糊状食物。
另见 bū。

部(bù)　❶部位；部分。如：上部；中部；内部；外部。❷部门。常用为机关或组织单位的名称。如：外交部；宣传部。❸旧时按察区域名，亦用谓分部按察。《汉书·尹翁归传》："河东二十八县，分为两部，闳孺部汾北，翁归部汾南。"❹门类。如：经、史、子、集四部。参见"部居"。❺队伍。指军队。《文选·扬雄〈羽猎赋〉》："浸淫蹴部。"李善注："部，军之部伍也。"❻安排布置。见"部署"。❼统率；统辖。如：所部。《史记·项羽本纪》："春，汉王部五诸侯兵，凡五十六万人，东伐楚。"❽书籍、影片等计数单位。如：一部二十四史；一部纪录片。有些方言也用于车辆、机器等的计数。
另见 pǒu。

部党　徒党。《后汉书·党锢传序》："交结诸郡生徒，更相驱驰，共为部党，诽讪朝廷，疑乱风俗。"

部发　分布流散。《荀子·王霸》："如是，则夫名声之部发于天地之间也，岂不如日月雷霆然矣哉！"杨倞注："部当为剖，谓开发也。"一说，部当作"陪"，通"冯（píng）"。

部分　❶部署；约束。《晋书·陶侃传》："时峻（苏峻）夜行，甚无部分。"❷部属，指军队。萧颖士《为邵翼作上张兵部书》："指麾部分，为天子干城。"

部汇　分类汇编。《新唐书·褚无量传》："初，内府旧书，自高宗时藏宫中，甲乙丛倒，无量建请缮录补第，以广秘籍。天子诏于东都乾元殿东厢部汇整比。"

部将　部下的将领。《后汉书·寇恂传》："执金吾贾复在汝南，部将杀人于颍川。"李贤注："部将，谓军部之下小将也。"

部居　按部归类。许慎《说文解字叙》："分别部居，不相杂厕。"

部勒　部署约束。《史记·项羽本纪》："每吴中有大徭役及丧，项梁常为主办，阴以兵法部勒宾客及子弟。"

部曲　❶古代军队编制单位。《续汉书·百官志一》："将军……其领军皆有部曲。大将军营五部；部，校尉一人，……部下有曲，曲有军候一人，……曲下有屯，屯长一人。"引申为军队的组织或行列。《汉书·李广传》："广行无部曲行阵。"后作军队或士兵之代称。❷三国、两晋、南北朝时代地方豪强和将领的私人军队。《三国志·魏志·卫觊传》："诸将各竞招怀，以为部曲。郡县贫弱，不能与争，兵家遂强。"又《邓艾传》："吴名宗大族，皆有部曲，阻兵仗势。"❸指家仆。《唐律疏议》卷十七："奴婢、部曲身系于主。"又卷二十："部曲、奴婢，是为家仆。"部曲经主人放免，即成平民。唐以后无此称。

部首　给同一偏旁的汉字所立的类目。有两种性质不同的部首：一种是文字学原则的部首，它严格依照六书体系，只有同一意符的字才可隶属同一部首。另一种是检字法原则的部首，它按字形结构，取其相同部位，作为查字依据，分部排列，其相同部位称部首。如"甥"、"舅"二字，《说文解字》根据六书体系，都归男部；《康熙字典》则依检字法原则，以"甥"入生部，"舅"入白部。

部属　部下；部下各主管部门。《汉书·王商传》："其郡有灾害十四已上，商部属按问。"颜师古注引如淳曰："部属，犹差次，差次其属令治之。"王先谦补注引沈钦韩曰："如说非也……郡国皆东曹所部；属者，其掾属也。"按"十"通"什"，十四，即十分之四；已，同以。

部署　❶安排；布置。《史记·淮阴侯列传》："欲发以袭吕后、太子，部署已定。"❷军事上指按照任务或行动性质对部队进行的任务区分、兵力编组和配置。如战略部署、战役部署、战斗部署以及行军部署、宿营部署等。

部位　❶在整体中所处的位置。如：部位不正。❷行列。阎随侯《西岳望幸赋》："正卒伍，骈部位。"

部伍　兵士的队伍。《史记·李将军列传》："广行无部伍行阵。"杜甫《后出塞》诗："平沙列万幕，部伍各见招。"

部陈　即部队。《后汉书·光武帝纪上》："敕令各归营勒兵，乃自乘轻骑按行部陈。"亦作"部阵"。《晋书·苻坚载记下》："坚与苻融登城而望王师，见部阵齐整，将士精锐。"

部帙　❶书籍；卷册。《颜氏家训·杂艺》："晋宋以来，多能书者，故其时俗，递相染尚，所有部帙，楷正可观。"❷指书籍的部次、篇卷。《北史·牛弘传》："今御出单本合一万五千余卷，部帙之间，仍有残缺。"

部秩　同"部帙"。书籍的篇次、卷页。《颜氏家训·治家》："借人典籍，皆须爱护……或有狼籍几案，分散部秩，多为童幼婢妾之所点污，风雨犬（一作"虫"）鼠之所毁伤，实为累德。"

埠(bù)　码头。如：船已抵埠。今指本地为本埠。也指大城市。如：商埠；本埠；外埠。

埠头　本作"步头"。船舶停靠处或渡口。如：船埠头。

菩(bù，又读 bèi)　❶草名。可以为席。见朱骏声《说文通训定声·颐部》。❷通"蔀"。遮光用的草席。《易·丰》："丰其蔀。"王弼注："蔀，覆暖，鄣光明之物也。"陆德明释文："郑、薛作'菩'，云：'小席'。"
另见 pú。

瓿(bù，旧读 pǒu)　古代器名。青铜或陶制。圆口、深腹、圈足。用以盛酒水醢酱之类。盛行于商代。《汉书·扬雄传下》："吾恐后人用覆酱瓿也。"

瓿

瓿瓵　小罂。《方言》第五："瓿瓵，……罂也。……自关而西，晋之旧都、河汾之间，其大者谓之甀，其中者谓之瓿瓵。"钱绎笺疏："小罂谓之瓿瓵，犹小阜谓之部娄也。"

蔀(bù，又读 pǒu)　❶遮蔽。《易·丰》："丰其蔀。"王弼注："蔀，覆暖，鄣光明之物也。"❷古历法名词。古六历中以七十六年为蔀，一蔀四章，二十蔀为纪，三纪为元。冬至在年初为蔀首。

舿(bù)　见"舣舿"。

踄(bù) 同"步"。步行。《古今小说·穷马周遭际卖䭔媪》:"世人尚口,吾独尊足;口易兴波,足能踄陆。"

篰(bù) 竹编的小篓。如:篰篓。

輹(bù) 见"輹靫"。

另见 bèi。

輹靫 亦作"步叉"。盛箭器,即箭箙、箭袋。《广雅·释器》:"輹靫,矢藏也。"王念孙疏证:"《集韵》引《埤仓》云:'輹靫,箭室也。'……《续汉书·舆服志》注引《通俗文》云:'箭箙谓之步叉。'各本輹靫讹作靫輹,今订正。"

簿(bù) ❶书写或登记用的本子。如:习字簿;作文簿;点名簿。《史记·张释之冯唐列传》:"上问上林尉诸禽兽簿。"❷文书。《汉书·李广传》:"大将军(卫青)长史急责广之莫(幕)府上簿。"颜师古注:"簿,谓文状也。"❸手板;朝笏。《三国志·蜀志·秦宓传》:"宓以簿击颊。"

另见 bó。

簿牒 簿籍文书。《新唐书·裴遵庆传》:"遵庆性强敏,视簿牒详而不苛,世称吏事第一。"

簿书 官署中的文书簿册。《汉书·贾谊传》:"而大臣特以簿书不报,期会之间,以为大故。"杜甫《早秋苦热堆案相仍》诗:"束带发狂欲大叫,簿书何急来相仍。"

簿责 据文书所列罪状责问审理。《史记·绛侯周勃世家》:"书既闻上,上下吏,吏簿责条侯。"

轐(bù,又读 bó) 见"轐輪"。

轐輪 鞋垫。《广雅·释器》"靸轐谓之鞇"王念孙疏证:"《广韵》:'輪,他胡切。轐輪,屧也;屧,履中荐也。'轐輪亦叠韵字。履中荐谓之轐輪,犹车中荐谓之靸轐矣。"

C

cā

擦(cā) ❶两物相摩。如:摩拳擦掌。❷揩拭;抹。如:擦枪;擦黑板。❸搽;涂敷。如:擦粉;擦油。

嚓(cā) 拟声词。如:嚓的一声点燃了火柴;嚓的一刀砍断了。

cǎ

礤(cǎ) ❶粗石。见《玉篇·石部》。❷刨刮蔬果使成丝状,所用的器具叫礤床儿。

cāi

㱩(cāi) 犹啊、哎。另见 cǎi。

偲(cāi) 多才。《诗·齐风·卢令》:"其人美且偲。"另见 sī。

猜(cāi) ❶嫌疑;怀疑。《左传·昭公七年》:"夫子从君,而守臣丧邑,虽吾子亦有猜焉。"欧阳修《清平乐》词:"别来音信全乖,旧期前事堪猜。"❷揣摩测度;猜测。《红楼梦》第八十一回:"我当初还猜了几遍,总不知道什么原故。"

猜忌 猜疑妒忌。《后汉书·申屠刚传》:"平帝时,王莽专政,朝多猜忌。"

猜枚 饮酒时助兴的游戏。取若干小物件,如钱币、棋子、瓜子、松子、莲子等,握于拳中,供人猜测单双、数目、颜色等,中者为胜,不中者罚饮。《红楼梦》第二十三回:"拆字猜枚,无所不至。"

猜拳 ❶也叫"豁拳"、"拇战"。佐饮助兴的游戏。两人对猜,各出拳伸指,同时喊一数字,符合双方伸指之和者胜,不胜者罚饮。❷即"猜枚"。姚文燮《竹枝词》:"剥将莲肉猜拳子,玉手双抛各赌空。"

猜忍 猜忌狠毒。《史记·孙子吴起列传》:"鲁人或恶吴起曰:'起之为人,猜忍人也。'"

踩(cāi) 踩。《金瓶梅词话》第七十五回:"自家打滚撞头,鬓髻都踩扁了。"

cái

才㊀(cái) ❶才能。如:德才兼备;多才多艺。亦指有才能的人。《礼记·文王世子》:"取贤敛才焉。"❷通"材"。材质;本质。《孟子·告子上》:"非天之降才尔殊也。"《后汉书·马融传》:"五才之用,无或可废。"李贤注:"五才,金、木、水、火、土也。"❸通"裁"。裁决;裁夺。《国策·赵策一》:"惟王才之。"❹姓。明代有才宽。

㊁〔纔〕(cái) ❶刚才;方才。如:他才来。引申为方始。如:这才好了。《晋书·夏侯湛传》:"惟正月才生魄。"又用来加强语气。如:这事情要不成功才怪呢!❷仅仅。如:他才十八岁。《汉书·贾山传》:"然身死才数月耳。"

才笔 犹文才。《南史·谢朓传》:"会稽孔颙粗有才笔,未为时知。"

才地 才能和门第。《晋书·郑默传》:"谦虚温谨,不以才地矜物。"

才调 才情。李商隐《贾生》诗:"宣室求贤访逐臣,贾生才调更无伦。"贾生,指贾谊。

才干 办事的能力。《后汉书·公孙述传》:"程乌李育以有才干,皆擢用之。"

才华 表现于外的才能,多指文才。李商隐《宋玉》诗:"何事荆台百万家,惟教宋玉擅才华?"

才具 才能;才干。《晋书·张华传》:"钟会才具有限,而太祖夸奖太过。"

才俊 才能出众的人。杜牧《题乌江亭》诗:"江东子弟多才俊,卷土重来未可知。"

才畯 同"才俊"。韩愈《送李愿归盘谷序》:"才畯满前,道古今而誉盛德。"

才力 才能。曹植《求自试表》:"志或郁结,欲逞其才力,输能于明君也。"也指实力。鲍照《芜城赋》:"才力雄富,士马精妍。"

才略 军事或政治上的才干和谋略。《后汉书·荀爽传》:"爽见董卓忍暴滋甚,必危社稷,其所辟举皆取才略之士,将共图之。"

才能 才智和能力。王充《论衡·定贤》:"夫贤者,才能未必高也而心明。"

才气 显露于外的才能气魄。《史记·项羽本纪》:"籍(项籍)长八尺余,力能扛鼎,才气过人。"也指才华、文才。

才器 才能器局;才具。《魏书·祖莹传》:"此子才器,非诸生所及,终当远至。"

才人 ❶有才之人。王充《论衡·书解》:"故才人能令其行可尊,不能使人必法己。"❷妃嫔的称号。始设于晋武帝,自南北朝至明多沿置。❸宋元称杂剧话本的作者或说话艺人为才人。钟嗣成《录鬼簿》卷上:"前辈才人有所编传奇于世者五十六人。"

才识 才能和见识。《宋史·刘挚传》:"性忠实而才识有馀。"

才思 才气和文思。《南史·褚裕之传》:"缵子球,字仲宝,少孤贫,笃志好学,有才思。"

才性 ❶才,材质。性,人的本性。指材质与本性的关系。儒家孟子认为人皆具有仁、义、礼、智之四端,故人性皆善,"若夫为不善,非才之罪也","不能尽其才者也"(《孟子·告子上》)。后来宋儒常谈才性。如程颐认为:"性出于天,才出于气";"才则有善与不善,性则无不善"。(《二程遗书》卷十九)代表了程朱派理学家对才性关系的一般见解。❷三国魏末清谈命题之一。指才能与性格的相互关系。《世说新语·文学》:

“钟会作《四本论》。”刘孝标注引《魏志》：“会尝论才性同异，传于世。四本者言才性同、才性异、才性合、才性离是也。”当时傅嘏、钟会、李丰、王广等分别代表才性同、才性异、才性合、才性离的四种主张。

才艺 才能与技艺。《列子·周穆王》：“其民有智有愚，万物滋殖，才艺多方。”

才颖 才能出众。《晋书·潘岳传》：“岳少以才颖见称，乡邑号为奇童，谓终贾之俦也。”

才藻 才情和文采；才华。《三国志·魏志·王粲传》：“瑀（阮瑀）子籍才藻艳逸，而倜傥放荡。”

才子 古称才德兼备的人。《左传·文公十八年》：“昔高阳氏有才子八人……齐圣广渊，明允诚笃，天下之民谓之八恺。”后称有文才的人。《新唐书·元稹传》：“稹尤长于诗，与居易名相埒……宫中呼为‘元才子’。”

材（cái） ❶木料。《孟子·梁惠王上》：“斧斤以时入山林，材木不可胜用也。”❷原料；材料。如：钢材；教材；题材。《左传·隐公五年》：“其材不足以备器用，则君不举焉。”❸果实。《周礼·地官·委人》：“掌敛野之赋敛，薪刍，凡疏材木材，凡畜聚之物。”贾公彦疏：“疏是草之实，材是木之实。”❹同“才”。资质；才能。如：材力。《礼记·中庸》：“故天之生物，必因其材而笃焉。”穆员《为汝州刺史谢上表》：“身远迹贱，材薄官微。”亦谓有才能。《左传·昭公二十年》：“奢（伍奢）之子材，若在吴，必忧楚国。”❺棺材的简称。如：寿材。《陈书·周弘直传》：“气绝已后，便买市中见材，材必须小形者，使易提挈。”❻通“裁”。裁处；安排。《荀子·富国》：“治万变，材万物，养万民。”杨倞注：“材与裁同。”

材干 ❶木材。《汉书·货殖传序》：“教民种树、畜养、五谷、六畜及至鱼、鳖、鸟、兽、萑蒲、材干、器械之资。”❷才能。《史记·淮南衡山列传》：“材干绝人。”

材官 西汉时根据地方特点训练各个兵种，内郡平原及山阻地区训练步卒，称为“材官”。《后汉书·光武帝纪》注引《汉官仪》云：“高祖命天下郡国选能引关蹶张材力武猛者，以为轻车、骑士、材官、楼船。常以立秋后讲肄课试，各有员数。平地用车骑，山阻用材官，水泉用楼船。”《汉书·晁错传》：“平地通道，则以轻车、材官制之。”后世多用以称供差遣的低级武职。

材能 同“才能”。《史记·张仪列传》：“以子之材能，乃自令困辱至此！”

财〔財〕（cái） ❶金钱物资的总称。如：钱财；财物。《荀子·成相》：“务本节用财无极。”❷通“材”。《韩非子·外储说右上》：“用财若一也，加务善之。”❸通“才”。才能；才识。《孟子·尽心上》：“有成德者，有达财者。”达财，发展其才能。❹通“才（纔）”。仅仅。《汉书·霍光传》：“长财七尺三寸。”❺通“裁”。节制；制裁。《易·泰》：“天地交泰，后以财成天地之道。”《荀子·非十二子》：“一天下，财万物。”杨倞注：“财与裁同。”

财产 金钱、财物及民事权利义务的总和。按所有权，可分为国家财产、集体财产与个人财产或国有财产、公有财产与私有财产。按财产是否具有实物形式，可分为有形财产（如金钱、财物等）与无形财产（如知识产权等）。按民事权利义务关系，可分为积极财产（如知识产权、债权等）与消极财产（如债务等）。财产所有人在法律规定的范围内，对其财产享有占有、使用、收益、处分等权利。

财贿 犹财货。《周礼·天官·大宰》：“以九赋敛财贿。”郑玄注：“财，泉榖也。”

财礼 即“彩礼”。

财神 中国民间信奉的财宝利市之神。《集说诠真》：“俗祀之财神，或称北郊之回人，或称汉人赵朗，或称元人伍五路。聚讼纷纭。不究伊谁。”《封神演义》以道教正一玄坛真君赵公明（即赵玄坛）统理招宝、纳珍、招财、利市四位仙官，尊为财神。民间财神中，又有文、武财神之说。文财神为比干、范蠡；武财神为赵公明、关羽。

财务 企业、事业、机关单位或其他经济组织中，通过资金的筹集、分配、调度和使用而同有关方面发生的经济关系。因大量发生于企业，故通常主要指企业财务。

财用 财物。《周礼·天官·宰夫》：“乘其财用之出入。”郑玄注：“乘，犹计也；财，泉榖也；用，货贿也。”

财主 古时称财物的主人。《世说新语·政事》：“陈仲弓为太丘长，有劫贼杀财主者，捕之。”后泛称富有的人家。无名氏《举案齐眉》第一折：“如今此处有个张小员外，是巨富的财主。”

裁（cái） ❶剪裁；割裂。高启《谢赐衣》诗：“奇纹天女织，新样内工裁。”❷刎颈；杀。《汉书·贾谊传》：“跪而自裁。”❸削减；消除。如：裁军；裁员。《后汉书·郑玄传》：“删裁繁诬，刊改漏失。”❹节制。如：制裁。《论语·公冶长》：“吾党之小子狂简，斐然成章，不知所以裁之。”何晏集解引孔安国传：“不知所以裁制。”❺判断；决定。如：裁断；裁决。《国策·秦策一》：“臣愿悉言所闻，大王裁其罪。”❻估量；识别。《淮南子·主术训》：“取民，则不裁其力。”《新唐书·韦陟传》：“陟于鉴裁尤长。”❼体制。如：体裁。张衡《西京赋》：“取殊裁于八都。”❽通“才”。仅仅。《汉书·王贡两龚鲍传序》：“裁日阅数人。”

裁察 裁断审察。《后汉书·周举传》：“惟陛下留神裁察。”

裁成 亦作“财成”。筹谋而成就之。《易·泰》：“天地交，泰，后以财成天地之道。”《汉书·律历志上》引作“裁成”。裴度《中和节诏赐公卿尺》诗：“共仰财成德，将酬分寸功。”

裁处 裁决处理。《新唐书·杜如晦传》：“常参帷幄机秘，方多事，裁处无留。”

裁答 裁笺作复。皇甫冉《酬张继诗序》：“懿孙，余之旧好，祗役武昌，枉六言诗见怀，今以七言裁答。”

裁夺 斟酌决定其去取可否。《红楼梦》第三十六回：“宝玉一心裁夺盘算。”

裁可 裁决批准。《新唐书·董晋传》：“方窦参得君，裁可大事，不关咨晋。”

cǎi

采 ㊀〔採〕（cǎi） ❶摘取；采取。《诗·邶风·谷风》：“采葑采菲，无以下体。”《史记·秦始皇本纪》：“采上古帝位号，号曰皇帝。”❷搜集。《汉书·艺文志》：“故古有采诗之官。”

㊁（cǎi） ❶通“彩”。彩色。《书·益稷》：“以五采彰施于五色。”❷神态。如：神采奕奕。李白《白马篇》：“酒后竞风采，三杯弄宝刀。”❸彩头；幸运。《聊斋志异·丐仙》：“或掷骰为令，陈每代高呼采，雉卢无

不如意。"❹通"睬"。理睬。《景德传灯录》卷七"灵默禅师"："倾山覆海晏然静,地动安眠岂采伊?"

另见 cài。

采拔 采择选拔。王宝《晋纪总论》："行任数以御物,而知人善采拔。"

采采 ❶茂盛;众多。《诗·秦风·蒹葭》："蒹葭采采,白露未已。"又《曹风·蜉蝣》："采采衣服。"毛传："采采,众多也。"❷事事。《书·皋陶谟》："亦言其人有德,乃言曰载采采。"毛传："载,行;采,事也。称其人有德,必言其所行某事某事以为验。"按:《史记·夏本纪》作"始事事"。

采访 ❶采集访问。干宝《搜神记序》："若使采访近世之事,苟有虚错,欲与先贤前儒分其讹谬。"❷为搜集新闻事实和新闻背景等新闻报道材料而进行的观察、访问、调查、录音、录像等活动。

采风 《汉书·艺文志》："故古有采诗之官,王者所以观风俗,知得失,自考正也。"古代称民歌为"风",后因称"采诗"为"采风"。

采兰赠药 《诗·郑风·溱洧》："士与女,方秉蕑兮。"又"维士与女,伊其相谑,赠之以勺药。"毛传："蕑,兰也;勺药,香草。"后因以"采兰赠药"比喻男女互赠礼物表示相爱。

采纳 选用;采取吸收。《后汉书·郎颛传》："宜采纳良臣,以助圣化。"《新唐书·张公谨传》："数言时政得失,太宗多所采纳。"

采女 汉代宫女的一种。《后汉书·皇后纪序》："又置美人、宫人、采女三等。"后用作宫女的通称。亦作"彩女"。鲍照《代淮南王》诗："紫房彩女弄明珰。"

采芹 科举时代称考中秀才入学做生员为"采芹",也称"入泮"。语本《诗·鲁颂·泮水》"思乐泮水,薄采其芹"。按古代的学宫叫泮宫,泮水是学宫里的水池。参见"入泮"。

采薇 伯夷、叔齐反对周武王伐殷,武王灭殷后,他们逃避到首阳山,采薇而食,终于饿死。见《史记·伯夷列传》。后因以喻隐居不做官。王绩《野望》诗："相顾无相识,长歌怀采薇。"

采薪之忧 自称有病的婉辞。采薪,砍柴。《孟子·公孙丑下》："有采薪之忧,不能造朝。"朱熹注："采薪之忧,言病不能采薪,谦辞也。"

采撷 采择拾取。《三国志·吴

志·韦曜传》："采撷耳目所及,以作《洞纪》。"

埰(cǎi) 坟。《方言》第十三："冢,秦晋之间谓之坟……或谓之埰。"郭璞注："古者卿大夫有埰地,死葬之,因名也。"

另见 cài。

啋(cǎi) ❶喜幸;幸运。张国宾《合汗衫》第三折："我今日先认了那个孙儿大古来啋。"❷同"睬"。

另见 cài。

彩 ⊖(cǎi) ❶多种颜色。如:五彩;彩绘。李白《早发白帝城》诗："朝辞白帝彩云间,千里江陵一日还。"❷文彩;光彩。《宋书·颜延之传》："延之与陈郡谢灵运,俱以词彩齐名。"❸表演时的化装。见"彩排"。❹比喻战士受伤流的血。如:挂彩。❺古时掷骰子的胜色,因以为赌博得利之称。如:得彩。又引申为赌注。《儒林外史》第五十三回:"陈木南道:'我知先生是不空下的,而今下个彩吧。'取出一锭银子,交聘娘拿着。"

⊜〔綵〕(cǎi) 彩色丝绸。如:剪彩;张灯结彩。

彩礼 亦称"财礼"、"聘礼"、"聘金"、"聘财"。男女双方订婚与结婚时由男方付给女方作为婚姻关系成立条件的财物。实质上常是一种变相买卖婚姻的身价。我国古代法律将由此形成的婚姻称作"聘娶婚",由此娶得的妻子称作"聘娶之妇"。我国婚姻法禁止借婚姻索取财物。但父母或男女双方正当的馈赠,不在禁止之列。

彩排 戏剧、舞蹈等在正式公演前具备全部演出合成条件的总排练。

彩胜 即"幡胜"。唐宋风俗,每逢立春日,以小纸幡戴在头上或系在花下,庆祝春日来临。梅尧臣《嘉祐己亥岁旦呈永叔》诗："屠酥先尚幼,彩胜又宜春。"

彩头 得利的预兆,也指得到的赏物。汤显祖《牡丹亭·寄旅》："我陈最良为求馆冲寒到此,彩头儿恰遇着吊水之人。"《红楼梦》第十七回:"人人都说你才那些诗比众人都强,今儿得了彩头,该赏我们了。"

彩鹢 指船。鹢,水鸟。古人常在船头上用彩色画鹢,因称船为"彩鹢"。李峤《汾阴行》:"棹歌微吟彩鹢浮。"

脿(cǎi,又读 cài) 大腹。《山海经·北山经》："〔丹熏之

山〕有兽焉……名曰耳鼠,食之不脿。"郭璞注："脿,大腹也,见《坤仓》。"

睬〔保〕(cǎi) 理会。如:睬也不睬。

踩〔跴〕(cǎi) 践踏。如:踩了一脚。

cài

采 ⊖〔寀〕(cài) 通"埰"。采地。古代卿大夫封邑。《礼记·礼运》："大夫有采以处其子孙。"

⊜(cài) 见"舍采"。

另见 cǎi。

采邑 亦名"采地"或"封地"。中国古代诸侯封赐所属卿、大夫作为世禄的田邑(包括土地上的劳动者)。盛行于周。封邑大小按封爵等级而定。卿、大夫在采邑内享有统治权利并对诸侯承担义务。《汉书·刑法志》："一同百里,提封万井,除山川、沈斥、城池、邑居、园囿、术路三千六百井,定出赋六千四百井,戎马四百匹,兵车四乘,此卿、大夫采地之大者也,是谓百乘之家。"原为世袭。卿、大夫世代以采邑为食禄,故亦称食邑。战国时采邑主相互兼并,世袭制废弛。秦汉行郡县制,承受封爵者在封邑内无统治权利,以封邑内民户赋税充食禄。食邑随爵位黜升而损益,亦得世袭。

埰(cài) 采地。《集韵·十九代》："臣食邑谓之埰。或省〔作采〕。"

另见 cǎi。

菜(cài) ❶蔬菜类植物的总称。如:青菜;野菜。❷肴馔的总称。如:川菜;粤菜。❸通"采"。采摘。《隶释·梁相孔耽神祠碑》："躬菜菱藕。"

菜甲 菜初生的嫩叶。杜甫《宾至》诗："自锄稀菜甲,小摘为情亲。"

菜色 指饥民的脸色。《礼记·王制》："虽有凶旱水溢,民无菜色。"郑玄注："菜色,食菜之色。民无食菜之饥色。"

蔡(cài) ❶野草。左思《魏都赋》："蔡莽螫刺,昆虫毒嘬。"❷占卜用的大龟。《论语·公冶长》："臧文仲居蔡。"何晏集解："蔡,国君之守龟,出蔡地,因以为名焉,长尺有二寸。"❸古国名。姬姓。公元前11世纪周分封的诸侯国。开国君主是周武王弟叔度,因随同武庚反叛,被周公放逐。后改封其子蔡仲

（名胡）于此。建都**上蔡**（今河南上蔡西南）。**春秋**时，常受楚逼迫，多次迁移。**平侯迁新蔡**（今属河南），昭侯迁**州来**（今安徽凤台），称为**下蔡**。公元前447年为楚所灭。❹姓。
另见 sà。

缲〔繰〕（cài） 亦作"纗"。见"淬缲"。

髽（cài） 发髻。《方言》第四："络头，帩头也。其偏者或谓之髽带。"**郭璞**注："髽亦结也。"结同髻。

纗（cài） 同"缲"。

cān

参〔參、条〕（cān） ❶参与；加入。如：参军；参战。《后汉书·郎颉传》："每有选用，辄参之掾属。"❷旧时下级晋谒上级之称。如：参见；参谒。吴曾《能改斋漫录》卷一："下见上谓之参，盖始于战国时也。"❸弹劾。如：参劾；奏参。❹检验。《荀子·解蔽》："参稽治乱而通其度。"❺通"骖"。见"参乘"。
另见 càn、cēn、sān、sǎn、shēn。

参拜 下属以礼谒见长官。《国策·秦策四》："臣之义不参拜。"韩愈《雨中寄孟刑部几道联句》："秋潦淹辙迹，高居限参拜。"

参半 一半。《三国志·魏志·武帝纪》"对扬我高祖之休命"裴松之注引《魏书》载荀攸等上曹操书："今魏国虽有十郡之名，犹减于曲阜，计其户数，不能参半。"

参观 对各种情况加以比较观察。《韩非子·内储说上》："众端参观。"今指实地观览。

参互 参错相交；相互参证。《周礼·天官·司会》："以参互考日成。"贾公彦疏："以司书之等相参交互考一日之成，一日之中计算文书也。"

参稽 比较考察。《荀子·解蔽》："参稽治乱而通其度。"杨倞注："参，验；稽，考；度，制也。"

参考 参合他事他说而考察；参酌。《汉书·息夫躬传》："唯陛下观览古戒，反覆参考，无以先入之语为主。"《后汉书·班超传》："愿下臣章，参考行事。"

参乘 亦作"骖乘"。陪乘或陪乘的人。《史记·项羽本纪》："沛公之参乘樊哙者也。"《汉书·董贤传》："出则参乘，入御左右。"

参谭 连续不断貌。《文选·嵇康〈琴赋〉》："或参谭繁促，复叠攒仄。"**李善**注："参谭，相随貌。"

参天 ❶谓高出空际。如：古木参天。杜甫《古柏行》："霜皮溜雨四十围，黛色参天二千尺。"❷直向天空。《淮南子·说山训》："越人学远射，参天而发，适在五步之内。"高诱注："参，犹望也。"王引之《经义述闻·通说上》引王念孙曰："参，可训为直，故《墨子·经篇》曰：'直，参也。'……参天而发，适在五步之内，谓直天而发也。"

参验 比较检验。《韩非子·奸劫弑臣》："不苟于世俗之言，循名实而定是非，因参验而审言辞。"又《显学》："无参验而必之者，愚也。"

参谒 犹参见，晋谒。旧时称谒见上级官员、长辈或自己所尊敬的人。《北史·韦艺传》："每夷狄参谒，必整仪卫，盛服以见之。"

参预 参与；预问。《晋书·唐彬传》："朝有疑议，每参预焉。"

参酌 犹斟酌。《三国演义》第十四回："却说张飞自送玄德起身后，一应杂事，俱付陈元龙管理；军机大务，自家参酌。"

参佐 僚属，部下。《三国志·魏志·王基传》："进封东武侯，基上疏固让，归功参佐。"

飡（cān） 同"餐"。

骖〔驂〕（cān） ❶一车驾三马。《诗·小雅·采菽》："载骖载驷。"又特指驾车时位于两边的马。《诗·郑风·大叔于田》："两骖如舞。"郑玄笺："在旁曰骖。"❷乘；驾驭。《楚辞·九章·涉江》："驾青虬兮骖白螭。"❸泛指马或马车。贾岛《别徐明府》诗："明日疲骖去，萧条过古城。"❹通"参"。陪。见"骖乘"。

骖乘 古代在车右陪乘或指陪乘的人。《汉书·文帝纪》："乃令宋昌骖乘。"颜师古注："乘车之法，尊者居左，御者居中，又有一人处车之右，以备倾侧。是以戎事则称车右，其余则曰骖乘。"参见"参乘"。

湌（cān） 同"餐"。

趈〔趱〕（cān） ❶走；赴会。见《广韵·二十七合》。❷见"趈趮"。

趈趮 亦作"参谭"。《文选·左思〈吴都赋〉》："趈趮狈猭。"李善注："相随驱逐众多貌。"

鲹〔鯼〕（cān） 动物名。学名 Hemiculter leucisculus。一作"鲹鲦"。硬骨鱼纲，鲤科。体延长，侧扁，长达16厘米。银白色。腹面全部具肉棱。侧线在胸鳍上方急剧向下弯曲，至臀鳍基部后方，又弯向上方至尾柄中央。背鳍具硬刺。杂食性。中上层鱼类。中国各地淡水均产。为小型经济鱼类之一。

餐（cān） ❶吃。《诗·郑风·狡童》："维子之故，使我不能餐兮。"❷饭食。如：早餐；晚餐。《韩非子·十过》："盛黄金于壶，充之以餐，加璧其上，夜令人遗公子。"❸量词。饮食的顿数。如：一日三餐。❹犹饫闻，广泛听取之意。王俭《褚渊碑文》："餐舆诵于丘里，瞻雅咏于京国。"

餐风宿露 见"露宿风餐"。

餐卫 饮食调养。周弘让《答王褒书》："餐卫适时，寝兴多福。"

餐霞 道家的一种修炼术。司马相如《大人赋》："呼吸沆瀣兮餐朝霞。"因称道士、仙人为"餐霞人"或"餐霞子"。《文选·颜延之〈五君咏〉》："中散不偶世，本自餐霞人。"李善注："餐霞，谓仙也。"宋之问《寄天台司马道士》诗："远愧餐霞子，童颜且自持。"

cán

戋〔戔〕（cán） 同"残"。《周礼·地官·稿人》"掌豢祭祀之犬"郑玄注："虽其潘瀾戋馀，不可亵也。"
另见 jiān。

残〔殘〕（cán） ❶伤害；毁坏。《左传·宣公二年》："残民以逞。"《史记·樊郦滕灌列传》："降定清河、常山凡二十七县，残东垣。"❷凶暴。《汉书·隽不疑传》："不疑为吏，严而不残。"也指凶暴的人。《史记·张耳陈馀列传》："将军瞋目张胆，出万死不顾一生之计，为天下除残也。"❸残缺；不完整。如：断简残编。《汉书·刘歆传》："学残文缺。"又："专己守残。"❹剩余；将尽。如：残羹；岁残。杜甫《洗兵马》诗："只残邺城不日得。"陆游《冬夜读史有感》诗："短檠膏涸夜将残，感事怀人兴未阑。"

残杯冷炙 吃剩的酒食。借指权贵的施舍。《颜氏家训·杂艺》："不可令有称誉，见役勋贵，处之下坐，以取残杯冷炙之辱。"乔吉《卖花声·

悟世》曲:"尖风薄雪,残杯冷炙,掩清灯竹篱茅舍。"

残喘 垂死时的喘息。常喻指衰病垂绝的生命。如:苟延残喘。宋无《老牛》诗:"草绳穿鼻系柴扉,残喘无人问是非。"

残酷 ❶狠毒残暴。《汉书·陈万年传》:"咸前为郡守,所在残酷,毒螫加于吏民。"❷悲惨;不幸。《后汉书·何敞传》:"亲在武卫,致此残酷。"按指刘畅被刺之事。

残年 ❶余年。指人的晚年。如:风烛残年。《列子·汤问》:"以残年余力,曾不能毁山之一毛。"❷岁暮,一年将尽的时候。如:残年短景。白居易《冬初酒熟》诗:"残年多少在?尽付此中销。"

残山剩水 残破的山河。多指亡国或经过变乱以后的土地景物。王璲《题赵仲穆画》诗:"南朝无限伤心事,都在残山剩水中。"亦作"剩水残山"。白朴《梧桐雨》第三折:"隐隐天涯,剩水残山五六搭。"

残生 ❶伤害自己的身体。王安石《示公佐》诗:"残生伤性老耽书,年少东来复起予。"❷犹余生。残余的岁月。杜甫《奉济驿重送严公》诗:"江村独归处,寂寞养残生。"

蚕 〔蠶〕(cán) 昆虫纲,鳞翅目,蚕蛾科和大蚕蛾科昆虫幼虫的通称。能吐丝结茧,茧丝可作为纤维资源。如桑蚕、柞蚕、蓖麻蚕、天蚕(日本柞蚕)、樟蚕、樗蚕等。

另见 tiǎn。

蚕箔 亦称"蚕帘"、"蚕薄"。以竹篾或苇子编成的养蚕用具。陆龟蒙《奉和袭美太湖诗》:"处处倚蚕箔,家家下鱼筌。"

蚕花 ❶刚孵出的幼蚕。其形似蚁,也叫蚕蚁或蚁蚕。又浙江一带方言,亦称蚕茧的收成为蚕花。❷小虾。谢肇淛《西吴枝乘》:"吴兴以四月为蚕月……又有小虾,亦以蚕时出市,民谓之蚕花,蚕熟则绝无矣。"

蚕禁 旧俗养蚕期间的禁忌。谢肇淛《西吴枝乘》:"吴兴以四月为蚕月,家家闭户,官府勾摄征收及里闾往来庆吊,皆罢不行,谓之蚕禁。"

蚕妾 春秋时养蚕的女奴。《左传·僖公二十三年》:"〔公子重耳〕及齐,齐桓公妻之,有马二十乘,公子安。从者以为不可,将行,谋于桑下。蚕妾在其上,以告姜氏,姜氏杀之。"姜氏,嫁给重耳的齐女。后亦泛指养蚕的妇女。鲍照《绍古辞》:"昔与君别时,蚕妾初献丝。"

蚕食 蚕食桑叶,比喻逐渐侵吞。《诗·魏风·硕鼠序》:"国人刺其君重敛蚕食于民,不修其政,贪而畏人,若大鼠也。"

蚕市 买卖养蚕器具的市集。苏轼《和子由蚕市》诗赵次公注:"子由诗序云:'眉之二月望日,鬻蚕器于市,因作乐纵观,谓之蚕市。'"黄休复《茅亭客话》卷九"鬻龙骨":"蜀有蚕市,每年正月至三月,州城及属县循环一十五处。耆旧相传,古蚕丛氏为蜀主,民无定居,随蚕丛所在致市居,此其遗风也。又蚕将兴以为名也。因是货蚕农之具及花木果草药什物。"

蚕室 ❶养蚕的处所。《礼记·祭义》:"古者天子诸侯必有公桑蚕室。"在构造上须适于保温、通风、透光、换气、工作方便和能防止蚕的故害等条件。❷古时受宫刑的牢狱。《后汉书·光武帝纪下》:"诏死罪囚,皆一切募下蚕室。"李贤注:"蚕室,宫刑狱名。有刑者畏风,须暖,作窨室蓄火如蚕室,因以名焉。"

蚕衣 ❶蚕茧。《说文·系部》:"茧,蚕衣也。"❷养蚕时所穿的衣服,亦称蚕服。《晋书·舆服志》:"自二千石夫人以上至皇后,皆以蚕衣为朝服。"❸以绸帛为衣;绸帛之衣。沈约《均圣论》:"肉食蚕衣,皆须耆齿。"

惭 〔慚、慙〕(cán) 羞愧。如:自惭形秽。《左传·昭公三十一年》:"一惭之不忍,而终身惭乎?"

惭德 因德行的缺失而惭愧。《书·仲虺之诰》:"成汤放桀于南巢,惟有惭德。"孔传:"有惭德,惭德不及古。"

惭沮 因惭愧而沮丧。谢灵运《应场》诗:"调笑辄酬答,嘲谑无惭沮。"

盏 〔盞〕(cán) 见"盉"。

另见 zhǎn。

cǎn

惨 〔慘〕(cǎn) ❶凄惨;悲伤。如:惨不忍睹。《史记·外戚世家》:"汉王心惨然,怜薄姬。"❷残酷;狠毒。如:惨无人道。《后汉书·周纡传》:"然苛惨失中,数为有司所奏。"❸通"黪"。阴暗。蒋凝《望思台赋》:"烟昏日惨。"❹通"憯"。曾;乃。《左传·昭公二十年》:"惨不畏明。"杜预注:"惨,曾也。"《诗·大雅

·民劳》作"憯不畏明"。

惨惨 ❶暗淡无光貌。庾信《伤心赋》:"天惨惨而无色,云苍苍而正寒。"❷忧郁貌。《诗·小雅·正月》:"忧心惨惨,念国之为虐。"

惨怛 亦作"憯怛"。忧伤;伤痛。《汉书·元帝纪》:"岁比灾害,民有菜色,惨怛于心。"

惨淡 淡,亦作"澹"。❶阴暗无光。形容景象凄惨。欧阳修《秋声赋》:"夫秋之为状也,其色惨淡,烟霏云敛。"❷思虑深至貌。杜甫《送从弟亚赴安西判官》诗:"踊跃常人情,惨淡苦士志。"

惨淡经营 淡,亦作"澹"。苦心经营。杜甫《丹青引》:"诏谓将军拂绢素,意匠惨淡经营中。"意谓下笔之先,极意构思。

惨礉 犹"惨急"。多指用法严酷。《史记·老子韩非列传论》:"韩子引绳墨,切事情,明是非,其极惨礉少恩。"裴骃集解:"用法惨急而鞫礉深刻。"

惨急 惨酷峻急,多指用法严酷。《汉书·食货志下》:"其明年,淮南、衡山、江都王谋反迹见,而公卿寻端治之,竟其党与,坐而死者数万人,吏益惨急而法令察。"

惨沮 凄楚沮丧。石介《过魏东郊》诗:"瓦石固无情,为我亦惨沮。"宋濂《秦士录》:"两生相顾惨沮。"

惨刻 狠毒;残暴。《后汉书·和帝纪》:"吏行惨刻,不宣恩泽,妄拘无罪,幽闭良善。"

惨烈 ❶苛重。《抱朴子·君道》:"瞻绮丽之采粲,则虑赋敛之惨烈。"❷极言寒冷。《文选·张衡〈西京赋〉》:"雨雪飘飘,冰霜惨烈。"薛综注:"惨烈,寒也。"后多用以形容景象凄惨。高适《酬李少府》诗:"一登蓟丘上,四顾何惨烈!"

惨廪 同"惨懔"。《文选·扬雄〈甘泉赋〉》:"下阴潜以惨廪兮,上洪纷而相错。"李善注:"惨廪,寒貌也。"

惨懔 亦作"惨廪"。阴寒貌。柳宗元《与萧翰林俛书》:"忽遇北风,晨起,薄寒中体,则肌革惨懔,毛发萧条。"

惨绿少年 惨绿,淡绿,指服色。张固《幽闲鼓吹》载:唐潘炎子孟阳拜户部侍郎,一日会同列,炎母垂帘视之,问末座惨绿少年何人,答曰:"补缺杜黄裳。"后来称风度翩翩的青年男子为"惨绿少年",本此。

惨切 凄楚悲切。《后汉书·章帝

纪》："又久旱伤麦,忧心惨切。"亦用来形容景象凄惨。江淹《效阮公诗》："仲冬正惨切,日月少精华。"

穄〔穄〕(cǎn)　植物名。学名 *Eleusine coracana*。亦称"龙爪粟"、"鸡爪粟"、"鸭爪稗"、"龙爪稷"。禾本科。一年生草本。秆粗,无毛。叶片较宽,叶鞘短而阔,与叶片交接处有茸毛。

穄

5～8个穗状花序簇生茎端,成熟时向内弯曲如鸡爪。小穗数花,扁形,无柄,在穗轴上呈两行排列。果小,球形,茶褐色。子实暗褐色。苗期怕水淹,长大后较耐涝,也能耐旱。中国南北各地都有种植,而以西南各地较多。子实主要供食用或酿酒、制粉,秆叶可作饲料。又"湖南稷子"亦称"穄"。

嘻(cǎn)　❶衔。《淮南子·览冥训》："嘻味含甘。"❷叮;咬。《庄子·天运》："蚊虻嘻肤,则通昔不寐矣。"

懪(cǎn)　❶同"惨"。惨痛。《韩非子·解老》："咎莫懪于欲利。"❷作语助。犹"曾"、"乃"。《诗·大雅·民劳》："懪不畏明。"

懪怛　同"惨怛"。忧伤;痛悼。《汉书·翼奉传》："比年不登,元元困乏……朕甚闵焉,懪怛于心。"

癞(cǎn)　痛苦。《汉书·谷永传》："榜箠癞于炮烙。"颜师古注："癞,痛也。"

黪(cǎn)　灰黑色。参见"黪黩"。

黪黩　同"墋黩"。混浊不清貌。杜甫《三川观水涨》诗："何时通舟车,阴气不黪黩。"

càn

灿〔燦〕(càn)　光彩耀眼。符载《畋获虎颂序》："声轩暴雷,日烁灿炬。"参见"灿烂"。

灿烂　光彩鲜明貌。如:光辉灿烂;曹操《观沧海》诗："星汉灿烂,若出其里。"亦作"粲烂"。司马相如《上林赋》："皓齿粲烂,宜笑的皪。"

参〔参、条〕(càn)　通"掺"。击鼓三次。见"渔阳参挝"。
另见 cān,cēn,sān,shēn。

掺〔掺〕(càn)　击鼓的调子。李商隐《听鼓》诗："欲问渔阳掺,时无祢正平。"参见"渔阳参挝"。
另见 chān,shān,shǎn。

粲(càn)　❶上等白米。《诗·郑风·缁衣》："还,予授子之粲兮。"朱熹注："粲,粟之精凿者。"❷鲜艳;灿烂。《史记·太史公自序》："自孔子卒,京师莫崇庠序,唯建元元狩之间,文辞粲如也。"❸露齿而笑。如:以博一粲。郭璞《游仙诗》："粲然启玉齿。"

粲粲　文采鲜美貌。《诗·小雅·大东》："西人之子,粲粲衣服。"毛传："粲粲,鲜盛貌。"

粲花　称赞言论的典雅隽妙。王仁裕《开元天宝遗事·粲花之论》："李白有天才俊逸之誉,每与人谈论,皆成句读,如春葩丽藻,粲于齿牙之下,时人号曰李白粲花之论。"

粲烂　同"灿烂"。

粲者　指美丽的女子。《诗·唐风·绸缪》："今夕何夕,见此粲者!"

璨(càn)　明亮;灿烂。王建《白纻歌》："天河漫漫北斗璨,宫中乌啼知夜半。"参见"璨璨"。

璨璨　明亮貌。白居易《黑龙饮渭赋》："气默默以黯黯,光璨璨而烂烂。"

cāng

仓〔倉〕(cāng)　❶贮藏谷物的建筑物。如:米仓;粮仓。《说文·仓部》："仓,谷藏也。"段玉裁注："谓谷所藏之处。"《吕氏春秋·仲秋》："修囷仓。"高诱注："圆曰囷,方曰仓。"亦泛指储存物资的建筑物。如:货仓;盐仓。❷通"舱"。杨万里《初二日苦热》诗："船仓周围各五尺,且道此中底宽窄。"❸通"苍"。青色。《礼记·月令》："〔孟春之月〕驾仓龙。"❹通"沧"。《汉书·扬雄传上》："东烛仓海,西耀流沙。"❺见"仓卒"、"仓皇"。❻姓。三国时魏有仓慈。
另见 chuàng。

仓庾　亦作"仓敖"。贮藏米谷的仓库。《文献通考·市籴二》："得息米造成仓庾。"

仓场　收纳米谷的场所。《宋史·职官志三》："若内外仓场帐籍,供申愆期,则以法究治。"

仓卒　卒,同"猝"。匆忙;急遽。《汉书·王嘉传》："临事仓卒乃求,非所以明朝廷也。"

仓庚　亦作"仓鹒"、"鸧鹒"。鸟名。即黄莺、黄鹂。《诗·豳风·七月》："春日载阳,有鸣仓庚。"

仓皇　匆促;慌张。李煜《破阵子》词："最是仓皇辞庙日,教坊犹奏别离歌。"《新五代史·伶官传序》："一夫夜呼,乱者四应,仓皇东出。"亦作"仓黄"、"苍黄"。

仓黄　同"仓皇"。韩愈《祭女挐女文》："仓黄分散,使汝惊忧。"

仓浪　同"沧浪"。青绿色。古乐府《东门行》："上用仓浪天故,下为黄口小儿。"

仓廪　贮藏米谷的仓库。《礼记·月令》："〔季春之月〕命有司发仓廪,赐贫穷,振乏绝。"孔颖达疏引蔡氏曰："谷藏曰仓,米藏曰廪。"

仓头　亦作"苍头"。古代对奴仆的称谓。"仓"通"苍"。汉时奴仆常以青布包头,故称。《汉书·萧望之传》："仲翁(王仲翁)出入从仓头、卢儿,下车趋门,传呼甚宠。"颜师古注："皆官府之给贱役者也。"

伧〔傖〕(cāng,旧读 chéng)　粗野;鄙陋。晋南北朝时的文人士大夫常讥骂人为"伧"或"伧夫"。《晋书·王献之传》："傲主人,非礼也;以贵骄士,非道也。失是二者,不足齿之伧耳。"参见"伧父"。

伧父　亦作"伧夫"。犹言鄙夫,粗野的人。陆游《老学庵笔记》卷九："南朝谓北人曰伧父。"左思欲赋《三都》,陆机与弟云书曰："此间有伧父,欲作《三都赋》,须其成,当以覆酒瓮耳。"见《晋书·左思传》。伧父,蔑称左思。

伧荒　微贱僻陋。欧阳修《谢国学解元启》："入梁兹久,敢期英俊之并游;论都未成,殆以伧荒而见隔。"论都,指陆机讥左思作《三都赋》。见《晋书·左思传》。

沧〔滄〕(cāng,又读 chuàng)　冷。《荀子·正名》："疾养(痒)、沧热……以形体异。"《汉书·枚乘传》："欲汤之沧,一人炊之,百人扬之,无益也,不如绝薪止火而已。"

苍〔蒼〕(cāng)　❶青色。如:苍松翠柏。❷灰白色。见"苍苍❸"。
另见 cǎng。

苍苍　❶茂盛貌。《诗·秦风·蒹葭》："蒹葭苍苍。"❷深青色。《庄子·逍遥游》："天之苍苍,其正色邪?其远而无所至极邪?"❸形容头发花白。韩愈《祭十二郎文》："吾年未四

十,而视茫茫,而发苍苍,而齿牙动摇。"

苍耳(*Xanthium sibiricum*) 亦称"菓耳"。菊科。一年生粗壮草本。叶有长柄,叶片宽三角形,边缘有缺刻和不规则粗锯齿,两面有糙伏毛。春夏开花,头状花序顶生或腋生。成熟的具瘦果的总苞变坚硬,外面疏生具钩的总苞刺,易附于人、畜体上传播。生于荒野,中国分布很广;朝鲜半岛、日本、俄罗斯、伊朗和印度亦有分布。茎皮可取纤维;植株可制农药。果实称"苍耳子",可提工业用的脂肪油;亦入药,性温、味甘苦,有毒,功能散风祛湿、通鼻窍,主治鼻渊、风湿痹痛、疥癣等症。茎、叶功用相似。

苍庚 同"仓庚"。鸟名。即黄莺、黄鹂。《吕氏春秋·仲春》:"苍庚鸣。"高诱注:"苍庚,《尔雅》曰:商庚,黎黄,楚雀也。齐人谓之搏黍,秦人谓之黄离,幽冀谓之黄鸟。"

苍昊 苍天。《梁书·武帝纪上》:"上达苍昊,下及川泉。"

苍颢 苍天。李白《明堂赋》:"廓区宇以立极,缀绵颢之颓纲。"颓纲,谓隋末大乱,纲纪颓败。

苍黄 ❶本指青色和黄色。《墨子·所染》:"见染丝者而叹曰:染于苍则苍,染于黄则黄。"后因以"苍黄"比喻事物变化不定,反覆无常。孔稚圭《北山移文》:"岂期终始参差,苍黄翻覆,泪翟子之悲,恸朱公之哭。"翟子,墨翟;朱公,杨朱。❷同"仓皇"。慌张;匆忙。杜甫《新婚别》诗:"誓欲随君去,形势反苍黄。"

苍筤 青色;竹未黄熟。《易·说卦》:"为苍筤竹。"孔颖达疏:"竹初生之时,色苍筤,取其春生之美也。"亦作"苍狼"。《吕氏春秋·审时》:"后时者弱苗而穗苍狼。"毕沅校正:"苍狼,青色也。在竹曰苍筤,在天曰仓浪,在水曰沧浪,字异而义皆同。"亦指幼竹。温庭筠《春尽与友人入裴氏林探渔竿》诗:"历寻婵娟节,剪破苍筤根。"

苍龙 ❶即"太岁"。四象中东方七宿之象。《史记·天官书》:"东宫苍龙。"一作青龙。参见"太岁❶"。❷青色大马。《韩非子·外储说右下》:"延陵卓子乘苍龙与翟文之乘。"翟文,亦马名。按《礼记·月令》作"仓龙",郑玄注:"马八尺以上为龙。"

苍茫 亦作"沧茫"。旷远迷茫貌。李白《关山月》诗:"明月出天山,苍茫云海间。"

苍冥 天地。文天祥《正气歌》:"于人曰浩然,沛乎塞苍冥。"

苍鸟 ❶指鹰。《楚辞·天问》:"苍鸟群飞,孰使萃之?"王逸注:"苍鸟,鹰也。萃,集也。言武王伐纣,将帅勇猛如鹰鸟群飞,谁使武王集聚之者乎?"❷指鹅。庾信《哀江南赋》:"出狄泉之苍鸟。"倪璠注引王隐《晋书》:"董养字仲道,太始初,到洛下干禄求荣。永嘉中,洛城东北角步广里中地陷,中有二鹅,苍者飞去,白者不能飞……养闻,叹曰:'昔周时所盟会狄泉,此地也。'"

苍穹 犹苍天。杜甫《冬狩行》:"杀声落日回苍穹。"亦作"穹苍"。

苍生 本指生草木之处。《书·益稷》:"帝光天之下,至于海隅苍生。"孔颖达疏:"旁至四海之隅苍苍然生草木之处,皆是帝德所及。"借指百姓。《晋书·谢安传》:"安石不肯出,将如苍生何?"安石,谢安字。

苍天 ❶天。《诗·王风·黍离》:"悠悠苍天,此何人哉!"❷指春天。《尔雅·释天》:"春为苍天。"邢昺疏引李巡曰:春,万物始生,其色苍苍,故曰苍天。

苍头 ❶战国时以青巾裹头的军队。《史记·苏秦列传》载苏秦说魏襄王曰:"今窃闻大王之卒武士二十万,苍头二十万,奋击二十万,厮徒十万。"司马贞索隐解释"苍头"说:"谓以青巾裹头,以异于众。"❷古代私家所属的奴隶。亦作仓头。《汉书·鲍宣传》:"苍头庐儿,皆用致富。"颜师古注引孟康曰:"汉名奴为苍头,非纯黑,以别于良人也。"又《霍光传》:"使仓头奴上朝谒。"《太平御览》卷四百七十二引《风俗通》:"河南平阴庞俭……行求老仓头谨信属任者,年六十余,直二万钱,使主牛马耕种。"《晋书·石崇传》:"仓头八百余人。"后来用为仆隶的通称。

狯 〔獊〕(cāng) 见"狯囊"。

狯囊 一作"怆囊"。犹抢攘。纷乱貌。《庄子·在宥》:"脔卷狯囊。"脔卷,不伸舒之状。

沧 〔滄〕(cāng) ❶青绿色。如:沧江;沧海。❷通"沧(滄)"。寒冷。《逸周书·周祝》:"天地之间有沧热。"

沧沧 阴凉貌。《列子·汤问》:"日初出,沧沧凉凉,及其日中,如探汤。"

沧海 ❶大海。因大海水深呈青苍色,故称"沧海"。《法言·吾子》:"浮沧海而知江河之恶沱也,况枯泽乎!"❷中国古代对东海的别称。《初学记》卷六:"东海之别有渤澥,故东海共称渤澥,又通谓之沧海。"❸神话传说中仙人所居岛名。《十洲记》:"沧海岛在北海中;地方三千里,去岸二十一万里,四面绕岛,各广五千里,水皆苍色,仙人谓之沧海。"

沧海横流 海水四处奔流。比喻政治混乱,社会动荡不安。范宁《穀梁传序》:"孔子睹沧海之横流,乃喟然而叹。"《晋书·王尼传》:"常叹曰:'沧海横流,处处不安也。'"

沧海桑田 《神仙传·麻姑》:"麻姑自说云,接侍以来,已见东海三为桑田。"后以"沧海桑田"比喻世事变迁很大。张景《飞丸记·梨园鼓吹》:"白衣苍狗多翻覆,沧海桑田几变更。"亦简作"沧桑"。

沧海一粟 大海中的一粒粟,比喻非常渺小。苏轼《赤壁赋》:"寄蜉蝣于天地,渺沧海之一粟。"

沧海遗珠 海中之珠,为收采者所遗。比喻被埋没的人才或珍品。《新唐书·狄仁杰传》:"〔仁杰〕举明经,调汴州参军,为吏诬诉。黜陟使阎立本召讯,异其才,谢曰:'仲尼观过知仁,君可谓沧海遗珠矣。'"

沧浪 青苍色。《文选·陆机〈塘上行〉》:"发藻玉台下,垂影沧浪泉。"李善注:"孟子曰,'沧浪之水清',沧浪,水色也。"

沧茫 同"苍茫"。旷远迷茫貌。方干《题松江驿》诗:"钟声断续在沧茫。"

沧溟 海水弥漫貌,常指大海。梁简文帝《昭明太子集序》:"沧溟之深,不能比其大。"

沧桑 "沧海桑田"的略语。夏方庆《谢真人仙驾还旧山》诗:"沧桑今已变,萝蔓尚堪攀。"

沧洲 滨水的地方。古时常用来称隐士的居处。阮籍《为郑冲劝晋王笺》:"然后临沧洲而谢支伯。"谢朓《之宣城郡出新林浦向板桥》诗:"既欢怀禄情,复协沧洲趣。"

鸧 〔鶬〕(cāng) 见"鸧鹒"。
另见 qiāng。

鸧鹒 "黑枕黄鹂"的别称。见"黄鹂"。

舱 〔艙〕(cāng) 船或飞机内部分隔成乘人、装货、装置机件或作其他用途的空间。

cáng

臧（cáng）通"藏"。储藏。《汉书·礼乐志》："臧于理官。"颜师古注："古书怀藏之字，本皆作臧。"

另见 zāng，zàng。

藏（cáng）❶隐藏。《礼记·檀弓上》："藏也者，欲人之弗得见也。"❷收藏；储藏。苏轼《后赤壁赋》："我有斗酒，藏之久矣。"

另见 zāng，zàng。

藏词 修辞学上辞格之一。表达要用的词语已见于习用的熟语，写说时就藏却本词，而用熟语中有关部分来替代本词。常用的有"藏头"和"歇后"两种。如用"而立"代替"三十岁"，就是《论语·为政》中"三十而立"一语的藏头；"一欣侍温颜，再喜见友于"（陶潜《庚子岁从都还》）中用"友于"代"兄弟"，就是《尚书·君陈》中"友于兄弟"一语的歇后。作为熟语使用的歇后语是歇后藏词充分发展的独立形态。

藏钩 古代的一种游戏。《艺经》："义阳腊日饮祭之后，叟妪儿童为藏钩之戏，分为二曹，以交（校）胜负。"

藏垢纳污 《左传·宣公十五年》："高下在心，川泽纳污，山薮藏疾，瑾瑜匿瑕，国君含垢，天之道也。"后以"藏垢纳污"比喻包容坏人坏事。《野叟曝言》第二回："俺们僧家，与你们儒家一样藏垢纳污。"

藏怒 怀恨于心。《孟子·万章上》："仁人之于弟也，不藏怒焉，不宿怨焉。"

藏器待时 《易·系辞下》："君子藏器于身，待时而动。"后因以"藏器待时"比喻怀藏才学，等待施展的时机。李贽《续焚书·与焦弱侯》："李如真四月二十六日书到黄安，知己到家，藏器待时，最喜最喜。"

藏头露尾 比喻举止行动遮遮掩掩，不坦诚待人。《西游记》第五十回："既知我到，何不早迎？却又这般藏头露尾，是甚道理？"

藏头诗 一名"藏头格"。杂体诗名。有三说：(1)谓作律诗于末联方点明题意。《冰川诗式》："藏头格：首联与中二联六句皆具言所寓之景与情而不言题意，至结联方说之意，是谓藏头。"(2)"歇后诗"之对称，将诗句头一字暗藏于末一字中。《诗体明辨》："藏头诗，每句头字皆

藏于每句尾字也。"(3)将所言之事分藏于诗句之首，如《水浒传》吴用题卢俊义宅中诗，即于四句首字中暗藏"卢俊义反"四字。

藏形匿影 隐藏形迹，不露出真相来。《邓析子·无厚》："君者，藏形匿影，群下无私。"亦作"匿影藏形"。

藏修 谓专心向学，使业不离身。《礼记·学记》："故君子之于学也，藏焉，修焉，息焉，游焉。"郑玄注："藏，谓怀抱之；修，习也。"孔颖达疏："藏，谓心常怀抱学业也；修，谓习之不能废也。"

藏拙 隐藏短处，不以示人。常用为自谦之辞。罗隐《自贻》诗："纵无显效亦藏拙，若有所成甘守株。"

醶（cáng）同"藏"。储藏。孔平仲《续世说·轻诋》："若嗽嗜酒之人，正似糟醶猪肉。"

另见 zāng。

cǎng

苍〔蒼〕（cǎng）见"苍莽"。

另见 cāng。

苍莽 犹莽苍。郊野或天空一碧无际貌。《韩诗外传》卷四："齐桓公问于管仲曰：'王者何贵？'曰：'贵天。'桓公仰而视天，管仲曰：'所谓天，非苍莽之天也；王者以百姓为天。'"苏辙《黄楼赋》："山川开阖，苍莽千里。"

cāo

摮（cāo）同"操"。《国策·燕策三》："秦王惊，自引而起，袖绝，拔剑，剑长，摮其室。"鲍彪注："摮，把持也，与操同。室，剑鞘。"

糙（cāo）❶农具名。以荆条等编成，用来平整耕地。❷用糙平整土地。

操〔摮、摮〕㊀（cāo）❶持；拿着。《左传·襄公三十一年》："犹未能操刀而使割也。"❷掌握；驾驭。《列子·黄帝》："津人操舟若神。"❸从事；担任。如：操业。《聊斋志异·红玉》："井臼自操之。"❹用某种语言或方音说话。如：操英语；操吴音。❺操练。如：上操；工间操。❻姓。明代有操守经。

㊁（cāo，旧读 cào）❶操守；节操。《汉书·张汤传》："虽贾人，有贤操。"❷琴曲的一种。如：龟山操；猗兰操。应劭《风俗通·声音》："其遇闭塞忧愁而作者，命其曲曰操。"❸

通"摻"。击鼓的调子。

操觚 操，持；觚，木简。执持木简。指作文。陆机《文赋》："或操觚以率尔。"

操奇计赢 《汉书·食货志上》："商贾大者积贮倍息，小者坐列贩卖，操其奇赢。"颜师古注："奇赢，谓有余财而蓄聚奇异之物也。一说，奇谓残余物也。"后用"操奇计赢"形容商人居奇牟利。

操履 犹操行，品行。《北史·庾质传》："操履贞懿，立言忠鲠。"

操缦 谓操弄弦索，调弦听音。《礼记·学记》："不学操缦，不能安弦。"陈澔集说："操缦，操弄琴瑟之弦也。初学者手与弦未相得，故虽退息时，亦必操弄之不废，乃能习熟而安于弦也。"

操切 ❶胁制；胁迫。《汉书·贡禹传》："郡国恐伏其诛……则取勇猛能操切百姓者，以苛暴威服下者，使居大位。"❷处理事情过于急躁。如：不宜操切从事。张居正《陈六事疏》："然人情习玩已久，骤一振之，必将曰此拂人之情者也；又将曰此务为操切者也。"

操券 券，契约或凭证。持有凭证。比喻事情有把握。李调元《制义科琐记》卷二"元可操券"："明朝制艺，确有分两，作文和阅者皆可操券而取。"

操守 平素所执持，指志行品德。《新唐书·裴度传》："神观迈爽，操守坚正。"

操行 品行。《后汉书·贾复传》："〔贾宗〕少有操行，多智略。"

操纵 ❶本谓收与放，引申为控制支配。张居正《答宣府巡抚张崌崃言虏情》："顷又思夷情变态不常，在我处之，亦不宜定为一例，贵随机应变，操纵适宜可也。"文秉《先拨志始》卷上："所以太阿下移，而忠贤（魏忠贤）辈得以操纵如意也。"今多含贬义。❷对机器等的控制管理。如：远距离操纵。

操作 ❶劳作。《后汉书·梁鸿传》："〔孟光〕乃更为椎髻，著布衣，操作而前。"❷为完成工序中某一工作所进行的若干连续生产活动的总合。是工序按劳动过程所划分的一个组成部分。几个操作构成为一个工步，几个工步构成为一道工序。可分基本操作和辅助操作。前者是直接实现工艺目的的操作；后者是为本操作服务的操作。

糙（cāo）❶粗,米脱壳而未舂的状态。如:糙米;砻糙。❷不细致;不光滑。如:粗糙;毛糙。

cáo

曹（cáo）❶群;众。《楚辞·招隐士》:"禽兽骇兮亡其曹。"❷辈。如:我曹;尔曹。杜甫《春水生》诗:"吾与汝曹俱眼明。"❸偶;对。集体游戏的分组。《楚辞·招魂》:"蓖蔽象棋,有六簙些,分曹并进,遒相迫些。"❹古时分科办事的官署。如西汉置尚书五人,其一为仆射,四人分为四曹;东汉尚书六人,分五曹。又古代州郡所置的属官也称曹。如:功曹;贼曹。❺诉讼的两造,即原告和被告。见《说文·曰部》。❻古国名。西周分封的诸侯国。姬姓。始封之君为周武王弟叔振铎,建都陶丘(今山东定陶西北),有今山东西部。公元前487年为宋所灭。❼古邑名。一作漕,春秋卫邑。在今河南滑县旧县城东。《左传》闵公二年(公元前660年):卫为狄所灭,国人"立戴公以庐于曹",即此。秦置白马县。❽姓。

嘈（cáo）众声。潘岳《笙赋》:"双凤嘈以和鸣。"双凤,曲名。

嘈嘈　形容声音繁杂。《文选·王延寿〈鲁灵光殿赋〉》:"耳嘈嘈以失听。"李善注引《埤苍》曰:"嘈嘈,声众也。"白居易《琵琶行》:"大弦嘈嘈如急雨,小弦切切如私语。"

嘈杂　❶声音喧闹,杂乱。《抱朴子·刺骄》:"或曲宴密集,管弦嘈杂。"❷中医学病症名。俗称"心嘈"。一种胃部不舒适的症状。可见胃脘灼热、似饥非饥、似痛非痛、得食暂止、食已复嘈或兼嗳气、痞闷、吞酸等症。胃有痰热者,治宜清热、和胃、化痰等法;肝胃不和者,治宜疏肝、理气、解郁等法。本症多见于胃炎及消化性溃疡等疾病。

馋〔饞〕（cáo）饥饿。见《玉篇·食部》。如:肚子馋。

漕（cáo）❶水道运粮。《史记·平准书》:"漕转山东粟,以给中都官。"❷古邑名。见"曹❼"。❸姓。汉代有漕中叔。

漕船　亦称"漕舫"。历代在河道或海道中运粮的帆船。

漕转　水运为漕,车运为转。亦作"转漕"。《史记·平准书》:"漕转山东粟,以给中都官,岁不过数十万石。"司马贞索隐:"《说文》云:'水转谷也。'一云:'车运曰转,水运曰漕。'中都,犹都内也。"按:山东,指函谷关以东。又:"又兴十万余人,筑卫朔方,转漕甚迁远。"

慒（cáo）乱。《玉篇·心部》:"慒,乱也。"
另见cóng。

槽（cáo）❶盛饲料喂牲口的器具。如:马槽;猪槽。《晋书·宣帝纪》:"尝梦三马同食一槽。"❷酿酒或造纸的器具。如:酒槽。李贺《将进酒》诗:"小槽酒滴真珠红。"❸捣茶或研药的器具。范成大《立春》诗:"茶槽药臼杵声中。"❹琵琶一类乐器上架弦的格子;弦槽。李煜《书琵琶背》诗:"余暖在檀槽。"❺泛指两边高起、中间陷入的东西。如:池槽;槽牙。❻水道;沟渠。如:河槽;槽水。元稹《酬刘猛见送》诗:"去去我移马,迟迟君过桥。云势正横壑,江流初满槽。"❼柔木。《淮南子·氾论训》:"槽矛无击。"高诱注:"槽矛,柔木矛也;无击,无铁刃也。"

磰（cáo）❶采矿的坑道。林则徐《查勘矿厂情形试行开采折》:"夏秋磰硐多水,宣泄倍难,往往停歇。"❷用于地名。斫磰,在湖南。

螬（cáo）即"蛴螬"。《孟子·滕文公下》:"井上有李,螬食实者过半矣。"

艚（cáo）漕运所用的船舶。《南史·垣护之传》:"玄谟（王玄谟）败退,不暇报护之,而魏军悉牵玄谟水军大艚,连以铁锁三重断河,以绝护之还路。"

譄（cáo）同"嘈"。

cǎo

屮（cǎo）"艸"的古字。今作"草"。《汉书·礼乐志·郊祀歌》:"屮木零落。"
另见chè。

草〔艸〕（cǎo）❶草本植物的总称。《书·洪范》:"庶草蕃庑。"❷特指作燃料或饲料的草。如:柴草;粮草。❸草野。如:草泽;草行。参见"草止"。❹简略;粗糙。如:草样;草图;草具。❺起稿;随便写。如:草檄;草诏;草此奉覆。也指非正式的。如:草签;草案。❻稿子。如:起草。也用作诗文集名,意谓未定稿。如明代鹿善继有《认真草》,

清代龚自珍有《破戒草》,黄遵宪有《人境庐诗草》。❼汉字字体的一种,即草书。如:章草;狂草;真草隶篆。❽荒秽。《吕氏春秋·任地》:"大草不生。"高诱注:"草,秽也。"❾牝;雌。如:草马。
另见zào。

草草　❶忧虑;劳心。《诗·小雅·巷伯》:"骄人好好,劳人草草。"❷匆忙;急遽。梅尧臣《令狐秘丞守彭州》诗:"前时草草别,渺漫二十年。"❸杂乱不齐貌。引申为草率、苟且。如:草草不恭;草草了事。

草苴　草的总称。生草叫草,枯草叫苴。《楚辞·九章·悲回风》:"鸟兽鸣以号群兮,草苴比而不芳。"

草创　❶开始做;事情的开始。《汉书·外戚恩泽侯表》:"庶事草创,日不暇给。"❷起草。《论语·宪问》:"为命,裨谌草创之。"朱熹注:"创,造也。谓造为草藁也。"

草次　同"造次"。仓促。《春秋·隐公四年》"公及宋公遇于清"杜预注:"遇者,草次之期。"孔颖达疏:"草次,犹造次。造次、仓卒,皆迫促不暇之意。"

草蹙　仓猝;匆忙。鲍照《登大雷岸与妹书》:"临涂草蹙,辞意不周。"

草服　草制的冠服。《书·禹贡》"岛夷卉服"孔颖达疏:"凡百草一名卉,知卉服是草服。"《礼记·郊特牲》:"野夫黄冠。黄冠,草服也。"孙希旦集解:"黄冠草服者,黄冠乃臺(薹)笠之属,而其色黄也。"参见"黄冠❶"。

草稿　初步写成、尚未确定的文稿。《史记·屈原贾生列传》:"屈平属草稿,未定。"

草间求活　犹言苟且偷生。《晋书·周颛传》:"吾备位大臣,朝廷丧败,宁可复草间求活,外投胡越邪!"

草菅人命　《汉书·贾谊传》:"其视杀人,若艾草菅然。"艾,通"刈",割草。菅,茅草。后因谓官吏滥用刑法,杀害人命为"草菅人命"。《官场现形记》第四十七回:"像某人这样做官,真正是草菅人命了。"

草芥　比喻轻微没有价值。夏侯湛《东方朔画赞序》:"视俦列如草芥。"

草驹　幼马。《淮南子·修务训》:"夫马之为草驹之时,跳跃扬蹄,翘尾而走,人不能制。"高诱注:"马五尺以下为驹,放在草中,故曰草驹。"

草具　指粗劣的食物。《国策·齐

策四》："左右以君贱之也，食以草具。"

草寇 指出没于山林草莽的强盗。《旧唐书·僖宗纪》："足以破伏戎之草寇。"

草莱 ❶犹草莽。杂生的丛草。《南史·孔珪传》："门庭之内，草莱不剪。"❷荒芜之地。《管子·七臣七主》："主好本，则民好垦草莱。"❸犹草茅。在野的、未出仕的。《汉书·蔡义传》："臣山东草莱之人。"

草马 牝马。《三国志·魏志·杜畿传》："渐课民畜牸牛、草马，下逮鸡豚犬豕，皆有章程。"章炳麟《新方言·释动物》："今北方通称牝马曰草马，牝驴曰草驴。"

草莽 杂草；丛草。陶潜《归园田居》诗："常恐霜霰至，零落同草莽。"引申为草野；民间。与"朝廷"、"廊庙"相对。《孟子·万章下》："在野曰草莽之臣。"参见"草莱❸"。

草茅 ❶杂草。《楚辞·卜居》："宁诛锄草茅以力耕乎？"❷在野未出仕的人；平民。《仪礼·士相见礼》："在野则曰草茅之臣。"《新唐书·马周传赞》："由一介草茅言天下事。"参见"草莽"、"草莱❸"。

草昧 蒙昧；原始未开化的状态。《易·屯》："天造草昧。"孔颖达疏："草谓草创，昧谓冥昧，言天造万物于草创之始，如在冥昧之时也。"亦指国家草创秩序未定之时。《隋书·高祖纪》："登庸纳揆之时，草昧经纶之日。"

草木皆兵 《晋书·苻坚载记》："坚与苻融登城而望王师，见部阵齐整，将士精锐；又北望八公山上草木皆类人形，顾谓融曰：'此亦劲（劲）敌也，何谓少乎？'怃然有惧色。"后以"草木皆兵"形容极度疑惧、惊恐。《二十年目睹之怪现状》第五十九回："这一天大家都是惊疑不定，草木皆兵。"参见"风声鹤唳"。

草窃 抄掠；掠夺。《书·微子》："殷罔不小大，好草窃奸宄。"孔传："草野窃盗。"按，孙星衍《尚书今古文注疏》卷九谓草与抄、钞声近假借。《聊斋志异·乔女》："家人亦各草窃以去，惟一妪抱儿哭帏中。"

草率 潦草；粗略。《朱子全书·学六》："至如史书易晓，只看大纲如何？曰：'较之经书不同，然亦自是草率不得。'"

草堂 茅草盖的堂屋。《水浒传》第十四回："雷横放了那汉，一齐再入草堂来。"又旧时文人常自称山野间的住所为"草堂"，有自谦卑陋之意。陆游《老学庵笔记》卷一："杜少陵（杜甫）在成都有两草堂。一在万里桥之西，一在浣花居，皆见于诗中。"

草薙禽狝 薙，芟夷；狝，杀。谓像割除野草、捕杀禽兽一样，无所顾惜。韩愈《送郑尚书序》："至纷不可治，乃草薙而禽狝之，尽根株痛断乃止。"

草头露 草上的露水，少而易干，比喻不能长久。杜甫《送孔巢父谢病归游江东兼呈李白》诗："惜君只欲苦死留，富贵何如草头露？"

草行露宿 在草野中行路，露天下睡觉，形容行旅的艰苦或急迫。《晋书·谢玄传》："〔苻坚〕徐众弃甲宵遁，闻风声鹤唳，皆以为王师已至；草行露宿，重以饥冻，死者十七八。"

草野 ❶乡野。与"朝廷"、"廊庙"相对。白居易《兰若寓居》诗："名宦老慵求，退身安草野。"❷粗野鄙陋。《韩非子·说难》："虑事广肆，则曰草野而倨侮。"

草鱼 (Ctenopharyngodon idellus) 亦称"鲩"、"鰀"、"鰀"。硬骨鱼纲，鲤科。体延长，亚圆筒形，长达1米余。青黄色。头宽平，口端位，无须。咽齿梳状。栖息水的中下层，以水草为食。3～4龄成熟，在江河上游产卵。可人工繁殖。鱼苗易得，生长快，为中国主要淡水养殖鱼类之一。分布于中国各大水系。肉味美。鱼胆有毒。

草　鱼

草泽 野草丛生、低洼积水的地方。《史记·仲尼弟子列传》："原宪遂亡在草泽中。"也指草野之士，隐士。孟浩然《与黄侍御北津泛舟》诗："闻君荐草泽，从此泛沧洲。"

草止 古称在草野宿营。《周礼·夏官·大司马》"中夏教茇舍"郑玄注："军有草止之法。"参见"茇舍"。

悼（cǎo） 见"悼愺"。

悼愺 ❶寂静。王褒《洞箫赋》："悼愺澜漫，亡耦失畴。"谓箫声寂静而分散。❷心乱。见《玉篇·心部》。

愺（cǎo） 忧愁。《诗·陈风·月出》："劳心愺兮。"

另见 sāo。

骒〔騲〕（cǎo） 雌马。《玉篇·马部》："骒，牝马。"亦作"草"。

懆（cǎo） 见"懆懆"。

另见 zào。

懆懆 忧愁貌。《诗·小雅·白华》："念子懆懆，视我迈迈。"陆德明释文："亦作'慅慅'。"

cào

愺（cào） ❶仓猝；急忙。《越绝书·内传陈成恒》："越王愺然避位。"❷见"愺愺"。

愺愺 笃厚诚实貌。《中庸》："言顾行，行顾言，君子胡不愺愺尔。"朱熹注："愺愺，笃实貌。"

郻（cào） 古地名。一作操。春秋郑地。确址不详。当在今河南境内。一说在今山西吉县一带，似迂远。《春秋·襄公七年》：郑伯髡顽"卒于郻"。

cè

册〔冊〕（cè） ❶古代文书用竹简，编简成册。因以为书簿之称。如：帐册；纪念册。《书·多士》："惟殷先人，有册有典。"❷古代帝王祭祀时告天地神祇的文书。《书·金縢》："乃纳册于金縢之匮中。"❸古代封爵的诏书。《新唐书·百官志二》："临轩册命，则读册。"参见"册命"、"册书"。也指封立。《新唐书·百官志二》："册太子则授玺绶。"❹通"策"。计谋；计策。《汉书·赵充国传》："此全师保胜安边之册。"

册封 古代皇帝以封爵授给属国君长、少数民族首领、异姓王、宗族、妃嫔等，都经过一种仪式，在受封者面前，宣读授给封爵位号的册文，连同印玺一齐授给被封人，称为册封。如清代封亲王、亲王世子和他们福晋的册用金质；封郡王、郡王福晋的册用银质饰金。封妃嫔则有册无宝（印玺）。

册府 亦作"策府"。古时帝王藏书之所。《晋书·葛洪传论》："纽奇册府，总百代之遗编。"

册命 帝王祝告天地宗庙，册立后妃诸王大臣所用的文书。《书·顾命》："太史秉书，由宾阶隮，御王册命。"后指册立或册封之事。《文献通考》卷二百五十三引晋穆帝《册皇

后文》:"皇帝使使持节兼太保侍中太宰武陵王晞册命故散骑侍郎女何氏为皇后。"《朱子全书·历代·宋》:"册命之礼,始于汉武封三王,后遂不废;古自有此礼,至武帝始复之耳。郊祀宗庙太子皆用玉册,皇后用金册,宰相贵妃皆用竹册。"

册书 ❶诏书。《汉书·公孙弘传》:"书奏,天子以册书答曰……"特指册命文书。《新唐书·百官志二》:"凡王言之制有七,一曰册书。立皇后、皇太子,封诸王,临轩册命,则用之。"❷史册。《文选·班彪〈王命论〉》:"垂册书于春秋。"李善注引张晏曰:"册书,史记也。"

册叶 亦作"册页"。❶书籍的册数、页数。《宋史·何涉传》:"人问书传中事,必指卷第册叶之所在;验之果然。"❷分页装潢成册的小品书画。《红楼梦》第三十七回:"十个还不成幅,索性凑成十二个就好了,也和人家字画册页一样。"

册页 见"册叶"。

厕 〔厕、厠〕(cè,旧读cì) ❶大小便的地方。《左传·成公十年》:"〔晋侯〕如厕,陷而卒。"❷猪圈。《汉书·燕刺王旦传》:"厕中豕群出。"❸置;参加。如:厕身。《史记·乐毅列传》:"厕之宾客之中。"❹通"侧"。《汉书·汲黯传》:"大将军青侍中,上踞厕视之。"颜师古注引孟康曰:"厕,床边侧也。"又《张释之传》:"〔释〕从行至霸陵,上居外临厕。"颜师古注:"厕,岸之边厕也。"

厕身 亦作"侧身"。置身。如:厕身其间。

厕足 即侧足。倾斜其足。《庄子·外物》:"天地非不广且大也,人之所用容足耳,然则厕足而垫之致黄泉,人尚有用乎?"成玄英疏:"若使侧足之外,掘至黄泉,人则战栗不得行动。"后用作插足、置身于其间的意思。犹厕身。

厕坐 列坐。吴质《答魏太子笺》:"昔侍左右,厕坐好贤。"

侧 〔側〕(cè,旧读zè) ❶旁边。如:左侧;右侧。《晋书·王戎传》:"尝与群儿戏于道侧。"❷向一边倾斜。如:侧耳细听。杜甫《秋野》诗:"掉头纱帽侧。"❸偏;不正。《书·洪范》:"无反无侧。"❹伏。《淮南子·原道训》:"侧溪谷之间。"❺汉字书法一点的古称。

侧耳 倾听貌。《史记·张丞相列传》:"吕后侧耳于东厢听。"

侧理纸 纸名。侧理,亦作"陟厘"。即苔纸。王嘉《拾遗记》卷九:"南人以海苔为纸,其理纵横邪侧,因以为名。"顾文荐《负暄杂录》:"苔纸,以水苔为之,名侧理纸。"

侧立 侧身而立,表示尊敬。《魏书·房景先传》:"晨昏参省,侧立移时。"也表示戒惧。龚自珍《己亥杂诗》:"故人横海拜将军,侧立南天未蒇勋。"

侧丽 犹侧艳。《南史·袁彖传》:"于时何洞亦称才子,为文惠太子作《杨畔歌》,辞甚侧丽。"

侧陋 ❶有才德而居于隐僻之处的微贱者。《书·尧典》:"明明,扬侧陋。"张衡《东京赋》:"招有道于侧陋,开敢谏之直言。"❷偏僻简陋。《后汉书·袁闳传》:"居处侧陋,以耕学为业。"

侧帽 ❶歪戴帽子。《北史·独孤信传》:"信在秦州,尝因猎,日暮,驰马入城,其帽微侧。诘旦而吏人有戴帽者,咸慕信而侧帽焉。"后谓洒脱豪放之义。刘国钧《并游侠行》:"疲驴侧帽傲王侯。"❷谓使帽侧倒。范成大《清明日狸渡道中》诗:"洒洒沾巾雨,披披侧帽风。"

侧媚 用不正当的手段讨好别人。《书·冏命》:"慎简乃僚,无以巧言令色,便辟侧媚。"

侧目 ❶不敢正视。形容畏惧。《国策·秦策一》:"妻侧目而视,倾耳而听。"❷犹怒目而视。形容怒恨。《汉书·刘向传》:"时恭显许史子弟、侍中诸曹,皆侧目于望之等。"

侧身 ❶倾侧身体,忧惧不安貌。《诗·大雅·云汉序》:"遇灾而惧,侧身修行,欲销去之。"❷同"厕身"。置身。杜甫《将赴成都草堂途中有作五首》:"侧身天地更怀古。"

侧生 ❶左思《蜀都赋》:"旁挺龙目,侧生荔枝。"本谓荔枝生于旁枝,后来就以"侧生"为荔枝的代称。张九龄《荔枝赋》:"彼前志之或妄,何侧生之见疵。"❷犹旁出。指妾生之子女。《魏书·杨大眼传》:"大眼侧生女夫赵延宝言之于大眼。"

侧室 ❶古时住房分正寝、燕寝、侧室三部分。正寝在前,燕寝在后,侧室在燕寝之旁。见《礼记·内则》"居侧室"孔颖达疏。❷古称庶子为"侧室"。《左传·桓公二年》:"卿置侧室。"杜预注:"侧室,众子也。"孔颖达疏引郑玄曰:"正室,适子也。正室是适子,故知侧室是众子,言在适子之旁侧也。"❸称妾为"侧室"。

犹偏房。《汉书·西南夷传》:"朕,高皇帝侧室之子也。"侧室,汉文帝刘恒之母薄姬。

侧微 微贱。《书·舜典序》:"虞舜侧微。"孔颖达疏:"不在朝廷谓之侧,其人贫贱谓之微。"

侧闻 从旁闻知,表示曾有所闻。司马迁《报任少卿书》:"仆虽罢驽,亦尝侧闻长者之遗风矣。"

侧席 侧身而坐。《礼记·曲礼上》:"有忧者侧席而坐。"《后汉书·章帝纪》:"朕思迟直士,侧席异闻。"李贤注:"侧席,谓不正坐,所以待贤良也。"

侧艳 指文辞艳丽而流于轻佻。《旧唐书·温庭筠传》:"能逐弦吹之音,为侧艳之词。"

侧足 ❶形容因畏惧而不敢正立。《后汉书·杜乔传》:"群臣侧足而立。"❷置足。曹植《送应氏》诗:"侧足无行径,荒畴不复田。"

茦 (cè) 草的芒刺。《方言》第三:"凡草木刺人,北燕、朝鲜之间谓之茦。"

萴 〔萴〕(cè) 即萴子。附子生一岁名萴子,见《广雅·释草》。亦作"侧子"。一种有毒的药草。

栅 〔柵〕(cè) 广东中山市有上栅、下栅。
另见 shà、zhà。

测 〔測〕(cè) ❶测量;估计。《荀子·劝学》:"譬之犹以指测河也。"❷猜度;推想。《左传·庄公十年》:"夫大国难测也,惧有伏焉。"❸清。《考工记·弓人》:"漆欲测,丝欲沈。"郑玄注:"测犹清也。"❹刑名之一。《隋书·刑法志》:"其有赃验显然而不款,则上测立。立测者以土为垛,高一尺,上圆劣,容囚两足立。"

测度 推测;猜度。如:人心难以测度。

测候 古称观测天文、气象为"测候"。《隋书·天文志》:"古历,五星并顺行。秦历始有金、火之逆……汉初测候,乃知五星皆有逆行。"

测揆 测量。《隋书·天文志上》:"浑天象者,其制有机而无衡,……不如浑仪,别有衡管,测揆日月,分步星度者也。"

测量 一般指用仪表测定各种物理量的工作。在机械制造中,常指用量具或仪器来测定零件(或装配在一起的部件和机器)的尺寸、角度、几何形状或表面相互位置等一系列工作

的总称。

测字　即"拆字"。

恻〔惻〕(cè)　❶凄怆;伤痛。如:凄恻;悯恻。《易·井》:"井渫不食,为我心恻。"❷通"切"。诚恳。《诗·卫风·氓》"信誓旦旦"郑玄笺:"言其恳恻欵诚。"

恻恻　❶悲痛貌。杜甫《梦李白》诗:"死别已吞声,生别常恻恻。"❷犹言切切。诚恳貌。《后汉书·张酺传》:"阘阘恻恻,出于诚心。"

恻怛　忧伤。《礼记·问丧》:"恻怛之心,痛疾之意。"亦作同情、哀怜解。《汉书·枚乘传》:"唯大王少加意念恻怛之心于臣乘言。"

恻隐　哀痛;对别人的不幸表示怜悯。《孟子·公孙丑上》:"今人乍见孺子将入于井,皆有怵惕恻隐之心。"朱熹注:"恻,伤之切也;隐,痛之深也。"

恻恢　悲伤貌。王褒《洞箫赋》:"悲怆恍以恻恢兮。"亦作"恻减"。潘岳《笙赋》:"愀怆恻减。"

戛(cè)　见"戛戛"。

戛戛　亦作"稷稷"。刀口锋利貌。《诗·周颂·良耜》:"畟畟良耜,俶载南亩。"一说,戛戛,疾速前进貌。

栅(cè)　粽子。见《集韵·二十一麦》。《南齐书·虞悰传》:"世祖幸芳林园,就悰求扁米栅,悰献栅及杂肴数十舆。"

另见 sǎn。

策〔筴、筞〕(cè)　❶马鞭。《左传·文公十三年》:"绕朝赠之以策。"杜预注:"策,马捶。"❷鞭打。《左传·哀公十一年》:"抽矢策其马。"引申为促进、促动。如:策动;策励。❸通"册"。古代用竹片或木片记事著书,成编的叫策。《仪礼·聘礼》:"百名以上书于策。"郑玄注:"策,简也。"❹帝王对臣下封土、授爵或免官,记其语于简册。《左传·僖公二十八年》:"王命尹氏及王子虎、内史叔兴父策命晋侯为侯伯。"《汉书·孔光传》:"遂策免光。"❺古代考试以问题书之于策,令应举者作答,称为"策问",也简称"策"。后来就成为一种文体。《后汉书·边韶传》:"著诗、颂、碑、铭、书、策凡十五篇。"❻古时用以计算的小筹。见"筹策❶"。❼计谋;策划。如:上策;下策;献策;束手无策。❽古代占卜用的蓍草。《文选·屈原〈卜居〉》:"詹尹乃释策而谢。"刘良注:"策,蓍

也。"❾书法用笔的名称。见"永字八法"。❿小箕。《庄子·人间世》:"鼓策播精,足以食十人。"⓫木栅。《庄子·达生》:"祝宗人玄端以临牢策。"⓬姓。明代有策敏。

策策　象声,犹沙沙。韩愈《秋怀诗》:"秋风一披拂,策策鸣不已。"白居易《冬夜》诗:"策策窗户前,又闻新雪下。"

策府　同"册府"。古代帝王藏书之所。《穆天子传》卷二:"阿平无险,四彻中绳,先王之所谓策府。"郭璞注:"言往古帝王以为藏书册之府,所谓藏之名山者也。"

策划　划,亦作"画"。计划;打算。《后汉书·隗嚣传》:"是以功名终申,策画复得。"

策励　督促勉励。萧子良《与孔中丞稚珪书》:"孜孜策励,良在于斯。"

策略　计策谋略。《人物志·接识》:"术谋之人,以思谟为度,故能成策略之奇。"

策名　《左传·僖公二十三年》:"策名委质。"孔颖达疏:"古之仕者,于所臣之人书己名于策,以明系属之也。"后即用为出仕之义。《后汉书·蔡邕传》:"吾策名汉室,死归其正。"

策命　用简策命官授爵。亦指书于简策的辞命。《周礼·春官·内史》:"凡命诸侯及孤卿大夫,则策命之。"《三国志·吴志·胡琮传》:"凡自权(孙权)统事,诸文诰策命,邻国书符,略皆琮之所造也。"

策士　谋士。最初指战国时代游说诸侯的人,后来泛指一般出谋计策、献谋略的人。柳宗元《沛国汉原庙铭》:"故曲逆起为策士,辅成帝图。"曲逆,曲逆侯陈平,汉高祖谋臣。

策试　谓以对策试士。策,就是写在简策上的试题。《后汉书·徐防传》:"臣以为博士及甲乙策试,宜从其家章句,开五十难以试之,解释多者为上第,引文明者为高说。"

策勋　谓记录功勋于策上。《左传·桓公二年》:"凡公行,告于宗庙;反行,饮至、舍爵、策勋焉,礼也。"杜预注:"既饮置爵,则书勋劳于策,言速纪有功也。"陆贽《请诸军兵马自取机便状》:"故军败则死众,战胜则策勋。"

策应　与友军协同呼应,配合作战。《明史·李彬传》:"襄成伯李濬讨永新叛寇,命彬帅师策应。"

策杖　拄杖。曹植《苦思行》:"策杖从我游。"《北史·金文诩传》:"仁

寿末,学废,文诩策杖而归。"学,太学。亦作"杖策"。白行简《李娃传》:"十旬,方杖策而起。"

溅(cè)　见"溅减"。

溅(cè)

溅减　水波貌。《文选·郭璞〈江赋〉》:"溅减泛减,龙鳞结络。"李善注:"溅减泛减,参差相次也。"

猎(cè)　❶矛属。见《说文·矛部》。❷刺。《国语·鲁语》:"猎鱼鳖以为夏犒。"亦作"籍"。

城(cè)　台阶的级。《文选·班固〈西都赋〉》:"于是左城右平,重轩三阶。"李善注:"城者,为陛级也。"吕延济注:"城,阶级也。右乘车上,故使平;左人上,故为级。"

箣(cè)　见"箣竹"。

箣竹(*Bambusa stenostachya*)　亦称"大箣竹"。禾本科。秆丛生,高可达20米,直径16厘米,秆甚厚,节间长约30厘米,表面粗糙,每节生多枝,其下方小枝短,梗化成刺形。箨黄绿色,有密生暗紫色茸毛。分布于中国福建、台湾、广东、广西等地深厚酸性土,近海区最为习见。适宜营造防风林。材质坚韧,供挑杠、家具等用材。

cēn

参〔參、条〕(cēn)　见"参差"。另见 cān, càn, sān, sǎn, shēn。

参差　❶长短、高低不齐;不一致。《诗·周南·关雎》:"参差荇菜,左右流之。"❷差不多;近似。白居易《长恨歌》:"雪肤花貌参差是。"❸亦作"篸篸"。古乐器名。相传舜所造,像凤翼参差不齐的形状,故名。《楚辞·九歌·湘君》:"望夫君兮未来,吹参差兮谁思?"王逸注:"参差,洞箫也。"一说笙名。段安节《乐府杂录·笙》:"〔笙〕亦名参差。"

参错　杂乱不齐或错误脱漏。《文选·谢灵运〈富春渚〉诗》:"溯流触惊急,临圻阻参错。"李善注:"谓碕岸之险,参差交错也。"归有光《答唐虔伯书》:"所虑狱词参错,虽得逃死,亦恐非的然之见。"

嵾〔嵾〕(cēn)　亦作"嵝"。见"嵾嵯"。

嵾嵯　不齐貌。《楚辞·九叹·远逝》:"石嵾嵯以翳日。"

嵝(cēn)　同"嵾(嵾)"。

篸〔篸〕(cēn)　见"篸篘"。

参　另见 zān。

篸篘　同"参差❸"。

cén

岑(cén)　❶小而高的山。杜颜《灞桥赋》:"明月生岑,凉风度水。"❷崖岸。《庄子·徐无鬼》:"夜半于无人之时而与舟人斗,未始离于岑,而足以造于怨也。"❸姓。后汉有岑薪。

另见 yín。

岑岑　形容头脑胀痛。《汉书·外戚传上》:"我头岑岑也,药中得无有毒?"

岑寂　寂静;寂寞。鲍照《舞鹤赋》:"去帝乡之岑寂,归人寰之喧卑。"杜甫《树间》诗:"岑寂双柑树,婆娑一院香。"

岑楼　《孟子·告子下》:"不揣其本,而齐其末,方寸之木可使高于岑楼。"朱熹注:"岑楼,楼之高锐似山者。"

涔(cén)　❶连续下雨,积水成潦。《淮南子·主术训》:"时有涔旱灾害之患。"❷泪落或汗流不止貌。江淹《杂体诗》:"芳尘未歇席,涔泪犹在袂。"

涔涔　❶形容雨、汗、泪水等不断地流下。如:汗涔涔下。潘尼《苦雨赋》:"瞻中塘之浩汗,听长霤之涔涔。"此指久雨。李商隐《自桂林奉使江陵途中感怀寄献尚书》诗:"江生魂黯黯,泉客泪涔涔。"此指流泪。❷犹岑岑。头脑胀痛。杜甫《风疾舟中伏枕书怀》诗:"转蓬忧悄悄,行药病涔涔。"❸形容天色阴晦。黄庭坚《送杜子春》诗:"雪意涔涔满面风,杜郎马上若征鸿。"

跧(cén)　牛马蹄迹中积水。范仲淹《阅古堂诗》:"相彼形胜地,指掌而蹄跧。"

霮(cén)　雨声。梅尧臣《春雨》诗:"春雨霮霮鸣百舌,林花淡淡洗燕脂。"

鱛〔鱛〕(cén)　鱼名。《说文·鱼部》:"鱛,鱼也。"桂馥义证:"《韩诗外传》:'瓠巴鼓瑟,鱛鱼出听。'"

cēng

噌(cēng)　叱责。如:挨噌。

另见 chēng。

céng

层〔層〕(céng)　❶重叠。如:层云;层台。亦指重叠物的级数。王之涣《登鹳雀楼》诗:"欲穷千里目,更上一层楼。"❷重复;连接不断。如:层出不穷。❸高。见"层空"。❹植物群落的结构单位。通常依据群落内植物地上部分的高度差异(地上成层现象)分层。例如森林,一般可分为乔木层、灌木层、草本层、地被层(苔藓－地衣)等。各个层还可再分为亚层。植物的根系分布在土层中,也有地下成层现象,因此也可分为不同的地下层。

层出不穷　接连出现,没有穷尽。纪昀《阅微草堂笔记·槐西杂志二》:"天下之势,辗转相胜;天下之巧,层出不穷。千变万化,岂一端所可尽乎!"

层递　修辞学上辞格之一。用结构相似的语句表达层层递进的事理。如:"不闻,不若闻之;闻之,不若见之;见之,不若知之;知之,不若行之。"(《荀子·儒效》)这里由"不闻"而"闻之",而"见之",而"知之",而"行之",一层一层地依次递进。

层空　犹高空。孟郊《春日同韦郎中使君送邹儒立少府》诗:"高步诇留足,前程在层空。"

曾(céng)　❶尝;曾经。《史记·孟尝君列传》:"孟尝君曾待客夜食。"❷通"层"。重叠。杜甫《望岳》诗:"荡胸生曾云,决眦入归鸟。"

另见 zēng。

曾经沧海　元稹《离思》诗:"曾经沧海难为水,除却巫山不是云。"按:元诗本指男女恋情而言。后以"曾经沧海"比喻见过大场面,眼界特高。《儿女英雄传》第三十一回:"请教,一个曾经沧海的十三妹,这些个玩意儿,可有个不在行的!"

增(céng)　通"层"。重复。扬雄《甘泉赋》:"增宫嵾差。"

另见 zēng。

嶒(céng)　见"嶒崚"。

嶒崚　深邃空廓。《文选·王延寿〈鲁灵光殿赋〉》:"郁块扌比以嶒崚。"李善注:"嶒崚,深空貌。"

cèng

蹭(cèng)　❶摩;擦。如:手上蹭破一块皮。❷行动缓慢;拖延。如:快点,别蹭了。❸见"蹭蹬"。

蹭蹬　❶失势难进的样子。《文选·木华〈海赋〉》:"或乃蹭蹬穷波,陆死盐田。"吕延济注:"蹭蹬,失势之貌。"❷比喻失意、潦倒。陆游《楼上醉书》诗:"岂知蹭蹬不称意,八年梁益雕朱颜。"梁、益,指梁州、益州。

chā

叉(chā)　❶交错;交叉。如:叉手;手叉着腰。❷歧头的用器。如:鱼叉;钢叉。❸刺;刺取。《后汉书·杨政传》:"旄头叉以戟叉政,伤胸,政犹不退。"李群玉《仙明洲口号》:"一星幽火照叉鱼。"

另见 chá,chǎ。

叉手　❶两手交叉,拱手。如:叉手屈膝。《后汉书·马援传》:"岂有知其无成,而但委腰咋舌,叉手从族乎?"❷佛教用语。即合十。亦曰合掌叉手,谓合并两掌,交叉十指,是一种表示恭敬礼拜的方式。

叉牙　❶缺齿。韩愈《落齿》诗:"叉牙妨食物。"❷亦作"叉丫"、"杈枒"。枝条歧出貌。李贺《南山田中行》:"荒畦九月稻叉牙。"

扱(chā)　❶插。《礼记·问丧》:"徒跣,扱上衽。"❷举;引。《通俗编·杂字》:"俗以手舁物他徙曰扱,有八抬八扱之谚。"

另见 qì,xī。

扠(chā)　❶以叉刺取。如:扠鱼。❷叉。《周礼·天官·鳖人》"簎鱼鳖"郑玄注引郑司农云:"以扠刺泥中搏取之。"

另见 zhǎ。

杈(chā)　❶旁出的树枝。参见"杈丫"。❷叉取禾束的农具。如:杈杆。❸刺取鱼鳖的用具。《周礼·天官·鳖人》郑玄注引郑司农曰:"以杈刺泥中搏取之。"一本作"扠"。

另见 chà。

杈丫　亦作"查牙"、"槎牙"、"楂丫"。树歧枝错出貌。王延寿《鲁灵光殿赋》:"枝掌杈枒而斜据。"

舂(chā)　❶掘土的农具。即锹。《汉书·沟洫志》:"举舂为云。"❷通"插"。如:杂舂。

舣（chā） 见"舣艕"。

舣艕 同"艖艒"。小船。《陈书·高祖纪上》："乃以舣艕贮石，沉塞淮口。"

差（chā） ❶数学名词。两数相减的结果称为这两数的"差"。❷不同；差别。如：相差极远。《史记·礼书》："长少有差。"❸比较上；尚；略。如：差可告慰。❹差错。《汉书·东方朔传》："失之豪氂（厘），差以千里。"

另见 chà，chāi，chài，cī，cuō。

差池 差错；错误。鲁迅《华盖集·我的"籍"和"系"》："如果论史，就赞几句孔明，骂一通秦桧，这些是非也是早经论定，学述一回，决没有什么差池。"

差迟 差错。石君宝《秋胡戏妻》第二折："休想道半点儿差迟。"

差错 ❶错误；过失。《红楼梦》第九十六回："若有差错，可不是我的罪名更重了？"❷交互；纷杂。《汉书·司马相如传下》："纷湛湛其差错兮。"

差讹 差错；失误。韩愈《石鼓歌》："公从何处得纸本，毫发尽备无差讹。"

差强人意 《后汉书·吴汉传》："诸将见战陈（阵）不利，或多惶惧，失其常度。汉意气自若，方整厉器械，激扬士吏。帝时遣人观大司马何为，还言方修战攻之具，乃叹曰：'吴公差强人意，隐若一敌国矣。'"意谓还算能振奋人的意志。后谓尚能使人满意。《二十年目睹之怪现状》第七十六回："我得了这一封信，似乎还差强人意。"

差忒 失误。《淮南子·时则训》："陶器必良，火齐必得，无有差忒。"亦作"差贷"。《礼记·月令》："大酋监之，毋有差贷"。

差贷 见"差忒"。

堁（chā） 见"堁堨"。

堁堨 累土，见《玉篇·土部》。引申为重叠貌。《文选·左思〈吴都赋〉》："堁堨鳞接。"吕向注："堁堨，相重叠貌，言木形屈曲如龙之蟠，相重若鱼鳞相接也。"

插〔揷〕（chā） ❶插上；插进。王维《九月九日忆山东兄弟》诗："遥知兄弟登高处，遍插茱萸少一人。"杨万里《道旁店》诗："青瓷瓶插紫薇花。"❷中途或中间参加进去。如：插班；插嘴。陈造《再次韵答节推》："宦途要处难插手。"

插定 旧时订婚用的定礼。《儒林外史》第二十七回："不要叫鲍老太自己来下插定。"

插曲 穿插在话剧、歌剧或电影、电视中的短曲。亦比喻事情发展中临时发生的特殊事件。

插叙 文学创作的一种叙事排列方式。指作者在叙写特定事件或主要情节的过程中，插入另外的内容，用以推进或延缓情节的进程，调节叙述的节奏，帮助刻画人物性格，扩大作品的表现范围。

嗏（chā） 戏曲中常用的表声之词，有警醒作用。薛近兖《绣襦记·遗策相挑》："忽见天仙降，顿使神魂荡，嗏！转盼思悠扬。"

馇〔餷〕（chā） ❶边煮边搅。如：馇猪食。❷熬。如：馇粥。

媿（chā） ❶杂插别人说话。《说文·女部》："媿，疾言失次也。"段玉裁注："所谓傻言。"❷畏怯。《广雅·释诂》："媿，怯也。"

楂（chā） 见"楂丫"。

另见 chá，zhā。

楂丫 同"杈丫"。歧枝错杂貌。方岳《雪后梅边》诗："半身苍藓雪楂丫。"

锸〔鍤〕（chā） ❶亦作"臿"。即锹，插地起土的工具。《汉书·王莽传上》："负笼荷锸"。❷指行针。一种长针，做衣服时插在四周，使之平直。❸簪子。陆龟蒙《洞房怨》诗："玉锸朝扶鬓。"

艖（chā） 小船。《方言》第九："小舸谓之艖。"

艖艒 短而深的小船。详"艒"。

chá

叉（chá） 阻塞；挡住。如：路口给车辆叉住了。

另见 chā，chǎ。

苴（chá） 浮草；枯草。《诗·大雅·召旻》："如彼栖苴。"毛传："苴，水中浮草也。"《楚辞·九章·悲回风》："草苴比而不芳。"王逸注："生曰草，枯曰苴。"

另见 jū，zhǎ。

秅（chá） 古时禾稼的计数单位，四百把为一秅。《周礼·秋官·掌客》："车三秅。"郑玄注："《聘礼》曰：'四秉曰筥，十筥曰稯，十稯曰秅。'每车三秅，则三十稯。稯犹束也。"

垞（chá） 小丘。《水经注·泗水》："泗水南径小沛县东，县治故城南垞上。"王维《南垞》诗："轻舟南垞去，北垞渺难即。"

荼（chá） ❶斜砍；劈削。《汉书·货殖传序》："既顺时而取物，然犹山不荼蘖。"颜师古注："荼，古槎字也。槎，邪斫木也。"参见"槎❶"。❷庄稼收割后的残留根茎。如：麦荼儿；豆荼儿。比喻没有剃净或剃后复长的须根。如：须荼儿。❸农作物种植或收割的次数。如：轮荼；调荼；二荼韭菜。

另见 chí。

茶（chá） ❶植物名。学名 Camellia sinensis。一名"茗"。山茶科。常绿灌木。叶革质，长椭圆状披针形或倒卵状披针形，边缘有锯齿。秋末开花，花1～3朵腋生，白色，有花梗。蒴果扁球形，有三钝棱。中国中部至东南部和西南部广泛栽培，印度等国亦产。性喜湿润气候和微酸性土壤，耐阴性强，用种子、扦插或压条繁殖。叶含咖啡碱、茶碱、鞣酸、挥发油等，有兴奋大脑和心脏作用，除充作饮料外，并为制茶碱、咖啡碱的原料。根供药用。❷水沏茶叶而成的饮料。如：茶水；茶汤。又为茶与点心的合称。如：早茶；晚茶。❸旧时订婚聘礼的代称。如：茶礼；受茶。❹一种颜色。见"茶色"、"茶褐"。

茶博士 封演《封氏闻见记》卷六"饮茶"："命奴子取钱三十文，酬煎茶博士。"宋代茶、酒坊侍应概称博士。孟元老《东京梦华录·饮食果子》："凡店内卖下酒厨子，谓之茶、饭、量酒博士。"《水浒传》第十八回："宋江便道：'茶博士，将两杯茶来！'"

茶船 茶托子。承托茶碗的器皿。顾张思《土风录》卷五："富贵家茶杯用托子，曰茶船。"亦作"茶舟"。

茶褐 颜色名。黄黑色。也叫茶色或鼻烟色。李觏《送黄承伯》诗："茶褐园林新柳色，鹿胎田地落梅香。"

茶户 ❶亦称"山户"或"园户"。中国以栽培茶树、采摘茶叶和粗制毛茶为主业或副业的农户。在采制繁忙季节也雇用临时短工。以气候土质适宜的东南山区为盛。❷元制销茶叶的商户。《元史·食货志五》："存留茶引二三千本，以茶户消乏为名，转卖与新兴之户。"

茶话 饮茶闲谈。方岳《入局》

诗："茶话略无尘土杂。"今谓备有茶点的集会为"茶话会"。

茶礼 指聘礼。孔尚任《桃花扇·媚座》："花花彩轿门前挤，不少欠分毫茶礼。"

茶旗 茶树的嫩叶。皮日休《奉和鲁望秋日遣怀次韵》："茶旗经雨展，石笋带云尖。"参见"旗枪"。

茶枪 茶树的嫩芽。黄遵宪《春日怀王庆长》诗："润畦舒菜甲，暖树拆茶枪。"参见"旗枪"。

茶色 颜色名。即茶褐色。梅尧臣《送良玉上人还昆山》诗："来衣茶色袍，归变椹色服。"

茶食 《大金国志·婚姻》："婿纳币，皆先期拜门，亲属偕行，以酒馔往……次进蜜糕，人各一盘，曰茶食。"今统称糕饼点心之类为"茶食"。

查〔查〕(chá) ❶"楂"的本字。通"槎"。水中浮木；木筏。《拾遗记·唐尧》："有巨查浮于西海。"❷寻检。如：查究；查核。

另见 zhā。

查私 亦称"缉私"。政府部门为对付走私行为所采取的查禁活动。

查牙 同"杈丫(枒)"。错出不齐貌。曹唐《病马》诗："失云龙骨瘦查牙。"言骨瘦如丫枝错出。孙樵《出蜀赋》："嵌岧岧而查牙兮，上攒罗而戛天。"状山岩峻险错出。

荼(chá) "茶"的古体字。

另见 shū，tú。

搽(chá) 敷；涂抹。如：搽粉；搽油。

嵖(chá) 见"嵖岈"。

嵖岈 ❶犹"嵯峨"。高峻貌。❷山名。在河南省遂平县。

猹(chá) 獾类的野兽。鲁迅《呐喊·故乡》："月亮地下，你听，啦啦的响了，猹在咬瓜了。"

楂(chá) ❶本作"查"。通"槎"。木筏。何逊《度连圻》诗："穷岸有盘楂。"❷同"茬"。

另见 chā，zhā。

槎(chá) ❶斫。《国语·鲁语上》："山不槎蘖。"❷树枝；树杈。卢照邻《行路难》诗："枯木横槎卧古田。"❸同"楂"。用竹木编成的筏。如：泛槎；星槎。杜甫《秋兴》诗："奉使虚随八月槎。"

槎牙 同"杈丫"。亦作"楂丫"。歧出貌。苏轼《郭祥正家醉画竹石壁上》诗："枯肠得酒芒角出，肝肺槎牙生竹石。"

碴〔䃰〕(chá) ❶碎屑。如：玻璃碴儿。❷皮肉被碎片划破。如：别碴了手。❸事端。如：找碴儿。

另见 zhǎ。

察〔詧〕(chá) ❶细看；详审。《孟子·梁惠王上》："明足以察秋毫之末。"《新书·道术》："纤微皆审谓之察。"❷考察；调查。《新唐书·百官志三》："监察御史十五人，正八品下。掌分察百寮。"❸昭著；明显。《中庸》："《诗》云：'鸢飞戾天，鱼跃于渊。'言其上下察也。"❹苛求。《吕氏春秋·贵公》："处大官者，不欲小察。"❺考察后予以举荐。《后汉书·班彪传》："后察司徒廉，为望都长。"李贤注："察，举也。"

察辩 明察能辩。《荀子·劝学》："不隆礼，虽察辩，散儒也。"一作"察辨"。《荀子·大略》："疏知而不法，察辨而操僻。"

察察 ❶分析明辨的意思。《老子》："俗人察察，我独闷闷。"❷明显。《汉书·五行志下之上》："不敢察察言。"❸洁白貌。《楚辞·渔父》："安能以身之察察，受物之汶汶者乎？"

察照 明察。《晋书·庾翼传》："值天高听邈，未垂察照，朝议纷纭，遂令微诚不畅。"

蹅(chá) 踏。《金瓶梅词话》第二十一回："我挡你去，倒把我一只脚蹅在雪里，把人的鞋儿也蹅泥了。"

蔡(chá) 草名。《玉篇·艸部》："蔡草有毒，用杀鱼。"韩愈《征蜀联句》："圣灵闵顽嚚，焘养均草蔡。"

檫(chá) 见"檫木"。

檫木(*Sassafras tzumu*) 樟科。落叶乔木，高可达 35 米。树干端直。叶互生，椭圆形或卵形，全缘，或一边分裂，或上部三裂，下面有白粉，羽状脉，最基部一对侧脉发达。早春先叶开花，两性，总状花序生于叶腋。核果椭圆形，蓝黑色，有白粉，果柄上部肥大成棒状，红色。

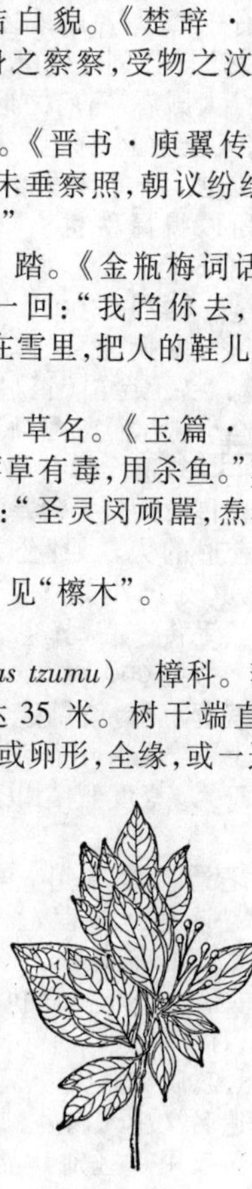

檫 木

分布于中国长江流域及以南地区酸性土山地。生长快。木材坚韧、耐湿，供建筑、造船、家具等用材。中国红壤及黄壤山区主要造林树种。

chǎ

叉(chǎ) 分开；叉开。如：叉着腿。

另见 chā，chá。

衩(chǎ) 裤衩，即短裤。

另见 chà。

蹅(chǎ) 踩；蹅。无名氏《连环计》第三折："有劳太师贵脚来蹅贱地。"

镲〔鑔〕(chǎ) 击乐器。见"钹"。

chà

汊(chà) 河水岔出的地方。如：河汊；汊港。元好问《善应寺》诗："平岗回合尽桑麻，百汊清泉两岸花。"

奼(chà) ❶同"姹"。如：奼女。❷夸耀。《文选·司马相如〈子虚赋〉》："子虚过奼乌有先生。"李善注引张揖曰："奼，夸也。"

杈(chà) 即行马。阻拦人马通行的木架。

另见 chā。

岔(chà) ❶指山脉分歧的地方。《正字通·山部》："山岐曰岔，水岐曰汊。"亦指道路分歧的地方。《红楼梦》第六十六回："到前面岔口上分路。"❷亦称"岔子"、"岔儿"。事故；差错。如：找岔儿；出岔子。❸偏转；转移话题。如：岔开；打岔。《红楼梦》第七十一回："平儿把眼圈儿一红，忙把话岔过去了。"

侘(chà) ❶同"诧"。夸耀。《史记·韩安国列传》："车旗皆帝所赐也，即欲以侘鄙县。"❷见"侘傺"。

侘傺 亦作"侘傺"。失意貌。《离骚》："忳郁邑余侘傺兮，吾独穷困乎此时也。"

刹(chà) 译自梵语 Kṣetya。佛塔顶部的装饰，即相轮。《洛阳伽蓝记·永宁寺》："中有九层浮图一所，架木为之，举高九十丈，有刹复高十丈；合去地一千尺。"亦指佛塔、佛寺。《文选·王中〈头陀寺碑文〉》："列刹相望。"李周翰注："列刹，佛塔也。"《宋史·危稹传》："漳俗视不葬亲为常，往往栖寄僧刹。"

另见 shā。

刹那 译自梵语 Kṣaṇa。佛教用

以表示最短的时间单位。佛教著作中有多种解释。有的说：一弹指顷有六十刹那；有的说：一念中有九十刹那，一刹那又有九百生灭；有的说：刹那是算数譬喻所不能表达的短暂时间。后亦用于一般口语中。意为"一瞬间"。白居易《和梦游春》诗："愁恨僧祇长，欢荣刹那促。"

衩（chà）　衣、裙两旁开裂的缝子。如：开衩；衩口。

另见 chǎ。

诧〔詫〕（chà）　❶惊讶；诧异。如：诧为奇事。杨万里《过乌沙望大塘石峰》诗："山神自贺复自诧，古来此地无车马。"❷夸耀。《史记·司马相如列传》："子虚过诧乌有先生。"裴骃集解引郭璞曰："诧，夸也。"❸告。《庄子·达生》："有孙休者，踵门而诧子扁庆子。"成玄英疏："诧，告也。"❹诳；诈。《新唐书·史思明传》："〔思明〕诧曰：'朝义怯，不能成我事。'"

咤〔吒〕（chà）　通"诧"。矜夸。《后汉书·王符传》："转相夸咤。"

另见 zhà。

差❶（chà）　❶义同"差（chā）❷"。如：差得远。❷欠缺；短少。如：还差一道手续。❸与好相反；不合标准。如：质量太差。❹通"诧"。使人诧异；出人意外。见"差人"、"差事"。

另见 chā、chāi、chài、cī、cuō。

差人　奇异的人。《梁书·刘显传》："〔沈约〕于坐策显经史十事，显对其九……显问其五，约对其二。陆倕闻之，叹曰：'刘郎可谓差人。'"韩偓《两贤》诗："而今若有逃名者，应被品流呼差人。"

差事　意外之事；怪事。韩愈《泷吏》诗："飓风有时作，掀簸真差事。"

侘（chà）　见"侘傺"。

侘傺　同"佗傺"。

姹（chà）　亦作"奼"。美丽。韩维《和如晦游临淄园示明》："桃夭杏姹通园蹊。"

姹女　亦作"奼女"。❶少女。《后汉书·五行志一》："河间姹女工数钱。"❷道家称所炼的丹汞（水银）。《参同契》卷下："河上姹女，灵而最神，得火则飞，不见埃尘。"

姹紫嫣红　指各色娇艳的花。汤显祖《牡丹亭·惊梦》："原来姹紫嫣红开遍，似这般都付与断井颓垣。"

跶（chà）　❶踏。《西游记》第三十八回："行者先举步跶入，忍不住跳将起来。"❷岔道。见《集韵·四十祃》。

chāi

拆（chāi，旧读 chè）　拆开；拆毁。如：拆信；拆墙。

拆白道字　宋元时代的一种文字游戏，把一个字拆开变成一句话。例如黄庭坚的《两同心》词："你共人女边著子，争知我门里挑心！"以"女边著子"拆"好"字，"门里挑心"拆"闷"字。关汉卿《救风尘》第一折："俺孩儿拆白道字，顶真续麻，无般不晓，无般不会。"

拆字　亦称"测字"。一种以汉字造形为依托的迷信。隋代名"破字"，宋代叫"相字"。以汉字加减笔画，拆开偏旁，或打乱字体结构，加以神秘主义的发挥，以推算吉凶。《后汉书·蔡茂传》："〔茂〕梦坐大殿，极上有三穗禾，茂跳取之，得其中穗，辄复失之。以问主簿郭贺，郭贺离席庆曰：'大殿者，宫府之形象也。极而有禾，人臣之上，禄也。取中穗，是中台之位也。于字禾失为秩，虽曰失之，乃所以得禄秩也。'"此或后世拆字之由来。

钗〔釵〕（chāi）　妇女的首饰，由两股合成。曹植《美女篇》："头上金爵（雀）钗。"

差（chāi）　❶派遣。如：差派；差遣。❷公务；职务。如：出差；消差；杂差。❸差役，旧时官府中供差遣的人。如：公差；官差。❹挑选。《诗·小雅·吉日》："既差我马。"毛传："差，择也。"

另见 chā、chà、chài、cī、cuō。

差度　衡量；挑选。《汉书·王莽传上》："使有司征孝宣皇帝玄孙二十三人，差度宜者以嗣孝平皇帝之后。"

差遣　❶派遣。《水浒传》第七回："这是上司差遣，不由自己。"❷宋代官吏的实际职务。宋初为集权中央，委派京朝官地方长官职务，称"差遣"；中央机构之台、省、寺、监、院亦官无专职，大小官吏均以差遣名义出入内外，典领他职。因此官位仅用来区别其品级高低和俸禄多寡，和实际职务并不相应。元丰变法，始加改革，但不能尽废。

差人　旧称官署差役。《老残游记》第十八回："这种奇案，岂是寻常

差人能办的事。"

差使　❶犹差遣。《水浒传》第二十五回："待他再差使出去，却再来相约。"❷指职位。《官场现形记》第三十七回："总求大帅看他老人家分上，赏他一个好点的差使。"

差事　同"差使❷"。

靫〔靫〕（chāi，又读 chā）　见"鞴靫"。

chái

犲（chái）　同"豺"。

侪〔儕〕（chái）　❶辈；类。《左传·僖公二十三年》："晋郑同侪。"杜预注："侪，等也。"❷婚配。《汉书·扬雄传上》："侪男女使莫违。"

侪类　侪辈；同辈。《文选·嵇康〈与山巨源绝交书〉》："为侪类见宽，不攻其过。"吕延济注："侪，辈也。"

茈（chái）　见"茈胡"。

另见 cí、cǐ、zǐ。

茈胡　即"柴胡"。中药名。

柴（chái）　❶柴火。如：木柴；劈柴；稻柴。❷烧柴祭天。《礼记·大传》："柴于上帝。"❸姓。

另见 cī、zhài、zì。

柴门　用柴木编扎的简陋的门。曹植《梁甫行》："柴门何萧条，狐兔翔我宇。"

豺（chái）　动物名。学名 Cuon alpinus。亦称"红狼"、"豺狗"。哺乳纲，食肉目，犬科。体较狼小；体色通常棕红，尾末端黑色；腹部和喉白色，有时略杂有红色。性凶猛，喜群居；袭击中小型兽类，有时甚至能伤害水牛。每胎 2～7 仔。分布于中国（台湾和海南无）及俄罗斯西伯利亚、中南半岛、印度、印度尼西亚等地。毛皮可充褥垫等用。

豺狼　两种凶恶的野兽。《左传·襄公十四年》："豺狼所嗥。"亦以比喻贪婪残暴的人。杜甫《送樊二十三侍御》诗："川谷血横流，豺狼沸相噬。"参见"豺狼当道"。

豺狼当道　亦作"豺狼当路"、"豺狼横道"。比喻坏人当权。《汉书·孙宝传》："豺狼横道，不宜复问狐狸。"《后汉书·张纲传》："豺狼当路，安问狐狸。"《魏书·高恭之传》："豺狼当道，不问狐狸。"

喍（chái）　见"喤喍"。

chǎi

茝（chǎi）一种香草。《尔雅·释草》："蕲茝，蘪芜。"郭璞注："香草，叶小如葵状。《淮南子》云：似蛇床。"

另见 zhǐ。

䑊（chǎi，旧读 cè）碾碎了的豆子、玉米等。《新唐书·张孝忠传》："孝忠与其下同粗淡，日膳裁(才)豆䑊而已。"

chài

虿〔蠆〕（chài）❶蝎类毒虫。《左传·僖公二十二年》："蜂虿有毒。"❷古人用来形容女子的卷发。《诗·小雅·都人士》："彼君子女，卷发如虿。"郑玄笺："虿，螫虫，尾末揵然，似妇人发末曲上卷然。"黄庭坚《清人怨戏效徐庾慢体三首》："晚风斜虿发。"❸见"虿芥"。

虿芥　犹蒂芥，芥蒂。积在心里的小小不快。张衡《西京赋》："睚眦虿芥，尸僵路隅。"参见"芥蒂"。

差（chài）同"瘥"。病愈。《方言》第三："差，愈也。南楚病愈者谓之差。"《三国志·魏志·华佗传》："故督邮顿子献得病已差，诣佗视脉。"

另见 chā，chà，chāi，cī，cuó。

挈（chài）见"挈挒"。

挈挒　刺鲠。《鹖冠子·世兵》："细故挈挒。"陆佃注："挒犹芥也。挈芥，刺鲠也。"后用以比喻胸中嫌隙。

虿〔蠤〕（chài，又读 lài）毒虫。《庄子·天运》："其知憯于虿蝎之尾。"成玄英疏："虿蝎，尾端有毒也。"陆德明释文："虿，本亦作厉。"

瘥（chài）病愈。《聊斋志异·邵女》："食后果病，其痛倍切。女至刺之，随手而瘥。"

另见 cuó。

chān

延（chān）安步貌。《说文·延部》："延，安步延延也。"段玉裁注："引而复止，是安步也。"

迍（chān）字本作"延"。安步而行。《说文·延部》："延，安步延延也。"段玉裁注："引而复

止，是安步也……《魏志》：'钟会兄子毅及峻、迍下狱。'裴曰：'迍，敕连反。'按即延字也。止之隶变作山。"

佔（chān）见"佔毕"。

另见 zhàn 占。

佔毕　原指经师视简文教人诵读。后泛指诵读。《礼记·学记》"呻其佔毕"郑玄注："呻，吟也。佔，视也。简谓之毕。"

沾（chān）通"覘"。看。《礼记·檀弓下》："我丧也斯沾。"陈澔注："今行丧礼，人必尽求覘视。"

另见 tiān，zhān。

覘〔覘〕（chān）窥视；察看。《左传·成公十七年》："公使覘之，信。"《淮南子·俶真训》："其兄掩户而入覘之。"

梴（chān）木长貌。《诗·商颂·殷武》："松桷有梴。"毛传："梴，长貌。"

另见 yán。

貼（chān）同"覘"。

脠（chān）鱼醢。见《广韵·二仙》。

另见 shān。

摲〔摲〕（chān）通"搀"。杂；混和。

另见 càn，shān，shǎn。

搀〔攙〕（chān）❶扶；牵挽。如：搀扶；手搀手。《西游记》第六十九回："那国王并行者相搀。"❷杂；拌；混和。《红楼梦》第八十四回："用戥子按方秤了，搀在里面。"常指坏的混和在好的里面。如：搀假。❸犹抢。刘过《过早禾渡》诗："梅欲搀春菊送秋，早禾渡口晚烟收。"❹通"欃"。《史记·天官书》："三月生天搀。"《汉书·天文志》作"天欃"。《尔雅·释天》："彗星为欃枪。"

搀越　抢先，不照顺序；干预非自己分内之事。《清律例·职制》："不依次序，搀越袭荫。"

裧（chān）同"襜❷"。车上的帷幕。《仪礼·士昏礼》："妇车亦如之，有裧。"郑玄注："裧，车裳帏。"

誾（chān）同"覘(覘)"。

輚（chān）辒。见《集韵·二仙》。

另见 dàn。

幨（chān）亦作"襜"。车帷。熊忠《古今韵会举要·十四

盐》："以帷障车旁，如裳，为容饰，其上有盖，四旁垂而下，谓之幨。"参见"幨帷"。

另见 chàn。

幨帷　车帷。《后汉书·蔡茂传》："敕行部去幨帷，使百姓见其容服。"亦作"襜帷"。王勃《滕王阁序》："襜帷暂驻。"这是将车帷引申为车驾。

毿（chān）见"毿毿"。

另见 tǎn。

毿毿　衣衫飘动貌。梅尧臣《李庭老许遗结丝勒帛》诗："冉冉仍重绋，毿毿自有薰。"

襜（chān）❶系在衣服前面的围裙。《诗·小雅·采绿》："终朝采蓝，不盈一襜。"朱熹注："衣蔽前谓之襜，即蔽膝也。"❷通"幨"。车上的帷幕。《后汉书·刘盆子传》："乘轩车大马赤屏泥，绛襜络也。"李贤注："襜，帷也，车上施帷以屏蔽者，交络之以为饰。"

襜褕　一种直裾单衣，非正式朝服。《史记·魏其武安侯列传》："元朔三年，武安侯坐衣襜褕入宫不敬。"

襂（chān）同"襜"。

另见 chàn。

chán

单〔單〕（chán）❶见"单阏"。❷见"单于"。

另见 dān，dàn，shàn。

单阏　十二支中卯的别称，用以纪年。《尔雅·释天》："〔太岁〕在卯曰单阏。"参见"岁阳"。

单于　匈奴最高首领的称号。全称作"撑犁孤涂单于"。匈奴语"撑犁"是"天"，"孤涂"是"子"，"单于"是"广大"之意。通常简称"单于"。

谗〔誗〕（chán）言利而美。见《广韵·二十四盐》。

掸〔撣〕（chán）见"掸援"。

另见 dǎn，shàn。

掸援　同"婵媛"。

嶄〔嶄、嶃〕（chán）通"巉"。山高峻貌。司马相如《上林赋》："崭岩嵾嵳。"

另见 zhǎn。

铤〔鋋〕（chán，又读 yán）小矛。《史记·匈奴列传》："其长兵则弓矢，短兵则刀铤。"裴骃集解引韦昭曰："铤形似矛，铁柄。"引申为用矛刺杀。《文选·司马相如〈上林赋〉》："铤猛氏。"李善注引郭璞曰："今蜀中有兽，状如熊而小，毛浅

有光泽,名猛氏。"

猘〔猘〕(chán)　见"猘猢"。

猘猢　兽名。猿类。《文选·张衡〈西京赋〉》:"杪木末,攫猘猢。"薛综注:"猘猢,猿类而白,腰以前黑,在木表。"《史记·司马相如列传》作"蜥胡"。

渐〔渐〕(chán)　通"巉"。《诗·小雅》有《渐渐之石》篇。
另见 jiān,jiàn,qián。

谗〔讒〕(chán)　说别人的坏话。如:谗言。《离骚》:"荃不察余之中情兮,反信谗而斋怒。"

婵〔嬋〕(chán)　见"婵娟"、"婵连"、"婵媛"。

婵娟　❶美好貌。孟郊《婵娟篇》:"花婵娟,泛春泉。竹婵娟,笼晓烟。"也指美女。《桃花扇·传歌》:"一带妆楼临水盖,家家分影照婵娟。"❷情意缠绵貌。江淹《去故乡赋》:"情婵娟而未罢,愁烂漫而方滋。"参见"婵媛❶"。❸指月亮。苏轼《水调歌头》:"但愿人长久,千里共婵娟。"

婵连　牵连。引申为亲族。《楚辞·九叹·逢纷》:"云余肇祖于高阳兮,惟楚怀之婵连。"王逸注:"婵连,族亲也。言屈原与怀王俱颛顼之孙,有婵连之族亲。"洪兴祖补注:"婵连,犹牵连也。"

婵媛　相连。柳宗元《祭从兄文》:"我姓婵媛,由古而蕃。"亦作"蝉媛"。扬雄《反〈离骚〉》:"有周氏之蝉媛兮,或鼻祖于汾隅。"

婵媛　❶情思牵萦,眷恋。《楚辞·九章·哀郢》:"心婵媛而伤怀兮。"❷牵连貌。《文选·张衡〈南都赋〉》:"结根竦本,垂条婵媛。"李善注:"枝相连引也。"❸姿态美好。《后汉书·边让传》:"形便娟以婵媛兮,若流风之靡草。"

㮚(chán)　果木名。《文选·左思〈吴都赋〉》:"龙眼橄榄,㮚榴御霜。"刘逵注:"㮚,㮚子树也。生山中,实似梨,冬熟,味酸。"

馋〔饞〕(chán)　贪吃。如:嘴馋。苏轼《放鱼》诗:"吾侪有意为迁居,老守纵馋那忍脍!"引申为贪。如:眼馋。韩愈《酬司门卢四兄云夫院长望秋作》:"为利而止真贪馋。"

馋涎　因贪馋而引起的涎水。如:馋涎欲滴。苏轼《将之湖州戏赠》诗:"吴儿脍缕薄欲飞,未去先说馋涎垂。"

禅〔禪〕(chán)　佛教名词。(1)梵语 Dhyāna 的音译(禅那)的略称,意译"思维修"、"弃恶",常译作"静虑"。谓心注一境、正审思虑。参见"禅定"。(2)泛指有关佛教的事物。如:禅杖;禅床;禅房。《水浒传》第四回:"鲁达便去下首坐在禅椅上。"
另见 shàn。

禅定　"禅"与"定"的合称。意为"安静而止息杂虑"。佛教认为静坐敛心,专注一境,久之可达身心轻松、观照明净的状态,即成禅定。依入定程度深浅,有四禅(色界定)、四无色定等分别。

禅和子　亦称"禅和者",简称"禅和"。佛教禅宗对参禅人的通称。"和子",亲如伙伴之意。《六祖坛经·御序》称六祖慧能为"禅和者"。《碧岩录》亦称一般参禅之人为"禅和子"。

禅机　佛教禅宗的传教方法之一。认为悟了道的人教授学徒,往往在一言一行中含有"机要秘诀",给人启示,得以触机生解,故名。《景德传灯录》卷十四录有石头禅师与弟子问答:"问:如何是禅? 师曰:碌砖;又问:如何是道? 师曰:木头。"用"碌砖"、"木头"截断对方的意识活动,暗示道无不在,遇事即禅。也有人把悟入禅定的诀窍叫作禅机。

禅林　即"丛林❷"。

禅心　佛教用语。谓清静寂定的心境。李颀《题璿公山池》诗:"片石孤峰窥色相,清池皓月照禅心。"

禅学　佛教的禅观之学。魏晋时期与般若学并行的佛学两大派别之一。偏重宗教修持,主要流行于北方,同主要流行于南方、偏重教义研究的般若学相对立。东汉安世高译《大安般守意经》,主张默坐专念,构成"心专一境"的观想,是最初的禅学。至隋时智颙(天台宗)、吉藏(三论宗)等倡导"定慧双修",才把两者统一起来。

孱(chán,又读 càn)　❶懦弱。《史记·张耳陈馀列传》:"吾王,孱王也。"❷谨小慎微貌。《大戴礼记·曾子立事》:"博学而孱守之。"❸低劣。宋祁《授龙图阁谢恩表》:"识局庸浅,术学肤孱。"

孱头　怯弱者。章炳麟《新方言·释言》:"今谓下劣怯弱为孱头。"亦作"僝头"。范寅《越谚》卷下:"越讥才弱者曰僝头。"

詹(chán)　通"蟾"。蟾蜍。《淮南子·说林训》:"月照天下,蚀于詹诸。"高诱注:"詹诸,月中虾蟆。"
另见 shàn,zhān。

缠〔纏〕(chán)　❶扎束;围绕。如:臂上缠个红布条儿。周去非《岭外代答》卷六:"黎刀之刃尤短,以斑藤织花缠束其靶。"❷搅扰;牵绊。如:纠缠不清;家务缠身。杜甫《丹青引赠曹将军霸》:"终日坎壈缠其身。"❸应付。如:这个人脾气古怪,很难缠。❹通"躔"。行星所践历。《汉书·王莽传中》:"岁缠星纪。"颜师古注引孟康曰:"缠,居也。星纪在斗、牵牛间。"

缠臂金　即手镯。苏轼《寒具》诗:"夜来春睡浓于酒,压扁佳人缠臂金。"

缠达　北宋说唱艺术之一。同缠令都是唱赚的早期形式。南宋灌圃耐得翁《都城纪胜》:"唱赚在京师日,有缠令、缠达:有引子、尾声为缠令;引子后以两腔互迎,循环间用者为缠达。"近人王国维以为北宋初的"传踏"(即转踏)到北宋末即演变为缠令、缠达。"缠达之音,与传踏同,其为一物无疑也。"见《宋元戏曲考》。

缠令　北宋说唱艺术之一。同缠达都是唱赚的早期形式。缠令的词今已无存,但金董解元的《西厢记诸宫调》中,尚有《醉落魄缠令》、《点绛唇缠令》等名称。

缠绵　❶犹绸缪。情意深厚。张籍《节妇吟》:"感君缠绵意,系在红罗襦。"❷犹萦绕。心绪郁结。潘岳《寡妇赋》:"思缠绵以瞀乱兮,心摧伤以怆恻。"❸犹绵顿。病久不愈。如:缠绵床褥;病势缠绵。

缠头　古时歌舞的人把锦帛缠在头上作妆饰,叫"缠头"。也指赠送给歌舞者的锦帛或财物。《太平御览》卷八一五引《唐书》:"旧俗赏歌舞人,以锦彩置之头上,谓之'缠头'。宴飨加惠借为用。"后亦指赠送给妓女的财物。陆游《梅花绝句》:"濯锦江边忆旧游,缠头百万醉青楼。"

蛛〔蜥〕(chán)　见"蜥胡"。

蜥胡　同"猘猢"。

蝉〔蟬〕(chán)　❶虫名。蝉科动物的通称。俗称"知了"。常见的有蚱蝉。❷古代薄绸的一种,以其薄如蝉翼得名。《急就篇》卷

二：“绵络缣练素帛蝉。”

蝉鬓　古代妇女的一种发（髮）式。马缟《中华古今注》卷中：“琼树（莫琼树）始制为蝉鬓，望之缥缈如蝉翼，故曰‘蝉鬓’。”莫琼树，魏文帝宫人。薛道衡《昭君辞》：“蛾眉非本质，蝉鬓改真形。”

蝉蜎（—juàn）　同“婵娟”。《文选·成公绥〈啸赋〉》：“藉皋兰之猗靡，荫修竹之蝉蜎。”六臣本《文选》作“婵娟”。李周翰注：“婵娟，竹美貌。”

蝉联　连续相承。《南史·王筠传》：“自开辟以来，未有爵位蝉联，文才相继，如王氏之盛也。”亦作“蝉连”。《晋书·王蕴传》：“与阿大语，蝉连不得归。”阿大，王悦小字。

蝉蜕　❶即“蝉衣”。❷比喻解脱。《史记·屈原贾生列传》：“蝉蜕于浊秽，以浮游尘埃之外。”

蝉嫣　连属。《汉书·扬雄传上》：“有周氏之蝉嫣兮，或鼻祖于汾隈。”颜师古注引应劭曰：“蝉嫣，连也。”

蝉翼　蝉翅薄而轻，常用以比喻微薄不足道的事物。《文选·屈原〈卜居〉》：“蝉翼为重，千钧为轻。”李善注：“蝉翼，言薄也。”蔡邕《让高阳乡侯章》：“臣事轻葭莩，功薄蝉翼。”

蝉蜎（—yuān）　烟焰飞腾貌。木华《海赋》：“朱燏绿烟，腰眇蝉蜎。”燏，同“焰”。

偄（chán）　见“偄偄”。
另见 zhuàn。

偄偄　❶憔悴；烦恼。张辑《如梦令·比梅》词：“偄偄，偄偄，比着梅花谁瘦。”范子安《竹叶舟》第二折：“唱道几处笙歌，几家偄偄。”❷折磨。黄庭坚《宴桃源·书赵伯充家小姬领巾》词：“天气把人偄偄，落絮游丝时候。”❸嗔怪。周邦彦《青玉案》词：“只愁彰露，那人知后，把来偄偄。”❹排遣。辛弃疾《蝶恋花·和杨济翁韵》词：“可惜春残风雨又，收拾情怀，闲把诗偄偄。”

僝（chán）　见“僝僽”。
另见 dàn、shàn、tǎn。

僝僽　亦作“僝偢”、“遄偢”。❶徘徊；不进貌。《楚辞·九章·惜诵》：“欲僝偢以干傺兮。”❷运转。《楚辞·惜誓》：“固僝偢而不息。”王逸注：“僝偢，运转也。”

僝偢　同“僝僽”。

廛（chán）　❶古代城市平民的房地。《周礼·地官序官》“廛人”郑玄注：“廛，民居区域之

称。”参见“廛里”。❷市房。《礼记·王制》：“市，廛而不税。”郑玄注：“廛，市物邸舍。税其舍不税其物。”班固《西都赋》：“阛城溢郭，旁流百廛。”❸古代一家之居，即二亩半。见《说文·广部》“廛”字段玉裁注。《诗·魏风·伐檀》：“不稼不穑，胡取禾三百廛兮？”孙诒让《周礼正义·遂人》：“《诗》所云‘三百廛兮’者，自是三百家之税。”《孟子·滕文公上》：“愿受一廛而为氓。”

廛布　古籍中所载周征收的商税。《周礼·地官下》：“廛人掌敛市纻布、緫布、质布、罚布、廛布，而入于泉府。”郑玄注：“廛布者，货贿诸物邸舍之税。”廛布为官府向为客商储货的邸舍征收的税。

廛里　古代城市中住宅的通称。《周礼·地官·载师》：“以廛里任国中之地。”孙诒让正义：“通言之，廛、里皆居宅之称；析言之，则庶人、农、工、商等所居谓之廛……士大夫等所居谓之里。”

潹（chán）　“潺”的俗字。见《正字通·水部》。

潺（chán）　水流声。见“潺潺”。

潺潺　水徐流貌。魏明帝《步出东门行》：“弱流潺潺，叶落翩翩。”亦形容流水声或雨声。欧阳修《醉翁亭记》：“山行六七里，渐闻水声潺潺。”李煜《浪淘沙》词：“帘外雨潺潺，春意阑珊。”

潺湲　❶水徐流貌。《楚辞·九歌·湘夫人》：“观流水兮潺湲。”❷水流声。王维《辋川闲居赠裴秀才迪》诗：“秋水日潺湲。”❸流泪貌。《楚辞·九辩》：“涕潺湲兮下沾轼。”

愹（chán）　同“偄”。

澶（chán）　❶古大泽名。见“澶渊”。❷水流平静。见“澶湉”。
另见 dàn。

澶湉　水安流貌。左思《吴都赋》：“澶湉漠而无涯。”

澶渊　❶古湖泊名。也叫繁渊。故址在今河南濮阳西。春秋卫地，《春秋》襄公二十年（公元前553年）：晋齐等诸侯“盟于澶渊”，即此。景德二年（1005年），宋、辽订“澶渊之盟”于此。❷古邑聚名。约当在今安徽萧县、砀山间。春秋宋地，《春秋》襄公三十年（公元前543年）：晋齐等诸侯以宋灾“会于澶渊”，即此。

黌（chán）　❶狡兔。《诗·小雅·巧言》：“跃跃黌兔。”毛传：“黌兔，狡兔也。”孔颖达疏：“《仓颉解诂》：‘黌，大兔也。’大兔必狡猾，又谓之狡。”❷通“才（纔）”。未甚之意，犹言尚轻。见“黌微”。❸贪。见“黌欲”。

黌微　轻微。《论衡·定贤》：“譬犹医之治病也，有方笃剧犹治，无方黌微不愈。”

黌欲　贪欲。《法言·问明》：“不慕由，即夷矣，何黌欲之有？”由，许由；夷，伯夷。

廯（chán）　同“廛”。

籔（chán）　同“黖”。

貜（chán）　同“獑（獛）”。

瀍（chán）　水名。见“瀍水”。

瀍水　源出河南洛阳市西北，东南流经洛阳旧县城东入洛水。《尚书·洛诰》述周公营洛邑，卜瀍水西，又卜瀍水东，即此。东汉初年凿阳渠，瀍水改入阳渠，后阳渠堙毁，复从故道入洛水。

黖（chán）　黄色。阮葵生《茶馀客话》卷二十：“狐之族七……身黖而臁青，曰火狐。”

蟾（chán）　❶蟾蜍的省称。元好问《蟾池》诗：“小蟾徐行腹如鼓，大蟾张颐怒于虎。”❷传说月中有蟾蜍，故以“蟾”为月的代称。方干《中秋月》诗：“凉霄烟霭外，三五玉蟾秋。”

蟾蜍　❶亦称“癞蛤蟆”。背面多呈黑绿色，有大小瘰疣；腹面乳黄色，有棕色或黑色斑纹及小疣。平时白天多栖于泥穴或石下、草内，夜出捕食昆虫等。❷指月。传说月中有蟾蜍，故用为月的代称。李白《古朗月行》：“蟾蜍蚀圆影，大明夜已残。”

蟾宫　即月宫。传说月中有蟾蜍，故称。李俊民《中秋》诗：“鲛室影寒珠有泪，蟾宫风散桂飘香。”科举时称登科为蟾宫折桂。李中《送黄秀才》诗：“蟾宫须展志，渔艇莫牵心。”参见“折桂”。

蟾光　月光。萧统《锦带书十二月启》：“皎洁轻冰，对蟾光而写镜。”

蟾桂　传说月宫之中有蟾蜍与桂树，因以称月。罗隐《旅梦》：“出门聊一望，蟾桂向人斜。”

蟾兔　传说月中有蟾蜍与白兔，因以称月。《古诗十九首》：“三五明月

满,四五蟾兔缺。"欧阳詹《玩月》诗:"八月十五夕,旧嘉蟾兔光。"

傪(chán)　❶不整齐。《说文·人部》:"傪,傪互不齐也。"《国语·周语中》:"冒没轻儳,贪而不让。"韦昭注:"儳,进退上下无列也。"❷疾速。见"儳道"。

另见 chàn。

儳道　捷径。《后汉书·何进传》:"进惊,驰从儳道归营,引兵入屯百郡邸。"李贤注引《广雅》:"儳,疾也。"

劖(chán)　断;凿。韩愈《酬司门卢四兄云夫院长望秋作》:"造化何以当镌劖?"《徐霞客游记·滇游日记六》:"劖石得泉。"亦引申谓讥刺。高濂《玉簪记·追别》:"怎禁他恶狠狠话儿劖。"

纏(chán)　同"缠"。束;绕。《史记·扁鹊仓公列传》:"动胃纏缘。"张守节正义:"纏缘,谓脉缠绕胃也。"

嚵(chán)　❶小饮。《说文·口部》:"嚵,小歡也。"《广雅·释诂》:"嚵,尝也。"尝即小饮之意。❷口。《说文·口部》:"嚵,一曰喙也。"

巉(chán)　山势高险貌。见"巉岩"、"巉崄"。

巉巉　高峻貌。苏轼《留题延生观后山上小堂》诗:"溪山愈好意无厌,上到巉巉第几尖。"引申为锋利貌。《聊斋志异·画皮》:"齿巉巉如锯。"

巉峭　高险。《新唐书·西域传》:"有铁门山,左右巉峭,石色如铁。"

巉岩　高峻的山石。《文选·宋玉〈高唐赋〉》:"登巉岩而下望兮。"李善注:"巉岩,石势,不生草木。"亦谓险峭的岩壁。《聊斋志异·花姑子》:"至则绝壁巉岩,竟无村落。"

巉崄　高峻貌。《文选·张衡〈西京赋〉》:"坻崿鳞眴,栈齴巉崄。"吕向注:"皆殿阶高峻之貌。"

瀺(chán)　❶水注声。马融《长笛赋》:"碓投瀺穴。"李善注:"碓投,似碓之所投也。瀺,水注声也。瀺穴,瀺注隙穴也。"❷手足汗及身上微汗。《史记·扁鹊仓公列传》:"切其脉,气阴;阴气者,病必入中,出及瀺水也。"

瀺灂　小水声。潘岳《闲居赋》:"游鳞瀺灂。"此谓鱼嘬水有声。宋玉《高唐赋》:"巨石溺溺之瀺灂兮。"此谓水流触石作声。

欃(chán)　❶星名。《汉书·天文志》:"乃生天欃,本类星,末锐,长数丈。"参见"欃枪"。❷檀木的别名。司马相如《上林赋》:"欃檀木兰。"

欃枪　彗星的别称。亦作"搀枪"。即天欃和天枪。《尔雅·释天》:"彗星为欃枪。"《史记·天官书》:"退而西北,三月生天欃,长四丈,末兑(锐)。退而西南,三月生天枪,长数丈,两头兑。"古代以这种星为妖星,比喻邪恶势力。《文选·张衡〈东京赋〉》:"欃枪旬始,群凶靡余。"李善注:"欃枪,星名也。谓王莽在位时如妖气之在天。"

躔(chán)　❶兽走过的足迹。《尔雅·释兽》:"〔麠〕其迹躔。"郭璞注:"脚所践处。"亦泛指经行、践历。左思《吴都赋》:"习其弊邑而不睹上邦者,未知英雄之所躔也。"❷日月星辰运行的度次。《方言》第十二:"躔,历行也,日运为躔。"《汉书·律历志上》:"日月初躔。"亦作"缠"。《汉书·王莽传中》:"岁缠星纪。"

鑱〔鑱〕(chán)　❶锐利。见《说文·金部》。❷古代的一种犁头。装上弯曲的长柄,用以掘土,叫长鑱。杜甫《乾元中寓居同谷县作歌》:"长鑱长鑱白木柄,我生托子以为命。"❸刺;凿。韩愈《送区弘南归》诗:"汹汹洞庭莽翠微,九疑鑱天荒是非。"

鑱石　锥形的砭石。《史记·扁鹊仓公列传》:"……当论俞所居,及气当上下出入,邪〔正〕逆顺,以宜鑱石定砭灸处。"

chǎn

产〔產〕(chǎn)　❶生养。《正字通·生部》:"妇生子曰产。"《史记·高祖本纪》:"已而有身,遂产高祖。"亦指动物生仔。《晋书·羊祜传》:"有私牛于官舍产犊。"❷出生。《孟子·滕文公上》:"陈良,楚产也。"赵岐注:"陈良生于楚。"❸生产;创造物质或精神财富。如:增产;产品;产值。❹天然的产物;出产。如:矿产;水产。《宋史·占城国传》:"占城地不产茶。"❺产业;财富。如:地产;房产;公产。《史记·越王句践世家》:"〔范蠡〕父子治产,居无几何,致产数千万。"❻乐器名。《尔雅·释乐》:"大箫谓之产。"

划〔劃〕(chǎn)　❶通"铲",铲除。《齐民要术》卷一:"养苗之道,锄不如耨,耨不如铲。铲……以划地除草。"❷犹言光着。刘克庄《生日和竹溪再和》:"划骑犊子不施鞯,老退犹堪学力田。"谓光着犊身,不加鞍鞯。❸仅;只。李廓《长安少年行》:"划戴扬州帽,重薰异国香。"❹却;反而。卓田《眼儿媚·题苏小楼》词:"丈夫只手把吴钩,能断万人头。因何铁石打肝凿胆,划为花柔。"❺无端。马致远《陈抟高卧》第三折:"自不合划下山来惹是非。"

划地　亦作"划的"。❶犹怎的、怎地。郑廷玉《忍字记》第二折:"你看经念佛,划地杀人哩?"❷依旧;还是。郑德辉《王粲登楼》第三折:"自洛下飘零到这里,划的无所归栖。"❸反而。晁端礼《梁州令》词:"如今划地怕相逢,愁多正在相逢处。"❹无端;平白地。卢祖皋《夜飞鹊慢·别意》词:"牵衣搵弹泪,问凄风愁露,划地东西。"

划刘　坚决、果断之意。《国策·燕策二》:"吾必不听众口与谗言,吾信汝也,犹划刘者也。"

辿(chǎn)　见"辿辿"。

另见 zhūn。

辿辿　行动迟缓貌。《西厢记》第四本第三折:"马儿辿辿的行,车儿快快的随。"

弗(chǎn)　贯肉在火上炙的签。韩愈《赠张籍》诗:"试将诗义授,如以肉贯弗。"

嵼〔㠝〕(chǎn)　见"㠧嵼"。

滻〔滻〕(chǎn)　❶出涕貌。见《玉篇·水部》。❷水名。见"滻水"。

滻水　源出今陕西蓝田西南秦岭山中,北流会库峪、石门峪、荆峪诸水,至西安市东入灞水。又蓝田西北有长水,北魏以来误认为滻水。《水经·渭水注》:"长水出自杜县白鹿原,西北流,谓之荆溪,又西北左合狗枷川,北入霸水,"俗谓之滻水,非也。"

梻〔㮤〕(chǎn)　果名。《本草纲目·果部六》附录有㮤子,李时珍引徐表《南州记》:"树生子如桃实,长寸徐。二月开花,连着子,五月熟,色黄。盐藏食之,味酸,似梅。"

谄〔諂〕(chǎn)　巴结奉承;谄媚。《公羊传·隐公四年》:"公子翚谄乎隐公。"

谄笑　装着笑脸巴结人。《孟子·滕文公下》:"胁肩谄笑。"赵岐注:

"谄笑，强笑也。"

谄谀 逢迎拍马。《左传·昭公六年》:"左右谄谀。"《史记·平准书》:"公卿大夫，多谄谀取容矣。"

啴〔嘽〕(chǎn) 宽舒。见"啴啴"、"啴缓"。
另见 tān。

啴啴 和乐貌；安舒貌。《诗·大雅·崧高》:"申伯番番，既入于谢，徒御啴啴，周邦咸喜。"毛传:"徒行者，御车者，啴啴喜乐也。"郑玄笺:"啴啴，安舒，言得礼也。礼，入国不驰。"

啴缓 和缓。《礼记·乐记》:"其乐心感者，其声啴以缓。"王褒《四子讲德论》:"啴缓舒绎，曲折不失节。"

嘽〔嶃〕(chǎn) 见"嘽嘽"。

嘽嘽 破旧貌。《诗·小雅·杕杜》:"檀车嘽嘽。"

铲 ㊀〔鏟〕(chǎn) 一种铁制的用具。如:铁铲、锅铲。
㊁〔鏟、剗〕(chǎn) ❶用铲铲物。如:铲土。❷铲除；消灭。《吕氏春秋·观世》:"以兵相铲。"

阐〔闡〕(chǎn) ❶开；广；尽。《史记·秦始皇本纪》:"阐并天下。"❷阐发；阐明。《易·系辞下》:"夫《易》彰往而察来，而微显阐幽。"韩康伯注:"阐，明也。"引申为显露在外。《吕氏春秋·决胜》:"隐则胜阐矣。"❸古邑名。春秋鲁地。在今山东宁阳西北。《春秋·哀公八年》:"齐人取讙及阐。"

阐缓 同"啴缓"。谓声音舒徐和缓；从容不迫。《文选·马融〈长笛赋〉》:"安翔骀荡，从容阐缓。"吕延济注:"安翔骀荡、从容阐缓，皆声初发，或起或伏，宽容阐缓貌。"

𦈌〔繟〕(chǎn，又读 tán) 宽缓；坦然。《老子》:"繟然而善谋。"

蒇〔蒇〕(chǎn) 完成。见"蒇事"。

蒇事 《左传·文公十七年》:"寡君又朝，以蒇陈事。"寡君，郑穆公自称；朝，指朝晋。陈，陈国。后称事情已经办完、办好为"蒇事"。

燀〔燀〕(chǎn) ❶炊。《左传·昭公二十年》:"燀之以薪。"❷火花引燃貌。《国语·周语下》:"火无灾燀。"韦昭注:"燀，焱起貌也。天曰灾，人曰火。"
另见 dǎn。

𡨔(chǎn) 见"𡨔赦"。
另见 tián。

𡨔赦 笛声和缓。《文选·马融〈长笛赋〉》:"窾圈𡨔赦。"李善注:"窾圈，声下貌。𡨔赦，声缓也。"

辗(chǎn) 笑貌。《庄子·达生》:"桓公辗然而笑。"

臘(chǎn) 羹类。张鷟《游仙窟》:"鸡臘雉臛，鳖醢鹑羹。"

調(chǎn) 同"谄"。谄媚。《礼记·少仪》:"颂而无調。"

chàn

忏〔懺〕(chàn) ❶忏悔。《晋书·佛图澄传》:"佐(佛图澄弟子法佐)愕然愧忏。"❷僧道为人拜祷忏悔。如:拜忏。亦指拜忏所念的经。如:《梁皇忏》。

幨(chàn) 衣襟。《管子·揆度》:"列大夫豹幨。"尹知章注:"襟谓之幨。"
另见 chān。

傪(chàn) ❶苟且；不严肃。《礼记·表记》:"君子不以一日使其躬傪焉如不终日。"❷通"攙"。攙入；混杂。参见"傪言"。
另见 chān。

傪言 别人说话未完，抢插进去说话。《礼记·曲礼上》:"毋傪言。"

颤〔顫〕(chàn，又读 zhàn) 颤动；发抖。柳宗元《与李翰林建书》:"行则膝颤，坐则髀痹。"元稹《台中鞫狱》诗:"愁吟心骨颤。"王冕《息斋双竹图》诗:"疏梢飒飒凤尾颤，修干隐隐虬龙伏。"
另见 shān。

颤栗 同"战栗(慄)"。

屪(chàn) 攙杂。《颜氏家训·书证》:"典籍错乱……皆由后人所屪，非本文也。"

鏟(chàn) 即"障泥"。见《广韵·五十五艳》。

鑽(chàn) 同"鏟"。
另见 chān。

chāng

茜〔蓞〕(chāng) 草名。《说文·艸部》:"茜，枝枝相值，叶叶相当。"段玉裁注:"《玉篇》茜下引《说文》，谓蓬茜，马尾商陆也。《本草经》曰:'商陆一名茜。'是累呼曰蓬茜，单呼曰茜。"
另见 dàng。

伥〔倀〕(chāng) ❶伥鬼。如:为虎作伥。参见"伥鬼"。❷见"伥伥"

伥伥 迷茫不知所措貌。《礼记·仲尼燕居》:"治国而无礼，譬犹瞽之无相与，伥伥乎其何之。"陆德明释文:"伥伥，无见貌。"

伥鬼 亦称"虎伥"。古时传说人被虎啮死后，鬼魂为虎服役；虎行求食，伥必与俱，为虎前导。裴铏《传奇·马拯》:"此是伥鬼，被虎所食之人也，为虎前呵道耳。"也指溺死者的鬼魂。孙光宪《北梦琐言·李戴仁》:"江河多伥鬼，往往呼人姓名，应之者必溺，乃死魂者诱之也。"成语称助暴为虐为"为虎作伥"。

昌(chāng) ❶兴盛；繁荣。《书·仲虺之诰》:"推亡固存，邦乃其昌。"《荀子·礼论》:"江河以流，万物以昌。"❷泛指有生之物。《庄子·在宥》:"今夫百昌皆生于土而反于土。"❸壮盛美好貌。《诗·齐风·猗嗟》:"猗嗟昌兮，顽而长兮。"毛传:"昌，盛也。顽，长貌。"郑玄笺:"昌，佼好貌。"❹善；正当。引申为公开。参见"昌言❶"。❺通"菖"。菖蒲。《周礼·天官·醢人》:"朝事之豆，其实韭菹、醓醢、昌本。"郑玄注:"昌本，菖蒲根，切四寸为菹。"❻通"猖"。见"昌披"。❼姓。南朝梁有昌义之。
另见 chàng。

昌披 同"猖披"。《易林·观之大壮》:"心志无良，昌披妄行。"

昌言 ❶善言。《书·大禹谟》:"禹拜昌言，曰:'俞。'"孔传:"昌，当也。以益言为当，故拜受而然之。"梁元帝《金楼子·立言下》:"古人之风，夫子所以昌言；末俗之风，孟子所以扼腕。"引申为直言无所隐讳。如:昌言无忌。❷全名《仲长子昌言》。东汉末仲长统著。昌言，即当言之意。据《后汉书》本传说:"凡三十四篇，十余万言"，但大部分佚失，所存仅十之一二。现保存在《后汉书》和《群书治要》中，另有渣严可均辑本二卷。提出"人事为本，天道为末"的论点，暴露当时社会的黑暗现实，批判汉初以来的神学传统思想。

倡(chāng) ❶古代歌舞人之称。《史记·滑稽列传》:"优旃者，秦倡，侏儒也。"❷通"娼"。妓女。白行简《李娃传》:"汧国夫人李娃，长安之倡女也。"
另见 chàng。

倡优 ❶古代以乐舞戏谑为业的艺人。《汉书·灌夫传》:"所爱倡优、巧匠之属。"颜师古注:"倡，乐人也。优，谐戏者也。"古本有别，后常合

称。参见"俳优"、"优伶"。❷旧时卑视戏剧演员,常用作娼妓与优伶的合称。

菖（chāng） 见"菖蒲"。

菖蒲（Acorus calamus） 亦称"白菖蒲"、"藏菖蒲"。天南星科。多年生水生草本,有香气。叶狭长,长60～80厘米,排成两行,主脉显著。肉穗花序圆柱形,生于茎端,初夏开花,花黄色。广布于全球温带,中国各地都有野生或栽培。民间在端午节常将菖蒲叶与艾结扎成束,或烧其花序,以熏蚊虫。全草可提取芳香油。根状茎也作药用,为芳香健胃剂。

猖（chāng） 纵恣狂妄。《晋书·苻坚载记下》:"奈何因王师小败,便遽悖若此!"

猖獗 亦作"猖蹶"。❶横行无忌。《新书·俗激》:"其余猖蹶而趋之者,乃豕羊驱而往。"《三国演义》第四十回:"惇（夏侯惇）曰:'刘备如此猖獗,真腹心之患也,不可不急除。'"❷颠踬;覆败。《三国志·蜀志·诸葛亮传》:"孤不度德量力,欲信（伸）大义于天下。而智术浅短,遂用猖蹶,至于今日。"

猖狂 亦作"昌狂"。❶恣意妄行。《庄子·在宥》:"浮游不知所求,猖狂不知所往。"成玄英疏:"无心妄行,无的当也。"又《山木》:"猖狂妄行。"❷桀骜不驯。《汉书·赵充国传》:"先零昌狂,侵汉西疆。"

猖披 衣不系带,散乱不整。引申为不遵法度,任意妄为。《离骚》:"何桀纣之猖披兮,夫唯捷径以窘步。"王逸注:"猖披,衣不带之貌。猖,一作昌。"按《文选·离骚》作"昌披"。

阊〔閶〕（chāng） 见"阊阖"。另见 tāng。

阊阖 ❶传说中的天门。《离骚》:"吾令帝阍开关兮,倚阊阖而望予。"一说泛指门。《说文·门部》:"楚人名门皆曰阊阖。"❷皇宫的正门。张衡《西京赋》:"正紫宫于未央,表峣阙于阊阖。"王维《奉和贾至舍人早朝大明宫》:"九天阊阖开宫殿,万国衣冠拜冕旒。"

阊阖风 "阊阖"亦作"昌盍"。❶西风。《史记·律书》:"阊阖风居西方。阊者,倡也;阖者,藏也。言阳气道万物,阖黄泉也。"❷秋分的风。《易纬·通卦验》:"秋分昌盍风至。"参见"八节风"。

涃（chāng） 古水名。见《集韵·十阳》。

娼（chāng） 本作"倡"。即妓女。如:娼妓;娼妇。

魊〔魊〕（chāng） 同"伥（倀）"。见《正字通·鬼部》。另见 làng。

裮（chāng） 披衣,不束带。《广雅·释训》:"裮被,不带也。"王念孙疏证:"披与被通,今人犹谓荷衣不带曰被衣。《庄子·知北游篇》云:'䩄缺问道乎被衣。'合言之,则曰裮被。《楚辞·离骚》:'何桀纣之猖披兮'王逸注:'猖披,衣不带之貌。猖一作昌,释文作倡。披一作被。'并字异而同义。"

阊〔閶〕（chāng） 见"阊阖"。另见 tāng,táng。

阊阖 同"阊阖❶"。天门。《汉书·扬雄传上》:"东延昆邻,西驰阊阖。"

蒢（chāng） 同"茢"。

鲳〔鯧〕（chāng） 动物名。学名 Pampus argenteus。亦称"银鲳"、"镜鱼"、"车片鱼"。硬骨鱼纲,鲳科。体侧扁而高,呈卵圆形,长达40厘米。银灰色。头小,吻圆,口小,牙细。成鱼腹鳍消失。以甲壳类等为食。初夏游向内海产卵。肉味鲜美,为名贵食用鱼类。中国沿海均产。

鲳

夔〔夔〕（chāng） ❶动貌。《尚书大传·虞夏传》:"仪伯之乐,舞《夔哉》。"郑玄注:"夔,动貌。哉,始也。"按夔哉,舞曲名。❷鼓声。《尚书大传·虞夏传》:"夔乎鼓之,轩乎舞之。"

cháng

长〔長〕（cháng） ❶两端之间的距离大。兼指空间和时间。如:长途;长夜。引申为永远。如:长逝;长眠。❷擅长;长处。如:一无所长;一技之长。《孟子·公孙丑上》:"敢问夫子恶乎长?"❸常。如:细水长流。王安石《书湖阴先生壁》诗:

"茅檐长扫净无苔。"
另见 zhǎng,zhàng。

长班 也叫"长随"。明清时官员随身使唤的仆人。《儒林外史》第四回:"才吃着,长班报有客到。"也指听差。

长兵 与"短兵"相对。❶长兵器,戈矛之类。《国策·西周策》:"故使长兵在前,强弩在后,名曰卫疾,而实囚之也。"❷能及远的兵器,弓箭之类。《史记·匈奴列传》:"长兵则弓矢,短兵则刀铤。"

长才 犹通才。《世说新语·赏誉》:"太傅府有三才:刘庆孙长才,潘阳仲大才,裴景声清才。"谓刘舆、潘滔、裴邈三人。

长策 长远的计策;良策。《汉书·萧望之传》:"信让行乎蛮貉,福祚流于亡穷,万世之长策也。"

长调 长词之称,词调体式之一。唐宋音乐每以慢曲和急曲对举,系指曲调有缓急不同。长调系从体制上划分,和慢词意义有别。明刻本《类编草堂诗馀》以九十一字以上为"长调",实无根据。因习用已久,故一般尚沿用之。参见"小令❶"、"中调"。

长短 ❶长度;尺寸。陈基《裁衣曲》:"临裁更忆身长短,只恐边城衣带缓。"❷是非;好坏。《史记·魏其武安侯列传》:"公平生数言魏其、武安长短。"❸指死丧等意外变故。《儒林外史》第五回:"我死了值得什么! 大娘若有些长短,他爷少不得又娶个大娘。"❹犹言无论如何;反正。白居易《送韦侍御量移金州司马》诗:"莫恨东西沟水别,沧溟长短拟同归。"❺战国时代纵横家的游说术。《史记·平津侯主父列传》:"〔主父偃〕学长短纵横之术。"参见"短长"。

长短句 指韵文中句法长短不齐的作品。一般用为词的别名。词所以采用长短句,是由于音乐上的要求,句子的长短又须依照曲调的节拍。现传宋人词集中,题名"长短句"的有秦观《淮海居士长短句》、辛弃疾《稼轩长短句》等。

长耳公 驴的别名。唐武宗为颍王时,邸园中养禽兽十种,各有别名,绘十玩图,驴称为"长耳公"。见陶谷《清异录·兽》。

长发其祥 《诗·商颂·长发》:"濬哲维商,长发其祥。"郑玄笺:"长,犹久也。深知乎维商家之德也,久发见其祯祥矣。"后亦用为事业发达之吉利语。

长风破浪 南朝宋宗悫少时,叔父

炳问其志。炳曰:"愿乘长风,破万里浪。"意谓欲舒展抱负。后用以比喻志向远大,不怕困难,奋勇前进。<u>李白</u>《行路难》:"长风破浪会有时,直挂云帆济沧海。"

长府 <u>春秋</u>时<u>鲁国</u>库藏名。《论语·先进》:"鲁人为长府。"何晏集解引郑玄曰:"长府,藏名也。藏财货曰府。"

长告 请长假。<u>白居易</u>《百日假满》诗:"长告初从百日满,故乡元约一年回。"

长歌当哭 以歌代哭。多指用诗文抒发胸中悲愤之情。《红楼梦》第八十七回:"感怀触绪,聊赋四章。匪曰无故呻吟,亦长歌当哭之意耳。"

长毂 《穀梁传·文公十四年》:"长毂五百乘,绵地千里。"范宁注:"长毂,兵车。"

长跪 直身而跪。古时席地而坐,坐时两膝据地以臀部著足跟。跪则伸直腰股,以示庄重,故称。《史记·留侯世家》:"良(张良)业为取履,因长跪履之。"

长河 ❶大河。<u>王维</u>《使至塞上》诗:"大漠孤烟直,长河落日圆。"❷指银河。<u>李商隐</u>《嫦娥》诗:"云母屏风烛影深,长河渐落晓星沉。"

长踦 长脚小蜘蛛。亦名蟏蛸。《尔雅·释虫》:"蟏蛸,长踦。"郭璞注:"小蜘蛛长脚者,俗呼为喜子。"

长计 长久计划。《史记·苏秦列传》:"赵王曰:'寡人年少,立国日浅,未尝得闻社稷之长计也。'"

长铗 剑的一种。剑锋长者称"长铗",短者称"短铗"。《国策·齐策四》:"〔冯谖〕倚柱弹其剑,歌曰:'长铗归来乎!食无鱼。'"

长笺 ❶谓纸幅之狭长而华贵者。古以笺供题咏或为书翰之用。<u>曾巩</u>《回泉州陈都官启》:"岂期厚眷,特枉长笺。"❷训诂之书。汇列众说,而加以论辨,以衷一是者曰长笺。如:<u>赵宧光</u>有《说文长笺》。

长空 辽阔的天空。<u>杜牧</u>《登乐游原》诗:"长空澹澹孤鸟没。"

长乐未央 谓欢乐不尽。<u>汉代长乐宫</u>,瓦上有"长乐未央"四字。见<u>冯云鹏</u>《金石索·石索六》。

长鬣 长胡须。《左传·昭公七年》:"<u>楚子</u>享公于<u>新台</u>,使长鬣者相。"杜预注:"鬣,须也。"

长林丰草 山林草野禽兽习居之处,后指隐者所住的地方。<u>稽康</u>《与山巨源绝交书》:"此犹禽鹿,少见驯育,则服从教制;长而见羁,则狂顾顿

缨,赴蹈汤火。虽饰以金镳,飨以嘉肴,愈思长林而志在丰草也。"《金史·赵质传》:"命之官,固辞曰:'臣僻性野逸,志在长林丰草;金镳玉络,非所愿也。'"

长眠 死的婉辞。《太平广记》卷三五四"郑郊"记郑郊过一冢,见有竹二竿,青翠可爱,因驻马吟曰"冢上两竿竹,风吹常袅袅",久不能续,闻冢中言曰:"何不云'下有百年人,长眠不知晓?'"

长明灯 佛像前常燃不熄的油灯。刘禹锡《谢寺双桧》诗:"长明灯是前朝焰,曾照青青年少时。"

长命富贵 长寿而富裕贵显,多用为吉庆语。《旧唐书·姚崇传》:"经云:'求长命得长命,求富贵得富贵。'"无名氏《争报恩》第一折:"则愿得姐姐长命富贵。"

长年 ❶长寿。《管子·中匡》:"道(导)血气以求长年长心长德,此为身也。"❷某些方言称长工为"长年"。<u>鲁迅</u>《呐喊·故乡》:"我们这里给人做工的分三种:整年给一定人家做工的叫长年。"

长驱 指军队以不可阻挡之势挺进。《国策·燕策二》:"轻卒锐兵,长驱至国。"

长衢 长街。<u>左思</u>《咏史八首》:"冠盖荫四术,朱轮竟长衢。"

长日 ❶指冬至日。冬至以后,白昼一天比一天长,故称。《孔子家语·郊问》:"郊之祭也,迎长日之至也。"王肃注:"周人始以日至之月。冬日至而日长。"一说指夏至日。❷指漫长的白昼。<u>徐玑</u>《春日游张提举园池》诗:"长日多飞絮,游人爱绿阴。"

长舌 多言;好说闲话。《诗·大雅·瞻卬》:"妇有长舌,维厉之阶。"亦指搬弄是非。<u>李观</u>《晁错论》:"狂夫为计,料胜一举,遂摇长舌,交构七国,借诛错为名。"

长逝 ❶远逝。《后汉书·范冉传》:"奂(王奂)瞻望弗及,冉长逝不顾。"❷同"长往❷"。司马迁《报任少卿书》:"仆终已不得舒愤懑以晓左右,则长逝者魂魄私恨无穷。"

长嘶 马长声嘶鸣。成公绥《啸赋》:"秦胡马之长嘶,向寒风乎北朝。"

长亭 见"长亭短亭"。

长亭短亭 古时于道路隔十里设长亭,隔五里设短亭,供行旅停息。亦常用作钱别之所。<u>庾信</u>《哀江南赋》:"十里五里,长亭短亭。"

长往 ❶指避世隐居。孔稚圭《北山移文》:"或叹幽人长往,或怨王孙不游。"❷死亡的婉词。颜延之《吊张茂度书》:"岂谓中年,奄为长往!"

长围 ❶军事上的包围圈。《南史·宋高祖纪》:"超(慕容超)固其小城,乃设长围以守之。"❷防护堤。《南史·张邵传》:"及至襄阳,筑长围,修立堤堰,创田数千顷,公私充给。"

长夏 指夏历六月。《素问·六节藏象论》唐王冰注:"所谓长夏者,六月也。"

长啸 ❶长声鸣叫。马融《长笛赋》:"悲号长啸。"❷高声呼啸以抒发感情。岳飞《满江红》词:"仰天长啸,壮怀激烈。"❸蹙口发出舒长的声音。《三国志·蜀志·诸葛亮传》"谓为信然"裴松之注引《魏略》:"亮在荆州……每晨夜从容,常抱膝长啸。"

长星 彗星的别称。《汉书·文帝纪》:"八年,有长星出于东方。"颜师古注引文颖曰:"长星,光芒有一直指,或竟天,或十丈,或三丈,或二丈,无常也。"

长行 ❶高尚行为。《韩非子·难二》:"长行徇上,数百不一人;喜利畏罪,人莫不然。"❷犹言远行。关汉卿《谢天香》第一折:"兄弟酒勾(够)了也,辞了哥哥,便索长行。"❸古代博戏。唐李肇《国史补》:"今之博戏,有长行最盛。其具有局有子,子有黄黑各十五,掷采之骰有二。其法生于握槊,变于双陆。"参见"握槊"、"双陆"。

长休告 指长假。《汉书·丙吉传》:"掾史有罪臧不称职,辄予长休告,终无所案验。"颜师古注:"长给休假,令其去职也。"

长言 汉代注家譬况字音用语。同"短言"相对。如《公羊传·庄公二十八年》:"《春秋》伐者为客。"何休注:"伐人者为客,读伐长言之,齐人语也。"长言发音舒缓,为字调中的舒调。

长夜 ❶漫长的黑夜。杜甫《茅屋为秋风所破歌》:"长夜沾湿何由彻!"❷通宵;彻夜。《史记·滑稽列传》:"齐威王之时喜隐,好为淫乐长夜之饮。"隐,指优伶隐语。❸比喻人死后埋于地下,永处黑暗之中。《左传·襄公十三年》"唯是春秋窀穸之事"杜预注:"窀,厚也;穸,夜也。厚夜,犹长夜。春秋,谓祭祀;长夜,谓埋葬。"

长夜室 指墓穴。苏轼《赠章默》诗："愿求不毛田，亲筑长夜室。"亦作"长夜台"。白居易《唐太原白氏之殇墓志铭》："埋魂闷骨长夜台，二十年后复一开。"

长夜饮 彻夜饮酒。《史记·魏公子列传》："公子自知再以毁废，乃谢病不朝，与宾客为长夜饮。"

长揖 古时不分尊卑的相见礼，拱手高举，自上而下。《汉书·高帝纪上》："郦生不拜，长揖。"

长缨 长绳子。《汉书·终军传》："军自请：'愿受长缨，必羁南越王而致之阙下。'"因比喻克敌制胜的武器。

长至 夏至的别称。《礼记·月令》："〔仲夏之月〕是月也，日长至。"夏至白昼最长，故称"长至"。亦有称冬至为"长至"的，因冬至夜最长；一说冬至为白昼开始延长的一天。《太平御览》卷二十八引后魏崔浩《女仪》："近古妇人常以冬至日上履袜于舅姑，践长至之义也。"

场 〔場、塲〕(cháng) ❶平坦的空地，多指农家翻晒粮食及脱粒的地方。如：打场；晒场。参见"场圃"。❷特指市集。如：赶场。❸特指考场。见"场屋❷"。❹一桩事情的经过，如：一场大雨；一场空欢喜。❺指文娱体育活动的次数。如：一场球赛。

另见 chǎng。

场圃 犹园场。《诗·豳风·七月》："九月筑场圃。"毛传："春夏为圃，秋冬为场。"郑玄笺："场、圃同地。自物生之时耕治之以种菜茹，至物尽成熟，筑坚以为场。"孟浩然《过故人庄》诗："开轩面场圃，把酒话桑麻。"

场屋 ❶广场中的棚屋。常以指戏场。元稹《连昌宫词》："夜半月高弦索鸣，贺老琵琶定场屋。"❷特指科举时代考试士子的地方，也称科场。《宋史·陈彭年传》："太平兴国中举进士，在场屋间颇有隽名。"

垱 (cháng) "长(長)"字的古文。

另见 zhǎng。

苌 〔萇〕(cháng) ❶见"苌楚"。❷姓。周代有苌弘。

苌楚 亦作"长楚"。植物名，又名羊桃、猕猴桃。花赤色，柔弱蔓生，果细，可食。《诗·桧风·隰有苌楚》："隰有苌楚。"

肠 〔腸、膓〕(cháng) ❶人和脊椎动物消化管道的下(后)部分。头端接胃的幽门，末端开口于肛门。盘曲于腹腔内。成年人的肠长约 7 米。分为：(1)小肠(又分十二指肠、空肠和回肠)。从幽门至盲肠的一段(5 米多长)，管径较小而均匀，其粘膜除有很丰富的肠腺分泌肠液外，还形成很多的环状皱襞和小突起(绒毛)，以扩大吸收的面积。(2)大肠(又分盲肠、结肠和直肠)。从盲肠到肛门的一段(约 1.4 米长)，其粘膜构造比小肠简单，主要有分泌粘液、吸收水分和形成粪便的功能。肠管与腹后壁的联系各段不同：有直接相贴而固定于腹后壁的，如十二指肠；也有经腹膜皱襞(即肠系膜)与腹后壁相连。肠系膜的长短决定肠曲移动性的大小。在无脊椎动物中，较高等的种类也具有肠，但形态和构造比较简单；也有些种类则肠同胃区别不明显，特称"胃肠"。❷内心。《梁书·伏挺传》："娱肠悦耳。"

肠断 形容极度悲痛。《世说新语·黜免》："桓公入蜀，至三峡中，部伍中有得猿子者，其母缘岸哀号，行百余里，不去，遂跳上船，至便即绝。破视其腹中，肠皆寸寸断。"白居易《长恨歌》："夜雨闻铃肠断声。"参见"断肠❶"。

尚 (cháng) 见"尚羊"。

另见 shàng。

尚羊 同"倘佯"。逍遥。《楚辞·惜誓》："托回飙乎尚羊。"

尚佯 同"尚羊"、"倘佯"。《淮南子·览冥训》："遭回蒙氾之渚，尚佯冀州之际。"

尝 ㊀〔嘗、嚐、甞〕(cháng) ❶辨别滋味。王建《新嫁娘词》："未谙姑食性，先遣小姑尝。"❷古代秋祭名。《诗·小雅·天保》："禴祠烝尝。"孔颖达疏："尝，尝新谷。"

㊁〔嘗、甞〕(cháng) ❶试。如：尝试。《左传·襄公十八年》："诸侯方睦于晋，臣请尝之，若何？"杜预注："尝，试其难易也。"❷经历到。《左传·僖公二十八年》："险阻艰难，备尝之矣。"❸曾经。《史记·五帝本纪》："余尝西至崆峒。"

尝敌 犹"尝寇"。作战前以小部兵力试探敌军的强弱。《宋史·苏洵传》："故古之贤将，能以兵尝敌。"

尝鼎一脔 脔，一作"胾"，切下来的肉块。《吕氏春秋·察今》："尝一脔肉而知一镬之味，一鼎之调。"后因以"尝鼎一脔"比喻可据部分推知全体。王安石《回苏子瞻简》："尝鼎一脔，旨可知也。"

尝寇 试探敌人的力量。《左传·隐公九年》："使勇而无刚者尝寇，而速去之。"杜预注："尝，试也。"

尝新 ❶古代农作物收获后，首先送给帝王进食，祭祀祖先，叫"尝新"。《礼记·月令》："〔孟秋之月〕农乃登谷，天子尝新，先荐寝庙。"❷品味应时的新食品。杜甫《茅堂检校收稻》诗："御夹侵寒气，尝新破旅颜。"

倘 (cháng) 见"倘佯"。

另见 tǎng。

倘佯 同"徜徉"。徘徊；自由自在地往来。宋玉《风赋》："然后倘佯中庭，北上玉堂。"

常 (cháng) ❶古旗帜名。《周礼·春官·司常》："王建太常，诸侯建旂。"郑玄注："王画日月，象天明也。"❷指恒久不易或变化的规律。《老子·十六章》："夫物芸芸，各复归其根。归根曰静，是曰复命，复命曰常。"认为万物归根复命的循环运动恒久不易。《荀子·天论》："天行有常。"认为自然的变化有其规律。明清之际王夫之认为常相对变而言，常在变中，强调"变以贞常"。❸经常；时常。如：常来常往。《史记·郦生陆贾列传》："〔贾〕名为有口辩士，居左右，常使诸侯。"❹普通；平常。如：常识；常态；习以为常；反常。《史记·商君列传》："常人安于故俗。"❺伦常；纲常。《管子·幼官》："明法审数，立常备能，则治。"尹知章注："常，谓五常也。"参见"五常❶"。❻古长度单位名。八尺为寻，倍寻为常。❼"常棣"的简称。《诗·小雅·采薇》："维常之华。"参见"常棣❷"。❽通"尝"。曾经。《史记·高祖本纪》："高祖为亭长时，常告归之田。"按《汉书》"常"作"尝"。❾姓。

常伯 古代君主左右的大臣。《书·立政》："王左右常伯、常任。"孔颖达疏："王之亲近左右，常所长事，谓三公也。"后世作为皇帝近臣的泛称。

常川 经常；连续不断。亦作"长川"。取川流不息意。如：常川往来。汤显祖《邯郸记·勒功》："少则千里之遥，须则要号头明，烽瞭远，常川看好。"

常棣 ❶木名。即郁李。❷《诗·小雅》篇名。贵族统治者宴请兄弟的诗。要求协调宗族内部关系，以维护其共同利益。旧说以为周公作。近人或认为周宣王时大臣召穆公所作。

诗中以常棣比兄弟,成为旧时常用的典故。"常棣"亦作"棠棣"。

常度 ❶平时的态度。《后汉书·吴汉传》:"诸将见战陈(阵)不利,或多惶惧,失其常度,汉意气自若。"❷常用的法度。《楚辞·九章·怀沙》:"刓方以为圜(圆)兮,常度未替。"

常羊 同"徜徉"。《汉书·礼乐志》:"贰双飞常羊。"颜师古注:"常羊,犹逍遥也。"

偿〔償〕(cháng) ❶偿还。《汉书·直不疑传》:"误持其同舍郎金去,已而同舍郎觉亡,意不疑,不疑谢有之,买金偿。"❷酬报。《史记·苏秦列传》:"以百金偿之。"❸抵补。如:得不偿失。❹实现。如:得偿夙愿。

偿责(—zè) 抵当应负的责任。《新唐书·齐映传》:"马奔蹲不过伤臣,舍之,或犯清跸,臣虽死不足偿责。"舍,谓舍辔。

偿责(—zhài) "责"通"债"。还债。《汉书·淮阳宪王钦传》:"今遣有司收子高(张博)偿责二百万。"

徜(cháng) 见"徜徉"。

徜徉 亦作"尚羊"、"倘佯"、"相羊"、"襄徉"、"常羊"、"襄羊"。徘徊;盘旋;自由自在地往来。韩愈《送李愿归盘谷序》:"从子于盘兮,终吾生以徜徉。"

裳(cháng) 古称下身的衣服;裙。《诗·邶风·绿衣》:"绿衣黄裳。"毛传:"上曰衣,下曰裳。"
另见 shang。

嫦(cháng) 见"嫦娥"。

嫦娥 亦作恒娥、姮娥。神话中后羿之妻。后羿从西王母处得到不死之药,嫦娥偷吃后,遂奔月宫。故事见于《淮南子·览冥训》与高诱注。又《太平御览》卷四引张衡《灵宪》,嫦娥奔月后变为蟾蜍。一说嫦娥由常羲、常仪演变而来。常羲为帝俊妻,"生月十有二"(见《山海经·大荒西经》);常仪为帝喾妃,善占月。古代"仪(儀)"与"娥"同声通用。故或以为常羲、常仪、嫦娥皆一词之变。

瑺(cháng) 玉名。见《集韵·十阳》。

嘗(cháng) "常"的古字。见《玉篇·心部》。

鱨〔鱨〕(cháng) 鱼名。❶即"鮠",为鱨科鱼类的通称。❷毛鱨鱼,为石首鱼类之一种。

chǎng

厂〔廠〕(chǎng) ❶工厂;制造生产资料或生活资料的工场。如:钢铁厂;纱厂。❷棚舍。《周礼·夏官·校人》"辨四时之居治,以听驭夫"贾公彦疏:"放牧之处,皆有厈厂以荫马也。"❸明代的一种特务机关。见"厂卫"。
另见 ān,hàn。

厂卫 明代东厂、西厂与锦衣卫的合称。因其性质同为特务机关,关系亦密切,故常合称。

场〔場、塲〕(chǎng) ❶举办一桩事情或发生一桩事故的处所。如:会场;操场;当场;现场。❷剧本和戏剧演出中的段落。也指舞台场面,如演员的上场、下场。或用以称演出的起讫,如开场、终场。❸物理场。即相互作用场,物质存在的两种基本形态之一,存在于空间区域。例如电磁场、引力场等。带电粒子在电磁场中受到电磁力的作用,物体在引力场中受到万有引力的作用。实物之间的相互作用依靠有关的场来实现。场本身具有能量、动量和质量,且在一定条件下可以和实物相互转化。根据量子场论的观点,场与粒子有不可分割的联系,即一切粒子都可以看作相应场的最小单位(量子),例如电子联系于电子场,光子联系于光子场(即电磁场)等。既显示出波动性又显示出粒子性的量子化的场,如电子场、光子场,以及 π 介子场、K 介子场等,通称为"量子场"。这样,一切相互作用都可归结为有关场之间的相互作用。按照这种观点,场和实物并没有严格的区别。❹指分布在空间区域内的物理量或数学函数;有时也指空间区域本身,不一定是物质存在的形式,而是为了研究方便才引入的概念。例如在生有火炉的房间里,空间不同位置有不同的温度,就可以说房间里有一个温度场;河流中不同地点有不同的流速,就可以说河流中有一个速度场。如果所论问题中的物理量或函数是标量(如温度),有关的场可统称为"标量场";如果是矢量,则有关的场统称为"矢量场";不随时间变化的场称"稳恒场"或"静场";随时间变化的则称"可变场"或"交变场"。
另见 cháng。

铧〔鋹〕(chǎng) 利。见《玉篇·金部》。

昶(chǎng) ❶永日;日长。沈鲸《双珠记·月下相逢》:"流离彼此如迷瘴,谁料阳乌仍昶。"❷通"畅"。畅通;舒畅。嵇康《琴赋》:"固以和昶而足耽矣。"

淌(chǎng) 水起波纹貌。《淮南子·本经训》:"淌游瀷淢。"高诱注:"皆文画拟象水势之貌。"
另见 tǎng。

惝(chǎng) 通"敞"。《汉书·扬雄传上》:"正浏滥以弘惝兮。"颜师古注:"弘惝,高大也。"
另见 tǎng。

敞(chǎng) ❶宽阔;高朗。如:宽敞;轩敞。张衡《南都赋》:"体爽垲以闲敞。"❷敞开。如:敞篷车。《聊斋志异·采薇翁》:"敞衣露腹。"❸通"畅"。如:敞快。❹通"惝"。见"敞恍"。

敞恍 模糊不定。《汉书·司马相如传下》:"听敞恍而亡闻。"《北史·强练传》:"神情敞悦,莫之能测。"

敞罔 ❶同"怅惘"。失意貌。《汉书·司马相如传下》:"敞罔靡徙,迁延而辞避。"王先谦补注引瞿鸿禨曰:"敞罔即怅惘之借字。"❷宽阔貌。《文选·马融〈长笛赋〉》:"徬徨纵肆,旷瀁敞罔。"刘良注:"宽大闲幽貌。"

廠(chǎng) 同"厂(廠)"。

氅(chǎng) ❶鹜鸟的羽毛。汉晋间有用以制衣服的,叫做鹤氅。《世说新语·企羡》:"王恭乘高舆,被鹤氅裘。"古代仪仗中旗幡之属亦用之。如:戈氅;戟氅。见《新唐书·仪卫志》。❷今北方人称大衣为"大氅"。

鷩(chǎng) 同"氅"。

chàng

玚〔瑒〕(chàng) 玚圭,即"鬯圭"。古代祭祀用的玉器。
另见 dàng,yáng。

怅〔悵〕(chàng) 失意;懊恼。如:怅然若失。杜甫《桔柏渡》诗:"游子怅寂寥。"

怅怅 失意惆怅貌。潘岳《哀永逝文》:"怅怅兮迟迟,遵吉路兮凶归。"

怅恍 恍惚。潘岳《悼亡诗》:"怅恍如或存,周遑忡惊惕。"

怅惋 惆怅惋惜。《晋书·许孜传》:"明日忽见鹿为猛兽所杀……孜怅惋不已,乃为作冢,埋于隧侧。"

怅惘 亦作"敞罔"、"懒惘"。失意懊丧貌。《二十年目睹之怪现状》第二十回:"借轩现了满脸怅惘之色。"

怅望 怅然想望。李白《折荷有赠》诗:"相思无因见,怅望凉风前。"

伥〔韔〕(chàng) 弓袋。《诗·秦风·小戎》:"虎伥镂膺,交伥二弓。"毛传:"虎,虎皮也。伥,弓室也。交伥,交二弓于伥中也。"亦谓将弓放进弓袋。《诗·小雅·采绿》:"之子于狩,言伥其弓。"

昌(chàng) 通"倡"。倡导;首倡。恽敬《光孝寺碑铭》:"大鉴之前,皆精微简直,而大鉴有以昌导之。"

另见 chāng。

畅〔暢〕(chàng) ❶通达。如:通畅;流畅。《易·坤》:"美在其中,而畅于四支。"孔颖达疏:"有美在于中,必通畅于外。"❷舒适。如:舒畅;畅快。《庄子·则阳》:"旧国旧都,望之畅然。"❸尽情。如:畅所欲言。王羲之《兰亭集序》:"一觞一咏,亦足以畅叙幽情。"❹旺盛。见"畅郁"、"畅遂"。❺甚;真是。无名氏《渔樵记》第二折:"你这般毁夫主畅不该。"❻琴曲名。《风俗通·琴》:"其道行和乐而作者,命其曲曰畅;畅者,言其道之美畅。"❼姓。汉代有畅曾。

畅茂 茂盛。《孟子·滕文公上》:"草木畅茂,禽兽繁殖。"

畅洽 通达普沾。《隋书·薛道衡传》:"玄功畅洽,不局于形器。"

畅遂 亦作"鬯遂"。畅茂顺遂,谓生物充分发育成长。无名氏《律吕相召赋》:"草木以之而畅遂。"

畅郁 茂盛。许赞《华山赋》:"禾稼不得过时而畅郁,草木不得蓑候而妍英。"

畅月 指夏历十一月。《礼记·月令》:"〔仲冬之月〕命之曰畅月。"郑玄注:"畅,犹充也。"孔颖达疏:"此月为充实之月,当使万物充实,不发动故也。"孙希旦集解:"畅,达也。时当闭藏而畅达之,故命之曰畅月,言其逆天时也。"

畅〔暢〕(chàng) 谷物不生。《说文·田部》:"畅,不生也。"段玉裁注:"今之畅,盖即此字之隶变。"

倡(chàng) ❶亦作"唱"。歌唱时一人首先发声。《诗·郑风·萚兮》:"倡予和女。"❷作乐。《楚辞·九歌·东皇太一》:"陈竽瑟兮浩倡。"❸首倡;带头。《汉书·陈胜传》:"今诚以吾众为天下倡。"颜师古注:"倡,读曰唱,谓首号令也。"

另见 chāng。

倡导 首倡;提倡。如:率先倡导。应劭《风俗通·愆礼》:"义当纲纪人伦,为之节文;而首倡导犯礼违制,使东岳一郡朦朦焉。"

倡和 即唱和。一唱一和,互相呼应。《诗·郑风·萚兮》:"叔兮伯兮,倡予和女。"《礼记·乐记》:"倡和有应。"

倡随 见"夫倡妇随"。

倡言 建议,提出意见。《三国志·魏志·陈思王植传》:"臣独倡言者,窃不愿于圣世使有不蒙施之物。"蒙施,受到恩施。

鬯(chàng) ❶古时祭祀降神用的酒,用郁金草酿黑黍而成。《礼记·曲礼下》:"凡挚,天子鬯。"❷通"伥"。弓袋。《诗·郑风·大叔于田》:"抑鬯弓忌。"孔颖达疏:"鬯者,盛弓之器,鬯弓,谓弢弓而纳之鬯中。"❸通"畅"。《文选·扬雄〈羽猎赋〉》:"于是醇洪鬯之德,丰茂世之规。"李善注:"鬯与'畅'同。畅,通也。"见"鬯茂"。

鬯圭 也叫裸圭、场圭。古代祭祀用的玉器。《国语·鲁语上》:"文仲以鬯圭与玉磬,如齐告籴。"韦昭注:"鬯圭,裸鬯之圭,长尺二寸,有瓒,以礼(一作'祀')庙。"《考工记·玉人》:"裸圭尺有二寸,有瓒,以祀庙。"郑玄注:"瓒如盘,其柄用圭。"孙诒让正义:"尺有二寸者,圭之长度,不兼瓒言之。"《说文·玉部》作"场圭"。

鬯茂 茂盛。《汉书·郊祀志上》:"草木鬯茂。"颜师古注:"鬯与畅同。"

唱(chàng) ❶歌唱;吟咏。王勃《滕王阁序》:"渔舟唱晚,响穷彭蠡之滨。"韩翃《送郑员外》诗:"乐人争唱卷中诗。"❷奏乐。左思《吴都赋》:"琴筑并奏,笙竽俱唱。"❸通"倡"。倡导。《后汉书·臧洪传》:"为天下唱义。"❹高呼。如:唱名。

唱酬 以诗词相唱和。《宋史·沈辽传》:"曾巩、苏轼、黄庭坚皆与唱酬相往来。"

唱筹量沙 《南史·檀道济传》:"道济时与魏军三十余战多捷。军至历城,以资运竭乃还。时人降魏者具说粮食已罄,于是士卒忧惧,莫有固志。道济夜唱筹量沙,以所余少米散其上。及旦,魏军谓资粮有余,故不复追。"按"唱筹量沙"乃以沙充米,称量而唱数计筹,以示存粮充足。后常用指以假象迷惑敌人安定军心。

唱导 亦作"倡导"。❶前导,领先。《后汉书·荀爽传》:"兽则牡为唱导,牝乃相从。"❷佛教用语。宣唱开导;讲经说法。《高僧传·唱导传论》:"唱导者,盖以宣唱法理,开导众心也。"

唱和 指歌唱时此唱彼和。《诗·郑风·萚兮》:"倡予和女(汝)。"陆德明释文:"倡,本又作唱。"《荀子·乐论》:"唱和有应。"亦指以诗词相酬答。张籍《哭元九少府》诗:"醉后齐吟唱和诗。"

唱籍 按名册点名。《新唐书·仪卫志上》:"平明,传点毕,内门开,监察御史领百官入夹阶,监门校尉二人执门籍,曰唱籍。"

唱喏 ❶旧时男子所行的一种礼节,给人作揖同时出声致敬。陆游《老学庵笔记》卷八:"古所谓揖,但举手而已。今所谓喏,乃始于江左诸王。方其时,惟王氏子弟为之。故支道林入东见王子猷兄弟还,人问诸王如何,答曰:'见一群白项乌,但闻哑哑声。'即今喏也。"《京本通俗小说·碾玉观音》:"〔崔宁〕倒退两步,低声唱个喏。"❷旧时显贵出行,喝令行人让路,叫"唱喏"。《名义考》卷六:"贵者将出,唱使避己,故曰唱喏。亦曰鸣驺,即《孟子》'行辟人也。'"

唱赚 宋代说唱艺术的一种。南宋灌圃耐得翁《都城纪胜》:"唱赚在京师日,有缠令、缠达……中兴后,张五牛大夫因听动鼓板中又有四片太平令或赚鼓板,即今拍板大筛扬处是也,遂撰为赚。"所用脚本称赚词,南宋书会人李霜涯以善作赚词著名。见周密《武林旧事》。陈元靓《事林广记》载有《圆里圆赚》,其结构为集合若干曲调为一套曲,前有引子,后有尾声,中间有以《赚》为名之曲调,近人王国维认为即系南宋人所作赚词。

焻(chàng) 盛行。王守仁《答顾东桥书》:"三代之衰,王道熄而霸术焻。"

韔(chàng) 同"伥(韔)"。

chāo

诇〔訬〕(chāo) ❶"吵"的本字。吵闹。《说文·言部》："诇，扰也。"今音作上声。❷轻捷。《淮南子·脩务训》："越人有重迟者,而人谓之诇。"

　另见 miǎo。

抄(chāo) ❶誊写;照录原文。如:照抄;抄本。❷掠夺。《后汉书·郭伋传》："匈奴数抄郡界。"❸搜查;没收。《红楼梦》第一百〇五回:"外头王爷就进来抄家了!"❹走捷径。如:抄近道;抄敌人的后路。❺用瓢匙取物。杜甫《与鄠县源大少府宴渼陂》诗:"饭抄云子白,瓜嚼水精寒。"按今吴语即谓瓢匙为"抄"。❻古量名。《孙子算经》卷上:"十撮为一抄。"❼姓。元代有抄思。

抄本 也称"写本"。即抄写而成的书本。习惯上唐以前称写本,唐以后称抄本。李清照《金石录后序》:"独馀少轻小卷轴书帖,写本李、杜、韩、柳集、《世说》、《盐铁论》。"宋以后,雕版虽已盛行,但有些比较专门、不甚著名而需要不广的著作,仍靠传抄流通。

抄袭 ❶绕到敌人的背面或侧面进行突击。也作"抄截"。《晋书·阎鼎传》:"流人谓北道近河,惧有抄截。"❷窃取别人的文章以为己作。《红楼梦》第八十四回:"不能自出心裁,每多抄袭。"

抄胥 抄,亦作"钞"。胥,旧时衙署中办理一般事务的小吏。抄胥是专业抄写工作的人。龚自珍《与吴虹生书十二》:"有忆虹生之诗,有过袁浦纪奇遇之诗,刻无抄胥,然必欲抄一全分寄君读之。"

吵〔訬〕(chāo) 方言。吵吵,指许多人乱说话。

　另见 chǎo。

怊(chāo,又读 tiáo) 悲伤。《庄子·天地》:"怊乎若婴儿之失其母也。"

怊怅 惆怅,失意貌。宋玉《高唐赋》:"怊怅自失。"

弨(chāo) ❶放松弓弦。《诗·小雅·彤弓》:"彤弓弨兮。"毛传:"弨,弛貌。"❷未张的弓。韩愈《雪后寄崔二十六丞公》诗:"大弨挂壁何由弯?"

钞〔鈔〕(chāo) ❶纸币名。❷亦作"抄"。誊写。《抱朴子·金丹》:"余今略钞金丹之都较,以

示后之同志。"❸亦作"抄"。强取;掠夺。《后汉书·公孙瓒传》:"克会期日,攻钞郡县,此岂大臣所当施为!"❹姓。明代有钞秀。

　另见 miáo。

钞暴 劫掠骚扰。《后汉书·南匈奴传》:"〔帝〕遣大司马吴汉等击之,经岁无功,而匈奴转盛,钞暴日增。"亦作"抄暴"、"暴钞"。《宋书·张进之传》:"时劫掠充斥,每入村抄暴。"《新唐书·辛云京传》:"每入朝,所在暴钞。"

钞胥 亦作"抄胥"。专任誊写的小吏。杜甫《赠李八秘书别三十韵》:"乞米烦佳客,钞诗听小胥。"后亦以讥刺抄袭陈言,不能自出新意的文人。

詔(chāo,又读 shào) 人名。《庄子·天运》:"巫咸詔曰:'来,吾语女。'"陆德明释文:"巫咸,殷相也,詔,寄名也。"一说招字之讹。王先谦集解引宣颖云:"詔盖招之讹,托言巫咸相招为答耳。古来止有巫咸,无巫咸詔也。"

绰〔綽〕(chāo) 通"抄"。抄取;抓取。《水浒传》第三十三回:"花荣披挂,拴束了弓箭,绰枪上马。"

　另见 chuò。

超(chāo) ❶跃登;跳过。《左传·僖公三十三年》:"秦师过周北门,左右免胄而下,超乘者三百乘。"《孟子·梁惠王上》:"挟太山以超北海。"❷越级提升官职。《汉书·朱博传》:"迁为京兆尹,数月超为大司空。"❸超出;胜过。《新唐书·褚遂良传》:"陛下拨乱反正,功超古初。"❹美妙;高超。刘长卿《故女道士太原郭氏挽歌词》:"作范宫闱睦,归真道艺超。"《新唐书·于邵传》:"以书判超绝,补崇文校书郎。"❺远。《楚辞·九歌·国殇》:"平原忽兮路超远。"❻高举远离貌。《史记·范雎蔡泽列传》:"范蠡知之,超然辟(避)世,长为陶朱公。"❼怅惘,若有所失貌。《庄子·徐无鬼》:"武侯超然不对。"❽姓。汉代有超喜。

超超玄箸 谓议论高妙而又明切。《世说新语·言语》:"我(王衍)与王安丰(王戎)说延陵(季札)、子房(张良),亦超超玄箸。"《晋书·王戎传》作"超然玄著"。

超度 僧、尼、道士、道姑为人诵经拜忏,认为可以救度亡者超越苦难。《水浒全传》第一百十五回:"我若得了杭州宁海军时,重重地请僧人设斋

做好事,追荐超度众兄弟。"

超凡入圣 修养登峰造极,已超越凡庸到达圣贤的境界。《朱子全书·学一》:"且看圣人是如何? 常人是如何? 自己因甚便不似圣人? 因甚便这是常人? 就此理会得透,自可超凡入圣。"

超忽 ❶遥远貌。王巾《头陁寺碑文》:"东望平皋,千里超忽。"❷迷惘;怅然自失。柳宗元《吊苌弘文》:"欲登山以号兮,愈洋洋以超忽。"❸高逸;不同凡俗。皮日休《太湖·桃花坞》诗:"穷深到兹坞,逸兴转超忽。"❹迅捷貌。韦应物《元日寄诸弟兼呈崔都水》诗:"新正加我年,故岁去超忽。"

超距 跳高,跳远,跳越障碍物。《管子·轻重丁》:"戏笑超距,终日不归。"《史记·白起王翦列传》:"王翦使人问:'军中戏乎?'对曰:'方投石超距。'"

超迁 越级升迁。《史记·张释之冯唐列传》:"今陛下以啬夫口辩而超迁之,臣恐天下随风靡靡,争为口辩而无其实。"

超群 超出众人之上。《淮南子·缪称训》:"同师而超群者,必其乐之者也。"

超然物外 超出于尘世之外。引申为置身事外。鲁迅《而已集·谈所谓大内档案》:"这一种仪式既经举行,即倘有后患,各部都该负责,不能超然物外,说风凉话了。"

超脱 ❶超出凡俗,不为传统、规格所拘束。刘克庄《湖南江西道中》诗:"从今诗律应超脱,新吸潇湘入肺肠。"❷解脱;脱开。如:超脱现实;超脱具体事务。

超以象外 指诗文的意境浑成,超脱于物象之外。司空图《诗品·雄浑》:"超以象外,得其环中。"

焯(chāo) 把蔬菜等放在开水里稍微一煮即取出。如:焯菠菜。

　另见 zhuó。

剿〔勦、勦〕(chāo) 通"钞"。见"剿说"、"剿袭"。

　另见 jiǎo。

剿说 抄袭别人的言论。《礼记·曲礼上》:"毋剿说,毋雷同。"

剿袭 抄袭。洪亮吉《晓读书斋杂录》卷下:"足见士不读书,及临试剿袭之弊,隋唐纪然。"

摷(chāo) 浮取。《文选·张衡〈西京赋〉》:"摷鲲鲕,殄水族。"薛综注:"摷、殄,言尽取之。"按

《通俗文》："浮取曰攃,沉取曰捞。"
另见 jiǎo。

魑〔魑〕(chāo) ❶剽轻为害之鬼。见《玉篇·鬼部》。❷健,疾。《广雅·释诂》:"魑,健也。"王念孙疏证:"《众经音义》卷十二引《声类》云:'魑,疾也。'凡健与疾义相近,故疾谓之捷,亦谓之魑。"

罺(chāo,又读 zhāo) 捕鱼器。《文选·左思〈吴都赋〉》:"罺鰝鰕。"刘逵注:"罺,抑鱼之器也。"

韒(chāo) "绰"的本字。另见 chuò。

cháo

晁(cháo) 亦作"鼂(鼂)"。姓。汉代有晁错。另见 zhāo。

巢(cháo) ❶鸟及蜂、蚁等的窠。《诗·召南·鹊巢》:"维鹊有巢。"亦指敌人或盗贼盘踞的地方。《新唐书·杜牧传》:"必覆贼巢。"❷巢笙,古代乐器名。《尔雅·释乐》:"大笙谓之巢。"❸古国名。偃姓,为群舒之一;一说子姓。在今安徽巢湖市,公元前518年灭于吴。❹姓。宋代有巢谷。

巢车 古时军中用以探察敌情的瞭望车。《左传·成公十六年》:"楚子登巢车以望晋军。"《通典》卷一百六十:"以八轮车,上树高竿,竿上安辘轳,以绳挽版屋止竿首,以窥城中……亦谓之巢车,如鸟之巢。"

巢穴 鸟兽的窝巢。颜延之《北使洛》诗:"宫陛多巢穴,城阙生云烟。"亦比喻隐居之处。《后汉书·周燮传》:"吾既不能隐处巢穴,追绮季之迹。"绮季,汉初商山四皓的绮里季,隐士。后亦比喻敌人或盗贼盘踞的地方。

朝(cháo) ❶古代诸侯见天子、臣见君、子见父母的通称。《春秋·鲁僖公二十八年》:"公朝于王所。"《墨子·非乐上》:"王公大人蚤朝晏退,听狱治政,此其分事也。"《礼记·内则》:"昧爽而朝。"❷拜访。《史记·司马相如列传》:"临邛令缪为恭敬,日往朝相如。"❸聚会。《礼记·王制》:"耆老皆朝于庠。"❹

朝廷。《礼记·曲礼下》:"在朝言朝。"❺官府的大堂。《后汉书·刘宠传》:"山谷鄙生,未尝识郡朝。"❻朝代。指整个王朝,也指某一个皇帝的一代。夏允彝《幸存录·门户大略》:"国朝(明朝)自万历以前,未有党名。"夏完淳《续幸存录·南都大略》:"逆党一翻,则上且骎骎问三朝旧事,诸君子将安所置足乎?"三朝,指神宗、光宗、熹宗三朝。❼对;向。《儒林外史》第二十三回:"他在法云街朝东的一个新门楼子里面住。"
另见 zhāo,zhū。

朝参 古代指臣下朝见皇帝。《旧唐书·舆服志》:"八品九品着碧,朝参之处,听兼服黄。"杜甫《重何何氏》诗:"颇怪朝参懒,应耽野趣长。"

朝奉 ❶宋代官名。《宋史·职官志九》:"朝奉大夫,正五(品)。"又:"朝奉郎,正六上。"❷旧时对富人或土豪的称呼。《水浒传》第四十七回:"这三处庄上……惟有祝家庄最豪杰。为头家长唤做祝朝奉。"❸旧时对当铺中管事的店员的称呼。《儒林外史》第五十二回:"那毛胡子的小当铺开在西街上……院子上面三间厅房,安着柜台,几个朝奉在里面做生意。"有些地方亦用作对一般店员的客气称呼。

朝服 ❶古时君臣朝会时所穿的礼服。尊卑异制,历代异制。司马相如《上林赋》:"于是〔天子〕历吉日以斋戒,袭朝服,乘法驾。"❷周代玄冠服之一,专指玄冠、缁衣、素裳之服。用途不限于朝会。《礼记·玉藻》:"〔诸侯〕裨冕以朝〔天子〕,皮弁以听朔于太庙,朝服以日视朝于内朝。"《仪礼·士冠礼》:"筮于庙(庙)门,主人玄冠朝服,缁带素韠,即位于门东。"

朝觐 朝见。古诸侯或臣下朝见天子。《周礼·天官·大宗伯》:"春见曰朝,秋见曰觐。"《汉书·礼乐志》:"有尊尊敬上之心,为制朝觐之礼。"

朝聘 古代诸侯定期朝见天子。《礼记·王制》:"诸侯之于天子也,比年一小聘,三年一大聘,五年一朝。"郑玄注:"比年,每岁也。小聘,使大夫;大聘,使卿;朝,则君自行。然此大聘与朝,晋文霸时所制也。虞夏之制,诸侯岁朝。周之制,侯、甸、男、采、卫、要服六者各以其服数来朝。"谓周制朝服一年一朝,甸服二年,馀递加一年。又春秋时诸侯自相

朝见也称"朝聘"。《左传·襄公八年》:"公如晋朝,且听朝聘之数。"又《昭公三年》:"昔文、襄之霸也,其务不烦诸侯,令诸侯三岁而聘,五岁而朝。"

朝山 佛教徒到名山大寺进香拜佛,希望获得菩萨保佑。翟灏《通俗编·神鬼》:"俗于远处进香,谓之朝山。"

朝市 ❶朝廷和市集,指公众聚集的地方。《左传·襄公十九年》:"光杀戎子,尸诸朝,非礼也。妇人无刑,虽有刑,不在朝市。"❷犹都会。《史记·张仪列传》:"今三川周室,天子之朝市也。"

朝廷 本指帝王接受朝见和处理政事的地方,因即以为封建时代中央政府的代称。《孟子·公孙丑下》:"朝廷莫如爵。"亦用为帝王的代称。《文选·潘岳〈杨荆州诔〉》:"寝伏床蓐,念在朝廷。"李周翰注:"朝廷,谓天子也。"

朝野 朝廷和民间。《后汉书·朱穆传》:"朝野嗟毒。"张协《咏史》:"昔在西京时,朝野多欢娱。"

朝仪 古时帝王临朝的典礼。《周礼·夏官·司士》:"正朝仪之位。"孙诒让正义:"正朝仪之位者,此亦天子治朝之朝位也……此官掌正其仪叙。"后亦称人臣朝君之礼仪为"朝仪"。《汉书·叔孙通传》:"臣愿征鲁诸生,与臣弟子共起朝仪。"杜甫《紫宸殿退朝口号》:"户外昭容紫袖垂,双瞻御坐引朝仪。"

朝隐 虽身在朝廷任职,却清高不问政事,与隐居无异,称为"朝隐"。《法言·渊骞》:"或问:柳下惠非朝隐者与?"《南史·王僧祐传》:"〔僧祐〕迁司空祭酒,谢病不与公卿游。齐高帝谓王俭曰:'卿从(从,指从弟)可谓朝隐。'"

朝正 ❶古代诸侯臣属正月朝见天子。《左传·文公四年》:"昔诸侯朝正于王,王宴乐之。"刘文淇旧注证:"朝正,如本年曹伯如晋会正之正,以正月朝京师也。"❷岁首祭于宗庙。《左传·襄公二十九年》:"春,王正月。公在楚,释不朝正于庙也。"《春秋·文公六年》"闰月不告月,犹朝于庙"孔颖达疏:"其日,又以礼祭于宗庙,谓之朝庙,《周礼》谓之朝享……岁首为之,则谓之朝正。"

鼂〔鼂〕(cháo) 同"晁"。姓。西汉有鼂错,今多作晁错。另见 zhāo。

鄛

鄛（cháo）　见"鄛乡"。

鄛乡　古地名。《后汉书·郑众传》："帝念众功美，封为鄛乡侯。"李贤注引《说文》："南阳棘阳有鄛乡。"按棘阳故城在今河南南阳市南。

樔（cháo）　❶同"巢"。《文选·班昭〈东征赋〉》："谅不登樔而椓蠡兮。"六臣注本作"巢"。李周翰注："上古之人，登巢而居。"❷泽中守望的草棚。见《说文·木部》。❸同"罺"。鱼网。《诗·小雅·南有嘉鱼》"烝然汕汕"毛传："汕汕，樔也。"郑玄笺："樔者，今之撩罟也。"

另见 jiǎo。

嘲（cháo，旧读 zhāo）　❶嘲笑。如：冷嘲热讽。任昉《出郡传舍哭范仆射》诗："兼复相嘲谑。"❷吟咏。《北史·薛孝通传》："因使元琛等嘲，以酒为韵。……便命酌酒赐孝通，仍命更嘲，不得中绝。"❸鸟叫声。《禽经》："林鸟朝嘲。"

另见 zhāo。

嘲风咏月　亦作"咏月嘲风"。讥诮文人的无聊写作。白居易《将归渭村先寄舍弟》诗："咏月嘲风先要减，登山临水亦宜稀。"参见"吟风弄月"。

嘲弄　❶嘲讽戏弄。《三国志·吴志·韦曜传》："又于酒后使侍臣难折公卿，以嘲弄侵克，发摘私短以为欢。"❷吟咏。范成大《巫山高》诗："楚客词章元是讽，纷纷馀子空嘲弄。"

潮（cháo）　❶定时涨落的海水。王维《送邢桂州》诗："日落江湖白，潮来天地青。"参见"潮汐"。❷微湿。如：发潮；潮湿。范成大《没冰铺晚晴》诗："旅枕梦寒涔屋漏，征衫润冷炉熏。"❸像潮水那样汹涌起伏的形势。如：革命高潮。

潮汐　任一天体在其他天体引潮力作用下产生形变或长周期波动的现象。地球除固体地球本体外，有海洋和大气圈，故有固体潮、海洋潮汐和大气潮三类潮汐。前者是地球本体的一种变形现象；后两者则为复杂的长波运动。

潮信　即潮。因其来去有定时，故称"潮信"。李益《江南曲》："早知潮有信，嫁与弄潮儿。"陆龟蒙《别墅怀归》诗："东去沧溟百里余，沿江潮信到吾庐。"

窲（cháo）　见"寥窲"。

轈（cháo）　即"巢车"。《左传·成公十六年》："楚子登巢车以望晋军。"《说文·车部》引作"轈"。

謿（cháo）　同"嘲"。

chǎo

吵（chǎo）　❶喧闹。如：别把孩子吵醒了。❷争吵。如：吵架；吵嘴。

另见 chāo。

炒（chǎo）　❶亦作"煼"。把东西放在锅里翻拨使熟。如：炒花生。《齐民要术》卷七："炒麦黄，莫令焦。"❷通"吵"。郑廷玉《忍字记》第一折："著他静悄悄，休要闹炒炒。"

㸚（chǎo）　炒熟的米麦粉。《辽史·兵卫志上》"若未利，引退，第二队继之。退者息马饮水㸚"。

另见 shā。

麨〔麨〕（chǎo）　米麦炒熟磨粉制成的干粮。《梁书·诸夷传》："〔高昌国〕备植九谷，人多噉麨及羊牛肉。"

焣（chǎo）　同"炒"。《方言》第七："焣，火干也；凡以火而干五谷之类，秦、晋之间或谓之焣。"《六书故》："焣，鬲中烙物也。"

煼（chǎo）　同"炒"。陆游《老学庵笔记》卷二："故都李和煼栗，名闻四方。"

麨〔麨〕（chǎo）　糗。见《玉篇》。

齷（chǎo）　同"炒"。

齹　　　
鬻（chǎo）　"炒"的本字。

chào

耖（chào）　❶用于水田耕耙后碎土、起浆、平田的机具。畜力耖又称"而字耙"，上有横柄，下有一列长钉齿。机引耖工作部件为一列长钉齿和一列刮板，入土角可调整。❷土壤耕作措施之一。土壤耕翻后再进行的浅耕松土作业。通过多次耖地，可破碎土垡，使表土疏松。南方有些水田平整田面作业，也称"耖田"。

趠（chào）　❶远走。《晋书·曹毗传》："游不践绰约之室，

趠不希骙骉之踪。"❷同"踔"。腾跃。左思《吴都赋》："狄獠猱然，腾趠飞超。"

chē

车〔車〕（chē，旧读 jū）　❶车子，陆地上用轮子转动的交通运输工具。《诗·小雅·何草不黄》："有栈之车，行彼周道。"❷泛指用轮子转动的器具和机器。如：行车；纺车。也指转动操作。如：车水；车螺丝钉。陆游《记老农语》诗："鱼陂车水人竭作，麦垅翻泥牛尽力。"❸牙床。见"辅车"。❹姓。晋代有车胤。

车服　车和礼服。《书·舜典》："车服以庸。"孔颖达疏："人以车服为荣，故天子之赏诸侯，皆以车服赐之。"

车盖　❶古代车上形圆如伞的车篷，可以御雨蔽日。杜甫《病柏》诗："有柏生崇冈，童童状车盖。"❷山名。有二，一在浙江湖州南，一在安徽全椒西北，都以形如车盖而得名。

车驾　❶马驾的车。《汉书·景帝纪》："夫吏者，民之师也，车驾衣服宜称。"❷帝王所乘的车，因用为帝王的代称。《汉书·高帝纪下》："是日车驾西都长安。"颜师古注："凡言车驾者，谓天子乘车而行，不敢指斥也。"

车笠　《太平御览》卷四百零六引周处《风土记》："越俗性率朴，意亲好合，即脱头上手巾，解要（腰）间五尺刀以与之为交，拜亲跪妻，定交有礼。俗皆当于山间大树下，封土为坛，祭以白犬一，丹鸡一，鸡子三，名曰木下鸡大五，其坛地人畏不敢犯也。祝曰：'卿虽乘车我戴笠，后日相逢下车揖；我虽步行卿乘马，后日相逢卿当下。'"后因用"车笠"比喻不以贵贱而异的深厚友谊。

车裂　亦称"轘"或"轘裂"，俗称"五马分尸"。中国古代执行死刑的一种残酷的方式。即将人头和四肢分别拴在五辆车上，以五马驾车，同时分驰，撕裂肢体。周代已有。《左传·宣公十一年》："杀夏征舒，轘诸栗门。"战国时商鞅被车裂。《国策·秦策一》："商君归还，惠王车裂之。"以后沿用。从唐代开始基本上废除，仅《辽史·刑法志》载"淫乱不轨者，五车轘杀之"。

车骑　❶犹车马。《三国志·魏志·王粲传》："常车骑填巷，宾客盈

坐。"亦特指战车战马。《史记·韩信卢绾列传》:"汉令车骑击破匈奴。"❷汉代将军的名号,位次上卿。汉文帝元年(公元前179年)设,唐以后废。❸古星名。即豺狼座中的三星。《星经·车骑》:"车骑三星在骑官南。"

车书 《中庸》:"今天下车同轨,书同文。"车乘的轨辙相同,书牍的字体相同,表示文物制度的划一,天下一统。后因以"车书"指国家的文物制度。杜甫《题桃树》诗:"天下车书正一家。"

车水马龙 车马往来不绝。形容繁华热闹的景象。《后汉书·明德马皇后纪》:"前过濯龙门上,见外家问起居者,车如流水,马如游龙。"《金瓶梅词话》第十六回:"花红柳绿,车水马龙,说不尽灯市的繁华。"

车载斗量 谓数量很多。《三国志·吴志·吴主传》"遣都尉赵咨使魏"裴松之注引《吴书》:"如臣之比,车载斗量,不可胜数。"

伡 〔伡〕(chē) 船舶动力机器的统称。亦指火车或轮船中管理操纵动力机器者。如:开伡启航;大伡。

呏 〔唓〕(chē) 见"呏嗻"。

呏嗻 元时俗语。很;厉害。王实甫《西厢记》第四本第四折:"愁得来陡峻,瘦得来呏嗻。"

砗 〔硨〕(chē) 见"砗磲"。

砗磲 见"砗磲❶"。

砗磲 亦作"车渠"、"车磲"。❶双壳纲,砗磲科,砗磲属(Tridacna)动物的统称。壳大而厚,略呈三角形,长可达1米。壳面有高垄,垄上有重叠的鳞片。壳顶弯曲,壳缘呈波状屈曲。壳外面通常灰色,内面白色。外套膜缘呈黄、绿、青、紫等色彩。栖息热带海域。中国海南岛及南海诸岛均产。肉供食用;民间有用大壳作猪食盆的,小的可烧制石灰或供观赏。另属砗磲(Hippopus),全世界只有一种,也栖息热带海中;中国西沙群岛出产很多,用途相同。❷指砗磲壳,佛教所称七宝之一。《妙法莲华经·普门品》:"为求金银、琉璃、车磲、玛瑙、珊瑚、琥珀、真珠等宝入于大海。"❸石之次玉者。见《广雅·释地》。

蛼 〔蚗〕(chē) 见"蛼螯"。

蛼螯 即车螯,蛤类。《本草纲目·介部》李时珍集解:"其壳色紫,璀璨如玉,斑点如花,以火炙之,则开,取肉食之。"

chě

尺 (chě) 工尺谱中音名之一。另见 chǐ。

扯 〔撦〕(chě) ❶拉;撕。如:扯住不放;把纸扯得粉碎。《儒林外史》第二十六回:"他是个武举。扯的十个力气的弓,端的起三百斤的制子,好不有力气!"❷漫无边际的谈话。如:闲扯;东拉西扯。

扯淡 胡说乱道;闲扯。田汝成《西湖游览志余》卷二十五:"〔杭人〕有讳本语而巧为俏语者,如诉人嘲我曰'淄牙'……言胡说曰'扯淡'。"《桃花扇·修札》:"无事消闲扯淡。"

chè

屮 (chè) 《说文·屮部》:"草木初生也。"另见 cǎo。

宅 (chè) 通"坼",裂开。左思《蜀都赋》:"百果甲宅,异色同荣。"另见 zhái。

彻 〔徹〕(chè) ❶贯通;通达;深透。《左传·成公十六年》:"潘尫之党与养由基蹲甲而射之,彻七札焉。"《国语·周语中》:"乃可以长保民矣,其何事不彻。"韦昭注:"彻,达也。"《庄子·外物》:"心彻为知,知彻为德。"❷遵循。《诗·小雅·十月之交》:"天命不彻。"郑玄笺:"言王不循之天之政教。"❸通"撤"。撤除。《左传·宣公十二年》:"虽诸侯相见,军卫不彻,警也。"❹毁坏。《诗·小雅·十月之交》:"彻我墙屋。"❺剥取。《诗·豳风·鸱鸮》:"彻彼桑土。"毛传:"彻,剥也;桑土,桑根也。"❻周代的租赋制度。《论语·颜渊》:"哀公问于有若曰:'年饥,用不足,如之何?'有若对曰:'盍彻乎?'"何晏集解:"周法什一而税,谓之彻,彻,通也,为天下之通法。"❼完;结束。元稹《琵琶歌》:"逡巡弹得《六么》彻,霜刀破竹无残节。"

彻底 水清见底。李白《秋登巴陵望洞庭》诗:"明湖映天光,彻底见秋色。"引申为透彻、深入,无所遗留。

彻侯 爵位名。秦制二十等爵之最高一级。汉沿置,后因避武帝讳,改称通侯,又改列侯。汉代列侯有征收封邑租税之权,征收租税以初封时所划定的户数为范围。大者户以万计,小者户以百计。列侯一般住京师,不住封地,其封地行政仍由中央所派的相掌握,列侯本人不预闻。

彻上彻下 谓贯通上下。朱熹《近思录》卷四:"明道曰:'居处恭,执事敬,与人忠,此是彻上彻下语,圣人元无二语。'"

彻头彻尾 犹言"彻上彻下"。从头到尾;全部。《朱子全书·学二》:"敬字工夫,乃圣门第一义,彻头彻尾,不可顷刻间断。"

彻悬 彻,通"撤"。悬,指悬挂的钟磬之类的乐器。古时君王或卿大夫遇有灾患疾病,即撤去乐器,表示不敢贪图安逸。《礼记·丧大记》:"疾病,外内皆埽。君大夫彻县(悬),士去琴瑟。"亦作"彻县"。《礼记·曲礼下》:"君无故玉不去身,大夫无故不彻县。"

彻夜 整夜;通宵。韩偓《抚州如归馆雨中有怀》诗:"薄酒旋醒寒彻夜,好花虚谢雨藏春。"

诂 〔詀〕(chè) 同"呫"。见"诂讘"。另见 zhān。

诂讘 同"呫嗫"。低声细语。《旧唐书·徐彦伯传》:"用诂讘为全计。"

坼 (chè) 分裂;裂开。《淮南子·本经训》:"天旱地坼。"

呫 (chè) 见"呫嗫"、"呫嚅"。另见 tiè。

呫呫 喋喋不休貌;絮语貌。柳宗元《读韩愈所著〈毛颖传〉后题》:"是其言也,固与异世者语,而贪常嗜琐者犹呫呫然动其喙,亦劳甚矣乎?"黄庭坚《次韵正仲三丈赠答》诗:"昏昏市井气,呫呫儿女语。"

呫嗫 低声絮语貌。《史记·魏其武安侯列传》:"〔灌夫〕乃骂临汝侯曰:'生平毁程不识不值一钱,今日长者为寿,乃效女儿呫嗫耳语。'"临汝侯,灌贤。

呫嚅 低声细语。《新唐书·姚绍之传》:"峤(李峤)等数附承嘉(李承嘉)耳呫嚅。"

绁 〔紲〕(chè) 用绳缚。《资治通鉴·唐昭宗光化三年》:"擒王建武,比明,复还,绁之以练。"

聅 (chè) 古代军法以矢贯耳的刑罚。《说文·耳部》"聅"字引《司马法》:"小罪聅,中罪刖,大罪剐。"

chè

䎟（chè）　撤除；捣毁。《周礼·秋官·序官》"䎟蔟氏"郑玄注："郑司农云:'䎟读为擿,蔟读为爵(雀)蔟之蔟,谓巢也。'玄谓䎟古字从石折声。"孔颖达疏："以石投掷毁之。"

掣（chè）　❶牵引；拽。如:风驰电掣。岑参《白雪歌送武判官归京》："纷纷暮雪下辕门,风掣红旗冻不翻。"❷抽取。《晋书·王献之传》："羲之密从后掣其笔不得。"

掣电　犹言闪电。形容迅疾。杜甫《高都护骢马行》："长安壮儿不敢骑,走过掣电倾城知。"

掣肘　《吕氏春秋·具备》："宓子贱治亶父,恐鲁君之听谗人,而令己不得行其术也。将辞而行,请近吏二人于鲁君,与之俱至于亶父。邑吏皆朝,宓子贱令吏二人书,吏方将书,宓子贱从旁时掣摇其肘。吏书之不善,则宓子贱为之怒。吏甚患之,辞而请归……鲁君太息而叹曰:'宓子以此谏寡人之不肖也。'"后以比喻从旁牵制。《旧唐书·陆贽传》："若谓志气足任,方略可施,则当要之于终,不宜掣肘于其间也。"

撤（chè）　❶除;去掉。如:撤销;撤职。《论语·乡党》："不撤姜食。"❷退;使离开驻在地。如:撤退;撤回。《三国志·吴志·吕蒙传》："羽(关羽)果信之,稍撤兵以赴樊。"

撤棘　亦作"彻棘"。科举时代,考试时,为示严密,于试院围墙上遍插棘枝,至放榜后始撤去,因称考试结束为撤棘。《旧五代史·和凝传》："贡院旧例,放榜之日,设棘于门及闭院门,以防下第不逞者。凝令彻棘启门,是日寂无喧者,所收多才名之士,时议以为得人。"《清会典事例·礼部·贡举》："顺治二年定闱中阅卷,须立程限,计自分卷以至撤棘,约可半月,以八日完前场,以七日完后场。"

撤帘　封建时代,天子年幼,皇太后或太皇太后当政称垂帘,归政称撤帘。《宋史·高宗纪》："元祐皇后在东京,是日撤帘。"

撤瑟　本谓父母病重,撤去琴瑟,使病者安静。语出《礼记·丧大记》。后称死亡或行将死亡为"撤瑟"。任昉《哭范仆射》诗："宁知安歌日,非君撤瑟辰。"

澈（chè）　水清澄。骆宾王《夏日游德州赠高四》诗："林虚星华映,水澈霞光净。"

瞮（chè）　明。见《集韵·十七薛》。

觬（chè）　角。见《玉篇·角部》。《隋书·礼仪志》："天子革带玉钩觬,皇太子革带金钩觬。"按谓带钩歧头的角。

chēn

抻（chēn）　同"捵"。

郴（chēn）　见"郴州"。

郴州　州、路、府名。隋开皇九年(公元589年)置州。治郴县(今郴州市)。唐辖境相当今湖南永兴以南的耒水流域和蓝山、嘉禾、临武、宜章等县地。元至元中改为路,明初改为府,不久降为州。清为直隶州。1913年废,改本州为郴县。产铜、锡、银。

諃〔諃〕（chēn）　善言。见《集韵·二十一侵》。

捵（chēn）　亦作"抻"。用手把物拉长或扯平。如:捵面(麵);衣服皱了,得捵捵。

綝〔綝〕（chēn）　止。见《说文·糸部》。
　另见 lín。

琛（chēn）　珍宝。《诗·鲁颂·泮水》："来献其琛。"《文选·木华〈海赋〉》："其垠则有天琛水怪。"李善注："天琛,自然之宝也。"

棽（chēn,又读 shēn）　见"棽丽"。

棽丽　绵密披覆貌。班固《东都赋》："凤盖棽丽,和銮玲珑。"

嗔〔瞋〕（chēn）　❶怒。杜甫《丽人行》："慎莫近前丞相嗔。"❷责怪。李贺《野歌》诗："男儿屈穷心不穷,枯荣不等嗔天公。"
　另见 tián。

膹（chēn）　胀肿。《素问·阴阳应象大论》："浊气在上,则生膹胀。"

瞋（chēn）　见"瞋目"。
　另见 chēn 嗔。

瞋目　瞪出或睁大眼睛,以表示努力观察。《庄子·秋水》："鸱鹓夜撮蚤,察毫末;昼出,瞋目而不见丘山。"也以表示惊诧或愤怒。《国策·燕策三》："士皆瞋目,发尽上指冠。"

瞓（chēn）　同"琛"。

獑（chēn）　见"獑猢"。

獑猢　相连貌。《文选·王褒〈洞箫赋〉》："处幽隐而奥屏兮,密漠泊以獑猢。"李善注："相连延貌。"

chén

臣（chén）　❶君主时代官吏和百姓的统称。《孟子·万章下》："在国曰市井之臣,在野曰草莽之臣,皆谓庶人。"❷古人表示谦卑的自称。《史记·高祖本纪》："吕公曰:'臣少好相人。'"又:"〔高祖〕起为太上皇寿,曰:'始大人常以臣无赖,不能治产业,不如仲力;今某之业,所就孰与仲多?'"是古人相与语可自称臣,子对父也可称臣。❸俘虏。《礼记·少仪》："臣则左之。"孔颖达疏："臣,谓征伐所获民虏也。"❹奴隶。《书·费誓》："臣妾逋逃。"孔传："役人贱者,男曰臣,女曰妾。"❺役使;以为臣。《左传·昭公七年》："故王臣公,公臣大夫,大夫臣士,士臣皂,皂臣舆,舆臣隶,隶臣僚,僚臣仆,仆臣台。"❻姓。唐代有臣悦。

臣臣　卑屈貌。《太玄·盛》："小盛臣臣,大人之门。"范望注："臣臣,自卑贱之意也。"

臣服　❶以臣礼事君。《书·康王之诰》："今予一二伯父,尚胥暨顾,绥尔先公之臣服于先王。"❷降服称臣。《汉书·地理志下》："句践乘胜复伐吴,吴大破之,栖会稽,臣服请平。"平,讲和。

臣工　谓群臣百官。《诗·周颂·臣工》："嗟嗟臣工。"毛传："工,官也。"

臣门如市　形容车马盈门,访者众多。参见"臣心如水"。

臣妾　西周、春秋时对奴隶的称谓。男奴称臣,女奴称妾。《书·费誓》："踰垣墙,窃马牛,诱臣妾,汝则有常刑。"亦作为所属臣下的称谓。《左传·僖公十七年》："男为人臣,女为人妾。"

臣心如水　心地洁白如水,谓廉洁。《汉书·郑崇传》："上责崇曰:'君门如市人,何以欲禁切主上?'崇对曰:'臣门如市,臣心如水。愿得考覆。'"上,指哀帝。

尘〔塵〕（chén）　❶尘土;灰尘。白居易《卖炭翁》诗："满面尘灰烟火色。"❷踪迹。《宋史·南唐李氏世家》："思追巢许之余尘。"❸

污染。《诗·小雅·无将大车》："只自尘兮。"❹佛教谓色、声、香、味、触、法为六尘。引申为尘世。如：红尘；尘俗。孔稚圭《北山移文》："潇洒出尘之想。"❺道家称一世为"一尘"。沈汾《续仙传》："〔丁约〕谓子威（韦子威）曰：'郎君得道，尘间两尘。'子威问其故。答曰：'儒谓之世，释谓之劫，道谓之尘。'"❻通"陈"。长久。见"尘邈"。❼姓。明代有尘铎。

尘埃 ❶尘土。杜甫《兵车行》："耶娘妻子走相送，尘埃不见咸阳桥。"❷比喻污浊的事物。《楚辞·渔父》："安能以皓皓之白，而蒙世俗之尘埃乎？"

尘饭涂羹 涂，泥。谓以尘为饭，以泥为羹，是儿童游戏。《韩非子·外储说左上》："尘饭涂羹可以戏而不可食也。夫称上古之传颂，辩而不悫，道先王仁义而不能正国者，此亦可以戏而不可以为治也。"

尘垢 尘土和污垢，比喻微细轻贱的东西。《庄子·逍遥游》："是其尘垢秕糠，将犹陶铸尧舜者也。"

尘海 犹尘世。张问陶《庚申岁暮书怀》诗："尘海只愁多聚散，劳生何暇计穷通。"

尘寰 犹尘世，人世。李群玉《送隐者归罗浮》诗："自此尘寰音信断，山川风月永相思。"

尘芥 尘，尘土；芥，小草。比喻轻微不足重视的东西。周伯琦《怀秃脑儿作》："王纲未旒缓，群生半尘芥。"

尘露 ❶尘埃和露水，比喻微末不足道。《文选·曹植〈求自试表〉》："冀以尘露之微，补益山海。"李善注引谢承《后汉书》："杨乔曰：'犹尘附泰山，露集沧海，虽无补益，款诚至情，犹不敢嘿嘿也。'"❷尘飞露干，比喻瞬息即逝。阮籍《咏怀诗》："人生若尘露，天道竟悠悠。"❸犹言风霜，比喻辛劳。《宋书·谢庄传》："陛下今蒙犯尘露，晨往宵归，容恐不逞之徒，妄生矫诈。"

尘虑 犹俗念。《朱子全书·学一》："但须相从林下一二十年，使尘虑消散，胸中豁豁无一事，乃可相授。"

尘邈 历时久远。《文选·张衡〈思玄赋〉》："美襞积以酷烈兮，允尘邈而难亏。"刘良注："尘，久；邈，远。"

尘世 即人世。王维《愚公谷》诗："寄言尘世客，何处欲归临？"

尘事 世间俗事。陶潜《辛丑岁七月赴假还江陵夜行涂口》诗："闲居三十载，遂与尘事冥。"

尘网 犹尘世。把现实世界喻为束缚人的罗网。陶潜《归园田居》诗："误落尘网中，一去三十年。"

尘嚣 世间的纷扰、喧嚣。陶渊明《桃花源诗》："借问游方士，焉测尘嚣外。"

尘缘 佛教指污染人心、使生嗜欲的根源。佛教把色、声、香、味、触、法六境看作"六尘"，认为以心攀缘六尘，遂被六尘牵累，故名。

讹 〔訦〕（chén） 诚信。《方言》第一："讹，信也。齐鲁之间曰允，燕、代、东齐曰讹。"按徐锴《说文解字系传》："讹，言可信也。"与谌、忱音义并同。

辰（chén） ❶十二地支的第五位。❷指日、月的交会点。即夏历一年十二个月的月朔时，太阳所在的位置。《左传·昭公七年》："日月之会是谓辰。"❸十二时辰之一，七时至九时。❹日子；时刻。如：诞辰。《楚辞·九歌·东皇太一》："吉日兮良辰。"特指好时日。《诗·小雅·小弁》："天之生我，我辰安在？"❺星名。(1)指心宿。与参宿此出彼没，永不并见，故以"参辰"比喻离别不得相见。苏武《诗四首》："昔为鸳与鸯，今为参与辰。"(2)指北极星。如：北辰。(3)泛指众星。参见"星辰❶"。(4)指日、月、星。如：三辰。❻通"晨"。《诗·齐风·东方未明》："不能辰夜，不夙则莫（暮）。"

辰星 ❶即"水星"。《史记·天官书》："刑失者，罚出辰星。"张守节正义引《天官占》云："辰星，北水之精，黑帝之子，宰相之祥也。"❷房星。《楚辞·远游》："奇傅说之托辰星兮，羡韩众之得一，形穆穆以浸远兮，离人群而遁逸。"王逸注："辰星，房星，东方之宿，苍龙之体也。"

沉（chén） 亦作"沈"。❶山陵上凹处积水；一说，水中污泥。见《说文·水部》。《庄子·达生》："沈有履。"陆德明释文："司马本作'沈有漏'，云：沈，水污泥也。"❷沉没；坠落。如：石沉大海；红日西沉。《诗·小雅·菁菁者莪》："载沈载浮。"引申为沉溺。《书·胤征》："颠覆厥德，沈乱于酒。"参见"沉湎"。❸沉放。《周礼·秋官·雍氏》："禁山之为苑、泽之沈者。"贾公彦疏："谓别以药沈于水中，以杀鱼及水虫。"❹隐伏；深沉。《太玄·玄图》："阴阳沈交。"范望注："沈，犹隐也。"

引申为低沉。❺深切；长久。如：沉痛；沉疴。

沉沉 ❶犹深沉。令狐楚《宫中乐》诗："银台门已闭，仙漏夜沈沈。"❷茂盛貌。《文选·谢朓〈始出尚书省诗〉》："衰柳尚沈沈，凝露方泥泥。"李周翰注："沈沈，茂盛也。"

沉浮 ❶在水面上出没。《诗·小雅·菁菁者莪》："泛泛杨舟，载沈载浮。"曹松《岳阳晚泊》诗："白波争起倒，青屿或沈浮。"❷比喻盛衰，消长。《淮南子·原道训》："与道沈浮俯仰。"高诱注："沈浮犹盛衰。"也指随俗俯仰。《史记·游侠列传》："岂若卑论侪俗，与世沈浮而取荣名哉！"亦作"浮沉"。

沉痼 积久难治的疾病。皮日休《奉酬鲁望惜春见寄》："十五日中春日好，可怜沈痼冷如灰。"亦用以比喻积久难改的习俗或嗜好。《宋史·赵与懽传》："每言端平以来，审赃吏，禁包苴，戒奔竞，戢横敛，而风俗沈痼自若。"范成大《初入大峨》诗："烟霞沈痼不须医，此去真同汗漫期。"

沉寂 ❶寂静。如：沉寂的深夜。亦指消息全无。如：消息沉寂。❷性情深沉。《文心雕龙·体性》："子云（扬雄）沈寂，故志隐而味深。"

沉浸 ❶沉入。如：沉浸在回忆中。❷谓学力深透。韩愈《进学解》："沈浸酼郁，含英咀华。"

沉疴 重病；久治不愈的病。《晋书·乐广传》："客豁然意解，沈疴顿愈。"《魏书·献文六王传》："叔翻（拓跋羽）沈疴绵惙。"

沉沦 犹沉没。沦落。《楚辞·九叹·愍命》："或沈沦其无所达兮，或清激其无所通。"

沉迷 执迷不悟。丘迟《与陈伯之书》："直以不能内审诸己，外受流言，沈迷猖獗，以至于此。"

沉绵 谓疾病历久不愈。如：沉绵床席。亦指积久难治的疾病。犹言沉痼。杜甫《秋日夔府咏怀》："雕虫蒙记忆，烹鲤问沈绵。"

沉湎 亦作"湛湎"。犹沉溺，多指嗜酒无度。《书·泰誓上》："沈湎冒色。"孔颖达疏："人被酒困，若沈于水，酒变其色，湎然齐同，故沈湎为嗜酒之状。"

沉冥 泯灭无迹。《法言·问明》："蜀庄沈冥。"李轨注："沈冥，犹玄寂，泯然无迹之貌。"

沉命法 汉代处分捕盗不力官吏的连坐法。《汉书·酷吏传》："于是作沈命法，曰：'群盗起不发觉，发觉

而弗捕满品者,二千石以下至小吏主者皆死。"颜师古注引应劭曰:"沈,没也;敢蔽匿盗贼者没其命也。"王先谦补注引沈钦韩曰:"与之相连俱死为沈命也。"

沉淖 沉溺。《楚辞·七谏·怨世》:"世沈淖而难论兮,俗岭峨而参嵯。"

沉溺 ❶沉没。《韩非子·说疑》:"或沈溺于水泉。"引申为困境。司马相如《难蜀父老》:"拯民于沈溺。"❷沉迷而不悟。《后汉书·陈元传》:"今论者沈溺所习,玩守旧闻。"❸风湿病。《左传·成公六年》:"于是乎有沈溺重腿之疾。"

沉渐 同"沉潜"。亦作"湛渐"。《左传·文公五年》:"《商书》曰:'沈渐刚克,高明柔克。'"《书·洪范》作"沈潜"。参见"沉潜"。

沉潜 亦作"沉渐"。深沉隐伏。《书·洪范》:"沈潜刚克。"韦庄《冬日长安感志》诗:"雾雨十年同隐遁,风雷何日振沈潜?"

沉痛 深切的悲痛。谢灵运《庐陵王墓下作》诗:"眷言怀君子,沈痛结中肠。"

沉吟 ❶沉思吟味。有默默探索研究之意。《后汉书·曹褒传》:"昼夜研精,沈吟专思。"❷犹疑不决。《后汉书·隗嚣传》:"邛(牛邛)得书,沈吟十余日,乃谢士众,归命洛阳。"

沉鱼落雁 《庄子·齐物论》:"毛嫱、丽姬,人之所美也;鱼见之深入,鸟见之高飞,麋鹿见之决骤,四者孰知天下之正色哉?"原谓人之所美,鱼鸟麋鹿见而避之。后用以形容女子容貌美丽,与"羞花闭月"义同。古杭才人《宦门子弟错立身》第二出:"有沈鱼落雁之容,闭月羞花之貌。"参见"羞花闭月"。

沉郁 ❶沉闷忧郁。韦应物《善福阁对雨寄李儋幼遐》诗:"感此穷秋气,沈郁命友生。"❷沉,深沉;郁,蕴积。用于文思。刘歆《与扬雄书》:"非子云淡雅之才,沈郁之思,不能经年锐精,以成此书。"

沉冤 难以辩白或久未伸雪的冤屈。张商英《鄂州谢上表》:"虽有沈冤,莫能往诉。"

沉鸷 谓性情深沉勇猛。《新唐书·李光弼传赞》:"李光弼生戎虏之绪,沈鸷有守。"

沉滞 ❶凝滞;不流畅。《国语·周语下》:"气不沈滞,而亦不散越。"❷求仕进的人长久不得官职或不能

迁升。《后汉书·尹敏传》:"敏对曰:'谶书非圣人所作……'帝深非之,虽竟不罪,而亦以此沈滞。"《北史·王慧龙传》:"去州归京,多年沈滞。"❸指隐退不仕。《楚辞·九辩》:"愿沈滞而不见兮,尚欲布名乎天下。"

沉重 ❶重;深重。如:沉重的脚步;沉重的打击。❷沉静庄重。《后汉书·刘恺传》:"沈重渊懿,道德博备。"

沉着 亦作"沉著"。从容不迫;深沉而不轻浮。范成大《读白傅洛中老病后诗戏书》诗:"陶写赖歌酒,意象颇沈著。"《朱子全书·学六》:"学者所患在于轻浮,不沈著痛快。"

沈(chén) 同"沉"。
另见 shěn,tán。

忱(chén) 真诚的情意。如:热忱。刘基《癸巳正月在杭州作》诗:"微微蝼蚁忱,郁郁不得吐。"

陈[陳](chén) ❶陈列;布置。《楚辞·九歌·东皇太一》:"陈竽瑟兮浩倡。"《三国演义》第一百十回:"吾今陈兵于项岭,然后进兵击之。"❷陈述。《离骚》:"跪敷衽以陈辞兮。"❸宣扬。《礼记·表记》:"事君欲谏不欲陈。"❹堂下至院门的通道。《诗·小雅·何人斯》:"彼何人斯,胡逝我陈?"毛传:"陈,堂涂也。"❺陈旧。《诗·小雅·甫田》:"我取其陈,食我农人。"陈,指陈谷。参见"陈陈相因"。❻古国名。妫姓。开国君主胡公(名满),相传是舜的后代,周武王灭商后所封。建都宛丘(今河南淮阳),有今河南东部和安徽一部分。公元前534年,为楚所灭,改建为县。后五年,得复国。前479年复为楚所灭。❼朝代名。南朝之一。公元557年陈霸先代梁称帝,国号陈,建都建康(今江苏南京)。有今长江下游和珠江流域各省,是南朝版图最小的王朝。曾攻占淮南北,旋复失去。589年为隋所灭。共历五帝,三十三年。❽姓。
另见 zhèn。

陈编 前人的著作。韩愈《进学解》:"踏常途之役役,窥陈编以盗窃。"

陈陈相因 《史记·平准书》:"太仓之粟,陈陈相因,充溢露积于外,至腐败不可食。"这是说太仓里的粮食,逐年增加,陈粮加陈粮,以至腐败不可食。后以因袭旧套、没有革新和创

造为"陈陈相因"。杨万里《眉山任公小醜集序》:"诗文孤峭而有风棱,雄健而有英骨,忠慨而有毅气……非近世陈陈相因、累累随行之作也。"

陈腐 指粮食因时久而腐败。《宋史·食货志上之三》:"今京师有七年之储,而府库无钱安粂军人之米,使积久陈腐。"后泛称事物或思想的陈旧腐朽。

陈迹 已往的事迹。《庄子·天道》:"夫六经,先王之陈迹也。"王羲之《兰亭集序》:"向之所欣,俯仰之间,已为陈迹。"

陈力 贡献才力。《论语·季氏》:"陈力就列,不能者止。"班彪《王命论》:"英雄陈力,群策毕举。"

陈列 ❶列队。《汉书·朱买臣传》:"坐中惊骇,白守丞,相推排陈列中庭拜谒。"❷把物品摆出来供人看。如:商店陈列着新产品。

陈情 诉说自己的情况或衷情。《楚辞·九章·惜往日》:"愿陈情以白行兮,得罪过之不意。"《文选》有晋李密《陈情表》。

陈设 陈列;摆设。《后汉书·阳球传》:"权门闻之,莫不屏气,诸奢饰之物,皆各缄滕,不敢陈设。"亦指陈列、摆设的东西。《明史·礼志一》:"十年定合祀之典,各坛陈设如旧。"

陈死人 死亡已久的人。《古诗十九首》:"下有陈死人,杳杳即长暮。"

陈诉 陈述诉说。《南史·沈炯传》:"其夜梦有宫禁之所,兵卫甚严,炯便以情事陈诉。"

陈言 ❶陈述言词。《礼记·儒行》:"陈言而伏。"❷陈旧的言词。韩愈《答李翊书》:"惟陈言之务去,戛戛乎其难哉!"

陈掾 经营。《史记·货殖列传》:"故杨、平阳陈掾其间,得所欲。"司马贞索隐:"陈掾,犹经营驰逐也。"

莀(chén) 见"莀藫"。

莀藫 草名,即知母。《尔雅·释草》:"薚,莀藫。"郭璞注:"生山上,叶如韭,一曰提母。"邢昺疏:"药草,知母也。"

蔯[蔯](chén) 茵蔯,植物名。多年生草本。中医学上以嫩茎叶入药。

宸(chén) ❶屋边。《国语·越语上》:"君若不忘周室,而为弊邑宸宇。"韦昭注:"宸,屋霤;宇,边也。言越君若以周室之故,以屋宇之余庇覆吴。"❷北辰所居,因以

指帝王的宫殿，又引申为王位、帝王的代称。如：登宸；宸驾。陈子昂《为赤县父老劝封禅表》："垂显号以居宸，建明堂而治物。"归有光《西苑观刘麦》诗："御苑清风正麦秋，金舆晚出事宸游。"

宸极 即北极星，借指君位。刘琨《劝进表》："〔陛下〕诚宜遗小礼，存大务，援据图录，居正宸极。"

宸居 帝王居处。《文选·任昉〈王文宪集序〉》："宸居膺列宿之表。"刘良注："宸居，天子宫也。"

宸扆 宸，帝王的居处；扆，帝王座后的屏。借指君位。《晋书·王浑王濬传论》："浑既献捷横江，濬亦克清建邺……遂乃喧黩宸扆，致乱彝伦，既为戒于功臣，亦致讥于清论。"

宸章 亦作"宸翰"。帝王所作的文辞。王维《奉和圣制暮春送朝集使归都应制》："宸章类河汉，垂象满中州。"《宋史·宗室传》："求得上皇宸翰，怀之以归。"

桭 (chén) 见"楸桭"。

梣 (chén，又读 qín) 植物名。即"白蜡树"。落叶乔木。喜湿润，生长快。木材坚韧，供制器具。枝条可编筐。树皮称"秦皮"，中医用为清热药。树可放养白蜡虫，以取白蜡。

晨 (chén) ①早晨。②鸡啼报晓。《书·牧誓》："牝鸡无晨。"③星名。即房星。见《说文·晶部》。

晨风 ①早晨的风。潘岳《怀旧赋》："晨风凄以激冷，夕雪暠以掩路。"②亦作"鷐风"。鸟名，即鹯。《诗·秦风·晨风》："鴥彼晨风，郁彼北林。"陆玑《毛诗草木鸟兽虫鱼疏》卷下："晨风一名鹯，似鹞，青黄色，燕颔钩喙。"

晨昏定省 同"昏定晨省"。

晨门 管城门开关的人。《论语·宪问》："子路宿于石门，晨门曰：'奚自？'邢昺疏："晨门，掌晨昏开闭门者，谓阍人也。"

晨星 ①日出前出现在东方天空的行星的泛称。有时专指水星和金星。②清晨的星。比喻稀少。如：寥若晨星。苏轼《次韵僧潜见赠》："故人各在天一角，相望落落如晨星。"

谌 〔諶〕(chén) ①相信。《书·咸有一德》："天难谌，命靡常。"②诚然。《楚辞·九章·哀郢》："谌荏弱而难持。"③姓。东汉有谌仲。

鵮 〔鵮〕(chén) 方言。小鸟。

鮢 〔鮢〕(chén) 诸鱼的脑骨曰鮢。见《本草纲目·鳞部》。按《尔雅·释鱼》作"枕"。

湛 (chén) 通"沉"。《汉书·沟洫志》："搴长茭兮湛美玉。"

另见 dān，jiān，zhàn。

湛湎 同"沉湎"。《汉书·霍光传》："湛湎于酒。"

湛渐 同"沉潜"。《汉书·谷永传》："意岂将军忘湛渐之义，委曲从顺……荡荡之德未纯。"按这里"湛渐"为"沉潜刚克"的略语。参见"沉潜"。

悂 (chén) 信。见《玉篇·心部》。

另见 dān。

填 (chén) 通"尘"。长久。《诗·大雅·瞻卬》："孔填不宁，降此大厉。"毛传："填，久；厉，恶也。"

另见 tián，tiǎn，zhèn，zhì。

晨 (chén) 同"晨"。

煁 (chén) 可以移动的炉灶。《诗·小雅·白华》："樵彼桑薪，卬烘于煁。"

蟄 〔蟄〕(chén) 见"蟄蜳"。

蟄蜳 怵惕不安。《庄子·外物》："有甚忧两陷而无所逃，蟄蜳不得成，心若县（悬）于天地之间。"成玄英疏："蟄蜳，犹怵惕也。不能忘情，怀着矜惜，故虽劳形怵虑，而卒无所成。"

隚 (chén) 同"陈（陳）"。

另见 zhèn。

霃 (chén) 通作沉（沉）。《说文·雨部》："霃，久露（阴）也。"段玉裁注："《月令》：'季春行秋令，则天多沈阴。'沈即霃之假借也。"《敦煌变文集·张义潮变文》："斯须雾合已霃霃。"

鷐 〔鷐〕(chén) 鸟名。即"晨风"。见"晨风②"。

廳 (chén) 雌麋。《尔雅·释兽》："麋，牡麔，牝廳。"

曟 (chén) 星名。《说文·晶部》："曟，房星，为民田时者。曟，曟或省。"按早晨的晨古作"曟"。后均作晨。

chěn

垽 〔塦〕(chěn) 同"碜（磣）"。食物中混入沙土。引申为混浊貌。见"垽黪"。

垽黪 混浊不清貌。庾信《哀江南赋》："溃溃沸腾，茫茫垽黪。"亦作"鯫黪"。

跈 (chěn) 见"跈踸"。

跈踸 亦作"踸跈"。跳着走。《庄子·秋水》："夔谓蚿曰：'吾以一足跈踸而行。'"成玄英疏："跈踸，跳踯也。"参见"踸踔①"。

趻 (chěn) 见"趻踔"。

趻踔 水波进退貌。《文选·木华〈海赋〉》："趻踔湛灐。"李善注："趻踔湛灐，波前却之貌。"吕延济注："波前却腾跃貌。"

碜 (chěn) 同"磣（磣）"。

磣 〔磣〕(chěn) ①食物中混入沙土。元稹《送岭南崔侍御》诗："枕榔面磣槟榔涩，海气常昏海日微。"②难堪、丢脸；丑陋难看。如：寒碜；磣样儿。

锃 〔鋹〕(chěn) ①舒缓貌。见"锃铖"。②不自满。《晏子春秋·内篇问下》："锃然不满，退托于族。"

另见 zhēn。

锃铖 舒缓貌。王褒《洞箫赋》："行锃铖以和罗。"

蹴 (chěn) 见"蹴踔"。

蹴踔 ①同"跈踸"。行走不正常貌，形容跛者以一足跳着走路。孟郊《城南联句》："血路迸狐戾，折足去蹴踔。"引申为迟滞。《文选·陆机〈文赋〉》："故蹴踔于短韵。"吕延济注："短韵，小篇也，言迟滞于小篇。"②迅速滋长。《楚辞·七谏·怨世》："马兰蹴踔而日加。"王逸注："暴长貌也。"

chèn

闯 〔闖〕(chèn) 出头貌。《公羊传·哀公六年》："开之，则闯然公子阳生也。"

另见 chuǎng。

衬 〔襯〕(chèn) ①内衣。如：衬衫。引申为贴身。李商隐《燕台》诗："香肌冷衬琤琤珮。"②陪

衬;衬托。**司空图**《杨柳枝寿杯词》:"大堤时节近清明,霞衬烟笼绕郡城。"引申为帮助。如:帮衬。❸通"傸"、"嚫"。施与;施舍。《续齐谐记·犀导》:"以衬众僧。"

疢(chèn)　热病。引申即谓病。《诗·小雅·小弁》:"疢如疾首。"**郑玄**笺:"疢,犹病也。"

龀〔齔〕(chèn)　儿童换齿,即脱去乳齿,长出恒齿。因以指童年。《列子·汤问》:"有遗男,始龀。"按旧说男八岁、女七岁换齿。参见"齠龀❶"。

称〔稱〕(chèn)　❶适合;相副。如:称心如意;铢两悉称。**杜甫**《丽人行》:"珠压腰衱稳称身。"❷指配合齐全的一套衣服。《左传·闵公二年》:"祭服五称。"**杜预**注:"衣单复具曰称。"

称衡　犹"抗衡",不相上下。《韩非子·亡征》:"轻其适(嫡)正,庶子称衡,太子未定而主即世者,可亡也。"

称心　恰合心愿。如:称心如意。《晋书·蔡谟传》:"才不副意,略不称心。"

称意　合意;满意。《隋书·薛道衡传》:"高祖每曰:'薛道衡作文书,称我意。'"**韩愈**《与冯宿论文书》:"仆为文久,每自则(测),意中以为好,则人必以为恶矣。小称意,人亦小怪之;大称意,即人必大怪之也。"

称职　才能与职位相称。亦指对所任职务胜任愉快。《汉书·成帝纪》:"公卿称职。"**颜师古**注:"称职,克当其任也。"《隋书·赵绰传》:"时河东薛胄为大理卿,俱名平恕;然胄断狱以情,而绰守法,俱为称职。"情,实情。

疢(chèn)　通"疢"。病。**张衡**《思玄赋》:"毋绵挛以涬己兮,思百忧以自疢。"
另见 zhěn。

痻(chèn)　同"疢"。病。**曹植**《赠白马王彪》诗:"忧思成疾痻,无乃儿女仁!"

傸〔儳〕(chèn)　❶同"嚫"。❷通"衬"。衬托。**白居易**《见紫薇花忆微之》诗:"一丛暗淡将何比?浅碧笼裙傸紫巾。"参见"傸钱"。

傸钱　《南齐书·张融传》:"孝武起新安寺,傸佐多傸钱帛,融独注百钱。"按佛教谓世人布施于僧之钱曰"傸钱"。

趁〔趂〕(chèn)　❶乘便;乘机。如:趁早;趁势。**韩愈**《同李二十八员外野宿西界》诗:"自趁新年贺太平。"引申为搭乘。如:趁车;趁船。❷往;就。《元典章·刑部四》:"为饥荒缺食,将带老小,流移趁食。"❸追逐;赶。**杜甫**《题郑县亭子》诗:"巢边野雀欺群燕,花底山蜂远趁人。"❹通"称"。遂。如:趁心;趁愿。

趁墟　亦作"趁虚"。赶集。**钱易**《南部新书·辛集》:"端州已(以)南,三日一市,谓之趁虚。"**柳宗元**《柳州峒氓》诗:"青箬裹盐归峒客,绿荷包饭趁虚人。"**范成大**《豫章南浦亭泊舟》诗:"趁墟犹市井,收潦再耕桑。"

嚫〔嚫〕(chèn)　布施;供养僧尼。**隋炀帝**《与释智顗书》:"弟子一日恭嚫,犹嫌陋薄,不称宿心。"

榞〔櫬〕(chèn)　❶棺材。《左传·襄公二年》:"穆姜使择美梓,以自为榞与颂琴。"**杜预**注:"榞,棺也。"❷梧桐的别名。《尔雅·释木》:"榞,梧。"**郭璞**注:"今梧桐。"**郝懿行**义疏:"榞谓之榞。古者以桐为棺,因而桐亦名榞。"

赻〔贐〕(chèn)　❶衬钱,给僧道做法事的酬金。《水浒全传》第七十一回:"众道士各赠与金帛之物,以充赻资。"❷同"嚫"。

亂(chèn)　同"龀(齔)"。

谶〔讖〕(chèn)　预言;预兆。如:符谶。《后汉书·光武帝纪上》:"宛人李通等以图谶说光武。"参见"谶语"。

谶书　即"图谶"。

谶纬　汉代流行的迷信。"谶"是巫师或方士制作的一种隐语或预言,作为吉凶的符验或征兆,又名"符谶"、"符命",有的有图有字,名"图谶"。"纬"对"经"而言,是方士化的儒生编集起来附会儒家经典的各种著作。谶纬起源很早。据《史记》记载,秦始皇时已出现"亡秦者,胡也"等谶言。汉初京房易学、齐诗、公羊传中已有后世纬书的成分。谶纬大体以古代河图、洛书的神话传说和西汉董仲舒的天人感应说为理论根据,把自然界某些偶然现象神秘化,看作社会安危的决定原因,为封建统治说教。西汉后期盛行。王莽和光武帝就分别利用图谶或"符命"作为"改制"和"中兴"的合法根据。东汉时达到极盛。东汉章帝召集博士儒生在白虎观讨论五经同异,写成《白虎通义》,进一步把谶纬和今文经学混合在一起,使儒学神学化。东汉末期渐衰,但直至隋炀帝正式禁毁以前,仍断续流行。谶纬大部分失传。在《玉函山房辑佚书》中保留着纬书的一些片断。除去其中迷信部分,在天文、历数、地理知识等方面,也包含着某些科学史的资料。

谶语　迷信观念称将来会应验的话。**王明清**《挥麈馀话》卷二:"张步溪中有石,里人号曰团石,有谶语云:'团石圆,出状元;团石仰,出宰相。'"**洪昇**《长生殿·疑谶》:"我闻得有个术士李遐周,必定就是他了,多则是就里难言藏谶语。"

chēng

杸(chēng)　见"虚杸"。
另见 chéng。

槍〔槍〕(chēng)　见"檥槍"。
另见 qiāng。

柽〔檉〕(chēng)　❶木名。《诗·大雅·皇矣》:"其柽其椐。"**毛传**:"柽,河柳也。"《文选·张衡〈南都赋〉》:"其木则柽、松、楔、樱。"**李善**注:"柽,似柏而香。"❷古城名。一作杸,又名堑。春秋宋地。故址在今河南淮阳西北。《春秋》僖公元年(公元前659年):"公会齐侯、宋公、郑伯、曹伯、邾人于柽。"即此。

再(chēng)　并举。见《说文·冓部》。**段玉裁**注:"一手举二,故曰并举。凡手举字当作再,凡偶扬当作偶,凡铨衡当作称(稱),今字通用称。"按铨衡之称,今作"秤"。

玎(chēng)　玉相击声。**陈造**《听雨赋》:"非琴非筑,金撞而玉玎。"

玎珫　亦作"珫玎"、"玎拟"。形容玉声、水声、击更声等。**殷文圭**《玉仙道中》诗:"泉声东漱玉玎珫。"**陈造**《不寐》诗:"寒更何与衰翁事,数到玎拟杀点馀。"**袁褧**《枫窗小牍》卷上:"剑佩珫玎,交映左右。"

秤(chēng)　通"称"。用秤衡计轻重。见"秤薪而爨"。
另见 chèng。

秤薪而爨　《淮南子·泰族训》:"秤薪而爨,数米而炊,可以治小,而未可以治大也。"谓不从大处着眼,只注意细事。

称〔稱〕（chēng）❶衡量轻重。《礼记·月令》："〔季春之月〕蚕事既登，分茧称丝效功。"陈澔集说："称丝效功，以多寡为功之上下。"引申为权衡；揣度。❷叫做；号称。《三国志·魏志·武帝纪》："下邳阙宣，聚众数千人，自称天子。"亦指名号。如：简称；别称。❸说；声称。如：拍手称快。《三国志·魏志·武帝纪》："久之征还，为东郡太守，不就，称疾归乡里。"韩愈《送董邵南序》："燕赵古称多感慨悲歌之士。"❹赞许；表扬。《汉书·贾谊传》："以能诵诗书属文，称于郡中。"又《黄霸传》："天子以霸治行终长者，下诏称扬。"❺举。《书·牧誓》："称尔戈。"❻姓。汉代有称忠。

称姳 行列整齐貌。《后汉书·中山简王焉传》："今五国各官骑百人，称姳前行。"李贤注："称姳，犹齐整也。"王先谦集解引惠栋曰："姳一作促，古字通。"

称贷 称，举。告贷，举债。《孟子·滕文公上》："将终岁勤动，不得以养其父母，又称贷而益之。"

称号 ❶指赋予某人之名称。多含褒义。《后汉书·刘盆子传》："今将军拥百万之众，西向帝城，而无称号，名为群贼，不可以久。"❷指事物的称谓。《后汉书·刘珍传》："又撰《释名》三十篇，以辨万物之称号云。"

称王称霸 曹操《让县自明本志令》："设使国家无有孤，不知当几人称帝，几人称王？"汪元量《读史》诗："刘项称王称霸，关东无命无功。"后多用"称王称霸"形容专横跋扈，凭借权势，压制他人，或狂妄地以首领自居。参见"王霸"。

称引 犹援引。引证。指援引古义或古事以暗示或证实自己的主张。《汉书·淮阳宪王传》："称引周、汤，以诮惑王。"

蛏〔蟶〕（chēng） 一般指缢蛏。体细长者称竹蛏。

铛〔鐺〕（chēng）❶温器。如：酒铛；茶铛。❷铁锅的一种。底平而浅，多用于烙饼炒菜。
另见 dāng，tāng。

偁（chēng） "称扬"、"称谓"之"称"的本字。

牚（chēng）❶斜柱。《文选·王延寿〈鲁灵光殿赋〉》："枝牚杈枒而斜据。"李周翰注："枝牚，梁上交木也。"❷同"堂"。今字作"撑"。

堂（chēng） "牚（撑）"的本字。支撑。《考工记·弓人》："维角堂之。"孙诒让正义："弓隈捧曲，恐其力弱，故以角堂距之，以辅其力也。"

赪〔赬〕（chēng） 亦作"頳"。赤色。谢朓《望三湖》诗："积水照赪霞，高台望归翼。"

赪尾 赤色鱼尾。《诗·周南·汝坟》："鲂鱼赪尾，王室如燬。"毛传："赪，赤也；鱼劳则尾赤。"陈奂传疏："意以鲂鱼之劳，喻君子之劳。"后因以"赪尾"指忧劳。韦庄《和郑拾遗秋日感事》："黑头期命爵，赪（赪）尾尚忧鲂。"

綷（chēng） 同"赪"。赤色。《仪礼·士丧礼》："幎目用缁，方尺二寸，綷里。"

憆（chēng） 同"瞠"。

窺〔窺〕（chēng）❶从孔穴中正视。《说文·穴部》："窺，正视也，从穴中正见也。"❷通"赪"。赤色。见"窺尾"。

窺尾 同"赪尾"。《左传·哀公十七年》："如鱼窺尾。"杜预注："窺，赤色。"

趈（chēng） 腾跃。韩愈孟郊《城南联句》："相残雀豹趈。"
另见 tāng，tàng。

樘（chēng） 支柱。《说文·木部》："樘，柱也。"段玉裁注："樘或作牚，或作撑，皆俗字耳。"引申为支撑。
另见 táng。

撑〔撐〕（chēng）❶抵住；支持。如：撑篙；撑着下巴。方回《听航船歌》："雇载钱轻载不轻，阿郎拽牵阿奴撑。"《红楼梦》第八十三回："别说是女人当不来，就是三头六臂的男人，还撑不住呢。"❷竖起；挺起。如：撑眉努目。❸同"樘"。支柱。韩愈《城南联句》："摧抑饶孤撑。"❹装满；塞饱。迺贤《徐伯敬哀诗》："十五学篆籀，钟鼎饱撑腹。"❺张开。如：撑阳伞；撑凉篷。❻美丽；好。王实甫《西厢记》第一本第三折："比着那月殿嫦娥也不恁般撑。"今华中及西南方言谓事情办得好为办得撑。

撑肠拄肚 亦作"撑肠拄腹"。腹中饱满。比喻容受很多。卢仝《月蚀诗》："撑肠拄肚碙磊如山丘，自可饱死更不偷。"苏轼《试院煎茶》诗："不用撑肠拄腹文字五千卷，但愿一瓯常及睡足日高时。"

噌（chēng） 见"噌吰"。
另见 cēng。

噌吰 拟声词。多以形容钟声。司马相如《长门赋》："挤玉户以撼金铺兮，声噌吰而似钟音。"

饀〔饎〕（chēng） 吃得过饱，发胀。今多作"撑"。如：三碗吃完饀得慌。

頳（chēng） 同"赪（赬）"。

樘（chēng） 支柱。《玉篇·木部》："樘，同樘，柱也。"韩愈《南山诗》："孤樘有巉绝，海浴褰鹏噣。"

瞠（chēng） 瞪着眼睛直视。如：瞠目结舌。《庄子·田子方》："夫子奔逸绝尘，而回瞠若乎后矣。"回，颜回自称。

鎗（chēng） 通"铛"。温器。《南齐书·萧颖胄传》："欲铸坏大官元日上寿银酒鎗。"
另见 qiāng，qiāng 枪㊀，qiàng。

chéng

杇（chéng）❶撞出。朱骏声《说文通训定声·鼎部》："《通俗文》'撞出曰杇'，谓以此物撞彼物使出也。"❷见"杇蟷"。
另见 chēng。

杇蟷 大赤蚁。《尔雅·释虫》："蚳，杇蟷。"邢昺疏："其（蚍蜉）大而赤色斑驳者名蚳，一名杇蟷。"蟷，"蚁（蟻）"的本字。蚍蜉，蚁的一种。

成（chéng）❶完功；完成；成全。如：有志者事竟成；成人之美。❷成为；变成。《礼记·学记》："玉不琢，不成器。"❸具备。《诗·齐风·猗嗟》："仪既成兮。"❹成熟；已成。如：成年；成人；成例。《吕氏春秋·明理》："五谷萎败不成。"❺平定；讲和。《左传·桓公二年》："会于稷，以成宋乱。"又《桓公六年》："楚武王侵随，使薳章求成焉。"❻古称乐曲一终为一成。《书·益稷》："《箫韶》九成。"❼重；层。《吕氏春秋·音初》："为之九成之台。"❽整。如：成千成万；成天成夜。❾十分之一。如：八成新；九成金。❿古称地方十里为一成。《左传·哀公元年》："有田一成。"⓫定；必。《国语·吴语》："胜未可成。"⓬古国名。十六国之一。即"成汉"。⓭一作郕。春秋鲁邑。《春秋》桓公六年（公元前706年）："公会纪侯于成。"杜预注："成，鲁地，在泰山钜平县东

南。"故址约在今山东宁阳东北。❹姓。

另见 shèng。

成服 ❶旧时丧礼,大殓之后,亲属按照与死者关系的亲疏穿上不同的丧服,叫"成服"。《礼记·奔丧》:"三日成服,拜宾送宾皆如初。"❷制成衣服。《三国志·魏志·高堂隆传》:"后桑以成服。"后,皇后。

成规 前人制定的规章制度。《三国志·蜀志·蒋琬费祎传评》:"咸承诸葛之成规,因循而不革。"亦谓老规矩,老办法。如:墨守成规。

成国 旧谓大国。《左传·襄公十四年》:"成国不过半天子之军,周为六军,诸侯之大者,三军可也。"孔颖达疏:"方四百里以上为成国。"

成婚 犹结婚。婚,古作"昏"。《左传·桓公三年》:"会于嬴,成昏于齐也。"古乐府《孔雀东南飞》:"今已二十七,卿可去成婚。"亦谓结成姻亲。《三国志·魏志·张邈传》:"沛相陈珪,恐术(袁术)、布(吕布)成婚,则徐、扬合从,将为国难。"

成绩 已著成效的功绩。《书·洛诰》:"万邦咸休,惟王有成绩。"元稹《含风夕》诗:"络纬惊岁功,顾我何成绩?"今亦谓工作或学习所取得的成就。

成家 ❶犹兴家、持家。《辽史·景宗睿知皇后传》:"〔后〕北府宰相思温女,早慧,思温尝观诸女扫地,惟后洁除,喜曰:'此女必能成家。'"❷安家落户。韩愈《桃源图》诗:"初来犹自念乡邑,岁久此地还成家。"❸娶妻;成亲。《红楼梦》第九十八回:"却说宝玉成家的那一日,黛玉自日已经昏晕过去,却心头口中一丝微气不断。"❹形成一家之言。如:成名成家。

成见 犹定见,固定的主观看法。亦指偏见。如:消除成见。黄宗羲《与友人论学书》:"潘用微议论,某曾驳之于姜定庵书。或某执成见,恶其诋毁先贤。未毕其说,便逆而拒之。"

成就 ❶成功;成立。《后汉书·安帝纪》:"夙夜瞻仰日月,冀望成就。"《论衡·量知》:"人之学问如能成就,犹骨象玉石切磋磨琢也。"❷成全,造就。《汉书·苏武传》:"武父子亡(无)功德,皆为陛下所成就。"❸指事业的成绩。如:伟大成就。

成均 西周的大学。《周礼·春官》:"大司乐掌成均之法,以治建国之学政。"或谓西周前已有。《礼记

·文王世子》郑玄注引董仲舒曰:"五帝名大学曰成均。"唐高宗时,曾改国子监曰成均监,故后人亦有称国子监为成均者。

成礼 ❶犹言备礼。《左传·庄公二十二年》:"酒以成礼。"❷行礼完毕。《史记·司马穰苴列传》:"景公与诸大夫郊迎,劳师成礼,然后反归寝。"❸结婚。《聊斋志异·粉蝶》:"遂媒定之,涓吉成礼。"

成立 ❶成就。《北史·范绍传》:"令汝远就崔生,希有成立。"❷成人;成长自立。李密《陈情表》:"臣少多疾病,九岁不行,零丁孤苦,至于成立。"❸议案经会议通过,学说得到公认,事业或组织、机构创办成功,都叫"成立"。

成名 ❶《论语·子罕》:"大哉孔子,博学而无所成名。"何晏集解:"孔子博学道艺,不成一名而已。"后指因某方面有成就而为人所称道。❷旧时孩子出生后三个月,父亲给取名,叫"成名"。《周礼·地官·媒氏》:"凡男女自成名以上,皆书年月日名焉。"❸犹盛名。《荀子·非十二子》:"成名况乎诸侯,莫不愿以为臣。"说详俞樾《诸子平议》卷十二。❹既定的名称。《荀子·正名》:"后王之成名,刑名从商,爵名从周,文名从礼。"

成命 ❶犹言定命,谓既定的天命。《诗·周颂·昊天有成命》:"昊天有成命,二后受之。"郑玄笺:"有成命者,言周自后稷之生而已有王命也。"❷坚定不移的策略。《左传·宣公十二年》:"师无成命,多备何为?"也称已发布的命令或指示、决定。如:收回成命。

成全 使事情圆满无缺。《史记·范雎蔡泽列传》:"夫人之立功,岂不期于成全邪?"后亦指帮助别人达到某种愿望,或保全其名誉、事业等。《水浒传》第一回:"教头今日既到这里,一发成全了他亦好。"

成人 ❶成年。嵇康《与山巨源绝交书》:"女年十三,男年八岁,未及成人。"也指成年人。《聊斋志异·仇大娘》:"家无成人,遂任人蹂躏至此!"❷完美的人。《论语·宪问》:"子路问成人,子曰:'若臧武仲之知,公绰之不欲,卞庄子之勇,冉求之艺,文之以礼乐,亦可以为成人矣。'"

成人之美 勉励并帮助别人为善。《论语·颜渊》:"君子成人之美,不成人之恶。"朱熹注:"成者,诱掖奖

劝以成其事也。"后亦谓帮助别人实现其愿望。

成仁 成就仁德。《论语·卫灵公》:"志士仁人,无求生以害仁,有杀身以成仁。"后谓为维护正义而献出生命。

成事 ❶把事情办成。《史记·平原君虞卿列传》:"公等录录,所谓因人成事者也。"❷已成之事。《论语·八佾》:"成事不说。"

成熟 ❶果实或谷实长到可以收获的程度。秦观《代蔡州进瑞麦图状》:"今来二麦并已成熟。"❷比喻事物已经发展到能有效果的阶段。如:考虑成熟。刘岩夫《与段校理书》:"始学箕裘,迄今十六,不见成熟。"

成说 ❶犹成约、成议。《诗·邶风·击鼓》:"死生契阔,与子成说。"马瑞辰通释:"盖谓预有成计,犹言有成约也。"❷已定的学说、著述。《元史·牟应龙传》:"于诸经皆有成说。"

成俗 ❶已成的习惯或风气。《荀子·正名》:"散名之加于万物者,则从诸夏之成俗。"王先谦集解:"成俗,旧俗方言也。"❷形成一种风俗。《礼记·学记》:"君子如欲化民成俗,其必由学乎!"

成算 已定的计划。邵雍《龙门道中作》诗:"卷舒在我有成算,用舍随时无定名。"

成童 年龄较大的儿童。说法不一。《礼记·内则》:"成童,舞象,学射御。"郑玄注:"成童,十五以上。"《后汉书·李固传》:"固弟子汝南郭亮,年始成童,游学洛阳。"李贤注:"成童,年十五也。"《穀梁传·昭公十九年》:"羁贯成童,不就师傅,父之罪也。"范宁注:"成童,八岁以上。"

成效 收到效果;功效。李谦《中书左丞张公神道碑》:"今民生困敝,莫邪为甚,救焚拯溺,宜不可缓,盍择人往治,要其成效。"

成心 ❶成见;偏见。《庄子·齐物论》:"夫随其成心而师之,谁独且无师乎?"成玄英疏:"夫域情滞著,执一家之偏见者,谓之成心。"❷存心;故意。如:成心气人。

成言 ❶订立盟约。《左传·襄公二十七年》:"壬戌,楚公子黑肱先至,成言于晋。"亦谓成议、成约。《聊斋志异·寄生》:"前与张公业有成言,延数日而遽悔之。"❷形成完整见解。杜预《春秋左氏传序》:"《春

秋》虽以一字为褒贬，然皆须数句以成言。"

成议 犹成约、定议。阮瑀《代曹公与孙权书》："遂赍见薄之决计，秉翻然之成议。"

成语 熟语的一种。习用的固定词组。在汉语中多数由四个字组成。组织多样，来源不一。所指максимум为确定的转义，有些可从字面理解，如"万紫千红"、"乘风破浪"；有些要知来源才能懂，如"患得患失"出于《论语·阳货》，"守株待兔"出于《韩非子·五蠹》。

成竹 苏轼《文与可画筼筜谷偃竹记》："故画竹，必先得成竹于胸中。"后以比喻处理事情前已有成算、计划。如：成竹在胸。参见"胸有成竹"。

丞（chéng）❶官名。多作为佐官之称。汉代中央各官署如卫尉、太仆等本身有丞以外，所属各署皆有令有丞，如卫尉所属有公车司马令及丞等。县令之下亦有丞。唐宋尚书省仆射之下有左右丞。清末内阁及各部长官之下亦设左右丞。又清代公牍中简称各府同知为丞，通判为倅。❷通"承"。秉受。《史记·酷吏列传》："于是丞上指。"今本或作"承"。
另见 zhěng。

抍〔拯〕（chéng）接触；碰撞。谢惠连《祭古冢文序》："以物抍拨之，应手灰灭。"杜甫《四松》诗："终然抍拨损，得愧千叶黄。"

抢〔摚〕（chéng）见"抢攘"。
另见 qiāng, qiǎng。

抢攘 纷乱貌。《汉书·贾谊传》："国制抢攘，非甚有纪。"

呈（chéng）❶呈现；显露。《梁书·王筠传》："此诗指物呈形，无假题署。"朱熹《悬崖水》诗："秋天林薄疏，翠壁星清晓。"❷呈送。《北史·宗懔传》："使制龙川庙碑，一夜便就，诘朝呈上。"❸旧时一种公文，下对上用。❹通"程"。限量；标准。《史记·秦始皇本纪》："衡石量书，日夜有呈。"❺姓。

呈露 露出；显现。曹植《洛神赋》："延颈秀项，皓质呈露。"朱熹《登面山亭》诗："烟鬟稍呈露，众岭方含郁。"

呈头 见"行头（hángtóu）❷"。

呈政 亦作"呈正"。把自己的作品送请别人批评指正的敬词。

柀〔棖〕（chéng）❶古时门两旁所竖的长木柱，以防车过触门。《尔雅·释宫》："柀，谓之楔。"邢昺疏引李巡曰："柀，谓楣上两旁木。"也指门。韩愈孟郊《城南联句》："呇从拂天柀。"孙汝听注："天柀，天门也。"❷木棒。《晋书·周访传》："弢（杜弢）作桔槔打官军船舰，访作长岐柀以距之。"❸触动。《文选·谢惠连〈祭古冢文〉》："以物柀拨之。"李善注："南人以物触物为柀。"

柀柀 象声。李贺《秦王饮酒》诗："龙头泻酒邀酒星，金槽琵琶夜柀柀。"

柀触 ❶触拨。陆龟蒙《蠹化》："橘之蠹大如小指……人或柀触之，辄奋角而怒。"❷感触。李商隐《戏题枢言草阁》诗："君时卧柀触，劝客白玉杯。"

郕（chéng）❶古国名。亦作"成"。姬姓，始封之君为周文王子叔武。故址在今山东宁阳北，《春秋》隐公五年（公元前 718 年）"卫师入郕"，即此。❷古邑名。鲁孟氏邑，在今山东泗水北。公元前 408 年齐宣公取鲁郕邑，即此。当鲁之北境与齐接壤处。

诚〔誠〕（chéng）❶真心实意。如：开诚布公。《后汉书·马援传》："开心见诚，无所隐伏。"❷真是；的确。《三国志·蜀志·诸葛亮传》："今天下三分，益州疲弊，此诚危急存亡之秋也。"❸果真；如果。《史记·张耳陈余列传》："诚听臣之计，可不攻而降城。"❹中国古代哲学术语。《中庸》认为"诚"这一精神实体起着化生万物的作用："诚者，自成也，而道自道也。诚者，物之终始，不诚无物。"唐李翱将"诚"视为"圣人之性"，是至静至灵寂然不动的"心"（精神）。北宋周敦颐用以为至高无上的宇宙本体："诚者，圣人之本。大哉乾元，万物资始，诚之源也。"（《通书》）明清之际王夫之提出"诚，以言其实有尔"（《张子正蒙注·天道篇》），"诚者，天之道也，阴阳有实之谓诚"（《太和篇》），用以指客观的"实有"，并作为宇宙的一般规律。❺姓。

诚惶诚恐 惶惧不安。封建时代奏章中的套语。韩愈《潮州刺史谢上表》："臣某诚惶诚恐，顿首顿首。"

诚实 ❶言行与内心一致，不虚假。《旧唐书·韩思复传》："持此诚实，以答休咎。"❷确实。《后汉书·郭太传》："贾子厚诚实凶德，然洗心向善。"

诚壹 心志专一。《史记·货殖列传》："卖浆，小业也，而张氏千万；洒削，薄技也，而郅氏鼎食……此皆诚壹之所致。"洒削，洒水磨刀。

承（chéng）❶奉；顺承。《左传·襄公二十五年》："承饮而进献。"《诗·大雅·抑》："万民靡不承。"❷蒙受；接受。一般用作谦词。如：承情；承教。❸承担。谢灵运《谢封康乐侯表》："岂臣菲弱，所当忝承？"❹继承；继续。《后汉书·儒林传赞》："斯文未陵，亦各有承。"张华《杂诗》："暑夜随天运，四时互相承。"❺先后的次序。《左传·昭公十三年》："及盟，子产争承。"杜预注："承，贡赋之次。"孔颖达疏："言所出贡赋多少之次，当承何国之下。"❻制止；抵御。《诗·鲁颂·閟宫》："则莫我敢承！"❼通"丞"。辅佐。《左传·哀公十八年》："使帅师而行，请承。"❽通"惩"。《左传·哀公四年》："诸大夫恐其又迁之也，承。"❾姓。春秋时有承盆。
另见 zhěng。

承尘 ❶室内床上的帐幕。《释名·释床帐》："承尘，施于上，以承尘土也。"❷即藻井，天花板。《后汉书·雷义传》："默投金于承尘上，后葺理屋宇，乃得金。"

承当 担当；承担。《朱子全书·性理》："既有天命，须是有此气，方能承当得此理，若无此气，则此理如何顿放？"

承乏 旧时在任官吏常用的谦辞。谓职位一时无适当人选，暂由己充数。《左传·成公二年》："摄官承乏。"

承欢 迎合他人的意思以博取欢心。《楚辞·九章·哀郢》："外承欢之汋约兮，谌荏弱而难持。"王逸注："言佞人承君欢颜，好其谄言，令之汋约然。"白居易《长恨歌》："承欢侍宴无闲暇。"后多用以指侍奉父母。如：承欢膝下。

承继 本人无子，以兄弟之子为子，或以子出嗣兄弟之无子者叫"承继"。《晋书·贺循传》："殷之盘庚，不序阳甲，汉之光武，不继成帝，别立庙寝，使臣下祭之；此前代之明典，而承继之著义也。"《二十年目睹之怪现状》第十六回："伯母道：'我因为没有孩子，要想把你叔叔那个小的承继过来。'"

承揽 ❶承担；接受。《京本通俗小说·碾玉观音》："便将崔宁到宅里，相见官人承揽了玉作生活。"❷法

律名词。当事人一方（承揽人）为他方（定做人）完成一定工作，他方按约定接受工作成果并支付酬金的民事法律行为。由此达成的协议称为承揽合同。我国经济合同法对加工承揽合同有专门的规定。

承霤 檐下接水的长槽。古以木或铜制成。《礼记·檀弓上》"池视重霤"郑玄注："承霤，以木为之，用行水。"

承露盘 汉武帝好神仙，作承露盘以承甘露，以为服食之可以延年。《汉书·郊祀志上》："其后又作柏梁、铜柱、承露、仙人掌之属矣。"颜师古注引《三辅故事》："建章宫承露盘，高二十丈，大七围，以铜为之，上有仙人掌承露，和玉屑饮之。"

承祧 祧，远祖的庙。谓承继先代奉祀祖庙。沈约《立太子诏》："立储树嫡，守器承祧。"旧称嗣子为承祧子。

承望 指望；料到。武汉臣《玉壶春》第二折："再要相逢莫承望。"《西厢记》第四本第二折："我则道神针法灸，谁承望燕侣莺俦。"

承颜 ❶顺承尊长的颜色，谓侍奉尊长。《晋书·孝友传序》："柔色承颜，怡怡尽乐。"❷承接颜色。犹识面。《汉书·隽不疑传》："窃伏海濒，闻暴公子（暴胜之）威名旧矣，今乃承颜接辞。"

城 (chéng)
❶旧时在都邑四周用作防御的墙垣。一般有两重：里面的称城，外面的称郭。《管子·度地》："内为之城，城外为之郭。"❷城市。《史记·吴起列传》："魏文侯以为将，击秦，拔五城。"❸修筑城墙。《诗·小雅·出车》："城彼朔方。"❹唐边戍名。参见"守捉"。

城北徐公 《国策·齐策一》："城北徐公，齐国之美丽者也。"后用作美男子的代称。

城池 城谓城垣，池谓城河。旧时都邑四围有城垣及护城河，以资防守，因有城池之称。《汉书·王莽传赞》："城池不守，支体分裂，遂令天下城邑为虚。"

城旦 秦汉时的一种刑罚。强制筑城。《史记·秦始皇本纪》："令下三十日不烧，黥为城旦。"裴骃集解引如淳曰："《律说》：'论决为髡钳，输边筑长城，昼日伺寇虏，夜暮筑长城。'城旦，四岁刑。"参见"城旦春"。

城旦春 秦汉时强制男犯筑城女犯春米的刑罚。《汉书·惠帝纪》应劭注："城旦者，旦起行治城"；"春者，妇人不豫外徭，但春作米"。与其他刑罚结合施用，如黥城旦春、髡钳城旦春等。东汉时城旦不止筑城一事。晋以后无所闻。北周将强制犯人服劳役的刑罚定名为徒，并列作五刑之一。

城狐社鼠 比喻依势为奸的人。《晋书·谢鲲传》："〔王敦〕谓鲲曰：'刘隗奸邪，将危社稷，吾欲除君侧之恶，匡主济时，何如？'对曰：'隗诚始祸，然城狐社鼠也。'"按谓欲除狐鼠，恐坏城社，喻刘隗在君侧不可去。亦作"社鼠城狐"。《长生殿·疑谶》："不堤（提）防柙虎樊熊，任纵横社鼠城狐。"

城门失火，殃及池鱼 谓无端受连累。杜弼《檄梁文》："但恐楚国亡猿，祸延林木；城门失火，殃及池鱼。"《太平广记》卷四百六十六引《风俗通》："旧说池仲鱼，人姓字也，居宋城门，城门失火，延及其家，仲鱼烧死。又云：宋城门失火，人汲水池中水，以沃灌之，池中空竭，鱼悉露死。喻恶之滋，并伤良谨也。"周煇《清波杂志》卷下："张无尽尝作一表云：'鲁酒薄而邯郸围，城门火而池鱼祸。'上句出《庄子》，下句不知所出，以意推之，当是城门失火，以池水救之，池竭而鱼死也。"

城辇 京城。旧称帝王所居为辇下。谢庄《黄门侍郎刘琨之诔》："过建春兮背阊庭，历承明兮去城辇。"

城阙 城门两边的楼观。《诗·郑风·子衿》："挑兮达兮，在城阙兮。"引申为京城，宫阙。白居易《长恨歌》："九重城阙烟尘生。"

城下之盟 因敌军兵临城下受胁迫而订的盟约。《左传·桓公十二年》："楚伐绞……大败之，为城下之盟而还。"

宬 (chéng)
❶容受。《说文·宀部》："宬，屋所容受也。"❷藏书室。专藏帝王手笔、实录、秘典等的地方。明代有皇史宬。

埕 (chéng)
❶酒瓮。高文秀《谇范叔》第二折："我几吃那开埕十里香？"❷福建、广东滨海培育蛏类之田。

乘 〔乘、椉〕(chéng)
❶坐；驾。如：乘车；乘船。《易·系辞下》："服牛乘马。"《楚辞·九歌·山鬼》："乘赤豹兮从文狸。"❷升；登。《诗·豳风·七月》："亟其乘屋。"❸穿；著。王维《春园即事》诗："宿雨乘轻屐，春寒著弊袍。"❹趁；因。如：

乘机；乘势。贾谊《过秦论上》："因利乘便。"❺欺凌。《国语·周语中》："乘人，不义。"韦昭注："乘，陵也。"❻追逐。《汉书·陈汤传》："吏士喜，大呼乘之。"❼战胜。《吕氏春秋·权勋》："天下兵乘之。"高诱注："乘，犹胜也。"❽防守。《史记·高祖本纪》："兴关内卒乘塞。"❾计算。《周礼·天官·宰夫》："乘其财用之出入。"❿运算方法之一。⓫佛教的教派或教法。如：大乘；小乘。⓬姓。汉代有乘昌。

另见 shèng。

乘槎 神话谓乘木排上天。《博物志》卷三："天河与海通，近世有人居海渚者……乘槎而去。"李商隐《海客》诗："海客乘槎上紫氛，星娥罢织一相闻。"也比喻入朝做官。杜甫《奉赠萧二十使君》诗："起草鸣先路，乘槎动要津。"参见"星槎"。

乘车戴笠 古歌谣《越谣歌》："君乘车，我戴笠，他日相逢下车揖；君担簦，我跨马，他日相逢为君下。"后用以比喻友谊深厚，不因贫富贵贱而有所改变。元稹《酬东川李相公十六韵并启》："昔楚人始交，必有乘车戴笠，不忘相揖之誓。"

乘风 凭着风力。张孝祥《水调歌头·和庞佑父》词："我欲乘风去，击楫誓中流。"参见"乘风破浪"。

乘风破浪 《宋书·宗悫传》："悫年少时，炳问其所志，悫曰：'愿乘长风，破万里浪。'"炳，悫的叔父。后用以比喻志向远大，不怕困难，奋勇前进。《宋史·张顺传》："乘风破浪，径犯重围。"亦作"长风破浪"。

乘化 顺应自然变化。陶潜《归去来辞》："聊乘化以归尽。"陈子昂《感遇》诗："宵然遗天地，乘化入无穷。"

乘黄 古代传说中的神马。《管子·小匡》："地出乘黄。"尹知章注："乘黄，神马也。"亦指神话中异兽名。《山海经·海外西经》："白民之国……有乘黄，其状如狐，其背上有角，乘之寿二千岁。"

乘坚策肥 乘坚车，策肥马，谓生活奢华。《汉书·食货志上》："乘坚策肥，履丝曳缟。"亦作"乘坚驱良"。良，良马。《后汉书·和熹邓皇后纪》："温衣美饭，乘坚驱良。"

乘间 伺隙；趁机会。《三国志·魏志·陈留王传》："乘间作祸。"《三国演义》第四回："近日操（曹操）屈身以事卓（董卓）者，实欲乘间图之耳。"

乘人之危 谓趁人遭遇危难时加

以要挟或打击。《后汉书·盖勋传》："谋杀良，非忠也；乘人之危，非仁也。"

乘兴　趁一时高兴；兴会所至。《晋书·王徽之传》："尝居山阴，夜雪初霁，月色清朗，四望皓然……忽忆戴逵，逵时在剡，便夜乘小舟诣之，经宿方至，造门不前而返。人问其故，徽之曰：'本乘兴而来，兴尽而返，何必见安道耶？'"

乘舆　坐车子。《吕氏春秋·不屈》："惠子易衣变冠，乘舆而走，几不出乎魏境。"

珵（chéng）　美玉。《离骚》："览察草木其犹未得兮，岂珵美之能当？"王逸注："珵，美玉也。"《相玉书》言，珵大六寸，其耀自照。

盛（chéng）　❶以器受物。如：盛饭。《汉书·东方朔传》："壶者，所以盛也。"引申为受物之器。《礼记·丧大记》："食粥于盛。"郑玄注："盛，谓今时杯杆也。"《左传·哀公十三年》："旨酒一盛兮，余与褐之父睨之。"杜预注："一盛，一器也。"❷盛在祭器中的黍稷。见"粢盛"。

另见 shèng。

赪〔赬〕（chéng）　同"成❾"。十分之一。如：二八赪分账。

铖〔鋮〕（chéng）　明代有阮大铖。

䏴（chéng）　肉之精美者。《文选·枚乘〈七发〉》："饮食则温淳甘膬，䏴醲肥厚。"李善注："䏴，肥肉也。"吕延济注："䏴，肉之精。"

程（chéng）　❶古度量名。十发（髮）为程，十程为分，十分为寸。见《说文·禾部》。又为容量。《礼记·月令》："按度程。"郑玄注："程谓器所容也。"❷度量总名。《荀子·致仕》："程者，物之准也。"杨倞注："程者，度量之总名也。"❸计量；考核。如：计日程功。《商君书·战法》："兵起而程敌。政不若者勿与战，食不若者勿与久。"《汉书·东方朔传》："程其能否。"❹法式；规章。如：程式；规程；章程。《韩非子·难一》："赏罚使天下必行之，令曰：'中程者赏，弗中程者诛。'"❺效法。《诗·小雅·小旻》："匪先民是程。"❻呈现。《文选·陆机〈文赋〉》："辞程才以效伎。"李善注："众辞俱凑，若程才效伎，取舍由意。"❼进度；期限。如：程度；程序；日程；课程。❽道里；路途。如：路程；途程；旅程；历程。白居易《同李十一醉忆元九》诗："计程今日到凉州。"❾虫名。《庄子·至乐》："久竹生青宁，青宁生程。"青宁，竹根虫。一说鲁名。《列子·天瑞》："青宁生程"殷敬顺释文："《尸子》云：'程，中国谓之豹，越人谓之貘。'"❿古邑名。一作郢。亦称毕郢。周文王曾迁居于此。在今陕西咸阳市东。西汉置安陵县。⓫姓。

程度　❶知识、能力的水平。如：文化程度。韩愈《答崔立之书》："乃复自疑，以为所试与得之者不同其程度。"也指事物发展所达到的地步。❷法度；程限。《明史·张本传》："善摘奸，命督北河运。躬自相视，立程度，舟行得无滞。"

程门立雪　《宋史·杨时传》："见程颐于洛，时盖年四十矣。一日见颐，颐偶瞑坐，时与游酢侍立不去。颐既觉，则门外雪深一尺矣。"杨时，字中立，隐于龟山，世称龟山先生，卒谥文靖。谢应芳《杨龟山祠》诗："卓彼文靖公，早立程门雪。"后来用为尊师重道的故实。

程文　科举考试时作为示范的文章。《金史·选举志》："承安五年，诏考试词赋，官各作程文一道，示为举人之式。"明代刊刻之试录，也称程文。

惩〔懲〕（chéng）　❶戒止。如：惩前毖后。《易·损》："君子以惩忿窒欲。"❷惩罚；惩戒。《诗·鲁颂·閟宫》："戎狄是膺，荆舒是惩。"《左传·宣公十二年》："于是乎有京观以惩淫慝。"❸苦于。《列子·汤问》："惩山北之塞，出入之迂也。"

惩创　惩戒；警戒。韩愈《岳阳楼》诗："生还真可喜，克己自惩创。"

惩忿窒欲　克制忿怒，抑止嗜欲。《易·损》："损，君子以惩忿窒欲。"孔颖达疏："惩者，息其既往；窒者，闭其将来。忿、欲皆有往来，惩、窒互文而相足也。"

惩羹吹齑　齑，同"韲"，细切的冷食肉菜。人被热羹烫过，心怀戒惧，吃齑时也要吹一下。比喻遇事小心过甚。《楚辞·九章·惜诵》："惩于羹者而吹齑兮，何不变此志也？"陆游《秋兴》诗："惩羹吹齑岂其非，亡羊补牢理所宜。"

惩戒　惩治过错，警戒将来。也指引以为戒，即以过去的失败作为教训。《汉书·诸侯王表序》："汉兴之初，海内初定，同姓寡少，惩戒亡秦孤立之败，于是剖裂疆土，立二等之

爵。"

惩前毖后　以前事作为惩戒，使以后可以谨慎，不致重犯。语出《诗·周颂·小毖》"予其惩而毖后患"。毛传："毖，慎也。"张居正《答河道吴自湖计河漕》："顷丹阳浅阻，当事诸公毕智竭力，仅克有济，惩前毖后，预为先事之图可也。"

惩前毖后，治病救人　中国共产党在延安整风运动中提出的对待犯错误同志的正确方针。实行这一方针，才能达到既要弄清思想，又要团结同志的目的。"惩前毖后"，就是对以前的错误一定要揭发，不讲情面；要以科学的态度分析批判过去的坏东西，以便使后来的工作慎重些，做得好些。"治病救人"，就是揭发错误、批判缺点的目的，好像医生治病一样，完全是为了救人，而不是为了把人整死。

惩劝　惩恶劝善。《左传·成公十四年》："惩恶而劝善。"杜预注："善名必书，恶名不灭，所以为惩劝。"

惩一警百　警，亦作"儆"。犹"以一警百"。《官场现形记》第五十六回："兄弟今天定要惩一儆百，让众人当面看看，好叫他们有个怕惧。"

惩艾　艾，亦作"乂"、"刈"。惩戒；惩治。《楚辞·九叹·远游》："悲余性之不可改兮，屡惩艾而不移。"《后汉书·窦融传》："其后匈奴惩乂，稀复侵寇。"《晋书·地理志上》："始皇初并天下，惩艾战国，削罢列侯。"

裎（chéng）　❶脱衣露体。见"祖裼裸裎"。❷系玉佩的带子。《方言》第四："佩纷谓之裎。"郭璞注："所以系玉佩带也。"

另见 chěng。

骋〔騁〕（chéng）　马停步。见《玉篇·马部》。

塍〔塖〕（chéng）　田畦；田间的界路。班固《西都赋》："沟塍刻镂。"袁桷《赋水车》诗："昂昂长身卧塍岸，卷地翻涛敌骄暑。"

骍〔騂〕（chéng）　阉马。《说文·马部》："骍，犗马也。"朱骏声通训定声："牛曰犍，曰犗，马曰骍，皆去势之谓也。"王筠句读："今谓之骗。"

醒（chéng）　酒醒后所感觉的困惫如病状态。《诗·小雅·节南山》："忧心如醒。"毛传："病酒曰醒。"孔颖达疏："言既醉得觉，而以酒为病，故云病酒也。"《世说新语·任诞》："天生刘伶，以酒为名，一

饮一斛,五斗解醒。"

瞠（chéng）同"胜"。

橙（chéng）同"抔"。接触。韩愈《石鼎联句》:"不为手所橙。"

另见 zhěng。

徵（chéng）通"惩（懲）"。惩戒。《荀子·正论》:"凡刑人之本,禁暴恶恶,且徵其未也。"杨倞注:"徵,读为惩;未,谓将来。"

另见 zhěng,zhēng 征㊀,zhǐ。

澂（chéng）澂江,旧县名。在云南省中部。1913 年由河阳县改称。1955 年改为澄江县。

另见 chéng 澄。

澄〔澂〕（chéng）水清澈不流动。《淮南子·说山训》:"人莫鉴于沫雨,而鉴于澄水者,以其休止不荡也。"引申作安宁、安定。《后汉书·光武帝纪赞》:"三河未澄,四关重扰。"

另见 dèng。

澄澈 水清见底;清澈。王献之《镜湖帖》:"镜湖澄澈,清流泻注。"

澄清 ❶明净,清澈。苏轼《过海》诗:"天容海色本澄清。"❷比喻变混乱为治平。《后汉书·范滂传》:"滂登车揽辔,慨然有澄清天下之志。"❸比喻搞清楚。如:澄清事实。

憕（chéng）平。见《说文·心部》。按谓心平。

橙（chéng,又读 chén）果木名。即"甜橙"。

另见 dèng。

chěng

逞（chěng）❶快心;称愿。《左传·成公十六年》:"若逞吾愿,诸侯皆叛,晋可以逞。"❷施展。《韩非子·说林下》:"惠子曰:'置猿于柙中,则与豚同。'故势不便,非所以逞能也。"❸炫耀;卖弄。如:逞强。❹肆行;放任。苏轼《滟滪堆赋》:"其意骄逞而不可摧。"

骋〔騁〕（chěng）❶纵马奔驰。《左传·定公八年》:"林楚怒焉,及衢而骋。"❷放任。《庄子·天地》:"时骋而要其宿。"郭象注:"皆恣而任之,会其所极而已。"❸恣意发挥。班固《答宾戏》:"亡命漂说,羁旅骋辞。"

骋怀 开畅胸怀。王羲之《兰亭集序》:"所以游目骋怀,足以极视听

之娱,信可乐也。"

骋目 纵目展望。沈约《郊居赋》:"临异维而骋目。"异维,东南方。

骋望 ❶极目远望。马融《广成颂》:"骋望千里,天与地莽。"❷驰骋游览。《后汉书·循吏传序》:"废骋望弋猎之事。"

裎（chéng）对襟单衣。《方言》第四:"〔禅（单）衣〕无裛者谓之裎衣。"钱绎笺疏:"裎即今之对襟（襟）衣,无右外裣者也。"

另见 chéng。

chèng

秤（chèng）测定物体重量的器具。如:市秤;戥秤。《魏书·张普惠传》:"令依今官度官秤,计其斤两广长,折给请俸之人。"亦用作量词,十五斤为一秤。《小尔雅·广衡》:"斤十谓之衡,衡有半谓之秤。"

另见 chēng。

称〔稱〕（chèng）同"秤"。

凔（chèng）冷。《世说新语·排调》:"时盛暑之日,丞相以腹熨弹棋局,曰:'何乃凔!'"刘峻注:"吴人以冷为凔。"

另见 hōng。

chī

吃㊀〔喫〕（chī）❶把食物放到嘴里经咀嚼咽下。也包括喝、吸。如:吃饭;吃茶;吃烟。引申指依靠某种事物生活。如:吃遗产;靠山吃山,靠水吃水。❷感受。如:吃惊;吃苦。❸承受。如:吃罪;周紫芝《洞仙歌》词:"纵留得梨花做寒食,怎吃他朝来这般风雨!"❹用;费。如:吃力;吃劲。❺表示被动。关汉卿《金线池》第二折:"那一日吃你家妈妈赶逼我不过,只得忍了一口气,走出你家门。"❻下棋用语,即取消对方之子。借喻为消灭敌兵。如:吃掉敌人一个团。

㊁（chī,旧读 jí）语言塞涩不流畅。如:口吃。也指行步塞滞不迅速。孟郊《冬日》诗:"冻马四蹄吃。"参见"吃吃❷"。

㊂（chī,旧读 qī）见"吃吃❶"。

吃吃 ❶笑声。《飞燕外传》:"笑吃吃不绝。"❷形容口吃或有话说不出口。《聊斋志异·瞳人语》:"士人

忸怩,吃吃而言曰:'此长男妇也。'"

吃紧 ❶切实;仔细。《朱子全书·治道二》:"其情伪难通,或无佐证,各执两说,系人性命处,须吃紧思量。"❷当真;实在。白朴《梧桐雨》第三折:"吃紧的军随印转,将令威严。"❸要紧。朱熹《答诸葛诚书》:"然吾人所学吃紧着力处,正在天理人欲二者相去之间耳。"引申为严重、紧张。如:形势吃紧。

吃一堑长一智 堑,陷坑;比喻挫折。谓遭到一次挫折,接受一次教训,就能增长一分才智。

诙〔諕〕（chī）不知。《方言》第十:"沅、澧之间,凡相问而不知,答曰诙。"

另见 lài。

哧（chī）见"噗哧"。

脭（chī）鸟类的胃。一说,五脏总名。见《说文·肉部》。

鸱〔鴟〕（chī）❶即"鹞鹰"。《庄子·秋水》:"鸱得腐鼠。"参见"鹞（yào）"。❷即"鸱鸮"。❸盛酒器。"鸱夷"的略称。苏轼《和赠羊长史》诗:"不持两鸱酒,肯借一车书。"

鸱视 ❶用贪狠的目光逼视,如鸱之视物,欲有所攫取。《晋书·刘聪载记》:"石勒鸱视赵魏,曹嶷狼顾东齐。"❷古代的一种养生术。《淮南子·精神训》:"是故真人之所游,若吹呴呼吸,吐故内（纳）新……鸱视虎顾,是养形之人也。"

鸱尾 本作"蚩尾",即"鸱吻"。《北史·高道穆传》:"〔李世哲〕多有非法,逼买人宅,广兴屋宇,皆置鸱尾。"

鸱吻 中国古建筑屋脊上的一种装饰。《旧唐书·玄宗纪上》:"开元十四年六月戊午,大风,拔木发屋,毁端门鸱吻。"吴处厚《青箱杂记》:"海有鱼,虬尾似鸱,用以喷浪则降雨。汉柏梁台灾,越巫上厌胜之法。起建章宫,设鸱鱼之像于屋脊,以厌火灾,即今世鸱吻是也。"参见"鸱尾"。

鸱鸮 ❶鸟名。《诗·豳风·鸱鸮》:"鸱鸮鸱鸮,既取我子,无毁我室。"陆玑《毛诗草木鸟兽虫鱼疏》:"鸱鸮,似黄雀而小,其喙尖如锥,取茅莠为巢,以麻纻之,如刺袜然,县（悬）著树枝。"一说,像猫头鹰一类的鸟。

鸱夷 亦作"鸱鹉"。皮制的口袋。《国语·吴语》:"王愠曰:'孤不使大夫得有见也。'乃使取申胥之尸,

盛以鸱鵋，而投之于江。"韦昭注："鸱鵋，革囊。"亦用以盛酒。《汉书·陈遵传》："鸱夷滑稽，腹如大壶，尽日盛酒，人复借酤。"颜师古注："鸱夷，韦囊，以盛酒。"

鸱张　嚣张、凶暴，像鸱鸟张翼。《三国志·吴志·孙坚传》："卓不怖罪而鸱张大语。"卓，董卓。

离（chī）"螭"的古字。《广雅·释天》："山神谓之离。"
另见 lí、lǐ。

蚩（chī）❶虫名，即毛虫。❷痴貌。《后汉书·刘盆子传》："儿大黠，宗室无蚩者。"李贤注引《释名》曰："蚩，痴也。"❸通"媸"。丑陋。陆机《文赋》："妍蚩好恶，可得而言。"❹通"嗤"。讪笑；嘲笑。阮籍《咏怀》："嗷嗷今自蚩。"❺欺侮。《文选·张衡〈西京赋〉》："鬻良杂苦，蚩眩边鄙。"李善注："《苍颉篇》曰：蚩，侮也。"

蚩蚩　❶敦厚貌。《诗·卫风·氓》："氓之蚩蚩，抱布贸丝。"❷纷扰貌；忙乱貌。《法言·重黎》："六国蚩蚩，为嬴弱姬。"刘峻《广绝交论》："天下蚩蚩，鸟惊雷骇。"

绤〔綌〕（chī）❶细葛布。《诗·周南·葛覃》："为绤为绤。"毛传："精曰绤，粗曰绤。"❷古邑名。春秋周地。在今河南沁阳市西南。《左传》隐公十一年（公元前712年）周桓王以苏忿生之田与郑，其中有绤。

眵（chī）眼里分泌的粘质，俗称眼屎。韩愈《短灯檠歌》："夜书细字缀语言，两目眵昏头雪白。"

笞（chī）❶鞭打；杖击。《史记·曹相国世家》："参怒，而笞窋二百。"窋，曹参子。❷中国古代用小荆条或小竹板打犯人的臀、腿或背的刑罚。秦时已有，隋代定为五刑中最轻的一等，沿用至清代。《唐律疏议·名例》："笞者，击也。又训为耻。言人有小愆，法须惩戒，故加捶挞以耻之。"是适用于轻罪犯人的刑罚，并限于责打臀、腿部位。

瓻（chī）古时盛酒的用具。《广韵·六脂》："瓻，酒器，大者一石，小者五斗，古之借书盛酒瓶。"因古人向人借书，以瓻盛酒为酬。邵博《闻见后录》卷二十七载古语有"借书一瓻，还书一瓻"。按此字即"鸱夷"的合音。古用皮革制，后为瓦器，因造此字。参见"鸱夷"、"鸱❸"。

摛　⊖（chī）传播；铺叙。梁简文帝《神山寺碑》："此亦仙岫，英名远摛。"王禹偁《谪居感事》诗："赓歌才不称，掌诰笔难摛。"
⊜〔攡〕（chī，又读 lí）舒张。《太玄·玄摛》："玄者，幽摛万类而不见形也。"范望注："摛，张也；万类，万物之类也。言玄幽冥深远，故张舒万物之类，然而不见其形者也。"

摛翰　犹言舒笔。谓执笔作文。郭璞《〈尔雅〉序》："诚九流之津涉，六艺之钤键，学览者之潭奥，摛翰者之华苑也。"《南齐书·丘巨源传》："摛翰振藻，非为乏人。"

摛藻　铺张词藻。班固《答宾戏》："驰辩如涛波，摛藻如春华。"

齝〔齝〕（chī）牛反刍。《尔雅·释兽》："牛曰齝。"郭璞注："食之已久，复出嚼之。"按今动物学谓之反刍。

嗤（chī）讥笑。如：嗤之以鼻。《后汉书·樊宏传》："尝欲作器物，先种梓漆，时人嗤之。"

嗤鄙　讥笑鄙视。《颜氏家训·文章》："齐世有席毗之士，清干之士，官至行台尚书，嗤鄙文学。"

痴〔癡〕（chī）❶无知；傻。如：痴呆。杜甫《乾元中寓居同谷县作歌》："有妹有妹在钟离，良人早殁诸孤痴。"❷疯癫。如：发痴；痴癫。❸入迷。如：如醉如痴。

痴人说梦　惠洪《冷斋夜话》卷九："僧伽龙朔中游江淮间，其迹甚异。有问之曰：'汝何姓？'答曰：'姓何。'又问：'何国人？'答曰：'何国人。'唐李邕作碑，不晓其言，乃书传曰：'大师姓何，何国人。'此正所谓对痴人说梦耳。"本谓对痴人说梦话而痴人信以为真。后谓愚昧的人说妄诞的话。《封神演义》第五十三回："你这篇言词，真如痴人说梦。"

媸（chī）相貌丑陋。见"妍蚩"。

歖（chī）同"嗤"。

瞝（chī）历观。《史记·屈原贾生列传》："瞝九州而相君兮。"司马贞索隐："瞝，谓历观也。"《汉书》作"历九州"。

螭（chī）❶古代传说中一种动物，蛟龙之属，头上无角。《说文·虫部》："螭，若龙而黄。"《楚辞·九歌·河伯》："驾两龙兮骖螭。"❷通"魑"。见"螭魅"。

螭魅　亦作"魑魅"。传说中的山林精怪。《左传·文公十八年》："投诸四裔，以御螭魅。"杜预注："螭魅，山林异气所生，为人害者。"又《宣公三年》："螭魅罔两，莫能逢之。"注："螭，山神，兽形；魅，怪物。"

螭头　古代彝器、碑额、殿柱、殿阶及印章等之上所刻的螭形花饰。《旧唐书·郑朗传》："朗执笔螭头下。"韩愈《奉和库部卢曹长元日朝回》诗："金炉香动螭头暗，玉佩声来雉尾高。"亦作"螭首"。宋祁《笔记》卷上："会天子排正仗，吏供洞案者，设于前殿两螭首间，案上设燎香炉。"

鸱（chī）同"鸱（鸱）"。

魑（chī）见"魑魅"。

魑魅　同"螭魅"。古代传说中山泽的鬼怪。孙绰《游天台山赋》："始经魑魅之涂（途），卒践无人之境。"

螭（chī）同"齝（齝）"。

彨
彨（chī）同"螭"。传说中一种似龙的动物。《史记·齐太公世家》："所获非龙非彨。"司马贞索隐："馀本亦作'螭'字。"

黐（chī，又读 lí）木胶。用细叶冬青的茎部内皮捣碎制成，可以粘捕鸟雀。韩愈《寄崔二十六立之》诗："譬彼鸟粘黐。"

chí

池（chí）❶池塘。如：荷花池。《孟子·梁惠王上》："数罟不入洿池。"也指地面稍稍凹入的场子。如：乐池；舞池。❷城池，指护城河。《礼记·礼运》："城郭沟池以为固。"❸衣被边缘的镶饰。左思《娇女诗》："衣被皆重池。"赵德麟《侯鲭录》卷一："池者，缘饰之名，谓其形象水池耳……今人被头别施帛为缘者，犹呼为被池。"❹姓。汉代有池瑗。
另见 tuó。

池鹭（Ardeola bacchus）鸟纲，鹭科。体长一般40～50厘米。雄鸟夏羽：头和上颈及羽冠栗红色。下颈和上胸的羽毛呈长矛状。上背和肩羽铅褐

池鹭

色，蓑状。其余体羽白色。幼鸟羽色和成鸟冬羽：头、颈淡黄色，具褐色纵斑，背部棕褐色。活动于湖沼、稻田一带。多结群营巢高树。

池鱼 池中之鱼，比喻无辜受祸的人。语出《吕氏春秋·必己》"于是竭池而求之，无得，鱼死焉"。成语有"殃及池鱼"。详"城门失火，殃及池鱼"。

池中物 比喻蛰处一隅、无远大抱负的人。《三国志·吴志·周瑜传》："刘备以枭雄之姿，而有关羽、张飞熊虎之将……恐蛟龙得云雨，终非池中物也。"

弛 (chí) ❶放松弓弦。与"张"相对。《韩非子·扬权》："毋弛而弓。"❷松懈。《汉书·贾山传》："臣恐朝廷之解弛。"❸延缓。《国策·魏策二》："请弛期更日。"❹减弱。《史记·吕不韦传》："以色事人者，色衰而爱弛。"❺抛开；忘却。《礼记·坊记》："君子弛其亲之过而敬其美。"❻解除；免除。陈元靓《岁时广记》卷十引《唐两京新记》："京城街衢，有金吾晓暝传呼以禁夜行，唯正月十五夜，敕许金吾弛禁。"《左传·庄公二十二年》："免于罪戾，弛于负担。"❼落下。《淮南子·说林训》："枝格之属，有时而弛。"❽毁坏。《国语·鲁语上》："文公欲弛孟文子之宅。"《史记·河渠书》："延道弛兮离常流。"

弛张 弓弦的放松与拉紧。比喻事业的废兴和处事的宽严等。《韩非子·解老》："万物必有盛衰，万事必有弛张，国家必有文武，官治必有赏罚。"亦作"张弛"。蔡邕《故太尉乔公庙碑》："公纪纲张弛，勇决不回。"参见"一张一弛"。

驰 〔馳〕(chí) ❶车马疾行。《左传·昭公十七年》："啬夫驰，庶人走。"杜预注："车马曰驰，步曰走。"引申为急行。如：风驰电掣。❷驱车马追逐。《左传·庄公十年》："齐师败绩，公将驰之。"❸传扬。孟郊《春燕》诗："英名日四驰。"❹向往。如：神驰，驰念。《隋书·史祥传》："身在边隅，情驰魏阙。"❺通"移"，交换。《国策·秦策一》："秦攻陉，韩使人驰南阳之地。秦已驰，又攻陉，韩因割南阳之地。"

驰骋 ❶纵马疾驰。《离骚》："乘骐骥以驰骋兮。"引申为奔竞；趋赴。《晋书·潘尼传》："倾侧乎势利之交，驰骋乎当涂之务。"❷比喻涉猎。《晋书·江逌传》："驰骋极于六艺。"

驰道 秦朝专供帝王行驶马车的道路。《史记·秦始皇本纪》："二十七年……治驰道。"《汉书·贾山传》："（秦）为驰道于天下，东穷燕齐，南极吴楚，江湖之上，濒海之观毕至。道广五十步，三丈而树"。是中国古代大规模的道路建设。

驰名 声名远扬。《华阳国志·后贤志》："皆辞章灿丽，驰名当世。"

驰驱 ❶策马疾奔。《孟子·滕文公下》："吾为之范我驰驱，终日不获一。"也用作奔走效力之意。❷放纵。《诗·大雅·板》："敬天之渝，无敢驰驱。"毛传："驰驱，自恣也。"

驰骛 奔走趋赴。《离骚》："急驰骛以追逐兮。"《汉书·司马相如传上》："东西南北，驰骛往来。"

驰驿 旧时官吏急召入京或奉差外出，由沿途驿站供夫马粮食，兼程而进，不按站止息，叫"驰驿"。林则徐《奉旨前往广东查办海口事件传牌稿》："照得本部堂奉旨驰驿前往广东查办海口事件。"

驰骤 奔驰。《韩非子·外储说右下》："造父御四马，驰骤周旋，而恣欲于马。"引申为趋承。杜甫《九日寄岑参》诗："君子强逶迤，小人困驰骤。"

驰传 ❶驾传车急行。传车，古代驿站专用车。《史记·孟尝君列传》："秦昭王后悔出孟尝君，求之，已去，即使人驰传逐之。"❷古代驿站用四匹中等马拉的车。参见"乘传"。

迟 〔遲〕(chí) ❶慢行；缓慢。与"速❶"相对。汉武帝《李夫人歌》："偏（一作"翩"）何姗姗其来迟！"古乐府《孔雀东南飞》："非为织作迟，君家妇难为。"❷晚。与"早❷"相对。如：迟到；延迟。陆机《燕歌行》："别日何早会何迟！"❸迟钝。《汉书·杜周传》："周少言重迟。"颜师古注："迟，谓性非敏速也。"❹通"夷"。"陵夷"亦作"陵迟"。见"陵迟❶"。❺姓。东晋时有迟超。
另见 zhì。

迟迟 迟缓；徐行貌。《诗·豳风·七月》："春日迟迟，采蘩祁祁。"白居易《长恨歌》："迟迟钟鼓初长夜，耿耿星河欲曙天。"引申为犹豫。《后汉书·邓彪等传论》："故昔人明慎于所受之分，迟迟于歧路之间也。"亦用为从容不迫之意。《礼记·孔子闲居》："无声之乐，气志迟迟；无体之礼，威仪迟迟。"

迟回 迟疑不决；徘徊。鲍照《代放歌行》："今君有何疾，临路独迟回。"李白《相逢行》："金鞭遥指点，玉勒近迟回。"

迟暮 ❶比喻衰老、晚年。《离骚》："惟草木之零落兮，恐美人之迟暮。"杜甫《甘林》诗："迟暮少寝食，清旷喜荆扉。"❷徐缓。《文选·鲍照〈舞鹤赋〉》："飒沓矜顾，迁延迟暮。"李周翰注："迁延迟暮，谓徐缓。"

迟疑 犹豫。《后汉书·董卓传论》："折意缙绅，迟疑陵夺。"《三国演义》第三十回："〔曹操〕欲弃官渡退回许昌，迟疑未决，乃作书遣人赴许昌问荀彧。"

坻 (chí) 水中的小洲或高地。《诗·秦风·蒹葭》："宛在水中坻。"柳宗元《至小丘西小石潭记》："近岸卷石底以出，为坻，为屿，为嵁，为岩。"
另见 dǐ，zhǐ。

坻京 《诗·小雅·甫田》："曾孙之庾，如坻如京。"坻，水中高地；京，高丘。后因以"坻京"形容丰年堆积如山的谷物。

茌 (chí) 亦作"茬"。见"茌平"。

茌平 县名。在山东省聊城市东北部、徒骇河流域。

泚 (chí) 水中小块陆地。《楚辞·九怀·陶壅》："浮溺水兮舒光，淹低佪兮京泚。"王逸注："京泚，即高洲也。"

泜 (chí，又读 dǐ) 水名。见"泜水"。
另见 zhì。

泜水 ❶即今槐河。源出河北赞皇西南，东流经元氏南至宁晋南，折南入滏阳河。《史记·张耳陈馀列传》：汉三年（公元前204年），"遣张耳与韩信击破赵井陉，斩陈馀泜水上"，即此；一说指今之泜河，误。❷今名泜河。源出河北临城西，东流至尧山镇西，故道折南至任县界入漳河，清康熙初改经镇北折南入南泊，近代又改经隆尧北东至宁晋南入滏阳河。

治 (chí) 水名。见"治水"。
另见 zhì。

治水 古水名。上游即今山西、河北境内的桑干河与永定河；自今北京市西南卢沟桥以下，故道在今永定河之北。《汉书·地理志》："阴馆累头山，治水所出，东至泉州入海。"

弛 (chí) 同"弛"。

茬(chí) 同"茬"。
另见 chá。

莖(chí) 见"莖蕏"。

莖蕏 草名。即五味子。《尔雅·释草》:"菋,莖蕏。"郭璞注:"五味也。"

持(chí) ❶握;执。韩愈《圬者王承福传》:"天宝之乱发人为兵,持弓矢十三年。"引申为掌管。如:勤俭持家。❷扶助;支持。张衡《东京赋》:"西朝颠覆而莫持。"❸挟制。《史记·酷吏列传》:"为任侠,持吏长短。"❹保持。见"持盈保泰"。❺相持。《左传·昭公元年》:"子与子家持之。"孔颖达疏:"持其两端无所取与,是持之也。弈棋谓不能相害为持,意亦同于此也。"

持服 居丧守孝。《魏书·石文德传》:"县令黄宣,在任丧亡。宣单贫无期亲,文德祖父苗以家财殡葬,持服三年。"

持衡 衡,秤。犹持平。比喻评量人才,平允而不偏畸。杜甫《上韦左相》诗:"持衡留藻鉴,听履上星辰。"

持论 立论;自持所见,发表议论。如:持论公允。《汉书·儒林传》:"仲舒(董仲舒)通五经,能持论,善属文。"

持满 ❶拉弓成圆形。《史记·绛侯世家》:"彀弓弩持满。"彀,张。❷谓处在盛满的地位。《孔子家语·六本》:"天道成而必变,凡持满而能久者,未尝有也。"

持平 主持公道,不偏不倚。如:持平之论。《汉书·杜延年传》:"延年论议持平。"

持循 遵循;遵行。《汉书·贾谊传》:"此业壹定,世世常安,而后有所持循矣。"颜师古注:"执持而顺行之。"

持养 ❶奉持;保养。《荀子·荣辱》:"以相群居,以相持养。"❷奉承;迎合。《吕氏春秋·长见》:"申侯伯善持养吾意,吾所欲则先我为之。"

持盈保泰 盈,盛满;泰,平安。戒勉富贵极盛时要小心谨慎,以免招祸。《野叟曝言》第一百十八回:"登斯民于三五,臻治术于唐虞,此即持盈保泰之道。"

持之有故 立论有根据。《荀子·非十二子》:"然而其持之有故,言之成理。"

持重 ❶谨慎稳重。《汉书·韦元成传》:"守正持重,不及父贤,而文

采过之。"❷掌握重权。《史记·魏其武安侯列传》:"魏其者,沾沾自喜耳,多易。难以为相持重。"

贂〔贂〕(chí) 余(餘)贂,贝的一类。《尔雅·释鱼》:"余贂,黄白文。"郭璞注:"以黄为质,白为文点。"

笞(chí) 同"篪"。《礼记·月令》:"〔仲夏之月〕调竽笙笞簧。"参见"篪❷"。

峙(chí) 同"踟"。《说文·止部》:"峙,躇也。"朱骏声通训定声:"峙躇,双声连语,不前也,亦作踟躇。"
另见 zhì。

蚔(chí) 见"蚔母"。

蚔母 草名。即知母。《尔雅·释草》:"薚,茪藩。"郭璞注:"一曰提母。"郝懿行义疏:"《本草》:'一名蚔母,一名蝭母。'陶注云:'形似菖蒲而柔润,叶至难死,掘出随生,须枯燥乃止。堪治热病,亦主疟疾。'"

匙(chí) 匙子;舀取流质、粉末状物体等的小勺。如:汤匙;茶匙。陆游《初归杂咏》:"即今烂饭用匙抄。"
另见 shi。

蚳(chí) ❶蚁卵。古代取以为酱,供食用。《周礼·天官·醢人》:"馈食之豆,其实葵菹……蜃,蚳醢。"❷姓。战国时齐有蚳蛙。

跢(chí) 见"跢跦"。

跢跦 即"踟躇"。《广雅·释训》:"蹢躅,跢跦也。"王念孙疏证:"急言之则曰蹢躅,徐言之则曰跢跦。"按急言谓旧读入声,徐言谓平声。今多作"踟躇"。

锃〔锃〕(chí) 钥匙。
另见 dī,dí。

篪(chí) 同"篪"。

諲〔諲〕(chí) 《说文》作"諲"。见"諲諲"。

諲諲 犹"谆谆"。教诲不倦貌。《荀子·乐论》:"〔舞者〕尽筋骨之力以要钟鼓俯会之节而靡有悖逆者,众积意諲諲乎!"王先谦集解引郝懿行曰:"此论舞意与众音繁会而应节,如人告语之熟,諲諲然也。"

墀(chí) 台阶;也指阶面。《文选·张衡〈西京赋〉》:"青琐丹墀。"吕向注:"丹墀,阶也,以丹漆涂之。"

踟(chí) 见"踟躇"。

踟躇 亦作"踟蹰"、"踟跦"。❶徘徊不进;犹豫。《诗·邶风·静女》:"爱而不见,搔首踟躇。"曹植《赠白马王彪》诗:"欲还绝无蹊,揽辔止踟蹰。"成公绥《啸赋》:"逍遥携手,踟跦步趾。"❷相连貌。王延寿《鲁灵光殿赋》:"西厢踟躇以闲宴,东序重深而奥秘。"

蝭(chí) 见"蝭母"。
另见 tí。

蝭母 也叫"蚔母",即知母,药草名。见"蚔母"。

駎(chí) 同驰(馳)。

踶(chí) 通"驰"。见"奔踶"。
另见 dì,tí,zhì。

篪(chí) ❶竹名。《水经注·湘水》:"〔君山〕东北对编山,山多篪竹。"❷中国古管乐器。用竹制成,单管横吹。《诗经》、《礼记》等书曾提及。专用于雅乐。

諲(chí) 同"諲(諲)"。

龥(chí) 亦作"篪"。管乐器。《说文·龠部》:"龥,管乐也。篪,龥或从竹。"《楚辞·九歌·东君》:"鸣龥兮吹竽。"

chǐ

尺(chǐ) ❶市制中的长度单位。"市尺"的简称。❷量长度的器具。如:竹尺;皮尺。❸绘图用的仪器。如:丁字尺;放大尺。❹像尺的东西。如:戒尺;镇尺。❺中医诊脉部位之一。❻形容微少。如:尺地;尺布;尺土。杜甫《洗兵马》诗:"寸地尺天皆入贡。"
另见 chě。

尺版 古名"笏"。亦作"尺板"。古代官吏上朝或见上官时用以记事的手板。王僧孺《与何炯书》:"久为尺版斗食之吏。"《梁书·王僧孺传》作"尺板"。

尺璧 直径一尺的大璧,言其珍贵。《淮南子·原道训》:"不贵尺之璧而重寸之阴。"左思《魏都赋》:"明珠兼寸,尺璧有盈。"

尺兵 短小之兵器。《国策·燕策三》:"秦法,群臣侍殿上者,不得持尺兵。"

尺布斗粟 汉文帝弟淮南王刘长谋反失败,被押解去蜀郡严道县(今四川荥经),在路不食而死。民间作

歌:"一尺布,尚可缝;一斗粟,尚可舂;兄弟二人不能相容!"见《史记·淮南衡山列传》。裴骃集解引《汉书音义》:"尺布斗粟,犹尚不弃,况于兄弟,而更相逐乎?"后即用来表示兄弟不和。

尺寸 ❶形容距离短或数量小。《国语·周语下》:"夫目之察度也,不过步武尺寸之间。"《孟子·告子上》:"无尺寸之肤不爱焉。"❷东西的长短大小。如:这件衣服尺寸正合身。❸犹法度,分寸。《韩非子·安危》:"有尺寸而无意度。"刘熙载《艺概·文概》:"叙事要有尺寸。"

尺牍 ❶文体名。牍,古代书写用的木简。用一尺长的木简作书信,故称尺牍。《汉书·陈遵传》:"与人尺牍,主皆藏去(弆)以为荣。"后相沿为书信的通称。亦指文辞。杜笃《吊比干文》:"寄长怀于尺牍。"❷旧宗名。在西藏自治区东北部。原西藏地方政府设置。1960年与丁青、色札等宗合并改设丁青县。

尺度 ❶尺寸的定制。《宋书·律志一》:"后汉至魏,尺度渐长于古四分有余。"❷犹言标准、规制。白居易《大巧若拙赋》:"嘉其尺度,则有绳墨无挠。"

尺短寸长 《楚辞·卜居》:"夫尺有所短,寸有所长。"尺比寸长,用于更长处却显得短;寸比尺短,用于更短处却显得长。后因以比喻人和物各有长处,也各有短处。苏轼《定州到任谢执政启》:"燕南赵北,昔称谋帅之难;尺短寸长,今以乏人而授。"

尺蛾 见"尺蠖"。

尺幅千里 小幅的画中,展示广阔的空间,表达深远的气势和意境。徐安贞《题襄阳图》诗:"图书空咫尺,千里意悠悠。"后亦以"尺幅千里"比喻诗文篇幅短小而意旨深远。何绍基《与汪菊士论诗》:"然未尝无短篇也,尺幅千里矣。"

尺蠖 昆虫纲,鳞翅目,尺蠖蛾科昆虫幼虫的通称。完全变态。成虫翅大,体细长有短毛,触角线状或羽状,称"尺蛾"。幼虫细长,行动作伸缩的步行,休息时能伸直如枝状。种类较多,危害果树、桑树和棉花等。常见的如枣尺蠖、桑尺蠖等。

尺籍 汉代用来记载杀敌功绩的竹板。《史记·张释之冯唐列传》:"夫士卒尽家人子,起田中从军,安知尺籍伍符。"司马贞索隐:"尺籍者,谓书其斩首之功于一尺之板。"

尺书 ❶书信。骆宾王《从军中行路难》诗:"雁门迢递尺书稀。"❷书籍。《论衡·书解》:"秦虽无道,不燔诸子;诸子尺书,文篇具在。"

尺素 古代用绢帛书写,通常长一尺,故称写文章所用的短笺为"尺素"。陆机《文赋》:"函绵邈于尺素。"亦用以指书信。古乐府《饮马长城窟行》:"客从远方来,遗我双鲤鱼。呼儿烹鲤鱼,中有尺素书。"

尺铁 指兵器。刘长卿《从军六首》:"手中无尺铁,徒欲突重围。"

尺五 一尺五寸,形容近。《辛氏三秦记》:"城南韦、杜,去天尺五。"谓韦、杜两大族,地位特高,接近皇帝。

尺一 古代诏板的代称。《后汉书·陈蕃传》:"尺一选举。"李贤注:"尺一,谓板长尺一以写诏书也。"后亦作书信的代称。《喻世明言·赵伯昇茶肆遇仁宗》:"多谢贵人修尺一,西川制置径相投。"

尺泽 ❶小池。宋玉《对楚王问》:"夫尺泽之鲵,岂能与之量江海之大哉!"❷针灸穴位名。见《灵枢·本输》。属手太阴肺经,为合穴。位于肘区肘横纹上肱二头肌腱桡侧。主治吐血、鼻衄、咳逆喘满、喉痹等。

扡(chǐ) 顺着木材的纹理剖析。《诗·小雅·小弁》:"析薪扡矣。"毛传:"析薪者随其理。"

另见 tuō。

杝(chǐ) 顺着木理劈柴。《诗·小雅·小弁》:"析薪扡矣。"孔颖达疏作"杝"。引申为张大。

另见 duò、lí、yǐ。

齿〔齒〕(chǐ) ❶牙齿。在成人,共有32枚,依其形态不同分为切牙、尖牙、前磨牙和磨牙。与"牙"相对,则专指当唇者。《墨子·非攻》:"唇亡则齿寒。"亦特指象牙。《书·禹贡》:"齿革羽毛。"孔颖达疏:"《诗》云'元龟象齿',知齿是象牙也。"❷排列如齿形的东西。如:锯齿;齿轮。❸因幼马每岁生一齿,故以齿计算牛马的岁数。《礼记·曲礼上》:"齿路马有诛。"孔颖达疏:"齿,年也,若论量君马岁数,亦为不敬,亦被责罚。"亦指人的年龄。如:齿德俱尊。《礼记·祭义》:"有虞氏贵德而尚齿。"❹并列。《左传·隐公十一年》:"寡人若朝于薛,不敢与诸任齿。"孔颖达疏:"齿是年之别名,人以年齿相次列;以爵位相次列亦名为齿。"参见"不齿❷"。❺收录;谈到。如:齿及。《北史·李谔传》:"摈落私门,不加收齿。"参见"不齿❶"。❻挡;触。《文选·枚乘〈上书重谏吴王〉》:"夫举吴兵以訾于汉,譬犹蝇蚋之附群牛,腐肉之齿利剑。"李善注:"齿,犹当也。"❼骰子。《晋书·葛洪传》:"无所爱玩,不知棋局几道,摴蒱齿名。"

齿齿 排列如齿状。韩愈《柳州罗池庙碑》:"桂树团团兮,白石齿齿。"

齿剑 犹受刃。指自杀或被杀害。《晋书·列女传论》:"比夫悬梁靡顾,齿剑如归,异日齐风,可以激扬千载矣。"刘知幾《思慎赋》:"朝结驷而乘轩,暮齿剑而膏镬。"

齿冷 耻笑。因笑则张口,笑的时间长了,牙齿就会感到冷。如:令人齿冷。《南史·乐预传》:"人笑褚公(渊),至今齿冷。"

齿列 按年次同等叙列;同列。《汉书·货殖传》:"又况掘冢博掩,犯奸成富,曲叔、稽发、雍乐成之徒,犹复齿列。"颜师古注:"身为罪恶,尚复与良善之人齐齿而列。"

齿录 ❶收录;叙用。《魏书·刘文晔传》:"世祖太武皇帝(北魏世祖)巡江之日,时年二岁……以臣年小,不及齿录。"❷科举时代同登一榜者,各具姓名、年龄、籍贯等,汇刻成帙,称齿录。亦即同年录。

齿亡舌存 比喻刚者容易摧折,柔者常能保全。《说苑·敬慎》:"〔常摐〕张其口而示老子,曰:'吾舌存乎?'老子曰:'然。''吾齿存乎?'老子曰:'亡。'常摐曰:'子知之乎?'老子曰:'夫舌之存也,岂非以其柔耶?齿之亡也,岂非以其刚耶?'常摐曰:'嘻!是已,天下之事已尽矣!'"

齿音 音韵学上"七音"之一。包括齿头音、正齿音两类。

齿杖 帝王赐老者之杖。《周礼·秋官·伊耆氏》:"掌国之大祭祀……共王之齿杖。"郑玄注:"王之所以赐老者之杖。"柳宗元《植灵寿木》诗:"敢期齿杖赐,聊且移孤茎。"

侈(chǐ) ❶奢侈;浪费。《韩非子·解老》:"多费之谓侈。"班固《西都赋》:"穷泰而极侈。"❷张大。《国语·吴语》:"以广侈吴王之心。"❸夸大;过分。如:侈谈;侈论。左思《三都赋序》:"侈言无验。"❹邪行。《孟子·梁惠王上》:"放辟邪侈。"

侈离 侈,通"哆"。背离,不遵守法度。《荀子·王霸》:"四方之国,有侈离之德则必灭。"

侈弇 指钟口的大小。《周礼·春

官·典同》:"侈声筰,弇声郁。"侈是钟口大,中央小,所以声"筰"(迫促);弇是钟口小,中央大,所以声"郁"(沉郁)。引申为发音时口腔的开合大小。

垑(chǐ) 土地多。《说文·土部》:"垑,恃也。"段玉裁注:"《广韵》曰:'垑,恃土地也。'恃土地者,自多其土地。"

奓(chǐ) 通"侈"。大,过分。张衡《西京赋》:"有凭虚公子者,心奓体忲。"

另见 shē,zhā,zhà。

拸(chǐ) 离弃。《庄子·庚桑楚》:"介者拸画,外非誉也。"介者谓刖者,画谓文饰。言形体既已亏残,故弃去文饰。

另见 yí。

哆(chǐ) ❶张口貌。《诗·小雅·巷伯》:"哆兮侈兮,成是南箕。"❷放佚。《法言·吾子》:"述正道而稍邪哆者有矣,未有述邪哆而稍正也。"❸见"哆然"。

另见 duō。

哆然 ❶哗然;涣散貌。《榖梁传·僖公四年》:"于是哆然外齐侯也。"❷张口貌。陆游《鹅湖夜坐书怀》诗:"拔剑切大肉,哆然如饿狼。"

胣(chǐ) 裂腹,刳肠。《庄子·胠箧》:"昔者龙逢斩,比干剖,苌弘胣,子胥靡。"陆德明释文:"胣,裂也……一云刳肠曰胣。"

恀(chǐ,又读 shì) 依靠。《尔雅·释言》:"恀,怙,恃也。"

姼(chǐ) 见"姼姼"。

姼姼 美好貌。《汉书·叙传下》:"姼姼公主,乃女乌孙。"女,嫁。

耻〔恥〕(chǐ) ❶羞愧之心。《书·说命下》:"其心愧耻,若挞于市。"《孟子·尽心上》:"人不可以无耻。"❷耻辱;可耻的事情。《诗·小雅·蓼莪》:"瓶之罄矣,维罍之耻。"岳飞《满江红》词:"靖康耻,犹未雪。"亦谓认为耻辱。《论语·公冶长》:"巧言令色,足恭,左丘明耻之,丘亦耻之。"❸侮辱。《左传·昭公五年》:"耻匹夫,不可以无备,况耻国乎!"

豉(chǐ,读音 shì) 即"豆豉"。有咸淡两种。用煮熟的大豆发酵后制成。供调味用;淡的可入药。《齐民要术》卷八有《作豉法》。

袳〔䊷〕(chǐ,又读 yí) 甑。《方言》第五:"甑,自关而东谓之甗或谓之鬵。"郭璞注:"凉州呼袳。"

移(chǐ) 通"侈"。《礼记·表记》:"衣服以移之。"郑玄注:"移,犹广大也。"

另见 yí,yì。

褫(chǐ) 剥去衣服。《易·讼》:"或锡之鞶带,终朝三褫之。"引申为革除,夺去。参见"褫革"、"褫魄"。

褫革 谓褫夺衣冠,革除功名。《聊斋志异·红玉》:"生既褫革,屡受梏惨,卒无词。"旧时生员等犯罪,必先由学官褫革功名之后,才能动刑拷问。

褫魄 夺去魂魄。犹言丧魂落魄。张衡《东京赋》:"罔然若酲,朝疲夕倦,夺气褫魄之为者也。"

chì

彳(chì) 见"彳亍"。

彳亍 小步;走走停停。潘岳《射雉赋》:"彳亍中辍。"李贽《观涨》诗:"踟蹰横渡口,彳亍上滩舟。"

叱(chì) ❶大声呵斥。《公羊传·庄公十二年》:"手剑而叱之。"❷呼喝。见"叱石成羊"。

叱叱 犹喂喂。呼唤声。《太平御览》卷九百六十五"枣"下引《东方朔传》:"上(汉武帝)以所持杖击未央前殿槛,呼朔曰:'叱叱,先生来来!'"

叱咄 犹叱咤。大声呼喝。《国策·燕策一》:"若恣睢奋击,呴籍叱咄,则徒隶之人至矣。"

叱嗟 怒斥声。《史记·鲁仲连邹阳列传》:"齐威王勃然怒曰:'叱嗟!而母,婢也。'"

叱石成羊 魏晋时传说:黄初平牧羊,遇道士引至金华山石室中。其兄初起寻之,见初平,问羊安在。曰:"在山东。"往视之,但见有白石磊磊。初平叱之,石皆成羊。见《神仙传·黄初平》。

叱咤 怒斥;呼喝。《韩非子·外储说右下》:"使王良操左革而叱咤之。"骆宾王《代徐敬业讨武氏檄》:"喑呜则山岳崩颓,叱咤则风云变色。"后以"叱咤风云"形容威力之大。

斥(chì) ❶驱逐;排斥。《汉书·武帝纪》:"与闻国政而无益于民者斥。"❷开拓;扩大。《史记·司马相如列传》:"除边关,关益斥,西至沬、若水,南至牂柯为徼。"引申为众多、充满。详"充斥"。❸指;指出。《诗·周颂·雍》"假哉皇考"郑玄笺:"嘉哉皇考,斥文王也。"❹斥责。《新唐书·李渤传》:"屡以言斥,而悻直不少衰。"❺侦察;探测。《史记·白起王翦列传》:"赵士卒犯秦斥兵。"《左传·襄公十八年》:"晋人使司马斥山泽之险。"参见"斥候"。❻盐碱地。《书·禹贡》:"海滨广斥。"陆德明释文引郑玄云:"斥,谓地咸卤。"参见"斥卤"。

斥斥 广大貌。左思《魏都赋》:"原隰畇畇,坟衍斥斥。"

斥候 侦察;候望。《书·禹贡》"五百里侯服"孔传:"侯,候也。斥候而服事。"孔颖达疏:"斥候,谓检行险阻,伺候盗贼。"亦指侦察敌情的士兵。《三国志·吴志·诸葛恪传》:"远遣斥候。""候"亦作"堠"。《三国志·吴志·孙韶传》:"常以警疆埸,远斥堠为务。"

斥卤 亦作"舄卤"、"澙卤"。盐碱地。《史记·夏本纪》:"海滨广潟,厥田斥卤。"司马贞索隐引《说文》:"卤,咸地。东方谓之斥,西方谓之卤。"

斥卖 犹变卖,卖掉。《史记·货殖列传》:"乌氏倮畜牧,及众,斥卖,求奇缯物,间献遗戎王。"司马贞索隐:"谓斥物卖之以求奇物也。"

斥鴳 小鸟名。《庄子·逍遥游》:"斥鴳笑之。"郭庆藩集释:"司马云:'鴳,鴳雀也。'庆藩案:斥鴳,《释文》引崔本作尺鴳,是也。《说文》:'鴳,鴳雀也。'斥、尺古字通。"亦作"斥鷃"。《淮南子·精神训》:"凤凰不能与之俪,而况斥鷃乎?"

斥埴 咸质粘土。《管子·地员》:"斥埴,宜大菽与麦。"

肔(chì) 肥滑之肉。《南史·王莹传》:"懋(王懋)后往超宗(谢超宗)处,设精白䱇、美鲊、獐肔。"

赤(chì) ❶火的颜色,也泛指红色。《礼记·月令》:"黑、黄、仓(苍)、赤,莫不质良。"❷喻真纯。如:赤诚;赤胆忠心。❸指南方。《宋书·符瑞志上》:"有景云之瑞,有赤方气与青方(东方)气相连。"❹象征革命。如:赤卫队。❺光着;裸露。如:赤脚;赤膊。❻空;尽。如:赤贫;赤手空拳。参见"赤地"。❼诛灭。见"赤族"。❽通"斥"。斥候;探子。《史记·晋世家》:"〔成公〕六年,伐秦;虏秦将赤。"司马贞索隐:"赤即斥,谓斥候之人也。按宣八年

《左传》云:'晋伐秦获秦谍,杀诸绛市。'盖彼谍即此者也。"❾唐宋县的等级名。参见"紧"。

赤诚 至诚之心;忠诚。如:赤诚相待。元稹《开元观闲居》诗:"赤诚祈皓鹤,绿发代青缣。"

赤地 旱灾、虫灾严重时,地面光赤,寸草不生。《韩非子·十过》:"晋国大旱,赤地三年。"

赤帝 中国古代神话中的五天帝之一。系南方之神。《晋书·天文志上》:"南方赤帝,赤熛怒之神也。"道教尊为"南方赤帝丹灵真老三炁天君"。

赤帝子 指汉高祖刘邦。《史记·高祖本纪》:"高祖被酒,夜径泽中,令一人行前。行前者还报曰:'前有大蛇当径,愿还。'高祖醉,曰:'壮士行,何畏!'乃前,拔剑击斩蛇。蛇遂分为两,径开。行数里,醉,因卧。后人来至蛇所,有一老妪夜哭。人问何哭,妪曰:'人杀吾子,故哭之。'人曰:'妪子为何见杀?'妪曰:'吾子,白帝子也,化为蛇,当道。今为赤帝子斩之。故哭。'人乃以妪为不诚,欲告之。妪因忽不见。"汉朝盛行五德终始的迷信学说,谓汉以火德王,火赤色,因神化刘邦斩蛇故事,称其为"赤帝子"。

赤奋若 十二支中丑的别称。用以纪年。《尔雅·释天》:"〔太岁〕在丑曰赤奋若。"参见"岁阴❶"。

赤金 ❶黄金。❷古指铜。章鸿钊《石雅·三品》:"《山海经》有黄金、白金、赤金。《史记·平准书》云:'虞夏之际(币),金分(为)三品,或黄或白或赤。'《汉书·食货志》云:'金有三等:黄金为上,白金为中,赤金为下。'释之者皆以金、银、铜当之。《禹贡》惟金三品,亦犹是也。然不曰金、银、铜,而必曰黄金、白金、赤金者,盖古人制名,必以金为始,由金而分也。"

赤紧 亦作"吃紧"。元曲常用语。❶犹实在,当真。王子一《误入桃源》第三折:"则见他一时半刻,使尽了千方百计,吃紧的理不服人,言不谙典,话不投机。"❷无奈,没奈何。王实甫《西厢记》第二本第一折:"孤孀子母无投奔,赤紧的先亡过了有福之人。"

赤嵌 ❶古地名。今台湾台南市一带,原有赤嵌社之称,是台湾开发最早的地区之一。❷古城名。清顺治十年(1653年)荷兰殖民者筑普罗文查(Provintia)城于今台湾台南市,

华人称为赤嵌城,亦称红毛城。十八年郑成功收复台湾,改置承天府。

赤口毒舌 形容言语恶毒,出口伤人。卢仝《月蚀诗》:"鸟为居停主人不觉察,贪向何人家,行赤口毒舌,毒虫头上吃却月,不啄杀。"

赤舌烧城 比喻谗言为害之烈。《太玄·干》:"赤舌烧城,吐水于瓶。"陈本礼《太玄阐秘》卷一:"赤舌烧城,犹众口烁金之意。小人架辞诬害君子,其舌赤若火,势欲烧城。"

赤绳系足 传说月下老人主司人间婚姻,冥冥以赤绳系男女双方之足,被系者即注定为夫妇。《警世通言·庄子休鼓盆成大道》:"若论到夫妇,虽说是红线缠腰,赤绳系足,到底是剜肉粘肤,可离可合。"参见"月老"。

赤手 空手;徒手。苏轼《送范纯粹守庆州》诗:"当年老使君,赤手降於菟。"於菟,虎。

赤体上阵 不穿盔甲出阵交战。《三国演义》第五十九回:"许褚性起,飞回阵中,卸下盔甲,浑身筋突,赤体提刀,翻身上马,来与马超决战。"后以"赤体上阵"比喻不顾一切、猛冲猛打的作风。鲁迅《华盖集续编·空谈》:"许褚赤体上阵,也就很中了好几箭。"今亦作"赤膊上阵"。

赤兔 ❶骏马名。《三国志·魏志·吕布传》:"布有良马曰赤兔。"亦泛称良马。❷古代以为瑞征的红毛兔。《初学记》卷二十九引《瑞应图》:"赤兔者瑞兽,王者盛德则至。"《旧唐书·代宗本纪》:"十一月甲寅,乾陵令于陵署得赤兔以献。"

赤乌 ❶古代传说中的瑞鸟。《墨子·非攻下》:"赤乌衔珪,降周之岐社。"《尚书大传·大誓》:"武王伐纣,观兵于孟津,有火流于王屋,化为赤乌,三足。"❷太阳的别名。相传日中有三足乌,故用以代日。白居易《劝酒》诗:"天地迢迢自长久,白兔赤乌相趁走。"白兔,月的别名。

赤县神州 中国的别称。战国齐人邹衍创立"大九州"学说,谓"中国名曰赤县神州,赤县神州内自有九州",见《史记·孟子荀卿列传》。简称赤县或神州。

赤心 真心诚意;忠心。《后汉书·光武帝纪上》:"降者更相语曰:'萧王推赤心置人腹中,安得不投死乎?'"《资治通鉴·陈文帝天嘉元年》:"憺(杨憺)大言曰:'尊天子,削诸侯,赤心奉国,何罪之有?'"

赤族 诛灭全族。《汉书·扬雄传下》:"客徒欲朱丹吾毂,不知一跌将赤吾之族也。"颜师古注:"见诛杀者必流血,故云赤族。"

伈(chì) 见"伈俍"。
另见 sì,yǐ。

伈俍 ❶停滞不前貌。《汉书·司马相如传》:"仡以伈俍兮。"颜师古注引张揖曰:"伈俍,不前也。"❷舒缓貌。《文选·马融〈长笛赋〉》:"或乃植持縸缅,伈俍宽容。"刘良注:"伈俍,闲缓貌。"

饬〔飭〕(chì) ❶整顿。《诗·小雅·六月》:"戎车既饬。"❷谨慎。《宋史·程元凤传论》:"程元凤谨饬有余,而乏风节。"❸通"敕"。命令;告诫。《汉书·杨恽传》:"欲令戒饬富平侯延寿。"《宋史·邵雍传》:"父子昆弟每相饬曰:'毋为不善。'"又旧时公文名,用于上级对下级的训示。❹通"饰"。巧饰,矫情饰貌。《国策·秦策一》:"文士并饬。"高诱注:"饬,巧也。"

屎(chì) 篗子(络丝纱等的工具)的柄。见《说文·木部》。亦泛指器物的柄。《墨子·备穴》:"长五尺,为鏊,木屎。"

遫(chì,又读 lì) 超越。《汉书·礼乐志》:"体容与,遫万里。"颜师古注:"遫读与厉同,言能厉渡万里也。"
另见 zhì。

抶(chì) 笞打;鞭打。《左传·文公十年》:"宋公违命,无畏抶其仆以徇。"张溥《五人墓碑记》:"众不能堪,抶而仆之。"

炽〔熾〕(chì) ❶火旺。如:炽炭;炽焰。引申为势盛。《诗·小雅·六月》:"狁孔炽,我是用急。"❷通"饎"。炊;烹煮。《考工记·钟氏》:"三月而炽之。"

忶(chì) 见"忶忶"。

忶忶 忧惧不安貌。《颜氏家训·杂艺》:"卜得恶卦,反令忶忶。"

翅〔翄〕(chì) ❶动物供飞行的器官。如鸟的翅膀和蝙蝠的飞膜等。在无脊椎动物中,昆虫的翅是由中胸和后胸节体壁延伸而成,由表皮所构成(与脊椎动物的翅来源和构造根本不同)。但双翅目只有前翅,后翅变成平衡棒;拈翅目雄虫前翅退化为假平衡棒,仅有后翅(雌虫无翅)。❷鱼类的鳍间或也称为翅。如鲨鱼的鳍称为鱼翅;飞鱼的胸鳍特别长大,也称为翅。❸通"啻"。见

"奚翅"。

眙 (chì)　瞠着眼看;惊貌。《史记·滑稽列传》:"目眙不禁。"裴骃集解引徐广曰:"眙,直视貌。"《文选·班固〈西都赋〉》:"虽轻迅与僄狡,犹愕眙而不能阶。"李善注:"眙,惊貌。"
另见 yí。

鸱 [鴟](chì)　见"鸱鹦"。

鸱鹦　即"斥鷃"。李咸用《依韵修睦上人山居十首》之八:"鸱鹦敢辞栖短棘,凤凰犹解怯高罗。"

觚 (chì)　同"翅"。

鸊 [鵡](chì)　见"溪鹉"。

敕 [勅、勑](chì)　❶告诫。如:申敕;戒敕。《史记·乐书》:"余每读虞书,至于君臣相敕,维是几安,而股肱不良,万事堕坏,未尝不流涕也。"《后汉书·马防传》:"数加谴敕。"❷自上命下之词。特指皇帝的诏书。如:奉敕;宣敕。《北史·齐神武诸子传》:"今集文武示以此敕。"顾炎武《金石文字记》:"汉时人,官长行之掾属,祖父行之子孙,皆曰敕……至南北朝以下,则此字惟朝廷专之。"其中有一部分包含法律规范。宋神宗(1067—1085年在位)规定"凡律所不载者,一断以敕",并将以前通行的"律令格式"的名目改为"敕令格式"。经过编订的敕称为"编敕",未经编订的敕称为"散敕"。元代将敕改称条格。❸通"饬"。(1)正;严整。如:谨敕。张衡《思玄赋》:"惧余身之未敕。"(2)整饬。如:自敕。《易·噬嗑》:"先王以明罚敕法。"

敕厉　亦作"饬厉"。告戒勉励。《汉书·韩延寿传》:"郡中歙然,莫不传相敕厉,不敢犯。"《后汉书·邓骘传》:"常母子兄弟内相敕厉。"

敕命　❶犹命令。《释名·释书契》:"符,付也。书所敕命于上,付使传行之也。"❷皇帝颁赐爵位的诏令。明清两代赠封六品以下的官职称"敕命"。《正字通·支部》:"明制:凡褒嘉责让并用敕,词皆散文。六品以下官赠封称敕命,始用四六。"《清会典事例·中书科·建置》:"六品以下授以敕命。"

嘨 [嘯](chì)　通"叱"。大声呼喝。《礼记·内则》:"不嘨不指。"
另见 xiào。

滀 (chì)　古水名。见《说文·水部》。《集韵·二十四职》谓出颍川。朱骏声《说文通训定声·颐部》:"即灉水也。"

喜 (chì)　通"饎"。酒食。《诗·豳风·七月》:"田畯至喜。"郑玄笺:"喜,读为饎。饎,酒食也。……见田大夫,又为设酒食焉。"一说仍读"喜乐"之"喜",见孔颖达疏。
另见 xǐ。

啻 (chì)　但;仅;止。《书·秦誓》:"其心好之,不啻若自其口出。"孔颖达疏:"其心爱之,又甚于口,言其爱之至也。"《文选·左思〈三都赋序〉》:"若斯之类,匪啻于兹。"李善注:"不啻于此。"

浀 (chì)　见"浀湡"。

浀湡　沸。见《说文·水部》。亦作"浀滰"、"浀溁"。《史记·司马相如列传》:"浀溁鼎沸。"司马贞索隐引周成《杂字》云:"'浀溁',水沸之貌也。"按"滰"、"溁"并通"湡"。

湿 [濕、溼](chì)　见"湿湿"。
另见 shī。

湿湿　❶牲畜耳朵摇动貌。《诗·小雅·无羊》:"尔牛来思,其耳湿湿。"毛传:"呞而动其耳,湿湿然。"呞,牛反刍。❷浪涛开合貌。《文选·木华〈海赋〉》:"惊浪雷奔,骇水迸集,开合解会,濊濊湿湿。"张铣注:"濊濊湿湿,开合貌。"

觢 (chì)　两角皆竖的牛。《尔雅·释畜》:"牛角一俯一仰,觭,皆踊,觢。"郭璞注:"今竖角牛。"郝懿行义疏引《说文》曰:"觢,一角仰也。"按《说文》段玉裁注:"一当作二。《释畜》曰:'角,一俯一仰,觭,皆踊,觢',皆踊,谓二角皆竖也。俗讹为一,则与觭无异。"

踂 (chì,又读 dié)　见"踂踥"。

踂踥　走路时忽进忽退。《史记·司马相如列传》:"踂踥辋辖容以委丽兮。"裴骃集解引徐广曰:"踂踥,乍前乍却也。"

傺 (chì)　❶停留。《楚辞·九章·惜诵》:"欲儃佪以干傺兮。"王逸注:"傺,住也;傺,住也。"洪兴祖补注:"干傺,谓求仕而不去也。"❷见"欿傺"。❸见"侘傺"。

鶒 [鶒](chì)　见"鸂鶒"。

跮 (chì)　一足行。见《集韵·十三祭》。

另见 xué。

魑 (chì)　厉鬼。见"魑魅"。

魑魅　鬼怪。谷子敬《城南柳》第一折:"这剑……呼的风唤的雨驱的云雾,屠的龙诛的虎灭的魑魅。"

瘈 (chì)　通"瘛"。病名。
另见 zhì。

僗 (chì)　见"佗僗"。

饎 [餥](chì,又读 xī)　❶亦作"糦"。酒食。《诗·小雅·天保》:"吉蠲为饎。"也特指黍稷。《诗·商颂·玄鸟》:"大糦是承。"郑玄笺:"糦,黍稷也。"❷炊熟。《仪礼·特牲馈食礼》:"主妇视饎爨于西堂下。"郑玄注:"炊黍稷曰饎。"

瘛 (chì)　病名。即"瘛疭"。《素问·玉机真藏论》:"病筋脉相引而急,病名曰瘛。"

瘛疭　中医学病症名。一作"瘈疭"。与抽搐同义,俗名"抽风"。筋急引缩为"瘛",筋缓纵伸为"疭";手足时缩时伸,抽动不止者,称"瘛疭"。

翅 (chì)　指鸟类生在翼后缘和尾部的正羽。《周礼·秋官·翅氏》:"翅氏掌攻猛鸟,各以其物为媒而掎之,以时献其羽翮。"

灖 [灖](chì)　见"怗灖"。

糦 (chì)　同"饎(餥)"。

鷘 (chì)　同"鶒"。见"鸂鶒"。

䭡 (chì)　同"饎(餥)"。

chōng

冲 ㊀ (chōng)　本作"沖"。❶用水或酒浇注。如:冲茶;冲服。也指水力冲击。如:冲刷。❷直上。《史记·滑稽列传》:"此鸟不飞则已,一飞冲天。"❸空虚。《老子》:"大盈若冲,其用不穷。"❹谦和;淡泊。见"冲淡❶"。❺幼小。如:冲龄。参见"冲人"。❻旧时术数家谓相忌相克。如:子午相冲。又谓破解不祥。参见"冲喜"。❼指山间的平地。如:韶山冲。❽通"充"。冒充。如:冲毛呢。❾姓。明代有冲敬。
㊁ [衝](chōng)　❶交通要道。如:要冲。《左传·昭公元年》:"及冲,击之以戈。"❷古时用以冲击敌城的战车。《诗·大雅·皇矣》:"与尔

临冲，以伐崇墉。"毛传："冲，冲车也。"❸冲击；碰撞。如：横冲直撞。怒发冲冠《计有功《唐诗纪事》卷四十："岛（贾岛）赴举至京，骑驴赋诗……未决，不觉冲大尹韩愈。"❹天文学名词。从地球上看来，太阳与外行星黄经相差180°，那时行星在子夜中天，叫做"冲"。行星的冲发生在最接近地球的位置时叫做"大冲"。内行星没有冲。

另见 chòng。

冲冲 ❶凿冰声。《诗·豳风·七月》："二之日凿冰冲冲。"❷忧虑不安貌。范仲淹《依韵酬池州钱绮翁》："天涯彼此勿冲冲，内乐何须位更崇。"❸感情激动貌。如：兴冲冲。董解元《西厢记诸宫调》卷四："你寻思，甚做处，不知就里，直恁冲冲怒？"❹形容心神不定。《易林·咸之坤》："心恶来怪，冲冲何惧。"

冲淡 ❶谓胸怀冲和淡泊。《晋书·杜夷传》："夷清虚冲淡，与俗异轨。"❷即"稀释"。❸使某种情况的紧张程度或严重性减弱。

冲击 ❶冲撞碰击。苏辙《御风辞》："冲击隙穴，震荡宇宙。"比喻巨大触动。如精神冲击。❷旧称"冲锋"。步兵、坦克兵等快速冲向并攻击目标的战斗行动。通常以火力、格斗和装甲战斗车辆碾压、冲撞等手段消灭敌人。有徒步冲击和乘车冲击。是歼灭敌人、夺占阵地的决定性手段。

冲龄 谓年龄幼小。多用于帝王。《明史·神宗纪赞》："神宗冲龄践阼，江陵秉政。"江陵，指张居正。

冲默 淡泊寡言。陶潜《孟府君嘉传》："冲默有远量。"韦应物《沣上精舍答赵氏外生伉》诗："隐拙在冲默。"

冲人 古时帝王年幼在位者自称的谦辞，犹云小子。《书·金縢》："昔公勤劳王家，惟予冲人弗及知。"

冲融 广布弥满貌。杜甫《往在》诗："端拱纳谏诤，和气日冲融。"韩愈《游青龙寺赠崔大补阙》诗："魂翻眼倒忘处所，赤气冲融无间断。"

冲突 ❶急奔猛闯。刘敬叔《异苑》卷四："灶正炽火，有鸡遥从口入，良久乃冲突而出。"❷争执；争斗。

冲喜 旧时迷信，在人病重时办喜事，想借喜事冲破不祥，叫做"冲喜"。《醒世恒言·乔太守乱点鸳鸯谱》："我的儿，今日娶你媳妇来家冲喜，你须挣扎精神则个。"

冲狭 汉百戏节目。东汉张衡《西京赋》"冲狭燕濯"薛综注："卷簟席，以矛插其中，伎儿以身投从中过。"与现代杂技中的钻圈相似。

冲虚 淡泊虚静。夏侯湛《抵疑》："玄白冲虚，伦尔养真。"

冲要 军事或交通上的重要地方。《后汉书·南匈奴传》："连年出塞，讨击鲜卑，还复各令屯列冲要。"

冲挹 谦虚自抑。《晋书·恭帝纪》："雅尚冲挹，四门弗辟。"

冲撞 ❶猛烈撞击或碰撞。萨都剌《宣化江阻风》诗："渡口无人上野航，白头巨浪自冲撞。"❷冒犯。《水浒传》第二回："因见大郎在此乘凉，不敢过来冲撞。"

充（chōng）❶塞；充塞。见"充耳"、"充栋"。❷充实；足。《孟子·梁惠王下》："君之仓廪实，府库充。"❸充任；充当。朱彝尊《翰林院侍读乔君墓表》："充顺天乡试同考官。"❹冒充。如：充行家。❺声音洪亮。《淮南子·说山训》："钟之与磬也，近之则钟音充，远之则磬音章。"高诱注："充，大也。"❻肥胖。《仪礼·特牲馈食礼》："宗人视牲告充。"❼姓。汉代有充向、充申。

充斥 众多；充满。《左传·襄公三十一年》："敝邑以政刑之不修，寇盗充斥。"马融《广成颂》："于是营围恢廓，充斥川谷。"俞樾《古书疑义举例》卷七："充、斥并为大，故并为多；充斥，言多也。"今多含贬义。

充充 ❶悲戚貌。《礼记·檀弓上》："始死，充充如有穷；既殡，瞿瞿如有求而弗得。"❷形容精神饱满。柳宗元《送徐从事北游序》："读《诗》、《礼》、《春秋》莫能言说，其容貌充充然，而声名不闻传于世。"

充栋 言堆积之多，高达屋栋。常指书籍。陆游《冬夜读书》诗："茆屋三四间，充栋贮经史。"参见"汗牛充栋"。

充耳 ❶塞耳。如：充耳不闻。参见"褎如充耳"。❷古代挂在冠冕两旁的饰物，以玉制成，下垂到耳；也叫"瑱"。《诗·卫风·淇奥》："有匪君子，充耳琇莹。"毛传："充耳谓之瑱。琇莹，美石也。天子玉瑱，诸侯以石。"

充饥 谓饥时进食。杜甫《独坐二首》："暖老思燕玉，充饥忆楚萍。"

充类至尽 《孟子·万章下》："夫谓'非其有而取之者，盗也'，充类之义之尽也。"充类，引申推广到同类的事理；义之尽，事理最高深之处。《孟子》原意谓"非其有而取之者，盗也"这一论断，是引申推求事理到原则最高度的说法。后来用"充类至尽"，义与"充其量"相近，即推论到极点的意思。

充闾 犹光大门庭。《晋书·贾充传》："（贾逵）晚始生充，言后当有充闾之庆，故以为名字焉。"按贾充字公闾。后因用为贺人生子之词。如：充闾之庆；充闾之喜。苏轼《贺陈述古弟章生子》诗："郁葱佳气夜充闾，始见徐卿第二雏。"

充诎 得意忘形貌。《礼记·儒行》："儒有不陨获于贫贱，不充诎于富贵。"郑玄注："充诎，喜失节之貌。"亦作"充倔"。《楚辞·九辩》："塞充倔而无端兮，泊莽莽而无垠。"

充牣 充满。颜延之《赭白马赋》："闻王会之充昌，知函夏之充牣。"亦作"充仞"。《史记·殷本纪》："益收狗马奇物，充仞宫室。"

充塞 ❶断绝；阻塞。《孟子·滕文公下》："是邪说诬民，充塞仁义也。"杜甫《三川观水涨二十韵》："枯查卷拔树，礧硪共充塞。"❷充满。《后汉书·宋意传》："仆马之众，充塞城郭。"

充实 ❶充足，丰富。《后汉书·邓禹传》："赤眉新拔长安，财富充实，锋锐未可当也。"❷中国古代美学思想。指内在道德、学问充盈而形于外的美。《孟子·尽心下》："可欲之谓善，有诸己之谓信，充实之谓美。"认为美以真、善为基础，仁义充盈于内的人方能成为美人。北宋张载进一步认为"充内形外之谓美"（《张子正蒙·中正》），美是内在充实与外在文采的统一。

充数 用不够格的人或物来凑足数额。如：滥竽充数。《晏子春秋·谏下之二》："其子往晏子之家，说曰：负郭之民贱妾，请有道于相国，不胜其欲，愿得充数乎下陈。"

充羡 羡，盈余。充足有余。《新唐书·陈君宾传》："四方霜潦，独君宾所治有年，储仓充羡。"有年，丰产。

充盈 ❶丰满；充足。《礼记·礼运》："肤革充盈，人之肥也。"《管子·八观》："国虽充盈，金玉虽多，宫室必有度。"❷骄傲自满的样子。《荀子·子道》："今女（汝）衣服既盛，颜色充盈，天下且孰肯谏女（汝）矣。"

冲（chōng）同"冲㊀"。

忡（chōng）亦作"憃"。忧虑不安貌。《诗·邶风·击

鼓》：“不我以归，忧心有忡。”

忡忡 ❶亦作“懜懜”、“冲冲（衝衝）”。忧虑不安貌。《诗·召南·草虫》：“未见君子，忧心忡忡。”毛传：“忡忡，犹衝衝也。”❷饰物下垂貌。《诗·小雅·蓼萧》：“鞗革忡忡。”毛传：“忡忡，垂饰貌。”按孔颖达疏作“冲冲”。

芫（chōng）　见“芫蔚”。

芫蔚　即“益母草”。一年生或二年生草本。茎直立，方形。叶对生。夏季开花，花唇形，淡红色或白色。全草所含的益母草碱，对子宫有收缩作用，应用生药剂可促进产后子宫复原。

盅（chōng）　器皿空虚。《说文·皿部》引《老子》：“道盅而用之。”按今本《老子》作“冲”。
　　另见 zhōng。

怵（chōng）　心动。见《玉篇·心部》。

神（chōng）　通“冲”。见“神禫”。
　　另见 zhǒng。

神禫　即“冲淡”。形容言语淡薄无味。《荀子·非十二子》：“神禫其辞。”

珫（chōng）　见“珫耳”。

珫耳　同“充耳”。也叫“瑱”。古人冠冕上垂在两侧以塞耳的玉饰。

沖（chōng）　见“沖瀜”。

沖瀜　水深广貌。《文选·木华〈海赋〉》：“沖瀜沆瀁。”李善注：“深广之貌。”

涌（chōng）　小河。梁廷枏《夷氛闻记》：“乌涌迤西……黄埔、白泥涌，均扼要，宜守。”
　　另见 yǒng。

翀（chōng）　通“冲”。向上直飞。见《广韵·一东》。

舂（chōng）　❶用杵臼捣去谷物的皮壳。《诗·大雅·生民》：“或舂或揄。”李白《宿五松山下荀媪家》诗：“田家秋作苦，邻女夜舂寒。”❷通“冲（衝）”。撞击。《史记·鲁周公世家》：“获长翟乔如，富父终甥舂其喉，以戈杀之。”❸古代对一种女奴的称谓。因被强迫从事舂米，故名。《墨子·天志下》：“丈夫以为仆、圉、胥靡，妇人以为舂、酋。”《周礼·秋官·司厉》：“其奴，男子入于罪隶，女子入于舂槀。”❹秦汉时一种刑徒的称谓。《汉旧仪》：“秦制，凡

有罪，……女为春。春者，治米也，皆作五岁。”《汉书·惠帝纪》：“有罪当刑，及当为城旦、舂者。”颜师古注引应劭曰：“舂者，妇人不豫外徭，但作米，皆四岁刑也。”

春容　《礼记·学记》：“善待问者如撞钟，叩之以小者则小鸣，叩之以大者则大鸣；待其从容，然后尽其声。”郑玄注：“‘从’读如‘富父春戈’之‘春’。春容，谓重撞击也。”后因以“春容”形容声调宏大响亮。韩愈《送权秀才序》：“其文辞引物连类，穷情尽变，宫商相宣，金石谐和；寂寥乎短章，春容乎大篇。”

祂（chōng）　见“祂裯”。

祂裯　没有贴边的短衣。《方言》第四：“〔襜褕〕以布而无缘，敝而纮之，谓之褴褛，自关而西谓之祂裯。”又：“自关而西秦晋之间，无缘之衣谓之祂裯。”钱绎笺疏：“无缘之衣谓之祂裯，犹鸡无尾谓之屈。”

傭（chōng）　均；公平。《诗·小雅·节南山》：“昊天不傭。”
　　另见 yōng 佣。

摏（chōng）　本作“春”。捣。《左传·文公十一年》：“败狄于鹹，获长狄侨如，富父终甥摏其喉以戈，杀之。”按：《史记·鲁周公世家》摏作春。

劅（chōng）　刺。《国策·楚策四》：“君王崩，李园先入，臣请为君劅其胸杀之。”

惷（chōng）　愚蠢。《淮南子·本经训》：“愚夫惷妇，皆有流连之心，凄怆之志。”参见“惷愚”。

惷愚　痴呆无知。《周礼·秋官·司刺》：“三赦曰惷愚。”郑玄注：“惷愚，生而痴呆童昏者。”

髳（chōng）　见“髳松”。

髳松　头发松乱。刘学箕《贺新郎》词：“午睡莺惊起，鬓云偏，髳松未整，凤钗斜坠。”

椿（chōng）　通“摏”。撞击。《续资治通鉴·宋宁宗嘉定六年》：“遂以戈椿其胸而杀之。”
　　另见 zhuāng 桩。

潼（chōng）　通“冲”。冲激。《水经河水注》：“河在关内，南流潼激关山，因谓之潼关。”
　　另见 tóng。

憧（chōng）　❶心意不定。《说文·心部》：“憧，意不定也。”❷见“憧憬”。

　　另见 zhuàng。

憧憧　❶往来不绝。如：人影憧憧。《易·咸》：“憧憧往来，朋从尔思。”❷心意不定。《盐铁论·刺复》：“心憧憧若涉大川。”❸摇曳不定。如：灯影憧憧。《论衡·吉验》：“光耀憧憧上属天。”

憧憬　向往。如：憧憬更美好的未来；青年的憧憬。

橦（chōng）　❶击；刺。《国策·秦策一》：“宽则两军相攻，迫则杖戟相橦。”高诱注：“橦，刺。”❷通“轀”。古代的冲锋车。《晋书·宣帝纪》：“楯橹钩橦，发矢石雨下。”
　　另见 chuáng，tóng。

轀〔轀〕（chōng）　古代陷阵战车。《旧五代史·唐庄宗纪》：“梯轀并进，军士毕登。”通作“冲（衝）”。参见“临冲”。

黇（chōng）　黄色。《大戴礼记·子张问入官》：“黇绕塞耳，所以弇聪也。”

艟（chōng）　见“艨艟”。

憃（chōng）　同“忡”。

chóng

虫〔蟲〕（chóng）　❶昆虫类的通称。❷泛指动物。《大戴礼记·曾子天圆》：“毛虫之精者曰麟，羽虫之精者曰凤，介虫之精者曰龟，鳞虫之精者曰龙，倮虫之精者曰圣人。”
　　另见 huǐ。

虫臂鼠肝　《庄子·大宗师》：“以汝为鼠肝乎？以汝为虫臂乎？”虫臂鼠肝，均为极微小的东西。言以人之大，亦可以化为虫臂鼠肝。比喻随缘而化，并无常规。白居易《老病相仍以诗自解》：“虫臂鼠肝犹不怪，鸡肤鹤发复何伤？”亦作“鼠肝虫臂”。元好问《食榆荚》诗：“鼠肝虫臂万化途，神奇腐朽相推迁。”

虫蚁　❶泛指昆虫。《史记·五帝本纪》：“淳化鸟兽虫蛾。”蛾，同“蚁”。杜甫《缚鸡行》：“家中厌鸡食虫蚁，不知鸡卖还遭烹。”❷指鸟，宋代以来俗语。《西湖老人繁胜录》：“赛诸般花虫蚁：鹅黄百舌、白鹩子、白金翅。”也作“虫蟹”。《西游记》第三十二回：“这虫蟹不大不小的……红铜嘴，黑铁脚，刷刺的一翅飞下来。”按今北方尚称鸟为“虫蚁儿”。

虫鱼 韩愈《读皇甫湜公安园池诗其后》诗:"《尔雅》注虫鱼,定非磊落人。"陆游《晨起》诗:"旧学虫鱼笺《尔雅》,晚知稼穑讲《豳风》。"《尔雅》有《释虫》、《释鱼》等篇,正统儒家以其与治世之大道无关,因称烦琐的考订为"虫鱼之学"。

虫豸 ❶泛指禽兽以外的小动物。《汉书·五行志中》:"虫豸之类,谓之孽。"颜师古注:"有足谓之虫,无足谓之豸。"❷比喻下贱者,斥骂之辞。《新五代史·卢程传》:"视圜(任圜)骂曰:'尔何虫豸,恃妇家力耶!'"任圜,庄宗姊婿。

种 (chóng) 姓。东汉有种暠。另见 zhǒng,zhòng。

重 (chóng) ❶重复;重新;重叠;多。如:重振旗鼓;突破重围。《荀子·富国》:"重色而衣之,重味而食之。"❷连累;牵连。《汉书·荆燕吴传赞》:"事发相重,岂不危哉!"❸古代丧礼暂代主牌以依神之物。《礼记·檀弓下》:"重,主道也。"郑玄注:"始死未作主,以重主其神也。"❹怀孕。见"重身"。另见 tóng,zhòng。

重重 ❶层层。陆游《九月三日泛舟湖中》诗:"重重红树秋山晚,猎猎青帘社酒香。"❷反复;屡屡。王建《镜听词》:"重重摩挲嫁时镜,夫婿远行凭镜听。"

重出 重复出现。挚虞《典校五礼表》:"臣犹谓卷多文烦,类皆重出。"

重翟 古代皇后所乘之车。《周礼·春官·巾车》:"皇后之五路。重翟,锡面朱总。"郑玄注:"重翟,重翟雉之羽也。……后从王祭祀所乘。"贾公彦疏:"凡言翟者,皆谓翟鸟之羽以为两旁之蔽。言重翟者,皆二重为之。"

重殿 有前殿和后殿的深层建筑。《汉书·董贤传》:"诏将作大匠为贤起大第北阙下,重殿洞门。"颜师古注:"重殿,谓有前后殿。"按《西京杂记》谓重五殿,洞六门。

重光 ❶指日和月。《文选·左思〈吴都赋〉》:"常重光。"李善注:"谓日月画于旒上也。"常,古旗帜名。旧时多用以比喻帝王功德的前后相继。《书·顾命》:"昔君文王、武王宣重光。"孙星衍疏:"重光者,言文武化成之德,比于日月也。"❷《汉书·兒宽传》:"癸亥宗祀,日宣重光。"颜师古注引李奇曰:"太平之世,日抱重光,谓日有重日也。"按,当指日晕或

日珥现象,古人以为是一种瑞应。❸十干中辛的别称,用以纪年。《尔雅·释天》:"〔太岁〕在辛曰重光。"参见"岁阳"。❹犹光复。如:国土重光。

重规叠矩 谓前后相合,符合规矩法度。《三国志·蜀志·郤正传》:"动若重规,静若叠矩。"《晋书·周访传赞》:"曰子曰孙,重规叠矩。"后用为因袭重复之义。梁启超《治标财政策》:"于民政司外,又设巡警道,此皆重规叠矩,毫无所取。"

重华 ❶虞舜名。《书·舜典》:"曰重华,协于帝。"孔颖达疏:"此舜能继尧,重其文德之光华,用此德于帝尧,与尧俱圣明也。"一说舜目重瞳子,故曰重华。见《史记·五帝本纪》张守节正义。❷岁星之称。《史记·天官书》:"岁星一曰摄提,曰重华,曰应星,曰纪星。"

重茧 ❶老茧,手足因劳动或走路等摩擦而生的硬皮。《聊斋志异·劳山道士》:"手足重茧,不堪其苦。"《战国策·宋策》:"墨子闻之,百舍重茧,往见公输般。"亦作"重趼"。《庄子·天道》:"百舍重趼而不敢息。"❷厚绵衣。茧,通"襺"。《左传·襄公二十一年》:"重茧衣裘。"杜预注:"茧,绵衣。"

重金兼紫 金,官印;紫,系印绶带。印、绶重叠。谓一门中人多作高官。《后汉书·吕强传》:"又并及家人,重金兼紫,相继为蕃辅。"李贤注:"金印紫绶。重、兼,言累积也。"

重九 节令名。夏历九月初九。也称"重阳"。陶潜《九日闲居诗序》:"余闲居,爱重九之名,秋菊盈园,而持醪靡由。"参见"重阳❷"。

重较 车箱上有两重横木的车子,为古代卿士所乘。《诗·卫风·淇奥》:"宽兮绰兮,倚重较兮。"

重门击柝 设多层门,击木梆巡夜。谓戒备森严。《易·系辞下》:"重门击柝,以待暴客,盖取诸豫。"亦作"重关击柝"。《宋书·沈攸之传》:"不图重关击柝,觊接莫由。"

重明 ❶指日和月。《易·离》:"重明以丽乎正。"杨炯《浑天赋》:"重明合璧,五纬连珠。"❷即重瞳子。《淮南子·修务训》:"舜二瞳子,是谓重明。"

重泉 ❶水极深的地方。《淮南子·齐俗训》:"积水重泉,鼋鼍之所便也。"❷犹黄泉。指地下。陈葆《梦中》诗:"子母重泉相见否,梦中还望寄声来。"

重壤 大地。《文选·嵇康〈琴赋〉》:"披重壤以诞载兮,参辰极而高骧。"李善注:"重壤,谓地也。泉壤称九,故曰重也。"

重三 夏历三月初三。陆游《上巳》诗:"残年登八十,佳日遇重三。"参见"上巳"。

重身 亦作"身重"。怀孕。《诗·大雅·大明》:"大任有身。"毛传:"身,重也。"郑玄笺:"重,谓怀孕也。"《素问·奇病论》:"人有重身。"王冰注:"重身,谓身中有身,则怀妊者也。"

重台 ❶元代奴婢所役使的奴婢。陶宗仪《辍耕录》卷十:"凡婢役于婢者,俗谓之重台。按《左氏传》……昭公七年,'天有十日,人有十等,故王臣公,公臣大夫,大夫臣士,士臣皂,皂臣舆,舆臣台。'则所谓台者,十等之至卑,今岂亦本是欤? 然加以重字,尤有意。"参见"台㊀❼"。❷花有复瓣,称为"重台"。韩偓《妒媒》诗:"好鸟岂劳兼比翼,异华何必更重台。"

重瞳 眼中有双瞳。《史记·项羽本纪》:"吾闻之周生曰,舜目盖重瞳子,又闻项羽亦重瞳子。"

重闱 重重宫门,指深宫。张说《奉和圣制春中兴庆宫酺宴应制》:"御楼横广路,天乐下重闱。"也代指父母或祖父母。吴澄《送国子伴读倪行简赴京》诗:"出门恻恻重闱远。"参见"庭闱"。

重文 ❶重出的异体字。《说文》以小篆为主,而列古文、籀文及其他异体字于其下,谓之重文。如籀文"𥌒"附在小篆"是"之下,"𥌒"为"是"的重文。❷甲骨文、金文中重出的字,有同体的,也有异体的,都叫重文。❸汉字竖写时,如遇有两字重叠,不重写,作一小"="字于前一字之下,亦称重文。

重屋 ❶重檐之屋。《考工记·匠人》:"殷人重屋,堂修七寻,堂崇三尺,四阿重屋。"孙诒让正义引孔广森曰:"殷人始为重檐,故以重屋名。"❷多层楼房。《新唐书·西域传上》:"所居皆重屋,王九层,国人六层。"

重五 同"重午"。

重午 夏历五月初五。也称"重五"。即端午节。《宋史·刘温叟传》:"明年重午,又送角黍纨扇。"参见"端午❶"。

重熙累洽 谓累世太平昌盛。《文选·班固〈东都赋〉》:"至于永平之

际,重熙而累洽。"张铣注:"熙,光明也。洽,合也。言光武既明,而明帝继之,故曰重熙累洽也。"

重霄 犹言"九霄",指高空。王勃《滕王阁序》:"层峦耸翠,上出重霄。"

重言 ❶也叫"叠字",由两个相同的字组成的词语。如古诗"青青河畔草,郁郁园中柳"中的"青青"、"郁郁"。❷重复的话。《庄子·寓言》:"重言十七。"郭庆藩集释引郭嵩焘曰:"《广韵》:'重,复也。'庄生之文注焉而不穷,引焉而不竭者是也。"一说为人所推重之言。

重阳 ❶指天。《楚辞·远游》:"集重阳入帝宫兮,造旬始而观清都。"洪兴祖补注:"积阳为天,天有九重,故曰重阳。"❷节令名。夏历九月初九叫"重阳",又叫"重九"。曹丕《九日与钟繇书》:"岁往月来,忽复九月九日。九为阳数,而日月并应,俗嘉其名,以为宜于长久,故以享宴高会。"杜甫《九日》诗:"重阳独酌杯中酒,抱病起登江上台。"

重译 ❶辗转翻译。《三国志·吴志·薛综传》:"山川长远,习俗不齐,言语同异,重译乃通。"❷在旧译本之外另行翻译。

重阴 ❶浓密的阴影。王维《与卢员外象过崔处士兴宗林亭》诗:"绿树重阴盖四邻,青苔日厚自无尘。"❷指地下。张衡《思玄赋》:"经重阴乎寂寞兮。"❸指阴雨。曹植《赠王粲》诗:"重阴润万物,何惧泽不周。"

重渊 深渊。《后汉书·马融传上》:"聘畎亩之群雅,宗重渊之潜龙。"

重整旗鼓 形容失败后重新结集力量以图恢复。旗鼓是进军号令之物。《李自成》一卷二六章:"重整旗鼓,石破天惊。"

重足 叠足而立,不敢前进,形容恐惧的样子。《后汉书·陈龟传》:"龟既到职,州郡重足震栗。"

崇 (chóng) ❶高。如:崇山峻岭。《考工记·匠人》:"堂崇三尺。"引申为高贵。《左传·宣公十二年》:"子良,郑之良也;师叔,楚之崇也。"❷尊敬;推重。如:崇拜;崇敬。《礼记·王制》:"上贤以崇德,简不肖以绌恶。"❸通"终"。终了。见"崇朝"。❹充;充满。《仪礼·燕礼》:"主人不崇酒。"郑玄注:"崇,充也。"柳宗元《送薛存义之任序》:"柳子载肉于俎,崇酒于觞,追而送之江浒,饮食之。"❺积聚。《诗·周颂·

良耜》:"其崇如墉,其比如栉。"郑玄笺:"谷成熟而积聚多如墉也。"❻增长。《左传·成公十八年》:"今将崇诸侯之奸,而披其地。"❼修饰。《国语·周语中》:"容貌有崇,威仪有则。"韦昭注:"崇,饰也。容止可观也。"❽古国名。(1)又称有崇氏。相传为鲧之封国。在今河南嵩县北。(2)商的与国。在今陕西户县东,到崇侯虎时,为周文王所灭。(3)春秋时为秦的与国,公元前608年晋赵穿师师伐崇,即此。❾姓。宋代有崇大年。

崇峻 高峻。《新唐书·刘祥道传》:"掖省崇峻,王言秘密。"

崇礼 ❶尊崇礼仪。《中庸》:"温故而知新,敦厚以崇礼。"❷尊崇优遇。《后汉书·江革传》:"肃宗甚崇礼之,迁五官中郎将。"

崇信 尊崇信任。《书·泰誓下》:"崇信奸回,放黜师保。"

崇朝 终朝,一个早晨。《诗·卫风·河广》:"谁谓宋远?曾不崇朝。"

崈 (chóng) 古"崇"字。《汉书·郊祀志上》:"以山下户凡三百封崈高,为之奉邑。"

漴 (chóng) 见"漴漴"。

漴漴 水声。见《玉篇·水部》。

蝩 (chóng) 晚生的蚕。《玉篇·虫部》:"蝩,蚕晚生也。"

另见 zhōng。

緟 (chóng) 同"重"。

蟲 (chóng) 通"爞"。见"蟲蟲"。

另见 chóng 虫。

蟲蟲 同"爞爞"。灼热貌。《诗·大雅·云汉》:"旱既大甚,蕴隆蟲蟲。"毛传:"蟲蟲而热。"孔颖达疏:"热气爞爞然。酷热如此,无复雨意。"

爞 (chóng,又读 tóng) 见"爞爞"。

爞爞 形容气候炎热。《尔雅·释训》:"爞爞、炎炎,薰也。"郭璞注:"皆旱热薰炙人。"白居易《贺雨》诗:"自冬及春暮,不雨旱爞爞。"

chǒng

宠 〔寵〕(chǒng) ❶宠爱。如:得宠;宠儿。《汉书·杜钦传》:"好憎之心生,则爱宠偏于一人。"旧时亦作妾的代称。如:纳宠。

❷尊崇。《国语·楚语下》:"宠神其祖。"❸荣耀。《国语·楚语上》:"赫赫楚国,而君临之,抚征南海,训及诸夏,其宠大矣。"❹骄纵。张衡《东京赋》:"好殚物以穷宠。"

宠光 犹言恩宠,荣宠。谓因特加恩宠而得的荣耀。《韩非子·外储说左下》:"宠光无节,则臣下侵逼。"

宠辱不惊 得宠受辱皆无动于衷。谓置得失于度外。语本《老子》。《新唐书·卢承庆传》:"初承庆典选,校百官考。有坐漕舟溺者,承庆以失所载,考中下;以示其人,无愠也。更曰'非力所及',考中中;亦不喜。承庆嘉之曰'宠辱不惊',考中上。其能著人善类此。"参见"宠辱若惊"。

宠辱若惊 《老子》:"得之若惊,失之若惊,是谓宠辱若惊。"谓得之则惊喜,失之则惊恐,无论受宠受辱都心惊。后谓骤得宠荣而极感惶恐为"受宠若惊",本此。参见"宠辱不惊"。

宠幸 指帝王对后妃、臣下的宠爱。《史记·袁盎晁错列传》:"错常数请间言事,辄听,宠幸倾九卿。"无名氏《梅妃传》:"侍明皇,大见宠幸。"

宠异 给以特殊优厚的待遇。《汉书·王吉传》:"上以其言迂阔,不甚宠异也。"

chòng

冲 〔衝〕(chòng) ❶向着;朝着。《山海经·海外北经》:"有一蛇,虎色,首冲南方。"❷猛烈。如:冲劲儿。亦形容气味浓烈刺鼻。闻一多《一个白日梦》:"这究竟是一种什么气味?怎么那样冲人?"

另见 chōng。

铳 〔銃〕(chòng) ❶旧时的一种火器。如:火铳;鸟铳。❷斧斤受柄之处。见《广韵·一送》。

踵 (chòng) 困极坐睡,头上下颠动。今作"睖"。《初刻拍案惊奇》卷十四:"杨化骑一步,踵一踵,几番要撺下来。"

另见 zhōng。

chōu

抽 (chōu) ❶引出;吸出。如:抽丝;抽烟。❷拔出。李白《宣州谢朓楼饯别校书叔云》诗:"抽刀断水水更流。"又谓草木发芽。束皙

《补亡诗》："木以秋零,草以春抽。"
❸提取;腾出。如:抽税;抽空;抽闲。
❹牵动;收缩。如:抽筋;抽搐。❺抽
打。《西厢百咏·小桃红》:"雨点似
棍抽,火急搀追究,做媒的下场头。"

抽丰　亦作"秋风"。意近分肥。
指利用各种关系向人索取财物。
《通俗编·货财》:"《野获编》载都城
俗事对偶,以'打秋风'对'撞太岁',
盖俗以自远干求,曰'打秋风',以依
托官府,赚人财物,曰'撞太岁'也。
《暖姝由笔》载靖江郭令辞谒客诗,
有'秋风切莫过江来'之句。《七修
类稿》米芾札中有'抽丰'二字,即世
云秋风之义,盖彼处丰稔,往抽分之
耳。"亦泛指向有钱人求得财物赠
与。《红楼梦》第三十九回:"忽见上
回来打抽丰的刘老老和板儿来了。"
参见"打秋风"。

抽签　❶在神前求签以卜吉凶。
❷凭机会决定权利或义务该属于谁
的一种办法,类似拈阄。参见"拈
阄"。

抽身　脱身。《红楼梦》第九回:
"唠叨了半日,方抽身去了。"亦指从
宦途中引退。苏轼《李顾秀才见寄
次韵答之》:"诗句对君难出手,云泉
劝我早抽身。"

抽头　约人聚赌,从中抽取头钱,
叫"抽头"。

抽象　❶同"具体"相对。事物某
一方面的本质规定在思维中的反映。
❷指思维活动的一种特性。即在思
想中抽取事物的本质属性,撇开非本
质属性。❸指形而上学的思维特点,
亦称空洞的抽象。同科学的抽象相
对。是一种孤立地、片面地、脱离实
际地观察事物的错误方法。

抽簪　簪,贯发用具,可用以连冠
于发。古时作官的人须束发整冠,故
称弃官归隐为"抽簪"。白居易《戊
申岁暮咏怀》诗:"万一差池似前事,
又应追悔不抽簪。"

抇　〔搊〕(chōu)　❶用手指弹琵
琶等弦乐器。《新唐书·礼
乐志十一》:"旧以木拨弹,乐工裴神
符初以手弹……后人习为抇琵琶。"
❷束紧。陆龟蒙《新夏东郊闲泛有怀
袭美》诗:"佩笭筜后带频抇。"❸固
执;偏狭。董解元《西厢记》卷三:
"不隄防夫人情性抇,把下脸儿来不
害羞,欺心丛里做得个魁首。"

抇搜　❶鲁莽。董解元《西厢记诸
宫调》卷二:"细端详,见法聪生得抇
搜相。"❷固执。康进之《李逵负荆》
第一折:"哎!你个呆老子,畅好是忒

抇搜。"

抇弹家　唐崔令钦《教坊记》:"平
人女以容色选入内,教习琵琶、五弦、
箜篌、筝者,谓之抇弹家。唐代裴神
符废木拨而用手指弹琵琶,称"抇琵
琶"。

怞　(chōu)　"妯"的本字。
另见 yóu。

妯　(chōu)　扰动;不平静。《诗
·小雅·鼓钟》:"忧心且
妯。"本作"怞",见《说文·心部》。
《方言》第六:"妯,扰也。人不静曰
妯,秦晋曰蹇,齐宋曰妯。"郭璞注:
"谓躁扰也。"
另见 zhóu。

紬　〔紬〕(chōu)　拉出丝绺的头
绪;抽引。引申为寻绎义理,
绪成条理。《文选·宋玉〈高唐
赋〉》:"紬大弦而雅声流。"李善注:
"紬,引也。"《史记·太史公自序》:
"迁为太史令,紬史记石室金匮之
书。"司马贞索隐:"如淳云:'抽彻旧
书故事而次述之。'小颜云:'紬,谓
缀集之也。'"
另见 chóu 绸㊀。

紬次　缀集编次。《新唐书·韦
澳传》:"澳乃取十道四方志,手加紬
次,题为《处分语》。"

紬绎　引端伸义;阐述。杨亿《受
诏修书述怀感事三十韵》:"紬绎资
金匮,规模出玉除。"亦谓引导。《汉
书·谷永传》:"又下明诏,帅举直
言;燕见紬绎,以求咎愆。"颜师古注:
"紬绎者,引其端绪也。"

柎　〔楘〕(chōu)　❶穿在牛鼻上
系绳的小木棍或铁环。《广
雅·释器》:"柎,桊,枸也。"王念孙
疏证:"枸,犹拘也。今人言牛拘是
也。"❷抱;揽。无名氏《货郎旦》第
二折:"我将他衣领揪,他忙将我腰
胯柎。"

筩　〔篘〕(chōu)　竹制滤酒器。
皮日休《奉和鲁望新夏东郊
闲泛》诗:"黄篾楼中挂酒筩。"亦谓
滤酒。苏轼《江城子》词:"花未落,
酒新筩。"又为酒的代称。苏轼《和
子由闻子瞻将如终南太平宫谿堂读
书》诗:"近日秋雨足,公馀试新筩。"

擂　(chōu)　同"抽"。

盩　(chōu)　同"盩"。

瘳　(chōu)　❶病愈。《书·金
縢》:"王翼日乃瘳。"引申为
恢复元气。《庄子·人间世》:"庶几
其国有瘳乎?"❷减损。《国语·晋

语二》:"君不度,而贺大国之袭于己
也,何瘳?"韦昭注:"瘳,犹损也。言
君不揆度神意,而令贺之,何损于
祸?"

盩　(chōu)　亦作"盩"。通
"抽"。《吕氏春秋·节丧》:
"涉血盩(盩)肝以求之。"
另见 zhōu。

犨　(chōu)　❶亦作"犫"。牛喘
息声。一曰牛名,见《说文·
牛部》及段玉裁注。❷突出。《吕氏
春秋·召类》:"南家之墙,犨于前而
不直;西家之潦,径其宫而不止。"高
诱注:"犨,犹出。曲出子罕堂前
也。"一说同"雠"。当,正对着。❸
姓。晋大夫郤犨之后。

犫　(chōu)　同"犨"。

chóu

仇　〔讎、讐〕(chóu)　❶仇恨。
《公羊传·庄公四年》:"复仇
也。"《史记·留侯世家》:"〔张良〕为
韩报仇。"❷仇敌。如:嫉恶如仇;敌
忾同仇。
另见 qiú。

俦　〔儔〕(chóu)　❶伴侣;同辈。
张衡《思玄赋》:"仰矫首以遥
望兮,魂惘惘而无俦。"《三国志·魏
志·高柔传》:"萧曹之俦,并以元
勋,代作心膂。"萧,萧何;曹,曹参。
❷谁。《法言·修身》:"俦克尔。"

俦俪　同辈;同一类的人物。《三
国志·蜀志·庞统法正传评》:"拟
之魏臣,统其荀彧之仲叔,正其程郭
之俦俪邪?"

莦　〔薵〕(chóu)　草名。《文选
·枚乘〈七发〉》:"滭浡莦
蓼。"李善注:"言水清净之处生莦、
蓼二草也。"《广雅·释草》:"莦,蒩
葱也。"是为葱的一种。
另见 zhòu。

帱　〔幬〕(chóu)　❶同"裯"。帐
子。曹植《赠白马王彪》诗:
"何必同衾帱,然后展殷勤。"❷车
帷。《史记·礼书》:"大路之素帱
也,郊之麻绖,丧服之先散麻,一也。"
另见 dào。

惆　〔懤〕(chóu)　见"惆惆"。

惆惆　忧愁貌。《楚辞·九怀·危
俊》:"泱莽莽兮究志,惧吾心兮惆
惆。"

惆　(chóu)　悲伤;失意。陆机
《叹逝赋》:"心惆焉而自伤。"

参见"惆怅"。

惆怅　因失望或失意而哀伤恼恨。《楚辞·九辩》："廓落兮羁旅而无友生,惆怅兮而私自怜。"

绸　㊀〔綢〕(chóu)　亦作"紬"。通常用天然丝或化学纤维长丝以平纹组织或以平纹作地组织提花织成的一类丝织物。质地较细密,但不过于轻薄。有生织、熟织、素织(平纹上无花)和花织(平纹上起简单花纹)之分。例如,塔夫绸、花线春、双宫绸等。

㊁〔綢〕(chóu)　❶通"稠"。密。见"绸直"。❷缠缚。《楚辞·九歌·湘君》:"薜荔拍兮蕙绸。"王逸注:"绸,缚束也。"见"绸缪❶"。

另见 tāo。

绸缪　❶紧密缠缚。《诗·唐风·绸缪》:"绸缪束薪。"又《豳风·鸱鸮》:"迨天之未阴雨,彻彼桑土,绸缪牖户。"❷绵密貌。左思《吴都赋》:"荣色杂糅,绸缪缛绣。"❸犹缠绵,谓情意深厚。吴质《答东阿王书》:"发函伸纸,是何文采之巨丽,而慰喻之绸缪乎!"

绸直　绸,通"稠"。密而直。《诗·小雅·都人士》:"彼君子女,绸直如发。"郑玄笺:"其性情密致,操行正直,如发之本末无隆杀也。"

椆　(chóu)　木名。《山海经·中山经》:"虎首之山,多苴椆椐。"郭璞注:"椆,未详也,音雕。"郝懿行笺疏:"《类篇》云:'椆,寒而不凋。'"

畴　〔疇〕(chóu)　❶田亩;已耕作的田地。《吕氏春秋·慎大》:"农不去畴。"高诱注:"畴,亩也。"《左传·襄公三十年》:"取我田畴而伍之。"杜预注:"并畔为畴。"也指美田。《汉书·萧望之传》:"修农圃之畴。"颜师古注:"美田曰畴。"❷特指种麻的田。❸不同农作物种植的分区。左思《蜀都赋》:"其园则有蒟蒻、茱萸、瓜畴、芋区。"❹垄土。《淮南子·俶真训》:"今夫树木者,灌以瀿水,畴以肥壤。"❺种类。《书·洪范》:"帝乃震怒,不畀洪范九畴。"蔡沈集传:"畴,类……洪范九畴,治天下之大法,其类有九。"❻通"俦"。同类;伴侣。《荀子·劝学》:"草木畴生,禽兽群焉,物各从其类也。"杨倞注:"畴与俦同,类也。"《楚辞·九思·疾世》:"居嵺廓兮鲜畴。"王逸注:"畴,匹也。"❼使相等。《后汉书·祭遵传》:"死则畴其爵邑,世世无绝嗣。"李贤注:

"畴,等也;言功臣死后子孙袭封,世世与先人等。"❽通"酬"。报酬。潘岳《西征赋》:"畴匹妇其已泰。"❾通"谁"。《书·舜典》:"帝曰:畴若予工?"参见"畴咨"。❿语助。无义。见"畴昔"。

畴官　世代相传的官,特指太史之类的历算官。《史记·龟策列传》:"至高祖时,因秦太卜官……孝文、孝景,因袭掌故,未遑讲试。虽父子畴官,世世相传,其精微深妙,多所遗失。"参见"畴人"。

畴人　《史记·历书》:"幽厉之后,周室微,陪臣执政,史不记时,君不告朔,故畴人子弟分散。"裴骃集解引如淳曰:"家业世世相传为畴。"因"历书"的内容是天文历算,故后世称历算学者为"畴人"。清代阮元辑有《畴人传》。李程《日五色赋》:"畴人有秩,天纪无失。"

畴昔　日前;往昔。畴,助词。《礼记·檀弓上》:"予畴昔之夜,梦坐奠于两楹之间。"潘岳《夏侯常侍诔》:"畴昔之游,二纪于兹。"纪,十二年。

畴咨　亦作"畴谘"。《书·尧典》:"帝曰:'畴咨若时登庸。'"蔡沈传:"畴,谁;咨,访问也。若,顺;庸,用也。尧言:谁为我访问能顺时为治之人而登用之乎?"后亦用为访问或访求的意思。《三国志·魏志·管宁传》:"高祖文皇帝畴谘群公,思求俊乂。"

酬　〔酧、詶、醻〕(chóu)　❶劝酒。《仪礼·乡饮酒礼》:"主人实觯酬宾。"郑玄注:"先自饮,乃饮宾,为酬。"❷报谢;偿还。如:酬劳;酬谢。《仪礼·士冠礼》:"主人酬宾,束帛俪皮。"《北史·阳休之传》:"官出行不得过百姓饮食,有者,即数钱酬之。"❸实现愿望。李频《春日思归》诗:"壮志未酬三尺剑,故乡空隔万重山。"❹报复。辛弃疾《美芹十论》:"臣子思酬国耻。"❺以诗文相赠答。如:唱酬;酬对。杜甫《已上人茅斋》诗:"空忝许询辈,难酬支遁词。"张耒《屋东》诗:"赖有西邻好诗句,赓酬终日忘饥。"

酬酢　❶饮酒时主客互相敬酒,主敬客曰"酬",客还敬曰"酢"。《淮南子·主术训》:"觞酌俎豆酬酢之礼,所以效善也。"后称朋友酒食往来为"酬酢"。❷应对。《易·系辞上》:"是故可与酬酢,可与祐神矣。"韩康伯注:"酬酢,犹应对也。"❸唱和。韩愈、李正封《晚秋郾城夜会联句》:"道旧甘感激,当歌发酬酢。"

稠　(chóu)　❶与"稀"相对。多而繁密。如:稠人广众。束皙《补亡诗·华黍》:"黍发稠华,亦挺其秀。"❷浓厚。如:稠粥。❸姓。汉代有稠雕。

另见 diào,tiáo。

稠叠　稠密重叠。谢灵运《过始宁墅》诗:"岩峭岭稠叠,洲萦渚连绵。"亦谓多而频繁。陆游《梅市暮归》诗:"今兹税驾地,佳事喜稠叠。"

稠人广众　指群众或群众聚集之地。《汉书·灌夫传》:"稠人广众,荐宠下辈;士亦以此多之。"

稠直　亦作"绸直"。既密且直。《诗·小雅·都人士》:"彼君子女,绸直如发。"毛传:"密直如发也。"白居易《叹老》诗:"我有一握发,梳理何稠直。"

稠浊　繁多而混乱。《国策·秦策一》:"书策稠浊。"高诱注:"稠,多;浊,乱也。"

愁　(chóu)　❶忧愁。《古歌》:"秋风萧萧愁杀人,出亦愁,入亦愁。"杜甫《闻官军收河南河北》诗:"却看妻子愁何在,漫卷诗书喜欲狂。"❷形容景象的惨淡。班婕妤《捣素赋》:"仾风轩而结睇,对愁云之浮沉。"郝名远《白鹦鹉赋》:"若炎洲之愁雾。"

愁肠　忧郁愁闷的心肠。傅玄《云歌》:"青云徘徊,为我愁肠。"张说《江上愁心赋》:"贯愁肠于巧笔,纺离梦于哀弦。"

愁城　比喻为忧愁所包围。庾信《愁赋》:"攻许愁城终不破,荡许愁门终不开。"范成大《次韵代答刘文潜》:"一曲红窗声里怨,如今分作两愁城。"

愁眉啼妆　《后汉书·五行志一》:"桓帝元嘉中,京都妇女作愁眉、啼妆、堕马髻、折要步、龋齿笑。所谓愁眉者,细而曲折;啼妆者,薄拭目下若啼处。"按又见《后汉书·梁冀传》。参见"啼妆"。

筹　〔籌〕(chóu)　❶记数和计算的用具。《汉书·五行志下之上》:"筹所以纪数也。"❷计谋;谋划。如:一筹莫展。《史记·留侯世家》:"臣请借前箸为大王筹之。"❸古代投壶所用的矢。《礼记·投壶》:"筹,室中五扶。"

筹策　❶古代计算用具,即筹算。《老子》:"善数,不用筹策。"❷计谋策划。杜甫《洗兵马》诗:"扶颠始知筹策良。"

筹画　谋划;计划。《晋书·帝纪

总论》："值魏太祖创基之初,筹画军国,嘉谋屡中。"

筹马　亦作"筹码"。计数的用具。《礼记·投壶》："正爵既行,请为胜者立马。"郑玄注:"马,胜算也。谓之马者,若云技艺如此,任为将帅乘马也。"后称赌博记筹之物为筹马,本于此。见《陔馀丛考·筹马》。

筹码　商业用语。指手头可运用的资金数量。如手头可运用的资金数量多,称筹码多;反之,称筹码少。

祷（chóu）　被单;一说为床帐。《诗·召南·小星》："抱衾与祷。"毛传:"衾,被也;祷,禅(单)被也。"郑玄笺:"祷,床帐也。"

另见 dāo。

踌〔躊〕（chóu）　见"踌躇"。

踌躇　❶犹豫不决。《楚辞·九辩》："事亹亹而觊进兮,蹇淹留而踌躇。"❷不行貌;住足。《楚辞·七谏·怨世》："骥踌躇于弊辇兮。"亦作"躇踌"。古辞《艳歌何尝行》："躇踌顾群侣,泪下不自知。"❸自得貌。见"踌躇满志"。

踌躇满志　心满意足,从容自得的样子。《庄子·养生主》："提刀而立,为之四顾,为之踌躇满志。"

鲌〔鰌〕（chóu）　大鱼名。《孔子家语·屈节解》："渔者曰:'鱼之大者名为鲌,吾大夫爱之。'"

魗〔魗〕（chóu,又读 chǒu）　通"丑(醜)"。《诗·郑风·遵大路》："无我魗兮。"毛传:"魗,弃也。"郑玄笺:"魗,亦恶也。"

潱（chóu）　❶腹中有水气。见《说文·水部》。❷通"愁"。忧貌。《新书·容经》："潱然潱然忧以湫。"

雠〔讎〕（chóu）　亦作"讐〇"。❶应答。《诗·大雅·抑》："无言不雠。"引申为应验。《史记·封禅书》："其方尽多不雠。"❷同等。《汉书·霍光传》："皆雠有功。"颜师古注:"言其功相等类也。"❸售;给价。《史记·高祖本纪》："高祖每酤,留饮酒,雠数倍。"❹校对。见"雠定"。

雠定　校对并加以考正。《新唐书·王珪传》："召入秘书内省,雠定群书。"

蒮（chóu）　《说文·心部》："蒮,蒮箸也。"段玉裁注:"按箸必是訑字,不可解,疑当作足部之躇。蒮躇,犹今人所用'踌躇'也,皆裴回(徘徊)不决之貌,故从心。"

chǒu

丑　㊀（chǒu）❶地支的第二位。❷传统戏曲脚色行当。宋元南戏已有这一行脚色。由于化妆时常在鼻梁上抹一小块白粉而俗称"小花脸",又同净脚的大花脸、二花脸并列而俗称"三花脸"。扮演的人物种类繁多,有的语言幽默、行动滑稽、心地善良,如京剧《女起解》的崇公道;有的奸诈刁恶、悭吝卑鄙,如京剧《审头刺汤》的汤勤。又根据所扮人物性格、身份的不同而划分为文丑、武丑两支,表演上各有特点。扮演女性人物时称彩旦或丑旦、摇旦。❸十二时辰之一,凌晨一时至三时。❹姓。周代有丑父。

㊁〔醜〕（chǒu）❶相貌难看。《淮南子·说山训》："嫫母有所美,西施有所丑。"❷恶劣;不好。《汉书·项籍传》："今尽王故王于丑地。"❸羞耻。《史记·魏世家》："以羞先君宗庙社稷,寡人甚丑之。"❹憎恶。《左传·昭公二十八年》："恶直丑正,实蕃有徒。"❺怪异的事。《荀子·宥坐》："记丑而博。"❻比方;比较。《礼记·学记》："比物丑类。"郑玄注:"丑,犹比也。"❼通"俦"。同类。《尔雅·释鸟》："凫雁丑,其足蹼。"引申为相同,相类。《孟子·公孙丑下》："今天下地丑德齐。"❽恶人。《晋书·陶侃传》："独当大寇,无征不克,群丑破灭。"❾美学范畴之一。人的本质力量的歪曲、怪异、畸形的表现。它客观存在于事物之中,与美相比较而存在,相斗争而发展。是对美的否定,同人的实践目的、生理、心理的需要不协调,因而令人不快、厌恶。丑与假、恶有联系,又有程度、范畴的区别。在艺术中,生活里的丑被艺术加工,使丑的本质得到揭示,或通过丑来造成特定意境以反衬美,间接肯定美并转化为艺术美,具有审美价值。

丑化　❶与"美化"相对。在美学上,主要指通过艺术的加工,将美的事物歪曲、涂饰成为丑的,或将丑恶事物的本质充分揭示出来,愈显其丑。在文学艺术中,它是创作手法之一,多用于喜剧、漫画等讽刺作品。❷将美好事物歪曲、诬蔑为坏和丑的。

丑类　❶犹言恶人,坏人。《左传·文公十八年》："丑类恶物。"孔颖达疏:"丑亦恶也,物亦类也,指谓恶人等辈,重复而言之耳。"❷以同类的事相比况。《礼记·学记》："比物丑类。"

丑末　自谦鄙陋微贱之词。《南史·王藻传》："上乃使人为敫(江敫)作表让婚,曰:'……自惟门庆,屡降公主,天恩所覃,庸及丑末。'"

丑声　坏名声。《宋书·庐陵王义真传》："咸阳之酷,丑声远播。"

丑夷　古代称年辈相同学行相齐的人为"丑夷"。犹侪辈。《礼记·曲礼上》："凡为人子之礼,冬温而夏清,昏定而晨省,在丑夷不争。"郑玄注:"丑,众也;夷,犹侪也。"孔颖达疏:"皆等类之名。"

杽（chǒu）　刑具。即手铐。《旧唐书·刑法志》："又系囚之具,有枷、杽、钳、镣,皆有长短广狭之制。"

另见 niǔ。

杽械　刑具。即手铐脚镣。杜甫《草堂》诗："眼前列杽械,背后吹笙竽。"

俶（chǒu）　理睬。王实甫《西厢记》第一本第三折:"他不俶人待怎生!"

俶睞　亦作"俶保"、"瞅睞"。顾视;理睬。孔尚任《桃花扇·闲话》："丢在路旁,竟没人俶睞。"

瞅〔瞝、眣〕（chǒu）　看;望。《红楼梦》第六回："袭人却只瞅着他笑。"

chòu

臭（chòu）　秽恶的气味。与"香"相对。《孔子家语·六本》："与善人居,如入芝兰之室,久而不闻其香,即与之化矣;与不善人居,如入鲍鱼之肆,久而不闻其臭,亦与之化矣。"引申为可厌恶。如:臭钱;臭架子。

另见 xiù。

臭秽　腐烂发臭。《后汉书·陈蕃传》："夫不有臭秽,则苍蝇不飞。"

臭皮囊　旧时信释道者厌恶人的肉体,以为其中藏有涕、痰、粪、尿等污物,故称。《西游记》第二十三回:"胜似在家贪血食,老来坠落臭皮囊。"

臰（chòu）　同"臭"。

殠（chòu）　腐气。《汉书·杨王孙传》："昔帝尧之葬也,……其穿下不乱泉,上不泄殠。"颜师古注:"乱,绝也。"后作"臭"。

chū

出 ㊀(chū) ❶从里到外。与"入"、"进"相对。如:出门;出国。❷产生;出产;发生。如:出铁;出事。《礼记·问丧》:"非从地出也。"❸出生。《左传·僖公二十三年》:"晋公子,姬出也。"❹拿出;发出。如:出主意;出水痘。❺越出。如:出轨;出界。❻超出。《商君书·画策》:"凡人主德行非出人也,知非出人也。"❼到;临。如:出席;出庭。《汉书·霍光传》:"北临昭灵,南出承恩。"❽显露;出现。如:出面;出名;水落石出。挚虞《典校五礼表》:"卷多文烦,类皆重出。"❾支出。如:入不敷出;出入相抵。❿脱离。如:出险。⓫离弃。见"出妻"、"七出"。⓬出仕。见"出处(chūchǔ)"、"出山"。⓭花瓣的分歧。段成式《酉阳杂俎·木篇》:"诸花少六出者,唯栀子花六出。"

㊁〔齣〕(chū) 戏曲名词。传奇剧本结构上的一个段落,同杂剧的"折"相近。某些情节集中的"出"有时也可单独上演,称单出戏或出头戏,也称折子戏。

出差 工作人员临时外出办理公事。

出尘 谓超出尘俗之外。犹言清高。孔稚珪《北山移文》:"夫以耿介拔俗之标,萧洒出尘之想,度白雪以方洁,干青云而直上。"

出处(—chǔ) 出,出仕;处,隐退。去就、进退的意思。语出《易·系辞上》"君子之道,或出或处,或默或语"。《三国志·魏志·王昶传》:"虽出处不同,然各有所取。"

出处(—chù) 犹言出典,指语、典故等的来源或根据。陆游《老学庵笔记》卷七:"今人解杜诗,但寻出处。"

出尔反尔 《孟子·梁惠王下》:"出乎尔者,反乎尔者也。"反,同"返"。原意谓你怎样对人,人也怎样对你。后指言行前后矛盾,反覆无常。《好逑传》第十一回:"为何老恩台大人出尔反尔?"

出阁 ❶阁,闺阁。古时称公主出嫁。元稹《七女封公主制》:"虽秩华可尚,出阁未期,而汤沐先施,分封有据。"后为女子出嫁的通称。❷皇子出就藩封。《南齐书·江谧传》:"诸皇子出阁,用文武主帅,皆以委谧。"亦指阁臣外任。《梁书·江蒨传》:"初,王泰出阁。"

出格 ❶旧时应制文字及表章,凡遇表示尊称的词语,另起一行,出格抬头书写,叫做"出格",也叫做"跳出"。《通雅·器用》"书札":"跳出,出格题头也。《春秋正义》引《魏晋仪注》:'写表章别起行头者,谓之跳出。'智以为即今之出格,尊称题式也。"❷超出常规;异乎寻常。张籍《酬秘书王丞见寄》诗:"今体诗中偏出格。"今亦指不合规格。

出恭 明代国子监学规,每班给与"出恭入敬"牌一面,以防生员擅离本班。见《南雍志·谟训考上》。考试时,在考场内亦设此牌,以防考生擅离座位。上厕所时,必须领这块牌子。后因习称上厕所为"出恭"。《警世通言·吕大郎还金完骨肉》:"行至陈留地方,偶然去坑厕出恭。"

出家 佛教指脱离家庭到寺院当僧尼。原为印度吠陀时代和婆罗门教的遁世制度,佛教兴起后沿用。道教全真派道士舍家观居,也称"出家"。

出将入相 出则为将,入则为相。谓才兼文武的人物。《旧唐书·李德裕传》:"及从官藩服,出将入相,三十年不复重游。"

出口成章 亦作"脱口成章"。本谓好口才,脱口而出的话都成文理。也形容文思敏捷,作诗文不必起稿。《三国演义》第七十九回:"人皆言子建出口成章,臣未深信。"

出类拔萃 《孟子·公孙丑上》:"出于其类,拔乎其萃。"萃,与类同义。"出类"、"拔萃"谓超出于同类。后多用"出类拔萃"形容德才超越寻常。《三国志·蜀志·蒋琬传》:"琬出类拔萃,处群僚之右。"

出落 长成。犹言出挑。多赞美青年人的容貌、体态。王实甫《西厢记》第四本第二折:"出落得精神,别样的风流。"

出马 原指将士骑马出阵交战,今亦指出头做事。如:这件事非你亲自出马不可。

出没 ❶或隐或现。杜甫《北征》诗:"岩谷互出没。"❷指来踪去迹。《水浒传》第三十一回:"〔知府〕检点了杀死人数,行凶人出没去处,填画了图像、格目。"

出母 古称为父所离弃的生母。《礼记·檀弓上》:"故孔氏之不丧出母,自子思始也。"

出纳 ❶古谓传达王命并反映下面的意见。《书·舜典》:"命汝作纳言,夙夜出纳朕命。"孔颖达疏:"纳言为喉舌之官也。"此官主听下言纳于上,故以纳言为名;亦主受上言宣于下,故言出朕命。❷指财物的支出与收入。《论语·尧曰》:"犹之与人也,出纳之吝,谓之有司。"今为企业、事业等单位票据和现金的收付、保管工作的总称。亦指从事该项工作的人。

出妻 古时指离弃妻子。《孟子·离娄下》:"出妻屏子,终身不养焉。"亦指被离弃的妻子。《仪礼·丧服》:"出妻之子为母期。"

出其不意 出于对方意料之外。《孙子·计篇》:"攻其无备,出其不意。"

出奇制胜 谓出奇兵以取胜。《孙子·埶篇》:"凡战者,以正合,以奇胜。故善出奇者,无穷如天地,不竭如江河。"又:"奇正之变,不可胜穷也。"谓当敌之正兵与傍出之奇兵能变化运用,使敌莫测。《明史·王骥传》:"出奇制胜,寇必不敢长驱直入。"现亦指别出心裁以取得胜利。

出缺 谓原任人员去职或死亡而职位空缺。

出入 ❶进出。《汉书·梁孝王武传》:"梁之侍中、郎、谒者,著引籍出入天子殿门。"❷支出与收入。《史记·陈丞相世家》:"问天下一岁钱谷出入几何。"❸特指呼吸。《素问·六微旨大论》:"出入废,则神机化灭。"❹差异;彼此不符合。如:二者有出入。沈括《梦溪笔谈》:"不免两条相犯,互有出入。"❺差错;失误。陆龟蒙《甫里先生传》:"先生无大过,亦无出入事。"❻古代谓女子出嫁者为"出",未嫁者为"入"。《礼记·大传》:"〔服术有六〕,四曰出入。"郑玄注:"出入,女子子嫁者及在室者。"

出色 ❶特别好;与众不同。《红楼梦》第八十四回:"贾政点点头儿,因说道:'这也并没有什么出色处,但初试笔能如此,还算不离。'"❷卖力。《水浒传》第三十三回:"刘高差你来,休要替他出色。"

出山 《晋书·谢安传》:"卿累违朝旨,高卧东山,诸人每相与言,安石不肯出,将如苍生何,苍生亦将如卿何?"后因以"出山"称隐士出仕,也泛指出仕或出任职事。

出身 ❶犹言舍身。《汉书·郅都传》:"已背亲而出身,固当奉职,死节官下,终不顾妻子矣。"❷指早期经

历或家庭职业。《三国演义》第五十二回："原来二人都是桂阳岭山乡猎户出身。"今也指本人或家庭的阶级成分。❸出仕作官。《三国志·魏志·杜畿传》："及长悔恨,遂幅巾而居,后虽出身,未尝释也。"也指做官的最初资历。如:捐班出身;赐进士出身。

出神 全神贯注,如发呆的样子。《红楼梦》第十三回："〔王夫人〕心中已活了几分,却又眼看着凤姐出神。"

出神入化 形容技艺达到高超神妙的境界。《隋唐演义》第四十九回："一条罗家枪,使得出神入化。"

出生入死 《老子》:"出生入死,生之徒十有三,死之徒十有三。"《韩非子·解老》:"人始于生而卒于死,始之谓出,卒之谓入,故曰出生入死。"谓从生到死。后形容冒生命危险,随时有死的可能。《旧五代史·末帝纪上》:"我年未二十从先帝征伐,出生入死,金疮满身。"

出世 佛教指脱离世间束缚。与解脱同义。有时亦指出生于世,如说"释迦出世"。中国禅宗又用以指奉帝王之命出任名山大寺的方丈。

出仕 做官。苏轼《穆父新凉》诗:"家居妻儿号,出仕猿鹤怨。"号,哭。

出首 ❶自首。《晋书·华轶传》:"既而遇赦,恒(高恒)携之出首。"❷检举;告发。《水浒传》第二回:"银子并书都拿了去了,望华阴县里来出首。"

出死 献身效死。《荀子·臣道》:"出死无私,致忠而公。"杨倞注:"出身死战,不为私事。"

出挑 谓青年男女的容貌变得比以前出色。《红楼梦》第六回:"〔凤姑娘〕如今出挑的美人儿似的。"

出脱 ❶开脱罪名。《朱子全书·历代》:"此皆是史家要出脱苻坚杀兄之罪,故装点许多。"❷犹言出落、出挑。《红楼梦》第四回:"虽模样儿出脱的齐整,然大段未改,所以认得。"❸谓货品卖出成交。秦简夫《东堂老》第一折:"出脱了些奇珍异宝,花费了些精银响钞。"

出位 越出本位。《论语·宪问》:"君子思不出其位。"柳宗元《上裴晋公度献唐雅诗启》:"出位僭言,惶战交积。"

出息 ❶生息。《红楼梦》第五十六回:"一年在园里辛苦到头,这园内既有出息,也是分内该沾些

的。"引申为成就、上进的意思。如:有出息。❷出气,呼出的气息。

出一头地 《宋史·苏轼传》:"〔轼〕后以书见修(欧阳修),修语梅圣俞曰:'吾当避此人出一头地。'"谓当让此人高出一头。后以"出人头地"比喻高人一等,本此。《喻世明言·明悟禅师赶五戒》:"吟诗作赋,无不出人头地。"

出韵 指格律诗应该押韵的字越出规定的韵部。吴乔《围炉诗话》卷一:"出韵诗虽是晚唐变体,然非晚不及盛之关系处。"盛,指盛唐。

初(chū) ❶起头;刚开始;第一次。如:初学;初版;初出茅庐。《诗·大雅·荡》:"靡不有初,鲜克有终。"❷当初;本来。《左传·隐公元年》:"遂为母子如初。"又用为叙事中追溯已往之词。《左传·哀公六年》:"初,昭王有疾。"❸最低的。如:初等;初级。❹根本;从来。《后汉书·彭脩传》:"受教三日,初不奉行,废命不忠,岂非过邪?"❺夏历指每月的开头几天或开头十天。如:月初;初头;初一;初十。

初出茅庐 《三国演义》第三十九回:"直须惊破曹公胆,初出茅庐第一功。"按谓诸葛亮出草庐辅佐刘备事。后谓初入社会缺乏实际经验。鲁迅《彷徨·高老夫子》:"那傻小子是'初出茅庐',我们准可以扫光他。"

初度 指初生之时。《离骚》:"皇览揆余初度兮,肇锡余以嘉名。"后称生日为"初度"。《元史·顺帝纪八》:"朕初度之日,群臣毋贺。"

初服 ❶未做官时的服装。《离骚》:"进不入以离尤兮,退将复修吾初服。"曹植《七启》:"愿反初服,从子而归。"后称辞官为"反(返)初服"。❷指新即位的君主开始执政。《书·召诰》:"王乃初服。"孔传:"言王新即政,始服行教化。"

初篁 初生的竹子。梁简文帝《晚春赋》:"望初篁之傍岭,爱新荷之发池。"

初吉 朔日,即夏历初一日。《诗·小雅·小明》:"二月初吉。"

初生之犊 犊,小牛。比喻大胆勇敢但缺少经验的年轻人。《三国演义》第七十四回:"俗云:'初生之犊不惧虎。'"

初文 对"后起字"而言。文字学上指同一个字的初期形体。独体字居多。如"趾"本作"止",象是趾形,后加意符"足"作"趾"。"網"本作

"风",象网形,后加声符"亡"作"罔",又后加意符"糸"作"網"。"止"是"趾"的初文,"网"是"罔"、"網"的初文。

初心 ❶本意;本愿。吴融《和杨侍郎》诗:"烟霄惭暮齿,麋鹿愧初心。"❷佛教用语。指初发心愿学佛,功行还没有达到高深阶段的人。《景德传灯录》卷十九"弘教大师":"初心后学,近入丛林;方便门中,乞师指示。"

初夜 ❶亦称甲夜。古时一夜以五更计时,初更称"初夜"。《资治通鉴·汉明帝永平十六年》:"初夜,超(班超)遂将吏士往奔虏营。"胡三省注:"初夜,甲夜也。"❷新婚之夜。和凝《江城子》:"初夜含娇入洞房。"

初元 帝王登位之后,例须改元,因谓改元之初为"初元"。苏辙《郊祀庆成》诗:"盛礼弥三祀,初元正七年。"

貙〔貙〕(chū) 兽名。《尔雅·释兽》:"貙,似狸。"郭璞注:"今貙虎也,大如狗,文如狸。"柳宗元《黑说》:"鹿畏貙,貙畏虎,虎畏罴。"

摴(chū) 见"摴蒲"。

摴蒲 即"樗蒲"。古代博戏。

摢(chū) 同"摴"。《集韵·九鱼》:"摴蒱,戏也。或作摢。"
另见 hù。

骬(chū) 见"骨骬"。

貚(chū) 同"貙"。

樗(chū) 植物名。即"臭椿"。

樗材 犹言无用之材。纪昀《阅微草堂笔记·姑妄听之三》:"鄙弃樗材,不堪倚玉。"也用作谦词。参见"樗栎"。

樗栎 《庄子·逍遥游》:"吾有大树,人谓之樗,其大本拥肿而不中绳墨,其小枝卷曲而不中规矩。立之涂,匠者不顾。"又《人间世》:"匠石之齐,至于曲辕,见栎社树……曰:'是不材之木也,无所可用。'"后因以"樗栎"比喻无用之材。欧阳詹《寓兴》诗:"桃李有奇质,樗栎无妙姿。"也用作自谦之词。苏颂《为卢监谢御衣物状》:"加臣匪服,遂增辉于樗栎。"

樗蒲 也作"摴蒲"、"摴蒱"。古代博戏。博具有棋子、棋枰、五木、筹等。棋子分杯、马、矢等。以筹计数。

用五木掷采：采有十种，以卢、雉、犊、白为贵采，余为杂采。贵采得连掷、打马、过关，杂采则否。起于汉魏，盛行于晋。见唐李肇《国史补》。

樗散　樗木为散材，比喻于世无用。常用作谦词。杜甫《送郑十八虔贬台州司户》诗："郑公樗散鬓成丝，酒后常称老画师。"参见"樗栎"。

chú

刍〔芻〕(chú)　❶割草。《孟子·梁惠王下》："刍荛者往焉。"❷喂牲口的草。韩愈《驽骥》诗："渴饮一斗水，饥食一束刍。"亦指用草喂牲口。《周礼·地官·充人》："刍之三月。"郑玄注："养牛羊曰刍。"又指吃草的牲口。参见"刍豢"。❸草把。《礼记·祭统》："士执刍。"郑玄注："刍谓藁也，杀牲时用荐之。"

刍狗　草和狗。《老子》："天地不仁，以万物为刍狗；圣人不仁，以百姓为刍狗。"河上公注："天地生万物，人为最贵，天地视之，如刍草狗畜；圣人视百姓，如刍草狗畜。"一说，古代祭祀所用茅草扎成的狗，祭后则弃去。《庄子·天运》："夫刍狗之未陈也，盛以箧衍，巾以文绣，尸祝齐（斋）戒以将之；及其已陈也，行者践其首脊，苏者取而爨之而已。"陆德明释文："刍狗，李（李颐）云，结草为狗。"两说不同，皆以喻轻贱无用的东西。

刍豢　《孟子·告子上》："故理义之悦我心，犹刍豢之悦我口。"朱熹注："草食曰刍，牛羊是也；谷食曰豢，犬豕是也。"此泛指家畜。也用以指祭祀用的牺牲。《礼记·月令》："〔季冬之月〕其寝庙之刍豢。"郑玄注："刍豢，犹牺牲。"

刍灵　古代送葬用的茅草扎的人马。《礼记·檀弓下》："涂车刍灵，自古有之，明器之道也。"郑玄注："刍灵，束茅为人马；谓之灵者，神之类。"孙希旦集解："涂车刍灵，皆送葬之物也。"

刍秣　饲养牛马的草料。《周礼·天官·大宰》："刍秣之式。"郑玄注："刍秣，养牛马禾谷也。"

刍荛　割草打柴的人。《诗·大雅·板》："先民有言，询于刍荛。"后多用以指草野鄙陋的人。陆游《送七兄赴扬州帅幕》诗："诸公谁听刍荛策，我辈空怀畎亩忧。"

刍言　草野之人的言论。常用为自己的言论的谦辞。《旧唐书·李绛传》："陛下不废刍言，则端士贤臣，必当自效。"参见"刍荛"。

刍议　犹刍言，刍荛者之言。张说《谏避暑三阳宫疏》："臣自度刍议，十不一从。"参见"刍荛"。

助(chú)　通"锄"。除去。《庄子·徐无鬼》："王顾谓其友颜不疑曰：'……嗟乎！无以汝色骄人哉？'颜不疑归而师董梧，以助其色。"陆德明释文："助，本亦作锄。"
另见 zhù。

除(chú)　❶去掉。如：除恶务尽。《史记·秦始皇本纪》："诛乱除害，兴利致福。"❷修治。《易·萃》："君子以除戎器，戒不虞。"❸拜官授职。白居易《除苏州刺史》诗："老除吴郡守，春别洛阳城。"❹宫殿的台阶。张衡《东京赋》："登自东除。"也为台阶的通称。杜甫《送孔巢父病归》诗："清夜置酒临前除。"又指门与屏风之间。《汉书·苏武传》："扶辇下除。"❺算术计算法之一。
另见 zhù。

除拜　即拜官。《后汉书·杨秉传》："诏书多所除拜，秉复上疏谏。"

除官　拜官。《汉书·景帝纪》："列侯薨，及诸侯太傅初除之官，大行奏谥诔策。"颜师古注引如淳曰："凡言除者，除故官就新官也。"《资治通鉴·唐穆宗长庆二年》："其诸道大将久次及有功者，悉奏闻，与除官。"

除籍　除去名籍，犹言除名。《宋史·黄夷简传》："夷简被病，告满二百日，御史台言当除籍。"

除旧布新　清除旧的，安排新的。《左传·昭公十七年》："彗所以除旧布新也。"

除名　除去名籍，取消其原有的身份、资格。《事物纪原》卷十："何法盛《晋中兴书》曰：'胡毋崇为永康令，多受货赂，除名为民。'此事不他见，疑始于晋。"杜甫《敬寄族弟唐十八使君》诗："除名配清江。"配，流配。

除目　除授官职的文书。犹今之任免名单。《新五代史·刘延朗传》："帝欲罢晋高祖总督，徙镇郓州（治今山东东平西北），乃令文遇（薛文遇）手书除目，夜半下学士院草制。"

除丧　也叫"除服"。守孝期满，除去丧服。《礼记·檀弓上》："子夏既祥而见。"

除身　犹"告身"。古时授官的凭信。《宋书·颜延之传》："晋恭思皇后葬，应须百官，湛之取义熙元年除身，以延之兼侍中。"

除授　授予官职。李商隐《行次西郊作一百韵》："除授非至尊，或出倖臣辈。"《宋书·倭国传》："可赐除授。"

除书　任命书。《汉书·王莽传中》："是时争为符命封侯，其不为者相戏曰：'独无天帝除书乎？'"

除夕　一年最后一天的晚上，也指一年的最后一天。《风土记》："至除夕，达旦不眠，谓之守岁。"

除夜　❶即"除夕"。杜审言《守岁侍宴应制》诗："季冬除夜接新年。"❷冬至前一日。陆游《老学庵笔记》卷八："予读《太平广记》三百四十卷，有《卢顼传》云'是夕冬至除夜'，乃知唐人冬至前一日，亦谓之除夜。"

除阻　发辅音过程的最后阶段。即发音中阻碍作用的消除，发音器官从某种阻碍状态转到原来静止或其他状态的一种过程。如发 b[p] 时，嘴唇由闭而开；发 d[t] 时，舌尖离开齿背。

稌〔穤〕(chú)　庄稼的茎。《广雅·释草》："稷穰谓之稌。"王念孙疏证："稷茎之名稌。"梅尧臣《送王介甫知毘陵》诗："有水不滋稌。"

涂(chú)　❶古水名。见"涂水"。❷通"除"。见"涂月"。
另见 tú。

涂水　❶古水名。唐改"涂"作"滁"。即今滁河。《三国志·吴志·吴主传》谓赤乌十三年（公元250年）"遣军十万，作堂邑涂塘以淹北道"，即在堂邑（今江苏六合）境内堰涂水为塘以防魏兵南下。❷"涂"一作"塗"。春秋晋县，在今山西榆次市西南。《左传》昭公二十八年（公元前514年）："知徐吾为塗水大夫。"汉为涂水乡。

涂月　夏历十二月的别称。《尔雅·释天》："十二月为涂。"郝懿行义疏引马瑞辰曰："《广韵》涂与除同，音除，谓岁将除也。"

蒢(chú)　草名。《说文·艸部》："蒢，黄蒢，职也。"按《尔雅·释草》作"蒢，黄蒢。"参见"蒤"。

厨〔廚、厨〕(chú)　❶厨房。《孟子·梁惠王上》："是以君子远庖厨也。"❷同"橱"。箱柜。《晋书·顾恺之传》："恺之尝以一厨

画,糊题其前,寄桓玄。"

厨传　供应过客食住和车马的馆舍。《汉书·宣帝纪》:"或擅兴徭役,饰厨传。"颜师古注引韦昭曰:"厨谓饮食,传谓传舍。"

锄〔鉏、耡、鉏〕(chú)　❶也叫"锄头"。一种手工农具,用于中耕、除草、培土、间苗等。❷用锄头松土、除草。如:锄地,锄草。引申为铲除。如:锄奸。《子华子·孔子赠》:"明旌善类,而诛锄丑厉者,法之正也。"

滁(chú)　水名。见"滁河"。

滁河　古称涂水。长江下游支流。在安徽省东部。源出肥东县东北,曲折东流,经全椒、滁州、来安等市县,到江苏省六合县入长江。长 169 公里,流域面积 5 994 平方公里。晋集到大河口可通航。上游有黄栗树等水库。

趆(chú)　人名。《庄子·庚桑楚》有南荣趆。

荎(chú)　同"刍(芻)"。

蝑(chú)　见"蟾蝑"。

嘴(chú)　叱声。见《集韵·十虞》。
另见 zhōu。

鉏(chú)　姓。春秋时晋有鉏麑。
另见 chú 锄,jǔ,xú。

雏〔雛〕(chú)　❶小鸡。亦泛指幼禽。《说文·隹部》:"雏,鸡子也。"段玉裁注:"引申为凡鸟子细小之称。"白居易《晚燕》诗:"百鸟乳雏毕。"❷泛指幼小的动物。《礼记·内则》:"不食雏鳖。"亦指幼儿。杜甫《徐卿二子歌》:"丈夫生儿有如此二雏者。"

雏儿　原指幼禽,比喻年纪不大、没有阅历的人。石君宝《曲江池》第一折:"他还是个子弟,是个雏儿。"

雏凤　小凤,比喻佳子弟。李商隐《韩冬郎即席为诗相送》:"桐花万里丹山路,雏凤清于老凤声。"按韩偓小字冬郎,十岁能诗。老凤,指其父韩瞻。句意谓子胜于父。

雏形　事物初步形成的状貌。亦指按照实物缩小的模型。

藸(chú)　见"荎藸"。

犓(chú)　同"刍"。用铡碎的料草喂养牛。《文选·枚乘〈七发〉》:"犓牛之腴,菜以笋蒲。"李

善注引《说文》:"犓,以刍莝养国牛也。"刘良注:"犓牛,以刍养者。"

篨(chú)　见"籧篨"。

橱〔櫥〕(chú)　放置衣物等的家具。如:衣橱;书橱;碗橱。

藸(chú)　同"藸"。

躇(chú)　见"踌躇"。
另见 chuò。

蹰(chú)　徘徊不前。见《说文·足部》。

蹰〔躕〕(chú)　见"踟蹰"。

鶵(chú)　同"雏(雛)"。

---

chǔ

处〔處〕(chǔ)　❶居住。《易·系辞下》:"上古穴居而野处。"❷止;隐退。《易·系辞上》:"或出或处。"引申为女子未出嫁。见"处女❶"。❸对待;相处。《礼记·檀弓下》:"何以处我?"❹安排。《史记·李斯列传》:"人之贤不肖,譬如鼠矣,在所自处耳。"❺决断。《汉书·谷永传》:"臣愚不能处也。"亦谓处置、处分。如:处以极刑。❻定;常。《吕氏春秋·诬徒》:"喜怒无处。"
另见 chù。

处分　❶处理;处置。《晋书·杜预传》:"预处分既定,乃启请伐吴之期。"❷处罚。如:免予处分。❸吩咐;嘱咐。杨万里《晚兴》诗:"处分新霜且留菊,辟差寒日早开梅。"

处决　❶处置,裁决。《新唐书·李辅国传》:"代宗立,辅国等以定策功,愈跋扈,至谓帝曰:'大家第坐宫中,外事听老奴处决。'"大家,称代宗。❷执行死刑。

处女　❶在室之女,指未出嫁的女子。《荀子·非相》:"妇人莫不愿得以为夫,处女莫不愿得以为士。"❷未曾有过性行为的女子。❸比喻初次的。如:处女作;处女航。

处士　❶古时称有才德而隐居不仕的人。《荀子·非十二子》:"古之所谓处士者,德盛者也。"《史记·魏公子列传》:"赵有处士毛公藏于博徒,薛公藏于卖浆家。"❷古星名,即少微。《晋书·天文志上》:"少微四星在太微西,士大夫之位也。一名处士。"

处心积虑　谓蓄谋已久。《穀梁

传·隐公元年》:"何甚乎郑伯?甚郑伯之处心积虑成于杀也。"郑伯,郑庄公。这是指郑庄公阴谋除其弟共叔段事。

处置　处理;安排。《汉书·张安世传》:"其为故掖庭令张贺置冢三十家。上自处置其里。"

处子　❶处女。《庄子·逍遥游》:"肌肤若冰雪,淖约若处子。"❷处士。束皙《补亡诗》:"堂堂处子,无营无欲。"

处(chǔ)　"处(處)"的古字。
另见 chù。

杵(chǔ)　❶捣物的棒槌。《易·系辞下》:"断木为杵,掘地为臼。"❷筑土的木锤。张籍《筑城词》:"千人万人齐把杵。"❸捣衣的木槌。储光羲《田家杂兴》诗:"秋山响砧杵。"❹古兵器名。《宋史·呼延赞传》:"及作破阵刀、降魔杵。"按降魔杵本佛护法金刚力士所执武器的名称。❺捣;舂。贾谊《新书·春秋》:"傲童不讴歌,春筑者不相杵。"

杵臼交　《后汉书·吴祐传》:"公沙穆东游太学,无资粮,乃变服客佣,为祐赁舂。祐与语,大惊,遂共定交于杵臼之间。"后因称交友不嫌贫贱为"杵臼交"。《聊斋志异·成仙》:"文登周生,与成生少共笔砚,遂订为杵臼交。"

础〔礎〕(chǔ)　柱子底下的石碇。《淮南子·说林训》:"山云蒸,柱础润。"引申为基底。

楚(chǔ)　同"楚"。

虡(chǔ)　同"处(處)"。
另见 chù。

楮(chǔ)　❶木名。即构树,亦名穀树。皮可制桑皮纸,因以为纸的代称。张耒《题赵文敏公木石》诗:"吴兴笔法妙天下,人藏片楮无遗者。"❷钱币。《宋史·常楙传》:"馀金万楮,楙悉不受。"❸祭祀时焚化用的纸钱。李昌祺《剪灯馀话·两川都辖院志》:"牲牢酒楮,祭日无虚。"

楮币　亦称"楮券"。中国旧式纸币的别称。因楮皮可制纸,通称纸为楮,故名。周必大《二老堂杂志》卷四:"近岁用会子,盖四川交子法,特官券耳。不知何人目为楮币,……遂入殿试御题。"《宋史·席旦传》:"蜀用铁钱,以其艰于转移,故权以楮券。"

楮墨　纸和墨,借指书、画或诗文。徐渭《画鹤赋》:"楮墨如工,反寿终

身之玩。"浦起龙《史通通释·暗惑》:"无礼如彼,至性如此,猖狂生态,正复跃见楮墨间。"

楮钱 旧俗祭祀时焚化的纸钱。袁桷《送虞伯生还蜀省墓》诗:"丛竹雨留银烛泪,落花风扬楮钱灰。"

楮镪 即楮钱。《剪灯新话·滕穆醉游聚景园记》:"翌日,具肴醴焚楮镪于墓下,作文以吊之。"

楮叶 《韩非子·喻老》:"宋人有为其君以象为楮叶者,三年而成。丰杀茎柯,毫芒繁泽,乱之楮叶之中而不可别也。"象,象牙。《列子·说符》作"玉"。后因以比喻模仿逼真。如:莫辨楮叶;可乱楮叶。米芾《砚史·用品》:"楮叶虽工,而无补于宋人之用。"

储〔储〕(chǔ,旧读 chú) ❶积蓄。《淮南子·主术训》:"二十七年而有九年之储。"❷副贰。见"储君"。❸等待。张衡《东京赋》:"储乎广庭。"❹姓。

储备 储存起来以备使用。如:储备粮食。《梁史·张弘策传》:"高祖睹海内方乱……密为储备。"也指储存的物资。《南史·夏侯夔传》:"夔乃率军人于苍陵立堰,溉田千余顷,岁收谷百余万石,以充储备。"

储嫡 太子。《后汉书·安帝纪》:"降夺储嫡,开萌邪蠹。"李贤注:"储嫡,谓太子也。"

储邸 贮藏财物的府库。《文选·王融〈三月三日曲水诗序〉》:"盈衍储邸,充仞郊虞。"

储贰 犹储副。太子。《新唐书·裴度传》:"临终自为铭志,帝怪无遗奏,敕家人索之,得半稿,以储贰为请,无私言。"

储副 储君;太子。《后汉书·种暠传》:"太子,国之储副。"

储宫 犹储君,指太子。潘尼《赠陆机出为吴王郎中令》诗:"乃渐上京,乃(一作'羽')仪储宫。"

储后 储君。太子的别称。《文选·王融〈三月三日曲水诗序〉》:"储后睿哲在躬,妙善居质。"张铣注:"储后,太子也。睿,圣;哲,智也。"

储君 太子。《公羊传·僖公五年》何休注:"储君,副主。"《晋书·成都王颖传》:"皇太子,国之储君。"

储闱 太子所居之宫,即东宫。《文选·沈约〈奏弹王源〉》:"父璋升采储闱,亦居清显。"刘良注:"储闱,东宫也。"也用以称太子。《新唐书·房琯传》:"何以仅刑王国,训导储闱?"

储胥 ❶木栅之类,作守卫拒障之用。《汉书·扬雄传下》:"扼熊罴,拖豪猪,木雍枪累,以为储胥。"颜师古注引苏林曰:"木拥栅其外,又以竹枪累为外储也。"一说储胥犹言储备积贮。见王念孙《读书杂志·汉书十三》。❷汉代宫殿名。张衡《西京赋》:"既新作于迎风,增露寒与储胥。"迎风、露寒,皆宫殿名。

储与 ❶不舒展貌。《楚辞·哀时命》:"衣摄叶以储与兮,左祛挂于榑桑。"❷徜徉,自由自在地往来。扬雄《羽猎赋》:"储与乎大浦,聊浪乎宇内。"

储元 太子。《南齐书·东昏侯纪》:"咸降年不永,宫车早晏。皇祚之重,允属储元。"

储偫 亦作"储跱"。存备。《汉书·孙宝传》:"更为除舍,设储偫。"颜师古注:"谓豫备器物也。"《后汉书·章帝纪》:"诏所经道上郡县,无得设储跱。"李贤注:"储,积也;跱,具也;言不预有蓄备。"

楚(chǔ) ❶灌木名,即牡荆。《诗·周南·汉广》:"言刈其楚。"❷古时的刑杖或扑责生徒的小杖。见"棰楚"。❸痛苦。如:苦楚;酸楚。陆机《于承明作与士龙》诗:"慷慨含辛楚。"❹清晰;齐整。如:一清二楚。《诗·小雅·宾之初筵》:"笾豆有楚。"毛传:"楚,列貌。"❺鲜明;华美。《国策·秦策五》:"不韦使楚服而见。"高诱注:"楚服,盛服。"❻古国名。亦称荆、荆楚,金文称楚荆。芈姓。始祖鬻熊。西周时立国于荆山一带,建都丹阳(今湖北秭归东南)。常与周发生战争,周人称为荆蛮。熊渠为国君时,疆土扩大到长江中游。楚文王时建都于郢(今湖北荆州纪南城)。春秋时兼并周围小国,不断与晋争霸。楚庄王曾为霸主。疆域西北到武关(今陕西商南南),东南到昭关(今安徽含山北),北到今河南南阳,南到洞庭湖以南。战国时疆域又有扩大,东北到今山东南部,西南到今广西东北角。楚怀王攻灭越国,又扩大到今江苏和浙江。在秦统一战争中,屡次被秦打败。公元前 278 年郢失守,迁都陈(今河南淮阳)。前 241 年又迁都寿春(今安徽寿县)。前 223 年为秦所灭。❼五代时十国之一。公元 896 年马殷据今湖南之地,907 年受后梁封为楚王,建都长沙,其疆域曾达今广西东北部。951 年为南唐所灭。共历六主,四十五年。❽姓。

楚恻 悲痛凄恻。潘岳《哭弟文》:"终皓首何时忘,情楚恻兮常苦辛。"

楚楚 ❶植物丛生貌。《诗·小雅·楚茨》:"楚楚者茨,言抽其棘。"❷鲜明整洁貌。《诗·曹风·蜉蝣》:"蜉蝣之羽,衣裳楚楚。"元好问《杂言》诗:"诸郎楚楚皆玉立。"❸纤弱貌。《世说新语·言语》:"松树子非不楚楚可怜,但永无栋梁用耳!"

楚弓楚得 亦作"楚得楚弓"。《说苑·至公》:"楚共王出猎而遗其弓,左右请求之。共王曰:'止!楚人遗弓,楚人得之,又何求焉?'"后因以谓自己的东西虽然失去而取得者却不是外人。亦谓失而复得。《儿女英雄传》第十七回:"这个东西送上门来,楚弓楚得,岂有再容他已来复去的理?"

楚馆秦楼 泛称歌舞场所。多指妓院。张国宾《薛仁贵》第三折:"也不知他在楚馆秦楼贪恋着谁,全不想养育的深恩义。"亦作"秦楼楚馆"。《廿载繁华梦》第十四回:"每夜里就请到四马路秦楼楚馆,达旦连宵。"

楚囚 《左传·成公九年》:"楚子重侵陈以救郑。晋侯观于军府,见钟仪,问之曰:'南冠而絷者,谁也?'有司对曰:'郑人所献楚囚也。'"本指楚人之被俘者,后用以泛指处境窘迫的人。《世说新语·言语》:"当共戮力王室,克复神州,何至作楚囚相对!"

楚些 沈括《梦溪笔谈》卷三:"《楚辞·招魂》句尾皆曰'些',今夔、峡、湖、湘及南、北江獠人,凡禁咒句尾皆称'些',此乃楚人旧俗。"后以"楚些"为《招魂》的代称,亦泛指《楚辞》。陈造《芜湖感旧》诗:"浪愁楚些招,盍寄相思字。"元好问《李长源》诗:"方为骚人笺楚些。"

楚天 古时长江中下游一带属楚国,故用以泛指南方的天空。辛弃疾《水龙吟·登建康赏心亭》词:"楚天千里清秋,水随天去秋无际。"

楚尾吴头 见"吴头楚尾"。

楚腰 《韩非子·二柄》:"楚灵王好细腰,而国中多饿人。"后称女子细腰为"楚腰"。杜牧《遣怀》诗:"楚腰纤细掌中轻。"

褚(chǔ) 姓。另见 zhě,zhǔ。

瀦(chǔ) 济水的小支流。《尔雅·释水》:"水自河出为灉,济为瀦。"邢昺疏:"大水分出别为小水之名也。"

憷(chǔ)　痛楚。见《广韵·八语》。
另见 chù。

齼〔齼〕(chǔ)　牙齿接触酸味的感觉。曾几《曾宏甫分饷洞庭柑》诗："瓠犀微齼远山颦。"

黼(chǔ)　鲜明貌。《说文·黹部》："黼，合五采鲜色。从黹，卢声。《诗》曰：'衣裳黼黼。'"段玉裁注："《曹风·蜉蝣》曰：'衣裳楚楚。'传曰：'楚楚，鲜明貌。'许所本也。黼其正字，'楚'其假借字也。盖三家《诗》有作'黼黼'者。"

chù

亍(chù)　小步而行。《文选·左思〈魏都赋〉》："泽马亍阜。"李周翰注："亍，小步。"又《颜延之〈赭白马赋〉》："秀骥齐亍。"吕向注："亍，行貌。"参见"彳亍"。

处〔處〕(chù)　❶地方。《史记·五帝本纪》："迁徙往来无常处。"❷机关或机关的一个部门。如：筹备处；总务处。
另见 chǔ。

処(chù)　"处（處）"的古字。
另见 chǔ。

泏(chù)　水出貌。见《广韵·六术》。
另见 shè。

怵(chù)　❶恐惧；害怕。陆机《文赋》："虽杼轴于予怀，怵他人之我先。"❷凄怆；悲伤。《礼记·祭统》："心怵而奉之以礼。"
另见 xù。

怵惕　戒惧，惊惧。《汉书·淮南厉王传》："日夜怵惕，修身正行。"

惙(chù)　忧心。《方言》第十二："惙、怵，中也。"郭璞注："中宜为忡，忡，恼怖意也。"按《尔雅·释训》："忡忡，忧也。"

绌〔絀〕(chù)　❶犹"紩"。缝。《史记·赵世家》："郤冠秫绌。"裴骃集解引徐广曰："《战国策》作'林缝'。绌亦缝紩之别名也。"❷犹"屈"。《荀子·非相》："缓急嬴绌。"杨倞注："嬴绌，犹言伸屈也。"引申为不足。如：相形见绌；左支右绌。❸通"黜"。贬退；排除。《荀子·成相》："展禽三绌。"《史记·春申君列传》："绌攻取之心，而肥仁义之地。"

闶〔閦〕(chù)　众。《玉篇·门部》："闶，众也。释典有阿闶。"按《集韵·一屋》："闶，众在门中。"

俶(chù)　❶善。《诗·大雅·既醉》："令终有俶。"❷开始。《诗·周颂·载芟》："俶载南亩。"❸厚貌。《诗·大雅·崧高》："有俶其城。"俞樾《群经平议》卷十一："有俶，形容其厚也。"
另见 tì。

俶诡　同"諔诡"。奇异。《吕氏春秋·侈乐》："俶诡殊瑰，耳所未尝闻，目所未尝见。"

俶扰　原谓开始扰乱。《书·胤征》："俶扰天纪。"后泛指动乱。《宋史·安丙传》："今蜀道俶扰，未宽顾忧。"

俶装　犹整装。《文选·张衡〈思玄赋〉》："简元辰而俶装。"旧注："俶，始也。装，束也。"

畜(chù)　❶指受人饲养的禽兽。如：家畜；六畜。《国语·齐语》："其畜散而无育。"也泛指禽兽。如：孽畜。❷积储。《礼记·月令》："〔仲秋之月〕务畜菜。"
另见 xù。

畜生　亦作"畜牲"。泛指禽兽，也用为骂人之词。《隋书·宣华夫人陈氏传》："夫人泫然曰：'太子（隋炀帝杨广）无礼！'上（隋文帝杨坚）恚曰：'畜生何足付大事！'"

諔〔諔〕(chù)　见"諔诡"。

諔诡　奇异。《庄子·德充符》："彼且蕲以諔诡幻怪之名闻。"

處(chù)　同"处（處）"。
另见 chǔ。

皅(chù)　同"触"。

珿(chù)　玉器。八寸大的璋。《尔雅·释器》："璋大八寸谓之珿。"

趢(chù)　❶兽迹。见《广韵·六术》。❷见"趢踢"。

趢踢　兽名。《山海经·大荒南经》："南海之外，赤水之西，流沙之东，有兽，左右有首，名曰趢踢。"

鄐(chù)　古地名。春秋晋邑。确址不详。《左传·昭公十四年》："晋邢侯与雍子争鄐田。"

絮(chù)　调拌。《礼记·曲礼上》："毋絮羹。"孔颖达疏："絮，谓就食器中调和盐梅也。"
另见 nǜ, xù。

搐(chù)　牵动；抽动。《汉书·贾谊传》："一二指搐，身虑亡聊。"颜师古注："搐，谓动而痛也。"《红楼梦》第八十四回："看着手

搐风的来头，只还没搐出来呢。"

触〔觸〕(chù)　❶抵；撞。《易·大壮》："羝羊触藩。"《淮南子·天文训》："〔共工〕怒而触不周之山。"❷接触。《庄子·养生主》："手之所触。"❸触犯。《汉书·元帝纪》："去礼义，触刑法。"❹触动；触发。如：触类旁通；触景生情。❺姓。战国时有触龙。

触藩羝　语出《易·大壮》"羝羊触藩，羸其角"。比喻处于困境的人。郭璞《游仙》诗："进则保龙见，退为触藩羝。"

触礁　船舶在航行中触撞礁石、水下物或冰块等，造成船壳受损、漏水，船体搁浅或沉没的事故。

触鹿　晋人许孜的故事。许孜二亲丧，建墓于县之东山，亲栽松柏，时有鹿犯其栽松，孜悲叹谓："鹿独不念我乎？"明日，见鹿为猛兽所害，置于所犯松下。事见《晋书·许孜传》。后以"触鹿"为至孝感及于物之典。苏轼《同年程筠德林求先坟二诗》："养松无触鹿，助祭有驯乌。"

触目　目光所及。《世说新语·容止》："今日之行，触目见琳琅珠玉。"《晋书·习凿齿传》："吾以去五月三日来达襄阳，触目悲感，略无欢情。"

触石肤寸　指云的形成情况。《公羊传·僖公三十一年》："触石而出，肤寸而合，不崇朝而遍雨乎天下者，唯泰山尔。"按一指宽为寸，四指宽为肤。故"触石肤寸"是说云是（湿空气）受山石抬升而出现，并且由分散纤小的云丝而汇为大块发展起来的。

滀(chù，又读 xù)　❶水停聚貌。引申为蓄愤、郁结。《庄子·达生》："夫忿滀之气，散而不反。"❷湍急貌。《后汉书·公孙瓒传》："鸟厄归人，滀水陵高。"❸颜色和泽貌。《庄子·大宗师》："滀乎进我色也。"宣颖注："水聚则有光泽，言和泽之色令人可爱。"

憷(chù)　害怕；畏缩。如：发憷。
另见 chǔ。

歕(chù)　盛怒。见《说文·欠部》。

黜(chù)　❶贬斥；废除。《论语·微子》："柳下惠为士师，三黜。"《国语·晋语一》："公将黜太子申生而立奚齐。"❷减损。《左传·襄公十年》："初，子驷与尉止有争，将御诸侯之师而黜其车。"

黜陟　亦作"绌陟"。指官吏的进退升降。《书·舜典》："三载考绩，

三考黜陟幽明,庶绩咸熙。"

斶(chù) 亦作"歜"。古代人名。战国时齐有颜斶。见《国策·齐策四》。《汉书·古今人表》作"颜歜"。

膼(chù) 胸腔中的脂膏。《礼记·内则》:"小切狼膼膏,以与稻米为酏。"郑玄注:"狼膼膏,臆中膏也,以煎稻米。酏,薄粥。

矗(chù) ❶耸上貌。如:矗立。舒元舆《鄂州重岩寺碑铭》:"释宫斯阐,上矗星斗。"❷笔直。鲍照《芜城赋》:"矗似长云。"❸真实,率直。《元包经传》卷一:"语其义则矗然而不诬。"

矗矗 高耸貌。司马相如《上林赋》:"崇山矗矗,巄嵸崔巍。"

chuā

欻(chuā) 象声。如:欻的一声。
另见 xū。

chuāi

揣(chuāi) 同"攂❶"。如:揣在怀里。
另见 chuǎi、tuán、zhuī。

攂(chuāi) ❶亦作"揣"。藏。如:把钱攂起来。又两手交叉笼在袖子里叫攂手。❷用力揉。如:攂面;攂衣服。

chuái

臁(chuái) 见"膔臁"。

chuǎi

揣(chuǎi) ❶量度。《左传·昭公三十二年》:"士弥牟营成周,计丈数,揣高卑。"引申为估量、猜度。如:不揣冒昧。《汉书·翟方进传》:"子夏既过方进,揣知其指,不敢发言。"❷姓。明代有揣本。
另见 chuāi、tuán、zhuī。

揣度 考虑估量。《淮南子·人间训》:"凡人之举事,莫不先以其知,规虑揣度,而后敢以定谋。"

揣摩 悉意探求,以合于本旨。《国策·秦策一》:"苏秦得太公《阴符》之谋,伏而诵之,简练以为揣摩。"引申为揣度。黄宗羲《移史馆熊公雨殷行状》:"当时号为能谏者,

亦必揣摩宛转以纳其说。"

chuài

闖〔闖〕(chuài) 见"闖闖"。

嚼(chuài) ❶叮;咬。《孟子·滕文公上》:"蝇蚋姑嚼之。"❷一口吃下去。《礼记·曲礼上》:"毋嚼炙。"郑玄注:"嚼谓一举尽脔。"引申为贪吃,硬吃。如:吃不下就算了,不要硬嚼。
另见 zuō。

踹(chuài) 踏;踩。无名氏《鸳鸯被》第三折:"怎肯踹刘家门径!"
另见 shuàn。

chuān

川(chuān) ❶水道;河流。如:百川归海。《考工记·匠人》:"两山之间,必有川焉。"❷平野;平地。古乐府《敕勒歌》:"敕勒川,阴山下。"《新五代史·周德威传》:"平川广野,骑兵之所长也。"❸四川省的简称。

川流 水流。陆机《演连珠》:"澄风观水则川流平。"亦比喻不断涌现,盛行不衰。《中庸》:"小德川流,大德敦化,此天地之所以为大也。"

川资 旅费。《官场现形记》第五十六回:"温钦差道:'老弟几时动身?大约要多少川资?我这里来拿就是了。'"

巛(chuān) "川"的古体字。《书·益稷》:"浚畎浍距川。"《说文·巛部》作"浚く浍距巛"。
另见 kūn。

氚(chuān) 亦称"超重氢"。氢的放射性同位素。符号 T 或 ³H。自然界存在量极微。从核反应制得。主要用于热核反应。

穿㊀(chuān) ❶刺孔;凿通。如:穿耳;穿山。《诗·召南·行露》:"谁谓鼠无牙,何以穿我墉?"❷洞孔。《考工记·陶人》:"甑实二鬴,厚半寸,唇寸,七穿。"引申为圹穴。《汉书·外戚传下》:"时有群燕数千,衔土投丁姬穿中。"❸通过;连通。如:穿针;穿梭;穿通;穿越。韩愈《题于宾客庄》诗:"蔷薇蘸水笋穿篱。"❹透;破。如:看穿;说穿;戳穿;拆穿。《庄子·山木》:"衣弊履穿。"❺着衣服鞋袜。《世说新语·雅量》:"帻坠几上,以头就

穿取。"

㊁(chuān,旧读 chuàn) 通"串"。贯通。《汉书·司马迁传赞》:"贯穿经传。"

穿鼻 牛鼻穿绳,比喻任人摆布。《南史·张弘策传》:"徐孝嗣才非柱石,听人穿鼻。"

穿壁引光 见"凿壁偷光"。

穿堂 可作为过道的厅堂。《红楼梦》第三回:"两边是超手游廊,正中是穿堂。"

穿杨 见"百步穿杨"。

穿窬 指盗窃的行为。《论语·阳货》:"譬诸小人,其犹穿窬之盗也与!"何晏集解引孔安国曰:"穿,穿壁;窬,窬墙。"

穿凿 ❶凿通。《汉书·沟洫志》:"兒宽为左内史,奏请穿凿六辅渠,以益溉郑国傍高卬之田。"❷犹言附会。任意牵合意义以求相通。许慎《说文解字叙》:"《书》曰:'予欲观古人之象。'言必遵修旧文,而不穿凿。"刘克庄《答杨栋》诗:"枣本流容有伪,笺家穿凿苦争奇。"

chuán

传〔傳〕(chuán) ❶传授;转授于人。韩愈《师说》:"师者,所以传道授业解惑也。"《淮南子·精神训》:"故举天下而传之于舜。"❷传布;流传。如:其书必传。《礼记·祭统》:"有善而弗知,不明也;知而弗传,不仁也。"❸传送;传递。《孟子·公孙丑上》:"速于置邮而传命。"❹传达;表露。如:传神;传情。《庄子·天道》:"意之所随者,不可以言传也。"❺以命令召唤。如:传见;传审;随传随到。
另见 zhuàn。

传播 ❶即传布。如:传播消息。❷在传播学中,指人与人之间通过符号传递信息、观念、态度、感情,以此实现信息共享和互换的过程。

传布 传播;传扬。《新唐书·杨敬之传》:"敬之尝为《华山赋》,示韩愈,愈称之,士林一时传布。"

传达 ❶转达。把一方的意思转告另一方。❷指通报或传递送达。如:传达室。苏轼《故龙图阁学士滕公墓志铭》:"谏官杨绘言宰相不当以其子判鼓院,上曰:'绘不习朝事,鼓院传达而已,何与于事?'"

传单 ❶通知单。《儒林外史》第十八回:"外边一个小厮送将一个传单来。"❷印成单张对外散发的宣传

品。

传道 ❶传说。《周礼·夏官·训方氏》：“诵四方之传道。”郑玄注：“传道，世世所传说往古之事也。”❷儒者传授古代圣贤之道。韩愈《师说》：“师者，所以传道授业解惑也。”亦指宗教徒传布教旨。

传点 ❶古时朝房敲击云板报时上朝或召集百官执事。点，云板。《新唐书·仪卫志上》：“平明传点毕，内门开，监察御史领百官入。”❷按更点报时。点，更点。李商隐《深宫》诗：“金殿销香闭绮栊，玉壶传点咽铜龙。”

传国 古代天子、诸侯把国作为一家私产，世代传袭。《汉书·东方朔传》：“于是裂地定封，爵为公侯，传国子孙。”亦指把帝位或王位让给他人。《吕氏春秋·不屈》：“魏惠王谓惠子曰：‘上世之有国，必贤者也。今寡人实不若先生，愿得传国。’惠子辞。”

传经 ❶传授经学。如相传汉伏生使其女传《尚书》于晁错，称为“伏女传经”。见《汉书·伏生传》颜师古注引卫宏《定古文尚书序》。❷比喻传授先进经验。如：传经送宝。

传漏 犹报时。漏，漏壶，古代记时器。《汉书·董贤传》：“贤传漏在殿下。”参见“漏刻❶”。

传胪 ❶科举制度中，在殿试后由皇帝宣布登第进士名次的典礼。古代以上传语告下为胪，即唱名之意。❷状元、榜眼、探花以下，其第四名，即进士二甲之第一名，通称为传胪。三甲第一名亦间有称之。

传人 ❶指道德学问等能传于后世的人。《荀子·非相篇》：“五帝之外无传人，非无贤人也，久故也。”赵翼《瓯北诗话》卷六：“然则先生具寿者相，得天独厚，为一代传人，岂偶然哉！”先生，指陆游。❷继承某门学问使之流传的人。

传神 ❶图绘人物，能生动地传达其神情意态。南朝宋刘义庆《世说新语·巧艺》：“顾长康（恺之）画人，或数年不点目睛。人问其故，顾曰：‘四体妍蚩（美丑），本无关于妙处，传神写照，正在阿堵（这个）中。’”在文学和戏剧艺术上，对人物表现得神情生动，亦称“传神”。❷亦名“写照”、“写真”。中国肖像画传统名称。源于顾恺之“传神写照”一语。

传食 辗转受人供养。《孟子·滕文公下》：“后车数十乘，从者数百人，以传食于诸侯，不以泰乎？”一说，“传”读 zhuàn，意谓客舍。见焦循正义：“传食谓舍止诸侯之客馆而受其饮食也。”

传说 ❶辗转传述。白居易《奏所闻状》：“内外传说，不无惊怪。”❷指民间长期流传下来的对过去事迹的记述和评价。有的以特定历史事件为基础，有的纯属幻想的产物，在一定程度上反映了人民群众的要求和愿望。古代历史、民歌、民间故事中多有记载。

传统 历史沿传下来的思想、文化、道德、风俗、艺术、制度以及行为方式等。对人们的社会行为有无形的影响和控制作用。传统是历史发展继承性的表现，在有阶级的社会里，传统具有阶级性和民族性。积极的传统对社会发展起促进作用，保守和落后的传统对社会的进步和变革起阻碍作用。

传闻 非亲身经历，而出于他人的传述。《后汉书·马援传》：“传闻不如亲见，视景（影）不如察形。”

传闻异辞 本为《春秋》处理史料的原则之一，谓记录年世较远的事，指辞有所不同。《春秋·隐公元年》：“公子益师卒。”《公羊传》：“何以不日？远也。所见异辞，所闻异辞，所传闻异辞。”按《公羊》家分春秋时代为所见之世，所闻之世，所传闻之世，《春秋》书法因三世而异其辞，近详远略，后世以传闻的说法不一致为“传闻异辞”。“辞”亦作“词”。

传习 《论语·学而》：“吾日三省吾身：为人谋而不忠乎？与朋友交而不信乎？传不习乎？”朱熹注：“传，谓受之于师；习，谓熟之于己。”后以“传习”谓受师教后进行诵习。梁武帝《撰孔子正言竟述怀诗》：“志学耻传习，弱冠阙师友。”

传写 ❶传抄；辗转抄写。《文选·左思〈三都赋序〉》李善注引臧荣绪《晋书》：“赋成，张华见而咨嗟，都邑豪贵竞相传写。”《汉书·师丹传》：“大臣奏事，不宜漏泄，令吏民传写，流闻四方。”❷临摹。谢赫《古画品录·刘绍祖》：“善于传写，不闲其思。”

传薪 亦作“薪传”。传火于薪，前薪尽，火又传于后薪，辗转相传，火终不灭。比喻师生递相传授。语出《庄子·养生主》。参见“薪尽火传”。

传信 ❶把真实可信的情况传于后人。《穀梁传·桓公五年》：“《春秋》之义，信以传信，疑以传疑。”❷传递信件或传报消息。

传言 ❶出言；发言。《仪礼·士相见礼》：“凡言非对也，妥而后传言。”❷传令；传话。《史记·绛侯周勃世家》：“上乃使使持节诏将军：‘吾欲入劳军。’亚夫乃传言开壁门。”❸从古代流传下来的话。《说文·言部》：“谚，传言也。”段玉裁注：“传言者，古语也。”《论衡·书虚》：“世俗传言，则言季子取遗金也。”

传疑 谓自己认为有疑义的，据实告诉人家。《史记·三代世表》：“故疑则传疑，盖其慎也。”参见“传信❶”。

传真 ❶画家摹写人物形貌。杜荀鹤《八骏图》诗：“丹臒传真未得真，那知筋骨与精神。”参见“写真❶”。❷一种传送文字、图表、照片等图像的电报通信方式。有“传真电报”、“真迹电报”、“相片电报”等数种。

船 〔舩〕（chuán）❶船舶的通称。水上运载工具。利用人力、风力或机器推进。有的可在水下航行，如潜艇；也有系泊不航的，如趸船等。早期的船多用木材建造，19世纪后期出现铆接结构的钢船。20世纪50年代中期起普遍采用电焊结构的钢船。此外，小型船也有用水泥、铝合金和玻璃钢等制造。广泛用于交通、运输、捕鱼、港湾服务和作战等。❷酒器。李濬《松窗杂录》：“上因联饮三银船。”

船舶 即“船❶”。

船脚 ❶船工。杜宝《大业杂记》：“又有朱鸟航二十四艘……其架船人名为船脚。”❷水脚，船运费用。《宋史·食货志下四》：“筹为钱一贯八百三十文，内除船脚钱二百文，有一贯六百三十文。”谓盐灶煎盐，每筹一百斤。

遄（chuán）速。《诗·鄘风·相鼠》：“人而无礼，胡不遄死！”

圌（chuán）盛谷的圆囤。《释名·释宫室》：“圌以草作之，团团然也。”

另见 chuí，tuán。

猭（chuán）见“獑猭”。

椽（chuán）❶椽子。《左传·桓公十四年》：“以太宫之椽归为卢门之椽。”❷房屋的间数。张耒《赋诗自志》：“东宇西房数十椽。”

椽笔 《晋书·王珣传》："珣梦人以大笔如椽与之，既觉，语人曰：'此当有大手笔事。'俄而帝崩，哀册谥议，皆珣所草。"后用以称颂他人的文笔，犹言大笔。《聊斋志异·罗刹海市》："先生文学士，必能衙官屈宋，欲烦椽笔赋海市，幸无吝珠玉。"

椽子 屋顶结构中设置在檩条上的木条。上面安放望板或直接铺设瓦片等屋面材料。

辑〔辒〕(chuán) 见"辑车"。

辑车 古代运载棺柩的车子。《礼记·杂记上》："载以辑车。"郑玄注："辑，读为'辁'……许氏《说文解字》曰：'有辐曰轮，无辐曰辁。'《周礼》又有蜃车，天子以载柩。蜃辁声相近，其制同乎辁。"孙希旦集解引戴震曰："辑车，四轮迫地而行，其轮无辐，然郑以为即辁，亦非也。辑者，车之名；辁者，轮之名。"

歂(chuán) 姓。《左传·庄公十一年》有歂孙，《汉书·古今人表》作"颛孙"。
另见 chuǎn。

篅(chuán) 盛谷物的圆囤。《说文·竹部》："篅，以判竹圜（环）以盛谷者。"段玉裁注："用竹篾圜其外，杀其上，高至于屋，盖以盛谷。近底之处为小户，常闭之，可出谷。"

chuǎn

舛(chuǎn) ❶彼此相违背；不齐。《汉书·扬雄传下》："雄见诸子各以其知舛驰。"❷不顺；不幸。王勃《滕王阁序》："命途多舛。"❸错乱；错误。《宋史·张举传》："闭户读书四十年，手校数万卷，无一字舛。"

舛错 差错；错乱。《楚辞·九叹·惜贤》："情舛错以曼忧。"曼，长。司马贞《史记索隐序》："初欲改更舛错，禅补疏遗。"

舛互 ❶交相抵触。《旧唐书·礼仪志二》："是非舛互，靡所适从。"亦作"舛午"。《汉书·刘向传》："朝臣舛午，胶戾乖剌。"❷纵横交错。左思《吴都赋》："飞甍舛互。"

舛误 犹舛错。差错谬误。《隋书·王劭传》："劭具论所出，取书验之，一无舛误。"

莼(chuǎn) 晚采的茶。《尔雅·释木》"槚，苦荼"郭璞注："今呼早采者为茶，晚取者为茗，一名莼。"参见"茗"、"槚❷"。

喘(chuǎn) ❶急促呼吸。如：喘气；累得直喘。《汉书·丙吉传》："牛喘吐舌。"❷细声说话。《荀子·臣道》："喘而言，臑而动。"杨倞注："喘，微言也。"

喘息 ❶《说文·心部》："息，喘也。"段玉裁注："人之气急曰喘，舒曰息。"紧张的活动后，呼吸急促，要透一口气。因以"喘息"比喻紧张活动中的短时休息。❷因惴惴不安而呼吸急促。《世说新语·言语》："昔每闻元公道公协赞中宗，保全江表。体小不安，令人喘息。"❸呼吸。《素问·阴阳应象大论》："视喘息，听音声，而知所苦。"

歂(chuǎn) 王筠《说文句读》谓与"喘"同字。
另见 chuán。

僢(chuǎn) 同"舛"。两足相背。亦谓两足相向。《礼记·王制》"雕题交趾"郑玄注："卧则僢。"

蝡(chuǎn) 无足虫。见《集韵·二十八狝》。
另见 chuǐ。

chuàn

玔(chuàn) 同"钏（釧）"。

串(chuàn) ❶连贯。如：贯串；串珠。也作成串东西的计数单位。如：一串钱。❷到别人家走动。《清平山堂话本·快嘴李翠莲》："不曾走东家，不曾西邻串。"❸彼此串通。如：串供；串骗。❹错误地连接。如：电话串线。❺戏曲术语。意为表演。如称演戏为"串戏"、"串演"。或说串字来源于爨字。
另见 guàn。

串通 勾结；串联。《红楼梦》第四十六回："鸳鸯听了，便红了脸，说道：'怪道你们串通一气来算计我！'"

串戏 演戏。张岱《陶庵梦忆》卷六"彭天锡串戏"："〔彭天锡〕到余家串戏五六十场，而穷其技不尽。"

钏〔釧〕(chuàn) ❶手镯。《正字通·金部》："古男女并用，今惟女饰有之。"《南史·王玄象传》："女臂有玉钏。"❷姓。明代有钏国贤。

chuāng

创〔創、剙、刱〕(chuāng) ❶创伤。《汉书·萧何传》："身被七十创。"❷伤害。《汉书·薛宣传》："欲令创咸（申咸）面，使不居位。"颜师古注："创，谓伤之也。"❸通"疮"。《礼记·曲礼上》："头有创，则沐。"
另见 chuàng。

创巨痛深 《礼记·三年问》："创巨者其日久，痛甚者其愈迟；三年者，称情而立文，所以为至痛极也。""三年"指父母死后守孝三年。谓哀亲之痛犹如体受重创须经三年之久才能平复。后以创巨痛深指遭受严重损害或深感创痛。《世说新语·纰漏》："臣父遭遇无道，创巨痛深，无以仰答明诏。"

创痍 创伤；伤口。《汉书·淮南王传》："野战攻城，身被创痍。"比喻人民的疾苦。《史记·季布栾布列传》："于今创痍未瘳，哙（樊哙）又面谀，欲摇动天下。"亦作"创夷"。《三国志·吴志·程普传》："攻城野战，身被创夷。"

拟〔摐〕(chuāng) 通"撞"。击。司马相如《子虚赋》："拟金鼓，吹鸣籁。"

囱(chuāng) "窗"的本字。
另见 cōng。

戗〔戧〕(chuāng) 同"创❶"。
另见 qiāng，qiàng。

疮〔瘡〕(chuāng) ❶皮肤病名。即"疮疡"。❷本作"创"。伤口。《三国演义》第五十五回："〔周瑜〕大叫一声，金疮迸裂，倒于船上。"

疮痏 伤痕；疱瘢。《抱朴子·擢才》："乃有播埃尘于白珪，生疮痏于玉肌。"亦作"创痏"。张衡《西京赋》："所好生毛羽，所恶成疮痏。"

疮疡 中医学病名。指一切体表浅显的外科疾病。包括肿疡和溃疡，如痈疽、疔疮、疖肿、流注、瘰疬等。

疮痍 同"创痍"。创伤，比喻战争后民生雕敝。《汉书·季布传》："今疮痍未瘳，哙（樊哙）又面谀，欲摇动天下。"《史记》作"创痍"。

窗〔窓、窻、牕、牎、牗〕(chuāng) 设在房屋、车船等的顶上或壁上用以透光通风的口子，一般装有窗扇。古时仅指天窗。《说文·穴部》："在墙曰牖，在屋曰囱。"段玉裁注："屋，在上者也。"《论衡·别通》：

"凿窗启牖，以助户明也。"
另见 cōng。

窗（chuāng）　同"窗"。

chuáng

床〔牀〕（chuáng）❶供人睡卧的用具。如：床铺；床位。《诗·小雅·斯干》："乃生男子，载寝之床。"古时亦指坐榻。如：胡床。古乐府《孔雀东南飞》："阿母得闻之，槌床便大怒。"❷安置器物的架子。如：笔床；琴床。亦指水道的底。如：河床。❸井上围栏。古乐府《淮南王篇》："后园凿井银作床，金瓶素绠汲寒浆。"

床头金尽　财物耗尽，谓陷于贫困的境地。张籍《行路难》诗："君不见床头黄金尽，壮士无颜色。"《聊斋志异·翩翩》："娼返金陵，生窃从遁去，居娼家半年，床头金尽，大为姊妹行齿冷。"

床笫　笫，床上的席子。床笫，即床铺。《周礼·天官·玉府》："掌王之燕衣服、衽席、床笫、凡亵器。"引申指闺房之内或夫妇之间。《左传·襄公二十七年》："床笫之言不逾阈。"

咪（chuáng）　同"噇"。

噇（chuáng）　吃喝无度。《集韵·四江》："噇，食无廉也。"《水浒传》第四回："你是佛家弟子，如何噇得烂醉了上山来！"

幢（chuáng）❶作为仪仗用的一种旗帜。《汉书·韩延寿传》："总建幢棨。"❷刻着佛号或经咒的石柱。如：经幢。
另见 zhuàng。

幢幢　晃动貌。元稹《闻乐天授江州司马》诗："残灯无焰影幢幢，此夕闻君谪九江。"

橦（chuáng）　竿。《后汉书·马融传》："揭鸣鸢之修橦。"李贤注："橦，旗之竿也。"木华《海赋》："决帆摧橦，戕风起恶。"指桅竿。
另见 chōng、tóng。

chuǎng

闯〔闖〕（chuǎng）❶猛冲；突然直入。如：闯劲；横冲直闯。❷串；走。《儒林外史》第一回："〔王冕〕见那闯学堂的书客，就买几本旧

书。"❸奔走，浪游。如：闯江湖；走南闯北。❹闯练。如：他闯出胆儿来了。❺惹起。如：闯祸。
另见 chèn。

闯将　敢于冲锋陷阵而无所畏惧的猛将。《明史·李自成传》："自成乃与兄子过往从迎祥，与献忠等合，号闯将。"亦比喻不畏艰难、勇往直前的人。鲁迅《坟·论睁了眼看》："没有冲破一切传统思想和手法的闯将，中国是不会有真的新文艺的。"

嵊（chuǎng）　山相连接。杜甫《封西岳赋》："群山为之相嵊，万穴为之倒流。"

漺（chuǎng）　同"碙"。

碙（chuǎng）　磨擦；碰撞。木华《海赋》："飞涝相碙。"

chuàng

仓〔倉〕（chuàng）　通"怆"。悲伤。《诗·大雅·桑柔》："不殄心忧，仓兄填兮。"朱熹集传："仓兄与怆怳同，悲悯之意也。"
另见 cāng。

创〔創、剏、㓝〕（chuàng）❶创始；首创。如：创举；创刊。《论语·宪问》："裨谌草创之。"《汉书·叙传下》："礼仪是创。"颜师古注："创，始造之也。"❷引以为戒。《书·益稷》："予创若时。"孔传："创，惩也。"孔颖达疏："惩丹朱之恶。"
另见 chuāng。

创见（—jiàn）　独到的见解。如：他在这个问题上有不少创见。

创见（—xiàn）　初次出现。《史记·司马相如列传》："符瑞众变，期应绍至，不特创见。"司马贞索隐引文颖曰："不独一物初创见也。"

创业　创立基业。《孟子·梁惠王下》："君子创业垂统，为可继也。"

创艾　亦作"创刈"。❶惩戒；打击。《汉书·匈奴传下》："今既发兵，宜纵先至者，令臣尤（严尤）等深入霆击，且以创艾胡虏。"❷鉴戒；戒惧。《晋书·地理志上》："汉兴，创艾亡秦孤立而败，于是割裂封疆，立爵二等，功臣侯者百有余邑。"《后汉书·南匈奴传》："北单于创刈南兵，又畏丁令、鲜卑，遁逃远去。"

创造　做出前所未有的事情。如：发明创造。《后汉书·应奉传》："凡八十二事……其二十七，臣所创

造。"

怆〔愴〕（chuàng）　伤悲；凄怆。陈子昂《登幽州台歌》："念天地之悠悠，独怆然而涕下。"

怆恻　凄怆悲痛。潘岳《寡妇赋》："思缠绵以督乱兮，心摧伤以怆恻。"

怆怆　悲伤貌。《楚辞·九怀·思忠》："感余志兮惨慄，心怆怆兮自怜。"

怆怳　失意貌。《楚辞·九辩》："怆怳忼悢兮，去故而就新。"

怆悢　悲哀。班彪《北征赋》："心怆悢以伤怀。"

㓝（chuàng）　同"创（創）"。

chuī

吹㊀（chuī）❶空气流动触拂物体。如：风吹雨打。❷合口用力呼气。《老子》："夫物或行或随，或嘘或吹。"❸吹奏管乐器。《诗·小雅·何人斯》："伯氏吹埙，仲氏吹篪。"❹说大话。如：你别吹啦。❺破裂；不成功。如：告吹；事情吹了。
㊁（chuì，旧读 chuī）❶竽笙等乐器的吹奏。《礼记·月令》："〔季秋之月〕上丁，命乐正入学习吹。"❷指乐曲。如：歌吹。韩愈《幽怀》诗："凝妆耀洲渚，繁吹荡人心。"

吹唇　吹口哨。《资治通鉴·齐明帝建武四年》："众号百万，吹唇沸地。"胡三省注："吹唇者，以齿啮唇作气吹之，其声如鹰隼；其下者以指夹唇吹之，然后有声，谓之啸指。"

吹打　民间器乐合奏形式之一。以唢呐、管子、笛、笙、大鼓等为主要乐器，间或辅以铙、钹、镲等击乐器和弦乐器。流行全国，有"吹打"、"吹歌"、"鼓吹"、"鼓乐"等不同种类，如"苏南吹打"、"西安鼓乐"、"河北吹歌"、"辽南鼓吹"、"潮州大锣鼓"。常见曲目有《满庭芳》、《小放驴》、《大辕门》等。

吹法螺　佛教用语。法螺即螺贝，吹之声能及远。比喻佛之说法广被大众。《妙法莲华经·序品》："今佛世尊欲说大法，雨大法雨，吹大法螺，击大法鼓，演大法义。"后也用来比喻说大话。

吹拂　微风吹动物体。引申为吹嘘、称扬。《宋书·王微传》："江（江湛）不过强吹拂吾，云是岩穴人。"

吹剑首　《庄子·则阳》："吹剑首者，映而已矣。"陆德明释文引司马彪

曰:"剑首,谓剑环头小孔也。吷,吷然如风过。"吹剑环头上小孔而发微响,比喻不足道。杨万里《秋怀》诗:"盖世功名吹剑首,平生忧患淅矛头。"

吹毛 ❶极言容易。《韩非子·内储说下》:"梨且谓景公曰:'去仲尼,犹吹毛耳。'"❷故意挑剔。张说《狱箴》:"吏苟吹毛,人安措足。"参见"吹毛求疵"。❸形容刀剑锋利。亦指利剑。《碧岩录》卷十:"剑刃上吹毛试之,其毛自断,乃利剑,谓之吹毛也。"卢纶《难绾刀子歌》:"吹毛可试不可触。"

吹毛求疵 比喻刻意挑剔毛病,寻找过错。《韩非子·大体》:"古之全大体者……不吹毛而求小疵。"《汉书·中山靖王传》:"今或无罪为臣下所侵辱,有司吹毛求疵,笞服其臣,使证其君。"

吹万 谓自然生长助育万物。《庄子·齐物论》:"夫吹万不同,而使其自已也。"《文选·谢灵运〈九月从宋公戏马台集送孔令〉诗》:"在宥天下埋,吹万群方悦。"李善注引司马彪曰:"言天气吹煦,生养万物,形气不同。已,止也,使各得其性而止。"

吹箫乞食 春秋时,伍子胥在吴市吹箫乞食,后人因称行乞为"吹箫乞食"。参见"吴市吹箫"。

吹嘘 吹拂,从旁相助之意。《方言》第十二:"吹,扇,助也。"郭璞注:"吹嘘,扇拂,相佐助也。"引申为称扬,揄扬。杜甫《赠献纳使起居田舍人澄》诗:"扬雄更有《河东赋》,唯待吹嘘送上天。"今多指吹捧自己或别人,含贬意。

吹竽 比喻无实学而混在内行中充数。韩愈《和席八十二韵》:"倚玉难藏拙,吹竽久混真。"参见"滥竽"。

吹皱一池春水 马令《南唐书·冯延巳传》:"延巳有'风乍起,吹皱一池春水'之句,元宗尝戏延巳曰:'吹皱一池春水,干卿何事?'"后用为与你何干或多管闲事之歇后语。

炊(chuī) ❶烧火做饭。如:炊烟;炊事员。《国策·秦策一》:"嫂不为炊。"高诱注:"不炊饭也。"❷通"吹"。《荀子·仲尼》:"可炊而僓也。"杨倞注:"炊与吹同,僓当为僵,言可以气吹之而僵仆。"

炊桂 谓薪贵于桂,喻生活困难。《国策·楚策三》:"楚国之食贵于玉,薪贵于桂,谒者难得见如鬼,王难得见如天帝。今令臣食玉炊桂,因鬼见帝。"应璩《与尚书诸郎书》:"饭玉炊桂,犹尚优泰。"

炊臼之戚 段成式《酉阳杂俎·梦》:"江淮有王生者,榜言解梦。贾客张瞻将归,梦炊于臼中,问王生。生言君归不见妻矣。臼中炊,固无釜也。贾客至家,妻果卒已数月。"按釜、妇同音,无釜即无妇。后言丧妻曰"炊臼之戚"。李东阳《与顾天锡书》:"令兄太守公行,不及躬送,闻有炊臼之戚。"

炊沙成饭 亦作"炊砂作饭"。比喻白费力气,劳而无功。顾况《行路难》诗:"君不见担雪塞井空用力,炊砂作饭岂堪吃!"

歙(chuī) 古"吹"字。《周礼·春官·籥师》:"籥师,掌教国子舞羽歙籥。"

chuí

垂(chuí) ❶挂下;低下。《诗·小雅·都人士》:"彼都人士,垂带而厉。"谢朓《咏竹》:"月光疏已密,风来起复垂。"❷流传;留存。如:名垂千古。《后汉书·崔骃传》:"何天衢于盛世兮,超千载而垂绩。"❸犹言"俯",作敬词,多用于上对下的动作。白居易《答户部崔侍郎书》:"又垂问以舍弟,渠从事东川,近得书,且知无恙矣。"❹将近。如:垂老;垂暮。《后汉书·何进传》:"今董卓垂至。"❺通"陲"。(1)边境。《汉书·谷永传》:"北无薰粥冒顿之患,南无赵佗吕嘉之难,三垂晏然,靡有兵革之警。"(2)堂边檐下靠阶的地方。《书·顾命》:"一人冕,执戣,立于东垂;一人冕,执瞿,立于西垂。"参见"垂堂"。

垂白 须发将白,谓已近老年。鲍照《拟古》诗:"结发起跃马,垂白对讲书。"一说白发下垂。《汉书·杜业传》:"诚哀老姊垂白。"颜师古注:"垂白者,言白发下垂也。"

垂裳 犹言垂拱。形容天下太平,无为而治。《易·系辞下》:"黄帝尧舜垂衣裳而天下治。"后用以歌颂封建帝王的治道。李质《艮岳赋》:"仰黄屋之非心,融至道以垂裳。"

垂成 将成。《三国志·吴志·薛莹传》:"实欲使卒垂成之功,编于前史之末。"

垂垂 渐渐。黄庭坚《和师厚秋半》诗:"杜陵白发垂垂老,张翰黄花句句新。"

垂櫜 ❶櫜,弓衣。倒垂空櫜,表示无用武意。《左传·昭公元年》:"伍举知其有备也,请垂櫜而入。"❷《国语·齐语》:"诸侯之使,垂櫜而入,稇载而归。"韦昭注:"垂,言空而来;櫜,囊也。"按训櫜为囊,是引申之义。后多作"垂櫜",谓无所获,空手。陈师道《简李伯益》诗:"虀盐度岁每无馀,垂櫜东归口未糊。"

垂拱 垂衣拱手,古代形容太平无事,可无为而治。《书·武成》:"惇信明义,崇德报功,垂拱而天下治。"

垂胡 ❶兽颔肉下垂。《说文·肉部》:"胡,牛颔垂也。"也借以形容老人颔皮下垂的衰态。陆游《七十》诗:"身世蚕眠将作茧,形容牛老已垂胡。"❷胡须下垂。苏轼《送乔仝寄贺君》诗之一:"尔来八十胸垂胡,上山如飞嗔人扶。"

垂老 将近老年。杜甫《垂老别》诗:"四郊未宁静,垂老不得安。"

垂帘 封建时代太后或皇后临朝听政,殿上用帘子遮隔,叫"垂帘"。《旧唐书·高宗纪下》:"上每视朝,天后(武则天)垂帘于御座后,政事大小,皆与闻之。"

垂纶 纶,钓丝。垂纶即垂钓。嵇康《兄秀才公穆入军赠诗》:"流磻平皋,垂纶长川。"相传吕尚(太公望)曾在渭水垂钓,后遇周文王,故又以垂纶指隐退或隐居。庾信《拟咏怀》:"赭衣居傅岩,垂纶在渭川。"

垂暮 傍晚,以喻老年。张元幹《醉落魄》词:"天涯万里情怀恶,年华垂暮犹离索。"

垂年 晚年,生命将终之年。《资治通鉴·唐武宗会昌六年》:"万一致一方不宁,岂惟上负朝廷,使垂年之母,衔羞入地,何以见汝之先人乎?"

垂青 青,即青眼,黑眼球。以青眼相看,比喻看重、见爱。《官场现形记》第二十一回:"署院于他……格外垂青。"详"青白眼"。

垂示 ❶遗训。《后汉书·梁皇后纪下》:"无以述遵先世,垂示后世也。"❷谦词。表示对方居高以示下。王勃《上从舅侍郎启》:"奉命以宪台诗十首垂示。"

垂世 留传后世。孔安国《尚书序》:"举其宏纲,撮其机要,足以垂世立教。"

垂堂 堂边靠近屋檐处。人在檐下,易遭坠瓦击伤,因比喻有危险的地方。《汉书·爰盎传》:"千金之子不垂堂。"参见"坐不垂堂"。

垂髫 古时童子未冠者头发下垂,

因以"垂髫"指童年或儿童。潘岳《藉田赋》:"被褐振裾,垂髫总发。"陶潜《桃花源记》:"黄发垂髫,并怡然自乐。"

垂统 指封建帝王把基业传给后代。《孟子·梁惠王下》:"君子创业垂统,为可继也。"

垂头丧气 失意懊丧的样子。韩愈《送穷文》:"主人于是垂头丧气,上手称谢。"

垂涎 流口水,形容嘴馋想吃。张元幹《登东虹亭》诗:"扁舟莫浪发,蛟鳄正垂涎。"比喻羡慕之极。黄庭坚《奉和王世弼》诗:"吟哦口垂涎,嚼味有馀隽。"

倕(chuí) 古代相传的巧匠名。《淮南子·说山训》:"人不爱倕之手,而爱己之指。"高诱注:"倕,尧之巧工。"一说,黄帝时巧人名。见《广韵·五支》。

諈〔諈〕(chuí) 见"諈諉"。

諈諉 ❶嘱托。《尔雅·释言》:"諈诿,累也。"郭璞注:"以事相属累为諈诿。"郝懿行义疏:"《释文》引孙炎云:'楚人曰諈,秦人曰诿。'是諈诿叠韵,二字义同。《玉篇》:'諈,托也。'《汉书·贾谊传》注引蔡谟曰:'诿者,托也。'是諈诿并训托,属托与属累义亦同。"❷钝滞。《列子·力命》:"眠娗、諈诿、勇敢、怯疑四人相与游于世。"殷敬顺释文:"諈诿,钝滞也。"

陲(chuí) ❶边疆。《左传·成公十三年》:"芟夷我农功,虔刘我边陲。"❷山脚下。王维《送别》诗:"下马饮君酒,问君何所之。君言不得意,归卧南山陲。"

菙(chuí) 木名,荆条之类。古人占卜时,用以烧炙龟壳。《周礼·春官·菙氏》:"菙氏掌共燋契,以待卜事。"

捶〔搥〕(chuí) ❶用拳头或棍棒敲打。如:捶衣。《后汉书·范滂传》:"资〔宗资〕迁怒,捶书佐朱零。"❷舂。《礼记·内则》:"欲干肉,则捶而食之。"❸通"棰(箠)"。鞭子。《庄子·至乐》:"撽以马捶。"

捶楚 同"棰楚"。杖刑。《晋书·刘隗传》:"捶楚之下,无求不得。"

棰〔箠〕(chuí) ❶鞭子。《汉书·王莽传中》:"士以马棰击亭长。"❷杖;棍。《庄子·天下》:"一尺之棰,日取其半,万世不竭。"司马彪注:"棰,杖也。"❸杖击。《荀子·儒效》:"笞棰暴国,齐一天下。"

棰楚 棰,木棍;楚,荆杖。古代打人用具,因以为杖刑的通称。《汉书·路温舒传》:"棰楚之下,何求而不得?"又《韩延寿传》:"民无棰楚之忧。"亦作"捶楚"。

椎(chuí) ❶捶击具。如:铁椎;木椎。《吕氏春秋·当务》:"〔跖〕故死乎操金椎以葬,曰:'下见六王、五伯,将敲其头矣!'"❷用椎打。《史记·魏公子列传》:"椎杀晋鄙。"❸朴实;迟钝。《史记·绛侯周勃世家》:"其椎少文如此。"司马贞索隐:"俗谓愚为钝椎。"

另见 zhuī。

椎髻 椎形的发髻。《后汉书·梁鸿传》:"鸿妻孟光,椎髻著布衣,操作而前。"亦作"椎结"。《汉书·李陵传》:"两人皆胡服椎结。"颜师古注:"结读曰髻,一撮之髻,其形如椎。"亦作"魋结"。《汉书·陆贾传》:"高祖使贾赐佗印,为南越王。贾至,尉佗魋结箕踞见贾。"颜师古注引服虔曰:"魋音椎,今兵士椎头髻也。"

椎鲁 愚钝。苏轼《六国论》:"其力耕以奉上,皆椎鲁无能为者,虽欲怨叛,而莫为之先。"

椎埋 杀人埋尸;一说盗墓。《史记·酷吏列传》:"〔王温舒〕少时椎埋为奸。"裴骃集解引徐广曰:"椎杀人而埋之。或谓发冢。"沈约《齐故安陆昭王碑文》:"椎埋穿掘之党,阡陌成群。"

椎拍 用椎击物。含有拍合两物之意。《庄子·天下》:"椎拍辗断,与物宛转。"成玄英疏:"椎拍,笞挞也。"王先谦集解:"案郭释椎拍,谓如椎之拍。凡物稍未合,以椎重拍之,无不合矣。是椎拍之义,言强不合者使合也。"

椎剽 杀人劫物。《史记·货殖列传》:"丈夫相聚游戏,悲歌忼慨,起则相随椎剽,休则掘冢作巧奸冶。"

圌(chuí) 见"圌山"。

另见 chuán,tuán。

圌山 在今江苏丹徒东。北滨长江,层峰峭壁,形势险要,为江防要地。宋在此置寨。建炎三年(1129年)韩世忠驻此,以防金兵由海路进攻江浙。

腄(chuí) ❶瘢胝,即老茧。见《说文·肉部》。❷通"脽"。臀。见《集韵·五支》。

槌(chuí) ❶搁架蚕箔的木柱。《方言》第五:"槌,宋魏陈楚江淮之间谓之植,自关而西谓之槌。"郭璞注:"县蚕薄柱也。"❷棒槌。《论衡·效力》:"凿所以入木者,槌叩之也。"❸通"捶"。拍;敲击。古乐府《孔雀东南飞》:"槌床便大怒。"

錘㊀〔錘〕(chuí) ❶秤砣。❷古时重量单位。《说文·金部》:"錘,八铢也。"《淮南子·诠言训》:"虽割国之锱锤以事人。"高诱注:"六两曰锱,倍锱曰锤。"说法各异。❸垂挂。《太玄·周》:"锤以玉环。"❹古县名。汉置。在今山东文登西。《史记·惠景间侯者年表》:"锤侯吕通。"司马贞索隐:"县名,属东莱。"

㊁〔錘、鎚〕(chuí) ❶敲打工件或凿等用的工具。由锤头装在木制手柄上组成。锤头用钢料制成的,用于一般敲击或锻造;锤头用铅、铜、橡皮等制成的,用于敲击精制的工件或敲凿金属薄片等,使工件表面不受损伤。❷古兵器名。如:铜锤。❸以锤击物。虞汝明《古琴疏》:"〔楚庄王〕以铁如意锤琴而破之。"

顀〔顀〕(chuí) 突出的额角。《说文·页部》:"顀,出额也。"徐锴系传:"言额如椎也。"朱骏声通训定声:"谓额胅出向前,苏俗谓之充额角。"额同额。

䯽(chuí) 通作"椎"。项后骨。见《集韵·六脂》。

chuǐ

㱑〔㱒〕(chuǐ) 火长久燃烧。《玉篇·火部》:"㱑……火久也。"

煓(chuǐ) 虫动貌。见《集韵·四纸》。

另见 chuǎn。

chūn

芚(chūn) 浑然无所觉察之貌。《庄子·齐物论》:"众人役役,圣人愚芚。"

另见 tún。

輴〔輴〕(chūn) ❶车上缠绕物。《说文·车部》:"輴,车约輴也。"段玉裁注:"軜、輈、轮等皆有物缠束之,谓之约輴。輴之言巡也,巡绕之词。"❷古时载棺下葬的车。《说文·车部》:"輴,一曰下棺车曰輴。"段玉裁注:"《礼经》有辁车。"《玉篇》、《广韵》皆谓輴、辁同字也。天子、诸侯殡葬朝庙皆用辁。许

云下棺车,谓天子、诸侯窆用辁也。"

杶〔chūn〕木名,即"櫄"。《书·禹贡》:"杶、干、栝、柏。"

春〔書〕〔chūn〕❶一年四季的第一季。夏历正月至三月。❷指一年。牛僧孺《席上赠刘梦得》诗:"粉署为郎四十券,今来名辈更无人。"❸生机;生意。《宋史·乐志七》:"阳和启蛰,品物皆春。"❹春情。《诗·召南·野有死麕》:"有女怀春。"❺酒名。杜甫《拨闷》诗:"闻道云安曲米春,才倾一盏即醺人。"
另见 chǔn。

春冰 春天的冰。庾信《燕歌行》:"洛阳游丝百丈连,黄河春冰千片穿。"春冰薄而易融,常以比喻容易消释的事物。唐庚《收家书》诗:"即时旅思春冰拆。"也比喻极危险的境地。《旧唐书·李密传》:"驭朽索而同危,履春冰而是惧。"

春饼 旧时风俗,立春日食饼,故名。陈元靓《岁时广记》卷八引《唐四时宝镜》:"立春日,食芦菔、春饼、生菜,号春盘。"《北平风俗类征·岁时》:"是月如遇立春……富家食春饼。备酱熏及炉烧盐腌各肉,并各色炒菜,如菠菜、韭菜、豆芽菜、干粉、鸡蛋等,而以面粉烙薄饼卷而食之,故又名薄饼。"

春葱 比喻女子细嫩的手指。白居易《筝》诗:"双眸剪秋水,十指剥春葱。"

春风 ❶春天和煦的风。岑参《白雪歌送武判官归京》诗:"忽如一夜春风来,千树万树梨花开。"❷比喻帝王的恩惠。曹植《上责躬应诏表》:"施畅春风,泽如时雨。"❸比喻良师的教导。《二程全书·外书十二》:"朱公掞来见明道(程颢)于汝,归,谓人曰:'光庭在春风中坐了一个月。'"

春风得意 孟郊《登科后》诗:"春风得意马蹄疾,一日看尽长安花。"得意,投合心意。后用以称进士及第。

春风风人 《说苑·贵德》:"管仲上车曰:'嗟兹乎! 我穷必矣! 吾不能以春风风人,吾不能以夏雨雨人,吾穷必矣!'"谓春风和煦,夏雨滋润,足以长育万物。后用以比喻时给人以教益或帮助。

春风化雨 《孟子·尽心上》:"有如时雨化之者。"《说苑·贵德》:"春风风人。"后因以"春风化雨"比喻教育的作用普及而深入。也常用为称颂师长教诲之词。《儿女英雄传》第三十七回:"骥儿承老夫子春风化雨,遂令小子成名。"参见"春风❸"、"春风风人"。

春宫 ❶亦称"春闱"。太子的宫,也指太子。王褒《皇太子箴》:"秋坊通梦,春宫养德。"王建《送振武张尚书》诗:"回天转地是将军,扶册春宫上五云。"参见"东宫❶"、"青宫"。❷指淫秽的图画。

春光 春天的风光景色。亦指春天。杜甫《腊日》诗:"侵陵雪色还萱草,漏泄春光有柳条。"陆游《得季长书追怀南郑幕府》诗:"从戎昔在山南日,强半春光醉里销。"

春华秋实 比喻文采和操行。《三国志·魏志·邢颙传》:"采庶子之春华,忘家丞之秋实。"按庶子,指刘桢,桢以文章名;家丞,指邢颙,颙以笃行称。曹植同刘桢很亲近,跟邢颙不相合,故云。亦比喻学问和操行的关系。《颜氏家训·勉学》:"夫学者,犹种树也。春玩其华,秋登其实。讲论文章,春华也;修身利行,秋实也。"

春晖 ❶犹春光、春阳。戴叔伦《过柳溪道院》诗:"溪上谁家掩竹扉,鸟啼浑似惜春晖。"苏轼《寒芦港》诗:"溶溶晴港漾春晖,芦笋生时柳絮飞。"❷孟郊《游子吟》:"谁言寸草心,报得三春晖。"后因以"春晖"比喻母爱。

春节 ❶春季;春天的节序。《后汉书·杨震传》:"又冬无宿雪,春节未雨,百僚燋心。"江淹《杂体诗·张黄门协〈苦雨〉》:"有弇兴春节,愁霖贯秋序。"❷中国民间一年中最隆重的传统节日。时间在夏历元旦,即正月初一。汉族地区,节日活动历来从除夕开始直到正月十五。届时,家家清洁盛装,合家团聚,拜谒尊长,吃团圆饭;贴春联,放爆竹,跳狮子,舞龙灯,亲友互访,相祝拜年等等。正月十五元宵节,是春节节日活动的终结。壮、布依、侗、朝鲜、仫佬、瑶、畲、京、达斡尔等少数民族的节日活动也大体相同,但又各具特色。日本、朝鲜、越南等国也有此俗。

春酒 冬天所酿的酒,至春始熟。一说春天所酿的酒,至冬始熟。《诗·豳风·七月》:"为此春酒,以介眉寿。"毛传:"春酒,冻醪也。"马瑞辰通释:"周制盖以冬酿,经春始成,因名春酒。"《文选·张衡〈东京赋〉》:"因休力以息勤,致欢忻于春酒。"李善注:"春酒,谓春时作,至冬始熟也。"

春兰秋菊 《楚辞·九歌·礼魂》:"春兰兮秋菊,长无绝兮终古。"洪兴祖补注:"古语云,春兰秋菊,各一时之秀也。"比喻各擅其美。石贯《和主司王起》诗:"春兰秋菊异时荣。"

春醪 指酒。陶潜《停云》诗:"静寄东轩,春醪独抚。"《洛阳伽蓝记·城西法云寺》:"不畏张弓拔刀,唯畏白堕春醪。"参见"白堕"。又特指春节所饮之酒。厉鹗《悼亡姬》诗:"除夕家筵已暗惊,春醪谁分不同倾?"

春联 亦名"门对"、"春帖"。夏历新年(春节)用红纸写成贴在门上的联语。源出于古代的"桃符"。富察敦崇《燕京岁时记·春联》:"春联者,即桃符也。自入腊以后,即有文人墨客,在市肆檐下,书写春联,以图润笔。祭灶之后,则渐次粘挂,千门万户,焕然一新。"参见"桃符"、"楹联"。

春露秋霜 ❶原谓子孙于春秋二季因感于时令而祭祀祖先。《礼记·祭义》:"是故君子合诸天道,春禘秋尝。霜露既降,君子履之,必有凄怆之心,非其寒之谓也。春,雨露既濡,君子履之,必有怵惕之心,如将见之。"禘、尝,皆祭名。后因以"春露秋霜"表示对先人的追念。❷比喻恩泽和威严。《北史·袁翻传》:"威厉秋霜,惠沾春露。"《文心雕龙·诏策》:"眚灾肆赦,则文有春露之滋;明罚敕法,则辞有秋霜之烈。"

春梦 比喻人事繁华如春夜的梦境一样容易消逝。罗隐《江南行》:"细丝摇柳凝晓空,吴王台榭春梦中。"

春明 唐长安城东面三门,中间的叫春明门。后人即以"春明"作为都城的别称。宋宋敏求《春明退朝录》、清孙承泽《春明梦余录》皆记都城事迹。

春牛 象征农事的土牛。用藤竹等扎成,外抹以土。旧时风俗,立春前一日有迎春的仪式,由人扮"勾芒神",鞭土牛,由地方官行香主礼,叫做"打春"。卢肇《谪连州书春牛榜子》诗:"不得职田饥欲死,儿侬何事打春牛。"孟元老《东京梦华录·立春》:"立春前一日,开封府进春牛入禁中鞭春。"

春盘 古代习俗,立春日用蔬菜、水果、饼饵等装盘,馈送亲友,叫做"春盘"。杜甫《立春》诗:"春日春盘细生菜,忽忆两京梅发时。"

春情 ❶春日的情景。李群玉《感春》诗:"春情不可状,艳艳令人醉。"

❷指男女相恋之情。古乐府《子夜四时歌·春歌》:"画眉忘注口,游步散春情。"

春秋 ❶四季的代称,一般指祭祖或祭社的日子。《诗·鲁颂·閟宫》:"春秋匪解,享祀不忒。"郑玄笺:"春秋,犹言四时也。"此指四季祭祀祖先。韩愈《南溪始泛》诗:"愿为同社人,鸡豚燕春秋。"此指春秋二季之社日。❷指岁月;光阴。寒山诗:"倏尔过春秋,寂然无尘累。"❸指年龄。《楚辞·九辩》:"春秋逴逴而日高兮。"王逸注:"年齿已老,将晚暮也。"张孝祥《水调歌头·和庞佑父》词:"忆当年,周与谢,富春秋。"

春山 谓春日之山容,其色如黛,比喻妇女之眉。王实甫《西厢记》第四本第二折:"俺小姐这些时春山低翠,秋水凝眸。"

春社 古代在立春后第五个戊日祭祀土神。《礼记·明堂位》:"是故夏礿、秋尝、冬烝、春社、秋省,而遂大蜡,天子之祭也。"郑玄注:"春田祭社,秋田祀祊。"王驾《社日》诗:"桑柘影斜春社散,家家扶得醉人归。"《宋史·阎守恭传》:"在并州,因春社会宾客。"参见"社日"。

春树暮云 杜甫《春日忆李白》诗:"渭北春天树,江东日暮云。"渭北,杜甫所在地。江东,李白所在地。这里借云树写想念之情。后用以表示对远方朋友的思念。

春诵夏弦 古代学诗,用琴瑟等弦乐器配合歌唱的,叫"弦";只口诵而不用乐器的,叫"诵"。《礼记·文王世子》:"凡学,世子及学士,必时……春诵夏弦,大师诏之。"本谓应根据季节采用不同的学习方法,后泛指学习。陆倕《为豫章王庆太子出宫表》:"春诵夏弦,幼彰神度。"

春台 ❶指美好的游观之处。《老子》:"众人熙熙,如享太牢,如登春台。"按王弼本"春"在"登"上,此从陆希声王真本。杜甫《王十五前阁会》诗:"楚岸收新雨,春台引细风。"❷长方形的食桌。《水浒传》第四回:"春台上放下三个盏子,三双箸。"❸《周礼》的"春官宗伯"为礼官,后称礼部为"春台"。

春闱 ❶唐宋礼部试士,在春季举行,故称。朱庆馀《上宣州沈大夫》诗:"时清犹望领春闱。"明清会试也在春季举行,故亦称"春闱",又称"春试"。参见"会试"。❷即"春宫"。古时太子所居的宫,亦为太子

的代称。陆贽《李勉太子太师制》:"辅翼春闱,是资教谕。"

春禊 古代习俗,于夏历三月上旬的巳日(魏以后始固定为三月三日),到水边嬉游,以祓除不祥,叫"修禊",也叫"春禊"。江总《三日侍宴宣猷堂曲水》诗:"上巳娱春禊,芳辰喜月离。"参见"上巳"、"秋禊"。

春心 ❶谓为春景所触引起的伤感之情。《楚辞·招魂》:"目极千里兮伤春心。"王逸注:"言湖泽博平,春时草短,望见千里,令人愁思而伤心也。"❷怀春的心情。李白《江夏行》:"忆昔娇小姿,春心亦自持。"

春阳 指春天晴和之气。《诗·豳风·七月》:"春日载阳。"郑玄笺:"阳,温也。"欧阳修《伐树记》:"春阳既浮,萌者将动。"也比喻恩泽。陆云《晋故豫章内史夏府君诔》:"闲非秋厉,惠淑春阳。"

春蚓秋蛇 以蚯蚓和蛇的行迹弯曲,比喻书法不工。《晋书·王羲之传》:"子云(萧子云)近世擅名江表,然仅得成书,无丈夫之气,行行若萦春蚓,字字如绾秋蛇。"苏轼《和孔密州五绝·和流杯石上草书小诗》:"蜂腰鹤膝嘲希逸,春蚓秋蛇病子云。"

輴 〔輴〕(chūn) 同"輴"。另见 hōng。

菴 (chūn) "春"的本字。

埻 (chūn) 北方方言。在田间垒石为埂。

椿 (chūn) ❶木名。如:香椿。❷《庄子·逍遥游》:"上古有大椿者,以八千岁为春,八千岁为秋。"因其高龄,用以喻长寿。如:椿年;椿龄。亦用以为父的代称。参见"椿庭"。

椿庭 《庄子·逍遥游》谓有大椿长寿,《论语·季氏》记孔鲤趋庭受父训,后因以"椿庭"指称父亲。朱权《荆钗记》第二折:"不幸椿庭早逝,惟赖母亲训育成人。"

椿萱 古代称父为"椿庭",母为"萱堂",因以"椿萱"为父母的代称。牟融《送徐浩》诗:"知君此去情偏切,堂上椿萱雪满头。"

輴 〔輴〕(chūn) ❶载棺枢的车。《吕氏春秋·节丧》:"世俗之行丧,载之以大輴。"❷古代用于泥泞路上的交通工具。《书·益稷》:"予乘四载"孔颖达疏:"所载者四,谓水乘舟,陆乘车,泥乘輴,山乘樏……'輴',《汉书》作'橇'。以板置

泥上。"

鵗 〔鵗〕(chūn) 见"鸱鵗"。

蝽 (chūn) 即"椿象"。昆虫的一种。

櫄 (chūn) 木名。即香椿。《左传·襄公十八年》:"孟庄子斩其櫄,以为公琴。"

鰆 〔鰆〕(chūn) 鱼名。即"马鲛"。

櫄 (chūn) 木名。似樗。《山海经·中山经》:"〔成侯之山〕其上多櫄木。"郭璞注:"似樗树,材中车辕。"

chún

纯 〔純〕(chún) ❶丝。《论语·子罕》:"麻冕,礼也。今也纯,俭,吾从众。"何晏集解:"丝易成,故从俭。"❷纯粹;精致。《楚辞·九叹·离世》:"余幼既有此鸿节兮,长愈固而弥纯。"《汉书·地理志下》:"织作冰纨绮绣纯丽之物。"颜师古注:"纯,精好也。"❸善;好。《汉书·扬雄传下》:"君子纯终领(令)闻。"❹皆;全。《考工记·玉人》:"案十有二寸,枣桌十有二列,诸侯纯九,大夫纯五,夫人以劳诸侯。"郑玄注:"纯,犹皆也。"❺大。见"纯嘏"。❻净。如:纯利。另见 quán,tún,zhūn,zhǔn。

纯臣 一心为君主效力的臣子。《左传·隐公四年》:"君子曰:'石碏,纯臣也。'"石碏,卫大夫。

纯粹 纯正不杂。《庄子·刻意》:"纯粹而不杂,静一而不变。"引申指德行完美无缺。《荀子·赋篇》:"明达纯粹而无疵。"今亦用为全然之意。如:纯粹为了集体。

纯嘏 大福。《诗·小雅·宾之初筵》:"锡尔纯嘏。"

纯朴 ❶未经雕斫的原木。《庄子·马蹄》:"故纯朴不残,孰为牺尊?白玉不毁,孰为珪璋?"❷纯正朴质。《韩非子·大体》:"故至安之世,法如朝露,纯朴不散,心无结怨,口无烦言。"

纯孝 至孝,谓完美无缺的孝行。《左传·隐公元年》:"颍考叔,纯孝也。爱其母,施及庄公。"

朡 〔膞〕(chún) 义同"胹❶"。股骨之最上者。《仪礼·少牢馈食礼》:"肩臂臑膞胳。"另见 zhuān。

肫（chún）❶古代祭祀所用牲后体的一部分。《仪礼·特牲馈食礼》："右肩臂臑肫胳。"胡培翚正义引凌廷堪《礼经释例·释牲上篇》："凡牲……前体谓之肱骨，又谓之前胫骨……后体谓之股骨，又谓之后胫骨。股骨三，最上谓之肫，又谓之膊。"❷通"纯"。整体。《仪礼·士昏礼》："腊一，肫。"郑玄注："腊，兔腊也。肫或作纯，纯，全也。"

另见 zhūn。

肫肫 精细致密貌。《荀子·哀公》："缪缪肫肫，其事不可循"。王先谦集解引郝懿行曰："《大戴记》作'穆穆纯纯，其莫之能循'。穆穆，和而美也；纯纯，精而密也。穆、缪古字通，纯、肫声相借耳。"

莼〔蓴、蒓〕（chún） 见"莼菜"。

莼菜（*Brasenia schreberi*） 又名"水葵"。睡莲科。多年生水生宿根草本。叶椭圆形，深绿色，浮于水面。嫩茎和叶背有胶状透明物质。夏天自叶腋抽生花茎，花小，紫红色。性喜温暖，宜于清水池生长。

莼菜

中国长江以南地区多野生，也有少量栽培。春夏季采嫩叶作蔬菜；秋季植株老衰时，叶小而微苦，作猪饲料。

莼鲈 《晋书·张翰传》："翰因见秋风起，乃思吴中菰菜、莼羹、鲈鱼脍，曰：'人生贵得适志，何能羁宦数千里以要名爵乎？'遂命驾而归。"后称思乡之情为"莼鲈之思"，本此。

唇〔脣〕（chún）❶嘴唇。❷边。杜甫《丽人行》："头上何所有，翠微䰞叶垂鬓唇。"

唇齿相依 比喻关系密切，互相依靠。《三国志·魏志·鲍勋传》："王师屡征而未有所克者，盖以吴、蜀唇齿相依，凭阻山水，有难拔之势故也。"

唇舌 言语必用唇舌，因以为言辞的代称。《汉书·楼护传》："为人短小精辩，论议常依名节，听之者皆竦。与谷永俱为五侯上客，长安号曰：'谷子云笔札，楼君卿唇舌。'"

唇亡齿寒 比喻利害关系十分密切。《左传·僖公五年》载，晋侯假道于虞以伐虢。宫之奇谏曰："虢，虞之表也；虢亡，虞必从之……谚所谓'辅车相依，唇亡齿寒'者，其虞、虢之谓也。"

唇音 音韵学上"七音"之一。包括重唇音、轻唇音两类。

淳〔湻〕（chún）❶质朴敦厚。与"浇"相对。《淮南子·齐俗训》："浇天下之淳，析天下之朴。"❷通"纯"。成对。《左传·襄公十一年》："广车、轵车，淳十五乘。"杜预注："广车、轵车，皆兵车名；淳，耦也。"❸大。《国语·郑语》："夫黎为高辛氏火正，以淳耀敦大，天明地德。"韦昭注："淳，大也；耀，明也；敦，厚也。言黎为火正，能理其职，以大明厚大，天明地德。"❹见"淳卤"。

另见 zhūn。

淳淳 ❶变化不定貌。《庄子·则阳》："祸福淳淳。"郭象注："流行反复。"❷淳朴笃厚。《老子》："其民淳淳。"

淳风 淳朴敦厚之风俗。《北史·苏绰传》："贵能扇之以淳风。"

淳卤 《左传·襄公二十五年》："表淳卤。"杜预注："淳卤，埆薄之地。"《汉书·食货志上》："山林薮泽原陵淳卤之地。"颜师古注引晋灼曰："淳，尽也。鸟卤之田不生五谷也。"按桂馥《说文解字义证》："卤，谓硷地；淳，谓漏地。"

淳朴 厚道，朴实。杜甫《五盘》诗："喜见淳朴俗，坦然心神舒。"

錞〔錞〕（chún） 古代乐器。《周礼·地官·鼓人》："以金錞和鼓。"郑玄注："錞，錞于也，圜如碓头，大上小下，乐作鸣之，与鼓相和。"

另见 duì。

鶉〔鹑〕（chún）❶鸟名。"鹌鹑"的简称。❷星宿名。《左传·僖公五年》："鹑之贲贲。"杜预注："鹑，鹑火星也。"

另见 tuán。

鶉火 十二次之一。配十二辰为午，配二十八宿为柳、星、张三宿。按《尔雅》，古以柳宿为标志星。按《汉书·律历志》，日至其初为小暑，至其中为大暑。明末后译黄道十二宫的狮子宫为鹑火宫。

鶉首 十二次之一。配十二辰为未，配二十八宿为井、鬼两宿。按《汉书·律历志》，日至其初为芒种，至其中为夏至。明末后译黄道十二宫的巨蟹宫为鹑首宫。

鶉尾 十二次之一。配十二辰为巳，配二十八宿为翼、轸两宿。按《汉书·律历志》，日至其初为立秋，至其中为处暑。明末后译黄道十二宫的室女宫为鹑尾宫。

鶉衣 鹑鸟尾秃，像古时敝衣短结，故用以形容破旧的衣服。语出《荀子·大略》："衣若县(悬)鹑"。杜甫《风疾舟中伏枕书怀》诗："鹑衣寸寸针。"

漘（chún） 水边。《诗·魏风·伐檀》："坎坎伐轮兮，置之河之漘兮。"

醇〔醕〕（chún）❶指酒质厚。张衡《东京赋》："春醴惟醇。"《汉书·曹参传》："至者参辄饮以醇酒。"❷淳厚；淳朴。《淮南子·氾论训》："古者人醇工庞。"高诱注："醇厚不虚华也。"洪希文《枕簟入林僻》诗："山深民多醇，邻酒亦易赊。"❸通"纯"。纯一不杂。《汉书·食货志上》："自天子不能具醇驷。"醇驷，谓四马一色。❹烃分子中的氢原子被羟基(—OH)取代后的衍生物(但芳香烃环上的氢原子被羟基取代后的生成物不属此类而属酚类)。一元醇的通式为R—OH(R代表烃基)。按连接烃基的不同类型，可分为：脂肪醇(羟基和链式脂肪烃基相连，如乙醇(C_2H_5OH)；芳香醇(羟基间接和芳香环相连)，如苯甲醇($C_6H_5CH_2OH$)；环醇(羟基和脂环相连)，如环己醇($C_6H_{11}OH$)。按一个分子中羟基数目，可分为：一元醇(如乙醇)、二元醇[如乙二醇，$(CH_2OH)_2$]及多元醇(如甘油，$HOCH_2CHOHCH_2OH$)。按羟基连接的碳原子的性质可分为：伯醇(RCH_2OH，如乙醇)、仲醇[R_2CHOH，如异丙醇(CH_3)$_2CHOH$]和叔醇[R_3COH，如叔丁醇(CH_3)$_3COH$]。乙醇，俗称"酒精"，是最普通的一种醇。醇类一般呈中性。低级醇易溶于水，多元醇带甜味。醇类会发生氧化反应，伯醇氧化成醛；仲醇氧化成酮；叔醇氧化时分子分裂成较小分子的羧酸混合物。醇类还会发生取代、消除、酯化等反应，及生成醇盐[金属取代醇中羟基的氢的产物，如乙醇钠(C_2H_5ONa)]的反应。

醇粹 精纯不杂。《楚辞·远游》："玉色颜以脕颜兮，精醇粹而始壮。"洪兴祖补注引班固曰："不变曰醇，不杂曰粹。"颜，美貌；脕，有光泽。

醇醪 味道浓厚的美酒。《汉书·爰盎传》："乃悉以其装赍，买二石醇醪。"颜师古注："醇者不杂，言其酽也；醪，汁合之酒也。"

醇醨 酒味厚者曰"醇"，薄者曰"醨"。王禹偁《北楼感事》诗："樽中

有官酝，倾酌任醇醲。”亦用来比喻风俗的厚薄。《旧唐书·德宗纪论》：“王霸迹殊，醇醲代变。”

醇酎 ❶指酒性浓烈。《水浒传》第二十三回：“初入口时，醇酎好吃，少刻时便倒。”❷风俗淳朴。左思《魏都赋》：“不鬻邪而豫贾，著驯风之醇酎。”鬻，卖；豫，欺骗。鬻邪，出卖假货；豫贾，抬高物价。

醇儒 学识精粹的儒者。《汉书·贾山传》：“所言涉猎书记，不能为醇儒。”颜师古注：“言历览之不专精也。醇者，不杂也。”杜甫《赠特进汝阳王》诗：“学业醇儒富，辞华哲匠能。”一作“纯儒”。《后汉书·郑玄传》：“至于经传洽熟，称为纯儒。”

醇壹 淳厚，专一。《汉书·史丹传》：“左将军丹，往时导朕以中正，秉义醇壹，旧德茂焉。”

chǔn

春〔旾〕(chǔn) 振作。《考工记·梓人》：“张皮侯而栖鹄，则春以功。”郑玄注：“春读为蠢。蠢，作也，出也。”

另见 chūn。

朐(chǔn) 见“朐䏰”。另见 qú。

朐䏰 ❶汉代县名，在今四川云阳。❷蚯蚓。

朐(chǔn) 见“朐䏰”。

朐䏰 ❶蚯蚓的别名。❷古县名。本作“朐忍”。见《说文·肉部》“朐”字段玉裁注。

䏝〔䮞〕(chǔn) 马纹驳杂。见《玉篇·马部》。引申为杂乱。庾元威《论书》：“致令众议丛残，音辞䏝斥。”

䏝驳 庞杂。沈括《奉敕撰奉元历序进表》：“求䏝驳于迎日推策之际，消忽微于连珠合璧之间。”

䐇(chǔn) 肥。见《玉篇·肉部》。

另见 shǔn。

睶(chǔn) 大眼睛。见《集韵·十七准》。

踳(chǔn) 见“踳驳”。

踳驳 舛谬杂乱；驳杂。《文选·左思〈魏都赋〉》：“非醇粹之方壮，谋踳驳于王义。”李善注：“司马彪《庄子》注曰：‘踳读曰舛。’舛，乖也。驳，色杂不同也。”

蠢〔惷〕(chǔn) ❶愚笨。如：蠢材；蠢家伙。❷蠕动貌。见“蠢动❶”。❸骚动貌。见“蠢蠢❷”。

蠢蠢 ❶蠕动貌。刘敬叔《异苑·句容水脉》：“掘得一黑物，无有首尾，形如数百斛舡，长数十丈，蠢蠢而动。”❷骚乱貌；动荡不安貌。《左传·昭公二十四年》：“今王室实蠢蠢焉，吾小国惧矣。”

蠢动 ❶蠕动，指虫类从蛰眠中开始苏醒过来。傅玄《阳春赋》：“幽蛰蠢动，万物乐生。”❷骚动。《后汉书·李膺传》：“今三垂蠢动，王旅未振。”

chuō

逴(chuō) 远。《史记·卫将军骠骑列传》：“取食于敌，逴行殊远而粮不绝。”引申为超越。见“逴跞”。

逴龙 传说中的山名，一说神名。《楚辞·大招》：“北有寒山，逴龙赩只。”王逸注：“逴龙，山名也。北方有常寒之山，阴不见日，名曰逴龙。”洪兴祖补注：“《山海经》：‘西北海之外有章尾山，有神，身长千里，人面蛇身而赤，是烛九阴，是谓烛龙。’疑此逴龙即烛龙也。”

逴跞 超越。班固《西都赋》：“逴跞诸夏，兼其所有。”

踔(chuō) ❶践踏；踢。韩愈《陆浑山火和皇甫湜用其韵》：“天跳地踔颠乾坤。”❷飞越；跳越。《后汉书·蔡邕传》：“踔宇宙而遗俗兮。”李贤注：“踔，越也。”韩愈《征蜀联句》：“岩钩踔狙猿。”❸跛者行貌。见“跉踔”。❹通“卓”。高远。见“踔绝”、“踔远”。

踔绝 高超。《汉书·孔光传》：“尚书以久次转迁，非有踔绝之能，不相逾越。”

踔厉 精神振奋，议论纵横。韩愈《柳子厚墓志铭》：“议论证据今古，出入经史百子，踔厉风发，率常屈其座人。”

踔远 遥远。《史记·货殖列传》：“上谷至辽东，地踔远。”

擉(chuō) 同“戳”。刺。《庄子·则阳》：“冬则擉鳖于江。”司马彪注：“擉，刺也。”

戳(chuō) ❶刺。《红楼梦》第四十四回：“〔凤姐〕回头向头上拔下一根簪子来，向那丫头嘴上乱戳。”引申为刺激或拆穿。如：说话戳心；戳穿内幕。❷“戳记”的简称。如：打戳；盖戳。

戳记 图章；印记。

chuò

汋(chuò) 见“汋约”。另见 yuè，zhuó。

汋约 同“绰约”。❶美好貌。《楚辞·九章·哀郢》：“外承欢之汋约兮，谌荏弱而难持。”❷柔弱貌。《楚辞·远游》：“质销铄以汋约兮，神要眇以淫放。”洪兴祖补注：“汋约，柔弱貌。”

辵(chuò) 走走停停。《说文·辵部》：“乍行乍止也。从彳从止。”字亦作“踱”。《公羊传·宣公六年》：“踱阶而走。”陆德明释文：“踱，一本作辵。”

龟(chuò) 㲋的本字。《说文·龟部》：“兽也。似兔，青色而大。象形，头与兔同，足与鹿同。”

谡〔諁〕(chuò) 多言不止。见《集韵·十七薛》。

娖(chuò) ❶见“娖娖”。❷整理；整齐。辛弃疾《鹧鸪天·有客慨然谈功名因追念少年时事戏作》词：“燕兵夜娖银胡𩨗。”

娖娖 矜持拘谨貌。《史记·张丞相列传》：“娖娖廉谨，为丞相备员而已。”又作“龊龊”。

啜(chuò) ❶喝；吃。如：啜茗。参见“啜菽饮水”。❷抽噎。见“啜泣”。❸哄骗。见“啜赚”。

啜泣 饮泣；抽噎。《诗·王风·中谷有蓷》：“有女仳离，啜其泣矣。”毛传：“啜，泣貌。”韩偓《感事》诗：“独夫长啜泣，多士已忘筌。”

啜菽饮水 以豆为食，以水为饮。谓生活清苦。《荀子·天论》：“君子啜菽饮水，非愚也，是节然也。”节然，恰好碰到这样。

啜汁 原意为啜食残液。比喻邀功取利。《史记·魏世家》：“彼劝太子战攻，欲啜汁者众。”陆龟蒙《杂讽》诗：“得非佐饔者，齿齿待啜汁。”

啜赚 哄弄；哄骗。《西厢记》第五本第一折：“临行时啜赚人的巧舌头，指归期约定九月九。”

淖(chuò) 见“淖约”。另见 nào，zhuō。

淖约 同“绰约”。❶姿态柔美貌。《庄子·逍遥游》：“肌肤若冰雪，淖约若处子。”❷柔顺貌。参见“弱约”。

淑

淑（chuò） 同"啜❷"。

惙

惙（chuò） ❶忧愁。参见"惙惙"。❷疲弱。《魏书·任城王澄传》："虽复患惙，岂敢有辞！"❸通"辍"。停止。《庄子·秋水》："宋人围之数匝而弦歌不惙。"陆德明释文："惙，本又作辍。"

惙惙 忧愁貌。《诗·召南·草虫》："未见君子，忧心惙惙。"

惙怛 忧伤貌。《后汉书·梁鸿传》："心惙怛兮伤悴。"

婼

婼（chuò） 本义为不顺从。古时用为人名。《春秋·昭公七年》有叔孙婼。

另见 ruò。

婥

婥（chuò） 见"婥约"。

婥约 同"绰约"。

绰

绰〔綽〕（chuò） ❶宽；缓。《诗·卫风·淇奥》："宽兮绰兮。"❷通"搅"。吹拂；搅乱。《京本通俗小说·西山一窟鬼》："二月桃花被绰开。"关汉卿《玉镜台》第一折："兀的不消人魂魄，绰人眼光！"

另见 chāo。

绰绰 宽裕舒缓貌。《诗·小雅·角弓》："绰绰有裕。"

绰号 诨名；外号。《水浒传》第三十七回："原是小孤山下人氏，姓张名横，绰号船火儿。"

绰有馀裕 《孟子·公孙丑下》："我无官守，我无言责也，则吾进退岂不绰绰然有馀裕哉？"赵岐注："进退自由，岂不绰绰然舒缓有馀裕乎？绰、裕，皆宽也。"后因以"绰有馀裕"形容态度从容，不慌不忙的样子。《后汉书·蔡邕传》："当其无事也，则舒绅缓佩，鸣玉以步，绰有馀裕。"亦作"绰有馀暇"。《北史·魏收传》："憕（杨憕）从容曰：'我绰有馀暇，山立不动。'"通常亦以指能力、财力的宽裕有馀。

绰约 亦作"淖约"、"婥约"、"弱约"。❶姿态柔美貌。《史记·司马相如列传》："靓庄刻饰，便嬛绰约。"白居易《长恨歌》："楼阁玲珑五云起，其中绰约多仙子。"❷柔顺貌。参见"弱约"。

缀

缀〔綴〕（chuò） ❶通"辍"。停止。《荀子·成相》："春申道缀基毕输。"❷拘束。《仪礼·既夕礼》："缀足用燕几。"

另见 zhuì。

辍

辍〔輟〕（chuò） ❶中止；停止。如：因病辍学。《论语·微子》："耰而不辍。"❷舍弃。韩愈《祭十二郎文》："虽万乘之公相，吾不以一日辍汝而就也。"

腏

腏（chuò） 挑取骨间肉。见《说文·肉部》。

另见 zhuì。

莬

莬（chuò） 本作"龟"。《山海经·中山经》："〔纶山〕其兽多闾麈麢莬。"郭璞注："莬似兔而鹿脚，青色。"

龊

龊〔齪〕（chuò） 见"龌龊"、"龌龊"。

龊龊 亦作"踱踱"。拘谨貌；注意小节貌。《史记·货殖列传》："而邹、鲁滨洙、泗，犹有周公遗风，俗好儒，备于礼，故其民龊龊。"《汉书·申屠嘉传》："自嘉死后，开封侯陶青……皆以列侯继踵，龊龊廉谨，为丞相备员而已。"韩愈《与于襄阳书》："世之龊龊者，既不足以语之；磊落奇伟之人，又不能听焉。"

龇

龇〔齜〕（chuò） 同"龊（齪）"。

另见 zōu。

餟

餟（chuò，又读 zhuì） 连续而祭。《史记·孝武本纪》："其下四方地，为餟食群神从者及北斗云。"《史记·封禅书》作"醊"。

輟

輟（chuò） "绰"的本字。

另见 chāo。

蹠

蹠（chuò） 越级，不按阶次。《公羊传·宣公六年》："蹠阶而走。"

另见 chú。

歠

歠（chuò） ❶饮；啜。《楚辞·渔父》："众人皆醉，何不铺其糟而歠其醨？"《史记·屈原贾生列传》作"啜"。❷羹汤。《国策·燕策一》："于是酒酣乐，进取热歠。"

嚽

嚽（chuò） 同"啜"。吃。《荀子·富国》："墨子虽为之衣褐带索，嚽菽饮水，恶能足之乎？"杨倞注："嚽，与啜同。"

踱

踱（chuò） 同"龊（齪）"。

---

cī

差

差（cī） ❶分别等级。《荀子·大略》："列官职，差爵禄。"❷见"差池"、"参差❶"。

另见 chā、chà、chāi、chài、cuō。

差池 参差不齐。《诗·邶风·燕燕》："燕燕于飞，差池其羽。"李贺《江楼曲》："萧骚浪白云差池。"

差差 犹"参差"，不齐貌。《荀子·正名》："君子之言，涉然而精，俯然而类，差差然而齐。"杨倞注："差差，不齐貌。谓论列是非，似若不齐，然终归于齐一也。"

差次 分别等级班次。《史记·商君列传》："明尊卑爵秩等级，各以差次名田宅。"司马贞索隐："谓各随其家爵秩之班次。"

差等 等级；等次。《孟子·滕文公上》："之则以为爱无差等。"之，夷之，墨子的信徒。《旧唐书·韦思谦传》："国家班列，自有差等。"

玼

玼（cī） 通"疵"。玉的斑点。引申为事物的缺点。《后汉书·吕强传》："不欲明镜之见玼，则不当照也。"

另见 cǐ。

郪

郪（cī） 见"郪县"。

另见 qī。

郪县 古县名。(1)西汉置，因郪江得名。治今四川中江东南。南朝梁废。东汉建安二十三年（公元218年），马秦、高胜等数万人起义于此。(2)隋大业三年（607年）改昌城县置。治今四川三台。明洪武九年（1376年）废入潼川州。历为新城郡、梓州、潼川府治所。

柴

柴（cī） 见"柴池"。

另见 chái、zhài、zì。

柴池 同"差池（cī chí）"。参差不齐。《管子·轻重甲》："请以令高杠柴池，使东西不相睹，南北不相见。"

疵

疵（cī） ❶小毛病。如：吹毛求疵。《淮南子·氾论训》："故目中有疵，不害于视，不可灼也。"❷缺点或过失。《易·系辞上》："悔吝者，言乎其小疵也。"❸非议。《北史·李业兴传》："有乖忤便即疵毁。"

疵厉 灾害；疾病。《列子·黄帝》："人无夭恶，物无疵厉。""厉"亦作"疠"。《庄子·逍遥游》："使物不疵疠，而年穀熟。"成玄英疏："疵疠，疾病也。"

疵吝 毛病；缺点。语出《易·系辞上》"悔吝者，言乎其小疵也"。吝有不利的意思。《文心雕龙·程器》："古之将相，疵吝实多。"亦作"玼吝"。《后汉书·黄宪传论》："黄宪言论风旨，无所持闻，然士君子见之者，靡不服深远，去玼吝也。"

疵瑕 玉的疵病，比喻人的过失或缺点。王粲《仿连珠》："臣闻观于明镜，则疵瑕不滞于躯。"亦谓指摘过失。《左传·僖公七年》："予取求，不女（汝）疵瑕也。"

嵳(cī) 见"嵾嵳"。
另见 cuó。

傂(cī) 见"傂池"、"傂傂"。

傂池 同"差池(cī chí)"。参差不齐貌。《文选·司马相如〈上林赋〉》:"傂池茈虒,旋还乎后宫。"《史记》、《汉书》都作"柴池"。

傂傂 犹"傂池"。《文选·扬雄〈甘泉赋〉》:"傂傂参差。"《汉书》作"柴虒"。

訾(cī) 通"疵"。缺点;疾病。《礼记·檀弓下》:"故子之所刺于礼者,亦非礼之訾也。"参见"訾厉"。
另见 zī, zǐ。

訾厉 同"疵厉"。疾病。《管子·入国》:"岁凶,庸人訾厉,多死丧。"尹知章注:"訾,疾也;厉,病也。"

跐(cī) 滑动。《三侠五义》第五十一回:"脚下一跐,也就溜下去了。"
另见 cǐ。

骴(cī) 同"骴"。

骴(cī) 肉未烂尽的骸骨。《周礼·秋官·蜡氏》:"掌除骴。"郑玄注:"《月令》曰'掩骼埋骴'。骨之尚有肉者也,及禽兽之骨皆是。"

箷(cī) 见"篸箷"。

蝤〔蠀〕(cī) 见"蝤蟛"。

蝤蟛 即"蛴螬"。参见"蛒❶"。

蹉〔齹〕(cī) 牙齿参差不齐。《说文·齿部》:"蹉,齿参差。"

髊(cī) 同"骴"。《吕氏春秋·孟春》:"掩骼霾髊。"

cí

词〔詞、䛐〕(cí) ❶语言结构中的基本单位,能独立运用,具有声音、意义和语法功能。❷旧指语助辞、虚词。清王引之有《经传释词》。❸通"辞"。如:致词;歌词;欢迎词;发刊词。❹文体名,诗歌的一种。古代的词,都合乐歌唱,故唐、五代时多称为"曲"、"杂曲"或"曲子词"。词体萌芽于隋唐之际,与燕乐的盛兴有关(一说萌芽于南朝),形成于唐代,盛行于宋代。句子长短不一,故也称长短句。另有诗馀、乐府、

琴趣、乐章等别称。参见"词牌"。

词伯 同"词宗"。文章的大家。杜甫《壮游》诗:"许与必词伯,赏游实贤王。"

词场 指文坛。王勃《益州夫子庙碑》:"践词场之阃阈,观ств文之否泰。"

词臣 旧指文学侍从之臣,掌管朝廷制诰诏令撰述的官员,如学士、翰林之类。洪迈《容斋随笔》卷三:"蔡君谟一帖云,襄昔之为谏臣,与今之为词臣,一也。"

词法 语法学的组成部分之一。包括词的构造、词的变化、词的分类等内容。

词锋 议论锐利如有锋铓,形容流畅的口才。徐陵《与杨仆射书》:"足下素挺词锋,兼长理窟。"

词根 体现基本意义的词素。如"桌子"里的"桌","老虎"里的"虎","学习"里的"学"和"习"。

词根语 也叫"孤立语"、"无形态语"。语言的类型分类中以词的语法形态为主要标准而划分出来的语言类型之一。特点是词内没有专门表示语法意义的附加成分,缺少形态变化,词同词的语法关系主要依靠词序和虚词来表示。如汉语、缅甸语。

词翰 词章。《辽史·刘伸传》:"伸少颖悟,长以词翰闻。"

词话 ❶评论词作、词人、词派以及有关词的本事和考订的著述。始于宋杨湜《古今词话》(已佚,近人赵万里有辑本)。宋元以来,作者颇众。汇集较多的,如今人所辑《词话丛编》,自宋王灼《碧鸡漫志》至近代潘飞声(兰史)《粤雅》,凡六十余种。❷元明说唱艺术之一。有说有唱。长篇有明诸圣邻《大唐秦王词话》等。也有短篇,如《清平山堂话本》中《快嘴李翠莲记》等。1967年在上海嘉定出土的明成化间词话刻本十六种,是至今所见最早的词话刻本。有人认为词话即鼓词或鼓词的前身。❸明人创作小说于章回中夹有诗词的,也称词话。如《金瓶梅词话》等。

词汇 也叫"语汇"。一种语言里所有的词和固定词组的总汇。有时也指语言词汇中某一特定的部分,如科技词汇、术语词汇等。

词库 应用计算机技术储存词语的总汇。

词类 词的语法分类。划分词类的标准,有意义(语法意义)标准、形态标准和句法功能标准。根据语言的不同特点,划分词类的标准可以有

所侧重。如俄语比较侧重形态标准,汉语比较侧重句法功能标准。区分词类的目的在于说明语言的结构,指明词的用法。汉语的词类系统,一般分为实词和虚词两大类,再细分为名词、代词、动词、形容词、数词、量词、副词、介词、连词、助词、叹词等类。

词林 ❶指汇集在一处的文词;也指文人之群。萧统《答晋安王书》:"骰核文史,渔猎词林。"杜甫《八哀诗·赠秘书监江夏李公邕》:"忆昔李公存,词林有根柢。"❷翰林院的别称。明洪武时建翰林院,额曰"词林",故名。廖道南有《殿阁词林记》。

词目 亦称"词头"。词典中的注释对象。主要是词,也包括固定词组以至定型的短句。在语文词典中还包括词素。

词牌 填词用的曲调名。最初的词,都是配合音乐来歌唱,有的按词制调,有的依调填词,曲调的名称即词牌,一般根据词的内容而定。后来主要是依调填词,曲调名和词的内容不一定有联系,而且大多数词都已不再配乐歌唱,所以各个调名只作为文字、音韵结构的定式。有些词牌,正名之外另标异名,也有同名异调、一名数体的。

词人 ❶词的作者。如:辛弃疾是南宋的大词人。❷同"辞人"。工于文辞的人。温庭筠《蔡中郎坟》诗:"今日爱才非昔日,莫抛心力作词人。"

词讼 诉讼。《三国演义》第八十五回:"凡一应朝廷选法、钱粮、词讼等事皆听诸葛丞相裁处。"

词素 构成词的成分,在意义上不能再分析的构词单位。有些词只包含一个词素,如"天"、"蜘蛛"、"葡萄";有些词包含两个或更多的词素,如"明天"、"绿化"、"录音机"。词素分词根、词缀两大类。

词义 语言中词所表示的意义,也就是说话的人和听话的人所共同了解的词所反映的事物、现象或关系。词的意义是客观事物或现象在人们意识中的概括的反映,是由应用这种语言的集体在使用过程中约定俗成的。人们对词义的相互了解是体现语言交际功能的重要条件。

词垣 泛指词臣的官署,如翰林院之类。蔡肇《明州谢到任表》:"臣昨由省户擢置词垣。"虞集《寄陈众仲助教上都作》诗:"学省足清昼,词垣惊早秋。"

词韵 填词所用之韵。词韵比诗韵宽。唐宋人"倚声填词",用韵并无严格限制。南宋朱敦儒作《应制词韵》,今不传。旧传南宋刊《词林要韵》,实为元人伪托,一说实是曲韵而非词韵。清道光间戈载编《词林正韵》,较为精密,为近代填词者所遵用。

词藻 同"辞藻"。诗文中的藻饰,即用作修辞的典故或指华丽词语。《北史·文苑传序》:"然时俗词藻,犹多淫丽。"

词章 同"辞章"。诗文的总称。韩愈《柳子厚墓志铭》:"居闲益自刻苦,务记览,为词章。"

词缀 加在词根上边表示附加意义的词素。加在词根前面的,叫前缀,如"老师"中的"老"、"阿姨"中的"阿"。加在词根后面的,叫后缀,如"桌子"中的"子"、"木头"中的"头"。加在两个词根中间的,叫中缀,如"糊里糊涂"的"里"。

词宗 文学词章为众所宗仰的人。《梁书·任昉传》:"昉雅善属文……沈约一代词宗,深所推挹。"王勃《滕王阁序》:"腾蛟起凤,孟学士之词宗。"

词族 ❶由音同义近或音近义通的同源词形成的一群词。如小犬为"狗",小熊、小虎为"豿",小马为"驹",小羊为"羔",这四个词属于同一词族。❷由同一词根产生的词群。如汉语的"陶器"、"铜器"、"玉器"、"瓷器"、"铁器"、"木器"、"漆器"、"电器"等,为同一词族。在不同词族里包含词的数目多少不等。同族词在词义上有一定联系。

词组 按照一定的语法规则组合起来的一组词。根据词和词之间不同的结构关系,词组有以下主要类型:联合词组(多快好省、物理和化学),偏正词组(革命歌曲、新的任务),动宾词组(写文章、学习马克思主义),后补词组(洗干净、好得很),主谓词组(天亮了、大家学习)等。

茈 (cí) 凫茈,即"荸荠"。
另见 chái,cǐ,zǐ。

茨 (cí) ❶用芦苇、茅草盖的屋顶。《诗·小雅·甫田》:"如茨如梁。"郑玄笺:"茨,屋盖也。"张衡《东京赋》:"慕唐虞之茅茨。"❷蒺藜。《诗·鄘风·墙有茨》:"墙有茨。"❸堆积;填。《淮南子·泰族训》:"茨其所决而高之。"高诱注:"茨,积土填满之也。"

兹 (cí) 同"兹"。
另见 zī。

坌 (cí) 在大道上增土。见《说文·土部》。

兹 (cí) 见"龟兹"。
另见 zī。

祠 (cí) ❶春祭。《诗·小雅·天保》:"禴祠烝尝,于公先王。"参见"禴"。❷祭祀。《周礼·春官·小宗伯》:"大灾,及执事祷祠于上下神示。"示,通"祇",地神。❸祖庙;祠堂。如:宗祠;神祠;先贤祠。

祠庙 祠堂。杜甫《登楼》诗:"可怜后主还祠庙,日暮聊为《梁甫吟》。"

祠堂 祭祀祖宗或先贤的庙堂。《汉书·文翁传》:"文翁终于蜀,吏民为立祠堂。"司马光《文潞公家庙碑》:"先王之制,自天子至于官师皆有庙……〔秦〕尊君卑臣,于是天子之外,无敢营宗庙者。汉世公卿贵人多建祠堂于墓所。"后世宗族宗祠亦通称祠堂。

瓷 (cí) 见"瓷器"。

瓷器 以高岭土、长石和石英为原料,经混和、成形、干燥、烧制而成的粘土类制品。可上釉或不上釉。特点是坯体洁白、细密,较薄者呈半透明,音响清脆,断面具不吸水性。可分为硬瓷和软瓷两大类。前者烧成温度较高,物理、化学和机械强度较好,如化学瓷、电瓷、中国的日用瓷和艺术瓷;后者烧成温度较低,如骨灰瓷。瓷器是中国古代的伟大发明之一。起源有两说:一说"早期瓷器"形成于西晋,或据浙江上虞的最新发现,可提早到东汉时期;一说"原始瓷器"出现于商代。中国瓷器以青瓷、白瓷和彩瓷为主要品种。青瓷到唐代达到成熟阶段,以越窑为最著;白瓷以邢窑为最著。宋代著名的瓷窑,青瓷有汝窑、官窑、龙泉窑、哥窑、钧窑、耀州窑等,白瓷有定窑,影青有景德镇窑,黑瓷有建窑等,都各具特色。明以后,景德镇窑成为瓷业中心,各种釉色和彩绘器不断有着新的创造和发展。至于一般瓷窑,几乎遍及全国。唐宋以来,中国瓷器大量运销海外,其制造方法也传布到东、西方各国。

鹚 〔鸕〕(cí) ❶鸟名。《辽史·太宗纪上》:"〔十一年〕九月癸巳,有飞鹚自坠而死。"❷同"雌"。

鹚 〔薋〕(cí) ❶草多貌。见《说文·艸部》。《离骚》:"薋菉葹以盈室兮。"段玉裁《说文解字注·艸部》:"据许君说,正谓多积菉葹盈室,薋非草名。"❷同"茨"、"荠"。蒺藜。《诗·小雅·楚茨》:"楚楚者茨。"郑玄笺:"茨,蒺藜也。"王逸《楚辞》注引作"楚楚者薋"。按《说文·艸部》:"荠,蒺藜也。""茨"、"薋"皆借字。

辞 〔辤、辝〕(cí) ❶诉讼的供词。《书·吕刑》:"民之乱,罔不中听狱之两辞。"亦用作申诉、辩解。《左传·僖公四年》:"我辞,姬必有罪。"❷文词;言词。如:辞藻;修辞。陆机《文赋》:"要辞达而理举,故无取乎冗长。"❸告别。《楚辞·九歌·少司命》:"入不言兮出不辞。"陆游《送客》诗:"意倦客辞去,秉炬送柴门。"❹推辞;辞谢。《仪礼·士昏礼》:"姆辞不受。"苏轼《画鱼歌》:"本不辞劳几万一。"❺责备。《左传·昭公九年》:"王使詹桓伯辞于晋。"杜预注:"辞,责让之。"❻遣去。《左传·襄公二十二年》:"辞八人者,而后王安之。"❼通"词"。如:辞典。❽古代的一种文体。如:汉武帝《秋风辞》;陶潜《归去来辞》。❾中国古代逻辑术语。指命题(判断)。后期墨家提出"以辞抒意"(《墨子·小取》),即用判断来表达思想;并认为"辞以故生,以理长,以类行"(《大取》)。荀子也提出了"辞也者,兼异实之名以论一意也"的说法,认为辞(判断)是结合两个不同的"实"的名(概念)来论断一个意义。

辞费 说的话多而无用。《礼记·曲礼上》:"礼不妄说人,不辞费。"颜延之《重释何衡阳达性论》:"故两解此意,冀以取之,反致辞费。"

辞赋 文体名。汉代常把辞和赋统称为辞赋。辞因产生于战国楚地而叫楚辞,以屈原《离骚》为代表,故又称骚体。赋的名称始于战国赵人荀卿的《赋篇》,到汉代形成一种特定的体制。它虽继承了《楚辞》一些形式上的特点,但较多运用散文的手法,与"辞"已有不同。参见"赋"、"骚体"。

辞格 也称"修辞格"。修辞的各种格式。如比喻、借代等。

辞林 犹言著述之林,指诗、文的总汇。也指词语的汇集。萧统《文选序》:"历观文囿,泛览辞林。"亦作"词林"。又《答晋安王书》:"殽核坟

史,渔猎词林。"

辞令 酬应、答对的言辞。如:善于辞令。《史记·屈原贾生列传》:"明于治乱,娴于辞令。"

辞命 古代使节往来,相互应对的言词。《周礼·秋官·大行人》:"属象胥,谕言语,协辞命。"象胥,古代翻译官。《孟子·公孙丑上》:"我于辞命,则不能也。"

辞气 言辞气度。《论语·泰伯》:"出辞气,斯远鄙倍矣。"《史记·鲁仲连邹阳列传》:"曹子以一剑之任,枝桓公之心于坛坫之上,颜色不变,辞气不悖。"

辞趣 ❶文辞的意趣。萧子良《与南郡太守刘景蕤书》:"辞趣翩翩,足有才藻。"❷修辞手法之一。侧重于利用语辞在意味上、声音上、形体上附着的一切感性因素,增强话语文章的表现力。如注意语辞的地方色彩、讲究音律、文中变换字体等。

辞人 指汉代善于作辞赋的人。《法言·吾子》:"辞人之赋丽以淫。"后用以指善于作诗文的人,包括诗歌辞赋在内。《南史·文学传序》:"自汉以来,辞人代有。"亦作"词人"。

辞色 说的话和说话时的神态。《晋书·祖逖传》:"渡江中流,击楫而誓曰:'祖逖不能清中原而复济者,有如大江!'辞色壮烈,众皆慨叹。"

辞书 以条目为单元,按一定方式编排和检索的工具书。是字典、词典和百科全书的统称。

辞讼 亦作"词讼"。争讼;诉讼。《周礼·地官·小司徒》:"听其辞讼,施其赏罚。"

辞藻 亦作"词藻"。诗文的文采。也指用以藻饰文词的典故或古人著作中的词汇。《南史·梁简文帝纪》:"辞藻艳发,博综群言,善谈玄理。"

辞章 亦作"词章"。诗文的总称。《后汉书·蔡邕传》:"好辞章、数术、天文。"

辞职 自愿请求免去其现任职务的行为。国家工作人员的辞职,须经有权接受辞呈的主管机关批准,才能发生法律效力。

辞旨 言辞意旨。《后汉书·郅寿传》:"厉音正色,辞旨甚切。"亦作"辞指"。《三国志·魏志·钟会传》:"辞指款实。"

辞致 文辞的情致意趣。《北史·颜之仪传》:"尝献梁元帝《荆州颂》,辞致雅赡。"

辞宗 为辞人所宗仰的人。《汉书·叙传下》:"蔚为辞宗,赋颂之首。"亦作"词宗"。王勃《滕王阁序》:"腾蛟起凤,孟学士之词宗。"

甕(cí) 同"瓷"。

慈(cí) ❶本指父母的爱,引申为凡怜爱之称。《左传·隐公三年》:"父慈子孝。"又《文公十八年》:"宣慈惠和。"孔颖达疏:"慈者,爱出于心,恩被于物也。"参见"慈幼"。❷指对父母的孝敬奉养。《庄子·渔父》:"事亲则慈孝。"《礼记·内则》:"父子皆异宫,昧爽而朝,慈以旨甘。"郑玄注:"爱敬进之也。"❸慈母的省称,多用以称自己的母亲。如:家慈。王安石《寄虔州江阴二妹》诗:"庶云留汝车,慰我堂上慈。"❹姓。汉代有慈仁。

慈悲 佛教谓对一切众生给予欢乐(慈),拔除苦难(悲)。《大智度论》二十七:"大慈与一切众生乐,大悲拔一切众生苦。"大乘佛教以此为修行的重要依据。

慈航 佛教认为佛、菩萨以大慈悲救度众生脱离生死苦海,犹如舟航,故名。

慈母 ❶父严母慈,故称母为慈母。孟郊《游子吟》:"慈母手中线,游子身上衣。"❷古代称抚育自己的父妾。《仪礼·丧服》:"慈母如母。传曰:慈母者何也?传曰:妾之无子者,妾子之无母者,父命妾曰:女(汝)以为子;命子曰:女(汝)以为母。若是,则生养之,终其身如母,死则丧之三年如母。"《礼记·内则》:"择于诸母与可者……使为子师,其次为慈母,其次为保母,皆居子室。"郑玄注:"诸母,众妾也……慈母,知其嗜欲者;保母,安其居处者,士妻食乳之而已。"

慈孙 泛指孝顺的子孙。《孟子·离娄上》:"名之曰幽、厉,虽孝子慈孙,百世不能改也。"

慈闱 古时母亲的代称。张孝祥《减字木兰花·黄坚叟母夫人》词:"慈闱生日,见说今年年九十。"因封建时代皇后系为母者的典范,故亦用以称皇后。梁焘《立皇后孟氏制》:"明扬德阀之懿,简在慈闱之公。"

慈祥 仁慈和蔼。《仪礼·士相见礼》:"与众言,言忠信慈祥。"

慈训 指母亲的教训。庾信《为杞公让宗师骠骑表》:"臣早倾庭荫,曾未扶墙,母氏慈训,哀矜苦劳。"

慈颜 母亲的容颜。潘岳《闲居赋》:"寿觞举,慈颜和。"

慈幼 爱护孩童。《周礼·地官·大司徒》:"以保息六养万民,一曰慈幼。"《孟子·告子下》:"葵丘之会诸侯……三命曰:敬老慈幼,无忘宾旅。"

磁(cí) ❶某些物质能吸引铁、镍、钴等物质的属性。古代就已发现一种称为"磁石"的天然矿物(Fe_3O_4)具有磁性。中国古代四大发明之一的指南针即利用磁石制成。后来发现,磁体和电流之间、电流和电流之间也都有同样的相斥或相吸的作用,因而逐步确定了磁和电有紧密联系。磁性起源于电流或实物内部电荷(电子、原子核)的运动。❷同"瓷"。如"瓷器"亦写作"磁器"。

雌(cí) ❶生物中能产卵细胞的。与"雄"相对。如:雌鸡;雌兔;雌蕊。❷柔弱。见"知雄守雌"。❸指女性。陆游《老学庵笔记》卷七:"韩魏公声雌。"

雌风 与"雄风"相对。《文选·宋玉〈风赋〉》:"故其风中人,状直憯混郁邑,殴温致湿……此所谓庶人之雌风也。"刘良注:"雌风,卑恶之风。"

雌伏 比喻退藏,不进取。温庭筠《病中书怀呈友人》诗:"鹿鸣皆缀士,雌伏竟非夫。"参见"雄飞"。

雌黄 ❶沈括《梦溪笔谈·故事》:"馆阁新书净本有误书处,以雌黄涂之……一漫则灭,仍久而不脱。"因称改窜文字为雌黄。《颜氏家训·勉学篇》:"观天下书未遍,不得妄下雌黄。"❷驳正、议论是非。周密《齐东野语》卷十九:"近世诸公,多作考异、证误、纠缪等书,以雌黄前辈。"也指随便乱议论。如:信口雌黄。王夫之《宋论·真宗》:"使支离之异学,雌黄之游士,荧天下之耳目而荡其心。"

雌节 谓安于柔弱,不与人争,即道家"知雄守雌"的处世态度。《淮南子·原道训》:"圣人守清道而抱雌节,因循应变,常后而不先,柔弱以静,舒安以定,攻大礲坚,莫能与之争。"高诱注:"雌,柔弱也。"

雌霓 即霓。双虹中色彩浅淡的虹,亦名副虹。沈约《郊居赋》:"驾雌霓之连卷,泛天江之悠永。"

雌雄 ❶雌性与雄性。《诗·小雅·正月》:"谁知乌之雌雄?"亦作"雄雌"。古乐府《木兰诗》:"安能辨我是雄雌?"❷犹言胜负、高下。《史记·项羽本纪》:"愿与汉王挑战,决雌雄。"亦作"雄雌"。高文秀《誶范叔》

楔子："离魏国，到临淄。凭喉舌，决雄雌。"❸称成对的物件。如：雌雄剑。

鹚〔鸬、鹚〕(cí) 见"鸬鹚"。

齝(cí) 嫌食；不爱吃。《管子·形势》："齝食者不肥体。"尹知章注："齝，恶也。恶食之人，忧嫌致瘠，故不能肥体。"按或作"齝"。

糍〔餈〕(cí) 用糯米蒸制的食品。如：糍团；糍巴。孟元老《东京梦华录》卷三："冬月虽大风雪阴雨，亦有夜市：剽子、姜豉……糍糕、团子、盐豉汤之类。"

螭(cí) 同"雌"。

餈(cí) 同"糍(餈)"。

cǐ

此(cǐ) ❶这。与"彼"相对。《孟子·尽心下》："春秋无义战，彼善于此，则有之矣。"又《公孙丑下》："彼一时，此一时也。"❷这般；这样。庾信《哀江南赋》："天何为而此醉！"❸乃；则。《礼记·大学》："有德此有人，有人此有土，有土此有财。"《后汉书·黄琼传》："必待尧舜之君，此为志士终无时矣。"

此君 ❶《晋书·王徽之传》："尝寄居空宅中，便令种竹。或问其故，徽之但啸咏指竹曰：'何可一日无此君耶？'"后因称竹为"此君"。苏轼《於潜僧绿筠轩》诗："若对此君仍大嚼，世间那有扬州鹤？"也借指所嗜之物。白居易《效陶潜体诗》："乃知阴与晴，安可无此君？"此指酒。❷此人的尊称。刘峻《追答刘秣陵沼书》："寻而此君长逝，化为异物；绪言余论，蕴而莫传。"

此若 此；这。此、若同义连言，亦作"若此"。说详王引之《经传释词》卷七。《管子·山国轨》："桓公曰：'此若言何谓也？'"

此豸 姿态妖媚。《文选·张衡〈西京赋〉》："增婵娟以此豸。"薛综注："婵娟此豸，姿态妖蛊也。"

佌(cǐ) 犹小。《管子·轻重乙》："天子中立，地方千里，兼霸之壤三百有余里，佌诸侯度百里。"一说，"佌"通"齐"。详马非百《〈管子轻重篇〉新诠》。

泚(cǐ) 见"泚虒"。
另见 chái，cí，zǐ。

泚虒 犹"差池(cī chí)"。参差

不齐。司马相如《上林赋》："傑池泚虒，旋还乎后宫。"

泚(cǐ) ❶鲜明貌。《诗·邶风·新台》："新台有泚，河水弥弥。"❷汗出貌。《孟子·滕文公上》："其颡有泚。"❸以笔蘸墨。如：泚笔作书。

玼(cǐ) 玉色鲜洁。见《说文·玉部》。引申为鲜明貌。《诗·鄘风·君子偕老》："玼兮玼兮，其之翟也。"
另见 cī。

跐(cǐ) 踏。如：脚跐两头船。《庄子·秋水》："且彼方跐黄泉而登大皇。"大皇，天，大，通"太"。左思《吴都赋》："将抗足以跐之。"
另见 cī。

cì

朿(cì) 木芒。见《说文·朿部》。

次(cì) ❶等第；次第。如：等次；位次；依次。❷第二；下一。如：次子；次日。引申为随从，犹言"步"。如：次前韵。❸质量较差。如：次品；次货。❹回数。如：三番五次。❺按次序排比、编列。《吕氏春秋·季冬》："乃命太史次诸侯之列。"高诱注："太史乃次其列位。"《汉书·楚元王传》："元王亦次之诗传。"❻停留。指在旅行或行军途中。《书·泰誓中》："王次于河朔。"也指行军在一处停留三宿以上。《左传·庄公三年》："凡师一宿为舍，再宿为信，过信为次。"又指停留之处。如：旅次；舟次；军次。❼时候。陆龟蒙《江南二首》："村边紫豆花垂次，岸上红梨叶战初。"❽中间。如：胸次；言次。孔稚圭《北山移文》："尔乃眉轩席次，袂耸筵上。"❾接连。刘禹锡《贾客词》："高楼次旗亭。"❿至；及。见"次骨"。
另见 zǐ。

次比 ❶并列。司马迁《报任少卿书》："而世俗又不能与死节者次比。"❷排列的次序。欧阳修《诗谱补亡后序》："其正变之风，十有四国，而其次比，莫详其义。"

次骨 犹言入骨。形容程度极深。《史记·酷吏列传》："外宽，内深次骨。"谓用心深刻入骨。《文心雕龙·奏启》："世人为文，竞于诋呵，吹毛取瑕，次骨为戾。"

次室 姜。《金史·海陵王纪》：

"己丑，命庶官许求次室二人，百姓亦许置姜。"

次韵 作旧体诗方式之一，亦称步韵。即依照所和诗中的韵及其用韵的先后次序写诗。清吴乔《答万季野诗问》："步韵最困人，如相殴而自絷手足也。盖心思为韵所束，于命意布局，最难照顾。"参见"和韵(hè yùn)"。

佀(cì) 见"佀候"。
另见 sì。

佀候 犹侍候。服侍。如：佀候病人。亦指侍奉者。马致远《荐福碑》第二折："洒家是吉阳县佀候，教小人接新官去。"

刺(cì) ❶尖利像针的东西。如：芒刺；鱼刺。❷用尖锐的东西扎入。如：刺绣。引申为刺激。如：刺耳。❸刺杀；行刺。见"刺客"。❹铲除。《荀子·富国》："刺屮(草)殖谷。"❺举发；指责。《国策·齐策一》："面刺寡人之过者，受上赏。"常用作讥讽之意。如：讥刺；讽刺。❻采取。《史记·封禅书》："〔文帝〕使博士诸生刺六经中作《王制》。"❼探听；侦察。《汉书·丙吉传》："驭吏因随驿骑至公车刺取，知虏入云中、代郡。"❽名帖。《论衡·骨相》："韩生……通刺倪宽，结胶漆之交。"❾用篙撑船。见"刺船"。
另见 qì。

刺船 撑船。《史记·陈丞相世家》："船人见其美丈夫独行，疑其亡将，要(腰)中当有金玉宝器，目之，欲杀平。平恐，乃解衣裸而佐刺船。"

刺刺 多言貌。《管子·白心》："孰能弃刺刺而为愕愕乎？"韩愈《送殷员外序》："丁宁顾婢子，语刺刺不能休。"

刺股 《国策·秦策一》："〔苏秦〕读书欲睡，引锥自刺其股，血流至足。"后用以形容勤学苦读。《隋书·儒林传序》："学优入室，勤逾刺股。"参见"悬梁刺股"。

刺骨 ❶形容气候极冷。如：寒风刺骨。戴复古《饮中》诗："布衣不换锦宫袍，刺骨清寒气自豪。"❷形容怨恨深刻。邵伯温《邵氏闻见录》卷十三："是时既退元丰大臣于散地，皆衔怨刺骨。"❸形容惨酷。刘知幾《史通·忤时》："虽威以刺骨之刑，勖以悬金之赏，终不可得也。"

刺举 举发人的过恶。《汉书·盖宽饶传》："擢为司隶校尉，刺举无所回避。"

刺客 行刺暗杀的人。《史记》有

《刺客列传》。又《袁盎晁错列传》："袁盎心不乐,家又多怪,乃之棓生所问占。还,梁刺客后曹辈,果遮刺杀盎安陵郭门外。"

刺配 中国古代将刺面与流配相结合而成的刑罚。即在犯人面部刺刻标记或字,再发配边远地区或一定场所服役,最重可至终身。原为对死罪的宽宥,后适用甚广。始于五代的后晋。宋代盛行,并同时附加杖刑。后代沿用,唯明清将刺面改为刺左右臂。

刺探 侦察;探听。《后汉书·章帝纪》:"遣吏逢迎,刺探起居。"

伙(cì) ❶通"次"。比次。《诗·小雅·车攻》:"决拾既伙。"孔颖达疏:"手指相比次而后射得和利。"❷帮助。《诗·唐风·杕杜》:"人无兄弟,胡不伙焉!"

伙助 帮助。黄庭坚《答李几仲书》:"旁有兄弟以为之伙助。"

剌(cì) 同"刺"。

庇(cì) 古指犁下端装犁头的一段木头。《考工记·车人》:"车人为耒,庇长尺有一寸。"郑玄注:"庇读为棘刺之刺。刺,未下前曲接耜。"

纮〔縒〕(cì) 本指未成线的麻缕,引申为按市肆的次第收税。《周礼·地官·廛人》:"掌敛市纮布。"郑玄注:"布,泉(钱)也。郑司农云:'纮布,列肆之税布。'"

蚝(cì) "毛虫"的合文,"蛓"的俗字。见《正字通》。韩愈《城南联句》:"痒肌遭蚝刺。"

另见 háo。

莿(cì) 同"刺"。草木的芒刺。引申为讥刺。《鹖冠子·世兵》:"是谓失此不还人之计也,非过材之莿也。"

蛓(cì) 毛虫。《尔雅·释虫》:"蛁,毛蠹"郭璞注:"即蛓。"陆德明释文:"今俗呼为毛蛓,有毒螫人。"《楚辞·九思·怨上》:"蛓缘兮我裳。"

赐〔賜〕(cì,读音 sì)❶旧指上对下的给予。如:赏赐;赐予。《礼记·玉藻》:"君赐车马,乘以拜。"亦用以敬称对方的给予。如:赐教;赐覆。❷指给与的恩惠或财物。《史记·刺客列传》:"不敢当仲子之赐。"❸通"澌"。穷尽。《方言》第三:"赐,尽也。"潘岳《西征赋》:"超长怀以遐念,若循环之无赐。"

赐告 假期已满赐予续假。告,古

代官吏休假。《史记·高祖本纪》"高祖为亭长时,常告归之田"裴骃集解引孟康曰:"汉律,吏二千石有予告、赐告。予告者,在官有功最,法所当得者也。赐告者,病满三月当免,天子优赐,复其告,使得带印绶,将官属,归家治疾也。"又《汲黯传》:"黯多病,病且满三月,上常赐告者数,终不愈。"裴骃集解引如淳曰:"赐告,得去官归家;与告,居官不视事。"

赐环 《仪礼·丧服》"大夫为旧君何以服齐衰三月也"贾公彦疏:"此以道去君,据三谏不从,在境待放,得环则还,得玦则去,如此者谓之以道去君。"《荀子·大略》:"绝人以玦,反绝以环。"杨倞注:"古者臣有罪,待放于境,三年不敢去,与之环则还,与之玦则绝,皆所以见意也。"环,圆形玉器,古时作为还的象征物。后因称放逐的臣子被赦召还为"赐环"。张说《让右丞相表第二表》:"伤矢之禽,闻弦虚坠;赐环之客,听歌先泣。"

赐履 ❶谓帝王所赐的封地。《左传·僖公四年》:"赐我先君履,东至于海,西至于河,南至于穆陵,北至于无棣。"后泛指界域。高启《送郑都司赴大将军行营》诗:"赐履已分无棣远,舞干还见有苗来。"❷京官之典故。神话传说东汉叶令王乔,朔望自县诣朝,未见车骑而有双凫飞至,明帝命张网得所赐尚书官属之履。事见《风俗通》卷二。杜甫《长沙送李十一衔》诗:"远愧尚方曾赐履,境非吾土倦登楼。"

赐紫 唐宋时三品以上官公服为紫色,五品以上官为绯色(大红),有时皇帝特加赐紫或赐绯以示尊宠;唐代僧人也常受此种待遇,宋除僧人外,有时道士亦赐紫。

cōng

匆〔怱、恖〕(cōng) 急遽。如:匆遽。参见"匆匆"。

匆匆 急遽。辛弃疾《摸鱼儿》词:"更能消几番风雨,匆匆春又归去。"

匆遽 匆忙;急促。《南史·齐废帝东昏侯纪》:"比起就会,匆遽而罢。"

苁〔蓯〕(cōng) 苁蓉,植物名。一年生寄生草本,中医学上以茎入药。

囱(cōng) 烟囱。
另见 chuāng。

玱〔瑽〕(cōng) 见"玱瑢"、"玲玱"。

玱瑢 佩玉声。陈师道《观充文忠公家六一堂图书》诗:"缅怀弁服士,酹献鸣玱瑢。"

枞〔樅〕(cōng) ❶木名。《尸子》卷上:"松柏之鼠,不知堂密之有美枞。"❷耸峙;翘起。《诗·大雅·灵台》:"虡业维枞。"孔颖达疏:"悬钟磬之处,又以彩色为大牙,其状隆然,谓之崇牙。言崇牙之状枞枞然。"❸姓。汉代有枞公。
另见 zōng。

怱(cōng) "匆"的俗字。见《广韵·一东》。《晋书·卫恒传》:"怱怱不暇草书。"

瞛〔瞛〕(cōng) 目有光。《文选·张协〈七命〉》:"怒目电瞛。"李善注:"光也。"张铣注:"怒目如电瞛有光也。"

鉂〔鏦〕(cōng) ❶小矛。《淮南子·兵略训》:"修铩短鉂。"❷用矛戟冲刺。《史记·吴王濞传》:"吴王出劳军,即使人鉂杀吴王。"

鉂鉂 金属相击声。欧阳修《秋声赋》:"鉂鉂铮铮,金铁皆鸣。"

怱(cōng) 通"聪"。《汉书·郊祀志下》:"怱明上通。"
另见 cōng 匆。

总〔總〕(cōng) 绢的一种。《文选·左思〈魏都赋〉》:"缣总清河。"李善注引《广雅》:"总,绢也。"
另见 zōng、zǒng。

恖(cōng) 通"聪"。《汉书·郊祀志下》:"恖明上通。"
另见 cōng 匆。

恖恖 ❶形容明白。《吕氏春秋·下贤》:"恖恖乎其心之坚固也。"高诱注:"恖恖,明貌。"❷急速貌。《史记·龟策列传》:"恖恖疾疾,通而不相择。"

葱〔蔥〕(cōng) ❶植物名。作蔬菜、香辛料,兼作药用。种类很多:主要有大葱,植株较高大,用种子繁殖;作香辛料的葱,植株较矮小,分蘖力强,用分株或鳞茎繁殖,有胡葱、细香葱、楼葱等。❷青绿色。《诗·小雅·采芑》:"有玱葱珩。"

葱白 ❶淡青色。段玉裁《说文解字注》:"〔熜〕白毛与青毛相间,则为浅青,俗所谓葱白色。"❷中药名。葱的叶鞘层层包裹而成的部分。性温、

味辛,功能通阳发表,主治外感风寒、头痛寒热及腹泻腹痛、小便不通等症。

葱葱 草木苍翠茂盛貌。亦用来形容气象旺盛、美好。《论衡·吉验》:"城郭郁郁葱葱。"

葱翠 犹青翠。梁简文帝《和湘东王首夏》诗:"竹水俱葱翠,花蝶两飞翔。"

葱茏 亦作"茏葱"。形容草木青翠而茂盛。郭璞《江赋》:"潜荟葱茏。"

窗〔窻、窓、窻、牕、牎〕(cōng)灶突,即"烟囱"。《广雅·释宫》:"其窗谓之埃。"王念孙疏证:"埃,通作突。"
另见 chuāng。

骢〔驄〕(cōng)青白色的马。今名菊花青马。亦泛指马。杜甫《渝州侯严六侍御不到先下峡》诗:"闻道乘骢发,沙边待至今。"

璁(cōng)见"璁珑"。

璁珑 明洁貌。贯休《马上作》诗:"风清襟袖辔璁珑。"

聦(cōng)同"聪(聰)"。

聪〔聰〕(cōng)听觉灵敏。《荀子·劝学》:"耳不能两听而聪。"引申为有所闻;灵敏。《诗·王风·兔爰》:"尚寐无聪。"毛传:"聪,闻也。"《北史·杨愔传》:"其聪记强识,半面不忘。"

聪了 聪明善悟。《后汉书·孔融传》:"夫人小而聪了,大未必奇。"

聪明 ❶视听灵敏。《管子·内业》:"耳目聪明,四枝(肢)坚固。"亦指视听、闻见。《书·皋陶谟》:"天聪明,自我民聪明。"孔颖达疏:"天之所闻见,用民之所闻见也。"❷聪敏;有智慧。《管子·宙合》:"聪明以知,则博。"

螉(cōng) 蜻蜓。《淮南子·说林训》:"水虿为螉。"高诱注:"水虿化为螉。螉,蜻蜓。"

緫(cōng) 同"总(總)"。
另见 zōng、zǒng。

鍯〔鎓〕(cōng,又读 sǒng)见"鍯硐"。

鍯硐 通竹节以制笛。《文选·马融〈长笛赋〉》:"鍯硐隑坠。"李周翰注:"鍯硐,谓以刀通节中也。"

螉(cōng) 同"螉"。

緵〔緫〕(cōng)❶青色的帛。《说文·糸部》:"緫,帛青

色。"段玉裁注:"《尔雅》:'青谓之葱。'葱即緫也,谓其色葱。葱,浅青也,深青则为蓝矣。"❷青色。《文选·潘岳〈藉田赋〉》:"緫犗服于缥軛兮。"吕向注:"犗,牛也。緫、缥皆青色,以取东方之象焉。"

cóng

从〔從〕(cóng)❶跟随。《论语·公冶长》:"道不行,乘桴浮于海,从我者其由与?"❷听从;顺从。《史记·廉颇蔺相如列传》:"臣从其计。"《荀子·子道》:"从道不从君,从义不从父。"❸追随;追逐。《诗·齐风·还》:"并驱从两肩兮。"毛传:"从,逐也。兽三岁曰肩。"❹参加;从事。如:从军;从政。❺自;由。如:从头至尾;从古到今。《孟子·离娄下》:"〔良人〕施施从外来。"❻任;听凭。杜甫《屏迹》诗:"失学从儿懒,长贫任妇愁。"❼犹从来。如:从无此理;从未谋面。《二刻拍案惊奇》卷十二:"却从不曾讲着道学。"❽采取某种处理方式或态度。如:从简;从缓;从长计议。《文心雕龙·练字》:"自晋来用字,率从简易。"❾用来指出汉字所由构成的成分。《说文·夊部》:"冬,四时尽也,从仌从夂。夂,古文'终'字。"❿随从的人。如:仆从。⓫指堂房亲属。如堂兄弟称从兄弟,堂伯叔称从伯叔。参阅赵翼《陔余丛考》卷三十七"堂兄弟"。⓬从属的;次要的。如:正从;从犯;分别首从。《魏书·官氏志》:"前世职次,皆无品第,魏氏始置之。"
另见 sǒng、zōng、zòng。

从伯 父亲的堂兄。《晋书·王羲之传》:"尤善隶书,为古今之冠,论者称其笔势,以为飘若浮云,矫若惊龙,深为从伯敦导所器重。"

从弟 比自己年幼的伯叔之子。即堂弟。《三国志·蜀志·许靖传》:"许靖,字文休,汝南平舆人。少与从弟劭俱知名。"

从风 顺风。何晏《景福殿赋》:"参旗九旒,从风飘扬。"亦比喻响应或附和的迅速。《国策·秦策一》:"山东之国,从风而服。"

从父 父亲的兄弟,即伯父、叔父。《北史·长孙道生传》:"与从父嵩,俱为三公。"

从官 ❶古时皇帝的侍从官吏。《汉书·元帝纪》:"令从官给事宫司马中者,得为大父母、父母、兄弟通

籍。"颜师古注:"从官,亲近天子常侍从者皆是也。"❷部下僚属。《史记·张耳陈馀列传》:"王姊醉,不知其将,使骑谢李良。李良素贵,起,惭其从官。"❸星名。《晋书·天文志上》:"太子北一星曰从官,侍臣也。"

从吉 居丧毕,脱去丧服,穿上吉服。《晋书·孟陋传》:"丧母,毁瘠殆于灭性……亲族迭谓之曰:'……若使毁性,无嗣,更为不孝也。'陋感此言,然后从吉。"亦指丧服未除,因有嫁娶庆贺或吉祭之礼而暂用吉服。《书·顾命》"麻冕蚁裳"孔颖达疏:"太保、太史有所主者,则纯如祭服,暂从吉也。"旧时居丧而参与别人的庆贺之礼,多在简帖上写"从吉"二字,本此。陆以湉《冷庐杂识·从吉》:"世俗居丧,而通名以庆贺,必书'从吉',失礼甚矣。"

从井救人《论语·雍也》:"仁者,虽告之曰:'井有仁(人)焉。'其从之也?"从,跟从,谓跟着下去。后因用"从井救人"比喻对别人没有好处而徒然危害自己的行为。《镜花缘》第七十一回:"即使草木有灵,亦决不肯自戕其生,从井救人。"

从良 旧称妓女嫁人为"从良"。李行道《灰阑记》第一折:"我如今弃贱从良,拜辞了这鸣珂巷。"亦指奴婢恢复自由。杨显之《酷寒亭》第三折:"谢俺那侍长见我生受多年,与了我一张从良文书。"侍长,指主人。

从令如流 谓服从命令就像流水那样迅速顺利。《商君书·画策》:"是以三军之众,从令如流。"

从龙《易·乾·文言》:"云从龙,风从虎,圣人作而万物睹。"后谓随从帝王创立帝业为"从龙"。《清史稿·食货志一》:"〔八旗汉军〕有从龙入关者,有定鼎后投诚者。"

从母 母亲的姐妹,即姨母。《尔雅·释亲》:"母之姊妹为从母。"

从女 兄弟的女儿,即侄女。《晋书·束皙传》:"璆(束璆)娶石鉴从女。"

从戎 从军。如:投笔从戎。曹植《杂诗》:"类此游客子,捐躯远从戎。"

从颂 即从容。舒缓貌。容,古亦作"颂"。《史记·鲁仲连邹阳列传》:"世以鲍焦为无从颂而死者,皆非也。"司马贞索隐:"从颂,音从容,言世人见鲍焦之死,皆以为不能自宽容而取死。"

从容 ❶举止行动。《礼记·缁衣》:"长民者,衣服不贰,从容有

常."孔颖达疏:"从容,谓举动有其常度."《楚辞·九章》:"孰知余之从容."王逸注:"从容,举动也."❷舒缓;不急迫.《庄子·秋水》:"儵鱼出游从容,是鱼之乐也."❸盘桓.汤式《脱布衫过小梁州·四景》曲:"问冬来何处从容?"

从善如流 谓乐于接受别人正确的意见.《左传·成公八年》:"楚师之还也,晋侵沈,获沈子揖,初从知、范、韩也.君子曰:'从善如流,宜哉!'"杜预注:"栾书从知庄子、范文子、韩献子之言,不与楚战,自是常于其谋,师出有功,故传善之.如流,喻速."

从史 汉吏名.无专职,常跟随官僚办事.《汉书·兒宽传》:"除为从史."颜师古注:"从史者,但只随官僚,不主文书."

从事 ❶办事;治事.《诗·小雅·北山》:"偕偕士子,朝夕从事."❷参加做某种事情.如:从事文艺创作.《论语·泰伯》:"昔者吾友尝从事于斯矣."❸犹言处理,处置.《汉书·王莽传中》:"敢有趋谶犯法,辄以军法从事."❹官名.即从事史.汉以后州刺史自辟僚属,多以从事为称,如别驾从事史、治中从事史之类,隋代将州从事改为参军.

从叔 父亲的堂弟.《晋书·王沉传》:"沉少孤,养于从叔司徒昶,事昶如父."

从祀 ❶附祭.一般指以儒之贤者配享孔子庙.《宋史·礼志八》:"议者以谓,凡配享从祀皆孔子同时之人."❷陪祭.刘孝威《谢饷牛书》:"从祀甘泉,方无愧于丞相."

从兄 比自己年长的伯叔之子.即堂兄.《南史·袁昂传》:"从兄彖养训教,示以义方."

从一而终 中国古代指一女不事二夫,夫死妻不再嫁.《易·恒》:"妇人贞吉,从一而终也."东汉班昭《女诫·专心》:"夫有再娶之义,妻无二适之文."为中国封建礼教所提倡,是一种压迫妇女的婚姻制度.

从政 参与政事,做官.《论语·雍也》:"季康子问:'仲由可使从政也与?'"也指服官役.《礼记·杂记下》:"三年之丧,祥而从政."郑玄注:"此谓庶人也.从政,从为政者役令,谓给繇役也."

从子 兄弟的儿子,即侄儿.《三国志·蜀志·庞统传》裴松之注引《襄阳记》:"统,德公从子也."

从坐 犹连坐.因别人犯罪而牵连受处罚.《隋书·赵绰传》:"故陈将萧摩诃,其子世略在江南作乱,摩诃当从坐."

丛 〔叢〕(cóng)　❶聚集.如:丛生;丛集.《吕氏春秋·达郁》:"则百恶并起,而万灾丛至矣."也指聚集而生的树木.《孟子·离娄上》:"为丛驱爵(雀)者,鹯也."亦泛指聚集的人或物.如:人丛;丛书.❷细碎.《后汉书·冯衍传下》:"恶丛巧之乱世兮."李贤注:"丛,细也."❸姓.明代有丛叔模.

丛薄 草木丛生的地方.《楚辞·招隐士》:"丛薄深林兮人上栗."洪兴祖补注:"深草曰薄."

丛脞 《书·益稷》:"元首丛脞哉!"孔颖达疏引郑玄说:"丛脞,揔(总)聚小小之事以乱大政."引申为细碎之意.陆龟蒙《笠泽丛书序》:"丛书,丛脞之书也.丛脞,犹细碎也."

丛林 ❶树林.班固《西都赋》:"丛林摧,草木无余."❷亦称"禅林".佛教僧众聚居的寺院.因比丘和合一处,有如众木相病成林,故名.《大智度论》卷三:"僧伽,秦言众,多比丘一处和合,是名僧伽;譬如大树丛聚,是名为林."后泛称寺院为丛林.道教也沿用此称.王安石《次韵张子野竹林寺》诗:"水源穷处有丛林."

呸 〔噈〕(cóng)　见"呸剧".

呸剧 越南剧种之一.约形成于13世纪,流行于越南中部.分为"呸御剧"和"呸呸剧"两类.前者原属宫廷舞乐,剧本多取材于历史故事;后者来自民间,剧本多具讽刺性内容.演出形式以对话为主,夹杂唱词,歌舞并重,演员绘脸谱,有严格的表演程式.传统剧目有《蚌蛎螺蚬》、《万宝呈祥》等.近代呸剧在韵文、曲调和身段等方面刻意求工.20世纪初在中国传统戏曲影响下进行改良.30年代后在结构上模仿欧洲戏剧,唱词趋向散文化,并融进布景、灯光、假面和西方舞蹈等.

泷 〔潗〕(cóng)　见"泷泷".
另见sǒng.

泷泷 水流声.杜甫《朝献太清宫赋》:"中泷泷以回复,外萧萧而未已."

蚣 〔蜙〕(cóng,又读zōng)　见"蟓❶".

淙 (cóng)　❶流水.沈约《被褐守山东》诗:"万仞倒危石,百丈注悬淙."❷水流声.见"淙淙".❸灌注.郭璞《江赋》:"淙大壑与沃焦."

淙琤 泉水声.韩愈孟郊《城南联句》:"竹影金琐碎,泉音玉淙琤."朱熹《山北纪行》诗:"悬泉忽淙琤."

淙淙 水流声.白居易《草堂前新开一池》诗:"淙淙三峡水,浩浩万顷陂."亦形容乐声.元结《补乐歌·六英》:"我有金石兮,击拊淙淙."

悰 (cóng)　❶欢乐.谢朓《游东田》诗:"慼慼苦无悰,携手共行乐."泛指心情.如:欢悰;离悰.❷谋虑.见《玉篇·心部》.按《尔雅·释言》:"悰,虑也."郝懿行义疏:"《玉篇》'悰'字虽有囚音,又姐冬切,即'悰'字之音.……是悰、悰字异音义同."

琮 (cóng)　❶古玉器名.方形,中有圆孔,亦有作长筒形的.新石器时代晚期的良渚、龙山等文化以及商周时代的墓葬中曾有发现.《周礼·春官·大宗伯》:"以黄琮礼地."郑玄注:"琮,八方,象地."亦用作发兵符信.《公羊传·定公八年》"璋判白"何休注:"琮以发兵."❷姓.宋代有琮师古.

琮

琮琤 ❶玉声.潘存实《赋得玉声如乐》诗:"后夔如为听,从此振琮琤."❷形容水石相击之声.王履《水帘洞》诗:"飞溅随风远,琮琤上谷迟."

骔 〔樅〕(cóng)　鸡.《方言》第八:"鸡,桂林之中谓之割鸡,或曰骔."钱绎笺疏:"骔之言从也,丛聚之名也."

賨 〔賨〕(cóng)　❶亦称"賨人".秦至南北朝时巴人的称谓.扬雄《蜀都赋》:"东有巴賨,绵亘百濮."又惠栋《后汉书补注》引《风俗通》:"巴有賨人."❷古代巴人对所交赋税的名称.用以纳税的钱或布称"賨钱"或"賨布".《晋书·李特载记》:"巴人呼赋为賨."

賨布 秦汉时湖南、四川一带少数民族作为赋税缴纳的布匹.《后汉书·南蛮传》:"秦昭王使白起伐楚,略取蛮夷,始置黔中郡.汉兴改为武陵,岁令大人输布一匹,小口二丈,是谓賨布."

賨人 秦汉时湖南、四川等地的一种少数民族.《文选·左思〈蜀都赋〉》:"奋之则賨旅."李善注引应劭

《风俗通》:"巴有賨人,剽勇。高祖为汉王时,阆中人范目说高祖,募取賨人定三秦。"《文献通考·户口一》:"蜀李雄薄赋,其人口出钱四十文,巴人谓赋为賨,因为名焉。賨之名旧矣,其赋钱四十,则起于李雄也。"

賨叟 见"叟(sōu)❸"。

深 (cóng) ❶小水入大水;众水相会处。《诗·大雅·凫鹥》:"凫鹥在深。"❷水声。柳宗元《钴鉧潭记》:"有声深然。"

憕 ((cóng,又读 qiú)) 谋虑。《尔雅·释言》:"憕,虑也。"郭璞注:"谓谋虑也。"
另见 cáo。

藂 (cóng) 同"丛(叢)"。

藂 (cóng) 同"丛(叢)"。

瀪 (cóng) 小水汇入大水。《文选·谢灵运〈于南山往北山经湖中瞻眺〉》诗:"仰聆大壑瀪。"李善注:"《毛诗》曰:'凫鹥在深。'毛苌曰:'深,水会也。'瀪与深同。"参见"深❶"。

còng

謥 〔謥〕(còng) 见"謥詷"。

謥詷 说话急遽。《后汉书·和熹邓皇后纪》:"每览前代外戚宾客,假借威权,轻薄謥詷。"李贤注:"言匆遽也。"

còu

奏 (còu) ❶通"湊"。汇合;聚会。《周礼·夏官·合方氏》"掌天下之道路"郑玄注:"津梁相奏。"❷通"腠"。《仪礼·公食大夫礼》:"载体进奏。"
另见 zòu。

湊 〔湊〕(còu) ❶聚合;会合。如:凑合;凑齐。《逸周书·作雒解》:"乃作大邑成周于土中……以为天下之大凑。"孔晁注:"凑,会也。"❷碰;趁;奔赴。如:凑巧;凑热闹儿。《国策·燕策一》:"士争凑燕。"❸通"腠"。《文心雕龙·养气》:"凑理无滞。"

族 (còu) 同"蔟"、"簇"。《汉书·律历志上》:"律以统气类物,一曰黄钟,二曰太族。"太族即大蔟、太蔟,古代乐律十二律的第三

律。
另见 zòu,zú。

揍 (còu) 通"腠"。腠理。《淮南子·兵略训》:"解必中揍。"
另见 zòu。

楱 (còu) 果名。《汉书·司马相如传上》:"黄甘橙楱。"颜师古注引张揖曰:"楱,小橘也。"
另见 zòu。

輳 〔輳〕(còu) 轮辐集中于毂上。引申为聚集。参见"辐輳"。

傶 (còu) 同"腠"。《汉书·司马相如传下》:"躬傶骿胝无胈。"颜师古注引张揖曰:"傶,凑理也。"凑理即"腠理"。《文选·司马相如〈难蜀父老〉》作"躬腠"。

腠 (còu) 皮肤或肌肉的纹理。《仪礼·乡饮酒礼》:"其牲,狗也。……肺皆离,皆右体,进腠。"郑玄注:"腠,理也。"

腠理 中医学名词。人体肌肤之间的空隙纹理。外连皮肤,为卫气散布和汗液等渗泄的通路,亦是气血津液流通灌注之处。《素问·阴阳应象大论》:"清阳发腠理。"唐王冰注:"腠理谓渗泄之门。"《金匮要略·藏府经络先后病脉证》:"腠者,是三焦通会元真之处,为血气所注;理者,是皮肤藏府之文理也。"

蔟 (còu) 通"簇"、"族"。如"大蔟"。即"泰蔟"、"太蔟"。中国古代音乐十二律的第三律。
另见 cù。

簇 (còu) 同"蔟"。如律名"太蔟",《淮南子·天文训》作"太簇"。
另见 cù。

cū

怚 (cū) 通"粗"。《史记·白起王翦列传》:"夫秦王怚而不信人。"裴骃集解引徐广曰:"怚,一作'粗'。"
另见 jù。

粗 〔㊀〕(麤)(cū) 本指米糙,引申为不精或毛糙的通称。如:粗米;粗布;粗纸。也专指粗粮。《左传·哀公十三年》:"粱则无矣,粗则有之。"

〔㊁〕〔麤、麤〕(cū) ❶粗大。如:粗绳;粗纱;粗眉大眼。《礼记·月令》:"〔仲夏之月〕其器高以粗。"郑玄注:"粗,犹大也。"也指声音。如:

粗嗓子。《礼记·乐记》:"其声粗以厉。"❷粗疏;粗略。如:粗心大意;粗具规模。《荀子·正名》:"愚者之言,芴然而粗。"❸粗鲁;粗笨。如:粗声粗气;粗手笨脚。

粗服乱头 衣服粗劣,头发蓬乱,谓不加修饰。《世说新语·容止》:"裴令公有俊容仪,脱冠冕,粗服乱头皆好。时人以为玉人。"

粗粝 糙米。《史记·刺客列传》:"窃闻足下义甚高,故进百金者,将用为大人粗粝之费。"张守节正义:"粝,犹粗米也,脱粟也。"

粗率 ❶粗心大意;草率。《朱子全书·论语四》:"也只缘他好勇,故凡事粗率,不能深求细绎那道理。"❷粗劣简陋。《南史·孔觊传》:"先是庾徽之为御史中丞,性豪丽,服玩甚华,觊代之,衣冠器用,莫不粗率。"

麁 (cū) 同"粗(麤)"。

麤 (cū) 同"粗(麤)"。

cú

且 (cú) 往。《诗·郑风·溱洧》:"士曰既且。"陆德明释文:"且,音徂,往也。"
另见 jū,qiě。

徂 (cú) ❶往;到。《诗·大雅·桑柔》:"自西徂东,靡所定处。"❷过去;逝。韦孟《讽谏》诗:"岁月其徂。"❸通"殂"。死。《史记·伯夷列传》:"于嗟徂兮,命之衰矣。"参见"徂落"。❹开始。《诗·小雅·四月》:"四月维夏,六月徂暑。"

徂落 ❶同"殂落"。死亡。《孟子·万章上》:"放勋乃徂落。"放勋,帝尧。❷衰败;雕零。陈子昂《感遇》诗:"青春始萌达,朱火已满盈。徂落方自此,感叹何时平?"

徂谢 ❶死亡。谢灵运《庐陵王墓下作》诗:"徂谢易永久,松柏森已行。"❷消失。程钜夫《和陶诗》:"年运倏徂谢,春秋焉能托。"

殂 (cú) 死亡。诸葛亮《出师表》:"先帝创业未半,而中道崩殂。"

殂落 亦作"徂落"。死亡。《书·舜典》:"二十有八载,帝乃殂落。"

酗 (cú) 见"酗醿"。

酗醿 浆一类的饮料。王褒《僮约》:"沃不酪,住酗醿。"注:"酗醿,

美浆,醒醐之属。"

cǔ

蘆(cǔ) ❶草名。《尔雅·释草》:"蔨,蘆。"郭璞注:"作履苴草。"邢昺疏:"蔨,一名蘆,即刪类也。"❷草死。见《集韵·十姥》。

cù

伜(cù) 同"卒"。
另见zú。

卒〔卒〕(cù) 同"猝"。突然。杜甫《北征》诗:"潼关百万师,往者散何卒!"
另见cuì,zú。

卒卒 匆促貌。白居易《与济法师书》:"欲面问答,恐彼此卒卒,语言不尽,故粗形于文字。"

促(cù) ❶时间紧迫。如:急促;匆促。《新唐书·柳宗元传》:"长来觉日月益促。"❷推动;催。如:促其实现。杜甫《戏题王宰画山水图歌》:"能事不受相促迫。"❸迫近;距离短。如:促膝谈心。《后汉书·郦炎传》:"大道夷且长,窘路狭且促。"

促促 ❶短促;匆匆。陆机《豫章行》:"促促薄暮景。"❷同"娖娖"。拘谨貌。韩愈《进学解》:"踽踽常途之促促,窥陈编以盗窃。"

促拍 亦作"簇拍"。唐宋曲子词术语。繁声促节之意,即所谓"急曲子",相当于现在的"快板"。由于快,字数就比原来的多,如原《采桑子》四十四字,《促拍采桑子》为五十字或六十二字。

促刺 同"刺促"。忙迫;劳苦不安。王建《促刺》词:"促刺复促刺,水中无鱼山无石。"

促膝 膝与膝相接,坐得很近。如:促膝谈心。萧统《答晋安王书》:"省览周环,慰同促膝。"

促席 接席;座位靠近。《文选·左思〈蜀都赋〉》:"合尊促席,引满相罚。"张铣注:"酒将阑,故合并其尊,促近其席。"陶潜《停云》诗:"安得促席,说彼平生。"

促狭 ❶气量狭小;性子急躁。《三国志·魏志·袁绍传》:"良(颜良)性促狭,虽骁勇,不可独任。"❷刻薄;爱捉弄人。《红楼梦》第六十二回:"谁知那起促狭鬼使的黑心?"元曲中亦作"促恰"、"促掐"。

促织 蟋蟀的别名。《尔雅·释虫》:"蟋蟀,蜻。"郭璞注:"今促织也。"《聊斋志异·促织》:"宫中尚促织之戏。"

促装 急忙整理行装。促,亦作"趣"。《晋书·郭璞传》:"璞将促装去之。"

猝(cù) 突然;出其不意。如:猝不及防。戴表元《碧桃花赋》:"矫焉若凌虚猝坠。"

猝嗟 犹"叱咤"。怒斥声。《汉书·韩信传》:"项王意乌猝嗟,千人皆废。"颜师古注引李奇曰:"猝嗟,犹咄嗟也,言羽一咄嗟,千人皆失气也。"按《史记·淮阴侯列传》作"喑噁叱咤"。

趨〔趨〕(cù) 赶快。《荀子·哀公》:"定公越席而起,曰:'趨驾召颜渊。'"《汉书·高帝纪上》:"周苛骂曰:'若不趨降汉,今为虏矣,若非汉王敌也。'"
另见qū。

趨趨 小步急行貌。《礼记·祭义》:"其行也趨趨以数。"

酢(cù) "醋"的本字。《隋书·酷吏传》:"长安为之语曰:'宁饮三升酢,不见崔弘度。'"
另见zuò。

黿〔黿〕(cù) 蟾蜍。《说文·黽部》:"先黿,詹诸也。"段玉裁注:"詹诸象其塞吃之音,此言所以名詹诸也。其字俗作蟾蜍,又作蟾蜍。"

错〔錯〕(cù) 通"措"。❶安置。《易·小过》:"初六,飞鸟以凶"王弼注:"无所错足。"❷施行。《商君书·错法》:"臣闻古之明君,错法而民无邪。"❸停止。《史记·张仪列传》:"则秦魏之交可错矣。"
另见cuò。

数〔數〕(cù) 密。《孟子·梁惠王上》:"数罟不入洿池。"赵岐注:"数罟,密网也;密细之网,所以捕小鱼鳖者也。"《论语·里仁》:"朋友数,斯疏矣。"刘宝楠正义引吴嘉宾说:"数者,昵之至于密焉者也。"
另见shǔ,shù,shuò。

趑(cù) ❶同"促"。❷见"趑趄"。

蔟(cù) 亦作"簇"。❶供蚕作茧的麦秸丛。《古文苑·扬雄〈元后诔〉》:"帅导群妾,咸循蚕蔟。"❷巢。《周礼·秋官·司寇》:"萶蔟氏下士一人,徒二人。"郑玄注引郑司农云:"蔟,谓巢也。"❸攒聚。如:花团锦蔟。引申为丛。如:一蔟花。
另见còu。

縬〔縬〕(cù) 亦作"縀"。收缩。《新唐书·张建封传》:"地迫于寇,常困縬不支。"

趣(cù) ❶催促。《史记·陈涉世家》:"〔陈王〕趣赵兵亟入关。"❷急促。《后汉书·光武纪上》:"于是光武趣驾南辕,晨夜不敢入城邑,舍食道傍。"李贤注:"趣,急也。"❸赶快。《史记·项羽本纪》:"周苛骂曰:'若不趣降汉,汉今虏若,若非汉敌也。'"
另见qū,qù。

趣装 同"促装"。急忙整理行装。《聊斋志异·宫梦弼》:"早走趣装,则管钥未启,止于门中,坐襆囊以待。"

醋(cù) 本作"酢"。❶一种酸性调味料。品种甚多,有玫瑰米醋、白醋、香醋、麸醋、酒醋等,著名的有山西老陈醋、镇江香醋和浙江玫瑰米醋等。中国北方多用高粱、大麦、豌豆、小米、玉米等为原料制醋,南方则多用米、麸皮等制醋。也可用低度白酒为原料,用速酿法(只需1~3天)制醋,但风味较差。此外,还可用食用冰醋酸加水和着色料配成,不加着色料即成白醋,无酯类香气。有助消化、杀菌等作用。❷用醋浸渍食品。如:醋大蒜。❸喻因嫉妒而感到心酸。《红楼梦》第三十一回:"晴雯听他说'我们'两字,自然是他和宝玉了,不觉又添了醋意。"

醋大 即"措大"。

踧(cù) ❶惊惧不安的样子。《法言·学行》:"或人踧尔。"李轨注:"踧尔,惊貌。"参见"踧踖"。❷通"蹙"。《三国志·魏志·钟会传》:"〔吴壹等〕穷踧归命,犹加盛宠。"
另见dí。

踧踖 恭敬而局促不安的样子。《论语·乡党》:"君在,踧踖如也。"《后汉书·东平宪王苍传》:"每会见,踧踖无所措置。"亦作"踧踖"。《抱朴子·交际》:"余代其踧踖,耻与共世。"

噈(cù) 同"蹙"。噈蹙,亦作"噈噈"。曹植《酒赋》:"或噈噈辞觞。"

慼(cù) 不安貌。《国策·楚策四》:"汗明慼焉。"慼,鲍彪本作"蹙"。注:"即踧。字书无慼字,蹙踖,惊貌。"吴师道校正:"蹴,不安貌。踧踖之踧,非蹙。"

瘯

瘯蠡 畜病名。疥癣之类。《左传·桓公六年》："谓其不疾瘯蠡也。"杜预注："皮毛无疥癣。"

顣 〔顣〕(cù) 通"蹙"。见"顰蹙"。

縬 (cù) 同"縬(縬)"。

簇

簇 (cù) 聚集；簇拥。韦庄《听赵秀才弹琴》诗："蜂簇野花吟细韵。"引申为簇聚之物。如：花团锦簇。又引申为丛、聚。杜甫《江畔独步寻花绝句》："桃花一簇开无主。"白朴《梧桐雨》第四折："一会价响呵，似玳筵前几簇笙歌闹。"

另见 còu。

簇新 本谓簇聚集新的东西。花蕊夫人《宫词》："厨船进食簇时新。"后转用为全新、极新的意思。《官场现形记》第十九回："署院举目一看，见他二人穿的都是簇新袍褂。"

蹙

蹙 (cù) ❶迫促。《诗·小雅·小明》："曷云其还，政事愈蹙。"❷皱；收缩。如：蹙额。《诗·大雅·召旻》："今也日蹙国百里。"❸局促不安。《仪礼·士相见礼》："始见于君，执挚至下，容弥蹙。"胡培翚正义："言其恭敬诚实，踧踖不安之貌如是也。"❹同"蹴"。踢；踩。《礼记·曲礼上》："以足蹙路马刍，有诛。"

蹙蹙 局促不得舒展之意。《诗·小雅·节南山》："我瞻四方，蹙蹙靡所骋。"郑玄笺："蹙蹙，缩小之貌。"

蹙頞 愁苦貌。即皱眉头。《庄子·至乐》："髑髅深矉蹙頞。"

蹙金 用拈紧的金线刺绣，使刺绣品的纹路绉缩起来。又名拈金。杜甫《丽人行》："绣罗衣裳照暮春，蹙金孔雀银麒麟。"

蹴

蹴 〔蹵〕(cù) ❶踢。《孟子·告子上》："蹴尔而与之，乞人不屑也。"赵岐注："蹴，蹋也。"孙光宪《北梦琐言》卷一："僖宗皇帝好蹴毬斗鸡为乐。"❷踩；踏。如：一蹴即至。丁鹤年《登北固山多景楼》诗："潮蹴海西流。"❸恭敬貌。《礼记·哀公问》："孔子蹴然避席而对。"

蹴蹴 心神不安貌。《庄子·天运》："子贡蹴蹴然立不安。"

蹴鞠 亦作"蹋鞠"、"蹙鞠"、"鞠鞠"。中国古代足球运动。用以练武、娱乐、健身。《汉书·枚乘传》："蹴鞠刻镂。"颜师古注："蹴，足蹵之也；鞠，以韦为之，中实以物；蹵蹋为戏乐也。"战国时已流行于齐、楚一带。见《战国策·齐策》。汉代盛行于贵族及军队中，民间也相当普及。见《盐铁论·国疾》。其时的场地、用具、比赛等已具规范。唐、宋仍盛行，并有所发展，又称为蹴球。至清代渐衰。

cuān

汆 (cuān) 烹饪法的一种，把食物放在开水中稍煮一下。如：汆丸子；鲫鱼汆汤。

揎 〔攛〕(cuān) ❶掷；扔。《三国演义》第四回："儒(李儒)大怒，双手扯住太后，直揎下楼。"❷匆忙地办。如：事前不做，临时现揎。❸跳跃。《西游记》第三十八回："那呆子又一个猛子，淬将下去……揎出水面。"❹见"揎掇"。

揎掇 亦作"揎顿"、"揎断"。劝诱；怂恿。石君宝《秋胡戏妻》第三折："你也曾听杜宇，他那里口口声声，揎掇先生不如归去。"按"杜宇"即杜鹃。相传杜鹃的啼声像"不如归去"。

鋑 〔鑹〕(cuān) ❶冰鋑，凿冰用具。❷用冰鋑凿冰。如：鋑冰。

蹿 〔躥〕(cuān) ❶引体向上；跳起。如：用力一蹿，攀住了树枝。❷方言用字，喷射。如：鼻子蹿血。

cuán

攅 〔攢〕(cuán) 聚集；集中。《文选·张衡〈西京赋〉》："攅珍宝之玩好。"薛综注："攅，聚也。"《三国演义》第五十六回："四枝箭齐齐的攒在红心里。"

另见 zǎn，zuān。

攒典 旧称吏役。无名氏《陈州粜米》第一折："则这攒典哥哥休强挺，你可敢教我亲自秤？"《清会典·吏部》："四曰攒典。"注："首领官、佐贰官、杂职官之吏，皆曰攒典。"

攒眉 紧蹙双眉。如：攒眉苦思。周续之《庐山记》："远师勉令陶潜入莲社，渊明攒眉而去。"

攒蹄 马急驰时，四蹄并集的样子。韩愈《赠张仆射》诗："分曹角胜约前定，百马攒蹄近相映。"

巑 〔巑〕(cuán) 见"巑岏"、"巑崱"。

巑岏 大山上锐峻的山峰。《楚辞·九叹·惜贤》："登巑岏以长企兮。"王逸注："巑岏，锐山也。"《文选·宋玉〈高唐赋〉》："盘岸巑岏。"张铣注："巑岏，山之峻大貌。"

巑崱 山陡锐连亘貌。刘峻《登郁洲山望海》诗："沧溔联青岫，层峦郁巑崱。"

欑

欑 〔欑〕(cuán) ❶亦作"攒"。丛聚；积聚。《礼记·丧服大记》："欑至于上。"郑玄注："欑，犹丛也。"潘岳《怀旧赋》："柏森森以欑植。"❷金属器物把柄的入孔处。《考工记序》"秦无卢"郑玄注："竹欑秘。"贾公彦疏："竹欑秘者，汉世以竹为之欑；欑谓柄之入銎处，秘即柄也。"❸暂厝；停棺。章炳麟《新方言·释宫》："江淮吴越皆谓槁葬为欑，谓其屋为欑基。"

cuàn

窜 〔竄〕(cuàn) ❶逃匿。如：东奔西窜；抱头鼠窜。《文选·宋玉〈高唐赋〉》："飞扬伏窜。"李善注："窜，走也。"❷放逐。如：流窜。《书·舜典》："窜三苗于三危。"❸改易文字。如：窜改；点窜。韩愈《答张彻》诗："渍墨窜旧史。"❹犹"措"。《荀子·大略》："贫窭者有所窜其手。"王先谦集解："犹言有所措手。"

篡 〔篡〕(cuàn) ❶夺取。《汉书·卫青传》："大长公主执囚青，欲杀之，其友公孙敖与壮士往篡之。"❷特指臣子夺取君位。《汉书·王莽传赞》："故得肆其奸慝，以成篡盗之祸。"今谓以非法的或不正当的手段夺取权位。

竄 (cuàn) 同"窜(竄)"。

另见 cuì。

爨 (cuàn) ❶烧火煮饭。《孟子·滕文公上》："许子以釜甑爨，以铁耕乎？"❷灶。《诗·小雅·楚茨》："执爨踖踖，为俎孔硕，或燔或炙。"❸戏曲名词。宋杂剧、金院本中的表演名称，如《讲百花爨》、《文房四宝爨》等。见南宋周密《武林旧事》、元陶宗仪《辍耕录》。旧时也以爨或爨弄泛指演剧。❹古地域名、古族名。在今云南东部。自三国两晋以来，长期处于建宁(今云南曲靖一带)大姓爨氏统治之下，故名。南朝宋元嘉九年(公元432年)分裂为东西两部，东爨居民以乌蛮为主，西爨居民以白蛮为主。至唐时南诏

兴起,才统一两爨地区。元代一般以乌蛮为黑爨,以白蛮为白爨。明以后爨则专指罗罗。❺姓。三国时蜀有爨习。

爨文　彝文的史称。

爨下余　灶下烧残的良木。《后汉书·蔡邕传》:"吴人有烧桐以爨者,邕闻火烈之声,知其良木,因请而裁为琴,果有美音。"后用以比喻幸免沦落的良材。韩愈《题木居士》诗:"为神诅比沟中断,遇赏还同爨下余。"

cuī

佳(cuī)　通"崔"。《庄子·齐物论》:"山林之畏佳。"畏佳即"嵬崔",高峻貌。
另见 zhuī。

衰(cuī)　❶依照一定的标准递减。《左传·襄公二十五年》:"且昔天子之地一圻,列国一同;自是以衰。"参见"等衰"。❷通"缞"。见"斩衰"、"齐衰"。
另见 shuāi,suī。

衰绖　丧服。古人丧服胸前当心处缀有长六寸、广四寸的麻布,名衰,因名此衣为衰;围在头上的散麻绳为首绖,缠在腰间的散麻绳为腰绖。衰、绖两者是丧服的主要部分,故以此为称。《礼记·丧记》:"是故君子衰绖则有哀色。"《汉书·龚胜传》:"门人衰绖治丧者百数。"

衰麻　丧服。《礼记·曲礼上》:"七十唯衰麻在身。"

崔(cuī)　❶见"崔崔"、"崔嵬"。❷古地名。春秋齐地。在今山东邹平西北。《左传》襄公二十七年(公元前546年):"成(崔成)请老于崔。"即此。❸姓。

崔崔　高大貌。《诗·齐风·南山》:"南山崔崔,雄狐绥绥。"

崔隤　亦作"摧颓"。蹉跎。《汉书·广川王越传》:"日崔隤,时不再。"

崔巍　高峻貌。《楚辞·七谏·初放》:"高山崔巍兮,水流汤汤。"

崔嵬　❶有石的土山。《诗·周南·卷耳》:"陟彼崔嵬,我马虺隤。"❷犹"嵯峨"。高貌。《楚辞·九章·涉江》:"带长铗之陆离兮,冠切云之崔嵬。"

催(cuī)　催促;促使。如:催请;催青;杜甫《小至》诗:"天时人事日相催,冬至阳生春又来。"

催生　旧俗,母家在女儿将生产时,送礼到婿家,叫"催生礼"。吴自牧《梦粱录·育子》:"杭城人家育子,如孕妇入月期将届,外舅姑家以银盆或彩盆,盛粟秆一束,上以锦或纸盖之……并以彩画鸭蛋一百二十枚、膳食、羊、生枣、栗果,及孩儿绣褓彩衣,送至婿家,名催生礼。"今称用药品或其他方法催促孕妇生产为"催生"。

催趱　催赶;督促。《水浒全传》第九十回:"宋江传令催趱军马起程。"

催妆　旧时婚礼的一种仪节。孟元老《东京梦华录·娶妇》:"凡娶媳妇……先一日或是日早下催妆冠帔花粉,女家回公裳花幞头之类。"

漼(cuī)　见"漼澄"。

漼澄　霜雪白状。《广雅·释训》:"漼澄,霜雪也。"王念孙疏证:"《广韵》:'漼,霜雪白状也。'漼,与澄同。《说文》:'皠,霜雪之白也。'皠,与澄同。合言之则曰漼澄。"按《楚辞·九思·悯上》作"霜雪兮漼澄",王逸注:"积聚貌。"与《广雅》不同。

缞〔縗〕(cuī)　亦作"衰"。古时丧服,用粗麻布制成,披于胸前。《左传·襄公十七年》:"晏婴粗缞斩。"参见"斩衰"。

榱(cuī)　椽子。《左传·襄公三十一年》:"栋折榱崩。"《急就篇》卷三:"榱椽欂栌瓦屋梁。"颜师古注:"榱即椽也,亦名为桷。"参见"椽"、"桷"。

榱题　也叫"出檐"。屋椽的前端。《孟子·尽心下》:"堂高数仞,榱题数尺。"赵岐注:"榱题,屋霤也。"焦循正义:"榱之抵檐处为榱题。其下覆以瓦,雨自此下溜,故为霤……自瓦言之为霤;自椽言之为榱题。"

摧(cuī)　❶毁坏。《史记·孔子世家》:"泰山坏乎!梁柱摧乎!"❷挫败。《楚辞·九叹·忧苦》:"折锐摧矜。"王逸注:"摧,挫也;矜,严也。"❸讥刺。《诗·邶风·北门》:"我入自外,室人交遍摧我。"❹伤。古乐府《孔雀东南飞》:"阿母大悲摧。"
另见 cuò。

摧败　❶击破;击败。《汉书·司马迁传》:"其所摧败,功亦足以暴于天下。"❷崩裂;进裂。形容伤心之极。蔡琰《悲愤诗》:"念我出腹子,

摧残　损害;残害。吴均《赠王桂阳》诗:"弱干可摧残,纤茎易凌忽。"

摧坚陷阵　攻入并摧毁敌军坚强的阵地。《南史·桓康传》:"摧坚陷阵,膂力绝人。"亦作"摧锋陷阵"。《宋书·武帝纪上》:"高祖常被(披)坚执锐,为士卒先,每战辄摧锋陷阵。"

摧枯拉朽　枯,枯草;朽,朽木。形容极容易摧毁。《晋书·甘卓传》:"将军之举武昌,若摧枯拉朽。"

摧眉折腰　低眉弯腰,形容卑躬屈膝的样子。李白《梦游天姥吟留别》:"安能摧眉折腰事权贵,使我不得开心颜。"

摧辱　挫辱;折辱。《汉书·鲍宣传》:"使吏钩止丞相掾史,没入其车马,摧辱宰相。"

摧颓　❶毁;废。苏轼《龟山》诗:"元嘉旧事无人记,故垒摧颓今在不?"引申为老迈衰颓的意思。《北史·荀济传》:"自伤年几摧颓,恐功名不立。"❷蹉跎;失意。曹植《浮萍篇》:"何意今摧颓,旷若商与参。"

摧陷廓清　摧毁肃清。李汉《韩昌黎集序》:"先生于文,摧陷廓清之功,比于武事,可谓雄伟不常者矣。"

摧折　折断。《汉书·贾山传》:"雷霆之所击,无不摧折者也。"引申为打击。《后汉书·朱晖传》:"摧折恶类。"

嗺(cuī)　❶撮口。见《玉篇·口部》。❷通"催"。见"嗺酒"。

嗺酒　劝酒;催人饮酒。胡震亨《唐音癸签·诂笺九》:"公宴合乐,每酒行一终,伶人必唱嗺酒,然后乐作,此唐人送酒之辞。"

漼(cuī)　通"摧"。毁坏。《文选·潘岳〈西征赋〉》:"名节漼以隳落。"李善注:"漼,坏貌。"
另见 cuǐ。

磪(cuī)　见"磪嵬"。

磪嵬　亦作"崔嵬"、"崔巍"。高峻貌。《文选·嵇康〈琴赋〉》:"磪嵬岑嵓。"李善注:"高峻之貌。"

錐〔鑓〕(cuī)　见"錐错"。

錐错　间杂貌。郭璞《江赋》:"鳞甲錐错,焕烂锦斑。"

cuǐ

洒(cuǐ)　高峻貌。《诗·邶风·新台》:"新台有洒。"

另见 sǎ、xǐ、xiǎn。

漼(cuǐ) ❶水深貌。《诗·小雅·小弁》:"有漼者渊。" ❷涕泪齐下貌。《文选·陆机〈吊魏武帝文〉》:"指季豹而漼焉。"吕延济注:"季豹,小男也。"李善注:"漼,涕泣垂貌。"

另见 cuī。

璀(cuǐ) 见"璀璨"、"璀璨"。

璀璨 亦作"璀粲"。❶光辉灿烂。孙绰《游天台山赋》:"琪树璀璨而垂珠。" ❷众盛貌。《文选·王延寿〈鲁灵光殿赋〉》:"汩硙硙以璀璨,赫燡燡而爥坤。"李善注:"璀璨,众材饰貌。" ❸同"绰缪"。衣服相擦声。一说明净貌。《文选·曹植〈洛神赋〉》:"披罗衣之璀粲兮,珥瑶碧之华琚。"李善注:"璀粲,衣声。"张铣注:"璀粲,明净貌。"

璀璀 鲜明貌。独孤及《和题藤架》诗:"橐橐叶成幄,璀璀花落架。"

趡(cuǐ) ❶奔跑。《史记·司马相如列传》:"蔑蒙踊跃,腾而狂趡。" ❷古地名。春秋鲁地。在今山东泗水、邹城市间。《春秋》桓公十七年(公元前695年):"公会邾仪父,盟于趡。"

燤(cuǐ) 见"燤灿"。

燤灿 同"璀璨❶"。

雐(cuǐ) 洁白。韩愈《斗鸡联句》:"膊膊战声喧,缤翻落羽雐。"

cuì

卒〔卆〕(cuì) 通"倅"。副职。《礼记·燕义》:"庶子官职,诸侯卿大夫士之庶子之卒。"

另见 cù、zú。

倅(cuì) ❶副。《汉书·赵充国传》:"至四月草生,发郡骑及属国胡骑优健各千,倅马什二,就草。"颜师古注:"什二者,千骑则与副马二百匹也。" ❷副职。《明史·归有光传》:"明世进士为令,无迁倅者。"

脆〔脃〕(cuì) ❶脆弱;易折易碎。《考工记·弓人》:"夫角之末,远于剬〔脑〕而不休于气,是故脆。" ❷食物脆嫩、松脆。 ❸轻浮。《后汉书·许荆传》:"风俗脆薄。" ❹声音清亮。顾云《池阳醉歌》:"弦索紧快管声脆。" ❺爽快。如:干脆。

萃(cuì) ❶草丛生貌。引申为聚集。如:荟萃。《楚辞·天问》:"苍鸟群飞,孰使萃之?"也指聚集在一起的人或物。如:出类拔萃。 ❷止;到。《楚辞·天问》:"北至回水萃何喜。"洪兴祖补注:"萃,止也。" ❸通"悴"。《左传·成公九年》:"虽有姬姜,无弃蕉萃。" ❹通"倅"。副职。《周礼·春官·车仆》:"掌戎路之萃。"郑玄注:"萃,犹副也。" ❺六十四卦之一,坤下兑上。《易·萃》:"象曰:泽上于地,萃。"孔颖达疏:"泽上于地,则水潦聚,故曰泽上于地,萃也。"

啐(cuì) ❶尝;饮。《礼记·杂记下》:"众宾兄弟则皆啐之。"《仪礼·乡饮酒礼》:"不啐酒。" ❷唾声,表示愤怒或鄙弃。《红楼梦》第七回:"凤姐啐道:'呸!扯臊!他是哪吒,我也要见见。'"

另见 qì。

崒(cuì) 通"萃"。萃集;停留。《汉书·贾谊传》:"异物来崒。"按《文选·贾谊〈鹏鸟赋〉》作"萃"。

另见 zú。

淬(cuì) ❶亦作"焠"。铸造刀剑时把刀剑烧红浸入水中,使之坚刚。《文选·王褒〈圣主得贤臣颂〉》:"清水淬其锋。"刘良注:"淬谓烧刃令热,渍于水中也。"《汉书·王褒传》作"清水焠其锋"。 ❷浸染。《国策·燕策三》:"得赵人徐夫人之匕首,取之百金,使工以药淬之。" ❸冒;犯。《淮南子·修务训》:"淬霜露。"高诱注:"淬,浴。"

淬砺 亦作"淬厉"。磨炼兵刃。刘昼《新论·崇学》:"越剑性利,非淬砺而不铦。"引申为刻苦进修之意。苏轼《策略》第四:"虽不肖者,亦自淬厉,而不至于怠废。"

悴〔顇〕(cuì) ❶忧伤。《晋书·李士业传》:"人力雕残,百姓愁悴。" ❷憔悴。《魏书·王肃传》:"炎热焦酷,人物同悴。"参见"憔悴"。

绰〔綷〕(cuì) ❶五彩杂合。《史记·司马相如列传》:"绰云盖而树华旗。" ❷见"绰缪"。

绰缪 衣服相擦声。《汉书·孝成班倢伃传》:"纷绰缪兮纨素声。"亦作"绰缥"、"绰粲"。潘岳《藉田赋》:"绡纨绰缥。"陆机《百年歌》:"罗衣绰粲金翠华。"

琗(cuì) 通"绰"。文采相杂。《文选·郭璞〈江赋〉》:"金精玉英瑱其里,瑶珠怪石琗其表。"李善注:"瑱琗,谓文采相杂。"《小尔雅》曰:'杂采曰绰。琗与绰同。'"

毳(cuì) ❶鸟兽的细毛。《汉书·晁错传》:"鸟兽毳毛,其性能寒。"引申为丝绒。白居易《红线毯》诗:"太原毯涩毳缕硬。" ❷通"脆"。脆弱;不坚。《荀子·议兵》:"是事小敌毳,则偷可用也;事小敌坚,则换焉离耳。" ❸通"橇"。《汉书·沟洫志》:"泥行乘毳。"颜师古注引孟康曰:"毳形如箕,擿行泥上。"《史记·夏本纪》"毳"作"橇"。

毳帐 毡帐。《新唐书·吐蕃传上》:"有城郭庐舍不肯处,联毳帐以居。"

焠(cuì) ❶同"淬❶"。 ❷烧。见"焠掌"。

焠掌 谓苦读。用火灼手掌,以警贪睡而废学。《荀子·解蔽》:"有子恶卧而焠掌,可谓能自忍矣。"杨倞注:"焠,灼也。恶其寝卧而焠其掌,若刺股然也。"

瘁(cuì) ❶劳累,困病。如:鞠躬尽瘁;心力交瘁。《诗·小雅·北山》:"或燕燕居息,或尽瘁事国。" ❷忧伤。《文选·陆机〈叹逝赋〉》:"伤怀凄其多念,戚貌瘁而鲜欢。"李善注引《苍颉篇》曰:"瘁,忧也。" ❸毁坏。陆机《叹逝赋》:"悼堂构之隳瘁。"

粹(cuì) ❶纯粹。《吕氏春秋·用众》:"天下无粹白之狐,而有粹白之裘,取之众白也。" ❷精华。如:精粹;文粹。白行简《石韫玉赋》:"孕明含粹,养素挺英。" ❸专一。《荀子·非相》:"博而能容浅,粹而能容杂。"杨倞注:"粹,专一也。" ❹通"萃"。总聚;齐全。《荀子·正名》:"凡人之取也,所欲未尝粹而来也;其去也,所恶未尝粹而往也。"

另见 suì。

粹白 ❶纯白。如:粹白之裘。 ❷纯粹。《资治通鉴·周显王十年》:"此四君者道非粹白,而商君尤称刻薄。"

翠(cuì) ❶翡翠鸟。曹植《洛神赋》:"或拾翠羽。" ❷一种绿色的宝石。 ❸青绿色。杜甫《空囊》诗:"翠柏苦犹食。" ❹鸟尾上的肉。《礼记·内则》:"舒雁翠。"郑玄注:"舒雁,鹅也;翠,尾肉也。"

翠黛 古时女子用螺黛(一种青黑色矿物颜料)画眉,故称眉为"翠黛"。许浑《观章中丞夜按歌舞》诗

"歌扇初移翠黛颦。"

翠华　皇帝仪仗中一种用翠鸟羽作装饰的旗。杜甫《韦讽录事宅观曹将军画马图歌》："忆昔巡幸新丰宫，翠华拂天来向东。"

翠翘　❶翠鸟的长羽。《楚辞·招魂》："砥宝翠翘。"王逸注："言内卧之室，以砥石为壁，平而滑泽；以翠鸟之羽雕饰。"❷古时女子的一种首饰，形状像翠鸟的长羽。韦应物《长安道》诗："丽人绮阁情飘飘，头上鸳钗双翠翘。"

翠微　❶青翠的山气。陈子昂《薛大夫山亭宴序》："披翠微而列坐，左对青山；俯盘石而开襟，右临澄水。"❷山气青翠貌。左思《蜀都赋》："郁葐蒀以翠微。"葐蒀，同"纷缊"，盛貌。❸指青翠掩映的山腰幽深处。李白《下终南山过斛斯山人宿置酒》诗："却顾所来径，苍苍横翠微。"

踤　（cuì）通"萃"。聚集。《太玄·逃》："嚽踤于林。"
另见 zú。

膵　（cuì）日语称胰脏为膵脏。参见"胰"。

寂　（cuì）边塞。《辽史·天祚皇帝纪赞》："辽起朔野，兵甲之盛，鼓行寂外。"

劀　（cuì）铡断；斩杀。《聊斋志异·耿十八》："又闻御人偶语云：'今日劀三人。'"

膬　（cuì）同"脆"。脆嫩，引申为脆弱。《管子·霸言》："释坚而攻膬。"

竁　（cuì）挖地造墓穴。《周礼·春官·冢人》："大丧既有日，请度甫竁。"也指已造成的墓穴。《小尔雅·广名》："圹谓之竁。"《周礼·夏官·量人》："掌丧祭、奠竁之俎实。"

寂　（cuì）塞外道。见《广韵·十四泰》。
另见 cuàn。

膵　（cuì）❶鸟尾上肉。见《玉篇·肉部》。参见"翠❹"。❷尾骶骨。见《广雅·释亲》。❸肥美。见《广雅·释言》。

cūn

村〔邨〕（cūn）❶村庄。陆游《游山西村》诗："山重水复疑无路，柳暗花明又一村。"❷粗俗；鄙野。戴复古《望江南》词："贾岛形模原自瘦，杜陵言语不妨村，谁解学西昆?"《水浒传》第三十八回："李逵便

道：'酒把大碗来筛，不耐烦小盏价吃!'戴宗喝道：'兄弟好村，你不要做声，只顾吃酒便了。'"❸敦朴；朴实。张昱《古村为曹迪赋》诗："魏国南来有子孙，至今人物木而村。"❹讥诮；奚落。《红楼梦》第六十二回："黛玉自悔失言，原是打趣宝玉的，就忘了村了彩云了。"

村落　村庄。《三国志·魏志·郑浑传》："入魏郡界，村落齐整如一。"

村学究　即"村夫子"。旧时称乡村塾师，也称学识浅陋的读书人。《东坡志林》卷十："若石曼卿《红梅》诗云：'认桃无绿叶，辨杏有青枝。'此至陋语，盖村学究体也。"无名氏《百花亭》第二折："你是个豫章城落了第的村学究。"

皴　（cūn）❶肌肤受冻而粗糙坼裂。杜甫《乾元中寓居同谷县作歌》："手脚冻皴皮肉死。"❷有皱纹；毛糙。白居易《与沈杨二舍人阁老同食樱桃》诗："肉嫌卢橘厚，皮笑荔枝皴。"❸中国画的一种技法。见"皴法"。❹指皮肤上的积垢。如：几天没洗澡，满身是皴了。

皴法　中国画技法名。用以表现山石和树皮的纹理。山石的皴法主要有披麻皴、雨点皴、卷云皴、解索皴、牛毛皴、荷叶皴、折带皴、括铁皴、大小斧劈皴等；表现树身表皮的，则有鳞皴、绳皴、横皴等，都是以其各自的形状而命名的。这些皴法乃是古代画家在艺术实践中，根据各种山石的不同地质结构和树木表皮状态，加以概括而创造出来的表现程式。随着中国画的不断革新演进和自然界的变化改造，此类表现技法将继续发展。

踆　（cūn，又读 cún）❶踢。《公羊传·宣公六年》："灵辄亦踆阶而从之（指赵盾），祁弥明逆而踆之（指獒）。"❷通"蹲"。《庄子·外物》："帅弟子而踆于窾水。"
另见 qūn。

踆乌　古代传说中太阳里的三足乌。《淮南子·精神训》："日中有踆乌。"高诱注："踆，犹蹲也。谓三足乌。"李邕《日赋》："烛龙照灼以首事，踆乌奋迅而演成。"

cún

存　（cún）❶保留；存放。如：存案；存款；存而不论。引申为居。参见"存心"。❷生存；存在。

诸葛亮《出师表》："今天下三分，益州罢弊，此诚危急存亡之秋也。"❸想念；省问。《诗·郑风·出其东门》："匪我思存。"曹操《短歌行》："越陌度阡，枉用相存。"❹抚养；恤问。《礼记·月令》："〔仲春之月〕是月也，安萌牙，养幼少，存诸孤。"❺道教名词。"存思"的简称。

存而不论　保留着不加推究和讨论。《庄子·齐物论》："六合之外，圣人存而不论。"

存抚　存恤抚养。《汉书·张敞传》："愿尽力摧挫其暴虐，存抚其孤弱。"

存孤　抚养孤儿。《北齐书·文襄帝纪》："分财养幼，事归令终，舍宅存孤，谁云隙末。"

存活　谓生存下来，活着。元结《舂陵行》："奈何重驱逐，不使存活为!"

存录　存恤录用。《后汉书·李燮传》："灾眚屡见，明年，史官上言宜有赦令，又当存录大臣冤死者子孙。"

存思　亦称"存想"，简称"存"。道教名词。指精思凝想，内视内观的修炼方法。《云笈七籤·老君存思图》认为存思对象以三宝（即道宝、经宝和师宝）为主。另有专以身内外诸神为存想对象者，称存神。

存亡　❶存在和灭亡。犹言生与死。《易·乾》："知进退存亡而不失其正者，其唯圣人乎。"❷使衰亡的得以保存。《穀梁传·僖公十七年》："桓公尝有存亡继绝之功，故君子为之讳也。"

存问　犹言慰问。《汉书·文帝纪》："今岁首，不时使人存问长老。"颜师古注："存，省视也。"

存心　犹言居心，谓内心怀有的意念。如：存心忠厚。《孟子·离娄下》："君子所以异于人者，以其存心也。君子以仁存心，以礼存心。"

存恤　慰问救济。《史记·楚世家》："归郑之侵地，存恤国中，修政教。"

存养　❶存心养性，古人的一种修养方法。语出《孟子·尽心上》"存其心，养其性"。朱熹《答何叔京书》："二先生拈出敬之一字，真圣学之纲领，存养之要法。"❷保存，抚养。《六韬·盈虚》："存养天下鳏寡孤独。"

存照　旧时契约、照会等文书，存备查照核对，末尾写"立此存照"字样。《水浒传》第二十二回："现有一纸执凭公文，在此存照。"

跻(cún) 蹲。《敦煌变文集·伍子胥变文》:"水畔跻身,即坐吃饭。"

墫(cún) 同"蹲"。

蹲(cún) 见"蹲蹲"。
另见cǔn,dūn。
蹲蹲 ❶舞貌。《诗·小雅·伐木》:"坎坎鼓我,蹲蹲舞我。"❷行步稳重貌。《汉书·扬雄传上》:"穆穆肃肃,蹲蹲如也。"

cǔn

刌(cǔn) 切断;划分。《仪礼·特牲馈食礼》:"刌肺三。"《汉书·元帝纪赞》:"自度曲,被歌声,分刌节度,穷极幼眇。"

忖(cǔn) ❶思量;揣度。《红楼梦》第十八回:"〔探春〕自忖似难与薛、林争衡,只得随众应命。"❷姓。春秋时齐有忖乙。
忖度 推测;估量。《诗·小雅·巧言》:"他人有心,予忖度之。"

蹲(cǔn) 聚集;叠合。《左传·成公十六年》:"蹲甲而射之,彻七札焉。"
另见cún,dūn。

cùn

寸(cùn) ❶古代长度单位。一指宽为一寸。《公羊传·僖公三十一年》:"触石而出,肤寸而合。"何休注:"侧手为肤,案指为寸。"❷市制长度单位。十分为一寸,十寸为一尺。❸形容短或小。如:寸步不离;寸草不留;鼠目寸光。❹中医切脉部位名。
寸草 ❶一点儿草;一根草。《宋史·苏轼传》:"吴人种菱,春辄芟除,不遗寸草。"❷小草。比喻微小。孟郊《游子吟》:"谁言寸草心,报得三春晖。"
寸长 小小的长处。语出《楚辞·卜居》"尺有所短,寸有所长"。《宋史·娄机传》:"称奖人才,不遗寸长。"
寸楮 ❶名刺;名片。张尔岐《蒿庵闲话》卷一:"寸楮往来,始于崇祯年,以严禁请托,于投揆为便也。"❷指书信。如:聊申寸楮。
寸进 微小的进步。柳宗元《法华寺石门精室》诗:"寸进谅何营,寻直非所枉。"
寸丝不挂 亦作"一丝不挂"。赤身裸体。李贽《焚书·答陆思山》:"热甚,寸丝不挂,故不敢出门。"佛教禅宗用以比喻心无挂碍。《景德传灯录》卷八:"〔南泉和尚〕便问:'大夫十二时中作么生?'陆(陆亘)云:'寸丝不挂。'"
寸铁 指短小的或极少的武器。如:手无寸铁。苏轼《聚星堂雪》诗:"白战不许持寸铁。"白战,谓徒手作战。
寸土 极小的一片土地。《宋史·地理志五》:"民勤耕作,无寸土之旷。"
寸心 ❶心;内心。何逊《夜梦故人》诗:"相思不可寄,直在寸心中。"杜甫《偶题》诗:"文章千古事,得失寸心知。"❷微小的心意。如:聊表寸心。
寸阴 阴,指日影,光阴。谓短暂的时间。《淮南子·原道训》:"故圣人不贵尺之璧,而重寸之阴,时难得而易失也。"《晋书·陶侃传》:"常语人曰:'大禹圣者,乃惜寸阴;至于众人,当惜分阴。岂可逸游荒醉……是自弃也。'"
寸札 简短的书信。王僧孺《与何炯书》:"倘不以垢累,时存寸札,则虽先犬马,犹松乔焉。"

cuō

差(cuō) 通"蹉"。见"差跌"。
另见chā,chà,chāi,chài,cī。
差跌 同"蹉跌"。失误。《汉书·陈遵传》:"苦身自约,不敢差跌。"

殂(cuō) 斜坠。汤显祖《牡丹亭·拾画》:"一生为客恨情多,过冷澹园林日午殂。"

蒫(cuō) 荠子。《尔雅·释草》:"蒫,荠实。"郭璞注:"荠子名。"郝懿行义疏:"荠抽茎开小白华。子细薄,黄黑色,味甘,即蒫也。"

搓(cuō) 相摩;手相擦。韩偓《大庆堂赐宴》诗:"绿搓杨柳绵初软,红晕樱桃粉未干。"《红楼梦》第十八回:"〔黛玉〕却自己吟成一律,写在纸条上,搓成个团子。"

瑳(cuō) ❶玉色鲜明洁白。《诗·鄘风·君子偕老》:"瑳兮瑳兮,其之展也。"郑玄笺:"展衣……以礼见于君及宾客之盛服也。"❷巧笑貌。《诗·卫风·竹竿》:"巧笑之瑳。"谓笑时露齿,齿白如玉。❸通"磋"。切磋。《荀子·天论》:"则日切瑳而不舍也。"

蓬(cuō) ❶脆弱。《文选·左思〈魏都赋〉》:"虆质蓬脆。"李善注:"蓬亦脆也。"❷通"矬"。身材短小。《新唐书·王伾传》:"伾本阘茸,儿(貌)蓬陋,楚语,无它大志。"

磋(cuō) 磨光。《诗·卫风·淇奥》:"如切如磋。"引申为仔细商量。如:磋商。参见"切磋"。

撮(cuō) ❶用两三个指头取物。如:撮盐;撮药。亦指用两三个指头撮取的分量。如:一撮米。又借以形容极少的坏人。如:一小撮反动分子。❷古容量单位。《汉书·律历志上》:"量多少者不失圭撮。"按六十四黍为圭,四圭为撮。❸摘取;撮取。如:撮要。《汉书·艺文志》:"撮其旨意。"❹聚合。《后汉书·袁绍传》:"拥一郡之卒,撮冀州之众。"
另见zuǒ。
撮合山 媒人。撮合,拉拢,从中说合。《京本通俗小说·西山一窟鬼》:"原来那婆子是个撮合山,专靠做媒为生。"
撮口呼 音韵学上四呼之一。即韵头或韵腹是ü[y]的韵母。如劝(quàn)[tɕʻyan˩]、虚(xū)[ɕy˥]中的üan[yan]、ü[y]。
撮弄 ❶摆布;戏弄。《红楼梦》第六十八回:"凭人撮弄我,我还是一片傻心肠儿。"❷教唆;煽动。《儒林外史》第二十四回:"把卜家的前头娘子贾氏撮弄的来闹了。"❸宋代技艺的一种,类似现在的魔术。《通俗编·俳优》:"《武林旧事》:'撮弄曰云机社。'《供茶志》载,撮弄杂艺十九人,有浑身手等号。'按:撮弄亦名手技,即俚俗所谓做戏法也。"
撮盐入火 盐放入火中,立即爆裂,比喻性情暴躁。王实甫《西厢记》第三本第二折:"待去呵,小姐性儿撮盐入火。"

醝(cuō) 白酒。《本草纲目·造酿类》:"酒,红曰醍,绿曰醽,白曰醝。"张华《轻薄篇》:"苍梧竹叶青,宜城九酝醝。"

蹉(cuō) ❶跌跤。见"蹉跌"。❷差误。扬雄《并州牧箴》:"宗幽罔识,日月爽蹉。"❸过。张华《轻薄篇》:"孟公结重关,宾客不得蹉。"孟公,汉陈遵字。他宴客时,常关门投客车辖于井,不让客人走。见《汉书·陈遵传》。
蹉跌 亦作"差跌"。失足跌倒。比喻失误。《后汉书·蔡邕传》:"专

必成之功，而忽蹉跌之败者已。"

蹉跎 ❶失足；颠蹶。《楚辞·九怀·株昭》："骥垂两耳兮，中坂蹉跎。"亦用以比喻失意。白居易《答故人》诗："见我昔荣遇，念我今蹉跎。"❷时间白白过去；光阴虚度。如：蹉跎岁月。《晋书·周处传》："欲自修而年已蹉跎。"

cuó

虘（cuó）凶暴刁诈。《说文·虍部》："虘，虎不柔不信也。"段玉裁注："刚暴矫诈。"谓虎既刚暴又矫诈。

嵯（cuó）见"嵯峨"。另见 cī。

嵯峨 高峻貌。杜甫《江梅》诗："巫岫郁嵯峨。"黄遵宪《羊城感赋》："双阙嵯峨耸虎门。"

矬（cuó）矮小。如：矬个儿。《抱朴子·行品》："士有貌望朴悴，容观矬陋。"

痤（cuó）❶即"痤疮"。❷痈。见"痤疽"。

痤疮 一种毛囊皮脂腺的慢性炎症。多见于青年男女面部，重者常累及上胸和肩背部。典型损害为针头大小、顶端呈黑色的丘疹，称"黑头粉刺"。常于感染后发生脓疱或脓肿，忌用手挤压。少食脂肪和糖类可预防。

痤疽 犹痈疽。《淮南子·说林训》："溃小疱而发痤疽。"高诱注："痤疽，痈也。"

殛（cuó）同"瘥"。疫病。柳宗元《同刘二十八院长寄澧州张使君》诗："渚行狐作殛，林宿鸟为殛。"

郇（cuó）古地名。《说文·邑部》："郇，沛国县，今酇县。"段玉裁注："谓本为郇县，今为酇县。班固《泗水亭长碑》曰：'文昌四友，汉有萧何，序功第一，受封于郇。'正作郇。"

瘥（cuó）疫病。《诗·小雅·节南山》："天方荐瘥。"郑玄笺："天气方々又重以疫病。"另见 chài。

醝〔醝〕（cuó）❶盐。《礼记·曲礼下》："盐曰咸醝。"史嵩《刺贾似道》诗："昨夜江头涨碧波，满船都载相公醝。"❷咸味。如：醝鱼。

酇〔酇〕（cuó）❶古县名。❷通"醝"。白酒。《周礼·天官·酒正》："盎齐"郑玄注："盎犹翁

也，成而翁翁然葱白色，如今酇白矣。"陆德明释文："宜作醝。作酇，假借也。"另见 zàn。

髽（cuó）发美。见《说文·髟部》。

cuǒ

胜（cuǒ）见"丛胜"。

cuò

昔（cuò）通"错"。粗糙。《考工记·弓人》："老牛之角紾而昔。"郑玄注："郑司农云……昔读为交错之错，谓牛角粗理错也。玄谓昔读履错然之错。"另见 xī。

剒（cuò）❶斩；割。《后汉书·董卓传论》："剒肝剒趾。"❷通"厝"、"错"。锉磨；雕刻。《尔雅·释器》："犀谓之剒。"《玉篇》引《尔雅》"剒"作"错"。周邦彦《汴都赋》："剒犀劂玉。"

莝（cuò）❶铡草。《汉书·尹翁归传》："缓于小弱，急于豪强，有论罪，输掌畜官，使斫莝。"颜师古注："莝，斩刍。"❷铡碎的草。《史记·范雎蔡泽列传》："范雎大供具，尽请诸侯使，与坐堂上，食饮甚设，而坐须贾于堂下，置莝豆其前，令两黥徒夹而马食之。"

厝（cuò）❶磨刀石。《说文·厂部》："厝……《诗》曰：'他山之石，可以为厝。'"今本《诗·小雅·鹤鸣》作"错"。❷安置；措办。《列子·汤问》："帝感其诚，命夸娥氏二子负二山，一厝朔东，一厝雍南。"《晋书·王羲之传》："对之丧气，罔知所厝。"❸浅埋以待改葬；停柩待葬。归有光《与沈养吾书》："山妻在殡，便欲权厝。"❹通"错"。错杂。《汉书·地理志下》："五方杂厝，风俗不纯。"

厝火积薪 置火于积薪之下。《汉书·贾谊传》："夫抱火厝之积薪之下，而寝其上，火未及燃，因谓之安。方今之势，何以异此！"后以"厝火积薪"比喻潜伏着极大的危机，本此。《大宋宣和遗事》后集："李邦彦辈恃讲和之说，以图偷安，目前正如寝于厝火积薪之上。"

挫（cuò）❶受挫折。《管子·五辅》："兵挫而地削。"❷屈

辱。《孟子·公孙丑上》："思以一豪挫于人，若挞之于市朝。"❸折断。《考工记·轮人》："外不廉而内不挫。"郑玄注："廉，绝也；挫，折也。"❹按抑，使音调略略停顿。如：抑扬顿挫。❺提去。《楚辞·招魂》："挫糟冻饮，酎清凉些。"王逸注："挫，捉也。捉去其糟，但取清醇。"❻书法用笔的一种，即将笔一顿后，略略提起而使笔锋转动，于折处及挑处用之。

挫伤 损伤；挫折。《淮南子·原道训》："秋风下霜，倒生挫伤。"《后汉书·皇甫规传》："每有征战，鲜不挫伤。"

挫折 ❶失利；挫败。《后汉书·冯异传》："北地营保按兵观望，今偏城获全，虏兵挫折。"亦作"锉（剉）折"。《元史·盖苗传》："虽经锉折，无少回挠。"❷在社会心理学上，指由于妨碍达到目标的现实的或想像的阻力而产生的心理状态。表现为不快、不安、失望、愤怒等。其强度依赖于受阻行为的重要性和达到目标的主观距离。挫折情况下的反应，表现为侵犯行为、行为简单化以及脱离困难情境的反思与心理调适。有可能磨练意志，也可导致性格变化（如缺乏自信心，行为生硬）或神经症。

遪（cuò）同"错（錯）"。

措（cuò）❶安放。《论语·子路》："刑罚不中则民无所措手足。"❷加于；施于。《易·系辞上》："举而措之天下之民，谓之事业。"❸筹办。《三国演义》第三十回："曹操军粮告竭，急发使往许昌教荀彧作速措办粮草。"❹废置；搁置。如：刑措不用。《淮南子·说山训》："物莫措其所修，而用其短也。"高诱注："措，置也。"❺通"错"。夹杂。《史记·燕世家》："内措齐晋。"另见 zé。

措辞 亦作"措词"。谓说话、行文选择词句。《论衡·刺孟》："见彼之问，则知其措辞所欲之矣。"

措大 亦作"醋大"。旧称贫寒的读书人，含有轻慢意。《新五代史·东汉世家》："〔刘旻〕号令东偏先进，王得中叩马谏曰：'南风甚急，非北军之利也，宜少待之。'旻怒曰：'老措大，毋妄沮吾军！'"

措手不及 事情来得太快，出乎意外，来不及应付。无名氏《千里独行·楔子》："咱今晚间，领着百十骑人马，偷营劫寨，走一遭去，杀他个

措手不及。"

措意 留意;注意。《孔子家语·致思》:"丈夫不以措意,遂渡而出。"亦作"错意"。《国策·魏策四》:"秦王谓唐且曰:'……且秦灭韩亡魏,而君以五十里之地存者,以君为长者,故不错意也。'"

措置 ❶放置;停止。《后汉书·东平宪王苍传》:"每会见,踧踖无所措置。"《礼记·中庸》"学之弗能,弗措也"孔颖达疏:"言学不至于能,不措置休废,必待能之乃已也。"❷犹处置。料理;安排。《宋史·徽宗纪》:"令工部侍郎孟揆亲往措置。"

锉 ㊀〔銼、剉〕(cuò) ❶锉削金属使工件获得平整光滑表面的手工具。由钢制杆状锉身装在木制手柄上组成。锉身上按一定方向凿出许多锐利的纹路(刃口)。工作时,用手将锉放在工件上,压紧向前推动,切去工件表面上的材料(切屑成粒状),然后放松拉回,作多次往复。有平锉、方锉、圆锉和三角锉等。❷用锉磋磨。如:把钉脚锉平。❸折伤;锉败。《吕氏春秋·必己》:"廉则锉。"《史记·楚世家》:"兵锉蓝田。"
㊁〔銼〕(cuò) 小锅。杜甫《闻斛斯六官未归》诗:"荆扉深蔓草,土锉冷疏烟。"

莪 (cuò) 犹言蹲。《礼记·曲礼上》:"介者不拜,为其拜而莪拜。"陆德明释文:"莪,卢本作蹲。"按谓甲胄在身,不能折腰,欲拜则如蹲踞然,故不拜。

错 〔錯〕(cuò) ❶用金涂饰。见"错彩镂金"。❷锉刀,即鐯。亦谓磨刀石。《诗·小雅·鹤鸣》:

"它山之石,可以为错。"引申为粗糙、不滑。通作"厝"。❸杂错。见"海错"。❹交错。《楚辞·九歌·国殇》:"车错毂兮短兵接。"引申为参差不齐。见"错落❶"。❺更迭。《礼记·中庸》:"辟如四时之错行"。❻彼此不同;乖错。《汉书·五行志上》:"刘向治《穀梁春秋》,数其祸福,传以《洪范》,与仲舒错。"《后汉书·第五种传》:"管仲错行于召忽。"李贤注:"错,犹乖也。"❼错误;不正确。如:过错;认错;错别字。

另见 cù。

错彩镂金 错,涂饰。镂,刻镂。本谓雕绘工丽,后用以形容诗文的词藻绚烂。钟嵘《诗品》卷中:"汤惠休曰:'谢(谢灵运)诗如芙蓉出水,颜(颜延之)如错彩镂金。'"

错刀 亦称"金错刀"。中国古铜币。王莽铸于居摄二年(公元7年)。刀上有"一刀平五千"五字。"一刀"二字系用黄金镶嵌而成。每枚值五铢钱五千。

错愕 仓卒惊诧。韩愈《曹成王碑》:"良不得已,错愕迎拜。"

错简 古代的书以竹简按次串联编成,错简是说竹简前后次序错乱。后用为古书中文字颠倒错乱之称。

错落 ❶犹言错杂。参差不齐、交错缤纷貌。班固《西都赋》:"随侯明月,错落其间。"李商隐《富平少侯》诗:"彩树转灯珠错落。"❷酒器名。韦庄《病中闻相府夜宴戏赠集贤卢

学士》诗:"花里乱飞金错落。"亦作"凿落"。韩愈《晚秋郾城夜会联句》:"泽发解兜鍪,酡颜倾凿落。"❸鸟名。鸽的俗名。《汉书·司马相如传上》"双鸧下"颜师古注:"鸧,鸹也。今关西呼为鸧鹿,山东通谓之鸧,鄙俗名为错落。错者,亦言鸧声之急耳。"

错缪(—miù) 缪,通"谬"。差失;谬误。《汉书·于定国传》:"郎有从东方来者,言民父子相弃。丞相、御史案事之吏匦不言邪?将从东方来者加增之也?何以错缪至是?"

错缪(—móu) 交错缠绕。张衡《南都赋》:"溪壑错缪而盘纡。"

错认颜标 唐郑薰事。详"冬烘"。

错迕 交错;错杂。宋玉《风赋》:"耾耾雷声,回穴错迕。"

错综 交错综合。《易·系辞上》:"参伍以变,错综其数。"《汉书·叙传》:"错综群言,古今是经。"

摧 (cuò) 通"莝"。铡草。《诗·小雅·鸳鸯》:"乘马在厩,摧之秣之。"

另见 cuī。

跮 (cuò) 闪失;疏误。《古今小说·蒋兴哥重会珍珠衫》:"他因年老脚跮,自家跌死。"《醒世恒言·陈多寿生死夫妻》:"倘然一个眼跮,女儿死了时节,空负不义之名,反作一场笑话。"

鲑 〔鰖〕(cuò) 鱼名。《集韵·十九铎》:"鲑,鱼名,鼻前有骨如斧斤,一说生子在腹中,朝出食,暮还入。"

D

dā

荅(dā) 同"答"。
另见 dá,tà。

奤(dā) ❶大耳朵。见《集韵·二十八益》。❷见"奤拉"。
奤拉 同"搭拉"。下垂的样子。如:奤拉着头。

哒〔噠〕(dā) ❶拟声词。如:机关枪哒哒地响。❷见"哒"。

搭(dā) ❶轻放;披。白居易《石楠树》诗:"薰笼乱搭绣衣裳。"❷架设。如:搭桥;搭棚。❸搭配。如:大的搭小的。❹相接;附着。如:两根电线搭在一起;勾肩搭背。❺附乘。如:搭车。❻处;块。如:这搭。白朴《梧桐雨》第三折:"隐隐天涯,剩水残山五六搭。"
另见 tà。

搭膊 亦作"褡膊"。又叫"搭包"。一种长带,中间有袋,可束腰间,也可驮在背上。《京本通俗小说·错斩崔宁》:"身穿一领旧战袍,腰间红绢搭膊裹肚。"

搭档 犹搭对。协作;合伙。亦用以称协作的伴当,即常在一起的伙伴。如:老搭档。

搭拉 亦作"奤拉"。低垂貌。《西游记》第三十九回:"搭拉两个耳,一尾扫帚长。"

搭裢 亦作"搭连"、"褡裢"。中间开口,两端可装贮钱物的长口袋,搭在肩上,小的也可以系在腰间。《红楼梦》第一回:"将道人肩上的搭裢抢过来背上,竟不回家。"

搭门 亦称"叠门"、"叠襟"。衣服前片开襟处相叠合的部分。用于锁眼、钉扣等。有单搭门和双搭门之分。男装一般是左襟叠右襟,女装则是右襟叠左襟。

搭讪 ❶亦作"搭赸"。随口敷衍。《官场现形记》第五十八回:"后见话不投机,只好搭讪着出去。"❷兜搭;借机交谈。《红楼梦》第三十四回:"晴雯道:'或是送件东西,或是

取件东西,不然,我去了,怎么搭讪呢?'"

嗒(dā) 拟声词。如:马蹄嗒嗒。
另见 tà。

答(dā) 用于"答应"、"答理"。
另见 dá。

绦〔縚〕(dā) 见"绦缞"。
绦缞 同"搭裢"、"褡裢"。

锗〔鎝〕(dā) 翻土农具。《正字通·金部》:"铁锗头广一尺,功用胜于耙。"

褡(dā) 搭附在外或两两搭连的衣物。如:被褡(即被面两头的镶绲);背褡(即背心)。参见"褡膊"。

褡膊 亦作"搭膊"。用绸或布制成的长方形口袋,中间开口,可放物品。或肩负,或手提,也可系在衣外作腰巾。康进之《李逵负荆》第一折:"这衣服怎么破了,把我这红绢褡膊与你补这破处。"

褡裢 同"搭裢"。

踏(dā) 跳。《方言》第一:"自吴而西,秦、晋之间曰跳,或曰踏。"郭璞注:"踏,古蹋字。"

dá

打(dá) 英文 dozen 的音译。一打是十二个。
另见 dǎ。

达〔達〕(dá) ❶畅通。如:四通八达。《吕氏春秋·重己》:"理塞则气不达。"高诱注:"达,通也。"❷通晓;明白。如:知书达理。《吕氏春秋·遇合》:"凡能听音者,必达于五声。"❸显贵。如:达官贵人。《孟子·尽心上》:"达则兼善天下。"❹引进。《后汉书·黄香传》:"在位多所荐达。"❺幼苗冒出地面的样子。《诗·周颂·载芟》:"驿驿其达。"❻普遍;全面。见"达观❷"。❼到;至。《书·禹贡》:"达于河。"

《论语·子路》:"欲速则不达。"❽发表;传告。如:表达;传达;词不达意。❾夹室,庋置食物的地方。《礼记·内则》:"天子之阁,左达五,右达五。"❿通"羍"。小羊。《诗·大雅·生民》:"先生如达,不坼不副。"郑玄笺:"达,羊子也。"⓫姓。明代有达云。
另见 tà,tì。

达道 犹言常道。《礼记·中庸》:"君臣也,父子也,夫妇也,昆弟也,朋友之交也。五者,天下之达道也。"

达德 谓通行于天下的美德。《中庸》:"知(智)、仁、勇三者,天下之达德也。"朱熹注:"谓之达德者,天下古今所同得之理也。"

达观 ❶本谓一切听其自然,随遇而安。后亦谓对不如意的事情看得开。李白《莹禅师房观山海图》诗:"真僧闭精宗,灭迹含达观。"❷遍观。《书·召诰》:"周公朝至于洛,则达观于新邑营。"蔡沈集传:"遍观新邑所经营之位。"

达官 ❶显贵的官吏。《礼记·檀弓下》:"诸达官之长杖。"孔颖达疏:"达官,谓国之卿、大夫、士被君命者也。"杜甫《岁晏行》:"高马达官厌酒肉,此辈杼轴茅茨空。"❷古代突厥语称可汗的侍从人员为"达官"。见《大慈恩寺三藏法师传》卷二。

达名 《墨经》中的逻辑术语。指反映普遍性最高的类的概念。相当于哲学范畴。如"物"即达名。《墨子·经说上》:"名:物,达也;有实必待之名也。"

达权 通晓权宜,随机应付。《宋史·洪迈传》:"上(宋孝宗)谓辅臣曰:'不谓书生能临事达权。'"

达人 ❶通达事理的人。《左传·昭公七年》:"圣人有明德者,若不当世,其后必有达人。"孔颖达疏:"谓知能通达之人。"❷达观的人。贾谊《鹏鸟赋》:"小智自私兮,贱彼贵我;达人大观兮,物无不可。"

达生 《庄子·达生》:"达生之情

者，不务生之所无以为。”郭象注：“生之所无以为者，分外物也。”战国时庄子认为通达人生的人不应当有所作为，去改变现实。后因以“达生”指一种参透人生、不受世事牵累的处世态度。

达士 犹达人。《吕氏春秋·知分》：“达士者，达乎死生之分。”

达奚 复姓。北魏献帝第五弟之后为十姓，有达奚氏，亦单姓奚氏。见《通志·氏族略五》。北周有达奚武。

达尊 谓众所共尊。《孟子·公孙丑下》：“天下有达尊三：爵一，齿一，德一。”赵岐注：“三者，天下之所通尊也。”

呾(dá) 相呵责。韩愈《故幽州节度判官赠给事中清河张君墓志铭》：“自申于暗明，莫之夺也；我铭以贞之，不肖者之呾也。”

怛(dá) ❶痛苦；悲伤。《诗·桧风·匪风》：“顾瞻周道，中心怛兮。”《齐书·柳世隆传》：“痛怛之深，此何可言！”❷畏惧。独孤及《代书寄上李广州》诗：“推诚鱼鳖信，持正魑魅怛。”❸恐吓；吓唬。柳宗元《三戒·临江之麋》：“群犬垂涎，扬尾皆来，其人怒，怛之。”

怛怛 忧伤不安貌。《诗·齐风·甫田》：“无思远人，劳心怛怛。”

怛化 怛，惊动。化，指人将死。《庄子·大宗师》：“俄而子来有病，喘喘然将死，其妻子环而泣之。子犁往问之，曰：‘叱！避，无怛化。’”意谓不要去惊动垂死的人。后亦称死亡为怛化。

怛惕 犹“怛怛”。忧伤貌。《史记·孝文本纪》：“今朕夙兴夜寐，勤劳天下，忧苦万民，为之怛惕不安。”

妲(dá) 见“妲己”。

妲己 商王纣宠妃。己姓。有苏氏女。纣进攻有苏氏时，有苏氏把她进献给纣，极受宠爱。武王灭商时被杀，一说自缢死。

沓(dá) 叠。如：一沓纸。
另见 tà。

荙〔薘〕(dá) 见“莙荙菜”。

荅㊀(dá) ❶小豆。《晋书·律历志上》：“菽荅麻麦。”❷量器名。《史记·货殖列传》：“蘖曲盐豉千荅。”裴骃集解引徐广曰：“或作台，器名有瓿。”孙叔然云：“瓿，瓦器，受斗六升合为瓿。”《汉书》作“合”。❸厚重。《汉书·货殖传》：“荅布皮革千石。”颜师古注：“粗厚之布也……荅者，厚重之貌。”
㊁(dá) 同“答”。
另见 dā，tà。

羍(dá) 初生的小羊。见《说文·羊部》。通作“达”。参见“达⑩”。

悬(dá) 同“怛”。

炟(dá) 火起。见《广韵·十二曷》。

炟爚 光辉照耀貌。杜光庭《越国夫人为都统宗侃令公还愿谢恩醮词》：“祥辉炟爚，低临坛墠之前。”

纮〔繨〕(dá) 见“纥纮”。

笪(dá) ❶粗竹簟。《方言》第五“筕篖”郭璞注：“似籧篨，直文而粗，江东呼笪。”参见“筕篖”、“籧篨❷”。❷拉船所用竹索。周密《齐东野语·舟人称谓有据》：“百丈者，牵船篾，内地谓之笪。”❸姓。宋代有笪深。

畣(dá) 古“答”字。

匒(dá) 见“匒匌”。

匒匌 重叠貌。木华《海赋》：“泅泊柏而迆扬，磊匒匌而相豗。”

惮〔憚〕(dá) 通“怛”。震撼。《考工记·矢人》：“则虽有疾风，亦弗之能惮矣。”
另见 dàn。

惮赫 威震之意。《庄子·外物》：“声侔鬼神，惮赫千里。”亦用来形容声威之盛。韩愈《上襄阳于相公书》：“惮赫若雷霆，浩汗若河汉。”

怛(dá) 伤痛。《汉书·王吉传》：“中心怛兮。”《诗·桧风·匪风》：“中心怛兮。”怛，与“怛”同义。

答(dá) ❶回话；对问。如：回答；对答如流。《论语·宪问》：“南宫适问于孔子……夫子不答。”❷报答；答谢。《孟子·离娄上》：“礼人不答，反其敬。”❸通“搭”。处。《牡丹亭·惊梦》：“是答儿闲寻遍。”
另见 dā。

答飒 懒散不振作貌。《南史·郑鲜之传》：“范泰尝众中让诮鲜之曰：‘卿与傅、谢，俱从圣主有功关洛，卿乃居僚首。今日答飒，去人辽远，何不肖之甚！’”傅，傅亮。谢，谢晦。

達(dá) 同“达(達)”。

靼(dá) ❶柔软的皮革。见《说文·革部》。❷见“鞑”。

瘩〔瘩〕(dá) 瘩背，即背痈。
另见 da。

鞑〔韃〕(dá) 见“鞑靼”。

鞑靼 古族名。又作达怛、达旦、达靼、达达、塔塔儿等。见于唐时。为突厥统治下的一个部落。突厥亡后，逐渐成为强大的部落。西宋、辽、金时，除本部外，又将漠北蒙古部称黑鞑靼，漠南汪古部称白鞑靼。蒙古兴起后，鞑靼部（塔塔儿）为蒙古所灭，西方仍将蒙古泛称为鞑靼。元亡后，明又将东部蒙古成吉思汗后裔各部称为鞑靼。此外，在广义的应用上，鞑靼有时成为中国北方诸民族的总称。

黖(dá) 白而有黑。《说文·黑部》：“黖，白而有黑也。五原有莫黖县。”徐锴系传：“虽白而色滋多。”徐灏注笺：“白之敝而黑也。”

餂(dá) 见“飳餂”。

dǎ

打(dǎ) ❶敲击；拍打。如：打钟；打球。刘禹锡《石头城》诗：“潮打空城寂寞回。”❷攻击；攻打。张翥《后出军》诗：“此贼何足打！”❸与某些动词结合成为一个词，表进行之意。如：打扫；打扮。❹某种动作的代称。如：打水（取水）；打鱼（捕鱼）；打伞（张伞）；打草稿（起草）。❺自，从。如：打那天起；打哪儿来？
另见 dá。

打边鼓 亦作“敲边鼓”。比喻从旁助势或帮衬。鲁迅《集外集·序言》：“我其实是不喜欢做新诗的，——但也不喜欢做古诗，——只因为那时诗坛寂寞，所以打打边鼓，凑些热闹；待到称为诗人的一出现，就洗手不作了。”

打草惊蛇 郎瑛《七修类稿》卷二十四：“南唐王鲁为当涂令，日营资产，部人诉主簿贪污，鲁曰：‘汝虽打草，吾已惊蛇。’”谓部人虽是控诉王鲁的下属主簿，却已使王鲁受惊。后指作事不密，反使对手有所警戒，预作防备。《水浒传》第二十九回：“若是那厮不在家时，却再理会。空自去‘打草惊蛇’，倒吃他做了手脚，却是不好。”

打岔 打断别人的话头或工作。

如:你别打岔,听我说下去。鲁迅《南腔北调集·我怎么做起小说来》:"但倘有什么分心的事情来一打岔,放下许久之后再来写,性格也许就变了样,情景也会和先前所预想的不同起来。"

打当 ❶犹打点。收拾;准备。纪君祥《赵氏孤儿》第五折:"我可也不索慌,不索忙,早把手脚儿十分打当,看那厮怎做提防!"❷旧谓送人财物请求照顾。《宋史·高昌国传》:"凡二日,至都罗罗族,汉使过者,遗以财货,谓之打当。"

打点 收拾;安排;准备。《红楼梦》第三回:"如海遂打点礼物并饯行之事,雨村一一领了。"亦指用钱财疏通关系,托人照应。《水浒传》第六十二回:"李固道:'五十两蒜条金在此,送与节级;厅上官吏,小人自去打点。'"

打迸 收拾;安排;准备。鲁迅《彷徨·高老夫子》:"一切大概已经打迸停当。"亦作"打擦"、"打叠"。苏轼《与潘彦明书》:"雪堂如要偃息,且与打擦相伴。"李文蔚《燕青博鱼》第一折:"打叠起浪酒闲茶。"

打诨 以诙谐语凑趣助兴。《辽史·伶官传》:"打诨底不是黄幡绰。"《王直方诗话·作诗如杂剧》:"山谷云:'作诗正如作杂剧,初时布置,临了须打诨,方是出场。'"戏曲、曲艺中逗趣的穿插,旧称插科打诨。

打尖 旅途中休息饮食。陆陇其《三鱼堂日记》:"〔戊午四月〕十七,至杜家庙打尖。"

打搅 ❶扰乱;打扰。李寿卿《伍员吹箫》第三折:"不知是那里来的一个大汉,常来打搅俺每。"俺每,即我们。❷道谢语。受人招待或请人帮助,临别时用来表示谢意。李渔《意中缘·悟诈》:"多承盛意,只是打搅不安。"

打醮 道教为信徒设坛祭祷以求福消灾的宗教仪式。《红楼梦》第二十九回:"原来冯紫英家听见贾府在庙里打醮,连忙预备猪羊、香烛、茶食之类,赶来送礼。"

打紧 紧要。《元典章·工部·船只》:"海道里官粮,交运将大都里来的,最打紧的勾当。"

打擂台 指设台比武。《说岳全传》第六十九回:"这三个说要去打擂台,我看他们相貌威风,必然有些本事。"也用来称相互竞赛。

打量 ❶观察;端相。鲁迅《呐喊·阿Q正传》:"〔赵太爷〕打量着他

(阿Q)的全身。"❷以为;估计。《红楼梦》第二十回:"你们瞒神弄鬼的,打量我都不知道呢!"

打千 清代男子向人请安时所通行的礼节,左膝前屈,右腿后弯,上体稍向前俯,右手下垂,是一种介乎作揖、下跪之间的礼节。《红楼梦》第八回:"因他多日未见宝玉,忙赶来打千儿请宝玉的安。"

打秋风 指假借名义,利用关系向人索取财物赠与。《儒林外史》第四回:"张世兄屡次来打秋风,甚是可厌。"参见"抽丰"。

打趣 用戏谑方式或俏皮话取笑人。《红楼梦》第三十四回:"晴雯道:'这又奇了,他要这半新不旧的两条绢子?他又要恼了,说你打趣他。'"

打手 原指强悍、善技击的人。《明史·兵志三》:"其不隶军籍者,所在多有……而嵩及卢氏、灵宝、永宁,并多矿兵,曰角脑,又曰打手。"后指被雇来专替主人打架行凶的狗腿子。

打退堂鼓 亦作"打散堂鼓"。本指封建官吏坐堂问事毕,击鼓退堂。关汉卿《窦娥冤》第二折:"左右,打散堂鼓,将马来,回私宅去也。"后常用以比喻遇困难撒手不干。《官场现形记》第五十七回:"如今听说要拿他们当作出头的人,早已一大半都打了退堂鼓了。"

打围 原指打猎时合围野兽,后泛称打猎。陆游《春残》诗:"倦游自笑摧颓甚,谁记飞鹰醉打围。"

打坐 ❶瞑目盘膝而坐,僧道修行方法的一种。《儒林外史》第二十一回:"老和尚在那边打坐,每晚要到三更天。"❷气功疗法的一种,即静坐。

dà

大 (dà) ❶与"小"相对。指面积、体积、容量、数量等的广阔、高厚、宽绰或众多。如:大陆;大山;大海;大会。❷指范围或程度的广、深。如:大干一场;皆大欢喜。《史记·陈丞相世家》:"汉王大怒而骂,陈平蹑汉王。"❸指年辈较长或排行第一。如:大伯;大哥;老大。❹再。如:大前天;大后日。❺称对方有关事物的敬辞。如:大札;大作。❻尊敬;注重。《荀子·天论》:"大天而思之,孰与物畜而制之?"又《性恶》:"大齐信焉,而轻货财。"❼过

于;超过。《国策·秦策二》:"亦无大大王。"❽旧用作"大钱"的省称。如:不值一个大。❾姓。唐代有大明。

另见 dài、tài。

大白 ❶指纯白色的旗。《礼记·明堂位》:"殷之大白,周之大赤。"孔颖达疏:"殷之大白,谓白色旗;周之大赤者,赤色旗。"❷酒杯名。《说苑·善说》:"饮不釂者,浮以大白。"按《文选·左思〈吴都赋〉》"飞觞举白"刘良注:"大白,杯名。"参见"浮白"。❸本来分辨不清或不为人了解的事情,完全明白了。如:真相大白。❹白布冠。《礼记·杂记上》:"大白冠,缁布之冠。"孔颖达疏:"大白者,古之白布冠也;缁布冠,黑布冠也。"参见"大帛❷"。

大拜 古称授宰相职为"大拜"。孙光宪《北梦琐言》卷十一:"唐薛昭纬侍郎恃才与地,邻于傲物,常以宰辅自许,切于大拜。"也指宰相。《称谓录》卷十二:"以大拜称宰相,自昔已然,今尤尚此称。"

大宝 ❶指帝位。语出《易·系辞下》"圣人之大宝曰位"。《宋史·岳飞传》:"陛下已登大宝,社稷有主。"❷指佛法。《法华经·信解品》:"法王大宝,自然而至。"

大本 根本;事物最主要的基础。《庄子·天道》:"夫明于天地之德者,此之谓大本大宗。"《荀子·王制》:"始则终,终则始,与天地同理,与万世同久,夫是之谓大本。"

大比 ❶周代每三年调查一次人口,并考查官吏。《周礼·秋官·小司寇》:"及大比,登民数自生齿以上,登于天府。"❷隋唐后泛指科举考试。白行简《李娃传》:"其年遇大比,诏征四方之隽,生应直言极谏科,策名第一。"明清两代特称乡试为"大比"。每三年举行一次,各县、州、府的应试者齐集省城,由朝廷派官主考。录取者称为举人。

大笔 犹言大手笔。苏轼《次韵钱穆父》:"大笔推君西汉手。"一般用以称扬别人的书法或文章。

大辟 商、周、春秋、战国等时期死刑的通称。五刑中最重的一种。执行的方式很多,有的极其残酷,如枭首、腰斩、剖腹、凿颠、镬烹、磔、车裂、焚等。

大宾 ❶犹贵宾,古多指君王的宾客。《论语·颜渊》:"出门如见大宾。"《周礼·秋官·大行人》:"大行人,掌大宾之礼及大客之仪,以亲诸

侯。"郑玄注:"大宾,要服以内诸侯;大客,谓其孤卿。"❷古乡饮酒礼,每推举年高有望者一人为宾,称为"大宾"。

大柄 治国的要纲;权柄的关键。《礼记·礼运》:"礼者君之大柄也,所以别嫌明微,傧鬼神,考制度,别仁义,所以治政安君也。"孔颖达疏:"言人君治国须礼,如巧匠治物执斤斧之柄。"

大帛 ❶粗丝织成的厚帛。《左传·闵公二年》:"卫文公大布之衣,大帛之冠。"杜预注:"大帛,厚缯。"❷白布帽,丧帽。《礼记·玉藻》:"大帛不绫。"郑玄注:"帛当为白,声之误也。大帛,谓白布冠也。"

大不敬 不敬天子的罪名。历代多列为重罪。《汉书·申屠嘉传》:"通(邓通)小臣,戏殿上,大不敬,当斩。"参见"十恶❶"。

大布 ❶粗布。《淮南子·齐俗训》:"晋文君大布之衣,牂羊之裘,韦以带剑。"参见"大帛❶"。❷古代货币名。王莽所铸的十布之一。

大成 ❶大的成就。(1)指事功。《诗·小雅·车攻》:"允矣君子,展也大成。"(2)指学问。《礼记·学记》:"九年知类通达,强立而不反,谓之大成。"(3)指道德。《孟子·万章下》:"孔子之谓集大成;集大成者,金声而玉振之也。"赵岐注:"孔子集先圣之大道,以成己之圣德者也。"❷完备。《老子》:"大成若缺,其用不弊。"❸复姓。古代有大成执。见《新序·杂事五》。

大乘(Mahāyāna) 亦称"大乘佛教"。大是对小而言,乘是指运载工具。佛教派别。公元1、2世纪间由佛教大众部的一些支派发展而成,自称能运载无量众生从生死大河的此岸达到菩提涅槃的彼岸,成就佛果,故名"大乘",而将原始佛教和部派佛教称为"小乘"。认为三世十方有佛无数,主张利他和普度众生,并以成佛度世、建立佛国净土为最高目标。以《般若经》、《维摩经》、《大般涅槃经》、《法华经》、《华严经》、《无量寿经》等为主要经典。公元3世纪,龙树、提婆阐发了"一切皆空"理论,形成中观学派;4、5世纪间,无著、世亲阐发了"万法唯识"理论,形成瑜伽行派;至7世纪,大乘佛教部分派别同婆罗门教互相调和而产生大乘密教。中观学派、瑜伽行派、密教成为古印度大乘佛教的三大系。大乘佛教主要流传于中国、朝鲜半岛、日本、越南等地。

大虫 ❶老虎。《水浒传》第二十三回:"跳出一只吊睛白额大虫来。"❷《史记·扁鹊仓公列传》:"望之杀然黄,察之如死青之兹,众医不知,以为大虫。"司马贞索隐:"即蚘虫也。"

大处落墨 亦作"大处落笔"。谓绘画或写文章要从主要的地方着笔。比喻做事从大处着眼,首先解决关键问题。《官场现形记》第二十回:"有了官,就得有本事去做,……看你不出,倒是个大处落墨的!"

大椿 椿,木名。《庄子·逍遥游》:"上古有大椿者,以八千岁为春,八千岁为秋。"后用"大椿"为男寿的祝词,本此。

大醇小疵 醇,纯;疵,病。谓大体纯正,而略有缺点。韩愈《读〈荀子〉》:"荀与扬,大醇而小疵。"荀,指荀况;扬,指扬雄。

大错 极大的错误。苏轼《赠钱道人》诗:"不知几州铁,铸此一大错。"按魏博节度使罗绍威憎恶牙军的跋扈,与朱温合谋,尽歼之,但天雄军自此衰弱。绍威很后悔,谓人曰:"合六州四十三县铁,不能为此错也。"见《资治通鉴·唐昭宗天祐三年》。苏轼诗句本此。错,本谓锉刀,罗绍威借用为错误的错。

大刀头 刀头有环,"环"与"还"同音,古人因用为还乡的隐语。《玉台新咏·古绝句四首》:"藁砧今何在?山上复有山。何当大刀头?破镜飞上天。"吴兢《乐府古题要解·藁砧今何在》:"藁砧,铁也,问夫何处也。'山上复有山',重山为'出'字,言夫不在也。'何当大刀头',刀头有环,问夫何时当还也。'破镜飞上天',言月半当还也。"按"藁砧"为铁,"铁"与"夫"同音。参见"稿椹"。

大道 ❶古指政治上的最高理想。《礼记·礼运》:"大道之行也,天下为公。"❷常理;正理。《史记·滑稽列传》:"优旃者,秦倡侏儒也,善为笑言,然合于大道。"《汉书·董仲舒传》:"欲闻大道之要,至论之极。"❸宽阔的路。《列子·说符》:"大道以多歧亡羊。"

大德 ❶盛大的功德。《易·系辞下》:"天地之大德曰生。"亦指有德的人。《中庸》:"故大德必得其位。"❷犹大节。《书·旅獒》:"不矜细行,终累大德。"❸犹大恩。《诗·小雅·谷风》:"忘我大德,思我小怨。"❹佛教名词。译自梵语 Bhadanta,音译"婆檀陀"。(1)对佛、菩萨、长老的敬称。有时亦用以称高僧。《大智度论》:"梵语婆檀陀,秦言大德。"《毗奈耶杂事》:"年少苾刍应唤老者为大德。"苾刍,即比丘。(2)僧职。隋唐时曾置"大德"统管僧尼,如隋初置"大德"六人。

大抵 大概;大都。《史记·老子韩非列传》:"故其著书十余万言,大抵率寓言也。"亦作"大氐"、"大底"。《汉书·食货志下》:"天下大氐无虑皆铸金钱矣。"《史记·佞幸列传》:"内宠嬖臣大底外戚之家。"

大弟 对年轻朋友的敬称。应璩《与曹长思书》:"聊为大弟陈其苦怀耳。"三国时鲁肃称吕蒙为大弟,见《三国志·吴志·吕蒙传》裴松之注引《江表传》。

大典 ❶重要的典籍、著作。《后汉书·郑玄传论》:"括囊大典,网罗众家。"❷重要的典章法令。任昉《王文宪集序》:"至于军国远图,刑政大典,既道在廊庙,则理擅民宗。"❸重大的典礼。如:开国大典。《南齐书·王俭传》:"时大典将行,俭为佐命,礼仪诏策,皆出于俭。"

大耋 年高的人,指八十岁以上。《尔雅·释言》郭璞注:"八十为耋。"陆机《拟东城一何高》诗:"大耋嗟落晖。"

大都(—dōu) 大概。韩愈《画记》:"且命工人,存其大都焉。"

大都(—dū) ❶古代公的封地。《周礼·地官·载师》:"以大都之田任畺地。"郑玄注:"大都,公之采地,王子弟所食邑也。"❷大的都邑。《左传·隐公元年》:"先王之制,大都不过参(三)国之一。"

大度 宏伟的抱负;宽宏大量的气度。《史记·高祖本纪》:"〔高祖〕常有大度,不事家人生产作业。"潘岳《西征赋》:"非徒聪明神武,豁达大度而已也。"

大憝 《书·康诰》:"元恶大憝。"原义是大为人所憎恶,与"元恶"各自成义;后成大奸恶的意思,犹元恶,恶人的魁首。潘岳《西征赋》:"愠韩(韩遂)马(马超)之大憝,阻关谷以称乱。"

大而无当 《庄子·逍遥游》:"肩吾问于连叔曰:'吾闻言于接舆,大而无当,往而不返,吾惊怖其言,犹河汉而无极也。'"王先谦集解:"当,底也。"意谓大得无边际。后多用作大而不切实用的意思。

大法 ❶重要法则。《荀子·儒效》:"其言行已有大法矣。"也指重

刑。《世说新语·文学》:"文帝尝令东阿王(曹植)七步中作诗,不成者行大法。"❷国家的重要法令或根本法。❸复姓。宋代有大法乐霖。

大法小廉 谓大臣尽忠,小臣尽职。《礼记·礼运》:"大臣法,小臣廉,官职相序,君臣相正,国之肥也。"陈澔集说:"大臣法,尽臣道也;小臣廉,不亏所守也。"

大凡 ❶大要;概略。《荀子·大略》:"礼之大凡:事生,饰欢也;送死,饰哀也;军旅,饰威也。"❷大抵。韩愈《送孟东野序》:"大凡物不得其平则鸣。"❸总计;共计。《史记·吴太伯世家》:"大凡从太伯至寿梦十九世。"

大方 ❶犹大地。《淮南子·俶真训》:"是故能戴大员(圆)者履大方。"❷根本的法则。陆机《五等诸侯论》:"识人情之大方?"❸《庄子·秋水》:"吾长见笑于大方之家。"成玄英疏:"方犹道也。"大方之家,谓懂得大道的人。后用"大方"泛指识见广博或有专长的人。王士禛《池北偶谈》卷十二:"三百年中,大方名笔,可与颉颃者,不过二三而已。"❹不吝啬;不拘束;不俗气。如:举止大方。《红楼梦》第十七回:"莫如直书古人'曲径通幽'这旧句在上,倒也大方。"

大分 ❶犹言大本,事物最基本的部分。《荀子·劝学》:"礼者,法之大分,类之纲纪也。"❷指寿命。《南史·陶潜传》:"疾患以来,渐就衰损,亲旧不遗,每有药石见救,自恐大分将有限也。"❸交情;友谊。卢谌《答魏子悌》诗:"倾盖虽终朝,大分迈畴昔。"

大府 上级官府。韩愈《送郑尚书序》:"岭之南,其州七十,其二十二隶岭南节度府,其四十馀分四府;府各置帅,然独岭南节度为大府。大府始至,四府必使其佐启问起居。"明清时亦称总督、巡抚为"大府"。

大父 ❶祖父。《韩非子·五蠹》:"大父未死而有二十五孙。"❷外祖父。《汉书·娄敬传》:"冒顿在,固为子婿;死,外孙为单于;岂曾闻外孙敢与大父亢(抗)礼哉!"

大妇 ❶妯娌中行次最长的。古乐府《相逢行》:"大妇织绮罗,中妇织流黄。"❷旧时称正妻为"大妇",妾为"小妇"。刘敬叔《异苑·阿紫》:"世有紫姑神,古来相传是人妾,为大妇所嫉。"

大唄喃国 古国名。即《岭外代答》和《诸蕃志》记述的故临国。《星槎胜览》在"小唄喃"外另列"大唄喃"一条,其释文尽本《岛夷志略》"小唄喃"条。《明史·外国列传》则在"小葛兰"外另列"大葛兰"一条。可能都是同一国。

大功 旧时丧服名,为五服之一。其服用熟麻布做成,较齐衰为细,较小功为粗。服期九个月。为堂兄弟、未嫁的堂姊妹、已嫁的姑姊妹服,又已嫁女为伯叔父、兄弟等服之。见《仪礼·丧服》及《清会典·礼部》。参见"功服"、"五服❸"。

大家(—gū) ❶即"大姑",古代女子的尊称。如:汉代班昭(曹世叔妻)世称曹大家。❷婆婆,夫之母。《太平广记》卷一百二十二"陈义郎":"大家见之,即不忘息(媳)妇。"

大故 ❶重大的事故。(1)指大灾害。《周礼·春官·大宗伯》:"国有大故。"郑玄注:"故,谓凶灾。"(2)指父母丧。《孟子·滕文公上》:"滕定公薨,世子谓然友曰:'……今也不幸,至于大故。'"亦用为死亡的代称。《红楼梦》第三十四回:"假若我一时竟别有大故,他们还不知何等悲感呢!"(3)指有危险性的事情。《资治通鉴·汉宣帝本始三年》:"妇人免乳大故,十死一生。"胡三省注引颜师古曰:"免乳,谓产子也;大故,大事也。"(4)指严重的罪恶。《论语·微子》:"故旧无大故,则不弃也。"❷《墨经》中的逻辑术语。同"小故"相对。即充分又必要条件。《墨子·经说上》:"大故,有之必然,无之必不然(原作'有之必无然',依孙诒让校改)。"

大关 ❶险峻的关隘。鲍照《行路难》诗:"嵯峨虎豹当大关,苍崖壁立登天难。"❷古时一种刑具,即夹棍。段成式《酉阳杂俎·续集·金刚经鸠异》:"以大关挟胫折三段。"

大观 ❶壮观;雄伟景象。范仲淹《岳阳楼记》:"予观夫巴陵胜状,在洞庭一湖:衔远山,吞长江,浩浩汤汤,横无际涯;朝晖夕阴,气象万千。此则岳阳楼之大观也。"亦形容事物美好繁多。如:洋洋大观。❷目光远大。贾谊《鵩鸟赋》:"小智自私兮,贱彼贵我;达人大观兮,物无不可。"

大归 ❶《左传·文公十八年》:"夫人姜氏归于齐,大归也。"谓归不复返。旧称妇女被休归母家为"大归",本此。❷大抵;大要。《汉书·王莽传中》:"大归言莽当代汉有天下云。"❸最后归宿。陆机《吊魏武帝文序》:"夫始终者,万物之大归。"后因称死亡为大归。顾况《祭李员外》:"先生大归,赴哭无由。"

大过 ❶六十四卦之一,巽下兑上。《易·大过》孔颖达疏:"过谓过越之过……以人事言之,犹若圣人过越常理以拯患难也。"指超越之意。❷大的祸害。《荀子·修身》:"人有此三行,虽有大过,天其不遂乎。"

大壑 大海。《庄子·天地》:"夫大壑之为物也,注焉而不满,酌焉而不竭。"

大亨(—hēng) ❶犹言大通,顺畅无阻碍。《易·无妄》:"大亨以正。"❷旧时上海方言,指有势力的大官、富豪或大流氓。

大户 ❶旧指豪富之家,高门贵族。《水浒传》第二十四回:"那清河县里有一个大户人家。"有时也指人口多、分支繁的人家。❷酒量大的人。冯时化《酒史·酒献》:"曾棨,永乐时状元,其饮量亦大户也。"《称谓录》卷二十七:"席间健饮客曰大户,量小者曰小户。"

大化 ❶广泛的教化。王褒《四子讲德论》:"咸爱惜朝夕,愿济须臾,且观大化之淳流。"❷指自然的变化。《荀子·天论》:"四时代御,阴阳大化,风雨博施。"❸指人生的重大变化。《列子·天瑞》:"人自生至终,大化有四:婴孩也,少壮也,老耄也,死亡也。"亦以指生命。陶潜《还旧居》诗:"常恐大化尽,气力不及衰。"❹佛教指佛的教化。《法华玄义》:"说教之纲格,大化之筌蹄。"

大荒 ❶灾情严重的荒年。《周礼·地官·大司徒》:"大荒大札,则令邦国移民通财。"❷最荒远的地方。《山海经·大荒东经》:"大荒之中有山,名曰合虚。"左思《吴都赋》:"出乎大荒之中,行乎东极之外。"❸广野,极言其旷远。柳宗元《登柳州城楼》诗:"城上高楼接大荒。"

大荒落 十二支中巳的别称,用以纪年。《尔雅·释天》:"〔太岁〕在巳曰大荒落。"《史记·天官书》作"大荒骆"。参见"岁阳"。

大火 ❶十二星次之一。配十二辰为卯,配二十八宿为氐、房、心三宿。按《尔雅》,古以房、心、尾三宿为标志星。按《汉书·律历志》,日至其初为寒露,至其中为霜降。明末后译黄道十二宫的天蝎宫为大火宫。❷星名。简称"火",即心宿二。

大惑不解 《庄子·天地》:"知其愚者,非大愚也;知其惑者,非大惑

也。大惑者,终身不解;大愚者,终身不灵。"后用为感到非常迷惑、不能理解的意思。黄宗羲《阿育王寺舍利记》:"彼沾沾此神异者,可谓大惑不解矣。"

大饥 ❶大荒年;严重的饥荒。《穀梁传·襄公二十四年》:"五谷不升为大饥。"❷饿得厉害。如:腹中大饥。

大戟(*Euphorbia pekinensis*) 即"荞"。大戟科。多年生草本,含乳汁。根圆锥状。茎被白色短柔毛。叶互生,长椭圆状披针形,至茎顶五片轮生,并有五个射出枝,枝又分枝,分枝顶上对生广卵形苞片,苞片间生有一个杯状花序。蒴果三棱状球形,表面有疣状突起。分布于中国各地。根入药,性寒、味苦,有毒,功能泻水逐饮、散结消肿,主治水肿胀满、痰饮积聚、二便不利、瘰疬痰核、痈肿疮毒等症。另有茜草科的红芽大戟(*Knoxia valerianoides*),亦以根入药,但泻水功效较差。

大忌 ❶极其忌讳之事。《新书·傅职》:"不知日月之不时节,不知先王之讳与国之大忌,不知风雨雷电之眚,凡此其属,太史之任也。"❷大灾难。《后汉书·隗嚣传》:"祸福之应,各以事降,莘明知之而冥昧触冒,不顾大忌,诡乱天求。"

大家(—jiā) ❶旧指高门贵族;大户人家。古乐府《孔雀东南飞》:"汝是大家子,仕宦于台阁。"❷古代宫中侍从对帝、后的称呼。《正字通·宀部》"家":"北齐、唐史宫中称太后及皇后之无太后者皆曰大家。"❸著名的专家。如:书法大家。王夫之《夕堂永日绪论外编》:"艺苑品题有大家之目,自论诗者推崇李杜始。"❹众人;大伙儿。杜荀鹤《重阳日有作》诗:"大家拍手高声唱,日未沉山且莫回。"

大驾 古代称皇帝的车驾。《后汉书·舆服志上》:"乘舆大驾,公卿奉引,太仆御,大将军参乘,属车八十一乘。"后用为对人的敬称。如:恭候大驾。

大渐 谓病势加剧。《书·顾命》:"疾大渐,惟几。病日臻,既弥留。"《列子·力命》:"季梁得疾,七日大渐。"张湛注:"渐,剧也。"后世多用于皇帝病重。

大匠 ❶本谓手艺高明之木工。《老子》:"夫代大匠斫者,希有不伤其手矣。"后用以称在学艺上有重大成就而为众所敬仰的人。贾岛《即

事》诗:"心被通人见,文叨大匠称。"❷官名。详"将作大匠"。

大较 ❶大略;梗概。《颜氏家训·文章》:"凡此诸人,皆其翘秀者,不能悉记,大较如此。"❷大法;大体。《史记·律书》:"世儒暗于大较,不权轻重。"

大节 ❶犹言大纲,大体。《左传·成公二年》:"礼以行义,义以生利,利以平民,政之大节也。"《淮南子·说林训》:"小变不足以妨大节。"❷关于存亡安危的大事。《论语·泰伯》:"临大节而不可夺也。"后谓临难不苟的节操为大节。如:大节凛然。文天祥《自叹》诗:"王蠋高风真可挹,鲁连大节岂容磨!"

大尽 指夏历三十天的大月。韩鄂《岁华纪丽·晦日》"大酺小尽"原注:"月有小尽有大尽,三十日为大尽,二十九日为小尽。"

大经 ❶常道或不变的常规。《左传·昭公十五年》:"礼,王之大经也。"《史记·太史公自序》:"夫春生、夏长、秋收、冬藏,此天道之大经也。"❷指六经中的《春秋》。《礼记·中庸》:"惟天下至诚为能经纶天下之大经。"郑玄注:"至诚,谓孔子;大经,谓六艺而指《春秋》也。"❸唐宋国子监教科与进士考试依经书文字多少分大、中、小三级。《新唐书·选举志上》:"凡《礼记》、《春秋左氏传》为大经,《诗》、《周礼》、《仪礼》为中经,《易》、《尚书》、《春秋公羊传》、《穀梁传》为小经。"《宋史·选举志一》:"〔元祐四年〕以《诗》、《礼记》、《周礼》、《左氏春秋》为大经,《书》、《易》、《公羊》、《穀梁》、《仪礼》为中经。"❹宋徽宗时学道之士以黄帝《内经》为大经,《庄子》、《列子》为小经。见吴曾《能改斋漫录》卷十三。

大矩 矩,方形。古人认为天圆地方,故称地为大矩。《吕氏春秋·序意》:"大圜在上,大矩在下。"

大钧 ❶古乐中的大调。《国语·周语下》:"大钧有镈无钟。"韦昭注:"〔大钧〕大调,宫商也。"❷指天或自然。《文选·贾谊〈鹏鸟赋〉》:"大钧播物兮,块圠无垠。"钧本为造陶器所用的转轮,比喻造化。块圠,漫无边际貌。

大考 ❶清制,凡翰林出身之官,詹事府少詹事以下,翰林院侍读学士以下,每十年左右,临时宣布召集考试,不许规避请假,名为大考。考试结果,最优者予以特别升擢,往往自

七品超升四品,劣等分别罚俸、降调、休致、罢斥。❷学校中学期末的考试通称大考。

大块 指大地。一说指大自然。《庄子·大宗师》:"夫大块载我以形,劳我以生,佚我以老,息我以死。"李白《春夜宴从弟桃花园序》:"况阳春召我以烟景,大块假我以文章。"

大魁 ❶科举时称殿试第一名,即状元。《老学庵笔记》卷九:"四方举人集京师,当入见,而宋公姓名偶为众人之首……然其后卒为大魁。"❷犹"大头目"。指盗贼的首领。韩愈《祭马仆射》:"歼彼大魁,厥勋孰似!"

大老 元老;称年高、品德高的人。《孟子·离娄上》:"二老者,天下之大老也。"二老,指伯夷、太公。

大厉 ❶厉,祸害。谓大祸,大恶。《诗·大雅·瞻卬》:"孔填不宁,降此大厉。"郑玄笺:"王乃下此大恶以败乱之。"❷谓恶鬼。《左传·成公十年》:"晋侯梦大厉,被发及地,搏膺而踊。"

大敛 亦作"大殓"。将死者尸体入棺。《仪礼·既夕礼》:"大敛于阼。"郑玄注:"主人奉尸敛于棺。"参见"小敛"。

大僚 大官。《书·多方》:"有服在大僚。"孔传:"有所服行在大官。"

大辂椎轮 萧统《文选序》:"椎轮为大辂之始,大辂宁有椎轮之质?"大辂,大车;椎轮,以圆木为轮的原始车子。谓大辂从椎轮逐步演变而成。后因以"大辂椎轮"比喻事物由创始逐渐发展,以至大成的进化过程。亦指创始者。

大戮 ❶死刑。《史记·袁盎晁错列传》:"计画始行,卒受大戮。"❷耻辱。《荀子·王霸》:"而身死国亡,为天下大戮。"亦作"大僇"。见《荀子·非相》及《正论》。

大率(—lǜ) 历法名词。《新五代史·司天考一》:"以通法进全率,得七千二百万,谓之大率。"

大略 ❶情况的大概;大要。《庄子·大宗师》:"我为汝言其大略。"❷远大的谋略。《汉书·武帝纪赞》:"雄才大略。"

大梦 ❶道家对人生的一种消极看法。《庄子·齐物论》:"方其梦也,不知其梦也,梦之中又占其梦焉,觉而后知其梦也;且有大觉,而后知此其大梦也。"原意谓死为大觉,则生为大梦。❷(梦又读 méng)古大泽名,即云梦泽。《淮南子·墜形训》:

"南方曰**大梦**,曰浩泽。"

大明 ❶指日或月,也兼指日月。《礼记·礼器》:"大明生于东,月生于西。"《文选·木华〈海赋〉》:"大明擢辔于金枢之穴。"李善注:"大明,月也。"《管子·内业》:"鉴于大清,视于大明。"尹知章注:"日月也。"❷唐宫殿名。

大命 ❶犹言天命。《书·太甲上》:"天监厥德,用集大命。"❷指帝王的命令。《后汉书·王常传》:"臣蒙大命,得以鞭策,托身陛下。"❸犹规律;法度。《韩非子·扬权》:"天有大命,人有大命。"王先慎集解:"昼夜四时之候,天之大命;君臣上下之节,人之大命也。"❹犹命脉,最重要的事情。《新书·无蓄》:"禹有十年之蓄,故免九年之水;汤有十年之积,故胜七岁之旱。夫蓄积者,天下之大命也。"❺寿命;天年。《史记·春申君列传》:"王若卒大命,太子不在,阳文君子必立为后,太子不得奉宗庙矣。"

大谬不然 谓事实完全不是如此。司马迁《报任少卿书》:"而事乃有大谬不然者。"也谓大错特错。王夫之《宋论·哲宗》:"禁使勿知,而常怀不足之心,则不期俭而自俭。之说也,尤其大谬不然者。"

大漠 即大沙漠,旧泛指中国西北部一带的广大沙漠地区。《后汉书·窦宪传》:"经碛卤,绝大漠。"《新唐书·狄仁杰传》:"北横大漠,南阳五岭。"

大母 ❶祖母。《汉书·文三王传》:"李太后,亲平王之大母也。"❷古代称太后。周密《齐东野语》卷十一:"穆陵初年,尝于上元日清燕殿排当,恭请恭圣太后,既而烧烟火于庭,有所谓地老鼠者,径至大母圣座下,大母为之惊惶,拂衣径起。"❸旧时庶子称父亲的嫡配。

大内 ❶指皇帝宫殿。《旧唐书·德宗纪上》:"天宝元年四月癸巳生于长安大内之东宫。"❷汉代京城内的仓库名。《史记·景帝本纪》:"置左右内官,属大内。"裴骃集解:"大内,京师府藏。"

大逆 在封建社会里,凡反抗封建秩序、特别是触犯封建统治者利益的,统称为"大逆"。《清会典·刑部》:"重十恶之辟……二曰谋大逆,谓谋毁宗庙、山陵及宫阙。"

大逆不道 大大背叛正道。旧多称"犯上作乱"等重大罪行。《汉书·杨恽传》:"为訞(妖)恶言,大逆不道。"

道。"

大年 ❶谓年寿长。《庄子·逍遥游》:"小知不及大知,小年不及大年。"❷指丰年。也指某种作物在这一年丰收。

大傩 古人腊月禳祭以驱除瘟疫。张衡《东京赋》:"卒岁大傩,驱除群厉。"亦作"大难"。《礼记·月令》:"〔季冬之月〕命有司大难,旁磔,出土牛以送寒气。"

大亨(一pēng) 亨,通"烹"。丰盛的肴馔。《易·鼎》:"大亨以养圣贤。"

大聘 古代诸侯每隔三年遣使向天子朝聘,称为"大聘"。《礼记·王制》:"诸侯之于天子也,比年一小聘,三年一大聘,五年一朝。"郑玄注:"比年,每岁也。小聘使大夫,大聘使卿,朝则君自行。"

大酺 大宴饮。《史记·秦始皇本纪》:"二十五年五月,天下大酺。"张守节正义:"天下欢乐大饮酒也,秦既平韩、赵、魏、燕、楚五国,故天下大酺也。"

大器 ❶指天。《易·乾》"时乘六龙以御天"王弼注:"乘变化而御大器。"孔颖达疏:"大器,谓天也。"❷指宝贵的器物。《左传·文公十二年》:"襄仲辞玉,曰:'君不忘先君之好,照临鲁国,镇抚其社稷,重之以大器,寡君敢辞玉。'"杜预注:"大器,圭璋也。"也指重要而可贵的事物。《荀子·王霸》:"国者,天下之大器也,重任也。"❸比喻能担当大事的人才。《管子·小匡》:"管仲者,天下之贤人也,大器也。"参见"大器晚成"。

大器晚成 《老子》:"大方无隅,大器晚成。"后常用以指大才的人成名往往较晚。《论衡·状留》:"大器晚成,宝货难售也。"

大千 佛教谓包罗万象、广大无边的世界。《魏书·释老志》:"释迦如来,功济大千,惠流尘境。"苏轼《端午遍游诸寺得禅字》诗:"忽登最高塔,眼界穷大千。"

大千世界 "三千大千世界"的简称。

大巧若拙 谓真正灵巧的人,不自炫耀,表面上好像很笨拙。《老子》:"大直若屈,大巧若拙,大辩若讷。"

大侵 灾情严重的荒年。《穀梁传·襄公二十四年》:"五谷不升谓之大侵。"范宁注:"侵,伤。"杨士勋疏:"大侵者,大饥之异名。"

大区 广阔的天空。《淮南子·

原道训》:"纵志舒节,以驰大区。"高诱注:"区,宅也;宅,谓天也。"

大去 一去不返。《左传·庄公四年》:"纪侯大去其国,违齐难也。"杜预注:"大去者,不反之辞。"旧时也用为死亡的讳辞。

大全 全部;十分完备。常用作某类知识收集较为完整的书籍名。如:《朱子大全》。

大人 ❶古代对德高者之称。《荀子·成相》:"大人哉舜,南面而立万物备。"❷称作官的人。《汉书·徐乐传》:"陈涉无千乘之尊,尺土之地,身非王公大人名族之后。"清代称高级的官为大人,比老爷高一等。❸称尊长。(1)对老者、长者的尊称、敬称。《后汉书·马严传》:"京师大人咸器异之。"(2)对父母或舅姑等的敬称。《孔子家语·六本》:"向也参(曾参)得罪于大人,大人用力教参。"古乐府《孔雀东南飞》:"三日断五匹,大人故嫌迟。"❹古代部落首领名。鲜卑、乌桓等族各部落首领称"大人"。契丹族各部和部落联盟首领亦称"大人",由推举产生,任期一般三年,掌管部落或部落联盟的事务。❺巨人。《山海经·大荒东经》:"有波谷山者,有大人之国。"

大丧 ❶古代指天子、皇后、嫡长子之丧礼,别于"小丧"。《周礼·天官·宰夫》:"大丧小丧,掌小官之戒令。"郑玄注:"大丧,王、后、世子也;小丧,夫人以下。"❷父母之丧。《世说新语·德行》:"王戎和峤,同时遭大丧,俱以孝称。"

大圣 ❶古代称道德完善、智能卓越的人。《礼记·乐记》:"及夫敦乐而无忧,礼备而不偏者,其唯大圣乎!"❷佛教称佛和高位菩萨。《观无量寿佛经·妙宗钞》:"佛是极圣,故称大圣。"

大士 ❶古称有德行的人。《韩诗外传》卷九:"孔子曰:'大士哉!'"大士,称颜渊。❷佛教称佛和菩萨。如:观音大士。

大事 ❶重要的事情。如:国家大事。《史记·绛侯周勃世家》:"勃为人木彊敦厚,高帝以为可属大事。"❷佛教指令众生领悟佛理。《法华经·方便品》:"诸佛世尊,唯以一大事因缘故出现于世。"

大事不糊涂 谓对大事能坚持原则而不含糊。《宋史·吕端传》:"时吕蒙正为相,太宗欲相端,或曰:'端为人糊涂。'太宗曰:'端小事糊涂,大事不糊涂。'"

大势 ❶大局的趋势;总的局势。《三国志·魏志·刘放传》:"乘胜席卷,将清河朔,威刑既合,大势以见。"《宋史·胡铨传》:"此鲁仲连所以义不帝秦,非惜夫帝秦之虚名,惜天下大势有所不可也。"❷旧指有权势的高位。《晋书·平原王幹传》:"大势难居,不可不慎。"

大手笔 旧指有关朝廷大事的文字。《晋书·王珣传》:"珣梦人以大笔如椽与之。既觉,语人曰:'此当有大手笔事。'俄而帝崩,哀册谥议,皆珣所草。"也指有名的文章家或其作品。《新唐书·苏颋传》:"自景龙后,与张说以文章显,称望略等,故时号燕、许大手笔。"说封燕国公,颋封许国公,故名。参见"如椽笔"。

大受 承担重大的任务。《论语·卫灵公》:"君子不可小知,而可大受也。"朱熹注:"盖君子于细事未必可观,而材德足以任重。"

大树将军 称东汉大将冯异。《后汉书·冯异传》:"诸将并坐论功,异常独屏树下,军中号曰大树将军。"

大数 ❶自然节气和规律。《礼记·月令》:"〔仲秋之月〕凡举大事,毋逆大数。必顺其时,慎因其类。"陈澔集说:"大事,如土功、徭役、合诸侯、举兵众之事,皆不可悖阴阳之数。"❷旧谓气运、命运。戴复古《送湘漕赵蹈中寺丞移宪江东》诗:"盛衰关大数,豪杰负初心。"也指寿限。❸大计。《史记·淮阴侯列传》:"审毫厘之小计,遗天下之大数。"❹要略。《六韬·虎韬》:"用兵之大数。"

大率(—shuài) 大抵;大概。《汉书·百官公卿表上》:"大率十里一亭,亭有长。"

大蒐 古时军队五年举行一次的大检阅。《春秋·定公十四年》:"大蒐于比蒲。"《公羊传·桓公六年》"大阅者何,简车徒也"何休注:"比年简徒谓之蒐,三年简车谓之大阅,五年大简车徒谓之大蒐。"徒,步兵;车,战车。

大索 ❶大肆搜捕。《史记·秦始皇本纪》:"大索,逐客。李斯上书说,乃止逐客令。"❷长索练。《南史·章昭达传》:"于江上横引大索。"

大体 ❶与"小体"相对。儒家称心为"大体"。《孟子·告子上》:"从其大体为大人,从其小体为小人。"东汉赵岐注:"大体心思礼义,小体纵恣情欲。"朱熹注:"大体,心也;小体,耳目之类也。"❷重要的义理;有关大局的道理。如:能识大体。《史记·平原君虞卿列传赞》:"〔平原君〕未睹大体。"❸大要;要领。《三国志·魏志·陈矫传》:"操纲领,举大体。"❹大概;大致。如:大体相同。《史记·货殖列传》:"山东食海盐,山西食盐卤,领南、沙北固往往出盐,大体如此矣。"

大庭 ❶传说中的古代帝王神农氏的别称。郑玄《诗谱序》:"大庭轩辕,逮于高辛。"❷本作"大廷"。古代朝廷的外廷,在雉门外,库门内。库门,大门;雉门,中门。高適《留上李右相》诗:"君臣挹大庭。"

大同 ❶儒家的理想社会。《礼记·礼运》:"大道之行也,天下为公。"在这社会里,"老有所终,壮有所用,幼有所长,矜寡孤独废疾者皆有所养。""货恶其弃于地也,不必藏于己;力恶其不出于身也,不必为己。""是谓大同"。这种思想对后来进步思想家、社会改革家有一定启发。洪秀全、康有为、谭嗣同和孙中山等,都曾受过"大同"思想的影响。❷忘形骸,忘物我的精神境界。《庄子·在宥》:"颂论形躯,合乎大同,大同而无己。"❸指天地万物为统一整体。《吕氏春秋·有始览》:"天地万物,一人之身也,此之谓大同。"

大统 谓统一天下的大事业。《书·武成》:"大统未集,予小子其承厥志。"孔传:"大业未就。"也指帝位。《后汉书·光武帝纪》:"东海王阳,皇后之子,宜承大统。"

大万 犹言巨万。谓数极多。《汉书·匈奴传下》:"费岁以大万计。"

大王父 曾祖父。张九龄《裴光庭碑》:"大王父定,周大将军冯翊太守琅邪公。"亦指祖父。韩愈《监察御史元君妻京兆韦氏夫人墓志铭》:"其大王父迢,以都官郎为岭南军司马。"按《称谓录》卷一:"韩文乃以称祖父也。"

大限 寿数。《元史·史天泽传》:"因附奏曰:'臣大限有终,死不足惜。'"亦指死期。如:大限将至。

大祥 古代父母丧二周年的祭礼。《礼记·间传》:"父母之丧……又期而大祥。"《清通礼》卷五十二:"诸子从丧主奉亡者之主诣庙,设于东室,再拜,奉桃主藏于夹室,阖门出,乃彻寝室灵床、灵座。"也叫"除灵"。参见"小祥"、"禫"。

大祫 ❶古代合祀先王的祭礼。《礼记·礼器》:"大祫其王事与?"郑玄注:"谓祫祭先王。"❷大宴饮。张衡《东京赋》:"命膳夫以大祫,饔饩浃乎家陪。"

大象 ❶老子用语。指无形无象的"道"。《老子》:"执大象,天下往。"又:"大象无形。"王弼注:"大象,天象之母也";"有形则有分,有分者不温则炎,不炎则寒,故象而形者非大象。"❷《周易》各卦附有"象传",其中总的说明一卦的叫"大象",说明各爻的叫"小象"。

大昕 天初明时;早晨。《礼记·文王世子》:"天子视学,大昕鼓征,所以警众也。"郑玄注:"早昧爽击鼓以召众也。"

大刑 ❶重刑。《国语·鲁语上》:"大刑用甲兵,其次用斧钺。"❷大型。刑,通型,铸造器物的模型。《越绝书·记宝剑》:"欧冶乃因天之精神,悉其伎巧,造为大刑三,小刑二:一曰湛卢,二曰纯钩,三曰胜邪,四曰鱼肠,五曰巨阙。"

大行 ❶正确而重要的行为。《荀子·子道》:"从道不从君,从义不从父,人之大行也。"也指大事。《史记·项羽本纪》:"大行不顾细谨,大礼不辞小让。"❷古官名。掌接待宾客。《史记·刘敬叔孙通列传》:"大行设九宾,胪句传。"司马贞索隐引韦昭曰:"大行,掌宾客之礼,今谓之鸿胪。"❸古代初死而尚未定谥号的皇帝。《后汉书·安帝纪》:"大行皇帝,不永天年。"李贤注引韦昭曰:"大行者,不反之辞也。天子崩,未有谥,故称大行也。"或谓《逸周书·谥法》:"谥者行之迹,是以大行受大名,细行受细名。"天子新崩称大行,言其有大德行,当受大名。如后说,"行"旧读为 xíng。

大姓 ❶旧称世家大族。《汉书·陈万年传》:"〔陈咸〕为南阳太守,所居以杀伐立威,豪猾吏及大姓犯法,辄论输府。"❷人多的姓氏。如张、王、李、赵等。

大兄 长兄。古乐府《孤儿行》:"大兄言办饭,大嫂言视马。"也用于对朋友的敬称。三国时,吕蒙称鲁肃为大兄,见《三国志·吴志·吕蒙传》"结友而别"裴松之注引《江表传》。

大序 《毛诗》首篇《关雎》的"小序"之后概论全部诗篇的大段文字。参见"诗序"。

大雅 ❶《诗经》组成部分之一。三十一篇。多是西周王室贵族的作品,主要歌颂从后稷以至武王、宣王等的功绩,保存着较多的周初及"宣

王中兴"的史料；有些诗篇对周厉王、幽王时期的政治混乱和统治危机，也有所反映。❷指大才、高才。《文选·班固〈西都赋〉》："大雅宏达，于兹为群。"李善注："大雅，谓有大雅之才者。《诗》有《大雅》，故以立称焉。"《汉书·景十三王传赞》："夫唯大雅，卓尔不群。"后亦用为文人相互间的敬称。❸谓文雅大方。如：无伤大雅。

大言 ❶有关大事的言论。《礼记·表记》："事君大言入则望大利，小言入则望小利。"孔颖达疏："大言，谓立大事之言。"❷正大的言论。《庄子·齐物论》："大言炎炎，小言詹詹。"成玄英疏："夫诠理大言，由（犹）猛火炎燎原野，清荡无遗。"❸夸大的言辞。《史记·高祖本纪》："刘季固多大言。"

大衍 ❶衍，演。谓用大数以演卦。《易·系辞上》："大衍之数五十。"韩康伯注："演天地之数，所赖者五十也。"孔颖达疏引京房曰："五十者，谓十日、十二辰、二十八宿也。"后称五十为"大衍之数"。❷历法名。唐玄宗时僧人一行所造，于开元十七年（公元729年）起颁行。

大要 概要；要旨。李靖《唐太宗李卫公问对》卷下："是以知彼知己，兵家大要。"

大冶 冶炼大匠。《庄子·大宗师》："大冶铸金。"《史记·平准书》："孔仅，南阳大冶。"

大业 ❶大功业。曹丕《典论·论文》："盖文章经国之大业，不朽之盛事。"❷业，书板。大业，指经籍。谓学问之事。《汉书·董仲舒传》："下帷发愤，潜心大业。"

大一 古代道家用语。谓大到极点而无外围。《庄子·天下》："至大无外，谓之大一；至小无内，谓之小一。"

大一统 统一全境。《公羊传·隐公元年》："何言乎王正月？大一统也。"《汉书·王吉传》："《春秋》所以大一统者，六合同风，九州共贯也。"大，谓重视、尊重；一统，指天下诸侯统一于周天子。后因称统治全国为大一统。

大衣 ❶陶宗仪《辍耕录》卷十一"贤孝"："国朝妇人礼服，达靼曰袍，汉人曰团衫，南人曰大衣。"今称西式长外套为大衣，亦称大氅。❷佛教徒以九至二十五条布片缝成的袈裟，称"僧伽梨"，译名"大衣"。见《释氏要览》。

大仪 ❶太极。古人指形成天地万物的混沌之气。《文选·张华〈励志诗〉》："大仪斡运，天回地游。"李善注："大仪，太极也。以生天地谓之大，成形之始谓之仪。"❷指自然的法则。《鬼谷子·内楗》："环转因化，莫之所为，退为大仪。"陶弘景注："仪者，法也。"

大义 ❶正道；大道理。如：深明大义。《三国志·蜀志·诸葛亮传》："孤（刘备）不度德量力，欲信（申）大义于天下。"❷要义；要旨。《后汉书·光武帝纪上》："受《尚书》，略通大义。"

大义灭亲 原指为维护君臣大义而不惜牺牲亲属间的私情。春秋时，卫国大夫石碏的儿子石厚与公子州吁同谋弑桓公，后来石碏杀掉石厚，《左传》赞为"大义灭亲"。见《左传·隐公四年》。后泛指为正义而不徇私情。

大意 ❶大概的意义；大旨。《韩非子·说难》："大意无所拂悟，辞言无所系縻。"❷犹大志。《后汉书·耿弇传》："说护军朱祐，求归发兵以定邯郸，光武笑曰：'小儿曹乃有大意哉！'"❸疏忽不经意。如：麻痹大意。

大隐 旧指身在朝市而无利禄心的人，意谓真正的隐者。王康琚《反招隐诗》："小隐隐陵薮，大隐隐朝市。"

大有 ❶六十四卦之一，乾下离上。《易·大有》："象曰：火在天上，大有。"❷谓大丰收。储光羲《观竞渡》诗："能令秋大有，鼓吹远相催。"参见"大有年"。

大有年 大丰收之年。《穀梁传·宣公十六年》："五谷大熟，为大有年。"参见"有年❶"、"大有❷"。

大狱 重大的案件。《史记·酷吏列传》："汤决大狱，欲傅古义，乃请博士弟子治《尚书》、《春秋》。"《后汉书·梁商传》："窃闻考中常侍张逵等，辞语多所牵及，大狱一起，无辜者众。"

大渊献 十二支中亥的别称，用以纪年。《尔雅·释天》："〔太岁〕在亥曰大渊献。"参见"岁阳"。

大圜 圜，同"圆"。古人认为天圆地方，故称天为"大圜"。《吕氏春秋·序意》："爰有大圜在上，大矩在下。"高诱注："圜，天也。"

大蜡 亦作"大褚"。祭名。古代于年终祭祀农田诸神，以祈求来年不降灾害。《礼记·明堂位》："夏礿、秋尝、冬烝，春社、秋省，而遂大蜡，天子之祭也。"《广雅·释天》："周曰大褚。"王念孙疏证："祭百神曰大蜡。"

大宅 ❶指天地，宇宙。《后汉书·冯衍传》："游精神于大宅兮，抗玄妙之常操。"❷指面部。因面为眉目口鼻之所居，故称为宅。《文选·枚乘〈七发〉》："阳气见于眉宇之间，侵淫而上，几满大宅。"刘良注："大宅，谓面也。"❸高大的邸宅。《史记·荆燕世家》："田生如长安，不见泽，而假大宅，令其子求事吕后所幸大谒者张子卿。"

大丈夫 泛指有大志、有作为、有气节的男子。《孟子·滕文公下》："富贵不能淫，贫贱不能移，威武不能屈，此之谓大丈夫。"

大杖则走 《后汉书·崔寔传》："〔崔烈〕问其子钧曰：'吾居三公，于议者何如？'……钧曰：'论者嫌其铜臭。'烈怒，举杖击之。钧时为虎贲中郎将，服武弁，戴鹖尾，狼狈而走。烈骂曰：'死卒，父树而走，孝乎？'钧曰：'舜之事父，小杖则受，大杖则走，非不孝也。'"李贤注引《孔子家语》："昔瞽瞍有子曰舜，瞽瞍欲使之，未尝不往，则欲杀之，未尝可得。小棰则待，大杖则逃，不陷父于不义也。"因用指孝义。

大旨 主要意思；大要。袁宏《三国名臣序赞》："虽大旨同归，所托或乖。"亦作"大指"。

大指 同"大旨"。大意；大要。《淮南子·要略》："执其大指。"《汉书·汲黯传》："治官民好清静，择丞史任之，责大指而已，不细苛。"

大致 ❶犹大体。《晋书·刘卞传》："与刺史笺，久不成，卞教之数语，卓荦有大致。"❷大要；大概。《后汉书·袁安传论》："虽有不类，未可致诘，其大致归然矣。"

大智若愚 亦作"大智如愚"。有大智慧的人，不卖弄聪明，表面上好像很愚笨。苏轼《贺欧阳修致仕启》："大勇若怯，大智如愚。"意本《老子》"大直若屈，大巧若拙"。参见"大巧若拙"。

大众 原指参加军旅或工役的多数人。《礼记·月令》："〔孟春之月〕毋聚大众，毋置城郭。"《国策·燕策二》："燕、赵久相攻，以敝大众。"后泛指人群。王士禛《池北偶谈》卷二十五："有白鹤自顶中飞出，旋绕空际，久之始没，大众皆见。"

大轴 戏曲术语。指由若干剧目组成的一场演出中的最后一个剧目。

大篆 "小篆"的对称。狭义专指籀文。广义指甲骨文、金文、籀文和春秋战国时通行于六国的文字。

大壮 六十四卦之一，乾下震上。《易·大壮》："象曰：大壮，大者壮也。刚以动，故壮。"又："象曰：雷在天上，大壮。"为阳刚盛壮之象。

大宗 ❶古代宗法制度以嫡系长房为"大宗"，馀子为"小宗"，其子孙称之为祖。❷谓事物的本原。《淮南子·原道训》："夫无形者，物之大祖也；无音者，声之大宗也。"❸强族；有势力的家族。《诗·大雅·板》："大邦维屏，大宗维翰。"❹大批。如：大宗货物。

大作 ❶大事，大的作为。《易·益》："利用为大作。"孔颖达疏："大作，谓兴作大事也。"❷大兴土木。《后汉书·钟离意传》："北宫大作，人失农时。"❸大发作；流行。《南方草木状》卷上："芒茅枯时，瘴疫大作。"❹犹大著，尊著。对他人著作的敬称。

汰 (dà) 吴方言，冲洗。如：汰衣裳。
另见 tài。

da

疸 (da) 亦作"瘩"。见"疙瘩"。
另见 dǎn。

塔 (da) 见"圪塔"。
另见 tǎ。

跶 〔蹚〕(da) 见"蹓跶"。

瘩 〔瘩〕(da) 见"疙瘩"。
另见 dá。

dāi

呆 ㊀〔獃、騃〕(dāi，騃旧读 ái) 痴；迟钝；不灵敏。如：痴呆；呆子；呆头呆脑。
㊁(dāi) ❶(旧读 ái)停滞；不活动。如：呆板；目瞪口呆。❷耽搁；居住。亦作"待"。如：我在这里已经呆得很久了。

呆答孩 亦作"呆打颏"。元代口语，犹呆呆地；傻傻地。王实甫《西厢记》第四本第一折："身心一片，无处安排，则索呆答孩倚定门儿待。"无名氏《朱砂担》第二折："唬的我呆打颏空张着口，惊急力，怕抬头。"

呆偢 元代口语，犹痴呆懵懂，偢，晋人之词。王实甫《西厢记》第一本

第四折："举名的班首真呆偢。"

呔 (dāi) 促使对方注意的吆喝声。鲁迅《野草·狗的驳诘》："呔！住口！你这势利的狗！"

呔 (dāi) 同"呔"。

待 (dāi) 犹"呆"。停留；逗留。如：他在北京待过五年。
另见 dài。

懘 (dāi) 同"呆㊀"。

dǎi

歹 (dǎi) 坏。与"好"相对。如：为非作歹。《水浒传》第十六回："杨志道：'俺说甚么，兀的不是歹人来了！'"

逮 (dǎi) 捉。如：猫逮老鼠。
另见 dài、dì。

傣 (dǎi) 中国少数民族名。

蹀 〔蹀〕(dǎi) 角心。见《玉篇·角部》。

尐 (dǎi) 同"蹀(蹀)"。

dài

大 (dài) ❶见"大夫"。❷通"待"。将要；打算。关汉卿《拜月亭》第三折："安排香桌儿去，我大烧炷夜香咱。"
另见 dà、tài。

大夫 宋代医官别置大夫以下阶官，见洪迈《容斋三笔》卷十六。今北方仍沿称医生为大夫。

代 (dài) ❶替代。如：代课；代职。《书·皋陶谟》："天工人其代之。"❷交替。嵇康《琴赋》："拊弦安歌，新声代起。"参见"代序❶"、"代谢"。❸历史上的分期。如：古代；近代；现代。❹地质年代单位分级中低于"宙"而高于"纪"的二级单位。如显生宙划分为三个代，从老到新依次是古生代、中生代和新生代。在"代"时间内形成的地层叫"界"，如古生界、中生界等。❺朝代。如：唐代；宋代。❻世系相传的辈次。如：世世代代；祖孙三代。❼古国名。(1)在今河北蔚县。公元前 475 年为赵襄子所灭。襄子以其地封侄赵周，称为代成君。前 228 年秦攻破赵国，赵公子嘉出奔至代，自立为代王。后六年为秦所灭。(2)汉初同姓九国之一。高帝六年(公元前 201 年)

以云中、雁门、代三郡五十三县置，都代县(今河北蔚县东北)，十一年去云中郡(时分云中郡东部置定襄郡属代国)，益太原郡，并徙都中都(今山西平遥西南)；一说徙都晋阳(今太原市南晋源镇)。辖境约当今山西离石市、灵石、昔阳以北和河北蔚县、阳原、怀安等地。汉文帝刘恒以代王入为皇帝。武帝元鼎三年(前 114 年)废。(3)东汉末，鲜卑族拓跋部从漠北南迁，定居盛乐(今内蒙古和林格尔北)。西晋愍帝建兴三年(公元 315 年)封拓跋猗卢为代王，建立代国，都平城(今山西大同)，有今内蒙古中部和山西北端。338 年拓跋什翼犍即位，376 年为前秦苻坚所灭。共传六主，凡六十一年。淝水之战后，前秦瓦解，386 年拓跋珪乘机复国，改称魏。

代步 谓以车、舟、骡马等替代步行。李尤《天轺车铭》："轮以代步，屏以蔽容。"

代词 ❶代替名词的词。旧称"代名词"。❷代替名词、动词、形容词以及其他实词的词。分三类：(1)人称代词(我、你、他)；(2)指示代词(这、那)；(3)疑问代词(谁、什么)。

代庖 亦作"庖代"。代治庖厨。比喻代做他人分内的事。《淮南子·主术训》："不正本而反自修，则人主逾劳，人臣逾逸，是犹代庖宰剥牲而为大匠斫也。"参见"越俎代庖"。

代谢 ❶更迭；交替。《淮南子·兵略训》："若春秋有代谢，若日月有昼夜，终而复始，明而复晦。"孟浩然《与诸子登岘山》诗："人事有代谢，往来成古今。"❷即"新陈代谢"。

代序 ❶时序顺次交替。《离骚》："春与秋其代序。"王逸注："代，更也；序，次也；春秋往来，以次相代。"亦作"代叙"。桓宽《盐铁论·论菑》："四时代叙，而人则其功；星列于天，而人象其行。"❷指代他人作的书序，或本非书序之体，而置于正文之前以代替书序的文章。

代语 方言之间的同义词。《方言》第十："械蟪、乾都、奇、革，老也。皆南楚江湘之间代语也。"郭璞注："凡以异语相易谓之代语也。"

代御 交替；更代。《荀子·天论》："四时代御。"陶潜《闲情赋》："愿在莞而为席，安弱体于三秋；悲文茵之代御，方经年而见求。"

代子 古时诸侯王之嫡子称代子。班固《白虎通·爵》："汉制，天子称皇帝，其嫡嗣称皇太子，诸侯王之嫡

称代子。后代咸因之。"一说唐时避李世民讳,因改"世"为"代"字。

轪〔軑〕(dài) ❶车毂端的冒盖。《离骚》:"屯余车其千乘兮,齐玉轪而并驰。"❷车轮。《方言》第九:"轮,韩楚之间谓之轪。"❸西汉侯国,汉惠帝二年(公元前193年)封长沙相黎利仓为侯于此。后为县。故城在今河南光山西北息县界。晋徙废。❹晋侨置县,治今湖北浠水西南长江北岸,南朝宋改名孝宁县。

诒〔詒〕(dài) 通"给"。欺骗。《中论·考伪》:"骨肉相诒,朋友相诈,此大乱之道也。"
另见 yí。

甙(dài) 即"糖苷"。糖通过它的还原性基团同某些有机化合物缩合的产物。

钛〔鈦〕(dài) 通"轪"。车辖。《汉书·扬雄传上》:"陈众车于东阬兮,肆玉钛而下驰。"
另见 dì。

岱(dài) 泰山的别名。《书·禹贡》:"海、岱惟青州。"李俊民《毛晋卿肖山堂》诗:"势将凌岱华,气欲吞嵩少。"

岱岳 即泰山。《淮南子·墜形训》:"中央之美者,有岱岳。"

岱宗 即泰山。古以为诸山所宗,故称"岱宗"。《书·舜典》说舜巡守到岱宗,《史记·五帝本纪》说黄帝曾登岱宗。

帒(dài) 同"袋"。

隶(dài) "逮"的本字。
另见 lì。

迨(dài) ❶趁;及。《公羊传·僖公二十二年》:"请迨其未毕陈(阵)而击之。"《诗·召南·摽有梅》:"求我庶士,迨其吉兮。"❷同"逮"。等到。归有光《项脊轩志》:"迨诸父异爨,内外多置小门,墙往往而是。"

骀〔駘〕(dài) 见"骀荡"。
另见 tái。

骀荡 ❶放荡。《庄子·天下》:"惜乎惠施之才,骀荡而不得,逐万物而不反。"❷舒缓荡漾。形容声调、景色或心情。《文选·马融〈长笛赋〉》:"安翔骀荡,从容闲缓。"吕延济注:"皆声初发,或起或伏,宽容闲缓貌。"又谢朓《直中书省》诗:"朋情以郁陶,春物方骀荡。"刘良注:"骀荡,春光色也。"

给〔給〕(dài) ❶欺骗。《史记·高祖本纪》:"〔高祖〕乃绐为谒曰:'贺钱万。'实不持一钱。"❷至。《淮南子·氾论训》:"出百死而给一生,以争天下之权。"高诱注:"绐,至也。"

玳〔瑇〕(dài) 见"玳瑁"。

玳瑁(Eretmochelys imbricata) 爬行纲,海龟科。一般长约0.6米,头顶有两对前额鳞,上颌钩曲。幼时背面的角质板覆瓦状排列,随着年龄增长而渐趋平铺状,光滑。背甲棕褐色,具褐色和淡黄色相间的花纹。四肢呈桨状,外侧具两爪。尾短小。性强暴,以鱼、软体动物、海藻为食。分布于中国山东、江苏、浙江、福建、台湾、广东、海南、广西沿海;也产于南太平洋、印度洋。为国家二级保护动物。

玳瑁

玳瑁梁 画有玳瑁花纹的屋梁。沈佺期《古意》诗:"海燕双栖玳瑁梁。"亦简称"玳梁"。宋之问《宴安乐公主宅》诗:"玳梁翻贺燕,金埒倚晴虹。"

毒(dài) 通"瑇"。见"毒冒"。
另见 dú。

毒冒 同"玳瑁"。《汉书·地理志下》:"〔粤地〕处近海,多犀、象、毒冒。"

带〔帶〕(dài) ❶带子。如:皮带;鞋带。古代多指官僚贵族腰间系的大带,一名为绅。《礼记·玉藻》:"凡带必有佩玉。"❷佩;佩戴。《礼记·月令》:"带以弓韣。"❸围绕。《国策·魏策一》:"殷纣之国,左孟门而右漳釜,前带河,后被山。"❹地带;区域。如:温带;寒带。相连的一片亦称带。《宋史·李纲传》:"荆南一带,皆当屯宿重兵,倚为形势。"❺连带;附带。如:带叶连枝;带上一笔;话中带刺。辛弃疾《鹧鸪天》词:"带雨云埋一半山。"❻携带;捎带。如:带行李;带信。❼引导。如:带头;带路。旧亦指拘提。如:带犯人。❽用于多种地层分类中的一个地层单位。根据所研究的地层特征的不同,而有不同的带,如生物带、岩石带和磁极性带等。其中生物带最常用。

带甲 春秋末年、战国时对步兵的通称。因身披甲胄而得名。《国策·

韩策一》:"秦带甲百余万,车千乘,骑万匹。"后用以泛指披甲的将士。杜甫《送远》诗:"带甲满天地,胡为君远行?"

带累 使人连带受累。《红楼梦》第十九回:"你老人家自己承认,别带累我们受气。"

带厉 比喻久长。《史记·高祖功臣侯者年表》:"封爵之誓曰:'使河如带,泰山若厉,国以永宁,爰及苗裔。'"裴骃集解引应劭曰:"封爵之誓,国家欲使功臣祚无穷。带,衣带也;厉,砥石也。河当何时如衣带,山当何时如厉石,言如带厉,国乃绝耳。"亦作"带砺"。《晋书·八王传序》:"锡之山川,誓以带砺。"

带牛佩犊 汉宣帝时,渤海地方荒年,人民困于饥寒,多带持刀剑为盗。龚遂做渤海太守,劝民"卖剑买牛,卖刀买犊",从事农耕,曰:"何为带牛佩犊?"何,通"盍",犹何不。见《汉书·龚遂传》。参见"卖剑买牛"。

殆(dài) ❶危险;不安。《孙子·谋攻》:"知彼知己者百战不殆。"❷疑惑。《论语·为政》:"多见阙殆,慎行其余,则寡悔。"❸大概;恐怕。《史记·赵世家》:"吾尝见一子于路,殆君之子也。"❹仅;只。《汉书·赵充国传》:"此殆空言,非至计也。"❺几乎。洪迈《容斋五笔》卷五"严先生祠堂记":"公凝坐领首,殆欲下拜。"❻通"迨"。及;赶上。《诗·豳风·七月》:"殆及公子同归。"❼通"怠"。怠惰;懈怠。《商君书·农战》:"农者殆则土地荒。"

贷〔貸〕(dài) ❶借入。《晋书·王长文传》:"长文居贫贷多,后无以偿。"❷借出。《左传·文公十四年》:"尽其家,贷于公。"❸推卸。如:责无旁贷。❹饶恕;宽免。如:严惩不贷。《宋史·刑法志二》:"每具狱上闻,辄贷其死。"
另见 tè。

贷宥 宽恕。《后汉书·张酺传》:"宜裁加贷宥,以崇厚德。"

待(dài) ❶候;等待。《左传·成公十七年》:"待命于清。"孔颖达疏:"令待进止之命在于清地。"❷对待;待遇。如:待人接物。《论语·微子》:"以季孟之间待之。"❸款待;招待。关汉卿《谢天香》第四折:"相公前厅待客,请夫人哩。"❹备;御。《国语·楚语下》:"其独何力以待之?"❺要;正要。如:待说不说。《水浒传》第三十八回:"小张乙急待向前夺时,被李逵一指一交。"

另见 dāi。

待次 犹言候补。指官吏授职后，依次按照资历补缺。《荀子·王制》："贤能不待次而举。"王先谦集解："不以官之次序，若傅说起版筑为相也。"参见"需次"。

待贾 贾，同"价"。等待高价出售。也比喻等待人君求贤，才肯出仕。《论语·子罕》："子贡曰：'有美玉于斯，韫匵而藏诸，求善贾而沽诸？'子曰：'沽之哉！沽之哉！我待贾者也。'"

待漏 漏，古代计时器。谓百官清早集于殿庭等待朝见。《东观汉纪·樊梵传》："每当直（值）事，常晨驻马待漏。"王禹偁《待漏院记》："待漏之际，相君其有思乎？"

待年 《后汉书·曹皇后纪》："操（曹操）进三女宪、节、华为夫人，聘以束帛玄纁五万匹，小者待年于国。"李贤注："留住于国，以待年长。"后亦称女子未许嫁为"待年"。

待物 待人接物。《晋书·元帝纪》："容纳直言，虚己待物。"虚己，谓虚心。

待须 等待。《管子·九守》："安徐而静，柔节先定，虚心平意以待须。"尹知章注："须亦待也。"

待遇 ❶犹接待。《后汉书·南匈奴传》："所在郡县，为设官邸，赏赐待遇之。"❷对待；看待。如：平等待遇。《三国志·魏志·陈思王传》裴松之注引《魏氏春秋》："是时待遇诸国法峻。"❸指福利及物质报酬；也指权利、社会地位等。如：待遇优厚；政治待遇。

待字 《礼记·曲礼上》："女子许嫁，笄而字。"古代女子成年许嫁才命字。后因谓女子成年待嫁为"待字"。如：待字闺中。

待罪 ❶旧时官吏常怕因失职获罪，因以待罪为供职的谦辞。意谓听候治罪。《史记·季布栾布列传》："臣（季布）无功窃宠，待罪河东。"按其时季布为河东守。❷等候处分。《汉书·匡衡传》："衡免冠徒跣待罪。"

怠（dài）❶懈怠；懒怠。《礼记·檀弓上》："吉事，虽止不怠。"郑玄注："止，立俟事时也；怠，惰也。"《吕氏春秋·达郁》："壮而怠则失时。"高诱注："怠，懈。"❷轻慢；怠慢。《宋史·杨愿传》："守卒皆怠。"❸疲倦。《汉书·司马相如传上》："怠而后游于清池。"

怠骜 亦作"怠傲"。怠忽傲慢。《汉书·田蚡传》："婴失窦太后，益疏不用，无势，诸客稍自引而怠骜。"《史记·魏其武安侯列传》作"诸客稍稍自引而怠傲"。

怠惰 谓懈怠惰忽。《国语·鲁语下》："朝夕处事，犹恐忘先人之业，况有怠惰，其何以避辟？"辟，罪。

怠工 工人在工作时间内到厂而不工作，或虽工作但竭力降低生产效率。

怠慢 懒怠轻慢。《诗·齐风·鸡鸣序》："哀公荒淫怠慢。"孔颖达疏："哀公荒淫女色，怠慢朝政。"

递〔遞〕（dài）围绕。《汉书·王莽传上》："〔绛侯〕依诸将之递，据相扶之势。"颜师古注："诸将同心围绕扶翼。"

另见 dì。

袋（dài）❶用软薄材料制成的有口盛器。如：布袋；皮袋；麻袋；文件袋。也特指衣服上的口袋。如：胸袋；裤袋。❷计量词。如：一袋面粉；抽一袋烟。

紾（dài）纤度单位"旦尼尔（法 denier）"的旧称。见"旦❺"。

埭（dài）堵水的土堤。《晋书·谢安传》："及至新城，筑埭于城北，后人追思之，名为召伯埭。"

逮（dài）❶及；到。《左传·哀公六年》："逮夜至于齐。"❷逮捕。《汉书·王莽传下》："逮治党羽。"参见"逮系"。

另见 dǎi，dì。

逮捕 捉拿。《汉书·高帝纪》："贯高等，谋逆发觉，逮捕高等。"

逮系 逮捕。一说押解罪犯。《汉书·刑法志》："太仓令淳于公有罪当刑，诏狱逮系长安。"颜师古注："逮，及也。辞之所及，则追捕之，故谓之逮。一曰，逮者，在道将送防御不绝，若今之传送囚也。"

席〔廗〕（dài）屋斜。见《玉篇·广部》。

另见 xí。

栿〔栿〕（dài）悬蚕箔柱的横木。《方言》第五："槌，其横，宋、魏、陈、楚、江、淮之间谓之栿。"郭璞注："槌，悬蚕箔柱也。"

碮〔碮〕（dài）见"嗳碮"。

睇（dài）见"嗳睇"。

蝑（dài）同"玳（瑇）"。

簜（dài）竹笋。《尔雅·释草》："簜，箭萌。"郭璞注："萌，笋属也。"

蹛〔蹛〕（dài）环绕。见"蹛林"。

另见 zhì。

蹛林 古时匈奴绕林而祭之处。《汉书·匈奴传上》："秋，马肥，大会蹛林，课校人畜计。"颜师古注："服虔曰：'蹛音带，匈奴秋社八月中皆会祭处也。'师古曰：'蹛者，〔绕也，言〕（杨树达《汉书窥管》校补此三字）绕林木而祭也。鲜卑之俗，自古相传，秋天之祭，无林木者尚竖柳枝，众骑驰绕三周乃止。此其遗法。计者，人畜之数也。'"

戴（dài）❶加在头上或用头顶着。如：戴帽子；不共戴天。《孟子·梁惠王上》："颁白者不负戴于道路矣。"焦循正义："负谓负于背，戴谓戴于首。"引申为插上、架上或套上。如：戴花；戴眼镜；戴手套。❷尊奉；拥护。《国语·周语上》："庶民不忍，欣戴武王。"韦昭注："戴，奉也。"《三国志·吴志·朱桓传》："士民感戴之。"❸古国名。西周金文作𢧵，《公羊传》、《穀梁传》作"载"，《说文》作"𢧵"。姬姓。在今河南民权东。春秋时灭于郑。《春秋》隐公十年（公元前 713 年）："宋人、蔡人、卫人伐戴。郑伯伐取之。"❹姓。

戴白 头生白发，形容老。《汉书·严助传》："戴白之老。"颜师古注："戴白，言白发在首。"亦借以指老人。陆游《新凉书怀》诗："邻曲今年又有年，垂鬓戴白各欣然。"

戴目 仰视貌，形容望着远处而有所期待。《汉书·贾山传》："使天下之人戴目而视，倾耳而听。"颜师古注："戴目者，言常远视，有异志也。倾耳而听，言乐祸乱也。"一说，戴目，即侧目。王融《画汉武北伐图上疏》："北地残氓，东都遗老，莫不茹泣吞悲，倾耳戴目。"

戴盆望天 司马迁《报任少卿书》："仆以为戴盆何以望天。"后以"戴盆望天"比喻愿望决不能达到。《后汉书·第五伦传》："戴盆望天，事不两施。"

戴星 犹言披星戴月。苏轼《寄迟适远三犹子》诗："对床欲作连夜语，念汝还须戴星起。"谓须星夜起来赶早路。

黛（dài）青黑色的颜料，古代女子用以画眉。陶潜《闲情

赋》:"愿在眉而为黛,随瞻视以闲扬。"引申为妇女眉毛的代称。梁元帝《代旧姬有怨》诗:"怨黛舒还敛,啼红拭复垂。"

黛蛾 ❶女子的眉毛。温庭筠《晚归曲》:"湖西山浅似相笑,菱刺惹衣攒黛蛾。"❷美女的代称。温庭筠《感旧陈情献淮南李仆射》诗:"黛蛾陈二八,珠履列三千。"

黛螺 一种青黑色颜料,指制成螺形的黛墨,用以作画。虞集《赠写真佟士明》诗:"赠君千黛螺,翠色秋可扫。"也用以画眉,引申为妇女眉毛的代称。李煜《长相思》词:"淡淡衫儿薄薄罗,轻颦双黛螺。"

朦（dài）同"黛"。《说文·黑部》:"朦,画眉墨也。"段玉裁注:"妇人画眉之黑物也。《释名》曰:'黛,代也,灭眉毛去之,以此画代其处也。'……黛者,朦之俗。"

襶（dài） 见"襶襶"。

dān

丹（dān） ❶丹砂,即"辰砂",俗称"朱砂"。《书·禹贡》:"砺砥砮丹。"❷古代道家炼药多用朱砂,后因以称依方精制的药物,一般为颗粒状或粉末状。如:丸散膏丹;灵丹妙药。❸朱红色。如:丹枫;丹墀。引申为用朱红涂漆。《左传·庄公二十三年》:"丹桓宫之楹。"

丹诚 犹丹心。刘长卿《送马秀才移家京洛》诗:"剑共丹诚在,书随白发归。"

丹墀 古时宫殿前的石阶以红色涂饰,故名。张衡《西京赋》:"青琐丹墀。"亦称"丹陛"。岑参《寄左省杜拾遗》诗:"联步趋丹陛,分曹限紫微。"

丹垩 丹,朱漆;垩,白土。指油漆粉刷。苏辙《杭州龙井院讷斋记》:"台观飞涌,丹垩炳焕。"

丹干 朱砂。《荀子·王制》:"南海则有羽翮、齿革、曾青、丹干焉。"杨倞注:"丹干,丹砂也。"亦作"丹矸"。《荀子·正论》:"加之以丹矸,重之以曾青。"

丹桂 ❶植物名。桂树(木犀)的一种。《南方草木状·木类》:"桂有三种。叶如柏叶,皮赤者为丹桂。"《本草纲目·木部一》:"〔岩桂〕俗呼为木犀。其花有白者名银桂,黄者名金桂,红者名丹桂。"❷冯道《赠窦十》诗:"灵椿一株老,丹桂五枝芳。"

窦十,窦禹钧。窦有五子,俱登科。旧时以登科为折桂,因以"丹桂"比喻考试及第的人。❸传说月中有桂树,因以为月亮的代称。葛胜仲《丹阳词·虞美人》:"一轮丹桂宵窈窕,光景疑非暮。"

丹黄 旧时点校书籍,用朱笔书写,遇误字用雌黄涂抹,合称"丹黄"或"朱黄"。《新唐书·陆龟蒙传》:"得书熟诵乃录,雠比勤勤,朱黄不去手。"《儒林外史》第十一回:"每日丹黄烂然,蝇头细批。"

丹雘 ❶红色的涂漆。《书·梓材》:"若作梓材,既勤朴斫,惟其涂丹雘。"❷好的彩色。有丹雘,有青雘。见《山海经·南山经》。故丹雘又和丹青同义。《文选·颜延之〈赭白马赋〉》:"具服金组,兼饰丹雘。"李善注:"丹雘,二色也。"

丹鸟 ❶鷩雉,即锦鸡。《左传·昭公十七年》:"丹鸟氏,司闭者也。"杜预注:"丹鸟,鷩雉也。"❷凤凰的别称。《三国志·魏志·管辂传》"来杀我婿"裴松之注引《辂别传》:"文王受命,丹鸟衔书。"❸萤的别名。《中华古今注》卷下:"萤火,一名耀夜……一名丹鸟。"

丹铅 点校书籍所用的丹砂与铅粉。韩愈《秋怀》诗:"不如觑文字,丹铅事点勘。"因亦指校订文字。胡应麟《少室山房笔丛·丹铅新录》:"杨子用修拮据坟典,摘抉隐微,白首丹铅,厥功伟矣!"

丹青 ❶丹砂和青䨼两种可作颜料的矿物。司马相如《子虚赋》:"其土则丹青赭垩。"❷中国古代绘画常用朱红、青色,故称画为"丹青"。《汉书·苏武传》:"竹帛所载,丹青所画。"民间称画工为"丹青师傅"。也泛指绘画艺术,如《晋书·顾恺之传》"尤善丹青"。❸丹青之色不易泯灭,比喻坚贞不渝。《文选·阮籍〈咏怀诗〉》:"丹青著明誓,永世不相忘。"李善注:"丹青不渝,故以方誓。"

丹书 ❶古时用朱笔记录的罪犯徒隶名籍。《左传·襄公二十三年》:"斐豹,隶也,著于丹书。"❷古代帝王赐给功臣世袭的享有免罪等特权的证书。司马迁《报任少卿书》:"仆之先,非有剖符丹书之功。"亦泛指诏书。武元衡《奉酬淮南中书相公见寄》诗:"金玉裁王度,丹书奉帝俞。"

丹书铁券 古时帝王赐给功臣世代保持优遇及免罪等的证件。

券用铁制成,用朱砂书字,或刻字而嵌以黄金。《后汉书·祭遵传》:"丹书铁券,传于无穷。"亦作"丹书铁契"。《汉书·高帝纪下》:"又与功臣剖符作誓,丹书铁契,金匮石室,藏之宗庙。"又作"金书铁券"。

丹田 ❶针灸穴位名。腹部脐下的阴交、气海、石门、关元四个穴位的别名。❷人体部位名。在脐下称"下丹田",在心窝部称"中丹田",在两眉间称"上丹田"。见《抱朴子·地真》。❸道家指男子精室、女子胞宫。内藏精气。《黄庭经》:"丹田之中精气微,……玉房之中神门户。"梁丘子注:"男以藏精,女以约血,故曰门户。"

丹心 犹赤心。忠贞的心。文天祥《过零丁洋》诗:"人生自古谁无死,留取丹心照汗青。"

丹穴 ❶朱砂矿。《史记·货殖列传》:"巴蜀寡妇清,其先得丹穴,而擅其利数世。"❷山名。《山海经·南山经》:"又东五百里曰丹穴之山,其上多金玉,丹水出焉。"

担〔擔〕（dān） 肩荷;挑。《国策·秦策一》:"负书担橐。"引申为担负、担任。如:勇担重任。

另见 dàn、jiē。

担当 担负;承当。《朱子全书·孟子一》:"公孙丑问孟子'动心否乎',非谓以卿相富贵动其心;谓霸王事大,恐孟子担当不过,有所疑惧,而动其心也。"

担簦 背着伞。谓奔走;跋涉。《史记·平原君虞卿列传》:"虞卿者,游说之士也,蹑蹻担簦,说赵孝成王。"

担阁 亦作"耽搁"。拖延;耽误。《水浒传》第三十三回:"事急难以担阁,我自挺到山下便了。"

单〔單〕（dān） ❶单独;一个。如:单身;单轨;单打。韩愈《祭十二郎文》:"两世一身,形单影只。"❷奇数。如:单日;单号。❸只;仅。如:不能单看表面现象。❹单层;单薄。如:单衣;单被。《晋书·光逸传》:"家贫衣单。"❺纯一;少变化。如:单纯;单调。❻薄弱;微弱。如:单寒;单弱。《后汉书·耿恭传》:"以单兵固守孤城。"❼记载事物的纸片。如:名单;帐单;传单。❽通"殚"。尽;竭尽。《荀子·富国》:"必至于资单国举然后已。"杨倞注:"单,尽也。"参见"单竭"。❾和尚称禅堂的坐床。方岳《古岩》诗:"廿年前此借僧单,留得松声入梦寒。"

另见 chán, dàn, shàn。

单帮　利用地区间价格的差异,从事商品贩运以获利的单人商贩。在旧中国因其未加入商业行帮,故称。

单传　❶只传;独传。《祖庭事苑》卷五:"传法诸祖,初以三藏教乘兼行;后达摩祖师单传心印,破执显宗,所谓教外别传,不立文字,直指人心,见性成佛。"按:此谓只传心印,不传经教,在教外单行。❷只受一家所传,不杂别派。杨万里《书黄庐陵伯庸诗卷》诗:"句法何曾向外人,单传山谷当家春。"❸谓仅有一男传宗接代。鲁迅《呐喊·药》:"仿佛抱着一个十世单传的婴儿。"

单纯词　由一个词素构成的词。如"茶"、"走"、"蟋蟀"、"玲珑"等。

单辞　没有对证的单方面的言辞。《书·吕刑》:"明清于单辞。"孔颖达疏:"单辞,谓一人独言,未有与对之人。讼者多直己以曲彼,构辞以诬人,单辞特难听,故言之也。"《后汉书·朱浮传》:"有人单辞告浮事者。"李贤注:"单辞,谓无正(证)据也。"

单刀直入　亦作"单刀趣入"。比喻认定目标,勇猛精进。也比喻直截了当,不转弯子。《景德传灯录》卷九:"潭州沩山灵祐禅师曰:'单刀趣入,则凡圣情尽,体露真常。'"又卷十二:"庐州澄心院旻德和尚在兴化时,遇兴化和尚示众云:'若是作家战将,便请单刀直入,更莫如何若何。'"鲁迅《热风·随感录三十三》:"上面一篇'嗣汉六十二代天师正一真人张元旭'的序文,尤为单刀直入。"

单方　❶由民间流传的药物组成的较为简单的药方。明王鏊《古单方·序》:"乃知药忌群队,信单方之为神也。"一般能就地取材,便于应用。❷七方中的奇方。《素问·至真要大论》唐王冰注:"奇,谓古之单方。"

单家　微贱之家。单,孤寒,无倚恃。对大姓、豪族而言。《三国志·蜀志·诸葛亮传》"遂诣曹公"裴松之注引《魏略》:"庶(徐庶)先名福,本单家子,少好任侠击剑。"《晋书·苏峻传》:"峻本以单家,聚众于扰攘之际。"

单竭　单,通"殚"。穷尽;竭尽。《汉书·韩信传》:"粮食单竭。"

单句　又叫"简单句"。与"复句"相对。常由一个主谓词组构成,也可由一个词或其他词组构成。如:"春

天来了。""我读书。""水!""下雨了!""江南的夏天。"等。

单门　犹言单家。寒微之家。任昉《王文宪集序》:"虽单门后进,必加善诱。"

单枪匹马　单身上阵。比喻没有帮助,单独行动。汪遵《乌江》诗:"兵散弓残挫虎威,单枪匹马突重围。"亦作"匹马单枪"。《五灯会元》卷十二:"〔琅邪慧觉〕问:'埋兵掉斗(鬥),未是作家;匹马单枪,便请相见。'"

单帖　❶亦称"单红帖"、"单红刺"。旧时用于官场的一种名帖,多不折叠。详见王世贞《觚不觚录》。朱国祯《涌幢小品·坊局严重》:"稍暇即发单帖邀请馆中新进者。"❷旧时礼帖的一种。以单张红纸作成帖子,婚嫁喜庆时用。《红楼梦》第八十三回:"小厮们早已预备下一张梅红单帖。"

眈（dān）　目向下视。见"眈眈"。

另见 tán。

眈眈　亦作"耽耽"、"躭躭"。垂目注视貌。《易·颐》:"虎视眈眈,其欲逐逐。"陆机《汉高祖功臣颂》:"烈烈黥布,眈眈其眄。"引申为威重貌。班固《十八侯铭·酂侯萧何》:"躭躭相国。"

聃（dān）　❶同"聸"。❷古国名。一作沈,"聃"、"沈"古音同通用。在今河南平舆北。参见"沈❶"。

耽〔躭〕（dān）　❶耳大而垂。《淮南子·墬形训》:"夸父耽耳。"高诱注:"耳垂在肩上也。"❷过乐;酷嗜。《书·无逸》:"惟耽乐之从。"孔传:"过乐谓之耽。"《三国志·蜀志·谯周传》:"耽古笃学。"❸延搁。如:耽延;耽搁。❹通"眈"。参见"眈眈❸"。❺通"担"。如:耽惊;耽忧。❻深邃貌。见"耽耽❶"。

耽耽　❶同"沈沈"。宫室深邃貌。《文选·张衡〈西京赋〉》:"大厦耽耽。"李善注:"耽耽,深邃之貌也。"❷树木浓荫貌。《文选·左思〈吴都赋〉》:"玄荫耽耽。"吕向注:"耽耽,青槐荫深之状。"❸同"眈眈"。《易·颐》:"虎视耽耽。"《汉书·叙传下》:"六世耽耽,其欲浟浟。"颜师古注:"耽耽,威视之貌也。"

耽思　专心致志,深入研究。《晋书·杜预传》:"既立功之后,从容无事,乃耽思经籍,为《春秋左氏经传集解》。"

匰〔匰〕（dān）　古代宗庙中安放神主的器具。《周礼·春官·司巫》:"祭祀则共匰主。"

鄲〔鄲〕（dān）　见"鄲城"。

鄲城　县名。在河南省东部、茨河上游,邻接安徽省。京广铁路自许昌有支线通此。县人民政府驻城关镇。汉置鄲县,三国魏废。隋复置,唐又废。1952年由鹿邑、淮阳、沈丘三县析置。农产有小麦、棉花、大豆、高粱、甘薯、烟草等。工业有化肥、卷烟、纺织、酿酒。古迹有汲冢、段寨古文化遗址。

聸（dān）　亦作"聃"。本为耳长大之称。老子以为字。《艺文类聚》卷十七引《抱朴子》曰:"老君耳长七寸。"引申为老貌。《隶释·老子铭》:"聸然,老旄之貌也。"旄,通"耄"。

酖（dān）　嗜酒。引申为耽乐。另见 zhèn 鸩㈠。

殚〔殫〕（dān）　❶竭尽。如:殚精竭虑。《汉书·杜钦传》:"殚天下之财,以奉淫侈。"❷通"瘅"。病。《淮南子·览冥训》:"斩艾百姓,殚尽太半。"高诱注:"殚,病也。"❸通"惮"。畏惧。班固《西都赋》:"六师发逐,百兽骇殚。"

殚见洽闻　见多识广。《文选·班固〈西都赋〉》:"元元本本,殚见洽闻。"张铣注:"殚,尽也;洽,遍也。"

殚洽　"殚见洽闻"的略语。叶适《题张淏〈云谷杂记〉后》:"出入群书,援据殚洽。"

湛（dān）　❶喜乐。《诗·小雅·宾之初筵》:"子孙其湛。"❷逸乐无度。《诗·大雅·抑》:"颠覆厥德,荒湛于酒。"

另见 chén, jiān, zhàn。

湛乐　过度的享乐。《诗·小雅·北山》:"或湛乐饮酒,或惨惨畏咎。"《国语·周语下》:"虞于湛乐。"韦昭注:"湛,淫也。虞,通'娱'。"

惉（dān）　同"媅"。乐。朱骏声《说文通训定声·临部》:"媅,乐也。字亦作惉。《韩诗·抑》:'荒惉于酒。'《大戴·少间》:'优以继惉。'"

另见 chén。

媅（dān）　甚乐。《说文·女部》:"媅,乐也。"段玉裁注:"《卫风》:'无与士媅。'传曰:'媅,乐也。'《小雅》:'和乐且湛。'传曰:'湛,乐之久也。'媅、湛皆假借字,媅其真字也,假借行而真字废矣。"徐灏

笸:"《甘部》:'甚,尤安乐也。'因为过甚之义所专,故又增女旁作媅耳。"

瘅〔癉〕(dān)　热症。《素问·奇病论》:"此五气之溢也,名曰脾瘅。"王冰注:"瘅谓热也。"《史记·扁鹊仓公列传》:"风瘅客脬,难于大小溲,溺赤。"

另见 dàn。

禅〔禪〕(dān)　单衣。《礼记·玉藻》:"禅为絅。"郑玄注:"絅,有衣裳而无里。"

箪〔簞〕(dān)　竹制或苇制的盛器,常用以盛饭。《公羊传·昭公二十五年》:"高子执箪食与四脡脯。"《左传·哀公二十年》:"与之一箪珠。"杜预注:"箪,小笥。"

箪食壶浆　《孟子·梁惠王下》:"箪食壶浆,以迎王师。"浆,浓汁饮料。后因以"箪食壶浆"谓百姓对所爱戴的军队的犒劳慰问。

箪食瓢饮　《论语·雍也》:"一箪食,一瓢饮,在陋巷,人不堪其忧,回也不改其乐,贤哉回也!"这是孔子称赞弟子颜回的话。后因用"箪食瓢饮"为安贫守俭之辞。亦简作"箪瓢"。班固《答宾戏》:"颜潜乐于箪瓢。"

醛〔醯〕(dān)　浊酒。《西游记》第四十五回:"不甚好吃,有些醋醛之味。"

儋(dān)　"担(擔)"的古体字。肩挑。《国语·齐语》:"负任儋荷。"韦昭注:"背曰负,肩曰儋。"

另见 dàn。

甄(dān)　坛子一类的陶器。《史记·货殖列传》:"浆千甄。"裴骃集解引徐广曰:"大罂缶也。"陆游《上巳》诗:"名花红满舫,美酝绿盈甄。"

dǎn

扰(dǎn)　击背。《列子·黄帝》:"挡拯挨扰。"

纩〔纊〕(dǎn)　❶古代冠冕上用以系瑱的带子。《诗·周南·葛覃》"服之无斁"毛传:"古者王后织玄纩。"❷缝缀在被端以别上下的丝带。《仪礼·士丧礼》:"缁衾,赪里(裏),无纩。"郑玄注:"被识也。"❸击鼓声。《晋书·邓攸传》:"纩如打五鼓。"

胆〔膽〕(dǎn)　❶胆囊。引申为胆状。如:胆瓶。❷中医学

名词。六府之一,又为奇恒之府。《灵枢·本输》:"胆者,中精之府。"主要功能是储藏胆汁。胆汁古称"精汁",来自肝而藏于胆。胆还与某些情志活动状态有关。如胆怯、善恐、易惊、睡眠不宁等,在诊断和治疗方面常与胆相联系。❸装在器物内部而中空的东西。如:球胆;热水瓶胆。❹胆气;胆量。如:胆大心细。《三国演义》第七十一回:"子龙(赵云)一身都是胆也。"

胆大如斗　《三国志·蜀志·姜维传》"维妻子皆伏诛"裴松之注引《世语》:"维死时见剖,胆如斗大。"关汉卿《单刀会》第二折:"有一个赵子龙胆大如斗。"一说,"斗"应作"升",见《资治通鉴·魏元帝咸熙元年》"众格斩维"胡三省注。后来称胆量大为"斗胆",本此。

胆大心小　处事果决而又思虑周密。犹言有勇有谋。《旧唐书·孙思邈传》:"胆欲大而心欲小,智欲圆而行欲方。"今多作"胆大心细"。

疸(dǎn)　病症名。参见"黄疸"。

另见 da。

掸〔撢〕(dǎn)　拂除。如:掸尘;掸扫。《红楼梦》第五十回:"众丫鬟上来接了蓑笠掸雪。"

另见 chán,shàn。

燀〔燀〕(dǎn)　热气盛。《吕氏春秋·重己》:"衣不燀热,燀热则理塞。"

另见 chǎn。

亶(dǎn)　❶诚然;信然。《诗·小雅·常棣》:"亶其然乎!"《仪礼·冠礼》:"嘉荐亶时。"❷姓。东汉有亶诵。

另见 dàn。

撢(dǎn)　同"掸"。

另见 tàn。

默(dǎn)　❶污垢。《楚辞·九辩》:"窃不自聊而愿忠兮,或默点而污之。"❷黑貌。潘岳《藉田赋》:"青坛蔚其岳立兮,翠幕默以云布。"

獌(dǎn)　兽名。《古文苑·扬雄〈蜀都赋〉》:"鸿猱獌乳,独竹孤鸧。"章樵注:"猱、獌皆兽名。猱贵大者,獌贵独生。"

瘇(dǎn,又读 dàn)　同"瘅"❶❷。《礼记·缁衣》:"《诗》云:'上帝板板,下民卒瘇。'"

黵(dǎn)　❶污黑。见《说文·黑部》。❷古时在受刑的人或

兵士的脸上刺字。《通典·刑典·刑制中》:"梁武帝制刑……劫,身皆斩,妻子补兵;遇赦,降死,黵面为'劫'字。"《宋史·兵志七》:"唐末士卒,疲于征役,多亡命者。梁祖令诸军悉黵面为字,以识军号。"

dàn

旦(dàn)　❶天亮;早晨。《汉书·刘向传》:"昼诵书传,夜观星宿,或不寐达旦。"❷日。如:元旦;榖旦。亦特指夏历初一日。《南齐书·礼志上》:"秦人以十月旦为岁首。"参见"旦日❶"。❸明亮。《尚书大传》卷一:"日月光华,旦复旦兮。"郑玄注:"言明明相代。"❹传统戏曲脚色行当。扮演女性人物。宋杂剧已有"装旦";元杂剧中旦行脚色很多,如正旦、小旦、搽旦等,其中正旦是同正末并重的两个主要脚色。明清传奇至近代各戏曲剧种都有这行脚色,又根据所扮人物年龄、性格和社会地位的不同而划分为若干专行,如京剧的青衣(正旦)、花旦、武旦、刀马旦、老旦等。

旦旦　❶日日。《孟子·告子上》:"旦旦而伐之,可以为美乎?"❷诚恳貌。《诗·卫风·氓》:"信誓旦旦。"郑玄笺:"言其恳恻款诚。"马瑞辰通释引胡承珙曰:"恳(旦)本训慅痛,惟伤痛者有至诚迫切之义,故可通为形容诚恳之貌。"一说为明确。朱熹注:"旦旦,明也。"后因称盟誓为"旦旦"。《北史·孙搴传》:"搴要其为誓。子昇笑曰:'但知劣于卿便是,何劳旦旦。'"❸明亮貌。《隋书·音乐志中》:"离光旦旦,载焕载融。"

旦暮　❶昼夜。《荀子·儒效》:"旦暮积,谓之岁。"❷很短的时间。《史记·魏公子列传》:"吾攻赵,旦暮且下。"

旦日　❶明日。《史记·扁鹊仓公列传》:"臣意复诊之,曰:'当旦日日夕死。'"司马贞索隐:"案旦日,明日也,言明日之夕死也。"❷白天。李商隐《李贺小传》:"每旦日出与诸公游,未尝得题然后为诗。"❸特指夏历初一。见"旦❷"。

旦夕　❶朝夕。《汉书·哀帝纪》:"旦夕奉问起居。"亦指早晚之间,犹言日常。《南史·陶潜传》:"汝旦夕之费,自给为难。"❷指很短的时间。古乐府《孔雀东南飞》:"阿母为汝求,便复在旦夕。"

旦昔 犹言旦夕,朝夕。《管子·小匡》:"旦昔从事于此。"尹知章注:"旦昔,犹朝夕也。"参见"旦夕❶"。

旦昼 白昼。《孟子·告子上》:"则其旦昼之所为,有梏亡之矣。"赵岐注:"旦昼,昼日也。"

迤〔訑〕(dàn) 通"诞"。欺骗。《国策·燕策一》:"寡人甚不喜迤者言也。"

另见 yí。

迤谩 欺诈。《楚辞·九章·惜往日》:"或忠信而死节兮,或迤谩而不疑。"

坛〔壇〕(dàn) 见"坛曼"。

另见 tán。

坛曼 平坦而宽广。《文选·司马相如〈子虚赋〉》:"登降陁靡,案衍坛曼。"李善注:"坛曼,平博也。"

但(dàn) ❶只;仅。《史记·刘敬叔孙通列传》:"匈奴匿其壮士肥牛马,但见老弱及羸畜。"❷特;不过。曹丕《与吴质书》:"公幹(刘桢)有逸气,但未遒耳。"❸徒然。《汉书·匈奴传上》:"何但远走,亡匿于幕北寒苦无水草之地为?"颜师古注:"但,空也。"❹通"诞"。欺诈。《淮南子·说山训》:"媒但者,非学谩也;但成而生不信。"❺姓。汉代有但钦。

但马 即"诞马"。古代卤簿中备用的散马。段成式《酉阳杂俎·礼异》:"北齐迎南使……使主、副各乘车,但马在车后,铁甲者百余人,仪仗百余人。"程大昌《演繁露》卷三"诞马":"《通典》:宋江夏王义恭为孝武所忌,忧惧,故奏革诸侯国制,但马不得过二。其字则书为但,不书为诞也。但者,徒也;徒马者,有马无鞍,如人袒裼之袒也……谓之但马,盖散马备用,而不施鞍辔者也。"

担〔擔〕(dàn) ❶扁担和挂在两端的东西。如:货郎担。亦用作成担货物的计量单位。《水浒传》第十六回:"此十担礼物都在小人身上。"❷重量单位,近世亦称"市担"。

另见 dān,jiē。

担石 见"儋石"。

狚(dàn) ❶传统戏曲脚色行当。今作"旦"。参见"旦❹"。❷见"獡狚"。

单〔單〕(dàn) 敦厚。《诗·周颂·昊天有成命》:"单厥心。"

另见 chán,dān,shàn。

诞〔誕〕(dàn) ❶本义为大言,引申为大,广阔。《书·汤诰》:"王归自克夏,至于亳,诞告万方。"孔传:"诞,大也。"《诗·邶风·旄丘》:"旄丘之葛兮,何诞之节兮?"❷生育;出生。《后汉书·襄楷传》:"昔文王一妻诞致十子。"也指生日。如:寿诞。❸虚妄。《国语·楚语上》:"是言诞也。"韦昭注:"诞,虚也。"《说苑·尊贤》:"口锐者多诞而寡信,后恐不验也。"❹欺骗。《列子·黄帝》:"吾不知子之有道而诞子。"❺放荡。《左传·昭公元年》:"伯州犁曰:'子姑忧子晳之欲背诞也。'"杜预注:"背命放诞。"❻作语助,无义。《诗·大雅·生民》:"诞我祀如何?"《书·大诰》:"肆朕诞以尔东征。"

诞马 亦作"但马"。古时王室或贵官出行,随从卤簿中不施鞍驾车的散马。《宋书·江夏王义恭传》:"平乘诞马不得过二匹。"《新唐书·仪卫志下》载一品卤簿有诞马六,二品三品有诞马四,四品五品有诞马二,多少随官阶而定。参见"但马"。

诞谩 亦作"僮慢"。❶荒诞。《史记·龟策列传》:"人或忠信而不如诞谩。"苏洵《管仲论》:"其书诞谩,不足信也。"❷放纵。《淮南子·修务训》:"彼并身而立节,我诞谩而悠忽。"

诞漫 广大貌。柳宗元《贺进士王参元失火书》:"斯道辽阔诞漫,虽圣人不能以是必信。"

鴠〔鴠〕(dàn) 见"鹖旦"。

僤〔僤〕(dàn) 大;盛。《诗·大雅·桑柔》:"逢天僤怒。"

疍(dàn) 亦作"蜑"。即"疍民"。

疍民 亦称"蜑"、"蜒"、"疍户"、"疍家"、"蜑民"等。古族名。最早见于晋代常璩《华阳国志》和陶璜疏文(《天下郡国利病书》卷一〇四转引)。南北朝至隋唐时散居在中国西南各郡县,后分布在福建、广东、广西沿海港湾和内河,以珠江三角洲较多。世代以船为家,以渔业或水上运输业为生。清雍正(1723—1735)以后,始有部分移居陆上,改务农业。其后裔已融合为汉族。建国后,改称"水上居民"。

莗(dàn) 见"菡莗"。

啖〔啗、噉〕(dàn) ❶吃或给人吃。计有功《唐诗纪事》卷四十:"岛(贾岛)至老无子,因啖牛肉,得疾,终于传舍。"《汉书·王吉传》:"吉妇取枣以啖吉。"❷引诱;利诱。《史记·穰侯列传》:"秦割齐以啖晋、楚。"❸通"淡"。清淡。《史记·刘敬叔孙通列传》:"攻苦食啖。"裴骃集解:"徐广曰:'啖一作淡。'"骃案如淳曰:'食无菜茹为啖。'"

㊁(dàn) 姓。前秦有将军啖铁。

啖名 《三国志·魏志·卢毓传》:"选举莫取有名,名如画地作饼,不可啖也。"后以"啖名"比喻好名。《世说新语·排调》:"简文在殿上行,右军与孙兴公在后,右军指简文语孙曰:'此啖名客。'"

啖蔗 吃甘蔗。《世说新语·排调》:"顾长康啖甘蔗,先食尾。人问所以,云渐至佳境。"比喻处境逐渐好转。李弥逊《将至徽川道中作》诗:"端如啖蔗及佳境,快意不复嘲天悭。"

暨(dàn) 同"疍"。

饏〔餤〕(dàn) ❶饼。《正字通·食部》:"唐赐进士有红绫饏,南唐有玲珑饏,皆饼也。"❷同"啖"。吃或给人吃。引申为以利诱人。《史记·赵世家》:"秦非爱赵而憎齐也,欲亡韩而吞二周,故以齐饏天下。"

另见 tán。

淡(dàn) ❶浅;薄。与"深"、"浓"相对。如:颜色太淡;淡而无味。毛开《眼儿媚》词:"小溪微月淡无痕。"《庄子·山木》:"君子之交淡如水。"❷不兴旺。如:淡季。❸无关紧要;无聊。如:扯淡。杨万里《新晴读樊川诗》:"不是樊川珠玉句,日长淡杀今衰翁。"❹瘦。《警世通言·玉堂春落难逢夫》:"你这两日怎么淡了?"

另见 tán,yǎn,yàn。

淡泊 见"澹泊"。

淡淡 ❶浅淡。徐铉《寒食日作》诗:"过社纷纷燕,新晴淡淡霞。"❷水动荡貌。潘岳《金谷集作诗》:"绿池泛淡淡,青柳何依依!"

淡沲 亦作"潭沲"。犹淡荡。荡漾貌。杜甫《醉歌行》:"春光淡沲秦东亭,渚蒲芽白水荇青。"

惮〔憚〕(dàn) ❶怕;敬畏。《论语·学而》:"过则勿惮改。"《汉书·东方朔传》:"昔伯姬燔而诸侯惮。"❷通"瘅"。劳。《诗·小雅·小明》:"惮我不暇。"

惮烦 怕麻烦。《左传·昭公三年》:"惟惧获戾,岂敢惮烦?"《孟子·滕文公上》:"何许子之不惮烦!"

惔(dàn) 通"淡"。淡泊。见"恬惔"。

另见 tán。

弹〔彈〕(dàn) ❶以竹为弦的弓。《说苑·善说》:"弹之状如弓,而以竹为弦。"❷弓弹、枪弹、炸弹之类的总称。

另见 tán。

弹丸 ❶弹弓所用的泥丸、石丸或铁丸。今亦指炮弹和子弹的弹头。❷比喻地方很小。《史记·平原君虞卿列传》:"此弹丸之地弗予,令秦来年复攻王,王得无割其内而媾乎?"

蛋(dàn) ❶鸟类或龟、蛇类的卵。❷蛋状物。如:脸蛋儿。

酖(dàn) 同"觛"。

啴(dàn) 见"啴啴"。

啴啴 丰厚貌。《汉书·礼乐志》:"群生啴啴,惟春之祺。"颜师古注:"啴啴,丰厚之貌也。"

氮(dàn) 化学元素[周期系第Ⅴ族(类)主族元素]。符号 N。原子序数 7。分子式 N_2。约占空气中总体积的五分之四。无色无臭。一般由液态空气分步蒸馏而得。化学性能不活泼,但在高温时能与锂、镁、钛等元素化合生成氮化物。高压放电也能增强氮的活泼性。某些细菌(包括根瘤细菌)、蓝藻能使空气中的氮固定为氮化物。可用以填充电灯泡或用作阻止氧化、挥发、易燃物质的保护气体。氮不仅是动植物蛋白质的重要组成部分,在合成氨、硝酸等工业生产上也有它的重要用途。液氮还可用作冷冻剂。为生命必需的大量营养元素。

蜑(dàn) ❶中国古代南方少数民族名。柳宗元《岭南节度飨军堂记》:"胡夷蜑蛮,睢盱就列者,千人以上。"❷同"蛋"。

觛(dàn) 亦作"酖"。酒器。《急就篇》:"蠡升参升半卮觛。"颜师古注:"觛,谓觯之小者,行礼饮酒角也。"

亶(dàn) ❶通"瘅"。疲惫。《荀子·议兵》:"路亶者也。"王先谦集解引王念孙曰:"路为羸惫也。亶,病也;瘅,病也;瘅亶亶并通。"❷通"但"。仅;只。《汉书·贾谊传》:"非亶倒县(悬)而已。"颜师

古注:"亶,读曰但。"

另见 dǎn。

瘅〔癉〕(dàn,又读 dǎn) ❶因劳致病。《说文·疒部》:"瘅,劳病也。"《诗·大雅·板》:"下民卒瘅。"毛传:"瘅,病也。"❷憎恨。见"彰善瘅恶"。❸通"疸"。黄疸病。《山海经·西山经》:"翼望之山,有兽焉……服之已瘅。"❹通"燀"。热气盛。《汉书·严助传》:"南方暑湿,近夏瘅热。"王先谦补注引王念孙曰:"瘅热即盛热,言南方暑湿之地,近夏则盛热。"

另见 dān。

窞(dàn) 深坑。《易·坎》:"入于坎窞。"《韩非子·诡使》:"岩居窞处。"

髧(dàn) 头发下垂貌。《诗·鄘风·柏舟》:"髧彼两髦。"

韂(dàn) 马带。见《玉篇》。

另见 chān。

嗿(dàn) 贪欲。《说文·口部》:"嗿,含深也。"又《说文·心部》:"念,嗿也。"段玉裁注:"嗿者,含深也。含深者,欲之甚也。《淮南·修务训》高诱注云:'憛悇,贪欲也。'按嗿、憛;念、悇皆古今字。"

儋(dàn) ❶同"担❷"。❷通"甔"。瓶、坛之类的瓦器。

另见 dān。

儋石 亦作"担(擔)石"。《通雅·算数》:"《汉书》一石为石,再石为儋,言人儋之也。"常用来形容米粟为数不多。《史记·淮阴侯列传》:"守儋石之禄者,阙卿相之位。"

僤(dàn) 见"僤僤"。

另见 chán、shàn、tǎn。

僤僤 同"诞谩"。放纵。《新书·劝学》:"舜俉俋而加志,我僤僤而弗省。"

墨(dàn) ❶同"惮(憚)"。❷地名用字。参见"墨狐聚"。

墨狐聚 古地名。在今河南汝州市西北。《史记·周本纪》:"赧王五十九年(公元前 256 年),秦取九鼎宝器,而迁西周公于墨狐",即此。

䞶〔贉〕(dàn,又读 dǎn) ❶书册或书画卷轴卷头上贴绫的地方。亦称"玉池"。杨慎《墐户录·锦贉》:"古装裱卷轴引首后以绫粘褚者曰贉。"参见"玉池"。❷买物预先付钱。见《广韵·四十八感》。

澹(dàn) ❶波浪起伏或流水纡回貌。见"澹淡"。❷安静。《老子》:"澹兮其若海。"引申为不经意;不热心。如:澹然置之。《新唐书

·韦述传》:"《述典掌图书,馀四十年,任史官二十年,澹荣利,为人纯厚长者,当世宗之。"❸味道、颜色等清淡,不浓烈。《吕氏春秋·本味》:"澹而不薄。"引申指诗文格调清淡。《文心雕龙·时序》:"澹思浓采,时洒文囿。"

另见 shàn、tán。

澹泊 亦作"淡泊"。恬淡。曹植《蝉赋》:"实澹泊而寡欲兮,独怡乐而长吟。"

澹淡 ❶水波貌。《文选·宋玉〈高唐赋〉》:"徙靡澹淡,随波暗蔼。"李善注:"澹淡,水波小文也。"❷漂动貌。《文选·司马相如〈上林赋〉》:"群浮乎其上,泛淫泛滥,随风澹淡。"李善注引郭璞曰:"皆鸟任风波自纵漂貌也。"

澹澹 ❶亦作"淡淡"。水波荡漾貌。曹操《步出东门行》:"水何澹澹,山岛竦峙。"❷"澹"通"憺"。静止貌。《楚辞·九叹·愍命》:"心溶溶其不可量兮,情澹澹其若渊。"王逸注:"澹澹,不动貌也。"❸广漠貌。杜牧《登乐游原》诗:"长空澹澹孤鸟没,万古销沉向此中。"

澹荡 ❶犹言散淡,悠闲自在。李白《古风》:"吾亦澹荡人,拂衣可同调。"❷舒缓恬静。多用来形容春天的景色。杨炯《青苔赋》:"春澹荡兮景物华。"参见"骀荡❷"。

澹澈 亦作"淡澈"。洗涤。《文选·枚乘〈七发〉》:"澹澈手足。"李善注:"澹澈,犹洗涤也。"韩愈《纳凉联句》:"淡澈甘瓜濯。"

澹漠 身心恬静、淡泊。《庄子·缮性》:"古之人在混芒之中,与一世而得澹漠焉。"亦用为冷淡、不热心的意思。如:对人澹漠。

澶(dàn) 见"澶漫"。

另见 chán。

澶漫 ❶犹纵逸。《庄子·马蹄》:"澶漫为乐,摘僻为礼,而天下始分矣。"❷宽阔貌。《文选·张衡〈西京赋〉》:"于则制高陵平原,据渭踞泾,澶漫靡迤,作镇于近。"刘良注:"澶漫靡迤,宽长貌。"司马相如《子虚赋》作"壇曼",李善注引司马彪曰:"平博也。"

憺(dàn) ❶意有所安貌。《楚辞·九歌·东君》:"羌声色兮娱人,观者憺兮忘归。"❷通"惮"。使人畏惮;震动。《汉书·李广传》:"威棱憺乎邻国。"❸忧愁。《楚辞·九辩》:"蓄怨兮积思,心烦憺兮忘食事。"洪兴祖补注:"憺,徒滥切,忧

也。"

禫(dàn) 除丧服之祭。《仪礼·士虞礼》:"期而小祥,又期而大祥,中月而禫。"郑玄注:"中,犹间也。禫,祭名也,与大祥间一月。自丧至此,凡二十七月。"王实甫《西厢记》第一本第二折:"又是老相公禫日,就脱孝服,所以做好事。"

檐(dàn) 通"担(擔)"。❶肩负。《史记·平原君虞卿列传》:"蹑跼檐簦说赵孝成王。"❷扁担。《华阳国志·大同志》:"惟汉国功曹毋建荷檐杖曰:'吾虽不肖,一国大夫,国亡不能存,终不属贼也。'"

另见 yán。

赡〔贍〕(dàn) 通"澹"。安定。《史记·司马相如列传》:"决江疏河,漉沈赡灾。"《汉书·司马相如传下》"赡"作"澹"。颜师古注:"澹,安也。言分散其深水以安定其灾也。"

另见 shàn。

膻(dàn) ❶袒露。《说文·肉部》:"膻,肉膻也。从肉,亶声。诗曰:膻(襢)裼暴虎。"❷胸腔。《灵枢·经脉》:"三焦手少阳之脉……入缺盆,布膻中,散络心包。"明李时珍《奇经八脉考·释音》:"膻音亶,胸中也。"

另见 shān。

襌(dàn) 见"神襌"。

嘾(dàn) 同"啖"。吃,或给人吃。引申为利诱。《史记·乐毅列传》:"令赵嘾秦以伐齐之利。"

霮(dàn) 见"霮䨴"。

霮䨴 ❶云密聚貌。王延寿《鲁灵光殿赋》:"云覆霮䨴,洞杳冥兮。"❷露垂貌。左思《吴都赋》:"宵露霮䨴,旭日晻晴。"晻晴,阴暗不明。

黮(dàn,又读 tǎn) 黑。见"黮黕"。

另见 shèn。

黮黕 黑貌。束晳《补亡诗·华黍》:"黮黕重云,习习和风。"

dāng

当 〔當〕(dāng) ❶对着;向着。如:当众。古乐府《木兰诗》:"当窗理云鬓,对镜帖花黄。"❷相等;相当。如:旗鼓相当;门当户对。《礼记·王制》:"次国之上卿位当大国之中,中当其下,下当其上大夫。"❸遮拦;阻挡。《左传·昭公二十年》:"使祝鼃置戈于车薪以当门。"参见"当道❷"。❹抵敌。如:万夫不当之勇。《史记·廉颇蔺相如列传》:"赵括自少时学兵法,言兵事,以天下莫能当。"❺承担。如:敢作敢当。参见"当仁不让"。❻担任。如:当主席;当代表。❼主持;执掌。如:当政;当权;当家作主。❽应该。杜甫《前出塞》诗:"挽弓当挽强,用箭当用长。"❾判罪,意即处以相当的刑罚。《汉书·路温舒传》:"盖奏当之成,虽咎繇听之,犹以为死有余辜。"颜师古注:"当谓处其罪也。"❿值;在。《孟子·滕文公上》:"当尧之时,天下犹未平。"⓫指过去的时日。如:当初;当年。⓬是,为。《后汉书·和熹邓皇后纪》:"汝不习女工以供衣服,乃更务学,宁当举博士邪?"⓭乃。《三国志·魏志·温恢传》:"得无当得蒋济为治中邪?"⓮同"裆"。《仪礼·乡射礼》:"韦当。"郑玄注:"直心背之衣曰当。"

㊀〔噹〕(dāng) 拟声词。如:丁当。

另见 dàng。

当道 ❶合乎正道。《孟子·告子下》:"君子之事君也,务引其君以当道。"朱熹注:"当道,谓事合于理。"❷挡路;拦路。《史记·赵世家》:"他日,简子出,有人当道,辟之不去。"❸犹言当途、当权,也指当权的人。

当关 ❶守关。李白《蜀道难》诗:"一夫当关,万夫莫开。"❷守门的人。嵇康《与山巨源绝交书》:"卧喜晚起,而当关呼之不置,一不堪也。"

当国 主持国家的政务。《左传·襄公二年》:"郑伯睔卒;于是子罕当国,子驷为政。"

当机立断 抓住时机立刻作出决断。亦作"应机立断"。陈琳《答东阿王笺》:"拂钟无声,应机立断。"

当家 ❶执掌家业。《史记·秦始皇本纪》:"百姓当家则力农工。"❷主持家务。杨景贤《刘行首》第二折:"教你当家不当家,及至当家乱如麻。"引申为主持公众的事务。如:当家作主。❸对于某个行业有专长;内行。张寿卿《红梨花》第一折:"只说那秀才每(们)不当家。"

当局 ❶原谓面对棋局,比喻身当其事。《旧唐书·元行冲传》:"当局称迷,傍观见审。"❷执政者;主管者。如:财政当局。《南史·朱异传》:"每四方表疏,当局薄领,谘详清断,填委于前。"

当卢 马饰。多用青铜制。装饰于马额中央。

当垆 古时卖酒的守在安放酒瓮的土垆边。垆,亦作"炉"、"卢"。《史记·司马相如列传》:"〔相如〕买一酒舍酤酒,而令文君当垆。"《汉书·司马相如传上》作"卢",王先谦补注:"字当作垆。"

当路 ❶官居要职,掌握政权。《孟子·公孙丑上》:"夫子当路于齐,管仲、晏子之功,可复许乎?"也指掌权的人。陈亮《庶弟昭甫墓志铭》:"畴昔之年,当路欲置我于死地。"❷阻碍通行;拦路。《汉书·沟洫志》:"昔大禹治水,山陵当路者毁之。"

当年 ❶往年;那一年。王子一《误入桃源》第三折:"我当年同兄弟阮肇上天台山采药,只为日暮,迷其归路。"❷毕生。《汉书·司马迁传》:"六艺经传以千万数,累世不能通其学,当年不能究其礼。"❸丁年;壮年。陶潜《庚子岁五月中从都还阻风于规林》诗:"当年讵有几,纵心复何疑?"

当仁不让 《论语·卫灵公》:"子曰:'当仁不让于师。'"朱熹注:"当仁,以仁为己任也;虽师亦无所逊。言当勇往而必为也。"后泛指应该做的事积极主动地去做,不推让。《后汉书·曹褒传》:"夫人臣依义显君,竭忠彰主,行之美也。当仁不让,吾何辞哉!"

当日 ❶往日;那个时候。陆游《古筑城曲》:"惟有筑城词,哀怨如当日。"❷值日;值日的人。《国语·晋语九》:"主将适蝼而麓不闻,臣敢烦当日?"蝼,晋君之囿;麓,主君苑囿之官。

当世 ❶旧指权贵。《新唐书·田游岩传》:"放还山,蚕衣耕食,不交当世。"❷当政;执政。亦指当政者;执政者。《左传·昭公七年》:"若不当世。"孔颖达疏:"不当世,谓不得在位为国君也。"❸随顺世俗。《汉书·韩安国传》:"安国为人多大略,知足以当世取舍,而出于忠厚。"王先谦补注:"明于趋避,所言所行当世俗意也。"

当头棒喝 原为佛教语。意谓棒打喝叱,可使人从迷妄中猛醒。后比喻促人醒悟的警告。《歧路灯》第十四回:"那日程希明当头棒喝,未免触动了天良。"

当途 亦作"当涂"。犹言当道、当权。《韩非子·人主》："其当途之臣，得势擅事，以环其私。"亦指掌权者。

当务之急 《孟子·尽心上》："知者无不知也，当务之为急。"后因以指当前急需办的事。《文明小史》第三十一回："你要办商务学堂，这是当务之急。"

当下 当即；立刻。《三国志·吴志·陆凯传》："及被召，当下径还赴都，道由武昌，曾不回顾。"

当直 同"当值"。犹言值班。李商隐《梦令狐学士》诗："右银台路雪三尺，凤诏裁成当直归。"后也称仆人。《清平山堂话本·阴骘积善》："相辞亲戚邻里，教当直王吉挑着行李迤逦前进。"

当轴 比喻官居要职。《汉书·车千秋传赞》："车丞相履伊吕之业，当轴处中，括囊不言。"括囊，犹缄口。后亦指掌权者。

佋 〔僜〕（dāng）　止。见《广韵·十一唐》。
另见 dàng。

珰 〔璫〕（dāng）　❶古时女子的耳饰。古乐府《孔雀东南飞》："耳著明月珰。"❷屋椽头的装饰。即瓦当。《史记·司马相如列传》："华榱璧珰。"司马贞索隐引韦昭曰："裁玉为璧，以当榱头。"又引司马彪曰："以璧为瓦之当也。"❸汉代宦官充武职者的冠饰。《后汉书·舆服志下》："武冠，一曰武弁大冠，诸武官冠之。侍中、中常侍加黄金珰，附蝉为文，貂尾为饰。"因中常侍是宦官，故后来即以"珰"为宦官的代称。夏允彝《幸存录·门户大略》："东林初负气节，每与内珰为难。"

铛 〔鐺〕（dāng）　❶见"银铛"。❷女子的耳饰。《北史·真腊传》："耳悬金铛。"❸象声。见"铛铛"。
另见 chēng，tāng。

铛铛 象声词。徐陵《与齐尚书仆射杨遵彦书》："铛铛晓漏。"此指更漏声。

裆 〔襠〕（dāng）　❶两条裤筒相连在一起的地方。如：横裆；直裆。引申为两腿的中间。如：腿裆。❷见"裲裆"。

蛑 〔螗〕（dāng）　❶"螳蛑"。❷同"螳"。见"蛑蠰"。

蛑蠰 《尔雅·释虫》："不过，蛑蠰。"郭璞注："蛑蠰，螗螂别名也。"螗蜋，即"螳螂"。

筜 〔簹〕（dāng）　见"篔筜"。

dǎng

挡 〔擋、攩〕（dǎng）　❶阻拦；遮隔。如：挡驾；山高挡不住太阳。❷抵挡。如：挡头阵。
另见 dàng，tǎng。

郮 （dǎng）　同"党㊀❷"。乡党。《隶释·玄儒先生娄寿碑》："乡郮州邻。"

党 ㊀（dǎng）　❶见"党项羌"。❷姓。金时有党怀英。
㊁〔黨〕（dǎng）　❶谓政党。代表某一阶级、阶层或政治集团，并为维护其利益而斗争的政治组织。❷古代地方组织，五百家为党。《周礼·地官·大司徒》："五族为党。"郑玄注："党，五百家。"❸处所。《礼记·玉藻》："不退，则必引而去君之党。"王引之《经义述闻》卷十五引王念孙曰："党，所也，谓君所坐之处。"❹亲族。《礼记·坊记》："睦于父母之党。"郑玄注："党，犹亲也。"❺朋辈。《论语·公冶长》："吾党之小子狂简。"❻朋党。《左传·僖公十年》："遂杀㔻郑、祁举及七舆大夫，……皆里、㔻之党也。"亦指结党。《左传·文公六年》："阳子、成季之属也，故党于赵氏。"❼偏私。《论语·卫灵公》："〔君子〕群而不党。"
另见 tǎng。

党祸 指因结朋党而酿成的灾祸。刘克庄《跋山谷书范滂传》："党祸，东都最惨，唐次之，本朝又次之。"东都，指东汉。

党禁 谓禁止列名党籍的人出任官职。《后汉书·陈纪传》："及遭党锢，发愤著书数万言，号曰《陈子》。党禁解，四府并命，无所屈就。"

党人 指政治上结成朋党的人。《离骚》："惟夫党人之偷乐兮，路幽昧以险隘。"

党同伐异 无原则地分门立户，偏袒与自己意见相同的，攻击异己的。《后汉书·党锢传序》："自武帝以后，崇尚儒学，怀经协术，所在雾会。至有石渠分争之论，党同伐异之说。"

党项羌 古族名。羌人的一支。南北朝时，分布在今青海省东南部河曲和四川省松潘以西山谷地带。从事畜牧。唐朝前期，吐蕃征服青藏高原诸族、部，势渐强，大部党项羌人

被迫迁徙到甘肃、宁夏、陕北一带。北宋时建立以其为主体的西夏封建政权。元时蒙古人称党项羌人及原所建的西夏政权为唐兀或唐兀惕。

党与 朋辈。《淮南子·泰族训》："察其党与，而贤不肖可论也。"

党羽 党徒。一般指恶势力集团中的追随附和者。《聊斋志异·念秧》："盖其党羽甚众，逆旅主人，皆其一类。"

谠 〔讜〕（dǎng）　正直。傅咸《赠崔伏二郎》诗："古人辞谠，岂不尔用。"参见"谠言"。

谠言 正直的言论。《汉书·叙传上》："吾久不见班生，今日复闻谠言。"颜师古注："谠言，善言也。"

樘 〔欓〕（dǎng）　茱萸。《广雅·释木》："樘，茱萸也。"王念孙疏证引陈藏器《本草拾遗》："樘，子味辛辣为椒，木高大，茎有刺。"
另见 tǎng。

dàng

氹 （dàng）　水坑；小池子。一般用以积制沤肥。

荡 〔募〕（dàng）　见"傥荡"。
另见 chāng。

当 〔當〕（dàng）　❶适合；合宜。如：失当。《吕氏春秋·义赏》："岂非用赏罚当邪！"❷作为；算是。杜耒《寒夜》诗："寒夜客来茶当酒。"❸以为；认为。《老残游记》第十一回："你当天理国法人情是到南革的时代才破败吗？"❹抵押。《左传·哀公八年》："以王子姑曹当之而后止。"杜预注："复求吴王之子以交质。"❺底。《韩非子·外储说右上》："今有千金之玉卮通而无当，可以盛水乎？"❻指事情发生的时日。如：当时；当天。
另见 dāng。

当行 ❶亦名"鳞差"。宋代官府工场除使用雇佣的募匠外，遇工作急需时，也役使当地民匠应差，叫当行。❷内行；精通某一行的业务。《唐音癸籤》卷六："如老杜之入蜀，篇篇合作，语语当行，初学所当法也。"

当家 自己；本人。杨万里《寄题福帅张子仪尚书禊游堂》诗："不要外人来作记，当家自有笔如椽。"

当年 同一年。方干《山中》诗："窗竹未抽今夏笋，庭梅曾试当年花。"

当日 即日；本日。王建《朝天》词："收尽边旗当日来。"

当世 当代;现世。《韩非子·六反》:"今学者皆道书策之颂语,不察当世之实事。"

惝 〔懰〕(dàng) 放荡。《荀子·修身》:"惝悍而不顺。"
另见 shāng。

逿 〔逿〕(dàng) 跌倒。《汉书·王式传》:"阳(佯)醉逿坠。"颜师古注:"逿,失据而倒也。坠,古地字。"
另见 táng。

凼 (dàng) 同"凼"。

瑒 〔瑒〕(dàng) 同"璗"。金之美者,与玉同色。《汉书·王莽传上》:"瑒璂瑒珌。"
另见 chàng、yáng。

碭 〔碭〕(dàng) ❶有花纹的石头。何晏《景福殿赋》:"墉垣碭基,其光昭昭。"❷被冲荡而出。《庄子·庚桑楚》:"吞舟之鱼,碭而失水,则蚁能苦之。"❸振荡。扬雄《甘泉赋》:"同㷊肆其碭骇兮。"❹广大。《淮南子·本经训》:"玄玄至碭而运照。"高诱注:"碭,大也。盛德之君,恩仁广大,遍照四海也。"❺古邑名、县名。战国楚邑。《国策·秦策》:"魏氏将出兵而攻留、方与、铚、胡陵、碭、萧、相,故宋必尽。"秦置县,治所在今河南永城市东北。隋开皇时置碭山县。《史记·项羽本纪》:"沛公军碭。"即此。

碭突 犹唐突。冒犯;冲撞。马融《长笛赋》:"奔遁碭突。"梁简文帝《筝赋》:"奔电碭突而弥固,严风撕拔而无伤。"

偒 〔儻〕(dàng) 不中。见《广韵·四十二宕》。
另见 dāng。

宕 (dàng) ❶石矿。如:石宕。❷拖延。如:延宕;宕欠。❸放荡;不受拘束。如:流宕;跌宕。《后汉书·孔融传》:"既见操雄诈渐著,数不能堪,故发辞偏宕,多致乖忤。"

垱 〔塄〕(dàng) 横筑在河中或低洼地中以挡水的小堤。

荡 ㊀〔蕩、盪〕(dàng) ❶摇动;来回摆动。如:荡桨;荡秋千。《礼记·乐记》:"地气上齐,天气下降,阴阳相摩,天地相荡。"引申为动摇。《荀子·劝学》:"是故权利不能倾也,群众不能移也,天下不能荡也。"❷洗涤。如:洗荡;涤荡。引申为清除、廓清。《礼记·昏义》:"荡天下之阴事。"《晋书·刘琨传》:"扫

荡仇耻。"❸冲杀。《晋书·刘曜载记》:"陇上歌之曰:'陇上壮士有陈安……十荡十决无当前。'"参见"荡舟❶"。

㊁〔蕩〕(dàng) ❶流通;疏通。《周礼·地官·稻人》:"以沟荡水。"郑玄注:"荡,谓以沟行水也。"❷放浪。如:游荡;放荡。《论语·阳货》:"好知不好学,其蔽也荡。"何晏集解引孔安国曰:"荡,无所适守也。"❸毁坏。《国语·周语下》:"幽王荡以为魁陵。"❹平坦。《诗·齐风·南山》:"鲁道有荡。"❺积水长草的洼地。如:芦苇荡。

荡荡 ❶水势奔流激荡。《书·尧典》:"汤汤洪水方割,荡荡怀山襄陵,浩浩滔天。"孔传:"荡荡,言水奔突有所涤除。"❷广大貌;空旷广远貌。《论语·泰伯》:"荡荡乎民无能名焉。"何晏集解引包咸曰:"荡荡,广远之称。"《汉书·郊祀志下》:"及言世有仙人,服食不终之药……听其言,洋洋满耳,若将可遇;求之荡荡,如系风捕景(影),终不可得。"❸平易貌。《楚辞·九叹·灵怀》:"路荡荡其无人兮。"

荡涤 冲洗;清除。《汉书·李寻传》:"洪水乃欲荡涤。"又《谷永传》:"荡涤邪辟之恶志。"

荡妇 谓倡妇。古代歌舞女子。梁元帝《荡妇秋思赋》:"秋何月而不清,月何秋而不明,况乃倡楼荡妇,对此伤情。"亦指淫荡妇女。

荡平 扫荡平定。如:荡平祸乱。《明史·熊廷弼传》:"愿请兵六万,一举荡平。"

荡气回肠 同"回肠荡气"。极言声乐之能感动人心。曹丕《大墙上蒿行》:"女娥长歌,声协宫商,感心动耳,荡气回肠。"

荡田 亦称"荡地"、"芦荡"。沿江、海、湖泊积水长草而未筑堤垦熟的土地。开垦成熟后,与普通田地相同,但田赋科则较轻。

荡析 离散;分崩。《书·盘庚下》:"今我民用荡析离居,罔有定极。"王融《永明十一年策秀才文》:"自晋氏不纲,关河荡析。"

荡漾 亦作"荡瀁"。❶水微动貌。李白《惜馀春赋》:"水荡漾兮碧色。"❷形容起伏不定,飘飘荡荡。如:歌声荡漾。阮籍《咏怀》诗:"人情有感慨,荡漾焉能排!"指思潮起伏。江淹《王徵君微养疾》诗:"北渚有帝子,荡瀁不可期。"指飘荡不可捉摸。

荡舟 ❶《论语·宪问》:"羿善

射,奡荡舟。"奡,又作"浇",夏代寒浞之子。荡,冲杀;荡舟,就是用水师冲锋陷阵。顾炎武《日知录》卷七"奡荡舟":"古人以左右冲杀为荡陈,其锐卒谓之跳荡,别帅谓之荡主……《唐书·百官志》'矢石未交,陷坚突众,敌因而败者曰跳荡',荡舟盖兼此义。"❷即划船。刘禹锡《采菱行》:"荡舟游女满中央。"

荡子 浪游不归的男子。《古诗十九首》:"昔为倡家女,今为荡子妇。"后亦以称游手好闲、不务正业或败坏家业者。

挡 〔擋〕(dàng) 见"摒挡"。
另见 dǎng、tǎng。

档 〔檔〕(dàng) ❶横木的框格。如:框档;床档。也指器物上分隔的木条。如:十三档算盘。❷存放公文案卷的橱架,因亦即指案卷。如:归档。❸货物的等第。如:这批货分三档;高档货;低档货。❹指曲艺杂技表演一个节目。如:先听一档大鼓,再看一档戏法儿。又一个演员独演叫单档,两个演员合演叫双档。❺事件。如:几档子事儿一齐来,可把我忙坏了。

菪 (dàng) 见"莨菪"。

傷 (dàng) 同"荡(蕩)"。

鐺 〔鐺〕(dàng) 黄金。《说文·玉部》:"鐺,金之美者,与玉同色。"《尔雅·释器》:"黄金谓之鐺。"《诗·小雅·瞻彼洛矣》"鞸琫有珌"毛传:"诸侯鐺珕而璆珌。"

甓 (dàng) 井砖。《汉书·陈遵传》:"一旦更碍,为甓所礧。"礧,悬挂;礧,碰击。

筼 〔簜〕(dàng) 大竹。《书·禹贡》:"篠筼既敷。"

漡 (dàng) 同"荡"。荡漾。《玉篇·水部》:"漡,漾也。今作'荡'。"张衡《西京赋》:"弥望广漡。"

dāo

刀 (dāo) ❶兵器名;也泛指斩切用的工具。如:腰刀;菜刀;镰刀。❷古代钱币。参见"刀币"。❸通"舠"。小船。《诗·卫风·河广》:"谁谓河广?曾不容刀。"❹纸张的计量单位。一般以各种规定大小的纸100张为一刀。❺姓。汉代有刀闗。

刀笔 ❶写字的工具。古代用笔

在竹简上写字,有误,则用刀刮去重写,所以"刀笔"连称。《史记·酷吏列传》:"临江王欲得刀笔,为书谢上。"❷"刀笔吏"的简称。《国策·秦策五》:"司空马曰:'臣少为秦刀笔。'"参见"刀笔吏"。❸旧时公牍称"刀笔"。宋杨亿著有《内外制刀笔》,《文献通考·经籍六十一》题为"杨文公刀笔十卷"。刘筠《中山刀笔集》三卷,《直斋书录解题·别集中》云:"皆四六应用之文。"按指奏议制诰之文。又诉讼状文亦称"刀笔"。

刀笔吏 文书小吏。《史记·萧相国世家赞》:"萧相国何于秦时为刀笔吏,录录未有奇节。"后世称讼师为"刀笔吏",言其笔如利刀,能杀伤人。

刀币 中国古铜币。由生产工具的刀演变而成。流通于春秋战国时期的齐、燕、赵等国。种类很多,有齐刀、即墨刀、安阳刀、针首刀、尖首刀、圆首刀、明刀等。上面铸有文字。秦始皇统一六国后,废贝、刀、布等币。其后,王莽曾铸造金错刀和栔刀。

刀兵 武器。《史记·刺客列传》:"执问涂厕之刑人,则豫让,内持刀兵,曰:'欲为智伯报仇。'"引申指战争。马致远《汉宫秋》第二折:"索要昭君娘娘和番,以息刀兵。"

刀敕 刀,捉刀,代草文稿之人;敕,应敕,使役之人。应敕捉刀之徒的简称。《南史·茹法珍传》:"及左右应敕捉刀之徒,并专国命,人间谓之刀敕,权夺人主。都下为之语曰:'欲求贵职依刀敕。'"

刀耕火种 即"刀耕火耨"。亦称"火耕农业"。原始农耕方法,其特点是用刀、斧砍伐山林并就地焚烧后,以灰烬作肥料进行作物的播种。一般五年后必须丢荒休耕另辟新地。此种耕作方法易造成大批森林毁坏,从而使生态环境失衡。铁锄、铁犁出现后,刀耕火种农业渐为锄耕农业和犁耕农业所代替。

刀圭 古时量取药末的用具。形状像刀头的圭角,端尖锐,中低洼。一刀圭为方寸匕(匕,即匙;匕正方一寸)的十分之一。见《本草经集注》、董穀《碧里杂存》卷上。庾信《至老子庙应诏》诗:"盛丹须竹节,量药用刀圭。"后亦指药物医术。韩愈《寄随州周员外》诗:"金丹别后知传得,乞取刀圭救病身。"

刀锯 古代的刑具。《汉书·刑法志》:"中刑用刀锯。"颜师古注引韦昭曰:"刀,割刑;锯,刖刑也。"苏轼《拟进士对御试策》:"古者刀锯在前,鼎镬在后,而士犹犯之。"亦指刑罚。《汉书·司马迁传》:"如今朝虽乏人,奈何令刀锯之余荐天下豪隽哉!"

刀墨 指古黥刑。《国语·周语上》:"有斧钺刀墨之民。"韦昭注:"刀墨,谓以刀刻其额而墨涅之。"参见"黥❶"。

刀州 益州的别称。《晋书·王濬传》:"濬夜梦悬三刀于卧屋梁上,须臾又益一刀。濬惊觉,意甚恶之。主簿李毅再拜贺曰:'三刀为州字,又益一者,明府其临益州乎?'……果迁濬为益州刺史。"后因称益州为刀州。李远《送人入蜀》诗:"不知烟雨夜,何处梦刀州。"

刀俎 刀和砧板,本为宰割用具,比喻宰割者。《史记·项羽本纪》:"如今人方为刀俎,我为鱼肉。"

叨 (dāo) 见"叨叨"、"叨咕"。另见 tāo。

叨叨 唠叨不休。吴昌龄《东坡梦》第一折:"心地自然明,何必叨叨说!"

叨咕 东北、河北、山东一带方言。唠叨;小声儿说私话。如:你们背地里叨咕什么?

叨念 亦作"念叨"。❶絮絮叨叨地自言自语。❷因惦念一个人或一件事情而常常谈起。

忉 (dāo) 见"忉忉"。

忉怛 ❶哀伤貌。王粲《登楼赋》:"心凄怆以感发兮,意忉怛而憯恻。"❷唠叨。《朱子语类·春秋》:"要之圣人只是直笔据见在而书,岂有许多忉怛。"

忉忉 ❶忧念貌。《诗·齐风·甫田》:"无思远人,劳心忉忉。"❷唠叨。欧阳修《与王懿敏公书》:"客多,偷隙作此简,鄙怀欲述者多,不觉忉忉。"

氘 (dāo) 又名"重氢"。氢的同位素。质量数为2。符号D或$^{2}_{1}H$。沸点-249.5℃。化学活泼性较氕($^{1}_{1}H$)稍差,与氧化合而成重水(D_2O)。氢气中含氘约0.02%;人工加速的氘原子核能参与核反应。在热核反应过程中释放出巨大的能量,是一极有前途的能源。也用作研究氢反应机理的示踪原子。

舠 (dāo) 小船,形如刀。吴均《赠王桂阳别三首》:"行衣侵晓露,征舠犯夜湍。"

鱽〔魛〕(dāo) 刀鱼。《说文·鱼部》:"鮆,饮而不食,刀鱼也。"段玉裁注:"刀鱼,以其形象刀也。俗字作魛。"

裯 (dāo) "袛裯"的简称。短衣。《楚辞·九辩》:"被荷裯之晏晏兮。"王逸注:"裯,袛裯也,若襜褕矣。晏晏,盛貌也。"

另见 chóu。

dáo

捯 (dáo) ❶把线纱或绳索拉回或绕好;把乱了的线纱理顺。如:捯线。❷找出线索。如:这件事已经捯出头绪来了。

dǎo

导〔導〕(dǎo,旧读 dào) ❶引导。如:前导;导言;领导。《孟子·离娄下》:"有故而去,则使人导之出疆。"❷疏通。《书·禹贡》:"导河积石。"引申为通达。《国语·周语上》:"为川者决之使导。"❸传导。如:导热;导电;半导体。❹开导;启发。《孟子·尽心上》:"导其妻子,使养其老。"《吕氏春秋·适威》:"忠信以导之。"❺选择。《后汉书·和熹邓皇后纪》"导官"李贤注:"主导择米以供祭祀。"

导扬 ❶宣示;宣扬。亦作"道扬"。《书·顾命》:"太史秉书由宾阶隮,御王册命,曰:'……道扬末命:命汝嗣训,临君周邦。'"王,周成王。末命,临终的遗命。《梁书·任昉传》:"遂荷顾托,导扬末命。"❷启发;诱导。《晋书·郑冲传》:"朕昧于政道,庶事未康,挹仰耆训,导扬厥蒙。"柳宗元《杨评事文集后序》:"导扬讽谕,本乎比兴者也。"亦谓引发、助长。

导语 消息的开头部分。通常以生动简明的文字突出消息中最新鲜、最重要或最吸引人的内容。

岛〔島、嶋〕(dǎo) 见"岛屿"。

岛夷 ❶《禹贡》扬州:"岛夷卉服,厥篚织贝。"此"岛夷"所指有数说。或指台湾先民,即东鳀;或指琉球、吕宋等地;或指东南沿海越族,今舟山群岛一带。近人从台湾说较多。❷南北朝时,北朝对南朝人的轻侮称呼。参见"索虏"。❸泛指中国东海、南海乃至海南一带的岛屿居民及国家。见元汪大渊《岛夷志略》。

岛屿 散处在海洋、河流或湖泊中的小块陆地。通常大的称岛，较小的称屿。

垮 〔壔〕(dǎo) 土堡。《九章算术·商功》："今有方壔垮。"刘徽注："壔者，坫城也。垮……谓以土拥木也。"

捣 〔擣、擣、捣〕(dǎo) ❶用棍棒的一端撞击；舂。如：捣衣；捣米；捣药。《诗·小雅·小弁》："我心忧伤，惄焉如捣。"引申为捣毁，打落。范成大《四时田园杂兴·冬日》诗："霜风捣尽千林叶。"❷搅扰。如：捣乱。

倒 (dǎo) ❶倒下；倒塌。如：跌倒；墙坍壁倒。《南史·宜都王铿传》："左右误扶柿榴屏风，倒压其背。"引申为破产；垮台。如：倒闭。❷颠倒；翻转。《礼记·曲礼下》："倒策侧龟于君前。"
另见 dào。

倒戈 谓以手中武器转而向己方攻击。《书·武成》："前徒倒戈，攻于后以北。"

倒海翻江 形容水势浩大。陆游《夜宿阳山矶》诗："五更颠风吹急雨，倒海翻江洗残暑。"也用以比喻声势、力量的巨大。《说岳全传》第七十五回："真杀得天昏地暗鬼神愁，倒海翻江波浪滚。"

倒楣 亦作"倒霉"、"倒痗"。谓事情不顺利。顾公燮《消夏闲记摘钞》卷上："明季科举甚难，得取者门首竖棋(旗)杆一根；不中，则撤去，谓之倒楣。今吴俗讥事不成者谓之倒楣，想即本此。"

倒嗓 亦作"倒仓"。演唱艺人喉咙沙哑失音称"倒嗓"。王梦生《梨园佳话·梨园练嗓养嗓法》："倒仓云者，谓馨所蓄而出之，犹医家之倒仓法也。佳喉善唱，一经倒仓便哑，甚且不能出声。"

倒灶 旧谓时运不利。语出《太玄·灶》："灶灭其火，唯家之祸"。后也指事情不顺利为"倒灶"。《二刻拍案惊奇》卷三十七："前日不意中得了些非分之财，今日就倒灶了。"

祷 〔禱〕(dǎo) ❶向神祝告祈福。如：祷告；祈祷。《论语·述而》："子疾病，子路请祷。"❷祝颂。《周礼·春官·大祝》："作六辞以通上下、亲疏、远近……五曰祷。"郑玄注："祷，贺庆言福祚之辞也。"❸请求。书信中常于结尾用"为祷"、"至祷"、"是祷"等词，为表示请求或期望的套语。

裯 (dǎo) 裯。《周礼·春官·甸祝》："裯牲裯马。"郑玄注引杜子春云："裯，裯也。为马裯无疾，为田裯多获禽牲。"

隝 (dǎo) 水中的山。《汉书·司马相如传》："阜陵别隝。"《史记》作"岛"。

蹈 (dǎo) ❶顿足踢地。《诗·周南·关雎》序："不知手之舞之，足之蹈之也。"参见"舞蹈❶"。❷踩上；投入。如：赴汤蹈火。参见"蹈海"。❸履行；实行。《穀梁传·隐公元年》："蹈道则未也。"❹变动不定。《诗·小雅·菀柳》："上帝甚蹈，无自瘵焉。"毛传："蹈，动也。"孔颖达疏："言王心无恒，数变动也。"一说通"悼"，指病。

蹈常袭故 犹言墨守陈法。袭，亦作"习"。苏轼《伊尹论》："后之君子，蹈常而袭故，惴惴焉惧不免于天下。"

蹈海 赴海；投海。《史记·鲁仲连邹阳列传》："彼即肆然而为帝，过而为政于天下，则连有蹈东海而死耳，吾不忍为之民也。"《国策·赵策三》作"赴东海"。《后汉书·逸民传序》："蹈海之节，千乘莫移其情。"

蹈藉 践踏。《后汉书·董卓传》："步骑驱蹙，更相蹈藉。"

蹈厉 以足踏地，表示猛厉、奋发的意思。《礼记·乐记》："发扬蹈厉之已蚤，何也？"孔颖达疏："初舞之时，手足发扬，蹈地而猛厉。"

蹈袭 因袭；沿用。《宋史·米芾传》："芾为文奇险，不蹈袭前人轨辙。"亦作"袭蹈"。韩愈《南阳樊绍述墓志铭》："然而必出于己，不袭蹈前人一言一句。"

蹈踵 追随前人的足迹。《三国志·魏志·高堂隆传》："臣常疾世主莫不思绍尧、舜、汤、武之治，而蹈踵桀、纣、幽、厉之迹。"

dào

到 (dào) ❶抵达；达到。如：火车到站；当天到家。❷往。如：到北京去。❸得；成。如：拿到；办到。❹周到。如：不到之处，请多多原谅。《晋书·康献褚后传》："所奏悬到。"❺通"倒"。颠倒。《庄子·外物》："草木之到植者过半，而不知其然。"❻通"倒"。反倒。董解元《西厢记》："他每孤恩，适来到埋怨人。"❼姓。南朝宋时有到彦之。

帱 〔幬〕(dào) 覆盖。《左传·襄公二十九年》："如天之无不帱也。"杜预注："帱，覆也。"
另见 chóu。

倒 (dào) ❶倒出。如：倒茶。《文心雕龙·夸饰》："倒海探珠，倾崑取琰。"❷逆；朝相反方向行动。如：开倒车；倒行逆施。《韩非子·难言》："至言忤于耳而倒于心。"❸反而。如：本想省事，倒找出麻烦来了。❹却。如：东西倒不坏，就是旧了点。
另见 dǎo。

倒绷孩儿 《事文类聚前集》卷二十七："苗振第四人及第，召试馆职，晏相曰：'宜稍温习。'振曰：'岂有三十年为老娘而倒绷孩儿者乎！'既试，果不中选。公笑曰：'苗君竟倒绷孩儿矣。'"晏相，晏殊。老娘，旧时接生婆。接生婆把婴孩包扎倒了，比喻多年老手一时疏忽大意，把事情做错。

倒持泰阿 泰阿，宝剑名。倒拿着宝剑，把剑柄给与别人。比喻轻率授权与人，自己反受其害。《汉书·梅福传》："倒持泰阿，授楚其柄。"颜师古注："言秦无道，令陈涉、项羽乘间而发，喻倒持剑而以把授与人也。"

倒文 ❶校勘学术语。抄刊古书而误倒的文字。如《淮南子·原道训》："游微雾，骛恍忽。""恍忽"应是"忽恍"（依王念孙说）。❷指古书中为求协韵而倒置的文字。如《诗·大雅·既醉》："其仆维何？厘尔女士。厘尔女士，从以孙子。"女士即士女，孙子即子孙，都是倒文。

倒屣 《三国志·魏志·王粲传》："〔蔡邕〕闻粲在门，倒屣迎之。"屣，鞋子。古人家居脱鞋席地而坐；倒屣，谓急于迎客，把鞋子穿倒。后用以形容对来客的热情欢迎。皮日休《初夏即事寄鲁望》诗："敲门若我访，倒屣欣逢迎。"

倒行逆施 做事违反常理。春秋时楚国伍子胥为父报仇，引吴师伐楚，掘平王墓，鞭尸三百。申包胥加以责难，子胥答谓："吾日暮途远，吾故倒行而逆施之。"见《史记·伍子胥列传》。

倒叙 文学创作的一种叙事排列方式。指不按照时间先后顺序，把某些发生在后的情节或结局先行提出，然后再回转来追述发生在先的往事，以求引起读者的悬念，增强艺术效果。

倒悬 ❶比喻处境痛苦危急，像人

被倒挂着一样。《孟子·公孙丑上》:"民之悦之,犹解倒悬也。"《汉书·贾谊传》:"天下之势方倒县(悬)。"❷寒号虫的别名。即大蝙蝠。亦称鹖鴡、鸮鴡。《方言》第八:"自关而东谓之城旦,或谓倒悬。"郭璞注:"好自悬于树也。"

倒装 修辞学上辞格之一。故意颠倒词句的次序,以达到加强语势、调和音节或错综句法等修辞效果。如"红豆啄余鹦鹉粒,碧梧栖老凤凰枝"(杜甫《秋兴》),就是"鹦鹉啄余红豆粒,凤凰栖老碧梧枝"的倒装。又如安徽民歌"如今歌手人人是,唱得长江水倒流",上一句就是"如今人人是歌手"的倒装。

倒装句 由于说话急促或者为了加强表达效果,可以把句子成分组合的通常次序加以颠倒。如"找到了吗,你的书?""工人的队伍走过来了,整齐地,浩浩荡荡地。"前一句是谓语倒装在主语之前,后一句是状语倒装在动词谓语之后。倒装句只是把次序颠倒,而不改变成分之间的关系,倒装的成分一般可以复位。

陶 (dào) 见"陶陶"。另见 táo、yáo。

陶陶 《诗·郑风·清人》:"清人在轴,驷介陶陶。"毛传:"陶陶,驱驰之貌。"

焘 〔燾〕(dào,又读 tāo) 同"帱"。见"焘覆"。

焘覆 高峻貌。《文选·张衡〈西京赋〉》:"驳娑、驲盪,焘覆桔桀,枍诣、承光,睽罳庨徽。"薛综注:"驳娑、驲盪、枍诣、承光,皆台名;焘覆、桔桀、睽罳、庨徽,皆形貌。"

荊 (dào) ❶草长大貌。《广韵·四觉》:"荊,《说文》云:草大也。"❷大。《尔雅·释诂上》:"荊,大也。"郝懿行义疏:"通'倬'。《诗》:'倬彼甫田。'《韩诗》作'荊'。"章炳麟有《荊汉微言》及《荊汉昌言》。

盗 (dào) 本作"盜"。❶偷窃。《荀子·修身》:"窃货曰盗。"《史记·高祖本纪》:"杀人者死,伤人及盗抵罪。"引申为用不正当的手段营私或骗诈。如:盗卖;欺世盗名。❷抢劫财物的人。《周礼·秋官·掌戮》:"刑盗于市。"❸谗佞的人。《诗·小雅·巧言》:"君子信盗,乱是用暴。"孔颖达疏:"盗窃者必小人,谗者亦小人,故以盗名之也。"❹私通。《汉书·陈平传》:"闻平居家时,盗其嫂。"颜师古注:"盗,私。"

盗名 窃取声名。《荀子·不苟》:"是奸人将以盗名于暗世者也。"

盗泉 古泉名。故址在今山东泗水县东北。《淮南子·说山训》:"曾子立廉,不饮盗泉。"旧常以"盗泉之水"比喻以不正当手段得来的财物。

盗亦有道 《庄子·胠箧》:"跖之徒问于跖曰:'盗亦有道乎?'跖曰:'何适而无有道耶?夫妄意室中之藏,圣也;入先,勇也;出后,义也;知可否,知(智)也;分均,仁也。五者不备而能成大盗者,天下未之有也。'"意谓强盗也有其原则、方法。

盗贼 偷窃和劫夺财物的行为。亦指偷窃劫夺的人。《左传·襄公三十一年》:"盗贼公行,而夭厉不戒。"又《文公十八年》:"其人,则盗贼也;其器,则奸兆也。"《荀子·正论》:"盗不窃,贼不刺。"杨倞注:"盗贼通名,分而言之,则私窃谓之盗,劫杀谓之贼。"今多以劫杀为盗,私窃为贼。

盗憎主人 《左传·成公十五年》:"伯宗每朝,其妻必戒之曰:'盗憎主人,民恶其上;子好直言,必及于难。'"后以比喻奸邪的人怨恨正直的人。《后汉书·马援传》:"及臣还反,报以赤心,实欲导之于善,非敢谲以非义,而嚣(隗嚣)自挟奸心,盗憎主人,怨毒之情,遂归于臣。"

悼 (dào) ❶哀痛;悲伤。如:追悼;哀悼。《诗·卫风·氓》:"躬自悼矣。"❷恐惧;战栗。张衡《西京赋》:"怵悼栗而怂兢。"《三国志·魏志·文帝纪》"持节奉玺绶禅位"裴松之注引《献帝传》载魏王令:"心栗手悼,书不成字,辞不宣心。"❸年幼者之称。《礼记·曲礼上》:"悼与耄,虽有罪不加刑焉。"

悼亡 晋潘岳妻死,作《悼亡》诗三首,后人因称丧妻为悼亡。孙逖《故程将军妻南阳郡夫人樊氏挽歌》:"白日期偕老,幽泉忽悼亡。"

道 (dào) ❶道路。如:道不拾遗。《论语·阳货》:"道听而涂说。"❷法则;规律。韩非《解老》:"道者,万物之所然也,万理之所稽也。"把道解为万物产生、变化的总规律。与具体事物的"器"相对。参见"道器"。❸宇宙万物的本原、本体。《老子》:"有物混成,先天地生……可以为天下母。吾不知其名,字之曰道。"北宋张载以气为道、为本,"由气化,有道之名"。朱熹以理为道、为本,"理也者,形而上之道也,生物之本也。"❹一定的人生观、世界观、政治主张或思想体系。《论语·公冶长》:"道不行,乘桴浮于海。"又《卫灵公》:"道不同,不相为谋。"❺封建伦理纲常。西汉董仲舒提出:"道之大原出于天,天不变,道亦不变。"(《举贤良对策三》)❻方法。《左传·定公五年》:"吾未知吴道。"❼从;由。《礼记·礼器》:"苟无忠信之人,则礼不虚道。"郑玄注:"道犹由也,从也。"《汉书·淮南王传》:"诸使者道长安来。"❽古代诸侯出外时事先祭路神。《礼记·曾子问》:"道而出。"孙希旦集解:"道者,祭行道之神于国城之外也。"❾治理。《论语·学而》:"道千乘之国,敬事而信,节用而爱人,使民以时。"❿通"导"。先导;疏导。《左传·隐公五年》:"请君释憾于宋,敝邑为道。"又《襄公三十一年》:"不如小决使道。"⓫说;讲。如:一语道破。《荀子·荣辱》:"君子道其常,而小人道其怪。"⓬料;想。曹松《南海旅次》诗:"为客正当无雁处,故园谁道有书来?"⓭犹言"条"。如:一道痕;万道红光。又犹言"重"、"次"。如:一道防线;两道工序;十二道金牌。⓮犹言"得"、"到"。如:知道;怪道(即怪不得)。《乐府群玉·乔吉〈水仙子·秋思〉》曲:"三般儿捱不道天明。"⓯行政区划名。(1)汉代在少数民族聚居区所设置的县称道。《汉书·百官公卿表上》:"(县)有蛮夷曰道。"(2)唐贞观元年(公元627年),因山河形势之便,分全国为十道,开元二十一年(733年)增为十五道,置采访处置使,职掌与汉武帝所设置的十三部刺史略同。安史之乱后废。辽置五京道。(3)唐方镇辖区名称。(4)元于中书省、行中书省和路府之间设置的行政区划。一为肃政廉访使道,是监察区划;一为宣慰司道,为省的派出机构。(5)明清时在省、府之间所设置的监察区。有分巡、分守等道之别,长官称为道员。⓰姓。明代有道同。

道不拾遗 谓路有失物,无人拾取。常用来形容民风淳厚。《史记·商君列传》:"秦人皆趋令;行之十年,秦民大说(悦),道不拾遗,山无盗贼。"亦作"路不拾遗"。博英《上废省佛僧表》:"窃闻八十老父,击壤而歌,十五少年,鼓腹为乐,耕皆让畔,路不拾遗。"

道场 佛教礼拜、诵经、祭祀、学道、行道的场所。原指释迦牟尼成道

之处。《大唐西域记》卷八："菩提树垣正中,有金刚座……证圣道所,亦曰道场。"又指某些法会,如"慈悲道场"、"水陆道场"等。道教亦沿用此称,并指较大的诵经礼拜仪式。

道地 ❶亦作"地道"。真实;真正。多指产品。《牡丹亭·诇药》:"好道地药材。"❷代人事先疏通,以留余地。《汉书·田延年传》:"丞相议奏延年主守盗三千万,不道,霍将军召问延年,欲为道地。"颜师古注:"为之开通道路,使有安全之地也。"

道揆 道,道术;揆,法度。《孟子·离娄上》:"上无道揆也,下无法守也。"朱熹注:"谓以义理度量事物而制其宜也。"

道路以目 《国语·周语上》:"厉王虐,国人谤王,邵公告曰:'民不堪命矣。'王怒,得卫巫,使监谤者,以告,则杀之。国人莫敢言,道路以目。"后因用以指百姓慑于暴政,路上相见,仅能以目示意,不敢交语。《三国志·魏志·董卓传》:"百姓嗷嗷,道路以目。"

道貌岸然 本谓神态严肃高傲。后常形容故作正经而表里不一之貌。《二十年目睹之怪现状》第一百〇四回:"因看见端甫道貌岸然,不敢造次。"

道器 指"道"和"器"的关系。"道"是无形象的,含有规律和准则的意义;"器"是有形象的,指具体事物或名物制度。道器关系实即抽象道理与具体事物的关系。老子最早提出:"朴(道)散则为器",认为道在器先。《易·系辞上》:"形而上者谓之道,形而下者谓之器。"也认为道在有形的器物之前。宋代开始对道器关系展开争论。程颐、朱熹等认为"道"超越于"器"之上,如朱熹说:"理也者,形而上之道也,生物之本也;气也者,形而下之器也,生物之具也。"(《朱文公文集·答黄道夫》)把"道"和"理"作为维护封建伦理的理论根据。明清之际王夫之等认为"道"不能离开"器"而存在,提出"无其器则无其道"的命题。清末有些改良主义者(如郑观应《盛世危言》中的《道器》篇)认为"道"(指封建伦理纲常)是中国的好,"器"(指西方科学技术)是西洋的好,"道"是本,"器"是末,实质上是试图在不触动封建统治秩序("道")的前提下,学习西洋富国强兵("器")以进行某些政治改良的一种主张。

道人 ❶《汉书·京房传》:"道人始去。"颜师古注:"道人,谓有道术之人也。"❷道士。《宋史·吴元扆传》:"乃集道人设坛,洁斋三日,百拜祈祷。"如道士白玉蟾(道教南派第五祖)自称"琼山道人"。❸和尚的旧称。叶梦得《避暑录话》卷下:"晋宋间佛学初行,其徒犹未有僧称,通曰道人。"《南齐书·顾欢传》:"道士与道人(和尚)战儒墨,道人与道士辨是非。"有些地方,亦称佛寺打杂的人。

道山 ❶犹言儒林、文苑。旧指文人聚集的地方。语出《后汉书·窦章传》"是时学者称东观为老氏臧室,道家蓬莱山"。陈师道《送赵承议》诗:"颍水向来须好句,道山今日有宗英。"❷传说中的仙山。旧时因称人死为"归道山"。惠洪《冷斋夜话》卷七:"世传端明(苏轼)已归道山,今尚尔游戏人间邪?"

道士 ❶指奉守道教经典规戒并熟习各种斋醮祭祷仪式的人。一般指道教的宗教职业者。西汉以前无此称,自南北朝起,道士之称专用于道教中人。唐《道典论》"道士"条,引《太上太真科经》:"凡开辟之初,圣真仙人,皆宣道炁,立法相传,同宗太上,俱称学士,以道为事,故曰道士。"金元之际,随道教全真道等派的兴起,始有出家道士和在家道士之分。全真道士须出家,住丛林;正一道士多居家修道。全真派称男道士为"乾道",女道士为"坤道"。❷即"方士❷"。❸泛称有道之士。《春秋繁露·循天之道》:"古之道士有言曰,将欲无陵,固守一德。"❹佛教僧侣。宗密《盂兰盆经疏》卷下:"佛教初传此方,呼僧为道士。"

道术 ❶道家用以指"道"的整体。《庄子·天下》:"古之所谓道术者……无乎不在。"又说:"后世之学者,不幸不见天地之纯,古人之大体,道术将为天下裂。""纯"、"大体"有全体、整体之意。庄子认为"道"的全体因百家竞起而将被割裂、破坏,是不幸的事。❷古指治道的方法,与"方术❶"义同。

道听途说 途,一作涂。从道路上听到的,在道路上传说。泛指没有根据的传闻。《论语·阳货》:"道听而涂说,德之弃也。"邢昺疏:"言闻之于道路,则于道路传而说之,必多谬妄。"《汉书·艺文志》:"小说家者流,盖出于稗官,街谈巷语、道听涂说者之所造也。"

道学 ❶宋儒的哲学思想。以继

承孔孟"道统",宣扬"性命义理"之学为主。"道学"一词始见于北宋张载《答范巽之书》:"朝廷以道学政术为二事。"元朝人写《宋史》,把这类哲学家归入一类,列为《道学传》,载周敦颐、程颢、程颐、张载、朱熹等二十余人。后来用作理学的同义语。❷形容过分的拘执和迂腐的习气。如:道学先生。《红楼梦》第六十四回:"晴雯道:'袭人吗?越发道学了,独自个在屋里面壁呢。'"

道义 道德和义理。《易·系辞上》:"成性存存,道义之门。"《管子·法禁》:"德行必有所是,道义必有所明。"陈觉《临终留别诸同志》诗:"我有同心人,道义相为师。"现指道德和正义。如:道义上的支持。

道院 道士所住的院宇。规模比一般宫观稍小。王周《道院》诗:"白日人稀到,帘垂道院深。"

盗 (dào) "盗"的本字。

翿 [翿](dào) 即纛,汉朝名羽葆幢。葆即盖斗。合聚鸟羽于幢首(柄头),其形下垂如盖。古代舞者执之以舞,送葬引柩者执之以指麾。《诗·王风·君子阳阳》:"君子陶陶,左执翿。"毛传:"翿,纛也。"郑玄笺:"舞者所持,谓羽舞也。"《周礼·地官·乡师》郑玄注引古本《礼记·杂记》:"匠人执翿以御柩。"又引郑众云:"翿,羽葆幢也。"孙诒让正义:"御柩所执与舞师羽舞所持,皆是物也。"

道 (dào) 同"道"。

翢 (dào) 纛。《尔雅·释言》:"翢,纛也。"郭璞注:"今之羽葆幢。"

另见 zhōu。

稻 (dào) 植物名。学名 Oryza spp.。亦称"禾"、"谷",古称"稌"、"秜"等。世界主要粮食作物之一。禾本科。草本。野生稻多为多年生,栽培稻一年生。稻属中只有普通栽培稻(O. sativa,亚洲栽培稻)和光稃稻(O. glaberrima,非洲栽培稻)为栽培稻种。类型和品种甚多,按地理分布、形态特征、生理特性和品种亲缘关系的差异分籼稻、粳稻;按对光照和温度的反应及生育期的长短分早稻、中稻和晚稻;按土壤水分的适应性分水稻、深水稻、陆稻;按米粒内淀粉的性质分粘稻与糯稻。米粒主要作粮食外,可酿酒、制淀粉。秆和米糠可作饲料和工业原料。

稻

稻粱谋 指禽鸟寻觅食物。杜甫《同诸公登慈恩寺塔》诗："君看随阳雁,各有稻粱谋。"亦用以比喻人谋求衣食。龚自珍《咏史》诗："避席畏闻文字狱,著书都为稻粱谋。"

衜(dào) "道"的古字。见《玉篇·行部》。

糵(dào) 择米。《史记·司马相如列传》:"糵一茎六穗于庖。"司马贞索隐引郑玄云:"糵,择也。"按《汉书》作"导"。颜师古注引郑氏曰:"导,择也。一茎六穗,谓嘉禾之米,于庖厨以供祭祀也。"

纛(dào,又读dú) ❶古时军队或仪仗队的大旗。许浑《中秋夕寄大梁刘尚书》诗:"柳营出号风生纛。"❷通"翿"。皇帝车上用牦牛尾做的装饰物。参见"左纛"。亦指古代用羽毛做的舞具。《尔雅·释言》:"纛,翳也。"郭璞注:"舞者所以自蔽翳。"

dé

导(dé) 同"尋"。见《广韵·二十五德》。
另见ǎi。

尋(dé) "得"的古字。亦作"导"。按本作"尋",从贝寸。《虢叔钟铭》:"尋(得)屯(纯)亡(无)愍(泯)。"

得(dé) ❶取得;获得。《孟子·告子上》:"心之官则思,思则得之,不思则不得也。"❷贪得。《论语·季氏》:"戒之在得。"❸得意。《史记·管晏列传》:"意气扬扬,甚自得也。"❹中意;适合。如:相得;得用。王褒《圣主得贤臣颂》:"聚精会神,相得益章。"❺完成。《红楼梦》第十六回:"已经传人画图样去了,明日就得。"❻能;可。《孟子·梁惠王上》:"王之所大欲,可得闻与?"《后汉书·隗嚣传》:"田为王田,买卖不得。"❼怎得;得无。杜甫《次晚洲》诗:"中原未解兵,吾得终疏放?"❽通"德"。感恩之意。《孟子·告子上》:"所识穷乏者得我与?"
另见de、děi。

得不偿失 偿,抵补。所得利益抵补不了损失。苏轼《和子由除日见寄》:"感时嗟事变,所得不偿失。"

得寸进尺 得到一寸就想得到一尺,比喻贪欲无止境。平步青《霞外攟屑·时事》:"乃洋人不知恩德,得寸进尺,得尺进丈,至于今日,气焰益张。"

得当 合乎当然之理;得是非之正。范宁《春秋穀梁传序》:"虽我之所是,理未全当,安可以得当之难而自绝于希通哉。"希通,谓钻研疏通。

得得 ❶犹言特地。唐代俗语。尤袤《全唐诗话》卷六:"〔僧贯休〕入蜀,以诗投王建曰:'河北河南处处灾,惟闻全蜀少尘埃。一瓶一钵垂垂老,千水千山得得来。'"❷自然任意。何逊《西州直示同员》诗:"誓将收饮啄,得得任心神。"❸形容马蹄声。如:蹄声得得。

得度 佛教指"蒙受教化,得度彼岸",即由生死此岸抵达涅槃彼岸。后称披剃出家为沙弥或沙弥尼谓得度出家。《增一阿含经》十四:"尔时世尊便作是念:罗勒迦蓝诸根纯熟,应先得度。"

得过且过 能过就过,谓过一天算一天,不作长远打算。陶宗仪《辍耕录》卷十五:"〔寒号虫〕比至深冬严寒之际,毛羽脱落,索然如毂雏,遂自鸣曰:'得过且过。'"后也指办事马虎,敷衍塞责。

得计 所愿或所计得逞。多用于讽刺或嘲笑。《庄子·徐无鬼》:"于蚁弃知,于鱼得计。"韩愈《柳子厚墓志铭》:"落陷阱不一引手救,反挤之,又下石焉……而其人自视以为得计。"

得间 得到机会。《管子·幼官》:"障塞不审,不过八日,而外贼得间。"后亦谓读书能寻究问题而得其理为"得间"。

得君 人臣获得君主的信任。《孟子·公孙丑上》:"管仲得君如彼其专也。"赵岐注:"管仲得遇桓公,使之专国政如彼。"

得陇望蜀 《后汉书·岑彭传》:"人苦不知足,既平陇,复望蜀。"谓既取得陇右,又想进攻西蜀,后因用以称人贪得无厌。王世贞《鸣凤记·忠佞异议》:"使他知我假途灭虢之计,消彼得陇望蜀之谋,岂非一举两得乎?"

得失 ❶成败;利害。《史记·老子韩非列传》:"观往者得失之变。"《后汉书·荀悦传》:"得失一朝,而荣辱千载。"❷短长;优劣。如:互有得失。杜甫《偶题》诗:"文章千古事,得失寸心知。"

得时 行动切合时机。《列子·说符》:"凡得时者昌,失时者亡。子道与吾同,而功与吾异,失时者也。"

得手 谓作事顺利。邵雍《思山吟》:"果然得手情性上,更肯埋头利害间。"

得体 《礼记·仲尼燕居》:"官得其体。"孔颖达疏:"谓设官分职,各得其尊卑之体。"后谓言语行动恰合分寸为"得体"。《宋史·岳飞传》:"帝赐札,以飞小心恭敬,不专进退为得体。"

得天独厚 具有特殊优越的条件。多指人的资质或自然环境而言。洪亮吉《北江诗话》卷二:"得天独厚开盈尺,与月同圆到十分。"

得微 同"得无"。《庄子·盗跖》:"今者阙然数日不见,车马有行色,得微往见跖邪?"成玄英疏:"微,无也。"

得无 亦作"得毋"、"得微"。犹言莫非、岂不是、不是。《国策·赵策四》:"日食饮得无衰乎?"

得心应手 指技艺纯熟,心手相应。语出《庄子·天道》"不徐不疾,得之于手而应于心"。沈括《梦溪笔谈·书画》:"予家所藏摩诘画《袁安卧雪图》,有雪中芭蕉,此乃得心应手,意到便成。"也指做事非常顺手。

得意 ❶领会旨趣。《庄子·外物》:"言者所以在意,得意而忘言。"参见"得意忘言"。❷称心如意。《韩非子·饰邪》:"赵、代先得意于燕,后得意于齐。"后多指因成功而沾沾自喜。如:得意扬扬。

得意忘形 高兴得失去常态。《晋书·阮籍传》:"当其得意,忽忘形骸,时人多谓之痴。"鲜于必仁《折桂令·画》曲:"得意忘形,眼兴迢遥。"

得意忘言 《庄子·外物》:"言者所以在意,得意而忘言。"意谓言词所以达意,既得其意就不再需要言词。后亦用为彼此默喻之意。

得鱼忘筌 筌,亦作"荃"。《庄子·外物》:"荃者所以在鱼,得鱼而忘荃。"后即用以比喻功成而忘其凭借。嵇康《赠秀才入军》诗:"嘉彼钓叟,得鱼忘筌。"

得志 ❶得行其志。《孟子·滕文公下》："得志,与民由之;不得志,独行其道。"❷犹言得意,达到目的。有贬义。贾谊《吊屈原文》："阘茸尊显兮,谗谀得志。"阘茸,无能之人。

得罪 ❶获罪。谓得过咎。《诗·小雅·雨无正》："云不可使,得罪于天子。"❷冒犯;犹开罪。《左传·僖公二十四年》："得罪于母弟之宠子带。"后常用作客气话,表示冒犯、对不起之意。《水浒传》第十四回:"保正休怪!早知是令甥,不致如此,甚是得罪!"

淂(dé) ❶水貌。见《集韵·二十五德》。❷通"得"。

登(dé) 通"得"。《公羊传·隐公五年》："公曷为远而观鱼?登来之也。"何休注:"登,读言得来。得来之者,齐人语也。齐人名求得为得来。作登来者,其言大而急,由口授也。"
另见 dēng。

锝〔鎝〕(dé) 化学元素[周期系第 VII 族(类)副族元素]。符号 Tc。原子序数 43。银灰色金属。第一个人工合成的放射性元素(1937 年)。化学性质同铼相似。用于医疗诊断。可用作冶金工业中示踪原子及 β 射线标准源等。

德〔惪〕(dé) ❶道德;品德。如:美德;德才兼备。《易·乾·文言》："君子进德修业。"❷恩德。《书·盘庚上》："汝克黜乃心,施实德于民。"❸感德。《左传·成公三年》："然则德我乎?"❹事物的属性。章炳麟《国故论衡·语言缘起说》:"实、德、业三,各不相离。"

德操 德行操守。《荀子·劝学》："生乎由是,死乎由是,夫是之谓德操。"王先谦集解引郝懿行注:"德操,谓有德而能操持也。"

德风 儒家以为如能用道德教化人民,人民就会像受风的草一样顺从,因称这种作用为"德风"。语出《论语·颜渊》"君子之德风,小人之德草;草上之风必偃"。宋璟《奉和圣制送张说巡边》诗:"德风边草偃,胜气朔云平。"参见"德治"、"风行草偃"。

德厚流光 光,通"广"。谓道德高,影响便深远。《穀梁传·僖公十五年》:"德厚者流光,德薄者流卑。"流,犹言影响;卑,犹近。韩愈《禘祫议》:"今国家德厚流光,创立九庙。"

德化 以德感人。《韩非子·难一》:"舜其信仁乎!乃躬藉处若而民从之。故曰圣人之德化乎。"

德配 ❶德行可与匹配。焦赣《易林·六贲之解》:"德配唐虞,天命为子。"❷尊称别人之妻。

德望 谓道德、声望。《晋书·桓冲传》:"又以将相异宜,自以德望不逮谢安,故委之内相,而四方镇扞,以为己任。"《宋史·王旦传》:"若水(钱若水)言旦有德望,堪任大事。"

德星 ❶岁星。旧谓主祥瑞的星。按即"木星"。《史记·孝武本纪》:"望气王朔言:'候独见其星出如瓠,食顷复入焉。'有司言曰:'陛下建汉家封禅,天其报德星云。'"司马贞索隐:"今按此纪惟言德星,则德星,岁星也。岁星所在有福,故曰德星也。"❷比喻贤士。《北史·韦夐传》:"弘正(周弘正)乃赠诗曰:'德星犹未动,真车讵肯来。'"德星,指韦夐。

德行 谓道德品行。《周礼·地官·师氏》:"敏德以为行本"郑玄注:"德行,内外之称,在心为德,施之为行。"

德音 ❶善言。《诗·邶风·谷风》:"德音莫违,及尔同死。"常用来尊称别人的言辞。《汉书·董仲舒传》:"陛下发德音,下明诏。"❷诏书的一种。唐宋时,诏敕之外,别有一种恩诏,下达平民,谓之"德音"。赵昇《朝野类要》卷四:"德音,泛降而宽恤也。"❸指歌颂太平的音乐。《礼记·乐记》:"天下大定,然后正六律,和五声,弦歌诗诵,此之谓德音,德音之谓乐。"❹令闻;好的声誉。《诗·豳风·狼跋》:"德音不瑕。"朱熹注:"德音,犹令闻也。"

德泽 恩惠。古乐府《长歌行》:"阳春布德泽,万物生光辉。"

德政 有益于人民的政治措施或政绩。《左传·隐公十一年》:"既无德政,又无威刑,是以及邪?"

德政碑 旧时歌颂官吏政绩的碑刻。白居易《青石》诗:"不愿作官家道傍德政碑,不镌实录镌虚辞。"

德治 儒家的政治主张。主张用统治阶级的道德感化来统治人民。《论语·为政》:"道之以政,齐之以刑,民免而无耻。道之以德,齐之以礼,有耻且格。"认为政、刑只能起镇压的作用,德、礼则可以笼络人心。

de

地(de,又读 dì) ❶犹言着。辛弃疾《行香子》词:"小窗坐地,侧听檐声。"❷作词助以成状语。如:特地前来;慢慢地说。李白《越女词》:"相看月未堕,白地断肝肠。"
另见 dì。

的(de) ❶指称之词。犹文言的"者"。如:老的老,小的小;红的是花,绿的是草。❷作语助。用于语中,表修饰或领属。如:红的花;我的书。❸用于语末,表肯定语气。《京本通俗小说·志诚张主管》:"世上之物,少则有壮,壮则有老,古之常理,人人都免不得的。"❹通"得"。关汉卿《望江亭》第一折:"俺怎生就住不的山,坐不的关,烧不的药,炼不的丹?"
另见 dí、dì。

底(de) 同"的❷",表领属关系。如:你底书。
另见 dǐ、dì。

得(de) 作语助,表示效果或程度。如:说得好;好得很;磨得墨浓,搽得笔饱。
另见 dé、děi。

腻(de,旧读 tè) 见"肋腻"。

děi

得(děi) 必须;须要。《红楼梦》第九十四回:"这件事还得你去,才弄的明白。"
另见 dé、de。

dèn

扽(dèn) 古作"顿"。两头用力振物,或一头固定,另一头用力,使之平直。如:把绳子扽直;把衣服扽平。

dēng

灯〔燈〕(dēng) 本作"镫"。❶照明的器具。如:油灯;电灯;日光灯。也指其他用途的发光、发热装置。如:红绿灯;太阳灯;酒精灯。❷特指旧时上元节张挂的灯彩。如:灯节;看灯。《京本通俗小说·志诚张主管》:"今日元宵夜,端门下放灯。"❸佛教宣称佛法能破除黑暗,故以灯为喻。宋代释道原有《景德传灯录》,释普济有《五灯会元》。

灯虎 即"灯谜"。用老虎的难以射中,比喻难猜。《燕京杂记》卷一:"上元设灯谜,猜中以物酬之,俗谓打灯虎。"

灯花 灯心余烬结成的花形。杜

甫《独酌成诗》："灯花何太喜，酒绿正相亲。"古人以灯花为喜事的预兆。参见"火花❷"。

灯夕 即夏历正月十五夜，俗谓之元宵节。《宋史·吕蒙正传》："尝灯夕设宴。"

登（dēng）❶升；上。如：登高；登峰造极。引申为加。《左传·昭公三年》："陈氏三量，皆登一焉。"❷高。《文选·扬雄〈羽猎赋〉》："涉三皇之登闳。"李善注引韦昭曰："登，高也；闳，大也。"❸记载；刊登。如：登记；登报。《周礼·秋官·司民》："司民掌登万民之数，自生齿以上，皆书于版。"❹成熟；完成。如：五谷丰登。《礼记·月令》："〔季春之月〕蚕事既登。"❺立即。古乐府《孔雀东南飞》："登即相许和，便可作婚姻。"参见"登时"。❻借为"簦"。参见"簦"。
另见dé。

登登 象声词。《诗·大雅·绵》："筑之登登。"指筑墙声。苏轼《孙莘老求墨妙亭诗》："龟趺入坐螭隐壁，空斋昼静闻登登。"指打碑声。

登第 犹登科。《新唐书·选举志上》："通四经，业成，上于尚书，吏部试之。登第者加一阶放选，其不第则习业如初。"

登峰造极 比喻修养、造诣达到最高的境地。顾炎武《与人书》："君文之病，在于有韩、欧。有此蹊径于胸中，便终身不脱依傍二字，断不能登峰造极。"后亦比喻干坏事猖狂到极点。

登高 《续齐谐记》："汝南桓景随费长房游学累年。长房谓曰：'九月九日汝家中当有灾，宜急去，令家人各作绛囊盛茱萸以系臂，登高饮菊花酒，此祸可除。'景如言，齐家登山。夕还，见鸡犬牛羊一时暴死。长房闻之，曰：'此可代也。'今世人九日登高饮酒，妇人带茱萸囊，盖始于此。"后人因有夏历九月九日登高的风俗。王维《九月九日忆山东兄弟》诗："遥知兄弟登高处，遍插茱萸少一人。"

登假（—xiá）同"登遐❶"。《礼记·曲礼下》："告丧，曰天王登假。"孔颖达疏："登，上也。假，已也。言天子上升已矣，若仙去然也。"

登假（—gé）假，通"格"。至。《庄子·大宗师》："是知之能登假于道也若此。"成玄英疏："登，升也；假，至也。"

登极 ❶登上屋顶或高处。《庄子·则阳》："其邻有夫妻臣妾登极者。"成玄英疏："极，高也。"陆德明释文引司马彪云："极，屋栋也，升以观也。"❷指皇帝即位。钱起《归义寺题震上人壁》诗："尧皇未登极，此地曾隐雾。"

登科 科举时代称考中进士为"登科"，亦称"登第"。王仁裕《开元天宝遗事·泥金帖子》："新进士才及第，以泥金书帖子，附家书中，用报登科之喜。"

登临 登山临水，谓游览山水。《楚辞·九辩》："憭慄兮若在远行，登山临水兮送将归。"孟浩然《与诸子登岘山》诗："江山留胜迹，我辈复登临。"

登龙门 《太平广记》卷四六六引《三秦记》："龙门之下，每岁季春有黄鲤鱼，自海及诸川争来赴之。一岁中，登龙门者不过七十二。初登龙门，即有云雨随之，天火自后烧其尾，乃化为龙矣。"后以"登龙门"比喻得到有力者的援引而增长声誉。《后汉书·李膺传》："膺独持风裁，以声名自高。士有被其容接者，名为登龙门。"李白《与韩荆州书》："一登龙门，则声誉十倍。"科举时代亦称会试得中为"登龙门"。

登时 立刻。任昉《奏弹刘整》："苟奴登时欲捉取。"杨梓《敬德不伏老》第三折："想着那老将军果然无病，老夫略施小计，使他登时激发，就领兵交战去了。"

登堂入室 同"升堂入室"。《汉书·艺文志》："如孔氏之门人用赋也，则贾谊登堂，相如入室矣。"孔氏指孔子；相如，司马相如。

登徒子 宋玉有《登徒子好色赋》，登徒是姓，子是男子的通称。后因用来称好色的人。

登闻鼓 古时统治者在朝堂外悬鼓，让臣民击鼓上闻，以申冤抑，或陈谏议，称为"登闻鼓"。《晋书·武帝纪》："西平人麹路，伐登闻鼓。"后来历代沿有此设。宋有登闻鼓院，简称鼓院。无名氏《陈州粜米》第一折："任从他贼丑生，百般家着智能，遍衙门告不成，也还要上登闻将怨鼓鸣。"

登假（—xiá）同"登遐❶"。

登遐 ❶犹言仙去。《列子·周穆王》："〔穆王〕能穷当身之乐，犹百年乃徂，世以为登假焉。"张湛注："假字当作遐。"陆云《登遐颂》序："夫死生存亡，二理之已然者也。而世有神仙登遐之言，千岁不死之寿，其详难得而精矣。"亦为死亡的讳称，常用于帝王。《梁书·元帝纪》："伏承先帝登遐，宫车晏驾，奉讳惊号，五内摧裂。"❷古代以称火葬。《墨子·节葬下》："其亲戚死，聚柴薪而焚之，熏上，谓之登遐。"

登庸 ❶选拔重用。《书·尧典》："畴咨若时登庸。"孔传："畴，谁；庸，用也。谁能咸熙庶绩顺是事者，将登用之。"❷亦用以称皇帝登位。扬雄《剧秦美新》："臣伏惟陛下以至圣之德，龙兴登庸。"《北史·高隆之传》："又帝未登庸日，隆之常为侮帝。"

登（dēng）古代盛肉食的用器，也指祭祀盛肉食的礼器。经传通作"登"。《尔雅·释器》："瓦豆谓之登。"《诗·大雅·生民》："于豆于登。"

噔（dēng）拟声词。如：噔噔走上楼来。

毲（dēng）见"氍毲"。

镫〔镫〕（dēng）❶通"登"。古代盛放熟食的器具。《仪礼·公食大夫礼》："实于镫。"郑玄注："瓦豆谓之镫。"按祭祀时所用的登多用金属制成，故写为"镫"。参见"登"、"豆㊀❶"、"锭❶"。❷也叫"锭"。古代照明器具。青铜制。上有盘，中有柱，下有底。也有盘下为三足，旁有柄可执。盘用来盛油。有作树枝形的，每枝承一镫盘。也有作人物形的，如长信宫镫。还有作动物形的，如朱雀镫、羊镫。有柱作雁足形的，称为雁足镫。流行于汉晋时。
另见dèng。

镫

蹬（dēng）蹬蹬，立貌。见《集韵·十七登》。

簦（dēng）古代有长柄的笠，类似后世的雨伞。《史记·平原君虞卿列传》："蹑屩担簦。"

蹬（dēng）❶腿、脚向脚底方向用力。如：蹬他一脚；蹬车。❷登。如：蹬门求见。❸穿（鞋）。《京本通俗小说·错斩崔宁》："脚下蹬一双乌皮皂靴。"
另见dèng。

děng

等（děng）❶本谓顿齐竹简，如今之顿书使齐。引申为齐一，等同。如：相等；大小不等。《史记·陈涉世家》："等死，死国可乎？"❷等级；等差。如：同等；超等。《礼记·檀弓上》："〔孟〕献子加于人一

等矣。"❸特指台阶的级。《论语·乡党》:"出，降一等。"《吕氏春秋·召类》:"土阶三等。"❹秤量轻重。洪天锡《〈四书纂疏〉序》:"文公(朱熹)自谓〔论语、孟子〕集注乃集义之精髓，一字秤轻秤重，不可增减。"❺犹言何等。应璩《百一诗》:"用等称才学，往往见叹誉?"❻指同等辈的人。如:我等;尔等。亦以表示同等物列举未尽。如:北京、天津等大城市。或列举尽后用以煞尾。如:张、王、李、赵等四人。❼等待。《红楼梦》第八回:"跟你们的妈妈都还没来，且略等等儿。"

【等差】等第;级次。《颜氏家训·归心》:"又星与日月，形色同尔，但以大小为其等差。"

【等侪】同等地位;同辈。《后汉书·仲长统传》:"夫或曾为我之尊长矣，或曾与我为等侪矣。"

【等衰】犹"等差"。《左传·桓公二年》:"故天子建国，诸侯立家，卿置侧室，大夫有贰宗，士有隶子弟，庶人工商各有分亲，皆有等衰。"

【等第】❶等级次第，名次。如:以考试定等第。❷唐代的进士由京兆府考试后再择优保送礼部考试，叫等第。王定保《唐摭言·京兆府解送》:"神州解送，自开元、天宝之际，率以在上十人，谓之等第，必求名实相副。"

【等呼】音韵学术语。"等"和"呼"是两个不同的概念。早期等韵图根据有无介音u[u]，或虽无介音u[u]而主元音是否为圆唇元音而分韵母为合口、开口两呼。中期等韵图分韵母为独韵、开口、合口三类。无开合对立的叫独韵;有无介音u[u]的韵母分别为合口、开口。又据i[i]介音的有无，主元音的洪细(指发音时口腔共鸣空隙的大小)，把两呼各分为一、二、三、四四等。清江永有"一等洪大，二等次大，三四皆细，而四尤细"之说，主要是指主元音的洪细而言。例如:至明清时，因语音变迁，开、合各四等之分，在口语上已不能辨别，故明人多主张并省，把开、合各四并为开、合各两等。这已有改等为呼的倾向，但还没有明确提出四呼的名称。清潘耒《类音》始以唇的形

呼	开			口
等	一	二	三	四
韵	寒	删	仙	先
例字	干	奸	甄	坚

(据《韵镜》外转第二十三，开，平声，牙音，见母。)

呼	合			口
等	一	二	三	四
韵	桓	删	仙	先
例字	官	关	勌	涓

(据《韵镜》外转第二十四，合，平声，牙音，见母。)

状为标准，定为开口、齐齿、合口、撮口四呼，沿用至今。

【等伦】同列的人。《汉书·甘延寿传》:"少以良家子善骑射，为羽林，投石拔距，绝于等伦。"杜甫《别蔡十四著作》诗:"安知蔡夫子，高义迈等伦。"

【等期】犹言比拟。《古诗十九首》:"仙人王子乔，难可与等期。"

【等身书】《宋史·贾黄中传》:"黄中幼聪悟，方五岁，妣每旦令正立，展书卷比之，谓之等身书，课其诵读。"妣，贾黄中父，要黄中每天读熟与他身高相等的一段卷子。后人说的"著作等身"，是形容著书之多，叠起来与作者身高相等。

【等闲】❶寻常;随便。朱熹《春日》诗:"等闲识得东风面，万紫千红总是春。"❷无端;白白地。岳飞《满江红》词:"莫等闲白了少年头，空悲切!"

【等夷】同辈，同等地位的人。《史记·留侯世家》:"今诸将皆陛下故等夷，乃令太子将此属，无异使羊将狼，莫肯为用。"

【等因奉此】旧时上行公文的套语。在引述来文后面用此四字，然后陈说己意。后常借以讥讽只知照章办事而不能联系实际的工作作风。

【等韵】音韵学上分析汉字字音结构的一种方法。广义指等呼、七音、清浊、字母、反切等，狭义专指韵母的等呼。有时也指等韵学和等韵图。

【等韵图】也叫"韵图"。等韵学上用来拼切汉字字音的一种图表。大致上同一直行表示声母相同，同一横行表示"韵母"和"声调"相同。声、韵相拼而成各个字音。如图，最上一格分别代表见(清)、

	音		牙	
	清浊	浊	次清	清
寒	豻	○	看	干
删	颜	○	骭	奸
仙	妍	乾	愆	甄
先	研	○	牵	坚
旱	○	○	侃	笴
潸	齗	○	䏍	蹇
狝	齴	件	○	蹇
铣	研	○	螼	茧
翰	岸	○	侃	肝
谏	雁	○	骭	谏
线	彦	○	譴	眷
霰	砚	○	俔	见
曷	𪗕	○	渴	葛
黠	○	○	䫸	戛
薛	孽	杰	揭	揭
屑	齧	○	挈	结

等 韵 图

(摘自《韵镜》外转第二十三开，行款照原式。四格表平、上、去、入四声，每格横四行表一、二、三、四四等，纵四行表见、溪、群、疑四母。)

溪(次清)、群(浊)、疑(清浊)四个声母，以下依平上去入四声分为四大格，每大格中又分为四等，依次排列。

【等子】亦作"戥子"。称小量东西的衡器。李廌《师友谈记》:"子之文铢两不差，非秤上秤来，乃等子上等来也。"

戥(děng) 亦作"等"。❶见"戥子"。❷用戥子称东西。如:放上戥子戥了戥。李廌《师友谈记》:"子之文铢两不差，非秤上秤来，乃等子上等来也。"

【戥子】亦作"等子"。称量金银、药品等的小秤。《红楼梦》第五十一回:"麝月便拿了一块银，提起戥子来问宝玉。"

dèng

邓〔鄧〕(dèng) ❶古国名。曼姓。在今湖北襄樊市北邓城镇，一说疆域到达今河南邓州市。公元前678年为楚所灭。❷古邑名。春秋蔡地，后属楚，在今河南郾城东南。《左传》桓公二年(公元前710年):"蔡侯、郑伯会于邓。"❸古地名。春秋鲁地，在今山东汶河以南、运河以北地区(清兖州府境)。《左传》隐公十年(公元前713年):"公会齐侯、郑伯于中丘……盟于邓。"❹姓。

㨄(dèng) ❶中国西藏自治区少数民族名。❷见"倰㨄"。

隥(dèng) 同"嶝"、"磴"。石级。《穆天子传》卷四:"天子南还，升于长松之隥。"

【隥道】同"嶝道"。阁道。班固《西都赋》:"凌隥道而超西墉。"

凳〔櫈〕(dèng) 没有靠背的坐具。如:板凳;长凳。

嶝(dèng) 亦作"隥"、"磴"。石级。《后汉书·班固传》:"陵嶝道而超西墉。"

【嶝道】亦作"隥道"、"磴道"。阁道。张衡《西京赋》:"嶝道逦倚以正东。"

【嶝流】有级次的排水道。《文选·左思〈魏都赋〉》:"嶝流十二，同源异口。"李周翰注:"嶝，级次，泄水之处，言有十二也。"

嶝(dèng) 登山的小路。沈约《从军行》:"云岩九折嶝，风卷万里波。"

澄(dèng) 使液体里的杂质沉淀下去。《三国志·吴志·孙静传》:"顷连雨水浊，兵饮之多腹

痛，令促具罂缶数百口澄水。"

另见 chéng。

澄清　使浑水变清。

橙（dèng）　同"凳"。《晋书·王献之传》："魏时陵云殿榜未题，而匠者误钉之，不可下，乃使韦仲将悬橙书之。"

另见 chéng。

磴（dèng）　山路的石级。《水经注·汾水》："羊肠坂在晋阳西北，石磴萦委，若羊肠焉。"

磴道　同"橙道"。登山的石径。李白《北上行》："北上何所苦？北上缘太行。磴道盘且峻，巉岩凌穹苍。"

瞪（dèng）　❶怒目直视。《宋史·盛度传》："往往瞪视而诟詈之。"❷眼睛发楞。《红楼梦》第九十四回："二人连忙回来，俱目瞪口呆，面面相窥。"

镫〔鐙〕（dèng）　马鞍两旁的铁脚踏。周昂《利涉道中寄子端》诗："遗鞭脱镫初不知，指僵欲堕骨欲折。"

另见 dēng。

蹬（dèng）　见"蹭蹬"。

另见 dēng。

鐙（dèng）　同"镫（鐙）"。

dī

氐（dī）　❶古族名。殷周至南北朝分布在今陕西、甘肃、四川等省。从事畜牧业和农业。汉魏后，长期与汉人杂居，大量吸收汉文化。两晋十六国间，曾建立仇池、前秦、后凉等政权。❷同"低"。《汉书·食货志下》："其贾氐贱减平者。"❸星名。二十八宿之一。氐宿为青龙七宿的第三宿。

另见 dǐ。

查（dī）　同"奃"。

低（dī）　❶低下。如：低地；低音；低压。吴嘉纪《绝句》："白头灶户低草房。"❷向下垂。谢朓《咏风》诗："垂杨低复举，新萍合且离。"

低昂　起伏；升降。傅玄《杂诗》："良时无停景，北斗忽低昂。"亦作偏义复词，取其"低"义。杜甫《观公孙大娘弟子舞剑器行》："观者如山色沮丧，天地为之久低昂。"

低沉　❶低落消沉。如：情绪低沉。❷低抑沉重；郁而不扬。如：音调低沉。

低回　亦作"低徊"、"低佪"、"祗回"、"祗回"。❶流连，盘桓。含有依依不舍的意思。《楚辞·九章·抽思》："低徊夷犹，宿北姑兮。"❷回旋起伏。杜甫《乐游园歌》："拂水低回舞袖翻，缘云清切歌声上。"❸纡回曲折。《汉书·扬雄传下》："大道低回。"颜师古注："低回，纡衍也。"

低迷　昏昏沉沉；模模糊糊。嵇康《养生论》："夜半而坐，则低迷思寝。"

低三下四　卑贱、低下。《儒林外史》第四十回："我常州姓沈的，不是甚么低三下四的人家！"也形容卑躬屈膝讨别人的样子。《桃花扇·听稗》："您嫌这里乱鬼当家别处寻主，只怕到那里低三下四还干旧营生。"

低首下心　屈服顺从。韩愈《祭鳄鱼文》："刺史虽驽弱，亦安肯为鳄鱼低首下心，伈伈睍睍，为民吏羞，以偷活于此邪？"

低头　❶低声下气，顺从屈服貌。《后汉书·马援传》："今者归老，更欲低头与小儿曹共槽枥而食。"❷形容丧气。《庄子·盗跖》："色若死灰，据轼低头不能出气。"❸形容害羞。李白《长干行》："低头向暗壁，千唤不一回。"

奃（dī）　《说文·大部》："奃，大也。"段玉裁注："此谓根柢之大。"亦作"查"。见《龙龛手鉴·大部》。

祗（dī）　见"祗徊"。

祗徊　同"低回"。《玉篇·彳部》："祗徊，徘徊也。"

䃅（dī）　见"䃅䃅"。

䃅䃅　短衣、汗衫之类。《方言》第四："〔汗襦〕自关而西或谓之䃅䃅。"《后汉书·羊续传》："其资藏唯有布衾，敝䃅䃅、盐麦数斛而已。"

羝（dī）　公羊。《诗·大雅·生民》："取羝以軷。"毛传："羝羊，牡羊也。軷，道祭也。"

羝羊触藩　比喻进退两难。《易·大壮》："羝羊触藩，羸其角。"羸，困。谓公羊的角缠在篱笆上，进退不得。

堤㊀〔隄〕（dī，又读 tí）　沿江、河、湖、海的边岸修建的挡水建筑物。建在江、河两岸的，称"江堤"或"河堤"；建在海边的，称"海堤"或"海塘"。堤身一般用土料建筑，边坡的陡坦，视土质而异。堤顶的宽度，视险工或平工而不同；堤顶如用作车道或公路时，应根据需要，酌量放宽。易受水流或风浪冲刷处的堤，须用石块等护坡。最重要的地段，也可用大石块或混凝土等筑堤。可以防止洪水泛滥，保障堤内工农业生产及人民居住的安全。

㊁（dī）　瓶类的座子。《淮南子·诠言训》："瓶瓯有堤。"

堤防　本指防水的堤坝。《礼记·月令》："〔季春之月〕修利堤防，道达沟渎。"引申为防备。关汉卿《窦娥冤》第三折："没来由犯王法，不堤防遭刑宪。"今多作"提防"。

堤封　同"提封"。

提（dī）　见"提防"。

另见 dǐ，shí，tí。

提防　本作"堤防"。防备；料想。参见"堤防"。

靮（dī）　同"鞮"。

碲〔碲〕（dī）　染缯用的一种黑色矿物染料。见《广韵·十二齐》引《说文》。人名有用此字，汉代有金日碲。

靴（dī）　同"鞮"。

锃〔鍉〕（dī）　歃血器。《后汉书·隗嚣传》："牵马操刀，奉盘错锃，遂割牲而盟。"李贤注："奉盘措匙而歃也。"

另见 chí，dí。

滴（dī）　❶液体一点点落下来。郑畋《麦穗两岐》诗："瑞露纵横滴，祥风左右吹。"❷水点。贾岛《感秋》诗："朝云藏奇峰，暮雨洒疏滴。"❸量词，液体滴下的数量。如：一滴油。苏轼《赠龙光长老》诗："竹中一滴曹溪水，涨起西江十八滩。"

滴滴　❶形容水滴连续下注的声音。令狐楚《赋山》诗："古岩泉滴滴，幽谷鸟关关。"❷用在某些形容词的后面，含有充沛欲滴之意。张志和《渔父》诗："秋山入帘翠滴滴。"萨都剌《题四时宫人图》诗："案前二女娇滴滴。"

滴沥　水稀疏下滴。也形容水下滴声。王延寿《鲁灵光殿赋》："动滴沥以成响，殷雷应其若惊。"沈约《檐前竹》诗："风动露滴沥，月照影参差。"

镝〔鏑〕（dī）　化学元素〔周期系第Ⅲ族（类）副族元素、镧系元素〕。稀土元素之一。符号 Dy。原子序数66。银白色金属。质软。具有高的热中子吸收截面。用作核

反应堆材料、荧光体的激活剂，还用于测量中子通量等。

另见 dí。

鞮（dī）❶兽皮做的鞋。见《说文·革部》。❷见"鞮鍪"。

鞮鍪 亦作"鞮鍪"、"鞮䩞"。头盔。《汉书·韩延寿传》："被甲鞮鍪居马上。"颜师古注："鞮鍪，即兜鍪也。"扬雄《长杨赋》："鞮鍪生虮虱。"《墨子·备水》："剑甲鞮䩞。"参见"兜鍪"。

鞮（dī）同"鞮"。

另见 wěi。

dí

抣（dí）引；拉开。《史记·天官书》："抣云如绳者，居前亘天，其半半天。"《说文·手部》段玉裁注："许慎注《淮南》云：'抣，引也。'按抣云从手，今本讹从木。"

另见 diǎo。

廸（dí）同"迪"。

狄（dí）❶古族名。亦作"翟"。春秋前，主要分布在河西、太行山一带，春秋时，逐渐东徙，活动于齐、鲁、晋、卫、宋、邢等国之间，与诸国有频繁的接触。公元前7世纪时，分为赤狄、白狄、长狄三部，各有支系。因主要分布在北方，故又通称为北狄。以游牧、狩猎为业，善骑射。❷秦汉以后，"狄"或"北狄"曾是中原人对北方各族的泛称之一。❸古时最下级的官吏。《书·顾命》："狄设黼扆缀衣。"孔传："狄，下士。"❹通"翟"。雉名。也指雉类的长尾羽。《礼记·乐记》："干戚旄狄以舞之。"❺姓。

另见 tì。

迪（dí）❶道理。《书·大禹谟》："惠迪吉，从逆凶。"孔传："顺道吉，从逆凶。"❷开导。《书·太甲上》："启迪后人。"❸继承。《汉书·叙传下》："汉迪于秦，有革有因。"❹进用。《诗·大雅·桑柔》："维此良人，弗求弗迪。"❺依照；实行。《书·皋陶谟》："允迪厥德。"❻作语助，无义。(1)用于句首。《书·君奭》："迪惟前人光，施于我冲子。"(2)用于句中。《书·立政》："古之人迪惟有夏。"

的（dí）确实；的当；的确。如：的款；的对。贺铸《点绛唇》词："掩装无语，的是销凝处。"

另见 de,dì。

的当 确实；恰当。齐己《寄南岳诸道友》诗："漫为楚客蹉跎过，却是边鸿的当来。"《朱子全书·学》："'为仁由己，而由人乎哉！'此语的当。"

的的 的确。无名氏《玉泉子》："杜羔妻刘氏善为诗。羔累举不中第，乃归。将至家，妻即先寄诗与之曰：'良人的的有奇才，何事年年被放回？'"

籴〔糴〕（dí）买进粮食。杜甫《醉时歌》："日籴太仓五升米，时赴郑老同襟期。"参见"遏籴"。

脩〔脩〕（dí）通"涤"。《周礼·春官·司尊彝》："凡酒脩酌。"郑玄注："脩，读如涤濯之涤。"

另见 xiū。

荻（dí）植物名。学名Miscanthus sacchariflorus。禾本科。多年生草本。根状茎外有鳞片。叶片线状披针形。秋季抽生草黄色扇形圆锥花序，小穗多数，成对生于各节，一柄长，一柄短，含两小花，仅第二小花结实。分布于中国北部、中部，南至广东等地；朝鲜半岛、日本亦有分布。秆可作造纸和人造丝原料，也可编织席箔等。

啲（dí）同"嘀"。

敌〔敵〕（dí）❶仇敌。如：抗敌；杀敌。《左传·僖公三十三年》："一日纵敌，数世之患也。"❷对抗；抵拒。如：同仇敌忾。《孟子·梁惠王上》："以一服八，何以异于邹敌楚哉！"❸同等；相当；匹敌。如：势均力敌。杜甫《戏题寄上汉中王》诗："蜀酒浓无敌，江鱼美可求。"

敌国 ❶彼此敌对的国家。《周礼·夏官·环人》："讼敌国，扬军旅。"郑玄注："敌国兵来，则往之与讼曲直。"❷地位力量相等的国家。《孟子·尽心下》："征者上伐下也，敌国不相征也。"❸相当于一国，可以和国家相匹敌。楼钥《陈顺之灵璧石砚山》诗："陈侯之富可敌国。"

敌忾 见"同仇敌忾"。

敌手 能力相等的对手。《晋书·谢安传》："安常棋劣于玄(谢玄)，是日玄惧，便为敌手。"辛弃疾《南乡子·登京口北固亭有怀》词："天下英雄谁敌手？曹刘，生子当如孙仲谋！"

俵〔儥〕（dí）见。《说文·人部》："俵，见也。"段玉裁注："《释诂》曰：'觌，见也。'经传今皆作觌，觌行而俵废矣。"

另见 yù。

浟（dí）见"浟浟"。

另见 yóu。

浟浟 贪求貌。《汉书·叙传下》："六世耽耽，其欲浟浟。"颜师古注："《易·颐》卦六四爻辞曰：'虎视耽耽，其欲浟浟。'耽耽，威视之貌也；浟浟，欲利之貌也。耽，音丁含反；浟，音涤。今《易》浟字作逐。"按"耽"应作"眈"。参见"眈眈(dāndān)"。

涤〔滌〕（dí）❶洗濯。《史记·司马相如列传》："相如身自著犊鼻裈，与保庸杂作，涤器于市中。"❷扫除。《诗·豳风·七月》："十月涤场。"引申为扫荡。《后汉书·隗嚣传》："涤地无类。"李贤注："涤，荡也，荡地无遗类也。"❸古指养祭牲之室。《公羊传·宣公三年》："帝牲在于涤三月。"何休注："涤，宫名，养帝牲三牢之处也。谓之涤者，取其荡涤洁清。"❹指音乐节奏急速。《礼记·乐记》："流辟、邪散、狄成、涤滥之音作。"郑玄注："涤，往来疾貌。"孔颖达疏："谓乐之曲折、音声速疾也。"

涤荡 ❶洗荡；清除。《淮南子·泰族训》："圣人之治天下，非易民性也，拊循其所有而涤荡之。"陶弘景《授陆敬游十赍文》："涤荡纷秽，表里雪霜。"参见"涤瑕荡秽"。❷摇动。《礼记·郊特牲》："涤荡其声。"郑玄注："涤荡，犹摇动也。"陈澔集说："涤荡，宣播之意。"

涤瑕荡秽 清除旧的恶习。班固《东都赋》："于是百姓涤瑕荡秽，而镜至清。"亦作"涤瑕荡垢"。《旧唐书·昭宗本纪》："宜覃涣汗之恩，俾此雍熙之庆，涤瑕荡垢，咸与惟新。"

笛（dí）中国管乐器。古时称竹制直吹的洞箫为"篴"(笛)，隋唐以来，渐用以称竹制横吹的管乐器，故又名"横笛"、"横吹"，俗称笛子。竹制，横吹，有吹孔一，指孔六，近吹孔处另有膜孔，蒙以芦膜或竹膜。尾部常有二至四个出音孔。通常可吹奏四个调。是用于独奏、合奏或伴奏的重要民族乐器。形制大小不一，最常用者有"梆笛"、"曲笛"两种，因常分别用以伴奏梆子、昆曲而得名。梆笛音色清脆，音域约自d^1至e^3。曲笛音色润厚，音域约自a至b^2。中国蒙古族、维吾尔族等少数民族所用之笛，都各有其特色。近又有改良笛，增设半孔指孔及音键，便于转调。

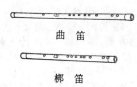

曲笛

梆笛

靮 (dí)　马缰绳。《礼记·少仪》:"马则执靮。"

觌〔覿〕(dí)　❶见;相见。《易·困》:"入于幽谷,三岁不觌。"❷察看。《淮南子·主术训》:"简子欲伐卫,使史黯往觌焉。"

藡 (dí)　同"荻"。《淮南子·说林训》:"藡苗类絮而不可为絮。"高诱注:"藡,荻也,即所谓芦花絮也。"

頔 (dí)　用为人名。唐代有于頔。

嘀 (dí)　见"嘀咕"。

嘀咕　❶私底下小声说话。如:他俩不知又在嘀咕什么了。❷自言自语地盘算。如:他嘀咕着去还是不去。

锃〔鋥〕(dí)　通"镝"。《汉书·项籍传》:"销锋锃,铸以为金人十二。"
另见 chí,dí。

適 (dí)　❶主。《诗·卫风·伯兮》:"自伯之东,首如飞蓬。岂无膏沐,谁適为容?"毛传:"適,主也。"朱熹注:"所以不为者,君子行役,无所主而为之故也。"❷厚。见"適莫"。❸通"嫡"。谓嫡长子。《公羊传·隐公元年》:"立適以长,不以贤。"❹通"敌"。匹敌。《礼记·燕义》:"莫敢適之义也。"❺官爵相同的人。《礼记·杂记上》:"大夫讣于同国,適者曰某不禄。"郑玄注:"適,谓爵同者也。"
另见 shì 适,tì,zhé。

適莫　语出《论语·里仁》"君子之于天下也,无適也,无莫也,义之与比"。適,厚;莫,薄。无適无莫,谓一视同仁。后因以"適莫"指用情的偏颇厚薄。《后汉书·李燮传》:"所交,皆舍短取长,好成人之美。时颍川荀爽、贾彪,虽俱知名而不相能,燮并交二子,情无適莫。"

嫡 (dí)　❶宗法社会称正妻为嫡。正妻所生子女为嫡生。引申为正宗意。如:嫡传。也指最亲近的血统关系。如:嫡亲兄弟;嫡堂姊妹。❷嫡的简称。《左传·闵公二年》:"嬖子配嫡,大都耦国,乱之本也。"

嫡传　正宗传授。《聊斋志异·宦娘》:"少喜琴筝;筝已颇能谙之,独此技未有嫡传。"

嫡母　妾生的子女称其父的正妻为"嫡母"。《南史·刘灵哲传》:"灵哲倾产赎嫡母及景焕,累年不能得。"

嫡堂　同祖不同父的亲属叫"嫡堂",以别于"从堂"。

嫡子　正妻所生的儿子;也指正妻所生的长子。《仪礼·丧服》:"〔斩衰〕父为长子"郑玄注:"不言嫡子,通上下也。亦言立嫡以长。"胡培翚《仪礼正义》卷二十一:"嫡对庶言,经言长不言嫡者,以见父所为三年者,止嫡长子一人,其余嫡子不为三年也。"按嫡子有二义:一指嫡妻所生的儿子,一专指嫡妻的长子。《孔子家语·曲礼公西赤问》:"公仪仲子嫡子死而立其弟。"此专指嫡长子,与《仪礼》注义异。

翟 (dí)　❶长尾的野鸡。《书·禹贡》:"羽畎夏翟。"孔传:"夏翟,翟雉名,羽中旌旄。羽山之谷有之。"❷古代乐舞所执的雉羽。《诗·邶风·简兮》:"右手秉翟。"❸画翟羽用为装饰的衣服。《诗·鄘风·君子偕老》:"玼兮玼兮,其之翟也。"❹通"狄"。见"狄❶"。
另见 zhái。

翟茀　车帘两边或车箱两旁用翟羽为饰的车子,古代贵族妇女所乘。《诗·卫风·硕人》:"翟茀以朝。"参见"茀(fú)❷"。

踧 (dí)　见"踧踧"。
另见 cù。

踧踧　平坦貌。《诗·小雅·小弁》:"踧踧周道,鞠为茂草。"毛传:"踧踧,平易也。"

黓 (dí)　❶龙须。《广雅·释器》:"龙须谓之黓。"❷古时妇人以黑子点面,作为面饰。《集韵·二十三锡》:"黓,一曰妇人面饰,一曰黑子箸面。"

镝〔鏑〕(dí)　箭镞。也指箭。如:鸣镝。韩琦《答孙植太博后园宴射》诗:"须臾一镝入鹄心,画鼓连袠尽声喝。"
另见 dī。

篴 (dí)　"笛"的古字。

髢 (dí)　发髢。王实甫《西厢记》第四本第一折:"偏宜髢髻儿歪。"

蘸 (dí)　"灰蘸"的"蘸"又读。
另见 diào。

曜 (dí)　声音急速。见《集韵·二十三锡》。《文选·成公绥〈啸赋〉》:"音要妙而流响,声激曜而清厉。"李善注:"激曜,疾貌。"张铣注:"激曜,声速也。"

鬄 (dí)　同"髢"。发髻。《西游记》第二十三回:"时样鬄髻皂纱漫,相衬着二色盘龙发。"

蹢 (dí)　兽蹄。《诗·小雅·渐渐之石》:"有豕白蹢。"
另见 zhí。

鸐〔鸐〕(dí)　鸟名。本作"翟"。《尔雅·释鸟》:"鸐,山雉。"《本草纲目·禽部之二》:"雉居原野,鸐居山林。"按指长尾雉。亦称"翟鸡"、"鸐雉"、"长尾野鸡"。

dǐ

氐 (dǐ)　❶根本。《诗·小雅·节南山》:"尹氏大师,维周之氐。"❷通"抵"。归。《汉书·食货志下》:"天下大氐无虑皆铸金钱矣。"颜师古注:"氐读曰抵;抵,归也;大氐犹言大凡也。"
另见 dī。

氐叟　见"叟(sōu)❸"。

邸 (dǐ)　❶古时朝觐京师者在京的住所。《汉书·文帝纪》:"代王乃进至渭桥……太尉勃乃跪上天子玺。代王谢曰:'至邸而议之。'"后亦泛指高级官员办事或居住的处所。如:官邸;府邸。❷旅舍。《宋史·黄幹传》:"幹因留客邸。"❸停。《楚辞·九章·涉江》:"步余马兮山皋,邸余车兮方林。"❹屏风。《周礼·天官·掌次》:"设皇邸。"贾公彦疏:"邸谓以版为屏风,又以凤皇羽饰之,此谓王坐所置也。"❺通"抵"。到。《史记·河渠书》:"自中山西邸瓠口为渠。"❻通"抵"。触。宋玉《风赋》:"邸华叶而振气。"❼通"柢"。物的基部。《周礼·春官·典瑞》:"四圭有邸。"《尔雅·释器》:"邸谓之柢。"郭璞注:"根柢,皆物之邸。邸即底,通语也。"❽姓。北齐有邸珍。

邸报　也称"邸抄"。中国古代报纸的通称。是朝廷传知朝政和臣僚了解朝廷政情的工具。主要登载皇帝谕旨、臣僚奏章和朝政动态等方面的内容。唐代有"报状"、"进奏院状报"等称谓,由藩镇驻京进奏院各自抄传。宋代始称"邸报",继续通行

于元明两代,由中央政府统一发行。明崇祯年间始有活字印本。清代在抄传"邸报"的同时,有印刷的《京报》,由报房商人经营。

邸抄 即"邸报"。《儒林外史》第一回:"危老爹自己问了罪,发在和州去了,我带了一本邸抄来与你看。"

邸第 古代高官府第。《史记·荆燕世家》:"臣观诸侯王邸第百余,皆高祖一切功臣。"

邸店 亦称"邸舍"、"邸阁"。中国历史上城市中供客商堆货、寓居、进行交易的行栈。东晋南朝时已有,隋唐更多。唐长安(今陕西西安)等大都邑,市场四面都设有邸店,少则百余处,多达三四百处,为客商说合买卖,兼营旅馆、堆栈,供客商寓居并堆放货物。宋都市中除邸店外,还有专供堆货的堆垛场和塌房。

邸阁 即"邸店"。《三国志·蜀志·后主传》:"亮使诸军运米集于斜谷口,治斜谷邸阁。"

邸舍 ❶府宅;官舍。《宋书·蔡兴宗传》:"王公妃主,邸舍相望。"《南齐书·豫章文献王嶷传》:"府州郡邸舍,非臣私有。"❷即"邸店"。《宋史·黄庠传》:"比引试崇政殿,以疾不得入。天子遣内侍即邸舍抚问,赐以药剂。"

邸肆 商店。《新唐书·薛登传》:"僧慧范怙太平公主势,夺民邸肆,官不能直,登将治之。"

诋 〔詆〕(dǐ) ❶毁谤;诬蔑。《汉书·刘向传》:"巧言丑诋。"又:"非실诋欺。"亦谓辱骂。文天祥《指南录后叙》:"诋大酋。"❷通"柢"。根底,要素。《淮南子·兵略训》:"兵有三诋。"高诱注:"诋,要事也。"

诋呵 指摘;批评。曹植《与杨德祖书》:"刘季绪才不逮于作者,而好诋呵文章。"

诋毁 攻击毁谤。《后汉书·钟离意传》:"帝性褊察,好以耳目隐发为明,故公卿大臣数被诋毁。"

诋谰 抵赖;不承认。《资治通鉴·隋文帝开皇十八年》:"上责万岁(史万岁),万岁诋谰。"

诋娸 亦作"诋諆"。毁谤;污蔑。《汉书·枚乘传》:"故其赋有诋娸东方朔。"

诋訾 犹诋毁。《汉书·扬雄传下》:"大氐诋訾圣人。"颜师古注:"大氐,大归也。诋訾,毁也。"

阺 (dǐ) ❶同"坻"。山的倾斜面。如:陇阺。❷指山旁突出的部分。《汉书·扬雄传下》:"功若泰山,嚻(响)若阺隤。"颜师古注:"巴蜀人名山旁堆欲堕落曰阺。"

坻 (dǐ) 山的倾斜面;侧坡。张衡《西京赋》:"右有陇坻之隘,隔阂华戎。"

另见 chí,zhǐ。

抵 ㊀〔牴、觝〕(dǐ) 碰撞;相触。见"抵触"。

㊀(dǐ) ❶抵赖。《汉书·田延年传》:"延年抵曰:'本出将军之门,蒙此爵位,无有是事。'"❷至;到。《史记·秦始皇本纪》:"道九原,抵云阳。"❸抵偿;当。如:抵命;抵罪;收支相抵。杜甫《春望》诗:"烽火连三月,家书抵万金。"❹抵挡;抵抗。《红楼梦》第一百十一回:"那些贼见是一人……便用短兵抵住。"❺抵押;抵充。《官场现形记》第五十回:"洋钱现的是没有,看来只好拿首饰来抵。"❻掷。《后汉书·祢衡传》:"因毁以抵地。"❼成本。《周礼·地官·泉府》:"买者各从其抵。"

另见 zhǐ。

抵触 撞击。扬雄《羽猎赋》:"亶观夫剽禽之绁隃,犀兕之抵触。"引申为触犯。《论衡·辩祟》:"抵触县官,罹丽刑法。"又引申为冲突、矛盾。如:两说相抵触。

抵谰 犹抵赖。推脱;不承认。《汉书·梁孝王传》:"王阳(佯)病抵谰,置辞骄嫚。"

抵冒 触犯;冒犯。《汉书·赵充国传》:"抵冒渡湟水。"颜师古注:"抵冒,犯突而前。"

抵死 ❶冒死。谓触犯刑律,至于死罪。《汉书·文帝纪》:"此细民之愚,无知抵死,朕甚不取。"颜师古注:"抵,触也,亦至也。"❷犹经常。晏殊《蝶恋花》词:"百尺朱楼闲倚遍,薄雨浓云,抵死遮人面。"❸犹格外,分外。王安石《与微之同赋梅花》诗:"向人自有无言意,倾国天教抵死香。"❹犹急促,急忙。孙洙《菩萨蛮》词:"楼头尚有三通鼓,何须抵死催人去。"❺犹终究。柳永《倾杯乐》词:"如何媚容艳态,抵死孤欢偶。"

抵梧 亦作"抵忤"、"抵牾"。抵触,矛盾。《汉书·司马迁传赞》:"至于采经摭传,分散数家之事,甚多疏略,或有抵梧。"

抵巇 乘间而入。韩愈《释言》:"弱于才而腐于力,不能奔走乘机抵巇以要权利。"

底 (dǐ) ❶器物的下层或下面。如:箱底;鞋底;地底;水底。引申为着底,即停滞。《左传·昭公元年》:"于是乎节宣其气,勿使有所壅闭湫底。"杜预注:"湫,集也;底,滞也。"❷底子;根底。如:家底;店底;寻根究底;摸一摸底。❸草稿。如:底稿;留底。❹尽头;终极。如:年底;月底。《诗·小雅·小旻》:"我视谋犹,伊于胡底。"❺通"抵"。到;造诣。《列子·天瑞》:"林类年且百岁,底春被裘。"杨恽《报孙会宗书》:"恽才朽行秽,文质无所底。"❻犹言"里"。里面。杨万里《月夜阻风泊舟太湖石塘南头》诗:"谁有工夫寒夜底,独寻水月五湖中?"❼犹言何。甚么。杜甫《可惜》诗:"花飞有底急?"白居易《早出晚归》诗:"自问东京作底来。"❽犹言"这"。无名氏《蓦山溪》词:"竹篱茅舍,底是藏春处。"

另见 de,dǐ。

底定 犹奠定。《书·禹贡》:"震泽底定。"《史记·河渠书》作"致定"。后多用作平定的意思。《南史·齐高帝纪》:"信宿之间,宣阳底定。"

底里 犹底细。《后汉书·窦融传》:"自以底里上露,长无纤介。"《红楼梦》第七十五回:"你不知我们邢家的底里。"

底细 事情的原委;内情。《红楼梦》第三回:"看其外貌,最是极好,却难知其底细。"

底蕴 事物的内容;内部情况。《宋史·范祖禹传论》:"辨释事宜,平易明白,洞见底蕴。"

弤 (dǐ) 上过赤黑色漆的弓。《孟子·万章上》:"干戈,朕;琴,朕;弤,朕。"赵岐注:"弤,雕弓也。"孙奭疏:"雕弓,漆赤弓也。"

柢 (dǐ) 树根。如:根深柢固。《文选·邹阳〈狱中上梁王书〉》:"蟠木根柢,轮囷离奇。"李善注引张晏曰:"柢,下本也。"

軧 〔軧〕(dǐ) 大车后栏。《说文·车部》:"軧,大车后也。"段玉裁注:"大车以载任器……其后必崇,其阑与三面等,非若小车之后也,故曰軧。軧之言底也。"

砥 (dǐ,又读 zhǐ) ❶磨刀石。《淮南子·说山训》:"厉利剑者必以柔砥。"又《修务训》:"剑待砥而后能利。"高诱注:"砥,厉石也。"引申为磨。《史记·平津侯主父列传》:"锻甲砥剑。"❷磨炼;修养。

《淮南子·道应训》：“文王砥德修政，三年而天下二垂归之。”❸平。《国语·鲁语下》：“籍田以力，而砥其远迩。”韦昭注：“平远迩所差也。”

砥砨 亦作“砥厄”。美玉名。《国策·秦策三》：“臣闻周有砥厄。”

砥砺 磨刀石。《山海经·西山经》：“崦嵫之山，苕（若）水出焉，其中多砥砺。”郭璞注：“磨石也。精为砥，粗为砺。”引申为磨厉。《墨子·节葬》：“此皆砥砺其卒伍。”《后汉书·冯衍传》：“镇抚吏士，砥砺其节。”亦作“砥厉”。《礼记·儒行》：“砥厉廉隅。”亦作“砺砥”。

砥矢 《诗·小雅·大东》：“周道如砥，其直如矢。”孔颖达疏：“周之贡赋之道，其均如砥石然；周之赏罚之制，其直如箭矢然。”后遂以“砥矢”比喻公平正直。蔡邕《朱公叔谥议》：“其在帝室，正身危行，言如砥矢，策合神明。”

提 (dǐ) 掷击。《国策·燕策三》：“侍医夏无且以其所奉药囊提轲（荆轲）。”

另见 dī, shí, tí。

骶 (dǐ) ❶臀部。见《集韵·十一荠》。❷背部。《广雅·释亲》：“背谓之骶。”❸骶骨，由五块骶椎合成的骨，上连腰椎下连尾骨。也称“荐骨”。

dì

地 (dì) ❶地球的表面层；地壳。如：陆地；地层。❷地区；国土。如：本地；产地。《国策·秦策一》：“今秦地断长续短，方数千里。”《史记·秦始皇本纪》：“乃使将军蒙恬发兵三十万人，北击胡，略取河南地。”❸土地；田地。如：开垦荒地。《管子·形势》：“地生养万物。”❹地位；境地。《孟子·离娄下》：“禹、稷、颜子，易地则皆然。”❺地步。如：留有余地；预为之地。❻心意活动的领域。如：心地；见地；识地。❼底子；质地。如：白地红花。《论语·八佾》“绘事后素”朱熹注：“谓先以粉地为质，而后施五彩。”❽通“第”。《世说新语·假谲》：“已觅得婚处，门地粗可。”❾通“第”。但。《汉书·丙吉传》：“西曹地忍之。”

另见 de。

地保 ❶谓地势足可据守。《法言·重黎》：“或问：六国并其已久矣，一病一瘳，迨始皇三载而咸，时激、地保、人事乎？”❷即古里正、亭长之职。亦称地甲、保正。

地步 ❶犹地段。《宋史·河渠志五》：“于是都水使者孟揆移拨十八埽官兵，分地步修筑。”❷犹地位。周密《齐东野语》卷十五：“虎（周虎）、辂（彭辂）时皆为将官，独震（夏震）方为帐前佩印官。郭（郭逵）曰：‘周、彭地步，或未可知，震安得遽尔乎？’”❸犹土地、境地。一般指事情向坏的方面发展所达到的程度。❹犹余地。《红楼梦》第五十回：“这正是会作诗的起法，不但好，而且留了写不尽的多少地步与后人。”

地产 ❶农产品。《周礼·春官·大宗伯》：“以地产作阳德。”郑玄注：“地产者，植物，谓九谷之属。”《吕氏春秋·上农》：“是故当时之务，农不见于国，以教民尊地产也。”❷由私人、集团或国家保持所有权的土地。

地方 ❶领域。《管子·形势解》：“桀、纣贵为天子，富有四海，地方甚大，战卒多众，而身死国亡。”❷旧时指地保、保正。《京本通俗小说·错斩崔宁》：“〔朱老三〕叫起地方，有杀人贼在此，烦为一捏！”❸处所。❹我国中央以下各级行政区域的统称。

地蔷 草名。《广雅·释草》：“地葵，地蔷也。”

地府 迷信者谓鬼魂所在的地方。贾岛《哭卢仝》诗：“天子未辟召，地府谁来追？”

地脊 地的脊梁，谓山。孟郊《登华严寺楼望终南山》诗：“地脊亚为崖，耸出冥冥中。”

地纪 即“地维”。古人以为地是方的，四角有大绳维系，使不倾陷。引申为地的四极。《庄子·说剑》：“上决浮云，下绝地纪。”

地角 ❶指非常僻远的地方。徐陵《为陈武帝作相时与岭南酋豪书》：“天涯藐藐，地角悠悠。”❷即“岬角”。❸相术谓人面两颊骨之下端曰地角，亦作“地阁”。

地籁 泛指刮风时地上种种孔穴所发的声音。《庄子·齐物论》：“地籁则众窍是已。”元好问《空山何巨川虚白庵》诗：“空谷自能生地籁，浮云争得翳天光！”

地牢 构筑在地底下的监禁处所。《魏书·杨津传》：“洛周脱津衣服，置地牢下数日，欲将烹之。”

地理 ❶山川土地之形势。《易·系辞上》：“仰以观于天文，俯以察于地理。”❷地址。《京本通俗小说·碾玉观音》：“便教人来行在取他丈

人丈母，写了他地理角色与来人。”❸泛指地球表面各种自然现象和人文现象以及它们之间的相互关系和区域分异。

地力 土地的生产能力。《论衡·效力》：“地力盛者，草木畅茂。”

地利 ❶土地生产的财富。《管子·牧民》：“不务天时，则财不生；不务地利，则仓库不盈。”❷战略上的有利地势。《孟子·公孙丑下》：“天时不如地利，地利不如人和。”朱熹注：“地利，险阻城池之固也。”

地盘 ❶谓凭特殊势力所占据的地区；势力范围。如：军阀互相争夺地盘。❷建筑物所占基地的面积。❸罗盘亦名地盘。❹旧时星相家六壬占法，以天上十二辰方位为天盘，地下十二辰方位为地盘。天盘是在地盘固定不移的基础上随时运转的。

地痞 也叫“地棍”。地方上的流氓无赖。

地示 同“地祇”。《周礼·春官·大宗伯》：“大宗伯之职，掌建邦之天神人鬼地示之礼。”

地祇 亦作“地示”。古代称土地社稷的神。《后汉书·祭祀志中》：“〔建武〕三十三年正月辛未郊，别祀地祇。”

地市 秦始皇骊山陵墓的别称。庾信《哀江南赋》：“骊山回于地市。”《骈字类编》卷十五引《蜀本志》：“始皇陵有银蚕、金雀，以多奇物，故俗称秦皇地市。”

地势 ❶地表高低起伏的状态或格局。也指地理上的形势。《汉书·高帝纪下》：“秦，形胜之国也……地势便利。其以兵于诸侯，譬犹居高屋之上建瓴水也。”❷地位。左思《咏史》：“世胄蹑高位，英俊沉下僚，地势使之然，由来非一朝。”

地维 谓地的四角。古人以为天圆地方，天有九柱支持，地有四维系缀。《列子·汤问》：“折天柱，绝地维。”

地下修文 旧时称文人的死亡。杜甫《哭李尚书》诗：“修文将管辂。”赵次公注：“王隐《晋书》载鬼苏韶见其弟，谓曰：‘颜渊、卜商今为地下修文郎。’”司空图《狂题》诗：“地下修文著作郎，生前饥处倒空墙。”参见“修文❷”。

地仙 道教谓居于人世的仙人，与“天仙”对称。见《抱朴子·论仙》。旧时也用以比喻生活闲散安逸的人。白居易《池上即事》诗：“官散无忧即地仙。”

地舆 谓大地。地载万物,故比之以车舆。《淮南子·原道训》:"以地为舆,则无不载也。"熊曜《琅琊台观日赋》:"倾地舆而通水府,汲天盖而骇长鲸。"

地狱 ❶比喻苦难危险的境地。《三国志·魏志·蒋济传》:"贼据西岸,列船上流,而兵入洲中,是为自内地狱,危亡之道也。"❷译自梵语 Naraka,意为"苦的世界"。佛教六道之一。处于地下。据《俱舍论》等载,有八寒、八热、无间等名称。佛教认为人在生前做了坏事,死后要堕入地狱,受种种苦。

地支 也叫"十二支"。子、丑、寅、卯、辰、巳、午、未、申、酉、戌、亥的总称,古代曾用以记时。此外,属相也是由地支决定的。参见"干支"。

地主 ❶所在地的主人,对外来宾客而言。如:尽地主之谊。《左传·哀公十二年》:"侯伯致礼,地主归饩。"孔颖达疏:"地主,所会之地主人也。"❷占有土地,自己不劳动,或只有附带的劳动,靠剥削农民为生的人。在我国,地主分子是人民民主专政的对象。1979年1月,中共中央决定对绝大多数已得到改造的地主分子摘掉帽子。

吊 〔弔〕(dì) 至。《诗·小雅·天保》:"神之吊矣,诒尔多福。"

另见 diào。

玓 (dì) 见"玓瓃"。

玓瓃 同"的皪"。珠发光貌。《史记·司马相如列传》:"明月珠子,玓瓃江靡。"靡,通"湄",水边。《汉书》、《文选·上林赋》引作"的皪"。

杕 (dì) 树木孤立貌。《诗·唐风·杕杜》:"有杕之杜,其叶湑湑。"毛传:"杕,特皃(貌)。"

另见 duò。

旳 (dì) "的"的古字。明;白。《易·说卦》:"〔震〕其于马也……为旳颡。"孔颖达疏:"白额为的颡。"《说文·日部》引"的"作"旳"。参见"旳旳"。

旳旳 明显貌。《淮南子·说林训》:"旳旳者获,提提者射。"高透注:"旳旳,明也。为众所见,故获,被捕获。"

弟 (dì) ❶称同胞而后生之男子,对"兄"而言。古代也或称妹为"弟"。《孟子·万章上》:"弥子之妻与子路之妻,兄弟也。"❷泛指亲戚或亲族间辈分相同而年纪较小的男子。如:表弟;堂弟。❸朋友相互间的谦称。杜甫《狂歌行赠四兄》:"贤是兄愚者弟。"后多用于书信中。❹弟子;学生。如:师弟。《儿女英雄传》缘起首回:"也学那圣门高弟隐几而卧。"❺同"第"。古代次第字本作"弟"。《说文·弟部》:"弟,韦束之次弟也。"《吕氏春秋·原乱》:"乱必有弟。大乱五,小乱三。"高透注:"弟,次也。"❻通"第"。但。《史记·五帝本纪》:"顾弟弗深考。"裴骃集解引徐广曰:"弟,但也。"

另见 tì,tuí。

弟子 ❶古代泛指为人弟与为人子的人。《论语·学而》:"弟子入则孝,出则弟。"❷泛指年轻的人。《仪礼·乡射礼》:"命弟子纳射器。"郑玄注:"弟子,宾党之年少者也。"❸学生。《论语·先进》:"季康子问:'弟子孰为好学?'孔子对曰:'有颜回者好学。'"❹歌妓。程大昌《演繁露》卷六:"开元二年,玄宗……选乐工数百人,自教法曲于梨园,谓之皇帝梨园弟子。至今谓优女为弟子,命伶魁为乐营将者,此其始也。"元代也用以指妓女。杨景贤《刘行首》第三折:"俺那员外近来养着一个弟子,唤做刘行首。"

弟子孩儿 骂人的话,意即"婊子养的"。元曲中常用。亦作"彘子孩儿"。无名氏《鸳鸯被》第二折:"我走到半路,被那巡更的歹弟子孩儿把我拦住,道我是犯夜的。"

弟子员 汉代以在太学学习者为博士弟子员。《汉书·儒林传赞》:"自武帝立五经博士,开弟子员,设科射策,劝以官禄,讫于元始,百有余年。"明清称县学生员为"弟子员",或"博士弟子员"。

弟 (dì) 同"第"。

另见 tí。

钛 〔釱〕(dì) 古代刑具,脚镣之类。《汉书·食货志下》:"敢私铸铁器鬻(煮)盐者,钛左趾。"颜师古注:"钛,足钳也。"

另见 dài。

的 (dì) ❶鲜明;显著。宋玉《神女赋》:"朱唇的其若丹。"徐幹《中论·考伪》:"小人之道的然而自亡。"引申为白色。见"的卢"、"的颡"。❷箭靶的中心。如:众矢之的。《韩非子·内储说上》:"人之有狐疑之讼者,令之射的,中之者胜,不中者负。"引申为目标;目的。❸古代女子脸上装饰的红点。《释名·释首饰》:"以丹注面曰的。"

另见 de,dí。

的的 明明白白。《淮南子·说林训》:"的的者获,提提者射。"高透注:"的的者,明也,为众所见,故获。"

的彀 目的;标准。《韩非子·问辩》:"夫言行者,以功用为之的彀者也。"

的皪 亦作"的砾"、"玓瓃"、"的皪"、"的历(歷)"。明亮、鲜明貌。《文选·司马相如〈上林赋〉》:"明月珠子,的皪江靡。"李善注引应劭曰:"靡,边也。明月珠子生于江中,其光耀乃照于江边也。"又:"皓齿粲烂,宜笑的皪。"虞世南《咏萤》诗:"的历流光小,飘飖弱翅轻。"

的卢 亦作"的颅"。额部有白色斑点的马。《三国志·蜀志·先主传》"表疑其心,阴御之"裴松之注引《世语》:"备(刘备)屯樊城,刘表礼焉,惮其为人,不甚信用。曾请备宴会,蒯越、蔡瑁欲因会取备,备觉之,伪如厕,潜遁出。所乘马名的卢,骑的卢走,堕襄阳城西檀溪水中,溺不得出。备急曰:'的卢,今日厄矣,可努力!'的卢乃一踊三丈,遂得过。"《世说新语·德行》:"庾公(庾亮)乘马有的卢,或语令卖去。庾云:'卖之必有买者,即复害其主,宁可不安己而移于他人哉!'"刘孝标注引伯乐《相马经》曰:"马白额入口至齿者,名曰榆雁,一名的卢。奴乘客死,主乘弃市,凶马也。"

的颡 白额马。《易·说卦》:"〔震〕其于马也……为的颡。"孔颖达疏:"白额为的颡。"参见"的卢"。

底 (dì) 犹言"的"。辛弃疾《夜游宫·苦俗客》词:"有个尖新底,说底话非名即利。"

另见 de,dǐ。

帝 (dì) ❶最高的天神,古人以为宇宙万物的主宰。《书·洪范》:"帝乃震怒,不畀洪范九畴。"亦指专主一方的神。《庄子·应帝王》:"南海之帝为儵,北海之帝为忽,中央之帝为浑沌。"❷古代君主的称号;皇帝。如:三皇五帝。引申为主体,主。《庄子·徐无鬼》:"桔梗也,鸡雍(雝)也,豕零也,是时为帝者也。"王先谦集解:"药有君臣,此数者视时所宜,迭相为君。"

帝弓 虹的别名。赵德麟《侯鲭录》卷四:"天弓,即虹也,又谓之帝弓。"

帝虎　指因形状相似而误刻或写错了的字。黄伯思《东观余论·校定〈楚辞〉序》："此书既古，简册迭传，亥豕帝虎，舛午甚多。"详"鲁鱼帝虎"。

帝阍　古人想像中掌管天门的人。《离骚》："吾令帝阍开关兮，倚阊阖而望予。"王逸注："帝，谓天帝；阍，主门者也。"亦指宫门。《旧唐书·韩思复传》："夫帝阍九重，涂（塗）远千里。"

帝姬　北宋政和三年（1113年）因蔡京建议，仿周代王姬称例，改公主（皇帝女）为帝姬，长公主（皇帝姊妹）为长帝姬，大长公主（皇帝姑母）为大长帝姬，另加美名作为封号。南宋建炎元年（1127年）复旧制。

帝君　旧时对神中位尊者的名号。如：关圣帝君。《汉武帝内传》："先被大帝君敕，诣玄洲校定《天玄》。"

帝阙　宫门。《宋史·乐志十四》："帝阙肃开，天阶坦履。"

帝乡　❶指皇帝住的地方，就是京城。常建《塞下曲》："玉帛朝回望帝乡。"也指皇帝的故乡。《陈书·吴明彻传》："世祖谓明彻曰：'吴兴虽郡，帝乡之重，故以相授，君其勉之。'"❷神话中天帝住的地方。《庄子·天地》："千岁厌世，去而上仙，乘彼白云，至于帝乡。"

帝制　❶皇帝的仪制。《汉书·贾谊传》："若此诸王，虽名为臣，实皆有布衣昆弟之心，虑亡（无）不帝制而天子自为者。"颜师古注："言诸侯皆欲同皇帝之制度，而为天子之事。"❷君主专制的政体。

帝子　皇帝的儿女。《楚辞·九歌·湘夫人》："帝子降兮北渚。"王逸注："帝子，谓尧女也。"王勃《滕王阁序》："阁中帝子今何在？"帝子，指唐高祖子李元婴。

帝祚　犹言帝位。《史记·秦楚之际月表》："平定海内，卒践帝祚。"

坔〔dì〕　同"地"。《管子·山权数》："故天毁坔凶旱水泆。"

递〔遞〕〔dì〕　❶顺次；一个接一个。如：递增；递减；递升；递降。傅毅《舞赋》："于是合场递进，案次而俟。"❷传送。如：传递；递送。《元史·崔彧传》："官括商船载递诸物。"❸驿车。白居易《缚戎人》诗："黄衣小使录姓名，领出长安乘递行。"❹见"迢递"。
另见 dài。

递解　解往远地的犯人由沿途各地官衙派人轮流押送叫"递解"。《红楼梦》第七回："不知怎么叫人放了把邪火，说他来历不明，告到衙门里，要递解还乡。"

递铺　驿站。《元史·兵志四》："设急递铺，以达四方文书之往来。"《桃花扇·草檄》："只怕递铺误事。"

递训　训诂学术语。几个字展转训释，意义相同。如《庄子·齐物论》："庸也者，用也；用也者，通也；通也者，得也。"

娣〔dì〕　❶女弟。对"姒"而言。《国语·晋语一》："其娣生卓子。"韦昭注："女子同生，谓后生为娣，于男则言妹也。"❷弟妻。《晋书·郑袤妻传》："叔妹群娣之间，尽其礼节。"❸旧指同夫诸妾。《诗·大雅·韩奕》："诸娣从之。"毛传："诸娣，众妾也。"也指侍从的女子。姜夔《满江红》词："命驾群龙金作轭，相从诸娣玉为冠。"

娣姒　❶旧时妾与妾相互的称呼，年长者为姒，年幼者为娣。《尔雅·释亲》："女子同出，谓先生为姒，后生为娣。"郭璞注："同出，谓俱嫁事一夫。"郝懿行义疏："娣姒即众妾相谓之词，不关嫡夫人在内。"❷妯娌。兄妻为姒，弟妻为娣。《尔雅·释亲》："长妇谓稚妇为娣妇，娣妇谓长妇为姒妇。"

娣姪　古时诸侯的女儿出嫁，从嫁的妹妹和侄女或同姓国女子称"娣姪"。《汉书·杜钦传》："娣姪虽缺不复补。"亦作"姪娣"。《公羊传·庄公十九年》："诸侯娶一国，则二国往媵之，以姪娣从。"

莲〔dì〕　莲子。王延寿《鲁灵光殿赋》："绿房紫莲。"

第〔dì〕　❶次第。如：第一；第二。《吕氏春秋·原乱》："乱必有第。"❷上等房屋，因以为大住宅之称。如：府第；门第；宅第。《汉书·高帝纪下》："赐大第室。"颜师古注引孟康曰："有甲乙次第，故曰第。"又《霍去病传》："上为治第。"❸科举考试及格的等次。如：及第；落第；不第。❹但；且。《史记·陈丞相世家》："陛下第出伪游云梦。"

第五　复姓。东汉时有第五伦。

第下　犹言阁下，敬称。用于王公大臣。《资治通鉴·晋安帝隆安五年》："第下之所控引，止三吴耳。"胡三省注："第，府第也；第下，犹言门下、阁之类。"

第一流　第一等级的。《世说新语·品藻》："桓大司马（桓温）下都，

问真长（刘惔）曰：'闻会稽王（司马昱）语奇进，尔邪？'刘曰：'极进，然故是第二流中人耳。'桓曰：'第一流复是谁？'刘曰：'正是我辈耳。'"

第一义　佛家语，指无上至深的妙理。李颀《题神力师院》诗："每闻第一义，心净琉璃光。"

谛〔諦〕〔dì〕　❶注意；仔细。如：谛视；谛听。《关尹子·九药》："谛毫末者，不见天地之大。"❷佛教名词。梵语 Satya 的意译。谓真实无谬的道理。《大毗婆沙论》第七十七："实义是谛义，真义、如义、不颠倒义、无虚诳义是谛义。"主要有四谛、二谛等说。
另见 tí。

逮〔dì〕　见"逮逮"。
另见 dǎi、dài。

逮逮　同"棣棣"。娴雅貌。《礼记·孔子闲居》："威仪逮逮，不可选也。"郑玄注："逮逮，安和之貌。"孙希旦集解："'逮逮'，《诗》作'棣棣'，闲习之意。"

堤〔隄〕〔dì〕　遮蔽。见"堤霓"、"堤翳"。
另见 dié。

堤霓　高耸貌。谓高到可以遮蔽云霓。张衡《西京赋》："托乔基于山冈，直堤霓以高居。"

堤翳　隐蔽；遮蔽。《楚辞·九叹·远逝》："举霓旌之堤翳兮，建黄缥之总旄。"

遆〔遞〕〔dì〕　同"递（遞）"。见"迢遆"。
另见 shì。

蒂〔蔕〕〔dì〕　花或瓜果跟枝茎相连的部分。王融《拟古》诗："花蒂今何在，亦是林下生。"

蒂芥　同"芥蒂"。《汉书·贾谊传》："细故蒂芥，何足以疑！"

棣〔dì〕　❶木名。如：唐棣；棠棣。❷相传《诗·小雅·常棣》是周公宴兄弟的乐歌，后人借"棣"为"弟"。如：贤棣。参见"棣鄂"。❸姓。汉代有棣立。
另见 tì。

棣棣　亦作"逮逮"。雍容娴雅貌；安和貌。《诗·邶风·柏舟》："威仪棣棣。"《礼记·孔子闲居》引《诗》作"威仪逮逮"。《汉书·韦贤传》："仪服此恭，棣棣其则。"

棣鄂　《诗·小雅·常棣》："常棣之华，鄂不韡韡，凡今之人，莫如兄弟。"鄂不，即萼柎。后因以"棣鄂"为兄弟的代称。亦作"棣萼"。岑参《送薛彦伟擢第东归》诗："一枝谁不

折,棟尊独相辉。"

拂〔拂〕(dì) 掠取。《文选·张衡〈西京赋〉》:"超殊榛,拂飞鼺。"薛综注:"殊,犹大也。榛,木也。拂,捎取之也。"

掭(dì) 捐弃。陆机《文赋》:"意徘徊而不能掭。"
另见 tì。

睇(dì) ❶斜视;流盼。《楚辞·九歌·山鬼》:"既含睇兮又宜笑。"又《九章·怀沙》:"离娄微睇兮,瞽以为无明。"❷方言。看;望。

趷(dì) 踢;践踏。见《玉篇·足部》。
另见 zhī。

崹〔崹〕(dì) 见"岹崹"。
另见 dié。

缔〔缔〕(dì) ❶结合;订立。如:缔约。《史记·秦始皇本纪》:"合从缔交,相与为一。"❷约束;限制。如:取缔。

缔造 ❶经营创造。如:缔造大业。❷构谋,编造。杨亿《君可思赋》:"乍缗缗以翩翩,竞翕翕而訑訑,结合阴邪,缔造疑似。"

髢(dì) 装衬的假发。《左传·哀公十七年》:"公自城上见己氏之妻发美,使髡之,以为吕姜髢。"《诗·鄘风·君子偕老》:"鬒发如云,不屑髢也。"

葸〔葸〕(dì) 见"葸蓟"。

葸蓟 同"蒂芥"。

题(dì) 小盆名。见《玉篇·瓦部》。《方言》第五:"瓺,陈、魏、宋、楚之间谓之题。"郭璞注:"今河北人呼小盆为题子。"章炳麟《新方言·释器》:"今人称盘小而庳者为题,转入如狄,遂讹作椟。唐《济渎庙北海坛祭器碑》作叠(疊)。《宋史·吕蒙正传》作楪,叠楪皆误,正字当作题。"

禘(dì) 古代祭名。(1)大禘之祭。《礼记·大传》:"礼,不王不禘。王者禘其祖之所自出,以其祖配之。"孙希旦集解引赵匡曰:"不王不禘,明诸侯不得有也。所自出,谓所系之帝。禘者,帝王既立始祖之庙,犹谓未尽其追远尊先之意,故又推寻始祖所自出之帝而追祀之,以其祖配之者,谓于始祖庙祭之,以始祖配祭也。"(2)天子诸侯宗庙五年一次的禘祭,与"祫"并称为殷祭。殷,盛。合高祖之父以上的神主祭于太祖庙,高祖以下分祭于本庙。三年丧毕之次年一禘,此后三年祫,五年

禘,禘祫各自相距五年。见孙诒让《周礼正义·春官·大宗伯》。《礼记·明堂位》:"季夏六月,以禘礼祀周公于大庙。"《春秋·闵公二年》:"夏五月,乙酉,吉禘于庄公。"吉禘,指终丧后之禘。(3)宗庙四时祭之一,每年夏季举行。《礼记·王制》:"天子诸侯宗庙之祭,春曰礿,夏曰禘,秋曰尝,冬曰烝。"

疐(dì) 同"疐"。
另见 zhì。

碲(dì) 化学元素〔周期系第Ⅵ族(类)主族元素〕。符号 Te。原子序数 52。稀散元素之一。从电解铜的阳极泥和炼锌的烟尘中回收制得。有棕色无定形和银灰色金属外观的结晶形两种重要的同素异形体。金属和合金中加入少量碲,可改进其机械性能并增加硬度。碲和一些碲化物是半导体材料。

睼(dì) 迎视。《文选·张衡〈思玄赋〉》:"亲所睼而弗识兮。"旧注:"睼,视也。"

蝃(dì) 见"蝃蝀"。

蝃蝀 ❶虹的别称。《诗·鄘风·蝃蝀》:"蝃蝀在东,莫之敢指。"毛传:"蝃蝀,虹也。"亦作"螮蝀"。❷《诗·鄘风》篇名。《韩诗》谓为"刺奔女"之作(见《后汉书·杨赐传》李贤注引)。诗中对女子不待父母之命而嫁,斥为"大无信也,不知命也"。然对此诗内容历来解说不一,《诗序》谓此诗赞美卫文公能"以道化其民",国人以淫奔为耻。一说,此诗系诗人代卫宣姜答《新台》之作。

墬(dì) "地"的古体字。《淮南子》有《墬形训》。

橍(dì) 屋檐。《尔雅·释宫》:"檐谓之橍。"郭璞注:"屋梠。"郝懿行义疏:"梠,楣也,齐谓之檐。橍者,《说文》云:'户橍也。读若滴。'按即今所谓滴水,雨水所滴处。

蔇(dì) 通"蒂"。瓜果的蒂部。也指去掉瓜果的蒂。《尔雅·释木》:"枣李曰疐之。"邢昺疏:"谓治枣李,皆去其蔇;蔇者,柢也。"
另见 zhì。

题〔题〕(dì) 通"谛"。视。《诗·小雅·小宛》:"题彼脊令。"
另见 tí。

螮〔螮〕(dì) 见"螮蝀"。

螮蝀 虹。见《尔雅·释天》。亦作"蝃蝀"。

瓴(dì) 见"瓻瓴"。

蓳〔蘳〕(dì) 姓。西汉末有蓳恠。

踶(dì) 踢。用于兽类。《庄子·马蹄》:"怒则分背相踶。"
另见 chí,tí,zhì。

蹄〔蹏〕(dì) 通"踶"。踢。柳宗元《三戒》:"驴不胜怒,蹄之。"
另见 tí。

鬄(dì) 同"髢"。
另见 tì。

齸(dì) 鼻疾。见《集韵·十二霁》。《太玄·割》:"决其聋齸,利以治秽。"

diǎ

嗲(diǎ) 吴方言。形容撒娇的言语、态度。如:发嗲;嗲声嗲气。

diān

拈(diān) 通"戥"。见"拈戥"。
另见 niān,niǎn。

拈戥 同"戥戥"。用手估量轻重。《景德传灯录》卷十二"镇州临济义玄禅师":"我遮(这)镬天下人拈戥不起。"

戥(diān) 见"戥戥"。

戥戥 亦作"拈戥"。❶用手估量轻重。见《广韵·二十五添》。❷思忖;盘算。《红楼梦》第四十一回:"刘姥姥听了,心下戥戥道:'我方才不过是趣话取笑儿,谁知他果真竟有!'"

掂(diān) 托在手上上下晃动以估量东西的轻重。如:掂量。《红楼梦》第五十一回:"麝月听了,便放下戥子,拣了一块,掂了一掂。"

掂斤播两 播,亦作"簸"。较量轻重。比喻品评优劣,也指在琐屑事情上斤斤较量。王实甫《西厢记》第一本第二折:"尽着你说短论长,一任待掂斤播两。"

咭(diān) ❶说;念叨。贾仲明《萧淑兰》第一折:"一条担两下里脱尖,有多少胡讲歪谈信口咭。"❷打趣。董解元《西厢记诸宫调》卷

六:"红娘莫凭把人干厮哬。"

骈〔驒〕(diān)　见"骈骎"。
另见 tān,tuó。

骈骎　畜名。似马而小。《史记·匈奴列传》:"其奇畜则橐驼、驴、骡、駃騠、騊駼、骈骎。"

傎(diān)　颠倒错乱。《穀梁传·僖公二十八年》:"以为晋文公之行事,为已傎矣。"

滇(diān)　❶古族名、国名。在今云南东部滇池附近地区。战国时,楚将庄蹻(一作庄豪)至其地称滇王。从事农、牧、渔、纺织,并经营采矿。汉武帝元狩年间,滇王曾协助汉使探求通往今印度的道路。元封二年(公元前109年),汉于此置益州郡。❷云南省的简称。因省境东北部在战国至汉武帝以前为滇国地而得名。
另见 tián。

骥〔顛〕(diān)　额有白星的马。见《广韵·一先》。

槙(diān)　树顶或树倒仆。《说文·木部》:"槙,木顶也,一曰仆木也。"段玉裁注:"人顶曰颠,木顶曰槙;人仆曰颠,木仆曰槙。颠行而槙废矣。"
另见 zhēn。

髻(diān)　见"髻鬔"。

髻鬔　鬓发疏薄貌。见《广韵·二十五添》。

瘨(diān)　❶"癫"的本字。《广雅·释诂》:"瘨,狂也。"《素问·腹中论》:"石药发瘨,芳草发狂。"❷晕倒。《国策·楚策一》:"瘨而殚闷,旄不知人。"❸降灾;害。《诗·大雅·云汉》:"胡宁瘨我以旱,憯不知其故。"

颠〔顛〕(diān)　❶头顶。《诗·秦风·车邻》:"有马白颠。"《墨子·修身》:"华发隳颠。"孙诒让间诂:"隳颠,即秃顶"也泛指顶部。陶潜《归园田居》诗:"狗吠深巷中,鸡鸣桑树颠。"❷本;始。如:颠末。❸颠倒。《楚辞·九叹·愍命》:"今反表以为里兮,颠裳以为衣。"王逸注:"颠,倒也。"❹仆倒;坠落。《书·盘庚上》:"若颠木之有由蘖。"《汉书·五行志中之上》:"泰山之石颠而下。"❺颠簸。《红楼梦》第七十八回:"骑马颠了,骨头疼。"❻通"癫"。见"颠狂"。引申为轻狂,轻薄。
另见 tián。

颠不剌　"颠"谓风流、轻薄,"不

剌"是语尾助词。王实甫《西厢记》第一本第一折:"颠不剌的见了万千,似这般可喜娘的庞儿罕曾见。"马致远《青杏子·悟迷》套曲:"颠不剌的相知不绻他。"

颠倒　❶上下倒置。韩愈《醉后》诗:"淋漓身上衣,颠倒笔下字。"❷错乱,多指心神。如:神魂颠倒。《吕氏春秋·情欲》:"临死之上,颠倒惊惧,不知所为。"❸犹反倒。《水浒传》第二十一回:"我如今不容易请得他来,你却不起身陪句话儿,颠倒使性!"❹反复查点。《西游记》第三十一回:"又那斗牛宫外,二十八宿,颠倒只有二十七位,内独少了奎星。"

颠颠　❶专一。《庄子·马蹄》:"其行填填,其视颠颠。"❷痴狂貌。如:疯疯颠颠。《北史·齐文宣帝纪》:"颠颠痴痴,何成天子?"

颠覆　颠倒;倒翻;倾败。《诗·大雅·抑》:"颠覆厥德,荒湛于酒。"《楚辞·九叹·逢纷》:"椒桂罗以颠覆兮"引申为灭亡。《诗·王风·黍离序》:"闵周室之颠覆。"

颠棘　亦作"颠棘"、"天棘"。即"天门冬"。《广雅·释草》:"颠棘,女木也。"王念孙疏证:"《神农本草》云,天门冬,一名颠勒。"杜甫《巳上人茅斋》诗:"天棘蔓青丝。"仇兆鳌注:"《本草索隐》云:'天门冬……在北岳名颠棘。''颠'与'天'声相近而互名也。"

颠狂　颠,通"癫"。本指精神失常,引申为放荡不羁。杜甫《戏题寄上汉中王》诗:"尚怜诗警策,犹忆酒颠狂。"

颠连　❶形容山脉自高而低,连绵不断。❷困顿不堪。张载《西铭》:"凡天下疲癃残疾惸独鳏寡,皆吾兄弟之颠连而无告者也。"

颠轹　古阪名。一作颠陵阪,又称虞阪。在今山西平陆北。有通道在东西绝涧中,形势险阻,当南北交通冲要。《左传》僖公二年(公元前658年):"冀为不道,入自颠轹,伐鄍三门。"

颠沛　❶倾覆;跌仆。《诗·大雅·荡》:"人亦有言:'颠沛之揭,枝叶未有害,本实先拨。'"揭,树根上露。《论语·里仁》:"君子无终食之间违仁,造次必于是,颠沛必于是。"❷动荡变乱。《论衡·定贤》:"鸿卓之义,发于颠沛之朝。"❸狼狈困顿。《后汉书·臧宫传论》:"岂有颠沛平城之围,忍伤酅王之陈乎?"

颠仆　❶跌倒。《世说新语·雅量》:"虎承间攀栏而吼,其声震地,观者无不辟易颠仆。"❷喻失败、困顿。《汉书·孔光传》:"诚恐一旦颠仆,无以报称。"陆机《豪士赋序》:"是以事穷运尽,必于颠仆。"

颠扑不破　颠,一作"撷",跌。扑,敲。无论怎样摔打都不破。比喻思想、理论正确,无法驳倒。《朱子语类·性理二》:"伊川性即理也,横渠心统性情二句,颠扑不破。"

颠蹎　跌倒;跌跌撞撞的样子。唐彦谦《宿田家》诗:"阿母出搪塞,老脚走颠蹎。"引申为困苦。曾巩《王仲遹墓志》:"君在撼顿颠蹎之中,志气弥厉。"

蹎(diān)　❶跌倒。《荀子·正论》:"蹎跌碎折。"《汉书·贡禹传》:"诚恐一旦蹎仆气竭,不复自还。"❷通"填"。见"蹎蹎"。

蹎蹎　同"填填"。安详缓慢貌。《淮南子·览冥训》:"其行蹎蹎,其视瞑瞑。"高诱注:"蹎,读填置之填。"

齻〔齻〕(diān)　真牙。《仪礼·既夕礼》:"右齻左齻。"郑玄注:"象齿坚。"贾公彦疏:"谓牙两畔最长者,象生时坚齿也。"《六书故》:"齻,真牙也。男子二十四岁,女子二十一岁,真牙生。"按亦名"智齿"。

撷〔撷〕(diān)　跌。马致远《汉宫秋》第二折:"这壁厢攀栏的怕撷破了头。"
另见 dié。

巅〔巔〕(diān)　❶山顶。《诗·唐风·采苓》:"采苓采苓,首阳之巅。"❷同"颠"。下坠。见"巅越"。

巅越　陨落。《楚辞·九章·惜诵》:"行不群以巅越兮,又众兆之所咍。"

顚(diān)　同"颠(顛)"。

癫〔癲〕(diān)　❶精神错乱。如:疯癫。❷行为放荡不羁。元稹《厅前柏》诗:"我本癫狂躭酒人,何事与君为对敌。"

癫痫　突然发作的暂时性大脑功能紊乱的病症。可分四类:(1)大发作,俗称"羊痫风"。最常见。病人突然神志丧失跌倒、尖叫、全身抽动、面色青紫、口吐泡沫,常有舌唇咬破、尿失禁等现象。每次发作历时数分钟,发作后昏睡数十分钟。(2)小发作。多为突然神志丧失数秒钟,无抽

动。(3)精神运动发作。短暂的精神失常。(4)局限性发作。仅局部肌肉的抽动。见于颅内肿瘤、脑寄生虫病、脑膜炎、脑炎、颅脑损伤等及其后遗症。部分病人的病因不明。治疗应针对病因,持续服用苯妥英钠等抗癫痫药物可控制其发作。

diǎn

典(diǎn) ❶指可以作为典范的重要书籍。如:经典。《书·五子之歌》:"有典有则。"孔传:"典,谓经籍。"《后汉书·蔡邕传》:"伯喈旷世逸才,多识汉事,当续成后史,为一代大典。"❷常道;常法。《尔雅·释诂》:"典,常也。"参见"典常"。❸制度;法则。如:典章;典范。《周礼·天官·大宰》:"掌建邦之六典。"❹典礼。如:开国盛典。《宋书·蔡廓传》:"朝廷仪典,皆取定于亮(傅亮)。"❺典雅;正派。萧统《答玄圃园讲颂启令》:"辞典文艳。"《颜氏家训·文章》:"吾家世文章,甚为典正。"❻典故。如:用典;僻典。龚颐正《芥隐笔记·杀之三宥之三》:"武王伐纣,以妲己赐周公,出何典?"参见"典故❷"。❼主管;执掌。如:典试;典狱。《史记·季布栾布列传》:"季布以勇显于楚,身屡典军,搴旗则数矣。"张守节正义引徐广曰:"屡,一作屦。"❽经常从事。见"典学"。❾抵押;典当。杜甫《曲江》诗:"朝回日日典春衣。"❿姓。三国时魏有典韦。

典奥 典雅深奥。《后汉书·法真传》:"处士法真,体兼四业,学穷典奥。"李贤注:"四业,谓《诗》、《书》、《礼》、《乐》也。"

典常 常法;常道。《易·系辞下》:"初率其辞而揆其方,既有典常。"《史记·礼书》:"定宗庙百官之仪,以为典常,垂之于后云。"

典坟 "三坟五典"的省称,指各种古书。陆机《文赋》:"伫中区以玄览,颐情志于典坟。"

典故 ❶典制和掌故。《后汉书·东平宪王苍传》:"亲屈至尊,降礼下臣,每赐宴见,辄兴席改容,中宫亲拜,事过典故。"《宋史·宋敏求传》:"熟于朝廷典故。"❷诗文中引用的古代故事和有来历出处的词语。赵翼《瓯北诗话·查初白诗》:"语杂诙谐皆典故,老传著述岂初心。"

典籍 国家重要文献。《孟子·告子下》:"诸侯之地方百里;不百里,不足以守宗庙之典籍。"赵岐注:"谓先祖常籍法度之文也。"亦统称各种典册、书籍。《尚书序》:"及秦始皇灭先代典籍。"《后汉书·崔寔传》:"少沈静,好典籍。"

典礼 ❶制度和礼仪。《易·系辞上》:"圣人有以见天下之动,而观其会通,以行其典礼。"后指某些隆重的仪式。如:阅兵典礼;开幕典礼。查慎行《拟玉泉山大阅二十韵》:"典礼因举,櫼枪扫迹无。"❷古时掌管制度礼仪的官。《礼记·王制》:"命典礼考时月,定日,同律、礼、乐、制度、衣服,正之。"

典卖 活估卖,即出卖时约定期限,到期可备价赎回,不同于"绝卖"。《清会典事例·盛京户部·田宅》:"遇有典卖更易,均就近呈报。"

典式 典范;楷模。《汉书·叙传下》:"王莽窃命,是倾是覆,备其变理,为世典式。"《颜氏家训·风操》:"今日天下大同,须为百代典式,岂得尚作关中旧意?"

典刑 ❶常刑。《书·舜典》:"象以典刑。"象,示人。❷掌管刑法。《汉书·叙传下》:"释之(张释之)典刑,国宪以平。"❸刑,同"型"。旧法;常规。《诗·大雅·荡》:"虽无老成人,尚有典刑。"郑玄笺:"老成人谓若伊尹、伊陟、臣扈之属,虽无此臣,犹有常事故法可案用也。"后以指遗留下来的规范。归有光《跋仲尼七十子像》:"虽年代久远,而典刑具存。"

典学 《书·说命下》:"念终始典于学。"孔颖达疏:"念终念始,常在于学。"这是傅说勉励殷高宗的话。后因称皇子就学为"典学"。杨万里《贺太子生辰》诗:"典学光阴璧不如,简编灯火卷还舒。"

典雅 ❶谓文辞有典据而高雅。曹丕《与吴质书》:"〔徐幹〕著《中论》二十篇,成一家之言,辞义典雅,足传于后。"❷犹言诗书。马融《长笛赋序》:"融既情览典雅,精核数术,又性好音,能鼓琴吹笛。"

典要 ❶简要有法度。《三国志·魏志·荀彧传》裴松之注引张璠《汉纪》:"〔荀悦〕作《汉纪》三十篇,因事以明臧否,致有典要。"❷经常不变的法则;准则。《易·系辞下》:"不可为典要,唯变所适。"

典章 制度法令等的总称。《隋书·牛弘传论》:"采百王之损益,成一代之典章。"

典志 记载典章制度的文章和书籍。古书如《礼记》中的《王制》、《月令》、《明堂位》等篇,《史记》八书、《汉书》十志,及十通、会典、会要等,均属典志性质。

点〔點〕(diǎn) ❶细小的痕迹。如:斑点。《晋书·袁宏传》:"如彼白圭,质无尘点。"❷液体的小滴。如:雨点。❸汉字笔画的一种,即"、"。❹用笔加点;标点句读。如:点句;评点;画龙点睛。引申为装饰。如:装点;点缀。庾信《舞媚娘》诗:"眉心浓黛直点,额角轻黄细安。"❺更点。古代用铜壶滴漏计时,把一夜分为五更,一更分为五点,每次击点或击钟鼓以报时。见程大昌《演繁露》卷四。今称一小时为一点钟。❻一定的地点或限度。如:起点;据点;顶点;沸点。❼事物的项目或部分。如:优点;缺点;特点;重点;提出三点;突破一点。❽污辱;玷污。司马迁《报任少卿书》:"适足以见笑而自点耳。"❾向下微动或一触即起。如:点头;以脚点地。杜甫《曲江》诗:"点水蜻蜓款款飞。"❿燃火。如:点灯;一点就着。⓫使物体一点点落下。如:点眼药。⓬查对;检核。如:点收;点货。⓭指定。如:点菜;点戏。⓮指点;启示。如:点破;一点就懂。⓯古乐器名。形如小铜鼓,中间隆起,边有两孔,系绳提在手上敲打。又旧时官署中的云版也称"点"。参见"云版"。⓰点心的简称。如:早点;茶点;糕点。⓱表示少量。如:一点儿小事。⓲用以表示商品、外汇等市场价格涨落或股票价格指数变动的单位。

点窜 点,删去;窜,改易。谓修整字句。《三国志·魏志·武帝纪》:"公又与遂(韩遂)书,多所点窜。"

点定 修改文字作最后定稿。《世说新语·文学》:"司空郑冲驰遣信就阮籍求文,籍时在袁孝尼家,宿醉扶起,书札为之,无所点定,乃写付使,时人以为神笔。"

点额 《水经注·河水》:"鳣,鲔也,出巩穴,三月则上渡龙门,得渡为龙矣;否则点额而还。"旧时因以"点额"比喻应试落第。白居易《醉别程秀才》诗:"五度龙门点额回,却缘多艺复多才。"

点化 ❶原指古代方士的点金术,引申为指点感化,谓佛家或道家用言语方术启发人学道。王君玉《国老谈苑》卷二:"景德中,真宗朝陵,因访异人,左右以归真闻。乃召对,问曰:'知卿有点化之术,可以言之。'归真

奏曰:'臣请言帝王点化之术:愿以尧舜之道,点化天下。'"❷使化成美景。周必大《己未二月十七日会同甲次旧韵》:"红紫丁宁容老圃,丹青点化属诗仙。"

点检　❶检查;查察。李咸用《投知》诗:"酌量才地心虽劲,点检囊装意又阑。"胡震亨《唐音癸签·法微三》:"古人诗有误用重韵重字者,皆是失点检处,必不可借以自文。"今通作"检点"。❷校录;差发。《旧唐书·懿宗纪》:"魏博何弘敬奏当道点检兵马一万三千赴行营。"

点睛　《晋书·顾恺之传》:"恺之每画人成,或数年不点目睛。人问其故。答曰:'四体妍蚩,本无阙少于妙处,传神写照,正在阿堵中。'"阿堵,六朝口语,即这个,此指眼珠。后因以文章传神之处为"点睛之笔"。

点卯　旧时官衙卯时开始办公,吏役按时报到,叫应卯,官员查点人数叫点卯,其名册叫卯册。参见"应卯"、"画卯"。

点染　❶画家点笔染翰称为点染。颜之推《颜氏家训·杂艺》:"武烈太子偏能写真,座上宾客,随宜点染,即成数人,以问童孺,皆知姓名矣。"❷玷污。杜甫《八哀诗·郑公虔》:"反复归圣朝,点染无涤荡。"

点素　❶把白绢弄脏。引申为谮害,诬陷。《后汉书·杨震传》:"帝感震之枉,乃下诏策曰:'故太尉震,正直是与,俾匡时政,而青蝇点素,同兹在藩。'"❷在白纸上着笔描画。钱起《画鹤篇》:"点素拟姿任画工,霜毛玉羽照帘栊。"

点汤　泡茶。无名氏《冻苏秦》第三折:"点汤是逐客,我则索起身。"按:旧时会客,临别时主人端茶送客,是常礼。若主人厌客久留,也以敬茶示意,客人即须告辞。故谓"点汤是逐客"。

点铁成金　古代方士称能用灵丹将铁点化成金子。《五灯会元》卷七"灵照禅师":"还丹一粒,点铁成金。"后比喻把别人文句略加点窜,顿然改观。陈善《扪虱新话上集》卷二:"文章虽要不蹈袭古人一言一句,然古人自有夺胎换骨等法,所谓灵丹一粒,点铁成金也。"

点污　同"玷污"。把洁白的东西弄脏。《颜氏家训·治家》:"借人典籍……或有狼藉几案,分散部秩,多为童幼婢妾之所点污。"比喻声誉名节受损害。朱熹《王梅溪文集序》:"至其大节之伟然者,则不能有以毫

发点污也。"

点心　饥时略进食物。庄季裕《鸡肋编》卷下:"上微觉馁,孙见之,即出怀中蒸饼云:'可以点心。'"糕饼之类的小食亦称点心。周密《癸辛杂识前集·健啖》:"闻卿健啖,朕欲作小点心相请,如何?"

点缀　略加衬饰。《世说新语·言语》:"司马太傅(道子)斋中夜坐,于时天月明净,都无纤翳,太傅叹以为佳。谢景重在坐,答曰:'意谓乃不如微云点缀。'"

蒇（diǎn）　通"点"。用于人名。《史记·仲尼弟子列传》:"曾蒇,字晳。"按《论语·先进》"蒇"作"點(点)"。又有奚容蒇、公西蒇。

碘（diǎn）　化学元素[周期系第Ⅶ族(类)主族元素]。卤族元素之一。符号 I。原子序数53。碘蒸气的分子式为 I_2。紫灰色晶体。带有金属光泽,性脆,易升华。蒸气呈紫色。淀粉遇碘则变蓝色。应密闭保存。难溶于水,但溶于碘化钾的水溶液及苯、二硫化碳、酒精等有机溶剂中。海藻中含有碘的化合物,是碘的主要来源之一。由碘酸盐用亚硫酸氢钠还原或将碘化物用氯氧化制得。其酒精溶液叫"碘酊"或"碘酒",用作消毒剂。碘用于医药工业及作分析试剂。放射性碘标记化合物用于生物医学中作示踪研究。为生命必需的微量营养元素。

踮（diǎn）　提起脚跟,用脚尖着地。如:踮着脚看。

diàn

电〔電〕（diàn）　❶实物的一种属性。古代就已观察到"摩擦起电"现象,并认识到电有正负两种,同种相斥,异种相吸。当时因不明了电的本质,认为电是附着在物体上的,因而把它称为电荷,并把显示出这种斥力或吸力的物体称为带电体。习惯上有时也把带电体简称为电荷(如运动电荷、自由电荷等)。现代科学指出:物体内部固有地存在着电子和质子这两种带有基本电荷的粒子,正是各物体带电过程的内在依据。一切物体都由大量原子构成,而原子则由带正电的原子核和带负电的电子组成。在正常情况下,同一个原子中正负电量相等,因而整个物

体被认为是不带电的或中性的。当它们由于某种原因(如摩擦、受热、化学变化等)而失去一部分电子时,就带正电;获得额外电子时,就带负电。电荷周围存在着电场,运动时还有磁场。❷专指闪电。如:雷电。《礼记·月令》:"雷乃发声,始电。"❸电报的简称。如:贺电;急电;电告。❹旧时请人亮察的敬辞,有明照之意。如:台电;电察。

佃（diàn）　❶耕种土地。《汉书·韩安国传》:"方佃作时,请且罢屯。"颜师古注:"佃,治田也。音与田同。"❷旧时农民向地主或官府租种土地。《晋书·食货志上一》:"广开水田,募贫民佃之。"亦指佃户。《宋史·食货志上一》:"公租额重而纳重,则佃不堪。"

另见 tián。

佃户　旧时租种地主土地的农户。《新五代史·楚世家》:"〔周行逢夫人严氏〕押佃户送租入城。"

佃作　同"田作"。从事耕种。《史记·苏秦列传》:"北有枣栗之利,民虽不佃作,而足于枣栗矣。"

甸（diàn）　❶古时郭外称郊,郊外称甸。《周礼·天官·大宰》:"三曰邦甸之赋。"贾公彦疏:"郊外曰甸,百里之外,二百里之内。"❷田野的出产物,指布帛和珍品。《礼记·少仪》:"纳货贝于君,则曰纳甸于有司。"❸治理。《诗·小雅·信南山》:"信彼南山,维禹甸之。"❹通"淀"。如北京海淀亦作"海甸"。

另见 shèng、tián。

甸畿　古九畿之一。《周礼·夏官·大司马》:"方千里曰国畿,其外方五百里曰侯畿,又其外方五百里曰甸畿,又其外方五百里曰男畿。"郑玄注:"畿,犹限也。自王城以外,方五百里为界,有分限者九。"

阽（diàn,旧读 yán）　临近。一般指险境而言。《离骚》:"阽余身而危死兮。"王逸注:"阽,犹危也;或云,阽,近也,言己尽忠近于危殆。"参见"阽危"。

阽危　危险。"阽"为近边欲坠之意,故谓危险为"阽危"。《汉书·食货志上》:"安有为天下阽危者若是而上不惊乎!"王融《永明十一年策秀才文》:"故能出入于阽危之域,跻俗于仁寿之地。"

坫（diàn）　❶古代设于堂中两楹间的土台,低者供诸侯相会饮酒时置放空杯,高者用以置放来会

诸侯所馈赠的玉圭等物。《礼记·明堂位》："反坫出尊,崇坫康圭。"郑玄注:"反坫,反爵之坫也。出尊,当尊南也。唯两君为好,既献,反爵于其上……崇,高也。康,读为亢龙之亢。又为高坫,亢所受圭,莫于上焉。"《论语·八佾》:"邦君为两君之好,有反坫。"❷古代室内放置食物的土台。《礼记·内则》:"大夫于阁三,士于坫一。"孔颖达疏:"士卑不得作阁,但于室中为土坫庋食也。"参见"阁㈠❸"。

店(diàn) ❶商店;铺子。如:书店;零售店;店员。崔豹《古今注》卷上:"店,所以置货鬻之物也。"《南史·刘休传》:"〔明帝〕令休于宅后开小店,使王氏亲卖皂荚扫帚,以此辱之。"❷旅馆。如:客店;住店。❸犹言"站"。常用作集镇的名称。如:长辛店;驻马店。

坫(diàn) ❶玉上的斑点。也比喻缺点、过失。《诗·大雅·抑》:"白圭之坫,尚可磨也;斯言之坫,不可为也。"❷犹忝、辱,自谦之辞。杜甫《春日江村》诗:"岂知牙齿落,名坫荐贤中。"

坫辱 污损;使蒙受耻辱。沈约《奏弹王源》:"坫辱流辈,莫斯为甚!"

坫污 污损;沾辱。指声誉名节受损。《论衡·累害》:"以坫污言之,清受尘而白취垢。"《新唐书·杜甫传》:"廷兰(董廷兰)托瑄(房瑄)门下,贫疾昏老,依倚为非。瑄爱惜人情,一至坫污。"

垫〔墊〕(diàn) ❶因地面低下而浸于水中。《书·益稷》:"洪水滔天,浩浩怀山襄陵,下民昏垫。"孔传:"言天下民昏瞀垫溺,皆困水灾。"❷挖掘。《庄子·外物》:"然则厕足而垫之致黄泉,人尚有用乎?"成玄英疏:"掘也。"❸陷下。《汉书·王莽传下》:"武功中水乡民三舍垫为池。"❹用别的东西衬在下面使物加厚或加高。如:把桌子垫高一些。❺垫在下面的东西。如:椅垫。❻代人暂时付款或预先拨付款项。

另见dié。

垫陌 唐代货币制度的一种规定。百钱为陌,从百钱中抽出若干称"垫陌"。《新唐书·食货志》:"〔穆宗时〕寻以所在用钱垫陌不一,诏从俗所宜,内外给用,每缗垫八十。"据《唐会要·泉货》所载,即"每贯一例除垫八十,以九百二十文成贯",每

陌九十二文。贯,即缗。

涎〔次〕(diàn) 见"涎涎"。

另见xián。

涎涎 光泽貌。《汉书·孝成赵皇后传》:"有童谣曰:'燕燕尾涎涎。'"颜师古注:"涎涎,光泽之貌也。"按"涎"为"㳂"之误字。见清黄生《义府·涎》。

㞧(diàn) 门闩。韩愈《进学解》:"根、阈、㞧、楔,各得其宜。"

痁(diàn) 通"阽"。临近。《礼记·曾子问》:"不以人之亲痁患。"

另见shān。

洊(diàn) 同"淀"。亦作"甸"。北京市有七里海,其西北叫鲫鱼洊。见《清一统志》。按《畿辅通志》作"淀"。

唸(diàn) 见"唸吚"。

另见niàn 念㈠。

唸吚 愁苦地呻吟。《诗·大雅·板》"民之方殿屎"毛传:"殿屎,呻吟也。"《尔雅·释训》"殿屎,呻也"郝懿行义疏:"殿屎者,《说文》作唸吚。"

淀〔澱〕(diàn) ❶沉淀下来的泥滓。《广雅·释器》:"淀谓之滓。"引申为沉留在水底之称。如:沉淀物。❷可作染料的蓝汁。亦作"靛"。

㈡(diàn) 浅水的湖泊。如:白洋淀;荷花淀。《文选·左思〈魏都赋〉》:"掘鲤之淀,盖节之渊。"刘逵注:"淀者,如渊而浅也。"

惦(diàn) 挂念;惦记。《红楼梦》第八十二回:"累你二位惦着。"

奠(diàn) ❶祭;向鬼神献祭品。如:祭奠;奠酒。《诗·召南·采𬞟》:"于以奠之,宗室牖下。"❷献。《礼记·玉藻》:"唯世妇命于奠茧。"陈澔集说:"惟世妇必俟蚕毕献茧,命之服乃服耳。"❸安置;停放。《礼记·内则》:"其(男女)相授,则女受以篚。其无篚,则皆坐,奠之而后取之。"❹定。如:奠基。《书·禹贡》:"奠高山大川。"

另见tíng。

奠雁 古代婚礼,新郎到女家迎亲,用雁作贽(见面的礼物),叫"奠雁"。《礼记·昏义》:"婿执雁入,揖让升堂,再拜奠雁。"陈澔集说:"奠雁,取其不再偶也。"

奠仪 送给办丧事人家的礼品。《红楼梦》第十七回:"贾母帮了几十

两银子,外又另备奠仪,宝玉去吊祭。"也指死者灵前的供品。

奠枕 犹安枕。安定。《法言·寡见》:"奠枕于京。"李轨注:"安枕而卧,以听于京师。"杨载《次韵钱唐怀古》:"坐见苍生奠枕安。"

殿(diàn) ❶古代泛指高大的堂屋。《汉书·黄霸传》:"先上殿"颜师古注:"古者屋之高严,通呼为殿,不必宫中也。"后来专指帝王所居或供奉神佛之所。如:太和殿;大雄宝殿。❷行军走在最后。《左传·宣公十二年》:"〔随季〕殿其卒而退。"引申为最后、最下。《商君书·境内》:"其先入者,举为最启;其后入者,举为最殿。"参见"殿最"。❸镇抚;镇守。《诗·小雅·采菽》:"殿天子之邦。"❹姓。

殿举 科举制度中因考试劣等而不准下届应试之意。《宋史·选举志》:"进士文理纰缪者殿五举。"清代举人进士录取后复发现其文理纰缪,则罚停会试或殿试若干科。

殿军 谓行军时走在最后面的军队。《晋书·王坦之传》:"孟反、范燮,殿军后入而全身于此。孟反,即孟之反(见《论语·雍也》);范燮,即范文子(见《左传·成公二年》)。"后引申指考试或比赛时名列最后的人,或入选的最末一名。

殿屎 愁苦地呻吟。《诗·大雅·板》:"民之方殿屎。"朱熹注:"殿屎,呻吟也。"

殿试 科举制度中皇帝对会试取录的贡士在殿廷上亲发策问的考试。也叫廷试。其制始于唐武则天时,殿试后将进士分为五甲之制始于宋太平兴国八年(公元983年),分为三甲及一甲只限三人始于元顺帝时,明清因之。明清殿试时间在会试后一个月,本在三月,乾隆时改在四月。中式者一甲三名赐进士及第,第一名通称为状元,第二、三名通称为榜眼及探花。二甲均赐进士出身,第一名通称传胪;三甲均赐同进士出身。

殿下 ❶殿阶之下。《史记·刺客列传》:"诸郎中执兵皆陈殿下,非有诏召不得上。"❷汉代以后,对太子、亲王的尊称。谢庄《庆皇太子元服上至尊表》:"伏惟皇太子殿下,明两承乾,元良作贰。"丘迟《与陈伯之书》:"中军临川殿下,明德茂亲,总兹戎重。"按梁武帝弟萧宏,封临川郡王。一说魏晋南北朝天子亦称"殿下"。《称谓录·天子》:"魏晋六朝称殿下。"唐代以后惟太子、皇太后、皇后

称"殿下"。《事物纪原》卷二："汉以来，皇太子、诸王称殿下，汉之前未闻。唐初，百官于皇太后亦称之，百官泊东宫官，对皇太子亦呼之。今虽亲王亦避也。"叶梦得《石林燕语》卷二："然秦制独天子称陛下，汉鲁有灵光殿，而司马仲达称曹操，范缜称竟陵王子良，皆曰殿下，则诸侯王汉以来皆通称殿下矣。至唐初制令，惟皇太后、皇后，百官上疏称殿下，至今循用之。"又按，三国时已称皇太后为殿下，见《魏志·三少帝纪》。

殿元　科举制度中状元的别称之一。因其为殿试一甲第一名而得名。

殿最　古代考核政绩或军功，上等的称"最"，下等的称"殿"。《文选·班固〈答宾戏〉》："虽驰辩如涛波，摛藻如春华，犹无益于殿最也。"李善注引《汉书音义》："上功曰最，下功曰殿。"引申为高低上下之意。陆机《文赋》："考殿最于锱铢，定去留于毫芒。"

厪（diàn）❶储物以待用。《说文·尸部》："厪，偫也。"段玉裁注："偫者，储偫也。"❷今人贸易先期出钱以为质压叫厪，俗作"垫"，见章炳麟《新方言·释言》。

骒〔骒〕（diàn）马脚胫有长毫之称。《诗·鲁颂·駉》："有骒有鱼。"毛传："骭曰骒。"一说称黄色脊毛的黑马。见《说文·马部》。

靛（diàn）青蓝色染料。

磹（diàn）见"礐磹"。

簟（diàn）供坐卧用的竹席。如：枕簟。《诗·小雅·斯干》："下莞上簟，乃安斯寝。"《礼记·丧大记》："君以簟席，大夫以蒲席，士以苇席。"也指车上用作障蔽的竹席。《诗·齐风·载驱》："簟茀朱鞹。"又指农家晾晒谷物用的粗竹席。如：地簟。

癜（diàn）皮肤病的一种。皮肤上出现白色或紫色斑点。如紫癜、白癜风。

diāo

刁（diāo）❶狡诈。如：逞刁。《二刻拍案惊奇》卷四："官府晓得他刁，公人怕他的势，没个敢正眼觑他。"❷姓。晋代有刁协。

刁蹬　犹刁难。故意为难。无名氏《陈州粜米》第一折："他若是将咱刁蹬，休道我不敢掀腾。"

刁斗　古代军中用具。铜质，有柄，能容一斗。白天用来烧饭，夜则击以巡更。《史记·李将军列传》："不击刁斗以自卫。"裴骃集解引孟康曰："以铜作镵器，受一斗，昼炊饭食，夜击持行，名曰刁斗。"一说宫中传夜小铃。见《史记·李将军列传》司马贞索隐。

刁骚　头发稀落貌。欧阳修《斋宫尚有残雪因而有感》诗："休把青铜照双鬓，君谟今已白刁骚。"

刁钻　狡猾。《红楼梦》第二十七回："他素昔眼空心大，是个头等刁钻古怪的丫头。"

叼（diāo）用嘴衔住。如：小猫叼走一条鱼。

汈（diāo）用于地名，如湖北省有汈汊湖。

鳭〔鳭〕（diāo）亦作"鳭"。见"鳭鹩"。

鳭鹩　鸟名。《尔雅·释鸟》："鳭鹩，剖苇。"郭璞注："好剖苇皮食其中虫，故名云。江东呼芦虎，似雀，青斑长尾。"

虭（diāo）见"虭蟧"。

虭蟧　蝉的一种，即蟪蛄。《方言》第十一："蟪蛄，楚谓之蟪蛄，自关而东谓之虭蟧。"

凋（diāo）❶萎谢；零落。张衡《思玄赋》："卉既凋而已育。"❷衰败；损伤。《论衡·寒温》："故寒温渥盛，凋物伤人。"

凋敝　困苦，衰败。《汉书·张敞传》："梁国大都，吏民凋敝。"

凋零　草木凋谢零落。徐幹《中论·考伪》："物者，春生吐华，夏也布叶，秋也凋零，冬也成实。"引申指人死亡。白居易《代梦得吟》："后来变化三分贵，同辈凋零太半无。"

凋年　❶谓残年岁暮。鲍照《舞鹤赋》："穷阴杀节，急景凋年。"❷人的晚年。杨万里《再辞免札子》："伏念某才疏用世，景迫凋年。"

凋谢　花木萎落，比喻人死亡。韩愈《寄崔二十六立之》诗："朋交日凋谢，存者逐利移。"

奝（diāo）大；多。见《玉篇·大部》。

蛁（diāo）蝉。《太玄·饰》："蛁鸣喁喁。"

蛁蟧　蝉的一种。《广雅·释虫》："蟪蛄、蛉蛄……蛁蟧也。"《本草纲目·虫部三》引陶弘景注："寒蝉九月十月中鸣，声甚凄急；七八月鸣而色青者名蛁蟧。"

貂（diāo）动物名。大如獭，尾粗，毛约一寸长，黄色或紫色。皮最能御寒，为珍贵的皮料。古时以其尾为冠饰。有紫貂、水貂等。

貂珰　汉代中常侍冠上的两种装饰物。《汉官仪》卷上："中常侍，秦官也。汉兴，或用士人，银珰左貂。光武以后，专任宦者，右貂金珰。"《后汉书·朱穆传》："假貂珰之饰，处常伯之任。"李贤注："珰以金为之，当冠前，附以金蝉也。"貂珰为宦官冠饰，后即用为宦官的代称。韩偓《感旧》诗："省趋弘阁侍貂珰，指座恩深刻寸肠。"

貂寺　古代寺人（太监）的帽子，以貂尾为饰，因以"貂寺"为太监的别称。《宋史·赵景纬传》："弄权之貂寺素为天下所共恶者，屏之绝之。"参见"寺人"。

敦〔敦〕（diāo）通"雕"。画饰。《诗·大雅·行苇》："敦弓既坚。"毛传："敦弓，画弓也。"马瑞辰通释："敦雕双声，故通用。"

另见 duī、duì、dūn、tuán、tún。

敦琢　雕琢；引申为选择。《诗·周颂·有客》："敦琢其旅。"谓选择其从行之人。

碉（diāo）见"碉堡"。

碉堡　俗称"炮楼"。供观察、射击、驻兵用的建于地面上的多层工事。通常为二到三层的砖石或混凝土结构。有圆形、方形和多角形等。

鋽（diāo）同"雕"。雕琢。《荀子·富国》："必将鋽琢刻镂，黼黻文章，以塞其目。"杨倞注："鋽与雕同。"

雕㊀〔彫、琱〕（diāo）❶雕刻。如：雕版；雕花。《论语·公冶长》："朽木不可雕也。"❷用彩画装饰。《书·五子之歌》："峻宇雕墙。"

㊁〔彫〕（diāo）❶萎谢。《论语·子罕》："岁寒，然后知松柏之后雕也。"❷损伤。《国语·周语下》："民力雕尽，田畴荒芜。"

㊂〔鵰〕（diāo）鸟纲，鹰科，雕属（Aquila）各种的通称。足所被羽毛直达趾间，雌雄同色。有时也泛指鹰雕属（Spizaëtus）、林雕属（Ictinaëtus）和海雕属（Haliœetus）等的各种类。都为大型猛禽。如金雕、海雕、草原雕等。

雕虫　比喻小技、小道。多指词章之学。语出《法言·吾子》。详"雕虫篆刻"。《北史·李浑传》："〔浑〕尝谓魏收曰：'雕虫小技，我不如卿；

国典朝章,卿不如我.'"李贺《南园》诗:"寻章摘句老雕虫."

雕虫篆刻 比喻小技、小道.《法言·吾子》:"或问:'吾子少而好赋?'曰:'然.童子雕虫篆刻.'俄而曰:'壮夫不为也.'"按,西汉学童必习秦书八体,虫书、刻符是其中的二体,纤巧难工.以喻作赋绘景状物,与雕琢虫书、篆写刻符相似,都是童子所习的小技.苏轼《答谢民师书》:"此正所谓雕虫篆刻者,其《太玄》、《法言》皆是类也,而独悔于赋,何哉?"

雕肝琢肾 比喻写作时的苦心锤炼.韩愈《赠崔立之评事》诗:"劝君韬养待征招,不用雕琢愁肝肾."欧阳修《答圣俞莫饮酒》诗:"朝吟摇头暮蹙眉,雕肝琢肾闻退之."

雕悍 亦作"雕捍".迅捷;凶猛.左思《吴都赋》:"料其虓勇,则雕悍狼戾."《史记·货殖列传》:"〔燕〕大与赵、代俗相类,而民雕悍少虑."司马贞索隐:"言如雕性之捷捍也."

雕胡 菰米.《广雅·释草》:"菰,蒋也.其米谓之雕胡."宋玉《讽赋》:"为臣炊雕胡之饭,烹露葵之羹."参见"菰".

雕龙 战国时,齐人驺衍"言天事",善闳辩,驺奭"采驺衍之术以纪文".齐人因称驺衍为"谈天衍",驺奭为"雕龙奭".见《史记·孟子荀卿列传》.裴骃集解引刘向《别录》:"驺奭修衍之文,饰若雕镂龙文,故曰'雕龙'."因用以指善于撰写文章.《后汉书·崔骃传赞》:"崔为文宗,世禅雕龙."禅,相传授.南朝梁刘勰名其文论为《文心雕龙》,义亦本此.

雕落 亦作"凋落".草木雕残零落.何劭《游仙诗》:"青青陵上松,亭亭高山柏;光色冬夏茂,根柢无雕落."也比喻人的死亡.

雕饰 雕琢文饰.《后汉书·张衡传》:"器赖雕饰为好,人以舆服为荣."

雕朽 雕刻朽木.比喻做事无成.语出《论语·公冶长》:"宰予昼寝.子曰:'朽木不可雕也.'"《北史·儒林序》:"镂冰雕朽,迨用无成."

雕琢 ❶雕刻玉石,使成器物.《尔雅·释器》:"玉谓之雕……玉谓之琢."《孟子·梁惠王下》:"今有璞玉于此,虽万镒,必使玉人雕琢之."❷过分修饰.《盐铁论·水旱》:"去炫耀,除雕琢."亦指修饰文辞.司马迁《报任少卿书》:"今虽欲自雕琢曼

辞以自饰,无益于俗."

鯛〔鯛〕(diāo) ❶硬骨鱼纲,鲷科鱼类的总称.例如真鲷、黑鲷、黄鲷、长棘鲷等.❷指不同科中某些体较高而侧扁的鱼类.例如天竺鲷、红笛鲷、石鲷.

䶂(diāo) 同"貂".貂鼠.

diǎo

乚(diāo) ❶倒悬.《古文苑·王延寿〈王孙赋〉》:"乚瓜悬而瓟垂."章樵注:"倒了字,悬物貌."❷男子阴.见《通志·六书略·象形》.

鸟〔鳥〕(diāo) 通"屌".骂人的粗话.《水浒传》第三十回:"武松指着蒋门神说道:'休言你这厮鸟蠢汉,景阳冈上那只大虫,也只三拳两脚,我兀自打死了.'"

另见 niǎo.

扚(diǎo) 速击.《说文·手部》:"扚,疾击也."段玉裁注:"疾速击之也."

另见 dí.

屌(diǎo) 男子的外生殖器.见"鸟".

鵃〔鵃〕(diǎo) 见"鵃舟鸟".

另见 zhōu.

鵃舟鸟 船长貌.《资治通鉴·梁世祖承圣元年》:"又以鵃舟鸟千艘载战士."胡三省注:"《类篇》曰:'鵃舟鸟,船长貌.'《玉篇》曰:'鵃舟鸟,小船也.'"

diào

吊〔弔〕(diào) ❶哀悼死者;慰问丧家或遭遇不幸者.如:吊丧;开吊.《礼记·檀弓上》:"子夏丧其子而丧其明,曾子吊之."❷怜悯;伤痛.《诗·桧风·匪风》:"中心吊兮."❸悬挂.如:吊桥;吊灯.❹用绳子等系着向上提或向下放.如:把篮子吊下去.❺提取;收回.如:吊案;吊卷;吊销执照.❻旧时钱一千文叫一吊,北京话一百文也叫一吊.❼通"淑".善.参见"不吊❷".

另见 dì.

吊古 凭吊往古之事迹.辛弃疾《念奴娇·登建康赏心亭呈史留守致道》词:"我来吊古,上危楼,赢得闲愁千斛."

吊诡 怪异;奇特.《庄子·齐物

论》:"丘也与女(汝)皆梦也,予谓女梦,亦梦也.是其言也,其名为吊诡."陆德明释文:"吊,如字,又音的,至也;诡,异也."

吊客 吊丧的人.《三国志·吴志·虞翻传》裴松之注引《虞翻别传》:"生无可与语,死以青蝇为吊客,使天下一人知己者,足以不恨."

吊民伐罪 慰问受害的百姓,讨伐有罪的人.《孟子·滕文公下》:"诛其君,吊其民,如时雨降,民大悦."《宋书·索虏传》:"吊民伐罪,流泽五都."亦省作"吊伐".《晋书·慕容垂载记》:"吊伐之义,先代常典."

吊唁 祭奠死者,慰问其家属.《晋书·阮籍传》:"楷(裴楷)吊唁毕便去."唁,同"唁".也用为追念、悼念之意.

吊影 形影相吊.形容孤独或处境的孤苦可怜.谢朓《拜中军记室辞随王笺》:"轻舟反溯,吊影独留."

钓〔釣〕(diào) ❶钓鱼.《国策·秦策三》:"吕尚之遇文王也,身为渔父,钓于渭阳之滨."引申为诱取.如:沽名钓誉.《淮南子·主术训》:"虞君好宝,而晋献以璧马钓之."❷钓钩.如:垂钓.《孔丛子·公仪》:"且臣不佞,又不任为君操竿下钓以伤守节之士也."❸姓.南宋时有钓宏.

钓鳌 《列子·汤问》载神话传说:古代渤海的东面有五座山,常随波涛漂流.上帝命十五只巨鳌用头顶着山,才固定不动."而龙伯之国有大人,举足不盈数步而暨五山之所,一钓而连六鳌……于是岱舆、员峤二山流于北极,沈于大海."后因常用"钓鳌"比喻豪迈的举止或远大的抱负.李白《赠薛校书》诗:"未夸观涛作,空郁钓鳌心."参见"钓鳌客".

钓鳌客 赵令畤《侯鲭录》卷六:"李白开元中谒宰相,封一版,上题曰'海上钓鳌客李白'.相问曰:'先生临沧海,钓巨鳌,以何物为钓线?'白曰:'以风浪逸其情,乾坤纵其志;以虹霓为丝,明月为钩.'又曰:'何物为饵?'曰:'以天下无义气丈夫为饵.'时相悚然."又王严光、张祜亦以"钓鳌客"自号,见孔平仲《谈苑》卷四.都借以自寓其豪放胸襟和远大抱负.参见"钓鳌".

钓名 作伪求名.《管子·法法》:"钓名之人,无贤士焉."尹知章注:"贤士必修实而成名."

钓诗钩 苏轼《洞庭春色》诗:"应呼钓诗钩,亦号扫愁帚."洞庭春色,

酒名,色香味三绝。旧时诗人借酒激发诗兴,故称酒为"钓诗钩"。乔吉《金钱记》第三折:"枉了也这扫愁帚,钓诗钩。"

钓游　韩愈《送杨少尹序》:"今之归,指其树曰:'某树,吾先人之所种也;某水某丘,吾童子时所钓游也。'"后因称故乡为"钓游之地"。

诮〔誚〕(diào)　仓猝之间。《淮南子·兵略训》:"虽诮合刃于天下,谁敢在于上者?"高诱注:"诮音吊,卒(猝)也。虽卒然合,与天下争,人谁敢在其上者!"
　　另见 tiǎo。

盄(diào)　铫子。朱骏声《说文通训定声·小部》:"今苏俗煎茶器曰吊子,即此盄字。"

莜(diào)　同"荼"。
　　另见 yóu。

荼〔篠〕(diào)　一种竹器,古代耘田所用。《论语·微子》:"遇丈人,以杖荷荼。"
　　另见 tiáo。

窎〔鴍〕(diào)　深邃貌。如:窎远。

调〔調〕(diào)　❶调动;迁调。如:调职;调兵遣将。《汉书·宣帝纪》:"大发兴调关东轻车锐卒。"又《爰盎传》:"盎亦以数直谏不得久居中,调为陇西都尉。"❷征调。《三国志·蜀志·诸葛亮传》:"调其赋税,以充军实。"❸计算。《汉书·晁错传》:"调立城邑,毋下千家。"颜师古注:"调,谓算度之也。总计城邑之中令有千家以上也。"❹古代赋税的一种。汉末、魏、晋有"户调",唐代有"租庸调"。❺曲调。如二黄调、四平调、民间小调。❻调式。如商调、大调、小工调。❼指声调,即字音高低升降的音调。❽人的才情风格。如:才调;雅调。秦韬玉《贫女》诗:"谁爱风流高格调。"❾腔调。如:南腔北调。
　　另见 tiáo,zhōu。

调度　❶征敛赋税。《后汉书·桓帝纪》:"其令大司农绝今岁调度征求。"❷安排;指挥调遣。《三国演义》第三十九回:"张飞谓云长曰:'且听令去,看他如何调度。'"❸对生产活动实行集中而适度的控制与调节。旨在使生产的各个环节协调一致,有条不紊。如:生产调度、行车调度。

调虎离山　比喻用计谋调动对方离开原来的有利地位。《西游记》第五十三回:"我是个调虎离山计,哄

你出来争战,却着我师弟取水去了。"

掉(diào)　❶摆动;摇。《左传·昭公十一年》:"末大必折,尾大不掉。"也指动荡。苏洵《送石昌言使北引》:"及明,视道上马迹,犹心掉不能禁。"❷摆弄。见"掉书袋"。❸回;转。如:掉头不顾。陆游《送王季嘉赴湖南漕司主管官》诗:"王子掉头去,长沙万里馀。"❹落下。如:掉泪;掉色。❺丢失;遗漏。《红楼梦》第二十六回:"小红见贾芸手里拿着块绢子,倒像是自己从前掉的。"❻对换。如:掉换;掉一个。❼用在某些动词后,表示动作的完成。如:卖掉;改掉。

掉臂　❶甩着臂膊走,形容不顾而去。《史记·孟尝君列传》:"日暮之后,过市朝者,掉臂而不顾。"❷犹攘臂,奋起貌。司空图《力疾山下吴村看杏花》诗:"掉臂只将诗酒敌,不劳金鼓助横行。"❸自在游行的样子。邵雍《龙门道中作》诗:"三十年来掉臂行。"

掉舌　犹言鼓舌。指游说、谈论。《史记·淮阴侯列传》:"且郦生一士,伏轼掉三寸之舌,下齐七十余城。"《新唐书·柏耆传》:"王承宗以常山叛,朝廷厌兵,耆杖策诣淮西行营谒裴度,且言愿得天子一节驰入镇,可掉舌下之。"

掉书袋　喜欢征引古书,以示渊博。马令《南唐书·彭利用传》:"对家人稚子,下逮奴隶,言必据书史,断章破句,以代常谈,俗谓之掉书袋。"刘克庄《跋刘叔安感秋八词》:"近岁放翁、稼轩一扫纤艳,不事斧凿,高则高矣,但时时掉书袋,要是一癖。"

掉鞅　谓驾御从容。掉,整理;鞅,套在马颈上用以驾轭的皮带。《左传·宣公十二年》:"乐伯曰:'吾闻致师者,左射以菆,代御执辔,御下两马,掉鞅而还。'"杜预注:"掉,正也;示闲暇。"刘文淇《春秋左氏传旧注疏证》引李贻德云:"掉为正者,正即整。"后用以比喻从容执笔。柳宗元《送苑论登第后归觐诗序》:"观其掉鞅于术艺之场,游刃乎文翰之林,风雨生于笔札,云霞出于简牍,左右圆视,朋侪拱手,甚可壮也。"

掉以轻心　轻忽;不经意。柳宗元《答韦中立论师道书》:"故吾每为文章,未尝敢以轻心掉之,惧其剽而不留也。"蔡东藩《民国通俗演义》第一百十二回:"青岛问题,关系至重,断不敢掉以轻心。"

啁(diào)　调笑。《三国志·蜀志·费祎传》:"孙权性既滑稽,啁啁无方。"
　　另见 zhāo,zhōu。

锎〔錭〕(diào)　见"锎子"。

锎子　煮水用的带柄有嘴的壶。《红楼梦》第八十四回:"'沸'的一声,锎子倒了,火已泼灭了一半。"

铫〔銚〕(diào)　吊子,一种有柄有流的烹器。吴均《饼说》:"然以银屑,煎以金铫。"苏轼《试院煎茶》诗:"且学公家作茗饮,砖炉石铫行相随。"
　　另见 tiáo,yáo。

裯(diào)　见"裯袄"。
　　另见 chóu,tiáo。

裯袄　动摇貌。《汉书·扬雄传上》:"嘻嘻旭旭,天地裯袄。"

霌(diào)　见"霄霌"。

鮉(diào)　同"钓(釣)"。

藋(diào)　草名。即"灰藋"。见"藋"。
　　另见 dí。

鑃(diào)　同"铫"。烧器。见《集韵·三十四啸》。

diē

爹(diē)　❶对父亲的称呼。有些方言也以称祖父。❷对老年人的尊称。如:阿爹。王明清《摭青杂说》:"〔徐七娘〕常呼项为阿爹。"

眣(diē)　毒蛇。《尔雅·释鱼》:"眣,蝁。"郭璞注:"蝮属。大眼,最有毒,今淮南人呼蝁子。"按《说文·长部》:"眣,蛇恶毒长也。"谓蛇毒而且长,故字从长。

跌(diē)　❶摔倒。《汉书·晁错传》:"夫以人之死争胜,跌而不振,则悔之亡及也。"引申为失足或失误。《汉书·扬雄传下》:"客徒欲朱丹吾毂,而不知一跌之赤吾族也。"参见"蹉跌"。❷下降;低落。如:物价大跌;水位下跌。❸跺脚。《三国演义》第七十六回:"公(关公)跌足叹曰:'吾中奸贼之谋矣!'"❹通"泆"。过度。《公羊传·庄公二十二年》:"肆者何,跌也。"❺脚掌。《文选·傅毅〈舞赋〉》:"跗蹋摩跌。"李善注:"或反足跗以象蹄,或以足摩地而扬跌也。"❻疾行。《淮南子·修务训》:"墨子跌蹄而趋千里以存

楚宋。"❼指行文或音调故作顿挫。如:腾跌。参见"跌荡❷"。

跌荡 亦作"跌宕"、"跌踼"。❶放纵不拘。《后汉书·孔融传》:"又前与白衣祢衡,跌荡放言。"亦作"佚傥"。❷音调抑扬顿挫。韩愈《岳阳楼别窦司直》诗:"节奏颇跌踼。"

dié

佚 (dié) ❶通"迭"。轮流;更替。《史记·十二诸侯年表》:"四国佚兴。"❷见"佚宕"。
另见 yì。

佚宕 亦作"佚荡"。洒脱,不拘束。《汉书·扬雄传上》:"为人简易佚荡。"

佚荡 同"佚宕"。

诶 〔詄〕(dié) ❶遗忘。见《说文·言部》。❷见"诶荡荡"。

诶荡荡 《汉书·礼乐志》:"天门开,诶荡荡。"颜师古注引如淳曰:"诶荡荡,天体坚清之状也。"按,谓开阔清朗。杜甫《乐游园歌》:"圊圊晴开诶荡荡,曲江翠幕排银牓。"

芙 (dié) 草名。即"蒺"。《尔雅·释草》:"蒺,芙"。

迭 (dié) ❶更迭;轮流。《公羊传·襄公二十九年》:"弟兄迭为君而致国乎季子。"❷屡次。《吕氏春秋·知分》:"以处于晋,而迭闻晋事。"❸犹言"及"。岳伯川《铁拐李》第三折:"那婆娘人材迭七八分,年纪勾(够)四十岁。"常作"不迭",即来不及。董解元《西厢记》卷二:"一个走不迭和尚,被小校活拿。"
另见 yì。

垤 (dié) ❶蚂蚁做窝时堆在穴口的小土堆,也叫蚁封、蚁冢。《诗·豳风·东山》:"鹳鸣于垤。"❷小土阜。《孟子·公孙丑上》:"泰山之于丘垤,河海之于行潦,类也。"

柣 (dié) 见"桔柣"。
另见 zhì。

垫 〔墊〕(dié,今读 diàn) 见"垫江"。
另见 diàn。

垫江 古水名。古西汉水(今四川嘉陵江)下游经垫江县(今合川市)入长江一段,称为垫江。东汉建安十六年(公元211年),刘备自江州(今重庆市嘉陵江北岸部分)北由垫江水至涪(今四川绵阳市东),即此。其上源即古桓水(今白龙江)、白水(今白水江)及西汉水上游,也

有垫江之名。5世纪初叶,吐谷浑酋长阿豺曾至西强山(今西倾山)观垫江源。

轶 〔軼〕(dié) ❶更迭。《史记·封禅书》:"自五帝以至秦,轶兴轶衰。"❷见"轶荡"。
另见 yì,zhé。

轶荡 亦作"佚荡"、"佚宕"。无所拘忌。白玉蟾《懒翁斋赋》:"折旋俯仰于周孔之间,轩昂轶荡于韩柳之外。"

眣 (dié) 日偏斜;日落。《汉书·游侠传》:"诸客奔走市买,至日眣皆会。"
另见 yì。

咥 (dié) 咬。《易·履》:"履虎尾,不咥人,亨。"
另见 xì。

峌 (dié) 见"峌嵲"。

峌嵲 高貌。《文选·木华〈海赋〉》:"崇岛巨鳌,峌嵲孤亭。"李善注:"峌嵲,高貌。"

胅 (dié) ❶骨节突出。《说文·肉部》:"胅,骨差也。"段玉裁注:"谓骨节差忒不相值,故胅出也。"❷肿。《广雅·释诂》:"胅,肿也。"王念孙疏证:"《尔雅》'犦牛',郭璞注云:'领上肉犦胅起,高二尺许。'"按见《尔雅·释畜》。❸膨大。《淮南子·精神训》:"一月而膏,二月而胅,三月而胎。"

闑 〔闑〕(dié) 关闭门户。《营造法式·总释下》:"开谓之闑,阖谓之闑。"

絰 〔絰〕(dié) ❶古丧服中的麻带,在首为首絰,在腰为腰絰。《仪礼·丧服》"苴絰"郑玄注:"麻在首在要(腰)皆曰絰。"也专指腰带。❷通"窒"。见"絰皇"。

絰皇 《左传·庄公十九年》:"夏六月,庚申,〔楚子〕卒,鬻拳葬诸夕室;亦自杀也,而葬于絰皇。"杜预注:"絰皇,冢前阙。生守门,故死不失职。"谓鬻拳生为守门之官,故死后也葬在楚王墓阙前,如生前职守寝门。或以为指甬道。参见"窒皇"。

鳭 〔鴩〕(dié) 亦作"鴃"。鸟名。《尔雅·释鸟》:"鳭,铺豉。"郝懿行义疏:"《说文》作'鴃,铺豉也'。铺铺音同,铺豉,盖以鸟声为名。《仓颉篇》云'铺谷(穀)鸟',即布谷,非此。"

瓞 (dié) 小瓜。《诗·大雅·绵》:"绵绵瓜瓞。"孔颖达疏:"瓜之族类本有二种,大者曰瓜,小

者曰瓞。"朱熹注:"小曰瓞。瓜之近本初生者常小。"

涉 (dié) 通"喋"。杀人流血。《文选·丘迟〈与陈伯之书〉》:"朱鲔涉血于友于。"李善注:"涉与喋同。"
另见 shè。

悌 (dié) 同"喋"。

窒 (dié) 见"窒皇"。
另见 zhì。

窒皇 《左传·宣公十四年》:"投袂而起,屦及于窒皇,剑及于寝门之外。"杜预注:"窒皇,寝门阙。"洪亮吉《春秋左传诂》卷十:"窒皇,盖即今之甬道。"亦作"絰皇"。

谍 〔諜〕(dié) ❶刺探敌情。《左传·桓公十二年》:"罗人欲伐之,使伯嘉谍之。"❷间谍;侦探。《左传·宣公八年》:"晋人获秦谍。"❸通"牒"。谱录。《史记·三代世表》:"余读谍记,黄帝以来皆有年数。"❹通"喋"。见"谍谍"。

谍谍 同"喋喋"。《史记·张释之冯唐列传》:"岂效此啬夫谍谍利口捷给哉!"效,通"效"。

堞 (dié) 城上如齿状的矮墙。亦称女墙。《左传·襄公六年》:"傅于堞。"引申为筑堞。《左传·襄公二十七年》:"崔氏堞其宫而守之。"孔颖达疏:"谓新筑女墙而守之。"

墆 〔墆〕(dié) ❶屯积;贮蓄。《管子·五辅》:"输墆积。"❷通"垤"。小土墩,亦用以指山脚。《论衡·超奇》:"如与俗人相料,太山之巅墆,长狄之项跖,不足以喻。"
另见 dì。

𩨙 (dié) 同"𩨙"。《汉书·孔光传》:"犬马齿𩨙。"颜师古注:"𩨙,老也,读与耋同。"

耊 (dié) 老。《诗·秦风·车邻》:"逝者其耊。"毛传:"耊,老也。八十曰耊。"《左传·僖公九年》:"以伯舅耊老,加劳,赐一级,无下拜。"杜预注:"七十曰耊。"

聑 (dié) ❶妥帖。《说文·耳部》:"安也。"段玉裁注:"二耳之在人首,帖妥之至者也。凡帖妥当作此字,帖其假借字也。"❷撤去。《文选·马融〈长笛赋〉》:"瓠巴聑柱,磬襄弛悬。"李周翰注:"去柱废架也。"❸通"耴"。《广韵·三十帖》:"聑,耳垂貌。"

喋 〔喋〕(dié) ❶多言。见"喋喋"。❷通"蹀"。见"喋血"。

另见 zhá。

喋喋 形容说话多。如：喋喋不休。《汉书·张释之传》："岂效此啬夫喋喋利口！"按《史记》作"谍谍"。

喋血 踏血遍地。形容杀人流血多。《汉书·文帝纪》："今已诛诸吕，新喋血京师。"颜师古注："本字当作蹀。蹀，谓履涉之耳。"按段玉裁《说文解字注》谓"喋血"是"流血满地污足下也"。

跕（dié） 见"跕跕"。
另见 tiē。

跕跕 下堕貌。《后汉书·马援传》："仰视飞鸢跕跕堕水中。"

峏〔嵽〕（dié） 见"峏崼"。
另见 dì。

峏崼 ❶小而不安貌。见《玉篇·山部》。❷高山。杜甫《自京赴奉先县咏怀五百字》："凌晨过骊山，御榻在峏崼。"

崼（dié） 见"崼峓"。
另见 shì。

崼峓 不齐貌。《古文苑·扬雄〈蜀都赋〉》："诸徼崼峓，五矿参差。"章樵注："崼峓，不齐貌。"

渫（dié） 见"浃渫"。
另见 xiè。

惵（dié） 恐惧。《后汉书·班固传下》："惵然意下。"李贤注："惵者，犹恐惧也。"

惵惵 恐惧貌。《后汉书·寒朗传赞》："惵惵楚黎，寒君为命。"

惵息 谓慑于威势，不敢出声息。形容恐惧之甚。《后汉书·窦皇后纪》："自是宫房惵息。"

楪（dié） ❶同"碟"。小食盘。《宋史·吕蒙正传》："吾面不过楪子大。"❷同"牒❸"。床板。见《集韵·三十帖》。
另见 yè。

殜（dié，又读 yè） 见"殗殜"。

牒（dié） ❶古代的书板。如：金牒；玉牒。特指谱籍。如：谱牒；家牒。❷公文；凭证。如：通牒；度牒。白居易《杜陵叟》诗："昨日里胥方到门，手持尺牒榜乡村。"❸床板。《方言》第五："〔床〕，其上板，卫之北郊、赵魏之间谓之牒。"❹通"叠"。《淮南子·本经训》："积牒旋（璇）石。"高诱注："牒，累。"

叠〔疊、疉、曡〕（dié） ❶一层加上一层；重叠。如：叠石为山；层见叠出。❷折叠。如：叠衣服；铺床叠被。❸乐曲的叠奏。如：阳关三叠。❹通"慴"。恐惧。《诗·周颂·时迈》："莫不震叠。"毛传："震，动。叠，惧。"

叠韵 音韵学术语。指两个字的韵腹和韵尾相同。如依稀（普通话同属 i[i]韵，《广韵》同属"微"韵）、联绵（普通话同属 an[an]韵，《广韵》同属"仙"韵）、徘徊（普通话同属 ai[ai]韵，《广韵》同属"灰"韵）、荒唐（普通话同属 ang[aŋ]韵，《广韵》同属"唐"韵），分别叠韵。同一个字古今南北的读音往往不同，两字是否叠韵，须依时地条件而定。

叠字 ❶即"重言"。❷修辞学上辞格之一。将音形义同一的字连接合用在一起，使形式整齐、语音和谐并增强形象感。如："寻寻觅觅，冷冷清清，凄凄惨惨戚戚。乍暖还寒时候，最难将息。"（李清照《声声慢》）前三分句全由叠字成句。又如："行行过太行，迢迢赴延安。细细问故旧，星星数鬓斑。"（陈毅《赴延安留别华中诸同志》）句首均用叠字。

碟（dié） 盛菜肴或调味品的小盘子。

睽（dié，又读 xiè） 闭一目。《东观汉记·马援传》："援平交趾，上言太守苏定，张眼视钱，睽目讨贼，怯于战功，宜加切敕。"

褋（dié） 单衣。《方言》第四："禅衣，江淮南楚之间谓之褋。"《楚辞·九歌·湘夫人》："遗余褋兮澧浦。"

蝶〔蜨〕（dié） 昆虫纲，鳞翅目，锤角亚目（Rhopalocera，旧称"蝶亚目"）昆虫的通称。翅及体表密被各色鳞片和丛毛，形成各种花斑；大小因种类而异。头部有锤状或棍棒状触角一对、复眼一对；口器特化成喙，虹吸式，不用时作螺旋状卷曲。种类甚多，约有 14 000 种，大部分分布于美洲，尤以亚马孙河流域为最多；中国约有 1300 种，分别隶属于弄蝶、凤蝶、绢蝶、粉蝶等科。某些种类是经济植物的重要害虫，如稻弄蝶（稻苞虫）、菜粉蝶等。

蝶恋花 ❶词牌名。因梁简文帝诗有"翻阶蛱蝶恋花情"句，故名。初名《鹊踏枝》，又名《凤栖梧》《一箩金》《黄金缕》《卷珠帘》等。双调六十字，仄韵。❷曲牌名。属北曲双调。字句格律与词牌半阕同，用于套曲中。

蝶梦 《庄子·齐物论》："昔者庄周梦为胡蝶，栩栩然胡蝶也。"后因称梦为蝶梦。陈造《夜宿商卿家》诗："蝶梦蓬蓬才一霎，邻鸡啼罢又啼鸦。"参见"梦蝶"。

牒（dié） 小船。杜甫《最能行》："富豪有钱驾大舸，贫穷取给行牒子。"

蹀（dié） 蹈；顿足。《淮南子·俶真训》："足蹀阳阿之舞。"又《道应训》："惠孟见宋康王，蹀足謦欬疾言曰：'寡人之所说（悦）者，勇有功也，不说（悦）为仁义者也。'"

蹀蹀 小步貌。范成大《三月十五日看月出》诗："徘徊忽腾上，蹀蹀恐颠坠。"

蹀躞 小步徘徊。《聊斋志异·王成》："自念无以见祖母，蹀躞内外，进退维谷。"

蹀躞 ❶亦作"蹀蹀"、"蹀蹑"。小步貌。古乐府《白头吟》第一首："蹀躞御沟上，沟水东西流。"《后汉书·祢衡传》："〔衡〕蹀蹑而前，容态有异。"❷犹媟亵。轻薄。《聊斋志异·胡四相公》："若个蹀躞语，不宜贵人出得。"

褶（dié） 夹衣。《礼记·玉藻》："帛为褶。"郑玄注："褶音牒，夹也。"孙希旦集解："衣之有表里而无著（褚）者谓之褶，表面皆用帛为之，故曰'帛为褶'。"
另见 xí，zhě。

蟄（dié） 见"蟄螲"。
另见 zhì。

蟄螲（Latouchia davidi） 蛛形纲，蟄螲科。体长约 1 厘米，黑褐色，腹部有七条白色横纹。穴居土中，穴深可达 30 厘米许，内部满布蛛丝，穴口有圆盖，可以开闭，伺小虫经过，翻盖捕捉，遇敌害，则闭盖躲避。

鲽〔鰈〕（dié） 硬骨鱼纲，鲽科。比目鱼的一类。体侧扁，不对称，两眼都在右侧。口前位，下颌多少突出，前鳃盖骨边缘一般游离。有眼的一侧暗褐色，无眼的一侧白色。种类繁多，主产于温带及寒带，中国沿海均产，北方较多。常见的有木叶鲽（Pleuronichthys cornutus）、星鲽（Verasper variegatus）和高眼鲽（Cleisthenes herzensteini）等。为次要经济鱼类。可供食用；肝可制鱼肝油。

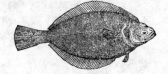

高眼鲽

褻(dié) 重衣。《汉书·叙传上》:"思有短褐之褻。"

鰨〔鰨〕(dié) 同"鲽"。
另见 tǎ。

擷〔擷〕(dié) 顿足。参见"擷窖"。
另见 diān。

擷窖 亦作"迭窖"。元代方言。顿足怨恨。王实甫《西厢记》第二本第三折:"星眼朦胧,檀口咨嗟,擷窖不过。"又第三本第四折:"怒时节把个书生迭窖。"

氎(dié) 细棉布。《新唐书·南蛮传下》:"古贝,草也。缉其花为布,粗曰贝,精曰氎。"杜甫《大云寺赞公房》诗:"细软青丝履,光明白氎巾。"

dīng

丁(dīng) ❶天干的第四位,因以为第四的代称。如:丁等;丁级。《旧唐书·经籍志上》:"四部者,甲、乙、丙、丁之次也。"参见"丁夜"。❷壮健。《史记·律书》:"丁者,言万物之丁壮也。"《急就篇》卷四:"长乐无极老复丁。"王应麟补注引《参同契》:"老年复丁壮。"❸古称能任赋役的成年男子。白居易《新丰折臂翁》诗:"户有三丁点一丁。"❹家口;人口。男称丁,女称口。如:添丁;人丁。参见"丁口"。❺指从事某种劳动的人。如:园丁。❻当;遭逢。《后汉书·岑彭传》:"我喜我生,独丁斯时。"参见"丁忧"、"丁艰"。❼"钉"的古字。钉子。《晋书·陶侃传》:"及桓温伐蜀,又以侃所贮竹头作丁装船。"❽姓。
另见 zhēng。

丁部 即经、史、子、集四部中的集部。《旧唐书·经籍志上》:"四部者,甲、乙、丙、丁之次也……丁部为集。"

丁倒 颠倒。古乐府《读曲歌》:"鹿转方相头,丁倒欺人目。"方相,驱疫避邪之神像。"欺"为"魃"之同音双关语,魃即方相。

丁丁 ❶壮健貌。白居易《画雕赞》:"鸷禽之英,黑雕丁丁。"❷象声。王涯《秋夜曲》:"丁丁漏水夜何长!"元稹《景申秋》诗:"丁丁窗雨繁。"

丁东 亦作"丁冬"、"东丁"。象声。韩偓《雨后月中玉堂闲坐》诗:"夜久忽闻铃索动,玉堂西畔响丁东。"

丁冬 同"丁东"。象声。韦庄《捣练篇》:"临风缥缈叠秋雪,月下丁冬捣寒玉。"

丁祭 旧时每年于仲春(夏历二月)及仲秋(夏历八月)上旬丁日祭祀孔子,叫"丁祭",也叫"祭丁"。郑仲夔《耳新·令德》:"萧郡尊思似每丁祭必斋宿学宫。"

丁艰 犹"丁忧"。旧称遭父母之丧。《晋书·周光传》:"初,陶侃微时,丁艰,将葬,家中忽失牛,而不知所在。"

丁匠 古指为官府服役的工匠。《北史·袁充传》:"告天下将作役功,因加程课,丁匠苦之。"

丁口 犹人口。韩愈《寄卢仝》诗:"国家丁口连四海,岂无农夫亲耒耜。"

丁令威 神话人物。据《搜神后记》所载,他是辽东人,学道于灵虚山,后化鹤归故乡,止于城门华表上。有少年举弓欲射,遂在空中盘旋而歌:"有鸟有鸟丁令威,去家千年今始归。城郭如故人民非,何不学仙冢垒垒?"歌毕飞入高空。参见"化鹤"。

丁宁 ❶亦作"叮咛"。一再嘱咐。《北史·刘旷传》:"人有诤讼者,辄丁宁晓以义理,不加绳劾。"❷古乐器名。也叫"钲"、"镯"。似钟而小,军中用以节鼓。《左传·宣公四年》:"著于丁宁。"杜预注:"丁宁,钲也。"段玉裁《说文解字注》:"镯、铃,一物也。古谓之丁宁,汉谓之令丁。"按"丁宁"与"令丁"都是摹声词。

丁女 成年女子。《汉书·严安传》:"丁男被(披)甲,丁女转输,苦不聊生。"

丁强 ❶壮健。《论衡·无形》:"身气丁强,超乘不衰。"❷丁壮,壮年男子。《三国志·魏志·梁习传》:"豪右已尽,乃次发丁强,以为义从。"

丁夜 即四更,凌晨二时左右。《新唐书·天文志二》:"〔太和〕九年六月丁酉,自昏至丁夜,流星二十余,纵横出没,多近天汉。"参见"五夜"。

丁忧 旧称遭父母之丧为"丁忧"。语本《书·说命上》"王宅忧"。《宋史·礼志二十八》:"诏任三司馆阁执事者丁忧,并令持服。又诏川峡、广南、福建路官丁忧,不得离任。"

仃(dīng) 见"伶仃"。

叮(dīng) ❶频频嘱咐;追问。如:千叮万嘱;叮问。❷指虫类用口器刺人。《红楼梦》第三十六回:"就像蚂蚁叮的。"❸象声。如:叮叮当当。

叮咛 同"丁宁"。❶一再嘱咐。《红楼梦》第五十八回:"况贾母又千叮咛万嘱咐托他照管黛玉。"❷仔细;分明。《符金锭》第三折:"我这里叮咛觑了他模样。"

玎(dīng) 见"玎玲"、"玎珰"。

玎珰 也作"丁当"。象声词。萨都剌《题二宫人琴壶图》诗:"冰弦素手弹凤凰,玉壶投矢声玎珰。"

玎玲 清越的声音。元好问《赤石谷》诗:"石根寒溜玉玎玲。"亦作"钉铃"。李贺《沙路曲》:"珮马钉铃踏沙路。"参见"玲玎"。

盯(dīng) ❶注视。如:盯着他的背影。❷紧跟,不放松。如:盯住他,别让他跑了。

町(dīng) 豌町市。在云南省。
另见 tīng。

釘〔钉〕(dīng) ❶钉子。❷通"盯"。
另见 dìng。

疔(dīng) 见"疔疮"。

疔疮 中医学病名。发于颜面及手足等部位的一种疮疡。因根深形小、其状如钉,故名。多由邪热毒盛所致。常见的有颜面部疔疮(即颜面部痈)、红丝疔、蛇头疔等。初起患部四周坚硬,顶部多有脓头一点,或痛、或痒、或麻,常伴有寒热、头晕、心烦、口干、精神困顿等症。本病发展迅速,如见疮顶突然黑陷、神志昏迷、高热、气喘、恶心、呕吐时,则为疔毒走黄,属危候。内治以清热解毒为主;外治初期宜箍毒消肿,中期宜提脓祛腐,后期宜生肌收口。疔疮走黄时,宜采用中西医结合治疗。

耵(dīng,又读 dǐng) 见"耵聍"。

耵聍 亦称"耳垢"。外耳道耵聍腺的正常油脂性分泌物。有保护作用,干后成固体,色黄或棕褐,常自行掉出。若积聚过多,堵塞耳道,妨碍听力,甚至引起外耳道继发性感染,需清除。

酊(dīng) "酊剂"的简称。如:碘酊;鸦片酊。
另见 dǐng。

酊剂 简称"酊"。药物(植物药材为主)用不同浓度的乙醇浸出或溶

解制成的澄清液体制剂。供口服或外用。除另有规定外，一般用10～20克药材制成100毫升酊剂。亦可用流浸膏稀释制成。有些酊剂是将化学药物溶于乙醇制得，如碘酊。

靪（dǐng）　鞋袜衣服上的补缀处，以状如钉头而名。如：打补靪。

dǐng

芋（dǐng）　见"茗芋"。

顶〔頂〕（dǐng）　❶头顶。如：秃顶；灭顶；眼高于顶。引申为物体的上端。如：屋顶；山顶。❷见"顶子"。❸以头承戴。周邦彦《汴都赋》："其败也抉目而折骨，其成也顶冕而垂裳。"引申为支承、承担。《红楼梦》第七十五回："我昨日把王善保的老婆打了，我还顶着徒罪呢。"❹顶撞。如：顶嘴；我又顶了他几句。❺迎，逆。如：顶风。❻抵得。如：一个人可以顶三个。❼代替。如：冒名顶替。❽指以商店的营业权或房屋的居住权卖让给别人。如：出顶；招顶；顶盘。❾最。如：顶喜欢；顶有力量。❿有顶器物的计量单位。如：一顶帽子；一顶帐子。

顶戴　❶敬礼。梁武帝《金刚般若忏文》："顶戴奉持，终不舍离。"❷清代用以区别官员等级的帽饰。通常皇帝可赏给无官的人某品顶戴，亦对次一等的官赏加较高级的顶戴。例如总督为从一品官，赏加头品顶戴，即等于按正一品待遇。"戴"亦作"带"。

顶缸　替代；代人受过。无名氏《陈州粜米》第四折："我是雇将来的顶缸外郎。"《红楼梦》第六十一回："这样说，你竟是个平白无辜的人了，拿你来顶缸的。"

顶礼　佛教徒拜佛最尊敬的礼节。头、手、足五体俯伏，以头承佛足。沈约《为文惠太子礼佛愿疏》："伽蓝精舍，绕足顶礼。"伽蓝，僧寺。后常以"顶礼膜拜"表示极度崇拜。参见"膜拜"。

顶天立地　形容形象高大，也形容气概豪迈，光明磊落。纪君祥《赵氏孤儿》第一折："我若把这孤儿献将出去，可不是一身富贵。但我韩厥是一个顶天立地的男儿，怎肯做这般勾当！"

顶真　也叫"顶针"、"联珠"。修辞学上辞格之一。用前文的结尾

（词语或句子）作下文的起头，使语句递接紧凑而生动畅达。如："楚山秦山皆白云。白云处处长随君。长随君；君入楚山里，云亦随君渡湘水。湘水上，女罗衣，白云堪卧君早归。"（李白《白云歌送刘十六归山》）

顶子　清代官员帽顶上的帽珠。用宝石、珊瑚、水晶、玉石、金属等制成，以其质料和颜色分别官阶的品级。

酊（dǐng）　见"酩酊"。另见dǐng。

鼑（dǐng）　同"鼎"。

湉〔湉〕（dǐng）　见"湉泞"。

湉泞　水沸貌。《文选·木华〈海赋〉》："湉泞澡潎。"李善注："湉泞，沸貌。"

鼎（dǐng）　❶古代炊器。多用青铜制成。圆形，三足两耳；也有长方四足的。盛行于商周时期，汉代仍流行。东周和汉代常有用陶鼎作为随葬的明器。古代亦作烹人的刑具。参见"鼎镬❷"。道士则用以炼丹煮药。后来用作香炉。❷古代以为立国的重器。见"定鼎"、"问鼎"。❸鼎有三足，因喻三方并立。如：鼎立；鼎足；鼎峙。❹三公的代称。见"鼎辅"。❺正；当。《汉书·匡衡传》："无说诗，匡鼎来。"颜师古注："服虔曰：'鼎，犹言当也，若言匡且来也。'应劭曰：'鼎，方也。'"参见"鼎盛"。❻显赫；盛大。见"鼎族"。❼六十四卦之一，巽下离上。《易·鼎》："象曰：木上有火，鼎。"又《杂卦》："鼎，取新也。"因有更新之意。见"鼎革"、"鼎新❶"。

鼎

鼎臣　犹言重臣、大臣。《后汉书·李膺传》："顷闻上帝震怒，贬黜鼎臣。"李贤注："上帝谓天子，鼎臣即陈蕃。"

鼎铛有耳　《续资治通鉴长编·宋太祖开宝元年》："雷德骧言赵普强市人第宅，聚敛财贿。上怒叱之曰：'鼎铛犹有耳，汝不闻赵普吾之社稷臣乎？'"意谓汝岂无耳不闻。

鼎鼎　❶盛大。如：大名鼎鼎。陆游《岁晚书怀》诗："残岁堂堂去，新春鼎鼎来。"❷形体意缓貌。《礼记

·檀弓上》："鼎鼎尔则小人。"郑玄注："鼎鼎尔，谓大舒。"孔颖达疏："吉事鼎鼎尔不自严敬，则如小人然，形体宽缓也。"❸迅疾。陶潜《饮酒》诗："鼎鼎百年内，持此欲何成？"

鼎沸　如鼎水沸腾，形容局势不安定。《三国志·蜀志·谯周传》："既非秦末鼎沸之时，实有六国并据之势。"也形容嘈杂。如：人声鼎沸。

鼎辅　犹言宰辅，三公。《宋书·五行志四》："是时贾后陷害鼎辅，宠树私戚。"

鼎革　取义于鼎、革二卦名。鼎，取新；革，去故。旧多指改朝换代。黄宗羲《淇仙毛君墓志铭》："鼎革以后，绝意进取。"参见"鼎新革故"。

鼎贵　❶富贵。左思《吴都赋》："高门鼎贵，魁岸豪杰。"❷正当贵显。《汉书·贾捐之传》："捐之复短石显。兴（杨兴）曰：'显鼎贵，上信用之。'"

鼎镬　❶古代烹饪器。《周礼·天官·亨人》："掌共（供）鼎镬，以给水火之齐。"齐，多少之量。❷古代的一种酷刑，用鼎镬烹人。《汉书·郦食其传赞》："郦生自匿监门，待主然后出，犹不免鼎镬。"参见"汤镬"。

鼎甲　❶封建社会贵盛大族之称。李肇《唐国史补》卷上："四姓惟郑氏不离荥阳，有冈头卢，泽底李，土门崔，家为鼎甲。"❷科举制度总称状元、榜眼、探花。鼎有三足，一甲共三名（一甲限三人，始于元顺帝时），故称。

鼎立　三方并峙如鼎足。《三国志·吴志·陆凯传》："近者汉之衰末，三家鼎立。"

鼎鼐　鼐，大鼎。旧以宰相治理国事，如鼎鼐之调和五味，故以喻宰相之权位。王君玉《国老谈苑》卷二："寇準出入宰相三十年，不营私第。处士魏野赠诗曰：'有官居鼎鼐，无地起楼台。'"

鼎盛　谓正当兴盛之时。《汉书·贾谊传》："天子春秋鼎盛。"《文心雕龙·时序》："唐虞之文，其鼎盛乎？"

鼎食　列鼎而食。指生活豪侈。《孔子家语·致思》："从车百乘，积粟万钟，累茵而坐，列鼎而食。"王勃《滕王阁序》："闾阎扑地，钟鸣鼎食之家。"

鼎铼　鼎中的食品。《易·鼎》："鼎折足，覆公铼。"孔颖达疏："铼，糁也，八珍之膳，鼎之实也。"亦比喻政事。权德舆《仲秋朝拜昭陵》诗："良将授兵符，直臣调鼎铼。"参见

"覆㗊"、"折足覆㗊"。

鼎新 犹言更新。《易·杂卦》："鼎，取新也。"陆游《入蜀记》："方且言其主鼎新文物，教被华夷。"参见"鼎新革故"。

鼎新革故 更新除旧。多指朝政变革或改朝换代。语出《易·杂卦》。《参同契·君臣御政章第四》："御政之首，鼎新革故。"参见"革故鼎新"。

鼎元 科举制度中状元的别称。因居鼎甲之首而得名。

鼎峙 谓如鼎足并峙。《晋书·凉武昭王李玄盛传》："昔汉运将终，三国鼎峙。"

鼎足 比喻三方并峙，犹如鼎之三足。《史记·淮阴侯列传》："三分天下，鼎足而居。"

鼎族 显赫的世族，亦谓豪门贵族。庾信《周车骑大将军贺娄公神道碑》："公六郡良家，西河鼎族。"

鼎俎 ❶鼎和俎。《周礼·天官·内饔》："王举，则陈其鼎俎，以牲体实之。"郑玄注："取于镬以实鼎，取于鼎以实俎。"❷泛称割烹的用具。《韩诗外传》卷七："伊尹，故有莘氏僮也，负鼎操俎调五味而立为相。"亦指割烹。《淮南子·说山训》："鸡知将旦，鹤知夜半，而不免于鼎俎。"

鼎祚 犹言国祚，国运。夏商周以九鼎为国之重器，国灭则鼎迁，故云。《晋书·石弘载记》："魏任司马懿父子，终于鼎祚沦移。"

薡

薡（dǐng） 见"薡蕫"。

薡蕫 《尔雅·释草》："蘱，薡蕫。"郭璞注："似蒲而细。"参见"蘱"。

dìng

订〔訂〕（dìng） ❶约定。如：订交。❷制定。如：订规章；订计划。❸改定；核定。见"订正"。❹评议。《论衡·案书》："两刃相割，利钝乃知。二论相订，是非乃见。"章炳麟《訄书》中有《订孔》篇。

订正 考核正定。《晋书·荀崧传》："其书文清义约，诸所发明，或是《左氏》、《公羊》所不载，亦足有所订正。"

饤〔飣〕（dìng） 堆叠果品。韩愈《赠刘师服》诗："妻儿恐我生怅望，盘中不饤栗与梨。"也指陈列于器皿中的菜蔬果品。灌圃耐得翁《都城纪胜·四司六局》："果子

局，专掌簇盘饤看果、时果……菜蔬局，专掌瓯饤、菜蔬、糟藏之属。"

钉〔釘〕（dīng） ❶用钉子固定东西。如：将门牌钉在墙上。❷缝缀。如：钉书；钉衣扣。

另见 dìng。

定（dìng） ❶安定；定当；平定。如：坐定；商定；心神不定。《孟子·梁惠王上》："〔梁襄王〕卒然问曰：'天下恶乎定？'吾对曰：'定于一。'"❷决定；肯定。《礼记·王制》："论进士之贤者，以告于王，而定其论。"❸规定。如：定时；定量。❹约定。如：定货；定婚。❺停留；静止。《书·洛诰》："公定，予往已。"《后汉书·来歙传》："臣夜人定后，为何人所贼伤，中臣要害。"❻一定；必定。《儒林外史》第十四回："定要一千八百的乱说。"❼究竟。辛弃疾《一络索》词："不知花定有情无。"❽古星名，即营室。《诗·鄘风·定之方中》："定之方中，作于楚宫。"郑玄笺："定星昏中而正，于是可以营制宫室，故谓之营室。"❾通"颠"。额。《诗·周南·麟之趾》："麟之定。"❿译自梵语 Samādhi，又称"三昧"、"三摩地"。佛教名词。谓心专注一境集中而不散乱的精神状态。佛教以此作为取得确定的认识、作出确定的判断所应具备的心理条件。李中《宿钟山知觉院》诗："磬罢僧初定，山空月又生。"参见"禅定"。

定策 ❶古称大臣主谋尊立天子，并记于竹简之上，告于宗庙。《汉书·张安世传》："与大将军定策，天下受其福，国家重臣也。"❷决定策略。陆机《汉高祖功臣颂》："运筹固陵，定策东袭。"

定鼎 九鼎为古代传国的重器，王都所在，即鼎之所在，因称定都为"定鼎"。《左传·宣公三年》："成王定鼎于郏鄏。"引申为建立王朝。颜延之《三月三日曲水诗序》："高祖以圣武定鼎。"

定夺 决定事情的可否和去取。《三国演义》第七十三回："孔明曰：'吾意已有定夺了。'"

定居 在一个地方固定居住下来；安居。《诗·小雅·采薇》："戎车既驾，四牡业业，岂敢定居，一月三捷。"郑玄笺："定，止也……不敢止而居处自安也。"

定论 不易之论；最后的论断。《荀子·王制》："百姓晓然皆知夫为善于家而取赏于朝也，为不善于幽而蒙刑于显也，夫是之谓定论。"《明史

·王守仁传》："蕫（桂蕫）等言，守仁事不师古，言不称师。欲立异以为高，则非朱熹格物、致知之论；知众论之不予，则为朱熹晚年定论之书。"

定盘星 秤杆上的第一个星，秤锤悬于此点时，适与秤盘成平衡，因称"定盘星"。比喻行动的准绳。朱熹《水调歌头·联句问讯罗汉》词："记取渊冰语，莫错定盘星。"

定情 男女互赠物品表示爱意。也指男女结为夫妇。汉繁钦有《定情诗》，唐乔知之有《定情篇》，都指结婚。陈鸿《长恨歌传》："定情之夕，授金钗、钿合以固之。"

定数 犹定命，迷信者谓人世祸福都由前定。刘峻《辨命论》："荣悴有定数，天命有志极。"

定省 "昏定晨省"的略语。指子女早晚向父母问安。语出《礼记·曲礼上》。黄庭坚《送李德素归舒城》诗："青衿废诗书，白发违定省。"参见"昏定晨省"。

定义 亦称"界说"。揭示概念的内涵或语词的意义的方法。揭示概念内涵的定义称为实质定义，揭示语词意义的定义称为语词定义。

定语 名词前面的修饰或限制的成分。表示人或事物的性状、数量、所属等。定语一般由形容词、名词、代词、数量词充当。如"方桌子"、"李白的诗"、"我的衣服"、"三本书"中的"方"、"李白"、"我"、"三本"。定语（数量词充当的定语除外）后面有时要用助词"的"。

啶（dìng） 译音字。如：磺胺嘧啶（药物名）。

铤〔鋌〕（dìng） ❶未经冶铸的铜铁。《论衡·率性》："世称利剑有千金之价，棠溪、鱼肠之属，龙泉、太阿之辈，其本铤，山中之恒铁也；冶工锻炼，成为铦利。"❷古代所铸的各种形状的金银块，作货币流通。《南史·庐陵威王续传》："至内库阅珍物，见金铤。"后沿用"锭"字，详见该条。❸箭头装入箭干的部分。《考工记·冶氏》："为杀矢，刃长寸，围寸，铤十之。"郑玄注引郑司农云："铤，箭足入稿中者也。"孙诒让正义："稿即矢干（檊）。箭足著金，惟见其刃，其茎入干中不见者，谓之铤也。"

另见 tǐng。

锭〔錠〕（dìng） 锭胜，糕点名。今苏、沪一带称定胜糕。

腚（dìng） 臀部。山东一带方言。如：小孩子光着腚。《聊

斋志异·仙人岛》："狗腔响弸巴。"

碇〔椗、矴〕（dìng）船停泊时沉落水中以稳定船身的石块，用处如后来的锚。如：下碇；启碇。李商隐《赠刘司户》诗："江风扬浪动云根，重碇危樯白日昏。"

锭〔錠〕（dìng）❶古代蒸食物的器具。《正字通·金部》："锭，荐熟物器，上环以通气之管，中置以蒸饪之具，下致以水火之齐，用类甑。"❷灯盏。《广雅·释器》："锭谓之镫。"见"镫（dēng）❷"。❸通"铤"。铸成贝状、颗状或块状的金银，其重五两或十两。如：金锭；银锭。亦为金银锭及墨的计量单位。如：一锭金；一锭墨。

颞〔顊〕（dìng）额。《尔雅·释言》："颞，题也。"郭璞注："题，额（額）也。"

diū

丢（diū）同"丢"。

丢（diū）❶失去。如：丢脸；丢东西。《红楼梦》第一百十九回："你叔叔丢了，还禁得再丢了你么？"❷抛；抛开。如：丢眼色；丢开手。康进之《李逵负荆》第二折："把烦恼都也波丢，都丢在脑背后。"

彫〔颩〕（diū）❶抛掷。王实甫《西厢记》第二本第二折："彫了僧伽帽，袒下我这偏衫。"❷挥击。马致远《耍孩儿·借马》曲："休教鞭彫着马眼。"

铥〔銩〕（diū）化学元素［周期系第Ⅲ族（类）副族元素、镧系元素］。稀土元素之一。符号Tm。原子序数69。银白色金属。质软。用于制不需电源的手提式简易X射线源、铁氧体，也可用作荧光体的激活剂等。

dōng

东〔東〕（dōng）❶太阳出来的方向。《史记·历书》："日归于西，起明于东。"❷主人。古代礼制主位在东，宾位在西，所以主人称东。如：作东；宾东。《水浒传》第二回："小的（高俅）是王都尉亲随，受东人使令。"❸姓。元代有东良会。

东冲西突 向四处冲击。形容作战勇猛。《三国演义》七十一回："曹操见云（赵云）东冲西突，所向无前，莫敢迎敌，救了黄忠，又救了张著；奋

然大怒。"《英烈传》三十六回："朱兵东冲西突，直进直退，那贼人只道千军万马杀入寨来。"

东厨 厨房。曹植《当来日大难》诗："乃置玉樽办东厨。"按《尔雅·释宫》："东北隅谓之宧。"郝懿行义疏："宧者，《说文》云：'养也，室之东北隅，食所居。'"厨房称东厨，本此。

东窗事发 传说秦桧杀岳飞时，曾与妻王氏在东窗下密谋定计。后秦桧死，在地狱里受苦，王氏给他做道场，叫道士到阴曹探访。秦桧对道士说："可烦传语夫人，东窗事发矣！"见田汝成《西湖游览志馀》卷四。后因谓密谋败露为"东窗事发"。

东床 《晋书·王羲之传》："太尉郗鉴使门生求女婿于导（王导），导令就东厢遍观子弟。门生归，谓鉴曰：'王氏诸少并佳。然闻信至，咸自矜持；惟一人在东床坦腹食，独若不闻。'鉴曰：'正此佳婿邪！'访之，乃羲之也。遂以女妻之。"后因称女婿为"东床"。王定保《唐摭言·散序》："公卿家率以其日拣选东床。"参见"坦腹"。

东曩 见"曩"。

东道 作东请客。《红楼梦》第三十七回："他后来的，先罚他和了诗。要好，就请入社；要不好，还要罚他一个东道儿再说。"参见"东道主"。

东道主 本指东路上的主人。《左传·僖公三十年》："若舍郑以为东道主，行李之往来，共（供）其乏困，君亦无所害。"按郑在秦东，可以随时供应秦使的困乏，故称为"东道主"。后亦用以指东道。亦称以酒食请客者为东道主，请客为作东、做东道。

东第 《史记·司马相如列传》："故有剖符之封，析珪而爵，位为通侯，居列东第。"司马贞索隐："列甲第在帝城东，故曰东第也。"后借指王侯府第。《晋书·会稽文孝王道子传》："牙（嬖人赵牙）为道子开东第，筑山穿池，列树竹木，功用巨万。"

东丁 亦作"丁东"。象声。陆游《老学庵笔记》卷六："汉嘉城西北山麓有一石洞，泉出其间，时闻洞中泉滴声……黄鲁直题诗云：'古人题作东丁水，自古东丁直到今。'"吴文英《风入松·寿梅壑》词："红香荡玉珮东丁。"

东风 ❶春风。《礼记·月令》："〔孟春之月〕东风解冻。"❷草名。《文选·左思〈吴都赋〉》："石帆水松，东风扶留。"刘良注："石帆水松，东风，

四者皆草名也。"

东风吹马耳 吹，本作"射"。犹言耳边风。李白《答王十二寒夜独酌有怀》诗："世人闻此皆掉头，有如东风射马耳。"

东扶西倒 这边扶起又倒向那边。形容难于支撑，不能自立。杨万里《过南荡》诗："笑杀槿篱能耐事，东扶西倒野酴醾。"也为"顾此失彼"之意。《朱子语类》卷一二五："如某此身已衰耗，如破屋相似，东扶西倒，虽欲修养，亦何能有益耶！"亦形容没有主见，立意不定。

东皋 泛指田野或高地。《文选·潘岳〈秋兴赋〉》："耕东皋之沃壤兮。"李善注："水田曰皋，东者，取其春意。"

东阁 向东小门。《汉书·公孙弘传》："开东阁以延贤人。"颜师古注："阁者，小门也，东向开之，避当庭门而引宾客，以别于掾史官属也。"引申为款待宾客之地。

东宫 ❶太子所居之宫，也即指太子。《诗·卫风·硕人》："东宫之妹。"毛传："东宫，齐太子也。"孔颖达疏："太子居东宫，因以东宫表太子。"参见"青宫"、"春宫❶"。❷太后所居之宫。汉代太后居长乐宫，在未央宫东，因称。亦指太后。《汉书·刘向传》："依东宫之尊，假甥舅之亲，以为威重。"❸诸侯妾媵所居之宫。《公羊传·僖公二十年》："有西宫则有东宫矣。"何休注："礼，夫人居中宫，少在前；右媵居西宫，左媵居东宫，少在后。"后用以称嫔妃。❹古天区名。《史记·天官书》把中宫以南、苍龙七宿为中心的天区称为"东宫"。❺复姓。周代有东宫得臣。

东莞 ❶古县名。西汉置。治今山东沂水。南朝宋移治今莒县，隋初改名东安。❷郡名。（1）东汉建安初分琅邪、齐郡置。治今沂水东北。辖境相当今山东临朐、沂水、蒙阴、沂源等县地。北齐改名东安。（2）东晋侨置于晋陵（今江苏常州市）东南，南朝齐末废。❸市名。在广东省。

东观 汉代宫中藏书的地方。《后汉书·安帝纪》："诏谒者刘珍及五经博士，校定东观五经、诸子、传记、百家艺术，整齐脱误，是正文字。"李贤注："《洛阳宫殿名》曰：'南宫有东观。'"

东郭 复姓。春秋时齐国有东郭垂。

东郭逡 兔名。《国策·齐策三》："东郭逡者，海内之狡兔也。"

遂,本作"㒸"。《新序·杂事五》:"齐有良兔曰东郭㕙,盖一旦而走五百里。"

东郭先生 小说《中山狼传》中一个滥行仁慈的人物。因救助被人追逐的中山狼,几为狼所害。

东家 ❶东邻。《汉书·王吉传》:"始吉少时学问,居长安。东家有大枣树垂吉庭中。"❷房东;寓主。杜甫《陪郑广文游何将军山林》诗:"尽捻书籍卖,来问尔东家。"❸塾师、幕友或雇工等对主人的称呼。《儒林外史》第九回:"先年东家因他为人正气,所以才托他管总。"

东君 ❶古代传说中称太阳之神。屈原曾以《东君》作歌祭祀。《汉书·郊祀志上》:"晋巫祠五帝、东君、云中君、巫社、巫祠、族人炊之属。"颜师古注:"东君,日也。"❷指东王公。古代神话中的仙人。白居易《和送刘道士游天台》:"斋心谒西母,瞑拜朝东君。"也有以春神为东君的。❸《楚辞·九歌》篇名。战国楚人屈原作。东君为日神,此篇为祭日神之歌。

东陵瓜 汉召平本为秦东陵侯,秦亡后,在长安城东种瓜,味甜美,时称"东陵瓜"。阮籍《咏怀》:"昔闻东陵瓜,近在青门外。"亦称"青门瓜"。

东鳞西爪 比喻事物的零星片断。梁启超《论中国成文法编制之沿革得失》:"故诸国法今虽无一遗存,然以其为法经之渊源,则东鳞西爪,借法经之介绍,间接以散见于现行法律中者,殆非绝无矣。"

东笼 亦作"笼东"。颓败丧气貌。《荀子·议兵》:"鹿埵、陇种、东笼而退耳。"杨倞注:"盖皆溃败披靡之貌……东笼与涷泷同,沾湿貌,如衣服之沾湿然。"

东门 复姓。汉有荆州刺史东门云。

东溟 东海。《文选·颜延之〈车驾幸京口侍游蒜山作〉》诗:"日观临东溟。"吕向注:"东溟谓东海。"

东坡巾 宋代苏东坡所戴的头巾。其形制为里层有四墙,墙角在前后左右,外层有重墙,较内墙稍低,前面开口,下成尖角,正对眉心。杨基《赠许白云》诗:"头戴一幅东坡巾。"

东迁西徙 指四处迁移,漂泊不定。《明史·西域传二》:"但当循分守职,保境睦邻,自无外患。何必东迁西徙,徒取劳瘁。"亦作"东徙西迁"。清江藩《汉学师承记》卷八:"窜匿草莽,东徙西迁,屡濒于危。"

东山再起 东晋时,谢安尝辞官隐居会稽东山,后来又出山做了大官。见《晋书·谢安传》。后因称失势后复起为"东山再起"。《儿女英雄传》第三十九回:"或者圣恩高厚,想起来还有东山再起之日,也未可知。"

东施效颦 "颦"亦作"矉",皱眉。《庄子·天运》:"故西施病心而矉其里,其里之丑人见而美之,归亦捧心而矉其里。其里之富人见之,坚闭门而不出;贫人见之,挈妻子而去之走。彼知矉美,而不知矉之所以美。"后因谓以丑拙学美好为"效颦"。王维《西施咏》:"持谢邻家子,效颦安可希!"按《通俗编·妇女》:"此寓言,其丑人未尝谓谁某也。"《太平寰宇记》载诸暨县有西施家、东施家,黄庭坚等始凿言东施效颦。"

东食西宿 比喻贪得的人欲兼有其利。《艺文类聚》卷四十引《风俗通》:"两袒:俗说,齐人有女,二人求之。东家子丑而富,西家子好而贫。父母疑不能决,问其女,定所欲适,难指斥言者,偏袒令我知之。女便两袒。怪问其故。云:欲东家食西家宿。此为两袒者也。"《聊斋志异·黄英》:"东食西宿,廉者当不如是。"

东涂西抹 随意下笔作文。多用作自谦之辞。王定保《唐摭言·慈恩寺题名游赏赋咏杂记》:"薛监(逢)晚年厄于宦途,尝策羸赴朝,值新进士榜下,缀行而出。时进士团所由辈数十人,见逢行李萧条,前导曰:'回避新郎君!'逢憨然,即遣一介语之曰:'报道莫贫相!阿婆三五少年时,也曾东涂西抹来。'"谓自己少年时也曾矜文章取功名。涂抹,表示谦虚,含有不足为奇的意思。元好问《自题写真》诗:"东涂西抹窃时名,一线微官误半生。"后亦谓任意涂抹。

东西 ❶东方和西方。泛指方向。《楚辞·九叹·远逝》:"水波远以冥冥兮,眇不睹其东西。"❷泛称一切物件。《南齐书·豫章王嶷传》:"上谓嶷曰:'百年复何可得,止得东西一百,于事亦济。'"也用为对人或动物的蔑称或昵称。如:老东西;小东西。马致远《青衫泪》第三折:"但犯着吃黄虀者,不是好东西。"

东西南北 谓天下各个方向。《左传·襄公二十九年》:"东西南北,谁敢宁处。"清黄遵宪《人境庐诗草自序》:"后以奔走四方,东西南北,驰驱少暇。"

东序 ❶古代宫室的东厢。天子、诸侯养国老、宴群臣的坐位在此。《书·顾命》:"东序,西向。"班彪《览海赋》:"松乔坐于东序,王母处于西厢。"❷西周的学校。

东瀛 东海。刘禹锡《汉寿城春望》诗:"不知何日东瀛变,此地还成要路津?"后亦称日本为"东瀛"。如《东瀛诗纪》为俞樾所编之日本诗人诗集。

东隅 ❶东角。因日从东角出,故以东隅指早晨。《后汉书·冯异传》:"可谓失之东隅,收之桑榆。"参见"桑榆"。❷指东方。《隋书·许善心传》:"李虔僻处西土,陆机少长东隅。"

东作 谓农事。《书·尧典》:"平秩东作。"蔡沈集传:"东作,春月岁功方兴,所当作起之事也。"《汉书·王莽传中》:"予之东巡,必躬载耒,每县则耕,以劝东作。"

冬 ㊀(dōng) 四季的最后一季,夏历十月至十二月。
㊁〔鼕〕(dōng) 亦作"咚"。象声。如:鼓声冬冬。

冬冬鼓 即"街鼓"。古时设置在街道的警夜鼓。《新唐书·马周传》:"先是京师晨暮传呼以警众,后置鼓代之,俗曰冬冬鼓。"

冬烘 形容懵懂浅陋。王定保《唐摭言·误放》:"郑侍郎熏主文,误谓颜标乃鲁公之后……寻为无名子嘲曰:'主司头脑太冬烘,错认颜标作鲁公。'"

冬节 ❶指冬至日。《南齐书·武陵昭王晔传》:"冬节问讯,诸王皆出,晔独后来。"❷泛指冬天。《后汉书·马融传》:"方涉冬节,农事间隙。"

冬日可爱 冬日,冬天的太阳。比喻人的慈祥可亲。《左传·文公七年》:"酆舒问于贾季曰:'赵衰、赵盾孰贤?'对曰:'赵衰,冬日之日也;赵盾,夏日之日也。'"杜预注:"冬日可爱,夏日可畏。"

冬温夏清 《礼记·曲礼上》:"凡为人子之礼,冬温而夏清,昏定而晨省。"谓侍奉父母,冬天使之温暖,夏天使之凉快。今也指冬暖夏凉。

冬住 冬至的前一日。陆游《老学庵笔记》卷八:"冬至前一日为冬住。……所谓冬住者,冬除也。"

咚 (dōng) 同"冬㊁"。

崇 〔崬〕(dōng) 见"崇王"。

崇王 地名。在广西壮族自治区

武鸣县城西南。

冻〔涷〕(dōng，又读 dòng)　暴雨。见"涷雨"。

涷雨　暴雨。《尔雅·释天》："暴雨谓之涷。"郭璞注："今江东人呼夏月暴雨为涷雨。"《楚辞·九歌·大司命》："令飘风兮先驱，使涷雨兮洒尘。"王逸注："暴雨为涷雨。"

氡(dōng)　化学元素［周期系零族（类）元素］。旧称"鎓"。稀有气体之一。符号 Rn。原子序数 86。无色、无臭，有放射性，是镭、钍等放射性元素蜕变产物。从镭蜕变出的氡叫"镭射气"。质量数为 222 的同位素，半衰期为 3.824 天，放射 α 粒子。医疗上用作 γ 射线源，还用于物理研究、射线照相等。

鸫〔鶇〕(dōng)　鸟纲，鹟科，鸫亚科，鸫属（*Turdus*）各种的通称。体一般长 23～28 厘米。羽毛多呈淡褐或黑色，常杂以白、灰、赭或栗壳等色。胸部常为白到灰白底色而散缀黑、褐等色斑点。幼鸟体羽大多有斑点。为陆栖林鸟，跗蹠强而善走。常在田圃或疏林间地面上觅食。春日多善啭鸣。主食昆虫，为农林益鸟。在中国分布较广的有乌鸫等。

蝀〔蝀〕(dōng)　即"蝃蝀"。《徐霞客游记·游白岳山日记》："飞虹垂蝀，下空恰如半月。"

dǒng

硐(dǒng)　磨。《广雅·释诂三》："硐，磨也。"
另见 dòng。

董(dǒng)　❶督；监督。《书·大禹谟》："董之用威。"❷正。《楚辞·九章·涉江》："余将董道而不豫兮。"王逸注："言己虽见先贤执忠被害，犹正身直行，不犹豫而狐疑也。"❸董事的简称。如：校董。❹姓。

董督　督察；督导。《三国志·吴志·孙皎传》："二者尚不能知，安可董督在远，御寇济难乎？"

蕫(dǒng)　见"萧蕫"。

懂(dǒng)　❶了解；明白。如：懂事。❷见"懵懂"。

樬(dǒng)　见"樬棕"。

樬棕(*Caryota urens*)　棕榈科。常绿大乔木。树皮厚。叶大型，集生树干顶端，二回羽状复叶，叶脱落后留有明显的环状叶痕。一生中仅开花一次，花序粗壮，圆锥状，下垂，长约 2.5～3 米，花单性。产于中国云南南部、西南部；印度至中南半岛亦有分布。髓心可提取淀粉（俗称"樬棕粉"），供食用；树皮制品经久耐用，不腐，不褪色。

dòng

动〔動〕(dòng)　❶改变原来的位置或状态。与"静"相对。《诗·豳风·七月》："五月斯螽动股。"❷操作；行动。如：一举一动。《孟子·滕文公上》："将终岁勤动。"❸使用；运用。如：动笔，动脑筋。❹起始；发动。如：动工，动身；兴师动众。❺感动；变动；动摇。《淮南子·精神训》："不随物而动。"❻往往；每每。诸葛亮《后出师表》："论安言计，动引圣人。"

动词　表示人的动作、行为或事物变化的词。如"看"、"吃"、"演变"、"喜欢"、"存在"等。汉语动词能够同副词组合（不看）；一般能够重叠（看看、研究研究）；同助词"了"、"着"等组合表示动作的完成或进行状态（吃了、吃着）；用肯定否定相叠的方式表示疑问（看不看、吃不吃）。在句中主要的功能是作谓语（他写信）。

动静　❶运动和静止。《易·系辞上》："动静有常，刚柔断矣。"❷指人的行止。《荀子·劝学》："君子之学也，入乎耳，箸（着）乎心，布乎四体，形乎动静。"❸情况。《汉书·西南夷传》："太守察动静有变，乃以闻。"❹中国哲学史上的一对范畴。指动静关系。老子认为"反者，道之动"（《老子·四十章》），但事物运动变化最终归于虚静。三国魏王弼提出"动起于静"，又归于静（《老子·十六章注》），东晋僧肇提出"必求静于诸动"。北宋周敦颐把动静分为两类："动而无静，静而无动，物也"；"动而无动，静而无静，神也"（《通书·动静》）。认为具体事物的运动与静止是截然分开的。南宋朱熹以体用关系说明动静关系，"静即太极之体，动即太极之用"（《朱子语类》卷九十四），强调"贯动静而必以静为本"（《答张敬夫》）。明清之际王夫之提出"太虚本动"，指出阴阳"动极而静，静极而动"，"方动即静，方静旋动，静即含动，动不舍静"（《思问录·外篇》），并强调动是绝对的。

动容　❶摇荡。《楚辞·九章·抽思》："悲秋风之动容兮，何回极之浮浮。"王逸注："言风起而草木之类摇动。"❷举止；动作。《孟子·尽心下》："动容周旋中礼者，盛德之至也。"❸内心有所感动而表现于面容。《文心雕龙·神思》："悄焉动容，视通万里。"

动听　使人听了感动。如：娓娓动听。阮瑀《为曹公作书与孙权》："夫似是之言，莫不动听。"

动息　❶犹举止、动静。王维《戏赠张五弟諲》诗："我家南山下，动息自遗身。"❷指出仕与退隐。谢朓《观朝雨》诗："动息无兼遂，歧路多徘徊。"

动摇　❶有所动作。《尚书大传·康诰》："文王在位而天下大服，施政而物皆听，命则行，禁则止，动摇而不逆天之道。"❷不稳固；不坚定。《史记·南越尉佗列传赞》："瓯骆相攻，南越动摇。"《汉书·元帝纪》："使天下咸安土乐业，亡有动摇之心。"

动辄得咎　谓作事往往获罪或遭人责怪。韩愈《进学解》："跋前踬后，动辄得咎。"

动作　❶举动兴作。《左传·襄公三十一年》："德行可象，声气可乐，动作有文，言语有章。"❷身体的活动。如：体操动作优美。

冻〔凍〕(dòng)　❶水遇冷凝结成冰。《礼记·月令》："〔孟冬之月〕水始冰，地始冻。"❷汤汁凝成的胶体。如：鱼冻；肉冻。❸受冷或感到冷。如：防冻；冻僵。《孟子·尽心上》："不暖不饱，谓之冻馁。"❹形容珠和石头晶莹润泽。如：冻珠；青田冻石。冻石亦简称冻。如：鸡血冻（浙江昌化石）。❺姓。明代有冻泰。

冻黎　黎，黑色。形容老人面部的皮色。《说文·老部》："耇，老人面冻黎若垢。"段玉裁注引孙炎曰："耇，面冻黎色，如浮垢，老人寿征也。"亦作"冻梨"。《释名·释长幼》："九十……或曰冻梨，皮有斑黑如冻梨色也。"

冻云　将要下雪时积聚的阴云。方干《冬日》诗："冻云愁暮色，寒日淡斜晖。"

崠〔崠〕(dòng)　山脊。

侗(dòng)　❶心无执著。《庄子·庚桑楚》："能侗然乎？"

成玄英疏："顺物无心也。"❷中国少数民族名。

另见 tóng，tǒng。

垌〔dòng〕❶田地。如：田垌。❷用于地名。如：广东信宜市有金垌。

另见 tóng。

栋〔棟〕（dòng）房屋的正梁。如：画栋雕梁。因以为计量房屋的单位。如：一栋平房。

栋梁　房屋的大梁。《庄子·人间世》："仰而视其细枝，则拳曲而不可以为栋梁。"比喻担负国家重任的人。《南史·王俭传》："栝柏豫章虽小，已有栋梁气矣，终当任人家国事。"杜甫《承沈八丈东美除膳部员外郎》诗："天路牵骐骥，云台引栋梁。"

栋折榱崩　梁椽折坏。比喻倾覆。《左传·襄公三十一年》："栋折榱崩，侨将厌（压）焉。"侨，郑国大夫子产。

挏（dòng）❶推引；用力拌动。《汉书·礼乐志》："给大官挏马酒。"颜师古注引李奇曰："以马乳为酒，撞挏乃成也。"❷见"挏胨"。

迵（dòng，又读 tóng）通过；通达。汉《史晨后碑》："迵车马於渎上。"《史记·扁鹊仓公列传》："臣意诊其脉曰迵风。"司马贞索隐："下云'饮公下嗌，辄出之'，是风疾迵彻五藏（脏），故曰迵风。"

峒〔峝〕（dòng）❶1949 年前海南岛黎族的政治组织名。黎语称"贡"、"弓"。有固定的地域，以山岭、河流等为界。大峒包括若干小峒，有处理全峒事务的"峒头"。❷旧时部分苗、侗、壮族聚居区地名的泛称。如贵州、广西部分苗族的苗峒；侗族的十峒、八峒；广西左江壮族的黄峒、右江的侬峒等。❸唐宋时在广西左江、右江地区置的州峒，按当地民族聚居地区的范围，大者称州，小者称县，又小者称峒。❹通"洞"。山洞。

另见 tóng。

胨〔腖〕（dòng）亦称"蛋白胨"。蛋白质不完全水解的产物，是复杂的多肽混合物。可溶于水，遇热不凝固，在饱和硫酸铵溶液中不沉淀。可供培养微生物之用。

洞（dòng）❶洞穴。如：山洞、防空洞。❷透彻；深入。《文选·颜延年〈五君咏〉》："识密鉴亦洞。"李善注引《广雅》："洞，深也。"❸穿通。《聊斋志异·铁布衫法》：

"横捌之，可洞牛腹。"❹敞开。白居易《草堂记》："洞北户，来阴风，防徂暑也。"❺通晓；明察。《晋书·郭璞传》："由是遂洞五行、天文、卜筮之术。"叶适《〈覆瓿集〉序》："洞前烛后，瞭至日月。"

另见 tóng。

洞彻　亦作"洞澈"。❶清澈见底。刘长卿《旧井》诗："旧井依旧城，寒水深洞彻。"❷通达事理。杜甫《送韦讽上阆州录事参军》诗："韦生富春秋，洞彻有清识。"

洞达　❶畅通无阻；通达。班固《西都赋》："街衢洞达，闾阎且千。"❷透彻。《论衡·知实》："思虑洞达。"

洞房　深邃的内室。陆机《君子有所思行》："甲第崇高闼，洞房结阿阁。"后以称新婚夫妇的卧室。朱庆馀《近试上张籍水部》诗："洞房昨夜停红烛，待晓堂前拜舅姑。"

洞府　犹洞天。道教称神仙居住的地方。苏轼《过木枥观》诗："洞府烟霞远，人间爪发枯。"

洞贯　❶穿透。《新唐书·薛仁贵传》："帝曰：'古善射有穿七札者，卿试以五甲射焉。'仁贵一发洞贯。"❷犹洞达。彻底了解；通达。《朱子全书·学六》："看来看去，直待无可看，方换一段；如此看久，自然洞贯。"

洞户　室与室之间相通的门户。《后汉书·梁冀传》："堂寝皆有阴阳奥室，连房洞户。"李贤注："洞，通也，谓相当也。"参见"洞门❶"。

洞鉴　犹明察。透彻理会、了解。《魏书·李顺传》："卿往复积岁，洞鉴兴废。"

洞门　❶重重相对而相通的门。《汉书·董贤传》："重殿洞门。"颜师古注："洞门，谓门门相当也。"❷山洞的口。刘禹锡《桃源行》："洞门苍黑烟雾生，暗行数步逢虚明。"

洞若观火　谓观察事物，好像看火一样明白清楚。语本《尚书·盘庚上》"予若观火"。鲁迅《南腔北调集·〈守常全集〉题记》："以过去和现在的铁铸一般的事实来测将来，洞若观火！"

洞天　道教称神仙所居洞府，意谓洞中别有天地。参见"洞天福地"。

洞天福地　道教传说神仙所居的名山胜境，有"十大洞天"、"三十六小洞天"和"七十二福地"。道教著名胜地，如青城山、茅山、罗浮山、泰山、华山、嵩山、衡山、终南山、龙虎山等均是洞天福地。见唐杜光庭《洞

天福地岳渎名山记》（《道藏》所收）。

洞晓　透彻了解；精通。《宋史·丁谓传》："善谈笑，尤喜为诗，至于图画、博弈、音律，无不洞晓。"

恫（dòng）❶恐惧。《史记·燕召公世家》："国大乱，百姓恫恐。"❷恐吓。如：恫吓。

另见 tōng。

恫喝　亦作"恫猲"。《史记·苏秦列传》："〔秦〕恐韩、魏之议其后也，是故恫疑虚喝，骄矜而不敢进。"司马贞索隐引刘氏曰："秦自疑惧，不敢进兵，虚作恐怯之词以胁韩、魏也。"后称恐吓为"恫喝"。如：虚声恫喝。

駧〔駧〕（dòng）马快奔。《说文·马部》："駧，驰马洞去也。"段玉裁注："洞者，疾流也。"引申为急。《易纬乾坤凿度》卷上："观上古圣驱駧元化，劈措万业。"郑玄注："駧，动也，急也，不住也。"

絧〔絧〕（dòng）见"鸿絧"。

另见 tōng，tóng。

胴（dòng）❶大肠。见《玉篇·肉部》。❷见"胴体"。

胴体　❶家畜屠宰后的躯干部分。商业上猪的胴体指除去鬃毛、内脏（保留板油及肾脏）、血、头、尾及四肢下部（腕及跗关节以下）后的整个躯体；而牛、绵羊则须再除去皮。❷人的躯体。

硐（dòng）通"洞"、"峒"。用于山洞、窑洞。

另见 dǒng。

衕（dòng）腹泻。《山海经·北山经》："〔梁渠之山〕有鸟焉……名曰嚣，其音如鹊，食之已腹痛，可以止衕。"

另见 tòng。

潼（dòng）❶乳汁。《列子·力命》："乳潼有余。"亦作"重"。《汉书·匈奴传上》："得汉食物，皆去之，以视（示）不如重酪之便美也。"颜师古注："重，乳汁也……字本作'潼'。"❷鼓声。《管子·轻重甲》："潼然击鼓，士忿怒。"

dōu

都（dōu）全。杜甫《喜雨》诗："农事都已休。"《儒林外史》第一回："远远的一面大塘，塘边都栽满了榆树、桑树。"

另见 dū。

哚（dōu）怒斥声。《牡丹亭·寇间》："哚！腐儒啼哭什

么!"

兜〔鍪〕(dōu) ❶古代战士所用的头盔,就是胄,通称"兜鍪"。朱骏声《说文通训定声·需部》:"胄所以蒙冒其首,故谓之兜。"参见"兜鍪"。❷形状像兜鍪的帽。瞿佑《归田诗话·宋故宫》:"西僧皆戴红兜帽也。"❸像倒转兜鍪的口袋;兜儿。如:网兜;裤兜儿。❹抄起衣襟来当作兜儿装东西。《西游记》第二十四回:"他却串枝分叶,敲了三个果,兜在襟中。"❺同"笸"。兜子;便轿。《宋史·占城国传》:"国人多乘象,或软布兜。"❻蒙蔽。《国语·晋语六》:"在列者献诗,使勿兜。"韦昭注:"兜,惑也。"朱骏声《说文通训定声·需部》:"蒙蔽之意,或曰兆之讹字。"❼补衲。汤显祖《牡丹亭·腐叹》:"咱头巾破了修,靴头绽了兜。"❽包围;绕。如:兜剿;兜拿;兜圈子。❾兜揽。如:兜售;兜生意。❿通"陡"。突然;立刻。见"兜的"。

兜搭 ❶拉扯闲谈。鲁迅《呐喊·阿Q正传》:"那两个也仿佛是乡下人,渐渐和他兜搭起来。"❷周折;麻烦。马致远《黄粱梦》第四折:"路兜搭,人寂寞,山势险恶峻嵯峨。"秦简夫《东堂老》第一折:"这老儿可有些兜搭难说话。"

兜的 兜,通"陡"。突然;立刻。纪君祥《赵氏孤儿》第一折:"可怎生到门前兜的又回身。"王实甫《西厢记》第二本第一折:"从见了那人,兜的便亲。"

兜揽 招揽。《红楼梦》第六十一回:"但宝玉为人,不管青红皂白,爱兜揽事情。"

兜离 ❶中国古代西部少数民族乐名。参见"僸侏兜离"。❷异域语言难辨貌。《后汉书·董祀妻传》:"言兜离兮状窈停。"亦作"侏离"。《后汉书·南蛮传》:"语言侏离。"韩愈《与孟尚书书》:"然而向无孟氏,则皆服左衽而言侏离矣。"

兜鍪 头盔。古称"胄",秦汉以后称"兜鍪"。见《书·费誓》孔颖达疏。《后汉书·袁绍传》:"绍脱兜鍪抵地。"亦作"兜牟"。《新五代史·李金全传》:"晏球攻王都于中山,都遣善射者登城射晏球,中兜牟也。"也借指士兵。辛弃疾《南乡子·登京口北固亭有怀》词:"年少万兜鍪,坐断东南战未休。"

蔸(dōu) 植物一棵或一丛。如:一蔸白菜;一蔸稻子。蔬菜谷物等种植时,株与株间的距离叫

"蔸距"。

笸(dōu) 见"笸子"。

笸子 有座而无轿厢的便轿。亦作"兜子"。

dǒu

斗(dǒu) ❶口大底小的方形量器,有柄。也用作某些有柄器物的名称。如:熨斗;烟斗。❷容量单位。近世亦称"市斗"。❸古代酒器。《诗·大雅·行苇》:"酌以大斗,以祈黄耇。"❹星官名。如:斗星、斗宿。也用作星的通名。如:满天星斗。❺指纹的一种。❻通"陡"。高耸貌。《水经注·榖水》:"二壁争高,斗耸相乱。"❼通"陡"。突然。韩愈《答张十一功曹》诗:"吟君诗罢看双鬓,斗觉霜毛一半加。"

另见dòu。

斗柄 亦称"斗杓"。即北斗星中的北斗五(玉衡)、北斗六(开阳)、北斗七(摇光或瑶光)3星。

斗胆 《三国志·蜀志·姜维传》"维妻子皆伏诛"裴松之注引《世语》:"维死时见剖,胆如斗大。"后因以"斗胆"形容大胆。梁简文帝《七励》:"斗胆豪心。"

斗方 一二尺见方的诗幅或书画页。《红楼梦》第八回:"前儿在一处看见二爷写的斗方儿,越发好了,多早晚赏我们几张贴贴。"

斗方名士 好在斗方上写诗或作画以相标榜的名士。常用以讥笑冒充风雅的人。《二十年目睹之怪现状》第十九回:"那一班斗方名士,结识了两个报馆主笔,天天弄些诗去登报,要借这博个诗翁的名色。"参见"斗方"。

斗栱 亦作"枓栱"。中国传统木结构建筑中的一种支承构件。位于柱顶、额枋与屋顶之间。主要由斗形木块和弓形肘木纵横交错层叠构成,逐层向外挑出形成上大下小的托座。由于斗栱有逐层挑出支承荷载的作用,可使屋檐出挑较大,兼有装饰效果,为中国传统建筑造型的主要特征之一。

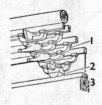

斗栱
1.栱 2.斗 3.额枋

斗酒只鸡 曹操《祀故太尉桥玄文》:"又承从容约誓之言:'殂逝之

后,路有经由,不以斗酒只鸡,过相沃酹,车过三步,腹痛勿怪。'虽临时戏笑之言,非至亲之笃好,胡肯为此辞乎?"后用为追悼亡友之辞。

斗绝 斗,通"陡"。形容山势或地势险峭。《后汉书·西南夷传》:"〔氐人〕居于河池,一名仇池,方百顷,四面斗绝。"今多作"陡绝"。

斗魁 即"魁星❶"。

斗姆 道教所信奉的女神。亦称"斗姥"。传说是北斗众星之母,故名。据《玉清无上灵宝自然北斗本生真经》载,原为龙汉年间周御王之妃,名紫光夫人。宋元以来崇奉渐盛,尊为"先天斗姆大圣元君"。道教宫观常建有斗姆阁,其造像三目四首,左右各出四臂。

斗南 ❶北斗星之南。《晋书·天文志》:"相一星,在北斗南。相者,总领百司,而掌邦教,以佐帝王安邦国,集众事也。"旧时因用"斗南"指宰相的职位。❷北斗星以南,犹言天下。迺贤《赠赵祭酒》诗:"辇下悬辞郎署久,斗南争望使星移。"王实甫《西厢记》第二本第二折:"你道是飞虎将声名播斗南。"参见"斗南一人"。

斗南一人 犹言天下一人。《新唐书·狄仁杰传》:"蔺仁基曰:'狄公之贤,北斗以南,一人而已。'"参见"斗南❷"。

斗牛 二十八宿中的斗宿和牛宿。庾信《哀江南赋》:"路已分于湘汉,星犹看于斗牛。"亦作"牛斗"。王勃《滕王阁序》:"龙光射牛斗之墟。"牛斗之墟,指两宿的"分野",即今浙江、江苏、安徽、江西诸省地区。

斗筲 筲是一种竹器,仅容一斗二升。斗和筲都是很小的容器。《论衡·定贤》:"家贫无斗筲之储者,难责以交施矣。"比喻才短识浅。《论语·子路》:"斗筲之人,何足算也!"《汉书·谷永传》:"永斗筲之材,质薄学朽。"

斗食 古代俸禄微薄的小官。《国策·秦策三》:"其令邑中自斗食以上,至尉、内史,及王左右,有非相国之人者乎?"《汉书·百官公卿表》:"百石以下,有斗食、佐史之秩,是为少吏。"颜师古注:"斗食,月俸十一斛;佐史,月俸八斛也。"

斗室 狭小的屋子。卢琦《至正己亥夏宿真净岩》诗:"欣然坐我斗室底,满室岚气生清秋。"

斗薮 同"抖擞❷"。《文选·王巾〈头陀寺碑文〉》李善注:"天竺言

头陡,此言斗薮。斗薮烦恼,故曰头陡。"

斗粟尺布 见"尺布斗粟"。

斗甬 古代的量器。甬,即"斛"。《吕氏春秋·仲秋》:"一度量,平权衡,正钧石,齐斗甬。"亦作"斗桶"。《史记·商君列传》:"平斗桶权衡丈尺。"

斗帐 小帐子,因其形如覆斗,故称。古乐府《孔雀东南飞》:"红罗覆斗帐,四角垂香囊。"梁简文帝《晓思》诗:"炉烟入斗帐,屏风隐镜台。"

斗转参横 北斗星已转向,参星也已打横。谓天色将明。《宋史·乐志十六》:"斗转参横将旦,天开地辟如春。"亦作"参横斗转"。苏轼《六月二十日夜渡海》诗:"参横斗转欲三更。"

阧 (dǒu) 同"陡"。峻立。见《广韵·四十五厚》。

抖 (dǒu) ❶振动。如:抖去身上的雪。❷哆嗦;颤动。如:冷得发抖。❸全部倒出。《红楼梦》第二十一回:"这是一辈子的把柄儿。好便罢,不好,咱们就抖出来!"❹谓人发迹而阔绰。如:抖起来了。

抖擞 ❶振作;奋发。如:精神抖擞。龚自珍《己亥杂诗》:"我劝天公重抖擞,不拘一格降人才。"❷亦作"抖薮"。抖动;振动。辛弃疾《沁园春·和吴子似县尉》词:"直须抖擞尘埃。"

枓 (dǒu) 见"枓栱"。另见 zhǔ。

枓栱 即"斗栱"。

钭 〔鈄〕(dǒu) 斗。酌酒器。吴荣光《筠清馆金石文字》卷五:"成山宫铜渠斗,重二斤,神爵四年卒史任欣、杜阳,右尉司马赏甃、少内佐王宫等造。"……此器当亦是盛酒之物。"

陡 (dǒu) ❶山势峻峭。如:陡壁;陡峭。龚自珍《满江红·代家大人题苏刑部塞山》词:"壁立起,塞山青陡。"❷突然。汪莘《忆秦娥》词:"夜来陡觉霜风急。"

蚪 (dǒu) 见"蝌蚪"。

鈄 (dǒu) 同"斗❶"。《汉书·平帝纪》:"民捕蝗诣吏,以石鈄受钱。"

dòu

斗 〔鬥、鬦、鬪、鬬〕(dòu) ❶争斗;斗争。如:械斗;拳斗。《孟子·离娄下》:"今有同室之人斗者。"《史记·商君列传》:"民勇于公战,怯于私斗。"也指比赛。如:斗草;斗智。❷接合;拼合。如:斗榫。韦庄《和郑拾遗秋日感事一百韵》:"八珍罗膳府,五采斗匡床。"参见"钩心斗角"。❸通"逗"。引逗。无名氏《鸳鸯被》第三折:"我不打你,我斗你要哩!"❹姓。
另见 dǒu。

斗草 即"斗百草"。白居易《观儿戏》诗:"弄尘或斗草,尽日乐嬉嬉。"

斗茶 比赛茶的好坏。江休复《江邻几杂志》:"苏才翁尝与蔡君谟斗茶,蔡茶水用惠山泉,苏茶小劣,改用竹沥水煎,遂能取胜。"

斗花 古时女子戴插花朵争胜。王仁裕《开元天宝遗事》:"长安士女,春时斗花,戴插以奇花多者为胜。"王建《宫词》:"艾心芹叶初生小,只斗时新不斗花。"

斗鸡 以鸡相斗的游戏。《国策·齐策一》:"临淄甚富而实,其民无不吹竽鼓瑟,击筑弹琴,斗鸡走犬。"陈鸿《东城老父传》:"玄宗在藩邸时,乐民间清明节斗鸡戏。及即位,治鸡坊于两宫间。"

斗鸡走狗 游手好闲不务正业者的嬉戏。《史记·袁盎晁错列传》:"袁盎病免居家,与闾里浮沈,相随行,斗鸡走狗。"参见"斗鸡"。

斗殴 双方对打。《朱子语类·孟子七》:"有兄弟固当救,然事也须量大小,若是小小斗殴,救之亦无妨。"

斗蟋蟀 以蟋蟀相斗的游戏。始于唐代。宋陈槱《负暄野录》:"斗蛩之戏,始于天宝间。"蛩即蟋蟀。至宋益盛。《宋史·贾似道传》:"尝与群妾踞地斗蟋蟀。"

斗鸭 以鸭相斗的游戏。相传于汉初。《西京杂记》:"鲁恭王好斗鸡鸭及鹅雁。"《三国志·吴志·陆逊传》:"时建昌侯虑于堂前作斗鸭栏,颇施小巧。"晋蔡洪有《斗鸭赋》。

斗智 用智谋来争胜负。《史记·项羽本纪》:"汉王笑谢曰:'吾宁斗智,不能斗力。'"

豆 ㊀〔荳〕(dòu) 豆类植物的总名。如大豆、蚕豆、绿豆、刀豆等。
㊁(dòu) ❶古代食器。形似高足盘,或有盖。用以盛食物。新石器时代晚期开始出现,盛行于商周时。多陶质。商周时期又有木制涂漆豆和青铜豆。

陶 豆

❷古代量器。《左传·昭公三年》:"齐旧四量:豆、区、釜、钟。四升为豆,各自其四,以登于釜,釜十则钟。"❸古代重量单位。《说苑·辨物》:"十六黍为一豆,六豆为一铢。"❹姓。汉代有豆如意。

豆火 小火。徐陵《谏仁山深法师罢道书》:"呜呼桂树,遂为豆火所焚;可惜明珠,乃受淤泥埋没。"

豆蔻 ❶植物名。学名 Amomum kravanh。亦称"白豆蔻"、"圆豆蔻"。姜科。多年生常绿草本,形似芭蕉。叶片细长形。初夏开花,花淡黄色,穗状花序。种子暗棕色。产于亚洲东南部;中国广东、广西、云南、贵州等地有分布。种子入药,性温、味辛,功能行气、化湿、和胃,主治胃痛、胸闷、腹胀、呕吐、嗳气等症。壳、花亦供药用,但药力较弱。❷喻少女。杜牧《赠别》诗:"娉娉袅袅十三余,豆蔻梢头二月初。"后因谓女子十三四岁为"豆蔻年华"。

豆卢 复姓。邵思《姓解》:"《周书·豆卢宁传》云:'其先慕容氏之裔。北人谓归义为豆卢,因而为氏。'后周有豆卢武;唐相豆卢瑑,又有豆卢钦望。"

豆剖瓜分 比喻国土割裂。详"瓜剖豆分"。

豆重榆瞑 瞑,同"眠"。《文选·嵇康〈养生论〉》:"豆令人重,榆令人瞑。"李善注引《博物志》:"食豆三年,则身重,行止难……咬榆则瞑,不欲觉也。"后以"豆重榆瞑"谓物各有其性。亦作"榆瞑豆重"。李商隐《为柳珪谢京兆公启》:"榆瞑豆重,性分难移。"

郖 (dòu,又读 dōu) 见"郖津"。

郖津 见"逗津"。

逗 〔誯〕(dòu) 见"逗谚"。

逗谚 不能言。韩愈《南山诗》:"或如贲育伦,赌胜勇前购。先强势已出,后钝嗔逗谚。"

逗 (dòu) ❶停留;停顿。《后汉书·张衡传》:"逗华阴之湍渚。"参见"逗留"。❷句中的停顿。如:逗号。❸招惹;逗引。如:逗趣。关汉卿《谢天香》第一折:"我说甚么来,直逗的相公恼了。"❹通"投"。物相投合。韩愈《南山》诗:

"或罗若星离，或蓊若云逗。"

逗号 标点符号的一种，即〔，〕。表示一句话中间的停顿。如："少壮不努力，老大徒伤悲。"（古乐府《长歌行》）

逗留 亦作"逗遛"。沿途停顿；停滞不前。《后汉书·南匈奴传》："邓鸿还京师，坐逗留失利，下狱死。"

逗遛 同"逗留"。《汉书·匈奴传上》："而祁连知虏在前，逗遛不进。"祁连，祁连将军御史大夫田广明。

饾〔餖〕（dòu）　见"饾饤"。

饾饤 亦作"斗钉"、"钉饾"。堆叠食品。杨慎《升庵全集》卷六十九："《食经》：五色小饼，作花卉禽兽珍宝形，按抑盛之盒中累积，名曰斗钉。"也比喻文辞的罗列堆砌。李慈铭《越缦堂读书记·史记》："臧氏之学，颇嫌饾饤，繁而寡要。"

浢（dòu）　水名。见"浢津"。

浢津 黄河古津渡名。"浢"一作"窦"，或作"鄩"。因河北有浢水流入故名。故址在今河南灵宝市西北。南朝宋元嘉二十九年（公元452年）北伐，魏将封礼自浢津南渡赴弘农，即此。隋末在此置关，唐贞观初废，仍置津渡，明初改为陌底渡，置巡检司。

读〔讀〕（dòu）　诵读文章时较为短暂的停顿。参见"句读"。
另见 dú。

梪（dòu）　❶同"豆"。古代食器。《玉篇·豆部》："木豆谓之梪。"《隶释·鲁相韩敕造孔庙礼器碑》："爵鹿柤梪。"❷一种容量单位。《广雅·释器》："四升曰梪。"

腇（dòu）　颈项。《左传·襄公十八年》："晋州绰及之，射殖绰中肩，两矢夹腇。"

渎〔瀆〕（dòu）　通"窦"。洞穴。《左传·襄公三十年》："晨，自墓门之渎入。"
另见 dú。

痘（dòu）　❶人畜共患的一种接触性传染病。病原为病毒。牛痘、绵羊痘、山羊痘、猪痘、禽痘和天花的病毒类型各不相同。发病后皮肤或粘膜上出现水疱和脓疱痘疹。一般为良性过程，但也能引起脓毒败血症死亡。对绵羊和家禽危害较大。发现病畜立即隔离、消毒，注射抗痘

血清，或用氧化锌、鞣酸、水杨酸等软膏涂布；同时注意清洁卫生。健康畜群接种痘苗预防。❷指牛痘苗。如：种痘。

鬦（dòu）　同"斗（鬬）"。

窦〔竇〕（dòu）　❶孔穴。《左传·哀公元年》："逃出自窦。"❷地窖。《礼记·月令》："〔仲秋之月〕穿窦窖。"郑玄注："入地隋（椭）曰窦，方曰窖。"❸溃决。《国语·周语下》："不防川，不窦泽。"韦昭注："窦，决也。"❹端倪。如：疑窦；弊窦。❺亦称"窦道"。为组织与体表相沟通的不正常管道。不与体内空腔脏器相沟通。大多由感染后引流不畅或异物遗留造成，亦可为先天性。一般在病因去除后可逐渐愈合，先天性和长期不愈的窦需手术治疗。❻姓。

窬（dòu）　通"窦"。门旁小户。《礼记·儒行》："筚门圭窬。"
另见 yú。

瀆（dòu）　同"渎（瀆）"。
另见 dú。

鬦（dòu）　同"斗（鬬）"。

鬬（dòu）　同"斗（鬬）"。

鬬（dòu）　姓。春秋时楚有鬬伯比。
另见 dòu 斗。

dū

乭（dū）　吴方言词。❶丢。如：乭开；乭脱。❷犹"滴"。如：一乭墨。❸犹"们"。表示人称代词的多数。《缀白裘·荆钗记·说亲》："你乭两个老人家。"❹作语气词。《缀白裘·荆钗记·说亲》："大盘大盒吃弗尽乭来。"

肶（dū）　见"胍肶"。

都（dū）　❶京都，中央政府所在地。《史记·货殖列传》："江陵故郢都。"班固《西都赋》："汉之西都，在于雍州，实曰长安。"❷周代"都"的广义为人众所聚的城，狭义为有宗庙的城。《左传·隐公元年》："都，城过百雉，国之害也。先王之制：大都不过参（三）国之一；中，五之一；小九之一。"即西周时大都的城不过三国余，中都的城不过三里，小都的城不到一里。又庄公二十八年（公元前666年）："邑有宗庙先

君之主曰都，无曰邑。邑曰筑，都曰城。"❸相传上古地方行政区划名。（1）周制，四县为都。《周礼·地官·小司徒》："九夫为井，四井为邑，四邑为丘，四丘为甸，四甸为县，四县为都。"（2）夏制，十邑为都。《广雅·释地》："八家为邻，三邻为朋，三朋为里，五里为邑，十邑为都，十都为师，州有十二师焉。"清王念孙《广雅疏证》认为此"盖虞夏之数"。❹唐末五代的军队编制。唐僖宗时，神策军分为五十四都，每都千人，由都指挥使统领。方镇亲军亦多称"都"。《新唐书·田颖传》："自料死士数百，号爪牙都。"《新五代史·吴世家》："行密收儒（孙儒）余兵数千，以皂衣蒙甲，号黑云都，常以为亲军。"❺旧时区划地方的单位名称。如一都二图。❻头目；首领。梁同书《直语补证》："俗语：'官到尚书吏到都。'吏之呼都，犹今人言张头儿、李头儿也。"明、清对总督、巡抚也省称都。❼汇聚。《水经注·文水》："水泽所聚谓之都，亦曰潴。"黄庭坚《题落星寺》诗："岩岩正俗先生庐，其下官亭水所都。"❽总共。如：都数；都计。曹丕《与吴质书》："顷撰其遗文，都为一集。"❾任职。《汉书·东方朔传》："都卿相之位。"❿美盛；漂亮。《诗·郑风·有女同车》："彼美孟姜，洵美且都。"《汉书·司马相如传上》："雍容闲雅，甚都。"⓫于。《史记·司马相如列传》："揆厥所元，终都攸卒。"裴骃集解引《汉书音义》曰："都，于也；卒，终也。"⓬叹辞，表赞美。参见"都俞吁咈"。⓭姓。明代有都穆。
另见 dōu。

都布 粗布。《后汉书·马援传》："交趾礼毕，使出就馆，更为援制都布单衣。"李贤注："《东观记》'都'作'答'。"按《汉书·货殖传》"答布皮革千石"颜师古注："孟康曰：'答布，白叠也。'师古曰：'粗厚之布也，其价贱。'"

都厕 大厕所。《三国志·魏志·司马芝传》："有盗官练置都厕上者，吏疑女工，收以付狱。"《神仙传·刘安》："坐起不恭，语声高亮，或误称'寡人'，于是仙伯主者奏安云不敬，应斥遣去。八公为之谢过，乃见赦，谪守都厕三年。"王安石《八公山》诗："身与仙人守都厕，可能鸡犬得长生。"

都廛 都市中的民房。江淹《杂体诗·袁淑》："辩诗测京国，履籍鉴都

廛。"徐陵《与王僧辩书》:"长安五陵之族,鄠杜六迁之民,襁负而归,都廛斯满。"

都场　聚会的场所。《文选·张衡〈东京赋〉》:"其西则有平乐都场,示远之观。"薛综注:"都,谓聚会也。"

都凡　犹言大凡。韩维《孔先生以仙长老山水略录见约同游》诗:"书之远寄龙山下,云此仅止存都凡。"

都会　都市;人众及货物汇集之地。《史记·货殖列传》:"然邯郸亦漳、河之间一都会也。"

都讲　❶古时主持学舍的人。《后汉书·侯霸传》:"笃志好学,师事九江太守房元,治《穀梁春秋》,为元都讲。"徐陵《在北齐与宗室书》:"都讲开黉,诗生负帙。"❷古代军事大演习亦称"都讲"。《晋书·礼志下》:"古四时讲武,皆于农隙。汉西京承秦制,三时不讲,惟十月都讲。"讲,演习。❸魏晋以后和尚开讲佛经时,一人唱经,一人解释;解释的叫"法师",唱经的叫"都讲"。《敦煌变文集·佛说阿弥陀经讲经文》:"都讲阇黎道德高,音律清泠能宛转。"

都魁　大头目;土豪。《抱朴子·刺骄》:"闻之汉末诸无行,自相品藻次第,群骄慢傲,不入道检者,为都魁雄伯。"

都来　❶统统;完全。罗隐《晚眺》诗:"天如镜面都来净。"❷总共。欧阳修《青玉案》词:"一年春事都来几?早过了,三之二。"❸算来。范仲淹《御街行·秋日怀旧》词:"都来此事,眉间心上,无计相回避。"❹不过。张榘《水龙吟》词:"算莺花世界,都来十亩,规模好,何须大。"

都梁香　兰草的别名。亦名泽兰。《本草纲目》卷十四:"都梁有山,下有水清浅,其中生兰草,因名都梁香。"

都料匠　大木匠,管理木工并计划工程材料的人。柳宗元《梓人传》:"梓人,盖古之审曲面势者,今谓之都料匠云。"审曲面势,谓审察各种材料的曲直、方面、形势之宜。

都卢　❶古代杂技名。《汉书·西域传赞》:"作巴俞、都卢、海中、砀极、漫衍、鱼龙、角抵之戏。"颜师古注:"晋灼曰:'都卢,国名也。'李奇曰:'都卢,体轻善缘者也。'"张衡《西京赋》:"乌获扛鼎,都卢寻橦。"❷统统;总是。白居易《赠邻里往还》诗:"骨肉都卢无十口,粮储依约有三年。"

都目　犹要则。《后汉书》载应劭撰《司徒都目》;《东观汉记》载鲍昱有《决事都目》八卷。

都辇　谓国都。《文选·左思〈吴都赋〉》:"都辇殷而四奥来暨。"李周翰注:"都辇,天子所居之处。"《资治通鉴·魏明帝太和四年》:"未可以治民,且试都辇小职。"胡三省注:"国都在辇毂下,故曰都辇。"

都人子　❶美丽的士女。《文选·陆云〈为顾彦先赠妇诗〉》:"京室多妖冶,粲粲都人子。"吕延济注:"都,亦美也;人子,士女也。"❷宫人之子。《明史·孝定李太后传》:"光宗之未册立也,……太后问故,帝曰:'彼都人子也。'帝惶恐,伏地不敢起。盖内廷呼宫人曰'都人',太后亦由宫人进,故云。"

都市　大城市。《汉书·食货志上》:"商贾大者积贮倍息,小者坐列贩卖,操其奇赢,日游都市。"

都亭　古代城郭附近的亭舍。《史记·司马相如列传》:"于是相如往,舍都亭。"司马贞索隐:"临邛郭下之亭也。"

都雅　美丽文雅。《三国志·吴志·孙韶传》:"身长八尺,仪貌都雅。"

都养　古代对厨工的一种称谓。《汉书·倪宽传》:"贫无资用,尝为弟子都养。"颜师古注:"都,凡众也;养,主给烹炊者也。"

都肄　《汉书·霍光传》:"诈令人为燕王上书,言光出都肄郎羽林,道上称跸。"颜师古注:"孟康曰:'都,试也;肄,习也。'师古曰:'谓总阅试习武备也。'"

都俞吁咈　《书·益稷》:"禹曰:'都,帝,慎乃在位。'帝曰:'俞。'"又《尧典》:"帝曰:'吁,咈哉。'"都、俞、吁、咈都是叹词。而都、俞,赞美;俞,同意;吁,不同意;咈,反对。旧时因用"都俞吁咈"形容君臣和洽讨论。亦作"吁咈都俞"。昭槤《啸亭杂录》卷九:"公(赵泰安)亦以古大臣自期,一时吁咈都俞,朝野传为盛事。"

都灶　大灶。《汉书·五行志中之下》:"燕王宫永巷中豕出圂,坏都灶。"颜师古注:"圂者,养豕之牢也。都灶,炊之大灶也。"

都蔗　即甘蔗。刘向《杖铭》:"都蔗虽甘,殆不可杖;佞人悦己,亦不可相。"

都庄　都城的大路。《文选·颜延之〈皇太子释奠会作〉诗》:"都庄云动,野廛风驰。"张铣注:"庄、廛,皆道也。"

阓　〔闍〕(dū)　城门上的台。《礼记·礼器》:"家不龟宝,不藏圭,不台门"郑玄注:"阓者谓之台。"

　　另见 shé。

督(dū)　❶统率;监督。如:督军;督工;督察。因以指执监督权的官。如:总督;都督;督邮。❷观察;察看。《汉书·王襃传》:"如此则使离娄督绳,公输削墨。"❸中央;中间。《庄子·养生主》:"缘督以为经。"郭象注:"顺中以为常也。"

督责　督察责罚。《史记·李斯列传》:"夫贤主者,必且能全道而行督责之术者也。"司马贞索隐:"督者,察也,察其罪,责之以刑罚也。"

督战　主将亲临阵前督率士兵作战。《旧唐书·裴度传》:"臣请身自督战。"

嘟(dū)　❶拟声词。如:喇叭嘟嘟地吹起来了。❷嘴向前突出,撅着。如:他气得嘟起了嘴,一言不发。

嘟噜　❶连串;簇。如:一嘟噜葡萄。《红楼梦》第六十七回:"这马蜂最可恶的,一嘟噜上,只咬破两三个儿,那破的水滴到好的上头,连这一嘟噜都是要烂的。"❷下垂成堆。如:一串串嘟噜下来。❸连续颤动。如:打嘟噜。

嘟囔　犹叨咕,连续地自言自语。带有抱怨的意思。《红楼梦》第二十回:"〔莺儿〕口内嘟囔说:'一个做爷的,还赖我们这几个钱。'"亦作"嘟哝"。

裻(dū)　衣背缝。《国语·晋语一》:"〔晋献公〕使申生伐东山,衣之偏裻之衣。"韦昭注:"裻在中,左右异,故曰偏。"《史记·佞幸列传》:"顾见其衣裻带后穿。"司马贞索隐:"裻,衫襦之横者。"按《汉书·佞幸传》作"顾见其衣尻带后穿"。颜师古注:"衣尻带后,谓衣尻上而居革带之下处也。"尻与衣背缝的部位相当,然则"衣裻带后"当亦指腰带下的衣背缝处。索隐文义不明。朱骏声《说文通训定声·孚部》引此文,"横"下有"腰"字。

dú

毒(dú)　❶毒物。如:中毒。《易·噬嗑》:"六三,噬腊肉,

遇毒。"又比喻对思想意识有害的东西。如：封建遗毒。❷毒害；放毒。《关尹子·九药篇》："勿轻小物，小虫毒身。"《左传·襄公十四年》："秦人毒泾上流，师人多死。"引申为加害。《左传·僖公二十八年》："莫余毒也已。"❸凶狠，酷烈。如：毒手；太阳正毒。❹痛恨；以为苦。《后汉书·冯衍传》："毒纵横之败俗。"李贤注："毒，恨也。"柳宗元《捕蛇者说》："若毒之乎？"❺役使。《易·师》："以此毒天下，而民从之。"王弼注："毒犹役也。"一说通"督"，治也。见俞樾《群经平议·经二》。❻化育；养成。见"亭毒"。

另见 dài。

毒手 凶狠的殴打。《晋书·石勒载记下》："初勒与李阳邻居，岁常争麻池，迭相殴击。至是……引阳臂笑曰：'孤往日厌卿老拳，卿亦饱孤毒手。'"厌，通餍，受够的意思。引申为狠毒的手段。《桃花扇·辞院》："我与阮圆海素无深仇，为何下这毒手？"

硕 〔碩〕(dú) 见"硕颅"。

硕颅 人头骨。《说文·页部》："硕颅，首骨也。"段玉裁注："硕颅即髑髅，语之转也。硕颅亦叠韵。"

独 〔獨〕(dú) ❶单一。如：独幕剧。《古乐府·紫骝马》题解引《古今乐录》曰："独柯不成树，独树不成林。"亦专指一个人。如：独自。《诗·小雅·正月》："念我独兮，忧心殷殷。"❷指老年无子。《孟子·梁惠王下》："老而无子曰独。"《荀子·王霸》："百姓有不理者如豪（毫）末，则虽孤独鳏寡，必不加焉。"❸单是；唯独。《礼记·礼运》："故人不独亲其亲，不独子其子。"《史记·老子韩非列传》："子所言者，其人与骨皆已朽矣，独其言在耳。"❹难道；岂。《史记·孟尝君列传》："君独不见夫趣（趋）市者乎？"❺作语助，犹"其"。《左传·宣公四年》："弃君之命，独谁受之？"❻动物名，似猿而大。见《本草纲目·兽部四》。❼姓。明代有独立、独善。

独白 戏剧名词。剧中角色独自一人所说的台词。

独步 ❶独自步行。《汉书·李陵传》："陵便衣独步出营。"杜甫有《江畔独步寻花七绝句》。❷独一无二，超群出众。曹植《与杨德祖书》："昔仲宣独步于汉南，孔璋鹰扬于河朔。"

独词句 非主谓句的一种。由单独一个词或名词性偏正词组构成。有的由叹词构成。如："火！""嗯。""一九五六年的春天。""可爱的祖国！"独词句不同于省略句，因为无从断定它省略了什么成分。

独当一面 《汉书·张良传》："良曰：'汉王之将，独韩信可属大事，当一面。'"后因谓单独担当一个方面的重要任务为"独当一面"。《旧唐书·张濬传》："相公握禁兵，拥大斾，独当一面。"

独夫 谓残暴无道、众叛亲离的统治者。《书·泰誓下》："独夫受（商纣），洪惟作威，乃汝世仇。"孔传："言独夫，失君道也。大作威，杀无辜，乃是汝累世之仇。"杜牧《阿房宫赋》："独夫之心，日益骄固。"

独孤 复姓。唐代有独孤及。

独具只眼 具有独到的眼光和见解。参见"具眼"、"别具只眼"。

独立 ❶独自站着。杜甫《独立》诗："天机近人事，独立万端忧。"❷比喻突出、超群。《汉书·外戚传上》："北方有佳人，绝世而独立。"❸不依赖外力；不受外界束缚。如：宣布独立；独立工作。

独木不成林 崔骃《达旨》："高树靡阴，独木不林。"古乐府《紫骝马》题解引《古今乐录》："梁曲曰：'独柯不成树，独树不成林。'"比喻单个的力量不能成大事。

独木难支 同"一木难支"。

独体 汉字的结构可分为独体和合体。独体是囫囵一个字，分析不开的，大都是象形和指事字，如"文"、"中"等。古称"独体为文，合体为字"。段玉裁《说文解字注》云："析言之，独体曰文，合体曰字。统言之，则文字可互称。"

独行 ❶独特的高尚行为和操守。《礼记·儒行》："其特立独行有如此者。"❷独自行路。《诗·唐风·杕杜》："独行踽踽，岂无他人？"

独占鳌头 科举时称状元及第为"独占鳌头"。洪亮吉《北江诗话》卷三："俗语谓状元独占鳌头，语非尽无稽。胪传毕，赞礼官引东班状元、西班榜眼二人，前趋至殿陛下，迎殿试榜。抵陛，则状元稍前进，立中陛石上，石正中镌升龙及巨鳌，盖禁跸出入所由，即古所谓螭头矣，俗语本此以此。"后亦用以指竞赛中获得第一名。参见"鳌头"。

顿 〔頓〕(dú) 见"冒顿"。

另见 dùn, zhūn。

读 〔讀〕(dú) ❶照文字念诵。如：朗读；宣读。❷阅看；默读。如：读画；读小说。❸宣；外扬。《诗·鄘风·墙有茨》："中冓之言，不可读也。"

另见 dòu。

读画 欣赏画意。张遗《读画录序》："得先生之意，以读画，当不堕作家云雾中。"

读鞫 中国古代指向犯人及其家属宣读判决的制度。《周礼·秋官·小司寇》："读书则用法。"郑玄注引郑司农云"如今时读鞫已乃论之"，可见读鞫在汉代已成定制。以后历代都有类似的规定。

读礼 《礼记·曲礼下》："居丧未葬，读丧礼；既葬，读祭礼。"谓守丧在家，读有关丧祭的礼书，因称居丧为"读礼"。谢晋《送朱孝廉起复》诗："读礼已终三载后，辞家又向五云边。"

读破 ❶即"破字"。❷改变一个字原来的读音以表示意义的转变。通常以改变声调居多。如"好不好"的"好"（hǎo）[xau ↗]，读上声，而"好学"的"好"（hào）[xau ↘]，改读去声。

读如 即"读若"。

读若 古代注音用语。用同音字或近音字注被注字。如《说文》"珣读若宣"，"勾读若鸠"。也作"读如"。如《吕氏春秋·季夏》"修法饬刑"高诱注："饬读如敕。"

读书三到 朱熹《训学斋规》："余尝谓读书有三到：谓心到，眼到，口到……三到之中，心到最急。"

读为 古代注音兼释义用语，就是用本字、本义来注释古书中的假借字。如《礼记·大学》"举而不能先命也"郑玄注："命读为慢。"也作"读曰"。《礼记·曲礼》"以箕自乡而扱之"郑玄注："扱读曰吸。"

读曰 即"读为"。

渎 〔瀆〕(dú) ❶小沟渠。《史记·屈原贾生列传》："彼寻常之污渎兮，岂能容吞舟之鱼乎？"❷大川。《尔雅·释水》："江、淮、河、济为四渎，四渎者，发原注海者也。"❸烦渎；轻慢。如：有渎清神。《左传·昭公二十六年》："国有外援，不可渎也。"❹通"黩"。贪污。《左传·昭公十三年》："渎货无厌。"

另见 dòu。

渎职 国家机关工作人员滥用职权、徇私舞弊或者玩忽职守，致使公共财产、国家和人民利益遭受损失的

行为。其中情节严重的,我国刑法规定为犯罪。

屡〔dú〕　臀。见《集韵·一屋》。

嬻〔dú〕　污辱。《国语·周语中》:"弃其伉俪妃嫔,而帅其卿佐以淫于夏氏,不亦嬻姓矣乎!"

蓸〔dú〕　即扁竹。字本作"薄"。见《说文·艸部》。《本草纲目·草部》作"萹蓄",李时珍曰:"节间有粉,多生道旁。"参见"萹蓄"。

椟〔櫝〕〔dú〕　❶木柜;木匣。《论语·季氏》:"龟玉毁于椟中。"《韩非子·外储说左上》:"楚人有卖其珠于郑者,为木兰之椟。"❷收藏在椟中。独孤郁《上权侍郎书》:"有照乘之珍而密椟之。"❸棺木。《左传·昭公二十九年》:"𡑞而死,公将为之椟。"

殰〔殰〕〔dú〕　亦作"牘"、"犊"。动物胎未出生而死。《礼记·乐记》:"胎生者不殰。"《管子·五行》:"毛胎者不牘。"《淮南子·原道训》:"兽胎不牘。"

犊〔犢〕〔dú〕　小牛。《礼记·月令》:"牺牲驹犊,举书其数。"《后汉书·杨彪传》:"犹怀老牛舐犊之爱。"

犊鼻裈　短裤,或谓围裙。《史记·司马相如列传》:"相如身自著犊鼻裈,与保庸杂作,涤器于市中。"裴骃集解引韦昭曰:"今三尺布作,形如犊鼻矣。"《方言》第四:"无袴之袴谓之襣。"郭璞注:"裤无踦者,即今犊鼻裈也。"王先谦《汉书补注》谓如今之围裙,但以蔽前,反系于后。

牍〔牘〕〔dú〕　❶古代写字用的木片。参见"简"。《汉书·昌邑哀王传》:"簪笔,持牍趋谒。"后世称公文为文牍,书札为尺牍。❷古乐器名。《周礼·春官·笙师》:"春牍、应、雅。"郑玄注引郑司农曰:"春牍,以竹,大五六寸,长七尺,短者一二尺,其端有两空(孔),𣖬画,以两手筑地。"

韣〔韣〕〔dú〕　见"韣丸"。

韣丸　亦作"韣𩌫",古代藏弓箭的匣子。

趬〔趠〕〔dú〕　见"趬趬"。

趬趬　独行貌。《石鼓文》:"其来趬趬。"

徲〔續〕〔dú〕　同"渎"。《尔雅·释山》:"山徲无所通,谿。"邢昺疏:"徲即沟渎也。"

匵〔匵〕〔dú〕　同"椟(櫝)"。

韣〔韣〕〔dú〕　❶弓袋;弓衣。《吕氏春秋·仲春》:"带以弓韣。"❷通"椟"。柜子。《文选·扬雄〈剧秦美新〉》:"俾前圣之绪,布濩流衍而不韫韣。"李善注:"椟与韣古字通。"

鞲〔鞲〕〔dú〕　❶箭筒。亦称"鞲丸"。《后汉书·南匈奴传》:"今赍杂缯五百匹,弓鞬鞲丸一,矢四发,遣遗单于。"李贤注引《方言》:"藏弓为鞬,藏箭为鞲丸。"❷古代占卦用的蓍草筒。《仪礼·士冠礼》:"筮人执策抽上鞲。"胡培翚正义:"鞲有上下者,下鞲向上承之,上鞲向下冒之。策在鞲中,执策即执鞲也。必抽上鞲见蓍者,示有事也。"

獤〔dú〕　同"独(獨)"。

凟〔dú〕　同"渎(瀆)"。

另见 dòu。

讟〔讟〕〔dú〕　诽谤;怨言。《左传·昭公元年》:"民无谤讟。"孔颖达疏:"谤、讟、诽,其义同,皆是非毁人也。"参见"怨讟"。

襡〔dú〕　通"韣"。韬藏。《礼记·内则》:"敛簟而襡之。"郑玄注:"襡,韬也。"

另见 shǔ。

臕〔dú〕　同"殰"。《管子·五行》:"毛胎者不臕。"尹知章注:"臕,谓胎败溃也。"

黩〔黷〕〔dú〕　同"殰(殰)"。

黩〔黷〕〔dú〕　❶贪污。傅亮《让尚书仆射表》:"上增国垢,下招私黩。"❷通"嬻"。轻慢不敬。《公羊传·桓公八年》:"亟则黩,黩则不敬。"参见"媟黩"。引申为滥用。见"黩武"。❸黑。《文选·左思〈吴都赋〉》:"林木为之润黩。"李善注:"黩,黑茂貌。"

黩武　滥用武力;好战。如:穷兵黩武。《后汉书·刘虞传》:"瓒(公孙瓒)既累为绍(袁绍)所败,而犹攻之不已。虞(刘虞)患其黩武……固不许行。"

鞫〔dú〕　同"韣(韣)"。

髑〔dú〕　见"髑髅"。

髑髅　死人的头骨;骷髅。《庄子·至乐》:"庄子之楚,见空髑髅,髐然有形。"《晋书·愍怀太子传》:"南风起兮吹白沙,遥望鲁国郁嵯峨,千岁髑髅生齿牙。"

贕〔dú〕　同"殰(殰)"。鸟兽未出生而死。《淮南子·原道训》:"兽胎不贕。"高诱注:"胎不成兽曰贕。"《玉篇·卵部》:"贕,卵内败也。"

贕〔dú〕　❶同"韣(韣)"。❷同"鞲(鞲)"。

dǔ

肚〔dǔ〕　指供食用的动物胃。如:猪肚;牛肚;羊肚。

另见 dù。

竺〔dǔ〕　通"笃"。厚。《楚辞·天问》:"稷惟元子,帝何竺之?"

另见 zhú。

笃〔篤〕〔dǔ〕　❶厚实;结实。《诗·唐风·椒聊》:"彼其之子,硕大且笃。"❷深厚。《宋史·苏辙传论》:"辙与兄进退出处无不相同,患难之中,友爱弥笃。"❸诚笃;忠实。《礼记·中庸》:"博学之,审问之,慎思之,明辨之,笃行之。"❹病重。《史记·范雎蔡泽列传》:"应侯遂称病笃。"

笃老　衰老已甚。《汉书·疏广传》:"广遂称笃,上疏乞骸骨。上以其年笃老,皆许之。"

笃论　确当的评论。《文心雕龙·才略》:"俗情抑扬,雷同一响,遂令文帝(曹丕)以位尊减才,思王(曹植)以势窘益价,未为笃论也。"

笃志　志向专一不变。《三国志·吴志·吕蒙传》:"遂拜蒙母,结友而别。"裴松之注引《江表传》:"蒙始就学,笃志不倦。"

堵㈠〔dǔ〕　❶墙壁。《诗·小雅·鸿雁》:"百堵皆作。"墙一重称一堵。❷堵塞。如:堵嘴;堵漏洞。《红楼梦》第四十八回:"老爷听了就生了气,说二爷拿话堵老爷呢。"引申为郁闷。如:心里堵得慌。❸《周礼·春官·小胥》:"凡县(悬)钟磬,半为堵,全为肆。"郑玄注:"钟磬者,编县之,二八十六枚而在一虡,谓之堵。钟一堵,磬一堵,谓之肆。"❹木船的横舱壁。❺见"阿堵"。❻姓。春秋时郑有堵叔。

㈡〔dǔ,旧读 zhě〕　见"堵河"。

堵河　汉江上游支流。在湖北省西北部。上游汇湾河、官渡河,出

陕、渝、鄂三省边境,在竹山附近汇合,北流到郧县西入汉江。长338公里,流域面积1.24万平方公里。竹山以下通航。中下游建有黄龙滩水库。

堵墙　墙壁。常比喻人众密集。《礼记·射义》:"孔子射于矍相之圃,盖观者如堵墙。"

毅　(dǔ)　以椎击物。见《说文·殳部》。

赌　〔賭〕(dǔ)　赌博;用财物作注比输赢。《世说新语·汰侈》:"王武子语君夫:'我射不如卿,今指赌卿牛,以千万对之。'"引申为以约定条件较量输赢的通称。如:打赌。李颀《古意》诗:"赌胜马蹄下,由来轻七尺。"

赌博　用财物作注来比输赢。苏轼《乞降度牒修定州禁军营房状》:"城中有平柜坊人百余户,明出牌榜,召军民赌博。"

赌气　任性负气。《红楼梦》第十九回:"李嬷嬷道:'明儿有了不是,我再来领。'说着,赌气去了。"

腊　(dǔ)　同"肚"。牛羊等的胃。关汉卿《窦娥冤》第二折:"我思量些羊腊儿汤吃。"

另见 zhū。

睹　〔覩〕(dǔ)　❶见。如:有目共睹。谢灵运《七里濑》诗:"目睹严子濑,想属任公钓。"❷察看。《吕氏春秋·召类》:"赵简子将袭卫,使史默往睹之。"

觌　(dǔ)　译音字。如:觌货逻。

另见 dú 觌。

dù

土　(dù)　见"桑土(一dù)"。

另见 tǔ。

芏　(dù)　草名。《尔雅·释草》:"芏,夫王。"郭璞注:"芏草生海边,似莞藺,今南方越人采以为席。"参见"芏"。

杜　(dù)　❶木名。杜梨,即棠梨。《诗·唐风·杕杜》:"有杕之杜。"❷堵塞;断绝。《周礼·夏官·大司马》:"犯令陵政则杜之。"郑玄注:"杜之者,杜塞使不得与邻国交通。"司马光《进五规状·重微》:"为人君者,当绝恶于未形,杜祸于未成也。"❸见"杜撰"。❹古国名。祁姓。相传为尧之后。在今陕西西安市东南。周宣王时,其国君为宣王所杀。一说即唐杜氏,亦称荡社。春秋初年为秦宁公所灭。❺

姓。

杜渐防萌　杜塞水源,抑制萌芽,比喻防患于未然。《后汉书·丁鸿传》:"若敕政责躬,杜渐防萌,则凶妖销灭,害除福凑矣。"参见"防微杜渐"。

杜鹃　❶鸟纲,杜鹃科各种类的通称;有时专指杜鹃属(Cuculus)各种。树栖攀禽。体形、羽色多样,具对趾型足。部分种类不自营巢,产卵于多种雀形目鸟类巢中,由巢主孵卵育雏。雏出壳后,推出巢主雏鸟而独受哺育。多主食昆虫,尤嗜毛虫,如松毛虫,故为益鸟。在中国分布甚广。如鹰鹃、四声杜鹃、大杜鹃和小杜鹃等。❷花名。即杜鹃花。

杜绝　堵塞,断绝。《后汉书·桓帝纪》:"臧(赃)吏子孙,不得察举,杜绝邪伪请托之原。"又《窦融传》:"河西殷富,带河为固,张掖属国,精兵万骑,一旦缓急,杜绝河津,足以自守。"旧时出卖房地产,卖契上写明永不取赎者,称为"杜绝契"。

杜康　即少康。传说中酿酒的发明者。《说文解字·巾部》:"古者少康初作箕帚、秫酒。少康,杜康也。"后即以"杜康"为酒的代称。曹操《短歌行》:"何以解忧,唯有杜康。"

杜口　闭口不言。《国策·秦策三》:"臣之所恐者,独恐臣死之后,天下见臣尽忠而身蹶也,是以杜口裹足,莫肯即秦耳。"即,至。

杜门　闭门。《国语·晋语一》:"谗言益起,狐突杜门不出。"

杜门却扫　闭门不再打扫庭院,意谓谢客或隐居。《北史·李谧传》:"每曰:'丈夫拥书万卷,何假南面百城!'遂绝迹下帷,杜门却扫,弃产营书,手自删削。"亦作"闭关却扫"。江淹《恨赋》:"至乎敬通见抵,罢归田里,闭关却扫,塞门不仕。"

杜宇　传说中的古代蜀国国王。周代末年,在蜀始称帝,号曰望帝;后归隐,让位于其相开明;时适二月,子鹃鸟鸣,蜀人怀之,因呼鹃为杜鹃。一说,通于其相之妻,惭而亡去,其魂化为鹃。见《蜀王本纪》、《华阳国志·蜀志》。后因亦称杜鹃鸟为"杜宇"。王实甫《西厢记》第五本第四折:"不信呵去那绿杨影里听杜宇,一声声道不如归去。"

杜撰　无根据编造。《朱子语类》卷八十:"因论《诗》,历言《小序》大无义理,皆是后人杜撰,先自增益,凑合而成。"

肚　(dù)　人及动物的腹部。如:挺胸凸肚;螳螂肚儿。苏轼《石鼓歌》:"细观初以指画肚。"引申以指物体鼓出的部分。如:腿肚子。

另见 dǔ。

妒　〔妬〕(dù)　嫉妒;妒忌。《荀子·大略》:"士有妒友,则贤交不亲;君有妒臣,则贤人不至。"

妒妇津　相传晋代刘伯玉妻段氏性妒忌,刘曾称赞曹植《洛神赋》中所写洛神的美丽,段氏说:"君何得以水神美而欲轻我? 我死,何愁不为水神?"乃投水而死。后因称其投水处为"妒妇津"。传说女子渡此津时不敢盛妆,否则就会风波大作。见段成式《酉阳杂俎·诺皋记上》。

妒缪　缪,通"谬"。嫉恨迷惑。《荀子·解蔽》:"妒缪于道而人诱其所迨也。"杨倞注:"嫉妒迷缪于道,故人因其所好而诱之。"迨,近之意,谓所喜好。

度　(dù)　❶计量长短的标准。《书·舜典》:"同律度量衡。"郑玄注:"阴吕阳律也。度如字,丈尺也。"❷按一定计量标准划分的单位。如:温度;湿度;弧度;角度;经纬度。❸程度;限度。《国语·周语下》:"用物过度,妨于财。"《淮南子·时则训》:"贡岁之数,以远近土地所宜为度。"❹制度;法度。《左传·昭公三年》:"公室无度。"❺器量;胸襟。《汉书·高帝纪上》:"常有大度,不事家人生产作业。"《宋史·钱若水传》:"汲引后进,推贤重士,襟度豁如也。"❻次;回。王勃《滕王阁序》:"物换星移几度秋。"杜甫《天边行》:"九度附书向洛阳,十年骨肉无消息。"❼经过。用于时间或空间。如:欢度春节。古乐府《木兰诗》:"关山度若飞。"❽通"渡"。越过江湖。《南史·孔范传》:"长江天堑,古来限隔,虏军岂能飞度?"❾佛教以引人离俗出生死为度。如剃发出家名剃度。《旧唐书·睿宗纪》:"天下滥度僧尼道士女冠,并依旧。"❿事物保持自己的质的稳定性的数量界限,或某种质所能容纳的量的活动范围。度是质与量的统一。在这种限度内,量的增减不会改变事物的质。超出这种限度,量变就会引起质变,破坏原来的度而建立新的度,一事物就转化为他事物。⓫"千瓦小时"的俗称。能量的非法定计量单位。1度=1千瓦小时=3.6兆焦。⓬姓。汉代有度尚。

另见 duó。

度尺 古代以一百粒黍横着连接起来的长度为一尺,称"度尺"。

度牒 中国封建时代僧尼出家,由政府发给的身份凭证。唐以后,度僧(即准许出家)归政府掌握,经审查合格得度后,由祠部发给证明文件。《佛祖历代通载》卷十二:"天宝五载丙戌五月,制天下度僧尼并令祠部给牒。"僧尼以此牒为身份凭证,可免除赋税、劳役。

度纪 益寿延年。《后汉书·崔寔传》:"呼吸吐纳,虽度纪之道,非续骨之膏。"李贤注:"度纪,犹延年也。"

度量 ❶计量长短和容积的标准。《周礼·夏官·合方氏》:"同其数器,壹其度量。"❷指人的器量,胸襟。柳宗元《柳常侍行状》:"惟公质貌魁杰,度量宏大。"

度曲 ❶作曲。《汉书·元帝纪赞》:"自度曲,被歌声。"❷按曲谱歌唱。张衡《西京赋》:"度曲未终,云起雪飞。"

度世 犹出世。谓脱离现世。《楚辞·远游》:"欲度世以忘归兮。"

度索 神名。鲁迅《古小说钩沉》引《列异传》:"袁本初时,有神出河东,号度索君,人共立庙。兖州苏氏母病,往祷,见一人,著白布单衣,高冠,冠似鱼头,谓度索君曰:昔临庐山下共食白李,未久已三千年,日月易得,使人怅然。去后,度索君曰:此南海君也。"

度外 ❶心意计度之外。《后汉书·隗嚣传》:"帝(刘秀)积苦兵间,以嚣子内侍,公孙述远据边陲,乃谓诸将曰:'且当置此两子于度外耳。'"参见"置之度外"。❷法度之外。《南史·谢朓传》:"武帝请诛朓。高帝曰:'杀之则成其名,正应容之度外。'"

度越 超越。《汉书·扬雄传赞》:"今扬子之书文义至深,而论不诡于圣人,若使遭遇时君,更阅贤知,为所称善,则必度越诸子矣。"韩愈《与崔群书》:"况足下度越此等百千辈。"

度制 准则;法度。《史记·孟子荀卿列传》:"因载其禨祥度制,推而远之,至天地未生,窈冥不可考而原也。"《汉书·董仲舒传》:"人欲之谓情,情非度制不节。"

敦 〔斁〕(dù) 败坏。《诗·大雅·云汉》:"耗斁下土。"
另见 tú,yì。

秺 (dù) 古地名。《汉书·景武昭宣元成功臣表》有"秺侯商丘成"。王先谦补注:"秺,济阴县。"

靯 (dù) 见"靯鞲"。

靯鞲 车中座垫。《广雅·释器》:"靯鞲谓之鞱。"

铫 〔𨧀〕(dù) 旧称"𨬌"。化学元素[周期系第Ⅴ族(类)副族元素]。符号 Db。原子序数105。第二个发现的超锕系元素。具强放射性。化学性质近似钽。由重离子轰击法人工合成而得。寿命最长的同位素^{262}Db,半衰期为36秒。

渡 (dù) ❶过河。《史记·项羽本纪》:"愿大王急渡;今独臣有船,汉军至,无以渡。"引申为由此达彼。如:渡过难关。又引申为转手、移交。如:让渡;引渡。❷摆渡口;渡头。韦应物《滁州西涧》诗:"春潮带雨晚来急,野渡无人舟自横。"

斁 (dù) 关闭。《说文·攴部》:"斁,闭也。"段玉裁注:"杜门字当作此,杜行而斁废矣。"

镀 〔鍍〕(dù) 以光泽较强的金属涂在他种金属物体的表面。如:镀镍;电镀。王定保《唐摭言·矛盾》:"假金方用真金镀,若是真金不镀金。"

螙 (dù) 同"蠹"。

蠧 (dù) 同"蠹"。

蠹 (dù) ❶蛀虫。如:木蠹;书蠹。《吕氏春秋·达郁》:"树郁则为蠹。"引申以喻侵蚀或消耗国家财富的人或事。《韩非子·五蠹》:"此五者,邦之蠹也。"❷蛀蚀。《公羊传·宣公十二年》:"杅不穿,皮不蠹。"何休注:"蠹,坏也。"❸损害。《韩非子·初见秦》:"则是一举而坏韩,蠹魏,拔荆,东以弱齐燕。"高诱注:"蠹,害也。"❹晒去书中的蠹鱼。《穆天子传》卷五:"天子蠹书于羽陵。"郭璞注:"谓暴书中蠹虫。"

蠹鱼 即"蟫"。亦称"衣鱼"。蛀蚀书籍衣服等物的小虫。《尔雅·释虫》"蟫,白鱼"郝懿行义疏:"亦名壁鱼,一名蠹鱼。"

蠹众木折 蛀虫多了木头要折断。比喻为害的因素多了,会造成危险。《商君书·修权》:"谚曰:'蠹众而木折,隙大而墙坏。'故大臣争于私而不顾其民,则下离上。"

duān

耑 (duān) "端"的古体字。《考工记·磬氏》:"已上则摩其旁,已下则摩其耑。"
另见 zhuān 专。

端 (duān) ❶正。如:端楷;端坐;品行不端。《礼记·祭义》:"以端其位。"❷头;头绪。如:笔端;思绪万端。引申为缘由。陆机《君子行》:"祸集非无端。"❸详审。《国策·赵策一》:"韩魏之君视疵(赵臣郗疵自称)端而趋疾。"❹古布帛长度名。《左传·昭公二十六年》"币锦二两"杜预注:"二丈为一端,二端为一两,所谓匹也。"《集韵·二十六桓》则谓"布帛六丈曰端。❺古礼服名。《左传·昭公元年》:"吾与子弁冕端委。"孔颖达疏引服虔曰:"礼衣端正无杀,故曰端。"❻双手捧物。《红楼梦》第三十五回:"正值袭人了两碗菜走进来。"❼究竟;真正。蔡伸《满庭芳》词:"端不负平生。"陆游《病中绝句》:"此生端欲老江湖。"❽多;深。谢庄《月赋》:"陈王初丧应、刘,端忧多暇。"❾姓。

端的 ❶真的;果然。晏殊《凤衔杯》词:"端的自家心下眼中人。"《水浒传》第二十三回:"武松读了印信榜文,方知端的有虎。"❷究竟;底细。柳永《征部乐》词:"凭谁去花衢觅,细说此中端的。"

端方 正直。如:品德端方。

端公 ❶唐代称侍御史。《通典·职官六》:"侍御史之职……台内之事悉主之,号为台端,他人称之曰端公。"❷旧时称巫。《潜书·抑尊》:"蜀人之事神也必冯(凭)巫,谓巫为端公。"❸宋代称公差。《水浒传》第八回:"原来宋时的公人,都称呼端公。"

端拱 端坐拱手。《庄子·山木》:"颜回端拱还目而窥之。"旧时指帝王无为而治。《魏书·辛雄传》:"端拱而四方安。"亦指大臣正色立朝,严肃不苟。《南史·王球传》:"王弘兄弟贵动朝廷,球终日端拱,未尝相往来。"

端揆 指宰相。因宰相居百官之首,总持朝政,故称。《南史·沈约传》:"约久处端揆,有志台司。"参见"百揆"。

端蒙 天干中乙的别称,用以纪年。《史记·历书》:"端蒙单阏二年。"司马贞索隐:"端蒙,乙也。《尔

雅》作'旄蒙'。"

端倪 ❶头绪。《庄子·大宗师》:"反复终始,不知端倪。"❷边际。谢灵运《游赤石进帆海》诗:"溟涨无端倪,虚舟有超越。"❸捉摸,推究。韩愈《送高闲上人序》:"故旭(张旭)之书,变动犹鬼神,不可端倪。"

端悫 端正笃实。《荀子·修身》:"端悫诚信,拘守而详。"

端日 即夏历正月初一日。见韩鄂《岁华纪丽》卷一"八节之端"胡震亨注。

端肃 恭敬严肃。旧时书信中对长辈表示敬意的用语。《通俗编·仪节》引沈约《初政记》:"洪武三年五月,谕中书省曰:'今人书札,宜定其式。'礼部议:'凡致书于尊者,称端肃奉书;答则端肃奉复。'"亦用以称妇人行礼。

端午 ❶夏历五月初五日,民间节日。本名"端五"。《太平御览》卷三十一引《风土记》:"仲夏端五,端,初也。"亦名"端阳"、"重五"、"重午"。❷泛指初五日。洪迈《容斋随笔》卷一:"唐玄宗以八月五日生,以其日为千秋节。张说《上大衍历序》云:'谨以开元十六年八月端午赤光照室之夜献之。'宋璟《请以八月五日为千秋节表》云:'月惟仲秋,日在端午。'然则凡月之五日,皆可称端午也。"

端详 ❶端庄安详。《北史·寇儁传》:"儁身长八尺,须鬓皓然,容止端详,音韵清朗。"❷犹"端相"。仔细审察。白居易《和梦游春诗》:"端详筮仕蓍,磨拭穿杨镞。"❸始末;详情。如:细说端详。

端相 细看;审视。周邦彦《意难忘》词:"夜渐深,笼灯就月,仔细端相。"

端绪 头绪。《淮南子·精神训》:"反复终始,不知其端绪。"《汉书·淮阳宪王钦传》:"既开端绪,愿卒成之。"

端砚 中国传统的实用工艺品之一。因产地广东端州(今肇庆)而得名。始于唐代。石质坚细、细润,发墨不损毫、书写流利,雕琢精美。以出于斧柯山者最佳。古人有诗赞曰:"端州砚工巧如神,踏天磨刀割紫云。"(李贺《青花紫石歌》)"端州石砚人间重。"(刘梦得《唐秀才赠端州紫石砚以诗答之》)

端阳 即端午。冯应京《月令广义》卷一:"五月初五日端阳节。"

端月 即夏历正月。秦避始皇(名政)讳,改称正月为"端月"。韩鄂《岁华纪丽》卷一:"位正元阳,气和端月。"

端整 犹端庄。《金史·睿宗贞懿皇后传》:"容貌端整,言不妄发。"

艒(duān)　见"角艒"。

duǎn

短(duǎn)　❶与"长"相对,兼指远近、高低和久暂。如:短距离;短身材;短时间。❷短命。《书·洪范》:"一曰凶短折。"孔颖达疏引郑玄曰:"未冠曰短。"❸缺少;不足。如:短缺;短少。《楚辞·卜居》:"夫尺有所短,寸有所长。"❹缺点;弱点。如:短处;说长道短。《新唐书·李栖筠传》:"栖筠喜奖善而乐人攻己短。"❺说人短处。《史记·屈原贾生列传》:"上官大夫短屈原于顷襄王。"❻拦截。蒲松龄《增补幸云曲》第二十二回:"必然是个响马,在那里短了皇杠。"
另见 shù。

短兵 刀剑等短兵器。《楚辞·九歌·国殇》:"操吴戈兮被犀甲,车错毂兮短兵接。"《史记·匈奴列传》:"其长兵则弓矢,短兵则刀铤。"铤,小矛。亦指持刀剑的士兵。《商君书·境内》:"千石之令,短兵百人;八百之令,短兵八十人。"

短长 ❶短和长。《管子·臣乘马》:"尺寸寻丈者,所以得短长之情也,故以尺寸量短长,则分举而万不失矣。"❷是非;优劣。元好问《论诗三十首》:"老来留得诗千首,却被何人较短长?"❸死生;生杀。《书·盘庚上》:"矧予制乃短长之命。"短长,孔传解作死生,蔡沈解作生杀,意义相似。❹指战国时策士的纵横游说。《史记·六国年表序》:"六国之盛自此始,务在强兵并敌,谋诈用而从衡(纵横)短长之说起。"故《战国策》亦称《短长书》。

短见 ❶浅短的见识。《抱朴子·微旨》:"世人信其臆断,仗其短见。"引申为坏主意。❷俗称自杀为寻短见。《红楼梦》第六十六回:"人家并没威逼他,是他自寻短见。"

短气 ❶犹言丧气。王羲之《杂帖》:"当今人物眇然,而艰疾若此,令人短气。"❷中医学名词。呼吸短促,似不能接续。《灵枢·癫狂》:"短气,息短不属。"

短书 ❶古代指小说杂记之书。桓谭《新论》:"若其小说家合丛残小语,近取譬论,以作短书,治身理家,有可观之辞。"(《文选》卷三十一江淹诗李善注引)❷指笺牍。《文选·江淹〈杂体诗〉》:"袖中有短书,愿寄双飞燕。"李周翰注:"短书,谓小书也。"又《云麓漫钞》:"短书出晋、宋兵革之际,时国禁尺疏,非吊丧问疾不得行尺牍,启事论兵皆短而藏之。"

短小精悍 《史记·游侠列传》:"解(郭解)为人短小精悍。"谓身躯短小而有精悍的气概。后亦用来形容文章、言语等简短有力。

短言 汉代注家譬况字音用语。同"长言"相对。如《公羊传·庄公二十八年》:"伐者为主。"何休注:"见伐者为主,读伐短言之,齐人语也。"短言发音急促,为字调中的促调。

短语 相当于"词组"。

短折 短寿;夭折。《书·洪范》:"六极,一曰凶短折。"孔传:"短,未六十;折,未三十。"孔颖达疏:"郑玄以为凶短折皆是夭枉之名,未龀曰凶,未冠曰短,未婚曰折。"后世用短折一词,多依郑义。

短至 即冬至。《礼记·月令》:"是月也,日短至。"是月,指仲冬之月。

duàn

段(duàn)　❶事物的分划。如:分段;阶段;地段。❷通"缎"。张衡《四愁》诗:"美人赠我锦绣段。"❸通"锻"。《考工记·辀人》:"段氏为镈器。"孙诒让正义:"凡铸金为器,必椎击之,故工谓之段氏,锻则所用椎段之具也。"❹通"鷻"。孵不成鸟。《管子·五行》:"羽卵者不段。"❺小于组的地方性地层划分的单位。多以地理名称来命名,如:湾湾沟段、台山段等,也可不用地理名称命名。❻围棋棋手等级的名称。如:三段;九段。❼姓。晋有段匹磾。

断〔斷〕(duàn)　❶截断;折断。《诗·豳风·七月》:"七月食瓜,八月断壶。"❷断绝。李白《大堤曲》:"不见眼中人,天长音信断。"❸戒除;禁绝。《梁书·刘杳传》:"自居母忧,便长断腥膻,持斋蔬食。"引申为停止。杜甫《寄题江外草堂》诗:"经营上元始,断手宝应年。"❹判断;决断。如:断狱;当机立断。

《易·系辞上》："动静有常,刚柔断矣。"❺决然无疑。如:断无此理。王实甫《西厢记》第二本第二折:"聘财断不争,婚姻事有成。"参见"断断"。

断编残简 残缺不全的书籍。《宋史·欧阳修传》:"好古嗜学,凡周汉以降,金石遗文,断编残简,一切掇拾,研稽异同。"亦作"断简残编"。王实甫《西厢记》第一本第一折:"空雕虫篆刻,缀断简残编。"

断长续短 截有余以补不足。《荀子·礼论》:"礼者,断长续短,损有余,益不足,达敬爱之文,而滋成行义之美者也。"亦作"断长补短"。《礼记·王制》:"凡四海之内,断长补短,方三千里,为田八十万亿一万亿亩。"

断肠 ❶形容悲痛到极点。蔡琰《胡笳十八拍》:"空断肠兮思愔愔。"❷犹断魂、销魂;谓使人荡气回肠。李白《清平调》:"一枝红艳露凝香,云雨巫山枉断肠。"

断断 ❶诚笃专一貌。《书·秦誓》:"如有一介臣,断断猗,无他伎。"孔颖达疏引王肃曰:"断断,守善之貌。无他技能,徒守善而已。"蔡沈集传:"断断,诚一之貌。"❷一定;绝对。李贽《答焦漪园》:"但以其是非堪为前人出气而已,断断然不宜使俗士见之。"

断鹤续凫 《庄子·骈拇》:"长者不为有余,短者不为不足。是故凫胫虽短,续之则忧,鹤胫虽长,断之则悲。"成玄英疏:"欲截鹤之长,续凫之短以为齐,深乖造化,违失本性。"后因以"断鹤续凫"比喻做事违反事物本性或客观实际。《聊斋志异·陆判》:"异史氏曰:'断鹤续凫,矫作者妄;移花接木,创始者奇。'"

断魂 犹销魂,形容哀伤或情深。韦庄《春愁》诗:"自有春愁正断魂,不堪芳草思王孙。"

断火 旧俗清明节前一日起禁火三日,叫"断火"。杜臺卿《玉烛宝典》卷二引陆翙《邺中记》:"并州之俗,以冬至后百五日,为介子推断火,冷食三日,作干粥。"韩鄂《岁华纪丽》卷一:"禁其烟,周之旧制;不断火,魏之新规。"此谓魏武帝曹操禁止寒食节断火。参见"寒食"。

断机 见"断织"。

断金 《易·系辞上》:"二人同心,其利断金。"后因用"断金"为"同心"的代辞。《后汉书·郎𫖮传》:"勤求机衡之寄,以获断金之利。"

断烂朝报 《宋史·王安石传》:

"黜《春秋》之书,不使列于学官,至戏目为断烂朝报。"后用来指残缺杂乱、缺少参考价值的历史记载。

断裂 开裂而断。韩愈《黄陵庙碑》:"庭有石碑,断裂分散在地,其文剥缺。"

断片 谓不相联属的、零碎的片段。鲁迅《彷徨·祝福》:"然而先前所见所闻的她的半生事迹的断片,至此也联成一片了。"

断死 犹决死,谓誓死赴难。《韩非子·初见秦》:"闻战,顿足徒裼,犯白刃,蹈炉炭,断死于前者皆是也。"

断送 ❶葬送;消磨。无名氏《隔江斗智》第一折:"你只怕耽误了周元帅在三江口,哎!怎不想断送我孙夫人一世儿。"❷打发;发送。《张协状元》戏文:"我去讨米和酒并豆腐,断送你去。"关汉卿《窦娥冤》第三折:"要什么素车白马,断送出古陌荒阡?"❸赔送。指妆奁。无名氏《举案齐眉》第二折:"父亲,多共少也与您孩儿些奁房断送波。"❹作弄;引逗。王实甫《西厢记》第一本第二折:"迤逗得肠荒,断送得眼乱,引惹得心忙。"

断头将军 《三国志·蜀志·张飞传》:"颜(严颜)答曰:'卿等无状,侵夺我州,我州但有断头将军,无有降将军也。'"后因以"断头将军"比喻坚决抵抗、宁死不屈的将领。

断屠 每逢天灾或在某些特定的日子里,由官府下令禁止宰杀牲畜,称为"断屠"。《隋书·高祖纪下》:"六月十三日是朕生日,宜令海内武元皇帝、元明皇后断屠。"

断亡 同"断死"。《荀子·王霸》:"是故百姓贵之如帝,亲之如父母,为之出死断亡而不愉(偷)者,无它故焉。"

断弦 旧以琴瑟比喻夫妇,因称丧妻为"断弦"。《聊斋志异·公孙九娘》:"舅断弦未续。"参见"续弦"。

断袖 截断衣袖。《汉书·董贤传》:"〔贤〕常与上卧起,尝昼寝,偏籍上袖,上欲起,贤未觉,不欲动贤,乃断袖而起。"后称男宠为断袖。《南史·萧韶传》:"韶昔为幼童,庾信爱之,有断袖之欢。"

断狱 审理和判决罪案。《周礼·秋官·士师》:"察狱讼之辞,以诏司寇断狱弊讼,致邦令。"弊,裁决。

断章取义 《礼记·中庸》:"《诗》云:'相在尔室,尚不愧于屋漏。'"孔颖达疏:"记者引之,断章取义。"意

谓《中庸》截取《诗·大雅·抑》篇中的两句诗,只用来表达自己的意思,并不是原意。后来也指截取别人的话来为己用而不顾原意为"断章取义"。《官场现形记》第五十九回:"碰巧他这位老贤甥,听话也只听一半,竟是断章取义。"

断织 《列女传·邹孟轲母》:"自孟子之少也,既学而归。孟母方绩,问曰:'学何所至矣?'孟子曰:'自若也。'母以刀断其织,孟子惧而问其故,孟母曰:'子之废学,若吾断斯织也。'"《后汉书·乐羊子妻传》:"〔乐羊子〕远寻师学,一年来归。妻跪问其故,羊子曰:'久行怀思,无他异也。'妻乃引刀趋机而言曰:'此织生自蚕茧,成于机杼,一丝而累,以至于寸,累寸不已,遂成丈匹,今若断斯织也,则捐失成功,稽废时月。夫子积学,当日知其所亡(无),以就懿德。若中道而归,何异断斯织乎?'"后用为母督子勤学与妻劝夫勤学之典。

断制 决断;裁定。《书·吕刑》:"惟时庶威夺货,断制五刑,以乱无辜。"

埻(duàn) 面积较大的平坦地区。也用于地名。湖南韶山有竹鸡埻。

缎〔緞〕(duàn) ❶本亦作"𩏓"。古代鞋跟所著的皮革。《说文·韦部》:"𩏓,履后帖也。从韦,段声,或从糸。"❷以缎纹组织或以缎纹作地组织提花织成的一类丝织物。可由桑蚕丝、化学纤维长丝分别制织,也可由两者交织。例如:软缎、织锦缎、漳缎等。

椴(duàn) 椴树科,椴树属(Tilia)植物的泛称。落叶乔木。单叶互生,常有星状毛或单毛,有锯齿或缺齿,通常基部斜歪。花两性,复聚伞花序,总柄基部具有长带状、膜质的苞片。坚果或浆果。常为温带落叶阔叶树林的重要用材树种。喜光,生长较快。深根性,喜肥沃土壤。中国有35种。木材优良、纹理细致,供建筑、造纸、家具、胶合板、火柴杆等用材。又为庭园树和蜜源植物。

腶(duàn) ❶亦作"锻"。用姜桂等腌制的干肉。《左传·哀公十一年》:"陈辕颇出奔郑。……其族辕咺进稻醴、粱糗、腶脯焉。"陆德明音义:"字亦作锻,加姜、桂曰脯也。"❷见"腶脩"。

腶脩 捶捣而加姜桂的干肉。《仪礼·有司彻》:"〔主妇〕取糗与腶脩,

执以出。"郑玄注："股脩，捣肉之脯。"

煅（duàn）　同"锻（鍜）"。

碫（duàn）　锻物所垫之墩石。《孙子·势篇》："兵之所加，如以碫投卵者，虚实是也。"碫，各本误作"鍜"，此据孙星衍校。

锻〔鍜〕（duàn）　❶打铁。《晋书·嵇康传》："性绝巧而好锻。"❷锤击。《庄子·列御寇》："取石来锻之。"亦比喻反覆锤炼；罗织罪名。如：千锤百炼；锻成大狱。❸锻铁用的砧石。《诗·大雅·公刘》："取厉取锻。"孔颖达疏："言锻金之时须山石为椹质，故取之也。"❹通"腶"。干肉。《穀梁传·庄公二十四年》："枣栗锻脩。"

锻炼　❶冶炼金属。《论衡·率性》："其本铤，山中之恒铁也；冶工锻炼，成为铦利。"❷比喻枉法陷人于罪。《汉书·路温舒传》："上奏畏却，则锻练而周内（纳）之。"却，批驳退回。王先谦补注以"练"为"鍊（炼）"的借字。❸比喻诗文的推敲锤炼。刘克庄《跋李贾县尉诗卷》："友山诗攻苦锻炼而成，思深而语清。"❹不断实践而得到提高。如：锻炼意志。

𬪩（duàn）　鸟卵孵不出。《淮南子·原道训》："兽胎不䐴，鸟卵不𬪩。"高诱注："胎不成兽曰䐴，卵不成鸟曰𬪩。"

簖〔籪〕（duàn）　插在河流中拦捕鱼蟹的苇栅或竹栅。洪亮吉《与孙季逑书》："鱼田半顷，围此蟹簖。"

鞕（duàn）　同"缎（緞）"。

duī

𭤬（duī）　❶小阜。见《说文·𭤬部》。❷《说文·𭤬部》："官，吏事君也。从宀𭤬，𭤬犹众也，此与师同意。"商代军队组织分右、中、左三𭤬。参见"三𭤬"。

追（duī）　❶雕琢。见"追琢"。❷古代乐器钟上用以悬挂的钮眼。《孟子·尽心下》："以追蠡。"赵岐注："追，钟钮也……蠡，欲绝之貌也。"

另见 zhuī。

追琢　雕刻。《诗·大雅·棫朴》："追琢其章，金玉其相。"毛传："追，雕也。金曰雕，玉曰琢。"元稹

《华原磬》诗："草原软石易追琢，高下随人无雅郑。"郑，指郑声。

堆（duī）　❶土墩；沙墩。亦指水中的礁石。如：滟滪堆。司马相如《上林赋》："触穹石，激堆埼。"❷累叠在一起的东西。韩愈《广宣上人频见过》诗："天寒古寺游人少，红叶窗前有几堆。"❸堆积；累积。马致远《任风子》第三折："堆金积玉成何济？"

堆砌　把砖石等物堆叠在一起。比喻诗文中多用不必要的词藻或典故。《红楼梦》第三十八回："巧的却好，不露堆砌生硬。"

堆栈　❶"仓库"的别称。贮藏和放置货物的场所。❷即"栈❹"。

塠〔坴〕（duī）　小丘。《论衡·效力》："是故塠重，一人之迹，不能蹈也。"蹈，踢。

𬪩〔餦〕（duī）　蒸饼的别称。《玉篇·食部》："蜀呼蒸饼为𬪩。"李粤《馋语联句》："拈𬪩舐指不知休。"

敦〔敦〕（duī）　❶治理。《诗·鲁颂·閟宫》："敦商之旅，克咸厥功。"郑玄笺："敦，治；旅，众；咸，同也。"❷孤独之貌。《诗·豳风·东山》："敦彼独宿，亦在车下。"❸促迫。《诗·邶风·北门》："王事敦我，政事一埤遗我。"

另见 diāo，duì，dūn，tuán，tún。

碓（duī）　撞击。《文选·木华〈海赋〉》："五岳鼓舞而相碓。"李善注："碓，犹激也。"

粏（duī）　同"𬪩（餦）"。

镦〔鐓〕（duī）　打夯用的重锤。

另见 duì，dūn。

duì

队〔隊〕（duì）　❶行列。如：站队；排队。❷集体的编制单位。如：连队；舰队；生产队。《左传·襄公十年》："以成一队。"杜预注："百人为队。"

另见 suì，zhuì。

队伍　❶军队。古时军队以五人为伍，故称军士队列为队伍。《宋书·何承天传》："兵强而敌不戒，国富而民不劳，比于优复队伍，坐食廪粮者，不可同年而校矣。"也泛指有组织的行列。如：游行队伍。❷谓统率部队。《宋史·礼志》："泾原经略蔡挺肄习诸将军马，点阅周悉，队伍入法，入为枢密副使。"

对〔對〕（duì）　❶朝着；向着。曹操《短歌行》："对酒当歌。"韦应物《休暇日访王侍御不遇》诗："门对寒流雪满山。"❷回答；应对。《诗·大雅·桑柔》："听言则对。"郑玄笺："对，答也。"❸敌对；敌人；竞争的双方。如：对立；对手。《三国志·吴志·陆逊传》："刘备天下知名，曹操所惮，今在境界，此强对也。"❹对付。《韩非子·初见秦》："夫一人奋死可以对十，十可以对百。"❺配偶。《后汉书·梁鸿传》："同县孟氏有女……择对不嫁。"❻适合。如：对劲儿；对胃口。❼对子；对偶的词语。如：对联；对句；巧对。❽是；不错。如：对不对？对。❾互相。如：对调；对打。❿比照。如：查对；核对；校对。⓫犹言双。如：配对。⓬对于。指有关事物的方向。如：决不对困难屈服；形势对我们有利。

对白　戏剧名词。剧中角色相互间的对话。是剧本台词的主要部分。

对比　把两种不同的人和事物作对照，互相比较。如：老少对比；新旧社会对比。

对簿　谓受审讯或质讯。簿，文状，起诉书之类。如：对簿公庭。《史记·李将军列传》："大将军（卫青）使长史急责广之幕府对簿。"

对策　❶对付的策略或办法。如：商量对策。❷汉代应荐举、科举的人对答皇帝有关政治、经义的策问叫"对策"。后代也有用这种方法取士的。乡会试末场也都策问古史政事。

对床夜雨　亦作"夜雨对床"。指久别相聚，倾心交谈。白居易《雨中招张司业宿》诗："能来同宿否，听雨对床眠。"苏轼《送刘寺丞赴余姚》诗："中和堂后石楠树，与君对床听夜雨。"

对劲　投合；合适。如：话说得很对劲。《红楼梦》第八十四回："托孙亲家那边有对劲的提一提。"

对课　旧时塾师教学生做诗的一种方法。教师出上句，学生作虚实平仄对应的下句，以练习对仗。鲁迅《朝花夕拾·从百草园到三味书屋》："对课也渐渐地加上字去，从三言到五言，终于到七言。"

对垒　两军相持。垒，营垒。《晋书·宣帝纪》："亮（诸葛亮）数挑战，帝不出……与之对垒百余日。"也用于各种竞赛，如下棋、比球。

对联　即"楹联"。

对牛弹琴　讥笑听话的人不懂对方所说的是什么，或说话的人不看对

象。钱大昕《恒言录·成语》:"《庄子·齐物论》郭象注:'是犹对牛鼓簧耳。'《野客丛书》云:'对牛弹琴见《禅录》。'"张鉴注:"案《易林》'牛耳聋瞶,不知声味',即此意;《禅录》乃《五灯会元》;又《弘明集》曰,'昔公明仪为牛弹清角之操,伏食如故'。"

对偶 修辞学上辞格之一。用字数相等、句法相似的语句表现相反或相关的意思。如:"石间细流脉脉,如线如缕;林中碧波闪闪,如锦如缎。"(梁衡《晋祠》)

对手 ❶竞赛的对方。苏鹗《杜阳杂编》卷下:"王子善围棋,上敕顾师言待诏为对手。"❷敌手;能力相当的人。《三国演义》第九十四回:"达(孟达)非司马懿对手,必被所擒。"

对象 ❶观察或思考的客体;也指行动的目标。❷特指恋爱的对方。

对义 词语所表现的意思是对立的概念,而不是相反的概念。如"老师"与"学生","父亲"与"母亲"等词。也有人把这些词列入反义词。

对仗 指诗文词句的对偶。沈德潜《说诗晬语》卷下:"对仗固须工整,而亦有一联中本句自为对偶者。"

对照 ❶互相参照。如:言文对照。❷同"对比"。

对症下药 亦作"对症用药"。针对病症,处方用药。比喻针对事情的问题所在,作有效的处理。《朱子语类》卷四十二:"克己复礼,便是捉得病根,对证(症)下药。"

对转 音韵学术语。古音中主元音相同或相近的阴声、入声、阳声之间的相互转变。如"难"和"傩"同谐声,为元部和歌部间的对转,"亡"和"无"通假,为阳部和鱼部间的对转。《诗·邶风·北门》中的"敦"和"遗"、"摧"押韵,为文部和微部间的对转。清代音韵学家多以入声韵归阴声类,音韵学上所谓阴阳对转,亦包括入声韵的变化在内。

对状 谓受审问时陈述事状。《史记·袁盎晁错列传》:"吴楚反闻……人有告袁盎者,袁盎恐,夜见窦婴,为言吴所以反者,愿至上前口对状。"参见"对簿"。

侸 〔倯〕(duì) 兑换。《说文·人部》:"侸,市也。"段玉裁注:"其字从对,则无口匝意,盖即今之兑换字也。"

兑 (duì) ❶兑换。如:兑现;兑款。丁仙芝《馀杭醉歌赠吴山人》诗:"十千兑得馀杭酒。"❷直。《诗·大雅·皇矣》:"松柏斯兑。"❸通达。《诗·大雅·绵》:"行道兑矣。"❹洞穴。《老子》:"塞其兑,闭其门。"❺象棋对局中牺牲自己的棋子以吃掉对方的棋子。如:兑车;兑炮。❻八卦之一,卦形为☱,象征沼泽。又六十四卦之一,兑下兑上。《易·兑》:"象曰:丽泽,兑。"

另见 ruì,yuè。

荟 〔蕟〕(duì) 见"菱荟"。

浡 〔澍〕(duì) 浸渍。林纾《游栖霞紫云洞记》:"有泉穴南壁下,蓄黛积绿,浡然无声。"

祋 (duì) 古兵器,即"殳"。《诗·曹风·候人》:"彼候人兮,何戈与祋。"何,通"荷"。肩负。参见"殳❶"。

杸 〔欵〕(duì) 茂盛貌。宋玉《高唐赋》:"其始出也,杸兮若松树。"

怼 〔懟〕(duì) 怨恨。《穀梁传·庄公三十一年》:"财尽则怨,力尽则怼。"

岹 (duì) 见"嶮岹"。

锐 〔鋭〕(duì) 古代兵器。矛属。《书·顾命下》:"一人冕,执锐,立于侧阶。"

另见 ruì,yuè。

敦 〔敆〕(duì) ❶古代食器。青铜制。盖和器身都作半圆球形,各有三足或圈足,上下合成球形,盖可却置。流行于战国时期。旧金石学家曾将"毁"误释为敦。❷通"憝"。恨恶。《荀子·议兵》:"百姓莫不敦恶,莫不毒孽。"

另见 diāo,duī,dùn,tuán,tún。

敦

敦圂 盛怒貌。《汉书·扬雄传上》:"白虎敦圂虖昆仑。"颜师古注:"敦圂,盛怒也。"

碓 (duì) 舂谷的设备。掘地安放石臼,上架木杠,杠端装杵或缚石,用脚踏动木杠,使杵起落,脱去谷粒的皮,或舂成粉。《太平御览》卷七六二引桓谭《新论》:"后世加巧,因延力借身重以践碓,而利十倍。"又有利用水力的,叫水碓。《世说新语·俭啬》:"司徒王戎,既贵且富,区宅、僮牧、膏田、水碓之属,洛下无比。"

霩 〔靐〕(duì) 见"霳霩"。

镎 〔錞〕(duì) 矛戟柄末的平底金属套,即镈。《诗·秦风·小戎》:"厹矛鋈镎。"

另见 chún。

憞 (duì) 同"憝"。憎恶。《法言·重黎》:"汉屈群策,群策屈群力;楚憞群策而自屈其力。"李轨注:"屈,尽也。憞,恶也。"

另见 dùn。

鞲 (duì) ❶缝纳。蒲松龄《日用俗字·皮匠》:"裁得正斜随大小,鞲来曲折随方圆。"❷蒙盖。张世南《游宦纪闻》卷二:"验真桐油之法,以细篾一头作圈子,入油蘸之。若真者,则如鼓叫鞲圈子上。"

憝 (duì) ❶怨恨。《书·康诰》:"杀越人于货,暋不畏死,罔弗憝。"❷奸恶。《逸周书·铨法解》:"听谗自乱,听谀自欺,近憝自恶,三不近也。"参见"大憝"。

镦 〔鐓〕(duì) 同"镎"。矛戟柄末的平底金属套。《礼记·曲礼上》:"进矛戟者前其镦。"

另见 duī,dūn。

譈 (duì) 同"憝"。憎恶;怨恨。《孟子·万章下》:"《康诰》曰:'杀越人于货,闵不畏死,凡民罔不譈。'"按今本《尚书·康诰》作"罔弗憝"。

黖 (duì) 黑。《文选·左思〈魏都赋〉》:"榱题黮黖。"李善注引《声类》曰:"黖,深黑色也。黖,亦黑也。"

dūn

吨 〔噸〕(dūn) 计量质量的单位。1 吨＝1 000 千克。人民生活和贸易中,按习惯将质量称为重量时,单位仍用吨。

豚 (dūn) ❶通"墩"。土堆;土堤。《三国志·魏志·蒋济传》:"豫作土豚,遏断湖水。"❷隐遁。《太玄·曹》:"师或导射,豚其埻。"

另见 tún。

惇 〔悙〕(dūn) ❶淳厚;纯朴。如:世惇俗厚。《韩非子·诡使》:"惇悫纯信,用心怯言,则谓之窭。"窭,朴陋。❷重视。《书·武成》:"惇信明义。"❸勤勉;劝勉。《汉书·翼奉传》:"奉惇学不仕。"

惇惇 纯厚貌。《后汉书·第五伦

传论》："省其奏议，惇惇归诸宽厚。"

敦〔敦〕(dūn) ❶厚；实。《孟子·万章下》："故闻柳下惠之风者，鄙夫宽，薄夫敦。"❷勉力；勉强。《后汉书·卢植传》："班固、贾逵、郑兴父子并敦悦之。"❸督促。《孟子·公孙丑下》："使虞敦匠。"❹姓。春秋时卫有敦洽。

另见 diāo、duī、duì、tuán、tún。

敦比 亲身勉力从事。《荀子·荣辱》："钩录疾力，以敦比其事业，而不敢怠傲。"一说，比，通"庀"，治理。见王念孙《读书杂志·荀子一》引王引之说。

敦趣 即"敦促"。催促。《新唐书·马周传》："帝即召之，间未至，遣使者四辈敦趣。"

敦厚 诚朴宽厚。《礼记·经解》："其为人也，温柔敦厚而不愚，则深于诗者也。"

敦蒙 同"敦庞"。

敦睦 敦厚和睦。《三国志·魏志·明帝纪》："古者诸侯朝聘，所以敦睦亲亲、协和万国也。"亦作"敦穆"。夏侯湛《昆弟诰》："敦穆于九族。"

敦庞 亦作"敦厖"、"敦蒙(懞)"。❶犹敦厚，朴质淳厚。《管子·五辅》："敦蒙纯固，以备祸乱。"《论衡·自纪》："没华虚之文，存敦庞之朴。"《后汉书·孔融传》："古者敦庞，善否不别。"❷丰足。《左传·成公十六年》："民生敦庞，和同以听。"杜预注："敦，厚也；庞，大也。"

敦牂 十二支午年的别称，用以纪年。《尔雅·释天》："〔太岁〕在午曰敦牂。"参见"岁阳"。

墩〔墩〕(dūn) ❶土堆。如：土墩；沙墩。李白《登金陵谢安墩》诗："冶城访古迹，犹有谢安墩。"引申为一种坚实的基础。如：门墩；桥墩。也指状如土墩的坐具。如：锦墩；绣墩。❷通"蹲"。《儒林外史》第五十二回："那少年便痛得了不得，矬了身子，墩下去。"

墩台 一种透空式孤立建筑物的上部结构。用钢筋混凝土在现场浇筑而成，下部用桩、柱或大型管柱支撑。常用于墩式码头、水上观测平台、浮码头水平撑杆支座等。

撤 (dūn) 方言用字，揪住。

骹〔骹〕(dūn) 去掉雄性家畜家禽的生殖器。《集韵·二十三魂》："骹，去畜势也。"梅尧臣

《重送袁世弼》诗："骹鸡肥脆聊供膳。"

礅 (dūn) ❶可供人蹲踞的大石头。❷柱下的磉盘。如：礅磉。❸旧时练武的用具，是一块长圆形或长方形的石头，两边凿两个洞眼以便插手进去端起来，名为端礅。

镦〔镦〕(dūn) ❶同"骹"。阉割雄性禽畜的睾丸。如：镦鸡；镦牛。❷同"墩"。《水经注·渭水下》："秦始皇造铁桥，铁镦重不胜。"

另见 duī、duì。

蹾 (dūn) ❶同"蹲❶"。《红楼梦》第八十一回："有几个小丫头蹾在地下找东西。"❷方言用字，用力猛然往下放。如：这一箱子是瓷器，别蹾。

蹲 (dūn) ❶屈两膝如坐，臀部不着地。如：树底下蹲着一个人。❷停留；呆。如：蹲在家里不出门。

另见 cún、cǔn。

蹲鸱 大芋头，因状似蹲伏的鸱鸟得名。《史记·货殖列传》："唯卓氏曰：'此地狭薄。吾闻汶山之下，沃野，下有蹲鸱，至死不饥。'"

蹲跠 踞坐。王延寿《鲁灵光殿赋》："玄熊甜稊以断断，却负载而蹲跠。"亦作"蹲夷"。贾谊《新书·等齐》："织履蹲夷。"

dǔn

不 (dǔn) ❶砧板。❷俗称瓷石原矿经粉碎淘洗后制成的土块为不子。

另见 niè。

盹 (dǔn) 瞌睡；小睡。如：打盹。

趸〔趸〕(dǔn) ❶整数。如：趸买趸卖。❷见"趸船"。

趸船 平底箱形的非自航船。最常见的是固定在岸边供船停靠的"浮码头"，可供装卸、堆存货物及旅客上下船等用。用引桥与岸连接，使船的停靠地点有足够的水深，并能随水位涨落而升降。

趸卖 亦作"趸售"。即批发。

dùn

囤 (dùn) 贮米谷器。多用竹篾、荆条或稻草编成。如：粮囤；草囤。

另见 tún。

沌 (dùn) 见"沌沌"、"浑沌"。

另见 zhuàn。

沌沌 ❶水势汹涌貌。枚乘《七发》："沌沌浑浑，状如奔马。"❷浑沌无知貌。《老子》："我愚人之心也哉？沌沌兮！"《庄子·在宥》："浑浑沌沌，终身不离。"

忳 (dùn) 见"忳忳"。

另见 tún、zhūn。

忳忳 愚昧；不分明。《新书·先醒》："忳忳然，犹醉也。"

炖 (dùn) 同"燉"。

砘 (dùn) ❶砘子，耩完地后用以轧地的石制农具。王祯《农书·耒耜门》："〔砘车〕凿石为圆，径可尺许。窍其中以受机栝，畜力挽之，随耧种所过沟垄碾之，使种土相著，易为生发。"❷用石砘子轧地。

钝〔钝〕(dùn) ❶不锋利。贾谊《吊屈原文》："莫邪为钝兮，铅刀为铦。"引申为不顺利。如：成败利钝。❷迟钝；笨拙。《汉书·鲍宣传》："臣宣呐钝于辞。"

钝椎 愚鲁；愚钝。《史记·绛侯周勃世家》"其椎少文如此"司马贞索隐引颜游秦云："俗谓愚为钝椎。"

钝闷 昏迷貌。《淮南子·览冥训》："钝闷以终。"亦作"顿愍"。《方言》第十："顿愍，惛也。"

盾 (dùn) ❶盾牌。古代作战时用来抵御刀箭等的武器。《史记·项羽本纪》："哙(樊哙)即带剑拥盾入军门。"❷盾形的物品。如：银盾。❸古星名。即牧夫座λ星。《史记·天官书》："杓端有两星，一内为矛，招摇；一外为盾，天锋。"

盾鼻 盾牌的把手。《资治通鉴·梁武帝太清元年》："〔荀济〕与上有布衣之旧，知上有大志，然负气不服，常谓人曰：'会于盾鼻上磨墨檄之。'"后因以为紧急檄文的代称。梁启超有《盾鼻集》。

顿〔顿〕(dùn) ❶以头或脚叩地。如：顿首；顿足。❷暂停。如：停顿；顿号。引申为书法的着力处。如：顿笔。❸止宿；屯驻。《汉书·李广传》："就善水草顿舍。"杜甫《送樊侍御赴汉中判官》诗："顿兵岐梁下。"亦指止宿之所。《隋书·炀帝纪下》："每之一所，辄数道置顿。"❹舍弃。《文选·曹植〈七启〉》："收旌弛斾，顿纲纵网。"李善注："顿，犹舍也。"❺通"钝"。不锋利。《史记

·屈原贾生列传》:"莫邪为顿兮,铅刀为銛。"《文选·贾谊〈吊屈原文〉》作"钝"。❻通"迍"。如:困顿;劳顿。《荀子·仲尼》:"顿穷则从之疾力以申重之。"❼通"振"。抖擞使整齐。《荀子·劝学》:"若挈裘领,诎五指而顿之。"引申为一抖擞的时间,言其暂忽。如:顿时;顿觉。❽表次数。用于吃饭、打骂等行为。《南史·徐湛之传》:"今日有一顿饱食,便欲残害我儿子。"❾古国名。在今河南商水北。后为陈所迫南迁,在今项城西南,公元前496年灭于楚。❿姓。汉代有顿琦。

另见 dú,zhūn。

顿踣 困顿跌倒。柳宗元《捕蛇者说》:"号呼而转徙,饥渴而顿踣。"

顿萃 困顿憔悴。《荀子·富国》:"劳苦顿萃而愈无功,愀然忧戚非乐而日不和。"萃,亦作"卒"、"悴"。《管子·版法》:"顿卒怠倦以辱之。"潘岳《寡妇赋》:"容貌儡以顿悴兮。"

顿挫 ❶犹抑扬,谓声调、词句有停顿转折。《后汉书·孔融传赞》:"北海天逸,音情顿挫。"北海,指孔融。天逸,犹天纵。杜甫《进雕赋表》:"至于沈郁顿挫,随时敏捷,扬雄、枚皋之徒,庶可企及也。"❷舞蹈或书法的回旋转折。《太平御览》卷五七四引郑处诲《明皇杂录》:"开元中,有公孙大娘善舞剑气(器),僧怀素见之,草书遂长,盖壮其顿挫势也。"

顿首 叩头;头叩地而拜。古代九拜之一。《周礼·春官·大祝》:"辨九捧(拜),一曰稽首,二曰顿首。"后通用作下对上的敬礼。也常用于书信中的起头或末尾。也有首尾都用的。丘迟《与陈伯之书》:"迟顿首。陈将军足下无恙,幸甚幸甚……丘迟顿首。"

顿悟 佛教指无须烦琐仪式和长期修习,一旦把握佛教真理,即可突然觉悟。与"渐悟"相对。由东晋道生首倡。《宋书·天竺迦毗黎国传》:"宋世名僧有道生……立顿悟义,时人推服之。"后禅宗的南宗主张顿悟说,认为人人自心本有佛性,悟即一切悟,当下明心见性,便可"见性成佛"。

顿踬 犹失足;困顿颠踬。《后汉书·马融传》:"或夷由未殊,颠狈顿踬。"也指处境困难。《晋书·杜夷传》:"顷流离道路,闻其顿踬。"

遁〔遯〕(dùn) ❶逃。《后汉书·刘宠传》:"乃轻服遁归。"❷回避。《后汉书·杜林传》:"上下相遁,为敝弥深。"❸隐去。白居易《白苹洲五亭记》:"五亭间开,万象迭入,向背俯仰,胜无遁形。"❹六十四卦之一,艮下乾上。《易·遁》:"象曰:天下有山,遁。"孔颖达疏:"是遁避之象。"

另见 xún。

遁辞 理屈辞穷或不愿以真意告人时,用来支吾搪塞的话。《孟子·公孙丑上》:"遁辞知其所穷。"

遁世 避世。《易·乾·文言》:"遁世无闷。"孔颖达疏:"谓逃遁避世,虽逢无道,心无所闷。"

逯(dùn) 同"遁"。

楯(dùn) 同"盾"。即藤牌。《左传·定公六年》:"献杨楯六十于简子。"亦泛指防卫之物。《南史·垣荣祖传》:"帝尝以书案下安鼻为楯,以铁为书镇如意。"

另见 shǔn。

憞(dùn) 见"憞混"。

另见 duì。

憞混 烦浊之貌。宋玉《风赋》:"其风中人,状直憞混郁邑,殴温致湿。"

燉(dùn) 亦作"炖"。❶和汤煮烂食物。如:燉肉。❷隔水加温。如:燉酒。

另见 tūn,tún。

duō

多(duō) ❶数量大。与"少"相对。也指差度大。如:见多识广;他比我强多了。《史记·高祖本纪》:"某之业所就,孰与仲多?"❷胜过;超出。《礼记·檀弓上》:"多矣乎,予出祖者。"《公羊传·宣公十五年》:"什一者,天下之中正也。多乎什一,大桀小桀。"❸有余。如:一百多;两年多。❹推重;赞美。《汉书·灌夫传》:"士亦以此多之。"❺犹"只"。《论语·子张》:"多见其不知量也。"邢昺疏:"古人多、只同音,多见其不知量,犹襄二十九年《左传》云'多见疏也'。"❻姓。汉代有多军。

多财善贾 亦作"多钱善贾"。本指资财多则易为商贾之事。《韩非子·五蠹》:"鄙谚曰:'长袖善舞,多钱善贾。'此言多资之易为工也。"后比喻有所凭借则易于成事。吴趼人《糊涂世界》卷十一:"他这次下来是越有越有,以后水大舟高,多财善贾,更是无往不利了。"

多端寡要 所欲多端,不知择要而行。《三国志·魏志·郭嘉传》:"袁公徒欲效周公之下士,而未知用人之机。多端寡要,好谋无决。"

多多益善 犹言越多越好。语本《史记·淮阴侯列传》:"上(刘邦)问曰:'如我能将几何?'信(韩信)曰:'陛下不过能将十万。'上曰:'于君何如?'曰:'臣多多而益善耳。'"

多方 ❶《书·多方》:"告尔四国多方。"四国,四方的邦国。多方,指列国诸侯。❷多方面。《墨子·公孟》:"人之所得于病者多方,有得之寒暑,有得之劳苦。"❸谓学识广而杂。《庄子·天下》:"惠施多方,其书五车。"方,指学术。❹多种方法。《左传·昭公三十年》:"多方以误之。"

多分 推测之辞,多半,大约。郑德辉《王粲登楼》第一折:"小生在这店肆中安下,少了他许多房宿饭钱,小二哥呼唤,多分为此。"

多敢 犹"多咱"。大概。萧德祥《杀狗劝夫》第二折:"多敢是那两个贼子拿去了。"

多故 ❶犹多事;多难。《三国志·魏志·钟会传》:"方国家多故,未遑修九伐之征也。"❷多权术。《淮南子·主术训》:"是以上多故,则下多诈。"

多露 《诗·召南·行露》:"岂不夙夜,谓行多露。"朱熹注:"言道间之露方湿,我岂不欲早夜而行乎,畏多露之沾濡而不敢尔。"后比喻行为不谨,受人指责。吕温《同舍弟恭岁暮寄李六协律》:"早行多露悔,强进触藩羸。"

多难兴邦 谓多遭到患难,会促使内部团结,发愤图强,国家因而强盛起来。语本《左传·昭公四年》"邻国之难,不可虞也。或多难以固其国,启其疆土;或无难以丧其国,失其守宇"。

多士 众多之士。指百官。《书·多士》孔颖达疏:"士者,在官之总号,故言士也。"《诗·大雅·文王》:"济济多士,文王以宁。"

多闻 多所闻见。谓学识广博。《论语·季氏》:"友直,友谅,友多闻,益矣。"

多心 ❶多猜疑。《吕氏春秋·精谕》:"口喑(吻)不言,以精相告,纣虽多心,弗能知矣。"《红楼梦》第八

回:"你是个多心的,有这些想头。"❷犹言二心。《汉书·陈平传》:"汉王召平问曰:'吾闻先生事魏不遂,事楚而去,今又从吾游,信者固多心乎?'"

多咱 ❶大概;恐怕。李寿卿《伍员吹箫》楔子:"主公呼唤,多咱为这事来。"❷几时。如:这是多咱的事?

咄(duō) 呵叱声。《汉书·东方朔传》:"朔笑之曰:'咄口无毛,声謷謷,尻益高。'"

咄咄 叹词。(1)表示感慨或失意。《后汉书·严光传》:"咄咄子陵,不可相助为理邪?"(2)表示惊诧。参见"咄咄怪事"。

咄咄逼人 ❶形容出语侵人,令人难受。《世说新语·排调》载桓玄与殷仲堪共作危语。"殷有一参军在座云:'盲人骑瞎马,夜半临深池。'殷曰:'咄咄逼人。'仲堪眇目故也。"❷谓后辈超迈前人,令人赞叹。卫铄《与释某书》:"卫有一弟子王逸少,甚能学卫真书,咄咄逼人。"

咄咄怪事 《世说新语·黜免》:"殷中军(殷浩)被废在信安,终日恒书空作字……窃视,唯作'咄咄怪事'四字而已。"段玉裁《说文解字注·口部》:"凡言咄嗟、咄唶、咄咄怪事者,皆取猝乍相惊之意。"后多用指使人惊讶的怪事。

咄嗟 ❶叱咤。王勃《上刘右相书》:"顾盼可以荡川岳,咄嗟可以降雷雨。"❷一呼一吸之间,即一霎时,顷刻。《晋书·石崇传》:"为客作豆粥,咄嗟便办。"

哆(duō) 见"哆嗦"。 另见chǐ。

哆嗦 发抖;颤动。

剟(duō) ❶削除;删改。《商君书·定分》:"有敢剟定法令,损益一字以上,罪死不赦。"郭璞《尔雅序》:"剟其瑕砾。"❷割取。《汉书·贾谊传》:"盗者剟寝户之帘。"❸刺。《史记·张耳陈馀列传》:"吏治榜笞数千,刺剟,身无可击者。"

塳(duō) 用于地名。广东吴川市有塘塳。

掇(duō) ❶拾取。《诗·周南·芣苢》:"薄言掇之。"毛传:"掇,拾也。"引申为摘取、选取。《汉书·董仲舒传》:"掇其切当世、施朝廷者著于篇。"❷双手捧取。如:掇起饭碗。《水浒传》第三回:"且向店里掇了个凳子,坐了两个时辰。"❸见"掇掇"。❹掠夺;劫取。《史记·张仪列

传》:"中国无事,秦得烧掇焚杅君之国。"

裰(duō) ❶缝补。如:补裰。❷见"直裰"。

嶍(duō) 亦作"齫"。鸟鸣预知吉凶。见《玉篇》。 另见kū。

duó

夺〔奪〕(duó) ❶强取。《史记·萧相国世家》:"毋为势家所夺。"❷争取;竞取。如:夺丰收;夺红旗。❸用力冲开。如:夺门而出。❹削除。如:剥夺公权。《论语·宪问》:"夺伯氏骈邑三百。"❺丧失。见"夺气"。❻脱漏。校书时发现漏字叫"夺",多字叫"衍"。如:讹夺;第二行"天"字下夺"地"字。❼失误。《荀子·富国》:"无夺农时。"❽决定取舍。如:定夺;裁夺。❾狭路。《礼记·檀弓下》:"齐庄公袭莒于夺。"

夺嫡 封建王朝君位世袭,凡不立嫡子而以他子继位,叫"夺嫡"。《宋史·英宗纪赞》:"矫揉夺嫡,遂启祸原。"

夺目 耀眼。如:鲜艳夺目。《北史·窦泰传》:"电光夺目,驶雨沾洒。"

夺魄 谓失神而无生气。也用为惊心动魄的意思。宋之问《嵩山天门歌》:"试一望兮夺魄,况众妙之无穷。"参见"天夺之魄"。

夺气 犹丧胆,因恐惧而丧失勇气。《梁书·曹景宗传》:"景宗等器甲精新,军仪甚盛,魏人望之夺气。"

夺胎换骨 亦作"换骨夺胎"。比喻师法前人写作的命意或技巧,从事新的创作。陈善《扪虱新话》上集卷二:"文章虽不要蹈袭古人一言一句,然自有夺胎换骨等法,所谓灵丹一粒,点铁成金也。"

夺席 夺占别人的席位以代之。《后汉书·儒林传》载戴凭习京氏《易》,元旦之日,光武帝朝会百官,令群臣能说经者,互相诘难,有解经不通者,就夺其席以让通者。戴凭遂夺取五十余席,时京师为之语曰:"解经不穷戴侍中。"后因以"夺席"为才气特高,压过他人之意。

夺志 强迫改变原来的志向或意愿。《论语·子罕》:"三军可夺帅也,匹夫不可夺志也。"何晏集解引孔安国曰:"三军虽众,人心不一,则其将可夺而取之;匹夫虽微,苟守

其志,不可得而夺也。"

泽〔澤〕(duó) 见"洛泽"。

泽〔澤〕(duó) 通"泽"。见"洛泽"。 另见shì、yì、zé。

度(duó) ❶量;计算。《汉书·律历志上》:"分、寸、尺、丈、引也,所以度长短也。"《商君书·算地》:"治草莱者不度地。"❷推测;估计;图谋。《诗·小雅·巧言》:"他人有心,予忖度之。"《史记·李将军列传》:"其射……度不中不发,发即应弦而倒。"《左传·文公十八年》:"德以处事,事以度功,功以食民。"❸投入;填入。《诗·大雅·绵》:"度之薨薨。"郑玄笺:"度,犹投也。"陆德明释文引《韩诗》云:"填也。" 另见dù。

度德量力 谓衡量自己的德行能否服人,估计自己的能力是否胜任。《左传·隐公十一年》:"度德而处之,量力而行之。"《风俗通·皇霸》:"襄公(宋襄公)不度德量力。"

铎〔鐸〕(duó) 古代乐器。形如铙、钲而有舌,是大铃的一种。盛行于春秋至汉代。《周礼·夏官·大司马》:"群司马振铎,车徒皆作。"

铎

劇(duó) 伐木;治木。《尔雅·释器》:"犀谓之剟,木谓之劇。"郭璞注:"《左传》曰:'山有木,工则劇之。'"按今本《左传·隐公十一年》作"工则度之"。也指治璞。周邦彦《汴都赋》:"劇犀劇玉。"

奪(duó) "夺(奪)"的本字。《书·吕刑》:"夺攘矫虔。"《说文·支部》引"夺"作"奪"。

噣(duó) 出言无度。《广韵·十九铎》:"口噣噣无度。"噣头,谓出言无度之人。见《通俗编·言笑》。

敠(duó) 见"战敠"。

氎(duó) 古代西南民族的毛织品名。《后汉书·西南夷传》:"〔哀牢夷〕知染采文绣,罽氎帛叠……"

㖦
〔㖦〕(duó) 见"㖦辂"。

㖦辂 转;旋转。见《集韵·十九铎》。

韇
〔韇〕(duó) 见"鞑韇"。

鮵
〔鮵〕(duó) 鱼名。即小的鱣鳇。《尔雅·释鱼》:"鲔,大鳙;小者鮵。"郭璞注:"今青州呼小鲔为鮵。"郝懿行义疏:"此申释鳣大小之异名也,大者名鲔,小者名鮵,然则中者名鳙,……郭引时语者,以鲔即鳙也。"

踱
(duó) 慢慢地走。如:踱方步。《水浒传》第四回:"〔鲁智深〕信步踱出山门外。"

duǒ

朵
〔朵〕(duǒ) ❶花朵。白居易《画木莲花图寄元郎中》诗:"花房腻似红莲朵,艳色鲜如紫牡丹。"❷花朵的计量单位。杜甫《江畔独步寻花》诗:"黄四娘家花满蹊,千朵万朵压枝低。"❸动。见"朵颐"。

朵颐 鼓腮嚼食。《易·颐》:"观我朵颐。"孔颖达疏:"朵是动义,如手之捉物,谓之朵也。今动其颐,故知嚼也。"陈子昂《感遇》诗:"深闺观元化,悱然争朵颐。"

朵云 《新唐书·韦陟传》:"常以五采笺为书记,使侍妾主之,其裁答受意而已,皆有楷法,陟唯署名,自谓所书'陟'字若五朵云。"后因以"朵云"或"云朵"为对人书信的敬称。王洋《回谢王参议启》:"尚稽尺牍之驰,先拜朵云之赐。"

垛
〔垛〕(duǒ) 墙两侧或上头伸出的部分。如:门垛子;城垛子。
另见 duò。

哚
(duǒ) 见"吲哚"。

埵
(duǒ) ❶防水的土坝。《淮南子·齐俗训》:"狟貉得埵防,弗去而缘。"高诱注:"埵,水垺也。防,堤也。"❷风箱的出风铁管。《淮南子·本经训》:"鼓橐吹埵,以销铜铁。"高诱注:"橐,冶炉排橐也;埵,铜橐口铁筒,埵入火中吹火也。"
另见 duò。

躲
(duǒ) 避开;隐藏。如:躲雨;躲债。宫大用《范张鸡黍》第二折:"我这里迎门儿问候,他将躲闪藏遮。"

躱
(duǒ) 同"躲"。

𦨶
〔𦨶〕(duǒ) 亦作"𩥈"。下垂。杜甫《醉为马所坠诸公携酒相看》诗:"江村野堂争入眼,垂鞭𩥈𩥈凌紫陌。"《聊斋志异·莲香》:"𦨶袖垂髢,风流秀曼。"

髢
(duǒ) ❶毛发脱落。见《说文·髟部》。❷婴儿留而不剪的一部分头发。《礼记·内则》:"三月之末,择日,剪发为髢。"孔颖达疏:"三月剪发,所留而不剪者谓之髢。"❸见"鬠髢"。

𩥈
(duǒ) 同"𦨶(𩥈)"。

𩥈
(duǒ) 同"𦨶(𩥈)"。

duò

驮
〔驮、馱〕(duò) ❶牲口所负载之物。陆游《短歌示诸稚》诗:"再归又六年,疲马欣解驮。"❷量词。《隋书·食货志》:"益遣募人征辽,马少不充八驮。"
另见 tuó。

杕
(duò) 通"舵"。船尾定向的装置。《淮南子·说林训》:"心所说(悦),毁舟为杕;心所欲,毁钟为铎。"高诱注:"杕,舟尾。"
另见 dì。

杝
(duò) 通"柂",后作"舵"。《后汉书·赵壹传》:"奚异涉海之失杝。"李贤注:"杝可以正船也。"
另见 chǐ、lí、yí。

陀
(duò) 通"堕"。崩塌。《淮南子·缪称训》:"岸崝者必陀。"高诱注:"崝,峭也;陀,落也。"
另见 tuó。

剁
(duò) 亦作"剁"。斫;斩碎。如:剁肉;剁烂。

辍
〔鉏〕(duò) 见"餶辍"。

沲
(duò) 见"淡沲"。
另见 tuó。

陏
(duò) 《史记·货殖列传》:"果陏蠃蛤,不待贾而足。"《汉书·地理志下》作"果蓏蠃蛤"。司马贞索隐:"陏,音徒火反;蓏,音郎果反。"按读徒火反,则当为"隋(堕)"之省变,盖本谓果实下垂,因即以为百果的统称。

陊
(duò) ❶坠落;破败。皮日休《吴中苦雨》诗:"一苞势欲陊,将撑乏寸木。"元好问《二十五日

鹤》诗:"可怜陊殿荒墟里,无复当年丁令威。"❷落入。《宋书·朱龄石传》:"如此必以重兵守涪城,以备内道。若向黄虎,正陊其计。"

剁
(duò) 同"剁"。

垛
〔垜〕(duò) ❶堆积。如:把砖头垛成个平台。❷成堆的东西。如:柴垛;灰垛。《聊斋志异·苽中怪》:"麦既登仓,禾黍杂遝,翁命收积为垛。"❸土筑的箭靶。如:箭垛。❹明代兵制,军户三家为一垛。一户为正,二户为贴,三丁抽一以应军役。
另见 duò。

垛头 一作"夺头"。戏曲锣经。属于开唱锣鼓。或单独使用,或用在"慢长锤"后,京剧慢板、原板等板腔的胡琴过门也常在垛头中开始。

柂
(duò) ❶同"舵"。郭璞《江赋》:"凌波纵柂。"❷引导;沟通。鲍照《芜城赋》:"柂以漕渠。"
另见 yí。

柂
(duò) 同"舵"。

柮
(duò) 见"榾柮"。

漶
(duò) 见"渣漶"。

埵
(duò) 见"埵块"、"埵堁"。
另见 duǒ。

埵堁 小土堆。《淮南子·说山训》:"泰山之容,巍巍然高,去之千里,不见埵堁,远之故也。"

埵块 同"埵堁"。小土堆。《论衡·说日》:"泰山之高,参天入云,去之百里,不见埵块。"

舵
(duò) 亦作"柂"、"柂"。船或飞机控制航行方向的装置。船舵对船舶的操纵性影响很大,其种类较多,有的特种船舵如反应舵、主动舵和旋柱舵等还兼起改善推进效率的作用。潜艇或飞机控制航向和俯仰运动的机构分别称为"方向舵"和"升降舵"。

隋
(duò) ❶残余的祭品。《周礼·春官·守祧》:"既祭,则藏其隋。"❷通"堕"。《史记·天官书》:"廷藩西有隋星五。"司马贞索隐:"隋,谓下垂也。"
另见 suí、tuǒ。

堕
〔墮〕(duò) ❶落下。《史记·留侯世家》:"有一老父衣褐,至良所,直堕其履圯下。"❷通"惰"。懈怠。《大戴礼记·子张问入官》:"堕怠者,时之所以后也。"❸

通"髻"。见"髯颠"。

另见 huī。

堕泪碑 《晋书·羊祜传》："襄阳百姓,于岘山祜平生游憩之所,建碑立庙,岁时飨祭焉,望其碑者,莫不流涕。杜预因名为堕泪碑。"

堕落 ❶落下;脱落。《汉书·宣元六王传》："春秋未满四十,发齿堕落。"❷败坏。《荀子·富国》："徙坏堕落,必反无功。"亦指思想行为向坏的方向发展。

堕马髻 一种偏垂在一边的发髻。《后汉书·梁冀传》："寿色美而善为妖态,作愁眉、啼妆、堕马髻、折腰步、龋齿笑。"李贤注引《风俗通》曰："堕马髻者,侧在一边。"寿,孙寿,梁冀妻。

堕甑不顾 《后汉书·郭泰传》："〔孟敏〕客居太原,荷甑堕地,不顾而去。林宗(郭泰)见而问其意,对曰:'甑已破矣,视之何益!'"后以"堕甑不顾"比喻事成过去,虽有遗憾,但不作无益的惋惜。

惰 (duò) ❶懒;懈怠。《论语·子罕》："语之而不惰者,其回也与!"引申为不敬。《左传·襄公三十一年》："滕成公来会葬,惰而多涕。"❷不易改变。如:惰性。

惰窳 怠惰。《论衡·祸虚》："惰窳之人,不力农勉商,以积谷货。"

媠 (duò) 同"惰"。懈怠;不整肃。《汉书·外戚传上》:"〔李〕夫人曰:'妾不敢以燕媠见帝。'"颜师古注:"媠与惰同,谓不严饰。"又《张敞传赞》:"被轻媠之名。"

另见 tuǒ。

媠谩 轻慢无礼。《汉书·龚胜传》:"疾言辩讼,媠谩亡状,皆不敬。"颜师古注:"媠,古惰字。谩,读与慢同。"

跢 〔跢〕(duò) 顿脚。如:他急得直跢脚。

鶺 〔鶺〕(duò,又读 zhuā) 见"鶺鸠"。

鶺鸠 鸟名。雉属。即"沙鸡"。亦名"突厥雀"。《尔雅·释鸟》:"鶺鸠,寇雉。"郭璞注:"鶺大如鸽,似雌雉,鼠脚无后指,歧尾。为鸟憨急群飞,出北方沙漠地。"郝懿行义疏:"今莱阳人名沙鸡也。"

憜 (duò) "惰"的本字。

裋 (duò) ❶无袖衣。《方言》第四:"无袂之衣谓之裋。"郭璞注:"袂,衣袖也。"❷见"裋裸"。

裋裸 古时的军衣。方以智《通雅·衣服》:"戎衣有罩甲,所谓重衣在上而短者,前似袿衣,或肩有袖,至臂臑而止,今曰齐肩,边关号曰裋裸,又谓之裪子。"

隋 (duò) 狭长的小山。《诗·周颂·般》:"隋山乔岳。"毛传:"山之隋隋小者也。"

嶞 (duò) 同"堕(墮)"。

E

ē

阿 (ē) ❶大的丘陵。《诗·小雅·菁菁者莪》:"菁菁者莪,在彼中阿。"❷曲隅。《文选·班固〈西都赋〉》:"珊瑚碧树,周阿而生。"李善注:"阿,庭之曲也。"❸曲从;迎合。《孟子·公孙丑上》:"污,不至阿其所好。"《吕氏春秋·长见》:"阿郑君之心。"❹偏袒;庇护。《离骚》:"皇天无私阿兮,览民德焉错辅"也指保育。见"阿保"。❺通"婀"。柔美貌。《诗·小雅·隰桑》:"隰桑有阿,其叶有难。"参见"阿那"。❻屋栋。《仪礼·士昏礼》:"宾升西阶,当阿,东面致命。"❼古代一种轻细的丝织物名。《史记·司马相如列传》:"被阿锡。"裴骃集解:"阿,细缯也;锡,布也。"❽姓。唐代有阿光进。

另见ā、ǎ、à、hē。

阿匼 犹"婀娿"、"阿邑"。无所可否,一味迎合貌。《新唐书·杨再思传》:"居宰相十余年,阿匼取容,无所荐达。"又《萧复传》:"杞(卢杞)对上或谄谀阿匼。"

阿保 ❶保护养育。《汉书·丙吉传》:"是时,掖庭宫婢则令民夫上书,自陈尝有阿保之功。"❷古代教育抚养贵族子女的妇女。《史记·范雎蔡泽列传》:"居深宫之中,不离阿保之手。"

阿党 阿私;偏袒一方。《礼记·月令》:"〔孟冬之月〕是察阿党,则罪无有掩蔽。"郑玄注:"阿党谓治狱吏以私恩曲挠相为也。"

阿附 附和迎合。《汉书·王尊传》:"中书谒者令石显贵幸,专权为奸邪;丞相匡衡、御史大夫张谭皆阿附畏事显,不敢言。"

阿衡 一作"保衡"。《诗·商颂·长发》:"实维阿衡,实左右商王。"孔颖达疏:"伊尹名挚,汤以为阿衡,至太甲改曰保衡。"旧说伊尹名阿衡,见《史记·殷本纪》。一说阿、保乃伊尹所任官名,即保护教养之官;

衡乃伊尹之字,见俞樾《群经平议》。一说保衡乃太甲复位后的辅佐,非即伊尹,见崔述《商考信录》。

阿那 同"婀娜"。柔弱貌。张衡《南都赋》:"阿那翁茸,风靡云披。"陆机《拟青青河畔草》诗:"皎皎彼姝女,阿那当轩织。"

阿私 偏私。《庄子·天地》:"吾谓鲁君曰:'必服恭俭,拔出公忠之属,而无阿私,民孰敢不辑?'"

阿邑 犹"阿匼"、"婀娿"。迎合;曲从。《汉书·酷吏传赞》:"张汤以智阿邑人主,与俱上下。"颜师古注:"此言阿谀,观人主颜色而上下也。"

阿谀 曲意逢迎。《汉书·匡衡传》:"阿谀曲从,附下罔上,无大臣辅政之义。"

匼 (ē) 古代一种头巾。杜甫《戏呈元二十一曹长》诗:"晚风爽乌匼。"

另见ǎn、kē。

妸 (ē) 同"婀"。

屙 (ē) 从肛门或尿道排泄。如:屙屎;屙尿。

婀 〔娿、媕〕(ē) 亦作"妸"。见"婀娜"。

婀娜 亦作"阿那"、"婀(媕)娿"。❶轻盈柔美貌。古乐府《孔雀东南飞》:"四角龙子幡,婀娜随风转。"梁武帝《江南弄·游女曲》:"珠佩媕娿戏金阙。"❷草木茂盛貌。《抱朴子·君道》:"嘉穗婀娜而盈箱。"陆云《失题》诗:"庭槐振藻,园桃阿那。"

猗 (ē) 通"阿"。长而美貌。《诗·小雅·节南山》:"有实其猗。"毛传:"猗,长也。"又《小雅·隰桑》:"隰桑有阿。"郑玄笺:"枝条阿阿然长美。"参见"猗傩"。

另见wēi、yī、yǐ。

猗那 亦作"阿那"。柔美貌。孔臧《蓼虫赋》:"睹兹茂蓼,结葩吐荣。猗那随风,绿叶紫茎。"陆机《日出东南隅行》:"俯仰纷阿那,顾步咸可欢。"

猗傩 同"婀娜"。轻盈柔美貌。

《诗·桧风·隰有苌楚》:"隰有苌楚,猗傩其枝。"毛传:"猗傩,柔顺也。"一说美盛貌。王引之《经义述闻》卷五:"苌楚之枝,柔弱蔓生,故《传》《笺》并以猗傩为柔顺。但下文又云'猗傩其华'、'猗傩其实',华与实不得言柔顺,而亦云猗傩,则猗傩乃美盛之貌矣。"

é

义 〔義〕(é) ❶通"俄"。邪曲。见"义民"。❷通"峨"。高大;庄严。见"义然"。

另见yí、yì。

义民 义,通"俄"。奸邪不善之民。《书·多方》:"惟天不畀纯,乃惟以尔多方之义民,不克永于多享。"俞樾平议:"《立政》篇:'兹乃三宅无义民。'王氏念孙曰:'义与俄同,邪也,言居贤人于官而任之,则三宅无倾邪之民也。'……此篇义字亦当读为俄,言天所以不与桀,以其惟用汝多方倾邪之义民为臣,故不能长久多享国也。"

义然 高大庄严貌。《庄子·天道》:"而容崖然,而目冲然,而颡颒然,而口阚然,而状义然,似系马而止也。"郭象注:"踶跂自持之貌。"郭庆藩集释:"义,读为峨,义然,峨然也。"

讹 〔訛、譌〕(é) ❶错误。袁衷《题〈书学篡要〉后》:"致使学者讹以承讹,谬以袭谬。"❷借端敲诈。如:讹诈;讹索。《红楼梦》第四十八回:"讹他拖欠官银,拿他到了衙门里去。"❸感化;变化。《诗·小雅·节南山》:"式讹尔心。"《宋书·恩幸传论》:"岁月迁讹。"❹谣言。《宋史·张咏传》:"止讹之术,在乎识断。"❺通"吪"。动。《诗·小雅·无羊》:"或寝或讹。"

讹言 诈伪的话;谣言。《诗·小雅·沔水》:"民之讹言,宁莫之惩。"《三国演义》第七十六回:"此敌人讹言,以乱我军心耳。"

讹诈 借故向他人强行索取财物。《红楼梦》第六十八回:"银子到手,三天五天,一光了,他又来找事讹诈。"

吪(é) ❶动。《诗·王风·兔爰》:"尚寐无吪!"❷化;感化。《诗·豳风·破斧》:"周公东征,四国是吪。"❸同"讹"。错误。

囮(é) ❶囮子,也叫圝(yóu)子。鸟媒,捕鸟人用来诱捕同类鸟的活鸟。❷同"讹"。诈人财物。《儒林外史》第五四回:"虔婆听见他囮着呆子,要了花钱。"

铯〔铯〕(é) 从不圆变成圆。李咸用《倢伃怨》诗:"不得团圆长近君,珪月铯时泣秋扇。"

俄(é) ❶倾侧。《诗·小雅·宾之初筵》:"侧弁之俄。"❷不久;旋即。《北周书·庚信传》:"进爵义城县侯,俄拜洛州刺史。"

俄顷 顷刻;一会儿。《晋书·王戎传》:"籍有适浑,俄顷辄去;过视戎,良久然后出。"

莪(é) 植物名。"莪蒿",亦名"蘪蒿"。《本草纲目·草部四》以为即"抱娘蒿"。《诗·小雅·菁菁者莪》:"菁菁者莪,在彼中沚。"

哦(é) 吟哦。韩愈《蓝田县丞厅壁记》:"日哦其间。"

另见 ó,ò。

峨〔峩〕(é) 高;耸起。李贺《河南府试十二月乐词》:"金翘峨髻愁暮云,沓飒起舞真珠裙。"刘基《卖柑者言》:"峨大冠,拖长绅者,昂昂乎庙堂之器也。"

峨峨 ❶高峻貌。《后汉书·冯衍传下》:"山峨峨而造天兮。"❷仪容庄严盛美。《诗·大雅·棫朴》:"奉璋峨峨,髦士攸宜。"

峨冠博带 高帽和阔衣带,古代士大夫的装束。关汉卿《谢天香》第一折:"恰才卿卿说道,好觑谢氏,必定是峨冠博带一个名士大夫。"

峨眉山 在四川省峨眉山市西南。以有山峰相对如蛾眉,故名。佛教称为光明山,道教称"虚灵洞天"、"灵陵太妙天"。主峰万佛顶,海拔3099米。峰峦挺秀,山势雄伟,誉称"峨眉天下秀"。有万年寺、报国寺、仙峰寺、金顶等寺庙和峨眉宝光、舍身崖、洗象池、龙门洞等胜迹。传为普贤菩萨显灵说法的道场。与五台、普陀、九华合称中国佛教四大名山。为全国重点风景名胜区。

涐(é) 涐水,即大渡河。

娥(é) ❶美好。《方言》第一:"娥、嬴,好也;秦曰娥,宋魏之间谓之嬴。"参见"娥媌"、"娥娥"。❷美女。如:宫娥。❸姓。后魏有娥清。

娥娥 美好貌。《古诗十九首》:"娥娥红粉妆。"

娥轮 月亮的别称。许敬宗《奉和七夕宴悬圃应制》:"婺闺期今夕,娥轮泛浅潢。"

娥眉 同"蛾眉"。《楚辞·大招》:"娭目宜笑,娥眉曼只。"

娥媌 美好貌。《方言》第一:"秦晋之间凡好而轻者谓之娥,自关而东河济之间谓之媌。"《列子·周穆王》:"简郑卫之处子娥媌靡曼者,施芳泽,正娥眉,设笄珥。"

硪(é) 同"峨"。

另见 wò。

睋(é) ❶审视。班固《西都赋》:"于是睎秦岭,睋北阜。"❷通"俄"。俄顷;不久。《公羊传·定公八年》:"睋而锓其板。"又:"睋而曰:'彼哉彼哉!'"

锇〔锇〕(é) 化学元素[周期系第Ⅷ族(类)元素]。铂族元素之一。符号Os。原子序数76。灰蓝色金属。熔点2700℃,相对密度22.48(20℃),在金属中最大。硬而脆。能与熔融的碱起作用。氧化而成四氧化锇,为黄色易挥发的晶体,有剧毒。用于制催化剂。锇同铑、钌、铱或铂的合金可用以制钟表和仪器中的轴承、笔尖及电插头等。

鹅〔鵝、鷞、䳘〕(é) 动物名。学名 Anser domestica。鸟纲,鸭科家禽。头大,喙扁阔,前额有肉瘤。颈长,体躯宽壮,龙骨长,胸部丰满,尾短,脚大有蹼。羽毛白或灰色,喙、脚和肉瘤黄色或黑褐色。嗜食青草,耐寒,合群性及抗病力强。生长快,肉质美。寿命较其他家禽长。体重4~15千克。年产蛋数十个至百余个不等,蛋重150~200克,壳多白色。在3~5岁以内产蛋量逐年递增。能就巢,孵化期30~31天。中国以华东、华南地区饲养较多。

鹅黄 ❶初生鹅毛淡黄色,喻淡黄色之物。杨维桢《杨柳词》:"杨柳董家桥,鹅黄万万条。"形容初春的杨柳。❷酒名。杜甫《舟前小鹅儿》诗:"鹅儿黄似酒,对酒爱新鹅。"仇兆鳌注引《方舆胜览》:"鹅黄乃汉州酒名,蜀中无能及者。"苏轼《追和子由诗暴雨初晴楼上晚景》:"应倾半熟鹅黄酒,照见新晴水碧天。"

鹅毛雪 形容雪片大如鹅毛。白居易《雪夜喜李郎中见访》诗:"可怜今夜鹅毛雪,引得高情鹤氅人。"

蛾㊀(é) ❶昆虫纲,鳞翅目异角亚目(Heterocera)昆虫的通称。触角形状因种而异,有鞭状、丝状、羽状、栉齿状及纺锤状等。一般在夜间飞行,静止时翅成屋脊状。体躯一般粗大。幼虫体型一致,一般称为"毛虫",有腹足1~4对,肛足一对。幼虫多为植食性,很多为农林害虫。种类很多,熟知的有:麦蛾、菜蛾、卷叶蛾、螟蛾、蓑蛾、枯叶蛾、毒蛾、夜蛾、天蛾及尺蛾等。蚕蛾及天蚕蛾则为重要的资源昆虫。❷蛾眉的省称。曹丕《答繁钦书》:"振袂徐进,扬蛾微眺。"参见"蛾眉"。❸通"俄"。不久;俄顷。《汉书·外戚传下》:"〔孝成班倢伃〕始为少使,蛾而大幸。"

㊁(é,又读 yǐ) 姓。春秋晋有蛾析。

另见 yǐ。

蛾眉 亦作"娥眉"。蚕蛾之须弯曲细长,因以喻女子长而美的眉毛。也指女子貌美。《诗·卫风·硕人》:"螓首蛾眉。"《离骚》:"众女嫉余之蛾眉兮。"又为美人代称。司空图《南北史感遇十首》:"不用黄金铸侯印,尽输公子买蛾眉。"

頞(é) 见"頞頞"。

另见 è 额。

頞頞 不休息貌。《书·益稷》:"傲虐是作,罔昼夜頞頞。"孔传:"常頞頞肆恶无休息。"

额〔額、頟〕(é) ❶眉上发(髮)下部分,俗称脑门子。李白《长干行》:"妾发初覆额。"❷匾。如:门额;横额。王世贞《经功德废寺》诗:"赐额苔全卧,残碑雨自磨。"❸规定的数目。如:尚有余额。《新五代史·刘审交传》:"租有定额。"

额枋 我国传统木结构建筑中檐柱与檐柱之间的联系梁。用以承托其上的斗栱。有大小额枋之分:檐柱头之间的为大额枋;在大额枋之下,与之平行的辅助构件为小额枋。

额黄 六朝时妇女额上的黄色涂饰。唐代仍有。梁简文帝《戏赠丽人》诗:"同安鬟里拨,异作额间黄。"李商隐《蝶》诗:"寿阳公主嫁时妆,八字宫眉捧额黄。"

额角 人体部位名。见汉刘熙《释名·释形体》。前额眉弓上方圆形突起部。即额结节。

额手 以手加额,表示庆幸。如:

额手称庆。《宋史·司马光传》："帝崩，赴阙临，卫士望见，皆以手加额曰：'此司马相公也！'"《红楼梦》第九十九回："正申燕贺，先蒙翰教，边帐光生，武夫额手。"

额真 一译"厄真"。满语。汉译意为"主"。本为"阿哈"（奴仆）阶级的对称。渐变为官名，如"固山额真"（都统）、"牛录额真"（佐领）。最后专用作满族最高统治者的称谓，相当于汉语"主"、"君"、"天子"。蒙古语中也有"额真"（《元朝秘史》写作"额毡"），其意义与满语同。

ě

闾〔閭〕（ě，又读 kě） 见"闾砢"。
另见 xià。

闾砢 相扶持貌。《文选·司马相如〈上林赋〉》："崔错登骫，坑衡闾砢。"李善注引郭璞曰："闾砢，相扶持也。"

恶〔惡、噁〕（ě） 见"恶心"。
另见 è，wū，wù。

恶心 ❶形容讨厌到极点。《红楼梦》第六回："这话说的叫人恶心。"❷一种急迫欲呕的感觉。常为呕吐的先兆，二者的发生机制和产生原因大致相同，严重时可伴有眩晕、虚弱、出汗、心悸、脸色苍白等现象。

骮〔騀〕（ě） 见"駊骮"。

è

厄〔戹、阨〕（è） ❶逼迫。《史记·季布栾布列传》："高祖急，顾丁公曰：'两贤岂相厄哉？'"❷苦难；困穷。《楚辞·九思·遭厄》："悼屈子兮遭厄。"《孟子·万章上》："是时孔子当厄。"❸通"轭"。车辕前端驾在马颈上的横木。《诗·大雅·韩奕》："鞗革金厄。"
另见 ài。

厄穷 艰难穷困。韩愈《赠族侄》诗："身命多厄穷。"

厄闰 即"黄杨厄闰"。传说黄杨木逢闰年不长。因以喻人不逢时而遭困厄。方岳《贺启》："发种种以惊秋，意寥寥其厄闰。"

厄运 艰困的遭遇。扬雄《元后诔》："与图国艰，以度厄运。"

岋（è） 动摇貌。《文选·扬雄〈羽猎赋〉》："汹汹旭旭，天动地岋。"李善注引韦昭曰："岋，动貌也。"

苊（è） 有机化合物。化学式 $C_{12}H_{10}$。无色针状结晶。溶于热酒精，可做媒染剂。

扼㊀〔搤〕（è） 亦作"掟"。❶掐住；捉住。《汉书·李陵传》："臣所将屯边者，皆荆楚勇士奇材剑客也，力扼虎，射命中。"颜师古注："扼谓捉持之也。"❷把守。《宋史·冯拯传》："备边之要，不扼险以制敌之冲，未易胜也。"❸握持。《史记·周本纪》："养由基怒，释弓扼剑，曰：'客安能教我射乎？'"

㊁（è） 通"轭"。亦作"掟"。车上扼住牛马颈项的木头。《庄子·马蹄》："加之以衡扼。"

扼死 亦称"掐死"。用一手或两手压迫颈部而引起窒息的死亡。

扼腕 用手握腕。表示激动、振奋或惋惜。《史记·刺客列传》："樊於期偏袒扼腕而进曰：'此臣之日夜切齿腐心也，乃今得闻教！'"《聊斋志异·王成》："经宿往窥，则一鹑仅存，因告主人，不觉涕堕；主人亦为扼腕。"

扼要 ❶扼据要冲。《旧唐书·高崇文传》："成都北一百五十里有鹿头山，扼两川之要。"❷发言或写文章能抓住要点。如：文字简练，内容扼要。

呃（è） 亦作"呝"。气逆上冲发出的声音。如：打呃；呃逆。
另见 ài。

邑（è） 见"阿邑"。
另见 yì。

阸（è） 同"厄"。

枙（è） 同"轭（軶）"。

砐（è） 见"砐硪"。

砐硪 摇动貌，一说高大貌。《文选·郭璞〈江赋〉》："阳侯砐硪以岸起。"李善注："摇动貌。"张铣注："高大貌，言波高大如岸起也。"

掟（è） 同"扼"。

轭〔軛〕（è） 亦作"軶"。❶驾车时套在牛马颈部的人字形器具。梅尧臣《观杨之美画》诗："双骖推轭如畏迟。"❷束缚；控制。梁启超《国家思想变迁异同论》："意大利之大部被轭于奥国。"

呝（è） 同"呃"。

谔〔諤〕（è） ❶见"谔谔"。❷通"愕"。《庄子·人间世》"若唯无诏"陆德明释文："诏，告也，言也。崔本作谔，音额，云逆击曰谔。"

谔谔 ❶同"谔谔"。❷严肃；庄重。《礼记·玉藻》："戎容暨暨，言容谔谔，色容厉肃。"郑玄注："谔谔，教令严也。"

垩〔堊〕（è） ❶白色土。司马相如《子虚赋》："其土则丹、青、赭、垩、雌黄、白坿。"❷粉刷。《考工记·匠人》"白盛"郑玄注："以蜃灰垩墙，所以饰成宫室。"引申为凡可用来涂饰的有色土。《山海经·北山经》："〔天池之山〕其中多黄垩。"

垩慢 慢，通"墁"。用白土涂抹。《庄子·徐无鬼》："郢人垩慢其鼻端若蝇翼。"

垩室 古代丧礼，用白土涂刷的房子，为孝子练祭以后所居。《礼记·丧服大记》："既练，居垩室。"孔颖达疏："垩，白也。新涂垩于墙壁令白，稍饰故也。"

曷（è） 通"遏"。止。《诗·商颂·长发》："如火烈烈，则莫我敢曷。"陈奂传疏："《荀子》及《汉书·刑法志》引《诗》作遏，遏与曷同。"
另见 hé，xiē。

咢（è） ❶争辩。《说文·吅部》："咢，哗讼也。"引申为直言。通作"谔"。参见"咢咢❷"。❷徒手击鼓。《尔雅·释乐》："徒击鼓谓之咢。"《诗·大雅·行苇》："或歌或咢。"❸通"堮"。引申为屋棱。《晋书·赫连勃勃载记》："飞檐舒咢，似翔鹏之矫翼。"❹通"锷"。刀口。《汉书·王褒传》："越砥敛其咢。"

咢咢 ❶高耸貌。《后汉书·张衡传》："冠咢咢其映盖兮。"《文选·张衡〈思玄赋〉》作"岊岊"。❷同"谔谔"。直言争辩貌。《汉书·韦贤传》："睮睮谄夫，咢咢黄发。"

峉（è） 见"峉峉"。

峉峉 山高大貌。《楚辞·九思·悯上》："山阜兮峉峉。"

浂（è） 见"穿浂"。
另见 àn。

恶〔惡〕（è） ❶坏；坏事。与"好"、"善"相对。如：恶衣恶食；疾恶如仇。《论语·颜渊》："攻其恶，无攻人之恶，非修慝与？"亦指坏人。《书·康诰》："元恶大憝。"

憨,奸恶。❷伦理学基本概念。见“善⑩”。❸丑陋。与“美”相对。《国策·赵策三》:“鬼侯有子而好,故入之于纣,纣以为恶,醢鬼侯。”❹疾病。《左传·成公六年》:“郇瑕氏土薄水浅,其恶易觏。”杜预注:“恶,疾疢。”❺污秽。《左传·成公六年》:“有汾浍以流其恶。”杜预注:“恶,垢秽。”❻粪便。《吴越春秋·勾践入臣》:“太宰嚭奉溲恶以出。”

另见ě,wū,wù。

恶贯满盈 语出《书·泰誓上》“商罪贯盈,天命诛之”。贯,钱串。盈,满。形容罪大恶极。无名氏《硃砂担》第四折:“你今日恶贯满盈,有何理说!”参见“贯盈”。

恶人 ❶坏人。《孟子·公孙丑上》:“不立于恶人之朝,不与恶人言。”❷丑陋的人。《庄子·德充符》:“卫有恶人焉,曰哀骀它。”陆德明释文:“恶,貌丑也。”

恶少 品行恶劣的少年。《荀子·修身》:“偷儒(懦)惮事,无廉耻而嗜乎饮食,则可谓恶少者矣。”杜甫《锦树行》:“自古圣贤多薄命,奸雄恶少皆封侯。”

恶声 ❶骂詈之声。《孟子·公孙丑上》:“恶声至,必反之。”《庄子·山木》:“则必以恶声随之。”成玄英疏:“恶声,骂辱也。”❷不祥之声。《晋书·祖逖传》:“与司空刘琨,俱为司州主簿,情好绸缪,共被同寝,中夜闻荒鸡鸣,蹴琨觉曰:‘此非恶声也。’因起舞。”❸恶名;坏名声。《韩非子·说林上》:“汤杀君而欲传恶声于子,故让天下于子。”子,指务光。

恶岁 荒年。《盐铁论·力耕》:“凶年恶岁,则行币物,流有余而调不足也。”

恶心 不良的心念。《国语·鲁语下》:“夫民劳则思,思则善心生;逸则淫,淫则忘善,忘善则恶心生。”

恶衣恶食 粗劣的衣食。《论语·里仁》:“士志于道而耻恶衣恶食者,未足与议也。”

鬲(è) 通“轭”。车辕前端驾在牲口颈上的横木。《考工记·车人》:“鬲长六尺。”郑玄注引郑司农云:“鬲,谓辕端厌(压)牛领者。”

另见gé,lì。

砨(è) 见“砥砨”。

蚅(è) 虫名。《尔雅·释虫》:“蚅,乌蠋。”郭璞注:“大虫如指,似蚕。”郝懿行义疏:“《韩非·内储说》云:‘蟺似蛇,蚕似蠋。’《淮南·说林篇》云:‘鳣之与蛇,蚕之与蠋,状相类而爱憎异。’皆其义也。蠋今谓之豆虫,司马彪注《庄子·庚桑楚》篇云:‘藿蠋,豆藿中大青虫也。’”

饿〔餓〕(è) 饥饿。《孟子·告子下》:“劳其筋骨,饿其体肤。”按古代“饥”与“饿”义不尽同。《淮南子·说山训》:“宁一月饥,无一旬饿。”高诱注:“饥,食不足;饿,困乏也。”

饿鬼 佛教六道之一。据称种类很多,其中有的腹大如鼓,咽喉如针,处于经常饥饿,不能得食的鬼道。佛经谓人生前做坏事,死后要堕入饿鬼道,不得饮食,常苦饥渴。参见“轮回❷”。

饿莩 亦作“饿殍”。饿死的人。《孟子·梁惠王上》:“涂有饿莩而不知发。”

豟(è) 大猪。《尔雅·释畜》:“豶五尺为豟。”郭璞注:“《尸子》曰:‘大豕为豟,五尺也。’今渔阳呼猪大者为豟。”

鄂(è) ❶古国名。(1)即商代的“邘”。金文作噩。在今河南沁阳西北。《史记·殷本纪》:“以西伯昌、九侯、鄂侯为三公。”裴骃集解引徐广曰“一作邘,音于。野王县有邘城。”(2)西周的诸侯国。姞姓。在今河南南阳北。(3)西周时楚别封之国。周夷王时,楚王熊渠攻扬越到鄂(今湖北鄂州),封其中子红为鄂王。(4)战国时楚国封君的封邑,在今湖北鄂州。遗物有楚怀王时的“鄂君启节”。❷古邑名。春秋晋邑。在今山西乡宁。《左传》隐公六年(公元前717年):晋大夫嘉父“逆晋侯于随,纳诸鄂,晋人谓之鄂侯”。❸湖北省的简称。因清代省会武昌是隋以后鄂州的治所而得名。❹通“愕”。惊愕。《汉书·霍光传》:“群臣皆惊鄂失色。”❺通“谔”。直言貌。见“鄂鄂”。❻通“萼”。花托。《诗·小雅·常棣》:“常棣之华,鄂不韡韡。”❼边际。扬雄《甘泉赋》:“纷被丽而亡鄂。”❽姓。汉代有鄂千秋。

鄂鄂 同“谔谔”。直言争辩貌。《史记·赵世家》:“诸大夫朝,徒闻唯唯,不闻周舍之鄂鄂。”

鄂渚 《楚辞·九章·涉江》:“乘鄂渚而反顾兮。”相传在今武汉市黄鹄山旁三百步长江中。隋改郢州(治今武汉市武昌)为鄂州,即因渚得名。世称鄂州为鄂渚。

馀〔餘〕(è) 打嗝声。元稹《寄吴士矩端公五十韵》:“醉眼渐纷纷,酒声频馀馀。”

阏〔閼〕(è) ❶阻塞。蔡邕《樊惠渠歌》:“我有长流,莫或阏之;我有沟浍,莫或达之。”❷闸板。《汉书·召信臣传》:“开通沟渎,起水门提阏,凡数十处。”

另见yān,yù。

谔〔諤〕(è) 正直的话。郑侠《示潮州吴宅三甥》诗:“心虽在规益,世谁受忠谔?”

谔谔 直言争辩貌。《楚辞·惜誓》:“或推移而苟容兮,或直言之谔谔。”亦作“咢咢”、“鄂鄂”。

堨(è) 犹“堰”。以土障水。《三国志·魏志·刘馥传》:“兴治芍陂及茹陂、七门、吴塘诸堨,以溉稻田。”

另见ài,yè。

堮(è) 地面突起成界划的部分。见“垠堮”。

萼〔蕚〕(è) “花萼”的简称。

蚅〔蝁〕(è) 毒蛇名。《尔雅·释鱼》:“蝮,蚅。”郭璞注:“蝮属,大眼,最有毒。今淮南人呼蚅子。”郝懿行义疏:“蚅,虺属。按蚅之言恶也,此蛇最毒恶。”

軶(è) 同“轭(軛)”。

遏(è) ❶抑止;阻止。《诗·大雅·民劳》:“式遏寇虐,无俾民忧。”郑玄笺:“式,用;遏,止也。”❷通“害”。《诗·大雅·文王》:“无遏尔躬。”陆德明释文引《韩诗》:“遏,病也。”

遏籴 禁购谷米。《孟子·告子下》:“〔齐桓公〕五命曰:无曲防,无遏籴。”此谓阻止受灾的邻邦来买粮食,坐视其灾荒而不顾。

遏密 指皇帝死后停止举乐。《书·舜典》:“帝乃殂落,百姓如丧考妣,三载,四海遏密八音。”后亦以指皇帝之死。

遌(è) 亦作“逜”。遇到。《楚辞·九章·怀沙》:“重华不可遌兮,孰知余之从容?”《列子·黄帝》:“死生惊惧,不入乎其胸,是故遌物而不慴。”

崿(è) 山崖。《文选·张衡〈西京赋〉》:“坻崿鳞眴。”李善注:“坻,除也。崿,崖也。鳞眴,无涯也。”吕向注:“皆殿阶高峻之貌。”

崿（è） 同"崿"。韩愈《晚秋郾城夜会联句》："魏阙横云汉，秦关束岩崿。"

匎（è） 见"匎彩"。

匎彩 古代妇女发髻上的花饰。《玉篇·勹部》："匎彩，妇人头花髻饰也。"

匎叶 古代妇女的发饰匎彩上的花叶。杜甫《丽人行》："头上何所有？翠微匎叶垂鬓唇。"翠微匎叶，用翡翠作的匎彩叶。参见"匎彩"。

愕（è） ❶陡然一惊。如：骇愕；愕然。陈基《潼关》诗："前车未行后车却，去马一鸣来马愕。"❷通"谔"。直言。《后汉书·陈蕃传》："謇愕之操。"

愕愕 同"谔谔"。直言争辩貌。《盐铁论·国疾》："今辩讼愕愕然。"

頞〔頞〕（è） 鼻梁。《孟子·梁惠王下》："举疾首蹙頞而相告。"

隘（è） 通"厄（阨）"。❶阻止。《国策·楚策二》："太子辞于齐王而归，齐王隘之。"❷隔绝。《国策·东周策》："三国隘秦。"
另见 ài。

搤（è） 犹"握"。《仪礼·丧服传》："苴绖大搤。"郑玄注："盈手曰搤。"

腭〔齶〕（è） 组成口腔的顶壁。在人和哺乳动物，分前后两部：前部由骨组织覆以粘膜构成，称"硬腭"；硬腭向后下延伸的柔软部分称"软腭"。人的软腭的前份水平，后份斜向后下称"腭帆"；腭帆后缘游离，中央有一小圆锥体称"腭垂"（悬雍垂）。软腭在吞咽、呼吸和语言等功能中起重要作用。

腭垂 又称"悬雍垂"，俗称"小舌"。人体口腔中软腭后缘正中悬垂的小圆锥体。肌质结构，表面覆盖粘膜，平时稍向下垂，进食时随同软腭向上收缩，可防止食物由口腔窜入鼻腔。

硆（è） 同"崿"。

鹗〔鶚〕（è） 鸟名。学名 Pandion haliaetus haliaetus。亦称"鱼鹰"。鸟纲，鹗科。体长 50～60 厘米。头顶和颈后羽毛白色，有暗褐色纵纹，头后羽毛延长成矛状。上体暗褐，下体白色。趾具锐爪，趾底遍生细齿，外趾能前后转动，适于捕鱼。常活动于江河海滨。营巢于海岸或岛屿的岩礁上。夏季遍布于中国西部和北部，冬季迁移华南。虽为渔业害鸟，但因数量日趋稀少，已列为国家二级保护动物。

鹗顾 瞋目四顾，如鹗之觅食。《聊斋志异·画壁》："使者反身鹗顾，似将搜匿。"

鹗荐 孔融《荐祢衡表》："鸷鸟累百，不如一鹗；使衡立朝，必有可观。"后因称推荐有才能的人为"鹗荐"。苏轼《次韵王定国谢韩子华过饮》诗："亲嫌妨鹗荐，相对发微泚。"

鹗视 形容目光锐利。亦借指勇士。梁武帝《移檄京邑》："鹗视争先，龙骧并驱。"参见"鹗顾"。

锷〔鍔〕（è） ❶剑刃。《庄子·说剑》："天子之剑，以燕谿石城为锋，齐岱为锷。"司马彪注："锷，剑刃；一云剑棱也。"❷同"堮"。《文选·张衡〈西京赋〉》："前后无有垠锷。"李善注："垠锷，端崖也。"

遻（è） 同"遌"。

崿（è） 同"崿"。

㦗（è） 同"愕"。

噩（è） ❶惊恐；凶恶。见"噩梦"、"噩耗"。❷见"噩噩"。

噩噩 严肃貌。《法言·问神》："《周书》噩噩尔。"

噩耗 凶信，多指人死的消息。赵翼《扬州哭澂甫编修》："才是春筵累治庖，忽传噩耗到江郊。"

噩梦 《周礼·春官·占梦》："二曰噩梦。"郑玄注引杜子春云："谓惊愕而梦。"后以称凶险可怕的梦。黄宗羲《书年谱上》诗："鸡推噩梦归残角，自比古人庶艺林。"

輵（è） 见"輵蛞"。
另见 gé。

輵蛞 摇目吐舌貌。一说，辗转摇动。《汉书·司马相如传下》："踕踃輵蛞容以骪丽兮。"颜师古注引张揖曰："踕踃，互前却也。輵蛞，摇目吐舌也。"王先谦补注："《史记》蛞作辖。……《集韵》：'輵辖，转摇也。'"

鳄〔鰐、鱷〕（è） 见"鳄目"。

鳄目（Crocodilia） 亦称"鳄形目"（Crocodiliformes）。爬行纲。头扁平，吻一般较长，鼻孔开于吻端背面。躯干扁平；皮肤革质，覆以角质鳞，鳞下有真皮形成的骨板。躯干背、腹面及尾部鳞片略呈方形，纵横排列成行。椎体为前凹型。尾长而侧扁。肛孔纵裂，雄体具单枚交接器。四肢短，前肢五指，后肢四趾，趾间有蹼，内侧三指、趾具爪，便于爬行，也适于游泳。有 21 种；中国现存扬子鳄 1 种。

颚〔齶〕（è） ❶同"腭"。❷见"颚足"。

颚足 甲壳动物胸部的前一对、两对或三对附肢。位于口旁，是协同口肢（上颚和下颚）摄取食物的辅助器官。蜈蚣的第一对胸足称毒颚，也称"颚足"。

蘁（è） 同"蕚"。
另见 wù。

齃（è） 同"頞（頞）"。鼻茎。《史记·范雎蔡泽列传》："魋颜蹙齃。"

ēi

誒〔誒〕（ēi） 招呼声。如：诶，你过来。
另见 éi、ěi、èi、xī。

éi

誒〔誒〕（éi） 诧异声。如：诶，到底怎么回事啊！
另见 ēi、ěi、èi、xī。

ěi

誒〔誒〕（ěi） 表示不以为然。如：诶，话不是那么说的。
另见 ēi、éi、èi、xī。

èi

誒〔誒〕（èi） 表示同意。如：诶，就这么办。
另见 ēi、éi、ěi、xī。

欸（èi，又读 ēi） 答应声，犹言"唯"。又承诺声，犹言"是"。《方言》第十："南楚凡言然者曰欸。"
另见 āi、ǎi。

ēn

夽（ēn，旧读 máng） 方言。人瘦弱。

恩〔恩〕（ēn） ❶恩惠，待人好处。如：小恩小惠；恩将仇报。《孟子·梁惠王上》："今恩足以及禽兽，而功不至于百姓者，独何与？"引申为感恩。如：千恩万谢。❷亲爱；有情义。《诗·豳风·鸱鸮》："恩斯勤斯。"参见"恩勤"。❸姓。后燕有恩茂。

恩宠 谓帝王对臣下的优遇和宠幸。《后汉书·召驯传》："帝嘉其义学,恩宠甚崇。"

恩赐 帝王对臣下在规例以外的赏赐。《后汉书·安城孝侯赐传》："恩赐特异,赐辄赈与故旧,无有遗积。"顾炎武《生员论上》："则有秦汉赐爵之法,其初以赏军功,而其后或以恩赐,或以劳赐,或普赐,或特赐。"也指一般的赏赐或施与。

恩典 谓帝王按定制给予臣子的恩赐和礼遇。韩琦《谢除使相判相州表》："被恩典之特优。"亦泛指恩惠。《红楼梦》第三十七回："我只领太太的恩典,也不管别的事。"

恩光 指恩泽、荣宠。江淹《狱中上建平王书》："大王惠以恩光,顾以颜色。"

恩惠 犹恩泽,恩德。《仪礼·聘礼》"受享束帛加璧"郑玄注："享,献也。既聘又献,所以厚恩惠也。"

恩礼 指帝王厚待臣下。《后汉书·鲁恭传》："迁侍中,数召宴见,问以得失,赏赐恩礼宠异焉。"

恩勤 《诗·豳风·鸱鸮》："恩斯勤斯,鬻子之闵斯。"毛传："恩,爱也。"朱熹注："恩,情爱也;勤,笃厚也;鬻,养;闵,忧也。"后因以"恩勤"称父母抚育子女的恩情和辛劳。归有光《招张贞女辞》："父母恩勤,养我身兮。"

恩遇 谓受人恩惠知遇。刘峻《广绝交论》："衔恩遇,进款诚。"

恩泽 比喻恩德及人,像雨露滋润草木。旧时常用以称皇帝或官吏给予臣民的恩惠。曹植《上责躬应诏诗表》："是以愚臣徘徊于恩泽,而不敢自弃者也。"

蒽 (ēn) 俗称"绿油脑"。一种稠环芳香烃。是菲的同分异构体。无色固体,有弱的蓝色荧光。熔点216.5℃,沸点350℃。不溶于水,难溶于醇和醚,易溶于热苯。由煤焦油中提取。易氧化成蒽醌,是合成蒽醌系染料的重要原料。

èn

铠 〔饐〕(èn) 见"饐铠"。

摁 (èn) 犹"揿"。用手按下。如:摁电铃。

饐 〔饐〕(èn) 见"饐铠"。

饐铠 相请而吃饭。《方言》第一:"相谒而飧,秦晋之际、河阴之间

曰饐铠。此秦语也。"郭璞注："今关西人呼食欲饱为饐铠。"

ēng

鞥 (ēng) 马缰。见《说文·革部》。

ér

儿 〔兒〕(ér) ❶小孩。如:婴儿;幼儿。《说文·儿部》:"兒,孺子也。从儿,象小儿头囟未合。"❷儿子。古乐府《木兰诗》:"阿爷无大儿。"❸子女对父母的自称。古乐府《孔雀东南飞》:"兰芝惭阿母:'儿实无罪过。'"❹古时妇女自称。元稹《莺莺传》:"玉环一枚,是儿婴年所弄。"

另见 er,rén。

儿曹 儿辈。对子侄辈的称呼。《后汉书·郭伋传》:"伋问:'儿曹何自远来?'"李贤注:"曹,辈也。"

儿女 ❶子女。杜甫《赠卫八处士》诗:"昔别君未婚,儿女忽成行。"❷指青年男女。王勃《送杜少府之任蜀州》诗:"无为在歧路,儿女共沾巾。"

儿戏 小儿嬉戏。比喻作事不严肃、不认真。《史记·绛侯周勃世家》:"文帝曰:'曩者霸上棘门军,若儿戏耳!其将固可袭而虏也。'"

而 (ér) ❶颊毛。《考工记·梓人》:"深其爪,出其目,作其鳞之而。"戴震补注:"颊侧上出者曰之,下垂者曰而,须鬣属也。"❷通"尔"。汝;你。《左传·昭公二十年》:"余知而无罪也。"也用作"你的",如:"而父"。❸通"如"。相似。《新序·杂事》:"白头而新,倾盖而故。"《汉书·邹阳传》作"白头如新,倾盖如故"。❹通"如"。如果。《左传·襄公三十年》:"子产而死,谁其嗣之?"❺作语助。表承递。《论语·学而》:"学而时习之。"《荀子·劝学》:"玉在山而草木润,渊生珠而崖不枯。"❻作语助。表转折。如:似是而非。《吕氏春秋·察今》:"舟已行矣,而剑不行。"❼作语助。表并列关系。欧阳修《醉翁亭记》:"泉香而酒洌。"❽作语助。用同"以"。《孟子·尽心下》:"由孔子而来,至于今百有余岁。"❾作语助。用同"然"。《诗·齐风·猗嗟》:"颀而长兮。"《史记·日者列传》:"忽而自失。"❿表语气。与"矣"略同。《诗·齐风

·著》:"俟我于著乎而!充耳以素乎而!尚之以琼华乎而!"

另见 néng。

陑 (ér) 山名。《书·汤誓序》:"伊尹相汤伐桀,升自陑。"孔传:"陑在河曲之南。"孔颖达疏:"盖今潼关左右。"《太平寰宇记》谓即雷首山,在今山西永济市南。

髵 (ér) ❶胡须。《后汉书·章帝纪》:"沙漠之北,葱岭之西,冒髵之类,跋涉悬度。"李贤注:"言须鬓多,蒙冒其面。"❷姓。春秋时宋有髵班。

另见 nài。

洏 (ér) ❶煮熟。《玉篇·水部》:"洏,不熟而煮。"❷涕流貌。见"涟洏"。

栭 (ér) ❶柱顶上支承屋梁的方木,即斗栱。张衡《西京赋》:"绣栭云楣。"❷木上所生的蕈类。《礼记·内则》:"芝、栭、菱、椇。"❸木名,即栭栗,又名白栎。

輀 〔輀〕(ér) 古代载运棺柩的车。《释名·释丧制》:"舆棺之车曰輀。"《汉书·王莽传下》:"百官窃言,此似輀车,非仙物也。"

胹 (ér) 煮。《左传·宣公二年》:"宰夫胹熊蹯不熟。"

鸸 〔鸸〕(ér) 见"鸸鹋"。

鸸鹋(Dromaius novaehollandiae) 鸟纲,鸸鹋科。体形似鸵鸟而较小,高约1.5米。足具三趾。头部羽毛稀少,头侧和颈侧裸出。副羽发达,与正羽同大;两翼退化。一雄多雌,常4～6只结群生活,筑巢、孵卵及抚育幼鸟均由雄鸟担负。不让雌鸟接近其巢,亦不让雏鸟接近幼鸟。主食植物。产于澳大利亚草原和沙漠地区。可饲养繁殖,取用羽毛。

聏 (ér) 同"聏"。调和。王安石《虞部郎中晁君墓志铭》:"从容调聏,史莫玩法。"

哯 (ér) 见"嗁哯"。

另见 wā。

聏 (ér) 亦作"聏"。调和。《庄子·天下》:"以聏合欢,以调海内。"陆德明释文:"崔本作聏。司马云:'色厚貌。'崔、郭、王云:'和也,聏和万物,物合则欢矣。'一云调也。"

腝 (ér) 同"胹"。熟烂。《颜氏家训·勉学》:"不惮勤劳,以致甘腝。"

另见 nào,nuǎn,ruǎn。

鮞〔鮞〕(ér)❶鱼苗。《国语·鲁语上》:"鱼禁鲲鮞。"韦昭注:"鲲,鱼子也;鮞,未成鱼也。"❷鱼名。《吕氏春秋·本味》:"鱼之美者,洞庭之鱄,东海之鮞。"李贺《画角东城》诗:"淡菜生寒日,鮞鱼漑白涛。"

髵(ér)❶本作"而"。颊毛。见《说文·而部》徐铉注。❷见"髶髵"。

臑(ér)通"胹"。煮熟。枚乘《七发》:"熊蹯之臑。"
另见 nào、nuǎn、rú。

輀(ér)同"轜(轜)"。丧车。潘岳《寡妇赋》:"龙輀俨其星驾兮,飞旐翩以启路。"

輀轩即轜车。古代运载棺柩的车。《文选·陆机〈挽歌诗〉》:"素骖伫輀轩,玄驷骛飞盖。"刘良注:"輀车,丧车也。"参见"轜"。

ěr

尔〔爾、尒〕(ěr)❶华丽。《诗·小雅·采薇》:"彼尔维何?维常之华。"❷你。《孟子·公孙丑上》:"尔为尔,我为我。"❸如此;这样。《晋书·阮咸传》:"未能免俗,聊复尔耳。"❹其;那。《世说新语·赏誉下》:"尔夜风恬月朗。"❺句末语气词。犹"耳"、"而已"。《公羊传·僖公三十一年》:"不崇朝而遍雨乎天下者,唯泰山尔。"❻犹"乎"。《公羊传·隐公元年》:"然则何言尔?"❼后缀。犹"然"。《论语·先进》:"子路率尔而对。"又《阳货》:"夫子莞尔而笑。"❽通"迩"。近。《荀子·天论》:"其说甚尔,其菑甚惨。"

尔尔❶应答之辞,犹"唯唯"、"是是"。古乐府《孔雀东南飞》:"媒人下床去,诺诺复尔尔。"❷如此。李处全《水调歌头·送王景文》词:"江山尔尔,回首千载几兴亡。"

尔来❶从那时以来。诸葛亮《出师表》:"受任于败军之际,奉命于危难之间,尔来二十有一年矣。"❷近来。王安石《收盐》诗:"尔来贼盗往往有,劫杀贾客沈其艘。"

尔乃于是。《三国志·魏志·杨阜传》:"吴、蜀以定,尔乃上安下乐,九亲熙熙。"也用作更端之词。班固《西都赋》:"尔乃正殿崔嵬,层构厥高。"

尔汝❶古代对人的轻蔑称呼。《孟子·尽心下》:"人能充无受尔汝之实,无所往而不为义也。"朱熹注:"盖尔汝,人所轻贱之称。"❷彼此以尔汝相称,表示亲昵。杜甫《赠郑虔醉时歌》:"忘形到尔汝,痛饮真吾师。"

尔馨晋宋时口语,犹言如此。《世说新语·品藻》:"〔王丞相〕与何次道语,唯举手指地,曰:'正自尔馨。'"参见"宁馨"。

尔虞我诈互相猜疑,互相欺骗。语出《左传·宣公十五年》"我无尔诈,尔无我虞"。

尔朱复姓。其先为契胡部落酋长;世居尔朱川,因以为氏。见《通志·氏族略五》。北魏有尔朱荣。

耳(ěr)❶听觉和位觉(平衡感觉)的器官。人和哺乳动物的耳分三部分:(1)外耳。由耳郭和外耳道组成,有收集声波的作用;外耳道的管壁有分泌耵聍的腺体,起防御小虫侵入的作用。(2)中耳,又称"鼓室"。位于颅底颞骨内,为外耳与内耳间的腔隙。其外侧壁为鼓膜,与外耳分隔;其前壁有咽鼓管,向前与咽相通;鼓室内有三块听小骨即锤骨、砧骨和镫骨,彼此以关节相连,能将由声波所引起的鼓膜的振动传至内耳。(3)内耳。位于颅底颞骨内,由内耳道和内耳迷路组成,迷路是听觉和位觉感受器。中医学认为肾与耳有内在联系。《灵枢·脉度》:"肾气通于耳。"肾气充足,则听觉灵敏。《灵枢·口问》:"耳者宗脉之所聚也。"《灵枢·邪气藏府病形》:"十二经脉,三百六十五络……其别气走于耳而为听。"故人体各部

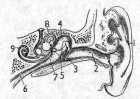

人耳三部分示意图
1.耳郭 2.外耳道 3.鼓膜
4.中耳(鼓室)5.听小骨 6.耳咽管 7.前庭 8.半规管 9.耳蜗

发生病变时,皆能通过经络而反映于耳部,并可在其有关部位施行针刺治疗。❷卷曲如耳朵之物。如:木耳;银耳。❸像两耳分列两旁之物。《考工记·桌氏》:"(鬴)其耳三寸。"郑玄注:"耳在旁可举也。"如:耳房;鼎耳。❹谷物经雨生芽。《朝野金载》:"秋甲子雨禾头生耳。"❺耳闻。《汉书·外戚传上》:"又耳曩者所梦日

符。"颜师古注:"耳常听闻而记之也。符,犹瑞应。"❻"而已"的合音。《论语·阳货》:"前言戏之耳。"《孟子·梁惠王上》:"寡人之于国也,尽心焉耳矣。"❼表语气,用同"矣"。《大戴礼记·曾子立事》:"吾无望焉耳。"《论语·雍也》:"女(汝)得人焉耳乎?"❽通"仍"。见"耳孙"。

耳边风也叫"耳旁风"。比喻听话者认为无足轻重,不必留意的话。杜荀鹤《赠题兜率寺闲上人院》诗:"百岁有涯头上雪,万般无染耳边风。"《官场现形记》第五十三回:"我说的乃是金玉之言,外交秘诀,老哥你千万不要当做耳边风。"

耳耳❶众盛貌。《诗·鲁颂·閟宫》:"龙旂承祀,六辔耳耳。"毛传:"耳耳然,至盛也。"❷犹言罢了罢了。苏轼《叶涛轼和复次其韵》:"平生无一女,谁复叹耳耳!"按《三国志·魏志·崔琰传》:"与训(杨训)书曰:'省表,事佳耳!时乎时乎,会当有变时。'……有白琰此书傲世怨谤者,太祖怒曰:'谚言"生女耳","耳"非佳语。"会当有变时",意指不逊。'于是罚琰为徒隶。"耳耳两字本非连文,后世连用作表示有所不足之词。

耳目❶犹视听。如:耳目一新。《荀子·君道》:"耳目之明,如是其狭也。"引申为审察、了解。《晋书·凉武昭王传》:"赏勿漏疏,罚勿容亲,耳目人间,知外患苦。"❷视听所系的事物;标志。《左传·成公二年》:"师之耳目,在吾旗鼓,进退从之。"❸指刺探消息的人。《古今小说·汪信之一死救全家》:"却说洪恭在太湖县广有耳目。"

耳食谓不加审察,轻信传闻。《史记·六国年表序》:"学者牵于所闻,见秦在帝位日浅,不察其终始,因举而笑之,不敢道。此与以耳食无异。"司马贞索隐:"言俗学浅识,举而笑秦,此犹耳食,不能知味也。"

耳受犹言耳闻,谓得之传闻的话。《颜氏家训·勉学》:"谈说文字,援引古昔,必须眼学,勿信耳受。"

耳顺《论语·为政》:"六十而耳顺。"何晏集解引郑玄曰:"耳闻其言,而知其微旨。"后以"耳顺"为六十岁的代称。庾信《伯母李氏墓志铭》:"夫人年逾耳顺,视听不衰。"

耳孙也叫仍孙。《汉书·惠帝纪》:"上造以上及内外公孙耳孙,有罪当刑,及当为城旦舂者,皆耐为鬼薪白粲。"按耳孙,各家解说不同,应

劢以为是玄孙之子，李斐以为就是曾孙，晋灼以为是玄孙之曾孙。颜师古据《尔雅》"曾孙之子为玄孙，玄孙之子为来孙，来孙之子为昆孙，昆孙之子为仍孙"，以为"仍"、"耳"声相近，耳孙即仍孙，是为八世孙，与晋灼同。后世用以泛指远孙。

耳提面命　形容教诲殷勤恳切。语出《诗·大雅·抑》"匪面命之，言提其耳"。李渔《曲话·结构》："尝怪天地之间，有一种文字，即有一种文字之法脉准绳，载之于书者，不异耳提面命。"

耳语　附耳低语。《史记·魏其武安侯列传》："行酒次至临汝侯，临汝侯方与程不识耳语，又不避席。"

茙〔蕍〕(ěr)　花盛貌。《诗·小雅·采薇》："彼茙维何？"

迩〔邇〕(ěr)　近。《诗·郑风·东门之墠》："其室则迩，其人甚远。"亦谓接近。《书·仲虺之诰》："惟王不迩声色。"

迩言　浅近或身边亲近者的话。《诗·小雅·小旻》："维迩言是听，维迩言是争。"《中庸》："舜好问而好察迩言。"

饵〔餌〕(ěr)　❶糕饼。《急就篇》卷二："饼饵麦饭甘豆羹。"亦泛指食物。《聊斋志异·蛇人》："饲以美饵。"❷食；饲。《后汉书·马援传》："常饵薏苡实。"李白《羽檄如流星》诗："困兽当猛虎，穷鱼饵奔鲸。"❸引鱼上钩的食物。如：钓饵。引申为引诱。如：饵敌。刘知幾《史通·叙事》："盖饵巨鱼者，垂其千钩，而得之在于一筌。"❹牲畜的筋腱。《礼记·内则》："捶反侧之，去其饵。"

洱(ěr)　见"洱海"。

洱海　古称叶榆泽。在云南省大理、洱源两市县间。以湖形如耳得名。为断层湖。长约40公里，东西平均宽约7～8公里，面积249平方公里，湖面海拔1973米，最深达20.7米。贮水量25.31亿立方米。为云南省第二大湖。西汇点苍山麓诸水，北纳弥苴河，湖水由西洱河流出，汇合漾濞江，注入澜沧江。富水产，以弓鱼最著。湖水清澈而深邃。滨湖有点苍山，湖光山色，风景绝佳。为全国重点风景名胜区。

骊〔驪〕(ěr)　见"骒耳"。

珥(ěr)　❶珠玉耳饰。也叫"瑱"、"珰"。《史记·外戚世家》："帝(汉武帝)谴责钩弋夫人，夫人脱簪珥叩头。"参见"瑱(tiàn)❶"、"珰❶"。❷剑鼻，即剑柄上端像两耳的突出部分。《楚辞·九歌·东皇太一》："抚长剑兮玉珥。"❸日、月两旁的光晕。《隋书·天文志下》："青赤气，圆而小，在日左右，为珥。"又："月晕有两珥，白虹贯之。"❹贯耳。《山海经·大荒东经》："东海之渚中，有神，人面鸟身，珥两黄蛇。"郭璞注："以蛇贯耳。"❺通"刵"。古代大猎时，割取所获兽的左耳以计数报功。《周礼·地官·山虞》："若大田猎，则莱山田之野，及弊田，植虞旗于中，致禽而珥焉。"郑玄注引郑众曰："珥者，取禽左耳以效功也。"❻通"衈"。古代祭祀时，杀牲取血以供衅礼之用。《周礼·夏官·小子》："掌珥于社稷，祈于五祀。"郑玄注："珥读为衈，祈或为刉。刉衈者，衅礼之事也。用毛牲曰刉，羽牲曰衈。"❼插，一般指插在帽上。左思《咏史》诗："七叶珥汉貂。"参见"珥笔"、"珥貂"。

珥笔　❶古时史官、谏官入朝，或近臣侍从，把笔插在帽子上，以便随时记录、撰述。《文选·曹植〈求通亲亲表〉》："执鞭珥笔。"李善注："珥笔，戴笔也。"❷诉讼。黄庭坚《江西道院赋》："江西之俗，士大夫多秀而文，其细民险而健，以终讼为能。由是玉石俱焚，名曰珥笔之民。"

珥貂　汉代侍中、中常侍的帽子上都插貂尾为饰，叫做"珥貂"。曹植《王仲宣诔》："戴蝉珥貂，朱衣皓带。"王粲官魏侍中。也泛指在朝任官。陆游《自笑》诗："食肉定知无骨相，珥貂空自诳头颅。"

毦(ěr)　❶用羽毛做的装饰物。《后汉书·单超传》："金银罽毦，施于犬马。"❷草花。郭璞《江赋》："扬皜毦，擢紫茸。"

栮(ěr)　木耳。陆游《思蜀》诗："栮美倾筠笼，茶香出土铛。"

铒〔鉺〕(ěr)　❶化学元素[周期系第Ⅲ族(类)副族元素、镧系元素]。稀土元素之一。符号Er。原子序数68。银白色金属。质软。用于制有色玻璃、陶瓷、特种合金、室温激光器以及在核工业中用作反应堆控制棒等。❷通"饵"。左思《吴都赋》："钩铒纵横，网罟接绪。"❸钩形饰物。《宋书·礼志五》："奴婢衣食客，加不得服白帻、蒨、绛、金黄银叉、镮、铃、镯、铒，履色无过纯青。"

岨(ěr)　杀牲取血以供衅礼之用。《穀梁传·僖公十九年》："叩其鼻以岨社也。"范宁集解："岨者衈也，取鼻血以衅祭社器。"

èr

二(èr)　❶数目。一加一所得。❷双；比。如：独一无二。《史记·淮阴侯列传》："此所谓功无二于天下。"❸两样；别的。如：不二价。❹再次。《南齐书·礼志上》："醮酒二辞。"❺次；副。如：二花脸。《礼记·坊记》："唯卜之日称二君。"

二八　❶古舞乐分二列，每列八人，共十六人。《左传·襄公十一年》："女乐二八。"杜预注："十六人。"亦泛指十六日或十六岁。《文选·鲍照〈玩月城西门解中〉》诗："三五二八时，千里与君同。"李善注："二八，十六日也。"苏轼《李钤辖座上分题戴花》诗："二八佳人细马驮，十千美酒渭城歌。"❷虞舜贤臣八元八恺的合称。《后汉书·张衡传》："幸二八之遐兮，喜傅说之生殷。"李贤注："二八，八元八恺也。"

二分明月　徐凝《忆扬州》诗："天下三分明月夜，二分无赖是扬州。"后因以形容扬州的繁盛与景色之美。吴伟业《寿座师李太虚先生》诗："一斗浊醪还太白，二分明月属扬州。"

二纪　日、月。《后汉书·张衡传》载《思玄赋》："察二纪五纬之绸缪遹皇。"李贤注："二纪，日月也。"

二老　❶《孟子·离娄上》："二老者，天下之大老也。"指伯夷、吕望。后亦称两个齐名的长者。如清郑性以黄宗羲、郑溱为二老，阮元以郑梁、朱彝尊为二老。❷指父母。庾信《王祥扣冰鱼跃赞》："二老同膳，双鱼共浮。"

二立　谓立德、立功。《后汉书·张衡传》："仆进不能参名于二立，退又不能群彼数子？"李贤注："二立，谓太上立德，其次立功也。"参见"三不朽"。

二流子　游手好闲、不务正业的人。

二毛　头发斑白。也指头发斑白的老人。《左传·僖公二十二年》："君子不重伤，不禽(擒)二毛。"苏轼《八月七日初入赣过惶恐滩》诗："七千里外二毛人，十八滩头一叶身。"

二气　❶阴气和阳气。《易·咸》："二气感应以相与。"❷阴阳不调和。

《淮南子·说山训》:"天二气则成虹,地二气则泄藏,人二气则成病。"

二桥 三国时桥公的两个女儿。一嫁孙策,称大桥;一嫁周瑜,称小桥:合称"二桥"。后世传大桥、小桥为汉太尉乔玄二女,又称为"二乔"。杜牧《赤壁》诗:"东风不与周郎便,铜雀春深锁二乔。"

二三 ❶谓不专一,没有定准。《诗·卫风·氓》:"士也罔极,二三其德。"二三其德,犹言三心两意。《左传·成公八年》:"七年之中,一与一夺,二三孰甚焉?"❷表示较少的约数。王褒《僮约》:"日暮以归,当送干薪二三束。"

二三子 ❶各位;几个人。《左传·僖公三十三年》:"秦伯素服郊次,乡师而哭曰:'孤违蹇叔,以辱二三子,孤之罪也!'"❷对门弟子之称。《论语·阳货》:"子曰:'二三子,偃之言是也,前言戏之耳。'"偃,子游。

二色 ❶指头发黑白二色,犹言斑白。《三国志·吴志·吴主传》:"与诸君从事,自少至长,发有二色。"❷忧喜二色。《后汉书·邓禹传论》:"荣悴交而下无二色,进退用而上无猜情。"

二十四节气 根据太阳在黄道上的位置(黄经),将全年划分为二十四个段落,包括雨水、春分等十二个"中"气,立春、惊蛰等十二个"节"气,统称"二十四节气"。以节气的开始一日为节名,则各月的"中"气必在夏历该月出现(如雨水必在正月出现),没有"中"气的月,作为闰月;"节"气则可在夏历本月或上一个月出现(如立春可在正月或十二月出现)。二十四节气的划分,起源于中国黄河流域。至晚在春秋时代,已运用圭表测日影的方法定出春分、夏至、秋分、冬至四大节气;以后,通过农业生产实践,又逐渐充实改善,到秦汉间,二十四节气已完全确立,成为农事活动的主要依据。中国幅员广大,在同一节气各地区气候变化不同,农事活动也不相同。

	节气名	立春(正月节)	雨水(正月中)	惊蛰(二月节)	春分(二月中)	清明(三月节)	谷雨(三月中)
春季	节气日期	2月4日或5日	2月19日或20日	3月6日或5日	3月21日或20日	4月5日或6日	4月20日或21日
	太阳到达黄经(度)	315	330	345	0	15	30
	节气名	立夏(四月节)	小满(四月中)	芒种(五月节)	夏至(五月中)	小暑(六月节)	大暑(六月中)
夏季	节气日期	5月5日或6日	5月21日或22日	6月6日或5日	6月22日或21日	7月7日或8日	7月23日或24日
	太阳到达黄经(度)	45	60	75	90	105	120
	节气名	立秋(七月节)	处暑(七月中)	白露(八月节)	秋分(八月中)	寒露(九月节)	霜降(九月中)
秋季	节气日期	8月8日或7日	8月23日或24日	9月8日或7日	9月23日或24日	10月8日或9日	10月24日或23日
	太阳到达黄经(度)	135	150	165	180	195	210
	节气名	立冬(十月节)	小雪(十月中)	大雪(十一月节)	冬至(十一月中)	小寒(十二月节)	大寒(十二月中)
冬季	节气日期	11月8日或7日	11月23日或22日	12月7日或8日	12月22日或23日	1月6日或5日	1月20日或21日
	太阳到达黄经(度)	225	240	255	270	285	300

二氏 ❶二姓。《左传·昭公二十九年》:"古者畜龙,故国有豢龙氏,有御龙氏。献子曰:'是二氏者,吾亦闻之。'"❷指释道两家。韩愈《重答张籍书》:"今夫二氏行乎中土也,盖六百年有余矣。"

二竖 《左传·成公十年》:"公疾病,求医于秦,秦伯使医缓为之,未至。公梦疾为二竖子曰:'彼良医也,惧伤我,焉逃之?'其一曰:'居肓之上,膏之下,若我何?'"后因以"二竖"称病魔。竖,小孩。陈弘绪《与杨维节书》:"而贱恙犹未见有霍然之势,甚矣二竖之顽也!"

二桃杀三士 春秋时公孙接、田开疆、古冶子三人臣事齐景公,并以勇力闻名。齐相晏子谋去之,请景公以二桃赠与三人,使三人论功食桃。三人互不相让,最终皆弃桃而自杀。见《晏子春秋·谏下二》。后用以比喻借刀杀人。诸葛亮《梁甫吟》:"一朝被谗言,二桃杀三士。"李白《惧谗》诗:"二桃杀三士,讵假剑如霜!"

二心 异心;不忠实。《汉书·王陵传》:"毋以老妾故,持二心。"

二姓 ❶指婚姻的男女两家。《礼记·昏义》:"昏礼者,将合二姓之好,上以事宗庙,而下以继后世也。"❷指两个封建王朝。《宋书·袁粲传》:"粲自以身受顾托,不欲事二姓,密有异图。"

二仪 ❶指天地。成公绥《天地赋》:"何阴阳之难测,伟二仪之夑(奢)阔。"参见"两仪"。❷指日月。沈炯《陈武帝哀策文》:"二仪协序,五纬同符。"

弍 (èr) "二"的古体字。

聏 (èr) 中国古代割掉犯人耳朵的刑罚。《说文·刀部》:"聏,断耳也。"《书·吕刑》:"爰始淫为劓、聏、椓、黥。"

佴 (èr) 相次,犹言随后。《文选·司马迁〈报任少卿书〉》:"而仆又佴之蚕室。"李善注引如淳曰:"佴,次也,若人相次也。"王先谦《汉书补注》:"迁言陵降后族诛,陨其家声,己又以救陵下蚕室,罪居其次也。"

另见 nài。

贰 〔貳〕(èr) ❶"二"的大写字。❷副职。《周礼·天官·大宰》:"乃施法于官府,而建其正,立其贰。"❸再;重复。《论语·雍也》:"有颜回者好学,不迁怒,不贰过。"❹怀疑;不信任。《书·大禹谟》:"任贤勿贰。"❺背叛;有二心。《左传·襄公二十四年》:"夫诸侯之贿,聚于公室,则诸侯贰。"❻两属。《左传·隐公元年》:"既而大叔命西鄙北鄙贰于己。"❼不按规制,变易无常。《诗·小雅·都人士序》:"古者长民,衣服不贰。"❽姓。后魏有贰尘。

贰车 副车。《礼记·少仪》:"乘贰车则式,佐车则否。贰车者,诸侯七乘,上大夫五乘,下大夫三乘。"参见"佐车"。

贰臣 前朝大臣在新朝任职者。清乾隆四十一年(1776年)下诏在国史中增列《贰臣传》,记载明臣降清做官者的事迹。

贰室 ❶别室;副宫。《孟子·万章下》:"帝馆甥于贰室。"❷旧指侧室,妾。

贰言 犹言异议。《国语·越语下》:"无(毋)是贰言也,吾已断之矣。"

呭（èr）　口旁；口耳之间。《管子·弟子职》："循呭覆手。"

贰（èr）　同"贰（貳）"。

樲〔樲〕（èr）　植物名。即酸枣。见"樲棘"。

樲棘　植物名，即酸枣。《孟子·告子上》："舍其梧檟，养其樲棘。"按《尔雅·释木》："樲，酸枣。"郭璞注："树小实酢，《孟子》曰：'养其樲枣。'"今本作"樲棘"者，是"樲枣"之误。见郝懿行《尔雅义疏》。

er

儿〔兒〕（er）　作词助。如：书本儿；慢慢儿。董解元《西厢记》卷四："碧天涯几缕儿残霞。"另见 ér，rén。

F

fā

发 〔發〕(fā) ❶放出;射出。如:发炮;发箭;百发百中。《诗·召南·驺虞》:"壹发五豝。"一发,谓射箭一次。今亦用为枪弹、炮弹的计数词。如:五十发子弹。❷生长;发生。如:发芽;发酸。李锴《述身赋》:"草迎岁而发花。"❸显现。如:脸色发红。《左传·昭公元年》:"发为五色。"杜预注:"发,见(现)也。"❹揭露;暴露;掀开。如:发奸擿伏;东窗事发。《史记·项羽本纪》:"于是大风从西北而起,折木发屋。"❺阐发;发挥。《论语·为政》:"退而省其私,亦足以发。"❻奋起;兴起。《孟子·告子下》:"舜发于畎亩之中。"也指醉而醒或寐而觉。《晏子春秋·内篇谏上》:"景公饮酒,醒,三日而后发。"又:"君夜发,不可以朝。"夜发,谓竟夜未眠。❼展开;打开。《史记·刺客列传》:"秦王发图,图穷而匕首见。"❽启发。《论语·述而》:"不愤不启,不悱不发。"发散;发泄。如:发汗;发脾气。李商隐《银河吹笙》诗:"月榭故香因雨发,风帘残烛隔霜清。"❿发作。指疾病。如:发疟子;旧病复发。⓫散发;分发。如:发传单;发工资。《书·武成》:"发巨桥之粟。"⓬发送。如:发信;发稿;发货。⓭传达;表达;说出来。如:发命令;发言;发议论。⓮出发;派遣。如:发兵;朝发夕至。《国策·齐策一》:"王何不发将而击之?"白居易《长恨歌》:"六军不发无奈何,宛转蛾眉马前死!"⓯指物体膨胀。如:馒头发了。
另见 bō,fà。

发策 ❶发出策问。《汉书·公孙弘传》:"于是上乃使朱买臣等难弘置朔方之便,发十策,弘不得一。"颜师古注:"言其利害十条,弘无以应之。"亦谓拆阅策问题目为"发策"。《宋史·尹焞传》:"尝应举,发策,有《诛元祐诸臣议》。焞曰:'噫!尚可

以干禄乎哉!'不对而出。"❷发动策划。《后汉书·郅恽传》:"如有顺天发策者,必成大功。"

发策决科 旧谓应试取中。《法言·学行》:"或曰:'书与经同,而世不尚,治之可乎?'曰:'可。'或人哑尔笑曰:'须以发策决科。'"谓可用以射策取科名的书籍,才为人们所重视。参见"发策❶"。

发端 开始;开头。《文心雕龙·诠赋》:"及仲宣靡密,发端必遒。"

发发 象疾风声。《诗·小雅·蓼莪》:"飘风发发。"

发凡 揭示全书的通例。杜预《春秋左氏传序》:"其发凡以言例,皆经国之常制,周公之垂法,史书之旧章。"按《左传·隐公十一年》:"凡诸侯有命,告则书,不然则否。师出臧否,亦如之。虽及灭国,灭不告败,胜不告克,不书于策。"这都是说明《春秋》书法的凡例的,亦即所谓发凡以起例。

发愤 ❶下定决心努力。《宋史·苏洵传》:"〔苏洵〕年二十七,始发愤为学。"参见"发愤忘食"。❷发泄愤懑。《史记·儒林列传序》:"然而缙绅先生之徒,负孔子礼器,往委质为臣者,何也?以秦焚其业,积怨而发愤于陈王也。"

发愤忘食 形容专心学习或工作,以至忘了饮食。《论语·述而》:"发愤忘食,乐以忘忧,不知老之将至云尔。"

发覆 《庄子·田子方》:"微夫子之发吾覆也,吾不知天地之大全也。"王先谦集解:"覆,谓有所蔽而不见。"后因谓揭开覆蔽为"发覆"。

发号施令 发布命令。《书·冏命》:"发号施令,罔有不臧。"《淮南子·本经训》:"发号施令,天下莫不从风。"

发皇 显豁,开朗。《文选·枚乘〈七发〉》:"分决狐疑,发皇耳目。"张铣注:"皇,明也。"

发挥 ❶发扬;发展。《易·乾·文言》:"刚健中正,纯粹精也。六爻

发挥,旁通情也。"亦谓衬托,助长。刘禹锡《杨柳枝》词:"桃红李白皆夸好,须得垂杨为发挥。"❷充分地发表意见或详尽地阐明道理。陆游《送芮国器司业》诗:"还朝此段宜先及,岂独遗经赖发挥。"❸充分表现出内在的能力。如:发挥想像力。

发昏章第十一 即发昏。古书《孝经》等分某章第几,后即仿以"章第十一"置于词尾,表示戏谑的情味而无实义。《水浒传》第二十六回:"那西门庆一者冤魂缠定,二乃天理难容,三来怎当武松勇力,只见头在下,脚在上,倒撞落在当街心里去了,跌得个发昏章第十一。"

发迹 谓由隐微而得志通显。《史记·太史公自序》:"秦失其政,而陈涉发迹。"《晋书·石勒载记》:"〔刘琨〕遗勒书曰:'将军发迹河朔,席卷兖豫。'"今多指由穷困而富贵。

发奸擿伏 谓揭发好邪,使无可隐藏。《汉书·赵广汉传》:"其发奸擿伏如神。"颜师古注:"擿,动发之也。"

发解 唐宋时,凡是应贡举的人,由所在州县遣送到京城,称为"发解"。明清时乡试考中举人为"发解"。参见"贡生"。

发觉 谓所谋被发现、觉察。《汉书·孝成许皇后传》:"事发觉,太后大怒,下吏考问。"今亦指发现先前所没有觉察到的情况。

发聋振聩 见"振聋发聩"。

发落 犹处理。关汉卿《谢天香》第一折:"今日升堂坐起早衙,张千!有该金押的文书将来我发落。"

发蒙 ❶启发蒙昧。《易·蒙》:"初六,发蒙。"亦作"发朦"。《礼记·仲尼燕居》:"三子者,既得闻此言也于夫子,昭然若发朦矣。"后指教初识字的儿童读书。❷比喻轻而易举。《汉书·淮南王安传》:"一日发兵,即刺大将军卫青,而说丞相弘(公孙弘)下之,如发蒙耳。"颜师古注引晋灼曰:"如发去物上之蒙,直取其易也。"

发明 ❶创制新的事物,首创新的制作方法。❷使开朗。《文选·宋玉〈风赋〉》:"发明耳目,宁体便人。"吕延济注:"言能开耳目之明。"❸阐明。刘知幾《史通·自叙》:"其发明者多矣。"

发难 ❶发动,多指革命或反抗运动。《史记·太史公自序》:"天下之端,自涉(陈涉)发难。"❷发问;质难。王季友《酬李十六岐》诗:"千宾揖对若流水,五经发难如叩钟。"

发配 旧谓罪犯被遣解到外地拘管服役。《西湖佳话·雷峰怪迹》:"许宣不合私相授受,发配牢城营。"

发起 ❶倡议做某一件事情。❷发生。《后汉书·杨震传》:"臣伏念方今灾害发起,弥甚滋甚。"

发人深省 启发人们深刻思考而有所醒悟。杜甫《游龙门奉先寺》诗:"欲觉闻晨钟,令人发深省。"亦作"发人深醒"。

发轫 轫,止住车轮转动的木头。车启行时须先去轫,故称启程为"发轫"。《离骚》:"朝发轫于苍梧兮。"也比喻事情的开端。

发生 ❶萌发,生长。杜甫《春夜喜雨》诗:"好雨知时节,当春乃发生。"也指春天。《尔雅·释天》:"春为发生。"❷事态出现。如:发生事故;发生问题。

发棠 《孟子·尽心下》:"齐饥,陈臻曰:'国人皆以夫子将复为发棠。'"棠,齐地名。孟子曾劝齐王发棠城的积谷,赈济贫穷。后因谓请求赈济为"发棠之请"。

发现 本有的事物或规律,经过探索、研究,才开始知道,叫做"发现"。如:牛顿发现万有引力。

发祥 语出《诗·商颂·长发》"濬哲维商,长发其祥"。《后汉书·班固传》:"发祥流庆。"李贤注:"言发祯祥以流庆于子孙。"后因歌颂帝王出生或创业之处为"发祥地",也泛指开始建立基业的地方。

发泄 散发。《礼记·月令》:"〔季春之月〕生气方盛,阳气发泄。"引申为尽量发出,多指情绪。

发心 ❶发意动念。《汉书·淮阳宪王传》:"左顾存恤,发心恻隐。"❷佛教谓发愿求无上菩提之心。慧远《维摩义记》卷第一末:"'阿耨多罗'是外国语,此名'无上正真正道'……期求此道,名为发心。"

发兴(—xīng) 兴师动众。《汉书·严助传》:"闽越复兴兵击南越,南越守天子约,不敢擅发兵,而上书以闻。上多其义,大为发兴,遣两将军将兵击闽越。"

发行 发出,使流通传布;发售。如:发行纸币;发行书报。

发兴(—xìng) 激发意兴。杜甫《题郑县亭子》诗:"郑县亭子涧之滨,户牖凭高发兴新。"

发扬 ❶奋发。参见"发扬蹈厉"。❷焕发。《吕氏春秋·过理》:"容貌充满,颜色发扬。"❸发展提高。如:发扬光荣的革命传统。❹宣扬。《汉书·薛宣传》:"〔王莽〕发扬其罪,使使者以太皇太后诏赐主药。"❺表彰。《后汉书·樊准传》:"发扬岩穴,宠进儒雅。"

发扬蹈厉 《礼记·乐记》:"发扬蹈厉,大(太)公之志也。"按本指舞蹈的动作而言,谓手足发扬,蹈地而猛厉。周代《武》乐,初舞时,动作激烈威猛,象征太公望佐武王伐纣奋往直前的意志。后因以比喻奋发有为,意气昂扬。亦作"发扬踔厉"。

发扬光大 谓使美好的事物不断发展和提高。梁启超《政党与政治上之信条》:"而政党之为物,又断未有能发扬光大于其间者也。"

发引 出殡时枢车出发,送丧者执绋前导,称为"发引"。吴荣光《吾学录·丧礼三》:"挽车之索谓之引,亦谓之绋,今以整匹白布为之,系于杠之两端,前属于翣,枢行,引布前导,《礼·檀弓》所谓'吊于葬者必执引',《曲礼》所谓'助丧必执绋',皆是物也。凡有服亲属皆在引布之内,孝子最后。"按,此是清代及近世之制。一般即称出殡为"发引"。参见"执引"、"执绋"。

发语词 也叫"发端词"。多用在句首,揭举事物。文言中有"夫"、"维"、"盖"等词。如晋郭璞《尔雅序》:"夫《尔雅》者,……"邢昺疏:"夫者,发语词,亦指示语。"

发越 ❶散播。司马相如《上林赋》:"郁郁菲菲,众香发越。"❷激扬。《北史·文苑传序》:"江左宫商发越,贵于清绮;河朔词义贞刚,重乎气质。"❸飞驰貌。《汉书·李寻传》:"太白发越犯库。"库,天库。太白、天库,都是星名。

发纵指示 《汉书·萧何传》:"夫猎,追杀兽者,狗也;而发纵指示兽处者,人也。"《史记》"纵"作"踪"。按谓猎人发现踪迹,放狗逐兽。后用以比喻在幕后操纵指挥。

发作 ❶发动;表现于行动。《礼记·乐记》:"使之阳而不散,阴而不密,刚气不怒,柔气不慑,四畅交于中而发作于外。"孔颖达疏:"四畅,谓阴阳刚柔也。四者通畅,交在身中,而发见动作于身外也。"《水浒传》第六十八回:"却说法华寺中,李逵、樊瑞、项充、李衮一齐发作,杀将出来。"❷自内发出;迸发。如:宿疾发作。《三国志·吴志·孙皎传》:"因酒发作,侵陵其人。"

橃(fā) 同"筏"。《说文·木部》:"橃,海中大船。"段玉裁注:"《广韵》橃下曰:'木橃。'《说文》云:'海中大船。'谓《说文》所说者古义,今义则同筏也。汉人自用筏字,后人以橃代筏,非汉人意也。"

fá

乏(fá) ❶缺乏;缺少。如:乏味;不乏其人。《国策·齐策四》:"孟尝君使人给其食用,无使乏。"❷疲乏。《新五代史·周德威传》:"因其劳乏而乘之。"《三国演义》第四十回:"此时各军走乏,都已饥饿。"❸废;耽误。《庄子·天地》:"子往矣,无乏吾事。"❹差劲;无用。《老残游记》第十三回:"我想,昭君娘娘跟那西施娘娘难道都是这种乏样子吗?"❺古代射箭时报射靶用以避箭之器。其形略如今之屏风,以皮革制成。《周礼·春官·车仆》:"大射共三乏。"❻英文var的音译。电工技术中无功功率的非法定计量单位。1乏=1瓦。

乏绝 穷乏,断绝。《国策·秦策一》:"资用乏绝,去秦而归。"

乏月 夏历四月的别称。因其时青黄不接,故名。《太平御览》卷二十二引《四时纂要》:"四月也,是谓乏月,冬谷既尽,宿麦未登,宜赈乏绝,救饥穷。"

伐(fá) ❶砍伐。《诗·魏风·伐檀》:"坎坎伐檀兮。"引申为残害。见"伐德❶"。❷击;敲打。《诗·小雅·采芑》:"钲人伐鼓。"❸讨伐;攻打。《书·武成》:"武王伐殷。"❹自我夸耀。《史记·屈原贾生列传》:"每一令出,平伐其功曰,以为非我莫能为也。"❺功劳。《左传·庄公二十八年》:"且旌君伐。"❻通"垡"。《考工记·匠人》:"一耦之伐。"贾公彦疏:"畎上高土谓之伐。伐,发也,以发土于上,故名伐也。"❼通"瞂"。盾。《诗·秦风·小戎》:"蒙伐有苑。"

伐德 ❶害德;损德。《诗·小雅

·宾之初筵》:"既醉而出,并受其福;醉而不出,是谓伐德。"❷自夸其德。《荀子·正名》:"有兼覆之厚,而无伐德之色。"

伐柯　❶《诗·豳风·伐柯》:"伐柯如何?匪斧不克。取妻如何?匪媒不得。"《礼记·中庸》:"执柯以伐柯。"后因称为人作媒为"伐柯",或"执柯"、"作伐";称媒人为"伐柯人"。❷《诗·豳风·伐柯》:"伐柯伐柯,其则不远。"后亦以"伐柯"比喻遵循一定的准则。苏轼《答秀州胡朝奉启》:"矜式百为,知伐柯不远。"

伐谋　破坏敌方的计谋。《孙子·谋攻》:"故上兵伐谋,其次伐交,其次伐兵。"杜牧注:"故敌欲谋我,伐其未形之谋;我若伐敌,败其已成之计。"

伐木　《诗·小雅》篇名。《诗序》谓"伐木,燕朋友故旧也",是贵族宴请时的乐歌。后以"伐木"比喻友谊深厚的典故。骆宾王《初秋于窦六郎宅宴得风字》诗:"诸君情谐伐木,仰登龙以谛欢。"

伐善　夸耀自己的长处。《论语·公冶长》:"愿无伐善,无施劳。"

伐阅　亦作"阀阅"。❶旧指功绩和资历。《史记·高祖功臣侯者年表序》:"古者人臣,功有五品:以德立宗庙定社稷者曰勋,以言曰劳,用力曰功,明其等曰伐,积日曰阅。"《汉书·车千秋传》:"千秋无他材能术学,又无伐阅功劳。"❷记功簿。《汉书·朱博传》:"赍伐阅诣府。"

伐罪　讨伐有罪者。如:吊民伐罪。《左传·哀公二十三年》:"以辞伐罪足矣,何必卜。"

拨　〔撥〕(fá)　大楯。《史记·孔子世家》:"矛戟剑拨。"
另见 bō。

呿　(fá)　同"瞂"。盾。《史记·苏秦列传》:"革抉呿芮,无不毕具。"按谓革制的射决和盾的缓带无不具备。

茷　(fá,又读 fèi)　草叶茂盛。柳宗元《始得西山宴游记》:"斫榛莽,焚茅茷。"
另见 bá、pèi。

罚　〔罰、罸〕(fá)　❶罪。《左传·成公二年》:"淫为大罚。"❷处分犯罪或犯规的人。如:惩罚;处罚;罚球。《韩非子·难一》:"罚不加于无罪。"❸出钱赎罪。《书·吕刑》:"五刑不简,正于五罚。"孔传:"不简核,谓不应五刑,当正五罚,

出金赎罪。"❹鞭挞。《周礼·地官·司救》:"凡民之有邪恶者,三让而罚。"郑玄注:"罚,谓挞击之也。"❺诛伐。《广雅·释诂四》:"罚,伐也。"《书·汤誓》:"致天之罚。"

罚不当罪　处罚过严或过宽,与所犯的罪行不相当。《荀子·正论》:"夫德不称位,能不称官,赏不当功,罚不当罪,不祥莫大焉。"

罚锾　谓纳金赎罪。《书·吕刑》:"其罚百锾。"孔传:"六两曰锾。"柳宗元《酬韶州裴曹长使君》诗:"爱书降罚锾。"

罚作　汉时罚轻罪者作苦工之称,即城旦、鬼薪、白粲之类。《史记·张释之冯唐列传》:"且云中守魏尚坐上功首虏差六级,陛下下之吏,削其爵,罚作之。"

垡　(fá)　翻耕土地。韩愈《送文畅师北游》诗:"余期报恩后,谢病老耕垡。"亦指翻耕过的土块。如:打垡。

阀　〔閥〕(fá)　❶见"阀阅"。❷指在某一方面有特殊支配地位的人物或集团。如:军阀;财阀。❸管道中用来控制液体或气体的流量,减低它们的压力或改变流路方向的部件的通称。也有作为机器组成部分的特殊阀,如进气阀、排气阀和滑阀等。

阀阅　❶本作"伐阅"。指功绩和经历。《后汉书·章帝纪》:"或起畎亩,不系阀阅。"亦指记功的簿籍。参见"伐阅"。❷古代仕宦人家大门外的左右柱,常用来榜贴功状。《玉篇·门部》:"在左曰阀,在右曰阅。"徐灏《说文解字注笺》:"唐宋以后遂于门外作二柱,谓之乌头阀阅。"因称仕宦门第为"阀阅"。皮日休《奉献致政裴秘监》诗:"既无阀阅门,常嫌冠冕累。"

筏　〔栰〕(fá)　筏子,渡水用具。用竹木编排而成,也有用牛羊皮做的。如:竹筏;皮筏。

瞂　(fá)　盾。《方言》第九:"盾,自关而东或谓之瞂。"《逸周书·王会》:"鲛瞂利剑为献。"

fǎ

法　〔灋、瀍〕(fǎ)　❶方法;办法。如:有法可治;另想别法。杜甫《寄高三十五书记》诗:"美名人不及,佳句法如何?"❷标准;规范。如:取法;法帖。《管子·七法》:"尺寸也,绳墨也,规矩也,衡石也,斗斛

也,角量也,谓之法。"❸效法。《易·系辞上》:"崇效天,卑法地。"❹守法。《荀子·不苟》:"愚则端悫而法。"❺法术。《水浒传》第五十四回:"高阜处,公孙胜仗剑作法。"❻国家制定或认可,并以国家强制力保证其实施的行为规范的总和。与最广义的"法律"通用。包括宪法、法律(狭义)、行政法规、规章、判例、惯例、习惯法等各种成文法与不成文法。是上层建筑的重要组成部分,由经济基础决定,并为经济基础服务。历史上有两类性质的法,即剥削阶级的法和社会主义法。法在世界各国语源上都兼有"公平"、"正直"、"正义"等含义。但对其理解既有共性的东西,也有个性的东西。❼《墨经》中的逻辑术语。相当于标准、规则、模型。《墨子·经上》:"法,所若而然也。""若"是依照、符合的意思。《墨子·经下》:"一法者之相与也尽类。"按照同一的原则去做,必能得出同样的结果。❽译自梵语 Dharma,音译"达磨"。(1)佛教泛指一切事物。包括现象的和本体的、物质的和精神的,如称"万法"、"一切法"等。(2)佛教的教义。如称"佛法"、"教法"等。(3)特指某一事物和现象。如称"色法"、"心法"等。❾数学旧名法数(即用来乘或除的数)的简称。如以 3 乘 6 或除 6,则 6 为实,3 为法。❿法国的简称。⓫姓。东汉有法雄。

法宝　❶佛教三宝之一。即佛教教义、教理。❷神话传说中指神佛魔怪等用来施展法力,战胜敌方的宝物。鲁迅《且介亭杂文末编·我的第一个师父》:"奇怪得很,半世纪有余了,邪鬼还是这样的性情,避邪还是这样的法宝。"❸比喻特别有效的工具、方法或经验。

法曹　❶汉代掌邮递驿传律令规程的官署。《后汉书·百官志一》:"法曹,主邮驿科程事。"❷唐宋地方司法机关。在府称法曹参军事,在州称法曹司法参军事,在县称司法。亦称司法官为法曹。❸日本称司法官员及律师等为法曹。后传入中国。新中国成立后不再使用。

法场　❶道场。宣行佛法的场所。❷刑场。处决死囚的场所。旧小说中多有劫法场的情节。《水浒传》第四十一回:"无为军已知江州被梁山泊好汉劫了法场。"

法程　法则;程式。《墨子·备蛾傅》:"后上先断,以为法程。"

法度 ❶规矩;制度。《书·大禹谟》:"儆戒无虞,罔失法度。"引申指法或法律制度。《商君书·修权》:"倍(背)法度而任私议,皆不类者也。"王安石《答司马谏议书》:"某则以谓受命于人主,议法度而修之于朝廷,以授之于有司,不为侵官。"❷法式。《三国演义》第一百二回:"孔明曰:'司马懿见了木牛流马,必然仿我法度,一样制造,那时我又有计策。'"

法服 ❶古代礼法规定的服饰。《孝经·卿大夫》:"非先王之法服不敢服。"唐玄宗注:"先王制五服,各有等差。"班固《东都赋》:"盛三雍之上仪,修衮龙之法服。"❷僧、道在举行宗教仪式时所穿的法衣,如袈裟之类。《颜氏家训·归心》:"一披法服,已堕僧数。"

法家 ❶明法的大臣。《孟子·告子下》:"入则无法家、拂士,出则无敌国、外患者,国恒亡。"法家,赵岐注:"法度大臣之家。"拂士,辅弼之士。❷犹言"方家"。对书法家、画家的尊称。如:就正于法家。❸战国时的一个重要学派。《汉书·艺文志》列为"九流"之一。起源于春秋时的管仲、子产,发展于战国时的李悝、商鞅、慎到和申不害等人。商鞅重"法",申不害重"术",慎到重"势"。当时还有齐法家,除主张法治外,还主张容纳礼义教化。到战国末期,韩非加以综合,集法家学说的大成。法家主张"各当时而立法,因事而制礼;礼法以时而定,制令各顺其宜"(《商君书·更法》)。要求巩固封建土地私有制,建立统一的君主国家。提出重农抑工商的观点。提倡耕战政策,以农致富,以战求强;厉行严刑峻法,监察官吏职守,建立官僚制度。法家为实现其政治主张,曾和旧贵族进行过激烈的斗争。法家主要著作有《商君书》和《韩非子》等,对后来法学思想影响很大。

法驾 天子的车驾。《史记·吕后本纪》:"乃奉天子法驾,迎代王于邸。"裴骃集解引蔡邕曰:"天子有大驾、小驾、法驾。法驾上所乘,曰金根车,驾六马,有五时副车,皆驾四马,侍中参乘,属车三十六乘。"

法禁 刑法禁令。《韩非子·饰邪》:"公私不可不明,法禁不可不审。"《后汉书·虞诩传》:"法禁者,俗之堤防。"

法酒 ❶古代朝廷的正式宴会。《汉书·叔孙通传》:"汉七年,长乐宫成,诸侯群臣朝十月……置法酒。"颜师古注:"法酒者,犹言礼酌,谓不饮之至醉。"❷按法定规格酿造的酒。亦称"官法酒",又称"官酝"。《汉书·食货志下》:"请法古,令官作酒。"刘禹锡《昼居池上亭独吟》:"法酒调神气,清琴入性灵。"

法轮 佛法的别称。佛教认为释迦牟尼的教法能息灭烦恼,摧伏怨敌,犹如转轮王转动轮宝(战车的神化)摧破山岳一样,并认为佛法不停滞于一人一处,辗转相传,犹如车轮,故名。《大智度论》卷二十五:"转轮圣王手转宝轮,空中无碍;佛转法轮,一切世间天及人中无碍无遮。"

法门 ❶指法令所出之处。《穀梁传·僖公二十年》:"南门者,法门也。"范宁集解:"谓天子、诸侯皆南面而治,法令之所出入,故谓之法门。"❷佛教徒称修行者所入之门。《增一阿含经》:"如来开法门,闻者得笃信。"引申为门径。如:不二法门。❸方法;办法。鲁迅《热风·圣武》:"因为历史结帐,不能像数学一般精密,写下许多小数,却只能学粗人算帐的四舍五入法门,记一笔整数。"

法器 ❶佛教称具有传承佛法才器的人。❷佛教、道教举行宗教仪式所用的钟、鼓、铙、钹、引磬、木鱼等器物。

法师 ❶译自梵语 Dharmācārya。佛教对精通经典理论并善于讲解,以致致力修行传法的僧人的尊称。一般也用作佛教僧人的礼貌之称。《法华文句》第八上:"法者轨则也,师者训匠也。""师于妙法自行成就,故言法师。""能以妙法训匠于他,故举法目师"。❷对道士的尊称。

法事 又名"佛事"。佛教举行的诵经、供佛、施斋僧尼等仪式。

法守 按法度奉行职守。《孟子·离娄上》:"上无道揆也,下无法守也。"赵岐注:"臣无法度可以守职奉命。"参见"道揆"。

法书 ❶指法典一类的书籍。《易林一·坤之大畜》:"典策法书,藏在兰台。"❷指有一定书法艺术成就的作品。又用作对别人书法的敬称。

法帖 摹刻在石(或木)版上的法书,包括它的拓本。宋太宗淳化三年(公元 992 年)命侍书学士王著编次摹刻秘阁所藏法书为十卷,每卷首刻"法帖第×"。号《淳化阁帖》。法帖的名称,相传由此开始。后人把横形的石(或木)版上摹刻的前人书迹,都称之为"法帖"。

法网 比喻严密的法律。《宋史·太祖纪三》:"尧舜之罪四凶,止从投窜,何近代法网之密乎!"

法物 指宗庙乐器、车驾、卤簿等器物。《后汉书·光武帝纪下》:"益州传送公孙述瞽师,郊庙乐器,葆车、舆辇,于是法物始备。"李贤注:"法物,谓大驾卤簿仪式也。"

法象 事物现象的总称。《易·系辞上》:"是故法象莫大乎天地,变通莫大乎四时。"北宋张载说:"盈天地之间者,法象而已矣。"(《正蒙·太和》)

法言 ❶谓合乎礼法之言。《孝经·卿大夫》:"非先王之法言不敢道。"❷犹格言。《庄子·人间世》:"故法言曰:'传其常情,无传其溢言,则几乎全。'"成玄英疏:"此为先圣之格言。"

法则 ❶法度。《荀子·王制》:"本正教,正法则。"❷方法,准则。《素问·八正神明论》:"黄帝问曰:用针之服,必有法则焉。今何法何则?"服,事。❸表率。《荀子·非相》:"故君子……度己以绳,故足以为天下法则矣。"❹效法。《史记·周本纪》:"〔后稷〕及为成人,遂好耕农,相地之宜,宜谷者稼穑焉。民皆法则之。"❺即规律。

法治 按照法律治理国家的政治主张。在中国,战国时法家大力提倡,韩非集法家学说之大成,把法治和术治、势治相结合,形成系统的法治理论,明确提出"以法治国"、"以法为本"、"治强生于法"、"刑过不避大臣,赏善不遗匹夫"等观点。古希腊亚里士多德在《政治学》一书中论述了法治胜于人治,认为"法治应包含两重意义:已成立的法律获得普遍的服从,而大家所服从的法律又应该本身是制定得良好的法律"。资产阶级启蒙思想家也倡导法治,主张法律面前人人平等,反对任何组织和个人享有法律之外的特权。现代社会的法治则更强调法律与所在社会的互动、个人与社会的和谐、人类与自然的和谐。

砝(fǎ) 见"砝码"。

砝码 在天平上称量物品时衡定物重的标准。因天平类型的不同,所用砝码的质料和规格也各不同。如分析天平用的砝码,重 1 克或大于 1 克的,常用黄铜制成;1 克以下的,常用铝合金制成;丝状小砝码(称为

"游码"),常用白金制成。

fà

发〔髮〕(fà) ❶头发。如:理发。中医学认为发的生长与血有密切关系,称"发为血之余"。又赖肾脏精气的充养。《素问·六节藏象论》:"肾者,……其华在发。"因此,头发的生长、脱落,关系到肾气的盛衰。❷古长度名。《新书·六术》:"十毫为发,十发为氂(厘),十氂为分,十分为寸。"一说十发为程,十程为分,十分为寸。见《说文·禾部》。引申以形容细微。如:不差毫发。

另见 bō,fā。

发妻 原配夫妻称为"结发夫妻",因称原配妻子为"发妻"。参见"结发❷"。

发指 头发直竖,形容愤怒到极点。如:令人发指。《史记·刺客列传》:"士皆瞋目,发尽上指冠。"洪昇《长生殿·侦报》:"唉,外有逆藩,内有奸相,好叫人发指也!"参见"怒发冲冠"。

珐〔琺〕(fà) 见"珐琅"。

珐琅 ❶覆盖于金属制品表面的玻璃质材料。用石英、长石等为主要原料,并加入纯碱、硼砂等为熔剂,氧化钛、氧化锑、氟化物等为乳浊剂,钴、镍、铜等金属氧化物为着色剂,经粉碎、混和、熔融后,倾入水中急冷成珐琅熔块,再经细磨而得珐琅粉,或配入粘土经湿磨而得珐琅浆。涂敷于金属制品的表面,经干燥、烧成,即得搪瓷或景泰蓝制品,具有保护及装饰的作用。❷指覆盖珐琅质的搪瓷和景泰蓝制品。

髮(fà) 同"发(髮)"。

髪(fà) 同"发(髮)"。

fān

反(fān) ❶翻案;理直冤案。《史记·平准书》:"杜周治之,狱少反者。"❷(又读 fǎn)见"反切"。❸通"翻"。倾倒。《汉书·张安世传》:"何以知其不反水浆邪?"

另见 bǎn,fǎn,fàn。

帆〔颿、帆〕(fān) 亦称"篷"。船桅上的布篷。由帆布或其他纺织品制成。用时张挂在桅上,能承受风力推船前进。李白《行路难》诗:"长风破浪会有时,直挂云帆济沧海。"

另见 fàn。

犿(fān) 见"连犿"。

拚(fān) 通"翻"。飞貌。《诗·周颂·小毖》:"拚飞维鸟。"

另见 fèn,pàn,pīn。

番(fān) ❶轮流更代。如:更番。《北史·贺弼传》:"顿兵一万,番代往来。"参见"番休"。❷次;回。如:三番五次。《世说新语·文学》:"弼(王弼)自为客主数番,皆一座所不及。"客主,论辩的双方。庾信《咏画屏风》诗:"行云数番过,白鹤一双来。"❸旧时对西方边境各族的称呼,亦为外族的通称。如:西番;番邦。又以指来自外族或外国的事物。如:番茄;番饼。

另见 bō,pān,pó。

番饼 中国旧时对流入的外国银元的一种称谓。中国旧称少数民族或外国为"番",称银币为"银饼",故称。《魏源集·军储篇三》:"仿番制以抑番饼。"

番舶 亦称"蕃舶"、"夷舶"。中国旧时指外国来华互市的船舶。《新唐书·孔戣传》:"蕃舶泊步(埠)有下碇税。"又《李勉传》:"西南夷舶岁至才四五。"《宋史·苏缄传》:"调广州南海主簿。州领蕃舶。"

番休 轮流休假。曹植《求通亲亲表》:"群臣百僚,番休递上。"颜师古《匡谬正俗》卷八:"此言以番次而归休,以番次而递上。"

㛯(fān) 同"嬏"。

蕃(fān) 通"番"。古时对外族的通称。《周礼·秋官·大行人》:"九州之外,谓之蕃国。"

另见 bō,fán,pí。

蕃客 隋、唐时对大食、波斯等国来华商人、旅客的称谓。见《隋书·裴矩列传》和《全唐文》卷七十五"大和八年疾愈德音"。

幡(fān) ❶古时拭字的布。《说文·巾部》:"幡,书儿拭觚布也。"段玉裁注:"觚以学书或记事,若今书童及贸易人所用粉版。既书,可拭去再书。"❷同"旛"。旗旛。古乐府《孔雀东南飞》:"青雀白鹄舫,四角龙子幡。"❸通"翻"。变动貌。《孟子·万章上》:"既而幡然改。"

幡幡 ❶犹翩翩,反覆翻动貌。《诗·小雅·巷伯》:"捷捷幡幡。"又《瓠叶》:"幡幡瓠叶。"❷轻率不庄重貌。《诗·小雅·宾之初筵》:"威仪幡幡。"毛传:"幡幡,失威仪也。"

幡胜 同"旛胜"。《宋史·礼志二十二》:"立春,奉内朝者皆赐幡胜。"

幡信 古代以幡传命,称为"幡信",犹符节之类。《汉书·艺文志》:"六体者,古文、奇字、篆书、隶书、缪篆、虫书,皆所以通知古今文字,摹印章,书幡信也。"

幡帜 旗帜。《后汉书·马防传》:"去临洮十余里为大营,多树幡帜。"亦作"幡织"。《汉书·陈汤传》:"望见单于城上,立五采幡织。"颜师古注:"织读曰帜。"

潘(fān) 水溢出。《管子·五辅》:"决潘渚。"尹知章注:"潘,溢也。渚潘溢者,疏决之令通。"

另见 pān,pán。

憣(fān) ❶变动貌。形容思想的迅速改变。"翻然改悔"的"翻"本作"憣",亦作"幡"。❷通"翻"。变乱。《列子·周穆王》:"憣校四时,冬起雷,夏造冰。"殷敬顺释文:"顾野王读作'翻交四时'。"

嬏(fān) 与"嬎"别。亦作"㛯"。同"娩"。生子。《说文·女部》:"嬏,生子齐均也。读若幡。"段玉裁注:"谓生子多而如一也。"桂馥义证:"《纂要》:'齐人谓生子曰嬏。'通作娩。《思玄赋》:'偃蹇夭矫娩以连卷兮。'旧注云:'《说文》曰:生子二人俱出为娩。'或作嬔。《方言》:'抱嬔,耦也。荆、吴、江、湖之间曰抱嬔,宋、颍之间或曰嬔。'"按《说文》无娩字。

轓〔轓〕(fān) 车厢两旁反出如耳用以遮蔽尘土的部分。《汉书·景帝纪》:"令长吏二千石车朱两轓,千石至六百石朱左轓。"颜师古注引应劭曰:"车耳反出,所以为之藩屏,翳尘泥也。"亦作"軓"。《广雅·释器》:"轓谓之軓。"王念孙疏证:"軓、轓,声近义同。"

藩(fān,旧读 fán) ❶篱笆。《易·大壮》:"羝羊触藩。"引申为边沿、边域。《庄子·大宗师》:"吾愿游于其藩。"❷屏障;掩蔽。《左传·哀公十二年》:"吴人藩卫侯之舍。"《荀子·荣辱》:"以相藩饰。"❸有障蔽的车子。《左传·襄公二十三年》:"以藩载栾盈及其士。"❹封

建王朝分封的地域。《后汉书·明帝纪》："东平王苍罢归藩。"

藩柴　篱笆。曹植《蝦䱇篇》："燕雀戏藩柴，安识鸿鹄游？"

藩车　四面有帷遮蔽的车子。《汉书·陈遵传》："乘藩车，入闾巷。"

藩国　亦作"蕃国"。古代称分封及臣服的各国为藩国。《汉书·诸侯王表序》："藩国大者，夸州兼郡，连城数十。"《周礼·春官·巾车》："以封蕃国。"孙诒让正义谓蕃，藩之假借字。

藩溷　藩，篱笆；溷，厕所。《文选·左思〈三都赋序〉》李善注引臧荣绪《晋书》："〔左思〕少博览文史，欲作《三都赋》……遂构思十稔，门庭藩溷，皆著纸笔，遇得一句即疏之。"

藩篱　❶用竹木编成的篱笆或围栅。《南史·韦叡传》："所至顿舍，修立馆宇，藩篱墙壁，皆应准绳。"亦作"蕃篱"。贾谊《过秦论上》："乃使蒙恬北筑长城而守蕃篱。"此引申为屏障之义。庾信《哀江南赋序》："江淮无涯岸之阻，亭壁无藩篱之固。"❷比喻门户。蔡宽夫《诗话》："王荆公晚年亦喜称义山(李商隐)诗，以为唐人知学老杜(杜甫)而得与藩篱，惟义山一人而已。"

藩落　犹篱落，篱笆。《周礼·夏官·掌固》"任其万民，用其材器"郑玄注："民之材器，其所用堑筑及为藩落。"

藩屏　亦作"蕃屏"。捍卫。《左传·僖公二十四年》："故封建亲戚，以蕃屏周。"

藩饰　遮蔽；文饰。《荀子·富国》："故为之雕琢刻镂、黼黻文章以藩饰之。"

藩属　旧称属地或属国。

藩条　汉代州刺史以六条察问属吏，非条所问即不省。见《后汉书·百官志五》"州郡"刘昭注，后因称刺史之职为"藩条"。《晋书·应詹传论》："入居列位，则嘉谋屡陈，出抚藩条，则惠政斯洽。"

藩垣　《诗·大雅·板》："价人维藩，大师维垣。"本用来比喻卫国的重臣，后多以称藩国、藩镇。韩愈《与凤翔邢尚书书》："今阁下为王爪牙，为国藩垣。"

翻　㊀〔飜〕(fān)　❶反转；倒下。如：翻土；倒翻；推翻。❷改变。如：翻脸；翻口。❸越过。如：翻山越岭。

㊁〔飜〕(fān)　飞。张衡《西京赋》："众鸟翩翻。"

㊂〔繙〕(fān)　❶翻译。如：翻成各国文字。东汉魏晋隋唐时称翻译佛教经典为翻经。刘禹锡《送宗密上人归南山草堂寺因诣河南尹白侍郎》诗："河南白尹大檀越，好把真经相对翻。"❷誊写。白居易《琵琶行》："莫辞更坐弹一曲，为君翻作琵琶行。"❸演唱；演奏。蔡琰《胡笳十八拍》："胡笳本自出胡中，缘琴翻出音律同。"孟浩然《美人分香》诗："舞学平阳步，歌翻《子夜》声。"

翻车　❶即水车。《后汉书·张让传》："又作翻车。"李贤注："翻车，设机车以引水。"❷古代捕鸟车。《尔雅·释器》"罦，覆车也"郭璞注："今之翻车也。有两辕，中施罥以捕鸟。"❸车辆倾覆。

翻翻　❶飞翔貌。刘桢《赠徐幹》诗："轻叶随风转，飞鸟何翻翻。"❷飘动貌。温庭筠《南湖》诗："翻翻菱荇满回塘。"

翻然　亦作"幡然"。回飞貌。形容转变得很快。如：翻然改图；翻然悔改。引申为倒反、反而之意。《三国志·魏志·王朗传》："朕求贤于君而未得，君乃翻然称疾。"

翻译　把一种语言文字的意义用另一种语言文字表达出来。《隋书·经籍志》："汉桓帝时，有安息国沙门安静，赍经至洛，翻译最为通解。"亦指做翻译工作的人。

翻绎　❶犹推演。《朱子全书·学六》："如老苏辈，只读《孟》、《韩》二子，便翻绎得许多文章出来。"❷同"翻译"。

翻云覆雨　比喻反复无常或玩弄手段。杜甫《贫交行》："翻手作云覆手雨，纷纷轻薄何须数！"张端《城南游次秦仲韵》："翻云覆雨何由测！"

旛　(fān)　同"幡❷"。长方而下垂的旗子。如：长旛。亦为旌旗的总称。如：旗旛招展。刘禹锡《西塞山怀古》诗："千寻铁锁沉江底，一片降旛出石头。"

旛旛　飞驰貌。《石鼓文》："左骖旛旛。"

旛胜　旛，亦作"幡"。旧时立春日所用的彩饰。剪纸或绸绢等为旗旛形和彩胜，故称"旛胜"；亦有剪作蝴蝶、金钱或其他形状的。孟元老《东京梦华录·立春》："春日，宰执亲王百官皆赐金银幡胜。"参见"彩胜"。

繙　(fān)　见"繙译科"。

繙　另见 fān 翻㊂，fán。

繙译科　清代特定考试科目之一。以满文译汉文、并作满文论文者为满洲繙译，以蒙文译满文者为蒙古繙译。同于金代试女真文的女直(女真)进士科。顺治时只考取繙译生员，雍正时始考取举人，乾隆时始定会试考中后复试及格，赐进士出身，以六部主事用，蒙古则分理藩院任用。道光末，复试优等者始以翰林院庶吉士用，但只一二名，无殿试分甲之例。应考者限于满、蒙、汉军之八旗人。生员、举人、进士皆加繙译二字，以别于一般的文科。

瀿　(fān)　大波。见《说文·水部》。

fán

凡　〔凢〕(fán)　❶凡是；一切。统括之词。《中庸》："凡事豫则立，不豫则废。"《韩非子·解老》："凡兵革者，所以备害也。"❷总共；总计。《史记·陈丞相世家》："〔陈平〕凡六出奇计。"❸大概；概略。《汉书·扬雄传下》："请略举凡，而客自览其切焉。"❹皆；都。《书·微子》："卿士师师非度，凡有辜罪。"《史记·宋微子世家》作"皆有罪辜"。❺平庸；寻常。如：凡器；凡才。《新唐书·孙逖传》："援笔成篇，理趣不凡。"❻指尘世。如：下凡；思凡。李逢吉《重建石壁寺甘露坛碑》："不严重何以肃凡心。"❼工尺谱中的音名之一。❽古国名。姬姓，始封之君为周公之子。在今河南辉县西南，一说在今浚县东北。

凡百　概括之辞。《诗·小雅·雨无正》："凡百君子，各敬尔身。"郑玄笺："凡百君子，谓众在位者。"陶潜《命子》诗："凡百有心，奚特于我？"

凡例　说明著作内容和编纂体例的文字。语出杜预《春秋左传序》："其发凡以言例，皆经国之常制，周公之垂法，史书之旧章。"今多放在书的前面，也称"例言"、"发凡"。

凡鸟　《世说新语·简傲》："嵇康与吕安善，每一相思，千里命驾。安后来，值康不在。喜出户延之，不入，题门上作'鳳'字而去。喜不觉，犹以为忻。故作'鳳'字，凡鸟也。"按"鳳"从鸟，凡声。拆开来就是"凡鸟"，比喻庸才。喜，康兄。王维《春日与裴迪访吕逸人不遇》诗："到门不敢题凡鸟，看竹何须问主人？"

凡人　❶指人世间的人，对"仙

人"而言。《儒林外史》第一回:"将相神仙也要凡人做。"❷犹言众人,一般人。《汉书·疏广传》:"自有旧田庐,令子孙勤力其中,足以共衣食,与凡人齐。"

凡庸 平凡;平庸。《史记·绛侯世家赞》:"才能不过凡庸。"

凡语 普遍通行的词语。《方言》第一:"嫁、逝、徂、适,往也……逝,秦晋语也。徂,齐语也。适,宋鲁语也。往,凡语也。"

氾(fán) 姓。汉代有氾胜之。另见 fàn,fàn 泛。

矾〔礬〕(fán) 一价金属(M^I)或铵离子(NH_4^+)和三价金属(M^{III})硫酸盐的含水复盐的通称。化学通式为 $M_2^I SO_4 \cdot M_2^{III}(SO_4)_3 \cdot 24H_2O$。如铁铵矾$[(NH_4)_2 SO_4 \cdot Fe_2(SO_4)_3 \cdot 24H_2O]$、明矾$[K_2 SO_4 \cdot Al_2(SO_4)_3 \cdot 24H_2O]$。

矾头 指山水画中山顶上的石块。因形如砚石顶部的结晶,故名。北宋米芾《画史》:"巨然少年时多作矾头。"元黄公望《写山水诀》:"董源小山石,谓之矾头。"

钒〔釩〕(fán) 化学元素[周期系第 V 族(类)副族元素]。符号 V。原子序数 23。银白色高熔点金属(熔点 1890℃±10℃)。有延性、耐腐蚀。含钒的矿物种类很多,重要的有钒钾铀矿、钒铅矿、绿硫钒矿等。主要用途是制造高速切削钢及其他合金钢,也用作催化剂。

烦〔煩〕(fán) ❶本义热头痛。见《说文·页部》。引申为烦躁、烦恼或烦闷。如:心烦意乱。《素问·生气通天论》:"烦则喘喝。"王冰注:"烦谓烦躁。"古乐府《孔雀东南飞》:"阿兄得闻之,怅然心中烦。"❷烦杂,繁剧。如:要言不烦。《资治通鉴·魏明帝青龙二年》:"懿(司马懿)告人曰:'诸葛孔明食少事烦,其能久乎?'"❸混乱,纠缠。《考工记·弓人》:"春液角则合,夏治筋则不烦。"郑玄注:"烦,乱。"❹烦扰;搅扰。《史记·乐书》:"水烦则鱼鳖不大。"张守节正义:"烦,犹数搅动也。"❺烦劳;相烦。《左传·僖公三十年》:"敢以烦执事。"

烦苛 谓烦琐苛细的政令刑法。《汉书·刑法志》:"高祖初入关,约法三章曰:杀人者死,伤人及盗,抵罪。蠲削烦苛,兆民大说(悦)。"蠲,免除。

烦憒 郁结愤闷。《楚辞·哀时命》:"幽独转而不寐兮,惟烦憒而盈匈。"王逸注:"憒,愤也。言己愁思展转而不能卧,心中烦愤气结满匈也。"匈,即胸。

烦恼 ❶由一些细小而复杂(有时甚至是觉察不出)的原因所引起的一种苦闷心境。身处逆境、群众关系或机体状态不佳、自然环境的影响,都可能成为引起烦恼的原因。❷译自梵语 Kleśa,亦译"惑"。佛教指众生身心受到扰乱后形成的困惑状态。《大智度论》卷七:"能令心烦,能作恼故,名为烦恼。"主要有根本烦恼、随烦恼两种,根本烦恼包括贪、瞋、痴、慢、疑、恶见六惑;随烦恼包括忿、恨、覆、恼、嫉、悭等二十惑。佛教认为烦恼是造成"苦"的直接根源。

烦辱 繁杂而又卑贱。《周礼·秋官·司隶》:"邦有祭祀宾客丧纪之事,则役其烦辱之事。"

烦手 亦作"繁手"。古代指民间音乐(俗乐)一种复杂的弹奏手法。《左传·昭公元年》:"于是有烦手淫声,慆堙心耳,乃忘平和。"孔颖达疏:"手烦不已,则杂声并奏。"

烦碎 烦杂细碎的小事。《汉书·黄霸传》:"米盐靡密,初若烦碎,然霸精力能推行之。"米盐,比喻杂碎的事情。

烦文 或作"繁文"。谓文字繁杂,多而寡要。孔安国《尚书序》:"睹史籍之烦文,惧览之者不一。"后亦谓礼节或政令刑法烦苛。《汉书·路温舒传》:"涤烦文,除民疾。"参见"繁文缛节"。

烦言 ❶气愤或不满的话。《韩非子·大体》:"心无结怨,口无烦言。"参见"啧有烦言"。❷烦琐的话。《商君书·农战》:"说者成伍,烦言饰辞而无实用。"

烦纡 烦闷郁结。张衡《四愁诗》:"路远莫致倚踟蹰,何为怀忧心烦纡。"

烦冤 ❶烦躁愤懑。《楚辞·七谏·谬谏》:"心悇憛而烦冤兮,蹇超摇而无冀。"悇憛,忧愁貌。杜甫《兵车行》:"新鬼烦冤旧鬼哭,天阴雨湿声啾啾。"❷屈折盘旋。《文选·宋玉〈风赋〉》:"勃郁烦冤,冲孔袭门。"李善注:"风回旋之貌。"

袢(fán,又读 pàn) ❶夏天穿的白色内衣。《诗·鄘风·君子偕老》:"蒙彼绉绤,是绁袢也。"孔颖达疏:"绁袢者,去热之名。"❷炎热。见"袢溽"。

袢溽 犹溽暑。又湿又热。卢炳《念奴娇》词:"短发萧萧襟袖冷,便觉都无袢溽。"

筭〔筞〕(fán) 盛物的竹器。《仪礼·士昏礼》:"妇执笲枣、栗,自门入。"

蘋〔蘋〕(fán) 草名。《楚辞·九歌·湘夫人》:"白蘋兮骋望。"王逸注:"蘋草秋生。"洪兴祖补注引司马相如赋注云:"似莎而大,生江湖,雁所食。"

緐〔緐〕(fán) "繁"的古字。另见 pán,pó。

墦(fán) 坟墓。《孟子·离娄下》:"卒之东郭墦间之祭者。"

蕃(fán) ❶茂盛。《易·坤·文言》:"草木蕃。"❷繁殖。《左传·僖公二十三年》:"男女同姓,其生不蕃。"❸通"藩"。屏障。《诗·大雅·崧高》:"四国于蕃。"另见 bō,fān,pí。

蕃弱 古代良弓名。《汉书·司马相如传上》:"弯蕃弱,满白羽。"《史记》作"繁弱",参见该条。

蕃庶 ❶繁多。《易·晋》:"晋,康侯用锡马蕃庶,昼日三接。"孔颖达疏:"臣既柔进,天子美之,赐以车马蕃多而众庶,故康侯用锡马蕃庶也。"❷繁殖。《国语·周语上》:"民之蕃庶,于是乎生;事之供给,于是乎在。"韦昭注:"蕃,息也;庶,众也。"

蕃庑 亦作"蕃芜"。茂盛。《书·洪范》:"庶草蕃庑。"《后汉书·班固传》:"庶卉蕃芜。"

蕃衍 繁盛众多。《诗·唐风·椒聊》:"椒聊之实,蕃衍盈升。"

蕃孳 亦作"蕃滋"。繁殖。《释名·释亲属》:"子,孳也,相生蕃孳也。"《汉书·郊祀志下》:"子孙蕃滋。"

樊(fán) ❶篱笆。《诗·小雅·青蝇》:"营营青蝇,止于樊。"❷筑篱围绕。《诗·齐风·东方未明》:"折柳樊圃。"❸关鸟兽的笼子。《庄子·养生主》:"泽雉十步一啄,百步一饮,不蕲畜乎樊中。"❹杂乱貌。《庄子·齐物论》:"樊然淆乱。"❺古邑名。一名阳樊。春秋周畿内地。在今河南济源市西南。《左传·隐公十一年》:"周桓王取郑国田,'而与郑人苏忿生之田:温、原、絺、樊……'。"❻姓。另见 pán。

樊笼 关鸟兽的笼子。比喻不自由的境地。陶潜《归园田居》诗:"久在樊笼里,复得返自然。"

骦〔驦〕(fán)　生养。蒲松龄《穷汉词》："也是俺阳世三间为场人，熬没儿马骦了蛋。"

瑶(fán)　宝玉。陆云《答顾秀才》诗："有斐君子，如珪如瑶。"参见"瑶玏"、"玏瑶"。

瑶玏❶同"玏瑶"。美玉。《太平御览》卷八〇四引《逸论语》："瑶玏，鲁之宝玉也。孔子曰：美哉瑶玏。远而望之，焕若也；近而视之，瑟若也。"❷比喻美好的事物。庾信《奉和永丰殿下言志诗》："徒知守瓴甓，空欲报瑶玏。"

膰(fán)　❶古代宗庙祭祀用的烤肉。《穀梁传·定公十四年》："生曰脤，熟曰膰。"亦作"燔"。《左传·襄公二十二年》："见于尝酎，与执燔焉。"❷送祭肉。《后汉书·刘长卿妻传》："县邑有祀必膰焉。"

燔(fán)　❶焚烧。《韩非子·和氏》："燔诗书而明法令。"❷通"膰"。祭祀用的炙肉。《左传·襄公二十二年》："公孙夏从寡君以朝于君，见于尝酎，与执燔焉。"参见"膰"。

燔柴　古代祭祀仪式之一，把玉帛、牺牲同置于积柴之上，焚之以祭天。《礼记·祭法》："燔柴于泰坛，祭天也。"

燔肉　❶古代祭祀用的炙肉。《孟子·告子下》："从而祭，燔肉不至。"❷烤肉使熟。苏轼《司竹监烧苇园会猎》诗："燎毛燔肉不暇割，饮啖直欲追羲娲。"

镭〔鐇〕(fán)　铲。引申为铲除。《后汉书·杜笃传》："镭镬株林。"李贤注："《埤苍》云：'镭，铲也。'谓以铲镬去林木之株蘖也。"

繁〔緐〕(fán)　❶多；盛。如：繁星；繁花。《书·仲虺之诰》："实繁有徒。"《淮南子·泛论训》："齐人有盗金者，当市繁之时，至掇而走。"❷杂。《楚辞·九歌·东皇太一》："五音纷兮繁会。"
　另见 pán, pó。

繁华　繁盛华丽。白居易《游平泉宴浥涧宿香山石楼》诗："金谷太繁华，兰亭阙丝竹。"

繁剧　事务烦重。郭璞《辞尚书表》："以无用之才，管繁剧之任。"

繁露　冕旒上的悬玉。崔豹《古今注·问答释义》："生亨问曰：'冕旒以繁露，何也？'答曰：'缀珠，垂如繁露也。'"梁元帝《玄览赋》："冕无繁露之旒。"

繁荣　❶草木荣盛。潘岳《闲居赋》："梅杏郁棣之属，繁荣丽藻之饰。"也泛指昌盛。如：繁荣景象。❷指经济、商贸兴旺发达。

繁缛　❶富丽。曹植《七启》："步光之剑，华藻繁缛。"❷烦琐；琐细。如：礼节繁缛。《文选·嵇康〈琴赋〉》："翕铧晔而繁缛。"李善注："繁缛，声之细也。"

繁弱　亦作"蕃弱"。古代良弓名。《左传·定公四年》："分鲁公以大路、大旗，夏后氏之璜，封父之繁弱。"《荀子·性恶》："繁弱、巨黍，古之良弓也。"

繁峙　县名。在山西省北部恒山和五台山之间、滹沱河上游，邻接河北省。

繁手　同"烦手"。指弹奏乐器的一种复杂手法。《后汉书·边让传》："繁手超于北里，妙舞丽于阳阿。"

繁霜　浓霜。《诗·小雅·正月》："正月繁霜，我心忧伤。"正月，指周历六月，即夏历四月。借喻为白色。杜甫《登高》诗："艰难苦恨繁霜鬓，潦倒新停浊酒杯。"

繁文缛节　繁琐的仪式或礼节。亦通指繁琐多余之事物。梁启超《教育应用的道德公准》："那些主张道德有公准的，常常被那主张无公准的人所驳倒，便是因为繁文缛节，条目太多，所以往往不能自圆其说。"

繁芜　❶亦作"繁庑"。繁茂。何晏《景福殿赋》："桑梓繁庑。"六臣注《文选》作"桑梓繁芜"。❷芜杂。《后汉书·郑玄传论》："删裁繁芜，刊改漏失。"

繁殖　生物孳育繁衍。《孟子·滕文公上》："草木畅茂，禽兽繁殖。"

鷭〔鷭〕(fán)　即"骨顶鸡"。"白骨顶"亦称"大鷭"，"红骨顶"称"小鷭"，头、颈深黑色，背羽暗青灰色。善游水。杂食性。

蟠(fán)　小虫名。《尔雅·释虫》："蟠，鼠负。"郝懿行义疏："长半寸许，色如蚯蚓，背有横文，腹下多足。生水瓮底或墙根湿处。"
　另见 pán。

繙(fán)　❶犹反复。《庄子·天道》："于是繙十二经以说。"成玄英疏："委曲敷演，故繙复说之。"❷见"繙帒"。
　另见 fān, fǎn 翻㈢。

繙帒　风吹飞动貌。韩愈《陆浑山火》诗："丹蕤缥缈盖绯繙帒。"丹蕤，红色缨状饰物；缥盖，浅绛色绸制的伞盖；绯，红色。都形容火光红艳。

蹯(fán)　兽足掌。《左传·文公元年》："王请食熊蹯而死。"

蘩(fán)　❶植物名，即白蒿。《诗·豳风·七月》："春日迟迟，采蘩祁祁。"毛传："蘩，白蒿，所以生蚕。"❷即款冬。《尔雅·释草》："蘩，菟蒵。"又："菟蒵，颗冻。"郝懿行义疏："颗冻即款冬。"

蹯(fán)　同"蹯"。

鳍〔鱕〕(fán)　鱼名。见《玉篇·鱼部》。《文选·左思〈吴都赋〉》："鲫龟鳍鳎。"刘逵注："鳍鳎有横骨在鼻前，如斤斧形，东人谓斧斤之斤为鳍，故谓之鳍鳎。"

潩(fán)　水暴溢。《淮南子·俶真训》："今夫树木者，灌以潩水。"高诱注："潩，波暴溢也。"

fǎn

反(fǎn)　❶与"正"相对或相背。《论语·颜渊》："子曰：'君子成人之美，不成人之恶。小人反是。'"亦指对立，不一致。《庄子·天运》："故譬三皇五帝之礼义法度，其犹柤梨橘柚邪！其味相反，而皆可于口。"引申为反对。如：反浪费；反贪污。❷翻转。如：易如反掌。《诗·周南·关雎》："辗转反侧。"❸同"返"。归；还。《国策·卫策》："智伯果起兵而袭卫，至境而反。"《史记·赵世家》："反高平、根柔于魏。"引申为回转。如：反照；反攻。❹背叛；造反。《史记·项羽本纪》："江西皆反，此亦天亡秦之时也。"❺违反。《国语·周语下》："言爽，日反其信。"❻反省。《汉书·谷永传》："改往反过。"❼反求。《荀子·荣辱》："失之己，反之人，岂不迂乎哉！"王先谦集解："言反求也。"❽回报；报复。《左传·昭公二十年》："是宗为戮，而欲反其雠，不可从也。"杜预注："反，复也。"《孟子·梁惠王下》："夫民今而后得反之也。"❾反复。《荀子·荣辱》："反铅（沿）察之，而俞可好也。"王先谦集解："反者，反复也。反铅察之者，反复沿循而察之。"❿类推。以此推彼。《论语·述而》："举一隅不以三隅反。"⓫反而。《史记·张仪传》："自以为故人，求益，反见辱。"
　另见 bǎn, fān, fàn。

反北　背叛；叛逃。北，通"背"。

《国策·齐策六》:"食人炊骨,士无反北之心,是孙膑、吴起之兵也。"亦作"反背"。《三国志·魏志·杜袭传》:"死丧略尽,而无反背者。"

反璧 《左传·僖公二十三年》:"〔僖负羁〕乃馈盘飧,置璧焉,公子(晋重耳)受飧反璧。"反璧,退还璧。后谓不受馈赠为"反璧"。"璧谢"、"璧还"、"敬璧"等均本此。

反哺 乌雏长大,衔食哺其母,比喻子女奉养父母。《本草纲目·禽部》:"慈乌:此鸟初生,母哺六十日,长则反哺六十日,可谓慈孝矣。""反"亦作"返"。《聊斋志异·青凤》:"君如念妾,还乞以楼宅相假,使妾得以申返哺之私。"参见"乌哺"。

反侧 ❶转侧;翻来覆去。形容卧不安席。《诗·周南·关雎》:"辗转反侧。"❷不正直,不顺从。《诗·小雅·何人斯》:"作此好歌,以极反侧。"意谓作此歌以穷极其反侧不正之情。《荀子·王制》:"遁逃反侧之民。"杨倞注:"反侧,不安之民也。"❸反覆无常。《楚辞·天问》:"天命反侧,何罚何佑?"

反常 不正常;失去常态。如:天气反常;性情反常。《易·屯》:"十年乃字,反常也。"

反唇 翻唇,表示心中不服。《汉书·食货志下》:"异(颜异)与客语,客语初令下,有不便者,异不应,微反唇。"亦谓回嘴、顶嘴。《汉书·贾谊传》:"妇姑不相说(悦),则反唇而相稽。"稽,计较。反唇相稽,谓反过来责问对方。亦作"反唇相讥"。俞樾《古书疑义举例·误增不字义》:"知不善读书而率臆妄改,皆与古人反唇相讥也。"

反坫 ❶周代诸侯宴会时的礼节。互相敬酒后,把空酒杯放还坫上。《论语·八佾》:"邦君为两君之好,有反坫。"何晏集解引郑注:"反坫,反爵之坫,在两楹之间。人君……若与邻国君为好会,其献酢之礼,更酌,酌毕,则各反爵于坫上。"爵,酒器;坫,土筑的平台。❷《逸周书·作雒》:"乃位五宫……咸有四阿反坫。"孔晁注:"反坫,外向室也。"孙诒让《周礼正义》卷八十三:"坫当为坊之形讹。四阿为上栋之制;反坫即反宇,为下宇之制,亦即所谓屋翼、阿,栋。"

反服 已脱离隶属关系的臣下为原来的君主服丧。《礼记·檀弓下》:"穆公问于子思曰:'为旧君反服,古与?'"后亦指尊长为卑幼亲属服丧。

反复 见"反覆❶"。

反覆 ❶亦作"反复"。重复,不止一次。如:反复推求。《易·乾》:"终日乾乾,反复道也。"朱熹注:"反复,重复践行之意。"❷变动不定。如:反覆无常。《汉书·韩信传》:"齐夸诈多变,反覆之国。"言齐叛服无常。❸犹言翻覆。班固《西都赋》:"震震爚爚,雷奔电激,草木涂地,山渊反覆。"李善注:"反覆,犹倾动也。"❹来回;往返。《韩非子·说林下》:"吴反覆六十里……我行三十里击之,必可败也。"❺修辞学上辞格之一。用同一语句,反覆申说,以表现强烈的情思。如《论语·雍也》:"斯人也,而有斯疾也!斯人也,而有斯疾也!"

反躬 反身自省;反过来要求自己。如:反躬自问。《礼记·乐记》:"好恶无节于内,知诱于外,不能反躬,天理灭矣。"

反顾 回头看;回顾。《离骚》:"忽反顾以游目兮,将往观乎四荒。"引申为退缩、翻悔。《史记·司马相如列传》:"触白刃,冒流矢,义不反顾,计不旋踵。"

反汗 犹翻悔、食言,常用来形容收回成命。《汉书·刘向传》:"《易》曰,'涣汗其大号',言号令如汗,汗出而不反者也;今出善令,未能逾时而反,是反汗也。"《宋史·李昉传》:"陛下若以明诏既颁,难于反汗,则当续遣使臣,严加戒饬。"

反击 ❶回击。《史记·秦本纪》:"晋立襄公子,而反击秦师。"❷对突入防御阵地转为守势之敌的攻击。泛指防御军队对进攻之敌主动实施的攻击。是积极防御的一种手段。

反间 利用敌方的间谍使敌方获取虚假情报。《孙子·用间》:"反间者,因其敌间而用之。"杜牧注:"敌有间(间谍)来窥我,我必先知之,或厚赂诱之,反为我用;或佯为不觉,示以伪情而纵之,则敌人之间反为我用也。"后多指用计离间敌人,使起内讧。

反接 反绑两手。《史记·陈丞相世家》:"武士反接之。"

反经 ❶不循常规。《史记·太史公自序》:"诸吕为从,谋弱京师,而勃反经合于权。"❷谓恢复常道。《孟子·尽心下》:"君子反经而已矣,经正则庶民兴。"

反客为主 客人反过来成为主人。比喻转被动为主动。《三国演义》第七十一回:"渊(夏侯渊)为人轻躁,恃勇少谋。可激劝士卒,拔寨前进,步步为营,诱渊来战而擒之:此乃反客为主之法。"

反目 谓不和睦。《易·小畜》:"夫妻反目。"孔颖达疏:"夫妻乖戾,故反目相视。"后泛指关系破裂。《鬼谷子·抵巇》:"父子离散,乖乱反目。"

反旆 出师归来。《左传·宣公十二年》:"令尹南辕反旆。"杜预注:"回车南乡(向);旆,军前大旗。"班固《封燕然山铭》:"反旆而旋。"后称还归为"反旆"。

反切 中国传统的一种注音方法。用两个字拼合成另一个字的音,反切上字与所切之字声母相同,反切下字与所切之字韵母和声调相同。即上字取声,下字取韵和调。如"练,郎甸切",取"郎"字的声母 l[1]、"甸"字的韵母和声调 iàn[ian ∨]而拼出"练"字的音 liàn[lian ∨]。因语音演变,古代反切已有不能用现代音拼出正确读音者,如"眉,武悲切"。

反裘负刍 反穿皮衣而背柴草。《晏子春秋·杂上》:"〔晏子〕睹弊冠反裘负刍,息于涂侧者,以为君子也,使人问焉。"比喻处事颠倒轻重本末。亦作"反裘负薪"。《盐铁论·非鞅》:"无异于愚人反裘而负薪,爱其毛,不知其皮尽也。"意谓皮尽,则毛将无所附丽。

反舌 ❶古时因南方民族多卷舌喉音,故有"反舌"之称。《吕氏春秋·为欲》:"蛮夷反舌,殊俗异习之国,其衣服冠带宫室居处……皆异。"❷鸟名,又名百舌。《礼记·月令》:"反舌无声。"郑玄注:"反舌,百舌鸟。"

反噬 反咬一口。比喻受人之恩而反加害其人,或犯罪者诬指检举者为同谋。《晋书·张祚传》:"祚既震惧,又虑擢(王擢)反噬。"

反手 ❶把手掌翻转,比喻事情极易办到。《荀子·非相》:"定楚国,如反手尔。"❷把手放到背后。《南史·晋安王子懋传》:"〔董僧慧〕甚骁果,能反手于背弯五斛弓,当世莫有能者。"

反水 ❶覆水。《后汉书·光武帝纪》:"反水不收,后悔无及。"❷叛变。

反训 训诂学术语。用反义词来解释词义。有些词在古代含有相反

的两义,如乱字有"治理"、"紊乱"两义,后世只通行"紊乱"一义。而《尚书·皋陶谟》"乱而敬",《史记·夏本纪》作"治而敬",以治训乱,训诂学上称为反训。

反衍 亦作"叛衍"、"畔衍"。犹反覆;一说犹"漫衍",混同的意思。《庄子·秋水》:"以道观之,何贵何贱,是谓反衍。"郭象注:"贵贱之道,反覆相寻。"陆德明释文:"本亦作畔衍。"

反义词 意义相对或相反的词。如"真"和"假"、"进"和"退"、"光明"和"黑暗"等。

反应 ❶反叛而响应。《后汉书·刘焉传》:〔赵韪〕乃阴结州中大姓。建安五年,还共击璋(刘璋),蜀郡、广汉、犍为皆反应。"❷犹反响。指事情所引起的意见、态度或行动。如:他的话引起了强烈的反应。❸同"刺激"相对。泛指有机体对刺激的任何回答。含羞草的叶子因触动而闭合,单细胞的变形虫遇不同物体而伸出或缩回伪足,高等动物体内外各种变化而发生肌肉运动或腺体分泌,以及因外界刺激引起的人的行为变异,尽管复杂程度不同,但都是反应。

反语 修辞学上辞格之一。用与本意相反的话语来表达本意,即说反话。常用于嘲弄讽刺。如鲁迅《无题》:"血沃中原肥劲草,寒凝大地发春华。英雄多故谋夫病,泪洒崇陵噪暮鸦。"其中"英雄"即反语,用以讽刺当时国民党的执政者。

反仄 同"反侧"。❶辗转翻覆,形容不安。《三国志·魏志·陈思王植传》:"踊跃之怀,瞻望反仄。"❷动荡不定。《新唐书·郭子仪传》:"河中军乱,子仪召首恶诛之,其支党犹反仄。"

反掌 犹反手。比喻事情容易办到。《汉书·枚乘传》:"变所欲为,易于反掌,安于泰山。"

反真 复归自然本真之态。道家认为人死为复归自然,故因以称死亡。《庄子·大宗师》:"嗟来桑户乎! 嗟来桑户乎! 而(尔)已反其真,而我犹为人猗!"

反正 ❶复归正道。《诗·卫风·氓序》:"故序其事以风焉,美反正,刺淫泆也。"❷谓从逆的官兵弃暗投明。《唐会要》卷三十三:"时盐州雄毅军使孙德昭等杀刘季述反正。"❸《左传·宣公十五年》:"故文反正为乏。"按篆文反写"正"字,则为"乏"字。后因称字的反写为反正书。

反绝为继。❹横竖。表示坚决肯定的语气。如:反正都得走,不如早些走。

反走 快步倒退。《庄子·渔父》:"孔子反走,再拜而进。"成玄英疏:"反走前进,是虔诚之容也。"

返(fǎn) ❶回;归。《孙子·行军》:"粟马肉食,军无悬瓽,不返其舍者,穷寇也。"崔颢《黄鹤楼》诗:"黄鹤一去不复返,白云千载空悠悠。"引申为归还。《吕氏春秋·观表》:"其子长而返其璧。"❷更换。《吕氏春秋·慎人》:"孔子烈然返瑟而弦,子路抗然执干而舞。"高诱注:"返,更也,更取瑟而弦歌。"❸亦作"反"。苏舜钦《诣匦疏》:"是何灾变之作,返过之邪?"

返朴归真 道教教义。其思想源于《道德经》"见素抱朴"、"复归于朴"等论述。"返",即返还,回归;"朴",即质朴,又为"道";"真",即纯真,又为真道。道教认为,人通过逆行修炼,便可返还到生命初始之婴儿状态,复归于真常之道,达到长生久视之目的。亦指去掉雕饰,返还自然状态,或回归到自然本性。

返照 指夕阳回照。杜甫《返照》诗:"返照入江翻石壁,归云拥树失山村。"

钣〔钣〕(fǎn) 车两旁反出如耳的部分,用以障蔽尘泥。《广雅·释器》:"辐谓之钣。"王念孙疏证:"《说文》:'钣,车耳反出也。'钣、辐声近义同。"参见"辐"。

fàn

反(fàn) 通"贩"。《荀子·儒效》:"积反货而为商贾。"
　　另见 bǎn,fān,fǎn。

犯(fàn) ❶侵犯。《论语·泰伯》:"犯而不校。"《宋史·高宗纪二》:"金人犯东京,宗泽遣将击却之。"❷触犯;抵触。如:作奸犯科。《左传·襄公十年》:"众怒难犯,专欲难成。"❸发生;发作。如:犯疑;犯病。❹毁坏。《国语·楚语下》:"夫民心之愠也,若防大川焉,溃而所犯必大矣。"韦昭注:"犯,败也。"❺罪犯。如:要犯。《新唐书·食货志四》:"私鬻三犯皆三百斤,乃论死。"❻值得。如:犯不着。❼指词曲的移换宫商。如:犯声;犯调。

犯科 触犯刑律。诸葛亮《前出师表》:"若有作奸犯科,及为忠善者,宜付有司,论其刑赏,以昭陛下平明之理。"

犯难(—nán) 为难。如:这件事使他犯难。

犯难(—nàn) 犹冒险。《易·需》:"需于郊,不犯难行也。"

犯颜 冒犯君上或尊长的威严。《韩非子·外储说左下》:"犯颜极谏,臣不如东郭牙,请立以为谏臣。"

犯夜 触犯夜行的禁例。《晋书·王承传》:"有犯夜者,为吏所拘。"

氾(fàn) 古水名。见"氾水"。
　　另见 fán,fàn 泛。

氾水 古水名。故道自今山东曹县北,从古济水分出,东北流至定陶县南,注入古菏泽。久湮。公元前202年汉高祖即皇帝位于氾水之阳。

轭〔轭〕(fàn) 同"钒"。按《说文·车部》"軓"下段玉裁注:"车軓字本作轭,从车、巳声,《周易》軓围字当作轭,或作笵,而笵其叚借字也。"参见"钒"。

帆〔颿、帆〕(fàn) 张帆行驶。韩愈《除官赴阙》诗:"不枉故人书,无因帆江水。"
　　另见 fān。

钒〔軓〕(fàn) 车轼前的捆车板。《说文·车部》:"軓,车轼前。"段玉裁注:"戴先生(震)云:'车旁曰轓,式前曰軓,皆捆舆板也;軓以扼式前,故汉人亦呼捆軓。'"按阮元《考工记·车制图解》云:"当式下围轓者曰軓。"与戴、段说不同。

饭〔飯〕(fàn) ❶煮熟的谷类食物,多指米饭;亦泛指人每天定时吃的食物。如:早饭;中饭。《史记·滑稽列传》:"为具牛酒饭食,行十余日。"❷吃饭。如:健饭;忘饭。《礼记·曲礼上》:"饭黍毋以箸。"❸施饭。《史记·淮阴侯列传》:"有一母见信饥,饭信。"❹喂牲畜。见"饭牛"。

饭牛 喂牛。《离骚》"宁戚之讴歌兮,齐桓闻以该辅"王逸注:"宁戚,卫人……修德不用,退而商贾。宿齐东门外,桓公夜出,宁戚方饭牛叩角而商歌,桓公闻之,知其贤,举为客卿,备辅佐也。"后常用为贤才求用之典。

饭糗茹草 糗,干粮;草,野菜。饭、茹都是吃的意思。形容饮食很差,生活艰苦。《孟子·尽心下》:"舜之饭糗茹草也,若将终身焉。"

泛〔汎、氾〕(fàn) ❶浮行。如:泛海。《诗·邶风·柏舟》:"泛彼柏舟,亦泛其流。"❷透出。如:白里泛红。❸浮而不实。

如:浮泛;空泛。❹水涨溢。《汉书·武帝纪》:"河水决濮阳,泛郡十六。"❺广泛;一般。如:泛论;泛称。《楚辞·九叹·思古》:"且倘佯而泛观。"❻指弹奏琴瑟。陶潜《闲情赋》:"褰朱帏而正坐,泛清瑟以自欣。"

另见fěng。

泛泛 ❶漂浮貌。《诗·邶风·二子乘舟》:"泛泛其逝。"《楚辞·卜居》:"将泛泛若水中之凫乎?"❷浮浅;寻常。如:泛泛之交;泛泛而论。

泛滥 ❶水涨溢。《孟子·滕文公上》:"洪水横流,泛滥于天下。"比喻坏事坏思想扩散滋长。❷广泛;广博。《史记·老庄申韩列传》:"泛滥博文,则多而久之。"❸犹浮沉。司马相如《大人赋》:"泛滥水娭兮。"

泛论 一般地论述。《三国志·吴志·诸葛瑾传》:"遂于权(孙权)前为书,泛论物理。"

范 ㊀(fàn) ❶蜂。《礼记·檀弓下》:"范则冠而蝉有緌。"郑玄注:"范,蜂也。"孔颖达疏:"蜂头上有物似冠也。"❷姓。

㊁〔範〕(fàn) 本作"笵"。❶模子。如:钱范;铜范。《论衡·物势》:"今夫陶冶者,初埏埴作器,必模范为形,故作之也。"也指用模子浇铸。《礼记·礼运》:"范金合土。"陈澔集说:"范字当从竹,以竹曰笵。笵金,为形范以铸金器也。"❷榜样。如:范文;示范。沈约《谢灵运传论》:"垂范后昆。"

贩〔販〕(fàn) ❶贱买而贵卖。《荀子·王霸》:"贾分货而贩。"亦比喻叛卖。《宋书·沈攸之传》:"虽吕布贩君,郦寄卖友,方之斯人,未足为酷。"❷贩卖货物的小商人。如:小贩;摊贩。

贩夫 贩卖货物的小商人。《周礼·地官·司市》:"夕市,夕时而市,贩夫贩妇为主。"郑玄注:"贩夫贩妇,朝资夕卖。"朝资,早上买进。

畈 (fàn) 成片的田;平畴。如:田畈;一畈田。

軬〔軬〕(fàn,又读bèn) 车篷。《三国志·魏志·裴潜传》裴松之注引《魏略》:"〔潜〕出入薄軬车。"《新唐书·车服志》:"胥吏商贾之妻,老者乘苇軬车。"

梵 (fàn) ❶梵语Brahmā的音译讹称。意为"清净"、"寂静"。婆罗门教、印度教名词。指不生不灭的、常住的、无差别相的、无所不在的最高境界或天神,也用来称呼同该教有关的事物。佛教沿用此语,用来称呼与佛教有关的事物。如:梵钟、梵音等。❷印度古代书面语梵文的略称。❸佛门谓创造文字者。《法苑珠林·千佛·召师》:"昔造书之主,凡有三人,长名曰梵,其书右行;次曰佉卢,其书左行;少者仓颉,其书下行。"❹姓。宋有梵禹余。

梵呗 见"呗(bài)"。

梵刹 佛教名词。"梵"(梵语Brahmā)意谓"清净","刹"(梵语Kṣetra)意谓"地方"。原指"佛国"、"佛土",后转化为寺院之美称。《翻译名义集》卷七:"又复伽蓝号梵刹者,如《辅行》云,西域以柱表刹,示所居处也。"

梵宫 佛寺。朱庆馀《夏日访贞上人院》诗:"流水离经阁,闲云入梵宫。"亦作"梵王宫"。苏轼《金门寺》诗:"一纸清诗吊兴废,尘埃零落梵王宫。"

梵宇 佛寺。江总《摄山栖霞寺山房夜坐》诗:"梵宇调心易,禅庭数息难。"

笵 (fàn) "范(範)"的本字。

飰 (fàn) 同"饭(飯)"。

飯 (fàn) 同"饭(飯)"。

瀪 (fàn) 浮貌。见《字汇·水部》。

fāng

方 (fāng) ❶与"圆"相对。四角都是直角的四边形或六面都是直角四边形的立体。如:方格纸;方块儿。《孟子·离娄上》:"公输子之巧,不以规矩,不能成方员。"员,同"圆"。❷方向;方位。如:东方;西方;四面八方。引申为准则。《诗·大雅·皇矣》:"万邦之方。"毛传:"方,则也。"郑玄笺:"方犹乡(向)也。"❸祭名。《诗·小雅·甫田》:"以社以方。"毛传:"迎四方气于郊也。"❹方面;一边或一面。如:对方;双方。《诗·秦风·蒹葭》:"在水一方。"❺地方;区域。如:殊方异域。《论语·学而》:"有朋自远方来。"❻量词,用于方形的物体。《儒林外史》第十一回:"面着一方小天井,有几树梅花。"又二十二回:"那两个长随买了一尾时鱼,一只烧鸭,一方肉,和些鲜笋、芹菜,一齐拿上船来。"❼商代、周初对周围少数部族的称呼。如鬼方、土方等。"方"同"邦"。《书·多方》:"猷,告而四国多方。"多方犹众邦。❽方正;正直。《淮南子·主术训》:"智欲圆而行欲方。"《三国志·魏志·邴原传》:"志行忠方。"❾方版,古代书写用的木板。《仪礼·聘礼》:"不及百名书于方。"❿旧时计量面积或体积的一种单位。面积一方即一丈见方。体积一方因所计量的物质而异:砂土一般以方一丈、厚一尺为一方,石头则以长、阔、厚各一尺为一方。⓫数学以一数自乘为方。如:平方;立方。⓬方术;道术。《庄子·天下》:"惠施多方,其书五车。"《论语·雍也》:"可谓仁之方也已。"亦指方法。如:千方百计;教导有方。《荀子·大略》:"博学而无方。"杨倞注:"方,法也。"⓭方剂。如:药方;处方;工业配方。《论衡·定贤》:"譬犹医之治病也……方施而药行。"⓮并船。《国语·齐语》:"方舟设泭。"韦昭注:"方,并也。编木曰泭。"引申为竹木编排的筏子,亦即谓以木排渡水。《诗·周南·汉广》:"江之永矣,不可方思。"毛传:"方,泭也。"⓯并列;并排。《仪礼·乡射礼》:"不方足。"《汉书·扬雄传上》:"方驰千驷。"⓰比拟;比方。《后汉书·谢夷吾传》:"方之古贤,实有伦序。"《文选·阮籍〈咏怀诗〉》"丹青著明誓"李善注:"丹青不渝,故以方誓。"⓱违;逆。见"方命❶"。⓲甫;始。《诗·大雅·行苇》:"方苞方体。"孔颖达疏:"此苇方欲茂盛,方欲成体。"⓳正在。《史记·外戚世家》:"是时项羽方与汉王相距荥阳。"⓴当。苏轼《赤壁赋》:"方其破荆州,下江陵,顺流而东也。"㉑将。《诗·秦风·小戎》:"方何为期?"朱熹集传:"将以何时为归期乎?"㉒通"房"。谷始生未实之称。《诗·小雅·大田》:"既方既皂。"郑玄笺:"方,房也,谓孚甲始生未合时也。"㉓占居。《诗·召南·鹊巢》:"维鹊有巢,维鸠方之。"㉔地名。《诗·小雅·六月》:"侵镐及方。"朱熹注:"镐、方,皆地名。方,疑皆朔方也。"约在今陕西、宁夏一带。㉕姓。

另见fēng,páng,wǎng。

方便 ❶佛教指权宜。与"权❼"同义。谓对各种不同程度的人,采取各种不同的传教方式使之信仰。《维摩诘经·法供养品》:"以方便力,为诸众生分别解说,显示分明。"❷犹方法、办法。《杂宝藏经·乌枭报怨

缘》："宜作方便，殄灭诸枭；然后我等，可得欢乐。"❸机会。《北史·孟业传》："州中要职诸人，欲相贿赠，止患无方便耳。"❹便利。《京本通俗小说·冯玉梅团圆》："好行方便，救了许多人性命。"❺犹解手。多用于话本小说。

方伯 古代诸侯中的领袖之称，谓为一方之长。《礼记·王制》："千里之外设方伯。"明清时用作对布政使的称呼。

方册 同"方策❶"。典籍。韩愈《与孟尚书书》："圣贤事业，具在方册。"程大昌《演繁露》卷七："方册云者，书之于版，亦或书之竹简也；通版为方，联简为册。"

方策 ❶典籍。《礼记·中庸》："文武之政，布在方策。"郑玄注："方，版也；策，简也。"❷谋画策略。《三国志·魏志·郭淮等传评》："郭淮方策精详，垂问秦雍。"

方寸 ❶方一寸，喻其小。《孟子·告子下》："不揣其本而齐其末，方寸之木，可使高于岑楼。"❷指心。亦作"方寸地"。《三国志·蜀志·诸葛亮传》："庶（徐庶）辞先主而指其心曰：'本欲与将军共图王霸之业者，以此方寸之地。今已失老母，方寸乱矣。'"

方寸地 ❶指心。《列子·仲尼》："吾见子之心矣，方寸之地虚矣。"❷一小块地方。《新唐书·员半千传》："陛下何惜玉陛方寸地，不使臣披露肝胆乎？"

方底 盛书之囊。《汉书·孝成赵皇后传》："中黄门田客持诏记，盛绿绨方底，封御史中丞印。"颜师古注："方底，盛书囊，形若今之算幐耳。"

方幅 ❶方正。长阔相等。《南史·徐勉传》："吾清明门宅，无相容处，所以尔者，亦复有以。前割西边施宣武寺，既失西厢，不复方幅。"也指人品的方正。《北史·樊子盖传》："宜选贞良宿德有方幅者教习之。"❷古代典诰诏命表奏用的书册。《陈书·姚察传》："宫内所须方幅手笔，皆付察立草。"❸六朝人语，犹言公然。《宋书·吴喜传》："不欲方幅露其罪恶。"

方轨 两车并行。《史记·苏秦列传》："车不得方轨，骑不得比行。"后亦用以比喻并列不相上下。《宋书·谢灵运传论》："爰逮宋氏，颜、谢腾声，灵运之兴会标举，延年之体裁明密，并方轨前秀，垂范后昆。"

方技 古指医、卜、星、相之术。《汉书·艺文志》："方技者，皆生生之具……故论其书，以序方技为四种。"按四种谓医经、经方、房中、神仙。《后汉书》有方术传，《新唐书》、《宋史》有方技传，《明史》有方伎传，皆同。参见"方术❷"。

方家 原指深于道术的人。《庄子·秋水》："吾长见笑于大方之家。"成玄英疏："方犹道也。"后指精通某种学问或技艺的专家。

方驾 ❶两车并行。《后汉书·马防传》："临洮道险，车骑不得方驾。"❷犹言并驾齐驱。刘孝标《广绝交论》："遒文丽藻，方驾曹王。"

方巾 明代的一种头巾。处士及儒生所用。《三才图会·衣服》："方巾，此即古所谓角巾也……相传国初服此，取四方平定之意。"《儒林外史》第一回："那边走过三个人来，头带方巾。"

方领矩步 古代儒者的服饰和容态。方领是直的衣领；矩步谓行步合乎规矩。《隋书·儒林传序》："方领矩步之徒，亦多转死沟壑。"

方略 方策；谋略。《晋书·王濬传》："濬设方略，悉诛弘（张弘）等。"

方面 ❶事情或事物的一面。亦指各方面。《文选·陆倕〈石阙铭〉》："区宇乂安，方面静息。"李善注："方面，四方面也。"❷方向。《后汉书·逄萌传》："诏书征萌，托以老耄，迷路东西，语使者云：'朝廷所以征我者，以其有益于政，尚不知方面所在，安能济时乎？'"❸一方的军政事务。《后汉书·冯异传》："受任方面，以立微功。"李贤注："谓西方一面专以委之。"后称总督、巡抚等官为方面官。

方命 ❶亦作"放命"。违命。《书·尧典》："方命圮族。"《孟子·梁惠王下》："方命虐民。"赵岐注："方，犹逆也。"后常用作谦词，表示对对方的嘱托不能照办。《二十年目睹之怪现状》第八回："这件事，实在不能尽力，只好方命的了。"❷遍告。《诗·商颂·玄鸟》："方命厥后，奄有九有。"郑玄笺："方命其君，谓遍告诸侯也。"

方内 ❶四境之内；国内。《三国志·魏志·钟会传》："今边境乂清，方内无事。"❷世俗之中。王勃《忽梦游仙》诗："仆本江上客，牵迹在方内。"❸方枘。内，通枘。《新序·杂事》："方内而员钲如何？"员，通"圆"。

方人 ❶议论人的短长。《论语·宪问》："子贡方人。"陆德明释文："孔云：'比方人也。'按郑本作谤，谓言人之过恶。"❷古代西方少数民族的别称。《逸周书·王会解》："方人以孔鸟。"孔晁注："方人，亦戎别名。"

方枘圆凿 见"圆凿方枘"。

方山冠 冠名，汉代祭宗庙时乐师所戴。《后汉书·舆服志下》："方山冠，似进贤（冠），以五采縠为之。祠宗庙，大予、八佾、四时、五行乐人服之。冠衣各如其方之色而舞焉。"

方胜 方形的彩胜，古代妇人饰物。以彩绸等为之，由两个斜方形部分叠合而成。也指这种形状的东西。《宋史·舆服志四》："六梁冠，方胜宜男锦绶为第三等，左右仆射至龙图、天章、宝文阁直学士服之。"此指服饰。王实甫《西厢记》第三本第一折："不移时把花笺锦字，叠做个同心方胜儿。"此指将信笺叠成菱形花样。

方士 ❶周代掌管王子弟和公卿、大夫的采地狱讼的官。《周礼·秋官·方士》："方士掌都家，听其狱讼之辞，辨其死刑之罪而要之。"郑玄注："都，王子弟及公卿之采地；家，大夫之采地。"❷中国古代讲神仙方术、从事巫祝术数的人。起源于战国燕齐一带近海地区。以修炼成仙和不死之药等方术上邀统治者的信任。如秦始皇时"入海求仙"的徐福、汉文帝时"望气取鼎"的新垣平、汉武帝时主张"祠灶"的李少君，自言能"致鬼"见李夫人的李少翁，自言能"通神"的栾大；三国曹操时善于"辟谷"的左慈等皆是。在汉代著作中方士同"道士"通用。

方书 ❶指官府文书。《汉书·张苍传》："秦时为御史，主柱下方书。"颜师古注引如淳曰："方，板也。谓事在板上者也。秦置柱下史，苍为御史，主其事。或曰，主四方文书也。"❷记载和论述中医药方剂的著作。如马王堆医帛书《五十二病方》，为我国现存较早的一部方书。汉张仲景《伤寒杂病论》、唐孙思邈《千金要方》和王焘《外台秘要》、宋王怀隐等《太平圣惠方》和裴宗元等《太平惠民和剂局方》，元危亦林《世医得效方》、明朱橚《普济方》等，都是内容比较丰富的方书。

方术 ❶古指关于治道的方法。即"道术"。《庄子·天下》："天下之治方术者多矣。"唐成玄英疏："方，道也。自轩顼已下，迄于尧舜，治道

艺术、方法甚多。"❷道教所信行的方仙之术。中国古代指天文(包括占候、星占)、医学(包括巫医)、神仙术、占卜、相术、命相、遁甲、堪舆等。《后汉书》列有华佗、左慈、费长房等三十五人的《方术列传》上下篇。其炼丹采药、服食养生、祭祀鬼神、祈禳禁呪等为道教所承袭,作为重要的修炼济度方法。

方俗 地方风俗。《南史·循吏传序》:"乃命轺轩,以省方俗。"

方俗语 通俗的定型词语,带有地方色彩。如上海话"寒毛凛凛"(令人害怕)。

方土 ❶犹言乡土。《书·旅獒》"毕献方物"孔传:"尽贡其方土所生之物。"❷指各地形胜物产人情。《晋书·王浑传》:"令中书指宣明诏,问方土异同,贤才秀异,风俗好尚,农桑本务。"

方外 ❶世外。语出《庄子·大宗师》"彼游方之外者也"。白居易《白蘋洲五亭记》:"此不知方外也,人间也,又不知蓬、瀛、崑、阆,复何如哉?"也谓超然于世俗礼教之外。杜甫《逼仄行赠毕曜》:"街头酒价常苦贵,方外酒徒稀醉眠。"后因称僧道为方外。❷中原以外的地区。《汉书·路温舒传》:"暴骨方外,以尽臣节。"

方位 《文选·张衡〈东京赋〉》:"辩方位而正则。"薛综注:"方位,谓四方中央之位也。"今以东、西、南、北为基本方位,东北、东南等为中间方位;又上、下、前、后等,都属方位之列。

方位词 表示方向或位置的名词。分单纯的(上、下、前、后、东、西、内、外)和合成的(以上、之下、前边、东面、外头)两种。它的主要用途是:同别的词或语素合成表示处所、时间的名词(地下、晚上);附在其他词或词组的后边,合成表示处所、时间的方位结构(长江以南、三年之内)。

方闻 有道而博闻。《汉书·武帝纪》:"详延天下方闻之士,咸荐诸朝。"颜师古注:"方,道也;闻,博闻也。"

方物 ❶土产。《书·旅獒》:"无有远迩,毕献方物。"❷犹言想像,指状。即"仿佛"。《国语·楚语下》:"民神杂糅,不可方物。"韦昭注:"方,犹别也;物,名也。"按《汉书·郊祀志上》作"不可放物"。方物、放物,都是"仿佛"的声转。韦注非。参见"仿佛"。

方相 原为职掌"驱鬼"之官。《周礼·夏官》有"方相氏","蒙熊皮,黄金四目,玄衣朱裳,执戈扬盾"。旧时迷信,模拟其凶恶可怕的形象,作为驱逐疫鬼和出丧时开道之用。《晋书·左贵嫔传》:"方相仡仡,旌旗翻翻。"

方兴未艾 艾,停止。谓事物正在发展,未到止境。陈亮《戊申再上孝宗皇帝书》:"天下非有豪猾不可制之奸,虏人非有方兴未艾之势而何必用此哉!"

方音 同一语言在不同地域因演变而形成的语音差别。在标准音确立后,以不同于标准音的为方音。如广州人读"凯"如"海",福州人读"知"如"低",海南岛人读"起"如"喜",这些都是不同的方音。

方隅 四方和四隅,引申指国家的边疆。《南史·陈高祖纪》:"世道初艰,方隅多难。"陈与义《渡江》诗:"虽异中原险,方隅亦壮哉!"

方舆 犹"舆地"。古人以为天圆地方,地能载万物,犹同车舆,故以"方舆"指地。束晳《补亡诗》:"漫漫方舆。"宋时祝穆有《方舆胜览》,记当时地理。旧时地理学亦称方舆之学。

方丈 ❶一丈见方。《孟子·尽心下》:"食前方丈。"谓菜肴罗列之多。❷佛教禅宗寺院住持的住所。据《维摩诘经》载,维摩诘居士所住卧室,一丈见方,但容量无限,因称。后成为僧职,专指住持。❸道教全真派对十方丛林的主持人及其居住的静室的称呼。道教正一派宫观一般不设方丈,但亦有例外,如苏州玄妙观的主持者也称方丈。❹古代传说中的三神山之一,又名方壶。《史记·封禅书》:"自威、宣(齐威王、宣王)、燕昭(燕昭王)使人入海求蓬莱、方丈、瀛洲。此三神山者,其傅在勃海中。"

方趾圆颅 古时以趾方头圆为人类的特征,因用以指人类。《南史·陈高祖纪》:"茫茫宇宙,楑楑黎元,方趾圆颅,万不遗一。"亦作"圆颅方趾"。

方中 ❶正中。《诗·鄘风·定之方中》:"定之方中,作于楚宫。"毛传:"方中,昏正四方。"陈奂传疏:"云方中昏正四方者,言定星昏见,正居四方之中。"❷古时天子即位,预作陵墓,但不直称陵墓,讳称为方中。《汉书·张汤传》:"调茂陵尉,治方中。"颜师古注引孟康曰:"方中,陵上土作方也。"

方诸 ❶古代在月下承露取水的器具。《周礼·秋官·司烜氏》"以鉴取明水于月"郑玄注:"鉴,镜属,取水者,世谓之方诸。"《淮南子·览冥训》:"方诸取露于月。"方诸用大蛤作成。也有用石凿成,或用铜铸成。《淮南子·天文训》:"方诸见月,则津而为水。"高诱注:"方诸,阴燧,大蛤也。熟摩令热,月盛时以向月下,则水生,以铜盘受之,下水数滴。"❷借指铜镜。陆龟蒙《自遣》诗:"月娥如有相思泪,只待方诸寄两行。"

邡(fāng) 见"什邡"。
另见 fǎng。

坊(fāng) ❶市街村里的通称。如:街坊;村坊。❷别屋。何晏《景福殿赋》:"屯坊列署,三十有二。"❸牌坊,多用石建。旧时用以表扬忠孝节义或科第寿考等。如:贞节坊;三元坊;百岁坊。❹泥制模型。《淮南子·齐俗训》:"炉橐坁坊设,非巧冶不能以治金。"高诱注:"坊,土刑(型)也。"❺店铺。灌圃耐得翁《都城纪胜·茶坊》:"大茶坊张挂名人书画。"❻工场。如:槽坊;染坊。周密《武林旧事·作坊》:"凡货物盘架之类,一切取办于作坊。"
另见 fǎng。

芳(fāng) ❶香;香气。《离骚》:"兰芷变而不芳兮。"唐太宗《小池赋》:"草异色而同芳。"❷花卉。宋玉《风赋》:"回穴冲陵,萧条众芳。"❸比喻美名或美德。《晋书·武元杨皇后传》:"后承前训,奉述遗芳。"

芳草 香草。比喻忠贞。《离骚》:"何昔日之芳草兮,今直为此萧艾也。"王逸注:"《离骚》之文,依《诗》取兴,引类譬喻,故善鸟香草,以配忠贞。"

芳菲 花草美盛芬芳。刘禹锡《春日书怀》诗:"野草芳菲红锦地,游丝撩乱碧罗天。"也指花草。陆龟蒙《阖闾城北有卖花翁》诗:"十亩芳菲为旧业。"

芳年 美好的年华。犹妙龄。刘铄《拟行行重行行》:"芳年有华月,佳人无还期。"卢照邻《长安古意》诗:"曾经学舞度芳年。"

芳泽 泽,古代妇女润发用的香油。芳,言其芳香。《列子·周穆王》:"施芳泽,正蛾眉。"也指香气。参见"香泽❷"。

芳躅 指前贤的遗迹。《史记·万石张叔列传》司马贞索隐述赞:"敏

行讹言,俱嗣芳躅。"后亦用以称人的步履、行踪或行为。

沴(fāng) ❶同"方"。见《说文·方部》。❷古水名。见《山海经·南山经》。

另见 pāng。

枋(fāng) ❶木名。《庄子·逍遥游》:"我决起而飞,枪榆枋。"李颐注:"枋,檀木。"❷筑堤堰用的大木桩。卢谌《征艰赋》:"后背洪枋巨堰,深渠高堤。"

另见 bǐng。

牥(fāng) 见"牥牛"。

牥牛 古代传说中的一种牛,能像骆驼一样在沙漠中远行。《穆天子传》卷四:"天子饮于文山之下。文山之人归遗乃献良马十驷,用牛三百,守狗九十,牥牛二百,以行流沙。"郭璞注:"此牛能行流沙中如橐驼。"

钫〔鈁〕(fāng) ❶古代器名。即方形壶,或有盖。青铜制。用以盛酒浆或粮食。盛行于战国末至西汉初。陶制的多是明器。❷化学元素[周期系第Ⅰ族(类)碱金属元素]。符号 Fr。原子序数87。具放射性。质量数为 223 的同位素半衰期为 22 分钟。1939 年发现。

钫

蚄(fāng) 见"虸"。

fáng

防(fáng) ❶堤岸。《周礼·地官·稻人》:"以防止水。"❷防备;防范。如:预防;防涝;以防万一。《后汉书·桓谭传》:"盖善政者,视俗而施教,察失而立防。"❸防守;守御。如:国防;边防。《易·既济》:"君子以思患而豫防之。"❹比;当。《诗·秦风·黄鸟》:"唯此仲行,百夫之防。"郑玄笺:"言此一人当百夫。"❺古邑名。(1)春秋陈地,在今河南淮阳北。《诗·陈风》:"防有鹊巢。"(2)一名东防。春秋鲁地,世为臧氏食邑。在今山东费县东北。《春秋》隐公九年(公元前 714 年):"公会齐侯于防。"(3)一名西防,春秋宋地,后属鲁。在今山东金乡西。《春秋》隐公十年(前 713 年):"公败宋师于菅,……辛巳取防。"❻姓。东汉时有防广。

防表 标准。《荀子·儒效》:"君子言有坛宇,行有防表。"杨倞注:"防,堤防。表,标也。行有防表,谓有标准也。"坛宇,界限。

防不及防 谓想到防已来不及防备。《野叟曝言》六十七回:"可见小人之伺君子,每于所忽,有防不及防者也。"

防患未然 未然:没有这样。防止祸患于发生之前。《易·既济》:"君子以思患而豫防之。"《汉书·孝成赵皇后传》:"事不当时固争,防祸于未然。"后以"防患未然"谓防止祸患于发生以前。《明史·于谦传》:"乞敕内外守备及各巡抚加意整饬,防患未然。"

防微杜渐 在错误或坏事刚刚发生或还未显著时就加以防止,不让它发展。《元史·张桢传》:"有不尽者,亦宜防微杜渐而禁于未然。"

防芽遏萌 遏:阻止、抑止。谓在错误或坏事刚露头的时候,就加以防范和抑止。《三国志·吴书·孙奋传》:"大行皇帝览古戒今,防芽遏萌,虑于千载。"

防意如城 意,欲念。谓严格遏止自己的私欲,有如守城防敌一样。宋周密《癸辛杂识别集下·守口如瓶》:"富郑公(富弼)有'守口如瓶、防意如城'之语。"朱熹《敬斋箴》:"守口如瓶,防意如城。洞洞属属,罔敢或轻。"

坊(fáng) ❶堤坊。《礼记·郊特牲》:"祭坊与水庸。"孔颖达疏:"坊者所以畜水,亦以鄣水;庸者,所以受水,亦以泄水。"❷通"防"。防范。《礼记·坊记》:"故君子礼以坊德,刑以坊淫,命以坊欲。"

另见 fāng。

妨(fáng) ❶损害。《国语·周语下》:"用物过度,妨于财。"❷阻碍。如:妨碍。杜甫《雨晴》诗:"今朝好晴景,久雨不妨农。"

肪(fáng) 脂肪。也特指动物腰部肥厚的脂肪。《太玄·竈》:"脂牛正肪,不濯釜而烹。"《文选·魏文帝〈与钟大理书〉》:"白如截肪。"李善注引《通俗文》曰:"脂在腰曰肪。"

房(fáng) ❶古代指正室两旁的房间。《书·顾命》:"在西房。"今为房屋的通称。如:楼房;瓦房;库房。也指房间。如:正房;厢房;书房;厨房。❷指妻室。如:填房;房下。❸家族的分支。如:亲房;本房;近房;远房。❹物体中分隔开

的各个部分。如:蜂房;莲房;心房。❺星官名。二十八宿之一。即"房宿"。❻姓。

另见 páng。

房栊 ❶窗户。《汉书·外戚传下》:"广室阴兮帷幄暗,房栊虚兮风泠泠。"王维《桃源行》:"月明松下房栊静,日出云中鸡犬喧。"❷泛指房屋。《文选·张协〈杂诗〉》:"房栊无行迹,庭草萋以绿。"

房事 指夫妇间的性行为。晋葛洪《神仙传》卷十《甘始传》:"行房中之事。"后世简称为"房事"。

房闼 宫室的门户。桓谭《新语·无为》:"设房闼,备厮库,缋雕琢刻画之好,博玄黄琦玮之色,以乱制度。"

房中术 古代方士、道士房中节欲、养生保气之术。《汉书·艺文志》著录房中八家,百八十六卷。谓"乐而有节,则和平寿考;及迷者弗顾,以生疾而陨性命"为方术的一个流派。张陵、张衡、张鲁之时的道教业已吸收,名之曰"男女合气之术"。北魏寇谦之曾予以废除。但后世道教徒中,仍有房中术流派。

鲂〔鲂〕(fáng) 动物名。学名 *Megalobrama terminalis*。亦称"三角鲂"、"三角鳊"。硬骨鱼纲,鲤科。体形似鳊,但背部特别隆起,腹面只腹鳍后部具肉棱。银灰色,长达 50 余厘米。栖息水的中下层,草食性。分布于中国各地江河、湖泊中。为淡水经济鱼类之一。可养殖。

鲂鮄 亦称"火鱼"。硬骨鱼纲,鲂鮄科。一群底栖性鱼类。体略呈圆筒形,后部稍侧扁。头被骨板。体被栉鳞、圆鳞或骨板。胸鳍下部具指状游离鳍条,能在水底爬行,以甲壳类、软体动物和小鱼等为食。喜群栖。分布于温带和亚热带区域;中国沿海均产。常见的有红娘鱼(*Lepidotrigla microptera*)和绿鳍鱼(*Chelidonichthys kumu*)。

fǎng

仿㊀〔倣〕(fǎng) ❶仿效;效法。如:仿造。❷相似。如:相仿。❸供学书儿童摹写的范本。如:仿纸。

㊁〔彷、髣〕(fǎng) 见"仿佛"。

另见 páng。

仿词 也叫"仿造词"。修辞学上辞格之一。根据现成语词推演,临时构造出一个同原来的词语意义相牵

连的新语词，以造成表达上的新鲜感。如:"作诗的人，叫'诗人';说诗的话，叫'诗话'。李有才作出来的歌，不是'诗'，明明叫做'快板'，因此不能算'诗人'，只能算'板人'。这本小书既然是说他作快板的话，所以叫做《李有才板话》。"(赵树理《李有才板话》)"板人"、"板话"就是仿"诗人"、"诗话"而成的。仿造词通常都与原词语相随连用。有的修辞学家把它称为析字格中的牵连法。

仿佛 亦作"彷佛"、"髣髴"。好像;似乎;不真切。扬雄《甘泉赋》:"虽方征侨与偓佺兮，犹仿佛其若梦。"《楚辞·远游》:"时仿佛以遥见兮，精皎皎以往来。"

仿古 摹仿古代的事物。今多用以指摹仿古器物、古艺术品的形式。亦作"放古"。

仿拟 修辞学上辞格之一。故意模仿套袭某种既成的语言格式，多用于讽刺嘲弄。如鲁迅的讽刺诗:"阔人已骑文化去，此地空余文化城。文化一去不复返，古城千载冷清清。专车队队前门站，晦气重重大学生。日薄榆关何处抗，烟花场上没人惊。"(《伪自由书·崇实》)就是套拟崔颢《黄鹤楼》诗而成的。

邡(fǎng) 通"访"。谋划。《穀梁传·昭公二十五年》:"宋公佐卒于曲棘，邡公也。"范宁集解:"邡当为访，访，谋也。言宋公所以卒于曲棘者，欲谋纳公。"

另见 fāng。

访〔訪〕(fǎng) ❶访问;咨询。《书·洪范》:"王访于箕子。"孔颖达疏:"武王访问于箕子，即陈其问辞。"❷探望。韩翃《送丹阳刘太真》诗:"相访不辞千里远。"❸寻求。《晋书·儒林传序》:"博访遗书。"❹通"方"。始。《汉书·高五王传》:"访以吕氏故，几乱天下。"

访逮 访求;询问。《后汉书·樊宏传》:"公朝访逮，不敢众对。"《新唐书·甄权传》:"太宗幸其舍，视饮食，访逮其术，擢朝散大夫。"

访戴 《世说新语·任诞》:"王子猷居山阴，夜大雪……忽忆戴安道。时戴在剡，即便夜乘小船就之。"后因称访友为"访戴"。钱起《寄袁州李嘉祐员外》诗:"雁有归乡羽，人无访戴船。"

访落 《诗·周颂》篇名。《诗序》:"《访落》，嗣王谋于庙也。"孔颖达《毛诗正义》:"谓成王既朝庙，而与群臣谋事，诗人述之而为此歌

焉。"朱熹《诗集传》则谓:"成王既朝于庙，因作此诗，以道延访群臣之意。"

仿(fǎng) 同"仿(髣)"。见《集韵·三十六养》。

纺〔紡〕(fǎng) ❶把各种纺织纤维制成纱或线。如:纺纱。❷亦称"纺绸"。用桑蚕丝、绢丝或化学纤维长丝作原料，采用平纹组织织成的一类丝织物。经纬一般不加拈回。织成后再经练、染或印花。质地平整缜密，比较轻薄。早先用人力织机生产，常按地区命名，例如，产于江苏吴江盛泽镇的"盛纺"等。20世纪初，电动丝织机取代了人力织机，其产品称"电力纺"。

另见 bǎng。

昉(fǎng) 曙光初现。引申为开始。《公羊传·隐公二年》:"始不亲迎，昉于此乎?"《列子·黄帝》:"众昉同疑。"张湛注:"昉，始也。"

瓶(fǎng) 同"旎"。《考工记》:"瓶人为簋。"参见"旎"。

放(fǎng) ❶依。《论语·里仁》:"放于利而行，多怨。"❷至。见"摩顶放踵"。《列子·杨朱》:"伯夷非亡欲，矜清之邮(尤)，以放饿死。"❸通"仿"。仿效。《汉书·贡禹传》:"后世争为奢侈，转转益甚，臣下亦相放效。"

另见 fàng。

放患 同"仿佛"。《汉书·礼乐志·郊祀歌》:"灵之至，庆阴阴，相放患，震淡心。"

放古 放，通"仿"。摹仿古代的事物。《汉书·儿宽传》:"及议欲放古巡狩封禅之事，诸儒对者五十馀人。"颜师古注:"放，依也。"

舫(fǎng) 船。一说两船相并。《国策·楚策一》:"舫船载卒，一舫载五十人与三月之粮。"后来一般指小船。如:游舫;画舫。姜夔《凄凉犯》词:"追念西湖上，小舫携歌，晚花行乐。"

旎(fǎng) 捏塑粘土成瓦器。《考工记·总序》:"抟埴之工，陶、旎。"郑玄注:"抟之言拍也;埴，粘土也。"又:"旎人为簋。"

鸯〔鴽〕(fǎng) 亦作"鲂"、"鳺"。鸟名。《尔雅·释鸟》:"鸯，泽虞。"郭璞注:"今媵泽鸟，似水鸮，苍黑色。常在泽中，见人辄鸣唤不去，有象主守之官，因名云。"俗呼为护田鸟。"按泽虞，《周礼·地

官》官名。陆德明释文:"鸯，本或作鸹。"按《说文·鸟部》作"鲂"。

鲂(fǎng) 同"鸯"。

fàng

放(fàng) ❶抛弃;驱逐。如:放弃;放逐。《书·舜典》:"放驩兜于崇山。"❷远出。如:放洋。旧时指京官调任外省。如:外放。❸散放。如:放学;放牧。《书·武成》:"放牛于桃林之野。"❹逃逸。《孟子·尽心下》:"如追放豚。"❺释放。白居易《七德舞》诗:"怨女三千放出宫。"❻恣纵;放任。如:豪放;旷放。《晋书·嵇康传》:"又读《老》《庄》，重增其放。"❼扩展。如:放大;放宽。❽发出;升出。如:放炮;放光;百花齐放。❾发放。如:放赈;放饷。❿放债。《红楼梦》第二十四回:"这倪二是个泼皮，专放重利债。"⓫安放;搁置。《庄子·知北游》:"神农隐几，拥杖而起，曝然放杖而笑。"

另见 fǎng。

放榜 发榜。科举时公布考试录取者的名单。钱易《南部新书·丙集》:"新进士放榜后，翌日排光范门，候过宰相。"

放达 率性而为，不受礼法及世俗之见的拘束。《世说新语·任诞》:"刘伶恒纵酒放达，或脱衣裸形在屋中。"

放诞 ❶谓放纵不守规范。《南史·檀超传》:"少好文学，放诞任气。"❷虚妄;怪诞。《汉书·叙传下》:"放诞之徒，缘间而起。"颜师古注:"谓方士言神仙之术也。"

放荡 不受约束，放恣任性。《汉书·东方朔传》:"指意放荡，颇复诙谐。"后来常指行为不检点。《水浒传》第八十回:"高太尉大醉，酒后不觉失言，疏狂放荡，便道:'我自小得一身相扑，天下无对。'"

放灯 ❶旧时元宵节，燃点花灯，让人通夜观览，叫"放灯"。朱翌《猗觉寮杂记》卷下:"近有《侯鲭录》载:京师上元放灯三夕，钱氏纳土，进钱买两夜，今十七、十八夜是也。乃世俗妄传。乾德五年诏，谓时和岁丰，展十七、十八两夕。事见《太祖实录》、《三朝国史》、《国朝会要》。"按放灯时间后来各地不同。富察敦崇《燕京岁时记·灯节》:"自十三以至十七均谓之灯节，惟十五日谓之正灯

耳。每至灯节,内廷筵宴,放烟火,市肆张灯。"❷旧时和尚做道场的项目之一。《儒林外史》第四回:"众和尚吃完了斋,洗了脸和手,吹打拜忏,行香放灯。"

放饭流歠 《礼记·曲礼上》:"毋放饭,毋流歠。"放饭,大口吃饭;流歠,大口喝汤。古人认为在尊长面前放饭流歠是很不礼貌的态度。《孟子·尽心上》:"放饭流歠,而问无齿决,是之谓不知务。"齿决,用牙齿咬断干肉。谓既大吃大喝,失去礼貌,却又讲究不用牙齿咬干肉,可以说是不识大体。

放告 旧时官府每月定期坐衙受理案件叫"放告"。《二十年目睹之怪现状》第四十五回:"我到任后,放告的头一天,便有一个已故盐商之妾罗魏氏,告他儿子罗荣统的不孝。"

放歌 尽情纵声歌唱。杜甫《闻官军收河南河北》诗:"白首放歌须纵酒,青春作伴好还乡。"白首,一作"白日"。

放虎自卫 犹言"引狼入室"。比喻欲求自卫,反以招祸。《华阳国志·公孙述刘二牧志》:"刘主(刘备)至巴郡。巴郡严颜拊心叹曰:'此所谓独坐穷山,放虎自卫者也。'"

放怀 坦率尽情,毫无拘碍。温庭筠《春日偶作》诗:"自欲放怀犹未得,不知经世竟如何。"

放旷 旷达;心胸开阔无检束。《晋书·桓石秀传》:"居寻阳,性放旷,常弋钓林泽,不以荣爵婴心。"

放浪 放纵不受约束。王羲之《兰亭集序》:"或因寄所托,放浪形骸之外。"《金史·元德明传》:"放浪山水间。"

放冷箭 乘人不备,放箭射人;比喻暗中伤人。鲁迅《华盖集续编·无花的蔷薇》:"我对于'放冷箭'的解释,颇有些和他们一流不同,是说有人受伤,而不知这箭从什么地方射出。"参见"暗箭"。

放命 同"方命❶"。违命。《汉书·傅喜传》:"与故大司空丹(师丹)同心背畔,放命圮族。"颜师古注引应劭曰:"放弃教令,毁其族类。"

放生 谓释放鱼鸟等动物。《列子·说符》:"邯郸之民,以正月之旦献鸠于简子,简子大悦,厚赏。客问其故,简子曰:'正旦放生,示有恩也。'"后来信佛的人把放生看作是一种善举。

放手 ❶无所顾忌,恣意妄为。《后汉书·明帝纪》:"权门请托,残

吏放手。"李贤注:"放手,谓贪纵为非也。"今指消除顾虑或限制。如:放手发动群众。❷犹信手,随手。杜甫《示从孙济》诗:"刈葵莫放手,放手伤葵根。"❸犹松手,住手。阮大铖《燕子笺·收女》:"后面费了许多事才放手。"

放肆 犹放纵。谓无拘无束,或肆无忌惮。《关尹子·六匕》:"一鰕至微,亦能放肆乎大海。"《三国志·魏志·袁术传评》:"袁术奢淫放肆。"

放松 ❶在心理学上,指由于降低紧张程度而产生的安静、松弛状态。分不随意放松和随意放松。前者如睡眠前的松弛,后者如采取安静姿势、设想安静状态、放松肌肉引起的松弛。❷对事物的关心或控制变得松懈。如:对计划的执行不能放松。

放下屠刀 比喻决心悔改,不再作恶。《朱子语类》卷三十《论语·雍也》:"佛家所谓放下屠刀,立地成佛。"

放心 ❶放纵恣肆之心。《书·毕命》:"虽收放心,闲之维艰。"闲,防制。❷孟子谓丧失了的善良之心。《孟子·告子上》:"学问之道无他,求其放心而已矣。"❸开怀。王维《瓜园》诗:"携手追凉风,放心望乾坤。"❹安心;消除顾虑。《三国演义》第二十七回:"关公见众人手中皆无军器,方始放心。"

放勋 唐尧的称号,一说是尧的名。《书·尧典》:"曰若稽古帝尧,曰放勋。"孔传:"勋,功。"孔颖达疏:"帝尧能放效上世之功,而施其教化。"《史记·五帝本纪》:"帝尧者,放勋。"司马贞索隐:"尧,谥也;放勋,名。"

放言 畅所欲言,不受拘束。《论语·微子》:"虞仲、夷逸,隐居放言。"何晏集解引包咸注:"放,置也;不复言世务。"刘宝楠正义:"《后汉书·孔融传》:'跌荡放言。'李贤注:'放,纵也。'又《荀韩钟陈传论》:'汉自中世以下,阉竖擅恣,故俗遂以通身矫洁放言为高。'李贤注:'放肆其言,不拘节制也。'《论语》曰:隐居放言。'此解似胜包氏。"

放眼 放开眼界;目光不局限在狭小范围内。如:放眼世界。张养浩《过李溉之天心亭》诗:"放眼乾坤独倚阑。"

放洋 谓乘船出海。何薳《春渚纪闻》卷二:"放洋之二日,风势甚恶,海涛忽大汹涌。"

放夜 唐代起每年正月十四日到

十六日,准许百姓整夜通行,不加禁止,叫"放夜"。《山堂肆考·宫集》卷八"金吾弛禁"引唐韦述《西都杂记》:"西都京城街衢,有执金吾晓暝传呼,以禁夜行。惟正月十五夜,敕许弛禁,前后各一日,谓之放夜。"

放恣 放纵任性。《孟子·滕文公下》:"诸侯放恣,处士横议。"

放纵 ❶无所阻碍地蔓延伸展。《诗·郑风·山有扶苏》"隰有游龙"郑玄笺:"红草放纵枝叶于隰中。"隰,低下的湿地;龙,红草。❷任性而为,不加约束。《后汉书·光武帝纪》:"人情得足,苦于放纵。"

fēi

飞〔飛〕(fēi) ❶鸟类及虫类等在空中拍翅行动。《诗·小雅·鸿雁》:"鸿雁于飞。"亦指物体在空中飘荡或行动。如:飞雪;飞絮;飞机起飞。❷形容高在半空中。如:飞阁;飞桥。❸形容迅速如飞。如:飞奔。❹声音上扬。《文心雕龙·声律》:"凡声有飞沉……飞则声扬不还。"❺突然的;意外的。如:飞灾;飞祸。❻无根据的。如:流言飞语。❼通"绯"。如:脸涨得飞红。❽通"非"。不是。《隶释·汉梁相孔耽神祠碑》:"天授之性,飞其学也。"

飞白 ❶修辞学上辞格之一。"白"指"白字","飞白"就是故意写白字。是明知其错而有意仿效的一种修辞方法。用法有两种:一是人家怎么错的,就照直录用;二是援引人家的错误以取笑或讽刺。例如:"湘云走来,笑道:'爱哥哥,林姐姐,你们天天一处玩,我好容易来了,也不理我理儿。'黛玉笑道:'偏是咬舌子爱说话,连个二哥哥也叫不上来,只是爱哥哥,爱哥哥的。回来赶围棋儿,又该你闹幺爱三了。'"(《红楼梦》第二十回)其中"爱"为"二"之音讹,而"爱哥哥"的"爱"是第一种用法,"幺爱三"的"爱"是第二种用法。❷一种特殊风格的书法。相传东汉灵帝时修饰鸿都门,工匠用刷白粉的帚写字,蔡邕得到启发,作飞白书。这种书法,笔画中丝丝露白,像枯笔写成的模样,用以装饰题署宫阙,汉、魏时曾广泛采用。存世名迹有唐太宗书《晋祠铭题额》与米芾书《虹县诗卷》等。

飞变 密告紧急事变的奏章。《汉书·张汤传》:"河东人李文,故尝与汤有隙……汤有所爱史鲁谒居,知汤

弗平，使人上飞变告文奸事。”史，小吏。弗平，指张汤不满李文。

飞刍挽粟 急速运送粮草。《汉书·主父偃传》：“又使天下飞刍挽粟。”颜师古注：“运载刍稿令其疾至，故曰飞刍也，挽谓引车船也。”

飞短流长 亦作“蜚短流长”。飞、流，散布。短、长，喻是非、善恶。谓任意散布捏造谣言，中伤他人。《聊斋志异·封三娘》：“造言生事者，飞短流长，所不堪受。”

飞遁 同“肥遁”。飘然引退。曹植《七启》：“飞遁离俗。”

飞蛾赴火 亦作“飞蛾投火”、“飞蛾扑火”。比喻自取灭亡。《梁书·到溉传》：“如飞蛾之赴火，岂焚身之可吝。”无名氏《谢金吾》第三折：“我已曾着人拿住杨景、焦赞两个，正是飞蛾投火，不怕他不死在手里。”

飞耳 能听得远处声音的耳朵。《管子·九守》：“一曰长目，二曰飞耳，三曰树明，明知千里之外、隐微之中。”

飞伏 汉代易学术语。以卦见者为飞，不见者为伏；以飞为未来，伏为既往。汉儒用以占验吉凶。《京氏易传》曾有记载，清惠栋《易汉学》加以阐发。

飞凫 ❶飞翔的野鸭。曹植《洛神赋》：“体迅飞凫，飘忽如神。”❷舟名。《荆楚岁时记》：“五月五日竞渡。俗为屈原投汨罗日，伤其死，故并命舟楫以拯之，舸舟取其轻利，谓之飞凫。”

飞阁 ❶架空建筑的阁道。《三辅黄图·汉宫》：“帝于未央宫营造日广，以城中为小，乃于宫西跨城池作飞阁，通建章宫，构辇道以上下。”❷犹高阁。《洛阳伽蓝记·城内瑶光寺》：“高祖在城内作光极殿，因名金墉城门为光极门，又作重楼飞阁，遍城上下，从地望之，有如云也。”

飞光 ❶指日月。沈约《宿东园》诗：“飞光忽我遒，岂止岁云暮。”❷光辉照射。江淹《别赋》：“日下壁而沉彩，月上轩而飞光。”

飞翰 飞速传书。《后汉书·孔融传》：“收合士民，起兵讲武，驰檄飞翰，引谋州郡。”

飞黄 ❶传说中的神马名。亦名“乘黄”。《淮南子·览冥训》：“青龙进驾，飞黄伏皂。”高诱注：“飞黄，乘黄也，出西方，状如狐，背上有角，寿千岁。”❷“飞黄腾达”的省称。邵璨《香囊记·起程》：“及早飞黄千里，扬姓字耀门楣。”❸古代勇士飞廉与中黄伯的合称。张协《七命》：“于是飞、黄奋锐，贲、石逞技。”贲，孟贲；石，石蕃。俱古代勇士。

飞黄腾踏 飞黄，传说中的神马名。形容马的飞驰。韩愈《符读书城南》诗：“飞黄腾踏去，不能顾蟾蜍。”后作“飞黄腾达”，借喻人贵显得志。《儒林外史》第二回：“正月初一日，梦见一个大红日头落在他头上，他这年就飞黄腾达的。”

飞祸 突然而来、意料不到的灾祸。《后汉书·周荣传》：“若卒遇飞祸，无得殡敛。”

飞将 本作“飞将军”。《史记·李将军列传》：“广（李广）居右北平，匈奴闻之，号曰汉之飞将军。”王昌龄《出塞》诗：“但使龙城飞将在，不教胡马度阴山。”后以称矫健敏捷的将领。《三国志·魏志·吕布传》：“布便弓马，膂力过人，号为飞将。”

飞镜 飞天之明镜，指月亮。李白《把酒问月》诗：“皎如飞镜临丹阙，绿烟灭尽清辉发。”

飞客 仙人。谢灵运《缓歌行》：“飞客结灵友，凌空萃丹丘。”

飞梁 架空的高桥。《后汉书·梁冀传》：“飞梁石蹬，陵跨水道。”李贤注：“架虚为桥若飞也。”

飞转 系在车轴上的装饰，一种画有花纹的丝织品，车行时因风而飞扬。《后汉书·舆服志》：“诸车之文：乘舆……重牙班轮，升龙飞转。”刘昭注：“飞转以缇油广八寸，长注地，画左苍龙右白虎，系轴头。”一说，轻车名，车上有窗。《文选·枚乘〈七发〉》：“将为太子驯骐骥之马，驾飞转之舆。”李周翰注：“飞转，轻舆也。”

飞龙 ❶《易·乾》：“九五，飞龙在天，利见大人。”孔颖达疏：“谓有圣德之人得居王位。”旧时因以“飞龙”比喻帝王。韩琮《公子行》：“别殿承恩泽，飞龙赐渥洼。”❷骏马。张衡《南都赋》：“驷飞龙兮骙骙。”骙骙，形容马的强壮。❸唐代御厩名。《新唐书·兵志》：“又以尚乘掌天子之御，左右六闲……总十有二闲，为二厩，一曰祥麟，二曰凤苑，以系饲之。其后禁中又增置飞龙厩。”

飞鸟使 即驿骑。指骑马传递消息或传送公文的人。王志坚《表异录·军旅部》：“吐蕃陷麟州，虏将徐舍人，会飞鸟使至，召其军还。飞鸟使，犹传骑也。”

飞奴 王仁裕《开元天宝遗事·传书鸽》：“张九龄少年时，家养群鸽，每与亲知书信往来，只以书系鸽足上，依所寄之处，飞往投之，九龄目之为飞奴。”后遂称信鸽为“飞奴”。萨都剌有《飞奴》诗。

飞蓬 ❶蓬，蓬草，枯后根断，遇风飞旋，故称飞蓬。《诗·卫风·伯兮》：“自伯之东，首如飞蓬。”常用来比喻行踪的飘泊不定。李白《鲁郡东石门送杜二甫》诗：“飞蓬各自远，且尽手中杯。”❷植物名。学名 *Erigeron acer*。菊科。二年生草本。基生叶和下部茎生叶倒披针形，中部和上部叶披针形。头状花序排列成伞房状或圆锥状，夏季开花，外围雌花舌状，淡紫红色；内层雌花细管状，无色；中央两性花管状，黄色。分布于中国西北、东北、华北、西南；俄罗斯、蒙古、日本、北美洲亦产。茎、叶可提芳香油。

飞蓬随风 蓬草随风飞转。比喻没有坚定意志，随情势改变。《后汉书·明帝纪》：“飞蓬随风，微子所叹，永览前戒，竦然兢惧。”

飞瀑 瀑布如飞而下，故称飞瀑。司空图《诗品·典雅》：“眠琴绿阴，上有飞瀑。”

飞骑 ❶快马。韦庄《和郑拾遗秋日感事》诗：“飞骑黄金勒，香车翠钿装。”❷唐贞观十二年（公元638年）在京师长安宫廷的玄武门置左右屯营，以诸卫将军统领，其兵称为飞骑。又选材力骁健善于骑射的，称为百骑，以扈从皇帝，后改称千骑，再改称万骑。

飞泉 ❶喷泉。《后汉书·耿恭传》：“闻昔贰师将军拔佩刀刺山，飞泉涌出。”贰师将军，指李广利。❷山谷名。《楚辞·远游》：“吸飞泉之微液兮。”洪兴祖补注引张揖曰：“飞泉，飞谷也，在昆仑西南。”

飞肉 飞禽。《太玄·唐》：“明珠弹于飞肉，其得不复。”

飞书 即匿名信。《后汉书·梁松传》：“遂怀怨望，四年冬，乃悬飞书诽谤，下狱死。”李贤注：“飞书者，无根而至，若飞来也，即今匿名书也。”

飞腾 飞向天空。《论衡·龙虚》：“形轻飞腾，若鸿鹄之状。”

飞兔 骏马名。《淮南子·齐俗训》：“待騕褭、飞兔而驾之，则世莫乘车。”高诱注：“騕褭，良马；飞兔，其子。”《后汉书·祢衡传》：“飞兔、騕褭，绝足奔放。”

飞堶 宋时民间流传的一种抛瓦石赌胜的游戏。梅尧臣《依韵和禁烟近事之什》：“窈窕踏歌相把袂，轻浮

赌胜各飞堶。"参见"堶"。

飞文 见之于文字的流言飞语。《汉书·刘向传》:"群小窥见间隙,缘饰文字,巧言丑诋,流言飞文,哗于民间。"

飞锡 佛教僧人游方之称。"锡"为锡杖,僧侣随身之物。相传唐元和(806—820)年间僧人隐峰游五台,掷锡杖飞空而去。故后世称僧人游方为"飞锡"。

飞星 流星。《汉书·天文志》:"阳朔四年,闰月庚午,飞星大如缶,出西南,入斗下。"

飞熊入梦 《史记·齐太公世家》:"西伯(周文王)将出猎,卜之曰:'所获非龙非彨(螭),非虎非罴;所获霸王之辅。'于是周西伯猎,果遇太公于渭之阳。"按"非虎",《宋书·符瑞志》作"非熊"。后由"非熊"讹为"飞熊",因有周文王梦飞熊而遇太公望的传说。《武王伐纣平话》、《封神演义》等书都专章演述这一传说。旧时常用为帝王得贤臣之典故。郑德辉《王粲登楼》第一折:"有一日梦飞熊能得志扶炎汉。"

飞扬 ❶飞舞飘扬。江淹《别赋》:"知离梦之踯躅,意别魂之飞扬。"❷放纵。《淮南子·精神训》:"趣舍滑心,使行飞扬。"高诱注:"飞扬,不从轨度也。"引申为兴奋得意,精神焕发。如:神采飞扬。参见"飞扬跋扈"。

飞扬跋扈 谓意气举动,越出常轨,不受约束。杜甫《赠李白》诗:"痛饮狂歌空度日,飞扬跋扈为谁雄?"后多指骄横放肆。《聊斋志异·席方平》:"飞扬跋扈,狗脸生六月之霜;隳突叫号,虎威断九衢之路。"

飞鹰走狗 指打猎。《后汉书·袁术传》:"少以侠气闻,数与诸公子飞鹰走狗。"亦作"飞鹰走犬"。李直夫《虎头牌》第一折:"我如今欲待去消愁闷,则除飞鹰走犬,逐逝追奔。"

飞语 流言。无根据的话或诽谤之语。《鹖冠子·武灵王》:"寡人闻飞语流传。"《后汉书·五行志四》:"中常侍张逵、蘧政与大将军梁商争权,为商作飞语,欲陷之。"

飞灾 犹"飞祸"。意外的灾祸。《红楼梦》第二十五回:"这不过是一时飞灾。"

飞章 报告急变的奏章。《后汉书·李固传》:"阿母、宦者疾固言直,因诈作飞章,以陷其罪。"阿母,指汉顺帝的乳母宋娥。

飞舟 行驶得很快的船只。曹丕《浮淮赋》:"浮飞舟之万艘兮,建干将之铦戈。"

飞走 飞禽和走兽。左思《吴都赋》:"笼乌兔于日月,穷飞走之栖宿。"

妃 (fēi) ❶配偶;妻。《仪礼·少牢馈食礼》:"以某妃配某氏。"郑玄注:"某妃,某妻也。"后世专指皇帝的姜,太子、王的妻。❷古时对神女的尊称。如:天妃;宓妃。❸通"绯"。见"妃色"。

另见 pèi。

妃色 淡红色。较深的叫绯色;淡一些的叫妃色。

非 (fēi) ❶不是。如:非亲非故。《庄子·秋水》:"子非鱼,安知鱼之乐?"❷不。如:非同小可。《书·盘庚下》:"各非敢违卜。"❸不对;过错。《荀子·解蔽》:"百家异说,则必或是或非。"又《非十二子》:"饰非而好,玩奸而泽。"❹责怪;反对。《荀子·正论》:"不怪朱象而非尧舜。"《淮南子·氾论训》:"孔子之所立也,而墨子非之。"❺无。贾谊《新书·耳痹》:"死而非补,则过计也。"❻非洲的简称。

另见 fěi。

非常 ❶异乎寻常。《史记·司马相如列传》:"盖世必有非常之人,然后有非常之事;有非常之事,然后有非常之功。非常者,固常之所异也。"❷指突如其来的事变。《汉书·吾丘寿王传》:"臣闻古者作五兵,非以相害,以禁暴讨邪也,安居则以制猛兽而备非常,有事则以设守卫而施行阵。"❸十分;很。如:非常光荣;非常认真。

非非 ❶谓否定应当否定的东西。《荀子·修身》:"是是非非谓之知(智)。"杨倞注:"能辨是为是,非为非,谓之智也。"❷原指佛经里所说的"非想非非想处",指一般思维所了解的一个境界。后借喻人脱离实际而幻想所不能做到的事情为"想入非非"。

非驴非马 《汉书·西域传下》:"〔龟兹王〕后数来朝贺,乐汉衣服制度,归其国,治宫室,作徼道周卫,出入传呼,撞钟鼓,如汉家仪。外国胡人皆曰:'驴非驴,马非马,若龟兹王,所谓赢也。'"赢即骡,马、驴杂交而生。后因以"非驴非马"形容不伦不类的东西。

非命 《孟子·尽心上》:"桎梏死者,非正命也。"后称意外的灾祸为非命。《水浒传》第十五回:"我三个若舍不得性命相帮他时,残酒为誓,教我们都遭横事,恶病临身,死于非命。"

非难 犹"责难"。批评和指责。如:无可非难。

非人 ❶不适当的人。如:任用非人;所嫁非人。❷异乎常人的人。《庄子·田子方》:"孔子见老聃,老聃新沐,方将被发而干(乾),慹然似非人。"慹然,不动貌。❸指有残疾的人。《左传·昭公七年》:"孟(孟絷)非人也,将不列于宗。"杜预注:"足跛非全人,不可列为宗主。"❹佛教名词。对人而言。为天龙八部、夜叉、罗刹等的总称。《法华经·提婆达多品》:"天龙八部,人与非人。"

非同小可 不同寻常。多指事情重要或事态严重。孟汉卿《魔合罗》第三折:"萧令史,我与你说,人命事关天关地,非同小可!"参见"小可❶"。

非笑 讥笑。《后汉书·光武纪上》:"〔光武〕性勤于稼穑,而兄伯升好侠养士,常非笑光武事田业。"《颜氏家训·音辞》:"自兹厥后,音韵锋出,各有土风,递相非笑。"音韵锋出,指魏、晋以后出现了大量韵书。

非议 批评;讥刺。《汉书·黄霸传》:"知长信少府夏侯胜,非议诏书,大不敬。"又《刘向传》:"俗人乃造端作基,非议诋欺,或引幽隐,非所宜明,意疑以类,欲以陷之,朕亦不取也。"

非意 ❶出乎意料之外。苏轼《谢除两职守礼部尚书表》:"衰年自引,久抱此心,异数并加,实为非意。"❷故意;恶意。司马光《叙清河郡君》:"人虽非意侵加,默而受之,终不与之辨曲直。"

匪 (fēi) 通"騑"。见"匪匪"。

另见 fěi。

匪匪 犹騑騑。车行不止貌。《礼记·少仪》:"车马之美,匪匪翼翼。"

菲 (fēi) ❶花草或香气盛貌。见"菲菲"。❷有机化合物。一种稠环芳香烃。是蒽的同分异构体。有光泽的无色晶体。熔点100℃,沸点340℃。在高真空中会升华。不溶于水,易溶于苯及其同系物。溶液有蓝色荧光。其蒸气经空气氧化,可制得邻苯二甲酸酐。由煤焦油中提取。工业上尚未充分加以利用。

另见 fěi,fèi。

菲 ❶香气盛貌。《楚辞·九歌·东皇太一》:"芳菲菲兮满堂。"又《少司命》:"秋兰兮麋芜,罗生兮堂下。绿叶兮素枝,芳菲菲兮袭予。"❷形容花的美丽。左思《吴都赋》:"晔兮菲菲,光色炫晃。"❸错杂貌。《太玄·昆》:"白黑菲菲。"❹上下不定貌。《后汉书·梁鸿传》:"志菲菲兮升降。"李贤注引《尔雅》曰:"菲菲,高下不定也。"

斐(fēi) 见"斐斐"。

斐斐 往来貌。《汉书·扬雄传上》:"昔仲尼之去鲁兮,斐斐迟迟而周迈。"

啡(fēi) 译音字。如:咖啡、吗啡。

另见 pēi。

騑〔騑〕(fēi) ❶古代驾车的马,在中间的叫服,在两旁的叫騑,也叫骖。《后汉书·章帝纪》:"騑马可辍解,辍解之。"李贤注:"夹辕者为服马,服马外为騑马。"❷见"騑騑"。

騑騑 马奔走不停貌。《诗·小雅·四牡》:"四牡騑騑。"

绯〔緋〕(fēi) 大红色。韩愈《送区弘南归》诗:"佩服上色紫与绯。"段成式《酉阳杂俎·广动植之一》:"狒狒……血可染绯。"

扉(fēi) 门扇。如:柴扉。陶潜《癸卯十二月中与从弟敬远》诗:"顾盼莫谁知,荆扉昼常闭。"

扉页 亦称"内封"。位于书籍封面后,正面刊印书名、作者名和出版社名称,背面刊印图书版本记录等。

裶(fēi) 见"裶裶"。

裶裶 衣长貌。《文选·司马相如〈子虚赋〉》:"纷纷裶裶。"郭璞注:"纷纷、裶裶,皆衣长貌也。"

蜚(fēi) 通"飞"。《韩非子·外储说左上》:"墨子为木鸢,三年而成,蜚一日而败。"

另见 fěi。

蜚短流长 见"飞短流长"。

蜚鸿 ❶害虫名。《史记·周本纪》:"麋鹿在牧,蜚鸿满野。"司马贞索隐引高诱曰:"蜚鸿,蠛蠓也。言飞虫蔽田满野,故以为灾,非是鸿雁也。"❷良马名。东方朔《答骠骑难》:"騠骒、绿耳、蜚鸿、骅骝,天下良马也。"

蜚廉 亦作"飞廉"。❶人名:(1)夏初时人。夏后开使蜚廉铸成九鼎于昆吾。见《墨子·耕柱》。(2)殷

末时人。《史记·秦本纪》:"蜚廉生恶来。恶来有力,蜚廉善走,父子俱以材力事殷纣。"❷古代传说中的野兽。《淮南子·俶真训》:"骑蜚廉而从敦圄。"高诱注:"蜚廉,兽名,长毛有翼。敦圄,似虎而小,一曰,仙人名也。"❸风神。《汉书·扬雄传》:"鸾皇腾而不属兮,岂独飞廉与云师。"颜师古注引应劭曰:"飞廉,风伯也。"

蜚声 扬名;有声誉。李贽《过桃园谒三义祠》诗:"桃园桃园独蜚声,千载谁是真弟兄?"

蜚语 同"飞语"。《史记·魏其武安侯列传》:"乃有蜚语,为恶言闻上。"裴骃集解:"伪作飞扬诽谤之言。"

霏(fēi) ❶雨雪盛貌。参见"霏霏"。❷云气。谢灵运《石壁精舍还湖中作》诗:"林壑敛暝色,云霞收夕霏。"❸飘飞。杜甫《奉观严郑公厅事岷山沱江画图十韵》:"霏红洲蕊乱。"

霏霏 形容雨雪之密。《诗·小雅·采薇》:"今我来思,雨雪霏霏。"韦庄《台城》诗:"江雨霏霏江草齐。"也形容云气之盛。《楚辞·九叹·远逝》:"云霏霏而陨集。"

霏微 迷蒙貌。李煜《采桑子》词:"细雨霏微,不放双眉时暂开。"徐铉《避难东归》诗:"树带荒村冷落,江澄雾色雾霏微。"

鲱〔鯡〕(fēi) 动物名。学名 *Clupea pallasi*。亦称"青鱼"、"鰊"。硬骨鱼纲,鲱科。体延长,侧扁,长约20厘米。背青黑色,腹银白色。眼具脂睑,腹部具细弱棱鳞。为冷水性海洋上层鱼类。食浮游生物。春季产卵。世界重要经济鱼类之一。分布于北太平洋沿岸;中国产于黄海、渤海,历史上年产量波动很大。肉含油量较高,供鲜食或制罐头品。

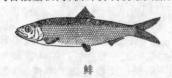

鲱

霼(fēi) 同"霏"。《汉书·扬雄传上》:"云霼霼而来迎兮,泽渗漓而下降。"颜师古注:"霼,古霏字。霼霼,云起貌。"

腓(fēi) 见"腓腓"。

腓腓 亦作"菲菲"、"斐斐"、"斐斐"。香。《广雅·释训》:"腓腓,香

也。"王念孙疏证:"《楚辞·离骚》云:'芳菲菲其弥章。'《九叹》云:'佩江蓠之斐斐。'《史记·司马相如传》云:'郁郁斐斐,众香发越。'并与腓腓同。各本作'菲菲',此后人以意改之也。"

靅(fēi) 细毛多貌。《说文·毳部》:"靅,毛纷纷也。"

féi

肥(féi) ❶肥胖;多脂肪。与"瘦"相对。《礼记·月令》:"瞻肥瘠。"又《礼运》:"肤革充盈,人之肥也。"引申为茁壮、粗大。如:绿肥红瘦;肥头大耳。❷肥沃。《孟子·告子上》:"地有肥硗。"引申为富饶,富足。《礼记·礼运》:"家之肥也。"《史记·楚世家》:"裂楚之地,足以肥国。"❸肥料。如:积肥;施肥。❹使土地肥沃。《荀子·富国》:"多粪肥田。"❺增加。《国策·秦策四》:"省攻伐之心而肥仁义之诚。"❻水同出而异归。《诗·邶风·泉水》:"我思肥泉,兹之永叹。"毛传:"所出同,所归异为肥泉。"《水经注·淇水》以水异出而流道合同为肥,与毛传相反。❼古族名。春秋时白狄的一支。初分布在今山西太原以东。部分在今河北藁城西南。周景王十五年(公元前530年),部分并于晋国,部分逃依白狄鼓。二十五年晋灭鼓,肥人四散,部分投依鲜虞氏,部分北迁,称"肥如",在今河北卢龙西北。一说今山东肥城也是肥人所居之地。❽姓。战国时赵有肥义。

肥遁 亦作"飞遁(遯)"。《易·遁》:"上九,肥遁,无不利。"孔颖达疏:"子夏传曰:'肥,饶裕也。'……上九最在外极,无应于内,心无疑顾,是遁之最优,故曰肥遁。"后因称退隐为"肥遁"。《文选·桓温〈荐谯元彦表〉》:"抱德肥遁,扬清渭波。"吕延济注:"肥遁,隐逸也。"

肥甘 肥美的食品。《孟子·梁惠王上》:"为肥甘不足于口与?"也指肥美。梅尧臣《依韵和春日偶书》:"瓮面春醅压嫩蓝,盘中鹅炙亦肥甘。"

蕡〔蕢〕(féi) 姓。汉代有蕡赫。

另见 bēn,bì,fén,fèn。

蕜(féi) 避。《文选·班固〈幽通赋〉》:"安慆慆而不蕜兮。"李善注引曹大家曰:"蕜,避也。"

另见 fěi,fú。

淝 (féi) 水名。见"北淝河"。

鸓 (féi) 橐鸓,鸟名。

腓 (féi) ❶胫肉,即小腿肚子。《韩非子·扬权》:"腓大于股,难以趣走。"❷覆庇;庇护。《诗·大雅·生民》:"牛羊腓字之。"又《小雅·采薇》:"君子所依,小人所腓。"郑玄笺:"腓当作芘。此言戎车者,将率之所依乘,戍役之所芘倚。"❸草木枯萎。《诗·小雅·四月》:"百卉具腓。"

痱 〔疿〕(féi) 病名,中风,偏瘫。《史记·魏其武安侯列传》:"病痱。"司马贞索隐:"痱音肥,风病也。"《诸病源候论》:"风痱之状,身体无痛,四肢不收,神智不乱,一臂不随者,风痱也。"

　　另见 fèi。

蜚 (féi) 臭虫。《尔雅·释虫》郭璞注:"蜚,即负盘,臭虫。"盘,《玉篇》作"蠜"。《聊斋志异·小猎犬》:"苦室中蜚虫蚊蚤甚多,竟夜不成寝。"

蟦 〔蟦〕(féi) 蛴螬的异名。《尔雅·释虫》:"蟦,蛴螬。"参见"蛴"。

fěi

非 (fěi) 通"诽"。诽谤。《荀子·解蔽》:"百姓怨非而不用。"

　　另见 fēi。

朏 (fěi,又读 pèi) ❶新月开始生明,亦用为阴历每月初三日的代称。《书·召诰》:"三月,惟丙午朏。"孔传:"朏,明也。月三日明生之名。"《汉书·律历志下》引古文《月采篇》曰:"三日曰朏。"❷指天刚亮。《淮南子·天文训》:"〔日〕登于扶桑,爰始将行,是为朏明。"

　　朏朏 ❶同"昢昢"。❷兽名。《山海经·中山经》:"又北四十里曰霍山,其木多穀。有兽焉,其状如狸,而白尾有鬣,名曰朏朏。"郝懿行笺疏:"陈藏器《本草拾遗》云:风狸似兔而短,人取笼养之,即此也。"❸聚积貌。《西京杂记》卷六:"床上石枕一枚,尘埃朏朏甚高,似是衣服。"

　　朏魄 新月之光。常指夏历每月初三晚上的月光。《文选·谢庄〈月赋〉》:"朒朓警阙,朏魄示冲。"李善注:"朏,月未成光;魄,月始生魄然也。"又颜延之《应诏宴曲水作诗一首》:"朏魄双交,月气参变。"李善注:"朏魄双交,谓三日也。凡朏魄之交,皆在月三日之夕。"

胐 (fěi) 同"朏"。

匪 (fěi) ❶强盗;为非作歹的人。如:土匪;惯匪;匪军;匪患。❷"篚"的古字。《孟子·滕文公下》:"实玄黄于匪。"《说文·匸部》引《逸周书》作"实玄黄于匪"。❸通"非"。《诗·卫风·木瓜》:"匪报也,永以为好也。"❹通"彼"。《诗·小雅·小旻》:"如匪行迈谋。"❺通"斐"。有文采。《诗·卫风·淇奥》:"有匪君子。"

　　另见 fēi。

　　匪存 《诗·郑风·出其东门》:"出其东门,有女如云。虽则如云,匪我思存。"谓非我所想念。应璩《与侍郎曹长思书》:"足下去启,甚相思想,《叔田》有无人之歌,阒阒有匪存之思。"

　　匪躬 谓舍己尽忠,不计个人利害。《易·蹇》:"王臣蹇蹇,匪躬之故。"《风俗通·正失》:"忠蹇匪躬。"

　　匪人 本指非亲人。《易·比》:"六三,比之匪人。"王弼注:"所与比者,皆非己亲,故曰比之匪人。"后指行为不正之人。李朝威《柳毅传》:"不幸见辱于匪人。"

　　匪石 匪,同"非"。匪石,谓不同于石之可移动。比喻意志坚定,不可转移。《诗·邶风·柏舟》:"我心匪石,不可转也。"朱熹注:"言石可转,而我心不可转。"《晋书·王导传论》:"固怀匪石之心。"

　　匪他 《诗·小雅·頍弁》:"岂伊异人,兄弟匪他。"谓亲如兄弟,非他人所能比拟。后用为兄弟的代称。卢谌《赠刘琨》诗:"义由恩深,分随昵加,绸缪委心,自同匪他。"

　　匪席 不似席之可卷。比喻意志不屈。《诗·邶风·柏舟》:"我心匪席,不可卷也。"孔颖达疏:"我心又非如席然,席虽平,尚可卷;我心平,不可卷也。"

　　匪夷所思 夷,平常。谓不是根据常理所能想像到的。《易·涣》:"涣有丘,匪夷所思。"百一居士《壶天录》:"乃有山洞缭曲,别开异境者,则又匪夷所思矣。"后亦谓思想离奇。况周颐《蕙风词话》卷一:"忽有匪夷所思之一念,自沈冥杳霭中来。"

　　匪彝 违背常道。《书·汤诰》:"凡我造邦,无从匪彝,无即慆淫。"

诽 〔誹〕(fěi) 毁谤。《说文·言部》:"诽,谤也。"段玉裁注:"诽之言非也,言非其实。"邵博《邵氏闻见后录》卷四:"我未见得诽而喜,闻誉而惧者。"

　　另见 pái。

　　诽谤 ❶议论是非,指责过失。《淮南子·主术训》:"尧置敢谏之鼓,舜立诽谤之木。"《汉书·贾山传》:"退诽谤之人,杀直谏之士。"❷故意捏造事实并加以散布,损害他人人格、破坏他人名誉的行为。诽谤和侮辱同为损害他人人格,破坏他人名誉,但采取的手段不同。情节严重的诽谤,构成诽谤罪。我国刑法规定,犯本罪的,告诉才处理,但是严重危害社会秩序和国家利益的除外。

悱 (fěi) 见"悱恻"。

　　悱恻 同"悱恻"。忧伤貌。《楚辞·九歌·湘君》:"横流涕兮潺湲,隐思君兮悱恻。"

菲 (fěi) ❶芜菁类植物。《诗·邶风·谷风》:"采葑采菲。"❷一名"芴",即蒠菜。《尔雅·释草》:"菲,芴。"郭璞注谓即"土瓜",为异物同名。❸微;薄。如:菲礼。梁武帝《入屯阅武堂下令》:"菲食薄衣,请自孤始。"

　　另见 fēi,fěi。

　　菲薄 ❶微薄。《后汉书·章帝纪》:"予末小子,质又菲薄。"❷小看;轻视。诸葛亮《出师表》:"不宜妄自菲薄,引喻失义,以塞忠谏之路也。"

悱 (fěi) 心里想说而说不出来。《论语·述而》:"不悱不发。"朱熹注:"悱者,口欲言而未能之貌。"

　　悱恻 亦作"悱恻"。悲苦凄切。如:情词悱恻;缠绵悱恻。裴子野《雕虫论》:"若悱恻芳芬,楚《骚》为之祖。"

　　悱愤 同"愤愤"。谓思虑蕴积。成公绥《啸赋》:"舒蓄思之悱愤,奋久结之缠绵。"

棐 (fěi) ❶辅导;辅助。《书·洛诰》:"公功棐迪笃,罔不若时。"蔡沈集传:"言周公之功所以辅我启我者厚矣,当常如是,未可以言去也。"❷通"篚"。椭圆形的盛物竹器。《汉书·食货志上》:"禹平洪水,定九州,制土田,各因所生远近,赋入贡棐。"颜师古注引应劭曰:"棐,竹器也,所以盛,方曰筐,隋(椭)曰棐。"❸通"榧"。木名。《晋

书·王羲之传》:"茶几滑净。"

斐 ㊀(fěi) 文采貌。《论语·公冶长》:"斐然成章。"引申为鲜明貌。如:成绩斐然。
㊁(fěi,旧读 fēi) 姓。春秋时邾国有斐豹。

斐斐 ❶文采貌。傅玄《枣赋》:"斐斐素华,离离朱实。"❷轻淡貌。谢惠连《泛湖归出楼中玩月》诗:"斐斐气幂岫,泫泫露盈条。"

缍〔纙〕(fěi) 蜀锦名。扬雄《蜀都赋》:"自造奇锦,纙缍缍顈。"

榧 (fěi) 木名。见"香榧"。

蜚 (fěi) 亦作"蜚"。❶虫名。属蜚类。一种有害的小飞虫,形椭圆,发恶臭,生草中,食稻花。《左传·庄公二十九年》:"秋,有蜚,为灾也。"❷古代传说中的怪兽。《山海经·东山经》:"太山,上多金玉桢木,有兽焉,其状如牛而白首,一目而蛇尾,其名曰蜚。"❸见"蜚蠊"。
另见 fēi。

蜚蠊 即"蟑螂"。

翡 (fěi) 见"翡翠"。

翡翠 ❶由硬玉的细针状微晶体紧密交织而成的一种玉。为玉中之王。硬度高且十分致密坚韧。颜色多样,且呈色常不均匀甚至斑斓混杂。以白色和绿色常见而以绿色为上,尤以鲜亮浓艳的翠绿色最为珍贵;血红和深艳紫色亦佳。质地以细腻润泽且清澈明亮者为优。质次者常经人工处理以改善外观品相。其经除去杂质并注胶填隙者俗称 B 货;如进而还经人工染色者称为 C 货;未经处理的则为 A 货。三者一般不易区分。用于制作工艺美术玉雕及戒面等装饰品。仿冒翡翠的赝品主要有马来西亚玉和染色石英岩等。❷鸟纲,翠鸟科,翡翠属(Halcyon)各种的通称。常见的为蓝翡翠(H. pileata),体长约 30 厘米。头部和翼的内侧覆羽绒黑色。颈白色稍沾棕色。自背至尾和翼的初级覆羽、次级飞羽等都为亮蓝色。翼下有一白色带纹。下体余部橙棕色。嘴强而直,和足趾都呈珊瑚红色。喜栖息开旷平原或山麓多树的溪旁,觅食鱼、虾、蟹和昆虫。营巢于河岸或山岩洞穴中。终年留居中国福建南部和广东,夏季见于东部地区。翠羽可供镶嵌饰品用。

蜚 (fěi) 同"蜚"。

篚 (fěi) 盛物的竹器。《书·禹贡》:"厥篚织文。"孔传:"织文,锦绮之属,盛之筐篚而贡焉。"

fèi

萉 (fèi) 小貌。《尔雅·释言》:"萉,小也。"邢昺疏:"萉是木干及叶之小者也。"参见"蔽萉"。
另见 fú。

萉萉 茂盛貌。《广雅·释训》:"萉萉,茂也。"王念孙疏证:"萉萉,犹沛沛也。"

吠 (fèi) 狗叫。陶潜《归园田居》诗:"狗吠深巷中。"

吠形吠声 比喻不察真伪,随声附和。《潜夫论·贤难》:"谚云:'一犬吠形,百犬吠声。'世之疾此,固久矣哉。"

吠雪 岭南地区少雪,狗见雪而吠。比喻少见多怪。杨万里《荔枝歌》:"粤犬吠雪非差事。"

柹 (fèi) 同"柹"。

柹 (fèi) 亦作"柹"。❶削下的木片。《颜氏家训·书证》:"《后汉书·杨由传》云'风吹削肺',此是削札牍之柹耳,古者书误则削之。"按今本《后汉书》"肺"作"哺"。❷砍削。潘岳《马汧督诔》:"爨陈焦之麦,柹梠楣之松,用能薪刍不匮,人畜取给。"

肺 (fèi) ❶人和无尾两栖类以上脊椎动物体内、外气体交换的重要器官。富弹性,质柔软如海绵。吸气时胀大,呼气时缩小。人和哺乳动物的肺位于胸腔内,左右各一。人的右肺分三叶,左肺分二叶,每叶有支气管和血管。各肺叶又可分成几个肺段,各肺段之间有结缔组织分隔。肺的内侧面中部为肺门,系支气管、血管、神经、淋巴管等的出入口;表面覆盖着脏胸膜,使肺在呼吸时能减少摩擦。肺内最小的呼吸单位为肺泡,由单层上皮细胞构成,并被毛细血管网包绕,血管上皮和肺泡上皮紧密相贴,使血液内的气体与肺泡内的空气(主要是氧和二氧化碳)充分进行交换。❷中医学名词。五藏之一。根据藏象、经络学说,肺的功能是:(1)肺主气。肺司呼吸,并有统属一身之气的功能。《素问·

五藏生成篇》:"诸气者,皆属于肺。"(2)通调水道。体内水液的通畅与调节,有赖于肺气的宣散、肃降作用。《素问·经脉别论》:"脾气散精,上归于肺,通调水道,下输膀胱。"(3)肺主皮毛。肺与体表皮毛有密切关系。《素问·五藏生成篇》:"肺之合皮也,其荣毛也。"(4)肺气通于鼻(见《灵枢·脉度》)。鼻与肺有直接联系。"肺和则鼻能知臭香",故称"肺开窍于鼻"。(5)肺的经脉为手太阴肺经,与手阳明大肠经有表里关系。
另见 pèi。

肺腑 ❶同"肺附"。比喻帝王的亲属或亲戚。《史记·惠景间侯者年表序》:"诸侯子弟若肺腑。"司马贞索隐:"柹,木札也;附,木皮也。以喻人主疏末之亲,如木札出于木,树皮附于树也。"王念孙《读书杂志·汉书八》:"〔《史记》〕今本附作腑,因肺字而误。凡肺附字作肺腑者皆误。古书藏府字亦无作腑者。"❷比喻内心。如:肺腑之言。白居易《代书诗一百韵寄微之》:"肺腑都无隔,形骸两不羁。"

肺附 比喻帝王的亲属或亲戚。《汉书·刘向传》:"臣幸得托肺附。"颜师古注:"旧解云,肺附,谓肝肺相附著,犹言心膂也。"王先谦补注引王念孙曰:"肺附皆谓木皮也。《说文》:朴,木皮也;柹,削木札朴也。作肺者,假借字耳……言己为帝室微末之亲,如木皮之托于木也。"《汉书·田蚡传》:"蚡以肺附为相。"颜师古注:"肺,斫木札也。喻其轻薄,附著大材也。"

肺石 古时设在朝廷门外的石头,百姓得击石鸣冤,也可以站在石上控诉地方官吏。因色赤如肺形而得名。《周礼·秋官·大司寇》:"以肺石达穷民。凡远近惸独老幼之欲有复于上,而其长弗达者,立于肺石,三日,士听其辞,以告于上而罪其长。"亦称"肺石"。《后汉书·寇荣传》:"臣思入国门,坐于肺石之上,使三槐九棘平臣之罪。"

胇 (fèi) 同"肺"。见"肺石"。
另见 zǐ。

狒 (fèi) 见"狒狒"。

狒狒(Papio hamadryas) 哺乳纲,灵长目,猴科。雌、雄大小相差悬殊,雄体长 70~75 厘米,尾细,长约 25 厘米,雌体甚小。头皆大;吻部雄长雌短;四肢粗壮。毛浅灰褐色;面部

肉色,光滑无毛;手脚黑色。雄的自头部两侧至肩部分披长毛,状若蓑衣。栖于半沙漠地带树林稀少的石山上;群居,杂食野生植物、昆虫及小型爬行类,有时成群盗食农作物。分布于**非洲**东北部及**亚洲**阿拉伯半岛。

废〔廢、癈〕(fèi) ❶停止;放下。如:半途而废。《管子·内业》:"饥不广思,饱而不废。"《史记·儒林列传》:"太史公曰:'余读功令,至于广厉学官之路,未尝不废书而叹也。'"❷败坏;衰微;荒芜。《淮南子·览冥训》:"往古之时,四极废,九州裂。"《礼记·学记》:"此六者,教之所由废也。"白居易《东南行》:"渭北田园废,江西岁月徂。"❸放黜。《史记·魏其武安侯列传》:"孝景七年,栗太子废。"参见"废立"。❹废弃。《韩非子·问田》:"废先王之教。"引申为无用。如:废话;废料。❺失望。见"废然"。❻卖出。见"废居❶"。❼堕。《左传·定公三年》:"〔邾子〕滋怒,自投于床,废于炉炭,烂,遂卒。"❽偃伏。《史记·淮阴侯列传》:"项王喑噁叱咤,千人皆废。"司马贞索隐引孟康曰:"废,伏也。"

废弛 松弛;败坏。《汉书·王莽传上》:"朝政崩坏,纲纪废弛。"

废锢 谓罢官革职后永不叙用。《汉书·息夫躬传》:"躬同族亲属,素所厚者,皆免,废锢。"颜师古注:"终身不得仕。"

废疾 因精神或身体上有缺陷而失去劳动力。《荀子·大略》:"废疾非人不养者,一人不事。"事,谓力役。

废居 ❶亦作"废举"、"废著"。废,出卖。居,贮存。谓货物价贱则买进,价贵则卖出,以求厚利。《史记·平准书》:"富商大贾,或蹛财役贫,转毂百数,废居居邑。"❷败坏荒废的住宅。元稹《夜雨》诗:"水怪潜幽草,江云拥废居。"❸罢黜家居。《新唐书·杨纂传》:"坐玄感近属,废居蒲城。"

废举 同"废居❶"、"废著"。《史记·仲尼弟子列传》:"子贡好废举,与时转货资。"司马贞索隐引王肃曰:"废举谓买贱卖贵也。"

废立 指封建王朝重臣或权臣废旧君,立新君。《晋书·桓温传》:"于是参军郗超进废立之计,温乃废帝而立简文帝。"

废寝忘餐 王融《曲水诗序》:"犹且具明废寝,昃晷忘餐。"谓专心致志于某一事,连吃饭、睡觉都顾不到

了。乔吉《两世姻缘》第二折:"若将这脉来凭,多管是废寝忘餐病症。"亦作"废寝忘食"。《颜氏家训·勉学》:"元帝在江荆间,复所爱习,召置学生,亲为教授,废寝忘食,以夜继朝。"

废然 沮丧失望的样子。如:废然摧沮。亦谓怒气消释貌。《庄子·德充符》:"而适先生之所,则废然而反。"

废墟 受到破坏之后变成的荒芜地方。韩维《城西书事》诗:"野竹蒙荒堑,寒花乱废墟。"

废置 ❶官吏的任免。《周礼·天官·大宰》:"以八则治都鄙……三曰废置,以驭其吏。"郑玄注:"废,犹退也。退其不能者,举贤而置之。"亦指帝王的废立。《汉书·霍光传论》:"处废置之际,临大节而不可夺。"❷废弃搁置。《颜氏家训·勉学》:"二十之外,所诵经书,一月废置,便至荒芜矣。"

废著 同"废居❶"、"废举"。《史记·货殖列传》:"〔子贡〕废著鬻财于曹鲁之间。"裴骃集解引徐广曰:"《子赣传》云废居。著,犹居也。"子赣,即子贡。

沸(fèi) ❶水涌起貌。司马相如《上林赋》:"沸乎暴怒,汹涌彭湃。"❷指液体烧滚的状态。如:扬汤止沸。《荀子·议兵》:"譬之若以卵投石,以指挠沸。"

沸反盈天 形容人声喧闹,乱成一片。《孽海花》第二十六回:"不多会儿,外边闹得沸反盈天,一片声的喊着'捉贼,捉贼'。"

沸沸 水腾涌貌。《山海经·西山经》:"其(丹水)中多白玉,是有玉膏,其源沸沸汤汤。"

沸沸扬扬 形容议论纷纷,像沸腾的水面上气泡翻滚一样。《水浒传》第十八回:"后来听得沸沸扬扬地说:'黄泥冈上一伙贩枣子的客人把蒙汗药麻翻了人,劫了生辰纲去。'"

沸海 ❶传说中的海名。王嘉《拾遗记》卷二:"〔燃丘之国〕经历百余国,方至京师。其中路山川不可记,越铁岘,泛沸海。"又:"沸海汹涌如煎。"❷比喻乱世。《晋书·刘弘传论》:"一州清晏,恬波于沸海之中。"

沸腾 ❶水涌起貌。《诗·小雅·十月之交》:"百川沸腾。"引申为热闹、热烈或感情激愤等意思。《宋史·苏轼传》:"今者物议沸腾,怨讟交至,公议所在,亦知之矣。"❷在液体表面和内部同时发生的剧烈汽化现

象。在一定的外界压强下,沸腾只能在某一特定温度(沸点)发生。这时,液体的汽化突然加剧,在其内部特别在容器器壁处形成大量气泡上升,逸出液面,例如水烧开时的现象。沸腾过程中,液体不断吸收热量,但温度保持不变。

怫(fèi) 见"怫愒"。
另见 bèi,fú。

怫愒 ❶激昂。班固《车骑将军窦北征颂》:"士怫愒以争先。"❷郁积不畅。《文选·嵇康〈琴赋〉》:"怫愒烦冤,纡余婆娑。"李善注:"怫愒烦冤,声缊积不安貌。"

昲(fèi) 曝晒;晒干。《列子·周穆王》:"视其前,则酒未清,肴未昲。"

胏(fèi) 同"肺"。
另见 bì。

费〔費〕(fèi) ❶费用。《史记·刺客列传》:"故进百金者,将用为大人粗粝之费。"❷花费;耗损。《史记·平准书》:"县官费众,仓府空。"王安石《韩子》诗:"力去陈言夸末俗,可怜无补费精神。"韩子指韩愈。❸烦琐,多指言词。《礼记·表记》:"耻费轻实。"孔颖达疏:"费,辞费也。言而不行,谓之辞费也。"❹通"昲"。光貌。《楚辞·招魂》:"费白日些。"❺古地名,春秋鲁邑。旧址在今山东鱼台西南费亭。高士奇《春秋地名考略》:"鲁大夫费庈父之食邑,读如字,与季氏费邑读曰秘者有别。"❻姓。春秋时楚有费无极。
另见 bì。

费厄泼赖 英文 fair play 的音译。原为体育运动竞赛和其他竞技所用的术语。意思是光明正大的比赛,不要用不正当的手段。英国的一些绅士曾提倡在政治斗争和社会生活中运用这种精神,后来,各国也以此相标榜并加以宣传。

费心 耗费心神。杜甫《严氏溪放歌行》:"费心姑息是一役。"后用为托人帮忙或感谢之辞。《红楼梦》第四十五回:"我们姑娘说:'姑娘先吃着,完了再送来。'黛玉回说:'费心。'"

扉(fèi) 隐蔽处;隐蔽。《礼记·丧大记》:"甸人所彻庙之西北扉薪,用爨之。"张衡《东京赋》:"张大侯,制五正,设三乏,扉司旌。"

剕(fèi) 亦称"刖"。中国古代断犯人之足的刑罚。五刑中的一种。一说即"膑"或"髌",是切去膝盖骨的刑罚,与断足的"刖"不

同。秦时称斩趾,汉初沿用。汉文帝时废除,汉景帝时又恢复。魏置以下,不见于刑典。

伿 (fèi) 废毁,败坏。《史记·三王世家》:"毋伿德。"司马贞索隐:"伿,败也。"

菲 (fèi) 通"扉"。草鞋。《礼记·曾子问》:"婿不杖不菲。"
另见 fēi,fěi。

葩 (fèi,又读 fén) 麻籽。《说文·艸部》:"葩,枲实也。"段玉裁注:"枲实,麻子也。"亦指麻。《吕氏春秋·士节》:"捆蒲苇,织葩屦。"
另见 féi,fú。

扉 (fèi) 草鞋;麻鞋。《左传·僖公四年》:"共其资粮扉屦,其可也。"

棴〔櫠〕(fèi) 木名。《尔雅·释木》:"棴,根。"参见"根(jiǎ)"。

瀵〔瀵〕(fèi) 见"瀽瀵"。

痱〔痱〕(fèi) 见"痱子"。
另见 féi。

痱子 一种夏令常见的皮肤病。易发于额、颈、上胸、肘窝等多汗部位。表现为密集的、针头大小的红色丘疹,顶端有小水疱,感染后可发展成脓疱疮或疖肿。有瘙痒和灼热感。注意皮肤清洁、干燥,常扑痱子粉或搽炉甘石洗剂,内服清暑解毒的中药,有防治作用。

镄〔鐨〕(fèi) 化学元素[周期系第Ⅲ族(类)副族元素、锕系元素]。符号 Fm。原子序数 100。具强放射性。人工获得的放射性元素(1952 年)。寿命最长的同位素 ^{257}Fm,半衰期为 100.5 天。

髴 (fèi) 发乱貌。
另见 fú,fú 佛㊀。

趹 (fèi) 同"猜"。

瀵 (fèi) 同"沸"。
另见 pài。

曊 (fèi) 同"沸"。

獖 (fèi) 鼠属。《尔雅·释兽》:"獖鼠。"陆德明释文引舍人云:"其鸣如犬也。"

fēn

分 (fēn) ❶分开;分出。如:分工;分支。《史记·项羽本纪》:"乃分军为三。"❷离;散。《庄子·渔父》:"远哉其分于道也。"《列子·黄帝》:"用志不分。"❸分配;给与。如:分果子。《左传·昭公十四年》:"分贫振穷。"杜预注:"分,与也。"❹辨别;区分;不同。如:分清是非。《荀子·非十二子》:"茍以分异人为高。"❺一半。《列子·周穆王》:"人生百年,昼夜各分。"❻成数。如:七分收成;十分可靠。❼计量宝石重量的辅助单位。英文名 point,音译称"磅音"。1 分为 0.01 克拉,即 2 毫克。❽旧计量单位(1)长度单位。十厘为一分,十分为一寸。(2)重量单位。十厘为一分,十分为一钱。(3)土地面积单位。十厘为一分,十分为一亩。❾时间单位。60 秒为 1 分,60 分为 1 小时。❿平面角单位中,角分的简称。60 秒为 1 分,60 分为 1 度。⓫法定计量单位中用于构成分数单位的词头名称,符号为 d,表示的因数为 10^{-1}。如 1 分米 = 10^{-1} 米。⓬中国辅币名。人民币 10 分等于 1 角,100 分等于 1 圆。⓭古代指春分、秋分。昼夜均分的节气。《左传·僖公五年》:"凡分、至、启、闭,必书云物。"参见"八节"。
另见 fèn。

分谤 分担别人所受的谤议。《国语·晋语五》:"韩献子将斩人,郤献子驾将救之;至,则既斩之矣。郤献子请以徇。其仆曰:'子不将救之乎?'献子曰:'敢不分谤乎?'"谓郤献子愿意分担因杀人而受的指责。

分别部居 分别归类。《急就篇》卷一:"分别部居不杂厕。"许慎《说文解字·叙》:"分别部居,不相杂厕也。"

分曹 ❶两人一对为曹。分曹,即分成若干对子。《楚辞·招魂》:"蒫蔽象棋,有六簙些。分曹并进,遒相迫些。"王逸注:"曹,偶,言分曹列偶,并进技巧。蒫蔽,玉饰的簙箸。李商隐《无题》诗:"隔座送钩春酒暖,分曹射覆蜡灯红。"送钩、射覆,都是游戏名。❷分批;分班。《史记·平准书》:"于是遣博士褚大、徐偃等分曹循行郡国。"❸犹言分部,与近世分处、分科略同。《后汉书·百官志三》:"成帝初置尚书四人,分为四曹。"

分爨 谓各自烧饭,分家过日子。如:兄弟分爨。钱泳《履园丛话》卷五:"余兄弟垂老同居,安保子侄之久合乎!盍分爨也?"

分寸 比喻微小。《史记·苏秦列传》:"苏秦见燕王曰:'臣,东周之鄙人也,无有分寸之功。'"

分飞 分别;离别。庾信《故周大将军赵公墓铭》:"秦川直望,陇水分飞。"

分封 指帝王分地以封诸侯。《史记·秦本纪赞》:"秦之先为嬴姓,其后分封,以国为姓。"

分符 即剖符。帝王封官授爵,分半符给功臣作为信物。《唐大诏令集·册杞王上金郿州刺史文》:"磐石之固攸归,分符之寄斯在。"

分付 ❶分别交付。《汉书·原涉传》:"涉乃侧席而坐,削牍为疏,具记衣被棺木,下至饭含之物,分付诸客,诸客奔走市买。"也作交付解。白居易《题文集柜》诗:"只应分付女,留与外孙传。"❷分予;分配。《三国志·魏志·鲜卑传》:"每钞略得财物,均平分付。"❸同"吩咐"。方干《尚书新创敌楼》诗:"直须分付丹青手,画出旌幢绕谪仙。"

分甘 ❶谓分甘味与人,以示慈爱。《晋书·王羲之传》载羲之《与谢万书》:"修植桑果,今盛敷荣,率诸子,抱弱孙,游观其间。有一味之甘,割而分之,以娱目前。"《南齐书·豫章王传》:"分甘均味,何珍不等!"❷谓分享欢乐。《晋书·应詹传》:"初,京兆韦泓,丧乱之际,亲属遇饥疫并尽,客游洛阳,素闻詹名,遂依托之,詹与分甘共苦,情若弟兄。"

分割 将整体或有联系的事物分解开来。《后汉书·西域传》:"哀平间,自相分割为五十五国。"

分光 《史记·樗里子甘茂列传》:"臣闻贫人女与富人女会绩。贫人女曰:'我无以买烛,而子之烛光幸有余,子可分我余光,无损子明,而得一斯便焉。'"后因以"分光"比喻于己无损而惠及他人之事。

分号 标点符号的一种,即〔;〕。表示一句话中并列分句间的停顿。如:"寡助之至,亲戚畔之;多助之至,天下顺之。"

分荆 相传汉田真兄弟三人,分财而居,堂前有紫荆花一株,亦共议分为三。明日,树枯死,兄弟相感动而复合,紫荆花亦复苏茂盛。因以"分荆"比喻兄弟分家。

分居 ❶分别而居。江淹《倡妇自悲赋》:"度九冬而廊处,经十秋以分居。"❷指夫妻双方不居住在一起生活的现象。一般有两种情况:一种因

夫妻双方感情不睦，不愿意共同生活，不一定经过协议而永久或临时分居。另一种为夫妻由于工作或居住地的限制而形成的暂时不能共同居住。

分句 见"复句"。

分路扬镳 亦作"分道扬镳"。镳，马勒口。❶分路而行。《北史·魏宗室河间公齐传》："〔元志〕为洛阳令，不避强御。与御史中尉李彪争路，俱入见，面陈得失……孝文曰：'洛阳，我之丰沛，自应分路扬镳；自今以后，可分路而行。'及出，与彪折尺量道，各取其半。"后用来比喻各自向不同的目标前进。❷比喻双方各占一地位，各有造诣，不让对方独步。《南史·裴子野传》："兰陵萧琛言其评论可与《过秦》、《王命》分路扬镳。"

分茅 古代帝王用茅土分封诸侯的仪式。帝王的大社，用五色土筑坛，一方一色，东方青，南方赤，西方白，北方黑，中央黄。分封某方面的诸侯时，就用白茅包取某方的土授予，象征授予土地和权力。又称"授茅土"或"分茅裂土"。《晋书·八王传赞》："分茅锡瑞，道光恒典。"

分袂 犹分手，离别。杜牧《重送王十》诗："分袂还应立马看，向来离思始知难。"

分歧 ❶不一致。如：意见分歧。❷离别。《魏书·南安王桢传》："然今者之集，虽曰分歧，实为曲宴；并可赋诗申意。"曲宴，畅叙情怀的宴会。

分身 ❶谓一身同时兼顾几方面。《三国演义》第九十九回："平（王平）纵然智勇，只可当一头，岂可分身两处？"刘献廷《广阳杂记》卷五："道里绵长，不能分身兼顾。"❷指分娩。

分首 离别。沈约《襄阳蹋铜蹄歌》："分首桃林岸，送别岘山头。"

分说 分辩；辩白。如：不容分说。《三国演义》第九十三回："姜维不能分说，仰天长叹，两眼泪流，拨马望长安而走。"

分司 ❶分掌；分管。王融《永明十一年策秀才文》："然后沿才受职，揆务分司。"❷唐宋之制，中央职官有分在陪都（洛阳）执行职务者，称为分司。但除御史之分司者有实职外，其他分司者，多仅以优待退闲之官，并不任职。又清制，盐运使下设分司，以运同或运副、运判领之。

分岁 《韵府群玉·霁韵》引《风土记》："除夕，长幼聚饮祝颂，谓之分岁。"谓新旧岁于此而分。范成大《腊月村田乐府序》："除夜祭先，竣事，长幼聚饮，祝颂而散，谓之分岁。"又《分岁词》："礼成废彻夜未艾，饮福之余即分岁。"亦称"别岁"。苏轼《岁暮思归寄子由弟诗序》："岁晚相与馈问，为馈岁；酒食相邀，呼为别岁；至除夜达旦不眠为守岁。蜀之风俗如是也。"

分题 旧时作诗方式之一。若干人相聚，分拈题目赋诗，称分题，亦称探题。大抵以各物或前人诗句为题，共赋一事。宋严羽《沧浪诗话·诗体》："古人分题，或各赋一物，如云送某人分题得某物也。"分题有时分韵，但不限制。

分庭抗礼 抗，亦作"伉"，对等、相当的意思。宾客和主人分别站在庭院的两边相对行礼，以平等地位相待。《庄子·渔父》："万乘之主，千乘之君，见夫子未尝不分庭伉礼。"《史记·货殖列传》："所至，国君无不分庭与之抗礼。"后以比喻彼此不相上下、平起平坐或互相对立。

分析 ❶分割；离析。《汉书·中山靖王胜传》："而诸侯地稍自分析弱小云。"❷分离；分别。刘琨《答卢谌诗序》："但分析之日，不能不怅恨耳。"❸思维的基本过程和方法。分析是把事物分解为各个部分加以考察的方法，综合是把事物的各个部分联结成整体加以考察的方法。二者是辩证的统一，互相依存、互相渗透和转化。西方哲学史上，有的经验论者片面强调分析，有的唯理论者片面强调综合，分析与综合的统一，是辩证逻辑的基本方法之一。

分香 陆机《吊魏武帝文序》引曹操遗令："馀香可分与诸夫人，诸舍中无所为，学作履组卖也。"诸舍中，谓众妾。后以"分香"比喻人死前对心爱的人的依恋之情。杜牧《杜秋娘》诗："咸池升日庆，铜雀分香悲。"

分香卖履 谓人临死时恋念所爱的妻妾。李清照《金石录后序》："〔赵明诚〕取笔作诗，绝笔而终，殊无分香卖履之意。"参见"分香"。

分晓 ❶天快亮。樊晦《燕巢赋》："雾光分晓，出虚窦以双飞。"❷清楚；明了。《聊斋志异·霍女》："朱质于官，官以其姓来历，都不分晓，置不理。"❸指事情的底细或结果。如：究竟谁是冠军，明天就见分晓。❹犹主意；办法。《水浒传》第十九回："林冲道：'众豪杰休生见外之心，林冲自有分晓。'"

分野 ❶本指分封诸侯的境域。后借用为分界、界限的代称。❷中国古代星占术中的一种概念。认为地上各州郡邦国和天上一定的区域相对应。在该天区发生的天象预兆着各对应地方的吉凶。大约起源于春秋战国。最早见于《左传》、《国语》等书，其所反映的分野大体以十二次为准。所载故事最早的是武王伐纣这天的天象是岁星在鹑火，因而周的分野为鹑火。战国以后也有以二十八宿来划分分野的，如《淮南子·天文训》等。后又因十二次与二十八宿互相联系，从而两种分野也在西汉之后逐渐协调互通。分野纯属迷信。所谓天地间的对应关系全由人为规定，历代各家参差出入是必然的。今以《晋书·天文志》中"十二次度数"和"州郡躔次"两节所载，列表如下。

十二次	寿星	大火	析木	星纪	玄枵	娵訾	降娄	大梁	实沈	鹑首	鹑火	鹑尾
二十八宿	角亢氐	房心	尾箕	斗牛女	虚危	室壁	奎娄胃	昴毕	觜参	井鬼	柳星张	翼轸
分野	郑兖州	宋豫州	燕幽州	吴越扬州	齐青州	卫并州	鲁徐州	赵冀州	魏益州	秦雍州	周三河	楚荆州

分阴 阴，指日影，光阴。谓极短暂的时间。《晋书·陶侃传》："大禹圣者，乃惜寸阴；至于众人，当惜分阴。"

分韵 旧时作诗方式之一。作诗时先规定若干字为韵，各人分拈韵字，依韵作诗，叫做"分韵"，一称"赋韵"。古代诗人联句时多用之，后来并不限于联句。白居易《花楼望雪命宴赋诗》："素壁联题分韵句，红炉巡饮暖寒杯。"详"赋韵"。

分赃 瓜分合伙盗窃或抢掠来的财物。《三国演义》第二回："见海贼十余人，劫取商人财物，于岸上分赃。"亦泛指分取一切不正当的财物或利益。

分张 ❶分散。钟会《檄蜀文》："而巴蜀一州之众，分张守备，难以御天下之师。"❷分与。白居易《谢李六郎中寄新蜀茶》诗："故情周匝向交亲，新茗分张及病身。"❸离别。《颜氏家训·风操》："有王子侯，梁武帝弟，出为东郡，与武帝别。帝曰：'我年已老，与汝分张，甚以恻怆。'"

芬 (fēn) ❶香；香气。潘岳《芙蓉赋》："流芬赋采，风靡云旋。"❷比喻盛德或美名。《晋书·徐宁传》："扬芬千载之上。"陆机《文赋》："诵先人之清芬。"❸通"纷"。众多貌。《汉书·礼乐志》：

"芬哉芒芒。"

另见 fén。

芬芳 ❶香；香气。《荀子·荣辱》："口辨酸咸甘苦，鼻辨芬芳腥臊。"宋玉《神女赋》："吐芬芳其若兰。"❷比喻品德美好。崔瑗《座右铭》："行之苟有恒，久久自芬芳。"

芬菲 犹芳菲。美盛芳香的花草。沈佺期《洛州萧司兵谒兄还赴洛成礼》诗："灞亭春有酒，歧路惜芬菲。"

芬芬 ❶香。《诗·大雅·凫鹥》："燔炙芬芬。"❷美盛貌。扬雄《甘泉赋》："懿懿芬芬。"❸同"纷纷"。杂乱貌。《逸周书·祭公》："汝无泯泯芬芬。"

吩（fēn）见"吩咐"。

吩咐 叮嘱；嘱咐。《三国演义》第九十五回："孔明将安营之法，一一吩咐与杨仪。"

忿（fēn）纷乱。《列子·黄帝》："忿然而封戎。"张湛注："忿音纷。"向秀注："真不散也。戎或作哉。"按《庄子·应帝王》作"纷而封哉"。陆德明释文引崔云："纷，乱貌。"是"忿"与"纷"通。

纷〔纷〕（fēn）❶旗上的飘带。扬雄《羽猎赋》："靡日月之朱竿，曳彗星之飞旗，青云为纷，虹霓为缳。"❷盛多貌。《离骚》："纷吾既有此内美兮，又重之以修能。"❸争执；纠纷。《史记·滑稽列传序》："谈言微中，亦可以解纷。"❹混淆；杂乱。《楚辞·招魂》："士女杂坐，乱而不分些；放陈组缨，班其相纷些。"王逸注："陈，一作陈。"

纷纷 ❶紊乱貌。《管子·枢言》："纷纷乎若乱丝。"❷众多貌；络绎貌。《汉书·礼乐志》"羽旄纷"颜师古注："纷纷，言其多。"王维《辛夷坞》诗："纷纷开且落。"❸忙乱貌。《孟子·滕文公上》："何为纷纷然与百工交易？何许子之不惮烦？"

纷更 乱加更改。《汉书·汲黯传》："张汤以更定律令为廷尉。黯质责汤于上前，曰：'公为正卿，上不能褒先帝之功业，下不能化天下之邪心，安国富民，使囹圄空虚，何空取高皇帝约束纷更之为？'"

纷华 亦作"芬华"。繁华富丽；荣耀。《史记·礼书》："出见纷华盛丽而说（悦），入闻夫子之道而乐；二者心战，未能自决。"

纷纶 ❶乱貌；多貌。司马相如《封禅文》："纷纶葳蕤，湮灭而不称者，不可胜数。"❷忙碌。杜甫《丽人

行》："犀箸厌饫久未下，鸾刀缕切空纷纶。"❸渊博。《后汉书·井丹传》："通五经，善谈论，故京师为之语曰：'五经纷纶井大春。'"大春，井丹字。

纷葩 亦作"芬葩"。盛多貌。马融《长笛赋》："纷葩烂漫，诚可喜也。"左思《吴都赋》："喧哗嘲呷，芬葩荫映。"

纷披 ❶分散；杂沓。庾信《枯树赋》："纷披草树，散乱烟霞。"❷乱貌。韩愈《寄崔二十六立之》诗："下驴入省门，左右惊纷披。"

纷扰 纷乱；骚扰混乱。《三国志·魏志·袁术传》："昔秦失其政，天下群雄，争而取之，兼智勇者，卒受其归。今世事纷扰，复有瓦解之势矣。"

纷挐 同"纷拏"。

纷拏 ❶混乱貌。《楚辞·九思·悼乱》："涌乱兮纷拏。"❷混战。《汉书·霍去病传》："昏，汉、匈奴相纷挐，杀伤大当。"颜师古注："纷挐，乱相持搏也。"

纷沓 纷繁杂沓。《南齐书·萧颖胄传》："征鼓纷沓，雷动荆南。"

纷纭 亦作"纷云（雲）"。❶盛多貌。《汉书·司马相如传下》："威武纷云。"《三国志·魏志·臧洪传》："重获来命，援引古今，纷纭六纸。"❷杂乱；扰乱。《后汉书·冯衍传下》："心愊忆而纷纭。"袁宏《三国名臣序赞》："六合纷纭。"

纷缊 盛貌；五采斑斓貌。《楚辞·九章·橘颂》："纷缊宜修，姱而不丑兮。"班固《东都赋》："宝鼎见兮色纷缊。"

氛〔雰〕（fēn）❶古时迷信说法指预示吉凶的云气，也特指凶气。《国语·楚语上》："故先王之为台榭也，榭不过讲军实，台不过望氛祥。"韦昭注："凶气为氛，吉气为祥。"❷尘埃。张衡《西京赋》："消氛埃于中宸。"也指尘氛、尘俗之气。贾岛《过杨道士居》诗："茆屋远器氛。"❸雾气。《礼记·月令》："〔仲冬之月〕氛雾冥冥。"❹气氛。见"氛围"。

氛埃 犹尘埃。《楚辞·远游》："风伯为余先导兮，氛埃辟而清凉。"

氛慝 比喻动乱。《文选·谢灵运〈拟魏太子邺中集诗〉》："皇汉逢屯邅，天下遭氛慝。"李周翰注："氛，不祥气。慝，恶也。皆喻乱贼。"

氛围 笼罩着某个特定场合的特殊气氛或情调。如：欢乐的氛围。

氛翳 烟雾，比喻世运昏乱。李白《答高山人兼呈权顾二侯》诗："应运

生夔龙，开元扫氛翳。"

氛氲 ❶盛貌。白居易《朱陈村》诗："去县百余里，桑麻青氛氲。"❷比喻心绪不宁。温庭筠《咏寒宵》："晻暧遥相属，氛氲积所思。"

牻（fēn）脱毛。和邦额《夜谭随录·来存》："貂夏牻而冬牻（毡）。"

鳻〔鳻〕（fēn）见"鳻鶞"。

另见 bān。

鳻鶞 亦作"鳻盾"。即春扈。《尔雅·释鸟》："春扈，鳻鶞。"按《说文·隹部》"雇"下作"鳻盾"。

袸（fēn）衣长貌。《文选·司马相如〈子虚赋〉》："袸袸裶裶。"李善注引郭璞曰："袸袸裶裶，皆衣长貌也。"

㸱（fēn）见"㸱㸱牂牂"。

㸱㸱牂牂 《庄子·山木》："其为鸟也，㸱㸱牂牂，而似无能。"陆德明释文："司马（彪）云：'㸱㸱牂牂，舒迟貌。一云飞不高貌。'李（颐）云：'羽翼声。'"

棻（fēn）❶香木。见《说文·木部》。多用为人名。如汉代有刘歆子棻（见《汉书·扬雄赞》）；唐代有令狐德棻（见两《唐书》本传）。❷通"纷"。茂盛貌。班固《西都赋》："五谷垂颖，桑麻铺棻。"

酚（fēn）一类由羟基（—OH）与芳香环（苯环等）直接相连而成的芳香族化合物。最简单的代表物是苯酚（也叫石炭酸，C_6H_5OH）。按一分子中羟基的数目分为：一元酚（如苯酚）、二元酚（如苯二酚）及多元酚（如苯三酚）。酚类大都为无色晶体，易溶于乙醇。某些酚类遇三氯化铁水溶液呈变色反应。和醇类相比，具有较显著的酸性，能直接和碱形成酚盐（如苯酚钠，C_6H_5ONa）。

趻（fēn）踏。《古文苑·宋玉〈大言赋〉》："据地趻天，迫不得仰。"章樵注："趻，蹴也。"

饙〔饙〕（fēn）同"馈"。蒸饭。《诗·大雅·泂酌》："可以饙饎。"毛传："饙，馏也；饎，酒食也。"

棻（fēn）见"棻棻"。

另见 fén。

棻棻 纷乱貌。《书·吕刑》："民兴胥渐，泯泯棻棻。"

雰（fēn）见"雰雰"。

另见 fēn 氛。

雰雰 雪盛貌。《诗·小雅·信南山》："上天同云，雨雪雰雰。"雨，降

馈﹝䭈﹞（fēn）　亦作"饙"。蒸饭。参见"馏liù"。

饙（fēn）　同"䭈"。

馩（fēn）　亦作"馪"。吴方言词。不曾。

fén

坟﹝墳﹞（fén）　❶本指高出地面的土堆，后专指坟墓。《礼记·檀弓上》："古也墓而不坟。"郑玄注："土之高者曰坟。"❷水边高地。《诗·周南·汝坟》："遵彼汝坟，伐其条枚。"❸大。《诗·小雅·苕之华》："牂羊坟首。"❹指古代的大著作。参见"坟典"、"三坟五典"。❺顺貌。《管子·君臣下》："坟然若一父之子。"
　　另见 fèn。

坟仓　坟，大。古代设在京城中的大谷仓。《韩非子·八奸》："纵禁财，发坟仓，利于民者，必出于君，不使人臣私其德。"

坟典　"三坟五典"的简称。泛指古书。《后汉书·赵壹传》："敷玩坟典。"《南史·丘巨源传》："少好学，居贫，屋漏，恐湿坟典，乃舒被覆书。"参见"三坟五典"。

坟籍　犹"坟典"。泛指古书。《后汉书·李固传》："遂究览坟籍，结交英贤。"

坟墓　❶埋葬死人之地。筑土为坟，穴地为墓，通称"坟墓"。《管子·九变》："大者，亲戚坟墓之所在也。"❷星官名。属危宿，共四星，即宝瓶座 $\zeta_{1,2}$、γ、η、π 星。《星经》："坟墓四星，在危下。"

芬（fén）　通"坟"。隆起貌。《管子·地员》："芬然若灰。"尹知章注："芬然，壤起貌。"
　　另见 fēn。

汾（fén）　水名。见"汾河"。

汾河　黄河第二大支流。在山西省中部。源出宁武县管涔山，经太原市南流到新绛县折向西，在河津市西入黄河。长693.8公里，流域面积3.95万平方公里。上游建有汾河水库。因干支流上游流经黄土高原，河流含沙量大。

妢（fén）　见"妢胡"。

妢胡　古国名。《考工记序》："妢胡之笴。"郑玄注："妢胡，胡子之国，在楚旁。"

枌（fén）　❶木名。《诗·陈风·东门之枌》："东门之枌。"毛传："枌，白榆也。"❷通"棼"。阁楼的中栋。张协《七命》："枌栱嵯峨。"

枌榆　《汉书·郊祀志上》："高祖祷丰枌榆社。"丰，邑名；枌榆，乡名，汉高祖的故乡。后因称故乡为"枌榆"。张衡《西京赋》："岂伊不怀归于枌榆？"

贲﹝賁﹞（fén）　❶大。《诗·大雅·灵台》："贲鼓维镛。"郑玄笺："贲，大鼓也；镛，大钟也。"❷三足龟。《尔雅·释鱼》："龟三足，贲。"
　　另见 bēn，bì，féi，fèn。

芬﹝蕡﹞（fén）　见"芬蕴"。

芬蕴　蕴积。《楚辞·九怀·蓄英》："芬蕴兮徽嫇，思君兮无聊。"王逸注："愁思蓄积，面垢黑也。"

蚡（fén）　同"豶"。

颁﹝頒﹞（fén）　头大貌。《诗·小雅·鱼藻》："鱼在在藻，有颁其首。"毛传："颁，大首貌。"
　　另见 bān。

畚（fén）　❶人名。春秋时刘献公之庶子伯畚。见《左传·昭公二十二年》。❷同"蚡"。

羒（fén）　白色的大公羊。《尔雅·释畜》："羊，牡羒。"郭璞注："谓吴羊白羝也。"郝懿行义疏："羝，牡羊也。吴羊，白色羊也……羒盖同羝，言高大也。"

隫﹝隫﹞（fén）　同"坟（墳）"。高地。《管子·地员》："若在陵，在山，在隫，在衍。"

蕡﹝蕡﹞（fén）　❶杂草的香气。今语"喷（pèn）香"，本当作"蕡香"。❷草木果实繁盛貌。《诗·周南·桃夭》："有蕡其实。"❸麻茎。《周礼·秋官·司烜氏》："凡邦之大事，共坟烛庭燎。"郑玄注："故书坟为蕡。郑司农云：'蕡烛，麻烛也。'"❹大麻的种子。《周礼·天官·笾人》："朝事之笾，其实蒉、蕡。"郑玄注："蕡，枲实也。"

蒶（fén）　见"蒶藴"。

蒶藴　气盛貌。《文选·左思〈蜀都赋〉》："郁蒶藴以翠微。"张铣注："蒶藴，气貌。"

棼（fén）　❶阁楼的栋。《三辅黄图·汉宫》："未央宫……至孝武以木兰为棼橑。"❷麻布。

《周礼·春官·巾车》："素车棼蔽。"❸纷乱。《左传·隐公四年》："犹治丝而棼之也。"
　　另见 fēn。

焚（fén）　烧。《礼记·月令》："毋焚山林。"
　　另见 fèn。

焚膏继晷　膏，油脂，指灯烛；晷，日光。犹言夜以继日。韩愈《进学解》："焚膏油以继晷，恒兀兀以穷年。"

焚琴煮鹤　见"煮鹤焚琴"。

焚如　❶谓火焰炽盛。《易·离》："突如其来如，焚如，死如，弃如。"陶潜《怨诗楚调示庞主簿邓治中》："炎火屡焚如，螟蜮恣中田。"❷王莽时的一种酷刑。《汉书·匈奴传下》："莽（王莽）作焚如之刑，烧杀陈良等。"

焚修　佛教徒焚香修行。张蠙《赠闻一上人》诗："坛场在三殿，应召入焚修。"又与"熏修"同，谓熏染修行。司空图《携仙箓》诗："若道阴功能济活，且将方寸自焚修。"

焚砚　自愧文不如人，表示不再写作。陆龟蒙《开元寺楼看雨联句》："接思强挥毫，窥词几焚砚。"参见"烧砚"。

帉﹝幩﹞（fén）　装在马口上的扇汗用具。《诗·卫风·硕人》："朱帉镳镳。"徐锴《说文解字系传》卷十四："谓以帛缠马口旁铁，扇汗，使不汗也。"

鲼﹝鱝﹞（fén）　鱼名。亦名斑文鱼或斑鱼。《尔雅·释鱼》："鲼，鳂。"郝懿行义疏："《御览》引《广志》云：'斑文鱼出泑国，献其皮。'《魏略》云：'泑国出斑鱼皮，汉时恒献之。'然则斑鱼即鲼鱼，鲼、斑声近。"

豶﹝豶﹞（fén）　阉割过的猪。见《集韵·二十文》。引申为阉割。《韩非子·十过》："竖刁自豶以为治内。"
　　另见 bèn。

濆﹝濆﹞（fén）　❶沿河的高地。《诗·大雅·常武》："铺敦淮濆。"孔颖达疏："布陈敦厚之阵于淮水濆厓之上。"❷水名。见"濆水"。
　　另见 fèn，pēn。

濆水　古水名。汝水的岔流。《尔雅·释水》水自汝出为濆。《水经注》："汝水又东南径奇頟城西北，今南颍川郡治也，濆水出焉，世谓之大㶁水。"即今河南郾城、商水间沙河。

橨〔橨〕(fén)　木名。《广韵·二十文》：“橨，柟仲木别名。”另见 fèn。

轒〔轒〕(fén)　❶车篷的弓形骨架。《说文·车部》：“淮阳名车穹隆为轒。”段玉裁注：“车穹隆即车盖弓也。”❷见“轒辒”。

轒辒　古代的一种攻城兵车。《孙子·谋攻》：“修橹轒辒。”杜牧注：“轒辒，四轮车，排大木为之，上蒙以生牛皮，下可容十人，往来运土填堑，木石所不能伤。今所谓木驴是也。”

轒辒

羵〔羵〕(fén)　羵羊，传说的土中怪羊。《国语·鲁语下》：“土之怪曰羵羊。”

豶〔豶〕(fén)　阉割过的猪。《易·大畜》：“豶豕之牙。”陆德明释文引刘表曰：“豕去势曰豶。”

燌〔燌〕(fén)　同“焚”。《论衡·雷虚》：“中头则须发烧燌，中身则皮肤灼燌。”按：此谓雷击。

鼢〔鼢〕(fén)　见“鼢鼠”。

鼢鼠　哺乳纲，啮齿目，仓鼠科。体矮胖，长 15～27 厘米；尾长 3～6.5 厘米。无耳壳，眼很小，几为毛所掩盖。肢短而壮，前肢爪特别长大，用以掘土。毛细而柔，体一般呈淡粉红褐色或赤褐色，腹面略淡。通常额部有一闪亮白毛区。栖居在草原地区和田间，营地下生活，洞道复杂。以植物的根、地下茎和嫩芽为食，对农作物有害。分布于俄罗斯西伯利亚、蒙古；亦见于中国北部。中国主要有东北鼢鼠（*Myospalax psilurus*）和中华鼢鼠（*M. fontanierii*）。

鼖〔鼖〕(fén)　大鼓，古代军中所用。《考工记·韗人》：“鼓长八尺，鼓四尺，中围加三之一，谓之鼖鼓。”鼓四尺，指鼓面之广。《周礼·地官·鼓人》：“以鼖鼓鼓军事。”

麢〔麢〕(fén)　乱麻。见“缊麢”。

鞼〔鞼〕(fén)　同“鼖”。大鼓。柳宗元《剑门铭》：“鞼鼓一振，元戎启行。”

fěn

粉(fěn)　❶细末。如：米粉；面粉；花粉。❷谷类粉末制成的食品，多为细长条状。如：粉干；炒粉。武汉臣《老生儿》第三折：“宰下羊，漏下粉，蒸下馒头。”❸妆饰或涂饰用的白色或有色粉末。如：脂粉；金粉。❹涂饰。如：粉墙。参见“粉饰❷”。❺白色。如：粉蝶；粉底乌靴。亦指粉红色。李贺《天上谣》：“粉霞红绶藕丝裙。”❻碎成粉末。如：粉身碎骨。

粉黛　❶搽脸的白粉和画眉的黛墨，妇女的化妆用品。《韩非子·显学》：“故善毛嫱西施之美，无益吾面，用脂泽粉黛，则倍其初。”❷借指美女。白居易《长恨歌》：“回眸一笑百媚生，六宫粉黛无颜色。”

粉侯　三国时，魏何晏面白如傅粉（见《世说新语·容止》），娶魏公主，得赐爵为列侯。俗因称皇帝的女婿为粉侯。至宋时，又推而称其父为粉父，兄弟为粉昆。《宋史·刑法志二》：“济之以粉昆，朋类错立……盖俗称驸马都尉为粉侯，人以王师约故，呼其父尧臣为粉父。”参见“驸马”。

粉角　即饺饵，饺子。《正字通·食部》：“今俗饺饵，屑米面和馅为之，干湿大小不一；水饺饵即段成式食品‘汤中牢丸’，或谓之粉角。”

粉昆　谓驸马之兄弟。详“粉侯”。

粉米　古代贵族礼服上的绣文。《书·益稷》：“日、月、星辰、山、龙、华虫，作会（绘）；宗彝、藻、火、粉米、黼、黻，绨绣。”孔颖达疏引郑玄注：“粉米，白米也。”谓白色米形绣文。郑以宗彝为绣文之一，虎蜼形（一说钟鼎形）。孔传：“粉，若粟冰；米，若聚米。”孔谓宗彝非绣文，故分粉米为二，以足十二章之数。

粉墨登场　用粉墨化装，登台演戏。臧懋循《元曲选后序》：“关汉卿辈至躬践排场，面傅粉墨。”今多用作贬辞，比喻坏人登上政治舞台。

粉饰　❶打扮；装饰。《史记·滑稽传》：“巫行视小家女好者，云：‘是当为河伯妇。’即娉取……共粉饰之。”引申为褒美或揄扬之意。《三国志·吴志·周瑜传》：“故将军周瑜子胤，昔蒙粉饰，受封为将。”❷涂饰表面，以图掩盖。苏轼《再上皇帝书》：“岂别有别生义理，曲加粉饰而

能欺天下哉。”❸指文辞的提炼润色。《聊斋志异·青凤》：“生略述涂山女佐禹之功，粉饰多词，妙绪泉涌。”引申为过分雕饰。鲁迅《南腔北调集·作文秘诀》：“去粉饰，少做作。”

fèn

分(fèn)　❶亦作“份”。整体中的一部分。如：部分；股分。《百喻经·二子分财喻》：“如是一切所有财物，尽皆破之而作二分。”❷名分；职分。如：分内之事；保卫祖国，人人有分。《淮南子·本经训》：“各守其分，不得相侵。”❸轻重；分限。如：分量；过分。❹料想；应分；甘愿。《汉书·苏武传》：“武曰：‘自分已死久矣，王必欲降武，请毕今日之欢，效死于前。’”元稹《献荥阳公》诗：“瓦砾难追琢，刍荛分弃捐。”葛胜仲《浣溪沙·赏芍药》词：“不分与花为近侍，难甘溱洧赠闲人。”❺情分。曹植《赠白马王彪》诗：“恩爱苟不亏，在远分日亲。”

另见 fēn。

分寸　言行的适当限度或程度。《红楼梦》第二十一回：“姐妹们和气，也有个分寸儿，也没个黑家白日闹的！”

分际　❶犹言分寸。界限；程度。分，各自的本分地位；际，事物相互间的交遇。《史记·儒林列传序》：“臣（公孙弘）谨案诏书律令下者，明天人分际，通古今之义，文章尔雅，训辞深厚，恩施甚美。”汤显祖《牡丹亭·诊祟》：“呀，小姐！脉息到这个分际了。”❷犹言不可开交，难解难分。《水浒传》第十二回：“两个又斗了十数合，正斗到分际，只见山高处叫道：‘两位好汉，不要斗了！’”

分量　❶犹重量。《儿女英雄传》第四回：“你瞧不得那件头小，分量够一百多斤呢！”❷分所应得的限度。《宋史·高皇后传》：“后弟殿内崇班士林，供奉久，帝欲迁其官；后谢曰：‘士林获升朝籍，分量已过。’”❸犹言力量。《朱子全书·学四》：“到得做事业时，只随自家分量以应之。”

分外　❶特别；格外。苏轼《平山堂次王居卿祠部韵》：“酒醒人面天然白，山向吾曹分外青。”❷本分以外。《三国志·魏志·程昱传》：“上不责非职之功，下不务分外之赏。”

分子　❶亦作“份子”。集资送礼时每人分摊的一份。《牡丹亭·秘议》：“便是杜老爷去后，谎了一府州

县士民人等许多分子,起了个生祠。"❷属于一定阶级、阶层、集团或具有某种特征的人。如:知识分子;积极分子。

份(fèn)❶由整体分成的各部分。如:一斤糖分成四份。❷分配计数词。如:一份礼物。
另见 bīn。

坋(fèn)敷洒。《后汉书·东夷传》:"并以丹朱坋身,如中国之用粉也。"

坟〔墳〕(fèn)高起。《书·禹贡》:"厥土黑坟。"孔传:"色黑而坟起。"《左传·僖公四年》:"公至,毒而献之。公祭之地,地坟。"
另见 fén。

弅(fèn)形容山丘隆起。《庄子·知北游》:"知北游于玄水之上,登隐弅之丘,而适遭无为谓焉。"

奔〔犇〕(fèn)通"偾(僨)"。覆败。《诗·大雅·行苇》"序宾以贤"毛传:"奔军之将",《礼记·射义》作"贲军之将"。郑玄注:"贲读为'偾',偾犹覆败也。"
另见 bēn,bèn。

奋〔奮〕(fèn)❶鸟类振羽展翅。《淮南子·时则训》:"鸣鸠奋其羽。"❷振作。《淮南子·说林训》:"人莫不奋于其所不足。"❸震动。《易·豫》:"雷出地奋。"❹振起;发扬。贾谊《过秦论上》:"及至始皇,奋六世之余烈。"

奋臂有力地高举手臂,表示激昂振奋。如:奋臂高呼。《史记·张耳陈馀列传》:"陈王(陈胜)奋臂,为天下倡始。"

奋斗奋力格斗。《宋史·吴挺传》:"金人舍骑操短兵奋斗,挺遣别将尽夺其马。"今多用作英勇斗争、不畏阻挠、努力苦干的意思。

奋发激厉振作。《论衡·初禀》:"勇气奋发。"《三国志·魏志·司马朗传》:"董卓悖逆,为天下所仇,此忠臣义士奋发之时也。"

奋飞鸟类振翼飞翔。多比喻人不受束缚,奋发有为。《诗·邶风·柏舟》:"静言思之,不能奋飞。"毛传:"不能如鸟奋翼而飞去。"

奋击奋力击敌。《宋史·刘锜传》:"以万兵各持长斧奋击之,敌大败。"也指能奋力击敌的士卒,精兵。《史记·范雎蔡泽列传》:"奋击百万,战车千乘。"

奋袂举袖,形容奋发的样子。《淮南子·汜论训》:"身自奋袂执锐。"《文选·曹植〈求自试表〉》:"辍食弃餐,奋袂攘衽。"刘良注:"奋袂,举袖也。"也指挥袖。曹植《游观赋》:"奋袂成风,挥汗如雨。"

奋迅精神振奋,行动迅速。《后汉书·耿纯传》:"大王以龙虎之姿,遭风云之时,奋迅拔起,期月之间兄弟称王。"亦作"奋信"。《管子·势》:"大周之先,可以奋信。"尹知章注:"奋信,振起貌。"

拚(fèn)扫除。《礼记·少仪》:"扫席前曰拚。"孔颖达疏:"拚是除秽,扫是涤荡。"
另见 fān,pàn,pīn。

牟(fèn)跳跃。见《集韵》。

忿(fèn)❶同"愤"。忿怒;怨恨。《易·损》:"君子以惩忿室欲。"张衡《东京赋》:"我世祖忿之。"❷甘愿;服气。参见"不忿❷"。

忿忿心里很气愤。如:忿忿不平。阮瑀《为曹公作书与孙权》:"以是忿忿,怀惭反侧。"

忿戾忿怒而乖戾。《论语·阳货》:"古之矜也廉,今之矜也忿戾。"

忿悁怨怒;愤恨。《国策·赵策二》:"秦虽辟远,然而心忿悁含怒之日久矣。"《史记·鲁仲连邹阳列传》:"弃忿悁之节,定累世之功。"

叁(fèn)扫除席前。《说文·土部》:"叁,扫除也。"段玉裁注:"叁字,《曲礼》作粪,《少仪》作拚,其段借字也。《少仪》曰:'泛扫曰扫,扫席前曰拚。'此析言之也。许以扫除释叁,以叁释扫,浑言之也。"

贲〔賁〕(fèn)❶气势旺盛。《礼记·乐记》:"粗厉猛起奋末广贲之音作。"❷通"坟(墳)"。高起来。《穀梁传·僖公十年》:"覆酒于地,而地贲。"《左传》、《国语》皆作"坟"。❸通"偾"。覆败。见"贲军"。
另见 bēn,bì,féi,fén。

贲军败军。《礼记·射义》:"贲军之将。"郑玄注:"贲,读为偾;偾,犹覆败也。"

偾〔僨〕(fèn)❶仆倒。《左传·昭公十三年》:"牛虽瘠,偾于豚上,其畏不死?"孔颖达疏:"言牛倒豚上,豚必死也。"❷僵毙。《吕氏春秋·顺民》:"孤与吴王接颈交臂而偾。"高诱注:"偾,僵也。"❸覆败。见"偾事"。❹紧张而起之意。见"偾兴"、"偾骄"。

偾骄偾发骄矜,不可禁制。《庄子·在宥》:"偾骄而不可系者,其唯人心乎!"郭象注:"偾骄者,不可禁之势也。"

偾事犹言败事。《礼记·大学》:"此谓一言偾事,一人定国。"

偾兴❶紧张;兴奋。《左传·僖公十五年》:"张脉偾兴,外强中干,进退不可,周旋不能。"❷喷发;爆发。鲁迅《坟·摩罗诗力说》:"烈火在下,出为地烊,一旦偾兴,万有同坏。"地烊,火山。

焚(fèn)通"偾"。见"焚身"。
另见 fén。

焚身犹言丧生。《左传·襄公二十四年》:"象有齿以焚其身。"杜预注:"焚,毙也。"孔颖达疏引服虔云:"焚读曰偾,偾,僵也。为生齿牙,僵仆其身。"后常比喻因贪利或积财而得祸。

喷〔噴〕(fèn)吹奏。辛弃疾《念奴娇·登建康赏心亭》词:"片帆西去,一声谁喷霜竹?"
另见 pēn,pèn。

粪〔糞〕(fèn)❶亦称"粪便",俗称"大便"。肠道的排泄物。由未被消化的食物残渣、肠道内的细菌、分泌物和部分代谢产物等组成。一般含水75%,固体物质25%。其量和性质随摄取的食物不同而异。患消化道疾病时,其变化更大,故检查粪便对诊断胃肠道疾病有重要意义。粪中含有大量的氮、磷、钾等成分,可作肥料。但新鲜粪便可能含有病原体和寄生虫卵,故应加以处理后方可使用。❷秽。见"粪土"。❸施肥。《礼记·月令》:"〔季夏之月〕可以粪田畴。"❹扫除。如:粪除。《荀子·强国》:"堂上不粪,则郊草不瞻旷芸。"杨倞注:"堂上犹未粪除,则不暇瞻视郊野之草有无也。"旷,谓无草。芸,谓有草可芸。

粪壤可作肥料的灰土。《论衡·率性》:"深耕细锄,厚加粪壤,勉致人功,以助地力。"

粪土秽土;脏土。《论语·公冶长》:"朽木不可雕也,粪土之墙不可杇也。"《国策·秦策五》:"今子无母于中,外托于不可知之国,一日倍(背)约,身为粪土。"也比喻恶劣下贱的事物。《左传·襄公十四年》:"卫侯其不得入矣!其言粪土也,亡而不变,何以复国?"

濆〔濆〕(fèn)波浪涌起;上涌的波浪。杜甫《最能行》:"欹帆侧柁入波涛,撇漩捎濆无险阻。"
另见 fén,pēn。

愤〔憤〕(fèn) ❶忿怒；怨恨。《旧唐书·于頔传》："人神共愤，法令不容。"《宋史·张永德传》："张侍中诛我宗党殆尽，希中以法，报私愤尔。"❷郁结。如：发愤。《论语·述而》："不愤不启，不悱不发。"

愤薄　郁结；充塞。潘岳《寡妇赋》："气愤薄而乘胸兮，涕交横而流枕。"

愤毒　愤恨。《后汉书·袁绍传》："每念灵帝，令人愤毒！"

愤悱　亦作"悱愤"。《论语·述而》："不愤不启，不悱不发。"朱熹注："愤者，心求通而未得之意；悱者，口欲言而未能之貌。"后用来指蕴积于心的思想。白居易《与元九书》："既而愤悱之气，思有所泄。"

愤愤　犹忿忿。心中气愤不平。《宋书·谢灵运传》："自谓才能宜参权要，既不见知，常怀愤愤。"

愤激　忿怒而激动。《后汉书·傅燮传》："愤激思奋，未失人臣之节。"

愤慨　气愤不平。《世说新语·仇隙》："右军(王羲之)遂称疾去郡，以愤慨致终。"

愤懑　烦闷；抑郁不平。司马迁《报任少卿书》："是仆终已不得舒愤懑以晓左右。"

愤盈　❶愤恨到极点。《后汉书·张奂传论》："中官世盛，暴恣数十年间，四海之内，莫不切齿愤盈！"❷积聚；充满。《国语·周语上》："阳瘅愤盈，土气震发。"韦昭注："愤，积也；盈，满也。"《逸周书·时训》："阴气愤盈。"

榅〔橆〕(fèn)　器物的脚。见《广雅·释器》。
另见fén。

膹〔臏〕(fèn)　❶熟切的肉。贾谊《新书·匈奴》："屠沽者，卖饭食者，羹臛膹炙者，每物各一二百人。"膹，原注："切熟肉。"一说，切成块的生肉。参阅《急就篇》卷三颜师古注。❷多汁的肉羹。《盐铁论·散不足》："觳膹雁羹。"

鲼〔鱝〕(fèn)　一群游泳较活泼的鳐类的通称。体平扁，呈菱形。牙宽扁，呈板状。背鳍小，一个，位于尾部；胸鳍前部伸延至吻部，分化为吻鳍。尾细长，常具尾刺。尾刺有毒，人被刺后剧痛、红肿。食贝类、小鱼、小虾等。种类很多。广布于热带和亚热带海洋。中国产于南海和东海南部。常见的有鸢鲼(*Myliobatis tobijei*)、无斑鹞鲼(*Aetobatus flagellum*)和聂氏无刺鲼(*Aetomylaeus nichofii*)等。

瀵(fèn)　❶由地底喷出的泉水。《尔雅·释水》："瀵，大出尾下。"邢昺疏："尾犹底也，言源深大出于底下者名瀵；瀵犹洒散也。"❷古水名。《水经注·河水》："河水又南，瀵水入焉，水出汾阴南四十里，西去河三里，平地开源，溃泉上涌，大几如轮，深则不测，俗呼之为瀵魁。"

fēng

丰㊀(fēng)　❶容貌丰满美好。《诗·郑风·丰》："子之丰兮，俟我乎巷兮。"❷《诗·郑风》篇名。《诗序》说是"刺乱也。婚姻之道缺，阳倡而阴不和，男行而女不随"。据郑玄所释，诗的具体内容是写女子于男方来迎亲时，不肯随行，后又懊悔。后人颇有反对者，如《诗集传》谓，此系女子未及时与其所约男子出奔，"既则悔之，而作是诗"；姚际恒《诗经通论》则谓"此女子于归自咏之诗"。❸通"风"。见"丰采"、"丰姿"。
㊁〔豐〕(fēng)　❶茂盛；茂密。《诗·小雅·湛露》："湛湛露斯，在彼丰草。"❷丰富；丰厚。如：丰收；丰衣足食。❸大。《易·序卦》："丰者，大也。"❹古代承酒具的器皿。《仪礼·公食大夫礼》："饮酒实于觯，加于丰。"郑玄注："丰，所以承觯者，如豆而卑。"❺六十四卦之一，离下震上。《易·丰》："象曰：雷电皆至，丰。"❻亦作鄷。古都名。参见"丰京"。❼姓。宋代有丰稷。

丰碑　❶古代天子举葬时下棺的用具。《礼记·檀弓下》："公室视丰碑。"郑玄注："丰碑斫大木为之，形如石碑，于椁前后四角树之，穿中，于间为鹿卢(辘轳)，下棺以绋绕。天子六绋四碑，前后各重鹿卢也。"❷高大的碑。《隋书·杨素传》："夫铭功彝器，纪德丰碑，所以垂名迹于不朽，树风声于没世。"现常比喻杰出的功绩。

丰采　同"风采"。❶风度，神采。《聊斋志异·娇娜》："偶过其门，一少年出，丰采甚都。"❷犹风范。江藩《汉学师承记·朱筠》："天下士仰慕丰采，望风景附。"

丰城剑气　传说吴灭晋兴之际，天空斗、牛二宿之间常有紫气，豫章人雷焕谓"宝剑之精，上彻于天"，地点在豫章郡丰城。尚书张华乃任雷为丰城令。雷到任后，在丰城狱中掘得宝剑两口，一名龙泉，一名太阿，斗、牛之间紫气即消失。见《晋书·张华传》。

丰悴　盛衰。韩愈《圬者王承福传》："抑丰悴有时，一去一来而不可常者耶？"

丰登　丰收。如：五谷丰登。《旧唐书·宪宗纪上》："南亩亏播植之功，西成失丰登之望。"

丰干饶舌　丰(豐)干，一作封干，唐高僧。初居天台山国清寺供春米之役。先天(712—713)中，行化京兆。闾丘胤将任台州太守，问台州有何贤达？丰干曰：到任记谒文殊。后闾丘胤到任至国清寺，于僧厨见寒山、拾得，二僧笑曰："丰干饶舌。"见《宋高僧传》卷十九。后因以"丰干饶舌"比喻多嘴。

丰亨豫大　《易·丰》："丰亨，王假之。"又《豫》："圣人以顺动，则刑罚清而民服，豫之时义大矣哉！"谓君德隆盛，和顺以动。后用此侈言国家的富盛。《宋史·蔡京传》："时承平既久，帑庾盈溢，京倡为丰亨豫大之说，视官爵财物如粪土，累朝所储扫地矣！"

丰狐　同"封狐"。大狐。《庄子·山木》："夫丰狐文豹，栖于山林，伏于岩穴。"

丰京　"丰"亦作"酆"，与镐京同为西周国都。在今陕西长安西南沣河以西。周文王伐崇侯虎后自岐迁此。《诗·大雅·文王有声》："既伐于崇，作邑于丰。"武王虽迁于镐，而丰宫不改，仍为全国的政治文化中心。有灵台，遗址唐初尚存。

丰隆　古代神话中的云神。一说雷神。《离骚》："吾令丰隆乘云兮，求宓妃之所在。"王逸注："丰隆，云师，一曰雷师。"《文选·张衡〈思玄赋〉》："丰隆轩其震霆兮，列缺晔其照夜。"李善注："丰隆，雷公也。"轩，大声。

丰(豐)满　丰富满盛。《管子·轻重乙》："昔者纪氏之国强本节用者，其五谷丰满而不能理也。"《国策·秦策一》："毛羽不丰满者，不可以高飞。"

丰年　❶收成好的年份。如：瑞雪兆丰年。❷《诗·周颂》篇名。是周天子于秋冬二季在宗庙祭祀祖先所用的乐歌。夸耀丰年丰收，并求多福。

丰沛　❶盛多貌。宋玉《高唐

赋》："东西施翼，猗狔丰沛。"❷汉高祖刘邦，沛之丰邑人，后因以"丰沛"泛指帝王的故乡。杜甫《别张十三建封》诗："汾晋为丰沛，暴隋竟涤除。"

丰霈　同"沣沛"。雨盛貌。曹丕《感物赋》："降甘雨之丰霈。"

丰茸　茂密貌。司马相如《长门赋》："罗丰茸之游树兮，离楼梧而相撑。"

丰容　谓容色美盛。《后汉书·南匈奴传》："昭君丰容靓饰，光明汉宫。"

丰杀　犹增减。《晋书·礼志中》："礼典轨度，丰杀随时，虞夏商周咸不相袭，盖有由也。"

丰赡　富裕；富饶。《后汉书·第五伦传》："伦悉简其丰赡者遣还之，更选孤贫志行之人，以处曹任。"《三国志·魏志·陶谦传》："是时徐州百姓殷盛，谷米丰赡。"

丰硕　丰满；肥胖。如：丰硕成果。《新唐书·娄师德传》："师德素丰硕，不能遽步。"

丰彤　林木盛貌。《后汉书·马融传》："丰彤对蔚，崟巆槮爽。"李贤注："并林木貌也。"

丰席　用莞草织成的席。一说：刮摩精治的竹席。《书·顾命》："东序西向，敷重丰席。"孔传："丰，莞。"孔颖达疏："王肃亦云：'丰席，莞。'郑玄云：'丰席，刮冻竹席。'"孙星衍《尚书今古文注疏》引郑注冻字作涑，云："云'刮涑竹席'者，涑，今本误作冻。《说文》：'刷，刮也。涑，濯也。'《广雅·释诂》云：'涑，洒也。'盖以竹为席，加之洒刷也。"洒，洗。

丰羡　丰足而有余裕。欧阳修《读书》诗："官荣日清近，廪给亦丰羡。"

丰衍　丰盛；富饶。《后汉书·任延传》："谷稼丰衍。"

丰殷　丰盛。引申为丰富的收获。张华《励志》诗："薿薿致功，必有丰殷。"薿，耘地。薿，壅苗。

丰盈　❶富足。《国策·赵策一》："甘露降，风雨时至，农夫登，年谷丰盈，众人喜之。"❷丰满，形容体貌。宋玉《神女赋》："貌丰盈以庄姝兮，苞温润之玉颜。"

丰腴　丰厚；优厚。欧阳修《祭杜祁公文》："士之进显于荣禄者，莫不欲安享于丰腴。"

丰约　❶丰富和俭约。陆机《文赋》："若夫丰约之裁，俯仰之形，因宜适变，曲有微情。"❷盛衰。《国语

·楚语下》："不为外内行，不为丰约举。"韦昭注："丰，盛也；约，衰也。"❸宽裕。韩愈《与卫中行书》："始相识时，方甚贫，衣食于人。其后相见……比之前时，丰约百倍。"

丰殖　❶生长茂盛。《国语·周语下》："陂郇九泽，丰殖九薮。"韦昭注："丰，茂；殖，长也。"❷增长很快。《辽史·耶律挞烈传》："均赋役，勤耕稼，部人化之，户口丰殖。"

丰姿　同"风姿"。容貌，仪态。洪昇《长生殿·定情》："丰姿秀丽。"

风　〔風〕(fēng)　❶空气流动的现象。气象上常特指空气在水平方向的流动。通常用风向和风速（或风级）表示。❷习俗；风气。《礼记·乐记》："乐也者，圣人之所乐也。……其移风易俗，故先王著其教焉。"陆游《游山西村》诗："衣冠简朴古风存。"❸气势。司马相如《难蜀父老》："乃命使西征，随流而攘，风之所被，罔不披靡。"❹作风；风度。《孟子·万章下》："故闻伯夷之风者，顽夫廉，懦夫有立志。"《魏书·杜铨传》："铨学涉有长者风。"❺风声；消息。如：闻风而至。《红楼梦》第一百十九回："不知谁露了风了。"❻景象。如：风光；风景。❼传说的，无根据的。如：风言风语。❽《诗经》中的六义之一。参见"六义"。❾民歌。《文心雕龙·乐府》："匹夫庶妇，讴吟土风。"❿教化。《书·毕命》："树之风声。"孔传："立其善风，扬其善声。"⓫兽类雌雄相诱。《书·费誓》："马牛其风，臣妾逋逃。"孔颖达疏引贾逵曰："风，放也。牝牡相诱谓之风。"一说指兽类放逸走失。⓬"六淫"（致病因素）之一。风、寒、暑、湿、燥、火，合称六淫。《左传·昭公元年》："风淫末疾。"⓭通"疯"。乔吉《扬州梦》第一折："这风子在豫章时，张尚之家曾见来。"⓮姓。春秋时有风胡子。

另见　fěng，fèng。

风岸　犹风骨，指品格严峻。《新唐书·仇士良传》："李石辅政，棱棱有风岸。"

风标　❶犹风度，品格。《魏书·彭城王传》："风标才器，实足师范。"❷犹标志，表现。《南齐书·丘灵鞠等传论》："文章者，盖性情之风标，神明之律吕也。"❸指风向器。

风波　❶风浪。《楚辞·九章·哀郢》："顺风波以从流兮，焉洋洋而为客。"《三国演义》第一百二十回："风波甚急，船不能行。"❷比喻纠纷或患

难。如：平地风波。白居易《除夜寄微之》诗："家山泉石寻常忆，世路风波子细谙。"

风伯　神话中的风神。《楚辞·远游》："风伯为余先驱兮，氛埃辟而清凉。"《风俗通·风伯》："飞廉，风伯也。"

风裁　犹风宪、风纪。《后汉书·李膺传》："膺独持风裁，以声名自高。"

风采　❶风度，神采。《南齐书·沈文季传》："文季风采棱岸，善于进止。"❷表情和颜色。《汉书·王莽传上》："莽色厉而言方，欲有所为，微见（现）风采，党与承其指意而显奏之。"❸犹文采。《宋书·刘秀之传》："秀之野率无风采，而心力坚正。"❹犹风俗。《文选·左思〈魏都赋〉》："极风采之异观。"李善注引高诱《淮南子》注曰："风，俗；采，事也。"

风餐露宿　同"露宿风餐"。形容旅途或野外生活的艰苦。《儒林外史》第一回："王冕一路风餐露宿，九十里大站，七十里小站，一径来到山东济南府地方。"

风操　风范，操守。《晋书·裴秀传》："秀少好学，有风操，八岁能属文。"

风潮　❶狂风怒潮。谢灵运《入彭蠡湖口》诗："客游倦水宿，风潮难具论。"❷风候和潮汛。韩愈《送郑尚书序》："或时候风潮朝贡。"❸飓风的俗称。见"飓"。❹群众因欲达到某种要求而采取的集体行动。

风尘　❶谓旅途辛苦。如：风尘仆仆。尚仲贤《柳毅传书》第三折："你索是远路风尘的故人。"❷比喻战乱。杜甫《赠别贺兰铦》诗："国步初返正，乾坤尚风尘。"❸指污浊、纷扰的生活，多指仕宦。高适《封丘作》："乍可狂歌草泽中，宁堪作吏风尘下！"❹指流言蜚语。《魏书·王慧龙传》："义隆畏将军如虎，欲相中害，朕自知之。风尘之言，想不足介意也。"❺指娼妓或社会地位卑下者的生活。《聊斋志异·鸦头》："妾委风尘，实非所愿。"

风驰电掣　形容非常迅速。张四维《双烈记·访道》："袖中三尺剑……风驰电掣，扫除妖魅。"亦作"风驰电逝"、"风驰电赴"。嵇康《赠秀才入军》："风驰电逝，蹑景追飞。"《晋书·孙楚传》："南北诸军，风驰电赴。"

风吹草动　比喻细微的动态。《伍

子胥变文》:"偷踪窃道,饮气吞声。风吹草动,即便藏形。"也比喻轻微的事故。《水浒传》第二十四回:"嫂嫂休要这般不识廉耻,为此等的勾当。倘有些风吹草动,武二眼里认得是嫂嫂,拳头却不认得是嫂嫂。"

风从 如风吹草偃,形容一致顺从。任昉《天监三年策秀才文》:"上之化下,草偃风从。"陆云《赠顾骠骑》诗:"宗姻风从,娣侄云回。"

风动 ❶如风的鼓动,比喻广泛响应。《书·大禹谟》:"四方风动。"❷风疾发作。王羲之《杂帖》:"吾涉冬节,便觉风动,日日增甚。"❸教育感化。《续资治通鉴·元仁宗延祐元年》:"帝初政,风动天下。"

风度 指人的言谈、举止姿态。如:风度翩翩。《晋书·安平献王孚传论》:"安平风度宏邈,器宇高雅。"

风铎 悬挂殿、塔檐下的占风铃,遇风即响,故称。白居易《游悟真寺诗》:"前对多宝塔,风铎鸣四端。"参见"占风铎"。

风发 ❶形容迅速猛烈。扬雄《河东赋》:"风发飙拂,神腾鬼越。"❷形容俊伟豪迈。如:意气风发。韩愈《柳子厚墓志铭》:"出入经史百子,踔厉风发。"❸犹奋发。《后汉书·皇甫嵩传》:"南面称制,移宝器于将兴,推亡汉于已坠,此神机之至会,风发之良时也。"

风幡 幡,刹幡。语出佛教禅宗。《六祖坛经·行由品》:"〔惠能〕至广州法性寺,……时有风吹幡动,一僧曰'风动',一僧曰'幡动',议论不已。惠能进曰:'不是风动,不是幡动,仁者心动。'"意谓风、幡二者都不存在,只因自己起心动念,才见有风动幡动。陆游《示客》诗:"风幡毕竟非心境,瓦砾何妨是道真。"

风范 ❶风度;气派。《南齐书·庾杲之传》:"杲之风范和润,善音吐。"❷模范的风度。《宋书·张畅传》:"张畅遂不救疾。东南之秀,蚤树风范,闻问凄怆,深切常怀。"

风概 ❶风度气概。《世说新语·赏誉下》:"王大将军与元皇表云:'舒风概简正,允作雅人,自多于邃。'"❷节操。《新唐书·陈子昂传》:"臣愿陛下更选有威重风概为众推者,因御前殿,以使之礼礼之。"

风格 ❶风度格调。《世说新语·德行》:"李元礼风格秀整。"今指作风、品格。如:共产主义风格。❷犹风韵。《聊斋志异·辛十四娘》:"渠有十九女,都翩翩有风格。"❸作家、艺术家在创作中所表现出来的创作个性和艺术特色。具有主客观两个方面的内容。主观方面是作家的创作追求,客观方面是时代、民族乃至文体对创作的规定性。由于生活经历、艺术素养、思想气质的不同,作家、艺术家们在处理题材、结构布局、熔铸主题、驾驭体裁、描绘形象、运用表现手法和语言等艺术手段方面都各有特色,这就形成作品的个人风格。个人风格是在时代、民族的风格的前提下形成的;时代、民族的风格又通过个人风格表现出来。独特风格的形成,是一个国家、民族、作家、艺术家本人在艺术上达到一定成就的标志之一。实现艺术风格的多样化,有助于表现绚丽多彩的社会生活,适应广大群众多方面的审美需要。

风骨 ❶品格,骨气。《南史·宋武帝纪》:"风骨奇伟。"《新唐书·赵彦昭传》:"少豪迈,风骨秀爽。"❷古代文艺理论术语。源于汉末魏晋人物品鉴用语。南朝梁刘勰《文心雕龙·风骨》:"《诗》总六义,风冠其首,斯乃化感之本源,志气之符契也。是以怊怅述情,必始乎风;沉吟铺辞,莫先于骨。故辞之待骨,如体之树骸;情之含风,犹形之包气。结言端直,则文骨成焉;意气骏爽,则文风清焉。"大抵指称一种根植于作者丰沛志气基础上的刚健明朗的作品风貌。后来亦称能较好反映社会政治现实、格调比较劲健的作品为有风骨。然亦有用以泛指诗文风格的,如《魏书·祖莹传》:"文章须自出机杼,成一家风骨。"

风光 ❶亦作"光风"。《文选·谢朓〈和徐都曹〉诗》:"日华川上动,风光草际浮。"李善注:"《楚辞》曰:'光风转蕙泛崇兰。'王逸注曰:'光风,谓日出而风,草木有光色也。'"❷风景;景色。李益《行舟》诗:"闻道风光满扬子,天晴共上望乡楼。"❸指繁华景象。李咸用《同友人秋日登庾楼》诗:"六代风光无问处,九条烟水但凝愁。"❹指风采。元稹《寄旧诗与薛涛因成长句》:"诗篇调态人皆有,细腻风光我独知。"❺光彩;体面。《红楼梦》第一百十回:"将来你成了人,也叫你母亲风光风光。"

风轨 ❶风度规范。《后汉书·独行传》:"虽事非通圆,良其风轨有足怀者。"❷犹风教。欧阳修《送孙屯田序》:"按章举劾,发奸治狱,以清风轨。"

风虎云龙 语出《易·乾》"云从龙,风从虎,圣人作而万物睹"。本谓虎啸生风,龙起生云。后用以比喻同类事物相互感应。亦比喻明君贤臣遇合。王安石《浪淘沙令》词:"汤武偶相逢,风虎云龙,兴王只在笑谈中。"

风花雪月 ❶泛指四时景色。无名氏《鱼篮记》第一折:"春夏秋冬四季天,风花雪月紧相连。"亦用以指浮泛的诗文题材。蠡勺居士《〈昕夕闲谈〉小叙》:"使徒作风花雪月之词,记儿女缠绵之事。"❷指男女情爱。乔吉《金钱记》第三折:"卓文君、秦弄玉……本是些风花雪月,都做了答杖徒流。"亦指花天酒地、不务正业的放浪行为。《初刻拍案惊奇》卷十五:"光阴如隙驹,陈秀才风花雪月了七八年,将家私弄得干净快了。"

风华 风采才华。《南史·谢晦传》:"时谢混风华为江左第一。"

风化 ❶教育感化。《汉书·礼乐志》:"盛揖攘之容,以风化天下。"❷风俗教化。《汉书·韩延寿传》:"至令民有骨肉争讼,既伤风化,重使贤长吏、啬夫、三老、孝弟蒙其耻。"后多偏指男女关系。❸死亡。《八琼室金石补正·尚真甄坟铭》:"春秋七十有七,奄从风化。"

风怀 ❶志向;抱负。《晋书·祖逖传赞》:"祖生烈烈,风怀奇节。"❷指男女爱慕的情怀,清朱彝尊有《风怀诗二百韵》。

风徽 风范,美德。《文选·谢瞻〈于安城答灵运〉诗》:"绸缪结风徽,烟熅吐芳讯。"李周翰注:"徽,善也。谓风雅相善也。"亦指文章的风格。《旧唐书·文苑传序》:"摭云、渊之抑郁,振潘、陆之风徽。"云,扬雄;渊,王褒;潘,潘岳;陆,陆机、陆云。

风火 ❶风和火。《后汉书·皇甫嵩传》:"今贼依草结营,易为风火,若因夜纵烧,必大惊乱。"特指风灾、火灾。韩愈《潮州祭神文》:"今兹无有水旱、雷雨、风火、疾疫为灾,各宁厥宇,以供上役。"❷喻战乱。杨炯《和刘长史答十九兄》:"鼓鼙鸣九域,风火集重闉。"

风迹 风节;风操。《后汉书·朱浮传》:"浮年少有才能,颇欲厉风迹,收士心。"

风纪 ❶法度和纲纪。韩愈《祭虞部张员外文》:"分司宪台,风纪由振。"❷作风和纪律。

风鉴 ❶风度识见。庾信《周大将

军闻嘉公柳遐墓志铭》："君器宇详正,风鉴弘敏。"❷指相术。关汉卿《山神庙裴度还带》第二折："此人乃赵野鹤,善能风鉴,断人生死贵贱如神。"

风角 指中国古代根据风的观察以卜吉凶的一种迷信术数。《后汉书·郎𫖮传》："父宗,字仲绥,学京氏《易》,善风角星算。"李贤注:"风角,谓候四方四隅之风,以占吉凶也。"

风节 风骨节操。《三国志·魏志·王凌等传评》:"王凌风节格尚,毌丘俭才识拔干。"苏轼《哭刁景纯》诗:"文章馀正始,风节贵华皓。"

风景 ❶风光,景色。《世说新语·言语》:"过江诸人,每至美日,辄相邀新亭,藉卉饮宴。周侯(周𫖮)中坐而叹曰:'风景不殊,正自有山河之异!'皆相视流泪。"❷犹言风望。《晋书·刘毅传》:"故能令义士宗其风景,州闾归其清流。"

风力 ❶风的强度。常用风级表示。❷气度与魄力。《宋书·孔觊传》:"觊少尉梗有风力,以是非为己任。"❸文辞的风骨笔力。《文心雕龙·风骨》:"相如赋仙,气号凌云,蔚为辞宗,乃其风力遒也。"

风烈 ❶犹烈风。大风。《论语·乡党》:"迅雷风烈必变。"❷教化与功业。司马相如《子虚赋》:"问楚地之有无者,愿闻大国之风烈,先生之馀论也。"❸风操业绩。《三国志·魏志·苏则传》:"矫矫刚直,风烈足称。"

风流 ❶犹言风俗教化。《汉书·刑法志》:"吏安其官,民乐其业……风流笃厚,禁罔疏阔。"❷遗风;流风余韵。《汉书·赵充国辛庆忌传赞》:"其风声气俗自古而然。今之歌谣慷慨,风流犹存耳。"孟元老《东京梦华录·七夕》:"盖自来风流,不知其从。"❸谓文学作品超逸美妙。司空图《诗品·含蓄》:"不著一字,尽得风流。"❹风度;标格。《三国志·蜀志·刘琰传》:"〔刘备〕以其宗姓,有风流,善谈论,厚亲待之。"杜甫《咏怀古迹》诗:"摇落深知宋玉悲,风流儒雅亦吾师。"后多指有才学而不拘礼法。如:名士风流;风流才子。《晋书·王献之传》:"高迈不羁,虽闲居终日,容止不怠,风流为一时之冠。"❺英俊的;杰出的。苏轼《念奴娇·赤壁怀古》词:"大江东去,浪淘尽千古风流人物。"❻犹言风光、荣宠。李颀《寄綦毋三》诗:"顾眄一过丞相府,风流三接令公香。"❼犹风韵,多指女子。花蕊夫人《宫词》:"年初十五最风流。"❽指不正当的男女关系。王仁裕《开元天宝遗事·风流薮泽》:"长安有平康坊,妓女所居之地。京都侠少,萃集于此,兼每年新进士以红笺名纸游谒其中,时人谓此坊为'风流薮泽'。"

风流千古 风雅之事流传久远。李流谦《青玉案·和雅守塞少刘席上韵》词:"风流千古,一时人物,好记尊前语。"

风流罪过 因风雅之事而犯的过失。《北齐书·郎基传》:"基性清慎,无所营求……唯颇令写书。潘子义曾遗之书曰:'在官写书,亦是风流罪过。'"也指因男女关系而犯的过失。黄庭坚《满庭芳》词:"又须得尊前席上成双,些子风流罪过,都说与明月空床。"又指轻微的过失。尚仲贤《单鞭夺槊》第二折:"你唤尉迟恭来,寻他些风流罪过。"

风马牛 《左传·僖公四年》:"君处北海,寡人处南海,唯是风马牛不相及也。"风,放逸、走失的意思,谓齐、楚相去很远,即使马牛走失,也不会跑到对方境内。一说兽类雌雄相诱叫做"风",马与牛不同类,不致相诱。后用以比喻事物之间毫不相干。陆游《天气作雪戏作》诗:"八十又过二,与人风马牛。"

风貌 风采容貌。《三国志·魏志·钟会传》"为尚书郎,年二十馀卒"裴松之注引《博物记》:"刘表欲以女妻粲(王粲),而嫌其形陋而用率,以凯(王凯)有风貌,乃以妻凯。"亦指事物的面貌格调。如:西湖风貌;民间艺术风貌。

风靡 ❶风行,流行;闻风相从。如:风靡一时。《史记·淮阴侯列传》:"发使使燕,燕从风而靡。"❷犹倾倒。苏轼《续丽人行》:"若教回首却嫣然,阳城下蔡俱风靡。"

风木 犹风树。比喻父母亡故,不及侍养。陆游《焚黄》诗:"早岁已兴风木叹,馀生永废《蓼莪》诗。"参见"风树"。

风起云涌 形容事物接踵而起,气势雄伟。《聊斋志异·各本序跋题辞·唐序》:"下笔风起云涌,能为载记之言。"亦作"风起水涌"。苏轼《后赤壁赋》:"山鸣谷应,风起水涌。"

风气 ❶风。《淮南子·氾论训》:"夫户牖者,风气之所从往来。"❷风土气候。《汉书·地理志下》:"凡民函五常之性,而其刚柔缓急,音声不同,系水土之风气,故谓之风。"❸风度。《宋书·萧惠开传》:"少有风气,涉猎文史。"❹风尚。《魏书·李琰之传》:"吾家世将种,自云犹有关西风气。"刘因《隐仙谷》诗:"山川含太古,风气如未开。"后亦指社会流行习气。❺病名。《史记·扁鹊仓公列传》:"所以知齐王太后病者,臣意诊其脉,切其太阴之口,湿然风气也。"

风樯 指扬帆的船。刘禹锡《鱼复江中》诗:"风樯好住贪程去,斜日青帘背酒家。"

风情 ❶犹风采、神情。《晋书·庾亮传》:"元帝为镇东时闻其名,辟西曹掾,及引见,风情都雅,过于所望,甚器重之。"❷胸怀、意趣。《晋书·袁宏传》:"曾为咏史诗,是其风情所寄。"❸指男女相爱的情怀。李煜《赐宫人庆奴》诗:"风情渐老见春羞,到处消魂感旧游。"

风趣 风尚志趣。沈约《与约法师书悼周舍》:"周中书风趣高奇,志托夷远。"也指风味情趣。谢赫《古画品录·戴逵》:"情韵连绵,风趣巧拔。"后多指语言、文章幽默诙谐的趣味。

风人 ❶古时采诗官采诗以观民风,故称采诗者为风人,后亦用以称诗人。曹植《求通亲亲表》:"是以雍雍穆穆,风人咏之。"❷指古代民歌的一种体裁。《通俗编·识余》:"六朝乐府《子夜》、《读曲》等歌,语多双关借意,唐人谓之风人体,以本风俗之言也。"

风骚 ❶《诗经》和《楚辞》的并称。《诗经》中的《国风》,《楚辞》中的《离骚》,对后代文学很有影响,故常以"风骚"并举。南朝宋檀道鸾《续晋阳秋》:"自司马相如、王褒、扬雄诸贤,代尚诗赋,皆体则风骚。"(《文选·宋书谢灵运传论》李善注引)有时也用以指文学素养或文采。孙光宪《北梦琐言》卷二十:"沙门贯休,钟离人也,风骚之外,精于笔札,举止真率,诚高人也。"❷指姿容俏丽。《红楼梦》第三回:"身量苗条,体格风骚。"后多指妇女的举止放荡轻佻。如:卖弄风骚。

风色 ❶天气;风势。卢照邻《至陈仓晓晴望京邑》诗:"今朝好风色,延眺极天庄。"韩偓《江行》诗:"舟人偶语忧风色,行客无聊罢昼眠。"❷风光;景色。温庭筠《西州词》:"西州风色好,遥见武昌楼。"❸神色;脸色。

《文选·袁宏〈三国名臣序赞〉》："〔崔琰〕忠存轨迹，义形风色。"张铣注："谓曹公每欲窥夺汉室，琰每折之，义见于风神颜色也。"❹形势；趋势。如：善观风色。《三国演义》第三十八回："权见风色不利，收军还东吴。"

风尚　❶风格；气节。《晋书·傅咸传赞》："长虞(傅咸字)刚简，无亏风尚。"❷犹风气。如：时代风尚。《宋书·臧焘传》："岂可不敷崇坟籍，敦厉风尚。"

风神　风采神韵。《晋书·裴楷传》："风神高迈，容仪俊爽。"亦指文学、艺术作品的气韵。韩愈《酬裴十六功曹巡府驿途中见寄》诗："遗我行旅诗，轩轩有风神。"姜夔《续书谱·风神》："风神者，一须人品高，二须师法古，三须纸笔佳，四须险劲，五须高明，六须润泽，七须向背得宜，八须时出新意。"

风生　❶犹言雷厉风行。《汉书·赵广汉传》："见事风生，无所回避。"❷比喻言谈活跃。曾巩《元沙院》诗："经台日永销香篆，谈席风生落麈毛。"

风声　❶犹言风教，好的风气。《书·毕命》："彰善瘅恶，树之风声。"孔传："明其为善，病其为恶；立其善风，扬其善声。"❷声望。《后汉书·隗嚣传》："光武素闻其风声，报以殊礼。"❸传闻。《三国志·蜀志·许靖传》"文多故不载"裴松之注引《魏略》："时闻消息于风声。"

风声鹤唳　《晋书·谢玄传》载，东晋时，秦主苻坚率众号称百万，列阵肥水，谢玄等率精兵八千渡水击之，秦兵大败，"闻风声鹤唳，皆以为王师已至"。后因用来形容惊慌疑惧或自相惊扰。李曾伯《醉蓬莱·癸丑寿吕马帅》词："见说棋边，风声鹤唳，胆落胡房。"参见"草木皆兵"。

风树　《韩诗外传》卷九："树欲静而风不止，子欲养而亲不待也。"这是齐国孝子皋鱼(《说苑·敬慎》作丘吾子)对孔子所说的话，后比喻父母亡故，不得奉养。白居易《赠友》诗："庶使孝子心，皆无风树悲。"参见"风木"。

风霜　❶风和霜。《抱朴子·崇教》："肤困风霜，口乏糟糠。"❷比喻年岁变迁。沈佺期《游少林寺》诗："雁塔风霜古，龙池岁月深。"❸比喻艰难困苦。如：饱经风霜。《聊斋志异·王成》："王生平未历风霜，委顿不堪。"❹比喻法纪严明。《齐书·

崔祖思传》："教化比雨露，名法方风霜。"❺比喻文字的严峻。《西京杂记》卷三："淮南王安，著《鸿烈》二十一篇……自云：'字中皆挟风霜。'"

风水　亦称"堪舆"。中国的一种迷信。认为住宅基地或坟地周围的风向水流等形势，能招致住者或葬者一家的祸福。也指相宅、相墓之法。《葬书》(旧本题晋郭璞撰)载，"葬者乘生气也。经曰，气乘风则散，界水则止，古人聚之使不散，行之使有止，故谓之风水。"

风俗　❶历代相沿积久而成的风尚、习俗。《诗·周南·关雎序》："美教化，移风俗。"《诗·小雅·谷风序》"刺幽王也"孔颖达疏：《汉书·地理志》云：'凡民禀五常之性，而有刚柔缓急音声不同，系水土之风气，故谓之风；好恶取舍动静无常，随君上之情欲，故谓之俗。'是解风俗之事也。风与俗对则小别，散则义通。"❷民间歌谣。《史记·乐书》："博采风俗，协比音律。"

风调雨顺　风雨适时。《旧唐书·礼仪志一》引《六韬》："武王伐纣，雪深丈余……既而克殷，风调雨顺。"后用为祈求丰年之辞。于谦《喜雨行》："但愿风调雨顺民安业，我亦走马看花归帝京。"

风土　土地、山川、风俗、气候的总称。如：风土人情。《晋书·阮籍传》："籍平生曾游东平，乐其风土。"

风望　名誉声望。《新唐书·萧至忠传》："至忠始在朝，有风望，容止闲敏，见推为名臣。"

风味　❶本指美好的口味。如：家乡风味。刘峻《送橘启》："南中橙甘，青鸟所食，始霜之旦采之，风味照座。"引申为事物所具有的特殊色彩或趣味。如：别有风味。黄庭坚《戏答王观复酴醿菊》诗："小草真成有风味，东园添我老生涯。"❷风度；风采。《宋书·自序》："〔沈伯玉〕温雅有风味，和而能辨，与人共事，皆为深交。"韩愈《答渝州李使君书》："慕仰风味，未尝敢忘。"

风闻　传闻。《汉书·南粤王赵佗传》："又风闻老夫父母坟墓已坏削，兄弟宗族已诛论。"

风物　风光，景物。犹言风景。陶潜《游斜川》诗序："天气澄和，风物闲美。"

风宪　❶风纪法度。《后汉书·皇后纪序》："爰建战国，风宪逾薄。"❷古代御史观民风、正吏治之举。《新唐书·严挺之传》："侍御史任正名，

恃风宪，至廷中责詈衣冠。"❸庄严整饬。汤显祖《牡丹亭·索元》："到长安日边。果然风宪，九街三市排场遍。"

风信　应时而至之风。不同的季节有不同的风，可因而知道某一季节的到来，故称。司空图《江行》诗："初程风信好，回望失津楼。"

风行(—xíng)　❶形容迅速威猛。如：雷厉风行。《后汉书·臧宫传》："将军向者经虏城下，震扬威灵，风行电照。"❷形容德化广被。庾信《周大将军长孙俭神道碑》："控驭五十州，风行数千里。"参见"风行草偃"。❸盛行。如：风行一时。

风行草偃　《论语·颜渊》："君子之德风，小人之德草。草上之风，必偃。"何晏集解引孔安国注："加草以风，无不仆者，犹民之化于上。"偃，倒伏；加，犹吹。比喻上位者以德化民之效。后亦指德行崇高者对世人的影响。《周书·武帝纪上》："风行草偃，从化无违。"亦作"风向草偃"、"风行草从"、"风行草靡"。《抱朴子·审举》："引用驽庸，以为党援，而望风向草偃，庶事之康。"《后汉书·郎颛传》："本立道生，风行草从，澄其源者流清，浊其本者末浊。"《南齐书·高帝纪上》："麾旆所临，风行草靡。"

风行(—xíng)　指风操节行。《后汉书·刘恺传》："恺之入朝，在位者莫不仰其风行。"

风雅　❶指《诗经》中的《国风》和《大雅》、《小雅》。因儒家诗论把"风"、"雅"列为"六义"的两类，古代作家有时也用"风雅"一词，借指其所要求的诗篇中的社会内容。如白居易《读张籍古乐府》称赞说："风雅比兴外，未尝著空文。"即指张籍乐府诗的社会内容而言。参见"六义❶"。❷风流儒雅。陆机《辩亡论上》："风雅则诸葛瑾张承步骘，以名声光国。"❸教化规范。《文选·皇甫谧〈三都赋序〉》："至于战国，王道陵迟，风雅寖顿。"

风谣　民谣。《后汉书·羊续传》："当入郡界，乃羸服闲行，侍童子一人，观历县邑，采问风谣，然后乃进。"

风仪　风度和仪容。《晋书·温峤传》："风仪秀整，美于谈论，见者皆爱悦之。"王俭《太宰褚彦回碑文》："风仪与秋月齐明，音徽与春云等润。"

风义　❶情谊；道义。李商隐《哭

刘贲》诗："平生风义兼师友,不敢同君哭寝门。"❷风操。《资治通鉴·梁武帝普通元年》:"熙好文学,有风义,名士多与之游。"

风雨飘摇　语本《诗·豳风·鸱鸮》"风雨所漂摇"。比喻动荡不安。吴敬梓《遗园》诗："风雨飘摇久,柴门挂薜萝。"

风雨如晦　风雨交加,天色昏暗犹如黑夜。语出《诗·郑风·风雨》"风雨如晦,鸡鸣不已"。后比喻于险恶处境中不改变气节操守。梁简文帝《幽絷题壁自序》:"立身行道,终始如一,风雨如晦,鸡鸣不已。"

风雨同舟　比喻共同经历患难。语出《孙子·九地》:"夫吴人与越人相恶也,当其同舟而济,遇风,其相救也如左右手"。参见"同舟共济"。

风鸢　风筝。《新唐书·田悦传》:"以纸为风鸢,高百余丈,过悦营上。"

风月　❶清风明月,指美好的景色。《南史·褚彦回传》:"初秋凉夕,风月甚美。"❷喻男女情爱。《红楼梦》第十五回:"〔能儿〕如今长大了,渐知风月。"

风云　❶《易·乾·文言》:"云从龙,风从虎,圣人作而万物睹。"意谓同类相感,后因以"风云"比喻际遇。如:风云际会。《后汉书·朱祐等传论》:"中兴二十八将……咸能感会风云,奋其智勇。"❷比喻变幻的局势。庾信《入彭城馆》诗:"年代殊氓俗,风云更盛衰。"❸形容才气豪迈或行事壮烈。徐陵《与李那书》:"才壮风云,义深渊海。"庾信《朱云折槛赞》:"身摧栏槛,义烈风云。"❹形容地势高远。左思《吴都赋》:"径路绝,风云通。"沈约《齐故安陆昭王碑文》:"南接衡巫,风云之路千里。"

风韵　❶风度,韵致。《晋书·桓石秀传》:"石秀幼有令名,风韵秀彻。"后多指妇女优美的神态。《水浒全传》第八十一回:"李师师在窗子后听了多时,转将出来。燕青看时,别是一般风韵。"❷风格,韵味。《图绘宝鉴》卷三:"(徽宗)丹青卷轴,有天纵之妙,有晋唐风韵。"❸风声。刘禹锡《酬窦员外旬休早凉见示》诗:"风韵渐高梧叶动,露光初重槿花稀。"亦指悠长婉转的声调。《南齐书·柳世隆传》:"垂帘鼓琴,风韵清远。"

风筝　❶也叫"纸鸢"、"鹞子"。民间玩具。用细竹扎成骨架,再糊薄纸系上长线(绳)利用风力升入空中。造型有兽、鸟、虫、鱼等。现有以塑料代替纸竹的。相传为汉初韩信所作。初名"纸鸢",五代时在纸鸢上系竹哨,风入竹哨,声如筝鸣,故名。放风筝是中国民间传统体育活动,现已成为一项国际比赛项目。❷悬挂在屋檐下的金属片,风起作声,故名。也叫"铁马"、"风马儿"。李白《登瓦官阁》诗:"两廊振法鼓,四角吟风筝。"李商隐《燕台》诗:"西楼一夜风筝急。"参见"铁马❷"。

风致　❶犹言风度品格。《新唐书·崔远传》:"远有文而风致整峻。"❷犹风韵。指容颜姿态。《聊斋志异·锦瑟》:"年十八九,风致亦佳。"亦指作品的韵味。夏文彦《图绘宝鉴》卷三:"越国夫人王氏,端献王妃,王审琦后,作篆隶有古法,为小诗有林下风致。"

风烛　风中的烛焰容易熄灭,常用来比喻人事无常、生命短促。古乐府《怨诗行》:"百年未几时,奄若风吹烛。"王羲之《题卫夫人笔阵图后》:"时年五十有三,或恐风烛奄及,聊遗教于子孙耳。"亦喻年老,寿命已不长。如:风烛残年。

风姿　亦作"丰姿"。风度仪态。《晋书·卫玠传》:"骠将军王济,玠之舅也,俊爽有风姿。"

方　(fēng)　希腊文 φωνειν 的音译。响度级的单位。零方约相当于人耳刚能听到的1000赫纯音响度级。

另见 fāng,páng,wǎng。

苇　〔蘴〕(fēng)　❶芜菁的别称。《方言》第三:"苇,芜菁也。陈楚之郊谓之苇。"❷见"丰茸"。

防　(fēng)　法定计量单位中的响度级单位"方"的旧称,系希腊文 φωνειν 的音译。

沣　〔灃〕(fēng)　❶水名。见"沣水"。❷见"沣沛"。

沣沛　雨盛貌。《风俗通·声音》:"暴风飒至,大雨沣沛。"亦作"丰霈"。曹丕《感物赋》:"降甘雨之丰霈。"

沣水　一作丰水,又作酆水。源出今陕西长安县西南秦岭山中,北流至西安市西北入渭水。西周丰京即建于此水西岸。自秦渡镇以下,古今颇有变迁。

妦　(fēng)　姣好。《方言》第一:"凡好而轻者,赵魏燕代之间曰姝,或曰妦。"古通作"丰"。《诗·郑风·丰》"子之丰兮"陆德明释文:"丰,《方言》作妦。"

枫　〔楓〕(fēng)　植物名。(1)据《植物名实图考》记载,即枫香树。又诗词中"枫叶荻花"等的枫,为秋冬红叶植物的代名词,非专指某一树种言。(2)槭属(Acer)植物俗称枫。

封　(fēng)　❶帝王把爵位或土地赐给臣子。《史记·周本纪》:"封尚父于营丘,曰齐。"❷疆界;范围。《左传·襄公三十年》:"田有封洫。"引申为局限于一定范围。如:故步自封。❸封闭。如:查封;封门。《史记·越王句践世家》:"王乃使使者封三钱之府。"引申指用来装东西并可密闭的纸袋、纸包等。如:喜封;赏封;信封。❹堆土。见"封树"、"封殖"。引申为堆子。《列子·杨朱》:"聚酒千钟,积曲(麴)成封。"❺指封缄物的件数。杜甫《述怀》诗:"自寄一封书,今已十月后。"❻富厚。《国语·楚语上》:"是聚民利以自封而瘠民也。"参见"素封"。❼大。见"封狐"、"封豕长蛇"。❽姓。唐代有封德彝。

封典　皇帝给予官员本身及其妻室、父母和祖先的荣典。始于晋代,其制度历代各不相同。清制,以封典给官员本身称为"授";曾祖父母、祖父母、父母和妻室,存者称为"封",卒者称为"赠"。一品官曾祖父母以下均有封典,三品以上封其祖父母以下,七品以上封其父母以下,九品以上仅给予其本身。

封狐　亦作"丰狐"。大狐。《楚辞·招魂》:"封狐千里些。"

封建　❶即"封国土,建诸侯"。指帝王把爵位、土地分赐给亲戚或功臣,使他们在封定的区域内建立邦国。《左传·僖公二十四年》:"昔周公吊二叔之不咸,故封建亲戚,以蕃屏周。"秦废封建,置郡县。❷即封建制度。如:反封建。❸指与封建制度相联系的。如:封建剥削;封建思想。

封疆　❶疆界。《左传·昭公元年》:"王伯之令也,引其封疆而树之官。"杜预注:"引,正也,正封界。"❷即封疆大吏。

封君　❶领受封邑的贵族。《汉书·食货志下》:"封君皆氏(低)首仰给焉。"颜师古注:"封君,受封邑者,谓公主及列侯之属也。"❷封建时代子孙贵显,父、祖因而受封典的,叫"封君",也叫"封翁"。参见"封典"。

封蜡　即"火漆"。用以密封书函包裹,故名。

封略 犹封疆。略，界，疆界。《左传·昭公七年》："封略之内，何非君土。"

封泥 也称"泥封"。中国古代公私简牍大都写在竹简、木札上，封发时用绳捆缚，在绳端或交叉处加以检木，封以粘土，上盖印章，作为信验，以防私拆。封发物件，也常用此法。这种钤有印章的土块称为"封泥"。主要流行于秦、汉。魏、晋后，纸、帛盛行，封泥之制渐废。

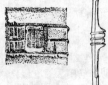
正面封泥细部　　侧面

封牛 亦名"犎牛"、"峰牛"。即"瘤牛"，领肉高隆的牛。《汉书·西域传上》："〔罽宾国〕出封牛。"颜师古注："封牛，项上隆起者也。"

封人 ❶官名。在《周礼》为地官司徒的属官。掌分封诸侯之事。春秋时各国也设此官，掌典守封疆。❷复姓。汉有封人婴。

封禅 战国时齐鲁部分儒士认为五岳中泰山最高，帝王应到泰山祭祀，登泰山筑坛祭天曰"封"，在山南梁父山上辟基祭地曰"禅"。如秦始皇、汉武帝都曾举行过这种大典，司马迁《史记》对封禅列有专篇，称为《封禅书》。

封豕 ❶大猪。常用以比喻贪暴的元凶首恶。《左传·昭公二十八年》："贪婪无餍，忿颣无期，谓之封豕。"❷星名。即"奎宿"。《史记·天官书》："奎曰封豕，为沟渎。"

封豕长蛇 大猪和长蛇，比喻贪暴者、侵略者。《左传·定公四年》："吴为封豕长蛇，以荐食上国。"杜预注："言吴贪害如蛇豕。"

封事 密封的奏章。古时臣下上书奏事，防有泄漏，用袋封缄，故称。《文心雕龙·奏启》："自汉置八仪，密奏阴阳，皂囊封板，故曰封事。"

封树 ❶堆土植树为界。《周礼·地官·大司徒》："制其畿方千里而封树之。"贾公彦疏："于畿疆之上而作深沟，土在沟上谓之为封，封上树木以为阻固。"❷堆土为坟，叫"封"；种树做标记，叫"树"。古代士以上的葬礼。《礼记·王制》："庶人县封，葬不为雨止，不封不树。"郑玄注："封谓聚土为坟，不封之，不树之，又为至卑无饰也。《周礼》曰：'以爵等为丘封之度与其树数。'则士以上乃皆封树。"孔颖达疏："庶人既卑小，不须显异，不积土为封，不标墓以树。"

封翁 同"封君❷"。《儒林外史》第二回："偏要在荀老翁跟前恭喜，说他是个封翁太老爷。"

封豨 ❶古代传说中的大兽名。《楚辞·天问》："封豨是射。"❷大猪。也用以比喻贪暴者。《淮南子·修务训》："吴为封豨修蛇，蚕食上国。"《左传·定公四年》作"封豕长蛇"。参见该条。❸星名。亦作"封豕"。即奎宿。

封域 疆域；界域。《周礼·春官·保章氏》："以星土辨九州之地，所封封域皆有分星。"郑玄注："封，犹界也。"

封鲊 《晋书·列女传》："〔陶侃〕少为寻阳县吏，尝监鱼梁，以一坩鲊遗母。湛氏（侃母）封鲊及书责侃曰：'尔为吏，以官物遗我，非唯不能益吾，乃以增吾忧矣。'"后因以"封鲊"称颂贤明的母教。

封殖 亦作"封植"。❶壅土培植。引申为扶植。《左传·昭公二年》："宿（鲁季武子）敢不封殖此树。"《国语·吴语》："今天王既封殖越国，以明闻于天下，而又刈亡之，是天王之无成劳也。"韦昭注："封植，以草木自喻。壅本曰封；植，立也。"❷指聚敛货财。卢思道《劳生论》："纡青佩紫，牧州典郡，冠帻劫人，厚自封殖。"

封传 古代官府所发的出境及投宿驿站的凭证。《史记·孟尝君列传》："更封传，变名姓以出关。"司马贞索隐："封传，犹今之驿券。"按封传和驿券实不尽相同。驿券为官员出行时调用驿站车马夫役的凭证。见《宋史·职官志十二》。

砜 〔碸〕(fēng) 硫酰基与烃基结合而成的有机化合物的总称。例如曾用作催眠剂的索佛拿（即丙酮缩二砜）及治麻风病的氨苯砜等。亦为合成聚芳砜塑料的原料。

疯 〔瘋〕(fēng) ❶精神错乱失常。如：疯癫；发疯；疯子。❷指瘫痪。如：疯瘫。❸皮肤病的名称。如：白癜风（亦作白癜疯）。

峰 〔峯〕(fēng) 山的尖顶。李白《蜀道难》诗："连峰去天不盈尺。"引申为最高处。如：登峰造极。

䵞 〔䴷〕(fēng) 煮过的麦。《周礼·天官·笾人》："朝事之笾，其实䵞、蕡。"郑玄注引郑司农云："熬麦曰䵞。"

烽 (fēng) 亦作"熢"。❶烽火，古时边疆在高台上烧柴或狼粪以报警。司马相如《喻巴蜀檄》："夫边郡之士，闻烽举燧燔，皆摄弓而驰，荷兵而走。"参见"烽燧"、"狼烟"。❷泛指举火。《汉书·五行志上》："后章（许章）坐走马上林下烽驰逐，免官。"颜师古注引孟康云："夜于上林苑下举火驰射也。"

烽鼓 烽火与战鼓。指战乱。沈约《齐故安陆昭王碑》："晋宋迄今，有切民患；烽鼓相望，岁时不息。"

烽火 ❶古代边防报警信号。《史记·廉颇蔺相如列传》附《李牧传》："匈奴每入，烽火谨，辄入收保，不敢战。"参见"烽燧"。❷指战火。杜甫《春望》诗："烽火连三月，家书抵万金。"

烽燧 即烽火。古代边防报警的两种信号。《后汉书·光武帝纪下》："修烽燧。"李贤注："前书音义曰：边方备警急，作高土台，台上作桔皋，桔皋头有兜零，以薪草置其中，常低之，有寇即燃火，举之以相告，曰烽。又多积薪，寇至即燔，望其烟曰燧。昼则燔燧，夜乃举烽。"桔皋，可以牵引上下的木制机具；兜零，笼。引申为边警。马祖常《北歌行》："如今天子皇威远，大积金山烽燧鲜。"

烽烟 指边警。古时边境有敌入侵，即举火燔烟报警。姚合《送李廓侍御赴西川行营》诗："从今巂州路，无复有烽烟。"参见"烽燧"。

葑 (fēng) 即芜菁。《诗·邶风·谷风》："采葑采菲"。另见fěng。

葑菲 《诗·邶风·谷风》："采葑采菲，无以下体。"葑菲，即蔓菁和葍；下体，指根茎。两者叶和根茎都可食，但根茎有时味苦。诗意谓采者不可因此连它的叶也不要，比喻夫妇相处，应以德为重，不可因女子容颜衰退就加遗弃。后因以"葑菲之采"为请人有所采取的谦辞。

葑 (fēng) 用于地名。湖南华容县有三葑寺。

锋 〔鋒〕(fēng) ❶兵器的尖端。《释名·释兵》："刀，末曰锋。"引申以指凡器物尖锐犀利的部分。如：笔锋；针锋。❷队伍的前列。《汉书·英布传》："布为前锋。"❸形容锋芒；锐利。如：锋不可当；词锋；谈锋。❹古代的一种农具。

《农政全书·农器》："锋，古农器也，其金比犁镵小而加锐，其柄如耒，首如刃锋，故名锋。"❺亦称"锋面"。性质不同的两种气团相遇后的狭窄过渡区域。附近的气流常较活跃，形成一定特点的云雨天气，有时伴有大风。锋面与平面的交线，称为"锋线"。根据锋在移动过程中冷暖气团的替代可分为冷锋、暖锋、静止锋和锢囚锋。

锋镝　锋，刀口。镝，箭头。犹言刀箭，泛指兵器。又引申指战争。《史记·秦楚之际月表》："销锋镝。"杜甫《白水县崔少府十九翁高斋三十韵》："兵气涨林峦，山川杂锋镝。"

锋发韵流　形容文章锋芒毕露而情韵欲流。《文心雕龙·体性》："安仁轻敏，故锋发而韵流。"安仁，潘岳字。

锋利　锐利。《宋史·兵志十一》："京师所制军器，多不锋利。"亦以形容词锋。刘禹锡《洛中酬福建陈判官见赠》诗："怪君近日文锋利，新向延平看剑来。"

锋芒　❶亦作"锋铓"。刀剑等器物的刃口和尖端。比喻外露的才干、气概。《后汉书·袁绍传》："瓒亦枭夷，故使锋芒挫缩。"瓒，公孙瓒。❷形容细微。《论衡·超奇》："锋芒毛发之事，莫不纪载。"

犎（fēng）　即"封牛"。

蜂〔蠭、蜚〕（fēng）　昆虫名。如：胡蜂；蜜蜂。特指蜜蜂。如：蜂糖；蜂蜜。

蜂虿有毒　蜂、虿尾刺均有毒。谓物虽小而能害人。《左传·僖公二十二年》："君其无谓邾小，蜂虿有毒，而况国乎？"

蜂出　形容一时并作，如蜂群的倾巢而出。《史记·六国年表序》："谋诈用而从（纵）衡（横）短长之说起，矫称蜂出，誓盟不信。"《汉书·艺文志》："是以九家之术，蜂出并作。"

蜂房　❶蜂窝；蜂巢。《淮南子·氾论训》："夫牛蹄之涔，不能生鳣鲔，而蜂房不容鹄卵。"高诱注："房，巢也。"中医学上以大黄蜂、果马蜂等巢入药，又名"露蜂房"。性平，味甘，有毒。功能攻毒消肿、祛风止痛、杀虫止痒。主治痈疽疔疮、瘰疬、风湿痹痛、牙痛、疥癣瘙痒、鼻渊等病症。❷比喻房室密集众多。杜牧《阿房宫赋》："蜂房水涡，矗不知乎几千万落。"黄庭坚《题落星寺》诗："蜂房各自开户牖，处处煮茶藤一枝。"

蜂目豺声　目如蜂目，声似豺声，形容恶人的声音面貌。《左传·文公元年》："蜂目而豺声，忍人也。"

蜂起　纷纷而起，如群蜂乱飞。《史记·项羽本纪赞》："陈涉首难，豪杰蜂起。"亦作"锋起"。《后汉书·光武帝纪上》："莽末，天下连岁灾蝗，寇盗锋起。"李贤注："言贼锋锐竞起。字或作蜂，喻多也。"

蜂衙　❶谓群蜂飞集，如旧时官府的衙参。陆游《青羊宫小饮赠道士》诗："小窗幽处听蜂衙。"程垓《西江月》词："春尽难凭燕语，日长惟有蜂衙。"❷蜂巢。赵奕《黄龙洞诗》："龙居潜石洞，花暖护蜂衙。"

蜂腰　❶《南史·周弘直传》："弘直方雅敦厚，气调高于次昆。或问三周孰贤，人曰：'若蜂腰矣。'三周，长弘正，次弘让，幼弘直。蜂腰，谓中细，盖讥弘让不如其兄及弟。"❷旧诗作法中的八病之一。

蜂拥　形容许多人一拥而前，与蜂的成群而飞一样。如：蜂拥而来。刘献廷《广阳杂记》卷五："乘各官上抚院衙门，蜂拥擒绑胁从。"

燹（fēng）　同"烽"。

熢（fēng）　同"烽"。

鏠（fēng）　"锋（鋒）"的本字。

酆（fēng）　❶亦作"丰（豐）"。见"丰京"。❷姓。春秋时有酆舒。

酆都　旧时迷信传说以为冥司所在。范成大《吴船录》卷下："去县三里，有平都山……碑牒所传，前汉王方平、后汉阴长生，皆在此山得道仙去。有阴君丹炉及两君祠堂皆存……道家以冥狱为酆都宫，羽流云：'此地或是。'"方象瑛《使蜀日记》："酆都县城倚平都山，道书七十二福地之一……不知何时创森罗殿，因傅会为阎君洞，以为即地狱之酆都，远近祷祀求符录。盖道流惑世，失其实耳。"

蠭（fēng）　通"锋"。锐气。《汉书·韩王信传》："及其蠭，东乡（向）可以争天下。"颜师古注："蠭与锋同。"

另见 fēng 蜂。

飌（fēng）　"风"的古字。《周礼·春官·大宗伯》："以槱燎祀司中、司命、飌师、雨师。"

冯〔馮〕（féng）　姓。另见 píng。

冯夷　❶古代神话中的水神名。曹植《洛神赋》："冯夷鸣鼓，女娲清歌。"亦作"冰夷"、"无夷"。《山海经·海内北经》："从极之渊，深三百仞，维冰夷恒都焉。"《穆天子传》卷一："天子西征，骛行，至于阳纡之山，河伯无夷之所都居。"郭璞注："无夷，冯夷也。"❷古代神话中的天神名。《淮南子·原道训》："昔者冯夷、大丙之御也，乘云车，入云蜺。"

夆（féng）　❶抵牾；遭逢。❷见"夅夆"。

沨〔渢〕（féng）　见"沨沨"。

沨沨　形容乐声宛转抑扬。《左传·襄公二十九年》："为之歌《魏》，曰：'沨沨乎，大而婉，险而易行。'"杜预注："沨沨，中庸之声；婉，约也；险，当为俭之误也。"《汉书·地理志下》："美哉沨沨乎！"颜师古注："沨沨，浮貌也。"一说，"沨"即"汎"字，见钱大昕《二十二史考异》卷四。

逢（féng）　❶遭遇；遇见。《诗·王风·兔爰》："逢此百凶。"古乐府《相逢行》："相逢狭路间。"❷迎合。《孟子·告子下》："逢君之恶其罪大。"❸大。《书·洪范》："身其康强，子孙其逢吉。"陆德明释文引马融曰："逢，大也。"参见"逢衣"、"逢掖"。

另见 páng，péng。

逢场作戏　❶卖艺的人遇到合适的地方，就开场表演。《景德传灯录》卷六"江西道一禅师"："〔邓隐峰〕对云：'竿木随身，逢场作戏。'"❷偶一为之，凑凑热闹。陈师道《再和寇十一》："逢场作戏真呈拙，误笔成蝇岂所长。"亦有随俗应酬之意。马致远《北般涉调·哨遍》套曲："半世逢场作戏，险些儿误了终焉计。"

逢处　到处。吴融《途中见杏花》诗："一枝红杏出墙头，墙外行人更独愁。长得看来犹有恨，可堪逢处更难留。"

逢掖　古代读书人所穿的一种袖子宽大的衣服。《礼记·儒行》："丘少居鲁，衣逢掖之衣。"郑玄注："逢，犹大也。大掖之衣，大袂禅衣也。此君子有道艺者所衣也。"孙希旦集解："逢掖之衣，即深衣也。深衣之袂，其当掖者二尺二寸，至袪而渐杀，故曰

逢掖之衣。"掖,腋下;袪,袖口。

逢衣　义同"逢掖"。一种袖子宽大的衣服,古代儒者所穿。《列子·黄帝》:"汝逢衣徒也。"张湛注引《礼记·儒行》郑玄注:"逢,犹大也,谓大掖之衣。""逢"亦作"缝"、"缝"。《墨子·公孟》:"缝衣博袍。"《庄子·盗跖》:"缝衣浅带。"

逢迎　❶迎合。如:阿谀逢迎。《孟子·告子下》:"逢君之恶其罪大。"赵岐注:"逢,迎也。君之恶心未发,臣为谄媚逢迎之而导君为非,故曰罪大。"❷迎接;接待。《史记·刺客列传》:"太子逢迎,却行为导。"王维《与卢象集朱家》诗:"主人能爱客,终日有逢迎。"

撻（féng）❶同"缝"。《庄子·盗跖》:"缝衣浅带"陆德明释文作"撻"。❷通"捧"《史记·龟策列传》:"夫撻策定数,灼龟观兆。"司马贞索隐:"撻谓两手执著分而扐之,故云撻策。"

缝〔縫〕（féng）以针线连缀。《诗·魏风·葛屦》:"掺掺女手,可以缝裳。"

另见 fèng。

缝纫　即缝纫。缝制;补缀。瞿佑《剪灯新话·翠翠传》:"吾衣甚薄,乞持入付吾妹,令浣濯而缝纫之,将以御寒耳。"

縫（féng）同"缝"。见《集韵·三钟》。

澦（féng）水声。见《集韵·一东》。

fěng

风〔風〕（fěng,旧读 fèng）通"讽"。劝告。《汉书·田蚡传》:"蚡乃微言太后风上。"参见"风刺"。

另见 fēng,fèng。

风刺　同"讽刺"。《诗·周南·关雎序》:"上以风化下,下以风刺上。"郑玄笺:"风化、风刺,皆谓譬喻不斥言也。"欧阳修《归田录》卷下:"间以滑稽嘲谑,形于风刺。"

风谕　婉言劝告。《汉书·赵广汉传》:"其或负者,辄先闻知,风谕不改,乃收捕之。"

讽〔諷〕（fěng,旧读 fèng）❶用委婉的语言暗示、劝告或指责。《文心雕龙·杂文》:"夫讽一劝百,势不自反。"❷背诵。《汉书·艺文志》:"太史试学童,能讽书九千字以上,乃得为史。"

讽谏　不直指其事,而用委婉曲折的言语进谏。《史记·滑稽列传》:"常以谈笑讽谏。"

讽谕　亦作"讽喻"。讽谏。《文选·班固〈两都赋序〉》:"或以抒下情而通讽谕。"李善注:"《毛诗序》曰:吟咏情性,以讽其上。"张铣注:"通讽谏之道。"

讽喻　❶同"讽谕"。❷修辞学上辞格之一。通常在本意不便明说或为求说得形象、明白的情况下,借用故事来寄托作者讽刺教导的意思。如《韩非子·五蠹》所记"守株待兔"、《列子·汤问》所记"愚公移山"等寓言故事。

泛（fěng）通"覂"。翻;覆。《史记·吕太后本纪》:"太后乃恐,自起泛孝惠厄。"

另见 fàn。

泛驾　犹言覆驾。谓不受驾驭。《汉书·武帝纪》:"夫泛驾之马,跅弛之士,亦在御之而已。"颜师古注:"泛,覆也……覆驾者,言马有逸气,而不循轨辙也。"

覂（fěng）❶翻覆。孔颖达《礼记正义序》:"覂驾之马,设衔策以驱之。"❷通"乏"。缺乏。《新唐书·敬晦传》:"时南方连馑,有诏弛榷酒茗,官用告覂。"

嗵（fěng）大声吟诵。僧徒高声念经叫嗵经。《红楼梦》第二十五回:"〔王夫人〕命他(贾环)去抄《金刚经咒》嗵诵。"

另见 bèng。

fèng

风〔風〕（fèng）❶吹拂。《说苑·贵德》:"春风风人。"❷感化。《诗·周南·关雎序》:"所以风天下而正夫妇也。"

另见 fēng,fěng。

凤〔鳳〕（fèng）❶古代传说中的鸟名。凤凰的简称。《礼记·礼运》:"麟、凤、龟、龙,谓之四灵。"参见"凤凰"。❷旧时比喻有圣德之人。《论语·微子》:"凤兮凤兮!何德之衰!"邢昺疏:"知孔子有圣德,故比孔子于凤。"❸姓。明代有凤翕如。

凤钗　钗的一种,古代妇女的头饰。其形如凤,故名。马缟《中华古今注·钗子》:"始皇以金银作凤头,以玳瑁为脚,号曰凤钗。"

凤池　"凤凰池"的简称。李白《赠江夏韦太守良宰》诗:"君登凤池

去,勿弃贾生才。"

凤雏　幼凤。王嘉《拾遗记》卷二:"〔周成王〕四年,旃涂国献凤雏。"比喻俊杰少年。《三国志·蜀志·庞统传》裴松之注引《襄阳记》:"庞士元为凤雏。"士元,庞统字。《晋书·陆云传》:"幼时,吴尚书广陵闵鸿见而奇之,曰:'此儿若非龙驹,当是凤雏。'"

凤吹　《文选·孔稚珪〈北山移文〉》:"闻凤吹于洛浦,值薪歌于延濑。"李善注引《列仙传》:"〔王子乔〕好吹笙,作凤鸣,游伊雒之间。"后泛称笙、箫等细乐。

凤德　语出《论语·微子》:"楚狂接舆歌而过孔子曰:凤兮凤兮!何德之衰!"盖讥孔子有才德而不识时务。因以"凤德"指士大夫的德行名望。《晋书·周𫖮传》:"初,𫖮以雅望,获海内盛名;后颇以酒失……庾亮曰:'周侯末年,所谓凤德之衰也。'"

凤邸　帝王即位前所居的府第。许敬宗《尉迟恭碑》:"太宗俯离凤邸,亲御龙韬。"

凤冠　古代贵族妇女所戴有凤饰的礼帽。汉制:太皇太后、皇太后、皇后祭服之冠饰,上有凤凰。见《后汉书·舆服志下》。明制:皇后礼服的冠饰有九龙四凤,皇妃九翚四凤。见《明史·舆服志二》。明清时一般女子盛饰所用彩冠也叫凤冠,多用于婚礼时。

凤皇　同"凤凰"。《书·益稷》:"箫韶九成,凤皇来仪。"

凤凰　亦作"凤皇"。古代传说中的百鸟之王。雄的叫"凤",雌的叫"凰",通称为"凤"或"凤凰"。常用来象征祥瑞。其形据《尔雅·释鸟》"鹠凤其雌皇"郭璞注:"鸡头、蛇颈、燕颔、龟背、鱼尾,五彩色,高六尺许。"《孟子·公孙丑上》:"凤凰之于飞鸟。"《史记·日者列传》:"凤凰不与燕雀为群。"

凤凰池　亦作"凤池"。禁苑中池沼。魏晋时中书省,设于禁苑,掌管一切机要,因接近皇帝,故称"凤池"。后凡中书省中机要位置,也都称为"凤凰池"。《晋书·荀勖传》:"勖自中书监除尚书令,人贺之,勖曰:'夺我凤凰池,诸君贺我耶?'"

凤凰来仪　❶谓凤凰来舞而有容仪,相传以为瑞应。《书·益稷》:"箫韶九成,凤皇来仪。"❷琴曲名,又名《神凤操》。《乐府诗集》卷五十七:"《神凤操》一曰《凤凰来仪》。《古今乐录》曰:'周成王时,凤凰翔

舞,成王作此歌。'"又见《太平御览》卷五七八引《大周正乐》)。

凤凰于飞 凰,亦作"皇"。《诗·大雅·卷阿》:"凤皇于飞,翙翙其羽。"《左传·庄公二十二年》:"初,懿氏卜妻敬仲,其妻占之,曰:'吉,是谓凤皇于飞,和鸣锵锵。'"后用以比喻夫妻相亲相爱。亦用为祝人婚姻美满之辞。

凤举 ❶《北堂书钞》卷四十引班固《功德论》:"空令朱轮之使,凤举龙堆之表。"后因以比喻奉诏出使远方。陆机《演连珠》:"金碧之岩,必辱凤举之使。"❷飘然高举。曹植《王仲宣诔》:"翕然凤举,远窜荆蛮。"❸形容舞态。庾信《看舞》诗:"鸾回不假学,凤举自相关。"

凤楼 指帝王宫内的楼阁。鲍照《代陈思王京洛篇》:"凤楼十二重,四户八绮窗。"

凤侣 伴侣。高明《琵琶记·官邸忧思》:"凤侣添愁,鱼书绝寄,空劳两处相望。"

凤毛麟角 比喻珍贵而不可多得的人或事物。《南史·谢超宗传》:"超宗殊有凤毛。"《太平御览》卷六〇七引《蒋子万机论》:"谚曰:学如牛毛,成如麟角。"何良俊《四友斋丛说·文》:"康对山之文,天下慕向之,如凤毛麟角。"

凤鸣朝阳 《诗·大雅·卷阿》:"凤皇鸣矣,于彼高冈,梧桐生矣,于彼朝阳。"后因以"凤鸣朝阳"比喻贤才逢良时。《世说新语·赏誉》:"张华见褚陶,语陆平原曰:'君兄弟龙跃云津,顾彦先凤鸣朝阳,谓东南之宝已尽,不意复见褚生。'"

凤辇 皇帝所乘的车子。钱起《和李员外扈驾幸温泉宫》诗:"未央月晓度疏钟,凤辇时巡出九重。"《宋史·舆服志一》:"凤辇,赤质,顶轮下有二柱,绯罗轮衣,络带、门帘皆绣云凤。顶有金凤一……法驾卤簿,不设凤辇。"

凤阙 汉代宫阙名。《太平御览》卷一七九引《阙中记》:"建章宫圆阙临北道,凤在上,故号曰凤阙也。"后用为皇宫的通称。李白《感时》诗:"冠剑朝凤阙。"

凤笙 《风俗通·声音》:"《世本》:随作笙,长四寸,十二簧,象凤之身,正月之音也。"后来因称笙为"凤笙"。李白《凤笙篇》诗:"玉京迢迢几千里,凤笙去去无穷已。"

凤条 梧桐树枝。古时传说凤凰只栖止在梧桐树上,故称。陆机《吴王郎中时从梁陈作》诗:"假翼鸣凤条,濯足升龙渊。"

凤箫 应劭《风俗通·声音》:"《尚书》舜作箫韶九成,凤凰来仪,其形参差,象凤之翼。"后世因称箫为凤箫,即排箫。张说《道家》诗:"香随龙节下,云逐凤箫飞。"

凤穴 即凤巢。比喻文才荟萃的地方。《北史·文苑传序》:"潘陆张左,擅侈丽之才,饰羽仪于凤穴。"李商隐《拟意》诗:"夫向羊车觅,男从凤穴求。"

凤仪 凤凰的仪容。语出《书·益稷》:"凤凰来仪。"潘岳《笙赋》:"望凤仪以摧形"后比喻英俊的姿容。叶適《送刘德修》诗:"俄欣凤仪雅。"

凤藻 比喻华美的文辞。杨燮《送张相公出征》诗:"援毫飞凤藻,发匣吼龙泉。"龙泉,剑名。

凤诏 皇帝的诏书。《初学记》卷三〇引《邺中记》:"石季龙与皇后在观上为诏书,五色纸,著凤口中。凤既衔诏,侍人放数百丈绯绳,辘轳回转,凤凰飞下,谓之凤诏。凤凰以木作之,五色漆画,脚皆用金。"李商隐《梦令狐学士》诗:"右银台路雪三尺,凤诏裁成当直归。"

凤子 大蛱蝶。崔豹《古今注·鱼虫》:"〔蛱蝶〕其有大于蝙蝠者,或黑色,或青斑,大者曰凤子。"沈约《领边绣》诗:"萦丝飞凤子,结缕坐花儿。"

奉 (fèng) ❶捧。《韩非子·和氏》:"楚人和氏得玉璞楚山中,奉而献之厉王。"❷进献。《周礼·地官·大司徒》:"祀五帝,奉牛牲。"❸事奉。《左传·隐公十一年》:"郑伯使许大夫百里奉许叔以居许东偏。"❹敬受。如:奉命;奉使。❺信奉;遵奉。如:奉佛;奉为典范。参见"奉行"。❻敬辞。如:奉陪;奉候;奉访;奉托。❼帮助。《左传·僖公三十三年》:"秦违蹇叔,而以贪勤民,天奉我也。"勤民,使人民劳苦,谓起兵侵置。❽通"俸"。俸禄。《史记·萧相国世家》:"吏皆送奉钱三。"❾辽宁省旧名奉天省,简称奉。如:奉系军阀;直奉战争。

奉安 称君父下葬。《后汉书·明帝纪》:"司徒近(李䜣)奉安梓宫。"梓宫,皇帝的灵柩。亦称神主牌位的迁置。

奉承 ❶犹言奉受。接受的敬辞。《左传·昭公三十二年》:"天子有命,敢不奉承!"❷事奉。《墨子·兼爱下》:"奉承亲戚。"亲戚,指父母。❸阿谀谄媚。梁辰鱼《浣纱记·通嚭》:"但知奉承一人,不晓恩及百姓。"

奉祠 ❶祭祀。《汉书·郊祀志上》:"郡县远方祠者,民各自奉祠,不领于天子之祝官。"❷宋代五品以上官员,不能任事,或年老退休,多被任为宫观使、提举、提点、主管宫观等官,无职事,但领俸禄,叫"奉祠"。见《宋史·职官志十》。《宋史·朱熹传》:"诏以熹累乞奉祠,可差主管台州崇道观。"

奉烦 敬词。意为麻烦。白居易《和元微之诗序》:"微之以近作四十三首命和,题曰:'奉烦,只此一度,幸勿见辞!'"

奉公 奉行公事。如:克己奉公;奉公守法。《商君书·定分》:"故智诈贤能者皆作而为善,皆务自治奉公。"

奉觞 举杯敬酒。《礼记·投壶》:"当饮者皆跪,奉觞曰:'赐灌。'"

奉檄 《后汉书·刘赵淳于江刘周赵传》:"庐江毛义少节,家贫,以孝行称。南阳人张奉慕其名,往候之。坐定而府檄适至,以义守令,义奉檄而入,喜动颜色。"奉,同"捧"。檄,召书,犹后世的委令。后转用为得官就任的意思,并读奉为奉受之奉,以"奉檄"为奉委之义。参见"捧檄"。

奉先 祭祀祖先。《书·太甲中》:"奉先思孝,接下思恭。"

奉行 遵照执行。《孔子家语·六本》:"子夏曰:'商请志之而终身奉行焉。'"商,卜商,字子夏。

奉行故事 照旧例办事。《汉书·魏相传》:"相明《易经》,有师法,好观汉故事及便宜章奏,以为古今异制,方今务在奉行故事而已。"

奉养 供养;赡养。《史记·齐太公世家》:"釐公同母弟夷仲年死。其子曰公孙无知,釐公爱之,令其秩服奉养比太子。"《后汉书·孙期传》:"家贫,事母至孝,牧豕大泽中以奉养焉。"

奉赵 以所借之物归还物主,犹奉还。语本《史记》蔺相如完璧归赵的故事。参见"完璧归赵"。

匎 (fèng) 方言。"勿""用"二字合音。不用。

俸 (fèng) ❶俸禄。旧时称官吏所得的薪水。《韩非子·奸劫弑臣》:"事富贵,为私善,立名誉,以取尊官厚俸,故奸私之臣愈众。"❷

姓。本作"奉"，后加"人"旁。现在广西壮族自治区有此姓。

俸满 明清官员任职满一定年限可酌情升调，叫"俸满"。《清会典·吏部》："京官以历俸二年为俸满；外官以历俸三年为俸满。"《儒林外史》第七回："荀玫殿在二甲，王惠殿在三甲，都授了工部主事。俸满，一齐转了员外。"

菶 (fèng) 菰根，即茭白根。《晋书·毛璩传》："四面湖泽，皆是菰菶。"何超《晋书音义》卷下引《珠丛》："菰草丛生，其根盘结，名曰菶。"
另见 fēng。

澭 (fèng) 同"菶(fèng)"。菰根。

赗 〔赗〕(fèng) 送给丧家助葬之财物。《公羊传·隐公元年》："赗者何？丧事有赗。赗者盖以马，以乘马束帛。"

缝 〔缝〕(fèng) ❶缝合的地方。如：天衣无缝。❷空隙。如：中缝。秦观《秋夜病起怀端叔》诗："月色清无缝。"
另见 féng。

fiào

甂 (fiào) 吴方言，"勿要"的合音。不要。《海上花列传·例言》："惟有有音而无字者，如说勿要二字，苏人每急呼之，并为一音，若仍作勿要二字，便不合当时神理；又无他字可以替代，故将勿要二字并为一格。阅者须知甂字本无此字，乃合二字作一音读也。"蒋瑞藻《小说考证》卷八："甂、甿之类，皆有音无字，故以拼音之法成之，在六书为会意而兼谐声。"

fó

佛 (fó) 梵语 buddha（佛陀）音译的略称。亦译"佛馱"、"浮陀"、"浮屠"、"浮图"等，意译"觉者"、"觉"。觉有三义：自觉、觉他（使众生觉悟）、觉行圆满，是佛教修行的最高果位。据称，凡夫缺此三项，声闻、缘觉缺后两项，菩萨缺最后一项，只有佛才三项俱全。小乘佛教一般用作对释迦牟尼的尊称。大乘佛教除指释迦牟尼外，还泛指一切觉行圆满者，认为其数甚众。
另见 bì、bó、fú。

佛骨 亦作"佛舍利"。通常指佛

教始祖释迦牟尼的遗骨。韩愈《论佛骨表》："今闻陛下令群僧迎佛骨于凤翔，御楼以观，异入大内。"

佛头著粪 《景德传灯录》卷七"湖南如会禅师"："崔相公入寺，见鸟雀于佛头上放粪，乃问师曰：'鸟雀还有佛性也无？'师云：'有。'崔云：'为什么向佛头放粪？'师云：'是伊为什么不向鹞子头上放？'"后以"佛头著粪"比喻好东西被添加坏物，受轻侮、亵渎。

坲 (fó) 见"坲坲"。

坲坲 尘埃扬起貌。《楚辞·九叹·远逝》："飘风蓬龙，埃坲坲兮。"

fōu

不 (fōu) 姓。晋代有不準。
另见 bù、fǒu、fū、pī。

fóu

紑 〔紑〕(fóu) 衣服鲜明貌。《诗·周颂·丝衣》："丝衣其紑，载弁俅俅。"郑玄笺："紑，洁鲜貌。"

鸺 〔鸺〕(fóu，又读 fǒu) 见"鸺鹠"。

钳 〔鉗〕(fóu) 见"钳铒"。

钳铒 ❶镜匣子的装饰。《玉篇·金部》："奁饰也。"❷大钉。见《集韵·十八尤》。

鵗 〔鵗〕(fóu，又读 fú) 鵗鸠，鵗鸠。见"鸺鵗"。

fǒu

不 (fǒu，又读 fōu) 同"否"。《汉书·于定国传》："公卿有可以防其未然救其已然者不？"
另见 bù、fōu、fū、pī。

缶 (fǒu) ❶盛酒浆器，小口大腹。多用瓦制，也有铜制的。《礼记·礼器》："五献之尊，门外缶，门内壶。"❷汲水器。《左传·襄公九年》："具绠缶。"❸瓦质的打击乐器。《汉书·杨恽传》："酒后耳热，仰天拊缶，而呼乌乌。"❹古量名。《国语·鲁语下》："出稷禾，秉刍、缶米。"韦昭注："缶，庾也。"《聘礼》曰：

'十六斗曰庾。'"

否 (fǒu) ❶否定。如：否认；否决。❷不。《左传·襄公三十年》："吾得见与否，在此岁也。"❸不然；不是这样。《公羊传·隐公四年》："〔公子翚〕谓隐公曰：'百姓安子，诸侯说子，盍终为君矣。'隐曰：'吾，否！'"❹无。《大学》："其本乱而末治者，否矣。"王引之《经传释词》卷十："言事之必无也。"
另见 pǐ。

瓶 (fǒu) 同"缶❸"。瓦质的打击乐器。《史记·廉颇蔺相如列传》："秦王为赵王击瓶。"

鱼 (fǒu) 煮。陆游《川食》诗："最爱红糟与鱼粥。"

fū

夫 (fū) ❶女子的配偶。与"妻"相对。《左传·桓公十五年》："雍姬知之，谓其母曰：'父与夫孰亲？'"❷成年男子的通称。《孟子·梁惠王下》："内无怨女，外无旷夫。"❸旧指从事体力劳动或被役使的人。如：渔夫；夫役。❹古代井田制，一夫受田百亩，故以百亩为夫。《周礼·地官·小司徒》："九夫为井。"郑玄注："亩百为夫。"
另见 fú。

夫布 古代赋税的一种。犹人口税，以代力役。《周礼·地官·闾师》："凡无职者出夫布。"贾公彦疏："出夫布者，亦使出一夫口税之泉（钱）也。"孙诒让正义引江永云："夫布，与今丁钱相似。"

夫倡妇随 倡，亦作"唱"。语出《关尹子·三极》"夫者倡，妇者随"。原意为妻子必须顺从丈夫。后常用以称夫妇和睦。

夫君 旧时妻称丈夫。高骈《闺怨》诗："夫君初破黑山归。"

夫人 ❶周代称诸侯的妻子。《礼记·曲礼下》："天子之妃曰后，诸侯曰夫人。"汉代列侯的妻子也称"夫人"。《汉书·文帝纪》："七年冬十月，令列侯太夫人、夫人……无得擅征捕。"颜师古注引如淳曰："列侯之妻称夫人；列侯死，子复为列侯，乃得称太夫人。"❷古代称帝王的妾。《礼记·曲礼下》："天子有后，有夫人。"❸命妇的封号。唐代文武一品及国公母妻为国夫人，三品以上母妻为郡夫人；宋代执政以上之妻封夫人；明代一品二品之妻皆封夫人，清代并封宗室贝勒至辅国将军之妻为

缶

夫人。❹妇人的尊称。《史记·刺客列传》:"市行者诸众人皆曰:'……夫人不闻与? 何敢来识之也?'"夫人,指聂政姊荣。荣,一作"嫈"。❺尊称对方的妻子。

夫屋 《周礼·地官·小司徒》:"乃经土地而井牧其田野:九夫为井,四井为邑。"郑玄注:"夫三为屋,屋三为井,出地贡者三三相任。"谓古代井田制,百亩为"夫",三夫为"屋"。一屋三夫互相担保,以缴纳赋税。

夫婿 旧时妻称丈夫。古乐府《陌上桑》:"东方千余骑,夫婿居上头。"李朝威《柳毅传》:"为夫婿所薄,舅姑不念,以至于此。"也泛称女子的配偶。《三国志·魏志·倭人传》:"乃共立一女子为王……年已长大,无夫婿。"

夫子 ❶古代对男子的敬称。《孟子·梁惠王上》:"愿夫子辅吾志。"李朝威《柳毅传》:"夫子不远千里,将有为乎?"❷古代称大夫为"夫子"。夫,大夫;子,敬称。《论语·季氏》:"夫子欲之,吾二臣者皆不欲也。"夫子,指季孙。又孔子曾为鲁大夫,故孔子弟子亦称孔子为夫子。《论语·子张》:"夫子焉不学,而亦何常师之有!"后因以为学生对老师的尊称。❸旧时妻称夫。《孟子·滕文公下》:"往之女(汝)家,必敬必戒,无违夫子!"❹即伕子。旧指被役使者,如挑夫、脚夫等。《水浒传》第十六回:"你们不替洒家打这夫子,却在背后也慢慢地挨。"

夫子自道 《论语·宪问》:"子曰:'君子道者三,我无能焉:仁者不忧,知者不惑,勇者不惧。'子贡曰:'夫子自道也。'"子贡认为孔子已能做到自己所说的这三点。后用指本意说别人,却正说着了自己。

不 (fū)"柎"的本字。花蒂。《诗·小雅·常棣》:"常棣之华,鄂不韡韡。"
另见 bù,fōu,fǒu,pī。

伕 (fū) 旧时用为夫役的专字。如:车伕;火伕;挑伕。

苉 〔蕅〕(fū) 见"苉蕅"。
另见 qiū,xū。

苉蕅 花开貌。《文选·左思〈吴都赋〉》:"异荂苉蕅。"刘逵注:"敷蕅,花开貌。"敷,同"苉"。

呋 (fū) 译音字。如:呋喃西林。

孚 (fū) 通"孵"。《说文·爪部》"孚"段玉裁注引《通俗文》:"卵化曰孚。"《国语·鲁语上》

"鸟翼㲉卵"韦昭注:"未孚曰卵。"
另见 fú。

珛 (fū) 见"斌珛"。

肤 〔膚〕(fū) ❶身体的表皮。如:体无完肤。《诗·卫风·硕人》:"肤如凝脂。"❷切细的肉。《礼记·内则》:"麋肤,鱼醢。"郑玄注:"肤,切肉也。"❸浅薄。《南齐书·陆澄传》:"澄谍闻肤见,贻挠后昆。"❹肥美;美。《易·噬嗑》:"噬肤。"陆德明释文:"柔脆肥美曰肤。"《诗·豳风·狼跋》:"公孙硕肤。"毛传:"肤,美也。"❺大。参见"肤公"。❻古代长度单位。见"肤寸❶"。

肤寸 亦作"扶寸"。❶古代长度单位,一指为寸,四指为肤。《公羊传·僖公三十一年》:"山川有能润于百里者……触石而出,肤寸而合,不崇朝而遍雨乎天下者,唯泰山尔。"何休注:"侧手为肤,按指为寸。"侧手,谓伸直四指;按指,为一指的宽度。肤寸而合,形容云气密布。❷比喻极小。《国策·秦策三》:"齐人伐楚,战胜……肤寸之地无得者。"

肤公 大功。《诗·小雅·六月》:"薄伐猃狁,以奏肤公。"毛传:"肤,大;公,功也。"

肤合 犹言"肤寸而合"。形容云气密集。潘尼《苦雨赋》:"气触石而结蒸兮,云肤合而仰浮。"参见"肤寸❶"。

肤浅 亦作"敷浅"。浅薄,多指学识。范宁《春秋穀梁传集解序》:"释《穀梁传》者虽近十家,皆肤浅末学,不经师匠。"

肤受 ❶切身遭受。《论语·颜渊》:"浸润之谮,肤受之诉。"何晏集解引马融曰:"皮肤外语,非其内实。"朱熹注:"肤受,谓肌肤所受,利害切身。"后因以指谗言。《晋书·刘毅传论》:"刘毅一遇宽容,任和两遭肤受。"❷比喻浅学。《文选·张衡〈东京赋〉》:"若客所谓末学肤受,贵耳而贱目者也。"薛综注:"肤受,谓皮肤之不经于心胸。"

绀 〔紺〕(fū) 布;粗绸。《说文·系部》:"绀,布也。一曰粗细。"

鸹 〔鴀〕(fū) 见"鸹鸹"。

鸹鸹 鸟名。《尔雅·释鸟》:"隹其,鸹鸹。"郭璞注:"今鹁鸠。"又名"雉"、"鹁鸠"。

荂 (fū,又读 kuā) 同"华"。草木的花。《尔雅·释草》:"华,荂也。"郭璞注:"今江东呼华为荂。"

柎 (fū,又读 fǔ) ❶花萼。《山海经·西山经》:"渊有木焉,员叶而白柎,赤华而黑理。"郭璞注:"今江东人呼草木子房为柎,音府。一曰:柎,花下鄂。"鄂,通"萼"。❷通"跗"。器物的足部。《急就篇》卷三"锻铸铅锡镫锭镂"颜师古注:"有柎者曰镫,无柎者曰锭。柎谓下施足也。"❸斗栱上的横木。王延寿《鲁灵光殿赋》:"狡兔跧伏于柎侧,猿狖攀椽而相迫。"
另见 fǔ,fù。

砆 (fū) 见"碔砆"。

鈇 〔鈇〕(fū,又读 fǔ) ❶切草的刀,即铡刀。古代也用为腰斩的刑具。参见"鈇质"。❷通"斧"。《列子·说符》:"人有亡鈇者,意其邻之子。"

鈇钺 ❶同"斧钺"。古代军法用以斩杀罪犯的斧子。亦泛指刑戮。《汉书·赵充国传》:"不敢避鈇钺之诛。"❷星名。《晋书·天文志上》:"参十星……一曰鈇钺,主斩刈。"

鈇质 古代腰斩人的刑具。鈇,通"斧";质,垫在下面的砧板。《史记·项羽本纪》:"孰与身伏鈇质,妻子为僇乎?"亦作"鈇锧"。《公羊传·昭公二十五年》:"君不忍加之以鈇锧。"

鈇锧 ❶即"鈇质"。❷星官名。属壁宿,共五星,在鲸鱼座内,其中三星即鲸鱼座48号、ν、56号星。《宋史·天文志》:"鈇锧五星,在天仓西南,刈具也。"

忯 (fū,又读 fù) ❶思。见《说文·心部》。❷喜悦。见《玉篇·心部》。

胕 (fū) 同"肤❶"。《国策·楚策四》:"蹄申膝折,尾湛胕溃。"鲍彪注:"胕与肤同,亦汗出于肤如溃。"一说,通"跗"。指脚背。
另见 fú。

袱 (fū) 衣服的前襟。朱骏声《说文通训定声·豫部》:"今苏俗有袱襟之语。"按粤语用为"裤"字。

莩 (fū) 敷布;散开。《汉书·外戚传上》:"函萘莩以俟风兮。"颜师古注引孟康曰:"萘,音绥,华(花)中齐也。夫人之色如春华敷散,以待风也。"

尃(fū) 亦作"旉"。同"敷"。❶古代长度单位,一尃等于四寸。通作"肤"。参见"肤寸❶"。❷分布。《易·说卦》:"〔震〕为旉。"

鳺〔鳺〕(fū) 见"鳺鳺"。

麩〔麸、粰、䴸〕(fū) ❶小麦的皮屑,俗称麸皮。❷麸筋(即面筋)的省称。如:烤麸。

麸炭 亦称"浮炭"、"桴炭"。一种质松而轻、极易着火燃烧的炭,系用木材烧焦后入水或窒于瓮中制成。白居易《和自劝》:"日暮半炉麸炭火,夜深一盏紵笼烛。"陆游《老学庵笔记》卷六:"浮炭者,谓投之水中而浮,今人谓之桴炭。"

旉(fū) 同"敷"。《易·说卦》:"震为旉。"孔颖达疏:"为旉,取其春时气至,草木皆吐,旉布而生也。"《汉书·礼乐志二》:"旉与万物。"颜师古注:"旉,古敷字也。旉与,言开舒也。"

趺(fū) ❶同"跗"。足背。高启《赋得履送衍上人》:"著处朝行道,抛时夜结趺。"结趺,交结足背于左右两股之上。参见"跏趺"。❷通"武"。足迹。《宋史·张九成传》:"谪居南安军十四年,每执书就明,倚立庭砖,岁久双趺隐然。"❸通"柎"。花萼。束皙《补亡诗》:"白华绛趺。"❹碑下的石座。刘禹锡《奚公神道碑》:"螭首龟趺,德辉是纪。"

趺坐 跏趺坐的略称。王维《登辨觉寺》诗:"软草承趺坐,长松响梵声。"参见"跏趺"。

跗(fū) ❶同"趺"。脚背。《庄子·秋水》:"蹶泥则没足灭跗。"❷通"柎"。花萼房。《管子·地员》:"朱跗黄实。"尹知章注:"跗,花足也。"沈约《郊居赋》:"衔素蕊于青跗。"

跗注 古代一种军服。《左传·成公十六年》:"有韎韦之跗注。"杜预注:"跗注,戎服。若裤而属于跗,与裤连。"韎韦,浅赤色的柔牛皮。

稃(fū) ❶米粒的外壳。《尔雅·释草》:"秠,一稃二米。"邢昺疏:"稃,皮也。"❷泛指草籽的硬壳。《齐民要术·种紫草》:"候稃燥载聚,打取子。"

傅(fū) 通"敷"。❶陈述。《汉书·文帝纪》:"傅纳以言。"颜师古注:"敷陈其言而纳用之。"❷见"傅粉"。

另见 fù。

傅粉 搽粉;抹粉。《世说新语·容止》:"何平叔美姿仪,面至白,魏明帝疑其傅粉。正夏月,与热汤饼。既啖,大汗出,以朱衣自拭,色转皎然。"

傅致 涂抹附着。《新语·道基》:"傅致胶漆丹青玄黄琦玮之色,以穷耳目之好。"

鮄〔鮄〕(fū) 鱼名。亦作"鮄鯕"。见《玉篇·鱼部》。

筟(fū) ❶络丝用具。《说文·竹部》:"筟,筳也。"段玉裁注:"筳、筦、筟,三名一物也……亦谓之筟车,即今之篗车也。"《六书故》:"筟车,纺车也,著丝于筳,著筳于车,踏而转之,所谓纺也。"❷竹中衣,即竹膜。见《正字通》。

鄜(fū) 鄜县,旧县名。在陕西省中部。1913年由鄜州改置。1964年改名富县。

溥(fū) 通"敷"。分布。《礼记·祭义》:"溥之而横乎四海。"陆德明释文:"溥,本亦作敷。"

另见 pǔ。

孵(fū) 鸟类伏蛋生雏。也指用人工的方法使蛋中胚胎发育成雏鸟。如:孵卵。亦称虫、鱼由卵里化生。如:孵化。

敷(fū) ❶布;施。如:敷政;敷教。《书·大禹谟》:"文命敷于四海。"❷铺陈。如:敷席;敷座。《离骚》:"跪敷衽以陈辞兮。"❸陈述;铺张。《书·舜典》:"敷奏以言。"谢灵运《山居赋》:"敷文奏怀。"❹通"溥"。普。《诗·周颂·般》:"敷天之下,裒时之对,时周之命。"❺足够。《三国演义》第三十回:"若迁延日月,粮草不敷,事可忧矣。"❻搽;涂。《聊斋志异·侠女》:"女时就榻省视,为之洗创敷药。"❼通"肤"。见"敷浅"。❽姓。明代有敷季雅。

敷畅 ❶陈述而加以阐发。《尚书序》:"约文申义,敷畅厥旨,庶几有补于将来。"❷普遍流传。《旧唐书·礼仪志三》:"四海会同,五典敷畅,岁云嘉熟,人用大和。"

敷陈 铺叙;论列。《淮南子·要略》:"分别百事之微,敷陈存亡之机。"

敷浅 同"肤浅"。浅薄。顾野王《上呈〈玉篇〉启》:"末学敷浅,诚所未详。"

敷荣 开花。嵇康《琴赋》:"迫而察之,若众葩敷荣曜春风,既丰赡以多姿,又善始而令终。"

敷衍 ❶分布;传播。《文选·张衡〈西京赋〉》:"篸篸敷衍。"薛综注:"篸,竹箭也;荡,大竹也。敷,布也;衍,蔓也。"❷同"敷演"。陈述而加以申说。《宋史·范冲传》:"上雅好左氏《春秋》,命冲与朱震专讲,冲敷衍经旨,因以规讽,上未尝不称善。"❸将就应付。《红楼梦》第一百十回:"凤姐这日竟支撑不住,也无方法,只得用尽心力,甚至咽喉嚷哑,敷衍过了半日。"

敷演 ❶亦作"敷衍"。陈述而加以申说。《三国志·魏志·高堂隆传》:"于是敷演旧章,奏而改焉。"❷铺陈表演。《水浒传》第五十七回:"徐宁将正法一路路敷演,教众头领看。"

敷愉 和悦貌。古乐府《陇西行》:"好妇出迎客,颜色正敷愉。"亦作"敷腴"。杜甫《遣怀》诗:"忆与高李辈,论交入酒垆,两公壮藻思,得我色敷腴。"仇兆鳌注:"敷腴,喜悦之色。"

鮄〔鮄〕(fū) 见"鮄鯕"。

鮄鯕 江豚的别称。《太平御览》卷九百三十九引《魏武四时食制》:"鮄鯕鱼,黑色,大如百斤猪……出淮及五湖。"《本草纲目·鳞部四》李时珍集解:"海豚、江豚,皆因形命名。《魏武食制》谓之鮄鯕。"

鞴(fū) 即"毛羽"。鸟羽的一种。散生在眼缘、喙基部和正羽的下面,有护体、感觉等作用。

蔛(fū) 见"地蔛"。

fú

夫(fú) ❶犹"彼"。《左传·襄公二十六年》:"夫独无族姻乎?"❷犹"此"。《左传·成公十六年》:"夫二人者,鲁国社稷之臣也。"❸犹"凡"。《左传·襄公八年》:"夫人愁痛,不知所庇。"杜注:"夫人,犹人人也。"❹表感叹气。《论语·子罕》:"逝者如斯夫!不舍昼夜。"❺表疑问语气。《史记·孔子世家》:"吾歌,可夫?"❻作语助,用在句首。《左传·庄公十年》:"夫战,勇气也。"❼作语助,用在句中。李华《吊古战场文》:"吾闻夫齐魏徭戍,荆韩召募。"

另见 fū。

夫己氏 犹某甲、某乙,那个人。不明指其人。《左传·文公十四年》:"齐公子元不顺懿公之为政也,

终不曰公,曰夫己氏。"杜预注:"犹言某甲。"

夫君　指友人。犹言别人。孟浩然《游精思观回王白云在后》诗:"衡门犹未掩,伫立望夫君。"夫君,指王白云。

夫遂　即"阳燧"。古人就日取火的一种凹形铜镜。《周礼·秋官·司烜氏》:"以夫遂取明火于日。"郑玄注:"夫遂,阳遂(燧)也。"贾公彦疏:"取火于日,故名阳遂,取火于木为木遂者也。"

市(fú)　"韨(黻)"的古字。与"市"异。

弗(fú)　❶不。《公羊传·僖公二十六年》:"公追齐师至酅,弗及。"何休注:"弗者,不之深者也。"❷禁止之词。不要;不可。《中庸》:"有弗学,学之弗能,弗措也。"前两"弗"字义同"不"。❸通"祓"。除灾求福。《诗·大雅·生民》:"克禋克祀,以弗无子。"郑玄笺:"弗之言祓也。姜嫄之生后稷如何乎?乃禋祀上帝于郊禖,以祓除其无子之疾,而得其福也。"

弗弗　❶疾貌。《诗·小雅·蓼莪》:"南山律律,飘风弗弗。"❷违逆;抵触。《墨子·亲士》:"君必有弗弗之臣。"孙诒让间诂:"弗读为'怫',《说文·口部》云:怫,违也。"

伏(fú)　❶俯伏;面向下卧。《礼记·曲礼上》:"寝毋伏。"《汉书·淮南厉王传》:"恐惧伏地。"❷藏匿;埋伏。如:伏兵。《左传·庄公十年》:"惧有伏焉。"❸谦敬之辞。如:伏闻;伏惟。曹植《献璧表》:"伏知所进非和氏之璧。"❹伏天。如:初伏;出伏。参见"伏日❶"。❺孵卵。《汉书·五行志中之上》:"雌鸡伏子。"❻通"服"。屈服;佩服。《左传·隐公十一年》:"许既伏其罪矣。"韩愈《与崔群书》:"人无贤愚,无不说其善,伏其为人。"❼通"匐"。见"蒲伏"。❽电压单位"伏特"的简称。❾姓。汉代有伏生。

伏豹　唐代官吏在节假值班之称。封演《封氏闻见记》卷五:"'伏豹'者言众官皆出,己独留,如藏伏之豹,伺候待搏,故云'伏豹'。"参见"豹直"。

伏辨　即"服辩"。

伏辩　即"服辩"。

伏法　因犯法而被处死刑。司马迁《报任少卿书》:"假令仆伏法受诛,若九牛亡一毛,与蝼蚁何以异?"

伏虎　❶制服猛虎,比喻战胜恶势力。参见"降龙伏虎"。❷伏着的老

虎。《荀子·解蔽》:"冥冥而行者,见寝石以为伏虎也。"❸溺器。干宝《搜神记》卷十七:"魅乃取伏虎,于神座上吹作角声音。"朱谋㙔《骈雅》卷四:"伏虎……溺器也。"参见"虎子❷"。

伏剑　用剑自杀。《左传·襄公三年》:"魏绛至,授仆人书,将伏剑。"

伏腊　伏,夏天的伏日。腊,冬天的腊日。古代两种祭祀的名称。《史记·留侯世家》:"留侯死,并葬黄石冢,每上冢伏腊,祠黄石。"亦泛指节日。《汉书·杨恽传》:"田家作苦,岁时伏腊,亨(烹)羊炰羔,斗酒自劳。"

伏枥　枥,亦作"历",马槽。马伏于槽枥,谓关在栏里饲养。《汉书·李寻传》:"马不伏历,不可以趋道;士不素养,不可以重国。"颜师古注:"伏历,谓伏槽历而秣之也。"曹操《步出夏门行》:"老骥伏枥,志在千里;烈士暮年,壮心不已。"按《宋书·乐志三》引作"伏历"。

伏龙凤雏　《三国志·蜀志·诸葛亮传》裴松之注引《襄阳记》:"刘备访世事于司马德操。德操曰:'儒生俗士,岂识时务?识时务者在乎俊杰。此间自有伏龙、凤雏。'备问为谁,曰:'诸葛孔明、庞士元也。'""伏龙"又作"卧龙"。见《三国志·蜀志·庞统传》注引《襄阳记》。

伏莽　《易·同人》:"伏戎于莽。"谓潜伏兵士于草莽之中。后称潜匿的盗匪为"伏莽"。《旧唐书·高祖纪论》:"由是攘窃有耻,伏莽知非。"

伏阙　拜伏于宫阙下。古时臣下直接向皇帝有所陈请,多用此词。《新唐书·欧阳詹传》:"詹先为国子监四门助教,率其徒伏阙下,举愈博士。"

伏日　❶亦称"伏天"或"三伏"。初伏(头伏)、中伏(二伏)、末伏(三伏)的总称。夏至后第三个庚日为初伏,第四个庚日为中伏,立秋后第一个庚日为末伏。自入伏至出伏相当于阳历7月中旬至8月下旬,正是我国夏季最热时期。中伏、末伏,温度尤高,有"热在中伏"的说法。❷有时专指三伏中祭祀的一天。《汉书·东方朔传》:"伏日,诏赐从官肉。"又《郊祀志上》:"作伏祠"颜师古注:"伏者,谓阴气将起,迫于残阳而未得升,故为藏伏,因名伏日也。立秋之后,以金代火,金畏于火,故至庚日必伏。庚,金也。"

伏尸　❶横尸在地。《国策·魏策四》:"伏尸百万,流血千里。"❷俯伏在尸体上。《后汉书·李固传》:"固伏尸号哭。"

伏天　即"伏日"。

伏帖　亦作"伏贴"。犹熨贴。《广群芳谱·茶谱四》:"世人多用竹器贮茶,虽复多用箬护,然箬性峭劲,不甚伏帖,风湿易侵。"引申为舒适的意思。

伏惟　俯伏思惟。旧时下对上有所陈述时表示谦敬之辞。古乐府《孔雀东南飞》:"府吏长跪告,伏惟启阿母。"李善《上文选注表》:"伏惟陛下经纬成德,文思垂风。"

伏质　质,同"锧",即铡。汉代死刑有腰斩,犯者裸身伏锧上,称为"伏质"。《史记·张丞相列传》:"苍坐法当斩,解衣伏质。"

伏罪　❶伏,犹"服"。谓受到应得的惩处。《汉书·景帝纪》:"有罪者不伏罪,奸法为暴。"也指承认自己有罪。《后汉书·冯勤传》:"勤曰:'汝知悔过伏罪,今一切相赦,听各反农桑。'"❷隐藏着的罪恶。《汉书·元后传》:"是岁新都侯莽(王莽)告长(淳于长)伏罪,与红阳侯立(王立)相连。"

凫(fú)　鬼头,见《说文》部首。

凫〔鳧〕(fú)　❶动物名。泛指野鸭。《楚辞·卜居》:"宁昂昂若千里之驹乎,将泛泛若水中之凫,与波上下,媮以全吾躯乎?"❷泅。如:凫水。

凫胫　见"断鹤续凫"。

凫水　泅水。凫善游水,故称游泳为凫水。

凫舄　传说东汉时叶(葉)县令王乔尝化两舄(鞋子)为双凫,乘之至京师(见《后汉书·王乔传》、干宝《搜神记》)。后因用为地方官的故实。独孤及《酬常郿县见赠》诗:"谓乘凫舄朝天子,却愧猪肝累主人。"

凫鹥　《诗·大雅》篇名。写祭祀之事。《诗序》说是歌颂"大(太)平之君子能持盈守成,神祇祖考安乐之"。郑玄笺谓此处"君子"指周成王。《诗集传》谓为周王"绎而宾尸(指公尸)之乐"。于祭之明日再祭称为"绎祭","宾"是宴飨,"尸"是活人充扮所祭的神鬼,其属于天子、诸侯之家的称"公尸"。

凫乙　"越凫楚乙"的省语。见该条。

凫藻　亦作"柎噪"、"鼓噪"。形

容鼓舞欢呼。《后汉书·刘陶传》："灵台有子来之人，武旅有凫藻之士。"

芙（fú）　见"芙蓉"、"芙蕖"。

芙蕖　亦作"芙渠"、"扶渠"。即荷花。《诗·郑风·山有扶苏》"隰有荷华"郑玄笺："未开曰菡萏，已发曰芙蕖。"曹植《洛神赋》："迫而察之，灼若芙蕖出渌波。"

芙蓉　莲（荷）的别名。《离骚》："制芰荷以为衣兮，集芙蓉以为裳。"王逸注："芙蓉，莲华也。"也用来比喻女子的美貌。元稹《刘阮妻》诗："芙蓉脂肉绿云鬟，罨画楼台青黛山。"今多称木芙蓉为芙蓉。

芙蓉出水　比喻诗文清新超俗。芙蓉，荷花。皎然《诗式》卷一："惠休所评，谢诗如芙蓉出水，斯言颇近矣，故能上蹑《风》《骚》，下超魏晋。"现亦用以比喻少女体态秀美。亦作"出水芙蓉"。

芙蓉国　指湖南。晚唐诗人谭用之《秋宿湘江遇雨》诗有"秋风万里芙蓉国"之句。当时湖南湘江一带多木芙蓉，故有此称。

芙蓉帐　华丽的帐子。白居易《长恨歌》："云鬓花颜金步摇，芙蓉帐暖度春宵。"又五代孟蜀后主以芙蓉花染缯制帐，称为"芙蓉帐"。见《群芳谱·花谱一》引《成都记》。

芾（fú）　通"韍"。古时祭服上的蔽膝。《诗·小雅·斯干》："朱芾斯黄，室家君王。"
另见 fèi。

茉（fú）　见"茉苢"。

茉苢　草名。《本草》名车前子。亦称车轮菜。苢，亦作"苡"。古人相信它的子实可以治妇人不孕。《诗·周南·茉苢》："采采茉苢，薄言采之。"毛传："茉苢，马舄；马舄，车前也，宜怀任（妊）焉。"陆德明释文引《周书·王会》："茉苢，木也。实似李，食之宜子。出于西戎。"

扶（fú）　❶支持；搀扶。《论语·季氏》："危而不持，颠而不扶，则将焉用彼相矣？"❷帮助；支援。如：抑强扶弱。《国策·宋卫策》："扶梁伐赵。"❸古代女子肃拜的姿态。《释名·释姿容》："拜……于妇人为扶，自抽扶而上下也。"毕沅疏："肃拜者，颓首正立，敛两袤（袖）于胸前而低卬之，故云抽扶而上下。"按"扶"即"福"，参见"福❹"。❹古代度法，并四指宽度为一扶。《礼记·投壶》："筹，室中五扶，堂上七扶，庭中九扶。"参见"扶寸"。❺姓。汉代有扶卿。
另见 pú。

扶病　带病勉强行动或做事。白居易《缚戎人》诗："扶病徒行日一驿。"

扶持　❶搀扶。《史记·外戚世家》："女亡匿内中床下，扶持出门，令拜谒。"❷扶助。《孟子·滕文公上》："守望相助，疾病相扶持。"

扶寸　同"肤寸"。古代长度单位，一指为寸，一肤四寸。《韩非子·扬权》："故上失扶寸，下得寻常。"八尺为寻，倍寻为常。

扶风　疾风。《淮南子·览冥训》："降扶风，杂冻雨，扶摇而登之。"高诱注："扶风，疾风。"

扶乩　中国古代一种巫术。"扶"即"扶架子"，"乩"指"卜以问疑"。将木制的丁字架放在沙盘上，由两人各扶一端，依法"请神"，木架的下垂部分即在沙上画成文字，作为神的启示，或与人唱和，或示人吉凶，等等。"神"应请"降临"，画出字迹，叫做降乩。旧时民间常于夏历正月十五夜迎紫姑扶乩。架子也有用"畚箕"、"筲箕"代替的，叫"扶箕"。口语叫"扶鸾"，传说因神仙驾凤乘鸾，故名。同扶乩类似的巫术，世界各地都有。英文为 sciomancy，意即"箕占"、"筛占"。

扶将　犹扶持，搀扶。《三国志·魏志·华佗传》："昕（严昕）卒头眩堕车，人扶将还，载归家。"

扶老　❶扶持老人。《国策·齐策四》："民扶老携幼，迎君道中。"❷手杖的别名。陶潜《归去来辞》："策扶老以流憩。"❸鸟名。崔豹《古今注·扶老》："秃鹙也。状似鹤而大，大者高八尺，善与人斗，好啖蛇。"

扶卢　古代杂技的一种。《国语·晋语四》："侏儒扶卢。"韦昭注："扶，缘也；卢，矛戟之秘，缘之以为戏。"秘，柄。

扶桑　❶东海中神木名。《离骚》："饮余马于咸池兮，总余辔乎扶桑。"❷古国名。《梁书·扶桑国传》："扶桑在大汉国东二万余里，地在中国之东，其土多扶桑木，故以为名。"按其方位，约相当于日本，故后相沿用为日本的代称。王维《送秘书晁监还日本国》诗："乡树扶桑外，主人孤岛中。"

扶疏　❶枝叶茂盛纷披的样子。陶潜《读山海经》诗："孟夏草木长，绕屋树扶疏。"❷犹婆娑，形容舞动的姿态。《淮南子·修务训》："援丰条，舞扶疏。"

扶苏　同"扶疏"。树木枝叶繁茂貌，亦即谓大木。《诗·郑风·山有扶苏》："山有扶苏。"毛传："扶苏，扶胥；小木也。"陈奂传疏："《释文》本传文'木'上无'小'字，《吕览》及《汉书》司马相如、刘向、扬雄传，枚乘《七发》，许氏《说文》，皆谓'扶疏'为大木，许氏'扶'作'枎'，古'疏'、'胥'、'苏'通用。"

扶摇　急剧盘旋而上的暴风。《尔雅·释天》："扶摇谓之猋。"郭璞注："暴风从下上也。"《庄子·逍遥游》："抟扶摇而上者九万里。"成玄英疏："扶摇，旋风也。"亦形容自下而上。李白《上李邕》诗："大鹏一日同风起，扶摇直上九万里。"

扶翼　❶辅佐。《后汉书·顺帝纪》："近臣建策，左右扶翼。"❷护持。《晋书·佛图澄传》："朝会之日，引之升殿，常侍以下悉助举舆，太子诸公扶翼而上。"

扶揄　高举。左思《吴都赋》："捷若庆忌，勇若专诸，冠危而出，竦剑而趋，扈带鲛函，扶揄属镂。"属镂，剑名。

扶舆　❶犹言扶摇，形容自下而上。《楚辞·九怀·昭世》："登羊角兮扶舆。"❷扶，谓扶病。舆，车舆。谓带病乘车。《后汉书·宋均传》："以疾上书乞免，诏除子条为太子舍人，均自扶舆诣阙谢恩。"

扶正　旧时称妻为正室，妾为侧室或偏房，因称妻死后将妾作正妻为"扶正"。《儒林外史》第五回："王氏道：'何不向你爷说，明日我若死了，就把你扶正做个填房？'"

扶竹　一种枝干两两对生的竹，宜于做手杖，故称"扶竹"，又称"扶老竹"。《山海经·中山经》："龟山……其下多青雄黄，多扶竹。"郭璞注："高节实中，中杖也，名之扶老竹。"杨慎《丹铅总录》卷四"扶竹"："武林山西旧有双竹院，中所产修篁嫩箨，皆对抽并胤，王子敬《竹谱》所谓扶竹。臂（譬）犹海上之桑，两两相比，谓之扶桑也。"篁、箨，竹的通称。并胤，同生于一本。按疑即邛竹。

佛㊀〔佛、髴〕（fú）　见"仿佛"。㊁（fú）　通"拂"。违逆。东方朔《非有先生论》："夫谈者有悖于目而佛于耳。"
另见 bì，bó，fó。

孚(fú) ❶信用。《诗·大雅·下武》：“成王之孚，下土之式。”❷为人所信服。如：深孚众望。《左传·庄公十年》：“小信未孚，神弗福也。”❸通“浮”。浮露。《礼记·聘义》：“孚尹旁达。”郑玄注：“孚读为浮，尹读如竹箭之筠。浮筠，谓玉采色也。采色旁达，不有隐翳也。”❹通“稃”。见“孚甲”。

另见 fū。

孚甲 植物种子的外皮。《礼记·月令》“其日甲乙”郑玄注：“时万物皆解孚甲，自抽轧而出，因以为日名焉。”

孚佑 信任保佑。《书·汤诰》：“上天孚佑下民。”孔传：“孚，信也。天信佑助下民。”

泼(fú) 见“浑泼”。

刜(fú) 砍。《左传·昭公二十六年》：“苑子刜林雍，断其足。”孔颖达疏：“字从刀，谓以击也。今江南犹谓刀击为刜。”

苻⊖(fú) ❶草名。《尔雅·释草》：“苻，鬼目。”郭璞注：“茎似葛，叶员（圆）而毛，子如耳珰也，赤色丛生。”郝懿行义疏谓即白英。❷通“莩”。芦中白膜。《淮南子·俶真训》：“芦苻之厚。”

⊜(fú，旧读 pú) ❶通“蒲”。见“萑苻”。❷姓。十六国前秦有苻坚、苻健。

茀(fú) ❶野草塞路。《国语·周语中》：“道茀不可行。”韦昭注：“草秽塞路为茀。”❷遮蔽物。《诗·卫风·硕人》：“翟茀以朝。”孔颖达疏：“茀，车蔽也。妇人乘车不露见，车之前后设障以自隐蔽谓之茀。”❸清除。《诗·大雅·生民》：“茀厥丰草。”❹通“髴”。古代妇人的首饰。《易·既济》：“妇丧其茀。”❺通“福”。《诗·大雅·卷阿》：“茀禄尔康矣。”❻通“绋”。引棺的绳索。《左传·宣公八年》：“葬敬嬴，旱，无麻，始用葛茀。”

另见 bó。

茀茀 繁密貌；强盛貌。《诗·大雅·皇矣》：“临冲茀茀。”《广雅·释训》：“茀茀，茂也。”

茀郁 同“第郁”。

柫(fú) 木名。《管子·地员》：“五沃之土……宜彼群木，桐、柞、柫、櫄。”疑即柫栘。参见“栘❶”。

拂(fú) ❶拂拭；掠过。也指拂尘。徐淑《又报夫秦嘉书》：

“今奉旄牛尾拂一枚，可以拂尘垢。”李白《清平调》：“春风拂槛露华浓。”❷甩动；摆动。如：拂衣；拂袖。❸击；斫。元稹《说剑》诗：“剑拂佞臣首。”❹违逆；违背。《礼记·大学》：“是谓拂人之性。”

另见 bì。

拂尘 用麈尾或马尾做成的拂除尘埃的器具。《红楼梦》第十八回：“又有执事太监捧着香巾、绣帕、漱盂、拂尘等物。”

拂晨 拂晓。白居易《东南行一百韵》：“承明连夜直，建礼拂晨趋。”

拂拂 ❶风吹动貌。李贺《河南府试十二月乐词》：“晓风何拂拂。”❷拂，通“茀”。盛貌。《大戴礼记·夏小正》：“或曰，言桐芭始生貌，拂拂然也。”

拂菻 古国名。亦作拂临、弗林。中国隋唐时指东罗马帝国及其所属西亚地中海沿岸一带。唐《慧超往五天竺传》记有大、小拂临：“小拂临国傍海西北，即是大拂临国”。唐时遣使来中国。《宋史·外国传》中之拂菻，似指塞尔柱突厥人统治下的小亚细亚一带地方，宋时也曾来使。

拂庐 吐蕃帐幕。《旧唐书·吐蕃传》：吐蕃“贵人处于大毡帐，名为拂庐”。唐永徽五年（公元 654 年）吐蕃献大拂庐，高五丈，广袤各二十七步，可容数百人。后豪贵以青绢布为之。宋时朝廷宴犒，亦设帐于殿庭，名拂庐亭。

拂悟 悟，通“忤”。违逆。《韩非子·说难》：“大意无所拂悟，辞言无所系縻。”

拂晓 黎明；天快亮的时候。王安石《春寒》诗：“春风满地月如霜，拂晓钟声到景阳。”

拂袖 ❶犹甩袖，表示愤怒。如：拂袖而去。《宋史·刘沆传》：“奉使契丹，馆伴杜防强沆以酒，沆醉甚，拂袖起。”❷谓归隐。贡奎《高侯画桑洛洲望庐山》诗：“千帆万桅过未已，谁肯拂袖同寂寥？”

拂衣 ❶犹振衣，表示兴奋。杨恽《报孙会宗书》：“拂衣而喜，奋袖低昂，顿足起舞。”❷犹拂袖，表示愤怒。《旧唐书·魏徵传》：“徵曰：‘此乃奇谋深察，何谓常谈！’因拂衣而去。”❸振衣而去，谓归隐。谢灵运《述祖德》诗：“高揖七州外，拂衣五湖里。”

咐(fú) 见“呕咐”。
另见 fù。

咈(fú) ❶乖戾；违逆。《书·尧典》：“吁！咈哉！”又《微

子》：“乃罔畏畏，咈其耇长。”❷骚扰。柳宗元《答韦中立论师道书》：“岂可使呶呶者早暮咈吾耳，骚吾心！”

帗(fú) ❶五色帛制成的舞具。《隋书·音乐志下》：“文舞六十四人……十六人执帗。”❷通“韨”。蔽膝。《穆天子传》卷一：“天子大服冕袆，帗带。”郭璞注：“帗，韠也。天子赤帗。”

第(fú) 见“第郁”。

第郁 亦作“茀郁”。山势曲折貌。《汉书·司马相如传上》：“其山则盘纡第郁，隆崇律崒。”《史记》作“茀郁”。

服(fú) ❶泛指供人服用的东西，一般指衣服。《诗·曹风·候人》：“彼其之子，不称其服。”❷穿着；佩带。《诗·周南·葛覃序》：“服浣濯之衣。”《淮南子·时则训》：“服苍玉。”❸照丧礼规定穿戴一定的丧服，亦即指丧服。参见“服制❷”。亦指居丧。《史记·灌夫传》：“夫安敢以服为解！”❹事；职务。《书·旅獒》：“无替厥服。”❺从事；服役。《论语·为政》：“有事，弟子服其劳。”《离骚》：“孰非善而可服？”引申以指王畿以外的地方。见“五服❷”。❻顺从。《吕氏春秋·论威》：“敌已服矣。”❼适应；熟习。如：水土不服。《管子·七法》：“〔为兵之数〕存乎服习，而服习无敌。”尹知章注：“服，便也，谓便习武艺。”❽食用。如：服药。《礼记·曲礼下》：“不服其药。”❾驾御。《易·系辞下》：“服牛乘马。”❿古代一车驾四马，居中的两匹叫服。《诗·郑风·大叔于田》：“两服上襄，两骖雁行。”⓫思念。《诗·周南·关雎》：“寤寐思服。”⓬通“箙”。古代盛箭的器具。《诗·小雅·采薇》：“象弭鱼服。”⓭通“鵩”。鸟名。《史记·屈原贾生列传》：“楚人命鸮曰服。”⓮通“匐”。见“扶服”。⓯姓。东汉有服虔。

另见 bì，fù。

服辩 中国旧制指犯人对判决所作服或不服的表示。《唐律疏议·断狱》：“诸狱结竟，徒以上，各呼囚及其家属，具告罪名，仍取囚服辩。若不服者，听其自理，更为审详。”《清会典·事例·刑部·刑律断狱》：“狱囚取服辩”注：“服者，心服；辩者，辩理。不当则辩，当则服，或服或辩，故曰服辩。”以后历代均有类似制度。也有以服辩指不经官而私自了

案认罪的书状。鲁迅《呐喊·孔乙己》:"先写服辩,后来是打。"亦作"伏辩"、"伏辨"。

服从 《礼记·内则》:"四十始仕,方物出谋发虑,道合则服从,不可则去。"孙希旦集解:"服从,谓服其事而从其君。"后谓顺从、遵从。《汉书·翟方进传》:"方今宗室衰弱,外无强蕃,天下倾首服从,莫能亢扞国难。"

服贾 经商;从事商贾。《书·酒诰》:"肇牵车牛,远服贾。"孔传:"载其所有,求易所无,远行贾卖。"

服官 ❶语出《礼记·内则下》"五十命为大夫,服官政"。郑玄注:"统一官之政也。"按服官政本指任卿、大夫之职,后通称作官为服官。❷官署名。西汉在齐郡临淄(今山东淄博东北)、陈留郡襄邑(今河南睢县)两县设置。临淄主要产品为缯帛,襄邑为锦绣。供宫廷服用。主管有长及丞。又临淄服官,也叫三服官,作工数千人,因制作首服、冬服、夏服得名。东汉初沿置。

服气 ❶一作"食气"。原为中国古代的一种呼吸养生方法。分"胎息"、"吐纳"两种。嵇康《养生论》:"呼吸吐纳,服气养生。"后为道教承袭,认为通过呼吸可以服食所谓"日精月华",作为"修仙"方法之一。《道藏》中有《服气经》、《服气口诀》、《服气精义论》等。❷即"行气❷"。❸衷心地信服。

服勤 犹言服侍,勤劳。《礼记·檀弓上》:"事亲……服勤至死。"孔颖达疏:"言服勤者,谓服持勤苦劳辱之事。"

服阕 古丧礼规定,父母死后服丧三年,期满除服,称为"服阕"。阕,终了。《风俗通·十反》:"三年服阕。"《后汉书·刘平传》:"服阕,拜全椒长。"

服色 古时每一王朝所定的车马祭牲的颜色。《礼记·大传》:"改正朔,易服色。"郑玄注:"服色,车马也。"孔颖达疏:"谓夏尚黑,殷尚白,周尚赤,车之与马,各用从所尚之正色也。"孙希旦集解:"服,如服牛乘马之服,谓戎事所乘;若夏乘骊,殷乘翰,周乘骃是也。色,谓祭牲所用之牲色;若夏玄牡,殷白牡,周骍刚是也。"后亦以称品官的服饰。白居易《初除尚书郎脱刺史绯》诗:"亲宾相贺问如何?服色恩光尽反初。"

服舍 ❶即"倚庐"。古人居父母丧未葬时所住的棚屋。既葬则庐墓。《汉书·江都易王刘非传》:"易王薨未葬,建(易王子)居服舍。"❷服,通"鵩"。《史记·屈原贾生列传》:"庚子日施兮,服集予舍。"贾谊自伤迁谪,以为寿不得长,作《鵩鸟赋》自广,竟早卒。后人因用"服舍"为哀挽文人不寿之词。

服事 ❶诸侯定期朝贡,各依服数以事天子。《论语·泰伯》:"三分天下有其二,以服事殷。"程大中《四书逸笺》卷一引《丛说》:"《禹贡》五服之内所封诸侯,朝贡皆有时,各依服数以事天子,故曰服事。"❷从事公职。《周礼·地官·大司徒》:"颁职事十有二于邦国都鄙,使以登万民:一曰稼穑,二曰树艺……十有二曰服事。"郑玄注引郑司农曰:"服事,谓为公家服事者。"❸泛指为人奔走效劳。陆贾《新语·慎微》:"分财取宽,服事取劳。"

服饰 衣服和装饰。《周礼·春官·典瑞》:"辨其名物,与其用事,设其服饰。"

服田 从事耕作。《书·盘庚上》:"若农服田力穑,乃亦有秋。"

服玩 服饰和玩赏的物品。《后汉书·曹节传》:"车马服玩,拟于天家。"

服妖 谓服饰奇异。《汉书·五行志中之上》:"风俗狂慢,变节易度,则为剽轻奇怪之服,故有服妖。"《后汉书·五行志一》:"桓帝元嘉中,京都妇女作愁眉啼妆、堕马髻、折要(腰)步、龋齿笑……始自大将军梁冀家所为,京都歙然,诸夏皆放(仿)效,此近服妖也。"

服臆 犹服膺。《论衡·别通》:"父兄在千里之外,且死,遗教戒之书。子弟贤者,求索观读,服臆不舍。"参见"服膺"。

服膺 铭记在心;衷心信服。《中庸》:"得一善,则拳拳服膺,而弗失之矣。"朱熹注:"服,犹著也;膺,胸也。奉持而著之心胸之间,言能守也。"

服御 ❶指帝王后妃所用的衣服、车马等。《国策·赵策四》:"叶阳君、泾阳君之车马、衣服,无非大王之服御者。"❷驾驭车马。颜延之《赭白马赋》:"服御顺志,驰骤合度。"亦作"服驭"。《荀子·王霸》:"王良、造父者,善服驭者也。"❸使用。嵇康《琴赋》:"永服御而不厌,信古今之所贵。"

服制 ❶古代按照身份等级所规定的服饰车马制度。《史记·魏其武安侯列传》:"以礼为服制。"《汉书·元后传》:"且若自以金匮符命为新皇帝,变更正朔服制,亦当自更作玺传之万世。"❷古代丧服制度,按与死者关系的远近,分为斩衰、齐衰、大功、小功、缌麻五等。亦专指为父母服丧的丧服。《幽闺记·书帏自叹》:"只因服制在身,难以进取。"

洑 (fú) 同"桴"。小木筏。《尔雅·释水》:"庶人乘洑。"郭璞注:"并木以渡。"《国语·齐语》:"方舟设洑,乘桴济河。"

怫 (fú) 见"怫然"、"怫郁"。
另见 bèi,fèi。

怫然 发怒变色貌。《国策·楚策二》:"王怫然作色。"

怫郁 犹悒郁。心情不舒畅。《楚辞·七谏·沈江》:"心怫郁而内伤。"

宓 (fú) ❶通"伏"。《汉书·古今人表》:"太昊帝宓羲氏。"《法言·问道》作"伏牺"。❷(今多读 mì)姓。
另见 mì。

绂 〔紱〕(fú) ❶同"韍"。即蔽膝。系于祭服,当腹垂下。《易·困》:"朱绂方来。"❷亦作"韍"。系印的丝带。《汉书·匈奴传下》:"解故印绂奉上,将率受。著新绂,不解视印,饮食至夜乃罢。"

绋 〔紼〕(fú) ❶大绳。《诗·小雅·采菽》:"绋纚维之。"朱熹集传:"纚、维,皆系也。言以大索纚其舟而系之也。"❷亦作"綍"。指下葬时引柩入穴的绳索。《礼记·曲礼上》:"助葬必执绋。"后泛称引棺之绳。❸通"绂"。系印的丝带。《汉书·丙吉传》:"上将使人加绋而封之。"❹通"韍"。蔽膝。班固《白虎通·绂冕》:"绋者蔽也,行以蔽前者尔。"

韍 〔韍〕(fú) ❶古代作祭服的蔽膝,用熟牛皮制成。《礼记·玉藻》:"一命缊韍幽衡。"孔颖达疏:"他服称韠,祭服称韍。"参见"韠"。❷同"绂"。系印玺的带子。《汉书·诸侯王表》:"奉上玺韍。"

韍

茯 (fú) 见"茯苓"。

茯苓 (*Poria coccos*) 亦作"茯灵"。担子菌亚门,多孔菌科。通常所说的茯苓,是指该菌的菌核,为球形、卵圆形或不规则块状,直径一般10～30厘米。新鲜时质软,干后坚

硬。表面有深褐色、多皱的皮壳;内部粉粒状,白色或淡粉红色,有红筋。子实体不常见,生于菌核表面。多生于马尾松、黄山松、赤松的根上。也可人工栽培。分布于中国各地。菌核可供食用;并可入药,性平、味甘淡,功能益脾、安神、利水渗湿,主治脾虚泄泻、心悸失眠、小便不利、水肿等症。又此菌能产生齿孔酸,可用于合成甾体药物。

枹 (fú) 鼓槌。《左传·成公二年》:"右援枹而鼓。"

另见 bāo。

梻 (fú) 连枷。《方言》第五:"佥,自关而西谓之棓,或谓之梻。"郭璞注:"今连枷,所以打谷者。"

罦 (fú) ❶捕兽的网。《淮南子·时则训》:"田猎:毕、弋、罝、罦、罗、罬(网),喂毒之药,毋出九门。"高诱注:"罝,兔罟也……罦,麋鹿罟。罬,其总名也。"❷见"罦罳"。

罦罳 亦作"浮思"、"罦思"、"罳思"、"罦思"。❶古代设在宫门外或城角的屏,上面有孔,形似网,用以守望和防御。《考工记·匠人》:"宫隅之制七雉,城隅之制九雉。"郑玄注:"宫隅、城隅,谓角浮思也。"孙诒让正义:"浮思者,《广雅》、《释名》、《古今注》皆训为门外之屏。角浮思者,城之四角为屏以障城,高于城二丈,盖城角隐僻,恐奸宄逾越,故加高耳。"《汉书·文帝纪》:"未央宫东阙罦罳灾。"颜师古注:"罦罳,谓连阙曲阁也,以覆重刻垣墉之处,其形罦罳然。一曰屏也。"章炳麟《小学答问》:"古者守望墙牖皆为射孔……屏最在外,守望尤急,是故刻为网形,以通矢族(镞),谓之罳思。"❷张在屋檐或窗上防止鸟雀飞入的网,以丝线或铜丝织成。李贺《宫娃歌》:"寒入罦罳殿影昏。"王琦注引胡三省《通鉴》注云:"唐宫殿中,罦罳以丝为之,状如网,以捍燕雀,非如汉宫之罦罳也。"福格《听雨丛谈》卷八"罦罳":"盖用铜丝织成细网,幂于檐楹之下,以防雀鸽栖集。"

氟 (fú) 化学元素[周期系第Ⅶ族(类)主族元素]。卤族元素之一。符号 F。原子序数9。分子式 F_2。浅黄绿色气体。非金属中最活泼的元素。氧化能力极强,能同水反应而放出氧;能同几乎所有的金属、非金属元素起猛烈的反应而生成氟化物,并发生燃烧。有极强的腐蚀性,有毒。主要矿物有氟磷灰石[$Ca_5F(PO_4)_3$]、萤石(CaF_2)和冰晶石(Na_3AlF_6)等。可从电解熔融的氟化钾和氟化氢混合物制得。含氟的塑料和橡胶等具有特别优良的性能。用于冶金、陶瓷、玻璃等工业,也用作火箭燃料和制氟化物等。为生命必需的微量营养元素。

俘 (fú) ❶俘虏。如:战俘。《左传·庄公三十一年》:"诸侯不相遗俘。"❷擒获;掳掠。《左传·宣公二年》:"俘二百五十人。"

俘馘 生俘的敌人及所杀的敌人的左耳,合指所歼灭的敌军。《左传·僖公二十二年》:"郑文公夫人芊氏姜氏劳楚子于柯泽,楚子使师缙示之俘馘。"芊,当作半。杜预注:"俘,所得囚;馘,所截耳。"孔颖达疏:"俘者,生执囚之;馘者,杀其人截取其左耳,欲以计功也。"

俘虏 战争时擒获敌人。《晋书·祖逖传》:"乃歌曰:'幸哉遗黎免俘虏。'"也指擒获的敌人。如:不虐待俘虏。

郛 (fú) 即"郭"。外城。《左传·隐公五年》:"伐宋,入其郛。"杜预注:"郛,郭也。"

郛郭 ❶外城。《韩非子·难二》:"赵简子围卫之郛郭。"❷犹言屏障。扬雄《法言·吾子》:"虐政虐世,然后知圣人之为郛郭也。"李轨注:"郛郭,限内外,御奸宄。"

鳺 [鳺](fú) 见"鹃鳺"。

跗 (fú) 浮肿。《山海经·西山经》:"浴之已疥,又可以已跗。"郭璞注:"治跗肿也。"《素问·五常政大论》:"寒热跗肿。"王冰注:"跗肿,谓肿满,按之不起。"

另见 fū。

浗 (fú) 见"烨浗"。

浗 (fú) ❶水伏流地下。元好问《黄华峪》诗:"也应嫌被红尘浣,才近山门便浗流。"❷漩涡。《水经注·洒水》:"又东为净滩,夏水急盛,川多湍浗,行旅苦之。"

另见 fú。

被 (fú) 古代习俗,为除灾去邪而举行仪式。《汉书·外戚传上》:"帝被霸上。"参见"被除❶"。

被除 ❶古代习俗,为除灾去邪而举行的一种仪式。《周礼·春官·女巫》:"掌岁时被除衅浴。"郑玄注:"岁时被除,如今三月上巳如水上之类。"按被除的时间、地点、方式各有不同,通常于岁首在宗庙、社坛中举行,而尤以夏历三月上巳日在水边被除最为流行,郑玄即以当时流行的习俗为说。又称为禊;其方式,或举火,或熏香沐浴,或用牲血涂身。详见孙诒让《周礼正义》。参见"禊"。❷亦用为使纯洁之意。《国语·周语上》:"被除其心,精也。"韦昭注:"精,洁也。"

被禊 古代习俗。每年三月上巳日到水滨洗濯,以除凶去垢,谓之"被禊"。庾信《三月三日华林园马射赋》:"虽行被禊之饮,即同春蒐之仪。"

愊 (fú) 见"放愊"。

另见 bì。

駊 [駊](fú) 马名。《文选·颜延之〈赭白马赋序〉》:"骥不称力,马以龙名,岂以国尚威容,军駊趏迅而已。"李善注:"庾中丞《昭君辞》曰:'联雪隐天山,崩风荡河澳。朔障裂寒筋,冰原嘶代駊。'以韵言之,盖马名也。"

紱 [紱](fú,又读 bèi) 亦作"鞁",又作"鞴"。古代车上的铺垫物。《释名·释车》:"紱,伏也,在前,人所伏也。"

垺 (fú) 同"郛"。

另见 póu。

莩 (fú) 芦苇秆中的薄膜。参见"葭莩"。

另见 piǎo。

莩甲 萌芽。《后汉书·章帝纪》:"方春生养,万物莩甲。"李贤注:"《前书音义》曰:'莩,叶里白皮也。'《易》曰:'百果甲坼也。'"

栜 (fú) ❶房梁。《水经注·榖水》:"二门衡栜之上,皆刻云龙风虎之状。"❷即榨。挤压物体汁液的器具。《金史·食货志二》:"本路户门安水磨、油栜,所占步数在私地有税,官地则有租。"

砩 (fú) "氟"的旧称。"氟石"旧作"砩石"。

蚨 (fú) 见"青蚨"。

浮 (fú) ❶漂在液体表面或空中。如:浮萍;浮云。《史记·滑稽列传》:"令女居其上,浮之河中。"韩愈《别知赋》:"雨浪浪其未止,云浩浩其常浮。"亦指泛行。《书·禹贡》:"浮于济漯。"《论语·公冶长》:"乘桴浮于海。"桴,筏。❷游泳。如:浮水。❸空虚不实。如:浮名。魏徵《十渐不克终疏》:"其语道也,必先淳朴而抑浮华。"❹暂时;不

固定。如:浮财;浮记。❺表面上的。如:浮层;浮土。❻浮躁;轻浮。如:心粗气浮。《国语·楚语上》:"教之乐,以疏其秽而镇其浮。"❼超过;多余。如:人浮于事。《书·泰誓中》:"惟受罪浮于桀。"❽旧时行酒令罚酒之称。引申为满饮。参见"浮白"。❾通"烰"。见"浮浮❷"。

浮白 《说苑·善说》:"魏文侯与大夫饮酒,使公乘不仁为觞政,曰:'饮(而)不釂者,浮以大白。'"白,酒杯。本谓罚酒,后转称满饮一大杯酒为浮一大白或浮白。张潮《虞初新志·补张某崔莹合传》:"一日灵独坐读《刘伶传》,命童子进酒,屡读屡叫绝,辄拍案浮一大白。"《聊斋志异·红玉》:"使苏子美读之,必浮白曰:'惜乎击之不中!'"

浮槎 传说中来往于海上和天河之间的木筏。《博物志》卷三:"旧说云:天河与海通,近世有人居海渚者,年年八月,有浮槎去来,不失期。"王实甫《西厢记》第一本第一折:"滋洛阳千种花,润梁园万顷田,也曾泛浮槎到日月边。"

浮沉 沉,亦作"沈"。❶古代一种祭河川的仪式。《尔雅·释天》:"祭川曰浮沈。"郭璞注:"投祭水中,或浮或沈。"❷犹言随波逐流,追随世俗。《史记·袁盎晁错列传》:"袁盎病免居家,与闾里浮沈,相随行,斗鸡走狗。"《汉书·爰盎传》作"浮湛","湛"通"沉"。❸称书信没有送到为"付诸浮沉"。参见"洪乔"。❹比喻盛衰或得意和失意。司空图《避乱》诗:"乱离身偶在,窜迹任浮沈。"亦作"沉浮"。

浮辞 虚饰不实的言辞。《尚书序》:"芟夷烦乱,翦截浮辞,举其宏纲,撮其机要。"《汉书·邹阳传》:"两主二臣,剖心析肝相信,岂移于浮辞哉!"颜师古注:"不以浮说而移心。"

浮泛 ❶乘舟漫游。《晋书·谢安传论》:"啸咏山林,浮泛江海。"❷浮浅;不切实。如:立论浮泛;交情浮泛。

浮浮 ❶盛貌;众多貌。《诗·小雅·角弓》:"雨雪浮浮。"毛传:"浮浮,犹瀌瀌也。"又《大雅·江汉》:"江汉浮浮,武夫滔滔。"毛传:"浮浮,众强貌。"按陈奂传疏谓当作"江汉滔滔,武夫浮浮"。"浮浮"与"滔滔"对文,形容武夫之众多。一说,浮浮,水流貌。❷同"烰烰"。蒸气上出貌。《诗·大雅·生民》:"烝之浮

浮。"《说文·火部》"烰"字下引《诗》作"烝之烰烰","浮"为"烰"的假借。❸行貌。《楚辞·九章·抽思》:"悲秋风之动容兮,何回极之浮浮。"王逸注:"浮浮,行貌。"洪兴祖补注:"此言回邪盛行,犹秋风之摇落万物也。"

浮瓜沉李 沉,亦作"沈"。曹丕《与朝歌令吴质书》:"浮甘瓜于清泉,沈朱李于寒水。"后以"浮瓜沉李"为消夏乐事之称。孟元老《东京梦华录·是月巷陌杂卖》:"都人最重三伏,盖六月中别无时节,往往风亭水榭,峻宇高楼,雪槛冰盘,浮瓜沈李……通夕而罢。"

浮光掠影 水面上的反光,一掠而过的影子。比喻匆匆过目,印象不深。《镜花缘》第十八回:"学问从实地上用功,议论自然确有根据;若浮光掠影,中无成见,自然随波逐流,无所适从。"

浮家泛宅 《新唐书·张志和传》:"颜真卿为湖州刺史,志和来谒,真卿以舟敝漏,请更之。志和曰:'愿为浮家泛宅,往来苕、霅间。'"苕、霅,溪名,在浙江吴兴县(今湖州)境内。后因谓以船为家,浪迹江湖为"浮家泛宅"。

浮浪 轻薄放荡。梅尧臣《闻进士贩茶》诗:"浮浪书生亦贪利,史笥经箱为盗囊。"

浮梁 即浮桥。《宋史·南唐李氏世家》:"江南进士樊若水诣阙献策,请造浮梁以济师。"

浮靡 虚华不实。《新唐书·杜甫传赞》:"唐兴,诗人承陈隋风流,浮靡相矜。"

浮萍 ❶植物名。学名 Lemna minor。别称"青萍"。浮萍科。浮水小草本。植物体叶状,倒卵形或长椭圆形,浮在水面,两面均绿色,下面有根一条。叶状枝自植物体下部生出,对生。夏季开花,花白色,着生在叶状体侧面。通常以芽繁殖。广布于世界各地;中国各地池塘、湖泊内常见。可作猪和家禽的饲料,也可作绿肥;全草入药,性寒、味辛,功能疏风透疹、利尿,主治外感发热、麻疹、皮肤瘙痒、水肿等症。❷比喻人的行踪飘泊无定。曹丕《秋胡行》:"泛泛渌池,中有浮萍,寄身流波,随风靡倾。"杜甫《又呈窦使君》诗:"相看万里客,同是一浮萍。"

浮蛆 浮于酒面的泡沫。欧阳修《招许主客》诗:"楼头破鉴看将满,瓮面浮蛆拨已香。"参见"浮蚁"。

浮生 《庄子·刻意》:"其生若浮。"谓人生在世,虚浮无定,后因称人生为"浮生"。李白《春夜宴从弟桃花园序》:"光阴者,百代之过客也。而浮生若梦,为欢几何。"

浮声切响 浮声,平声;切响,仄声。指古汉语中的平仄声。《宋书·谢灵运传论》:"夫五色相宣,八音协畅,由乎玄黄律吕,各适物宜。欲使宫羽相变,低昂互节,若前有浮声,则后须切响,一简之内,音韵尽殊,两句之中,轻重悉异;妙达此旨,始可言文。"

浮屠 ❶译自梵语 Buddha,一译"浮图"。即佛陀,因此有称佛教徒为浮屠氏、佛经为浮屠经的。❷译自梵语 Buddhastūpa,佛陀窣堵波的讹略。即佛塔,如七级浮屠。

浮蚁 亦称"浮蛆"。浮于酒面上的泡沫。《文选·张衡〈南都赋〉》:"醪敷径寸,浮蚁若萍。"刘良注:"酒膏径寸,布于酒上,亦有浮蚁如水萍也。"

浮游 ❶漫游。《离骚》:"欲远集而无所止兮,聊浮游以逍遥。"❷游手好闲。《汉书·食货志下》:"民浮游无事,出夫布一匹。"❸人名,传说黄帝时箭的创制者。或作"夷牟"。《荀子·解蔽》:"倕作弓,浮游作矢。"秦嘉谟辑补《世本·作篇》:"夷牟作矢。"❹即"蜉蝣"。《淮南子·诠言训》:"浮游不过三日。"

浮云 飘浮于空中的云。杜甫《佐还山后寄》诗:"山晚浮云合,归时恐路迷。"亦以比喻各种事物。(1)比喻不值得重视之事。《论语·述而》:"不义而富且贵,于我如浮云。"左思《咏史》诗:"连玺曜前庭,比之犹浮云。"(2)比喻笔势飘逸。《晋书·王羲之传》:"尤善隶书,为古今之冠,论者称其笔势,以为飘若浮云,矫若惊龙。"(3)比喻变幻莫测。杜甫《哭长孙侍御》诗:"流水生涯尽,浮云世事空。"(4)比喻小人。李白《登金陵凤凰台》诗:"总为浮云能蔽日,长安不见使人愁。"

浮躁 轻率,急躁。韩愈《荐士》诗:"杳然粹而精,可以镇浮躁。"《红楼梦》第三十回:"紫鹃也看出八九,便劝道:'论前儿的事,竟是姑娘太浮躁了些。'"

祓〔祓〕(fú) 同"韨"。跪拜时所用的蔽膝。《方言》第四:"蔽膝,江淮之间谓之袆,或谓之祓。"

绋〔绋〕(fú) 同"绂❶❷"。❶大索。见"纶绋"。❷特指引

棺的绳索。《礼记·杂记下》："四十者执绋。"

菔（fú） 通"蕧"。芦菔，即莱菔，萝卜。
另见 féi, fèi。

蕧（fú） 见"萝卜"。

桴（fú） ❶房屋的次栋，即二梁。《文选·何晏〈景福殿赋〉》："双枚既修，重桴乃饰。"李善注："重桴，重栋也。"❷小筏子。《论语·公冶长》："道不行，乘桴浮于海。"❸同"枹"。鼓槌。《韩非子·功名》："至治之国，君若桴，臣若鼓。"

桴鼓 亦作"枹鼓"。❶指战鼓或警鼓。《史记·田叔列传》："提桴鼓，立军门。"又《司马穰苴列传》："援枹鼓之急，则忘其身。"❷用桴击鼓，鼓即发声。比喻相应。《汉书·李寻传》："顺之以善政，则和气可立致，犹枹鼓之相应也。"罗泌《路史·炎帝纪上》："教化兴行，应如桴鼓。"

桴炭 木柴烧成的炭。白居易《和自劝诗》："日暮半炉桴炭火，夜深一盏纱笼烛。"亦作"浮炭"。陆游《老学庵笔记》卷六："浮炭者，谓投之水中而浮，今人谓之桴炭。"

虙（fú） 姓。亦作"伏"、"宓"。《颜氏家训·书证》："孔子弟子虙子贱为单父宰，即虙羲之后，俗字亦为宓，或复加山。……济南伏生，即子贱之后，是知虙之与伏，古来通字。误以为宓，较可知矣。"

符（fú） ❶古代朝廷传达命令或征调兵将用的凭证，用金、玉、铜、竹、木制成，双方各执一半，合之以验真假。如：兵符；虎符。《史记·魏公子列传》："公子遂行，至邺，矫魏王令代晋鄙。晋鄙合符，疑之。"❷符合。如：言行相符。❸符命。班彪《王命论》："〔刘邦〕始起沛泽，则神母夜哭，以彰赤帝之符。"❹符号。如：音符。❺符箓。如：符咒；护身符。❻姓。

符采 珠玉的光彩。珠宝有特殊的光彩，可据以验其真假，故称符采。《文选·左思〈蜀都赋〉》："其间则有虎珀丹青，江珠瑕英，金沙银砾，符采彪炳，晖丽灼烁。"李善注："符采，玉之横文也。"亦以比喻诗文之美。刘禹锡《牛相公见示新什》诗："符采添陶墨，波澜起剡藤。"

符节 古代门关出入所持的凭证，节的一种，用竹或木制成。《周礼·地官·掌节》："门关用符节。"也用为符和节的统称。

符箓 "符"与"箓"之合称。"符"，道教称为天神的文字。笔画屈曲，似篆字状。又名"云篆"、"玉字"、"丹书"、"神符"。"箓"，一为纪奉道者之名册，一为纪诸天曹佐吏之名及职责的名册。道教认为符、箓可用于除灾治病及役使鬼神。种类很多。道士作斋醮，符箓并用。东汉张道陵、张角等均曾以符箓为道术，为人治病、驱鬼。道教中以符箓禁咒、驱邪禳灾为主的各派统称符箓派。《隋书·经籍志》著录有符箓十七部，一百零三卷。

符命 古时以所谓"祥瑞"的征兆附会说君主得到天命的凭证，叫做"符命"。《魏书·临淮王谭传》："汉高不因瓜瓞之绪，光武又无世及之德，皆身受符命，不由父祖。"

符信 凭证。《史记·外戚世家》："少君年四五岁时，家贫，为人所略卖。其家不知其处，传十余家……从其家之长安。闻窦皇后新立，家在观津，姓窦氏。广国去时虽小，识其县名及姓，又尝与其姊采桑，堕。用为符信，上书自陈。"少君，窦广国字。

符验 检验而得证实。《荀子·性恶》："凡论者，贵其有辨合、符验。"

符应 古时以所谓天降"符瑞"，附会与人事相应，叫做"符应"，又叫"瑞应"。《汉书·兒宽传》："见象日昭，报降符应。"又："天地并应，符瑞昭明。"参见"符命"。

符兆 证验；征兆。《资治通鉴·陈宣帝太建十二年》："窃以人事卜之，符兆已定。"胡三省注："符，谶也，证也，验也。兆，龟坼文（纹）也，又人事之兆朕也。"

第（fú） 古代车厢后面的遮蔽物。《玉篇·竹部》："第，舆后第。"

匐（fú） 见"匍匐"。

烰（fú） ❶见"烰烰"。❷通"庖"。《吕氏春秋·本味》："其君令烰人养之。"高诱注："烰犹庖也。"

烰烰 《尔雅·释训》："烰烰，烝也。"郭璞注："气出盛。"按谓蒸气上出貌。《诗·大雅·生民》："烝之浮浮。""浮浮"即"烰烰"。

涪（fú） 水名。见"涪江"。

涪江 一称内江。嘉陵江支流。在四川省中部和重庆市北部。源出九寨沟县南，东南流经平武、江油、绵阳、三台、射洪、遂宁、潼南等县市到合川市入嘉陵江。长700公里，流域面积3.64万平方公里。多险滩。南坝以下可通航。

袚（fú） ❶妇女的包头巾。《尔雅·释器》"妇人之袚谓之缡"郝懿行义疏："登州妇人络头用首帕，其女子嫁时以绛巾覆首，谓之袚子。"❷即"包袚"。

鮄（fú） 见"鮄然"。

鮄然 恼怒貌。《孟子·公孙丑上》："曾西鮄然不悦。"亦作"怫然"。《国策·楚策二》："王怫然作色。"

藋（fú） 一种多年生的蔓草。又名"小旋花"、"面根藤儿"。田野间到处都有，地下茎可蒸食，有甘味。《诗·小雅·我行其野》："言采其藋。"参见"蒉茅❶"。

幅（fú） 布帛的宽度。《左传·襄公二十八年》："且夫富，如布帛之有幅焉。"《汉书·食货志下》："布帛广二尺二寸为幅。"引申以指书画面或地面的广狭。如：篇幅。参见"幅员"。又用为量名。如：一幅画。杜荀鹤《送青阳李明府》诗："惟将六幅绢，写得九华山。"
另见 bī。

幅巾 古代男子用绢一幅束头发。一种表示儒雅的装束。《后汉书·鲍永传》："悉罢兵，但幅巾，与诸将及同心客百余人诣河内"李贤注："谓不著冠，但幅巾束首也。"《三国志·魏志·武帝纪》载曹操死后，"敛以时服"，裴松之注引《傅子》："汉末王公，多委王服，以幅巾为雅。是以袁绍、崔豹之徒，虽为将帅，皆著缣巾。"

幅员 地广狭称幅，周围为员（圆），合指疆域。如：幅员广大。亦作"幅陨"。《诗·商颂·长发》："幅陨既长。"郑玄笺："陨当作圆，圆谓周也。"

罯（fú） 同"罘"。见"罯思"。

罯思 即"罘罳"。

罦（fú） ❶一种装设机关的网，能自动掩捕鸟兽，又称覆车网。《诗·王风·兔爰》："雉离于罦。"❷通"罘"。

罦思 即"罘罳"。

楅（fú） ❶加在牛角上以防触人的横木。参见"楅衡"。❷古代插箭的器具。《仪礼·乡射礼》："乃设楅于中庭。"贾公彦疏"楅

长如笴,博三寸,厚寸有半,龙首"。

楅衡 控制牛的用具。木制,加在牛角上,以防触人的叫"楅";设于牛鼻以缚绳,便于牵引的叫"衡"。《周礼·地官·封人》:"饰其牛牲,设其楅衡。"

辐〔輻〕(fú) 车轮中凑集于中心毂的直木。《老子》:"三十辐,共一毂。"

辐辏 车辐凑集于毂上,比喻人或物集聚一处。《汉书·叔孙通传》:"四方辐辏。"亦作"辐凑"。陆机《辨亡论》:"异人辐凑,猛士如林。"

趺(fú) ❶行貌。见《玉篇》。❷伏。《文选·左思〈吴都赋〉》:"魂褫气慑而自踠趺者,应弦而饮羽。"刘渊林注:"踠趺,皆顿伏也。"

蜉(fú) 见"蚍蜉"、"蜉蝣"。

蜉蝣 虫名。其成虫的生存期极短。《诗·曹风·蜉蝣》:"蜉蝣之羽,衣裳楚楚。"毛传:"蜉蝣,渠略也,朝生夕死。"亦作"蜉蝤"。《汉书·王褒传》:"蜉蝤出以阴。"

鳧(fú) 同"凫(鳧)"。

鵩〔鵬〕(fú) 鸟名。《文选·贾谊〈鵩鸟赋序〉》:"鵩似鸮,不祥鸟也。"李善注引《巴蜀异物志》:"有鸟小如鸡,体有文色,土俗因形名之曰鵩,不能远飞,行不出域。"

鲋〔鮒〕(fú) 见"鲂鲋"。

福(fú) ❶幸福。旧谓福运、福气,与祸相对。《老子》:"福兮祸之所伏。"《韩非子》卷六:"全寿富贵之谓福。"❷祭祀用的酒肉。《国语·晋语二》:"今夕君梦齐姜,必速祠而归福……骊姬受福,乃置鸩于酒,置堇于肉。"参见"福物"、"福食"。❸护佑。《左传·庄公十年》:"小信未孚,神弗福也。"❹旧时妇女行礼,敛衽致敬叫福,也叫万福。《官场现形记》第四十回:"马老爷才赶过来作揖,瞿太太也只得福了一福。"❺姓。明代有福时。

福履 福和禄。《诗·周南·樛木》:"乐只君子,福履绥之。"毛传:"履,禄;绥,安也。"陈奂传疏:"福履绥之,犹《鸳鸯》云'福禄绥之'耳。"

福食 供祀神用的食物。《抱朴子·道意》:"然虽不屠宰,每供福食,无有限剂。"后亦称日常膳食为福食。

福无双至 谓幸运的事不会连续来到。常与"祸不单行"连言。语出《说苑·权谋》"此所谓福不重至,祸必重来者也"。《琵琶记·糟糠自厌》:"福无双至犹难信,祸不单行却是真。"

福物 《周礼·天官·膳夫》"凡祭祀之致福者"贾公彦疏:"诸臣自祭家庙,祭讫,致胙肉于王,谓之致福。"因谓祭祀用的酒肉为"福物"。《水浒传》第二回:"两个牌军买了福物,煮熟,在庙等到巳牌也不见来。"

福至心灵 旧谓一个人福运来了,心窍也就开通了。《通俗编·祝诵》:"史炤《通鉴疏》引谚:'福至心灵,祸来神昧。'毕仲询《幕府燕谈录》:'吴参政少以学究登科,复中贤良,为翰林学士,尝草制以示欧阳公,公戏之曰:君福至心灵。'"

榑(fú) 见"榑桑"。

榑桑 同"扶桑❷"。《淮南子·览冥训》:"朝发榑桑。"

鸈〔鵏〕(fú) 见"鸈鹈"。

鸈鹈 鸟名。《尔雅·释鸟》:"鹳鸧,鸈鹈。"

箙(fú) 用竹木或兽皮等做成的盛箭器。《周礼·夏官·司弓矢》:"中秋献矢箙。"

髴(fú) 妇人首饰。欧阳修《班班林间鸠寄内》诗:"又云子亦病,蓬首不加髴。"

另见 fèi,fú 佛㊀。

軷(fú,又读 bèi) 同"绋"。古代车轼上的铺垫物。《释名·释车》:"軷,伏也,在前,人所伏也。"

蝠(fú) 见"蝙蝠"。

幞(fú) 见"幞头"。

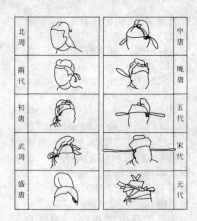

幞头

幞头 亦作"襆头"。一种头巾。《新唐书·车服志》:"幞头起于后周,便武事者也。"亦名"折上巾",见《旧唐书·舆服志》;又称"软裹",见王得臣《麈史·礼仪》。后加垂脚,又以桐木作骨子,使高起,名"军容头",见《朱子语类·杂仪》。为贵贱通服,宫中女官及女乐亦用之。两脚形状变化很多,有弓脚幞头(见《宋史·仪卫志二》)、卷脚幞头(见孟元老《东京梦华录》),其两脚稍屈而上者,名"朝天巾"(见王得臣《麈史·礼仪》)。王圻《三才图会》又有展脚幞头、交脚幞头诸形。

澓(fú) ❶水洄流。郭璞《江赋》:"迅澓增浇。"❷姓。西汉有澓中翁。

蹟(fú) 见"蹟踧"。

另见 bì。

蹟踧 ❶迫急貌。《文选·马融〈长笛赋〉》:"蹟踧攒仄。"李善注:"蹟踧,迫蹙貌。蹟音複。"❷聚貌。见《广韵·一屋》。

黻(fú) ❶古代礼服上黑与青相间的花纹。《晋书·舆服志》:"衮裳韬以黻绣,上为㢲字。"见"黼黻❶"。❷通"韨"。古代作祭服的蔽膝,用皮革做成。《左传·桓公二年》:"衮冕黻珽。"参见"黻冕"。❸通"绂"。系印的丝带。江淹《杂体·谢光禄庄郊游》诗:"云装信解黻。"

黻冕 古代祭服。《论语·泰伯》:"恶衣服而致美乎黻冕。"朱熹注:"黻,蔽膝也,以韦为之;冕,冠也。皆祭服也。"古制大夫以上,冕服皆有黻,故称"黻冕"。

艀(fú) 短而深的小艇。《方言》第九:"〔艇〕短而深者谓之艀。"郭璞注:"今江东呼艇艀者也。"

襆(fú) 包袱,巾帕。同"幞"。亦指包扎。见"襆被"。

襆被 用袱子包扎衣被,意为整理行装。《晋书·魏舒传》:"时欲沙汰郎官,非其才者罢之。舒曰:'吾即其人也。'襆被而出。"亦指行装。孔尚任《桃花扇·逃难》:"整琴书襆被,换布袜青鞋,一只扁舟载。"

襆〔襆〕(fú) 同"襆"。

另见 bú。

鼓(fú) 通"拊"。拍;击。《周礼·夏官·大司马》:"车徒皆噪"郑玄注:"噪,讙也。"《书》曰:'前师乃鼓鼓噪。'"参见"拊噪"。

fǔ

父（fǔ）❶老年男性的尊称。如：渔父；田父。❷男子之美称。《穀梁传·隐公元年》："公及邾仪父盟于眛……仪，字也。父犹傅也，男子之美称也。"❸通"甫"。开始。《老子》："强梁者不得其死，吾将以为教父。"河上公注："父，始也。"按教父，犹言教戒的开始。

另见 fù。

甫（fǔ）❶古代男子的美称，多附缀于表字后。如：尼甫（孔子）。因亦以为表字的代称。如：台甫。❷开始；起初。《老子》："以阅众甫。"王弼注："众甫，物之始也。"❸才；方。《汉书·孝成许皇后传》："今吏甫受诏读记。"❹大。参见"甫田"。❺见"章甫"。❻姓。春秋时郑有大夫甫瑕。

另见 bǔ。

甫甫　大；多。《诗·大雅·韩奕》："鲂鱮甫甫。"毛传："甫甫然大也。"《广雅·释训》："甫甫，众也。"

甫能　才能够；好容易。秦观《鹧鸪天》词："甫能炙得镫儿了，雨打梨花深闭门。"参见"不甫能"。

甫田　大田。《诗·小雅·甫田》："倬彼甫田，岁取十千。"倬，大貌。

抚〔撫〕（fǔ）❶持；按；摸。《楚辞·九歌·东皇太一》："抚长剑兮玉珥。"《国语·晋语八》："叔向见司马侯之子，抚而泣之。"张绂《行路难》诗："君不见相如绿绮琴，一抚一拍凤凰音。"❷通"拊"。拍；击。见"抚掌"。❸通"拊"。扶养。《后汉书·梁竦传》："抚我畜我。"按《诗·小雅·蓼莪》"抚"作"拊"。❹安抚，抚慰。《史记·淮阴侯列传》："镇赵抚其孤。"❺占有。《礼记·文王世子》："西方有九国焉，君王其终抚诸。"郑玄注："抚，犹有也。"

另见 hū。

抚拍　❶犹抚掩。见该条。❷亲附。《后汉书·赵壹传》："抚拍豪强。"李贤注："抚拍，相亲狎也。"

抚绥　安定；安抚。《书·太甲上》："天监厥德，用集大命，抚绥万方。"

抚恤　抚慰济助。《三国志·魏志·仓慈传》："抚恤贫羸。"今多指慰问伤残人员或死者家属并给物质上的资助。

抚循　同"拊循"。抚慰。《汉书·盖宽饶传》："有疾病者，身自抚循临问。"

抚掩　安慰体恤。《尔雅·释训》："矜怜，抚掩之也。"郭璞注："抚掩，犹抚拍，谓慰恤也。"

抚掌　同"拊掌"。拍手，表示高兴。《三国志·吴志·鲁肃传》："权（孙权）抚掌欢笑。"

抚字　对子女的爱护养育。《后汉书·程文矩妻传》："穆姜慈爱温仁，抚字益隆，衣食资供，皆兼倍所生。"旧时亦用以称颂官吏治理民政。《北齐书·封隆之传》："隆之素得乡里人情，频为本州，留心抚字。"

呒〔嘸〕（fǔ）　呒然，惊诧貌。一说，呒，同"怃"，茫然不知所措貌。《汉书·韩信传》："诸将皆呒然，阳应曰诺。"

另见 m̄。

哎（fǔ）　见"哎咀"。

哎咀　❶咀嚼。《抱朴子·登涉》："哎咀赤苋汁饮之。"❷古代中药加工方法之一。见《灵枢·寿夭刚柔》。原意为将药嚼碎，后引申为将中药材捣碎、切细或锉末。梁陶弘景《本草经集注·序》："旧方皆云哎咀者，谓秤毕捣之如大豆……今皆细切之。"

拊（fǔ）　❶击；拍。《书·益稷》："予击石拊石。"曹植《弃妇诗》："有鸟飞来集，拊翼以悲鸣。"❷同"抚"。保护；抚慰。《诗·小雅·蓼莪》："拊我畜我。"《左传·宣公十二年》："王巡三军，拊而勉之。"❸古乐器名，即"搏拊"。《周礼·春官·大师》："令奏击拊。"参见"搏拊"。❹通"柎"。弓把，弓中央把手的地方。《礼记·少仪》："弓则以左手屈韣执拊。"❺刀柄。《礼记·少仪》："削授拊。"削，小刀。

拊髀　亦作"拊脾"。用手拍股，表示内心激动。《庄子·在宥》："鸿蒙方将拊髀雀跃而游。"

拊循　亦作"抚循"。安抚；抚慰。《史记·晋世家》："子反收馀兵拊循，欲复战。"

拊噪　亦作"枹藻"。欢呼鼓噪。马融《长笛赋》："鸥视狼顾，拊噪踊跃。"

拊掌　拍手；鼓掌。表示气愤或喜乐。古乐府《孔雀东南飞》："阿母大拊掌。"《后汉书·左慈传》："操（曹操）大拊掌笑。"亦作"抚掌"。

斧（fǔ）　❶斧子。《诗·齐风·南山》："析薪如之何？非斧不克。"❷古代的一种兵器。《汉书·武帝纪》："杖斧分部逐捕。"亦用作杀人的刑具。参见"斧钺"。❸用斧砍物。曹操《苦寒行》："担囊行取薪，斧冰持作糜。"❹通"黼"。谓绣有斧形。《仪礼·觐礼》："天子设斧依于户牖之间。"郑玄注："依，如今绨素屏风也。有绣斧文，所以示威也。斧，谓之黼。"按《书·顾命》作"黼扆"。

斧斤　❶砍木的工具。《荀子·劝学》："林木茂而斧斤至焉。"❷谓刑戮。《后汉书·蔡茂传》："臣恐绳墨弃而不用，斧斤弃而不举。"李贤注："斧斤，谓刑戮也。"

斧柯　❶斧子的柄。《诗·豳风·伐柯》："伐柯如何？匪斧不克。"毛传："柯，斧柄也。"杜甫《恶树》诗："独绕虚斋径，常持小斧柯。"❷比喻权柄。蔡邕《琴操·龟山操》："〔孔子〕伤政道之陵迟，闵百姓不得其所，欲诛季氏而力不能，于是援琴而歌云：'予欲望鲁兮，龟山蔽之，手无斧柯，奈龟山何！'"

斧依　亦作"斧扆"。古代帝王置于堂上的类似屏风的器具。因上面有斧形文，故名。《仪礼·觐礼》："天子设斧依于户牖之间。"《礼记·曲礼下》："天子当依而立"孔颖达疏："依，状如屏风，以绛为质，高八尺，东西当户牖之间。绣为斧文也，亦曰斧依。"《文选·张衡〈东京赋〉》："负斧扆。"薛综注："白与黑谓之斧；扆，屏风，树之坐后也。"参见"扆"。

斧钺　亦作"斧戉"、"铁钺"。古代军法用以杀人的斧子。《国语·鲁语上》："大刑用甲兵，其次用斧钺。"韦昭注："甲兵，谓臣有大逆，则被甲聚兵而诛之。"又："斧钺，军戮。"亦泛指刑戮。《汉书·苏武传》："斧钺汤镬。"又《天文志》："〔梁王〕伏斧戉谢罪。"

斧凿痕　工匠用斧凿治木石时所遗留的痕迹。韩愈《调张籍》诗："徒观斧凿痕，不瞩治水航。"后用以比喻艺术作品没有达到浑成的境地，还留着雕琢的痕迹。《宣和画谱·花鸟一》："〔边鸾〕以丹青驰誉于时，尤长于花鸟……精于设色，如良工之无斧凿痕耳。"

斧藻　雕饰；修饰。《法言·学行》："吾未见好斧藻其德，若斧藻其棁者也。"李轨注："斧藻，犹刻桷丹楹之饰；棁，梁上柱也。"《文心雕龙·原

道》:"重以公旦多材,振其徽烈,制《诗》缉《颂》,斧藻群言。"

斧正 亦作"斧政"、"削正"、"郢政"。请人修改文章的谦词。陈衍《与邓彰甫书》:"小赋不知堪入巨目否? 万祈斧正,方可就梓。"

斧质 古代杀人的刑具。《汉书·项籍传》:"孰与身伏斧质,妻子为戮乎?"颜师古注:"质,谓锧(砧)也。古者斩人,加于锧上而斫之也。"亦作"斧锧"、"鈇锧"。《韩非子·初见秦》:"白刃在前,斧锧在后,而却走不能死也。"《公羊传·昭公二十五年》:"君不忍加之以鈇锧。"

府 (fǔ) ❶古时国家收藏财物或文书的地方。《礼记·曲礼下》:"在官言官,在府言府。"郑玄注:"府,谓宝藏货贿之处也。"《说文·广部》:"府,文书藏也。"❷古时管理财货或文书的官。《周礼·地官》有泉府,汉有少府,都是管财货的。《周礼·天官·宰夫》:"五曰府,掌官契以治藏。"郑玄注:"治藏,藏文书及器物赞治若今起文书草也。"❸官署的通称。如:官府;公府。古乐府《陌上桑》:"冉冉府中趋。"也指达官贵人的住宅。如:相府;王府。❹对别人住宅的尊称。如:尊府;府上。❺唐至清代行政区划名称。唐升京师、陪都和皇帝驻跸所在地的州为府,宋设置渐多,隶属于路;元或隶属于省,或隶属于路;明清隶属于省。❻指事物或人物汇集之处。如:乐府;学府。陆机《文赋》:"游文章之林府。"❼通"腑"。《素问·脉解》:"所谓上喘而为水者,阴气下而复上,上则邪客于藏府间,故为水也。"王冰注:"藏,脾也;府,胃也。"❽通"俯"。《列子·周穆王》:"王府而视之。"❾姓。汉代有府悝。

弣 (fǔ) 弓把中部。《仪礼·乡射礼》:"有司左执弣,右执弦而授弓。"

柎 (fǔ) ❶通"拊"。《管子·轻重戊》:"父老柎枝而论,终日不归。"❷弓弣两侧贴附的骨片,用以增强弓体的弹性。《考工记·弓人》:"于挺臂中有柎焉,故剽。"郑玄注:"柎,侧骨。"
另见 fū,fú。

鄜 (fǔ) 见"鄜阁"。

鄜阁 汉阁道名。在今陕西略阳西嘉陵江边。其地名析里,溪源漂疾,横注于道,临江有高崖,水溢时交通受阻。东汉建宁时,太守李翕凿石

架木,建阁以便行旅,时人撰有《鄜阁颂》。

俌 (fǔ) 辅助的人。《说文·人部》:"俌,辅也。"段玉裁注:"谓人之俌,犹车之辅也。"即"辅弼"的"辅"古字。

莆 (fǔ) 见"蓮莆"。
另见 pú。

俯 〔俛、頫〕(fǔ) ❶屈身;低头;向下。与"仰"相对。如:俯首;俯视。《礼记·曲礼上》:"俯而纳屦。"❷俯伏;卧伏。《礼记·月令》:"蛰虫咸俯在内。"❸称对方行动的敬词。如:俯允;俯念。

俯就 ❶降格相就。《礼记·檀弓上》:"先王之制礼也,过之者俯而就之,不至焉者跂而及之。"❷迁就。《红楼梦》第五回:"宝玉也自悔言语冒撞,前去俯就,那黛玉方渐渐的回转过来。"

俯拾即是 俯身就能拾到。形容数量多,随处可得。司空图《二十四诗品·自然》:"俯拾即是,不取诸邻。"

俯首帖耳 形容卑屈、驯服的样子。韩愈《应科目时与人书》:"若俯首帖耳,摇尾而乞怜者,非我之志也。"亦作"伏首帖耳"。《聊斋志异·马介甫》:"万石不言,惟伏首帖耳而泣。"

俯仰 ❶俯与仰的仪容。《左传·定公十五年》:"左右周旋,进退俯仰。"❷随时俗周旋应付。司马迁《报任少卿书》:"从俗浮沉,与时俯仰,以通其狂惑。"❸犹瞬息,表示时间短。王羲之《兰亭集序》:"俯仰之间,已为陈迹。"

釜 (fǔ) ❶古代炊器。敛口,圆底,或有两耳。其用如鬲,置于灶口,上置甑以蒸煮。盛行于汉代。有铁制的,也有铜制和陶制的。❷古代量器。也叫"鬴"。春秋战国时代流行于齐国。春秋时齐国的"公量",以四升为豆,四豆为区(瓯),四区为釜,即六斗四升之量;陈氏(即田氏)的"家量",以四升为豆,五豆为区,五区为釜,即二斗五区,十斗为釜。现存有战国时的子禾子釜和陈纯釜,都作坛形,小口大腹,有两耳。子禾子釜的容积为 20.46 升,陈纯釜的容积为 20.58 升。与商鞅量、新莽嘉量的容积也很接近。

釜底抽薪 魏收《为侯景叛移梁朝文》:"抽薪止沸,剪草除根。"后以之比喻从根本上解决问题。《儒林外史》第五回:"如今有个道理,是

'釜底抽薪'之法。只消央个人去把告状的安抚住了,众人递个拦词,便歇了。"

釜中鱼 ❶釜中生鱼,谓断炊已久。《后汉书·范冉传》:"所止单陋,有时粮粒尽,穷居自若,言貌无改,闾里歌之曰:'甑中生尘范史云,釜中生鱼范莱芜。'"元好问《寄西溪相禅师》诗:"门堪罗雀仍未害,釜欲生鱼当奈何!"参见"甑尘釜鱼"。❷比喻不能久活。《资治通鉴·晋海西公太和五年》:"且臣(王猛)奉陛下(苻坚)威灵,击垂亡之虏,譬如釜中之鱼,何足虑也!"

拊 (fǔ) 同"抚❹"。安抚;抚慰。《汉书·赵充国传》:"拊循和辑。"

辅 〔輔〕(fǔ) ❶车轮外旁增缚夹毂的两条直木,用以增强轮辐载重力。《诗·小雅·正月》:"无弃尔辅,员于尔辐。"❷辅助。《书·汤誓》:"尔尚辅予一人。"❸颊骨。见"辅车"。❹官名。见"左辅右弼"。❺旧指京城附近的地区,如汉代的"三辅"、"六辅",唐代的"四辅"。鲍照《代升天行》:"家世宅关辅。"参见"畿辅"。❻书法术语。用小指紧靠无名指后,使握笔有力。❼姓。春秋时晋有辅跞。

辅拂 ❶辅佐;辅助。《荀子·臣道》:"谏争辅拂之人信,则君过不远。"❷见"辅弼"。

辅弼 亦作"辅拂"。《尚书大传·虞夏传·皋陶谟》:"古者天子必有四邻:前曰疑,后曰丞,左曰辅,右曰弼。"后因称宰相为"辅弼"。《后汉书·伏湛传》:"柱石之臣,宜居辅弼。"《史记·秦始皇本纪》:"卒(猝)有田常六卿之臣,无辅拂何以相救哉?"

辅车 按辅为颊骨,车为牙床,比喻互相依存的事物。《左传·僖公五年》:"晋侯复假道于虞以伐虢。宫之奇谏曰:'虢,虞之表也。虢亡,虞必从之……谚所谓辅车相依,唇亡齿寒者,其虞虢之谓也。'"

辅相 ❶辅助。《易·泰》:"辅相天地之宜。"❷宰相。《南史·王昙首传》:"昙首,辅相才也。"

辅翼 辅佐协助。《史记·鲁周公世家》:"旦常辅翼武王,用事居多。"旦,周公名。

辅音 也称"子音"。音素的一类。发音时气流在发音器官的某一部分受到一定阻碍,造成阻碍部分的肌肉特别紧张,气流比元音强。如普通话语音里 b[p]、d[t]、g[k]、j

[tɕ]、z[ts]、zh[tʂ]、f[f]、s[s]、h[x]等。参见附录《国际音标表》。

辅助 ❶佐助；帮助。《汉书·成帝纪》：“赖侍中史丹护太子家，辅助有力，上亦以先帝尤爱太子，故得无废。”❷非基本的；非主要的。如：辅助生产；辅助观测。

脯（fǔ）❶干肉。《礼记·内则》：“牛脩鹿脯。”❷蜜渍的干果。如：桃脯；杏脯。
另见 pú。

殕（fǔ）败坏。见《玉篇·歹部》。
另见 bó。

腑（fǔ）❶中医学以胃、胆、三焦、膀胱、大肠、小肠为六腑，以别于五脏。❷见“肺腑”。

蛹（fǔ）见“蜈蛹鳌”。

滏（fǔ）水名。见“滏阳河”。

滏阳河 子牙河南源。在河北省西南部。由太行山东坡沙河、洺河等水汇合而成。东北流至献县县城附近和滹沱河汇合为子牙河。长413公里，流域面积为1.77万平方公里。建有朱庄、口上、临城等水库和蓄洪工程，并另辟滏阳新河，以减免灾害。

蛣（fǔ）虫名。即“金花虫”。

腐（fǔ）❶臭败；腐烂。《吕氏春秋·尽数》：“流水不腐。”曹丕《论孝武》：“府库余钱帛，仓廪畜腐米。”引申指思想陈腐。见“迂腐”、“腐儒”。❷即“宫”。因其使受刑者不能生殖，如腐木不生实，故称。一说是由于宫刑其创腐臭而得名。

腐败 腐烂。《汉书·食货志上》：“太仓之粟，陈陈相因，充溢露积于外，腐败不可食。”也泛指败坏、堕落。

腐儒 指迂腐保守、不合时宜的读书人。《史记·黥布列传》：“上折随何之功，谓何为腐儒。”

腐史 汉司马迁受过腐刑，后世因称他所作的《史记》为“腐史”。

腐鼠 比喻庸俗人所珍视的贱物。旧时多指官职、名位。《庄子·秋水》：“惠子相梁，庄子往见之。或谓惠子曰：‘庄子来，欲代子相。’于是惠子恐，搜于国中三日三夜。庄子往见之，曰：‘南方有鸟，其名为鹓雏，子知之乎？夫鹓雏发于南海而飞于北海，非梧桐不止，非练实不食，非醴泉不饮。于是鸱得腐鼠，鹓雏过之，仰而视之曰：嚇！今子欲以子之梁国而

嚇我邪？’”李商隐《安定城楼》诗：“不知腐鼠成滋味，猜意鹓雏竟未休。”

腐心 形容痛恨之极。《史记·刺客列传》：“此臣之日夜切齿腐心也。”详“切齿腐心”。

腐刑 见“腐❷”。

酺（fǔ）面颊。《说文·面部》：“酺，颊也。”段玉裁注：“颊者，面旁也。面旁者，颜前之两旁。”

鐍（fǔ）同“斧”。

鬴（fǔ）同“釜”。❶古代的一种锅。《汉书·五行志中》：“燕王宫永巷中豕出圂，坏都灶，衔其鬴六七枚置殿前。”颜师古注引晋灼曰：“鬴，古文釜字。”❷古量器名。《考工记·桌氏》：“量之以为鬴，深尺，内方尺而圜其外，其实一鬴。”郑玄注：“鬴，六斗四升也。”

鬴洧 洧，通“复”。鬴、复，都是古代的锅，四周高中间低，比喻低下。《韩非子·说疑》：“以其主为高天泰山之尊，而以其身为壑谷鬴洧之卑。”

簠（fǔ）古代食器。青铜制。长方形，器与盖的形状相同，可却置，各有两耳。用以盛黍、稷、稻、粱。西周晚期开始出现，沿用至战国。

簠

簠簋不饬 饬，亦作“饰”。《汉书·贾谊传》：“古者大臣有坐不廉而废者，不谓不廉，曰‘簠簋不饬’。”簠、簋，都是古代食器，也用以放祭品；不饬，不整饬。这本是一种婉词，后世弹劾贪冒，常用此语。

黼（fǔ）古代礼服上白与黑间的花纹。见“黼黻❶”。

黼黻 ❶古代礼服上所绣的花纹。黼，黑白相次，作斧形，刃白身黑；黻，黑青相次，作弜形。《书·益稷》：“藻、火、粉、米、黼、黻，缔绣。”孔传：“黼若斧形，黻为两己相背。”《考工记·画缋》：“画缋之事……白与黑谓之黼，黑与青谓之黻。”❷泛指花纹；文采。《荀子·富国》：“诚美其德也，故为之雕琢刻镂黼黻文章以藩饰之，以养其德也。”亦比喻饰以华丽的辞藻。《北齐书·文苑传论》：“摛黼黻于生知，问珪璋于先觉。”

黼扆 亦作“黼依”、“斧扆”、“斧依”。古代帝王座后的屏风，上有斧形花纹。《书·顾命》：“狄设黼扆缀衣。”狄，下士；缀衣，幄帐。《周礼·春官·司几筵》：“凡封命诸侯，王

位设黼依。”参见“斧依”。

黼座 即帝座。以座后设黼扆，故名。袁桷《次韵正旦朝会》：“香拥衮龙开黼座，风回笙鹤舞钧天。”参见“黼扆”。

fù

父（fù）❶父亲。《诗·小雅·蓼莪》：“父兮生我，母兮鞠我。”❷男性长辈的通称。如：祖父；伯父；舅父。
另见 fǔ。

父党 ❶父系亲族。《尔雅·释亲》：“父之党为宗族。”《礼记·礼器》：“父党无容。”容，指行礼时揖让等动作。❷犹父辈、长辈。《后汉书·张楷传》：“宾客慕之，自父党凤儒，偕造门焉。”《三国志·魏志·常林传》：“年七岁，有父党造门。”

父老 ❶古时乡里中管理公共事务的有声望的老人。《公羊传·宣公十五年》“什一行而颂声作矣”何休注：“在邑曰里，一里八十户，八家共一巷，中里为校室。选其耆老有高德者，名曰父老；其有辩护伉健者，为里正；皆受倍田，得乘马。”按汉有三老，掌教化，即其职。参见“三老❷”。❷对老年人的尊称。《史记·张释之冯唐列传》：“文帝辇过，问唐曰：‘父老何自为郎？家安在？’”《方言》第六：“东齐鲁卫之间凡尊老谓之傁（叟），或谓之艾……南楚谓之父，或谓之父老。”

父兄 ❶父亲与兄长。《孟子·梁惠王上》：“入以事其父兄。”亦泛指长辈、长者。《国语·晋语五》：“大夫非不能也，让父兄也。”韦昭注：“父兄，长老也。”《史记·项羽本纪》：“纵江东父兄怜而王我，我何面目见之！”❷古代国君对同姓臣子的敬称。《左传·隐公十一年》：“寡人唯是一二父兄，不能共亿。”杜预注：“父兄，同姓群臣。”

父执 父亲的朋友。执，至交；朋友。语出《礼记·曲礼上》：“见父之执，不谓之进，不敢进；不谓之退，不敢退；不问，不敢对。”郑玄注：“敬父同志，如事父。”杜甫《赠卫八处士》诗：“怡然敬父执，问我来何方。”

父子兵 比喻官兵一心、亲密如父子的军队。《吴子·治兵》：“与之安，与之危，其众可合而不可离，可用而不可疲，投之所往，天下莫当，名曰父子之兵。”无名氏《陈州粜米》第一折：“常言道，厮杀无如父子兵。”

讣〔訃〕(fù)　报丧。《礼记·杂记上》:"凡讣于其君,曰:'君之臣某死。'"

讣告　报丧的书面通知。本作"赴告",取奔赴告知之意。也叫"讣闻"。

付(fù)　❶交给;授与。如:付印;付表决。❷支付。如:付款;付帐。❸同"副❺"。❹通"附"。《管子·正》:"致道,其民付而不争。"❺通"敷"。涂。罗烨《醉翁谈录·张氏夜奔吕星哥》:"浑若何郎之付粉。"❻姓。

付畀　交给;付予。《书·康王之诰》:"皇天用训厥道,付畀四方。"

付丙　亦作"付丙丁"。让火烧掉。古人以天干配五行,"丙"、"丁"属火。书札或文稿,如不愿为别人看到而烧掉,叫"付丙"或"付丙丁"。《负曝闲谈》第二十五回:"阅后付丙。"

付予　给予;付托。《急就篇》卷二:"取受付予相因缘。"

付梓　古书先雕木板后印刷,因称刊印书籍为"付梓"。袁枚《祭妹文》:"汝之诗,吾已付梓。"后亦用以通称书籍付印。

负〔負〕(fù)　❶倚恃。如:自负;负险固守。《史记·魏其武安侯列传》:"武安(田蚡)负贵而好权。"❷抱持;享有。如:抱负;素负盛名。赵嘏《虎丘寺赠渔处士》诗:"早负江湖志,今如鬓发何!"❸以背载物。《论语·子路》:"则四方之民,襁负其子而至矣。"引申为担负。魏收《枕中篇》:"能刚能柔,重可负也。"又引申为责任,忧虑。《后汉书·章帝纪》:"自牛疫已来,谷食连少,良由吏教未至,刺史二千石不以为负。"李贤注:"负犹忧也。"❹背倚。《荀子·正论》:"居则设张容负依而坐。"参见"负扆"、"负郭"。❺遭受。如:负伤;负屈含冤。❻背弃;违背。如:忘恩负义。李陵《答苏武书》:"陵虽孤恩,汉亦负德。"❼与"正"相对。如:负数;负电。❽亏欠;拖欠。《汉书·邓通传》:"通家尚负责(债)数巨万。"❾赔偿。《韩非子·说林下》:"宋之富贾有监止子者,与人争买百金之璞玉,因佯失而毁之,负其百金。"❿失败。如:胜负未分。⓫通"妇"。《汉书·高帝纪上》:"常从王媪武负贳酒。"

负版　❶《论语·乡党》:"式负版者。"何晏集解引孔安国曰:"负版者,持邦国之图籍。"刘宝楠正义:"负本义置之于背,而图籍非可负之物,故解为手持,亦引申之义。"❷虫名。《尔雅·释虫》:"傅,负版。"详"蝜蝂"。

负戴　负是背物,戴是以头顶物;古代常用为体力劳动的代称。《孟子·梁惠王上》:"颁白者不负戴于道路矣。""颁"通"斑"。颁白者,头发花白的人。

负负　谓非常惭愧。《后汉书·张步传》:"步曰:'负负无可言者。'"李贤注:"负,愧也,再言之者,愧之甚。"王先谦集解:"惠栋引王幼学云:'负负,犹言负罪负罪。'"

负郭　负,背倚。郭,外城。谓靠近城郭。《史记·苏秦列传》:"使吾有洛阳负郭田二顷,吾岂能佩六国相印乎!"

负荷　❶背负肩荷。《左传·昭公七年》:"其父析薪,其子弗克负荷。"引申作继承。《三国志·吴志·张昭传》:"夫为人后者,贵能负荷先轨,克昌堂构,以成勋业也。"❷担任。《后汉书·公孙瓒传》:"蒙被朝恩,负荷重任。"

负笈　笈,书箱。背负书箱。《晋书·王裒传》:"北海邴春,少立志操,寒苦自居,负笈游学。"

负剑　❶提抱小儿的形状。《礼记·曲礼上》:"负剑辟咡诏之。"郑玄注:"负谓置之于背,剑谓挟之于旁。"孔颖达疏引张逸云:"儿在怀中亦称负,谓儿负之;故《内则》云:'三日始负子。'注云:'负之谓抱之。'"❷把剑推在背后。《史记·刺客列传》:"左右乃曰:'王负剑。'负剑,遂拔以击荆轲,断其左股。"司马贞索隐引王劭曰:"古者带剑,上长,拔之不出室,欲王推之于背,令前短易拔。"

负荆　《史记·廉颇蔺相如列传》载:廉颇屡建战功,不服蔺相如以口舌之劳而居上位,欲加凌辱,相如以国为重,忍辱避让。廉颇闻之,肉袒负荆,因宾客至蔺相如门谢罪。荆是荆条,可以作杖;负荆,背着荆条,是请罪受罚的意思。后即用"负荆"表示向人认错赔礼。《三国演义》第八回:"布(吕布)曰:'司徒少罪。布一时错见,来日自当负荆。'"

负累　❶无罪而蒙受恶名。《史记·鲁仲连邹阳列传》:"邹阳客游,以谗见禽(擒)。恐死而负累,乃从狱中上书。"张守节正义:"诸不以罪为累。"❷牵累。《水浒传》第二回:"只恐高太尉追捕到来,负累了你,不当稳便,以此两难。"

负米　背米。《孔子家语·致思》:"子路见于孔子曰:'由也,事二亲之时,常食藜藿之实,为亲负米百里之外。'"后用作孝养父母的故实。《宋史·张昭传》:"躬耕负米以养亲。"

负弩　❶身背弩矢,表示尊敬。《史记·司马相如列传》:"拜相如为中郎将,建节往使……至蜀,蜀太守以下郊迎,县令负弩矢先驱。"徐陵《与王僧辩书》:"郡将州司,郊迎负弩。"❷古代亭长的别称。《后汉书·百官志五》"亭有亭长以禁盗贼"刘昭注引《风俗通》:"亭吏旧名负弩,改为〔亭〕长,或谓亭父。"亭,据严可均《全后汉文》卷三十七补。

负气　谓恃其意气,不肯屈居人下。《颜氏家训·文章》:"颜延年负气摧黜。"后亦指跟人赌气。《儒林外史》第四十一回:"却怕是负气斗狠,逃了出来的。"

负乘　谓小人窃据君子的位置。《易·解》:"六三,负且乘,致寇至。"又《系辞上》:"负也者,小人之事也;乘也者,君子之器也。小人而思君子之器,盗思夺之矣。"后以称德才不称其位。张华《答何劭》诗:"负乘为我戒,夕惕坐自惊。"

负石赴河　负石,抱石。比喻决心赴死。《荀子·不苟》:"故怀负石而赴河,是行之难为者也。"

负手　反手于背。《礼记·檀弓上》:"孔子蚤(早)作,负手曳杖,消摇于门。"蚤作,早起;"消摇"同"逍遥"。《红楼梦》第七十六回:"湘云道:'这一句怎么叶韵?让我想想。'因起身负手想了一想。"

负俗　受到世俗的讥刺和批评。《越绝书·越绝外传记范伯》:"有高世之材,必有负俗之累。"《汉书·武帝纪》:"士或有负俗之累而立功名。"颜师古注引晋灼曰:"负俗,谓被世讥论也。"

负薪　背柴。《礼记·曲礼下》:"问庶人之子。长曰:'能负薪矣。'幼曰:'未能负薪也。'"引申指地位低微的人。《后汉书·班固传》:"采择狂夫之言,不逆负薪之议。"李贤注:"负薪,贱人也。"旧称有病为"负薪之忧"。《礼记·曲礼下》:"君使士射,不能,则辞以疾,言曰:'某有负薪之忧。'"意思是说背柴劳累,体力还未恢复。参见"采薪之忧"。

负薪救火　同"抱薪救火"。比喻想消灭灾害,反而使灾害扩大。《韩

非子·有度》："其国乱弱矣，又皆释国法而私其外，则是负薪而救火也，乱弱甚矣。"《旧唐书·魏徵传》："譬之负薪救火，扬汤止沸，以乱易乱，与乱同道，莫可则也。"

负暄 在太阳下曝晒。杜甫《西阁曝日》诗："凛冽倦玄冬，负暄嗜飞阁。"庄季裕《鸡肋编》卷上："其子因与父相诟，既至馆中，气尚未平，独坐屏处。时秋阳方烈，为日所射，久不迁坐。有同僚怪之，问何故负暄。"参见"献曝"。

负扆 扆，户牖之间的屏风。天子见诸侯时，背扆而坐。《淮南子·齐俗训》："〔周公〕摄天子之位，负扆而朝诸侯。"沈约《奏弹王源》："陛下所以负扆兴言，思清敝俗者也。"

负嵎 亦作"负隅"。嵎，山弯。负，凭依。《孟子·尽心下》："有众逐虎，虎负嵎，莫之敢撄。"赵岐注："虎依陬而怒，无敢迫近者也。"马融《广成颂》："负隅依阻，莫敢婴御。"后多指残敌凭险顽抗。

负载 ❶携带结盟文书。《左传·哀公八年》："景伯负载造于莱门。"杜预注："以言不见从，故负载书，将欲出盟。"❷背负装载。《晏子春秋·杂上五》："晏子归，负载使人辞于公。"

负重致远 《三国志·蜀志·庞统传》："瑜卒，统送丧至吴，吴人多闻其名。及当西还，并会昌门，陆绩、顾劭、全琮皆往。统曰：'陆子可谓驽马有逸足之力，顾子可谓驽牛能负重致远也。'"裴松之注引张勃《吴录》："或问统曰：'如所目，陆子为胜乎？'统曰：'驽马虽精，所致一人耳；驽牛一日行三百里，所致岂一人之重哉！'"后以"负重致远"比喻能够担负重任。

妇 〔婦、媍〕(fù) ❶已婚的女子。如：少妇。❷妻。古乐府《陌上桑》："使君自有妇，罗敷自有夫。"❸儿媳。《尔雅·释亲》："子之妻为妇。"❹女性的通称。如：妇科；妇孺。❺柔美貌。《荀子·乐论》："其服组，其容妇。"

妇道 ❶为妇之道。《史记·五帝本纪》："尧二女……，事舜亲戚，甚有妇道。"封建时代以"三从四德"为"妇道"。❷旧指媳妇的辈行。《礼记·大传》："其夫属乎子道者，妻皆妇道也。"孔颖达疏："谓其夫随属于己之子行者，其妻亦妇行也。"后也泛指妇女。

妇功 即"女功"。旧时指妇女所做的家务及纺绩、刺绣、缝纫等事。封建礼教所称的妇女"四德"之一。《礼记·昏义》："教以妇德、妇言、妇容、妇功。"班昭《女诫》："专心纺绩，不好戏笑，洁斋酒食，以奉宾客，是谓妇功。"

妇人之仁 旧时重男轻女，谓处事姑息优柔、不识大体为"妇人之仁"。《史记·淮阴侯列传》："项王（项羽）见人恭敬慈爱，言语呕呕，人有疾病，涕泣分食饮，至使人有功当封爵者，印刓敝，忍不能予，此所谓妇人之仁也。"

妇寺 ❶《诗·大雅·瞻卬》："匪教匪诲，时维妇寺。"毛传："寺，近也。"谓昵近帝王之妇人。❷宦官。《金史·宦者传序》："古之宦者皆出于刑人，刑馀不可列于士庶，故掌宫寺之事，谓之'妇寺'焉。"

妇谒 同"女谒"。宫中妇女受贿为人请托私事。《荀子·大略》："妇谒盛欤？"杨倞注："谒，请也。妇谒盛，谓妇言是用也。"

报 〔報〕(fù) 通"赴"。急速。《礼记·少仪》："毋报往。"
另见 bào。

溪 (fù) 江苏宜兴有湖溪镇。

附 〔坿〕(fù) ❶随带；附带。如：附件；附录。❷捎带；寄递。杜甫《石壕吏》诗："一男附书至。"❸依附。《史记·孔子世家》："鲁小弱，附于楚则晋怒，附于晋则楚来伐。"❹靠近。见"附耳"。❺归附。《淮南子·主术训》："所任者得其人，则国家治，上下和，群臣亲，百姓附。"❻增益。《孟子·尽心上》："附之以韩魏之家，如其自视欿然，则过人远矣。"❼施刑。《礼记·王制》："附从轻，赦从重。"孔颖达疏："施刑之时，此人所犯之罪在轻重之间，可轻可重，则当求其可轻之刑而附之。"
另见 pǒu。

附城 犹"附庸"。《汉书·翟义传》："〔莽〕乃遣大夫桓谭等班行谕告当反位孺子之意。还封谭为明告里附城。"颜师古注："附城，云如古附庸也。"

附耳 贴耳低语。《淮南子·说林训》："附耳之言，闻于千里也。"

附和 自己不出主张，只应和随顺别人。如：随声附和。黄宗羲《与陈乾初论学书》："其心之所不安者，亦不敢苟为附和也。"

附化 犹归化。《三国志·魏志·曹仁传》："使将军高迁等徙汉南附化民于汉北。"

附会 亦作"傅会"。❶使协调和同。《汉书·郦食其等传赞》："陆贾……从容平勃之间，附会将相。"❷指文章组织、布局、命意、修辞的经营缔造，包括草创、讨论、修饰、润色等过程。《文心雕龙·附会》："何谓附会？谓总文理，统首尾，定与夺，合涯际，弥纶一篇，使杂而不越者也。"❸把不相联系的事物说成有联系；把没有某种意义的事物说成有某种意义。如：牵强附会。刘献廷《广阳杂记》卷三："其说不袭陈言，发自胸臆，虽不免附会穿凿，然不可谓无见者，亦奇书也。"

附骥 即"附骥尾"。比喻依附贤者或先人以成名。《史记·伯夷列传》："颜渊虽笃学，附骥尾而行益显。"司马贞索隐："苍蝇附骥尾而致千里，以喻颜回因孔子而名彰。"后来一般用为谦词。

附丽 亦作"附离"。附着；依附。左思《魏都赋》："而子大夫之贤，尚弗见曾庶翼等威，附丽皇极。"《旧五代史·敬翔传》："权贵皆相附丽，宠信言事，不下于翔。"

附离 同"附丽"。《庄子·骈拇》："附离不以胶漆，约束不以纆索。"《汉书·扬雄传下》："哀帝时，丁（丁明）、傅（傅晏）、董贤用事，诸附离之者或起家至二千石。"颜师古注："离，著也，音丽。"

附益 ❶增益。《论语·先进》："季氏富于周公，而求（冉求）也为之聚敛而附益之。"《汉书·萧望之传》："又使卖买，私所附益凡十万三千。"颜师古注："使其史为望之家有所卖买，而史以其私钱增益之，用润望之也。"❷汉代法律名。《汉书·诸侯王表》："作左官之律，设附益之法，诸侯惟得衣食税租，不与政事。"颜师古注引张晏曰："律郑氏说，封诸侯过限曰附益。"

附庸 ❶西周、春秋时分封的小国国君。《礼记·王制》："附于诸侯曰附庸。"郑玄注："小城曰附庸。"原意为小城，引申为次于诸侯的小国封君。例如秦的祖先非子，被周孝王封"为附庸，邑之秦"；后秦襄公因护送周平王东迁有功，才被封为诸侯。❷指附属的事物。《文心雕龙·诠赋》："六义附庸，蔚成大国。"按谓赋本古诗六义之一，后来发展为一种独立的文体。❸依傍；假托。如：附庸风雅。

附赘悬疣 比喻多余无用之物。《庄子·大宗师》:"彼以生为附赘县(悬)疣。"疣,亦作"肬"。《文心雕龙·熔裁》:"附赘悬肬,实侈于形。"

吶（fù） 见"吶吶"。

另见 fú。

偩〔偩〕(fù) ❶依照,摹仿。《礼记·乐记》:"礼乐偩天地之情。"❷同"负❶"。《淮南子·诠言训》:"自偩而辞助。"

阜（fù） ❶土山。《诗·小雅·天保》:"如山如阜。"❷大。《书·周官》:"阜成兆民。"❸肥硕。《诗·秦风·小戎》:"四牡孔阜。"❹盛多;丰富。《诗·小雅·颂弁》:"尔殽既阜。"《后汉书·刘陶传》:"夫欲民殷财阜,要在止役禁夺。"❺生长。《国语·鲁语上》:"助生阜也。"韦昭注:"阜,长也。"

阜螽 蝗的幼虫。《诗·召南·草虫》:"趯趯阜螽。"亦作"蠭螽"。

服（fù） ❶"服(fú)❽"义的又读。❷中药一剂或煎一次为一服。如:一服药;头服;二服。

另见 bì、fú。

驸〔驸〕(fù) ❶驾副车的马。《文选·张衡〈东京赋〉》:"驸承华之蒲梢。"薛综注:"驸,副马也。承华,厩名也。言取华厩之蒲梢以为副马也。"❷通"辅"。夹车木。《史记·司马穰苴列传》:"乃斩其仆之左驸,马之左骖,以徇三军。"

驸马 汉武帝时置驸(副)马都尉,谓掌副车之马。原为近侍官之一种。魏晋以后,皇帝的女婿照例加此称号,简称驸马,非实官。后即用称帝婿。清代称"额驸"。

赴（fù） ❶去;到;前往。如:赴京;赴官。《周书·贺若敦传》:"乃令敦率步骑六千,度江赴救。"《宋史·沈与求传》:"与求论九江之陷,由胜非(朱胜非)赴镇太缓,胜非罢去。"❷奔走以从事。《左传·昭公二十五年》:"人之能自曲直以赴礼者,谓之成人。"孔颖达疏:"赴谓奔走,言弻诸己性,奔走以赴礼也。"❸投入;参加。《吕氏春秋·知分》:"〔次非〕于是赴江刺蛟,杀之而复上船。"《周书·贺若敦传》:"敦挺身赴战,手斩七八人。"❹讣告;报丧。《礼记·文王世子》:"死必赴。"❺通"洑"。游泳。《水浒传》第六十五回:"小人却会赴水,逃得性命。"

赴敌 出战;出击敌人。《隋书·于仲文传》:"昔周亚夫之为将也,见天子,军容不变,此决在一人,所以功成名遂。今者人各其心,何以赴敌?"

赴告 报丧。《史记·周本纪》:"昭王南巡狩不返,卒于江上。其卒不赴告,讳之也。"杜预《春秋左传序》:"赴告策书,诸所记注,多违旧章。"孔颖达疏:"文十四年传曰:'崩薨不赴,祸福不告。'然则邻国相命,凶事谓之赴,他事谓之告,对文则别,散文则通。"亦作"讣告"。韩愈《与李秘书论小功不税书》:"今特以讣告不及时,闻死出其月数则不服,其可乎?"亦指报告重大事故,含有乞援的意思。《列女传·许穆夫人》:"如使边境有寇戎之事,维是四方之故,赴告大国,妾在,不犹愈乎?"

赴汤蹈火 比喻冒险犯难,奋不顾身。《三国志·魏志·刘表传》"知嵩无他意,乃止"裴松之注引《傅子》:"虽赴汤蹈火,死无辞也。"

茇〔茇〕(fù) 谷名,即黑黍。《管子·地员》:"其种大茇细茇。"戴望校正引王引之云:"此篇凡言其种某某者,皆指五谷而言。茇读为《大雅》'维秬维秠'之秠。《尔雅》曰:'秠,黑黍秠。'郭注曰:'秠亦黑黍,但中间米异耳。'茇字从艸负声。负,古读若倍,声与秠相近,故字亦通也。"

柎（fù） 通"坿"。涂附。《仪礼·士冠礼》:"素积白屦,以魁柎之。"郑玄注:"魁,蜃蛤;柎,注也。"贾公彦疏:"以蛤灰涂注于上,使色白也。"

另见 fū、fú。

辅〔辅〕(fù) ❶车厢外立木。《史记·司马穰苴列传》:"乃斩其仆,车之左驸,马之左骖,以徇三军。"司马贞索隐:"驸,当作辅,并音附,谓车循外立木,承重较之材也。"❷辅。《易纬乾坤凿度》卷下:"乾为父,坤为母,皆辅顺天道,不可违化。"

另见 róng、rǒng。

复㊀〔復〕(fù) ❶又;再。如:日复一日。《左传·僖公五年》:"晋侯复假道于虞以伐虢。"《史记·刺客列传》:"于是遂诛高渐离,终身不复近诸侯之人也。"❷还;返。《左传·宣公二年》:"宣子未出山而复。"❸恢复。《史记·平原君列传》:"三去相,三复位。"❹告;回答。《管子·中匡》:"管仲惧而复之。"《史记·司马相如列传》:"王辞而不复。"❺报复。《左传·定公四年》:"〔伍员〕谓申包胥曰:'我必复楚国。'"❻免除徭役。战国时魏国考选武卒,考中者"复其户",即免除全

户徭役。秦商鞅变法,规定努力耕织致粟帛多者"复其身",即免除本身徭役。秦始皇曾将民众三万户迁到琅邪台,"复十二岁";将三万户迁到丽邑(今陕西西安东北),五万户迁到云阳,"皆复不事十岁"。汉代通例,爵位到五大夫,武功爵到千夫,才得"复"。后代也有沿用此法的。❼古代丧礼称招魂为"复"。《礼记·檀弓下》:"复,尽爱之道也。"❽通"覆"。累土为室。《诗·大雅·绵》:"陶复陶穴,未有家室。"陆德明释文:"复,累土于地上也。《说文》作'覆'。"❾六十四卦之一,震下坤上。《易·复》:"象曰:雷在地中,复。"❿姓。春秋时楚国有复遂。

㊁〔複〕(fù) ❶夹衣。《释名·释衣服》:"有里曰复,无里曰单。"《三国志·魏志·管宁传》:"常著皂帽,布襦裤,布裙,随时单复。"也比喻夹层的。如:复壁。❷重复;繁复。如:复制;复分数。张衡《东京赋》:"复庙重屋,八达九房。"陆游《游山西村》诗:"山重水复疑无路,柳暗花明又一村。"

复辟 辟,君主。失位的君主复位叫"复辟"。语本《书·咸有一德》"伊尹既复政厥辟"。指伊尹把政权交还给商王太甲。《明史·王骥传》:"石亨、徐有贞等奉英宗复辟。"现多指国家政权落到旧制度的政治代表手里。如法国资产阶级革命后的波旁王朝复辟,中国辛亥革命推翻封建帝制后的张勋复辟。

复壁 夹墙。两重的壁,中空,可藏物或匿人。《后汉书·赵岐传》:"藏岐复壁中。"

复仇 报仇。《孟子·滕文公下》:"为其杀是童子而征之,四海之内皆曰:'非富天下也,为匹夫匹妇复仇也。'"

复次 又;再次。《后汉书·徐登传》:"登乃禁溪水,水为不流。炳(赵炳)复次禁枯树,树即生荑。"现在写文章也有用其次、复次表示文义层次的。

复道 高楼间或山岩险要处架空的通道;阁道。《史记·留侯世家》:"上在雒阳南宫,从复道望见诸将。"裴骃集解:"如淳曰:'上下有道,谓之复道。'韦昭云:'阁道。'"参见"阁道❷"、"栈道"。

复古 恢复旧制。《诗·小雅·车攻序》:"车攻,宣王复古也。"后泛指恢复旧的制度、风尚等。

复句 意思上有密切联系的小句

子组织在一起构成的大句子。复句中的每个小句子叫分句。如：明天不下雨，我们上他家去。参见“单句”。

复命 ❶回报。《左传·宣公四年》：“遂归复命。”《论语·乡党》：“宾退，必复命，曰：‘宾不顾矣。’”❷道家指复归本性。《老子》：“夫物芸芸，各复归其根。归根曰静，是谓复命。”河上公注：“言安静者是为复还性命，使不死也。”

复裙 夹层裙。张敞《东宫旧事》：“皇太子纳妃，有绛纱复裙、绛碧结绫复裙。”

复襦 夹有絮的短袄。《广雅·释器》“复襦”王念孙疏证：“禅襦，如襦而无絮也。然则有絮者谓之复襦矣。”古乐府《孤儿行》：“冬无复襦，夏无单衣。”

复意 言外之意。《文心雕龙·隐秀》：“文之英蕤，有秀有隐。隐也者，文外之重旨者也；秀也者，篇中之独拔者也。隐以复意为工，秀以卓绝为巧。”

复奏 中国旧制规定对犯人执行死刑前应反复向皇帝报告的制度。此制古已有之，北魏时确立。《新唐书·太宗纪》：“（贞观五年十二月诏）决死刑，京师五复奏，诸州三复奏，其日尚食毋进酒食。”《唐律疏议·断狱》：“诸死罪囚，不待复奏报下而决者，流二千里。”明承唐制，死刑即决及秋后并三复奏。清时对朝审、秋审均行三复奏之法。乾隆十四年（1749 年）改为朝审三复，秋审一复。

畠（fù） 同“阜❶”。《楚辞·九思·悯上》：“山畠兮峇峇。”

洑（fù，旧读 fú） 浮游。如：洑水。《红楼梦》第三十八回：“掐了桂蕊，扔在水面，引的那游鱼洑上来唼喋。”
另见 fú。

祔（fù） ❶新死者附祭于先祖。《仪礼·既夕礼》：“卒哭，明日以其班祔。”郑玄注：“班，次也。……祔，犹属也。祭昭穆之次而属之。”《释名·释丧制》：“又祭曰祔，祭于祖庙，以后死孙祔于祖也。”❷合葬。《礼记·檀弓上》：“周公盖祔。”孔颖达疏：“周公以来，盖始祔葬，祔即合也，言将后丧合前丧。”

副（fù） ❶次要的；附带的。如：副食品；副产品。❷辅助。《素问·疏五过论》：“按循医事，为万民副。”亦指辅助的人或物。参见“副贰❷”。❸符合；相称。如：名副

其实。《后汉书·黄琼传》：“盛名之下，其实难副。”❹古时王后及诸侯夫人的一种首饰。编发作假髻，上缀以玉。《诗·鄘风·君子偕老》：“副笄六珈。”❺器物一对或一套。如：一副对联；一副杯筷。曹植《冬至献履袜颂表》：“并献文履七纳，袜百副。”
另见 pì。

副词 表示动作、行为、发展变化、性质、状态的程度、范围、时间等的词。如“很”、“都”、“就”、“又”、“立刻”、“不”等。副词能修饰动词、形容词，不能修饰名词，不能充当谓语，常用作状语（很好），补语（好得很），有些还有关联作用（说干就干，又多又好）。

副贰 ❶辅佐。《周礼·天官·大宰》“立其贰”贾公彦疏：“谓小卿副贰大卿。”❷副职。泛指佐助的官吏。《后汉书·百官志一》：“其不置校尉部，但军司马一人，又有军假司马、假侯，皆为副贰。”❸副本。《魏书·李彪传》：“正本蕴之麟阁，副贰藏之名山。”

副墨 庄子虚拟的含有寓意的人名。《庄子·大宗师》：“子独恶乎闻之？曰：闻诸副墨之子。”副，辅助。墨，翰墨。意谓文字并非道本身，不过是传道之助，故称副墨。

掊（fù） 通“踣”。偃仆；放倒。《史记·吕太后本纪》：“乃顾麾左右执戟者掊兵罢去。”
另见 póu、pǒu。

蚹（fù） 蛇腹代足爬行的横鳞。见“蛇蚹❶”。

偪（fù，又读 bī） 偪阳，春秋时古国名。见《春秋·襄公十年》。《穀梁传》作“傅阳”。
另见 bī 逼。

富（fù） 同“富”。

跸（fù） 趋越。王延寿《王孙赋》：“上触手而拏攫，下值足而登跸。”

頗〔頗〕（fù） 见“頗蠃”。

頗蠃 亦作“负版”。小虫名。柳宗元《頗蠃传》：“頗蠃者，善负小虫也。行遇物，辄持取，卬其首负之，背愈重，虽困剧，不止也。”卬，通“昂”。

赋〔賦〕（fù） ❶田地税，亦泛指赋税。《书·禹贡》：“厥田惟上下，厥赋中上。”❷兵赋。古按田赋所出的军用人力物力。《左传·隐公四年》：“君为主，敝邑以赋与陈、蔡从，则卫国之愿也。”洪亮吉

《左传诂》引服虔云：“赋，兵也。以田赋出兵，故谓之赋。”❸通“敷”。颁行；陈述。《诗·大雅·烝民》：“明命使赋。”《左传·僖公二十七年》：“赋纳以言。”《书·舜典》作“敷奏以言”。孔传：“敷，陈；奏，进也。”❹授；给予。《汉书·哀帝纪》：“田非冢茔，皆以赋贫民。”又特指生成的资质。如：天赋；禀赋。❺分析《诗经》的术语，与风、雅、颂、比、兴合称“六义”。❻文体名。班固《两都赋序》：“赋者，古诗之流也。”《汉书·艺文志》则说：“不歌而诵谓之赋。”据刘勰《文心雕龙·诠赋》，此说出于刘向。最早以《赋》名篇的一般认为是战国荀卿的《赋篇》。到汉代形成一种特定的体制，讲究文采、韵节，兼具诗歌与散文的性质，在当时颇为盛行。以后或向骈文方向发展，或进一步散文化。接近于散文的为“文赋”，接近于骈文的为“骈赋”、“律赋”。❼不歌而诵。《左传·隐公元年》：“公入而赋。”苏轼《前赤壁赋》：“横槊赋诗。”后多称作诗为赋诗。

赋得 凡摘取古人成句为题之诗，题首多冠以“赋得”二字。南朝梁元帝即已有《赋得兰泽多芳草》诗。科举时代之试帖诗，因诗题多取成句，故题前均冠以“赋得”二字。同样也应用于应制之作及诗人集会分题。后遂将“赋得”视为一种诗体，即景赋诗者亦往往袭用以名诗。

赋闲 晋代潘岳辞官家居，作《闲居赋》。后因称失去职务无事为“赋闲”。《官场现形记》第四十三回：“吾兄在省候补，是个赋闲的人，有这闲工夫等他。”

赋韵 即“分韵”。旧时作诗方式之一。据《南史·曹景宗传》：“景宗振旅凯入（整兵奏凯而回），帝于华光殿宴饮连句，令左仆射沈约赋韵，景宗不得韵……启求赋诗……诏令约赋韵。时韵已尽，唯余‘竞’、‘病’二字。”“赋”是给予或分配的意思。

傅（fù） ❶辅相。《左传·僖公二十八年》：“郑伯傅王。”亦指辅佐的官。如：太傅；少傅。❷教导。《新书·保傅》：“傅之德义。”亦指教导的人。如：师傅。❸通“附”。附着。《左传·僖公十四年》：“皮之不存，毛将安傅？”❹植物名。《尔雅·释草》：“傅，横目。”郭璞注：“一名结缕，俗谓之鼓筝草。”郝懿行义疏引《汉书音义》云：“结缕似白茅，蔓联而生。”❺姓。
另见 fū。

傅别 古时的券据;借据。犹后来凭骑缝核对的票据。《周礼·天官·小宰》:"听称责以傅别。"郑玄注:"称责,谓贷予;傅别,谓券书也。听讼责者以券书决之。傅,傅著约束于文书;别,别为两,两家各得一也。"

傅会 同"附会"。❶集合;凑合。《列子·汤问》:"偃师大慑,立剖散倡者以示王,皆傅会革木胶漆白黑丹青之所为。"❷把没有联系的事说成有联系。《汉书·爰盎传赞》:"爰盎虽不好学,亦善傅会。"颜师古注引张晏曰:"因宜附会合会之。"❸傅辞会理,指文章的经营缔造。《后汉书·张衡传》:"衡乃拟班固《两都》作《二京赋》,因以讽谏,精思傅会,十年乃成。"参见"附会"。

傅致 罗织附会。《汉书·王莽传上》:"莽皆傅致其罪,为请奏。"颜师古注:"附益而引致之,令人罪。"

鲅
〔鲅〕(fù) 见"吐鲅"。

富
(fù) ❶财产多。与"穷"相对。《荀子·富国》:"下富则上富。"亦指财力;财产。如:财富。❷宽裕;丰厚。如:丰富;富丽;富于正义感。❸姓。周代有富辰。

富贵浮云 把富贵看得像变动的浮云,不足重视。语出《论语·述而》"不义而富且贵,于我如浮云"。元好问《赵元德御史之兄七帙之寿》诗:"富贵浮云世态新,典刑依旧老成人。"

富饶 财物充足。《三国志·蜀志·诸葛亮传》:"三年春,亮率众南征,其秋悉平,军资所出,国以富饶。"

富庶 财物丰富,人口众多。语本《论语·子路》:"冉有曰:'既庶矣,又何加焉?'曰:'富之。'"韩偓《过汉口》诗:"居杂商徒偏富庶,地多词客自风流。"

富岁 丰年。《孟子·告子上》:"富岁子弟多赖。"

富有 谓无所不有。《易·系辞上》:"富有之谓大业。"王弼注:"广大悉备,故曰富有。"后多以指物资富足。《汉书·食货志上》:"先富有而后礼让。"

富裕 充裕。如:日子过得挺富裕。

榎
(fù) 织机上卷织物的轴。《说文·木部》:"榎,机持缯者。"

輹
〔輹〕(fù) 车箱下面钩住车轴的木头,亦称"伏兔"。《易·大畜》:"舆说(脱)輹。"《左传·僖公十五年》:"车说(脱)其輹。"杜预注:"輹,车下缚也。"孔颖达疏:"輹,车下伏兔也,今人谓之车屐,形如伏兔,以绳缚于轴,因名缚也。"

腹
(fù) ❶一般指人和陆生脊椎动物(四足类)躯干的一部分。介于胸和骨盆之间,包括腹壁、腹腔及其内脏。在人,腹壁分后壁、前壁和两侧壁。腹后壁俗称"腰",由脊柱腰段和其两旁的肌肉构成;腹前壁和腹两侧壁俗称"肚皮",其组成部分仅有腹壁肌和筋膜等软组织,以适应腹腔内中空性脏器充盈或排空时的变化。腹壁肌的紧张力,是形成腹压的主要因素,对维持腹腔内脏器的位置起一定的作用;减弱时可以引起内脏下垂症。腹壁肌收缩帮助排尿、排粪。此外,产妇在分娩时也利用腹壁肌以协助分娩。中央的脐,临床上用作划分腹为上、下、左、右四个部分的标志。❷抱在怀中。《诗·小雅·蓼莪》:"出入腹我。"郑玄笺:"腹,怀抱也。"❸比喻中心部分。如:山腹。吴均《登二妃庙》诗:"折菡巫山下,采荇洞庭腹。"❹厚。《礼记·月令》:"〔季冬之月〕冰方盛,水泽腹坚,命取冰。"郑玄注:"腹,厚也。"❺比喻内心。刘基《赠周宗道》诗:"披衣款军门,披腹陈否臧。"❻姓。战国时赵有腹击。

腹背 ❶比喻前后两面。如:腹背受敌。《晋书·慕容超载记》:"别敕段晖率兖州之军缘山东下,腹背击之,上策也。"❷比喻关系密切。《后汉书·黄琼传》:"黄门协邪,群辈相党,自冀(梁冀)兴盛,腹背相亲。"

腹背之毛 比喻无足轻重。《韩诗外传》卷六:"夫鸿鹄一举千里,所恃者六翮尔。背上之毛,腹下之毳,益一把,飞不为加高;损一把,飞不为加下。"《后汉书·孟尝传》:"实羽翮之美用,非徒腹背之毛也。"

腹非 同"腹诽"。

腹诽 亦作"腹非"。中国古代认定臣下对统治者心怀不满而加的罪名。始自汉武帝时。《史记·魏其武安侯列传》:"魏其、灌夫日夜招聚天下豪杰壮士与论议,腹诽而心谤。"《汉书·食货志下》作"腹非"。

腹疾 腹泻的病。《左传·昭公元年》:"雨淫腹疾。"孔颖达疏:"雨多则腹肠泄注。"

腹里 ❶泛指内地。《通俗编·地理》:"今律有'腹里地面文'。"❷元代称中书省辖之地为腹里。《元史·地理志》:"中书省统山东西、河北之地,谓之腹里。"

腹笥 笥,书箱。喻腹中学识。语出《后汉书·边韶传》"腹便便,五经笥"。杨亿《受诏修书述怀感事》诗:"谈经腹笥虚。"

腹心 ❶犹心腹。比喻左右亲信。《诗·周南·兔罝》:"赳赳武夫,公侯腹心。"❷真诚的心意。《左传·宣公十二年》:"敢布腹心,君实图之。"

腹有鳞甲 比喻居心险恶。《三国志·蜀志·陈震传》:"诸葛亮与长史蒋琬、侍中董允书曰:'孝起(陈震字)前临至吴,为吾说正方(李严字)腹中有鳞甲,乡党以为不可近。'"

鲋
〔鲋〕(fù) ❶即"鲫"。《庄子·外物》:"夫揭竿累,趣灌渎,守鲵鲋,其于得大鱼难矣。"❷虾蟆。《易·井》:"井谷射鲋。"孔颖达疏引子夏传云:"井下虾蟆呼为鲋鱼也。"

缚
〔缚〕(fù) ❶用绳缠束。杜甫《缚鸡行》:"小奴缚鸡向市卖,鸡被缚急相喧争。"❷特指捆绑。《左传·僖公六年》:"武王亲释其缚。"❸约束。如:受束缚。

蝜
(fù) 虫名"鼠妇",亦作"鼠蝜"。见"伊威"。

赙
〔赙〕(fù) 以财物助人办丧事。《左传·隐公三年》:"武氏子来求赙,王未葬也。"

镜
〔镜〕(fù) 大口锅。《方言》第五:"釜,自关而西或谓之釜,或谓之镜。"《汉书·匈奴传下》:"多赍鬴镜薪炭,重不可胜。"颜师古注:"鬴,古釜字也。镜,釜之大口者也。"

福
(fù) ❶充满。《广雅·释诂》:"福,盈也。"❷全副。衣一套。《匡谬正俗》卷六:"今俗呼一袭为一福衣,盖取其充备之意。"《集韵》:"福,衣一称。"❸通"副"。符合。《金石萃编·上尊号碑》:"宜蒙纳许,以福海内欣戴之望。"

覆
(fù) 植物名。《尔雅·释草》:"覆,盗庚。"郭璞注:"旋覆,似菊。"按,即旋复花。

蝮
(fù) 见"蝮蛇"。

蝮蛇(Agkistrodon blomhoffii) 别称"草上飞"、"土公蛇"。爬行纲,蝰科。一种毒蛇。全长一般60~70厘米,头呈三角形,颈细。具颊窝。背灰褐色,两侧各有一行黑褐色圆斑;腹灰褐,具黑白斑点。生活于平原及较低山区,以鼠、鸟、蛙、蜥蜴等为食。

卵胎生。中国除西藏、云南、广东、海南、广西外，各地均有分布；也产于朝鲜半岛、日本和俄罗斯东部。大连近海的小龙山岛，盛产此蛇，故名蛇岛。1979年把蛇岛的蝮蛇定名为蛇岛蝮(A. shedaoensis)。

蝮蛇

螈(fù) 与"嬔"别。兔所生子。《尔雅·释兽》："兔子，螈。"郝懿行义疏："《说文》作'娩'，云'兔子也。'"

鰒〔鰒〕(fù) 动物名。即"鲍"。详该条❶。

覆(fù) ❶转回。如：翻来覆去，反覆无常。❷答；告。如：函覆。《汉书·冯唐传》："〔李牧〕为赵将居边，军市之租皆自用飨士，赏赐决于外，不从中覆也。"颜师古注："覆谓覆白之也。"❸翻；倾覆。《国语·晋语五》："遇大车当道而覆。"❹败坏。《国语·晋语八》："栾书实覆宗，弑厉公以厚其家。"❺遮盖；掩蔽。如：天覆地载。《汉书·京房传》："此上大夫覆阳而上意疑也。"❻指伏兵。《左传·隐公九年》："君为三覆以待之。"❼颠倒。《左传·僖公二十四年》："沐则心覆，心覆则图反。"❽察看；审察。《考工记·弓人》："覆之而角至，谓之句弓。"郑玄注："覆，犹察也。"《汉书·李寻传》："唯财留神，反覆覆愚臣之言。"

覆案 反覆验问。《史记·李斯列传》："使者覆案三川相属，诮让斯居三公位，如何令盗如此？"相属，一个接一个。亦作"覆按"。

覆瓿 《汉书·扬雄传下》："钜鹿侯芭常从雄居，受其《太玄》《法言》焉。刘歆亦尝观之，谓雄曰：'空自苦！今学者有禄利，然尚不能明《易》，又如《玄》何？吾恐后人用覆酱瓿也。'"后因以"覆瓿"形容著作没有价值，只能用来盖盛酱的瓦罐。李渔《曲话·结构》："著match惟供覆瓿之用，虽多亦奚以为？"

覆巢无完卵 比喻灭门之祸，无一得免。《世说新语·言语》："孔融被收，中外惶怖。时融儿大者九岁，小者八岁，二儿故琢钉戏，了无遽容。融谓使者曰：'冀罪止于身，二儿可得全不？'儿徐进曰：'大人，岂见覆巢之下，复有完卵乎？'寻亦收至。"也用来比喻整体覆灭，个人不能幸存。

覆车 ❶《韩诗外传》卷五："前车覆，而后车不诚，是以后车覆也。"后以"覆车"比喻失败的教训。《后汉书·窦武传》："今不虑前事之失，复循覆车之轨。"❷古代捕鸟车。《尔雅·释器》："罦，覆车也。"郭璞注："今之翻车也，有两辕，中施罥以捕鸟。"《史记·樗里子甘茂列传》："禽困覆车。"

覆釜 古水名。古九河之一。《尔雅·释水》："釜"作"鬴"。因水中多渚，形如覆釜得名。故道汉代即已不可确指，据过去学者研究，以为当出今河北阜城东，经东光、山东庆云、无棣一带入海。

覆盖 遮盖。如：积雪覆盖着地面。宋玉《高唐赋》："榛林郁盛，葩华覆盖。"

覆冒 ❶笼罩；覆盖。《汉书·谷永传》："至其四月，黄浊四塞，覆冒京师。"《晋书·天文志上》："会稽虞喜因宣夜之说，作《安天论》。以为天高穷于无穷，地深测于不测。天确乎在上，有常安之形；地块焉在下，有居静之体。当相覆冒，方则俱方，圆则俱圆，无方圆不同之义也。"❷掩没真相。《列女传·齐威虞姬》："既陷难中，有司受赂，听用邪人，卒见覆冒，不能自明。"

覆盆 ❶覆置的盆。《抱朴子·辨问》："是责三光不照覆盆之内也。"后因以比喻社会黑暗或沉冤莫白。李白《赠宣城赵太守悦》诗："愿借羲皇景，为人照覆盆。"❷犹倾盆。祝简《夏雨》诗："电掣雷轰雨覆盆，晚来枕簟颇宜人。"

覆手 ❶犹反手。比喻事情容易办到。《后汉书·皇甫规传》："今兴改善政，易于覆手。"❷古人饭后用手抹嘴，以去不洁，表示餐毕。《礼记·玉藻》："君未覆手，不敢飧。"孔颖达疏："谓食饱必覆手以循口边，恐有殽粒污著之也。"

覆水难收 比喻事情成定局，无法挽回。《后汉书·何进传》："国家之事，亦何容易？覆水不收，宜深思之。"亦作"泼水难收"。相传汉朱买臣初时家贫，其妻自愿离异；后买臣富贵，为会稽太守，妻又求合。买臣取盆水倾泼于地，令其妻收取，表示夫妻已经离异，就不能再合。一说，为周代姜尚与其妻马氏的故事。李白《白头吟》："覆水再收岂满杯，弃妾已去难重回。"

覆餗 《易·鼎》："鼎折足，覆公餗。"餗，食物。谓鼎足折断，食物从鼎里倒出。后因以"覆餗"比喻力不胜任而败事。刘琨《谢拜大将军都督并州表》："况臣凡陋，拟踪前贤，俯惧折鼎，虑在覆餗。"参见"鼎餗"、"折足覆餗"。

覆盂 覆置的盂，比喻稳固、不可动摇。东方朔《答客难》："连四海之外以为带，安于覆盂。"

覆羽 着生在鸟翼背面和腹面的羽，分别称为"上覆羽"和"下覆羽"。上覆羽被覆于飞羽的基部；下覆羽一般发育不完全。覆羽又初分初级覆羽和次级覆羽。着生在手部(沿腕骨、掌骨、指骨排列)的，称为"初级覆羽"；着生在下臂部(沿尺骨排列)的，称为"次级覆羽"。尾部也有覆羽，分别称为"尾上覆羽"和"尾下覆羽"。

覆育 指天地养育万物。《礼记·乐记》："天地䜣合，阴阳相得，煦妪覆育万物。"也指父兄对子弟的保护和教养。《汉书·谷永传》："覆育子弟，诚无以加。"

覆载 原指天地庇育及包容万物。《礼记·中庸》："天之所覆，地之所载。"《庄子·天地》："夫道，覆载万物者也。"后亦用为天地的代称。《宋史·乐志》："揭名日月，侔德覆载。"

覆辙 翻车的轮迹。犹言覆车。比喻失败的教训。刘昼《新论·法术》："立法者譬如善御，察马之力，揣途之数，齐其衔辔，以从其势，故能登阪赴险，无覆轶之败。"按《集韵·十七薛》：轶，辙之或字。

馥(fù) 香；香气。谢朓《思归赋》："晨露晞而草馥，微风起而树香。"柳宗元《新茶》诗："呼儿爨金鼎，馀馥延幽遐。"

另见 bì。

馥馥 香气浓烈。陆机《文赋》："播芳蕤之馥馥，发青条之森森。"

馥郁 香气浓烈。陈樵《雨香亭》诗："氤氲入几席，馥郁侵衣裳。"《水浒传》第四十二回："宋江觉道这酒馨香馥郁，如醍醐灌顶，甘露洒心。"

蕧(fù) 竹的果实。戴凯之《竹谱》："根干将枯，花蕧乃县(悬)……蕧，竹实也。"

髶(fù) 假髻。《广雅·释器》："假结谓之髶。"结同髻。

蝜(fù) 见"蝜蝂"。

蝜蝂 水稻害虫。即"稻蝗"。

G

gā

旮（gā）见"旮旯"。

旮旯❶北京方言。角落。《儿女英雄传》第二十七回："解扣松裙，在炕旮旯里换上。"❷指偏僻的地方。如：山旮旯；背旮旯。

伽（gā）译音字。如：伽玛射线（γ射线）。
另见 jiā，qié。

呷（gā）见"呷呷"。
另见 xiā。

呷呷❶鸭叫声；也用来形容许多禽兽的叫声。李白《大猎赋》："嗷嗷呷呷，尽奔突于场中。"❷笑声。关汉卿《鲁斋郎》第四折："采樵人鼓掌呷呷笑。"

咖（gā）见"咖喱"。
另见 kā。

咖喱用胡椒、姜黄和茴香等合成的调味品。

狇（gā）译音字。见"獾狇狓"。

嘎〔嘎〕（gā，又读 gǎ）拟声词。《红楼梦》第三十五回："不防廊下的鹦哥见黛玉来了，嘎的一声扑了下来。"

gá

轧〔轧〕（gá）吴方言。❶拥挤；压榨。如：轧得很；轧扁。❷结交。如：轧朋友。❸核对。如：轧账。
另见 yà，zhá。

钆〔钆〕（gá）化学元素[周期系第Ⅲ族（类）副族元素、镧系元素]。稀土元素之一。符号 Gd。原子序数 64。银白色金属，在潮湿空气中变晦暗。钆盐为无色。有良好的超导性能，高磁矩及室温居里点是钆的特殊性能，并具有已知元素中最高的中子吸收截面。用于微波技术、原子能工业及制彩色电视机的荧光粉等。

尜（gá）见"尜尜"。

尜尜亦作"嘎嘎"。❶亦称"尜儿"。一种小儿玩具。两头尖，中间大。❷形状像尜尜的东西。如：尜尜枣；尜尜汤（用玉米面等做成的食品）。

噶（gá）译音字。如：噶伦。
另见 gé。

gǎ

尕（gǎ）方言。❶乖僻。如：尕古（指人脾气、器物质量、事情结局的不好）。❷调皮。

尕（gǎ）西北方言。小。如：尕娃。

gà

尬（gà）见"尴尬"。

魀（gà）见"尴魀"。

gāi

侅（gāi）《庄子·盗跖》："侅溺于冯气。"王先谦集解引王念孙曰："冯气，犹盛气。案贪欲既多，侅塞沈溺于盛气。"❷见"奇侅"。

该〔該〕（gāi）❶应当。如：应该；该当。《西游记》第二十一回："如来照见了他，不该死罪。"❷欠。如：该帐。《红楼梦》第一百回："人家该咱们的，咱们该人家的……算一算，看看还有几个钱没有。"❸包括一切；尽备。《管子·小问》："四言者该焉，何为其寡也?"《孔子家语·正论解》："夫孔子者，圣无不该。"❹指上文说过的人或事物，多用于公文。如：该员；该件。

该博学问或见闻广博。李德裕《〈次柳氏旧闻〉序》："愧史迁（司马迁）之该博，惟次旧闻。"

该富完备丰富。《文心雕龙·史传》："观司马迁之辞，思实过半，其十志该富，赞序弘丽，儒雅彬彬，信有遗味。"

该贯博通。《金史·梁襄传》："襄长于《春秋左氏传》，至于地理、氏族，无不该贯。"

该览广博涉猎。《三国志·吴志·陆绩传》："绩容貌雄壮，博学多识，星历算数，无不该览。"

陔（gāi）❶层。台阶的层次。《汉书·郊祀志上》："泰一坛三陔。"颜师古注："三陔，三重坛也。"❷田埂。束晳《补亡诗》："循彼南陔，言采其兰。"

垓（gāi）❶亦作"畡"。兼该八极之地。见"九垓❶"。❷通"陔"。犹言"重"。见"九垓❷"。❸台阶的级次。《史记·封禅书》："坛三垓。"裴骃集解引徐广曰："阶次也。"❹界隔。扬雄《卫尉箴》："重垠累垓，以难不律。"❺数目。《太平御览》卷七五〇引《风俗通》："十万谓之亿，十亿谓之兆，十兆谓之经，十经谓之垓。"

垓心中心。《三国演义》第九十五回："左边司马懿，右边司马昭，却抄在魏延背后，把延困在垓心。"

荄（gāi）草根。《后汉书·鲁恭传》："养其根荄。"

阂〔閡〕（gāi）通"垓"、"陔"。见"九垓❷"。
另见 hé。

絯〔絯〕（gāi）拘束。《庄子·天地》："方且为物絯。"王先谦集解引宣颖云："为物所拘。"

核（gāi）通"荄"。草根。《汉书·五行志中之上》："入地则孕毓根核，保藏蛰虫。"颜师古注："核，亦荄字也。草根曰荄。"
另见 hé。

晐（gāi）本谓日光兼覆。见徐锴《说文解字系传·日部》。引申为赅备。《国语·吴语》："一介嫡女，执箕帚以晐姓于王宫。"韦昭注："一介，一人。晐，备也。姓，庶

姓。《曲礼》曰:'纳女于天子曰备百姓。'"

賅 〔賅〕(gāi) 兼备;完备。如:言简意賅。《庄子·齐物论》:"百骸、九窍、六藏,賅而存焉。"

胲 (gāi) ❶足大指上长毛处的肉,因即以指牲蹄。一说谓賅备。《庄子·庚桑楚》:"腊者之有膍胲,可散而不可散也。"陆德明释文:"胲,足大指也。崔云:'备也。'"成玄英疏:"腊,大祭。膍,牛百叶。胲,备也,亦言是牛蹄也。腊祭之时,牲牢甚备,至于四肢五藏,并皆陈设。祭事既讫,方复散之,则以散为可;若其祭未了,则不合散,又以散为不可。"❷通"侅"。见"奇胲"。

另见 gǎi,hài。

晐 (gāi) 同"垓❶"。见"九垓❶"。

祴 (gāi) 见"祴夏"。

祴夏 古代乐章《九夏》之一。《周礼·春官·钟师》"祴夏"郑玄注:"祴,读为陔鼓之陔……客醉而出奏《陔夏》。"贾公彦疏:"宾醉将出奏之,恐其失礼,故陔切出,使不失礼。"

豥 (gāi) 四蹄都白的猪。《尔雅·释兽》:"四蹄皆白,豥。"郝懿行义疏:"《诗·渐渐之石》笺作'四蹄皆白曰豥',豥与豭字异而音同;然笺又云'白蹄尤躁疾'(意思是豥字义为躁疾,以其躁疾,所以叫豥),则豥古本作豭,亦后人改。"

賌 (gāi) 同"賅(賅)"。见"奇胲"。

gǎi

改 (gǎi) ❶变更;改正。《易·井》:"改邑不改井。"《论语·子罕》:"过则勿惮改。"❷姓。秦代有改产。

改步改玉 《左传·定公五年》:"六月,季平子行东野,还,未至;丙申,卒于房。阳虎将以玙璠敛,仲梁怀弗与,曰:'改步改玉。'"杜预注:"昭公之出,季孙(季平子)行君事,佩玙璠,祭宗庙,今定公立,复臣位,改君步,则亦当去玙璠。"步,指古代祭祀时祭者与尸相距的步数而言,君最近,大夫次之,士最远。玙璠,君所佩玉。仲梁怀认为季平子既复位为臣,不当按君礼葬之,故曰"改步改玉"。后比喻根据情况的变化而改变作法。

改观 改变旧样子;面目一新。《后汉书·王畅传》:"以明府(王畅)上智之才,日月之曜,敷仁惠之政,则海内改观,实有折枝之易。"《二十年目睹之怪现状》第四十三回:"真是点铁成金,会者不难,只改得二三十个字,便通篇改观了。"

改火 古代钻木取火,四季所用树木种类不同,故名。也用来比喻时节改易。《论语·阳货》:"旧谷既没,新谷既升,钻燧改火,期可已矣。"何晏集解引马融曰:"《周书·月令》有更火之文。春取榆柳之火,夏取枣杏之火,季夏取桑柘之火,秋取柞楢之火,冬取槐檀之火。一年之中,钻火各异木,故曰改火也。"

改醮 旧称妇女再嫁。《晋书·李密传》:"父早亡,母何氏改醮。"参见"再醮❷"。

改容 ❶改变神色。《庄子·德充符》:"子产蹴然改容更貌。"❷改换状貌。郑准《江南清明》诗:"吴山楚驿四年中,一见清明一改容。"

改岁 由旧年过渡到新年。《诗·豳风·七月》:"嗟我妇子,曰为改岁,入此室处。"陈奂传疏:"改岁,更一岁也。周建子,以十一月为岁始。"

改头换面 比喻外表不同,而内容未变。寒山诗:"改头换面孔,不离旧时人。"黄宗羲《郑禹梅刻稿序》:"今日时文之士,主于先入,改头换面而为古文。"

改弦更张 调整乐器上的弦,使声音和谐;比喻变更方针、计划或办法。《汉书·董仲舒传》:"窃譬之琴瑟不调,甚者必解而更张之,乃可鼓也。"《宋史·真德秀传》:"于是伪学之论兴,而正道不行。今日改弦更张,正当褒崇名节,明示好尚。"

改弦易辙 用乐的调弦、车的改道比喻变更方向、计划或作法。王楙《野客丛书·张杜皆有后》:"使其(指杜周)子孙改弦易辙,务从宽厚,亦足以盖其父之愆。"

改造 ❶另制;重制。《诗·郑风·缁衣》:"缁衣之好兮,敝,予又改造兮。"引申为从根本上改变旧的,建立新的。如:改造世界。❷另外选择。《荀子·议兵》:"是数年而衰,而未可夺也,改造则不易周也。"杨倞注:"此中试者筋力数年而衰,亦未可遽夺其优复,使皆怨也。改造,更选择也,则又如前。"

改辙 亦作"易辙"。变更行车的道路。曹植《赠白马王彪》诗:"中逵绝无轨,改辙登高冈。"亦比喻变更方针、计划或办法。傅亮《感物赋》:"瞻前轨之既覆,忘改辙于后乘。"参见"改弦易辙"。

改正(—zhēng) 更改岁首之月。古时王朝易姓则改正朔。《礼记·大传》:"改正朔,易服色。"孔颖达疏:"正谓年始,朔谓月初……周子、殷丑、夏寅,是改正也;周夜半、殷鸡鸣、夏平旦,是易朔也。"周子、殷丑、夏寅,谓周以夏十一月建子为正月,殷以夏十二月建丑为正月,夏以正月建寅为正月。

改正(—zhèng) 改去错误、缺点。《汉书·谷永传》:"不求之身,无所改正。"

胲 (gǎi) 颊上肉。按亦以其为须髯所出处而得义。《汉书·东方朔传》:"树颊胲。"颜师古注:"颊肉曰胲。"

另见 gāi,hài。

鐬 〔鐬〕(gǎi) 锯木。参见"鐬匠"。

鐬匠 木匠。《警世通言·宋小官团圆破毡笠》:"那人引路到陈家来。陈三郎正在店中支分鐬匠锯木。"

gài

丐 〔匄、匃〕(gài) ❶乞求。《左传·昭公六年》:"不强丐。"❷乞丐。柳宗元《寄许京兆书》:"皂隶佣丐,皆得上父母丘墓。"❸给予;施予。《汉书·西域传下》:"我丐若马。"《后汉书·窦武传》:"丐施贫民。"

丐养 被人收养的义子。《新五代史·义儿传序》:"开平、显德五十年间,天下五代而实八姓,其三出于丐养。"

芥 (gài) 见"芥蓝"。
另见 jiè。

芥蓝(*Brassica alboglabra*) 十字花科。一二年生草本。茎粗壮、直立。叶互生,有卵形、椭圆形或近圆形,绿色或浓绿色。总状花序,花白或黄色。性喜温和湿润,适于粘壤土生长。原产中国,为华南地区秋冬季主要蔬菜。嫩花茎作蔬菜。

芥蓝

隑 〔隑〕(gài) 梯子。《方言》第十三:"隑,陭也。"郭璞注:"江南人呼梯为隑,所以隑物而登者也。"

另见 qí。

钙 〔鈣〕(gài) 化学元素[周期系第Ⅱ族(类)碱土金属元素]。符号 Ca。原子序数20。银白色轻金属。相对密度1.54。化学性质活泼,能与水或酸反应而放出氢气。在自然界中以化合态存在,如白垩、石灰石、大理石、方解石、石膏、萤石、磷灰石等,还存在于牙齿、蛋壳、贝壳、珊瑚、土壤、海水等中,也存在于血浆和骨骼中,并参与凝血过程及肌肉的收缩过程。为生命必需的大量营养元素,也是植物生长必不可少的元素。金属钙可用于熔融盐金属热还原法制取稀有金属,也可用作合金的脱氧剂等。

盖 〔蓋〕(gài) ❶白茅编成的覆盖物。《左传·襄公十四年》:"被苫盖,蒙荆棘。"孔颖达疏:"被苫盖,言无布帛可衣,唯衣草也。"❷古人称编茅覆屋为盖屋,后来建筑房屋也称盖屋。沈括《梦溪笔谈·杂志一》:"赵韩王治第……盖屋皆以板为笪。"❸遮阳障雨的用具。《考工记·轮人》:"轮人为盖。"此谓车篷。《太平御览》卷七百〇二引《通俗文》:"张帛避雨谓之伞盖。"❹器物上的盖子。如:锅盖;瓶盖。❺遮盖;掩盖。《书·蔡仲之命》:"尔尚盖前人之愆。"《淮南子·说林训》:"日月欲明而浮云盖之。"❻尚;重。见"盖威"。❼压倒;胜过。见"盖世"。❽加上。如:盖章;盖戳。❾推原或传疑之词。《史记·屈原贾生列传》:"屈平之作《离骚》,盖自怨生也。"又《项羽本纪》:"舜目盖重瞳子。"❿发语词。《史记·孝文本纪》:"盖闻有虞氏之时,画衣冠异章服以为僇。"⓫通"害"。《书·吕刑》:"鳏寡无盖。"

另见 gě,hé。

盖代 犹"盖世"。庾信《谢滕王集序启》:"殿下雄才盖代,逸气横云。"

盖棺事定 韩愈《同冠峡》诗:"行矣且无然,盖棺事乃了。"后谓人死以后是非功过才能断定为"盖棺事定"。亦作"盖棺论定"。

盖巾 旧时女子结婚时盖头的巾。亦称"盖头"。吴自牧《梦粱录》卷二十"嫁娶":"〔两新人〕并立堂前,遂请男家双全女亲,以秤或用机杼挑盖头,方露花容。"

盖阙 语出《论语·子路》"君子于其所不知,盖阙如也"。盖,发语词;阙,通"缺"。后人以此二字连读为一词,表示阙疑之意。《文心雕龙·铭箴》:"然矢言之道盖阙。"参见"阙如"、"阙疑"。

盖世 压倒一世,没有人比得过。如:盖世英雄;盖世无双。《史记·项羽本纪》:"力拔山兮气盖世。"

盖威 崇尚威力。《国语·吴语》:"夫固知君王之盖威以好胜也,故婉约其辞,以从逸王志。"韦昭注:"盖犹尚也。"

葢 (gài) 同"盖"。
另见 hé,gě。

摡 (gài) ❶洗涤。《说文·手部》:"摡,涤也。《诗》曰:'摡之釜鬵。'"按:今《诗·桧风·匪风》作"溉"。《楚辞·严忌〈哀时命〉》:"摡尘垢之枉攘兮,除秽累而反真。"王逸注:"摡,涤也。"❷拭。《周礼·天官·世妇》:"帅女宫而濯摡。"郑玄注:"摡,拭也。"
另见 xì。

溉 (gài) ❶灌;浇水。《汉书·沟洫志》:"此渠皆可行舟,其余则用溉。"❷洗涤。《诗·桧风·匪风》:"谁能亨(烹)鱼,溉之釜鬵。"毛传:"溉,涤也。"
另见 xiè。

概 〔槩〕(gài) ❶古代量米麦时刮平斗斛的器具。《礼记·月令》:"〔仲春之月〕正权概。"《韩非子·外储说左下》:"概者,平量者也。"引申为刮平或削平。《管子·枢言》:"釜鼓满,则人概之。"❷限量。《礼记·曲礼上》:"食飨不为概。"孔颖达疏:"不得辄豫(预)限量多少也。"❸系念;放在心上。《后汉书·冯衍传下》:"千金之富,不得其愿,不概于怀。"❹气度;节操。如:气概;节概。《文选·江淹〈杂体诗〉》:"常慕先达概。"李善注:"概,志节也。"❺景象;状况。杜甫《奉留赠集贤院崔于二学士》诗:"胜概忆桃源。"❻要略。如:大概;概要。《史记·伯夷列传》:"其文辞不少概见。"司马贞索隐:"概是梗概,谓略也。"引申为概括。如:即此一端,可概其余。❼漆饰的酒尊。《周礼·春官·鬯人》:"凡祼事用概。"❽全。《西游记》第三十五回:"概洞小妖,被老孙分身法打死一半。"❾通"溉"。洗涤。枚乘《七发》:"澡概胸中,洒练五藏(脏)。"❿通"慨"。感慨。《庄子·至乐》:"我独何能无概然!"

戤 (gài) ❶旧指冒充或仿造别家商品的牌号以招揽顾客。吴语引申为倚仗别人的势力。如:戤牌头。也即谓倚倚。如:戤在墙上。❷抵押。许自昌《水浒记》第六出:"老身情愿把亲生女儿,或戤在押司那里,或就卖与押司做妾。"参见"戤典"。

戤典 抵押。《初刻拍案惊奇》卷三十一:"不若将前面房子再去戤典他几两银子来殡葬大郎。"

篕 (gài) 见"篕掞"。

篕掞 粗席子。《方言》第五:"簟,其粗者自关而东或谓之篕掞。"

gān

干 ㊀(gān) ❶犯;冒犯;冲犯。《左传·襄公二十三年》:"干国之纪。"《楚辞·七谏·谬谏》:"恐犯忌而干讳。"杜甫《兵车行》:"牵衣顿足拦道哭,哭声直上干云霄。"❷求取。《荀子·议兵》:"干赏蹈利之兵也。"杨倞注:"干,求也。"❸关涉。《水浒传》第二十六回:"又不干我事,教说甚么?"❹盾,古代抵御刀枪的兵器。《方言》第九:"盾,自关而东或谓之干。"参见"干城"。引申为捍。参见"师干"。❺涯岸;水边。《诗·魏风·伐檀》:"置之河之干兮。"毛传:"干,厓也。"❻通"竿"。《诗·鄘风·干旄》:"孑孑干旄。"毛传:"注旄于干首,大夫之游也。"干,指旗竿。❼天干。如:干支。❽犹"个"。如:若干。❾通"涧"。《诗·小雅·斯干》:"秩秩斯干,幽幽南山。"郑玄笺:"干,涧也。"❿姓。

㊁〔乾、乹、亁〕(gān) ❶没有水分或水分很少。与"湿"相对。如:干柴;衣服晒干了。也用作某些干制食品的名称。如:豆腐干;饼干。❷竭;尽;空。如:干杯;外强中干。❸徒然;白白地。如:干着急;干瞪眼。❹名义上的。如:干亲;干儿子。
另见 gàn。

干城 ❶干,盾牌。干和城都用以防御,比喻捍卫者。《诗·周南·兔罝》:"赳赳武夫,公侯干城。"孔颖达疏:"言以武夫自固,为捍蔽如盾,为防守如城然。"❷古地名。春秋卫地。《诗·邶风·泉水》:"出宿于干。"今河南濮阳市北有干城村。

干黩 亦作"干渎"。犹冒犯。韩愈《上宰相书》:"干黩尊严,伏地待罪。"

干犯 触犯。《后汉书·吴良传》:"信阳侯就(阴就)倚恃外戚,干犯乘舆,无人臣礼,为大不敬。"

干戈 干,盾;戈,平头戟。干和戈是古代作战时常用的防御和进攻的两种武器,亦用为兵器的通称。《礼记·檀弓下》:"能执干戈以卫社稷。"引申指战争。杜甫《寄题江外草堂》诗:"干戈未偃息,安得酣歌眠!"

干将 古代人名,转为宝剑名。相传干将、莫邪二人为夫妇,楚王命干将铸造宝剑,三年成雌雄二剑,雄名干将,雌名莫邪,干将自知楚王必将怒其造剑迟缓而杀他,故藏雄剑不献,留给其子,希望为他报仇,后其子赤鼻终于向暴君报了仇。事见《吴越春秋·阖闾内传》、《搜神记》和《列异传》。鲁迅曾据此写成故事新编《铸剑》。一说干将莫邪实系一人。又传莫邪系男性,为吴大夫,曾作宝剑,即以其名名之。各说不一。后用以泛称宝剑。韩翃《送刘侍御赴陕州》诗:"金羁映骕骦,后骑佩干将。"参见"莫邪"。

干进 营谋官职地位。《离骚》:"既干进而务入兮,又何芳之能祇?"

干连 关系;牵连。《西厢记》第四本第二折:"到底干连着自己骨肉,夫人索追究。"

干禄 ❶求福。《诗·大雅·旱麓》:"岂弟君子,干禄岂弟。"❷求禄位。《论语·为政》:"子张学干禄。"

干没 ❶囤积谋利。《汉书·张汤传》:"始为小吏,干没,与长安富贾田甲、鱼翁叔之属交私。"颜师古注:"服虔曰:'干没,射成败也。'如淳曰:'豫居物以待之,得利为干,失利为没。'"❷侵吞公家或他人财物。《宋史·河渠志三》:"每兴一役,干没无数,省部御史莫能钩考。"❸犹侥幸。《晋书·张骏传》:"霸王不以喜怒兴师,不以干没取胜。"

干戚 干,盾;戚,斧。古武舞执之。《礼记·文王世子》:"大乐正学,舞干戚。"亦指武舞。《礼记·乐记》:"干戚之舞,非备乐也。"

干卿何事 跟你什么相干。常用以讥笑人爱管闲事。亦作"干卿底事"。详"吹皱一池春水"。

干鹊 即喜鹊。《论衡·龙虚》:"狌狌知往,干鹊知来。"按《实知》篇作"𪆰鹊",也叫"鳱鹊"。

干扰 干预并扰乱。《北史·献文六王传》:"〔北海王颢〕自谓天之所授,颇怀骄恣,宿昔宾客近习之徒,咸见宠待,干扰政事。"

干涉 ❶谓过问、插手别人的事。《后汉书·东夷传》:"其俗重山川,山川各有部界,不得妄相干涉。"❷犹关涉,关系。《水浒传》第二十二回:"他与老汉水米无交,并无干涉。"

干时 ❶求合于当时。蔡邕《陈太丘碑》:"不徼讦以干时,不迁怒(亦作貳)以临下。"❷违反时势。《三国志·魏志·张承传》:"若荀僒拟,干时而动,众之所弃,谁能兴之!"

干世 求为世用。《拾遗记·秦始皇》:"〔张仪、苏秦〕尝息大树之下,假息而寐,有一先生(鬼谷子)问:'二子何勤苦也?'……乃请其术,教以干世出俗之辨(辩)。"

干脩 义同"干薪"。《二十年目睹之怪现状》第十一回:"因为他弄了情面荐来的,没奈何,给他四吊钱一个月的干脩罢了。"

干笑 勉强装笑,似笑非笑。《宋书·范晔传》:"〔晔妻〕骂晔曰:'……身死固不足塞罪,奈何枉杀子孙?'晔干笑,云'罪至'而已!"

干薪 ❶干柴。陆游《农家》诗:"大布缝袍稳,干薪起火红。"❷亦称"干脩"、"干俸"。旧时指官吏、职员等因特殊关系,不工作而支领的薪金。

干谒 求请;有所求而请见。《北史·郦道元传》:"道约字善礼,朴质迟钝,颇爱琴书。性多造请,好以荣利干谒,乞丐不已,多为人所笑弄。"

干预 犹"干涉"。❶预,亦作"与"。谓过问别人的事。《晋书·刘琨传》:"润(徐润)恃宠骄恣,干预琨政。"❷关涉。《朱子全书·学一》:"于他人无一豪(毫)干预。"

干泽 乞求恩泽。泽,恩泽,指禄位。《孟子·公孙丑下》:"孟子去齐,尹士语人曰:'不识王之不可以为汤武,则是不明也;识其不可,然且至,则是干泽也。'"

干折 以钱代物作为馈赠。《醒世恒言·两县令竞义婚孤女》:"骂了一回,就乘着热闹中,唤过当直的,分付将贾公派下另一分肉菜钱,干折进来,不要买了。"

干证 与讼案有关的证人。《清会典·刑部》:"凡词内干证,令与两造同具甘结。"

干支 天干(甲、乙、丙……)和地支(子、丑、寅……)的合称。以十干同十二支循环相配,成甲子、乙丑、丙寅……六十组,通称"六十甲子"。古代用来表示年、月、日和时的次序,周而复始,循环使用。现今夏历的年和日仍用干支。

甘(gān) ❶味甜。《诗·邶风·谷风》:"谁谓荼苦,其甘如荠。"引申指美味。枚乘《七发》:"甘脆肥脓,命曰腐肠之药。"❷美好。《左传·昭公十一年》:"今币重而言甘,诱我也。"❸情愿;乐意。《诗·齐风·鸡鸣》:"虫飞薨薨,甘与子同梦。"❹嗜好。《书·五子之歌》:"甘酒嗜音。"❺缓。《庄子·天道》:"斫轮徐则甘而不固。"❻甘肃省的简称。❼姓。

甘拜下风 甘愿处于下位。《镜花缘》第五十二回:"如此议论,才见读书人自有卓见,真是家学渊源,妹子甘拜下风。"

甘脆 味美的食品;美味。《国策·韩策二》:"仲子固进,而聂政谢曰:'臣有老母,家贫客游,以为狗屠,可旦夕得甘脆以养亲。'"亦作"甘毳"。《盐铁论·孝养》:"甘毳以养口,轻暖以养体。"

甘结 旧时官府审判讼案后由受审人出具自承所供属实或甘愿接受处分的文书。《六部成语·吏部·甘结》注:"凡官府断案既定,或将财物令事主领回者,均命本人作一情甘遵命之据,上写花押,谓之甘结。"另外,奉命承办官府事务时所立的保证,也称甘结。《通俗编·政治·甘结》:"《续通鉴》:宋宁宗时,禁伪学,诏监司帅守荐举考官,并于奏牍前具甘结,申说并非伪学人,甘结二字见此。"

甘苦 美味和苦味。《荀子·荣辱》:"口辨酸咸甘苦,鼻辨芬芳腥臊。"亦比喻美好和艰苦的处境。《宋史·李汉超传》:"汉超善抚士卒,与之同甘苦。死之日,军中皆流涕。"

甘霖 犹甘雨。桑悦《感怀》诗:"甘霖被郊原。"

甘盘 "盘"一作"般"。一说即甲骨文中的自般。商王武丁的大臣。

甘寝 安睡。《庄子·徐无鬼》:"孙叔敖甘寝秉羽,而郢人投兵。"

甘软 甜香软熟,指奉养老人的食品。亦作"甘膬"。《颜氏家训·勉学》:"不惮劬劳,以致甘膬。"

甘棠 ❶木名,即棠梨。❷《诗·召南》篇名。《诗序》:"《甘棠》,美召伯也。"朱熹注:"召伯循行南国,以布文王之政,或舍甘棠之下,其后人思其德,故爱其树而不忍伤也。"后世因用"甘棠"称颂地方官吏之有惠政于民者。刘禹锡《答衢州徐使君》诗:"闻道天台有遗爱,人将琪树比甘

棠。"

甘棠遗爱 语出《诗·召南·甘棠》。用以称颂地方官的仁爱。《冷眼观》第七回:"做父母官的能爱民如子,替百姓伸冤理屈,不避权贵,及至去任的一日,地方上绅民无以为报,就公众捐建这座去思碑,以为甘棠遗爱的纪念。"参见"甘棠❷"。

甘心 ❶愿意;情愿。《诗·卫风·伯兮》:"愿言思伯,甘心首疾。"❷快意。《左传·庄公九年》:"管、召,仇也,请受而甘心焉。"亦谓使快意。《汉书·汲黯传》:"何至令天下骚动,罢中国,甘心夷狄之人乎?"

甘休 甘愿罢休。如:善罢甘休。李咸用《和彭进士感怀》诗:"人生谁肯便甘休?"

甘雨 适时而有益于农事的雨。《诗·小雅·甫田》:"以祈甘雨,以介我稷黍。"孔颖达疏:"云甘雨者,以长物则为甘,害物则为苦。"

甘旨 美好的食品。《韩诗外传》卷五:"鼻欲嗅芬香,口欲嗜甘旨。"后多指奉养双亲之词。任昉《上萧太傅固辞夺礼启》:"饥寒无甘旨之资,限役废晨昏之半。"

忏(gān) 触犯;干扰。《国语·鲁语下》:"惧忏季孙之怒也。"《新唐书·诸帝公主传》:"无鄙夫家,无忏时事。"

奸(gān) 通"干"。❶犯;扰乱。《淮南子·主术训》:"各守其职,不得相奸。"❷求。《汉书·孔光传》:"章(彭)主之过以奸忠直。"颜师古注:"奸,求也,奸忠直之名也。"

另见 jiān。

奸犯 同"干犯"。触犯;侵犯。《汉书·盖宽饶传》:"又好言事刺讥,奸犯上意,上以其儒者优容之。"

奸兰 私自运出禁物。《史记·匈奴列传》:"汉使马邑下人聂翁壹奸兰出物与匈奴交,详(佯)为卖马邑城以诱单于。"裴骃集解:"奸音干。干兰,犯禁私出物也。"《汉书·匈奴传上》作"间阑"。

玕(gān) 见"琅玕"。

杆(gān) ❶长竿。如:旗杆。❷见"栏杆"。

另见 gǎn,gàn。

肝(gān) ❶体内最大的消化腺。为人和脊椎动物所特有。人的肝约占体重的1/50至1/36。位于膈下,大部位于腹腔右上方和上腹部,小部在腹腔左上方,肝下缘大致与肋弓一致,一般不超过肋下缘。肝下面有一条横沟即肝门,为门静脉、肝动脉以及肝胆管和淋巴管出入肝之门户。肝门右前部容纳胆囊。肝内结构中除肝细胞外,还有属于网状内皮系统的肝巨噬细胞。肝有合成与储存养料、分泌胆汁、解毒、防御等作用。是实质性器官,体积大,质脆,容易受伤破裂。❷中医学名词。五藏之一。根据藏象、经络学说,肝的功能是:(1)肝藏血。肝有储藏血液和调节血量的功能。《素问·五藏生成篇》:"人卧血归于肝。"唐王冰注:"人动则血运于诸经,人静则血归于肝藏。"(2)肝主疏泄。肝气需疏通畅达。如肝失疏泄,可影响脾胃功能,或导致肝气郁结而致病。(3)肝主筋。饮食物的精华,散布于肝,并能营养筋脉。《素问·经脉别论》:"食气入胃,散精于肝,淫(滋养)气于筋。"(4)肝气通于目(见《灵枢·脉度》)。肝与目有内在联系。肝气和调,"则目能辨五色"。故称"肝开窍于目"。(5)肝的经脉为足厥阴肝经,与足少阳胆经有表里关系。❸喻称人的内心。杜甫《义鹘行》:"聊为义鹘行,永激壮士肝。"参见"肝胆"。

肝胆 ❶比喻关系密切。《庄子·德充符》:"自其异者视之,肝胆楚越也。"谓自其异者视之,虽以肝、胆这样接近,也会变得像楚越一样隔绝。❷比喻真心诚意。如:肝胆照人。《史记·淮阴侯列传》:"臣愿披腹心,输肝胆,效愚计。"❸比喻豪情壮志。陆游《诗酒》:"齿发益衰谢,肝胆犹轮囷。"

肝脑涂地 ❶形容惨死。《史记·刘敬叔孙通列传》:"与项羽战荥阳……使天下之民肝脑涂地。"亦作"肝胆涂地"。《史记·淮阴侯列传》:"今楚汉分争,使天下无罪之人肝胆涂地。"❷表示尽忠效死。《汉书·苏武传》:"〔武〕常愿肝脑涂地。今得杀身自效,虽蒙斧钺汤镬,诚甘乐之。"

鳱〔鳱〕(gān) 见"鳱鹊"。

另见 hàn。

鳱鹊 亦作"干(乾)鹊",即喜鹊。《广雅·释鸟》:"鳱鹊,鹊也。"《淮南子·氾论训》:"干鹊知来而不知往。"《论衡·实知》:"狌狌知往,鳱鹊知来。"鳱鹊,即鳱鹊。参见"干鹊"。

坩(gān) 盛物的陶器;瓦锅。《晋书·列女传》:"侃(陶侃)少为寻阳县吏,尝监鱼梁,以一坩鲊遗母。"

苷(gān) ❶甘草。❷见"甙"。

矸(gān) 砂石。《荀子·正论》:"加之以丹矸。"杨倞注:"丹矸,丹砂也。"

另见 gàn。

钳〔鉗〕(gān) 食。《清稗类钞·考试》:"此时神情猝减,嗒然若死,则似钳毒之蝇,弄之亦不觉也。"

泔(gān) ❶淘米水。苏轼《东湖》诗:"有水浊如泔。"❷用淘米水浸渍。参见"泔鱼"。

另见 hàn。

泔鱼 《荀子·大略》:"曾子食鱼有余,曰:'泔之。'门人曰:'泔之伤人,不若奥之。'曾子泣涕曰:'有异心乎哉?'伤其闻之晚也。"奥,腌而藏之。卢文弨《龙城札记》:"曾子以鱼多,欲藏之耳。泔,米汁也,泔之,谓以米汁浸渍之。"王念孙认为"米泔不可以渍鱼,卢谓以米汁浸渍之,非也。泔当为泪……泪之,谓添水以渍之也"。见《读书杂志·荀子第八》。后因以"泔鱼"为追悔前非的典故。王安石《欲往净因寄泾州韩持国》诗:"泔鱼已悔他年事。"

柑(gān) 果木名。学名 Citrus reticulata。芸香科。常绿灌木或小乔木。单身复叶,叶翼小。春末夏秋开白色花,单生或丛生。果扁圆形,红或橙黄色,中心柱大,味酸甜不一。种子多为多胚性。性较耐寒。用嫁接、压条、实生等繁殖。果供食或加工,果皮、核、叶供药用。原产中国,中部和南部各地均有栽培。主要品种如"蕉柑"、"椪柑"、"温州蜜柑"等。

另见 qián。

虷(gān) 通"干"。干犯。《汉书·鲍宣传》:"白虹虷日。"

另见 hàn。

竿(gān) ❶竹竿。贾谊《过秦论上》:"斩木为兵,揭竿为旗。"亦以为竹子的计量单位。杜甫《将赴成都草堂途中有作先寄严郑公五首》:"新松恨不高千尺,恶竹应须斩万竿。"❷特指钓竿。如:垂竿;投竿。❸指竹简。见"竿牍"。❹通"杆"。如:旗竿;帆竿。

竿牍 书信。《庄子·列御寇》:"小夫之知,不离苞苴竿牍。"陆德明释文引司马彪曰:"竿牍,谓竹简为书,以相问遗。"苞苴,赠送的东西。

酐（gān）　化学名词。见"酸酐"。

另见 hǎng。

疳（gān）　见"疳积"。

疳积　中医学病名。指面黄肌瘦、肚腹膨大、时发潮热、心烦口渴、精神委靡、尿如米泔、食欲减退或嗜异食的小儿慢性疾病。多由断乳后饮食失调、脾胃损伤或虫积所致。治宜健脾、消积、驱虫为主，亦可采用捏脊、针刺四缝等法。

尴〔尴〕（gān）　见"尴尬"。

尴尬　亦作"㠍尬"。❶处境困难或事情棘手。《水浒传》第十六回："前日行的须是好地面，如今正是尴尬去处。"❷神色、态度不正常。《红楼梦》第九十一回："薛姨妈看那人不尴尬，于是略坐坐儿。"

㠍（gān）　同"尴（尴）"。

尲（gān）　镇尲，地名。在今湖南凤凰县南。向为县治所，后移治沱江。

澉（gān）　同"干（乾）"。干燥。《楚辞·九辩》："后土何时而得澉？"

魙〔魙〕（gān）　见"魙尬"。

魙尬　同"尴尬"。《二刻拍案惊奇》卷六："后来见每次如此，心中晓得有些魙尬。"

gǎn

扞（gǎn）　同"擀"。

另见 hàn 扞、hàn 捍。

杆〔桿〕（gǎn）　❶器物上像棍子的细长部分。如：笔杆儿；枪杆儿。马致远《荐福碑》第三折："遮莫是箭杆雨。"❷计量竿状物的单位。如：一杆枪。

另见 gān，gàn。

秆〔稈〕（gǎn）　禾本科植物的茎。有明显的节和节间；节间中空或实心，前者如稻、麦、竹等，后者如甘蔗、高粱等。狭义的秆，专指空心的而言。

斦（gǎn）　面色枯焦黧黑。《列子·黄帝》："焦然肌色斦黣。"

赶〔趕〕（gǎn）　❶兽类翘着尾巴奔跑。《说文·走部》："赶，举尾走也。"引申为快走，加紧进行。如：赶路；赶任务。《水浒传》第十六回："杨志喝着军汉道：'快走！赶过前面冈子去，却再理会。'"❷追。《三国演义》第一百〇四回："司马懿奔走了五十余里，背后两员魏将赶上。"❸驱逐。如：把敌人赶出去。《刘知远诸宫调》第二："终朝使计赶离门，致令夫妻分两处。"❹驱策；驾御。如：赶牲口；赶车。❺趁。《红楼梦》第三回："你们赶早打扫两间屋子，叫他们歇歇儿去。"

敢（gǎn）　❶有胆量。如：敢说敢想。《书·益稷》："谁敢不让，敢不敬应。"❷自言冒昧之谦词。如：敢问；敢请；敢烦。《仪礼·士虞礼》："敢用絜牲刚鬣。"郑玄注："敢，冒昧之辞。"❸不敢、岂敢的省词。《左传·庄公二十二年》："敢辱高位，以速官谤？"❹莫非；大约。无名氏《冻苏秦》第一折："雪花初霁，风力犹严，先生，你身上敢单寒么？"❺姓。汉有敢敦。

感（gǎn）　❶感觉。如：光荣感；民族自豪感。❷感触；感慨。江淹《别赋》："百感凄恻。"《北史·刘璠传》："尝卧疾居家，对雪兴感。"❸感动。《礼记·乐记》："其感人深。"❹感染；感受。《红楼梦》第四十二回："太夫人并无别症，偶感了些风寒。"❺感谢；感激。如：感恩；感德。张华《答何劭》诗："是用感嘉贶。"

另见 hàn。

感触　因接触事物而引起的思想情绪。《宋史·邵雍传》："雍于凡物声气之所感触，辄以其动而推其变焉。"

感戴　感恩戴德。《三国志·吴志·朱桓传》："桓分部良吏，隐亲医药，飧粥相继。士民感戴之。"

感奋　感激振奋。《新唐书·朱忠亮传》："吏白耄卒不任战者可罢，答曰：'古于老马不弃，况战士乎？'闻者莫不感奋。"

感荷　荷，承受。感荷，谓受惠承情而感谢。鲍照《拜侍郎上疏》："祇奉恩命，忧愧增灼，不胜感荷屏营之情。"

感化　用潜移默化或劝导的方法感动人，使其思想逐渐起变化。《晋书·华谭传》："人皆感化。"

感怀　谓心有感触。《东观汉记·冯衍传》："姎咎之毒，痛入骨髓，匹夫僮妇，感怀怨怒。"诗人抒写怀抱，常用作诗题。

感激　❶有所感受而情绪激动；感动奋发。诸葛亮《出师表》："先帝不以臣卑鄙，猥自枉屈，三顾臣于草庐之中，咨臣以当世之事。由是感激，遂许先帝以驱驰。"《隋书·卢思道传》："年十六，遇中山刘松，松为人作碑铭，以示思道。思道读之，多所不解，于是感激，闭户读书。"现一般用为衷心感谢意。❷愤激；恼恨。《太平广记》卷二百九十二引《异苑》："世有紫姑神，古来相传是人妾。为大妇所嫉，每以秽事相次役。正月十五日，感激而死。"

感旧　感念旧人旧事。《后汉书·荀彧传》："义士有存本之思，兆人怀感旧之哀。"

感慨　亦作"感概"。有所感触而愤慨或叹息。《史记·季布栾布列传赞》："夫婢妾贱人，感慨而自杀者，非能勇也，其计画无复之耳。"刘桢《赠五官中郎将》诗："秋日多悲怀，感慨以长叹。"

感佩　感激不忘。李商隐《上尚书范阳公启》："感佩恩私，不知所喻。"亦谓感激和钦佩。如：感佩交并。

感伤　因感触而悲伤。杜甫《夜闻觱篥》诗："邻舟一听多感伤，塞曲三更欻悲壮。"觱，同"觱"。

感叹　有所感而叹息；感慨。杜甫《羌村》诗："邻人满墙头，感叹亦歔欷。"

感叹词　即"叹词"。

感通　语出《易·系辞上》"感而遂通天下之故"。故，事物。旧时以为心诚能与鬼神或外物互相感应。《北史·孝行传序》："诚达泉鱼，感通鸟兽。"

感悟　受到感动而醒悟。《后汉书·丁鸿传》："鸿感悟，垂涕叹息。"亦作"感寤"。《史记·管晏列传》："夫子既已感寤而赎我，是知己；知己而无礼，固不如在缧绁之中。"

感应　❶交感相应。《易·咸》："咸，感也；柔上而刚下，二气感应以相与。"❷佛教名词。感是感召，应是应现。佛教谓众生对佛有所愿望（要求），如果心意至诚，便可感召佛菩萨应现而得到满足，故曰感应。《正法华经·光瑞品》："无数佛界，广说经法，世尊所为，感应如此。"《三藏法数》卷三十七："感即众生，应即佛也。谓众生能以圆机感佛，佛即以妙应应之。"

澉（gǎn）　❶见"澹澉"。❷见"澉浦镇"。

澉浦镇　在浙江海盐西南杭州湾北岸。古澉浦由此通海，今湮塞。南宋置市舶务，元置市舶司于此，为当

时对外贸易港。

橄（gǎn） 见"橄榄"。

橄榄（Canarium album） 又名"青果"、"白榄"。橄榄科。常绿乔木。有芳香胶粘性树脂。奇数羽状复叶，小叶长椭圆形，揉碎后有香气。春夏开花，复总状花序，有两性花和雄性花，白色。核果呈椭圆、卵圆、纺锤形等，绿色，成熟后淡黄色。核坚硬，纺锤形。性喜温暖。用播种、嫁接等繁殖。

橄榄

中国以广东、福建栽培为最多，广西、台湾次之，浙江、四川、重庆亦有栽培。果实除食用外，中医学上用为清肺利咽药，主治咽喉肿痛。另种乌榄（C. pimela），果实紫黑色，不可生食，专用以制造榄豉，供调味用。种子叫榄仁，可榨油或食用。

黖（gǎn） 同"盰"。见《广韵·二十三旱》。

擀（gǎn） 用棍棒来回碾压。如：擀面（麵）；擀毡。

篹（gǎn） ❶小竹，可作箭杆。杜甫《石龛》诗："为官采美箭，五岁供梁齐，苦云直篹尽，无以充提携。"❷箭。《列子·汤问》："乃以燕角之弧、朔蓬之篹射之。"

鳡（鱤）（gǎn） 动物名。学名 Elopichthys bambusa。亦称"黄钻"、"竿鱼"、"鳏鱼"。硬骨鱼纲，鲤科。体延长，亚圆筒形，长达1米余。青黄色。吻尖长，口大，颔呈喙状。眼小。性凶猛，捕食各种鱼类，为淡水养殖业的害鱼。但肉质鲜嫩，为上等食用鱼类。分布于中国各大江河中。

gàn

干〔幹〕（gàn） ❶动植物躯体的主要部分。如：躯干；枝干。也指河道、铁道等的主流或主线。如：干流；干线。❷器物的本体。如：箭干。❸做事；办事。如：说干就干；鼓足干劲。也指办事能力。如：干才；干略。❹干部。如：干群关系。❺主管的。见"干吏❶"。

（二）〔榦、幹〕（gàn） 树干。曹植

《封二子为公谢恩章》："既荣本干，枝叶并蒙。"

另见 gān。

干蛊 《易·蛊》："干父之蛊。"王弼注："干父之事，能承先轨，堪其任者也。"蛊，事。后称儿子能完成父亲未竟之业为"干蛊"。包何《相里使君第七男生日》诗："他时干蛊声名著，今日悬弧宴乐酣。"

干局 才干气度。《晋书·敬王恬传》："恬忠正有干局，在朝惮之。"

干吏 ❶汉代郡县中的胥吏。《后汉书·栾巴传》："虽干吏卑末，皆课令习读。"李贤注："干，府吏之类也。《晋令》诸郡国不满五千以下置干吏二人。郡县皆有干，干，犹主也。"❷办事老练的官吏。

干练 办事能力强，有经验。如：精明干练。《南史·王球传》："时大将军彭城王义康，专以政事为本，刀笔干练者，多被意遇。"

干事 ❶成事。《易·乾·文言》："贞固足以干事。"❷办事。《南齐书·沈文季传》："帝问褚渊须干事人为上佐，渊举文季。"❸在团体组织中负责具体事务的人员。如：组织干事；生活干事。

杆（gàn） 木名。即檀木。一说柘树。见《广雅·释木》王念孙疏证。

另见 gān, gǎn。

旰（gàn） 晚。《左传·襄公十四年》："日旰不召，而射鸿于囿。"参见"旰食"。

另见 hàn。

旰食 因心忧事繁而延迟到晚上才吃饭。《左传·昭公二十年》："楚君、大夫其旰食乎？"后指勤于政事。杜甫《送樊二十三侍御》诗："至尊方旰食，仗尔布嘉惠。"参见"宵衣旰食"。

矸（gàn） 《史记·鲁仲连邹阳列传》"宁戚饭牛车下"裴骃集解引宁戚歌曰："南山矸，白石烂。"司马贞索隐："矸者，白净貌。"一说山石貌。通作岸。见《集韵·二十八翰》。

另见 gān。

旰（gàn） ❶目白貌。见《玉篇》。❷张目。《白虎通·圣人》："旰目陈兵，天下富昌。"

绀〔紺〕（gàn） 天青色。一种深青带红的颜色。《论语·乡党》："君子不以绀緅饰。"

淦（gàn） 化学名词。见"醇❶"。

淦（gàn） ❶水入船中。见《说文·水部》。❷河工上称大溜为淦。又河流中泓，由于河底坎坷不平，激溜成浪，起伏甚大者，在黄河下游，亦称为淦。❸水名。在江西省境。源出樟树市东南离山，北流经紫淦山入赣江。❹姓。明有淦君鼎。

骭（gàn） ❶本谓小腿骨，亦即指小腿。《史记·鲁仲连邹阳列传》裴骃集解据应劭引宁戚歌："短布单衣适至骭。"《淮南子·俶真训》："虽以天下之大，易骭之一毛，无所概于志也。"❷肋骨。刘昼《新论·命相》："帝喾戴肩，颛顼骈骭。"

槦（gàn） 同"杆"。

赣〔贛、灨、贑〕（gàn） 江西省的简称。因赣江纵贯省境而得名。

另见 gàng, gòng。

gāng

冈〔岡〕（gāng） 山脊。《诗·周南·卷耳》："陟彼高冈。"

亢（gāng） 通"吭"。人颈的前部；喉咙。《汉书·陈馀传》："乃仰绝亢而死。"比喻要害处。如：批亢捣虚。《汉书·娄敬传》："搤天下之亢而拊其背。"

另见 gēng, kàng。

扛〔摃〕（gāng） ❶用两手举重物。参见"扛鼎"。❷两人或两人以上共抬一物。《后汉书·费长房传》："令十人扛之，犹不举。"

另见 káng。

扛鼎 把鼎举起来。《史记·项羽本纪》："籍〔项羽〕长八尺余，力能扛鼎。"后用以形容有力。王融《曲水诗序》："彯摇武猛，扛鼎揭旗之士。"

刚〔剛〕（gāng） ❶坚硬；坚强。与"柔"相对。《诗·大雅·烝民》："柔则茹之，刚则吐之。"《论语·公冶长》："吾未见刚者。"❷才，表示时间紧接。如：刚来就走。齐己《思游峨嵋寄林下诸友》诗："刚有峨嵋念，秋来锡欲飞。"❸正巧；恰巧。如：刚好；刚合适。❹偏偏；只。白居易《惜花》诗："可怜天艳正当时，刚被狂风一夜吹。"无名氏《杀狗劝夫》第三折："别事都依得，刚除背死人。"❺通"钢"。公牛。《礼记·明堂位》："周骍刚。"孔颖达疏："骍，赤色也；刚，牡也。"❻指奇数。见"刚日"。

刚愎　倔强固执。如:刚愎自用。《左传·宣公十二年》:"其佐先縠刚愎不仁,未肯用命。"

刚肠　刚直的心肠。嵇康《与山巨源绝交书》:"刚肠嫉恶,轻肆直言。"

刚克　谓以刚强见胜。《书·洪范》:"三德:一曰正直,二曰刚克,三曰柔克。"《北史·常爽传》:"崔浩高允,并称爽之严教,奖励有方;允曰:'文翁柔胜,先生刚克,立教虽殊,成人一也。'"

刚鬣　猪。古代祭祀用猪的专称。《礼记·曲礼下》:"豕曰刚鬣。"孔颖达疏:"豕肥则毛鬣刚大也。"

刚卯　古代佩饰。长形四方体。按等级不同,分别用玉、金或木制作。一般长为汉尺一寸左右,垂直有孔,可以穿绳佩带。四面皆刻避逐疫鬼之辞,首句常作"正月刚卯既央",故称"刚卯"。流行于汉代,魏置时废除。

刚日　犹单日。指十日中的一、三、五、七、九日。《礼记·曲礼上》:"外事以刚日,内事以柔日。"孔颖达疏:"十日有五奇五偶。甲、丙、戊、庚、壬五奇为刚也。"朱彬训纂引崔灵恩曰:"外事,指用兵之事;内事,指宗庙之祭。"参见"柔日"。

刚毅　刚强坚毅。形容意志坚强。《论语·子路》:"刚毅木讷,近仁。"何晏集解引王肃曰:"刚,无欲;毅,果敢。"《史记·张丞相列传赞》:"申屠嘉可谓刚毅守节矣。"

阬　(gāng)　大土山。《汉书·扬雄传上》:"陈众车于东阬兮。"颜师古注:"阬,大阜也。读与'冈'同。"

另见 kàng 坑,kēng 坑。

坬　〔堈〕(gāng)　瓮。见《广韵·十一唐》。

杠　(gāng)　❶床前的横木。《方言》第五:"〔床〕,其杠,北燕、朝鲜之间谓之树,自关而西秦晋之间谓之杠。"❷桥。《孟子·离娄下》:"岁十一月,徒杠成。"段玉裁《说文解字注》:"凡独木者曰杠,骈木者曰桥。"❸旗杆。《尔雅·释天》:"素锦绸杠。"绸,通"韬",套起来。❹车盖柄。《宋书·礼志五》:"舆不得重杠。"

另见 gàng。

抇　〔摃〕(gāng)　抬。通作"扛"。隋代大驾鼓吹乐器有"抇鼓",长三尺,见《通考·乐考九》。

岗　〔崗〕(gāng)　同"冈(岡)"。

岗　山脊。

另见 gǎng。

肛　(gāng)　肛管和肛门的总称。人和多数哺乳动物消化管的最末段。上接直肠,下连肛门。肛管内面以齿状线为粘膜与皮肤的分界线,齿状线以上发生的静脉曲张称"内痔",以下的称"外痔"。肛周围环绕着肛门内、外括约肌,肛管能控制排便。外括约肌为横纹肌,一旦受损可引起大便失禁。肛门的皮肤极敏感,损伤或有感染时可产生剧烈的疼痛。常见疾病有痔疮、肛瘘、肛裂、脱肛等。肛管是测量体温的部位之一。

纲　〔綱〕(gāng)　❶网口的总绳。《书·盘庚上》:"若网在纲,有条而不紊。"❷事物的总要。如:大纲;总纲;纲举目张。❸行列。《文选·鲍照〈舞鹤赋〉》:"离纲别赴,合绪相依。"李善注:"纲,绪,谓舞之行列也。"❹旧时成批运输货物的组织。如:茶纲;盐纲;花石纲。❺纲(英 class,拉 Classis)。生物分类系统上所用的等级之一。

纲常　"三纲五常"的简称。详"三纲"、"五常❶"。

纲纪　❶法制。司马谈《论六家要指》:"夫春生夏长,秋收冬藏,此天道之大经也,弗顺则无以为天下纲纪,故曰:'四时之大顺,不可失也。'"❷犹言"纲要"。《荀子·劝学》:"礼者,法之大分,类之纲纪也。"❸治理;管理。《诗·大雅·棫朴》:"勉勉我王,纲纪四方。"❹古称综理一府或州郡之事的官员。《文选·傅亮〈为宋公修张良庙教〉》"纲纪"吕延济注:"纲纪,谓主簿之司也。"《资治通鉴·晋明帝太宁二年》:"有诏,王敦纲纪除名,参佐禁锢。"胡三省注:"纲纪,综理府事者也。"后称管理一家事务的仆人为"纲纪"。参见"纪纲❷"。

纲举目张　语出郑玄《诗谱序》"举一纲而万目张"。目,网上的眼子。提起网上大绳,所有网眼都能张开。后常用以比喻条理分明,或抓住主要环节,带动一切。

纲领　❶总纲和要领。《晋书·应詹传》:"顷大事之后,遐迩皆想宏略,而寂然未副,宜早振纲领,肃起群望。"今多指政治纲领。❷泛指起指导作用的原则。如:纲领性文件。

纲目　❶大纲和细目。也指前列大纲后分细目的著作。如:李时珍《本草纲目》。❷犹言"法网"。《世说新语·言语》:"刘公幹(桢)以失敬罹罪。文帝问曰:'卿何以不谨于文宪?'桢答曰:'臣诚庸短,亦由陛下纲目不疏。'"

纲维　❶总纲和四维。喻指法纪。司马迁《报任少卿书》:"不以此时引纲维,尽思虑。"引申为护持。《三国志·魏志·刘放传》:"宜速召太尉司马宣王,以纲维王室。"《汉书·司马迁传》作"维纲"。❷寺庙中管理事务的和尚。段成式《酉阳杂俎续集·支植下》:"北都惟童子寺有竹一窠,才长数尺,相传其寺纲维每日报竹平安。"

纲要　总纲和要则。《隋书·律历志下》:"疏而不漏,纲要克举。"今多为提举总纲和要则的著作或文件的名称。

枫　〔棡〕(gāng)　❶高木。见《玉篇·木部》。❷横墙木。见《集韵·十一唐》。❸通"扛"。阮孝绪《文字集略》:"相对举物曰枫也。"

矼　(gāng)　石桥。《孟子·离娄下》"徒杠成"孙奭疏:"徒杠者,《说文》云,石矼,石桥也。"按今本《说文》无"矼"字,盖脱。皮日休《忆洞庭观步十韵》:"登村度石矼。"

另见 qiāng。

钢　〔釭〕(gāng,又读 gōng)　❶车毂内外口的铁圈,用以穿轴。王念孙《广雅疏证·释器》:"凡铁之空中而受枘者谓之釭。"《新序·杂事》:"方内(枘)而员(圆)釭。"❷灯。江淹《别赋》:"冬釭凝兮夜何长。"❸古代宫室壁带上的环状金属饰物。《汉书·外戚传下》:"壁带往往为黄金釭。"

犅　〔犅〕(gāng)　公牛。《公羊传·文公十三年》:"鲁公用骍犅。"

疘　(gāng)　病名。即脱肛。

砃　〔硐〕(gāng)　见"砃洲"。

砃洲　岛屿名。今作硇洲或硇州。在广东雷州湾外东海岛东南海中。宋置寨。1277 年,宋端宗被元兵追击,驻留于此。端宗死后,陆秀夫、张世杰等复立其弟赵昺为帝,据传"黄龙"见于海上,因置翔龙县于此,元废。明清于此置兵戍守,为海防要地。

钢〔鋼〕（gāng）　含碳量0.025%～2%的铁基合金的总称。常含有锰（一般 0.1%～1%）、硅（一般 0.4% 以下）、磷、硫（两者一般各不超过 0.05%）等杂质。不含合金元素的钢称为"碳素钢"，含有一种或一种以上的合金元素的钢则称为"合金钢"。按冶炼方法可分为平炉钢、转炉钢、电炉钢；按铸锭前的脱氧程度分为沸腾钢、镇静钢、半镇静钢；按质量分为普通钢、优质钢、高级优质钢；按用途分为结构钢、工具钢、特殊性能钢等。

另见 gàng。

缸（gāng）　用陶、瓷、玻璃等制成的容器，底小口大，较深于盆。如：水缸；酱缸；金鱼缸。

另见 hóng。

罡（gāng）　❶同"刚"。见"罡风"。❷星官名。即"天罡"。北斗七星的柄。《抱朴子·杂应》："又思作七星北斗，以魁覆其头，以罡指前。"

罡风　亦作"刚风"，也叫"剅（刚）颃（气）"。道家语。高空的风。《抱朴子·杂应》："上升四十里，名为太清；太清之中，其气甚罡，能胜人也。"《朱子全书·理气一》："问天有形质否？曰：只是个旋风，下软上坚，道家谓之刚风。""罡"、"剅"、"刚"音义全同。龚自珍《己亥杂诗》："罡风力大簸春魂，虎豹沈沈卧九阍。"

笐（gāng，又读 hàng）　竹子的行列。《尔雅·释草》："仲无笐。"郝懿行义疏："养大竹欲得成列，中竹以下任其延布而已。"引申为竹木架子的通称。《广韵·四十二宕》："笐，衣架。"

舡（gāng）　举；扛。颜师古《匡谬正俗》卷六："或问曰：'吴楚之俗谓相对举物为舡，有旧语否？'答曰：'扛，举也。音江。字或作舡。'"

颃〔頏〕（gāng）　同"亢"。喉咙。见《说文·亢部》。

另见 háng。

舩（gāng）　同"缸"。

剄（gāng）　同"刚（剛）"。

甌（gāng）　同"缸"。

堽（gāng）　同"冈"。见"堽城坝"。

堽城坝　在今山东宁阳东北，汶水与洸水分流处。蒙古宪宗七年（1257

年）于堽城筑土坝斗门，遏汶水南流入洸，至任城（今山东济宁市）合泗水，以济饷运。元至元二十八年（1291 年）又于旧闸之东作东闸；延祐五年（1318 年）改土闸为石堰。明洪武间黄河决口，运河被淤。永乐九年（1411 年）疏浚会通河，筑戴村坝，使汶水出南旺湖，并截堽城大闸，不使汶水入洸。至成化十一年（1475年）又建新闸，仍分水入洸。嘉靖六年（1527 年）重建堽城闸，并引柳泉以增洸水水量。

gǎng

岗〔崗〕（gǎng）　岗位；岗哨。如：站岗；布岗。

另见 gāng。

舡〔航〕（gǎng）　盐泽，见《玉篇·卤部》。亦用于地名。如：豆子舡（在今山东惠民）。

港（gǎng）　❶一般指与江河湖泊相通的小河。《水浒传》第十九回："原来这石碣村湖泊正傍着梁山水泊，周围尽是深港水汊。"又，有的入海河流下游亦称港。❷河水湾处。杨万里《舟中买双鳜鱼》诗："小港阻风泊乌舫，舫前渔艇晨收网。"今为港口的简称。如：军港；商港。❸香港特别行政区的简称。如：港澳同胞。

港湾　江、河、湖、海和水库等沿岸具有天然掩护（有时也辅以人工措施）的水域。可供船舶停靠或避风。

gàng

杠〔槓〕（gàng）　❶抬重物或拴门的粗棍子。如：竹杠；门杠。❷锻炼身体用的器械。如：单杠；双杠。❸粗直线。如：打上红杠。❹车床上的棍状机件。如：丝杠。

另见 gāng。

钢〔鋼〕（gàng）　❶把刀的锋刃在布、皮、石或缸沿上用力更迭翻转磨擦几下使锋刃快利。❷刀斧铁锹之类用钝后再回火加钢。无名氏《看钱奴》第三折："我的骨头硬，若使我家斧子剁卷了刀（刃），又得几文钱钢。"

另见 gāng。

筻（gàng）　筻口，地名。在湖南省。

赣〔贛〕（gàng，读音 zhuàng）同"戆"。见"赣愚"。

另见 gàn，gòng。

赣愚　赣，同"戆"。愚蠢。《墨子·非儒下》："以为实在，则赣愚甚矣。"

戆〔戆〕（gàng，读音 zhuàng）愚而刚直。如：戆大（吴方言）。《史记·高祖本纪》："然陵（王陵）少戆，陈平可以助之。"

戆直　刚直。《宋史·韩世忠传》："性戆直，勇敢忠义。"

gāo

咎（gāo）　❶通"鼛"。大鼓。《后汉书·马融传》："伐咎鼓。"❷通"皋"。《离骚》："汤禹严而求合兮，挚咎繇而能调。"咎繇，即皋陶。

另见 jiù。

桥〔橋〕（gāo）　劲疾貌。《庄子·则阳》："欲恶去就，于是桥起。"

另见 jiǎo，qiāo，qiáo。

皋〔皐、皋〕（gāo）　❶沼泽。《诗·小雅·鹤鸣》："鹤鸣于九皋。"亦指近水处的高地。《离骚》："步余马于兰皋兮。"王逸注："泽曲曰皋。"❷见"东皋"。❸通"高"。《荀子·大略》："望其圹，皋如也。"❹见"皋比"。❺姓。汉代有皋伯通。

另见 gū，háo。

皋皋　《诗·大雅·召旻》："皋皋讹讹，曾不知其玷。"皋，通"谟"，欺诳；讹，诽谤；玷，污。马瑞辰通释："诗言小人止知毁谤人，而不自知其点污也。"

皋门　郭门。古代皇都有五门，最外为皋门。《诗·大雅·绵》："乃立皋门，皋门有伉。"毛传："王之郭门曰皋门。"伉，通"闶"，高貌。

皋比　《左传·庄公十年》："蒙皋比而先犯之。"杜预注："皋比，虎皮。"后称讲学者的座席为"皋比"。并称任教为"坐拥皋比"。亦指武将的座席。刘基《卖柑者言》："今夫佩虎符、坐皋比者，洸洸乎干城之具也，果能授孙吴之略耶？"

皋壤　沼泽旁的洼地。《庄子·知北游》："山林与？皋壤与？使我欣欣然而乐与？"江总《摄山栖霞寺碑》："步林壑，陟皋壤。"

皋月　夏历五月的别称。《尔雅·释天》："五月为皋。"郝懿行义疏："皋者，《释文》'一作高，同'……高者上也，五月阴生，欲自下而上，又物皆结实，囊韬下垂也。"

高（gāo）❶由下至上的距离；高度。如：长一尺，高五寸。❷由下至上的距离大；离地面远。如：高峰；高空。❸大。《国策·齐策一》："志高而扬。"高诱注："高，大也；扬，发扬。"❹等级在上。如：高年级。❺超过一般标准或程度。如：高价；高温；高速度；高血压。❻热烈；盛大。如：兴高采烈。❼声音响亮或尖锐、激越。如：高声；高音。白居易《房家夜宴喜雪戏赠主人》诗："柘枝声引管弦高。"参见"高唱入云"。❽岁数大。如：高龄；高寿。《楚辞·九辩》："春秋逴逴而日高兮。"❾宗族中最在上之称。《尔雅·释亲》："曾祖王父之考曰高祖王父。"郭璞注："高者，言最在上。"班固《西都赋》："工用高曾之规矩。"❿尊贵。《新唐书·萧嵩传》："位高年艾。"引申为敬辞。如：高邻；高亲。⓫高明；高超。如：高见；高手。⓬高尚；清高。《韩非子·五蠹》："轻辞天子，非高也，势薄也。"亦谓称美其高尚。《吕氏春秋·离俗》："虽死，天下愈高之。"⓭远。《广雅·释诂》："高，远也。"参见"高蹈❶"。⓮姓。

高材疾足　很高的才能、很快的行动。《史记·淮阴侯列传》："秦失其鹿，天下共逐之，于是高材疾足者先得焉。"

高唱入云　《西京杂记》卷一："〔戚夫人〕歌《出塞》、《入塞》、《望归》之曲，侍妇数百，皆习之。后宫齐首高唱，声入云霄。"谓歌声响亮。后也形容文辞声调激越高昂。

高超　❶超出一般水平。如：见解高超；技术高超。❷谓超脱世俗。阮籍《答伏义书》："若良运未协，神机无准，则腾精抗志，邈世高超。"邈，远离。

高车　❶古时称车盖高、可以立乘的车子。《释名·释车》："高车，其盖高，立载之车也。"《晋书·舆服志》："车，坐乘者谓之安车，倚乘者谓之立车，亦谓之高车。"后世泛称高大的车子。杜甫《覃山人隐居》诗："高车驷马带倾覆。"❷中国古代民族铁勒的别称。因铁勒所用车轮高大，故名。❸复姓。后魏有高车或如。

高蹈　❶远行。《左传·哀公二十一年》："使我高蹈。"杜预注："高蹈，犹远行也。"孔颖达疏："高蹈，高举足而蹈地，故言犹远行也。"❷指隐居。《晋书·贺循传》："或有遯栖高蹈，轻举绝俗。"❸突出；崛起。韩愈

《荐士》诗："国朝盛文章，子昂始高蹈。"

高弟　❶《史记·礼书》："自子夏，门人之高弟也。"司马贞索隐："言子夏是孔子门人之中高弟者，谓才优而品第高也。"后因谓门弟子中的优秀者为"高弟"，亦称"高弟子"。❷同"高第"。《史记·循吏列传》："公仪休者，鲁博士也，以高弟为鲁相。"

高第　第，等第。旧称考试或官吏考绩列入优等。《汉书·晁错传》："对策者百余人，惟错为高第。"亦谓弟子中才学优良者。参见"高弟"。

高风　高尚的品格、操守。如：高风亮节。夏侯湛《东方朔画赞序》："睹先生之县邑，想先生之高风。"

高阁　❶高的楼阁。王勃《滕王阁》诗："滕王高阁临江渚，佩玉鸣鸾罢歌舞。"❷藏置器物的高架。韩愈《寄卢仝》诗："《春秋》三传束高阁，独抱遗经究终始。"

高翚　亦作"高挥"。高飞。《文选·张衡〈西京赋〉》："若夫游鹢高翚，绝阬逾斥。"李善注："翚，飞也。"《文选·潘岳〈西征赋〉》："不尤眚以掩德，终奋翼而高挥。"李善注："挥，与翚古字通。"

高寄　谓寄情于世务之外。《世说新语·品藻》："时复托怀玄胜，远咏老庄，萧条高寄，不与时务经怀。"

高举　❶高飞，远去。《楚辞·九辩》："凤愈飘翔而高举。"❷犹言高蹈，指隐居。《楚辞·卜居》："宁超然高举以保真乎？"❸高高向上举起。如：高举红旗。

高亢　亦作"高抗"。❶谓刚直不屈。林逋《隐居秋日》诗："高亢可称独行。"❷声音高昂宏亮。《三国演义》第三十五回："琴韵清幽，音中忽起高抗之调。"

高粱（Sorghum vulgare）亦称"蜀黍"、"蜀秫"、"芦穄"、"藋粱"。禾本科。一年生草本。秆直立，中心有髓。分蘖或分枝。叶片似玉米，厚而较窄，被蜡粉，平滑，中肋呈白色。圆锥花序，穗形有帚状和锤状两类。颖果呈褐、橙、白或淡黄等色。种子卵圆形，微扁，质粘或不粘。性喜温暖，抗旱、耐涝。按性状及用途可分食用高粱、糖用高粱、帚用高粱等。中国栽培较广，以东北各地为最多。子实供食用、酿酒或制饴糖。糖用高粱的秆可制糖浆或生食；帚用高粱的穗可制扫帚。新鲜的嫩叶及苗含有羟氰苷，在胃内能形成剧毒的氢氰酸，须

阴干青贮，或晒干后才能搭配作饲料。

高论　不平凡的、见解高明的议论。李白《大鹏赋》："吐峥嵘之高论，开浩荡之奇言。"《史记·张释之冯唐列传》："卑之，毋甚高论，令今可施行也。"也指不切实际、空洞的议论。《新唐书·张澹传》："泛知书史，喜高论，士友摈薄之。"

高禖　古代帝王为求子所祀的禖神。《礼记·月令》："〔仲春之月〕是月也，玄鸟至。至之日，以大牢祠于高禖。"郑玄注："高辛氏之世，玄鸟遗卵，娀简吞之而生契，后王以为媒官嘉祥而立其祠焉。变媒言禖者，神之也。"王引之以为高是郊之借字。详《经义述闻·礼记上》。参见"郊禖"。

高门　❶高大的门。《史记·孟子荀卿列传》："为〔淳于髡等〕开第康庄之衢，高门大屋，尊宠之。"❷谓显贵之家，犹名门。魏、晋、南北朝时，重门第，有高门、寒门等称。《三国志·魏志·贾诩传》："男女嫁娶，不结高门。"参见"门第"。

高明　❶精明高妙。常指见解、学术、技艺等。如：识见高明；手艺高明。亦谓开阔爽朗的性格。《左传·文公五年》："高明柔克。"孔颖达疏："高明，谓人性之高亢明爽也。"❷对人的尊称。《后汉书·孔融传》："膺（李膺）请融，问曰：'高明祖父尝与仆有恩旧乎？'"❸指地位尊贵的人。《书·洪范》："无虐茕独而畏高明。"孔颖达疏："高明，谓贵宠之人。"扬雄《解嘲》："高明之家，鬼瞰其室。"❹指高敞的处所。《礼记·月令》："〔仲夏之月〕可以居高明，可以远眺望，可以升山陵，可以处台榭。"

高睨大谈　形容举动言论气概不凡。《后汉书·张衡传》："方将师天老而友地典，与之乎高睨而大谈。"李贤注："睨，视也。高视大谈，言不同流俗。"

高人　犹高士；指不慕名利的人。苏轼《越州张中舍寿乐堂》诗："青山偃蹇如高人，常时不肯入官府。"

高山景行　《诗·小雅·车舝》："高山仰止，景行行止。"高山，比喻道德崇高；景行，大路，比喻行为正大光明。止，语助。后因以"高山景行"指崇高的德行。曹丕《与钟大理书》："高山景行，私所仰慕。"

高山流水　❶《列子·汤问》："伯牙善鼓琴，钟子期善听。伯牙鼓琴，志在登高山，钟子期曰：'善哉，峨峨

兮若泰山!'志在流水,曰:'善哉,洋洋兮若江河!'"后因以"高山流水"或"流水高山"为得遇知音或知己之典。《大宋宣和遗事》前集:"说破兴亡多少事,高山流水有知音。"❷琴曲。内容及曲名据《列子·汤问》所载伯牙与钟子期的故事。现存传谱初见于《神奇秘谱》,其解题称:"高山、流水……本只一曲。……至唐,分为两曲。不分段数。至宋,分《高山》为四段,《流水》为八段。"《天闻阁琴谱》所载《流水》,为清代四川琴人张孔山的传谱,以七十二滚拂描写流水奔腾澎湃之状,故又名《七十二滚拂流水》,流传较广。

高尚 清高;崇高。《易·蛊》:"不事王侯,高尚其事。"陶潜《桃花源记》:"南阳刘子骥,高尚士也。"

高视阔步 形容气概不凡。《隋书·卢思道传》:"俄而抵掌扬眉,高视阔步。"亦用以形容态度傲慢。

高谈阔论 大发议论。多含贬义。贾仲明《玉梳记》第一折:"倚仗着高谈阔论,全用些野狐涎扑子弟,打郎君。"

高堂 ❶高大的厅堂。高,指堂基高。左思《蜀都赋》:"置酒高堂,以御嘉宾。"御,迎。❷指父母。李白《送张秀才从军》诗:"抱剑辞高堂,将投霍冠军。"❸复姓。三国时魏有高堂隆。

高文典册 指封建朝廷的重要文书、诏令。《西京杂记》卷三:"廊庙之下,朝廷之中,高文典册用相如(司马相如)。"

高卧 ❶高枕而眠;安卧。《晋书·陶潜传》:"尝言:夏月虚闲,高卧北窗之下,清风飒至,自谓羲皇上人。"❷指隐居不仕。《世说新语·排调》:"卿(谢安,字安石)屡违朝旨,高卧东山,诸人每相与言:'安石不肯出,将如苍生何!'"

高屋建瓴 把瓶水从高屋脊上向下倾倒。比喻居高临下、不可阻遏的形势。《史记·高祖本纪》:"〔秦中〕地势便利,其以下兵于诸侯,譬犹居高屋之上建瓴水也。"裴骃集解引如淳曰:"瓴,盛水瓶也。居高屋之上而翻瓴水,言其向下之势易也。建音蹇。"按"蹇"通"灊",倒水;泼水。一说:瓴,仰瓦,即瓦沟;建读本音。

高下在心 《左传·宣公十五年》:"天方授楚,未可与争,虽晋之疆,能违天乎?谚曰:'高下在心。'"谓人可以用心酌度行事的机宜。引申为随心所欲地处置一切的意思。

《后汉书·何进传》:"今将军总皇威,握兵要,龙骧虎步,高下在心。"

高兴(一xìng) 高尚的兴致。杜甫《北征》诗:"青云动高兴,幽事亦可悦。"后用作愉快、喜欢的意思。

高轩 ❶轩,窗;亦指有窗子的长廊。左思《蜀都赋》:"开高轩以临山。"❷称来宾所乘的车子。《新唐书·李贺传》:"七岁能辞章。韩愈、皇甫湜始闻未信,过其家,使贺赋诗。援笔辄就,如素构,自目曰《高轩过》。"高轩过,谓贵宾乘车过访。书信中常用称对方的敬辞,犹言尊驾、大驾。

高阳酒徒 《史记·郦生陆贾列传》:"初,沛公引兵过陈留,郦生(郦食其)踵军门上谒……使者出谢曰:'沛公敬谢先生,方以天下为事,未暇见儒人也。'郦生瞋目按剑叱使者曰:'走,复入言沛公,吾高阳酒徒,非儒人也。'"后因以指好饮酒而狂放不羁的人。高适《田家春望》诗:"可叹无知己,高阳一酒徒。"

高义 崇高的正义行为或正义感。《国策·齐策二》:"夫救赵,高义也;却秦兵,显名也。"《史记·信陵君列传》:"胜(赵胜)所以自附为婚姻者,以公子之高义,为能急人之困。"

高韵 高雅的风韵、气度。《世说新语·品藻》:"颜(裴颜)性弘方,爱乔(杨乔)之有高韵。"

高掌远蹠 张衡《西京赋》:"缀以二华,巨灵赑屃,高掌远蹠,以流河曲。"赑屃,用力貌。掌,用手掌擘开;蹠,用脚踏开。《水经注·河水四》:"华岳本一山,当河,河水过而曲行。河神巨灵,手荡脚蹋,开而为两。"赋中即说此事,后以之比喻规模宏伟的经营。

高枕 "高枕而卧"的略语。表示无所顾虑。《楚辞·九辩》:"尧舜皆有所举任兮,故高枕而自适。"

高枕而卧 垫高枕头安卧,形容无所顾虑。《国策·齐策四》:"今君有一窟,未得高枕而卧也。"

高致 高尚的品格或情趣。《三国志·吴志·周瑜传》:"惟与程普不睦"裴松之注引《江表传》:"(蒋)干还,称瑜雅量高致,非言辞所间。"

高赀 "赀"同"资"。很多的钱财。《汉书·宣曲任氏传》:"长安丹王君房,啙樊少翁、王孙大卿,为天下高赀。"颜师古注:"王君房卖丹,樊少翁及王孙大卿卖啙,亦致高赀。赀,读与资同;高赀,谓多资财。"

高踪 高远的踪迹,指行事而言。《汉书·扬雄传上》:"蹑三皇之高踪。"傅咸《赠何劭王济》诗:"岂不企高踪,麟趾邈难追。"

高足 ❶良马;骏马。汉代驲传设三等马匹,有高足、中足、下足之别,高足为上等快马。见《汉书·高帝纪下》"横(田横)惧,乘传诣雒阳"颜师古引如淳注。《古诗十九首》:"何不策高足,先据要路津。"❷犹言高才。《世说新语·文学》:"郑玄在马融门下,三年不得相见,高足弟子传授而已。"后常用为称呼别人的学生的敬辞。

高祖 ❶曾祖的父亲。《礼记·丧服小记》:"有五世而迁之宗,其继高祖者也。"❷始祖或远祖。《左传·昭公十七年》:"郯子来朝……曰:'我高祖少皞挚之立也,凤鸟适至。'"此指始祖。又《昭公十五年》:"且昔而高祖孙伯黡司晋之典籍。"而,你,指籍谈。孙伯黡为籍谈之九世祖。❸开国帝王的庙号。如:汉高祖;唐高祖。按《汉书·高帝纪上》张晏注:"礼谥法无高,以为功最高而为汉帝之太祖,故特起名焉。"此即"高祖"称号之由来。

高坐 在榻或椅子上坐,有别于古时的席地而坐。赵翼《陔馀丛考》卷三十一:"古人席地而坐,其凭则有几……应劭《风俗通》:'赵武灵王好胡服,作胡床。'此为后世高坐之始。"胡床,即后之交椅。

羔(gāo) 小羊。《诗·召南·羔羊》:"羔羊之皮。"毛传:"小曰羔,大曰羊。"《楚辞·招魂》:"臑鳖炮羔。"

羔裘 羔皮制成的皮衣。《诗·郑风·羔裘》:"羔裘如濡,洵直且侯。"侯,美。郑玄笺:"缁衣羔裘,诸侯之朝服也。"孔颖达正义:"羔裘必缁衣也。"

羔雁 小羊与雁,古代卿大夫相见时的礼品。《礼记·曲礼下》:"凡挚,天子鬯,诸侯圭,卿羔,大夫雁。"《穀梁传·庄公二十四年》:"男子之挚,羔雁雉腒。"也用为征召或定婚的礼物。《后汉书·陈纪传》:"父子并著高名,时号三君。每宰府辟召,同时旌命,羔雁成群。"傅玄《艳歌行有女篇》:"媒氏陈束帛,羔雁鸣前堂。"

高(gāo) 同"高"。

睪(gāo) ❶通"皋"。实即"皋"字的讹变。高貌。《荀

子·大略〉:"望其圹,皋如也。"按《孔子家语·困誓》作"自望其广,则睪如也"。❷通作"睾"。见"睾丸"。
另见hào、yì、zé。

槔(gāo) 见"桔槔"。

筶(gāo) 同"橰"、"篙"。《集韵·六豪》:"《方言》:'所以刺船谓之橰',或省,亦作筶。"

睾(gāo) 见"睾丸"。

睾丸 亦称"精巢"。人和脊椎动物的雄性生殖腺,是产生精子和分泌雄性激素的器官。脊椎动物的睾丸由许多盘曲的生精小管组成,一般位于体腔背侧壁,肾的内侧。但在哺乳动物中,有的终生留在体腔内,有的降入阴囊中,有的平时存在体腔内,生殖季节降入阴囊中。人的睾丸出生后即降入阴囊内,为一对卵圆形的实体,表面包有一层光滑而坚韧的白膜。至青春期,生精小管开始产生精子。生精小管之间的间质细胞分泌雄性激素,促使出现副性征。

膏(gāo) ❶脂肪;油脂。也特指灯油。如:焚膏继晷。参见"膏火❶"。❷古代医学指心下面的部分。见"膏肓❶"。❸膏状物。如:梨膏;牙膏。❹肥沃的田土。见"膏腴❷"、"膏壤"。❺润发油。见"膏沐"。
另见gào。

膏方 中医学名词。用以制作膏滋药的处方。一般针对病人具体情况选药组方,再配制成膏滋药以作补虚疗疾之用。清张聿青《张聿青医案·膏方》:"凡属丸剂、膏方,俗每以补益上品汇集成方。"

膏肓 谓心鬲之间,为人体内主要部位。膏,心下微脂;肓,鬲上薄膜。《左传·成公十年》:"公梦疾为二竖子,曰:'彼良医也,惧伤我,焉逃之?'其一曰:'居肓之上,膏之下,若我何?'"后因以比喻难治之症,如:病入膏肓。孙楚《为石仲容与孙皓书》:"夫治膏肓者,必进苦口之药。"后亦称病势严重为"病入膏肓"。

膏火 ❶照明用的油火。《庄子·人间世》:"膏火自煎也。"苏轼《上元夜》诗:"亦复举膏火,松间见层层。"❷旧时书院、学校中给学生的津贴费用。吴荣光《吾学录·学校门》:"诸生中贫无力者,酌给薪水,各省由府州县董理酌给膏火。"

膏火自煎 脂膏因能照明而招致煎熬。比喻人因有才能而遭受祸害。

《庄子·人间世》:"山木自寇也,膏火自煎也。"成玄英疏:"膏能明照以充镫炬,为其有用,故被煎烧,岂独膏木?在人亦然。"

膏粱 ❶精美的食品。《孟子·告子上》:"《诗》云:'既醉以酒,既饱以德',言饱乎仁义也。所以不愿人之膏粱之味也。"赵岐注:"细粱如膏者也。"按朱熹注以膏为肥肉,粱为美谷,亦通。❷谓富贵之家。《新唐书·高俭传》:"右膏粱,左寒畯。"右,重视;古时朝列以右为尊。虞兆淓《天香楼偶得·膏粱》:"今人称富贵家子弟曰膏粱子弟,但谓知饱食,不谙他务。后魏孝文帝迁洛,差第士人阀阅姓氏,有八氏十姓三十六族九十二姓之制,凡三世有三公者曰膏粱,有令仆者曰华腴,尚书领护而上者为甲姓,九卿若方伯者为乙姓。"

膏露 犹言甘露。《礼记·礼运》:"天降膏露,地出醴泉。"《汉书·晁错传》:"阴阳调,四时节,日月光,风雨时,膏露降。"

膏沐 妇女润发用的油脂。《诗·卫风·伯兮》:"自伯之东,首如飞蓬。岂无膏沐,谁适为容?"《文选·曹植〈求通亲亲表〉》:"妃妾之家,膏沐之遗,岁得再通。"吕延济注:"膏,脂也;沐,甘浆之属。"

膏壤 肥沃的土地。《史记·货殖列传》:"关中自汧、雍以东至河、华,膏壤沃野千里。"

膏腴 ❶肥脂。《文心雕龙·诠赋》:"遂使繁华损枝,膏腴害骨。"❷土地肥沃;亦指肥沃富饶之区。李斯《上书谏逐客》:"〔秦惠王〕东据成皋之险,割膏腴之壤。"《汉书·地理志下》:"〔秦地〕有鄠、杜竹林,南山檀柘,号称陆海,为九州膏腴。"

膏雨 滋润土壤的雨水。语出《诗·曹风·下泉》"芃芃黍苗,阴雨膏之"。《左传·襄公十九年》:"如百谷之仰膏雨焉。"潘岳《司空密陵侯郑袤碑》:"犹旱苗之仰膏雨。"

膏泽 ❶犹膏雨。曹植《赠徐幹》诗:"良田无晚岁,膏泽多丰年。"❷比喻恩泽。《孟子·离娄下》:"谏行,言听,膏泽下于民。"

槔(gāo) 同"槔"。

篙(gāo) 撑船用的竹竿或木杆。通常在下端包有铁制的尖箭头,支撑河底使船前进。篙头常装有铁钩,可钩住别船或岸边他物使船移动。

篙人 撑船的人。《新唐书·杜

亚传》:"使篙人衣油彩衣,没水不濡。"

糕〔餻〕(gāo) 用米粉、麦粉或豆粉等制成的块状食品。如:年糕;蛋糕;绿豆糕。

櫜(gāo) ❶古代收藏衣甲或弓箭之器。《左传·昭公元年》:"伍举知其有备也,请垂櫜而入。"❷收藏;储藏。《旧唐书·李翱传》:"今圣朝以弓矢既櫜,礼乐为大,故下百寮,可得详议。"

櫜弓 《诗·周颂·时迈》:"载櫜弓矢。"谓把弓箭收藏起来。引申为休战或议和。宋孝宗《复岳飞官封赦》:"会中原方议于櫜弓。"

橰(gāo) 同"篙"。撑船的竿。《方言》第九:"所以刺船谓之橰。"

鼛(gāo) 古代有役事时击以召集人的大鼓。《周礼·地官·鼓人》:"以鼛鼓鼓役事。"

韇(gāo) 同"櫜"。

gǎo

杲(gǎo) 光明;明亮。《管子·内业》:"杲乎如登于天。"尹知章注:"杲,明貌也。"梁简文帝《南郊颂》:"如日之杲。"参见"杲杲"。

杲杲 形容太阳的光亮。《诗·卫风·伯兮》:"其雨其雨,杲杲出日。"《文心雕龙·物色》:"杲杲为出日之容。"

臭(gǎo) 白而有光。《说文·大部》:"臭,大白,泽也。古文以为泽字。"王筠句读:"大白者,以形解义,此句言其色。泽也者,光润也,此句言其光芒也。通两句言之,只是白而有光耳。"

搞(gǎo) 做;弄。如:搞好工作;搞通思想。

缟〔縞〕(gǎo) ❶细白的生绢。《汉书·食货志上》:"乘坚策肥,履丝曳缟。"❷白色。谢庄《月赋》:"连观霜缟,周除冰净。"

缟素 ❶白色。《盐铁论·非鞅》:"缟素不能自分于缁墨。"泛指白色丝织物。杜甫《韦讽录事宅观曹将军画马图》诗:"此皆骑战一敌万,缟素漠漠开风沙。"❷白色的衣服,指丧服。《史记·高祖本纪》:"今项羽放杀义帝于江南,大逆无道。寡人亲为发丧,诸侯皆缟素。"

缟纻 《左传·襄公二十九年》:

"〔吴季札〕聘于郑,见子产如旧相识,与之缟带,子产献纻衣焉。"后因以"缟纻"指深厚的友谊。宇文逌《庾信集序》:"情均缟纻,契比金兰。"

槁〔槀〕(gǎo) ❶枯干。如:槁木死灰。《孟子·公孙丑上》:"其子趋而往视之,苗则槁矣。"❷枯木。《荀子·王霸》:"及以燕、赵起而攻之,若振槁然。"❸通"稿"。草。见"槁葬"。

槁木死灰《庄子·齐物论》:"形固可使如槁木,而心固可使如死灰乎?"郭象注:"死灰槁木,取其寂莫无情耳。"后以"槁木死灰"比喻对世事无动于衷。《红楼梦》第四回:"这李纨虽青春丧偶,居家处膏粱锦绣之中,竟如'槁木死灰'一般,一概无见无闻。"

槁梧 琴。一说矮几。因用梧桐木作,故名。《庄子·德充符》:"据槁梧而瞑。"陆德明释文引崔譔云:"据琴而睡也。"成玄英疏:"槁梧,夹膝几也。"

槁葬 槁,通"稿",亦作"藁"。谓草草埋葬。《后汉书·马援传》:"援妻孥惶惧,不敢以丧还旧茔,裁买城西数亩地槁葬而已。"李贤注:"槁,草也。以不归旧茔,时权葬,故称槁。"

镐〔鎬〕(gǎo) 刨土工具。也叫"镢"、"镬"。由金属制镐头及木柄构成。可用于挖地垦荒,刨除树根。另有两头镐,一头为窄齿,一头为钉齿,适于挖地松土,筑路施工等。
另见 hào。

稿〔稾〕(gǎo) ❶稻、麦等庄稼的秆子。《汉书·贡禹传》:"已奉谷租,又出稿税。"❷诗文的草稿。王实甫《西厢记》第三本第一折:"我则道拂花笺打稿儿,元来他染霜毫不勾思。"后人对自己已刊行的诗文也常谦称为稿。如:陆游有《剑南诗稿》。

稿酬 亦称"稿费"。著作权人因许可他人使用其作品而获得的报酬。

稿人 用草扎成的人形。《新唐书·张巡传》:"城中矢尽,巡缚稿为人千余,被黑衣,夜缒城下,潮(令狐潮)兵争射之,久,乃稿人。还,得箭数十万。"

稿砧 同"稿椹"。

稿椹 稿,稻草;椹,砧板。古时行斩刑时用具。周祈《名义考》卷五:"古有罪者,席稿伏于椹上,以铁斩之;言稿椹则兼言铁矣。'铁'与'夫'同音,故隐语稿椹为夫(丈夫)也。亦作"稿砧"。《古乐府》:"稿砧今何在?山上复有山。何当大刀头?破镜飞上天。"参见"大刀头"。

藁(gǎo) 见"藁本"。

藁本(*Ligusticum sinense*) 亦称"西芎"、"抚芎"。伞形科。多年生草本。二回羽状复叶,小叶卵形,有缺刻和锯齿。夏秋开花,花白色,复伞形花序。双悬果背腹侧较扁,有锐棱。产于中国云南、四川、湖北、江西、湖南、河南、甘肃、陕西等地。根状茎入药,性温、味辛,功能祛风、散寒、止痛,主治风寒头痛、巅顶头痛、风湿痛等症。

藁(gǎo) 同"稿"。

gào

告(gào) ❶报告。《左传·庄公二十八年》:"谍告曰,楚幕有乌。"❷告诉;告知。《孟子·公孙丑上》:"子路,人告之以有过则喜。"❸请求。《国语·鲁语上》:"国有饥馑,卿出告籴,古之制也。"❹告发。《史记·佞幸列传》:"人有告邓通盗出徼外铸钱。"❺古时官吏休假之称。《史记·汲郑列传》:"〔汲黯〕最后病,庄助为请告。"参见"赐告"、"予告"。❻称说;表示。如:自告奋勇。
另见 jū,gù。

告窆 窆,下葬。向亲友告知死者的下葬日期。

告成《诗·大雅·江汉》:"经营四方,告成于王。"孔颖达疏:"告其成功于宣王也。"后因称事已完成为"告成"。如:大功告成。

告存 存问。《礼记·王制》:"七十不俟朝,八十月告存。"孔颖达疏:"告,谓问也。君每月使人致膳,告问存否。"

告归 旧时官吏请假而归。《国策·秦策一》:"商君告归。"《史记·高祖本纪》:"高祖为亭长时,常告归,之田。"

告急 报告急难,请求援救。《左传·僖公二十七年》:"宋公孙固如晋告急。"

告讦 告发别人的阴私。《汉书·刑法志》:"化行天下,告讦之俗易。"

告老 官员年老告退。如:告老还乡。《左传·襄公七年》:"晋韩献子告老。"

告庙 古时皇帝及诸侯外出或遇有大事,例须向祖庙祭告,称"告庙"。《左传·桓公二年》:"凡公行,告于宗庙,反行饮至,舍爵策勋焉,礼也。"

告缗 奖励告发隐匿钱数逃避税款。《史记·酷吏列传》:"出告缗令。"张守节正义:"若隐不税,有告之,半与告人,馀半入官,谓缗。"

告罄 罄,尽。本为事情完毕之意。《乐府诗集·北齐明堂乐歌》:"邕齐云终,折旋告罄。"后来称财物用尽为"告罄"。

告示 ❶告知。《后汉书·隗嚣传》:"因数腾书陇蜀,告示祸福。"❷官方所出的布告。也泛指布告。

告喻 犹晓喻。向众宣布说明。《史记·高祖本纪》:"不如更遣长者扶义而西,告喻秦父兄。"

告终养 旧制,官吏父母或祖父母年老,家无兄弟,可辞官归家奉养,称"告终养"。亦作"告养"。潘荣陛《帝京岁时纪胜·序》:"告养归来,凡有所经历者,随意记录成帙。"

告状 ❶诉说事情状况。《北史·秦王翰传》:"逾墙告状。"后称向司法机关起诉为"告状"。❷指向某人的上级或尊长诉说受到此人的欺负或不公正待遇。

告罪 ❶宣布罪状。《新唐书·百官志三》:"徒以上囚,则呼与家属告罪,问其服否?"❷交际用的谦辞,表示情理欠当,深感不安的意思。

郜(gào) ❶古国名。始封之君为周文王之子,故都在今山东成武东南。春秋时为宋所灭。❷古城名。有二:一为北郜城,见《水经·泗水注》,即古郜国,在今山东成武东南;一为南郜城,春秋时宋邑,故址在北郜城南二里,《左传·隐公十年》"郑师入郜",即此。❸姓。晋代有郜玖。

诰〔誥〕(gào) ❶告,用于上告下。《书·大诰》:"猷大诰尔多邦,越尔御事。"❷警诫;诫勉。《国语·楚语上》:"近臣谏,远臣谤,舆人诵,以自诰也。"❸古代一种训诫勉励的文告。如《尚书》有《康诰》、《酒诰》。隋唐以后,帝王授官、封赠的命令亦称诰。见"诰命"。

诰封 明清对官员及其先代和妻室授予封典的制度。五品以上用皇帝的诰命授予,称为诰封。五品以下用敕命授予,称为敕封。一般都在有庆典时颁给。参见"封典"。

诰命 ❶皇帝赐爵或授官的诏令。明清制度，一品至五品以诰命授予。参见"诰封"。❷指受有封号的贵妇。《红楼梦》第十三回："〔尤氏〕惟恐各诰命来往，亏了礼数，怕人笑话。"

锆〔鋯〕(gào)　化学元素[周期系第Ⅳ族(类)副族元素]。符号 Zr。原子序数 40。银灰色高熔点金属(熔点 $1852℃ ±2℃$)。斜锆石及锆石为最重要的含锆矿物，其中含有少量的铪。粉末状铁与硝酸锆混合，可作为闪光粉。在真空管中用作除气剂。紧密压制的纯锆(不含铪)用作原子核反应堆的铀棒外套。锆基合金是重要的抗腐蚀性结构材料。

膏(gào)　❶在车轮或机器上涂油膏。《礼记·内则》："脂膏以膏之。"❷滋润。《诗·曹风·下泉》："阴雨膏之。"
另见 gāo。

gē

戈(gē)　❶古代兵器。青铜制。横刃，安装长柲(柄)及镦，持之可以横击，钩援。盛行于商至战国时期。又有石戈、玉戈，多为礼仪用具或明器。引申为战争的代称。杜甫《秦州》诗："凤林戈未息，鱼海路常难。"❷古国名。《左传·襄公四年》："处豷于戈。"杜预注："戈在宋郑之间。"其地不详。❸姓。清有戈载。

戈兵　兵器。《易·说卦》："离为火，为日，为电，为中女，为甲胄，为戈兵。"借指战争。殷光藩《署中答武功姚合》诗："全家笑无辱，曾不见戈兵。"

戈船　古战船。《汉书·武帝纪》："归义越侯严为戈船将军，出零陵，下离水。"颜师古注引臣瓒曰："《伍子胥书》有'戈船'，以载干戈，因谓之戈船也。"

戈矛　戈与矛都是古代兵器名，因泛称兵器。《书·费誓》："备乃弓矢，锻乃戈矛。"《荀子·荣辱》："虽有戈矛之刺，不如恭俭之利也。"

仡(gē)　仡佬族，中国少数民族名。
另见 yì。

仡僚　见"僚(lǎo)"。

圪(gē)　见"圪塔"。
另见 yì。

圪塔　❶同"疙瘩"。❷小土丘。

扢(gē)　❶通"疙"。见"扢秃"。❷见"扢搭"。
另见 gǔ, xì。

扢搭　❶一下子；忽地。王实甫《西厢记》第二本第四折："急攘攘因何，扢搭地把双眉锁纳合。"❷犹疙瘩。结子。《红楼梦》第三十一回："〔史湘云〕说着，拿出绢子来，挽着一个扢搭。"

扢秃　亦作"疙秃"。突起的头疮。《淮南子·齐俗训》："亲母为其子治扢秃，而血流至耳，见者以为其爱之至也；使在于继母，则过者以为嫉也。"

纥〔紇〕(gē)　见"纥繨"。
另见 hé。

纥繨　绳线等打成的结。参见"疙瘩"。

疙(gē)　见"疙瘩"。

疙瘩　亦作"疙疸"。❶皮肤上突起的或肌肉上结成的小硬块。❷块状的东西。如：面疙瘩；冰疙瘩。❸比喻郁结在心里的苦闷或想不通的问题。如：心里有疙瘩。❹不圆通；难对付。如：这人脾气很疙瘩。❺不通畅；别扭。如：这篇文章写得很疙瘩。

咯(gē)　拟声词。如：咯噔噔；咯咯笑。
另见 kǎ, lo。

格(gē)　见"格格"。
另见 gé。

格格　象声。(1)笑声。如：格格地笑着。(2)鸟鸣声。《荆楚岁时记》："有鸟如乌，先鸡而鸣，架架格格。"

哥(gē)　❶"歌"、"謌"的古文。《史记·燕召公世家》："怀棠树不敢伐，哥咏之，作《甘棠》诗。"❷弟妹对兄之称。如：大哥；二哥。亦为对年稍长的男子的敬称。如：老大哥。唐时亦称父为哥。《旧唐书·王琚传》："玄宗泣曰：'四哥仁孝。'"四哥，指睿宗，玄宗之父。

哥哥　弟妹对兄的称呼。唐代有父对子自称哥哥的。《称谓录》卷一："《淳化阁帖》有唐太宗与高宗书，称哥哥敕，父对子自称哥哥，盖唐代家法是如此。"

胳〔肐〕(gē)　❶腋下；胳肢窝。《广雅·释亲》："胳谓之腋。"❷人的上肢。如：胳臂；胳膊。

舸〔舸〕(gē，又读 jiā)　舸鹅，雁的一种，形大于鸭而嘴小。《方言》第八："雁，自关而东谓之舸

鹅。"郭璞注："今江东通呼为舸。"字亦作"鸊"。《尔雅·释鸟》："舒雁，鹅。"郭璞注："今江东呼鸊，音加。"又作"驾"。

驾〔駕〕(gē)　同"舸(舸)"。见"驾鹅"。

驾鹅　野鹅。东方朔《七谏》："乱曰：'鸾皇孔凤，日以远兮。畜凫驾鹅，鸡鹜满堂坛兮。'"

鸽〔鴿〕(gē)　鸟名。有家鸽、岩鸽、原鸽等。家鸽品种很多，羽毛颜色多变化，供食用或玩赏，有的经训练能传书信。

饸(gē)　见"饸饹"。
另见 xì。

饸饹　食品名。用面粉和水成团，以手挤成疙瘩放入沸水中煮成。灌圃耐得翁《都城纪胜·食店》："饸饹店专卖大燠、爊子饸饹并馄饨。"

乾(gē)　见"乾靶"。
另见 hū。

乾靶　同"疙瘩"。

搁〔擱〕(gē)　放置。如：桌上搁着书。引申为停滞、延搁。《红楼梦》第七十回："李纨、探春料理家务，不得闲暇；接着过年过节，许多杂事，竟将诗社搁起。"
另见 gé。

割(gē)　❶用刀截断。如：割肉；割麦。引申为断绝。《后汉书·刘玄传》："割既往谬妄之失。"又专指宰割。《盐铁论·论儒》："伊尹以割烹事汤，百里以饭牛要穆公，始与苟合，信然与之霸王。"❷分割；划分。《国策·秦策五》："赵王立割五城以广河间，归燕太子。"杜甫《望岳》诗："阴阳割昏晓。"❸灾害。《书·大诰》："天降割于我家不少。"

割爱　放弃自己所爱好的事物。杜甫《寄刘峡州伯华使君》诗："展怀诗颂鲁，割爱酒如渑。"

割臂盟　春秋时，鲁庄公爱大夫党氏的女儿孟任，答应娶她。孟任于是"割臂盟公"。见《左传·庄公三十二年》。后因称男女相爱私下订定的婚约为"割臂盟"。

割股　古人所认为的一种至孝行为，割下自己的股肉来治疗父母的重病。《宋史·选举志一》："上以孝取人，则勇者割股，怯者庐墓。"

割鸡焉用牛刀　语出《论语·阳货》："子之武城，闻弦歌之声。夫子莞尔而笑，曰：'割鸡焉用牛刀？'"意谓治理这样小的地方，用得着礼乐吗？后喻做小事不必用大力或小题

不必大做。亦作"杀鸡焉用牛刀"。《水浒全传》第八十五回："常言道：'杀鸡焉用牛刀。'那里消得正统军自去。"

割据 以武力占据部分地区，在一国内形成对抗的局面。《三国志·吴志·孙皓传》"以济元元"裴松之注引《江表传》谓皓将败与舅何植书曰："昔大皇帝以神武之略，奋三千之卒，割据江南。"大皇帝，指孙权。

割裂 分裂；分割。《晋书·地理志上》："汉兴，创艾亡秦孤立而败，于是割裂封疆，立爵等二，功臣侯者百有余邑。"

割情 舍弃私情。《后汉书·宋意传》："宜割情不忍，以义断恩，发遣康、焉各归蕃国，令妪等速就便时，以塞众望。"

割席《世说新语·德行》："〔管宁、华歆〕尝同席读书，有乘轩冕过门者，宁读如故，歆废书出看。宁割席分坐，曰：'子非吾友也。'"后因称朋友绝交为"割席"。

割炙 割肉。《文选·扬雄〈解嘲〉》："司马长卿窃赀于卓氏，东方朔割炙于细君。"刘良注："炙，亦肉也。"

淈 (gē) 多汁。见《说文·水部》。《淮南子·原道训》："甚淖且淈。"高诱注："淈亦淖也，夫馈粥多沈者谓淈。"

歌 〔謌〕(gē) ❶唱；奏乐。《诗·魏风·园有桃》："我歌且谣。"毛传："曲合乐曰歌，徒歌曰谣。"《礼记·檀弓下》："歌于斯，哭于斯。"孔颖达疏："歌谓祭祀时奏乐也。"❷歌曲；能唱的诗。《书·舜典》："诗言志，歌永言。"孔传："谓诗言志以导之，歌咏其义以长其言。"是古代诗与歌的区别。后来也称诗为"歌诗"，现代则统称为"诗歌"。❸作歌。《诗·陈风·墓门》："歌以讯之。"郑玄笺："歌，谓作此诗也。既作，又使工歌之，是谓之告，讯，告。"

歌吹 歌声和乐器吹奏声。鲍照《芜城赋》："廛闬扑地，歌吹沸天。"扑地，犹言遍地起。

歌诀 口诀。把事物内容要点编成韵文或较整齐的文句以便记诵。如：汤头歌诀；归除歌诀。陶宗仪《南村辍耕录》卷五："凡披秉，须以歌诀次第，则免颠倒之失。"

歌郎 专为丧家唱挽歌的人。《儒林外史》第二十六回："吹手、亭彩、和尚、道士、歌郎，替鲍老爹出殡，一直出到南门外。"

歌女 ❶以歌唱为生的女子。孟郊《晚雪吟》："坐耻歌女娇。"❷蚯蚓的别名。崔豹《古今注·鱼虫》："蚯蚓，一名蜿蟮，一名曲蟮，善长吟于地中，江东谓之歌女。"

歌扇 歌舞时用的扇子。庾信《春赋》："月入歌扇，花承节鼓。"何逊《拟轻薄篇》："倡女掩歌扇，小妇开帘纤。"也指歌女写上曲目供人点唱的折扇。

歌钟 古乐器名。即编钟。《左传·襄公十一年》："郑人赂晋侯……歌钟二肆。"杜预注："肆，列也；县钟十六为一肆，二肆三十二枚。"孔颖达疏："歌钟者，歌必先金奏，故钟以歌名之。"亦指歌声。李白《魏郡别苏明府因北游》诗："青楼夹两岸，万室喧歌钟。"

鴚 (gē) 同"舸（舸）"。

鶮 (gē) 同"驾（駕）"。

鴚 (gē) 同"舸（舸）"。

gé

匌 (gé) ❶周匝。《广雅·释言》："匌，匝也。"见"匌匝"。❷见"䃘匌"。

匌匝 周遍；环绕。韩愈《月蚀诗效玉川子》："天罗匌匝何处逃汝形？"

革 (gé) ❶亦称"皮革"、"熟革"。将动物皮加工成不易腐烂、柔韧、透气的产品。如牛革、猪革等。用于制鞍具、服装、鞋靴、球类等。以合成材料等制成的仿革产品称"合成革"、"人造革"。❷人体的皮肤。《礼记·礼运》："四体既正，肤革充盈。"❸革制的甲盾。《国策·秦策一》："兵革大强，诸侯畏惧。"❹八音之一。参见"八音"。❺六十四卦之一，离下兑上。《易·革》："象曰：'泽中有火，革。'"孔颖达疏："火在泽中，二性相违，必相改变，故为革象也。"❻改变；革除。如：洗心革面。❼告戒。袁宏《三国名臣序赞》："风美所扇，训革千载，其揆一也。"❽翅；翼。《诗·小雅·斯干》："如鸟斯革。"毛传："革，翼也。"❾通"勒"。《诗·小雅·蓼萧》："鞗革忡忡。"毛传："革，辔首也。"❿姓。汉代有革朱。

另见 jí。

革车 古代的一种战车。《孟子·尽心下》："武王之伐殷也，革车三百两（辆），虎贲三千人。"赵岐注："革车，兵车也。"《孙子·作战》："凡用兵之法，驰车千驷，革车千乘。"梅尧臣注："驰车，轻车也；革车，重车也。凡轻车一乘，甲士步卒二十五人。重车一乘，甲士步卒七十五人。举二车各千乘，是带甲者十万人。"叶大庆《考古质疑》卷二："古者，车兼攻守；合而言之，皆曰革车；分而言之，曰革车，又曰轻车、重车。"

革故鼎新 语出《易·杂卦》"革，去故也；鼎，取新也"。即破除旧的，建立新的。李德裕《次柳氏旧闻》："幡绰被拘至行在。上素怜其敏捷，释之。有毁于上前，曰：'黄幡绰在贼中，与大逆圆梦，皆顺其情……禄山梦见殿中槅子倒，幡绰曰：革故鼎新。'"

革命 ❶古代以为王者受命于天，故称王者易姓，改朝换代为"革命"。《易·革》："汤武革命，顺乎天而应乎人。"革，变革；命，天命。❷人们在改造自然和改造社会中所进行的重大变革。人们改造自然的重大变革，有技术革命、产业革命等。人们改造社会的重大变革，即社会革命。社会革命是历史发展的火车头。它的最深刻的根源是生产关系和生产力的矛盾。当现存的生产关系成为生产力继续发展的严重障碍时，就要求通过革命，改变旧的生产关系以及维护这种生产关系的旧的上层建筑，即改变社会制度，解放被束缚的生产力，推动社会进一步向前发展。在阶级社会里，社会革命是阶级斗争的必然趋势和集中表现，通常要使用暴力。历史上有过奴隶反对奴隶主的革命、农民反对地主阶级的革命、资产阶级革命和无产阶级革命。无产阶级革命是历史上最深刻最彻底的革命。

挌 (gé) 打击；格斗。《三国志·魏志·任城王传》："手挌猛兽。"

阁 〔閣〕(gé) ❶古代装置于门上以防门扇自关的长木。《尔雅·释宫》："所以止扉谓之阁。"郝懿行义疏："此阁以长木为之，各施于门扇两旁，以止其走扇。"❷中国的一种传统楼房。《淮南子·主术训》："高台层榭，接屋连阁。"其特点是通常四周设槅扇或栏杆回廊，供远眺、游憩、藏书和供佛之用。如北京颐和园佛香阁、蓟县独乐寺观音阁和大同善化寺普贤阁等佛阁；北京故宫

文渊阁和宁波天一阁等藏书阁。❸搁置食物等的橱柜。《礼记·内则》:"大夫七十而有阁。"郑玄注:"阁以板为之,庋食物也。"❹特指女子的卧房。如:闺阁;出阁。古乐府《木兰诗》:"开我东阁门,坐我西阁床。"❺阁道,即栈道,也简称阁。《史记·高祖本纪》"辄烧绝栈道"司马贞索隐:"栈道,阁道也……崔浩云:'险绝之处,傍凿山岩,而施版梁为阁。'"❻中国古代中央官署名。如:唐光宅元年九月改中书省为凤阁。❼内阁的简称。如:组阁。❽通"搁"。停止。见"阁笔"。❾姓。唐代有阁辅。

㈠〔閤、閣〕(gé)❶侧门。《汉书·公孙弘传》:"数年至宰相封侯,于是起客馆,开东阁以延贤人。"颜师古注:"阁者,小门也。东向开之,避当庭门而引宾客,以别于掾史官属也。"❷卧室。《汉书·汲黯传》:"黯多病,卧阁内不出。"

阁笔 停笔。阁,同"搁"。《三国志·魏志·王粲传》"然正复精意覃思,亦不能加也"裴松之注引《典略》曰:"钟繇、王朗等虽各为魏卿相,至于朝廷奏议,皆阁笔不能措手。"《南史·刘孝绰传》:"惟(徐悱)为晋安郡卒,丧还建邺,妻为祭文,辞甚凄怆,悱父勉本欲为哀辞,及见此文,乃阁笔。"

阁道 ❶即栈道。诸葛亮《与兄瑾》云:"前赵子龙退军,烧坏赤崖以北阁道。缘谷百余里,其阁梁一头入山腹,其一头立柱于水中。今水大而急,不得安柱,此其穷极,不可强也。"❷复道。《史记·留侯世家》:"上在雒阳南宫,从复道望见诸将。"裴骃《集解》:"如淳曰:上下有道,故谓之复道。韦昭云:阁道。❸星官名。属奎宿,共六星,即仙后座 ι、ε、δ、θ、ν、ο 星。《史记·天官书》:"(紫宫)后六星绝汉抵营室,曰阁道。"张守节正义:"阁道六星在王良北,飞阁之道。"

阁老 唐代以中书舍人的年资长久者为"阁老"。《新唐书·百官志》:"〔中书省〕舍人六人……以久次者一人为阁老,判本省杂事。"又中书省、门下省属官亦称阁老。李肇《唐国史补》卷下:"两省相呼为阁老。"严武迁给事中时,杜甫有《赠严阁老》诗,给事中属门下省,故称。明代亦称大学士及翰林学士入阁办事者为"阁老",不限于内阁阁臣。见赵翼《陔馀丛考》卷二十六"阁老"。

阁下 对人的尊称。常用于书信中。意谓不敢直指其人,故呼在其阁下的侍从者而告语之。《汉书·高帝纪下》"大王陛下"颜师古注引应劭曰:"因卑以达尊之意也。若今称殿下、阁下、侍者、执事,皆此类也。"韩愈《与于襄阳书》:"侧闻阁下抱不世之才,特立而独行,道方而事实。"今多用于外交场合。

拾〔韐〕(gé)蔽膝。参见"韎韐"。

格 (gé)❶方框。如:窗格子;方格纸。杨炯《卧读书架赋》:"伊国工而尝巧,度山林以为格。"❷支架。《周礼·地官·牛人》"牛牲之互"郑玄注:"互,若今屠家悬肉格。"❸一定的标准或式样。如:合格;聊备一格。《礼记·缁衣》:"言有物而行有格也。"❹品质;风度。如:人格;性格;风格。❺量度。《文选·鲍照〈芜城赋〉》:"格高五岳"李善注引《苍颉篇》:"格,量度也。"❻纠正。《书·冏命》:"绳愆纠谬,格其非心。"参见"格非"。❼受阻碍;被阻隔。如:格于成例。《汉书·梁孝王刘武传》:"太后议格。"颜师古注引张晏曰:"止也。"❽抵敌。《史记·苏秦张仪列传》:"且夫从者,无以异于驱群羊而攻猛虎,虎之与羊,不格明矣。"❾击打。《后汉书·陈宠传》:"断狱者急于笞格酷烈之痛。"❿推究。参见"格致❶"。⓫来;至。《书·舜典》:"帝曰:'格,汝舜。'"《诗·大雅·抑》:"神之格思。"⓬感通。如:感格。《书·君奭》:"成汤既受命,时则有若伊尹,格于皇天。"⓭树木的枝条。参见"枝格"。⓮古时一种极残酷的刑具。《吕氏春秋·过理》"为格"高诱注:"格以铜为之,布火其下,以人置上,人烂堕火而死。"参见"炮烙❶"。⓯中国古代规定官署办事规则的行政法规。《新唐书·刑法志》:"格者,百官有司之所常行之事也。"始于东魏。孝静帝兴和三年(公元541年)制定于麟趾殿,称为《麟趾格》。隋以后律、令、格、式并行,但"格"的涵义有所变化,元初的《至元新格》实即元律。明清两代的会典包括过去的格,不取格的名称。⓰抽象代数学的重要概念。设 L 为具有"交"(记作∩)与"并"(记作∪)两个代数运算的集合,如果对 L 的任意元素 a,b…满足条件:(1)交换律:$a \cap b = b \cap a$,$a \cup b = b \cup a$;(2)结合律:$(a \cap b) \cap c = a \cap (b \cap c)$,$(a \cup b) \cup c = a \cup (b \cup c)$;(3)吸收律:$a \cup (a \cap b) = a$,$a \cap (a \cup b) = a$;则称集合 L 为格。格的概念起源于 19 世纪中叶,至 20 世纪 30 年代,格论成为一门独立的数学分支,主要研究集合的次序与包含等性质。格论在代数学、几何学、集合论、数理逻辑、组合数学等方面有重要的应用。⓱语法范畴之一。通过一定的语法形式表示名词、代词在语言结构中同其他词的种种关系。如俄语 Мальчик читает книгу(男孩子读书)中 мальчик 同 читает 发生主谓关系,мальчик 称主格(第一格),книгу(其第一格为 книга)受 читает 支配,称补格(第四格)。⓲姓。东汉有格班。

另见 gě。

格调 ❶风度;仪态。秦韬玉《贫女》诗:"谁爱风流高格调,共怜时世俭梳妆。"❷诗歌的格律声调。亦泛指作品的艺术风格。韦庄《送李秀才归荆溪》诗:"人言格调胜玄度,我爱篇章敌浪仙。"

格斗 搏斗;互相殴击。《北齐书·杜弼传》:"弼率所领亲兵格斗,终莫肯从。"

格非 纠正过失。语出《孟子·离娄上》"惟大人为能格君心之非"。郑珍《宿颍桥》诗:"人臣格非有正道,教君遂过乌得贤!"

格局 规格;式样。《红楼梦》第四十八回:"你们因不知诗,所以见了这浅近的就爱;一入了这个格局,再学不出来的。"鲁迅《呐喊·孔乙己》:"鲁镇的酒店的格局是和别处不同的。"

格房 强悍不驯的奴仆。《史记·李斯列传》:"故韩子曰'慈母有败子,而严家无格房'者,何也?"按《韩非子·显学》作"严家无悍虏"。

格律 指创作韵文所依照的格式和韵律,各种韵文都有特定的格律。其中包括声韵、对仗、结构以至字数等。中国古典诗歌中的近体诗,因其格律严整,故亦称格律诗。新诗有的也讲格律,但不受严格的限制。

格律诗 诗歌的一种。形式有一定规格,音韵有一定规律,倘有变化,需按一定规则。中国古典格律诗中常见的形式有五言、七言的绝句和律诗。词、曲每调的字数、句式、押韵都有一定的规则,也可称为格律诗。

格杀 击杀。《史记·荆燕世家》:"郢人等告定国,定国使谒者以他法劫捕格杀郢人以灭口。"

格术 "几何光学"的一种旧称。

见于北宋沈括所著的《梦溪笔谈》卷三："阳燧照物皆倒,中间有碍故也,算家谓之格术"。清代邹伯奇著有《格术补》一书,是一部几何光学著作;所谓补,意即补宋代失传的"格术"。可见"格术"是当时数学家以光线通过焦点(碍)来研究成像问题的一种方法,相当于"几何光学"。

格外 出于常例之外。《北史·贺弼传》:"推心为国,已蒙格外重赏,今还格外望活。"亦谓特别、更加。如:格外高兴。

格五 也称"簺"。古代博戏。用棋子十二枚,两人对弈。《后汉书·梁冀传》注引鲍宏《簺经》:"簺有四采,塞、白、乘、五是也,至五即格,不得行,故谓之格五。"

格物致知 简称"格致"。中国古代认识论的命题。《礼记·大学》:"致知在格物,物格而后知至。"东汉郑玄注:"格,来也;物,犹事也。其知于善深,则来善物;其知于恶深,则来恶物,……此致或为至。"宋以后儒者对格物致知的解释颇多分歧。如宋程颐、朱熹等释为"言欲致吾之知,在即物而穷其理也"(朱熹《四书章句集注》),承认接触事物("格物")是获得知识("致知")的方法,但把这仅看做是启发内心直觉达到"一旦豁然贯通"的手段;明王守仁则认为"天下之物本无可格者,其格物之功,只在身心上做","所谓格物致知者,致吾心之良知于事事物物也"。清颜元则解释"格物"为"犯手(动手)实做其事",并说"手格其物而后知至",肯定行先于知。

格言 熟语的一种。可为法式的言简意赅的语句。如"满招损,谦受益"。《宋史·吴玠传》:"玠善读史,凡往事可师者,录置座右,积久,墙牖皆格言也。"

格磔 鸟鸣声。钱起《江行无题》诗:"只知秦塞远,格磔鹧鸪啼。"

格致 ❶格物致知的省称。❷清代末年对声光化电等自然科学部门的统称。鲁迅《呐喊自序》:"在这学堂里,我才知道在这世上,还有所谓格致、算学、地理、历史、绘图和体操。"❸风格情趣。欧阳修《归田录》卷二:"昌(赵昌)花写生逼真,而笔法软俗,殊无古人格致。"

鬲 (gé) 通"隔"。阻隔。《汉书·薛宣传》:"阴阳否鬲。"
另见 è,lì。

浩 (gé,又读 gào) 见"浩亹"。
另见 hào。

浩亹 ❶古县名。西汉置。因浩亹水(今大通河)得名。治今甘肃永登西南大通河东岸。北周废。东汉建武十一年(公元 35 年),先零等羌屯据浩亹隘,为马援所击破。❷水名。即青海省的大通河。

唂 (gé) 见"大唂喃国"。

假 〔叚〕(gé) 通"格"。到。《诗·大雅·云汉》:"昭假无赢。"《礼记·祭统》:"公假于大庙。"郑玄注:"假,至也。"
另见 jiǎ,jià,xiá,xià。

鸽 〔鴿〕(gé) 鸟名。《尔雅·释鸟》:"鸽,鹁鹊。"郭璞注:"今江东呼鹈鹕为鹁鹊,亦谓之鸧鸽,音格。"
另见 luò。

葛 (gé) ❶植物名。学名 Pueraria lobata。豆科。藤本,有块根。复叶,小叶三枚,下面有白霜,顶小叶菱形,托叶盾形。夏季开花,蝶形花冠,紫红色,总状花序。荚果带形,密生黄色粗毛。产于中国各地。茎皮纤维可织葛布或作造纸原料;茎和叶可作牧草。块根含淀粉,供食用,亦可入药;花可解酒毒。另种食用葛(P. edulis),用途同前种。❷丝织物类名。用桑蚕丝或化学纤维长丝作经,棉线或毛线作纬交织而成。基础组织用平纹、斜纹或变化组织,提花组织则用缎纹。织物表面起横棱效应。分素织和提花两类。例如,文尚葛、缎背葛等。❸古国名。在今河南睢县北,一说在今河南鄢城北,曾为商汤所伐。春秋时为鲁的附庸。一说古葛国为汤所灭,春秋时的葛在鲁附近,乃另一小国。
另见 gě。

葛藤 佛教禅宗著作中的常用语,譬喻纠缠不清。《碧岩录·十二则垂示》:"却有许多葛藤公案,具眼者试说看。"道谦《大慧普觉禅师宗门武库》:"云居舜老夫常讥天衣怀禅师说葛藤禅。"谓天衣怀禅师谈禅不直截了当。

搁 〔擱〕(gé) 承受;禁受;耐。如:小船搁不住许多大箱子;心里搁不住气恼。
另见 gē。

蛤 (gé) "蛤蜊"的简称。《左传·昭公三年》:"鱼盐蜃蛤,弗加于海。"
另见 há。

蛤蜊 (Mactra) 也称"马珂"。双壳纲,蛤蜊科。壳卵圆形、三角形或长椭圆形,两壳相等,壳顶稍向前方凸出。壳面光滑或有同心环纹,有壳皮。左壳铰合部有"人"字形的主齿,右壳主齿多呈"八"字形。前后闭壳肌痕同大。斧足发达;无足丝。生活于浅海泥沙中。中国沿海常见的如四角蛤蜊(M. veneriformis)。肉味鲜美。

蛒 (gé) ❶蛴螬。《方言》第十一:"蟒蛑,梁、益之间谓之蛒;或谓之蛭蛒。"戴震疏证:"案蟒又作蛴。"故蟒蛑即蛴螬。❷蜂名。元稹《蛒蜂诗》序:"蛒,蜂类而大,巢在寨鼻蛇穴下,故毒螫倍诸蜂蛊,中手足,辄断落;及心胸,则圮裂,用他蜂中人之方疗之不能愈。"

惄 (gé) 变动。《荀子·礼论》:"惄诡唈僾而不能无时至焉。"杨倞注:"惄,变也;诡,异也。皆谓变异感动之貌。"

袼 (gé) ❶上衣。虞龢《论书表》:"有一好事年少,故作精白纱袼,著诣子敬。"子敬,王献之字。❷指僧衣。柳宗元《送文畅上人序》:"然后蔑衣袼之赠,委财施之会不顾矣。"苏轼《过广爱寺》诗:"败蒲翻覆卧,破袼再三连。"❸衣前襟。《景德传灯录·胁尊者》:"四众各以衣袼盛舍利,随处兴塔而供养之。"
另见 jiē。

隔 (gé) ❶阻拦;障隔。韩愈《感春》诗:"东西南北皆欲往,千江隔兮万山阻。"王安石《泊船瓜洲》诗:"京口瓜洲一水间,钟山只隔数重山。"❷离开;间隔。李白《江行寄远》诗:"疾风吹片帆,日暮千里隔。"又《赠宣城宇文太守》诗:"何言一水浅,似隔九重天。"❸不相合。《南史·张充传》:"情涂猖隔。"❹窗格。李贺《荣华乐》诗:"瑶姬凝醉卧芳席,海素笼窗空下隔。"❺通"膈"。《管子·水地》:"脾生隔,肺生骨。"戴望校正:"宋本隔作膈。"❻通"击",敲击。《汉书·扬雄传下》:"拮隔鸣球。"颜师古注:"拮隔,击也;鸣球,玉磬也。"一说"拮隔""戛击",古代的一种打击乐器。

隔岸观火 比喻对别人的困难漠不关心,而在一边看热闹。鲁迅《且介亭杂文·答〈戏〉周刊编者信》:"假如写一篇暴露小说,指定事情是出在某处的罢,那么,某处人恨得不共戴天,非某处人却无异隔岸观火,彼此都不反省。"

隔壁 指邻居。《颜氏家训·兄弟》:"沛国刘琎常与兄瓛连栋隔

壁。"

隔阂 ❶阻隔；隔绝。《世说新语·言语》："刘琨虽隔阂寇戎，志存本朝。"《金史·食货志三》："如江南用铜钱，江北淮南用铁钱，盖以隔阂铜钱不令过界尔。" ❷彼此情意不通。曹植《求通亲亲表》："隔阂之异，殊于胡越。"

隔离 隔断。杜牧《阿房宫赋》："覆压三百余里，隔离天日。"

隔膜 犹言隔阂。彼此互不了解。章学诚《丙辰札记》："余每叹文人见解不可与言著述，今观《抱朴》所言，则有道之士犹于此事且隔膜也。"

隔墙有耳 《管子·君臣下》："古者有二言，墙有耳，伏寇在侧。墙有耳者，微谋外泄之谓也。"后用"隔墙有耳"指机密很易外泄，须加意防范。《水浒传》第十六回："吴用道：休得再提。常言道：'隔墙须有耳，窗外岂无人。'只可你知我知。"

隔靴搔痒 比喻说话、作文不贴切，没有抓住要点。《五灯会元》卷八："〔康山契稳禅师〕曰：'怎么则识性无根去也？'师曰：'隔靴搔痒。'"严羽《沧浪诗话·诗法》："意贵透澈，不可隔靴搔痒。"亦比喻做事不切实际，徒劳无功。

隔越 ❶隔绝；阻断。蔡琰《胡笳十八拍》："子母分离兮意难任，同天隔越兮如商参。"《朱子全书·大学三》："问以类而推之说，曰：'是从已理会得处推将去，如此便不隔越。'"这里"隔越"是说道理窒碍难通。❷越过界限。《北史·任城王雲传附拓跋澄》："三长禁奸，不得隔越领。"

骔 〔驔〕(gé) 马名。《西游记》第四回："驳骔银骔，骎褭飞黄。"

塥 (gé) 沙碛。《管子·地员》："沙土之次曰五塥。五塥之状然如仆累。"仆累，蜗牛。

嗝 (gé) 气逆出声。如：打嗝儿；打饱嗝。

骼 (gé) 骨角。《礼记·乐记》："角骼生。"郑玄注："无䚡曰骼。"王筠《说文句读·角部》："麋鹿之角，内外无间，故曰骨角。"参见"䚡"。

滆 (gé) 见"滆湖"。

滆湖 一称西滆湖，俗称沙子湖。在江苏省南部宜兴、武进两市间。西承长荡湖来水，东注入太湖，为太湖西部水网中心。湖面呈长茄形，长22公里，平均宽6.63公里，面积146平方公里，湖面海拔3.2米，水深1.6米左右，贮水量1.6亿立方米。盛产鱼类。富灌溉、航运、养殖之利。建有滆湖良种繁育场。

楄 (gé) ❶车轭。《释名·释车》："楄，扼也，所以扼牛颈也。"张衡《西京赋》："商旅联槅。" ❷窗或其他器物上用木条作的格子。如：槅扇。《金瓶梅》第三十九回："三间厂厅，名曰松鹤轩，多是朱红亮槅。"

另见 hé。

捔 (gé) 吴方言。两手合抱。如：拦腰捔住。引申为结交。如：捔朋友。

膈 (gé) ❶旧名"横膈膜"。人和哺乳动物分隔胸腔和腹腔的肌膜结构。在人，呈伞状，凸面向上。参与机体呼吸活动，吸气时，膈下降，胸腔扩大；呼气时，膈恢复原位，胸腔又缩小。并能促进血液循环和食物在肠胃道内的运行。有若干裂孔，为食管、血管等通过的孔道，主要有主动脉裂孔、食管裂孔和下腔静脉裂孔。❷古时悬钟的格。《史记·礼书》："县一钟尚拊膈。"

鮥 〔鮯〕(gé) 鱼名。《广雅·释地》："东方有鱼焉，如鲤，六足，鸟尾，其名曰鮥。"也叫"鮯鮥"。《山海经·东山经》："深泽其中有鱼焉，其状如鲤，而六足，鸟尾，名曰鮯鮯之鱼，其鸣自叫。"

鞈 (gé，又读 jiá) ❶古代革制的胸甲。《管子·小匡》："轻罪入兰盾、鞈革、二戟。"尹知章注："兰，即所谓兰锜，兵架也。鞈革，重革，当心著之，可以御矢。" ❷坚貌。《荀子·议兵》："楚人鲛革犀兕以为甲，鞈如金石。"

另见 tà。

鞈匝 犹"匝匝"。围绕貌。羊胜《屏风赋》："屏风鞈匝，蔽我君王。"

噶 (gé) 拟声词。如：噶喇一声。

另见 gá。

嶱 (gé，又读 kě) 见"嶱嵑"。

嶱嵑 《文选·张衡·南都赋》："其山则崆峣嶱嵑。"薛综注："崆峣嶱嵑，山石高峻之貌。"

骼 (gé) ❶禽兽的骨。泛指骨。《礼记·月令》："〔孟春之月〕掩骼埋胔。" ❷牲畜的后胫骨。《仪礼·乡饮酒礼》："介俎：脊、胁、肫、骼、肺。"郑玄注："凡牲：前胫骨三，肩、臂、臑也；后胫骨二，肫、骼也。"

镉 〔鎘〕(gé) 化学元素〔周期系第Ⅱ族（类）副族元素〕。符号 Cd。原子序数 48。银白色金属。富延展性。溶于酸。镉的烟尘和化合物毒性均大。用于电镀、制造合金、标准电池、光电管、颜料等，并可作原子核反应堆中的中子吸收棒。

另见 lì。

猲 (gé) 见"猲狚"。

另见 liè、xiē。

猲狚 古代传说中兽名。状如狼，赤首鼠目，声如豚。《山海经·东山经》作"猲狙"，郝懿行笺疏谓当为"猲狚"。

瀇 (gé) 见"瀴瀇"。

輵 (gé) 同"轕（轕）"。见"轇轕"。

另见 è。

轕 〔轕〕(gé) 见"轇轕"。

篏 (gé) 即篏子，竹障。见《通俗文》。

鼛 (gé) 古乐器名。《荀子·乐论》："鞉、柷、拊、鼛、椌、楬似万物。"王先谦集解引郝懿行曰："拊鼛，《礼论篇》作拊膈，其义当同。"又《礼论篇》集解引郝懿行曰："《乐论篇》以拊、鼛与鞉、柷、椌、楬相俪，则皆乐器名也。鼛，其字从革，窃谓亦拊之类。"旧注以膈为悬钟格，郝氏以为非是。

gě

个 〔個、箇〕(gě) 用于"自个儿"。

另见 gè。

合 (gě) 市制中的容量单位。1合=0.1〔市〕升。

另见 hé。

哿 (gě，又读 kě) 表称许之词。可；嘉。《左传·昭公八年》："哿矣能言。"

另见 jiā。

笴 (gě，又读 gǎn) 箭干。《考工记·总序》："妢胡之笴。"

舸 (gě) 大船。《方言》第九："南楚江湘，凡船大者谓之舸。"左思《吴都赋》："弘舸连舳，巨槛接舻。"也指小船和一般的船。《三国志·吴志·周瑜传》："又豫备走舸，各系大船后。"

舸舰 战船。《南齐书·王敬则

传》:"乘舸艦于江中迎战。"

盖 〔蓋〕(gě) ❶古地名。战国齐盖邑,汉置盖县,北齐废。故城在今山东沂水县西北。❷姓。汉代有盖宽饶。

另见 gài、hé。

葢 (gě) 同"盖"。

另见 gài、hé。

葛 (gě) 姓。

另见 gé。

gè

个 ㊀〔個、箇〕(gè) ❶指代单独的人或物。如:这个;那个。因亦以为计数的单位。如:一个;几个。❷单独;个别。如:个人;个体。❸有所指之词。如:个中;个样。李白《秋浦歌》:"白发三千丈,缘愁似个长。"❹作语助。如:今儿个;些儿个。无名氏《谢金吾》第二折:"意悬悬盼不到来日个。"《水浒传》第十五回:"阮小七道:'教授胡乱吃些个。'"

㊁ (gè) ❶犹言枚。《史记·货殖列传》:"竹竿万个。"张守节正义:"竹曰个,木曰枚。"❷古指正堂两旁的屋舍。《礼记·月令》:"〔孟春之月〕天子居青阳左个。"

另见 gě。

个里 犹言此中。王维《同比部杨员外十五夜游》诗:"香车宝马共喧阗,个里多情侠少年。"

个侬 犹渠侬。那个人或这个人。隋炀帝《嘲罗罗》诗:"个侬无赖是横波。"

个人 ❶一个人;私人。对"集体"而言。❷自称,本人。❸彼人;那个人。多指情人。赵闻礼《鱼游春水》词:"愁肠断也,个人知未?"

个中人 ❶犹言此中人,指曾经亲历其境或深知其中道理的人。苏轼《李顾画山见寄》诗:"平生自是个中人,欲向渔舟便写真。"❷妓女的隐称。李致远《还牢末》第一折:"他原是个中人,我替他礼案上除了名字,弃贱从良。"

各 (gè) 每个;各自。如:世界各国。《论语·公冶长》:"盍各言尔志。"

各得其所 ❶各如其所愿。《易·系辞下》:"交易而退,各得其所。"❷各自得到适当的安置。《汉书·东方朔传》:"元元之民,各得其所。"

各行其是 谓各人按照自己以为对的去做。形容各干各的,思想、行动不一致。《痛史》第二十一回:"我之求死,你之求生,是各行其是。"

各有千秋 谓各有所长或各有优点。千秋,流传久远。

各自为政 《左传·宣公二年》:"畴昔之羊,子为政;今日之事,我为政。"后以"各自为政"谓各人按照自己的主张办事,不顾整体也不与别人配合协作。《三国志·吴志·胡综传》:"诸将专威于外,各自为政,莫或同心。"

荞 (gè) 见"荞葱"。

荞葱(*Allium victorialis*) 亦称"荞韭"。百合科。多年生草本,具根状茎。鳞茎柱状圆锥形,外皮黑褐色。叶两或三枚,披针形至矩圆形或椭圆形。夏季抽花茎,顶生球状伞形花序,花白色。生于阴湿山坡。分布于中国北部和中部;亚洲其他地区、欧洲、北美洲也产。鳞茎、叶和种子供药用,功能止血、散瘀、镇痛。

虼 (gè) 虼蚤,即跳蚤。《盆儿鬼》第三折:"这羊皮袄上不知是虱子也是虼蚤。"

铬 〔鉻〕(gè) ❶化学元素〔周期系第Ⅵ族(类)副族元素〕。符号 Cr。原子序数 24。青灰色金属。有毒。硬度极高,质脆,抗腐蚀。在自然界中主要以铬铁矿形式存在。用于电镀和制造特种钢(如不锈钢等)、特种合金、电热丝、颜料等。为生命必需的微量营养元素。❷兵器名。《抱朴子·君道》:"文则琳琅堕于笔端,武则钩铬摧于指掌。"

另见 luò。

袼 (gè) 衣袖当腋处,今名挂肩。《礼记·深衣》:"袼之高下,可以运肘。"按《广雅·释器》:"袼,袖也。"王念孙疏证:"袼,衣袂当披之缝也。盖袂为袖之大名。袼为袖当披之缝,其通则皆为袖也。"披,同"腋"。

gěi

给 〔給〕(gěi) ❶为;替。如:给大家帮忙;他给我当翻译。❷把。如:给羊拴上,别让跑了。❸让;使。如:解开衣服给医生检查。❹被。如:羊给狼吃了。❺给予。如:给他一本新书。

另见 jǐ。

gèm

咁 (gèm) 广东方言。如此;这样。招子庸《粤讴·唔好死》:"唔好死得咁易,死要死得心甜。"

另见 hān。

gēn

根 (gēn) ❶维管植物的营养器官之一。由胚根发育而来的植株体轴地下部分。由主根及其侧根构成直根系或主根不明显而成须根系,主要功能为固着植物体于土壤,支持其地上部分,并从土壤吸收水和溶于水的无机养料,亦有运输、贮藏、合成某些有机物质向外分泌等作用。发挥吸收功能的根部主要是在近根尖的根毛区,即根的初生生长完成的部分。单子叶与双子叶两类植物根的横切面结构都分表皮、皮层和中柱,其主要区别为前者中央有髓部,韧皮部与木质部相间排列于中柱鞘和髓部之间,后者无髓部,韧皮部位于原生木质部脊之间。由于适应不同的生活条件,其功能有所特化,其形态结构相应地有种种变态。❷物体的在下部分。庾信《明月山铭》:"云出山根。"白居易《早春》诗:"满庭田地湿,荠叶生墙根。"❸事物的本原;依据。如:追根究底。独孤及《梦游赋》:"止水不波,浮云无根。"苏轼《李氏山房藏书记》:"后生科举之士,皆束书不观,游谈无根。"❹彻底;根本地。如:根治;根除;根绝。亦谓彻底清除。《管子·君臣下》:"审知祸福之所生,是故慎小事微,违非索辩以根之。"❺细长物的计量单位。如:一根头发;两根火柴。《水经注·沁水》:"庙侧有攒柏数百根。"❻生殖器官。《法苑珠林》卷六:"四天下人,若行欲时,二根相到,流出不净。一切诸龙、金翅鸟等,若行欲时,二根相到,但出风气,即得畅适,无有不净。"❼佛教称眼、耳、鼻、舌、身、意为六根。❽原子团之一。一般指带负电荷的原子团。例如碳酸根 CO_3^{2-}、硫酸根 SO_4^{2-}、磷酸根 PO_4^{3-}、乙酸根 CH_3COO^- 等。也包括单原子离子。例如氯根 Cl^-、硫根 S^{2-} 等。

根词 词汇里最原始、最单纯、最基本的词,是词汇的核心。在根词的基础上产生出许多别的词来。汉语

的根词多数是单音节的,如"人"、"山"、"学"等。

根柢　草木的根。邹阳《狱中上梁王书》:"蟠木根柢,轮囷离奇。"比喻事业或学问的基础、底子。《三国志·吴志·钟离牧传》:"当及其根柢未深而拔取之。"《宋史·毕冲游传》:"冲游为文,切于事理而有根柢,不为浮夸诡诞戏弄不庄之语。"

根蒂　犹根柢。《三国志·蜀志·蒋琬传》:"今魏跨带九州,根蒂滋蔓,平除未易。"

根基　建筑物的根脚部分。如:房屋的根基牢固。引申指事业的基础。《三国志·魏志·邓艾传》:"不念抚恤上下以立根基。"也指家业的根柢。《红楼梦》第一回:"因他生于末世,父母祖宗根基已尽,人口衰丧,只剩得他一身一口。"

根节　❶指事物的根本和要害。孔颖达《春秋正义序》:"其理致难者,乃不入其根节。"❷犹情节、情景。洪昇《长生殿·补恨》:"妾甘就死,死而无怨,与君何涉!怎忘得定情钗盒那根节。"

根据　❶依据;出处;来源。虞集《牟伯成墓碑》:"谈笑倾倒,援引根据,不见涯涘。"❷盘踞。《汉书·霍光传》:"党亲连体,根据于朝廷。"

根深柢固　《韩非子·解老》:"柢固则生长,根深则视久。"后用"根深柢固"谓基础牢固,不可动摇。司马光《上庞枢密论贝州事宜书》:"虽国家恩德在民,沦于骨髓,根深柢固,万无所虑。""柢"亦作"蒂"。郑褒《原祭》:"其传萌拆于秦汉,枝蔓于晋宋齐梁之间,迨今百千岁,根深蒂固,牢不可拔。"

根源　谓草木之根与水之源。比喻事物的根本或源头。韩愈《符读书城南》诗:"横潦无根源,朝满夕已除。"《宋史·周敦颐传》:"著《太极图》,明天理之根源,究万物之终始。"亦作"根元"。《抱朴子·对俗》:"其根元可考也,形理可求也。"今指事物产生的根本原因。

跟　(gēn)❶脚的后部。张衡《思玄赋》:"跕焦原而跟止。"也指鞋袜的后部。如:袜后跟。❷随从在后面。如:你跟我来。❸和;同。如:我跟他是朋友;这事要跟群众商量。

gén

哏　(gén)　滑稽;有趣。也指滑稽有趣的言语或动作。如:逗哏。

另见 hěn。

gěn

艮　(gěn)　北方话,指人脾气强或食物不松脆。如:这个人真艮;花生米艮了。

另见 gèn。

gèn

亘　〔亙〕(gèn,旧读 gèng)❶从此端直达彼端;贯串。班固《西都赋》:"北弥明光而亘长乐。"左思《吴都赋》:"树以青槐,亘以渌水。"❷犹言"竟"、"终"。《文选·张衡〈南都赋〉》:"贮水渟洿,亘望无涯。"李善注引《方言》曰:"亘,竟也。"参见"亘古"。

亘带　周绕绵延。孙绰《望海赋》:"弥纶八荒,亘带九地。"

亘古　犹言终古。从古代到现在。如:亘古未有;亘古奇闻。鲍照《河清颂》:"亘古通今,明鲜晦多。"

艮　(gèn)❶八卦之一,卦形为☶,象征山。又六十四卦之一,艮下艮上。《易·艮》:"象曰:艮,止也。"❷指东北方。《易·说卦》:"艮,东北之卦也。"宋徽宗政和间在汴京东北隅作土山,叫艮岳。见宋张淏《艮岳记》。

另见 gěn。

茛　(gèn)❶植物名。即野葛,一名钩吻。❷毛茛,俗称"老虎脚爪草"。多年生有毛草本。有毒。民间以全草入药。

gēng

亢　(gēng)　用于人名。见《集韵·十二庚》。参见"亢仓子"。

另见 gāng,kàng。

亢仓子　人名。古有亢仓子,老聃之弟子,见《列子·仲尼》。

更　(gēng)❶调换;改变。《左传·襄公二十八年》:"公膳日双鸡,饔人窃更之以鹜。"《史记·秦始皇本纪》:"更名河曰德水。"❷轮流更替。张衡《西京赋》:"秘舞更奏,妙材骋伎。"❸汉代指轮流更替的兵役。参见"践更❶"。❹旧时夜间计时的单位。一夜为五更,每更约两小时。如:半夜三更。❺经历;经过。《汉书·张骞传》:"欲通使,道必更匈奴中。"❻抵偿。《史记·平准书》:"悉巴蜀租赋,不足以更之。"❼姓。战国时魏国有更嬴。

另见 gèng。

更筹　古代夜间计时报更的竹签。《新唐书·百官志一》:"刑部司门郎中、员外郎各一人,掌门关出入之籍及阑遗之物……凡奏事,遣官送之,昼题时刻,夜题更筹。"亦名"更签"。《陈书·世祖纪》:"每鸡人伺漏,传更签于殿中,乃敕送者必投签于阶石之上,令鎗然有声,云吾虽眠,亦令惊觉也。"

更迭　轮流替换。《诗·召南·小星》:"嘒彼小星,三五在东。"毛传:"三心五噣,四时更见。"孔颖达疏:"言四时更见者,见连言在东,恐其俱时在东,故云四时之中更迭见之。"

更端　另一事。《礼记·曲礼上》:"君子问更端,则起而对。"

更番　更迭;轮流替换。《旧唐书·于志宁传》:"况阉宦之徒,体非全气,更番阶闼,左右宫闱。"

更赋　汉所征的一种代役税。规定凡二十三岁到五十六岁男丁应服三项兵役:(1)为郡县服兵役一月;(2)为中央服兵役一年;(3)为戍边服役三日。因轮流服役,故名"更"。自身不服役而出钱由官府雇人代替,名更赋。

更鼓　夜间报更的鼓。《元史·齐履谦传》:"又请重建鼓楼,增置更鼓并守漏卒。"

更漏　古代用滴漏计时,夜间凭漏刻传更,故名为"更漏"。许浑《韶州驿楼宴罢》诗:"主人不醉下楼去,月在南轩更漏长。"参见"漏刻❶"。

更漏子　词牌名。因唐温庭筠词中多咏更漏而得名。双调四十六字,仄韵、平韵换叶。一说据唐教坊曲《更漏长》用为词牌。然敦煌曲子词收《更漏长》二首,一温庭筠作,一欧阳炯作,两者格律迥异。今人或以为温词本为《更漏子》,系误题,与欧词实非同调。《尊前集》题欧词为《更漏子》,亦误。

更仆难数　《礼记·儒行》:"遽数之不能终其物,悉数之乃留,更仆未可终也。"郑玄注:"仆,大仆也。君燕朝则正位,掌摈相;更之者,为久将倦,使之相代。"后以"更仆难数"形容事物繁多,数不胜数。

更生　重新获得生命。《史记·平津侯主父列传》:"〔秦王〕主海内之政,坏诸侯之城,销其兵,铸以为钟虡,示不复用。元元黎民得免于战

国，逢明天子，人人自以为更生。"亦比喻振作、复兴。如：自力更生。

更始 除旧布新，重新开始。《汉书·武帝纪》："朕嘉唐虞而乐殷周，据旧以鉴新。其赦天下，与民更始。"

更事 ❶阅历世事。《三国志·魏志·武帝纪》："公曰：'吾预知当尔，非圣也，但更事多耳。'"❷交替出现的事，犹常事。《史记·秦本纪》："晋旱，来请粟……缪公问公孙支，支曰：'饥穰，更事耳，不可不与。'"

更新 犹言革新。除旧布新。如：万象更新。《新唐书·孙伏伽传》："陛下制诏曰'常赦不免，皆原之'，此非直赦有罪，是亦与天下更新辞也。"

更姓 易姓，指改朝换代。《国语·周语中》："更姓改物。"韦昭注："更姓，易姓也；改物，改正朔、易服色也。"

更衣 ❶更换衣服。常指宴会时离席。《汉书·灌夫传》："坐乃起更衣，稍稍去。"颜师古注："凡久坐者皆起更衣，以其寒暖或变也。"亦指休息更衣的处所。《汉书·东方朔传》："后乃私置更衣。"颜师古注："为休息易衣之处也。"❷大小便的婉辞。《论衡·四讳》："夫更衣之室，可谓臭矣，鲍鱼之肉，可谓腐矣。然而有甘之更衣之室，不以为忌；食腐鱼之肉，不以为讳。"

更张 本谓把琴瑟的弦放松后重行配好。董仲舒《举贤良对策》："窃譬之琴瑟不调，甚者必解而更张之，乃可鼓也。"引申为更改、改变。参见"改弦更张"。

庚（gēng）❶天干的第七位。❷年龄。如：年庚；同庚。❸道路。《小尔雅·广言》："庚，道也。"❹赔偿。《礼记·檀弓下》："季子皋葬其妻，犯人之禾，申祥以告。曰：'请庚之。'"❺姓。唐代有庚季良。

庚癸 军粮的隐语。《左传·哀公十三年》："吴申叔仪乞粮于公孙有山氏……对曰：'梁则无矣，粗则有之，若登首山以呼曰，庚癸乎，则诺。'"杜预注："军中不得出粮，故为私隐。庚，西方，主谷；癸，北方，主水。""私隐"，即隐语。后称向人告贷为"呼庚呼癸"或"庚癸之呼"，本此。柳宗元《安南都护张公墓志铭》："储偫委积，师旅无庚癸之呼。"

庚帖 旧俗订婚时男女双方互换的帖子，上写订婚者姓名、生辰八字、籍贯、祖宗三代等内容。因帖上有生

辰八字，也叫八字帖。《琵琶记·牛相教女》："合婚问卜若都好，有钞；只怕假做庚帖被人告，吃拷。"

叓（gēng）"更"的古字。

绠〔綆〕（gēng）亦作"綆"。❶粗索。《隋书·音乐志上》："设缘高綆伎。"缘高綆，一种杂技。❷紧；急。《淮南子·缪称训》："治国譬若张瑟，大弦綆，则小弦绝矣。"
另见 gèng。

耕〔畊〕（gēng）❶翻松田土以备播种。如：深耕细作。《孟子·滕文公上》："许子以釜甑爨、以铁耕乎？"❷比喻为进修或谋生的各种劳动。如：目耕；舌耕。任昉《为萧扬州荐士表》："既笔耕为养，亦佣书成学。"

耕耘 翻土和除草；也泛指田间劳动。《荀子·子道》："夙兴夜寐，耕耘树艺。"李商隐《子初郊墅》诗："亦拟村南买烟舍，子孙相约事耕耘。"也比喻其他的劳动。

浭（gēng）水名。见"浭水"。

浭水 又名庚水，今名濼河，即河北与天津市交界处蓟运河的上游。《汉书·地理志》：右北平郡无终（今天津市蓟县），"浭水西至雍奴入海"，即此。

赓〔賡〕（gēng）❶继续；连续。《书·益稷》："乃赓载歌。"❷抵偿；补偿。《管子·国蓄》："智者有什倍人之功，愚者有不赓本之事。"

綆（gēng）同"绠（綆）"。
另见 gèng。

鶊〔鶊〕（gēng）见"鸧鹒"。

縆（gēng）同"绠"。

羹（gēng）本指五味调和的浓汤，亦泛指煮成浓液的食品。如：菜羹；肉羹；豆腐羹；橙子羹。《书·说命下》："若作和羹，尔惟盐梅。"杜甫《秋日寄题郑监湖上亭》诗："羹煮秋莼滑。"
另见 láng。

羹颉侯 汉高祖刘邦给其兄子信的封号。《史记·楚元王世家》："始高祖微时，尝辟事，时时与宾客过巨嫂食。嫂厌叔，叔与客来，嫂佯为羹尽，栎釜，宾客以故去。已而视釜中尚有羹，高祖由此怨其嫂。及高祖为帝……于是乃封其子信为羹颉侯。"

颉，刮。名称寓讥讽意。后亦作"颉羹侯"。陈孚《漂母冢》诗："莫笑千金酬漂母，汉家更有颉羹侯。"

羹墙 《后汉书·李固传》："昔尧殂之后，舜仰慕三年。坐则见尧于墙，食则睹尧于羹。"后以"羹墙"表示对已死前辈的追念。

gěng

邢（gěng）古地名。亦作"耿"。《史记·殷本纪》："祖乙迁于邢。"在今河南温县东；一说在今山西河津市。
另见 xíng。

郠（gěng）古邑名。春秋莒地，后属鲁。在今山东沂水界。《左传·昭公十年》："平子伐莒，取郠。"

埂（gěng）❶田塍；田边小路。如：田埂。❷土堤。如：堤埂；埂堰。

耿（gěng）❶通"炯"。光明。《书·立政》："丕釐上帝之耿命。"又："以觐文王之耿光。"《离骚》："耿吾既得此中正。"❷古都邑名。一作"邢"。在今河南温县东。《史记·殷本纪》："祖乙迁于邢。"司马贞《索隐》："邢音耿，近代本亦作耿。"❸古国名。姬姓，或说嬴姓。本春秋小国，公元前 661 年，为晋所灭，以赐赵夙。至赵献侯自此迁中牟。故址在今山西河津南汾水南岸。❹姓。

耿耿 ❶形容心中不能宁贴。《诗·邶风·柏舟》："耿耿不寐，如有隐忧。"毛传："耿耿，犹儆儆也。"❷明貌。谢朓《暂使下都夜发新林至京邑》诗："秋河曙耿耿，寒渚夜苍苍。"❸忠诚貌。如：忠心耿耿。黄宗羲《感旧》诗："寒江才把一书开，耿耿此心不易灰。"

耿介 ❶光明正大。《离骚》："彼尧舜之耿介兮，既遵道而得路。"❷正直。《楚辞·九辩》："独耿介而不随兮，愿慕先圣之遗教。"王逸注："执节守度，不枉倾也。"

耿直 同"梗直"。

哽（gěng）❶说话为舌所阻，或食物在喉部塞住不能下咽。《说文·口部》："哽，语为舌所介也。"《后汉书·明帝纪》："祝哽在前，祝噎在后。"❷哽咽。《南史·宋晋熙王昶传》："把姬手南望恸哭，左右莫不哀哽。"

哽咽 悲痛气塞，说不出话。陆机

《挽歌》："含言言哽咽，挥涕涕流离。"

峺(gěng)　山岭险阻处。《徐霞客游记·粤西游日记四》："其前削崖断峺，无可前矣。"

绠〔綆〕(gěng)　汲水器上的绳索。《左传·襄公九年》："具绠缶。"杜预注："绠，汲索；缶，汲器。"韩愈《秋怀》诗："汲古得修绠。"

另见 bǐng。

绠短汲深　用短绳子吊取深井的水，比喻难以胜任。《庄子·至乐》："褚小者不可以怀大，绠短者不可以汲深。"褚，衣袋。亦作"短绠汲深"。《荀子·荣辱》："短绠不可以汲深井之泉，知不几者不可与及圣人之言。"

綆(gěng)　同"绠"。《汉书·枚乘传》："单极之綆断干(幹)。"颜师古注引晋灼曰："綆，古绠字也。单，尽也，尽极之绠断干。干，井上四交之干。常为汲索所契伤也。"干，井上汲水用的架子。

梗(gěng)　❶草木的直茎。如：荷梗；芋梗。《国策·齐策三》："有土偶人与桃梗相与语。"❷挺直；强硬。如：梗直；强梗。《楚辞·九章·橘颂》："淑离不淫，梗其有理兮。"王逸注："梗，强也。"❸顽固。如：顽梗不化。❹阻塞。《新唐书·李靖传》："至长安，道梗。"❺有刺的草木。《文选·张衡〈西京赋〉》："梗林为之靡拉。"李善注："《方言》曰：凡草木刺人为梗。"❻灾害。《诗·大雅·桑柔》："谁生厉阶，至今为梗。"毛传："梗，病也。"❼大略。《方言》第十三："梗，略也。"参见"梗概"。

梗概　大概；大略。《后汉书·杜笃传》："臣所欲言，陛下已知，故略其梗概，不敢具陈。"

梗塞　阻塞不通。《宋书·邓琬传》："頵怒胡不战，谓曰：'粮运梗塞，当如此何？'"

梗直　刚直。《北史·魏汝阴王天锡传》："〔修义〕子文都，性梗直，仕周，为右侍上士。"亦作"鲠直"、"耿直"。

鲠〔鯁、骾〕(gěng)　❶鱼骨；鱼刺。如：骨鲠在喉，不吐不快。❷鱼骨卡在喉咙里。《礼记·内则》"鱼去乙"郑玄注："鱼有骨名乙，在目旁，状如篆'乙'，食之鲠人。"❸害；祸患。《国语·晋语六》："除鲠而避强，不可谓刑。"❹直。《新唐书·刘蕡传》："万口籍籍，叹其诚鲠。"参见"鲠直"、"鲠言"。

鲠亮　犹"鲠直"。《陈书·周铁虎传》："〔铁虎〕诚切鲠亮，力用雄敢。"

鲠言　直言。《新唐书·韩愈传》："操行坚正，鲠言无所忌。"

鲠噎　同"哽咽"。因悲痛而气塞，说不出话。《晋书·庾亮传》："帝幸温峤舟，亮得进见，稽颡鲠噎。"

鲠直　同"梗直"、"耿直"。《后汉书·黄琬传》："〔刁韪〕在朝有鲠直节。"

gèng

更(gèng)　❶愈加。杜甫《题李尊师松树障子歌》："已知仙客意相亲，更觉良工心独苦。"❷复；再。如：更上一层楼。《左传·僖公五年》："晋不更举矣。"

另见 gēng。

更上一层楼　王之涣《登鹳雀楼》诗："欲穷千里目，更上一层楼。"现在常用为在原有基础上再提高一步的意思。

恒〔恆〕(gèng)　❶月上弦。谓渐趋圆满。《诗·小雅·天保》："如月之恒，如日之升。"❷遍；满。《诗·大雅·生民》："恒之秬秠。"毛传："恒，遍也。"郑玄笺："遍种之。"❸通"亘"。绵延。《汉书·叙传上》："恒以年岁。"

另见 héng。

絙〔緪〕(gèng)　通"亘"，亦作"緪"。连贯两头。《后汉书·班固传上》："修涂飞阁，自未央而连桂宫，北弥明光而緪长乐。"

另见 gēng。

垣(gèng)　道路。《仪礼·既夕礼》："唯君命止柩于垣，其馀则否。"郑玄注："垣，道也。"

縆(gèng)　同"絙(緪)"。

另见 gēng。

暅(gèng)　❶晒。《广雅·释诂》："暅，曝也。"❷干燥。《玉篇·日部》："暅，干燥也。"

另见 xuǎn。

鮔〔鮔〕(gèng)　见"鮔䱭"。

鮔䱭　鱼名。《文选·司马相如〈上林赋〉》："鮔䱭渐离。"《汉书·司马相如传》"鮔"作"䲅"。

䲅〔䲅〕(gèng)　见"䲅䱭"。

䲅䱭　亦作"鮔䱭"。鱼名。《汉书·司马相如传》："䲅䱭渐离。"颜师古注引李奇曰："周、洛曰鲔，蜀曰䲅䱭，出巩山穴中。"王先谦补注引沈钦韩曰："《御览》九百三十六《魏武四时食制》曰：'䲅䱭，一名黄鱼，大数百斤，骨软可食，出江阳、犍为。'邵晋涵《尔雅正义》：'今呼为鲟鳇鱼。'"按鲟和鳇形体相似，古代往往混称不分。《本草纲目》以鲟鱑鱼即鳣(今称鳇)，而以䲅䱭为鳣属，即鲟。参见"鲟"、"鳇"。

gōng

工(gōng)　❶指从事各种手工技艺的劳动者。《论语·卫灵公》："工欲善其事，必先利其器。"亦用为工人、工业或工人阶级的简称。如：技工；矿工；化工；工农联盟。❷工作。如：上工；变工；勤工俭学。❸工程。如：施工；竣工。❹工作量。如：记工；这项工程需要一百工。❺功夫；技巧。如：加工；唱工。❻细致；巧妙。如：工笔画；异曲同工。沈约《谢灵运传论》："工拙之数，如有可言。"❼善于；擅长。如：工书善画。《韩非子·五蠹》："工文学者非所用。"❽乐谱符号。"工尺谱"中的音名之一。❾古代特指乐人。《仪礼·乡饮酒礼》："工歌《鹿鸣》、《四牡》、《皇皇者华》。"❿通"功"。事功；功效。《韩非子·五蠹》："此言多资之易为工也。"

工本　制造器物所需原料和加工的费用。如：不惜工本。《元史·食货志二》："灶户工本，每引为中统钞三两。"指灶户制盐每引的成本。

工尺谱　中国传统记谱法之一。约产生于隋唐，由一种管乐器的指法记号逐渐演变而成。历代各地所用者互有出入，常见者用上、尺、工、凡、六、五、乙，依次记写七声；高八度各音加"亻"旁，以为标记，如仩、伬、仜

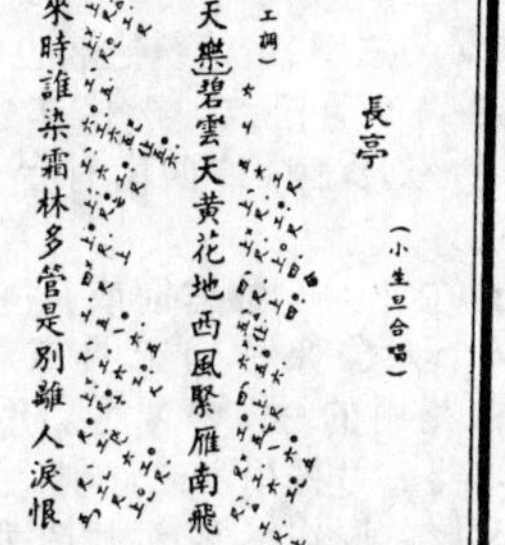

工 尺 谱

等;低八度各音除六、五、乙分别改用合、四、一外,余均以最末一划带撇以示区别,如上、尺等。节奏则用板眼记号"、"、"×"、"·"、"〇"、"凵"、"△"等表示之。参见"板眼❶"。

工夫 亦作"功夫"。❶作事所费的精力和时间。《抱朴子·遐览》:"艺文不贵,徒消工夫,苦意极思,攻微索隐。"❷工力;素养。韩偓《商山道中》诗:"始知名画有工夫。"❸谓工程夫役。《三国志·魏志·董卓传》"悉发掘陵墓,取宝物"裴松之注引《续汉书》曰:"陇右取材,功夫不难。"❹空闲的时间。辛弃疾《西江月·遣兴》词"要愁那得工夫。"

工匠 手艺工人。《庄子·马蹄》:"夫残朴以为器,工匠之罪也;毁道德以为仁义,圣人之过也。"

工力 ❶亦作"功力"。工夫;精力。《唐诗纪事·上官昭容》:"二诗工力悉敌。"宋曹《书法约言·总论》:"书法之要,妙在能合,神在能离,所谓离者,务须倍加工力,自然妙生。"❷工作所需的人力或人工。《北史·冯亮传》:"宣武给其工力,令与沙门统僧暹、河南尹甄深等,同视嵩山形胜之处,遂造闲居佛寺。"

工女 亦作"红(gōng)女"。古代指从事蚕桑、纺织、缝纫等工作的女子。《穀梁传·桓公十四年》:"天子亲耕以共粢盛,王后亲蚕以共祭服,国非无良农工女也,以为人之所尽,事其祖祢,不若以己自亲者也。"

工巧 ❶工致巧妙。《论衡·自纪》:"文不与前相似,安得名佳好,称工巧?"❷巧匠。《韩诗外传》卷三:"贤人易为民,工巧易为材。"❸花言巧语。《离骚》:"固时俗之工巧兮,偭规矩而改错。"王逸注:"言佞臣巧于言语。"

工事 ❶建造、制作等事的总称。《周礼·天官·大府》:"邦甸之赋,以待工事。"在军事上,筑城工事也简称工事。❷指女红。《管子·问》:"处女操工事者几何人?"尹知章注:"能操女工之事,谓绮绣之属也。"

工致 工巧精致。李格非《洛阳名园记·刘氏园》:"西南有台一区,尤工致。"

弓 (gōng) ❶射箭或打弹的器具。❷像弓的工具或器械。如弹棉花用的弓。❸琴弓。用以拉奏弦乐器。弓杆用木或竹制,弓毛通常用马尾。原作弓形,近代改为平直形,弓根有使弓毛自由伸缩的装置。奏时,弓毛擦以松香,便于擦弦发音。

❹车盖上的弓形骨子。《考工记·轮人》:"弓凿广四枚。"郑玄注:"弓盖橑也。"孔颖达疏:"汉世名盖弓为橑子。"参见"辕(lǎo)❶"。❺弯曲。如:弓背;弓着腰。❻旧时丈量地亩的器具和计算单位。一弓合一·六米,三百六十弓为一里,二百四十方弓为一亩。❼姓。汉代有弓祉。

弓旌 《左传·昭公二十年》:"齐侯田于沛,招虞人以弓,不进。公使执之。辞曰:'昔我先君之田也,游招大夫,弓以招士,皮冠以招虞人,臣不见皮冠,故不敢进。'乃舍之。"古以"弓旌"指招聘士大夫之礼。任昉《为宣德皇后敦劝梁王令》:"爰在弱冠,首应弓旌。"

弓裘 义同"弓冶"。谓父子世传之业。李嘉祐《送王牧往吉州谒使君叔》诗:"年华初冠带,文体旧弓裘。"谓其文章有家学渊源。参见"弓冶"、"箕裘"。

弓蛇 "杯弓蛇影"的略语。谢应芳《顾仲瑛临濠惠书诗以代简》:"酒杯已辨弓蛇误,药杵无劳玉兔将。"

弓手 ❶善于射箭的人。❷古代兵役名目的一种,亦称"弓箭手"。宋、元、明县尉和巡检所属武装。宋初于各县设县尉,设弓手二十名,缉捕"盗贼"。元称弓兵,属巡检司。明初天下冲要之地皆设巡检司,于丁粮相应人户内金点弓兵应役,一年更替。❸古代用木制弓形器丈量土地的人。

弓鞋 旧时缠足妇女所穿的弓形鞋子。王实甫《西厢记》第四本第一折:"弓鞋凤头窄。"

弓冶 指父子世传之业。语出《礼记·学记》"良冶之子,必学为裘,良弓之子,必学为箕"。良冶,善于冶铸的人;良弓,善于制弓的人。张九龄《大唐故光禄大夫徐文公神道碑并序》:"家有荣业,绍其弓冶。"参见"箕裘"。

弓月 似弓的弯月。明余庆《军行》诗:"弓月晓逾明。"逾,通"愈"。

弓招 古代招聘人才之礼。《左传·昭公二十年》:"游以招大夫,弓以招士。"又《庄公二十二年》:"《诗》云:'翘翘车乘,招我以弓,岂不欲往,畏我友朋。'"杜预注:"古者聘士以弓。"谓用弓作信物招聘士人。《旧唐书·赵隐传》:"会昌中,方应弓招,累为从事。"参见"弓旌"。

厷 (gōng) "肱"的本字。上臂;胳膊。《说文·又部》:"厷,臂上也。"《汉书·王莽传中》:"月刑元股左,司马典致武应……日德元厷右,司徒典致文瑞。"颜师古注:"厷,古肱字。"

公 (gōng) ❶公平;公正。与"私"相对。如:大公无私。《新书·道术》:"兼覆无私谓之公,反公为私。"韩愈《进学解》:"行患不能成,无患有司之不公。"❷属于国家或集体的。如:公款;公物。王谠《唐语林·补遗一》:"海州南有沟水,上通楚、淮,公私漕运之路也。"❸公务。《诗·召南·采蘩》:"夙夜在公。"亦指办公的地方。《诗·召南·羔羊》:"退食自公。"毛传:"公,公门也。"❹公共;共同。如:公理;公约。《礼记·礼运》:"大道之行也,天下为公。"《荀子·解蔽》:"此心术之公患也。"❺公开;公然。《汉书·吴王濞传》:"〔吴王〕乃益骄恣,公即山铸钱。"颜师古注:"公,谓显然为之也。"❻称丈夫之父,公公。如:公婆。古代亦以称祖父及父亲。《史记·外戚世家》:"封公昆弟。"司马贞索隐:"公亦祖也。"《国策·魏策一》:"张仪欲穷陈轸……其子止其公之行。"❼对尊长或平辈的敬称。如:诸公。《汉书·沟洫志》:"赵中大夫白公。"颜师古注:"此时无公爵,盖相呼尊老之称也。"亦为上对下的敬称。《汉书·韩信传》:"上复骂〔萧何〕曰:'诸将亡者以十数,公无所追,追信,诈也。'"❽禽兽中雄性之称。如:公鸡;公牛。❾通"功"。《诗·小雅·六月》:"以奏肤公。"❿古爵位名。为五等爵的第一等。直至清代仍沿用。亦为诸侯国君之通称。《礼记·王制》:"王者之制禄爵,公、侯、伯、子、男,凡五等。"又《礼运》:"仕于公曰臣。"孙希旦集解:"臣者,对君之称。"⓫宋明理学用语。与"欲"相对。北宋周敦颐提出:"无欲则静虚动直。静虚则明,明则通,动直则公,公则溥。"(《通书》)明清之际王夫之认为"公"即万物的"公欲",即万物的公理。但也曾提出"私欲净尽,天理流行,则公矣"(《思问录·内篇》)的观点。⓬姓。汉代有公俭。

公案 ❶官吏审理案件时用的桌子。无名氏《陈州粜米》第四折:"快把公案打扫的干净,大人敢待来也。"❷案件;事件。如:了却一桩公案。俞弁《逸老堂诗话》卷上:"〔元次山〕推尊退之而鄙薄东野至矣。此诗断尽百年公案。"❸宋话本小说分类之一。南宋灌圃耐得翁《都城纪胜·瓦舍众伎》谓"说公案,皆是搏刀赶棒

及发迹变泰之事"。罗烨《醉翁谈录·小说开辟》则将公案、朴刀、捍棒各自分列,其著录话本公案类有《石头孙立》、《独行虎》、《圣手二郎》等;朴刀类有《青面兽》、《陶铁僧》、《赖五郎》等;捍棒类有《花和尚》、《武行者》、《拦路虎》等。三类性质实相接近。后又演为"公案小说"。参见"烟粉"。❹原指公府判断是非的案牍。佛教禅宗认为前辈祖师的言行范例,可以用来判断是非迷悟,故借用。《灵峰宗论》卷三:"若缘木求鱼,守株待兔,三藏十二部是拭疮疣纸,千七百公案亦陈腐葛藤。"

公差(—chāi) ❶临时派遣去做的公务。如:派公差;出公差。李渔《奈何天·筹饷》:"奉的什么公差,去做什么公干?"❷旧指衙门里的差役。

公车 ❶官车。《周礼·春官·巾车》:"掌公车之政令。"郑玄注:"公,犹官也。"汉以公家车马递送应举的人,后因以"公车"为举人入京应试的代称。李绂《驿南铺不寐》诗:"十年梦想公车路,支枕连宵白发(髪)生。"❷官署名。《后汉书·光武帝纪下》:"举贤良方正各一人,遣诣公车。"李贤注引《汉官仪》:"公车掌殿司马门,天下上事及征召皆总领之。"

公除 除,除去孝服。谓帝王、官吏因公务在身而提前除孝。《魏书·高祖纪下》:"葬文明太皇太后于永固陵。甲戌,车驾谒永固陵,群臣固请公除,帝不许。"

公大夫 爵位名。秦汉二十等爵的第七级,也称七大夫。秦代和汉初以此为高爵起点。汉高祖时,七大夫以上都有食邑,非七大夫以下得免役。汉文帝后,改以第九级五大夫以上为高爵,高爵才得免役,第八级公乘以下仍须服役。

公道 ❶公正的道理。如:主持公道。《汉书·萧望之传》:"如是,则庶事理,公道立,奸邪塞,私权废矣。"❷公平。如:价钱公道。杜牧《送隐者一绝》:"公道世间唯白发,贵人头上不曾饶。"

公愤 公众的愤怒。《宋史·陈亮传》:"二圣北狩之痛,盖国家之大耻,而天下之公愤也。"

公服 旧称官吏的制服。《北史·魏孝文帝纪》:"〔太和〕十年,夏四月辛酉朔,始制五等公服。"《资治通鉴·齐武帝永明四年》胡三省注:"公服,朝廷之服。五等:朱、紫、绯、

绿、青。"隋唐以下,有朝服,有公服。朝服亦称具服,公服亦称从省服。见《隋书·礼仪志七》。《新唐书·车服志》:"从省服者,五品以上公事朔望朝谒、见东宫之服也。亦曰公服。"

公干 公务;公事。李渔《奈何天·筹饷》:"请问二位:从那里来,往那里去? 奉的甚么公差,去做甚么公干?"亦即谓办理公事。如:来京公干。

公馆 古代诸侯的宫室和离宫别馆。《礼记·杂记上》:"大夫次于公馆以终丧。"按:谓诸侯死后大夫在诸侯宫里守丧。又:"公馆者,公宫与公所为也。"郑玄注:"公所为,君所作离宫别馆也。"引申指一些比较高级的住宅。《老残游记》第三回:"只见那公馆门口站了一个瘦长脸的人。"

公户 复姓。汉代有公户满意。

公坚 复姓。春秋时鲁有公坚定。

公理 ❶犹言公道。社会上公认的正确道理。《三国志·吴志·张温传》:"竞言艳(暨艳)及选曹郎徐彪,专用私情,憎爱不由公理。"❷在一个演绎系统中不需证明而作为出发点的初始命题。如在欧几里得几何系统中,"等量加等量其和相等"、"整体大于部分"都是公理。

公门 古称国君之外门、中门为"公门"。《礼记·曲礼上》:"大夫、士下公门。"《史记·张释之冯唐列传》:"太子与梁王共车入朝,不下司马门,于是释之……劾不下公门不敬,奏之。"后泛指官署。《五灯会元》卷十七"慧南禅师":"师曰:'一字入公门,九牛车不出。'"

公卿 原指三公九卿,后泛指朝廷中的高级官员。《论语·子罕》:"出则事公卿。"杜甫《太子张舍人遗织成褥段》诗:"领客珍重意,顾我非公卿。"

公然 明目张胆、毫无顾忌的意思。杜甫《茅屋为秋风所破歌》:"公然抱茅入竹去,唇焦口燥呼不得。"

公人 封建时代称衙门里的差役。《儒林外史》第三回:"两傍走过几个如狼似虎的公人,把那童生又扒膊子一路跟斗,又到大门外。"

公山 复姓。春秋时鲁有公山弗扰。

公上 ❶官家;朝廷。杨恽《报孙会宗书》:"灌园治产业,以给公上。"❷复姓。汉代有公上不害。

公乘 ❶爵位名。秦汉二十等爵的第八级。《汉书·百官公卿表》颜

师古注:"言其得乘公家之车也。"汉初以公大夫、公乘以上为高爵,得有食邑。汉文帝后,改以第九级五大夫以上为高爵,仅得免役,公乘以下仍须服役。汉明帝又下诏规定,赐民爵不得超过公乘,如超过,应将超过部分转移给其子或兄弟、或兄弟之子。❷复姓。宋代有公乘良弼。

公餗 帝王、贵族祭祀或宴会所享用的食物。餗,鼎中的食物。后用以比喻执政者的权位。崔骃《仲山父鼎铭》:"足胜其任,公餗乃珍;于高斯危,在满戒溢。"

公孙 ❶诸侯之孙。《仪礼·丧服》:"诸侯之子称公子,公子之子称公孙。"后用来作对官僚子弟的尊称。《儒林外史》第十回:"蘧公孙呈上乃祖的书札并带了来的礼物。"按:蘧公孙的祖父曾做太守,所以称他为"公孙"。❷复姓。

公所 ❶国君所在的处所。《诗·郑风·大叔于田》:"袒裼暴虎,献于公所。"公,指郑庄公。后指官府。❷旧时的机关、团体。有三种类型:(1)同业或同乡组织,除称会馆外,亦名公所。如:布业公所;四明公所。(2)称乡、区政府等基层组织。如:乡公所;区公所。(3)称收容处所,如清末扬州收容乞丐的机关即名"栖流公所"。

公堂 ❶古代贵族的厅堂。《诗·豳风·七月》:"跻彼公堂,称彼兕觥。"❷旧称法庭或官署的厅堂为"公堂"。《老残游记》第十六回:"〔老残〕也不管公堂重地……大叫一声:'站开! 让我过去!'"

公庭 ❶古代国君的庭庭或朝堂之庭。庭,堂前地。《诗·邶风·简兮》:"硕人俣俣,公庭万舞。"这指国君的庭庭。《礼记·曲礼下》:"公庭不言妇女。"这指朝堂之庭。❷法庭;公堂。如:对簿公庭。无名氏《抱妆盒》第二折:"虽不见公庭上遭横祸,赤紧的盒子里隐飞灾。"

公文 ❶国家机关、公共组织在履行法定职责中形成的具有规范体式的文书。汉语中的公文一词初见于西晋陈寿《三国志·魏志·赵俨传》:"辄白曹公,公文下郡,绵绢悉以还民。"国务院办公厅1993年颁布的《国家行政机关公文处理办法》规定,中国现行行政机关的公文主要有十二类十三种:命令(令),议案,决定,指示,公告,通告,通知,通报,报告,请示,批复,函,会议纪要。按行文关系,又可分为上行文、平行文、下

行文。❷复姓。《左传·哀公十四年》："**公文**氏攻之。"杜预注："公文氏,卫大夫。"

公务　公事。《宋史·张鉴等传论》："从吉(慎从吉)勤于公务,而疏于训子。"

公西　复姓。春秋时鲁有公西赤。

公晳　复姓。春秋时齐国有公晳哀,孔子的学生。

公廨　旧时称官署。

公羊　复姓。战国时有齐人公羊高著《春秋公羊传》。

公冶　复姓。春秋时有公冶长。

公仪　复姓。周代鲁有公仪休。

公玉　复姓。汉代有公玉带。

公仲　复姓。战国时韩有公仲侈。

公主　帝王、诸侯之女的称号。始于战国。《史记·孙子吴起列传》："公叔为相,尚魏公主。"又《李斯列传》："诸男皆尚秦公主,女悉嫁秦诸公子。"汉制:皇帝之女称公主,帝之姊妹称长公主,帝姑称大长公主。历代沿称。

公子　❶古称诸侯之子。《仪礼·丧服》："诸侯之子称公子。"《诗·周南·麟之趾》："麟之趾,振振公子。"诸侯之女亦称"公子"。《公羊传·庄公元年》："群公子之舍则以卑矣。"何休注:"谓女公子也。"❷旧时用来称呼豪门贵族的子弟,也作为对别人儿子的敬称。

公族　❶诸侯的子孙。《诗·周南·麟之趾》："麟之角,振振公族。"毛传:"公族,公同祖也。"马瑞辰通释:"毛传谓公族为公同祖亦误。公姓、公族皆谓公子。"王引之《经义述闻》："公姓、公族,皆谓子孙也。"❷复姓。汉代有公族进阶。

公祖　❶明清时士绅称知府以上的地方官为"祖公"或"公祖"。见《称谓录·祖公》。王士禛《池北偶谈·曾祖父母》："今乡官称州、县官曰父母,抚、按、司、道、府官曰公祖,沿明代之旧也。"❷复姓。孔子弟子有公祖句兹。

功　(gōng)　❶功劳;功绩。《史记·项羽本纪》："劳苦而功高如此,未有封侯之赏。"❷功效;成就。《孟子·公孙丑上》："故事半古之人,功必倍之。"❸精善;坚固。《管子·七法》："器械不功。"尹知章注:"功,谓坚利。"《荀子·王制》："论百工,审时事,辨功苦。"杨倞注:"功谓器之精好者,苦谓滥恶者。"❹通"工"。事。《诗·大雅·崧高》："世执其功。"郑玄笺:"世世执其政

事。"❺功夫。如:气功;练功。❻丧服名。详"功服"。❼量度能量转换的基本物理量。系由"工作"一词发展起来的物理学概念。甲物体对乙物体做功的过程就是能量从甲物体传递到乙物体的过程(有时能量的形式也同时发生改变)。能量传递的多少就是做功的数值。功是标量。当物体在外力 F 作用下位置移动 s 距离时,外力所作机械功为 $Fs\cos\theta$ (θ 是 F 和 s 两方向之间的夹角)。电功则常用 VIt 表示(V 为电压,I 为电流强度,t 为通电时间)。目前对"功"定义的范围还不一致,有时指一切能量转换的量度;一般则把热量传递放在功的概念之外;也有仅指机械能的转换的。功的单位和能的单位一样,均为焦耳。

功败垂成　功业在将成的时候遭到失败。含有惋惜的意思。《晋书·谢玄传论》："庙算有徐,良图不果;降龄何促,功败垂成!"

功布　古代丧礼引柩所用的布。其制,以三尺长的白布悬于竿首,略似旗旛。柩行时,居柩前,如道有高低转折,则用布为抑扬左右之节,使异者有所备。因丧服斩衰、齐衰用粗麻布,此布经过加工,色白较细,故称功布。《礼记·丧大记》："御棺用功布。"《仪礼·既夕礼》："商祝执功布以御柩。"

功成不居　《老子》："生而不有,为而不恃,功成而不(一作"弗")居。"谓任其自然存在,不占为己有。后以"功成不居"表示立了功而不把功劳归于自己。白居易《与崇文诏》："威立无暴,功成不居。"

功德　❶功业和德行。《汉书·礼乐志》："有功德者,靡不褒扬。"❷佛教用语。指诵经念佛布施等。也指为敬神敬佛所出的捐款。《儒林外史》第二回:"众人写了功德。"

功德主　佛教对布施者的尊称。

功伐　功绩;功劳。《管子·明法解》："如此,则群臣相推以美名,相假以功伐,务多其佼,而不为主用。"《汉书·项籍传》："羽乃曰:'怀王者,吾家武信君所立耳,非有功伐,何以得颛主约?'"颜师古注引张晏曰:"积功曰伐。"

功夫　❶同"工夫"。❷武术的别称。如有些以武术为主要内容的影片,习称"功夫片"。

功服　旧时丧服名,大功、小功的统称。因斩衰、齐衰用粗麻布,此服所用的布,经过加工,色白较细,故

功服。参见"大功"、"小功"。

功构　指建筑。《魏书·楼毅传》："朕经始正殿,功构初成,将集百僚,考行大礼。"

功绩　功劳和成就。《荀子·王霸》："名声若日月,功绩如天地。"王延寿《鲁灵光殿赋序》："功绩存乎辞,德音昭乎声。"

功课　❶古时上官对部属工作成绩的考核。《后汉书·百官志一》："太尉,公一人……掌四方兵事功课,岁尽即奏其殿最而行赏罚。"❷按照规定期限学习的学业。如:两门功课;温习功课。❸佛教徒称每日按时诵经念佛为做功课。

功亏一篑　比喻一件事只差最后一点未能完成,含有惋惜的意思。《书·旅獒》："为山九仞,功亏一篑。"篑,盛土具。

功力　❶功劳。《史记·留侯世家赞》："高祖离困者数矣,而留侯常有功力焉。"离,遭遇。❷功效。白居易《卯时酒》诗:"神速功力倍。"❸同"工力❶"。

功利　❶指功业所带来的利益。何晏《景福殿赋》："故当时享其功利,后世赖其英声。"❷指眼前物质上的功效和利益。《荀子·议兵》："隆势诈,尚功利。"

功令　古时国家对学者进行考核和录用为官的法令或规程。《史记·儒林列传序》："余读功令,至于广厉学官之路,未尝不废书而叹也。"司马贞索隐:"案谓学者课功著之于令,即今之学令是也。"《汉书·儒林传序》："文学掌故,补郡属备员,请著功令。"颜师古注:"新立此条,请以著于功令。功令,篇名,若今选举令。"后泛指政府的法令。

功名　❶功绩和名声;官爵。《庄子·山木》："削迹捐势,不为功名。"张华《答何劭》诗:"自予及有识,志不在功名。"❷科举时代称科第为功名。《儒林外史》第二回:〔王举人道:'可见梦作得不准!况且功名大事,总以文章为主,那里有甚么鬼神!'"

功实　功业之实效。《史记·六国年表》："夫作事者必于东南,收功实者常于西北。"《盐铁论·刑德》："举浮淫之蠹,加之功实之上,而欲国之治,犹释阶而欲登高,无衔橛而御马也。"

功绳　指古丧礼中大功、小功、缌麻三种丧服。谢采伯《密斋笔记》卷四:"每遇功绳之戚,辄茹素一月,皆

可以风厉薄俗。"陆游《老学庵笔记》卷四:"安厚卿枢密逾二纪无功缌之戚,乃近岁事也。"

功遂身退　谓事业成就后抽身引退,不再进取。语本《老子》"持而盈之,不如其已。揣而梲之,不可长保。金玉满堂,莫之能守。富贵而骄,自遗其咎。功遂身退,天之道"。老子认为物极必反,凡事不可追求盈满,功成名就,就应像月盈而亏一样,适可而止,以免祸殃。亦作"功成身退"。欧阳修《渔家傲》词:"定册功成身退勇,辞荣宠,归来白首笙歌拥。"

功效　❶功绩。《汉书·薛宣传》:"功效卓尔,自在内史初置以来未尝有也。"❷功能;效率。如:大大提高功效。

功绪　功绩;事功。《周礼·天官·宫正》:"稽其功绪。"郑玄注:"功,吏职也;绪,志其业。"孙诒让正义引顾炎武曰:"已成者谓之功,未成者谓之绪。"韩愈《清河郡公房公墓碣铭》:"功绪卓殊,氓獠循业。"

功勋　功绩勋劳,指为国家立下的特殊功劳。《汉书·五行志上》:"敬重功勋,殊别適庶。"

功业　功绩和事业。《史记·殷本纪》:"功业著于百姓。"

功用　❶功能,效用。《韩非子·外储说左上》:"人主之听言也,不以功用为的,则说者多棘刺白马之说。"❷成绩。《史记·五帝本纪》:"尧于是听岳用鲧,九载,功用不成。"

共　(gōng)❶通"恭"。恭敬。《左传·文公十八年》:"父义,母慈,兄友,弟共,子孝。"❷通"供"。供奉;供给。《汉书·王莽传下》:"共酒食,具资用。"❸古国名。(1)在今甘肃泾川北。《诗·大雅·皇矣》:"侵阮徂共。"(2)在今河南辉县市,西周时为共伯封国。《左传》隐公元年(公元前722年):"大叔出奔共。"不久为卫所兼并,成为卫邑。

另见 gǒng,gòng。

共张　共,同"供"。备办供应各种器物。古时帝王或官吏出行,所过地方须置备器物以供用。《汉书·成帝纪》:"三辅长无共张徭役之劳。"颜师古注:"谓供具张设也。"参见"供张"、"供帐"。

讼　〔訟〕(gōng)通"公"。《淮南子·兵略训》:"夫有形埒者,天下讼见之。"

另见 róng,sòng。

红　〔紅〕(gōng)❶通"工"。指妇女的生产作业,纺绩、缝纫、刺绣等。参见"女红"、"红女"。❷通"功"。丧服名。《汉书·文帝纪》:"服大红十五日,小红十四日。"颜师古注引晋灼曰:"《汉书》例以红为功也。"

另见 hóng。

红女　亦作"工女"。古称从事纺绩、刺绣等的妇女。《汉书·郦食其传》:"农夫释耒,红女下机。"

攻　(gōng)❶攻打。《国策·秦策一》:"宽则两军相攻,迫则杖戟相撞(撞)。"❷祛除;治疗。《周礼·天官·疡医》:"凡疗疡以五毒攻之。"❸指责。《论语·先进》:"小子鸣鼓而攻之。"❹通"工"。巧;善于。《国策·西周策》:"〔白起〕是攻用兵。"高诱注:"是,实也。攻,巧玅也。"❺制造;加工。《诗·大雅·灵台》:"庶民攻之。"毛传:"攻,作也。"《考工记·总序》:"凡攻木之工七,攻金之工六,攻皮之工五。"引申为治学,用功。韩愈《师说》:"术业有专攻。"❻坚固精致。《诗·小雅·车攻》:"我车既攻。"毛传:"攻,坚。"❼姓。汉代有攻生单。

攻错　语出《诗·小雅·鹤鸣》"它山之石,可以攻玉……它山之石,可以为错"。错是磨玉石的粗石。攻错,本谓琢磨,后多比喻借鉴他人长处,改正自己过失。

攻苦食淡　做艰难的工作,吃清淡的食物,谓刻苦自励。《史记·刘敬叔孙通列传》:"吕后与陛下攻苦食啖,其可背哉!"裴骃集解引徐广曰:"攻,犹今人言击也。啖一作'淡'。"《宋史·徐中行传》:"〔中行〕得瑗(胡瑗)所授经,熟读精思,攻苦食淡,夏不扇,冬不炉,夜不安枕者逾年。"

攻守同盟　指国与国之间缔结盟约,战时互相救援,联合攻防。《孽海花》第十八回:"可惜后来伊藤博文到津,何太真受了北洋之命,与彼立了攻守同盟的条约。"现多比喻坏人为掩盖罪行而互相勾结,暗中约定彼此言行契合。

攻心　瓦解敌人的斗志。《三国志·蜀志·马谡传》"每引见谈论,自昼达夜"裴松之注引《襄阳记》:"用兵之道,攻心为上,攻城为下。心战为上,兵战为下。"

供　(gōng)供给;供应。如:供不应求;以供参考。

另见 gòng。

供给　供应给养,使不匮乏。《国语·周语上》:"事之供给,于是乎在。"韦昭注:"供,具也;给,足也。"亦作"共给"。《左传·僖公四年》:"贡之不入,寡君之罪也,敢不共给。"

供需　犹供给。《元史·成宗纪》:"居上都、大都、隆兴者,与民均纳供需。"

供亿　供给。白居易《除程执恭检校右仆射制》:"供亿出于二郡。"

供应　供给所需的财物。韩愈《论变盐法事宜状》:"到村之后,必索百姓供应。"

肱　(gōng)胳膊从肩到肘的部分。亦泛指手臂。《诗·小雅·无羊》:"麾之以肱。"《论语·述而》:"曲肱而枕之。"

咣　(gōng)能说会道。见《玉篇·口部》。

另见 guāng。

宫　(gōng)❶古为房屋的通称。《尔雅·释宫》:"宫谓之室,室谓之宫。"《诗·豳风·七月》:"上入执宫功。"后来专指帝王的住所。如:皇宫;宫殿。❷宗庙。《诗·召南·采蘩》:"于以用之? 公侯之宫。"毛传:"宫,庙也。"❸神庙。如:天后宫;洞霄宫。❹今以称人民群众业余活动场所。如:少年宫;工人文化宫。❺围;屏障。《礼记·丧服大记》:"君为庐宫之。"❻我国古代五声音阶的第一音级。详"五音❶"。❼亦称"腐"、"椓"。中国古代割掉男子生殖器,闭塞妇女生殖器(一说将妇女禁闭于宫中)的刑罚。五刑之一。最初用以惩罚淫暴,后来也适用于谋反、叛逆等罪。商周时期开始采用。自汉至魏晋南北朝,时有时废,至隋律才废除。❽古代历法以周天三十度为一宫;即周天三百六十度的十二分之一。❾姓。春秋时虞有宫之奇。

宫娥　宫女。姚合《咏雪》诗:"飞随郢客歌声远,散逐宫娥舞袖回。"

宫观　❶供帝王游憩的离宫别馆。《史记·秦始皇本纪》:"咸阳之旁二百里内,宫观二百七十。"❷道宫、道观的合称。道教祀神和作法事的场所。宫观的记载最早见于《史记·封禅书》,汉武帝作甘泉宫、蜚廉观、益寿观,广置祭具而候天神,后为道教衍用。南北朝时称馆,北周武帝改馆为观。唐以后宫观并称。吴自牧《梦粱录》卷十五:"在城宫观则以太乙、万寿为首,馀杭、洞霄次之。"唐以后,

称大道观为道宫。

宫禁 ❶宫中的禁令。《周礼·秋官·士师》:"士师之职,掌国之五禁之法,以左右刑罚:一曰宫禁,二曰官禁,三曰国禁,四曰野禁,五曰军禁,皆以木铎徇之于朝,书而悬于门闾。"❷帝王所居之处。宫中禁卫森严,臣下不得任意出入,故称。《宋书·殷景仁传》:"迁景仁于西掖门外晋邵阳主第,以为护军府,密迩宫禁,故其计不行。"

宫女 帝王宫廷内供使唤的女子。《汉书·贡禹传》:"古者宫室有制,宫女不过九人。"

宫墙 ❶房屋的围墙。《论语·子张》:"譬之宫墙,赐之墙也及肩,窥见室家之好;夫子之墙数仞,不得其门而入,不见宗庙之美,百官之富。"后世称师门为"宫墙"、"门墙",本此。蔡邕《郭有道太原郭林宗碑》:"宫墙重仞,允得其门。"参见"门墙❶"。❷宫禁的墙。亦即指宫中。杜牧《阿房宫赋》:"二川溶溶,流入宫墙。"

宫阙 古代帝王所居宫门外有两阙,故称宫殿为"宫阙"。《史记·高祖本纪》:"高祖还,见宫阙壮甚,怒。"杜甫《秋兴》诗:"蓬莱宫阙对南山。"

宫人 ❶宫女。《易·剥》:"贯鱼以宫人宠。"王建《宫词》:"宫人早起笑相呼,不识阶前扫地夫。"❷《周礼》官名。掌王六寝之修缮、扫除等事。《周礼·天官·宫人》:"宫人掌王之六寝之修。"

宫扇 ❶即团扇。宫中多用之。参见"团扇"。❷古时朝廷仪仗的一种,皇帝所用的障扇。杜甫《秋兴》诗:"云移雉尾开宫扇,日绕龙鳞识圣颜。"

宫省 ❶犹宫禁。谓皇宫。《三国志·魏志·曹爽传》:"晏(何晏)长于宫省,又尚公主。"❷设于宫中的官署,如门下省、中书省等。《后汉书·顺烈梁皇后纪》:"〔帝〕乃御辇幸宣德殿,见宫省官属。"

宫室 ❶古时房屋的通称。《易·系辞下》:"上古穴居而野处,后世圣人易之以宫室。"❷特指帝王的宫廷。《汉书·谷永传》:"宫室车服,不逾制度。"❸室内之人。谓家人。《荀子·大略》:"赐予其宫室。"

宫闱 谓后妃所居之处。《后汉书·后纪序》:"后正位宫闱,同体天王。"杜甫《承闻河北诸道节度入朝欢喜口号》:"燕赵休矜出佳丽,宫闱不拟选才人。"

宫掖 掖即掖庭,宫中的旁舍,嫔妃所居之处,因称宫中为"宫掖"。《后汉书·和帝阴后纪》:"后外祖母邓朱,出入宫掖。"参见"掖庭"。

宫妆 宫中女子的妆束。郑嵎《津阳门》诗:"鸣鞭后骑何躞蹀,宫妆襟袖皆仙姿。"《红楼梦》第一百十六回:"廊檐下立着几个侍女,都是宫妆打扮。"

恭 (gōng) ❶恭敬;敬肃。《论语·子路》:"居处恭,执事敬。"❷奉;奉行。《书·甘誓》:"今予惟恭行天之罚。"《三国志·吴志·黄盖传》:"初皆怖威,夙夜恭职。"

恭己 饬身克己,指帝王以恭敬严肃的态度约束自己。《论语·卫灵公》:"无为而治者,其舜也与!夫何为哉?恭己正南面而已矣。"

恭敬 端庄而有礼貌。《孟子·告子上》:"恭敬之心,礼也。"

恭人 ❶宽和谦恭的人。《诗·大雅·抑》:"温温恭人。"❷宋徽宗时所定命妇封号,在令人之下,宜人之上。自中散大夫以上至中大夫之妻封之。元为六品,明清为四品官之妻的封号。如封给母及祖母,称太恭人。清又以奉恩将军之妻为恭人。❸宋元时对官吏之妻的敬称。《水浒传》第三十二回:"我看这娘子说来,是个朝廷命官的恭人。"

恭惟 旧时对上的谦辞,犹言"敬思"、"窃意"。王褒《圣主得贤臣颂》:"恭惟《春秋》法五始之要,在乎审己正统而已。"后引申为奉承的意思。亦作"恭维"。鲁迅《彷徨·弟兄》:"我敢说,这决不是当面恭维的话。"

蚣 (gōng) 见"蜈蚣"。

躬 〔躳〕(gōng) ❶身体。《史记·司马相如列传》:"躬胝无胈。"司马贞索隐引张揖曰:"躬,体也。"引申为自身;亲自。《诗·卫风·氓》:"静言思之,躬自悼矣。"❷弯下去。《长生殿·觅魂》:"俺这里静悄悄坛上躬身等。"❸箭靶子的上下幅。《仪礼·乡射礼》:"倍中以为躬,倍躬以为左右舌。"

鸱 〔鵩〕(gōng) 鸟纲,鸱形目各种类的通称。体形近似鸵鸟。一般体长 30~45 厘米。善走而不善飞。其典型代表鸱(*Rhynchotus rufescens*),通体羽毛大部灰褐色。头顶黑色,颊、颈和胸部棕色。初级飞羽栗壳色。背部有黑白相间的横斑;

两胁亦具横斑,但为褐、白两色相间。栖息山林地面或丛草间,杂食植物的根、种子,以及蜘蛛、昆虫等。一雌多雄。产于巴西、阿根廷等地。

龚 〔龔〕(gōng) ❶"供"的本字。供给。《书·胤征》"其或不恭,邦有常刑",徐锴《说文解字系传》卷五引"恭"作"龚"。按孔传:"言百官废职,服大刑。""废职"即不供职,是本当作"龚"。❷通"恭"。恭敬。《书·尧典》:"象恭滔天。"《汉书·王尊传》作"象龚滔天"。颜师古注:"貌象恭敬,过恶漫天也。"❸姓。

塨 (gōng) 用于人名。清代有李塨。

筸 〔簦〕(gōng) 笠名。见《集韵·一东》。
另见 lǒng。

觥 (gōng) ❶古代酒器。青铜制。器腹椭圆,有流及鋬,底有圈足。有兽头形器盖,也有整器作兽形的,并附有小勺。盛行于商代和西周初期。《诗·小雅·桑扈》:"兕觥其觩,旨酒思柔。"❷大;丰盛。《国语·越语下》:"觥饭不及壶飧。"韦昭注:"觥,大也。大饭,谓盛馔。"

觥

觥筹交错 酒器和酒筹交互错杂。形容宴饮尽欢。欧阳修《醉翁亭记》:"射者中,弈者胜,觥筹交错,起坐而喧哗者,众宾欢也。"

觥觥 ❶刚直貌。《后汉书·郭宪传》:"帝曰:'常闻关东觥觥郭子横,竟不虚也。'"李贤注:"觥觥,刚直之貌。"❷壮健貌。龚自珍《题王子梅盗诗图》诗:"君状亦觥觥,可咳健牛百。"

鮈 (gōng) 见"鮈鮈"。

鮈鮈 敬慎貌。《史记·鲁世家》:"及七年后,还政成王,北面就臣位,鮈鮈如畏然。"

髸 (gōng) 发乱貌。亦指乱发。《清平山堂话本·快嘴李翠莲记》:"扯碎了网巾你休要怪,挦了你四髸怨不得咱。"

髼 (gōng) 见"髼松"。

髼松 头发散乱貌。黄机《摸鱼儿》词:"髼松不理金钗溜,鸾镜一奁香雾。"

gōng

艥（gōng）　同"舤"。

巩〔鞏〕（gǒng）　❶用皮革束物。《易·革》："巩用黄牛之革。"高亨注："谓以黄牛之革束物也。"❷巩固。《诗·大雅·瞻卬》："藐藐昊天，无不克巩。"毛传："藐藐，大貌；巩，固也。"❸恐惧。《荀子·君道》："故君子恭而不难，敬而不巩。"❹姓。

巩巩　心绪郁结貌。《楚辞·九叹·怨思》："心巩巩而不夷。"

巩固　坚固；不易摇动。吴文英《宴清都》词："南山寿石，东周宝鼎，千秋巩固。"

共（gōng）　"拱"的本字。《论语·为政》："譬如北辰，居其所，而众星共之。"朱熹注："言众星四面旋绕而归向之也。"《荀子·赋》："圣人共手。"杨倞注："共读为拱。"

另见 gōng，gòng。

汞（gǒng）　化学元素［周期系第Ⅱ族（类）副族元素］。符号 Hg。原子序数 80。易流动的银白色液态金属，常称为"水银"。内聚力很强。熔点 −38.87℃，沸点 356.58℃，相对密度 13.546 2（20℃）。蒸气剧毒，在空气中稳定。溶于硝酸和王水。在自然界中以游离态或化合态（辰砂 HgS）存在。游离态的汞称为"自然汞"。在辰砂矿床中的自然汞，由辰砂氧化而成。用于制水银灯、汞整流器、药物、汞齐、开关、电极、雷汞、催化剂等，并广泛应用于科学测量仪器中。在中医学上用作治疗恶疮、疥癣药物的原料。

拱（gǒng）　❶两手合抱致敬。《论语·微子》："子路拱而立。"❷环绕；拱卫。见"拱辰"。❸两手合围的粗细。《左传·僖公三十二年》："尔墓之木拱矣！"❹一种外形为弧形的建筑结构。实体的拱旧称"法圈"或"法券"。它在竖向荷载作用下，主要承受压力，因此，常用抗拉强度较差但抗压强度良好的材料（例如砖、石、混凝土等）建造。拱支座处不仅产生竖向力，而且还会引起侧向力，称为"推力"。❺耸起或掀动。如：拱肩缩背；苗儿拱出土了。❻姓。

拱

明代有拱廷臣。

拱把　拱，两手合围；把，一手所握。常用来比拟树木枝干的大小。《孟子·告子上》："拱把之桐梓。"

拱北　谓众星拱卫北极星。李好古《张生煮海》第一折："岂不知众星皆拱北，无水不朝东。"参见"拱辰"。

拱璧　大璧。《左传·襄公二十八年》："与我其拱璧。"孔颖达疏："拱，谓合两手也，此璧两手拱抱之，故为大璧。"后比喻极珍贵之物。《聊斋志异·珠儿》："生一子，视如拱璧。"

拱辰　拱，拱卫；辰，北辰，北极星，古以为天之最尊星。《论语·为政》："为政以德，譬如北辰，居其所，而众星共（拱）之。"朱熹注："北辰，北极，天之枢也。居其所，不动也。共（拱），向也。言众星四面旋绕而归向之也。"后因以"拱辰"比喻四方归向的意思。

拱默　拱手缄默。《汉书·鲍宣传》："以苟容曲从为贤，以拱默尸禄为智。"

拱木　❶两手合围那么粗的树木。左思《魏都赋》："偃拱木于林衡，授全模于梓匠。"❷《左传·僖公三十二年》："中寿，尔墓之木拱矣！"后人因以"拱木"称墓木。江淹《恨赋》："蔓草萦骨，拱木敛魂。"亦以为死亡的婉词。白居易《六十六》诗："交游成拱木，婢仆见曾孙。"

恭（gǒng，又读 gōng）　战栗；恐惧。《方言》第六："蚣恭，战栗也。荆吴曰蚣恭。蚣恭，又恐也。"按《说文·心部》："恭，战栗也。"

珙（gǒng）　大璧。元稹《蛮子朝》诗："求天叩地持双珙。"

挈（gǒng）　❶举；抬起。《汉书·王莽传下》："挈茵舆行。"颜师古注："谓坐茵褥之上，而令四人对举茵之四角，舆而行也。"❷通"拱"。拱手。引申为拱出。王士禛《香祖笔记》卷二："有王秋山者工为挈画，凡人物、楼台、山水、花木，皆以纸上用指甲及细针挈出。"

拲（gǒng）　古代一种刑法，两手同械。《周礼·秋官·掌囚》："凡囚者，上罪梏拲而桎。"郑玄注引郑司农云："拲者，两手共一木也。"按谓两手在梏中如拱之状。亦指拷双手的木制刑具。《隋书·刑法志》："狱成将杀者，书其姓名及其罪于拲，而杀之市。"

栱（gǒng）　见"枓栱"。

轛〔轛〕（gǒng）　见"轛轴"。

轛轴　古代支载棺木的工具。《仪礼·既夕礼》"迁于祖，用轴"郑玄注："轴，轛轴也。轴状如转辚（轮），刻两头为轛。轛状如长床，穿程（桯）前后著金而关轛焉。"又："夷床轛轴，馔于西阶东。"

碧（gǒng）　水边石。赵冬曦《三门赋》："摇腾碧屿，刷荡坍穴。"

蚣（gǒng）　虫名。百脚虫。即"马陆"。见《本草纲目·虫部四》。

蛩（gǒng，又读 qióng）　同"蛩（qióng）❷"。《尔雅·释虫》："蟋蟀，蛩。"孟郊《秋雨联句》："蛩穴何迫迮，蝉枝扫鸣啰。"

澒〔澒〕（gǒng，旧读 hòng）　通"汞"。水银。《淮南子·墬形训》："黄埃五百岁生黄澒，黄澒五百岁生黄金。"

另见 hòng。

窾〔窾〕（gǒng）　钻入。李文蔚《圯桥进履》第一折："闲来时打家截盗，剜墙窾窟，盗马偷牛。"

gòng

共（gòng）　❶共同；一样。《孟子·滕文公上》："夏曰校，殷曰序，周曰庠，学则三代共之。"❷共有；共同使用或承受。如：祸福与共。《论语·公冶长》："愿车马、衣轻裘，与朋友共，敝之而无憾。"❸总共。《水浒传》第二十三回："前后共吃了十五碗。"❹一同；一道。《史记·赵世家》："魏、韩、赵共灭晋。"❺与；和。王勃《滕王阁序》："落霞与孤鹜齐飞，秋水共长天一色。"

另见 gōng，gǒng。

共亿　亦作"供亿"。犹言相安。《左传·隐公十一年》："寡人唯是一二父兄，不能共亿。"杜预注："供，给；亿，安也。"按杜氏以为"共"即"供"。王引之《经义述闻》卷十七引王念孙曰："共字当读去声。共亿犹今人言相安也。"

贡〔貢〕（gòng）　❶献。古常指把物品进献给天子。《周礼·天官·太宰》："五曰赋贡。"陆德明释文："赋，上之所求于下；贡，下之所纳于上。"杜甫《自京赴奉先县咏怀

五百字》:"聚敛贡城阙。"❷相传为夏代的租赋制度。《孟子·滕文公上》:"夏后氏五十而贡。"❸告。《易·系辞上》:"六爻之义易以贡。"韩康伯注:"贡,告也。六爻变易以告吉凶。"❹荐举。《后汉书·章帝纪》:"前世举人贡士,或起甽亩,不系阀阅。"❺进入。《书·顾命》:"尔无以钊(康王钊)冒贡于非幾。"孔传:"汝无以钊冒进于非危之事。"❻姓。西汉有贡禹。

贡奉 向朝廷贡献物品。《后汉书·班超传》:"今西域诸国,自日之所入,莫不向化,大小欣欣,贡奉不绝。"

贡举 古时官吏向君主荐举人员,泛称贡举。其名始于西汉。后世即指科举制度而言。

贡生 科举制度中,生员(秀才)一般是隶属于本府、州、县学的,若经考选升入京师国子监读书的,则不再是本府、州、县学的生员,而称为贡生。意思是以人才贡献给皇帝。明清两代贡生有不同名目。明代有岁贡、选贡、恩贡和纳贡;清代有恩贡、拔贡、副贡、岁贡、优贡和例贡。

贡献 进奉;进贡。《荀子·正论》:"夫是之谓视形势而制械用,称远近而等贡献。"今指把自己的力量、经验、物资等奉献给国家、人民,或作有益于国家、人民的事。

贡助彻 中国古籍所载夏殷周三代的租赋制度。《孟子·滕文公上》:"夏后氏五十而贡,殷人七十而助,周人百亩而彻,其实皆什一也。"学者一般认为贡即根据土地之所出,按若干年收获平均数作标准的定额献纳制,而助则是借民力助耕公田的劳役租赋制。对彻的看法,分歧较多。有将彻作"通"字解,认为彻是什一税法;有根据孟子"虽周亦助"之说,认为彻就是助。

供(gòng)❶祭献;供奉。如:供神;供祖宗。❷祭祀时奉献的东西;供赏玩的东西。如:蜜供;文房清供。❸从事;担任。陆游《浣花女》诗:"江头女儿双髻丫,常随阿母供桑麻。"参见"供职"。❹(旧读gōng)受审者的陈述。如:口供;供词。

另见 gōng。

供词 旧称"供状"。犯罪嫌疑人、被告人在审讯中所作的供述(包括口头的和书面的)。

供顿 ❶设宴款客。《颜氏家训·风操》:"其日皆为供顿,酣畅声乐,不知有所感伤。"❷供应食宿及行旅所需之物。《魏书·崔光传》:"供顿候迎,公私扰费。"

供具 ❶供设酒食的器具。亦作"共具"。《史记·封禅书》:"设供具以礼神君。"引申为陈设食具。《史记·范雎蔡泽列传》:"范雎大供具,尽请诸侯使与坐堂上,食饮甚设;而坐须贾于堂下。"❷佛教指供佛的香花、饮食、幡盖等物。《大宝积经》卷第三十四:"躬自赍持微妙供具,奉献如来及诸大众。"

供事 清代中央机关书吏的一种。大体上指内阁、翰林院等官署的雇员。任职一定年限可转为低级官员。

供养 ❶侍养;奉养。《后汉书·明德马皇后纪》:"黄门舅旦夕供养且一年。"❷供奉。《汉书·文帝纪》:"今乃幸以天年,得复供养于高庙。"❸佛教称以香花、灯明、饮食等资养三宝为"供养",并分财供养、法供养两种。香花、饮食等叫财供养;修行、利益众生叫法供养。

供应 侍奉;听候使唤。《红楼梦》第四十四回:"平儿并无父母兄弟姊妹,独自一人,供应贾琏夫妇二人。"

供帐 陈设帷帐等用具以供宴会或行旅的需要;也指陈设之物。《后汉书·班固传》:"乃盛礼乐供帐,置乎云龙之庭。"李贤注:"供帐,供设帷帐也。"亦作"供张"。见该条。

供张 同"供帐"。《汉书·疏广传》:"公卿大夫故人邑子设祖道,供张东都门外。"

供职 任职。《三国志·魏志·梁习传》:"部曲服事供职,同于编户。"

供状 "供词"的旧称。

甈(gòng) 飞至。《文选·扬雄〈甘泉赋〉》:"登椽栾而羾天门兮。"张铣注:"羾,至也。"

喷〔噴〕(gòng) 译音字。如:喷呸(柬埔寨南岸海港)。

另见 hǒng。

赣〔贛〕(gòng) 赐给。《淮南子·要略》:"一朝用三千钟赣。"高诱注:"钟,十斛也;赣,赐也。"

另见 gàn,gàng。

gōu

区〔區〕(gōu) 通"勾"。《礼记·乐记》:"然后草木茂,区萌达。"郑玄注:"屈生曰区。"

另见 kòu,ōu,qiū,qū。

勾(gōu) 本作"句"。❶弯曲。贾谊《过秦论上》:"锄櫌棘矜,不敌于句戟长铩也。"《淮南子·本经训》:"句爪、居(锯)牙、戴角、出距之兽,于是鸷矣。"❷用笔画勾;涂去。如:一笔勾销。❸画出轮廓。如:临摹勾稿。❹引出。《红楼梦》第二十二回:"今儿听了戏,又勾出几天戏来。宝姑娘一定要还席的。"❺数学名词。指直角三角形直角旁的短边。❻音乐名词。工尺谱中的音名,比尺低半音。

另见 gòu。

勾稽 考核文书簿籍。《通典·职官六》:"汉有御史主簿……大唐置一员,掌府事,勾稽省署。"

勾栏 ❶即"栏杆"。刘缓《照镜赋》:"四面回风若流水,勾栏匼匝似城门。"亦作"钩栏"。李贺《宫娃歌》:"啼蛄吊月钩栏下。"❷一作"勾阑"、"构栏"。宋元时城市中百戏杂剧的主要演出场所。内有戏台、戏房(后台)、神楼、腰棚(看席)。宋代瓦舍中搭有许多棚,以遮蔽风雨。棚内设若干勾栏。一说有的勾栏以"棚"为名。南宋孟元老《东京梦华录》卷二:"其中大小勾栏五十余座。内中瓦子莲花棚、牡丹棚,里瓦子夜叉棚、象棚最大,可容数千人。"明以后亦指妓院。

勾留 勾,本作"句"。稽留;耽搁。白居易《春题湖上》诗:"未能抛得杭州去,一半句留是此湖。"

勾心斗角 即"钩心斗角"。

勾卒 勾,本作"句"。中国古代作战时的一种阵形。把部队分为左右两翼,作钳形前进。《左传·哀公十七年》:"越子伐吴,吴子御之笠泽,夹水而阵。越子为左右句卒,使夜或左或右,鼓噪而进。"杜预注:"句卒,钩伍相著,别为左右屯。"

句(gōu) ❶同"勾"。弯曲。《史记·秦始皇本纪》:"锄櫌棘矜,非铩于句戟长铩也。"见"句萌"。❷姓。宋代有句中正。

另见 jù,qú。

句鑃 古代乐器。青铜制。其形似钲,有柄可执,口向上,以槌击之鸣。用于宴享。传世有春秋时吴越的句鑃。

句萌 草木的芽苗,拳者称为"句",直者称为"萌",合称"句萌"。《礼记·月令》:"〔季春之月〕是月也,生气方盛,阳气发泄,句者毕出,萌者尽达,不可以内。"《聊斋志异·

种梨》:"见有句萌出,渐大,俄成树,枝叶扶疏。"

苟(gōu)　菜名。见《字汇》。

佝(gōu,旧读 kòu)　见"佝偻病"。

另见 kòu。

佝偻病　多由缺乏维生素 D 引起钙、磷代谢障碍的病症。(1)在人类多见于三岁以下小儿。早期症状有多哭吵、夜惊、易出汗等,以后可发生软骨症、方头、囟门迟闭、"鸡胸"、出牙和走路较晚、下肢弯曲。抵抗力弱,易患肺炎。防治方法为多晒太阳,多给富于维生素 D 和钙的食物,并服用适量鱼肝油及维生素 D。佝偻病也可由肝、肾疾病引起。(2)在家畜多发于犊牛、仔猪和羔羊。幼驹和幼禽亦可发生。早期症状为减食、异嗜、动作迟钝、发育停滞;以后有步态不稳、喜卧、颜面骨和关节肿大、姿势异常、脊柱弯曲等表现。防治原则与(1)同。

刨(gōu)　镰刀。《说文·刀部》:"刨,镰也。"段玉裁注:"刨,亦作钩。《方言》曰:'刈钩,自关而西或谓之钩,或谓之镰。'"

沟〔溝〕(gōu)　❶田间水道。《考工记·匠人》:"九夫为井,井间广四尺,深四尺,谓之沟。"也指一切通水道。如:山沟;阴沟。范成大《秦淮》诗:"祖龙驱群龙,疏此万丈沟。"❷特指护城河。《史记·齐世家》:"楚方城以为城,江汉以为沟。"❸泛指和沟类似的浅槽。如:瓦沟;交通沟。❹划断。《左传·定公元年》:"季孙使役如阚公氏,将沟焉。"杜预注:"阚,鲁群公墓所在也。季孙恶昭公,欲沟绝其兆域,不使与先君同。"

沟渎　排水水道。《汉书·召信臣传》:"行视郡中水泉,开通沟渎。"

沟壑　溪谷。引申指野死之处。《孟子·万章下》:"志士不忘在沟壑,勇士不忘丧其元。"《淮南子·说山训》:"大蔡神龟,出于沟壑。"

沟洫　排水渠道。《孟子·离娄下》:"七八月之间雨集,沟浍皆盈。"《荀子·王制》:"修堤梁,通沟浍。"

沟瞀　同"佝愁"。愚蒙。《荀子·儒效》:"甚愚陋沟瞀,而冀人之以己为知也。"杨倞注:"沟瞀,无知也。"

沟渠　供灌溉或排水用的水道。一般将灌溉用的称为"渠",排水用的称为"沟";也有将大者称为"渠",小者称为"沟"。

沟通　开沟使两水相通。《左传·哀公九年》:"秋,吴城邗,沟通江淮。"后泛指使彼此相通。如:沟通东西文化。

沟洫　中国古代用以除涝的排水沟道系统。小的称为沟,大的称为洫,统称沟洫。对沟洫的作用,历来说法不一,有的认为可以防旱;而汉代郑玄注释《小司徒》,指出沟洫是用来消除水害的。后世常以沟洫两字表示农田灌溉排水工程。

沟中瘠　指因贫穷困厄而流落荒野的人。也指死无葬身之地者。《荀子·荣辱》:"是其所以不免于冻饿,操瓢囊为沟壑中瘠者也。"文天祥《正气歌》:"一朝蒙雾露,分作沟中瘠。"

拘(gōu)　❶拥蔽。《礼记·曲礼上》:"凡为长者粪之礼,必加帚于箕上,以袂拘而退。"郑玄注:"以袂拘而退,谓埽时也,以袂拥帚之前,埽而却行之。"❷曲;不能伸直。《淮南子·泰族训》:"夫指之拘也,莫不事申也。"

另见 jū。

拘挛　因筋肉收缩,而手足拘牵,不能伸展自如。《庄子·大宗师》"将以予为此拘拘也"陆德明释文引司马彪云:"拘拘,体拘挛也。"

枸(gōu)　弯曲。《荀子·性恶》:"枸木必将待檃栝烝矫然后直者,以其性不直也。"

另见 gǒu,jǔ。

枸橘　即"枳"。

钩〔鈎、鉤〕(gōu)　❶钩取、钩连或悬挂器物的用具。如:钓鱼钩;挂衣钩。古乐府《陌上桑》:"桂枝为笼钩。"❷圆规。《汉书·扬雄传上》:"带钩矩而佩衡兮。"颜师古注引应劭曰:"钩,规也。矩,方也。衡,平也。"❸古兵器名。《汉书·韩延寿传》:"铸作刀剑钩镡。"颜师古注:"钩亦兵器也,似剑而曲。"❹镰刀。《汉书·龚遂传》:"诸持锄钩田器者,皆为良民。"❺汉字的一种笔形,如"丁"、"乙"等。❻使用钩子搭、挂或探取。《左传·襄公二十三年》:"或以戟钩之。"引申为引致、探取。《易·系辞上》:"钩深致远。"❼弯曲。《国策·西周策》:"气力倦,弓拨矢钩。"❽牵连。见"钩党"。❾通"拘"。《汉书·鲍宣传》:"使吏钩止丞相掾史。"钩止,拘留。❿象声。见"钩辀"。⓫姓。宋有钩光祖。

钩沉　❶钩稽幽深的道理。《晋书·杨方传》:"上补高梁太守。在郡积年,著《五经钩沉》。"❷辑佚。如:清任大椿有《小学钩沉》。

钩党　指相牵连的同党。《后汉书·灵帝纪》:"中常侍侯览讽有司奏前司空虞放、太仆杜密……皆为钩党,下狱。死者百余人。"《文选·范晔〈宦者传论〉》:"因复大考钩党,转相诬染。"李周翰注:"钩党,谓钩取谏者同类,使转相诬谤而杀之也。"

钩戟　亦作"句戟"、"钩棘"。古代兵器。《史记·秦始皇本纪》:"锄櫌棘矜,非铦于句戟长铩也。"裴骃集解引如淳曰:"长刃矛也。"又曰:"钩戟似矛,刃下有铁,横方上钩曲也。"谢灵运《撰征赋》:"钩棘未曜,殒前禽于金墉。"

钩校　❶探索考核。《汉书·陈万年传》:"少府多宝物,属官,咸皆钩校,发其奸臧(赃)。"咸,万年之子。❷钩稽校正。《后汉书·陈宠传》:"宠又钩校律令条法,溢于《甫刑》者除之。"

钩距　❶对人言谈的一种方法,辗转推问,究其情实。《汉书·赵广汉传》:"尤善为钩距,以得事情。钩距者,设欲知马贾(价),则先问狗,已问羊,又问牛,然后及马,参伍其贾,以类相准,则知马之贵贱,不失实矣。"❷即"钩拒"。❸古代连弩车弩机的一部分。《墨子·备高临》:"筐大三围半,左右有钩距,方三寸。轮厚尺二寸。钩距臂博尺四寸,厚七寸,长六尺。"筐,孙诒让间诂云:"疑谓车阑,亦即车箱。"

钩铓　钩,兵器,似剑而曲。钩铓,钩的锋铓。欧阳修《猛虎》诗:"虎勇恃其外,爪牙利钩铓。"亦作"钩芒"。刘孝仪《为晋安王谢东宫赐玉环刀启》:"苗锋珍铤,利极钩芒。"

钩绳　钩,正圆之器;绳,绳墨,量曲直的工具。《庄子·马蹄》:"匠人曰:'我善治木,曲者中钩,直者应绳。'"王勃《福会寺碑》:"班匠献钩绳之巧。"

钩心斗角　心,宫室的中心;角,檐角。谓建筑物的结构错综精密。杜牧《阿房宫赋》:"各抱地势,钩心斗角。"后用以比喻用尽心机,明争暗斗。鲁迅书信集《致郑振铎》:"最好是不与相涉,否则钩心斗角之事,层出不穷,真使人不胜其扰。"

钩玄　探索精微。韩愈《进学解》:"记事者必提其要,纂言者必钩其玄。"

钩膺　套在马颈腹上的带饰,即

"繁缨"。《诗·小雅·采芑》:"钩膺鞗革。"毛传:"钩膺,樊缨也。"

钩援 古代攻城用的器具。《诗·大雅·皇矣》:"以尔钩援,与尔临冲,以伐崇墉。"毛传:"钩,钩梯,所以钩引上城者。"钩梯,谓飞钩,能钩着城壁,如梯援引而上,功用如梯,故称。

钩章棘句 形容写诗作文的艰苦。韩愈《贞曜先生墓志铭》:"及其为诗,……钩章棘句,搯擢胃肾。"又谓文辞奇僻难涩,不浑成流畅。《宋史·选举志一》:"时进士益相习为奇僻,钩章棘句,浸失浑淳。"

钩辀 ❶鹧鸪鸣声。韩愈《杏花》诗:"鹧鸪钩辀猿叫歇,杳杳深谷攒青枫。"❷形容南方语音难辨。刘禹锡《蛮子歌》:"蛮语钩辀音,蛮衣斑斓布。"

菁(gōu) 古代数名。朱骏声《说文通训定声·需部》:"古《算经》壤生菁,菁生洞,用以纪数。"亦作"溝(沟)"。《五经算术》卷上:"按黄帝为法,数有十等……谓亿、兆、京、垓、秭、壤、沟、涧、正、载也。"
另见 gòu。

舟(gōu) 同"膌"。

缑[缑](gōu) 缠在剑柄上的绳子。胡天游《送侄胡文学修江馆》诗:"小奚藤作笈,长铗删为缑。"参见"删缑"。

幠(gōu) ❶或作"褠"。单衣。张衡《南都赋》:"侍者蛊媚,巾幠鲜明。"❷甲衣。见《玉篇·巾部》。

構[鞲](gōu) 亦作"鞲"。用以束衣袖的臂套。《汉书·东方朔传》:"董君绿帻傅構。"颜师古注引韦昭曰:"形如射構,以缚左右手,于事便也。"射箭时用的皮制臂套叫射構。见《仪礼·乡射礼》"祖决遂"郑玄注。

褠(gōu) ❶单衣。见《玉篇·衣部》。《旧唐书·舆服志》:"诸流外官行署三品以上绛公服,九品以上绛褠衣。"原注:"绛公服,用绯为之,制同绛纱单衣。绛褠衣,制同绛公服,袖狭,形直如沟,不垂。"❷臂衣,犹今之袖套。

篝(gōu) 竹笼。《史记·滑稽列传》:"瓯窭满篝。"张守节正义:"瓯窭,谓高地狭小之区,得满篝笼也。"也指熏笼。厉鹗《悼亡姬》诗:"消渴频烦供茗碗,怕寒重与理熏篝。"

篝灯 用竹笼罩着灯光。《宋史·陈彭年传》:"彭年幼好学。母惟一子,爱之,禁其夜读书。彭年篝灯密室,不令母知。"陆游《岁暮出游》诗:"竹院篝灯留度宿,旗亭夸酒劝无归。"

篝火 用竹笼罩火。姜夔《除夜自石湖归苕溪》诗:"桑间篝火却宜蚕,风土相传我未谙。"参见"篝火狐鸣"。今多指在空旷的地方或野外架木柴燃烧的火堆。

篝火狐鸣 《史记·陈涉世家》:"又间令吴广之次所旁丛祠中,夜篝火,狐鸣呼曰:'大楚兴,陈胜王。'"即用竹笼罩着火,使隐约像磷火,更作狐鸣以惑众。篝,《汉书》作"构(構)"。本为秦末陈涉、吴广假托狐鬼事以聚众起义,后因以"篝火狐鸣"指谋划起义。

膌(gōu) 亦作"舟"。见"膌艫"。

膌艫 船。《三国志·吴志·吕蒙传》:"蒙至寻阳,尽伏其精兵膌艫中。"

繑(gōu) 同"構(鞲)"。

鞲(gōu) ❶同"構"。如:臂鞲。❷见"鞲鞴"。

鞲鞴 即活塞。在蒸汽机上称"鞲鞴"。

篝(gōu) 同"篝",笼。《史记·龟策列传》:"即以篝烛此地。"裴骃集解引徐广曰:"篝,笼也,盖然火而笼罩其上也。"

gǒu

苟(gǒu) ❶苟且;草率。如:苟安;一笔不苟。《礼记·曲礼上》:"不苟笑。"❷如果;假如。《孟子·告子上》:"苟得其养,无物不长。"❸姓。汉代有苟参。

苟安 苟且偷安;贪图目前的安宁,不顾将来。《后汉书·西羌传论》:"朝议惮兵力之损,情存苟安。"

苟得 苟且求得。《礼记·曲礼上》:"临财毋苟得。"孔颖达疏:"非义而取,谓之苟得。"

苟合 ❶无原则地附和。《史记·孟子荀卿列传》:"此岂有意阿世俗苟合而已哉!"❷指不正当的男女关系。《聊斋志异·阿霞》:"我两人情好虽佳,终属苟合。"

苟活 苟且偷生。司马迁《报任少卿书》:"仆虽怯懦欲苟活,亦颇识去就之分矣。"

苟简 苟且简略。《汉书·董仲舒传》:"其心欲尽灭先王之道,而颛(专)为自恣苟简之治。"

苟免 苟且求免;只图目前免于祸患。《礼记·曲礼上》:"临难毋苟免。"

苟且 ❶只图目前,得过且过。如:苟且偷安。《宋史·王安石传》:"愿监苟且因循之弊,明诏大臣,为之以渐,期合于当世之变。"也指草率,马虎。张琰《洛阳名园记·序》:"观文叔之记,可以致近世之盛,又可以信文叔之言为不苟且。"文叔,李格非字。❷不循法礼;不正当。《汉书·宣帝纪》:"上下相安,莫有苟且之意也。"

苟全 苟且保全。诸葛亮《出师表》:"苟全性命于乱世,不求闻达于诸侯。"

苟同 苟且随和赞同。如:未敢苟同。《韩诗外传》卷四:"偷合苟同,以持禄养者,是谓国贼也。"

苟延残喘 亦作"苟延残息"。拖延临死前残存的气息,比喻勉强维持生存。《京本通俗小说·拗相公》:"老汉幸年高,得以苟延残喘。"

岣(gǒu,又读 jū) 见"岣嵝"。

岣嵝 衡山七十二峰之一,在今湖南衡山县西。古来称为衡山的主峰,故衡山又名岣嵝山。山上有碑,字形怪异难辨,后人附会为禹治水时所刻。韩愈《岣嵝山》诗:"岣嵝山尖神禹碑。"

狗(gǒu) ❶即犬。《尔雅·释畜》:"未成豪,狗。"郝懿行疏:"狗犬通名,若对文,大者名犬,小者名狗。"详"犬❶"。❷熊虎之类的幼兽。《尔雅·释兽》:"熊虎丑,其子狗。"邢昺疏:"丑,类也。熊虎之类,其子名狗。"❸比喻供人役使、助人作恶者。如:走狗。

狗盗 小偷。谓像狗钻进人家里,故称。《史记·孟尝君列传》:"最下坐有能为狗盗者曰:'臣能得狐白裘。'乃夜为狗以入秦宫臧中,取所献狐白裘至,以献秦王幸姬。"

狗偷 同"狗盗"。小偷。李尤《函谷关赋》:"文驰齐而惧追,谲鸡鸣于狗偷。"

狗尾续貂 本指官爵太滥。古代近侍官员以貂尾为冠饰,任官滥而貂尾不足,用狗尾代之。《晋书·赵王伦传》:"奴卒厮役,亦加以爵位,每朝会,貂蝉盈座,时人为之谚曰:'貂不足,狗尾续。'"孙光宪《北梦琐言》

卷十八："乱离以来,官爵过滥,封王作辅,狗尾续貂。"后泛指以坏续好,前后不相称。多指文艺作品。周必大《杨廷秀送牛尾狸侑以长句次韵》:"公诗如貂不烦削,我续狗尾句空着。"

耉(gǒu) 老;寿。《诗·小雅·南山有台》:"乐只君子,遐不黄耉。"毛传:"黄,黄发也;耉,老。"《汉书·韦贤传》:"岁月其徂,年其逮耉。"颜师古注:"耉者,老人面色如垢也。"

枸(gǒu) 见"枸杞"。
另见 gōu,jǔ。

枸杞(*Lycium chinense*) 茄科。多年生灌木。茎丛生,有短刺或无。叶卵形或披针形。夏秋开淡紫色花。浆果卵圆形,红色。中国各地均有野生,甘肃、宁夏、青海、陕西、河北、广东等地栽培较多。嫩茎、叶作蔬菜。中医学上以果实(枸杞子)、根皮(地骨皮)入药。枸杞子性平、味甘,功能补肾益精、养肝明目,主治目眩昏暗、肾虚腰痛等症。地骨皮功能清虚热、凉血,主治虚劳发热、盗汗、咯血等症。

枸杞

蚼(gǒu) 兽名。《说文·虫部》:"蚼,北方有蚼犬,食人。"段玉裁注:"《山海经·海内北经》:'蚼犬如犬,青,食人从首始。'郭(璞)注:'蚼,音陶。或作蚼,音钩。'按作蚼为是。"
另见 jū。

笥(gǒu) 捕鱼的竹笼。大口窄颈,腹大而长,无底。颈部装有细竹的倒须,捕鱼时用绳子缚住笼尾,鱼能入而不能出。《诗·邶风·谷风》:"毋发我笥。"

猗(gǒu) 同"狗"。

gòu

勾(gòu) ❶亦作"句"。见"勾当"。❷通"够"。乔吉《金钱记》第一折:"才能勾宴琼林,饮御酒,插宫花。"《西游记》第五回:"大圣吃勾了多时,酕醄醉了。"
另见 gōu。

勾当 亦作"句当"。❶办理;处理。《北史·叙传》:"事无大小,士

彦(梁士彦)一委仲举(李仲举),推寻句当,丝发无遗。"❷主管。唐宋常用为职衔名。《新唐书·第五琦传》:"拜监察御史,句当江淮租庸使。"孙逢吉《职官分纪》卷十三有勾当公事官,云:"国朝康定元年诏三司举系通判资序朝臣二人充三司勾当公事。"南宋改为"干办公事"。❸事情。《元典章三·均赋役》引延祐三年诏:"只交当差的百姓每当呵,勾当也成就不得。"每,们。当,干事。《水浒传》第十六回:"夫人处分付的勾当,你三人自理会。"今用以指暗中策划所干坏事。

詢〔訽〕(gòu) 同"诟"。❶耻辱。《左传·昭公二十年》:"余不忍其詢。"杜预注:"詢,耻也。"❷骂。《左传·襄公十七年》:"〔孙蒯〕饮马于重丘,毁其瓶。重丘人闭门而詢之。"杜预注:"詢,骂也。"

构㊀〔構、搆〕(gòu) ❶架筑。《淮南子·氾论训》:"筑土构木以为宫室。"高诱注:"构,架也,谓材木相乘架也。"❷建立,缔造。《梁书·蔡道恭传》:"王业肇构。"❸结成;造成。如:构和。杜甫《彭衙行》:"别来岁月周,羯胡仍构患。"❹构思;草拟。《新唐书·杨师道传》:"捉笔赋诗,如宿构者。"❺缀合;组合。如:构图;构词。❻指构成的事物(诗文、建筑物等)。如:佳构;堂构。贡奎《敬亭山》诗:"杰构靓深岩,飞廊引重扃。"❼图谋。《淮南子·说林训》:"纣醢梅伯,文王与诸侯构之。"也指罗织陷害。《左传·桓公十六年》:"宣姜与公子朔构急子。"杜预注:"构会其过恶。"❽挑拨离间。《左传·僖公三十三年》:"彼实构吾二君,寡君得而食之,不厌。"❾通"购"。酬赏。《墨子·号令》:"其次伍有罪,若能身捕罪人,若告之吏,皆构之。"孙诒让间诂引苏时学云:"构与购同,谓赏也。"❿通"篝"。《汉书·陈胜传》:"夜构火。"《史记·陈涉世家》作"篝"。参见"篝火"。
㊁〔构〕(gòu) 植物名。学名 *Broussonetia papyrifera*。桑科。落叶乔木,高可达 16 米。一年生枝密被灰色粗毛。叶卵形,全缘或缺裂,上面暗绿色,被硬毛,下面灰绿色,密被长柔毛。初夏开淡绿色小花,雌雄异株,雄柔荑花序下垂,雌花序球形。果序圆球形,橘红色。产于中国黄河流域以及以南各地区。适应性强,喜光,耐烟尘。木材供器具、家具、薪炭

构
1. 雌花花枝 2. 果

等用材。叶可喂猪,又可用为农药。皮作桑皮纸原料。可作工矿区绿化树种。

构兵 交战。《孟子·告子下》:"吾闻秦楚构兵。"

构会 ❶谓使互相结成嫌隙。《汉书·韩延寿传》:"赵广汉为太守,患其俗多朋党,故构会吏民,令相告讦。"颜师古注:"构,结也。"❷设计陷害。阮瑀《为曹公作书与孙权》:"实为佞人所构会也。"

构精 ❶指男女交合。《易·系辞下》:"男女构精,万物化生。"❷聚精会神。《魏书·释老志》:"覃思构精,神悟妙赜。"

构扇 "扇"通"煽"。连结煽动。《南齐书·谢超宗传》:"构扇异端,讥议时政。"

构思 作家、艺术家在孕育作品过程中所进行的思维活动。从选取、提炼题材,酝酿、确定主题,一直到探索最适当的表现形式和结构方式;在叙事性作品中还要考虑人物活动与事件进展的布局等。构思决定于创作者的知、情、理、意等心理要素汇合成的完整心理结构。

构图 造型艺术术语。美术创作者为了表现作品的主题思想和美感效果,在一定的空间,安排和处理人、物的关系和位置,把个别或局部的形象组成艺术的整体。在中国传统绘画中称为"章法"或"布局"。

构陷 罗织陷害。《后汉书·顺帝纪》:"王圣等惧有后祸,遂与丰(樊丰)京(江京)共构陷太子,太子坐废为济阴王。"

构衅 构成衅隙;结怨。《北史·杨昱传》:"太后问状,昱具对元氏(元义)构衅之端,言至哀切。"

呴(gòu) 通"雊"。雄鸡叫。《史记·殷本纪》:"有飞雉登鼎耳而呴。"
另见 hōu,hǒu,xǔ。

呴呴 鸟鸣声。《楚辞·九思·悯上》:"孤雌惊兮鸣呴呴。"

购〔購〕(gòu) ❶买。如:采购;收购。❷悬赏征求。《史记·项羽本纪》:"吾闻汉购我头千金。"❸草名。《尔雅·释草》:"购,蔏蒌。"郭璞注:"蔏蒌,蒌蒿也。"❹通"媾"。讲和。《史记·韩世家》:"公仲谓韩王曰:'与国非可恃也。今秦之欲伐楚久矣,王不如因张仪为和于秦……'韩王曰:'善!'乃警公仲之行,将西购于秦。"

诟〔詬〕(gòu) ❶耻辱。《左传·哀公二年》:"除诟耻。"❷骂。《左传·哀公八年》:"曹人诟之。"

诟病 犹耻辱。《礼记·儒行》:"常以儒相诟病。"引申为嘲骂或指斥。王宝《晋纪·总论》:"若夫文王日昃不暇食,仲山甫夙夜匪懈者,盖共嗤点以为灰尘,而相诟病矣。"

诟厉 犹诟病。《庄子·人间世》:"彼亦直寄焉,以为不知己者诟厉也。"

诟詈 辱骂。《魏书·赵修传》:"或与宾客奸掠妇女,俾观,从者噂嗒喧哗,诟詈无节,莫不畏而恶之。"

垢(gòu) ❶粘著在物体上的肮脏东西。韩愈《进学解》:"爬罗剔抉,刮垢磨光。"引申为邪恶。如:藏垢纳污。❷肮脏貌。如:蓬头垢面。杜甫《北征》诗:"垢腻脚不袜。"❸通"诟"。污辱。如:含垢忍辱。《庄子·天下》:"受天下之垢。"成玄英疏:"退身居后,推物在先,斯受辱之者也。"❹浊乱。《后汉书·崔寔传》:"自汉兴以来,三百五十余岁矣,政令垢玩,上下怠懈。"

姤(gòu) ❶六十四卦之一。巽下乾上。《易·姤》:"象曰:天下有风,姤。"孔颖达疏:"风行天下,则无物不遇,故为遇象。"❷善。《管子·地员》:"其人夷姤。"尹知章注:"夷,平也;姤,好也。言均善也。"

冓(gòu) "构(構)"的本字,指房屋深处。参见"中冓"。
另见 gōu。

够〔夠〕(gòu) ❶聚;多。左思《魏都赋》:"繁富夥够。"❷足够;满足。如:吃够了。《红楼梦》第四十三回:"这么些婆婆婶子凑银子给你做生日,你还不够,又拉上两个苦瓠子。"❸达到。如:够格。

傋(gòu) 见"傋霿"。
另见 jiǎng。

傋霿 同"构瞀"。愚昧无知。《汉书·五行志之上》:"不敬而傋霿

霿之所致也。"

遘(gòu) ❶遇;遭遇。《楚辞·哀时命》:"哀时命之不及古人兮,夫何予之不遘时?"归有光《抚州府学训导唐君墓志铭》:"母方遘危疾。"❷通"构"。构成。王粲《七哀诗》:"西京乱无象,豺虎方遘患。"

遘闵 同"覯闵"。遭遇病患。《汉书·叙传下》:"遘闵既多,是用废黜。"颜师古注:"遘,遇也;闵,病也。谓见病害甚众也。此叙言王商深为王凤所排陷也。"又特指遭遇父母之丧。潘岳《杨仲武诔》:"子之遘闵,曾未龀(龀)髫。"

彀(gòu) ❶张满弓弩。《汉书·周亚夫传》:"军士吏被甲,锐兵刃,彀弓弩,持满。"引申为牢笼;圈套。参见"入彀"、"彀中"。❷同"够"。

彀骑 使用弓弩的骑兵。《史记·张释之冯唐列传》:"遣选车千三百乘,彀骑万三千。"

彀中 本谓箭的有效射程。《庄子·德充符》:"游于羿之彀中。"郭象注:"羿,古之善射者。弓矢所及为彀中。"后用以比喻牢笼,圈套。参见"入彀"。

縠(gòu,又读 nòu) 哺乳。《左传·宣公四年》:"楚人谓乳縠。"阮元校勘记:"縠当作縠。《说文·子部》云:'縠,乳也。'"段玉裁注:"此乳者,谓既生而乳哺之也。"引申为童子。《广雅·释亲》:"縠,子也。"《庄子·骈拇》:"臧与縠,二人相与牧羊。"陆德明释文:"崔(譔)本作縠,云:'孺子曰縠。'"

雊(gòu) 雄鸡叫。《诗·小雅·小弁》:"雉之朝雊,尚求其雌。"

媾(gòu) ❶重叠交互为婚姻。《左传·隐公十一年》:"如旧昏媾,其能降以相从也。"❷交合。见"交媾"。❸讲和;求和。《史记·平原君虞卿列传》:"使赵郝约事于秦,割六县而媾。"❹宠爱;厚待。《诗·曹风·候人》:"彼其之子,不遂其媾。"

媾和 一般指交战国之间缔结和约。有时指交战国间为结束战争状态,恢复和平关系所进行的一系列活动,包括交战国一方提出媾和的建议、双方进行谈判和缔结停战协定、和约等。

覯〔覯〕(gòu) ❶同"遘"。遇见。《诗·豳风·伐柯》:"我

覯之子。"《聊斋志异·叶生》:"三四年不覯,何遂顿不相识?"❷通"构"。构成。《左传·成公六年》:"郇、瑕氏土薄水浅,其恶易覯。"杜预注:"恶,疾疢;覯,成也。"

覯闵 亦作"遘闵"。《诗·邶风·柏舟》:"覯闵既多,受侮不少。"毛传:"闵,病也。"按"闵"同"愍",痛心的事。

縠(gòu) 取牛羊乳。见《广韵·五十候》。《百喻经·愚人集牛乳喻》:"我今若预于日日中縠取牛乳,牛乳渐多,卒无安处。"

縠(gòu,又读 nòu) 通"縠"。哺乳。《左传·宣公四年》:"楚人谓乳縠。"阮元校勘记:"如淳曰:縠音构。牛羊乳汁曰构。"
另见 gǔ 縠,gǔ 谷⊖。

gū

估(gū,又读 gǔ) ❶商贩;估客。《北史·邢峦传》:"商估交入。"❷估计。《新五代史·王章传》:"命有司高估其价。"
另见 gù。

估计 对事物的价值、数目等大概的推断。《旧唐书·宪宗纪下》:"出内库罗绮、犀玉、金带之具,送度支估计供军。"

估价 估计物品的价格。陆贽《中书奏议·均节赋税恤百姓第一条》:"所定税物估价合依当处月平。"也指对人或事物的价值给以评价。

苽(gū) 同"菰"。

咕(gū) 见"咕哝"、"咕嘟"、"咕噜"。

咕嘟 ❶把嘴堵起,表示生气或不快。《红楼梦》第八十五回:"〔宝玉〕说的两个人都咕嘟着嘴,坐着去了。"❷拟声词。如:咕嘟一声,全喝下去了;原油咕嘟咕嘟地冒出地面。

咕噜 ❶同"咕哝"。含混地自言自语。❷拟声词。如:肚中咕噜咕噜地直响。

咕哝 低声说话。《红楼梦》第八回:"〔黛玉〕一面悄悄的推宝玉,叫他赌赌气;一面咕哝说:'别理那老货,咱们只管乐咱们的。'"

呱(gū) 婴儿啼哭声。《诗·大雅·生民》:"后稷呱矣。"
另见 guā。

呱呱 ❶婴儿啼哭声。如:呱呱堕地。《书·益稷》:"启呱呱而泣。"❷哀悼声。柳宗元《唐故衡州刺史东平

吕君谍》："余居永州,在二州中间,其哀声交于北南,舟船之下上,必呱呱然。"

沽(gū) ❶通"酤"。买或卖。《论语·乡党》:"沽酒市脯不食。"又《子罕》:"求善贾(价)而沽诸?"❷卖酒者。见"屠沽"。❸水名。见"沽水"。
另见 gǔ。

沽名 赚取名誉。如:沽名钓誉。《后汉书·逸民传序》:"彼虽硁硁有类沽名者。"司空图《书怀》诗:"陶令若能兼不饮,无弦琴亦是沽名。"

沽水 古水名,一作沽河。上游即今河北白河;故道自顺义东南李遂镇西南流至通县(今北京通州)东北会温榆河,此下即今北运河。又海河亦称沽河。

姑(gū) ❶丈夫的母亲;婆婆。如:舅姑;翁姑。《后汉书·列女传》:"拜姑礼毕,提瓮出汲。"❷父亲的姊妹;姑母。《新唐书·狄仁杰传》:"姑侄与母子孰亲?"❸丈夫的姊妹;姑嫂。古乐府《孔雀东南飞》:"新妇初来时,小姑始扶床。"❹妇女。《吕氏春秋·先识》:"〔纣〕辟远箕子,爱近姑与息。"息,小儿。❺特指出家的女子。如:尼姑;道姑。❻姑且;暂且。如:姑置勿论。《诗·周南·卷耳》:"我姑酌彼兕觥。"❼通"盬"。以嘴吸饮。《孟子·滕文公上》:"蝇蚋姑嘬之。"

姑恶 鸟名。即"苦恶鸟"。苏轼《五禽言》第五咏姑恶自注:"姑恶,水鸟也。俗云妇以姑虐死,故其声云。"陆游《夏夜舟中闻水鸟声》诗:"君听姑恶声,无乃遣妇魂。"

姑公 ❶妻子称丈夫的父母为姑公。《释名·释亲饰》:"里语曰:'不喑不聋,不成姑公。'"亦作"姑翁"。❷俗称祖父姊妹的丈夫为姑公。

姑蔑 古地名。春秋鲁地,简称蔑或昧。在今山东泗水东。《左传》定公十二年(公元前498年):"鲁人伐费,败诸姑蔑。"

姑息 谓无原则地宽容。如:姑息养奸。《宋史·陶穀传》:"时方姑息武臣,穀坐责,授太常少卿。"

姑射 ❶山名。郝懿行《山海经笺疏》:"《庄子·逍遥游》篇云,'藐姑射之山,汾水之阳';《隋书·地理志》云,'临汾有姑射山'。山在今山西平阳府西。"当在今山西临汾市西。按《山海经·东山经》尚有姑射山、北姑射山、南姑射山,又《海内北经》有列姑射,姑射国,地域不可

考。❷《庄子·逍遥游》:"藐姑射之山有神人居焉,肌肤若冰雪,淖约若处子。"后因以"姑射"喻神仙或美女。无名氏《桐江诗话·畅道姑》载秦观诗:"超然自有姑射姿。"

姑嫜 丈夫的母亲与父亲;公婆。亦作"姑章"。杜甫《新婚别》诗:"妾身未分明,何以拜姑嫜。"

姑妐 丈夫的父母。《吕氏春秋·遇合》:"于是令其女常外藏。姑妐知之,曰:'为我妇而有外心,不可畜。'因出之。"

姑子 ❶闺女,未婚的女子。古乐府《欢好曲》:"淑女总角时,唤作小姑子。"❷尼姑。《红楼梦》第十五回:"因遣人来和馒头庵的姑子静虚说了,腾出几间房来预备。"

孤(gū) ❶无父者之称。《孟子·梁惠王下》:"幼而无父曰孤。"后也常作幼年失去父母之称。《管子·轻重己》:"民生而无父母,谓之孤子。"❷单独。如:孤雁;孤军。陶潜《归去来辞》:"抚孤松而盘桓。"❸负。见"孤负"、"孤恩"。❹抛弃。《国语·吴语》:"天王亲趋玉趾,以心孤句践,而又宥赦之。"❺古代侯王的自称。《礼记·玉藻》:"凡自称……小国之君曰孤。"丘迟《与陈伯之书》:"立功展事,开国称孤。"❻古代官名。《书·周官》:"少师、少傅、少保曰三孤。"孔传:"孤,特也,言卑于公,尊于卿,特置此三者。"❼戏曲名词。宋杂剧、金院本里有"装孤",明代朱权《太和正音谱》解释:"孤,当场装官者。"元杂剧里为官员的俗称,由各行脚色扮演。如《窦娥冤》的太守桃杌是"净扮孤",《救风尘》的太守李公弼是"外扮孤"。

孤哀子 旧时父丧称孤子,母丧称哀子;父母俱亡,称"孤哀子"。《官场现形记》第四十二回:"往往一两个月不剃头,亦不打辫子,人家见了……一定拿他当作孤哀子看待了。"

孤本 指在世间仅有一份流传的某书的某一刻本。其他如未刻的手稿,碑帖的旧拓本,仅存一份,也称孤本。

孤标 独立的标帜,形容清峻突出。戴叔伦《游清溪兰若》诗:"西看叠嶂几千重,秀色孤标此一峰。"亦用以形容人的清高品格。如:孤标傲世。《旧唐书·杜审权传》:"尘外孤标,云间独步。"

孤臣 封建王朝中孤立无助的臣

子。江淹《恨赋》:"或有孤臣危涕,孽子坠心。"参见"孤孽"。

孤雏腐鼠 比喻微贱不足道的人或物。《后汉书·窦宪传》:"国家弃宪,如孤雏腐鼠耳。"

孤恩 犹言"负恩"。《后汉书·马皇后纪》:"臣叔父援,孤恩不报。"李贤注:"孤,负也。"

孤芳 独秀的香花。朱熹《赋水仙花》诗:"隆冬雕百卉,江梅厉孤芳。"常比喻高洁绝俗的人品。韩愈《孟生诗》:"异质忌处群,孤芳难寄林。"亦比喻某些自命清高、自我欣赏的人。如:孤芳自赏。

孤负 亦作"辜负"。有负;对不起。《三国志·蜀志·先主传》:"常恐殒没,孤负国恩。"

孤高 ❶独立高耸。岑参《与高适薛据同登慈恩寺浮图》诗:"塔势如涌出,孤高耸天宫。"❷高傲孤僻。汪遵《渔父》诗:"灵均说尽孤高事,全与《逍遥》意不同。"灵均,屈原字。

孤拐 ❶即"踝骨",脚脖子两旁凸起的骨头。《西游记》第三十二回:"编这样大谎,可不误了大事?快伸过孤拐来打五棍记心。"❷颧骨。《红楼梦》第六十一回:"高高儿的孤拐,大大的眼睛,最干净爽利的。"

孤寒 家世寒微,无可依恃。《晋书·陶侃传》:"臣少长孤寒,始愿有限。"也指贫寒无依的人。如:怜才下士,嘉惠孤寒。

孤寂 孤单寂寞。于濆《旅馆秋思》诗:"旅馆坐孤寂,出门成苦吟。"

孤家寡人 古代诸侯、国君自称孤或寡人。后以"孤家寡人"比喻脱离群众孤立无助的人。《二十年目睹之怪现状》第六十五回:"到了今日,云岫竟变了个孤家寡人了。"

孤介 谓操守谨严,不肯同流合污。《南史·臧严传》:"性孤介,未尝造请。"

孤经 没有别的例子可以比附的单条经文。杜预《春秋左氏传序》"相与为部"孔颖达疏:"事同则为部,小异则append出,孤经不及例者,聚于终篇,故言相与为部也。"

孤陋寡闻 学识偏狭浅薄,见闻不广。语出《礼记·学记》"独学而无友,则孤陋而寡闻"。朱熹《延和奏札五》:"臣孤陋寡闻,学无所就。"

孤露 幼年丧父或父母双亡而没有庇护。嵇康《与山巨源绝交书》:"少加孤露,母兄见骄。"陈子昂《为义兴公求拜扫表》:"臣祸罚(衅)所钟,早日孤露。"

孤鸾 无偶的雄鸾。《白孔六帖》卷九十四:"孤鸾见镜,睹其影谓为雌,必悲鸣而舞。"也比喻丧偶或无偶的男子。

孤孽 即孤臣孽子,孤立无助的臣子和地位低微的庶子。常比喻心怀忠诚而不容于当权者的人。徐祯卿《谈艺录》:"孤孽怨思,达人齐物。"

孤僻 性格独特怪僻。郑谷《喜秀上人相访》诗:"孤僻谢朝衣。"

孤峭 孤傲独立,不与众人和同。《隋书·萧吉传》:"吉性孤峭,不与公卿相沉浮。"

孤特 ❶犹言孤立。《汉书·刘向传》:"〔周堪〕以不能阿尊事贵,孤特寡助。"❷孤高特出。归有光《祭唐虞伯文》:"邈然孤特,高步士林。"

孤云 ❶孤飞的片云。李白《独坐敬亭山》诗:"众鸟高飞尽,孤云独去闲。"❷比喻贫贱孤苦的人。《文选·陶潜〈咏贫士〉》:"万族各有托,孤云独无依。"李善注:"孤云,喻贫士也。"

孤掌难鸣 一只手掌拍不响,比喻势单力薄,难以成事。语出《韩非子·功名》"一手独拍,虽疾无声"。《水浒传》第四十九回:"只是单丝不线,孤掌难鸣,只报得他一个信。"

孤竹 ❶竹的一种。赞宁《笋谱》:"襄阳蕳山下有孤竹,三年方生一笋。及笋成竹,竹母已死矣。"❷古代的一种管乐器,以孤生的竹作成。张协《七命》:"吹孤竹,拊云和,渊客唱《淮南》之曲,榜人奏《采菱》之歌。"

孤注 把所有的钱并作一次赌注。如:孤注一掷。《宋史·寇準传》:"钦若(王钦若)曰:陛下闻博乎?博者输钱欲尽,乃罄所有出之,谓之孤注。陛下,寇準之孤注也。斯亦危矣。"

孤子 ❶年少丧父者。《礼记·深衣》:"如孤子,衣纯以素。"郑玄注:"三十以下无父称孤。"宋玉《高唐赋》:"孤子寡妇,寒心酸鼻。"后也称年少父母双亡者。❷古代居父丧者的自称。

枯(gū) 同"觚"。

轱

〔轳〕(gū) ❶车的前胡。即辕前端下垂之木棍,为停车时挂地以保持车箱平衡的部件。《墨子·经说下》:"载弦其前,载弦其轱,而县重于其前。"孙诒让间诂:"轱以字形校之,颇与轴相近,而以声求之,则疑当为前胡之叚字。"

❷见"轱辘"。

轱辘 ❶指车轮子。如:从城里驰来一辆八个轱辘的大卡车。❷车轮滚动声。如:大车拉着炮,轱辘轱辘地往前行进。

轳

〔轳〕(gū) 大骨。《庄子·养生主》:"技经肯綮之未尝,而况大轳乎?"陆德明释文引崔譔注:"槃结骨。"

骨

(gū) 用于"骨朵"。

另见 gǔ。

骨朵 指花蕾。《西游记》第四十九回:"九瓣攒成花骨朵,一竿虚孔万年青。"

胍

(gū) 见"胍肫"。

另见 guā。

胍肫 ❶大腹貌。见《广韵·十一模》。❷见"骨朵(gūduǒ)"。

鹘

鹘(gū) 见"鹘鸼"。

罛

罛(gū) 大鱼网。《诗·卫风·硕人》:"施罛濊濊。"

鈲

〔鈲〕(gū) 系纤绳的用具。张鷟《朝野佥载》卷二:"牵船皆令系二鈲于胸背,落栈着石,百无一存,满路悲号,声动山谷。"

另见 pì,zhāo。

皋

〔皋、皐〕(gū) 见"橐皋"。

另见 gāo,háo。

家

(gū) 通"姑"。见"家翁"、"大家(dàgū)"。

另见 jiā,jie。

家翁 即阿公、阿婆,谓家长。《资治通鉴·唐代宗大历二年》:"鄙谚有之:'不痴不聋,不作家翁。'"按《南史·庾仲文传》有"不痴不聋,不成姑公"语。

菇

〔菰〕(gū) 菌类植物的统称。如:香菇;草菇。

菰

(gū) 植物名。学名 *Zizania caduciflora*。又名"蒋"。禾本科。多年生水生宿根草本。叶长披针形,叶鞘层左右互相抱合,形成假茎。根际有白色匍匐茎,春天萌生新株。初夏或秋季抽生花茎,经菰黑粉菌(*Yenia esculenta*)侵入后,不能正常抽薹开花,而刺激其细胞增生,基部形成肥大的嫩茎,即"茭白"。花单性,雌雄同株,为顶生大圆锥花序,雌花生于上部,雄花生于下部。颖果狭圆柱形,名"菰米",一称"雕胡米"。性喜温暖潮湿,适于粘壤土生长。有夏秋双季茭和秋产单季茭两种。春季

行分株繁殖。原产中国,长江以南低洼地区种植最多。茭白作蔬菜,菰米可煮食。

另见 gū 菇。

菰蒲 菰和蒲,都是浅水植物。谢灵运《从斤竹涧越岭溪行》诗:"苹萍泛沈深,菰蒲冒清浅。"冒,覆盖。借指水泽边地。刘得仁《宿宣义池亭》诗:"岛屿无人迹,菰蒲有鹤翎。"

蛄

(gū) ❶即"蝼蛄"。李贺《昌谷诗》:"嘹嘹湿蛄声,咽源惊溅起。"王琦注:"蛄,蝼蛄也。"❷用作虫名。见"蟪蛄"、"蛄螼"。

蛄螼 即"强蛘"。

菩

(gū) 见"菩葖"。

菩葖 果实的一种类型。单室,多籽,成熟时果皮仅一面开裂。菩葖由单心皮或离生心皮所构成。若由数个离生心皮构成时,常聚生在同一花内。如芍药、八角茴香、木兰等的果实。

辜

(gū) ❶罪。如:死有余辜。《吴越春秋·勾践入臣外传》:"污辱王之军士,抵罪边境,大王赦其深辜。"❷分裂肢体。《周礼·秋官·掌戮》:"杀王之亲者辜之。"❸通"故"。原因。《史记·屈原贾生列传》:"亦夫子之辜也。"《汉书·贾谊传》及《文选·贾谊〈吊屈原文〉》并作"故"。❹通"固"。必定。《汉书·律历志上》:"姑洗,洗,洁也。言阳气洗物,辜洁之也。"颜师古注引孟康曰:"辜,必也,必使之洁也。"❺通"孤"。见"辜负"。❻"辜榷"。❼姓。明代有辜增。

辜负 同"孤负"。对不住;违背。《三国志·魏志·司马朗传》"州人追思之"裴松之注引《魏书》:"督司万里,微功未效,而遭此疫疠,既不能自救,辜负国恩。"

辜较(—jiào) 大略;大概。《孝经·天子》"盖天子之孝也"邢昺疏:"孔传云:'盖者,辜较之辞。'刘炫云:'辜较,犹梗概也。'"

辜较(—jué) 同"辜榷"。

辜榷 垄断;统括财利。《汉书·翟方进传》:"贵戚近臣子弟宾客,多辜榷为奸利者。"亦作"辜较"。《后汉书·孝仁董皇后纪》:"交通州郡,辜较在所珍宝货赂,悉以西省。"

辜射 同"辜磔"。

辜月 夏历十一月的别称。《尔雅·释天》:"十一月为辜。"郝懿行义疏:"辜者,故也。十一月阳生,欲革故取新也。"

辜磔　亦作"辜射"。古代分裂肢体的酷刑。《韩非子·内储说上》："荆南之地，丽水之中生金，人多窃采金。采金之禁，得而辄辜磔于市。"又《难言》："田明辜射。"

酤（gū）❶酒。《诗·商颂·烈祖》："既载清酤。"❷通"沽"。买酒；卖酒。《韩非子·外储说右上》："宋之酤酒者有庄氏者，其酒常美。或使仆往酤庄氏之酒，其狗龁人，使者不敢往，乃酤佗家之酒。"

觚（gū）❶古代酒器。青铜制。喇叭形口、细腰、高圈足。盛行于商代和西周初期。陶制的多是明器。《礼记·礼器》"贵者献以爵，贱者献以散"孔颖达疏引《五经异义》："古周礼说：爵，一升；觚，二升。献以爵而酬以觚。"❷棱角。《汉书·郊祀志下》："甘泉泰畤紫坛，八觚宣通象八方。"❸古代用来书写的木简。陆机《文赋》："或操觚以率尔。"❹剑柄。《淮南子·主术训》："操其觚，招其末。"❺通"孤"。独立不群。《庄子·大宗师》："与乎其觚而不坚也。"

觚

觚不觚　谓物非其旧，名实不符。《论语·雍也》："子曰：'觚不觚，觚哉！觚哉！'"何晏集解："以喻为政不得其道，则不成。"朱熹注："觚，棱也。或曰酒器，或曰木简，皆器之有棱者也。不觚者，盖当时失其制而不为棱也。觚哉觚哉，言不得为觚也。程子曰：'觚而失其形制，则非觚也。举一器而天下之物莫不皆然。'"

觚棱　亦作"柧棱"。宫阙上转角处的瓦脊。《文选·班固〈西都赋〉》："设璧门之凤阙，上觚棱而栖金爵。"吕向注："凤阙，阙名也，南有璧门。觚棱，阙角也；角上栖金爵，金爵，〔铜〕凤也。"《后汉书·班固传》作"上柧棱而栖金雀"。王观国《学林·觚角》："所谓觚棱者，屋角瓦脊成方角棱瓣之形，故谓之觚棱。"

箍（gū）围束；亦指围束的圈。如：箍桶；桶箍；铁箍。

筑（gū）❶竹名。张衡《南都赋》："篻簩筑篾。"❷乐器名，即筑。沈约《梁雅乐歌·諲雅》："云筑清引。"

椌（gū，又读kū）　牡椌，木名，即山榆。《周礼·秋官·壶涿氏》："若欲杀其神，则以牡椌午贯象齿而沈之。"郑玄注："椌，读为枯。枯榆，木名。"陆德明释文："椌，山榆也。"

鍇〔鍇〕（gū）　见"镆鍇"。

籋（gū）❶方。见《集韵·十一模》。❷同"觚"，古人写字用的竹木简。参见"觚"。

gǔ

古（gǔ）❶早已过去的年代。与"今"相对。《韩非子·五蠹》："夫古今异俗，新故异备。"❷历时久远的。如：古树；古画。❸旧；原来。《诗·邶风·日月》："乃如之人兮，逝不古处。"郑玄笺："其所以接及我者，不以故处。"❹古体诗的简称。如：五古；七古。❺谓不同时俗。牛弘《献书表》："五经子史才四千卷，皆赤轴青纸，文字古拙。"❻姓。东汉有古霸。

古贝　亦称"吉贝"。木棉的一种。《南史·西南夷传》："又出玳瑁、贝齿、古贝、沉木香。古贝者，树名也，其华（花）成时如鹅毳，抽其绪纺之以作布，与纻布不殊。"《本草纲目·木部三》："木棉有二种，似木者名古贝。"

古道　❶古代学术、政治、方法等的总称。《盐铁论·殊路》："夫重怀古道，枕籍诗书，危不能安，乱不能治。"❷指古代所崇尚的节操风义。文天祥《正气歌》："风檐展书读，古道照颜色。"❸古老的道路。李白《忆秦娥》词："乐游原上清秋节，咸阳古道音尘绝。"

古德　指古昔有德行的高僧。《五灯会元·道钦禅师》："既上来，我即事不获已，便举古德少许方便，抖擞些子龟毛兔角。"

古典　❶古代的典章法式。《后汉书·儒林传序》："乃修起太学，稽式古典。"❷古代流传下来而被后人认为有典范性或代表性的。如：古典文学；古典哲学。

古调　古代的曲调。刘长卿《听弹琴》诗："古调虽自爱，今人多不弹。"后称行事或著作不合时宜为"古调独弹"。

古董　同"骨董"。❶可供鉴赏、研究的古代器物。《水浒传》第六十六回："四边都挂着名人书画并奇异古董玩器之物。"❷比喻过时的东西或顽固守旧的人。如：老古董。

古风　❶古代的风习。陆游《游山西村》诗："箫鼓追随春社近，衣冠简朴古风存。"❷诗体名。即"古诗"、"古体诗"。如李白有《古风五十九首》。

古欢　往日的欢爱。《文选·古诗十九首》："良人惟古欢，枉驾惠前绥。"李善注："良人念昔之欢爱。"龚自珍《己亥杂诗》："乡国论文集古欢，幽人三五薜萝看。"旧亦指追慕古人的心情或爱玩古物的癖好。

古迹　古代的遗迹。多指古代留传下来的建筑物或具有研究、纪念意义的地方。李白《登金陵冶城西北谢安墩》诗："冶城访古迹，犹有谢安墩。"

古井无波　比喻内心寂然不动。白居易《赠元稹》诗："无波古井水，有节秋竹竿。"

古老　❶历史悠久。如：古老的国家；古老的民族。❷古朴。柳宗元《唐故秘书少监陈公行状》："公有文章若干卷，深茂古老。"❸犹故老。老年人；老辈。李白《上留田行》："古老向予言，言是上留田。"

古色古香　亦作"古香古色"。古雅的色彩、情调、意趣。多用以形容书画、器物、建筑等。清黄丕烈《士礼居藏书题跋记·麈史》："是书虽非毛氏所云何元朗本及伊舅氏仲木本，然古色古香溢于楮墨，想不在二本下也。"鲁迅《且介亭杂文二集·题未定草（七）》："据说是周鼎，真是土花斑驳，古色古香。"

古诗　❶古体诗的简称。❷后人对于古代诗歌的泛称。又南北朝时称汉魏无名氏的诗为古诗，如《古诗十九首》。

古体诗　亦称"古诗"、"古风"。诗体名，为近体诗形成以前，除楚辞体外各种诗体的通称。每篇句数不拘。有四言、五言、六言、七言、杂言诸体。后世使用五、七言者较多。不求对仗，平仄和用韵也较自由。

古往今来　犹言从古到今。潘岳《西征赋》："古往今来，邈矣悠哉。"

古文　❶古代的文字。广义指甲骨文、金文、籀文和战国时通行于六国的文字。一说，从甲骨文至小篆称古文，从隶书至现在通行的文字称今文。狭义专指战国时通行于六国的文字。如《说文》和曹魏时代《三体石经》中所收的古文及历代出土的六国铜器、兵器、货币、玺印、陶器及长沙仰天湖楚墓中所发现的竹简上的文字。与通行于秦国的小篆不同，秦始皇推行统一文字政策后被废止。

❷泛指古代文章或古籍。❸文体名。唐韩愈反对魏晋以来骈俪的文风,提倡先秦汉代所普遍使用的散体文,并称散体为古文。后世即用为文言所写散体文章的通称。❹经学今、古文学派中的"古文经学"。

古文经学 经学中研究古文经籍的一个流派。古文经,指秦以前用古文书写而由汉代学者加以训释的儒家经典。汉代发现的古籍,相传出于孔子住宅壁中和民间,经过学者窜改增加,有许多不可为据的地方。但由于先秦文字歧异,在认辨解释的过程中,建立了系统的训诂方法,主要著作有《尔雅》和《说文解字》。研究古文经籍的学者重视《周官》(《周礼》)。汉代王莽变法,宋代王安石新法,都曾以《周官》为理论依据。古文经学盛行于东汉、六朝、隋、唐经学由于重视郑学,古文经学影响较大。清代学者继承古文经学家的训诂方法而加以条理发明,用于古籍整理和语言文字研究,有较大成就。

古昔 往昔;古代。《礼记·曲礼上》:"必则古昔,称先王。"则,效法。左思《咏史》:"英雄有迍邅,由来自古昔。"

古稀 杜甫《曲江》诗:"酒债寻常行处有,人生七十古来稀。"后因用"古稀"为七十岁的代称。亦作"古希"。

古音 从前音韵学者称周秦两汉的语音为古音,隋唐宋的语音为今音。现代音韵学者称前者为上古音,后者为中古音,统称古音。

古月 "胡"的析字格。李白《司马将军歌》:"狂风吹古月,窃弄章华台。"

扢(gǔ) 揩擦。《汉书·礼乐志》:"扢嘉坛,椒兰芳。"颜师古注:"谓摩拭其坛,加以椒兰之芳。"

另见 gē,xì。

兓(gǔ) 蒙蔽;蛊惑。经传通作"蛊"。或又讹作"兗"。参见"兗❻"。

杚(gǔ) 亦作"杫"。古代量谷物时用以刮平斗斛的器具。亦谓刮平。《说文·木部》:"杚,平也。"徐锴系传:"摩之使平也。"段玉裁注:"杚者,平物之谓。平之必摩之,故《广雅》曰:'杚,摩也。'"

谷〇(gǔ) ❶两山之间的夹道或流水道。如:山鸣谷应。❷比喻困境。《诗·大雅·桑柔》:"进

退维谷。"❸姓。汉代有谷永。

〇〔穀〕(gǔ) 庄稼和粮食的总称。如:五谷;谷物。《书·洪范》:"百谷用成。"

另见 lù,yù。

谷道 ❶古代方士求取长生不老的方术。《史记·武帝本纪》:"是时而李少君亦以祠灶、谷道、却老方见上。"裴骃集解引李奇曰:"食谷道引。或曰辟(避)谷不食之道。"❷中医学名词。指直肠到肛门的一部分。

谷阁 谷中的栈道。《三国志·蜀志·刘焉传》:"住汉中,断绝谷阁,杀害汉使。"

谷谷 鸟鸣声。欧阳修《啼鸟》诗:"陂田绕郭白水满,戴胜谷谷催春耕。"周昂《春日即事》诗:"欲寻把酒浑无处,春在鸣鸠谷谷中。"

谷贱伤农 谓商人抑低谷价,使农民利益受到损害。《汉书·昭帝纪》:"〔元凤六年夏〕诏曰:'夫谷贱伤农,今三辅、太常谷减贱,其令以叔(菽)粟当今年赋。'"

谷神 老子描述"道"的用语。"谷"即山谷,象征空虚,"神"有变化莫测之意。《老子·六章》:"谷神不死。"把"道"看做空虚无形而变化莫测、永恒不灭的东西。一说"谷"同"穀","穀"可供营养,而"道"能生养万物,故名。

角(gǔ) 见"角角"。

另见 jiǎo,jué,lù。

角角 象声。韩愈《此日足可惜一首赠张籍》:"百里不逢人,角角雄雉鸣。"

汩(gǔ) ❶治理;疏通。《楚辞·天问》:"不任汩鸿,师何以尚之?"王逸注:"汩,治也;鸿,大水也;师,众也;尚,举也。言鲧才不任治鸿水,众人何以举之乎?"《国语·周语下》:"决汩九川。"韦昭注:"汩,通也。"❷扰乱。梅尧臣《冬雷》诗:"天公岂物欺,若此汩时序?"❸水流貌。《楚辞·九章·怀沙》:"浩浩沅湘,分流汩兮。"❹沉沦。见"汩没❶"。

另见 hú,yù。

汩董 同"骨董"。指古代留传的器物,也比喻过时的东西或顽固的人。《朱子全书·学一》:"今人既无本领,只去理会许多闲汩董。"《通俗编》卷二十六引《霏雪录》:"骨董乃方言,初无定字。东坡尝作骨董羹,晦庵语录只作汩董。今亦作古董。"参见"骨董❶"。

汩汩 ❶水急流貌。《文选·枚乘

〈七发〉》:"混汩汩兮。"吕延济注:"混汩汩,相合疾流貌。"韩愈《奉和虢州刘给事使君三堂新题》:"汩汩几时休,从春复到秋。"❷水流声;波浪声。《文选·木华〈海赋〉》:"浟浟汩汩。"李善注:"浟浟汩汩,波浪之声也。"❸形容文思勃发。韩愈《答李翊书》:"当其取于心而注于手也,汩汩然来矣。"❹比喻生活动荡不安定。杜甫《自阆州领妻子却赴蜀山行》:"汩汩避群盗,悠悠经十年。"

汩活 水疾流貌。马融《长笛赋》:"争湍苹萦,汩活澎濞。"

汩没 ❶沉沦;埋没。罗隐《大梁见乔诩》诗:"迹卑甘汩没,名散称逍遥。"苏轼《东坡题跋·评杨氏所藏欧蔡书》:"杨公凝式,笔迹雄杰,有二王颜柳之馀,此真可谓书之豪杰,不为时世所汩没者。"❷犹"汩汩"。波浪声。《琴苑要录》:"伯牙心悲,延颈四望,但闻海上水汩没溯溅之声,山林窅冥,群鸟悲号,乃援琴而作歌。"

汩越 治理。《国语·周语下》:"汩越九原,宅居九隩。"

诂〔詁〕(gǔ) ❶古言古义。如:释诂;解诂。《汉书·扬雄传上》:"雄少而好学,不为章句,训诂通而已,博览无所不见。"颜师古注:"诂,谓指义也。"❷以今言解释古言。如:诂经。《尔雅·释诂》"释诂第一"邢昺疏:"诂,古也;古今异言,解之使人知也。"参见"训诂"。

苦(gǔ) 粗劣。《周礼·天官·典妇功》:"辨其苦良。"参见"苦窳"。

另见 kǔ。

苦窳 粗劣。《史记·五帝本纪》:"〔舜〕陶河滨,河滨器皆不苦窳。"

杫(gǔ) 同"杚"。

股(gǔ) ❶大腿。《国策·秦策一》:"〔苏秦〕读书欲睡,引锥自刺其股。"《史记·刺客列传》:"〔秦王〕负剑,遂拔以击荆轲,断其左股。"❷车辐近毂部分。《考工记·轮人》:"参分其股围,去一以为骹围。"❸事物的分支或一个部分。如:钗股;八股。《汉书·沟洫志》:"诸渠皆往往股引取之。"也指机关、团体中的一个部门。如:总务股;人事股;财务股。❹一绺或一缕。如:一股头发;一股清香。❺商业名词。即"股份"。❻数学名词。指直角三角形直角旁的长边。❼姓。汉代有股肱聊。

股肱　大腿和胳膊。比喻辅助帝王的大臣。《书·益稷》:"臣作朕股肱耳目。"《左传·昭公九年》:"君之卿佐,是谓股肱。"亦用作辅佐之意。《左传·僖公二十六年》:"昔周公、大公股肱周室,夹辅成王。"

沽(gǔ)　❶通"苦"。粗劣。《仪礼·丧服传》:"冠者,沽功也。"郑玄注:"沽,犹粗也。"❷简略。《礼记·檀弓上》:"杜桥之母之丧,宫中无相,以为沽也。"郑玄注:"沽,犹略也。"

另见 gū。

故(gǔ)　通"诂"。《汉书·艺文志》:"《鲁故》二十五卷。"颜师古注:"故者,通其指义也。"又《儒林传》:"训故举大谊(义)而已。"

另见 gù。

故训　即"训诂"。

骨(gǔ)　❶人和脊椎动物骨骼的组成单位。按其在体内的位置,可分颅骨、躯干骨和附肢骨。按形状和功能,可分长骨(如肱骨、股骨等)、短骨(如腕骨、跗骨等)、扁骨(如顶骨等)和不规则骨(如椎骨等)四类。骨的外周部,由成层紧密排列的骨板构成,称"骨密质";骨的内部,由许多片状的骨小梁交织排列而成,呈海绵状,称"骨松质"。骨的外表和骨髓腔的内面覆有骨膜,与骨的生长和修补有关;骨松质的腔隙内容纳红骨髓,是造血器官之一。成年人骨组织中含有 65% 的无机质和 35% 的有机质,因而骨既坚硬,又有一定程度的弹性,但随年龄而变化。幼年时,骨组织含有机质较多,故弹性较大,硬度较小,不易发生骨折,但易发生畸形;老年人则相反,骨组织含无机质较多,故脆性较大,易发生骨折。❷指支撑物体的骨架。如:钢骨水泥;伞骨。❸指文学作品的理路和笔力。李白《宣州谢朓楼饯别校书叔云》诗:"蓬莱文章建安骨。"❹指人的品质、气概。如:侠骨;媚骨。❺指死者。《晋书·刘曜载记》:"下无怨骨,上无怨人。"

另见 gū。

骨咄　树疖。《新唐书·地理志三》:"〔营州柳城郡〕土贡人葠、麝香、豹尾、皮、骨咄。"

骨董　❶同"古董",指古器物。张萱《疑耀》卷五:"骨董二字,乃方言,初无定字……朱晦翁《语类》乃作'汩董',今人作'古董'字。"韩驹《送海常化士》诗:"莫言衲子篮无底,盛取江南骨董归。"❷同"鹘突"。

骨干　❶骨骼的主干。《淮南子·坠形训》:"其人翕形短颈,大肩下尻,窍通于阴,骨干属焉。"❷比喻在总体中起重要作用或基本作用的人或事物。如:骨干分子;骨干作用。

骨鲠　亦作"骨梗"。❶犹骨干。《文心雕龙·辨骚》:"观其骨鲠所树,肌肤所附,虽取熔经意,亦自铸伟辞。"❷喻刚直、刚劲。《史记·刺客列传》:"方今吴外困于楚,而内空无骨鲠之臣,是无如我何!"❸指书、画笔力劲健。谢赫《古画品录》评江僧宝:"用笔骨梗,甚有师法。"❹鱼骨头。见"骨鲠在喉"。

骨鲠在喉　鱼骨卡在喉咙里。比喻心中有话,非说出不可。如:骨鲠在喉,吐之为快。《鲁迅书信集·致黎烈文》:"但近来作文,避忌已甚,有时如骨鲠在喉,不得不吐,遂亦不免为人所憎。"

骨立　形容人消瘦到极点。《世说新语·德行》:"王戎、和峤同时遭大丧……仲雄(刘毅)曰:'和峤虽备礼,神气不损;王戎虽不备礼,而哀毁骨立。'"

骨气　❶骨相气质。《世说新语·品藻》:"时人道阮思旷(裕)骨气不及右军(王羲之)。"黄庭坚《送石长卿太学秋补》诗:"胸中已无少年事,骨气乃有老松格。"现多用以指刚强不屈的气质。❷指诗文风格气势。钟嵘《诗品》卷上:"魏陈思王植诗,其源出于国风。骨气奇高,词彩华茂。"❸指写字的笔力遒劲。袁昂《书评》:"蔡邕书骨气洞达,爽爽有神。"韦续《书品优劣》:"释玄悟骨气无双,迥出时辈。"

骨肉　骨和肉,比喻至亲。《管子·轻重丁》:"兄弟相戚,骨肉相亲。"

骨瘦如豺　亦作"骨瘦如柴"。形容消瘦到极点。陆佃《埤雅·释兽》:"又曰:瘦如豺。豺,柴也。豺体细瘦,故谓之豺。棘人骨立,谓之柴毁,义取诸此。"棘人,谓居父母丧的人。《红楼梦》第一百十三回:"刘老老看着凤姐骨瘦如柴,神情恍惚,心里也就悲惨起来。"

骨腾肉飞　❶形容奔驰的迅捷。《吴越春秋·阖闾内传》:"庆忌之勇,世所闻也。筋骨果劲,万人莫当。

走追奔兽,手接飞鸟,骨腾肉飞,拊膝数百里。"❷形容神魂飘荡。《隋书·地理志中》:"齐郡旧曰济南,其俗好教饰子女,淫哇之音,能使骨腾肉飞,倾诡人目。"

骨相　旧时指人的骨骼相貌。《北史·赵绰传》:"上每谓绰曰:'朕于卿无所爱惜,但卿骨相不当贵耳。'"也指某些动物的骨骼相貌。《后汉书·马援传》载马援相马法曰:"臣谨依仪氏䩅,中帛氏口齿,谢氏唇鬐,丁氏身中,此数家骨相以为法。"

牯(gǔ)　母牛。见《玉篇·牛部》。也指阉割过的公牛。又指公牛。《本草纲目·兽部一》:"牛之牡者曰牯,曰特。"也泛指牛。杨维桢《毗陵行》:"常山长蛇一断尾,即墨怒牯齐奔踊。"

贾〔賈〕(gǔ)　❶古指设肆售货的商人。《周礼·地官·司市》:"以商贾阜货而行布。"郑玄注:"通物曰商,居卖物曰贾。"❷作买卖。《韩非子·五蠹》:"长袖善舞,多钱善贾。"❸买。《左传·昭公二十九年》:"平子每岁贾马。"❹求取。《国语·晋语八》:"谋于众,不以贾好。"❺招引;招致。见"贾害"。❻卖出;卖出的货物。《汉书·酷吏传》:"贾不至千万。"颜师古注:"贾,谓贩卖之。"《诗·邶风·谷风》:"既阻我德,贾用不售。"郑玄笺:"如卖物之不售。"

另见 jiǎ,jià。

贾害　自惹灾祸。《左传·桓公十年》:"匹夫无罪,怀璧其罪,吾焉用此,其以贾害。"杜预注:"贾,买也。"

贾竖　旧时对商人的贱称。《史记·魏其武安侯列传》:"今人毁君,君亦毁人,譬如贾竖女子争言,何其无大体也。"杨恽《报孙会宗书》:"恽幸有馀禄,方籴贱贩贵,逐什一之利,此贾竖之事,污辱之处,恽亲行之。"

唃(gǔ)　译音字。如:唃厮啰(宋代藏族人名)。

罟(gǔ)　❶网的总名。《易·系辞下》:"作结绳而为罔罟。"❷指法网。《诗·小雅·小明》:"岂不怀归,畏此罪罟。"

钴〔鈷〕(gǔ)　❶见"钴鉧"。❷化学元素〔周期系第Ⅷ族(类)元素〕。符号 Co。原子序数 27。银白色金属。质硬而有延性。熔点 1 495℃。可磁化。与钐、镍、铝等共熔可得良好的永磁材料。自然界以砷化物、氧化物和硫化物形式存在。也有少

量的钴同二氧化锰共存，俗称"钴土"。用于制超硬耐热合金、电阻合金、弹簧合金和磁性合金。其化合物用作催化剂和瓷器釉彩等。钴－60是常用的放射源，广泛用于工业、医疗和科学研究中。为生命必需的微量营养元素。

钴鉧 亦作"钴鉧"。熨斗。柳宗元有《钴鉧潭记》，潭形似熨斗，故名。

羖（gǔ）黑色的公羊。《说文·羊部》："夏羊牡曰羖。"朱骏声《说文通训定声·需部》："夏羊，黑羊，牝牡皆有角。"《史记·秦本纪》："吾媵臣百里傒在焉，请以五羖羊皮赎之。"

羖䍽 羊名。见"粘䍽"。

蛊〔蠱〕（gǔ）❶人腹中的寄生虫。《周礼·秋官·庶氏》："掌除毒蛊。"郑玄注："毒蛊，虫物而病害人者。"❷相传为一种由人工养成的毒虫。《本草纲目·虫部四》"蛊虫"李时珍集解引陈藏器曰："取百虫入瓮中，经年开之，必有一虫尽食诸虫，即此名为蛊。"参见"蛊毒"。❸陈谷（穀）所生的虫。《左传·昭公元年》："谷之飞亦为蛊。"《论衡·商虫》："粟米饐热生蛊。"❹诱惑人。《左传·庄公二十八年》："楚令尹子元欲蛊文夫人。"❺以祝诅害人的妖术。《史记·淮南衡山列传》："徐来使婢蛊道杀太子母。"❻六十四卦之一，巽下艮上。《易·蛊》："象曰：山下有风，蛊。"

另见yě。

蛊毒 ❶《左传·昭公元年》"何谓蛊"孔颖达疏："以毒药药人，令人不自知者，今律谓之蛊毒。"❷中医学名词。指诸种虫蛇毒气。包括古代所称氐羌毒、猫鬼、野道、射工、沙虱、水毒等。中毒患者可出现心腹刺痛，胸胁支满，吐血下血，寒热闷乱，面色青黄或枯黑等危象。亦指某些毒药，如钩吻、鸩毒等。

蛊惑 迷惑，使人迷乱。如：蛊惑人心。僧祐《弘明集》引刘勰《灭惑论》："而滥求租税，糜费产业，蛊惑士女，运迟则蝎国，世平则蠹民。"

粘 （gǔ）见"粘䍽"。

粘䍽 亦作"羖䍽"。羊名。《本草纲目·兽部》："多毛曰羖䍽。"《北史·党项传》："织犛牛尾及羖䍽毛为屋。"

淈 （gǔ）❶搅浊；扰乱。《楚辞·渔父》："何不淈其泥而扬其波?"《法言·吾子》："恶淫辞之淈法度也。"❷水流通貌。《文选·郭璞〈江赋〉》："潜演之所汩淈。"李善注引《说文》曰："潜，藏也；演，水脉行地中。"又引《苍颉篇》曰："淈，水通貌。"❸枯竭。《荀子·宥坐》："其洸洸乎不淈尽，似道。"

淈淈 ❶水涌出貌。《文选·司马相如〈上林赋〉》："滴滴淈淈。"李善注："淈，水出貌。"❷混乱貌。《楚辞·九思·怨上》："哀哉兮淈淈，上下兮同流。"王逸注："淈淈，一国并乱也。"

捁 （gǔ）见"捁捁"。

另见hú。

捁捁 用力貌。《庄子·天地》："捁捁然用力甚多而见功寡。"

熨 （gǔ）人名用字。《广韵·十姥》："熨，人名，出《汉书》。"

另见yīng。

鹄〔鵠〕（gǔ）箭靶的中心。喻目标。《礼记·射义》："故射者各射己之鹄。"孙希旦集解："鹄者，侯之中，射之的也。"

另见hú。

馉〔餶〕（gǔ）见"馉饳"。

馉饳 亦作"骨饳"。一种面食。一说即"馄饨"。周密《武林旧事》卷六"市食"有"鹌鹑馉饳儿"。《通雅·饮食》："馄饨……近时又名鹘突。"

滑 （gǔ）通"汩"。❶汩乱。《国语·周语下》："滑夫二川之神。"韦昭注："滑，乱也。"❷见"滑滑"。

另见huá。

滑滑 同"汩汩"。水涌流貌。《易林·蛊之既济》："涌泉滑滑，南流不竭。"

滑稽 古代的流酒器，类似后代的酒过龙，能"转注吐酒，终日不已"。见《史记·滑稽列传》司马贞索隐。扬雄《酒箴》："鸱夷滑稽，腹如大壶，尽日盛酒，人复借酤。"

愲 （gǔ）心乱。《汉书·息夫躬传》："心结愲兮伤肝。"

绲〔緄〕（gǔ）结；打结。《楚辞·九思·怨上》："伫立兮忉怛，心结绲兮折摧。"

鼓〔皷〕（gǔ）❶击乐器。远古时以陶为框，后世以木为框，蒙以兽皮或蟒皮。亦有以铜铸成者。形制大小不一，有一面蒙皮者，如板鼓、八角鼓、定音鼓；有两面蒙皮者，如堂鼓、书鼓、长鼓等。❷弹奏琴瑟、敲击钟鼓等乐器或击物作声。《诗·小雅·鼓钟》："鼓钟钦钦，鼓瑟鼓琴。"引申指钟磬受击之处。《考工记·凫氏》："于上谓之鼓。"❸击鼓使进；击鼓为号。《左传·庄公十年》："公将鼓之。"《史记·孙子吴起列传》："约束既布，乃设铁钺，即三令五申之。于是鼓之右。"❹鼓动；振作。如：鼓干劲。《易·系辞上》："鼓之以雷霆，润之以风雨。"《红楼梦》第八回："宝玉听了，方又鼓起兴来。"引申为掉动。参见"鼓舌"、"鼓刀"。❺鼓风。见"鼓铸"。❻凸出；涨大。《红楼梦》第四十回："〔刘老老〕说完，却鼓着腮帮子，两眼直视，一声不语。"❼古代夜间击鼓报更，故以为更的代称。如：三鼓；五鼓。❽古量器名。容一斛。《礼记·曲礼上》："献米者操量鼓。"

鼓车 ❶载鼓之车。皇帝出行的仪仗之一。《汉书·燕剌王旦传》："建旌旗鼓车，旄头先驱。"颜师古注："皆天子之制。"❷《后汉书·循吏传序》："建武十三年，异国有献名马者，日行千里；又进宝剑，贾（价）兼百金。诏以马驾鼓车，剑赐骑士。鼓车甚轻，名马无所见长，后因以喻大材小用。杜牧《骢骊骏》诗："瑶池罢游宴，良（王良）乐（伯乐）委尘沙；遭遇不遭遇，盐车与鼓车。"

鼓吹 ❶古代的一种器乐合奏。即"鼓吹乐"，亦即《乐府诗集》中之鼓吹曲。用鼓、钲、箫、笳等乐器合奏。源于中国古代民族北狄。汉初边军用之，以壮声威，后渐用于朝廷。❷演奏鼓吹乐的乐队。《后汉书·杨赐传》："及葬，又使侍御史持节送丧，兰台令史十人，发羽林骑轻车介士，前后部鼓吹。"❸宣扬；宣传。《世说新语·文学》："孙兴公云：《三都》、《二京》，五经鼓吹。"

鼓刀 动刀作声，谓宰杀牲畜。《离骚》："吕望之鼓刀兮，遭周文而得举。"王逸注："〔吕望〕未遇之时，鼓刀屠于朝歌也。"

鼓腹 鼓起肚子，意即饱食。《庄子·马蹄》："夫赫胥氏之时，民居不知所为，行不知其之，含哺而熙，鼓腹而游。"谓饱食而闲暇无事。陶潜《戊申岁六月中遇火》诗："鼓腹无所思，朝起暮归眠。"

鼓角 鼓和号角，古代军中用以报时、警众或发号施令。《文献通考·乐考十一》"警角"下引《卫公兵法》曰："军城及野营行军在外，日出没时

挝鼓千槌,三百三十三槌为一通;鼓音止,角音动,吹十二声为一叠;三角三鼓而昏明毕。《三国志·吴志·陆逊传》:"逊乃益施牙幢,分布鼓角。"

鼓盆 《庄子·至乐》:"庄子妻死,惠子吊之,庄子则方箕踞鼓盆而歌。"鼓,击、敲。盆,瓦盆。后因以"鼓盆之戚"为丧妻的代称。

鼓鼙 大鼓和小鼓,古代军中常用的乐器,因借以指军事。《礼记·乐记》:"听鼓鼙之声,则思将帅之臣。"刘长卿《送李判官之润州行营》诗:"万里辞家事鼓鼙,金陵驿路楚云西。"亦作"鞞鼓"、"鼙鼓"。白居易《长恨歌》:"渔阳鞞鼓动地来,惊破霓裳羽衣曲。"文天祥《平原》诗:"一朝渔阳动鼙鼓,大江以北无坚城。"

鼓舌 掉弄舌头,谓诡辞逞辩。《逸周书·芮良夫》:"贤智箝口,小人鼓舌。"参见"摇唇鼓舌"。

鼓舞 ❶激发;振作。如:鼓舞人心。《法言·先知》:"鼓舞万物者,雷风乎? 鼓舞万民者,号令乎?"❷古代杂舞的一种。《淮南子·修务训》:"今鼓舞者,绕身若环,曾挠摩地,扶旋猗那,动容转曲,便媚拟神。"

鼓下 古时军中杀人之处。《左传·襄公十八年》:"皆衿甲而缚,坐于中军之鼓下。"衿甲,不解甲。《后汉书·岑彭传》:"收歆(韩歆)置鼓下,将斩之。"李贤注:"中军将最尊,自执旗鼓;若置营,则立旗以为军门,并设鼓,戮人必于其下。"

鼓行 击鼓前进;大张声势地进军。《尉缭子·经卒令》:"鼓行交斗,则前行进为犯难,后行进为辱众。"《史记·项羽本纪》:"我引兵鼓行而西,必举秦矣。"

鼓枻 叩击船舷。《楚辞·渔父》:"渔父莞尔而笑,鼓枻而去。"王逸注:"叩船舷也。"亦用为行船之称。《晋书·庾阐传》:"余忝守衡南,鼓枻三江。"

鼓噪 ❶擂鼓和呐喊,古指军队出战时大张声势。《吴子·应变》:"若高山深谷,卒然相遇,必先鼓噪而乘之。"❷喧扰;起哄。《穀梁传·定公十年》:"两君就坛,两相相揖,齐人鼓噪而起,欲以执鲁君。"

鼓铸 熔金属以铸器械或钱币。《史记·货殖列传》:"即铁山鼓铸,运筹策,倾滇蜀之民。"《汉书·终军传》:"使胶东鲁国鼓铸盐铁。"颜师古注引如淳曰:"铸铜铁,扇炽火,谓之鼓。"

轂 〔轂〕(gǔ) 车轮中心的圆木,周围与车辐的一端相接,中有圆孔,用以插轴。《老子》:"三十辐共一轂。"也用为车轮的代称。罗邺《帝里》诗:"喧喧蹄轂走红尘,南北东西暮与晨。"

轂击肩摩 见"肩摩轂击"。

轂下 ❶辇轂之下,旧指京城。任昉《齐竟陵文宣王行状》:"神皋载穆,轂下以清。"❷犹阁下,旧时书信中称人的敬词。《晋书·慕容廆载记》:"遣使与太尉陶侃笺曰:'明公使君轂下。'"

梏(gǔ) 断木残根。元稹《缚戎人》诗:"平明蕃骑四面走,古墓深林尽株梏。"

梏柮 木块。张端义《贵耳集》卷上:"嵩山极峻法堂壁上有一诗曰:'……争似满炉煨梏柮,慢腾腾地暖烘烘。'"

牿(gǔ) 牛名。见《集韵·十一没》。

榖(gǔ) 木名。即构或楮,树皮可用以造纸。参见"构㈢"、"楮❶"。

榖纸 榖树造的纸。《诗·小雅·鹤鸣》:"乐彼之园,爰有树檀,其下维榖。"孔颖达疏引陆玑疏曰:"幽州人谓之榖桑,荆扬人谓之榖,中州人谓之楮,殷中宗时桑榖共生是也。今江南人绩其皮以为布,又捣以为纸,谓之榖皮纸,洁白光泽,其里甚好。"

椴(gǔ,又读jiǎ) 福。《诗·鲁颂·閟宫》:"天锡公纯椴,眉寿保鲁。"郑玄笺:"纯,大也;受福曰椴。"后来称祝寿为"祝椴"。

鶻〔鹘〕(gǔ) 见"鹘鸠"。
另见hú。

鹘鸠 鸟名。亦名"鹘鵃"。《诗·卫风·氓》"于嗟鸠兮"毛传:"鸠,鹘鸠也。"《左传·昭公十七年》:"鹘鸠氏,司事也。"杜预注:"鹘鸠,鹘雕(鵃)也,春来冬去,故为司事。"指古代少皞氏以鸟名官的一种称谓。《尔雅·释鸟》"鹘鸠"郭璞注:"似山鹊而小,短尾,青黑色,多声。"

穀(gǔ) ❶赡养。《诗·小雅·甫田》:"以穀我士女。"郑玄笺:"我当以养士女也。"❷俸禄。指在官食禄。《论语·宪问》:"邦有道,穀;邦无道,穀,耻也。"❸活着。《诗·王风·大车》:"穀则异室,死则同穴。"❹善;良好。《诗·小雅·小宛》:"教诲尔子,式穀似之。"参见"穀旦"。❺古指童子。《庄子·骈

拇》:"臧与穀,二人相与牧羊。"❻讣告。《礼记·檀弓下》:"齐穀王姬之丧。"❼古地名。春秋齐地。在今山东东阿东南。《春秋》庄公二十三年(公元前671年)"公及齐侯遇于穀",即此。也叫小穀。《左传》庄公三十二年(前662年):"城小穀,为管仲也。"位于齐国西境,为当时交通要地。秦代称为穀城。
另见gòu,gǔ谷㈠。

穀旦 晴朗美好的日子。《诗·陈风·东门之枌》:"穀旦于差,南方之原。"孔颖达疏:"见朝日善明,无阴云风雨,则曰可以相择而行乐矣。"旧时常用为吉日的代称。

穀梁补注 清钟文烝撰。二十四卷。兼采汉学、宋学,对范宁《春秋穀梁传集解》加以补充。是清代学者注解《穀梁传》较为完备的一种。收入《皇清经解续编》。

檕(gǔ) 同"谷(穀)"。《论衡·偶会》:"非其性贼货而命妨檕也。"刘盼遂《论衡集解》:"穀作檕,乃汉以来别字。"

盭(gǔ) 器皿。见《说文·皿部》。《七修类稿》卷十三《刘朱货财》:"金银汤盭五百。"

臌(gǔ) 见"臌气病"。

臌气病 草食家畜的一种胃或肠臌气的疾病。在反刍家畜常为瘤胃臌气,在马、骡等常为肠臌气。瘤胃臌气有泡沫性和非泡沫性两种。病程以急性居多。由于食进易发酵饲料,或役畜过度疲劳后采食过多等引起。多发于食后数小时,腹围增大(牛见左侧,马见右侧),叩之作鼓音,腹痛,呼吸困难,粘膜发绀,静脉怒张,如不急治,能迅速窒息而死。最急性的用套管针穿刺反刍家畜的瘤胃或马的盲肠,放出气体;亚急性的可用驱风、止酵剂等治疗。泡沫性臌气宜用表面活性药如二甲基硅油等灭沫消胀。

瞽(gǔ) ❶瞎眼。《庄子·逍遥游》:"瞽者无以与乎文章之观。"❷古以瞽者为乐官,因以为乐官的代称。《书·胤征》:"瞽奏鼓。"❸比喻人没有观察能力。《荀子·劝学》:"不观气色而言,谓之瞽。"

瞽史 ❶瞽与史,周代的两种官名。《国语·周语上》:"瞽、史教诲。"韦昭注:"瞽,乐太师。史,太史也,掌阴阳、天时、礼法之书以相教诲者。"❷犹瞽人。指乐师。《汉书·贾谊传》:"瞽史诵诗,工诵箴谏。"

瞽瞍　亦作"瞽叟"。舜父。《书·尧典》"瞽子，父顽母嚚"孔传："无目曰瞽。舜父有目不能分别好恶，故时人谓之瞽，配字曰瞍。瞍，无目之称。"相传舜父母使舜修缮廪、浚井，从而害之，未成。见《孟子·万章上》。

瞽宗　殷代乐人的宗庙和学校。《礼记·明堂位》："瞽宗，殷学也。"西周时为大学，亦称"西学"或"西雍"。

鹽（gǔ）❶古盐池名。《说文·盐部》："鹽，河东盐池也。"❷颗盐。亦作"苦"。《周礼·天官·盐人》："祭祀，共其苦盐散盐。"郑玄注："杜子春读苦为鹽，谓出盐直用，不湅治。"贾公彦疏："苦当为鹽，鹽谓出于盐池，今之颗盐是也。"❸不坚牢。见"鹽恶"。❹停止。《诗·唐风·鸨羽》："王事靡鹽，不能艺稷黍。"王引之《经义述闻》卷五："鹽者，息也。"❺吸饮声，因即谓吸饮。《左传·僖公二十八年》："晋侯梦与楚子搏，楚子伏己而鹽其脑。"

鹽恶　器物制作低劣不牢固。《汉书·息夫躬传》："器用鹽恶。"颜师古注引邓展曰："鹽，不坚牢也。"

濲（gǔ）亦作"穀"。水名，即濲水，在河南省境。颜延之《北使洛》诗："伊、濲绝津济。"

gù

告（gù）见"告朔"。
另见 gào，jū。

告朔　❶周制，天子于每年秋冬之交，把第二年的历书颁给诸侯，叫"告朔"，"告"为上告下之义。《穀梁传·文公六年》："天子告朔于诸侯。"❷亦称"告月"。诸侯于每月朔日（夏历初一）告庙听政。《春秋·文公六年》："闰月不告朔，犹朝于庙。"杜预注："诸侯必每月告朔听政，因朝宗庙。"参见"告朔饩羊"。

告朔饩羊　《论语·八佾》："子贡欲去告朔之饩羊。子曰：'赐也，尔爱其羊，我爱其礼。'"饩羊，祭庙用的活羊。周制，诸侯每月初一日告庙听政，叫"告朔"。鲁自文公起，不视朔，而有司犹供饩羊，子贡因此要把祭庙用羊的旧例废掉；但孔子却不以为然。后人因以"告朔饩羊"比喻徒具形式的虚文。

估（gù）见"估衣"。
另见 gū。

估衣　出售的旧衣服。得硕亭《草珠一串·游览》："为穿新买估衣回。"

固（gù）❶坚；坚牢。《荀子·王霸》："兵劲城固。"❷坚决；坚持。如：固辞；固执。❸巩固；安定。《国语·鲁语上》："晋始伯而欲固诸侯。"又《晋语二》："夫固国者在亲众而善邻。"❹鄙陋；执一不通。《论语·宪问》："非敢为佞也，疾固也。"又《述而》："俭则固。"参见"固陋"。❺必。《公羊传·襄公二十七年》："女能固纳公乎？"❻本来；诚然。《孟子·梁惠王上》："臣固知王之不忍也。"❼乃；岂。表反诘。《孟子·万章上》："仁人固如是乎？"❽通"姑"。姑且。《老子》："将欲翕之，必固张之；将欲弱之，必固强之。"❾通"痼"。见"固疾"。❿姓。《说苑》有固乘。

固辞　❶坚决辞谢。《国策·齐策四》："梁使三反，孟尝君固辞不往也。"❷古礼第二度辞让为"固辞"。《礼记·曲礼上》："凡与客入者，每门让于客。客至于寝门，则主人请入为席，然后出迎客，客固辞。"孔颖达疏："固，如故也。礼有三辞：初曰礼辞，再曰固辞，三曰终辞。"

固疾　同"痼疾"。经久难愈的疾病。《礼记·月令》："〔季冬之月〕行春令，则胎夭多伤，国多固疾。"

固陋　闭塞鄙陋。谓见闻浅少。司马相如《上林赋》："鄙人固陋，不知忌讳。乃今日见教，谨受命矣。"

固实　故事；史实。《史记·鲁世家》："赋事行刑，必问于遗训，而咨于固实。"裴骃集解："徐广曰：'固，一作故。'韦昭曰：'故实，故事之是者。'"按《国语·周语上》作"故实"。

固执　《中庸》："诚之者，择善而固执之者也。"本意是说坚持不懈，后多指坚持成见，不肯变通。如：固执己见。《宋史·苏辙传》："及陛下遣使按视，知不可为，犹或固执不从。"

故（gù）❶事。如：事故；变故。《论语·微子》："故旧无大故，则不弃也。"何晏集解引孔安国曰："大故谓恶逆之事。"❷原因。如：缘故。《左传·闵公二年》："乱故，是以缓。"❸从前；本来。《史记·魏豹彭越列传》："魏豹者，故魏诸公子也。"❹久；旧。如：故交；故宫。《管子·四时》："开久坟，发故屋，辟故窌，以假贷。"❺故事；成例。《国语·鲁语上》："哀姜至，公使大夫宗妇觌，用币。宗人夏父展曰：'非故

也。'参见"故事❹"。❻死亡。如：病故；身故。❼巧伪。《淮南子·主术训》："上多故则下多诈。"高诱注："故，诈也。"❽故意。如：明知故犯。《吕氏春秋·制乐》："今故兴事动众，以增国城，是重吾罪也。"❾固；毕竟。《世说新语·品藻》："抚军问殷浩：'卿定何如裴逸民？'良久，答曰：'故当胜耳。'"❿仍旧；依然。《抱朴子·对俗》："江淮间居人为儿时，以龟枝床。至后老死，家人移床而龟故生。"⓫必定。《国策·秦策三》："吴不亡越，越故亡吴。"⓬所以；因此。《荀子·劝学》："故木受绳则直，金就砺则利。"⓭通"顾"。反而。《史记·赵世家》："虽强大不能得之于小弱，小弱故能得之于强大乎！"⓮中国古代逻辑术语。《墨子·经上》："故，所得而后成也。"指事物的原因、条件。分为小故"有之不必然，无之必不然"和大故"有之必然，无之必不然"（原作"有之必无然"，依孙诒让校改）。亦指推理论证中的根据、理由。《墨经》提出"辞以故生"（《墨子·大取》）和"以说出故"（《小取》）的逻辑思维的原则和方法，对推理和论证的逻辑原理作了很好的总结。荀子也重视"故"，提出要"辨其故"（《荀子·臣道》）、"辨则尽故"（《正名》）等。⓯姓。宋代有故宿。

另见 gǔ。

故步自封　《汉书·叙传上》："昔有学步于邯郸者，曾未得其仿佛，又复失其故步，遂匍匐而归耳！"故步，指原来的步法，引申为旧法。因称墨守成规，不求进取为"故步自封"。亦作"固步自封"。参见"邯郸学步"。

故常　常例；习惯。《庄子·天运》："变化齐一，不主故常。"王朗《与许文休书》："昔汝南陈公初拜，不依故常，让上卿于李元礼。"

故地　旧地。《国策·齐策六》："鄃郲大夫不欲为秦，而在城南下者百数。王收而与之百万之师，使收楚故地。"此指旧属之地。《汉书·匈奴传上》："收其馀民东徙，不敢居故地。"此指旧居之地。

故都　❶往日的国都。《史记·项羽本纪》："韩王成因故都，都阳翟。"❷祖国。《离骚》："国无人莫我知兮，又何怀乎故都！"

故故　❶屡屡；常常。杜甫《月三首》："万里瞿塘峡，春来六上弦，时时开暗室，故故满青天。"❷故意；特

意。杨万里《癸巳省宿咏南宫小桃》诗：“孤坐南宫悄，桃花故故红。”

故国 ❶历史悠久的国家。《孟子·梁惠王下》：“所谓故国者，非谓有乔木之谓也，有世臣之谓也。”❷祖国；本国。丘迟《与陈伯之书》：“见故国之旗鼓，感平生于畴日。”❸故乡。杜甫《上白帝城二首》：“取醉他乡客，相逢故国人。”❹旧都城。《史记·穰侯列传》：“齐人攻卫，拔故国，杀子良。”司马贞索隐：“卫之故国，盖楚丘也。”

故家 犹言世家大族。《孟子·公孙丑上》：“其故家遗俗，流风善政，犹有存者。”亦泛指官宦人家。《聊斋志异·劳山道士》：“邑有王生，行七，故家子。”

故剑 汉宣帝在民间时，曾娶许广汉女；及即位，公卿议更立霍光女为皇后，宣帝乃下诏“求微时故剑”。大臣们心领神会，于是议立许氏为皇后。见《汉书·外戚传上》。后因称结发（髪）妻为“故剑”。如：不忘故剑；故剑情深。《北史·隋炀帝愍皇后传》：“感怀旧之馀恩，求故剑于宸极。”

故交 旧友。杜荀鹤《山中喜与故交宿话》诗：“山中深夜坐，海内故交稀。”

故旧 旧交；老友。《论语·泰伯》：“故旧不遗，则民不偷。”遗，遗弃；偷，指人情淡薄。

故老 年老而有声望的人，多指旧臣。《诗·小雅·正月》：“召彼故老。”朱熹注：“故老，旧臣也。”亦泛指年老的人。杜甫《秦州杂诗》：“故老思飞将，何时议筑坛？”

故里 故乡。江淹《别赋》：“视乔木兮故里。”

故吏 ❶曾经为吏的人。《汉书·尹翁归传》：“悉召故吏五六十人。”❷指过去的属吏。《后汉书·袁绍传》：“门生故吏，遍于天下。”

故人 ❶旧友。《礼记·檀弓下》：“孔子之故人曰原壤。”孟浩然《留别王维》诗：“欲寻芳草去，惜与故人违。”❷指前妻或前夫。古乐府《上山采蘼芜》：“新人从门入，故人从阁去；新人工织缣，故人工织素。”此指前妻。古乐府《孔雀东南飞》：“新妇识马声，蹑履相逢迎，怅然遥相望，知是故人来。”此指前夫。❸对门生、故吏的自称。《资治通鉴·汉桓帝建和三年》：“此咎由故人畏惮强御。”胡三省注：“汉人于门生、故吏之前，率自称故人。”❹已死的人。

《儒林外史》第八回：“昔年在南昌，蒙尊公骨肉之谊，今不想已作故人。”亦作“古人”。参见“作古❶”。

故实 ❶亦作“固实”。故事；史实。《国语·周语上》：“赋事行刑，必问于遗训，而咨于故实。”韦昭注：“故实，故事之是者。”按《史记·鲁世家》作“固实”。❷典故；出处。钟嵘《诗品》卷中：“清晨登陇首，羌无故实；明月照积雪，讵出经史！”

故事 ❶旧事。《史记·太史公自序》：“余所谓述故事，整齐其世传，非所谓作也。”❷旧业。《商君书·垦令》：“农民无所闻变见方，则知农无从离其故事。”❸典故。欧阳修《六一诗话》：“自《西昆集》出，时人争效之，诗体一变，而先生老辈患其多用故事，至于语僻难晓。”❹成例；旧日的典章制度。《汉书·苏武传》：“卫将军张安世荐武习故事，奉使不辱命。”❺花样。《红楼梦》第六十一回：“吃腻了肠子，天天又闹起故事来了。”❻叙事性文学作品中不可或缺的要素，是按时间顺序排列的事件的叙述。故事与重在叙述事件因果关系的情节有所不同，但多是情节的基础。❼文学体裁的一种。侧重于事件过程的描述，强调情节生动性和联贯性。较适于口头讲述，通俗易懂。

故态 旧态，惯常的行为态度。如：故态复萌。《后汉书·严光传》：“霸（侯霸）得书，封奏之，帝（光武帝）笑曰：‘狂奴故态也。’”

故土 故乡。柳宗元《钴鉧潭记》：“孰使予乐居夷而忘故土者，非兹潭也欤？”

故吾 旧我；过去的我。《庄子·田子方》：“虽忘乎故吾，吾有不忘者存。”郭象注：“虽忘乎故吾，而新吾已至，未始非吾，吾何患焉。”

故乡 家乡。《史记·高祖本纪》：“大风起兮云飞扬，威加海内兮归故乡。”

故训 犹古训，指先代留下的法则。《诗·大雅·烝民》：“古训是式，威仪是力。”

故意 ❶故人的情意；旧情。杜甫《赠卫八处士》诗：“十觞亦不醉，感子故意长。”❷原来的旨意。温庭筠《〈张静婉〈采莲歌〉序》：“今乐府所存，失其故意。”❸有意；存心。《红楼梦》第八回：“原来袭人实未睡着，不过是故意装睡。”❹“过失”的对称。法律上确定行为人行为性质和追究责任的主观依据之一。刑法上

作为一种犯罪心理状态，指明知自己的行为会发生危害社会的结果，并且希望或者放任这种结果发生。希望危害结果发生的，是直接故意；放任危害结果发生的，是间接故意。无论直接故意还是间接故意，构成犯罪的都要负刑事责任，但在量刑上可以有所不同。民法上作为过错的形式之一，指明知其所为将侵害他人的权益而有意为之或听任损害发生。凡是故意造成的损害，都应按损害大小赔偿。

故宇 故居。《离骚》：“何所独无芳草兮，尔何怀乎故宇。”王逸注：“宇，居也。”

故园 家园；故乡。杜甫《复愁》诗：“万国尚防寇，故园今若何？”李商隐《蝉》诗：“薄宦梗犹泛，故园芜已平。”

故辙 老办法，旧途径。陶潜《咏贫士》：“量力守故辙，岂不寒与饥？”

故纸 旧纸，借指文籍。《北齐书·韩轨传》：“安能作刀笔吏，返披故纸乎？”后多指古书。马令《南唐书·周彬传》：“杜门读书，不治产业。其妻让曰：‘君家兄弟皆力田亩以致丰羡，而独不调，玩故纸以自困，宁有益耶？’”

故智 曾经用过的计谋。《史记·韩世家》：“秦王必祖张仪之故智。”裴骃集解引徐广曰：“故智，犹前时谋计也。”

故纵 ❶故意纵容，不加干涉。《后汉书·马武传》：“武为人嗜酒，阔达敢言，时醉在御前，面折同列，言其短长，无所避忌，帝故纵之，以为笑乐。”❷法律上指故意纵使脱罪。《汉书·刑法志》：“条定法令，作见知故纵、监临部主之法。”颜师古注：“见知人犯法不举告为故纵。”

忞 (gù) 同“固”。《集韵·十一莫》：“固，坚也。古作忞。”

顾 〔顧〕(gù) ❶回看；瞻望。如：掉头不顾。《诗·桧风·匪风》：“顾瞻周道，中心怛兮。”李白《行路难》诗：“拔剑四顾心茫然。”❷视；看。《史记·儒林列传》：“为治者不在多言，顾力行何如耳。”❸照顾；照管。如：顾此失彼。《红楼梦》第一百〇八回：“为我们家连连的出些不好事，所以我也顾不来。”❹顾惜；眷顾。如：奋不顾身。《文选·张衡〈东京赋〉》：“神歆馨而顾德。”薛综注：“顾，眷也。”❺拜访。如：光顾，枉顾。杜甫《蜀相》诗：“三顾频烦天下计。”❻反而；却。《大戴礼记·礼

察》:"尔岂顾不用哉!"《汉书·贾谊传》:"足反居上,首顾居下。"❼但;特。《史记·越王勾践世家》:"彼非不爱其弟,顾有所不能忍者也。"❽乃。《后汉书·马援传》:"卿非刺客,顾说客耳。"❾通"雇"。酬。《汉书·晁错传》:"敛民财以顾其功。"❿夏的同盟部落。在今河南范县东南。后为商汤所灭。春秋时为齐地。《左传》哀公二十一年(公元前474年):"公及齐侯、邾子盟于顾。"即此。⓫古邑名。战国时中山国都,即今河北定州市。后为魏所破。⓬姓。

顾复 《诗·小雅·蓼莪》:"父兮生我,母兮鞠我……顾我复我,出入腹我。"顾,回视。复,反复顾视。后多用以形容父母对子女的慈爱。李峤《为汴州司马请预会表》:"思酬顾复之恩,愿假招提之福。"

顾眄 转眼而视。顾,回视。眄,斜视。《后汉书·马援传》:"援据鞍顾眄,以示可用。"

顾名思义 看到名称就想到它的含义。《三国志·魏志·王昶传》:"其为兄子及子作名字,皆依谦实,以见其意……遂书戒之曰:'……欲使汝曹顾名思义,不敢违越也。'"

顾命 《尚书》有《顾命》篇。孔传:"临终之命曰顾命。"孔颖达疏:"言临将死去,回顾而为语也。"《晋书·孔坦传》:"昔肃祖临崩,诸君亲据御床,共奉遗诏。"孔坦疏贱,不在顾命之限。"

顾盼 ❶左顾右盼,谓向四周环视。如:顾盼自雄;顾盼生姿。❷犹言看顾、眷顾。刘峻《广绝交论》:"至于顾盼增其倍价,剪拂使其长鸣,彩组云台者摩肩,趋(趋)走丹墀者叠迹。"

顾曲 《三国志·吴志·周瑜传》:"瑜少精意于音乐,虽三爵之后,其有阙误,瑜必知之,知之必顾。故时人谣曰:'曲有误,周郎顾。'"后称欣赏音乐、戏曲为"顾曲",本此。《桃花扇·侦戏》:"一片红毹铺地,此乃顾曲之所。"

顾兔 兔,亦作"菟"。《楚辞·天问》:"厥利维何,而顾菟在腹?"王逸注:"言月中有菟,何所贪利,居月之腹,而顾望乎?"后因用作月的代称。李白《上云乐》:"阳乌未出谷,顾兔半藏身。"阳乌,太阳。

顾问 ❶咨询。《后汉书·章帝纪》:"皆欲置于左右,顾问省纳。"《新唐书·段文昌传》:"穆宗即位,屡召入思政殿顾问,率至夕乃出。"

今用作具有某种专门知识及经验,以备咨询的人的职名。❷虑及。《史记·张耳陈馀列传》:"张耳陈馀始居约时,相然信以死,岂顾问哉?"

顾影自怜 顾望形影,自怜身世,形容孤独失意之状。陆机《赴洛道中作》诗:"伫立望故乡,顾影凄自怜。"后亦用为自我欣赏之意。怜作怜爱解。《虞初新志·板桥杂记》:"科(崔科)亦顾影自怜,矜其容色,高其声价。"

顾指 ❶以目示意而指使之。《庄子·天地》:"手挠顾指,四方之民,莫不俱至。"❷比喻轻而易举。左思《吴都赋》:"麾城若振槁,搴旗若顾指。"

堌(gù) 河堤。今多用作地名。如:黄堌、冉堌(都在山东省)。

梏(gù) ❶古代木制的手铐。见"桎梏"。❷械系;拘禁。《左传·成公十七年》:"执而梏之。"《山海经·海内西经》:"帝乃梏之疏属之山。"❸束缚;限制。方孝孺《赠王时中序》:"括区区小智,梏于一技而不达变。"

另见 jué。

梏亡 因受束缚而致丧失。《孟子·告子上》:"其日夜之所息,平旦之气,其好恶与人相近也者几希,则其旦昼之所为,有梏亡之矣。"有,通"又"。此指为利欲所束缚而丧失本心。一说,"梏"通"搅",扰乱的意思。见《孟子》赵岐注及焦循正义。

崮(gù) 四周陡峭顶端较平的山,山东中部山区多用作地名。如:抱犊崮、孟良崮。

牿(gù) 缚在牛角上使牛不能触人的横木。《易·大畜》:"童牛之牿。"

雇〔僱〕(gù) ❶出钱叫人做事。如:雇短工。❷受雇的。如:雇员。❸租赁交通工具。如:雇船。

另见 hù。

雇山 汉代女刑的一种。《后汉书·光武帝纪上》:"女徒雇山归家。"李贤注引《汉书音义》:"女子犯徒,遣归家,每月出钱雇人于山伐木,名曰雇山。"亦作"顾山"。

裖(gù) 祭。见《玉篇》。

锢〔錮〕(gù) ❶以金属熔液填塞空隙。《汉书·贾山传》:"合采金石,冶铜锢其内,桼(漆)涂其外。"❷禁锢。《左传·成公二

年》:"子反请以重币锢之。"杜预注:"禁锢勿令仕。"❸垄断,霸占。《汉书·货殖传》:"上争王者之利,下锢齐民之业。"颜师古注:"锢亦谓专取之也。"❹通"痼"。见"锢疾"。

锢疾 同"痼疾"。经久难愈的疾病。《汉书·贾谊传》:"失今不治,必为锢疾。"

稒(gù) 见"稒阳"。

稒阳 ❶古县名。战国魏固阳邑,西汉置稒阳县。治今内蒙古包头市东。东汉废。❷古要塞名。"稒"一作"固",战国魏惠王十九年(公元前351年)筑。在今内蒙古固阳附近。东汉永元元年(公元89年)度辽将军邓鸿出稒阳塞,大破匈奴于稽落山,即此。

痼(gù) 病经久难治。见"痼疾"。比喻长期养成不易克服的嗜好、习惯。见"痼癖"。

痼疾 亦作"固疾"、"锢疾"。久治不愈的病;久病。《后汉书·安帝纪》:"平原王素被痼疾。"《三国志·蜀志·杨戏传》:"后俨(韩俨)痼疾废顿。"

痼癖 难以改变的积习和嗜好。潘音《反北山嘲》诗:"烟霞成痼癖,声价借巢(巢父)、由(许由)。"

鮕〔鮕〕(gù) ❶动物名。学名 *Xenocypris argentea*。硬骨鱼纲,鲤科。体延长,侧扁,长约30厘米。银白带黄色。口小,下位;下颌铲形,边缘常具角质突起,刮藻类为饵。背鳍具硬棘。广布于中国各江湖中。生长较快,产量高,为食用经济鱼类。❷鱼肠。《广韵·十一暮》:"鮕……鱼肚中肠。"特指鮕的肥肠。《本草纲目·鳞部三》:"鱼肠肥曰鮕。此鱼(黄鮕鱼)肠腹多脂,渔人炼取黄油然(燃)灯,甚鮕也。"

guā

瓜(guā) 葫芦科植物。如:南瓜、西瓜、黄瓜、丝瓜等。可作蔬菜、水果,还可作杂粮和饲料。

瓜代 《左传·庄公八年》:"齐侯使连称、管至父戍葵丘。瓜时而往,曰:'及瓜而代。'"谓到明年瓜熟时派人接替。后因称任职期满,由他人继任为"瓜代"。刘宰《分韵送王去非之官山阴》:"坐看积薪上,笑谢及瓜代。"

瓜瓞 《诗·大雅·绵》:"绵绵瓜瓞,民之初生,自土沮、漆。"瓞,小瓜。

沮、漆,水名。谓周的祖先像瓜瓞的岁岁相继一样,历传到太王才奠定了王业的基础。后因用为祝颂子孙昌盛之辞。潘岳《为贾谧作赠陆机》诗:"画野离疆,爰封众子。夏殷既袭,宗周继祀,绵绵瓜瓞,六国互峙。"

瓜分 如切瓜一般,比喻分割或分配。《国策·赵策三》:"天下将因秦之怒,乘赵之敝,而瓜分之。"《聊斋志异·刘夫人》:"乃堆金案上,瓜分为五。"

瓜葛 瓜和葛,两种蔓生的植物,比喻辗转牵连的亲戚关系或社会关系。蔡邕《独断》:"四姓小侯,诸侯家妇,凡与先帝先后有瓜葛者……皆会。"黄庭坚《赠张仲谋》诗:"向来情义比瓜葛,万事略不显町畦。"亦泛指牵连。李渔《玉搔头·雠玉》:"只是这枝簪子既在奴家头上顶戴多时,也就有些瓜葛了。"

瓜祭 谓食瓜荐新,必先以祭祖。《礼记·玉藻》:"瓜祭上环。"孔颖达疏:"瓜祭者,食瓜亦祭先也。"

瓜李 "瓜田李下"的略语。指容易引起嫌疑的境地。白居易《杂感》诗:"嫌疑远瓜李,言动慎毫芒。"参见"瓜田李下"。

瓜剖豆分 犹言"瓜分"。比喻国土被人分割。鲍照《芜城赋》:"出入三代,五百余载,竟瓜剖而豆分。"《南史·陈武帝纪》:"自八纮九野,瓜剖豆分;窃帝偷王,连州比县。"

瓜期 同"瓜时"。陈造《志喜赋》:"搂归涂之此由,矧瓜期之匪遥。"

瓜时 瓜熟之时,亦即"瓜代"的时候。后用以指任期届满、等候移交的期间。杨万里《斋房戏题》诗:"醉乡无日不瓜时。"参见"瓜代"。

瓜熟蒂落 比喻条件成熟,就能顺利成功。《通俗编·草木》引《云笈七签》:"瓜熟蒂落,啐啄同时。"

瓜田李下 古乐府《君子行》:"君子防未然,不处嫌疑间;瓜田不纳履,李下不整冠。"后即以"瓜田李下"比喻容易引起嫌疑的地方。《北史·袁聿修传》:"瓜田李下,古人所慎。愿得此心,不贻厚责。"

呱(guā) 见"呱呱"。
另见gū。

呱呱 乌鸦、鸭子、青蛙等的鸣声。

刮 ㊀(guā) ❶用锋刃平削。如:刮胡子。《三国志·蜀志·关羽传》:"刮骨去毒。"❷摩;擦。如:刮目相看。❸通"括"。搜刮。参见"刮地皮"。❹抉发;发掘。杜甫

《画鹘行》:"乃知画师妙,巧刮造化窟。"
㊁〔颳〕(guā) 吹。如:刮大风。

刮地皮 《新唐书·程日华传》:"〔李固烈〕请还恒州,既治装,悉帑币以行。军中怒曰:'马瘠士饥死,刺史不弃毫发恤吾急,今刮地以去,吾等何望?'"后因谓贪官污吏百端搜刮民财为"刮地皮"。

刮垢磨光 刮去污垢,磨出光亮。谓使旧事物重显光辉。也比喻仔细琢磨,精益求精。韩愈《进学解》:"爬罗剔抉,刮垢磨光。"

刮目相待 刮目,擦亮眼睛。谓用新的眼光看待人。《三国志·吴志·吕蒙传》"结友而别"裴松之注引《江表传》:"士别三日,即更刮目相待。"

苦(guā) 苦蒌。见"栝楼"。

胍(guā) 亦称"亚氨脲"。化学式$NH_2C(=NH)NH_2$。无色晶体。具有强碱性反应。能和盐酸、硝酸形成相应的盐酸胍、硝酸胍。在空气中会吸收水分及二氧化碳形成碳酸胍。水解后成尿素。通常由氰胺和过量氨或氯化铵在乙醇中共热制得。链霉素、氯胍等药物的分子中都含有胍的基本结构。
另见gū。

栝(guā,又读kuò) 本作"桰"。❶木名。即桧。《书·禹贡》:"杶干栝柏。"孔传:"柏叶松身曰栝。"❷箭末扣弦处。《庄子·齐物论》:"其发若机栝。"成玄英疏:"栝,箭栝也。"❸见"隈栝"。
另见tiàn。

栝楼(*Trichosanthes kirilowii*) 亦称"瓜蒌"。葫芦科。多年生攀缘草本。块根肥厚,富含淀粉。叶通常5~7掌状深裂。夏秋开花,花单性,白色,雌雄异株。果实卵圆形至宽椭圆形,熟时黄褐色。野生或栽培。中国各地都有分布。果实、果皮、种子和根入药。果实称"全栝楼"或"全瓜蒌",性寒、味甘,功能清热化痰、宽胸散结、润肠通便,主治肺热咳嗽、痰黄稠厚、胸痹胁痛、乳痈、肺痈、大便燥结等症;根称"天花粉",功能清热、生津、消肿排脓,主治热病烦渴、消渴、肺热燥咳、痈肿疮毒等症。新鲜栝楼根制剂用于引产有一定效果。

骒〔騧〕(guā) ❶黑嘴的黄马。《诗·秦风·小戎》:"骒骊是骖。"毛传:"黄马黑喙曰骒。"❷通

"蜗"。《文选·何晏〈景福殿赋〉》:"骒徙增错。"李善注:"骒,或为蜗,言合众板上为井栏,而形文错若蜗之徙。"

绹〔綯〕(guā,又读guō) 紫青色的绶。《史记·滑稽列传》:"及其拜为二千石,佩青绹。"参见"绶"。
另见wō。

楛(guā) "栝"的本字。

鸹〔鴰〕(guā) 乌鸦俗称"老鸹"。

劀(guā) 通"刮"。搜括。《周礼·天官·疡医》:"劀杀之齐(剂)。"郑玄注:"劀,刮去脓血;杀,谓以药食其恶肉。"

瓟(guā) 同"骒(騧)"❶。

骺(guā) 骨端。见《说文·骨》部》。

guǎ

呙(guǎ) "剐(劀)"的古字。

剐〔劀〕(guǎ) ❶割肉离骨,古代一种极残酷的死刑。即"凌迟"。关汉卿《窦娥冤》第四折:"合拟凌迟,押赴市曹中,钉上木驴,剐一百二十刀处死。"❷划破。如:手上剐了一个口子。

寡(guǎ) ❶少。如:多寡不均。《周礼·地官·小司徒》:"各登其乡之众寡。"❷妇人死了丈夫。《史记·司马相如列传》:"是时卓王孙有女文君,新寡。"❸古时谓男子无妻或丧偶。《左传·襄公二十七年》:"齐崔杼生成及疆而寡。"❹古代君主自称或臣子对别国自称其君主与夫人的谦词。如:寡人;寡君;寡小君。

寡合 谓同别人难以投合。如:落落寡合。欧阳修《归田录》卷一:"杨文公亿以文章擅天下,然性特刚劲寡合。"

寡鹄 ❶《列女传·鲁寡陶婴》:"其歌曰:'悲黄鹄之早寡兮,七年不双。'"旧因以"寡鹄"比喻寡妇。❷琴曲名。《西京杂记》卷五:"齐人刘道强善弹琴,能作单鹄寡凫之弄,听者皆悲。"白居易《和梦游春诗一百韵》:"暗镜对孤鸾,哀弦留寡鹄。"

寡居 妇人丧夫独居。《汉书·淳于长传》:"后(许皇后)姊嬺,为龙雒思侯夫人,寡居。"

寡君 古代臣子对别国自称其君的谦辞。《左传·僖公二十六年》："寡君闻君亲举玉趾。"

寡廉鲜耻 《史记·司马相如列传》："寡廉鲜耻，而俗不长厚也。"言人没有操守，不知羞耻。

寡陋 见闻狭窄，学识浅薄。语本《礼记·学记》"独学而无友，则孤陋而寡闻"。陶潜《命子》诗："嗟予寡陋，瞻望弗及。"

寡妻 ❶古代称嫡妻。《诗·大雅·思齐》："刑于寡妻。"程大中《四书逸笺》卷四："嫡妻惟一，故曰寡。"❷犹言寡妇。杜甫《无家别》诗："四邻何所有？一二老寡妻。"

寡人 古代诸侯对下的自称。《孟子·梁惠王上》："寡人之民不加多。"朱熹注："寡人，诸侯自称，言寡德之人也。"又诸侯的夫人也自称为"寡人"。《诗·邶风·燕燕》："先君之思，以勖寡人。"郑玄笺："寡人，庄姜自谓也。"唐以后，皇帝自称寡人。

寡小君 古代臣子对别国称其君夫人的谦辞。《论语·季氏》："邦君之妻，君称之曰夫人，夫人自称曰小童，邦人称之曰君夫人，称诸异邦曰寡小君。"邢昺疏："寡君，谦言寡德之君；夫人对君为小，故称寡小君。"

guà

卦（guà）《周易》中象征自然现象和人事变化的一套符号。以阳爻（—）阴爻（- -）相配合而成。三个爻组成的卦共八个，《周礼》称为"经卦"，通称"八卦"。六个爻（即两个经卦）组成的卦六十四个，《周礼》称为"别卦"。古时用以占吉凶。参见"八卦"、"六十四卦"。

卦辞 说明《周易》六十四卦每卦要义的文辞。各卦卦形下有卦名和卦辞。如贲卦卦形下写："贲，亨，小利有攸往。""贲"是卦名；"亨，小利有攸往"是卦辞。

圿（guà）土垤。见《玉篇·土部》。谓积土成垤。

诖〔詿〕（guà）欺骗；贻误。《汉书·王莽传上》："即有所间非，则臣莽当被诖上误朝之罪。"

诖误 贻误；连累。《史记·文帝纪》："济北王背德反上，诖误吏民，为大逆。"引申为撤职、去官。章炳麟《新方言·释言》："今人谓失官为诖误，盖谓己本无罪，被人所诖误耳。"亦作"挂（罣）误"、"绖误"。

挂 ㊀〔掛〕（guà）❶悬挂。如：挂灯结彩。引申为牵记，挂念。如：心挂两头。❷登记；暂记。如：挂号；挂帐。❸钩取。《庄子·渔父》："好经大事，变更易常，以挂功名，谓之叨。"王先谦集解："以倖功名。"

㊁〔罣〕（guà）❶见"挂碍"、"挂阁"。❷通"诖"。见"挂误"。

挂碍 亦作"绖碍"。牵系窒碍。《般若波罗蜜多心经》："心无挂碍。"鲁迅《呐喊·阿Q正传》："而且打骂之后，似乎一件事也已经收束，倒反觉得一无挂碍似的，便动手去春米。"

挂齿 谈到；提及。陆游《送子龙赴吉州掾》诗："汝但问起居，馀事勿挂齿。"

挂单 佛教行脚僧投寺院暂住之意。"单"指僧堂东西两序的名单，因衣钵挂搭在名单下的钩上，故名。又作"挂锡（锡杖）"、"挂搭"。《祖庭事苑》："西域比丘，行必持锡，凡至室中，不得著地，必挂于壁牙上，今僧所止住处，故云挂锡。"

挂冠 《后汉书·逢萌传》："时王莽杀其子宇，萌谓友人曰：'三纲绝矣，不去，祸将及人。'即解冠挂东都城门，归将家属浮海，客于辽东。"后因以称辞官。《儒林外史》第八回："看老世台这等襟怀高旷，尊大人所以得畅然挂冠。"

挂阁 同"挂碍"。《世说新语·排调》："法师今日如著弊絮在荆棘中，触地挂阁。"

挂怀 关怀；挂念。韩愈《送灵师》诗："灵师不挂怀，冒涉道转延。"

挂剑 《史记·吴太伯世家》："季札之初使，北过徐君。徐君好季札剑，口弗敢言。季札心知之，为使上国，未献。还至徐，徐君已死，于是乃解其宝剑，系之徐君冢树而去。从者曰：'徐君已死，尚谁予乎？'季子曰：'不然，始吾心已许之，岂以死倍（背）吾心哉？'"后以"挂剑"为对亡友守信义之典。杜甫《哭李尚书》诗："欲挂留徐剑，犹回忆戴船。"

挂漏 "挂一漏万"的略语。周伯琦《晚宿雷家驿》诗："纪胜犹挂漏，观风能宣旬。"

挂名 ❶附名。苏轼《次韵范纯父涵星砚月石风林屏》："上书挂名岂待我，独立自可当雷霆。"王文诰注："查注：晁以道《客语》云：'范纯父元祐中与东坡数上书论事。尝约各草一疏。东坡访纯父求所作疏先观，遂

书名于末云，轼不复自为矣。'"❷虚列其名不做实事或无实权的意思。《官场现形记》第三十五回："何师爷此时虽然挂名管帐，其实自从东家接任到今，一个进帐没有。"

挂瓢 敬虚子《小隐书·许由》："耕于箕山之下，颍水之阳，以手掬饮，人遗一瓢，挂于树，风吹历历作声，以为烦，弃之。"后因以挂瓢比喻隐居遁世。李峤《扈从还洛》诗："邑宰悬磬贫，山无挂瓢逸。"

挂误 贻误；牵连。《儿女英雄传》第九回："惹了这场大祸便走了，日后破案，也难免挂误。"也谓官吏被处分撤职。

挂锡 挂起锡杖。僧人远游持锡杖，投宿时不以杖着地，必挂置之，故曰挂锡。裴休《赠黄蘖山僧希运》诗："挂锡十年栖蜀水，浮杯今日渡漳滨。"

挂一漏万 谓所举少而遗漏很多。韩愈《南山诗》："团辞试提挈，挂一念万漏。"马建忠《马氏文通序》："挂一漏万，知所不免。"

绖〔絓〕（guà）受阻；绊住。《史记·齐太公世家》："车绖于木而止。"《汉书·叙传上》："不绖圣人之网，不齅骄君之饵。"

绖阁 同"挂碍"。阻碍。《晋书·挚虞传》："皆绖阁而不得通。"

绖结 牵挂。《楚辞·九章·哀郢》："心绖结而不解兮。"

绖误 同"诖误"。

罣（guà）同"挂（罣）"。

褂（guà）北方人称单衣为褂，即南方话的衫。如：短褂儿；大褂儿。又特指一种短外衣。如：马褂。

guāi

乖（guāi）❶背戾；不和谐。如：乖违；乖错。《新书·道术》："刚柔得道（一作"适"）谓之和，反和为乖。"❷小孩子不烦人，懂事。如：这孩子真乖！❸机灵；警觉。《西游记》第十五回："行者的眼乖。"参见"乖觉"。

乖角 ❶乖违；分离。独孤及《夏中酬于逖华耀问病见赠》诗："行藏两乖角，蹭蹬风波中。"韩愈《食河曲驿》诗："亲戚顿乖角，图史弃纵横。"❷违背情理的人。朱彧《萍洲可谈》卷一："都下（汴京）市井辈谓不循理者为乖角。"❸聪明的孩童。褚人获

《坚瓠六集》卷四："俗美聪慧小儿曰乖角。"

乖觉 灵敏机警。《水浒传》第四十一回："黄文炳是个乖觉的人，早瞧了八分，便奔船梢而走。"

乖剌 犹乖戾。不顺。《楚辞·七谏·怨世》："吾独乖剌而无当兮，心悼怅而耄思。"

乖戾 不合；不和。《史记·天官书》："三能色齐，君臣和，不齐为乖戾。"按斗魁下六星两两相比者为三能。《后汉书·范升传》："各有所执，乖戾分争。"

乖缪 违逆；背离常道。《汉书·韦贤传》："违离祖统，乖缪本义。"《晋书·殷仲堪传》："如遂经理乖缪，号令不一，则剑阁非我保。"

乖僻 古怪，孤僻。如：性情乖僻。《宋书·何偃传》："偃不自安，遂发心悸病，意虑乖僻，上表解职，告医不仕。"

乖张 ❶不顺；不正常。梁武帝《孝思赋》："何在我而不尔，与二气而乖张。"❷执拗；违反常情。《红楼梦》第三回："行为偏僻性乖张，那管世人诽谤？"

guǎi

拐 〇(guǎi) ❶拐骗。如：拐款潜逃。《红楼梦》第四回："不想系拐子拐来卖的。"❷行路时改变方向。如：拐一个弯。❸跛行之状。如：一拐一拐地。
　〇〔枴〕(guǎi) 拐杖。《新五代史·汉高祖纪》："赐以木拐一。"

蜗 (guǎi) 蛙属。李调元《南越笔记》卷十一："蛤名田鸡，一种肖田鸡而无腰股，鸣长声，俗呼为蜗，即蟆蝈。"又："惟潮州人食之，故名曰水潮蜗。"

guài

夬 (guài) 六十四卦之一，乾下兑上。《易·夬》："夬，决也，刚决柔也。"又："泽上于天，夬。"孔颖达疏："泽性润下，虽复泽上于天，决来下润，此事必然，故是夬之象也。"

怪 〔恠〕(guài) ❶奇异的；不常见的。如：怪事；怪物；神怪。《论语·述而》："子不语怪、力、乱、神。"❷惊异；骇疑。如：少见多怪。《聊斋志异·云萝公主》："生习为常，亦不之怪。"❸埋怨；责备。如：

见怪。《水浒传》第五回："鲁智深答礼道：'休怪冲撞。'"❹很；非常。《红楼梦》第七回："可是你怪闷的，坐在这里作什么？"

怪诞 离奇虚妄。韩愈《游青龙寺赠崔大补阙》诗："忽惊颜色变韶稚，却信灵仙非怪诞。"

怪异 ❶奇特；奇异。枚乘《七发》："此天下怪异诡观也。"❷犹变异。多指不正常的自然现象。《汉书·董仲舒传》："不知自省，又出怪异以警惧之。"

拐 〔撽〕(guài) 收。见《玉篇》。罗泌《路史·前纪九》："有巢氏教民巢居，拐藙秸以为蓐。"

瘝 〔癏〕(guài) 病甚。见《集韵·十四太》。
　另见 wēi。

guān

关 〔關〕(guān) ❶本义为门闩。如：拔关而出；斩关落锁。引申为关闭。陶潜《归去来辞》："园日涉以成趣，门虽设而常关。"又引申为禁闭。如：关押；关在笼子里。❷要塞；出入的要道。如：雁门关；山海关。《吕氏春秋·仲夏》："门闾无闭，关市无索。"高诱注："关，要塞也；市，人聚也。"引申为关口或阻碍。如：年关；难关。❸机器的转捩处。《后汉书·张衡传》："复造候风地动仪……中有都柱，傍行八道，施关发机。"❹中医切脉部位名。在掌后高骨处。❺牵连；涉及。如：关联；关涉；息息相关。鲍照《代堂上歌行》："万曲不关心，一曲动情多。"❻领取。《水浒传》第四回："我们见（现）关着本寺的本钱。"亦指发给。如：关饷。杨梓《霍光鬼谏》第三折："陛下教军衣袄旋旋关，军粮食日日有。"❼通达。《汉书·王褒传》："进退得关其忠，任职得行其术。"❽入；进入。《汉书·董仲舒传》："大学者，贤士之所关也。"引申为符合。《尚书大传·虞夏传》："虽禽兽之声，犹悉关于律。"❾通"贯"，贯穿。《礼记·杂记下》："见轮人以其杖关毂而輠轮者。"❿古代公文的一种，常用于平行机关互相质询时。参见"关文"。⓫姓。
　另见 wān。

关隘 关津要隘。《南齐书·萧景先传》："惠朗（萧惠朗）依山筑城，断塞关隘。"

关碍 阻碍，妨碍。如：无大关碍。

《新唐书·颜真卿传》："昔太宗勤劳庶政，其《司门式》曰：'无门籍者，有急奏，令监司与仗家引对，不得关碍。'防拥蔽也。"

关白 犹禀告、报告。关，通达。《汉书·霍光传》："诸事皆先关白光，然后奏御天子。"

关刀 一种长柄大刀。相传是关羽创制，故名。形如偃月，刀面有青龙纹，因而又名"偃月刀"或"青龙偃月刀"。《三才图会·器用》："惟关王偃月刀，刀势既大，其三十六刀法，兵仗遇之无不屈者，刀类中以此为第一。"

关关 鸟相和鸣声。《诗·周南·关雎》："关关雎鸠，在河之洲。"

关键 ❶键，亦作"楗"。闭门的横木和加锁的木闩。《老子》："善闭，无关楗而不可开。"❷比喻事物中最关紧要的部分，对于事物发展起决定作用的因素。《文心雕龙·神思》："神居胸臆，而志气统其关键。"

关接 接触。三国魏嵇康《声无哀乐论》："或当与关接识其言耶？将吹律鸣管校其音耶？"《宋书·王弘传》："如衰陵士人，实与里巷关接，相知情状，乃当于冠带小民。"

关石 关，重量名；石，容量名。关石，借指赋税。一说，关指征税之处，石为量器；关石，借指征收赋税。《书·五子之歌》："关石和钧，王府则有。"《国语·周语下》亦有此文，韦昭注曰："关，门关之征也。石，今之斛也。言征赋调钧，则王之府藏常有也。一曰关，衡也。"晋左思《魏都赋》："关石之所和钧，财富之所底慎。"

关书 ❶犹聘书。旧时多用于聘请塾师或幕僚等。书上写明任期、职位和酬金数目，为契约的一种。《老残游记》第三回："那们就下个关书去请……若要招致幕府，不知他愿意不愿意。"❷旧时店主同学徒订立的一种文契，规定学艺年限和待遇的种种条件。

关说 ❶《史记·佞幸列传序》："此两人（指籍孺、闳孺）非有才能，徒以婉佞贵幸与上卧起，公卿皆因关说。"司马贞索隐："关，通也，谓公卿因之而通其词说。"后因以"关说"为通关节，说人情。❷谓谏阻。《史记·梁孝王世家》："窦太后心欲以孝王为后嗣，大臣及袁盎等有所关说于景帝。"司马贞索隐："关者，隔也，引事而隔其说，不得行也。"

关通 ❶连通；贯通。《论衡·感

虚》:"夫雍门子能动孟尝之心,不能感孟尝衣者,衣不知恻怛,不以人心相关通也。"❷勾结;串通。《三国演义》第五十三回:"昨日马失,他不杀汝,必有关通。"

关文 旧时官府间的平行文书,多用于质询。《文心雕龙·书记》:"百官询事,则有关、刺、解、谍(牒)。"黄叔琳注引《唐百官志》:"诸司相质,其制有三:一曰关,二曰刺,三曰移。"关文在唐以前已有具体程式:"某曹关某事云云,被令仪宜如是,请为笺如左,谨关。"见《宋书·礼志二》。清代运用范围更为扩大,凡府厅州县行佐贰、佐杂,府厅州县行参将、游击、都司等皆用关文,已不再限于质询,也不限于平行。

关钥 门上的键闭。刘昼《新论·慎言》:"故口者言语之门户,舌者门户之关钥;关钥动则门户开,门开则言语出。"

观 〔觀〕(guān) ❶看。《韩非子·内储说上》:"观听不参,则诚不闻。"❷对事物的看法或态度。如:世界观;人生观。《后汉书·黄香传》:"左右莫不改观。"❸景象。如:奇观;壮观。杨万里《过弋阳观竞渡》诗:"三年端午真虚过,奇观初逢慰道涂。"❹示人;给人看。《汉书·宣帝纪》:"观以珍宝。"❺游览。《诗·郑风·溱洧》:"女曰观乎?士曰既且。"❻六十四卦之一,坤下巽上。《易·观》:"象曰:风行地上,观,先王以省方观民设教。"
另见 guàn。

观光 ❶观国之盛德光辉。《易·观》:"观国之光。"❷参观外国或外地的景物。

观过知仁 《论语·里仁》:"人之过也,各于其党。观过,斯知仁矣。"党,类,类别。意谓不同品质的人,犯不同性质的错误,察看一个人所犯过错的性质,就可了解他的为人。《北齐书·郎基传》:"观过知仁,斯亦可矣。"

观海 《孟子·尽心上》:"故观于海者难为水,游于圣人之门者难为言。"后因用"观海"比喻所观者大。沈约《武帝集序》:"事同观海,义等窥天。"

观火 比喻观察事物明白透彻。如:洞若观火。《书·盘庚上》:"予若观火。"孔传:"我视汝情如视火。"

观览 ❶观察,视察。《后汉书·谯玄传》:"分巡天下,观览风俗。"❷阅览。《论衡·四讳》:"畏避忌讳之

语,四方不同,略举通语,令世观览。"

观摩 《礼记·学记》:"相观而善之谓摩。"郑玄注:"摩,相切磋也。"后因称同行业的人彼此参观并互相学习为"观摩"。如:观摩教学;观摩演出。

观望 ❶游目眺望。《吕氏春秋·重己》:"昔先圣王之为苑囿园池也,足以观望劳形而已矣。"❷看风头;犹豫不定。《史记·魏公子列传》:"名为救赵,实持两端以观望。"❸犹观瞻,外观。《管子·八观》:"乘车者饰观望,步行者杂文采。"

观衅 窥伺敌人的间隙,以便乘机进攻。《左传·宣公十二年》:"会闻用师,观衅而动。"陆德明释文引服虔曰:"衅,间也。"

观瞻 ❶瞻望;注视。庾信《谢滕王集序启》:"南阳宝雉,幸足观瞻。"亦作"瞻观"。曹丕《与吴质书》:"众星之明,假日月之光,动见瞻观,何时易乎?"❷显著于外的景象。如:以壮观瞻。《宋史·乐志九》:"云车风马,从卫观瞻。"《水浒后传》第八回:"看他端庄贞静,大家举止,不可造次,恐失观瞻。"此处犹言体统。

观止 《左传·襄公二十九年》载:吴季札在鲁国观乐,见舞《韶箾》者,曰:"德至矣哉,大矣!如天之无不帱也,如地之无不载也,虽甚盛德,其蔑以加于此矣!观止矣!若有他乐,吾不敢请已。"后因以"观止"称赞所见事物尽善尽美,无以复加。

纶 〔綸〕(guān) 见"纶巾"。
另见 lún。

纶巾 古代用丝带做的头巾。《晋书·谢万传》:"万著白纶巾,鹤氅裘,履版而前。"参见"诸葛巾"。

官 (guān) ❶旧称担任国家或政府职务的人员。《易·系辞下》:"百官以治。"现在军队和外交界也还沿用。如:军官;武官;外交官。❷为官。韩愈《唐故河南府王屋县尉毕君墓志铭》:"闻君笃行能官,请相见,署诸从事。"亦指使为官。《书·泰誓上》:"敢行暴虐,罪人以族,官人以世。"❸官府办事的地方;官府的事情。《礼记·曲礼下》:"在官言官,在府言府。"郑玄注:"官谓板图文书之处。"❹指属于国家或政府的。如:官物;官费。❺职责。《国语·晋语八》:"上医医国,其次疾人,固医官也。"韦昭注:"官,犹职官。"❻器官。如:五官;感官;官能。《孟子·告子上》:"耳目之官不思,而蔽于物。"❼局限。《管子·宙合》:

"故不官于物而旁通于道。"❽姓。明代有官秉忠。

官谤 因居官不称职而受到责难和非议。《左传·庄公二十二年》:"敢辱高位,以速官谤。"

官本 ❶旧时官府借予的资本。《旧唐书·食货志》:"御史中丞崔从奏增钱者,不得逾官本。"❷官府刻印的书籍。《法书要录·韦述叙书录》:"开元十六年五月,内出二王真迹,……其古本亦有是梁隋官本者。"

官婢 旧时没入官府作奴婢的女子。《汉书·刑法志》:"妾愿没入为官婢,以赎父罪。"妾,淳于缇萦自称。

官场 ❶旧指政界;也指政界中人。《官场现形记》第二十四回:"京城上下三等人都认得,外省官场也很同他拉拢。"❷旧时官府设立的市场。《宋史·食货志上三》:"岭外唯产苎麻,许令折数,仍听织布,赴官场博市。"

官次 ❶居官的职守;官位。《左传·襄公二十三年》:"敬共朝夕,恪居官次。"杜预注:"次,舍也。"❷官阶;官的等级。《后汉书·张纲传》:"唯纲年少,官次最微。"

官阀 官阶门第。《后汉书·郑玄传》:"仲尼之门,考以四科,回赐之徒,不称官阀。"《新唐书·张说传》:"吾闻儒以道相高,不以官阀为先后。"

官方 ❶旧时谓居官应守的礼法。如:整肃官方。任昉《为范尚书让吏部封侯第一表》:"齐季陵迟,官方淆乱。"❷指政府方面。如:官方消息。

官府 官署。《周礼·天官·大宰》:"以八法治官府。"郑玄注:"百官所居曰府。"也指官员。《新唐书·姜謩传》:"擢秦州刺史……謩至,抚边俗以恩信,盗贼衰止。人喜曰:'不意复见太平官府。'"

官诰 旧时皇帝赐爵或授官的诏令。杜荀鹤《贺顾云卿侍御府主与子弟奏官》诗:"官诰当从幕下迎。"

官官相护 谓官与官互相庇护。《老残游记》第五回:"纵然派个委员前来会审,官官相护……你说,这官事打得赢打不赢呢?"亦作"官官相为"。乔吉《两世姻缘》第四折:"也是俺官官相为。"

官户 ❶南朝、隋、唐的罪役户。《隋书·麦铁杖传》:"陈太建中结聚为群盗,广州刺史欧阳颇俘之以献,没为官户,配执御伞。"《唐律疏议》卷三:"官户者亦谓前代以来配隶相生,或有今朝配没,州县无贯,唯属本

司。"又卷六:"官户隶属司农,州县元无户贯。"至金代则仅以"没入官奴婢隶太府监为官户"(《金史·食货志一》)。❷宋代官户指品官之家,享有免役免税等特权。《宋史·食货志上五》:"田归官户不役之家,而役并于同等见存之户。"又上六:"进纳、军功、捕盗、宰执给使,减年补授,转至升朝官,即为官户。身亡,子孙并同编户。"

官话 旧时指汉语中通行较广的北方话,特别是北京话。现在也用来统称北方话(官话区)诸方言,如华北官话(华北方言)、西北官话(西北方言)、西南官话(西南方言)、下江官话(江淮方言)等。

官妓 古时入乐户名籍的女妓。侍奉官场应酬。《宋史·太宗纪一》:"继元献官妓百余,以赐将校。"

官家 ❶对皇帝的一种称呼。《梁书·建平王传》:"官家尚尔,儿安敢辞?"《宋史·宣仁圣烈高皇后传》:"后泣抚王曰:'儿孝顺,自官家服药,未尝去左右。'"《资治通鉴·晋成帝咸康三年》:"赵太子邃私谓中庶子李颜等曰:'官家难称。'"胡三省注:"称天子为官家,始见于此。西汉称天子为县官,东汉谓天子为国家,故兼而称之。或曰:五帝官天下,三王家天下,故兼称之。"❷官府;公家。白居易《喜罢郡》诗:"自此光阴为己有,从前日月属官家。"❸旧时对为官者的尊称。《太平御览》卷三九六引《裴氏语林》:"〔桓温〕得一巧作老婢,乃是刘越石妓女。一见温入,潜然而泣。温问其故,答曰:'官家甚似刘司空。'"刘司空,刘琨,字越石。

官军 旧时称国家的正规军队。《晋书·桓温传》:"耆老感泣曰:'不图今日复见官军!'"

官客 旧时称男宾为"官客",女宾为"堂客"。《红楼梦》第七十一回:"宁荣两处,齐开筵宴。宁国府中单请官客,荣国府中单请堂客。"

官吏 旧时官员的通称。《史记·秦始皇本纪》:"〔二世〕乃阴与赵高谋曰:'大臣不服,官吏尚强,及诸公子必与我争,为之奈何?'"

官僚 犹官吏。《国语·鲁语下》:"今吾子之教官僚。"后常用为贬义词。如:官僚习气;官僚主义。

官媒 旧时官衙中的女役,承办妇犯发堂择配及看管解送诸役。《清会典·刑部》:"秋审时重犯妇女解勘,经过地方派拨官媒伴送。"也指以做媒为职业的妇女。《红楼梦》第七十二回:"前儿官媒拿了个庚帖来求亲。"

官人 ❶谓以官职任人。《书·皋陶谟》:"知人则哲,能官人。"❷本指做官的人,后来也用以称普通的男子。《通俗编·称谓》:"唐时惟有官者方得称官人,宋乃不然。若周密《武林旧事》所载金四官人以棋著,李大官人以书会著,陈三官人以演史著,乔七官人以说药著,邓四官人以唱赚著,戴官人以捕蛇著;吴自牧《梦粱录》又有徐官人幞头铺、崔官人扇面铺、张官人文籍铺、傅官人刷牙铺,当时殆无不官人者矣。"❸旧小说、戏剧中妻对夫的称呼。

官师 ❶百官。《书·胤征》:"官师相规。"孔传:"官师,众官,更相规阙。"❷官吏之长。《汉书·晁错传》:"并建豪英,以为官师。"

官守 官吏的职责。《孟子·公孙丑下》:"有官守者,不得其职则去。"

官书 ❶旧谓官府的文书。《周礼·天官·宰夫》:"六曰史,掌官书以赞治。"❷旧时政府机关所编辑、刊行或收藏的书籍。吕祖谦《白鹿洞书院记》:"祖宗尊右儒术,分之官书,命之禄秩,锡之扁榜。"

官属 主官的属吏。《周礼·天官·大宰》:"以八法治官府:一曰官属,以举邦治。"郑玄注:"官属,谓六官,其属各六十。"六官,谓冢宰、司徒、宗伯、司马、司寇、司空。

官司 ❶旧时泛称官吏或官府。《左传·定公四年》:"官司彝器。"杜预注:"官司,百官也。"《水浒传》第十五回:"吴用道:'既没官司禁治,如何绝不敢去?'"❷指诉讼,称进行诉讼为"打官司"。

官衔 旧时官吏职位等级的名称。白居易《重到城七绝句·张十八》:"独有咏诗张太祝,十年不改旧官衔。"

官邪 官吏失职枉法。《左传·桓公二年》:"国家之败,由官邪也。"

官廨 官舍;衙门。《南史·吕僧珍传》:"僧珍旧宅在市北,前有督邮廨。乡人咸劝徙廨以益其宅。僧珍怒曰:'岂可徙廨以益吾私宅乎?'"

官样文章 本指向皇帝进呈的文章,文字堂皇典雅。沈鲸《双珠记·风鉴通神》:"官样文章大手笔,衙官屈宋谁能匹。"后用以指表面堂皇而内容空虚、不切实际的言论或措施。《官场现形记》第五回:"这日就要上任,前来禀辞,乃是官样文章,不必细述。"

官箴 百官对王所进的箴言。《左传·襄公四年》:"〔辛甲〕命百官官箴王阙。"杜预注:"使百官各为箴辞戒王过。"孔颖达疏:"汉成帝时扬雄爱《虞箴》,遂依放之作《十二州二十五官箴》,后亡失九篇。后汉崔骃、骃子瑗、瑗子寔,世补其阙;及临邑侯刘騊駼、大傅胡广各有所增,凡四十八篇,广乃次而题之,署曰《百官箴》,皆放此《虞箴》为之。"后称对官吏的警戒。如称官吏"善良"的为"不辱官箴","不善"的为"有玷官箴"。

官秩 指官职及俸禄的等级。《史记·秦本纪》:"遂复三人官秩如故。"

冠 (guān) ❶帽子。如:衣冠整洁。《急就篇》卷三:"冠帻簪簧结发纽。"颜师古注:"冠者,冕之总名。"❷形状像帽子覆盖的东西。如:花冠;鸡冠。

另见 guàn。

冠带 ❶帽子和腰带。《礼记·内则》:"冠带垢,和灰请漱。"亦指戴帽束带。《国策·楚策一》:"秦王闻而走之,冠带不相及。"❷官吏或士大夫的代称。《文选·张衡〈西京赋〉》:"冠带交错。"李善注:"冠带,犹缙绅,谓吏人也。"

冠盖 指仕宦的冠服和车盖,亦用作仕宦的代称。《史记·平准书》:"使者分部护之,冠盖相望。"杜甫《梦李白》诗:"冠盖满京华,斯人独憔悴。"

冠巾 帽子和头巾,泛指服饰。苏轼《病后述古邀往城外寻春》诗:"试呼稚子整冠巾。"

冠冕 ❶仕宦的代称。《北史·寇洛等传论》:"冠冕之盛,当时莫与比焉。"❷比喻首位、第一。《三国志·蜀志·庞统传》:"徽(司马徽)甚异之,称统当为南州士之冠冕。"钟嵘《诗品序》:"此皆五言之冠冕。"❸体面。"冠冕堂皇"的省语。《醒世恒言·卖油郎独占花魁》:"何不倾成锭儿,还觉冠冕。"

冠玉 装饰在帽子上的美玉。《史记·陈丞相世家》:"平虽美丈夫,如冠玉耳,其中未必有也。"谓徒有其表。后来多用以形容男子的美貌。《聊斋志异·颜氏》:"生叔兄尚在,见两弟如冠玉,甚喜。"

冠族 谓冠盖之族,即仕宦之家。《晋书·张方传》:"参军毕垣,河间冠族。"

矜（guān）❶通"鳏"。无妻的人。《礼记·王制》："老而无妻者谓之矜。"❷通"瘝"。病。《书·康诰》："恫瘝乃身。"《后汉书·和帝纪》李贤注引作"恫矜乃身"。

另见 jīn，qín。

矜寡 同"鳏寡"。《诗·大雅·烝民》："不侮矜寡，不畏强御。"

莞（guān）❶植物名。俗名"水葱"、"席子草"。亦指莞草编的席。《诗·小雅·斯干》："下莞上簟。"❷姓。三国时吴有莞恭。

另见 guǎn，wǎn。

倌（guān）❶古小臣之称。见"倌人"。❷旧指在饭店、茶坊等处服务的人。如：堂倌。❸赶车及专管饲养某些家畜的人。如：车倌；羊倌。

倌人 ❶古代主管驾车的小臣。《诗·鄘风·定之方中》："命彼倌人，星言夙驾。"毛传："倌人，主驾者。"❷旧时苏州、上海一带对妓女的称呼。

棺（guān）棺材。《说文·木部》："棺，关也，所以掩尸。"

瘝（guān）❶病。《书·康诰》："恫瘝乃身。"孔传："恫，痛；瘝，病。"❷旷废。《书·冏命》："非人其吉，惟货其吉，若时瘝厥官。"蔡沈集传："言不于其人之善，而惟以货赂为善，则是旷厥官。"

搄〔搄〕（guān）关付。《太玄·玄摛》："搄神明而定摹。"范望解："搄，关也，若手相关付。"

鳏〔鰥〕（guān）❶鱼名。《诗·齐风·敝笱》："敝笱在梁，其鱼鲂鳏。"毛传："鳏，大鱼。"（1）李时珍说：即鳡鱼。其性独行，故曰鳏。见《本草纲目·鳞部三》。（2）王引之说：即鲧。扬州人叫鲤子鱼，读如混，或如衮。见《经义述闻》卷五。❷无妻的人。《书·尧典》："有鳏在下，曰虞舜。"特指丧偶的老人。《孟子·梁惠王下》："老而无妻曰鳏。"❸病。《尔雅·释诂下》："鳏，病也。"

鳏寡 老而无妻叫鳏，无夫叫寡，引申指年老而孤苦无靠者。《诗·小雅·鸿雁》："哀此鳏寡。"

鳏鳏 忧愁不寐貌。《释名·释亲属》："无妻曰鳏。鳏，昆也；昆，明也，愁悒不寐，目恒鳏鳏然也。故其字从鱼，鱼目恒不闭者也。"李商隐《宿晋昌亭闻惊禽》诗："羁绪鳏鳏夜景侵，高窗不掩见惊禽。"

鰥（guān）同"鳏"。《楚辞·天问》："舜闵在家，父何以鰥？"王逸注："无妻曰鰥。"

guǎn

莞（guǎn）见"东莞"。

另见 guān，wǎn。

浣（guǎn）通"管"。见"浣准"。

另见 huàn。

浣准 同"管准"。古代测量水平的器具。《淮南子·齐俗训》："视高下不差尺寸，明主弗任，而求之乎浣准。"高诱注："浣准，水望之平。"

馆〔館、舘〕（guǎn）❶接待宾客的房舍。《诗·郑风·缁衣》："适子之馆兮。"也指留宿。见"馆甥"。❷寓居。《左传·隐公十一年》："公祭钟巫，齐（斋）于社圃，馆于寪氏。"❸房舍建置的通称。司马相如《上林赋》："于是乎，离宫别馆，弥山跨谷。"❹村塾。如：蒙馆；教馆。❺公共文化娱乐、饮食旅居的场所。如：文化馆；图书馆；博物馆；饭馆；旅馆等。

馆谷 ❶《左传·僖公二十八年》："楚师败绩。子玉收其卒而止，故不败。晋师三日馆谷，及癸酉而还。"按谓晋军歇宿楚营中居其舍、食其谷三日。后多以"馆谷"指供给客人食宿。《水浒传》第十八回："但有人来投奔他的，若高若低，无有不纳，便留在庄上馆谷。"❷旧指给幕友或塾师的酬金。

馆人 古称管理馆舍、招待宾客的人。《左传·昭公元年》："敝邑，馆人之属也。"杜预注："馆人，守舍人也。"

馆甥 《孟子·万章下》："舜尚见帝，帝馆甥于贰室。"赵岐注："谓妻父曰外舅，谓我舅者吾谓之甥。尧以女妻舜，故谓舜甥。馆，留宿；甥，指女婿。后因称女婿为"馆甥"。商濬《稗海序》："吾乡黄门钮石溪先生，锐情稽古，广构穷搜，藏书世学楼者，积至数千函百万卷，余为先生长公馆甥，故得纵观焉。"

馆娃宫 古代宫名。传说系吴王夫差为西施建造。今江苏吴县灵岩山上有灵岩寺，即其故址。左思《吴都赋》："幸乎馆娃之宫。"李白《西施》诗："提携馆娃宫，杳渺讵可攀！"

馆驿 即"驿舍"。古时供传递旅者的旅舍驿站。柳宗元《馆驿使壁记》："故馆驿之制，于千里之内尤重。"

琯（guǎn）玉管。古代用来测候节气。《大戴礼记·少间》："西王母来献其白琯。"卢辩注："琯所以候气。"杜甫《小至》诗："刺绣五纹添弱线，吹葭六琯动浮灰。"参见"葭灰"。

輨〔錧〕（guǎn）车毂孔外面四周的金属套。《方言》第九："輨，軑，炼锱也。关之东西曰輨，南楚曰軑，赵魏之间曰炼锱。"段玉裁《说文解字注·车部》："毂孔之外，以金表之曰輨。"参见"輨辖"。

輨辖 亦作"錧鎋"。《急就篇》："辐毂輨辖輹轪辕。"颜师古注："輨，毂端之铁也；辖，竖贯轴头，制毂之铁也。"輨与辖都是车上控制毂的重要零件，后引申为关键。

錧〔錧〕（guǎn）❶同"輨"。毂端的铜铁。《仪礼·既夕礼》："木錧。"贾公彦疏："其车錧常用金，丧用木。"❷农具，即铧锹。《尔雅·释乐》"大磬"邢昺疏引《字林》云："錧，田器也。自江而南呼犁刃为錧。"

錧鎋 同"輨辖"。本为车上控制毂的零件，引申为关键。赵岐《孟子题辞》："《论语》者，五经之錧鎋，六艺之喉衿也。"

痯（guǎn）见"痯痯"。

痯痯 疲劳貌。《诗·小雅·杕杜》："四牡痯痯，征夫不远。"

褍（guǎn）裤管。《广雅·释器》："绔，其褍谓之裩。"王念孙疏证："绔或作袴。案今人言袴脚或言袴管是也。管与褍同。"

幹（guǎn）通"管"。管领。《汉书·食货志下》："欲擅幹山海之货，以致富羡。"《史记·平准书》"幹"作"管"。

另见 wò。

幹维 转运的枢纽，指斗枢。《楚辞·天问》："幹维焉系，天极焉加？"王逸注："幹，转也；维，纲也。言天昼夜转旋，宁有纲维系缀其际？"亦作"管维"。

管〔筦〕（guǎn）❶乐器名。《诗·商颂·那》："嘒嘒管声。"❷泛指细长的圆筒形物。如：竹管；自来水管。又特指笔管。《诗·邶风·静女》："贻我彤管。"因亦用为笔及其他管状物的计量单位。如：一管笔；一管眼药。❸古指钥匙。《左传·僖公三十二年》："郑人使我掌其北门之管。"❹枢要。《荀子·

儒效》:"圣人也者,道之管也。"❺拘束。如:看管;管束。❻管理;管辖。如:经管;该管。❼过问;顾及。如:不管闲事;不管三七二十一。❽保证;包管。如:管用十年;管可成功。❾犹"把"。如:大家都管他叫"球迷"。❿古国名。周文王子叔鲜封地。在今河南郑州市。春秋时为郑邑。战国时属韩。⓫家畜外形部位名称。前肢管以掌骨为基础,位于前膝与球节之间;后肢管以跖骨为基础,位于飞节与球节之间。由于管部肌肉很少,从管的粗细可以测知家畜骨骼的发育程度。⓬姓。

管鲍　春秋时管仲和鲍叔牙。两人相知最深,后常用以比喻交谊深厚的朋友。傅咸《感别赋》:"悦朋友之攸摄,慕管、鲍之遐踪。"

管待　照管接待;招待。乔吉《金钱记》第二折:"早晚茶饭衣食,好生管待。"

管葛　谓古代两位名相管仲和诸葛亮。《南史·刘湛传》:"弱年便有宰物情,常自比管、葛。"

管家　旧时为富贵人家管理家务而地位较高的仆人;也用作对一般仆人的敬称。《儒林外史》第二十四回:"向知县没奈何,只得把酒席发了下去,叫管家陪他吃了。"

管见　比喻见识狭小,像在管中窥物一样。亦用作自谦之词。《晋书·陆云传》:"苟有管见,敢不尽规。"参见"管窥"。

管窥　从管中看物,比喻所见者小。《后汉书·章帝纪》:"区区管窥,岂能照一隅哉!"参见"管中窥豹"、"管窥蠡测"。

管窥蠡测　《汉书·东方朔传》:"以管窥天,以蠡测海。"蠡,瓢;测,量。后以"管窥蠡测"喻所见狭小短浅。《红楼梦》第十七回:"宝玉道:'这太板了。莫若"有凤来仪"四字。'众人都哄然叫妙。贾政点头道:'畜生,畜生!可谓管窥蠡测矣!'"

管维　同"斡维"。指斗枢。《颜氏家训·归心》:"斗极所建,管维所属。"

管弦　管乐器和弦乐器;也泛指音乐。《淮南子·原道训》:"夫建钟鼓,列管弦。"高诱注:"管,箫也;弦,琴瑟也。"王羲之《兰亭集序》:"虽无丝竹管弦之盛,一觞一咏,亦足以畅叙幽情。"

管穴　比喻识见狭小。《抱朴子·钧世》:"夫论管穴者,不可以九陔之无外。"九陔,九天之上,比喻远

大。

管晏　管仲和晏婴。两人都是春秋时齐国的名相,后常用以比喻杰出的政治家或智士。《史记·刺客列传》:"虽有管晏,不能为之谋也。"

管籥　❶两种乐器名。《孟子·梁惠王下》:"管籥之音。"赵岐注:"管,笙;籥,箫。或曰籥若笛,短而有三孔。"❷钥匙。籥,通"钥"。《礼记·月令》:"〔孟冬之月〕修键闭,慎管籥。"郑玄注:"管籥,搏键器也。"孔颖达疏:"以铁为之,似乐器之管籥,搢于锁内以搏取其键也。"

管中窥豹　《晋书·王献之传》:"〔献之〕年数岁,尝观门生樗蒲,曰:'南风不竞。'门生曰:'此郎亦管中窥豹,时见一斑。'"斑,指豹身上的斑纹;一斑,谓非全豹。比喻所见到的不是全面或整体。

管准　亦作"浣准"。古代测量水平的器具。《淮南子·泰族训》:"人欲知高下而不能,教之用管准则说(悦)。"

鞜（guǎn）　古驾车的用具。《说文·革部》:"鞜,车鞍具也。"又:"鞍,车驾具也。"参见"鞍"。

鰥〔鰥〕（guǎn）　动物名。学名 *Ochetobius elongatus*。硬骨鱼纲,鲤科。体呈长圆筒形,长约30~60厘米。银白色。鳞小。头小而尖,口端位,无须。主食无脊椎动物和小鱼,为淡水养殖业的害鱼。主产于中国长江流域及其以南地区水域。肉味美,供食用,具一定经济价值。

guàn

毌（guàn）　"贯(貫)"的古字。

丱（guàn）　古时儿童束发成两角的样子。《诗·齐风·甫田》:"婉兮娈兮,总角丱兮。"

权〔權〕（guàn）　同"爟"。见"权火"。
　　另见 quán。

权火　同"爟火"。祭祀时所举的燎火。《史记·封禅书》:"通权火。"裴骃集解引张晏曰:"权火,烽火也,状若井絜皋矣,其法类称,故谓之权。欲令光明远照通祀所也。汉祠五畤于雍,五里一烽火。"

观〔觀〕（guàn）　❶道教的庙宇。如:寺观。康骈《剧谈录》卷下:"至于佛宇道观,游览者罕不经历。"❷宫门前的双阙。《尔雅·释宫》:"观谓之阙。"郭璞注:"宫

门双阙。"邢昺疏:"雉门之旁名观,又名阙。"❸楼台之类。如:楼观。《晋书·江逌传》:"登览不以台观,游豫不以苑沼。"❹通"贯"。引申为多。《诗·小雅·采绿》:"维鲂及鱮,薄言观者。"郑玄笺:"观,多也。此美其君子之有技艺也。钓必得鲂鱮,鲂鱮是云其多者耳。"
　　另见 guān。

串（guàn）　❶习惯。《荀子·大略》:"国法禁拾遗,恶民之串以无分得也。"❷指亲近的人。参见"亲串(qīnguàn)"。
　　另见 chuàn。

贯〔貫〕（guàn）　❶古时穿钱的绳索,即钱串。《史记·平准书》:"京师之钱累巨万,贯朽而不可校。"❷旧时用绳索穿钱,每一千文为一贯。《京本通俗小说·错斩崔宁》:"丈人取出十五贯钱来,付与刘官人。"❸用绳子穿起来。《离骚》:"贯薜荔之落蕊。"引申为贯通、穿通。《论语·里仁》:"吾道一以贯之。"《左传·成公二年》:"矢贯余手及肘。"也特指射中。《诗·齐风·猗嗟》:"射则贯兮。"毛传:"贯,中也。"❹通"惯"。《左传·襄公三十一年》:"譬如田猎,射御贯则能获禽。"❺习惯的办法。见"仍旧贯"。❻服事。《诗·魏风·硕鼠》:"三岁贯汝,莫我肯顾。"❼世代居住的地方。如:乡贯;籍贯。❽古地名。春秋宋地。在今山东曹县西南。《春秋》僖公二年(公元前658年):"齐侯、宋公、江人、黄人盟于贯。"即此。❾姓。汉代有贯高。

贯穿　通达;贯通。《汉书·司马迁传赞》:"亦其涉猎者广博,贯穿经传,驰骋古今,上下数千载间,斯亦勤矣。"亦作"贯串"。江藩《汉学师承记·朱笥河》:"孙星衍,字伯渊,读书破万卷,训诂、舆地及阴阳五行之学,靡不贯串。"

贯虱　《列子·汤问》:"纪昌者,又学射于飞卫……昌以牦悬虱于牖,南面而望之,旬日之间,浸大也,三年之后,如车轮焉,以睹徐物,皆丘山也。乃以燕角之弧、朔蓬之簳射之,贯虱之心而悬不绝。"极言箭法的高明。

贯行　连续地做下去。《汉书·谷永传》:"以次贯行,固执无违。"颜师古注:"贯,联续也。"

贯盈　犹"满贯",多指罪恶而言。《书·泰誓上》:"商罪贯盈,天命诛

之。"孔颖达疏："纣之为恶,如物在绳索之贯,一以贯之,其恶贯已满矣。"

贯鱼 穿成一串的鱼。比喻众多而有秩序。《易·剥》："六五,贯鱼,以宫人宠,无不利。"王弼注："贯鱼,谓此众阴也,骈头相次似贯鱼也。"《北史·后妃传序》："宫闱有贯鱼之美。"后亦泛指排成长队。元稹《遣行》诗："每逢危栈处,须作贯鱼行。""鱼贯"一词即从此而来。

贯珠 成串的珠子。常用以形容圆润的歌声。《礼记·乐记》："故歌者上如抗,下如队(坠)……累累乎端如贯珠。"孔颖达疏："言声之状累累乎感动人心,端正其状,如贯于珠。"

冠（guàn）❶戴帽子。《孟子·滕文公上》："许子冠乎?"古亦用为男子年二十而加冠之称。参见"冠礼"。❷加在前面。如:编次既定,冠以题辞。❸位居第一。《汉书·魏相丙吉传赞》："萧曹为冠。"❹覆盖。张衡《东京赋》："结云阁,冠南山。"
另见 guān。

冠绝 远远超过。《晋书·刘琨传》："冠绝时辈。"《十六国春秋·前赵录·刘聪》："膂力骁捷,冠绝一时。"

冠军 ❶犹言诸军之冠。《史记·项羽本纪》："诸别将皆属宋义,号为卿子冠军。"今多用来称比赛的第一名。❷古时将军的名号。魏晋以至南北朝皆设冠军将军,唐代设冠军大将军,为武散官。❸清代官名,亦有以之为号者。清銮仪卫及旗手卫,俱以冠军使领之。见《清通志·职官略》。

冠礼 古代男子成年时(二十岁)加冠的礼节。《礼记·冠义》："古者冠礼,筮日筮宾,所以敬冠事。"筮日,选择吉日;筮宾,选择为冠者举行冠礼的大宾。

掼〔摜〕（guàn）❶同"惯"。《说文·手部》："摜,习也。"❷扔;摔。如:掼纱帽。❸摔;跌。如:掼交;掼了一个觔斗。

涫（guàn）❶沸滚。《史记·龟策列传》："肠如涫汤。"❷通"盥"。盥洗,也指洗手的水。《列子·黄帝》："进涫漱巾栉。"

悺（guàn）同"憙"。

惯〔慣〕（guàn）❶习惯;惯常。如:惯例;司空见惯。朱敦儒

《好事近·渔父词》："活计绿蓑青笠,惯披霜冲雪。"❷纵容;放任。如:宠惯;娇生惯养。《桃花扇·却奁》："金珠到手轻轻放,惯成了娇痴模样。"

惯技 一贯使用的卑劣手段。《二十年目睹之怪现状》第五回："我闻得卖缺虽是官场的惯技,然而总是藩台衙门里做的,此刻怎么闹到总督衙门里去呢?"

惯用语 熟语的一种。惯常作为完整的意义单位来运用的固定词组。其整体意义不是各组成分个体意义的相加,而是通过比喻等手段造成的一种修辞意义;口语色彩较浓。如:"炒冷饭",喻指重复已经做过的事;"开倒车",喻指向后倒退。

憙（guàn）忧。见《说文·心部》。朱骏声《说文通训定声·元部》："疑即患字之异文。"亦作"悺"。《广雅·释诂一》："悺,忧也。"

裸（guàn）❶灌祭。《书·洛诰》："王入太室裸。"孔颖达疏："王以圭瓒酌郁鬯之酒以献尸,尸受祭而灌于地,因奠不饮,谓之裸。"❷对朝见的诸侯行裸礼,以爵酌郁鬯酒以敬客。《周礼·春官·典瑞》："裸圭有瓒……以裸宾客。"郑玄注："爵行曰裸。"贾公彦疏："生人饮酒亦曰裸。"

锧〔鑕〕（guàn） 手镯;臂环。《南齐书·东南夷传》："锻金镶锧、银食器。"《太平御览》卷七百十八引祖台之《志怪》："〔妇人〕持一双金锧与太守,不能名。"

盥（guàn）❶承水洗手。段玉裁《说文解字注·皿部》："《礼记·内则》云:'请沃盥。'沃者,自上浇之;盥者,手受之而下流于槃(盘)。"亦泛指洗涤除污。❷盥器。庾信《周安昌公夫人郑氏墓志铭》："承姑奉盥。"

雚（guàn）❶同"鹳"。鸟名。《诗·豳风·东山》："鹳鸣于垤。"《说文·雚部》引作"雚"。❷草名。即萝藦。《尔雅·释草》："雚,芄兰。"《诗·卫风·芄兰》："芄兰之支"孔颖达疏引陆玑《毛诗草木鸟兽虫鱼疏》："一名萝藦,幽州人谓之雀瓢。"参见"芄"。

鑵（guàn） 同"罐"。

灌（guàn）❶输水浇土;灌溉。《庄子·逍遥游》："时雨降矣,而犹浸灌。"❷注入。如:灌肠;灌

满一瓶水。《庄子·秋水》："百川灌河。"❸饮酒。《礼记·投壶》："当饮者皆跪,奉觞,曰:'赐灌。'"郑玄注："灌犹饮也。"❹斟酒浇地降神,古代祭礼的一种仪式。《礼记·郊特牲》："灌用郁臭。"郑玄注："灌谓以圭瓒酌郁鬯始献神也。"❺丛生的树木。《诗·大雅·皇矣》："修之平之,其灌其栵。"❻炼铸。张协《七命》："乃炼乃烁,万辟千灌。"❼姓。

灌灌 ❶犹款款。情意恳切貌。《诗·大雅·板》："老夫灌灌,小子跷跷。"❷犹涣涣。水流盛大貌。《宋书·五行志二》载晋元康中童谣曰:"水从西来何灌灌。"❸鸟名。《山海经·南山经》:"〔青丘之山〕有鸟焉,其状如鸠,其音若呵,名曰灌灌。"❹传说中的兽名。朱谋埠《骈雅·释兽》："灌灌,九尾狐也。"

灌莽 草木丛生之地。《文选·鲍照〈芜城赋〉》："灌莽杳而无际。"吕向注："水草杂生曰灌莽也。"

瓘（guàn） 即"裸圭"。《左传·昭公十七年》："若我用瓘、斝、玉瓒,郑必不火。"杜预注："瓘,珪也;斝,玉爵也。瓒,勺也。欲以禳火。"

爟（guàn）❶举火。见《说文·火部》。《周礼·夏官·司爟》："司爟,掌行火之政令。"参见"爟火"。❷爟星。古星名。

爟火 ❶古谓被除不祥的火。《吕氏春秋·本味》："爝以爟火,衅以牺豭。"高诱注："火者,所以被除其不祥。置火于桔皋,烛以照之。"❷祭祀时所举的火。《宋书·乐志二》："田烛置,爟火通。"亦作"权火"。《史记·封禅书》："通权火。"裴骃集解："张晏曰:'权火,烽火也。'……欲光明远照通祀所也。"❸古时报告敌情的烽火。庾信《齐王宪神道碑》："匈奴突于武川,爟火通于灞上。"参见"烽烟"。

鹳〔鸛〕（guàn） 鸟纲,鹳科各种类的通称。大型涉禽。形似鹤亦似鹭;嘴长而直。翼长大而尾圆短,飞翔轻快。常活动于溪流近旁,夜宿高树。主食鱼、蛙、蛇和甲壳类。在中国分布较广而数量稀少的黑鹳(Ciconia nigra),体长约1米,上体从头至尾、两翼及胸部均黑色,泛紫绿光泽,下体其余部分纯白。另种白鹳(C. ciconia boyciana),较前种为大,头颈和背部均白色;数量亦稀少。都在中国北方繁殖,至长江流域及以南地区越冬。两种均为国家一级保

护动物。

鹳鹢　鸟名。《尔雅·释鸟》："鹳鹢,鶬鹢,如鹊短尾。"

䗱（guàn）　同"罐"。

曤（guàn）　❶环顾。刘歆《遂初赋》："空下时以曤世兮,自命己之取患。"❷怒视。《汉书·扬雄传》"羌戎睚眦"颜师古注："睚字或作曤,曤者,怒其目眥也。"❸通"惯"。惯常。《鹖冠子·王鈇》："其制邑理都,使曤习者五家为伍,伍为之长。"

罐〔罐〕（guàn）　盛物或烹煮用的圆形器。如:盐罐;汤罐;药罐。亦指封装食品或其他用品的圆筒形器。如:罐头食品;香烟罐。

guāng

光（guāng）　❶一般指能引起视觉的电磁波。波长范围约在红光的 0.77 微米到紫光的 0.39 微米（亦即 770～390 纳米）之间的,称为"可见光"。波长在 0.77 微米以上到 1 000 微米左右的电磁波称"红外线",在 0.39 微米以下到 0.04 微米左右的称"紫外线"。红外线和紫外线不能引起视觉,但可以用光学仪器或摄影来察见发射这种光线的物体,所以在光学上,光也包括红外线和紫外线。❷明亮。《汉书·元帝纪》："风雨时,日月光。"❸光荣。《诗·大雅·韩奕》："不显其光。"❹指礼乐文物。《易·观》："观国之光。"孔颖达疏："明习国之礼仪。"❺光滑。韩愈《进学解》："刮垢磨光。"❻裸露。如:光着膀子。❼完了;净尽。如:一扫光。❽单;只。如:光穿一件汗衫;光靠一个人完不了任务。❾通"广"。《书·尧典》："光被四表。"❿通"胱"。"膀胱"亦作"旁光"。《淮南子·说林训》："旁光不升俎。"⓫姓。晋代有光逸。

光大　❶即广大。《易·坤》："含弘光大,品物咸亨。"王引之《经义述闻》卷一"光"："光大,犹广大也。"❷辉煌而盛大。如:发扬光大。

光风　❶《楚辞·招魂》："光风转蕙,泛崇兰些。"王逸注："光风,谓雨已日出而风,草木有光也。"参见"光风霁月"。❷苜蓿的别名。《西京杂记》卷一："乐游苑自生玫瑰树,树下多苜蓿。苜蓿一名怀风,时人或谓之光风。风在其间常萧萧然,日照其花有光采,故名苜蓿为怀风。"

光风霁月　雨过天晴时的明净景象。用以比喻太平时世。《宣和遗事·元集》："大概光风霁月之时少。"亦用以比喻人的品格气度。《宋史·周敦颐传》："黄庭坚称其品甚高,胸怀洒落,如光风霁月。"

光复　犹恢复、收复。《晋书·桓温传》："廓清中畿,光复旧京。"

光怪陆离　谓色彩斑斓,形状奇异。《儒林外史》第五十五回："接连失了几回火,把院子里的几万担柴尽行烧了。那柴烧的一块一块的,结成就和太湖石一般,光怪陆离。"

光棍　❶流氓、地痞。《牡丹亭·闹宴》："叫中军官暂时拿下那光棍。"❷单身汉

光华　❶光辉。《尚书大传·虞夏传》："日月光华,旦复旦兮。"❷光荣。白居易《同梦得暮春寄贺东西川二杨尚书》诗："鲁卫定知连气色,潘杨亦觉有光华。"

光景（—jǐng）　❶风光景色。朱熹《春日》诗："无边光景一时新。"❷景况;情况。《红楼梦》第九十一回："宝蟾回来,将薛蝌的光景一一的说了。"❸犹左右,表示约计。无名氏《鸳鸯被》第一折："今经一年光景,不见回来。"

光临　称宾客来临的敬辞。谓宾客来临给主人增光。曹植《七启》："不远遐路,幸见光临。"

光前裕后　光耀前人,遗惠后代。《书·仲虺之诰》："垂裕后昆。"徐陵《欧阳顾德政碑》："方其盛也,绰有光前。"宫大用《范张鸡黍》第三折："似这般光前裕后,一灵儿可也知不?"《歧路灯》一百回："他们就说我王隆吉是个孝子,做下光前裕后的大事。"

光天化日　❶犹言"太平盛世"。陆陇其《答仇沧柱太史书》："今春局面忽转,三辅气象聿新。不才庸吏得于光天化日之下,效其驰驱。"❷谓白昼。比喻众目昭彰,是非分明的场合。《红楼梦》第二回："彼残忍乖邪之气,不能荡溢于光天化日之下,遂凝结充塞于深沟大壑之中。"

光景（—yǐng）　❶犹日光。《陈书·高祖纪上》："光景所照,鞮象必通。"鞮、象,古代翻译官。❷光和影。韩愈《病鸱》诗："晴日占光景,高风送追随。"

光宅　《书·尧典序》："昔在帝尧,聪明文思,光宅天下。"光,广;宅,安。犹言普遍安定。左思《吴都赋》："一六合而光宅。"

駫〔驧〕（guāng）　见"駫駫"。

侊（guāng）　盛貌。《说文·人部》："小貌。《春秋》《国语》曰:'侊饭不及一食。'"段玉裁注："小当作大。凡光声之字,多训光大。《越语》勾践曰:'侊饭不及壶飧。'韦云:'侊,大也,大饭谓盛馔。'侊与觥音义同。《广韵·十一唐》曰:'侊,盛貌。'"

咣（guāng）　拟声词。形容撞击振动声。如:咣当;咣啷啷。
　另见 gōng。

洸（guāng）　❶水波动荡闪光貌。郭璞《江赋》："澄澹汪洸。"❷威武貌。《诗·邶风·谷风》："有洸有溃。"❸古水名。见"洸水"。
　另见 huàng。

洸洸　威武貌。《诗·大雅·江汉》："江汉汤汤,武夫洸洸。"

洸水　古水名。也叫洸河。山东汶水的分流。《水经注》时代自刚县（今宁阳东北）分汶水,南流至任城（今济宁市）与洸水交会,南注入泗水。后洸水上段改道,下游不经济宁市。蒙古宪宗七年（1257 年）于堽城作坝,遏汶水南流入洸后,洸水径作入泗。元明清时代长期为济州河、会通河或山东运河的重要水源之一。清末漕运停止,运河失修,渐趋枯涸。

珖（guāng）　玉名。见《集韵·十一唐》。

桄（guāng）　见"桄榔"。
　另见 guàng。

桄榔（*Arenga pinnata*）　亦称"砂糖椰子"。棕榈科。常绿高大的乔木,树干外包有纤维鞘。羽状复叶丛生于茎端,小叶多数,线形。肉穗花序排成下垂的圆锥花序式;花雌雄异株。中国广东、广西、云南等地均产;越南、印度尼西亚、马来西亚、菲律宾等地都有分布。开花时割开花序所流出的液汁,可蒸发成砂糖,持续产糖四五年后枯死;髓心可提取淀粉,名"桄榔粉"。叶柄基部的棕毛可制刷子。

軦〔軦〕（guāng）　车下横木。《元史·天文志一》："中布横軦三,纵軦三。"

胱（guāng）　见"膀（páng）"。

潢（guāng）　见"潢潢"。
　另见 huáng,huàng。

潢潢　威武貌。《盐铁论·徭役》："武夫潢潢。"按《诗·大雅·江

汉》："江汉汤汤,武夫洸洸。"毛传:"洸洸,武貌。"潢潢,即"洸洸"。

戙(guāng) 见"戙戙"。

戙戙 武勇貌。《古文苑·班固〈舞阳侯樊哙铭〉》:"戙戙将军,威盖不当。"章樵注:"武勇貌。"

guǎng

广〔廣〕(guǎng) ❶大貌。《诗·小雅·六月》:"四牡脩广。"毛传:"脩,长;广,大也。"❷宽阔。《后汉书·和帝纪论》:"是以齐民岁增,辟土世广。"❸宏大。《礼记·曲礼上》:"车上不广欬(咳),不妄指。"郑玄注:"广,犹弘也。"❹普遍;多。如:深藏广蓄;大庭广众。《汉书·艺文志》:"大收篇籍,广开献书之路。"❺扩大;扩充。《史记·淮南衡山列传》:"广长榆,开朔方。"引申为推衍补充。司马迁《报任少卿书》:"欲以广主上之意。"❻远大。《左传·僖公二十三年》:"晋公子广而俭,文而有礼。"此指晋公子重耳的志向远大。❼宽慰。《史记·屈原贾生列传》:"自以为寿不得长,伤悼之,乃为赋以自广。"❽古广州的省称。❾姓。宋代有广汉。

另见 ān, guàng, kuàng, yǎn。

广寒宫 传说唐玄宗于八月望日游月中,见一大宫府,榜曰:"广寒清虚之府"。见《龙城录·明皇梦游广寒宫》。后人因称月宫为"广寒宫"。《聊斋志异·白于玉》:"童导入广寒宫,内以水晶为阶,行人如在镜中。"

广莫 广大空旷。《庄子·逍遥游》:"今子有大树,患其无用,何不树之于无何有之乡,广莫之野?"

广莫风 ❶北风。《史记·律书》:"广莫风居北方。广莫者,言阳气在下,阴莫阳广大也,故曰广莫。"❷冬至的风。《易纬·通卦验》:"冬至,广莫风至。"《白虎通·八风》:"广莫者,大莫也,开阳气也。"参见"八节风"。

广漠 同"广莫"。广大空旷;广大空旷之地。《楚辞·九怀·思忠》:"历广漠兮驰骛,览中国兮冥冥。"

广厦 大房子。《列子·力命》:"庇其蓬室,若广厦之荫。"亦作"广夏"。《汉书·王吉传》:"广夏之下,细旃之上。"

广文 ❶宽广的文德。《商君书·徕民》:"以大武摇其本,以广文安其

嗣。"❷唐玄宗时设广文馆,置博士、助教等职,时人视为清苦闲散之职。杜甫《醉时歌赠广文馆学士郑虔》:"诸公衮衮登台省,广文先生官独冷。甲第纷纷厌粱肉,广文先生饭不足。"明清两代的儒学教官,处境与广文馆博士相似,因而亦被用作别称。

广袖 宽长的衣袖。辛延年《羽林郎》诗:"长裾连理带,广袖合欢襦。"

广宇 ❶宏敞的屋檐。张衡《冢赋》:"奕奕将将,崇栋广宇。在冬不凉,在夏不暑。"❷高大的厅堂。夏侯湛《缸灯赋》:"宣耀兰堂,腾明广宇。"❸广阔的空间。鲁迅《集外集·无题》:"心事浩茫连广宇,于无声处听惊雷。"

犷〔獷〕(guǎng) 本谓犬猛恶不可近,引申为强悍蛮横。《后汉书·段颎传》:"招降犷敌。"

犷悍 蛮横强悍。柳宗元《贵州刺史邓君墓志铭》:"犷悍之内,义威必行。"

guàng

广〔廣〕(guàng) ❶春秋时楚国兵制,兵车十五辆为一广。《左传·宣公十二年》:"其君之戎,分为二广。"❷宽度。见"广轮"。

另见 ān, guǎng, kuàng, yǎn。

广轮 犹广袤。《周礼·地官·大司徒》:"以天下土地之图,周知九州之地域广轮之数。"贾公彦疏引马融曰:"东西为广,南北为轮。"

广袤 指土地的面积,东西为"广",南北为"袤"。《汉书·贾捐之传》:"立儋耳、珠厓郡,皆在南方海中洲居,广袤可千里。"颜师古注:"袤,长也。"参见"广轮"。

广运 犹广袤。《国语·越语上》:"句践之地……广运百里。"韦昭注:"东西为广,南北为运。"

迋(guàng,又读 kuáng) ❶通"诳"。诳骗。《左传·定公十年》:"是我迋吾兄也。"❷通"恇"。恐吓。《左传·昭公二十一年》:"子无我迋,不幸而后亡。"

另见 wàng。

伄(guàng) 见"伄伄"。

另见 kuāng。

伄伄 遑遽;心神不定。《楚辞·九叹·思古》:"魂伄伄而南行兮,泣沾襟而濡袂。"

桄(guàng) ❶横木。如:床桄;车桄。今多以指织机或梯子上的横木。❷桄子,绕线的器具。亦即谓绕线。如:把线桄上。又因以为计量线束、线圈的单位。如:一桄线。

另见 guāng。

逛(guàng) 出外闲游。如:逛马路;逛公园。

愩(guàng) 误。《说文·心部》:"愩,误也。"段玉裁注:"《广韵》曰:'愩,惑也。'又曰:'误人也。'"

guī

归〔歸〕(guī) ❶回;返回。如:归家;归国;满载而归。❷归还。《春秋·定公十年》:"齐人来归郓、讙、龟阴田。"❸女子出嫁。《诗·召南·江有汜》:"之子归。"郑玄笺:"妇人谓嫁曰归。"❹归附;趋向。如:万众归心。《荀子·王霸》:"兴天下同利,除天下同害,天下归之。"❺归属;专任。如:责有攸归。《后汉书·顺帝纪》:"今刺史二千石之选,归任三司。"李贤注:"归犹委任也。"❻投案自首。《汉书·申屠嘉传》:"错(晁错)恐,夜入宫上谒,自归上。"颜师古注:"归首于天子。"❼结局;归宿。如:归根结蒂。《易·系辞下》:"天下同归而殊涂(途)。"引申谓死。《尔雅·释训》:"鬼之为言归也。"参见"大归❸"。❽姓。

另见 kuì。

归藏 相传为《周易》前的古《易》。归藏卦以纯坤(☷)为首,坤象征地,"万物莫不归而藏于其中",故名。今所传《古三坟书》中有《归藏》,系后人伪造;清马国翰《玉函山房辑佚书》辑有《归藏》一卷,虽不可信,但晋郭璞著书已经引用,说明成书时代较早。

归耕 ❶犹归田。辞官回乡。《宋书·王弘之传》:"王弘之拂衣归耕,逾历三纪。"❷琴曲名。蔡邕《琴操》:"《归耕》者,曾子之所作也。"

归化 ❶旧谓归服于教化。《论衡·程材》:"故习善儒路,归化慕义,志操则励,变从高明。"引申谓归顺。《三国志·魏志·邓艾传》:"作舟船,豫顺流之事,然后发使,告以利害,吴必归化,可不征而定也。"❷"入籍"的旧称。

归咎 归罪。《国策·齐策五》:"昔者齐之与韩魏伐秦楚也,战非甚

疾也,分地又非多韩魏也,然而天下独归咎于齐者,何也?"

归马放牛 《书·武成》:"乃偃武修文,归马于华山之阳,放牛于桃林之野,示天下弗服。"孔颖达疏:"此是战时牛马,放牧之,示天下不复乘用。"后因以比喻天下太平,不再用兵。参见"偃武修文"。

归妹 六十四卦之一。兑下震上。《易·归妹》王弼注:"妹者,少女之称也。兑为少阴,震为长阳;少阴而乘长阳,说(悦)以动,嫁妹之象也。"

归宁 已嫁的女子回娘家省视父母。《诗·周南·葛覃》:"归宁父母。"也指男子归省父母。赵湘《南阳集》有《送周湜下第归宁序》。

归市 人们从各方拥向市集,比喻归附者多。《孟子·梁惠王下》:"从之者如归市。"

归顺 谓投诚;归降。《三国演义》第二十回:"臧霸又招安孙观、吴敦、尹礼来降,独昌豨未肯归顺。"

归宿 ❶住处,安身之处。《淮南子·本经》:"民之专室蓬庐,无所归宿,冻饿饥寒,死者相枕席也。"❷指归;意向所归。《荀子·非十二子》:"终日言成文典,反纟川(循)察之,则倜然无所归宿。"❸犹言收场;结局。

归田 ❶归还公田。《汉书·食货志上》:"民年二十受田,六十归田。"谓殷周时平民二十岁向公家领田耕种,六十岁还田于公家。❷谓辞官回乡。李白《赠崔秋浦》诗:"东皋春事起,种黍早归田。"

归向 归依;趋附。韩愈《岳阳楼别窦司直》诗:"自古澄不清,环混无归向。"康骈《剧谈录》卷上"王侍中题诗":"四选多士,翕然归向。"

归心 ❶回家的念头。如:归心似箭。温庭筠《游南塘》诗:"刘公不信归心切,听取江楼一曲歌。"❷诚心归附。《后汉书·吴汉传》:"汉素闻光武长者,独欲归心。"曹操《短歌行》:"周公吐哺,天下归心。"❸安心。《商君书·农战》:"圣人知治国之要,故令归心于农。"

归省 回家探望父母。朱庆徐《送张景宣下第东归》诗:"归省值花时,闲吟落第诗。"

归休 ❶回家休息。《汉书·孔光传》:"沐日归休,兄弟妻子燕语,终不及朝省政事。"❷辞官退休。《汉书·张敞传》:"宜赐几杖归休。"❸谓死亡。陶潜《游斜川》诗:"开岁倏五十,吾生行归休。"❹离去。《庄子·逍遥游》:"归休乎君,余无所用天下为。"

归墟 《列子·汤问》:"渤海之东,不知几亿万里,有大壑焉,实惟无底之谷,其下无底,名曰归墟。"指大海最深之处,意谓众水之所归。后比喻事物归结之处。龚自珍《送钦差大臣侯官林公序》:"仁和龚自珍则献三种决定义,三种旁义,三种答难义,一种归墟义。"

归依 同"皈依"。白居易《爱咏》诗:"辞章讽咏成千首,心行归依向一乘。"

归赵 物归原主。参见"完璧归赵"。

归真反璞 谓去其外饰,还其本真。《国策·齐策四》:"归真反璞,则终身不辱。"

归轸 比喻暮年。《文选·颜延年〈拜陵庙〉诗》:"发轫丧夷易,归轸慎崎倾。"李善注:"以车之行喻己之仕。发轫,弱冠也。……归轸,暮年也。"

归宗 ❶古代妇女已嫁,归省父母,父母虽卒,也得归家省问,以示不绝于宗族。《仪礼·丧服传》:"妇人虽在外,必有归宗。"❷旧指人子出嗣异姓别支或流落在外者复归本宗。《官场现形记》第五十二回:"小侄不远数千里赶回归宗,担当一切大事。"

圭 (guī) ❶古玉器名。长条形。古代贵族朝聘、祭祀、丧葬时所用的礼器。周代的墓葬中常有发现。❷古代测日影的器具。参见"圭臬"。❸古代容量单位。《孙子算经》卷上:"量之所起,起于粟。六粟为一圭,十圭为一撮。"参见"刀圭"。❹古代重量单位。《后汉书·律历志》:"量有轻重,平以权衡。"李贤注引《说苑》:"十粟重一圭,十圭重一铢,二十四铢重一两,十六两重一斤。"

圭(玉器)

圭璧 圭,亦作"珪"。❶古代帝王、诸侯朝聘或祭祀时所执的玉器。《周礼·春官·典瑞》:"公执桓圭……以朝觐宗遇会同于王"郑玄注引郑司农云:"以圭璧见于王。"《后汉书·明帝纪》:"亲执圭璧,恭祀天地。"❷比喻美好的品德。《诗·卫风·淇奥》:"有匪(斐)君子,如金如锡,如圭如璧。"朱熹注:"圭璧,言其生质之温润。"王巾《头陀寺碑》:"宗法师行絜珪璧。"

圭窬 门旁的小窦,上尖下方,其形如圭,故名。《礼记·儒行》:"筚门圭窬。"郑玄注:"圭窬,门旁窬也。"一作"闺窦",见"筚门闺窦"。

圭角 圭玉的楞角。犹言锋铓。《礼记·儒行》"毁方而瓦合"郑玄注:"去己之大圭角,下与众人小合也。"孔颖达疏:"圭角,谓圭之锋铓有楞角。"元好问《马云汉方镜背有飞鱼》诗:"开朗休嫌露圭角,圆通宁复滞方隅。"

圭臬 圭,测日影器;臬,测日影定方位的标竿。合指事物的准则。黄佐《乾清宫赋》:"揆日暑,验星文,陈圭臬,絜广轮。"鲁迅《坟·人之历史》:"适应之说,迄今日学人犹奉为圭臬。"

圭田 古代卿大夫的祭田。《孟子·滕文公上》:"卿以下必有圭田,圭田五十亩。"朱熹注:"圭,洁也。所以奉祭祀也。"

圭璋 亦作"珪璋"。❶一种贵重的玉制礼器。《礼记·礼器》:"圭璋特。"孔颖达疏:"圭璋,玉中之贵也……诸侯朝王以圭,朝后执璋。"❷比喻高贵的人品。《后汉书·刘儒传》:"郭林宗常谓儒口讷心辩,有圭璋之质。"

龟 〔龜〕(guī) 亦作"龜"。❶爬行动物。背腹皆有硬甲,头、尾和四肢通常能缩入甲内。种类颇多,有玳瑁、蠵龟、金龟、水龟、象龟等。❷龟甲,古代用作货币。《易·损》:"十朋之龟。"也用以占卜。参见"龟策"、"龟筮"。❸古代印章的纽多作龟形,因以为印章的代称。参见"龟纽"、"龟绶"。❹指兽类背部隆高处。《左传·宣公十二年》:"射麋丽龟。"杜预注:"丽,著也;龟,背之隆高当心。"❺见"龟袋"。

另见 jūn,qiū。

龟卜 古人用龟甲占卜,卜时灼龟甲,视其裂纹以判吉凶。韩愈《送石处士序》:"与之语道理,辨古今事当否,论人高下,事当成败……若烛照数计而龟卜也。"

龟策 指龟甲和蓍草,古人占卜吉凶的用具。《礼记·曲礼上》:"龟为卜,策为筮。"《楚辞·卜居》:"用君之心,行君之事,龟策诚不能知此事。"

龟袋 唐时官员的一种佩袋。亦简称"龟"。《新唐书·车服志》:"天授二年,改佩鱼皆为龟;其后三品以上龟袋饰以金,四品以银,五品以铜。中宗初,罢龟袋,复给以鱼。"

龟鹤 相传龟鹤皆有千年之寿,因以比喻长寿。《抱朴子·对俗》:"知龟鹤之遐寿,故效其道(导)引以增年。"郭璞《游仙诗》:"借问蜉蝣辈,宁知龟鹤年!"

龟鉴 龟,龟卜;鉴,镜子。比喻借鉴。苏轼《乞校正陆贽奏议上进札子》:"聚古今之精英,实治乱之龟鉴。"

龟龄 比喻长寿。鲍照《松柏篇》:"龟龄安可获,岱宗限已迫。"

龟毛兔角 龟生毛,兔长角。比喻不可能存在的或有名无实的东西。《景德传灯录》卷十八"宗一":"若无前尘,汝此昭昭灵灵,同于龟毛兔角。"亦作"兔角龟毛"。《大智度论》卷十二:"如兔角龟毛,亦但有名而无实。"

龟纽 印章的鼻作龟形,叫"龟纽"。《汉旧仪》卷上:"丞相、列侯、将军,金印紫绶绶;中二千石、二千石,银印青绶绶。皆龟纽。"也用以称官印。

龟 纽

龟筮 卜与筮。古时卜用龟甲,筮用蓍草,以占吉凶。《书·大禹谟》:"鬼神其依,龟筮协从。"

龟绶 犹印绶,印和系印的丝带。《后汉书·西域传论》:"赏襚金而赐龟绶。"李贤注:"龟,谓印文也。"

龟玉 龟甲和玉,都是古代贵重的东西。《论语·季氏》:"虎兕出于柙,龟玉毁于椟中,是谁之过与?"

龟足(Pollicipes mitella) 也称"石砌"。甲壳纲,铠着荷科。体形似龟脚,故名。体外有若干钙质板合成的壳,蔓足自壳口伸出,时时振动,借以索食。头状部与柄部短,柄有鳞片。多固着在高潮线附近的岩缝里。产于中国浙江以南沿海。肉间作食用。

妫 〔嬀〕(guī) ❶水名。见"妫汭"。❷姓。汉代有妫昌。

妫汭 古水名。一作"沩汭"。有作一水,"汭"作"内"解,谓沩水隈曲之处。在今山西永济市南,源出历山,西流入河。《书·尧典》:"釐降二女于妫汭。"一作两水。《水经注》:"历山,妫汭二水出焉。南曰汭水,北曰妫水。"按此水同归异源,实为一水,不可强分。

规 〔規、槻〕(guī) ❶校正圆形的用具。《诗·小雅·沔水序》郑玄笺:"规者,正圆之器也。"引申指画圆。段玉裁《六书音均表·诗经韵分十七部表序》:"凡合韵规

其字之外以识之○。"❷圆弧形。《楚辞·大招》:"曲眉规只。"❸规则;章程。如:常规;犯规。❹典范。王粲《咏史》诗:"生为百夫雄,死为壮士规。"❺规劝;谏诤。《国语·周语上》:"近臣尽规。"❻规划;打算。《淮南子·说山训》:"事或不可前规,物或不可虑卒。"陶潜《桃花源记》:"南阳刘子骥,高尚士也,闻之,欣然规往。未果,寻病终。"❼效法;摹拟。张衡《东京赋》:"规遵王度。"❽分划。《国语·周语中》:"规方千里,以为甸服。"❾古代田制之一。《礼记·王制》"百亩之分"孔颖达疏:"偃猪之地,九夫为规,四规而当一井。"

另见 kuī。

规范 ❶标准;法式。如:道德规范;技术规范;语言规范。《北史·宇文恺传》引《宋起居注》:"孝武大明五年,立明堂,其墙宇规范,拟则太庙。"❷模范;典范。《尚书序》:"所以恢弘至道,示人主以规范也。"陆云《答兄平原》诗:"今我顽鄙,规范靡遵。"

规格 ❶生产单位对产品和所使用的原材料等规定的要求,如重量、密度、色泽、含杂量、化学成分、机械性能、内外形尺寸等。是采购原材料和验收成品的重要依据。❷犹规模。《三国志·魏志·夏侯惇等传评》:"玄(夏侯玄)以规格局度,世称其名。"❸犹规矩,制度。孟元老《东京梦华录·民俗》:"至于乞丐者,亦有规格。稍似懈怠,众所不容。"

规规 ❶惘然自失貌。《庄子·秋水》:"于是埳井之蛙闻之,适适然惊,规规然自失也。"❷亦作"睍睍"。浅陋拘泥貌。《庄子·秋水》:"子乃规规然而求之以察,索之以辩。是直用管窥天,用锥指地也。"陶渊明《饮酒》诗:"规规一何愚,兀傲差若颖。"❸圆貌。蒋防《姮娥奔月赋》:"冥冥晬容,规规皓质。"

规划 亦作"规画"。谋划;筹划。《宋史·张洎传》:"洎捷给善持论,多为埽(寇埽)规画,埽心伏,乃兄事之,极口谈洎于上。"后亦指较全面或长远的计划。如:科研规划;十年发展规划。

规画 同"规划"。

规谏 以正言相劝诫。《诗·卫风·淇奥序》:"美武公之德也。有文章,又能听其规谏,以礼自防。"孔颖达疏:"正圆以规使依度,犹正君以礼使入德,故谓之规谏。"

规镜 可为鉴戒的话。《文心雕龙·才略》:"傅玄篇章,义多规镜。"亦作"规鉴"。《三国志·魏志·桓阶等传评》:"臻、毓规鉴清理。"

规矩 ❶规和矩。校正圆形和方形的两种工具。《孟子·离娄上》:"不以规矩,不能成方(圆)。"❷规则;礼法。朱熹《白鹿洞书院揭示》:"则夫规矩禁防之具,岂待他人设之,而后有所持循哉!"《红楼梦》第七回:"亲友知道,岂不笑话咱们这样的人家,连个规矩都没有?"引申为人的言行正派、老实、守礼。❸成规;老例。《官场现形记》第三十一回:"如今我拿待上司的规矩待他,他还心上不高兴。"

规模 ❶亦作"规摹"、"规橅"。规制;格局。如:规模宏大。《汉书·高帝纪下》:"虽日不暇给,规摹弘远矣。"颜师古注:"取喻规摹,谓立制垂范也。"❷气概;气象。《三国志·魏志·胡质传》:"〔质〕规模大略不及于父,至于精良综事过之。"王勃《寻道观》诗:"芝廛光分野,蓬阙盛规模。"❸榜样。刘孝威《辟厌青牛画赞》:"雄儿楷式,悍士规模。"❹摹仿;取法。《续传灯录·德洪》:"其造端命意,大抵规模东坡而借润山谷。"德洪,宋诗僧。

规行矩步 ❶比喻言行谨慎,举止合乎法度。《颜氏家训·序致》:"规行矩步,安辞定色。"❷比喻拘守成规,平庸无所作为。《晋书·张载传》:"今士循常习故,规行矩步,积阶级,累阀阅,碌碌然以取世资。"

邽 (guī) ❶在今甘肃天水市。本邽戎地,公元前 688 年秦武公取其地置邽县,后改为上邽县。❷姓。春秋时有邽巽。

佹 (guī) 庶几;似乎。见"佹得佹失"。

另见 guǐ。

佹得佹失 《列子·力命》:"佹佹成者,俏成也,初非成也;佹佹败者,俏败者也;故迷生于俏。"意谓成败如非自己能掌握,则虽似成败,而并非真的成败。后以"佹得佹失"指得失出于偶然。

莙 (guī) 药草名。《尔雅·释草》:"莙,蕸菼。"郭璞注:"覆盆也,实似莓而小,亦可食。"郝懿行义疏:"蕸菼当作缺盆。《说文》:'莙,缺盆也。'"按,《本草纲目·草部》:"覆盆子,《尔雅》名莙,子似覆盆之形,故名。五月子熟,其色乌赤。"

皈
皈(guī) 同"归"。见"皈依"。

皈依 即"三皈依"。见"三归❷"。

闺
闺〔閨〕(guī) ❶宫中的小门。《尔雅·释宫》:"宫中之门谓之闱,其小者谓之闺。"《楚辞·九思·逢尤》:"念灵闺兮陨重深。"亦指看门。《公羊传·宣公六年》:"入其闺,则无人焉者也。"引申为内室。枚乘《七发》:"今夫贵人之子,必宫居而闺处。"❷特指女子的卧室。江淹《别赋》:"闺中风暖,陌上草薰。"

闺荜 荜,同"筚"。闺窦筚门的略称。谓贫贱之家。《宋书·文帝纪》:"其宰守称职之良,闺荜一介之善,详悉列奏,勿或有遗。"参见"筚门闺窦"。

闺窦 谓贫贱之家。《左传·襄公十年》:"筚门闺窦之人而皆陵其上,其难为上矣。"杜预注:"筚门,柴门。闺窦,小户,穿壁为户,上锐下方,状如圭也。言伯舆微贱之家。"

闺范 指妇女所应遵守的道德规范。《晋书·列女传序》:"具宣闺范,有裨阴训。"

闺房 内室。《后汉书·仲长统传》:"安神闺房,思老氏之玄虚。"亦指女子的卧室。司马相如《琴歌》:"有艳淑女在闺房,室迩人遐毒我肠。"

闺阁 ❶内室。《史记·汲郑列传》:"黯多病,卧闺阁内不出。"后多指女子的卧室。《宋史·涂端友妻传》:"吾闻贞女不出闺阁。"❷指宫禁。《汉书·司马迁传》:"身直为闺阁之臣,宁得自引深藏(藏)于岩穴邪!"

闺闼 妇女卧室。《白虎通·嫁娶》:"闺闼之内,衽席之上,朋友之道也。"亦借指妇女。《新唐书·唐绍传》:"韦庶人请妃、公主、命妇以上葬,给鼓吹,诏可。绍言鼓吹本军容……男子有四方功,所以加宠;虽郊祀天地不参设,容得接闺闼哉!"

闺门 ❶古代称内室的门。也指家门。《礼记·乐记》:"是故乐……在闺门之内,父子兄弟同听之,则莫不和亲。"《新唐书·李景让传》:"闺门唯谨。"❷城门。《左传·昭公元年》:"私盟于闺门之外。"杜预注:"闺门,郑城门。"《墨子·备城门》:"大城丈五为闺门,广四尺。"

闺秀 有才德的女子。如:大家闺秀。《镜花缘》第一回:"其中所载,设或俱是儒生,无一闺秀,我辈岂不减色?"

闺怨 谓少妇的哀怨之情。用这种题材写的诗叫"闺怨诗"。武则天《苏氏织锦回文记》:"锦字回文,盛见传写,是近代闺怨之宗旨,属文之士咸龟镜焉。"

洼
洼(guī) 姓。汉代有洼丹。
另见 wā。

珪
珪(guī) 同"圭❶"。诸侯所执,用以表示符信的玉版。《左传·哀公十四年》:"司马牛致其邑与珪焉。"杜预注:"珪,守邑符信。"

䈿
䈿〔婑〕(guī) ❶纤细美好。《方言》第二:"自关而西秦晋之间,凡细而有容谓之婑。"戴震疏证:"秦晋谓细腰为婑。"❷见"婑盈"。

婑盈 盛气斥责。《方言》第七:"婑盈,怒也。燕之外郊,朝鲜洌水之间,凡言呵叱者,谓之婑盈。"《广雅·释诂》:"婑盈,怒也。"

硅
硅(guī) 化学元素[周期系第Ⅳ族(类)主族元素]。旧名"矽"。符号 Si。原子序数 14。一种重要的半导体材料。自然界常以二氧化硅或硅酸盐的形式存在。在地壳中的含量约占地壳总质量的 1/4 强。有两种同素异形体。一种为暗棕色无定形粉末,用镁使二氧化硅还原而得,性质较活泼,在空气中能燃烧;另一种为性质稳定的灰黑色有金属光泽的晶体(晶态硅),由炭在电炉中使二氧化硅还原而得。超纯多晶硅一般是在高温下用氢还原三氯氢硅而制得;也可由硅烷热分解而得。多晶硅可用来拉制单晶,称为"单晶硅"。超纯单晶硅可作半导体材料,掺有特定微量杂质的硅单晶制成的大功率晶体管、整流器及太阳能电池,比用锗单晶制成的为好。也用以制硅与铁、铝、铜等的合金和各种无机与有机硅化合物。

捝
捝〔捝〕(guī) 裁衣。《方言》第二:"梁益之间,裂帛为衣曰捝。"左思《蜀都赋》:"藏锼巨万,鈋捝兼呈。"鈋,裁木为器。

傀
傀(guī) ❶怪异。《周礼·春官·大司乐》:"大傀异灾。"❷独立貌。《荀子·性恶》:"傀然独立天地之间而不畏。"
另见 kuǐ。

傀奇 傀,亦作"瑰"。奇异;奇异之物。《文选·郭璞〈江赋〉》:"傀奇之所窟宅。"张铣注:"瑰奇,谓珠玉龟鱼之类也。"

窐
窐(guī) 空,孔穴。《楚辞·哀时命》:"璋珪杂于甗窐。"段玉裁《说文解字注》:"此(窐)甗下空也。"
另见 wā,yāo。

袿
袿(guī) ❶妇女的上衣。宋玉《神女赋序》:"被袿裳。"❷衣袖。《广雅·释器》:"袿,袖也。"王念孙疏证:"夏侯湛《雀钗赋》:'理袿襟,整服饰。'是袿为袖也。"《方言》第四:"袿谓之裾。"郭璞注:"衣后裾也。或作袿,《广雅》云衣袖也。"

逯
逯(guī) 同"归"。《古文苑·石鼓文》:"舫舟西逯。"

婦
婦(guī) "归(歸)"的古体字。
另见 kuì。

媿
媿(guī) 通"傀"。怪异。《荀子·非十二子》:"吾语汝学者之媿容。"
另见 wéi。

媿琐 ❶怪僻猥琐。《荀子·非十二子》:"乔宇媿琐,使天下混然不知是非治乱之所存者有人矣。"乔宇,犹谲诡。❷狂怪之人。《荀子·儒效》:"其通也英杰化之,媿琐逃之。"

𡁱
𡁱(guī) 山名。在河南省洛阳市西,亦称谷口山。
另见 wěi。

騩
騩〔騩〕(guī) 浅黑色的马。《晋书·舆服志》:"騩马,浅黑色。"

瑰
瑰〔瓌〕(guī) ❶美石。《诗·秦风·渭阳》:"何以赠之?琼瑰玉佩。"❷奇伟;珍贵。班固《西都赋》:"因瑰材而究奇,抗应龙之虹梁。"❸见"玫瑰"。

瑰宝 稀世珍宝。左思《吴都赋》:"窥东山之府,即瑰宝溢目。"也比喻杰出的人才。陆云《移书太常荐同郡张赡》:"若得端委大学,错综先典,垂缨玉阶,论道紫宫,诚帝室之瑰宝,清庙之伟器。"

瑰丽 珍奇,绮丽。张衡《西京赋》:"攒珍宝之玩好,纷瑰丽以奓(奢)靡。"

瑰奇 奇异;珍奇。韩愈《郑群赠簟》诗:"蕲州笛竹天下知,郑君所宝尤瑰奇。"亦谓珍奇之物。左思《吴都赋》:"相与昧潜险,搜瑰奇。"

瑰玮 奇伟;卓异。曹植《酒赋序》:"余览扬雄《酒赋》,辞甚瑰玮。"《三国志·蜀志·许靖传》:"文休(许靖)倜傥瑰玮,有当世之具。"亦作"瑰伟"。《史记·司马相如列传》:"若乃俶傥瑰伟,异方殊类,珍怪鸟兽,万端鳞萃,充仞其中者不可

胜记。"

瑰异 奇特;珍异。《淮南子·诠言训》:"圣人无屈奇之服,无瑰异之行。"张衡《东京赋》:"龙雀蟠蜿,天马半汉。瑰异谲诡,灿烂炳焕。"

瑰意琦行 卓异的思想和不平凡的行为。宋玉《对楚王问》:"夫圣人瑰意琦行,超然独处。"

瞡〔瞡〕(guī) 见"瞡瞡"。

瞡瞡 同"规规❷"。浅陋拘泥貌。《荀子·非十二子》:"莫莫然,瞡瞡然。"王先谦集解引郝懿行曰:"瞡,疑与婗同。婗者细也。《方言》:'细而有容谓之婗。'然则莫莫者,矜大之容;瞡瞡者,鄙细之容。"

鲑〔鲑〕(guī) ❶亦称"鲑鳟鱼"。硬骨鱼纲,鲑科鱼类的通称。北半球溯河性鱼类,也是世界重要的冷水性大中型经济鱼类。体呈流线型,口大而斜,牙锥状。体被小圆鳞。背鳍和脂鳍各一个,尾鳍稍凹入或叉形。种类颇多,有些生活在淡水,有些栖息海洋中,生殖季节溯河产卵,作长距离洄游。分布于太平洋、大西洋北部及北冰洋海区和沿岸诸水系流域中。重要的有红点鲑、鲑鲖、鲑、大麻哈鱼、哲罗鱼和细鳞鱼等属,中国主产于黑龙江流域,肉味美,营养丰富,供鲜食、盐渍加工、熏制、制罐等。鲑鱼子酱更是名贵食品。❷即河豚。《山海经·北山经》:"其中多赤鲑。"郭璞注:"今名鲵鲐为鲑鱼,音圭。"按,鲵鲐即河豚。

另见wā、xié。

鰃〔鰃〕(guī) 鱼名。即"河豚"。

鬹〔鬹〕(guī) 古代陶制炊器。有流、鋬和三空心足。是中国新石器时代大汶口文化和龙山文化的代表器形之一。《说文·鬲部》:"鬹,三足釜也。有柄喙。"

巂(guī) ❶子巂,即子规。《尔雅·释鸟》:"巂周,燕。"郭璞注:"子巂鸟,出蜀中。"参见"子规"。❷通"规"。轮周。《礼记·曲礼上》:"立视五巂。"陆德明释文:"车轮转一周为巂。一周,丈九尺八寸也。"

另见xī。

礌(guī) 小石。见《集韵·十五灰》。

另见huái。

鬹

guǐ

氿(guǐ) ❶水边干土。《说文·水部》:"氿,水厓枯土也。"❷水从旁流出。见"氿泉"。

另见jiǔ。

氿滥 泉水。《文选·班固〈答宾戏〉》:"怀氿滥而测深乎重渊。"李周翰注:"氿滥,小泉也。"《后汉书·黄宪传》:"林宗(郭泰)曰:'奉高(袁闳)之器,譬诸氿滥,虽清而易挹;叔度(黄宪)汪汪若千顷陂,澄之不清,淆之不浊,不可量也。'"

氿泉 侧出泉。谓泉水上涌受阻,从侧面流出。《诗·小雅·大东》:"有洌氿泉。"《释名·释水》:"侧出曰氿泉;氿,轨也,流狭而长如车轨也。"

宄(guǐ) 内乱。《国语·鲁语上》:"窃宝者为宄。"韦昭注:"乱在内为宄。"也指犯法作乱的人。见"奸宄"。

朹(guǐ) 同"簋"。古代食器。《春秋繁露·祭义》:"朹实,黍也。"

另见qiú。

轨〔軌〕(guǐ) ❶车子两轮间的距离,古代有定制,其广度为古制八尺。《考工记·匠人》:"经涂九轨。"郑玄注:"轨谓辙广,乘车六尺六寸,旁加七寸,凡八尺。"引申为车轮驶过后的痕迹。曹植《赠白马王彪》诗:"中逵绝无轨,改辙登高岗。"❷路轨;一定的路线。如:钢轨;铺轨。《淮南子·本经训》:"五星循轨,而不失其行。"❸比喻秩序、规矩、法度。如:正轨;越轨。《汉书·叙传下》:"东平失轨。"颜师古注:"轨,法则也。"❹遵照;依照。《韩非子·问辩》:"故言行而不轨于法令者必禁。"❺轴头;车轴的两端。亦称"轵"。《礼记·少仪》:"其在车则左执辔,右受爵,祭左右轨范。"范,车轼前的板。参见"轵❷"。❻古代的一种户口编制。《管子·小匡》:"制五家为轨,轨有长,六轨为邑。"❼通"宄"。内乱。《左传·成公十七年》:"乱在外为奸,在内为轨。"

轨范 法式。犹言规范、楷模。《尚书序》:"所以恢弘至道,示人主以轨范也。"虞世南《书旨述》:"父子联镳,轨范后昆。"谓王羲之、献之父子的书法为后世的规范。

轨迹 车的辙迹。比喻途径。《后汉书·高凤传》:"或高栖以违行,或疾物以矫情,虽轨迹异区,其去就一也。"也比喻遗制,故辙。《三国志·蜀志·先主传》:"大王袭先帝轨迹,亦兴于汉中也。"

轨物 ❶法度与礼制。《左传·隐公五年》:"君将纳民于轨物者也,故讲事以度轨量谓之轨,取材以章物采谓之物。不轨不物,谓之乱政。"轨,法度;物,典章文物。事,指祭祀、戎事;材,指用于祭祀、戎事的物品。❷为事物之规范。《颜氏家训·序致》:"吾所以复为此,非敢轨物范世也。"

轨躅 ❶车的辙迹。左思《蜀都赋》:"外则轨躅八达,里闬对出。"❷比喻古人或前代的遗规。《汉书·叙传上》:"伏周、孔之轨躅,驰颜、闵之极挚。"

庋(guǐ) ❶置放;收藏。如:庋藏。《新唐书·牛仙客传》:"前后锡与,缄庋不敢用。"❷搁置器物的木板或架子。洪迈《夷坚丁志·蔡河秀才》:"见床内小板庋上,乌纱帽存。"

匭〔匭〕(guǐ) 匣子;箱子。《书·禹贡》:"包匭菁茅。"《旧唐书·则天皇后纪》:"垂拱二年三月,初置匭于朝堂,有进书言事者,听投之。"

佹(guǐ) ❶诡异。《荀子·赋》:"请陈佹诗。"❷乖戾;不合。《考工记·轮人》:"察其蛋蚤不齵,则轮虽敝不匡。"郑玄注:"蛋与爪不相佹。"

另见guǐ。

扷(guǐ) ❶祭山名。见《集韵·四纸》。❷通"乖"。见"扷刺"。

扷刺 乖戾。《易林·豫之临》:"一夫两心,扷刺不深,所为无功,求事不成。"

诡〔詭〕(guǐ) ❶欺诈;虚伪。如:诡计;诡辩。《管子·法禁》:"行辟而坚,言诡而辩。"❷怪异。班固《西都赋》:"殊形诡制,每各异观。"❸违反。《吕氏春秋·淫辞》:"言行相诡,不祥莫大焉。"❹责成。《汉书·京房传》:"今臣得出守郡,自诡效功。"

诡辞 ❶用假话搪塞应付。《穀梁传·文公十年》:"故士造辞而言,诡辞而出。"范宁注:"诡辞而出,不以实告人。"《后汉书·赵岐传》:"贼欲胁以为帅,岐诡辞得免。"❷犹诡辩。颠倒黑白、混淆是非的言论。《汉书·扬雄传下》:"大氐诋訾圣人,即为

怪迂,析辩诡辞,以挑世事。"

诡谲 怪异;变化多端。张协《玄武馆赋》:"崇墉四匝,丰厦诡谲,烂若丹霞,皎如素雪。"

诡秘 隐秘难测。刘克庄《和实之读邸报之一》:"鬼谷从(纵)横舌,终南诡秘踪。"

诡随 谲诈善变。也指谲诈善变的人。《诗·大雅·民劳》:"无纵诡随,以谨无良。"王引之《经义述闻》卷七:"诡随,谓谲诈谩欺之人也。"《宋史·李南公传》:"南公为吏六十年,干局明锐,然反覆诡随,无特操,识者非之。"

诡遇 《孟子·滕文公下》:"吾为之范我驰驱,终日不获一;为之诡遇,一朝而获十。"谓打猎时不按规矩,纵横驰骋以追逐禽兽。后亦指不循正道以追求功名富贵。白居易《适意》诗:"直道速我尤,诡遇非吾志。"

陒(guǐ) 同"垝"。

垝(guǐ) ❶倒坍。见"垝垣"。亦指毁垣。《管子·霸形》:"东山之西,水深灭垝。"尹知章注:"垝,败墙也。"❷土坫的别称。《尔雅·释宫》:"垝谓之坫。"

垝垣 犹颓垣。倒坍的墙壁。《诗·卫风·氓》:"乘彼垝垣。"

鬼(guǐ) ❶迷信者以为人死后精灵不灭,称之为鬼。《左传·宣公四年》:"鬼犹求食,若敖氏之鬼不其馁而!"在中国,常以天神、地祇、人鬼并称。《道藏·女青鬼律》载有许多鬼名。鬼一般被认为不登仙境,本性邪恶,对之应采取辟邪驱除等措施。❷指万物的精怪。如:木魅山鬼。❸喻称人心的阴险、狡诈或不光明。如:鬼话连篇;鬼头鬼脑。❹称沉溺于不良嗜好的人。如:酒鬼;赌鬼。也用作对人表示轻视的称呼。如:小气鬼;吝啬鬼。❺敏慧。《方言》第一:"虔、儇,慧也。赵、魏之间谓之黠,或谓之鬼。"❻表示爱昵的称呼。如:小鬼;机灵鬼。❼星宿名。即鬼宿。

鬼才 宋人品评唐代诗人李贺之辞,谓才气怪谲。钱易《南部新书》卷丙:"李白为天才绝,白居易为人才绝,李贺为鬼才绝。"《文献通考·经籍六十九》:"宋景文(宋祁)诸公在馆,尝评唐人诗云:'太白仙才,长吉鬼才。'"

鬼方 古族名。亦称薰方、魁方、媿氏、鬼方氏、鬼方蛮。殷周时,活动于今陕西、山西北境,为殷周的强敌。殷武丁时曾与殷有三年的长期战争,殷在周的先人帮助下才阻止其侵袭。西周时,仍经常侵扰周的边境。周以后不见于记载。

鬼斧神工 亦作"神工鬼斧"。形容技艺的精巧,似非人工之能。袁枚《随园诗话》卷六:"二树画梅,题七古一篇,叠'鬓'字韵八十余首,神工鬼斧,愈出愈奇。"

鬼火 即磷火。尸体腐烂时由骨骼分解出来的磷化氢,在空气中会自动燃烧发光,夜间在野地里看到时,火焰呈淡绿色。旧时迷信认为是鬼所点的火,故称。杜甫《玉华宫》诗:"阴房鬼火青,坏道哀湍泻。"

鬼脸 ❶形容面容丑陋。《水浒传》第四十七回:"这个兄弟姓杜名兴,祖贯是中山府人氏,因为他面颜生得粗莽,以此人都唤他做'鬼脸儿'。"❷故意装出一种怪相来吓人或哄人。徐学谟《归有园麈谈》:"乘势作威者,如大人装鬼脸以骇小儿,背地则收下。"❸戏剧表演时所用的面具。《红楼梦》第三十六回:"哄的那个雀儿果然在那戏台上衔着鬼脸儿和旗帜乱串。"

鬼录 旧时迷信,谓冥间记死人的名册。陶潜《拟挽歌辞》:"昨暮同为人,今旦在鬼录。"在鬼录,谓已死。亦作"鬼箓"。《三国志·吴志·孙策传》"策阴欲袭许迎汉帝"裴松之注引《江表传》:"今此子已在鬼箓,勿复费纸笔也。"

鬼门道 也叫"古门道"、"鼓门道"。宋元时舞台通向戏房(后台)的门。明朱权《太和正音谱》:"构栏中戏房出入之所,谓之鬼门道。鬼者,言其所扮者皆是已往昔人,故出入谓之鬼门道也。愚俗无知,因置鼓于门,讹唤为'鼓门道',于理无宜。亦曰'古门道',非也。"

鬼使神差 比喻意料不到,不由自主。李致远《还牢末》第四折:"今日得遇你个英雄剑客,恰便似鬼使神差。"《琵琶记·张公遇使》:"元来他也只是无奈,恁地好似鬼使神差。"

鬼胎 比喻不可告人的念头。《水浒传》第九回:"两个公人怀着鬼胎,各自要保性命,只得小心随顺着行。"

鬼物 鬼;鬼怪。《列子·黄帝》:"有一人从石壁中出,随烟烬上下,众谓鬼物。"元好问《涌金亭示同游诸君》诗:"云雷涵鬼物,窟宅深蛟鼍。"

鬼薪 秦汉时的一种徒刑。《汉书·惠帝纪》:"上造以上,及内外公孙耳孙,有罪当刑,及当为城旦、春者,皆耐为鬼薪、白粲。"颜师古注引应劭曰:"取薪给宗庙为鬼薪,坐择米使正白为白粲。皆三岁刑也。"

鬼雄 鬼中之雄杰。对死于国事的战士的褒称。《楚辞·九歌·国殇》:"身既死兮神以灵,子魂魄兮为鬼雄。"

鬼蜮 《诗·小雅·何人斯》:"为鬼为蜮,则不可得。"后以"鬼蜮"比喻用心险恶,暗中伤人者。如:鬼蜮伎俩。黄遵宪《逐客篇》诗:"鬼蜮实难测,魑魅乃不若。"参见"蜮(yù)❶"。

鬼子 骂人的话。《世说新语·方正》:"卢志于众坐问陆士衡(陆机):'陆逊、陆抗,是君何物?'……士衡正色曰:'我父、祖名播海内,宁有不知?鬼子敢尔!'"

攱(guǐ) 同"庋"。

愯(guǐ) 变异。《庄子·齐物论》:"恢恑憰怪。"成玄英疏:"恑,奇变之称。"

婏(guǐ) 见"婏婳"。

婏婳 闲静美好貌。宋玉《神女赋》:"既婏婳于幽静兮,又婆娑乎人间。"

癸(guǐ) ❶天干的第十位。❷姓。宋代有癸仲。

蚎〔蛫〕(guǐ,又读wēi) 传说中的水怪。《管子·水地》:"蚎者,一头而两身,其形若蛇,其长八尺。以其名呼之,可以取鱼鳖,此涸川水之精也。"

庪(guǐ,又读jǐ) 同"庋"。藏。引申为埋。《尔雅·释天》:"祭山曰庪悬。"邢昺疏:"庪,谓埋藏之。"

袿(guǐ) 谓祖宗世系远的,不再祭祀。《尔雅·释诂》:"袿,祖也。"郭璞注:"毁庙之主曰袿。"主,神主、牌位。

铍〔鋛〕(guǐ) 锹一类的农具。《说文·金部》:"鋛,臿属也。"

毁(guǐ) 即"簋"。金文中"簋"都写作"毁"。过去金石家曾误释为"敦"。

鵭〔鵤〕(guǐ) 见"鸡鵭"。

晷(guǐ) ❶日影。引申为时光。张华《游猎篇》:"驰骋未及倦,曜灵俄移晷。"韩愈《进学解》:

"焚膏油以继晷。"❷古代测日影以定时刻的仪器。《晋书·鲁胜传》:"以冬至之后,立晷测影,准度日月星。"❸通"轨"。《汉书·叙传下》:"应天顺民,五星同晷。"

蛫(guǐ)❶蟹名。《本草纲目·介部》:"六足者名蛫,有大毒,不可食。"❷兽名。《山海经·中山经》:"〔即公之山〕有兽焉,其状如龟,而白身赤首,名曰蛫,是可以御火。"

潩(guǐ)水干涸。《尔雅·释水》"水醮曰厬"陆德明释文:"厬,字又作潩。音轨。"

媿(guǐ)见"媿氏"。
另见 kuì 愧。

媿氏 即"鬼方"。

竄(guǐ)见"竄方"。

竄方 即"鬼方"。古族名。

觤(guǐ)角长短不齐的羊。《尔雅·释畜》:"羊角不齐,觤。"郭璞注:"一短一长。"郝懿行义疏引《说文》曰:"觤,羊角不齐也。"

屬(guǐ)《尔雅·释水》:"水醮曰屬。"郭璞注:"谓水醮尽。"按谓水干涸而露岩厓。

魖(guǐ)见"魖方"。

魖方 即鬼方。我国古族名。

簋(guǐ)本作"毁"。古代食器。圆口,圈足。无耳或有两耳,也有四耳、方座,或带盖的。青铜或陶制。用以盛食物。盛行于商周时期。

簋

guì

危(guì)通"跪"。指足。《韩非子·外储说左下》:"齐有狗盗之子与刖危子戏而相夸。"又《内储说下》:"门者刖跪请曰。""刖危"即"刖跪"。
另见 wēi。

柜〔櫃〕(guì)❶匣子。《韩非子·外储说左上》:"楚人有卖其珠于郑者,为木兰之柜。"❷收藏衣物用的器具。如:衣柜;书柜。❸商店中对外营业的柜形台子。如:柜台。亦指管账的台子。如:账柜;掌柜。
另见 jǔ。

柜田 中国旧时沼泽中用泥土围墙拦筑而成的农田。行于宋元时代,近代未见。王祯《农书·田制门》:"柜田,筑土护田,似围而小。四面俱置涵穴。"

炅(guì)❶同"炔"。见《玉篇·火部》。❷姓。东汉有炅横。
另见 jiǒng。

刿〔劌〕(guì)❶刺伤;割伤。《方言》第三:"〔凡草木刺人〕自关而东或谓之梗,或谓之刿。"《荀子·荣辱》:"廉而不见贵者,刿也。"杨倞注:"刿,伤也。"❷通"会"。《太玄·玄告》:"日月相刿。"范望注:"刿之言会也,日月之行,一岁十二会。"

贵〔賏〕(guì)❶货物;钱财。《说文·贝部》:"贵,资也……或曰此古货字。读若贵。"❷赌。见《广雅·释言》。

剑〔劊〕(guì)砍断。《易·困》"劓刖"陆德明释文:"京(京房)作劓剑。案《说文》:'剑,断也。'"参见"剑子手"。

剑子手 旧时执行斩刑的刀斧手。今也指屠杀革命者或人民群众的凶手。

炔(guì)姓。春秋时齐有炔钦。
另见 quē。

贵〔貴〕(guì)❶价格高。《汉书·食货志上》:"籴,甚贵伤民,甚贱伤农。"❷地位高。《荀子·荣辱》:"使有贵贱之等,长幼之差。"❸重要;可宝贵。《孟子·尽心下》:"民为贵,社稷次之,君为轻。"❹重视;崇尚。《老子》:"不贵难得之货。"❺敬爱。《荀子·正论》:"下安则贵上。"❻敬辞。如:贵姓;贵庚;贵干。《京本通俗小说·冯玉梅团圆》:"娘子不若权时在这店里住几日,将息贵体。"❼贵州省的简称。以境内有贵山得名。❽姓。汉代有贵迁。

贵耳贱目 相信传闻,反而不相信亲眼看到的事实。张衡《东京赋》:"若客所谓,末学肤受,贵耳而贱目者也。"

贵介 犹言尊贵。介,大。《左传·襄公二十六年》:"夫子为王子围,寡君之贵介弟也。"刘伶《酒德颂》:"有贵介公子,搢绅处士,闻吾风声,议其所以。"

贵戚 ❶君主的内外亲族。《孟子·万章下》:"有贵戚之卿,有异姓之卿。"❷谓姑姐妹之属。《吕氏春秋·仲冬》:"省妇事,毋得淫,虽有贵戚近习,无有不禁。"

贵人 ❶谓公卿大夫,亦泛指地位贵显的人。《吕氏春秋·重己》:"世之人主贵人。"高诱注:"贵人,谓公卿大夫也。"《晋书·刘毅传》:"〔刘毅〕好臧否人物,王公贵人,望风惮之。"❷妃嫔的称号。东汉光武帝时始置,仅次于皇后。至清代仍沿用此名,但位在妃、嫔之下,地位已大不相同。

贵幸 尊贵而受宠幸。《国策·楚策四》:"楚王之贵幸君,虽兄弟不如。"亦指君王尊贵宠幸之臣。《后汉书·郎𫖮传》:"左右贵幸,亦宜惟臣之言以悟陛下。"

贵游 无官职的王公贵族。《周礼·地官·师氏》:"凡国之贵游子弟学焉。"郑玄注:"贵游子弟,王公之子弟。游,无官司者。"《抱朴子·崇教》:"贵游子弟,生乎深宫之中,长乎妇人之手;忧惧之劳,未尝经心。"亦泛指贵显者。韦应物《长安道》诗:"贵游谁最贵,卫霍世难比。"

贵胄 胄,后代。谓贵族子弟。《陈书·江总传》:"中权将军、丹阳尹何敬容开府,置佐史,并以贵胄充之。"

贵主 ❶公主的尊称。《后汉书·窦宪传》:"今贵主尚见枉夺,何况小人哉?"贵主,指沁水公主。❷尊称他人之主。《晋书·李雄传》:"贵主英名盖世,土险兵强,何不自称帝一方?"

桂(guì)❶植物名。桂花,即"木樨"。❷广西壮族自治区的简称。因秦置桂林郡于此,宋广南西路治桂州,明清广西省会在桂林府而得名。❸姓。

桂海 古指南方边远地方。《文选·江淹〈杂体诗·袁太尉〉》:"文轸薄桂海。"李善注:"南海有桂,故云桂海。"范成大《乾道癸巳腊后二日桂林大雪尽馀》诗:"须指桂海接蓬瀛,满目三山白银阙。"

桂林一枝 《晋书·郤诜传》:"累迁雍州刺史,武帝于东堂会送,问诜曰:'卿自以为何如?'诜对曰:'臣举贤良对策,为天下第一,犹桂林之一枝,昆山之片玉。'"原为郤诜自谦之词,后比喻出类拔萃者。参见"昆山片玉"。

桂魄 月的别称。相传月中有桂树,故云。苏轼《念奴娇·中秋》词:"桂魄飞来光射处,冷浸一天秋碧。"

桂子飘香　桂花散发香气。形容仲秋佳景。语出宋之问《灵隐寺》诗"桂子月中落,天香云外飘"。陆游《老学庵笔记》卷二:"张子韶对策有'桂子飘香'之语。赵明诚妻李氏嘲之曰:'露花倒影柳三变,桂子飘香张九成。'"

桧〔檜〕(guì,又读 kuài)　❶植物名。学名 *Sabina chinensis*。

桧

亦称"圆柏"、"桧柏"。柏科。常绿乔木,高可达20米。树冠圆锥形。叶有鳞形及刺形两种。雌雄异株,有时同株。球果翌年秋冬成熟,近球形,肉质。产中国,以黄河流域和长江流域为中心,分布甚广。幼龄较耐荫。对土壤要求不严,树龄长达数百年。插条繁殖者生长快。木材淡黄褐色至红褐色,细致,坚实,有芳香,耐腐。供建筑及制家具、工艺品、绘图板、铅笔杆等用。其变种龙柏(cv. *kaizuca*),树冠圆柱形,叶鳞形,插条易成活,生长快;如用种子繁殖,则树形同叶都变成桧的形态。❷古代棺材盖上的装饰。《左传·成公二年》:"棺有翰桧。"杜预注:"翰,旁饰;桧,上饰。"❸古国名,即"郐"。《诗经》有《桧风》。
　　另见 huì。

祛〔襘〕(guì,又读 huì)　❶古人为消灾除病而举行的祭祀。《周礼·天官·女祝》:"掌以时招梗祛禳之事,以除疾殃。"郑玄注:"除灾害曰祛,祛犹刮去也。"❷古代诸侯聚合财物接济他国之礼。《周礼·春官·大宗伯》:"以祛礼哀围败。"郑玄注:"同盟者合会财货以更其所丧。"更,补偿。

鹄〔鵠〕(guì,又读 jué)　见"鹕鹄"。

匮〔匱〕(guì)　"柜(櫃)"的古字。藏东西的家具,方形或长方形,状如箱而稍大。《庄子·胠箧》:"然而巨盗至,则负匮揭箧担囊而趋。"
　　另见 kuì。

硊(guì)　安徽省芜湖市有石硊山。

祪〔襘〕(guì)　古时衣交领,其交会处谓之祪。《左传·昭公十一年》:"衣有祪,带有结。"杜预注:"祪,领祪;结,带结也。"

捴〔摜〕(guì)　排除。《淮南子·要略》:"当此之时,烧不暇捴。"高诱注:"捴,排去也。"

槶〔槶〕(guì)　❶木名。《尔雅·释木》:"椐,槶。"郭璞注:"肿节,可为杖。"参见"椐"。❷同"柜(櫃)"。

跪(guì)　同"贶"。

跪(guì)　❶两膝着地。《礼记·曲礼上》:"授立不跪。"❷指足。《韩非子·内储说下》:"门者刖跪。"也特指蟹足。《荀子·劝学》:"蟹六跪而二螯。""六"字,卢文弨疑为"八"字之讹。

瞆〔瞶〕(guì)　❶极视。见《广韵·八未》。❷眼瞎。叶燮《原诗》卷三:"其馀非戾则腐,如聋如瞆不少。"

鲹〔鰓〕(guì)　硬骨鱼纲,鲤科。一种小型淡水鱼类。体延长,稍侧扁。银灰色,常具黑色小斑。吻尖,口大,无须。性喜寒冷,分布于中国北部和中部溪流中,个别种类见于南部溪流。常见的有真鲹(*Phoxinus phoxinus*),产于黑龙江的漠河和黑河;短尾鲹(*P. brachyurus*),产于新疆伊犁河、艾比河;洛氏鲹(*P. lagowskii*),产于黑龙江至长江各流域。

撅(guì)　揭衣。《礼记·内则》:"不涉不撅。"
　　另见 juē、jué。

蛫(guì)　蚕茧中的蛹。《尔雅·释虫》:"蛫,蛹。"郭璞注:"蚕蛹。"郝懿行义疏:"《埤雅》引孙炎正义:'蛫即是雄,蛹即是雌。'"
　　另见 huǐ。

嶡(guì)　山貌。见《集韵·十三祭》。
　　另见 jué。

篑(guì,又读 kuí)　车弓。《方言》第九:"车枸篓,宋、魏、陈、楚之间谓之篑。"郭璞注:"今呼车子弓为篑。"按即车篷四周的架子,弯曲如弓形。

夔(guì)　"贵(貴)"的古体字。

鞼〔鞼〕(guì)　折。《淮南子·原道训》:"坚强而不鞼。"

蹶(guì)　亦作"蹷"。❶动。《诗·大雅·绵》:"文王蹶厥

生。"马瑞辰通释:"谓文王有以感动其性也。"宋玉《风赋》:"蹷石伐木。"❷急遽貌。《史记·郦生陆贾列传》:"于是尉佗(南越尉赵佗)乃蹶然起坐。"
　　另见 jué、juě。

蹶蹶　❶动作敏捷貌。《诗·唐风·蟋蟀》:"好乐无荒,良士蹶蹶。"❷惊动貌。《庄子·至乐》:"俄而柳生其左肘,其意蹶蹶然恶之。"柳,借作"瘤"字。

鐀(guì)　同"匮"。《汉书·司马迁传》:"迁为太史令,䌷史记石室金鐀之书。"《史记·太史公自序》作"金匮"。

鳜〔鱖〕(guì)　动物名。学名 *Siniperca chuatsi*。亦称"鲈花鱼"、"桂鱼"。硬骨鱼纲,鮨科。体侧扁,背部隆起,长达60厘米。青黄色,具黑色斑纹。口大,下颌突出。

鳜

背鳍一个,硬棘发达。鳞细小,圆形。性凶猛,喜食鱼虾。中国各大河流、湖泊均产。肉质鲜嫩,是名贵淡水食用鱼类。张志和《渔父》词:"西塞山前白鹭飞,桃花流水鳜鱼肥。"
　　另见 jué。

gǔn

卷(gǔn)　通"衮"。《礼记·王制》:"制,三公一命卷。"郑玄注:"三公八命矣,复加一命,则服龙衮。"
　　另见 juǎn、juàn、quān、quán。

眈〔睔〕(gǔn)　目大貌。春秋时郑成公名眈。见《春秋·襄公二年》。

浑〔渾〕(gǔn)　见"浑浑"。
　　另见 hún、hùn。

浑浑　水流盛大貌。《荀子·富国》:"财货浑浑如泉源。"

绲〔緄〕(gǔn)　❶羽数名。《尔雅·释器》:"一羽谓之箴,十羽谓之绲,百羽谓之缎。"❷通"衮"。古代天子和上公的礼服。《管子·君臣上》:"衣服绲绣,尽有法度。"尹知章注:"绲绣,古衮冕字也。"
　　另见 yùn。

衮 (gǔn) 亦作"袞"。古代帝王及上公的礼服。《周礼·春官·司服》:"享先王则衮冕。"郑玄注引郑司农曰:"衮,卷龙衣也。"参见"衮衣"。

衮衮 连续不绝貌。杜甫《登高》诗:"无边落木萧萧下,不尽长江衮衮来。"此形容水流,通作"滚滚"。《晋书·王戎传》:"张华善说《史》《汉》,裴頠论前言往行,衮衮可听。"此形容说话。

衮衮诸公 杜甫《醉时歌》:"诸公衮衮登台省,广文先生官独冷。"衮衮,相继不绝之意。后转以"衮衮诸公"称众多的高官,含贬义。

衮冕 衮衣和冠冕,是古代帝王及上公的礼服和礼帽。《仪礼·觐礼》:"天子衮冕,负斧依。"后亦借指登朝入仕。《后汉书·孔僖传》:"吾有布衣之心,子有衮冕之志。"

衮衣 古代帝王及上公的礼服。《诗·豳风·九罭》:"我觏之子,衮衣绣裳。"毛传:"衮衣,卷龙也。"陈奂传疏:"衮与卷古同声。卷者,曲也,像龙曲形曰卷龙,画龙作服曰龙卷,加衮之服曰衮衣,玄衣而加衮曰玄衮,戴冕而加衮曰衮冕。天子、上公皆有之。"

袞 (gǔn) 同"衮"。

混 (gǔn) 见"混混"。另见 hún, hùn。

混混 同"滚滚"。水流不绝貌。《孟子·离娄下》:"原泉混混,不舍昼夜。"亦用来形容说话滔滔不绝。《世说新语·言语》:"裴仆射善谈名理,混混有雅致。"

绲 〔緄〕(gǔn) ❶绳。《诗·秦风·小戎》:"竹闭绲縢。"朱熹注:"闭,弓檠也,《仪记》作'柲'。绲,绳;縢,约也。以竹为闭,而以绳约之于弛弓之里。"❷编织的带子。曹植《七启》:"绲佩绸缪。"❸滚边。章炳麟《新方言·释器》:"凡织带皆可以为衣服缘边,故今称缘边曰绲边。俗误书作滚。"❹捆;束。《国策·宋卫策》:"束组三百绲。"高诱注:"十首为一绲也。"按,《后汉书·舆服志下》:"凡先合单纺为一系,四系为一扶,五扶为一首。"

辊 〔輥〕(gǔn) ❶车毂匀整齐一。《说文·车部》:"辊,毂齐等貌也。《周礼》曰:'望其毂,欲其辊。'"❷像车轮般转动。李煜《望江梅》词:"船上管弦江面绿,满城飞絮辊轻尘。"❸泛指能滚动

的圆筒状机件。如:辊轴。❹躺。元好问《醉猫图》诗:"侧辊横眠却自如。"

蓘 (gǔn) 以土壅苗根。《左传·昭公元年》:"譬如农夫,是穮是蓘。"

䃂 (gǔn) ❶钟声闷塞不扬。《周礼·春官·典同》:"凡声,高声䃂。"郑玄注:"玄谓高,钟形大上,上大也。高则声上藏,䃂然旋如裹。"孙诒让正义引段玉裁云:"谓其音拳曲盘旋而上,如物苞裹于内也。"❷滚动。于鹄《早上凌霄第六峰入紫溪礼白鹤观祠》诗:"放石试浅深,䃂壁蛇鸟惊。"

滚 (gǔn) ❶大水奔流貌。见"滚滚"。❷旋转。多指球形物体的运动。如:球在地上滚来滚去。借用为斥人离开之词。如:滚开;滚出去。❸液体沸腾。如:水滚了。

滚滚 本作"衮衮"。大水奔流貌。辛弃疾《南乡子·登京口北固亭有怀》词:"千古兴亡多少事,悠悠,不尽长江滚滚流。"亦用来形容急速地翻腾。魏禧《大铁椎传》:"黑烟滚滚,东向驰去。"

裷 (gǔn) 同"衮"。衮龙服。《荀子·富国》:"故天子袾裷衣冕。"杨倞注:"袾,古朱字。裷与衮同。画龙于衣谓之衮。朱衮,以朱为质也。"另见 yuān。

滚 (gǔn) 同"滚"。

磙 (gǔn) 磙子,用石头制成的滚压器,如碌碡之类。亦用作动词,磙压。如:磙平。

鲧 〔鯀〕(gǔn) 亦作"鮌"。❶传说中原始时代部落首领。颛顼子,禹之父,建国于崇(亦称有崇),号崇伯。由四岳推举,奉尧命治水。他用筑堤防水的方法,九年未治平,被舜杀死在羽山。神话谓神化为黄熊。一说与禹同为治水有功的人物。❷大鱼。见《玉篇·鱼部》。

鮌 (gǔn) 同"鲧(鯀)"。

gùn

棍 (gùn) ❶棒。如:木棍;铁棍。❷无赖;坏人。如:恶棍;赌棍。另见 hùn。

㨪 (gùn) 转动。《集韵·二十六图》:"㨪,转也。"

guō

过 〔過〕(guō) ❶义同"过(guò)❶❷"。储光羲《蓝上茅茨期王维补阙》诗:"山中人不见,云去夕阳过。"❷义同"过(guò)❼"。《诗·召南·江有汜》:"之子归,不我过。"❸古国名。在今山东莱州北。《左传·襄公四年》:"〔寒浞〕处浇于过。"❹姓。另见 guò, guo。

呙 〔咼〕(guō) 姓。南唐时有呙拯;宋代有呙辅。另见 wāi。

昏 (guō) 塞口。《说文·口部》:"昏,塞口也。"段玉裁注:"《广雅·释诂》曰'昏,塞也'……凡昏声字,隶变皆为舌,如括、刮之类。"

活 (guō) 见"活活"。另见 huó。

活活 ❶水流声。《诗·卫风·硕人》:"河水洋洋,北流活活。"❷泞滑貌。杜甫《九日寄岑参》诗:"所向泥活活,思君令人瘦。"

堝 〔堝〕(guō) 见"坩"。

郭 (guō) ❶一作"廓",又称为"郛"。外城,古代在城的外围加筑的一道城墙。《孟子·公孙丑下》:"三里之城,七里之郭。"❷物体的外框或外壳。《汉书·食货志下》"公卿请令京师铸官赤仄"颜师古注引如淳曰:"以赤铜为其郭也。"《广雅·释器》:"郭,剑削也。"剑削,即剑鞘。❸通"鞟"。皮。《素问·汤液醪醴论》:"津液充郭。"王冰注:"郭,皮也。"❹通"虢"。《穀梁传·昭公元年》"会于郭",《左传》作"虢"。❺姓。

郭索 躁动貌;一说多足貌。《太玄·锐》:"蟹之郭索,后蚓黄泉。测曰:蟹之郭索,心不一也。"后多以形容蟹爬行或蟹爬行的声音。

郭秃 傀儡戏中的木偶。《颜氏家训·书证》:"或问:'俗名傀儡子为郭秃,有故实乎?'答曰:'《风俗通》云:诸郭皆讳秃。当是前代人有姓郭而病秃者,滑稽戏调,故后人为其像,呼为郭秃。'"按郭秃或即傀儡的音转。亦称"郭郎"。苑中《赠韶山退堂聪和尚》诗:"线索机关弄郭郎。"

涡〔渦〕(guō)　水名。见"涡河"。

另见 wō。

涡河　淮河支流。在安徽省西北部。源出河南省开封县西，东南流到安徽省亳州市纳惠济河，在怀远县入淮河。长382公里，流域面积1.59万平方公里。河道宽阔，亳州市以下可通航。有阜蒙新河与西淝河相通。

楇〔楇〕(guō)　❶同"锞"。古代车上盛擦轴油膏的容器。见《说文·木部》。❷纺车上收丝的工具。见《玉篇·木部》。

另见 kuǎ。

喎〔喎〕(guō)　见"喎喎"。

喎喎　拟声词。❶形容多话。《广韵·二十一麦》："口喎喎，烦也。"❷形容汤水下咽声、蛙鸣声等。亦作"阁阁"。

崞(guō)　山名。一在山西浑源西北，一在山西原平西北。

聒(guō)　喧扰；嘈杂。如：聒耳。《楚辞·九思·疾世》："鸲鹆鸣兮聒余。"

聒聒　多言貌；吵闹。《书·盘庚上》："今汝聒聒。"欧阳修《鸣鸠》诗："日长思睡不可得，遭尔聒聒何时停。"

聒噪　亦作"聒噪"。❶吵闹。白朴《梧桐雨》第四折："则被他诸般儿雨声相聒噪。"❷宋元时打招呼的习惯语。犹言打扰、对不起。《水浒传》第十六回："将这十一担金珠宝贝都装在车子内，遮盖好了，叫声：'聒噪！'一直望黄泥岗上推了去。"

锅〔鍋〕(guō)　❶系于车旁之盛油器。《方言》第九："车釭，齐燕海岱之间谓之锅，或谓之锟，自关而西谓之釭，盛膏者乃谓之锅。"钱绎笺疏："膏施于车釭，故釭亦得锅名。"❷烹调用具，即镬子。如：铝锅；砂锅。❸形状像锅的东西。如：烟袋锅。❹特指煮盐的锅。宋代盐户有称锅户者。❺蒸汽机的盛水器。即锅炉。

锅户　宋盐户的一种。《宋史·食货志下四》："故环海之湄，有亭户，有锅户，有正盐，有浮盐。正盐出于亭户，归之公上者也；浮盐出于锅户，鬻之商贩者也。正盐居其四，浮盐居其一。"南宋时一度由政府设局收购浮盐，后又允许锅户自行售与商贩。

鈲(guō)　同"锅〔鍋〕"。

瘑(guō)　疽疮。见《玉篇》。

魝(guō)　同"锅〔鍋〕"。

蟈(guō)　通"蝈"。蛙。《大戴礼记·夏小正》："四月……鸣蟈。"

另见 yù。

蝈〔蟈〕(guō)　❶见"蝼蝈"。❷见"蝈蝈儿"。

蝈蝈儿　俗称"叫哥哥"。一种像蝗虫的昆虫。翅短，腹大。雄的借前翅基部摩擦发声，对植物有害。

濄(guō)　水名。即"涡河"。详该条。

另见 wō。

溽(guō)　同"活"。

guó

国(guó)　同"国〔國〕"。如：太平天国。

国〔國〕(guó)　❶国家。如：国内；国外；保家卫国。❷国家的；属于本国的。如：国旗；国歌；国货；国产。❸古代侯王的封地。《汉书·地理志下》："又立诸侯王国。"❹古时指都城。《礼记·杂记下》："子贡观于蜡，孔子曰：'赐也乐乎？'对曰：'一国之人皆若狂，赐未知其乐也。'"❺指一个地域，犹"方"。王维《相思》诗："红豆生南国。"❻姓。春秋时齐有国氏。

国秉　同"国柄"。《史记·绛侯周勃世家》："为将相，持国秉。"

国柄　指国家的政权。《汉书·元后传赞》："群弟世权，更持国柄。"亦作"国秉"。

国步　❶犹言国运。《诗·大雅·桑柔》："於乎（呜呼）有哀，国步斯频。"毛传："步，行；频，急也。"谢庄《宋孝武帝宣贵妃诔》："王室多故，国步方蹇。"❷国土。高适《古大梁行》："军容带甲三十万，国步连营五千里。"

国常　指国家的典章制度。《国语·越语下》："无忘国常。"

国朝　封建时代称本朝为"国朝"。韩愈《荐士》诗："国朝盛文章，子昂始高蹈。"

国耻　国家所蒙受的耻辱。多指受外国的侵略或压迫而言。《礼记·哀公问》："物耻足以振之，国耻足以兴之。"

国粹　指我国固有文化中的精华。鲁迅《华德保粹优劣论》："两国的立脚点，是都在'国粹'的。"

国度　❶国家的法度。崔骃《司徒箴》："尹氏不堪，国度期愆。"❷国家的用度，开支。梁武帝《答皇太子请御讲敕》："缘边未入，国度多乏。"❸犹言国家。鲁迅《花边文学·看书琐记(二)》："就在同时代，同国度里，说话也会彼此说不通的。"

国故　❶本国固有的学术文化。如：整理国故。❷国家的变故。《礼记·文王世子》："凡释奠者，必有合也，有国故则否。"孙希旦集解引刘敞曰："有国故者，谓凶札师旅也。"凶，指灾荒；札，指疫病。

国号　国家的称号。《史记·五帝本纪》："自黄帝至舜禹，皆同姓而异其国号，以章明德。"历代王朝更易，皆改定国号，如汉、唐、宋、明。历代农民起义建立政权后也建国号。如秦末陈胜国号张楚，明末李自成国号大顺。

国花　有的国家以国内特别著名的花作为国家的表征，称"国花"。

国讳　❶旧时对皇帝的名字须避讳，称为"国讳"，以区别于"家讳"。《唐六典·礼部尚书》："若写经史群书及摄录旧事，其文有犯国讳者，皆为字不成。"即故意作缺笔。参见"避讳❶"。❷国丧。《宋书·萧思话传》："下官近在历下，始奉国讳。"

国计　❶治国的大计。《宋史·张方平传》："此国计大本，非常奏也。"❷国家的财政。《荀子·富国》："潢然使天下必有余，而上不忧不足，如是则上下俱富，交无所藏之，是知国计之极也。"

国际音标　记录语音的一种符号体系。由国际语音学协会在1888年发表"国际语音字母"，后经多次修改，影响逐渐扩大，成为各国都采用的"国际音标"。多数符号采用拉丁字母及其变形，少数采用别种字母和特创的符号。它的最主要的特点是一个符号只表示一个音素，一个音素只用一个符号来表示。我国在描写汉语和少数民族语言的语音、方言调查以及外语教学中也多采用。参见附录"国际音标表"。

国老　❶古代称告老回家的卿大夫。《礼记·王制》："有虞氏养国老于上庠，养庶老于下庠。"孔颖达疏引熊氏曰："国老谓卿大夫致仕者，庶老谓士也。"❷甘草的别名。《本草纲目·草部一》："〔甘草〕调和众药有功，故有国老之号。"辛弃疾《千年

调》词："寒与热,总随人,甘国老。"

国门　国都的城门。《周礼·地官·司门》："司门掌授管键,以启闭国门。"韩愈《复志赋》："排国门而东出兮,慨余行之舒舒。"也指主国门者。《周礼·地官·充人》："凡散祭祀之牲,系于国门,使养之。"此指司国门之官。《礼记·祭法》："王为群姓立七祀,曰司命,曰中雷,曰国门,曰国行,曰泰厉,曰户,曰灶。"此指主国门之神。

国民　❶犹国人。本国的人民。《左传·昭公十三年》："先神命之,国民信之。"❷即"公民"。作为法律术语,多数国家(包括我国)用"公民",仅少数国家用"国民"(如日本)。

国母　旧称帝王的母亲。《宋史·西蜀孟氏世家》："昶与母至襄汉,复遣使赍诏赐茶药,所赐诏不名,仍呼昶母为国母。"

国难　国家的患难。《汉书·翟方进传》："莫能亢扞国难。"曹植《白马篇》："捐躯赴国难,视死忽如归。"今多指遭受外国侵略。

国戚　帝王的外戚,即后妃的家族。《晋书·王恺传》："恺既世族国戚,性复豪侈。"

国器　❶国家的宝器。指钟鼎之类。《抱朴子·任命》："或运思于立言,或铭勋乎国器,殊途同归,其致一也。"❷指可使治国的人才。《史记·晋世家》："成王(楚成王)曰:'晋公子贤而困于外久,从者皆国器。'"

国庆　❶指开国纪念日。❷封建时代亦称帝王的登极或诞辰为"国庆"。《晋书·武帝纪》："皓(孙皓)遣使之始,未知国庆,但以书答之。"

国人　❶全国的人。《孟子·梁惠王下》："国人皆曰可杀,然后察之。"❷西周、春秋时为居住在国都之人的通称。《周礼·泉府》："国人郊人从其有司。"贾公彦疏："国人者,谓住在国城之内,即六乡之民也。"国人有参与议论国事的权利。春秋时各国国君和大臣常召国人"询国危"、"询国迁"、"询立君"。国君的废立,卿大夫间内讧的胜负,常由国人的向背而决定。国人也有服军役和纳军赋的义务。

国容　❶旧指朝廷的仪制。《司马法·天子之义》："古者国容不入军,军容不入国。"❷犹国色。绝色女子。富嘉谟《丽色赋》："国容进。"

国色　❶旧称容貌美丽冠绝一国的女子。《公羊传·昭公三十一

年》："颜夫人者,妪盈女也,国色也。"❷指牡丹花。参见"国色天香"。

国色天香　形容牡丹花的香色可贵,不同于一般花卉。李濬《摭异记》："太和中,内殿赏花,上(唐文宗)问程修己曰:'今京邑传唱牡丹诗,谁称首?'对曰:'中书舍人李正封诗云:国色朝酣酒,天香夜染衣。'上叹赏移时。"后亦形容女子美丽。《镜花缘》第六十六回："只见个个花能蕴藉,玉有精神,于那娉娉妩媚之中,无不带着一团书卷秀气,虽非国色天香,却是斌斌儒雅。"

国殇　指为国家作战而牺牲的人。鲍照《出自蓟北门行》："身死为国殇。"

国师　❶官名。王莽所置。《汉书·刘歆传》："及王莽篡位,歆为国师。"❷太师的异称。《后汉书·赵典传》："公卿复表典笃学博闻,宜备国师。"李贤注引徐坚云："国师,即太师也。"❸指国子祭酒。《南史·王承传》："俄转国子祭酒,承祖俭、父暕,皆为此职,三世为国师。"❹中国古代帝王封赐僧人的尊号。意为"一国师表"。始于北齐文宣帝封法常为"国师"。又,元明两代对藏僧泛赐"国师"、"大国师"、"灌顶国师"等名号。❺僧官名。西夏国师兼功德司正。元忽必烈中统元年(1260年)封八思巴为国师。明代对藏族管理地方的僧人首领也封为"国师",秩五品,赐银印,三年一贡,并许依例承袭。清康熙四十四年(1705年)封章嘉呼图克图为"国师",管理内蒙古佛教事务。❻国家的军队。《左传·襄公十八年》："子殿国师,齐之辱也。"

国史　❶一国的历史。杜预《春秋序》："诸侯亦各有国史。"亦指本国或本朝的历史。《宋史·李焘传》："进秘阁修撰,权同修国史。"❷古史官。《诗序》"国史明乎得失之迹"孔颖达疏："国史者,周官大史、小史、外史、御史之等皆是也。"杜预《春秋序》："身为国史,躬览载籍,必广记而备言之。"

国士　一国中杰出的人物。《国策·赵策一》："知伯以国士遇臣,臣故国士报之。"

国是　国家大计。《新序·杂事》："君臣不合,国是无由定矣。"

国香　《左传·宣公三年》："以兰有国香,人服媚之如是。"后多称兰花为"国香"。范成大《种兰》诗："但

知爱国香,此外付乌有。"亦以称其他香花。苏轼《再和杨公济梅花十绝》："凭仗幽人收艾蒳,国香和雨入青苔。"辛弃疾《小重山·茉莉》词："国香收不起,透冰肌。"

国信　❶国家的威信。《后汉书·寇恂传》："今天下初定,国信未宣。"❷两国通使,以符节文书作为凭信,古时称为"国信"。张籍《送金少卿副使归新罗》诗："过海便应将国信,到乡犹自著朝衣。"

国恤　❶犹国难。《左传·襄公四年》："忘其国恤。"❷封建王朝指帝后之丧。《元史·仁宗纪一》："朕以国恤方新,诚有未忍。"

国学　❶犹言国故,指本国固有的学术文化。❷西周设于王城及诸侯国都的学校。据《礼记》、《大戴记》及《周礼》,西周国学盖由前代学制发展而成,分小学和大学。小学在王宫南之左,大学在郊。教育内容为礼、乐、射、御、书、数,合称"六艺";小学以书、数为主,大学以礼、乐、射、御为主。大学有"东序"、"瞽宗"、"成均"、"上庠"、"太学"等名称;又有总名:天子所设者曰"辟雍",诸侯所设者曰"頖宫"。后世国学为京师官学的通称,尤指太学和国子学。

国语　❶由历史形成并由政府规定的一种标准化的全国通用的共同交际语。是国家在政治、外交、文化、教育各方面使用的语言。如日本的日语。❷指现代汉民族共同语。今习称"普通话"。

国子　古代称贵族子弟。《周礼·地官·师氏》："以三德教国子。"郑玄注："国子,公卿大夫之子弟。"

圉　（guó）　同"国"。《正字通·口部》："圉,同'国'。唐武后作'圀'。"

掴〔摑〕（guó）　用手掌打。如:掴耳光。卢仝《示添丁》诗:"父怜母惜掴不得。"

帼〔幗〕（guó）　古代妇女的发饰。见《说文·巾部新附》。《玉篇·巾部》："帨也,覆发上也。"即覆发巾。参见"巾帼"。

涠〔潿〕（guó）　水名。见《广韵·二十一麦》。今江苏江阴有北涠镇。

椢〔椢〕（guó）　妇人首饰。《说文·木部》："椢,匮当也。"段玉裁注："匮当,谓物之腔子也。"桂馥义证："筐当为匚,所以容发也。椢或作帼。《玉篇》:'帼,帨也,覆发上也。'《晋书·宣帝纪》:'诸葛亮遗帝

巾帼。'妇人之饰。"

腘〔膕〕(guó)　腿弯,即膝后弯。《荀子·富国》:"诎要桡腘。"杨倞注:"诎与屈同。要读为腰。桡,曲也。腘,曲脚中。"脚,腿。

膕(guó)　同"膕"。

虢(guó)　❶古国名。姬姓。有东虢、西虢、北虢之分。东虢、西虢的开国君主都是周文王弟。根据出土遗物,北虢在西周时也已建立。东虢在今河南荥阳市东北,公元前767年为郑所灭。西虢亦称城虢,在今陕西宝鸡东;西周灭亡后,支族仍留原地,称为小虢,前687年为秦所灭。北虢建都上阳(今河南陕县东南李家窑),占有今河南三门峡市和山西平陆一带,前655年为晋所灭。❷姓。虢仲、虢叔之后,后改作郭。

簂(guó)　同"帼(幗)"。古代一种发(髮)饰。《释名·释首饰》:"簂,恢也,恢廓覆发上也。"

馘(guó)　古代战时割取所杀敌人的左耳,用以计功。亦即指所割下的左耳。《左传·宣公二年》:"俘二百五十人,馘百人。"《诗·鲁颂·泮水》:"在泮献馘。"郑玄笺:"馘,所格者之左耳。"

另见 xù。

瀦(guó)　水受阻分道流去。见《说文·水部》。魏源《天台纪游》诗:"三折五折水,一佩一环瀦。"

瀦瀦　水流声。韩愈《蓝田县丞厅壁记》:"水瀦瀦循除鸣。"

guǒ

果㊀〔菓〕(guǒ)　果实。如:开花结果。

㊁(guǒ)　❶结局;结果。如:前因后果;自食其果。❷饱足。见"果然❷"、"果腹"。❸有决断;果敢。《论语·子路》:"言必信,行必果。"《晋书·舆服志》:"鹖,鸟名也;形类鹖而微黑,性果勇。"❹成事实。陶潜《桃花源记》:"闻之欣然规往,未果。"❺终于;竟然。《国语·晋语三》:"果丧其田。"《吕氏春秋·忠廉》:"果伏剑而死。"❻果真;诚然。《礼记·中庸》:"果能此道矣,虽愚必明,虽柔必强。"《庄子·齐物论》:"若果是也,我果非也邪?"

另见 kè,luǒ,wǒ。

果断　不犹豫;果敢决断。《宋史

·司马光传》:"臣昔通判并州,所上三章,愿陛下果断力行。"

果腹　吃饱肚子。语出《庄子·逍遥游》。柳宗元《憎王孙文》:"充嗛果腹兮,骄傲欢欣。"参见"果然❷"。

果敢　果断勇敢。《国语·晋语九》:"强毅果敢则贤。"《南史·司马申传》:"性又果敢,善应对。"

果决　果敢坚决;果断。潘岳《西征赋》:"健子婴之果决,敢讨贼以纾祸。"

果蓏　瓜、果的总称。《周礼·地官·场人》:"掌国之场圃,而树之果蓏珍异之物。"郑玄注:"果,枣、李之属;蓏,瓜、瓠之属。"《汉书·食货志上》:"瓜、瓠、果、蓏。"颜师古注:"应劭曰:'木实曰果,草实曰蓏。'张晏曰:'有核曰果,无核曰蓏。'"

果然　❶果真如此。表示事情应验。《列子·天瑞》:"吾知其可与言,果然。"❷饱足貌。《庄子·逍遥游》:"适莽苍者,三湌而反,腹犹果然。"❸兽名。亦作"猓然"。《本草纲目·兽部拾遗》称为长尾猿。

鐹〔鍋〕(guǒ)　镰刀的别称。《方言》第五:"刈钩,江、淮、陈、楚之间谓之钼,或谓之鐹。自关而西或谓之钩,或谓之镰。"

猓(guǒ)　见"猓然"。

猓然　亦作"果然"。《文选·左思〈吴都赋〉》:"狖鼯猓然,腾趠飞超。"刘逵注:"猓然,猿狖之类,居树,色青赤有文。"

餜〔餜〕(guǒ)　❶餜子,即油条,一种油炸面食。❷圆形有馅饼的通称。如:荞麦餜。

悷(guǒ)　果敢。参见"鋆悷"。

椁〔槨〕(guǒ)　❶棺外的套棺。《论语·先进》:"鲤也死,有棺而无椁。"❷度量。《考工记·轮人》:"椁其漆内而中诎之。"郑玄注引郑司农曰:"椁者,度两漆之内相距之尺寸也。"

輠〔輠〕(guǒ)　车上盛润滑油之器。熊忠《古今韵会举要·二十哿》:"车行,其轴当滑易,故常载脂膏以涂轴,此即其器也。"参见"炙輠"。

另见 huì。

蜾(guǒ)　见"蜾蠃"。

蜾蠃　即"蜾蠃蜂"。《诗·小雅·小宛》:"螟蛉有子,蜾蠃负之。"陆

德明释文:"即细腰蜂,俗呼蠮螉是也。"

蜾蠃蜂(*Rhynchium bruneum*)　通称"蜾蠃"。昆虫纲,膜翅目,胡蜂科。雌蜂体长1.7～2.3厘米。体有黄褐、赤褐和黑色斑纹及金黄色短毛。头部多黑色。翅黄褐色,半透明。腹部末端有螫刺及产卵器。卵呈长卵形,淡褐色,端部有一根细丝。成长幼虫长达1.8～2.2厘米,淡黄色。年发生两代。常在竹筒或泥墙洞中做窠,主要捕食稻螟蛉、稻纵卷叶螟、玉米螟、棉金刚钻、棉红蛉虫、棉铃虫等多种鳞翅目昆虫的幼虫。可用来防治农业害虫。

裹(guǒ)　❶包扎。如:裹腿。裹伤口。《诗·大雅·公刘》:"乃裹糇粮。"❷指包裹的物品。王维《酬黎居士淅川作》诗:"松龛藏药裹。"❸花房。宋玉《高唐赋》:"绿叶紫裹,丹茎白蒂。"❹草的果实。郭璞《江赋》:"濯颖散裹。"

裹胁　胁迫别人,使其跟从做坏事。

裹足　❶停步不进。如:裹足不前。李斯《谏逐客书》:"使天下之士,退而不敢西向,裹足不入秦。"❷盘费。《张协状元》戏文:"些少裹足,路途里欲得支费,望周全。"

粿〔糫〕(guǒ)　❶同"稞"。❷酒母,曲(麴)。见《玉篇·麦部》。

guò

过〔過〕(guò)　❶过去。如:事过境迁。❷经过一段空间或时间。如:过河;过了三天。引申为往来;遍。《商君书·兵守》:"而慎使三军无相过。"李商隐《韩碑》诗:"愿书万本诵万过。"《三国演义》第四十回:"尝观道旁碑文一过,便能记忆。"❸转移;传染。如:过户;过手;这病要过人。❹太甚。如:过火;过誉;过谦。❺超过。如:过半数。❻过失。《论语·述而》:"苟有过,人必知之。"引申为责备。《吕氏春秋·适威》:"烦为教而过不识。"❼访;探望。《史记·魏公子列传》:"臣有客在市屠中,愿枉车骑过之。"

另见 guō,guo。

过差　❶过失差错。宋玉《登徒子好色赋》:"扬诗守礼,终不过差。"❷犹言过度。嵇康《与山巨源绝交书》:"阮嗣宗口不论人过,吾每师之而未能及;至性过人,与物无伤,唯饮

酒过差耳。"

过当 ❶过分;失当。白居易《论孙琦张奉国状》:"纵有才略,堪任将帅,犹宜且试于小镇,不合便授此重藩。岂唯公议之间,以为过当,亦恐同类之内,皆生幸心。"❷超过相抵之数。《汉书·霍去病传》:"斩捕首虏过当。"谓斩获数超过己方的伤亡数。

过度 超过限度。《左传·襄公十四年》:"有君而为之贰,使师保之,勿使过度。"

过房 犹过继。自己无子而以兄弟或他人之子为子叫"过房"。《元典章·户部·家财》:"周桂发本为无嗣,将嫡侄周自思自幼过房为子。"《三国演义》第五回:"操父曹嵩原是夏侯氏,过房与曹家,因此是同族。"

过更 古代徭役制度的一种规定。应服役的人出钱入官,由官别雇人代为服役。《史记·游侠列传》"每至践更,数过,吏弗求"裴骃集解引如淳曰:"更有三品:有卒更,有践更,有过更。"

过河拆桥 比喻先利用他人,过后便一脚踢开。康进之《李逵负荆》第三折:"你休得顺水推船,偏不许我过河拆桥。"

过化存神 《孟子·尽心上》:"夫君子所过者化,所存者神,上下与天地同流。"赵岐注:"〔君子〕过此世能化之;存在此国,其化如神。"《论语·学而》"夫子之求之也,其诸异乎人之求之与"朱熹注:"圣人过化存神之妙,未易窥测。"谓身之所经,人无不化,心之所存,神妙莫测。

过门 ❶女子嫁到男家。关汉卿《窦娥冤》第一折:"孩儿也,他如今只待过门,喜事匆匆的教我怎生回得他去。"❷戏曲、曲艺音乐中,各段唱腔间歇处,以及唱腔结束时由乐器奏出的音乐片段,统称"过门"。或分别称为"引子"、"过门"和"尾声"。其长度通常从一小节至数十小节不等。有定腔、定调、酝酿情绪、陪衬表演等作用。歌曲中的器乐引子、间奏及尾声,也可称为"过门"。

过目不忘 谓书一经看过就不忘记。极言记忆力强。《晋书·苻融载记》:"耳闻则诵,过目不忘。"

过世 ❶去世。《晋书·苻登载记》:"陛下虽过世为神,岂假手于苻登而图臣,忘前征时言邪?"❷超越世俗。《庄子·盗跖》:"今夫此人,以为与己同时而生,同乡而处者,以为夫绝俗过世之士焉。"

过所 古代过关津时所用的凭证,亦称"传"。《汉书·文帝纪》"三月,除关无用传"颜师古注引张晏曰:"传,信也,若今过所也。"《释名·释书契》:"过所,至关津以示之也。"

过庭 语出《论语·季氏》"鲤趋而过庭"。是说孔子教训儿子孔鲤的事。后因以"过庭"指受教于父亲。《后汉书·李膺传》:"久废过庭,不闻善诱。"参见"趋庭"。

过屠门而大嚼 经过肉铺门前嘴里空嚼。比喻把空想当现实,聊以自慰。曹植《与吴质书》:"过屠门而大嚼,虽不得肉,贵且快意。"

过犹不及 过分和不及同样不得其正,谓作事须恰到好处。《论语·先进》:"子贡问:'师与商也孰贤?'子曰:'师也过,商也不及。'曰:'然则师愈与?'子曰:'过犹不及。'"

蜎〔蟈〕(guò) 亦作"过"。《尔雅·释虫》:"不过,蜎蠰。"郭璞注:"螳螂别名。"郝懿行义疏:"《礼记·月令》云:'小暑至,螳螂生。'正义引舍人云:'不蜎名蜎蠰,今之螳螂也。'"

腜(guò) 皮肉肿赤。见《集韵·三十九过》。
另见 huà。

墎(guò) 本为"郭"的异文,假借为"窟",窟穴之意。

guo

过〔過〕(guo) 作语助,表事已经过。如:吃过饭了。
另见 guō,guò。

H

hā

呵（hā） 伛;弯。如:呵腰。《官场现形记》第二回:"王乡绅忙过来呵下腰去扶他。"

另见 a,hē,kē。

哈（hā） ❶张口呼气。如:哈一口气。❷笑声。如:哈哈大笑。❸伛;弯。如:哈腰。

另见 hǎ,hà,shà。

哈哈镜 一种特制的镜子。镜面凹凸,映出的人像奇形怪状。因可博人发笑,故名。

哈喇 ❶亦作"哈剌"。蒙古语,谓杀死。《华夷译语》下:"杀曰阿兰,即哈剌也。"关汉卿《单鞭夺槊》第二折:"量这敬德,打甚么紧,趁早将他哈喇了,也还便宜。"❷形容食油或含油食物日久变坏的味道。如:香肠已经哈喇了,不能吃了。

铪〔鉿〕（hā） 化学元素[周期系第Ⅳ族（类）副族元素]。符号 Hf。原子序数 72。银白色高熔点金属（熔点 2 227℃ ±20℃）。与锆共存,无单独矿物。主要用作核反应堆的控制棒,也用作 X 射线管的阴极。铪的钨或钼合金用作高压放电管的电极。

另见 jiā,kē。

há

虾〔蝦〕（há） 同"蛤"。虾蟆,即"蛤蟆"。

另见 xiā。

虾蟆陵 古地名。一作虾蝼陵,亦称下马陵,在今西安市东南。唐白居易《琵琶行》:"自言本是京城女,家在虾蟆陵下住。"

蛤（há） 见"蛤蟆"。

另见 gé。

蛤蟆 青蛙和蟾蜍的统称。

hǎ

哈（hǎ） ❶傻;蠢。《西游记》第二十回:"老儿,莫说哈话。我们出家人,不走回头路。"❷姓。清代有哈元生。

另见 hā,hà,shà。

哈达 藏语音译。藏、门巴和部分蒙古族在迎送、馈赠、敬神以及日常交往礼节上使用的丝巾,表示敬意和祝贺。长短不一。以白色为主,也有红、黄、浅蓝等色。

奋（hǎ） 用于地名。北京市有奋奋屯。

另见 pǎn,tǎi。

hà

哈（hà） 哈士蟆,两栖动物。

另见 hā,hǎ,shà。

hāi

咍（hāi） ❶讥笑;嗤笑。《楚辞·九章·惜诵》:"行不群以巅越兮,又众兆之所咍。"❷快乐;欢笑。韩愈《感春》诗:"笑言溢口何欢咍!"❸招呼声。《西厢记》第四本第一折:"咍!怎不肯回过脸儿来?"

咍咍 欢乐;喜笑。皇甫湜《吉州刺史厅壁记》:"昔民嗷嗷,今民咍咍。"

咍台 鼾息声。《世说新语·雅量》:"许（许璪）上床便咍台大鼾。"

咳（hāi） 表示伤感、惋惜或后悔的声音。如:咳!你昨天怎么不来?

另见 hái,ké。

嗨（hāi） 感叹声。(1)常用于歌曲中,表示欢乐的感情。如:嗨!咱们工人有力量。(2)表示惊异。如:嗨!下雪了。(3)表示惋惜。马致远《汉宫秋》第三折:"嗨!可惜,可惜!昭君不肯入番,投江而死。"

hái

还〔還〕（hái） ❶仍然。如:天已黑了,他还不回来。❷或者。如:你去,还是我去?❸用来加强反问的语气。如:这还了得!❹更加。《红楼梦》第五十回:"他竟比盖这园子还费工夫了。"❺表示程度上尚能过得去。如:这小孩还比较懂事。

另见 huán,xuán。

咳（hái） ❶小儿笑。见《说文·口部》。后即用为笑声。《景德传灯录》卷二十九"智贤":"有人相借问,不语笑咳咳。"❷通"孩"。《史记·扁鹊仓公列传》:"不能若是而欲生之,曾不可以告咳婴之儿。"

另见 hāi,ké。

孩（hái） ❶幼儿。陶潜《命子》诗:"日居月诸,渐免于孩。"也指幼小。杜甫《王兵马使二角鹰》诗:"孩虎野羊俱辟易。"❷爱抚;当作幼儿对待。《北齐书·樊逊传》:"明罚以纠诸侯,申恩以孩百姓。"❸同"咳"。小儿笑。《老子》:"如婴儿之未孩。"

孩提 谓幼儿。《孟子·尽心上》:"孩提之童。"赵岐注:"孩提,二三岁之间,在襁褓知孩笑,可提抱者也。"亦作"孩抱"。《后汉书·李善传》:"续（李续）虽在孩抱,奉之不异长君。"

骸（hái） ❶骨;尸骨。《庄子·齐物论》:"百骸九窍六藏（脏）,赅而存焉,吾谁与为亲?"成玄英疏:"百骨节。"《左传·宣公十五年》:"析骸以爨。"❷特指胫骨。《素问·骨空论》:"膝解为骸关,侠（夹）膝之骨为连骸,骸下为辅。"❸见"形骸"。

hǎi

海（hǎi） ❶大洋的边缘部分。面积约占海洋总面积的

11%,深度一般小于 2 000～3 000米。按所处位置的不同,可分为边缘海、地中海和内陆海。水文特征兼受大洋和大陆的双重影响,有明显的季节变化,水色低,透明度小,没有独立的潮汐和海流系统。因有许多陆上河流注入,盐度较低,一般在 32 以下;在淡水注入量小、蒸发量大的海区,盐度较高。沉积物多为泥沙等陆源物质。❷指大湖。如:青海;里海。❸比喻容量极大。如:海量;海碗。亦指大的容器。《红楼梦》第二十六回:"宝玉把盏,斟了两大海。"❹比喻事物或人众的积聚面非常广大。如:菊海;曲海;人山人海。❺指来自海外的物品。鲁迅《坟·看镜有感》:"古时,于外来物品,每加海字,如海榴、海红花、海棠之类。这里海即现在之所谓洋。"❻上海的略称。如:海派。❼姓。明代有海瑞。

海表 犹言海外,指国境以外之地。《书·立政》:"方行天下,至于海表。"

海捕 旧时对逃亡或藏匿的人犯,以文书通行各地缉捕,称"海捕",犹后来的通缉。《水浒传》第三十二回:"只要缉捕正身,因此已动了个海捕文书,各处追获。"

海错 《书·禹贡》:"海物唯错。"谓海中产物,种类复杂众多。后泛称海味为海错。沈约《究竟慈悲论》:"山毛海错,事同于腐鼠。"参见"山珍海错"。

海岱 海,东海,今之渤海;岱,泰山。泛指东海和泰山之间的地域。《书·禹贡》:"海岱惟青州。"何景明《送王梦弼之高邮》诗:"风节云霄上,霜威海岱间。"

海涵 谓气量大,能包容,如海之能纳百川。王僧孺《为临川王让太尉表》:"海涵春育。"苏轼《湖州谢上表》:"天覆群生,海涵万族。"后常用为请人原谅之词。如:语多冒渎,望予海涵。

海客 ❶航海者。李白《梦游天姥吟留别》:"海客谈瀛洲,烟涛微茫信难求。"❷浪迹四方者。张固《幽闲鼓吹》:"丞相牛僧孺应举时,知于頔相奇俊,特诣襄阳求知。住数日,两见,以海客遇之。生公怒而去。"知,结识。

海口 ❶指内河通海的地方。《旧唐书·韩愈传》:"过海口,下恶水,涛泷壮猛,难计期程。"❷形容口大。《陈书·高祖纪上》:"海口河目,圣贤之表已彰。"引申为夸口,说大话。

《西游记》第六十七回:"不是老孙海口,只这条棒子撺在手里,也就是塌下天来,也撑得住。"

海枯石烂 海水枯干,石头碎烂。极言历时之久。瞿佑《剪灯新话·绿衣人传》:"海枯石烂,此恨难消;地老天荒,此情不泯。"常用作男女盟誓之词。

海阔天空 形容空间的广阔。刘氏瑶《暗别离》诗:"青鸾脉脉西飞去,海阔天空不知处。"梁启超《说希望》:"四亿万人,泱泱大风,任我飞跃,海阔天空。"今常用以比喻议论漫无边际,亦形容随意漫谈。

海内 四海之内。古代传说我国疆土的四周有海环绕,故称国境以内为"海内"。《国策·秦策一》:"今欲并天下,凌万乘,诎敌国,制海内。"

海青 ❶元代驿站名,取雕飞迅速之意。《元史·世祖纪》:"敕燕京至济南,置海青驿,凡八所。"亦指驿者佩带的一种符纸。又《世祖纪》:"以海青银符二、金符十给中书省,量军国事情缓急,付乘驿者佩之。"❷广袖的长袍。郑明选《秕言》:"吴中方言称衣之广袖者谓之海青。"

海曲 犹海隅,指滨海地区。陆机《齐讴行》:"营丘负海曲,沃野爽且平。"

海若 传说中的海神名。《楚辞·远游》:"使湘灵鼓瑟兮,令海若舞冯夷。"王逸注:"海若,海神名也。"洪兴祖补注:"海若,庄子所称北海若也。"

海市蜃楼 亦称"蜃景"。光线经密度分布异常的空气层,发生显著折射时,把远处景物显示在空中或地面的奇异幻景。常发生在海边和沙漠地区。一般有上现蜃景(上蜃)、下现蜃景(下蜃)、侧现蜃景(侧蜃)和复杂蜃景等多种。上下蜃又各可分为正现蜃景(正蜃)和倒现蜃景(倒蜃)等;侧蜃又可分为左现蜃景(左蜃)和右现蜃景(右蜃)等。古人误认为是由蜃吐气而成。《史记·天官书》:"海旁蜄(蜃)气象楼台,广野

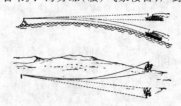

海市蜃楼示意图
上:上现蜃景(正像)
下:下现蜃景(倒像)

气成宫阙然;云气各象其山川人民所聚积。"《本草纲目》鳞部一:"〔蜃〕能吁气成楼台城郭之状,将雨即见,名蜃楼,亦曰海市。"后以"海市蜃楼"比喻虚无飘渺不可实现的事物。《隋唐遗事》:"张昌仪恃宠,请托如市。李湛曰:此海市蜃楼耳,岂长久耶?"

海誓山盟 亦作"山盟海誓"。指山海为盟誓,极言相爱之深,坚定不移。乔吉《两世姻缘》第二折:"想则想于咱不志诚,空说下碜磕磕海誓山盟。"

海苔 ❶海藻的一种。即干苔,俗名青带丝。《文选·左思〈吴都赋〉》:"江蓠之属,海苔之类。"刘综注:"海苔,生海水中,正青,状如乱发。"❷纸名。又名"侧理纸"。杨巨源《酬崔驸马惠笺百张兼赠四韵》:"捧持价重凌云叶,封裹香深笑海苔。"

海屋添筹 《东坡志林》卷二:"尝有三老人相遇,或问之年。一人曰:'吾年不可记,但忆少年时与盘古有旧。'一人曰:'海水变桑田时,吾辄下一筹,尔(迩)来吾筹已满十间屋。'"后以"海屋添筹"为祝寿之词。李开先《林冲宝剑记》:"仙苑春长,北堂昼暮,欣逢日吉时良,海屋添筹,南山寿祝无疆。"

海晏河清 见"河清海晏"。

海右 泛指临近黄海、东海地区;以在大海之右(西),故名。元曾在婺州路(治今浙江金华市)置浙东海右道肃政廉访;明置海右道,驻山东省城。

海隅 沿海的地区。《书·益稷》:"帝光天之下,至于海隅苍生。"

海宇 犹言海内、宇内,谓国境以内之地。陈基《八月十三夜泛姚城江》诗:"一波不起鱼龙静,百谷初登海宇清。"

醢 (hǎi) ❶用肉、鱼等制成的酱。《周礼·天官·醢人》"醢人掌四豆之实"郑玄注:"醢者必先膊干其肉,乃后莝之,杂以梁曲(麴)及盐,渍以美酒,涂置瓶中,百日则成矣。"《礼记·内则》:"腶修蚳醢,脯羹兔醢,麋肤鱼醢。"❷古代的一种酷刑,把人剁成肉酱。《左传·庄公十二年》:"比及宋,手足皆见,宋人皆醢之。"

hǎilǐ

浬 (hǎilǐ) "海里"的旧称。计量海上距离的单位。

hài

亥（hài）❶地支的第十二位。❷十二时辰之一，即二十一时至二十三时。
另见 jiē。
亥豕　见"鲁鱼亥豕"。

饻〔餲〕（hài）　食物腐臭。《尔雅·释器》："饻谓之餲。"郭璞注："说物臭也。"陆德明释文引李巡云："饻、餲皆秽臭也。"

恞（hài）　愁苦；不适。《韩非子·存韩》："秦之有韩，若人之有腹心之病也，虚处则恞然。"

駭〔骇〕（hài）❶马受惊。《左传·哀公二十三年》："知伯视齐师马骇，遂驱之。"亦泛指受惊。《公羊传·哀公六年》："诸大夫见之，皆色然而骇。"❷惊扰。《吕氏春秋·审应》："凡鸟之举也，去骇从不骇。"高诱注："骇，扰也。"❸起；散。《文选·陆机〈皇太子宴玄圃〉诗》："协风傍骇。"李周翰注："骇，散也，言和风傍散。"
骇遽　惊惶窘急。《楚辞·九章·惜诵》："众骇遽以离心兮，又何以为此伴也。"洪兴祖补注："言众人见己所为如此，皆惊骇遑遽，离心而异志也。"

氦（hài）　化学元素〔周期系零族（类）元素〕。稀有气体之一。符号 He。原子序数2。无色、无臭。工业上由含氦的天然气中提取，也可从液态空气中用分馏法提取。是最难液化的气体（沸点 −268.934℃，临界温度 −267.96℃），液化后温度降达 −270.976℃（2.174 开）以下时具有表面张力很小、导热性很强、粘性很小等许多奇异性质。利用液态氦可获得接近 0 开的低温。氦是某些放射性元素蜕变时的产物，α 粒子就是氦的原子核。氦为除氢以外密度最小的气体。化学性质最不活泼，不生成化合物。可用于填充电子管、飞艇和潜水服等，也可用于原子核反应堆和加速器，冶炼或焊接金属时也可用作保护气体。

胲（hài）　即"羟胺"。
另见 gāi, gǎi。

瘝（hài）　见"瘝改"。
瘝改　古用金玉所作的佩物。《说文·殳部》："瘝改，大刚卯也，以逐精鬼。"《说文·攴部》"改"字，解释与此相同。朱骏声通训定声："按殳改以正月卯日作，故曰刚卯。或以玉，或以金，佩之辟邪。其度大者长三寸，广一寸；小者长一寸，广五分。皆四方，于中央从穿作孔，采丝系之。"改从巳，与改革的改不同。

害（hài）❶伤害；杀害。《孟子·梁惠王下》："君子不以其所以养人者害人。"❷祸患。《荀子·修身》："君子之求利也略，其远害也早。亦谓以为患，害怕。如：害病；害羞。❸坏的；有害的。如：害虫；害鸟。❹妨碍。《左传·桓公六年》："谓其三时不害，而民和年丰也。"❺妒忌。《史记·屈原贾生列传》："上官大夫与之同列争宠，而心害其能。"
另见 hé。
害马　《庄子·徐无鬼》："夫为天下者，亦奚以异乎牧马者哉？亦去其害马者而已矣！"本谓伤害马的本性的事，后用以喻有害之事物。《梁书·贺琛传》："庶乱羊永除，害马长息。"

嗐（hài）　感叹声。《红楼梦》第六回："周瑞家的听了道：'嗐！我的姥姥，告诉不得你了！'"

懭（hài）　惊吓。张养浩《山坡羊·秋池散虑》曲："恰便似蛟龙飞绕玉巉岩，懭的些野鹿山猿半痴懭。"

hān

犴（hān）　即"驼鹿"。
另见 àn。

咁（hān）　湖南沅、澧之间的方言。如此；这样。
另见 gèm。

顸〔顸〕（hān）　见"颟顸"。

狪（hān）　即"驼鹿"。

蚶（hān）　双壳纲，蚶科。壳两枚，相等或不等，卵圆形或微带方形，后部稍伸出，表面有自壳顶发出的放射肋，数目因种类而异，状如瓦楞，因而也称"瓦楞子"。铰合部有很多小齿突。肉足短，大部分有足丝。产于海底泥沙或岩礁隙缝中。中国沿海约有 50 种，以泥蚶为最普通。肉味鲜美。壳供药用。已人工养殖，是中国著名食用贝类之一。

歁〔歛〕（hān）　欲也。见《广韵·二十三谈》。与"敛（敛）"形近，古籍中多误用作"敛（敛）"。

谽（hān）　同"谺"。见"谽谺"。

酣（hān，旧读 hán）❶饮酒尽量。《史记·廉颇蔺相如列传》："秦王饮酒酣。"引申为沉酣畅快的形容。见"酣歌"。又特指睡眠甜适。苏轼《再用数珠韵赠湜老》诗："东坡但酣睡，一夕一展转。"❷浓；盛。王安石《题西太一宫壁》诗："柳叶鸣蜩绿暗，荷花落日红酣。"陈与义《巴丘书事》诗："晚水声酣洞庭野，晴天影抱岳阳楼。"
酣畅　纵饮畅怀。《晋书·王戎传》："尝经黄公酒垆下过，顾谓后车客曰：'吾昔与嵇叔夜阮嗣宗酣畅于此，竹林之游，亦预其末。'"引申为舒适、畅快。如：睡得酣畅；笔墨酣畅。
酣歌　沉湎于歌乐。《书·伊训》："敢有恒舞于宫，酣歌于室。"也指尽兴高歌。《南史·萧恭传》："岂如临清风，对朗月，登山泛水，肆意酣歌也。"
酣爽　爽，盛大。谓饮酒作乐过度。《商君书·垦令》："民不能喜酣爽，则农不慢。"一说，爽，当作"觫"，酌酒。
酣饮　畅饮；痛饮。曹丕《善哉行》："朝日乐相乐，酣饮不知醉。"
酣战　久战不歇。《韩非子·十过》："昔者楚共王与晋厉公战于鄢陵……酣战之时，司马子反渴而求饮，竖縠阳操觞酒而进之。"

𦝼（hān）　见"𦝼间"。
𦝼间　闪烁。杜甫《朝献太清宫赋》："仡神光而𦝼间，罗诡异以戢耀。"

谻（hān）　见"谽谻"。
谻谺　同"嵖岈"。亦作"谽呀"。山谷空深貌。《汉书·司马相如传下》："通谷谻兮谽谺。"又同篇上："谽呀豁间。"

憨（hān）　傻气。如：憨直；憨笑；憨态。《聊斋志异·婴宁》："此女亦太憨生。"

鼾（hān）　打呼；鼻息声。如：打鼾；鼾声。
鼾睡　熟睡而发出鼻息声。唐彦谦《宿田家》诗："停车息茅店，安寝正鼾睡。"

hán

邗（hán）❶古国名。亦作干。在今江苏扬州东北。春秋时

为吴所灭，成为吴邑。《庄子·刻意》："夫有干、越之剑者。"陆德明释文引司马彪曰："干，吴也。"《墨子·兼爱中》："以利荆、楚、干、越与南夷之民。"孙诒让间诂："干，邗之借字。"《管子·内业》："昔者吴、干战。"据《管子》说，则吴、干本二国，后干为吴所灭，遂通称吴为干。❷古城名。公元前486年吴筑，故址一说在今扬州市西北蜀冈上，一说在今扬州市东南濒江处。

汗（hán）　见"可汗"。
另见 hàn。

骄〔驂〕（hán）　姓。《汉书·儒林传》："子庸授江东驂臂子弓。"颜师古注："驂，姓也，音韩。"
另见 hàn。

邯（hán）　见"邯郸"。

邯郸　古都邑、县名。公元前386年赵敬侯自晋阳徙都于此。故址即今河北邯郸市，城周达数十里。秦置县。东魏天平初废入临漳县。隋开皇时又改易阳县复置。前257年魏、楚救赵，大败秦军于此。战国、秦、汉时为黄河北岸最大商业中心，县人郭纵"以铁冶成业，与王者埒富"（《史记·货殖列传》）。秦为邯郸郡治所，汉为赵国治所，又为五都之一，王莽置五均官于此。

邯郸学步　《庄子·秋水》："且子独不闻夫寿陵馀子之学行于邯郸与？未得国能，又失其故行矣，直匍匐而归耳。"成玄英疏："寿陵，燕之邑；邯郸，赵之都。弱龄未壮，谓之馀子，赵都之地，其俗能行，故燕国少年远来学步。"按《汉书·叙传上》引《庄子》，"学行"作"学步"。后用以比喻摹仿别人不成，反而丧失固有的技能。姜夔《送项平甫倅池阳》诗："论文要得文中天，邯郸学步终不然。"

含（hán）　❶衔在嘴里。如：含着饭。《庄子·马蹄》："含哺而熙。"❷包含；包容。如：含义；空气中含有水分。《易·坤》："含万物而化光。"❸怀藏未露。如：含怒；含羞。杜甫《赠王二十四侍御契四十韵》："会面嗟黧黑，含凄话苦辛。"引申为容忍。如：含垢忍辱。
另见 hàn。

含贝　贝，白色的海贝。口衔海贝。比喻牙齿的洁白。宋玉《登徒子好色赋》："眉如翠羽，肌如白雪，腰如束素，齿如含贝。"

含哺鼓腹　口含食，手拍腹。形容太平之世无忧无虑的生活。《庄子

·马蹄》："夫赫胥氏之时，民居不知所为，行不知所之，含哺而熙，鼓腹而游。"《后汉书·岑彭传》："含哺鼓腹，焉知凶灾。"

含齿　口中有齿。指人类。《列子·黄帝》："有七尺之骸，手足之异，戴发含齿，倚而趣者，谓之人。"

含垢　包容污垢；容忍耻辱。《左传·宣公十五年》："谚曰：'高下在心，川泽纳污，山薮藏疾，瑾瑜匿瑕，国君含垢。'"

含光　❶剑名。据说春秋时，卫人孔周有殷代留下来的三把宝剑：一曰含光，二曰承影，三曰宵练。含光之剑，"视之不可见，运之不知有，其所触也，泯然无际，经物而物不觉"。见《列子·汤问》。❷含蕴光泽。宋玉《登徒子好色赋》："华色含光，体美容冶。"亦指含藏美德。蔡邕《陈寔碑》："含光醇德，为士作程。"

含含　孕穗貌。《后汉书·梁鸿传》："麦含含兮方秀。"

含胡　胡，亦作"糊"。❶言语不清楚。如：含胡其辞。《新唐书·颜杲卿传》："贼钩断其舌，曰：'复能骂否？'杲卿含胡而绝。"❷马虎；不认真。《旧唐书·陆贽传》："朝廷每为含糊，未尝穷究曲直。"

含混　❶模糊不清。如：语言含混。❷指一种含有多层意义的语言表达方式，使人无法确定词语所表达的本义，从而引起不同的语义反应。其作用是使诗歌内涵丰富和效果强烈。英国批评家燕卜荪在《含混的七种类型》中首先使用。

含灵　指人类。谓人为万物之灵，故称。《晋书·桓玄传论》："夫帝王者功高宇内，道济含灵。"

含沙射人　亦作"含沙射影"。传说有一种叫蜮的毒虫，能喷沙害人。人被射中即发疮，人的影子被射中也会害病。见干宝《搜神记》卷十二。因用"含沙射人"比喻暗中攻击或陷害人。白居易《读史》诗："含沙射人影，虽病人不知。"参见"蜮（yù）❶"、"鬼蜮"。

含桃　樱桃。《礼记·月令》："〔仲夏之月〕羞以含桃。"羞，进献。

含味　咀嚼玩味。《后汉书·郎颛传》："被褐怀宝，含味经籍。"

含蓄　❶含有深意，藏而不露。韩琦《观胡九龄员外画牛》诗："采摭诸家百余状，毫端古意多含蓄。"❷不作正面说明，而用委婉隐约的话把意见表达出来。

含血喷人　捏造事实，污蔑攻击别

人。晓莹《罗湖野录》卷二："〔临安南荡崇觉空禅师〕尝颂野狐，话曰：'含血潎人，先污其口；百丈野狐，失头狂走。'"潎，喷。李玉《清忠谱·叱勘》："你不怕刀临头颈，还思含血喷人。"

含牙戴角　亦作"含牙带角"。有牙有角，指兽类。《淮南子·修务训》："阴阳之所生，血气之精，含牙戴角，前爪后距。"又《兵略训》："凡有血气之虫，含牙带角，前爪后距。"

含饴弄孙　含着饴糖逗小孙子玩。形容老年人的优闲生活。《后汉书·明德马皇后纪》："吾但当含饴弄孙，不能复关政矣。"

含英咀华　细细体味文章中的精华。韩愈《进学解》："沈浸酿郁，含英咀华。"

含章　❶包含美质。《易·坤》："含章可贞。"王弼注："含美而可正者也。"❷汉代宫殿名。《文选·张衡〈西京赋〉》："麒麟朱鸟，龙兴含章。"李善注："龙兴、含章，皆殿名也。"

函〔圅〕（hán）　❶包含；包容。《汉书·叙传上》："函之如海。"张衡《南都赋》："巨蟒函珠。"❷匣子。如：镜函。❸护身的铠甲。《考工记·总序》："燕无函。"郑玄注："函，铠也。"❹封套。如：书函。❺信件。如：来函；公函。❻见"函胡"。❼姓。汉代有函熙。
另见 hàn。

函弘　亦作"函宏"。广大。左思《吴都赋》："伊兹都之函弘，倾神州而韫椟。"

函胡　模糊不清。苏轼《石钟山记》："南声函胡，北音清越。"今通作"含糊"。

函列　行列；排列。左思《蜀都赋》："樱桃函列，梅李罗生。"

函牛鼎　指大鼎。《淮南子·诠言训》："夫函牛之鼎沸，而蝇蚋弗敢入。"高诱注："函牛，受一牛之鼎也。"梅尧臣《依韵自和送诗寄潘歙州》："源流本慷慨，吐论皆经邦。量犹函牛鼎，吾徒愧罂缸。"

函矢　《孟子·公孙丑上》："矢人唯恐不伤人，函人唯恐伤人。"后因以"函矢"比喻互相抵牾。刘禹锡《上门下武相公启》："言涉猜嫌，动碍关束。城社之势，函矢纷然。"

函丈　《礼记·曲礼上》："若非饮食之客，则布席，席间函丈。"郑玄注："谓讲问之客也。函，犹容也，讲问宜相对容丈，足以指画也。"旧时在书函

中常用作对师或前辈长者的敬称，犹言讲席。黄宗羲《与陈乾初论学书》："自丙午奉教函丈以来，不相闻问，盖十有一年矣。"

虷（hán）孑孓，蚊子的幼虫。《庄子·秋水》："还虷、蟹与科斗，莫吾能若也。"一说，井中赤虫。
另见 gān。

唅（hán）同"含"。《汉书·货殖传序》："唅菽饮水。"颜师古注："唅亦含字也。"
另见 hàn。

岭（hán）见"岭岈"。

岭岈　亦作"谽谺"。山深貌。梁元帝《玄览赋》："岭岈豁开，背原面野。"

湴（hán）或者；大概。《方言》第十："湴，或也。沅、澧之间，凡言或如此者曰湴如是。"

浛（hán）广大貌。《拾遗记·少昊》："浛天荡荡望沧沧，乘桴轻漾著日旁。"

晗（hán）天将明。见《玉篇·日部》。

嗋（hán）见"嗋唈"。

嗋唈　怒声。《文选·王褒〈洞箫赋〉》："瞋嗋唈以纡郁。"李善注："《说文》曰：'颔，颐也。'《释名》曰：'唈，咽下垂也。'言气之盛而嗋唈类瞋也。……王逸曰：'唈与颔同。'"张铣注："嗋唈纡郁，怒貌。"

焓（hán）亦称"热函"。热力学中表示物质系统能量状态的一个参数。常用 H 或 I 表示。数值上等于系统的内能 U 加上压强 P 和体积 V 的乘积，即：$H=U+PV$。物质系统在等压过程中所吸收的热量，就等于它的焓的增量。焓在描述流动物质的能量关系时特别有用。在热工计算中，常将蒸气和气体等各种物质（即工质）在不同状态下的焓值制成图表，以便查用。

涵（hán）亦作"涵"。❶包含；包容。如：涵蓄；海涵。李白《咏山樽》诗："外与金罍并，中涵玉醴虚。"❷沉浸。左思《吴都赋》："涵泳乎其中。"

涵澹　水摇荡。苏轼《石钟山记》："山下皆石穴罅，不知其浅深，微波入焉，涵澹澎湃而为此也。"

涵容　宽容；包涵。《宋史·韩维传》："翰林学士范镇批答不合旨，出补郡。维言：'镇所失只在文字，当涵容之。'"

涵煦　滋润化育。《宋史·乐志十三》："削平伻肃杀，涵煦极阳和。"

涵养　❶身心方面的修养。《朱子全书·论语六》："盖必平日庄敬诚实，涵养有素，方能如此。"❷滋润养育。《陈书·沈炯传》："王者之德，覃及无方，矧彼翔沈，孰非涵养？"

埠（hán）同"韩（韓）"。
另见 wěi。

韩〔韓〕（hán）❶井栏。通作"幹"。参见"井幹❶"。❷古国名。(1)公元前11世纪周分封的诸侯国。开国君主是周成王弟（名失传），在今山西河津东北。西周、春秋间为晋灭亡。(2)战国七雄之一。开国君主韩景侯（名虔）是春秋晋国大夫韩武子后代，与魏赵瓜分晋国。公元前403年被周威烈王承认为诸侯。建都阳翟（今河南禹州）。前375年韩哀侯灭郑，迁都新郑（今属河南）。疆域有今山西东南部和河南中部，介于魏、秦、楚三国间，成为军事上必争之地。前230年为秦所灭。❸姓。

韩卢　战国时韩国的良犬名。色黑，故名卢。《国策·秦策三》："以秦卒之勇，车骑之多，以当诸侯，譬若驰韩卢而逐蹇兔也。"亦作"韩狯"。

韩湘子　传说中的八仙之一。《酉阳杂俎》载韩愈有族侄，性狂放，曾在初冬时于数日内令牡丹花开数色，每朵又有诗一联，愈大为惊异。《太平广记》引《仙传拾遗》则作愈外甥事，记其异术更详，又记愈贬潮州时，他曾冒雪相送，后以道授愈而迹未显。《青琐高议》始明确载为韩湘事，说他以法术点化韩愈，愈谪官潮阳，湘冒雪而来，并语以花上之诗，两人乃宿于蓝关驿舍。辞去时，又告愈以未来之事，后皆应验。按韩愈有侄孙韩湘，字北渚，十二郎（老成）之子，长庆进士，曾官大理丞。愈贬潮阳，至蓝关时曾赠湘诗，有"云横秦岭家何在？雪拥蓝关马不前"之句。传说中湘得道成仙之事，即由此附会而来。

韩信将兵　《史记·淮阴侯列传》："上常从容与信（韩信）言诸将能不，各有差。上问曰：'如我能将几何？'信曰：'陛下不过能将十万。'上曰：'于君何如？'曰：'臣多多而益善耳。'"后即以"韩信将兵，多多益善"，比喻越多越好。

铪〔鉿〕（hán）❶容；受。《方言》第六："铪、龛，受也。齐楚曰铪，扬、越曰龛。受，盛也。犹秦、晋言容盛也。"❷见"铪镴"。

铪镴　大犁。见《广雅·释器》。

寒（hán）❶冷。《荀子·劝学》："冰，水为之，而寒于水。"❷忧惧；战栗。《五朝名臣言行录》卷七："军中有一韩，西贼闻之心骨寒。"❸冷却；淡忘。《孟子·告子上》："一日暴之，十日寒之。"参见"寒盟"。❹贫困。《史记·范雎蔡泽列传》："范叔一寒如此哉！"❺中医学名词。病因，六淫之一。《内经素问·至真要大论》："夫百病之生也，皆生于风、寒、暑、湿、燥、火。"❻古国名。邙姓，相传为夏代寒浞的封国。在今山东潍坊市东北。❼姓。东汉有寒朗。

寒蝉　❶蝉的一种。亦称寒螿、寒蜩。《礼记·月令》："〔孟秋之月〕凉风至，白露降，寒蝉鸣。"郑玄注："寒蝉，寒蜩，谓蜺也。"参见"寒螿"。❷寒天的蝉。《后汉书·杜密传》："刘胜位为大夫，见礼上宾，而知善不荐，闻恶无言，隐情惜己，自同寒蝉，此罪人也。"蝉至寒天则不鸣，比喻不敢说话。成语"噤若寒蝉"，本此。

寒蟾　寒月。传说月中有蟾蜍，故称。李贺《梦天》诗："老兔寒蟾泣天色，云楼半开壁斜白。"

寒碜　北方话。(1)与"寒酸"略同。难看；不体面。如：寒碜相；寒碜样儿。(2)揭发人的寒碜相，使自知惭愧。如：寒碜了他一顿。

寒螿　寒蝉。《尔雅·释虫》"蜺，寒蜩"郭璞注："寒螿也。似蝉而小，青赤。"萨都剌《满江红》词："玉树歌残秋露冷，胭脂井坏寒螿泣。"

寒俊　贫穷而有才的读书人。刘禹锡《子刘子自传》："时有寒俊王叔文，以善弈棋，得通籍待诏。"亦作"寒畯"。王定保《唐摭言·好放孤寒》："李太尉德裕颇为寒畯开路，及谪官南去，或有诗曰：'八百孤寒齐下泪，一时南望李崖州。'"

寒露　二十四节气之一。每年10月8日前后太阳至黄经195°时开始。《月令七十二候集解》："九月节，露气寒冷，将凝结也。"这时中国大部地区天气凉爽，进行秋收秋种。

寒门　❶即"寒族"。《晋书·刘毅传》："上品无寒门，下品无势族。"旧常用为自称其家的谦词。❷古代传说中的地名。《淮南子·墬形训》："北方曰北极之山，曰寒门。"高诱注："积寒所在，故曰寒门。"

寒盟　寒，冷却。寒盟，谓忘却盟约，背约。《左传·哀公十二年》：

“寡君以为苟有盟焉，弗可改也已，若犹可改，日盟何益？今吾子曰：‘必寻盟。’若可寻也，亦可寒也。”杜预注：“寒，歇也。”范成大《阊门初泛二十四韵》：“邻翁喜问讯，逋客愧寒盟。”

寒乞 犹言寒酸，贫苦。《宋书·明恭王皇后传》：“外舍家寒乞，今共为笑乐，何独不视？”

寒人 魏、晋、南北朝时谓寒门出身之人。《宋书·朱百年传》：“时山阴又有寒人姚吟，亦有高趣，为衣冠所重。”参见“寒门”。

寒舍 谦称自己的家。阮大铖《燕子笺·偕征》：“就在寒舍将就住一住，一两月光阴，也是容易过的。”

寒食 节令名，清明前一天（一说清明前两天）。相传起于晋文公悼念介之推事，以介之推抱木焚死，就定于是日禁火寒食。《邺中记·附录》：“寒食三日，作醴酪，又煮粳米及麦为酪，捣杏仁煮作粥。”

寒士 ❶魏、晋、南北朝寒门人士的称谓。《晋书·高密文献王泰传》：“虽为宰辅，食大国之租，服饰肴膳，如布衣寒士。”《南史·朱异传》：“异曰：‘我寒士也，遭逢以至今日，诸贵皆恃枯骨见轻。’”❷旧称贫苦读书人。杜甫《茅屋为秋风所破歌》：“安得广厦千万间，大庇天下寒士俱欢颜，风雨不动安如山！”

寒素 门第低微，地位卑下。《魏书·温子昇传》：“家世寒素。”亦指寒素之人。

寒酸 形容穷苦书生的窘态。亦指穷苦书生。如：寒酸相。《聊斋志异·瑞云》：“其阅人既多，不以寒酸在意。”

寒微 微贱。《周书·叱罗协传》：“少寒微，尝为州小吏。”

寒温 犹冷暖。《后汉书·仲长统传》：“目能辩色，耳能辩声，口能辩味，体能辩寒温。”常用作问候起居之辞。犹寒暄。《晋书·王献之传》：“尝与兄徽之、操之俱诣谢安，二兄多言俗事，献之寒温而已。”

寒心 ❶心凉；绝望。《左传·哀公十五年》：“吴人加敝邑以乱，齐因其病，取讙与阐，寡君是以寒心。”《汉书·晁错传》：“法令烦憯，刑罚暴酷。轻绝人命，身自射杀，天下寒心，莫安其处。”❷战栗、恐惧之意。宋玉《高唐赋》：“孤子寡妇，寒心酸鼻。”《聊斋志异·辛十四娘》：“夜色迷闷，误入涧谷，狼奔鸱叫，竖毛寒心。”

寒暄 ❶冷暖。白居易《桐花》诗：“地气反寒暄，天时倒生杀。”❷指年岁。寒谓冬，暄谓夏。徐陵《在北齐与宗室书》：“自徘徊河朔，亟积寒暄。”❸问候起居寒暖的客套话。陆游《南唐书·孙忌传》：“忌口吃，初与人接，不能道寒暄；坐定，辞辩锋起。”亦作“暄寒”。《南史·蔡撙传》：“及其引进，但暄寒而已，此外无复馀言。”

寒鸦（*Corvus monedula dauuricus*）亦称“慈乌”、“小山老鸹”。鸟纲，鸦科。体长可达35厘米。上体除颈后羽毛呈灰白色外，其余部分黑色。胸、腹部灰白色。冬季常同秃鼻乌鸦混合成群。因其体型甚小，可资识别。在中国大多终年留居北部，冬季亦见于华南。

寒玉 ❶指玉。玉质寒冷，故称。白居易《苦热中寄舒员外》诗：“角枕截寒玉。”❷比喻清冷雅致的东西。李贺《江南弄》：“江上团团帖寒玉。”此指月。王禹偁《竹䶵》诗：“秋筠折寒玉。”此指竹。李群玉《引水行》：“一条寒玉走秋泉。”此指水。❸比喻容貌清俊。贯休《题淮南惠照寺律师院》诗：“仪冠凝寒玉。”

寒砧 砧，捣衣石。秋后的捣衣声。诗词中常用来象征凄凉萧瑟之景。沈佺期《独不见》诗：“九月寒砧催木叶。”

寒族 亦称“寒门”。魏晋南北朝时不属于士族的家族。《晋书·华谭传》：“又举寒族周访为孝廉，访果立功名。”后指寒素之族。参见“门第”。

幹(hán) 见“井幹”。另见“gàn 干”。

韓〔韓〕(hán) 见“𩊚韓”。另见 hàn。

椷(hán) 通“函”。容纳。《汉书·天文志》：“辰星过太白，间可椷剑。”颜师古注引苏林曰：“椷音函，函，容也，其间可容一剑也。”

另见 jiān 缄，xián。

虤(hán) 兽名。《尔雅·释兽》：“虤，白虎。”

涵(hán) 同“涵”。

蜬(hán) 水贝。《尔雅·释鱼》：“贝居陆，𧍘；在水者，蜬。”郭璞注：“水陆异名。贝中肉如科斗，但有头尾耳。”又：“蠃，小者蜬。”郝懿行义疏：“小者曰蜬，与贝同名。大者即名蠃，蠃与螺同。”

濂(hán) 同“寒”。

黔(hán) 鼠属。见《说文·鼠部》。

hǎn

罕(hǎn) ❶旌旗的代称。《文选·张衡〈东京赋〉》：“云罕九斿。”薛综注：“云罕，旌旗之别名也。”❷捕鸟用的长柄小网。扬雄《羽猎赋》：“罕车飞扬。”❸罕网稀疏，故引申为稀少，难得。如：罕见；罕闻。《公羊传·桓公六年》：“何以书？盖以罕书也。”❹姓。晋代有罕夷。

罕(hǎn) 同“罕”。

桒〔㮎〕(hǎn) 坚土。《周礼·地官·草人》：“强桒用蕡。”郑玄注：“强桒，强坚者。”孙诒让正义：“《左传·襄公二十五年》：‘数疆潦。’孔疏云：‘贾逵以疆为彊桒，硗确之地。’盖土强则硗确，贾郑义亦同。”

罕(hǎn) 同“罕”。

喊(hǎn) ❶和味；调味。《法言·问神》：“狄牙能喊，狄牙不能齐不齐之口。”❷高声叫。如：呐喊。

锌〔鋅〕(hǎn) 钍的旧称。

塪〔壏〕(hǎn) 坚土。《管子·地员》：“廪焉如塪，润湿以处。”尹知章注：“塪，犹强也。”一说假借为盐字，谓土状如盐。

蔊(hǎn) 见“蔊菜”。

蔊菜（*Rorippa indica*）《植物名实图考》称“葶苈”，药材名“江剪刀草”。十字花科。一年或二年生草本，全株无毛或具疏毛。叶长椭圆形，羽状浅裂，顶裂片宽卵形，侧裂片很小。花小，黄色，总状花序顶生或侧生。长角果线形，长1～2厘米。为原野杂草，分布于中国华中、华南、华东、西南；亦见于日本、朝鲜半岛、印度、菲律宾和印度尼西亚。全草入药，性凉、味辛，功能止咳化痰、清热利尿，主治咳嗽气喘痰多、小便不利等症。另种无瓣蔊菜，亦称“蔊菜”，入药，效用相同。

闞〔闞〕(hǎn) 虎怒貌。《诗·大雅·常武》：“进厥虎臣，阚如虓虎。”毛传：“虎之自怒虓然。”引

申为口大张貌。《庄子·天道》:"而口阚然。"郭象注:"虓豁貌。"

另见 kàn。

阚阚 勇猛貌。《周礼·地官·保氏》:"五曰军旅之容。"郑玄注:"军旅之容,阚阚仰仰。"

嘁〔嘁〕(hǎn) 同"阚"。虎怒吼。柳宗元《三戒·黔之驴》:"〔虎〕因跳踉大嘁。"

礅(hǎn) 开裂貌。郭璞《江赋》:"礅如地裂,豁若天开。"

阚(hǎn) "阚(阚)"的本字。

hàn

厂(hàn) 岩洞。《说文·厂部》:"厂,山石之厓岩,人可居,象形。"一说即"岸"的初文。

另见 ān,chǎng。

汉〔漢〕(hàn) ❶水名。详"汉江"。❷天河。亦称云汉、银汉、天汉。《诗·小雅·大东》:"维天有汉。"❸朝代名。公元前 206 年刘邦(即汉高祖)灭秦,后又战胜项羽,于公元前 202 年称帝,国号汉,建都长安(今陕西西安),历史上称为西汉或前汉。疆域东、南至海,西到巴尔喀什湖、费尔干纳盆地、葱岭,西南至云南、广西以及越南北、中部,北到大漠,东北迤至朝鲜半岛北部。汉武帝时成为亚洲最富强繁荣的多民族国家,并和亚洲各国建立经济、文化上的密切联系。西汉后期,土地集中,阶级矛盾日益尖锐。公元 8 年,外戚王莽代汉称帝,国号新,曾进行复古改制。17 年,爆发赤眉、绿林农民大起义。25 年,远支皇族刘秀(即汉光武帝)重建汉朝,建都洛阳,历史上称为东汉或后汉。东汉末年,宦官掌握政权,横征暴敛,地主豪强残酷掠夺农民,中平元年(184 年),爆发了黄巾农民大起义。在起义农民的打击下,东汉王朝名存实亡。延康元年(220 年)曹丕称帝,东汉灭亡。汉代共历二十六帝,统治四百零六年。❹中国的主体民族名。即汉族。❺汉语的简称。如:英汉词典。❻男子。如:英雄好汉;彪形大汉。《北齐书·魏兰根传》:"何虑无人作官职,若用此汉何为?"

汉调 戏曲剧种。汉剧的旧称。

汉官威仪 指汉朝官吏的礼仪、服饰制度。《后汉书·光武帝纪上》:"老吏或垂涕曰:'不图今日复见汉官威仪。'"

汉奸 原指汉族的败类。现泛指中华民族中投靠外国侵略者,甘心受其驱使、出卖祖国利益的人。

汉江 一称汉水。长江最长支流。上源玉带河出陕西省西南部宁强县,东流到勉县东和褒河汇合后称汉江。东南流经陕西省南部、湖北省西北部和中部,在武汉市入长江。长 1 532 公里,流域面积 16.88 万平方公里,均系长江诸支流之冠。湖北省襄樊市以下一称襄河。有襄河、丹江、唐河、白河、堵河等支流。

汉隶 ❶汉代的隶书,统称"汉隶"。参见"隶书"。❷东汉碑刻上的隶书。因其笔势生动,风格多样,而唐人的隶书,字多刻板,称为"唐隶",故学写隶书者重视东汉碑刻,把这一时期各种风格的隶书特称为"汉隶",与唐隶相对称。

汉学 ❶亦称"朴学"。指汉儒考据训诂之学。详"古文经学"、"朴学❶"。❷指清代专力于训诂、辨伪的乾嘉学派。与"宋学"对称。推崇汉儒朴实学风,反对宋儒空谈义理。继承和发展汉儒的训诂方法,对整理古籍有不少贡献,但也形成了一种繁琐而脱离实际、为考据而考据的学风。❸外国人称中国学术为"汉学",称外国人中研究中国学术的人为"汉学家"。

汉印 汉至魏、晋时期印章的统称。篆体有别于秦篆,大都方平正直,布局谨严,有独特风格。与秦印并为后世篆刻家所取法。

汉语 汉族的语言。属汉藏语系汉语族。中国各民族的族际语言。新加坡官方语言之一。联合国正式语文和工作语文之一。是世界上使用人数最多的语言。约六千年前汉语已有文字,拥有周、秦以来十分悠久、丰富的文献。同中国境内的藏语、壮语、傣语、侗语、黎语、彝语、苗语、瑶语等,中国境外的泰语、缅甸语等都是亲属语言。主要方言分北方话、吴语、湘语、赣语、客家话、闽语和粤语。现代汉民族共同语是以北京语音为标准音、以北方话为基础方言、以典范的现代白话文著作作为语法规范的普通话。文字采用独特的汉字。

汉乐府 汉代的乐府诗。有郊庙歌辞、鼓吹曲辞、相和歌辞和杂曲歌辞等类。郊庙歌辞是为统治者祭祀所作的乐歌;鼓吹曲辞原是军歌,后用于宫廷朝会、贵族出行等场合,现存《铙歌》十八首;其余两类包括从

各地采集的民间歌谣,含有若干反映当时人民疾苦的作品。

汉钟离 传说中的八仙之一。相传姓钟离名权,受铁拐李的点化,上山学道。下山后又飞剑斩虎、点金济众。最后与兄简同日升天,度吕纯阳而去。见《东游记》。他的神仙传说当起于北宋。《宣和书谱》:"神仙钟离先生,名权,不知何时人。而间出接物,自谓生于汉。吕洞宾于先生执弟子礼。"一说为五代后汉时人,北宋时邢州开元寺尚存其草书诗。后遂称汉钟离而不名。或云权尝自称"天下都散汉钟离权",后人误以"汉"字属下,故称汉钟离。见清胡鸣玉《订讹杂录》。

汉字 记录汉语的文字。世界上最古老的文字之一,已有六千年左右的历史。现存最古可识的是三千多年前殷商的甲骨文和稍后的金文。现用汉字是从甲骨文、金文演变而来的。在形体上逐渐由图形变为笔画,象形变为象征,复杂变为简单;在造字原则上从以表形、表意到形声。一个字一个音节,绝大多数是形声字。现代汉字已实现部分简化,更具实用价值。收在《康熙字典》里的汉字有四万多,收在《汉语大字典》里的有五万六千左右,通用的大约有五千到八千。在中国悠久的文化历史中积有大量的汉文典籍。是中国各民族和国际社会通用的正式文字之一。

汉子 ❶对男子的俗称。《北齐书·魏兰根传》:"何物汉子,我与官,不肯就!"❷俗称丈夫。《聊斋志异·小翠》:"姑不与若争,汝汉子来矣。"

扞(hàn) 见"扞格"。

另见 gǎn、hàn 捍。

扞格 互相抵触,格格不入。《礼记·学记》:"发然后禁,则扞格而不胜。"

闬〔閈〕(hàn) ❶巷门。《左传·襄公三十一年》:"高其闬闳,厚其墙垣。"❷墙垣。张衡《西京赋》:"闬庭诡异,门千户万。"

汗(hàn) ❶汗腺的分泌物。水分占 98% ~ 99%,其余为氯化钠,极少量的尿素和其他盐类。汗的分泌受自主神经系统的调节。体力劳动、强烈的情绪激动和高温环境下发汗增多,为散发体热的途径之一。发汗同时排出氯化钠,故当发汗增多时除增加饮水外,亦需补充氯化钠。中医学认为:汗系人体内津液所化生,通过卫气的调节从汗孔排泄。

《灵枢·决气》:"汗出溱溱,是谓津。"发汗有散热和调节体温作用。《素问·生气通天论》:"体若燔炭,汗出而散。"汗与血液有密切关系,称"津血同源";因"心主血",故又称"汗为心之液";并有"夺血者无汗,夺汗者无血"之说(见《灵枢·营卫生会》)。❷出汗;使出汗或如出汗。《汉书·刘向传》:"言号令如汗,汗出而不反者也。"参见"汗颜"、"汗马"、"汗青"。

另见 hán。

汗汗 水势盛大貌。郭璞《江赋》:"溟漭渺沔,汗汗沺沺。"

汗简 著述的代称。袁桷《偶述末章答继学》诗:"汗简功深岁月修。"参见"汗青"。

汗流浃背 出汗多,湿透脊背。常用来形容极度惶恐或惭愧过甚。《后汉书·献帝伏皇后纪》:"操(曹操)出,顾左右,汗流浃背,自后不敢复朝请。"亦作"汗出洽背"。《汉书·陈平传》:"上(汉文帝)益明习国家事,朝而问右丞相勃(周勃)曰:'天下一岁决狱几何?'勃谢不知。问:'天下钱谷一岁出入几何?'勃又谢不知。汗出洽背,愧不能对。"

汗马 战马疾驰出汗,形容征战的劳苦。因称战功为汗马之劳。《韩非子·五蠹》:"弃私家之事,而必汗马之劳。"后指骏马。沈约《日出东南隅行》:"宝剑垂玉贝,汗马饰金鞍。"

汗漫 广泛,漫无边际;漫无标准。《淮南子·俶真训》:"徙倚于汗漫之宇。"《新唐书·选举志上》:"因以谓按其声病,可以为有司之责,舍是则汗漫而无所守。"

汗牛充栋 柳宗元《陆文通先生墓表》:"其为书,处则充栋宇,出则汗牛马。"充栋宇,是说书籍堆满屋子,高及栋梁;汗牛马,是说牛马运书时累得出汗。后因以"汗牛充栋"形容书籍之多。《聊斋志异·封三娘》:"十一娘笑曰:'世传养生术,汗牛充栋,行而效者谁也?'"

汗青 古时在竹简上书写,先以火炙竹青令汗,干后易书,并可免虫蛀,谓之"汗青"。后用为成书之意。《新唐书·刘子玄传》:"头白可期,汗青无日。"亦特指史册。文天祥《过零丁洋》诗:"人生自古谁无死,留取丹心照汗青。"参见"杀青❶"。

汗血 ❶《后汉书·崔骃传》:"汗血竞时,利合而友。"李贤注:"汗血,谓劳力也;竞时,谓趋时也。"今多作"血汗"。形容辛苦劳动。❷骏马名。杜甫《洗兵马》诗:"京师皆骑汗血马。"

汗颜 脸上出汗。韩愈《祭柳子厚文》:"不善为斫,血指汗颜。"后常用来表示羞愧的意思。如:汗颜无地。

汗衣 即汗襦,贴身受汗的内衣。《释名·释衣服》:"汗衣,近身受汗垢之衣也。"

犴〔馯〕(hàn) 同"骍"。马凶悍。《淮南子·氾论训》:"是犹无镝衔橛策錣而御犴马也。"高诱注:"犴马,突马也。"

另见 hán。

旰(hàn) 见"旰旰"。

另见 gàn。

旰旰 亦作"汗汗"、"涆涆"。盛大貌。《史记·河渠书》:"瓠子决兮将奈何,皓皓旰旰兮闾殚为河。"

旱(hàn) ❶久不雨;旱灾。《后汉书·周举传》:"是岁河南、三辅大旱,五谷灾伤。"❷与"水"相对。如:旱田;旱烟。《水浒传》第十一回:"此间要去梁山泊,虽只数里,却是水路,全无旱路。"❸冷落;置之不理。《金瓶梅词话》第六十八回:"你每说的只情说,把俺每这里只顾旱着。"

旱魃 古代传说中能造成旱灾的怪物。《诗·大雅·云汉》:"旱魃为虐,如惔如焚。"孔颖达疏引《神异经》:"南方有人,长二三尺,袒身而目在顶上,走行如风,名曰魃。所见之国大旱,赤地千里。一名旱母。"一说为旱神,见毛传。

含(hàn) 通"琀"。古代放在死者口里的珠、玉、米、贝等物。参见"含玉"。

另见 hán。

含殓 含,古代死人入殓时口里所放的珠、玉等物。因称入殓为"含殓"。王士禛《池北偶谈·双烈》:"既视含殓毕,遂缢死。"参见"含玉"。

含玉 含,亦作"唅"、"琀"。古代入殓时放在死者口中的玉。《周礼·天官·玉府》:"大丧共(供)含玉。"大丧,指皇帝丧。其余则有含璧、含珠、含琣、含米、含贝等,因死者身份不同有所区别。

鸨〔鳱〕(hàn) 见"鸨鴠"。

另见 gān。

鸨鴠 亦作"曷旦"、"鹖旦"。山鸟名。《淮南子·时则训》:"仲冬之月,鸨鴠不鸣。"按《本草纲目》所述性状,为蝙蝠类。参见"鹖旦"。

泔(hàn) 见"泔淡"。

另见 gān。

泔淡 盛满。《汉书·扬雄传上》:"秬鬯泔淡。"颜师古注引应劭曰:"泔淡,满也。"

函〔圅〕(hàn) 通"颔"。下颔内肉。《诗·大雅·行苇》"醓醢以荐"孔颖达疏引服虔《通俗文》:"口上曰臄,口下曰函。"

另见 hán。

垾(hàn) 小堤。

捍〔扞〕(hàn) ❶保卫。《礼记·祭法》:"能捍大患,则祀之。"❷古代射者所着的一种皮质袖套。《汉书·尹赏传》:"被铠捍,持刀兵。"❸坚实貌。《管子·地员》:"五浮之状,捍然如米。"❹张开;拉开。《吕氏春秋·贵卒》:"管仲捍弓,射公子小白,中钩。"❺通"悍"。强悍。《史记·货殖列传》:"而民雕捍少虑。"

捍拨 护拨的饰物。拨,拨动琵琶筝瑟等弦索的用具。张籍《宫词》:"黄金捍拨紫檀槽,弦索初张调更高。"

哻(hàn) 同"䶃"。见《龙龛手鉴·口部》。

唅(hàn) 通"琀"。古殡殓时放在死者口中的珠玉。《晋书·皇甫谧传》:"殡唅之物,一皆绝之。"

另见 hán。

涆(hàn) 见"涆涆"、"浩涆"。

涆涆 ❶光彩盛貌。《文选·王延寿〈鲁灵光殿赋〉》:"澔澔涆涆,流离烂漫。"李善注:"澔澔涆涆,光明盛貌。"❷水奔流貌。左思《吴都赋》:"滮滮涆涆。"

悍〔猂〕(hàn) ❶勇猛。《汉书·韩信传》:"大王自料勇悍仁强,孰与项王?"❷凶暴蛮横。《荀子·大略》:"悍戆好斗,似勇而非。"❸猛烈;急暴。《史记·河渠书》:"水湍悍。"❹通"睅"。潘岳《射雉赋》:"瞵悍目以旁睐。"

骍〔騂〕(hàn) 马凶悍貌。也指凶悍的马。《韩非子·外储说右下》:"马退而却,策不能进前也,马骍而走,辔不能正也。"《新唐书·王志愔传》:"故舍衔策以奔踶,则王良不能御骍。"

骍突 马性凶悍。也指凶悍的马。《汉书·刑法志》:"是犹以鞿而御骍突。"颜师古注引如淳曰:"骍,音捍;

突,恶马也。"

玲（hàn）古代含于死者口中的珠、玉、贝等的通称。汉代玉玲常刻作蝉形。 玲

菡（hàn）见"菡萏"。

菡萏 荷花的别称。《尔雅·释草》:"荷,芙蕖……其华菡萏。"《诗·陈风·泽陂》:"彼泽之陂,有蒲、菡萏。"

锧〔頷〕（hàn）"颔❷"的本字。低头;点头。《左传·襄公二十六年》:"逆于门者,锧之而已。"《说文·页部》引作"迎于门,锧之而已"。黄溍《重登云黄山》诗:"理冥心自珍,机凑首屡锧。"

另见 qīn。

釬（hàn）❶古代士兵的臂部铠甲。《管子·戒》:"弢弓脱釬而迎之。"朱骏声《说文通训定声·乾部》:"按平时之臂衣曰鞲,射时著左臂之拾曰遂,战阵所著者曰釬。"❷即镈。戈柄下端圆锥形的铜帽。《方言》第九:"矛……镈谓之釬。"参见"镈"。❸通"悍"。急。《庄子·列御寇》:"有缓而釬。"王先谦集解:"按外舒迟而内悍急。"

另见 hàn 焊。

焊〔銲、釬〕（hàn）连接金属（或某些非金属）使成为整体的一种方法。如:焊接;电焊;锡焊。

睅（hàn）眼睛突出貌。《左传·宣公二年》:"睅其目。"杜预注:"睅,出目。"

骭〔骬〕（hàn）长毛马。苏轼《书韩幹牧马图》诗:"白鱼赤兔骄皇骭。"

另见 hán。

感（hàn）通"撼"。动摇。《诗·召南·野有死麇》:"无感我帨兮。"毛传:"感,动也。"

另见 gǎn。

颔〔頷〕（hàn）亦作"顄"。❶下巴。白居易《东南行》:"相逢应不识,满颔白髭须。"❷点头。《左传·襄公二十六年》:"逆于门者,颔之而已。"

颔车 下巴颏儿。《释名·释形体》:"〔颐〕或曰辅车……或曰颔车,颔,含也,口含物之车也。"

颔联 又称"次联"、"胸联"。指律诗第二联（三、四两句）。宋严羽《沧浪诗话·诗体》:"有古律,有今律,有颔联,有颈联。"《续金针诗格》（托名宋梅尧臣作）谓"第二联谓之

颔联,第三联谓之颈联"。颔、颈盖就一首诗中所居位置而言。颔联一般须对仗,但有时允许有变体。

諴〔譀〕（hàn）❶夸诞。《说文·言部》:"諴,诞也。"徐锴系传:"诞,大言也。"❷欺调。《广雅·释诂》:"諴,调也。"王念孙疏证:"諴者,相欺调也。卷二云:'调,欺也。'谓相欺调也。"按即调弄、调侃义。

撖（hàn）姓。明代有撖大经。

蛤（hàn）毛虫。《尔雅·释虫》:"蛤,毛蠹。"郭璞注:"即载。"

嗿（hàn）亦作"譀"。译音字。如嗿密莫米臙（大食哈里发所用称号）。

另见 dàn 啖㊀。

頷〔顄〕（hàn）同"颔"。下巴。《汉书·王莽传中》:"莽为人侈口蹙頷。"颜师古注:"侈,大也;蹙,短也;頷,颐也。"

頷淡 《文选·马融〈长笛赋〉》:"頷淡滂流。"李善注:"頷淡,水摇荡貌。"

暵（hàn）❶干枯。《诗·王风·中谷有蓷》:"中谷有蓷,暵其干矣。"❷干旱。《周礼·地官·舞师》:"教皇舞,帅而舞旱暵之事。"

熯（hàn）❶同"暵"。干燥。《易·说卦》:"燥万物者,莫熯乎火。"❷燃烧。《商君书·兵守》:"发梁撤屋,给徙,徙之;不洽而熯之,使客无得以助攻备。"

另见 nǎn。

轞（hàn）虫名。《尔雅·释虫》:"轞,天鸡。"郭璞注:"小虫,黑身,赤头,一名莎鸡。"

翰（hàn）❶雉类,赤羽的山鸡。也叫"锦鸡"。《逸周书·王会》:"蜀人以文翰;文翰者,若皋鸡。"❷长而硬的鸟羽。《尚书大传·西伯戡黎》:"取白狐青翰。"郑玄注:"翰,毛之长大者。"❸毛笔。刘桢《公宴诗》:"投翰长叹息。"引申为文词。如:书翰;文翰。❹辅翼。《诗·小雅·桑扈》:"之屏之翰。"❺白马。《礼记·檀弓上》:"殷人尚白……戎事乘翰。"郑玄注:"翰,白色马也。"❻高飞。陆机《文赋》:"浮藻联翩,若翰鸟缨缴而坠曾云之峻。"

翰海 一作瀚海。含义随时代而变。两汉六朝时是北方的海名。汉武帝时霍去病击匈奴左地,出代郡塞二千余里,登临翰海而还。唐以前人注释《史记》、《汉书》,皆解作一大海

名。据方位推断,当在今蒙古高原东北境,疑即今呼伦湖与贝尔湖;又今人岑仲勉考证,既云"登临",则是"山"而非"海","翰海"当即今蒙古杭爱山不同音译。《北史·蠕蠕传》数见"瀚海"一词,方位不一,其一与《史记》、《汉书》所载同,其一当在高原北境,疑即今贝加尔湖。唐代是蒙古高原大沙漠以北及其迤西今准噶尔盆地一带广大地区的泛称。西夏称灵州（今宁夏灵武市西南）南一带沼泽地为瀚海,见《西夏书事》;元代或以今新疆古尔班通古特沙漠为瀚海,见耶律楚材《西游录》,或以今阿尔泰山为瀚海,见刘郁《西使记》。明以后专指戈壁沙漠。

翰林 ❶谓文翰荟萃的所在。《文选·扬雄〈长杨赋〉》:"故借翰林以为主人,子墨为客卿以风。"李善注:"翰林,文翰之多若林也。"陆机《文赋》:"郁云起乎翰林。"❷官名。唐玄宗初置翰林待诏,为文学侍从之官。至德宗以后,翰林学士职掌为撰拟机要文书。明清则以翰林院为"储才"之地,在科举考试中选拔一部分人入院为翰林官。清制翰林院以大学士为掌院学士,其下设侍读学士、侍讲学士、侍读、侍讲、修撰、编修、检讨等官。殿试朝考后,新进士之授翰林院庶吉士者,称为"点翰林"。庶吉士在院学习三年,期满考试后散馆。优者留院为编修、检讨,其余分别授官。留院者升迁较速,清代大臣多出于此途。

翰墨 犹"笔墨"。指文辞。曹丕《典论·论文》:"古之作者,寄身于翰墨,见意于篇籍。"也指书法或绘画。《宋史·米芾传》:"特妙于翰墨,沈著飞翥,得王献之笔意。"

翰苑 翰林院的别称。《宋史·萧服传》:"服文辞劲丽,宜居翰苑。"

撼（hàn）摇动。韩愈《调张籍》诗:"蚍蜉撼大树,可笑不自量。"引申为用言语打动人。《宋史·徐勣传》:"微言撼之。"

憾（hàn）❶恨。《左传·隐公五年》:"请君释憾于宋。"❷心感不足;不满意。如:遗憾。《礼记·中庸》:"天地之大也,人犹有所憾。"《左传·襄公二十九年》:"美哉,犹有憾。"

鷾（hàn）❶鸟名。❶白雉。《尔雅·释鸟》:"鷾雉鷩雉。"郭璞注:"今白鷼也,江东呼白鷾,亦名白雉。"❷山鹊。《说文·隹部》:"鷾,鷾鶯也。"段玉裁注:"鷾鶯,山

鹊,知来事鸟也。"

瀚

瀚（hàn）　见"瀚瀚"、"浩瀚"。

瀚瀚　广大貌。《淮南子·俶真训》:"储与扈冶,浩浩瀚瀚。"参见"浩瀚"。

鷴

鷴（hàn）　同"翰❶"。《尔雅·释鸟》:"鷴,天鸡。"郭璞注:"鷴鸡赤羽。"

hāng

夯

夯（hāng）　❶众人齐举以筑实地基的工具。如:打夯。也称用夯砸实地基。如:夯得很结实。❷冲;撞。王实甫《西厢记》第五本第四折:"有口难言,气夯破胸脯。"❸用力扛。《正字通·大部》:"《禅林宝训》:'自家闺阁中物,不肯放下,反累及他人担夯。'"

另见 bèn。

炕

炕（hāng）　张开。《尔雅·释木》:"守宫槐,叶昼聂宵炕。"邢昺疏:"聂,合也;炕,张也。言其叶昼合夜张者,别名守宫槐。"

另见 kàng。

砼

砼（hāng）　同"夯"。

háng

行

行（háng）　❶行列。古乐府《鸡鸣》:"鸳鸯七十二,罗列自成行。"❷古代军制,二十五人为一行。《左传·隐公十一年》:"郑伯使卒出豭,行出犬鸡,以诅射颍考叔者。"❸行业。如:三百六十行。❹买卖、交易的营业处。如:拍卖行;商行。❺表示处所,犹这里、那里。用在人称的后面。《西厢记》第一本第三折:"这小贱人不来我行回话。"《琵琶记·宦邸忧思》:"我衷肠事说与谁行?"❻质量差;不坚实。见"行货❷"。《周礼·地官·司市》"害者使亡"郑玄注:"害,害于民,谓物行苦者。"❼(旧读 hàng)排行;班辈。《汉书·苏武传》:"汉天子,我丈人行也。"

另见 hàng,xíng。

行辈　亦作"辈行"。年辈;同辈。韩翃《送崔秀才赴上元兼省叔父》诗:"诗家行辈如君少,极目苦心怀谢朓。"李昌祺《剪灯余话·至正妓人行》:"一自干戈遘扰攘,几多行辈遄沦谢。"

行行　各行职业。如:行行出状元。

行话　各行业为适应自身需要而创造使用的词语。

行货　❶商品;货物。《水浒传》第三回:"见这市井闹热,人烟辏集,车马轺驰,一百二十行经商买卖诸物行货都有。"❷质量差的货物。《新方言·释言》:"今吴越谓器物楛窳为行货。"楛窳,粗糙恶劣。

行家　❶精通某种业务的人。《景德传灯录》卷十六:"〔洛京韶山寰普禅师〕曰:'耕夫置玉楼,不是行家作。'"❷旧俗称介绍商货买卖的商行叫"行家"。

行款　文字的书写顺序和排列形式,包括字序和行序。如汉字直排,字序自上而下,行序自右而左;横排,字序自左而右,行序自上而下。

行列　人或物排列起来,直的叫"行",横的叫"列"。《礼记·乐记》:"行列得正焉。"引申为行伍。杜甫《前出塞》诗:"潜身备行列,一胜何足论!"

行首　❶亦作"行头"。军队行列的领头人,亦指军队的行列。《左传·成公十六年》:"塞井夷灶,陈于军中,而疏行首。"刘文淇《春秋左氏传旧注疏证》:"此谓军之行列也。惠栋云:'《司马法》曰:凡陈(阵)行惟疏。'沈钦韩云:'行首,即领队者也。'"❷犹领班。司马光《涑水纪闻》卷一:"太祖尝罢朝坐便殿,不乐者久之,内侍行首王继恩请其故。"❸宋元时上等妓女的称呼。关汉卿《谢天香》楔子:"不想游学到此处,与上厅行首谢天香作伴。"

行头　❶古代军队一行之长。《国语·吴语》:"陈士卒百人以为彻行,百行,行头皆官师。"参见"行首❶"。❷中国旧时行会头目。唐各行有行首、行头、行人等名目。宋或称"行老"。清又别称"呈头"。虽名称各异,但实质相同。行头对官府随时承担各种差徭、税捐等强制义务,承担后又分摊给行会会员。

行伍　❶古代军队编制,五人为"伍",二十五人为"行",故以"行伍"泛指军队。《荀子·乐论》:"带甲婴轴,歌于行伍,使人之心伤。"❷行列。《论衡·量知》:"有司之陈笾豆,不误行伍。"

行院　亦作"衖衕"、"行衕"、"行完"、"衕院"。❶犹言行业。指各种营生,也指从事各种营生的人。马致远《任风子》第一折:"你亲曾见做屠户的这些衖衕。"孙仁孺《东郭记·媥国中》:"那些口里士夫团,出外原来丑行完。"按丑行完指乞丐。❷同

行;行帮。车若水《脚气集》卷上:"刘漫塘云:向在金陵,亲见小民有行院之说。且如有卖炊饼者自别处来,未有其地与资,而一城卖饼诸家便与借市,某送炊具,某贷面料,百需皆裕,谓之护引行院,无一毫忌心。"❸妓院;妓女。《水浒传》第二十回:"我这女儿……从小儿在东京时,只去行院人家串,那一个行院不爱他?有几个上厅行首要问我过房了几次,我不肯。"无名氏《替杀妻》第一折:"嫂嫂你是个良人良人宅眷,不是小末小末行院。"❹金元时指杂剧或院本艺人居处,亦指演杂剧或院本的艺人。南戏《宦门子弟错立身》:"你与我去叫大行院来,做些院本解闷。"

吭

吭（háng）　喉咙;颈项。柳宗元《上门下李夷简相公陈情书》:"仰首伸吭,张目而视。"

另见 kēng。

远

远（háng）　❶兽迹。许慎《说文解字叙》:"见鸟兽蹄远之迹,知分理之可相别异也。"❷道路。张衡《西京赋》:"结罝百里,远杜蹊塞。"杜,堵塞。

杭

杭（háng）　❶通"航"。渡河。《诗·卫风·河广》:"谁谓河广,一苇杭之。"亦指渡船。《楚辞·惜诵》:"昔余梦登天兮,魂中道而无杭。"❷浙江省杭州市的简称。杭州之名始于隋开皇年间。❸姓。

另见 kāng。

杭育　象声词。抬物或打夯等集体劳动时的呼喊声。

魧

魧（háng）　同"吭"。喉咙。《史记·刘敬叔孙通列传》:"不扼其魧。"

另见 āng,kǎng。

斻

斻（háng）　并舟而渡。见《说文·方部》。泛指以舟渡河。《后汉书·杜笃传》:"造舟于渭,北斻泾流。"李贤注:"斻,舟度也。"

绗

绗〔絎〕（háng）　粗缝。用长针缝有夹层的纺织物,使里面的棉絮之类固定。如:绗棉被。

桁

桁（háng）　❶见"桁杨"。❷通"航"。浮桥。《世说新语·捷语》:"王敦引军垂至大桁……帝令断大桁。"

另见 hàng,héng。

桁杨　古时加在脚上或颈上以拘系囚犯的刑具。《庄子·在宥》:"今世殊死者相枕也,桁杨者相推也,刑戮者相望也。"

蚢

蚢（háng）　❶一种野蚕。《尔雅·释虫》:"蚢,萧茧。"郭璞

注:"食萧叶者。"❷蚌蛤之属,大贝。郭璞《江赋》:"紫蚝如渠。"

衔（háng）　见"衔衔"。

衔衔　即"行院"。

航（háng）　❶航行。如:航海;航空;航线。❷船。张衡《思玄赋》:"譬临河而无航。"左思《吴都赋》:"于是乎长鲸吞航。"❸连船而成的浮桥。《淮南子·氾论训》:"乃为窬木方版以为舟航。"高诱注:"舟相连为航也。"

颃〔頏〕（háng）　见"颉颃"。
另见 gāng。

䀪（háng）　同"颃"。鸟从高飞下。《文选·扬雄〈甘泉赋〉》:"鱼颃而鸟䀪。"李善注:"䀪,犹颉颃也。"

鸻〔鴴〕（háng）　鸟纲,鸻科部分种类的通称。羽色平淡,多为沙灰色而缀有深浅不同的黄、褐等色斑纹。翼和尾部都短,喙细短而直。足细长,适于涉水。常活动于水边、泽地或田野中。主食蠕虫、昆虫、螺类和甲壳类。如金鸻（*Pluvialis dominica fulva*）,体长约 25 厘米。在中国北部均为旅鸟;在云南、广东、台湾等地大多为旅鸟,少数为冬候鸟。

筕（háng）　见"筕篖"。

筕篖　竹编的粗糙席子。《方言》第五:"筕篖,自关而东、周洛楚魏之间,谓之倚佯;自关而西谓之筕篖;南楚之外谓之篖。"郭璞注:"似籧篨,直文而粗,江东呼笪。"

舡（háng）　同"航"。并连的船。因指连船而成的浮桥。《南齐书·高帝纪上》:"朱雀舡有戍军,受节度,不听夜过。"

魟〔魟〕（háng,又读 gāng）　❶大贝。《尔雅·释鱼》:"贝大者魟。"郭璞注引《书大传》曰:"大贝如车渠。"郝懿行义疏:"此物产于江海。其贝大者常有径至一尺六七寸者,以为杯盘,宝物也。"字亦作蚝。《文选·郭璞〈江赋〉》:"紫蚝如渠。"李善注引《尔雅》曰:"大贝曰魟。"❷鱼膏。《说文·鱼部》:"魟,一曰鱼膏。"王筠句读:"《淮南·万毕术》:'取蚝脂为灯,置水中,即见诸物。'"

hǎng

䣾（hǎng）　苦酒。见《广韵·三十七荡》。
另见 gàn。

hàng

行（hàng）　见"行行"。
另见 háng,xíng。

行行　刚强貌。《论语·先进》:"子路,行行如也。"

沆（hàng）　见"沆茫"、"沆瀣"。

沆茫　水草广大貌。扬雄《羽猎赋》:"鸿蒙沆茫。"

沆漭　同"漭沆"。水广大貌。《后汉书·马融传》:"沆漭沆漭。"

沆瀣　❶夜间的水气;露水。司马相如《大人赋》:"呼吸沆瀣兮餐朝霞。"❷《史记·司马相如列传》:"澎濞沆瀣。"司马贞索隐:"'瀣'亦作'溉'。司马彪云:'澎濞,水声;沆溉,徐流也。'郭璞云:'鼓怒郁鞔之貌也。'"按《汉书·司马相如传》、《文选·司马相如〈上林赋〉》皆作"澎濞沆溉"。

沆瀣一气　钱易《南部新书·戊集》:"又乾符二年,崔沆放崔瀣,谭者称座主门生,沆瀣一气。"后因称气味相投为"沆瀣一气"。《孽海花》第三十四回:"皓东的敏锐活泼,和胜佛的豪迈灵警,两雄相遇,尤其沆瀣一气。"今多用于贬义。

沆漭　犹汪洋。水深广貌。左思《吴都赋》:"颎溶沆漭,莫测其深,莫究其广。"

巷（hàng）　见"巷道"。
另见 xiàng。

巷道　地下采矿时挖掘的无直通地面出口的水平或倾斜通道的总称。供运输、通风、排水、行人之用。巷道断面一般呈梯形或拱形。其轴线近于水平的称"水平巷道"（如石门、运输平巷、回风平巷等）,同水平面斜交的称"倾斜巷道"（如上山、下山、溜眼等）。也有将井筒、平硐和巷道等统称为"巷道"的。

桁（hàng）　衣架。古乐府《东门行》:"还视桁上无悬衣。"
另见 háng,héng。

hāo

茠（hāo）　同"薅"。除田草。《新唐书·陆龟蒙传》:"身畚锸,茠刺无休时。"
另见 xiū。

蒿（hāo）　❶草名。有青蒿、白蒿等多种。《诗·小雅·鹿鸣》:"呦呦鹿鸣,食野之蒿。"此指青蒿。❷气蒸发貌。见"焄蒿"。❸消耗。《国语·楚语上》:"若敛民利,以成其私欲,使民蒿焉忘其安乐而有远心,其为恶也甚矣!"

蒿莱　野草;杂草。聂夷中《闻人说海北事有感》诗:"村落日中眠虎豹,田园雨后长蒿莱。"

蒿里　古人以为人死后魂魄聚居处。

蒿目　极目远望。《庄子·骈拇》:"今世之仁人,蒿目而忧世之患。"后称对世事忧虑不安为"蒿目时艰",本此。

薧（hāo）　墓地。《说文·艸部》:"薧,死人里也。"通作"蒿"。
另见 kǎo。

薅（hāo）　❶除去田中的杂草。如:薅草。《诗·周颂·良耜》:"其铸斯赵,以薅荼蓼。"❷泛指拔去。如:薅下几根头发。

嚆（hāo）　见"嚆矢"。

嚆矢　响箭。发射时声先箭而到,因以喻事物的开端;犹言先声。《庄子·在宥》:"焉知曾、史之不为桀、跖嚆矢也。"成玄英疏:"嚆,箭镞有吼猛声也。"

鄗（hāo）　亦作"鄗"。见"鄗垪"。

鄗垪　山谷空深貌。张志和《鸳鸯篇》:"鼓鄗垪而悲咤颲颲。"

háo

号〔號〕（háo）　❶呼啸;大叫。杜甫《茅屋为秋风所破歌》:"八月秋高风怒号。"戴良《咏雪》诗:"狂号犬自惊。"❷大声哭。曹植《王仲宣诔》:"翩翩孤嗣,号恸崩摧。"
另见 hào。

号咷　亦作"嚎咷"、"嚎啕"。放声大哭。《易·同人》:"同人,先号咷而后笑。"

嚎（háo）　呼啸;吼叫。《庄子·齐物论》:"夫大块噫气,其名为风,是唯无作,作则万窍怒嚎。"
另见 xiāo。

蚝〔蠔〕（háo）　即"牡蛎"。
另见 cì。

蚝豉　亦称"蛎干"。牡蛎肉的干制品。经煮熟后晒干或烘干而成。主要产于中国广东、福建。

皋〔皐、皐〕（háo）　通"嗥"。呼而告之。《周礼·春官·乐师》:"诏来瞽皋舞。"郑玄注:"皋之

言号,告国子当舞者舞。"

另见 gāo,gū。

毫（háo）❶细毛。《孟子·梁惠王上》："明足以察秋毫之末。"李群玉《七月十五日夜看月》诗："下射长鲸眼,遥分玉兔毫。"❷毛笔。如:挥毫。陆机《文赋》："或含毫而邈然。"❸旧计量单位。（1）重量单位。十丝为一毫,十毫为一厘。（2）长度单位。十毫为一厘。❹国际单位制中用于构成分数单位的一种词头名称。常用符号 m 表示。1 毫表示 10^{-3}。如 1 毫米 $= 10^{-3}$ 米。❺丝毫,极言其细微。如:毫不利己;毫无影响。❻秤或戥子上的提绳。如:头毫;二毫。❼两广方言,银元一角叫一毫。❽姓。汉代有毫康。

毫芒　亦作"豪芒"。犹毫末,谓极微细。《后汉书·郭玉传》："针石之间,毫芒即乖。"

毫末　谓极细微。《老子》："合抱之木,生于毫末。"

毫素　笔和纸。谓著作。《文选·陆机〈文赋〉》："唯毫素之所拟。"李善注："毫,笔也……书缣以素。"亦作"豪素"。

嗥〔嗁、獋〕（háo）❶野兽吼叫。《左传·襄公十四年》："狐狸所居,豺狼所嗥。"❷大声呼叫;号哭。《庄子·庚桑楚》："儿子终日嗥而嗌不嗄。"

貃（háo）用于"貃子"、"貃绒"。

另见 hé,mà,mò。

濠（háo）亦作"濠"。通"嗥"。鸣;叫。《史记·历书》："百草奋兴,秭鴂先滜。"司马贞索隐："谓子鴂鸟春气发动,则先出野泽而鸣也。"按秭鴂即子规。

另见 zé。

獔（háo）兽名。《正字通》："貃类,色白,尾小如狗,北人谓之皮狐子,亦曰獔子。"

豪（háo）❶豪猪身上的刺。《山海经·西山经》："〔竹山〕有兽焉,其状如豚而白,毛大如笄而黑端,名曰豪彘。"❷豪猪刺长而刚,旧以喻有才德、威望或有权势的人。《鹖冠子·博选》："德千人者谓之豪。"陆佃解："此以兽之豪制名也。"《史记·韩长孺列传》："雁门马邑豪聂翁壹。"裴骃集解引张晏曰："豪犹帅也。"❸气魄大,不拘束。如:豪放;豪迈;豪言壮语。杜甫《壮游》诗："性豪业嗜酒,嫉恶怀刚肠。"亦特指豪奢。《梁书·贺琛传》："今之燕

喜,相竞夸豪。"❹强横。如:巧取豪夺。亦指强横霸道的人。如:土豪劣绅。❺通"毫"。见"豪厘千里"。❻姓。宋代有豪彦。

豪富　巨富。《史记·秦始皇本纪》："徙天下豪富于咸阳十二万户。"

豪华　❶奢侈阔绰。陆游《春晚怀山南》诗："壮岁从戎不忆家,梁州裘马斗豪华。"❷指显贵的地位。《旧唐书·韦安石传》："陟（韦陟）门地豪华,早践清列。"

豪猾　强横狡猾而不守法纪的人。《三国志·魏志·赵俨传》："县多豪猾,无所畏忌。"

豪杰　❶亦作"豪桀"。才能出众的人。《孟子·尽心上》："若夫豪杰之士,虽无文王犹兴。"《吕氏春秋·功名》："人主贤则豪桀归之。"高诱注："才过百人曰豪,千人曰桀。"❷倚仗权势横行一方的人。《汉书·地理志下》："世家则好礼文,富人则商贾为利,豪杰则游侠通奸。"

豪举　《史记·魏公子列传》："平原君之游,徒豪举耳,不求士也。"《文选·班固〈西都赋〉》："乡曲豪举,游侠之雄。"吕延济注："豪举,谓豪侠之人自相称举以夸矜。"现多用以指气魄浩大的举动。

豪客　❶旧称侠客勇士。陆游《大雪歌》："虬髯豪客狐白裘,夜来醉眠宝钗楼。"❷唐李涉遇盗首索诗,遂赋《井栏砂遇夜客》诗,有"绿林豪客夜知闻"句,后因称盗首为"豪客"。事见宋纪有功《唐诗纪事》卷四十六。❸豪华奢侈的人。宋无《废宅》诗:"珠履卖钱豪客散。"

豪厘千里　语出《史记·太史公自序》"失之豪厘,差以千里"。豪,通"毫"。比喻因细小的错失而终铸成大错。王守仁《传习录》卷上:"此则非有学问思辩之功,将不免于豪厘千里之缪。"

豪迈　豪放不羁;气魄大。《宋史·李侗传》："姿禀劲特,气节豪迈。"

豪芒　同"毫芒"。谓极微细。《汉书·叙传上》："锐思于豪芒之内。"

豪毛　即"毫毛"。比喻细微的事物。《史记·越王勾践世家》："吾不贵其用智之如目,见豪毛而不见其睫也。"

豪眉　亦称"寿眉"。老人眉上长出长毫。《诗·豳风·七月》"以介眉寿"毛传："眉寿,豪眉也。"孔颖达疏："人年老者,必有豪毛秀出者,故

知眉谓豪眉也。"

豪门　巨富权贵之家。《晋书·阎缵传》："其侍臣以下文武将吏,且勿复取盛戚豪门子弟。"

豪末　同"毫末"。喻微小。《荀子·王霸》："政令制度所以接下之人百姓,有不理者为豪末,则虽孤独鳏寡,必不加焉。"杨倞注："不以豪末不理加于孤独鳏寡也。"人百姓,犹云民众。《庄子·秋水》："河伯曰:'然则吾大天地而小豪末,可乎?'"

豪强　指依仗权势横行不法的人。《汉书·田延年传》："诛锄豪强,奸邪不敢发。"

豪素　同"毫素"。笔和纸。借指诗文著作。颜延之《五君咏》："向秀甘淡薄,深心托豪素。"

豪右　豪门大族。《后汉书·明帝纪》："滨渠下田,赋与贫人,无令豪右得固其利。"元好问《宿菊潭》诗："汝乡之单贫,宁为豪右欺。"参见"右姓"、"右族"。

濠（háo）同"壕"。

壕（háo）❶护城河。许浑《登故洛阳城》诗："雁迷寒雨下空壕。"❷沟。如:战壕。孔尚任《桃花扇·馀韵》："残军留废垒,瘦马卧空壕。"

嚎（háo）大叫。如:狼嚎。梅尧臣《宁陵阻风雨寄都下亲旧》诗："昼夜风不止,寒树嚎未休。"

濠（háo）❶护城河。刘禹锡《浙西李大夫》诗："江为四面濠。"❷水名。即濠水:（1）在今安徽凤阳东北二十里,一名东濠水。有三源合流,北流至临淮关入淮。隋唐濠州以此水得名。（2）在凤阳南利山,一名西濠水。西北流经怀远南堲山之麓,北入淮。

濠梁　同"濠上"。《梁书·王规传》："文辩纵横,才学优赡,跌宕之情弥远,濠梁之气特多。"

濠上　濠水桥梁之上。《庄子·秋水》："庄子与惠子游于濠梁之上。庄子曰:'儵鱼出游从容,是鱼之乐也。'惠子曰:'子非鱼,安知鱼之乐?'庄子曰:'子非我,安知我之不知鱼之乐?'"后多用来比喻别有会心、自得其乐的境地。周煇《清波杂志》卷中:"公（徐俯）视山谷为外家,晚年欲自立名世。客有赞见,其称渊源所自。公读之不乐,答以小启曰:'涪翁（黄庭坚）之妙天下,君其问诸水滨;斯道之大域中,我独知之濠上。'"

譹（háo） 同“嚎”。哭声。《庄子·齐物论》：“叫者，譹者。”陆德明释文引司马云：“譹，哭声。”

hǎo

好（hǎo） ❶美；善。与“坏”相对。如：大好河山；好人好事。王褒《四子讲德论》：“故王嫱、西施，善毁者不能蔽其好。”❷相善；友爱。如：友好。《诗·卫风·木瓜》：“匪报也，永以为好也。”❸完毕；完成。《二刻拍案惊奇》卷九：“凤生将书封好，一同玉蟾蜍交付龙香。”也指完整、健全等。如：完好；安好。❹容易。与“难（nán）”❶相对。如：好懂；好办。《二刻拍案惊奇》卷三：“且是直性子，好相与。”❺表示应允。如：好，就这么办吧。❻可以；能；以便。如：你好走了；只好如此。《红楼梦》第八十二回：“你倒别混想了，养养神，明儿好念书。”❼表示程度深或数量多。如：好冷；好几天。《红楼梦》第八回：“好蠢东西！你也轻些儿。”

另见 hào。

好歹 ❶好坏。如：不识好歹。高明《琵琶记·蔡婆埋冤五娘》：“胡乱这般时节，分甚好歹？”❷犹意外，指不如意事。无名氏《连环计》第三折：“若是酒筵上有些好歹，就将这老匹夫结果了罢。”此指语言争执。常指死亡。《红楼梦》第二十九回：“宝玉因见黛玉病了，心里放不下，饭也懒着吃，不时来问，只怕她有个好歹。”❸无论如何。无名氏《鸳鸯被》第一折：“你好歹早些儿来回话。”

好汉 有胆识、有作为的男子。《旧唐书·狄仁杰传》：“朕要一好汉任使，有乎？”亦指ાર 尚义任侠的人。《水浒传》第二十二回：“仗义疏财，扶危济困，是个天下闻名的好汉。”

好好 ❶勉力；郑重其事地。李商隐《送崔珏往西川》诗：“浣花笺纸桃花色，好好题诗咏玉钩。”❷很好的；好端端的。《桃花扇·却奁》：“把好好东西，都丢一地。”❸无端；没来由。秦观《品令》词：“好好地恶了十来日。”恶，不舒适。❹喜悦貌。《诗·小雅·巷伯》：“骄人好好，劳人草草。”

好仇 ❶好的配偶。《后汉书·边让传》：“尔乃携窈窕，从好仇。”参见“好逑”。❷犹言“好助手”。《诗·周南·兔罝》：“赳赳武夫，公侯好仇。”

好逑 亦作“好仇”。好配偶。《诗·周南·关雎》：“窈窕淑女，君子好逑。”陆德明释文：“逑，本亦作仇。”

好身手 精于武艺，体格矫健。杜甫《哀王孙》诗：“朔方健儿好身手。”后亦泛称本领、技艺高强。

好生 ❶好好地。《红楼梦》第一百十八回：“爷爷后面写着，叫咱们好生念书呢。”❷很；多么。关汉卿《单刀会》第一折：“想关云长好生勇猛。”

好事 ❶好事情；有益的事。❷善事。如：行好事。❸佛事。王实甫《西厢记》第一本第二折：“二月十五日，可与老相公做好事。”❹指男女结合。如：成其好事。

好在 ❶古人相问候的话，犹言好么，无恙。白居易《代人赠王员外》诗：“好在王员外，平生记得不？”❷犹言好好的；好生。《资治通鉴·唐肃宗上元元年》：“力士因宣上皇诰曰：‘诸将士各好在。’”胡三省注：“以将士露刃遮道，震惊上皇，殊无善状，令其好在。好在，犹今人言好生。”❸犹幸亏。表示有某种有利条件。《官场现形记》第四十一回：“好在襄橐充盈，倒也无所顾恋。”

hǎo

郝（hǎo） 姓。

hào

号〔號〕（hào） ❶名称。如：年号；牌号。亦用为商店的代称。如：本号；分号。❷别号，指人名字以外的称谓。陶潜《五柳先生传》：“宅边有五柳树，因以为号焉。”❸扬言；宣称。《史记·高祖本纪》：“项羽兵四十万，号百万。”❹标志；记号。如：加减号；暗号。❺排定的次序或等级。如：编号；头号。也特指一个月里的日子。如：十月五号。❻号令；口令。如：发号施令。《资治通鉴·唐高祖武德元年》：“〔刘兰成〕诈为抄者，择空而行听察，得其号及主将姓名。”也指发号令。《庄子·田子方》：“何不号于国中？”❼吹奏的喇叭。亦指用喇叭吹出的表示一定意义的声音。如：军号；起床号。

另见 háo。

号房 ❶明代监生在国子监读书时的宿舍。见《明史·选举志一》。亦指贡院中考生的席舍。见《明史·选举志二》。❷旧指传达室或担任传达工作的人。

号令 ❶传布命令。《国语·越语上》：“乃号令于三军。”韦昭注：“号，呼也。”按古代发令于众，多用传呼的方法，故称号令。亦指向众人布的命令。《礼记·月令》：“〔季秋之月〕申严号令。”❷将人犯处刑后示众。《水浒全传》第一百十六回：“宋江早晚也号令在此处。”

号召 召唤；招集。《国语·齐语》：“使周游于四方，以号召天下之贤士。”今指向群众提出某种要求，希望群众响应，共同行动。

号子 ❶民歌的一种。产生于体力劳动过程中，与劳动节奏紧密配合。由于劳动方式不同而形成多种类型，如：打夯号子、车水号子、船夫号子等。演唱形式多为一人领唱，众人相和。❷管乐器。即“招军”。

好（hào） ❶喜爱。如：好辩。好胜；嗜好。《诗·小雅·彤弓》：“我有嘉宾，中心好之。”❷圆形玉器中间的孔。《尔雅·释器》：“肉倍好谓之璧，好倍肉谓之瑗，肉好若一谓之环。”亦指圆形钱币中的孔。

另见 hǎo。

好大喜功 一意想做大事立大功。罗泌《路史·前纪》卷四“蜀山氏”：“昔者汉之武帝，好大而喜功。”有时也用于贬义。梁辰鱼《浣纱记·被围》：“既侈其好大喜功之念，又发其殿贤用佞之心。”今也形容浮夸作风。

好高骛远 骛，马快跑，引申为追求。比喻不切实际地追求过高或过远的目标。《宋史·程颢传》：“病学者厌卑近而骛高远，卒无成焉。”

好弄 爱好游戏。《左传·僖公九年》：“夷吾弱不好弄。”《宋史·黄伯思传》：“自幼警敏不好弄。”

好尚 爱好和崇尚。《三国志·蜀志·法正传》：“诸葛亮与正，虽好尚不同，以公义相取。”也指社会风尚。《宋史·真德秀传》：“今日改弦更张，正当褒崇名节，明示好尚。”

好生 爱护生灵。《书·大禹谟》：“好生之德，洽于民心。”

好事 爱多事；爱管闲事。《孟子·万章上》：“好事者为之也。”

好为人师 不谦虚，喜欢以教人者自居。语出《孟子·离娄上》“人之患，在好为人师”。

好整以暇 《左传·成公十六年》：“日臣之使于楚也，子重问晋国之勇，臣对曰：‘好以众整。’曰：‘又何如？’臣对曰：‘好以暇。’”曰，往。后因以“好整以暇”形容既严整

而又从容不迫。

坄（hào）同"耗"。指土壤疏薄。《孔子家语·执辔》："坄土。"王肃注："粗疏者也。"《大戴礼记·易本命》作"耗土"。卢辩注："耗土，谓疏薄之地。"

昊（hào）❶大，指天。见"昊天"、"昊穹"。亦用为天的代称。《诗·小雅·巷伯》："投畀有昊。"毛传："昊，昊天也。"❷姓。明代有昊十九。

昊穹指天。《史记·司马相如列传》："伊上古之初肇，自昊穹兮生民。"参见"颢穹"。

昊天❶天。《书·尧典》："乃命羲和，钦若昊天，历象日月星辰，敬授人时。"❷指一定季节或一定方位的天。《尔雅·释天》："夏为昊天。"郭璞注："言气晧旰。"《淮南子·天文训》："西方曰颢天。"高诱注："西方金色白，故曰颢天，或作昊字。"参见"颢天"。

昊英传说中的古帝。《商君书·画策》："昔者昊英之世，以伐木杀兽，人民少而木、兽多。"

昦（hào）同"暤"。东方的天。《广雅·释天》："东方昦天。"

耗（hào）同"耗"。消耗。《考工记·㮚氏》："改煎金锡则不耗。"《汉书·魏豹田儋韩王信传赞》："周室既坏，至春秋末，诸侯耗尽。"

另见 mào。

耗（hào）❶减损；消耗。《礼记·王制》："视年之丰耗。"曹植《七启》："耗精神乎虚廓。"❷零落。《淮南子·时则训》："秋行夏令，华；行春令，荣；行冬令，耗。"高诱注："耗，零落也。"❸消息；音信。周邦彦《风流子》词："问甚时说与佳音密耗。"现多指坏的消息。如：噩耗；凶耗。

另见 máo，mào。

浩（hào）❶水广大。引申为大或多。见"浩浩"、"浩瀚"。❷多余。《礼记·王制》："丧祭，用不足曰暴，有余曰浩。"❸犹高。杜甫《自京赴奉先县咏怀》诗："浩歌弥激烈。"❹姓。汉代有浩商。

另见 gé。

浩荡❶广阔壮大貌。潘岳《河阳县作》诗："洪流何浩荡，修竹郁苍峣。"❷心无所思貌，犹言糊涂。《离骚》："怨灵修之浩荡兮，终不察夫民心。"王逸注："浩犹浩浩，荡犹荡荡，无思虑貌也。"

浩汗同"浩瀚"。水势盛大貌。《晋书·孙楚传》："三江五湖，浩汗无涯。"

浩洴同"浩瀚"。水势盛大貌。张缵《南征赋》："观百川之浩洴。"

浩瀚亦作"浩汗"、"浩洴"。本义为水势盛大貌，引申为广大、繁多的意思。《文心雕龙·事类》："夫经典沈深，载籍浩瀚。"

浩浩水势盛大貌。《书·尧典》："汤汤洪水方割，荡荡怀山襄陵，浩浩滔天。"引申为广大貌。《诗·小雅·雨无正》："浩浩昊天。"

浩劫❶极长的时间。曹唐《小游仙》诗："玄洲草木不知黄，甲子初开浩劫长。"参见"劫❸"。❷大灾难。如：空前浩劫。赵翼《焦山江上》诗："终然浩劫入沧桑，纵有赤心天不谅。"❸大台阶。杜甫《玉台观》诗："浩劫因王造，平台访古游。"

浩茫广阔无边。《水经注·浪水》："登高远望，睹巨海之浩茫。"

浩渺广阔无边貌。如：烟波浩渺。赵孟頫《送高仁卿还湖州》诗："江湖浩渺足春水，凫雁灭没横秋烟。"

浩气正大刚直之气；浩然之气。杨继盛《临刑诗》："浩气还太虚，丹心照万古。"

浩然之气孟子用语。《孟子·公孙丑上》："我善养吾浩然之气。"这种"气"是一种主观的精神状态，"至大至刚"，"塞于天地之间"，纯由内心"集义所生"（集义，犹言积善，指事事皆合于义，见《孟子·公孙丑上》朱熹注），不待外求。

浩如烟海形容书籍、文献、资料等非常丰富，多得无法计量。《清史稿·戴敦元传》："书籍浩如烟海，人生岂能尽阅？"

晧（hào）同"皓"。

淏（hào）水清貌。见《集韵·三十二晧》。

皓〔皜、暠〕（hào）❶白貌。如：须发皓然。《汉书·司马相如传下》："皓然白首。"引申为老翁的代称。如：商山四皓。❷明亮。《诗·陈风·月出》："月出皓兮。"❸通"昊❶"。见"皓天"。

皓皓❶洁白貌；光明貌。《诗·唐风·扬之水》："白石皓皓。"《法言·渊骞》："明星皓皓，华藻之力也与？"❷盛大貌。《史记·河渠书》："瓠子决兮将奈何？皓皓旰旰兮闾殚为河！"❸旷达貌。《大戴礼记·

卫将军文子》："常以皓皓，是以眉寿，是曾参之行也。"

皓首犹白首。指老年。《后汉书·吕强传》："故太尉段颎，武勇冠世，习于边事，垂发服戎，功成皓首。"

皓天同"昊天❶"。

鄗（hào）古地名。❶同"镐"。周武王的国都。故址在今陕西西安市西。❷春秋晋邑，战国属赵。在今河北柏乡北。《左传》哀公四年（公元前491年）："〔齐〕国夏伐晋，取邢、任、栾、鄗。"《史记·赵世家》："赵武灵王三年，城鄗。"皆指此。

另见 qiāo。

睪（hào）通"皞"。《荀子·解蔽》："睪睪广广，孰知其德？"杨倞注："睪，读为皞。皞皞，广大貌。"

另见 gāo，yì，zé。

滈（hào）❶久雨，见《说文·水部》。引申为水广大貌。郭璞《江赋》："滈汗六州之域。"❷通"镐"。地名。即镐京，西周国都。《荀子·议兵》："古者汤以薄，武王以滈。"杨倞注："薄与亳同，滈与镐同。"

滈滈水泛白光貌。《史记·司马相如列传》："安翔徐徊，翯乎滈滈。"

暤（hào）同"皞"。

谭〔譸〕（hào）相欺。亦作"皐"。参见"皐皐"。

镐〔鎬〕（hào）❶温器。见《说文·金部》。❷古都名。亦作"鄗"。见"镐京"。

另见 gǎo。

镐京即镐、宗周。与丰同为西周国都。故址在今陕西长安西北。《诗·大雅·文王有声》："考卜维王，宅是镐京。"其后汉武帝在此凿昆明池，遂沦入池内。今斗门镇、落水村一带发现有西周遗址和墓葬。

暤（hào）亦作"暤"。❶白色明亮貌。❷通"昊"。《汉书·郑崇传》："暤天罔极。"《诗·小雅·蓼莪》作"昊天罔极"。❸见"暤暤"。

暤暤心情舒畅貌。《孟子·尽心上》："王者之民，暤暤如也。"朱熹注："暤暤，广大自得之貌。"

滈（hào）同"浩"。见"滈汗"、"滈滈"。

滈汗❶盛貌。《文选·司马相如〈上林赋〉》："磷磷烂烂，采色滈汗。"《史记·司马相如列传》作"滈旰"；

亦作"澔汗"。参见"澔澔"。❷辽阔广大貌。赵翼《游洞庭东西两山》诗："三万六千顷,澔汗荡我肠。"

澔澔 同"浩浩"。盛貌。《文选·王延寿〈鲁灵光殿赋〉》:"彤彩之饰,徒何为乎? 澔澔汗汗,流离烂漫。"李善注:"澔澔汗汗,光明盛貌。"

菣(hào) 见"菣侯"。

菣侯 "莎草"的别名。《尔雅·释草》:"菣侯,莎。"

壆(hào) 土釜。见《广韵·三十七号》。

菣(hào) 通"耗"。缩耗;不平。《考工记·轮人》:"毂虽敝,不菣。"
　另见 xiāo。

皞(hào) 同"皞"。

颢〔顥〕(hào) ❶白。《楚辞·大招》:"天白颢颢,寒凝凝只。"❷通"昊"。见"颢穹"。

颢穹 亦作"昊穹"。指天。《汉书·司马相如传下》:"伊上古之初肇,自颢穹生民。"颜师古注:"颢、穹,皆谓天也。颢,言气颢汗也;穹,言形穹隆也。"《史记·司马相如列传》作"昊穹"。

颢天 亦作"昊天"。指天。《吕氏春秋·有始》:"天有九野……西方曰颢天。"高诱注:"金色白,故曰颢天。"

鰝〔鰝〕(hào) 一种特大的虾。《尔雅·释鱼》:"鰝,大虾。"郭璞注:"虾大者,出海中,长二三丈,须长数尺。今青州呼虾鱼为鰝。"

灏〔灝〕(hào) ❶义同"浩"。广大貌。柳宗元《始得西山宴游记》:"悠悠乎与灏气俱而莫得其涯。"❷见"灏溔"。❸豆汁。见《说文·水部》。

灏溔 水无涯际貌。《汉书·司马相如传上》:"然后灏溔潢漾,安翔徐回。"

hē

何(hē) 通"呵"。呵斥。《汉书·贾谊传》:"故其在大谴大何之域者,闻谴何则白冠牦缨,盘水加剑,造请室而请罪耳。"
　另见 hé、hè。

诃〔訶〕(hē) 用于人名、地名等。如:唐有李诃内;五代成都有摩诃池。

另见 hē 呵。

阿(hē) 通"呵"。斥责。《老子》:"唯之与阿,相去几何。"按马王堆汉墓帛书《老子》甲本作"诃",乙本作"呵"。
　另见 ā、ǎ、à、ē。

苛(hē) 通"诃"。谴责;责问。《周礼·夏官·射人》:"不敬者,苛罚之。"《汉书·王莽传中》:"大司空士夜过奉常亭,亭长苛之。"
　另见 kē。

呵(hē) ❶大声喝叱。如:呵斥。《史记·李将军列传》:"霸陵尉醉,呵止广。"❷吹气使温。苏轼《四时词》:"起来呵手画双鸦。"❸笑声。范成大《春日览镜有感》诗:"不满一笑呵。"
　另见 a、hā、kē。

呵壁问天 王逸《天问序》:"屈原放逐,忧心愁悴,彷徨山泽,经历陵陆,嗟号昊旻,仰天叹息。见楚有先王之庙及公卿祠堂,图画天地山川神灵,琦玮僪佹,及古贤圣怪物行事……因书其壁,呵而问之,以渫愤懑,舒泻愁思。"李贺《公无出门》诗:"分明犹惧公不信,公看呵壁书问天。"后多用"呵壁问天"形容文人失意时的情态。

呵导 古时官吏出行,前导者高声呼唤,使行人回避让路。《宋史·刘温叟传》:"臣所以呵导而过者,欲示众以陛下非时不御楼也。"

呵殿 古时官员出行,前后都有随从吆喝,在前称"呵",在后称"殿"。姜夔《鹧鸪天·正月十一日观灯》词:"白头居士无呵殿,只有乘肩小女随。"

呵冻 冬天手指僵冷或笔砚冰冻,呵气使之温暖或融解。王仁裕《开元天宝遗事·美人呵笔》:"李白于便殿,对明皇撰诏诰。时十月,大寒,笔冻不能书字。帝敕宫嫔……执牙笔呵之。"

呵护 呵禁守护。李商隐《骊山有感》诗:"九龙呵护玉莲房。"

呵欠 疲倦欲睡或乍醒时张口舒气。田汝成《西湖游览志馀》卷十三引莫仲玙诗:"觉来一呵欠,色泽神亦充。"

欱(hē) 大笑。《玉篇·欠部》:"欱,大张口笑也。"

欪(hē) ❶吮进。《文选·班固〈东都赋〉》:"吐焰生风,欪野歕山。"李善注引《说文》曰:"欪,歠也。"❷合。《太玄·玄告》:"上欪下欪。"范望注:"欪,犹合也。"

喝(hē) ❶吸进液体或气体。如:喝水;喝风。❷惊讶声。如:喝! 你也来了。
　另见 hè、yè。

嗬(hē) 叹词。表示惊讶。如:嗬,真了不得!

嗋(hē,又读 huò) 同"呵"。《广雅·释训》:"嗋嗋,笑也。"

hé

禾(hé) ❶即粟。亦为谷类作物的总称。《诗·豳风·七月》:"十月纳禾稼,黍稷重穋,禾麻菽麦。"按"禾麻菽麦"为专名,"十月纳禾稼"为泛称。❷特指稻。黄庭坚《戏咏江南风土》:"禾春玉粒送官仓。"

禾役 庄稼植株的行列。《诗·大雅·生民》:"禾役穟穟。"穟,禾苗茂盛貌。

合㊀(hé) ❶闭上;合拢。《国策·燕策二》:"蚌方出曝,而鹬啄其肉,蚌合而拑其喙。"❷投契;融洽。《儒林外史》第二十回:"先生如此谈诗,若与我家芦萧相见,一定相合。"❸符合。《汉书·哀帝纪》:"皆违经背古,不合时宜。"❹协同;共同。《史记·楚世家》:"齐秦合谋,则楚无国矣。"❺全;满。如:合家大小。《旧唐书·陆德明传》:"合朝赏叹。"❻应当。如:理合声明。白居易《与元九书》:"文章合为时而著,歌诗合为事而作。"❼会集;汇聚。《商君书·赏刑》:"晋文公将欲明刑以亲百姓,于是合诸侯大夫于侍千宣。"《水经注·汾水》:"汾水又南与东西温溪合。"❽折算;等于。如:一米合三市尺。❾匹配。《诗·大雅·大明》:"天作之合。"❿古称两军交锋一次为一合。《史记·项羽本纪》:"楚挑战三合。"也称武将双方攻击、招架一次为一合。《三国演义》第七十回:"两将在火光中,战到三五十合。"⓫与、和。《儿女英雄传》第八回:"有话合你说。"⓬我国传统音乐工尺谱中的音名之一。亦指传统戏

行星和地球在轨道上的相对位置

曲中之合唱。亦称"合头"。❸通"盒"。<u>乐史</u>《杨太真外传》卷上:"授金钗钿合。"❹从地球上看来,当行星与太阳黄经相等时,称为"合"。内行星有两种合:(1)当太阳在地球与内行星之间时称为"上合";(2)当内行星在太阳与地球之间时称为"下合"。外行星没有"下合",只有上合。

㊀〔閤〕(hé) 义同㊀❺。

另见 gě。

合抱 两臂围拢。常用以形容树木的粗大。《老子》:"合抱之木,生于毫末。"

合璧 ❶圆形有孔的玉叫璧,半圆形的叫半璧,两个半璧合成一个圆形叫"合璧"。比喻两种或几种事物凑合在一起,互相参照,或配置得宜。《文明小史》第六十回:"<u>管夫人</u>的写竹,有<u>赵松雪</u>的题咏,<u>柳如是</u>的画兰,有<u>钱蒙叟</u>的题咏,多是夫妇合璧。"❷日月同升。参见"日月合璧"。

合并 由分散状态而结合到一起。<u>傅毅</u>《舞赋》:"罗衣从风,长袖交横,骆驿飞散,飒沓合并。"引申为聚会。<u>韩愈</u>《与孟东野书》:"各以事牵,不可合并。"

合成词 由两个以上的词素合成的词。由词根和词根合成的叫复合词;由词根和词缀合成的叫派生词。

合当 应该;应当。《朱子全书·学一》:"然其实只是人心之中许多合当做底道理而已。"

合符 符节相合。《史记·魏公子列传》:"公子即合符,而晋鄙不授公子兵。"古代以竹、木或玉作符信,分为两半,各执其一,检验相合,叫"合符"。后谓事物或意见相合为"合符"或"符合"。<u>刘向</u>《说苑·贵德》:"陛下初即至尊,与天合符。"<u>刘献廷</u>《广阳杂记》卷三:"〔后世〕而不知两<u>宋</u>之事事合符两<u>晋</u>也。"

合欢 ❶犹言欢聚,联欢。《礼记·乐记》:"故酒食者所以合欢也。"后多指男女相结合。《警世通言·玉堂春落难逢夫》:"草草合欢,也当春风一度。"也用为某些器物的名称。如:合欢扇;合欢席。❷植物名。学名 Albizzia julibrissin。一名"马缨花"。豆科。落叶乔木。二回偶数羽状复叶,小叶呈镰状,夜间成对相合。夏季开花,头状花序多个,呈伞房状排列,合瓣花冠。荚果条形,扁平,不裂。主产于<u>中国</u>中部。木材红褐色,可制家具、枕木等。树皮可提制栲胶。干燥树皮入药,性平、味甘,功能

安神、解郁、活血,主治气郁胸闷、失眠、跌打损伤、肺痈等症。花称"合欢花",功用相似。又为绿化树。

合欢扇 即团扇。<u>班婕妤</u>《怨歌行》:"裁为合欢扇,团团似明月。"

合伙 几人一起干。如:合伙抢劫。

合尖 指造塔工程最后造好塔尖,大功告成。比喻终成其事。<u>后唐明宗</u>选将御<u>契丹</u>,<u>李崧</u>荐<u>石敬瑭</u>,敬瑭深为感激,密遣人谓<u>崧</u>曰:"为浮屠者,必合其尖。"谓欲<u>崧</u>终成己事。见《新五代史·李崧传》。<u>曾敏行</u>《独醒杂志》卷六:"时一同僚,迫于代满,望公合尖,而公不与。"

合卺 古代结婚仪式之一。《礼记·昏义》:"合卺而酳。"<u>孔颖达</u>疏:"以一瓠分为二瓢谓之卺,婿之与妇各执一片以酳,故云合卺而酳。"酳,用酒漱口。后称结婚为"合卺",本此。<u>周煇</u>《清波杂志》卷八:"顷岁儿女合卺之夕,婿登高座,赋诗催妆为常礼。"

合口 ❶可口。《汉书·扬雄传下》:"美味期乎合口,工声调于比耳。"❷犹口角。《水浒传》第三十七回:"你又和谁合口?"

合口呼 音韵学上四呼之一。凡韵头或韵腹是 u[u] 的韵母叫合口呼。如关(guān)〔kuan˥〕、古(gǔ)〔ku˩〕中的 uan[uan]、u[u]。有人把虽无韵头 u[u] 而韵腹是圆唇元音的韵母也归入合口呼中。

合浦珠还 《后汉书·孟尝传》:"迁<u>合浦</u>太守。郡不产谷实,而海出珠宝。与<u>交阯</u>(今<u>越南</u>)比境,常通商贩,贸籴粮食。先时宰守并多贪秽,诡人采求,不知纪极,珠遂渐徙于<u>交阯</u>郡界。于是行旅不至,人物无资,贫者饿死于道。尝到官,革易前敝,求民病利。曾未逾岁,去珠复还。"后以"合浦珠还"比喻人去而复回或物失而复得。《聊斋志异·霍女》:"错囊充牣,而合浦珠还,君幸足矣,穷问何为?"

合刃 短兵相接;交锋。《汉书·晁错传》:"臣又闻用兵,临战合刃之急者三。"

合生 亦作"合笙"。古代伎艺名称始见于<u>唐</u>,属歌舞性质。《新唐书·武平一传》:"始自王公,稍及闾巷;妖伎胡人,街童市子,或言妃主情貌,或列王公名质,咏歌蹈舞,号曰合生。"<u>宋</u>代又称"唱题目",系说唱伎艺。<u>宋洪迈</u>《夷坚志》支乙卷六:"<u>江浙</u>间路岐伶女有慧黠知文墨,能于席

上指物题咏,应命辄成者,谓之'合生'。其滑稽含玩讽者,谓之'乔合生'。"

合十 亦称"合掌"。佛教徒普通礼节。左右合掌,十指并拢,置于胸前,表示敬意。原为古印度的一般礼节,后为佛教沿用。《法华经·譬喻品》:"即从座起,整衣服,偏袒右肩,右膝著地,一心合掌,曲躬恭敬,瞻仰尊颜。"

合沓 重重叠叠,聚集在一起。<u>谢灵运</u>《登庐山绝顶望诸峤》诗:"峦陇有合沓,往来无踪辙。"

合遝 同"合沓"。《文选·王褒〈洞箫赋〉》:"趣从容其勿述兮,骛合遝以诡谲。"<u>李善</u>注:"合遝,盛多貌。"

合体 汉字的结构可分为独体和合体。合体是由两个或更多的独体合成一个字的,就是会意和形声的字,如"解"由"刀、牛、角"合成,"秧"由"禾"和"央"合成。

合围 ❶四面包围。《礼记·王制》:"天子不合围。"此指田猎。<u>李陵</u>《答苏武书》:"单于临阵,亲自合围。"此指战争。❷犹合抱。<u>元好问</u>《为邓人作》诗:"携盘<u>渭水</u>堪流涕,种柳<u>金城</u>已合围。"❸对敌实施四面围攻的作战行动。是进攻作战中歼灭敌人的有效战法。通常从不同方向对敌实施攻击或通过机动达成,有时在分割歼灭敌人的同时进行。

合下 <u>宋元</u>时口语。(1)犹本来,原来。《朱子全书·大学一》:"'<u>大学之道</u>,在明明德',谓人合下便有此明德。"(2)当下;此时。<u>黄庭坚</u>《少年心》词:"合下休传音问,你有我,我无你分。"

合辙 ❶车轮的广狭与辙迹相合。比喻想法或做法一致。<u>刘克庄</u>《赠施道州》诗:"拮据自笑营巢拙,枘凿明知合辙难。"❷辙,戏曲专用的韵脚。戏曲唱词韵脚相合称为"合辙"。

合纵连横 <u>战国</u>时弱国联合进攻强国,称为合纵。随从强国去进攻其他弱国,称为连横,亦称合横、连衡。<u>战国</u>后期,<u>秦</u>最强大,合纵指<u>齐</u>、<u>楚</u>、<u>燕</u>、<u>赵</u>、<u>韩</u>、<u>魏</u>等国联合抗<u>秦</u>,连横指这些国家中的某几国跟从<u>秦</u>国进攻其他国家。一说南北为纵,六国地连南北,故六国联合抗秦谓之合纵;东西为横,秦地偏西,六国居东,故六国服从<u>秦</u>国谓之连横。<u>公孙衍</u>、<u>张仪</u>、<u>苏秦</u>、<u>庞煖</u>即当时著名的纵横家。

纥 〔紇〕(hé) 见"回纥"。

另见 gě。

何(hé)❶什么;哪里。如:何人;何故;何去何从。《公羊传·隐公元年》:"春者何? 岁之始也。"❷为什么。《国策·秦策一》:"嫂何前倨而后卑也?"❸怎;怎么。如:奈何;如何。《论语·公冶长》:"赐也何敢望回?"❹多么。杜甫《塞芦子》诗:"五城何迢迢! 条条隔河水。"❺姓。

另见 hē,hè。

何居 什么,何故。居,语助。《礼记·檀弓上》:"何居? 我未之前闻也。"

何足挂齿 哪里值得一提。原表示轻蔑之意。《史记·刘敬叔孙通列传》:"此特群盗鼠窃狗盗耳,何足置之齿牙间。"后也表示客气的意思。《水浒传》第四回:"提辖恩念,杀身难报,量些粗食薄味,何足挂齿!"

诃〔訶〕(hé) 通"和"。见《正字通·言部》。

和〔咊、龢〕(hé)❶温和;和缓;谦和。如:和风细雨;和颜悦色。❷和谐;协调。如:和睦;调和;和衷共济。《礼记·乐记》:"其声和以柔。"❸结束战争或争执。如:讲和;媾和。亦指比赛中不分胜负。如:和棋;和局。❹古乐器名。《尔雅·释乐》:"大笙谓之巢,小者谓之和。"又,变宫亦称和。"变宫"系中国古代七声音阶中的一个音级。七声为宫、商、角、变徵(徵的低半音)、徵、羽和变宫(宫的低半音)。❺古代车上的铃铛。见"和鸾"。❻古时军队的营门。《周礼·夏官·大司马》:"以旌为左右和之门。"郑玄注:"军门曰和,今谓之垒门,立两旌以为之。"❼棺材两头的板。谢惠连《祭古冢文》:"中有二棺,正方,两头无和。"❽数学名词。若干个数相加的结果称为这些数的"和"。❾带。如:和衣而卧。牛峤《菩萨蛮》词:"金凤小帘开,脸波和恨来。"❿跟;与。岳飞《满江红》词:"八千里路云和月。"⓫同。鲁迅《呐喊·自序》:"药店的柜台正和我一样高。"⓬连。秦观《阮郎归》词:"衡阳犹有雁传书,郴阳和雁无。"⓭指日本。如:和服。⓮姓。五代有词人和凝。

另见 hè,hú,huó,huò。

和而不同 谓和睦相处,但不盲从苟同。《论语·子路》:"君子和而不同,小人同而不和。"

和风 温和的风。多指春季的微风。杜甫《上巳日徐司录林园宴集》诗:"薄衣临积水,吹面受和风。"

和羹 用调味品配制的羹汤。《书·说命下》:"若作和羹,尔惟盐梅。"孔传:"盐,咸;梅,醋。羹须咸醋以和之。"《诗·商颂·烈祖》:"亦有和羹。"郑玄笺:"和羹者,五味调,腥熟得节,食之于人性安和,喻诸侯有和顺之德也。"后因以"和羹"比喻宰相辅佐帝王综理朝政。张说《恩制赐食》诗:"位窃和羹重,恩叨醉酒深。"

和光同尘 《老子》:"和其光,同其尘。"王弼注:"和光而不污其体,同尘而不渝其贞。"后谓不露锋芒、与世无争的处世态度为"和光同尘"。《三国志·魏志·辛毗传》:"毗子敞谏曰:'今刘(刘放)、孙(孙资)用事,众皆影附,大人宜小降意,和光同尘,不然必有谤言。'"

和合 中国古代神话中象征夫妻相爱的神名。常画二像,蓬头笑面,一持荷花,一捧圆盒,取和谐合好之意。旧时民间举行婚礼时,每喜陈列和合像,以图吉利。也有在厅堂中常年悬挂者。又据《西湖游览志》:"宋时杭城以腊日祀万回哥哥,其像蓬头笑面,身著绿衣,左手擎鼓,右手执棒,云是和合之神,祀之可使人在万里之外,亦能回家,故曰万回。"原为一神,后改为二神,称和合二仙。

和解 不再争执,归于和好。《史记·韩信卢绾列传》:"信数使使胡,求和解。"

和离 亦称"两愿离"。中国古代法律指夫妻不和,双方都同意离婚的情况。《唐律疏议·户婚》:"若夫妻不相安谐而和离者,不坐。"

和鸾 古代车上的铃铛。挂在车前横木(轼)上的称"和",挂在车架(衡)上的称"鸾"。《诗·小雅·蓼萧》:"和鸾雍雍,万福攸同。"

和平❶与"战争"相对。《宋史·孙沔传》:"比契丹复盟,西夏款塞,公卿忻忻,日望和平。"❷和顺。《礼记·乐记》:"耳目聪明,血气和平。"❸乐声和谐。《诗·商颂·那》:"既和且平,依我磬声。"

和齐 协力一致。《荀子·乐论》:"民和齐则兵劲城固,敌国不敢婴(撄)也。"

和气❶温和;谦和。如:待人和气。❷和睦。《三国演义》第四十九回:"你如何来追赶? 本待一箭射死你来,显得两家失了和气。"

和亲❶和睦亲爱。《荀子·乐论》:"故乐……闺门之内,父子兄弟同,听之则莫不和亲。"❷指两个政权之间的和好亲善。《三国志·蜀志·诸葛亮传》:"且遣使聘吴,因结和亲,遂为与国。"❸指汉族封建王朝与少数民族首领,以及少数民族首领之间具有一定政治目的的联姻。始于汉高祖以宗室女嫁匈奴单于。它如隋唐时曾与突厥、吐蕃、回鹘、吐谷浑等和亲,宋代契丹与党项李继迁和亲。这种措施对缓和矛盾,巩固中原王朝的统治起了一定的作用,客观上也促进了民族间的友好关系和经济文化交流。

和戎 古代称与别族媾和修好为"和戎"。《左传·襄公四年》:"无终子嘉父,使孟乐如晋,因魏庄子纳虎豹之皮,以请和诸戎。"鲍照《拟古八首》:"晚节从世务,乘障远和戎。"

和尚 梵语 Upādhyāya 的不确切的音译,亦译"和上";确切的音译为"邬波驮耶"。印度对博士、亲教(亲承教诲)师的通称。在中国佛教典籍中,一般为对佛教师长的尊称,后成为僧人的通称。

和胜 病愈。《南史·齐晋安王子懋传》:"子懋流涕礼佛曰:'若使阿姨因此和胜,愿诸佛令华竟斋不萎。'"

和氏璧 春秋时,楚人卞和,在山中得一璞玉,献给厉王。王使玉工辨识,说是石头,以欺君罪断和左足。后武王即位,卞和又献玉,仍以欺君罪再断其右足。及文王即位,卞和抱玉,哭于荆山下。文王派人问他,说:"吾非悲刖也,悲夫宝玉而题之以石,贞士而名之以诳。"文王使人剖璞,果得宝玉。因称"和氏璧",简称"和璧"。见《韩非子·和氏》。《史记·廉颇蔺相如列传》:"和氏璧,天下所共传宝也。"

和售 公平交易。《新唐书·吴凑传》:"京师苦宫市强估取物,而有司附媚中官,率阿从无敢争。凑见便殿,因言……平贾和售,以息众谦。"

和议 与敌方谋和、罢兵的主张。亦指与敌方达成的和平协议。《宋史·兵志一》:"建炎南渡……用张、刘、韩、岳为将,而军声以振;及秦桧主和议,士气遂沮。"

和约 交战国间在法律上结束战争状态的条约。内容通常包括:宣布战争状态结束、恢复和平关系,关于领土、赔偿、惩罚战犯、遣返战俘、战前条约效力的确定、履行和约的保证等政治、经济、军事条款。

和韵 和,指句中音调和谐;韵,指

句末韵脚相叶。《文心雕龙·声律》:"异音相从,谓之和;同声相应,谓之韵。"

和衷 《书·皋陶谟》:"同寅协恭和衷哉。"和衷,谓和睦同心。参见"和衷共济"。

和衷共济 《书·皋陶谟》:"同寅协恭和衷哉。"《国语·鲁语下》:"夫苦匏不材于人,共济而已。"韦昭注:"共济而已,佩匏可以渡水也。"后以"和衷共济"比喻同心协力,克服困难。

郃

(hé) 见"郃阳"。

郃阳 古地名。《汉书·地理志上》左冯翊有郃阳县。亦作"合阳"。王先谦《汉书补注》:"战国魏地,文侯筑合阳,见《魏世家》。"在今陕西合阳东南。

劼

(hé) ❶审决讼案。《说文·力部》:"劼,法有罪也。"段玉裁注:"法者,谓以法施之。《吕刑》'有并两刑'正义云:'汉世问罪谓之鞫,断狱谓之劼。'"❷揭发罪状。如:弹劼;参劼。《后汉书·朱晖传》:"晖刚于为吏,见忌于上,所在多被劼。"

劼状 举发罪状;参劼。《新唐书·崔隐甫传》:"浮屠惠範倚太平公主胁人子女,隐甫劼状,反为所挤,贬邛州司马。"

河

(hé) ❶黄河。《左传·僖公四年》:"东至于海,西至于河。"后用作水道的通称。如:内河;运河。《诗·周南·关雎》:"关关雎鸠,在河之洲。"❷指银河,亦称天河。即天空中成带状的密集星群。谢朓《暂使下都》诗:"秋河曙耿耿,寒渚夜苍苍。"❸姓。南朝宋有河湨。

河伯 ❶古代神话中的黄河水神。又叫冯夷。因渡河淹死,天帝封为水神。曾化为白龙,游于水上,被后羿射瞎左眼。又曾授夏禹以治水的地图。古代有关河伯故事的记载很多,最早当推《庄子》和《九歌》、《天问》。❷《楚辞·九歌》篇名。战国楚人屈原作。河伯为河神,因古代帝王封四渎如侯伯,故称河伯。此篇为河神祭歌。

河东狮吼 洪迈《容斋三笔》卷三载:陈慥字季常,自称龙丘先生,"好宾客,喜畜声妓。然其妻柳氏绝凶妒,故东坡有诗云:'龙丘居士亦可怜,谈空说有夜不眠,忽闻河东师子吼,拄杖落手心茫然。'"按河东是柳姓的郡望,暗指陈妻柳氏;师(狮)子

吼,佛家以喻威严,陈慥好谈佛,故东坡借佛家语以戏之。后以"河东狮吼"比喻妻子妒悍,用来嘲笑惧内的人。《清平山堂话本·快嘴李翠莲记》:"从来夫唱妇相随,莫作河东狮子吼。"

河汉 ❶指黄河与汉水。《孟子·滕文公下》:"水由地中行,江淮河汉是也。"❷银河。《古诗十九首》:"河汉清且浅,相去复几许!"❸比喻言论夸诞,不着边际。《庄子·逍遥游》:"肩吾问于连叔曰:'吾闻言于接舆,大而无当,往而不返,吾惊怖其言,犹河汉而无极也。'"后谓不置信,又转为忽视之意。如:幸勿河汉斯言。《世说新语·言语》:"谢公云:'圣贤去人,其间亦迩。'子侄未之许。公叹曰:'若郗超闻此语,必不至河汉。'"

河侯 河神。陶弘景《水仙赋》:"选奇于河侯之府,出宝于骊龙之川。"杜光庭《莫庭乂青城本命醮词》:"貌河侯溪女之真。"

河魁 ❶星名。谓月内凶神。允禄等《协纪辨方书·义例二》:"阳月天罡,阴月河魁。……桑道茂曰:'天罡河魁者,月内凶神也。所值之日,百事宜避。'历例曰:'阳建之月前三辰为天罡,后三辰为河魁;阴建之月反是。'"瞿佑《剪灯新话·渭塘奇遇记》:"孤眠怜月姊,多忌笑河魁。"❷戌的方位。李白《司马将军歌》:"身居玉帐临河魁,紫髯若戟冠崔嵬。"王琦注引《云谷杂记》:"戌为河魁,谓主将之帐宜在戌也。"

河漏 即饸饹。北方一种面食。王祯《农书·荞麦》:"北方山后,诸郡多种,治去皮壳,磨而为面……或作汤饼,谓之河漏。"

河洛 ❶黄河与洛水;也指这两条河之间的地区。《史记·郑世家》:"和集周民,周民皆说(悦),河洛之间,人便思之。"杜甫《后出塞》诗:"坐见幽州将,长驱河洛昏。"❷"河图洛书"的简称。

河清 黄河水浊,偶有清时,古人以为是升平的预兆。参见"河清海晏"。亦用为升平的代辞。《三国志·蜀志·黄权传》:"可但闭境,以待河清。"又古有黄河千年一清之说,故亦以"河清"比喻难得遇到之事。王粲《登楼赋》:"惟日月之逾迈兮,俟河清其未极。"

河清海晏 黄河水清,沧海波平。用以形容天下太平。郑锡《日中有王字赋》:"河清海晏,时和岁丰。"亦作"海晏河清"。洪希文《朱千户自

京归》诗:"海晏河清予日望,与君同作太平人。"

河清难俟 《左传·襄公八年》:"子驷曰:'周诗有之曰:俟河之清,人寿几何?'"河,指黄河。古人以为黄河千年一清。后以"河清难俟"比喻时久难待。参见"河清"。

河奥 亦作"河堧"。黄河的河边地。《汉书·沟洫志》:"故尽河奥弃地,民茭牧其中耳。"颜师古注:"谓河岸以下缘河边地素不耕垦者也。"

河润 谓施惠恩泽及人,犹河流之浸润土地。《庄子·列御寇》:"河润九里,泽及三族。"

河朔 地区名。泛指黄河以北。《书·泰誓中》:"王次于河朔。"孔传:"渡河而誓,既誓而止于河之北。"《三国志·魏志·袁绍传》:"威振河朔,名重天下。"

河庭 河伯的住处。《文选·陆倕〈石阙铭〉》:"海岳黄金,河庭紫贝。"李善注引王逸曰:"言河伯所居,以紫贝作阙也。"

河图洛书 古代儒家关于《周易》和《洪范》两书来源的传说。《易·系辞上》说:"河出图,洛出书,圣人则之。"传说伏羲氏时,有龙马从黄河出现,背负"河图";有神龟从洛水出现,背负"洛书"。伏羲根据这种"图"、"书"画成八卦,就是后来《周易》的来源。一说禹治洪水时,上帝赐给他以《洪范九畴》(《尚书·洪范》)。刘歆认为《洪范》即洛书。这一神话传说到了宋代又起变化。南宋朱熹《周易本义》首列"河图""洛书"(见图),以九为河图,十为洛书,实源出于道士陈抟。但刘牧两易其名,以十为河图,九为洛书。清代学者黄宗羲、胡渭等均对宋儒说表示反对。

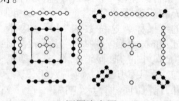

河图洛书图

河豚 古称"鲵"、"鲅鲐"。硬骨鱼纲,鲀科鱼类的俗称。体呈圆筒形,牙愈合成牙板。背鳍一个,无腹鳍。无鳞或有刺鳞。有气囊,能吸气膨胀。种类很多,生活于海中,有些也进入淡水。中国沿海均产。肉鲜美,唯肝脏、生殖腺及血液含有毒素,经处理后,始可食用。腌制后俗称"乌狼鲞"。卵巢可提制河豚毒素结

晶,供医药用;皮可制鱼皮胶。

河鱼 腹泻的代辞。语出《左传·宣公十二年》"河鱼腹疾"。王定保《唐摭言·杂记》"韦澳、孙宏,大中时同在翰林。盛暑,上在太液池中宣二学士;既赴召……但觉寒气逼人,熟视有龙皮在侧;寻宣赐银饼馅,食之甚美;既而醉以醇酎。二公因兹苦河鱼者数夕。"

谽 〔謌〕(hé,又读 gē) 和协。《说文·言部》:"谽,谐也。"徐锴系传:"按谽,放肆说妄多合之言。"段玉裁注:"谽之言合也。"朱骏声《通训定声》:"凡和协字,经传皆以合以谽为之。"

曷 (hé) ❶何;什么。《史记·鲁仲连邹阳列传》:"曷为久居此围城之中而不去?"《汉书·王褒传》:"其得意若此,则胡禁不止,曷令不行?" ❷何故;为什么。《书·盘庚中》:"曷虐朕民?" ❸盍;何不。《诗·唐风·有杕之杜》:"中心好之,曷饮食之?" ❹岂;难道。《后汉书·曹褒传》:"礼云礼云,曷其然哉?"

　　另见 è,xiē。

狢 (hé) 同"貈"、"貉"。见《广韵·十九铎》。

饸 〔餄〕(hé) 见"饸饹"。

饸饹 北方一种用荞麦面制成的食品。参见"河漏"。

阂 〔閡〕(hé) 阻隔;阻碍。《易·蒙》:"山下有险,险而止,蒙"王弼注:"退则困险,进则阂山。"王安石《还家》诗:"伤心百道水,阂目万重山。"

　　另见 gāi。

籺 (hé) 同"麧"。米麦的粗屑。杜甫《驱竖子摘苍耳》诗:"黎民糠籺窄。"

洽 (hé) 古水名。见"洽水"。

　　另见 qià。

洽水 古水名。"洽"一作"郃",一名瀵水,现称金水河。源出陕西合阳北部,东南流入黄河。《诗·大雅·大明》:"在洽之阳。"

盇 〔盍〕(hé) ❶合。见"盇簪"。❷为何;何故。《管子·戒》:"盇不出从乎?君将有行。" ❸何不。《论语·公冶长》:"盇各言尔志?" ❹见"盇旦"。

盇旦 同"鶡旦"。《礼记·坊记》:"相彼盇旦。"郑玄注:"夜鸣求旦之鸟也。"

盇簪 《易·豫》:"勿疑,朋盇簪。"王弼注:"盇,合也;簪,疾也。"孔颖达疏:"群朋合聚而疾来也。"后人常用以指朋友相聚。杜甫《杜位宅守岁》诗:"盇簪喧枥马。"

荷 (hé) 植物名。学名 Nelumbo nucifera。亦称"莲"。睡莲科。多年生水生草本。根茎最初细瘦如指,称为"蔤"(莲鞭)。蔤上有节,节再生蔤。节向下生须根,向上抽叶和花梗。夏秋生长末期,莲鞭先端数节入土后膨大成藕,翌春萌生新株。夏天开花,淡红或白色,单瓣或复瓣。花谢后形成莲蓬,内生多数坚果(俗称"莲子")。性喜温暖湿润。原产中国,中部和南部浅水塘泊栽培较多。藕供食用或制藕粉;莲子为滋补品。藕节、莲子、荷叶均可入药。花叶供观赏。

　　另见 hè,kē。

荷包 ❶随身佩带的小囊,用以装钱或零星物品。《红楼梦》第十七回:"〔宝玉〕因此把衣领解了,从里面衣襟上将所系荷包解下来了。"古代也用作袍外的装饰物。翟灏《通俗编·服饰》:"《能改斋漫录》载刘伟明诗'西清直寓荷为橐',欧阳修启以'紫荷垂橐'对'红药翻阶',皆读之为芰荷之荷。今名小裕襄曰荷包,亦得缀袍外以见尊上,或者即因于紫荷耶?"❷食品名。孟元老《东京梦华录·饮食果子》:"更外卖软羊诸色包子、猪羊荷包、烧肉乾脯、玉板鲊犯、鲊片酱之类。"

荷花生日 古时江南风俗,以夏历六月二十四日为"荷花生日"。顾禄《清嘉录·荷花荡》:"沈朝初《忆江南》词云:'苏州好,廿四赏荷花。黄石彩桥停画鹢,水精冰窨劈西瓜,痛饮对流霞。'注:'六月廿四日,为荷花生日。'"

荷钱 指初生的小荷叶。言其形小如钱。赵长卿《朝中措·首夏》词:"荷钱浮翠点前溪,梅雨日长时。"《本草纲目·果部六》"莲藕":"〔荷叶〕嫩者,荷钱;贴水者,藕荷。"

核 ⊖(hé) ❶果实内保护种子的硬壳。如:桃核;枣核。❷指桃、李、杏、梅等有核的果品。《诗·小雅·宾之初筵》:"笾豆有楚,殽核维旅。"孔颖达疏:"笾实有桃梅之属,故称核也。" ❸原子核的简称。如:核能;核武器。

　　⊜〔覈〕(hé) ❶仔细查对。如:核实;核办。《汉书·宣帝纪赞》:"孝宣之治,信赏必罚,综核名实,政事文学法理之士咸精其能。"❷翔实正确。《汉书·司马迁传赞》:"其文直,其事核。"

　　另见 gāi。

辂 〔輅〕(hé) 绑在车辕上供牵挽的横木。《汉书·娄敬传》:"敬脱挽辂。"颜师古注引苏林曰:"辂者一木横遮车前,二人挽之,一人推之。"

　　另见 lù,yà。

鉌 〔鈺〕(hé) 见"鉌炉"。

　　另见 jiǎ。

鉌炉 箭头名。《方言》第九:"凡箭镞……其小而长,中穿二孔者,谓之鉌炉。"

鉌 〔鉌〕(hé) 古代车上的铃铛。通作"和"。参见"和鸾"。

盉 (hé) 古代酒器。青铜制。圆口、深腹、三足,有长流、鋬和盖。用以和水于酒,然后倾入于爵、觚、觯以饮,或以为兼可温酒。盛行于商代后期和西周初期。

盉

害 (hé) 通"曷"、"盍"。何。《诗·周南·葛覃》:"害澣害否?"

　　另见 hài。

菏 (hé,旧读 gē) 见"菏水"。

菏水 古水名。"菏"一作"荷"。分东、西二段:东段自今山东定陶北分古济水东出潴成菏泽,又东流为菏水,经今成武、金乡两县北,东注古泗水。西段自今定陶西济水南岸分出,东北流至县北还入济水。《书·禹贡》、《汉书·地理志》、《水经》所载菏水皆指东段,《水经注》所载兼指西段。菏水为古代连接济、泗二水、沟通中原与东南地区重要水道。《禹贡》:"浮于淮泗,达于河","河"当从《说文》引作"菏"。这是说徐州的贡道自淮、泗取道菏水通向中原。或以为乃吴王夫差时所开,《国语·吴语》:"乃起师北征,阙为深沟,通于商鲁之间。"即指此。金代犹见记载,后堙。

齕 〔齕〕(hé) 咬。《礼记·曲礼上》:"庶人齕之。"参见"齮齕"。

蚵 (hé) 见"蝲何"。

盒 (hé) 盒子。一种由底盖相合而成或是抽屉式的盛器。如：果盒；火柴盒。

盖 〔蓋〕(hé) ❶通"盍"。何不。《礼记·檀弓上》："子盖言子之志于公乎？"❷通"盍"。何。《庄子·养生主》："善哉！技盖至此乎？"言技之善何至于此。❸通"阖"。门扇。《荀子·宥坐》："九盖皆继。"杨倞注："盖音盍，户扇也。"

另见 gài, gě。

涸 (hé, 又读 hào) 水干；枯竭。《礼记·月令》："〔仲秋之月〕水始涸。"郑玄注："涸，竭也。"

涸鲋 见"涸辙之鲋"。

涸泽 干枯的湖沼。贡奎《同朱克齐蒋教授游大梵寺》诗："涸泽饥鹰恋，高空独雁飞。"也谓把湖沼里的水弄干。《淮南子·主术训》："不涸泽而渔，不焚林而猎。"

涸辙之鲋 《庄子·外物》："庄周家贫，故往贷粟于监河侯。监河侯曰：'诺。我将得邑金，将贷子三百金，可乎？'庄周忿然作色曰：'周昨来，有中道而呼者，周顾视车辙中，有鲋鱼焉。周问之曰：鲋鱼来，子何为者邪？对曰：我东海之波臣也。君岂有斗升之水而活我哉？周曰：诺。我且南游吴越之王，激西江之水而迎子，可乎？鲋鱼忿然作色曰：吾失我常与，我无所处，吾得斗升之水然活耳。君乃言此，曾不如早索我于枯鱼之肆！'"鲋，小鱼。后因以"涸辙之鲋"比喻处于困境中待援的人。亦作"涸辙之鱼"。无名氏《四贤记·告贷》："小生乌古孙良桢，遭家不造，被寇相侵，惊心草木皆兵，举目椿萱何在，累累如丧家之犬，围困似涸辙之鱼。"亦简作"涸鲋"。庾信《拟咏怀》诗："涸鲋常思水，惊飞每失林。"

葢 (hé) 同"盖"。

另见 gài, gě。

颌 〔頜〕(hé, 又读 gé) 构成口腔上下部的骨和肌肉组织。上部称上颌，下部称下颌。《文选·扬雄〈长杨赋〉》："皆稽颡树颌。"李善注引如淳曰："叩头时项下向，则颌树上向也。"

餲 〔餲〕(hé) 一种油炸的面食，即馓子。

另见 ài。

渴 (hé) 水反流。柳宗元《袁家渴记》："楚越之间方言，谓水之反流者为渴。"

另见 jié, kě。

嗑 (hé) 通"合"。见"嗑嗑"。

另见 kè, xiā。

魻 (hé) ❶见"魻魿"。❷通"鹖"，鸟名，似雉。《后汉书·西南夷传》："〔冉駹夷〕又有五角羊、麝香、轻毛魻鸡、牲牲。"

貈 (hé) 同"貉"。

另见 mò。

貉 (hé) 动物名。学名 Nyctereutes procyonoides。亦称"狗獾"。哺乳纲，食肉目，犬科。形如狐，但体较胖，尾较短。尾毛蓬松，吻尖，耳短圆。两颊有长毛，体色棕灰，四肢和胸腹几近黑色；眼部各有一片黑褐色斑纹。穴居河谷、山边和田野间。杂食性。中国除台湾、海南、宁夏、甘肃、新疆、青海、西藏、贵州、山东、湖北外，其余各地均有分布；俄罗斯、朝鲜半岛和日本亦有。毛皮可做皮衣、帽等；尾毛可制毛笔。

貉

另见 háo, mà, mò。

阖 〔闔〕(hé) ❶门扇。《礼记·月令》："〔仲春之月〕是月也，耕者少舍，乃修阖扇。"郑玄注："耕事少间，而治门户也。用木曰阖，用竹苇曰扇。"亦指门。《管子·八观》："闾闬不可以毋（无）阖。"❷关闭。《后汉书·邓骘传》："检敕宗族，阖门静居。"❸通"合"。《国策·秦策三》："意者臣愚而不阖于王心邪？"❹全。如：阖家。《汉书·武帝纪》："今或至阖郡而不荐一人。"❺通"盍"。犹言何不。《庄子·天地》："夫子阖行耶？"❻盖墙用的草帘子。《周礼·夏官·圉师》："茨墙则剪阖。"郑玄注："茨，盖也。阖，苫也。"

阖庐 住屋。《左传·襄公十七年》："吾侪小人，皆有阖庐，以辟（避）燥湿寒暑。"

槅 (hé) 通"核"。指有核的果品。左思《蜀都赋》："肴槅四陈。"参见"殽核"。

另见 gé。

麧 (hé) "糠麧"的"麧"的本字。参见"糠麧"。

鹖 〔鶡〕(hé) ❶鸟名，雉类。羽毛黄黑色。《山海经·中山经》："煇诸之山……其鸟多鹖。"《文选·司马相如〈上林赋〉》："蒙鹖苏。"张揖注："鹖似雉，斗死不却。"❷见"鹖旦"。

另见 jiè。

鹖旦 古籍中鸟名。亦作"曷旦"、"鴠鳱"、"鳱鴠"、"盍旦"。《礼记·月令》："〔仲冬之月〕冰益壮，地始坼，鹖旦不鸣。"郑玄注："鹖旦，求旦之鸟也。"《本草纲目·禽部二》谓鹖鴠即寒号虫。按其所述性状，为蝙蝠类，古人误认为鸟。

鹖冠 ❶插有鹖羽的武士冠。鹖性好斗，至死不却，武士冠插鹖羽，以示英勇。《后汉书·舆服志下》："〔武冠〕加双鹖尾，竖左右，为鹖冠云。"❷鹖，通"褐"。粗布短服。《文选·刘峻〈辨命论〉》："至于鹖冠瓮牖，必以悬天有期。"吕向注："瓮牖，贫贱之居也；鹖冠，贫贱之服也。"

蝎 (hé) 木中蠹虫。嵇康《答难养生论》："故蝎盛则木朽。"

另见 xiē。

碓 (hé) 亦作"碓"。见"碓碓"。

碓碓 同"翯翯"。洁白貌。《文选·何晏〈景福殿赋〉》："悠悠玄鱼，碓碓白鸟。"李周翰注："碓碓，白貌。"

翮 (hé) ❶羽轴下段不生羽瓣而中空的部分。❷引申为羽毛，也用作鸟翼的代称。潘岳《射雉赋》："文翮鳞次。"左思《咏史》："习习笼中鸟，举翮触四隅。"

蛞 (hé) 见"鞨蛞"。

闔 (hé) 同"阖（闔）"。

鞨 (hé) ❶鞋。见《广雅·释器》。❷见"鞣鞨"。

另见 mò。

礉 (hé) 苛刻。《史记·老庄申韩列传赞》："〔韩子〕惨礉少恩。"

覈 (hé) 通"籺"、"麧"。米麦的粗屑。《汉书·陈平传》："亦食糠覈耳。"颜师古注："孟康曰：'麦糠中不破者也。'"

另见 hé 核㊀。

貉 (hé) 鼠属。《说文·鼠部》："貉鼠，出胡地，皮可作裘。"

曤 (hé) 同"碓"。白貌。《史记·司马相如列传》："吾乃今日睹西王母曤然白首。"按《汉书·司马相如传下》作"暠"。

hè

吓 〔嚇〕(hè) ❶怒声。《庄子·秋水》:"仰而视之曰:吓!" ❷恐吓;恫吓。《素问·风论》:"心风之状,多汗恶风,焦绝,善怒吓。" ❸开。郭璞《江赋》:"或爆采以晃渊,或吓鰓乎岩间。" ❹语助。表示不满。

另见 xià。

何 (hè) 通"荷"。负荷。《诗·小雅·无羊》:"何蓑何笠,或负其餱。"

另见 hē,hé。

呼 (hè) 表示愤怒的呼声。《左传·文公元年》:"江芈怒曰:'呼!役夫。'"

另见 hū,xū。

和 〔咊、龢〕(hè) ❶跟着唱。如:一唱百和;随声附和。《诗·郑风·萚兮》:"倡予和女(汝)。"宋玉《对楚王问》:"其始曰《下里》、《巴人》,国中属而和者数千人。" ❷依照别人诗词的题材或体裁做诗词。如:奉和一首。

另见 hé,hú,huó,huò。

和诗 作诗与别人相唱和。大致有不限定和韵与限定和韵两种方式。

和韵 作旧体诗方式之一。和诗时依照所和诗中的韵作诗,大致有三种方式:(1)依韵,即与被和作品同在一韵中而不必用其原字;(2)次韵,或称步韵,即用其原韵原字,且先后次序都须相同;(3)用韵,即用原诗韵的字而不必依照其次序。

贺 〔賀〕(hè) ❶庆贺;道喜。《诗·大雅·下武》:"四方来贺。" ❷加覆。《仪礼·士丧礼》:"带用靲贺之,结于后。" ❸姓。

贺新郎 ❶词牌名。又名《金缕曲》、《贺新凉》、《乳燕飞》等。双调一百十六字,仄韵,用入声韵者音节尤高亢。南宋豪放派词人多喜作此调,以抒慷慨激昂之情怀。 ❷曲牌名。南北曲均有。均属南吕宫。北曲字句格律与词牌不同,用在套曲中。南曲又有二:一与词牌前半阕同,用作引子;一与词牌不同,与北曲亦不同,用作过曲。

荷 (hè) ❶扛;担。如:荷锄;荷枪实弹。《公羊传·宣公六年》:"有人荷畚自闺而出者。" ❷担任;担负。张衡《东京赋》:"荷天下之重任。" ❸承受。多用于书信中表示感激。如:感荷;至荷;为荷。

另见 hé,kē。

荷荷 象声。(1)怨恨声。《南史·梁武帝纪》:"疾久口苦,索蜜不得,再曰'荷荷',遂崩。"(2)歌唱声。黄遵宪《都踊歌》:"长袖飘飘兮,髻峨峨,荷荷!"(3)催儿眠之声。黄遵宪《己亥杂诗》:"荷荷引睡施施溺。"

寉 (hè) ❶鸟往高处飞。引申为穷高极远之意。《说文·宀部》:"寉,高至也……《易》曰:'夫乾寉然。'"按今本《易·系辞下》作"夫乾确然,示人易矣"。 ❷同"鹤"。

烆 (hè) 同"赫"。火赤貌。见《集韵·二十陌》。

喝 (hè) 大声呼喊。参见"喝采"、"喝道"。

另见 hē,yè。

喝采 亦作"喝彩"。原指赌博时,呼喝作势,希望得采。张端义《贵耳集》卷下:"市井呼卢,卢,四也。博徒索采曰'四'、'红'、'赤'、'绯',皆一骰色也。"俗说唐明皇与贵妃喝采,若成卢,即赐绯之义。"后指大声叫好。马臻《西湖春日壮游即事》诗:"新腔翻得梨园谱,喜入王孙喝采声。"

喝道 古时官吏出行,前导役卒呼喝,行人闻声让路。韩愈《饮城南道边古墓上逢中丞》诗:"为逢桃树相料理,不觉中丞喝道来。"

猲 (hè) 通"喝"。恐惧;吓唬。《国策·齐策一》:"是故恫疑虚猲,高跃而不敢进。"姚宏注:"猲,喘息,惧貌。"《史记·苏秦列传》作"恫疑虚喝"。参见"恫喝"。

另见 xiē。

愒 (hè) 恫吓。《史记·苏秦列传》:"是故夫衡人日夜务以秦权恐愒诸侯以求割地,故愿大王孰计之也。"司马贞索隐:"愒,许曷反。谓相恐胁也。"

另见 kài,qì。

嗃 (hè) 见"嗃嗃"。

另见 xiāo,xiào。

嗃嗃 严酷貌。《易·家人》:"家人嗃嗃,悔厉,吉。"孔颖达疏:"嗃嗃,严酷之意也。"陆德明释文引郑玄云:"苦热之意。盖'嗃'为'熇'的借字,'熇熇'为火势炽盛貌,故释为苦热,又引申为严酷之意。

赫 (hè) ❶红如火烧,亦泛指红色。《诗·邶风·简兮》:"赫如渥赭。" ❷显耀。如:显赫;烜赫。《诗·大雅·生民》:"以赫厥灵,上帝不宁。"孔颖达疏引王肃云:"天以是显著后稷之神灵,降福而安之。" ❸勃然怒貌。见"赫怒"。 ❹分裂。《公羊传·宣公六年》:"赵盾就而视之,则赫然死人也。"何休注:"赫然,已支解之貌。"《后汉书·礼仪志中》:"赫女(汝)躯,拉女(汝)干。" ❺通"吓(嚇)"。《诗·大雅·桑柔》:"反予来赫。" ❻姓。明代有赫瀛。

另见 xì。

赫赫 ❶显耀盛大貌。《诗·小雅·节南山》:"赫赫师尹,民具尔瞻。"《荀子·劝学》:"无惛惛之事者,无赫赫之功。"惛惛,专默精诚貌。 ❷形容干旱炎热燥热之状。《诗·大雅·云汉》:"旱既大(太)甚,则不可沮。赫赫炎炎,云我无所。"

赫怒 勃然震怒。语本《诗·大雅·皇矣》"王赫斯怒"。王粲《从军诗》:"相公征关右,赫怒震天威。"

赫戏 光明盛大貌。《离骚》:"陟升皇之赫戏兮,忽临睨夫旧乡。"亦作"赫羲"、"赫曦"。潘岳《在怀县作》诗:"初伏启新节,隆暑方赫羲。"江淹《为萧鸾拜太卭扬州牧表》:"名爵赫曦,俛俛优忝。"

赫晅 晅,亦作"喧"、"咺"。 ❶显赫貌。《诗·卫风·淇奥》:"瑟兮僴兮,赫兮咺兮。"《尔雅·释训》:"赫兮晅兮,威仪也。" ❷明盛貌。蒲道源《春晚山茶始开》诗:"及兹春事深,渥丹始赫晅。"

赫奕 显耀盛大貌。何晏《景福殿赋》:"赫奕章灼,若日月之丽天也。"归有光《送吴纯甫先生会试序》:"冠带褒然,舆马赫奕,自喻得意。"

赫哲语 属阿尔泰语系满-通古斯语族满语支。分布在黑龙江同江市街津口和饶河县四排。元音不分长短,有不太严整的元音和谐律,名词有人称领属和反身领属形式,动词有人称形式。渔猎方面的词比较丰富。

熇 (hè) 炽盛。见"熇熇"。

另见 kǎo,xiāo。

熇熇 火势炽盛貌。《诗·大雅·板》:"多将熇熇,不可救药。"

褐 (hè) ❶兽毛或粗麻制成的短衣,古时贫贱人所服。《孟子·滕文公上》:"许子衣褐。"赵岐注:"褐以毳织之,若今马衣也。或曰:褐,枲衣也,一曰粗布衣也。" ❷贫贱人的代称。《左传·哀公十三年》:"余与褐之父睨之。"杜预注:"褐,寒贱之人。" ❸指粗麻织成的袜子。《急就篇》卷二:"靸鞮卬角褐袜巾。"颜师古注:"袜,足衣也,一曰褐,谓编枲为袜也。" ❹通"鹖"。引申为黄黑

色。如:茶褐;褐煤。

褐夫 穿粗布衣服的人,指贫苦者。《孟子·公孙丑上》:"视刺万乘之君,若刺褐夫。"《淮南子·主术训》:"使言之而是,虽在褐夫刍荛,犹不可弃也。"

鹤〔鶴〕(hè) ❶鸟纲,鹤科各种类的泛称。大型涉禽,形似鹭和鹳。喙、翼和跗蹠很长;但足趾甚短,且后趾着生部位较高,与前三趾不在同一平面上。常活动于平原水际或沼泽地带,食各种小动物和植物。全世界有 15 种。中国有丹顶鹤、灰鹤、白鹤、黑颈鹤、蓑羽鹤等 9 种,均为国家保护动物。在非洲有冠鹤等种。❷通"翯"。见"鹤鹤"。

鹤氅 鸟羽所制的裘。《世说新语·企羡》:"尝见王恭乘高舆,被鹤氅裘。"后来也专称道服。《新五代史·卢程传》:"程戴华阳巾,衣鹤氅,据几决事。"华阳巾,道冠。

鹤吊 传说陶侃以母忧去职,尝有二客来吊,不哭而退,化为双鹤。见《晋书·陶侃传》。后因称吊丧为鹤吊。

鹤俸 旧称官吏的俸禄。参见"鹤料"。

鹤鹤 同"翯翯"。洁白貌。《孟子·梁惠王上》:"麀鹿濯濯,白鸟鹤鹤。"《诗·大雅·灵台》作"翯翯"。

鹤驾 ❶传说王子乔,即周灵王的太子晋,尝乘白鹤驻缑氏山头。见《列仙传》。后因称太子的车驾为鹤驾。唐中宗《享太庙乐章》:"龙楼正启,鹤驾斯举。"❷谓仙人的车驾。耿湋《游钟山紫芝观》诗:"鹤驾何时去,游人自不逢。"又以仙人驾鹤升天,故用为死的讳称。参见"鹤驭"。

鹤立 同"鹄立"。翘首企望。应璩《与广川长岑文瑜书》:"泥人鹤立于阙里。"曹植《求通亲亲表》:"实怀鹤立企伫之心。"也用以形容一种举踵竦立的姿态。曹植《洛神赋》:"竦轻躯以鹤立,若将飞而未翔。"

鹤立鸡群 比喻才能或仪表出众。《世说新语·容止》:"有人语王戎曰:'嵇延祖(嵇绍)卓卓如野鹤之在鸡群。'"无名氏《举案齐眉》第二折:"休错认做蛙鸣井底,鹤立鸡群。"

鹤唳 鹤鸣。《论衡·变动》:"夜及半而鹤唳。"《晋书·陆机传》:"华亭鹤唳,岂可复闻乎?"参见"风声鹤唳"。

鹤料 唐代称幕府官俸为鹤料,见张邦基《墨庄漫录》卷六。后多用来泛称官吏的俸禄。林逋《深居杂兴》诗:"鹤料免惭尸厚禄。"陆游《醉归》诗:"绝食就官分鹤料。"

鹤林 释迦牟尼逝世之处。在印度拘尸那迦城(约当今迦夏城)郊。相传释迦牟尼于娑罗树间入灭,树一时开花,林色变白,如鹤之群居,故名。《大般涅槃经》:"尔时拘尸那城娑罗树林变白,犹如白鹤。"王融《法门颂启》:"鹤林双树,显究竟以开氓。"亦泛称佛寺旁的树林。元稹《大云寺二十韵》:"鹤林萦古道,雁塔没白云。"或亦指佛寺。

鹤寿 《淮南子·说林训》:"鹤寿千岁,以极其游。"鹤的年寿长,因用为祝寿之辞。

鹤书 书体名,也叫"鹤头书"。古时用于招贤纳士的诏书。孔稚珪《北山移文》:"及其鸣驺入谷,鹤书赴陇。"

鹤望 同"鹄望"。如鹤之引颈盼望。《三国志·蜀志·张飞传》:"思汉之士,延颈鹤望。"

鹤膝 ❶旧诗作法中的八病之一。参见"八病"。❷书法上笔势病名之一。参见"春蚓秋蛇"。❸旧时文人"诗钟"游戏的一种,取绝不相关且不能对偶的两个字,限用于第五字,作成两句七言对偶句,要用得自然,叫"鹤膝格"。❹诗谜(即灯谜)的一种。将谜面一句七言诗的第五字读白了才与谜底的意思相符。❺古代兵器名,矛的一种。《方言》第九:"矛,骹细如雁胫者,谓之鹤膝。"谓矛骹如鹤胫,上大下小。左思《吴都赋》:"家有鹤膝,户有犀渠。"

鹤驭 犹鹤驾。元好问《缑山置酒》诗:"人言王子乔,鹤驭此上宾。"旧时挽词中多用为死的讳称。

壑(hè,旧读 huò) ❶坑谷;深沟。《礼记·郊特牲》:"水归其壑。"《孟子·滕文公下》:"志士不忘在沟壑。"❷亦称"库"。植物学名词。在研究和分析物质运输作用时,尤其是糖的运输,一般把需要利用其他器官供给糖分或贮存糖分等的器官称为"壑"。糖分运输作用最重要的"源"为叶片光合细胞和贮藏糖的组织或器官;糖分运输作用最重要的"壑"为快速生长的部分,主要为茎及根顶端的分生组织,以及正在发育的贮藏部分如果实和块茎等。

㰅(hè) 同"赫"。

蠚(hè,又读 ruò) 虫类咬刺。《汉书·田儋传》:"蝮蠚手则斩手,蠚足则斩足。"颜师古注引应劭曰:"蠚,螫也。"

鹤(hè) 同"鹤(鶴)"。

鶮(hè) 同"鹤(鶴)"。

hēi

黑(hēi) ❶煤炭般的颜色。如:黑墨;黑漆。❷昏暗无光。如:白天黑夜。❸私下的;秘密的;非法的。如:黑话;黑市。❹邪恶。如:黑心。❺黑龙江省的简称。❻姓。明代有黑云龙。

黑白 黑色和白色,比喻是非、善恶。《春秋繁露·保位权》:"黑白分明,然后民知所去就。"

黑帝 中国古代神话中的五天帝之一。系北方之神。《晋书·天文志上》:"北方黑帝,叶光纪之神也。"道教尊为"北方黑帝五灵玄老玄禀天君"。

黑甜 酣睡。苏轼《发广州》诗:"三杯软饱后,一枕黑甜馀。"自注:"俗谓睡为黑甜。"后因称睡梦中的境界为"黑甜乡"。

黑头 谓青壮年。司空图《新岁对写真》诗:"文武轻销丹灶火,市朝偏贵黑头人。"

黑衣 ❶古代军士衣黑色,因以"黑衣"为军士的代称。《国策·赵策四》:"愿令得补黑衣之数,以卫王宫。"❷僧衣。《资治通鉴·宋文帝元嘉三年》:"帝以惠琳道人善谈论,因与议朝廷大事,遂参权要……颛(孔颛)慨然曰:'遂有黑衣宰相,可谓冠屦失所矣。'"

黑子 ❶黑痣。《史记·高祖本纪》:"左股有七十二黑子。"亦比喻地域的狭小。《汉书·贾谊传》:"而淮阳之比大诸侯,廑(仅)如黑子之著面。"❷"太阳黑子"的简称。《晋书·天文志》:"永宁元年甲申,日中有黑子。"

嘿(hēi) 叹词。表示得意或鄙视。如:嘿!我才不怕哩!
另见 mò。

镙〔鐬〕(hēi) 化学元素[周期系第Ⅷ族(类)元素]。符号 Hs。原子序数 108。具强放射性。化学性质应近似于锇。由重离子轰击法人工合成而得。质量数为 265 的同位素,半衰期为 1.8 毫秒。

hén

恨(hén) 排斥。《新唐书·裴度传》:"始议者谓度无奥援,且久外,为奸佥恨抑,虑帝未能明其

忠。"

痕（hén） 疮伤痊愈后留下的疤。如:伤痕;疮痕。《后汉书·赵壹传》:"所好则钻皮出其毛羽,所恶则洗垢求其瘢痕。"也泛指斑迹、痕迹。如:泪痕;裂痕。陆游《剑门道中遇微雨》诗:"衣上征尘杂酒痕。"

痕迹 ❶事物留下的印记,迹象。❷指在犯罪现场发现的人或物在其他物体表面上留下的形象或形体的变化。如手印、工具痕迹、车辆痕迹、断离痕迹等。对痕迹进行收集、检验、鉴定,是查明案情的重要手段。

hěn

很（hěn） 毒辣;狠。《后汉书·蔡邕传》:"然卓（董卓）多自很用。"

詪〔詪〕（hěn） ❶很戾。见《说文·言部》。❷难语貌。见《玉篇·言部》。

哏（hěn） ❶通"很"。《元典章·刑部·过钱》:"如今断底勾当,断底哏长了。"❷通"狠"。凶恶貌。关汉卿《救风尘》第三折:"则见他恶哏哏摸按着无情棍。"
另见 gén。

很（hěn） ❶甚;非常。如:很好。❷通"狠"。凶暴;违逆不从。《孟子·离娄下》:"好勇斗很。"《左传·襄公二十六年》:"太子座美而很。"❸争讼。《礼记·曲礼上》:"很毋求胜。"郑玄注:"很,阋也,谓争讼也。"

狠（hěn） ❶同"很"。残忍;凶狠。如:心狠;狠毒;恶狠狠。❷坚决;努力。如:发狠;狠抓业务。
另见 yín。

狠戾 凶狠乖戾。《北史·苏威传》:"其性狠戾,不切要害。"

hèn

恨（hèn） ❶怨。《史记·魏公子列传》:"然公子遇臣厚,公子往而臣不送,以是知公子恨之复返也。"❷懊悔;遗憾。《荀子·成相》:"不知戒,后必有恨。"《儒林外史》第十一回:"小弟们还恨得知此事已迟,未能早为先生洗脱,心切不安。"❸仇视;仇恨。如:痛恨;雪恨。

恨人 失意抱恨的人。《文选·江淹〈恨赋〉》:"于是仆本恨人,心惊不已。"吕延济注:"恨人,恨志不就

也。"

hēng

亨（hēng） 通达顺利。《易·坤》:"品物咸亨。"
另见 pēng,xiǎng。

亨通 做事通达顺利。《易·随》"元亨,利贞,无咎"孔颖达疏:"元亨者,于相导之世,必大得亨通;若其不大亨通,则无以相随,逆于时也。"

哼（hēng） ❶表示痛苦的出声。如:那病人直哼哼。❷低声唱。如:哼着歌儿。
另见 hng。

脝（hēng） 见"膨脝"。

héng

恒〔恆〕（héng） ❶长久;固定不变。如:永恒;恒久。《文心雕龙·物色》:"然物有恒姿,而思无定检。"❷指恒心。如:持之以恒。《论语·子路》:"人而无恒,不可以作巫医。"❸经常。《礼记·大学》:"为之者疾,用之者舒,则财恒足矣。"❹一般的;普通的。《论衡·恢国》:"微病,恒医皆巧;笃剧,扁鹊乃良。"❺六十四卦之一。巽下震上。《易·恒》:"象曰:雷风,恒。"王弼注:"长阳、长阴,合而相与,可久之道也。"❻姓。汉代有恒裴。
另见 gèng。

恒产 指土地、房屋等固定的产业。即不动产。《孟子·梁惠王上》:"无恒产而有恒心者,惟士为能。"赵岐注:"恒产,则民常可以生之业也。"

恒心 常心;持久不变的意志。如:做事要有恒心。《孟子·梁惠王上》:"无恒产而有恒心者,惟士为能。"赵岐注:"恒心,人所常有善心也。"

姮（héng） 见"姮娥"。

姮娥 即"嫦娥"。传说中的月中女神。《淮南子·览冥训》:"羿请不死之药于西王母,姮娥窃以奔月。"参见"嫦娥"。

珩（héng） 佩玉的一种,弧形,似磬而小。《国语·晋语二》:"白玉之珩六双。"

桁（héng） 梁上的横木。《文选·何晏〈景福殿赋〉》:"桁梧复叠。"李善注:"桁,梁上所施也;

梧,柱也。"
另见 háng,hàng。

胻（héng） 脚胫。《史记·龟策列传》:"壮士斩其胻。"《素问·刺热》:"肾热病者,先腰痛,胻痠。"

横㊀（héng） ❶左右行的。与"直"、"竖"、"纵"相对。又东西为横,南北为纵。《楚辞·七谏·沈江》:"不别横之与纵。"王逸注:"纬曰横,经曰纵。"❷汉字写法以一平画为一横。如:"十"为一横一竖。❸横放着;横拿着。韦应物《滁州西涧》诗:"春潮带雨晚来急,野渡无人舟自横。"杜甫《别唐十五诫因寄礼部贾侍郎》诗:"胡星坠燕地,汉将仍横戈。"❹横绝;横渡。《后汉书·杜笃传》:"东横乎大河。"❺纷杂;充溢。陆游《冬暖》诗:"老夫壮气横九州。"❻广远。见"横行❶"。❼侧;旁边。《左传·僖公二十八年》:"原轸、郤溱以中军公族横击之。"❽通"黉"。见"横舍"。❾姓。《荀子·成相》有横革。
㊁（héng,旧读 hèng） 见"横行霸道"、"横征暴敛"。
另见 hèng。

横艾 十干中壬的别称。亦作"玄黓"。《史记·历书》:"横艾淹茂,太始元年。"司马贞索隐:"横艾,壬也,《尔雅》作'玄黓'。淹茂,戌也。"谓太始元年是壬戌岁。

横波 ❶横流的水波。《楚辞·九歌·河伯》:"与女游兮九河,冲风起兮横波。"❷比喻眼神流转生姿。《文选·傅毅〈舞赋〉》:"眉连娟以增绕兮,目流睇而横波。"李善注:"横波,言目邪视如水之横流也。"

横空 ❶当空;横亘天空。陆游《雪中忽起从戎之兴戏作》诗:"十万貔貅出羽林,横空杀气结层阴。"❷横越天空。虞世南《侍宴应诏》诗:"横空一鸟度,照水百花然（燃）。"

横厉 ❶横渡。《汉书·司马相如传下》:"横厉飞泉以正东。"颜师古注:"厉,渡也。"❷纵横凌厉,形容气盛。《宋史·陈与义传》:"尤长于诗,体物寓兴,清邃纡馀,高举横厉,上下陶、谢、韦、柳之间。"

横流 ❶充溢;遍布。曹植《改封陈王谢恩章》:"不意天恩滂霈,润泽横流。"❷形容涕泪交流。《汉书·孝成班倢伃传》:"仰视兮云屋,双涕兮横流。"

横眉 怒视貌,表示憎恨和轻蔑。鲁迅《集外集·自嘲》诗:"横眉冷对

千夫指,俯首甘为孺子牛。"

横目　❶指人类。《庄子·天地》:"夫子无意于横目之民乎?"成玄英疏:"五行之内,唯民横目,故谓之横目之民。"❷犹怒目。凶恶貌。《埤雅·释兽》:"俗云:熊罴眼直,恶人横目。"《聊斋志异·连琐》:"隶横目相仇。"❸草名。即鼓筝草。见《尔雅·释草》。

横逆　犹言横行。刘琨《与石勒书》:"或拥众百万,横逆宇内。"

横舍　横,通"黉"。学舍。《后汉书·朱浮传》:"宫室未饰,干戈未休,而先建太学,进立横舍。"

横生　❶古代指人以外的一切事物。《逸周书·文传》:"故诸横生尽以养从(纵)生。"孔晁注:"横生,万物也;从生,人也。"❷洋溢;表露。宋玉《神女赋》:"须臾之间,美貌横生;烨乎如花,温乎如莹。"傅玄《鹰赋》:"雄姿邈代,逸气横生。"

横行　❶犹广行,遍行。《荀子·修身》:"体恭敬而心忠信,术礼义而情爱人,横行天下,虽困四夷,人莫不贵。"杜甫《房兵曹胡马》诗:"骁腾有如此,万里可横行。"❷行列。马融《围棋赋》:"横行阵乱兮,敌心骇惶。"

横行霸道　胡作非为,蛮不讲理。《红楼梦》第九回:"一任薛蟠横行霸道。"

横征暴敛　滥征捐税,残酷搜刮民财。《痛史》第二十四回:"名目是规画钱粮,措置财赋,其实是横征暴敛,剥削脂膏。"

胻　(héng)　❶牛脊后骨。见《广韵·十二庚》。❷同"胻"。胫端。《素问·脉要精微论》:"当病足胻肿若水状也。"王冰注:"胻与胻同。"

飍　〔飍〕(héng)　暴风。韩愈《城南联句》:"龙驾闻飍飍。"

衡　(héng)　❶古代绑在牛角上以防触人的横木。《诗·鲁颂·閟宫》:"秋而载尝,夏而福衡,白牡骍刚。"孔颖达疏:"福衡其牛,言豫养所祭之牛,设横木于角以福之,令其不得觚触人也。"参见"福衡"。❷车辕头上的横木。《论语·卫灵公》:"在舆则见其倚于衡也。"❸秤杆;秤。《九章算术·方程》:"今有五雀六燕,集称之衡。"《荀子·礼论》:"衡诚县矣,则不可欺以轻重。"又谓称物。如:衡器。❹衡量。《淮南子·主术训》:"衡之于左右,无私轻重,故可以为平。"顾炎武《郡

县论七》:"量其冲僻,衡其繁简。"❺平;常。《礼记·曲礼下》:"大夫衡视。"❻古代天文仪器观测用的横管。《书·舜典》:"在璇玑玉衡,以齐七政。"❼古代用以使冠冕固著于发上的簪。《左传·桓公二年》:"衡、紞、纮、綖,昭其度也。"❽古代楼殿边上的栏杆。《汉书·爰盎传》:"百金之子不骑衡。"❾古代钟柄上的平顶。《考工记·凫氏》:"舞上谓之甬,甬上谓之衡。"❿眉毛以上。参见"肝衡"。⓫古代掌管山林的官。《周礼·地官》有"林衡",其职为"掌巡林麓之禁令而平其守"。⓬亦作"珩"。佩玉上部的横杠,用以系璜和冲牙。《大戴礼记·保傅》:"下车以佩玉为度。上有双衡,下有双璜、冲牙,玭珠以纳其间,琚、瑀以杂之。"《新书·礼》作"上有双珩"。⓭北斗星。见"衡汉"。⓮通"横"。《诗·齐风·南山》:"衡从其亩。"⓯姓。汉代有衡咸。

衡泌　《诗·陈风·衡门》:"衡门之下,可以栖迟,泌之洋洋,可以乐饥。"毛传:"衡门,横木为门,言浅陋也。泌,泉水也。"后因称隐居之地为"衡泌"。《梁书·何点传》:"栖迟衡泌,白首不渝。"

衡馆　同"衡门"。简陋的屋舍。《文选·王俭〈褚渊碑文〉》:"迹屈朱轩,志隆衡馆。"吕延济注:"衡馆,衡门也,谓隐逸处,横木为门也。"

衡汉　北斗及银河。《文选·鲍照〈玩月城西门廨中〉诗》:"夜移衡汉落,徘徊帷户中。"李周翰注:"衡,北斗也;汉,天河也。"

衡量　❶量度物体。《书·五子之歌》"关石和钧"孔颖达疏:"关者通也。名石而可通者,惟衡量之器耳。"❷比较、评定事物的是非或轻重得失。

衡门　❶横木为门,指简陋的房屋。《诗·陈风·衡门》:"衡门之下,可以栖迟。"杜甫《东屯月夜》诗:"春农亲异俗,岁月在衡门。"❷《诗·陈风》篇名。诗言贫困之中,亦可自得其乐,不必奢求。旧时多用为关于隐士生活的典故。

衡石　❶衡,秤;石,重量单位,我国古代一百二十斤为一石。衡石,古代衡器。《史记·秦始皇本纪》:"天下之事无大小,皆决于上,上至以衡石量书,日夜有呈,不中呈,不得休息。""呈"通"程"。古时文书用竹简木札,所以用衡石称计量。❷指甄别选拔人才的官职。《旧唐书·裴

行俭传》:"是时苏味道、王勮未知名,因调选,行俭一见,深礼异之,仍谓曰:'有晚年子息,恨不见其成长。二公十数年当居衡石,愿记识此辈。'其后相继为吏部,皆如其言。"

衡宇　横木为门的房屋,极言其简陋。陶潜《归去来辞》:"乃瞻衡宇,载欣载奔。"

蘅　(héng)　见"蘅芜"。

蘅芜　香草名。王嘉《拾遗记·前汉上》:"帝息于延凉室,卧梦李夫人授帝蘅芜之香,帝惊起,而香气犹著衣枕,历月不歇。"徐夤《咏梦》诗:"文通(江淹)毫管醒来异,武帝蘅芜觉后香。"

hèng

詻　〔詻〕(hèng)　怨恨的话。《广雅·释诂四》:"詻,言也。"王念孙疏证:"詻之言悻悻也。《玉篇》:'詻,瞋语也。'"

哼　(hèng)　❶哄骗。董解元《西厢记》卷三:"九百孩儿,休把人厮哼,你甚胡来我怎信?"❷厉害、发狠的声音。《西游记》第八十三回:"〔哪吒〕哼声'天兵,取下缚妖索,把那些妖精都捆了'。"

另见zá。

横　(hèng)　❶粗暴;凶猛。如:强横;横暴。《史记·吴王濞列传》:"文帝宽,不忍罚,以此吴日益横。"❷不测;意外。如:横祸。杨恽《报孙会宗书》:"遂遭变故,横被口语。"❸不由正道;不循正理。见"横流"、"横议"。

另见héng。

横祸　意外的灾祸。如:飞来横祸。《淮南子·诠言训》:"内修极而横祸至者,皆天也,非人也。"

横厉　强横霸道,盛气凌人。《汉书·杜周传》:"托公报私,横厉无所畏忌。"

横流　❶水行不循道而泛滥。《孟子·滕文公上》:"洪水横流,泛滥于天下。"引申谓放纵恣肆。朱熹《答林择之》:"人欲横流,天理几灭。而思之,怛然震悚。"❷比喻动荡的局势;乱世。《宋书·武帝纪下》:"俯悼横流,投袂一麾,则皇祀克复。"

横逆　强暴无理。《孟子·离娄下》:"有人于此,其待我以横逆,则君子必自反也。"

横生　意外地发生。柳宗元《与萧翰林俛书》:"万罪横生,不知其端。"

横死 死于非命。《礼记·檀弓上》"死而不吊者三"孔颖达疏："此一节论非理横死。"王建《空城雀》诗："报言黄口莫啾啾，长尔得成无横死。"

横行 不循正道而行；恣意而行。《周礼·秋官·野庐氏》："禁野之横行径逾者。"

横议 恣意议论。《孟子·滕文公下》："诸侯放恣，处士横议。"

潢（hèng，又读 héng）❶小津。见《说文·水部》。段玉裁注："谓渡之小者也，非地大人众之所。"❷以船渡。见《说文·水部》。段玉裁注："《方言》曰：'方舟谓之潢。'郭云：'扬州人呼渡津舫为杭，荆州人呼潢音横。'《广雅》：'潢，筏也。'"

hm

嗨（hm） 感叹声。表禁止、申斥或不满意。如：嗨！你还不快些回去！
另见 xīn。

hng

哼（hng） 表示愤慨或轻蔑的声音。如：哼！这可不行！
另见 hēng。

hōng

吽（hōng） 梵语 Hum 的音译。佛教咒语中用词。张昱《辇下曲》诗："守内番僧日念吽。"
另见 hǒu、óu。

轰〔轟〕（hōng） ❶象声。如：轰响；轰雷；轰然一声。❷冲击使爆炸、崩裂。如：炮轰。元好问《游承天镇悬泉》诗："并州之山水所洑，骇浪几轰山石裂。"❸驱逐。如：轰走。❹狂放。见"轰饮"。

轰饮 痛饮。刘因《黑马酒》诗："山中唤起陶弘景，轰饮高歌敕勒川。"许多人聚在一起喧闹狂饮也称"轰饮"。

哄（hōng） ❶形容人声嘈杂。如：乱哄哄。❷许多人同时发出声音。如：哄动；哄传。
另见 hǒng、hòng。

哄堂 本作"烘堂"。唐代御史有台院、殿院、察院，以一年资高的御史知杂事，谓之杂端。公堂会食，皆绝言笑，惟杂端笑而三院随之笑，谓

之"烘堂"。见赵璘《因话录》卷五"征部"。曾慥《类说》引作"哄堂"。后用以形容满屋子的人同时发笑。《红楼梦》第四十一回："众人听了，哄堂大笑起来。"

訇（hōng） 形容大声。韩愈《华山女》诗："訇然震动如雷霆。"

訇訇 形容大声。杨炯《少室山少姨庙碑铭》："文狸赤豹，电策雷车，隐隐中道，訇訇太虚。"

訇輘 亦作"輷輘"。巨声隆隆不绝。多形容雷声、车声。李颙《雷赋》："鼓訇輘之逸响。"韩愈《读东方朔杂事》诗："偷入雷电室，訇輘掉狂车。"

訇隐 形容巨大的响声。《文选·枚乘〈七发〉》："訇隐匈礚，轧盘涌裔，原不可当。"刘良注："訇隐、匈礚，皆大声也。"亦作"隐訇"。《后汉书·马融传》："风行云转，匈礚隐訇。"

輴〔輴〕（hōng） 同"轰（轟）"。
另见 chūn。

訡（hōng） 同"吽"。

烘（hōng） ❶焚烧。《诗·小雅·白华》："樵彼桑薪，卬烘于煁。"❷向火取暖或用火烤干。如：烘手；烘衣服。❸渲染。如：烘云托月。范成大《春后微雪一宿而晴》诗："朝暾不与同云便，烘作晴空万缕霞。"

輷（hōng） 同"轰（轟）"，见《集韵·十三耕》。

薨〔薨〕（hōng） 轰响。《文选·班固〈西都赋〉》："声激越，薨厉天。"李善注引《声类》曰："薨，音大也。"
另见 yíng。

硠（hōng） 石落声。见《集韵·十三耕》。

洶（hōng） 水波相击声。《玉篇·水部》："洶，水浪洶洶声。"参见"洶渹"。
另见 chèng。

洶渹 浪涛冲击声。周光镐《黄河赋》："莫不洶渹澎湃。"

輷〔輷〕（hōng） 象声。见"輷輷"、"輘輷"。

輷輷 同"轰轰"。象声。《史记·苏秦列传》："輷輷殷殷，若有三军之众。"

礚（hōng） 同"訇"。

锽〔鍠〕（hōng） 象声。见"铿锽"。

谾（hōng） 见"谾谾"。

谾谾 山谷深广空旷貌。《史记·司马相如列传》："岩岩深山之谾谾兮。"司马贞索隐引晋灼曰："〔谾〕音笼，古'谼'字。"又引萧该云："长大貌。"按《汉书·司马相如传》颜师古注："谾谾，深通貌。"

薨（hōng） ❶周代诸侯死之称。《礼记·曲礼下》："天子死曰崩，诸侯曰薨。"唐代称二品以上官员之死。《新唐书·百官志一》："凡丧，二品以上称薨，五品以上称卒，自六品达于庶人称死。"❷见"薨薨"。

薨薨 见"薨薨"。

薨（hōng） 见"薨薨"。

薨薨 亦作"薨薨"。许多虫一起飞的声音。《广雅·释训》："薨薨，飞也。"王念孙疏证："《齐风·鸡鸣》篇云：'虫飞薨薨。'薨与薨通。"

瀜（hōng） 见"瀜瀜"。

瀜瀜 水势相激汹涌貌。郭璞《江赋》："渌溪瀜瀜。"

hóng

弘（hóng） ❶大。如：弘愿；弘图。《易·坤》："含弘光大。"《晋书·裴秀传》："勋业弘茂。"❷扩充；光大。《论语·卫灵公》："人能弘道，非道弘人。"❸姓。春秋时卫有弘演。

红〔紅〕（hóng） ❶本指浅红色。《楚辞·招魂》："红壁沙版，玄玉梁些。"王逸注："红，赤白也。"后泛称火、血等的颜色。❷象征无产阶级革命及政治觉悟。如：红军；又红又专。❸表示胜利、成功等喜事。如：满堂红。❹指喜庆事。如：红白大事。❺指人发迹或受上司宠信。如：走红；红人。❻股份制企业于年终时分配给股东的利润。如：红利；分红。
另见 gōng。

红勒帛 ❶红绸的腰带。陆游《老学庵笔记》卷九："〔成都〕士人家子弟，无贫富，皆著芦心布衣，红勒帛，狭如一指大。"❷宋代刘几作文，好为怪险之语，欧阳修深恶之。后来刘几应考，适逢欧阳修做考官，就用红笔在试卷上打一个大横杠，全部抹掉。

见沈括《梦溪笔谈》卷九。后因称用红笔涂抹文章为"红勒帛"。也简为"红勒"。《聊斋志异·陆判》:"朱献窗稿,陆辄红勒之。"

红泪 《拾遗记·魏》:"文帝所爱美人姓薛,名灵芸……闻别父母,歔欷累日,泪下沾衣。至升车就路之时,以玉唾壶承泪,壶则红色。既发常山,及至京师,壶中泪凝如血。"后因泛称女子的眼泪为"红泪"。李郢《为妻作生日寄意》诗:"应恨客程归未得,绿窗红泪冷涓涓。"

红楼 华美的楼房。旧常指富家女子的住处。李白《侍从宜春苑奉诏赋》:"东风已绿瀛洲草,紫殿红楼觉春好。"韦庄《长安春》诗:"长安春色本无主,古来尽属红楼女。"

红鸾 算命者所说的吉星,主婚配等。关汉卿《窦娥冤》第二折:"你可曾算我两个的八字,红鸾天喜几时到命哩?"

红人 受上司宠信的人或得意的人。《官场现形记》第三回:"藩、臬为他是护院的红人,而且即日就要过班,所以凡事也都让他三分。"护院,即代理巡抚。

红杏尚书 指宋代的宋祁。宋祁曾官工部尚书,善填词,所作《玉楼春》词有"红杏枝头春意闹"的名句,同时的词人张先因称宋为"红杏枝头春意闹尚书"。见《历代诗馀》卷一百十四引《古今词话》。后人简称为"红杏尚书"。

红袖 红色的衣袖,借指女子的艳色衣衫。白居易《宅西有流水墙下构小楼偶题五绝句》:"《霓裳》奏罢唱《梁州》,红袖斜翻翠黛愁。"也指艳妆女子。韩偓《边上看猎赠元戎》诗:"红袖拥门持烛炬,解劳今夜宴华堂。"

红牙 ❶指檀木。因其色红坚硬,故称。皮日休《二游诗·徐诗》:"轴间翠钿剥,籖古红牙折。"❷常指调节乐曲板眼的拍板或牙板。多以檀木制成。陆友仁《研北杂志》卷下:"〔赵子固〕歌古乐府,自执红牙以节曲。"亦泛指檀木所制的乐器。

红颜 年轻人的红润脸色。特指女子美艳的容颜。曹植《静思赋》:"夫何美女之烂妖,红颜晔而流光。"引申指美女。吴伟业《圆圆曲》:"恸哭六军俱缟素,冲冠一怒为红颜。"

红羊劫 古人迷信,以为丙午、丁未两年为国家发生灾祸的年份。丙丁为火,色红;未为羊。因称国家的大乱为"红羊劫"。殷尧藩《李节度平房》诗:"太平从此销兵甲,记取红羊换劫年。"

红叶题诗 唐代盛传的良缘巧合故事。唐宣宗时,舍人卢渥偶从御沟中拾到一片红叶,上面题有绝句一首,他就藏在箱子里。后来宣宗放宫女嫁人,卢渥所择恰为题诗人,而当时不知。成婚后,宫女在箱中发现红叶,卢渥方知题诗的就是他的妻子。见范摅《云溪友议》卷十。一说为德宗时贾全虚故事,见王铚《侍儿小名录》。又一说为僖宗时李茵故事,见孙光宪《北梦琐言》卷九。又一说为玄宗时顾况故事,见孟棨《本事诗·情感》。又一说为僖宗时于祐故事,见刘斧《青琐高议·流红记》。

红友 指酒。罗大经《鹤林玉露》卷八:"常州宜兴县黄土村,东坡南迁北归,尝与单秀才步田至其地。地主携酒来饷,曰:'此红友也。'"王世贞《三月三日屋后桃花下小酌红酒》诗:"偶然儿子致红友,聊为桃花飞白波。"

红雨 ❶落在红花上的雨。孟郊《同年春宴》诗:"红雨花上滴,绿烟柳际垂。"❷比喻落花。刘禹锡《百舌吟》:"花柳满空迷处所,摇扬繁英坠红雨。"

红妆 指女子盛妆。古乐府《木兰诗》:"阿姊闻妹来,当户理红妆。"也用以指美女。苏轼《海棠》诗:"只恐夜深花睡去,更烧高烛照红妆。"此以美女比海棠花。

玒 (hóng) 玉名。见《说文·玉部》。

玒 (hóng) "缸"的本字。

讧 (hóng) ❶见"嚽讧"。❷通"宏"。司马相如《难蜀父老》:"必将崇论讧议,创业垂统,为万世规。"

崍 (hóng) 见"嶒崍"。

阂 〔閎〕(hóng) ❶巷门。《左传·成公十七年》:"〔庆克〕与妇人蒙衣乘辇,而入于阂。"❷宏大。《楚辞·九叹·远逝》:"山峻高以无垠兮,遂曾阂而迫身。"王逸注:"曾,重也。阂,大也。"❸中宽貌。《礼记·月令》:"〔季夏之月〕其器圜以阂。"❹姓。西周有阂夭。

阂阂 大貌。《太玄·交》:"大圈阂阂。"也形容声音宏大。石介《虾蟆》诗:"不知钟鼓钦钦,雷霆阂阂。"

阂衍 谓文辞繁富。《汉书·艺文志》:"汉兴,枚乘、司马相如,下及扬子云,竞为侈丽阂衍之词,没其风谕之义。"

阂议 宏大的议论。《史记·司马相如列传》:"必将崇论阂议,创业垂统,为万世规。"按《汉书·司马相如传下》作"讻议",《文选·司马相如〈难蜀父老〉》作"讧议",皆声同通用。

阂中肆外 指文章内容丰富,而文笔豪放能发挥尽致。韩愈《进学解》:"先生之于文,可谓阂其中而肆其外矣。"

灯 (hóng,又读 hōng) ❶火盛。见《玉篇》。❷同"烘"。见《集韵·一东》。

洚 (hóng) 见"洚洚"。

洚洚 迅流。见《集韵·十三耕》。

宏 (hóng) 广博;宏大。如:取精用宏;宏才大略。《考工记·梓人》:"其声大而宏。"

宏达 谓才识宏大通博。班固《西都赋》:"大雅宏达,于兹为群。"亦指事业的宏伟。杜甫《北征》诗:"煌煌太宗业,树立甚宏达。"

宏构 宏伟的建筑。殷文圭《题湖州太学丘光庭博士幽居》诗:"明堂宏构集良材。"也指宏伟的事业或文词篇章。《宋史·乐志八》:"有炜弥文,克隆宏构。"

宏观 同"微观"相对。源出希腊语 makro,意为"大"。后转化为前缀 macro。宏观物体和宏观现象的总称。在社会现象中,常与全局、总体同义。

宏图 宏大的谋略或规划。韩愈《为裴相公让官表》:"启中兴之宏图,当太平之昌历。"亦作"鸿图"。如:大展鸿图。

纮 〔紘〕(hóng) ❶古时冠冕上的系带,由颔下挽上而系于笄的两端。《礼记·杂记下》:"管仲镂簋而朱纮。"❷维系。《淮南子·原道训》:"纮宇宙而章三光。"❸古代编磬成组的绳子。《仪礼·大射》:"簜倚于颂磬西纮。"❹通"宏"。宏大。《淮南子·精神训》:"天地之道,至纮以大。"

泓 (hóng) ❶水深。郭璞《江赋》:"极泓量而海运。"❷古水名。故道约在今河南柘城西北,为古涣水的支流。《春秋》僖公二十二年(公元前638年):"宋公及楚人战于泓,宋师败绩。"

泓宏 形容声音宏亮。《文选·潘

岳〈笙赋〉》：“泓宏融裔。”李善注：“泓宏，声大貌；融裔，声长貌。”

纵〔縱〕(hóng)　❶网。《文选·左思〈吴都赋〉》：“狼跋乎纵中。”吕延济注：“狼跋，狼狈也。兽皆狼狈于网中。”❷同“纮”，见《说文·系部》。

蚕(hóng)　同“虹”。《汉书·天文志》：“抱珥蚕霓。”

荭〔葒〕(hóng)　见“荭草”。

荭草(*Polygonum orientale*)　亦称“红蓼”、“水荭”。蓼科。一年生高大草本，全株有毛。叶大，卵形。夏秋开花，白色或粉红色，穗状花序长而下垂。产于亚洲、澳大利亚；中国广泛栽培。供观赏。果及全草入药。

虹(hóng，又读 jiàng)　❶阳光射入水滴经折射和反射而形成在雨幕或雾幕上的彩色圆弧。常见的有主虹和副虹两种，如同时出现，主虹位于内侧，副虹位于外侧。主虹由阳光射入水滴，经一次反射和两次折射而被分散为各色光线所成。色带排列是外红内紫，常见的视半径约为42°。副虹称为“霓”，由阳光射入水滴经两次折射和两次反射所致。光带色彩不如主虹鲜明。色带排列内红外紫。在雾上出现的虹，一般呈淡白色。月光也能在雾或雨幕上形成淡白色彩弧，称为“月虹”。❷指日（月）光受大气中悬浮小冰晶表面反射而在天空显现出贯穿日（月）轮的淡白色大气光象。包括：(1)日（月）柱——指晨昏时，竖直通过地平线上方日（月）轮的柱状光象；(2)假日（月）环——指横向贯通天空日（月）轮的弧状或环状光象。历代《五行志》中记载的“白虹贯日”现象，即指此两种光象。❸俗称“青白路”或“青冈白冈”。指晨昏时，从地平线附近太阳一侧向天空辐散，并在太阳相对一侧地平线上辐辏的青白相间扇骨形光象。其中白色光条是阳光在地平线附近穿越起伏峰峦或云顶间隙而形成的；青色光条是阳光受阻于地平线附近起伏峰峦或云顶而在背光方向形成的。历代《五行志》中记载的“白虹弥天”现象，即指此种光象。❹桥的代称。陆龟蒙《和袭美咏皋桥》诗：“横截春流架断虹。”❺通“讧”。惑乱。《诗·大雅·抑》：“实虹小子。”

另见 hòng。

鈜〔鈜〕(hóng)　金声。见《广韵·十三耕》。

缸(hóng)　本作“瓨”。古代瓦制的长颈容器。受十升。见《说文·瓦部》。

另见 gāng。

竑(hóng)　量度。《考工记·轮人》：“故竑其辐广，以为之弱。”郑玄注引郑司农云：“竑读如纮綖之纮，谓度之。”弱，今称樺头。

洪(hóng)　❶大水。如：山洪；防洪。❷大。如：洪量；洪炉；洪钟。曹操《步出夏门行》：“秋风萧瑟，洪波涌起。”❸姓。

洪笔　犹言大手笔。郭璞《尔雅序》：“英儒瞻闻之士，洪笔丽藻之客，靡不钦玩耽味，为之义训。”亦作“鸿笔”。《晋书·文苑传序》：“今撰其鸿笔之彦，著之文苑云。”

洪荒　谓混沌、蒙昧的状态。也指远古时代。谢灵运《三月三日侍宴西池》诗：“详观记牒，洪荒莫传。”

洪钧　指天。《文选·张华〈答何劭〉诗》：“洪钧陶万类，大块禀群生。”李善注：“洪钧，大钧，谓天也；大块，谓地也。”

洪濤　水势盛大貌。江淹《水上神女赋》：“硉矹木石，洪濤蛟鼍。”

洪乔　《世说新语·任诞》：“殷洪乔作豫章郡，临去，都下人因附百许函书。既至石头，悉掷水中，因祝曰：‘沈者自沈，浮者自浮，殷洪乔不能作致书邮。’”因称不可信托的寄书人为“洪乔”。马臻《送江西熊履善茂才之金陵》诗：“书来莫附洪乔便，只道经年一字无。”

洪水　大水。《孟子·滕文公下》：“昔者禹抑洪水而天下平。”

洪水猛兽　《孟子·滕文公下》：“昔者禹抑洪水而天下平，周公兼夷狄，驱猛兽而百姓宁。”朱熹注：“盖邪说横流，坏人心术，甚于洪水猛兽之灾。”后常用“洪水猛兽”比喻为害极大的人或事物。

洪陶　犹“大钧”。指天。喻天生万物如陶匠之制器。《抱朴子·任命》：“洪陶范物，大象流形。”

洪洞　同“澒洞”。弥漫无际。王褒《四子讲德论》：“神光耀辉，洪洞朗天。”

洪音　音韵学术语。发音时口腔共鸣空隙较大主元音较后较低的音。宋元等韵学家分韵母为开口、合口两类，每类又分一、二、三、四四等。一二等韵都没有 i[i]介音，主元音也都较后较低，发音时口腔共鸣空隙较

大，故称洪音。自明清等韵学家改开、合各四等为开、齐、合、撮四呼以后，也有人称四呼分别为开口洪音、开口细音、合口洪音、合口细音。

耾(hóng)　见“耾耾”。

耾耾　大声。宋玉《风赋》：“耾耾雷声。”

翃(hóng)　虫飞貌。见《玉篇·羽部》。

釭(hóng)　同“釲”。

浤(hóng)　见“浤浤”。

浤浤　形容波浪汹涌。《文选·木华〈海赋〉》：“崩云屑雨，浤浤汨汨。”刘良注：“浤浤汨汨，腾涌急激貌。”

硱(hóng)　❶山沟。苏轼《庐山二胜》诗：“余流滑无声，快泻双石硱。”❷矿石。张泓《滇南新语·象羊厂》：“火盛硱熔，则础自此出。”

鋐〔鋐〕(hóng)　弩牙。见《玉篇·金部》。多用为人名。唐代有王鋐。

谾(hóng)　❶山谷中的回声。见《说文·谷部》。❷深。《汉书·司马相如传下》：“必将崇论谾议，创业垂统，为万世规。”

魟〔魟〕(hóng)　亦称“鲐鱼”。软骨鱼纲，魟科。一群生活于海底的鱼类。体平扁，呈圆形、斜方形或菱形。尾细长，常呈鞭状，一般具尾刺，有毒，人被刺后剧痛、红肿。牙细小，铺石状排列。背鳍一般消失；尾鳍退化或消失。栖息近海底层，主食无脊椎动物和小鱼。种类颇多，常见的有尖嘴魟（*Dasyatis zugei*）、赤魟（*D. akajei*）、光魟（*D. laevigatus*）、黑斑条尾魟（*Taeniura melanospilos*）等。分布广，中国沿海均产。

鸿〔鴻〕(hóng)　❶鸟纲，鸭科。雁属少数大型种类旧时的泛称。❷通“洪”。大。如：鸿文；鸿图。《史记·夏本纪》：“当帝尧之时，鸿水滔天。”❸强盛。《吕氏春秋·执一》：“五帝以昭，神农以鸿。”高诱注：“鸿，盛也。”

鸿案　案，盛食物的有足木盘。东汉梁鸿妻孟光每食必对鸿举案齐眉。因用为夫妻相敬之辞。参见“举案齐眉”。

鸿裁　指文章的宏伟体制。《文心雕龙·辨骚》：“才高者菀其鸿裁，中巧者猎其艳辞。”

鸿絧 相连貌。扬雄《羽猎赋》："鸿絧緁(捷)猎。"

鸿都 东汉时皇家藏书之所。《后汉书·儒林传上》："自辟雍、东观、兰台、石室、宣明、鸿都诸藏典策文章,竞共剖散。"

鸿飞冥冥 鸿雁飞向远空,比喻远避祸患。《法言·问明》："鸿飞冥冥,弋人何篡焉!"

鸿鹄 鸟名,即鹄。《孟子·告子上》："一心以为有鸿鹄将至。"鸿鹄飞得很高,因常用来比喻志气远大的人。《史记·陈涉世家》："陈涉太息曰:'嗟乎,燕雀安知鸿鹄之志哉!'"

鸿渐 《易·渐》："鸿渐于干。"渐,进;干,水涯。谓鸿雁从水中进到岸上。后用来比喻仕宦的升迁。刘峻《辨命论》："君山鸿渐,铩羽仪于高云。"

鸿均 鸿,大;均,平。谓化淳俗美,天下太平。王褒《四子讲德论》："夫鸿均之世,何物不乐。"

鸿毛泰山 比喻轻重悬殊。详"泰山鸿毛"。

鸿蒙 同"澒蒙"。宇宙形成前的混沌状态。《庄子·在宥》："云将东游,过扶摇之枝,而适遭鸿蒙。"陆德明释文引司马彪云:"自然元气也。"按"鸿蒙"被庄子拟人化;云将,即云之主帅。

鸿儒 犹大儒。《论衡·超奇》:"故能说一经者为儒生,博览古今者为通人,采掇传书以上书奏记者为文人,能精思著文,连结篇章者为鸿儒。"亦泛指渊博的学者。刘禹锡《陋室铭》:"谈笑有鸿儒,往来无白丁。"

鸿洞 同"澒洞"。王褒《洞箫赋》:"风鸿洞而不绝兮,优娆娆以婆娑。"

鸿文 ❶鸿雁群飞时的行列,常像文字的形状,称鸿文。《太玄·文》:"次六,鸿文无范,恣于川。"❷大作。对别人文章的敬称。《论衡·佚文》:"鸿文在国,圣世之验也。"

鸿绪 犹大统,大业。《周书·宣帝纪》:"朕以寡薄,祗承鸿绪。"

鸿雁 《汉书·苏武传》载有大雁传书事,后因以喻书信。

鸿仪 《易·渐》:"鸿渐于陆,其羽可用为仪,吉。"孔颖达疏:"处高而能不以位自累,则其羽可用为物之仪表,可贵可法也。"后用来比喻官位。《隋书·崔廓传》:"谬齿鸿仪,虚班骥皂。"也用作人的风采或别人所赠礼物的敬称。

鸿爪 鸿雁所留的爪印,比喻陈迹。参见"雪泥鸿爪"。

鸻 (hóng) 同"鸿"。

蒌 (hóng) ❶蒌菜,亦称蕹菜,可供食用。因茎中空,又称空心菜。❷同"荭"。《集韵·东韵》:"蒌,水草也,或从红。"

铉 〔鉉〕(hóng) 古器名。见《玉篇·金部》。

洪 (hóng) 见"溃洪"。

鲩 (hóng) 大谷。苏轼《开先漱玉亭》诗:"馀流滑无声,快写双石鲩。"

璁 (hóng) 同"鸿"。《汉书·司马相如传上》:"璁鹔鸨。"颜师古注:"璁,古鸿字。"

鞃 (hóng) 车轼中段人所凭靠的横木,束以革,叫"鞃"。《诗·大雅·韩奕》:"王锡韩侯……鞃鞃浅幭。"毛传:"鞃,轼中也。"

磤 (hóng,又读 qióng) 见"磤磬"。

磤磬 石投下的声音。韩愈《征蜀联句》:"投奇闹磤磬。"

簻 (hóng) 竹制鱼梁。陆龟蒙《寄吴融》诗:"到头江畔从渔事,织作中流万尺簻。"

蕻 (hóng) 蔬菜名,即雪里蕻。《广群芳谱·蔬谱五》:"四明有菜名雪里蕻。雪深诸菜冻损,此菜独青。"

另见 hòng。

霐 (hóng) 幽深貌。《文选·王延寿〈鲁灵光殿赋〉》:"隐阴夏以中处,霐寥窲以峥嵘。"李善注:"霐,幽深之貌也。"

黉 〔黌〕(hóng) 古时学校。《后汉书·仇览传》:"农事既毕,乃令子弟群居,还就黉学。"

黉宇 古时学校的校舍。《后汉书·儒林传序》:"顺帝感翟酺之言,乃更修黉宇。"

彏 (hóng) 见"弸彏"。

hǒng

哄 (hǒng) 逗引;欺骗。如:哄孩子睡着了。《红楼梦》第十二回:"谁来哄你,你不信,就别来。"

另见 hōng,hòng。

唝 〔嗊〕(hǒng) 啰唝曲,词牌名。

另见 gòng。

hòng

讧 〔訌〕(hòng) 争吵;溃败。《诗·大雅·召旻》:"蟊贼内讧。"《新唐书·郭子仪传赞》:"外阻内讧。"

哄 〔鬨、閧〕(hòng) 吵闹;扰乱。如:起哄;一哄而散。

另见 hōng,hǒng。

虹 (hòng) 通"澒"。见"虹洞"。

另见 hóng。

虹洞 同"澒洞"。弥漫无边貌。枚乘《七发》:"秉意乎南山,通望乎东海,虹洞兮苍天,极虑乎崖涘。"《后汉书·马融传》:"天地虹洞,固无端涯。"

澒 〔澒〕(hòng) 见"澒洞"。

另见 gǒng。

澒蒙 亦作"鸿蒙"。指宇宙形成以前的混沌状态。《楚辞·九叹·远游》:"贯澒蒙以东朅兮,维六龙于扶桑。"王逸注:"澒蒙,气也;朅,去也。"《淮南子·精神训》:"古未有天地之时,惟像无形。窈窈冥冥,芒芠漠闵,澒蒙鸿洞,莫知其门。"高诱注:"皆未成形之气也。"

澒溶 ❶形容海水既深又广。左思《吴都赋》:"澒溶沆瀁,莫测其深,莫究其广。"❷犹"混沌"。《论衡·论死》:"鸡卵之未字也,澒溶于毂中。"按"未字"当作"未孚"。

澒洞 亦作"泽洞"、"洪洞"、"鸿洞"。弥漫无际。贾谊《旱云赋》:"运清浊之澒洞兮,正重沓而并起。"杜甫《自京赴奉先县咏怀》:"忧端齐终南,澒洞不可掇。"

鬨 (hòng) 相斗。《孟子·梁惠王下》:"邹与鲁鬨。"赵岐注:"犹构兵而斗也。"

另见 hòng 哄。

蕻 (hòng) ❶菜薹,菜心中抽出的长茎。《广韵·一送》:"蕻,草菜心长。"❷茂盛。见《集韵·一送》。

另见 hóng。

闀 (hòng) 同"哄(鬨)"。

另见 xiàng。

鬩 (hòng) 同"鬨"。《吕氏春秋·慎行》:"崔杼之子相与私鬩。"

hōu

呴（hōu）　象喉头端气声。另见 hǒu，gòu，xǔ。

齁（hōu）❶鼻息声。《聊斋志异·聂小倩》："就枕移时，齁如雷吼。"❷形容食物过咸或过甜以致口如火灼的感觉。如：齁得难受。引申为过甚、非常。如：齁咸；齁苦；天气齁冷。

齁齁　鼾声，熟睡时的鼻息声。柳贯《与用章戴生同度淡竹岭》诗："暮投山馆睡齁齁。"

hóu

侯（hóu）❶箭靶。《小尔雅·广器》："射有张布谓之侯。侯中者谓之鹄；鹄中者谓之正。"参见"射侯"。❷古爵位名。为五等爵的第二等。直至清代仍沿用。《礼记·王制》："王者之制禄爵，公、侯、伯、子、男，凡五等。"❸欧洲的爵位名。查理大帝在位时为具有特别全权的边区长官（古法语 marchis，源于古日耳曼语 mark〔边区〕），相当于藩侯（边地侯）。查理曼帝国分裂后，成为割据一方的大封建领主。王权加强后成为贵族爵衔，即侯爵（英文 marquis），位在公爵与伯爵之间。❹有国者的通称。《诗·大雅·抑》："谨尔侯度。"又《邶风·旄丘序》孔颖达疏："侯为州牧也。"❺古时也用作士大夫之间的尊称，犹言"君"。杜甫《与李十二白同寻范十隐居》诗："李侯有佳句，往往似阴铿。"❻美。《诗·郑风·羔裘》："洵直且侯。"❼乃；于是。《诗·大雅·文王》："上帝既命，侯于周服。"王引之《经传释词》："乃臣服于周也。"❽表疑问，同"何"。《史记·司马相如列传》："君乎，君乎，侯不迈哉?"❾作语助，同"惟"。《诗·小雅·六月》："侯谁在矣?"又同"兮"。《史记·乐书》："高祖过沛诗三侯之章。"司马贞索隐："沛诗有三兮，故云三侯也。"❿姓。战国魏有侯嬴。另见 hòu。

侯门　旧指显贵之家。崔郊《赠去婢》诗："侯门一入深如海，从此萧郎是路人。"按崔郊有婢端丽，后因贫卖入帅府，故作此诗赠之。见尤袤《全唐诗话》卷四。《红楼梦》第十七回："侯门公府，必以贵势压人，我再不去的。"

矦（hóu）　同"侯"。

喉（hóu）　人和陆栖脊椎动物呼吸道上（前）端的特殊分化部分，上通咽，下接气管，兼有通气和发音的功能。成年男性可见有突起于颈前上部的喉结，俗称喉头。喉有软骨支架，并有能作灵活运动的关节和高度分化的肌肉。喉腔中部，有上下两对粘膜皱襞。下一对能在气流冲出时振动发音，称声带或声襞，两带间的矢状裂隙为声门裂；上一对称为假声带或室襞，两者之间的矢状裂隙比较宽大。喉肌能控制声门裂的大小，调节声带的松紧，从而发出各种高低不同的声调。

喉音　❶发音时声带靠紧或靠近造成阻碍的辅音。声带靠紧、破裂而出（也可不破裂）的是喉塞音，如吴语入声韵尾[ʔ]。声带靠近、摩擦而出的是喉擦音，如上海话"好"的声母[h]。❷音韵学上"七音"之一。如"三十六字母"中舌根擦音晓(h)[x]、匣[ɤ]、零声母影[o]、半元音喻[j]四母。

喉（hóu）　同"喉"。

猴（hóu）❶灵长类动物。见"猕猴"。❷像猴子那样伛偻蹲着。如：猴下身去。《红楼梦》第十五回："别学他们猴在马上。"

睺（hóu）　半盲。《方言》第十二："半盲为睺。"

鍭〔鍭〕（hóu）　箭名。《尔雅·释器》："金镞剪羽谓之鍭。"《周礼·夏官·司弓矢》："杀矢、鍭矢，用诸近射田猎。"

瘊（hóu）　即瘊子。参见"疣瘊❶"。

骺（hóu）　人或高等脊椎动物的成长期间，在长骨的两端不规则骨或扁骨的周缘发生的骨块。借软骨（骺软骨）同骨主体连接，其连接处称"骺线"。因骺软骨的持续生长和骨化，骨便不断地增长或扩大。全身各骨的骺软骨依一定的年龄次序先后停止生长并骨化，骺软骨随之逐渐消失，从此长骨不再增长，不规则骨或扁骨不再扩大。在人，骺线消失的年龄，女性比男性早1~2年。临床上常以骺线的出现和消失来推断年龄。

篌（hóu）　见"箜篌"。

糇〔餱〕（hóu）　干粮。《诗·大雅·公刘》："乃裹糇粮。"

猴（hóu）　矢名。《仪礼·既夕礼》："猴矢一乘。"胡培翚正义："《周礼》作鍭。猴、鍭古字通。"参见"鍭"。

鯸（hóu）　见"鯸鲐"。

鯸鲐　即"河豚"。

hǒu

吽（hǒu）　牛鸣。见《玉篇·口部》。引申为怒叫。曾巩《寄王介卿》诗："群儿困不酬，吽嘤聚讥摘。"另见 hōng，óu。

吼（hǒu）　指猛兽的大声叫。如：狮吼。也泛指如吼的发声。如：狂风怒吼；大吼一声。

犼（hǒu）　传说中兽名。《聊斋志异·菱角》："回视其马，化为金毛犼，高丈余，童子超乘而去。"

呴（hǒu）　通"吼"。吼叫。郭璞《江赋》："溢流雷呴而电激。"另见 hōu，gòu，xǔ。

詬（hǒu）　怒吼声。《说文·后部》："詬，厚怒声。"段玉裁注："诸书用呴字，即此字也。"《声类》曰："呴嗥也。'俗作'吼'。"章炳麟《新方言·释言》："后变作吼，今通谓蓄怒为詬，或言詬气。"另见 hòu。

犓（hǒu）❶犊，小牛。《尔雅·释畜》"其子犊"郭璞注："今青州呼犊为犓。"❷牛鸣。见《玉篇·牛部》。

牯（hǒu）　小牛，夔牛子。《文选·郭璞〈江赋〉》："夔牯翘踤于夕阳。"李善注引《尔雅注》曰："牯，夔牛之子也。"夔牛，传说中的野牛。

hòu

后（一）（hòu）❶帝王的正妻。《礼记·曲礼下》："天子之妃曰后。"❷指君主。《书·大禹谟》："后克艰厥后，臣克艰厥臣。"❸指诸侯。《书·舜典》："五载一巡守，群后四朝。"❹姓。汉代有后苍。（二）〔後〕（hòu）❶指方位。与"前"相对。如：后门；村后。《论语·子罕》："瞻之在前，忽焉在后。"❷落在后面。如：义不后人。《论语·先进》："子畏于匡，颜渊后。"❸指时间较迟或较晚。与"先"相对。如：

先来后到;后来居上。《孟子·万章上》:"使先知觉后知,使先觉觉后觉也。"❹后代;子孙。《左传·桓公二年》:"臧孙达其有后于鲁乎!"《孟子·梁惠王上》:"始作俑者,其无后乎!"

后辈 ❶晚辈;年龄较轻、资历较浅的人。孟浩然《陪卢明府泛舟回岘山作》诗:"文章推后辈,风雅激颓波。"❷犹后裔,后代。

后车 随从者所乘的车子。《孟子·滕文公下》:"后车数十乘,从者数百人。"

后尘 行进时后面扬起的尘土。《文选·鲍照〈舞鹤赋〉》:"逸翮后尘,翔鹜先路。"李善注:"言飞之疾,尘起居鹤之后,鹤飞在路之先。"亦用以比喻跟随在他人之后。如:步人后尘。杜甫《戏为六绝句》:"窃攀屈宋宜方驾,恐与齐梁作后尘。"

后雕 亦作"后凋"。比喻坚贞的节操。雕,雕谢。《论语·子罕》:"岁寒然后知松柏之后雕也。"

后发制人 发,发动;制,制服。在斗争中,先让一步,待对方暴露出弱点,自己处于有利的主动地位,再一举战胜对方。参见"先发制人"。

后房 旧指姬妾所居之处。亦用为姬妾的代称。《晋书·石崇传》:"后房百数,皆曳纨绣,珥金翠。"

后宫 或称"后庭"、"内宫"。古时妃嫔所居。《汉书·外戚传下》:"孝成班倢伃,帝初即位选入后宫。"也指妃嫔。《文选·班固〈西都赋〉》:"后宫之号,十有四位。"李善注:"汉兴,因秦之称号,帝正適(嫡)称皇后,妾皆称夫人,号凡十四等云。"

后顾之忧 来自后方的忧患。顾,回头看。《魏书·李冲传》:"委以台司之寄,使我出境无后顾之忧。"

后患 未来的祸害。《三国志·魏志·武帝纪》:"夫刘备,人杰也。今不击,必为后患。"

后稷 ❶古代周族始祖。传说有邰氏之女姜嫄踏巨人脚迹,怀孕而生,因一度被弃,故名弃。善于种植粮食作物,为舜的稷官,主管农事,教民耕种。周族认为他是开始种稷、麦的人。❷官名。西周时设置。掌农事。

后进 ❶犹后辈。亦指学识或资历较浅的人。《后汉书·孔融传》:"喜诱益后进。"❷进步较慢,水平较低的。如:帮助后进者。

后劲 ❶行军时在后面担任警戒

或阻击敌人的精兵。《左传·宣公十二年》:"军行:右辕,左追蓐,前茅虑无,中权,后劲。"杜预注:"中军制谋,后以精兵为殿。"今亦以称后继的力量。❷显露较慢的作用或力量。如:这酒后劲大。

后昆 后嗣;子孙。《书·仲虺之诰》:"垂裕后昆。"白居易《叔孙通定朝仪赋》:"可以发挥我洪德,启迪我后昆。"

后来居上 《史记·汲郑列传》:"陛下用群臣,如积薪耳,后来者居上。"意谓资格浅的新进居资格老的旧臣之上,是不以为然之词。后以"后来居上"称后来的人或事物胜过先前的。纪昀《阅微草堂笔记·滦阳续录六》:"今老矣,久不预少年文酒之会,后来居上,又不知为谁?"

后门 ❶房屋或院子后面的便门。❷过了门禁规定的出入时限,不及进城。《吕氏春秋·长利》:"戎夷违齐如鲁,天大寒而后门。"高诱注:"后门,日夕门已闭也。"❸喻退路,回旋的余地。罗大经《鹤林玉露》卷十六:"今若直前,万一蹉跌,退将安托?要须留后门,则庶几进退有据。"❹比喻通融舞弊的途径。如:杜绝开后门。

后命 续发的命令。对"前命"而言。《左传·僖公九年》:"王(周襄王)使宰孔赐齐侯(桓公)胙……齐侯将下拜,孔曰:'且有后命。'"

后妻 继娶的妻子。刘向《列女传·珠崖二义传》:"二义者,珠崖令之后妻及前妻之女也。"

后起之秀 后辈中的优秀人物。本作"后来之秀"。《世说新语·赏誉》:"范豫州(范宁)谓王荆州(王忱):'卿风流俊望,真后来之秀!'"

后起字 对初文而言。中国文字学上指同一个字的后起写法。合体字居多。如"趾"是"止"的后起字,"冈"、"網"是"网"的后起字。

后身 佛教有"三世"的说法,"后身"谓转世之身,对"前身"而言。李白《答湖州迦叶司马》诗:"湖州司马何须问,金粟如来是后身。"

后生 ❶子孙;后代。《诗·商颂·殷武》:"寿考且宁,以保我后生。"❷青年人;后辈。《论语·子罕》:"后生可畏。"亦指年纪轻。《朱子全书·诸子一》:"他(王通)死时极后生,只得三十余岁。他却火急要做许多事。"

后世 即后代。《易·系辞下》:"上古穴居而野处,后世圣人易之以

宫室。"

后事 ❶后来的事。《晋书·阎缵传》:"前事不忘,后事之戒。"❷身后的事。《三国志·魏志·明帝纪》:"吾疾甚,以后事属君,君其与爽辅少子。"❸指丧事。如:料理后事。

后天 ❶后于天时而行事。《易·乾·文言》:"先天而天弗违,后天而奉天时。"❷讲《易经》的人以黄帝所作之《易》为《后天易》。《丹铅总录》卷十六:"《周礼·春官·太卜》干令升注云:'伏羲之《易》小成,为先天;神农之《易》中成,为中天;黄帝之《易》大成,为后天。'予案邵康节之《易》先天、后天,其源出于此。"❸明天的下一天。

后庭 犹后房、后宫。古指姬妾或妃嫔的住处。《列子·杨朱》:"穆(公孙穆)之后庭,比房数十,皆择稚齿矮婥者以盈之。"矮婥,美好貌。也指妃嫔。《隋书·炀帝纪下》:"帝后庭有子,皆不育之。"

后土 ❶古代称大地为"后土",犹称天为"皇天"。《楚辞·九辩》:"皇天淫溢而秋霖兮,后土何时而得漑?"漑,同"干"。❷土地神;亦指祀土地神的社坛。《礼记·月令》:"其神后土。"又《檀弓上》:"君举而哭于后土。"郑玄注:"后土,社也。"❸古代掌管有关土地事务的官。《左传·昭公二十九年》:"土正曰后土。"杜预注:"土为群物主,故称后也。"

后王 ❶君主。《书·说命中》:"树后王君公。"孔颖达疏:"后王,谓天子也;君公,谓诸侯也。"❷(後王)《荀子·不苟》:"天地始者,今日是也;百王之道,后王是也。"杨倞注:"后王,当今之王。"

后学 谓后辈学生。《后汉书·徐防传》:"宜为章句,以悟后学。"后亦作为对前辈自称的谦词。冯登府《金石综例》卷四:"唐《朝阳岩铭》末题'零邑后学田玉书石'。王氏昶曰:'后学之称,始见于此。'"

后言 背后的非议。《汉书·成帝纪》:"汝无面从,退有后言。"颜师古注:"无得对面则顺从唯唯,退后则有谤讟之言也。"

后叶 犹后世,后代。《晋书·刘波传》:"禹汤有勤之绩,唐虞有在予之诰,用能惠被苍生,流勋后叶。"

后羿 又称夷羿。夏代东夷族首领。原为有穷氏部落首领,名羿。善射。曾推翻夏代统治,夺得太康的君位。因喜狩猎,不理民事,不久被家众杀死。神话传说尧时十日并出,植

物枯死,猛兽大鸟长蛇为害,他射去九日,射杀猛兽大鸟长蛇,为民除害,于是天下太平。

后裔　后代子孙。《书·微子之命》:"德垂后裔。"

后元音　由舌面后部抬起而构成的一类元音。发音时舌头后缩,舌尖向下,舌面后部对着软腭抬起,亦称软腭元音,如u[u]、o[o]、e[ɤ]等。

后主　❶后来的君主。《史记·酷吏列传》:"前主所是,著为律;后主所是,疏为令。"❷历史上称一个王朝或一个国家的末代君主。如蜀汉的刘禅,南朝的陈叔宝,南唐的李煜,都称后主。

郈（hòu）　❶古邑名。春秋鲁叔孙氏邑。在今山东东平东南。《春秋·定公十二年》"叔孙州仇帅师堕郈",即此。❷姓。春秋时鲁有郈昭伯。

苢（hòu）　见"薜苢"。

厚（hòu）　❶物体上下两面的距离大。与"薄"相对。如:天高地厚。又指厚度。《礼记·檀弓上》:"其厚三寸。"❷深;重。如:厚望;厚礼;无可厚非。《左传·宣公二年》:"晋灵公不君,厚敛以雕墙。"❸宽厚,不刻薄。如:为人厚道。❹浓厚;醇厚。枚乘《七发》:"饮食则温淳甘脆,脭醲肥厚。"❺优待;重视。如:厚此薄彼;厚今薄古。

厚貌深情　外貌忠厚而心思深藏难测。《庄子·列御寇》:"凡人心险于山川,难于知天。天犹有春秋冬夏旦暮之期,人者厚貌深情。"

厚生　充裕人民的生活。《书·大禹谟》:"正德、利用、厚生、惟和。"孔颖达疏:"厚生,谓薄征徭、轻赋税、不夺农时,令民生计温厚,衣食丰足。"

厚诬　深加欺骗。《左传·成公三年》:"吾小人,不可以厚诬君子。"颜真卿《孙文公集序》:"不亦伤于厚诬。"

厚颜　脸皮厚,不知羞耻。如:厚颜无耻。孔稚珪《北山移文》:"岂可使芳杜厚颜,薜荔无耻?"

厚载　语出《易·坤》"坤厚载物"。谓地厚而能载物。《后汉书·皇后纪赞》:"坤惟厚载,阴正乎内。"

听（hòu）　通"诟"。耻辱。《大戴礼记·武王践阼》:"皇皇惟敬,口生听。"注:"听,耻也。"

另见 hǒu。

侯（hòu）　见"闽侯"。

另见 hóu。

屋（hòu）　"厚"的古字。

逅（hòu,旧读 gòu）　见"邂逅"。

逅（hòu）　古"后(後)"字。

候（hòu）　❶五天为一候。《素问·六节藏象论》:"五日谓之候,三候谓之气,六气谓之时,四时谓之岁。"我国古代按"候应"将一年分为七十二候。《逸周书·时训解》内已列有候应。现今我国气候统计规定阳历每月1日起算,5天算1候,但每月自26日至月底也算一候,1年仍72候。❷等待;等候。如:候诊;候车。《庄子·逍遥游》:"卑身而伏,以候敖者。"❸伺望;侦察。《吕氏春秋·壅塞》:"宋王使人候齐寇之所至。"也指侦察敌情的士兵。《荀子·富国》:"其候徼支缭。"亦指边境伺望斥候的设置。《汉书·扬雄传下》:"东南一尉,西北一候。"❹古时送迎宾客的官。《左传·襄公二十一年》:"使候出诸辕辕。"❺问好;问候。如:敬候起居。《汉书·张禹传》:"上临候禹。"❻占验。《列子·周穆王》:"觉有八征,梦有六候。"❼随时变化的情状;征候。如:火候;症候。李格非《洛阳名园记·吕文穆园》:"园圃之废兴,洛阳盛衰之候也。"❽时刻。冯延巳《采桑子》词:"寒蝉欲报三秋候。"

候补　❶在正式编额之外等候递补。如:候补委员。❷清制,没有补授实缺的官员在吏部候选后,吏部再汇列呈请分发的官员名单,根据职位、资格、班次,每月抽签一次,分发到某一部或某一省,听候委用,称为候补。但也可以出钱免予采取抽签方式,自由指定到某处候补,称为指省或指分。

候虫　随季节而生或发鸣声的昆虫,如夏天的蝉,秋天的蟋蟀等。柳宗元《酬娄秀才月夜病中见寄》诗:"壁空残月曙,门掩候虫秋。"按此指蟋蟀。

候馆　接待宾客、旅人的馆舍。《周礼·地官·遗人》:"五十里有市,市有候馆。"

候人　周代整治道路及迎送宾客的小官。《周礼·夏官·候人》:"各掌其方之道治与其禁令,以设候人。"《国语·周语中》:"敌国宾至,关尹以告,行理以节逆之,候人为

导。"韦昭注:"导宾至于朝,出送之于境也。"

候伺　窥探;侦察。《史记·魏其武安侯列传》:"平明,令门下候伺。至日中,丞相不来。"

郈（hòu）　古地名。在今河南武陟西南。《左传·成公十一年》:"晋郈至与其争郈田。"

堠（hòu）　❶古代探望敌情的土堡。参见"斥候"。❷古代记里程的土堆。五里只堠,十里双堠。韩愈《路傍堠》诗:"堆堆路傍堠,一双复一只。"

堠程　路程;里程。王逢《乙丑秋书》诗:"静知天运密,老与堠程疏。"

堠鼓　古时守望边境时用以报警的鼓。洪希文《闻清漳近信》诗:"堠鼓日夜鸣。"

猴（hòu）　猪叫。韩愈《祭河南张员外文》:"钩登大鲔,怒颊豕猴。"

鲎〔鱟〕（hòu）　❶中国鲎,节肢动物名。❷吴方言称虹为"鲎"。《农政全书·占候》:"俗呼曰鲎。谚云:'东鲎晴,西鲎雨。'谚云:'对日鲎,不到昼。'主雨,言西鲎也。若鲎下便雨,还主晴。"

鲉〔鮜〕（hòu）　鱼名。见《玉篇·鱼部》。

hū

乎（hū）　❶表疑问或反诘的语气。《论语·八佾》:"管仲俭乎?"《孟子·滕文公上》:"三过其门而不入,虽欲耕,得乎?"❷表感叹语气。《孟子·滕文公下》:"知我者,其惟《春秋》乎!"❸犹"于"。如:出乎意外。《楚辞·九章·涉江》:"吾又何怨乎今之人。"❹通"呼"。呼唤;召唤。《两周金文辞图录大系·颂鼎》:"王乎史虢生册令颂。"❺作形容词或副词词尾。如:几乎;确乎。《论语·八佾》:"郁郁乎文哉!"

戏〔戲、戲〕（hū）　通"呼"。见"於戏"。

另见 huī,xī,xì。

芴（hū）　通"忽"。《荀子·正名》:"愚者之言,芴然而粗。"杨倞注:"芴与忽同。忽然,无根本貌。"

另见 wù。

芴芒　恍恍惚惚,形容不可辨认或不可捉摸。《鹖冠子·世兵》:"浑沌错纷,其状若一,交解形状,孰知其则,芴芒无貌,唯圣人而后决其意。"

抚〔撫〕(hū)　通"帡"。盖。《荀子·宥坐》:"勇力抚世。"
另见 fǔ。

帡〔幠〕(hū)　❶覆盖;蒙。《仪礼·士丧礼》:"士丧礼:死于适室,帡用敛衾。"适室,正寝之室。❷大。《诗·小雅·巧言》:"乱如此帡。"❸急慢。《礼记·投壶》:"毋帡毋傲。"

召(hū)　同"智(昒)"。见《说文·日部》。
另见 wěn。

评〔評〕(hū)　召呼。《说文·言部》:"评,召也。"段玉裁注:"《口部》曰:'召,评也。'后人以呼代之,呼行而评废矣。"按呼本为呼吸的呼。

昒(hū)　❶天将明而未明之时。见"昒昕"、"昒爽"。❷通"智"。迅疾。见"昒霍"。

昒霍　亦作"智霍"。迅疾貌。《文选·扬雄〈甘泉赋〉》:"翕赫昒霍,雾集而蒙合兮。"李善注:"昒霍,疾貌。"一说,开合貌。见《汉书·扬雄传上》颜师古注。

昒爽　犹昧爽,黎明。亦作"智爽"。《汉书·郊祀志上》:"十一月辛巳朔旦冬至,昒爽,天子始郊拜太一。"颜师古注:"昒爽,谓日尚冥,盖未明之时也。"太一,天神名。

昒昕　黎明,拂晓。班固《幽通赋》:"昒昕寤而仰思兮,心蒙蒙犹未察。"蔡邕《青衣赋》:"昒昕将曙,鸡鸣相催。"

呼㊀(hū)　❶吐气。如:呼吸;呼气。❷呼唤,招呼。《史记·陈涉世家》:"遮道而呼涉。"杜甫《客至》诗:"肯与邻翁相对饮,隔篱呼取尽馀杯。"❸称道;称举。《荀子·儒效》:"呼先王以欺愚者而求衣食焉。"❹称呼。《聊斋志异·胡四相公》:"弟姓胡氏,于行为四;曰相公,从人所呼也。"❺姓。南宋时有呼庆。
㊁〔嘑、謼、虖〕(hū)　大声叫号。《诗·大雅·荡》:"式号式呼。"《汉书·息夫躬传》:"躬仰天大呼。"
㊂〔虖、嘑〕(hū)　见"呜呼"。
另见 hè、xū。

呼告　修辞学上辞格之一。表达上撇开了对话的听读者,而突然直呼所说的人或物来说话,即为呼告。如:"东方半明大星没,独有太白配残月。嗟尔残月勿相疑,同光共影须臾期!残月辉辉,太白眽眽,鸡三号,更五点。"(韩愈《东方半明》诗)其中

"嗟尔残月"句即是将月比拟作人来呼告。抒情急剧时常运用呼告这种修辞手法。

呼卢喝雉　卢、雉,古时赌具上的两种彩色。后因称赌博为"呼卢喝雉"。瞿佑《骰子》诗:"却忆咸阳客舍里,呼卢喝雉烛花底。"参见"樗蒲"。

呼牛呼马　《庄子·天道》:"昔者子呼我牛也,而谓之牛;呼我马也,而谓之马。"谓他人不了解我,任意加我以称谓,我随声相应,并不分辩。比喻毁誉随人,不加计较。

呼朋引类　招引同类的人。多用于贬义。张岱《陶庵梦忆·扬州清明》:"博徒持小杌坐空地……呼朋引类,以钱掷地,谓之跌成。"

呼天抢地　亦作"抢地呼天"。痛哭貌,形容极度悲伤。《儒林外史》第十七回:"匡超人呼天抢地,一面安排装殓。"参见"抢地"。

呼吸　❶呼唤;召引。李白《登广武古战场怀古》诗:"呼吸八千人,横行起江东。"❷形容迅疾或气盛。《文选·郭璞〈江赋〉》:"呼吸万里,吐纳灵潮。"李善注:"呼吸万里,言其疾也。"李白《经乱离后流夜郎书怀江夏韦太守》诗:"呼吸走百川,燕然可摧倾。"❸一息之间;俄顷。《晋书·郗鉴传》:"决胜负于一朝,定成败于呼吸。"

呼啸　发出尖锐而曼长的声音;高呼长啸。

呼幺喝六　幺,亦作"么"。❶幺、六,骰子的点子,掷骰时高声呼喊之以求胜,因谓赌博为"呼幺喝六"。《水浒全传》第一百〇四回:"那些掷色的,在那里呼幺喝六,撅钱的在那里唤字叫背。"参见"呼卢喝雉"。❷高声呵叱。无名氏《气英布》第三折:"村棒棒呼幺喝六。"

呼应　一呼一应,彼此声气相通。又特指文章内容和结构上的前后照应。如:首尾呼应,章法谨严。

呼语　说话人所呼唤的人或事物的名称。如"同志,您好!"中的"同志"。呼语的位置比较灵活,可以在句首、句中或句末。

呼吁　大声呼喊,请求援助或主持公道。徐陵《檄周文》:"吁天呼地,望仁哀救。"《明史·蔡时鼎传》:"陛下深居宫闱,臣民呼吁莫闻。"

呼之欲出　苏轼《郭忠恕画赞》:"恕先在焉,呼之或出。"后以"呼之欲出"形容画像栩栩如生。也泛指文艺作品描写刻画人物生动逼真。

昌(hū)　人名。西周中期青铜器昌鼎的作器者名昌。

昌鼎　西周中期青铜器。作器者名昌。"昌"或释为"智",亦称"智鼎"。原器已佚,今存铭文拓本,可辨者三百七十九字。铭文共三段:第一段记载周王的策命;第二段记载昌拟用一匹马一束丝与人交换五个夫(奴隶),后改用"金百寽"引起诉讼和诉讼得胜的经过;第三段记载匡季抢劫了昌的十秭禾引起诉讼,结果除偿还十秭禾外,又罚以"田七田、人五夫"了事。为研究西周社会历史的重要史料。

朊〔膴〕(hū)　古代祭祀用的大块鱼、肉。《周礼·天官·内饔》:"凡掌共(供)羞、脩、刑(铏)、朊、胖、骨、鱐,以待共(供)膳。"郑玄注:"朊,膗肉大脔,所以祭者。"《仪礼·有司彻》:"皆加朊,祭于其上。"郑玄注:"朊……剥鱼时,割其腹,以为大脔也,可用祭也。"
另见 wǔ。

智(hū)　❶同"昒"。见"昒霍"。❷忽视;轻视。《汉书·扬雄传赞》:"用心于内,不求于外,于时人皆智之。"

忽(hū)　❶不注意;不重视。如:忽略;忽视。《书·周官》:"蓄疑败谋,怠忽荒政。"《后汉书·崔骃传》:"公爱班固而忽崔骃。"❷倏忽;突然。《左传·庄公十一年》:"其亡也忽焉。"白居易《琵琶行》:"忽闻水上琵琶声,主人忘归客不发。"❸迅速。欧阳修《寄内》诗:"但知贫贱安,不觉岁月忽。"❹灭。《诗·大雅·皇矣》:"是绝是忽。"毛传:"忽,灭也。"❺古代极小的长度单位名。《孙子算经》卷上:"度之所起,起于忽。欲知其忽,蚕吐丝为忽。十忽为一丝,十丝为一毫,十毫为一厘,十厘为一分。"

忽忽　❶形容时间过得很快。《离骚》:"日忽忽其将暮。"❷失意貌;心中空虚恍惚。司马迁《报任少卿书》:"居则忽忽若有所亡。"庾信《枯树赋》:"常忽忽不乐。"❸飘忽不定貌。司马相如《子虚赋》:"眇眇忽忽,若神仙之仿佛。"❹犹草率。《说苑·谈丛》:"忽忽之谋,不可为也。"

忽荒　同"忽恍"。《文选·贾谊〈鵩鸟赋〉》:"寥廓忽荒兮,与道翱翔。"李善注:"寥廓忽荒,元气未分之貌。"

忽恍　犹言恍惚。不分明貌。《老子》:"是谓无状之状,无物之象,是

谓忽恍。"亦作"惚恍"、"忽荒"。

忽略 疏忽;不留心。《诗·大雅·抑》"听我藐藐,匪用为教"郑玄笺:"王听聆之,藐藐然忽略,不用我所言为政令。"

忽微 忽和微,都是古代极小的度量单位名。谓极微小之数。《汉书·律历志上》:"其和应之律,有空积忽微。"颜师古注引孟康曰:"空积,若郑氏分一寸为数千。"王先谦补注引李光地曰:"忽微为空积者,自毫丝以下,非目力所分,虚积其算。"

烀(hū) 放少量的水,紧盖锅盖,半蒸半煮,把食物烧熟。如:烀白薯。

莑(hū) 快速。《石鼓文》:"莑敕圆如。"

匫(hū) 《说文·匚部》:"匫,古器也,从匚智声。"西周铜器有"曶鼎",或称"智鼎"。曶是人名,非器名。

虖(hū) 通"乎"。《汉书·汲黯传》:"宁令从谀承意,陷主于不义虖?"
另见 hū 呼㊁㊂。

虖池 古水名。即今滹沱河。《周礼·职方》:"正北曰并州,其川虖池。"

唿(hū) 见"唿哨"。

唿哨 同"胡哨"。口哨。《水浒传》第十八回:"等候唿哨响为号。"亦作"忽哨"。《儒林外史》第三十四回:"齐声打了一个忽哨。"

滹(hū) 水名。见《集韵·十一模》。
另见 biāo。

㳧(hū) ❶见"㳧浃"。❷吴方言谓洗澡为"㳧浴"。

㳧浃 水流急速貌。《文选·郭璞〈江赋〉》:"滭湱㳧浃。"李善注:"皆水流漂疾之貌。"

惚(hū) 见"恍惚"、"惚恍"。

惚恍 同"忽恍"。迷糊隐约,分辨不清。《文选·潘岳〈西征赋〉》:"古往今来,邈矣悠哉,寥廓惚恍,化一气而甄三才。"李善注:"寥廓惚恍,未分之貌也。"

䋖(hū) 紧缚。《广韵·十一没》:"䋖,急擭也。"
另见 gē。

膴(hū) 吴方言。从入睡到醒来为一膴。

嘑(hū) 同"呼(嘑)"。大声号叫。

嘑(hū) 同"滹"。见"嘑沱"。
另见 hū 呼㊀㊂、hù。

嘑沱 河名,即"滹沱河"。《史记·苏秦列传》:"南有嘑沱、易水。"

滹(hū) ❶水名。见"滹沱河"。❷姓。汉代有滹毒泥。

滹沱河 子牙河北源。在河北省西部。源出山西省五台山东北泰戏山,穿割太行山东流入河北平原,在献县县城附近和滏阳河汇合为子牙河。长587公里,流域面积2.73万平方公里。上游建有岗南、黄壁庄等水库。

寣(hū) 吴语称睡一觉为一寣。《广雅·释诂》:"寣,觉也。"朱骏声《说文通训定声·履部》:"苏俗语略略睡曰困一寣。"

糊(hū,读音hú) ❶涂附;粘合。如:裱糊;糊窗纸;糊风筝。鲍照《芜城赋》:"糊赪壤以飞文。"❷封闭。如:糊缝子;糊窟窿。
另见 hú,hù。

hú

扢(hú,又读gǔ、jué) ❶本作"搰"。掘。《荀子·尧问》:"深扢之,而得甘泉焉。"❷通"淈"。搅浑。引申为乱。《吕氏春秋·本生》:"人之性寿,物者扢之,故不得寿。"高诱注:"扢,乱也,乱之使夭折也。"

囫(hú) 见"囫囵"。

囫囵 亦作"浑沦"、"鹘沦"。本谓浑然一体不可剖析,一般用来形容整个儿的东西。《朱子语类·论语十六》:"道理也是一个有条理底物事,不是囫囵一物,如老庄所谓恍惚者。"李实《蜀语》:"浑全曰囫囵。"参见"囫囵吞枣"。

囫囵吞枣 亦作"浑沦吞枣"。把整个儿枣子吞咽下去,不加咀嚼,不辨滋味。多比喻在学习上食而不化,不加分析。《朱子语类》卷一百二十四:"今学者有几个理会得章句? 也只是浑沦吞枣。"

汩(hú) 涌出的泉水。《庄子·达生》:"与汩偕出。"郭象注:"回伏而涌出者汩也。"
另见 gǔ,yù。

和〔咊、龢〕(hú) 打麻将和斗纸牌时某一家的牌合乎规定的要求,得胜。
另见 hé,hè,huó,huò。

狐(hú) ❶动物名。学名 *Vulpes vulpes*。亦称"草狐"、"赤狐"、"红狐",通称"狐狸"。哺乳纲,食肉目,犬科。体长约70厘米,尾长约45厘米。毛色变化很大,一般呈赤褐、黄褐、灰褐色;耳背上部及四肢前外侧均黑色,尾尖白色。尾基部有一小孔,能分泌恶臭。栖息森林、草原、半沙漠、丘陵地带,居树洞或土穴中,主食鼠类,兼食两栖类、爬行类、昆虫、小鸟及其他小兽和野果等。平时单独生活,生殖期结成小群。中国除台湾及海南外,各地都有;亦分布于日本、朝鲜半岛、蒙古、俄罗斯、东欧、西欧、北非、中东、南亚等地。毛皮珍贵。❷姓。春秋时有狐偃。

狐假虎威 《国策·楚策一》:"虎求百兽而食之,得狐。狐曰:'子无敢食我也。天帝使我长百兽,今子食我,是逆天帝命也。子以我为不信,吾为子先行,子随我后,观百兽之见我而敢不走乎!'虎以为然,故遂与之行,兽见之皆走。虎不知兽畏己而走也,以为畏狐也。"庾信《哀江南赋》:"或以隼翼鹯披,虎威狐假。"后以"狐假虎威"比喻借别人的威势欺压人。《警世通言·赵春儿重旺曹家庄》:"居中的人还要扣些谢礼,他把中人就自看做一半债主,狐假虎威,需索不休。"

狐埋狐搰 《国语·吴语》:"狐埋之而狐搰之,是以无成功。"韦昭注:"埋,藏也;搰,发也。"谓狐性多疑,才埋藏一物,又掘出来看看。比喻人疑虑太多,不能成事。

狐媚 俗传狐善以媚态惑人,因称用阴柔的手段迷惑人为"狐媚"。骆宾王《代李敬业讨武氏檄》:"掩袖工谗,狐媚偏能惑主。"

狐凭鼠伏 像狐鼠一样凭借掩体潜伏着。凭,依据。《广东军务记·三元里平夷录》:"逆夷各狐凭鼠伏,潜避两炮台中,不敢出入。"

狐仙 亦名"狐狸精"。中国古代神话中的精怪。相传狐狸能修炼成精,化为人形,神通广大,如加触犯,必受其害。民间尊之为"大仙"。《朝野金载》:"唐初以来,百姓多事狐神,房中祭祀以乞恩,食饮与人同之。"清代各官署中为防官印被盗,常以"守印大仙"之位,供奉狐仙。

狐疑 犹豫不决。《离骚》:"欲从灵氛之吉占兮,心犹豫而狐疑。"《汉书·文帝纪》:"方大臣诛诸吕迎朕,朕狐疑。"颜师古注:"狐之为兽,其性多疑,每渡冰河,且听且渡;故言疑

者,而称狐疑。"

弧 (hú)下 ❶木弓。《易·系辞下》:"弦木为弧。"❷张旗的竹弓。《礼记·明堂位》:"载弧韣。"孙希旦集解:"弧以竹为之,其形象弓,以张旌旗之幅。"❸违戾。《楚辞·七谏·谬谏》:"正法弧而不公。"王逸注:"故君之正法胶戾不用,众皆背公而颇(向)私也。"❹古星名。见"弧矢❷"。❺数学名词。圆周的任意一段。如:弧形、弧线。

另见 wū。

弧矢 ❶弓和箭。《易·系辞下》:"弦木为弧,剡木为矢。弧矢之利,以威天下。"❷星官名。又名"天弓",简称"弧"。属井宿,共九星,在天狼星东南,八星如弓形,外一星像矢,在大犬、船尾两星座内。《宋史·天文志》:"弧矢九星在狼星东南,弓也。"按《史记·天官书》以狼下四星为"弧"。张守节正义:"弧九星,在狼东南,天之弓也。以伐叛怀远,又主备贼盗之知奸邪者。"后以"弧矢"比喻战乱。杜甫《草堂》诗:"弧矢暗江海,难为游五湖。"

胡 〔鬍〕(hú) ❶胡须。如:长胡;络腮胡。❷同"胡〇❶"。《史记·封禅书》:"有龙垂胡髯下迎黄帝。"《风俗通义》卷二引《封禅书》"胡"作"鬍"。

〇(hú) ❶兽颔下下垂的肉。《诗·豳风·狼跋》:"狼跋其胡。"《汉书·郊祀志》:"有龙垂胡䫇。"颜师古注:"胡,谓颈下垂肉也。"引申为器物上下垂如胡的部分。《考工记·冶氏》:"戈广二寸,内倍之,胡三之,援四之。"孙诒让正义:"胡之言喉也。援曲而有胡,如人之喉在首下,曲而下垂然。"参见"援❺"。❷通"遐"。远;大。《仪礼·士冠礼》:"永受胡福。"郑玄注:"胡,犹遐也,远也。"❸老,长寿。见"胡考"、"胡耇"。❹黑。李商隐《骄儿》诗:"或谑张飞胡,或笑邓艾吃。"❺何。《诗·邶风·式微》:"胡不归?"❻任意。如:胡言;胡思乱想。❼见"胡卢"。❽中国古代对北方和西方各族的泛称。如称匈奴为"胡",其东之乌桓、鲜卑先世为"东胡",西域各族为"西胡"。《史记·赵世家》:"吾欲胡服。"《洛阳伽蓝记·城南》:"狮子者,波斯国胡王所献也。"来自这些民族的东西也常冠"胡"字,如:胡琴;胡桃;胡椒。❾古国名。归姓。在今安徽阜阳。公元前495年灭于楚。战国时为楚邑,又称宗胡。❿

姓。

〇〔衚〕(hú) 见"胡同"。

胡床 亦称"交床"、"交椅"、"绳床"。一种可以折叠的轻便坐具。《太平御览》卷七百六引《风俗通》:"灵帝好胡床。"《世说新语·自新》:"渊(戴渊)在岸上,据胡床指麾左右,皆得其宜。"《演繁露》卷十四:"今之交床,制本自虏来,始名胡床,桓伊下马据胡床取笛三弄是也。隋以谶有胡,改名交床。"陶榖《清异录·陈设门》:"胡床施转关以交足,穿便绦以容坐,转缩须臾,重不数斤。"

胡服骑射 战国时赵武灵王采取西北方游牧和半游牧人民的服饰,学习其骑射,史称胡服骑射。其服上褶下袴,有貂、蝉为饰的武冠,金钩为饰的具带,足上穿靴,便于骑射。

胡耇 老人。《左传·僖公二十二年》:"虽及胡耇,获则取之。"杜预注:"胡耇,元老之称。"孔颖达疏:"《谥法》:'保民者艾曰胡。'胡是老之称也。《释诂》云:'耇,寿也。'"按"胡"与"遐"音近义通,有久远之意。杜注"元老",意为大老,《释名·释长幼》谓九十岁称"胡耇"。

胡姬 汉唐时期对于非汉族妇女的称呼。大致分为三种类型:(1)北方游牧民族中的妇女;(2)专门从事舞乐,往往为统治阶层服务的伊朗系妇女;(3)以卖酒为主要职业的伊朗系妇女。唐代"胡姬"多指第三种。李白《送裴十八图南归嵩山》诗:"胡姬招素手,延客醉金樽。"

胡考 寿考。《诗·周颂·载芟》:"胡考之宁。"毛传:"胡,寿也;考,成也。"又《丝衣》:"胡考之休。"参见"胡耇"。

胡卢 笑声。《孔丛子·抗志》:"卫君乃胡卢大笑。"参见"卢胡"。

胡哨 亦作"唿哨"。用手指放在嘴里吹出的高尖音,多用作共同行动或招集伙伴的信号。《水浒传》第四十二回:"众猎户打起胡哨来,一霎时聚起三五十人。"

胡绳 香草名。《离骚》:"矫菌桂以纫蕙兮,索胡绳之纚纚。"王逸注:"胡绳,香草也。"

胡食 唐时称饼饠、烧饼、胡饼等为胡食,自西域传入。见慧琳《一切经音义》卷三十七。

胡同 元人称街巷为胡同,后北方用为巷道的通称。《正字通·行部》"衚":"衚衕,街也。今京师巷道名衚衕。或省作胡同。"

胡越 ❶胡在北,越在南,比喻关

系疏远。《淮南子·俶真训》:"六合之内,一举而千万里。是故自其异者视之,肝胆胡越。"高诱注:"肝胆喻近,胡越喻远。"❷古时中原胡越常有战祸,故以比喻祸患。《史记·司马相如列传》:"是胡越起于毂下,而羌夷接轸也,岂不殆哉!"

壶 〔壺〕(hú) ❶古器名。深腹,敛口,用以盛酒浆或粮食。新石器时代已有陶壶。商周时代青铜壶往往有盖,多为圆形,也有方形或椭圆形的。到汉代,方形的叫"钫",圆形的叫"鍾"。后为盛液体的敛口深腹器的通称。如:茶壶;酒壶。也指某些固体物质的容器。如:冰壶;鼻烟壶。❷通"瓠"。瓠瓜。《诗·豳风·七月》:"八月断壶。"特指盛药的葫芦。参见"悬壶"。❸古代投矢所用的器具。参见"投壶"。❹姓。汉代有壶遂。

壶中物 酒。张祜《题上饶亭》诗:"唯是壶中物,忧来且自斟。"

瓠 (hú) 通"壶"。《汉书·贾谊传》:"斡弃周鼎,宝康瓠兮。"

另见 hù,huò。

斛 (hú) ❶量器名,亦容量单位。古代以十斗为一斛,南宋末年改为五斗。❷姓。北齐有斛子慎。

葫 (hú) ❶蔬菜名。即大蒜。《本草纲目·菜部一》引陶弘景曰:"今人谓葫为大蒜,蒜为小蒜,以其气类相似也。"❷见"葫芦"。

葫芦(Lagenaria siceraria) 别称"蒲芦"。葫芦科。一年生攀缘草本,具软毛,卷须分枝。叶互生,心脏状卵圆形至肾状卵圆形。夏秋开花,花单性,白色,雌雄同株。原产印度;中国各地都有栽培。果实因品种不同而形状多样,有作药用和食用的,有作盛器或水瓢的。果壳入药,性平、味甘,功能利水消肿,主治水肿腹胀等症。

葫芦提 亦作"葫芦蹄"、"葫芦题"。犹言糊涂。宋元时口语,元曲中常用。关汉卿《窦娥冤》第三折:"念窦娥葫芦提当罪愆,念窦娥身首不完全。"

搰 (hú) 发掘;挖出。《国语·吴语》:"狐埋之而狐搰之。"

另见 gǔ。

唿 (hú) 见"唷唿"。

鹄 〔鵠〕(hú) 即"天鹅"。

另见 gǔ。

鹄发　犹"鹤发"。白发。《后汉书·宣张二王杜郭吴承郑赵传赞》："大仪鹄发,见表宪王。"李贤注:"鹄发,白发。"大仪,吴良字。

鹄立　谓如鹄之延颈而立。《后汉书·袁谭传》："今整勒士马,瞻望鹄立。"

鹄望　如鹄那样伫立切盼。成公绥《螳螂赋》："戢翼鹰峙,延颈鹄望。"

鮡〔鮡〕(hú)　鱼名。即鲥鱼。又名"当鮡"。

猢(hú)　见"猢狲"。

猢狲　猴子的别称。《红楼梦》第十三回:"若应了那句'树倒猢狲散'的俗语,岂不虚称了一世的诗书旧族了!"

湖(hú)　积水的大泊。如:太湖;洞庭湖。《周礼·夏官·职方氏》："其川三江,其浸五湖。"

湖笔　浙江湖州出产的毛笔。《嘉庆一统志·湖州府土产》引《湖州府旧志》："元时冯应科、陆文宝善制笔,其乡习而精之,故湖笔名于世。"

瑚(hú)　❶古代盛黍稷的礼器。见"瑚琏"。❷见"珊瑚"。

瑚琏　古代宗庙中盛黍稷的礼器。用以比喻人有立朝执政的才能。《论语·公冶长》："子贡问曰:'赐也何如?'子曰:'女,器也。'曰:'何器也?'曰:'瑚琏也。'"苏轼《送程之邵金判赴阙》诗："念君瑚琏质,当今台阁宜。"

摢(hú)　手推;胁持。《说文·手部》："摢,手推之也。"朱骏声通训定声:"《广雅·释言》:'摢,拁也。'则谓胁持之。"

煳(hú)　同"糊㊀❶"。

薢(hú)　植物名。即"石斛"。

鹕〔鶘〕(hú)　见"鹈鹕"。

鹜〔鶩〕(hú)　见"鹈鹜"。

喖(hú)　英美容量单位的旧译名。即"蒲式耳"(bushel)。

鹘〔鶻〕(hú)　❶鸟纲,隼科;隼属动物部分种类的旧称。如称游隼为"鹘";称燕隼为"土鹘"。杜甫《画鹘行》："高堂见生鹘,飒爽动秋骨。"❷见"鹘突"。

另见 gǔ。

鹘仑吞枣　同"囫囵吞枣"。比喻学习时不加分析地笼统接受。朱熹《与许顺之书》："今动不动便先说个本末精粗无二致,正是鹘仑吞枣。"

鹘沦　犹"囫囵"。《朱子全书·易一》："他这物事虽大,然无间断,只是鹘沦一个大底物事。"

鹘突　❶犹糊涂。宋人语录中常用之。《朱子全书·论语四》："他这处直是见得如此分明,到得闻其正名处却鹘突。"❷亦作"餶饳",即馄饨。《通雅·饮食》："馉饳,本浑沌之转,近时又名鹘突。"

鼿(hú)　"簠"字金文一作"匲",此其简体。近代出土周器有"鼿钟",说者以为厉王胡所作。按"簠"古读如"瑚",此字当亦音胡。

槲(hú)　植物名。学名 *Quercus dentata*。壳斗科。落叶乔木,高可达 25 米。小枝粗。叶互生,倒卵形,长 10~20 厘米,每边有 4~9 个波状缺齿,下面密生星状毛。初夏开花,单性同株。坚果圆卵形,壳斗外被红褐色、柔软、披针形的苞片。分布于中国长江中下游各地至东北南部。最喜光,耐干燥瘠薄。木材坚实,供建筑、枕木、器具等用材。朽木可培养香菇。壳斗及树皮可提栲胶,叶可饲柞蚕,坚果脱涩后可供食用。

蝴(hú)　见"蝴蝶"。

蝴蝶　昆虫纲,鳞翅目,锤角亚目昆虫的通称。详"蝶"。

糊㊀〔餬、粘〕(hú)　❶稠粥。《尔雅·释言》："糊,饘也。"参见"糊口❶"。❷寄食。见《方言》第二及《说文·食部》。参见"糊口❷"。

㊁(hú)　❶亦作"煳"。烧焦。如:饭糊了;馒头烤糊了。❷见"糊涂"、"模糊"。

另见 hū,hù。

糊口　❶本是吃粥的意思。谓生活艰难,勉强度日。《商君书·农战》："商贾之可以富家也,技艺之足以糊口也。"❷寄食。《左传·隐公十一年》："寡人有弟,不能和协,而使糊其口于四方。"

糊涂　❶头脑不清楚,不明事理。《宋史·吕端传》："或曰:'端为人糊涂。'太宗曰:'端小事糊涂,大事不糊涂。'"亦作"糊突"、"胡突"。白朴《墙头马上》第四折："可怎生做事糊突?"无名氏《冤家债主》第三折:"阎神也有向顺,土地也不胡突。"❷模糊

不清。《京本通俗小说·拗相公》："(荆公)将鸟底向土墙上抹得字迹糊涂,方才罢手。"

縠(hú)　绉纱一类的丝织品。《燕丹子》卷下："罗縠单衣,可掣而绝。"

醐(hú)　见"醍醐"。

餬(hú)　❶同"糊(餬)"。粥。《集韵·十一模》："餬,《说文》:'饘也,或作餬。'"❷古时一种蒸饼。《玉篇·食部》："餬,饼也。"《东京梦华录》卷七:"用面造枣餬飞燕,柳条串之,插于门楣。"

鄗(hú)　❶见"鄗鄗"。❷白而有光泽。司马相如《上林赋》:"鄗乎滈滈,东注太湖,衍溢陂池。"

鄗鄗　洁白肥泽貌。《诗·大雅·灵台》:"白鸟鄗鄗。"亦作"鹤鹤"、"皜皜"。

斛(hú)　❶古代量器名。通"斞"。《考工记·陶人》:"禹实五斛。"郑玄注:"斛,受斗二升。"❷见"斛觫"。

另见 jué,què。

斛觫　恐惧颤抖貌。《孟子·梁惠王上》:"吾不忍其斛觫若无罪而就死地。""斛觫若"犹"斛觫然",见杨树达《古书句读释例》。原为形容牛的恐惧状,后因以"斛觫"代牛。黄庭坚《题竹石牧牛》诗:"阿童三尺棰,御此老斛觫。"

醭(hú)　浊酒。见《玉篇》。

潲(hú)　水名。即衢江。在浙江省境。

翷(hú)　同"糊㊀"。

hǔ

许〔許〕(hǔ)　见"许许"、"邪许"。

另见 xǔ。

许许　亦作"所所"、"浒浒"。劳动时共同出力的呼声。一说伐木声。《诗·小雅·伐木》:"伐木许许。"《说文·斤部》引作"伐木所所"。《后汉书·朱穆传》李贤注引作"伐木浒浒"。

虎(hǔ)　❶动物名。学名 *Panthera tigris*。哺乳纲,食肉目,猫科。头大而圆。体长 1.4~2 米余,尾长达 1.1 米。体呈淡黄色或褐色,有黑色横纹,尾部有黑色环纹。

背部色浓,唇、颌、腹侧和四肢内侧白色,前额有似"王"字形斑纹。栖于森林山地。夜行性,能游泳,不善爬树。性凶猛。捕食野猪、鹿、獐、羚羊等,有时伤害人。分布于亚洲,北至俄罗斯西伯利亚,南抵印度尼西亚、印度。中国有东北虎(P. t. altaica),体大,毛色较淡,产于长白山、小兴安岭等处;华南虎(P. t. amoyensis),体稍小,毛色深浓,分布于长江流域以南地区。均为国家一级保护动物。❷比喻威武勇猛。见"虎臣"、"虎将"。❸姓。汉代有虎旗。

东北虎

虎拜　《诗·大雅·江汉》:"虎拜稽首,天子万年。"按召穆公名虎,周宣王时人,因有战功,宣王赏给他山川土田,他稽首拜谢,后因称臣拜君为虎拜。陶宗仪《送邵升远》诗:"天威咫尺黄金阙,虎拜三千白玉墀。"

虎榜　即"龙虎榜"。《唐书·欧阳詹传》:"举进士,与韩愈、李观、李绛、崔群、王涯、冯宿、庾承宣联第,皆天下选,时称龙虎榜。"后因以称进士榜。清代则专称武科榜曰虎榜。

虎贲　❶勇士之称。《书·牧誓序》:"武王戎车三百两(辆),虎贲三百人。"孔颖达疏:"若虎之贲(奔)走逐兽,言其猛也。"❷官名。皇宫中卫戍部队的将领。《周礼》夏官之属有虎贲氏,汉有虎贲中郎将、虎贲郎,历代沿用,至唐始废。❸星官名。即狮子座72号星。见《晋书·天文志上》。唐人修晋史避太祖讳,改作"武贲"。

虎变　虎身花纹的变化。《易·革》:"大人虎变。象曰:其文炳也。"孔颖达疏:"损益前王,创制立法,有文章之美,焕然可观,有似虎变,其文彪炳。"后因以比喻非常之人的出处行动变化莫测。李白《梁甫吟》:"大贤虎变愚不测,当年颇似寻常人。"参见"豹变"。

虎步　形容举动的威武。如:龙行虎步。亦谓称雄于一方。《三国志·魏志·夏侯渊传》:"宋建为乱逆三十余年,渊一举灭之。虎步关右,所向无前。"

虎臣　比喻勇武之臣。《诗·鲁

颂·泮水》:"矫矫虎臣。"《汉书·叙传下》:"武贤父子,虎臣之俊。"

虎而冠　比喻残虐的人,虽穿戴衣冠而凶暴如虎。《史记·酷吏列传》:"其爪牙吏,虎而冠。"

虎符　古代帝王授予臣属兵权和调发军队的信物。用铜铸成虎形,背有铭文,分为两半,右半留存中央,左半发给地方官吏或统兵的将帅。调发军队时,须由使臣持符验合,方能生效。盛行于战国、秦、汉。传世有新郪虎符等。

虎虎　威武貌。如:虎虎有生气。

虎将　勇将。《三国志·吴志·诸葛瑾传》:"宁能御雄才虎将以制天下乎?"

虎踞龙盘　盘,亦作"蟠"。见"龙蟠虎踞"。

虎口　❶比喻危险的境地。如:虎口余生。《庄子·盗跖》:"疾走料(撩)虎头,编虎须,几不免虎口哉!"❷拇指和食指之间连接的部分。

虎口余生　比喻经历极大的危险,侥幸保全生命。《镜花缘》第四十七回:"况我本是虎口余生,诸事久已看破。"

虎落　遮护城堡或营寨的竹篱。《汉书·晁错传》:"要害之处,通川之道,调立城邑,毋下千家,为中周虎落。"王先谦补注:"于内城小城之中间以虎落周绕之,故曰中周虎落也。"姜夔《翠楼吟》词:"月冷龙沙,尘清虎落。"亦作"虎路"。《汉书·扬雄传上》:"尔乃虎路三嵏,以为司马。"三嵏,三峰相聚的山。司马,司马门,指外门。

虎视　如虎之视,谓将欲有所攫取。《易·颐》:"虎视眈眈,其欲逐逐。"也形容威武如虎之雄视。潘勖《册魏公九锡文》:"君龙骧虎视,旁眺八维。"

虎头蛇尾　比喻作事先紧后松,有始无终。《官场现形记》第五十七回:"湖南抚台本想借着这回课吏振作一番,谁知闹来闹去,仍旧闹到自己亲戚身上,做声不得,只落得一个虎头蛇尾。"也比喻言行虚伪,内外不一。康进之《李逵负荆》第二折:"则为你两头白面搬兴废,转背言词说是非。这厮敢狗行狼心,虎头蛇尾。"

虎闱　古时国子学的代称。《文选·王融〈三月三日曲水诗序〉》:"出龙楼而问竖,入虎闱而齿胄。"李善注引《周礼》:"师氏以三德教国子,居虎门之左。"国子,公卿大夫的

子弟。国子学在虎门之左,故称虎闱。

虎吻　虎的嘴唇。《汉书·王莽传中》:"是时有用方技待诏黄门者,或问以莽形貌,待诏曰:'莽所谓鸱目虎吻,豺狼之声者也。故能食人,亦当为人所食。'"比喻危及生命的境地。如:身膏虎吻。

虎穴　比喻危险的境地。李白《送羽林陶将军》诗:"万里横戈探虎穴,三杯拔剑舞龙泉。"

虎子　❶幼虎。《后汉书·班超传》:"不入虎穴,不得虎子。"亦喻指勇健的男孩。《三国志·吴志·凌统传》:"二子烈、封,年各数岁……宾客进见,呼示之曰:'此吾虎子也。'"❷古代生活用器。名称最早见于汉末记载。汉、魏、晋、南朝墓中常见的随葬品。多作兽形,下有矮足,器腹一端有大口,背有提手。出土的虎子有陶、瓷、漆或铜制的,以青瓷虎子居多。其用途有两说,一般都说是盛溺的亵器,也说是水器的。

虎　子

浒　〔滸〕(hǔ)　水边。《诗·王风·葛藟》:"绵绵葛藟,在河之浒。"毛传:"水厓曰浒。"

另见 xǔ。

唬　(hǔ)　吓。如:吓唬。

另见 xià,xiāo。

琥　(hǔ)　❶雕成虎形的玉器。《左传·昭公三十二年》:"赐子家子双琥。"杜预注:"琥,玉器。"孔颖达疏:"盖刻玉为虎形也。"❷见"琥珀"。

琥珀　一种化学成分为 $C_{20}H_{32}O_2$ 的有机质矿物。非晶质体。色蜡黄至红褐,透明,树脂光泽,贝壳状断口,硬度 $2\sim2.5$,密度为 1.06 克/厘米^3,性脆,摩擦带电。产于煤层中,是地质时代中植物树脂经过石化的产物。质优的作为有机宝石用于制作饰品或用作工艺雕刻材料,其包裹有昆虫化石者则为佳品;质差的用于制造琥珀酸和黑色假漆。中医学上用为化瘀、利尿、镇惊安神药,主治小便涩痛、尿血、惊悸失眠等症;外敷可治疮疡。

hù

互（hù）❶交互；互相。何晏《论语集解序》："所见不同，互有得失。"❷古代挂肉的架子。《周礼·地官·牛人》："凡祭祀，共其牛牲之互。"郑玄注："郑司农云：'互谓楅衡之属。'玄谓，若今屠家悬肉格。"❸同"柜"。古时官府门前阻拦行人之木制障碍物。《周礼·秋官·修闾氏》："掌比国中宿互櫄者。"郑玄注："互谓行马，所以障互禁止人也。"参见"行马"。

乒（hù）同"互"。

户（hù）❶本谓单扇的门，引申为出入口的通称。如：门户；窗户。《礼记·礼器》："未有入室而不由户者。"也指虫鸟的巢穴。《礼记·月令》："〔仲春之月〕蛰虫咸动，启户始出。"❷人家。《易·讼》："人三百户。"❸帐册登记的户头。如：存户；用户。❹指酒量。白居易《久不见韩侍郎》诗："户大嫌甜酒，才高笑小诗。"❺阻止；把守。《左传·宣公十二年》："屈荡户之。"《汉书·王嘉传》："坐户殿门失阑，免。"❻由共同生活在同一住所的成员所组成。户与家庭的区别：（1）户是经济的社会的实体，家庭是生物的社会的单位；（2）户可包括无血缘婚姻关系而居住在一起的人员，家庭成员必须具有血缘婚姻或收养的关系。在社会统计时，户是统计对象的一个单位。❼姓。汉代有户尊。

户枢不朽 户枢，门的转轴；朽，朽坏。门轴经常转动就不会被虫蛀坏。比喻人体经常运动锻炼可以不生病。《三国志·魏志·吴普传》："佗（华佗）语普曰：人体欲得劳动，但不当使极尔。动摇则谷气得消，血脉流通，病不得生，譬犹户枢不朽是也。"参见"流水不腐户枢不蠹"。

户庭 门户和院落，指家门以内。《易·节》："不出户庭。"陶潜《归园田居》诗："户庭无尘杂，虚室有余闲。"

户限 门槛。《晋书·谢安传》："安方围棋，既罢，还内，过户限，心喜甚，不觉屐齿之折。"

户牖 门窗。《老子》："凿户牖以为室。"也指屋舍门庭。阮籍《咏怀》诗："蟋蟀在户牖，蟪蛄鸣中庭。"引申为门户。指学术派别。《文心雕龙·诸子》："夫自六国以前，去圣未远，故能越世高谈，自开户牖。"

芐（hù） 草名。《尔雅·释草》："芐，地黄。"郭璞注："一名地髓。江东呼芐。"另见 xià。

冱（hù） 同"冱"。

护〔護〕（hù）❶护助；卫护。《史记·萧相国世家》："高祖为布衣时，何（萧何）数以吏事护高祖。"《宋史·岳飞传》："仍益兵守淮，拱护腹心。"❷庇护。参见"护前"、"护短"。❸监领。《史记·乐毅列传》："于是并护赵、楚、韩、魏、燕之兵以伐齐。"

护短 庇护人家的短处。嵇康《与山巨源绝交书》："仲尼不假盖于子夏，护其短也。"假盖，借雨伞。按《孔子家语·致思》云："孔子将行，雨而无盖。门人曰：'商也有之。'孔子曰：'商之为人也，甚吝（吝）于财，吾闻与人交，推其长者，违其短者，故能久也。'"亦指讳言自己或别人的过失或缺点。《魏书·游雅传》："性护短，因以为嫌。"

护花幡 传说中一种保护花木的旗帜。郑还古《博异志》载：唐崔玄微遇美人，自谓苦恶风，求玄微道："处士每岁日与作一朱幡，上图日月五星之文，于苑东立之，则免难矣。"崔从之。其后某日，东风刮地，而苑中繁花不动。

护花铃 为保护花朵驱除鸟雀而设置的铃。王仁裕《开元天宝遗事·花上金铃》："宁王好声乐，风流蕴藉，诸王弗如也。至春时，于后园中，纫红丝为绳，密缀金铃，系于花梢之上。每有鸟鹊翔集，则令园吏掣铃索以惊之，盖惜花之故也。"

护前 袒护自己从前的错误。《三国志·吴志·朱桓传》："桓性护前，耻为人下。"

护身符 道教和巫师等用朱笔或墨笔在纸上画成似字非字的图形，带在身边，认为可以辟邪消灾，得到保佑。佛教僧尼的度牒可以免除徭役，亦称为"护身符"。后借用比喻恃强横行的庇护势力。

护书 旧时官场中用来存放文书、名帖等物便于出行时携带的多层夹袋。《老残游记》第二回："一个跟班的戴个红缨帽子，膀子底下夹个护书，拚命价奔。"

护霜天 冬季傍晚阴云蔽空，可保夜间和次晨无霜的现象。《农政全书·农事·占候》："冬天近晚，忽有老鲤斑云起，渐合成浓阴者，必无雨，名曰护霜天。"

冱（hù） 本作"冱"。冻结。《庄子·齐物论》："大泽焚而不能热，河汉冱而不能寒。"张衡《思玄赋》："清泉冱而不流。"

冱寒 天气严寒，积冻不开。《左传·昭公四年》："深山穷谷，固阴冱寒。"

冱涸 凝结。比喻忧思郁结。柳宗元《吊苌弘文》："心冱涸其不化兮，形凝冰而自栗。"

冱阴 天气阴晦，积冻不开。《子华子·执中》："元武冱阴，不能尽其所以为寒也，必随之以敷荣之气以为春。"

沪〔滬〕（hù）❶上海市的简称。因境内有沪渎而得名。❷捕鱼的竹栅。陆龟蒙《渔具诗序》："列竹于海澨曰沪。"

帍（hù） 《方言》第四："帍裱谓之被巾。"郭璞注："妇人领巾也。"章炳麟《新方言·释器》："曹宪音：户字亦作扈。《楚辞·离骚》注：'扈，被。'今人直谓方领为帍领。"

绠〔緷〕（hù） 绞绳的器具。《集韵·十一莫》："绠，可以收绳也。"

柜（hù） 古时官府门前阻挡行人的木制障碍物。潘岳《藉田赋》："于是乃使甸帅清畿，野庐扫路，封人墐宫，掌舍设柜。"参见"楉柜"、"行马"。

旿（hù）❶明白。《文选·扬雄〈羽猎赋〉》："羽骑营营，旿分殊事，缤纷往来，辒铎不绝。"李善注："旿分，谓羽骑明白分别，各殊其事也。"❷文采貌。见《方言》第十二郭璞注。《新唐书·姚璹传》："臣观其上先有五采杂旿，岂待涂金为符曜耶？"

岵（hù） 有草木的山。《诗·魏风·陟岵》："陟彼岵兮，瞻望父兮。"毛传："山无草木曰岵。"孔颖达疏："《释山》云：'多草木，岵；无草木，屺。'传言'无草木曰岵'，下云'有草木曰屺'，与《尔雅》正反，当转写误也。"参见"屺"。

怙（hù） 依靠；凭恃。《诗·小雅·蓼莪》："无父何怙，无母何恃！"参见"怙恃"。

怙恶不悛 一贯作恶，不肯悔改。原作"长恶不悛"。《左传·隐公六年》："长恶不悛，从自及也。"《宋史·王化基传》："若授以远方牧民之官，其或怙恶不悛，恃远肆毒，小民罹

殃,卒莫上诉。"

怙乱 乘祸乱而图利。犹言趁火打劫。《左传·僖公十五年》:"无始祸,无怙乱。"杜预注:"怙人乱,为己利。"

怙恃 ❶犹言凭借、凭恃。《后汉书·百官志五》"州郡"刘昭注引《汉仪》曰:"二千石子弟,怙恃荣势,请托所监。"❷《诗·小雅·蓼莪》:"无父何怙,无母何恃!"后因用"怙恃"为父母的代称。《聊斋志异·陈云栖》:"怙恃俱失,暂寄此耳。"参见"失怙"、"失恃❶"。

怙终 谓凭恃奸诈终不改过。《书·舜典》:"怙终贼刑。"孔颖达疏:"怙恃奸诈,欺罔时人,以此自终,无心改悔,如此者,当刑杀之。"

庐(hù) 汲水灌田,其器名庐斗。《广雅·释诂》:"庐,抒也。"

庐斗 一种人力灌溉提水工具。用粗绳缚于木桶或笆斗两边,两人相对站于沟、塘岸边,双手各执一绳,以协调的动作将塘水汲入田间。王祯《农书》卷十八:"庐斗,挹水器也。凡水岸稍下,不容车者,当旱之际,乃用庐斗,控以双绠,两人掣之,抒水上岸,以溉田稼。其斗或柳筥,或木罂,从所便也。"

钶〔鈳〕(hù) 见"钶铼"。

钶铼 头盔。古乐府《企喻歌》:"前头看后头,齐著铁钶铼。"

鹿〔鷉〕(hù) 本作"雇"。亦作"扈"。鸟名。见各该条。

祜(hù) 福。《诗·小雅·信南山》:"受天之祜。"

觳(hù) 同"觳"。另见 qiào。

笍(hù) 同"互"。绞盘。《说文·竹部》:"笍,可以收绳者也。"段玉裁注:"收当作纠,声之误也。纠,绞也,今绞绳者尚有此器。"

笏(hù) 即朝笏。古时大臣朝见时手中所执狭长板子,用玉、象牙或竹片制成,以为指画、记事之用,也叫"手板"。《礼记·玉藻》:"凡有指画于君前,用笏。"

瓠(hù,旧读 hú) 蔬类名,即"瓠瓜"。也叫"扁蒲"、"夜开花"。
另见 hú、huò。

瓠犀 瓠瓜的子;因其洁白整齐,常以比喻女子的牙齿。《诗·卫风·硕人》:"齿如瓠犀。"毛传:"瓠犀,瓠瓣。"

惆(hù) 同"怙"。依靠。《太玄·争》:"何可惆也。"范望注:"不可怙恃也。"

扈(hù) ❶侍从;养马的仆役。见"扈从"、"扈养"。❷本作"雇"。鸟名。《说文·隹部》:"九扈,农桑候鸟。"《左传·昭公十七年》:"九扈为九农正。"按少暤氏以鸟名官,这里的九扈是官名,即取鸟名。❸制止。《左传·昭公十七年》:"扈民无淫者也。"❹披;带。《离骚》:"扈江离与辟芷兮。"❺古国名,亦称有扈,在今陕西户县。《左传·昭公元年》:"夏有观、扈。"❻姓。宋代有扈再兴。

扈跸 谓护从皇帝车驾。韦嗣立《上巳日被禊渭滨应制》诗:"乘春被禊逐风光,扈跸陪銮渭渚傍。"

扈从 ❶皇帝出巡时的护驾侍从人员。司马相如《上林赋》:"扈从横行,出乎四校之中。"❷随从护驾。宋之问《扈从登封途中作》:"扈从良可赋,终乏揽天才。"

扈扈 ❶宽阔貌。《礼记·檀弓上》:"南宫绦之妻之姑之丧,夫子诲之髽,曰:'尔毋从从尔,尔毋扈扈尔。'"郑玄注:"从从,谓大高;扈扈,谓大广。"按指髽(妇人丧髻)的大小。❷鲜明貌。司马相如《上林赋》:"煌煌扈扈,照曜巨野。"

扈养 仆从。《公羊传·宣公十二年》:"厮役扈养死者数百人。"何休注:"养马者曰扈,炊烹者曰养。"

姻(hù) 恋惜。《说文·女部》:"姻,嫪也。"朱骏声通训定声:"《声类》:'姻嫪,恋惜不能去也。'按今俗谓女所私之人曰姤老,其遗语也。"

楛(hù) 木名。《书·禹贡》:"惟箘、簬、楛。"孔传:"楛,中矢干(幹)。"《诗·大雅·旱麓》:"瞻彼旱麓,榛楛济济。"孔颖达疏引陆玑云:"楛,其形似荆而赤,茎似蓍。上党人织以为牛笮箱者,又屈以为钗。"
另见 kǔ。

雇(hù) 古籍中鸟名。通作"扈"。见"扈❷"。
另见 gù。

嗀(hù) 呕吐。《左传·哀公二十五年》:"臣有疾,异于人;若见之,君将嗀之。"

鄠(hù) 古邑名。即夏代的扈,秦改名。在今陕西户县北。汉置鄠县。

摢(hù) 拥障。见《集韵·十一暮》。
另见 chū。

嘑(hù) 呼叱。见"嘑尔"。
另见 hū、hǔ 呼㊀㊁。

嘑尔 怒声呼叱貌。《孟子·告子上》:"嘑尔而与之,行道之人弗受。"

娉(hù) 同"嫭"。

嫭(hù) ❶美好。见"嫭姱"。❷美女。《汉书·扬雄传上》:"知众嫭之嫉妒兮,何必飏累之娥眉?"

嫭姱 美好貌。《楚辞·大招》:"朱唇皓齿,嫭以姱只。"亦作"娉姱"。黄庭坚《次韵张仲谋过酺池寺斋》:"非复少年日,声名取娉姱。"

榓(hù) ❶书套。陆游《十月》诗:"塞向倾书榓,开炉积豆萁。"❷捕鱼工具。王士禛《午食得鲈》诗:"他年归卧锦湖岸,日抛椮榓临清渠。"

糊(hù) ❶像稠粥一样的浓厚液汁。如:面糊;辣椒糊。❷欺骗;蒙混。如:糊弄。
另见 hū、hú。

黏(hù) 同"糊"。米面等制的浓稠汁。陆游《斋居纪事》:"要用时,旋以冷熟汤调作黏,厚薄随意。"

濩(hù) 见"布濩"。
另见 huò。

豰(hù) 兽名。《文选·司马相如〈上林赋〉》:"猕胡豰蛫。"郭璞注:"豰似鼬而大,要以后黄,一名黄要,食猕猴。"
另见 bó。

鹱〔鸌〕(hù) 鸟纲,鹱科。大型海鸟。较普通的种类如白额鹱(Puffinus leucomelas),体长约50厘米。头顶前部及颈侧白色,缀以褐色纵纹;上体其余部分暗褐色,下体纯白无斑。足短,趾间具蹼。喙端微钩曲,多夜出觅食鱼类和软体动物等。栖息中国以及朝鲜半岛、日本等地沿海。在青岛有繁殖记录。

護(hù) 青色颜料。《山海经·南山经》:"青丘之山,其阳多玉,其阴多青護。"

鳠〔鱯〕(hù) 硬骨鱼纲,鲿科(鮠科)。体较细长,长约30厘米。灰褐色。头平扁,口具须四对,眼中大,上侧位。背鳍和胸鳍各具一硬刺,后缘有锯齿;脂鳍颇长,几伸达尾鳍基部;尾鳍分叉。无鳞。中国常见的有斑鳠(Mystus guttatus),

具小黑斑,分布于南方;大鳍鑊(*M. macropterus*),无斑点,分布于长江流域。肉质细嫩,为普通食用鱼类。《本草纲目·鳞部四》"鮠鱼"李时珍集解:"鑊即今鮰鱼,似鮠而口在额下,尾有歧。南人方言转为鮠也。"

鞲(hù,又读huò)❶缚在佩刀上的绳子。见《说文·革部》。❷束缚。《庄子·庚桑楚》:"外内鞲者,道德不能持。"王先谦集解:"若外内物欲胶缚者,虽有道德,不能扶持。"

鑊(hù) 亦作"护(護)"、"濩"。即大鑊,相传为商汤乐名。《广雅·释诂》:"鑊,护也。"王念孙疏证:"汤曰大鑊者,言汤承衰能护民之急也。"

huā

化(huā) 同"花❸"。用掉。如:化钱;化工夫。
另见 huà。

华〔華〕(huā) ❶同"花"。《诗·周南·桃夭》:"桃之夭夭,灼灼其华。"❷当中剖开。《尔雅·释木》:"瓜曰华之。"
另见 huá、huà。

华鬘 印度旧俗用美艳花朵结成长串为装饰,叫"华鬘"。见《翻译名义集》卷七"摩罗"。也有用各种宝物刻成花形的。《守护国界经》:"以种种宝用作华鬘,而为庄严。"

华胜 同"花胜"。古代妇人的首饰。《汉书·司马相如传下》"戴胜而穴处兮"颜师古注:"胜,妇人首饰也;汉代谓之华胜。"

花〔芲、蘤〕(huā) ❶被子植物的生殖器官。典型的花由花托、花萼、花冠、雌蕊群和雄蕊群组成。具备上述各部分的花称"完全花",如桃;缺少其中任何一部分的花称"不完全花",如桑。雌蕊群、雄蕊群为生殖器官。倘两者在同一花内并存的称"两性花",如番茄;仅有其一的称"单性花",如玉米。通过花的中心可分为数个对称面的花为"整齐花",如茄;仅有一个对称面的为"不整齐花",如益母草;无任何

完全花示意图
1. 花梗 2. 花托 3. 花萼
4. 花瓣 5. 雄蕊 6. 雌蕊
a. 花丝 *b*. 花药 *c*. 花粉
d. 子房 *e*. 花柱
f. 柱头 *g*. 胚珠

对称面的为"不对称花",如美人蕉。因子房在花中位置不同,上位子房的花称"下位花",如芸苔;下位子房的花称"上位花",如黄瓜;中位子房的花称"周位花",如忍冬。关于花在系统发育中的形成,有不同的观点。有认为花是有限生长的变态枝,其上集生孢子叶。因此,广义的花,包括裸子植物的孢子叶球,即所谓"球花"。❷能开花供观赏的植物。如:种花;茉莉花。也谓开花。刘禹锡《乌衣巷》诗:"朱雀桥边野草花,乌衣巷口夕阳斜。"❸形状像花朵的东西。如:钢花;浪花;雪花。❹有花纹的;杂色的。如:花面;花白头发;花花绿绿。❺模糊不清。如:头昏眼花;老花眼。❻可以迷惑人的;不真实的。如:花招;花帐;花言巧语。❼比喻美女。白居易《霓裳羽衣歌》:"娇花巧笑久寂寥,娃馆苎萝空处所。"❽指某些幼嫩微细的东西。如:蚕花;鱼花。❾棉花的简称。如:弹花;籽花;皮花。❿指痘。如:天花;出过花儿了。⓫指作战时受的伤。如:挂了两次花。⓬旋。《西游记》第六回:"急转头,打个花就走。"⓭耗费。如:花钱;花时间。⓮姓。

花白 ❶黑白参杂,多形容须发。如:花白胡子。❷抢白;讥刺。无名氏《举案齐眉》第三折:"俺又不曾言语,倒吃他一场花白。"

花钿 古时妇人首饰。用金片镶嵌成花形。白居易《长恨歌》:"花钿委地无人收,翠翘金雀玉搔头。"

花雕 浙江绍兴旧俗:以彩色坛贮盛好酒,作为陪嫁的礼物,叫"花雕"。后沿用为上等绍兴黄酒的别称。

花萼 ❶简称"萼"。由若干枚萼片组成,萼片数目因植物种类而异。通常呈绿色,也有呈花瓣状的,称"瓣状萼"。萼位于花的外轮,在花芽期有保护作用。萼片全部分离的称"离萼",如油菜;全部或基部连合的称"合萼",如蚕豆。若萼在花谢后仍保留在果实上的,称"宿萼",如茄。萼为两轮,如棉、木槿,其外轮又称"副萼"。❷亦作"华鄂"。《诗·小雅·常棣》:"常棣之华,鄂不韡韡。"凡今之人,莫如兄弟。"萼和花同生一枝,且有保护花瓣的作用,古人因常用"花萼"比喻兄弟友爱。《新唐书·李义传》:"义事兄尚一、尚贞,孝谨甚,又俱以文章自名,兄弟同为一集,号《李氏花萼集》。"

花红 旧时风俗,插金花、披红绸

是表示喜庆的意思,名为"花红"。也指在喜庆时赏给仆役的钱物。《东京梦华录·娶妇》:"迎娶日……从人及儿家人乞觅利市钱物花红等,谓之拦门。"又引申为凡是犒赏及奖金也称"花红"。

花户 ❶以卖花为业的人家。陆游《天彭牡丹谱·风俗记》:"惟花户则多植以侔利。"❷旧时造户口册子,把人名叫做"花名",户口叫做"花户"。花,言其错杂繁多。

花黄 古代女子的面饰。以金黄色纸剪成星月花鸟等形贴于额上,或于额上涂点黄色。古乐府《木兰诗》:"当窗理云鬓,对镜贴花黄。"

花卉 可供观赏的花、草。《梁书·何点传》:"园中有卞忠贞冢,点植花卉于冢侧。"通常分木本花卉、草本花卉和观赏草类等。

花甲 指六十甲子。以其中干支名号错综参互,故称花甲。计有功《唐诗纪事》卷六十六:"〔赵牧〕大中咸通中效(效)李长吉为短歌,对酒曰:'手接六十花甲子,循环落落如弄珠。'"后称年满六十为"花甲"。

花笺 精致华美的笺纸。徐陵《玉台新咏序》:"五色花笺,河北胶东之纸。"

花椒(*Zanthoxylum bungeanum*)芸香科。灌木或小乔木,有刺。羽状复叶,小叶5~11枚,卵形至卵状椭圆形,有圆齿和透明腺点,叶轴有狭翅。夏季开花,花小,聚伞状短圆锥花序。果实带红色,密生粗大突出的腺点。种子黑色。产于中国。野生或栽培。果实用作调味料;亦入药,性热、味辛,功能温中止痛、杀虫,主治脘腹冷痛、吐泻及蛔虫病等。种子能行水消肿,主治水肿、小便不利。

花烬 灯花。杜甫《日暮》诗:"头白灯明里,何须花烬繁。"

花酒 ❶用花酿成的酒。《宋史·三佛齐国传》:"有花酒、椰子酒、槟榔酒、蜜酒,皆以曲蘖所醖,饮之亦醉。"❷旧时在妓院中饮酒作乐叫"吃花酒"。花,指妓女。

花魁 ❶品花时称百花之首为魁首,梅开在百花之先,故常指梅花。如:春为一岁首,梅占百花魁。❷旧时指最有名的妓女。《醒世恒言》有《卖油郎独占花魁》。

花脸 传统戏曲脚色行当。见"净❺"。

花柳 ❶指游赏之地。李白《流夜郎赠辛判官》诗:"昔在长安醉花柳,五侯七贵同杯酒。"❷指娼妓。如:花

柳场中。因称性病为"花柳病"。

花露 ❶花上的露水。欧阳修《阮郎归》词:"花露重,草烟低,人家帘幕垂。"❷一种香水,称"花露水"。❸酒名。王楙《野客丛书》卷十七"银瓮酒库":"真州郡斋,旧有酒名花露。"❹用花蒸馏的药用饮料。如:金银花露。

花门 即花门山。在居延海北三百里。见《新唐书·地理志四》注。唐初在花门山上设立堡垒,以抵御北方外族。天宝时,花门山为回纥占领。后因以花门为回纥的代称。杜甫《留花门》诗:"花门既须留,原野转萧瑟。"

花面 ❶美丽如花的面庞。刘禹锡《寄赠小樊》诗:"花面丫头十三四。"❷即"花脸"。

花娘 旧时指歌女或妓女。梅尧臣《花娘歌》:"花娘十二能歌舞,籍甚声名居乐府。"

花鸟使 唐代称专为皇帝挑选妃嫔宫女的官吏。《新唐书·吕向传》:"时帝(玄宗)岁遣使采择天下姝好,内(纳)之后宫,号花鸟使。"

花判 旧时官吏用骈体文写成的语带滑稽的判词。洪迈《容斋随笔》卷十"唐书判":"判语必骈俪,今所传《龙筋凤髓判》及《白乐天集·甲乙判》是也……世俗喜道琐细遗事,参以滑稽,目为花判。"

花乳 ❶含苞未放的花朵。孟郊《杏殇》诗:"零落小花乳,斓斑昔婴衣。"❷煎茶时水面的泡沫,也叫"水花"。黄滔《次韵答蒋春卿》:"晴风石鼎浮花乳,夜雨春盘冷碧丝。"❸石名。可作印章。《天台县志》卷一"山川·宝华山":"花乳石色如玳瑁,莹润坚洁可爱。"

花胜 亦作"华胜"。古代妇女的花形首饰,以剪彩为之。梁简文帝《眼明囊赋》:"杂花胜而成疏,依步摇而相逼。"

花石纲 北宋末年用以运送奇花异石的纲运。徽宗在蔡京等怂恿下,竭天下以自奉,在东京(今河南开封)建"寿山艮岳"。崇宁四年(1105年),使朱勔主持苏杭应奉局,凡民间有可用花木、奇石,即入其家,破墙拆屋,劫得后分批编组用船运往东京,史称花石纲。官吏又乘机勒索,东南地区及运河沿岸人民深受其害。方腊起义时,罢花石纲,起义失败复置。宣和七年(1125年)金军南下,再罢。

花事 指游春看花等事。周权《晚春》诗:"花事匆匆弹指顷,人家寒食雨晴天。"

花团锦簇 形容五彩缤纷、繁盛艳丽的景象。《儒林外史》第三回:"那七篇文字,做的花团锦簇一般。"

花王 花中之王,指牡丹。欧阳修《洛阳牡丹记·花释名》:"钱思公尝曰:'人谓牡丹花王,今姚黄真可为王,而魏花乃后也。'"参见"姚黄魏紫"。

花信 "花信风"的简称。犹言花期。范成大《元夕后连阴》诗:"谁能腰鼓催花信,快打《凉州》百面雷!"杨慎《咏梅九言》:"错恨高楼三弄叫云笛,无奈二十四番花信催。"参见"花信风"。

花信风 应花期而来的风。每指二十四番花信风。程大昌《演繁露》卷一:"三月花开时,风名花信风。"按自小寒至谷雨共八气,一百二十日,每五日为一候,计二十四候,每候应一种花信。例如,小寒,一候梅花,二候山茶,三候水仙;大寒,一候瑞香,二候兰花,三候山矾;立春,一候迎春,二候樱桃,三候望春;雨水,一候菜花,二候杏花,三候李花;惊蛰,一候桃花,二候棠梨,三候蔷薇;春分,一候海棠,二候梨花,三候木兰;清明,一候桐花,二候麦花,三候柳花;谷雨,一候牡丹,二候酴醾,三候楝花。见焦竑《焦氏笔乘》卷三。另有一年的二十四番花信风。梁元帝《纂要》:"一月两番花信,阴阳寒暖,各随其时,但先期一日,有风雨微寒者即是。其花则:鹅儿、木兰、李花、扬花、桤花、桐花、金樱、黄芳、楝花、荷花、槟榔、蔓罗、菱花、木槿、桂花、芦花、兰花、蓼花、桃花、枇杷、梅花、水仙、山茶、瑞香,其名具存。"见杨慎《升庵全集》卷八十。

花絮 ❶柳絮。因其白色绒毛随风飘飞似花,故称。杜甫《春远》诗:"肃肃花絮晚,菲菲红素轻。"❷比喻有趣的零星新闻。如:球场花絮。

花押 旧时文书上的草书签名或代替签名的特种符号。也叫"花书"或"押字"。黄伯思《东观馀论·记与刘无言论书》:"文皇(唐太宗)令群臣上奏,任用真草;惟名不得草。后人遂以草名为花押,韦陟五朵云是也。"

花言巧语 指铺张修饰而无实际内容的言语或文辞。后多指虚伪惑人的言语。《水浒传》第三十四回:"秦明道:'你兀自不下马受缚,更待何时?'划地花言巧语,煽惑军心!'"

花样 ❶花纹的式样。白居易《绣妇叹》:"连枝花样绣罗襦,本拟新年饷小姑。"泛指事物的式样或种类。如:花样翻新;花样繁多。❷绣花的样稿。如:枕头花样;剪花样。❸手法;伎俩。有贬义。如:玩花样。

花朝 旧俗以夏历二月十五日为"百花生日",故称此日为"花朝节"。吴自牧《梦粱录》卷一:"仲春十五日为花朝节,浙间风俗,以为春序正中,百花争放之时,最堪游赏。"一说为十二日,又说为初二日。《广群芳谱·天时谱二》引《诚斋诗话》:"东京二月十二日曰花朝,为扑蝶会。"又引《翰墨记》:"洛阳风俗,以二月二日为花朝节。士庶游玩,又为挑菜节。"

花朝月夕 犹花晨月夜,良辰美景的意思。《旧唐书·罗威传》:"每花朝月夕,与宾佐赋咏,甚有情致。"亦特指夏历二月半和八月半。田汝成《熙朝乐事》:"二月十五日为花朝节,盖花朝月夕,世俗恒言。二八两月为春秋之中,故以二月半为花朝,八月半为月夕也。"参见"花朝"。

花烛 画有龙凤等彩饰的大红色蜡烛,旧时多用于婚礼中。吴自牧《梦粱录》卷二十"嫁娶":"新人下车……以数妓(伎)女执莲炬花烛,导前迎引。"亦指结婚。何逊《看伏郎新婚》诗:"何如花烛夜,轻扇掩红妆。"

花字 犹花押。邵博《邵氏闻见后录》卷十:"近有自西南夷得皇(韦皇)授故君长牒,于皇位下,书若'皇'字,复涂以墨,如刻石者,盖皇花字也。"

哗 〔嘩〕(huā) 象声词。如:铁门哗的一声打开了。
另见 huá。

huá

划 ㊀〔劃〕(huá) ❶用尖锐的东西割开。如:划玻璃。❷擦;擦过。如:划火柴。
㊁(huá) ❶拨水前进。如:划船;划水。❷划算。如:划得来;划不来。❸伸指猜拳叫划拳。亦作"豁拳"。
另见 huà。

华 〔華〕(huá) ❶古代汉族自称华夏,中国因称中华,省称华。如:华侨;华北。❷开花。《礼记·月令》:"〔季春之月〕桐始华。"❸光彩;光辉。《淮南子·坠形训》:"末有十日,其华照下地。"❹发生在

云层上紧贴日、月周围内紫外红的光环。有时可出现多个同心层。由日、月光线通过云内细小水滴或冰晶经衍射所致。常发生在高积云上；有时出现在卷积云、卷云或层积云上。华环大小和水滴或冰晶大小成反比。视半径一般在1°～5°之间。❺华丽，有文采。《礼记·檀弓上》："华而睆，大夫之箦与！"❻精华。韩愈《进学解》："沉浸酣郁，含英咀华。"❼浮华。如：华而不实。《潜夫论·实质》："比质而行趋华。"❽（头发）花白。见"华发"。❾称美之辞。如：华翰；华诞。❿粉。见"铅华"。

另见 huā，huà。

华表 ❶古代设在桥梁、宫殿、城垣或陵墓等前作为标志和装饰用的大柱。设在陵墓前的又名"墓表"。一般所见为石造。柱身往往雕有蟠龙等纹饰，上为云板和蹲兽。北京天安门前后的两对华表，用巨大的汉白玉雕刻而成，造型精美，是华表中的优秀作品。❷亦称"桓表"。古代用以表示王者纳谏或指路的木柱。崔豹《古今注·问答释义》："程雅问曰：'尧设诽谤之木，何也？'答曰：'今之华表木也。以横木交柱头，状若花也，形似桔槔，大路交衢悉施焉。或谓之表木，以表王者纳谏也，亦以表识衢路也。'"参见"谤木"。

华 表

华辞 虚饰之辞；华而不实的话。《庄子·列御寇》："仲尼方且饰羽而画，从事华辞。"亦指华美的词采。《南史·崔慰祖传》："〔沈约、谢朓〕各问慰祖地理中所不悉十余事，慰祖口吃，无华辞，而酬据精悉，一坐称服之。"

华灯 光辉灿烂的灯。如：华灯初上。宋玉《招魂》："兰膏明烛，华镫错些。""镫"通"灯"。张正见《赋题得兰生野径》诗："华灯共影落，芳杜杂花深。"

华颠 犹白头，谓年老。颠，头顶。《后汉书·崔骃传》："唐且华颠以悟秦。"

华而不实 只开花不结果。比喻外表好看，内里空虚。《左传·文公五年》："且华而不实，怨之所聚也。"

华发 花白头发。苏轼《念奴娇·赤壁怀古》词："多情应笑我，早生华发。"也指老年人。《后汉书·边让传》："华发旧德，并为元龟。"

华盖 ❶帝王或贵官所用的伞形遮蔽物。崔豹《古今注·舆服》："华盖，黄帝所作也，与蚩尤战于涿鹿之野，常有五色云声（或作气），金枝玉叶，止于帝上，有花葩之象，故因而作华盖也。"❷因贵族之车有华盖，亦为车之别称。刘琨《重赠卢谌》诗："狭路倾华盖。"❸旧时迷信，以为人有华盖星犯命，是运气不好。❹树名。《西京杂记》卷一：〔终南山〕有树直上百丈，无枝，上结丛条如车盖，叶一青一赤，望之斑驳如锦绣，长安谓之'丹青树'，亦云'华盖树'。"❺道教语，眉毛的别称。《黄庭内景经·天中》："眉号华盖覆明珠。"明珠，眼珠。

华衮 古代王公贵族的礼服。范宁《春秋穀梁传序》："一字之褒，宠逾华衮之赠。"

华翰 对他人来信的美称。刘禹锡《谢窦相公启》："每奉华翰，赐之衷言。"

华骝 同"骅骝"。古代传说中周穆王八骏之一。《穆天子传》卷一"华骝"郭璞注："色如华而赤，今名马骝赤者为枣骝；骝，赤马也。"

华年 谓青年时代，犹青春。李商隐《锦瑟》诗："锦瑟无端五十弦，一弦一柱思华年。"

华赡 犹言富丽。多用以形容文辞。《周书·薛寘传》："时前中书监卢柔，学业优深，文藻华赡。"

华首 犹白首。《后汉书·樊准传》："故朝多蟠蟠之良，华首之老。"

华夏 亦作"诸夏"。汉族先民或中国（中原）的古称。通常认为始见于《左传·襄公二十六年》"楚失华夏"。最早以"华"、"夏"分称者较多。"华"意为"荣"（《说文·华部》），"夏"意为"中国之人"（《说文·夊部》），"中国"则含有中原之意。《书·孔氏传》中称"冕服采章曰华，大国曰夏"；孔颖达疏谓"中国有礼仪之大故称夏，有服装之美谓之华"，并认为华夏连称"谓中国也"。古代常以"夏"与"蛮夷"或"蛮"对称，以"华"与"夷"对称，乃以文化和族类作为区分尊卑贵贱的标准。实际上，早期华夏系由部分羌、夷、戎、狄、苗、蛮等族体共同融混而成，已将这些民族包括在内。公元前221年，秦始皇建立以华夏为主体的统一的多民族国家，在广大聚居区内，逐步实现车同轨（共同经济生活）、书同文（共同文字）、行同伦（共同的道德文化），华夏开始成为稳定的族体，为汉民族的形成奠定基础。秦汉以后，华夏族这一称谓先后为"秦人"、"汉人"乃至"唐人"所代替，但"华"作为中国民族的概念，并未消失。近代出现"中华民族"的概念后，遂以中华民族作为中国各民族的总称。

华胥 ❶人名。传说是伏羲氏的母亲。司马贞《补史记·三皇本纪》："太皞庖牺氏……母曰华胥，履大人迹于雷泽，而生庖牺于成纪。"庖牺，即伏羲。❷传说中的国名。《列子·黄帝》：〔黄帝〕昼寝而梦，游于华胥氏之国。华胥氏之国在弇州之西，台州之北，不知斯齐国几千万里。盖非舟车足力之所及，神游而已。"斯，离开。后因用为梦境的代称。

华轩 装饰华丽的车子，富贵者所乘。陶潜《戊申岁六月中遇火》诗："草庐寄穷巷，甘以辞华轩。"

华裔 ❶古指我国中原和边远地区。《文选·张协〈七命〉》："华裔之夷，流荒之貉。"张铣注："华，中国也；裔，远也。"❷即外籍华人。指原是华侨或华侨后裔，后已加入居住国国籍者。

华腴 ❶华衣美食。《宋史·王安石传》："性不好华腴，自奉至俭。"❷旧称世代做大官的人家。柳芳《姓系论》："三世有三公者，曰膏粱；有令、仆者，曰华腴。"令、仆，谓尚书令、仆射，均宰相职。

华誉 浮誉；虚名。《抱朴子·博喻》："庸夫好悦耳之华誉。"

华簪 古人用簪子把冠别在头发上，华簪为贵官所用，故常用以指显贵的官职。陶潜《和郭主簿》诗："此事真复乐，聊用忘华簪。"

华章 ❶华美的诗文。也用作对别人诗文、书信的美称。❷美丽的花纹。曹丕《玛瑙勒赋》："禀金德之灵施，含白虎之华章。"

华胄 ❶华夏的后代。如：堂堂华胄。❷旧谓显贵者的后代。《晋书·石季龙载记上》："雍、秦二州望族，自东徙以来，遂在戍役之例。既衣冠华胄，宜蒙优免。"

华族 旧称高门贵族。《晋书·王浚传》："少以华族，仕至光禄勋。"

茾（huá）即铧。《说文·木部》："茾，两刃臿也。宋魏曰茾也。鈂，或从金亐。"段玉裁注："两刃臿，谓臿之两边有刃者也，刺土之器。《方言》曰：'宋魏之间谓之铧。'按茾、铧古今字也。"按《新方言》

·释器》："两刃舌本农器,今藥似之,皆以划锹,本莱锹也。以莱锹行舟谓之莱,莱而动之曰伪,犹华、花通矣。"

哗〔嘩、譁〕(huá) 喧哗。《书·费誓》:"嗟!人无哗。"
另见 huā。

哗众取宠 以浮夸的言辞博取众人的喜欢。《汉书·艺文志》:"然惑者既失精微,而辟者又随时抑扬,违离道本,苟以哗众取宠。"

骅〔驊〕(huá) 见"骅骝"。

骅骝 亦作"华骝"。周穆王八骏之一。《史记·秦本纪》:"造父以善御幸于周穆王,得骥、温骊、骅骝(騮)、騄耳之驷。"亦谓骏马。杜甫《奉简高三十五使君》诗:"骅骝开道路,鹰隼出风尘。"

铧〔鏵〕(huá) 耕地的农具。《方言》第五:"〔臿〕宋魏之间谓之铧。"《释名·释用器》:"铧,刳也,刳地为坎也。"

鸹〔鴰〕(huá) 鸟名。似雉。柳宗元《同刘二十八院长述旧言怀》诗:"已看能类鳖,犹讶雄为鸹。"

鈣(huá) 铧,耕田农具。《墨子·备蛾傅》:"为上下鈣而斩(斲)之。"孙诒让间诂:"《玉篇》云:鈣,同铧。铧,鳌也。"
另见 wū。

猾(huá) ❶狡诈。《北史·酷吏传序》:"其禁奸除猾,殆与邳、宁之伦异乎!"❷扰乱。《广雅·释诂三》:"猾,乱也。"《书·舜典》:"蛮夷猾夏,寇贼奸宄。"

滑(huá) ❶光滑;滑溜。白居易《朱藤谣》:"泥粘雪滑,足力不堪。"❷滑过;溜过。如:滑冰;滑翔。❸使菜肴柔滑的作料。《周礼·天官·食医》:"调以滑甘。"孙诒让正义:"谓以米粉和菜为滑也。"❹浮而不实。如:滑头滑脑。❺古国名。姬姓。建都于滑(今河南睢县西北),后迁都于费(今河南偃师西南),又称费滑。公元前627年灭于秦,旋为晋有,称为侯氏或缑氏。❻姓,明代有滑寿。
另见 gǔ。

滑擦 清代速度滑冰运动。着特别溜冰鞋在冰上滑行。清潘荣陛《帝京岁时纪胜·冰床·滑擦》:"冰上滑擦者,所著之履皆有铁齿,滑行冰上,如星驰电掣,争先夺标取胜名曰'溜冰'。都人于各城外护城河

下,群聚滑擦,往还亦以拖床代渡。"

滑竿 一种供人乘坐的旧式交通工具。用两根长竹竿,中间架以竹爿编成的躺椅式兜子,由两人抬着行走。流行于我国南方各省山区地带。

滑稽 谓能言善辩,言词流走无滞竭。一说,滑,乱的意思,稽,同的意思。谓"辩捷之人,言非若是,说是若非,能乱异同"。见《史记·滑稽列传》司马贞索隐。《史记·樗里子甘茂列传》:"樗里子滑稽多智。"亦用来形容圆转谄媚的态度。屈原《卜居》:"将突梯滑稽,如脂如韦以洁楹乎?"现在一般用为使人发笑的意思,兼指语言、行动和事态。

滑达 亦作"滑汰"。谓道路泥泞,不便行走。亦专指溜滑。《楚辞·卜居》"突梯滑稽"朱熹集注:"突梯,滑达貌。滑稽,圆转貌。"皮日休《吴中苦雨因书一百韵寄鲁望》:"藓地滑达足。"

滑汰 同"滑达"。梁同书《直语补正》:"汉《天井道碑》:'夏雨滑汰',唐宋人诗,多作'滑汰'。"苏轼《秧马歌》:"以我两足为四蹄,聱踊滑汰如凫鹥。"

滑头 《五灯会元·澧州灵岩仲安禅师》:"祖顾侍者曰:'是那里僧?'曰:'此上座向曾在和尚会下去。'祖曰:'怪得恁么滑头。'"今谓狡诈、不诚实为滑头;亦以称圆滑不肯负责的人。

揢(huá) 见"揢拳"。

揢拳 即"猜拳",酒令的一种。《红楼梦》第六十三回:"〔宝玉〕和芳官两个先揢拳。"参见"豁拳"、"拇战"。

蜐(huá) 见"蜐蜉"。

蜐蜉 亦作"滑泽"、"骨铧"。螺属。《尔雅·释鱼》:"蜐蜉"郭璞注:"螺属,见《埤苍》。"郝懿行义疏:"滑泽犹言护宅也,即寄居之义。骨铧犹言胍肫也,像其壳形。今海边人凡戴壳者通谓之螺。"

鋘(huá) 同"铧(鏵)"。
另见 wú。

蠤(huá) 古"骅"字。《列子·周穆王》:"右服蠤骝而左绿耳。"张湛注:"蠤,古骅字。"蠤骝,即骅骝。

鳠〔鱯〕(huá) ❶动物名。学名 Hemibarbus maculatus。亦称"花鳠"。硬骨鱼纲,鲤科。体延长,侧扁,长达30余厘米。银灰色,

侧线上方具一纵行黑斑,背鳍、尾鳍和体侧散布小黑斑。吻尖突,口下位,具须一对。背鳍具硬刺,臀鳍有六分枝鳍条。杂食性。分布于东亚淡水水域;中国各地均产。为常见的食用鱼类之一。❷古代传说中的一种能发光的飞鱼。《山海经·东山经》:"又东南二百里曰子桐之山,子桐之水出焉,而西流注于余如之泽。其中多鳠鱼,其状如鱼而鸟翼,出入有光,其音如鸳鸯,见则天下大旱。"

鳠

豁(huá) 见"豁拳"。
另见 huō,huò。

豁拳 亦作"揢拳"、"划拳"。也称"猜拳"、"拇战"。饮酒时助兴的游戏。两人同时出拳伸指喊数,喊中两人伸指之和者胜,负者罚饮。李日华《六研斋笔记》:"俗饮以手指屈伸相博,谓之豁拳。"

huǎ

蘤(huǎ) 黄花。《说文·艸部》:"蘤,艸华。"徐锴系传:"谓草木之黄华者也。"

huà

化(huà) ❶变;改。如:化险为夷;化悲痛为力量。《离骚》:"伤灵修之数化。"王逸注:"化,变也。"❷转移人心风俗。如:潜移默化。《礼记·学记》:"就贤体远,足以动众,未足以化民。"❸融解;消化。如:化痰止咳;食古不化。❹死。《孟子·公孙丑下》:"且比化者,无使土亲肤。"朱熹注:"化者,死者也。"陶潜《自祭文》:"余今斯化。"参见"物化❶"、"坐化"。❺烧。如:火化。《西游记》第十三回:"献过了种种香火,化了众神纸马,烧了荐亡文疏。"❻化生;化生之物。《礼记·乐记》:"和,故百物皆化。"郑玄注:"化犹生也。"又:"鼓之以雷霆,奋之以风雨,动之以四时,暖之以日月,而百化兴焉。"❼造化;自然的功能。《素问·五常政大论》:"化不可代,时不可违。"❽表示转变成某种性质或状态。如:绿化;现代化。❾风俗;风气。《汉书·叙传下》:"逼上并下,荒殖

其货,侯服玉食,败俗伤化。"❿求讨;募化。《三国演义》第七十七回:"身边只有一小行者,化饭度日。"⓫姓。明代有化晖。

另见 huā。

化工 天工,指大自然创造或生长万物的功能。语本贾谊《鹏鸟赋》"天地为炉兮,造化为工"。李商隐《献上杜仆射相公》诗:"固是符真宰,徒劳让化工。"

化鹤 陶潜《搜神后记》卷一:"丁令威,本辽东人,学道于灵虚山,后化鹤归辽。"本谓成仙,后常用为死亡的代称。

化境 ❶指艺术修养达到自然精妙的境界。❷佛教名词。指如来教化所及的境域。《华严经疏》六:"十方国土,是佛化境。"

化募 亦作"募化"。原谓和尚、道士等求人施舍。《西游记》第九十六回:"放了这等现成好斋不吃,却往人家化募!"后也泛指向人乞讨或募捐财物。

化人 ❶有幻术的人。《列子·周穆王》:"西极之国有化人来。"张湛注:"化,幻人也。"❷指仙人。杜光庭《温江县招贤观众斋词》:"历代化人,随机济物。"

化日 太阳光。指白昼。如:光天化日。《宋史·乐志十二》:"化日初长,时当暮春,蚕事方兴,惟后惟嫔。"

化身 ❶喻指抽象观念的具体形象。如:力量的化身。❷化身,译自梵语 Nirmāṇakāya。佛"三身"之一。佛教认为佛具有"法、报、化"三身,化身指佛为超度解脱世间众生,能随三界六道的不同状况和需要变化为种种身,并称释迦牟尼为"千百亿化身"。

化生 ❶万物由阴阳二气交感而产生、变化的过程。《易·咸·象辞》:"天地感而万物化生。"北宋周敦颐《太极图说》:"二气交感,化生万物。"❷一种蜡制的婴孩偶像。古时风俗,于七夕弄化生,祝人生男。《唐贤三体诗·薛能〈吴姬〉诗》:"芙蓉殿上中元日,水拍银盘弄化生。"元释圆至注引《唐岁时纪事》:"七夕,俗以蜡作婴儿形,浮水中以为戏,为妇人宜子之祥,谓之化生。"

化外 旧时统治者称政令教化所达不到的地方。李焘《续资治通鉴长编·太祖开宝六年》:"禁铜钱不得入蕃界,及越江海至化外。"

化外人 唐代对风俗法制不同的外国人的一种称呼。明代则指归化的外国人。见《唐律疏议》卷六和《明律集解附例》卷一。

化险为夷 险,险阻;夷,平易。转危为安。《孽海花》第二十七回:"以后还望中堂忍辱负重,化险为夷。"

化雨 《孟子·尽心上》:"君子之所以教者五……有如时雨化之者。"赵岐注:"教之渐渍而浃洽也。"后因以比喻潜移默化的教育。如:春风化雨。《儒林外史》第三十六回:"老师文章山斗,门生辈今日得沾化雨。"

化育 化生和养育。《中庸》:"能尽物之性,则可以赞天地之化育。"

化缘 佛教、道教指僧、尼或道士、道姑向人求布施。佛教、道教宣称布施的人能与佛、仙结缘,故名。洪迈《夷坚志》卷一:"元晖,近村王大子也,既作僧,为街坊化缘。"

划 〔劃〕(huà) ❶划分。如:划清界限。❷计划。如:划策;谋划。❸划拨;转移。如:划账;划款。❹忽然。杜甫《苦雨奉寄陇西公》诗:"划见公子面,超然欢笑同。"❺象声词。苏轼《后赤壁赋》:"划然长啸,草木震动。"

另见 huá。

划一 亦作"画一"。❶一致;一律。如:整齐划一;划一不二。《汉书·曹参传》:"萧何为法,讲若画一。"颜师古注:"画一,言整齐也。"❷画分一一,即一一条列之意。欧阳修《论使臣差遣札子》:"所有臣擘画二事,今画一如后。"

华 〔華〕(huà) ❶山名,即华山。❷姓。

另见 huā,huá。

华封三祝 传说唐尧游于华,华封人祝其寿、富、多男子。见《庄子·天地》。成玄英疏:"华,地名也,今华州也。封人者,谓华地守封疆之人也。"后因用"华封三祝"为祝颂之辞。

枙 (huà) "木芙蓉"的别名。《本草纲目·木部三》:"木芙蓉……枙木。"李时珍曰:"俗呼为枙皮树,相如赋谓之华木,注云'皮可为索'也。"

画 〔畫〕(huà) ❶绘;作出图形。如:画山水;画像。也指画出的图像。如:年画;水墨画。❷签押;署名。如:画行;画押。❸汉字一笔叫一画。如:"人"字是两画。亦专指汉字的横笔。❹划分。《左传·襄公四年》:"芒芒禹迹,画为九州。"❺划断;停止。《论语·雍也》:"力不足者中道而废,今女画。"何晏集解引孔安国曰:"画,止也。力不足者当中道而废,今女自止耳,非力极。"❻谋划;筹划。《史记·留侯世家》:"为我画计。"❼姓。明代有画芰。

画饼充饥 《三国志·魏志·卢毓传》:"选举莫取有名,名如画地作饼,不可啖也。"比喻虚名无补于实用。后亦比喻聊以空想自慰。李清照《打马赋》:"说梅止渴,稍苏奔竞之心;画饼充饥,少谢腾骧之志。"

画荻 《宋史·欧阳修传》:"〔修〕四岁而孤。母郑守节自誓,亲诲之学。家贫,至以荻画地学书。"后为称赞母教的典故。刘克庄《挽刘母王宜人》诗:"分灯照邻女,画荻训贤郎。"

画地为牢 在地上画一圆圈当作牢狱。司马迁《报任少卿书》:"故士有画地为牢,势不可入,削木为吏,议不可对,定计于鲜也。"后常比喻限制在狭小范围内活动。岳伯川《铁拐李》第一折:"他每都指山卖磨,将百姓画地为牢。"

画舫 装饰华丽的游船。白居易《寄献北都留守裴令公》诗:"春池八九曲,画舫两三艘。"

画虎类狗 《后汉书·马援传》:"效季良(杜季良)不得,陷为天下轻薄子,所谓画虎不成反类狗者也。"后以"画虎类狗"比喻好高骛远,一无所成,反贻笑柄。李渔《闲情偶寄·变调》:"但须点铁成金,勿令画虎类狗。"参见"刻鹄类鹜"。

画戟 古兵器。有彩画的戟。王维《燕支行》:"画戟雕戈白日寒,连旗大旆黄尘没。"

画角 古管乐器。出自西羌。形如竹筒,本细末大。以竹木或皮革制成,因外加彩绘,故名。发声哀厉高亢。古时军中多用之,以警昏晓。杜甫《奉送王信州崟北归》诗:"壤歌唯海甸,画角自山楼。"

画龙点睛 张彦远《历代名画记》卷七:"武帝(梁武帝)崇饰佛寺,多命僧繇(张僧繇)画之……金陵安乐寺四白龙不点眼睛,每云:'点睛即飞去。'人以为妄诞,固请点之。须臾,雷电破壁,两龙乘云腾去上天,二龙未点眼者见在。"后常以"画龙点睛"比喻作文或讲话时,于关键处用一二警句点明要旨,使内容更为精辟有力。张岱《博浪椎传奇序》:"子房得此数语,真如画龙点睛,从此飞腾变化,莫可测识者矣。"

画卯 旧时官署例于卯时(晨五时至七时)开始办公,吏役都须按时到

衙门签到，叫"画卯"。《水浒传》第二十四回："武松每日自去县里画卯，承应差使。"参见"应卯"、"点卯"。

画眉 以黛饰眉。《汉书·张敞传》："又为妇画眉。长安中传张京兆眉怃。有司以奏敞。上问之，对曰：'臣闻闺房之内，夫妇之私，有过于画眉者。'"后因用"画眉"形容夫妻相爱。韩偓《以庭前海棠梨花一枝寄李十九员外》诗："不如寄与星郎去，想得朝回正画眉。"

画诺 犹"画行"。主管者在文书上签字，表示同意照办。《后汉书·党锢列传序》："后汝南太守宗资任功曹范滂……〔郡人〕又为谣曰：'汝南太守范孟博（范滂字），南阳宗资主画诺。'"意谓宗资信任范滂，一切都由他去处理，自己只在文书上签字而已。参见"画行"。

画沙印泥 书法家比喻用笔的方法。唐褚遂良《论书》："用笔当如锥画沙，如印印泥。"宋黄庭坚云："如锥画沙，如印印泥，盖言锋藏笔中，意在笔前。"锥锋划进沙里，沙形两边突起，而中间凹成一线，以形容书法"中锋"、"藏锋"之妙；印章印在泥上，不会走失模样，此言下笔既稳且准，能写出意中构成的字迹。

画蛇添足 《国策·齐策二》："楚有祠者，赐其舍人卮酒。舍人相谓曰：'数人饮之不足，一人饮之有余；请画地为蛇，先成者饮酒。'一人蛇先成，引酒且饮之；乃左手持卮，右手画蛇，曰：'吾能为之足。'未成，一人之蛇成，夺其卮曰：'蛇固无足，子安能为之足！'遂饮其酒。"后因以"画蛇添足"比喻做事节外生枝，不但无益，反而害事。《三国演义》第一百十回："将军功绩已成，威声大震，可以止矣；今若前进，倘不如意，正如画蛇添足也。"

画省 指尚书省。汉代尚书省中皆以胡粉涂壁，上画古烈士像，故称。见孙星衍辑《汉官典职仪式选用》。杜甫《秋兴》诗："画省香炉违伏枕，山楼粉堞隐悲笳。"

画史 ❶画家。王安石《纯甫出僧惠崇画要予作诗》："画史纷纷何足数，惠崇晚出吾最许。"❷绘画的历史。如唐裴孝源有《贞观公私画史》、宋米芾有《米氏画史》等。

画室 ❶汉代近臣入朝时暂驻之室，壁有雕刻绘画。《汉书·霍光传》："明旦，光闻之，止画室中，不入。"颜师古注："如淳曰：'近臣所止

计画之室也，或曰，雕画之室。'师古曰：'雕画是也。'"❷汉代官署名。《汉官仪》卷上："黄门有画室署、玉堂署，各有长一人。"❸指画家的工作室。

画堂 ❶汉代宫中的殿堂。《汉书·元后传》："生成帝于甲馆（观）画堂。"《三辅黄图·汉宫》："未央宫有……画堂、甲观，非常室。"❷华丽的堂舍。崔颢《王家少妇》诗："十五嫁王昌，盈盈入画堂。"

画行 旧时公文在缮发前，须送请主管长官核判，如同意照办，便在文稿上判一"行"字，叫做"画行"。按原判一"依"字，到宋孝宗时才代以"行"字。见沈涛《铜熨斗斋随笔》卷八"案牍书行之始"。参见"画诺"。

画押 旧时在文书或契约上画花押，作为本人负责或承认的凭据。参见"花押"。

画一 同"划一"。

画鹢 船的别称。古代船首上画鹢鸟像，故称船为"画鹢"。皮日休《初入太湖》诗："悠然啸傲去，天上摇画鹢。"参见"鹢❷"、"鹢首"。

画中有诗 画里富有诗意。详"诗中有画"。

话 〔話、語〕(huà) ❶话语。如：土话；普通话。张协《七命》："虽在不敏，敬听嘉话。"❷告喻。《书·盘庚中》："盘庚作，惟涉河，以民迁，乃话民之弗率。"❸指讲史或小说的故事。元稹《酬翰林白学士代书一百韵》："光阴听话移。"自注："又尝于新昌宅说《一枝花》话，自寅至巳，犹未毕词也。"❹说；谈论。孟浩然《过故人庄》诗："开轩面场圃，把酒话桑麻。"

话柄 被他人当作谈话资料的言论或行为。鲁迅《朝花夕拾·琐记》："这名文便即传遍了全城，人人当作有趣的话柄。"

话说 话本和章回小说每一回开头处常用之辞。话，指说话人所说的故事。《红楼梦》第十七回："话说秦钟既死，宝玉痛哭不止。"

话题 ❶谈话的主题。如：换个话题。❷语言学的话语分析上把一个句子中所讲述的题目称为话题（topic）。话题有时同语法上主语重合，如"朋友看我来了"，其中"朋友"是话题，也是主语。有时话题并非语法上的主语，如"天文学，他懂得很多"，其中"天文学"是话题，但并非主语。

话头 ❶佛教禅宗所参究的现成

语句。往往拈取一句成语或古话加以参究。如"狗子无佛性"这句话，即名"话头"。陆游《送绰侄》诗："不用殷勤举话头。"❷话语。《红楼梦》第二回："这两句文虽甚浅，其意则深，也曾游过些名山大刹，倒不曾见过这话头。"

话雨 李商隐《夜雨寄北》诗："何当共剪西窗烛，却话巴山夜雨时。"后因以朋友会晤话旧谓"话雨"。

话语 指运用中的语言。其构造单位相当于句子或大于句子的言语作品。现代语言学中的篇章语言学和语篇分析等学科，主要研究从对话片断到完整的长篇小说的超句语言结构。

桦 〔樺〕(huà) 桦木科，桦属（Betula）植物的泛称。落叶乔木或灌木。树皮多光滑，纸质分层剥落。花单性，雌雄同株，柔荑花序。果序圆柱形，下垂、倾斜或直立；果苞革质，三裂。坚果，两侧具膜质翅（因坚果两侧具膜质翅，亦有称翅果的），花柱宿存。约有100种，主产于北半球寒冷地区；中国有29种，主产于东北、华北、西北和西南高山地区。喜光，耐寒，耐干旱瘠薄。在土壤肥沃深厚处生长快。主要有白桦、黑桦（B. dahurica）、红桦（B. albosinensis）和亮叶桦（B. luminifera）等。木材一般坚硬，供建筑和制家具、车辆、枕木、矿柱、胶合板等用；树皮、木材、叶可提桦皮油、桦焦油等；树皮还可提桦胶。

桦烛 用桦皮卷蜡而成的烛。白居易《行简初授拾遗同早朝入阁》诗："宿雨沙堤润，秋风桦烛香。"

洒 〔灉〕(huà) 水名。在山东淄博临淄西。见《水经注·淄水》。

婳 〔嫿〕(huà) 文静美好。《文选·左思〈魏都赋〉》："风俗以鼇果为婳。"李善注："应劭曰：'鼇，狭也。'《方言》曰：'倮，勇也。''果'与'倮'古字通。《说文》曰：'婳，静好也。'"参见"姽婳"。

缋 〔繢〕(huà) ❶乖戾。见"纬缋"。❷结缚的带子。《周礼·夏官·大司马》："徒衔枚而进"郑玄注："枚如箸，衔之，有缋，结项中。"贾公彦疏："缋，即两头系也。"❸破裂声。潘岳《西征赋》："缋瓦解而冰泮。"

腂 (huà) ❶药草名。生山谷中，益气延年。见《集韵·三十五马》。❷通"踝"。踝子骨。《新

唐书·敬羽传》："〔康谦〕须长三尺，明日脱尽，膝踝皆碎。"踝，《旧唐书》作"踝"。

另见 guò。

罫（huà，又读 guǎi） 围棋盘上的方格子。《文选·韦昭〈博弈论〉》："所务不过方罫之间。"李善注引桓谭《新论》："令罫中死棋皆生。"亦泛指方格。韩愈《稻畦》诗："罫布畦堪数，枝分水莫寻。"

稞（huà） 指颗颗都好的净谷。另见 kē。

觟（huà） 有角的母羊。郝懿行《尔雅义疏·释畜》："吴羊牝者无角，其有角者别名觟也。"吴羊，白色羊。

另见 xiè。

摦（huà） "㮙"的本字。

㮙（huà） 本作"摦"。宽大。《左传·昭公二十一年》，"钟，音之器也……小者不窕，大者不㮙，则和于物。"杜预注："窕，细不满。㮙，横大不入。"孔颖达疏："细不满，谓不能充满心也。㮙声近横，故为横大；心所不容，故不入心也。"谓铸钟过大而音不能和。

huái

怀〔懷〕（huái） ❶胸前；怀抱。《论语·阳货》："子生三年，然后免于父母之怀。"曹植《七哀诗》："愿为西南风，长逝入君怀。"❷怀藏。《史记·廉颇蔺相如列传》："乃使其从者衣褐，怀其璧，从径道亡。"❸想念。如：怀友；怀旧。《诗·邶风·泉水》："有怀于卫，靡日不思。"❹心意。如：正中下怀。韩愈《送温处士赴河阳军序》："其何能无介然于怀耶！"❺归向。《书·皋陶谟》："安民则惠，黎民怀之。"❻安抚。《左传·僖公七年》："怀远以德。"❼包；围绕。《书·尧典》："〔洪水〕荡荡怀山襄陵。"❽来。《诗·齐风·南山》："既曰归止，曷又怀止？"郑玄笺："怀，来也。言文姜既曰嫁于鲁侯矣，何复来为乎？"❾古邑名。春秋郑邑，战国属魏。在今河南武陟西南。《左传·隐公十一年(公元前712年)》：王与郑人苏忿生田怀。即此。❿姓。三国时吴有怀叙。

怀安 ❶《左传·僖公二十三年》："怀与安，实败名。"后以怀安为贪图安逸。骆宾王《咏怀》诗："忘机殊会俗，守拙异怀安。"❷谓百姓感念德政而安于生计。《史记·孝景本纪论》："汉兴，孝文施大德，天下怀安。"

怀宝迷邦 宝，指才德。谓有才德而不为国效力。《论语·阳货》："怀其宝而迷其邦，可谓仁乎？"朱熹注："怀宝迷邦，谓怀藏道德，不救国之迷乱。"《陈书·后主纪》："岂以食玉炊桂，无因自达，将怀宝迷邦，咸思独善。"

怀抱 ❶抱在怀里。《后汉书·陈忠传》："夫父母于子，同气异息，一体而分。三年乃免于怀抱。"❷怀藏。韩愈《送董邵南序》："怀抱利器，郁郁适兹土。"❸胸襟；抱负。李白《于五松山赠南陵常赞府》诗："远客投名贤，真堪写怀抱。"

怀璧 怀藏美玉。《左传·桓公十年》："周谚有之：'匹夫无罪，怀璧其罪。'"杜预注："人利其璧，以璧为罪。"后用以比喻多财致祸或有才能而遭嫉害。崔湜《至桃林塞作》诗："怀璧常贻训，捐金诅得邻。"

怀春 谓少女春情初动，有求偶之意。《诗·召南·野有死麕》："有女怀春，吉士诱之。"

怀刺 怀藏名片。谓准备有所谒见。语本《后汉书·祢衡传》："建安初，来游许下，始达颍川，乃阴怀一刺，既而无所之适，至于刺字漫灭。"温庭筠《和段少常柯古》诗："称觥斮座客，怀刺即门人。"

怀德 ❶谓常以德行存心。《论语·里仁》："君子怀德，小人怀土；君子怀刑，小人怀惠。"朱熹注："怀，思念也。怀德，谓存其固有之善。"❷感念恩德。《史记·刘敬叔孙通列传》："及周之盛时，天下和洽，四夷乡(向)风，慕义怀德，附离而并事天子。"

怀古 追念古昔。张衡《东京赋》："望先帝之旧墟，慨长思而怀古。"《魏书·常景传》："景经涉山水，怅然怀古。"

怀惠 关怀小惠。《论语·里仁》："小人怀惠。"朱熹注："怀惠，谓贪利。"参见"怀德❶"。

怀瑾握瑜 比喻人具有纯洁优美的品德。《楚辞·九章·怀沙》："怀瑾握瑜兮，穷不知所示。"王逸注："在衣为怀，在手为握，瑾、瑜，美玉也。"

怀旧 怀念往昔；怀念旧友。班固《西都赋》："愿宾摅怀旧之蓄念，发思古之幽情。"杜甫《奉赠萧二十使》诗："结欢随过隙，怀旧益沾巾。"

怀橘 《三国志·吴志·陆绩传》："绩年六岁，于九江见袁术。术出橘，绩怀三枚，去，拜辞堕地，术谓曰：'陆郎作宾客而怀橘乎？'绩跪答曰：'欲归遗母。'术大奇之。"后因用"怀橘"为孝亲的典故。范成大《送詹道子教授奉祠养亲》诗："下马入门怀橘拜，身今却在白云边。"

怀铅提椠 《西京杂记》卷三："扬子云好事，常怀铅提椠，从诸计吏，访殊方绝域四方之语，以为裨补《輏轩》所载，亦洪意也。"铅，铅粉笔。椠，木板。古代的书写工具。谓携带铅椠以备随时记录。

怀柔 招来并使之安宁。《诗·周颂·时迈》："怀柔百神。"毛传："怀，来；柔，安。"后指用手段笼络他族或别国，使之归附。《三国志·吴志·吴主传》："宣导休风，怀柔百越。"

怀土 ❶安土重迁之意。《论语·里仁》："小人怀土。"朱熹注："怀土，谓溺其所处之安。"❷怀念故乡。班彪《王命论》："断金怀土之情。"

怀刑 因畏刑律而守法。《论语·里仁》："君子怀刑。"朱熹注："怀刑，谓畏法。"参见"怀德❶"。

怀远 安抚远者。《淮南子·泰族训》："大足以容众，德足以怀远。"

徊（huái） 见"徘徊"。

徊（huái，又读 huí） 见"徘徊"、"徊徨"。

徊徨 亦作"回遑"、"佪惶"。犹彷徨。形容举止不宁，犹疑不定。梁武帝《孝思赋》："晨孤立而萦结，夕独处而徊徨。"

淮（huái） 水名。见"淮河"。

淮河 中国大河之一。源出河南省桐柏山，东流经河南、安徽等省到江苏省入洪泽湖。洪泽湖以上，河长845公里，流域面积16.4万平方公里。洪泽湖以下，主流出三河经高邮湖由江都市三江营入长江(另一部分水流经苏北灌溉总渠在扁担港入黄海)。全长约1000公里，流域面积18.9万平方公里。支流有洪河、颍河、涡河、史灌河、淠河等。历史上泗、沂、沭三河曾流入淮河，故广义的淮河流域包括以上三河。从源头至洪河口为上游，穿行于山地和丘陵之间，水流湍急，暴涨暴落；从洪河口至洪泽湖出口处的中渡为中游，中游段有峡山、荆山和浮山等三个峡口，称"淮河三峡"，河段较弯曲；下游原有入海河道，1194年黄河夺淮后，河道

淤高,遂逐渐以入江为主。旧时水利失修,灾害严重。建国后进行全面治理,在上游修建梅山、佛子岭等水库,并兴建淠史杭灌溉工程等;在中、下游兴建有茨淮新河、新汴河、三河闸等工程。干流自河南省固始县三河尖以下可通航。是地理上亚热带湿润区和暖温带半湿润区的分界线。

淮南鸡犬　相传西汉淮南王刘安随八公(八位神仙)白日升天。《神仙传·刘安》:"安临去时,余药器置在中庭,鸡犬舐啄之,尽得升天。"后以"淮南鸡犬"比喻攀附权势而得势的人。参见"鸡犬皆仙"。

槐(huái)　❶植物名。学名 *Sophora japonica*。豆科。落叶乔木。奇数羽状复叶,小叶卵状长圆形至卵状披针形。夏季开花,蝶形花冠,黄白色,圆锥花序。荚果圆柱形,在种子间显著收缩,成念珠状。分布于中国各地。嫁接繁殖。木材坚硬,供造船舶、车辆、器具和雕刻等用;花蕾和果实入药,花蕾称"槐花"或"槐米",果实称"槐实"或"槐角";花可作黄色染料。又为绿化树、行道树、蜜源树。变种"龙爪槐"(var. *pendula*),亦称"蟠槐",枝条屈曲下垂,供观赏。❷姓。唐代有槐公俭。

槐

槐鼎　槐,三槐;鼎,鼎足。比喻三公之位。《后汉书·方术传论》:"故王梁、孙咸,名应图箓,越登槐鼎之任。"

槐棘　周代朝廷种植三槐九棘,以为朝臣列班的位次。见《周礼·秋官·朝士》。后因以"槐棘"指公卿之位。任昉《桓宣城碑》:"将登槐棘,宏振纲网。"参见"三槐❶"、"九棘"。

槐铉　槐,三槐;铉,抬鼎之杠。古谓三公、宰辅。江淹《萧领军让司空并敦劝启》:"臣以为槐铉之任,百王攸先。"参见"槐鼎"。

踝(huái,读音 huà)　❶小腿与足的交接部分。内有胫骨、腓骨与跗骨连结而成的踝关节,能作屈伸运动。人体的踝关节两侧有明显的骨突,即内踝和外踝。两踝之间前面有趾伸肌腱通过。前方有位于皮下的大隐静脉,临床上作为输液注射之用;后方有通往足底的血管、神经和肌腱。❷脚跟。《礼记·深衣》:"负绳及踝以应直。"郑玄注:"踝,跟也。"负绳,指衣和裳的背缝,上下正直如绳。及,达到。

襄(huái)　古"怀"字。《汉书·外戚传下》:"襄诚秉忠,唯义是从。"颜师古注:"襄,古怀字。"

褱(huái)　包藏。《说文·衣部》:"褱,侠也。"段玉裁注:"侠当作夹。亦部曰:'夹,盗窃褱物也,从亦,有所持。'亦(腋)有所持,褱藏之义也。在衣曰褱,在手曰握。今人用懷(怀)挟字,古作褱夹。"《汉书·地理志》:"褱山襄陵。"颜师古注:"褱字与懷(怀)同。怀,包也。"

澴(huái)　北方水。见《说文·水部》。

櫰(huái,又读 guī)　木名。《尔雅·释木》:"櫰,槐大叶而黑。"郭璞注:"櫰树,叶大色黑者,名为櫰。"

礛(huái)　石不平。见《集韵·十四皆》。

另见 guī。

糩(huái)　见"糩耙"。

糩耙　中国东北地区一种翻土农具。

懷(huái)　懷香,即"茴香"。香草名。《本草纲目·菜部》:"颂(苏颂)曰:懷香,北人呼为茴香。"

釀[釀](huái)　见"餫釀"。

坏[壞](huài)　❶不好;恶劣。如:坏人;坏习惯。❷败坏;毁坏。《论语·阳货》:"三年不为礼,礼必坏。"《汉书·艺文志》:"鲁共(恭)王坏孔子宅。"❸以败事或革职为"坏"。这是一种婉词。如:坏了事;坏了官。《儒林外史》第二十六回:"是宁国府知府坏了,委我去摘印。"

另见 pēi,péi,pī。

咶(huài,又读 huá)　喘息。《楚辞·九思·逢尤》:"悒殟绝兮咶复苏。"

另见 shì。

浍(huài)　见"瀎浍"。

欢[歡、懽、讙、驩](huān)　❶欢喜;快乐。如:欢庆;狂欢;欢度节日。《礼记·檀弓下》:"啜菽饮水尽其欢。"❷古时女子对所恋男子的爱称。古乐府《子夜歌》:"自从别欢来,奁器了不开。"❸形容活跃、起劲。如:他干得很欢。

欢伯　酒的别名。《易林·坎之兑》:"酒为欢伯,除忧来乐。"元好问《留月轩》诗:"三人成邂逅,又复得欢伯;欢伯属我歌,蟾兔为动色。"

欢娱　欢乐。班固《东都赋》:"圣上睹万方之欢娱。"亦作"欢虞"。《孟子·尽心上》:"霸者之民,欢虞如也。"朱熹注:"欢虞与欢娱同。"

鴅[鵬](huān)　和顺貌。《管子·侈靡》:"鴅然若谒静。"尹知章注:"鴅然,和顺貌。"戴望校正引俞樾云:"鴅然句不可解,疑当作鸢然若高山,……鴅乃鸢字之误,篆文穴字与隶书肉字相似,因改为鴅矣。"

貆(huān)　通"貛(貛)"。《本草纲目·兽部二》:"貛又作貆。"

另见 huán。

豲(huān)　顽。刘禹锡《答乐天见忆》诗:"笔底心无毒,杯前胆不豲。"

另见 bīn。

嚾(huān)　呼叫;喧闹。《抱朴子·弹祢》:"犹枭鸣狐嚾,人皆不喜。音响不改,易处何益?"参见"嚾呼"、"嚾嚾"。

嚾呼　大声地呼叫。《后汉书·礼仪志中》:"因作方相与十二兽儛,嚾呼周遍,前后省三过,持炬火送疫出端门。"

嚾嚾　喧嚣貌。《荀子·非十二子》:"世俗之沟犹瞀儒,嚾嚾然不知其所非也。"杨倞注:"沟,读为怐。怐,愚也。犹,犹豫也,不定之貌。瞀,闇也。《汉书·五行志》作'区瞀',与此义同。嚾嚾,喧躐之貌。谓争辩也。"

貛[貛、獾](huān)　动物名。学名 *Meles meles*。亦称"猪貛"。哺乳纲,食肉目,鼬科。体长50～65厘米左右,尾长14～20厘米余。头

貛

长,耳短,前肢爪特长,适于掘土。毛灰色,有时发黄;头部有三条宽白纵纹,耳缘也是白色;胸、腹和四肢黑色。通常筑洞于土丘或大树下,洞道甚长。主要在夜间活动。杂食性。有冬眠现象。广布于欧洲、亚洲;中国除台湾、海南外各省均有分布。毛皮可做皮衣、褥垫;毛可做刷和画笔;肉可食。

讙（huān,又读 xuān）❶亦作"嚾"。通"喧"。喧哗。《史记·陈丞相世家》:"是日,乃拜平为都尉,使为参乘,典护军,诸将尽讙。"司马贞索隐:"讙,哗也。"❷古地名。春秋鲁地,故城在今山东肥城市南。《春秋·桓公三年》:"齐侯送姜氏于讙。"

　另见 huān 欢。

讙哗　同"喧哗"。大声说笑或喊叫。《史记·刘敬叔孙通列传》:"竟朝置酒,无敢讙哗失礼者。"

驩（huān）❶马名。见《说文·马部》。❷见"驩州"。

　另见 huān 欢。

驩州　州名。(1)隋开皇十八年(公元 598 年)改德州置。治九德(今越南荣市),辖今越南义静省中南部。唐武德五年(622 年)改名南德州,八年又改名德州。贞观元年(627 年)复名驩州。其后辖境缩小。1036 年越南李朝改名义安州。(2)唐武德五年置。治安人(今越南安城),辖今越南演州及安城县附近一带地区。贞观元年改名演州。

huán

还〔還〕（huán）❶返回原来的地方,或回复原来的状态。如:还乡;还原。陶潜《归去来辞》:"鸟倦飞而知还。"引申为挽回。杨万里《闻一二故人相继而逝感叹书怀》诗:"汝言自有理,我意不可还。"❷偿还;报复。如:还债;以牙还牙。《老子》:"以道佐人主者,不以兵强天下,其事好还。"❸通"环"。环绕。《汉书·食货志上》:"还庐树桑。"❹犹言顾,顾虑。《左传·昭公二十年》:"肆行非度,无所还忌。"❺反而。《三国志·魏志·陈思王植传》裴松之注引《典略》:"譬画虎不成,还为狗者也。"按《文选·曹植〈与杨德祖书〉》"还"作"反"。❻犹言若还,如其。韩愈《送文畅师北游》诗:"僧还相访来,山药煮可掘。"辛弃疾《贺新郎·别茂嘉十二弟》词:"啼鸟

还知如许恨,料不啼清泪长啼血。"

　另见 hái,xuán。

还丹　相传道家炼丹,使丹砂烧成水银,积久又还成丹砂,这种丹砂就叫"还丹"。见《抱朴子·金丹》。王筠《东南射山》诗:"还丹改客质,握髓驻流年。"后也用于医药,医家丹方中有"九还丹"、"小还丹"、"大还丹"等,见《救生全集》《苏沈良方》、《奇方纂要》。

还锦　《南史·江淹传》载江淹才尽的神话:"淹少以文章显,晚节才思微退。云为宣城太守时,罢归,始泊禅灵寺渚,夜梦一人自称张景阳,谓曰:'前以一匹锦相寄,今可见还。'淹探怀中,得数尺,与之。此人大恚曰:'那得割截都尽!'顾见丘迟,谓曰:'馀此数尺,既无所用,以遗君。'自尔淹文章踬矣。"参见"江郎才尽"。

还俗　亦称"归俗"。谓僧尼出家后又返归俗家。《高僧传·求那跋摩》:"众咸议曰:'跋摩帝室之胤,又才明德重,可请令还俗,以绍国位。'"

环〔環〕（huán）❶圆形而中间有孔的玉器。《尔雅·释器》:"肉好若一谓之环。"郭璞注:"肉,边;好,孔。"邢昺疏:"边、孔适等若一者名环。"❷泛指圈形之物。如:耳环;指环;门环。曹植《美女篇》:"攘袖见素手,皓腕约金环。"❸周匝;围绕。如:环行;环绕;环山公路。欧阳修《醉翁亭记》:"环滁皆山也。"❹旋转。《大戴礼记·保傅》:"亟顾环面。"卢辩注:"环,旋也。"❺一串连环中的一节,比喻事物的一个组成部分。如:一环。❻抽象代数学的重要概念。是元素之间具有两种代数运算(通常分别称为加法和乘法)的集,其中加法满足结合律及交换律,乘法满足结合律及关于加法的分配律;这集里还有零元素,它与集里的任何元素相加结果仍是该元素,并且每个元素都有负元素,任何元素与其负元素相加是零元素。以数为元素的环称为"数环"。满足乘法交换律的环称为"交换环"。例如,整数的全体或有理数的全体都构成数环,也都是交换环。❼姓。战国时有环渊。

环堵　方丈为堵。环堵,四周环着每面方丈的土墙。形容居室的隘陋。《礼记·儒行》:"儒有一亩之宫,环堵之室。"郑玄注:"环堵,面一堵也。"陶潜《五柳先生传》:"环堵萧

然,不蔽风日。"

环肥燕瘦　唐玄宗贵妃杨玉环体胖,汉成帝皇后赵飞燕体瘦,都以貌美见称。后因以"环肥燕瘦"形容女子体态不同而各擅其美。也借以比喻艺术作品风格不同而各有所长。苏轼《孙莘老求墨妙亭诗》:"短长肥瘠各有态,玉环飞燕谁敢憎!"

环境　环绕所辖的区域;周匝。《元史·余阙传》:"环境筑堡寨,选精甲外捍,而耕稼于中。"

环玦　❶两种佩玉,圆形的玉环和环形而有缺口的玉玦。《汉书·隽不疑传》:"不疑冠进贤冠,带櫑具剑,佩环玦,褒衣博带,盛服至门,上谒。"❷比喻会合和决绝;也指官员的内召和外贬。《荀子·大略》:"绝人以玦,反绝以环。"杨倞注:"古者,臣有罪,待放于境,三年不敢去;与之环则还,与之玦则绝。"刘禹锡《望赋》:"俟环玦兮思帝乡。"

环佩　佩,亦作"珮"。古人衣带上所系的佩玉。《礼记·经解》:"行步则有环佩之声。"后多指妇女所佩的饰物。韩愈《华山女》诗:"抽簪脱钏解环佩,堆金叠玉光青荧。"也借以指女子。杜甫《咏怀古迹》:"画图省识春风面,环佩空归月夜魂。"

环卫　❶即禁卫,拱卫宫禁的军队。《新唐书·符璘传》:"璘居环卫十三年。"❷环境卫生的略语。

荁〔蒍〕（huán）　一种细角的山羊。见《说文·蒍部》。

虺（huán）❶皮病。见《广韵·二十六桓》。❷见"虺丸"。

葟（huán）　植物名。堇菜类。古人用以调味。《礼记·内则》:"堇、葟、枌、榆、免、薧、滫、瀡以滑之,脂、膏以膏之。"郑玄注:"谓用调和饮食也。"

峘（huán）　高过大山的小山。《尔雅·释山》:"小山岌大山,峘。"郭璞注:"岌,谓高也。"邢昺疏:"小山与大山相并,而小山高过于大山者名峘。"

狟（huán）　同"貆"。獾。《淮南子·齐俗训》:"狟狢得埵防,弗去而缘。"高诱注:"狟,狟豚也。"

洹（huán）　见"洹水"。

洹水　古水名。即今河南北境安阳河。源出林州市隆虑山,东流经安阳市、县到内黄入卫河。《国策·赵策二》苏秦说赵肃侯:"令天下之将相,相与会于洹水之上。"

垸（huán，又读 huàn）❶以漆和灰涂器物。一说补墙。见《说文·土部》。❷通"丸"。转。《淮南子·时则训》："员而不垸"❸通"鋬"。古重量单位。《考工记·冶氏》："为杀矢，刃长寸，围寸，铤十之，重三垸。"戴震《考工记补注》："鋬读如丸，……垸其假借字也。"

另见 yuàn。

桓（huán）❶柱子。一说四柱为桓，见《礼记·檀弓下》"三家视桓楹"郑玄注"四植谓之桓"孔颖达疏。一说柱有四棱为桓，见《周礼·春官·大宗伯》"公执桓圭"郑玄注"双植谓之桓"贾公彦疏。古代亦指亭邮旁边用为道路标识的柱子。也叫桓表、华表。《说文·木部》："桓，亭邮表也。"徐锴系传："亭邮立木为表……表双立为桓。"段玉裁注："一柱上四出亦谓之桓。"《汉书·尹赏传》："瘗寺门桓东。"颜师古注引如淳说"桓"谓桓表，颜以为即华表。❷大。《诗·商颂·长发》："玄王桓拨。"毛传："玄王，契也。桓，大；拨，治。"❸姓。汉代有桓荣。

桓桓　威武貌。《书·牧誓》："尚桓桓，如虎如貔，如熊如罴，于商郊。"

萑（huán）❶芦类植物，幼小时叫"蒹"，长成后称"萑"。参见"萑苇"。❷通"汍"。见"萑兰"。

另见 zhuī。

萑苻　泽名。《左传·昭公二十年》："郑国多盗，取人于萑苻之泽。"杜预注："萑苻，泽名，于泽中劫人。"后因称盗贼出没之处为"萑苻"。亦作"萑蒲"。

萑兰　同"汍澜"。流泪貌。《汉书·息夫躬传》："涕泣流兮萑兰。"

萑苇　两种芦类植物：萑，长成的蒹；苇，长成的葭。《诗·小雅·小弁》："萑苇淠淠。"又《豳风·七月》："七月流火，八月萑苇。"

梡（huán）　刮摩。《法言·吾子》："断木为棋，梡革为鞠。"

另见 kuǎn。

貆㊀（huán，又读 xuān）　幼小的貉。《诗·魏风·伐檀》："不狩不猎，胡瞻尔庭有县（悬）貆兮？"郑玄笺："貉子曰貆。"参见"貉（hé）"。

㊁（huán）　亦作"狟"。豪猪。《山海经·北山经》："〔谯明之山〕有兽焉，其状如貆而赤豪。"郭璞注："貆，豪猪也。"

另见 huān。

羱（huán）　同"羱"。

羱（huán）　细角的山羊。《后汉书·马融传》："完羱"李贤注："完羱，野羊也。臣贤按字书作羱。"王先谦集解引惠栋曰："羱，山羊细角者。"

鋬〔鋬〕（huán）❶古代重量单位。《书·吕刑》："其罚百鋬。"孙星衍注："古《尚书》说，百鋬，鋬者率也；一率，十一铢，二十五分铢之十三也。百鋬为三斤。马融曰：'鋬，锊也；锊，十一铢，二十五分铢之十三也。贾逵说，俗儒以锊重六两。《周官》剑重九锊，俗儒近是。'郑康成曰：'鋬，六两也。'"按率即锊，锊即鋬。参见"锊"。引申为钱币或罚金的代称。如：罚鋬。❷通"环"。《汉书·孝成赵皇后传》："仓琅根，宫门铜鋬也。"

圜（huán）　通"环"。环绕。《列子·说符》："有悬水三十仞，圜流九十里。"

另见 yuán。

闤〔闤〕（huán）　环绕市区的墙。亦指市区。《文选·张衡〈西京赋〉》："尔乃廓开九市，通闤带阓。"薛综注："闤，市营也。"参见"闤阓"。

闤阓　闤，市区的墙；阓，市区的门。古时市道在墙与门之间，故通称市区为"闤阓"。左思《蜀都赋》："闤阓之里，伎巧之家。"后即用以指市肆。亦指街道。《广雅·释宫》："闤阓，道也。"王念孙疏证："案阓为市垣，阓为市门，而市道即在垣与门之内，故亦得闤阓之名。"

澴（huán）❶流水回旋涌起貌。《文选·郭璞〈江赋〉》："漩澴荥濚。"李善注："皆波浪回旋溃涌而起之貌也。"❷水名。见"澴水"。

澴水　长江中游支流。在湖北省中部偏东。源出广水市营盘山，南流经孝感市到黄陂县南谌家矶入长江。长 151 公里，流域面积 3 618 平方公里。孝感以下可通航。

寰（huán）❶犹区宇，谓广大的境域。如：人寰；瀛寰。❷通"环"。如：寰球。参见"寰海"。❸古指距京都千里以内的地面，即王畿。《穀梁传·隐公元年》："寰内诸侯，非有天子之命，不得出会诸侯。"

寰海　犹言海内。裴度《铸剑戟为农器赋》："寰海镜清，方隅砥平。"

寰宇　犹言宇内；天下。《南史·梁简文帝等纪论》："声振寰宇。"

嬛（huán）　见"嫏嬛"。

另见 qióng，yuān。

繯〔繯〕（huán，又读 huàn）❶旗上的系结。《汉书·扬雄传上》："青云为纷，虹霓为繯。"❷绳圈；绞索。如：投繯（自缢）；繯首（绞杀）。《文献通考·刑考》："因繯而死。"注："谓以绳为繯，投之而缢。"

繯囊　包络囊括。《后汉书·马融传》："挚敛九薮之动物，繯囊四野之飞征。"

瓛〔瓛〕（huán）　圭名。《说文·玉部》："瓛，桓圭，公所执。"圭长九寸。

豲（huán，又读 yuán）　一种野猪。《逸周书·周祝解》："豲有爪而不敢以撅。"

轘〔轘〕（huán）　见"轘辕"。

另见 huàn。

轘辕　形容山路曲折险阻。《管子·地图》："凡兵主者必先审知地图。轘辕之险，滥车之水……必尽知之。"尹知章注："谓路形若辕而又轘曲。缑氏东南有轘辕道是也。"

豲（huán）　同"豲"。

镮〔鐶〕（huán）　同"环（環）"。张籍《蛮中》诗："玉镮穿耳谁家女，自抱琵琶迎海神。"

鬟（huán）　古代妇女的环形发髻。杜甫《月夜》诗："香雾云鬟湿。"

huǎn

綄〔綄〕（huán）　古代的候风器。详"五两"。

皖（huǎn）❶星明亮貌。《诗·小雅·大东》："皖彼牵牛。"❷果实浑圆貌。《诗·小雅·杕杜》："有皖其实。"❸平整光滑貌。《礼记·檀弓上》："华而皖，大夫之箦与！"陆德明释文引孙炎曰："皖，漆也。"❹见"皖皖"。

皖皖　视貌。《庄子·天地》："皖皖然在缧绁之中，而自以为得。"成玄英疏："皖皖，视貌也。"

缓〔緩〕（huǎn）❶慢；迟；延迟。如：缓办；缓步当车。《孟子·滕文公上》："民事不可缓也。"❷宽；松。《古诗十九首》："相去日已远，衣带日已缓。"❸柔软。《吕氏春秋·任地》："使地肥而土缓。"

缓兵之计　设法拖延时间，使事态暂时缓和的策略。《三国演义》第九

十九回：“郃（张郃）曰：‘孔明用缓兵之计，渐退汉中，都督何故怀疑，不早追之？’”

缓带 放宽衣带。从容自在貌。《穀梁传·文公十八年》：“一人有子，三人缓带。”杨士勋疏：“缓带者，优游之称也。”也指宽松的衣带。参见“轻裘缓带”。

缓急 ❶宽缓和急迫。《汉书·食货志下》：“令有缓急，故物有轻重。”❷指紧急。多谓情势急迫。《史记·游侠列传序》：“且缓急人之所时有也。”

缓颊 《汉书·高帝纪上》：“汉王如荥阳，谓郦食其曰：‘缓颊往说魏王豹。’”颜师古注引张晏曰：“缓颊，徐言引譬喻也。”后用以称婉言劝解或代人讲情。

缓解 激烈的程度逐渐降低。如：病势缓解。亦谓使激烈的程度降低。如：缓解矛盾。

缓言 汉代注家譬况字音用语。同“急言”相反。如《淮南子·原道训》：“蛟龙水居。”高诱注：“蛟读人情性交易之交，缓气言乃得耳。”又《本经训》：“飞蛩满野。”高诱注：“蛩，一曰蝗也，沇州谓之螣，读近殆，缓气言之。”考汉人所称缓言诸例，都是无i[i]介音的洪音字；这些字发音舒缓自然，故名。一说，缓言可能是读长音之意。

攌（huǎn） 拘禁。也指监狱。《正字通·手部》：“攌，拘系也。‘攌’与‘圜’通，狱名，圜土使囚不得越出也。”《史记·屈原贾生列传》：“拘士系俗兮，攌如囚拘。”

huàn

幻（huàn） ❶不真实的；虚构的。如：幻像；幻境；梦幻。❷变化。如：变幻莫测。张衡《西京赋》：“奇幻儵忽，易貌分形。”❸惑乱。《书·无逸》：“民无或胥诪张为幻。”孔传：“下民无有相欺诳幻惑也。”

幻境 虚幻的境界。程钜夫《家园见梅有怀同僚》诗：“罗浮本幻境，前梦觉已谖。”谖，忘记。

幻人 即眩人。古称魔术艺人。《后汉书·西南夷传》：“献乐及幻人，能变化吐火，自支解，易牛马头。”见“眩（huàn）”。

幻术 ❶杂技节目。参见“戏法”、“魔术”。❷指方士、术士眩惑人的法术。《水浒全传》第九十四

回：“偶游崆峒山，遇异人传授幻术，能呼风唤雨，驾雾腾云。”

幻想 指向未来的想像。可以超脱现实来满足某种愿望。切合实际需要的幻想能引导人在事业上追求进步，而脱离现实过远的幻想则是无益的空想。

幻影 虚幻的景象。语出《金刚经》“一切有为法，如梦幻泡影”。苏轼《登州海市》诗：“心知所见皆幻影，敢以耳目烦神工。”

奂（huàn） ❶鲜明貌；盛貌。《礼记·檀弓下》：“晋献文子成室，晋大夫发焉。张老曰：‘美哉轮焉，美哉奂焉！’”《汉书·韦玄成传》：“既耆致位，惟懿惟奂。”颜师古注：“奂，盛也。”❷通“涣”。见“奂衍”。❸姓。明代有奂忠。

奂衍 多而布满的样子。《文选·嵇康〈琴赋〉》：“丛集累积，奂衍于其侧。”李善注：“奂，散貌；衍，溢也。”刘良注：“奂衍，多貌。”

疢（huàn） 痈疽。《庄子·大宗师》：“彼以生为附赘县疣，以死为决疢溃痈。”

宦（huàn） ❶做官。如：仕宦。宦游。古乐府《孔雀东南飞》：“说有兰家女，承籍有宦官。”❷古代为帝王奴隶之称。《国语·越语下》：“〔越王〕令大夫种守于国，与范蠡入宦（一作官）于吴。”韦昭注：“宦，为臣隶也。”❸太监。《后汉书·宦者传序》：“中兴之初，宦官悉用阉人，不复杂调它士。”《文选·范晔〈宦者传论〉》李善注：“宦者，养也；养阉人使其看宫人，此是小臣。”参见“宦官”。❹姓。

宦达 做官显达。李密《陈情表》：“本图宦达，不矜名节。”

宦官 ❶仕宦之通称。古乐府《孔雀东南飞》：“说有兰家女，承籍有宦官。”❷内廷中侍奉皇帝及其家人的人员。东汉前，宦官非仅阉人，以后专用阉人。史书上称为寺人、阍（奄）人、阉宦、宦者、中官、内官、内臣、内侍、内监等。战国时赵有宦者令。秦汉宦官属少府；隋、唐、宋设内侍省，用宦官主管。唐宋宦官并有直接统率军队者。明代设十二监、四司、八局，各专设掌印太监提领，称二十四衙门。主官以下的宦官，不称太监。清代宦官以总管太监、首领太监等为首，隶内务府。一般宦官也称太监，宦官与太监始为同义词。宦官本不能干预政事，但其上层分子为皇帝最亲近的奴仆，每能窃取权力，东汉、

唐、明都发生过宦官专权的事实。

宦海 旧以官场险恶，如处海潮中浮沉无定，故称官场为“宦海”。《儒林外史》第八回：“宦海风波，实难久恋。”

宦囊 指任官所得财货。《牡丹亭·训女》：“宦囊清苦，也不曾诗书误儒。”

宦人 犹宦者。古代宫中供役使的小臣。后指阉人，太监。《史记·李斯列传》：“夫高（赵高），故宦人也。”《后汉书·宦者传序》：“然宦人之在王朝者，其来旧矣，将以其体非全气，情志专良，通关中人，易以役使乎？”

宦寺 即宦官。宦官一称寺人，故称“宦寺”。《新唐书·李石传》：“宦寺气盛，陵暴朝廷。”参见“寺人”。

宦途 犹仕途。仕宦登进之路。陆游《游山》诗：“果向此中能得趣，宦途捷径不须曾。”

宦学 宦，学习做官；学，学习经艺。《礼记·曲礼上》：“宦学事师，非礼不亲。”孔颖达疏引熊安生曰：“官（宦），谓学仕官之事；学，谓习学六艺。”孙希旦集解：“宦，谓已仕而学者。学，谓未仕而学者。”《后汉书·应劭传》：“诸子宦学，并有才名。”

宦游 旧谓在外求官或做官。《汉书·司马相如传上》：“长卿久宦游，不遂而困。”杜审言《和晋陵陆丞早春游望》：“独有宦游人，偏惊物候新。”

换（huàn） ❶互易；对调。《晋书·阮孚传》：“尝以金貂换酒。”❷变易；更改。王勃《滕王阁》诗：“物换星移几度秋。”苏轼《洞仙歌》词：“又不道、流年暗中偷换。”

换鹅 王羲之看见山阴道士有群鹅，非常喜欢，道士要求羲之写《黄庭经》来交换，羲之就写了给他。见《白孔六帖》卷九十五。李白《送贺宾客归越》诗：“山阴道士如相见，应写《黄庭》换白鹅。”赵德麟《侯鲭录》卷一：“昔王右军字，为换鹅书。”按《晋书·王羲之传》作写《道德经》。参见“笼鹅”。

换汤不换药 比喻名称或外表虽改换，实质未变。

换帖 旧时异姓的人结拜为兄弟，交换写有年龄、籍贯、家世等的帖子，称为“换帖”。如：换帖弟兄。《官场现形记》第三十七回：“刘颐伯喜之不尽，立刻问过老太爷，把某年换帖的话告诉了陆老爷。”

眩（huàn） 通“幻”。《汉书·张骞传》：“犛轩眩人。”颜师古注：“眩读与幻同，即今吞刀、吐火、植瓜、种树、屠人、截马之术皆是也。”

另见 xuàn。

唤（huàn） ❶呼唤。白居易《琵琶行》：“千呼万唤始出来。”❷召。《北齐书·张子信传》：“今夜有人唤，必不得往，虽敕亦以病辞。”❸鸡啼。古乐府《鸡鸣歌》：“汝南晨鸡登坛唤。”

圂（huàn） 通“豢”。见“圂腴”。

另见 hùn。

圂腴 猪、犬的肠。《礼记·少仪》：“君子不食圂腴。”孔颖达疏：“圂，猪、犬也；腴，猪、犬肠也。”陆德明释文：“圂与豢同。”

涣（huàn） ❶消散；离散。《老子》：“涣兮若冰之将释。”《荀子·议兵》：“事大敌坚，则涣焉离耳。”❷水盛貌。见“涣涣”。❸六十四卦之一，坎下巽上。《易·涣》：“象曰：风行水上，涣。”

涣涣 形容水流盛大。《诗·郑风·溱洧》：“溱与洧，方涣涣兮。”毛传：“涣涣，春水盛也。”郑玄笺：“仲春之时，冰以释，水则涣涣然。”《汉书·地理志》引作“灌灌”。

涣烂 形容文采华美。《后汉书·延笃传》：“洋洋乎其盈耳也，涣烂兮其溢目也。”

涣然冰释 本作“涣若冰释”。《老子》：“涣兮若冰之将释。”像冰遇到热一下子消融。多指疑虑、困难或误会得到解除而言。杜预《春秋左氏传序》：“涣然冰释，怡然理顺。”参见“涣❶”。

涣散 离散；分散；散漫。《易林·归妹之离》：“精神涣散，离其躬身。”韩愈《南内朝贺归呈同官》诗：“绿槐十二街，涣散驰轮蹄。”

浣〔澣〕（huàn，旧读 huǎn） ❶洗濯。《诗·周南·葛覃》：“薄浣我衣。”黄景仁《山铿》诗：“沙边少妇来浣衣，稚子自守林间扉。”❷唐代制度，官吏每十天休息洗沐一次，后因称每月上、中、下旬为上、中、下浣。《新唐书·刘晏传》：“质明视事，至夜分止，虽休浣不废。”

另见 guǎn。

浣花日 陆游《老学庵笔记》卷八：“四月十九日，成都谓之浣花遨头。宴于杜子美草堂沧浪亭，倾城皆出，锦绣夹道。自开岁宴游，至是而止，故最盛于他时。予客蜀数年，屡赴此集，未尝不晴。蜀人云：‘虽戴白之老，未尝见浣花日雨也。’”按宴游地在成都西浣花溪旁，故名。

浣溪沙 ❶唐教坊曲名，后用为词牌。一作《浣纱溪》，又名《小庭花》等。双调四十二字，平韵。南唐李煜有仄韵之作。又宋周邦彦曾作《浣溪沙慢》，双调九十三字，仄韵。❷曲牌名。有二，均属南曲南吕宫。其一字句格律与词牌半阕同，用作引子；另一与词牌不同，用作过曲。

患（huàn） ❶祸害；灾难。如：防患未然。《左传·襄公十一年》：“有备无患。”❷忧虑；厌恶。《论语·学而》：“不患人之不己知，患不知人也。”《左传·宣公二年》：“宣子骤谏，公患之。”❸害（病）；病。《晋书·桓石虔传》：“时有患疟疾者。”《南史·江蒨传》：“旧有眼患。”

患得患失 旧指忧虑禄位之得失。《论语·阳货》：“鄙夫可与事君也与哉！其未得之也，患得之；既得之，患失之。”今谓一味忧虑个人的利害得失为“患得患失”。鲁迅《两地书》六十：“既无‘患得患失’的念头，心情也自然安泰。”

患难 祸害灾难。《墨子·贵义》：“若有患难，则使百人处于前，数百于后。”

焕（huàn） 鲜明；光亮。如：焕然一新。潘尼《安石榴赋》：“遥而望之，焕若随珠耀重川。”随珠，随侯之珠，传说宝珠名。费唐臣《贬黄州》第一折：“万里云烟挥翰墨，一天星斗焕文章。”

焕发 光彩四射貌。如：精神焕发。李肇《国史补》：“蜀人织锦初成，必濯于江水，然后文彩焕发。”《聊斋志异·阿绣》：“母亦喜，为之盥濯，竟妆，容光焕发。”

焕赫 光明显赫貌。《抱朴子·知止》：“焕赫有委灰之兆，春草为秋瘁之端。”

逭（huàn） 避；逃。如：逭暑。《书·太甲中》：“自作孽，不可逭。”

痪（huàn） 见“瘫”。

傆（huàn） 《荀子·儒效》：“傆然若终身之虏，而不敢有他志，是俗儒者也。”杨倞注：“傆，字书无所见，盖环绕拘囚之貌。”王念孙《读书杂志·荀子》：“傆盖億（今作亿）字之误。《说文》：‘億，安也，从人意声。’……億然，安然也。言俗儒居人国中，苟图衣食，安然若将终身，而不敢有他志也。”一说“傆”为“患”的累增字，字书失收。“傆然”有患得患失之意，故曰“若终身之虏”。

豢（huàn） ❶喂养牲畜。《礼记·乐记》：“豢豕为酒。”郑玄注：“以谷食犬豕曰豢。”❷食谷的牲畜。见“刍豢”。❸比喻收买、利用。《左传·哀公十一年》：“吴将伐齐，越子率其众以朝焉。王及列士皆有馈赂。吴人皆喜，唯子胥惧，曰：‘是豢吴也夫。’”杜预注：“若人养牺牲，非爱之，将杀之。”

豢养 喂养牲畜。现常比喻收买、利用。鲁迅《二心集·丧家的“资本家的乏走狗”》：“凡走狗，虽或为一个资本家所豢养，其实是属于所有的资本家的，所以它遇见所有的阔人都驯良，遇见所有的穷人都狂吠。”

澴（huàn） 见“澴漫”。

澴漫 同“漫澴”。陈造《泊慈湖北岸》诗：“坐觉江流平，澴漫裂三股。”

橸（huàn） 木名。即无患木。其子可作念珠，因即以“橸子”为念珠的代称。郝敬《与四肖玉书》：“妇女披缁持橸子，修西方。”

鯇〔鲩〕（huàn） 鱼名。即“草鱼”。

擐（huàn，又读 guān） 套；穿。《左传·成公十三年》：“文公躬擐甲胄。”

另见 xuān。

轘〔轘〕（huàn） 古代车裂人体的酷刑。《左传·桓公十八年》：“齐人杀子亹而轘高渠弥。”杜预注：“车裂曰轘。”《释名·释丧制》：“车裂曰轘；轘，散也，肢体分散也。”

另见 huán。

豲（huàn） 同“豢”。《庄子·达生》：“吾将三月豲汝。”陆德明释文引司马彪云：“豲，养也。”

鯶（huàn） 同“鲩”。

huāng

巟（huāng） ❶广大。《说文·巜部》：“巟，水广也。……《易》曰：‘包巟用冯河。’”段玉裁注：“引申为凡广大之偁。《周颂》：‘天作高山，大王荒之’《传》曰：‘荒，大也。’凡此等皆假荒为巟也。荒，芜也。荒行而巟废矣。”按今本《易·

泰》作荒。❷及，至。见《玉篇·川部》。

肓（huāng）　中医指心脏和膈膜之间。详"膏肓"。

荒（huāng）　❶未开垦的；荒芜。如：荒山。陶潜《归去来辞》："三径就荒，松菊犹存。"❷荒凉；荒僻。如：荒村；荒郊。杜甫《禹庙》诗："荒庭垂橘柚，古屋画龙蛇。"❸五谷不熟，庄稼歉收。如：灾荒；荒年。❹空。《国语·吴语》："吴王乃许之，荒成不盟。"❺荒废；弃置。如：荒疏；荒失。韩愈《进学解》："业精于勤，荒于嬉。"❻迷乱。如：荒淫。参见"荒亡"。❼通"亡"。灭亡。《太玄·内》："荒家及国。"❽有。《诗·鲁颂·閟宫》："遂荒大东。"毛传："荒，有也。"❾掩；覆盖。《诗·周南·樛木》："葛藟荒之。"❿大。《诗·大雅·公刘》："幽居允荒。"⓫边陲；边疆。《三国志·魏志·陈留王奂传》："乞赐褒奖，以慰边荒。"参见"八荒"。⓬柳衣，即棺罩。《礼记·丧服大记》："士布帷布荒一池。"郑玄注："荒，蒙也。在旁曰帷，在上曰荒。"⓭通"恍"。见"荒忽"。⓮通"肓"。《史记·扁鹊仓公列传》："搦髓脑，揲荒。"司马贞索隐："荒，膏荒也。"

荒诞　不真实，不近情理；虚妄不可信。如：荒诞不经。李白《大猎赋》："哂穆王之荒诞，歌白云之西母。"

荒忽　同"恍惚"。隐约不可辨识。《文选·张衡〈思玄赋〉》："追荒忽于地底兮。"李善注："幽昧貌。"

荒鸡　在半夜不照一定时间啼叫的鸡。古时迷信以为恶声不祥。《晋书·祖逖传》："中夜闻荒鸡鸣，蹴琨（刘琨）觉，曰：'此非恶声也！'因起舞。"陆游《夜归偶怀故人独孤景略》诗："刘琨死后无奇士，独听荒鸡泪满衣。"参见"闻鸡起舞"。

荒俭　犹荒歉。《晋书·孝武帝纪》："以比岁荒俭，大赦，自太元三年以前逋租宿债皆蠲除之。"

荒凉　荒芜；冷落；寂寥。温子昇《寒陵山寺碑》："寂寞销沉，荒凉磨灭。"李贺《金铜仙人辞汉歌》："携盘独出月荒凉，渭城已远波声小。"

荒唐　广大；漫无边际。《庄子·天下》："荒唐之言。"后称说话没有根据或行为不合情理为"荒唐"。苏轼《答守寺丞书》："以不喜之心，强其所不长，其荒唐谬悠可知也。"

荒外　❶八荒之外的地方。详"八荒"。❷荒僻的地方。张协《七命》："大夫不遗，来萃荒外。"

荒亡　指沉迷于田猎宴饮。《孟子·梁惠王下》："从流下而忘反谓之流，从流上而忘反谓之连，从兽无厌谓之荒，乐酒无厌谓之亡。先王无流连之乐，荒亡之行。"赵岐注："流、连、荒、亡，皆骄君之溢行也。"后亦泛指行为放纵没有节制。

衁（huāng）　血。《说文·血部》："衁，血也。"《春秋传》：'士刲羊，亦无衁也。'"徐锴系传："心上血也。"按《易·归妹》作"士刲羊无血"。

慌（huāng）　忘记。《广雅·释诂二》："慌，忘也。"王念孙疏证："慌之言荒。荒，忘也。《楚语》云：'恐其荒失遗忘也。'"

䀮（huāng）　目不明。《灵枢经·经脉》："目䀮䀮如无所见。"

瑝（huāng）　开采出来的矿石。

幌（huāng）　幌氏，古代设色之工的名称。《考工记·总序》："设色之工，画、缋、钟、筐、幌。"参见"幌氏"。

幌氏　古代漂丝设色之工。《考工记·幌氏》："幌氏湅丝以涗水，沤其丝七日。"

慌（huāng）　❶急遽；忙乱。如：不慌不忙。❷恐慌。《红楼梦》第二十五回："黛玉并众丫鬟都唬慌了。"❸难受。如：闷得慌。
另见 huǎng。

慌张　恐惧紧张。《儒林外史》第三十九回："你快将葫芦酒拿到庵里去，脸上万不可做出慌张之象。"

膴（huāng）　肉间。见《玉篇·肉部》。

韹（huāng）　象声。杨维桢《木兰辞》："金韹韹，鼓镗镗。"亦作"喤喤"、"锽锽"。

huáng

皇（huáng）　❶大。《诗·大雅·皇矣》："皇矣上帝。"❷君主。如：三皇五帝。也指神。如：玉皇；东皇。❸犹言显。如：皇考；皇祖。亦作皇考的省称。《离骚》："皇览揆余初度兮。"王逸注："皇，皇考也。"❹辉煌。《诗·小雅·采芑》："朱芾斯皇。"毛传："皇，犹煌煌也。"❺黄白色。《诗·豳风·东山》："皇驳其马。"❻美。《诗·周颂·烈文》："念兹戎功，继序其皇之。"孔颖达疏："思继续先人之大功而美之。"❼仪态庄严。《仪礼·聘礼》："宾入门皇。"郑玄注："皇，自庄盛也。"❽冠名。《礼记·王制》："有虞氏皇而祭。"郑玄注："皇，冕属也，画羽饰焉。"❾"凰"的本字。《书·益稷》："凤皇来仪。"❿通"匡"。匡正。《诗·豳风·破斧》："四国是皇。"⓫通"遑"。闲暇；有暇。《左传·哀公五年》："不敢怠皇。"《礼记·表记》："我今不阅，皇恤我后？"⓬通"况"。《书·秦誓》："我皇多有之。"《公羊传·文公十二年》作"而况乎我多有之"。⓭姓。春秋时齐有皇士。

皇后　❶君主。《书·顾命》："皇后凭玉几，道扬末命。"孔传："大君成王言凭玉几，所道称扬终命。"一说指康王。❷皇帝的正妻。上古只称"后"，秦以后，天子称皇帝，遂有皇后之称，历代沿袭。

皇皇　❶《论语·尧曰》："敢昭告于皇皇后帝。"何晏集解："皇，大，后，君也。大大君帝，谓天帝也。"❷通达貌。《庄子·知北游》："其来无迹，其往无崖，无门无房，四达之皇皇也。"❸美盛貌。《诗·鲁颂·泮水》："烝烝皇皇。"❹同"煌煌"。光明貌。《国语·越语下》："天道皇皇，日月以为常。"❺同"遑遑"。匆忙貌。《楚辞·九叹·怨思》："征夫皇皇，其孰依兮？"❻同"惶惶"。心不安貌。《礼记·檀弓上》："皇皇如有望而弗至。"

皇极　古谓帝王统治天下的准则。《书·洪范》："五、皇极，皇建其有极。"孔颖达疏："皇，大也，极，中也；施政教，治下民，当使大得其中，无有邪僻。"《晋书·武帝纪》："地平天成，万邦以乂，应受上帝之命，协皇极之中。"亦指帝王之位。干宝《晋纪总论》："至于世祖，遂享皇极。"

皇考　❶古代称父曾祖为"皇考"。《礼记·祭法》："曰皇考庙。"孔颖达疏："曰皇考庙者，曾祖也。"黄宗羲《金石要例》："范育吕叔和墓表，称曾祖为皇考。"❷父祖的通称。《诗·周颂·雍》："假哉皇考，绥予孝子。"孔颖达疏："考者，成德之名，可以通其父祖。"❸宋代以前，一般尊称亡父为皇考；元代以后，用为皇帝亡父的专称。《礼记·曲礼下》："祭王父曰皇祖考，王母曰皇祖妣，父曰皇考，母曰皇妣。"王父，祖父；王母，祖母。《离骚》："朕皇考曰伯庸。"王逸注："皇，美也；父死称考。"《称谓录》

卷一：“唐宋碑志每称其父曰皇考，欧阳修《泷冈阡表》亦然，南宋以后始禁止之。”

皇太后　皇帝之母。秦汉以后历代沿称。

皇太子　皇帝指定的继承人。一般为皇帝的嫡长子，但亦常有例外，由皇帝选定册立。

皇天　对天的尊称。旧时常与“后土”并用，合称天地。《左传·僖公十五年》：“君履后土而戴皇天，皇天后土，实闻君之言。”

皇统　帝位传承的统系。张衡《东京赋》：“忿奸慝之干命，怨皇统之见替。”

皇祖　❶古时王室称其祖父。《书·五子之歌》：“皇祖有训。”按《五子之歌》传为太康五弟所作，皆启之子、禹之孙。后亦用以尊称已故的祖父。沈约《郊居赋》：“伊皇祖之弱辰，逢时艰之孔棘。”❷泛指帝王的远祖。《诗·鲁颂·閟宫》：“皇祖后稷，享以骍牺。”按后稷为周之远祖。

翚（huáng）❶古代祭神的一种羽舞。见《说文·羽部》。❷同“凰”。龚自珍《燕昭王求仙台赋》：“偃星辰，招鸾翚。”

黄（huáng）❶金子或成熟的杏子的颜色。如：金黄；杏黄。❷黄帝的简称。如：黄老；炎黄。陶潜《时运》诗：“黄、唐莫逮，慨独在余。”❸马名。《诗·鲁颂·駉》：“有骊有黄。”毛传：“黄骍曰黄。”孔颖达疏：“骍者，赤色；谓黄而杂色者也。”❹指幼儿。古户役制，隋代以三岁以下的幼儿为黄，唐代以初生婴儿为黄。见《文献通考·户口考》。❺古国名。嬴姓。在今河南潢川西。《春秋》僖公十二年（公元前648年）：“楚人灭黄。”❻姓。

黄白　黄金与白银。古代指方士烧炼丹药点化金银的法术。《汉书·淮南王安传》：“又有《中篇》八卷，言神仙黄白之术，亦二十余万言。”后用为金银的别称。《古今小说》卷二十三：“老尼遂取出黄白一包，……以为路资。”

黄肠　古代葬具。《汉书·霍光传》：“赐……梓宫、便房、黄肠题凑各一具。”颜师古注引苏林曰：“以柏木黄心致累棺外，故曰黄肠。木头皆内向，故曰题凑。”致累，积叠得很严密。谢惠连《祭古冢文》：“黄肠既毁，便房已颓。”

黄裳　《易·坤》：“六五，黄裳，元吉。象曰：‘文在中也。’”黄裳，本为黄色的裙子。《易经》坤卦以六为臣位，五为尊位；黄，中色；裳，下饰。谓臣居尊位，必以黄裳自处，明哲保身。卢照邻《中和乐·歌储宫》：“黄裳元吉，邦家以宁。”此歌颂太子。

黄疸　人体血液中胆红素浓度超过正常值而使巩膜、皮肤、粘膜和其他组织黄染的现象。可分：(1)溶血性黄疸。由大量红细胞破坏（即溶血）引起。(2)梗阻性黄疸。由胆道排泄胆汁障碍引起。(3)肝细胞性黄疸。由后天性肝细胞功能不全引起。(4)先天性非溶血性黄疸。由先天性肝细胞功能不全引起。中医学上“疸”亦作“瘅”。见《素问·平人气象论》。《金匮要略》分为谷疸、酒疸、黑疸、女劳疸、黄汗五种。后世又分两类：(1)阳黄。由湿热熏蒸、胆热液泄所致，见黄色鲜明、身热口渴、小便黄赤、苔黄腻、脉滑数等症，治宜宣通胃腑、清热利湿；(2)阴黄。由脾脏寒湿不运、胆液浸淫所致，见黄色晦滞、神疲乏力、纳少便溏、畏寒肢倦、脉沉细迟、苔白腻等症，治宜健脾化湿、温阳等法。

黄道吉日　迷信星命之说，谓青龙、明堂、金匮、天德、玉堂、司命等六辰都是吉神。六辰值日的日子，诸事皆宜，不避凶忌，称为“黄道吉日”。

黄帝　❶传说中中原各族的共同祖先。姬姓，号轩辕氏、有熊氏。少典子。相传炎帝扰乱各部落，他得到各部落的拥戴，在阪泉（今河北涿鹿东南）打败炎帝。后蚩尤扰乱，他又率领各部落在涿鹿（今河北涿鹿东南）击杀蚩尤。从此他由部落首领被拥戴为部落联盟领袖。传说有很多发明创造，如养蚕、舟车、文字、音律、医学、算数等，都创始于黄帝时期。现存《素问》一书，即系托名黄帝与岐伯、雷公等讨论医学的著作，相传是《黄帝内经》的一部分。黄帝又被战国时黄老学派推崇为始祖。今国人自称炎、黄子孙，即指他与炎帝。❷中国古代神话中的五天帝之一。系中央之神。《晋书·天文志上》：“黄帝坐在太微中，含枢纽之神也。”道教尊为“中央黄帝玄灵黄老一炁天君”。

黄耳　《晋书·陆机传》：“机有骏犬名曰黄耳，甚爱之。既而羁寓京师，久无家问。笑语犬曰：‘我家绝无书信，汝能赍取消息不？’犬摇尾作声。机乃为书，以竹筒盛之而系其颈。犬寻路南走，遂至其家，得报还洛。”后因以“黄耳”为寄递家书的典

故。张翥《余伯畴归浙东简郡守王居敬》诗：“家信十年黄耳犬，乡心一夜白头乌。”

黄发　指年老；亦指老人。《诗·鲁颂·閟宫》：“黄发台背。”郑玄笺：“皆寿征也。”《书·秦誓》：“尚猷（犹）询兹黄发。”

黄公　晋王戎曾与嵇康阮籍饮酒于黄公酒垆，后因以“黄公”为酒店之称。张谓《湖上对酒行》：“茱萸湾头归路赊，愿公且宿黄公家。”

黄耇　形容长寿者。《诗·小雅·南山有台》：“乐只君子，遐不黄耇。”朱熹集传：“黄，老人发复黄也；耇，老人面冻梨色，如浮垢也。”亦用以称元老。《汉书·师丹传》：“丹，经为世儒宗，德为国黄耇。”

黄冠　❶古代指箬帽之类。蜡祭时戴之。《礼记·郊特牲》：“黄衣黄冠而祭，息田夫也。野夫黄冠；黄冠，草服也。”❷道士所戴束发之冠。用金属或木类制成，其色尚黄，故曰黄冠。因以为道士的别称。一说起于隋代李播，据《新唐书·方技传》载，“李淳风父播，仕隋高唐尉，弃官为道士，号‘黄冠子’”。后世遂用以指道士。

黄河清　黄河浑浊难清，有时忽清，旧时以为是祥瑞。李康《运命论》：“黄河清而圣人生。”又以比喻难得、罕见的事情。《宋史·包拯传》：“拯立朝刚毅，贵戚宦官，为之敛手，闻者皆惮之。人以包拯笑比黄河清。”

黄鹤　传说中仙人所乘的一种鹤。崔颢《黄鹤楼》诗：“昔人已乘黄鹤去，此地空馀黄鹤楼。黄鹤一去不复返，白云千载空悠悠。”后因以“黄鹤”比喻一去不返。如：杳如黄鹤。

黄鹄　鸟名。《楚辞·惜誓》：“黄鹄之一举兮，知山川之纡曲。”朱骏声《说文通训定声·孚部》：“形似鹤，色苍黄，亦有白者，其翔极高，一名天鹅。”

黄花　❶菊花。《淮南子·时则训》：“菊有黄华（花）。”❷菜花。司空图《独望》诗：“绿树连村暗，黄花入麦稀。”

黄昏　❶日落而天未黑时。古乐府《孔雀东南飞》：“奄奄黄昏后，寂寂人定初。”❷昏暗之色。林逋《山园小梅》诗：“疏影横斜水清浅，暗香浮动月黄昏。”

黄卷　书籍。古人用辛味、苦味之物染纸以防蠹，纸色黄，故称“黄卷”。写错可用雌黄涂改。《新唐书

·狄仁杰传》：“黄卷中方与圣贤对，何暇偶俗吏语耶！”

黄绢幼妇　“绝妙”二字的隐语。《世说新语·捷悟》：“魏武尝过曹娥碑下，杨修从。碑背上见题作‘黄绢幼妇，外孙𩐹臼’八字……修曰：‘黄绢，色丝也，于字为绝。幼妇，少女也，于字为妙。外孙，女子也，于字为好。𩐹臼，受辛也，于字为辞。所谓绝妙好辞也。’”按“受辛”合为“辝”，是“辞(辭)”的异体字。

黄口　❶雏鸟。谢朓《咏竹》诗：“青扈飞不碍，黄口得相窥。”❷指儿童。《淮南子·汜论训》：“古之伐国，不杀黄口。”

黄老　黄帝与老子。道家尊二人为始祖，因以“黄老”代称道家。《史记·魏其武安侯列传》：“太后(窦太后)好黄老之言。”

黄鹂　鸟纲，黄鹂科。中国常见的为黑枕黄鹂(*Oriolus chinensis diffusus*)，亦称“黄莺”、“黄鸟”、“鸧鹒”。体长约25厘米。雄鸟羽色金黄而有光泽，头部有通过眼周直达枕部的黑纹。翼和尾的中央黑色。雌鸟羽色黄中带绿。树栖。鸣声婉转，常被饲作观赏鸟。主食林中有害昆虫。夏季分布于中国和日本，冬迁马来西亚、印度和斯里兰卡等地。

黄历　❶清代朝廷颁发的历书。后亦泛指历本。除载农时节气外，又有迷信的“宜忌”；如某日宜祭祀，某日忌出行，某日喜神在何方等。❷传说中黄帝时的历法。卢照邻《中和乐·歌登封章》：“炎图丧宝，黄历开璿。”

黄粱梦　唐沈既济《枕中记》载：卢生在邯郸客店中昼寝入梦，历尽富贵繁华。梦醒，主人炊黄粱尚未熟。后因以喻虚幻的事和欲望的破灭。

黄流　❶古代玉瓒上的黄金勺鼻。《诗·大雅·旱麓》：“瑟彼玉瓒，黄流在中。”毛传：“黄金所以饰流鬯也。”流鬯，谓鬯酒所由流出的勺鼻，黄金所饰，故曰黄流。参见“瓒❷”、“流❷”。又郑玄笺：“黄流，秬鬯也。”与毛传不同。罗愿《尔雅翼·释草八》：“古者酿黑黍为酒，所谓秬者；以郁草和之，则酒色香而黄，在器流动，《诗》所谓‘黄流在中’者也。”❷黄河的水流。韩愈《感二鸟赋》：“过潼关而坐息，窥黄流之奔猛。”

黄垆　❶极深的地下。犹言黄泉。《淮南子·览冥训》：“上际九天，下契黄垆。”高诱注：“下契至黄垆，黄泉下垆土也。”垆，黑土。❷《世说新

语·伤逝》：“〔王濬冲〕乘轺车经黄公酒垆下过，顾谓后车客：‘吾昔与嵇叔夜、阮嗣宗共酣饮于此垆……自嵇生夭、阮公亡以来，便为时所羁绁。今日视此虽近，邈若山河。’”垆，安放酒瓮的土台。后世因用“黄垆”作悼念亡友之辞。

黄梅　❶成熟的梅子，色黄，故称。杜甫《梅雨》诗：“四月熟黄梅。”❷梅子成熟的季节。薛道衡《梅夏应教》诗：“长廊连紫殿，细雨应黄梅。”❸腊梅的别名。龚自珍《寒月吟》：“供黄梅一枝，朝朝写《圆觉》。”

黄梅雨　亦称梅雨。夏初梅子黄熟时之雨。陈元靓《岁时广记》卷二：“《风土记》：‘夏至雨名黄梅雨，沾衣服皆败黦。’《四时纂要》：‘梅熟而雨曰梅雨。’”

黄门　❶官署名。《汉书·霍光传》：“上乃使黄门画者画周公负成王朝诸侯以赐光(霍光)。”颜师古注：“黄门之署，职任亲近，以供天子，百物在焉，故亦有画工。”❷官名。汉唐间非宦者充任的黄门侍郎、给事黄门侍郎等官的简称。唐玄宗时并一度改门下省为黄门省，改侍中为黄门监。如：晋潘岳官给事黄门侍郎，江淹《杂体》诗称之为潘黄门。❸指宦官。汉代给事内廷有黄门令、中黄门诸官，皆以宦者充任，故称。嵇康《与山巨源绝交书》：“岂可见黄门而称贞哉！”❹指天生没有生育能力的男子。周密《齐东野语·黄门》：“世有男子虽娶妇而终身无嗣育者，谓之天阉，世俗命之曰黄门。”

黄绵袄子　比喻冬天的太阳。罗大经《鹤林玉露》卷一：“壬寅正月，雨雪连旬，忽尔开霁。闾里翁媪相呼贺曰：‘黄绵袄子出矣。’”

黄袍　❶古代帝王的袍服。王楙《野客丛书·禁用黄》：“唐高祖武德初，用隋制，天子常服黄袍，遂禁士庶不得服，而服黄有禁自此始。”❷黄鸟的别名。陆玑《毛诗草木鸟兽虫鱼疏》卷下：“黄鸟，黄鹂留也，或谓之黄栗留……或谓之黄袍。”

黄袍加身　后周时，赵匡胤为太尉，在陈桥驿发动兵变，诸将替他披上黄袍，拥立为帝，定国号为宋，是为宋太祖。见《宋史·太祖本纪》。后因以“黄袍加身”指被部属拥立为帝。

黄陂　县名。在湖北省武汉市北部，滠水流域。

黄芪　(*Astragalus membranaceus*)亦称“膜荚黄芪”、“东北黄芪”。豆

科。多年生草本。主根直而长，圆柱形。羽状复叶，小叶13～31枚，卵状披针形或椭圆形，表面无毛或略有毛，背面散生白毛，无小叶柄。夏季开花，总状花序腋生；花冠蝶形，淡黄色。荚果下垂，卵状长圆形，膨胀，薄膜质，顶端有喙，被黑色短柔毛。分布于中国东北、华北以及甘肃、四川、西藏等地。根入药，性温、味甘，功能补气固表、利水托疮，主治表虚自汗、气虚内伤、脾虚泄泻、浮肿及痈疽等。另种内蒙黄芪(*A. mongholicus*)分布于中国河北、山西、内蒙古等地。根作黄芪入药。

黄旗紫盖　古代迷信说法，天空出现黄旗紫盖状的云气，为出皇帝之兆。《三国志·吴志·孙皓传》“建衡三年”裴松之注引《江表传》：“丹阳刁玄使蜀，得司马徽与刘廙论运命历数事。玄诈增其文，以诳国人，曰：‘黄旗紫盖见于东南，终有天下者，荆、扬之君乎？’”

黄泉　❶地下的泉水。《孟子·滕文公下》：“蚓上食槁壤，下饮黄泉。”❷指人死后埋葬的地穴。亦指阴间。《左传·隐公元年》：“不及黄泉，无相见也。”

黄犬　❶黄狗。《史记·李斯列传》：“二世二年七月，具斯五刑，论腰斩咸阳市。斯出狱，与其中子俱执，顾谓其中子曰：‘吾欲与若复牵黄犬俱出上蔡东门逐狡兔，岂可得乎？’”后用以表现封建士大夫被刑时，欲重过当年平民生活亦不可得的悔恨心情。徐陵《梁贞阳侯重与王太尉书》：“东门黄犬固以长悲，南阳白衣何可复得？”❷即黄耳。王实甫《西厢记》第四本第一折：“越越的青鸾信杳，黄犬音乖。”参见“黄耳”。

黄伞格　旧时的一种书信格式，都用骈体，在八行书上每行都有颂扬或表示敬意的语句，这些语句都跳行抬头写，因而每行都不写到底，只有中间一行写受信人的名号，比别行抬高一格，字又特别多，一直写到底，矗立于两旁短行当中，像旧时官吏仪仗中的一柄黄伞，故称。

黄衫　隋、唐时少年所穿的黄色华贵服装。《新唐书·礼乐志十二》：“乐工少年姿秀者十数人，衣黄衫，文玉带。”

黄童　幼童头发黄色，故称“黄童”。韩愈《元和圣德》诗：“黄童白叟，踊跃欢呀。”

黄屋　古代帝王所乘车上以黄缯为里的车盖。因亦即指帝王车。《史

记·项羽本纪》:"纪信乘黄屋车,傅左纛,曰:'城中食尽,汉王降。'"

黄杨厄闰 传说黄杨木难长,遇闰年非但不能生长,反而要缩短。因以"黄杨厄闰"比喻境遇困难。苏轼《监洞霄宫俞康直郎中所居四咏》:"园中草木春无数,只有黄杨厄闰年"。自注:"俗说:黄杨岁长一寸,遇闰退三寸。"

黄衣 ❶古人蜡祭时所穿的衣服。《礼记·郊特牲》:"黄衣黄冠而祭。"❷古代大夫的韦弁服,覆于狐裘外。《礼记·玉藻》:"狐裘黄衣以裼之。"❸道士的衣服。传说黄帝服黄衣戴黄冕,后汉初期道教推崇黄老,故冠服尚黄,以后相沿成习。一说汉末道教传说"黄衣当王",张角等始服黄衣戴黄巾,北魏寇谦之时亦用黄衣巾。见北周《二教论·服法非老篇》和《集古今佛道论衡》卷一。韩愈《华山女》诗:"黄衣道士亦讲说,座下寥落如明星。"

黄钺 以黄金为饰的斧。古代为帝王所专用,或特赐给专主征伐的重臣。《书·牧誓》:"王左杖黄钺,右秉白旄以麾。"

偟 (huáng) ❶暇;闲暇。《尔雅·释言》:"偟,暇也。"扬雄《法言·君子》:"忠臣孝子,偟乎不偟?"❷见"仿偟"。

凰 (huáng) 古代传说中的鸟名,雌的叫"凰",雄的叫"凤"。清代李渔有传奇《凰求凤》。参见"凤凰"。

隍 (huáng) 没有水的护城壕。《易·泰》:"城复于隍。"《梁书·陆襄传》:"襄先已帅民吏修城隍为备御。"

垦 (huáng) 通"皇"。《广雅·释宫》:"堂垦,墅也。"王念孙疏证:"墅,通作殿,大堂也。垦,通作皇。案皇者,空虚之名,室无四壁曰皇。"

堇 (huáng) ❶草木的花。《尔雅·释草》:"堇,华荣。"邢昺疏:"堇亦华也。"按木的花谓之华,草的花谓之荣,通称则为华。❷菜名。《齐民要术·菜茹》:"堇菜,似蒜,生水边。"

揎 (huáng) 见"揎毕"。

揎毕 击刺。《文选·张衡〈西京赋〉》:"竿殳之所揎毕。"吕向注:"揎觷,犹击刺也。"按:毕,五臣本作"觷"。

喤 (huáng) ❶拟声词。鲁迅《呐喊·阿Q正传》:"他一急,两眼发黑,耳朵里喤的一声,似乎发昏了。"❷见"喤引"。

喤喤 ❶形容婴儿啼声洪亮。《诗·小雅·斯干》:"其泣喤喤。"❷形容大而和谐的声音。《诗·周颂·执竞》:"钟鼓喤喤。"

喤呷 众声。《文选·左思〈吴都赋〉》:"喤哗喤呷。"吕向注:"喤哗喤呷,皆声也。"

喤引 古时官吏出行,前驱的骑卒一路喝道,叫作"驺唱",也叫"引喤"。后世替别人的书作序,自谦为"喤引"。也指所作的序文。

遑 (huáng) ❶闲暇;暇。《诗·商颂·殷武》:"不敢怠遑。"又《小雅·小弁》:"心之忧矣,不遑假寐。"《晋书·祖逖传》:"时帝方拓定江南,未遑北伐。"❷通"徨"。谢庄《月赋》:"满堂变容,回遑如失。"❸通"惶"。见"遑遽"。

遑遑 惊恐匆忙,不安定的样子。《后汉书·邓禹传》:"长安吏人,遑遑无所依归。"陶潜《归去来辞》:"胡为乎遑遑欲何之?"

遑惑 惊惶疑虑。《晋书·褚裒传》:"徐州贼张平等欲掩袭之,郡人遑惑,将以郡归平。"

遑遽 同"惶遽"。惊惧慌张。《列子·杨朱》:"戚戚然以至于死,此天民之遑遽者也。"《三国志·吴志·虞翻传》:"权(孙权)于是大怒,手剑欲击之,侍坐者莫不惶遽。"

徨 (huáng) 见"彷徨"。

馈 〔餭〕(huáng) 见"饦馈"。

湟 (huáng) ❶低洼积水之处。《大戴礼记·夏小正》:"湟潦生苹。"❷见"湟水"。

湟水 黄河上游支流。在青海省东部。源出海晏县包呼图山,东南流经西宁市,到甘肃省兰州市西达家川入黄河。长374公里,流域面积3.29万平方公里。上游河谷呈串珠状,下游宽阔。主要支流有大通河等。富水力资源和灌溉之利。沿河为青海省主要农业区。

惶 (huáng) 恐怖;惊慌。《后汉书·杜诗传》:"时将军萧广放纵兵士,暴横民间,百姓惶扰。"

惶惶 亦作"皇皇"。❶心不安貌。《北史·王肃传》:"臣庶惶惶,无复情地。"❷惊恐慌张貌。《楚辞·九叹·怨思》:"征夫皇皇其孰依兮。"

王逸注:"皇皇,惶遽貌。"

惶惑 疑惧。《汉书·王嘉传》:"道路讙(喧)哗,群臣惶惑。"

惶遽 惊惧慌张。《三国志·吴志·鲁肃传》:"备(刘备)惶遽奔走,欲南渡江,肃径迎之。"

惶恐 恐惧不安。韩愈《后廿九日复上书》:"渎冒威尊,惶恐无已!"

媓 (huáng) 母。《方言》第六:"南楚瀑洭之间,母谓之媓。"

骦 〔驦〕(huáng) 黄白色相杂的马。《尔雅·释畜》:"黄白,骦。"郝懿行义疏:"黄色兼有白者名骦。"

瑝 (huáng) 玉声。见《说文·玉部》。

煌 (huáng) 见"煌煌"、"辉煌"。

煌煌 明亮貌。《诗·陈风·东门之杨》:"昏以为期,明星煌煌。"也形容光彩鲜明。《文选·宋玉〈高唐赋〉》:"玄木冬荣,煌煌荧荧,夺人目精。"李善注:"煌煌荧荧,草木花光也。"

锽 〔鍠〕(huáng) ❶象声。见"锽锽"。❷古兵器。崔豹《古今注·舆服》:"秦改铁钺为锽,始皇制也。"《正字通·金部》:"锽形如剑而三刃,连柄共长三尺五寸,以虎豹皮为袋。"

锽锽 钟鼓声。曹植《文帝诔》:"钟鼓锽锽。"

瘣 (huáng) 同"癀"。疽病。《封神演义》第十八回:"杨任就在青峰山居住。只待破瘟瘣阵,下山助子牙成功。"

潢 ⊖(huáng) ❶积水池。见"潢污"。❷水名。见"潢水"。

⊜(huáng,旧读huàng) 染纸。如:装潢。《齐民要术·杂说》:"凡潢纸灭白便是,不宜太深。"

另见guāng,huàng。

潢池 《汉书·龚遂传》:"遂对曰:'海濒遐远,不沾圣化,其民困于饥寒,而吏不恤,故使陛下赤子盗弄陛下之兵于潢池中耳。'"潢池,即天潢,本星名,转义为天子之池;此借指皇室。后以"弄兵潢池"为造反的讳称。参见"天潢"。

潢水 古水名。亦作潢河、黄水、饶乐水。即今内蒙古西拉木伦河。始见《两唐书》,为契丹、奚、霫等族聚居地。

潢污 停聚不流的水。《左传·隐公三年》:"潢污行潦之水。"杜预注:

"潢污,停水。"

潢治 装裱。《新唐书·三宗诸子传》:"初,隋亡,禁内图书湮放。唐兴,募访,稍稍复出,藏秘府。长安初,张易之奏天下善工潢治,乃密使摹肖,殆不可辨,窃其真藏于家。"参见"装潢❶"。

璜(huáng) 古玉石器名。形状像璧的一半。古代贵族朝聘、祭祀、丧葬时所用的礼器,也作装饰用。商周时代的墓葬中常有发现。新石器时代也有形状类似的器物。《周礼·春官·大宗伯》:"以玄璜礼北方。"挚虞《思游赋》:"戴朗月之高冠兮,缀太白之明璜。"

璜

蝗(huáng) 昆虫纲,直翅目,蝗科。体大型或中型,绿色或黄褐色。口器咀嚼式。后足强大,适于跳跃。产卵管短而弯曲,以此凿土产卵。卵成块。不完全变态,若虫一般称为"蝻"。成虫与若虫食性相同,食量很大,主要危害禾本科植物。种类很多,约有 10 000 种。中国有600余种。如飞蝗、稻蝗、竹蝗、意大利蝗、蔗蝗和棉蝗等,都是重要的农林害虫。

篁(huáng) ❶竹田。张衡《西京赋》:"编町成篁。"❷竹林;丛生的竹。《楚辞·九歌·山鬼》:"余处幽篁兮终不见天。"谢庄《月赋》:"风篁成韵。"❸泛指竹子。苏轼《奉诏减决囚禁记所经历》诗:"近山莽麦早,临水竹篁修。"

艎(huáng) 见"艅艎"。

煌(huáng) 同"煌"。

磺(huáng) 见"磺酸"。另见 kuàng。

磺酸 磺基(—SO₃H)和烃基的碳原子直接相连而成的有机化合物(RSO₃H)。脂肪族磺酸的制备常用间接法,芳香族磺酸则可用直接磺化法。例如,将苯与浓硫酸加热即得苯磺酸。磺酸属强酸类,水溶性较大。芳香族磺酸是合成染料、药物等的重要中间体。

鐄〔鐄〕(huáng) ❶同"锽"。象声词。《文选·马融〈长笛赋〉》:"铮鐄㻏嘒。"李善注:"铮鐄,皆大声也。鐄与锽同。"❷通"簧"。锁簧。《西游记》第二十五回:"这童儿一边一个,扑的把门关上,插上一

把两鐄铜锁。"

癀(huáng) 牛、马、猪等家畜的炭疽病。见《广韵·十一唐》。

蟥(huáng) 见"蚂蟥"。

蟥蚧 虫名。《尔雅·释虫》:"蛂,蟥蚧。"郭璞注:"甲虫也。大如虎豆,绿色,今江东呼黄蛂。"

簧(huáng) ❶乐器中用以发声的片状振动体。用苇、木、竹、金属等制成。分打簧及自由簧两类。打簧类有簧一片称单簧,如单簧管所用者;由簧二片合成称双簧,如唢呐、双簧管所用者。自由簧类,多由合金制成,有固定音高。如笙、口琴、手风琴所用的铜片。❷有弹力的机件。如:弹簧;锁簧。

簧鼓 《庄子·骈拇》:"使天下簧鼓,以奉不及之法。"成玄英疏:"如笙簧鼓吹,能动于物。"后谓用动听的言语迷惑人。

鳇〔鰉〕(huáng) 动物名。学名 *Huso dauricus*。古称"鳣"。硬骨鱼纲,鲟科。形似鲟,唯左右鳃膜相连。长几达 5 米,重达 1 000 千克。背灰绿色,腹黄白色。幼鱼以甲壳动物、摇蚊幼虫为食,成鱼食鳕、鲫等鱼类及底栖动物。初夏溯江产卵。性成熟迟,约需 17 ~ 20 年。中国分布于黑龙江流域。肉味鲜美,鱼卵制成的鱼子酱,为名贵食品;鳔和脊索均可制鱼胶。

趪(huáng) 见"趪趪"。

趪趪 负重用力貌。《文选·张衡〈西京赋〉》:"洪钟万钧,猛虡趪趪。"薛综注:"趪趪,张设貌。"刘良注:"趪趪,作力貌。"猛虡,下刻兽的悬钟架。

鶰(huáng) 同"凰"。《晋书·刘聪载记》:"聪将为刘氏起鶰仪楼于后庭。"

騜(huáng) 同"骥(騜)"。

鱑(huáng) 同"鳇(鰉)"。

huǎng

芒(huǎng) 通"恍"。见"芒芴"。另见 máng。

芒芴 犹"芴芒"。恍恍惚惚,形容不可辨认或不可捉摸。《庄子·至乐》:"杂乎芒芴之间,变而有气,

气变而有形,形变而有生。"

杗〔欖〕(huǎng) 帷屏之属。《文选·左思〈吴都赋〉》:"房杗对杗,连阁相经。"李善注:"门窗之庑,通名杗。"

苀(huǎng) 同"恍"。《汉书·外戚传上》:"寖淫敞苀,寂兮无音。"颜师古注:"苀,古恍字。""敞苀"同"惝恍"。

炾(huǎng) 宽敞明亮。《文选·王延寿〈鲁灵光殿赋〉》:"鸿炉炾以爣阆,飂萧条而清泠。"张载注:"炉炾爣阆,皆宽明也。"

恍〔怳〕(huǎng) ❶隐约模糊,不易捉摸。见"恍惚"。❷领悟貌。见"恍然❶"。

恍忽 同"恍惚"。

恍惚 亦作"恍忽"、"慌惚"。❶模模糊糊,不易捉摸;隐约约约,不可辨认。《老子》:"道之为物,惟恍惟惚。"王充《论衡·知实》:"神者,眇茫恍惚,无形之实。"❷神思不定,神志不清。宋玉《神女赋》:"精神恍忽,若有所喜。"《三国志·蜀志·刘琰传》:"琰失志慌惚。"

恍然 ❶猛然领悟貌。朱熹《中庸章句序》:"一旦恍然,似有以得其要领者。"❷仿佛。范成大《吴船录》卷下:"平江亲戚故旧来相者,陆续于道,恍然如隔世焉。"

晄(huǎng) 同"晃"。明亮。《说文·日部》:"晄,明也。"《广韵·三十七荡》:"晄,明也,辉也,光也。亦作晃。"亦形容面部白色病容。薛己《薛氏医案·外科枢要·瘰疬》:"若面晄白,为金克木。"

晃(huǎng) ❶明亮。郭璞《盐池赋》:"烂然汉明,晃尔霞赤。"❷闪耀。庾信《镜赋》:"朝光晃眼,早风吹面。"❸闪过。如:一晃十年。另见 huàng。

晃晃 明亮貌。郭璞《盐池赋》:"扬赤波之焕烂,光旰旰以晃晃。"后来常用作形容词的后缀。睢景臣《哨遍·汉高祖还乡》套曲:"明晃晃马镫枪尖上挑。"

谎〔謊〕(huǎng) 假话;骗人的话。如:撒谎;说谎。

慌(huǎng) 通"恍"。见"慌惚"。另见 huāng。

慌惚 同"恍惚"。

幌(huǎng) ❶布幔。杜甫《月夜》诗:"何时倚虚幌,双照泪痕干?"❷见"幌子"。

幌子 即"望子"，古时店铺用来招引顾客的布招。特指酒店的招子。参见"望子"、"酒帘"。引申称自己夸耀卖弄为"装幌子"，假借名义做别的事为"借幌子"。

詤〔huǎng〕同"谎（詤）"。

慌 〔huǎng〕见"慌懪"。

慌懪 心神不定貌。

熿 〔huǎng〕见"炉熿"。

鼊 〔huǎng〕人名。慕容鼊，十六国时期前燕国君。

huàng

洸 〔huàng〕通"滉"。水深广貌。参见"洸洸"、"洸洋"。
另见 guāng。

洸洸 汹涌貌。《荀子·宥坐》："其洸洸乎不淈尽。"淈，竭。

洸洋 犹"汪洋"。水无涯际貌。比喻言辞诞谩。《史记·老子韩非列传》："其言洸洋自恣以适己。"

晃〔提〕（huàng）摇摆。如：摇晃；旌旗晃动。
另见 huǎng。

晃荡 ❶形容空旷高远。苏轼《巫山》诗："晃荡天宇高，崩腾江水沸。"❷摇曳。张说《山夜闻钟》诗："前声既春容，后声复晃荡。"❸逛；游荡。如：成天晃荡。

鼊 （huàng）同"晃"。

溰 （huàng）水深广貌。见《集韵·三十七荡》。

溰潢 亦作"溰漾"。犹"汪洋"。水广大无涯际貌。《抱朴子·博喻》："沧海溰潢，不以垢累其无涯之广。"

楻 （huàng）窗棂；檐下的窗口。《文选·张协〈七命〉》："交绮对楻。"张铣注："交为绮彩以对窗楻也。"《晋书·孝友传赞》："对楻巢鹰。"

潢 （huàng）通"滉"。大水涌至貌。《荀子·富国》："潢然兼覆之。"
另见 guāng，huáng。

潢潢 水深广貌。《楚辞·九叹·逢纷》："扬流波之潢潢兮，体溶溶而东回。"

huī

灰 （huī）❶物质燃烧后的残留物。如：化为灰烬。《后汉书·律历志上》："〔候气之法〕加律其上，以葭莩灰抑其内端。"也比喻消灭了的事物。白居易《燕子楼》诗："见说白杨堪作柱，争教红粉不成灰？"❷石灰的省称。如：油灰。❸尘土；污垢。如：一身灰；满脸灰。❹消失；沮丧。陆游《舟中偶书》诗："四方本是丈夫事，白首自怜心未灰。"参见"灰心"。❺介于黑和白之间的颜色。如：银灰；灰鹤。

灰琯 古代候验节气变化的器具。把芦苇茎中的薄膜制成灰，放在十二乐律的玉管内，置玉管于木案上，每当节气至，则中律的乐管内灰即飞出。详《后汉书·律历志上》。唐太宗《于太原召侍臣赐宴守岁》诗："四时运灰琯，一夕变冬春。"参见"葭灰"。

灰管 即灰琯。《晋书·律历志上》："又叶时日于晷度，效地气于灰管。"

灰灭 消灭，如同火烧成灰。苏辙《黄楼赋》："盖将问其遗老，既已灰灭而无余矣。"

灰壤 一种土壤。《管子·地员》："徙山十九施，百三十三尺，而至于泉；其下有灰壤，不可得泉。"按大尺名施，其长七尺。后引申为人死后在"地府"、"地下"。徐陵《与顾记室书》："方殁幽泉，无恨灰壤。"

灰心 语出《庄子·齐物论》"形固可使如槁木，而心固可使如死灰乎"！谓心寂静不动如死灰。后以"灰心"比喻丧失信心，意志消沉。马臻《前结交行》："君看金尽失颜色，壮士灰心不丈夫！"

戏〔戲、戯〕（huī）通"麾"。见"戏下"。
另见 hū，xì，xì。

戏下 同"麾下"。犹言在主帅的旌麾之下，即部下。《史记·淮阴侯列传》："及项梁渡淮，信（韩信）杖（仗）剑从之，居戏下。"

扐〔扴〕（huī）❶剖裂。《后汉书·马融传》："扐介鲜，散毛族。"❷通"挥"。指挥。《公羊传·宣公十二年》："庄王（楚庄王）亲自手旌，左右扐军，退舍七里。"❸谦逊。见"扐挹"、"扐谦"。

扐戈反日 扐，同"挥"。反，同"返"。《淮南子·览冥训》："鲁阳公与韩构难，战酣日暮，援戈而扐之，日为之反三舍。"后用以赞扬坚强勇敢的战士排除困难、扭转危局。

扐谦 谦逊。《易·谦》："无不利，扐谦。"

扐挹 挹，通"抑"。谦退；谦让。王俭《褚渊碑文》："功成弗有，固秉扐挹。"《聊斋志异·司文郎》："生居然上坐，更不扐挹。"

呚〔嗂〕（huī） 口不正。皮日休《吴中苦雨因书一百韵寄鲁望》："吟诗口呚呚，把笔指节瘃。"

詼〔詼〕（huī） 戏谑；嘲笑。梅尧臣《依韵和永叔澄心堂纸答刘原甫》："怪其有纸不寄我，如此出语亦善詼。"参见"詼谐"。

詼谐 谈话富于风趣。《汉书·东方朔传》："其言专商鞅、韩非之语也，指意放荡，颇复詼谐。"

怴 （huī） 见"怴陨"。
另见 huǐ。

怴陨 疲极而病。《诗·周南·卷耳》："我马怴陨。"

挥〔揮〕（huī）❶舞动；摇动。如：挥刀；挥手；大笔一挥。❷洒；泼。如：挥汗；挥泪。《左传·僖公二十三年》："奉匜沃盥，既而挥之。"❸散发。《易·乾·文言》："六爻发挥。"❹通"徽"。旗幡。陈琳《为袁绍檄豫州》："扬素挥以启降路。"

挥斥 奔放。《庄子·田子方》："夫至人者，上窥青天，下潜黄泉，挥斥八极，神气不变。"郭象注："挥斥，犹纵放也。"

挥汗成雨 形容人多。《国策·齐策一》："临淄之途，车毂（毂）击，人肩摩，连衽成帷，举袂成幕，挥汗成雨。"

挥翰 犹挥毫。运笔。指写字或作画。《晋书·虞溥传》："若乃含章舒藻，挥翰流离，称述世务，探赜究奇。"

挥毫 运笔。指写字或作画。杜甫《饮中八仙歌》："挥毫落纸如云烟。"

挥霍 亦作"挥攉"。❶迅疾貌。陆机《文赋》："纷纭挥霍，形难为状。"❷洒脱，无拘束。《红楼梦》第一回："那道跛足蓬头，疯疯癫癫，挥霍谈笑而至。"❸豪奢，用钱无节制。《官场现形记》第二十五回："三年头里，足足挥霍过二十万银子。"

挥洒 挥毫洒墨。多指写字或作画，笔墨不拘束。如：挥洒自如。《宣

和书谱·千文二》:"〔岑宗旦〕得酒辄醉酣,长哦挥洒,以为真乐。"

挥塵 ❶挥塵尾以资谈助。因借指谈论。朱熹《山人方丈》诗:"地窄不容挥塵客,室空那有散花天。"❷挥塵尾以驱蚊蚋。欧阳修《和圣俞聚蚊》诗:"抱琴不暇抚,挥塵无由停。"

猙 〔猙〕(huī) 兽名。也叫"山猙"。《山海经·北山经》:"〔狱法之山〕有兽焉,其状如犬而人面,善投,见人则笑,其名山猙,其行如风,见则天下大风。"

恢 (huī) ❶扩大;发扬。《太玄·廓》:"廓之恢之。"《汉书·叙传》:"恢我疆宇。"❷弘大。《周书·李远传》:"幼有器局,志度恢然。"❸周备;全面。《吕氏春秋·君守》:"有识则有不备矣,有事则有不恢矣。"高诱注:"物不可悉识,备识其物则为不备也。恢亦备也。"

恢达 犹豁达。谓胸襟广大开阔。《北史·崔鉴传》:"〔鉴子仲哲〕性恢达,常以将略自许。"

恢诞 夸大荒诞。王坦之《废庄论》:"其言诡谲,其义恢诞。"

恢复 收复。指收复失地。班固《东都赋》:"茂育群生,恢复疆宇。"亦用为回复原状之意。如:恢复健康。

恢弘 亦作"恢宏"。❶宽阔。如:气度恢弘。苏轼《次韵程正辅游碧落洞》:"胸中几云梦,余地多恢宏。"❷发扬。《三国志·蜀志·诸葛亮传》:"恢弘志士之气。"

恢恢 宽广貌。《老子》:"天网恢恢,疏而不失。"

恢廓 ❶宽宏。《三国志·吴志·周瑜传》:"性度恢廓。"❷扩展。《汉书·吾丘寿王传》:"恢廓祖业。"

恢奇 犹言魁奇。杰出;不平常。《史记·平津侯主父列传》:"〔公孙弘〕为人恢奇多闻。"

恢台 亦作"恢炱"、"恢胎"。繁盛或广大貌。《楚辞·九辩》:"收恢台之孟夏兮。"洪兴祖补注引黄鲁直云:"恢,大也;台,即胎也;言夏气而育物。"《文选·傅毅〈舞赋〉》:"舒恢炱之广度兮。"李善注:"恢炱,广大之貌。……炱与台,古字通。"《后汉书·马融传》:"垌场区宇,恢胎旷荡。"

恢张 铺张;扩大。皇甫谧《三都赋序》:"自时厥后,缀文之士,不率典言,并务恢张。"

袆 〔褘〕(huī) ❶蔽膝。男用的叫袆,女用的叫褵。《方言》第四:"蔽膝,江淮之间谓之袆。"钱绎笺疏:"以袆为佩巾,盖亦谓佩之于前,可以蔽膝;蒙之于首,可以覆头。"参见"袢"、"缡❶"。❷王后的祭服。见"袆衣"。

袆衣 王后的祭服。《周礼·天官·内司服》:"掌王后之六服:袆衣、揄狄、阙狄、鞠衣、展衣、缘(褖)衣、素沙。"郑玄注:"从王祭先王,则服袆衣。"素沙,谓六服皆以素沙(纱)为里。《释名·释衣服》:"王后之上服曰袆衣,画翬雉之文于衣也。"翬雉,五彩的野鸡。

珲 〔珲〕(huī) 见"瑷珲"。另见 hún。

楎 〔楎〕(huī) 钉在墙上挂衣服用的木橛。《尔雅·释宫》:"枳谓之杙,在墙者谓之楎。"另见 hún。

楎椸 《礼记·内则》:"男女不同椸枷,不敢县(悬)于夫之楎椸。"郑玄注:"竿谓之椸;楎,杙也。"都是悬挂衣服的竿架,横的谓之椸,钉在墙上的谓之楎。

㽱 (huī) ❶撞击。木华《海赋》:"磊匌匒而相㽱。"匒匌,重叠貌。❷轰响。见"喧㽱"。

晖 〔暉〕(huī) ❶日光;光辉。如:春晖。《易·未济》:"君子之光,其晖吉也。"❷光采照耀。萧绎《与萧挹书》:"唯昆与季,文藻相晖。"

晖晖 ❶日光灼热貌。刘桢《大暑赋》:"赫赫炎炎,烈烈晖晖。"❷晴明貌。江总《咏燕燕于飞应诏》:"二月春晖晖,双燕理毛衣。"

眭 (huī) 目光深注貌。《淮南子·原道训》:"眭然能视,䁓然能听。"高诱注:"眭,读曰桂。"另见 suī。

堕 〔墮〕(huī) 通"隳"。毁坏。《左传·僖公三十三年》:"堕军实而长寇仇。"另见 duò。

堕致 旷废;毁坏。《汉书·薛宣传》:"不得其人,则大职堕致,王功不兴。"

姂 (huī) ❶见"姕姂"。❷丑。《说文·女部》:"姂,一曰丑也。"段玉裁注:"与仳倠丑面之倠通用。"

辉 〔輝、暉、煇〕(huī) ❶光;光采。如:落日余辉;满室生辉。一说早晨的阳光为辉。《三国志·魏志·管辂传》"平原太守刘邠"裴松之注引《管辂别传》:"邠问辂:

'《易》言"刚健笃实,辉光日新",斯为同不也?'辂曰:'不同之名。朝旦为辉,日中为光。'"❷照耀。如:星月交辉。

辉煌 光辉灿烂。如:灯烛辉煌。引申为出色的、显著的。如:辉煌成就;战果辉煌。

陾 〔隳〕(huī) ❶倾坏。《方言》第十三:"隳,坏也。"戴震疏证:"按潘岳《西征赋》:'岂宇文之独隳。'李善注引《方言》:'隳,坏也。'隳即陾。"❷崩落。《说文·阜部》:"败城阜曰陾。"段玉裁注:"陾隶变作堕,俗作隳。用堕为崩落之义,用隳为倾坏之义。引申为凡陾坏之称。"

翬 〔翚〕(huī) ❶鼓翼疾飞。《尔雅·释鸟》:"鹰隼丑,其飞也翬。"郭璞注:"鼓翅翬翬然疾。"丑,类。❷羽毛五彩的野鸡。《尔雅·释鸟》:"伊洛而南,素质,五色皆备,成章,曰翬。"郭璞注:"翬亦雉属,言其毛色光鲜。"

翬飞 《诗·小雅·斯干》:"如翬斯飞。"朱熹注:"其檐阿华采而轩翔,如翬之飞而矫其翼也。"后因用"翬飞"形容宫室壮丽。范成大《吴船录》卷上:"真君殿前有大楼,曰玉华,翬飞轮奂,极土木之胜。"

狋 (huī) 同"㽱"。相击。李贺《开愁歌》:"主人劝我养心骨,莫受俗物相填狋。"

睢 (huī) 见"睢盱"、"睢睢"。另见 suī。

睢睢 仰视貌。《汉书·五行志中之下》:"万众睢睢,惊怪连日。"

睢盱 ❶质朴貌。王延寿《鲁灵光殿赋》:"鸿荒朴略,厥状睢盱。"❷张目仰视貌。张衡《西京赋》:"迾卒清候,武士赫怒,缇衣韎韐,睢盱拔(跋)扈。"

麾 (huī) ❶古代用以指挥军队的旗帜。《穀梁传·庄公二十五年》:"置五麾,陈五兵五鼓。"范宁注:"麾,旌幡也。"《南史·梁高祖纪上》:"望麾而进,听鼓而动。"❷通"挥"。指挥;号召。《书·牧誓》:"王左杖黄钺,右秉白旄以麾。"

麾下 犹言在主帅的旌麾之下,即部下。《史记·项羽本纪》:"项王乃上马骑,麾下壮士骑从者八百余人。"《汉书·项籍传》作"戏下"。旧时亦用作对将帅的尊称。

潓 〔潳〕(huī) 把水挥去。《集韵·八微》:"潓,振去水也。通作'挥'。"

徽 ㊀〔徽〕(huī)　标志;符号。如:国徽;校徽。

㊁(huī)　❶美好。《书·舜典》:"慎徽五典,五典克从。"孔传:"徽,美也。"❷绳索。见"徽索"。❸束;绑。《汉书·扬雄传下》:"徽以纠墨。"❹琴徽,系弦之绳。《汉书·扬雄传下》:"高张急徽。"后以为琴面识点之称。❺弹奏。《淮南子·主术训》:"邹忌一徽,而威王终夕悲感于忧。"❻徽州的省称。

徽号　❶美好的称号,旧时专以称颂帝王及皇后。如:清太祖登位,群臣上徽号称"覆育列国英明皇帝";世祖亲政,上皇太后徽号称"昭圣慈寿皇太后"。每遇庆典,徽号可叠加。如宋太祖徽号为"启运立极英武睿文神德圣功至明大孝"即是。❷旗帜的名号,即指旗帜的式样、图案、颜色,作为新兴朝代或某个帝王新政的一种标志。《礼记·大传》:"改正朔,易服色,殊徽号。"

徽徽　❶灿烂。《文选·陆机〈文赋〉》:"文徽徽以溢目,音泠泠而盈耳。"吕向注:"徽徽溢目,文章盛也。"❷美善。《太玄·从》:"从徽徽,后得功也。"

徽索　捆绑罪犯的绳子。《汉书·扬雄传下》:"〔范雎〕折胁拉髂,免于徽索。"

徽音　❶犹德音,常用于妇女。《诗·大雅·思齐》:"大姒嗣徽音。"郑玄笺:"徽,美也。嗣大任之美音,谓续行其善教令。"大任,大姒之姑。❷美好的乐声。王粲《公讌》诗:"旨酒盈金罍,管弦发徽音。"

徽章　❶古时军队所用的旗帜。《国策·齐策一》:"章子为变其徽章,以杂秦军。"高诱注:"徽,炽名也……变易之,使与秦旗章同。""炽"通"帜";章,旌旗。❷佩戴的证章。❸美好的诗篇。萧统《芙蓉赋》:"初荣夏芬,晚花秋曜。兴泽陂之徽章,结江南之流调。"

徽识　古代军士所佩的符号。《左传·昭公二十一年》:"杨(扬)徽者,公徒也。"孔颖达疏:"徽识,制如旌旗,书其所任之官与姓名于上,被之于背,以备其死知是谁之尸也。"后通用为标志之义。

徽帜　标志。多指旌旗。左思《魏都赋》:"徽帜以变,器械以革。"

隳 (huī)　毁坏。《老子》:"或挫或隳。"《吕氏春秋·顺说》:"隳人之城郭。"

隳颠　秃顶。《墨子·修身》:"华发隳颠"。孙诒让间诂:"毕(毕沅)云,隳字当为堕。诒让案:《说文·影部》:'鬊,发堕也;《页部》,颠,顶也。'堕与鬊通,堕颠即秃顶。"

隳突　冲撞毁坏。陈琳《为袁绍檄豫州文》:"所过隳突,无骸不露。"

撝 (huī)　同"挥(揮)"。

徽 〔徽〕(huī)　《尔雅·释鱼》:"鱼有力者徽。"郭璞注:"强大多力。"《文选·左思〈吴都赋〉》:"徽鲸背(一作辈)中于群犗。"刘逵注:"徽,鲸鱼之有力者也。鱼大者莫若鲸也,故曰徽鲸也。"

huí

回 (huí)　同"回"。

回 ㊀〔迴、廻、逥〕(huí)　❶旋转。《尔雅·释天》:"回风为飘。"郭璞注:"旋风也。"❷运转。《太玄·玄攡》:"天日回行。"范望注:"回,犹运也。"❸曲折;迂回。如:回廊;峰回路转。张衡《东京赋》:"回行道乎伊阙。"

㊁(huí)　❶返;归。如:回国;回家;回原单位。❷答覆。如:回话;回信。❸掉转。如:回头;回顾。《离骚》:"回朕车以复路兮,及行迷之未远。"❹违背。《诗·大雅·常武》:"徐方不回。"❺邪僻。《诗·小雅·鼓钟》:"其德不回。"毛传:"回,邪也。"参见"奸回"。❻指动作的次数或事情的件数。如:去一回;两回事。❼说书的一个段落;章回小说的一章。如:且听下回分解。❽中国少数民族名。❾姓。明代有回满住。

回避　❶避忌。《后汉书·蔡茂传》:"茂辄纠案,无所回避。"❷清代科举考试时为防考场内官员作弊而设的制度。凡乡、会试主考、总裁、同考官的子弟,不许入场,谓之回避。

回肠　❶形容内心焦虑不安,或情绪激动,仿佛肠在旋转一般。杜甫《秋日夔州咏怀寄郑监》:"吊影夔州僻,回肠杜曲煎。"❷小肠的末段。人的回肠约占小肠全长的五分之三。多盘于腹腔右下部,借小肠系膜连于腹后壁,因移动性大,常成为腹股沟疝疝囊中的内容物。其粘膜的环状皱襞和绒毛都不及空肠发达,但淋巴小结特别是集合淋巴小结的数量则远较空肠为多。

回肠荡气　《文选·宋玉〈高唐赋〉》:"感心动耳,回肠伤气。"李善注:"言上诸声,能回转人肠,伤断人气。"后以"回肠荡气"形容声乐诗文等情真意切,缠绵动人。龚自珍《夜坐》诗:"功高拜将成仙外,才尽回肠荡气中。"亦作"荡气回肠"。曹丕《大墙上蒿行》:"女娥长歌,声协宫商,感心动耳,荡气回肠。"

回肠九转　形容焦急忧伤,痛苦已极。语出司马迁《报任少卿书》"是以肠一日而九回"。

回川　回旋的流水。即"漩水"。《尔雅·释水》:"过辨回川。"郭璞注:"旋流。"邢昺疏:"回,旋也,言川水之中有回旋而流者名过辨。"李白《蜀道难》诗:"上有六龙回日之高标,下有冲波逆折之回川。"

回春　❶谓冬尽春来。苏轼《浪淘沙》词:"槛内群芳芽未吐,早已回春。"❷比喻医术高明,能治好重病。如:妙手回春。《鲁府禁方序》:"余闻龚子所著《医鉴》《回春》《仙方》《神殼》四书,盛行于世,推其心仁且厚矣。"

回风　❶旋风。《楚辞·九章·悲回风》:"悲回风之摇蕙兮,心冤结而内伤。"《古诗十九首》:"回风动地起,秋草萋已绿。"❷曲名。《洞冥记》卷四:"〔丽娟〕每歌,李延年和之,于芝生殿唱《回风》之曲,庭中花皆翻落。"丽娟,汉武帝时宫女。

回复　❶回旋往复。《汉书·礼乐志》:"玄气之精,回复此都。"❷恢复原样。如:气候回复正常。

回纥　古族名。北魏时,东部铁勒的袁纥部落游牧于鄂尔浑河和色楞格河流域。隋称韦纥。大业元年(公元605年),因反抗突厥的压迫,与仆固、同罗、拔野古等成立联盟,总称回纥。唐天宝三载(744年),破东突厥,建政权于今鄂尔浑河流域,居民仍以游牧为生。辖境东起兴安岭,西至阿尔泰山,最盛时曾达中亚费尔干纳盆地。有文字。曾助唐平安史之乱,进一步密切了与唐朝的关系。贞元四年(788年)自请改称回鹘。开成五年(840年),为黠戛斯所破。部众分三支西迁:一迁吐鲁番盆地,称高昌回鹘或西州回鹘;一迁葱岭西楚河一带,即葱岭西回鹘;一迁河西走廊,称河西回鹘。

回互　❶回环交错。元稹《梦游春七十韵》:"长廊抱小楼,门牖相回互。"❷曲折隐讳。《朱子全书·学五》:"然亦分明直截,无所隐秘回互,令人理会不得也。"

回护　曲为辩护;袒护。《宋史·

王希吕传》："天性刚劲,遇利害无回护意,唯是之从。"

回黄转绿　木叶由绿变黄,由黄变绿,谓时序变迁,比喻世事的反复。古乐府《休洗红》："回黄转绿无定期,世事返复君所知。"

回遑　同"徊徨"。彷徨疑虑。《后汉书·西羌传论》："谋夫回遑,猛士疑虑。"

回回　❶盘曲貌。《楚辞·九怀·昭世》："肠回回兮盘纡。"❷纷乱貌。马融《广成颂》："纷纷回回,南北东西。"❸明亮。张衡《思玄赋》："焱回回其扬灵。"❹广大。束皙《补亡诗》："漫漫方舆,回回洪覆。"❺每回。杜牧《寄远人》诗："终日求人卜,回回道好音。"❻民族名、古国名或信仰伊斯兰教的人。(1)在宋人的《梦溪笔谈》和《黑鞑事略》中,指的是回鹘;在《癸辛杂识》和《辽史》中,指的是信仰伊斯兰教的人和国家。(2)在《元史》和《元典章》中,主要是指伊斯兰教和信仰伊斯兰教的人,如回回法、回回寺、回回令史、回回人等。(3)在明清两代的文献中,主要指回族即回回民族,如回回人(简称回人或回民)。有时指伊斯兰教,如回回教门、回回教(简称回教)。清代人又对中国信仰伊斯兰教的其他少数民族多加称为"回",如称新疆维吾尔等族为"缠回",称甘肃东乡族为"东乡回",称青海撒拉族为"撒拉回",并把新疆称做"回疆"、"回部"等。

回栏　亦作"回阑"。曲折的栏杆。揭傒斯《和张太一秋兴》："蓬莱宫阙赤回栏。"王士熙《题玩芳亭》诗："乱莺穿舞幛,轻蝶立回阑。"

回廊　曲折回环的走廊。杜甫《涪城县香积寺官阁》诗："小院回廊春寂寂。"

回禄　传说中的火神。《左传·昭公十八年》："禳火于玄冥、回禄。"杜预注："玄冥,水神;回禄,火神。"后用作火灾的代称。《聊斋志异·马介甫》："又四五年,遭回禄,居室财物,悉为煨烬。"

回容　曲予宽容。《后汉书·马武传》："帝虽制御功臣,而每能回容,宥其小失。"李贤注："回,曲也,曲法以容也。"

回首　❶回头;回头看。司马相如《封禅文》："昆虫阖怿,回首面内。"李璟《浣溪沙》词："回首绿波三楚暮,接天流。"引申指回想、回忆。杜甫《将赴剑南寄别李剑州弟》诗："戎

马相逢更何日,春风回首仲宣楼。"❷死亡。委婉说法。《儒林外史》第二十回："生先生是个异乡人,今日回首在这里,一些甚么也没有。"

回头是岸　回头,谓彻悟;岸,指彼岸。佛教谓只需彻悟,即能登上彼岸,获得超度。后用来比喻改过自新。无名氏《来生债》第一折："兀那世间的人,那贪财好贿,苦海无边,回头是岸,何不早结善缘也。"

回味　吃过东西以后的余味。王禹偁《橄榄》诗："良久有回味,始觉甘如饴。"引申为在回忆中细细体味。张养浩《朝天曲》："疏狂迂阔拙又痴,今日才回味。"

回斡　旋转。谢惠连《七月七日夜咏牛女》诗："倾河易回斡,款颜难久惊。"

回翔　❶盘旋飞翔。《楚辞·九怀·昭世》："乘龙兮偃蹇,高回翔兮上臻。"❷水回流。枚乘《七发》："回翔青篾,衔枚檀桓。"❸盘旋不进。白居易《和梦得》："郎署回翔何水部,江湖留滞谢宣城。"

回邪　不正;枉曲。《楚辞·九叹·愍命》："回邪辟而不能入兮,诚愿藏而不可迁。"亦指邪僻之人。《旧唐书·仆固怀恩传》："岂唯是臣不忠,只为回邪在侧。"

回心　转过心意来。《汉书·贾谊传》："夫移风易俗,使天下回心而乡(向)道,类非俗吏之所能为也。"

回旋　盘旋,转动。《列子·汤问》："回旋进退,莫不中节。"李白《赠宣城宇文太守》诗："回旋若流光,转背落双鸢。"引申为商量变通的意思。如:这件事还有回旋余地。

回穴　❶旋转;回旋。宋玉《风赋》："耾耾雷声,回穴错迕。"回穴错迕,形容风势旋曲不定。❷亦作"回遹"。曲折;邪僻。《后汉书·卢植传》："臣少从通儒故南郡太守马融受古学,颇知今之《礼记》,特多回穴。"李贤注："回穴,犹纡曲也。"❸形容变化无定。《汉书·叙传上》："畔回穴其若兹兮,北叟颇识其倚伏。"

回忆　把以前经历过的事物在大脑中重现出来。是再现的一种形式。

回遹　亦作"回穴"。曲折;邪僻。《诗·小雅·小旻》："谋犹回遹。"潘岳《西征赋》："事洄沄而好还,卒宗灭而身屠。"后亦指奸邪之人。曾巩《祭欧阳少师文》："谏垣抗议,气震回遹。"

囬（huí）同"回"。

廻（huí）同"回(迴)㊀"。

茴（huí）见"茴香"。

茴香（*Foeniculum vulgare*）又名"蘹香"。伞形科。多年生宿根草本,作一二年生栽培。全株具强烈芳香,表面有白粉。叶羽状分裂,线形。夏秋开花,黄色,复伞形花序。果椭圆形,黄绿色。栽培品种有小茴香、大茴香和球茎茴香。性喜温暖,适于砂壤土生长;忌在粘土及过湿之地栽种。春秋均可播种或春季分株繁殖。原产地中海一带;中国北方普遍栽培。嫩茎和嫩叶作蔬菜,果实作香料。果实入药,性温、味辛,功能温肝肾、暖胃气、散寒结,主治脘腹胀满、寒疝腹痛等症。

洄（huí）❶上水;逆流。《诗·秦风·蒹葭》："溯洄从之,道阻且长。"毛传："逆流而上曰溯洄。"❷水回旋而流。《后汉书·王景传》："十里立一水门,令更相洄注,无复溃漏之患。"

恛（huí）见"恛恛"、"恛惶"。

恛惶　同"徊徨"。犹彷徨。柳宗元《礼部为百官上尊号第二表》："此臣等所以就惕失图,恛惶无措。"

恛恛　昏乱貌。《太玄·疑》："疑恛恛。"范望注："小人执志不坚,恛恛然从人也。"

蛔〔蚘、蛕、蚖、痐〕（huí）见"蛔虫"。

蛔虫（*Ascaris lumbricoides*）一作"蚘虫"。线虫纲,蛔虫科。体长圆柱形,左、右侧可见两条显著的白色侧线。雄虫长约20厘米,尾部向腹面弯曲,有交合刺两枚。雌虫稍长而粗,尾部圆锥形,不弯曲。成虫寄生在人的小肠内,引起蛔虫病。卵呈椭圆形,棕褐色。虫卵随宿主粪便排出,在泥土中发育,被人吞入后,就在小肠道内孵出幼虫。幼虫穿入肠壁血管,随血流经过心而至肺,在此生长发育,然后再由气管至会厌,经食管到达胃,最后返回肠道,发育为成虫。是最常见的一种人体寄生虫,儿童感染较多。

鮰〔鮰〕（huí）动物名。学名 *Ictalurus punctatus*。又称"斑点叉尾鮰"。硬骨鱼纲,叉尾鮰科。体延长,侧扁。长达1米。体深灰色。口小,亚前位。体表光滑无鳞,

体后部有一脂鳍;尾鳍深分叉。具触须四对,以口角须最长。背鳍和胸鳍各有一硬棘。温水性淡水底栖鱼类。性贪食,杂食性。原产美洲。中国在1984年从美国引进。肉味美,具较高经济价值。

huǐ

虫（huǐ）　"虺"的本字。毒蛇。《山海经·南山经》:"羽山,其下多水,其上多雨,无草木,多蝮虫。"

另见 chóng。

砶〔硙〕（huǐ）　同"毁"。《列子·黄帝》:"遂先投下,形若飞鸟,扬于地,骪(肌)骨无砶。"

虺（huǐ）　毒蛇;毒虫。《诗·小雅·正月》:"哀今之人,胡为虺蜴。"《楚辞·天问》:"雄虺九首。"

另见 huī。

虺虺　雷始发之声。《诗·邶风·终风》:"虺虺其霆(雷)。"朱熹注:"雷将发而未震之声。"

虺蜮　犹鬼蜮。毒蛇和射工,两种毒虫。常用以比喻用心恶毒暗中捣鬼的人。陆游《南唐书·江文蔚传》:"陛下宜轸虑殷忧,诛锄虺蜮。"

烠（huǐ）　火。《周礼·秋官》有"司烜氏",郑玄注:"烜,火也。"

另见 xuǎn。

悔（huǐ）　❶懊悔;悔恨。如:悔不当初;追悔莫及。《左传·隐公元年》:"既而悔之。"❷咎;灾祸。如:灾悔;罪悔。《公羊传·襄公二十九年》:"尚速有悔于予身。"❸悔改。如:悔过自新。❹《易》卦的上体,即上三爻。《书·洪范》:"曰贞曰悔。"孔传:"内卦曰贞,外卦曰悔。"

悔祸　对所造成的灾祸表示悔恨。柳宗元《逐毕方文》:"祝融悔祸兮,回禄屏气。"

悔吝　犹言悔恨。《易·系辞上》:"悔吝者,忧虞之象也。"《抱朴子·自叙》:"悔吝百端,忧惧兢战。"

悔心　悔恨之心。朱熹《楚辞后语·秋风辞序》引《文中子》:"秋风乐极而哀来,其悔心之萌乎?"按今本《中说》,"心"作"志"。

悔尤　悔恨;咎戾。语出《论语·为政》"言寡尤,行寡悔"。韩愈《秋怀诗》:"庶几遗悔尤,即此是幽屏。"

煋（huǐ）　火。见《说文·火部》。段玉裁注:"熭、煋实一字。《方言》'齐曰煋',即《尔雅》郭注之'齐曰熭'也。"按谓齐人称火为煋。《诗·周南·汝坟》"王室如煋",《说文》引作"煋"。

煨（huǐ）　火。《方言》第十:"煨,火也,楚转语也。"谓楚人称火为煨。

毁〇（huǐ）　❶破坏;毁坏。《左传·襄公三十一年》:"缮完葺墙,以待宾客,若皆毁之,其何以共命?"❷哀毁,旧谓居丧时因过度悲哀而损害健康。《礼记·檀弓下》:"毁不危身。"

〇〔燬〕（huǐ）　❶烈火。《诗·周南·汝坟》:"王室如燬。"毛传:"燬,火也。"❷焚烧。《晋书·温峤传》:"峤遂毁犀角而照之。"

〇〔譭〕（huǐ）　诽谤;讲别人的坏话。《国策·齐策三》:"夏侯章每言,未尝不毁孟尝君也。"高诱注:"毁,谤。"韩愈《原毁》:"事修而谤兴,德高而毁来。"

毁齿　儿童乳齿脱落更生新齿。《白虎通·嫁娶》:"男八岁毁齿,女七岁毁齿。"也指换齿时的儿童。柳宗元《南岳云峰寺和尚碑》:"元臣硕老,稽首受教;髫童毁齿,踊跃执役。"参见"龆龀❶"。

毁疵　诽谤挑剔。《荀子·不苟》:"正义直指,举人之过,非毁疵也。"义,通"议"。

毁家纾难　《左传·庄公三十年》:"鬭穀於菟为令尹,自毁其家,以纾楚国之难。"纾,解除。后因称倾尽家产来解救国难为"毁家纾难"。《痛史》第二十五回:"某等愿从众志,毁家抒难,兴复宋室。"抒,同"纾"。

毁灭　❶彻底破坏或消灭。如:予敌人以毁灭性的打击。❷悲哀过度,严重损害了身体。《后汉书·周磐传》:"及母殁,哀至几于毁灭。"

毁誉　诋毁和称赞。《新语·辨惑》:"夫众口之毁誉,浮石沈木,群邪所抑,以直为曲。"

毁訾　同"毁疵"。《韩非子·难言》:"大王若以此不信,则小者以为毁訾诽谤,大者患祸灾害死亡及其身。"

脆（huǐ）　见"膃脆"。

魃（huǐ）　同"虺"。《颜氏家训·勉学》:"吾初读《庄子》'魃二首',《韩非子》曰:'虫有魃者,一身两口,争食相龁,遂相杀也。'茫然不识此字何音……后见《古今字诂》,此亦古之虺字。"

另见 guǐ。

毇（huǐ）　❶春米使精细。《说文·毇部》:"毇,米一斛春为八斗也。"❷厚粥。《广雅·释器》:"毇,饘也。"参见"饘"。

椒（huǐ）　花椒的古称。《尔雅·释木》:"椒,大椒。"郭璞注:"今椒树丛生,实大者名椒。"郝懿行义疏:"《尔雅》之椒,大椒,即秦椒矣。秦椒今之花椒,本产于秦,今处处有人家种之。"

huì

卉（huì）　亦作"卉"。古文作"芔"。❶草的总称。如:花卉。《诗·小雅·出车》:"卉木萋萋。"❷勃然。《文选·司马相如〈上林赋〉》:"芔然兴道而迁义。"李善注引郭璞曰:"芔,犹勃也。"

汇〇〔匯、滙〕（huì）　❶众水会合。如:汇成江河。《书·禹贡》:"又东为沧浪之水……南入于江,东汇泽为彭蠡。"蔡沈集传:"汇,回也。"❷把款项从甲地划付到乙地。如:电汇;邮汇。

〇〔彙〕（huì）　❶类聚。如:字汇;词汇。亦即谓品类。左思《吴都赋》:"姜(薑)汇非一。"❷综合;并合。如:汇报;汇刊。

卉（huì）　同"卉"。

会〔會〕（huì）　❶合;聚合;会合。如:会诊;会师。《书·禹贡》:"会于渭汭。"引申称人、物会集之地。如:都会;省会。王勃《九成宫颂序》:"名都广会,闾阎万室。"❷见;见面。如:会客;会一面。谢惠连《雪赋》:"怨年岁之易暮,伤后会之无因。"❸时机;际会。如:适逢其会。《后汉书·周章传论》:"将从反常之事,必资非常之会。"❹为一定目的而成立的团体或组织。如:工会;学生会。❺集会;会议。如:报告会;讨论会。❻恰巧;适逢。《史记·项羽本纪》:"〔沛公〕曰:'我持白璧一双,欲献项王,玉斗一双,欲与亚父,会其怒,不敢献。'"❼在酒馆茶楼等处付帐。《儒林外史》第二十五回:"彼此又吃了一回,会了帐。"❽当然;应当。古乐府《孔雀东南飞》:"吾既失恩义,会不相从许。"李白《行路难》诗:"长风破浪会有时,直挂云帆济沧海。"❾熟习;能。《大唐三藏取经诗话》:"此中人会妖法。"《镜花缘》第

二十六回:"哪知并不值钱之药,倒会治病。"亦表示可能。李贽《因记往事》:"我知尔这大头巾决不会如此称赞人矣。"❿领会;理解。如:心领神会。参见"会心"。⓫通"绘"。五彩的刺绣。《书·益稷》:"日月星辰山龙华虫作会。"陆德明释文:"会,马(马融)、郑(郑玄)作'绘'。"⓬后带"儿",表示很短的时间。如:一会儿;等会儿。⓭盖子。《仪礼·士虞礼》:"命佐食启会。"郑玄注:"会,合也,谓敦盖也。"⓮姓。汉代有会栩。

另见 kuài,kuò。

会当 该当;当须。含有将然的语气。杜甫《望岳》诗:"会当凌绝顶,一览众山小。"

会典 记载一代政典事例之书。其体裁出于《周官》(《周礼》),大抵以官统事,以事隶官。如《明会典》、《清会典》。

会逢其适 正巧碰上那个时机。王通《中说·周公》:"子谓仲长子光曰:'山林可居乎?'曰:'会逢其适也,焉知其可。'"亦作"适逢其会"。《太平广记》卷八十二引薛用弱《集异记》:"子牟客游荆门,适逢其会。"

会猎 ❶大规模的打猎。《辽史·耶律良传》:"会猎秋山,良进《秋游赋》。"❷犹言会战。不明言战争,以会猎为喻。《三国志·吴志·吴主权传》"多劝权迎之"裴松之注引《江表传》载曹操《与孙权书》:"今治水军八十万众,方与将军会猎于吴。"

会盟 古代诸侯间的集会、结盟。《史记·齐太公世家赞》:"桓公之盛,修善政,以为诸侯会盟称伯,不亦宜乎!"

会审 中国古代指不同机关的长官共同审理疑难刑案的制度。汉代有"杂治",唐代有"三司推事"。明清的会审有很大发展,其形式有三法司会审、九卿会审、热审、大审、朝审、秋审等,它适应了皇帝控制最高司法权的需要。

会试 明清两代每三年一次在京城举行的考试。各省的举人皆可应考。逢辰、戌、丑、未年为正科,若乡试有恩科,则次年亦举行会试,称会试恩科。考期初在二月,乾隆时改在三月,分三场。考中者称贡士。参见"乡试"、"殿试"。

会同 ❶联合;汇合。如:会同有关单位进行研究。《书·禹贡》:"雷夏既泽,灉沮会同。"❷古代诸侯朝见天子的通称。《周礼·春官·大宗伯》:"时见曰会,殷见曰同。"郑玄注:"时见者,言无常期。殷,犹众也。"《论语·先进》:"宗庙之事,如会同。"

会武宴 科举制度中,武科殿试放榜后,在兵部举行的宴会。

会衔 两个或两个以上机构或机构的主管人,共同在一件公文上签署名衔。《二十年目睹之怪现状》第五十四回:"联合了山东同乡京官,会衔参了一折。"

会心 领悟;领会。如:会心的微笑。《世说新语·言语》:"简文入华林园,顾谓左右曰:'会心处不必在远,翳然林水,便自有濠、濮间想也。'"

会须 犹言会当,该当。李白《将进酒》诗:"烹羊宰牛且为乐,会须一饮三百杯。"

会意 ❶也叫"象意"。六书之一。《说文·叙》:"会意者,比类合谊,以见指㧑。"指利用已有的字,依据事理加以组合,表示出一个新的意义的造字法。如人言为"信",山高为"嵩"。❷犹言会心。谓领会其含义。陶潜《五柳先生传》:"每有会意,便欣然忘食。"

会元 科举制度中会试是聚集各省举人到京会考之名,故通称会试第一名为会元。会试以后,还有一次殿试,殿试第一名则称状元。

讳〔諱〕(huì) ❶隐瞒;避忌。《公羊传·闵公元年》:"《春秋》为尊者讳,为亲者讳,为贤者讳。"❷指所隐讳的事物。《礼记·曲礼上》:"入境而问禁,入国而问俗,入门而问讳。"《楚辞·七谏·谬谏》:"恐犯忌而干讳。"王逸注:"所畏为忌,所隐为讳。"❸对帝王将相或尊长不敢直称其名,谓之避讳。因亦以指所避讳的名字。《三国志·魏志·武帝纪》:"太祖武皇帝,沛国谯人也,姓曹,讳操。"韩愈《讳辩》:"汉讳武帝名'彻'为'通'。"

讳疾忌医 隐瞒疾病,不愿医治。比喻怕人批评而掩饰自己的缺点和错误。亦作"护疾忌医"。周敦颐《周子通书·过》:"今人有过,不喜人规,如护疾而忌医,宁灭其身而无悟也,噫!"

讳莫如深 《穀梁传·庄公三十二年》:"讳莫如深,深则隐。"深,深重;隐,伤痛。鲁公子庆父谋杀太子般而出奔齐国,《春秋》不明记其事,认为事件重大,提起来伤臣子之心,所以讳而不言。后称把事情瞒得很紧为"讳莫如深"。

讳言 ❶忌讳别人谈论自己的过错。《后汉书·刘陶传》:"臣敢吐不时之义于讳言之朝。"李贤注:"讳言,拒谏也。"❷隐讳;不敢说或不愿意明说。如:无可讳言。《宋史·理宗纪五》:"似道(贾似道)自诡有再造之功,讳言岁币及讲和之事。"

沫(huì) 通"頮"。洗面。《汉书·律历志下》引《书·顾命》:"王乃洮沫水。"颜师古注:"洮,盥手也;沫,洗面也。"今《书·顾命》作"頮"。

另见 mèi。

洃(huì) ❶水波纹。见《广韵·八未》。❷见"濰洃"。

荟〔薈〕(huì) 草木繁盛貌。潘岳《射雉赋》:"翳荟蓁茸。"引申为会集。如:荟萃。

荟蔚 ❶云雾弥漫貌。《诗·曹风·候人》:"荟兮蔚兮,南山朝隮。"木华《海赋》:"荟蔚云雾。"❷草木繁盛貌。李格非《洛阳名园记·水北胡氏园》:"林木荟蔚,烟云掩映。"

哕〔噦〕(huì) 见"哕哕"。

另见 yuě。

哕哕 ❶有节奏的铃声。《诗·鲁颂·泮水》:"鸾声哕哕。"毛传:"哕哕,言其声也。"❷光明貌。《诗·小雅·斯干》:"哕哕其冥。"郑玄笺:"哕哕,犹煟煟也;冥,夜也。"一说深暗貌。马瑞辰通释:"哕哕犹昧昧,是状其室之深暗。"

涗〔濊〕(huì) 通"秽"。《汉书·李寻传》:"诛放佞人,防绝萌牙,以荡涤浊涗,消散积恶。"颜师古注:"涗,与秽同。"

另见 huò,wèi。

恚〔恚〕(huì) ❶憎恶。岑参《感旧赋》:"上帝憒憒,莫知我冤;众人恚恚,不为我言。"❷通"快"。古乐府《琅琊王歌辞》:"恚马高缠鬃,遥知身是龙。"

诲〔誨〕(huì) ❶教导;训诲。《诗·大雅·抑》:"诲尔谆谆。"《论语·述而》:"学而不厌,诲人不倦。"❷教导的话。《书·说命上》:"朝夕纳诲。"

诲盗诲淫 亦作"诲淫诲盗"。《易·系辞上》:"慢藏诲盗,冶容诲淫。"意谓自己保管财物不慎,无异于教导人来偷窃;女子打扮得过分艳丽,无异于引诱人来调戏自己。原有祸由自招的意思。后常指引诱人去干盗窃淫荡等坏事。

芔（huì）　"卉"的古字。

绘〔繪〕（huì）　亦作"缋"。❶五彩的绣花。《文心雕龙·总术》："视之则锦绘,听之则丝簧。"❷绘画。如:绘图;绘制。《论语·八佾》："绘事后素。"❸描摹;形容。如:描绘;绘影绘声。

绘影绘声　亦作"绘声绘影"。形容文艺作品或表演技术的生动、逼真。萧山湘灵子《轩亭冤》题词："绘声绘影样翻新,描写秋娘事事真。"

恚（huì）　愤怒;怨恨。《汉书·东方朔传》："舍人恚曰:'朔擅诋欺天子从官。'"陆龟蒙《庭前》诗："合欢能解恚,萱草信忘忧。"

恚忿　愤怒。《魏书·崔光传》："礼释读诵,老而逾甚,终日怡怡,未曾恚忿。"

恚怒　愤怒。《后汉书·费长房传》："〔长房〕独自恚怒,人问其故,曰:'吾责鬼魅之犯法者耳。'"

桧〔檜〕（huì）　用于人名。南宋有秦桧。

另见 guì。

贿〔賄〕（huì）　❶财物。《诗·卫风·氓》："以尔车来,以我贿迁。"亦指赠送财物。《穆天子传》卷二："贿用周室之璧。"郭璞注："贿,赠贿也。"❷贿赂,私赠财物而行请托。如:行贿。《隋书·炀帝纪下》："政刑弛紊,贿货公行。"

钺〔鏏〕（huì）　见"钺钺"。

另见 yuè。

钺钺　亦作"哕哕"。车铃声。《诗·小雅·庭燎》："鸾声哕哕。"《说文·金部》引作"銮声钺钺"。鸾、銮,古代的车铃。

烩〔燴〕（huì）　会合众味的烹调法。如:杂烩;冬菇烩豆腐。

彗（huì,旧读 suì）　❶扫帚。《史记·孟子荀卿列传》："昭王拥彗先驱。"❷扫;拂。班固《东都赋》："戈鋋彗云。"❸星名。即"彗星"。❹通"暳"。曝晒。《六韬·文韬·守土》："日中不彗,是谓失时。"

彗星　古称"妖星"、"欃枪",俗称"扫帚星"。绕太阳运行的一种天体。形状特别,远离太阳时,为发光的云雾状小斑点;接近太阳时,由彗核、彗发和彗尾组成。彗核由比较密集的固体块和质点组成,其周围的云雾状光辉叫做"彗发"。彗核和彗发总称为"彗头"。彗头外围有氢原子云,范围达 10^7 千米。彗尾由极稀薄的气体和尘埃组成,形状像扫帚,是

彗星接近太阳时形成的,一般朝背着太阳的方向延伸出去。彗星体积非常庞大,彗尾长达数千万甚至上亿千米;但质量很小,不到地球质量的十亿分之一。彗尾的密度极小,只有地球上海面大气密度的几千亿分之一。彗星的轨道多数是抛物线和双曲线,椭圆轨道只是少数,肉眼能见的彗星就更少。公元前 11 世纪中国已有彗星观测的记录。

晦（huì）　❶夏历月终的那一日。《庄子·逍遥游》："朝菌不知晦朔。"❷日暮;夜。《国语·鲁语下》："明而动,晦而休,无日以怠。"❸昏暗。韩愈《谢自然》诗："白日变幽晦,萧萧风景寒。"引申为昏聩。如:背晦。❹不明显。张炎《词源》卷下："词要清空,不要质实。清空则古雅峭拔,质实则凝涩晦昧。"参见"晦涩"。❺草木雕零貌。《文选·江淹〈杂体诗〉》："寂历百草晦。"李善注："草木华实荣茂谓之明,枝叶雕伤谓之晦。"❻隐藏。《旧唐书·韩滉传》："尤工书,兼善丹青。以绘事非急务,自晦其能,未尝传之。"❼倒霉;不吉利。见"晦气❶"。

晦迹　隐居,隐匿踪迹。李白《题元丹丘颍阳山居》诗："卜地初晦迹,兴言且成文。"

晦明　❶黑夜和白昼;阴暗和晴朗。《左传·昭公元年》："六气曰:阴阳、风雨、晦明也。"苏轼《放鹤亭记》："春夏之交,草木际天;秋冬雪月,千里一色。风雨晦明之间,俯仰百变。"❷从夜到天明,即整夜。《楚辞·九章·抽思》："望孟夏之短夜兮,何晦明之若岁?"

晦冥　昏暗。《史记·龟策列传》："正昼无见,风雨晦冥。"亦作"晦暝"。《穀梁传·庄公七年》："其陨也如雨,是夜中与?"范宁注："星既陨而雨,必晦暝,安知夜中乎?"

晦气　❶倒霉;遇事不顺利。《水浒传》第十一回："我恁地晦气,等了两日,不见一个孤单客人过往,如何是好?"❷脸色难看,呈青黄色。《西游记》第四十三回："外面有一个晦气色脸的和尚,打着前门骂,要人哩。"

晦涩　意义隐晦,文句僻拗。陈振孙《直斋书录解题·别集上》："有王晷者,天圣中为绛倅,取其《园池记》,章解而句释之,犹有不尽通者……为文而晦涩若此,其湮没弗传也,宜哉!"

锣〔鏏〕（huì）　铃声。见《玉篇·金部》。

穢〔穢〕（huì）　❶田中多草;荒芜。《汉书·杨恽传》："田彼南山,芜穢不治。"❷污浊;肮脏。如:自惭形穢。《左传·昭公二十六年》："且天之有彗也,以除穢也。"也特指粪。《晋书·殷浩传》："钱本粪土,故将得钱而梦穢。"❸淫乱;猥亵。如:淫穢;穢乱。亦泛指丑恶、罪恶。《书·泰誓中》："穢德彰闻。"❹古族名。见"貊❷"。

穢亵　❶肮脏,污穢。章学诚《古文十弊》："……谓乃祖衰年病废卧床,溲便无时,家无次丁,乃母不避穢亵,躬亲薰濯。"❷下流肮脏,多指男女间放荡不检的言语行为。《北齐书·司马子如传》："子如性滑稽,不治检裁,言戏穢亵,识者非之。"亦作"猥亵"。

惠（huì）　❶仁慈;给人以实惠。如:小恩小惠;惠而不费。《孟子·离娄下》："惠而不知为政。"❷赐。有所求于人的敬辞。如:惠临;惠存;惠我好音。❸柔顺。《诗·邶风·燕燕》："终温且惠。"亦谓柔和。见"惠风"。❹通"慧"。聪明。《后汉书·孔融传》："将不早惠乎?"❺古兵器名。即三棱矛。《书·顾命》："二人雀弁执惠。"郑玄注："惠状盖斜刃,宜芟刈。"❻姓。

惠而不费　谓施惠于人,而己无所费。《论语·尧曰》："因民之所利而利之,斯不亦惠而不费乎?"后亦谓有实利而不多费钱财。

惠风　❶和风。王羲之《兰亭集序》："是日也,天朗气清,惠风和畅。"❷比喻仁慈、恩惠。张衡《东京赋》："惠风广被,泽洎幽荒。"

惠然肯来　语出《诗·邶风·终风》"终风且霾,惠然肯来"。后用作欢迎他人来临之语。韩愈《与少室李拾遗书》："想拾遗公冠带就车,惠然肯来。"

惠文冠　古代武官所戴的冠。相传为战国时赵惠文王所制,故名。汉以后侍中、中常侍都戴此冠。或加黄金珰,附蝉为饰,插以貂尾,因亦称"貂珰"、"貂蝉"。

輠〔輠〕（huì,又读 huà）　转动车毂。《礼记·杂记下》："叔孙武叔朝,见轮人以其杖关毂而輠轮者。"孔颖达疏："关,穿也;輠,回也。谓作轮之人以扶病之杖关穿毂中而回转其轮。"

另见 guǒ。

喙（huì）❶鸟兽的嘴。《国策·燕策三》：“蚌方出曝，而鹬啄其肉，蚌合而拑其喙。”《汉书·匈奴传下》：“是以忍百万之师，以摧饿虎之喙。”某些低等动物的吻，有时也称喙。参见“吻❸”。❷借指人的嘴。如：不容置喙。《庄子·秋水》：“今吾无所开吾喙。”❸疲困。《诗·大雅·绵》：“惟其喙矣。”毛传：“喙，困也。”

喙息　动物用口呼吸。《史记·匈奴列传》：“跂行喙息蠕动之类。”司马贞索隐：“言虫鸟之类，或以蹠而行，或以喙而息。”《文选·王褒〈洞箫赋〉》作“喘息”。

颒〔顪〕（huì）颔下须。《庄子·外物》：“接其鬓，摩其颒。”司马彪注：“颒，颐下毛。”

翙〔翽〕（huì）见“翙翙”。

翙翙　鸟飞声。《诗·大雅·卷阿》：“凤皇于飞，翙翙其羽。”郑玄笺：“翙翙，羽声也。”

馀〔餯〕（huì）食物秽臭。《尔雅·释器》：“饣谓之馀。”陆德明释文引李巡云：“饣，馀，皆秽臭也。”

闠〔闠〕（huì）市门。张衡《西京赋》：“尔乃廓开九市，通闠带阓。”参见“阓闠”。

湏（huì）　古“沬”字。洗脸。见《说文·水部》。

另见 xū。

缋〔繢〕（huì）❶成匹布帛的头尾，即机头。《急就篇》卷三：“承尘户幰绦缋緫。”❷通“绘”。绘画。《考工记·画缋》：“画缋之事，杂五色。”也指用彩色画或绣的图像。《汉书·食货志下》：“乃以白鹿皮方尺，缘以缋，为皮币。”颜师古注：“缋，绣也，绘五彩而为之。”

殨〔殨〕（huì）腐烂。《说文·歺部》：“殨，烂也。”段玉裁注：“今殨烂字作溃而殨废矣。”

薉（huì，旧读 suì）　草名。《尔雅·释草》“王彗”郭璞注：“王帚也，似藜，其树可以为埽彗，江东呼之曰落帚。”按《广韵·六至》“彗，王彗草”。

嘒（huì）❶明亮貌。《诗·召南·小星》：“嘒彼小星，三五在东。”❷见“嘒嘒”。

嘒嘒　拟声词。(1)蝉鸣声。《诗·小雅·小弁》：“鸣蜩嘒嘒。”(2)车铃声。《诗·小雅·采菽》：“鸾声嘒嘒。”(3)管乐声。《诗·商颂·那》：

“嘒嘒管声。”

瘣（huì）　内伤病。《说文·疒部》：“瘣，病也。”《诗》曰：‘譬彼瘣木。’”今《诗·小雅·小弁》作“譬彼坏木”。毛传：“坏，瘣也，谓伤病也。”郑玄笺：“犹内伤病之木，内有疾，故无枝也。”

讆〔讆〕（huì）　顺服。《汉书·司马相如传下》：“义征不讆。”颜师古注引文颖曰：“讆，顺也。”《史记》作“憓”。

慧（huì）❶智慧；聪明。《左传·成公十八年》：“周子有兄而无慧，不能辨菽麦。”《聊斋志异·青凤》：“此青凤，鄙人之犹女也，颇慧，所闻见，辄记不忘。”❷狡黠。《三国志·蜀志·董允传》：“皓(黄皓)便辟佞慧。”

蕙（huì）❶香草名。亦称“蕙草”、“熏草”。俗名“佩兰”。香气如蘼芜，古人认为佩之可以避疫。以产于湖南零陵(今永州)者为最著名，故又名“零陵香”。《离骚》：“余既滋兰之九畹兮，又树蕙之百亩。”❷即“蕙兰”。

蕙兰（Cymbidium faberi）　亦称“九子兰”、“九节兰”。兰科。多年生常绿草本。叶丛生，直立性强。花葶直立，花 6～12 朵或更多，排成总状花序，四五月开花，花浅黄绿色，有香气。生于林下阴湿处。分布于中国华东、中南、西南和陕西。各地广为栽培，供观赏。

蕙心　比喻女子内心纯美。鲍照《芜城赋》：“东都妙姬，南国丽人，蕙心纨质，玉貌绛唇。”

蕙质　比喻美质。陈山甫《汉武帝重见李夫人赋》：“仿佛烟光，飘飖蕙质。”

槥（huì）　小而薄的棺材。《汉书·高帝纪下》：“令士卒从军死者为槥，归其县。”颜师古注引应劭曰：“小棺也，今谓之椟。”

潓（huì）　古水名。出庐江入淮。见《说文·水部》。

憓（huì）　亦作“讆”。顺服。《史记·司马相如列传》：“义征不憓。”《汉书》作“讆”。

薉（huì）　同“秽(穢)”。古族名。见“貊❷”。

错〔錯〕（huì）　鼎的一种。《淮南子·说林训》：“水火相憎，错在其间。”高诱注：“错，小鼎；又鼎无耳为错。”

頮（huì）　“靧”的本字。洗脸。《书·顾命》：“王乃洮頮水。”

洮，洗手。

蒍（huì）　青而变黄的颜色。《说文·黄部》：“蒍，青黄色也。”段玉裁注：“青色敝而黄也。”

另见 yǐ。

鏸〔鏸〕（huì）❶锐。一说三棱矛。《集韵·十二霁》：“鏸，锐也，一曰矛三隅。”字亦作惠。《书·顾命》：“二人雀弁执惠。”孔传：“惠，三隅矛。”❷同“错”。大鼎。见《集韵·十三祭》。

簅（huì）　同“彗”。

靧〔靧〕（huì）　洗脸。《礼记·内则》：“面垢，燂潘请靧。”陆德明释文：“燂，温也；潘，淅米汁；靧，洗面。”古人常以淘过高粱的水洗脸，故亦称“靧粱”。《礼记·玉藻》：“日五盥，沐稷而靧粱。”

螝（huì）　见“螝蛄”。

螝蛄（Platypleura kaempferi）　昆虫纲，同翅目，蝉科。体长 2～2.5 厘米，紫青色，有黑纹，后翅除外缘均为黑色。广布于中国以及朝鲜半岛、日本、菲律宾等地。五六月作“吱—吱吱”的鸣声。危害桃、梨、李等果树及桑、茶。

黵〔黵〕（huì）　浅黑。《玉篇·黑部》：“黵，浅黑色。”刘基《郁离子·玄豹》：“子不见夫南山之玄豹乎？其始也，黵黵耳，人莫之知也。”

翽（huì）　同“翙”。

翩（huì）　羽茎的末端。引申为鸟翼。《淮南子·人间训》：“奋翼挥翩，凌乎浮云。”高诱注：“翩，六翮之末也。”

譓（huì）❶同“讆”。辨察。《国语·晋语五》：“今阳子之情譓矣。”韦昭注：“譓，辨察也。”❷才智。《玉篇·言部》：“譓，材智也。”

hūn

昏〔昬〕（hūn）❶天色才黑的时候；刚晚。《诗·陈风·东门之杨》：“昏以为期，明星煌煌。”❷昏黑；无光。鲍照《代苦热行》：“日月有恒昏，雨露未尝晞。”引申为混乱。刘琨《劝进表》：“永嘉之际，氛厉弥昏。”❸惑乱；昏愦。《吕氏春秋·诬徒》：“昏于小利，惑于嗜欲。”《新唐书·魏徵传》：“忠臣已婴祸

诛,君陷昏恶,丧国夷家,只取空名。"❹昏花;昏迷。《新唐书·魏微传》:"臣眊昏,不能见。"《聊斋志异·鬼哭》:"阍人王姓者疾笃,昏不知人者数日矣。"❺出生后未取名而死。《左传·昭公十九年》:"寡君之二三臣,札、瘥、夭、昏。"孔颖达疏:"子生三月,父名之;未名之曰昏,谓未三月而死也。"❻通"婚"。《诗·邶风·谷风》:"宴尔新昏,不我屑以。"

另见 mǐn。

昏垫 迷惘沉溺。《书·益稷》:"洪水滔天,浩浩怀山襄陵,下民昏垫。"孔传:"言天下民昏瞀垫溺,皆困水灾。"

昏定晨省 《礼记·曲礼上》:"凡为人子之礼,冬温而夏清,昏定而晨省。"谓晚间服侍就寝,早上省视问安。旧时人子侍奉父母的日常礼节。亦作"晨昏定省"。《红楼梦》第三十六回:"不但将亲戚朋友一概杜绝了,而且连家庭中晨昏定省,一发都随他的便了。"

昏花 谓视觉模糊。韩愈《与崔群书》:"目视昏花,寻常间便不分人颜色。"

昏黄 犹黄昏,谓光色朦胧暗淡。韩偓《曲江晚思》诗:"水冷鹭鸶立,烟月愁昏黄。"

昏瞀 迷惘困惑。王安石《乞罢政事表》:"必用强明,乃能协济;岂容昏瞀,可以叨居。"参见"昏垫"。

昏蒙 愚昧;不明事理。韩愈《独孤申叔哀辞》:"明昭昏蒙,谁使然邪?"

荤 〔葷〕(hūn) ❶指鱼肉类食品。如:吃荤;开荤。❷指葱蒜等辛臭的菜。《仪礼·士相见礼》:"夜侍坐,问夜,膳荤,请退可也。"郑玄注:"膳荤,谓食之荤辛物葱韭之属。"参见"荤辛"。

另见 xūn。

荤辛 统称气味辛烈的蔬菜。荤,指有臭气的;辛,指辣味的。如葱、蒜、韭等是。佛家禁食这些菜。《翻译名义集》卷三"什物":"荤而非辛,阿魏是也;辛而非荤,薑芥是也。是荤复是辛,五辛是也。"阿魏,一种伞形科的植物。参见"五荤"。

惛 (hūn) 昏暗。《太玄·幽》:"阃诸幽惛。"

喖 (hūn) 见"喖喖"。

另见 wěn。

喖喖 眼睛所看不见的。《法言·问神》:"著古昔之喖喖,传千里之忞忞者,莫如书。"李轨注:"喖喖,目

所不见;忞忞,心所不了。"亦作"喖喖"。

阍 〔閽〕(hūn) ❶守门人。《左传·襄公二十九年》:"吴人伐越,获俘焉,以为阍。"❷宫门。《旧唐书·韩思复传》:"帝阍九重,涂(途)远千里。"

溷 (hūn) 见"溷溷"。

溷溷 亦作"溷溷"。昏乱貌。《荀子·赋》:"桀纣以乱,汤武以贤,溷溷淑淑,皇皇穆穆。"杨倞注:"溷溷,思虑昏乱也。"

惛 (hūn) 亦作"惛"。❶不明了;糊涂。《晋书·王沉传》:"心以利倾,智以势惛。"❷欺蒙。《韩非子·南面》:"事有功者必赏,则群臣莫敢饰言以惛主。"❸专一。见"惛惛❶"。

另见 mèn。

惛惛 亦作"惛惛"。❶谓专心一志。《荀子·劝学》:"是故无冥冥之志者,无昭昭之明;无惛惛之事者,无赫赫之功。"❷糊涂;心中昏昧不明。《汉书·王温舒传》:"为人少文,居它,惛惛不辩。"❸幽深不明。《管子·四时》:"五漫漫,六惛惛,孰知之哉!"尹知章注:"惛惛,微暗貌。"

惛眊 神智糊涂,两眼昏花。上官仪《为太仆卿刘弘基请乞仕表》:"但犬马之齿,甲子已多,风雨之疾,惛眊日甚。"

惛恘 亦作"惛恘"。喧扰;争吵。《诗·大雅·民劳》:"无纵诡随,以谨惛恘。"毛传:"惛恘,大乱也。"郑玄笺:"惛恘,犹讙(喧)哗也;谓好争者也。"

焄 (hūn) 同"荤"。指葱韭之类辛辣的蔬菜。《孔子家语·五仪解》:"夫端衣玄裳冕而乘轩者,则志不在于食焄。"《荀子·哀公》作"食荤"。

另见 xūn。

婚 (hūn) 亦作"昏"。本谓妇家。见《说文·女部》。后指男女正式结为夫妇。《国语·晋语四》:"同姓不婚,恶不殖也。"又特指男子娶妇。如:成婚。

婚媾 犹婚姻。《易·屯》:"匪寇婚媾。"《国语·晋语四》:"今将婚媾以从秦。"亦作"昏媾"。《左传·隐公十一年》:"如旧昏媾,其能降以相从也?"

婚书 允婚的文约。《儒林外史》第十四回:"先生快写起婚书来。"

婚姻 ❶古时"婚"亦作"昏"。男

女结合成为夫妻;嫁娶。《诗·邶风·蝃蝀》:"乃如之人兮,怀昏姻也。"现代指男女双方建立夫妻关系。因结婚而发生,因配偶一方死亡或离婚而消灭。在近现代各国立法中,"婚姻"的涵义各不相同。有的仅指婚姻关系(夫妻间的权利义务关系);有的仅指建立婚姻关系的结婚行为;有的兼指夫妻关系与结婚行为。我国与许多国家都采取第三种用法。近代西方学者(以德国康德为代表)提出"婚姻契约说",认为婚姻是民事上的要式契约,解除契约即是离婚。此说将婚姻关系纳入私法关系,并适用调整商品契约关系的同一规范,在西方迄今仍占主导地位。马克思主义认为,婚姻是男女两性之间的一种社会关系,其发展变化与性质、特点等除自然规律也起一定作用外,均为经济基础所决定。在社会主义制度下,婚姻的特点是:真正实行一夫一妻制,男女双方地位与权利义务平等,互相扶养,赡养教育幼小。❷亲家;有亲戚关系的人。《尔雅·释亲》:"妇之父母、婿之父母相谓为婚姻。"《汉书·杨恽传》:"恽幸与富平侯婚姻。"

婚约 男女双方对结婚的事先约定。

楛 (hūn) 木名。见"合欢❷"。

殙 (hūn) ❶昏昧。《庄子·达生》:"以瓦注者巧,以钩注者惮,以黄金注者殙。"成玄英疏:"用黄金赌者,既是极贵之物,矜而惜之,故心智昏乱而不中也。"❷婴儿未名而死。见《广韵·二十三魂》。

溷 (hūn) 同"溷"。

另见 mǐn。

惛 (hūn) 同"惛"。

另见 mèn。

婚 (hūn) 同"婚"。

hún

昆 (hún) 见"昆邪"。

另见 hùn,kūn。

昆邪 亦作"浑邪"。汉代匈奴部落名。与休屠部同居匈奴西方。武帝元狩二年(公元前121年)霍去病败匈奴,取焉支山、祁连山后,昆邪王杀休屠王,并其众降汉,凡四万人。自此汉通西域道路被打通。汉处昆邪部众于陇西等五郡塞外,因其故俗为属国。

诨〔諢〕(hún) 通"馄"。见"馄饨"。

另见 yùn。

浑〔渾〕(hún) ❶浑浊，水不清。杜甫《示从孙济》诗："淘米少汲水，汲多井水浑。"❷糊涂。如：浑人；浑头浑脑。❸混同。孙绰《游天台山赋》："浑万象以冥观。"❹全；满。如：浑身是劲。陈师道《山口》诗："渔屋浑环水，晴湖半落东。"❺简直。杜甫《春望》诗："白头搔更短，浑欲不胜簪。"❻吐谷浑的简称。《旧唐书·郭子仪传》："兼河陇之地，杂羌浑之众。"❼姓。唐代有浑瑊。

另见 gǔn，hùn。

浑不似 亦作"胡拨四"、"火不思"、"和必斯"、"琥珀词"、"虎拨思"。乐器名。形似琵琶。俞琰《席上腐谈》："王昭君琵琶坏，使胡人重造，而其形小。昭君笑曰：'浑不似。'今讹为胡拨四。"

浑厚 质朴厚重。《宋史·晏殊等传赞》："得象(章得象)浑厚有容。"也用以形容诗文书画的笔力、风格。《新唐书·李翱传》："翱始从昌黎韩愈为文章，辞尚浑厚。"

浑浑 ❶浑浊、纷乱貌。陆云《九愍·感逝》："将蔼蔼而未扬，世浑浑其难澄。"❷浑厚博大貌。韩愈《进学解》："上规姚姒，浑浑无涯。"

浑浑噩噩《法言·问神》："虞夏之书浑浑尔，《商书》灏灏尔，《周书》噩噩尔。"浑浑，浑厚貌。噩噩，严正貌。后则用"浑浑噩噩"形容浑沌无知，愚昧糊涂。郑燮《范县署中寄舍弟墨第三书》："而春秋以前，皆若浑浑噩噩，荡荡平平，殊甚可笑也。"

浑家 ❶全家。戎昱《苦哉行》："身为最小女，偏得浑家怜。"❷妻子。钱大昕《恒言录·亲属称谓》："称妻曰浑家，见郑文宝《南唐近事》。"《京本通俗小说·碾玉观音》："抬起头来，看柜身里却立着崔待诏的浑家。"

浑金璞玉 同"璞玉浑金"。梁元帝《为东宫荐石门侯启》："浑金璞玉，才匹山涛。"

浑沦 犹"囫囵"。指浑然一体不可分的状态。《列子·天瑞》："气形质具而未相离，故曰浑沦。浑沦者，言万物相浑沦而未相离也。"《朱子全书·学六》："学者初看文字，只见得个浑沦物事。"

浑俗和光 不露锋芒，与世无争。指一种自保其身的处世态度。王实甫《西厢记》第一本第二折："俺先人甚的是浑俗和光，真一味风清月朗。"参见"和光同尘"。

浑脱 ❶犹言"活脱"，灵活。方以智《通雅·释诂》："中国(指中原)浑脱，盖活脱之转。草名活兑，音活脱，即通脱禾，言其灵通活脱也。"❷舞曲名。《资治通鉴·唐中宗景龙三年》："上数与近臣学士宴集，令各效伎艺以为乐。将作大臣宗晋卿舞《浑脱》。"胡三省："长孙无忌以乌羊毛为浑脱毡帽，人多效之，谓之赵公浑脱。因演以为舞。"李白《草书歌行》："古来万事贵天生，何必要公孙大娘浑脱舞。"❸渡水的皮筏。李心衡《金川琐记·皮船》："甘肃邻近黄河之西宁一带，多浑脱。盖取羊皮去骨肉制成，轻浮水面，骑渡乱流。李太仆开先《塞上曲》有'不用轻帆并短棹，浑脱飞渡只须臾'之句，其巧便已可概见。"

浑言 训诂学术语。浑统称说之意。同"析言"相对。《说文·口部》："呱，不欧(今作呕)而吐也。"段玉裁注："欠部曰：欧，吐也；浑言之。此云不欧而吐也者，析言之。"意思是说"欧"和"吐"浑言则义同，析言则义别。

浑圆 ❶圆球形。《元史·历志一》："天体浑圆。"❷指不露棱角，圆通周到。沈作喆《寓简》卷八："为文当存气质，气质浑圆，意到辞达，便是天下之至文。"

驿〔䮝〕(hún) 传说中的兽名。《山海经·北山经》："〔归山〕有兽焉，其状如麢羊而四角，马尾而有距，其名曰驿，善还。"

珲〔琿〕(hún) ❶美玉。见《集韵·二十三魂》。❷见"珲春"。

另见 huī。

珲春 市名。在吉林省延边朝鲜族自治州东部、珲春河流域，邻接黑龙江省。清宣统元年(1909年)设珲春厅，1913年改珲春县。以珲春河得名。1988年改设市。人口21.1万(城镇12.9万，1996年)。森林资源丰富。矿产有煤、金、铁、铜。工业有采矿、冶金、化学、机械、水泥、造纸。图们江沿岸平原农业发达。产稻、大豆等。古迹有龙虎石刻。

桦〔樺〕(hún) 古代一种三行条播器。一说犁上曲木。见《说文·木部》。朱骏声《说文通训定声·屯部》谓即今下种用的耧车。

另见 huī。

馄〔餛〕(hún) 见"馄饨"。

馄饨 一种面食。亦作"餫饨"。用很薄的面片包馅做成，形如耳朵。广东叫云吞，四川叫抄手。按《一切经音义》引《广雅》："馄饨，饼也。"段公路《北户录》："浑沌饼。"崔龟图注："颜之推云：'今之馄饨，形如偃月，天下通食也。'"似是今之饺子。陆友仁《砚北杂志》卷上记畅师文："一日作馄饨八枚，召知府早食之。其法每枚用肉四两，名为'满楪江'。知府不能半其一。"形制并与今之馄饨不同。

混(hún) 同"浑"。如：混水摸鱼。《离骚》："世混浊而不分兮。"

另见 gǔn，hùn。

混混 亦作"浑浑"。❶浑浊、纷乱貌。《楚辞·九思·伤时》："时混混兮浇馈。"❷浑厚质朴。《史记·太史公自序》："乃合大道，混混冥冥。"

混水摸鱼 混，亦作"浑"。比喻趁混乱的时机，攫取不正当的利益。

腒(hún) 见"腒肫"。

另见 hùn。

腒肫 即"馄饨"。见《集韵·二十三魂》。

魂〔䰟〕(hún) ❶古人想像人的精神能离开形体而存在，这种精神叫做"魂"。《易·系辞上》："精气为物，游魂为变。"参见"魂魄"。❷指人的全部心灵作用。如：心魂；神魂。❸泛指一切事物的精神。苏轼《再用松风亭下韵》诗："罗浮山下梅花村，玉雪为骨冰为魂。"《红楼梦》第七十六回："冷月葬诗魂。"❹特指崇高的精神。如：民族魂；国魂。

魂飞魄散 犹言"魂不附体"。《西游记》第七十九回："那三藏听见行者现了相，在空中降妖，吓得魂飞魄散。"亦作"魂飞魄丧"。又，第八十八回："当殿官一见了，魂飞魄丧。"

魂魄 旧时谓人的精神灵气。《左传·昭公七年》："人生始化曰魄，既生魄，阳曰魂；用物精多，则魂魄强。"孔颖达疏："魂魄，神灵之名，本从形气而有；形气既殊，魂魄各异，附形之灵为魄，附气之神为魂也。附形之灵者，谓初生之时，耳目心识手足运动啼呼为声，此则魄之灵也；附气之神者，谓精神性识渐有所知，此则附气之神也。"又《昭公二十五年》："心之精爽，是谓魂魄；魂魄去之，何以能

久?"

榾(hún)　未劈开的木头。引申为完整;笼统。《说文·木部》:"榾,㮨木未析也。"段玉裁注:"此'㮨'当作'完',全也……凡全物溷大皆曰榾。"朱骏声通训定声:"今苏俗常语谓之或仑。或仑者,榾字之合音。"

貚〔貚〕(hún)　鼠类。通称灰鼠,皮可制裘。

hǔn

昈(hǔn,又读 yún)　见"昡昈"。

捆(hǔn,又读 gǔn)　同;混合。王褒《洞箫赋》:"带以象牙,捆其会合。"李善注:"言以象牙饰其会合之际。"

焜(hǔn,又读 kūn)　❶光明。见"焜耀"。❷通"昆"。《汉书·扬雄传上》:"樵蒸焜上,配藜四施。"颜师古注:"焜,同也。"《文选·甘泉赋》作"樵蒸昆上"。李善注:"言燔燎之盛,故樵蒸之光同上而披离四布也。"一说"焜,火貌。见《汉书》萧该音义。

焜耀　《左传·昭公三年》:"焜耀寡人之望。"陆德明释文引服虔云:"焜,明也;耀,照也。"储光羲《贻王侍御出台掾丹阳》诗:"馀辉方焜耀,可以欢邑聚。"聚,村落。

hùn

昆(hùn)　通"混"。《太玄·昆》:"昆于黑,不知白。"
另见 hún,kūn。

昆仑　广大无垠貌。《太玄·中》:"昆仑旁薄,思之贞也。"司马光注:"昆仑者,天象之大也。"

诨〔諢〕(hùn)　诙谐逗趣的话。如:打诨。亦指打诨逗趣的人。《新唐书·史思明传》:"思明爱优诨,寝食常在侧。"

诨名　犹混号。外号。《水浒传》第二十九回:"那厮姓蒋名忠,有九尺来长身材,因此江湖上起他一个诨名,叫做蒋门神。"

浑〔渾〕(hùn)　通"混"。见"浑淆"、"浑沌"。
另见 gǔn,hún。

浑成　浑然一体,不见雕琢的痕迹。况周颐《宋词三百首序》:"以浑成之一境为学人必赴之程境,更有进于浑成者,要非可躐而至,此关系学

浑敦　亦作"浑沌"。愚昧,不明事理。《左传·文公十八年》:"昔帝鸿氏有不才子,掩义隐贼,好行凶德,丑类恶物,顽嚚不友,是与比周。天下之民谓之浑敦。"杜预注:"浑敦,不开通之貌。"按《史记·五帝本纪》作"浑沌"。又章炳麟《新方言·释言》谓其音转为昏蜑,即浑蛋。

浑沌　❶同"混沌"。古人想像中世界形成前的状态。曹植《七启》:"夫太极之初,浑沌未分。"❷同"浑敦"。《史记·五帝本纪》:"昔帝鸿氏有不才子,掩义隐贼,好行凶慝,天下谓之浑沌。"张守节正义引杜预曰:"浑沌,不开通之貌。"

浑淆　同"混淆"。《汉书·刘向传》:"今贤不肖浑淆。"

浑一　同"混一"。统一。史岑《出师颂》:"素旄一麾,浑一区宇。"

浑元　亦作"混元"。指天地。《文选·班固〈幽通赋〉》:"浑元运物,流不处兮。"李周翰注:"浑元,天地也。言天地运物,流转无常也。"

圂(hùn)　❶通作"溷"。厕所。❷猪圈。《汉书·五行志中之下》:"豕出圂。"
另见 huàn。

倱(hùn)　见"倱伅"。

倱伅　同"浑敦"。《玉篇·人部》:"倱伅,四凶名。"按《书·舜典》舜流四凶,谓共工、驩兜、三苗、鲧。

混(hùn)　❶水势盛大。《汉书·司马相如传上》:"汩乎混流。"❷浑一而不可分。见"混成"。❸搀和;混合;混杂。如:混在一起;混为一谈。《法言·修身》:"人之性也善恶混。"李轨注:"杂也。"❹蒙混。如:鱼目混珠。❺苟且过活。如:混日子;混饭吃。❻胡乱。《红楼梦》第八回:"又混闹了,一个药也有混吃的?"
另见 gǔn,hún。

混成　谓混沌之中自然生成万物。《老子》:"有物混成,先天地生。"王弼注:"混然不可得而知,而万物由之以成,故曰混成也。"

混沌　亦作"浑沌"。❶古人想像中天地相连的状态。《白虎通·天地》:"混沌相连,视之不见,听之不闻。"❷谓无知无识。如:混沌无知。

混号　亦称"诨名"。即绰号;外号。赵翼《陔馀丛考》卷三十八:"世俗轻薄子,互相品目,辄有混号。《吕氏春秋·简选》篇夏桀号'移大牺',

谓其多力能推牛倒也。此为混号之始。"

混合　混和。杜牧《寄内兄和州崔员外十二韵》:"光尘能混合,璧画最分明。"

混沦　水流旋转貌。《文选·郭璞〈江赋〉》:"或混沦乎泥沙。"李善注:"混沦,轮转之貌。"

混芒　亦作"混茫"。❶混沌蒙昧。指上古时期人类未开化的状态。《庄子·缮性》:"古之人在混芒之中。"成玄英疏:"其时淳风未散,故处在混沌芒昧之中。"❷广阔无涯的境界。杜甫《寄彭州高三十五使君适三十韵》:"意惬关飞动,篇终接混茫。"

混堂　浴池。钱大昕《恒言录》卷五:"《至正直记》:'萨天锡善咏物赋诗。如《混堂》云:一笑相遇裸形国。'"

混同　❶统一。左思《魏都赋》:"壹八方而混同,极风采之异观。"《晋书·陶璜传》:"今四海混同,无思不服。"❷混淆,把本质不同的人和事物等同起来。《后汉书·皇后纪下论》:"贤愚优劣,混同一贯。"

混淆　混杂;界限划分不清。如:混淆是非;混淆视听。干宝《晋纪总论》:"内外混淆,庶官失才。"

混元　天地的原始状态。《云笈七籤》卷二:"混元者,记事于混沌之前,元气之始也。"亦谓天地。《后汉书·班固传》:"外运混元,内浸豪芒。"李贤注:"混元,天地之总名也。"

混元巾　亦称"纶巾"。道教全真道士所戴的圆巾。用布帛缝制,顶有圆孔,便于露发戴冠。为道士所戴九种巾(混元巾、九梁巾、纯阳巾、太极巾、荷叶巾、靠山巾、方山巾、一字巾、唐巾)之首。传说原为中国古代汉族男子戴的帽子。

混杂　混合搀杂。《水浒传》第一百十五回:"王英、扈三娘……扮作艄公艄婆,都不要言语,混杂在艄后,一揽进得城去。"

棍(hùn)　❶捆在一起。《汉书·扬雄传上》:"棍申椒与菌桂兮。"颜师古注:"棍,大束也。"通"混"。混同。《汉书·扬雄传下》:"形之美者,不可棍于世俗之目。"
另见 gùn。

腗(hùn)　圆长貌。见《集韵·二十一混》。《齐民要术·养牛马驴骡》:"〔马〕颈欲得腗而长。"
另见 hún。

溷（hùn）❶猪圈。《论衡·吉验》：“后产子，捐于猪溷中。”❷厕所。《晋书·左思传》：“门庭藩溷，皆著笔纸。”

恩（hùn）❶忧；受累。《左传·昭公六年》：“舍不为暴，主不恩宾。”杜预注：“恩，患也。”❷打扰；烦劳。《史记·范雎蔡泽列传》：“〔秦王曰〕寡人愚不肖，先生乃幸辱至于此，是天以寡人恩先生，而存先王之宗庙也。”❸污辱。《礼记·儒行》：“不恩君王，不累长上。”❹通“混”。混杂；紊乱。《文心雕龙·议对》：“〔仲舒之对〕烦而不恩者，事理明也。”

顢（hùn）同“诨”。打诨。《新唐书·元结传》：“谐臣顢官。”

huō

粩（huō）　粩子，一种开沟松土的农具，似铲而较小，中有高脊。用粩子开沟松土也叫“粩”。

騞〔騞〕（huō）❶裂物的声音。《庄子·养生主》：“奏刀騞然。”❷快速貌。《列子·汤问》：“其触物也，騞然而过，随过随合，觉疾而不血刃焉。”

劐（huō）❶用刀尖插入物体后顺势划开。如：把鱼肚子劐开。❷通“获（穫）”。❸通“粩”。

嚄（huō）赞叹声。如：嚄！好大的工程！
另见 huò。

豁（huō）❶开裂；破缺。如：豁口；豁嘴。韩愈《送侯参谋赴河中幕》诗：“我齿豁可鄙。”❷拚弃；舍却。《红楼梦》第一百一十回：“明儿你们豁出些辛苦来罢！”
另见 huá，huò。

騞（huō）同“騞（騞）”。

huó

和〔咊、龢〕（huó）　在粉状物中加水搅拌揉弄，使有粘性。如：和面；和泥。
另见 hé，hè，hú，huò。

佸（huó）　相会。《诗·王风·君子于役》：“君子于役，不日不月，曷其有佸？”郑玄笺：“行役反无日月，何时而有来会期。”

活（huó）❶生存。与“死”相对。如：活到老，学到老。杜甫《自京赴奉先县咏怀》诗：“实愿邦国活。”亦谓使存活，救活。《庄子·外物》：“君岂有斗升之水而活我哉？”❷工作；生计。如：干活；庄稼活。《魏书·北海王详传》：“自今而后，不愿富贵，但令母子相保，共汝扫市作活也。”❸灵活；不固定。如：活用；活期存款。❹生动逼真。如：活像；活现。
另见 guō。

活东　即蝌蚪。《尔雅·释鱼》：“科斗，活东。”郭璞注：“虾蟆子。”

活佛❶藏传佛教中依转世制度而取得地位的高级僧侣的俗称。其中地位最高者为达赖和班禅；其次为法王，是清朝中央政府给予呼图克图封号的转世者（旧有“八大呼图克图”等称号）；再次为一般的活佛。活佛原来依宗法制父子世袭。13世纪噶举派的噶玛支系始创转世制度，至格鲁派（黄教）禁止僧人娶妻以后，转世制度流行更广。❷中国旧小说中对高僧的尊称。

活活　活生生地。

活计❶生计；谋生的手段。苏轼《与蒲传正书》：“千乘侄屡言大舅全不作活计，多买书画奇物，常典钱使。”❷特指女红或手艺。《红楼梦》第二十二回：“湘云听了，只得住下，又一面遣人回去，将自己旧日做的两件针线活计取来，为宝钗生辰之仪。”

活络　灵活通达，不拘泥。《朱子全书·易·讼》：“要在看得活络，无所拘泥，则无不通耳。”罗大经《鹤林玉露》卷八：“大抵看诗要胸次玲珑活络。”

活水　流动的水。朱熹《观书有感》诗：“问渠那得清如许，为有源头活水来。”

活脱❶十分相似；酷肖。《通俗编·状貌》：“杨万里诗：‘小春活脱是春时。’史弥宁诗：‘楚山活脱青屏样。’按俗谓似之至曰活脱也。”❷“通脱木”的异名。即“通草”。

越（huó）❶瑟底的小孔。《礼记·乐记》：“清庙之瑟，朱弦而疏越。”❷通“括”。结；束。《左传·桓公二年》：“大路越席。”孔颖达疏：“结蒲为席。”
另见 yuè。

huǒ

火（huǒ）❶物体燃烧时所发的光和热。《韩非子·五蠹》：“有圣人作，钻燧取火，以化腥臊，而民说之。”❷焚烧。《左传·宣公十六年》：“成周宣榭火，人火之也。”《礼记·王制》：“昆虫未蛰，不以火田。”❸中医指病因。六淫之一。❹比喻人性情暴躁或发怒。如：火性；冒火。❺比喻紧急。见“火急”、“火速”。❻古时兵制，十人为一火，引申为同伴。见“火伴”、“火计”。❼星名。（1）恒星。也叫“大火”。（2）行星。也叫“荧惑”、“火星”。❽五行之一。见“五行❶”。❾姓。三国时蜀有火济。

火伴　亦作“伙伴”。古代兵制：五人为列，二列为火，十人共一火炊煮，同火的称为火伴（见《通典·兵一》引一说）。因用以称同在一个军营的人。古乐府《木兰诗》：“出门看火伴，火伴皆惊惶。”引申为生活或工作在一起的同伴。

火并　同伙相拼斗。《水浒传》第十九回：“今日林教头必然有火并王伦之意。他若有些心懒，小生凭着三寸不烂之舌，不由他不火并。”

火耕　一种原始耕作方法。烧去杂草，种植杂粮或引水种稻。《史记·货殖列传》：“楚、越之地，地广人希（稀），饭稻羹鱼，或火耕而水耨。”参见“火耕水耨”。

火耕水耨　古时一种耕种方法。《史记·平准书》：“江南火耕水耨。”裴骃集解引应劭曰：“烧草下水种稻，草与稻并生，高七八寸，因悉芟去，复下水灌之，草死，独稻长，所谓火耕水耨也。”

火攻　古代以纵火攻击敌人的战法。唐以前通常以松脂、艾草等易燃物借风实施，亦有借助动物实施者，如火马、火牛等。宋始用燃烧性火器纵火。攻击对象为人马、粮草、辎重、仓库、运输设施等。历代兵家均极重视火攻。《孙子兵法》有《火攻篇》。

火候❶古代道家炼丹时火力文武大小久暂的节制。《云笈七籤》卷六十八：“汞则用黑铅一斤，转转烧抽，火候依前一诀。”也指冶制或烹饪时的火力强弱久暂。❷比喻道德、学问、技艺等的修养程度。黄宗羲《钱退山诗文序》：“涵濡蕴蓄，更当俟之以火候。”❸比喻紧要的时机。

火花❶物体燃烧时爆出的火星。

❷灯花。灯烛余烬结成的花形。李商隐《为东川崔从事谢辟并聘钱启》："陆贾方验于火花,郭况莫矜于金穴。"旧以灯花为喜事的预兆。❸飞蛾的别名。崔豹《古今注·鱼虫》："飞蛾,善拂灯烛,一名火花,一名慕光。"❹火柴盒上的贴画。

火浣布　"石棉布"的古称。因可用火燃法除去布上污渍,故名。《列子·汤问》："火浣之布,浣之必投于火,布则火色,垢则布色。出火而振之,皓然疑乎雪。"《三国志·魏志·齐王芳纪》："西域重译献火浣布。"

火急　犹言紧急,刻不容缓。《北史·齐幼主恒纪》："特爱非时之物,取求火急,皆须朝征夕办。"

火计　同"伙计"。

火齐　❶犹火候。《礼记·月令》："〔仲冬之月〕火齐必得。"孔颖达疏："谓炊米和酒之时,用火齐,生熟(熟)必得中也。"用火齐,意谓掌握火候,使不文不猛,恰到好处。❷古代清火去热的药剂。《史记·扁鹊仓公列传》："臣意(淳于意)即为之液汤火齐,逐热,一饮汗尽,再饮热去,三饮病已。"❸宝石名。《文选·左思〈吴都赋〉》："火齐之宝,骇鸡之珍。"刘逵注引《异物志》："火齐如云母,重沓而可开,色黄赤似金,出日南。"

火家　酒饭店的司务伙计。《水浒传》第十七回："却叫小人的妻弟带几个火家,直送到那山下。"

火禁　❶防火的禁令。《周礼·天官·宫正》："春秋,以木铎修火禁。"又《秋官·司烜氏》："中春,以木铎修火禁于国中。"❷古代寒食禁火,亦称火禁。周密《癸辛杂识别集·绵上火禁》："绵上火禁,升平时禁七日,丧乱以来犹三日。"参见"禁火"、"寒食"。

火坑　佛教以地狱、饿鬼、畜生三恶道为三恶火坑,入之,受无量苦,故云。后比喻极端惨酷的生活环境。《红楼梦》第一回："到那时只不要忘了我二人,便可跳出火坑矣。"旧社会称女子被逼为娼为"落火坑"。

火轮　❶喻指太阳。韩愈《桃源图》诗："夜半金鸡啁哳鸣,火轮飞出客心惊。"❷清末指以蒸汽机发动的轮船。

火牛阵　战国后期齐将田单击败燕军的战术。燕昭王时,燕将乐毅攻破齐国,田单坚守即墨(今山东平度东南)。公元前279年,燕惠王即位,改用骑劫为将。田单派人向燕军诈

降,麻痹燕军;又用牛千余头,角上缚兵刃,尾上缚苇灌油,夜间以火点燃,使猛冲燕军,并以五千勇士随后冲杀,大败燕军,杀死骑劫。田单乘胜陆续收复所失七十余城。

火器　❶"火药兵器"的简称。利用火炸药的燃烧、爆炸作用或发射弹丸进行杀伤和破坏的兵器。如中国古代的火球、火箭、火枪、火铳、火炮及现代的枪械、火炮、炸弹、手榴弹、地雷、水雷等。❷泛指火攻器具,包括上述各种火药兵器和利用油脂、草类等燃烧物纵火的器具。

火前　❶寒食节禁火之前。薛能《晚春》诗："征东留滞一年年,又向军前遇火前。"❷茶名。寒食节前采下的茶叶。《宋史·食货志下》："建宁腊茶,北苑为第一,其最佳者曰社前,次曰火前。"❸寒食节前开放的牡丹。陆游《天彭牡丹谱》："在寒食前者,谓之火前花,其开稍久;火后花,则易落。"

火伞　比喻夏日酷烈。如:火伞高张。韩愈《游青龙寺赠崔大补阙》诗："光华闪壁见神鬼,赫赫炎官张火伞。"

火食　熟食。《庄子·让王》："孔子穷于陈蔡之间,七日不火食。"

火树　❶比喻辉煌的灯火。见"火树银花"。❷比喻有红色花果的树。白居易《山枇杷》诗："火树风来翻绛焰,琼枝日出晒红纱。"❸红珊瑚的别名。《本草纲目·金石二》："〔珊瑚〕变红色者为上,汉赵佗谓之火树,是也。"

火树银花　形容灯光烟火绚丽灿烂。特指上元节(夏历正月十五日)的灯景。苏味道《正月十五夜》诗："火树银花合,星桥铁锁开。"

火速　犹言赶紧、立即。李俊民《索和长平诸诗友送行韵》："柴门近日多来客,火速移床待孝先。"

火头　❶旧称掌管炊事的人。《宋史·食货志上六》："置居养院安济坊,给常平米,厚至数倍,差官卒充使令,置火头,具饮膳。"❷称引起火灾的人家为"火头",也叫"火首"。❸火苗。如:火头向外直冒。

火葬　一名"火化"。葬法之一。以火焚尸使化。最早盛行于古印度。《立世阿毗昙论》卷六："刹浮提人,若眷属死,送丧山中烧尸弃去,或置水中,或埋土里,或著空地。"《大唐西域记》卷二："送终殡葬,其仪有三:一曰火葬,积薪焚燎;二曰水葬,沈流漂散;三曰野葬,弃林饲兽。"后

随佛教传入中国。《高僧传》卷二："〔鸠摩罗什〕卒于长安……依外国法,以火焚尸。"顾炎武《日知录》卷十五："火葬之俗,盛行于江南,自宋时已有之。"

火者　宦官。张昱《宫中词》："从行火者笑相招,步辇相将过钓桥。"旧时闽粤等地富豪之家,买贫家之子,阉割以供驱使,也谓之火者。

火正　传说中上古的火官,为"五官"之一。《左传·昭公二十九年》："火正曰祝融。"《汉书·五行志上》："古之火正,谓之火官也。掌祭火星,行火政。"

火中取栗　法国寓言诗人拉封丹的寓言《猴子与猫》载:猴子叫猫从火中取栗,栗子让猴子吃了,而猫却把脚上的毛烧掉了。后人常用"火中取栗"比喻为别人冒险,徒然吃苦而得不到好处。

火珠　❶透明能聚阳光引火的珠。《新唐书·南蛮传下》："婆利者,……多火珠,大者如鸡卵,圆白,照数尺,日中以艾藉珠,辄火出。"❷宫殿、塔庙正脊上作装饰用的宝珠。有两焰、四焰、八焰等不同形式。宋以后多改用瓦作。李白《秋日登扬州西灵塔》诗："水摇金刹影,日动火珠光。"

伙　㊀〔夥〕(huǒ)　❶若干人结合的一群。如:一伙人;合伙;散伙。❷伙计。如:伙友;店伙。❸联合;共同。如:伙同;伙买。

㊁(huǒ)　伙食。如:包伙;搭伙。

另见 huo。

伙伴　本作"火伴"。古代兵制,十人共一火炊煮,同火的称"火伴",因亦称同在一个军营的人。古乐府《木兰诗》："出门看火伴,火伴皆惊忙。"后泛称同伴为"伙伴"。

伙计　亦作"火计"。❶原指合资经营工商业的人,后泛指合作共事的人,犹言同伴,伙伴。❷店员或其他雇佣劳动者。

钬　〔钬〕(huǒ)　化学元素[周期系第Ⅲ族(类)副族元素、镧系元素]。稀土元素之一。符号Ho。原子序数67。银白色金属。质软。在稀土元素中具有最高的核矩及重要的磁学和电学性质。用作真空管的吸气剂,也用于电化学的研究等。

夥　(huǒ)　多。《新唐书·突厥传序》："秦地旷而人寡,晋地狭而人夥。"

另见 huǒ 伙㊀。

夥颐　惊叹词。表示惊讶或惊羡。

《史记·陈涉世家》:"客曰:'夥颐!涉之为王沈沈者。'"司马贞索隐引服虔曰:"楚人谓多为夥,又言颐者,助声之辞也。谓涉为王,宫殿帷帐,其物夥多,惊而伟之,故称夥颐也。"按胡文英《吴下方言考》云:"夥颐,惊羡之声。"

huò

或（huò）❶或者。如:或此或彼,必居其一。《荀子·修身》:"亦或迟或速,或先或后,胡为乎其不可以相及也?"❷也许;可能。《左传·宣公三年》:"天或启之,必将为君。"❸有。《书·五子之歌》:"有一于此,未或不亡。"又犹言"有人"、"有的"。《诗·小雅·北山》:"或燕燕居息,或尽瘁事国,或息偃在床,或不已于行。"杜甫《北征》诗:"山果多琐细,罗生杂橡栗。或红如丹砂,或黑如点漆。"❹又。《诗·小雅·宾之初筵》:"既立之监,或佐之史。"❺作语助。《诗·小雅·天保》:"如松柏之茂,无不尔或承。"孔颖达疏:"如松柏之叶,新故相承代,常无凋落。"❻若,倘或。《汉书·隽不疑传》:"每行县录囚徒还,其母辄问不疑有所平反,活几何人?……或亡所出;母怒,为之不食。"亡所出,没有囚徒被放出。❼常。王昌龄《淇上酬薛据兼寄郭微》诗:"酒肆或淹留,渔泽屡栖泊。"❽通"惑"。迷惑。《孟子·告子上》:"无或乎王之不智也。"❾《墨经》中的逻辑术语。《墨子·小取》:"或也者,不尽也。""尽"是"莫不然"的意思,因而"不尽"即"有不然"。"或"在判断上相当于特称判断或选言判断,而在推理上则指用"有不然"去否定"莫不然"。
另见 yù。

或或　迷惑。或,通"惑"。《史记·屈原贾生列传》:"众人或或兮,好恶积意。"《文选·鵩鸟赋》作"惑惑"。

或体　异体字的一种。如《说文·示部》:"禶,祀或从異。""禶"即"祀"的或体。又《士部》:"婿,壻或从女。""婿"即"壻"的或体。

和〔咊、龢〕（huò）❶混和;拌。如:和药。❷量词。指洗衣服换水的次数或煎药的次数。
另见 hé、hè、hú、huó。

货〔貨〕（huò）❶货币。《汉书·叙传下》:"货自龟贝,至此五铢。"❷财物;商品。《书·洪范》:

"政:一曰食,二曰货。"孔颖达疏:"货者,金玉布帛之总名。"《易·系辞下》:"日中为市,致天下之民,聚天下之货,交易而退。"❸买进。《宋史·食货志》:"请自今所货,岁约毋过二百万缗。"❹卖出。《晋书·王戎传》:"家有好李,常出货之,恐人得种,恒钻其核。"❺贿赂。《左传·僖公二十八年》:"曹伯之竖侯獳货筮史。"❻骂人或取笑的称呼。如:笨货;宝货。

货布　西汉末年王莽时货币名。《汉书·食货志下》:"天凤元年……罢大小钱,改作货布。长二寸五分,广一寸,首长八分有奇,广八分。其圜好径二分半,足枝长八分,间广二分。其文右曰'货',左曰'布'。重二十五铢,直（值）货泉二十五。"

货郎　挑担流动出售小杂货的小商贩。《水浒全传》第七十四回:"〔燕青〕扮做山东货郎,腰里插着一把串鼓儿,挑一条高肩杂货担子,诸人看了都笑。"

货郎担　亦称"货郎鼓"。流动商业形式之一。巡回于村、镇或街头巷尾,从事商品销售并附带收购小土产、废品等的货担。一般以摇鼓或摇铃招徕顾客。运用货郎担形式从事购销工作,可发扬小商小贩经营特点,并补充固定商业网点的不足。

货赂　❶犹贿赂。《韩非子·孤愤》:"其修士不能以货赂事人。"❷泛指珍宝财货。《史记·高祖本纪》:"大破楚军,尽得楚国金玉货赂。"

货殖　经商。囤积财货以营利。《论语·先进》:"赐不受命,而货殖焉;亿则屡中。"亦指经商的人。班固《西都赋》:"与乎州郡之豪杰,五都之货殖,三选七迁,充奉陵邑。"

泞〔濊〕（huò）　见"泞泞"。
另见 huì、wèi。

泞泞　撒网入水声。《诗·卫风·硕人》:"施罛泞泞,鳣鲔发发。"朱熹注:"泞泞,罛入水声也。"

获〔㊀獲〕（huò）❶猎得;擒住。如:猎获;擒获;俘获。《诗·秦风·驷驖》:"舍拔则获。"孔颖达疏:"舍放矢括则获得其兽。"射中鹄的也叫获。《仪礼·乡射礼》:"获者坐而……"郑玄注:"射者中则大言获。获,得也。射,讲武,田（畋）之类,是以中为获也。"❷古代对奴婢的贱称。《方言》第三:"获,奴婢贱称也。"也谓以俘虏作奴婢之称。参见"臧获"。❸得到。如:获

胜;获奖。《墨子·天志下》:"不与其劳,获其实。"杨恽《报孙会宗书》:"遭遇时变,以获爵位。"❹能够。如:不获前来。

〔㊁穫〕（huò）　收割庄稼。《诗·豳风·七月》:"八月其获。"又:"十月获稻。"

获麟　《春秋·哀公十四年》:"春,西狩获麟。"杜预注:"麟者仁兽,圣王之嘉瑞也。时无明王出而遇获,仲尼伤周道之不兴,感嘉瑞之无应,故因鲁春秋而修中兴之教,绝笔于'获麟'之一句。所感而作,固所以为终也。"李白《古风》诗:"我志在删述,垂辉映千春。希圣有立,绝笔于'获麟'。"

劐（huò）　象声词。《博异志·李黄》:"〔李子〕遂命所使取钱三十千,须臾到至,堂西间门,劐然而开。"

劐劐　形容众人嘈杂声。洪昇《长生殿·弹词》:"轰轰劐劐,四下喧呼。"

劐豁　形容水击声。田雯《翠微寺》诗:"长缏下深涧,劐豁惊潭龙。"

瓠（huò）　见"瓠落"。
另见 hú、hù。

瓠落　亦作"濩落"、"廓落"。空廓貌。《庄子·逍遥游》:"惠子谓庄子曰:'魏王贻我大瓠之种,我树之成而实五石……剖之以为瓢,则瓠落无所容。'"杜甫《自京赴奉先县咏怀五百字》:"居然成濩落,白首甘契阔。"参见"廓落"。

掝（huò,又读 xù）❶裂。见《广雅·释诂二》。❷见"掝掝"。

掝掝　迷惑的样子。《荀子·不苟》:"其谁能以己之潐潐,受人之掝掝者哉!"杨倞注:"掝掝,惛也。"惛,糊涂。

恜〔懂〕（huò）❶乖戾。《颜氏家训·文章》:"何逊诗实为清巧,多形似之言……刘（刘孝绰）甚忌之,平生诵何诗,常云:'蓬车响北阙,恜恜不道车。'"❷愚昧无知。《广韵·二十一麦》:"恜,不慧。"引申为暗昧不明。范晔《临终诗》:"在生已可知,来缘恜无识。"❸划分清楚。阮元《畴人传·祖冲之》:"光晷明洁,纤毫恜然。"❹通"嫿"。文静。《三国志·蜀志·王平传》:"端坐彻日,恜无武将之体。"

祸〔禍、旤〕（huò）　灾害;灾难。《荀子·劝学》:"福莫长于无祸。"亦谓作祸、为害。如:祸国殃民。

祸不单行 谓不幸的事情接二连三地发生。参见"福无双至"。

祸从口出 《太平御览》卷三六七引傅玄《口铭》："病从口入，祸从口出。"谓言语不慎，会招致灾祸。

祸福无门 《左传·襄公二十三年》："祸福无门，唯人所召。"谓祸福没有定数，都是人所自取。

祸根 祸患的根源。《潜夫论·断讼》："凡诸祸根，不早断绝，则或转而滋蔓。"

祸水 《飞燕外传》："〔汉成帝〕使樊嫕进合德（赵飞燕妹）……宣帝时披香博士淖方成，白发教授宫中，号淖夫人，在帝后唾曰：'此祸水也，灭火必矣。'"照五行家的说法，汉得火德而兴起，这里谓合德得宠将使汉灭亡，如水之灭火。旧时因以称人败事的女子。今比喻引起祸患的事物。

祸胎 犹言祸根。《汉书·枚乘传》："福生有基，祸生有胎，纳其基，绝其胎，祸何自来。"李商隐《汉南书事》诗："几时拓土成王道，自古穷兵是祸胎。"

祸梯 犹祸阶，谓祸的来由。《史记·赵世家》："毋为怨府，毋为祸梯。"

祸枣灾梨 亦作"灾梨祸枣"。旧时印书，多用枣木梨木雕版，因谓滥刻无用的书为"祸枣灾梨"。纪昀《阅微草堂笔记·滦阳消夏录六》："祸枣灾梨，递相神圣。"

惑（huò）❶困惑；迷乱。《论语·颜渊》："爱之欲其生，恶之欲其死；既欲其生，又欲其死，是惑也。"《荀子·非相》："故乡（向）乎邪曲而不迷，观乎杂物而不惑。"❷欺骗；蒙蔽。如：妖言惑众。《荀子·解蔽》："内以自乱，外以惑人。"❸佛教称烦恼为惑。王巾《头陁寺碑文》："存躯者惑，理胜则惑亡。"

湱（huò）见"淘湱"。

諕〔諕〕（huò）骨和肉分离的声音。《庄子·养生主》："动刀甚微，諕然已解。"

蒦㊀（huò，又读 yuē）量度。《汉书·律历志上》："度者，分、寸、尺、丈、引也……尺者，蒦也。"
㊁（huò）通"攉"。持。《广雅·释诂》："蒦，持也。"王念孙疏证："《众经音义》卷十二、十三、十六引《广雅》并作'攉'，攉与蒦通。"

锪〔锪〕（huò）见"锪孔"。

锪孔 简称"锪"。在车床、钻床等机床上用锪钻或锪刀对工件上已加工的孔刮平端面或切出锥形、圆柱形沉孔的加工方法。

膗（huò）同"臛"。肉羹。亦谓作成肉羹。《楚辞·大招》："煎鰿膗雀，遽爽存只。"

瞲（huò）骇视。《古文苑·扬雄〈蜀都赋〉》："茏睖瞲兮霖布列。"章樵注："惊视貌。"

瞷（huò）挖去眼睛。《新唐书·叛臣传》："师铎徙骈东第。禽诸葛殷，腰下得金数斤，百姓交唾，拔须发无遗，再缢乃绝，仇家瞷其目去。"

霍（huò）❶鸟疾飞的声音。引申为迅速貌。见"霍然"。❷通"藿"。豆叶。《汉书·鲍宣传》："使奴从宾客，浆酒霍肉。"颜师古注引刘德曰："视酒如浆，视肉如霍也。"❸大山围绕小山之称。《尔雅·释山》："大山宫小山，霍。"❹见"霍霍"。❺古国名。始封之君为周武王弟叔处，在今山西霍州西南。公元前 661 年为置所灭。❻姓。

霍霍 ❶象声词。古乐府《木兰诗》："磨刀霍霍向猪羊。"❷闪动疾速貌。刘子翚《谕俗》诗："晚电明霍霍。"

霍然 突然；忽然。司马相如《大人赋》："焕然雾除，霍然云消。"多以形容病愈之速。枚乘《七发》："涩然汗出，霍然病已。"《三国演义》第七十八回："大王善保玉体，不日定当霍然。"

霍闪 闪电，谓其疾速闪烁。顾云《天威行》："金蛇飞状霍闪过，白日倒挂银绳长。"

攉（huò）❶装有机关的捕兽木笼。《广韵·十九铎》："柞攉，陷浅则施之。"《礼记·中庸》："驱而纳诸罟攉陷阱之中。"❷捕取。张衡《西京赋》："杪木末，攉猕猴。"

嚄（huò）❶惊讶声。《史记·外戚世家》："武帝下车泣曰：'嚄！大姊，何藏之深也！'"❷见"嚄唶"。
　　另见 huō。

嚄唶 《史记·魏公子列传》："晋鄙嚄唶宿将。"张守节正义引《声类》："嚄，大笑；唶，大呼。"形容气势盛。

濩（huò）❶屋檐水下流貌。《说文·水部》："濩，雨流霤下皃。"❷"镬"的借字。煮。《诗·周南·葛覃》："维叶莫莫，是刈是濩。"
　　另见 hù。

濩落 同"瓠落"。空廓貌。韩愈《赠徐州族侄》诗："萧条资用尽，濩落门巷空。"引申为廓落无用。陆倕《迁吏部郎启》："臣器均濩落，材同拥肿。"

濩渃 水广大貌。《楚辞·九思·疾世》："望江汉兮濩渃。"王逸注："濩渃，大貌也。还见江汉水大也。"

懗（huò）惊。《广雅·释诂》："懗，惊也。"王念孙疏证："懗者，《众经音义》卷十一引《仓颉篇》云：'懗，惊也。'《魏策》云：'秦王懗然。'班固《东都赋》云：'西都宾瞿然失容。'并字异而义同。"

瓁（huò）玉璞。见《集韵·十九铎》。

樏（huò）木名。《尔雅·释木》："樏，落。"郭璞注："可以为杯器素。"邢昺疏："樏，一名落；某氏曰：'可作杯圈，皮坚，绕物不解。'"

餯（huò）"豁"的本字。见《说文·谷部》。

臛（huò）赤石脂之类，古代以为好颜料。《说文·丹部》："臛，善丹也。"段玉裁注："按《南山经》曰：'鸡山，其下多丹臛，仑者之山，其下多青臛。'然则凡彩色之善者皆偁（称）臛，盖本善丹之名移而他施耳。"参见"丹臛❷"。

song（huò）❶见"熿song"。❷炎热貌。吴莱《观日赋》："莽琅邪之跻台兮，泗鲸山而昼其song也。"

豁（huò）❶旷达；开阔。《史记·高祖本纪》："意豁如也。"郭璞《江赋》："豁若天开。"引申为空虚。陆机《文赋》："兀若枯木，豁若涸流。"❷开拓；疏散。李中《登毗陵青山楼》诗："高楼闲上对晴空，豁目开襟半日中。"《聊斋志异·褚生》："今日皇亲园中游人甚夥，当往一豁积闷。"❸深貌。左思《蜀都赋》："峻岨塍埒长城，豁险吞若巨防。"❹免除；豁免。王士禛《剑侠》："传令吏归舍，释妻子，豁其赔偿。"
　　另见 huá，huō。

豁达 ❶胸襟开阔。潘岳《西征赋》："观夫汉高之兴也，非徒聪明神武、豁达大度而已也。"《旧唐书·高祖本纪》："倜傥豁达，任性真率。"❷通敞。刘桢《公宴诗》："华馆寄流波，豁达来风凉。"何晏《景福殿赋》："开南端之豁达。"❸宏大。高适《自淇涉黄河途中作》诗："禹功本豁达，汉迹方因循。"

豁然开朗　形容由狭隘幽暗一变而为开阔光亮。陶潜《桃花源记》："初极狭,才通人;复行数十步,豁然开朗。"引申为通晓领悟。《红楼梦》第九十一回："宝玉豁然开朗,笑道:'很是,很是。你的性灵,比我竟强远了。'"

髇（huò）　紧箍。张鷟《朝野佥载》卷二："讯囚因作铁笼头髇其头,仍加楔焉,多至脑裂髓出。"

镬〔鑊〕（huò）　古时指无足的鼎。今南方话锅子叫镬。《淮南子·说山训》："尝一脔肉,知一镬之味。"高诱注："有足曰鼎,无足曰镬。"

矱（huò,又读 yuē）　尺度。见"矩矱"。

藿（huò）　❶豆叶。《广雅·释草》："豆角谓之荚,其叶谓之藿。"《诗·小雅·白驹》："皎皎白驹,食我场藿。"❷草名,即藿香。左思《吴都赋》："草则藿蒳豆蔻。"

藿食　以豆叶为食,谓粗食。《说苑·善说》："晋献公之时,东郭民有祖朝者上书献公曰:'草茅臣东郭民祖朝,愿请闻国家之计。'献公使使告之曰:'肉食者已虑之矣,藿食者尚何与焉?'祖朝对曰:'……食肉者一旦失计于庙堂之上,若臣等之藿食者宁得无肝脑涂地于中原之野与?'"藿食者,指在野之人。

攉（huò）　覆手。《古今韵会举要·十药》："手反覆也:摇手曰挥,反手曰攉。"

另见 què。

蠖（huò）　昆虫名。"尺蠖"的省称,尺蠖蛾的幼虫。北方称"步曲",南方称"造桥虫"。

蠖屈　❶蠖,即尺蠖。形容物形屈曲,状如尺蠖。徐陵《玉台新咏序》："三台妙迹,龙伸蠖屈之书;五色花笺,河北胶东之纸。"❷"蠖屈求伸"的略语。语出《易·系辞下》"尺蠖之屈,以求信(伸)也"。意谓尺蠖之所以弯曲它的身体,为的是向前伸展。潘尼《赠侍御史王元贶》诗:"蠖屈固小往,龙翔乃大来。"苏舜钦《寒夜答子履见寄》诗:"剑埋犹有气,蠖屈尚能伸。"

艧（huò）　船名。江淹《迁阳亭》诗:"方水埋金艧,圆岸伏丹琼。"

貜（huò）　译音字。见"貜狐狓"。

貜狐狓（Okapia johnstoni）　哺乳纲,偶蹄目,长颈鹿科。体长约2.1米,尾长约30～40厘米。雄的有两短小的角。体赤褐色或茶褐色;颊灰白色,臀部和四肢上半截有黑白相间的横纹,下半截白色。各蹄的上方有一条阔的黑带。生活在非洲刚果(金)、乌干达原始密林深处。性孤独,常独栖或雌雄双栖。以树叶、野果、种子为食。

濩（huò）　❶见"濩渏"。❷见"濩濩"。

濩渏　众波声。木华《海赋》："濩渏澎湃,荡云沃日。"

濩濩　采色闪耀。《文选·王延寿〈鲁灵光殿赋〉》:"濩濩燐乱,炜炜煌煌。"李善注:"采色众多,眩曜不定也。"

臛（huò）　亦作"膗"。肉羹;亦谓做成肉羹。《楚辞·招魂》:"露鸡臛蠵,厉而不爽些。"曹植《七启》:"臛江东之潜鼌,腾汉南之鸣鹑。"

爡（huò）　光亮闪烁貌。杜甫《观公孙大娘弟子舞剑器行》:"爡如羿射九日落,矫如群帝骖龙翔。"

爡煠　明亮闪铄貌。张怀瓘《书断序》:"电烻爡煠,离披烂熳。"

矐（huò）　失明,使失明。《史记·刺客列传》:"秦皇帝惜其(高渐离)善击筑,重赦之,乃矐其目。"司马贞索隐:"以马屎熏令失明。"

霍（huò）　"霍"的本字。

雘另见 suǐ。

雘（huò）　同"矱"。

huo

伙（huo）　用于"家伙"。

另见 huǒ。

J

jī

几 〔㈠(jī，又读jǐ)〕矮或小的桌子，用以搁置物件。如：茶几；搁几；炕几。《孟子·公孙丑下》："隐几而卧。"古人的几用以倚凭身体。参见"几杖"。

〔㈡〔幾〕(jī)〕将近；几乎。《史记·留侯世家》："几败而公事。"

另见jǐ。

几杖 老人居则凭几，行则携杖。古时常用以表示敬老。《礼记·曲礼上》："谋于长者，必操几杖以从之。"孔颖达疏："杖可以策身，几可以扶己，俱是养尊者之物。"又《礼记·月令》："〔仲秋之月〕养衰老，授几杖。"

开 (jī) 象器物的座垫。引申为下基。

另见qí。

讥 〔譏〕(jī) ❶讥刺；谴责。《左传·隐公元年》："称郑伯，讥失教也。"《公羊传·隐公二年》："外逆女不书，此何以书？讥。"何休注："讥，犹谴也。"❷查问。《孟子·公孙丑上》："关讥而不征。"❸进谏；规劝。《楚辞·天问》："殷有惑妇何所讥？"王逸注："惑妇，谓妲己也。讥，谏也。"

讥诮 讽刺；讥笑。郎瑛《七修类稿·辩证类·诗非蹈袭》："附会讥诮，殊为可厌。"

讥弹 指责缺点或错误。曹植《与杨德祖书》："仆尝好人讥弹其文。"

击 〔擊〕(jī) ❶敲；打。如：旁敲侧击。《论语·宪问》："子击磬于卫。"《孟子·万章下》："抱关击柝。"❷击刺；攻打。《汉书·高帝纪上》："急击之勿失。"❸杀；斩。《仪礼·少牢馈食礼》："司马刲羊，司士击豕。"❹接触；相碰。如：目击。《国策·齐策一》："毂击摩车而相过。"鲍彪注："路狭车密，故相击相摩。"❺铁刃。《淮南子·氾论训》："槽矛无击，

脩戟无刺。"高诱注："无击，无铁刃也。"

击刺 ❶用戈矛作战。《书·牧誓》"不愆于四伐五伐"孔传："伐谓击刺。"孔颖达疏："戈，谓击兵；矛，谓刺兵。"❷指击剑；剑术。《晋书·刘聪载记》："〔聪〕十五习击刺。"

击楫 敲打船桨。《晋书·祖逖传》："仍将本流徙部曲百余家渡江，中流击楫而誓曰：'祖逖不能清中原而复济者，有如大江！'"后因以"击楫"形容志节慷慨。

击节 节，一种乐器。击节，所以调节乐曲。左思《蜀都赋》："巴姬弹弦，汉女击节。"后也用其他器物或拍掌来替代，即点拍。并以形容对别人诗文或艺术等的赞赏。《桃花扇·侦戏》："点头听，击节赏，停杯看。"

击戾 抵触；冲撞。《荀子·修身》："行而俯项，非击戾也。"王念孙《读书杂志·荀子一》："击戾者，谓有所抵触也；行而俯项非击戾也者，谓非惧其有所抵触而俯项以避之也。"

击壤 晋皇甫谧《帝王世纪》："〔帝尧之世〕，天下太和，百姓无事，有八九十老人击壤于道。"后用"击壤"为歌颂太平盛世之典。谢灵运《初去郡》诗："即是羲唐化，获我击壤声。"又用作古代一种投掷游戏之名。邯郸淳《艺经》："壤以木为之，前广后锐，长尺四，阔三寸，其形如履。将戏，先侧一壤于地，遥于三四十步，以手中壤敲之，中者为上。"明王圻《三才图会》有同样记载。

击赏 犹"激赏"。击节称赏。《旧唐书·封伦传》："素〔杨素〕负恃才，多所凌侮，唯击赏伦。"

叽 〔嘰〕(jī) ❶稍稍吃一点。《史记·司马相如列传》："㗖咀芝英兮叽琼华。"裴骃集解引徐广曰："叽，小食也。"❷悲痛感叹。《淮南子·缪称训》："纣为象箸而箕子叽。"❸拟声词。如：小鸟叽叽叫。

禾 (jī) 木之曲头止不能上。见《说文·禾部》。徐灏《说文解字注笺》："木方长，上碍于物而曲也。"按禾与禾有别，《说文》分为两部，如稽、稽等字，从禾不从禾，今不分，都作禾。

刉 (jī) 亦作"刏"。划破；割。《周礼·秋官·士师》："凡刉珥，则奉犬牲。"郑玄注："珥读为衈。刉衈，衅礼之事，用牲，毛者曰刉，羽者曰衈。"《山海经·中山经》："刉一牝羊，献血。"

饥 〔㈠〔飢〕(jī)〕饥饿；吃不饱。《后汉书·冯异传》："饥寒俱解。"白居易《卖炭翁》诗："牛困人饥日已高。"

〔㈡〔饑〕(jī)〕灾荒。《墨子·七患》："五谷不收谓之饥。"《孟子·梁惠王下》："凶年饥岁。"

饥不择食 饥饿时顾不得选择食物，比喻急需时顾不得细加选择。《水浒全传》第三回："自古有几般：饥不择食，寒不择衣，慌不择路。"

饥火 饥饿难忍，如火中烧。元好问《车驾东狩后即事》诗："愁肠饥火日相煎。"

饥馑 灾荒。《尔雅·释天》："谷不熟为饥，蔬不熟为馑。"《国语·鲁语上》："饥馑荐降，民赢几卒。"谢灵运《白石岩下经行田》诗："饥馑不可久，甘心务经营。"

饥溺 比喻民间疾苦。见"己饥己溺"。

玑 〔璣〕(jī) ❶不圆的珠。《楚辞·七谏·谬谏》："玉与石其同匮兮，贯鱼眼与珠玑。"王逸注："圆泽为珠，廉隅为玑。"❷古代观测天象的仪器。《书·舜典》："在璇玑玉衡，以齐七政。"孔颖达疏引马融云："浑天仪可旋转，故曰玑；衡，其横箫，所以视星宿也。以璇为玑，以玉为衡，盖贵天象也。"❸星名。亦称天玑。《史记·天官书五》："北斗七星。"司马贞索隐："《春秋运斗枢》云：斗，第一天枢，第二旋，第三玑。

圾 (jī) 见"垃圾"。
另见 jí。

芨 (jī) 植物名。(1)《尔雅·释草》:"芨,堇草。"亦称"蒚",一曰"蒴蒚"。参见"堇(jìn)"。(2)通"及"。"白及"亦作"白芨"。

机 ㊀〔機〕(jī) ❶古代弩箭的发动装置。《书·太甲上》:"若虞机张。"孔传:"机,弩弓也。"引申为一切机器、机械的通称。如:发电机;打字机。《国策·宋卫策》:"公输班为楚设机。"高诱注:"机,械,云梯之属也。"《后汉书·赵壹传》:"罥网加上,机穽在下。"李贤注:"机,捕兽机槛也。"❷特指织布机。《史记·郦生陆贾列传》:"农夫释耒,工女下机。"参见"机杼❶"。❸古代抬尸体的用具。《礼记·曾子问》:"遂舆机而往。"郑玄注:"机,舆尸之床也。"❹道家谓万物所由发生的虚无状态。《庄子·至乐》:"万物皆出于机,皆入于机。"成玄英疏:"机者,发动,所谓造化也。造化者,无物也。人既从无生有,又反入归无也。"❺素质;秉赋。《庄子·大宗师》:"其耆(嗜)欲深者,其天机浅。"❻极细微的迹象。《素问·离合真邪论》:"知机道者,不可挂以发。"王冰注:"机者,动之微,言贵知其微也。"❼时机;机会。《三国志·魏志·荀彧传》:"绍(袁绍)迟重少决,失在后机。"《因话录》卷四:"姚岘有文学,而好滑稽,遇机即发。"❽事物的枢要、关键。《韩非子·十过》:"合诸侯不可以无礼,此存亡之机也。"参见"机要"、"机务"。❾灵巧。如:机灵。《列子·仲尼》:"大夫不闻齐鲁之多机乎?"张湛注:"机,巧也;多巧能之人。"❿危殆。《淮南子·原道训》:"处高而不机,持盈而不倾。"高诱注:"机,危也。"⓫股骨和髋骨相合处。《素问·骨空论》:"坐而膝痛治其机。"王冰注:"髋骨两傍机接处。"⓬事物发展的内部原因。张载说:"凡圜转之物,动必有机,既谓之机,则动非自外也。"(《正蒙·参两》)

㊁(jǐ) ❶木名。即桤木。扬雄《蜀都赋》:"春机杨柳。"❷通"几"。小桌;几案。《史记·鲁仲连邹阳列传》:"摄衽抱机,视膳于堂下。"

机辟 亦作"机臂"。捕捉鸟兽的工具。一说为弩身。《庄子·逍遥游》:"中于机辟,死于罔罟。"成玄英疏:"辟,法也,谓机关之类也。"《楚辞·哀时命》:"外迫胁于机臂兮。"王逸注:"机臂,弩身也。"

机变 ❶机巧多变的器械。《墨子·公输》:"公输盘九设攻城之机变。"❷机智善变。《晋书·乐志下》:"机变随物宜,妙道贯未然。"❸谋诈;巧伪。《孟子·尽心上》:"耻之于人大矣,为机变之巧者,无所用耻焉。"

机动 权宜;灵活。如:机动力量。

机栝 亦作"机括"。❶弩上发箭器的机件。《庄子·齐物论》:"其发若机栝。"成玄英疏:"机,弩牙也;栝,箭栝也。"❷指治事的权柄。应劭《风俗通·过誉》:"蒚(韩蒚)统机括,知其虚实。"

机关 ❶机械发动的部分。也指某种有自动装置的器械或设备。如:机关枪;机关布景。❷办事单位或机构。如:学术研究机关;国家行政机关。❸心机;计谋。无名氏《连环记》第三折:"王家设筵莫猜疑,就里机关我自知。"❹犹枢机,指事物发动的表征;关键。《易林·屯之谦》:"甘露醴泉,太平机关。"

机衡 ❶北斗七星的第三、第五颗星。亦用以代称北斗。《春秋运斗枢》:"北斗七星,第一天枢,第二旋,第三机,第四权,第五衡,第六开阳,第七摇光。"《后汉书·郅恽传》:"臣闻天地重其人,惜其物,故运机衡,垂日月。"李贤注:"机衡,北斗也。"❷比喻政府的枢要机构。《旧唐书·裴度传》:"宜其协赞机衡,弘敷教典。"

机会 ❶机遇;时机。韩愈《与鄂州柳中丞书》:"动皆中于机会,以取胜于当世。"陆游《感兴》诗:"诸将能办此,机会无时无。"❷事物的关键。《三国志·蜀志·杨洪传》:"汉中则益州咽喉,存亡之机会,若无汉中则无蜀矣。"

机缄 古代道家所谓主宰并制约事物的力量。《庄子·天运》:"孰主张是,孰维纲是,孰居无事推而行是。意者其有机缄而不得已邪?"成玄英疏:"机,关也;缄,闭也……谓有主司关闭,事不得已,致令如此。"

机匠 ❶中国旧时从事丝、棉织业的工匠。明清官府亦称机匠为机户。一般指无生产工具而受雇于机户、计工取值的工匠,也称织工、织匠、织手、机工等。❷机器工人的俗称。亦名"机工"。

机近 义同"枢近"。指机要的职位。《后汉书·何敞传》:"旬年之间,历显位,备机近。"

机警 机智,灵敏。《三国志·魏志·武帝纪》:"太祖少机警。"

机椛 犹机关。罗隐《广陵妖乱志》:"于道院庭,刻木为鹤,大如小驷,羁絷中设机椛,人或逼之,奋然飞动。"

机密 重要而秘密的事务。曹植《王仲宣诔》:"入管机密,朝政以治。"也指主管机密事务的机关或职务。《后汉书·魏朗传》:"尚书令陈蕃荐朗公忠亮直,宜在机密。"《三国志·吴志·是仪传》:"孙权承摄大业,优文征仪,到见亲任,专典机密。"

机事 ❶机巧之事。《庄子·天地》:"有机械者,必有机事;有机事者,必有机心。"❷机密之事。《晋书·荀勖传》:"勖久在中书,专管机事。"

机杼 ❶指织布机。机以转轴,杼以投纬。《古诗十九首》:"纤纤擢素手,札札弄机杼。"引申为纺织。《南齐书·王敬则传》:"今机杼勤苦,匹裁三百。"❷比喻创意构思。《魏书·祖莹传》:"文章须自出机杼,成一家风骨。"

机务 机要事务。多指机密的军国大事。嵇康《与山巨源绝交书》:"官事鞅掌,机务缠其心,世故繁其虑。"《宋史·职官志二》:"枢密院掌军国机务、兵防、边备、戎兵之政令,出纳密命,以佐邦治。"

机心 机巧的心思。《庄子·天地》:"有机事者,必有机心,机心存于胸中则纯白不备。"后指深沉权变的心计。

机要 ❶精义,要旨。《尚书序》:"芟夷烦乱,剪裁浮辞;举其宏纲,撮其机要。"❷机密的军国大事。《晋书·裴楷传》:"以楷为中书令,加侍中,与张华、王戎并管机要。"❸机密重要的。如:机要部门;机要工作。

机宜 ❶当时的需要。韩愈《与鄂州柳中丞书》:"其所以服人心,在行事适机宜,而风采可畏爱故也。"❷需要相机处理的秘密事务。《新唐书·陆贽传》:"机宜不以远决,号令不以两从。"泛指机密,机要。《宋史·职官志七》:"〔都督府〕设属咨议军事参谋参议,并依从官充书写机宜文字。"

机缘 佛教名词。"机"指受教者的根机,"缘"指施教者的因缘。佛教认为根机与因缘凑合,方成教化,故名。后泛指机会和缘分。

乩（jī）旧时求神降示的一种方法。由二人扶一丁字形的木架在沙盘上，谓神降时执木架划字，能为人决疑治病，预示吉凶。通称"扶乩"，也叫"扶鸾"。

刉（jī）同"刌"。

乩〇（jī）见"乩耙"。〇〔毦〕（jī）见"毦乩"。

乩耙　男性外生殖器，也指雄性兽畜的外生殖器。

肌（jī）❶肌肉。《史记·扁鹊仓公列传》："乃割皮解肌，决脉结筋。"❷皮肤。苏轼《再和杨公济梅花十绝》："洗尽铅华见雪肌。"

齐〔齊〕（jī）❶通"跻"。升起。《礼记·乐记》："地气上齐。"郑玄注："齐，读为跻。"❷通"齑"。酱菜。《礼记·曲礼上》："彻饭齐以授相者。"孔颖达疏："齐，酱菹通名耳。"
另见jì, jiǎn, qí, zī, zhāi。

𥘑〔襪〕（jī）迷信鬼神和灾祥。《列子·说符》："楚人鬼而越人𥘑。"张湛注："𥘑，祥也。信鬼神与𥘑祥。"
另见jì。

𥘑祥　❶旧谓祈禳之事。《史记·五宗世家》："彭祖不好治宫室𥘑祥。"裴骃集解引服虔曰："求福也。"❷谓吉凶的先兆。《汉书·天文志》："其察𥘑祥、候星气尤急。"

矶〔磯〕（jī）❶水边突出的岩石。如：采石矶；燕子矶。孟浩然《经七里滩》诗："钓矶平可坐，苔磴滑难步。"❷水冲激岩石。见何超《晋书音义》卷中。引申为激动。《孟子·告子下》："亲之过小而怨，是不可矶也。"赵岐注："矶，激也。过小耳，而孝子感激，辄怨其亲，是亦不孝也。"

𨫡〔鑛〕（jī）❶鱼钩的倒刺，使鱼上钩后不易挣脱。❷通"机"。机括。《淮南子·齐俗训》："若夫工匠之为连𨫡。"高诱注："连𨫡发也。"连𨫡，犹言连弩。❸大镰刀。《史记·淮南衡山列传》："非直适（適）戍之众，𨫡凿棘矜也。"𨫡、凿、棘、矜，都是农业用具。

鸡〔鷄、雞〕（jī）（Gallus domestica）鸟纲，雉科家禽。喙短锐，有冠与肉髯，翼不发达，脚健壮。公鸡善啼，羽毛美艳，蹠有距，喜斗。母鸡5～8月龄开始产蛋，年产近百个至二三百个不等。蛋重40～70克，壳褐、浅褐或白色。产蛋量逐年递减。孵化期20～22天。寿命约20年。可分蛋用、肉用、蛋肉兼用及观赏用等。蛋用鸡就巢性退化。

鸡窗　《艺文类聚》卷九十一引《幽明录》："晋兖州刺史沛国宋处宗尝买得一长鸣鸡，爱养甚至，恒笼著窗间。鸡遂作人语，与处宗谈论，极有言智，终日不辍。处宗因此言巧大进。"此本无稽之谈，但后人据此即用"鸡窗"为书室的代称。罗隐《题袁溪张逸人所居》诗："鸡窗夜静开书卷，鱼槛春深展钓丝。"

鸡坊　唐代宫中养鸡处。陈鸿《东城老父传》："玄宗在藩邸时，乐民间清明节斗鸡戏。及即位，治鸡坊于两宫间，索长安雄鸡，金毫、铁距、高冠、昂尾千数，养于鸡坊。"

鸡骨　❶形容瘦骨嶙峋。详"鸡骨支床"。❷古代一种占卜用具，作用与龟甲、牛骨等类似。柳宗元《柳州峒氓》诗："鹅毛御腊缝山罽，鸡骨占年拜水神。"

鸡骨支床　哀毁骨立，支离床席。形容丧亲至痛。《世说新语·德行》："王戎、和峤同时遭大丧，俱以孝称；王鸡骨支床，和哭泣备礼。"

鸡口牛后　"宁为鸡口，无为牛后"的缩略，喻指宁可小而身尊，不愿大而卑屈。《国策·韩策一》："臣（苏秦）闻鄙语曰：'宁为鸡口，无为牛后。'今大王西面交臂而臣事秦，何以异于牛后乎？"鲍彪注："《正义》云：'鸡口虽小乃进食，牛后虽大乃出粪。'"《颜氏家训·书证》："延笃《战国策音义》曰：'尸，鸡中之主；从，牛子。'然则口当为尸，后（後）当为从（從），俗写误也。"《文选·阮瑀〈为曹公作书与孙权〉》李善注及《史记·苏秦列传》司马贞索隐所引并同。王念孙《读书杂志》指出"尸"作"口"、"从"作"后"系传写之误。

鸡肋　❶鸡的肋骨，用以比喻无多大意味，但又不忍舍弃的东西。《三国志·魏志·武帝纪》"备因险据守"裴松之注引《九州春秋》曰："时王欲还，出令曰'鸡肋'，官属不知所谓，主簿杨修便自严装，人惊问修：'何以知之？'修曰：'夫鸡肋，弃之如可惜，食之无所得，以比汉中，知王欲还也。'"杨万里《晓过皂口岭》诗："半世功名一鸡肋，平生道路九羊肠。"❷比喻瘦弱的身体。《晋书·刘伶传》："尝醉与俗人相忤，其人攘袂奋拳而往，伶徐曰：'鸡肋不足以安尊拳。'"

鸡毛信　中国旧时有紧急传递，常在信件上粘附鸡毛，表示迅疾，叫做"鸡毛信"，因以为急递军情函件的通称。犹古代的"羽檄"、"羽书"。

鸡鸣　戈的别称。《考工记·冶氏》"戈广二寸"郑玄注："戈，今句（勾）子戟也，或谓之'鸡鸣'，或谓之'拥颈'。"

鸡鸣狗盗　战国时，孟尝君在秦被留，赖门下擅狗盗的食客，夜入秦宫，盗出狐裘，献给幸姬，始获释放；复赖一客，装鸡啼，赚开门，才得脱险。见《史记·孟尝君列传》。后多用作贬义，喻指微末技能。王安石《读孟尝君传》："孟尝君特鸡鸣狗盗之雄耳！"

鸡皮鹤发　形容老人肤皱发白。唐玄宗《傀儡吟》："刻木牵丝作老翁，鸡皮鹤发与真同。"亦作"鹤发鸡皮"。

鸡犬皆仙　《神仙传·刘安》载：汉淮南王刘安好道，修炼成仙，临去时，余药器置在中庭，鸡犬啄舐之，尽得升天。后用"鸡犬皆仙"比喻一个人做了高官，和他有关系的人都跟着得势。

鸡日　古称夏历正月初一为"鸡日"。吕本中《宜章元日》诗："避地逢鸡日。"

鸡舌　香名。即丁香，可治口气。古时三省故事，郎官口含鸡舌香，欲奏事对答，其气芬芳。见《梦溪笔谈·药议》。《汉官仪》："尚书郎含鸡舌香奏事。"权德舆《太原郑尚书远寄新诗走笔酬赠》诗："芬芳鸡舌向南宫，伏奏丹墀迹又同。"

鸡黍　《论语·微子》："〔丈人〕止子路宿，杀鸡为黍而食之。"后因以"鸡黍"指招待宾客的饭菜。孟浩然《过故人庄》诗："故人具鸡黍，邀我至田家。"

鸡树　三国魏时，中书监刘放与中书令孙资相亲近，均久任要职。夏侯献和曹肇心内不平，见殿中有鸡栖树，二人相谓道："此亦久矣，其能复几！"见《三国志·魏志·刘放传》"然后帝崩"裴松之注引《世语》。后借指中书省官署。张文琮《和杨舍人咏中书省花树》诗："影照凤池水，香飘鸡树风。"凤池也指中书省。参见"凤凰池"、"中书省❶"。

鸡鹜　鸡和鸭。二者均为家禽，旧常用以比喻平庸的人。《楚辞·九章·怀沙》："凤皇在笯兮，鸡鹜翔舞。"李白《送崔度还吴》诗："胡为杂凡禽，鸡鹜轻贱君。"

鸡胸龟背　突胸驼背。章炳麟《新

方言·释形体》:“《说文》:‘奚,大腹也。’今人谓匈(胸)腹间大者为奚匈,呼如鸡匈,遂有‘鸡胸龟背’之语。其实当作‘奚匈句背’。然言鸡龟者亦无谬误。所以名鸡,以奚匈故;所以名龟,以句背故。”作者自注:“四川称曲背为‘句背’。”

其(jī) 表疑问语气。《诗·小雅·庭燎》:“夜如何其?夜未央。”陆德明释文:“其,音基,辞也。”

另见 jì,qí。

枅(jī,又读 jiān) ❶柱上的方形横木。《淮南子·主术训》:“短者以为朱儒枅栌。”❷挂大秤的横木。《南齐书·王敬则传》:“步行,从市过,见屠肉枅。”桂馥《札朴》卷四:“馥以为屠家称肉,用枅以承衡。”

奇(jī) ❶单数;零数。与“耦”相对。《易·系辞下》:“阳卦奇,阴卦耦。”魏学洢《核舟记》:“舟首尾长约八分有奇。”参见“奇零”。❷机遇不好。见“数奇”。

另见 qí。

奇胲 奇秘,不寻常。《汉书·艺文志》载有《五音奇胲用兵》二十三卷、《五音奇胲刑德》二十一卷。颜师古注引许慎曰:“胲,军中约也。”亦作“奇咳”。《史记·扁鹊仓公列传》:“受其脉书上下经、五色诊、奇咳术。”又作“奇賌”。《淮南子·兵略训》:“明于星辰日月之运,刑德奇賌之数。”高诱注:“奇賌,阴阳奇秘之要,非常之术。”《说文·人部》、《广韵·十六咍》并作“奇侅”。

奇零 亦作“畸零”。不成整数的;零星的。如:奇零之数。《宋史·食货志上之二》:“次奇零绢估钱。”又:“然茶盐榷酤奇零绢布之征,自是为蜀之常赋。”

奇人 多余的人;闲人。《韩非子·十过》:“有奇人者,使治城郭之缮。”王先慎集解:“奇,余也,谓闲人。”

奇羡 赢余;积累的财物。《史记·货殖列传》:“中国委输,时有奇羡。”司马贞索隐:“奇羡,谓奇有余衍也。”方苞《狱中杂记》:“奸民久于狱,与胥卒表里,颇有奇羡。”

奇赢 指商人所获的赢利。《汉书·食货志上》:“坐列贩卖,操其奇赢。”参见“操奇计赢”。

轿〔轿〕(jī) 车轴两端。《周礼·夏官·大驭》“右祭两轵”郑玄注:“故书轵为轿。”

虮(jī) 密虮,虫名。见《广韵·六脂》。

另见 jǐ,qí。

虮〔虮〕(jī) 通“刉”。切割。《盐铁论·散不足》:“鲜羔挑,虮胎肩。”胎肩,指幼畜。

居(jī) 表语气,同“乎”。《诗·邶风·日月》:“日居月诸,照临下土。”《左传·襄公二十三年》:“谁居?其孟椒乎!”

另见 jū,qú。

居诸 《诗·邶风·日月》:“日居月诸,照临下土。”居、诸,本是语助词,后借指光阴。韩愈《符读书城南》诗:“岂不旦夕念,为尔惜居诸。”

阶〔階〕(jī) ❶登上;升上。《书·顾命》:“太史秉书,由宾阶阶。”❷虹。《周礼·春官·眡祲》:“九曰阶。”郑玄注:“郑司农云:‘阶者,升气也。’玄谓:‘阶,虹也。’”《诗·鄘风·蝃蝀》:“朝阶于西,崇朝其雨。”❸坠落。《书·微子》:“王子弗出,我乃颠阶。”

咭(jī) 拟声词。如:咭咭喳。

咭咭 亦作“叽咕”。小声讲话。

迹〔跡、蹟〕(jī) ❶脚印;痕迹。如:兽蹄鸟迹;笔迹。《吕氏春秋·必己》:“不若相与追而杀之,以灭其迹。”❷前人遗留下来的事物、功业和言论。如:遗迹;古迹。《孟子·离娄下》:“王者之迹熄而诗亡。”《庄子·天运》:“夫六经,先王之陈迹也。”❸追寻踪迹。《汉书·季布传》:“汉求将军急,迹且至臣家。”❹据实迹考知。《汉书·功臣表》:“迹汉功臣,亦皆割符世爵。”

剞(jī) ❶见“剞劂”。❷劫夺。《文选·左思〈吴都赋〉》:“劫剞熊罴之室,剽掠虎豹之落。”李善注:“剞,亦劫也。”

剞劂 亦作“剞剧”。❶刻镂用的刀和凿子。《楚辞·哀时命》:“握剞劂而不用兮,操规矩而无所施。”洪兴祖补注引应劭曰:“剞,曲刀;劂,曲凿。”❷雕板;亦指书籍。董迪《月仪帖跋》:“然书无断裂,固自完善,殆唐人临写近似,故其书剞劂径出法度外,有可贵者。”韩愈《送文畅师北游》诗:“先生阂穷巷,未得窥剞劂。”

唧(jī) ❶见“啾唧”、“唧唧”。❷抽水或射水。如:用唧筒唧水;唧他一身水。

唧唧 拟声词。(1)窃窃私语声。如:唧唧喳喳。(2)叹息声,表示赞赏或怜悯。杨衒之《洛阳伽蓝记》卷四:“飞梁跨阁,高树出云,咸皆唧唧。”(3)细碎的虫鸣声或鸟雀鸣声。欧阳修《秋声赋》:“但闻四壁虫声唧唧。”(4)织机声。古乐府《木兰诗》:“唧唧复唧唧,木兰当户织。”

唧溜 亦作“即溜”、“唧嚼”。❶机灵;灵便。卢仝《送伯龄过江》诗:“不唧溜钝汉,何由通姓名。”❷漂亮。董解元《西厢记》:“怪得新来可唧嚼,折倒得个脸儿痩瘦。”❸健康。《白兔记·送子》:“如今幸喜身唧嚼,把粥食频调产后。”

积〔積〕(jī) ❶聚;储蓄。如:积谷;积肥;积蓄。《诗·周颂·载芟》:“有实其积,万亿及秭。”有实,充裕的样子;亿、秭,数量名。《国语·楚语下》:“昔鬥子文三舍令尹,无一日之积,恤民之故也。”韦昭注:“积,储也。”❷积久而成的。如:积习;积弊;积怨;积重难返。《荀子·解蔽》:“私其所积,唯恐闻其恶也。”杨倞注:“积,习。”❸留滞。如:积食。《庄子·天道》:“天道运而无所积。”❹数学名词。若干个数相乘的结果称为这些数的“积”。❺通“迹”。见“积射”。

积重(—chóng) 犹言积蓄。《荀子·王制》:“为之,贯之,积重之,致好之者,君子之始也。”杨倞注:“贯,习也。积重之,谓学使委积重多也。”

积毁销骨 谓不断的毁谤,久之足以致人于毁灭之地。《史记·张仪列传》:“众口铄金,积毁销骨。”

积渐 逐渐形成。《汉书·贾谊传》:“安者非一日而安也,危者非一日而危也,皆以积渐然,不可不察也。”

积聚 聚敛。《礼记·月令》:“〔孟冬之月〕命司徒循行积聚,无有不敛。”

积累 聚集增多。如:积累经验。

积靡 长期顺其习294。《荀子·儒效》:“居楚而楚,居越而越,居夏而夏,是非天性也,积靡使然也。”杨倞注:“靡,顺其习积,故能然。”

积射 谓寻迹追捕。《后汉书·邓晨传》:“晨发积射七千人。”李贤注:“谓寻迹而射之。”亦作“迹射”。《汉书·王尊传》:“将迹射七千人逐捕。”

积习 长期养成的习惯。《春秋繁露·天道施》:“积习渐靡,物之微者也。”蔡邕《述行赋》:“常俗生于积习。”

积羽沉舟 积轻成重。比喻积小患可以致大祸。《国策·魏策一》:

"臣闻积羽沉舟,群轻折轴。"

积重(—zhòng) 谓习惯很深,不易革除。如:积重难返。

笄(jī) 本作"筓"。❶簪子,古代用来插住挽起的头发或弁冕。《仪礼·士昏礼》:"女子许嫁,笄而醴之,称字。"这是发笄。又《士冠礼》:"皮弁笄,爵弁笄"这是弁笄。❷特指女子可以盘发插笄的年龄,即成年。如:及笄;笄年。

倚(jī) ❶通"畸"。怪异。《庄子·天下》:"南方有倚人焉,曰黄缭。"郭庆藩集释:"倚人,异人也。"❷独,单个。《穀梁传·僖公三十三年》:"匹马倚轮无反者。"

另见 yǐ。

屐(jī) 鞋子的一种。通常指木底的,或有齿,或无齿;也有草制或帛制的。刘熙《释名·释衣服》:"帛屐,以帛作之,如屩者。不曰帛屩者,屩不可践泥也,屐可以践泥也。此亦可以步泥而浣之,故谓之屐也。"《晋书·宣帝纪》:"关中多蒺藜,帝使军士二千人著软材平底木屐前行,蒺藜悉著屐。"《宋书·谢灵运传》:"灵运常著木屐,上山则去前齿,下山则去后齿。"

姬(jī) ❶姓。传说黄帝居姬水,因以为姓。周人以后稷(黄帝之后)为祖,亦姓姬。❷妾。《汉书·元后传》:"东平王聘政君为姬。"❸汉代宫中女官。《汉官仪》卷下:"姬,内官也,秩比二千石,位次婕妤下,在八子上。"❹古时妇人的美称。也用为美女之称。张耒《京师废宅》诗:"艳姬骄马知何处,独有庭花春自荣。"❺通"居"。坐。《列子·黄帝》:"姬,将告汝。"张湛注:"姬,居也。"

姬姜 春秋时,姬为周姓;姜为齐国之姓;"姬姜"为大国之女的代称。也作妇女的美称。《左传·成公九年》:"虽有姬姜,无弃蕉萃。"蕉萃,即憔悴,此指贱陋者。

姬人 妾。《燕丹子》卷下:"召姬人鼓琴。"

姬侍 侍妾。《新唐书·卢杞传》:"初尚父郭子仪病甚,百官造省,不屏姬侍。"

基(jī) ❶基础。如:房基;地基。《诗·周颂·丝衣》:"自堂徂基。"郑玄笺:"基,门塾之基。"引申为根本。《诗·小雅·南山有台》:"邦家之基。"❷开始。《国语·晋语九》:"基于其身。"韦昭注:"基,始也。"❸化学名词。原子团之一。

一般指不带电荷的原子团。例如羟基—OH、硝基—NO₂、乙基—C₂H₅等。也包括单原子基如溴基—Br和单原子游离基如氢游离基H·、氯游离基Cl·等。

基业 ❶指事业的基础;根基。《后汉书·隗嚣传》:"基业已定,大勋方缉。"❷产业。曹操《存恤从军吏士家室令》:"其令死者家无基业,不能自存者,县官勿绝廪,长吏存恤抚循,以称吾意。"

基趾 趾,亦作"址"。凡居下而承上的,如墙脚、城脚之类,都叫"基趾"。《北史·蒋少游传》:"少游乘传诣洛,量准魏、晋基趾。"引申为一切事物的基础。《旧唐书·于志宁传》:"周魏以来,基址不坠。"

萁(jī) ❶草名。状似荻而细。❷木名。《淮南子·时则训》:"爨萁燧火。"高诱注:"取萁木燧之火炊之。"❸作语助。《礼记·曲礼下》:"梁曰芗萁。"孔颖达疏:"梁,谓白梁、黄梁;萁,语助也。"

另见 qí。

萁服 亦作"箕服"、"萁箙"。萁草制的箭袋。《汉书·五行志下之上》:"檿弧萁服。"颜师古注:"服,盛箭者,即今之步叉也;萁,草,似荻而细,织之为服也。檿弧,用山桑制成的弓。按《国语·郑语》作"箕服"。

靮〔鞿〕(jī) 马嚼子。比喻受人牵制、束缚。《离骚》:"余虽好修姱以靮羁兮。"王逸注:"靮羁,以马自喻。缰在口曰靮,革络头曰羁,言为人所系累也。"韩愈《山石》诗:"人生如此自可乐,岂必局束为人靮。"

肌(jī) 同"肌"。

绩㊀〔績〕(jī) ❶缉麻线。《国语·鲁语下》:"公父文伯退朝,朝其母,其母方绩。"❷继续。《左传·昭公元年》:"子盍亦远绩禹功,而大庇民乎?"

㊁〔績、勣〕(jī) 功业;成绩。如:功绩;劳绩。《诗·大雅·文王有声》:"丰水东注,维禹之绩。"

期〔朞〕(jī) ❶一周年;一整月;一昼夜。《书·尧典》:"期,三百有六旬有六日。"《左传·昭公二十三年》:"叔孙旦而立,期焉。"杜预注:"从旦至旦为期。"《礼记·丧服小记》:"期而除丧。"参见"期年"、"期月"。❷"期服"的简称。详该条。❸亦作其、忌。语末助词。《诗·小雅·頍弁》:"实维何期?"郑

玄笺:"何期,犹伊何也。期,辞也。"

另见 qī。

期服 丧服名,简称"期",即齐衰为期一年之服。旧制,凡为长辈如祖父母、伯叔父母、在室姑等,平辈如兄弟、姊妹、妻,小辈如侄、嫡孙等之丧,均服之。又子之丧,其父反服,亦为期服。此外如己嫁之女为祖父母、父母服丧,也服期服。服者用杖称杖期,不用杖称不杖期。

期年 一整年。《左传·襄公九年》:"行之期年,国乃有节。"

期颐 《礼记·曲礼上》:"百年曰期,颐。"郑玄注:"期,犹要也;颐,养也。"孙希旦集解:"百年者饮食、居处、动作,无所不待于养。方氏悫曰:'人生以百年为期,故百年以期名之。'"后因称百岁为"期颐"。苏轼《次韵子由三首》:"到处不妨闲卜筑,流年自可数期颐。"

期月 ❶一整月。《中庸》:"择乎中庸,而不能期月守也。"朱熹注:"期月,币一月也。"《后汉书·耿纯传》:"期月之间,兄弟称王。"❷一整年。《论语·子路》:"子曰:'苟有用我者,期月而已可也,三年有成。'"邢昺疏:"期月,周月也,谓周一年之十二月也。"

期朝 一昼夜。《礼记·内则》:"渍,取牛肉必新杀者,薄切之,必绝其理,湛诸美酒,期朝,而食之以醢若醯醷。"陈澔集说:"期朝,今旦至明旦也。"

棋(jī) 根柢。《史记·律书》:"万物根棋。"

另见 qí。

赍〔賫、齎、賷〕(jī) ❶以物送人。《国策·西周策》:"何不以地赍周?"❷旅行人携带衣食等物。《汉书·食货志下》:"行者赍,居者送。"❸带着;抱着。见"赍志"。❹嗟叹声。见"赍咨"。

另见 qí。

赍盗粮 以粮食供给盗贼。比喻助人为恶或行动有利于敌人。《史记·范雎蔡泽列传》:"故齐所以大破者,以其伐楚而肥韩魏也,此所谓借贼兵赍盗粮者也。"

赍志 怀抱大志。江淹《恨赋》:"赍志没地,长怀无已。"

赍咨 叹息。《易·萃》:"赍咨涕洟。"杨亿《宋玉》诗:"丽赋朝云无处所,羁怀秋气动赍咨。"

敧(jī) 用箸夹取。慧琳《一切经音义》卷五十八"当敧"注引《通俗文》:"以箸取物曰敧。"亦为

箸的别称。《说文·竹部》："箸，饭敧也。"

另见qī、yǐ。

犄〔jī〕 见"犄角"。

犄角 ❶角落。如：屋犄角。❷北方方言，兽角。如：羊犄角；牛犄角。❸同"掎角"。作战时分出一小部兵力，以便牵制敌人或互相支援。《水浒全传》第九十一回："再令水军头领李俊、二张、三阮、二童，统领水军船只，泊聚卫河，与城内相为犄角。"

稽〔jī，旧读xí〕 姓。

缉〔缉〕〔jī，旧读qī〕 ❶把麻析成缕捻接起来。如：缉麻。❷本作"緁"。缝衣边。《仪礼·丧服·子夏传》："斩者何？不缉也。"❸搜捕。如：缉私；通缉。《水浒传》第十七回："府尹看罢大惊，随即便唤缉捕人等。"❹通"辑"。会合；协和。颜延之《阳给事诔》："以缉华裔之众。"❺光明。朱骏声《说文通训定声·临部》以为是"熠"的假借。参见"缉熙"。❻通"㗌"。见"缉缉"。

另见qī。

缉缉 缉，本作"㗌"。私语声。《诗·小雅·巷伯》："缉缉翩翩，谋欲谮人。"毛传："缉缉，口舌声。"

缉熙 光明貌。《诗·周颂·敬之》："学有缉熙于光明。"郑玄笺："且欲学于有光明之光明者，谓贤中之贤也。"

缉御 局促不安貌。《诗·大雅·行苇》："肆筵设席，授几有缉御。"毛传："缉御，踧踖之容也。"陈奂传疏："聚足而进曰缉御。"

幾〔jī〕 ❶事物出现前或变化前的细微迹象。《易·系辞下》："幾者，动之微，吉之先见者也。"王弼注："吉凶之彰，始于微兆。"孔颖达疏："幾，微也。"引申为事端。《书·皋陶谟》："一日二日万幾。"亦作"机"。❷危险。《书·顾命》："疾大渐，惟幾。"❸查察。《周礼·地官·司关》："国凶札，则无关门之征，犹幾。"亦作"讥"。

另见jǐ 几㊀、jǐ 几㊀、jì、qí、qǐ。

幾谏 婉言劝谏。《论语·里仁》："事父母，幾谏。"何晏集解引包咸曰："幾者，微也。当微谏纳善言于父母。"刘宝楠正义："微谏，为此和顺之义。"

幾事 机密事。《易·系辞上》："幾事不密则害成。"

幾微 细微的迹象。语出《易

系辞下》"幾者，动之微，吉之先见者也。"韩愈《送殷员外序》："今子使万里外国，独无幾微出于言面。"

毄〔jī〕 ❶打击。见"毄兵"。❷拂拭。《考工记·弓人》："和弓毄摩。"郑玄注："和，犹调也。毄，拂也。将用弓，必先调之，拂之、摩之。"

另见jì。

毄兵 打击用的兵器。《考工记·庐人》："毄兵同强。"贾公彦疏："毄以殳，长丈二而无刃，可以毄打人，故云毄兵也。"同强，谓本末及中央皆同样强劲。

畸〔jī〕 ❶《说文·田部》："畸，残田也。"段玉裁注："余田不整齐者也。"❷不整齐；偏侧。《荀子·天论》："墨子有见于齐，无见于畸。"杨倞注："畸，谓不齐也。"又："中则可从，畸则不可为。"杨倞注："畸者，不偶之名，谓偏也。"参见"畸形"。❸残余；零星。通作"奇"。如：畸零；畸数。❹通"奇"。与众不同。见"畸人"。

畸轻畸重 有时偏轻，有时偏重。谓事物发展不均衡，或人对事物的态度有所偏。《歧路灯》第五十二回："王法已定，势难畸轻畸重。"亦作"畸重畸轻"。

畸人 奇特的人。指不合于世俗的异人。《庄子·大宗师》："子贡曰：'敢问畸人？'〔孔子〕曰：'畸人者，畸于人而侔于天。'"成玄英疏："畸者，不耦之名也。修行无有，而疏外形体，乖异人伦，不耦于俗。"

畸形 ❶事物发展不均衡、不正常。❷人体或器官出现解剖形态的异常现象。有两种：(1)先天性。如唇裂，无肛，多指(趾)，并指(趾)，肠道狭窄，心房、心室间隔缺损，动脉导管未闭等。(2)后天性。如脊柱结核引起的驼背，大片瘢痕引起肢体挛缩等。多数畸形均可通过整形外科术进行修复。❸植物在外界环境或病原物的影响下，失去正常的生理状态而引起器官或局部组织的皱缩、肥肿、徒长、卷曲、矮缩、枝叶丛生、花器和种子变态等。包括植物器官或组织的生长受阻表现的减生和过度生长的增生两类。

跻〔躋〕〔jī〕 登；升。《易·震》："跻于九陵。"《诗·豳风·七月》："跻彼公堂。"郑玄笺："跻，升也。"

锜〔錡〕〔jī〕 见"镃基"。

稘〔jī〕 同"期"。亦作"朞"。一个周期；一周年。《新唐书·温彦博传》："我见其不逮再稘矣。"

箕〔jī〕 即篚，复称"箟篚"。朱骏声《说文通训定声·颐部》："苏俗谓之编筟是也。"

禝〔禝〕〔jī〕 见"襞积"。

嫠〔jī〕 本作𢍹。象扬箕之形。隶变从女，是足形之讹变。古用作人名。

箕〔jī〕 ❶扬米去糠的器具；簸箕。李尤《箕铭》："箕主簸扬，糠秕乃陈。"❷畚垃圾的器具；粪箕。《礼记·曲礼上》："凡为长者粪之礼，必加帚于箕上。"❸星名，二十八宿之一。《诗·小雅·大东》："维南有箕，不可以簸扬。"参见"箕宿"。❹姓。春秋时晋有箕郑父。

箕伯 一称"风师"。中国古代神话中司风之神。《文选·张衡〈思玄赋〉》："属箕伯以函风兮，惩澒溶沨而为清。"李善注引《风俗通》曰："风师者，箕星也；主簸物，能致风气也。"

箕斗 ❶星名。即箕宿、斗宿。《诗·小雅·大东》："维南有箕，不可以簸扬；维北有斗，不可以挹酒浆。"旧时诗人以"南箕北斗"或"箕斗"比喻虚有其名。❷人手上的指纹，作螺旋形的叫斗，不整齐的叫箕。古时登记士兵指纹的册子叫"箕斗册"。

箕风毕雨 《书·洪范》："庶民惟星，星有好风，星有好雨。"孔传："箕星好风，毕星好雨。"原义以喻人民好恶各有不同；后"好"字转为"好坏"之"好"，"箕风毕雨"成为对官吏的恭维语，比喻体民情、行德政。吴均《八公山赋》："箕风毕雨，育岭生峩。"

箕踞 亦作"箕倨"、"跂踞"。坐时两脚伸直岔开，形似簸箕。一说屈膝张足而坐。为一种轻慢态度。《国策·燕策三》："轲(荆轲)自知事不就，倚柱而笑，箕踞以骂。"《史记·刺客列传》作"箕倨"。刘伶《酒德颂》："奋髯踑踞，枕曲藉糟。"

箕会 谓苛敛民财。《淮南子·人间训》："大夫箕会于衢。"高诱注："箕会，以箕于衢会敛。"参见"头会箕敛"。

箕裘 《礼记·学记》："良冶之子，必学为裘；良弓之子，必学为箕。"孔颖达疏："言善冶之家，其子弟见其父兄世业销(陶)铸金铁，使之柔合，

以补治破器皆令全好，故此子弟仍能学为袍裘，补续兽皮，片片相合，以至完全也……善为弓之家，使干角挠屈调和成其弓，故其子弟亦睹其父兄世业，仍学取柳和软挠之成箕也。"良冶、良弓，指善于冶金和造弓的人。意思是儿子往往继承父业。后因以"箕裘"比喻祖先的事业。如：克绍箕裘。《晋书·陈寿传赞》："咸能综缉遗文，垂诸不朽，岂必克传门业，方擅箕裘者哉?"

箕形纹 指纹基本类型的一种。由多数箕形线组成。纹线自一侧起，斜向上方，回旋后再归回原侧，形如簸箕，箕脚对侧有一个三角。

箕 形 纹

箕宿 ❶星官名。亦称"箕"。二十八宿之一。有人马座γ、δ、ε、η四星。❷天区名。按《步天歌》，内有：箕、木杵、糠皮等星官。

箕颍 箕山和颍水。相传唐尧时的隐士许由，住在"颍水之阳，箕山之下"。见《高士传》。后因以"箕颍"指隐居。《梁书·谢朏传》："抱箕颍之馀芳，甘憔悴而无闷。"

箕坐 箕踞而坐，其形如箕。《礼记·曲礼上》："坐毋箕。"孔颖达疏："箕谓舒展两足，状如箕舌也。"应璩《与崔元和》："昔戴叔鸾箕坐见边文礼，此皆衰世之慢行也。"参见"箕踞"。

綨 (jī) "缉（緝）❷"的本字。

猗 (jī) 以箸取物。蒲松龄《禳妒咒·挞厨》："昨日雲嫌那猪肉没点好块儿，鸡肉猗了不够几块儿，又说煮烂了海带儿。"

跠 (jī) 见"跠跠"。

跠踞 同"箕踞"。刘伶《酒德颂》："奋髯跠踞，枕曲（麹）藉糟。"

跠 (jī) ❶单；只（隻）。《公羊传·僖公三十三年》："晋人与姜戎要之（指秦师）殽而击之，匹马只轮无反者。"何休注："只，跠也。"❷通"奇"。遇事不利。《汉书·段会宗传》："亦足以复雁门之跠。"参见"数奇"。

另见 jǐ，qī，yǐ。

跠屦 单只的鞋。《新书·谕诚》："昔楚昭王与吴人战，楚军败，

昭王走。屦决眦而行失之；行三十步，复旋取屦。及至于隋，左右问曰：'王何曾惜一跠屦乎?'昭王曰：'楚国虽贫，岂爱一跠屦哉! 思与偕反也。'自是之后，楚国之俗，无相弃者。"

稽 (jī) ❶留止；延迟。《管子·君臣上》："是以令出而不稽。"❷考核；计数。如：无稽之谈。《周礼·夏官·大司马》："简稽乡民。"郑玄注："稽，犹计也。"❸计较；争论。《韩非子·外储说左上》："夫以寝席之戏，不足以伐人之国，功业不可冀也，请无以此为稽也。"《汉书·贾谊传》："妇姑不相说（悦），则反唇而相稽。"❹通"乩"。卜问。《书·洪范》："明用稽疑。"❺至；及到。《庄子·逍遥游》："大浸稽天而不溺。"❻相合。《礼记·儒行》："儒有今人与居，古人与稽。"❼通"楷"。见"稽式"。❽姓。秦代有稽黄。

另见 qǐ。

稽迟 迁延；滞留。《南史·张融传》："至融风止诡越，坐常危膝，行则曳步，翘身仰首，意制甚多。见者惊异，聚观成市，而融了无惭色，随例同行，常稽迟不进。"

稽古 稽考古道。《书·尧典》："曰若稽古。"《后汉书·桓荣传》："荣大会诸生，陈其车马印绶，曰：'今日所蒙，稽古之力也，可不勉哉!'"

稽式 犹"楷式"。准则；法式。《老子》："知此两者亦稽式；常知稽式，是谓玄德。""稽"河上公本作"楷"。引申为效法。《后汉书·儒林传上》："建武五年，乃修起太学，稽式古典。"

觭 (jī) ❶角低昂貌。《尔雅·释畜》："角一俯一仰，觭。"陆德明释文引樊光曰："倾角曰觭。"❷通"奇"。单；只。《汉书·五行志中之下》："遂要蜂衙以败秦师，匹马觭轮无反者。"颜师古注："觭，只也。"按《公羊传·僖公三十二年》作"匹马只轮"。《庄子·天下》："以觭偶不仵之辞相应。"❸通"掎"。得。《周礼·春官·大卜》："二曰觭梦。"郑玄注："觭，读如诸戎掎之掎。掎，亦得也；亦言梦之所得。"

齑 〔齏〕(jī) 切碎的菜或肉。参见"五齑（wǔ jī）"。引申为细碎。见"齑粉"。

齑粉 细粉；碎屑。常用以比喻粉身碎骨。《新五代史·苏逢吉传》："弘肇（史弘肇）怨逢吉异己……逢

吉谋求出镇以避之，既而中辍，人问其故，逢吉曰：'苟舍此而去，史公一处分，吾齑粉矣。'齑，同'齑'。"

齑音 细碎的声音。孟郊《寒溪》诗："冻飈杂碎号，齑音坑谷辛。"

畿 (jī) ❶古代王都所在处的千里地面。《诗·商颂·玄鸟》："邦畿千里，维民所止。"后多指京城管辖的地区。如：京畿；畿辅。引申即谓方千里。《国语·楚语上》："而至于是有畿田。"韦昭注："方千里曰畿。"❷门槛。《诗·邶风·谷风》："薄送我畿。"毛传："畿，门内也。"段玉裁《说文解字注·田部》："畿，谓门限也。"❸唐宋时县的等级名。见"紧❼"。❹姓。

畿辅 ❶畿，京畿；辅如汉代的三辅。合指京都周围附近的地区。张煌言《师入太平府》诗："天骄取次奉冠裳，畿辅长驱铁裲裆。"❷清代直隶省的别称，如《畿辅通志》。

墼 (jī) ❶砖头。也指砖坯。如：土墼。❷用碎屑抟成的圆块。如：炭墼。

臘 (jī) ❶颊肉。见《说文·肉部》。❷同"肌"。

激 (jī) ❶阻遏水势使之腾涌或飞溅。《孟子·告子上》："激而行之，可使在山。"❷使冲动奋发。如：请将不如激将。《汉书·冯唐传赞》："彼将有激云尔。"引申为感情激动或激发。如：感激；愤激。《楚辞·招魂》："激楚之结，独秀先些。"王逸注："激，感也。"❸急疾；猛烈。如：过激；激切。《史记·游侠列传》："比如顺风而呼，声非加疾，其势激也。"亦指水流猛急。王羲之《兰亭集序》："又有清流激湍，映带左右。"❹指声调的高亢激烈。见"激越"。❺鲜明。《庄子·盗跖》："唇如激丹。"❻姓。汉代有激章。

激昂 ❶振奋昂扬。如：慷慨激昂。傅毅《舞赋》："明诗表指，喷息激昂。"喷息，即喟息，感慨、叹息。❷犹激励。奋发振作。《汉书·王章传》："今疾病困厄，不自激印，乃反涕泣，何鄙也!""印"同"昂"。

激楚 ❶古代歌舞曲名。《汉书·司马相如传上》："鄢郢缤纷，《激楚》《结风》。"颜师古注引郭璞曰："《激楚》，歌曲也。"王先谦补注："《激楚》，歌舞曲名。"❷形容音调的高亢凄清。《楚辞·招魂》："宫庭震惊，发激楚些。"王逸注："激，清声也。言吹竽击鼓，众乐并会，宫庭之内，莫不震动惊骇，复作激楚之清声，以发

其音也。"后亦用为愤激悲楚之意。《聊斋志异·细侯》："既闻细侯已嫁,心甚激楚,因以所苦托市媪卖浆者达细侯,细侯大悲。"

激发 ❶激之使奋起。《后汉书·皇甫规传》："芳(胡芳)曰:'威明(皇甫规字)欲避第仕涂(途),故激发我耳。'"❷犹"激诡"。造作;矫情立异。《汉书·王莽传上》："敢为激发之行,处之不惭恶。"

激诡 ❶矫情立异;造作。《后汉书·范冉传》："冉好违时绝俗,为激诡之行。"❷毁誉过当。《后汉书·班固传论》："若固之序事,不激诡,不抑抗。"李贤注:"激,扬也;诡,毁也。"

激厉 ❶谓言行率直,易于激动。《南史·范云传》："性颇激厉,少威重,有所是非,形于造次。"❷同"激励"。

激励 ❶激动鼓励使振作。《史记·范雎蔡泽列传》："欲以激励应侯。"❷激发人的动机的心理过程。有各种形式的激励手段。有效的激励手段必须符合人的心理和行为的客观规律。认知心理学认为,激励是一个复杂过程,要充分考虑人的内在因素,如思想意识、需要、兴趣、价值等。

激烈 激昂;高亢激越。李白《拟古十二首》："弦声何激烈,风卷绕飞梁。"亦用为剧烈之意。

激切 ❶激烈率直。《汉书·贾山传》："其言多激切,善指事意。"❷激动;感奋。高适《酬河南节度使贺兰大夫见赠之作》诗:"感时常激切,于己即忘情。"

激赏 极其赞赏。计有功《唐诗纪事》卷四十:"上曰:'可贺我以诗。'公权应声曰:'去岁虽无战,今年未得归;皇恩何以报,今日得春衣。'上悦,激赏之。"

激扬 ❶激起之意。魏徵《九成宫醴泉碑铭》："激扬清波,荡涤瑕秽。"亦指感动奋起。《后汉书·臧洪传》："洪辞气慷慨,闻其言者,无不激扬。"❷激励。《后汉书·吴汉传》："整厉器械,激扬士吏。"❸犹激昂。江淹《恨赋》："及夫中散(嵇康)下狱,神气激扬。"

激越 声音高亢远扬。班固《西都赋》："櫂女讴,鼓吹震;声激越,蜚厉天。"

激浊扬清 《尸子·君治》："水有四德……扬清激浊,荡去滓秽,义也。"后为除恶奖善之义。《旧唐书

·王珪传》："至如激浊扬清,嫉恶好善,臣于数子,亦有一日之长。"

憿 ❶通"激"。激动。朱骏声《说文通训定声》"憿"注引《童子逢盛碑》："感憿三成。"❷迅疾。《集韵·二十三锡》："憿,疾也。"见"憿䬃"。

另见 jiǎo。

憿䬃 迅疾。《文选·潘岳〈笙赋〉》："㤗憿䬃以奔邀,似将放而中匮。"张铣注:"憿䬃、奔邀,言疾也。"

鞿(jī) 同"羁(羈)"。

羁〔羈、羇〕(jī) ❶马络头。《庄子·马蹄》："连之以羁馽。"❷系住。《淮南子·氾论训》："禽兽可羁而从也。"❸通"羇"。在外作客,也指在外客居的人。《左传·昭公七年》："单献公弃亲用羁。"杜预注:"羁,寄客也。"❹古代女孩留在头顶像马络头一般的头发。《礼记·内则》："三月之末,择日剪发为鬌,男角女羁。"郑玄注:"午达曰羁。"孔颖达疏:"一从(纵)一横曰午。今女剪发,留其顶上纵横各一,相交通达,故云午达。"

羁绊 犹言束缚,牵制。《汉书·叙传上》："今吾子已贯仁谊之羁绊,系名声之缰锁。"

羁丱 孩童留在头上一纵一横的头发叫羁,束发成两角叫丱,因以"羁丱"称童年。《新唐书·韦表微传》："羁丱能属文。"

羁角 古时儿童发髻,女曰羁,男曰角。用以称童年。《法言·五百》："羁角之哺果而啖之,奚其强?"强,勉强。

羁旅 同"羇旅"。《韩非子·亡征》："羁旅侨士,重帑在外。"

羁縻 ❶束缚;拘系。王延寿《王孙赋》："遂缨络而羁縻。"❷谓笼络使不生异心。《史记·律书》："高祖有天下,三边外畔……会高祖厌苦军事,亦有萧张之谋,故偃武一休息,羁縻不备。"

羁绁 ❶马笼头和马缰绳。《左传·僖公二十四年》："臣负羁绁,从君巡于天下。"犹言服犬马之劳。❷束缚;拘禁。《世说新语·伤逝》："自嵇生夭、阮公亡以来,便为时所羁绁。"欧阳修《答圣俞白鹦鹉杂言》诗:"渴虽有饮饥有啄,羁绁终知非尔乐。"❸留滞。宋濂《佛光普照大师塔铭》："离家为求道耳,苟羁绁于此,何异狗苟蝇营者耶?"

鹙〔鷖〕(jī) 鸟名。《尔雅·释鸟》："鹙,鹭鸥。"郭璞注:"似鸥,苍白色。"

韲(jī) 切成细末的腌菜。《楚辞·九章·惜诵》："惩于羹者而吹韲兮。"

䪍(jī) 同"韲"。

韲(jī) 同"䪍(齏)"。

羁(jī) ❶作客在外。见"羁旅"。也指在外客居的人。《左传·昭公十三年》："为羁终世,可谓无民。"❷同"羁"。

羁旅 亦作"羁旅"。作客他乡。《左传·庄公二十二年》："羁旅之臣。"杜预注:"羁,寄也;旅,客也。"

羁(jī) 同"羁"。

jí

人(jí) 古"集"字。见《说文·人部》。一说"人"为倒口之形,如"食"字、"侖"字、"龠"字,均为倒口在上。见林义光《文源》卷六。

及(jí) ❶至;到。《仪礼·燕礼》："宾入及庭。"❷趁。如:及时;及早。《左传·僖公二十二年》："及其未济也,请击之。"❸够得上;比得上。如:及格。《国策·齐策一》："君美甚,徐公何能及君也。"❹和;与。《诗·豳风·七月》："七月亨葵及菽。"亨,同"烹"。❺同;跟。《诗·卫风·氓》："及尔偕老。"

及第 科举考中之称。列榜有甲乙次第,故称。明清时只殿试一甲一、二、三名赐进士及第,余称进士或同进士出身,不称及第。

及第花 杏花之别名。郑谷《曲江红杏》诗:"女郎折得殷勤看,道是春风及第花。"

及锋而试 《汉书·高帝纪上》："吏卒皆山东之人,日夜企而望归,及其锋而用之,可以有大功。"此谓乘军中将士正有锋锐之气而及时用之。后亦称乘可行之机而行动为"及锋而试"。

及格 达到规定的标准。《宋史·张亢传》："马高不及格,宜悉还坊监,止留十之三,余以步兵代之。"

及瓜 《左传·庄公八年》："齐侯使连称、管至父戍葵丘,瓜时而往,曰:'及瓜而代。'"后因谓任职期满为"及瓜"。骆宾王《晚度天山有怀京邑》诗:"旅思徒漂梗,归期未及

瓜。”参见“瓜代”。

及笄　《礼记·内则》:“〔女子〕十有五年而笄。”笄,结发上簪。《仪礼·士昏礼》:“女子许嫁,笄而醴之,称字。”郑玄注:“笄女之礼,犹冠男也。”因称女子年达十五岁为“及笄”。亦指女子已到可以出嫁的年龄。李昌祺《剪灯馀话·琼奴传》:“宗侄必贵,有女及笄。”

及门　语出《论语·先进》“从我于陈、蔡者,皆不及门也”。原谓此时不在门下。后谓弟子登门受业。也指受业弟子。《元史·许谦传》:“及门之士,著录者千余人。”

及时　❶逢时,得到有利时机。《易·乾》:“君子进德修业欲及时也。”❷抓紧时机。欧阳修《伏日赠徐焦二生》诗:“少壮及时宜努力,老大无堪还可憎。”

芨(jí)　通“棘”。木名,即羊矢枣。《资治通鉴·唐宣宗大中十二年》:“〔王式〕至交趾,树芨木为栅,可支数十年。”胡三省注:“芨读与棘同。”

另见 le。

伋(jí)　思考敏捷。孔子孙名伋字子思。段玉裁《说文解字注》:“古人名字相应,孔子字子思,仲尼弟子燕伋字思,然则伋字非无义矣。”朱骏声《说文通训定声·临部》:“当训急思也。”

伋伋　虚伪欺诈貌。《庄子·盗跖》:“子之道,狂狂汲汲,诈巧虚伪事也。”陆德明释文:“汲汲,本亦作伋伋。”成玄英疏:“狂狂,失性也;伋伋,不足也。”

吉(jí)　❶吉利;吉祥。如:凶多吉少;万事大吉。《易·系辞上》:“吉,无不利。”❷善;美。见“吉人”、“吉士”。❸朔日,夏历每月初一。《周礼·地官·大司徒》:“正月之吉。”❹吉林省的简称。以境内吉林城得名。❺姓。后汉有吉本。

吉光片羽　吉光,传说中的神马名,见《抱朴子·对俗》;片羽,指神马身上的一片毛。以喻残存的艺术珍品。焦竑《李氏焚书序》:“断管残沈,等于吉光片羽。”亦作“吉光片裘”。陈继儒《妮古录》卷一:“余有宋仲温书子昂《兰亭跋》,诸体皆备,而仅九段,然亦吉光片裘也。”

吉金　犹言善金,古指适于铸造钟鼎彝器的金属。《子璋钟铭》:“择其吉金,自作龢钟。”后因以为钟鼎彝器的统称。清代著录古器之书多称“吉金录”。

吉礼　古五礼之一。指祭礼。《周礼·春官·大宗伯》:“以吉礼事邦国之鬼神祇(祇)。”郑玄注:“事谓祀之、祭之、享之,故称吉。”

吉了　鸟名。即鹦哥,一名“秦吉了”。《旧唐书·音乐志二》:“今案岭南有鸟,视鹦鹉而稍大,乍视之,不相分辨,笼养久,则能言,无不通,南人谓之吉了,亦云料。”

吉人　善人。《书·泰誓中》:“吉人为善,惟日不足。”《诗·大雅·卷阿》:“蔼蔼王多吉人。”参见“吉人天相”。

吉人天相　《左传·宣公三年》:“石癸曰:‘吾闻姬姞耦,其子孙必蕃。姞,吉人也,后稷之元妃也。’”又《昭公四年》:“晋楚唯天所相,不可与争。”天相,谓天助。旧谓善人自有天佑,故常以“吉人天相”为遭遇事故逢凶化吉的庆慰语。杨珽《龙膏记·开阁》:“令爱偶尔违和,自是吉人天相,何劳郑重,良切主臣。”

吉日　❶朔日;夏历每月初一。《周礼·地官·党正》:“及四时之孟月吉日,则属民而读邦法以纠戒之。”❷好日子。《仪礼·士冠礼》:“令月吉日,始加元服。”郑玄注:“令、吉,皆善也。”❸《诗·小雅》篇名。叙述周宣王田猎于西都之诗。田猎须用马力,故首叙择吉日祭马祖以祷之。

吉士　❶古时男子的美称。《诗·召南·野有死麕》:“有女怀春,吉士诱之。”朱熹集传:“吉士,犹美士也。”❷指才华优美之人。《三国志·蜀志·马良传》:“其兄吉士,荆楚之令,鲜于造次之华,而有克终之美。”❸犹言正人。《汉书·元帝纪》:“是故壬人在位,而吉士雍蔽。”

吉事　古指祭祀、冠、婚等事。《礼记·曲礼上》:“吉事先近日。”郑玄注:“吉事,祭祀、冠、取(娶)之属也。”

吉祥　亦作“吉羊”。美好、幸运的征象。《庄子·人间世》:“虚室生白,吉祥止止。”成玄英疏:“吉者,福善之事;祥者,嘉庆之征。”

吉月　❶月之朔日。《论语·乡党》:“吉月,必朝服而朝。”何晏集解引孔安国曰:“吉月,月朔也。”❷吉利的月份。《仪礼·士冠礼》:“吉月令辰,乃申尔服。”

圾(jí)　同“岌”。危险。《庄子·天地》:“殆哉圾乎天下!”

另见 jī。

岌(jí)　❶高过。《尔雅·释山》:“小山岌大山,峘。”引申为山耸起貌。孔平仲《大风发长芦》诗:“侧看岸旋转,白浪若山岌。”❷危险貌。范成大《嘲蚊》诗:“凉飙倏然至,丑类殆哉岌。”

岌峨　高危貌。王延寿《鲁灵光殿赋》:“层栌磥垝以岌峨,曲枅要绍而环句。”

岌岌　❶高貌。《离骚》:“高余冠之岌岌兮,长余佩之陆离。”❷很危险的样子。《孟子·万章上》:“天下殆哉岌岌乎!”

岌嶪　高耸貌。张衡《西京赋》:“疏龙首以抗殿,状巍峨以岌嶪。”

彶(jí)　“汲汲”的“汲”本字。《说文·彳部》:“彶,急行也。”段玉裁注:“凡用汲汲字,乃彶彶之假借也。”

汲(jí)　❶取水于井。《易·井》:“井渫不食,为我心恻,可用汲。”❷引。《考工记·匠人》:“凡任索约,大汲其版。”郑玄注:“汲,引也。筑防若墙者,以绳缩其版,大引之,言版桡也。”❸姓。汉代有汲黯。

汲汲　心情急切的样子。《礼记·问丧》:“其往送也,望望然,汲汲然,如有追而弗及也。”

汲引　❶引水。谓把这一条江(河)的水导向另一条江(河)。郭璞《江赋》:“并吞沅澧,汲引沮漳。”❷引荐。《汉书·刘向传》:“禹稷与皋陶,传相汲引,不为比周。”❸开导。沈约《为齐竟陵王发讲疏》:“立言垂训,以汲引为方。”

忣(jí)　亦作“悈”。同“急”。迫切。《淮南子·缪称训》:“忣于不己知者,不自知也。”高诱注:“忣,急也。”又:“诚中之人,乐而不忣。”

级〔级〕(jí)　❶阶;磴。如:石级。《礼记·曲礼上》:“拾级聚足,连步以上。”姚鼐《登泰山记》:“道皆砌石为磴,其级七千有余。”❷等级。如技术、工资的级别,学习的年级等。特指官阶品级。《史记·秦始皇本纪》:“百姓内(纳)粟千石,拜爵一级。”❸战争中或用刑时斩下的人头。如:首级。《后汉书·光武帝纪上》:“光武奔之,斩首数十级。”李贤注:“秦法,斩首一赐爵一级,故因谓斩首为级。”❹语法范畴之一。通过一定的语法形式表示形容词、副词属性的程度差别。一般分原级、比较级和最高级三种。如英语,原级是形

容词、副词的基本形式,不具有比较的意思:beautiful(美丽的)、quickly(快速地)。比较级是表示某种属性在程度上的更高或更低,一般由原级缀加词尾–er构成,如 high(高)~higher(更高);也有在前面加 more 或 less 构成,如 more beautiful(更美丽的)、less quickly(更慢地)。最高级是表示某种属性在程度上的最高或最低,一般由原级缀加词尾–est构成,如 high(热)~highest(最热),也有在前面加 most 构成,如 most beautiful(最美丽的)。

极 〔極〕(jí) ❶屋脊的正梁。《后汉书·蔡茂传》:"茂初在广汉,梦坐大殿,极上有三穗禾。"❷顶点;终点。如:登峰造极。《诗·唐风·鸨羽》:"悠悠苍天,曷其有极。"郑玄笺:"极,已也。"《淮南子·墬形训》:"六合之间,四极之内。"❸指帝王之位。如:登极、御极。鲍照《河清颂序》:"圣上天飞践极,迄兹二十有四载。"❹达到最大限度;穷尽。如:穷凶极恶;乐极生悲。《诗·大雅·崧高》:"骏极于天。"《淮南子·原道训》:"然而大不可极,深不可测。"❺准则。如:为民立极。《书·洪范》:"惟皇作极。"❻困倦;疲倦。《史记·屈原贾生列传》:"故劳苦倦极,未尝不呼天也;疾痛惨怛,未尝不呼父母也。"《汉书·王褒传》:"匈(胸)喘肤汗,人极马倦。"❼古代射箭时用的指套,套在右手中间三指上以便引放弓弦。《仪礼·士丧礼》:"组系纩极二。"郑玄注:"极,犹放弦也,以沓指放弦,令不掣指也。"❽北极星。《考工记·匠人》:"昼参诸日中之景,夜考之极星,以正朝夕。"《楚辞·九叹·远逝》:"引日月以指极兮。"❾通"亟"。急。如:发极。《荀子·赋》:"出入甚极,莫知其门。"❿通"殛"。惩罚,杀。《诗·小雅·菀柳》:"俾予靖之,后予极焉。"郑玄笺:"极,诛也。"⓫春秋鲁附庸国名。《春秋·隐公二年》:"无骇帅师入极。"故址在今山东鱼台西南。⓬天文学名词。(1)在球面上和一个大圆上各点角距离相等的两点,称为该大圆的极。(2)地球自转轴与地球表面相交的两点,称为"地极"。在北半球的称为"北极";在南半球的称为"南极"。(3)地球自转轴延长与天球相交的两点,称为"天极"。在北半天球的称为"北天极";在南半天球的称为"南天极"。

极谏 竭力劝谏。《韩非子·外储说左下》:"犯颜极谏,臣不如东郭牙,请立以为谏臣。"一本作"直谏"。

极刑 最重的刑罚。司马迁《报任少卿书》:"是以就极刑而无愠色。"此指腐刑。后多指各种死刑。如:处以极刑。《汉书·邹阳传》:"李斯竭忠,胡亥极刑。"谓对李斯处以极刑(腰斩)。古也用以指最残酷的死刑,如《明大诰》称凌迟为极刑。

极选 犹言最佳选择,挑选出的极品。曹丕《与孙权书》:"此二马,朕之常所自乘,甚调良善走,数万匹之极选者,乘之真可乐也。"

极致 最高的造诣。何休《公羊解诂序》:"昔者孔子有云:'吾志在《春秋》,行在《孝经》。'此二学者,圣人之极致,治世之要务也。"

忑 (jí) 同"极"。

即 (jí) ❶就;往就。如:即位;即席。《诗·卫风·氓》:"来即我谋。"❷靠近;接近。如:若即若离;可望而不可即。❸即是;就是。《左传·襄公八年》:"非其父兄,即其子弟。"❹便;立刻;马上。如:黎明即起。《史记·高祖本纪》:"高祖即自疑,亡匿。"❺当;当前。如:即晨;即日,成功在即。❻倘若。《公羊传·庄公三十二年》:"寡人即不起此病,吾将焉致乎鲁国?"❼通"则"。《史记·陈涉世家》:"且壮士不死即已,死即举大名耳。"

即吉 古人居丧期间不能参与吉礼,故称除去丧服为"即吉"。《南史·荀匠传》:"匠虽即吉,而毁悴逾甚。"

即景 眼前的景物。钱起《初黄绶赴蓝田县作》诗:"居人散山水,即景真桃源。"后因称以眼前景物为题材的诗为"即景诗"。

即鹿无虞 《易·屯》:"即鹿无虞,惟入于林中;君子几,不如舍,往吝。"孔颖达疏:"即,就也;虞,谓虞官。如人之田猎,欲从就于鹿,当有虞官助己,商度形势可否,乃始得鹿;若无虞官,即虚入于林木之中。"因以"即鹿无虞"比喻作事如果条件不具备而草率从事,就必然徒劳无功。

即目 ❶眼前所见的事物。江总《入摄山栖霞寺诗序》:"率制此篇,以记即目。"钟嵘《诗品》:"思君如流水,既是即目;高台多悲风,亦惟所见。"❷目前。《水浒全传》第一百十七回:"即目宋江兵马,退在桐庐县驻扎。"

即日 ❶当日。《史记·项羽本纪》:"项王即日因留沛公与饮。"❷不日;日内。陆游《遣舟迎子遹因寄古风十四韵》:"知汝即日归,明当遣舟迎。"

即戎 作战。《易·夬》:"不利即戎。"《论语·子路》:"善人教民七年,亦可以即戎矣。"

即身成佛 佛教密宗修行理论。"即身",意为现实生身,即父母所生之肉身。认为无须累世修行,现世生身即可成佛。

即世 ❶去世。《左传·成公十三年》:"无禄,献公即世。"❷今世;现在。乔梦符《两世姻缘》第四折:"这个即世婆婆,莫不是前世的姊姊?"

即事 ❶就事。犹言去工作。《列子·周穆王》:"昼则呻呼而即事,夜则昏惫而熟寐。"❷当前的事物。沈约《游钟山诗应西阳王教》:"即事既多美,临眺殊复奇。"后因称以当前事物为题材的诗为"即事诗"。

即位 ❶帝王登位。《左传·桓公元年》:"春王正月,公即位。"❷就位而坐。《仪礼·士冠礼》:"主人玄冠朝服,缁带素韠,即位于门东西面。"

即席 ❶就座入席。《礼记·曲礼上》:"将即席,容毋怍。"❷当座;当场。如:即席赋诗。《南史·萧介传》:"初,武帝招延后进二十余人,置酒赋诗。臧盾以诗不成,罚酒一斗。盾饮尽,颜色不变,言笑自若;介染翰便成,文无加点。帝两美之曰:'臧盾之饮,萧介之文,皆即席之美也。'"

即兴 根据眼前的感受而发的,叫"即兴"。如:即兴诗;即兴之作。

即真 《汉书·王莽传上》:"莽既灭翟义,自谓威德日盛,获天人助,遂谋即真之事矣……御王冠,即真天子位。"按王莽篡汉,先称"摄皇帝"、"假皇帝",至是正式即皇帝位。监国即皇帝位,也叫"即真"。宋徽宗密敕康王(赵构):"便可即真,来救父母。"见徐梦莘《三朝北盟会编·靖康中帙七十三》。又古代官职由代理而为实授也叫"即真"。《新唐书·戴叔伦传》:"皋时李希烈,留叔伦领府事,试守抚州刺史。……俄即真。"

佶 (jí) 壮健貌。《诗·小雅·六月》:"四牡既佶。"

另见 jié。

亟 (jí) 急;迫切。如:亟待解决。《诗·大雅·灵台》:"经始勿亟。"

另见 qì。

革(jí) 通"亟"。危急。《礼记·檀弓上》:"成子高寝疾,庆遗入请,曰:'子之病革矣。'"

另见 gé。

笈(jí) 书箱。《晋书·王裒传》:"负笈游学。"

犺(jí) 见"犺獠"。

另见 jié。

犺獠 古称西南某些少数民族。《宋史·蛮夷传一》:"宝元二年,辰州犺獠三千余人款附。"

急(jí) ❶急忙;迫切。如:急起直追。《孟子·滕文公下》:"未尝闻仕如此其急。"❷快速。如:急雨;急就。吴均《与朱元思书》:"急湍甚箭,猛浪若奔。"❸紧急;危急。如:告急;救急。《三国志·吴志·吕蒙传》:"解围释急。"❹窘迫;困乏。《礼记·王制》:"无六年之蓄曰急。"❺急躁;着急。如:急性;发急。《韩非子·观行》:"西门豹之性急,故佩韦以自缓。"❻紧缩。《齐民要术·种桃》:"桃性皮急。"❼急需。《韩非子·和氏》:"夫珠玉,人主之所急也。"《南史·梁本纪》:"夫人之大欲,在乎饮食男女,至于轩冕殿堂,非有切身之急。"

急递铺 金、元时传送文书的驿站。由宋代的急脚递发展起来。《元史·兵志四》:"古者置邮而传命,示速也。元制,设急递铺以达四方文书之往来。"《元经世大典·急递铺总序》:"十里或十五里或二十里设一急递铺。十铺设一邮长,铺卒五人。文书至,……卒腰革带,带悬铃,……赍文书以行,夜则持炬火焉。道狭,车马者、负荷者,闻铃则遥避路旁,夜亦以惊虎狼。……定制一昼夜走四百里。"

急功近利 《春秋繁露·对胶西王》:"仁人者正其道不谋其利,修其理不急其功。"后指急于求得目前的成效和利益。

急急如律令 道教符咒用语。有两种解释:(1)汉代公文常用"如律令"字样,后巫士和道教徒加以仿效,在"召神拘鬼"的符咒末句,加"急急如律令"一语,表示要如同法律命令,必须急急执行。(2)"律令",神鬼名,行走如飞;"急急如律令",表示要如律令般迅速。

急就 匆促地完成。鲁迅《二心集·〈艺术论〉译本序》:"临时急就,错误或所不免,只能算一个粗略的导言。"

急遽 犹言仓促。欧阳修《回颍州通判杨虞部书》:"且夕之间,方思布款,急遽之至,先以惠音。"

急流勇退 谓船在急流中迅速退回。比喻事情顺利或仕宦得意时果断地及早引退。《五朝名臣言行录》卷二:"僧熟视若水久之,不语,以火箸画灰作'做不得'三字,徐曰:'急流中勇退人也。'"苏轼《赠善相程杰》诗:"火色上腾虽有数,急流勇退岂无人!"

急切 紧急迫切。如:急切难办。《三国演义》第四十五回:"二都督道:'急切不得下手!'"也指迫切的事情。《后汉书·崔寔传》:"不强人以不能,背急切而慕所闻也。"李贤注:"背当时之急切而慕所闻之事,则非济时之要。"

急热 谓彼此亲热之至。杜牧《感怀诗》:"急热同手足,唱和如宫徵。"《新唐书·李宝臣传》:"与薛嵩、田承嗣、李正己、梁崇义相姻嫁,急热为表里。"

急声 古汉语有二音急读而成一音者,叫做急声。如"不可"为"叵","何不"为"盍","之乎"为"诸"。"叵"、"盍"、"诸"即"不可"、"何不"、"之乎"的急声。现代方言中也有二音急读而成一音的,如北京话"不用"为"甭",苏州话"勿要"为"嫑"。

急言 汉代注家譬况字音用语。同缓言相反。如《淮南子·墬形训》:"其地宜黍,多旄犀。"高诱注:"旄读近绸缪之缪,急气言乃得之。"又《说林训》:"亡马不发户辚。"高诱注:"辚读近邻,急气言乃得之也。"考汉人所称急言诸例,都是有 i[i] 介音的细音字。i[i] 为高元音,发音时肌肉紧张,口腔较窄,有急促之感,故名。一说,急言或为读短音之意。

急足 急行传送信件的人。欧阳修《与焦殿丞书》:"急足辱书,深所浣慰。"

姞(jí) 姓。黄帝之后。见《国语·晋语四》。《左传·宣公三年》:"郑文公有贱妾曰燕姞。"杜预注:"姞,南燕姓。"

疾(jí) ❶病。如:积劳成疾。《论语·述而》:"子之所慎:斋、战、疾。"❷痛苦;疾苦。《管子·小问》:"凡牧民者,必知其疾。"❸毒物;害虫。《左传·宣公十五年》:"山薮藏疾。"❹弊病;缺点。《孟子·梁惠王下》:"寡人有疾,寡人好色。"《新唐书·独孤及传》:"使大议有所壅,而率土之患,日甚一日,是益

其弊而厚其疾也。"❺非毁。《礼记·缁衣》:"毋以嬖御人疾庄后,毋以嬖御士疾庄士大夫卿士。"郑玄注:"疾亦非也。"❻厌恶;憎恨。《论语·泰伯》:"疾之已甚。"参见"疾恶如仇"。❼通"嫉"。妒忌。《史记·孙子吴起列传》:"膑(孙膑)至,庞涓恐其贤于己,疾之。"❽急速;猛烈。如:疾风劲草;疾言厉色。

疾恶如仇 痛恨坏人坏事如同仇敌一样,形容人的正义感极强。《晋书·傅咸传》:"风格峻整,识性明悟,疾恶如仇。"

疾风知劲草 比喻危难时才显出人的意志坚强,经得起考验。《后汉书·王霸传》:"光武谓霸曰:'颍川从我者皆逝,而子独留。努力!疾风知劲草。'"

疾苦 生活上的忧患困苦。《史记·萧相国世家》:"汉王所以具知天下厄塞,户口多少,强弱之处,民所疾苦者,以何(萧何)具得秦图书也。"

疾雷不及掩耳 雷声突作,使人来不及遮住耳朵。比喻行动极迅速,使人猝不及防。《六韬·龙韬·军势》:"巧者一决而不犹豫,是以疾雷不及掩耳。"疾,亦作"迅"。

疾视 怒目而视。《孟子·梁惠王下》:"夫抚剑疾视,曰:'彼恶敢当我哉!'此匹夫之勇,敌一人者也。"

疾首 头痛。喻怨恨至极。《诗·小雅·小弁》:"心之忧矣,疾如疾首。"参见"疾首蹙额"、"痛心疾首"。

疾首蹙额 本作"疾首蹙頞"。痛恨忧苦的意思。《孟子·梁惠王下》:"举疾首蹙頞而相告曰:'吾王之好鼓乐,夫何使我至于此极也!'"侯方域《代司徒公屯田奏议》:"边商闻之,无不疾首蹙额。"

疾言遽色 语言躁急,神态粗暴。《后汉书·刘宽传》:"虽在仓卒,未尝疾言遽色。"

疾言厉色 语言急切,神色严厉。《官场现形记》第五十四回:"那梅大老爷的脸色已经平和了许多,就是问话的声音也不像先前之疾言厉色了。"

疾足先得 《史记·淮阴侯列传》:"秦失其鹿,天下共逐之,于是高材疾足者先得焉。"后称行动迅速者占先着为"疾足先得"。亦作"捷足先登"。

脊(jí) 义同"脊(jǐ)❶",用于"脊梁"。

另见 jǐ。

悈(jí) 褊急。《尔雅·释言》:“悈,急也。”郭璞注:“急狭。”郝懿行义疏:“悈者,心之急也。……通作戒。……《盐铁论·繇役篇》作‘我是用戒。’戒即悈也。”

另见 jiè。

堲(jí) ❶烧土为砖。见“堲周”。❷通“疾”。憎恨。《书·舜典》:“朕堲谗说殄行。”❸已烧成灰的烛头。亦作“栉”。《管子·弟子职》:“右手执烛,左手正栉。”按《礼记·檀弓上》“夏后氏堲周”郑玄注引作“右手折堲”。

堲周 烧土为砖附于棺之四周。也叫“土周”。《淮南子·氾论训》:“有虞氏用瓦棺,夏后氏堲周,殷人用椁……此葬之不同者也。”高诱注:“夏后氏禹世无棺椁,以瓦广二尺,长四尺,侧身累之以蔽土,曰堲周。”

卙(jí) 同“辑”。和洽。《诗·大雅·板》:“辞之辑矣。”《说文·十部》:“卙,词之集也。”段玉裁注:“词当作辞。此下当有‘《诗》曰辞之卙矣’六字。盖《诗》作‘卙’,许以‘集’解之。今《毛诗》作‘辑’,传作‘辑,和也’,许所称盖三家《诗》。”

喈(jí) 见“喈喈”。

另见 jiè,zé,zè。

喈喈 鸟鸣声。《淮南子·原道训》:“乌之哑哑,鹊之喈喈。”

秸(jí) 见“秸鞠”。

另见 jiē。

秸鞠 布谷鸟,一名鸤鸠。《诗·曹风·鸤鸠》“鸤鸠在桑”毛传:“鸤鸠,秸鞠也。”

愱(jí) 急;急性。《列子·力命》:“謰愱凌谇。”殷敬顺释文:“謰,吃;愱,急也。谓语急而吃。凌谇,谓好陵辱责骂人也。”

棘(jí) ❶植物名。即酸枣。❷有刺草木的通称。如:荆棘丛生。❸刺伤。黄庭坚《龙眼操》:“我为直兮棘余趾,我为曲兮不如其已。”❹通“戟❶”。《左传·隐公十一年》:“子都拔棘以逐之。”❺通“瘠”。瘦。《吕氏春秋·任地》:“棘者欲肥,肥者欲棘。”❻通“急”。《诗·小雅·采薇》:“玁狁孔棘。”❼姓。春秋时卫有棘子成。

棘林 ❶古代传说中的地名。《淮南子·墬形训》:“东方曰棘林,曰桑野。”❷古代断狱的处所。《礼记·王制》:“正以狱成告于大司寇,大司寇听之棘木之下。”正、大司寇,都是古代的司法官。王融《永明九年策秀才文》:“肺石少不冤之人,棘林多夜哭之鬼。”

棘门 ❶亦作“戟门”。古时王者外出,在野地行舍前插戟为门。《周礼·天官·掌舍》:“为坛壝宫棘门。”古时宫门插戟,故亦为宫门的别称。《国策·楚策四》:“李园果先入,置死士,止于棘门之内。”❷古地名。原为秦宫门。在今陕西咸阳市东北。汉文帝后六年(公元前158年)遣徐厉守棘门,以防匈奴。

棘人 遭父母丧者,自称“棘人”。《诗·桧风·素冠》:“棘人栾栾兮,劳心慱慱兮。”郑玄笺:“急于哀戚之人。”

棘手 荆棘刺手,比喻事情难办。龚自珍《在礼曹日与堂上官论事书》:“若再积数年,难保案牍无遗失者,他日必致棘手。”

棘寺 ❶《旧唐书·刑法志》:“古者断狱,必讯于三槐九棘之官。”故古代以棘寺泛称九卿官署。《北齐书·邢邵传》:“美树高墉严壮于外,槐宫棘寺显丽其中。”参见“九棘”。❷王谠《唐语林·补遗四》:“九寺皆树棘木,大理则于棘下讯鞫其罪。所谓‘大司寇听刑于棘木之下。’”故唐代以棘寺为大理寺别称。刘长卿《西庭夜宴喜评事兄拜会》诗:“棘寺初衔命,梅仙已误身。”

棘闱 ❶科举时代试院的别称。参见“棘院”。❷春秋时楚国棘邑之门。《左传·昭公十三年》:“乃求王,遇诸棘闱以归。”

棘心 《诗·邶风·凯风》:“凯风自南,吹彼棘心;棘心夭夭,母氏劬劳。”谓人子以棘木之心比喻自己的稚弱,以南风比喻父母的鞠育;以棘木成长之不易,说明父母鞠育的劳苦。后因以“棘心”比喻人子思亲之心。刘禹锡《送僧元暠南游诗引》:“小失怙恃,推棘心以求上乘。”

棘院 科举时代的试院,为了防止传递作弊,围墙上都插棘枝,使人不能爬越,故称为“棘院”。刘铣《中秋留故居兄弟对月》诗:“棘院功名风雨过,柴门兄弟月偏多。”

棘竹 竹名。也叫笆竹、簕竹。戴凯之《竹谱》:“棘竹生交州诸郡,丛初有数十茎,大者二尺围,肉至厚,实中。”

殛(jí) ❶杀戮。《左传·僖公二十八年》:“有渝此盟,明神殛之。”❷惩罚,特指流放。蔡琰《胡笳十八拍》:“我不负神兮,神何殛我越荒州?”

揖(jí) 通“辑”。集合。见“揖揖”。

另见 yī。

揖揖 群集貌;众多貌。《诗·周南·螽斯》:“螽斯羽,揖揖兮。”欧阳修《别后奉寄圣俞二十五兄》诗:“我年虽少君,白发已揖揖。”

戢(jí) ❶收藏。《诗·周颂·时迈》:“载戢干戈,载櫜弓矢。”❷收敛。《左传·襄公二十四年》:“兵不戢,必取其族。”❸止息;约束。《南史·虞寄传》:“愿将军少戢雷霆。”《北史·隋文帝纪》:“兵可立威,不可不戢。”❹通“辑”。聚集。《国语·周语上》:“夫兵戢而时动,动则威。”韦昭注:“戢,聚也。”❺姓。明代有戢如止。

戢戢 ❶鱼动口貌。杜甫《又观打鱼》诗:“小鱼脱漏不可记,半死半生犹戢戢。”❷聚集貌。梅尧臣《芜湖阻风》诗:“戢戢大船江浦边,昆仑五两谁非客!”❸象声词。《聊斋志异·画皮》:“一更许,闻门外戢戢有声。”

戢鳞 鱼静止不游。张率《咏跃鱼应诏》:“戢鳞隐繁藻,颁首承渌漪。”也比喻蓄志待时。《晋书·宣帝纪论》:“和光同尘,与时舒卷;戢鳞潜翼,思属风云。”

戢翼 敛翅停飞。语出《诗·小雅·鸳鸯》“鸳鸯在梁,戢其左翼”。刘桢《大暑赋》:“兽喘气于玄景,鸟戢翼于高危。”亦比喻退隐。庾信《周祀宗庙歌·皇夏》:“无时犹戢翼,有道故韬光。”

戢影 亦作“戢景”。匿迹。傅咸《萤火赋》:“当朝阳而戢景(影)兮,必宵昧而是征。”亦谓退隐。如:戢影家园。

集(jí) ❶群鸟栖止在树上。《诗·周南·葛覃》:“黄鸟于飞,集于灌木。”引申为聚集,会合。如:集思广益;集腋成裘。❷汇辑单篇作品的书册。如:文集;画集。❸我国古代图书四部分类法,第四大类“集部”的简称。❹定期的或临时的市场。如:赶集。因亦称市镇为“集”。❺成就;成功。《左传·襄公二十六年》:“今日之事幸而集,晋国赖之;不集,三军暴骨。”❻通“辑”。辑睦;安定。《史记·荆燕世家赞》:“由汉初定,天下未集。”❼即“类(lèi)❷”。❽亦称“集合”。数学中的基本概念之一。具有某种属性的事物的全体称为“集”。组成集的每个事物称为该集的元素,或简称

"元"。例如,0 与 1 之间的所有有理数成一个集,而其中每个有理数是它的元素。由有限个元素组成的集称为有限集,由无限多个元素组成的集称为无限集。研究集的运算及其性质的数学分支称为"集论"或"集合论"。

集部　也称"丁部"。我国古代图书四部分类中第四大类的名称。收历代作家一人或多人的散文、骈文、诗、词、散曲集和文学评论、戏曲等著作。《隋书·经籍志》分为楚辞、别集、总集三类,清代《四库全书》分为楚辞、别集、总集、诗文评、词曲五类。

集锦　集合各种花样的图案。《红楼梦》第十七回:"原来四面皆是雕空玲珑木板,或'流云百蝠',或'岁寒三友',或山水人物,或翎毛花卉,或集锦,或博古,或万福万寿,各种花样,皆是名手雕镂,五彩销金嵌玉的。"亦称精彩的诗文、图画等作品的汇集。如:摄影集锦。

集句　作诗方式之一。截取前人一代、一家或数家的诗句(亦有用文句的),拼集而成一诗。现存最早的集句,为西晋傅咸的《七经诗》。后人并有专门"集唐"、"集杜"之作。

集糅　即杂糅。混杂糅合。《论衡·别通》:"东海之中,可食之物,集糅非一,以其大也。"

集思广益　诸葛亮《教与军师长史参军掾属》:"夫参署者,集众思,广忠益也。"后以"集思广益"指集中众人的智慧,可以使效果更好。王夫之《宋论·英宗》:"集思广益,而功不必自己立。"

集腋成裘　腋,指狐腋毛,纯白珍美;裘,皮袍。比喻积小成大;集众力以成一事。语出《慎子·知忠》"粹白之裘,盖非一狐之皮也"。按"粹"一作"狐","皮"一作"腋"。《官场现形记》第十一回:"也有二百的,也有一百的,也有五十的,居然集腋成裘,立刻到捐局里填了部照出来。"

傢〔jí〕　❶同"嫉"。《说文·人部》:"傢,妎也。嫉,傢或从女。"段玉裁注:"妎者,妒也。《离骚》注:'害贤曰嫉,害色曰妒。'浑言则不别。古亦假疾。"❷恶;恨。《说文·人部》:"傢,一曰毒也。"段玉裁注:"《广雅》曰:'嫉,恶也。'"

鹡〔鶺〕〔jí〕　见"鹡鸰"。

鹡鸰　亦作"脊令"、"鹡鸰"。鸟名。《尔雅·释鸟》:"鹡鸰,雍渠。"郭璞注:"雀属也。飞则鸣,行则

塉〔jí〕　土地瘠薄。亦指瘠薄的土地。《后汉书·秦彭传》:"每于农月,亲度顷亩,分别肥塉,差为三品。"

蒺〔jí〕　见"蒺藜"。

蒺藜(Tribulus terrestris)　亦称"刺蒺藜"、"白蒺藜"。蒺藜科。一年生草本。茎平卧,有毛。偶数羽状复叶,小叶 10~14 枚,长圆形。夏季开花,花单生于叶腋,黄色。果实分为五个分果瓣,每分果有刺两对。中国各地均产,长江以北最普遍。干燥果实入药,性温、味苦,功能平肝、疏肝、祛风、明目,主治头痛眩晕、胸胁不舒、目赤多泪、全身瘙痒等症。

蒺藜火球　亦称"火蒺藜"。古兵器。宋咸平三年(公元 1000 年),神卫水军队长唐福所创。《武经总要前集》第十二卷:"蒺藜火球以三支六首铁刃刀,以火药团之,中贯麻绳长一丈二尺,外以纸并杂药敷之,又施铁蒺藜八枚,各有逆须。放时,烧铁锥烙透,令焰出",用抛石机或人力抛出,铁蒺藜散落地面,可刺伤人马之足。

楫〔檝〕〔jí〕　❶船桨。如:中流击楫。《易·系辞下》:"刳木为舟,剡木为楫。"又指船。贾岛《送董正字常州觐省》诗:"轻楫浮吴国,繁霜下楚空。"❷划船。《诗·大雅·棫朴》:"淠彼泾舟,烝徒楫之。"❸通"辑"。聚合。《书·舜典》:"辑五瑞。"《汉书·兒宽传》颜师古注引作"楫五瑞"。五瑞,公、侯、伯、子、男之瑞玉。

辑〔輯〕〔jí〕　❶泛指车舆。《列子·汤问》:"推于御也,齐辑乎辔衔之际。"❷和睦。《国语·鲁语上》:"契为司徒而民辑。"❸和同;齐一。《汉书·晁错传》:"六国者,臣主皆不肖,谋不辑。"❹聚集。《汉书·艺文志》:"门人相与辑而论篹,故谓之《论语》。"引申为编辑。亦指整套书的一部分。如:丛书第一辑。❺敛;拖着不使脱落。《礼记·檀弓下》:"有饿者,蒙袂辑屦,贸贸然来。"❻通"缉"。连缀。《韩非子·外储说左上》:"饰以玫瑰,辑以翡翠。"

辑安　协和安定。《史记·司马相如列传》:"存抚天下,辑安中国。"

辑睦　和睦。《左传·僖公十五年》:"群臣辑睦,甲兵益多;好我者劝,恶我者惧,庶有益乎!"

蚏〔jí〕　见"蚏蛆"。

蚏蛆　❶蟋蟀。《淮南子·说林训》:"腾蛇游雾,而殆于蚏蛆。"高诱注:"蚏蛆,蟋蟀……上蛇,蛇不敢动,故曰殆于蚏蛆也。"❷蜈蚣。见《广雅·释虫》。《庄子·齐物论》:"蚏且甘带。"陆德明释文:"且,字或作蛆。……《广雅》云:'蜈公也。'带,崔云:蛇。"

嵴〔jí〕　山脊。

嫉〔jí〕　❶妒忌。《离骚》:"众女嫉余之蛾眉兮,谣诼谓余以善淫。"❷憎恨。如:嫉恶如仇。《史记·孟子荀卿列传》:"荀卿嫉浊世之政,亡国乱君相属。"

嫉妒　妒忌。《离骚》:"世混浊而不分兮,好蔽美而嫉妒。"

耤〔jí〕　"藉田"的"藉"的本字。引申为借,借助。《汉书·郭解传》:"以躯耤友报仇。"

楖〔jí〕　柱上方木。《尔雅·释宫》:"闲谓之楖。"郭璞注:"柱上楣也。"郝懿行义疏:"闲者,《说文》云:'门橉栌也。'"

𢢻〔jí〕　即獛牛。见"獛"。

膌〔jí〕　同"瘠"。瘦。《吕氏春秋·听言》:"老弱冻馁夭膌,壮狡汔尽穷屈。"

蕀〔jí〕　❶见"颠蕀"。❷见"蕀苑"。

蕀苑　亦作"蕀菀"。即"远志"。《广雅·释草》:"蕀苑,远志也。"

蕺〔jí〕　见"蕺菜"。

蕺菜(Houttuynia cordata)　一名"鱼腥草"。三白草科。多年生草本,有异臭。叶卵状心形。初夏开花,花小,无花被,穗状花序。花序下有苞片四枚,白色,花瓣状,合称总苞。产于中国长江以南各地;日本以至印度尼西亚爪哇亦产。地上部分入药,性微寒、味辛,功能清热解毒、排脓,主治肺热咳嗽、肺痈、疮痈肿毒等症。嫩茎、叶可作蔬菜。

蕺菜

踖〔jí〕　❶践踏。《礼记·曲礼上》:"毋踖席。"孙希旦集解:"毋踖席者,升席必由下。此是数人

连坐之席,以后为下,当由后而升;若升从席前,则为蹐席也。"❷见"蹐蹐"。

蹐蹐 ❶敏捷而又恭敬的样子。《诗·小雅·楚茨》:"执爨蹐蹐。"孔颖达疏:"其当执爨灶之人,皆蹐蹐然敬慎于事而有容仪矣。"❷惭愧貌。《太玄·勤》:"劳蹐蹐。"

瘠(jí) ❶瘦。《左传·襄公二十一年》:"瘠则甚矣,而血气未动。"❷土质硗薄。《国语·鲁语下》:"择瘠土而处之。"韦昭注:"硗确为瘠。"❸薄待。《左传·襄公二十九年》:"何必瘠鲁以肥杞?"

另见 zì。

鹡〔鶺〕(jí) 见"鹡鸰"。

鹡鸰 亦作"脊令"。❶鸟纲,鹡鸰科,鹡鸰属(Motacilla)各种的通称。中国常见的如白鹡鸰(M. alba leucopsis),体长约18厘米。雄鸟上体自头后至腰际均深黑色;胸部辉黑;翼表黑底而缀白斑;其他部分都为白色。尾羽除外侧的几纯白色外,其余大部分黑色,飞时愈显明。整个身体羽色的黑白相间状态,每随季节而异。雌鸟黑色部分较淡,背部常现褐色。冬时见于原野,繁殖期迁入山谷。常在水边觅食昆虫,行止时尾羽上下颤动。主要分布于中国东部及中部。多为留鸟或冬候鸟。❷比喻兄弟。袁宏《三国名臣序赞》:"岂无鹡鸰,固慎名器。"参见"脊令"。

潗(jí) ❶水外流。《文选·张衡〈南都赋〉》:"流湍投潗。"李善注引《埤苍》:"潗,水行出也。"❷迅疾貌。曹植《七启》:"潗然凫没。"

潗潗 ❶亦作"戢戢"。聚集貌。《诗·小雅·无羊》:"尔羊来思,其角潗潗。"毛传:"聚其角而息,潗潗然。"陈奂传疏:"疑古本《毛诗》作戢戢,后人涉下湿湿,因误加水旁耳。《御览》兽十四引《诗》正作戢戢。"❷汗出貌。《针灸甲乙经》卷九:"虚则鼻鼽、癫疾、腰痛,潗潗然汗出。"

溓(jí) ❶泉水涌出貌。见《广韵·二十六缉》。❷见"溓溓"。

溓溓 水泉腾涌声。《文选·木华〈海赋〉》:"澒汩溓溓。"李善注:"溓溓,沸声。"

梛(jí) 地名用字。四川邛崃市有梛乡。

鰶〔鰶〕(jí) ❶蚌蛤类之小者,亦名贝子。《尔雅·释鱼》:

"〔贝〕小者鰶。"郝懿行义疏:"鰶者,小贝之名,《本草》名贝子,《别录》名贝齿,陶(陶弘景)注:'出南海。此是小小白贝子,人以饰军容服物者。'❷鱼名,即"鲫"。《楚辞·大招》:"煎鰶臇雀,遽爽存只。"王逸注:"鰶,鲋。"参见"鲋❶"。

艑(jí) 同"艥"。

藉(jí) ❶践踏;欺凌。《汉书·灌夫传》:"太后怒不食,曰:'我在也,而人皆藉吾弟。'"❷进贡。《穀梁传·哀公十三年》:"其藉于成周。"❸见"狼藉"。

另见 jiè,jiè 借。

藉藉 杂乱众多。《汉书·司马相如传上》:"不被创刃而死者,它它藉藉,填坑满谷。"《史记·司马相如列传》、《文选·上林赋》并作"籍籍"。参见"籍籍"。

轚〔轚〕(jí) 车辖相击。引申为舟车相碰撞。《周礼·秋官·野庐氏》:"凡道路之舟车轚互者,叙而行之。"贾公彦疏:"轚互者,谓水陆之道,舟车往来狭隘之所,更互相击。"

蹐(jí) 后脚紧接着前脚,用极小的步子走路。《诗·小雅·正月》:"不敢不蹐。"毛传:"蹐,累足也。"段玉裁《说文解字注·足部》:"累足者,小步之至也。"

襎(jí) 衣领。《诗·魏风·葛屦》:"要之襎之,好人服之。"

艥(jí) 同"楫(檝)"。

艥(jí) 亦作"艑"。❶集聚貌。卢仝《月蚀诗》:"天高日走沃不及,但见万国赤子艥艥生鱼头。"❷同"戢"。收藏。陆游《抚州广寿禅院经藏记》:"其上未瓦,其下未甃,其旁未垣,经未匦艥。"

瘠(jí) 疾病。《礼记·玉藻》:"亲瘠,色容不盛。"郑玄注:"瘠,病也。"

籍(jí) ❶书册。如:书籍;经籍;古籍;簿籍。《史记·伯夷列传》:"夫学者载籍极博,犹考信于六艺。"❷记名册。如:名籍;户籍。❸登记。《汉书·武帝纪》:"籍吏民,补车骑马。"颜师古注:"籍者,总入籍录而取之。"❹个人对国家或组织的隶属关系。如:国籍;党籍。❺即征籍。我国古代各种捐税的统称。《管子·海王》:"月,人三十钱之籍。"❻籍贯。如:原籍;寄籍。❼通"藉"。耕籍田。《史记·周本纪》:

"宣王不修籍于千亩。"参见"籍田"。❽通"藉"。如:"温藉"亦作"温籍"。参见"籍甚"。❾通"阼"。皇位。《淮南子·泛论训》:"周公继文王之业,履天子之籍。"❿姓。汉代有籍福。

籍贯 一个人的祖居或出生的地方。《魏书·食货志》:"自昔以来,诸州户口,籍贯不实,包藏隐漏,废公罔私。"

籍籍 亦作"藉藉"。纷乱貌。常形容众口喧腾或声名甚盛。《汉书·江都易王非传》:"国中口语籍籍。"颜师古注:"籍籍,喧哗之意。"苏轼《减字木兰花·赠润守许仲途》词:"落笔生风,籍籍声名不负公。"亦以形容纵横交错。《汉书·燕刺王旦传》:"骨籍籍兮亡居。"颜师古注:"籍籍,从(纵)横貌。"

籍甚 亦作"藉甚"。盛大;多。《汉书·陆贾传》:"贾以此游汉廷公卿间,名声籍甚。"王先谦补注引周寿昌曰:"籍甚,《史记》作'藉盛',盖籍即藉,用白茅之藉,言声名得所藉而益盛也。"《文选·王俭〈褚渊碑文〉》:"光昭诸侯,风流籍甚。"刘良注:"籍甚,言多也。"

籍田 中国古代为天子、诸侯举行籍礼而设置的田。每年春耕前,由天子、诸侯执耒耜象征性地在籍田上三推或一拨,称为"籍礼",以示对农业的重视。相传商周时天子有籍田千亩,诸侯百亩,均征用民力耕种,收入归天子、诸侯所有。秦汉后,籍礼作为帝王仪式保留下来,籍田规模缩小,其收入供祭祀社稷和宗庙之用。

蹟(jí) 同"蹟"、"藉"。

蹟(jí) 同"藉"。践踏。《史记·司马相如列传》:"人民之所蹹蹟。"

蘪(jí) "集"的本字。

jǐ

几○(jǐ) 见"几几"。○〔幾〕(jǐ) ❶多少。《史记·万石张叔列传》:"上问:'车中几马?'"《孟子·离娄上》:"子来几日矣?"❷表示不定的少数。如:画几竿竹子;添几件衣服。❸表示数量不多。如:所余无几。

另见 jī。

几何 犹言若干,多少。《史记·陈丞相世家》:"孝文皇帝……朝而

问右丞相勃曰:'天下一岁决狱几何?'"

几几 ❶形容鞋头装饰的美盛。《诗·豳风·狼跋》:"赤舄几几。"舄,鞋子。一说,鞋头尖而上翘。详陈奂传疏。❷偕;在一起。《太玄·亲》:"饮食几几。"范望注:"几几,偕也。"一说,有法度。

几许 几何;多少。《古诗十九首》:"河汉清且浅,相去复几许?"韩愈《桃源图》诗:"当时万事皆眼见,不知几许犹流传。"

己(jǐ) ❶天干的第六位。❷自己。如:舍己为人;知己知彼。《礼记·坊记》:"君子贵人而贱己,先人而后己。"

己饥己溺 意谓对别人的苦难感同身受,并把解除这些苦难引为己任。语出《孟子·离娄下》"禹思天下有溺者,由己溺之也;稷思天下有饥者,由己饥之也;是以如是其急也"。由,通"犹"。

纪〔紀〕(jǐ) 姓。
另见 jì。

泲(jǐ) ❶水名。见"泲水"。❷渗漉。《周礼·天官·酒正》"一曰清"郑玄注:"清,谓醴之泲者。"孙诒让正义:"凡泲,皆谓去其滓。"

泲水 即"济水"。

虮〔蟣〕(jǐ) 虱子的卵。《汉书·严安传》:"介胄生虮虱。"
另见 jī,qí。

挤〔擠〕(jǐ) ❶榨;用力压使排出。如:挤牛乳;挤牙膏。引申为眨。《儒林外史》第四回:"众和尚挤挤眼,僧官就不言语了。"❷拥挤;挨挤。《红楼梦》第七回:"贾母说孙女们太多,一处挤着倒不便。"❸排挤。《左传·昭公十三年》:"小人老而无子,知挤于沟壑矣。"

挤眉弄眼 用眉眼表情示意。《水浒传》第三十回:"武松又见这两个公人与那两个提朴刀的挤眉弄眼,打些暗号。"

济〔濟〕(jǐ) ❶水名。见"济水"。❷见"济济"。
另见 jì。

济济 ❶形容人众多。如:济济一堂。《书·大禹谟》:"济济有众。"❷美好貌。《诗·齐风·载驱》:"四骊济济。"❸庄严恭敬貌。《礼记·玉藻》:"朝廷济济翔翔。"

济水 ❶古四渎之一。《周礼·职方》、《汉书·地理志》、《说文》作"泲",他书皆作"济"。包括黄河南北两部分:《书·禹贡》:"导沇水,东流为济,入于河",这是河北部分;下文又云:"溢为荥,东出于陶丘北,又东至于菏,又东北会于汶,又东北入于海",这是河南部分。河北部分源出今河南济源市西王屋山,下游屡经变迁。据《汉书·地理志》,其时在今武陟南入河;据《水经·河水》,其时在今温县东南入河;据《水经·济水》及《注》,又改在今温县西南入河,略与今道同;惟近代入河处为黄河堤所阻塞,已折入漭河。河南部分本系从黄河分出来的一条支派,因分流处与河北济口隔岸相对,古人遂目为济水的下游。据《汉书·地理志》、《水经》,其时济水自今荥阳市北分黄河东出,流经原阳南、封丘北,至山东定陶西,折东北注入巨野泽,又自泽北出经梁山东,至东阿旧治西,自此以下至济南市北泺口,略同今黄河河道,自泺口以下至海,略同今小清河河道。晋后又有所谓别济,至《水经注》时代自今荥阳市东北以下至于巨野泽有南济、北济二派,北济经今封丘北、菏泽市南,南济经今封丘南、定陶北;自出巨野泽会汶水以下,又兼称清水。隋开通济渠后,巨野泽以上渐堙废,巨野以下渐以清水著称,但济水之名不废。自唐至宋曾在今开封市先后导汴水或金水河入南济故道以通漕运,称为湛渠或五丈河,其后复堙。金后自汶口至泺口一段遂成为以汶水为源的大清河,一称北清河(泺口以下大清河在古济水之北);自泺口以下遂成为以泺水为源的小清河。此后黄河以南遂不再有所谓济水。❷发源今河北赞皇西南,东流经高邑南,至宁晋南,注入洨水。《汉书·地理志》、《说文》作"济",他书或作"泲",或作"泲"。或以为《诗·邶风·泉水》"出宿于泲",即此。

给〔給〕(jǐ) ❶供给;给养。《汉书·朱买臣传》:"不治产业,常艾薪樵卖以给食。"颜师古注:"给,供也。"杜甫《有客》诗:"不嫌野外无供给,乘兴还来看药栏。"❷丰足;富裕。司马谈《论六家要指》:"要曰强本节用,则人给家足之道也。"❸敏捷。《荀子·非十二子》:"辩说譬谕,齐给便利,而不顺礼义,谓之奸说。"杨倞注:"齐,疾;给,急也。便利,亦谓言辞敏捷也。"参见"口给"。❹及。《汉书·晁错传》:"下马地斗,剑戟相接,去就相薄,则匈奴之足弗能给也。"
另见 gěi。

给养 军队人员的主食、副食和牲畜草料的统称。平时的给养通常以生鲜食物为主,战时的给养则以食品工业制成品为主。

脊(jǐ) ❶脊骨。李白《大猎赋》:"或碎脑以折脊。"❷指物体中间高起的部分。如:屋脊;山脊。《北史·齐宣帝纪》:"登脊疾走,都无怖畏。"❸比喻关键或要害处。《国策·魏策四》:"秦攻梁者,是示天下要断山东之脊也。"❹条理。《诗·小雅·正月》:"有伦有脊。"毛传:"伦,道;脊,理也。"❺见"脊令"。
另见 jí。

脊令 即"鹡鸰"。鸟名。《诗·小雅·常棣》:"脊令在原,兄弟急难。"言脊令失所,飞鸣求其同类。后因以"脊令"比喻兄弟友爱,急难相顾。

掎(jǐ) ❶拉住;拖住。《汉书·叙传上》:"昔秦失其鹿,刘季逐而掎之。"引申为牵制。《后汉书·袁绍传》:"大军泛黄河以角其前,荆州下宛、叶而掎其后。"❷发射。班固《西都赋》:"机不虚掎。"❸通"倚"。支撑。《诗·小雅·小弁》:"伐木掎矣。"孔颖达疏:"是畏木倒而掎之,明掎其巅矣。掎者,倚也,谓以物倚其巅峰也。"

掎角 亦作"犄角"。《左传·襄公十四年》:"譬如捕鹿,晋人角之,诸戎掎之。"角是抓住角,掎是拉住腿。后因以"掎角"指夹击敌人。《三国志·吴志·陆逊传》:"掎角此寇,正在今日。"又引申为分出一部分兵力,以牵制敌人或互相支援。《三国志·魏志·三少帝纪》:"吴寇屯逼永安,遣荆、豫诸军掎角赴救。"

掎摭 ❶指摘。曹植《与杨德祖书》:"刘季绪才不能逮于作者,而好诋诃文章,掎摭利病。"❷摘取。韩愈《石鼓歌》:"孔子西行不到秦,掎摭星宿遗羲娥。"

魢〔魢〕(jǐ) 动物名。学名 *Girella punctata*。硬骨鱼纲。魢科。体侧扁,呈椭圆形,长约30厘米。绿褐色,各鳞片具一黑点,相连成纵条。口小,前部牙三叉形,两侧牙圆锥形。栖息热带及亚热带海底岩礁间,草食性。五六月间产卵。中国分布于南海和东海;朝鲜半岛、日本和菲律宾也产。

戟(jǐ) ❶古代兵器。青铜制,将戈、矛合成一体,既能直刺,又能横击。盛行于东周,战国时开始

用铁戟。《三国志·魏志·典韦传》："帐下壮士有典君，提一双戟八十斤。"❷刺激。柳宗元《与崔连州论石钟乳书》："使人偃蹇壅郁，泄火生风，戟喉痒肺。"

戟

戟门 亦作"棘门"。古代宫门立戟，唐制三品以上官员亦得于私门立戟，因称贵显之家为"戟门"。贾岛《上杜驸马》诗："玉山突兀压乾坤，出得朱门入戟门。"

戟手 徒手屈肘如戟形。指点人或怒骂人时常如此。《左传·哀公二十五年》："褚师出，公戟其手，曰：'必断而足！'"

戟（jǐ）同"戟"。

麂（jǐ）动物名。学名 *Muntiacus*。哺乳纲，偶蹄目，鹿科。小型鹿类。仅雄的有角。产于中国的有黄麂、黑麂、菲氏麂和赤麂四种。

攲（jǐ）❶击刺。《史记·孙子吴起列传》："救斗者不搏攲。"司马贞索隐："攲，以手攲刺人。"❷握持。《汉书·五行志中之上》："梦见物如仓狗，攲高后掖。"❸著；接触。《汉书·扬雄传下》："则不能攲胶葛，腾九闳。"

攲捎 同"拮据"。

踦（jǐ）❶脚胫。《尔雅·释虫》："蟏蛸，长踦。"郭璞注："小蜘蛛长脚者。"❷犹言骑。《公羊传·成公二年》："二大夫出，相与踦闾而语。"何休注："闾，当道门。闭一扇，开一扇，一人在外，一人在内，曰踦闾。"

另见 jī, qī, yǐ。

檝（jǐ）拘持。《汉书·五行志中之上》："见物如仓狗，檝高后掖，忽而不见。"颜师古注："檝，谓拘持之也。"

jì

旡（jì）《说文·旡部》："饮食气屰不得息曰旡。"

计〔計〕（jì）❶结算；算清。如：不计其数。亦谓算法。《汉书·东方朔传》："教书计相马御射。"颜师古注："计，谓用算法也。"《后汉书·冯勤传》："八岁善计。"李贤

注："计，算术也。"❷计簿。《汉书·武帝纪》："春还，受计于甘泉。"颜师古注："受郡国所上计簿也。若今之诸州计帐。"亦指送计簿。《左传·昭公二十五年》："计于季氏。"杜预注："送簿于季氏。"亦指送计簿的人。《汉书·武帝纪》："令与计偕"颜师古注："计者，上计簿使也。"参见"计簿"。❸计议；商量。《史记·滑稽列传》："优孟曰：'请归与妇计之。'"❹计谋；策略。《汉书·高帝纪上》："汉王从其计。"❺姓。东汉有计子勋。

计簿 也叫"计籍"。会计所用的簿册；古时也包括人事登记。《汉书·宣帝纪》："上计簿，具文而已，务为欺谩，以避其课。"

计策 计谋。《史记·秦始皇本纪》："秦王觉，固止不以为秦国尉，卒用其计策。"

计臣 谋臣。《孔丛子·对魏王》："子高谓魏王曰：'臣入魏国，见君之二计臣焉；张叔谋有余，范威智不逮。'"

计籍 即计簿。《史记·张丞相列传》："张苍乃自秦时为柱下史，明习天下图书计籍。"

计校 即"计较"。

计较 亦作"计校"。❶较量；争辩。如：斤斤计较。《汉书·贾谊传》"反唇而相稽"颜师古注引应劭曰："稽，计也，相与计校也。"《颜氏家训·治家》："计较锱铢，责多还少。"❷商量；谋划。《三国志·吴志·孙坚传》："夜驰见术（袁术），画地计校。"❸打算；办法。《水浒传》第二回："王进道：'母亲说得是。儿子寻思，也是这般计较。'"

计会 ❶计算。零星计算为计，总合计算为会。亦作"会计"。《国策·齐策四》："孟尝君出记，问门下诸客，谁习计会，能为文收责（债）于薛者乎？"❷思虑；谋划。《韩非子·解老》："人有欲则计会乱，计会乱而有欲甚。"

计日程功 计，计算；程，估量；功，成效。形容进展快，谓事业的成功指日可待。

计数 计策；策略。《三国志·吴志·张温传》："诸葛亮达见计数，必知神虑屈申之宜。"

计掾 地方掌管计簿的官吏。《三国志·蜀志·姜维传》："仕郡上计掾，州辟为从事。"

计最 古指地方官吏每年或每三年送呈京师的考绩账册。最，概要。

《汉书·严助传》："陛下不忍加诛，愿奉三年计最。"颜师古注引晋灼曰："最，凡要也。"常用指考核。《旧唐书·玄宗纪下》："朝集而计最，校吏能也。"

记〔記〕（jì）❶思念；不忘。如：惦记；牵记；记得；记取。❷记录；记载。《汉书·艺文志》："左史记言，右史记事。"❸记载事物的书籍或文章。如：《史记》；《醉翁亭记》。《庄子·天地》："记曰：通于一而万事毕。"❹古时的一种公文。如：奏记；笺记。《汉书·张敞传》："受记考事。"又《何武传》："出记，问垦田顷亩。"颜师古注："记，谓教命之书。"❺印章。如：图记；戳记。❻标志；记号。如：表记；记认。❼通"其"。作语助。《礼记·表记》："彼记之子，不称其服。"《诗·曹风·候人》作"彼其之子"。

记府 谓收藏文书史策的地方。《史记·蒙恬列传》："及成王有病甚殆，公旦自揃其爪以沈于河曰：'王未有识，是旦执事，有罪殃，旦受其不祥。'乃书而藏之记府。"

记事珠 古代传说，唐张说任宰相，有人送给他一颗珠子，名曰"记事珠"。"或有阙忘之事，则以手持弄此珠，便觉心神开悟，事无巨细，焕然明晓，一无所忘"。见王仁裕《开元天宝遗事·记事珠》。

记室 古代官名。《后汉书·百官志一》："记室令史，主上表章，报书记。"按东汉官制，太尉属官有记室令史，太守、都尉属官有记室史。后世诸王、三公及大将军幕府也设置记室参军，元以后废除。旧时也用作秘书的代称。

记诵 默记背诵。《宋史·选举志一》："自唐以来，所谓明经，不过帖书、墨义，观其记诵而已。"

记问 《礼记·学记》："记问之学，不足以为人师，必也其听语乎！"郑玄注："记问，谓预诵杂难杂说，至讲时为学者论之。"后专仅记诵书本以资谈助或应答问难。欧阳修《蔡君山墓志铭》："学者以记问应对为事，非古取士意也。"

记叙文 或作"叙记文"。泛指叙事、记人、写景、状物一类的文章，也可以包括日记、谱表一类文字。如姚鼐《古文辞类纂》内"杂记类"一门所收记述楼台亭阁、祠庙寺观、官署学校、山水风土以及琐事轶闻等的作品，皆属于记叙文。

记传 ❶特指记述、注释儒家经籍

的著作。《后汉书·卢植传》："(植)与谏议大夫马日磾、议郎蔡邕、杨彪、韩说等，并在东观，校中书《五经》、记传，补续《汉记》。"❷历史传记。僧佑《释迦谱序》："义炳经典，事盈记传。"

邵〔jì〕古县名。战国楚邑，秦置县。治今湖北宜城市北。南朝梁废。

伎〔jì〕❶同"技"。技巧；技艺。《书·秦誓》："无他伎。"❷同"妓❶"。女乐。《新唐书·元载传》："名姝异伎。"
另见 qí。

伎俩❶工巧；技能。《人物志·流业》："法家之流，不能创思远图，而能受一官之任，错意施巧，是谓伎俩，张敞、赵广汉是也。"又："伎俩之材，司空之任也。"刘昞注："务在功成，故巧意生。"❷手段；花招。如：鬼蜮伎俩。

伎痒同"技痒"。谓人擅长某种技艺，一遇机会，急欲表现，好像皮肤发痒不能自忍。应劭《风俗通·声音》："渐离变名易姓，为人庸保，匿作于宋子。久之，作苦。闻其家堂上客击筑，伎痒，不能出。"

齐〔齊〕〔jì〕❶通"剂"。调配；调和。《韩非子·定法》："医者，齐药也。"又称调味品。《礼记·少仪》："凡齐，执之以右，居之以左。"郑玄注："齐，谓食羹酱饮有齐和者也。"❷合金。《考工记·辀人》："金有六齐：六分其金而锡居一，谓之钟鼎之齐。"
另见 jī、jiǎn、qí、zhāi、zī。

机〔機〕〔jì〕沐后饮酒。《礼记·少仪》"机者"郑玄注："已沐饮曰机。"亦指沐后饮的酒。《礼记·玉藻》："进机进羞。"孔颖达疏："机，谓酒也，沐毕必进机酒。"
另见 jī。

纪〔紀〕〔jì〕❶找出散丝的头绪。《说文·糸部》："纪，别丝也。"段玉裁注："别丝者，一丝必有其首，别之是为纪。"《说苑·权谋》："袁氏之妇，络而失其纪。"❷整理；综理。《诗·大雅·棫朴》："纲纪四方。"郑玄笺："理之为纪。"《国语·周语上》："纪农协功。"韦昭注："纪，谓综理也。"❸道；纲；人伦。《吕氏春秋·孟春纪》："无乱人之纪。"高诱注："纪，道也。"《礼记·乐记》："故乐者……中和之纪，人情之所不能免也。"❹纪律。如：军纪。《后汉书·邓禹传》："师行有纪。"❺

年岁。《后汉书·郅恽传》："显表纪世。"李贤注："纪，年也。"❻纪年的单位，若干年数循环一次为一纪。(1)古代以十二年为一纪。《书·毕命》："既历三纪。"孔传："十二年曰纪。"(2)古历法以十九年为章，四章为蔀，二十蔀为纪，三纪为元。(3)一世。《文选·班固〈幽通赋〉》："皇十纪而鸿渐兮。"李善注引应劭曰"纪，世也。"(4)历史上以百年为一世纪，或泛指较长的时间。如：20 世纪；中世纪。❼地质年代单位分级中低于"代"而高于"世"的三级单位。一个代包括几个纪，如古生代包括寒武纪、奥陶纪、志留纪、泥盆纪、石炭纪和二叠纪六个纪。在纪的时间内形成的地层叫做"系"，如寒武系、奥陶系等。❽日月交会之处。《礼记·月令》："月穷于纪。"❾旧时仆人之称。见"纪纲❷"。❿综理或纵贯的记载。如：创纪录，纪要。《文选·张衡〈东京赋〉》："咸用纪宗。"⓫旧时史书的一种体裁，专记帝王的历史事迹及一代大事。如：《史记·高祖本纪》、《后汉书·光武帝纪》；荀悦《汉纪》，《通鉴》的汉纪、唐纪等。⓬通"杞"。《诗·秦风·终南》："终南何有？有纪有堂。"堂，指棠。⓭古国名。西周金文作己。姜姓。在今山东寿光南纪台村。公元前 690 年为齐所灭。战国时为齐邑，改称剧。
另见 jǐ。

纪纲❶同"纲❶❸"。(1)法制；伦常。《书·五子之歌》："今失厥道，乱其纪纲，乃底灭亡。"《礼记·乐记》："作为父子君臣，以为纪纲。纪纲既正，天下大定。"(2)治理；管理。《国语·晋语四》："此大夫管仲之所以纪纲齐国，裨辅先君而成霸者也。"❷《左传·僖公二十四年》："秦伯送卫于晋三千人，实纪纲之仆。"杜预注："诸门户仆隶之事皆秦卒共之，为之纪纲。"孔颖达疏："与晋人为纪纲，谓为之首领主帅也。"纪纲为统领仆隶之人，后亦泛指仆人。《聊斋志异·长清僧》："夫人遣纪纲至，多所馈遗。"

纪极终极；限度。《后汉书·杨震传》："无厌之心，不知纪极。"

纪录❶按时序纵贯的记录。《魏书·序纪》："世事远近，人相传授，如史官之纪录焉。"❷记载下来的最高成绩。如：创造新纪录；打破世界纪录。

纪律纲纪法律。《左传·桓公二年》："百官于是乎戒惧，而不敢易纪律。"

芰〔jì〕植物名。《国语·楚语上》："屈到嗜芰。"韦昭注："芰，菱也。"参见"菱"。

芰荷荷叶或荷花。《离骚》："制芰荷以为衣兮，集芙蓉以为裳。"洪兴祖补注："芰，荷叶也，故以为衣；芙蓉，华（花）也，故以为裳。"汉昭帝《淋池歌》："秋素景兮泛洪波，挥纤手兮折芰荷。"

技〔jì〕❶技艺；本领。如：一技之长。《书·秦誓》："人之有技，若己有之。"❷工匠。《荀子·富国》："故百技所成，所以养一人也。"

技击战国时齐国步兵的攻守之术。《汉书·刑法志》："齐愍（即齐湣王）以技击强。"颜师古注："孟康曰：兵家之技巧。技巧者，习手足，便器械，积机关，以立攻守之胜。"《荀子·议兵》谓其制度依据斩首级数字给予奖金。后世称搏击敌人的武艺为技击。

技巧❶作战的技术。《汉书·艺文志》："技巧者，习手足，便器械，积机关，以立攻守之胜者也。"❷较高的技能。如：写作技巧；绘画技巧。

技痒亦作"伎痒"、"技懁"。谓擅长或爱好某种技艺的人，急欲有所表现，好像身体发痒不能自忍。潘岳《射雉赋》："徒心烦而技懁。"梁简文帝《与湘东王书》："性既好文，时复短咏，虽是庸音，不能阁笔。有惭伎痒，更同故态。"

近〔jì〕表语气，犹"矣"。《诗·大雅·崧高》："往近王舅。"
另见 jìn。

系〔繫〕〔jì〕打结；系上。如：系鞋带。
另见 xì。

忌〔jì〕❶嫉妒；妒忌。如：忌才；忌能。韩愈《原毁》："为是者有本有原，怠与忌之谓也；怠者不能修，而忌者畏人修。"❷顾忌；顾惮。如：横行无忌。《左传·昭公十四年》："杀人不忌为贼。"杜预注："忌，畏也。"❸禁戒；禁忌。如：忌嘴。《红楼梦》第二十回："彼时正月内，学房中放年学，闺阁中忌针黹。"❹日。如：生忌；死忌。参见"忌日"。❺作语助。《诗·郑风·大叔于田》："叔善射忌，又良御忌。"

忌辰同"忌日❶"。

忌惮顾忌和畏惧。如：肆无忌惮。《中庸》："小人之中庸也，小人而无忌惮也。"

忌讳 ❶《周礼·春官·小史》："则诏王之忌讳。"郑玄注："先王死日为忌,名为讳。"谓使臣民知道忌日,不能作乐;知道名讳,不能称说。后来一般用为避忌、顾忌之意。司马相如《上林赋》："鄙人固陋,不知忌讳。"❷由于风俗习惯或迷信,忌说某些不吉利的话或忌做某些不吉利的事。鲁迅《彷徨·祝福》："而忌讳仍然极多,当临近祝福的时候,是万不可以提起死亡、疾病之类的话的。"

忌克 同"忌刻"。

忌刻 嫉妒刻薄。《晋书·王济传》："外虽弘雅,而内多忌刻。"亦作"忌克"。《左传·僖公九年》："今其言多忌克,难哉!"《北史·房彦谦传》："主上性多忌克,不纳谏诤。"

忌日 ❶父母或祖先死亡的日子。古时每逢这一天,家人忌饮酒作乐,所以叫"忌日",也叫"忌辰"。《礼记·祭义》："君子有终身之丧,忌日之谓也。"又已死父母的生日叫"生忌"。❷迷信者称行事不吉利的日子。《齐民要术》卷一"种谷"："凡九谷有忌日,种之不避其忌,则多伤败。"

际 〔際〕(jì) ❶交界或靠边的地方。如:分际;林际;一望无际。李白《黄鹤楼送孟浩然之广陵》诗:"孤帆远影碧空尽,唯见长江天际流。"❷彼此之间。如:国际;厂际;校际。❸中间;里边。如:脑际;胸际。❹指先后交接或局势形成的时候。《论语·泰伯》:"唐虞之际。"《资治通鉴·汉献帝建安十七年》:"程昱曰:'此乃扰攘之际,权时之宜。'"❺当;适逢其时。如:际此盛会。❻到;接近。《淮南子·原道训》:"高不可际。"王守仁《瘗旅文》:"连峰际天兮,飞鸟不通。"❼交会;会合。《易·坎》:"刚柔际也。"

际会 ❶遇合。如:际会风云。《论衡·偶会》:"良辅超拔为际会。"❷古代宗法制度下婚姻交接会合之事。《礼记·大传》:"异姓主名治际会。"异姓,嫁到家里来的女子。主名,根据所嫁对象而定其名,嫁给父一辈的称母,嫁给子一辈的称妇,使伦理不乱。治,明确,正定。一说,际会"谓于吉凶之事,相交际而会合也"。见孙希旦《礼记集解》。

际畔 界限。《列子·汤问》:"滨北海之北,不知距齐州几千万里。其国名曰终北,不知际畔之所齐限。"

际涯 同"涯际"。边际。范仲淹《岳阳楼记》:"浩浩汤汤,横无际涯。"

际遇 犹遭遇。多指得到好的机遇。《宋史·何执中传》:"昔张土逊亦以旧学际遇,用太傅致仕。"

妓 (jì) ❶古指歌女或舞女。王仁裕《开元天宝遗事·隔障歌》:"宁王宫有乐妓宠姐者,美姿色,善讴歌。"❷妓女,卖淫的女子。

纱 〔紒〕(jì) 束发为髻。《仪礼·士冠礼》:"将冠者,采衣,纱。"

其 (jì) 作语助,常用在"彼"字后。《诗·曹风·候人》:"彼其之子,不称其服。"
另见 jī,qí。

季 (jì) ❶三个月为一季,一年分春夏秋冬四季。❷季节。如:雨季;旺季。❸排行第四或最小的。如:伯、仲、叔、季。《诗·魏风·陟岵》:"母曰:嗟!予季行役。"毛传:"季,少子也。"引申指人或物之幼小者。如:季女;季材。❹一个季节或一个朝代的末了。如:季春;季世;清季。❺姓。

季常癖 季常,宋陈慥字。相传其妻柳氏严厉,陈甚惧之。因称惧内为"季常癖"。参见"河东狮吼"。

季父 最小的叔父。《释名·释亲属》:"叔父之弟曰季父。"《史记·项羽本纪》:"其季父项梁。"

季女 ❶少女。《诗·召南·采苹》:"谁其尸之,有齐季女。"毛传:"季,少也。"❷指小女儿。

季秋论囚 中国古代法律规定秋末判决并执行死刑的制度。《后汉书·陈宠传》:"萧何草律,季秋论囚,俱避立春之月。"当时认为季秋论囚的理由是季秋霜降,万物肃杀,判决并执行死刑"顺天道肃杀之威"。唐律规定除恶逆以上及奴婢、部曲杀主者,从立春至秋分不得奏决死刑。明英宗天顺(1457—1464)年间始创朝审,清代于朝审外另行秋审,都是季秋论囚的具体表现。

季世 末世;衰微的时代。《左传·昭公三年》:"叔向曰:'齐其何如?'晏子曰:'此季世也。'……叔向曰:'然。虽吾公室,今亦季世也。'"张载《七哀诗》:"季世丧乱起,贼盗如豺虎。"

季指 小指。《仪礼·特牲馈食礼》:"挂于季指。"

季子 在兄弟辈中排行居次或最幼的人的称谓。如:春秋时吴季札为吴王寿梦少子,故称延陵季子。《史记·苏秦列传》:"嫂委蛇蒲服,以面掩地而谢曰:'以季子位高金多也。'"司马贞索隐:"其嫂呼小叔为季子耳。"

剂 〔劑〕(jì) ❶剪断;割破。《太玄·永》:"永不轨,其命剂也。"《新书·谕诚》:"豫让剂面而变容。"❷古代买卖时用的契券。《周礼·地官·质人》:"大市以质,小市以剂。"郑玄注:"质剂者,为之券藏之也。大市,人民马牛之属,用长券;小市,兵器珍异之物,用短券。"❸调节;调和。《后汉书·刘梁传》:"和如羹焉,酸苦以剂其味。"❹药剂。《新唐书·儒学传序》:"武为救世砭剂,文其膏粱与?"因亦以为药剂的计量单位。如:一剂药。

寂 (jì) 同"寂"。《方言》第十:"寂,安、静也,江、湘、九嶷之郊谓之寂。"王念孙疏证:"案宗,各本讹作寂。笔画之舛,遂成或体。《说文》:'宗,无人声。'"

垍 (jì) 坚土。见《说文·土部》。

荠 〔薺〕(jì) ❶荠菜。《诗·邶风·谷风》:"谁谓荼苦,其甘如荠。"❷即蒺藜。参见"薋❷"。
另见 qí。

哜 〔嚌〕(jì) 浅尝。《礼记·杂记下》:"主人之酢也,哜之。"郑玄注:"哜、啐,皆尝也。哜至齿,啐入口。"
另见 jiē。

耚 (jì) 《管子·轻重戊》:"虑戏作造六耚以迎阴阳。"戴望校正引庄述祖云:"耚当作企,古法字,亦通政。"

洎 (jì) ❶锅中添水。《史记·封禅书》:"水而洎之。"裴骃集解:"灌水于釜中曰洎。"❷肉汁。《左传·襄公二十八年》:"御者知之,则去其肉而以其洎馈。"孔颖达疏:"洎者,添釜之名,添水以为肉汁,遂名肉汁为洎。"❸浸润。《管子·水地》:"越之水浊重而洎。"尹知章注:"洎,浸也。浸则多所渐入。"❹及;到。张衡《东京赋》:"惠风广被,泽洎幽荒。"

济 〔濟〕(jì) ❶渡。如:同舟共济。《左传·成公十六年》:"晋师济河。"亦指渡头。《诗·邶风·匏有苦叶》:"济有深涉。"❷救济;帮助。如:济困扶危。《晋书·何攀传》:"惟以周穷济乏为事。"❸有益;有利。如:无济于事。《易·系辞下》:"万民以济。"❹成功。《书·君陈》:"必有忍,其乃有济。"❺停止。

《淮南子·天文训》:"大风济。"高诱注:"济,止也。"

另见 jǐ。

济事 犹言成事。《国语·吴语》:"可以济事。"《世说新语·识鉴》:"于时朝议遣玄(谢玄)北讨,人间颇有异同之论,唯超(郗超)曰:'是必济事。'"

宗〔jì〕 同"寂"。

诅〔誋〕(jì) 告诫。《淮南子·缪称训》:"目之精者,可以消泽而不可以昭诅。"高诱注:"昭,道;诅,诫也。不可以教导戒人。"

既(jì) ❶食尽。《春秋·桓公三年》:"日有食之,既。"引申为用尽,完尽。《左传·宣公十二年》:"董泽之蒲,可胜既乎?"《淮南子·精神训》:"精神何能久驰骋而不既乎?"❷失掉。《史记·太史公自序》:"不既信,不倍言,义者有取焉。"❸已经;已然。《书·尧典》:"九族既睦。"孔传:"既,已也。"常与"则""就"呼应,表前提与推论。《论语·季氏》:"既来之,则安之。"❹不久之后。《国语·周语上》:"既,荣公为卿士,诸侯不享。"❺连词,常与"又"、"且"等字连用,表示一事与他事的并存关系。《诗·商颂·那》:"既和且平。"

另见 xì。

既而 犹已而。不久。《左传·僖公十五年》:"晋侯许赂中大夫,既而皆背之。"

既济 六十四卦之一。离下坎上。《易·既济》:"象曰:'水在火上,既济,君子以思患而豫防之。'"

既生魄 古代一种记日子的名称。"魄",亦作"霸",指月未盛明时所发的光。月既生魄而未大明叫"既生魄",即从上弦到月望一段期间。《礼记·乡饮酒义》:"月者,三日则成魄。"《白虎通·日月》:"月三日成魄,八日成光。"王国维《观堂集林·生霸死霸考》:"二曰既生霸,谓八九日以降至十四五日也……八九日以降,月虽未满,而未盛之明则生已久。"一说,月轮无光处叫魄,望后明死而魄生。《汉书·律历志下》:"生霸,望也。"《书·武成》"既生魄"孔传:"魄生明死,十五日之后。"参见"既死魄"。

既死魄 古代指从下弦到月晦一段期间。王国维《观堂集林·生霸死霸考》:"四曰既死霸,谓自二十三日以后至于晦日也……二十三

日以降,月虽未晦,然始生之明固已死矣。"一说,朔后明生而魄死,一日为始死魄,二日为旁死魄。《逸周书·世俘解》"既死魄"孔晁注:"朔后为死魄。"参见"既生魄"。

既往不咎 对以往做错的事不再追究。《论语·八佾》:"成事不说,遂事不谏,既往不咎。"

既望 殷周以夏历每月十五、十六日至二十二、二十三日为既望。见王国维《观堂集林·生霸死霸考》。《书·召诰》:"惟二月既望。"后世以夏历每月十五日为望,十六日为既望。苏轼《前赤壁赋》:"壬戌之秋,七月既望,苏子与客泛舟游于赤壁之下。"

结〔結〕(jì) 同"髻"。发髻。《楚辞·招魂》:"激楚之结,独秀先些。"王逸注:"结,头髻也。"

另见 jiē,jié。

骥〔驥〕(jì) 企望。《礼记·文王世子》"王乃命公侯伯子男及群吏"郑玄注:"诸侯归,各帅于国,大夫勤于朝,州里骥于邑是也。"陆德明释文:"骥,皇音冀,冀,及也。"

觊〔覬〕(jì) 冀望;希图。《元史·仁宗纪三》:"出入内庭,觊幸名爵。"参见"觊觎"。

觊觎 非分的希望或企图。《后汉书·杨秉传》:"宜绝横拜,以塞觊觎之端。"

斋〔齋〕(jì,又读 qī) 炊火猛烈。引申为急疾。见"斋怒"。

斋怒 盛怒;暴怒。《离骚》:"荃不察余之中情兮,反信谗而斋怒。"

继〔繼〕(jì) ❶承受;继承。《礼记·中庸》:"善继人之志。"❷延续。《论语·尧曰》:"兴灭国,继绝世。"❸连续;随后。《离骚》:"吾令凤鸟飞腾兮,继之以日夜。"《孟子·公孙丑下》:"继而有师命。"❹接济;增益。《论语·雍也》:"君子周急不继富。"

继父 子女称母亲的后夫。也称"后父"。

继父母 俗称"后父母"。子女对母亲的后夫或父亲的后妻的称谓。

继母 子女称父亲的后妻。《仪礼·丧服》:"继母如母。"也称"后母"。

继配 续娶之妻,对元配而言。

继善成性 《易·系辞上》:"一阴一阳之谓道,继之者善也,成之者性也。"认为阴阳对立变化的法则

("道")是没有不"善"的,它在人和事物上体现出来就成为"性"。

继室 古代诸侯的夫人称元妃,元妃死后,次妃代理内事,叫"继室"。名分比元妃低,不能称为夫人。《左传·隐公元年》:"惠公元妃孟子,孟子卒,继室以声子。"后通称续娶之妻为"继室"。

继体 犹言继位。《汉书·师丹传》:"先帝暴弃天下,而陛下继体。"暴弃天下,谓成帝突然死去。

继武 行走时足迹相连。《礼记·玉藻》:"大夫继武,士中武。"中武,隔开一个足迹的地位。原谓古人行步徐疾以明贵贱的一种礼仪,后用以比喻继续前人的事业。骆宾王《伤祝阿王明府》诗:"含章光后烈,继武嗣前雄。"

唧(jì) 见"唧嘡"。

唧嘡 无声,安静。见《玉篇》。按即寂寞。

稭〔稭〕(jì) 已割而未束的农作物。《诗·小雅·大田》:"此有不敛稭。"孔颖达疏:"稭者,禾之铺而未束者。"

偈(jì) "偈陀"(梵语 Gatha)的简称,意为"颂",即佛经中的唱词。

另见 jié,qì。

既(jì) "既"的古体字。
另见 xì。

徛(jì) 聚置水中借以过河的石头。《尔雅·释宫》:"石杠谓之徛。"郭璞注:"聚石水中以为步渡彴也。或曰今之石桥。"郝懿行义疏:"徛者,《说文》:'举胫有渡也。'是徛本渡水之名,因以为步桥名。马瑞辰说:'石杠,今南方谓之石步。'"

皲〔皸〕(jì) 同"繫(繫)"。
另见 qiè。

祭(jì) ❶祀神、供祖或以仪式追悼死者的通称。如:祭天;祭祖;公祭。❷旧小说中谓用咒语施放神秘武器。如:祭起一件法宝来。

另见 zhài。

祭丁 见"丁祭"。

祭酒 ❶古代飨宴时酹酒祭神的长者。后亦以泛称年长或位尊者。《史记·孟子荀卿列传》:"而荀卿三为祭酒焉。"司马贞索隐:"谓荀卿出入前后三度处列大夫康庄之位,而皆为其所尊。"❷学官名。原意是指祭祀或宴会时,由年高望重一人举酒祭神,为一种荣誉。如荀子在齐国的稷下学宫,"三为祭酒"。汉武帝设

五经博士,首长称博士仆射,东汉改为博士祭酒,祭酒遂成为学官名。西晋改为国子祭酒,主管国子学或太学。隋以后称国子监祭酒,为国子监的主管者。其后沿设之。清光绪三十一年(1905年)废国子监,设学部,改国子祭酒为学部尚书。

祭炼 道教仪式之一。即对死者"施食"、"追荐"或"超度"。认为可使死者生前罪过得到宽宥,早升"天界",脱离"鬼道"。传说太极仙翁葛玄曾行此法,故又称"太极祭炼法"。

祭门 宗庙之门。《穀梁传·桓公三年》:"礼,送女,父不下堂,母不出祭门,诸母兄弟不出阙门。"范宁注:"祭门,庙门也。阙门,两观也,在祭门之外。"

祭司 专职掌管祭神活动的人。源于原始社会后期。原始宗教发展到较完备阶段时宗教活动的主持者。一般被认为具有在神人之间作中介的职能。在原始宗教中有时同巫师并存,进入阶级社会后,祭司基本取代巫师,并形成整套的祭司等级体制。近现代宗教中的祭司系由宗教职业人员担任。

祭祀 指祭神和祀祖。《周礼·天官·大府》:"邦都之赋,以待祭祀。"

祭祀舞蹈 用于祭祀天地、日月、山川、祖先或神鬼的仪式舞蹈。如中国古代的六舞、傩舞、巫舞和寺庙中的打鬼、跳神等,都属祭祀舞蹈。

祭台 亦称"祭坛"。古时祭神的坛。在原始宗教时,一块或一堆石头或一座土丘即可作为祭台。随着庙宇祭献制度的发展,出现了用石或砖垒成的祭台,在其上屠宰牺牲,或在其上焚烧。古希腊庙宇中,有在平地挖沟或坑作祭台的,也有一些宗教以桌代替祭台。

祭坛 即"祭台"。

祭天金人 用于祭天的金人。汉元狩二年(公元前121年),霍去病击破匈奴休屠王,得其"祭天金人"。后世传说,或以此为佛像传入中国之始。

祭田 ❶旧时族田中用于祭祀的土地。❷封建王朝敕赐和拨给某些祠庙祭祀用的田地,例如祭祀孔子的田地。

祭文 文体名。在告祭死者或天地、山川等神祇时所诵读的文章。有习用的格式。体裁有韵文和散文两种。内容主要为哀悼或祷祝之词。

悸(jì) ❶惊惧而心跳。《后汉书·梁节王畅传》:"肌栗心悸。"❷通"痵"。心悸病。《汉书·田延年传》:"使我至今病悸。"❸带下垂貌。《诗·卫风·芄兰》:"垂带悸兮。"毛传:"垂其绅带,悸悸然有节度。"

寄(jì) ❶托人传达或递送。现专指通过邮局递送。如:寄语;寄信;寄包裹。杜甫《述怀》诗:"自寄一封书,今已十月后。"❷寄托;付托;委托。如:寄愁;寄恨。《魏书·高道穆传》:"明公荷国重寄,宜使天下知法。"❸依附;寓居。如:寄生;寄食;寄居。《左传·襄公十四年》:"齐人以郏寄卫侯。"马宗琏《春秋左传补注》:"是以寓公之礼待卫献公。"❹认作亲属。如:寄母;寄女。❺古代翻译东方民族语言的官。《礼记·王制》:"东方曰寄。"孔颖达疏:"通传东方之语官,谓之曰寄,言传寄外内言语。"

寄附铺 唐宋寄售货物的商铺。类似近代寄售商行。唐蒋防《霍小玉传》谓霍小玉"往往私令侍婢潜卖箧中服玩之物,多托于西市寄附铺侯景先家货卖"。

寄籍 ❶旧指长期离开本乡,以寄居之地为籍贯。别于"原籍"而言。❷旧时迷信,父母将孩子寄托在佛家或神佛名下,祈求"福寿"。王士禛《池北偶谈》卷二十五:"昔侍御与贫道为方外交,其公子方在襁褓,寄籍释氏,为我弟子。"

寄居 借住;暂寓。《汉书·息夫躬传》:"躬归国未有第宅,寄居丘亭。"

寄命 ❶以重要政事相委托。《论语·泰伯》:"可以寄百里之命。"王夫之《读通鉴论·汉哀帝》:"以四海之大,岂絜无人可托孤寄命者,唯区区王傅二妪之爱憎是争!"❷犹寄身;托身。黄景仁《洞庭行赠别王大归包山》诗:"蛮烟瘴雨土卑湿,留我寄命于兹乡。"❸短暂之生命。《晋书·皇甫谧传》:"寄命翛尽,穷体反真,故尸藏于地。"

寄人篱下 《南史·张融传》:"丈夫当删诗、书,制礼乐,何至因循寄人篱下?"诗、书,即《诗经》《尚书》。本谓文章著述当自创一体,以"寄人篱下"谓袭用他人。后谓依附别人,不能独立。《红楼梦》第九十回:"想起邢岫烟住在贾府园中,终是寄人篱下。"

寄食 依托别人生活。《史记·淮阴侯列传》:"常数从其下乡南昌亭长寄食。"

寄托 ❶犹言托身;安身。《荀子·劝学》:"蟹六跪而二螯,非蛇蟺之穴无可寄托者,用心躁也。"❷犹言付托、委托。语出《论语·泰伯》"可以托六尺之孤,可以寄百里之命"。《三国志·蜀志·李严传》:"吾与孔明,俱受寄托。"❸诗文作品中的寄情托兴。周济《介存斋论词杂著》:"初学词求有寄托,有寄托则表里相宣,斐然成章。"

寄语 传话。杜甫《路逢襄阳杨少府入城戏呈杨员外绾》诗:"寄语杨员外,山寒少茯苓。"陆游《渔家傲·寄仲高》词:"寄语红桥桥下水,扁舟何日寻兄弟?"

寄寓 ❶无定居者。古代指商贾与游说之士。《韩非子·亡征》:"公家虚而大臣实,正户贫而寄寓富。"❷犹客居。《三国志·吴志·孙权传》:"宾旅寄寓之士以安危去就为意,未有君臣之固。"

寂(jì) ❶静悄悄;无声。常建《题破山寺后禅院》诗:"万籁此都寂,但馀钟磬音。"❷冷落。如:孤寂;凄寂。❸心神安静,无杂念。《易·系辞上》:"寂然不动。"

寂寂 冷静;落寞。左思《咏史》:"寂寂杨子宅,门无卿相舆。"苏轼《纵笔》诗:"寂寂东坡一病翁。"

寂历 犹寂寞。韩偓《曲江晚思》诗:"云物阴寂历,竹木寒青苍。"

寂寥 谓无声无形之状。《老子》:"寂兮寥兮,独立而不改。"魏源注:"寂兮,无声;寥兮,无形也。"后多用为寂静之意。柳宗元《至小丘西小石潭记》:"四面竹树环合,寂寥无人。"

寂寞 ❶清静;无声。《淮南子·俶真训》:"虚无寂寞。"陆机《文赋》:"叩寂寞而求音。"❷冷落;孤独。元稹《行宫》诗:"寥落古行宫,宫花寂寞红。"亦作"寂漠"。《楚辞·远游》:"野寂漠其无人。"

惎(jì) ❶憎恨;怨毒。《左传·哀公二十七年》:"赵襄子由是惎智伯。"❷教导。《左传·宣公十二年》:"晋人或以广队(坠),不能进;楚人惎之脱扃。"杜预注:"广,兵车;扃,车上兵阑(栏)。"

惎间 毒害、叛乱之意。《左传·定公四年》:"管蔡启商,惎间王室。"杜预注:"惎,毒也。周公摄政,管叔、蔡叔开道纣子禄父,以毒乱王室。"

蕀（jì）　草多貌。见《说文·艸部》。

另见 xī。

㫖（jì）　同"暨"。与；及。《史记·夏本纪》："淮夷蟡珠㫖鱼。"司马贞索隐："㫖，古暨字，与也。"

履（jì）　同"跽"。上身挺直，双膝着地。《史记·滑稽列传》："髡（淳于髡）希　构鞠履。"裴骃集解引徐广曰："鞠，曲也。履，音其纪反，又与跽同，谓小跪也。"

獥（jì，又读 kuí）　勇壮貌。左思《吴都赋》："猿臂骿胁，狂趭㹛獥。"

鴶〔鴶〕（jì）　见"鴶鵴"。

鴶鵴　鸟名。《尔雅·释鸟》："鴶，鴶鵴。"郭璞注："今江东呼鵴鹆为鴶鵴，亦谓之鸤鸠。"

幾（jì）　通"冀"。盼望。顾炎武《吴同初行状》："又幾其子之不死而复还也。"

另见 jī，jǐ 几㊀，jǐ 几㊁，qí，qǐ。

薊〔蓟〕（jì）　❶植物名。常见的有大蓟和小蓟。❷古地名。在今北京城西南角。周封尧后于此，后为燕国国都。秦置县。❸姓。东汉有薊子训。

㩁（jì）　通"繫"。《周礼·地官·司门》："祭祀之牛牲㩁焉。"陆德明释文："㩁，音计，本又作繋。"引申为豢养牲畜。《汉书·景帝纪》："郡国或砥陋，无所农桑㩁畜。"颜师古注："㩁，谓食养之。……㩁，古繋字。"

另见 jī。

醢〔醯〕（jì）　❶酱。段成式《西阳杂俎·酒食》："醢，酱也。"❷酒名。《魏书·高允传》："自古圣王其为飨也，玄酒在堂而醢酒在下。"

裚（jì）　断。《管子·大匡》："朝之争禄相刺，裚领而刭颈者不绝。"尹知章注："裚，谓掔断之也。"戴望校正："丁云：'裚，折之俗字。'《说文》：'折，断也。'"

魕（jì）　《文选·张衡〈东京赋〉》："八灵为之震慑，况魕蛊（蜮）与毕方。"薛综注："魕，小儿鬼；毕方，老父神，如鸟，两足一翼者。"

瘈（jì）　一种症状。即"心悸"。

㰊（jì）　木名。即水松。见《南越笔记》及《植物名实图考》。

《文选·张衡〈南都赋〉》："其木则楎、松、楔、㰊。"薛综注引郭璞曰："㰊似松柏，有刺。"

霽〔霁〕（jì）　❶本指雨止，引申为风雪停，云雾散，天气放晴。《书·洪范》："曰雨曰霁。"《论衡·感虚》："于是风霁波罢。"罗隐《送傅少府》诗："春生绿野吴歌怨，雪霁平郊楚酒浓。"❷比喻怒气消释，脸色转和。《新唐书·裴度传》："帝色霁，乃释寰（裴寰）。"

鮆〔鮆〕（jì）　鱼名。古称"鮛"、"鮤"或"鱴"。吻圆钝，口大，腹部具棱鳞。《山海经·南山经》："苕水出于其阴，北流注于具区，其中多鮆鱼。"郭璞注："鮆鱼狭薄而长头，大者尺余，太湖中今饶之。"

跽（jì）　长跪。双膝着地，上身挺直。《史记·范睢蔡泽列传》："秦王跽而请曰：'先生（指范睢）何以幸教寡人！'"参见"长跪"。

概（jì）　稠密。一般形容农作物。《史记·齐悼惠王世家》："深耕概种，立苗欲疏。"

鱭〔鱭〕（jì）　鱼名。硬骨鱼纲，鳀科。体侧扁，尾部延长，银白色。口大，端位。胸鳍上部具游离丝状鳍条，尾鳍不对称。腹部具棱鳞。雌大雄小。分布于西太平洋，中国、朝鲜半岛、日本、菲律宾和印度均产。中国产四种：凤鲚（*Coilia mystus*，亦称"烤子鱼"、"凤尾鱼"）、刀鲚（*C. ectenes*，亦称"刀鱼"、"毛鲚"）、七丝鲚（*C. grayi*）和短颌鲚（*C. brachygnathus*）。刀鲚和凤鲚，春夏集群溯河产卵，形成渔汛；产卵后又返归海中。短颌鲚已陆封，在湖泊中生长与繁殖。供鲜食或制罐头食品。

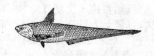

凤鲚

漈（jì）　❶海底深陷处。《元史·瑠求传》："西南北岸皆水，至彭湖渐低，近瑠求，则谓之落漈。漈者，水趋（趋）下而不回也。"❷水边。见《玉篇·水部》。❸闽方言，指瀑布。

淑（jì）　❶见"淑瀄"。❷同"寂"。

淑瀄　水清净貌。《文选·枚乘〈七发〉》："淑瀄莽蓁。"李善注："言水清净之处生莠、蓁二草也。《上林赋》曰'悠远长怀，寂瀄无声'，淑与

寂音义同也。"

暨（jì）　❶和；同。《书·尧典》："帝曰：'咨，汝羲暨和。'"❷及；到。《国语·周语中》："上求不暨。"韦昭注："暨，至也。"❸姓。三国时吴有暨艳。

暨暨　果敢坚决貌。《礼记·玉藻》："戎容暨暨。"

鑙（jì）　"继（繼）"的古字。《庄子·至乐》："种有幾，得水则为鑙。"成玄英疏："润气生物，从无生有，故更相继续也。"陆德明释文："司马本作繼。"

耆（jì）　忌。《说文·言部》："耆，忌也。《周书》曰：'上不耆于凶德。'"按今《书·多方》耆作忌。刘昼《新论·伤谗》："妒才智之在己前，耆富贵之在己上。"

稷（jì）　❶中国古老的食用作物。(1)黍的一个变种，一般指秆上无毛，散穗，子实不粘或粘性不及黍者为稷，见李时珍《本草纲目》。(2)粟的别称，见《尔雅》孙炎注。一说稷是高粱。程瑶田《九谷考》："稷，今人谓之高粱，或谓之红粱。"《广雅·释草》："稷穄谓之穄。"王念孙疏证："稷，今人谓之高粱。"参见"黍"。❷古代主管农事的官。《左传·昭公二十九年》："稷，田正也。"孔颖达疏："正，长也，稷是田官之长。"❸五谷之神。《礼记·祭法》："是故厉山氏之有天下也，其子曰农，能殖百谷；夏之衰也，周弃继之，故祀以为稷。"孔颖达疏："'故祀以为稷'者，谓农及弃，皆祀之以配稷之神。"参见"社稷"。❹通"昃"。敏捷，急速。《诗·小雅·楚茨》："既齐既稷。"❺古地名。春秋晋地。在今山西稷山县南稷山下。《左传》宣公十五年（公元前594年）"晋侯治兵于稷以略狄土"，即此。❻姓。汉代有稷嗣。

另见 zè。

鲫〔鯽〕（jì）　动物名。学名 *Carassius auratus*。古称"鯒"，亦称"鮒"。硬骨鱼纲，鲤科。体侧扁，稍高，长达20余厘米。背面青褐色，腹面银灰色。口端位，无须。背

鲫

鳍和臀鳍具硬刺,最后一刺的后缘具锯齿。杂食性。生长较慢。分布广,中国各地淡水中都产;日本、朝鲜半岛和越南亦产。肉细嫩,味鲜美,是重要食用鱼类之一。变种金鱼,经长期选种,形成许多品种,供观赏。

鲫溜 敏捷;机灵。宋祁《宋景文公笔记·释俗》:"孙炎作反切语,本出于俚俗常言,尚数百种,故谓'就'为鲫溜。凡人不慧者,即曰不鲫溜。"亦作"唧溜"。参见该条。

髻(jì) 挽束在头顶的头发。如:发髻;头髻。
另见 jié。

冀(jì) ❶希望。《离骚》:"冀枝叶之峻茂兮,愿俟时乎吾将刈。"❷犹"记"。见"冀阙"。❸古九州之一。详"冀州"。❹古国名。在今山西河津市,春秋时为晋所并,作为郤氏食邑。❺河北省的简称。因古为冀州地而得名。❻姓。春秋时晋国有冀芮。

冀阙 古时宫廷外的门阙。《史记·秦本纪》:"〔孝公〕十二年,作为咸阳,筑冀阙,秦徙都之。"张守节正义:"刘伯庄云:'冀,犹记事;阙,即象魏也。'"又《商君列传》:"作为筑冀阙宫庭于咸阳。"司马贞索隐:"冀阙,即魏阙也。冀,记也。出列教令,当记于此门阙。"象魏,古代宫门外的一对高的建筑物。

冀州 中国古代九州之一。《书·禹贡》的冀州,西、南、东三方都以当时的黄河与雍、豫、兖、青等州为界,指今山西和陕西间黄河以东、河南和山西间黄河以北和山东西北、河北东南部地区。《尔雅·释地》:"两河间曰冀州"《周礼·职方》:"河内曰冀州。"因另有幽州、并州,包括地区较《禹贡》冀州为小。

觢〔觢〕(jì) 狂。《后汉书·马融传》:"狱觢熊。"李贤注:"觢,亦狂也。"

稷(jì) 穈子,即黍之不粘者。《吕氏春秋·本味》:"饭之美者……阳山之稷。"

鲚〔鱭〕(jì) 见"鲚花鱼"。

鲚花鱼 即鱭鱼。按"鲚"本作"屩"(古代一种毛织物)。此鱼身紫黑与淡黄杂色,如织屩纹,故得"屩花"名。见《本草纲目·鳞部三》《鱭鱼》。

檕(jì) 见"檕梅"。

檕梅 即山楂。见《本草纲目·果部二》。

屩(jì) 一种毛织品。《汉书·高帝纪下》:"贾人毋得衣锦绣、绮縠、絺纻、屩。"

觝(jì) 同"觜(觜)"。

鱀〔鱀〕(jì) 江豚。《尔雅·释鱼》:"鱀是鱁。"郭璞注:"鱀,体似鳝,尾如鲍鱼,大腹。喙小,锐而长,齿罗生,上下相衔。鼻在额上,能作声。少肉多膏。胎生。健啖细鱼。大者长丈余,江中多有之。"按《本草纲目·鳞部》,江豚亦名鱀鱼。李时珍集解:"状如海豚而小。"鱀非鱼属,古人以其形似鱼,误为鱼类。

檵(jì,又读 qǐ) ❶木名。见"檵木"。❷《尔雅·释木》:"杞,枸檵。"郭璞注:"今枸杞也。"

檵木(*Loropetalum chinense*) 亦称"檵花"、"纸末花"。金缕梅科。常绿灌木或小乔木。叶卵状椭圆形。春季开花,头状花序,花瓣四片,线形,白色或紫红色。蒴果裂为两瓣。产于中国中部至东部。可供观赏。花和茎、叶入药,性平、味苦涩,功能止血,主治吐血、鼻衄,外敷治创伤出血等症。

蝑(jì) 见"蝑螽"。

蝑螽(*Acrida cinerea*〔*A. chinensis*〕) 亦称"东亚蚱蜢"。昆虫纲,直翅目,蝗科。雄虫长 40 毫米左右,雌虫较大;绿色或黄褐色。头尖,呈长圆锥形,斜突出于前方。后翅大,飞翔时能发出轧轧声。后足的腿节及胫节颇长,善跳跃。执其后足,欲跃不得,遂作舂米之状,故俗称"舂米郎"。危害禾本科植物。分布于中国南方各地。

鲦〔鰶〕(jì) 硬骨鱼纲,鲱科。体侧扁,呈长椭圆形,长约 20 厘米。银灰色,具黑斑。口小,无牙。背鳍最后一鳍条延长成丝状。为暖水性浅海鱼类,常结群,以浮游动植物为食。分布于中国以及朝鲜半岛、日本南部、印度、印度尼西亚。常见的有斑鲦(*Konosirus punctatus*)及花鲦(*Clupanodon thrissa*)。供食用。

廆(jì) 同"冀"。唐开元十八学士有咸廆业,一作咸冀。

懻(jì) 强,直。《云笈七签·禁忌篇》:"是以养性之方,唾不至远,行不疾步,耳不极听,目不极视,坐不至疲,卧不至懻"注:"懻,强也,直也。"

骥〔驥〕(jì) 千里马。《论语·宪问》:"骥不称其力,称其德也。"

骥尾 《史记·伯夷列传》:"颜渊虽笃学,附骥尾而行益显。"司马贞索隐:"苍蝇附骥尾而致千里,以喻颜回因孔子而名彰。"参见"附骥"。

骥子龙文 骥子,千里驹。龙文,骏马名。比喻英俊的人才。《北史·裴延俊传》:"延俊从父兄宣明二子景鸾、景鸿,并有逸才,河东呼景鸾为骥子,景鸿为龙文。"后因用作有才子弟的代称。

骥足 比喻高才。《三国志·蜀志·庞统传》:"庞士元非百里才也,使处治中别驾之任,始当展其骥足耳。"

蔚(jì) 见"蔚葬"。

蔚葬 草名。《尔雅·释草》:"蔚葬,窃衣。"郭璞注:"似芹,可食,子大如麦,两两相合,有毛,著人衣。"

瀱(jì) ❶井水。见《玉篇·水部》。❷泉出貌。见《广韵·十三祭》。

藮(jì) 草名。《尔雅·释草》:"藮,狗毒"郭璞注引樊光云:"俗语苦如藮。"

繬(jì) 亦作"屩"。西胡毳布。见《说文·糸部》。按毳布即用细毛纺织的布。

jiā

加(jiā) ❶算法之一。即加法。❷增益;更加。《论语·子路》:"既庶矣,又何加焉!"《孟子·梁惠王上》:"邻国之民不加少,寡人之民不加多。"❸施及。《吕氏春秋·孝行》:"光耀加于百姓。"❹加以。如:严加管束;不加思索。❺戴上。如:加冠。❻任;居其位。《孟子·公孙丑上》:"夫子加齐之卿相。"❼超过。《史记·李斯列传》:"虽申韩复生,不能加也。"❽陵驾。《论语·公冶长》:"我不欲人之加诸我也,吾亦欲无加诸人也。"

加点 写文章时用笔点去应删改的字句。岑参《送张直公归南郑拜省》诗:"万言不加点,七步犹嫌迟。"参见"文不加点"。

加官 ❶旧时于原有官职之外加领其他官衔。例如汉朝的侍中即为列侯、将军等的加官。《汉书·百官公卿表上》:"侍中、左右曹、诸吏、散骑、中常侍,皆加官。"也指官阶晋升。如:加官进爵。❷戏曲演出中,在节

日或喜庆时外加的一种单人或多人表演。表演者戴笑容面具（名"加官脸"），穿红袍，手持书有颂词的数层条幅，边跳边逐层向观众展示，故又称"跳加官"。《儒林外史》第十回："戏子上来参了堂，磕头下去，打动锣鼓，跳了一出'加官'。"

加冠 古代男子二十岁行冠礼，表示成年。《说苑·修文》："君子始冠，必祝成礼，加冠以厉其心。"因以指二十岁。宋濂《送东阳马生序》："既加冠，益慕圣贤之道。"

加礼 用厚礼待人，表示特别尊敬。《左传·襄公三十一年》："晋侯见郑伯有加礼，厚其宴好而归之。"杜预注："礼加敬。"

加膝坠渊 比喻用人爱憎任意。《礼记·檀弓下》："今之君子，进人若将加诸膝，退人若将队（坠）诸渊。"唐人避高祖李渊讳，作"加膝坠川"，见《晋书·向雄传》。又作"加膝坠泉"。杜牧《张直方授左骁卫将军制》："加膝坠泉，予常自慎。"

加席 古人在地上铺席为座，加席，作为上座以示尊重。《仪礼·乡饮酒礼》："大夫则如介礼，有诸公则辞加席，委于席端，主人不彻；无诸公则大夫辞加席，主人对，不去加席。"郑玄注："加席，上席也。大夫席再重。"

夹〔夾〕(jiā) ❶从两旁加力使固定。如：夹住。《礼记·檀弓下》："使吾二婢子夹我。"❷从两个相反方面来的。如：夹攻；夹击。亦谓左右挟持。《仪礼·既夕礼》："圉人夹牵之。"参见"夹辅"。❸在两者之间。如：夹缝；夹道。❹钳夹的器具。如：发夹；讲义夹。❺混杂。如：夹生饭；文白夹杂。

另见 jiá，xiá，xié。

夹辅 在左右辅佐。《左传·僖公二十六年》："昔周公太公股肱周室，夹辅成王。"

夹室 古代宗庙内堂东西厢的后部，藏五世祖以上远祖神主的地方。《礼记·杂记下》："成庙，则衅之。……门、夹室皆用鸡。"衅，用血涂。鸡，指鸡血。《清通礼·吉礼》："高祖以上亲尽则祧，由昭祧者，藏主于东夹室，由穆祧者，藏主于西夹室。"

夹注 插在文句中间的注解。杜荀鹤《戏题王处士书斋》诗："讳老犹看夹注书。"

伽(jiā) 译音字。如：伽倻琴。
另见 gā，qié。

茄(jiā) 荷梗。《文选·张衡〈西京赋〉》："蒂倒茄于藻井。"薛综注："茄，藕茎也。"
另见 qié。

佳(jiā) 美好。如：佳句；佳节。陶潜《饮酒》诗："秋菊有佳色。"

佳兵 语出《老子》"夫佳兵者，不祥之器。"陆德明释文："佳，善也。"王念孙《读书杂志·徐编上》："佳当作隹，字之误也。隹，古唯字也，唯兵为不祥之器。"兵，指兵器。老子原意谓兵器是不吉利之物。因"隹"误作"佳"，故后相沿多以"佳兵"为好用兵的意思。陈子昂《送崔融东征》诗："王师非乐战，之子慎佳兵。"

佳城 《博物志·异闻》："汉滕公（夏侯婴）薨，求葬东都门外，公卿送丧，驷马不行，踣地悲鸣。跑蹄下地，得石有铭，曰：'佳城郁郁，三千年，见白日，吁嗟滕公居此室。'遂葬焉。"亦见《史记·夏侯婴传》司马贞索隐。后因称墓地为"佳城"。李邕《云麾将军李府君神道碑》："桐柏烈烈，碑阙崇崇；盛业何许？佳城此中。"

佳话 犹言美谈。流传一时，当作谈话资料的好事或趣事。戴复古《题赵庶可山台》诗："他日传佳话，兰亭与此俱。"

佳境 优美的境界。《世说新语·排调》："顾长康啖甘蔗，先食尾。人问所以，云：'渐至佳境。'"参见"啖蔗"。

佳丽 ❶美好。崔国辅《题豫章馆》诗："杨柳映春江，江南转佳丽。"❷美丽的女子。白居易《长恨歌》："后宫佳丽三千人，三千宠爱在一身。"

佳期 ❶好时光。谢庄《月赋》："佳期可以还，微霜沾人衣。"❷《楚辞·九歌·湘夫人》："登白薠兮骋望，与佳期兮夕张。"王逸注："佳，谓湘夫人也。"后以"佳期"指男女约会之期。亦指结婚的日期。

佳器 犹言美材。谓有才德、能任大事的人。《晋书·韦忠传》："年十二丧父，哀慕毁悴，杖而后起。司空裴秀吊之，俯偻号诉，哀恸感人。秀出而告人曰：'此子长大，必为佳器。'"

佳人 ❶美女。《古诗十九首》："燕赵多佳人，美者颜如玉。"❷美好的人。古代诗文中常以指所怀念的人。《楚辞·九章·悲回风》："惟佳人之永都兮，更统世而自贶。"王逸注："佳人，谓怀、襄王也。"❸有才干的人。《三国志·魏志·曹爽传》裴松之注引《魏氏春秋》："曹子丹佳人，生汝兄弟，犊耳。"子丹，爽父曹真。

佳日 天气温和晴朗的日子。陶潜《移居》诗："春秋多佳日，登高赋新诗。"

佳胜 有声望有地位的显要人物。《晋书·会稽王道子传》："今之贵要腹心，有时流清望者谁乎？岂可云无佳胜？直是不能信之耳。"

佳士 古时称品行或才学优良的士人。《晋书·任恺传》："至，字子伦，幼有门风，才望不及恺，以淑行致称，为清平佳士。"

佳作 好作品。《北史·冯熙传》："孝文频登北芒寺，亲读碑文，称为佳作。"

泇(jiā) 见"泇河"。

泇河 有东西二泇：东泇源出山东费县东南箕山；西泇源出枣庄市东北抱犊崮。二泇南流至江苏邳州市三合村相会，又南至泇口集入运河。明以前泇河自泇口以下又东南流循今运河至窑湾会沂河，又南至直河口（今江苏宿迁市西北皂河集西）入黄河。万历三十二年（1604年）河督李化龙征集民工开泇河，自夏镇（今山东微山）李家口引运河东南合彭河、丞河至泇口会泇河；自此运道改由泇河经微山湖东，西北直达济宁，避开旧道从直河口溯黄河而上至徐州三百余里的风险，时称"东运河"。

迦(jiā) 译音字。如：释迦牟尼。
另见 qié，xié。

珈(jiā) 古代妇女的首饰。详"六珈"。

枷(jiā) ❶古代加在罪犯颈项上的刑具，也即指上枷。《京本通俗小说·错斩崔宁》："将两人大枷枷了，送入死囚牢里。"❷同"耞"。如：连枷（打谷工具）。
另见 jiá。

枷号 旧时刑法，将木枷枷在犯人颈上，标明罪状，号令示众。《福惠全书·人命中》："若遇有卒众围闹，持棍行凶之徒，立刻锁拿重责，倡首者，带至衙门，枷号封固，着地方押回，就于本处示众。"

枷锁 枷和锁，旧时囚系罪人的两种刑具。《北史·流求国传》："狱无枷锁，唯用绳缚。"后亦比喻压迫与束缚。如：精神枷锁。

挟 [挾](jiā)　通"浃"。周匝。《诗·大雅·大明》："使不挟四方。"
　　另见 xié。

浃 [浹](jiā)　❶湿透。如：汗流浃背。❷通彻。《淮南子·原道训》："不浸于肌肤，不浃于骨髓。"❸周匝。见"浃日"、"浃辰"。
　　另见 jiá，xiá。

浃辰　古代以干支纪日，称自子至亥一周十二日为"浃辰"。《左传·成公九年》："浃辰之间，而楚克其三都。"

浃洽　深入沾润；遍及。《汉书·礼乐志》："于是教化浃洽。"颜师古注："浃，彻也；洽，沾也。"后来一般用为融洽、和洽的意思。如：情意浃洽。

浃日　古代以干支纪日，称自甲至癸一周十日为"浃日"。《国语·楚语下》："远不过三月，近不过浃日。"韦昭注："浃日，十日也。"

梜 [梜](jiā)　❶保护书籍的夹板。《说文·木部》："梜，检柙也。"徐锴系传："谓书封函之上，恐磨灭文字，更以一版于上柙护之。"❷筷子。《礼记·曲礼上》："羹之有菜者用梜，其无菜者不用梜。"

痂 (jiā)　一种皮肤损害。由水疱、脓疱或渗出物干燥后结成。常含有脓、细菌、血、坏死组织和灰尘，有时并含有脂肪颗粒和真菌等。

家 ㊀(jiā)　❶家庭；家乡。贺知章《回乡偶书》诗："少小离家老大回。"❷古时夫妇互称为家。《孟子·滕文公下》："女子生而愿为之有家。"此称夫。《左传·僖公十五年》："逃归其国，而弃其家。"杜预注："家，谓子圉妇怀嬴。"此称妇。❸谦词，常用于对别人称比自己辈分高或年纪大的亲属。如：家父；家兄。❹家里饲养的或家生的。与"野"相对。如：家禽；家畜。❺经营某种行业，掌握某种专门学识、技能或从事某种专门活动的人。如：商家；行家；专家；科学家。❻学术流派。如：儒家；墨家；法家；百家争鸣。❼以之为家。《汉书·盖宽饶传》："三王家天下。"❽古代大夫的家族。《论语·八佾》："三家者以雍彻。"朱熹注："三家，鲁大夫孟孙、叔孙、季孙之家也。"《孟子·梁惠王上》："千乘之国……百乘之家。"❾人。《三国志·魏志·崔琰传》裴松之注引《魏略》："攸（诈攸）自恃勋劳，时与太祖戏，

……其后从行出邺东门，顾谓左右曰：'此家非得我，则不得出入此门也。'"❿家庭、店铺等的计数词。如：两家人家；三家商店。⓫称谓上指方面或流辈的词。如：自家；人家；小孩子家；妇道人家。⓬姓。宋代有家安国。

　　㊁[傢](jiā)　见"家伙"。
　　另见 gū，jie。

家常　家中日常事务或家居日常所用。含有平居及寻常之意。如：谈家常。王建《宫词》："家常爱着旧衣裳。"

家常便饭　亦作"家常饭"。家中日常的饭食。罗大经《鹤林玉露》卷四："范文正公云：'常调官好做，家常饭好吃。'"今常用来比喻常见习闻的事情。

家臣　春秋时各国卿大夫的臣属。当时卿大夫的宗族与政权组织称"家"，总管"家"务的称宰。其所属都邑也设有宰。宰下又设司徒、司马、工正、马正等官职。担任这些官职的，总称为家臣。家臣不世袭，由卿大夫任免。规定家臣要效忠于卿大夫，不得越级。《左传·昭公十四年》载齐大夫韩晳说："家臣而欲张公室，罪莫大焉。"《左传·昭公二十五年》载鲁卿叔孙氏的司马鬷戾说："我家臣也，不敢知国。"

家传 (—chuán)　❶家中世代相传的。《陈书·江总传》："家传赐书数千卷，总昼夜寻读，未尝辍手。"❷家家传述。如：家传户诵。王建《哭孟东野》诗："但是洛阳城里客，家传一本杏殇诗。"

家慈　对别人称自己的母亲。俗有父严母慈之说，故云。

家当　家产。《水浒传》第四十四回："这李云既无老小，亦无家当。"

家道　❶旧谓治家之道。《易·家人》："父父，子子，兄兄，弟弟，夫夫，妇妇而家道正。"❷家庭经济状况。《南史·徐孝克传》："陈亡，随例入长安，家道壁立。"

家丁　男仆。《醒世恒言·白玉娘忍苦成夫》："张万户见他面貌雄壮，留为家丁。"

家法　❶汉儒经学传授，五经博士及其所传弟子以师法说经，而各自名家，叫"家法"。《后汉书·儒林传序》："于是立五经博士，各以家法教授。"❷旧时家长统制家族、训饬子弟的法规。《新唐书·穆宁传》："先是，韩休家训子侄至严，贞元间言家法者尚韩穆二门云。"❸旧时家长责

打子女奴仆的用具。李渔《蜃中楼·抗姻》："叫丫鬟取家法过来，待我赏他个下马威。"

家风　犹门风。指一家的传统作风、风尚。庾信《哀江南赋序》："潘岳之文采，始述家风。"按潘岳有《家风诗》。陆游《家感》诗："烟蓑雪笠家风在，送老湖边一钓矶。"

家公　❶称别人之父。《孔丛子·执节》："申叔问子顺曰：'子之家公，有道先生，既论之矣。今子易之，是非焉在？'"❷称自己的父亲。《晋书·山简传》："简字季伦，性温雅，有父风。年二十余，涛不之知也。简叹曰：'吾年几三十，而不为家公所知。'"❸子孙称其祖父。《颜氏家训·风操》："昔侯霸之子孙，称其祖父曰家公。"❹家主。《庄子·寓言》："其家公执席，妻执巾栉。"成玄英疏："家公，主人公也。"

家讳　旧时子孙回避涉父祖之名，叫"家讳"。与"国讳"相对。也叫"私讳"。《礼记·曲礼上》"君所无私讳"郑玄注："谓臣言于君前，不辟（避）家讳。"参见"避讳❶"。

家伙　❶家具；用器。《红楼梦》第三十五回："凤姐先忙着要干净家伙来替宝玉拣菜。"亦作"家火"。❷对人的憎称或戏称。如：那个家伙；小家伙。

家鸡野雉　《太平御览》卷九百十八引《晋书》："〔庾翼〕在荆州与都下人书云：'小儿辈贱家鸡，爱野雉，皆学逸少书。'"庾翼以家鸡自喻其书，以野雉比逸少（王羲之字）书。后以"家鸡野雉"比喻不同的书法风格。也比喻人喜爱新奇，而厌弃平常的事物。或作"家鸡野鹜"。苏轼《跋庾征西帖》："征西初不服逸少，有家鸡野鹜之诮，后乃以为伯英再生。"伯英，东汉张芝字。

家给人足　见"人给家足"。

家计　家庭生计；家产。《晋书·甘卓传》："吾家计急，不得不尔。"

家教　❶在家教授弟子。《史记·儒林列传》："申公耻之，归鲁，退居家教，终身不出门，复谢绝宾客。"❷旧时对儿童的启蒙读物。如：《太公家教》。❸指家庭中的礼法或父母对子女的教育。《老残游记续集》第二回："宋次安还是我乡榜同年呢！怎么没家教到这步田地！"

家君　❶对别人称自己的父亲。王勃《滕王阁序》："家君作宰，路出名区。"又上加"贤"字以称别人的父亲。《世说新语·政事》："陈元方年

十一时,候袁公。袁公问曰:'贤家君在太丘,远近称之,何所履行?'"❷古时指卿大夫封地之宰。《墨子·尚同下》:"卿之宰又以其知力为未足独左右其君也,是以选择其次,立而为乡长、家君。"

家口 ❶家人的口粮。《列子·黄帝》:"宋有狙公者,爱狙。……损其家口,充狙之欲,俄而匮焉。"❷家中人口;家属。《南史·张敬儿传》:"乃迎家口,悉下至都。"

家累 ❶家庭生活负担。《魏书·源子恭传》:"计其家累,应在不轻。"❷旧时以妻女奴仆等都仰食于家主,因称家中人口为"家累"。韩愈《与李翱书》:"衣服无所得,养生之具无所有,家累仅三十口,携此将安所归托乎?"

家门 ❶家族。《南史·萧引传》:"吾家再世为始兴郡,遗爱在人,政可南行以存家门耳。"❷家。《史记·夏本纪》:"〔禹〕居外十三年,过家门不敢入。"❸乡里。《后汉书·皇甫规传》:"刘祐、冯绲、赵典、尹勋,正直多怨,流放家门。"❹门第。王实甫《西厢记》第二本第一折:"待从军又怕辱没了家门。"❺古时称卿大夫的家。《左传·昭公三年》:"政在家门,民无所依。"杜预注:"大夫专政。"❻戏曲名词。亦称"副末开场"或"家门大意"。南戏和传奇演出开始时常用格式是由一个副末脚色上场,说明作者的创作意图和剧情大意。一般认为由宋代乐舞的"致语"或勾栏的"开呵"演变而来。又,戏曲中常把剧中人物的家世或类型称为家门。如主要剧中人第一次上场时的自我介绍,叫自报家门。昆剧中也称脚色行当为家门。

家奴 古代私家所属的奴隶。《汉书·高祖本纪》:"郎中田叔、孟舒等十人自髡钳为(赵)王家奴,从王就狱。"《元史·张雄飞传》:"先是荆湖行省阿里海牙以降民三千八百户没入为家奴。"《明史·郭英传》:"御史裴承祖劾英私养家奴百五十余人。"

家谱 旧时记载一姓世系和重要人物事迹的谱籍。《宋史·艺文志三》有司马光《臣寮家谱》一卷。又名"族谱"、"宗谱"、"家乘"。苏洵有《族谱引》。

家庆 家庭中的喜庆之事。庾信《周大将军陇东郡公侯莫陈君夫人窦氏墓志铭》:"朝章家庆,兼而有之。"高明《琵琶记·乞丐寻夫》:"可

怜不得图家庆,辜负丹青泣画工。"

家人 ❶犹言平民。《汉书·董贤传》:"此岂家人子所能堪邪?"颜师古注:"家人,犹言庶人也。"又《栾布传》:"彭越为家人时,尝与布游。"颜师古注:"家人,犹言编户之人也。"❷一家人。如:家人父子。❸旧时称仆人。《红楼梦》第一百十四回:"一个人若要使起家人们的钱来,便了不得了。"❹六十四卦之一,离下巽上。《易·家人》:"象曰:风自火出,家人。"孔颖达疏:"火出之初,因风方炽;火既炽盛,还复生风。内外相成,有似家人之义。"

家人子 ❶汉代宫人之称。《汉书·外戚传序》:"上家人子,中家人子,视有秩斗食云。"颜师古注:"家人子者,言采择良家子以入宫,未有职号,但称家人子也。"❷普通人家子。《史记·冯唐传》:"夫士卒尽家人子。"司马贞索隐:"谓庶人之家子也。"

家山 故乡。钱起《送李栖桐道举擢第还乡省侍》诗:"莲舟同宿浦,柳岸向家山。"

家生 ❶家用杂物的总称。吴自牧《梦粱录》卷十三"诸色杂货":"家生动事,如桌、凳、凉床、交椅。"❷刀枪等武器的俗称。《水浒传》第二回:"史进又不肯务农,只要寻人使家生,较量枪棒。"❸家中生产之事;家计。《史记·扁鹊仓公列传》:"不修家生,出行游国中。"❹旧称奴婢的子女而仍在主家服役者。也叫"家生子"、"家生孩儿"。敦煌变文《佛说阿弥陀经讲经文》:"拔悉密则元是家生,黠戛私则本来奴婢。"郑德辉《㑇梅香》楔子:"更有一个家生女孩儿,小字樊素,年一十七岁,与小姐做伴读书。"《红楼梦》第十九回:"我又比不得是这里的家生子儿。"

家生孩儿 简称"家生的"。奴婢的儿子,其身份仍为奴。陶宗仪《辍耕录》卷十七:"奴婢所生子,亦曰家生孩儿。"

家声 家族素有的声誉。《汉书·司马迁传》:"李陵既生降,陨其家声。"颜师古注引孟康曰:"家世为将,有名声,陵降而陨之也。"

家乘 乘,史书。记载私家之事的史籍。黄庭坚撰《宜州家乘》,今有传本。罗大经《鹤林玉露》卷十:"山谷晚年作日录,题曰家乘,取《孟子》'晋之乘'之义。"后相沿称家谱为"家乘"。

家世 家庭的世业和门阀。《汉

书·匡衡传》:"家世多为博士者。"《后汉书·朱晖传》:"家世衣冠。"

家事 ❶家务。《史记·廉颇蔺相如列传》:"受命之日,不问家事。"❷用具,犹言家伙。孟元老《东京梦华录·防火》:"及有救火家事,谓如大小桶、洒子、麻搭、斧、锯、梯子、火叉、大索、铁猫儿之类。"❸家产。《醒世恒言·陈多寿生死夫妻》:"论起家事,虽然不算大富长者,靠祖上遗下些田业,尽可温饱有余。"

家室 ❶同"室家❸"。夫妇。《诗·周南·桃夭》:"之子于归,宜其家室。"❷家属。《后汉书·桓荣传》:"如有不讳,无忧家室也。"❸房屋。《淮南子·修务训》:"舜作室筑墙茨屋,辟地树谷,令民皆知去岩穴,各有家室。"

家书 家信。杜甫《春望》诗:"烽火连三月,家书抵万金。"

家数 ❶谓学术或文艺上的流派。黄宗羲《姜友棠诗序》:"初未尝有古人之家数存于胸中。"俞正燮《癸巳存稿》卷十二:"古人学行皆称家数。"❷特指宋代"说话"的种类。吴自牧《梦粱录》卷二十"小说讲经史":"说话者谓之'舌辩',虽有四家数,各有门庭。"四家数,指小说、讲经、讲史书和商谜四种。四家数又有流别,故云各有门庭。按:家数之分,各说不尽相同。

家私 ❶家财家产。杨玙《山居新语》:"江西吕道山至元间分析家私作十四分。"❷家中私事。王粲《从军诗》:"外参时明政,内不废家私。"

家天下 谓帝王把国家作为自己一家的私产,世代相传。语本《礼记·礼运》"今大道既隐,天下为家"。《汉书·盖宽饶传》:"五帝官天下,三王家天下,家以传子,官以传贤。"

家僮 古代私家所属的奴隶。《史记·吕不韦传》:"不韦家僮万人。"《汉书·张安世传》:"家僮七百人,皆有手技作事。"《后汉书·折像传》:"国(折国)有赀财二亿,家僮八百人。"后作为童仆的通称。

家徒壁立 谓家中贫乏,空无所有。《汉书·司马相如传上》:"文君夜亡奔相如,相如与驰归成都,家徒四壁立。"颜师古注:"徒,空也,但有四壁,更无资产。"沈复《浮生六记·闺房记乐》:"四龄失怙,母金氏,弟克昌,家徒壁立。"亦作"家徒四壁"。《聊斋志异·薛慰娘》:"仆故家徒四壁,恐后日不如所望。"

家问 家中消息。《晋书·陆机

传》:"既而羁寓京师,久无家问。笑语犬曰:'我家绝无书信,汝能赍书取消息不?'"

家小 指妻子和儿女。《三国演义》第一百十三回:"一面将全尚、刘丞并其家小俱拿下。"亦单指妻子。

家兄 ❶对人自称其兄。《三国志·吴志·诸葛恪传》"令守节度"裴松之注引《江表传》:"诸葛亮闻恪代诞(徐详),书与陆逊曰:'家兄年老……窃用不安。'"❷铜钱的戏称。因钱别号"孔方兄"之故。《太平御览》卷八三六引成公绥《钱神论》:"载驰载驱,唯钱是求……爱我家兄,皆无能已。"

家学 家传之学。如:家学渊源。《北史·江式传》:"式少专家学。"苏轼《刘壮舆长官是是堂》诗:"刘君有家学,三世道益孤。"

家训 ❶父母对子女的训导。《后汉书·边让传》:"髫齓夙孤,不尽家训。"❷父祖为子孙写的训导之辞。如北齐颜之推撰有《颜氏家训》。

家严 对别人称自己父亲之辞。《称谓录》卷一:"案《易》'家人有严君焉',今对人自称其父曰家严,盖本于此。"参见"严君"。

家业 ❶家产。《汉书·杨王孙传》:"家业千金,厚自奉养生,亡所不致。"❷家传的学术;家学。《北齐书·颜之推传》:"世善《周官》、《左氏》学,之推早传家业。"

家喻户晓 家家户户都知道,谓人人皆知。《镜花缘》第八十一回:"今日之下,其所以家喻户晓,知他为忠臣烈士,名垂千古者,皆由无心而传。"亦作"家至户晓"。《宣和书谱·叙论》:"〔帝王〕不出九重深密之地,使四方万里,朝令夕行,岂家至户晓也哉。"

家园 ❶私人的田园。潘岳《橘赋》:"故成都美其家园,江陵重其千树。"❷家乡。元好问《九日读书山》诗:"山腰抱佛刹,十里望家园。"

家珍 家藏的珍宝。如:如数家珍。《韩诗外传》卷一:"仲尼去鲁,送之不出鲁郊,赠之不以家珍。"

家传(一zhuàn) 子孙记叙家族中前辈事迹的传记。谢灵运《山居赋》:"国史以载前纪,家传以申世谟。"

家尊 ❶称别人的父亲。亦作"君家尊"。《晋书·王献之传》:"君书何如君家尊?"韩愈《送进士刘师服东归》诗:"携持令名归,自足贻家尊。"❷义同"家严"、"家君"。对别

人称自己的父亲。《水浒传》第二十八回:"且请少坐,待家尊出来相见了时,却得相烦告诉。"

智(jiā) 通"珈"。古代妇女的首饰。《太玄·羡》:"妇人易智。"范望注:"智,笄饰也。"

另见 gě。

耞(jiā) 即"连耞",一种手工脱粒农具。由长手柄及敲杆绞连构成。《农政全书·农器二》:"连耞,击禾器……其制:用木条四茎,以生革编之,长可三尺,阔可四寸;又有以独挺为之者,皆于长木柄头造为掉轴,举而转之,以扑禾也。"参见"连耞"。

铪〔鉿〕(jiā) 象声。钻入坚物的声音;击乐器声。《太玄·干》:"阳气扶物而钻乎坚,铪然有穿。"

另见 hā,kē。

笳(jiā) 古管乐器名。汉时流行于塞北和西域一带,汉魏鼓吹乐中常用之。清代形制有三孔,木制,两端弯曲。

袈(jiā) 见"袈裟"。

袈裟 译自梵语 Kaṣāya,意为"坏色"。佛教僧尼的法衣。因僧衣避免用青、黄、赤、白、黑等"正色",而用似黑之色,故又称缁衣。依佛教定制分为三种,总称"支伐罗"(civara):(1)僧伽梨(saṅghāṭi,大衣),用九至十五条布片缝成;(2)郁多罗僧(uttarāsaṅga,七条衣,又名上衣),用七条布片缝成;(3)安陀会(antarvāsa,五条衣,又名内衣),用五条布片缝成。合称"三衣"。

葭(jiā) ❶初生的芦苇。《诗·召南·驺虞》:"彼茁者葭。"❷通"笳"。古管乐器。谢灵运《九日从宋公戏马台集送孔令》诗:"鸣葭戾朱宫。"

葭莩 芦苇中的薄膜,比喻疏远的关系。《汉书·中山靖王传》:"非有葭莩之亲。"也用为亲戚的代称。温庭筠《病中书怀呈友人》诗:"何所托葭莩?"

葭灰 古代为了预测节气,将苇膜烧成灰,放在律管内,到某一节气,相应律管内的灰就会自行飞出。见《后汉书·律历志》。杜甫《小至》诗:"吹葭六琯动飞灰。"参见"灰琯"。

葭思 "兼葭之思"的省语。语本《诗·秦风·兼葭》"兼葭苍苍,白露为霜,所谓伊人,在水一方"。鲁迅

《热风·随感录四十》:"只有几封信,说道,'久违芝宇,时切葭思。'"芝宇,即眉宇,以人的容貌代人。旧时书信中常用来表示对人的怀念。

跏(jiā) 见"跏趺"。

跏趺 "结跏趺坐"的略称。本作"加趺",亦称"加趺坐"。佛教中修禅者的坐法。即双足交叠而坐。有两种:(1)两足交叉置于左右股上,叫全跏坐(俗称双盘);(2)单以右足押在左股上,或单以左足押在右股上,叫半跏坐(俗称单盘)。据佛经说,跏趺可减少妄念,集中思想。白居易《在家出家》诗:"中宵入定跏趺坐,女唤妻呼多不应。"

猳(jiā) ❶同"豭"。❷猴属。缺名《补江总白猿传》:"然其状,即猳玃类也。"

椵(jiā) 通"枷"。古时系犬用具。《周礼·地官·封人》"设其楅衡"郑玄注:"衡设于鼻,如椵状也。"贾公彦疏:"汉时有置于犬之上,谓之椵。"

另见 jiǎ。

豭(jiā) 牛有力。《尔雅·释畜》:"绝有力,欣豭。"邢昺疏:"凡牛……之绝有力壮大者名欣豭。"按《尔雅注疏》校勘记引邵晋涵正义曰:"《玉篇》云:'豭,牛有力。'《广韵》云:'豭,牛绝有力。'欣字疑衍。"又云:"按单字双字,随方俗语言为之,旧校误引邵说。"

筴(jiā) ❶夹东西的用具。陆羽《茶经·器》:"火筴,一名筋。"❷箝制。韩愈《曹成王碑》:"掇黄冈,筴汉阳。"

另见 cè 策。

嘉(jiā) ❶善;美。如:嘉谋;嘉言。陆机《吴趋行》:"山泽多藏育,土风清且嘉。"❷赞许;表扬。如:嘉奖。曹丕《槐赋》:"有大邦之美树,惟令质之可嘉。"❸吉庆;幸福。《汉书·礼乐志》:"休嘉砰隐溢四方。"❹欢乐。如:嘉会。❺姓。宋代有嘉正、嘉承。

嘉宾 ❶佳客。《诗·小雅·鹿鸣》:"我有嘉宾,鼓瑟吹笙。"❷雀的别名。崔豹《古今注·鸟兽》:"雀,一名嘉宾,言常栖集人家,如宾客也。"李峤《雀》诗:"大厦初成日,嘉宾集杏梁。"

嘉遁 《易·遁》:"九五,嘉遁贞吉。"旧时用为称颂隐遁之辞。《三国志·魏志·管宁传》:"匿景藏光,嘉遁养浩。"

嘉禾 生长得特别苗壮的禾稻。古人视为瑞征。《论衡·讲瑞》："嘉禾生于禾中，与禾中异穗，谓之嘉禾。"

嘉会 ❶谓众美毕集。《易·乾》："嘉会足以合礼。"孔颖达疏："言君子能使万物嘉美集会，足以配合于礼。"❷欢乐的宴会。钟嵘《诗品序》："嘉会寄诗以亲，离群托诗以怨。"❸谓国运昌盛之际。潘岳《西征赋》："遭千载之嘉会，皇合德于乾坤。"

嘉惠 对别人所给予恩惠的美称。贾谊《吊屈原赋》："共承嘉惠兮，俟罪长沙。"亦指施加恩惠。柳宗元《唐故秘书少监陈公行状》："天子嘉惠群臣而引慝焉。"

嘉礼 古代五礼之一。《周礼·春官·大宗伯》："以嘉礼亲万民。"郑玄注："嘉礼之别有六。"按即饮食、昏冠、宾射、飨燕、脤膰、贺庆等礼。后世专指婚礼。《聊斋志异·狐嫁女》："不知今夕嘉礼，惭无以贺。"

嘉量 古代标准量器名。《考工记·栗氏》："嘉量既成，以观四国。"

嘉纳 赞许而采纳。多用于君上对臣下。《后汉书·朱晖传》："〔晖〕因上便宜，陈密事，深见嘉纳。"

嘉耦 互敬互爱、和睦相处的夫妇。《左传·桓公二年》："嘉耦曰妃，怨耦曰仇。"

嘉尚 犹嘉许，赞美。《宋史·理宗纪》："将士用命，深可嘉尚。"

嘉蔬 ❶肥美的蔬菜。杜甫《寄李十四员外布十二韵》："闷能过小径，自为摘嘉蔬。"❷古代祭祀用稻的专称。《礼记·曲礼下》："稻曰嘉蔬。"郑玄注："嘉，善也；稻，菰蔬之属也。"

嘉玩 赞许欣赏。《三国志·魏志·应璩传》"贞咸熙中参相国军事"裴松之注引《文章叙录》："夏侯玄盛有名势，贞（应贞）常在玄坐作五言诗，玄嘉玩之。"

嘉祥 吉祥的征兆。《汉书·宣帝纪》："屡获嘉祥，非朕之任。"

嘉许 赞许。《易林·贲之艮》："公子奉请，王孙嘉许。"

镓 〔镓〕(jiā) 化学元素[周期系第Ⅲ族（类）主族元素]。稀散元素之一。符号 Ga。原子序数 31。银白色金属。质软性脆。熔点低（29.78℃），但沸点颇高（2 403℃）。熔融后的金属，当温度下降到室温时，可保持液态达数日之久。在液态转化为固态时，膨胀率为 3.1%，故宜贮于塑料容器中。用作光学玻璃、合金及半导体等的原料，也可用以制高温计。$^{67}_{31}$Ga 是一种常用的肿瘤扫描剂。

豭 (jiā) 公猪。《左传·隐公十一年》："郑伯使卒出豭。"卒，一百人。

麚 (jiā) 牡鹿。北魏太武帝年号有"神麚"。

貑 〔貑〕(jiā) 鼻息声。《古文苑·王延寿〈王孙赋〉》："鼻貑齁以貑貑。"章樵注："皆鼻息声。"

麚 雄鹿。《尔雅·释兽》："鹿，牡麚，牝麀。"《文选·马融〈长笛赋〉》："寒熊振颔，特麚昏影。"李善注："《尔雅》曰：'鹿，牡麚。'牡鹿也。"

jiālún

岺 〔篿〕(jiālún) "加仑"的合文。

jiá

夹 ㊀〔夾、袷、裌〕(jiá) 双层的。如：夹衣；夹被。
㊁〔夾〕(jiá) 通"铗"。剑把子。《庄子·说剑》："天子之剑，以燕溪石城为锋……周宋为镡，韩魏为夹。"
另见 jiā，xiá，xié。

夹袋中人物 《宋史·施师点传》载，施师点访求贤才，常记下人名及其品学置夹袋中备选。旧称当权者的亲信或收揽备用的人为"夹袋中人物"，本此。

郏 〔郟〕(jiá) ❶周王城。《左传·襄公二十四年》："齐人城郏。"杜预注："郏，王城也。"参见"郏鄏"。❷山名。《水经·穀水注》引京相璠曰："郏，山名。"即北邙山。❸古邑名。春秋郑地，后属楚。在今河南郏县。《左传·昭公元年》："楚公子围使公子黑肱、伯州犁城犨、栎、郏，郑人俱。"❹姓。春秋时郑有郏张。

郏鄏 古地名。即周都王城所在，成王时周公所筑。在今河南洛阳市王城公园一带。《左传》宣公三年（公元前 606 年），王孙满曰"成王定鼎于郏鄏"，即此。

郏室 同"夹室"。《大戴礼记·诸侯衅庙》："雍人割鸡屋下，当门郏室，受鸡于室中。"

诙 〔詼〕(jiá) 见"谍诙"。

莢 〔莢〕(jiá) 豆科植物的果实。如：豆莢；皂莢。王安石《元丰行示德逢》："旱禾秀发埋九尻，豆死更苏肥莢毛。"

莢蒾（Viburnum dilatatum） 忍冬科。落叶灌木，嫩枝有星状毛。叶对生，近圆形或广卵形，背面有星状毛和黄色鳞片状腺点。夏季开花，花小，白色，在枝端密集成聚伞花序。核果广卵形，深红色。生于山地。分布于中国浙江、江苏、山东、河南、湖北等省；日本也产。果实红熟可食。根、枝、叶均可药用。

拮 (jiá) 逼迫。《国策·秦策三》："句践终拮而杀之。"鲍彪注："拮、戛同，轹也，盖逼之。"按姚本"拮"作"搕"。
另见 jié。

唊 〔唊〕(jiá) 妄语。见《说文·口部》。
另见 qiǎn。

饺 〔餄〕(jiá) 饼类食品。见《玉篇·食部》。

浃 〔浹〕(jiá) 见"浃口"。
另见 jiā，xiá。

浃口 即浃江口。今浙江省甬江，古名浃江，自宁波市东北流至镇海入海。东晋置戍于此，为海防要地。隆安中孙恩在此登陆；后为刘裕所败，复由此入海。宋建炎中高宗避金兵由此去海上。

恝 (jiá) 不经心；无动于衷。《孟子·万章上》："夫公明高以孝子之心为不若是恝。"赵岐注："恝，无愁之貌。"朱鼎《玉镜台记·新亭流涕》："二帝在北，不宜恝然，须当时复遣问起居，以尽臣子之义。"

脥 〔脥〕(jiá) 同"颊"。见《玉篇·肉部》。
另见 qiǎn，xié。

鸹 〔鴶〕(jiá) 见"鸹鵴"。

鸹鵴 鸟名。《尔雅·释鸟》："鸤鸠，鸹鵴。"郭璞注："今之布谷也。"江东呼为获谷。"郝懿行义疏："江东呼为郭公。又谓勃姑，又谓步姑。其身灰色。翅尾末俱杂色。农人候此鸟鸣，布种谷矣。"

戛 〔戞〕(jiá) ❶古兵器名，即戟。一说为长矛。张衡《东京赋》："立戈迤戛。"❷常礼；常法。《书·康诰》："不率大戛，矧惟外庶子训人。"孔颖达疏："戛，犹楷也，言为楷模之常。"蔡沈集传："戛，法

也。”《尔雅·释言》：“戛，礼也。”❸击。见“戛击”。❹刮。《文选·木华〈海赋〉》：“戛岩嵙，偃高涛。”李善注：“戛，犹概也。”❺研磨。徐渭《端石铭》之一：“端石之嘉，戛墨有声。”❻象声词。见“戛然❶”、“戛戛”。

另见 jiē。

戛击 犹言敲击。《书·益稷》：“戛击鸣球。”孔传：“戛击柷敔，所以作止乐。”孔颖达疏：“乐之初，击柷以作之；乐之将末，戛敔以止之。”按柷、敔，皆乐器名。

戛戛 ❶象声词。《聊斋志异·小二》：“方喧竞所，闻笼中戛戛。”❷困难貌。韩愈《答李翊书》：“惟陈言之务去，戛戛乎其难哉！”后常以“戛戛独造”形容文辞之别出心裁，富有独创性。

戛然 ❶象鸣声。白居易《画雕赞》：“轩然将飞，戛然欲鸣。”❷止貌。李昌祺《剪灯余话·贾云华还魂记》：“〔云华〕曰：‘兄饮未醑，更告一杯可乎？’夫人笑曰：‘才为兄妹，便钟友爱之情，郎君岂得戛然乎！’”❸出众貌。阮元《小沧浪笔谈》卷二：“同州郑勉诗赋亦戛然出群。”

戛玉敲金 形容声调铿锵悦耳。《聊斋志异·八大王》：“雅谑则飞花粲齿，高吟则戛玉敲金。”亦作“戛玉敲冰”。白居易《听田顺儿歌》诗：“戛玉敲冰声未停，嫌云不遏入青冥。”

鵊〔鵊〕（jiá）❶鸟名。《集韵·三十二洽》：“鵊，杜鹃也。”❷见“鹎鵊”。

映〔映〕（jiá）眼睛闭着。《韩非子·说林上》：“今有人见君，则映其一目。”又：“瞀，两目映。”

另见 jié。

鋏〔鋏〕（jiá）❶夹取东西的金属器具。如：火鋏；铁鋏子。❷剑。《楚辞·九章·涉江》：“带长鋏之陆离兮。”一说剑把。《国策·齐策》：“长鋏归来乎！”鲍彪注：“鋏，剑把也。”

頬〔頬〕（jiá）❶刮。见“羹頬侯”。❷克扣。《新唐书·高仙芝传》：“我退，罪也，死不敢辞；然以我为盗頬资粮，诬也。”

另见 xié。

頰〔頰〕（jiá）面颊，脸的两侧。黄庭坚《戏答王定国题门两绝句》：“非复三五少年日，把酒偿春頰生红。”

揳（jiá）通“戛”。击响乐器；弹奏。《史记·货殖列传》：

“赵女郑姬，设形容，揳鸣琴。”

另见 xiē，xié。

蛱〔蛱〕（jiá）见“蛱蝶”。

蛱蝶 蝴蝶的一类。杜甫《曲江》诗：“穿花蛱蝶深深见，点水蜻蜓款款飞。”

跲（jiá）❶窒碍。《礼记·中庸》：“言前定，则不跲。”孔颖达疏：“将欲发言能豫前思定然后出口，则言得流行，不有蹎蹶也。”❷牵绊。《诗·豳风·狼跋》“狼跋其胡，载疐其尾”毛传：“老狼有胡，进则蹎其胡，退则跲其尾。”

稭（jiá）同“秸”。穗去实，即稻草，麦秸。《礼记·礼器》：“莞簟之安，而稿稭之设。”郑玄注：“穗去实曰稭。”孔颖达疏：“稿稭，除穗粒取秆稿为席。”

磍（jiá，又读 xiá）剥。见《广韵·十五鎋》。

jiǎ

甲（jiǎ）❶草木萌芽时的外皮。如：荂甲。❷某些动物护身的硬壳。如：龟甲；鳖甲；甲壳。也指手指和脚趾上的角质层。如：指甲；爪甲。❸古时战士的护身衣，用皮革或金属做成。如：带甲；解甲。《楚辞·九歌·国殇》：“操吴戈兮被犀甲。”引申为兵士的代称。《史记·苏秦列传》：“秦兵渡河逾漳，据番吾。”❹旧时户口编制单位。如：保甲。❺天干的第一位，因以为第一的代称。如：甲级。又为甲子的省称。如：花甲。❻占第一；冠于。如：桂林山水甲天下。❼通“胛”。如：肩甲。❽通“狎”。亲近。《诗·卫风·芄兰》：“虽则佩鞢，能不我甲。”毛传：“甲，狎也。”陈奂传疏：“古‘能’与‘而’通。言虽是佩鞢，而不我狎也。”❾姓。明代有甲良。

甲榜 科举制度中取中进士的别称。俗称两榜，以举人进士各为一榜而合言之。榜是考试后揭晓名次的布告。

甲兵 铠甲和兵器。泛指武备。《诗·秦风·无衣》：“王于兴师，修我甲兵，与子偕行。”亦用作军事的代称。《左传·哀公十一年》：“胡簋之事，则尝学之矣；甲兵之事，未之闻也。”

甲坼 谓草木萌芽时种子外皮开裂。《易·解》：“雷雨作而百果草木皆甲坼。”孔颖达疏：“雷雨既作，百

果草木皆孚甲开坼，莫不解散也。”

甲第 ❶本谓封侯者的住宅。后泛指贵显的宅第。《史记·武帝本纪》：“赐列侯甲第。”裴骃集解引《汉书音义》：“有甲乙第次，故曰第。”崔颢《长安道》诗：“长安甲第高入云，谁家居住霍将军！”❷科举等第名，犹言第一等。《新唐书·选举志》：“凡进士试时务策五道，帖一大经。经策全通为甲第；策通四，帖过四以上，为乙第。”明清时则用以泛指进士。

甲骨文 也叫“契文”、“卜辞”、“龟甲文字”、“殷虚文字”。商周时代刻在龟甲兽骨上的文字。甲骨文最初出土于河南安阳小屯村的殷墟，清光绪二十五年（1899年）才被学者发现，三十年孙诒让著《契文举例》，始作考释。1928年后作了多次发掘，先后出土达十余万片。这些文字都是商王朝利用龟甲兽骨占卜吉凶时写刻的卜辞和与占卜有关的记事文字，为公元前1300年盘庚迁殷到前1046年纣亡二百五十三年间的遗物，是研究商周社会历史的重要资料。已发现的甲骨文单字在四千五百字左右，可认识的约一千七百字（据《甲骨文编》）。文字结构

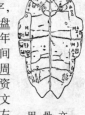

甲骨文

不仅已经由独体趋向合体，而且有了大批的形声字，是一种相当进步的文字；但多数字的笔画和部位还没有定型。在可识的汉字中，甲骨文是最古的文字体系。近年在陕西扶风、岐山一带的周原等地，曾发现一些西周时代的甲骨文。

甲科 汉时课士分甲、乙、丙三科。《汉书·儒林传》：“平帝时……岁课甲科四十人为郎中，乙科二十人为太子舍人，丙科二十人补文学掌故。”唐代明经有甲、乙、丙、丁四科，进士有甲、乙二科。明清通称进士为甲科，举人为乙科，本此。

甲马 ❶铠甲与战马。泛指武备。《宋史·兵志四》：“臣窃谓陕西河东弓箭手，官给良田，以备甲马。”亦指战争。杜甫《严氏溪放歌行》：“天下甲马未尽消。”❷迷信者礼拜神佛所用纸马。虞兆湆《天香楼偶得·马字寓用》：“俗于纸上画神佛像，涂以红黄采色，而祭赛之，毕即焚化，谓之甲马。以此纸为神佛之所凭依，似乎马也。”亦指符箓。《水浒全传》第三十八回：“（戴宗）把两个甲马拴在两只

腿上,作起神行法来。"

甲士　士兵;披甲持械的武士。《史记·刺客列传》:"光伏甲士于窟室中,而具酒请王僚。"光,吴公子光。

甲夜　初更时分。《汉官典职仪式选用》:"凡宫中漏夜尽,鼓鸣则起,钟鸣则息;卫士甲乙徼相传,甲夜毕,传乙夜,相传尽五更。"孔平仲《孔氏杂说》:"汉官仪:黄门持五夜,甲夜、乙夜、丙夜、丁夜、戊夜,亦如今五更也。"参见"五更❶"。

甲乙　❶谓等级次第。如:评定甲乙。王灼《碧鸡漫志》卷一:"开元中,诗人王昌龄、高适、王之涣诣旗亭饮,梨园伶官亦招妓聚燕。三人私约曰:'我辈擅诗名,未定甲乙,试观诸伶讴诗分优劣。'"❷甲帐、乙帐之并称。张衡《西京赋》:"张甲乙而袭翠被。"参见"甲帐"、"乙帐"。

甲仗　❶指披铠甲执兵器的卫士。《南史·徐羡之传》:"乃以羡之为丹阳尹,总知留任,甲仗二十人出入。"❷兵器。《周书·武帝纪》:"齐众大溃,军资甲仗,数百里间委弃山积。"

甲帐　汉武帝所造的帐幕,以甲乙为次。《南史·沈炯传》:"甲帐珠帘,一朝零落;茂陵玉碗,遂出人间。"详"乙帐"。

甲胄　亦称"介胄"。铠甲和头盔。《左传·成公十三年》:"文公躬擐甲胄,跋履山川。"

甲子　甲居十干首位,子居十二支首位。干支依次相配,如甲子、乙丑、丙寅之类,统称甲子。古人主要用以纪日,后人主要用以纪年,故常以甲子指岁月、年龄。又自甲子至癸亥,其数凡六十,六十次轮一遍,因称为六十花甲子。参见"六十甲子❶"、"花甲"。

甲族　即世家大族。《南史·庾于陵传》:"旧东宫官属,通为清选,洗马掌文翰,尤其清者;近代用人,皆取甲族有才望者,时于陵与周舍并擢充此职。武帝曰:'官以人清,岂限甲族!'时论以为美。"

岬（jiǎ）　❶两山之间。《文选·左思〈吴都赋〉》:"倾薮薄,倒岬岫。"张铣注:"两山间曰岬。"❷见"岬角"。

岬角　向海突出的陆地尖角,也称"地角"。常见于半岛的前端。如中国山东半岛的成山角、韭洲南端的好望角等。

岬嵑　连接不断。张协《洛禊赋》:"车驾岬嵑,充溢中逵。"

柙（jiǎ）　木名。《文选·左思〈吴都赋〉》:"木则枫柙、橪樟。"刘逵注:"枫、柙,皆香木名也。"

另见 xiá,yā。

胛（jiǎ）　肩胛,背脊上部跟两胳膊接连的部分。《后汉书·张宗传》:"中矛贯胛。"

贾〔賈〕（jiǎ）　姓。

另见 gǔ,jià。

贾桂　京剧《法门寺》中人物。宦官刘瑾手下的小太监。在刘瑾面前奴颜婢膝,刘瑾让他坐,他说站惯了;对下则作威作福,敲诈勒索。是狐假虎威的奴才典型。

夏（jiǎ）　通"槚"。见"夏楚"。

另见 xià。

夏楚　同"槚楚",古代扑责之具。《礼记·学记》:"夏楚二物,收其威也。"郑玄注:"夏,榎也;楚,荆也。二者所以扑挞犯礼者。"

钾〔鉀〕（jiǎ）　❶同"甲"。铠甲。《晋书·姚弋仲载记》:"贯钾跨马于庭中。"❷化学元素[周期系第Ⅰ族（类）碱金属元素]。符号 K。原子序数 19。银白色软金属。燃烧时火焰呈紫色。遇水起剧烈反应,放出氢气,同时燃烧起火,一般保存在煤油中。化学性质活泼,在空气中易氧化。在自然界中主要以化合态存在。由电解熔融的苛性钾而得。在有机合成中用作还原剂,也用于制过氧化钾和钾钠合金。为生命必需的大量营养元素。

另见 hé。

假〔叚〕（jiǎ）　❶不真;虚伪。如:弄假成真;假仁假义。《史记·淮阴侯列传》:"大丈夫定诸侯,即为真王耳,何以假为?"❷借;租赁。《孟子·尽心上》:"久假而不归。"参见"假税"。❸凭借。《淮南子·主术训》:"故假舆马者足不劳而致千里。"❹犹"贷"。宽容。《北史·魏世祖纪》:"大臣犯法,无所宽假。"❺给与。《汉书·龚遂传》:"遂乃开仓廪,假贫民。"颜师古注:"假,谓给与。"❻大。《易·家人》:"王假有家。"陆绩注:"假,大也。"❼假设;假使。《列子·杨朱》:"假济,为之乎?"❽《墨经》中的逻辑术语。相当于假说或假言判断。《墨子·小取》:"假也者,今不然也。"❾姓。汉代有假仓。

另见 gé,jià,xiá,xià。

假贷　❶借贷。《史记·陈丞相世家》:"为平贫,乃假贷币以聘,予酒肉之资以内（纳）妇。"❷宽容。《后汉书·安帝纪》:"且复假贷,以观厥后。"李贤注:"假贷,犹宽容也。"

假公济私　借公家之名以图个人私利。无名氏《陈州粜米》第一折:"这是朝廷救民的德意,他假公济私,我怎肯和他干罢了也呵!"

假馆　借用馆舍;寄宿宾客。《孟子·告子下》:"交（曹交）得见于邹君,可以假馆,愿留而受业于门。"

假节　假以符节,指古代大臣临时持节出巡。《汉书·平帝纪》:"遣太仆王恽等八人置副,假节,分行天下,览观风俗。"

假借　❶借。《南史·袁峻传》:"家贫无书,每从人假借,必皆抄写。"也指不是自己本有的;窃取的。如:假借名义;不容假借。❷宽假;宽容。《三国志·蜀志·魏延传》:"唯杨仪不假借延,延以为至忿,有如水火。"❸六书之一。《说文·叙》:"假借者,本无其字,依声托事。"大意语言中某些词有音无字,借用同音来表示。如"来"的本义是小麦,借作往来的"来";"求"（即裘字）的本义是皮衣,借作请求的"求"。参见"通假"。

假吏　临时任职的官吏。《汉书·苏武传》:"武与副中郎将张胜及假吏常惠等募士斥候百馀人俱。"颜师古注:"假吏,犹言兼吏也。时权为使之吏,若今之差人充使典矣。"

假令　❶假使;如果。《史记·管晏列传赞》:"假令晏子而在,余虽为之执鞭,所忻慕焉。"❷暂时代理县令。柳宗元《送薛存义序》:"存义假令零陵二年矣。"

假寐　和衣而睡。《诗·小雅·小弁》:"假寐永叹。"郑玄笺:"不脱冠衣而寐曰假寐。"

假面　面具。刘𫗧《隋唐嘉话》卷下:"高齐兰陵王长恭白类美妇人,乃著假面以对敌,与周师战于金墉下,勇冠三军。齐人壮之,乃为舞以效其指麾击刺之容,今'人面'是。"按面盖起于《周礼》方相氏黄金四目以逐鬼。见赵翼《陔馀丛考》卷三十三。

假母　❶《汉书·衡山王传》:"元朔四年,中人有贼伤后假母者。"颜师古注:"继母也,一曰父之旁妻。"后世亦称义母、养母、乳母为"假母"。❷鸨母。开设妓院的妇女。

假色　矿物的物理光学效应引起的颜色。主要包括锖色、晕色、变彩等。斑铜矿、黄铜矿等硫化物矿物表面因氧化薄膜对光的反射、干涉而呈

现斑驳陆离的彩色称为"锖色";方解石、透石膏、白云母等具完全解理的透明矿物,其解理裂缝对光反射、干涉呈现出的如同虹彩般的彩色称为"晕色";在拉长石的某些面上,可看到随观察方向的不同而呈蓝绿、金黄、红紫等变换的颜色称为"变彩"。

假设 ❶假使;假定。《汉书·贾谊传》:"假设陛下居齐桓之处,将不合诸侯而匡天下乎?"❷即"假说"。

假手 利用他人为自己做事。《左传·隐公十一年》:"天祸许国,鬼神实不逞于许君,而假手于我寡人。"

假税 租税。《后汉书·和帝纪》:"其官有陂池,令得采取,勿收假税二岁。"李贤注:"假,犹租赁。"

假说 亦称"假设"。❶以已有事实材料和科学理论为依据而对未知事实或规律所提出的一种推测性说明,即假定。如关于太阳系起源的假说。提出假说必须从事实材料出发,根据已被证实的科学理论,进行逻辑的论证。假说提出后还须得到实践的证实,才能成为科学原理。❷形成和验证某一假定的思维过程。

假王 暂署之王;权宜自封的王号。《史记·陈涉世家》:"乃以吴叔为假王。"又《淮阴侯列传》:"齐伪诈多变,反覆之国也。南边楚,不为假王以镇之,其势不定。"

假象 同真象相对。事物本质的一种歪曲表现。假象也是客观的,它以否定的形式表现本质,是现象与本质对立统一的特殊形式。

假惺惺 假意;假装。乔吉《金钱记》第一折:"想当日,楚屈原,假惺惺醉倒步兵厨。"

假子 旧时谓以他人之子为子,如义子或妻的前夫之子。《新唐书·王世充传》:"〔世充〕初杀文都,欲诡众取信,乃请事侗母刘太后为假子。"《三国志·魏志·何晏传》"著述凡数十篇"裴松之注引《魏略》:"太祖为司空时,纳晏母,并收养晏……文帝特憎之,每不呼其姓字,尝谓之为假子。"

斝(jiǎ) 古代酒器。青铜制。圆口,有鋬和三足。用以温酒。盛行于商代和西周初期。

斝耳 古代酒器名。《左传·昭公七年》:"燕人归燕姬,

斝

赂以瑶瓮、玉椟、斝耳。"杜预注:"斝耳,玉爵。"

斝彝 古代酒器名。旧读斝为稼。《周礼·春官·司尊彝》:"秋尝冬烝,裸用斝彝、黄彝。"郑玄注:"斝,读为稼。稼彝,画禾稼也。"

徦(jiǎ) 至;到。见《说文·彳部》。
另见 xiá。

椵(jiǎ) 木名。《尔雅·释木》:"椵,梜。"郭璞注:"椵,柚属,子大如盂,皮厚二三寸,中似枳,食之少味。"
另见 jiā。

睱(jiǎ) 通"假"。借;利用。王粲《登楼赋》:"聊睱日以销忧。"
另见 xiá。

榎〔檟〕(jiǎ) ❶木名,即楸。《左传·哀公十一年》:"树吾墓槚。"❷即茶树。《尔雅·释木》:"槚,苦荼。"陆羽《茶经·一之源》:"其名一曰茶,二曰槚,三曰蔎,四曰茗,五曰荈。"

槚楚 亦作"夏楚"。用槚木制的刑具,用于笞打。《晋书·虞预传》:"无援者则严其槚楚。"

榎(jiǎ) 同"槚"。《尔雅·释木》:"槐小叶曰榎。"郭璞注:"槐当为楸,楸细叶者曰榎。"郝懿行义疏:"榎与槚同,字之或体。"

瘕(jiǎ) 病名。《说文·疒部》:"瘕,女病也。"现中医学指腹内结块。
另见 xiá。

jià

价〔價〕(jià) ❶价格;价值。如:物价稳定;等价交换。《管子·轻重乙》:"国贫而用不足,请以平价取之。"❷声誉。《世说新语·雅量》:"名价于是大重。"叶适《戴夫人墓志铭》:"少云外豪华,中易直,价倾一县。"❸化学名词。即化合价。❹语法学上指动词作为核心(谓语)形成一个句法结构所必须具有的组配成分的种类和数目。必须有一个组配成分的动词,为一价动词,如"他醒了"中的"醒",须有一个施事成分;必须有两个组配成分的动词,为二价动词,如"大家在吃饭"中的"吃",须有一个施事和一个受事;必须有三个组配成分的动词,为三价动词,如"小李给了小张一本书"中的"给",须有一个施事和两个受事。

这些组配成分对于该动词形成句法结构而能完足表意是具有强制性的。有的语言里存在零价动词,即动词本身无需别的组配成分就可完足表意,如法语的 Il Pleut(下雨)。首先把这个化学术语引进语言学的是法国语言学家特斯尼埃尔(L. Tesnière)。也有把"价"称作"向"的。
另见 jiè,jie。

驾〔駕〕(jià) ❶套马于车。《诗·小雅·采薇》:"戎车既驾,四牡业业。"《礼记·曲礼上》:"君车将驾,则仆执策立马前。"后泛指套牲口于车。❷古时帝王车乘的总称。《后汉书·舆服志上》有"大驾"、"法驾"、"小驾"。亦借指帝王。洪昇《长生殿·定情》:"奴婢高力士见驾。"❸乘坐;驾驶。枚乘《七发》:"驾飞轸之舆,乘牡骏之乘。"❹陵驾;超越。《左传·昭公元年》:"子木之信,称于诸侯,犹诈晋而驾焉。"杜预注:"驾,犹陵也。"❺传布。《法言·学行》:"天之道不在仲尼乎?仲尼,驾说者也。"❻架构。《淮南子·本经训》:"大构驾,兴宫室。"高诱注:"驾,材木相乘驾也。"❼称人行动的敬辞。如:台驾;劳驾。《晋书·王鉴传》:"愚谓尊驾宜亲幸江州。"

驾娘 船娘,操舟的妇女。《红楼梦》第四十回:"船小人多,凤姐只觉乱晃,忙把篙子递与驾娘,方蹲下去。"

驾轻就熟 犹言"轻车熟路"。比喻办事熟练而轻便。语出韩愈《送石处士序》:"若驷马驾轻车,就熟路,而王良、造父为之先后也。"王良、造父,古代善于驾车的人。

驾轶 犹言陵驾。枚乘《七发》:"观其所驾轶者,所擢拔者,所扬汨者、所温汾者、所涤汔者,虽有心略辞给,固未能缕形其所由然也。"此处形容潮势猛烈。

驾长 行船的梢工。《通俗编·艺术》:"杜诗称梢工曰长年三老,犹此时俗谓之家长。家,当是驾音讹,以其驾舵驾橹,故号驾长耳。"

枷(jià) 衣架。《礼记·曲礼上》:"男女不杂坐,不同椸枷。"陆德明释文:"枷,本又作架。"
另见 jiā。

架(jià) ❶搁置或支承东西的用具。如:书架;衣架;床架。❷物的骨骼。如:骨架;屋架。❸搭起。如:架桥;架电线。❹抵挡;支撑。如:招架;架住。❺争吵;殴斗。如:吵架;打架;劝架。❻搀扶。如:

两个护士架着病人进病房。❼把人劫走。如：绑架；架走。❽量词。用于有支柱或有机械的东西。如：一架飞机；一架收音机。❾通"驾"。驾乎其上的意思。钟嵘《诗品》卷下："于是士流景慕，务为精密，襞积细微，专相凌架。"❿捏造；虚构。如：架词诬控。

架空　❶凌空。形容楼阁等建筑物高耸空中。唐太宗《置酒坐飞阁》诗："高轩临碧渚，飞檐迥架空。"❷比喻没有根基。如：架空立论。刘禹锡《答饶州元使君书》："今研核至论，渊乎有味，非游言架空之徒，喜未尝不至抃也。"也比喻暗中排斥，使失去实权。

架子　❶搁置或支撑物体的用具。《红楼梦》第三回："当地放着一个紫檀架子大理石屏风。"❷用以抬高自己、表现自己的一种虚骄姿态。如：搭架子。❸谓气派、排场。《红楼梦》第二回："如今外面的架子虽没很倒，内囊却尽上来了。"

贾〔賈〕(jià)　通"价"。价格；价值。《论语·子罕》："求善贾而沽诸?"
另见 gǔ，jiǎ。

假〔叚〕(jià)　假期；休息日。如：暑假；请假；病假。《梁书·谢举传》："因疾陈解，敕辄赐假。"
另见 gé，jiǎ，xiá，xià。

㟁(jià)　古代西南民族所制的一种布。《后汉书·南蛮传》："其民户出㟁布八丈二尺。"

嫁(jià)　❶女子出嫁。《诗·大雅·大明》："自彼殷商，来嫁于周。"❷往；到。《列子·天瑞》："〔列子〕将嫁于卫。"张湛注："自家而出谓之嫁。"❸转移。见"嫁祸"、"嫁怨"。

嫁狗随狗　义同"嫁鸡随鸡"。庄季裕《鸡肋编》卷下："杜少陵《新婚别》云：'鸡狗亦得将'，世谓谚云'嫁得鸡逐鸡飞，嫁得狗逐狗走'之语也。"

嫁祸　移祸于人。《史记·张仪列传》："割楚而益梁，亏楚而适秦，嫁祸安国，此善事也。"

嫁鸡随鸡　比喻女子嫁后，不论丈夫好坏，都要永远跟从。是封建礼教对妇女的迫害。欧阳修《代鸠妇言》诗："人言嫁鸡逐鸡飞，安知嫁鸠被鸠逐。"《红楼梦》第八十一回："你难道没听见人说，'嫁鸡随鸡，嫁狗随狗'?"

嫁怨　把对自己的怨恨转移给别

人。《宋史·吕大防传》："不市恩嫁怨以邀声誉。"

嫁妆　女子结婚时，娘家陪送的财物。《儒林外史》第二十回："人物又标致，嫁妆又齐整。"参见"妆奁"。

稼(jià)　❶播种五谷。《诗·魏风·伐檀》："不稼不穑，胡取禾三百廛兮?"郑玄注："种之曰稼。"❷庄稼。《诗·豳风·七月》："十月纳禾稼。"朱熹集传："禾者，谷连稿秸之总名；禾之秀实而在野曰稼。"王维《宿郑州》诗："主人东皋上，时雨绕茅屋。"

稼穑　播种曰稼，收获曰穑。泛指农业劳动。《书·无逸》："厥父母勤劳稼穑，厥子乃不知稼穑之艰难。"

jiān

戋〔戔〕(jiān)　见"戋戋"。
另见 cán。

戋戋　❶众多貌。《易·贲》："贲于丘园，束帛戋戋。"孔颖达疏："戋戋，众多也。"一说浅少貌。朱熹《周易本义·贲》："束帛，薄物；戋戋，浅小之意。"白居易《秦中吟》："灼灼百朵红，戋戋五束素。"《聊斋志异·小官人》："戋戋微物，想太史亦当无所用，不如即赐小人。"❷显露貌。江淹《刘仆射东山集学骚》："石戋戋兮水成文。"

尖(jiān)　❶物体的末端细削而锐利。杜甫《送张十二参军赴蜀州因呈杨五侍御》诗："两行秦树直，万点蜀山尖。"亦指细削的末端。如：刀尖；笔尖。❷尖刻；敏锐；新颖。如：嘴尖；眼尖。姚合《和座主相公西亭秋日即事》诗："酒浓杯稍重，诗冷语多尖。"❸声音高而细。如：尖嗓子。贾岛《客思》诗："促织声尖尖似针，更深刺著旅人心。"❹最上品。如：拔尖。《红楼梦》第三十九回："这是头一起摘下来的，并没敢卖呢，留的尖儿，孝敬姑奶奶、姑娘们尝尝。"❺旅途中休息饮食。如：打尖。《儿女英雄传》第三回："便告诉店里我们那里尖，那里住。"

尖叉　作旧体诗术语。指称善于用险韵作诗。宋苏轼诗有《雪后书北台壁二首》，其一末二句为"试扫北台看马耳，未随埋没有双尖"；其二末二句为"老病自嗟诗力退，寒吟《冰柱》忆刘叉"。用"尖"、"叉"二字押韵。虽用险韵而造语自然，无凑韵之弊，后因以"尖叉"为善用险韵

之代称。

尖团音　尖音和团音的合称。凡古代"精"、"清"、"从"、"心"、"邪"五母字，近代以来韵母属于细音（高元音）的叫尖音字，如"将"、"枪"、"节"；凡古代"见"、"溪"、"群"、"晓"、"匣"五母字，近代以来韵母属于细音（高元音）的叫团音字，如"姜"、"腔"、"结"。尖音字的读音以 zi－[tsi]、ci－[ts'i]、si－[si]为一般形式，叫做尖音；团音字的读音以 gi－[ki]、ki－[k'i]、hi－[xi]为一般形式，叫做团音。有的方言分尖团，如老派上海话"精"念[tsiŋ ˥]、"经"念[tɕiŋ ˥]，"青"念[ts'iŋ ˥]、"轻"念[tɕ'iŋ ˥]，"星"念[siŋ ˥]、"兴"念[ɕiŋ ˥]，相应的尖音字和团音字都不同音。普通话不分尖团，"精"同"经"、"青"同"轻"、"星"同"兴"都同音。尖团音之得名同清代满汉对音有关，凡用尖头的满文字母对译的叫尖音，凡用圆头的满文字母对译的叫圆音或团音。

尖新　❶新颖别致。晏殊《山亭柳》词："家住西秦，赌博艺随身，花柳上，斗尖新。"❷幼叶初萌。范成大《四时田园杂兴》诗："柳花深巷午鸡声，桑叶尖新绿未成。"

奸〔姦〕(jiān)　❶邪恶；诈伪。如：作奸犯科；为人奸诈。《左传·僖公二十四年》："弃德崇奸，祸之大者也。"❷邪恶诈伪的人。如：权奸。《晋书·王沉传》："黜奸佞于州国。"特指叛国的人。如：汉奸；锄奸。❸不正当的男女关系。如：通奸；强奸。《汉书·夏侯婴传》："传至曾孙颇，尚平阳公主，坐与父御婢奸，自杀。"
另见 gān。

奸非　❶奸诈邪恶的行为。《后汉书·度尚传》："为政严峻，明于发擿奸非。"❷中国古代法律指发生不正当两性关系的犯罪行为。定罪处刑，深受封建纲常影响。如规定主人奸仆妇不为罪，奴仆雇工奸家长妻女者斩；良奸贱减轻处罚，贱奸良则加重处罚。《大元通制》规定有奸非专章。唐、宋、明、清律称奸非为犯奸。

奸伏　隐藏的坏人坏事。《后汉书·法雄传》："善政事，好发擿奸伏。"

奸宄　❶指犯法作乱的人或事。《书·舜典》："寇贼奸宄。"亦作"奸轨"。《左传·成公十七年》："德刑不立，奸轨并至。"❷劫夺。《书·牧誓》："是以为大夫卿士，俾暴虐于百姓，以奸宄于商邑。"孔颖达疏："奸

宄,谓劫夺。"

奸回　奸恶邪僻。《左传·襄公二十三年》:"奸回不轨。"也指奸邪之人。《书·泰誓》:"崇信奸回,放黜师保。"孔传:"奸邪之人,反尊信之。"

奸佞　奸诈谄媚的人或行为。《汉书·翟方进传》:"皆知陈汤奸佞倾覆,利口不轨。"

奸慝　邪恶的心术或行为。《汉书·王莽传赞》:"太后寿考,为之宗主,故得肆其奸慝。"也指邪恶的人。《左传·昭公十四年》:"赦罪戾,诘奸慝,举淹滞。"

奸细　❶为敌方刺探情报的人;间谍。《三国演义》第十三回:"吾等奉郭将军命,把守此桥,以防奸细。"❷奸邪的人。《晋书·王敦传》:"望兄奖群贤忠义之心,抑奸细不逞之计。"

奸幸　指奸邪而受宠信的人。《后汉书·李膺传》:"大司农刘佑等共同心志,纠罚奸幸。"韩愈《唐故相权公墓碑》:"章奏不绝,讥排奸幸。"

奸雄　奸人的魁首;权诈欺世的野心家。《潜夫论·交际》:"此洁士所以独隐翳,而奸雄所以党(常)飞扬也。"

纤　〔纖〕(jiān)　通"奸"。刺。《礼记·文王世子》:"其刑罪,则纤剸。"

另见 qiàn,xiān。

歼　〔殲〕(jiān)　消灭;杀尽。《书·胤征》:"歼厥渠魁。"《穀梁传·庄公十七年》:"齐人歼于遂。"

坚　〔堅〕(jiān)　❶硬;牢固。《易·坤》:"履霜坚冰至。"《诗·大雅·生民》:"实坚实好。"亦指人意志坚定,坚强。如:坚信;坚守。《后汉书·马援传》:"穷当益坚,老当益壮。"❷坚固的事物。如:攻坚;披坚执锐。《后汉书·和熹邓皇后传》:"乘坚驱良。"李贤注:"坚,谓好车;良,谓善马也。"❸可靠,安心。《史记·留侯世家》:"群臣见雍齿封,则人人自坚矣。"❹姓。汉代有坚镡。

坚白　谓操守坚定,不同流合污。语出《论语·阳货》"不曰坚乎,磨而不磷;不曰白乎,涅而不缁"。磷,薄;缁,黑。《三国志·魏志·王基等传评》:"王基学行坚白。"

坚白同异　战国时名辩中关于"坚白""同异"两个争论的问题。惠施学派提出了"合同异"的论题,并

以"天与地卑,山与泽平"等命题来进行论证;公孙龙学派提出了"离坚白"的论题,并以白马非马等命题来进行论证。惠施学派夸大了事物间的同一性而抹杀了事物间的差别性,公孙龙学派则夸大了事物间的差别性而抹杀了事物间的同一性,两者都是片面的。与两派相对立的后期墨家提出"别同异"和"坚白相盈",具体分析各种"同"和"异",明确类取、类予的同异关系;坚和白同属于石,两者密切结合而不可分,坚白石是一个整体。

坚壁清野　坚守营垒或据点,并将周围地区的粮食、牲口等重要物资转移或收藏起来,使入侵之敌不能掠夺和利用。《晋书·石勒载记上》:"勒所过ううう,皆坚壁清野,采掠无所获,军中大饥,士众相食。"

坚瓠　硬而重的实心葫芦,比喻无用之物。《韩非子·外储说左上》:"齐有居士田仲者,宋人屈穀见之,曰:'穀闻先生之义,不恃仰人而食,今穀有树瓠之道,坚如石,厚而无窍,献之。'仲曰:'夫瓠所贵者,谓其可以盛也;今厚而无窍,则不可剖以盛物,而任重如坚石,则不可剖而以斟,吾无以瓠为也。'曰:'然,穀将弃之。今田仲不恃仰人而食,亦无益人之国,亦坚瓠之类也。'"按"树瓠之道"应作"巨瓠","穀"或作"縠"。

坚甲利兵　精良的武备。借指精锐的军队。《荀子·议兵》:"庄蹻起,楚分而为三四。是岂无坚甲利兵也哉?其所以统之者非其道故也。"

坚忍　坚毅不拔。《史记·绛侯世家赞》:"亚夫(周亚夫)之用兵,持威重,执坚忍。"

坚贞　心志坚定不移。如:坚贞不屈。《后汉书·王龚传》:"但以坚贞之操,违俗失众,横为谗佞所构毁。"

间　〔間〕(jiān)　本作"閒"。❶两者的当中或其相互的关系。如:天地之间;同志之间。欧阳修《醉翁亭记》:"渐闻水声潺潺,而泻出于两峰之间者,酿泉也。"李华《吊古战场文》:"穆穆棣棣,君臣之间。"❷在一定的空间或时间内。如:田间;晚间。李白《月下独酌》诗:"花间一壶酒,独酌无相亲。"苏轼《晁错论》:"此固非勉强期月之间而苟以求名者之所为也。"❸房间。如:里间;车间。亦指房屋的间数。陶潜《归园田居》诗:"方宅十余亩,草屋八九间。"❹一会儿;顷刻。《庄子·大宗师》:"莫然有间,而子桑户死。"成玄英

疏:"俄顷之间子桑户死。"❺近来。《汉书·叙传上》:"帝(成帝)间颜色瘦黑。"

另见 jiàn。

帐　〔幱〕(jiān)　通"韂"。垫席。《晋书·张方传》:"于是军人便乱入宫阁,争割流苏武帐而为马帐。"

另见 jiàn。

浅　〔淺〕(jiān)　见"浅浅"。

另见 qiǎn。

浅浅　亦作"戋戋"、"溅溅"。水急流貌。《楚辞·九歌·湘君》:"石濑兮浅浅。"

肩　(jiān)　❶上臂和身体相连的部位。在人体,内有肱骨头和肩胛骨构成的肩关节,能进行屈、伸、收、展和旋内、旋外等多种活动,是人体中活动范围最大的关节。也指四足动物的前腿根部,如豚肩、羊肩。❷担荷。《左传·襄公二年》:"子驷请息肩于晋。"参见"仔肩"。❸任用。《书·盘庚上》:"朕不肩好货。"❹通"豜"。大兽。《诗·齐风·还》:"并驱从两肩兮,揖我谓我儇兮。"毛传:"从,逐也;兽三岁曰肩。"

肩肩　细小貌。《庄子·德充符》:"其脰肩肩。"成玄英疏:"脰,颈也;肩肩,细小貌也。"陆德明释文引李轨曰:"羸小貌。"

肩摩毂击　亦作"毂击肩摩"。形容行人车马来往拥挤。《国策·齐策一》:"临淄之途,车毂击,人肩摩。"《梁书·武帝纪上》:"媒孽夸衒,利尽锥刀,遂使官人之门肩摩毂击。"

肩舆　轿子。李绅《入扬州郭》诗:"非为掩身盖白发,自缘多病喜肩舆。"也叫平肩舆。《晋书·王献之传》:"尝经吴郡,闻顾辟疆有名园,先不相识,乘平肩舆径入。"

艰　〔艱〕(jiān)　❶艰难。《诗·邶风·北门》:"终窭且贫,莫知我艰。"❷险恶。《诗·小雅·何人斯》:"彼何人斯?其心孔艰。"❸指亲丧。如:丁艰。《世说新语·德行》:"王安丰遭艰,至性过人。"❹慎重。《新唐书·陆贽传》:"凡任将帅,必先考察行能……若曰不足取,当艰之于初,不宜诒悔于后也。"

艰关　即"间关"。艰苦;艰辛。《宋史·帝昺纪》:"杨太后闻昺死,抚膺大恸曰:'我忍死艰关至此者,正为赵氏一块肉尔,今无望矣!'"

艰劬　艰辛劳苦。沈约《桐柏山金庭馆碑》:"且禁誓严重,志业艰劬,自非天禀上才,未易可拟。"

艰涩 ❶文章艰深晦涩,难以理解。《宋史·句龙如渊传》:"文章平易者多浅近,渊深者多艰涩。"❷味涩难以入口。郝经《橄榄》诗:"齿牙喷艰涩,苦硬不可持。"❸道路阻滞难行。《三国志·魏志·高柔传》:"时道路艰涩,兵寇纵横。"

艰深 文词深奥难懂。黄伯思《东观余论·校定楚词序》:"柳柳州于千祀后,独能作《天对》以应之,深宏杰异,析理精博,而近世文家亦难遽晓。故分章辨事,以其所对,别附于问,庶几览者莹然,知子厚之文不苟为艰深也。"

艰辛 艰苦。李白《陈情赠友人》诗:"英豪未豹变,自古多艰辛。"

艰贞 在艰危时守正不移。《易·泰》:"艰贞,无咎。"李商隐《五言述德抒情诗》:"乘时乖巧宦,占象合艰贞。"

鹣 〔鶼〕(jiān) 鸟名。《尔雅·释鸟》:"鹣,鹣鹣。"郭璞注:"似凫,脚高,毛冠,江东人家养之以压火灾。"

鈃 〔鈃〕(jiān) 人名。战国有宋鈃。《荀子·非十二子》:"是墨翟、宋鈃也。"杨倞注:"《孟子》作宋牼。"

另见 xíng。

奸 (jiān) 同"奸"。

蕳 〔蕳〕(jiān) 即兰草。《诗·郑风·溱洧》:"士与女,方秉蕳兮。"

监 〔監〕(jiān) ❶监视;督察。如:监管。《诗·小雅·节南山》:"何用不监。"❷指诸侯。《周礼·天官·大宰》:"乃施典于邦国,而建其牧,立其监。"贾公彦疏:"每一国之中立一诸侯,使各监一国也。"❸牢狱。如:男监;女监。

另见 jiàn。

监谤 监察诽谤,压制舆论。《国语·周语上》:"厉王虐,国人谤王。邵公告王曰:'民不堪命矣。'王怒,得卫巫,使监谤者,以告,则杀之。"

监督 ❶监察督促。《后汉书·荀彧传》:"古之遣将,上设监督之重,下建副二之任。"❷旧时官名。如清代设十三仓监督、崇文门左右翼监督。清末新办学堂亦设监督。

监国 君主外出时,太子留守代管国事,称"监国"。《国语·晋语一》:"君行,太子居,以监国也。"《旧唐书·高宗纪下》:"咸亨二年,春正月乙巳,幸东都,留皇太子弘于京监国。"有时君主因故不能亲政,由近亲代行职务,亦称"监国"。又君主本身尚在而准备传位于嗣子,往往嗣子先称监国,然后正式称帝。

监临 ❶从上视下为临。犹监察。《汉书·朱博传》:"高皇帝以圣德受命,建立鸿业,置御史大夫,位次丞相,典正法度,以职相参,总领百官,上下相监临。"❷科举制度中乡试的监考官。清制,顺天乡试用满、汉各一人,汉监临为顺天府府尹,满监临为其他二三品官。各省一般由巡抚充任。除主考、同考官外,全场办事人员均归其委派监督。

监奴 汉代主管家务的家奴。《汉书·霍光传》:"光爱幸监奴冯子都,常与计事。"颜师古注:"奴之监知家务者也。"《后汉书·张让传》:"让有监奴,典任家事。"

监学 亦称"学监"。清末学官名。设于中等以上学堂,掌稽察学生出入,考察学生功课勤惰及起居等事。

监主自盗 盗窃公务上或业务上自己所经管的财物。《旧唐书·杨炎传》:"监主自盗,罪绞。"又作"监守自盗"。《明律·刑律·贼盗》有"监守自盗仓库钱粮"条。

兼 (jiān) ❶本义为一手执两禾,引申为同时进行几桩事情或占有几样东西。如:兼任;兼顾。《孟子·告子上》:"二者不可得兼。"《国策·秦策二》:"子待伤虎而刺之,则是一举而兼两虎也。"❷两倍。《旧唐书·王及善传》:"守无兼旬之粮。"❸兼并。《左传·昭公八年》:"孺子长矣,而相吾室,欲兼我也。"

兼并 ❶并吞。《荀子·王制》:"卫弱禁暴,而无兼并之心。"❷《汉书·武帝纪》:"又禁兼并之涂。"颜师古注:"李奇曰:'谓大家兼役小民,富者兼役贫民,欲平之也。'文颖曰:'兼并者,食禄之家,不得治产,兼取小民之利;商人虽富,不得衣兼畜田宅,作客耕农也。'李说是。"

兼程 以加倍速度赶路。钱起《送原公南游》诗:"有意兼程去,飘然二翼轻。"

兼覆 本指天遍覆万物。后多用以比喻恩泽广大,无所遗漏。《管子·版法解》:"合德而兼覆之,则万物受命。"《荀子·王制》:"五疾,上收而养之,材而事之,官施而衣食之,兼覆无遗。"

兼该 兼包几个方面。《三国志·魏志·文帝纪评》:"文帝天资文藻,下笔成章,博闻强识,才艺兼该。"

兼金 价值倍于常金的良金。《孟子·公孙丑下》:"前日于齐,王馈兼金一百而不受。"赵岐注:"古者以一镒为一金,一镒是为二十四两也。"一百,百镒。

兼年 两年。《三国志·魏志·胡质传》:"广农积谷,有兼年之储。"

兼人 胜过人;一人抵得两人。如:兼人之量。《论语·先进》:"求(冉求)也退,故进之;由(仲由)也兼人,故退之。"

兼容并包 容纳包括各个方面或各种事物。《史记·司马相如列传》:"必将崇论闳议,创业垂统,为万世规。故驰骛乎兼容并包,而勤思乎参天贰地。"

兼善 ❶《孟子·尽心上》:"穷则独善其身,达则兼善天下。"意谓不仅求自身之善,并欲使人共达于善。❷精通两事。潘岳《杨荆州诔》:"草隶兼善,尺牍必珍。"

兼收并蓄 对各种不同内容的东西一并收罗藏蓄。朱熹《己酉拟上封事》:"小人进则君子必退,君子亲则小人必疏,未有可以兼收并蓄而不害者也。"亦作"俱收并蓄"。韩愈《进学解》:"牛溲马勃,败鼓之皮,俱收并蓄,待用无遗者,医师之良也。"

兼听则明偏信则暗 听取多方面的意见,才能明辨是非;听信一方面的话,就分不清是非。王符《潜夫论·明暗》:"君之所以明者,兼听也;其所以暗者,偏信也。"《资治通鉴·唐太宗贞观二年》:"上(唐太宗)问魏徵曰:'人主何为而明,何为而暗?'对曰:'兼听则明,偏信则暗。'"

兼味 两种以上的菜肴。《穀梁传·襄公二十四年》:"五谷不升,谓之大侵。大侵之礼,君食不兼味,台榭不涂。"杜甫《客至》诗:"盘飧市远无兼味。"

蕲 〔蘄〕(jiān) ❶见"蕲蕲"。❷通"渐"。《书·禹贡》:"草木渐包。"陆德明释文:"渐如字,又作蕲。"是"渐"、"蕲"古本通用。

另见 shān。

蕲蕲 亦作"渐渐"。麦穗秀秀貌。《史记·宋微子世家》:"麦秀渐渐兮,禾黍油油。"《集韵·二十四盐》引作"麦秀蕲蕲"。

菅 (jiān) ❶植物名。学名 Themeda gigantea var. villosa 禾本科。多年生草本。叶片线形。夏秋抽出由许多总状花序组成的大型花序,总状花序下面有舟形苞片;

小穗无芒或有一短直芒。多生于山坡草地。中国西南、华南和华中各地以及印度都有分布。作造纸原料。❷古地名。春秋宋地。在今山东单县北。《春秋·隐公十年》（公元前713年）"公败宋师于萮"，即此。❸姓。汉代有萮禹。

萮（jiān）植物名。《尔雅·释草》："萮，戎葵。"郭璞注："今蜀葵也。"

豜（jiān）三岁的猪，亦泛指大猪。《诗·豳风·七月》："献豜于公。"毛传："豕，一岁曰豵，三岁曰豜。"

笺〔牋、牋、椾〕（jiān）❶精美的纸张，供题诗、写信等用。如：花笺；锦笺。一般信纸也叫笺。如：信笺；手笺。引申为书信的代称。如：便笺；手笺。❷文体名，书札、奏记一类。奏笺多用以上皇后、太子、诸王。《文选》有陈琳《答东阿王笺》、吴质《答魏太子笺》等篇。❸注释的一种。《毛诗》篇首"郑氏笺"孔颖达疏："郑于诸经皆谓之注。此言笺者，吕忱《字林》云：'笺者，表也，识也。'郑以毛学审备，遵畅厥旨，所以表明毛意，记识其事，故特称为笺。"

笺奏 古代一种文书，属章奏一类。《后汉书·顺帝纪》："初令郡国举孝廉，限年四十以上，诸生通章句，文吏能笺奏，乃得应选。"

豜（jiān）同"豜"。

猏（jiān）同"豜"。

健〔健〕（jiān）粥。见《广韵·二十二元》。

渐〔渐〕（jiān）❶流入。《书·禹贡》："东渐于海。"❷沾湿；浸渍。《诗·卫风·氓》："渐车帷裳。"《荀子·劝学》："兰槐之根是为芷，其渐之滫，君子不近，庶人不服，其质非不美也，所渐者然也。"引申为浸润。《汉书·董仲舒传》："渐民以仁，摩民以谊（义）。"❸欺诈。《书·吕刑》："民兴胥渐。"王引之《经义述闻》卷三："渐亦诈也。言小民方兴相为诈欺。"

另见chán，jiàn，qián。

渐染 谓沾染既久，渐受影响。《楚辞·七谏·沈江》："日渐染而不自知兮。"

渐渍 犹浸润。逐渐受到沾染或感化。《汉书·龚遂传》："今大王亲近群小，渐渍邪恶。"《三国志·魏志·刘劭传》："渐渍历年，服膺弥久。"

靬（jiān）❶干的皮革。见《说文·革部》。❷见"鞬（lí）"。

菨（jiān）蔬菜。《盐铁论·论诽》："故饭菨粝者不可以言孝。"

蓫（jiān）同"蕳"。即兰草。《山海经·中山经》："吴林之山，其中多蓫草。"

揵（jiān）记录。《周礼·秋官·职金》"楬而玺之"郑玄注："既楬书揵其数量，又以印封之。"

另见jiàn。

劇（jiān）割去雄性牲畜的睾丸。玄应《一切经音义》卷十一"犍割"引《通俗文》："以刀去阴曰劇也。"

犍（jiān）❶阉割过的牛。也指阉割过的其他牲畜。❷阉割。《南史·刘勔传》："天兴先署佞人府位，不审监上当无此簿领，可急宜犍之。"

另见qián。

湛（jiān）浸。《礼记·内则》："渍取牛肉，必新杀者，薄切之，必绝其理，湛诸美酒。"

另见chén，dān，zhàn。

濺〔濺〕（jiān）见"濺濺"。

另见jiàn。

濺濺 ❶同"浅浅"。水疾流貌。沈约《早发定山》诗："归海流漫漫，出浦水濺濺。"按《文选》作"浅浅"。❷流水声。古乐府《木兰诗》："不闻爷娘唤女声，但闻黄河流水鸣濺濺。"

湔（jiān）❶洗。《三国志·魏志·华佗传》："病若在肠中，便断肠湔洗。"❷见"湔水"。

另见jiàn。

湔祓 涤除垢秽或旧的恶习。《国策·楚策四》："君独无意湔祓仆也？"鲍彪注："湔，手浣也；祓，去恶也。"一说，"祓"为"拔"字之误，湔拔，即荐拔。见黄丕烈《战国策札记》。黄庭坚《跋与徐德修草书后》："予少时学周膳部书，初不自痛，以故久不作草，数年来觉湔祓尘埃气未尽，故不欲为人书。"

湔水 古水名。《汉书·地理志》："绵虒（今四川汶川西南绵虒镇）玉垒山，湔水所出，东南至江阳（今泸州市）入江。"据《水经·江水注》，上游出玉垒山后即注入岷江，当今汶川、都江堰市间岷江某一支流（可能是白沙河）；中游经今新繁镇、新都与洛水合，当指今都江堰市、金堂间岷江某一支流（可能是清白

江）；下游即今金堂以下的沱江。下游自《水经》以后改称洛水。

湔雪 犹"洗雪"。谓洗刷罪名。《金史·张特立传》："近降赦恩，谋反大逆，皆蒙湔雪。"亦指昭雪冤屈。

開（jiān）同"间（間）"。

另见jiàn，xián 闲。

緘〔緘、械〕（jiān）❶扎束器物的绳索。《汉书·外戚传下》："使客子解箧缄。"颜师古注："缄，束箧之绳也。"李商隐《谢京兆公启》："伸纸发缄。"❷封闭。《宋史·高昌国传》："〔书楼〕藏唐太宗、明皇御札诏敕，缄锁甚谨。"特指封信。韦应物《答崔都水》诗："常缄素札去，适枉华章还。"❸书信。王禹偁《回襄阳周奉礼》诗："两月劳君两缄。"

缄口 《孔子家语·观周》："孔子观周，遂入太祖后稷之庙，庙堂右阶之前，有金人焉，三缄其口，而铭其背曰：古之慎言人也。"后因以"缄口"指闭口不言。

缄默 闭口不言。《旧唐书·李安期传》："人思苟免，竞为缄默。"

缄札 书信。李商隐《春雨》诗："玉珰缄札何由达？万里云罗一雁飞。"

瑊（jiān）见"瑊玏"。

瑊玏 似玉的美石。《文选·司马相如〈子虚赋〉》："瑊玏玄厉。"李善注引张揖曰："瑊玏，石之次玉者。"

蒹（jiān）没有长穗的芦苇。《诗·秦风·蒹葭》："蒹葭苍苍，白露为霜。"

蒹葭倚玉树 《世说新语·容止》："魏明帝使后弟毛曾与夏侯玄共坐，时人谓'蒹葭倚玉树'。"蒹葭，指毛曾；玉树，指夏侯玄。谓两个人的品貌极不相称。

搛（jiān）夹持。见《集韵·二十五沾》。今称用筷夹菜为搛。

楬（jiān）同"犍"。

煎（jiān）❶一种烹饪法，用少量的油把食物烤熟。如：煎饼；煎鱼。亦指用水熬煮。如：煎药。韦应物《清明日忆诸弟》诗："杏粥犹堪食，榆羹已稍煎。"❷熔炼。裴度《铸剑戟为农器赋》："观乎聚而改煎，燄飞焰而涌烟。"❸形容焦灼痛苦。参见"煎熬❷❸"。

另见jiàn。

煎熬 亦作"熬煎"。❶烹制食品。

《淮南子·本经训》:"煎熬焚炙,调齐和之适。"❷形容焦灼痛苦。《楚辞·九思·怨上》:"我心兮煎熬,惟是兮用忧。"❸犹折磨。李白《古风》二十:"名利徒煎熬,安得闲余步。"

鶼〔鶼〕(jiān) 见"鹣鶼"。

缣〔縑〕(jiān) 双丝的淡黄色绢。《释名·释采帛》:"缣,兼也,其丝细致,数兼于绢,染兼五色,细致不漏水也。"《淮南子·齐俗训》:"缣之性黄,染之以丹则赤。"

缣素 供书画用的绢帛。《宋史·张去华传》:"命以缣素写其论为十八轴,列置龙图阁之四壁。"夏文彦《图绘宝鉴》卷三:"〔越国夫人王氏〕以淡墨写竹,整整斜斜,曲尽其态,见者疑其影落缣素。"

椾〔椾〕(jiān) 香木名。《宋诗纪事》卷二十四引沈立《海棠五言百韵律诗》:"绝代知无价,生香不减椾。"

鲣〔鰹〕(jiān) 动物名。学名 *Katsuwonus pelamis*。硬骨鱼纲,鲭科。体呈纺锤形,长达1米。蓝色,背侧具浅色斑条,腹侧具褐色纵条。头大,吻尖,尾柄细小。除胸鳍附近具鳞片外,余皆裸出;第二背鳍和臀鳍后方各具七八个小鳍。为大洋性中上层鱼类,以小鱼和浮游甲壳类为食。分布于热带和亚热带海洋中;中国产于南海和东海。供鲜食或制成咸干品。

麉(jiān) 绝有力的鹿。《尔雅·释兽》:"鹿绝有力,麉。"郝懿行义疏:"麉者,《说文》作麙,云鹿之绝有力者。"

鹣〔鶼〕(jiān) 见"鹣鹣"。

鹣鲽 《尔雅·释地》:"东方有比目鱼焉,不比不行,其名谓之鲽;南方有比翼鸟焉,不比不飞,其名谓之鹣鹣。"旧以"鹣鲽"或"鹣鹣鲽鲽"比喻夫妻恩爱。

鹣鹣 一种传说中的鸟,即"比翼鸟"。参见"鹣鲽"。

钱〔籛〕(jiān) 姓。以长寿著称的古代传说人物彭祖,据说姓籛名铿。

熸(jiān) 火熄灭。引申为军队溃败。《左传·襄公二十六年》:"王夷,师熸。"孔颖达疏:"吴楚之间谓火灭为熸,相传有此语也。言军师之败,若火灭然。"

鞬(jiān,又读 jiàn) 马上盛弓器。《左传·僖公二十三年》:"左执鞭弭,右属櫜鞬。"杜预注:"櫜以受箭,鞬以受弓。"引申为收藏。元稹《对才识兼茂明于体用策》:"我太宗文皇帝鞬櫜干戈。"

鞯〔韉〕(jiān) 衬托马鞍的垫子。古乐府《木兰诗》:"东市买骏马,西市买鞍鞯。"

鳒〔鰜〕(jiān) 动物名。学名 *Psettodes erumei*。亦称"大口鳒"。硬骨鱼纲,鳒科。体侧扁,不对称,两眼均在左侧或右侧。长达40厘米。有眼的一侧深褐色,无眼的一侧色淡。口大,牙尖锐。左右侧线均发达。背鳍前部具棘。分布于红海、印度洋和马来群岛等地;中国产于南海和东海南部。

瀸(jiān) ❶浸渍。《隶释·樊毅复华下民租田口算碑》:"仍雨甘雪,瀸润宿麦。"❷和洽。《吕氏春秋·圜道》:"瀸于民心,遂于四方。"❸泉水时流时止。《尔雅·释水》:"泉一见一否为瀸。"

瀸洳 淹渍。曹植《谏伐辽东表》:"退则有归涂不通,道路瀸洳。"谓积水难行。

櫼(jiān) ❶木楔。《说文·木部》"櫼"段玉裁注:"木工于凿枘相入处,有不固,则斫木札楔入固之,谓之櫼。"❷斗栱。《文选·何晏〈景福殿赋〉》:"櫼栌各落以相承。"李善注:"櫼即柳也。"参见"柳❷"。

鑯〔鑯〕(jiān) ❶锐利的铁器。《说文·金部》:"鑯,铁器也。"段玉裁注:"盖锐利之器。"《广雅·释诂》:"鑯,锐也。"❷镌刻。《说文·金部》:"鑯……一曰镌也。"段玉裁注:"镌者,穿木琢石也。"

囏(jiān) 同"艰(艱)"。

jiǎn

囝(jiǎn) 儿子。顾况《囝一章》:"郎罢别囝。"自注:"闽俗呼子为囝,父为郎罢。"

另见 nān,zǎi。

齐〔齊〕(jiǎn) 通"剪"。《仪礼·既夕礼》:"马不齐髦。"

另见 jī,jì,qí,zhāi,zī。

枧〔梘〕(jiǎn) 通水器。见《类篇·木部》。俗称屋檐下的水霤为水枧。

拣〔揀〕(jiǎn) ❶挑选;选择。韩愈《赠张籍》诗:"吾爱其风骨,粹美无可拣。"❷拾取。如:拣柴。

帴〔帴〕(jiǎn) 狭。《考工记·鲍人》:"则是以博为帴也。"

另见 jiān。

茧〔繭、璽〕(jiǎn) ❶完全变态昆虫类蛹期的囊形保护物。通常由丝腺分泌的丝织成,如家蚕和蓖麻蚕的茧;地老虎的茧由泥土胶合而成;金龟子的茧由分泌的粘液和土而成;刺蛾的茧由分泌的钙质而成。❷通"趼"。手脚掌因摩擦而生的硬皮。《国策·宋卫策》:"墨子闻之,百舍重茧,往见公输般。"❸通"襺"。絮丝绵的衣服。《礼记·玉藻》:"纩为茧。"孙希旦集解:"衣以纩著之者谓之茧。"❹形状如茧的。见"茧栗❶"。

茧茧 形容说话声音或气息微细。《礼记·玉藻》:"言容茧茧。"

茧栗 ❶形容幼牛角小。古祭祀用牛以小为贵。《礼记·王制》:"祭天地之牛,角茧栗;宗庙之牛,角握。"也用为幼牛的代称。《国语·楚语下》:"郊禘不过茧栗。"又称植物的幼芽或蓓蕾。黄庭坚《寄王定国》诗题:"往岁过广陵,值早春,尝作诗云:'红药梢头初茧栗,扬州风物鬓成丝。'"❷谓德操贞固。《三国志·魏志·王朗传》"进封乐平乡侯"裴松之注引《魏名臣奏》:"既违茧栗悫诚之本。"

茧丝 比喻统治者向人民苛征暴敛,有如剥茧抽丝。《国语·晋语九》:"赵简子使尹铎为晋阳,请曰:'以为茧丝乎?抑为保障乎?'"

茧纸 用蚕茧作成的纸。晋代书法家王羲之用蚕茧纸、鼠须笔写《兰亭序》,见张彦远《法书要录》卷三引何延之《兰亭记》。

柬(jiǎn) ❶选择。《荀子·修身》:"安燕而血气不惰,柬理也。"杨倞注:"言柬择其事理所宜。"❷通"简"。(1)少;简略。《汉书·高惠高后文功臣表序》:"遴柬布章。"颜师古注引晋灼曰:"柬,古简字也。简,少也。"(2)信札、名帖等的统称。如:书柬;请柬。

俭〔儉〕(jiǎn) ❶节省;俭约。白居易《与微之书》:"量入俭用,亦可自给。"❷贫乏;不丰足。《魏书·韩麒麟传》:"年丰多积,岁俭出赈。"参见"俭腹"、"俭岁"。❸卑谦貌。《荀子·非十二子》:"俭然恀然。"

俭腹 腹中空虚,比喻知识贫乏。龚自珍《己亥杂诗》:"俭腹高谭我用忧,肯肩朴学胜封侯。"

俭岁　歉收之年。《水经注·沭水》：“陂（马仁陂）在比阳县西五十里，盖地百顷，其所周溉田万顷，随年变种，境无俭岁。”

俭月　谷物未成熟的时期；青黄不接的月份。《宋书·徐耕传》：“旱之所弊，实钟贫民；温富之家，各有财宝。谓此等并宜助官，得过俭月，所损至轻，所济甚重。”

前　(jiǎn)　通“翦”。❶色浅。《周礼·春官·巾车》：“木路，前樊鹄缨。”郑玄注：“前，读为缁翦之翦。翦，浅黑也。”❷断；灭。《吴子·论将》：“进道易，退道难，可来而前。”

另见 qián。

捡　〔撿〕(jiǎn)　❶同“拣”。拾取。❷通“检”。约束。《汉书·黄霸传》：“郡事皆以义法令捡式。”

另见 liǎn。

钱　〔錢〕(jiǎn)　古农具名。臿属，似今之铁铲。《诗·周颂·臣工》：“庤乃钱镈。”

另见 qián。

笕　〔筧〕(jiǎn)　连接起来引水用的竹管。白居易《钱塘湖石记》：“〔钱塘湖〕北有石函，南有笕。凡放水溉田，每减一寸，可溉十五余顷。”也指屋檐下承接雨水的长管。

检　〔檢〕(jiǎn)　❶封书题签。古书以竹木简为之，书成，以皮条或丝绳捆束，绳结处封泥，泥上加印，称为检。《后汉书·公孙瓒传》：“〔袁绍〕矫刻金玉以为印玺，每有所下，辄皂囊施检，文称诏书。”❷约束；制止。如：自检；失检。《孟子·梁惠王上》：“狗彘食人食而不知检。”❸法度；法制。如：规检；检式。《旧唐书·刘蒉传》：“京师，诸夏之本也，将以观理，而豪猾时逾检。”❹品行。《三国志·蜀志·向朗传》：“初，朗少时虽涉猎文学，然不治素检，以吏能见称。”❺检查；察验。如：检点；检字；检疫。《后汉书·周黄徐姜申屠传序》：“骠骑执法以检下。”李贤注：“检，犹察也。”❻姓。汉代有检其明。

检点　❶查点。如：检点行李。辛弃疾《蝶恋花·和杨济翁韵》词：“检点笙歌多酿酒。”❷检查约束。《初刻拍案惊奇》卷二十：“世人做事，决不可不检点。”❸官名。亦作“点检”。五代至宋初有殿前都点检、副都点检之称，为禁军首领。

检核　考查核实。《后汉书·刘隆传》：“十五年，诏下州郡检核其事，而刺史太史多不平均。”

检校　❶查核；察看。《抱朴子·祛惑》：“仓卒闻之，不能清澄检校之者，鲜觉其伪也。”辛弃疾《清平乐》词题：“检校山园，书所见。”❷勾稽查核之意，加于官名之前。南北朝时以他官派办某事，加“检校”，非正式官名。隋唐入衔。凡带此字样者均系诏除的加官，仅表示官品高下。宋时多加授文武大臣。元明清三代检校皆低级官员，与唐宋检校官不同。

检举　❶举发别人的违法、犯罪行为。《西游记》第二十三回：“只是多拜老孙几拜，我不检举你就罢了。”❷荐拔；推举。李光《与胡邦衡书》：“郊赦虽有检举之文，仇人在朝，固已绝望，死生祸福，定非偶然。”

检束　拘束；约束。韩愈《感春》诗：“近怜李杜无检束，烂漫长醉多文辞。”元好问《别李周卿》诗：“去作山中客，放浪谁检束。”

检讨　❶检查自己的错误言行。❷检查核对。《唐六典》卷九：“集贤书院知书官八人……每库二人，知写书、出纳、名目、次序，以备检讨。”亦指总结研讨。❸官名。唐宋均曾设置，掌修国史，位次编修。明清一般以三甲进士之留馆者为翰林院检讨。

检柙　亦作“检押”。❶犹规矩，法度。《申鉴·杂言上》：“故检柙之臣不虚于侧。”黄省曾注：“检柙，犹法度也。”《汉书·扬雄传下》：“君子纯终领闻，蠢迪检柙。”颜师古注：“检押，犹隐栝也，言动由检押也。”宋祁校曰：“司马温公云，检押，当作检柙。”隐栝，正曲木之器具，犹规矩。❷矫正；纠绳。《论衡·对作》：“孔子作《春秋》……所以检柙靡薄之俗者，悉具密致。”❸保护书籍的夹板。《说文·木部》：“柙，检柙也。”徐锴系传：“谓书封函之上，恐磨灭文字，更以一版于上柙护之。”

检验　❶考查验证。《三国志·魏志·胡质传》：“质为官，察其情色，更详其事，检验具服。”❷对于各种原材料、成品和半成品，用工具、仪器或其他分析方法（物理的和化学的）检查其是否合乎规格的过程。

检阅　❶查阅。《洛阳伽蓝记·崇真寺》：“崇真寺比丘惠凝死，经七日还活。云：‘阎罗王检阅，以错名放免。’”周密《齐东野语·洪景卢自矜》：“苏学士敏捷亦不过如此，但不曾检阅书册耳。”❷指高级首长在军队或群众队伍的面前，举行检查视察仪式。如：检阅仪仗队。

趼　(jiǎn)　足久行生硬皮。《庄子·天道》：“百舍重趼，而不敢息。”

另见 yàn。

减　〔減〕(jiǎn)　❶从一定的数量中去掉一部分。如：三减二得一。❷减轻；减少。如：减刑；减色。袁枚《祭妹文》：“前年予病，汝终宵刺探，减一分则喜，增一分则忧。”❸姓。汉代有减宣。

减膳　即吃素或减少肴品。古代皇帝在发生天灾或天象变异时，往往用避殿、素服、撤乐、减膳等形式表示“引咎自责”。《宋史·徽宗本纪》：“建中靖国元年，以日当食，避殿减膳。”亦作“损膳”。《汉书·元帝纪》：“以民疾疫，令太官损膳，减乐府员。”

减灶　战国时，魏将庞涓攻韩，齐将田忌、孙膑率师攻魏救韩。孙膑以魏军一向恃勇轻敌，进军时，故意逐日减少宿营地的灶数，表示士卒逃亡，军无斗志，引诱魏军来追，而于马陵道设伏以待。魏军果中计，追至马陵道遇伏，大败，庞涓阵亡。见《史记·孙子吴起列传》。参见“增灶”。

减字木兰花　❶词牌名。简称《减兰》。双调四十四字，即就《木兰花》词的一、三、五、七句各减三字。上下阕各二句仄韵转二句平韵。又有《偷声木兰花》，即就宋词《木兰花》的第三、第七句各减三字，平仄转韵和《减字木兰花》同。❷曲牌名。属北曲双调。字句格律与词牌不同。用在套曲中。

剪　(jiǎn)　❶剪刀；用剪刀铰断。❷斩断；削弱。《诗·鲁颂·閟宫》：“实始剪商。”❸全；尽。《左传·成公二年》：“余姑剪灭此而朝食。”杜预注：“剪，尽也。”❹色浅。《仪礼·既夕礼》：“加茵用疏布，缁剪有幅。”贾公彦疏：“剪，浅也。谓染为浅缁之色。”❺犹两手交叉，或两手反绑。如：反剪着手。《儒林外史》第十六回：“只见一个白胡老者背剪着手来看。”

剪草除根　同“斩草除根”。比喻铲除祸根，不留后患。魏收《为侯景叛移梁朝文》：“抽薪止沸，剪草除根。”

剪拂　❶洗涤拂拭。比喻称誉、推崇。《文选·刘峻〈广绝交论〉》：“至于顾盼增其倍价，剪拂使其长鸣。”李

善注："湔拔(祓)、剪拂,音义同也。"参见"湔祓"。❷旧时江湖上隐语。以"拜"音近"败",更为"剪拂"。《水浒传》第五回:"原来强人下拜,不说此二字,为军中不利,只唤做'剪拂',此乃吉利的字样。"❸犹提携。苏轼《与滕达道书简》:"有监酒高侍禁永康者……如察其可以剪拂,又幸也。"

剪剪　❶狭隘貌。《庄子·在宥》:"而佞人之心剪剪者,又奚足以语至道?"❷整齐貌。沈亚之《闽城开新池记》:"新蒲剪剪。"❸形容风轻微而带有寒意。韩偓《夜深》诗:"恻恻轻寒剪剪风,小梅飘雪杏花红。"

剪简　剪蜡烛芯用器。《红楼梦》第二十九回:"拿着剪简,照管各处剪蜡花儿。"

剪径　拦路抢劫。《水浒传》第四十二回:"走小路,多大虫,又有乘势夺包裹的剪径贼人。"

剪绺　扒窃。也用以指扒手。《官场现形记》第四十三回:"长江一带剪绺贼多得很啊,轮船到的时候,总得多派几个人弹压弹压才好。"赵翼《陔余丛考》卷四十三引《尧山堂外纪》:"状元必在荷包里,争奈京城剪绺多。"

楗（jiǎn）　通"蹇"。马跛行貌。《考工记·辀人》:"终日驰骋,左不楗。"郑玄注引杜子春曰:"楗读为蹇。左面不便,马苦蹇。"
　另见 jiàn。

硷〔鹼、鹻〕（jiǎn）　同"碱"。

揃（jiǎn）　亦作"擤"。❶修剪。《仪礼·士丧礼》:"蚤揃如他日。"郑玄注:"蚤读为爪,断爪揃须也。"❷剪灭。《魏书·明亮传》:"拓定江表,揃平萧衍。"
　另见 jiàn。

睑〔瞼〕（jiǎn）　❶眼皮。《聊斋志异·瞳人语》:"倩人启睑拨视,则睛上生小翳。"❷唐时南诏称"州"为"睑"。即赕。一作"瞼"。《新唐书·南蛮传上》:南诏"有十睑。夷语'睑'若'州'。曰:云南睑、白厓睑、品澹睑、邆川睑、蒙舍睑、大釐睑、苴咩睑、蒙秦睑、矣和睑、赵川睑"。明程本立《晚至晋宁州》诗:"青山蒙氏睑,绿树爨人家。"

锏〔鐗〕（jiǎn）　古兵器,鞭类。长而无刃,有四棱,上端略小,下端有柄。《儒林外史》第十二回:"鞭锏钅过锤,刀枪剑戟,都还略有些讲究。"
　另见 jiàn。

寋（jiǎn）　独击磬乐。《尔雅·释乐》:"徒鼓磬谓之寋。"郝懿行义疏:"鼓者,击也。徒者,犹独也。寋者,《释文》引李巡曰:'置击众声寋连也。'"

裥〔襉〕（jiǎn）　裙幅或其他布帛上打的褶子。如:打裥。

暕（jiǎn）　《正字通·日部》:"暕,重阴积雨后忽见(现)日色也。"
　另见 lán。

简〔簡〕（jiǎn）　❶战国至魏晋时代的书写材料。是削制成的狭长竹片或木片,竹片称简,木片称札或牍,统称为简,稍宽的长方形木片叫方;若干简编缀在一起的叫策(册)。均用毛笔墨书。汉代简册的长度,如写诏书律令的长三尺(约67.5厘米),抄写经书的长二尺四寸(约56厘米),民间写书信的长一尺(约23厘米)。在湖南长沙、湖北荆州、山东临沂和西北地区如敦煌、居延、武威等地都有过重要发现。居延出土过编缀成册的东汉文书。❷信件。如:书简;小简。柳宗元《答贡士元公瑾论仕进书》:"辱致来简。"❸简单;简省。如:简化;精兵简政。《庄子·人间世》:"其作始也简,其将毕也必巨。"❹怠慢。如:简慢。《孟子·离娄下》:"是简瓘(王瓘)也。"❺通"柬"。选择。《书·同命》:"慎简乃僚。"❻检查。《周礼·地官·遂大夫》:"正岁简稼器。"❼指狱讼的情实。《礼记·王制》:"有旨无简不听。"孔颖达疏:"言犯罪者,虽有旨意,而无诚实者,则不论之以为罪也。"❽通"倜"。大。《诗·邶风·简兮》:"简兮简兮,方将万舞。"❾通"谏"。《左传·成公八年》:"是用大简。"《诗·大雅·板》作"大谏"。❿姓。周代有大夫简师父。

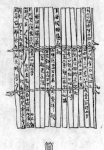

简

简策　编连成册的竹简,即以指书籍。《管子·宙合》:"是故圣人著之简筴(策),传以告后进。"参见"策❸"。

简化汉字　研究和整理现行汉字的一项工作。包括笔画的简化和字数的精简两个方面,即把笔画多的汉字改为笔画少的;把有几种写法的改用一种写法。如"豐"简化为"丰","讀"简化为"读";"窗"、"窻"、"窗"、"牕"、"牎",只选用一个"窗"。今有由国家颁布的《简化字总表》和《第一批异体字整理表》。

简化字　"繁体字"的对称。指汉字中比繁体笔画为少的简体字。如"声"(聲)、"灶"(竈)、"后"(後)、"书"(書)等。现行简化字大都有长期的历史渊源,未经政府认定颁布的为非规范的简化字。

简简　大貌。《诗·周颂·执竞》:"降福简简。"又《商颂·那》:"奏鼓简简。"郑玄笺:"其声和大,简简然。"

简洁　简明扼要,多指语言文字。《元史·吴澄传》:"于《易》、《春秋》、《礼记》各有《纂言》……精明简洁,卓然成一家言。"

简阔　疏略。《后汉书·党锢传序》:"及汉祖杖剑,武夫勃兴,宪令宽赊,文礼简阔。"

简连　傲慢貌。《荀子·非十二子》:"其容简连。"

简练　❶简明精练。如:文笔简练。❷选择训练。《礼记·月令》:"〔孟秋之月〕天子乃命将帅,选士厉兵,简练桀俊。"❸择取精要。《国策·秦策一》:"〔苏秦〕得太公《阴符》之谋,伏而诵之,简练以为揣摩。"鲍彪注:"简犹择;练,涷帛也,取其熟。"

简慢　轻忽怠慢。《北史·李栗传》:"栗性简慢矜宠,不率礼度。"多用作交际上的谦辞,表示招待不周。

简书　文书。《诗·小雅·出车》:"王事多难,不遑启居。岂不怀归?畏此简书。"按简书指有征役时临行告诫的文书。一说指邻国有急难时用来告急求救的文书。李商隐《筹笔驿》诗:"猿鸟犹疑畏简书,风云长为护储胥。"

简素　❶古代用来书写的竹简和绢帛。《南史·文学传论》:"畅自心灵而宣之简素。"后用以称书籍、信函。❷简约朴素。《宋书·裴松之传》:"博览文集,立身简素。"

简易　❶简单容易。《史记·刘敬叔孙通列传》:"高帝悉去秦苛仪法,为简易。"❷谓性情坦率和易,不讲究礼节。《汉书·刘向传》:"向为人简易,无威仪。"

简阅　检查挑选。欧阳修《虞部员外郎吕师简可比部员外郎制》:"岂

夫训练之未至,将由简阅之不精?"

简札 犹简牍。古时书写用的竹简和木片。《后汉书·范滂传》:"臣之所举,自非叨秽奸暴,深为民害,岂以污简札哉!"

简直 ❶简单直捷。《宋史·彭龟年传》:"龟年学识正大,议论简直,善恶是非,辨析甚严。"❷强调确实如此。如:这简直是奇迹。

谫〔謭〕(jiǎn) 浅薄。如:谫陋。《史记·李斯列传》:"能薄而材谫。"

緁(jiǎn) "茧"的古字。

戩(jiǎn) ❶歼灭。《诗·鲁颂·閟宫》:"实始翦商。"《说文·戈部》引"翦"作"戩"。❷福。《方言》第七:"福禄谓之祓戩。"朱骏声《说文通训定声·坤部》:"按除恶灭凶之义。"《隋书·音乐志下》:"方凭戩福,伫咏丰年。"❸尽。见"戩穀"。

戩穀 犹言"尽善"。《诗·小雅·天保》:"俾尔戩穀。"朱熹注:"闻人氏曰:'戩与剪同,尽也;穀,善也。'"后以为吉祥之语。秦观《代回吕吏部启》:"宜戩穀之骈臻,顾颂言而何既。"

碱〔堿鹼〕(jiǎn) ❶本作"硷"。旧称"盐基"。通常指在水溶液中电离给出氢氧根离子的化合物。例如,氢氧化钠(NaOH)、氢氧化钙[Ca(OH)$_2$]等。共同性质为溶液具有涩味、腐蚀性、使红色石蕊试纸变蓝,以及与酸中和形成盐和水等。广义的碱是指任何能接受质子(H$^+$)的分子或离子。氨分子(NH$_3$)获得质子而成铵离子(NH$_4^+$);碳酸根离子(CO$_3^{2-}$)获得质子而成碳酸氢根离子(HCO$_3^-$)和碳酸(H$_2$CO$_3$),因此氨分子及碳酸根离子都是碱。❷纯碱的通称。

揵(jiǎn) 拔取。《说文·手部》:"揵,拔取也,南楚语。《楚辞》曰:'朝揵阰之木兰。'"按:今《楚辞·离骚》作"朝搴阰之木兰兮。"王逸注:"搴,取也。阰,山名。"

翦(jiǎn) ❶同"剪"。❷姓。

谫〔謇〕(jiǎn) 亦作"謇"。口吃。《方言》第十:"谫极,吃也,楚语也。"郭璞注:"亦北方通语也。"戴震疏证:"案谫亦通用蹇。谓语急而吃。《说文》云:'吃,言谫难也。'"按即口吃。

潵〔瀽〕(jiǎn) 浙。《说文·水部》:"潵,浙也。"按:浙,淘米。《广雅·释诂》:"潵、浙,洒也。"王念孙疏证:"《说文》:'浙,汰米也。'"

蹇(jiǎn) ❶跛足。《楚辞·七谏·谬谏》:"驾蹇驴而无策兮,又何路之能极?"引申指蹇驴或驽马。孟浩然《唐城馆中早发寄杨使君》诗:"访人留后信,策蹇赴前程。"又引申为艰难。见"蹇剥"。❷通"謇"。口吃。见"蹇吃"。❸通"謇"。忠正。见"蹇谔"、"蹇蹇"。❹作语助。《楚辞·九歌·湘君》:"君不行兮夷犹,蹇谁留兮中洲?"❺六十四卦之一,艮下坎上。《易·蹇》:"象曰:山上有水,蹇。"王弼注:"山上有水,蹇难之象。"❻姓。春秋时秦有蹇叔。

另见 qiān。

蹇剥 蹇、剥都是《易》的卦名。蹇,难;剥,不利。后因用作不顺利的意思。白居易《庐山草堂记》:"一旦蹇剥,来佐江郡。"

蹇产 ❶郁结不畅。《楚辞·九章·哀郢》:"思蹇产而不释。"❷形容高深屈曲。《楚辞·七谏·哀命》:"望高山之蹇产。"

蹇吃 口吃。庾信《谢滕王集序启》:"言辞蹇吃,更甚扬雄。"黄庭坚《病起荆江亭即事》诗:"张子耽酒语蹇吃,闻道颍州又陈州。"

蹇谔 同"謇谔"。正直敢言貌。潘岳《笙赋》:"初雍容以安暇……终嵬峨以蹇谔。"

蹇蹇 亦作"謇謇"。蹇而又蹇,多难的样子。《易·蹇》:"王臣蹇蹇,匪躬之故。"意谓王臣不避艰险,济君之难,绝不以个人利害为念。后因用为进尽忠言之意。《汉书·龚遂传》:"内谏争于王,外责傅相,引经义,陈祸福,至于涕泣,蹇蹇亡(无)已。"

蹇连 亦作"连蹇"。艰难。《易·蹇》:"往蹇来连。"孔颖达疏:"往来皆难,故曰往蹇来连也。"蔡邕《述行赋》:"途迤遭其蹇连兮,潦污滞而为灾。"

蹇涩 迟钝,不顺利。白居易《梦上山》诗:"昼行虽蹇涩,夜步颇安逸。"《聊斋志异·珠儿》:"性绝痴,五六岁尚不辨菽麦,言语蹇涩。"

蹇修 《离骚》:"解佩纕以结言兮,吾令蹇修以为理。"王逸注:"蹇修,伏羲氏之臣也。"按《文选》刘良注:"令蹇修为媒以通辞理也。"旧时因称媒人为"蹇修"。《聊斋志异·辛十四娘》:"生不忘蹇修,翼日,往祭其墓。"

蹇滞 困顿不顺利。王禹偁《还扬州许书记家集》诗:"君不见近代诗家流,胡为蹇滞多穷愁!"

謇(jiǎn) ❶口吃。《世说新语·排调》:"或謇吃无宫商。"❷忠诚;正直。《北史·徐纥传》:"外似謇正,内实谄谀。"❸作语助。《离骚》:"謇吾法夫前修兮,非世俗之所服。"

謇谔 亦作"謇愕"、"蹇愕"。正直敢言貌。陆机《辨亡论上》:"左丞相陆凯以謇谔尽规。"

謇愕 同"謇谔"。正直敢言貌。《后汉书·陈蕃传》:"謇愕之操,华首弥固。"

謇謇 ❶同"蹇蹇"。忠诚;正直。《离骚》:"余固知謇謇之为患兮。"❷忠言。《后汉书·鲁丕传》:"陛下既广纳謇謇,以开四聪,无令刍荛以言得罪。"

擶(jiǎn) 同"揃"。

剿〔劗〕(jiǎn) 剪。《淮南子·主术训》:"是犹以斧劗毛,以刃抵木也。"

簡(jiǎn) 同"简(簡)"。

髯(jiǎn) ❶下垂的鬓发。《楚辞·招魂》:"盛鬋不同制,实满宫些。"❷通"剪"。《礼记·曲礼下》:"不蚤鬋。"孔颖达疏:"蚤,治手足爪也;鬋,剔治须发也。"

臉(jiǎn) 同"脸(臉)"❷。

巇(jiǎn) 见"巇嵼"。

巇嵼 ❶屈曲回旋貌。陆游《癸丑十一月下旬温燠如春晦日忽大风作雪》诗:"青天方行三尺乌,不料黑云高巇嵼。"❷形容郁抑不顺。黄宗羲《黄醒泉府君传》:"府君巇嵼偏州,未尝以尺牍自鸣不平,其自重如此。"

瀐(jiǎn) 犹"倾"。泼;倒。张国宾《玉镜台》第三折:"便瀐到一两瓮香醪在地。"

譾(jiǎn) 同"谫(謭)"。

襇(jiǎn) 裤。《方言》第四:"裤,齐、鲁之间谓之襇,或谓之祗。"戴震疏证:"襇,《左传》作襄。"

襺(jiǎn) 铺丝绵的衣服。《尔雅·释言》:"袍,襺也。"陆德明释文:"襺本亦作茧,绵衣也。"参见"茧"。

謭(jiǎn)　同"谫(譾)"。

驏(jiǎn)　同"蹇❶"。

jiàn

见〔見〕(jiàn)　❶看见。如：耳闻目见。❷接触；遇到。如：见风；见热。❸看得见；显现出。如：见效；见长。❹会见；接见；进见。《诗·王风·采葛》："一日不见，如三秋兮。"《史记·廉颇蔺相如列传》："秦王坐章台，见相如。"《汉书·高帝纪下》："戍卒娄敬求见。"❺见识；见解。如：真知灼见；一得之见。❻被；受。《史记·屈原贾生列传》："信而见疑，忠而被谤。"❼用在动词前，表示他人行为及于己。如：见教；请勿见笑。苏轼《次韵答邦直子由》："知我疏慵肯见原。"❽听见；听说。白居易《重题》诗："从兹耳界应清净，免见啾啾毁誉声。"杜甫《杜鹃行》："君不见昔日蜀天子，化作杜鹃似老乌？"❾知道；觉得。如：何以见得？周邦彦《解语花·上元》词："年光是也，唯只见旧情衰谢。"
　另见 xiàn。

见背　背，离开。谓父母去世。李密《陈情表》："生孩六月，慈父见背。"

见称　被称誉。《史记·屈原贾生列传》："屈原既死之后，楚有宋玉、唐勒、景差之徒者，皆好辞而以赋见称。"

见地　见解；见识。如：见地甚高；别有见地。洪迈《夷坚丁志·薛士隆》："〔士隆〕见地尤高明渊粹。"

见风使舵　比喻相机行事，随机应变。亦作"看风使帆"。《五灯会元·法云法秀禅师》："看风使帆，正是随波逐流。"现多用作贬义。

见怪不怪　谓看到怪异的现象镇静对待，不大惊小怪。洪迈《夷坚三志己》卷二"姜七家猪"："姜怫然曰：'畜生之言，何足为信！我已数月来知之矣。见怪不怪，其怪自坏！'"

见机　辨风色；看情况。如：见机而作。《红楼梦》第九十八回："你去见机行事，得回再回方好。"参见"见幾"。

见幾　事前看到事物细微动向与先兆。《易·系辞下》："幾者动之微，吉之先见者也。君子见幾而作，不俟终日。"孔颖达疏："言君子既见事之幾微，则须动作而应之，不得

终其日，言赴幾之速也。"

见解　对事物的看法；辨识事理的能力。柳宗元《答严厚舆论师道书》："实之要，二文中皆是也，吾子其详读之，仆见解不出此。"

见利忘义　看到有利可图就忘掉了道义。荀悦《汉纪·高后纪》："当孝文之时，天下之郦寄为卖友。卖友者，谓见利而忘义。"邵璨《香囊记·媾媒》："须知为富不仁，自来见利忘义。"

见猎心喜　《二程全书·遗书七》："明道(程颢)年十六七时，好田猎。十二年，暮归，在田野间见田猎者，不觉有喜心。"后以"见猎心喜"比喻旧习难忘，触其所好，便跃跃欲试。梁绍壬《两般秋雨庵随笔·陶篁村》："乾隆甲寅，春田以新补弟子员入场。先生见猎心喜，意欲重携铅椠。"

见仁见智　"智"本作"知"。语出《易·系辞上》："仁者见之谓之仁，知者见之谓之知"。后指对同一问题各人从不同角度，持不同的看法。

见识　❶犹识见，见解。如：好没见识。《红楼梦》第三十四回："这不过是我的小见识。"❷主意；计策。《京本通俗小说·错斩崔宁》："又使见识往邻舍家借宿一夜，却与汉子通同计较，一处逃走。"

见说　❶听说。唐宋时俗语。李白《送友人入蜀》诗："见说蚕丛路，崎岖不易行。"❷说明。张华《博物志》卷三："牵牛人乃惊问曰：'何由至此？'此人见说来意。"

见外　不当自己人看待。干宝《搜神记》卷七："范(董元范)见便叙寒温，乃屈楚宾(李楚宾)：'愿过敝舍，无见外也。'"

见危授命　谓遇有危难，勇于献身。《论语·宪问》："见利思义，见危授命。"邢昺疏："见君亲有危难，当致命以救之。"亦作"见危致命"。《论语·子罕》："士见危致命，见得思义。"朱熹注："致命，谓委身于其命，犹言授命也。"

见微知著　看到事物的一点迹象，即可推知其实质和发展趋势。《越绝书·德序外传记》："故圣人见微知著，睹始知终。"亦作"视微知著"。诸葛亮《便宜十六策·思虑》："君子视微见著，见始知终，祸无从起，此思虑之政也。"

见闻之知　"德性之知"的对称。人们通过感官接触外界事物而获得的知识。北宋张载《正蒙·大心》：

"见闻之知，乃物交而知。"它只是"小知"，不如脱离见闻的"德性之知"。

见性成佛　佛教禅宗认为人心本有觉性，只要能"识自本心，见自本性"，就可直下成佛，故名。

见义勇为　看到合乎正义的事便勇敢地去做。语出《论语·为政》"见义不为，无勇也"。《宋史·欧阳修传》："天资刚劲，见义勇为，虽机阱在前，触发之，不顾。"

见异思迁　谓意志不坚定，看到别的事物就改变原来的主意。语本《管子·小匡》"少而习焉，其心安焉，不见异物而迁焉"。《大马扁》第七回："因此满胸抑郁，终不免宗旨不定。见异思迁，是个自然的道理。"

见证　❶明显的效验。《淮南子·缪称训》："仁者，积恩之见证也。"❷作证。《京本通俗小说·碾玉观音》："见有两个轿番见证，乞叫来问。"❸可以作证的人或物。如：历史的见证。

件(jiàn)　❶分；分列。《魏书·卢全传》："若名级相应者，即于黄素楷书大字，具件阶级数，令本曹尚书以朱印印之。"❷计算事物的单位。如：一件衣服；两件事情。亦泛指文件、物件或可以论件的事物。如：来件；配件。元稹《叙奏》："其余郡县之请奏，贺庆之常礼，因亦附之于件目。"《元典章·兵部三·使臣》："一切件物须要完整。"❸件数。如：计件工资制。

伐〔俴〕(jiàn)　浅；薄。《诗·秦风·小戎》："俴驷孔群。"毛传："俴，浅也。"朱熹集传："驷马皆以浅薄之金为甲，欲其轻而易于马之旋习也。"《管子·参患》："兵不完利，与无操者同实；甲不坚密，与伐者同实。"

间〔間〕(jiàn)　本作"閒"。❶缝隙；空隙。《庄子·养生主》："彼节者有间，而刀刃者无厚。"元稹《莺莺传》："生私为之礼者数四，乘间遂道其衷。"引申为嫌隙。《左传·哀公二十七年》："故君臣多间。"❷距离；差别。《淮南子·俶真训》："则丑美有间矣。"高诱注："间，远也。"引申为疾病稍愈。如：病间。❸隔开；不连接。如：间断；间接；间或。《国策·齐策一》："时时而间进。"《汉书·韦玄成传》："间岁而祫。"颜师古注："间岁，隔一岁也。"❹更迭。如：寒热间作。《书·益稷》："笙镛以间。"❺间道；乘间。

《史记·廉颇蔺相如列传》:"臣诚恐见欺于王而负赵,故令人持璧归,间至赵矣。"《后汉书·谯玄传》:"间审归家。"❻合者使离,亲者使疏。如:离间;反间。《史记·项羽本纪》:"〔汉王〕乃用陈平计间项王。"引申为伺隙或扰乱。《国语·鲁语下》:"齐人间晋之祸,伐取朝歌。"韦昭注:"间,候也。"《左传·定公四年》:"惎间王室。"孔颖达疏:"惎,毒;间,乱。"❼参与。《左传·庄公十年》:"肉食者谋之,又何间焉!"

另见 jiān。

间道 偏僻的小路。《史记·淮阴侯列传》:"选轻骑二千人,人持一赤帜,从间道萆山而望赵军。""萆"同"蔽",利用山势隐蔽自己。

间谍 亦称细作。潜入敌地,刺探情况,伺机返报的人。《史记·李牧列传》:"谨烽火,多间谍。"今指由异国情报机关派遣或指使,窃取、刺探、传送机密情报,或进行颠覆、破坏等活动的人员。包括外国人,也包括本国人。

间诂 犹言夹注。汉许慎注《淮南子》,题曰《鸿烈间诂》。叶德炯跋云:"间诂犹言夹注,与笺同实而异名……盖其书为许君未卒业之书,仅约略笺识其旁,若夹注然,故谓之间诂。"孙诒让《墨子间诂自序》:"间者,发其疑忤,诂者,正其训释。"命意与叶说不同。

间关 ❶象声词。状车行时轴头的摩擦声。《诗·小雅·车辖》:"间关车之辖兮。"辖,车轴头的铁键。亦以状鸟声。白居易《琵琶行》:"间关莺语花底滑。"❷形容道路艰险。《后汉书·邓骘传》:"遂逃避使者,间关诣阙。"李贤注:"间关,犹崎岖也。"❸比喻文字艰涩难读。苏轼《戏和正甫一字韵》:"改更句格各蹇吃,姑因狡狯加间关。"

间间 有所分别貌。《庄子·齐物论》:"大知闲闲,小知间间。"成玄英疏:"间间,分别也……小知狭劣之人,性灵褊促,有取有舍,故间隔而分别。"谓斤斤于分辨是非为小知。

间阔 久别,远隔。汪藻《庚午岁屏居零陵》诗:"人言间阔者,一日如三秋。"王实甫《西厢记》第二本第四折:"咫尺间如间阔。"

间气 旧谓英雄豪杰上应星象,禀天地特殊之气,间世而出,称为"间气"。《太平御览》卷三百六十引《春秋演孔图》:"正气为帝,间气为臣。"宋均注:"间气则不苞一行,各受一星以生。"

间色 杂色。中国古代服色,以青、黄、赤、白、黑为正色,其他杂色为间色。《诗·邶风·绿衣》:"绿兮衣兮,绿衣黄里。"毛传:"绿,间色;黄,正色。"

间隙 ❶犹空隙。《吕氏春秋·长利》:"其所求者,瓦之间隙,屋之翳蔚也。"引申为可乘的机会。《汉书·刘向传》:"是以群小窥见间隙,缘饰文字,巧言丑诋。"❷隔阂;嫌隙。《国语·晋语八》:"及文子成晋、荆之盟,丰兄弟之国,使无有间隙。"韦昭注:"间隙,瑕衅也。"

间行 ❶潜行;走小路。《史记·项羽本纪》:"审其从太公吕后,间行求汉王。"❷邪行;作恶。《国语·周语下》:"神无间行,民无淫心。"韦昭注:"间行,奸神淫厉之类也。"

间执 堵塞。《左传·僖公二十八年》:"愿以间执谗慝之口。"

诶〔諓〕(jiàn) 见"诶诶"。

诶诶 亦作"戋戋"。巧言貌;能言善辩。《楚辞·九叹·愍命》:"谗人诶诶,孰可愬兮!"《汉书·李寻传》:"昔秦穆公说(悦)诶诶之言,任仡仡之勇。"

建(jiàn) ❶创立;设置。如:建都;建军。《礼记·学记》:"建国君民,教学为先。"❷建造。田汝成《西湖游览志·南山胜迹》:"净慈禅寺,周显德元年钱王俶建。"❸竖立。《史记·秦始皇本纪》:"下可以建五丈旗。"❹提出;首倡。如:建议;建策。❺通"键"。锁闭。《礼记·乐记》:"倒载干戈,包之以虎皮……名之曰建橐。"郑玄注:"建,读为键。"❻通"瀽"。倾倒。参见"高屋建瓴"。❼北斗的斗柄所指曰建。夏历正月曰建寅,二月曰建卯,谓斗柄旋转所指之十二辰,故称月建。月大称大建,月小称小建。

建白 陈述意见或有所倡议。《新唐书·田令孜传》:"宰相卢携素事令孜,每建白,必阿邑倡和。"阿邑,迎合。

建极 谓王者建立法度。《书·洪范》:"皇建其有极。"极,准则、法度。

建缮 修建整治。《商君书·垦令》:"无得取庸,则大夫家长不建缮。"

建设 ❶设置;创立。《汉书·叙传下》:"建设藩屏,以强守圉。"亦指政治、经济等各方面的兴建工作。如:国防建设;经济建设;文化建设。❷陈设;布置。《礼记·祭义》:"建设朝事。"朝事,谓旦朝荐血腥以祭之事。

建树 ❶建立。多指事业、功绩方面。如:有所建树。❷设立;建置。《陈书·衡阳献王昌传》:"钦若姬汉,建树贤戚。"

建牙 古时出征建立军旗,叫"建牙"。封演《封氏闻见记》卷五:"故军前大旗谓之牙旗,出师则有建牙、祃牙之事。"祃牙,祭旗。后亦谓武将出镇为"建牙"。参见"牙旗"。

建章 汉宫名。《史记·封禅书》:"于是作建章宫,度为千门万户。"《三辅黄图·汉宫》:"〔建章宫〕周二十余里……在未央宫西,长安城外。"亦泛指宫阙。贾至《早朝大明宫》诗:"千条弱柳垂青琐,百啭流莺绕建章。"

饯〔餞〕(jiàn) ❶以酒食送行。如:饯行;饯别。《诗·大雅·韩奕》:"显父饯之,清酒百壶。"❷原指以蜜、浓糖浆等浸渍果品,后也用以指这类果品。如:蜜饯。按:"饯"本作"煎"。《东京梦华录·饮食果子》:"煎西京雪梨、夫梨、甘棠梨。"《西湖老人繁胜录》:"蜜煎:蜜金橘、蜜木瓜、蜜林檎……糖煎尤多。"

饯行 以酒食送行。杨炯《送并州旻上人诗序》:"鸡山法众,饯行于素浐之滨。"

骏〔駿〕(jiàn) 低贱。《国策·燕策二》:"使齐犬马骏而不言燕。"

另见 xiàn。

荐〔薦〕(jiàn) ❶兽所食草。《庄子·齐物论》:"麋鹿食荐。"❷谓草肥厚。《汉书·赵充国传》:"今虏亡其美地荐草。"❸藉;垫。《楚辞·九叹·逢纷》:"薜荔饰而陆离荐兮。"也指垫席、褥子。如:草荐;棕荐。❹献;进。《论语·乡党》:"君赐腥,必熟而荐之。"何晏集解:"荐其先祖。"❺荐举;推荐。《孟子·万章上》:"诸侯能荐人于天子。"❻通"洊"。屡次;接连。见"荐饥"、"荐臻"。❼聚集。《国语·晋语七》:"戎狄荐处。"韦昭注:"荐,聚也。"按《左传·襄公四年》"戎狄荐居"孔颖达疏引服虔曰:"荐,草也,言狄人逐水草而居,徙无常处。"与韦注异。❽通"搢"。见"荐绅"。

荐饥 连年灾荒。《左传·僖公十三年》:"晋荐饥。"孔颖达疏引李巡曰:"连岁不熟曰荐。"

荐居 游牧民族没有固定的住处，逐水草而聚居。《左传·襄公四年》："戎狄荐居。"《汉书·终军传》："北胡随畜薦居。"颜师古注："薦，读曰荐；荐，屡也。言随畜牧屡易故居，不安住也。"

荐仍 犹频仍。一再；接连而来。柳宗元《祭姊夫崔使君简文》："痛毒荐仍，振古所无。"

荐绅 同"缙绅"。《史记·五帝本纪赞》："荐绅先生难言之。"裴骃集解引徐广曰："荐绅即缙绅也，古字假借。"

荐食 一再吞食。白居易《捕蝗》诗："荐食如蚕飞似雨。"常比喻不断地侵略，贪得无厌。《左传·定公四年》："吴为封豕长蛇，以荐食上国。"杜预注："荐，数也。"

荐新 以初熟五谷或时鲜果物祭献。《礼记·檀弓上》："有荐新，如朔奠。"

荐羞 进献肴馔。《周礼·天官·庖人》："与其荐羞之物。"郑玄注："荐，亦进也，备品物曰荐，致滋味乃为羞。"

荐臻 接连地来到；一再遇到。多用于不幸的事情。《诗·大雅·云汉》："饥馑荐臻。"

荦〔荦〕(jiàn) ❶网车。见《广韵·五十四槛》。❷通"槛"。囚车。见《集韵·五十四槛》。❸车声。《文选·左思〈吴都赋〉》："出车荦荦。"吕向注："荦荦，车声。"

贱〔贱〕(jiàn) ❶价格低。《汉书·食货志上》："籴甚贵伤民，甚贱伤农。"❷地位卑微。如：微贱。《论语·子罕》："吾少也贱，故多能鄙事。"❸人格卑鄙。如：下贱。《荀子·非十二子》："偷儒惮事，无廉耻而耆(嗜)饮食，必曰：'君子固不用力。'是子游氏之贱儒也。"参见"贱丈夫"。❹轻视。曹丕《典论·论文》："常人贵远贱近，向声背实。"❺谦词。如：贱躯；贱内。

贱丈夫 指贪图私利、行为卑鄙的人。《孟子·公孙丑下》："有贱丈夫焉，必求龙断而登之，以左右望而罔市利。"

挵(jiàn) ❶用木柱支撑倾斜的房屋，使之平正。如：打挵。❷用土石挡水。

剑〔劍、劒〕(jiàn) ❶一种随身佩带的兵器。长刃两面，中间有脊，短柄。初用铜铸。中国发现最早的属西周初期，盛行于东周。西周晚期始有铁制。亦指剑法。《史记·项羽本纪》："项籍少时，学书不成，去；学剑，又不成。"亦为运动器械。❷以剑杀人。潘岳《马汧督诔序》："有司马叔持者，白日于都市手剑父仇。"❸挟在胁下。欧阳修《泷冈阡表》："回顾乳者剑汝而立于旁。"

剑拔弩张 袁昂《古今书评》："韦诞书如龙威彪振，剑拔弩张。"本指书法雄健有气势，后多形容形势紧张，一触即发。

剑客 精于剑术的人。《汉书·李陵传》："臣所将屯边者，皆荆楚勇士奇材剑客也。"也指刺客。《后汉书·孔融传》："河南官属耻之，私遣剑客欲追杀融。"

剑首 镶嵌在剑柄顶端的装饰品，即镡。以玉或金属制成，扁圆形，其上镂有花纹。《礼记·少仪》："君子欠伸，运笏，泽剑首。"泽，摩挲玩弄。参见"镡❶"。

剑水 古水名，即今叶尼塞河上游。古代为契骨部落居地。《周书·异域突厥传》："其一国于阿辅水、剑水之间，号为契骨。"

剑外 唐人称剑阁以南蜀中地区为剑外。杜甫《恨别》诗："草木变衰行剑外。"又《闻官军收河南河北》诗："剑外忽传收蓟北。"

洊(jiàn) 通"荐"。再；一次又一次。《易·坎》："水洊至。"王弼注："相仍而至。"

栫(jiàn) 以柴木壅塞。《左传·哀公八年》："囚诸楼台，栫之以棘。"杜预注："栫，雍也。"

监〔監〕(jiàn) ❶古代官名。《史记·五帝本纪》："〔黄帝〕置左右大监。"❷旧时官署名称。魏晋至隋唐有秘书监、殿中监等，其主官亦称监及少监。明清仅存国子监一署。❸太监。《史记·秦本纪》："〔卫鞅〕因景监求见孝公。"张守节正义："阉人也。"❹通"鉴(鑑)"。镜。《新书·胎教》："明监所以照形也。"❺通"鉴(鑑)"。借鉴；参考。《书·酒诰》："人无于水监，当于民监。"谓当以民为鉴。❻宋地方行政区划名。始于五代，在坑冶、铸钱、牧马、产盐等地区置。有两种：一与府、州同级，隶属于路；一与县同级，隶属于府、州。

另见 jiān。

监本 历代国子监刻印的书本。始于五代后唐，宰相冯道命判国子监事田敏等校定九经，刻版印售。宋代仍之。以后国子监所刻印图书，以经、史为主。明朝南、北两京各设国子监，均有刻书，故有南监本、北监本之称。

监戒 亦作"鉴戒"。鉴往事的得失，以警戒将来。《汉书·诸侯王表序》："是以究其终始强弱之变，明监戒焉。"

监寐 亦作"鉴寐"。监，通"鉴"，照察，谓醒；寐，睡觉。"监寐"犹寤寐。《后汉书·桓帝纪》："监寐寤叹，疢如疾首。"谓醒着或睡梦中都在忧叹。也取偏义，专指睡觉。《后汉书·刘陶传》："屏营傍徨，不能监寐。"《三国志·吴志·陆逊传》："夙夜战惧，不遑鉴寐。"

监生 明清在国子监肄业的，统称监生，初由学政考取，或由皇帝特许。乾隆以前，并加以严格的考课。监生有举监、贡监、生监、恩监、荫监、优监等名目。后则仅存虚名，不被重视。至一般所称监生，指由捐纳而取得的。如未入府、州、县学而欲应乡试，或未得科名而欲入仕的，都必先捐监生，作为出身，但不一定在监读书。

健(jiàn) ❶刚强；康强。《易·乾》："天行健，君子以自强不息。"《三国志·魏志·华佗传》："好自将爱，一年便健。"❷健于，即善于。如：健谈。❸姓。宋代有健武。

健步 ❶急足，即赶路送信的人。《三国志·魏志·田豫传》裴松之注引《魏略》："豫罢官归，居魏县，会汝南遣健步诣征北，感豫宿恩，过拜之。豫为杀鸡炊黍……健步慭其贫羸，流涕而去。"❷脚步快而有力。如：健步如飞。

健儿 ❶军卒；也用以称壮士。《三国志·吴志·甘宁传》："能厚养健儿，健儿亦乐为用命。"古乐府《折杨柳歌辞》："健儿须快马，快马须健儿。"引申为英勇的斗士。鲁迅《悼杨铨》诗："何期泪洒江南雨，又为斯民哭健儿。"也指强健敏捷的青壮年。如：体操健儿。❷唐代军士的名称。也叫"官健"、"长征健儿"。唐代军、守捉、城镇、戍都有定额的防人或戍卒。番役期限，一般是三年或二年一代。后以府兵无力自备武器资粮，乃逐渐改用官给身粮、家粮或其他赐与的办法。开元二十五年（公元737年）下令各军招募长期戍守的军防健儿，其家口愿同去的，各给田地屋宅，从此戍兵成为长期服役的职业兵。《资治通鉴·唐代宗大历十二年》："定诸州兵，皆有常数，其召募给家

粮、春冬衣者,谓之官健。"

健饭 ❶《宋史·兵志一》"御前忠佐散员"夹注:"五代以来,军校立功无可门署者,第令与诸校同其饮膳,名健饭都指挥使。后唯被谴者居此。"❷勉加餐饭。吴伟业《得友人札询近况诗以答之》:"京洛故人闻健饭,黄尘骑马夹城头。"靳荣藩集览:"健饭,即强饭意。"亦谓饭量大。袁甫《寿冯德厚》诗:"祝子长年仍健饭,好书读到夜沈沈。"

健将 勇健善战的将领。《后汉书·吕布传》:"与其健将成廉魏越等数十骑,驰突燕阵。"

健讼 《易·讼》:"险而健,讼。"孔颖达疏:"犹人意怀险恶,性又刚健,所以讼也。"后人误把"健"、"讼"两字连读,因称好打官司为"健讼"。

健忘 容易忘记。司空图《漫题三首》:"齿落伤情久,心惊健忘频。"

健羡 《史记·太史公自序》:"至于大道之要,去健羡,绌聪明。"裴骃集解引如淳曰:"知雄守雌,是去健也;不见可欲,使心不乱,是去羡也。"后用为非常羡慕的意思。白居易《偶作》诗:"名无高与卑,未得多健羡。"

舰〔艦〕(jiàn) 大型的战船。《三国志·吴志·周瑜传》:"然观操军,方连船舰,首尾相接,可烧而走也。"今特指满载排水量超过500吨的军船。

涧〔澗〕(jiàn) ❶两山间的流水。《左传·隐公三年》:"涧溪沼沚之毛。"❷水名。见"涧水"。

涧水 ❶源出今河南渑池东北,东南流会渑水,东流经新安至洛阳市西折东南入洛河。❷《书·洛诰》:"我乃卜涧水东,瀍水西。"《禹贡》:"伊、洛、瀍、涧,既入于河。"下游即今洛阳市西一段涧水,上游各家所指不一:《汉书·地理志》、《水经》指今源出新安南东北流至洛阳市西注入涧水的王祥河,亦即《山海经》中的涧水;《伪孔传》所指则今源出渑池的涧水;《水经注》又有即离山水之说,水出新安东北,东南流至洛阳市西北与古谷水即今涧水合流入洛。

绡〔綃〕(jiàn) 织锦的花纹。唐有大绡锦。《新唐书·代宗纪》:"禁大绡、竭凿六破锦及文纱吴绫为龙、凤、麒麟、天马、辟邪者。"

捷(jiàn) ❶闭塞;堵塞。《庄子·庚桑楚》:"夫外韄者不可繁而捉,将内捷;内韄者不可缪而捉,将外捷。"❷同"楗"。堵塞河堤决口所用的竹木等器材。《汉书·沟洫志》:"塞瓠子决河……而下淇园之竹以为捷。"颜师古注引如淳曰:"树竹塞水决之口,稍稍布插按树之;水稍弱,补令密,谓之捷。"

另见 qián。

健(jiàn) 同"健"。

渐〔漸〕(jiàn) ❶逐渐;徐进。如:渐有起色;渐入佳境。《易·坤》:"其所由来者渐矣。"❷事物发展的开端。如:防微杜渐。❸加剧。《书·顾命》:"疾大渐。"❹疏导。《史记·越王句践世家》:"禹之功大矣,渐九川。"裴骃集解引徐广曰:"渐者,亦引进通导之意也。"❺六十四卦之一,艮下巽上。《易·渐》:"象曰:山上有木,渐。"孔颖达疏:"木生山上,因山而高,非是从下忽高,故是渐义也。"❻水名。见"渐水❶"。

另见 chán、jiān、qián。

渐江水 古水名。见《汉书·地理志》、《水经》;一作渐水,见《说文》。即今安徽、浙江境内的新安江及其下游的钱塘江。按此水《史记·秦始皇本纪》、《史记·项羽本纪》、《山海经·海内东经》及《水经》以后记载皆作"浙江"。

渐冉 逐渐;渐渐过去。张衡《思玄赋》:"恐渐冉而无成兮。"《晋书·王敦传》:"臣忝外任,渐冉十载。"亦作"渐苒"。《三国志·蜀志·后主传》:"干运犯冒,渐苒历载。"

渐染 犹渐冉。《三国志·魏志·文帝纪》"飨兹万国,以肃承天命"裴松之注引《献帝传》:"自汉德之衰,渐染数世,桓灵之末,皇极不建。"

渐入佳境 《晋书·顾恺之传》:"恺之每食甘蔗,恒自尾至本,人或怪之。云:'渐入佳境。'"意谓甘蔗下端比上端甜,从上到下,越吃越甜。后用来比喻境况逐渐好转或兴味逐渐浓厚。

渐水 ❶即"渐江水"。❷一名澹水、兴水、鼎水。在今湖南常德市北,东南流入沅水。《汉书·地理志》武陵郡索县:"渐水东入沅。"

渐悟 佛教指须经长期修习才能达到对佛教真理的觉悟。与"顿悟"相对。佛教禅宗北宗主张渐悟说,认为众生虽有"佛性",但障碍甚多,必须渐修以至累世修行,才能领悟达到"成佛"的境界。

谏〔諫〕(jiàn) ❶直言规劝,使改正错误。一般用于下对上。

如:进谏。《周礼·地官·保氏》:"保氏掌谏王恶。"❷止;挽救。《论语·微子》:"往者不可谏,来者犹可追。"❸姓。汉代有谏忠。

谏鼓 相传尧时曾设鼓于庭,使民击之以进谏。《淮南子·主术训》:"故尧置敢谏之鼓。"苏舜钦《蜀士》诗:"献册叩谏鼓,其言蔚可观。"参见"登闻鼓"。

谏果 橄榄的别名。《本草纲目·果部三》引王祯曰:"其味苦涩,久之方回甘味。王元之作诗比之忠言逆耳,乱乃思之,故人名为谏果。"

谏书 臣子向君主进谏的奏章。《汉书·王式传》:"臣以三百五篇谏,是以无谏书。"

袸〔襇〕(jiàn) 束小带。《尔雅·释器》:"衿谓之袸。"郭璞注:"衣小带。"参见"衿(jīn)"。

楗(jiàn) ❶门上关插的木条,横的叫关,竖的叫楗。《老子》:"善闭,无关楗而不可开。"❷通"捷"。用竹、草及土石填塞河堤决口时所树的柱桩。《史记·河渠书》:"下淇园之竹以为楗。"司马贞索隐:"楗者,树于水中,稍于竹及土石也。"《汉书·沟洫志》作"捷"。❸堵塞。《墨子·兼爱中》:"以楗东土之水,以利冀州之民。"毕沅注:"此盖言限水也。"❹骨骼名。《素问·骨空论》:"辅骨上、横骨下为楗。"

另见 jiǎn。

踺(jiàn,又读 zùn) 重至,再到。见《广韵·三十二霰》。

睍〔睍〕(jiàn) 同"瞯"。窥视。《宋史·镇王竑传》:"〔史弥远〕使美人睍竑动息,必以告。"

瞯〔瞯〕(jiàn) 探视。《孟子·离娄下》:"王使人瞯夫子。"

另见 xián。

践〔踐〕(jiàn) ❶踩;践踏。《诗·大雅·行苇》:"敦彼行苇,牛羊勿践履。"❷到;临。刘潜《北使还与永丰侯书》:"足践寒地,身犯朔风。"❸帝王即位。《孟子·万章上》:"夫然后之中国,践天子位焉。"❹举行;履行。如:实践。《仪礼·士相见礼》:"不足以践礼。"❺陈列整齐。《诗·小雅·伐木》:"笾豆有践。"❻通"剪"。灭除。《书·蔡仲之命》:"成王东伐淮夷,遂践奄。"❼通"浅"。浅陋。《诗·郑风·东门之墠》:"东门之栗,有践家室。"

践更 ❶古代受钱代人服役之称。《史记·吴王濞列传》:"卒践更,辄与平贾。"张守节正义:"践更,若今

唱更、行更者也，言民自著卒……贫者欲顾更钱者，次直者出钱顾之，月二千，是为践更。❷先后任职。《旧唐书·杨於陵传》："践更中外，始终不失其正。"

践踏　乱踩乱踏。《三国演义》第五十一回："城中曹兵突出，吴兵自相践踏，落堑坑者无数。"亦以比喻摧残。

践形　践，履；形，形色。指人性体现于形色。《孟子·尽心上》："形色，天性也，惟圣人然后可以践形。"认为"形色"（泛指人的身体、感觉、欲望等），原是"人性善"的外部表现；但只有圣人才能通过"形色"把这一固有本性体现出来（"践"），即圣人一举一动无不符合伦理道德标准之意。

践约　履行预先约定的事。冯梦龙《八兽关·钱江拯溺》："索取前银，指望践约完婚娶。"

践阼　亦作"践祚"。即位。旧时多指帝王而言。践，履也。古代庙、寝堂前两阶，主阶在东，称阼阶。阼阶上为主位，因称即位行事为"践阼"。《史记·鲁周公世家》："周公乃践阼代成王摄行政当国。"

跧（jiàn，又读 niǎn）　践踏。《庄子·外物》："凡道不欲壅；壅则哽，哽而不止则跧。"郭象注："当通而塞，则理有不泄而相腾践也。"陆德明释文："跧，郭云：'践也。'《广雅》云：'履也，止也。'本或作碾。"郭庆藩集释引王念孙曰："跧读为抮。抮，戾也。言哽塞而不止，则相乖戾。"

铜〔銅〕（jiàn）　车轴上减少轴与毂之间摩擦的铁。《释名·释车》："铜，间也，间钉轴之间使不相摩也。"
另见 jiàn。

毽（jiàn）　毽子。刘侗、于奕正《帝京景物略》卷二"春场"："杨柳儿死，踢毽子。"

腱（jiàn）　❶亦称"肌腱"。为肌纤维末端的终止部分。由结缔组织形成的纤维束或纤维膜组成。附着于骨骼或其他结构。四肢肌的腱多呈束状，肌收缩时，即通过腱而作用于骨骼，使之运动；腹壁肌的腱呈膜状（称"腱膜"），肌收缩时，也通过腱膜而增加张力。人体最强大的腱为小腿后面的跟腱，附着于跟骨，对举足、行走，影响很大。有些长的腱（如手部和足部），包有腱鞘，内含有滑液，可减少腱运动时的摩擦。

❷人身上或牛羊等小腿上肌肉发达的部分。《楚辞·招魂》："肥牛之腱。"

溅〔濺〕（jiàn）　进射。《史记·廉颇蔺相如列传》："相如请得以颈血溅大王矣。"
另见 jiān。

湔（jiàn）　通"溅"。《国策·齐策三》："臣请以臣之血湔其衽。"
另见 jiān。

閒（jiàn）　同"间（間）"。
另见 jiān，xián 闲。

鉴〔鑒、鑑、鑑〕（jiàn）　❶古代器名。青铜制。形似大盆。用以盛水或冰，巨大的或用作浴器。盛行于东周。古时没有镜子，古人常盛水于鉴，用来照影。

鉴

战国以后大量制作青铜镜照影，因此铜镜也称为鉴。❷照；审察。《左传·昭公二十八年》："光可以鉴。"《梁书·贺琛传》："脱得听览，试加省鉴。"也指照察的能力。《梁书·到洽传》："任昉有知人之鉴。"❸儆戒或教训。如：前车之鉴。《诗·大雅·荡》："殷鉴不远，在夏后之世。"❹用于书信起首称谓之后，表示请对方察看。如：大鉴，台鉴。

鉴裁　观察和衡量他人的才能德性。《新唐书·韦陟传》："陟于鉴裁尤长。"

鉴定　鉴别评定，确定优劣真伪。在诉讼法上，即"司法鉴定"。

鉴戒　引往事为教训。《国语·楚语下》："人之求多闻善败，以鉴戒也。"

鉴赏　犹言鉴识。《晋书·王戎传》："族弟敦有高名，戎恶之，敦每候戎，辄托疾不见，敦后果为逆乱。其鉴赏先见如此。"

鉴识　精辟的见识，多指识别人才。《三国志·魏志·和洽传》："洽同郡许混者，许劭子也。清醇有鉴识。"

鉴诸　即"方诸"。古代承露器。亦作"礛诸"。《旧唐书·礼仪志三》引《汉书仪》："以鉴诸取水于月。"参见"方诸❶"。

键〔鍵〕（jiàn）　❶举鼎的器具。见《说文·金部》。❷门闩；锁簧。《周礼·地官·司门》："掌授管键以启闭国门。"引申为关闭。如：键户灭烛。❸钥匙。郭璞《尔雅序》：

"六艺之钤键。"邢昺疏："《说文》云：'钤，锁也。'《小尔雅》云：'键谓之钥。'言此书为六艺之锁钥。"❹乐器上用以按奏的装置。在键盘乐器上，按键能使槌击弦或金属片而发音者，如钢琴或钢片琴；按键并鼓风能使管或簧片振动而发音者，如管风琴、排笙、风琴、手风琴。有些管乐器上的键，其形体与作用与键盘乐器的键不同，按之能使音孔开或闭，以调节发音。❺机械零件的一种。用来连接轴和轴上的零件，使两者一同转动（如平键）或兼可沿轴向相对滑动（如导向平键）。

键闭　❶古代锁簧与锁筒的合称。《礼记·月令》："〔孟冬之月〕修键闭。"郑玄注："键，牡；闭，牝也。"孔颖达疏："凡锁簧入者谓之牡，受者谓之牝。"引申为封锁。如：键闭顽敌。❷星名。《晋书·天文志上》："键闭一星，在房东北，近钩钤，主关钥。"

煎（jiàn）　用蜜或糖汁浸渍。如：蜜煎。煎，今作"饯"。
另见 jiān。

滥〔濫〕（jiàn）　浴盆。《庄子·则阳》："同滥而浴。"
另见 lǎn，làn。

槛〔檻〕（jiàn）　❶关野兽的栅栏，笼子。《淮南子·主术训》："故夫养虎豹犀象者，为之圈槛。"引申指囚车、牢房。《晋书·纪瞻传》："瞻觉其诈，使破槛出之。"❷栏杆。《汉书·朱云传》："云攀殿槛，槛折。"也指井栏。《山海经·海内西经》："面有九井，以玉为槛。"❸拘禁。吴质《答东阿王书》："今处此而求大功，犹绊良骥之足，而责以千里之任，槛猿猴之势，而望其巧捷之能者也。"❹四面加板的船。左思《吴都赋》："弘舸连轴，巨槛接舻。"
另见 kǎn。

槛车　亦作"轞车"。装载猛兽或囚禁罪犯的车子。《释名·释车》："槛车，上施阑槛以格猛兽，亦囚禁人之车也。"《汉书·张耳陈馀传》："〔贯高〕乃槛车与王（赵王张敖）诣长安。"颜师古注："槛车者，车而为槛形，谓以板四周之，无所通见。"

槛槛　亦作"轞轞"。车行声。《诗·王风·大车》："大车槛槛。"

轞〔轞〕（jiàn）　装槛之车，也特指囚车。详"轞车"。

轞车　亦作"槛车"。古代的一种囚车。《史记·张耳陈馀列传》："乃轞车胶致，与王（赵王张敖）诣长安。"张守节正义："谓其车上著板，

四周如槛形,胶密不得开。"

僭(jiàn) 同"僭"。另见 tiě。

僭(jiàn) ❶超越本分。旧指下级冒用上级的名义、礼仪或器物。如:僭分。《穀梁传·隐公五年》:"始僭乐矣。"❷差失。《左传·僖公九年》:"不僭不贼,鲜不为则。"杜预注:"僭,过差也。"❸假;不可信。《诗·大雅·抑》:"覆谓我僭。"郑玄笺:"覆,犹反也;僭,不信也。"

僭号 僭用帝王的尊号。《三国志·蜀志·吕凯传》:"盖闻天下不恭,齐桓是责;夫差僭号,晋人不长。"按谓夫差自称吴王。

僭越 僭冒名位超越本分。《北史·魏清河王怿传》:"天尊地卑,君臣道别,宜杜渐防萌,无相僭越。"

谮〔譖〕(jiàn) 通"僭"。不亲不信。《诗·大雅·桑柔》:"朋友已谮。"郑玄笺:"谮,不信也。"另见 zèn。

蹍(jiàn) ❶践踏。田汝成《西湖游览志·北山胜迹》:"贼骑飙至,蹄蹍而踣。"❷今称体操运动等的一种翻身动作为"蹍子"。

箭(jiàn) ❶搭在弓上发射的武器,古代一般用竹制。近代射箭运动的箭以柳藤制成,长约 90~93 厘米,箭镞有钢质、铁质之分。国际比赛用箭以木或金属制成,杆细镞小,长约 50~70 厘米。❷竹名。《广群芳谱》引戴凯之《竹谱》:"箭竹,高者不过一丈,节间三尺,坚劲中矢。江南诸山皆有之。"❸古代博戏所用的博箸。《韩非子·外储说左上》:"秦昭王令工施钩梯而上华山,以松柏之心为博,箭长八尺,棋长八寸,而勒之曰:'昭王尝与天神博于此矣。'"

箭楼 古代城门上的楼。辟有洞户,备发箭防御之用,故称"箭楼"。

箭衣 古代射士穿的衣服。袖端上半长,可以盖住手,下半短,便于射箭,称为"箭袖"。

碉(jiàn) 同"涧(澗)"。

礜〔礜〕(jiàn,又读 jí) 旧时迷信以为鬼死后之称。《聊斋志异·章阿端》:"人死为鬼,鬼死为礜。"另见 nǐ。

鍫(jiàn) 见"鍫鍫"。另见 zàn。

鍫鍫 ❶锐进貌。《太玄·玄错》:"《锐》,鍫鍫。"范望注:"进无二

也。"❷火焰上跳貌。《太玄·上》:"上其纯心,挫厥鍫鍫。"范望注:"火性炎上,故曰鍫鍫也。"

碉(jiàn) 同"涧(澗)"。《文选·郭璞〈江赋〉》:"幽碉积岨。"李善注:"《尔雅》曰:'山夹水曰涧'。碉与涧同。"

覵(jiàn) 同"睊(睊)"。

甗(jiàn) 同"礜(礜)"。

jiāng

江(jiāng) ❶长江。《孟子·滕文公下》:"水由地中行,江、淮、河、汉是也。"后用作江河的通称。如:黑龙江;珠江。柳宗元《江雪》诗:"孤舟蓑笠翁,独钓寒江雪。"❷古国名。嬴姓。在今河南正阳西南,公元前 623 年为楚所灭。❸姓。

江城子 ❶词牌名。又名《江神子》、《水晶帘》等。唐五代词均为单调,自三十五字至三十七字不等,平韵。至宋人始作双调七十字,平韵。黄庭坚有仄韵之作。❷曲牌名。属南曲中吕宫。字句格律与词牌双调体半阕同。用作引子。另南曲越调有《江神子》曲牌,亦名《江城子》,与中吕宫《江城子》不同。

江妃 传说中的女神名。"妃"也作"斐"。《列仙传》载,江妃二女,游于江汉之滨,逢郑交甫。交甫求其佩,遂解而与之。后交甫寻佩,视女,忽皆不见。又《山海经·中山经》:"洞庭之山,帝之二女居之。"郭璞注以为即《列仙传》的江妃二女。杜甫《桃竹杖引》:"斩根削皮如紫玉,江妃水仙惜不得。"

江河日下 比喻事物一天天衰落,像江河的水越流越趋向下游一样。宗山《词学集成序》:"词之为道,自李唐沿及两宋,滥觞厥制,渐至纷纭歧出,有江河日下之概。"

江湖 ❶旧指隐士的居处。《南史·隐逸传上》:"或遁迹江湖之上。"❷泛指四方各地。如:走江湖。杜牧《遣怀》诗:"落魄江湖载酒行。"

江介 江边,沿江一带。《楚辞·九章·哀郢》:"哀州土之平乐兮,悲江介之遗风。"

江郎才尽 南朝江淹,少有文名,世称江郎。晚年诗文无佳句,时人谓之才尽。后常用"江郎才尽"比喻才思减退。《镜花缘》第九十一回:"如今弄了这个,还不知可能敷衍交卷。

我被你闹的真是'江郎才尽'了。"参见"五色笔"。

江山 山川、山河。《庄子·山木》:"彼其道远而险,又有江山,我无舟车,奈何?"引申指疆土、国土。《三国志·吴志·贺邵传》:"割据江山,拓土万里。"

江州车 一种无梁的独轮车,便于山地运输。相传诸葛亮在巴郡江州(今重庆市)所造。见《事物纪原》卷八。《水浒传》第十六回:"那七个客人从松树林里推出这七辆江州车儿。"

茳(jiāng) 见"茳芏"。

茳芏 莎草科。多年生草本。根状茎匍匐,木质。秆三棱形。叶片短或有枝长;叶鞘很长,包裹茎的下部。夏季开花,花小,绿褐色,由穗状花序集成复出或多次复出的聚伞花序。生长在沼泽或低湿处。分布于亚洲、非洲、大洋洲热带地区;中国福建、广东、广西、四川等地亦产。野生或栽培。秆可编席。又为改良盐碱地的优良草种。

将〔將〕(jiāng) ❶扶助。《诗·周南·樛木》:"福履将之。"❷送。《诗·召南·鹊巢》:"百两将之。"❸渐进。《诗·周颂·敬之》:"日就月将。"❹带领。《后汉书·蔡邕传》:"遂携将家属,逃入深山。"❺奉;秉承。见"将命"。❻做。如:慎重将事。❼养。《诗·小雅·四牡》:"不遑将父。"❽随顺。见"将顺"。❾强大;强壮。《诗·周颂·长发》:"有娀方将。"孔颖达疏:"谓有娀之国方始壮大。"❿长。《楚辞·哀时命》:"哀余寿之弗将。"⓫侧;旁边。《诗·大雅·皇矣》:"在渭之将。"⓬取。石子章《竹坞听琴》楔子:"都管,将文房四宝过来。"⓭拿;用。如:将功折罪。⓮把。皮日休《吴中苦雨因书一百韵寄鲁望》:"如将月窟写,似把天河扑。"⓯将要。《论语·述而》:"不知老之将至云尔。"⓰欲;打算。《左传·隐公元年》:"君将若之何?"⓱将近。《孟子·滕文公上》:"今滕,绝长补短,将五十里也。"⓲与;共。庾信《春赋》:"眉将柳而争绿,面共桃而竞红。"⓳抑或;还是。《楚辞·卜居》:"吾宁悃悃款款朴以忠乎,将送往劳来斯无穷乎?"⓴且;又。如:将信将疑。《诗·小雅·谷风》:"将恐将惧。"㉑作语助,表动作的开始。如:叫将起来;打将进去。㉒姓。春秋时有将鉏。

另见 jiàng,qiāng。

将爱 将息;保养。《三国志·魏志·华佗传》:"好自将爱,一年便健。"

将次 将要;快要。周密《谒金门》词:"屈指一春将次尽。"

将护 调养护理。《三国志·吴志·孙策传》"至夜卒,时年二十六"裴松之注引《吴历》:"策既被创,医言可治,当好自将护,百日勿动。"

将进酒 乐府汉《铙歌》名。古辞写宴饮赋诗之事。后来作此题者,唐李白有"黄河之水天上来"句,李贺有"桃花乱落如红雨"句,皆著名。

将就 迁就;勉强应付。无名氏《陈州粜米》第一折:"这也还少些儿,将就他罢。"

将命 ❶奉命。《仪礼·聘礼》:"将命于朝。"郑玄注:"将犹奉也。"❷传命。《论语·宪问》:"阙党童子将命。"

将摄 将养;调养。《北史·张彝传》:"因得偏风,手脚不便,然志性不移,善自将摄。"

将事 奉命行事。《左传·成公十三年》:"晋侯使郤锜来乞师,将事不敬。"

将顺 亦作"奖顺"。顺势助成。《史记·管晏列传》:"语曰:'将顺其美,匡救其恶,故上下能相亲也。'"张守节正义:"言管仲相齐,顺百姓之美,匡救国家之恶。"

将无同 犹言莫不是相同,该是相同。"将无"表示测度语气。《晋书·阮瞻传》:"戎(王戎)问曰:'圣人贵名教,老、庄明自然,其旨同异?'瞻曰:'将无同。'戎咨嗟良久,即命辟之。"参见"三语掾"。

将毋 表选择疑问之词,犹言还是不。《韩诗外传》卷四:"客曰:'在外即言外,在内即言内,入乎,将毋?'周公曰:'请入。'"

将息 养息;休养。王建《留别张广文》诗:"千万求方好将息,杏花寒食约同行。"

将信将疑 有些相信又有些怀疑。李华《吊古战场文》:"其存其没,家莫闻知;人或有言,将信将疑。"

将养 休息、调养。《墨子·尚贤中》:"内有以食饥息劳,将养其万民。"

将迎 ❶语出《庄子·知北游》"无有所将,无有所迎"。后为送往迎来之称。谢灵运《初去郡》诗:"负心二十载,于今废将迎。"❷犹言将养、保养。《列子·汤问》:"不待将迎而寿。"

将作大匠 官名。秦始置,称将作少府。西汉景帝时,改称将作大匠,掌宫室、宗庙、陵寝及其他土木营建。东汉、魏、晋沿置。南朝梁改称大匠卿,北齐改称将作寺大匠。自隋至辽,多称将作监大匠。元代设将作院院使,掌金、玉、织造、刺绣等手工艺品制作。明初曾设将作司卿,不久废,其职并入工部。

姜 ㊀(jiāng) 姓。㊁〔薑〕(jiāng) 植物名。学名 *Zingiber officinale*。亦称"生姜"。姜科。多年生草本,作一年生栽培。须根不发达。根茎肥大,呈不规则块状,灰白或黄色,有辛辣味。地上茎高60~70厘米。叶披针形,互生。花下有绿色的苞,层层包围,花黄色,唇瓣紫色,散布白点。在温带通常不开花。喜阴湿温暖,忌干旱、霜冻;蔬菜用姜宜栽于壤土或粘土。原产印度尼西亚;中国中部和南部普遍栽培。根茎作蔬菜、香辛料,并供药用。

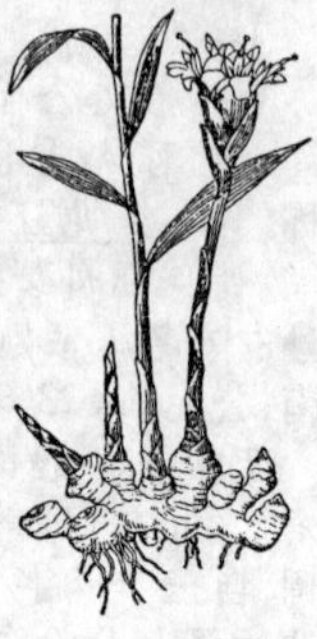

姜

姜被 《后汉书·姜肱传》载:姜肱与弟仲海、季江相友爱,常同被而眠。后因用"姜被"指兄弟或兄弟友爱。杜甫《寄张十二山人彪》诗:"历下辞姜被,关西得孟邻。"

姜桂 生姜肉桂,其味愈老愈辣,因用以比喻人到老来性格愈刚强。《宋史·晏敦復传》:"况吾姜桂之性,到老愈辣。"

豇 (jiāng) 见"豇豆"。

豇豆 俗称"豆角"。豆科。一年生草本。有长豇豆(*Vigna sesquipedalis*)、普通豇豆(*V. sinensis*)和饭豇豆(*V. cylindrica*)三种类型。蔓生、半蔓生及矮生。叶腋或顶部抽出花梗,先端着生单花2~5对,多数仅能结两荚,左右对生;花黄白或紫色。荚长条形,绿、青灰或紫色等。种子肾形,黑、黄白、紫红或褐色。喜温耐热,春夏均可栽培。长豇豆和普通豇豆嫩荚作蔬菜;饭豇豆的荚多纤维,不能食用,以种子煮食。

浆 〔漿〕(jiāng) ❶泛指饮料。如:水浆;酒浆。《周礼·天官·浆人》:"掌共(供)王之六饮:水、浆、醴、凉、医、酏。"按:六饮中的浆是淡酒。也指酒。《史记·魏公子列传》:"薛公藏于卖浆家。"裴骃集解引徐广曰:"浆,一作醪。"又特指较浓的汁。如:豆浆;血浆。亦指粘厚如糊的东西。如:泥浆。❷谓用带胶质的水浆涂已洗的衣服,使干后硬挺。如:把衬衫浆了再烫。

另见 jiàng。

蒋 〔蔣〕(jiāng,又读 jiǎng) 植物名。菰属,即茭白。左思《蜀都赋》:"其沃瀛则有攒蒋丛蒲。"

另见 jiǎng。

畺 (jiāng) 边界。《说文·畕部》:"畺,界也。"徐灏《说文解字注笺》:"畺、疆古今字。"《周礼·春官·肆师》:"与祝侯(候)禳于畺及郊。"

傹 (jiāng) 同"僵"。《荀子·仲尼》:"可炊而傹也。"杨倞注:"炊与吹同,傹当为僵,言可以气吹之而僵仆。"一说同"竟"。王先谦集解引郭庆藩曰:"字书无傹字,傹当读为竟……炊而竟,犹言终食之间,谓时不久也。"

僵 〔殭〕(jiāng) ❶仆倒。《史记·苏秦列传》:"详(佯)僵而弃酒。"❷不活动;僵硬。如:百足之虫,死而不僵。《南史·殷不害传》:"举体冻僵。"❸死;毙。《吕氏春秋·贵卒》:"周武君使人刺伶悝于东周,伶悝僵。"❹事情无法转圜或难于处理。如:弄僵;僵局。

僵立 直立不动。韩愈《月蚀诗效玉川子作》:"森森万木夜僵立,寒气屃奰顽无风。"

僵尸 倒毙的尸体。《史记·淮南衡山列传》:"死者不可胜数,僵尸千里,流血顷亩。"后指僵硬的尸体。

僵卧 躺着不动;伏处不出。《后汉书·袁安传》"后举孝廉"李贤注引《汝南先贤传》:"令人除雪入户,见安僵卧。"陆游《十一月四日风雨大作》诗:"僵卧孤村不自哀,尚思为国戍轮台。"

螀 〔螿〕(jiāng) 见"寒螀"。

彊 (jiāng) ❶通"疆"。境界。❷见"彊彊"。

另见 qiáng 强,qiǎng 强。

彊彊 鸟群飞相随之貌。《诗·鄘风·鹑之奔奔》:"鹑之奔奔,鹊之彊彊。"

缰 〔繮、韁〕(jiāng) 马缰绳。《乐府诗集》卷四十九《青骢白马》:"青骢白马紫丝缰。"

橿（jiāng）❶木名。质地坚致，古时用作车材。张衡《南都赋》："其木则柽松楔㮨，楩柏杻橿。"❷锄柄。《释名·释用器》："〔锄〕齐人谓其柄曰橿。"

鳉〔鱂〕（jiāng）动物名。学名 *Oryzias latipes*。亦称"青鳉"。硬骨鱼纲，鳉科。体侧扁，长约3～4厘米。银灰色。头宽扁，口小。背鳍后位，臀鳍颇长，腹鳍腹位。鳞大。生活于池沼、水沟和水田中，善食孑孓。分布于中国以及朝鲜半岛和日本。

礓（jiāng）砾石。见《集韵·十阳》。

疆（jiāng）❶境界；边界。如：疆土；疆界；边疆。《孟子·滕文公下》："出疆必载质。"❷极限；止境。见"无疆"。❸划分界限。《左传·宣公八年》："楚子疆之。"杜预注："正其界也。"
　　另见 qiáng。

疆吏　古指守卫诸侯国边地的官员。《左传·桓公十七年》："于是齐人侵鲁疆，疆吏来告。"明清对于高级地方官吏如总督、巡抚，也称疆吏，即封疆大吏之意。

疆土　国家的领土。《诗·大雅·江汉》："式辟四方，彻我疆土。"《晋书·文帝纪》："遂戢干戈，靖我疆土。"

疆场　❶国界。《左传·桓公十七年》："公曰：'疆场之事，慎守其一，而备其不虞。'"❷田界。《诗·小雅·信南山》："中田有庐，疆场有瓜。"

疆域　犹疆土，国境。《晋书·地理志上》："表提类而分区宇，判山河而考疆域。"

䊗（jiāng）同"浆"。《庄子·列御寇》："吾尝食于十䊗。"陆德明释文："本亦作浆。司马云：'䊗，读曰浆，十家并卖浆也。'"

jiǎng

讲〔講〕（jiǎng）❶说。如：讲话。❷讲说；讲解。如：讲学；讲书。❸讲论；商议。如：讲条件；讲价钱。❹谋划。《左传·襄公五年》："讲事不令。"杜预注："讲，谋也。言谋事不善。"❺和解。《国策·西周策》："而秦未与魏讲也。"❻讲求；讲习。如：讲卫生。《论语·述而》："德之不修，学之不讲，闻义不能徙，不善不能改，是吾忧也。"《左传·庄公三十二年》："雩，讲于梁氏。"❼通

"颣"。《汉书·曹参传》："萧何为法，讲若画一。"颜师古注："讲，和也；画一，言整齐也。"按"讲"，《史记·曹相国世家》作"颣"。

讲究　❶研究。《宋史·食货志上二》："神宗讲究方田利害，作法而推行之。"❷力求精美完善。如：讲究卫生。引申为精美完善。《官场现形记》第六回："其实他的上房里另外有个小厨房，饮食极其讲究。"

讲肆　❶讲舍。《隋书·牛弘传》："肃宗亲临讲肆，和帝数幸书林。"❷讲习。《晋书·范汪传》："屏居吴都，从容讲肆，不言枉直。"

讲堂　❶讲学的厅堂。《后汉书·明帝纪》："亲御讲堂。"后用以称学校教室。❷佛教讲经说法的殿堂。《无量寿经》卷一："无量寿佛为诸声闻菩萨天人颁宣法时，都悉集会七宝讲堂，广宣道教，演畅妙法。"《洛阳伽蓝记·建中寺》："以前厅为佛殿，后堂为讲堂。"

讲武　讲习武事。《礼记·月令》："〔孟冬之月〕天子乃命将帅讲武，习射御，角力。"《三国志·蜀志·诸葛亮传》："乃治戎讲武，以俟大举。"

讲习　互相讨论学习。《越绝书·外传本事》："养徒三千，讲习学问。"

讲席　亦作"讲座"。学者讲学或高僧讲经的座位。孟浩然《题融公兰若》诗："芰荷薰讲席。"也用作对师长或对学者的尊称。

讲信修睦　《礼记·礼运》："选贤与能，讲信修睦。"讲信，讲求信用；修睦，修习和睦相处之道。原指诸侯国间的关系。后亦泛指人际交往之道。

讲筵　犹讲席。《陈书·张正见传》："简文雅尚学业，每自升座说经，正见尝预讲筵，请决疑义。"

讲座　❶同"讲席"。❷某种专门学科或某一专题的讲授。如：科学讲座；专题讲座。

奖〔奬、獎〕（jiǎng）❶劝勉。《左传·昭公二十二年》："以奖乱人。"《方言》第六："自关而西秦晋之间，相劝曰耸，或曰奖。"❷称赞；夸奖。如：褒奖；嘉奖。参见"奖揠"、"奖饰"。❸为了表扬、鼓励而给予的荣誉或财物。如：一等奖；发奖。❹辅助。如：奖助。《左传·僖公二十八年》："皆奖王室。"杜预注："奖，助也。"

奖借　犹言奖揠，勉励提拔。《宋史·李维传》："性宽易，喜愠不见于

色，奖借后进。"

奖进　称许提拔。《后汉书·孔融传》："荐达贤士，多所奖进。"《梁书·任昉传》："昉好交结，奖进士友。"

奖励　赞许鼓励。《晋书·苻坚载记》："躬亲奖励。"亦作"奖厉"。《汉书·哀帝纪》："所以奖厉太子专为后之谊。"

奖饰　谦词，犹奖誉，含有称许过当的意思。刘潜《谢始兴王赐车牛启》："慈渥无涯，每垂奖饰。"

奖顺　同"将顺"。顺势助成。《左传·昭公二十六年》："奖顺天法，无助狡猾。"

奖掖　同"奖揠"。江藩《汉学师承记·程晋芳》："纵论时事，则掀髯大笑，少所容贷；至于奖掖后进，则有誉无否也。"

奖揠　犹奖进。推许提拔。《新唐书·李频传》："合（姚合）大加奖揠，以女妻之。"亦作"奖掖"。

桨〔槳〕（jiǎng）亦称"楫"、"桡"。一种用人力使船前进的工具。上端为圆杆，下端为扁板，中部支在船舷的桨座上。桨板拨水向后，其反作用力通过桨座推船前进。另有一种短桨，不需桨座，用两手持桨划水使船前进。

蒋〔蔣〕（jiǎng）❶通"奖"。《隶释·县三老杨信碑》："蒋厉兵甲。"❷古国名。姬姓，始封之君为周公之子，在今河南固始。一说在河南光山，春秋时灭于楚。❸姓。
　　另见 jiāng。

傋（jiǎng）见"傋偻"。
　　另见 gòu。

傋偻　亦作"偻傋"。见《玉篇·人部》。不媚。

耩（jiǎng）用耧车播种或用粪耧施肥。如：耩豆子；耩粪。

颣〔顜〕（jiǎng，又读 jiào）直；明。《史记·曹相国世家》："萧何为法，颣若画一；曹参代之，守而勿失。"司马贞索隐："训直，又训明，言法明直若画一也。"

胜（jiǎng）胜子，即趼子。手足因摩擦而生的硬皮。

jiàng

匠（jiàng）❶工匠，指有专门技术的工人。如：木匠；铁匠。《论衡·量知》："能穿凿穴坯，谓之土匠。"❷指在某一方面造诣或修养很深的人。杜甫《赠特进汝阳王》诗："学业醇儒富，辞华哲匠能。"❸

计划制作。李格非《洛阳名园记·富郑公园》:"皆出其目营心匠。"

匠心　工巧的心思。常指文学艺术创造性的构思。如:匠心独运。张祜《题王右丞山水障》诗:"精华在笔端,咫尺匠心难。"

匠意　犹言造意。许孟容《穆公集序》:"诵六经得其研深,阅百代得其英华,属词匠意,必本于道。"

匠宰　执掌考核铨衡之权的大臣。《三国志·魏志·夏侯玄传》:"而使匠宰失位,众人驱骇,欲风俗清静,其可得乎?"

降（jiàng）❶落下;降下。如:降雨。《诗·小雅·节南山》:"昊天不惠,降此大戾。"❷贬抑。《论语·微子》:"不降其志,不辱其身。"《北史·拓拔子孝传》:"日夜纵酒,后例降为公。"❸降生。《楚辞·离骚》:"摄提贞于孟陬兮,惟庚寅吾以降。"龚自珍《己亥杂诗》:"我劝天公重抖擞,不拘一格降人才。"❹谓公主下嫁。《书·尧典》:"釐降二女于妫汭,嫔于虞。"孔颖达疏:"舜为匹夫,帝女下嫁。"❺通"洚"。《书·大禹谟》:"帝曰:来禹!降水儆予。"孔颖达疏:"降水,洪水也。"

另见 xiáng,xiàng。

降黜　犹贬黜。《书·泰誓中》:"天乃佑命成汤,降黜夏命。"

降服　❶解衣自贬谢罪。《左传·僖公二十三年》:"公子惧,降服而囚。"杜预注:"去上服,自拘囚以谢之。"❷旧谓丧服降低一等。如子为父母应服三年之丧;其已出嗣,则为本生父母降三年之服为一年之服,称"降服子"。❸素服。《左传·文公四年》:"楚人灭江,秦伯为之降服,出次,不举,过数。"杜预注:"降服,素服也。"

降格　❶格,至。降临。《书·多士》:"有夏不适逸,则惟帝降格,向于时夏。"❷降低标准、程式。如:降格以求。

降香　❶中药名。即"降真香"。❷进香;烧香。《西游记》第三十六回:"你岂不知我是僧官,但只有城上来的士夫降香,我方出来迎接。"

降真香　中药名。亦称"降香"。通常为豆科植物降香檀的干木(即根部的心材部分)。性温、味辛,功能行气、活血、止痛,主治胃痛、心胸疼痛、跌打损伤、瘀血肿痛等。过去多从国外进口,主要为南洋一带产的小花黄檀(*Dalbergia parviflora*);亦有以芸香科的山油柑(*Acronychia pendun-*

culata)充作降真香的。

将〔將〕（jiàng）❶将领。《吕氏春秋·执一》:"军必有将。"引申为最大、最长。见"将指"。❷军衔名,在校级之上。如:大将;上将;中将;少将。❸带兵。《史记·秦始皇本纪》:"将军击赵。"

另见 jiāng,qiāng。

将略　用兵的谋略。《三国志·蜀志·诸葛亮传评》:"连年动众,未能成功,盖应变将略,非其所长欤?"

将门　世代为将之家。《史记·孟尝君列传》:"文闻将门必有将,相门必有相。"

将指　足的大趾或手的中指。《左传·宣公四年》"子公之食指动"孔颖达疏:"足以大指为将指,手以中指为将指。"《左传·定公十四年》:"灵姑浮以戈击阖庐,阖庐伤将指,取其一屦。"屦,鞋。灵姑浮,越大夫。

浭（jiàng,又读 hóng）　大水泛滥。《孟子·滕文公下》:"《书》曰:'浭水警余。'浭水者,洪水也。"

浭洞　同"澒洞"。弥漫无际。《孟子·滕文公下》"浭水者"赵岐注:"水逆行,浭洞无涯,故曰浭水也。"

绛〔絳〕（jiàng）❶大红色。白居易《牡丹芳》诗:"千片赤英霞烂烂,百枝绛点灯煌煌。"❷古邑名。(1)春秋晋地。在今山西翼城东南。晋穆侯自曲沃迁都于此,孝侯改绛为翼,献公增筑都城,方二里,至公元前 585 年景公迁于新田,也叫做绛,因称此为故绛。(2)春秋晋地,在今山西侯马市西。晋景公自绛迁于此,称新绛或新田,亦称为绛。《左传》定公十三年(公元前 497 年):"赵鞅入于绛",即此。

绛蜡　红烛。韩疁《高阳台·除夜》词:"频听银签,重燃绛蜡。"

绛老　春秋时晋国绛地的老人,用隐语说出他的年龄,师旷推知为七十三岁。见《左传·襄公三十年》。李峤《神龙历序》:"亥有二首,方闻绛老之年。"

绛阙　指宫殿或寺观前的红色门阙。亦借指朝廷或寺观。颜延之《赭白马赋》:"简伟塞门,献状绛阙。"苏轼《水龙吟》词:"古来云海茫茫,道山绛阙知何处。"

绛帐　红色帐帷。《后汉书·马融传》:"常坐高堂,施绛纱帐,前授生徒,后列女乐。"后因以"绛帐"为

师长或讲座的代称,含有尊敬称美的意思。李商隐《过故崔衮海宅》诗:"绛帐恩如昨,乌衣事莫寻。"

浆〔漿〕（jiàng）　同"糨"。糊。

另见 jiāng。

弜（jiàng）　范寅《越谚》卷下:"设计堕人、掘井取兽皆谓弜。"也指捕捉鸟兽的器械。鲁迅《呐喊·故乡》:"他是能装弜捉小鸟雀的。"

强〔彊、强〕（jiàng）　固执,不柔顺。如:脾气强。

另见 qiáng,qiǎng。

强嘴　顶嘴;强辩。《红楼梦》第五十九回:"小蹄子!我说着你,你还和我强嘴儿呢!"

酱〔醬〕（jiàng）❶豆麦等制成的糊状调味品;也指鱼肉蔬果制成的酱食品。如:豆酱;虾酱;梅酱。❷用酱或酱油腌制的。如:酱瓜;酱菜。也指用酱或酱油腌制。如:把黄瓜酱一酱。❸古代醢、醯的总名。《周礼·天官·膳夫》:"凡王之馈,酱用百有二十瓮。"郑玄注:"酱,谓醢、醯也。"

滰（jiàng）　浚干渍米。见《说文·水部》。段玉裁注:"自其方沤未淘言之曰渍,米不及淘抒而起之曰滰。"

弰（jiàng）　同"犟"。

另见 qiǎng。

彊（jiàng）　见"彊台山"。

彊台山　即西倾山。在青海、甘肃、四川三省界上。《水经·河水注》引《沙州记》:"洮水与垫江水俱出彊台山。"

犟（jiàng）　固执;不服劝导。如:脾气犟。

糨（jiàng）　亦作"糡"、"浆"。糨子,即浆糊,用来粘东西的面糊。

糡（jiàng）　同"糨"。

jiāo

芁（jiāo）　见"秦芁"。

另见 qiú。

乔〔喬〕（jiāo）　通"骄"。骄傲。《礼记·表记》:"乔而野。"陆德明释文:"乔音骄。"

另见 qiáo。

交（jiāo）❶交叉;交错。《孟子·滕文公上》:"兽蹄鸟迹之道交于中国。"❷互相;互相接触。

如：交谈；交头接耳。❸交易。《二刻拍案惊奇》卷十五："见有人来买，即便成交。"❹结交；交际；交情。如：交朋友；邦交；泛泛之交。《国策·秦策三》："王不如远交而近攻。"❺性交；交配。如：交媾；交尾。《礼记·月令》："〔仲冬之月〕虎始交。"❻接合；通气。《易·泰》："天地交而万物通也，上下交而其志同也。"❼共；俱。《书·禹贡》："四海会同，六府孔修，庶土交正，慎底财赋。"孔传："交，俱也，众士俱得其正。"《孟子·梁惠王上》："上下交征利，而国危矣。"❽授受。《礼记·坊记》："礼非祭，男女不交爵。"❾付与；缴纳。如：移交；转交；交卷；交税。引申为交代明白。如：交过排场（旧剧副末报台结束语）。❿先后交替之际。《左传·僖公五年》："其九月、十月之交乎？"也指开始进入。《红楼梦》第一回："那天已交三鼓，二人方散。"⓫通"教"。岑参《叹白发》诗："白发生偏速，交人奈何？"⓬同"跤"。如：跌交；踔了一交。

交拜 ❶相对而拜。古人见面时的一种礼节。《后汉书·马援传》："述（公孙述）盛陈陛卫，以延援入，交拜礼毕，使出就馆。"❷旧婚礼中新郎新娘对面相拜的仪式。段成式《酉阳杂俎·礼异》："北朝婚礼，青布幔为屋，在门内外，谓之青庐，于此交拜。"

交杯 旧俗婚礼中新婚夫妇互换酒杯饮酒。王得臣《麈史·风俗》："古者婚礼合卺，今也以双杯彩丝连足，夫妇传饮，谓之交杯。"孟元老《东京梦华录·娶妇》："用两盏以彩结连之，互饮一盏，谓之交杯酒。"

交臂 ❶两臂相交，犹拱手。表示降服，恭敬。《国策·韩策一》："今大王西面交臂而臣事秦。"❷胳膊挨着胳膊。表示接近、亲近。苏轼《夜直秘阁》诗："共谁交臂论古今？"参见"失之交臂"。❸反缚。《庄子·天地》："则是罪人交臂历指。"

交叉 犹纵横相交。《隋书·礼仪志七》："其车轮解合交叉，即为马枪。"亦指方向各异互相穿过，或间隔穿插。如：铁轨交叉；交叉作业。

交床 亦称交椅。有靠背的坐具。古时胡床的别称。杜宝《大业杂记》："〔炀帝〕自幕北还至东都，改胡床为交床，胡瓜为白露黄瓜。"参见"胡床"。

交错 交叉错杂。欧阳修《醉翁亭记》："觥筹交错。"

交盖 车盖相遇，意同"倾盖"。形容朋友相遇，亲切谈话的情况。《汉书·邹阳传》："倾盖如故"颜师古注引文颖曰："倾盖，犹交盖驻车也。"黄庭坚《次韵裴仲谋同年》诗："交盖春风汝水边，客床相对卧僧毡。"

交媾 阴阳和合的意思。李白《草创大还赠柳官迪》诗："造化合元符，交媾腾精魄。"亦指性交。语出《易·系辞下》"男女媾精，万物化生"。

交关 ❶交通；来往。《后汉书·西羌传》："通道玉门，隔绝羌胡，使南北不得交关。"❷串通；勾结。《三国志·魏志·夏侯尚传》："交关阉竖，授以奸计。"❸吴方言。很；很多。《朱子全书·论语四》："自有交关妙处。"

交欢 谓相交而得其欢心。结好。《史记·郦生陆贾列传》："君何不交欢太尉，深相结？"

交际 《孟子·万章下》："敢问交际，何心也？"朱熹注："际，接也。交际谓人以礼仪币帛相交接也。"后泛指人与人的往来应酬。

交加 ❶犹交错。欧阳修《丰乐亭春游》诗："绿树交加山鸟啼。"❷兼施齐下的意思。《红楼梦》第九十八回："恐贾母王夫人愁苦交加，急出病来。"❸交接；结交。《后汉书·孙程传》："既无知人之明，又未尝交加士类。"

交交 ❶《诗·小雅·桑扈》："交交桑扈，有莺其羽。"郑玄笺："交交犹佼佼，飞往来貌。"❷《诗·秦风·黄鸟》："交交黄鸟，止于棘。"马瑞辰通释："按交交，通作咬咬，谓鸟声也。"

交接 ❶相接触。《淮南子·兵略训》："是故兵未交接而敌人恐惧。"兵未交接，谓未经交战。❷交际往来。《孟子·万章下》："其交也以道，其接也以礼，斯孔子受之矣。"《墨子·尚贤中》："外有以为皮币与四邻诸侯交接。"❸指性交。《汉书·高五王传》："或白昼使嬴伏，犬马交接。"嬴，露形体。

交睫 上下睑毛相交接，意即合眼而睡。《史记·袁盎晁错列传》："陛下居代时，太后尝病三年，陛下不交睫，不解衣。"

交口 齐声；众口一辞。韩愈《柳子厚墓志铭》："诸公要人……交口荐誉之。"

交情 朋友相处的情谊。《史记

·汲郑列传赞》："一死一生，乃知交情……一贵一贱，交情乃见。"

交涉 ❶就彼此间相关涉的事进行谈判。如：办交涉。《官场现形记》第九回："毕竟是他不识外情，不谙交涉之故。"❷关连；关涉。范成大《病中闻西园新花已茂》诗："春虽与病无交涉，雨莫将花便破除。"

交市 即互市。意谓通商。《资治通鉴·隋炀帝大业三年》："西域诸胡多至张掖交市，帝使吏部侍郎裴矩掌之。"胡三省注："交市，为互市也。"

交手 ❶相互携手。《楚辞·九歌·河伯》："子交手兮东行，送美人兮南浦。"王逸注："交手，古人相别，则相执手，以见不忍相远之意。"❷犹拱手。《汉书·燕刺王旦传》："诸侯交手事之八年。"❸手相搏为交手，引申指角力或比赛技艺。《水浒传》第九回："两个教师就明月地上交手，真个好看。"

交绥 原谓敌对双方军队刚一接触即各自撤退。《左传·文公十二年》："秦以胜归，我何以报，乃皆出战，交绥。"杜预注："秦晋志未能坚战，短兵未至，争而两退，故曰交绥。"后用为交战的意思。卢思道《为隋檄陈文》："吕梁之役，贯盈恶稔，曾未交绥，云卷雾彻。"

交泰 《易·泰》："天地交，泰。"王弼注："泰者，物大通之时也。"言天地之气融通，则万物各遂其生，故谓之泰。后因以"交泰"指时运亨通。

交通 ❶各种运输和邮电通信的总称。即人和物的转运输送，语言、文字、符号、图像等的传递播送。❷彼此相通。陶潜《桃花源记》："阡陌交通，鸡犬相闻。"❸交接；往还。《史记·魏其武安侯列传》："诸所与交通，无非豪杰大猾。"

交午 纵横交错。《穀梁传·昭公十九年》："羁贯成童"范宁注："羁贯，谓交午剪发以为饰。"段成式《柔卿解籍戏呈飞卿》诗："良人为渍木瓜粉，遮却红腮交午痕。"

交恶 双方感情破裂，互相憎恨仇视。《左传·隐公三年》："周郑交恶。"

交椅 坐具。即古代的胡床，也叫"交床"。参见"胡床"。

交易 ❶本指物物交换。《易·系辞下》："日中为市，致天下之民，聚天下之货，交易而退，各得其所。"即指买卖。❷犹往来。《公羊传·宣公

十二年》:"君之不令臣,交易为言。"何休注:"言君之不善臣,数往来为恶言。"

交游 结交朋友。也指朋友。《荀子·君道》:"其交游也,缘义而有类。"司马迁《报任少卿书》:"下之又不能积日累劳,取尊官厚禄,以为宗族交游光宠。"

交谪 《诗·邶风·北门》:"我入自外,室人交遍谪我。"意谓家人对我交相指责。后用为互相埋怨的意思。《聊斋志异·王成》:"与妻卧牛衣中,交谪不堪。"

交质 质,人质。古代列国互相派人留居对方,作为守信的保证。《左传·隐公三年》:"故周郑交质,王子狐为质于郑,郑公子忽为质于周。"

佼(jiāo) 通"交"。《管子·明法解》:"则群臣皆忘主而趋私佼矣。"
另见 jiǎo。

郊(jiāo) ❶邑外为郊。周制,离都城五十里为近郊,百里为远郊。后泛指城外、野外。《汉书·司马相如传上》:"悉为农郊。"欧阳修《秋郊晓行》诗:"寒郊桑柘稀,秋色晓依依。"❷古地名。春秋时晋地。在今山西运城市境。《左传·文公三年》:"秦伯伐晋,济河焚舟,取王官及郊。"❸祭天。见"郊社"、"郊祀"。

郊甸 王城外二百里之内的地区。《左传·昭公九年》:"使逼我诸姬入我郊甸,则戎焉取之。"杜预注:"邑外为郊,郊外为甸。言戎取周郊甸之地。"亦指一般城郊。潘岳《在怀县作》诗之二:"登城望郊甸,游目历朝寺。"

郊寒岛瘦 苏轼《祭柳子玉文》:"元轻白俗,郊寒岛瘦。"苏轼以为孟郊、贾岛诗的意境简啬孤峭,不够开朗发扬。后用以表示诗文中类似的意境风格。

郊劳 到郊外迎接、慰劳。《国语·周语上》:"襄王使太宰文公及内史兴赐晋文公命,上卿逆于境,晋侯郊劳。"

郊禖 禖,古代帝王为求子所祭的神。因其祠在郊外,故称"郊禖"。《诗·大雅·生民》"以弗无子"毛传:"弗,去也;去无子求有子,古者必立郊禖焉;玄鸟至之日,以大牢祠于郊禖。"参见"高禖"。

郊圻 ❶指封邑的疆界。《书·毕命》:"申画郊圻,慎固封守。"孔颖达疏:"郊圻,谓邑之境界。"按邑外谓之郊,圻与畿同;画,划分。❷郊野。王安石《次韵再游城西李园》诗:"我亦悠悠无事者,约君联骑访郊圻。"

郊社 祭天地。周代于冬至日祭天于南郊称为"郊",夏至日祭地于北郊称为"社",合称"郊社"。《礼记·中庸》:"郊社之礼,所以事上帝也。"

郊祀 古代祭礼,在郊外祭天或祭地。《诗·周颂·昊天有成命序》:"昊天有成命,郊祀天地也。"陈奂传疏:"序言天地,即所谓祀天圜(圆)丘,祀地方丘也。"

郊遂 古代都城以外为"郊",郊外为"遂",泛指城外的地方。张衡《西京赋》:"便旋闾阎,周观郊遂。"

郊迎 到郊外迎接,以表敬重。《汉书·司马相如传》:"至蜀,太守以下郊迎。"颜师古注:"迎于郊界之上也。"

郊原 郊野平原。邵偃《赋得春风扇微和》诗:"始见郊原绿,旋过御苑春。"

荞〔蕎〕(jiāo) 植物名,即"大戟"。多年生草本,根可入药。
另见 qiáo。

茭(jiāo) ❶喂牲口的干草。《书·费誓》:"峙乃刍茭。"❷植物名。《尔雅·释草》:"茭,牛蕲。"郭璞注:"今马蕲,叶细锐,似芹,亦可食。"❸篾缆,即用薄竹片或芦苇编成的大索。《史记·河渠书》:"搴长茭兮沈美玉。"裴骃集解引臣瓒曰:"竹苇绠谓之茭。"❹茭白。《本草纲目·草部八》:"江南人呼菰为茭,以其根交结也。"参见"茭白"。
另见 xiǎo。

茭白 又名"菰笋"、"茭笋"。见"菰"。

咬(jiāo) 见"咬咬"。
另见 yāo、yǎo。

咬咬 鸟鸣声。古诗《长歌行》:"黄鸟飞相追,咬咬弄音声。"

迳(jiāo) 交会;交错。《说文·辵部》"迳"段玉裁注:"东西正相值为迳,今人假交胫之交为迳会字。"

迳道 交叉;错杂。龚自珍《阮尚书年谱第一序》:"公独谓一经一纬,迳道而成者,绮组之饰也。"迳道,一本作"交错"。

浇〔澆〕(jiāo) ❶沃灌。宋之问《蓝田山庄》诗:"辋川朝伐木,蓝水暮浇田。"❷浇铸。如:浇版;浇铅字。❸薄。多指社会风气。如:浇风。《淮南子·齐俗训》:"浇天下之淳,析天下之朴。"❹水的回波。张衡《南都赋》:"阳侯浇兮掩凫鹥。"❺姓。明代有浇彧。
另见 ào。

浇风 轻薄的社会风尚。王巾《头陀寺碑文》:"淳源上派,浇风下渫。爱流成海,情尘为岳。"

浇裹 浇,指饮食;裹,指衣服。犹言日常的开销。《官场现形记》第二十四回:"全靠这班门生故吏接济他些,以资浇裹。"

浇季 谓风俗浇薄的晚季之世。《文选·任昉〈王文宪集序〉》:"宋末艰虞,百王浇季。"李周翰注:"浇季,谓末世也。"

浇竞 追逐名利的浮薄风气。梁武帝《立选簿表》:"驱迫廉挢,奖成浇竞。"

浇漓 亦作"浇醨"。谓社会风气浮薄。张怀瓘《书断·神品》:"终以文代质,渐就浇漓。"权德舆《祭梁补阙文》:"游夏远矣,文章运衰;风流不还,作者盖希;君得其门,独斥浇醨。"

浇末 指风俗浇薄的衰落时世。《陈书·后主纪》:"朕君临区宇,属当浇末。"

娇〔嬌〕(jiāo) ❶妩媚可爱。杜甫《宿昔》诗:"花娇迎杂树。"❷宠爱。杜甫《北征》诗:"平生所娇儿,颜色白胜雪。"❸柔弱,不能耐苦。如:娇气。❹通"骄"。骄横。朱浮《为幽州牧与彭宠书》:"内听娇妇之失计,外信谗邪之谀言。"

娇艾 年轻美丽的妇女。《桃花扇·逃难》:"积了些金帛,娶了些娇艾。"

娇痴 天真可爱而不解事。元稹《六年春遣怀》诗:"娇痴稚女绕床行。"

娇憨 犹娇痴。陈羽《古意》诗:"姑嫜严肃有规矩,小姑娇憨意难取。"

娇客 ❶女婿。陆游《老学庵笔记》卷三:"秦会之有十客……吴益以爱婿为娇客。"❷娇贵的人。《红楼梦》第五十五回:"如今主子是娇客,若认真惹恼了,死无葬身之地。"主子,指探春。

娇娘 美女;少女。李贺《唐儿歌》:"东家娇娘求对值,浓笑书空作唐字。"对值,犹匹偶。

娇娆 娆,亦作"饶"。柔美妩媚。韩偓《意绪》诗:"娇娆意态不胜羞。"也指美女。李商隐《碧瓦》诗:"他时

未知意,重叠赠娇饶。"

娇生惯养 备受宠爱和姑息。《红楼梦》第七十七回:"原是想他自幼娇生惯养的,何尝受过一日委屈。"

娇小 娇媚纤弱。李白《江夏行》:"忆昔娇小姿,春心亦自持。"

娇羞 娇媚羞怯。多用以形容少女。权德舆《玉台体十二首》:"婵娟二八正娇羞。"韩偓《想得》诗:"娇羞不肯上秋千。"

娇逸 潇洒俊美。古乐府《孔雀东南飞》:"云有第五郎,娇逸未成婚。"

姣(jiāo,旧读jiǎo) 美好。《慎子·威德》:"毛嫱、西施,天下之至姣也。"

另见 xiáo。

姣好 貌美。《西京杂记》卷二:"文君姣好,眉色如望远山,脸际常若芙蓉。"

骄〔驕〕(jiāo) ❶六尺高的马。《说文·马部》:"马高六尺为骄。"引申为马壮健貌。《诗·卫风·硕人》:"四牡有骄。"毛传:"骄,壮貌。"❷犹言盛旺。见"骄阳"。❸骄傲;放纵。如:戒骄戒躁;骄奢淫佚。《论语·学而》:"富而无骄。"❹宠爱。《史记·袁盎晁错列传》:"陛下素骄淮南王,弗稍禁,以至此。"

另见 xiāo。

骄骜 ❶恣纵奔驰。《史记·司马相如列传》:"低卬夭蟜,据以骄骜兮。"司马贞索隐引张揖曰:"骄骜,纵恣也。"❷骄傲。《汉书·王吉传》:"率多骄骜,不通古今。"颜师古注:"骜与傲同。"

骄兵 恃强轻敌的军队。如:骄兵必败。《汉书·魏相传》:"恃国家之大,矜民人之众,欲见威于敌者,谓之骄兵。"也指不服从指挥的军士。如:骄兵悍将。

骄蹇 亦作"骄謇"。傲慢,不顺从。《汉书·淮南厉王传》:"骄蹇数不奉法。"

骄骄 草盛且高貌。《诗·齐风·甫田》:"无田甫田,维莠骄骄。"亦作"乔乔"。《法言·修身》:"田圃田者莠乔乔。"

骄人 得志的小人。《诗·小雅·巷伯》:"骄人好好,劳人草草。"郑玄笺:"好好者,喜谗言之人也。"

骄奢淫逸 《左传·隐公三年》:"骄奢淫佚,所自邪也。"佚,亦作"佚",同"逸"。意谓骄横、奢侈、放荡、安逸都是走邪道的开始。后常用以指生活放纵奢侈,荒淫无度。

骄阳 炎热的阳光。杜甫《阻雨不得归瀼西甘林》诗:"三伏适已过,骄阳化为霖。"

骄子 宠爱之子。《汉书·匈奴传上》:"南有大汉,北有强胡,胡者,天之骄子也。"参见"天骄"。亦借指胡人。杨炯《奉和上元酺宴应诏》诗:"骄子起天街,由来亏礼乐。"

胶〔膠〕(jiāo) ❶粘性物质,用动物的皮角或树脂制成。如:牛皮胶;鱼肚胶;树胶。特指制成胶质的药品。如:阿胶;龟板胶;鹿角胶。❷粘住。《庄子·逍遥游》:"覆杯水于坳堂之上,则芥为之舟;置杯焉则胶,水浅而舟大也。"引申为舟船搁浅。王维《酬虞部苏员外过蓝田别业不见留之作》诗:"渔舟胶冻浦,猎火烧寒原。"❸牢固。《诗·小雅·隰桑》:"德音孔胶。"❹通"嘐"。欺诈;诡辩。左思《魏都赋》:"牵胶言而逾侈。"❺周代的大学。《礼记·王制》:"周人养国老于东胶,养庶老于虞庠。"郑玄注:"东胶亦大学,在国中王宫之东。"❻姓。商代有胶鬲。

另见 jiáo。

胶葛 亦作"胶辂"、"胶轕"、"樛轕"、"樛辂"。❶交错纠杂貌。《楚辞·远游》:"骑胶葛以杂乱兮。"洪兴祖补注:"一本作'樛辂'。"《汉书·扬雄传》:"齐总总撙撙其相胶葛兮。"《汉书·司马相如传下》:"杂遝胶辂以方驰。"❷空旷深远貌。《汉书·司马相如传上》:"张乐乎胶葛之寓。"颜师古注引郭璞曰:"言旷远深貌也。"左思《吴都赋》:"东西胶葛,南北峥嵘。"❸上浮的云气。《汉书·扬雄传》:"不阶浮云,翼疾风,虚举而上升,则不能撠胶葛,腾九闳。"

胶固 ❶坚固。《文选·曹冏〈六代论〉》:"盘石胶固。"张铣注:"胶固,言坚固也。"❷和好巩固。陆机《五等诸侯论》:"为上无苟且之心,群下知胶固之义。"❸拘执;固陋。江淹《建平王让右将军荆州刺史表》:"宁臣胶固,所宜膺荷?"

胶加 交错纷乱,纠缠不清。《楚辞·九辩》:"何况一国之事兮,亦多端而胶加。"《北史·郎基传》:"积年留滞,案状胶加。"

胶胶 亦作"嘐嘐"。鸡鸣声。《诗·郑风·风雨》:"鸡鸣胶胶。"毛传:"胶胶,犹喈喈也。"《广韵》引《诗》作"嘐嘐"。也泛指禽类鸣声。

《后汉书·马融传》:"群鸣胶胶,鄙呆噪欢。"

胶漆 胶和漆。比喻结合牢固。《韩非子·安危》:"尧无胶漆之约于当世而道行,舜无置锥之地于后世而德结。"也比喻情意相投,亲密无间。《史记·鲁仲连邹阳列传》:"感于心,合于行,亲于胶漆,昆弟不能离。"

胶柱鼓瑟 瑟上有柱张弦,用以调节声音。柱被粘住,音调就不能变换。比喻拘泥不知变通。《史记·廉颇蔺相如列传》:"蔺相如曰:'王以名使括,若胶柱而鼓瑟耳。括徒能读其父书传,不知合变也。'"括,赵括,赵奢子。亦作"胶柱调瑟",亦简作"胶瑟"。《盐铁论·相刺》:"坚据古文,以应当世,犹辰参之错,胶柱而调瑟,固而难合矣。"沈约《注制旨连珠表》:"守株胶瑟,难与适变。"

教(jiāo) ❶传授知识技能。古乐府《孔雀东南飞》:"十三教汝织。"❷使;令;让。《左传·襄公二十六年》:"通吴于晋,教吴叛楚。"王昌龄《出塞》诗:"但使龙城飞将在,不教胡马度阴山。"

另见 jiào。

教猱升木 《诗·小雅·角弓》:"毋教猱升木,如涂涂附。"毛传:"猱,猨属;涂,泥;附,著也。"郑玄笺:"猱之性善登木,若教使,其为之必也。"后用以比喻教唆坏人为恶。

鹪〔鷦〕(jiāo) 鸟名。雉的一种,又称"鹪雉"。体形及尾均近似"环颈雉"。《诗·小雅·车辖》:"依彼平林,有集维鹪。"参见"雉❶"。

鹪〔鵁〕(jiāo) ❶古籍中鸟名。见《尔雅·释鸟》及郝懿行义疏。或谓其为鸬鹚的一种,亦名"鱼鹪"。头细身长,颈有白毛,能入水捕鱼。❷见"鹪鹁"。

鹪鹁 亦作"皎鯖"。水鸟名,即池鹭。《史记·司马相如列传》:"皎鯖鳠目。"按《文选·上林赋》作"交精旋目"。牛峤《江城子》词:"鹪鹁飞起郡城东。碧江空,半滩风。越王宫殿,苹叶藕花中。"

椒(jiāo) ❶植物名。即花椒。❷植物名。即胡椒。❸辣椒。蔬类植物。❹山巅。谢庄《月赋》:"菊散芳于山椒。"❺姓。春秋时楚国伍举,亦作椒举。

椒房 原指皇后宫室,后泛指后妃所住的宫殿。用椒和泥涂壁,取其温暖有香气,兼有多子之意,故名。班固《西都赋》:"后宫则有掖庭椒房后

妃之室。"亦用为后妃的代称。杜甫《丽人行》:"就中云幕椒房亲。"

椒浆　即"椒酒"。《楚辞·九歌·东皇太一》:"奠桂酒兮椒浆。"李嘉祐《夜闻江南人家赛神》诗:"椒浆醉尽迎神还。"

椒酒　用椒浸制的酒。《后汉书·边让传》:"椒酒渊流。"宗懔《荆楚岁时记》:"俗有岁首用椒酒。椒花芬香,故采花以贡樽。"亦作"椒浆"。

椒丘　❶高而尖削的土丘。《离骚》:"步余马于兰皋兮,驰椒丘且焉止息。"王逸注:"土高四堕曰椒丘。"洪兴祖补注引如淳曰:"丘多椒也。"❷古地名。亦作椒邱。在今江西新建东北。《三国志·魏志·华歆传》裴松之注引虞溥《江表传》:"孙策在椒丘,遣虞翻说歆。"

椒掖　皇后所居的宫室。掖,旁舍。《晋书·庾亮等传论》:"外戚之家,连耀椒掖,舅氏之族,同气闺闱。"

蛟（jiāo）　❶古代传说中的动物,民间相传以为能发洪水。如:发蛟;出蛟。一说为母龙,无角。《楚辞·九思·守志》:"乘六蛟兮蜿蝉。"王逸注:"龙无角曰蛟。"❷指鼍、鳄之属。《吕氏春秋·季夏》:"令渔师伐蛟。"高诱注:"蛟,鱼属,有鳞甲,能害人。"《晋书·周处传》:"南山白额猛兽,长桥下蛟,并子为三〔害〕矣。"

蛟龙得水　相传蛟龙得水,即能兴云作雾,腾踔太空。比喻有才能的人获得施展的机会。《北史·杨大眼传》:"大眼顾谓同寮曰:'吾之今日,所谓蛟龙得水之秋,自此一举,不复与诸君齐列矣。'"

筊（篍）(jiāo,又读qiáo)　管乐器。《尔雅·释乐》:"大管谓之筊。"郭璞注:"管长尺围寸,并漆之,有底,如篪六孔。"郝懿行义疏引舍人曰:"大管声高大,故曰筊,筊者高也。"

焦（jiāo）　❶火伤;物经火烧而变黄或成炭。如:烧焦;烫焦。《世说新语·德行》:"〔吴郡陈遗〕母好食铛底焦饭。"❷黄黑色。陶弘景《真诰·运象》:"心悲则面焦。"❸火焦气。《礼记·月令》:"〔孟夏之月〕其臭焦。"❹比喻干燥到极点。如:舌敝唇焦。《墨子·非攻下》:"五谷焦死。"❺烦躁;忧急。阮籍《咏怀诗》:"谁知我心焦?"❻指焦炭。如:炼焦。❼古国名。姬姓,在今河南陕县南,春秋时灭亡。❽姓。❾能量单位"焦耳"的简称。

焦熬投石　煎熬之物很脆,投之石上则碎。比喻易败。《荀子·议兵》:"故齐之技击,不可以遇魏氏之武卒;魏氏之武卒,不可以遇秦之锐士;秦之锐士,不可以当桓文之节制;桓文之节制,不可以敌汤武之仁义。有遇之者,若以焦熬投石焉。"杨倞注:"以魏遇秦,犹以焦熬之物投石也。"一说,此四字当作"以指焦熬,以卵投石"。焦通"撨"。《广雅·释诂》:"撨,拭也。"以指焦熬,以卵投石即上文之"以卵投石,以指挠沸"。见俞樾《诸子平议》卷十三。

焦虑　焦急,忧虑。温庭筠《上蒋侍郎启》:"劳神焦虑,消日忘年。"

焦螟　亦作"蟭螟"、"鹪螟"。古代传说中一种极小的虫。《列子·汤问》:"江浦之间生么虫,其名曰焦螟。群飞而集于蚊睫,弗相触也;栖宿去来,蚊弗觉也。"《晏子春秋·外篇》作"焦冥"。

焦桐　《后汉书·蔡邕传》:"吴人有烧桐以爨者,邕闻火烈之声,知其良木,因请而裁为琴,果有美音,而其尾犹焦,故时人名曰焦尾琴焉。"后因称琴为焦桐。胡宿《长卿》诗:"已托焦桐传密意,更因残札寄遗忠。"

焦头烂额　《汉书·霍光传》:"曲突徙薪亡(無)恩泽,燋头烂额为上客耶?"燋,同"焦"。后常用来比喻境遇恶劣,做事棘手,十分窘迫难堪的情状。参见"曲突徙薪"。

焦土　烈火烧焦的土地,多指建筑物等因战乱而遭到彻底破坏的景象。杜牧《阿房宫赋》:"楚人一炬,可怜焦土。"

焦尾琴　东汉蔡邕用一端有焦痕的桐木所制的琴。详"焦桐"。

焦侥　同"僬侥"。《淮南子·墬形训》:"西南方曰焦侥。"高诱注:"焦侥,短人之国也,长不满三尺。"

焦灼　忧烦不安貌。《后汉书·蔡邕传》李贤注引《蔡邕别传》:"臣既到徙所,乘塞守烽,职在候望。忧怖焦灼,无心能复操笔成草,致章阙廷。"

跤（jiāo）　跟头。如:摔跤。《红楼梦》第一百一回:"方转回身要走时,不防一块石头绊了一跤。"

嘺（jiāo）　见"嘺嘺"。另见xiāo。

嘺嘺　拟声词。(1)鸡鸣声。《诗·郑风·风雨》:"鸡鸣胶胶。"《广韵·五肴》引作"嘺嘺"。元稹《江边四十韵》:"犬惊狂浩浩,鸡乱响嘺嘺。"

(2)鼠啮物声或叫声。苏轼《黠鼠赋》:"嘺嘺聱聱,声在橐中。"

僬（jiāo）　见"僬侥"。另见jiào。

僬侥　亦作"焦侥"。古代传说中的矮人。《国语·鲁语下》:"仲尼曰:'僬侥氏长三尺,短之至也。'"《列子·汤问》:"从中州以东四十万里,得僬侥国,人长一尺五寸。"

鲛〔鲛〕(jiāo)　即鲨鱼。《说文·鱼部》:"鲛,海鱼也,皮可饰刀。"段玉裁注:"今所谓沙鱼,所谓沙鱼皮也。"

鲛函　鲛皮铠甲。《文选·左思〈吴都赋〉》:"扈带鲛函,扶揄属镂。"刘逵注:"楚人谓被为扈。鲛函,鲛鱼甲,可为铠。"陆龟蒙《京口与友生话别》诗:"杖诚为虎节,披信作鲛函。"

鲛人　亦作"蛟人"。传说中的人鱼。《太平御览·珍宝部二·珠下》引张华《博物志》:"鲛人从水出,寓人家积日,卖绡将去,从主人索一器,泣而成珠满盘,以与主人。"刘逵注《吴都赋》与此略同。曹植《七启》:"然后采菱华,擢水蘋,弄珠蜯(蚌),戏鲛人。"

鲛绡　传说中鲛人所织的绡。《述异记》卷上:"南海出鲛绡纱,泉室(指蛟人)潜织。一名龙纱,其价百余金。以为服,入水不濡。"亦泛指薄纱。陆游《钗头凤》词:"春如旧,人空瘦,泪痕红浥鲛绡透。"参见"鲛人"。

滰（jiāo）　同"浇",薄。《庄子·缮性》:"滰淳散朴。"成玄英疏:"毁淳素以为浇讹,散朴质以为华伪。"陆德明释文:"滰,本亦作浇。"

蕉（jiāo）　❶"芭蕉"的略称。❷生麻。《后汉书·王符传》:"葛子升越,筒中女布"李贤注引沈怀远《南越志》:"蕉布之品有三:有蕉布,有竹子布,又有葛焉。"❸通"焦"。枯焦。《庄子·人间世》:"死者以国量乎泽,若蕉。"王先谦集解:"国中民死之多,若以比量泽地,如以火烈而焚之之惨也。"另见qiáo。

蕉鹿　《列子·周穆王》载,春秋时,郑国樵夫打死一鹿,恐人见,藏鹿于水濠里,盖以蕉叶。后去取鹿时,记不起藏的地方,于是自以为是一场梦。后多用来比喻把真事看作梦幻的消极想法。贡师泰《寄静庵上人》诗:"世事同蕉鹿,人心类棘猴。"

翏〔翏〕(jiāo)　见"翏輵"。

翏輵　亦作"翏輵"。同"胶葛"。❶交错纠缠貌。张衡《东京赋》："阛戟翏輵。"❷广大深远貌。《史记·司马相如列传》："张乐乎翏輵之宇。"王延寿《鲁灵光殿赋》："洞翏輵乎其无垠也。"

嘐(jiāo)　见"嘐杀"。
另见 jiào,jiū。

嘐杀　声音急促。《礼记·乐记》："是故志微,嘐杀之音作,而民思忧。"

嶕(jiāo)　❶见"嶕峣"。❷同"礁"。

嶕峣　高耸貌。《汉书·扬雄传》："泰山之高不嶕峣,则不能浡滃云而散歊烟。"又作"嶣嶤"。陶潜《拟挽歌辞》："四面无人居,高坟正嶣嶤。"

阆〔閬〕(jiāo)　木名。乌木。《逸周书·王会》："夷用阆木。"孔晁注："木生水中,色黑而光,其坚若铁。"

憍(jiāo)　同"骄(驕)"。骄傲;矜夸。《楚辞·九章·抽思》："憍吾以其美好兮,览余以其脩姱。"洪兴祖补注："此言怀王自矜伐也。憍,矜也。"

徼(jiāo)　窃取;抄袭。《论语·阳货》："恶徼以为知者。"
另见 jiǎo,jiào,yāo。

膲(jiāo)　❶中医学名词"三焦"的专字。❷肉不丰满。《淮南子·天文训》："月者阴之宗也,是以月虚而鱼脑减,月死而蠃蚘膲。"高诱注："肉不满。蠃蚘,即螺蚌。"

爑(jiāo)　❶备作引火的柴枝。《周礼·春官·菙氏》："以明火爇燋。"❷通"焦"。《汉书·霍光传》："爑头烂额为上客邪?"
另见 qiáo。

爑金烁石　使金石融化。形容酷热。刘昼《新论·大质》："大热煊赫,爑金烁石。"

爑烁　"爑金烁石"的略语。形容酷热。亦作"焦铄"。韩琦《苦热》诗："阳乌自焦铄,垂翅不西举。"

礁(jiāo)　海洋或江河中隐现水面的岩石。如:船触礁。

鐎〔鐎〕(jiāo)　见"鐎斗"。

鐎斗　古代温器。多用青铜制。一般是附长柄的盆形器,下附三足,也有带流的。或说又名"刁斗",古代军中"昼炊饮食,夜击持行"。盛行于汉及魏晋时代。

鷦〔鷦〕(jiāo)　❶见"鷦鹩"。❷见"鷦明"。

鷦鹩(Troglodytes troglodytes idius)　鸟纲,鷦鹩科。体长约10厘米。头部淡棕色,有黄色眉纹。上体连尾带栗棕色,布满黑色细斑。两翼覆羽尖端白色。常活动于低矮、阴湿的灌木丛中,觅食昆虫。巢以细枝、草叶、苔藓、羽毛等交织而成,呈圆屋顶状,于一侧开孔出入,很精巧,故此鸟又称"巧妇鸟"。大多留居华北一带,亦有少数迁华南越冬。

鷦鴱　即"鷦鹩"。

鷦明　传说中五方神鸟之一。属凤凰类。《广雅·释鸟》："鷦明,凤皇属也。"《史记·司马相如列传》："犹鷦明已翔乎寥廓,而罗者犹视乎薮泽,悲夫!"按《文选·难蜀父老》作"鷦鹏",《上林赋》作"焦明"。参见"鹓鹐"。

鮫(jiāo)　同"鲛(鮫)"。

蟭(jiāo)　见"蟭螟"。

蟭螟　同"焦螟"。亦作"鷦螟"。古代传说中一种极小的虫。《抱朴子·刺骄》："蟭螟屯蚊眉之中,而笑弥天之大鹏。"张华《鷦鹩赋》："鷦螟巢于蚊睫。"

潒(jiāo)　见"潒瀁"。

潒瀁　水深广貌。《文选·木华〈海赋〉》："潒瀁浩汗。"李善注："潒瀁,广深之貌。"

驕(jiāo)　同"骄(驕)"。

jiáo

嚼(jiáo,读音 jué)　❶啮;将食物咬烂。如:咀嚼;细嚼。❷吟歌。《文选·张衡〈西京赋〉》："嚼清商而却转,增婵娟以此豸。"吕延济注："嚼,吟也。"❸玩味。王令《寄满子权》诗:"吾爱子权诗,苦嚼味不尽。"❹剥蚀、侵蚀。真山民《朱溪涧》诗:"水嚼沙洲树出根。"
另见 jiào。

嚼蜡　比喻无味。王安石《示董伯懿》诗:"嚼蜡已能忘世味,画脂那更惜时名。"参见"味如嚼蜡"。

嚼蛆　乱说;胡说。洪亮吉《晓读书斋初录》卷上:"今人所谈不经之言,谓之嚼蛆。此风六朝已有之。《北史·甄琛传》谓邢峦何处放蛆来,即此意。"

jiǎo

纠〔糾〕(jiǎo)　见"窈纠"。
另见 jiū。

角(jiǎo,读音 jué)　❶有蹄类动物头顶或鼻前所生的突起物。有防御、攻击等功能。依起源和构造不同,分为三种:(1)角质纤维角,系表皮角,由角质纤维凝合而成,无角柱,终生不脱换,如犀角;(2)空角,亦称"洞角"、"虚角",由骨质的角柱和包围角柱的角鞘所成,如牛角和羊角;(3)实角,由角柱和外包有毛茸的皮肤所成,后来皮肤脱落,露出角柱,生殖季节以前脱换新角,分叉而称"叉角",如鹿角;但长颈鹿的角,终生包于皮肤中,永不脱换。❷形状像角的东西。如:菱角;皂角。参见"角黍"。❸额骨。《后汉书·光武帝纪上》："隆准日角。"李贤注引郑玄《尚书中候注》云:"日角谓庭中骨起,状如日。"❹古时男孩头顶两边留发为饰之称。《礼记·内则》:"男角女羁。"郑玄注:"夹囟曰角。"孔颖达疏:"两旁当角之处,留发不剪。"❺隅;角落。如:墙角;转弯抹角。❻古代军中的一种乐器。如:画角。《北史·齐安德王延宗传》:"周武帝方驻马,鸣角收兵。"❼执其角。《左传·襄公十四年》:"譬如捕鹿,晋人角之,诸戎掎之。"引申为迎击。《后汉书·袁绍传》:"大军泛黄河以角其前,荆州下宛叶而掎其后。"❽斜。《文选·潘岳〈射雉赋〉》:"奋劲骹以角楂。"李善注:"角,邪也;楂,斫也。"❾古代量器。《管子·七法》:"斗,斛也;角,量也。"尹知章注:"角亦器量之名。"后用为酒的计量单位。《水浒传》第十一回:"先取两角酒来。"又旧称一封文书为一角文书。❿俗称"毛"。中国辅币名。人民币10角等于1圆,1角等于10分。⓫由一点发出的两条射线所夹成的平面图形。这点称为角的顶点,射线称为角的边。当构成角的两边的射线方向相反时,所夹的角称"平角"。平角的一半称"直角"。平角的两倍称"周角"。小于一个直角

角

的角称"锐角",大于一个直角而小于一个平角的角称"钝角"。⓬星官名。二十八宿之一。即"角宿"。苍龙七宿的第一宿。

另见 gǔ,jué,lù。

角䗡 兽名。亦作"角端"。《史记·司马相如列传》:"兽则麒麟、角䗡。"裴骃集解引郭璞曰:"角䗡,音端,似猪,角在鼻上,堪作弓,李陵尝以此弓十张遗苏武也。"

角弓 用角装饰的弓。《诗·鲁颂·泮水》:"角弓其觩,束矢其搜。"

角角 四角;四方。杜牧《郡斋独酌》诗:"画一万国,角角棋布方。"

角巾 古时隐士常戴的一种有棱角的头巾。借指归隐。《晋书·羊祜传》:"既定边事,当角巾东路归故里。"

角巾私第 改官服而居私宅,以示功成身退。《晋书·王濬传》:"卿旋旆之日,角巾私第,口不言平吴之事。"参见"角巾"。

角楼 建在城角上头用以守望的楼。元稹《欲曙》诗:"片月低城堞,稀星转角楼。"

角黍 即粽子。见杜臺卿《玉烛宝典》卷五引晋周处《风土记》。《本草纲目·谷部四》:"俗作粽。古人以菰芦叶裹黍米煮成,尖角,如棕榈叶心之形,故曰粽,曰角黍,近世多用糯米矣。今俗五月五日以为节物,馈送。或言为祭屈原,作此投江,以饲蛟龙也。"

角犀 额角入发处隆起,有如伏犀,古时迷信相术,以为是贤明之相。《国语·郑语》:"恶角犀丰盈,而近顽童穷固。"韦昭注:"角犀,谓顶有伏犀;丰盈,谓颊辅丰满,皆贤明之相。"

角枕 用兽角作装饰的枕头。《诗·唐风·葛生》:"角枕粲兮,锦衾烂兮。"白居易《苦热中寄舒员外》诗:"藤床铺晚雪,角枕截寒玉。"

侥〔僥、傲〕(jiǎo) 见"侥幸"。
另见 yáo。

侥幸 获得意外的成功或免去不幸。班固《弈旨》:"优者有不遇,劣者有侥幸。"亦指企图获得意外的成功或免去不幸。《后汉书·吴汉传》:"盖闻上智不处危以侥幸。"

佼(jiǎo) ❶美好。见"佼人"。❷狡诈。《管子·七臣七主》:"好佼反而行私请。"尹知章注:"佼,谓很诈也。背理为反。"❸姓。汉代有佼彊。
另见 jiāo。

佼好 美好。《诗·卫风·硕人》"硕人其颀"郑玄笺:"硕,大也,言庄姜仪表长丽佼好,顾顾然。"

佼人 美人。《诗·陈风·月出》:"月出皎兮,佼人僚兮。"

刬(jiǎo) 剪。乔吉《水仙子·怨风情》曲:"描笔儿勾销了伤春事,闷葫芦刬断线儿。"

诪〔譑〕(jiǎo) 取。《荀子·富国》:"则必有贪利纠诪之名,而且有空虚穷乏之实矣。"王先谦集解引王念孙曰:"纠,收也;诪,取也。"

挢〔撟〕(jiǎo) ❶举起;翘起。扬雄《甘泉赋》:"仰挢首以高视兮。"❷强貌。《荀子·臣道》:"挢然刚折端志,而无倾侧之心。"❸通"矫"。正曲使直。《汉书·武五子传》:"方今羣人欲挢邪防非。"❹通"矫"。假托;诈称。《汉书·高五王传》:"挢制以令天下。"

挢虔 犹矫虔。假托上命夺取财物。

挢舌 亦作"桥舌"。犹咋舌。形容惊讶或害怕的样子。《史记·扁鹊仓公列传》:"中庶子闻扁鹊言,目眩然而不瞋,舌挢然而不下。"《新唐书·吴凑传》:"桥舌阿旨。"阿,曲从。

挢枉过正 同"矫枉过正"。指纠偏过当。《汉书·诸侯王表》:"而藩国大者夸州兼郡,连城数十,宫室百官,同制京师,可谓挢枉过其正矣。"王先谦补注引朱一新曰:"汪本'挢'作'枉',注同。"

狡(jiǎo) ❶古代传说中的兽名。《山海经·西山经》:"〔玉山〕有兽焉,其状如犬而豹文,其角如牛,其名曰狡,其音如吠犬,见则其国大穰。"❷少壮的狗。《淮南子·俶真训》:"狡狗之死也,割之犹濡。"高诱注:"狡,少也。"❸壮健。《吕氏春秋·仲夏》:"养壮狡。"高诱注:"多力之士。"❹年少而美好。《诗·郑风·狡童》:"彼狡童兮,不与我言兮。"❺狡猾。如:狡计;狡辩。《史记·淮阴侯列传》:"狡兔死,良狗亨(烹)。"❻伤害。《大戴礼记·子张问入官》:"量之无狡民之辞。"卢辩注:"狡,害也。"

狡猾 同"狡狯"。诡诈。《汉书·翟方进传》:"方进劾立(王立)怀奸邪,乱朝政,狡猾不道。"

狡狯 ❶狡诈奸滑。《宋史·侯陟传》:"陟有吏干,性狡狯好进,善事权贵,巧中伤人。"❷游戏。《南史·

郁林王纪》:"与群小共作诸鄙亵、掷涂、赌跳、放鹰、走狗杂狡狯。"

狡童 《诗·郑风》篇名。诗中抱怨"狡童""不与我言""不与我食",因而"使我不能餐兮"、"使我不能息兮"。其中"我"的性别、身分,皆未明言。《诗序》附会为刺郑昭公忽,言其不能与贤人共事而见弄于权臣;朱熹《诗集传》谓为"淫女见绝"之辞;后人或认为是写女子被所爱者弃绝的怨恨情绪。

狡兔三窟 狡猾的兔子有三个窝,比喻藏身处多,便于逃避灾祸。语本《国策·齐策四》:"狡兔有三窟,仅得免其死耳;今君有一窟,未得高枕而卧也;请为君复凿二窟。"

狡黠 奸猾诡诈。《三国志·魏志·邓艾传》:"姜维连年狡黠,民夷骚动,西土不宁。"

饺〔餃〕(jiǎo) 一种有馅的半圆形面食。如:水饺;蒸饺。

绞〔絞〕(jiǎo) ❶用两股以上的条状物扭结成绳索。如:绞麻绳。《礼记·杂记上》"小敛,环绖"孔颖达疏:"若是两股相交,则谓之绞。"❷成绞物的量名。如:一绞头绳。❸扭转;拧。引申为挤压。如:绞手巾;绞脑汁。❹缠绕。柳宗元《晋问》:"晋之北山有异材……根绞怪石,不土而植,千寻百围,与石同色。"❺执行死刑的一种方式。即以帛、绳等勒死的方法处决犯人。周时即已有。《左传·哀公二年》:"若其有罪,绞缢以戮。"此后除元代有斩无绞,其余各代均沿用。外国有的也以此执行死刑,其方法多使用绞刑架。❻急切。《论语·泰伯》:"直而无礼则绞。"

桥〔橋〕(jiǎo) 通"矫"。正,整。《荀子·儒效》:"以桥饰其情性。"杨倞注:"桥与矫同。"按:桥饰即矫饰,整饰也。
另见 gāo,qiáo,qiáo。

校(jiǎo) 通"绞"。紧;牢。《考工记·庐人》:"毂(擊)兵同强,举围欲细,细则校。"贾公彦疏:"句兵手执处欲得细,细则手执之牢也。"
另见 jiào,xiáo,xiào。

挍(jiǎo) 同"搅"。《后汉书·马融传》:"散毛族,挍羽群。"李贤注:"案字书挍从手,即古文搅字。"

皎(jiǎo) 同"皎"。

敹 [敹] (jiǎo) 系结。《书·费誓》:"敹乃干。"孔颖达疏引郑玄云:"敹,犹繫也。"朱骏声《说文通训定声·小部》则谓"器有罅,拍而合之曰敹。郑注'繫'字'擊'之误"。

胶 (jiǎo) 通"绞"。见"胶胶"。另见 jiāo。

胶胶 动乱貌。《庄子·天道》:"胶胶扰扰乎"。

铰 [鉸] (jiǎo) ❶见"铰刀"。❷剪。《红楼梦》第四十六回:"原来这鸳鸯一进来时,便袖内带了一把剪子,一面说着,一面回手打开头发就铰。"❸装饰。《文选·颜延之〈赭白马赋〉》:"宝铰星缠,镂章霞布。"李善注:"铰,装饰也。"

铰刀 ❶剪刀。曹唐《病马》诗:"欲将鬃鬣重裁剪,乞借新成利铰刀。"❷用于修光已经加工出的孔的金属切削刀具。具有较多的切削齿刃。可提高孔的精度和降低表面粗糙度。有手用铰刀和机用铰刀。

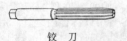

铰 刀

矫 [矯] (jiǎo) ❶正曲使直;匡正;纠正。《汉书·严安传》:"矫箭控弦。"《三国志·魏志·管宁传》:"足以矫俗。"❷假托;诈称。如:矫诏。《公羊传·僖公三十三年》:"矫以郑伯之命而犒师焉。"❸通"挢"。举起;昂起。陶潜《归去来辞》:"时矫首而遐观。"❹通"趫"。强貌。《礼记·中庸》:"君子和而不流,强哉矫。"❺姓。汉代有矫慎。

矫激 ❶矫正,激励。韦皋《西川鹦鹉舍利塔记》:"固可以矫激流俗,端严梵伦。"❷谓文章风格故作矫异激切,含有贬义。李肇《唐国史补》卷下:"歌行则学流荡于张籍,诗章则学矫激于孟郊。"

矫矫 ❶亦作"蹻蹻"。勇武貌。《诗·鲁颂·泮水》:"矫矫虎臣,在泮献馘。"❷翘然出众貌。《汉书·叙传下》:"贾生矫矫,弱冠登朝。"

矫厉 勉强克制情欲,以礼法来约束自己。《晋书·王敦传》:"初敦务自矫厉,雅尚清谈,口不言财利。"亦作"矫励"。《晋书·刘琨传》:"然素奢豪,嗜声色,虽暂自矫励,而辄复纵逸。"

矫情 故意克制情感,表示镇定。《晋书·谢安传》:"玄(谢玄)等既破坚(苻坚),有驿书至,安方对客围棋,看书既竟,便摄放床上,了无喜色,棋如故。客问之,徐答云:'小儿辈遂已破贼。'既罢,还内,过户限,心喜甚,不觉屐齿之折。其矫情镇物如此。"后用为违反常情之意。

矫揉 亦作"矫楺"。矫,使曲的变直;揉,使直的变曲。《易·说卦》:"坎,为矫揉。"《文心雕龙·熔裁》:"隐括情理,矫揉文采也。"引申为故意做作。如:矫揉造作。

矫世 纠正颓风陋俗。《汉书·杨王孙传》:"盖闻古之圣王,缘人情不忍其亲,故为制礼,今则越之。吾是以嬴葬,将以矫世也。"嬴葬,葬时不用衣衾棺椁。

矫饰 ❶整饬。《荀子·性恶》:"是以为之起礼义、制法度,以矫饰人之情性而正之。"❷做作;粉饰。《后汉书·章帝纪》:"俗吏矫饰外貌,似是而非。"

矫俗 犹"矫世"。纠正坏习俗。《后汉书·祭遵传》:"矫俗厉化。"也指有意立异。司马光《训俭示康》:"平生衣取蔽寒,食取充腹,亦不敢服垢弊以矫俗干名。"

矫枉过正 矫,纠正。枉,弯曲。纠正偏差超过应有的限度。《后汉书·仲长统传》:"逮至清世,则复入于矫枉过正之检。"亦作"挢枉过正"、"矫枉过直"。《汉书·外戚传下》:"盖矫枉者过直,古今同之。"

矫诬 ❶舞文弄法,诬害无辜。《国语·周语上》:"其刑矫诬,百姓携贰。"韦昭注:"以诈用法曰矫,加诛无罪曰诬。"❷以曲为直,以假为真,违反常理。李白《日出入行》:"鲁阳何德,驻景(影)挥戈。逆道违天,矫诬实多。"

矫诏 假托君命,发布诏敕。《汉书·石显传》:"后果有人上书,告显颛(专)命矫诏开宫门。"

矫正 纠正。如:矫正口吃。《南史·刘穆之传》:"穆之斟酌时宜,随方矫正,不盈旬日,风俗顿改。"

矫制 犹"矫诏"。《史记·汲郑列传》:"臣谨以便宜,持节发河南仓粟,以振贫民;臣请归节,伏矫制之罪。"参见"矫诏"。

皎 (jiǎo) ❶洁白光明。《诗·陈风·月出》:"月出皎兮。"❷姓。五代时南汉有皎公羡。

皎皎 ❶洁白貌。《诗·小雅·白驹》:"皎皎白驹。"《后汉书·杨终传》:"诗曰:'皎皎练丝,在所染之。'"❷明亮貌。《古诗十九首》:"迢迢牵牛星,皎皎河汉女。"

皎洁 明亮洁白。韩愈《奉和杜相公太清宫纪事陈诚上李相公十六韵》:"皎洁当天月,葳蕤捧日霞。"顾况《悲歌》之五:"我心皎洁君不知。"

脚 [腳] (jiǎo,旧读 jué) ❶人及禽兽、虫类的行动器官。❷物体的支撑。如:床脚、柜脚。❸物体的最下部。如:山脚、墙脚。引申为末端。如:雨脚。杜甫《羌村》诗:"峥嵘赤云西,日脚下平地。"❹剩下的废料;渣滓。如:下脚;酒脚。陆游《秋夜歌》:"架上故裘破见肘,床头残酒倾到脚。"另见 jué。

脚力 ❶传递文书的差役。段成式《酉阳杂俎·怪术》:"元和末,盐城脚力张俨递牒入京。"后亦指搬运工人。❷搬运东西的工钱,或给送礼人的赏钱。❸脚劲;走路的能力。欧阳修《伏日赠徐焦二生》诗:"头轻目明脚力健,羡子志气将飘凌。"❹指代步的牲口。《西游记》第七十九回:"寿星笑道:'他(白鹿)是我的一副脚力,不意走将来,成此妖怪。'"

脚踏实地 比喻做事认真,不虚浮。邵伯温《邵氏闻见录》卷十八:"公(司马光)尝问康节(邵雍)曰:'某何如人?'曰:'君实(光字)脚踏实地人也。'公深以为知言。"

疲 (jiǎo) 疲痛,即绞痛。

袗 (jiǎo) 见"袗衳"。

袗衳 小裤。《方言》第四:"大裤谓之倒顿,小裤谓之袗衳,楚通语也。"

搅 [攪] (jiǎo) ❶扰乱;打扰。《红楼梦》第四十五回:"原该歇了,又搅的你劳了半日神。"❷搅拌;拌和。《本草纲目·木部三》:"投药搅匀。"

蛟 [蟜] (jiǎo) ❶虫名。《逸周书·鄷保》:"三信蛟萌,莫能安宅。"朱右曾校释:"蛟,毒虫,有蛊。"❷通"矫"。见"夭蛟"。❸姓。周代有蛟固。

嫯 (jiǎo) 凶首饰。见《广韵·二十九筱》)。另见 qiāo。

筊 (jiǎo) ❶竹索。《汉书·沟洫志》:"搴长茭兮湛美玉。"颜师古注:"臣瓒曰:'竹苇纟因谓之茭也……'茭字宜从竹。"❷小箫。《尔雅·释乐》:"大箫谓之言,小者谓之筊。"邢昺疏引李巡曰:"小者声扬而小,故言筊;筊,小也。"❸通"珓"。杯筊亦作"杯筊",占吉凶之器。剖

竹为之，故亦从竹。

湫〔左思《吴都赋》："邦有湫厄而蹙踚。"❷古地名。春秋楚地。在今湖北钟祥市北。《左传·庄公十九年》（公元前675年）：楚子伐黄，"还，及湫。"

另见 qiū。

湫隘　低下狭小。《左传·昭公三年》："子之宅近市，湫隘嚣尘，不可以居。"

敫　姓。元代有敫桂英。

另见 yuè。

剿〔勦、剿〕(jiǎo)　❶灭绝；征剿。《后汉书·朱晖等传论》："故能挟幼主〔之〕断，剿奸回之逼。"李贤注："剿，绝也。"❷劳累。见"剿民"。

另见 chāo。

剿绝　灭绝。《书·甘誓》："有扈氏威侮五行，怠弃三正，天用剿绝其命。"孔传："剿，截也；截绝，谓灭之。"

剿民　使民劳苦。张衡《东京赋》："今公子苟好剿民以偷乐，忘民怨之为仇也。"

擽(jiǎo)　相击。《说文·手部》："擽，拘击也。"段玉裁注："拘止而击之也。"按：《一切经音义》卷一引作"相击也"。

另见 chāo。

鮍〔鱎〕(jiǎo)　鱼名。常见有似鮍(Toxabramis swinhonis)，腹棱存在于胸鳍与臀鳍之间，下咽齿两行，背鳍最后一硬刺后缘具锯齿。分布于中国黄河至闽江等水系。小型食用鱼类。

檄(jiǎo)　通"剿"。断绝。《汉书·孝武李夫人传》："命檄绝而不长。"颜师古注："檄，截也。"

另见 cháo。

剿(jiǎo)　同"剿"。灭绝；征剿。《汉书·王莽传下》："如黠贼不解散，将遣大司空将百万之师征伐剿绝之矣！"

徼(jiǎo)　❶见"徼幸"。❷通"缴"。徼绕；缠曲。《史记·龟策列传》："暮昏龟之徼也，不可以卜。"

另见 jiǎo, jiào, yāo。

徼幸　同"侥幸"。《中庸》："君子居易以俟命，小人行险以徼幸。"

憿(jiǎo)　同"侥"。《说文·心部》："憿，幸也。"段玉裁注："吉而免凶也。引申之曰……憿幸。"憿幸，俗作"侥幸"。

缴〔繳〕(jiǎo)　❶交纳；交出。如：缴费；上缴。❷见"缴绕"。

另见 zhuó。

缴绕　纠缠。《史记·太史公自序》："名家苛察缴绕，使人不得反其意。"裴骃集解引如淳曰："缴绕，犹缠绕，不通大体也。"

髟(jiǎo)　发髻。《水浒传》第二十六回："拔去了首饰钗环，蓬松挽了个髟儿。"

曒(jiǎo)　明亮。《老子》："其工不曒，其下不昧。"一本作"皦"。

皦(jiǎo)　❶指玉石之白。见《说文·白部》。引申为明亮。见"皦日"。❷清白。《后汉书·乐恢传》："恢独皦然不污于法。"❸清晰。《论语·八佾》："皦如也。"何晏集解："言其音节明也。"《老子》："其上不皦，其下不昧。"❹姓。明代有皦生光。

皦日　明亮的太阳。《诗·王风·大车》："谓予不信，有如皦日。"毛传："皦，白也。"按"有如皦日"，古人发誓之辞，谓有皦日可以作证。

蹻(jiǎo)　见"蹻蹻"。

另见 jué, qiāo 跷。

蹻蹻　强壮勇武貌。《诗·鲁颂·泮水》："其马蹻蹻。"

jiào

讪〔訆〕(jiào)　❶同"叫"。《说文·言部》："讪，大呼也。"段玉裁注："与《品部》嚻，《口部》叫，音义皆同。"❷妄言。见《玉篇·言部》。

叫〔呌〕(jiào)　❶鸣叫。如：鸡叫；狗叫。❷喊叫。如：高声大叫。《左传·襄公三十年》："或叫于宋太庙。"❸呼唤；招呼。如：我们出发时叫他一声。❹雇。如：叫一辆车。❺叫做；名为。如：这叫拖拉机。❻使；令。如：叫他走；叫荒田变良田。❼通"教"。让；被。如：别叫他跑了；叫人家笑话。

叫号(—háo)　呼号；大声喊叫。《后汉书·董宣传》："丹(公孙丹)宗族亲党三十余人操兵诣府，称冤叫号。"

叫号(—hào)　号召；征召。《诗·小雅·北山》："或不知叫号。"孔颖达疏："居家用逸，不知上有征发呼召者。"

叫呶　叫嚣；喧闹。柳宗元《平淮

叫嚣　大声喧呼；乱嚷乱叫。柳宗元《捕蛇者说》："悍吏之来吾乡，叫嚣乎东西，隳突乎南北。"

挍(jiào)　同"校"。钱大昕《十驾斋养新录》卷三："《说文·手部》无挍字，汉碑木旁字，多作旁，此隶体之变，非别有挍字。"

峤〔嶠〕(jiào)　❶尖而高的山。《尔雅·释山》："山小而高，岑；锐而高，峤。"泛指高山。李涉《秋日登越王楼》诗："横玉远开千峤雪，暗雷下听一江流。"❷特指五岭。如：峤外；峤南。《后汉书·郑弘传》："弘奏开零陵、桂阳峤道，于是夷通。"

另见 qiáo。

觉〔覺〕(jiào)　❶睡醒。《诗·王风·兔爰》："尚寐无觉。"❷通"较"。《孟子·离娄下》："则贤不肖之相去，其间不能以寸。"赵岐注："如此贤不肖相觉，何能分寸？"

另见 jué。

珓(jiào)　亦称"杯珓"。迷信者用以占吉凶之具。用蚌壳或形似蚌壳的竹、木两片，掷于地，观其俯仰，以占吉凶。江湜《龙岩州除夕醉后赋长句》："掷珓问卜愁转加。"

校(jiào)　❶古代刑具，即"枷"。《易·噬嗑》："何(荷)校灭耳。"孔颖达疏："何担枷械，灭没于耳。"❷栅栏。参见"校猎"。❸计较；较量。《论语·泰伯》："有若无，实若虚，犯而不校。"《晋书·江逌传》："难与校力，吾当以计破之。"❹查对；计点。如：校对；校样。骆宾王《帝京篇》："校文天禄阁。"《汉书·食货志上》："京师之钱累百巨万，贯朽而不可校。"❺考核。《礼记·学记》："比年入学，中年考校。"❻差。杜甫《狂歌行赠四兄》："与兄行年校一岁，贤者是兄愚是弟。"❼病愈。张籍《闲游》诗："病校来犹断酒，却嫌行处菊花多。"

另见 jiāo, xiáo, xiào。

校雠　雠，亦作"讐"。校勘。刘向《孙卿书录》："所校雠中孙卿书，凡三百二十二篇。"孙卿书，即《荀子》。《宋史·郑樵传》："聚书数卷，皆自校雠。"亦作"雠校"。《文选·左思〈魏都赋〉》："雠校篆籀。"李善注引《风俗通》："按刘向《别录》：'雠校，一人读书，校其上下得缪误，为校；一人持本，一人读书，若怨家相对。'"

校度 考较衡量。柳宗元《答问》："劈析是非，校度古今。"

校官 即"校事"。探察臣民言行之官。《三国志·吴志·诸葛恪传》："于是罢视听，息校官……众莫不悦。"

校勘 亦称"校雠"、"校订"。指同一书籍，用不同版本和有关资料或翻译书的原文相互核对，比勘其文字篇章的异同，以订正错误。条列校勘异同得失情况的文字，称"校勘记"。

校理 ❶校勘整理。班固《西都赋》："启发篇章，校理秘文。"❷官名。执掌校勘整理宫廷藏书。唐有集贤殿校理，后又置秘阁校理；宋因之。清代置文渊阁校理，以翰林充任。

校猎 用木栏遮阻，猎取禽兽。《汉书·司马相如传》："背秋涉冬，天子校猎。"颜师古注："校猎者，以木相贯穿，总为阑校，遮止禽兽，而猎取之。"

校事 古代掌侦察刺探的官。俞正燮《癸巳存稿·校事》："魏吴有校事官，似北魏之候官，明之厂卫，……或谓之典校，或谓之校曹，或谓之校郎，或谓之校官。"

校饰 装饰。《三国志·吴志·诸葛恪传》："钩落者，校饰革带，世谓之钩络带。"

校书 ❶校勘书籍。《三国志·蜀志·向朗传》："年逾八十，犹手自校书。"❷旧时妓女的雅称。详"女校书❷"。

校阅 ❶犹检阅。检查；视察。《魏书·太宗纪》："冬十一月壬午，诏使者巡行诸州，校阅守宰资财。"❷校订审阅。《文心雕龙·诠赋》："繁积于宣时，校阅于成世，进御之赋，千有馀首。"

校缀 校订辑集。《晋书·束皙传》："武帝以其书付秘书校缀次第，寻考指归，而以今文写之。"

轿〔轎〕(jiào) 古作"桥"。古代登山用的交通用具。《汉书·严助传》："舆轿而隃（逾）领（岭）。"颜师古注："服虔曰：'轿音桥，谓隘道舆车也。'臣瓒曰：'今竹舆车也，江表作竹舆以行是也。'"后为肩舆（轿子）的通称。杨万里《过陂子径五十里乔木蔽天遣闷七绝句》："为怜上轿喵人肩，下轿行来脚底穿。"参见"肩舆"。

较〔較〕(jiào) ❶比较。杜甫《人日》诗："春寒花较迟。"❷考校；推究。《新唐书·百官志一》："岁较其属功过。"王禹偁《北楼感事》诗："姑以人事较，勿以天命推。"❸通"皎"。明显。《史记·平津侯主父列传》："身行俭约，轻财重义，较然著明，未有若故丞相平津侯公孙弘者也。"❹概略；大旨。嵇康《声无哀乐论》："古人知情不可恣，欲不可极，因其所用而为之节，使哀不至伤，乐不至淫，斯其大较也。"

另见 jué。

较略 大概；大体。《三国志·吴志·孙皎传》："此人虽粗豪有不如人意时，然其较略大丈夫也。"

窌(jiào) 地窖。《荀子·富国》："垣窌仓廪者，财之末也。"杨倞注："窌，窖也，掘地藏谷也。"

另见 liáo。

教(jiào) ❶教育；训诲。《荀子·大略》："《诗》曰：'饮之食之，教之诲之。'"❷政教。《商君书·更法》："前世不同教，何古之法？"❸宗教。如：佛教；基督教。❹文体的一种。任昉《文章缘起·教》："教，汉京兆尹王尊出教告属县。"

另见 jiāo。

教导 训诲开导。如：教导有方。《淮南子·人间训》："孔子以三代之道，教导于世。"亦作"教道"。《汉书·郑崇传》："教道以礼，至于成人。"

教父（一fǔ） 犹言教戒的开始。《老子》："强梁者不得其死，吾将以为教父。"河上公注："父，始也。"

教诲 教导；训诲。《诗·小雅·小宛》："螟蛉有子，蜾蠃负之。教诲尔子，式穀似之。"

教令 ❶教化；命令。《诗·小雅·隰桑》："既见君子，德音孔胶"郑玄笺："君子在位，民附仰之，其教令之行，甚坚固也。"❷规则，定律。《史记·太史公自序》："夫阴阳四时、八位、十二度、二十四节各有教令。"

教授 ❶把知识传授于人。《史记·仲尼弟子列传》："子夏居西河教授，为魏文侯师。"❷学官名。宋代始设，除诸王宫学、宗学、律学、医学、武学等置教授传授学业外，各路州、县学均置教授，掌学校课试、执行学规等事，位居提督学事司之下。元代诸路散府及上中州学校和明清的府学亦置教授。❸高等学校教师学衔或职务名称之一。

教唆 怂恿指使他人做坏事。无名氏《赚蒯通》第四折："当初韩信是你教唆他来？"

教条 ❶法令，规章。韩愈《司徒兼侍中中书令赠太尉许国公神道碑铭》："公之为治，严不为烦，止除害本，不多教条，与人必信。"❷宗教中要求信徒信奉遵守的信条。现通称被看做僵死的、凝固不变的某种抽象的定义、公式，或使人盲目信从奉行的清规、教义。

教头 宋代军队中教练武艺的人员。有教头、都教头之别。单称教头的地位很低，都教头亦仅约略相当于中下级军官。如神宗元丰二年（1079年），开封府集教大保长二千八百二十五人，每十人置教头一，凡设禁军教头二百七十、都教头三十、使臣十。同年，于殿前司、步军司，各置都教头，掌教习之事。

教习 ❶教导；教学。《史记·李斯列传》："高（赵高）受诏教习胡亥。"梁简文帝《征君何先生墓志》："聚徒教习，学侣成群。"❷学官名。明代选进士入翰林院学习，称庶吉士，命翰林学士一人（后改为礼、吏两部侍郎二人）任教，称为教习。清代沿用此制：翰林院设庶常馆，由满、汉大臣各一人任教习，选侍讲、侍读以下官任小教习，以训课庶吉士。官学中亦有设教习者。如景山官学教习等。清末兴办学堂，其教师也沿称教习。

教刑 古代学校中所用的刑责。《书·舜典》："扑作教刑。"孔传："扑，榎楚也，不勤道业则挞之。"蔡沈集传："扑作教刑者，夏楚二物，学校之刑也。"参见"夏楚"。

教学相长 语出《礼记·学记》："学然后知不足，教然后知困。知不足然后能自反也；知困然后能自强也；故曰教学相长也。"意谓教师自身通过"教"和"学"可以相互促进。现亦指师生之间相互学习，共同提高。

教训 ❶教育；训练。《左传·哀公元年》："越十年生聚，而十年教训，二十年之外，吴其为沼乎！"❷教导；训诲。《左传·文公十八年》："颛顼有不才子，不可教训。"❸从失败或错误中取得的认识。

教养 教育培养。嵇康《与山巨源绝交书》："今但愿守陋巷，教养子孙。"亦指一般文化品德方面的修养。

教主 宗教的创始人。亦指教中地位极高者。《宋史·徽宗纪》："政和七年夏四月，帝讽道箓院上章，册己为教主道君皇帝。"宋代废后入道亦多称教主，如仁宗郭后为金庭教主。

窖（jiào）❶收藏物品的地室。《礼记·月令》："〔仲秋之月〕穿窦窖，修囷仓。"郑玄注："入地隋（椭）曰窦，方曰窖。"引申为窖藏。《史记·货殖列传》："秦之败也，豪杰皆争取金玉，而任氏独窖仓粟。"❷指用心的深沉或深刻。《庄子·齐物论》："与接为构，日以心斗，缦者，窖者，密者。"司马彪注："窖，深也。"

筊（jiào）同"珓"。

歗（jiào）❶楚歌。《说文·欠部》："歗，所歌也，读若嚼呼。"朱骏声通训定声："按楚歌也。《上林赋》：'激楚结风。'注：'楚歌曲也。'按楚歌促迅激切，故曰歗。"❷乐器名。今乐器埙、篪之属，有歗子，俗称叫棠，见《正字通》。

滘（jiào）方言字，指水相通处。常用作地名。广东有迭滘、沙滘。

斠（jiào）❶古代量谷物时划平斗斛的用具。❷校正。如：斠补；斠订；斠诠。

酵（jiào）发酵。参见"酶"。

唧（jiào）❶大呼。《周礼·春官·鸡人》："夜嘑且以唧百官。"❷乐器名。《尔雅·释乐》："大埙谓之唧。"

曼（jiào）方言。只要。

僬（jiào）见"僬僬"。　　另见 jiāo。

僬僬　行急促貌。《礼记·曲礼下》："士跄跄，庶人僬僬。"

鲛（jiào）鲛鱼皮。张岱《陶庵梦忆·麋公》："万历甲辰，有老医驯一大角鹿，以铁钳其趾，设较辔其上，用笼头衔勒，骑而走。"

噍（jiào）❶咬；嚼。《论衡·道虚》："口齿以噍食。"❷犹言噍类。特指活着的人。徐陵《陈公九锡文》："曾不崇朝，俾无遗噍。"　　另见 jiāo, jiū。

噍类　原谓能饮食的动物，特指活着的人。《汉书·高帝纪上》："〔项羽〕尝攻襄城，襄城无噍类。"颜师古注引如淳曰："无复有活而噍食者也。"

潐（jiào）❶尽。见《说文·水部》。❷通"皭"。见"潐潐"。

潐潐　同"皭皭"。洁白貌。《荀子·不苟》："其谁能以己之潐潐，受人之掝掝者哉！"掝掝，污黑貌。王先谦集解引郝懿行曰："《韩诗外传》一

作'莫能以己之皭皭，容人之混污然。'皭与潐，古音同。"一说明察貌，见杨倞注。

噭（jiào）❶号呼声。《礼记·曲礼上》："毋噭应。"孔颖达疏："噭，谓声响高急。"❷哭声。《公羊传·昭公二十五年》："昭公于是噭然而哭。"　　另见 qiào。

噭噭　悲哭声。《庄子·至乐》："人且偃然寝于巨室，而我噭噭然随而哭之。"也用来形容猿啼声、鸟鸣声。谢灵运《登石门最高顶》诗："噭噭夜猿啼。"曹植《杂诗》："飞鸟绕树翔，噭噭鸣索群。"

噭咷　❶高声歌唱。《汉书·韩延寿传》："歌者先居射室，望见延寿车，噭咷楚歌。"❷《方言》第一："平原谓啼极无声谓之唴哴，楚谓之噭咷。"

徼（jiào）❶边塞。《汉书·邓通传》："人有告通盗出徼外铸钱。"颜师古注："徼，犹塞也。"❷巡察。《汉书·赵敬肃王彭祖传》："常夜从走卒行徼邯郸中。"　　另见 jiāo, jiǎo, yāo。

徼巡　巡查缉捕。《汉书·黄霸传》："始霸少为阳夏游徼"颜师古注："主徼巡盗贼者也。"

獥（jiào，又读 jī）狼子。《尔雅·释兽》："狼，牡獾，牝狼，其子獥。"

矗（jiào）矗头。

趭（jiào）义同"趥❶"。奔跑。《汉书·司马相如传下》："蠖蒙踊跃，腾而狂趭。"蠖蒙，即"蠖蠓"，小虫。

醮（jiào）❶古代嘉礼中的一种简单仪节，用于冠礼和婚礼。《仪礼·士冠礼》："若不醴，则醮用酒。"郑玄注："酌而无酬酢曰醮。"又《士昏礼》："庶妇，则使人醮之。"❷指女子嫁人，特指妇女再嫁。《聊斋志异·陆判》："未嫁而丧二夫，故十九犹未醮也。"又《马介甫》："弟妇恋儿，矢不嫁。妇唾骂，不与食，醮去之。"❸一种祷神的祭礼。宋玉《高唐赋》："醮诸神，礼太一。"后来专指僧道为禳除灾祟而设的道场。张端义《贵耳集》卷上："徽考（宋徽宗）宝箓宫设醮。"

嚼（jiào）倒嚼，即牛羊等动物嚼的反刍。　　另见 jiáo。

訐（jiào）❶同"噭"。❷攻人短处，揭人阴私。《汉书·艺文志》："及訐者为之，则苟钩鈲析乱而已。"颜师古注引晋灼曰："訐，讦也。"鈲，破。

灂（jiào）❶用漆涂合。《考工记·弓人》："大和无灂。"贾公彦疏："大和，谓九和之弓，以其六材俱善，尤良，故无漆灂。"❷眼睛昏蒙。《山海经·北山经》："有鸟焉……食之不灂。"　　另见 zhuó。

皭（jiào）同"皭"。

皭　洁白；干净。《史记·屈原贾生列传》："皭然泥而不滓者也。"

皭皭　洁白貌。《韩诗外传》卷一："莫能以己之皭皭，容人之混污然。"

醥（jiào）喝干杯中酒。《礼记·曲礼上》："长者举未醥，少者不敢饮。"郑玄注："尽爵曰醥。"《汉书·郭解传》："解姊子负解之势，与人饮，使之醥；非其任，强灌之。"

jiē

亥（jiē，又读 hài）见"亥市"。　　另见 hài。

亥市　隔日交易一次的市集。吴处厚《青箱杂记》卷三："蜀有痎市，而间日一集。"方以智《通雅·天文》："亥音皆，言如痎疟，间日一发也，讳痎，故曰亥市。"一说，以寅、申、巳、亥日集市，故称亥市。张籍《江南行》："江村亥日长为市。"白居易《江州赴忠州舟中》诗："亥市鱼盐聚，神林鼓笛鸣。"

阶〔階、堦〕（jiē）❶台阶。《书·大禹谟》："舞干羽于两阶。"引申为梯子。《礼记·丧大记》："复有林麓则虞人设阶。"郑玄注："复，招魂复魄也；阶，所乘以升屋者。"❷旧时官的品级。《旧唐书·职官志一》："流内九品三十阶。"❸因由。《诗·小雅·巧言》："无拳无勇，职为乱阶。"郑玄笺："言乱由之来也。"❹凭借。《汉书·异姓诸侯王表》："汉无尺土之阶，繇一剑之任，五载而成帝业。"❺地质学名词。见"期（qī）❼"。

阶除　阶沿；楼阶。王粲《登楼赋》："循阶除而下降兮，气交愤于胸臆。"

阶级 ❶台阶。陆龟蒙《野庙碑》："升阶级,坐堂筵,耳弦匏,口粱肉,载车马,拥徒隶者,皆是也。"❷旧指官位俸给的等级。《新书·阶级》："故古者圣王制为列等,内有公卿大夫士,外有公侯伯子男……等级分明。"《三国志·吴志·顾谭传》："臣闻有国有家者,必明嫡庶之端,异尊卑之礼,使高下有差,阶级逾邈。"逾邈,遥远。

阶渐 阶,升阶;渐,渐进。犹言次序。《朱子全书·学一》："为学虽有阶渐。然合下立志,亦须略见义理大概规模。"

阶梯 ❶台阶。何逊《七召》："百丈杳冥以飞跨,九层郁律以阶梯。"❷比喻登进之路。韩愈《南内朝贺归呈同官》诗："将举汝愆尤,以为己阶梯。"

疖 〔癤〕(jiē) 由金黄色葡萄球菌侵入毛囊或皮脂腺引起的急性化脓性炎症。局部红肿,有黄白色小脓头,成熟后常自行穿破,排出脓液和坏死组织所构成的核心而愈合。好发于头面部、颈和背部。生疖后可用抗菌药物,局部热敷。禁忌挤压,以免感染扩散。经常保持皮肤清洁,可预防疖的发生。常发者应检查有无全身因素(如糖尿病等)。中医学上也称"热疖"。多由暑热湿毒,蕴阻肌肤而成。可外贴千捶膏(俗称"红膏药")等;有全身症状者,同时内服清热解毒药。

担 (jiē) 通"揭"。举。见"担挢"。
另见 dān, dàn。

担挢 亦作"担矫"。高举貌。《楚辞·远游》："意恣睢以担挢。"

皆 (jiē) ❶都。《左传·宣公九年》："国人皆喜。"❷普遍。《诗·周颂·丰年》："降福孔皆。"❸通"偕"。一同;相同。《仪礼·乡射礼》："主人以宾三揖,皆行,及阶。"《吕氏春秋·离谓》："亡国之主不自以为惑,故与桀、纣、幽、厉皆也。"

哜 〔嚌〕(jiē) 见"哜哜"。
另见 jì。

哜哜 犹喈喈。众鸟齐鸣声。班彪《北征赋》："鹍鸡鸣以哜哜。"

结 〔結〕(jiē) 见"结实"。
另见 jì, jié。

结实 牢固。《红楼梦》第一百十七回："这墙砌的不结实。"亦谓壮健。如:身体结实。

罝 (jiē,又读 jū) 捕兽的网。《诗·周南·兔罝》："肃肃兔罝,施于中林。"

罝罦 捕兽的网。《礼记·月令》："〔季春之月〕田猎:罝、罦、罗、网。"郑玄注："兽罟曰罝罦。"亦作"罝罦"。《吕氏春秋·上农》："缳网罝罦不敢出于门。"

嫠 〔嫠〕(jiē) 通"秸"。见"嫠服"。
另见 jiá。

嫠服 古代一种赋税制度。指距离王城三百里以内、二百里以外的地方,向王室缴纳谷子,并担负运送的任务。嫠,同"秸",指谷子。服,指输送。《汉书·地理志上》："三百里内(纳)嫠服。"王先谦补注引陈奂曰:"嫠服,《书》作'秸服'。二字连文得义。断去其稿,又去其颖,谓之秸;带秆言,谓之秸服。"稿,稻麦秆。

接 (jiē) ❶连结;接合。如:接骨;接线;接头。引申为交接。《礼记·表记》："君子之接如水。"❷连续。如:接二连三。《仪礼·聘礼》："上介立于其左,接闻命。"郑玄注:"接犹续也。"❸继承;承受。如:接班;接事。《史记·平准书》:"汉兴,接秦之弊。"❹迎接。《老残游记》第三回:"官幕两途,拿轿子来接的渐渐有日不暇给之势。"❺通"捷"。敏捷。《荀子·大略》:"先事虑事谓之接。"杨倞注:"接读为捷。"❻姓。战国时齐有接子。

接脚 接脚婿、接脚夫之省称。旧称寡妇招赘的后夫。关汉卿《窦娥冤》第二折:"老汉自到蔡婆婆家来,本望做个接脚,却被媳妇坚执不从。"

接䍦 亦作"接篱"。古代的一种头巾。《晋书·山简传》:"简每出游嬉,多之池上,置酒辄醉……有儿童歌曰:'山公出何许?往至高阳池,日夕倒载归,酩酊无所知,时时能骑马,倒著白接䍦。'"按,《世说新语·任诞》记述此事,文字略异,"接䍦"作"接篱"。钱起《山中酬杨补阙见过》诗:"却惭身外牵缨冕,未胜杯前倒接䍦。"

接壤 两地的边界相接。《汉书·武帝纪》:"日者淮南、衡山,修文学,流货赂,两国接壤。"归有光《寄王太守书》:"中间与无锡、长洲、昆山接壤之田,皆低洼多积水。"

接武 《礼记·曲礼上》:"堂上接武。"前后足迹相连接,形容步子小,走路慢。后借喻为继法前人。权德舆《奉和度支李侍郎早朝》诗:"下才叨接武,空此愧文昌。"

接物 ❶与人交接,即交际。如:待人接物。《汉书·司马迁传》:"教以慎于接物,推贤进士为务。"❷接触外物。《淮南子·氾论训》:"目无以接物也。"

接淅 《孟子·万章下》:"孔子之去齐,接淅而行。"赵岐注:"淅,渍米也。"接,《说文·水部》引作"浞"。段玉裁注:"自其方沤未淘言之曰渍米,不及淘抒而起之曰浞。"意谓孔子因急于离开齐国,不及煮饭,带了浸过的米就走。后因以接淅指行色匆匆。苏轼《归朝欢》词:"此生长接淅,与君同是江南客。"

接引 ❶迎接引导。《南齐书·褚渊传》:"接引宾客,未尝骄倦。"❷佛教用语。谓佛引导信佛的人到西天去。《观无量寿佛经》:"以此宝手,接引众生。"

接应 应援;接济。《三国演义》第一回:"乃分关公引一千军伏山左,张飞引一千军伏山右,鸣金为号,齐出接应。"

接踵 踵,脚后跟。足踵相接,形容人多,接连不断。沈炯《劝进梁元帝第二表》:"英杰接踵,忠勇相顾。"

接篆 旧称新官到任接印。因印信用篆字,故以"篆"为印的代称。

秸 〔稭〕(jiē) 农作物的茎秆。如:麦秸;豆秸。
另见 jí。

痎 (jiē) 疟疾。《说文·疒部》:"痎,二日一发疟也。"《素问·生气通天论》:"夏伤于暑,秋为痎疟。"

椄 (jiē) ❶接木。即嫁接。见《说文·木部》。❷见"椄槢"。

椄槢 接合之木。《庄子·在宥》:"吾未知圣知之不为桁杨椄槢也。"成玄英疏:"椄槢,械楔也……械不楔不牢。"陆德明释文引崔(崔譔)云:"椄槢,桎梏梁也。"按指桎梏两孔间接合的木头。

揭 (jiē) ❶高举。如:揭竿而起。王融《三月三日曲水诗序》:"扛鼎揭旗之士。"❷扛在肩上。《庄子·胠箧》:"负匮揭箧担囊而趋。"❸掀开;掀去。如:揭锅盖;揭膏药。❹揭露。如:揭谜底。❺通"楬"。标帜。郭璞《江赋》:"峨嵋为泉阳之揭。"《宋史·忠义传》:"优恤其家,表揭门闾。"❻姓。元代有揭傒斯。
另见 qì。

揭车 香草名。《离骚》:"畦留夷

与揭车兮。"王逸注:"揭车,芳草。"

揭揭 ❶长貌;高貌。《诗·卫风·硕人》:"葭菼揭揭。"毛传:"揭揭,长也。"引申为杰出貌。韩愈《处州孔子庙碑》:"揭揭元哲,有师之尊。"❷动摇不定貌。《淮南子·兵略训》:"挤其揭揭。"谓乘敌军有动摇可破之势而进攻。❸疾驰貌。《易林·需之小过》:"焱风忽起,车驰揭揭。"

揭示 ❶揭举事实,公之于众。《宋史·食货志上五》:"揭示不实者,民得自言。"❷揭发或阐明不易看清的事理。如:揭示了事物的本质。

揭帖 ❶亦作"揭贴"。张贴。《通雅》:"宋元丰中诏中书例写一本纳执政,分令诸房揭帖。"❷明制,内阁直达皇帝的一种机密文件。其后使用渐广,凡公开的私人启事亦称揭帖,其不具名而有揭发性质者称"匿名揭帖"。

揭晓 公布出来,使人知晓。特指考试后发表录取名单。李昌祺《剪灯余话·贾云华还魂记》:"会闱揭晓,名次群英。"

揭橥 同"楬橥"。

喈(jiē) ❶鸟鸣声。见"喈喈"。❷风急貌。《诗·邶风·北风》:"北风其喈。"

喈喈 鸟和鸣声。《诗·周南·葛覃》:"黄鸟于飞,集于灌木,其鸣喈喈。"也用来形容铃声、钟声等和谐悦耳的声音。《诗·大雅·烝民》:"八鸾喈喈。"鸾,车上的铃。又《小雅·鼓钟》:"鼓钟喈喈。"

嗟(jiē) ❶感叹声。《书·甘誓》:"王曰:'嗟!六事之人。'"❷感叹。《易·离》:"不鼓缶而歌,则大耋之嗟。"❸赞叹。鲍照《代白头吟》:"汉帝益嗟称。"

嗟嗟 ❶叹美声。《诗·商颂·烈祖》:"嗟嗟烈祖,有秩斯祜。"郑玄笺:"重言嗟嗟,美叹之声。"❷悲叹声。《楚辞·九思·悼乱》:"嗟嗟兮悲夫,溷乱兮纷挐。"❸犹"溅溅"。拟声词。《水经注·河水》:"嗟嗟有声,声闻数里。"

嗟来 ❶犹嗟乎,叹息声。来,语助,无义。《庄子·大宗师》:"嗟来桑户乎!"❷"嗟来之食"的略语。详"嗟来食"。

嗟来食 《礼记·檀弓下》:"齐大饥,黔敖为食于路,以待饿者而食之。有饿者,蒙袂辑屦,贸贸然来。黔敖左奉食,右执饮,曰:'嗟!来食!'扬其目而视之曰:'予唯不食嗟来之

食,以至于斯也!'从而谢焉,终不食而死。"后因以"嗟来之食"表示带有侮辱性的施舍。亦简作"嗟来"。陶潜《有会而作》诗:"嗟来何足吝,徒没空自遗。"

嗟叹 ❶引和歌声。《礼记·乐记》:"歌之为言也,长言之也……长言之不足,故嗟叹之。"郑玄注:"嗟叹,和续之也。"又古谓吟为嗟叹。见王念孙《广雅疏证》卷二上。❷叹息。杜甫《通泉驿》诗:"我生苦飘零,所历有嗟叹。"

街(jiē) 城市的大道。如:市街;街衢;大街小巷。《后汉书·张楷传》:"车马填街。"

街坊 ❶街巷;坊里。田汝成《西湖游览志余》卷二十:"自此街坊箫鼓之声铿锵不绝矣。"现代城市中的"街坊",常指城市规划中由道路或自然界线(如河道)划分的建设用地。❷邻居。萧德祥《杀狗劝夫》楔子:"瞒不过邻里众街坊。"

街衢 四通八达的道路。班固《西都赋》:"内则街衢洞达,闾阎且千。"

街谈巷议 街巷中的谈说议论,即民间的舆论。张衡《西京赋》:"街谈巷议,弹射臧否。"臧,赞美;否,批评。亦作"街谈巷语"。《汉书·艺文志》:"小说家者流,盖出于稗官。街谈巷语,道听涂说者之所造也。"

湝(jiē) 见"湝湝"。 另见 xié。

湝湝 水流貌。《诗·小雅·鼓钟》:"淮水湝湝。"毛传:"湝湝,犹汤汤。"

裓(jiē) 砖铺的道路。《考工记·匠人》"堂涂十有二分"郑玄注:"谓阶前,若今令甓裓也。"贾公彦疏:"汉时名堂涂为令甓裓,令甓则今之砖也,裓则砖道者也。" 另见 gé。

楷(jiē) ❶木名。刘献廷《广阳杂记》卷一:"楷木,即今之黄连头树也。楷有瘿,可为器。"❷相传楷树枝干疏而不屈,因以比喻刚直。《人物志·体别》:"强楷坚劲,用在桢干,失在专固。" 另见 kǎi。

鶛〔鷑〕(jiē) 鸟名。雄的鹑。《尔雅·释鸟》:"鶛,鷑,其雄,鶛;牝,痺。"郝懿行义疏:"按鶛之言介也,雄者足高,介然特立也。"

瘄(jiē) 同"痎"。

撨(jiē) ❶按住。《韩非子·外储说右下》:"田连、成窍,天下善鼓琴者也,然而田连鼓上,成窍撨下,而不能成曲,亦共故也。"❷同"接"。见《集韵·二十九叶》。

鹾(jiē) 同"嗟"。叹息声。《太玄·乐》:"则哭泣之鹾资(咨)。"

藙(jiē) 麦秆、麻茎等的通称。王安石《平淮右题名碑》诗:"雪湿不敢撚薪藙。"

jié

孑(jié) ❶单独。如:茕茕孑立。《三国志·魏志·公孙瓒传》裴松之注引《汉晋春秋》:"众叛亲离,孑然无党。"❷残余。《方言》第二:"孑、荩,馀也。"参见"孑遗"。❸通"戟"。古代兵器名。《左传·庄公四年》:"楚武王荆尸,授师孑焉,以伐随。"❹见"孑孓"。

孑孑 ❶特出貌。《诗·鄘风·干旄》:"孑孑干旄。"陈奂传疏:"孑孑,犹桀桀,特立之意。"❷孤单貌。韩愈《食曲河驿》诗:"而我抱重罪,孑孑万里程。"❸小谨貌。韩愈《原道》:"彼以煦煦为仁,孑孑为义,其小之也固宜。"

孑孓 蚊子的幼虫。

孑立 孤立无依。李密《陈情表》:"茕茕孑立,形影相吊。"

孑遗 遗留;馀剩。《诗·大雅·云汉》:"周馀黎民,靡有孑遗。"毛传:"孑然遗失也。"陈奂传疏:"《方言》、《广雅》皆云孑,馀也。靡有孑遗,即无馀遗也。"

节〔節〕(jié) ❶植物茎上生叶与分枝的部分。有些植物的节略为膨大,比较明显,如竹、甘蔗、石竹、蓼等。引申为凡树木的枝干交接处。《易·说卦》:"其于木也,为坚多节。"动物的骨骼衔接处也叫节。如:骨节。❷段。如:一节课;三节火车。特指文章的段落。如:第一章第一节。❸节日;节令。如:春节;国庆节。王维《九月九日忆山东兄弟》诗:"每逢佳节倍思亲。"❹节度;法度。《荀子·乐论》:"饮酒之节,朝不废朝,莫不废夕。"又《成相》:"言有节,稽其实,信诞以分赏罚必。"❺礼节。《荀子·乐论》:"三揖至于阶,三让以宾升,拜至、献酬、辞让之节繁。"❻气节;节操。左思《咏史》:"功成耻受赏,高节卓不群。"❼删节。如:节选;节录。❽节制;减省。

《论语·学而》："不以礼节之，亦不可行也。"《荀子·天论》："强本而节用，则天不能贫。"❾符节，古代使者所持以作凭证。《汉书·苏武传》："杖汉节牧羊，卧起操持，节旄尽落。"❿古乐器，用竹编成，上合下开，像箕，可以拍之成声，起表示拍子的作用。左思《蜀都赋》："巴姬弹弦，汉女击节。"引申为节拍、节奏。韩愈《送孟东野序》："其节数以急。"⓫屋柱上端顶住横梁的方木，即"斗栱"，亦称"栭"。《论语·公冶长》："臧文仲居蔡，山节藻棁。"何晏集解："节者，栭也，刻镂为山。"⓬高峻貌。《诗·小雅·节南山》："节彼南山，维石岩岩。"⓭犹"适"。恰好。《荀子·天论》："楚王后车千乘，非知也；君子啜菽饮水，非愚也；是节然也。"⓮六十四卦之一，兑下坎上。《易·节》："象曰：泽上有水，节。"孔颖达疏："水在泽中，乃得其节。"⓯国际通用的航海速度单位，也可计量水流和水中武器航行的速度。1 节=1 海里/时。⓰锚链分段制造和使用标志的长度单位。国际通常以27.5 米为一节。中国舰艇的使用标志以 20 米为一节。⓱姓。明代有芑锋。

节本　图书删节后印行的版本。

节操　政治上和道德上的坚定气节和操行。由政治信仰和道德理想所决定。是坚定信念和坚强意志力的统一。在有阶级的社会中，由于阶级利益、政治信仰和道德理想的不同，节操的性质和所起的作用也不同。

节级　❶等级。《旧唐书·职官志》："勋官者，出于周、齐交战之际。本以酬战士，其后渐及朝流，阶爵之外，更为节级。"❷依次。《旧唐书·职官志二》："天下诸州差兵募取，户殷丁多，人材勇悍；选前资官、勋官部分强明堪摄者，节级擢补统帅以领之。"❸唐宋时低级武职人员。《旧唐书·懿宗纪》："如本厢本将今后有节级员阙，且以行营军健量材差置。"《宋史·兵志》河北强壮编制："百人为都，置正副都头二人，节级四人。"

节节　凤凰鸣声。《宋书·符瑞志中》："凤凰者……其鸣，雄曰节节，雌曰足足。"亦作"即即"。《论衡·讲瑞》："案《礼记·瑞命篇》云：'雄曰凤，雌曰凰，雄鸣曰即即，雌鸣曰足足。'"

节解　❶旧时的一种酷刑。把受刑者的各个骨节分解开来。《资治通鉴·晋穆帝永和四年》："诛其四率已下三百人，宦者五十人，皆车裂节解，弃之漳水。"❷树木枝叶脱落。《国语·周语中》："本见而草木节解。"

节令　节气时令。陆游有《季秋已寒，节令颇正，喜而有赋》诗。

节目　❶树木枝干交接处文理纠结不顺的地方。《礼记·学记》："善问者如攻坚木，先其易者，后其节目。"孙希旦集解："节目，木之坚而难攻处。"❷事情的条目。庾信《赵国公集序》："若使言乖节目，则曲台不顾。"今常指文艺演出的项目。亦指参观、访问、游览的项目。

节下　犹麾下，部下。《南史·沈庆之传》："节下有一范增而不能用，空何施？"

节孝祠　封建统治阶级为了维护封建伦常道德在地方上所建旌表节孝妇女之祠。《清会典·礼部》载：各省、府、州、县各建节孝祠一所，祠外建大坊，凡节孝妇女由官府奏准旌表的，都入祀其中，春秋致祭。

节用　❶节省费用。《论语·学而》："节用而爱人，使民以时。"❷中国历史上主张节约国家财政支出和个人消费的经济思想。古代思想家普遍主张节用，特别是主张统治者的节用，以减轻人民的赋税负担。

节用裕民　节约用度，使民富裕。《荀子·富国》："足国之道，节用裕民，用善臧（藏）其余。"

节约　节俭；节省。《后汉书·宣秉传》："秉性节约，常服布被，蔬食瓦器。"

节钺　符节和斧钺，古代授予将帅，作为加重权力的标志。《三国志·魏志·曹真传》："以真为上军大将军，都督中外诸军事，假节钺。"假，授与。

节制　❶节度限制。如：饮食有节制。❷约束而有节度法制。《荀子·议兵》："秦之锐士，不可以当桓文之节制。"❸指挥管辖。《旧唐书·王士则传》："士则特此，颇不受士美节制，行止以兵自卫。"❹节度使的代称。《唐大诏令集·光启三年七月德音》："广明以前，节制、廉问之臣，州牧、县宰之吏，或抢拟不当，或诠择非良。"

节奏　古指法制的具体规定。《荀子·强国》："彼国者亦有砥厉，礼义、节奏是也。"

节族　族，通"奏"。即节奏。《荀子·非相》："文久而息，节族久而绝。"《汉书·严安传》："调五声，使有节族。"

讦　〔訐〕（jié）　攻击别人的短处或揭发别人的隐私。《论语·阳货》："恶讦以为直者。"《汉书·赵广汉传》："吏民相告讦。"颜师古注："相斥曰讦。"

劫　〔刦、刧、刼〕（jié）　❶强夺。《汉书·尹赏传》："剽劫行者。"❷威逼，胁迫。《礼记·儒行》："劫之以众。"《左传·定公十年》："若使莱人以兵劫鲁侯，必得志焉。"❸佛教名词。梵语 Kalpa 音译"劫波"的略称，意为"远大时节"。源于古印度婆罗门教，认为世界经历若干万年毁灭一次，尔后又重新开始，此一灭一生称作一"劫"。为古印度最长的时间单位，一劫等于梵天（Brahmā）的一个白天，或一千万时（yuga），即人间的四十三亿二千万年。佛教沿用此说，但说法多有不同。一般认为，一"劫"包括"成"、"住"、"坏"、"空"四个时期，即"四劫"。"坏劫"时，有火、水、风三灾出现，世界归于毁灭。后人借用，指天灾人祸等厄运，如劫数、浩劫。❹汉代西域诸国之一。在今新疆维吾尔自治区鄯善县东北沙漠中。❺亦称"打劫"。围棋术语。黑、白双方在同一处各围住对方一子，若黑先提白一子，按规定白方须于他处下一子，待黑方应一子后，方可提返一子。这种双方都必须间隔一步才能提子的着法称为"劫"。

劫劫　❶犹"汲汲"。奔竞貌。韩愈《贞曜先生墓志铭》："人皆劫劫，我独有余。"❷犹言世世。白居易《画水月菩萨赞》："生生劫劫，长为我师。"

劫掠　抢劫掳掠。《史记·高祖本纪》："代地吾所急也，故封豨为列侯，以相国守代，今乃与王黄等劫掠代地！"

劫略　❶以威力胁制。《史记·郦生陆贾列传》："汉王起巴蜀，鞭笞天下，劫略诸侯，遂诛项氏，灭之。"❷略，通"掠"。抢劫；掠夺。《汉书·鲍宣传》："盗贼劫略，取民财物。"

劫盟　胁迫别人与己订盟。《左传·哀公十六年》："大子使五人舆豭从己，劫公而强盟之。"豭，公猪。

劫数　意为厄运，详"劫❸"。

岊　（jié）　山角，即两山接笋处。《说文·山部》："岊，陬隅，高山之节。"左思《吴都赋》："窴缘山岳

之嵒。"

刮(jié) 剥。韩愈《征蜀联句》:"败面碎剥刮。"

劫(jié) 坚定;尽力;谨慎。《书·酒诰》:"予惟曰:'汝劫毖殷献臣。'"孔传:"劫,固也。我惟告汝曰:'汝当固慎殷之善臣信用之。'"蔡沈集传:"劫,用力也。"

杰〔傑〕(jié) 才智出众的人。《淮南子·泰族训》:"故智过万人者谓之英,千人者谓之俊,百人者谓之豪,十人者谓之杰。"引申为特出的。如:杰作;杰构。《诗·周颂·载芟》:"有厌其杰。"孔颖达疏:"厌者,苗长茂盛之貌。杰,谓其中特美者。"

杰出 特出;出众。《后汉书·徐稺传》:"稺自江南卑薄之域,而角立杰出,宜当为先。"

杰作 杰出的作品,多指文学艺术方面的。陆游《寄赵昌甫》诗:"纸穷乃复得杰作,字字如刮造化炉。"

疌(jié) 迅疾。《说文·止部》:"疌,疾也。"段玉裁注:"凡便捷之字当用此。"

抾(jié) 通"劫"。劫取。《后汉书·马融传》:"抾封豨。"
另见 qū。

佶(jié) 通"诘"。见"佶屈聱牙"。
另见 jí。

佶屈聱牙 形容文句艰涩生硬,读起来不顺口。韩愈《进学解》:"周诰殷盘,佶屈聱牙。"佶屈,亦作"诘诎",本屈曲貌,引申为不顺。

诘〔詰〕(jié) ❶问;责问。《新五代史·裴迪传》:"乃屏人密诘之,具得其事。"❷查究;究办。《左传·襄公二十一年》:"子盍诘盗?"聂夷中《公子行》:"走马踏杀人,街吏不敢诘。"❸曲折。见"诘屈"。❹犹"翌"。见"诘朝"。

诘诎 ❶同"诘屈"。曲折;弯曲。许慎《说文解字叙》:"象形者,画成其物,随体诘诎。"❷郁塞;艰涩。《楚辞·九思·遭厄》:"思哽饐兮诘诎,涕流澜兮如雨。"饐,通"咽"。

诘屈 曲折;弯曲。曹操《苦寒行》:"羊肠坂诘屈,车轮为之摧。"亦作"诘诎"。

诘朝 早晨。《左传·僖公二十八年》:"诘朝相见。"杜预注:"诘朝,平旦。"储光羲《樵父词》:"诘朝砺斧寻,

视暮行歌归。"也指明晨,明日。崔述《漳南侠士传》:"紫庄李越寻,非畏死者也,如能相报,诘朝当待汝。"

衱(jié) 裾。《尔雅·释器》:"衱谓之裾。"郭璞注:"衣后裾也。"郝懿行义疏:"衱者,《玉篇》云:'裾也。'裾,……前襟也。可怀抱物,故谓之裾,裾言物可居也。"按杜甫《丽人行》"背后何所见,珠压腰衱稳称身"赵次公注引郭璞后云:"谓之腰衱,则裙腰耳。以珠缀之,故言珠压腰衱。"是衱又作裙腰解。

拮(jié) 见"拮据"。
另见 jiá。

拮据 亦作"撠挶"。本谓操作劳苦。《诗·豳风·鸱鸮》:"予手拮据。"引申为经济窘迫。如:手头拮据。

猰(jié) 见"猰貐"。
另见 jí。

猰貐 古兽名。一作"猰㺄"、"风貍"。见段成式《酉阳杂俎·毛篇》、李时珍《本草纲目·兽部·风貍》。

筨〔篔〕(jié) 见"筨簩"。

筨簩 同"桀簩"。

洁〔潔、絜〕(jié) ❶干净。《左传·定公三年》:"庄公卞急而好洁。"也形容人的操行清白。《史记·屈原贾生列传》:"其志洁,其行廉。"❷元代民间称和尚为"洁郎",省称"洁"。《西厢记》第一本第二折:"净扮洁上:'老僧法本,在这普救寺内做长老。'"

洁身 保持自身的纯洁,不同流合污。如:洁身自好。《晏子春秋·问上》:"洁身守道,不与世陷乎邪。"

洁楷 滑泽。比喻谄媚奉承的态度。《楚辞·卜居》:"宁廉洁正直以自清乎? 将突梯滑稽,如脂如韦,以洁楷乎?"王逸注:"顺滑泽也。"

骱〔骴〕(jié) 马名。见《玉篇·马部》。《隋书·李景传》:"赐御马一匹,名师子骱。"

结〔結〕(jié) ❶用线绳等物打结或编织;也指结成之物。如:结网;蝴蝶结。《老子》:"善结,无绳约而不可解。"❷扎缚。如:挂灯结彩。❸构造。见"结庐"。❹组织;缔结。如:结社;结亲。❺结交;勾结。《史记·吴王濞列传》:"乃身自为使,使于胶西,面结之。"❻凝聚;凝固。如:结冰。周兴嗣《千字文》:"露结为霜。"❼屈曲;盘结。《礼记

·月令》:"蚯蚓结。"孙绰《游天台山赋》:"结根弥于华岱。"引申为收敛。《礼记·曲礼上》:"德车结旌。"郑玄注:"结,谓收敛之也。德车,乘车。"❽总结;结束。如:结帐;结案。❾旧时向官府承担责任或承认了结的证件。如:甘结;具结。❿凸出的块状物。韩愈《石鼎联句诗序》:"长颈而高结喉中。"也即谓凸出。《山海经·海外南经》:"结匈国……其为人结匈(胸)。"
另见 jì,jie。

结草 《左传·宣公十五年》:"魏武子有嬖妾,无子。武子疾,命颗(武子之子)曰:'必嫁是。'疾病,则曰:'必以为殉。'及卒,颗嫁之,曰:'疾病则乱,吾从其治也。'及辅氏之役,颗见老人结草以亢杜回,杜回踬而颠,故获之。夜梦之曰:'余,而所嫁妇人之父也。尔用先人之治命,余是以报。'"后因以"结草"为受恩深重,虽死也要报答之意。李密《陈情表》:"臣生当陨首,死当结草。"参见"衔环"。

结发 ❶犹"束发"。指年轻的时候。《史记·平津侯主父列传》:"臣结发游学,四十余年。"❷古结婚时要行男女并坐束发合髻之仪,故指结婚。也称妻子。《文选》载苏武诗:"结发为夫妻,恩爱两不疑。"江淹《杂体·李都尉从军》诗:"而我在万里,结发不相见。"常称元配之妻。

结局 ❶结束。《建炎以来系年要录·建炎元年》:"大元帅府限十日结局。"也指最终的结果。如:悲惨的结局;结局不好。❷叙事性文艺作品中人物性格和情节发展的最后阶段。即矛盾冲突已经解决,人物性格已经完成,事件有了最后结果,主题思想得到了充分展示。也有没有结局的"结局",即把矛盾或问题悬置不顾,交给读者或观众去思考。

结口 闭口不言。多指不敢言。《后汉书·蔡邕传》:"顷者,立朝之士,曾不以忠信见赏,恒被谤讪之诛,遂使群下结口,莫图正辞。"

结褵 亦作"结褵"、"结帨"。古代女子出嫁,母亲把帨(佩巾)结在女儿身上,申戒至男家后须尽力家务。《诗·豳风·东山》:"亲结其褵。"《后汉书·马援传》:"施衿结褵,申父母之戒。"后用为成婚的代称。

结庐 谓构屋居住。陶潜《饮酒》诗:"结庐在人境,而无车马喧。"

结绿 美玉名。《史记·范雎蔡泽

列传》:"且臣闻周有砥砺,宋有结绿,梁有县藜,楚有和朴(璞)。"后用以比喻有才能的人。李白《与韩荆州书》:"庶青萍结绿,长价于薛卞之门。"青萍,宝剑名。薛,识剑的薛烛;卞,识玉的卞和。

结念 心意专注。谢灵运《石门新营所住》诗:"结念属霄汉,孤景莫与谖。"

结辂 将蒙在车两边的漆革固结起来,使车内密不通气。比喻胸中郁塞不畅。枚乘《七发》:"邪气袭逆,中若结辂。"

结舌 ❶犹"结口"。《汉书·李寻传》:"及京兆尹王章坐言事诛灭,智者结舌。"颜师古注:"不敢出言也。"❷犹咋舌。受惊貌。如:瞠目结舌。

结绳 指文字产生前的一种帮助记忆的方法。用绳子打结以记事,相传大事打大结,小事打小结。《易·系辞下》:"上古结绳而治,后世圣人易之以书契。"

结实 植物生长果实。杜甫《北征》诗:"雨露之所濡,甘苦齐结实。"

结束 ❶完毕;告一段落。如:会议结束。❷装束;打扮。王衍《甘州子》词:"画罗裙,能结束,称腰身。"❸治装;打点行李。杜甫《最能行》:"大儿结束随商旅。"❹约束。《古诗十九首》:"荡涤放情志,何为自结束?"

结驷连骑 车马众多,形容排场阔绰。《史记·仲尼弟子列传》:"子贡相卫,而结驷连骑,排藜藿,入穷阎,过谢原宪。"

结言 口头订约。《公羊传·桓公三年》:"古者不盟,结言而退。"

结缨 《左传·哀公十五年》:"子路曰:'君子死,冠不免。结缨而死。'"结缨,结好帽带。后用以表示从容就死。

结辙 车辙相叠,形容车马络绎,不绝于途。《汉书·文帝纪》:"故遣使者冠盖相望,结辙于道,以谕朕志于单于。"亦谓退车回驶。《管子·小匡》:"车不结辙,士不旋踵。"

结撰 专一凝定。《楚辞·招魂》:"结撰至思,兰芳假些。"后以称作文命意构思,布局成章。如:精心结撰。

桔 (jié) 见"桔槔"。
另见 jú,xié。

桔槔 俗称"吊杆"。一种原始的提水工具。春秋时代已经应用。在一横木上,选择适当位置作为支点,悬吊在木柱上或树上,一端用绳挂一水桶,另一端系重物,使两端上下运动以汲取井水。关于桔槔的可靠记载最早见于《庄子》。

桔 槔

偼 (jié) ❶敏捷;灵敏。《方言》第一:"虔、儇,慧也,宋、楚之间谓之偼。"戴震疏证:"偼、捷古通用。"苏舜钦《送李冀州》诗:"气劲偼鹘横清秋。"❷见"婕好"。

桀 (jié) ❶鸡栖的木桩。《诗·王风·君子于役》:"鸡栖于桀。"❷通"杰"。杰出的人。《诗·卫风·伯兮》:"邦之桀兮。"❸通"揭"。举起。《左传·成公二年》:"桀石以投人。"❹凶暴。参见"桀黠"、"桀骜"。❺通"磔"。古代对犯人肢解的酷刑。《说文·桀部》:"桀,磔也。"❻夏代国君。名履癸。暴虐荒淫。在有仍(今山东济宁东南)会合诸侯,攻灭有缗氏(今山东金乡)。公元前1600年被商汤所败,出奔南巢(今安徽巢湖市西南)死。夏朝灭亡。❼姓。汉代有桀龙。

桀骜 凶暴而倔强。如:桀骜不驯。王夫之《读通鉴论·唐肃宗》:"虽有桀骜不轨之徒,亦气折心灰而不敢动。"

桀桀 高大茂盛貌。《诗·齐风·甫田》:"无田甫田,维莠桀桀。"毛传:"桀桀,犹骄骄也。"马瑞辰通释:"按上章之骄骄,《法言》作乔乔。《尔雅》:'乔,高也。'胡承珙言骄骄即乔乔之借字,是也。今按《说文》:'揭,高举也。'此章桀桀即揭揭之假借,义亦为高,故诗云:'桀桀,犹骄骄也。'"

桀犬吠尧 桀是夏代暴君,尧是传说中远古时代的圣君。比喻为人臣仆或奴才,像桀所畜养的狗一样,只知道听从主子的命令去咬人,不问谁善谁恶。郑德辉《老君堂》第三折:"岂不闻桀犬吠尧,非尧不仁,皆各认其主。"

桀黠 凶悍而狡猾。《汉书·薛宣传》:"桀黠无所畏忌。"

榔 (jié) 见"榔栗"。
另见 zhì。

榔栗 木名,可作杖。亦为手杖、禅杖的代称。范成大《丙午新正书怀》诗:"病怜榔栗随身惯,老觉屠苏到手迟。"

捷 〔捷〕(jié) ❶胜利;成功。如:捷报频传。《诗·小雅·采薇》:"一月三捷。"❷战利品。《春秋·庄公三十一年》:"六月,齐侯来献戎捷。"❸迅速;敏捷。如:捷足先登。《红楼梦》第十八回:"我素乏捷才,且不长于吟咏。"❹抄行小道。《左传·成公五年》:"待我,不如捷之速也。"
另见 qiè。

捷给 谓言辞敏捷,善于应对。《管子·大匡》:"隰朋聪明捷给,可令为东国。"

捷捷 同"诶诶"。巧辩貌。《诗·小雅·巷伯》:"捷捷幡幡,谋欲谮言。"

捷径 直捷而近便的道路。《离骚》:"夫惟捷径以窘步。"比喻做事所采用的速成方法。

捷足先登 比喻因行动敏捷而首先达到目的。叶稚斐《吉庆图·会赴》:"所谓秦人失鹿,捷足先登。"

睫 〔睫〕(jié) 眼睑毛。《史记·扁鹊仓公列传》:"流涕长潸,忽忽承睫。"司马贞索隐:"言泪恒垂以承睫也。"
另见 jiá。

蛣 (jié) 同"蜐"。

蜐 〔蠘〕(jié) 动物名。学名 *Caprella*。也称"麦秆虫"、"海藻虫"。甲壳纲,蜐科。体呈细秆状。第一触角长。除第一对胸肢成为颚足外,其余七对胸肢中的前两对都有半钳,第二对特别大,后续几对退化。腹部十分短,腹肢退化或消失。生活在海洋藻类或苔藓虫上。

嵑 (jié) 见"嵑嵲"。

嵑嵲 高峻貌。《晋书·凉武昭王李玄盛传》:"崇崖嵑嵲,重岭万寻。"

偈 〔偈〕(jié) ❶勇武貌。《太玄·阙》:"其人辉且偈。"❷急驰貌。《文选·宋玉〈高唐赋〉》:"偈兮若驾驷马,建羽旗。"
另见 jì,qì。

偈偈 ❶急驰貌。《诗·桧风·匪风》"匪车偈兮"毛传:"偈偈,疾驱非有道之车。"❷用力貌。《庄子·天道》:"又何偈偈乎揭仁义,若击鼓

而求亡子焉?"

鸶
〔鶁〕(jié) 见"鸶鷔"。

鸶鷔 同"桀鷔"。

祮
(jié) 提衣襟以承物。《诗·周南·芣苢》:"采采芣苢,薄言祮之。"

袺
(jié) 古时交叠于胸前的衣领。《礼记·深衣》:"曲袷如矩以应方。"郑玄注:"袷,交领也,古时方领如今小儿衣领。"

婕
(jié) 见"婕妤"。

婕妤 一作"倢伃"。妃嫔的称号。汉武帝时始置,自魏晋至明多沿置。

蛣
(jié) 见"蛣蜣"。

蛣蜣 昆虫名。《尔雅·释虫》:"蛣蜣,蜣蜋。"郭璞注:"黑甲虫,噉粪土。"《庄子·齐物论》"庸讵知吾所谓知之非不知邪"郭象注:"夫蛣蜣之知,在于转丸。"

碣
(jié) 同"碣"。碑碣。《后汉书·窦宪传》:"封神丘兮建隆碣。"
另见kě。

渴
(jié) 通"竭"。水干涸。《周礼·地官·草人》:"凡粪种,骍刚用牛……渴泽用鹿。"孙诒让正义:"渴泽,犹竭泽也。泽故有水,今涸渴,则无水而可耕种。"
另见hé、kě。

渴笔 笔枯少墨。李日华《渴笔颂》:"书中渴笔如渴驷,奋迅奔驰犵难制。"按绘画有渴笔法。孔衍栻《石村画诀》:"凡点叶树俱用渴笔实染。"

楬
(jié) 作标志的小木桩。《周礼·秋官·蜡氏》:"若有死于道路者,则令埋而置楬焉。"
另见qià。

楬橥 本是作标记的小木桩,引申为标志。亦作"揭橥"。《周礼·秋官·职金》"楬而玺之"郑玄注引郑司农曰:"今时之书,有所表识,谓之楬橥。"

楬著 用小木桩标明,即标志。《汉书·尹赏传》:"瘗寺门桓东,楬著其姓名。"颜师古注:"楬,杙也;橥杙于瘗处而书死者名也。"

睫
(jié) ❶眼睫毛。如:目不交睫。《庄子·庚桑楚》:"向吾见若眉睫之间,吾因以得汝矣。"若,你;得汝,得汝心。❷眨眼。《列子·仲尼》:"矢来注眸子,而眶不睫。"

蚭
(jié) 亦作"砌"。石砌,即"龟足"。

嵥
(jié) 高耸。宋之问《早发大庾岭》诗:"嵥起华夷界,信为造化力。"

栔
(jié) 柱头斗栱。《尔雅·释宫》:"栭谓之栔。"郭璞注:"即栌也。"《法言·学行》:"吾未见好斧藻其德,若斧藻其栔者也。"

栔棁 栔,斗栱。棁,梁上短柱。比喻小材。班彪《王命论》:"栔棁之材,不荷栋梁之任,斗筲之子,不秉帝王之重。"

溁
(jié) 形容波浪高涌。木华《海赋》:"峭帿溁而为魁。"

截
(jié) ❶切断。如:斩钉截铁。《史记·苏秦列传》:"陆断牛马,水截鹄雁。"引申为斩齐。如:斩截。《诗·商颂·长发》:"海外有截。"郑玄笺:"截,整齐也。"又引申为整治。《诗·大雅·常武》:"截彼淮浦。"❷阻断。如:截后路。《穆天子传》卷四:"截春山以北。"郭璞注:"截,犹阻也。"《三国演义》第六十一回回目:"赵云截江夺阿斗。"❸中途夺取。李华《吊古战场文》:"径截辎重,横攻士卒。"❹横渡。《文选·郭璞〈江赋〉》:"赴涨截洄。"李善注:"截,直渡也。"❺段。如:上半截;一截儿木头。

截截 巧辩貌。《书·秦誓》:"惟截截善谝言。"孔颖达疏:"截截,犹察察,明辩便巧之意。"

截句 即"绝句"。

截留 把应解送他处的款项或物件留下。《清会典事例·户部·漕运》:"康熙三十三年题准,截留武清、永平等处漕米。"

蒚
(jié) 见"拔葜"。

樈
(jié) 同"桔"。《玉篇·木部》:"樈橰,所以汲水。"

楔
(jié) 即杙。鸡栖息的木桩。《尔雅·释宫》:"鸡栖于弋(杙)为楔。"《诗·王风·君子于役》作"桀"。参见"杙❶"。

碣
(jié) ❶圆顶的碑石。亦作"碣"。《后汉书·窦宪传》:"封神丘兮建隆碣。"李贤注:"方者谓之碑,员(圆)者谓之碣。碣,亦碣也。"❷通"揭"。耸峙貌。《汉书·扬雄传上》:"碣以崇山。"颜师古注:"碣,山特立貌。"按《文选·扬雄〈羽猎赋〉》作"揭以崇山"。

鮚
〔鮚〕(jié) 即"蚌"。《汉书·地理志上》载会稽郡鄞县有鮚埼亭。颜师古注:"鮚,音结,蚌也。长一寸,广二分,有一小蟹在其腹中。埼,曲岸也,其中多鮚,故以名亭。"

竭
(jié) ❶负载。《礼记·礼运》:"五行之动,迭相竭也。"郑玄注:"竭,犹负载也。言五行运转,更相为始也。"❷举;竖起。《说文·豕部》:"竭其尾谓之豕。"❸完;尽。如:取之不尽,用之不竭。《论语·学而》:"事父母,能竭其力。"李华《吊古战场文》:"矢竭兮弦绝。"❹干涸。《国语·周语上》:"山崩川竭,亡之征也。"

竭蹶 ❶颠仆,行步匆遽的样子。《荀子·儒效》:"远者竭蹶而趋之。"杨倞注:"竭蹶,颠倒也;远者颠倒趋之,如不及然。"又《议兵》作"竭蹷"。❷资财匮乏。如:经济竭蹶。

竭泽而渔 戽干池水捉鱼。比喻搜括净尽,毫不留存。《吕氏春秋·义赏》:"竭泽而渔,岂不获得,而明年无鱼。"

戳
(jié) 同"截"。

羯
(jié) ❶去势的公羊。《急就篇》卷三:"羘羖羯羠挑羝羭。"颜师古注:"羖之犗者为羯,谓劇之也。"劇,割去雄性牲畜的睾丸。❷古族名。源于小月支,曾附属匈奴。魏晋时,散居上党郡(今山西潞城附近各县),与汉人杂处。从事农业,受汉族地主奴役,被称为"羯胡"。信奉"胡天"(祆教)。晋时,羯人石勒建立后赵政权,为十六国之一。

缬
〔纈〕(jié) ❶聚合。见《说文·糸部》。❷古代对南方少数民族商贸货物的总称。《文选·左思〈吴都赋〉》:"缬贿纷纭,器用万端。"刘逵注:"缬,蛮夷货名也。"

髻
(jié) 灶神名。《庄子·达生》:"灶有髻。"陆德明释文引司马彪云:"髻,灶神,著赤衣,状如美女。"
另见jì。

槒
(jié) 同"桔"。

巀
(jié) 同"巀"。

巀
(jié) 见"巀嶭"。

巀嶭 山高峻貌。《文选·司马相如〈上林赋〉》:"九嵏巀嶭,南山峨峨。"郭璞注:"巀嶭,高峻貌也。"一说,山名,见《汉书·司马相如传上》。

颜师古注。按:《汉书·地理志上》有巀嶭山。

蟹（jiè）　动物名。即"梭子蟹"。

jiě

姐（jiě）　姐姐。如:姐妹;表姐。

另见 jù, zǐ。

馳（jiě）　❶母亲。《广雅·释亲》:"馳,母也。"❷见"娭馳"。

解（jiě）　❶剖开。《庄子·养生主》:"庖丁为文惠君解牛。"❷分裂;涣散。如:土崩瓦解。《汉书·陈馀传》:"恐天下解也。"❸脱去;解开。如:解衣;解带。扬雄《解嘲》:"叔孙通起于枹鼓之间,解甲投戈。"❹开放。《后汉书·耿纯传赞》:"严城解扉。"❺废除;消除;停止。如:解约;解渴;排难解纷。《列子·周穆王》:"而况鲁之君子迷之邮者,焉能解人之迷哉?"杜甫《八哀》诗:"战伐何当解?"❻排泄。如:大解;小解。❼明白;知道。《三国志·魏志·贾诩传》:"〔曹操〕又问诩计策,诩曰:'离之而已。'太祖(操)曰:'解。'"❽解释。《史记·吕太后本纪》:"君知其解乎?"❾通达。《庄子·秋水》:"无南无北,奭然四解。"❿乐曲、诗歌的章节。《乐府诗集·相和歌辞题解》引《古今乐录》:"伧歌以一句为一解,中国以一章为一解。"⓫武术用语。犹言套。无名氏《东平府》第三折:"恰才衙内爹爹唤您呈几解耍子哩!"⓬六十四卦之一,坎下震上。《易·解》:"象曰:雷雨作,解。"

另见 jiè, xiè。

解骖　《史记·管晏列传》:"越石父贤,在缧绁中。晏子出,遭之涂,解左骖赎之。"后因谓以财物救人之急为"解骖"。《聊斋志异·柳生》:"襄受解骖之惠,且夕不忘。"参见"说骖"。

解嘲　扬雄《解嘲》:"哀帝时,丁傅董贤用事,诸附离之者起家至二千石。时雄方草创《大(太)玄》,有以自守,泊如也。人有嘲雄以玄之尚白,雄解之,号曰《解嘲》。"后因称受人嘲笑而自己辩解为解嘲。如:聊以解嘲。

解除　❶卸去;消除。如:解除职务;解除顾虑。《后汉书·谢弼传》:"解除禁网。"❷汉代阴阳家称禳除凶恶为解除,后来迷信的人也沿用此名。《论衡·解除》:"然则盛解除,驱鬼神,不能使凶去而命延。"

解放　❶释放。《三国志·魏志·赵俨传》:"俨既囚之,乃表府令解放。"❷从反动统治的压迫下通过斗争得到自由。如:解放战争;解放全中国;民族解放。也泛指解除束缚,得到自由或发展。如:解放思想;解放生产力。

解诂　亦作"解故"。谓用当代语言解释古代语言。《后汉书·何休传》:"休坐废锢,乃作《春秋公羊解诂》。"又《贾逵传》:"并作《周官解故》。"

解龟　龟,指印上的龟纽。解下龟印,谓辞去官职。谢灵运《初去郡》诗:"牵丝及元兴,解龟在景平。"

解甲　卸去战衣。扬雄《解嘲》:"解甲投戈。"亦谓投降。花蕊夫人费氏《国亡》诗:"十四万人齐解甲,宁无一个是男儿?"

解巾　解去头巾,改戴官帽。谓出任官职。《后汉书·韦义传》:"诏书逼切,不得已解巾之郡。"陈子昂《为王美畅谢兄官表》:"臣兄自解巾从仕,三十余年。"

解铃系铃　本佛教禅宗语。《指月录》卷二十三"法灯":"金陵清凉泰钦法灯禅师在众日,性豪逸,不事事,众易之。法眼独契重。眼一日问众:'虎项金铃,是谁解得?'众无对。师适至,眼举前语问,师曰:'系者解得。'眼曰:'汝辈轻渠不得。'"后因用"解铃系铃"比喻谁惹出来的问题,仍由谁去解决。《红楼梦》第九十回:"心病终须心药治,解铃还是系铃人。"

解纽　指国家纲纪败坏。《文选·干宝〈晋纪总论〉》:"名实反错,天纲解纽。"吕延济注:"纲,维也;纽,束也;解束,谓失纲纪也。"

解佩　❶解下佩戴物。刘向《列仙传》卷上:"江妃二女者,不知何所人也,出游于江汉之湄,逢郑交甫。见而悦之,不知其神人也,谓其仆曰:'我欲下请其佩。'……遂手解佩与交甫。"欧阳修《玉楼春》词:"闻琴解佩神仙侣。"❷佩是古时文官朝服上的饰物,因谓脱去朝服辞官为"解佩"。钟嵘《诗品》:"或士有解佩出朝,一去忘返。"

解人　谓通达言语或文词意趣的人。《世说新语·文学》:"谢安年少时,请阮光禄(裕)道《白马论》,为论以示谢。于时谢不即解阮语,重相咨尽。阮乃叹曰:'非但能言人不可得,正索解人亦不得。'"后谓不明真意而妄发议论为"强作解人"。

解舍　指免除徭役。《管子·王辅》:"是故上必宽裕而有解舍,下必听从而不疾怨。"尹知章注:"解,放也;舍,免也。"

解释　❶消除。《后汉书·章帝纪》:"朕惟巡狩之制,以宣声教,考同遐迩,解释结冤也。"李白《清平调》:"解释春风无限恨,沉香亭北倚阑干。"❷分析说明。《后汉书·陈元传》:"解释先圣之积结,洮汰学者之累惑。"

解手　❶犹言分手、离别。韩愈《祭河南张员外文》:"解手背面,遂十一年,君出我入,如相避然。"秦观《次韵子由题斗野亭》:"不堪春解手,更为晚停舟。"❷即解溲。指大小便。《京本通俗小说·错斩崔宁》:"叙了些寒温,魏生起身去解手。"

解绶　解下印绶,谓辞去官职。蔡邕《陈寔碑》:"迁闻喜长……郡政有错,争之不从,即解绶去。"

解体　❶肢体解散。《新唐书·张玄素传》:"此清吏,杀之是无天也。大王即定天下,不使善人解体。"❷比喻人心叛离。《左传·成公八年》:"信不可知,义无所立,四方诸侯,其谁不解体?"❸瓦解;崩溃。如:封建经济解体。

解脱　❶解除;释放。如:解脱桎梏。《汉书·赵广汉传》:"幸逢赦令,或时解脱。"❷译自梵语 Vimukti,又译"毗木叉"。佛教用以指修道到了最后阶段,从而摆脱世俗烦恼和束缚而自由自在。源于古印度的从轮回中解脱之说,为佛教所采用。因释迦牟尼从烦恼中解脱而得涅槃,故与"涅槃"同义。小乘佛教以个人解脱为目的。大乘佛教则讲求解脱与救济众生一并考虑,重视六波罗蜜的利他行,认为一切皆无实体,因而主张解脱亦无实体。

解网　《史记·殷本纪》:"汤出,见野张网四面,祝曰:'自天下四方皆入吾网。'汤曰:'嘻,尽之矣!'乃去其三面,祝曰:'欲左,左;欲右,右。不用命,乃入吾网。'诸侯闻之,曰:'汤德至矣,及禽兽。'"旧时因以解网比喻仁德,多用于对帝王的颂扬。《南史·袁昂传》:"幸因约法之弘,承解网之宥。"

解维　犹解缆,即解下系船的绳索,开船。王明清《挥麈后录》卷六:"方欲解维,开封府遣人寻滕光禄舟

甚急。"

解悟 领会;领悟。《妙法莲华经·提婆达多品》:"无量众生,闻法解悟,得不退转。"《北史·和士开传》:"解悟捷疾,为同业所尚。"

解颜 欢笑。《列子·黄帝》:"夫子始一解颜而笑。"陶潜《癸卯岁始春怀古田舍》诗:"秉耒欢时务,解颜劝农人。"

解衣推食 《史记·淮阴侯列传》:"汉王授我上将军印,予我数万众,解衣衣我,推食食我。"后用为慷慨施惠之意。《陈书·华皎传》:"时兵荒之后,百姓饥馑,皎解衣推食,多少必均。"

解颐 颐,面颊。《汉书·匡衡传》:"匡说诗,解人颐。"颜师古注引如淳曰:"使人笑不能止也。"后以解颐指大笑,欢笑。苏颋《陈仓别陇州司户李维深》诗:"京国自携手,同途欣解颐。"

解语花 王仁裕《开元天宝遗事·解语花》:"明皇秋八月,太液池有千叶白莲数枝盛开,帝与贵戚宴赏焉。左右皆叹羡久之。帝指贵妃示于左右曰:'争如我解语花?'"争,通"怎"。旧时因用以比喻美人。

解组 组,印绶。解下印绶,谓辞去官职。韦应物《答韩库部》诗:"还当以道推,解组守蒿蓬。"

榍(jiè,又读 xiè) 木名。即松樆。温庭筠《商山早行》诗:"榍叶落山路。"

jiè

介(jiè) ❶间隔;隔开。《汉书·翼奉传》:"臣愿陛下徙都于成周……前乡(向)嵩高,后介大河。"❷犹居中。《左传·襄公九年》:"使介居二大国之间。"❸留存;搁置。见"介意"、"介怀"。❹庐舍。《诗·小雅·甫田》:"攸介攸止,烝我髦士。"❺介绍。如:媒介。李康《运命论》:"其所以相亲也,不介而自亲。"❻接近。《穀梁传·文公十五年》:"其远之,何也? 不以难介我国也。"❼辅助。见"介寿"。❽副;次。《左传·昭公元年》:"伍举为介。"杜预注:"介,副也。"❾因;依赖。《左传·文公六年》:"介人之宠,非勇也。"❿边际。《楚辞·九章·哀郢》:"悲江介之遗风。"⓫通"甲"。披甲。如:介胄。《礼记·曲礼上》:"介者不拜。"亦指带有甲壳的虫和水族。如:鳞介。《礼记·月

令》:"〔孟冬之月〕其虫介。"⓬通"个"。《书·秦誓》:"如有一介臣。"《礼记·大学》作"若有一个臣"。⓭独特;耿介。张衡《思玄赋》:"子不群而介立。"⓮节操;独特之行。《孟子·尽心上》:"柳下惠不以三公易其介。"⓯大。见"介福"。⓰通"芥"。见"一介"。⓱戏曲术语。南戏、传奇剧本里关于动作、表情、效果等的舞台指示。如坐、笑、见面以及鸡鸣、犬吠等,剧本里分别写作"坐介"、"笑介"、"见介"、"鸡鸣介"、"犬吠介"。与元杂剧剧本中的"科"相同。⓲姓。春秋时晋有介之推。

介次 集市上之小亭。周代市官听讼之所。《周礼·地官·司市》:"胥师贾师,莅于介次,而听小治小讼。"郑玄注:"介次,市亭之属。"

介弟 介,大。对他人之弟的敬称。《左传·襄公二十六年》:"夫子为王子围,寡君之贵介弟也。"也用以称己弟。任昉《封临川安兴建安等五王诏》:"宏,朕之介弟,早富德誉。"

介福 大福;洪福。《诗·小雅·楚茨》:"报以介福,万寿无疆。"

介妇 古代称嫡长子之妻为冢妇,庶子之妻为介妇。《礼记·内则》:"介妇请于冢妇。"郑玄注:"介妇,众妇。"

介圭 长一尺二寸的大玉。《诗·大雅·崧高》:"锡尔介圭,以作尔宝。"郑玄笺:"圭长尺二寸谓之介,非诸侯之圭。"

介怀 犹介意。《南史·张盾传》:"为无锡令,遇劫……于是生资皆尽,不以介怀。"

介介 ❶心有所不安;不能忘怀。《后汉书·马援传》:"介介独恶是耳。"李贤注:"介介,犹耿耿也。"❷分隔;离间。《楚辞·九叹·惜贤》:"进雄鸠之耿耿兮,谗介介而蔽之。"王逸:"谗人尚复介隔蔽而障之。"❸《太玄·傒》:"傒祸介介。"范望注:"介介,有害也。"

介鳞 ❶甲虫与鳞虫的合称。亦作"鳞介"。《大戴礼记·易本命》:"介鳞,夏食冬蛰。"古亦借喻远夷。《资治通鉴·汉章帝建初元年》:"不以介鳞,易我衣裳。"胡三省注:"介鳞,喻远夷。"❷传说中鱼类的祖先。《淮南子·坠形训》:"介鳞生蛟龙。"高诱注:"介鳞,鳞鱼之先。"

介倪 犹睥睨。侧目而视。《庄子·马蹄》:"夫加之以衡扼,齐之以月题,而马知介倪、阘扼、鸷曼、诡衔、窃

辔。"成玄英疏:"介,独也;倪,睥睨也。"一说,介,马甲;倪,俾,增益。介倪,谓马知甲之加于其身。见郭庆藩《庄子集释》。

介卿 次卿。《左传·昭公四年》:"且冢卿无路,介卿以葬,不亦左乎?"杜预注:"介,次也。"路,车。谓次卿以车陪葬不合于礼。

介丘 大山。《汉书·司马相如传下》:"微夫斯之为符也,以登介丘,不亦恶夫!"颜师古注引服虔曰:"介,大也;丘,山也。"

介然 ❶界限分明。《孟子·尽心下》:"山径之蹊间,介然用之而成路。"❷耿耿于心。《汉书·陈汤传》:"使百姓介然有秦民之恨。"❸耿介;坚贞。《荀子·修身》:"善在身,介然必以自好也。"杨倞注:"介然,坚固貌。"❹倏忽;忽然。《老子》:"使我介然有知,行于大道,唯施是畏。"

介绍 本谓主宾之间通过辅助人员传递话语。《礼记·聘义》:"介绍而传命。"又:"士为绍摈。"古礼,宾方的辅佐人员为介,有上介、次介、末介。主方的接宾人员为摈,有上摈、承摈、绍摈。黄以周《礼书通故·觐一》:"谓宾以命传介,介以命传绍,以次迭传上摈,以告主君。"《文选·王褒〈四子讲德论〉》:"无介绍之道,安从行乎公卿?"张铣注:"介绍,传命也。"后介、绍二字相连成词,谓从中沟通,使双方发生关系。参见"绍介"。

介士 ❶甲士;武士。《汉书·张安世传》:"安世薨,赠印绶,送以轻车介士。"❷耿介正直的人。《汉书·邹阳传》"是以申徒狄蹈雍之河"颜师古注引服虔曰:"〔申徒狄〕殷之末世介士也。"

介寿 《诗·豳风·七月》:"为此春酒,以介眉寿。"郑玄笺:"介,助也。"后称祝寿为"介寿"。

介特 ❶单身孤独之人。《左传·昭公十四年》:"长孤幼,养老疾,收介特。"杜预注:"介特,单身民也。"❷孤高,不随俗。《后汉书·马融传》:"察淫侈之华誉,顾介特之实功。"李贤注:"华誉,虚誉也。介特,谓孤介特立也。"

介意 在意;耿耿于心。多指对于不愉快的事情,并常与表示否定或劝阻词语相结合。如:何足介意。《三国志·吴志·鲁肃传》:"足下不须以子扬之言介意也。"

介祉 犹"介福"。大福。应劭

《风俗通·祀典》："桃梗,梗者,更也,岁终更始,受介祉也。"

介胄　犹甲胄。披甲戴盔。《礼记·曲礼上》："介胄则有不可犯之色。"

介子　古代宗法制称长子为宗子,庶子为介子。《礼记·曾子问》："孝子某,为介子某,荐其常事。"孔颖达疏:"介子某,介子谓庶子为大夫者。介,副也;某是庶子名也。"参见"介妇"。

价 (jiè)　❶旧称供役使的人。如:小价。《宋史·曹彬传》:"走价驰书来诣。"❷通"介"。见"价人"。

另见 jià、jie。

价人　善人。一说披甲之人。《诗·大雅·板》:"价人维藩,大师维垣。"毛传:"价,善也。"郑玄笺:"价,甲也。被甲之人,谓卿士掌军事者。"

戒 (jiè)　❶防备;准备。《易·萃》:"君子以除戎器,戒不虞。"《诗·小雅·大田》:"大田多稼,既种既戒。"朱熹注:"戒,饬其具也。"❷谨慎。《仪礼·士昏礼》:"戒之敬之。"❸命令;告请。《仪礼·聘礼》:"既图事,戒上介亦如之。"又《士冠礼》:"〔主人〕戒宾曰:'某有子某,将加布于其首,愿吾子之教之也。'"❹斋戒。《礼记·礼器》:"七日戒。"❺禁制。《论语·季氏》:"孔子曰:君子有三戒:少之时,血气未定,戒之在色;及其壮也,血气方刚,戒之在斗;及其老也,血气既衰,戒之在得。"引申为戒除。如:戒烟;戒酒。❻通"界"。《新唐书·天文志一》:"北戒为胡门,南戒为越门。"❼戒指的省称。如:金戒;钻戒。

戒备　警戒防备。如:戒备森严。《国语·晋语三》:"日考而习,戒备毕矣。"

戒尺　❶佛教说戒时的用具,为两块长方形小木,一俯一仰,仰的稍大,俯的覆在仰的上面。说戒时将俯的木块向下敲击,发出声响,使听者集中注意力。❷塾师对学童施行体罚的木尺,也叫戒方。亦作"戒饬"。《儒林外史》第七回:"本该考居极等,姑且从宽,取过戒饬来,照例责罚。"

戒旦　黎明时警人睡醒;告语天将明。《晋书·赵至传》:"鸡鸣戒旦,则飘尔晨征。"亦指黎明。何逊《与沈助教同宿溢口夜别》诗:"我为浔阳客,戒且方西游。"

戒牒　佛教僧尼出家受戒后所领受的受戒证明书。《释氏稽古略》卷三:唐大中十年(公元 856 年),"敕法师辩章为三教首座。初令僧尼受戒给牒。"日本自天平胜宝(749—756)以后,始发由授戒的三师七证签字的戒牒。

戒途　准备登程。《周书·文帝纪上》:"秣马戒途,志不俟旦。"亦谓登程。任昉《为庾杲之与刘居士虬书》:"且凌雪戒涂,非灭迹之郊。"涂,通"途"。

戒心　警惕、戒备之心。《管子·君臣下》:"戒心形于内,则容貌动于外矣。"

戒严　警戒。《晋书·卞壶传》:"今内外戒严,四方有备。"今指国家因战争或其他非常情况而在全国或局部地区实施加强警戒巡逻,管制人员、车辆、船只、飞机的通行,限制群众活动,实行宵禁等特别措施。我国宪法规定,全国人大常委会有权"决定全国或者个别省、自治区、直辖市的戒严",戒严令由国家主席发布。

戒指　约指,指环。都卬《三馀赘笔》:"今世俗用金银为环,置于妇人指间,谓之戒指。按《诗》注:古者后妃群妾以礼进御于君,女史书其月日,授之以环,以进退之。生子月辰,以金环退之;当御者,以银环进之,著于左手;既御者,著于右手。事无大小,记以成法。则世俗之名戒指者,有自来矣。按所引《诗》注见《诗·邶风·静女》毛传。后世多用为饰物或信物。

芥 (jiè)　❶蔬菜名。即"芥菜"。❷小草。见"芥舟"。引申指细微的事物。参见"草芥"。

另见 gài。

芥菜 (*Brassica juncea*)　指十字花科中的叶片薄、绿色、叶面无明显蜡粉、叶缘锯齿状、花茎叶有叶柄而不包围花茎、果实较短、种子有芥辣味的一类蔬菜。原产中国。根据供食用的主要部位可分为子用芥菜、叶用芥菜、茎用芥菜、芽用芥菜和根用芥菜等类型。一般耐寒性较弱。南方春秋两季均可栽培,北方以秋播为主。生长期中要求肥水充足。茎叶组织较粗硬,有辣味,腌制后有特殊鲜味和香味。种子可制芥辣粉。

芥蒂　本作"蒂芥"。细小的梗塞物。司马相如《子虚赋》:"吞若云梦者八九于其胸中,曾不蒂芥。"翟灏《通俗编·草木》:"今人每颠倒言之曰'芥蒂',乃自朱人诗始。"后用"芥蒂"比喻积在心里的怨恨或不快。

苏轼《送路都曹》诗:"恨无乖崖老,一洗芥蒂胸。"

芥舟　《庄子·逍遥游》:"覆杯水于坳堂之上,则芥为之舟,置杯焉则胶,水浅而舟大也。"陆德明释文:"芥,小草也。"后因以"芥舟"比喻小舟。

岕 (jiè)　山名;两山之间。今浙江长兴山地有以岕为名者,如:罗岕,所产茶亦称岕茶。

岕 (jiè)　同"岕"。

驲〔驲〕(jiè)　马尾髻。《太玄·文》:"君子乘位为车为马,车轮马驲,可以周天下。"范望注:"轮,辖系也;驲,尾结也。"

玠 (jiè)　大圭。一种玉器。《尔雅·释器》:"珪大尺二寸谓之玠。"

届〔届〕(jiè)　❶到。如:届期。《诗·小雅·小弁》:"不知所届。"引申为极。《诗·大雅·荡》:"靡届靡究。"毛传:"届,极;究,穷也。"❷次;回。如:第一届全国人民代表大会。

砎 (jiè)　坚硬。《晋书·桓温传》:"故员通贵于无滞,明哲尚于应机,砎如石焉,所以成务。"

拾 (jiè)　更迭;轮流。《礼记·投壶》:"左右告矢具,请拾投。"郑玄注:"拾,更也。"

另见 shè、shí。

界 (jiè)　❶地域的限隔。如:国界;田界。《孟子·公孙丑下》:"域民不以封疆之界。"引申为极限。《几何原本》卷一之首:"点为线之界,线为面之界,面为体之界,体不可为界。"❷毗连;接界。班固《西都赋》:"右界褒斜陇首之险。"❸事物的分界。《后汉书·马融传》:"奢俭之中,以礼为界。"如:划清界限。❹境域;区划。如:境界;眼界;自然界;工商界。❺离间。《汉书·扬雄传下》:"〔范雎〕界泾阳,抵穰侯而代之。"颜师古注:"苏林曰:'界,间其兄弟使疏。'应劭曰:'泾阳,秦昭王弟,贵用事也。'"❻见"代❹"。

界尺　写字作画时用以间隔行距、画线或镇纸的文具。姚宽《姚氏残语》:"太祖以柏为界尺,谓之隔笔简。"

界说　即"定义"。《马氏文通·正名》:"凡立言,先正所用之名以定命义之所在者,曰界说。自注:"界之云者,所以限其义之所止,使无越畔也。"

鶛〔鳺〕(jiè) 鸟名。《说文·鸟部》:"鶛雀似鶙而青,出羌中。"段玉裁注:《汉·循吏传》:'张敞舍鶛雀飞集丞相府。'苏林曰:'今虎贲所著鶡也。'师古曰:'苏说非也。鶛音芥,非武贲所著也。鶡者色黑,出上党,音曷,非此鶛雀。'"

疥(jiè) ❶一种皮肤病。即"疥疮"。宋玉《登徒子好色赋》:"其妻蓬头挛耳……又疥且痔。"❷通"痎"。两日一发的疟疾。《左传·昭公二十年》:"齐侯疥,遂痁。"孔颖达疏:"疥当为痎。痎是小疟,痁是大疟。"

疥疮 由疥螨引起的传染性皮肤病。多发于冬季。常见于指间、手腕、肘窝、腋窝、腹股沟等皱褶部位,呈针头大小的丘疱疹和水疱,甚痒。搽5%～10%硫黄软膏或苯甲酸苄酯搽剂等有效。预防措施包括避免接触患者和勤洗烫内衣裤、被单、被里等。

诫〔誡〕(jiè) ❶警戒。如:引以为诫。《易·系辞下》:"小惩而大诫。"《汉书·贾谊传》:"前车覆,后车诫。"❷文告。《荀子·强国》:"发诫布令而敌退,是主威也。"引申为嘱告。《史记·项羽本纪》:"梁(项梁)乃出,诫籍持剑居外待。"❸文体名。任昉《文章缘起》:"后汉杜笃作《女诫》。诫,警也,慎也。"

诫敕 汉代皇帝诏书的一种。《后汉书·光武帝纪上》"辛未,诏曰"李贤注:"《汉制度》曰,帝之下书有四,一曰策书,二曰制书,三曰诏书,四曰诫敕……诫敕者,谓敕刺史、太守,其文曰:'有诏敕某官。'"

衸(jiè) 中分的裙衩。《说文·衣部》:"衸,衱也。"段玉裁注:"裙衩在正中者也,故谓之衸,言其开拓也。亦谓之衸,言其中分也。"

蚧(jiè) ❶即介壳虫。❷即蛤蚧。❸通"疥"。见"蚧搔"。

蚧搔 一种皮肤病。《后汉书·鲜卑传》:"夫边垂之患,手足之蚧搔。"

借(一)(jiè) ❶借贷。如:借钱与人;向人借钱。《晋书·阮裕传》:"在剡曾有好车,借无不给。"❷帮助。《汉书·朱云传》:"少时通轻侠,借客报仇。"

(二)〔藉〕(jiè) ❶凭借;依靠。杜甫《徒步归行》:"明公壮年值时危,经济实借英雄姿。"❷假托。如:借故。参见"借口"。❸假使。《史记·陈涉世家》:"借第令毋斩,而戍死者固十六七。"

借刀杀人 比喻自己不露面,利用别人去陷害他人。《红楼梦》第十六回:"'坐山看虎斗','借刀杀人','引风吹火'……都是全挂子的本事。"

借端 假托事由。如:借端生事。李渔《凤求凤·悟奸》:"想是谢礼不曾收得完,故此借端推托。"

借光 犹叨光;借重。《儒林外史》第三十四回:"李大人专要借光,不想先生病得狼狈至此。"今常用作向人询问或请人给予自己方便时的套语。

借花献佛 《过去现在因果经》一:"今我女弱不能得前,请寄二花以献于佛。"后称拿别人的物品作人情为"借花献佛"。萧德祥《杀狗劝夫》楔子:"既然哥哥有酒,我们借花献佛,与哥哥上寿咱。"

借鉴 鉴,镜子。借鉴,谓以他人之事为鉴。语本《淮南子·主术训》"夫据干(榦)而窥井底,虽达视犹不能见其睛;借明于鉴以照之,则寸分可得而察也"。今多指对照别人或事以便取长补短。参见"借镜"。

借景 借取园外之景,以陪衬、扩大、丰富园内景致,使园内园外景色联成一体的一种造园手法。《园冶·十借景》:"夫借景,林园之最要者也。如远借、邻借、仰借、俯借、应时而借。然物情所逗,目寄心期,似意在笔先,庶几描写之尽哉!"

借镜 刘昼《新论·贵言》:"人目短于自见,故借镜以观形。"后以比喻从别人那里吸取经验教训。鲁迅《南腔北调集·关于翻译》:"注重翻译,以作借镜,也就是催进和鼓励着创作。"

借口 《左传·成公二年》:"若苟有以借口而复于寡君,君之惠也。"杜预注:"借,荐;复,白也。"孔颖达疏:"言无物则空口以为报,少有所得则与口为借,故曰借口。"后用为托辞或借为口实之意。

借寇 《后汉书·寇恂传》载:恂为颍川守,入为执金吾。后车驾南征,恂从至颍川,百姓遮道曰:"愿从陛下复借寇君一年。"旧时因称挽留地方官为"借寇"。何逊《哭吴兴柳恽》诗:"霞区两借寇,贪泉一举卮。"

借使 假使。贾谊《过秦论》:"借使子婴有庸主之材,仅得中佐,山东虽乱,秦之地可全而有,宗庙之祀,未当绝也。"

借题发挥 假借某事作为由头,发表与此事无关的议论。或借某事为由去干别的事情。鲁迅《两地书》一〇:"我的习性不大好,最不肯相信表面上的事情,所以我疑心薛先生辞职的意思,恐怕还在先,现在不过是借题发挥,自以为去得格外好看。"

借问 向人请问。《宋书·王微传》:"每见世人文赋书论,无所是非,不解处,即日借问。"亦作为假设的问语。杜甫《出后塞》诗:"借问大将谁? 恐是霍嫖姚。"

借重 借他人的权势、力量或名望来抬高自己的地位。邵博《邵氏闻见后录》卷十六引王铚《跋范仲尹墓志》:"〔魏泰〕作《碧云霞》,假名梅圣俞,毁及范文正公,而天下骇然不服矣。且文正公与欧阳公、梅公立朝同心,讵有异论? 特圣俞子孙不耀,故挟之借重以欺世也。"后也作借助、倚重的敬词。李渔《意中缘·入幕》:"我这幕府缺人,要借重先生秉笔。"

借箸 《汉书·张良传》:"郦生未行,良从外来谒汉王,汉王方食,曰:'客有为我计挠楚权者。'具以郦生计告良……良曰:'请借前箸以筹之。'"箸,筷子;筹,策划。后因以"借箸"比喻代人策划。杜牧《河湟》诗:"元载相公曾借箸,宪宗皇帝亦留神。"

恘(jiè) 警戒。《说文·心部》:"恘,饬也。《司马法》曰:'有虞氏恘于中国。'"段玉裁注:"恘与戒义同,警也。今《司马法·天子之义》作'有虞氏戒于国中'。"

另见 jí。

喈(jiè) 赞叹声。《后汉书·光武帝纪下》:"喈曰:'气佳哉! 郁郁葱葱然。'"

另见 jí、zé、zè。

堺(jiè) 同"界"。

蒩(jiè) 见"蒠蒩"。

魪〔鮚〕(jiè) 即"比目鱼"。

骱(jiè) 骨节间相衔接处。今吴方言谓骨节脱曰"脱骱"(吴方言骱音 gà)。

解(jiè) 押送。如:押解;起解。

另见 jiě、xiè。

解元 ❶唐制,举进士者皆由地方解送入试,故称乡试第一名为解元。❷宋元后亦称读书人为解元。董解元《西厢记》卷二:"可怜自家,母子

孤孀，投托解元子个！"

鬏（jiè）簪髻，即以插簪固定的发髻。《南史·倭国传》："男女皆露鬏。"

鶡〔鶡〕（jiè）鸟名，雀类。大而色青。《汉书·黄霸传》："京兆尹张敞舍鶡雀飞集丞相府。"
另见 hé。

犗（jiè）阉割过的牛；犍牛。《庄子·外物》："任公子为大钩巨缁，五十犗以为饵。"

裓（jiè）小儿衣。见《玉篇·衣部》。今称小儿尿布为裓子。

裓（jiè）亦作"襘"。上衣。见《集韵·十六怪》。

繲〔繲〕（jiè）洗衣。《庄子·人间世》："挫针治繲，足以糊口。"陆德明释文："挫针，缝衣也。繲，浣衣也。"

藉（jiè）❶以物衬垫。《易·大过》："藉用白茅。"❷坐卧其上。《文选·孙绰〈游天台山赋〉》："藉萋萋之纤草。"李善注："以草荐地而坐曰藉。"❸见"蕴藉"。❹见"慰藉"。
另见 jí，jiè 借。

齰〔齰〕（jiè）睡中切齿声。见《集韵·十六怪》。

襘⊖（jiè）同"裓"。

襘⊖（jiè）见"襘裆"。

襘裆 穿在外面的背心。《新唐书·车服志》："武舞，绯丝带，大裳，白练襘裆。"方以智《通雅·衣服》："襘裆，言袴裆之盖其外也。"

jie

价〔價〕（jie）作语助。相当于"地"的用法。如：震天价响。扬无咎《天下乐》词："雪后雨儿雨后雪，镇日价长不歇。"
另见 jià，jiè。

家（jie）作语助。同"价"。董解元《西厢记》："一回家和衣睡，一回家披衣坐。"
另见 gū，jiā。

jīn

巾（jīn）❶古代擦抹用的布，相当于现在的手巾。《礼记·内则》："盥卒，授巾。"❷裹头或缠束、覆盖用的织物。如：头巾；领巾；车巾。《后汉书·鲍永传》："〔永〕悉罢兵，但幅巾，与诸将及同心客百余

人诣河内。"李贤注："谓不著冠，但幅巾束首也。"❸包裹；覆盖。《庄子·天运》："盛以箧衍，巾以文绣。"《礼记·曲礼上》："为天子削瓜者副之，巾以缔。"

巾车 ❶《周礼·春官·序官》有"巾车"。郑玄注："巾，犹衣也。"贾公彦疏："巾，犹衣也者，谓玉金象革等以衣饰其车。"按即为有被盖的车子。陶潜《归去来辞》："或命巾车，或棹孤舟。"❷古代官名。掌公车之政令，为车官之长。《左传·襄公三十一年》："巾车脂辖。"杜预注："巾车，主车之官。"

巾冠 头巾，帽子。古代男子年二十加冠，因借指成年。《南齐书·王俭传》："盛年已老，孙孺巾冠，人物徂迁，逝者将半。"

巾帼 古代妇女的头巾和发饰。《晋书·宣帝纪》："亮（诸葛亮）数挑战，帝（指司马懿）不出，因遗帝巾帼妇人之饰。"后作为妇女的代称。如：巾帼英雄。

巾笥 用巾包裹，用笥覆藏，谓珍贵。《庄子·秋水》："庄子持竿不顾，曰：'吾闻楚有神龟，死已三千岁矣，王巾笥而藏之庙堂之上。'"柳宗元《龟背戏》诗："庙堂巾笥非余慕，钱刀儿女徒纷纷。"

巾箱本 版式短小的书本。南宋戴埴《鼠璞》："今之刊印小册，谓巾箱本，起于南齐衡阳王（萧钧）手写《五经》置巾箱中……今巾箱刻本无所不备。"巾箱是古时装头巾的小箧；因书型特小，可装在巾箱里，便于携带，故名。

巾帻 包发的头巾。《宋史·魏野传》："野不喜巾帻，无贵贱，皆纱帽白衣以见。"

斤⊖（jīn）❶斫木斧。《孟子·梁惠王上》："斧斤以时入山林，材木不可胜用也。"❷见"斤斤"。

⊖〔觔〕（jīn）"市斤"的简称。十两为一斤（旧制一斤为十六两）。1 斤 = 500 克。

斤斤 ❶明察貌。《诗·周颂·执竞》："斤斤其明。"毛传："斤斤，明察也。"引申为苛细、过分的意思。如：斤斤计较。❷拘谨貌。《后汉书·吴汉传》："斤斤谨质，形于体貌。"

今（jīn）❶当前；现在；现代。如：今日；今年；古往今来；古为今用。陶潜《归去来辞》："实迷途其未远，觉今是而昨非。"❷即。《史记·伍子胥列传》："王（楚平王）不

听，使人召二子（指伍奢之子尚及员），曰：'来，吾生汝父；不来，今杀奢也。'"❸这；此。《礼记·三年问》："有知之属，莫不知爱其类，今是大鸟兽，则失丧其群匹，越月逾时焉，则必以反巡。"

今愁古恨 形容忧愁、怨恨之深远。白居易《题灵岩寺》诗："今愁古恨入丝竹，一曲《凉州》无限情。"

今是昨非 现在是对的，过去错了。含有悔悟之意。语出陶潜《归去来辞》："实迷途其未远，觉今是而昨非。"或作"今是昔非"。王世贞《觚不觚录》："若其今是昔非，不觚而觚者，百固不能二三也。"

今体诗 即"近体诗"。

今昔 ❶现在和从前。如：今昔对比。韩愈《和裴仆射假山》："乐我盛明朝，于焉傲今昔。"❷昨夜。《史记·龟策列传》："今昔壬子，宿在牵牛。"司马贞索隐："今昔，犹昨夜也。以今日言之，谓昨夜为今昔。"

今雨 杜甫《秋述》："秋，杜子卧病长安旅次，多雨……常时车马之客，旧，雨来，今，雨不来。"意谓宾客旧日雨时来，今日雨时不来。后以"今雨"指新交的朋友，本此。范成大《题清息斋六言十首》："冷暖旧雨今雨，是非一波万波。"参见"旧雨"。

今兹 ❶今年。《左传·僖公十六年》："今兹鲁多大丧，明年齐有乱。"❷犹"今此"。现在。《诗·小雅·正月》："今兹之正，胡然厉矣。"

今字 别于古字而言。(1)从汉隶一直到现在通行文字的统称。(2)专指隶书。也叫"今文"。隶书是汉代通行的文字，当时称为"今文"或"今字"。

紟〔紟〕（jīn）同"衿"。系衣带。
另见 jìn。

金（jīn）❶化学元素[周期系第Ⅰ族（类）副族元素]。符号 Au。原子序数 79。金黄色贵金属。自然界中主要以游离态存在。质软而重，延展性强。熔点 1 064.43℃，相对密度 19.31（20℃）。是电和热的良好导体，仅次于银和铜。在空气和水中极稳定。不溶于酸和碱，溶于王水及氰化钠或氰化钾溶液中。货币及饰物用金约占世界金生产总量的四分之三。其次用于电子工业，也用于镀金以及制合金、化学器皿、笔尖、假牙、医药和催化剂等。放射性$^{198}_{79}$Au 用于医疗诊断。❷金属的通称。如：五金。❸古代计算货币的单

位。《史记·平准书》："更令民铸钱，一黄金一斤。"又："米至石万钱，马一匹则百金。"裴骃集解引瓒曰："秦以一镒为一金，汉以一斤为一金。"引申为货币，钱。如：奖金；助学金。❹指兵器。见"金革"。❺八音之一。中国古代乐器统称八音，即金、石、土、革、丝、木、匏、竹八类。钟、铃等属金类。参见"八音"。❻五行之一。见"五行❶"。❼比喻贵重。见"金言❶"、"金诺"。❽比喻坚固。见"金城"、"金汤"。❾像金子的颜色。如：金发碧眼；金漆盒子。❿朝代名。1115 年女真族完颜部领袖阿骨打创建，建都会宁（今黑龙江阿城南）。太宗天会三年（1125 年）灭辽，次年灭北宋，先后迁都中都（今北京）、开封等地。疆域东北到今日本海、鄂霍次克海、外兴安岭，西北到今蒙古国，西以河套、陕西横山、甘肃东部与西夏接界，南以秦岭、淮河与南宋接界。金与南宋对峙，是统治中国北部的一个王朝。天兴三年（1234年）在蒙古和南宋联合进攻下灭亡。共历十帝，凡一百二十年。⓫姓。

金榜 ❶金字或金漆的匾额。王涯《宫词》："雕墙不断接宫城，金榜皆书殿院名。"❷科举时代称殿试揭晓的榜。如：金榜题名。郑谷《赠杨夔》诗："看取年年金榜上，几人才气似扬雄。"

金波 ❶形容月光浮动，因亦即指月光。《汉书·礼乐志》："月穆穆以金波。"颜师古注："言月光穆穆，若金之波流也。"苏轼《洞仙歌》词："金波淡，玉绳低转。"❷指酒，言其色如金，在杯中浮动如波。张养浩《普天乐·大明湖泛舟》曲："杯斟的金波滟滟。"

金箔 金薄片，多以贴饰佛像或器物。《宋史·仁宗纪二》："康定元年，八月戊戌，禁以金箔饰佛像。"

金蚕 ❶金属铸成的蚕，古时一种殉葬品。《南史·王玄象传》："有一棺尚全，有金蚕、铜人以百数。"❷传说的金色蚕。苏鹗《杜阳杂编》卷上："〔弥罗国〕有桑，枝干盘屈，覆地而生，大者连延十数顷，小者荫百亩，其上有蚕，可长四寸，其色金，其丝碧，亦谓之金蚕丝。"

金钗十二 ❶谓女子的首饰繁多。梁武帝《河中之水歌》："头上金钗十二行，足下丝履五文章。"❷《山堂肆考·角集》卷二十三："白乐天尝言生思黯自喜前后服钟乳三千两，而歌舞之妓甚多，故答思黯诗云：'钟乳三千两，金钗十二行。'"旧因以"金钗十二"称姬妾众多。梅鼎祚《玉合记·洞豹》："虽无粉黛三千，不少金钗十二。"

金蝉脱壳 亦作"脱壳金蝉"。比喻用计脱身。关汉卿《谢天香》第二折："便使尽些伎俩，干愁断我肚肠，觅不的个脱壳金蝉这一个谎。"《西游记》第二十回："这个叫做'金蝉脱壳计'：他将虎皮盖在此，他却走了。"

金城 坚固的城墙。如：金城汤池。班固《西都赋》："建金城而万雉。"

金城汤池 指防守坚固之城池。《汉书·蒯通传》："皆为金城汤池，不可攻也。"颜师古注："金以喻坚，汤喻沸热不可近。"

金错刀 ❶刀名。张衡《四愁诗》："美人赠我金错刀，何以报之英琼瑶。"（《文选》卷二九）李善注引《续汉书》："佩刀，诸侯王黄金错镮。"❷即"错刀"。❸写字、绘画的一种笔法。《宣和画谱·花鸟三》："李氏（南唐后主李煜）能文善书，书作颤笔樛曲之状，遒劲如寒松霜竹，谓之金错刀。……唐希雅初学李氏之错刀笔，后画竹，乃如书法，有颤掣之状。"

金丹 古代方士、道士用黄金炼成的"玉液"，或用铅汞等八石烧炼成的黄色药金（还丹）。认为服食之后能使人长生不老。《抱朴子·金丹》："夫金丹之为物，烧之愈久，变化愈妙；黄金入火，百炼不消，埋之毕天不朽。服此二物，炼人身体，故能令人不老不死。"唐以前，金丹是指外丹，唐宋以后则多指修炼内丹。

金珰 ❶汉代近侍之臣，侍中、中常侍的冠饰。珰当冠前，以黄金为之，故名。参见"貂珰"。后或用以比喻高官厚禄。鲍照《蜀四贤咏》："如令圣纳贤，金珰易羁络。"❷金饰瓦当。《资治通鉴·晋成帝咸康二年》："以漆灌瓦，金珰，银楹。"

金狄 ❶铜铸的人像。张衡《西京赋》："高门有闶，列坐金狄。"❷指佛或佛教。《旧唐书·武宗纪》："隳残金狄，燔弃胡书。"

金貂 汉时侍臣冠饰。《后汉书·舆服志下》："武冠，一曰武弁大冠，诸武官冠之。侍中、中常侍加黄金珰，附蝉为文，貂尾为饰。"《汉书·谷永传》："戴金貂之饰，执常伯之职者。"颜师古注："常伯，侍中也。"诗词中多以金貂称侍从贵臣。温庭筠《湘东宴曲》："湘东夜宴金貂人。"

金貂换酒 犹"金龟换酒"。《晋书·阮孚传》："迁黄门侍郎、散骑常侍，尝以金貂换酒，复为所司弹劾。"后用为名士旷达不羁，恣情纵酒之典。参见"金貂"。

金锭 熔铸成一定形式的黄金。"锭"字北宋以前多写作"铤"。形式不一。明清有"金元宝"、"金锞"等名。

金斗 ❶饮器。《吕氏春秋·长攻》："先具大金斗，代君至，酒酣反斗而击之。"高诱注："金斗，酒斗也。"❷熨斗。白居易《缭绫》诗："广裁衫袖长制裙，金斗熨波刀剪纹。"❸同"勘斗❶"。

金粉 ❶黄色的花粉。李白《酬殷明佐见赠五云裘歌》："轻如松花落金粉。"❷花钿和铅粉，都是女子梳妆品。转指美人，含绮丽之意。《西厢记》第二本第一折："香消了六朝金粉，清减了三楚精神。"

金风 秋风。古代以阴阳五行解释季节演变，秋属金，故称秋风为金风。戎昱《宿湘江》诗："金风浦上吹黄叶，一夜纷纷满客舟。"

金刚 译自梵语 Vajra，音译"嚩日罗"或"跋折罗"。意为金中最刚，用以譬喻牢固、锐利、能摧毁一切。如说般若为金刚。一般为"金刚力士"的略称。即执金刚杵（杵为古印度兵器）守护佛法的两天神（俗称"哼哈二将"）。常安置于寺院山门左右，左称密执金刚，右称那罗延金刚。造像多裸露全身，缠衣裳于腰部，怒目作勇猛之相。寺院四天王像通常亦称"四大金刚"。

金刚怒目 亦作"金刚努目"。《太平广记》卷一七四引《谈薮》："隋吏部侍郎薛道衡，尝游钟山开善寺，谓小僧曰：'金刚何为努目？菩萨何为低眉？'小僧答曰：'金刚努目，所以降伏四魔；菩萨低眉，所以慈悲六道。'道衡忻然不能对。"后多用以形容面目威猛可畏。鲁迅《且介亭杂文末编·我的第一个师父》："不料竟一点不窘，立刻用'金刚怒目'式，向我大喝一声。"

金戈铁马 谓战事。《新五代史·李袭吉传》："金戈铁马，蹂践于明时。"亦用以形容战士的雄姿。辛弃疾《永遇乐·京口北固亭怀古》词："想当年金戈铁马，气吞万里如虎。"参见"铁马❶"。

金革 兵器甲铠的总称。《礼记·中庸》："衽金革，死而不厌，北方之

强也。"引申指战争。扬雄《长杨赋》:"永亡(无)边城之灾,金革之患。"

金钩 刀名。即"吴钩"。《吴越春秋·阖闾内传》:"阖闾既宝莫耶,复命于国中作金钩,令曰:'能为善钩者,赏之百金!'吴作钩者甚众,而有人贪王之重赏也,杀其二子,以血衅金,遂成二钩,献于阖闾。"后人诗词言"吴钩"本此。

金谷酒数 谓罚酒三大杯。金谷,园名,晋代石崇建。石崇《金谷诗序》:"遂各赋诗,以叙中怀,或不能者,罚酒三斗。"李白《春夜宴从弟桃花园序》:"如诗不成,罚依金谷酒数。"

金鼓 ❶金属的乐器和鼓。《周礼·地官·鼓人》:"掌教六鼓四金之音声,以节声乐,以和军旅,以正田役。"《左传·僖公二十二年》:"金鼓以声气也。"孔颖达疏:"谓金鼓佐士众之声气。"❷钲。《汉书·司马相如传上》:"拟金鼓,吹鸣籁。"颜师古注:"金鼓,谓钲也。"王先谦补注:"钲,铙也,其形似鼓,故名金鼓。"

金瓜 ❶植物名。蔬类植物,秋结实,扁圆形,色赭。❷古代卫士的一种铜制兵仗,棒端作金瓜形,故名。张昱《辇下曲》:"卫士金瓜双引导,百司拥辇早朝回。"

金管 ❶金制的笔管。也指金管笔。《太平广记》卷二百引孙光宪《北梦琐言》:"梁元帝为湘东王时……笔有三品,或以金银雕饰,或用斑竹为管。忠孝全者,用金管书之;德行清粹者,以银管书之;文章赡丽者,以斑竹管书之。"❷笛之类的乐器。李白《江上吟》:"木兰之枻沙棠舟,玉箫金管坐两头。"

金龟 ❶一般指乌龟。泛指乌龟、水龟、花龟等龟类。❷黄金铸的官印,龟纽。汉代皇太子、列侯、丞相、大将军等所用。曹植《王仲宣诔》:"金龟紫绶,以彰劭则。"参见"金印❶"、"龟纽"。❸唐代官员的佩饰。唐初,内外官五品以上,皆佩鱼袋。武后天授元年(公元690年),改内外所佩鱼并作龟。三品以上龟袋用金饰,四品用银饰,五品用铜饰。见《旧唐书·舆服志》。李商隐《为有》诗:"无端嫁得金龟婿,辜负香衾事早朝。"亦指所佩带的杂玩。李白《对酒忆贺监诗

铜绿丽金龟
上:成虫
下:幼虫

序》:"太子宾客贺公,于长安紫极宫一见余,呼余为谪仙人。因解金龟换酒为乐。"

金龟换酒 见"金龟❸"。

金闺 ❶闺阁的美称。赵嘏《昔昔盐·长垂双玉啼》:"对月酒金闺。"❷金马门的别称。《文选·江淹〈别赋〉》:"金闺之诸彦。"李善注:"金闺,金马门也。"亦指朝廷。韦应物《答韩库部》诗:"名列金闺籍,心与素士同。"

金匮 ❶金属制成的匣柜。《楚辞·九叹·愍命》:"藏瑶石於金匮兮。"王逸章句:"匮,匣也。"❷古时政府收藏图书档案的处所。参见"金匮石室"。

金匮石室 中国古代珍藏档案的装具和建筑。《汉书·高帝纪下》:"与功臣剖符作誓,丹书铁契,金匮石室,藏之宗庙。"颜师古注:"以金为匮,以石为室,重缄封之,保慎之义。"亦作"石室金匮"。《史记·太史公自序》:"迁为太史令,绅史记石室金匮之书。""匮"亦作"镇"。见《汉书·司马迁传》。北京的皇史宬及其所藏一百多具雕龙云纹鎏金皮木柜是现存古代典型的石室和金匮。

金虎 ❶比喻贪婪谗谤的小人。《文选·张衡〈东京赋〉》:"周姬之末,不能厥政,政用多僻,始于宫邻,卒于金虎。"李善注:"宫邻、金虎,言小人在位,比周相进,与君为邻。贪求之德坚若金,谗谤之言恶若虎也。"❷指太阳。刘孝绰《望月有所思》诗:"玉羊东北上,金虎西南昃。"玉羊,指月亮。❸台名。也叫金兽台。《三国志·魏志·武帝纪》:"建安十八年九月,作金虎台。"❹谓西方七宿参(shēn)、昴等星。《文选·陆机〈赠尚书郎顾彦先〉诗》:"望舒离金虎。"李善注引《汉书》:"西方,金也……西方七星毕昂之属,俱白色。"❺虎形金属饰物。李商隐《烧香曲》:"金虎含秋向东吐。"此为香炉。米芾《书史》:"镇纸须金虎。"此为镇纸。

金鸡 古仪仗名。古时大赦时,举行一种仪式:竖长杆,顶立金鸡,然后集罪犯,击鼓,宣读赦令。因古人迷信天鸡星动的时候,就要有大赦,所以有这种仪式。《新唐书·百官志三》:"赦日,树金鸡于仗南,竿长七丈,有鸡高四尺,黄金饰首,衔绛幡,长七尺,承以彩盘,以绛绳。"李白《流夜郎赠辛判官》诗:"我愁远谪夜

郎去,何日金鸡放赦回?"

金茎 ❶汉武帝所作承露盘的铜柱。《文选·班固〈西都赋〉》:"抗仙掌以承露,擢双立之金茎。"张铣注:"抗,举也。金茎,铜柱也。作仙人掌以举盘于其上。"或以指仙人掌承露盘。李商隐《汉宫词》:"侍臣最有相如渴,不赐金茎露一杯。"❷花名。苏鹗《杜阳杂编》卷下:"更有金茎花……妇人竞采之以为首饰。且有语曰:'不戴金茎花,不得在仙家。'"

金井 井栏上有雕饰的井。古诗词中常用以指宫庭园林里的井。王昌龄《长信秋词》:"金井梧桐秋叶黄,珠帘不卷夜来霜。"

金科玉条 形容科条法令的完美。《文选·扬雄〈剧秦美新〉》:"懿律嘉量,金科玉条。"李善注:"金科玉条,谓法令也。言金玉,贵之也。"后多作"金科玉律"。谓不可变更的条规。《二十年目睹之怪现状》第二十回:"或是古人这句话是有所为而言的,后人就奉了他做金科玉律。"

金口 ❶夏侯湛《抵疑》:"今乃金口玉音,漠然沈默。"原指极不易得的可贵的话。常特指帝王之言。亦用为对他人之言的尊称。如:敬聆金口。❷佛教谓佛之口舌如金刚坚固不坏,故称"金口"。《华严经》:"何况如来金口所说。"

金口木舌 以木为舌的铜铃,即木铎。借喻为传布圣道的人。《法言·学行》:"天之道不在仲尼乎? 仲尼驾说者也;不在兹儒乎? 如将复驾其所说,则莫若使诸儒金口而木舌。"李轨注:"驾,传也。"谓如要传布孔子之说,就得使诸儒都成为传道的人。

金昆 ❶指银子。"银"字右旁为"艮",与"昆"相近,遂以银为"金昆"。《颜氏家训·书证》:"《新论》以金昆为银,《国志》以天上有口为吴,《晋书》以黄头小人为恭……如此之例,盖数术谬语,假借依附,杂以戏笑尔。"❷对别人兄弟的美称。《桂苑丛谈·客饮甘露亭》:"往者贤金昆不竖等棘见未萌,吾子岂有向来之患乎?"

金兰 ❶谓友情契合;深交。语出《易·系辞上》"二人同心,其利断金;同心之言,其臭如兰"。臭,气味。《世说新语·贤媛》:"山公与嵇、阮一面,契若金兰。"山公,山涛;嵇,嵇康;阮,阮籍。后引申为异姓结拜兄弟之词。如:义结金兰。参见"金兰簿"。❷酒名。范成大《桂海虞衡志·志酒》:"使虏至燕山,得其宫中

酒,号'金兰'者,乃大佳。燕西有金兰山,汲其泉以酿。"

金兰簿 冯贽《云仙杂记》卷五引《宣武盛事》:"戴弘正每得密友一人,则书于编简,焚香告祖考,号为金兰簿。"旧时结拜兄弟时,各序谱系,交换为证,称为"金兰谱"或简称"兰谱"。参见"金兰❶"。

金莲 ❶金制的莲花。《南史·齐东昏侯纪》:"凿金为莲华以帖地,令潘妃行其上,曰:'此步步生莲华也。'"后称女子缠过的小脚为"金莲"。《西厢记》第三本第三折:"金莲蹴损牡丹芽。"❷莲花名。《辽史·营卫志中》:"道宗每岁先幸黑山,拜圣宗、兴宗陵,赏金莲,乃幸子河避暑。"

金莲烛 亦称"金莲华炬"。宫廷用的蜡烛。烛台作莲花瓣状,故名。《新唐书·令狐绹传》:"〔绹〕为翰林承旨,夜对禁中,烛尽,帝以乘舆金莲华炬送还院,吏望见,以为天子来,及绹至,皆惊。"院,指翰林院。《宋史·苏轼传》:"轼尝锁宿禁中,召入对便殿……彻御前金莲烛送归院。"

金缕玉衣 即玉衣,又称"玉匣"或"玉柙"。汉代皇帝和贵族死后的殓服。据《续汉书·礼仪志》载,由于等级不同,玉衣有金缕、银缕、铜缕之分。这三种玉衣在考古工作中都有发现。满城汉墓出土的两套金缕玉衣,保存完整,其形状如人体,各由两千多块玉片用金丝编缀而成,每块玉片的大小和形状都经过严密的设计和精细的加工。

金銮 ❶殿名。唐代大明宫内有金銮殿,见《两京记》。又宋代亦有金銮殿,见《宋史·地理志》。❷翰林学士的美称。《文献通考·职官八·翰林学士》注:"前朝因金銮坡以为门名,与翰林院相接,故为学士者称金銮以美之。"

金马 ❶汉代宫门名。《史记·滑稽列传》:"金马门者,宦署门也。门傍有铜马,故谓之曰金马门。"汉代征召来的人,都待诏公车(官署名),其中才能优异的令待诏金马门,亦简称"金马"。谢惠连《连珠》:"登金马而名扬。"❷神名。见"金马碧鸡"。

金马碧鸡 神名。《汉书·郊祀志下》:"或言益州有金马、碧鸡之神,可醮祭而致。于是遣谏大夫王褒使持节而求之。"今云南昆明市东有金马山,西有碧鸡山,两山相对,山上都有神祠。相传即汉时祭金马、碧鸡神处。

金马玉堂 汉代有金马门和玉堂殿。扬雄《解嘲》:"历金门上玉堂有日矣,曾不能画一奇,出一策。"后以指官位显贵。欧阳修《会老堂致语》:"金马玉堂三学士,清风明月两闲人。"亦作"玉堂金马"。吴昌龄《东坡梦》第一折:"好好,不枉了玉堂金马多风韵。"

金迷纸醉 亦作"纸醉金迷"。陶穀《清异录·金迷纸醉》:"痈医孟斧,昭宗时,常以方药入侍。唐末,审居蜀中。以其熟于宫,故治居宅法度奇雅,有一小室,窗牖焕明,器皆金纸,光莹四射,金采夺目。所亲见之,归语人曰:'此室暂憩,令人金迷纸醉。'"后用以比喻骄奢淫逸的享乐生活。

金猊 香炉的一种。炉盖作狻猊形,空腹。焚香时,烟从口出。陆容《菽园杂记》卷二:"金猊,其形似狮,性好火烟,故立于香炉盖上。"花蕊夫人《宫词》:"夜色楼台月数层,金猊烟穗绕觚棱。"觚棱,堂殿上最高转角处。

金诺 守信不渝的诺言。金,比喻贵重。顾云《代人上路相公启》:"果践玉书,不移金诺。"

金瓯 ❶盛酒器。高明《琵琶记·高堂称寿》:"春花明彩袖,春酒泛金瓯。"❷比喻疆土完固。《南史·朱异传》:"我国家犹若金瓯,无一伤缺。"也指国土。张维屏《雨前》诗:"早筹全策固金瓯。"

金盆 形容盛明的圆月。杜甫《赠蜀僧闾丘师兄》诗:"夜阑接软语,落月如金盆。"

金铺 金属制的门环底座。亦指华美的门户或铺设。《文选·司马相如〈长门赋〉》:"挤玉户以撼金铺兮,声噌吰而似钟音。"李善注:"金铺,以金为铺首也。"吕延济注:"金铺,扉上有金花,花中作钮镮以贯锁。"

金阙 ❶道家谓天上有黄金阙、白玉京,为天帝所居。《神异经·西北荒经》:"西北荒中有两金阙,高百丈……中有金阶西北入两阙中,名曰天门。"❷宫阙。岑参《奉和中书舍人贾至早朝大明宫》诗:"金阙晓钟开万户,玉阶仙杖拥千官。"

金人 ❶即铜人。《史记·秦始皇本纪》:"金人十二,重各千石,置廷宫中。"❷指佛或佛像。《后汉书·西域传》:"世传明帝梦见金人,长大,顶有光明,以问群臣。或曰:'西方有神,名曰佛,其形长丈六尺而黄

金色。'"《汉书·霍去病传》:"收休屠祭天金人。"颜师古注:"今之佛像是也。"

金身 佛像。司空曙《题凌云寺》诗:"百丈金身开翠壁,万龛灯焰隔烟萝。"

金声 ❶即铙声。铙,古代军中的一种乐器。鸣铙以代号令。《荀子·议兵》:"闻鼓声而进,闻金声而退。"❷泛指钟、铃等金属乐器之声。亦比喻美好的声音或才学。参见"金声玉振"。

金声玉振 《孟子·万章下》:"孔子之谓集大成;集大成也者,金声而玉振之也。"金指钟,玉指磬。比喻孔子的德行全备,正如奏乐,以钟发声,以磬收韵,集众音之大成。后以比喻才学精妙,声名远扬。《晋书·卫玠传》:"昔王辅嗣吐金声于中朝,此子复玉振于江表。微言之绪,绝而复续。"

金石 ❶《吕氏春秋·求人》:"故功绩铭乎金石。"高诱注:"金,钟鼎也;石,丰碑也。"《史记·秦始皇本纪》:"群臣相与诵皇帝功德,刻于金石,以为表经。"后因称钟鼎碑碣为金石。❷钟磬之类的乐器。《礼记·乐记》:"金石丝竹,乐之器也。"金石之音清越优美,后因用以比喻文词的优美。参见"金石声"。❸比喻坚固;坚贞。《后汉书·王常传》:"辅翼汉室,心如金石。"❹指兵器。《周礼·秋官·职金》:"凡国有大故而用金石,则掌其令。"郑玄注:"用金石者,作枪雷椎椁之属。"

金石交 谓交谊深厚,如金石之坚固。《汉书·韩信传》:"项王恐,使盱台人武涉往说信曰:'……今足下虽自以为与汉王为金石交,然终为汉王所禽矣。'"

金石声 《晋书·孙绰传》:"尝作《天台山赋》,辞致甚工,初成,以示友人范荣期,云:'卿试掷地,当作金石声也。'"后因用以称誉文辞优美,声调铿锵。

金素 指秋季。《文选·谢灵运〈永初三年七月十六日之郡初发都〉诗》:"述职期阑暑,理棹变金素。"李善注:"金素,秋也。秋为金而色白,故曰金素也。"

金粟 ❶金和粟,泛指钱财与粮食。《后汉书·光武帝纪下》:"初,王莽乱后,货币杂用布帛、金粟,是岁始行五铢钱。"❷桂花的别名。因色黄似金,花小如粟,故名。魏了翁《约客木樨下有赋》:"虎头点点开金

粟。"虎头,虎头形的屋脊。❸尺或首饰上的金星。杜甫《白丝行》:"越罗蜀绵金粟尺。"温庭筠《归国遥》词:"钿筐交胜金粟。"钿筐、交胜,都是首饰名。❹灯花。杨载《留别杨公辅》诗:"银灯结花金粟小。"❺佛名。《文选·王巾〈头陀寺碑文〉》:"金粟来仪,文殊戻止。"李善注引《发迹经》曰:"净名大士是往古金粟如来。"

金汤 "金城汤池"的省语。比喻防守坚固的城池。如:固若金汤。王融《永明九年策秀才文》:"金汤非粟而不守,水旱有待而无迁。"李商隐《览古》诗:"莫恃金汤忽太平。"参见"金城"、"汤池❶"。

金天 ❶秋天的别名。陈子昂《送著作佐郎崔融》诗:"金天方肃杀,白露始专征。"❷古帝少昊的称号。《左传·昭公元年》:"昔金天氏有裔子曰昧,为玄冥师。"杜预注:"金天氏,帝少皞。"❸唐玄宗先天二年(公元713年),封华岳神为金天王。唐玄宗《西岳太华山碑铭序》:"加视王秩,进号金天。"

金钿 ❶嵌金花的妇女首饰。徐陵《玉台新咏序》:"反插金钿,横抽宝树。"❷借指女子。罗邺《旧侯家》诗:"金钿座上歌春酒,画蜡尊前滴晓风。"

金兔 月亮的别称。卢仝《月蚀》诗:"朱弦初罢弹,金兔正奇绝。"

金柝 古代军中司夜所击之器。即刁斗。《文选·颜延之〈阳给事诔〉》:"金柝夜击,和门昼扃。"李善注:"金谓刁斗也。"古乐府《木兰诗》:"朔气传金柝,寒光照铁衣。"

金文 旧称"钟鼎文"。即铸或刻在商周青铜器上的铭文。商代金文的字体和甲骨文相近,铭辞字数较少。西周金文字体齐整,铭辞字数渐多,最多可近五百字,多属与祀典、锡命、征伐、契约等有关的记事,史料价值很高。战国末年字体逐渐和小篆接近,长篇的记事铭文较少,一般只记督造者、铸工和器名等。

金 文

金乌 古代神话,太阳中有三足乌,因用为太阳的别称。韩愈《李花赠张十一署》诗:"金乌海底初飞来,朱辉散射霞开。"

金屋藏娇 《汉武故事》:"〔胶东王〕数岁,长公主嫖抱置膝上,问曰:'儿欲得妇不?'胶东王曰:'欲得妇。'长主指左右长御百余人,皆云不用。末指其女问曰:'阿娇好不?'于是乃笑对曰:'好!若得阿娇作妇,当作金屋贮之也。'"汉武帝刘彻,初封胶东王。后以"金屋藏娇"称娶妻或纳妾。《廿载繁华梦》第二十三回:"当时佘老五恋着雁翎,周庸祐也恋着雁翎,各有金屋藏娇之意。"

金吾不禁 韦述《西都杂记》:"西都京城街衢,有金吾晓暝传呼,以禁夜行;惟正月十五日夜敕许金吾弛禁。"金吾,官名,掌管京城的戒备防务。元宵节开放夜禁,故有"金吾不禁"之说。苏味道《正月十五夜》诗:"金吾不禁夜,玉漏莫相催。"

金相玉质 形容人或事物内外都很完美。王逸《离骚序》:"所谓金相玉质,百世无匹,名垂罔极,永不刊灭者矣。"亦作"玉质金相"。刘孝标《辩命论》:"昔之玉质金相,英髦秀达,皆摈斥于当年,韫奇而莫用。"

金穴 比喻富贵极盛的人家。《后汉书·郭皇后纪》:"况迁大鸿胪,帝数幸其第,会公卿诸侯亲家饮燕,赏赐金钱缣帛,丰盛莫比。京师号况家为金穴。"况,郭况,郭皇后弟。

金言 ❶珍贵的言语。白居易《代书诗一百韵寄微之》:"金言自销铄,玉性肯磷缁?"❷信佛的人称佛的教言。《洛阳伽蓝记·城西融觉寺》:"虽石室之写金言,草堂之传真教,不能过也。"石室,指洛阳兰台石室。草堂,指长安草堂寺。参见"金口❷"。

金印 ❶古代用黄金铸造的官印。《汉书·百官公卿表上》:"相国、丞相,皆秦官,金印紫绶。"参见"金紫❶"。❷宋代称犯人脸上刺的字。《水浒传》第八回:"原来宋时,但是犯人徒流迁徙的,都脸上刺字,怕人恨怪,只唤做'打金印'。"

金友玉昆 《十六国春秋·前凉录·辛攀》:"辛攀,字怀远,陇西狄道人也。兄鉴旷,弟宝迅,皆以才识著名。秦、雍为之谚曰:'三龙一门,金友玉昆。'"昆,兄弟。谓一门兄弟才德并美。亦作"玉昆金友"。

金玉 ❶泛指珍宝。《礼记·儒行》:"儒有不宝金玉,而忠信以为宝。"❷比喻贵重。如:金玉良言。《诗·小雅·白驹》:"毋金玉尔音,而有遐心。"❸比喻美好。刘基《卖柑者言》:"又何往而不金玉其外,败絮其中也哉!"

金玉满堂 极言财富之多。《老子》:"金玉满堂,莫之能守。"亦用以誉称富有才学。《世说新语·赏誉》:"王长史谓林公:'真长可谓金玉满堂。'"王长史,王濛;林公,支遁;真长,刘惔字。

金枝玉叶 形容花木娇嫩的枝叶。王建《宫中调笑》词:"胡蝶,胡蝶,飞上金枝玉叶。"喻指皇族子孙或出身高贵者。《三国演义》第十三回:"张飞听了,瞋目大叱曰:'我哥哥(刘备)是金枝玉叶,你是何等人,敢称我哥哥为贤弟!'"

金紫 金印紫绶的简称。秦汉时相国、丞相、太尉、大司空、太傅、列侯等皆金印紫绶。见《汉书·百官公卿表》。魏晋以后,光禄大夫得假金章紫绶,因亦称金紫光禄大夫。

觔 (jīn) 同"筋"。萧德祥《杀狗劝夫》第四折:"俺如今剔下了这骨和觔。"

另见 jīn 斤㊀。

觔斗 亦作"筋斗"。跟头。崔令钦《教坊记》:"汉武时,于天津桥南,设帐殿,酺三日。教坊一小儿,筋斗绝伦。"《西游记》第七回:"我老孙一觔斗去十万八千里。"

津 (jīn) ❶渡口。《论语·微子》:"使子路问津焉。"❷过渡,引申为传授。刘昼《新论·崇学》:"道象之妙,非言不津;津言之妙,非学不传。"❸唾液。陆佃《埤雅·释草·芥》:"今人望梅生津。"❹润泽。《周礼·地官·大司徒》:"其民黑而津。"郑玄注:"津,润也。"❺古地名。战国楚地。在今湖北枝江市西。《左传·庄公十九年》(公元前675年):"楚子御(鬻)之,大败于津。"❻天津市的简称。

津逮 亦作"津达"。谓由津渡而到达。《水经注·河水二》:"河北有层山……悬岩之中多石室焉,室中若有积卷矣,而世士罕有津达者。"戴震校曰:"案达近刻作逮。"常用以比喻为学的门径。

津筏 渡河的木筏。比喻导致成功之门径。韩愈《送文畅师北游》诗:"开张箧中宝,自可得津筏。"

津津 ❶兴趣浓厚。如:津津有味;津津乐道。❷满溢貌。《庄子·庚桑楚》:"然而其中津津乎,犹有恶也。"

津梁 ❶桥梁。《左传·昭公八年》:"今在析木之津。"孔颖达疏:"隔河须津梁以渡。"亦比喻能起桥梁作用的事物。《魏书·封轨传》:"吾平生不妄进举,而每荐此二公,非

直为国进贤,亦为汝等将来之津梁也。"❷佛家谓以佛法引渡众生。《世说新语·言语》:"庾公尝入佛图,见卧佛,曰:'此子疲于津梁。'"

津门 设在渡口的关门。《三国志·魏志·曹爽传》"皆服诛,夷三族"裴松之注引《世语》曰:"初,爽出,司马鲁芝留在府,闻有事,将营骑斫津门出,赴爽。"

津人 渡船的船夫。《庄子·达生》:"吾尝济乎觞深之渊,津人操舟若神。"

津涯 水的边岸。《书·微子》:"今殷其沦丧,若涉大水,其无津涯。"孔传:"言殷将没亡,如涉大水,无涯际,无所依就。"

津要 亦作"要津"。❶水陆冲要之地。《宋书·武帝纪上》:"时议者谓宜分兵守诸津要。"❷比喻重要的职位。《晋书·庾亮传赞》:"古者右贤在咎,用杜溺私之路;爱而知恶,深慎满覆之灾。是以厚赠琼瑰,罕升津要。"

衿 (jīn) 同"襟❶"。亦作"裣"。古代衣服的交领。《诗·郑风·子衿》:"青青子衿。"毛传:"青衿,青领也,学子之所服。"参见"绅衿"。引申为胸襟。见"衿曲"。

另见 jìn。

衿契 情投意合的好友。《世说新语·方正》:"顾孟著尝以酒劝周伯仁,伯仁不受。顾因移劝柱而语柱曰:'讵可便作栋梁自遇?'周得之欣然,遂为衿契。"

衿曲 犹言内心深处。陶弘景《答虞中书书》:"辞动情端,志交衿曲。"

矝 (jīn) 本作"矜"。❶坚强。见"矝矝❶"。❷自以为贤能。《书·大禹谟》:"汝惟不矝,天下莫与汝争能。"❸通"怜"。怜悯;同情。《书·泰誓》:"天矝于民。"孔传:"矝,怜也。"❹顾惜;慎重。《书·旅獒》:"不矝细行,终累大德。"《汉书·贾谊传》:"婴以廉耻,故人矝节行。"❺端庄。《论语·卫灵公》:"矝而不争。"❻通"兢"。危惧。《诗·小雅·菀柳》:"居以凶矝。"毛传:"矝,危也。"参见"矝矝❷"。

另见 guān,qín。

矝持 做出端庄严肃的样子;拘谨。《晋书·王羲之传》:"王氏诸少并佳,然闻信至,咸自矝持。"《朱子全书·学二》:"执事须是敬,又不可矝持太过。"

矝伐 矝夸和居功,即夸耀自己的才能、功绩或恩惠。《三国志·魏志·邓艾传》:"艾深自矝伐,谓蜀士大夫曰:'诸君赖遭遇某,故得有今日耳;若遇吴汉之徒,已殄灭矣。'"《隋书·李谔传》:"虽勤比大禹,功如师望,亦不得厚自矝伐。"

矝矝 ❶坚强貌。《诗·小雅·无羊》:"矝矝兢兢,不骞不崩。"❷犹"兢兢"。小心翼翼貌。《三国志·魏志·高堂隆传》:"是以古先哲王,畏上天之明命,循阴阳之逆顺,矝矝业业,惟恐有违。"

矝纠收缭 急躁暴戾。《荀子·议兵》:"矝纠收缭之属为之化而调。"王念孙《读书杂志·荀子》:"矝纠收缭,皆急戾之意。"

矝悯 亦作"矝愍"、"矝闵"。怜悯。多用为下求上之词。《晋书·王濬传》:"诚宜加恩,少垂矝悯,追录旧勋,纂锡茅土。"李密《陈情表》:"愿陛下矝愍愚诚,听臣微志。"

矝人 贫苦可怜的人。《诗·小雅·鸿雁》:"爰及矝人,哀此鳏寡。"毛传:"矝,怜也。"

矝式 敬重和效法。《孟子·公孙丑下》:"我欲中国而授孟子室,养弟子以万钟,使诸大夫国人皆有所矝式。"

矝恃 骄矝自负。《三国志·吴志·陆逊传》:"当御备(刘备)时,诸将军或是孙策时旧将,或公室贵戚,各自矝恃,不相听从。"

珒 (jīn) 玉名。见《玉篇·玉部》。

斑 〔璡〕(jīn) 似玉的石。见《说文·玉部》。

祲 (jīn,又读 jìn) ❶阴阳相侵之气。《左传·昭公十五年》:"吾见赤黑之祲。"杜预注:"祲,妖氛也。"孔颖达疏引郑玄云:"祲,阴阳气相侵渐成。"杜甫《诸将》诗:"回首扶桑铜柱标,冥冥氛祲未全销。"❷盛。《文选·班固〈东都赋〉》:"天官景从,祲威盛容。"李周翰注:"祲,盛也,谓盛其威容。"李善注本作"寝威"。

筋 (jīn) ❶附著在骨上的韧带。如:牛蹄筋。引申为肌肉的通称。见"筋节"。❷静脉的俗称。如:青筋暴露。❸植物体中呈脉络状的组织。如:叶筋。❹中医学名词。可联络关节、肌肉,专司运动的组织。统指大筋、小筋、筋膜等,包括现代医学所称韧带、肌腱、筋膜等。筋与肝关系密切,《素问·六节藏象论》:

"肝者……其充在筋。"肝血充盈,则筋强力壮,维持人体正常的运动功能;反之,则血不养筋,可见手足震颤、屈伸不利等。

筋斗 同"觔斗❶"。

筋竿 弓箭。鲍照《出自蓟北门行》:"严秋筋竿劲,虏陈精且强。"

筋节 筋肉骨节。元稹《骠国乐》诗:"从舞跳趋筋节硬,繁词变乱名字讹。"书法的转折处颇有劲力,亦称"有筋节"。

筋力 犹言体力。《荀子·非相》:"筋力越劲,百人之敌也。"辛弃疾《鹧鸪天·鹅湖归病起作》词:"不知筋力衰多少?但觉新来懒上楼。"

釿 (jīn) ❶同"斤"。砍木斧。《庄子·在宥》:"于是乎釿锯制焉。"❷本作"釿"。"斤"的本字。斤两。吴大澂《说文古籀补》第十四:"釿,古量名,从全从斤。全,古金字。古币文有半釿、一釿、二釿。"

禁 (jīn) 堪受;耐久。如:弱不禁风;禁穿耐用。

另见 jìn。

袊 (jīn) 同"衿"。

黅 (jīn) 黄色。《素问·六元正纪大论》:"其穀黅玄。"

礜 (jīn) 见"礜礜"。

礜礜 《汉书·扬雄传上》:"玉石礜礜,眩耀青荧。"颜师古注:"玉石,石之似玉者也。礜礜,高锐貌。"

筯 (jīn) 同"筋"。

襟 (jīn) ❶古代指衣的交领。《尔雅·释器》:"衣眥谓之襟。"郭璞注:"交领也。"后指衣服的前幅。如:大襟;小襟;底襟;对襟。❷两婿相称为"连襟",也省称"襟"。如:襟兄;襟弟。参见"连襟❶"。❸犹言心怀。如:胸襟。陆龟蒙《雨夜》诗:"我有愁襟无可那。"

襟抱 胸怀;抱负。杜甫《奉待严大夫》诗:"身老时危思会面,一生襟抱向谁开。"

襟带 如襟如带,指山川环绕,地势险要。张衡《东京赋》:"苟民志之不谅,何云岩险与襟带?"王勃《滕王阁序》:"襟三江而带五湖。"

襟怀 犹言胸怀。杜牧《题池州弄水亭》诗:"光洁疑可揽,欲以襟怀贮。"

襟期 抱负;志愿。杜甫《醉时歌》:"日籴太仓五升米,时赴郑老同襟期。"

襟情 胸中蕴蓄的感情。犹心情。《世说新语·赏誉》:"许掾尝诣简文,尔夜风恬月朗,乃共作曲室中语。襟情之咏,偏是许之所长,辞寄清婉,有逾平日。"

jǐn

仅〔僅〕(jǐn) 才能够。《史记·乐毅列传》:"齐王遁而走莒,仅以身免。"后用为仅仅或单独的意思。韩愈《感二鸟赋》:"其行己不敢有愧于道,其闲居思念前古当今之故,亦仅志其一二大者焉。"亦指数量少。刘书年《刘贵阳说经残稿·附录》:"至于瘠壤,虽收亦仅矣。"
另见 jìn。

尽〔儘〕(jǐn) ❶"越……越好"的意思。如:尽先;尽快。❷任凭。如:尽拣;尽你吩咐。❸老是;只管。如:这几天尽下雨,真讨厌!柳永《卜算子》词:"尽无言,谁会凭高意?"
另见 jìn。

尽教 任凭。刘克庄《乍归》诗:"格力穷方进,功夫老始知。尽教人贬驳,唤作岭南诗。"

卺(jǐn) 一个瓢分成两个瓢,古代婚礼所用的酒器。参见"合卺"。

巹(jǐn) 同"卺"。

巹(jǐn) 同"卺"。

桭〔榺〕(jǐn) 孟。《方言》第十三:"孟谓之桭。"

紧〔緊、緊〕(jǐn) ❶物体受力后呈现张力很大的状态。与"松"相对。如:鼓面绷得很紧。❷收束。如:紧腰带。❸密接无间。如:紧接;紧邻。❹牢固;坚固。如:紧记勿忘。《管子·问》:"戈戟之紧,其厉何若?"❺迫切;急;不宽裕。如:任务紧;预算打得紧。杨显之《潇湘雨》第一折:"限次又紧,着老夫左右两难。"❻猛;激急。《红楼梦》第五十回:"一夜北风紧。"❼唐宋时州、县的等级名。一般按其所在地位的轻重、辖境大小和经济开发程度划分。(1)县。《通典·职官》:"大唐县有赤、畿、望、紧、上、中、下七等之差。"自注云:"京都所治为赤县,京之旁邑为畿县,其余则以户口多少、资地美恶为差。"(2)州。《通典·职官》:"开元中定天下州府自京都及都督、府护府之外,以近畿之州为四

辅,其余为六雄、十望、十紧及上、中、下之差。"

紧箍咒 《西游记》里观世音菩萨传授给唐僧用来制服孙悟空的咒语。见《西游记》第十四回。后以比喻束缚或逼迫人而使人难受的事物。

堇(jǐn) ❶通"仅(僅)"。少。《汉书·地理志下》:"豫章出黄金,然堇堇。"❷同"菫"。药名,即乌头,有毒。《吕氏春秋·劝学》:"是救病而饮之以堇也。"高诱注:"堇,毒药也,能杀人,何治之有?"
另见 qín。

菫(jǐn) 亦作"堇"。经传通作"堇"。菜名。《诗·大雅·绵》:"堇荼如饴。"朱骏声《说文通训定声·屯部》:"按此菜野生,非人种,作紫花,味苦,瀹之则甘滑。"
另见 jìn。

厪(jǐn) 同"厪"。
另见 qín。

锦〔錦〕(jǐn) ❶用预先染色的桑蚕丝或化学纤维长丝作经纬,采用缎纹地组织提花织成的一类丝织物。纬丝的颜色在三种以上。具有大花纹的特点,色泽瑰丽,花纹精致古雅。例如,宋锦、云锦、蜀锦等。❷比喻鲜艳华美。范仲淹《岳阳楼记》:"锦鳞游泳。"

锦笺 精致华美的信纸。郭钰《和寄龙长史》诗:"锦笺传草春词好,银烛烧花夜枕安。"

锦囊 用锦做成的袋子。古人多用以藏诗稿或机密文件。李商隐《李长吉小传》:"〔李贺〕恒从小奚奴,骑距驉,背一古破锦囊,遇有所得,即书投囊中。"《三国演义》第五十四回:"汝保主公入吴,当领此三个锦囊,囊中有三条妙计,依次而行。"

锦屏 锦绣的屏风。李益《长干行》:"鸳鸯绿浦上,翡翠锦屏中。"

锦瑟 装饰华美的瑟。李商隐《锦瑟》诗:"锦瑟无端五十弦,一弦一柱思华年。"后因以"锦瑟年华"借喻青春时代。贺铸《青玉案》词:"锦瑟年华谁与度?"

锦上添花 在织锦上绣花。比喻美上加美。黄庭坚《了了庵颂》:"又要涪翁作颂,且图锦上添花。"

锦心绣口 李白《冬日于龙门送从弟京兆参军令问之淮南序》:"常醉目吾曰:'兄心肝五藏(脏)皆锦绣耶?不然,何开口成文,挥翰雾散?'"后因以"锦心绣口"形容文思优美,词藻华丽。柳宗元《乞巧文》:"骈四俪六,

锦心绣口。"

锦衣 ❶华美彩色的服装。旧指贵显者之服装。《诗·秦风·终南》:"锦衣狐裘。"❷明代官署锦衣卫的省称。也指锦衣卫的官。《桃花扇·会狱》:"听说要拿巡按黄澍,督抚袁继咸,大锦衣张薇。"

锦衣玉食 精美的衣食。指生活优裕。《魏书·常景传》:"锦衣玉食,可颐其形。"

锦字 ❶用锦织成的字。指《晋书》所载窦滔妻苏氏织锦为《回文璇玑图》诗以赠其夫的事。后用以指妻寄夫的书信。李白《久别离》诗:"况有锦字书,开缄使人嗟。"❷喻华美文辞。卢照邻《乐府杂诗序》:"锦字飞于天下。"

谨〔謹〕(jǐn) 慎重小心。《论语·学而》:"谨而信。"也表示郑重和恭敬。如:谨启;谨赠。《史记·扁鹊仓公列传》:"舍客长桑君过,扁鹊独奇之,常谨遇之。"

谨饬 亦作"谨敕"。谨慎,能约束自己的言行。《南史·程文季传》:"临事谨饬,御下严整。"

谨敕 犹谨慎。《汉书·佞幸传》:"(张)彭祖以旧恩封阳都侯,出常参乘,号为爱幸。其人谨敕,无所亏损。"

谨慎 小心慎重。《汉书·成帝纪》:"元帝即位,帝为太子,壮好经书,宽博谨慎。"

谨小慎微 本作"敬小慎微"。《淮南子·人间训》:"圣人敬小慎微,动不失时。"谓用谨慎的态度对待细小的问题,以防造成较大的错误或损失。后多指对于细小的事情过分谨慎,以致流于畏缩。

谨严 ❶态度严肃,不苟且。如:治学谨严。韩愈《进学解》:"《春秋》谨严,《左氏》浮夸。"❷严密。如:结构谨严。《三国演义》第九十七回:"陈仓口已筑起一城,内有大将郝昭守把,深沟高垒,遍排鹿角,十分谨严。"

菫(jǐn) 草名。《说文·艸部》:"菫,艸也,根如荠,叶如细柳,蒸食之,甘。"按经传皆作堇。

饉〔饉〕(jǐn) 蔬菜歉收。《尔雅·释天》:"谷不熟为饥,蔬不熟为馑。"参见"饥馑"。

厪(jǐn) 亦作"厪"。通"仅"。才;只。《汉书·贾谊传》:"其次厪得舍人。"
另见 qín。

瑾(jǐn) 美玉。《左传·宣公十五年》:"川泽纳污,山薮藏疾,瑾瑜匿瑕。"也比喻美德。《楚辞·九章·怀沙》:"怀瑾握瑜兮,穷不知所示。"

觐〔覲〕(jǐn) 通"仅"。《吕氏春秋·长见》:"鲁公以削,至于觐存。"
另见 jìn。

槿(jǐn) 见"木槿"。

蝹(jǐn) 虫名。即蚯蚓。《尔雅·释虫》:"蝹蚓,蚳蚕。"郝懿行义疏:"《说文》:'蝹,蟥也。'……蟥或作蚓。……《广雅》云:'蚯蚓,蜿蟺也。'蚯蚓即蝹蚓,声相转也。"按朱骏声《说文通训定声》以为"蝹即蚯蚓之合音。"

jìn

仅〔僅〕(jìn) 几乎;将近。杜甫《泊岳阳城下》诗:"山城仅百层。"赵汸注:"高近百层。"韩愈《与李翱书》:"家累仅三十口。"
另见 jǐn。

伶(jìn) 同"僷❶"。

尽〔盡〕(jìn) ❶完。如:无穷无尽。《史记·淮阴侯列传》:"高鸟尽,良弓藏。"❷出其所有。如:尽心;尽力;尽其所有。❸达到极限或使之达到极限。如:尽善尽美;尽哀。《礼记·曲礼上》:"君子不尽人之欢,不竭人之忠,以全交也。"❹全部;都。《左传·昭公二年》:"周礼尽在鲁矣。"❺死。《后汉书·皇甫规妻传》:"妻谓持杖者曰:'何不重乎?速尽为惠。'"
另见 jǐn。

尽瘁 竭尽劳瘁。《诗·小雅·北山》:"或尽瘁事国。"按,《左传·昭公七年》引《诗》作"憔悴"。

尽欢 尽情欢乐。张谓《湖上对酒行》:"即今相对不尽欢,别后相思复何益!"

尽善尽美《论语·八佾》:"子谓韶,尽美矣,又尽善也;谓武,尽美矣,未尽善也。"韶,舜时乐曲名。武,周武王伐纣胜殷所制乐曲名。后用以形容事物达到完美无缺的境地。韩愈《与崔群书》:"比亦有人说足下诚尽善尽美,抑犹有可疑者。"

尽心 竭尽心力。《孟子·梁惠王上》:"寡人之于国也,尽心焉耳矣。"

尽性 充分发挥自己以及人物的本性。《中庸》:"唯天下至诚,为能尽其性;能尽其性,则能尽人之性;能尽人之性,则能尽物之性。"郑玄注:"尽性者,谓顺理之使不失其所也。"儒家认为人物之性都包含着"天理",只有至诚的人,才能尽量发挥自己和他人的本性,进而发挥万物的本性。

尽言 无保留的话。《国语·周语下》:"唯善人能受尽言。"

尽忠报国 尽心竭力,不惜牺牲一切报效国家。《北史·颜之仪传》:"公等备受朝恩,当尽忠报国。"

进〔進〕(jìn) ❶前进;向前。与"退"相对。如:猛进;急进;进退两难。《列子·汤问》:"回旋进退,莫不中节。"❷进入。与"出"相对。如:进工厂;进学校;进出口。❸送上。《礼记·曲礼上》:"侍饮于长者,酒进则起。"❹推荐;引进。《国语·晋语九》:"献能而进贤。"❺收入的钱财。《史记·高祖本纪》:"萧何为主吏,主进。"❻房屋分成几个前后庭院的,每个庭院称为"一进"。❼竭尽。通"尽"。《列子·黄帝》:"竭聪明,进智力。"

进奉 唐宋时,外国商船入港,将珍异货物献呈皇室,称为进奉。见《全唐文》卷七十五"大和八年疾愈德音"和《宋史·食货志》。

进取 ❶犹言上进。努力向上。《论语·子路》:"狂者进取,狷者有所不为也。"狂者,指志向高大的人。❷犹言进攻。《史记·高祖本纪》:"且楚数进取,前陈王、项梁皆败。"

进士 意即贡举的人才。始见于《礼记·王制》。唐代科目中以进士科为最重要。参加礼部考试之人,都可叫做进士。试毕合格者,赐进士及第,其后又有"赐进士出身"、"赐同进士出身"的名义。明清均以举人经会试考中者为贡士,由贡士经殿试赐出身者为进士,进士始专指殿试合格之人。

进退格 律诗用韵的一格,亦称进退韵。宋严羽《沧浪诗话·诗体》:"有辘轳韵者,双出双入。有进退韵者,一进一退。"《苕溪渔隐丛话》引宋黄朝英《缃素杂记》说,唐代郑谷与僧齐己、黄损等共定今体诗格云:"凡诗用韵有数格:一曰葫芦,一曰辘轳,一曰进退。"进退格是两韵间押,即第二、第六句用甲韵,第四、第八句则另用与甲韵可通的乙韵,如"寒"与"删",或"鱼"与"虞"等,一进一退,相间押韵,故名。

进退维谷 谷,比喻困境。进退两难。《诗·大雅·桑柔》:"人亦有言,进退维谷。"毛传:"谷,穷也。"《聊斋志异·王成》:"自念无以见祖母,蹀躞内外,进退维谷。"

进贤 荐引贤能之士。《国语·晋语九》:"献能而进贤,择材而荐之。"

进贤冠 古代冠名。《后汉书·舆服志下》:"进贤冠,古缁布冠也,文儒者之服也。前高七寸,后高三寸,长八寸。公侯三梁,中二千石以下至博士两梁,自博士以下至小史私学弟子皆一梁。"魏晋以后历代多用之,至元代始废。

进学 ❶使学业有进步。《礼记·学记》:"善问者如攻坚木,先其易者,后其节目,及其久也,相说(悦)以解;不善问者反此。善待问者如撞钟,叩之以小者则小鸣,叩之以大者则大鸣,待其从容,然后尽其声;不善答问者反此。此皆进学之道也。"❷科举时代,童生应岁试、科试而取入县学,称为"进学"。《儒林外史》第二回:"比如童生进了学,不怕十八岁也称为'老友'。若是不进学,就到八十岁,也还称'小友'。"

进用 ❶犹言费用。《史记·吕不韦列传》:"子楚,秦诸庶孽孙,质于诸侯,车乘进用不饶。"❷提拔任用。《汉书·孔光传》:"退去贪残之徒,进用贤良之吏。"

进止 ❶进退;去留。《晋书·吕光载记》:"光于是大飨文武,博议进止。"❷犹言举止。《汉书·薛宣传》:"宣为人好威仪,进止雍容。"❸命令。《北齐书·颜之推传》:"之推禀承宣告,馆中皆受进止。"特指圣旨。《资治通鉴·唐德宗贞元元年》:"辞日奉进止。"胡三省注:"自唐以来,率以奉圣旨为奉进止,盖言圣旨使之进则进,使之止则止也。"

吟(jìn) 通"噤"。不开口。《史记·淮阴侯列传》:"虽有舜禹之智,吟而不言。"
另见 yín。

近(jìn) ❶距离小。如:近邻。近便。《易·系辞下》:"近取诸身。"❷历时未久。如:近日;近世。❸亲近;接近。《史记·季布栾布列传》:"使酒难近。"《中庸》:"好学近乎知。"引申为受到宠爱。《国策·齐策三》:"齐王夫人死,有七孺子皆近。"❹浅近。《孟子·尽心下》:"言近而指远者,善言也。"
另见 jì。

近臣 指亲近君主的侍从之臣。《管子·侈靡》:"略近臣,合于其远者,立。"尹知章注:"略近臣谓不繁也。言于近则略之,于远则合之,若此者,则可以立功。"

近郊 《周礼·地官·载师》:"以宅田、士田、贾田,任近郊之地。"郑玄注引杜子春曰:"五十里为近郊,百里为远郊。"后以泛称紧接城市的郊区。

近局 近邻;邻人。陶潜《归园田居》诗:"漉我新熟酒,只鸡招近局。"

近名 好名;求名。《庄子·养生主》:"为善无近名,为恶无近刑。"

近亲属 在中国,指夫、妻、父、母、子、女、同胞兄弟姐妹。中国诉讼法规定了近亲属在诉讼中的权利和义务。例如,当事人的近亲属,在民事、行政诉讼中可以被委托为诉讼代理人;审判人员、检察人员、侦查人员是当事人的近亲属的,必须自行回避,对方当事人也有权要求他们回避。

近水楼台 俞文豹《清夜录》:"范文正公(范仲淹)镇钱唐,兵官皆被荐,独巡检苏麟不见录,乃献诗云:'近水楼台先得月,向阳花木易为春。'公即荐之。"后常用来比喻由于近便而获得优先的机会。

近体诗 亦称"今体诗"。诗体名。唐代形成的律诗和绝诗的通称,同古体诗相对而言。句数、字数和平仄、用韵等都有严格规定。排律则不限句数。

近习 犹近臣。帝王的亲信。《礼记·月令》:"〔仲冬之月〕虽有贵戚近习,毋有不禁。"郑玄注:"近习,天子所亲幸者。"《后汉书·陈蕃传》:"近习以非义授邑,左右以无功传赏。"

近幸 宠爱。多指帝王对臣下而言。《国策·赵策一》:"以子之才而善事襄子,襄子必近幸子。"亦指帝王宠幸的臣子。《后汉书·张纲传》:"近幸赏赐,裁(才)满数金。"

近悦远来 《论语·子路》:"叶公问政,子曰:'近者说(悦),远者来。'"邢昺疏:"当施惠于近者使之喜悦,则远者当慕化而来也。"后因以形容政治清明。白居易《除李夷简西川节度使制》:"专奉诏条,削去弊政,均榖籍不一之赋,罢舟车无名之征,近悦远来,归如流水。"

妗 (jìn) 舅母。《聊斋志异·公孙九娘》:"女又呜咽曰:'儿少受舅妗抚育,尚无寸报。'"

劲 〔勁〕(jìn) ❶力气。如:使劲;用劲。❷积极兴奋的精神或情绪。如:干劲;冲劲。❸兴趣。如:起劲。
另见 jìng。

绉 〔紟〕(jìn) 单被。《仪礼·士丧礼》:"绉绞紟,衾二。"
另见 jīn。

荩 〔藎〕(jìn) ❶草名。元稹《遣悲怀》诗:"顾我无衣搜荩箧,泥他沽酒拔金钗。"❷通"进"。见"荩臣"。❸通"烬"。没有烧尽的柴草。《方言》第二:"荩,余也。自关而西,秦晋之间,炊薪不尽曰荩。"钱绎笺疏:"荩与烬同。"

荩草 禾本科。一年生细弱草本。叶片卵状披针形,基部心形抱茎,下部边缘有纤毛。秋季开花,紫褐色。遍布中国各地和全世界温带地区。除可作饲料外,其液汁可作染料;秆、叶药用。

荩臣 忠臣。《诗·大雅·文王》:"王之荩臣。"朱熹注:"荩,进也,言其忠爱之笃,进进无已也。"

浕 〔濜〕(jìn) 水名。一在湖北枣阳市境,一在陕西勉县境。

衿 (jìn) 结上带子。《礼记·内则》:"衿缨綦屦。"郑玄注:"衿,犹结也。"亦谓以带束衣。《汉书·扬雄传上》:"衿芰茄之绿衣兮,被夫容之朱裳。"
另见 jīn。

晋 〔晉〕(jìn) ❶进。如:晋见;晋京。❷升。如:晋级。❸六十四卦之一,坤下离上。《易·晋》:"象曰:明出地上,晋,君子以自昭明德。"❹通"搢"。插。《周礼·春官·典瑞》:"王晋大圭。"❺古国名。公元前11世纪周分封的诸侯国。姬姓。开国君主是周成王弟叔虞,在今山西西南部,建都于唐(今山西翼城西)。春秋初期晋昭侯分封叔父成师于曲沃(今山西闻喜东北),造成分裂局面,后为曲沃武公(即晋武公)所统一。晋献公迁都于绛(今翼城东南),陆续攻灭周围小国。晋文公改革内政,国力富强,成为霸主。晋景公时迁都新田(今山西侯马西),亦称新绛,兼并赤狄,疆域大有扩展,有今山西大部、河北西南部、河南北部和陕西一角。春秋后期君权削弱,六卿渐强,互相兼并。公元前4世纪中叶晋国为韩、赵、魏三家所分。❻朝代名。公元265年司马炎(晋武帝)代魏称帝,国号晋,都洛阳(今属河南),史称西晋。太康元年(公元280年)灭吴,统一全国。疆域东、南到海,西到葱岭,西南到云南、广西以及越南北、中部,北抵燕山,东北迤至朝鲜半岛西北部。建兴四年(316年),匈奴贵族建立的汉国灭西晋,北方从此进入十六国时期。建武元年(317年),司马睿(晋元帝)在南方重建晋朝,都建康(今江苏南京),史称东晋。元熙二年(420年),刘裕代晋,东晋亡。两晋共历十五帝,一百五十六年。❼山西省的简称。因春秋时晋在此建国而得名。❽姓。晋代有晋灼。

晋接 《易·晋》:"晋,康侯用锡马蕃庶,昼日三接。"孔颖达疏:"昼日三接者,言非惟蒙赐蕃多,又被亲宠频数,一昼之间,三度接见也。"本指臣下受天子接见,后用为进见尊者的敬词。

赆 〔贐〕(jìn) 赠给人的路费或礼物。《孟子·公孙丑下》:"予将有远行,行者必以赆。"《梁书·杨公则传》:"赆送一无所取。"

烬 〔燼〕(jìn) 东西火烧后的剩余。如:灰烬;烛烬。韦应物《对残灯》诗:"独照碧窗久,欲随寒烬灭。"比喻劫后之余。《左传·襄公四年》:"靡自有鬲氏,收二国之烬,以灭浞而立少康。"杜预注:"烬,遗民。"也指灯花。皇甫松《梦江南》词:"兰烬落,屏上暗红蕉。"

浸 (jìn) ❶泡在水里;被水渗入。如:浸透;浸入。《淮南子·原道训》:"上漏下湿,润浸北房。"❷淹没。《史记·赵世家》:"引汾水灌其城,城不浸者三版。"❸灌溉。《庄子·天地》:"一日浸百畦。"因亦以指可资灌溉的水利。《周礼·夏官·职方氏》:"扬州……其浸五湖。"❹大的河泽。黄景仁《望泗州旧城》诗:"泗淮合处流汤汤,作此巨浸如天长。"❺渐渐。《易·遯》:"浸而长也。"孔颖达疏:"浸者,渐进之名。"亦作"寖"。《汉书·艺文志》:"是以五经乖析,儒学寖衰。"❻愈益;更加。《后汉书·袁绍传上》:"授(沮授)监统内外,威震三军,若其浸盛,何以制之!"
另见 qìn。

浸假 亦作"寝假"。逐渐。《庄子·大宗师》:"浸假而化予之左臂以为鸡,予因以求时夜;浸假而化予之右臂以为弹,予因以求鸮炙。"

爅 (jìn) 同"烬(燼)"。

堇 (jìn)　药草名。《尔雅·释草》："芨,堇草。"朱骏声《说文通训定声·临部》："按芨,堇一声之转。一名藒,亦曰蒴藋。"

另见 jǐn。

唫 (jìn)　❶闭口。《吕氏春秋·重言》："君呿而不唫。"高诱注："呿,开;唫,闭。"❷吸。《太玄·玄摛》："嘘则流体,唫则凝形。"范望注："嘘,谓呼也;唫,犹噏也。"

另见 yín 吟。

潜 (jìn)　同"浸"。《史记·河渠书》："此渠皆可行舟,有馀则用溉浸。百姓飨其利。"

靳 (jìn)　❶古代车上夹辕两马当胸的皮革,因即用作夹辕两马的代称。《左传·定公九年》："吾从子,如骖之靳。"杜预注："靳,车中马也。"❷吝惜。如:靳而不与。《后汉书·崔实传》："悔不小靳,可至千万。"❸通"听(yín)"。嘲笑;戏落。《左传·庄公十一年》："宋公靳之。"杜预注："戏而相愧曰靳。"❹姓。战国时楚有靳尚。

禁 (jìn)　❶避忌。如:百无禁忌。❷禁止;亦即指法令或习俗所不允许的事项。如:禁赌;禁烟。《礼记·曲礼上》："入竟(境)而问禁。"❸禁止通行。如:禁城;禁地。因以为帝王宫殿的代称。见"禁中"。❹制止。《左传·僖公三年》："齐侯与蔡姬乘舟于囿。荡公,公惧变色,禁之,不可。"❺拘押。如:监禁;禁闭。引申为监狱。如:禁卒。❻指方士、术士作幻术。《太平广记》卷二百八十四引刘敬叔《异苑》:"以盆盛水作禁,鱼龙立见。"❼古时承尊的器具,形如方案。《仪礼·士冠礼》:"两甒有禁。"❽古代北方少数民族的乐名。郑玄《周礼·春官·鞮鞻氏》注:"四夷之乐……北方曰禁。"

另见 jīn。

禁方　"秘方"的古称。《史记·扁鹊仓公列传》:"长桑君乃呼扁鹊私坐,间与语曰:'我有禁方,年老,欲传与公,公毋泄。'"

禁锢　❶中国古代禁止地位低下者以及犯罪的官吏及其子孙、亲友、门生等做官的制度。春秋时即有此制。以后历代相沿。除对犯罪的官吏本人禁锢终身外,有锢及二世、三世的,有锢及三族、五族的,有锢及至交婚姻的(妻父为婚,婿父为姻),有锢及门生故旧的,等等。❷封闭。鲁迅《南腔北调集·为了忘却的记念》:"可是在中国,那时是确无写处的,禁锢得比罐头还严密。"

禁火　旧俗清明前一日为"寒食"。寒食不举火,故称"禁火"。宗懔《荆楚岁时记》:"去冬节一百五日即有疾风甚雨,谓之寒食,禁火三日。"参见"寒食"。

禁籍　国家秘藏的书籍。《晋书·荀崧传》:"西阁东序,《河》、《图》秘书禁籍。"

禁忌　禁戒普通人接触的事物或人,以及其他忌讳的观念、语言、行为等。始于原始社会。某些特定事物,或被视为神圣,或被视为不洁,只有具备特赋灵力的巫师或祭司才能接触并处理;擅自或偶然触及的普通人必触犯神怒而罹祸,甚至祸延氏族。后来禁忌涉及较广,除宗教禁忌外,还有食物禁忌、药物禁忌、语言禁忌、习俗禁忌等等。

禁脔　晋元帝即位前,镇守建业,时财用不足,每得一猪,视为珍膳。猪的项上肉味美,部下辄以献帝,不敢自吃,称为"禁脔"。后用以比喻别人不许染指的独占物。晋孝武帝为晋陵公主求婿,看中谢混,不久帝死。袁山松也想嫁女与混。王珣对袁说:"卿莫近禁脔"两事并见于《晋书·谢混传》。

禁末　中国历史上主张禁止奢侈品生产和流通的经济思想。《商君书·壹言》:"能事本而禁末者,富。"《管子》作者和荀子也都主张"禁末",但又要用"雕文刻镂"来"辨贵贱"(《管子·法法》,《荀子·富国篇》)。韩非将"末"的范围扩大到工商业,故以后主张以工商为"末"的人就不提禁末。

禁内　❶犹禁中。《后汉书·赵典传》:"征拜议郎,侍讲禁内。"❷禁止近女色。《汉书·五行志上》:"光(霍光)欲后有子,因上侍疾,医言禁内,后宫皆不得进,唯皇后颛寝。"颛,古通"专"。

禁省　即皇宫。《后汉书·阎皇后纪》:"探刺禁省,更为唱和。"亦称"禁中"、"省中"。

禁闼　犹禁中。闼,门。古时帝王所居之处,防卫森严,门户有禁,非侍御亲信之臣不得妄入,故称"禁闼"。《史记·酷吏列传》:"而助(严助)亲幸,出入禁闼爪牙臣,乃交私诸侯如此,弗诛,后不可治。"

禁网　指各种法令、禁令,谓其布张如网,不可触犯。《后汉书·杜诗传》:"初,禁网尚简,但以玺书发兵,未有虎符之信。"

禁卫　❶警戒防卫。《晋书·元帝纪》:"将出奔,其夜月正明,而禁卫严警,帝无由得去。"❷指帝王的卫兵,即禁卫军。《宋史·李纲传》:"〔钦宗〕复决意南狩,纲趋朝,则禁卫擐甲,乘舆已驾矣。"

禁烟　❶犹禁火。《后汉书·周举传》:"太原一郡,旧俗以介子推焚骸,有龙忌之禁。至其亡月,咸言神灵不乐举火,由是士民每冬中,辄一月寒食,莫敢烟爨。"李贤注:"龙星,木之位也,春见东方。心为大火,惧火之盛,故为之禁火。"王禹偁《寒食》诗:"郊原晓绿初经雨,巷陌春阴乍禁烟。"参见"寒食"。❷皇宫里飘出来的烟雾。李远《赠弘文杜校书》诗:"漠漠禁烟笼远树,泠泠宫漏响前除。"❸指禁止吸食鸦片烟。

禁中　宫中。《史记·秦始皇本纪》:"于是二世常居禁中,与高(赵高)决诸事。"裴骃集解引蔡邕曰:"禁中者,门户有禁,非侍御者不得入,故曰禁中。"

搢 (jìn)　❶插。《礼记·玉藻》:"天子搢珽。"❷振;摇。《国语·吴语》:"挺铍搢铎。"

搢绅　亦作"缙绅"、"荐绅"。旧时官宦的装束,亦用为官宦的代称。《晋书·舆服志》:"所谓搢绅之士者,搢笏而垂绅带也。"

潛 (jìn)　水名。见《玉篇·水部》。

縉 〔缙〕(jìn)　❶帛赤色。见《说文·系部》。❷通"搢"。见"缙绅"。

缙绅　同"搢绅"。指旧时官宦的装束。亦作官宦的代称。《汉书·郊祀志上》:"其语不经见,缙绅者弗道。"李奇注:"缙,插也,插笏于绅。绅,大带也。"臣瓒注:"缙,赤白色也。绅,大带也。"颜师古注:"李云'缙,插',是也。字本作'搢'。插笏于大带与革带之间耳,非插于大带也。"参见"搢绅"。

瑾 (jìn)　似玉的美石。见《广韵·二十一震》。

墐 (jìn)　❶用泥涂塞。《诗·豳风·七月》:"塞向墐户。"毛传:"向,北出牖也。墐,涂也。庶人荜户。"孔颖达疏:"荜户,以荆竹织门。以其荆竹通风,故泥之也。"❷沟上的路。《国语·齐语》:"陵、阜、陵、墐、井、田、畴均,则民不憾。"❸同"殣"。掩埋。《诗·小雅·小弁》:"行有死人,尚或墐之。"

暗（jìn） 同"晋（晉）"。古国名，即春秋时晋国。见《吕氏春秋·悔过》。

懂（jìn） 通"仅（僅）"。仅仅；才。《公羊传·定公八年》："公敛处父师师而至，懂然后得免。"
另见 qín。

瀶（jìn） 同"浸"。
另见 qīn。

觐〔覲〕（jìn） ❶诸侯秋朝天子之称。见《仪礼·觐礼》。后为晋见国家元首的通称。❷会见。《左传·昭公十六年》："宣子私觐于子产。"
另见 jìn。

殣（jìn） ❶埋葬。《魏书·高祖纪下》："路见坏冢露棺，驻辇殣之。"❷饿死。《大戴礼记·千乘》："道无殣者。"❸通"觐"。觐见。《汉书·礼乐志》："〔郊祀歌天门十一〕神裵回若留放，殣冀亲以肆章。"

僸（jìn） ❶我国古代北方民族乐名，一说西方民族乐名。参见"僸休兜离"。❷仰；仰视。《汉书·司马相如传下》："僸褷寻而高纵兮。"

僸休兜离 中国古代少数民族音乐的合称。《文选·班固〈东都赋〉》："四夷闲奏，德广所及，僸休兜离，罔不具集。"李善注：《孝经钩命决》曰：'东夷之乐曰休，南夷之乐曰任，西夷之乐曰林离，北夷之乐曰僸。'但历来有异说，如《白虎通·礼乐》则谓："南夷之乐曰兜，西夷之乐曰禁，北夷之乐曰昧，东夷之乐曰离。"其他如毛苌《诗传》、《周礼·春官·鞮鞻氏》郑玄注、《公羊传·昭公二十五年》"以舞大夏"何休注等也都互有异同。

噤（jìn） ❶闭口不言。《楚辞·九叹·思古》："口噤闭而不言。"❷关闭。潘岳《西征赋》："有噤门而莫启。"❸咬紧牙关或牙齿打战。如：打寒噤。

噤若寒蝉 喻不敢说话。参见"寒蝉❷"。

噤颐 微动其颐，谓细语。《新唐书·武平一传》："胁肩邸第之中，噤颐媪宦之侧。"

濅（jìn） 同"浸"。
另见 qīn。

瀶（jìn） 同"浸"。逐渐。《汉书·五行志上》："其后瀶盛。"颜师古注："古侵字，侵，渐也。"

賮（jìn） 同"赆"。引申为进贡的财物。颜延之《赭白马赋》："或逾远而纳賮。"

緕〔繕〕（jìn） 青色或青红色。《颜氏家训·书证》："〔吴人〕呼绀为禁，故以糸傍作禁代绀字。"

颡〔顙〕（jìn） 怒。见《方言》第十三。

颡齘 ❶咬牙强忍。《释名·释疾名》："疥，齘也，痒搔之齿颡齘也。"❷切齿大怒。卢肇《海潮赋》："始盱衡而抵掌，俄颡齘而愕眙。"

jīng

茎〔莖〕（jīng） ❶维管植物营养器官之一，由胚芽发育而来的植株体轴的地上部分。一般直立于地面向上生长。茎有节与节间之分，节上生叶、芽或分枝；生育期在茎顶部或节上生花和结实。由根部吸收来的水和无机养料由茎向上运输，供给茎本身和叶、花等利用；同时叶所生产的光合产物又通过茎向下输送到茎和根各部使用或贮藏。茎的内部结构随发育程度、生活条件和植物种类不同而有所区别。一般双子叶草本植物茎的初生结构在横切面上分表皮、皮层和中柱三部分。单子叶植物的茎皮层与中柱无界限，且散生的维管束在外部较多，内部较少。由于植物适应环境而有不同的生长习性和多种变态。❷器物的柄。《考工记·桃氏》："桃氏为剑，腊广二寸有半寸……以其腊广为之茎围，长倍之。"郑玄注："腊，谓两刃。茎，在夹中者。茎长五寸。"戴震《考工记图》卷上："刃后之铤曰茎，以木傅茎外便持握者曰夹。"❸犹言根。杜甫《乐游园歌》："数茎白发那抛得！"

京（jīng） ❶国都；首都。如：京城；京畿。《诗·大雅·文王》："裸将于京。"❷中国首都北京市的简称。❸人工筑起的高丘。《尔雅·释丘》："绝高为之京。"《三国志·魏志·公孙瓒传》："为围堑十重，于堑里筑京，皆高五六丈。"❹圆形的大谷仓。《管子·轻重丁》："有新成国者二家。"❺大。《左传·庄公二十二年》："八世之后，莫之与京。"孔颖达疏："莫之与京，谓无与之比大。"❻数目。十兆为京。一说万万兆为京。见《数术记遗》。❼通"鲸"。扬雄《羽猎赋》："骑京鱼。"❽古邑名、县名。春秋郑邑，为共叔段所居。故址在今河南荥阳市东南。《左传·隐公元年》（公元前722年）："请京，使居之，谓之京城太叔。"秦

置县。公元前205年，楚、汉战荥阳南京、索间，即此。北齐废。❾古城名。故址在今江苏镇江市，因城西京岘山得名。东汉建安十四年至十六年（209—211）孙权曾自吴（治今苏州市）徙治于此。

京畿 国都和国都附近的地方。虞世基《出塞》诗："鼓吹入京畿。"

京京 忧虑貌。《诗·小雅·正月》："念我独兮，忧心京京。"毛传："京京，忧不去也。"一说大也。见朱熹《诗集传》。

京洛 洛阳的别称。因东周、东汉均建都于此，故名。班固《东都赋》："子徒习秦阿房之造天，而不知京洛之有制也。"

京辇 皇帝坐的车子叫辇，所以京城叫"京辇"，也叫"辇下"。《后汉书·袁绍传》："子弟生长京辇。"参见"辇下"、"辇毂下"。

京师 ❶首都的旧称。《公羊传·桓公九年》："京师者，天子之居也。京者何？大也。师者何？众也。"❷明制：京师附近地区不设布政使司，各府、州直隶于京师，这一地区即称为京师，也叫直隶。明初建都应天府（今南京市），京师地区相当今江苏、安徽、上海两省一市。永乐十九年（1421年）迁都顺天府（今北京市），京师地区相当今北京、天津两市和河北省大部，河南、山东两省小部。

京室 王室。《诗·大雅·思齐》："思媚周姜，京室之妇。"

京债 封建朝廷新任命往外省任职官员赴任前在京所借高利贷。《旧唐书·武宗纪》："又赴选官人多京债，到任填还，致其贪求，罔不由此。"清赵翼《陔余丛考》卷三三："至近代京债之例，富人挟资住京师，遇月选官之不能出京者，量其地之远近，缺之丰啬，或七八十两作百两，谓之扣头，甚至有四扣、五扣者，其取利最重。"

泾〔涇〕（jīng） ❶水名。见"泾河"。❷水径直涌流。《释名·释水》："水直波曰泾；泾，径也。"《庄子·秋水》："泾流之大，两涘渚崖之间不辨牛马。"司马彪注："泾，通也。"成玄英疏："隔水远看，不辨牛与马。"❸沟渎，多用作地名。如：枫泾、泗泾、漕河泾。朱骏声《说文通训定声·鼎韵》："今吾苏沟渎多名泾者。"

泾河 渭河支流。在陕西省中部。源出宁夏回族自治区南部六盘山东麓，东南流经甘肃省，至陕西省高陵

县境入渭河。长 455 公里,流域面积 4.54 万平方公里。支流众多,以马莲河为最大。上、中游流经黄土高原,挟带大量泥沙,水量变化大,下游有泾惠渠灌溉工程。上游建有六盘山引水工程。

泾渭 泾水和渭水。《诗·邶风·谷风》:"泾以渭浊。"孔颖达疏:"言泾水以有渭水清,故见泾水浊。"后常用以比喻人品的清浊。任昉《出郡传舍哭范仆射》诗:"伊人有泾渭,非余扬浊清。"

经 〔經〕(jīng) ❶织物的纵线。与"纬"相对。如:经丝。引申为直行。《后汉书·梁冀传》:"又起菟苑于河南城西,经亘数十里。"❷南北行的道路。《文选·张衡〈东京赋〉》:"经涂九轨。"薛综注:"南北为经。"又地理学上称通过地球南北极而与赤道成直角的东西度分线。如:东经;西经;经度。❸常道;规范。《礼记·中庸》:"凡为天下国家有九经。"《孟子·尽心下》:"君子反经而已矣;经正则庶民兴。"❹正常;寻常。《史记·孟子荀卿列传》:"其语闳大不经。"亦谓常常。《文选·嵇康〈与山巨源绝交书〉》:"然经怪此意尚未熟悉于足下,何从便得之也?"李善注:"言常怪足下何从而便得吾之此意也。"❺指历来被尊崇为典范的著作或宗教的典籍。亦指记载一事一艺的专书。如:十三经;《道德经》;《古兰经》;《茶经》;《五木经》。《荀子·劝学》:"学恶乎始,恶乎终?其数则始乎诵经,终乎读礼。"❻旧时图书目录指儒家经典部分。《旧唐书·经籍志上》:"四部者,甲乙丙丁之次也,甲部为经。"参见"经部"。❼治理。《周礼·天官·大宰》:"以经邦国。"《淮南子·原道训》:"是故不得于心而有经天下之气。"❽测量;计度;筹划。《周礼·地官·遂师》:"经牧其田野。"参见"经始"。❾经过;经历。如:久经考验;身经百战。任昉《出郡传舍哭范仆射》诗:"经涂不盈旬。"白居易《送客南迁》诗:"曾经身困苦,不觉语丁宁。"❿悬缢;上吊。《公羊传·昭公十三年》:"灵王经而死。"《史记·田单列传》:"遂其颈于树枝,自奋,绝脰而死。"⓫人体的经脉。如:经络。《史记·扁鹊仓公列传》:"其病主在于肝,和即经主病也,代则络脉有过。"⓬指妇女的月经。如:经期;调经。⓭数目。同"京"。《太平御览》卷七百五十引《风俗通》:"十亿谓之兆,十兆谓之经,十经谓之垓。"⓮姓。晋代有经旷。

经部 也称"甲部"。我国古代图书四部分类中第一大类的名称。《隋书·经籍志》分为易、书、诗、礼、乐、春秋、孝经、论语、谶纬、小学十类,清代《四库全书》分为易、书、诗、礼、春秋、孝经、五经总义、四书、乐、小学十类。参见"经❻"。

经幢 古代宗教石刻的一种。创始于唐。作柱状,往往用多块石刻堆建而成。柱上有盘盖,大于柱径,刻有垂幔、飘带等图案。柱身多刻陀罗尼或其他经文和佛像等。

经典 ❶最重要的、有指导作用的权威著作。❷古代儒家的经籍。也泛指宗教的经书。《三国志·魏志·高贵乡公传》:"自今以后,群臣皆当玩习古义,修明经典。"白居易《苏州法华院石壁经碑》:"佛涅槃后,世界空虚,惟是经典,与众生俱。"

经济 ❶经世济民;治理国家。杜甫《上水遣怀》诗:"古来经济才,何事独罕有。"《宋史·王安石传论》:"以文章节行高一世,而尤以道德经济为己任。"❷节约。❸我国古书中"经邦济国"的简称。

经界 土地、疆域的划分。经,即界划丈量;界指田沟之类的界线。《孟子·滕文公上》:"夫仁政必自经界始,经界不正,井地不钧,谷禄不平。是故暴君污吏必慢其经界。经界既正,分田制禄,可坐而定也。"

经魁 明代科举有以五经取士,每经各取一名为首,名为经魁。乡试中每科必于五经中各中一名,列为前五名,清代习惯上亦沿称前五名为五魁,或五魁。

经理 ❶经书的义理。《后汉书·光武帝纪下》:"每旦视朝,日侧乃罢,数引公卿郎将,讲论经理,夜分乃寐。"❷常理。《荀子·正名》:"道也者,治之经理也。"杨倞注:"经,常也;理,条贯也。言道为理之常法条贯也。"❸治理;经营管理。《史记·秦始皇本纪》:"经理宇内。"《后汉书·曹褒传》:"时有疾疫,褒巡行病徒,为致医药,经理馔粥,多蒙济活。"

经历 ❶历时。《汉书·东方朔传》:"上古之事,经历数千载,尚难言也。"亦指历时久远。《书·君奭》:"弗克经历。"孔传:"不能经久历远。"❷经过。亦指亲身经历过的事情。如:一生的经历。《后汉书·隗嚣传》:"自经历虎口,践履死地,已十数矣。"

经略 策划处理。《晋书·袁乔传》:"夫经略大事,故非常情所具;智者了然于胸心,然后举无遗算耳。"

经纶 整理丝缕。引申为处理国家大事。《礼记·中庸》:"惟天下至诚为能经纶天下之大经。"辛弃疾《水龙吟·为韩南涧尚书寿》词:"渡江天马南来,几人真是经纶手。"也泛指处事才能或学问。如:满腹经纶。王安石《祭范颍州文》:"盖公之才,犹不尽试。肆其经纶,功孰与计?"

经明行修 古谓经学深明,品行美善。《三国志·魏志·高柔传》:"今博士皆经明行修,一国清选。"唐、宋取士有"经明行修科"。

经始 开始测量营造。《诗·大雅·灵台》:"经始灵台,经之营之。"郑玄笺:"度始灵台之基址。"后泛指开创事业。《晋书·乐志上》:"经始大业,造创帝基。"

经世致用 明清之际主张学问须有益于国事的学术思潮。顾炎武提出:"凡文之不关于六经之旨、当世之务者,一切不为。"(《亭林文集·与人书三》)强调应"引古筹今",作为"经世之用"(《亭林文集·与人书八》)。黄宗羲认为:"受业者必先穷经,经术所以经世,方不为迂儒之学。"(见全祖望《神道碑文》)

经手 经管;承办。《北齐书·韩凤传》:"军国要密,无不经手。"

经术 犹经学、儒术。《后汉书·儒林传序》:"及光武中兴,爱好经术,未及下车,而先访儒雅,采求阙文,补缀漏逸。"

经笥 装经书的箱子。比喻学问渊博。《晋书·裴秀传赞》:"巨鹿自然,亦云经笥。"裴秀封巨鹿公。

经纬 ❶织物的直线叫"经",横线叫"纬"。文同《织妇怨》诗:"皆言边幅好,自爱经纬密。"❷指道路。南北为"经",东西为"纬"。《考工记·匠人》:"国中九经九纬。"郑玄注:"经纬,谓途也。"❸常道。《左传·昭公二十五年》:"礼,上下之纪,天地之经纬也。"❹治理。《左传·昭公二十九年》:"夫晋国将受唐叔之所受法度,以经纬其民。"❺经书和纬书。《晋书·宋纤传》:"隐居于酒泉南山,明究经纬,弟子受业,三千余人。"❻指经纬度。

经心 ❶萦心,烦心。《世说新语·贤媛》:"汝何以都不复进?为是尘务经心,天分有限?"❷注意;留心。如:漫不经心。《红楼梦》第一百二十回:"你看宝玉何尝肯念书?他若

略一经心,无有不能的。"

经验 经历体验。《红楼梦》第四十二回:"虽然住了两三天,日子却不多,把古往今来没见过的,没吃过的,没听见的,都经验过了。"

经义 ❶经书的意旨。《后汉书·钟兴传》:"光武召见,问以经义,应对甚明。"❷科举考试所用文体之一。以经书中文句为题,应试者作文阐明其中义理。宋神宗熙宁四年(1071年)罢诗赋,以经义、论、策试进士。王安石本欲提倡实学,而举子专诵王氏《三经新义》。安石悔之,谓:"本欲变学究为秀才,不谓变秀才为学究也"。明清时形成一种固定的八股文体。

经艺 儒家经典《诗》、《书》、《礼》、《乐》、《易》、《春秋》,称"六经"或"六艺",因亦合称经籍为"经艺"。《史记·儒林列传序》:"故汉兴,然后诸儒始得修其经艺,讲习大射、乡饮之礼。"

经意 ❶注意;经心。韩愈《石鼎联句诗序》:"弥明因高吟曰:'龙头缩菌蠢,豕腹涨彭亨。'初不似经意。"❷犹"经义"。经书的旨意。刘勰《文心雕龙·辨骚》:"虽取熔经意,亦自铸伟辞。"

经营 ❶本谓经度营造。语出《诗·大雅·灵台》"经始灵台,经之营之"。引申为筹划营谋。《史记·项羽本纪赞》:"谓霸王之业,欲以力征经营天下,五年,卒亡其国也。"亦指艺术构思。杜甫《丹青引》:"诏谓将军拂绢素,意象惨淡经营中。"❷犹往来。《后汉书·冯衍传下》:"疆理九野,经营五山。"李贤注:"经营,犹往来。"❸专指经管办理经济事业。如:经营商业。

经由 经过。朱熹《次韵择之发临江》:"千里烟波一叶舟,三年已是两经由。"

经传 旧称儒家的重要代表作品和儒家祖述的古代典籍为"经",解释经文的书为"传",合称"经传"。如《春秋》是经,《左传》、《公羊传》、《穀梁传》是传。后世以尊经之故,把古代传注之作也称为经。清章学诚《文史通义·经解》:"今之所谓经,其强半皆古人之所谓传也。"

荆 (jīng) ❶灌木名。种类很多,多丛生原野,易阻塞道路。郝经《化城行》:"路旁但见棘与荆。"❷指古代用荆条做成的刑杖。参见"负荆"。❸旧时对人称自己妻子的谦称,表示贫寒之意。如:拙荆;荆

妻。❹古九州之一。见"荆州"。❺楚国的别称,因初建国于荆山(在今湖北西部)一带,故名。❻姓。

荆钗布裙 荆枝作钗,粗布为裙,指妇女朴素的服饰。《太平御览》卷七百十八引《列女传》:"梁鸿妻孟光,荆钗布裙。"旧时对人谦称自己的妻子为山荆、拙荆或荆妻、荆室,本此。

荆璞 未经雕琢的美玉。比喻美质。语本战国时卞和得璞于楚山中的故事。楚本号荆,故称"荆璞"。《晋书·景帝纪》:"荆山之璞虽美,不琢不成其宝。"卢谌《赠刘琨》诗:"承侔卞和,质非荆璞。"参见"和氏璧"、"连城璧"。

荆室 ❶指穷苦人家。曹植《说疫气》:"人罹此者,悉被(披)褐茹藿之子,荆室蓬户之人耳;若夫殿处鼎食之家,重貂累蓐之门,若是者鲜焉。"❷旧时对人称自己妻子的谦词。参见"拙荆"、"荆钗布裙"。

荆州 古"九州"之一。《书·禹贡》:"荆及衡阳惟荆州。"《尔雅·释地》:"汉南曰荆州。"《周礼·职方》:"正南曰荆州。""荆"指荆山(在今湖北西部);"衡"指衡山,《汉书·地理志》以为即今湖南衡山西的衡山。"汉"指汉水。

鸫 〔鶁〕(jīng) 鸎鸫,又名"鸫雀"、"鹈鸠"。古籍中所称一种吃蛇的怪鸟。

菁 (jīng) ❶韭菜的花。《文选·张衡〈南都赋〉》:"秋韭冬菁。"李善注引《广雅》:"韭,其花谓之菁。"❷华采。张衡《西京赋》:"丽服扬菁。"❸蔓菁,即芜菁。《周礼·天官·醢人》"菁菹"郑玄注:"菁,蔓菁也。"❹水草。《史记·司马相如列传》:"唼喋菁藻。"❺见"菁菁"。

菁华 同"精华"。《晋书·文苑传序》:"《翰林》总其菁华,《典论》详其藻绚。"

菁菁 茂盛貌。《诗·唐风·杕杜》:"其叶菁菁。"

旌 (jīng) ❶古代旗的一种。缀旄牛尾于竿头,下有五采析羽。用以指挥或开道。《周礼·春官·司常》:"全羽为旞,析羽为旌。"❷古代旗的通称。《仪礼·乡射礼》:"旌各以其物。"郑玄注:"旌,总名也。"❸表彰。《左传·僖公二十四年》:"以志吾过,且旌善人。"杜预注:"旌,表也。"

旌表 封建社会对所谓忠孝节义的人,用立牌坊赐匾额等方式以表

扬,叫做"旌表"。《晋书·荀崧传》:"荀有一介之善,宜在旌表之例。"

旌别 识别;甄别。《书·毕命》:"旌别淑慝,表厥宅里,彰善瘅恶,树之风声。"蔡沈集传:"旌善别恶。"

旌麾 古时用羽毛装饰的军旗,主将用以指挥军队。《三国志·魏志·夏侯渊传》:"大破遂(韩遂)军,得其旌麾。"亦借指军旅之事。虞世南《从军行》:"结发早驱驰,辛苦事旌麾。"

旌节 ❶古代使者所持之节,用为信物。《周礼·地官·掌节》:"道路用旌节。"❷谓旌与节。唐宋时皇帝赐给节度使的仪仗。《宋史·舆服志二》:"旌节,唐天宝中置。节度使受命日赐之,得以专制军事……宋凡命节度使,有司给门旗二,龙、虎各一,旌一,节一,麾枪二,豹尾二。"李白《发白马》诗:"将军发白马,旌节渡黄河。"

旌门 ❶古代王者出行,在外设帷舍,树旌为门,叫"旌门"。《周礼·天官·掌舍》:"为帷宫,设旌门。"后亦泛指旗门。颜延之《三月三日曲水诗序》:"旌门洞立,延帷接枑。"❷封建社会旌表忠孝节义的人,由朝廷官府赐给匾额,张挂门上,叫做"旌门"。

旌铭 同"铭旌"。旧时丧礼,柩前书死者姓名的旗幡。《后汉书·赵咨传》:"重以墙翣之饰,表以旌铭之仪。"

旌旗 旗帜的通称。《周礼·春官·司常》:"凡军事,建旌旗。"

旌夏 古代乐舞所用的大旌。《左传·襄公十年》:"舞师题以旌夏。"杜预注:"旌夏,大旌也;题,识也。以大旌表识其行列。"马融《广成颂》:"建雄虹之旌夏。"

旍 (jīng) 同"旌"。《吕氏春秋·明理》:"〔云〕有其状若悬旍而赤,其名曰云旍。"高诱注:"云气之象旍旗者。"

惊 〔驚〕(jīng) ❶马因受惊吓而行动失常。《史记·袁盎晁错列传》:"马惊车败。"引申为惊恐、惊骇的通称。如:吃惊;惊异。《史记·淮阴侯列传》:"至拜大将,乃韩信也,一军皆惊。"❷震动。如:惊天动地。《易·震》:"震惊百里,惊远而惧迩也。"❸乱貌。《吕氏春秋·慎大》:"其生若惊。"高诱注:"惊,乱貌。"

惊弓之鸟 被弓箭吓怕了的鸟。比喻受过惊吓的人,遇到类似的情况

就惶恐不安。《晋书·王鉴传》:"黩武之众易动,惊弓之鸟难安。"参见"伤弓之鸟"。

惊鸿 惊飞的鸿雁。比喻美人体态轻盈。曹植《洛神赋》:"翩若惊鸿,婉若游龙。"后作美人的代称。陆游《沈园》诗:"伤心桥下春波绿,曾是惊鸿照影来。"亦形容迅速。黄庭坚《寄陈适用》诗:"日月如惊鸿,归燕不及社。"

惊蛇入草 形容草书的笔势矫健迅捷。《宣和书谱·草书七》:"〔释亚栖〕自谓吾书不大不小,得其中道;若飞鸟出林,惊蛇入草。"

惊世骇俗 言行出奇,使世人惊骇。刘基《贾性之市隐斋记》:"沈湎于酒,不衣冠而处,隐之乱者也,是皆为惊世骇俗而有害于道。"

惊堂木 旧时官员审判案件时拍打桌案以示威的小木块。

惊心悼胆 恐惧到极点。章炳麟《新方言·释言》:"今人言惧,犹曰惊心悼胆。"

惊蛰 二十四节气之一。每年3月6日前后太阳到达黄经345°时开始。《月令七十二候集解》:"二月节……万物出乎震,震为雷,故曰惊蛰,是蛰虫惊而出走矣。"这时天气转暖,渐有春雷,冬眠动物将出土活动。中国大部分地区进入春耕春种季节。华中农谚:"过了惊蛰节,春耕不停歇。"

惊坐 谓震动在座的人。《汉书·陈遵传》:"所到,衣冠怀之,惟恐在后。时列侯有与遵同姓字者,每至人门,曰陈孟公,坐中莫不震动。既至而非,因号其人曰'陈惊坐'云。"骆宾王《春日离长安客中言怀》诗:"剧谈推曼倩,惊坐揖陈遵。"

晶(jīng) ❶水晶的简称。如:墨晶;茶晶。❷晴朗,明净。宋之问《明河篇》:"八月凉风天气晶,万里无云河汉明。"

晶晶 明亮貌。欧阳詹《秋月赋》:"皎皎摇摇,晶晶盈盈。"汤显祖《牡丹亭·惊梦》:"艳晶晶花簪八宝填。"

晶荧 光亮闪烁貌。苏轼《高邮陈直躬处士画雁》诗:"惨淡云水昏,晶荧砂砾碎。"

晶莹 光明澄澈貌。姚希孟《日升月恒赋》:"望澄鲜于霄汉兮,眺晶莹之未央。"

腈(jīng) 含有氰基(—C≡N)的一类有机含氮化合物。通式 RCN。可由酰胺(RCONH₂)脱水或卤代烃(RX)和氰化钠作用制成。为中性物质。在酸或碱介质中最终能水解成羧酸(RCOOH);经还原或氢化成伯胺(RCH₂NH₂)。例如,由己二腈[(CH₂)₄(CN)₂]得己二酸[(CH₂)₄(COOH)₂]及己二胺[(CH₂)₆(NH₂)₂],两者是合成锦纶66的中间体。丙烯腈(H₂C=CH—CN)是不饱和腈类的代表物,易聚合,是合成橡胶、纤维的单体。

鹊〔鹊〕(jīng) 见"鸡鹊"。

睛(jīng) 眼珠。如:目不转睛;画龙点睛。

靖(jīng) 通"旌"。表彰。《左传·昭公元年》:"请免之,以靖能者。"
另见 jìng。

粳〔秔、稉〕(jīng,读音 gēng) 见"粳稻"。

粳稻 亚洲栽培稻的一个亚种。与籼稻比较:分蘖力弱,秆硬不易倒伏,较耐肥,叶幅较窄,叶色浓绿,叶面少毛或无毛,小穗长芒或无芒,稃毛长密,一般不易落粒,颖果较短,宽而厚,近圆形;米质粘性较强,胀性小;比较耐寒,耐弱光。在中国,主要分布于太湖地区、淮河以北地区以及华南海拔较高地区和云贵高原。

兢(jīng) ❶动。《太玄·逃》:"兢其股。"❷见"兢兢"。

兢惶 恐惧。江总《代六宫谢章》:"兢惶并集。"柳宗元《请复尊号表》:"悬迫逾深,兢惶无措。"

兢兢 ❶小心谨慎貌。《诗·小雅·小旻》:"战战兢兢,如临深渊,如履薄冰。"毛传:"战战,恐也;兢兢,戒也。"❷强健貌。《诗·小雅·无羊》:"尔羊来思,矜矜兢兢,不骞不崩。"毛传:"矜矜兢兢,以言坚强也。"

兢兢业业 恐惧貌。《诗·大雅·云汉》:"兢兢业业,如霆如雷。"毛传:"兢兢,恐也;业业,危也。"后常用以形容做事谨慎、勤恳。

蜻(jīng) 见"蜻蛚"。
另见 qīng。

蜻蛚 蟋蟀。张载《七哀》诗:"仰听离鸿鸣,俯闻蜻蛚吟。"

精(jīng) ❶精春过的上白米。《论语·乡党》:"食不厌精。"《庄子·人间世》:"鼓策播精。"司马彪注:"鼓,簸也。小箕曰策。简米曰精。"引申为春粗使精。《离骚》:"精琼靡以为粻。"王逸注:"精凿玉屑,持以为粮食。"❷凡物的纯质。如:酒

精;香精。也特指军中的精锐。司马相如《上林赋》:"抚士卒之精。"❸精液。《易·系辞下》:"男女构精,万物化生。"❹精神;精力。如:聚精会神;精疲力竭。宋玉《神女赋》:"精交接以来往兮。"❺传说中的精灵、精怪。如:妖精。杜甫《骢马行》:"云雾晦冥方降精。"杜修可注引《瑞应图》曰:"龙马者,河水之精。"❻明朗,清明。《史记·天官书》:"天精而见景星。"❼敏锐;机灵。《国语·晋语一》:"甚精必愚。"❽工致;细密。如:精工;精制;精打细算。《公羊传·庄公十年》:"粗者曰侵,精者曰伐。"何休注:"精,犹精密也。"❾用功深到而专一。如:精究;专精。应璩《与从弟苗君胄书》:"潜心坟籍。"韩愈《进学解》:"业精于勤荒于嬉。"❿通"菁"。花。宋玉《风赋》:"将击芙蓉之精。"⓫通"晶"。指星。《文选·张衡〈东京赋〉》:"五精帅而来摧。"薛综注:"五精,五方星也。帅,循也。摧,至也。"亦指日月光。《吕氏春秋·圜道》:"精行四时。"高诱注:"精,日月之光明也。"⓬通"净"。如:精光;精空;精赤子。引申为尤甚。《吕氏春秋·勿躬》:"夫自为人官,自蔽之精者也。"高诱注:"精,甚。"

精采 亦作"精彩"。❶出色。如:精采表演;精采节目。❷犹神采;神丰采。《晋书·慕容超载记》:"精彩秀发,容止可观。"

精诚 至诚;真心诚意。《庄子·渔父》:"真者,精诚之至也,不精不诚,不能动人。"《后汉书·广陵思王荆传》:"精诚所加,金石为开。"

精粹 精美纯粹。《汉书·刑法志》:"聪明精粹,有生之最灵者也。"《三国志·魏志·袁涣传》:"涣子侃,亦精粹闲素,有父风。"亦指最精最纯的东西。《楚辞·九叹·逢纷》:"吸精粹而吐氛浊兮。"此指极为清洁的气。王仁裕《开元天宝遗事·任人如市瓜》:"我朝任人如淘沙取金,剖石采玉,皆得其精粹。"

精干 精明干练。欧阳修《论修河第三状》:"选一二精干之臣,与河北转运使、副及恩、冀州官吏,相度堤防,并力修治。"

精工 精巧。《后汉书·蔡伦传》:"监作秘剑及诸器械,莫不精工坚密,为后世法。"

精悍 精明强悍。《史记·游侠列传》:"解(郭解)为人短小精悍。"《汉书·韩婴传》:"其人精悍,处事分

明。"颜师古注:"悍,勇锐。"

精华 亦作"菁华"。指事物最精粹的部分。如:剔除其糟粕,吸收其精华。《史记·天官书》:"次至车服畜产精华,实息者吉,虚耗者凶。"《旧唐书·薛戎传》:"《论语》者,六经之菁华。"

精简 ❶精拣;精心选择。《南史·陈暄传》:"徐陵为吏部尚书,精简人物,缙绅之士,皆向慕焉。"❷谓削除繁冗。如:精简节约;精简机构。

精进 ❶精心一志,努力上进。《汉书·叙传上》:"乃召属县长吏,选精进掾史。"颜师古注:"精明而进趋也。"❷佛教六度之一。慈恩《上生经疏》:"精,谓精纯无恶杂也;进,谓升进不懈怠故。"惠洪《读瑜伽论》诗:"懒修精进定,爱作吉祥眠。"

精蓝 佛寺;禅院。精,精进(佛教六度之一);蓝,伽蓝。《景德传灯录》卷九:"普岸禅师……乃结茅薙草,宴寂林下。日居月诸,为四众所知,创建精蓝,号平田禅院。"

精练 ❶精心学习。《三国志·魏志·钟会传》:"及壮,有才数技艺而博学,精练名理,以夜续昼,由是获声誉。"❷谓久经训练而精强。孙楚《为石仲容与孙皓书》:"国富兵强,六军精练。"❸金的代称。一作"精炼"。《文选·王褒〈四子讲德论〉》:"精练藏于矿朴,庸人视之忽焉。"李善注:"精练,金也。金百练不耗,故曰精练也。"五臣本作"精炼"。

精灵 ❶机灵;神思敏捷。杜甫《秦州见敕目薛毕迁官兼述索居》诗:"交期余潦倒,材力尔精灵。"❷指鬼神或神仙。《文选·左思〈吴都赋〉》:"精灵留其山阿。"吕向注:"精灵,神仙之类。"

精明 ❶精细明察;聪明。如:精明强干。《史记·太史公自序》:"扁鹊言医,为方者宗,守数精明。"《淮南子·精神训》:"使耳目精明玄达而无诱慕。"❷犹言精诚、诚信。《礼记·祭统》:"齐者,精明之至也。"齐,通"斋",斋戒。❸犹晴明。《汉书·陈汤传》:"阴阳并应,天气精明。"

精辟 精深透辟。如:见解精辟。

精气 一种精灵细微的气。《易·系辞上》:"精气为物,游魂为变,是故知鬼神之情状。"孔颖达疏:"云精气为物者,谓阴阳精灵之气,氤氲积聚而为万物也。"《管子·内业》认为"精气"(有时亦单称"精")"下生五谷,上为列星",是世界的本原。后来的思想家一般都把精气看作一种构成人生命和精神的东西。东汉王充说:"人之所以生者,精气也。"(《论衡·论死》)清戴震说:"知觉者,其精气之秀也。"(《原善·绪言下》)

精锐 ❶精练勇锐。《后汉书·铫期传》:"明公据山河之固,拥精锐之众,以顺万人思汉之心,则天下谁敢不从?"❷精心锐思。王褒《四子讲德论》:"吐情素而披心腹,各悉精锐以贡忠诚。"

精舍 ❶旧时书斋、学舍,集生徒讲学之所。《后汉书·包咸传》:"因住东海,立精舍讲授。"后亦称僧、道居住或讲道说法之所。《三国志·吴志·孙策传》:"迎汉帝"裴松之注引《江表传》曰:"时有道士琅邪于吉,先寓居东方,往来吴会,立精舍,烧香读道书。"《晋书·孝武帝纪》:"帝初奉佛法,立精舍于殿内。"❷指心,谓精神所居之处。《管子·内业》:"定心在中,耳目聪明,四枝坚固,可以为精舍。"尹知章注:"心者,精之所舍。"

精神 ❶与"物质"相对。唯物主义常将其当作"意识"的同义概念。指人的内心世界现象,包括思维、意志、情感等有意识的方面,也包括其他心理活动和无意识的方面。❷犹神志、心神。宋玉《神女赋》:"精神恍忽,若有所喜。"❸犹精力,活力。李郢《上裴晋公》诗:"龙马精神海鹤姿。"❹神采;韵味。方岳《雪梅》诗:"有梅无雪不精神。"❺内容实质。如:传达会议的精神。

精神满腹 富有才智,满腹经纶。《晋书·温峤传》:"钱世仪精神满腹。"《金史·李献甫传》:"博通书传,尤精左氏及地理学。为人有干局,心所到则绝人远甚。故时人称其精神满腹。"

精卫 神话中鸟名。亦称"冤禽"。相传为炎帝女,名女娃。因游东海淹死,化为精卫,久久衔西山木石填东海。见《山海经·北山经》及《述异记》卷上。陶渊明《读山海经》诗:"精卫衔微木,将以填沧海",即咏其事。

精心 专心;认真细心。如:精心之作。《汉书·董仲舒传》:"子大夫其精心致思,朕垂听而问焉。"朕,汉武帝自称。

精一 精心一意。语出《书·大禹谟》"惟精惟一"。孔颖达疏:"汝当精心,惟当一意。"杜甫《朝享太庙赋》:"公卿淳古,士卒精一。"

精益求精 好了还要求更好。《论语·学而》《诗》云:'如切如磋,如琢如磨。'"朱熹注:"《诗·卫风·淇澳》之篇,言治骨角者,既切之而复磋之;治玉石者,既琢之而复磨之,治之已精,而益求其精也。"

精英 精华。苏轼《乞校正奏议札子》:"聚古今之精英,实治乱之龟鉴。"

精湛 精切纯粹;精深。如:精湛的艺术;学问精湛。

精致 细密;精细。《新唐书·崔元翰传》:"其好学老不倦,用思精致,驰骋班固、蔡邕间以自名家。"

髻〔鬌〕(jīng) 量词,用于头发。孙柚《琴心记·文君新寡》:"能照千髻发,难谙一片心。"今作"茎"。

鲸〔鯨〕(jīng,旧读 qíng) 哺乳纲,鲸目。水栖哺乳动物。体形似鱼,大小因种类而异,最小的仅1米左右,最大的可达30米。头大,眼小,无耳壳、无毛被。颈部不显。前肢呈鳍状,后肢完全退化;有的背上有鳍;尾呈水平鳍状。有齿或无齿。鼻孔一或两个,开于头顶。皮肤下有一层脂肪,借以保温及减少身体相对密度。用肺呼吸,在水面吸气后即潜入水中。一般以浮游动物、软体动物及鱼类为食,有的种类也食企鹅、海豹等。通常每胎一仔。世界各海洋均有分布。分布于中国的鲸类均为国家一级或二级保护动物。

鲸鲵 即"鲸"。比喻凶恶的人。《左传·宣公十二年》:"古者明王伐不敬,取其鲸鲵而封之,以为大戮。"孔颖达疏引裴渊《广州记》:"鲸鲵长百尺,雄曰鲸,雌曰鲵。"封,用土筑高坟而埋之。曹冏《六代论》:"扫除凶逆,剪灭鲸鲵。"亦比喻被杀戮者。李陵《答苏武书》:"妻子无辜,并为鲸鲵。"

鲸吞 像鲸一样地吞食,多用来比喻以强吞弱,兼并土地。《旧唐书·萧铣等传论》:"自隋朝维绝,宇县瓜分;小则鼠窃狗偷,大则鲸吞虎据。"

麚(jīng) 兽名。《文选·左思〈蜀都赋〉》:"屠麚麋。"刘逵注:"麚、麋体大,故屠之。"

鼱(jīng) 见"鼩鼱"。

麠(jīng) 大麃。《尔雅·释兽》:"麠,大麃。牛尾,一角。"郭璞注:"汉武帝郊雍,得一角兽若麃然,谓之麟者,此是也。麠即

麏。"

jǐng

井（jǐng）❶凿地取水的深穴。《易·井》："改邑不改井。"孔颖达疏："古者穿地取水，以瓶引汲，谓之为井。"❷形状像井的东西。如：天井；矿井。❸古制八家为井。引申为乡里，家宅。陈子昂《谢赐冬衣表》："三军叶庆，万井相欢。"❹形容整齐。如：秩序井然。参见"井井"。❺六十四卦之一，巽下坎上。《易·井》："象曰：木上有水，井。"孔颖达疏："井之为义，汲养而不穷。"❻星名，二十八宿之一。即井宿。❼姓。汉代有井宗。

井幹　❶井上的栏圈。《庄子·秋水》："吾乐与，吾跳梁乎井幹之上。"❷楼名。《汉书·郊祀志下》："立神明台、井幹楼，高五十丈。"颜师古注："井幹楼，积木而高，为楼若井幹之形也。"

井户　中国旧时盐户的一种。四川钻井取水制盐的民户。《宋史·食货志下五》："初，赵开之立榷法也，令商人入钱请引，井户但如额煮盐，输土产税而已。"

井井　不变貌。《易·井》："往来井井。"王弼注："不渝变也。"也形容有条理。如：井井有条。《荀子·儒效》："井井兮其有理也。"

井臼　打水舂米，指家务劳动。《后汉书·西羌传》："食禄数十年，秩奉尽赡给知友，妻子不免操井臼。"

井闾　犹言邑里。《新唐书·杜牧传》："井闾阡陌，仓廪财赋，果自治乎？"

井陌　市井街道。《南齐书·徐孝嗣传》："一夫辍耕，于事弥切。故井陌疆里，长毂盛于周朝。"

井渠　地下之行水道。汉武帝时开龙首渠，即采用之。

井蛙　井底之蛙。比喻见识短浅的人。《庄子·秋水》："井蛙不可以语于海者，拘于虚也。"虚，所居之处。

井渫不食　《易·井》："九三，井渫不食，为我心恻。"孔颖达疏："渫，治去秽污之名也。井被渫治，则清洁可食也。"喻洁身自持而不见任用。王粲《登楼赋》："惧匏瓜之徒悬兮，畏井渫之莫食。"

井鱼　井中之鱼。比喻闻见褊狭。《淮南子·原道训》："夫井鱼不可与语大，拘于隘也。"

阱〔穽〕（jǐng）　为防御或猎取野兽而设的陷坑。《后汉书·赵壹传》："毕网在上，机阱在下。"

刭〔剄〕（jǐng）　割颈。《史记·项羽本纪》："皆自刭汜水上。"亦谓断头。《史记·淮南衡山列传》："令从者魏敬刭之。"

肼（jǐng）　指联氨（NH₂—NH₂）或联氨中氢原子被烃基取代后所生成的一类有机化合物。例如，苯肼（C₆H₅—NHNH₂）是一种鉴定醛、酮与碳水化合物的常用试剂。不对称二甲肼〔(CH₃)₂N—NH₂〕是一种高能燃料。

颈〔頸〕（jǐng）　脖子。《史记·乐书》："延颈而鸣，舒翼而舞。"亦指器物像颈的部分。如：瓶颈。

颈联　亦称"腹联"。指律诗第三联（五、六两句）。颈联必须对仗。详"颔联"。

景（jǐng）　❶日光。张载《七哀》诗："朱光驰北陆，浮景忽西沈。"❷景色；景致。如：良辰美景。❸古代称罩衣。《仪礼·士昏礼》："姆加景。"郑玄注："景之制盖如明衣，加之以为行道御尘，令衣鲜明也。景亦明也。"❹情况；现象。如：情景；景况。❺高；大。《诗·鄘风·定之方中》："景山与京。"毛传："景山，大山。"参见"景行"、"景福❶"。❻仰慕。王融《求自试启》："窃景前修，敢蹈轻节。"❼姓。春秋楚王族三姓之一。战国时有景差。
另见 yǐng。

景风　❶祥和之风。《尔雅·释天》："四时和为通正，谓之景风。"❷八风之一。（1）南风。《说文·风部》："南方曰景风。"《史记·律书》："景风居南方。景者，言阳气道竟，故曰景风。"曹丕《与朝歌令吴质书》："方今蕤宾纪时，景风扇物，天气和暖，众果具繁。"蕤宾，乐律名，配夏历五月。（2）东南风。《淮南子·墬形训》："东南曰景风，南风曰巨风。"（3）东风。《文选·任昉〈王文宪集序〉》："候景风而式典。"刘良注："景风，东风也。"

景福　大福。《诗·小雅·小明》："介尔景福。"毛传："介、景，皆大也。"郑玄笺："则将助女（汝）以大福。"

景光　❶霞光。古人以为吉祥的征兆。《后汉书·郎颛传》："若还琼（黄琼）征固（李固），任以时政，伊尹、傅说不足为比；则可垂景光，致休祥矣。"❷时光；年华。苏武《诗四首》："愿君崇令德，随时爱景光。"

景况　情况。多指生活境遇。叶淑《题闲情小品》："余今年栖友人山居，泉茗为朋，景况不恶。"

景气　景象，气氛。白居易《秋寒》诗："雪鬓年颜老，霜庭景气秋。"

景象　❶景色；情景。郑谷《中年》诗："漠漠秦云澹澹天，新年景象入中年。"今多指状况、气象。❷吉祥的征兆。《汉书·武帝纪》："故用事入神，遭天地况施，著见景象，屑（屑）然如有闻。"颜师古注引应劭曰："言天地神灵乃赐我瑞应。"

景行　崇高的德行。《诗·小雅·车舝》："高山仰止，景行行止。"郑玄笺："古人有高德者则慕仰之，有明行者则而行之。"一说，景行（háng），大路。见朱熹注。曹丕《与钟大理书》："高山景行，私所慕仰。"亦用作仰慕之意。颜延之《直东宫答郑尚书》诗："惜无丘园秀，景行彼高松。"

景仰　景慕；仰望。语出《诗·小雅·车舝》"高山仰止，景行行止"。《后汉书·刘恺传》："今恺景仰前修，有伯夷之节。"

景云　❶亦作"卿云"、"庆云"。一种彩云，古人以为祥瑞之气，是太平的征兆。《瑞应图》："景云者，太平之应也。一曰庆云，非气非烟，五色纷缊。"《楚辞·七谏·谬谏》："虎啸而谷风至兮，龙举而景云往。"王逸注："景云，大云而有光者。"❷唐睿宗年号（710—711）。

儆（jǐng）　❶儆戒。如：以儆效尤。《孔子家语·五仪解》："所以儆人臣也。"❷警备；戒备。《左传·襄公九年》："令司宫巷伯儆宫。"❸通"警"。警报。《后汉书·郭伋传》："帝以并部尚有卢芳之儆。"

儆备　戒备。《左传·成公十六年》："公待于坏隤，申宫儆备，设守而后行。"

儆戒　警备；戒备。《书·大禹谟》："儆戒无虞，罔失法度。"

幜（jǐng）　同"景❸"。古代贵族妇女出行时所穿的一种罩衣。《隋书·礼仪志四》："〔皇太子〕妃升辂，乘以几，姆加幜。"

澋（jǐng）　水洄貌。见《集韵·三十八梗》。

憬（jǐng）　❶觉悟。如：憬然有悟。《诗·鲁颂·泮水》："憬彼淮夷，来献其琛。"朱熹注："憬，觉悟也。琛，宝也。"一说远行貌。见

《诗·鲁颂·泮水》毛传。❷见"憧憬"。

璥（jǐng）　玉名。见《说文·玉部》。

璟（jǐng）　玉的光采。古多用作人名。唐代有宋璟。

憼（jǐng）　同"儆"。戒备。《荀子·赋》："憼革贰兵。"杨倞注："憼，与'儆'同，备也。"

螫（jǐng）　蛤蟆。《尔雅·释虫》："螫，蟆。"郭璞注："蛙类。"郝懿行义疏：'《急就篇》云：'水虫蝌斗、蛙、虾蟆。'颜师古注：'虾蟆一名螫，大腹而短脚。'"

警（jǐng）　❶戒备。《左传·宣公十二年》："军卫不彻，警也。"❷告戒。如：惩一警百。《周礼·天官·宰夫》："正岁则以法警戒群吏。"❸敏悟。如：机警。《南史·江蒨传》："幼聪警，读书过目便诵。"❹警报。如：火警；边警。《后汉书·窦融传》："明烽燧之警。"❺警察的简称。如：民警；交通警。

警策　❶挥鞭赶马。曹植《应诏》诗："仆夫警策，平路是由。"❷精炼扼要而含意深切动人的文句。陆机《文赋》："立片言而居要，乃一篇之警策。"

警句　诗文中语意新颖、警策动人的句子。叶梦得《石林诗话》卷上："蔡天启云：尝与张文潜论韩柳五言警句，文潜举退之'暖风抽宿麦，清雨卷归旗'，子厚'壁空残月曙，门掩候虫秋'，皆为集中第一。"

警觉　❶警醒觉悟。真德秀《跋杨和父印施普门品》："一念清净，烈焰成池；一念警觉，舡到彼岸。"❷对可能发生的事变或危险有敏锐的感觉。如：要警觉敌人的一举一动，切不可麻痹大意。

警惕　提高警觉，小心戒备。《红楼梦》第八十二回："先将'可畏'二字激发后生的志气，后把'不足畏'三字警惕后生的将来。"

警钟　❶报告意外事故的钟。用敲钟的次数或快慢作为不同的信号。常用于防空、防火、防盗等。❷比喻引起人们警惕的事件。

譥（jǐng）　同"警"。《鹖冠子·度万》："法者，使去私就公，同知壹譥，有同由者也。"

jǐng

俓〔俓〕（jìng）　❶通"径"。直。《释名·释水》："水直波曰泾。泾，径也，言如道径也。"❷通"经"。经过；经历。《史记·司马相如传》："俓陵赴险，越壑厉水。"

陘〔陘〕（jìng）　同"径"。《左传·襄公十六年》："速遂塞海陘而还。"杜预注："海陘，鲁隘道。"

另见 xíng。

勁〔劲〕（jìng）　❶强；坚强有力。如：劲弩；劲卒。《国策·宋卫策》："夫梁兵劲而权重。"❷猛烈。如：劲风；劲雪。

另见 jìn。

劲敌　实力强大的敌人或对手。《旧五代史·霍彦威传》："此席宴客，皆吾前岁之劲敌也。"亦作"勍敌"。《左传·僖公二十二年》："勍敌之人，隘而不列，天赞我也。"

劲节　❶竹、木生出枒权处质地坚固，称为"劲节"。柳宗元《植灵寿木》诗："柔条乍反植，劲节常对生。"❷比喻坚贞的节操。骆宾王《浮槎》诗："真心凌晚桂，劲节掩寒松。"

劲旅　强有力的军队。《明史·兵志一》："国初京营劲旅，不减七八十万。"今亦常用以指实力雄厚的体育队伍等。

劲直　刚强正直。《韩非子·孤愤》："能法之士，必强毅劲直，不劲直不能矫奸。"

径〔徑、逕〕（jìng）　❶小路。如：山径；曲径。《论语·雍也》："行不由径。"《史记·高祖本纪》："前有大蛇当径。"❷走近路。《史记·高祖本纪》："高祖被酒，夜径泽中。"司马贞索隐："言酒后放徒，夜径行泽中，不敢由正路，且从而求疾也。"❸经过。《水经注·瀍水》："东径马邑县故城南。"❹直；直捷了当。如：径行办理。《汉书·枚乘传》："石称丈量，径而寡失。"❺即；就。《史记·滑稽列传》："不过一斗径醉矣。"

径〔徑〕（jìng）　数学名词。如"直径"、"半径"。

径轮　古代测量土地的术语，即直径和周围。张衡《西京赋》："于是量径轮，考广袤。"

径情　任性；任意。《鹖冠子·著希》："故君子弗径情而行也。"参见"直情径行"。

径庭　过分；悬殊。《庄子·逍遥游》："吾惊怖其言，犹河汉而无极也。大有径庭，不近人情焉。"陆德明释文引李颐云："径庭，谓激过也。"王先谦集解引宣颖云："径，门外路；

庭，堂外地。"谓相距极远。亦作"径廷"。刘峻《辨命论》："如使仁而无择，奚为修善立名乎？斯径廷之辞也。"

径易　直捷平易。《荀子·正名》："名有固善，径易而不拂，谓之善名。"

净〔淨〕（jìng）　❶干净；洁净。谢朓《晚登三山还望京邑》诗："澄江净如练。"❷净尽；无余。如：一口喝净；细收净打。佛教特指情欲的洗除净尽。如：六根未净。梁武帝《净业赋》："患累已除，障碍亦净。"❸纯。如：净重；净利。❹只管；全都。如：天净下雨；屋里净是书。❺俗称"花脸"、"花面"。传统戏曲脚色行当。一般认为是从宋杂剧副净发展而来。大都扮演性格粗犷豪放或阴险奸诈以及相貌特异的男性人物，如张飞、李逵、曹操、严嵩等。面部化妆用脸谱，唱用宽音或假音，动作幅度大，以突出性格、气度和声势。又根据所扮人物性格、身份的不同而分为若干专行，如京剧的正净、副净、武净等。

净身　旧指男子受阉割而丧失生殖机能。

净土　佛教谓无五浊（劫浊、见浊、烦恼浊、众生浊、命浊）垢染的清净世界。与世俗众生居住的世间相对。认为佛有无数，净土亦无数，如西方极乐世界的阿弥陀佛净土。《摄大乘论》："所居之土，无于五浊，如彼玻璃珂等，名清净土。"

弪〔弳〕（jìng）　"弧度"的古称。即圆周上某段弧等于该圆半径时，此圆弧所对的圆心角。

桱〔桱〕（jìng）　❶木名。张孝祥《送刘子思》诗："旧怜杉桱碧，新喜荔枝红。"❷床前儿。《说文·木部》："桱，桱桯也。东方谓之荡。"段玉裁注："桱、荡皆床前儿之殊语也。"

脛〔胫、踁〕（jìng）　脚胫，自膝至脚跟部分。《论语·宪问》："以杖叩其胫。"《庄子·骈拇》："鹤胫虽长，断之则悲。"

另见 kēng。

茎〔蓟〕（jìng）　草名。《尔雅·释草》："蓟，鼠尾。"郭璞注："可以染皂。"郝懿行义疏："今蔓草，野人呼鸡子嘴，结荚锐长形，如鸟嘴，亦似鼠尾也。"

另见 qíng。

倞（jìng）　同"劲"。《说文·人部》："倞，强也。"朱骏声《通

训定声》谓俓,假借为"勍"。按"勍"即"劲"字。

另见 liàng。

痉 〔痙〕(jìng) 一种病状,即痉挛。《灵枢·热病》:"热而痉者死。"

竞 〔競〕(jìng) ❶比赛;争逐。如:竞技;竞走。《诗·商颂·长发》:"不竞不絿。"郑玄笺:"竞,逐也。"❷强劲。《左传·襄公十八年》:"南风不竞。"

竞渡 赛船。相传屈原于五月五日投汨罗江,俗因于是日以龙舟竞渡,表示纪念。《荆楚岁时记》:"五月五日竞渡,俗为屈原投汨罗日,伤其死,故并命舟楫以拯之。"

竞爽 ❶刚强精明。《左传·昭公三年》:"齐公孙灶卒。司马灶见晏子,曰:'又丧子雅矣!'晏子曰:'……二惠竞爽,犹可;又弱一个焉,姜其危哉!'"杜预注:"子雅、子尾皆齐惠公之孙也;竞,强也;爽,明也。"按齐姜姓,言有二惠之强明还可保持齐国势力。❷争胜。钟嵘《诗品》卷上:"自王、扬、枚、马之徒,词赋竞爽,而吟咏靡闻。"

竞争 互相争胜。《庄子·齐物论》:"有竞有争。"郭象注:"并逐曰竞,对辩曰争。"

彭 (jìng) 清素的妆饰。《说文·彡部》:"彭,清饰也。"段玉裁注:"清饰者,谓清素之饰也。"

殡 (jìng) 译音字。如:殡伽(古印度有殡伽河)。

另见 qíng。

竟 (jìng) ❶本义为奏乐完毕,引申为完、尽。如:竟日;竟夜。陶潜《拟古》诗:"歌竟长叹息。"❷终于;竟然。如:有志者事竟成。《史记·陈丞相世家赞》:"及吕后时,事多故矣,然平竟自脱。"❸穷究;根究。《汉书·霍光传》:"此县官重太后,故不竟也。"县官,指天子;重,碍难。❹通"境"。《礼记·曲礼上》:"入竟而问禁。"

竫 (jìng) ❶安静。《吕氏春秋·贵因》:"竫立安坐而至者,因其械也。"《后汉书·崔骃传》:"竫潜思于至赜兮。"❷编造。《公羊传·文公十二年》:"惟谖谖善竫言。"何休注:"竫犹撰也。"陈立义疏:"撰者,巧言之人,凭空结撰,易以动人。"

婧 (jìng) 苗条美好貌。《后汉书·张衡传》:"舒妙婧之纤腰兮,扬杂错之袿徽。"

靓 〔靚〕(jìng) ❶以脂粉为艳丽妆饰。《后汉书·南匈奴传》:"昭君丰容靓饰,光明汉宫。"❷通"静"。《汉书·贾谊传》:"淡虖若深渊之靓,泛虖若不系之舟。"

另见 liàng。

敬 (jìng) ❶戒慎;敬肃;不怠慢。《诗·周颂·闵予小子》:"夙夜敬止。"郑玄笺:"敬,慎也。"《荀子·强国》:"故王者敬日,霸者敬时。"杨倞注:"敬,谓不敢慢也。"❷警戒。《诗·大雅·常武》:"既敬既戒。"郑玄笺:"敬之言警也。"❸尊敬。《礼记·曲礼上》:"贤者狎而敬之。"❹以礼物致敬意。如:贺敬;奠敬。❺姓。唐代有敬晖。

敬辞 也叫"敬语"。与"谦辞"相对。表示尊敬和礼貌的用语。如"贵方"、"阁下"等。

敬空 旧时致书尊长,于纸尾留空以待批复的敬语。沈括《梦溪笔谈·补笔谈·杂志》:"前世风俗,卑者致书于所尊敬,尊者但批纸尾答之,曰'反'。故人谓之'批反'。……故纸尾多着'敬空'字,自谓不敢抗敌,但空纸尾以待批反耳。"

敬礼 ❶以礼貌相待,表示尊敬。《史记·汲郑列传》:"上尝坐武帐中,黯前奏事,上不冠,望见黯,避帐中,使人可其奏。其见敬礼如此。"亦指对人致敬的礼节。如古代的揖、拜,近代的脱帽、鞠躬、立正、举手等都是。❷书信末的表敬用语。

敬业乐群 《礼记·学记》:"一年视离经辨志,三年视敬业乐群。"孔颖达疏:"敬业谓艺业长者敬而亲之;乐群谓群居朋友善者愿而乐之。"孙希旦集解引朱熹曰:"敬业者,专心致志以事其业也;乐群者,乐于取益以辅其仁也。"据朱说,敬业谓专心学业,乐群谓乐与朋友相切磋。

赌 〔賭〕(jìng) 赐予。见《广韵·四十五劲》。

另见 qíng。

靖 (jìng) ❶安定。《国语·周语下》:"自后稷之始基靖民。"韦昭注:"基,始也;靖,安也。自后稷播百穀,以始安民。"❷平定。《左传·僖公九年》:"君务靖乱,无勤于行。"❸谦恭。《管子·大匡》:"士处靖,敬老与贵,交不失礼。"❹图谋。《诗·大雅·召旻》:"实靖夷我邦。"郑玄笺:"皆谋夷灭王之国。"❺细小貌。见"靖人"。❻通"静"。《左传·昭公二十五年》:"靖以待命。"

犹可,动必忧。"❼姓。唐代有靖君亮。

另见 jìng。

靖难 谓平定变乱。《后汉书·孔融传》:"负其高气,志在靖难,而才疏意广,迄无成功。"

靖人 亦作"诤人"、"诤人"。古代传说中的小人。《山海经·大荒东经》:"有小人国,名靖人。"郭璞注:"《诗含神雾》曰:'东北极有人长九寸。'殆谓此小人也。或作诤,音同。"

靖献 谓臣下尽忠于君。语出《书·微子》:"自靖,人自献于先王。"孔传:"各自谋行其志,人人自献达于先王,以不失道。"

静 (jìng) ❶平静;静止。与"动"相对。如:树欲静而风不止。❷没有声响。如:夜深人静。❸安详;贞静。《论语·雍也》:"仁者静。"《诗·邶风·静女》:"静女其姝。"❹通"净"。清洁。《诗·大雅·既醉》:"笾豆静嘉。"❺见"静言"。

静鞭 帝王仪仗的一种。亦称"鸣鞭"。振之发声,使人肃静。袁桷《内宴》诗:"棕殿沈沈晓日清,静鞭初彻四无声。"亦作"净鞭"。《水浒传》第一回:"隐隐净鞭三下响,层层文武两班齐。"按《清会典·銮仪卫》载:"静鞭:黄丝,长一丈三尺,阔三寸;梢长三丈,渍以蜡;柄木质髹(髤)朱,长一尺五寸,刻金龙首。"

静物 《史记·五帝本纪》"动静之物"张守节正义:"动物谓鸟兽之类,静物谓草木之类。"泛指静止之物。如:静物画;静物摄影。

静言 ❶安静地。《诗·邶风·柏舟》:"静言思之。"毛传:"静,安也。"❷伪饰之言。《书·尧典》:"静言庸违。"孔传:"静,谋也。"按有巧饰之意。《史记·五帝本纪》作"善言"。《汉书·王尊传》引作"靖言"。《汉书·翟方进传》:"兄宣静言令色,外巧内嫉。"

静止 不动;休止。《管子·四时》:"其事号令,修禁徙民,令静止。"

境 (jìng) ❶疆界。《荀子·强国》:"入境观其风俗。"❷地域;处所。《吕氏春秋·怀宠》:"故兵入于敌之境,则民知所庇矣。"陶潜《饮酒》诗:"结庐在人境,而无车马喧。"❸境况;境地。如:顺境;逆境;时过境迁。

境界 ❶疆界。《后汉书·仲长统传》:"当更制其境界,使远者不过二百里。"❷境地;景象。耶律楚材《和

景贤》:"吾爱北天真境界,乾坤一色雪花霎。"❸犹言造诣。《无量寿经》:"斯义弘深,非我境界。"❹指诗文、图画及思想、道德等的意境。如:境界高超。

箐(jìng) 山间大竹林。亦指竹木丛生的山谷。《徐霞客游记·滇游日记三》:"又有一庵,前临危箐,后倚峭峰。"亦用于地名。如:梅子箐(在云南)、杉木箐(在贵州)。

另见 qiāng。

猄(jìng) 传说中的恶兽名。也叫"破镜"。《述异记》卷上:"猄之为兽,状如虎豹而小,始生,还食其母。"参见"破镜❶"、"枭猄"。

詰(jìng) 争言。《说文》部首:"詰,竞言也。"饶炯《说文解字部首订》:"詰犹二人直持其说,各不相让,盖争言也。但争者以手,其意有恶无美;詰者以言,其意有恶有美。"

䂵〔䂵〕(jìng) 隔绝。胡元晖《原道篇》:"众人之耳目五官,与心二者也。声入而若或䂵之。"

镜〔镜〕(jìng) ❶镜子,古代用铜磨制,近代常用的镜子常在玻璃的背面涂上水银制成。❷许多用目观察的光学仪器(如望远镜、显微镜、分光镜等)和其他一些光学元件(如透镜、棱镜、偏振光镜等),其名称常加一镜字,以表示其光学成像性质。❸照耀。《后汉书·班固传》:"荣镜宇宙。"❹鉴察。《汉书·杜邺传》:"逮身所行,不自镜见。"❺姓。汉代有镜敛。

镜花水月 亦作"水月镜花"。比喻空灵的意境。谢榛《诗家直说》卷一:"诗有可解不可解,不必解,若水月镜花,勿泥其迹可也。"亦比喻虚幻。《镜花缘》第一回:"即使所载竟是巾帼,设或无缘,不能一见,岂非镜花水月,终虚所望么?"

镜监 监,亦作"鉴"。犹镜戒。《汉书·孝成班倢伃传》:"陈女图以镜监兮,顾女史而问诗。"

镜戒 戒,亦作"诫"。犹言鉴戒。以往事作为警惕和教训。《后汉书·寇恂传》:"今君所将,皆宗族昆弟也,无乃当以前人为镜戒。"

镜考 借他事以自省,借鉴考校。《汉书·谷永传》:"愿陛下追观夏、商、周、秦所以失之,以镜考己行。"颜师古注:"镜谓鉴照之;考,校也。"

镜听 即镜卜。古人的一种卜法。王建《镜听词》:"重重摩挲嫁时镜,夫婿远行凭镜听。"朱弁《曲洧旧闻》

卷九:"王建集有《镜听词》,谓怀镜于通衢间,听往来之言,以占休咎。近世人怀杙以听,亦犹是也。又有无所怀而直以耳听之者,谓之响卜,盖以有心听无心耳。"

瀞(jìng) 无垢秽。见《说文·水部》。段玉裁注:"此今之净字也。古瀞今净,是之谓古今字。"

jiōng

坰(jiōng) 遥远的郊野。《尔雅·释地》:"邑外谓之郊,郊外谓之牧,牧外谓之野,野外谓之林,林外谓之坰。"左思《吴都赋》:"相与聊浪乎昧莫之坰。"

駉〔駉〕(jiōng) 见"駉駉"。

駉駉 马肥壮貌。《诗·鲁颂·駉》:"駉駉牡马。"毛传:"駉駉,良马腹干肥张也。"

扃(jiōng) ❶门窗箱柜上的插关。见"扃镝"。❷门窗;门户。孔稚圭《北山移文》:"虽情投于魏阙,或假步于山扃。"❸关锁。《汉书·外戚传下》:"潜玄宫兮幽以清,应门闭兮禁闼固。"❹贯通鼎上两耳的横杠,用以举鼎。《仪礼·士虞礼》:"设左人抽扃鼏匕。"❺插旗的环扣,所以使旗不动摇。张衡《西京赋》:"旗不脱扃,结驷方蕲。"❻车上搁置兵器的横阑。《左传·宣公十二年》:"晋人或以广队不能进,楚人惎之脱扃。"

另见 jiǒng。

扃镝 门窗或箱箧上可以加锁的地方。镝,有舌的环。《庄子·胠箧》:"将为胠箧探囊发匮之盗而为守备,则必摄缄縢,固扃镝。"

駫〔駫〕(jiōng) 马肥壮貌。《说文·马部》:"駫,马肥盛也。从马光声。《诗》曰'駫駫牡马'。"段玉裁注:"按即《鲁颂》之'駉駉牡马'也。……毛传曰:'駫駫,良马腹干肥张也。'许言肥盛,即腹干肥张。"

鼩(jiōng) 鼠名。《广雅·释兽》:"鼩黔。"王念孙疏证:"《玉篇》:'鼩,斑鼠也。'黔,鼩属。《广韵》:'鼩黔,斑鼠。'又云:'歔,斑鼠也。'歔,鼠文也。则鼩黔即《尔雅》之歔鼠矣。"

jiǒng

逈(jiǒng) 同"迥"。

冋(jiǒng) ❶本作"囧",像窗口通明。引申为有光貌。《艺文类聚》卷九引晋郭璞《井赋》:"乃回澄以静映,状冏然而镜灼。"❷鸟飞貌。《文选·木华〈海赋〉》:"望涛远决,冋然鸟逝。"张铣注:"冋,鸟飞貌。"

冏冏 光明貌。韩愈《秋怀》诗:"虫鸣室幽幽,月吐窗冏冏。"

冋卿 《书·冋命序》:"穆王命伯冋为周太仆正。"后因称太仆寺卿为"冋卿"。张溥《五人墓碑记》:"贤士大夫者,冋卿因之吴公、太史文起文公、孟长姚公也。"因之,吴默字,官太仆卿。

囧(jiǒng) 同"冋"。见"冋冋"。

囧囧 明亮貌。江淹《孙廷尉绰杂述》诗:"囧囧秋月明。"

炅(jiǒng) ❶光亮。李白《明堂赋》:"熠乎光碧之堂,炅乎琼华之室。"❷热。《素问·举痛篇》:"得炅则痛立止。"王冰注:"炅,热也。"

另见 guì。

迥〔逈〕(jiǒng) ❶远。曹植《杂诗》:"之子在万里,江湖迥且深。"❷形容差别很大。如:迥异;迥然不同。

迥迥 遥远貌。张说《同赵侍御望归舟》诗:"山庭迥迥面长川,江树重重极远烟。"

泂(jiǒng) ❶远。见"泂酌"。❷深广貌。郭璞《江赋》:"鼓帆迅越,趋涨截泂。"

泂酌 谓从远处取水。《诗·大雅·泂酌》:"泂酌彼行潦,挹彼注兹。"后亦用作薄酒之意。柳宗元《为韦京兆祭太常崔少卿文》:"敬陈泂酌,以告明灵。"

炯〔炯〕(jiǒng) 亦作"颎"。❶光明;明亮。杜甫《法镜寺》诗:"朱甍半光炯,户牖粲可数。"❷义同"耿"。颜延之《始安郡还都与张湘州登巴陵城楼》诗:"存没竟何人,炯介在明淑。"

炯戒 彰明昭著的警戒。班固《幽通赋》:"既讯尔以吉象兮,又申之以炯戒。"亦作"炯诫"。《北史·高允传》:"夫史籍,帝王之实录,将来之炯诫。"

炯炯 ❶光亮貌。如:目光炯炯。《文选·潘岳〈秋兴赋〉》:"登春台之熙熙兮,珥金貂之炯炯。"五臣本作"颎颎"。❷犹言耿耿。不寐貌。《楚辞·哀时命》:"夜炯炯而不寐

兮,怀隐忧而历兹。"王逸注:"言己中心愁怛,目为炯炯而不能眠。"参见"耿耿❶"。

扃(jiǒng) 通"炯"。见"扃扃"。
另见 jiōng。

扃扃 明察貌。扃,通"炯"。《左传·襄公五年》:"周道挺挺,我心扃扃。"

恫(jiǒng) 通"炯"。见"恫恫"。

恫恫 犹"耿耿"。形容心中不安。陶潜《闲情赋》:"恫恫不寐,众念徘徊。"

颎〔穎〕(jiǒng) 通"裚"。指单层的披肩。《仪礼·士昏礼》:"〔女从者〕被颎黼。"郑玄注:"颎,禅也……士妻始嫁,施禅黼于领上。"

絅(jiǒng) 同"裚"。

焢(jiǒng) 火。见《广韵·三十八梗》。

颍〔熲〕(jiǒng) ❶同"炯"。火光明亮;光明。《诗·小雅·无将大车》:"无思百忧,不出于颍。"郑玄笺:"思众小事为忧,使人蔽闇,不得出于光明之道。"❷警枕。《礼记·少仪》:"茵、席、枕、几、颍、杖。"郑玄注:"颍,警枕也。"

颍颍 同"炯炯"。光明貌。《楚辞·九思·哀岁》:"神光兮颍颍。"原注:"神光,山川之精,能为光者也。"

窘(jiǒng) ❶困迫。《诗·小雅·正月》:"又窘阴雨。"《史记·季布栾布列传》:"项籍使将兵,数窘汉王。"❷贫困。如:生活很窘。《庄子·列御寇》:"困窘织屦。"❸困急;为难。如:窘态毕露。《后汉书·孔融传》:"融见其有窘色。"

窘步 举步困难。《离骚》:"夫唯捷径以窘步。"洪兴祖补注:"以不由正道,而所行蹙迫耳。"

窘迫 处境困急。《晋书·刘琨传》:"在晋阳,尝为胡骑所围数重,城中窘迫无计。"

裚(jiǒng) 麻布制的单罩衣。《说文·衣部》:"裚,蘝也。"段玉裁注:"蘝者,枲属;绩蘝为衣,是为裚也。"《诗·卫风·硕人》:"衣锦裚衣。"朱熹注:"锦,文衣也;裚,禅也。锦衣而加裚焉,为其文之太著也。"

jiū

九(jiū) 通"鸠"。聚合。《庄子·天下》:"禹亲自操橐耜,而九杂天下之川。"
另见 jiǔ。

勼(jiū) 聚集。通作"鸠"。《说文·勹部》:"勼,聚也。"

纠〔糾、紆〕(jiū,旧读 jiǔ) ❶绞合的绳索。贾谊《鵩鸟赋》:"祸之与福兮,何异纠缠。"引申为缠绕;纠缠。《楚辞·九章·悲回风》:"纠思心以为纕兮,编愁苦以为膺。"❷结集;连合。《左传·僖公二十四年》:"召穆公思周德之不类,故纠合宗族于成周而作诗。"❸督察;矫正。如:纠察;纠正。《周礼·秋官·大司寇》:"以五刑纠万民。"孔颖达疏:"纠,犹察也……谓察其善恶而别异之。"《书·冏命》:"绳愆纠谬。"孔颖达疏:"绳谓弹正,纠谓发举。有愆过则弹正之,有错谬则发举之。"❹通"起"。见"纠纠❷"。
另见 jiǎo。

纠缠 纠结缠绕。黄庭坚《跋翟公巽所藏石刻》:"柳公权《谢紫丝靸鞋帖》,笔势往来,如用铁丝纠缠。"引申为缠扰不休。如:一味纠缠。

纠纷 ❶纷扰。左思《魏都赋》:"至乎勋敌纠纷,庶士罔宁。"亦指争执。❷交错杂乱貌。李华《吊古战场文》:"河水萦带,群山纠纷。"

纠葛 如葛藤纠缭,喻纠缠不清之事。如:恐有纠葛。

纠诟 收取;搜刮。《荀子·富国》:"而或以无礼节用之,则必有贪利纠诟之名,而且有空虚穷乏之实矣。"

纠纠 ❶绳索缠绕貌。《诗·魏风·葛屦》:"纠纠葛屦,可以履霜。"❷同"起起"。武勇貌。《后汉书·桓荣传》"世祖从容问汤(何汤)"李贤注引谢承曰:"'纠纠武夫,公侯干城。'何汤之谓也。"

朻(jiū) 同"樛"。树枝向下弯曲。《尔雅·释木》:"下句曰朻。"

鸠〔鳩〕(jiū) ❶鸟名。鸠鸽科部分种类的通称。中国有绿鸠、南鸠、鹃鸠和斑鸠等。❷通"勼"。聚集。《书·尧典》:"共工方鸠僝功。"❸安定。《国语·晋语九》:"庶曰可以鉴而鸠赵宗乎!"❹古代土地的量名。《左传·襄公二十五年》:"鸠数泽。"孔颖达疏引贾逵曰:"薮泽之地,九夫为鸠,八鸠而当一井也。"

鸠集 聚集;搜集。《三国志·魏志·王朗传》:"鸠集兆民,于兹魏土。"《南史·裴松之传》:"上使注陈寿《三国志》,松之鸠集传记,广增异闻。"

鸠居 《诗·召南·鹊巢》:"维鹊有巢,维鸠居之。"谓鸠性拙,不善筑巢,居鹊成巢中。后或以指强占他人居处。

鸠形鹄面 形容身体瘦削,面容憔悴。《隋唐演义》第四十四回:"可怜个个衣不蔽体,饿得鸠形鹄面。"

鸠杖 杖头刻有鸠形的拐杖。《后汉书·礼仪志中》:"仲秋之月,县道皆案户比民。年始七十者,授之以玉杖,铺之糜粥。八十、九十,礼有加赐。玉杖,长〔九〕尺,端以鸠鸟为饰。鸠者不噎之鸟也,欲老人不噎。"王先谦集解引惠栋曰:"《风俗通》云:'汉高祖与项籍战京索间,遁丛薄中。时有鸠鸣其上,追者不疑,遂得脱。及即位,异此鸟,故作鸠杖,赐老人也。'"

鸠拙 《禽经》:"鸠拙而安。"张华注:"鸠,鸤鸠也。"《方言》云:'蜀谓之拙鸟,不善营巢,取乌巢居之,虽拙而安处也。'"鸤鸠,布谷。范成大《晓发飞乌晨霞满天戏记其事》诗:"逐妇鸠能拙,穴居狸有智。"后用为自称性拙的谦辞。

究(jiū,旧读 jiù) ❶溪流的尽处。《水经注·温水》:"山溪瀨中谓之究。"❷穷尽;终极。《诗·大雅·荡》:"靡届靡究。"毛传:"究,穷也。"《易·说卦》:"〔震〕其究为健。"孔颖达疏:"究,极也。极于震动,则为健也。"❸谋划。《诗·大雅·皇矣》:"维彼四国,爰究爰度。"毛传:"究,谋。"❹彻底推求。如:追根究底。谢灵运《答王卫军问辨宗论书》:"词征理析,莫不精究。"❺毕竟;到底。如:究属不妥。参见"究竟❹"。❻见"究究"。

究竟 ❶犹言穷尽。马融《广成颂》:"上下究竟,山谷萧条,原野嶙峋,上无飞鸟,下无走兽。"❷犹言至极,即佛典里所指最高深的事理。《大智度论》七十二:"究竟者,所谓诸法实相。"《三藏法数》:"究竟即决定终极之义。"佛教称究竟不变之法为"实"。❸完毕;结束。《三国志·吴志·鲁肃传》载肃责关羽归还三郡,"语未究竟,坐有一人曰:'夫土地者,惟德所在耳,何常之有!'"❹

到底；毕竟。如：究竟如何；究竟不错。

究究 ❶憎恶貌。《诗·唐风·羔裘》："羔裘豹褎（袖），自我人究究。"毛传："究究，犹居居也。"按前章"羔裘豹祛，自我人居居"，毛传："居居，怀恶不相亲比之貌。"❷不止貌。《楚辞·九叹·远逝》："长吟永欷，涕究究兮。"

赳（jiū）见"赳赳"。

赳赳 雄壮勇武貌。《诗·周南·兔罝》："赳赳武夫，公侯干城。"亦作"纠纠"。《后汉书·桓荣传》"令说《尚书》，甚善之"李贤注引谢承书作"纠纠武夫"。

阄〔鬮、鬮〕（jiū）古时抓取物具以较胜负曰阄。多用于饮酒游戏。唐彦谦《游南明山》诗："阄令促传觞，投壶更联句。"亦用以卜休咎可否。参见"拈阄"。

揪〔揫〕（jiū）❶收聚。马融《广成颂》："揪敛九薮之动物。"❷抓住；扭住。《水浒传》第十三回："牛二紧揪住杨志。"

啾（jiū）❶歌吟。《文选·班固〈答宾戏〉》："夫啾发投曲，感耳之声。"李善注引项岱曰："啾，口吟也；投曲，投合歌曲也。"❷声音众多。《文选·马融〈长笛赋〉》："啾咋嘈啐。"李善注引《苍颉篇》："啾，众声也。"

啾唧 细小而繁杂的声音。王安石《和冲甫兄春日有感》诗："幽鸟迎阳语啾唧。"

啾啾 ❶形容细碎之声。《楚辞·招隐士》："蟪蛄鸣兮啾啾。"杜甫《枯棕》诗："啾啾黄雀啅。"《离骚》："鸣玉鸾之啾啾。"潘岳《闲居赋》："管啾啾而并吹。"❷形容凄厉惨烈的叫声。《楚辞·九歌·山鬼》："猿啾啾兮狖夜鸣。"

摎（jiū）❶绞结。《仪礼·丧服》："殇之绖，不摎垂。"郑玄注："不摎垂者，不绞其带之垂也。"按石经本作"摎"，今本作"樛"。❷通"求"。《后汉书·张衡传》："摎天道其焉如！"
另见liú。

缪〔繆〕（jiū）通"摎"。《汉书·外戚传下》："即自缪死。"颜师古注："缪，绞也。"
另见liào，miào，miù，móu，mù。

樛（jiū）❶树木向下弯曲。《诗·周南·樛木》："南有樛木，葛藟累之。"❷通"摎"。绞；缠

结。《仪礼·丧服》："不樛垂。"郑玄注："不绞其带之垂者。"杜甫《乾元中寓居同谷县作歌》："古木茏苁枝相樛。"❸通"求"。张衡《思玄赋》："樛天道其焉如。"

樛结 纠缠在一起。《汉书·五行志中之下》："天雨草而叶相樛结。"

蟜（jiū）见"蟜蛑"。
另见qiú，yóu。
蟜蛑 即"梭子蟹"。

噍（jiū）同"啾"。见"噍噍"。
另见jiào，jiào。
噍噍 鸟鸣细碎声。《文选·扬雄〈羽猎赋〉》："噍噍昆鸣。"李善注："噍与啾同。"

鬏（jiū）头发盘成的髻。

jiǔ

九（jiǔ）❶数目。八加一所得。《素问·三部九候论》："始于一，终于九焉。"❷泛指多。司马迁《报任少卿书》："若九牛亡一毛。"又："是以肠一日而九回。"❸《易经》中称阳爻为九。如：九五。《易·乾》："〔文言〕乾元用九，天下治也。"王弼注："九，阳也。阳，刚直之物也。"❹时令名。(1)指冬九九。见"九九❶"。(2)指重阳节。古诗中常用"九日"称重阳。❺姓。唐有九嘉。
另见jiū。

九百 ❶亦作"九伯"。讥人痴呆；神气不足。陈师道《后山诗话》："世以痴为九百，谓其精神不足也。"❷指计较琐细的人。翟灏《通俗编·数目》："《爱日斋丛抄》：'九百或取喻细琐之为者。'……今犹以较论细琐人为九百。"

九成 犹九重。形容其高。《吕氏春秋·音初》："为之九成之台。"

九重 ❶九层；九道。《楚辞·九辩》："岂不郁陶而思君兮，君之门以九重。"也泛指多层。无名氏《气英布》第四折："九重围里往来，直似摧梭。"❷指天。古代传说天高有九层。《汉书·礼乐志》："九重开，灵之斿。"❸指帝王所居之处。钱起《汉武出猎》诗："汉家无事乐时雍，羽猎年年出九重。"

九春 ❶谓春季。春季三个月，共九十日，故称"九春"。阮籍《咏怀》诗："悦怿若九春，磬折似秋霜。"❷谓三年。《文选·曹植〈杂诗〉》："自

期三年归，今已历九春。"李善注："一岁三春，故以三年为九春，言已过期也。"

九鼎 传说夏禹铸九鼎，象征九州，三代时奉为传国之宝，成汤迁之于商邑，周武王迁之于洛邑，秦攻西周（指报王迁都后的西周），取九鼎，其一沉于泗水，余八无考。后以"九鼎"喻分量之重。如：一言九鼎。《史记·平原君列传》："毛先生一至楚，而使赵重于九鼎大吕。"

九冬 谓冬季。以冬季有九十天而称。沈约《夕行闻夜鹤》诗："九冬霜雪苦（一作负霜雪），六翮飞不任。"

九伐 九种须加征伐之事。《周礼·夏官·大司马》："以九伐之法正邦国：冯弱犯寡则眚之，贼贤害民则伐之，暴内陵外则坛之，野荒民散则削之，负固不服则侵之，贼杀其亲则正之，放弑其君则残之，犯令陵政则杜之，外内乱、鸟兽行则灭之。"

九服 《周礼·夏官·职方氏》："乃辨九服之邦国。"九服，指京畿以外的九等地区，即侯服、甸服、男服、采服、卫服、蛮服、夷服、镇服、藩服。后泛指全国各地区。《宋书·武帝纪中》："王略所宣，九服率从。"参见"九畿"。

九赋 中国古籍中所载周的九种赋税。《周礼·天官上》："以九赋敛财贿：一曰邦中之赋，二曰四郊之赋，三曰邦甸之赋，四曰家削之赋，五曰邦县之赋，六曰邦都之赋，七曰关市之赋，八曰山泽之赋，九曰币余之赋。"九赋虽未必和周事实相符，但后世有关赋税的论述常引以为据。

九垓 ❶中央至八极的九州之地。梁简文帝《南郊颂序》："九垓同轨，四海无波。"亦作"九畡"。《国语·郑语》："王者居九畡之田。"韦昭注："九畡，九州之极数也。"《说文·土部》引作"天子居九垓之田"。❷亦作"九阂"、"九陔"。谓九重天。《淮南子·道应训》："吾与汗漫期于九垓之外。"《汉书·礼乐志》："专精厉意逝九阂。"颜师古注引如淳曰："阂，亦陔也。"

九畡 同"九垓❶"。

九皋 深泽。《诗·小雅·鹤鸣》："鹤鸣于九皋，声闻于天。"毛传："皋，泽也。"郑玄笺："皋，泽中水溢出所为坎，自外数至九，喻深远也。"陆德明释文："九皋，九折之泽。"

九宫 戏曲、音乐名词。南北曲常

用的曲牌,大都属于仙吕宫、南吕宫、中吕宫、黄钟宫、正宫、大石调、双调、商调和越调九个宫调。通称"九宫"或"南北九宫"。

九宫格 临习书法所用的界格纸。在方框中画井字形,等分成九格,便于临写时对照范本字形,掌握点画部位,或以之缩小放大。另有田字格、米字格,作用相同。

九官 相传虞舜置九官:禹作司空,弃为后稷,契作司徒,皋陶作士,垂为共工,益为虞,伯夷作秩宗,夔为典乐,龙为纳言。见《书·舜典》。

九合 合,会盟。指春秋时称霸的诸侯为巩固霸业而多次会盟。《论语·宪问》:"桓公九合诸侯,不以兵车,管仲之力也。"按:齐桓公会盟诸侯不止九次,此云"九合",非指实数。

九华 绚丽多采。白居易《长恨歌》:"闻道汉家天子使,九华帐里梦魂惊。"

九畿 先秦时理想中的一种行政区划。以王畿为中心,自内而外,每五百里为一畿,共有侯、甸、男、采、卫、蛮、夷、镇、藩等九畿,为各级诸侯的领地及外族所居之地。见《周礼·夏官·大司马》。

九棘 古代朝廷树棘以分别朝臣的品位,左右各九,称"九棘"。《周礼·秋官·朝士》:"左九棘,孤、卿、大夫位焉,群士在其后;右九棘,公、侯、伯、子、男位焉,群吏在其后。"后因以九棘为九卿的代称。权德舆《奉和太府韦卿阁老》:"春山仙掌百花开,九棘腰金有上才。"

九京 春秋晋卿大夫的墓地。《礼记·檀弓下》:"是全要(腰)领以从先大夫于九京也。"郑玄注:"晋卿大夫之墓地在九原。京盖字之误。"陆德明释文:"京,音原。"后泛指墓地。黄庭坚《送范德孺知庆州》诗:"平生端有活国计,百不一试薶九京。"参见"九原❷"。

九九 ❶我国古代将夏至后的八十一天和冬至后的八十一天各分为九个段落,每一段落为九天,分别称为"夏九九"和"冬九九"。并按次序定名为头九、二九……九九。通常所谓九九或数九天气,是指冬九九而言。自三九至四九,约为阳历一月中、下旬,正是我国冬季最冷时期,故有"冷在三九"的说法。又"九九"也有只指"冬九九"中最末一个九天而言的,例如,"九九艳阳天"。❷以一至九每两数相乘而成的乘法口诀。

古时是由"九九八十一"开始,故名。起源甚早,春秋齐桓公时已将通晓它视为薄能。元代朱世杰所著《算学启蒙》中,有释九数法,也指此,然已改为自"一一如一"开始。❸指数学。元李冶病革,语其子曰:"独《测圆海镜》一书虽九九小数,吾常精思致力焉。后世必有知者。"❹重阳节。以在夏历九月初九,故称。

九九消寒图 从冬至后一日起每九天称一九,九九共八十一天。于冬至日画素梅一枝,作八十一花瓣,不著色而逐日渲染其一。图成而九九尽,天气转暖,寒意消除,故名。见刘侗《帝京景物略·春场》。

九流 ❶先秦学术流派,即儒、道、阴阳、法、名、墨、纵横、杂、农等九家。见《汉书·艺文志》。❷指江河的许多支流。徐幹《齐都赋》:"其川渎则洪河洋洋,发源昆仑,九流分逝,北朝沧渊。"

九流十家 先秦至汉初学术思想派别的总称。西汉刘歆《七略》中的《诸子略》,把先秦和汉初诸子思想分为十家,并分别指出其思想渊源;十家即儒、道、阴阳、法、名、墨、纵横、杂、农、小说家。十家中除去小说家,称为九流。班固《汉书·艺文志》即根据此说,著录各家人物和著作。

九门 ❶相传古天子居处有九门。《礼记·月令》:"毋出九门。"郑玄注:"天子九门者,路门也,应门也,雉门也,库门也,皋门也,城门也,近郊门也,远郊门也,关门也。"❷九天之门。李白《梁甫吟》:"阊阖九门不可通,以额扣关阍者怒。"❸指北京九门,即正阳门、崇文门、宣武门、安定门、德胜门、东直门、西直门、朝阳门、阜成门。见《清通典·职官九》。❹地名。战国赵邑。见《史记·赵世家》。

九庙 古时帝王立庙祭祀祖先,有太祖庙及三昭庙、三穆庙,共七庙。见《礼记·王制》。王莽地皇元年,增为祖庙五,亲庙四,共九庙。见《汉书·王莽传下》。此后历朝皇帝皆立九庙。杜甫《八哀诗·故司徒李公光弼》:"二宫泣西郊,九庙起颓压。"

九陌 ❶都城中的大路。《三辅黄图》卷二谓汉长安城中有八街九陌。骆宾王《帝京篇》:"三条九陌丽城隈,万户千门平旦开。"亦指田间的道路。苏轼《次韵蒋颖叔钱穆父从驾景灵宫》:"雨收九陌丰登后,日丽三元下降辰。"❷九陌钱的简称。陌,

通"百"。《梁书·武帝纪下》:"顷闻外间多用九陌钱,陌减则物贵,陌足则物贱……徒乱王制,无益民财,自今可通用足陌钱。"百钱为足陌,"九陌"即以九十为百。

九牧 ❶九州之长。《周礼·秋官·掌交》:"九牧之维。"郑玄注:"九牧,九州之牧。"❷即九州。《荀子·解蔽》:"此其所以代殷王而受九牧也。"杨倞注:"九牧,九州也。"

九牛一毛 比喻极其渺小轻微。司马迁《报任少卿书》:"假令仆伏法受诛,若九牛亡一毛,与蝼蚁何以异?"陆九渊《与宋漕书》:"此在县官,特九牛一毛耳,而可使一邑数万家免于穷困流离。"

九派 长江在湖北、江西一带,分为很多支流,因以九派称这一带的长江。《文选·郭璞〈江赋〉》:"流九派乎浔阳。"李善注:"水别流为派。"亦泛指江流支派之多。

九品 ❶九卿。《国语·周语中》:"外官不过九品。"韦昭注:"九品,九卿。"❷古代官吏的等级。始于魏、晋时,从第一品到第九品,共分九等;北魏时每品始各分正、从,第四品起正、从品又各分上、下阶,共为三十等;唐、宋文职与北魏同,武职自三品起即分上下,隋及元、明、清保留正、从品,而无上、下阶之称,共分十八等,文武职并同。❸魏晋南北朝时士人的品第。《汉书·古今人表》列古今人物为"九等",为"九品"的起源。

九丘 相传为古书名。《左传·昭公十二年》:"是能读《三坟》、《五典》、《八索》、《九丘》。"杜预注:"皆古书名。"孔颖达疏引《尚书序》:"九州之志,谓之九丘。丘,聚也,言九州所有,土地所生,风气所宜,皆聚此书也。"

九秋 谓秋季。因秋季有九十天,故称。陆龟蒙《秘色越器》诗:"九秋风露越窑开,夺得千峰翠色来。"

九泉 ❶犹九渊,泛指深渊。《晋书·皇甫谧传》:"龙潜九泉,硁焉执高。"❷犹言黄泉,常用以指人死后的埋葬处。阮瑀《七哀》诗:"冥冥九泉室,漫漫长夜台。"

九儒十丐 元代轻视读书人,把人分为十等,读书人列为第九等,仅居于末等的乞丐之上。赵翼《陔馀丛考》卷四十二:"郑所南又谓元制:一官、二吏、三僧、四道、五医、六工、七猎、八民、九儒、十丐。"

九塞 古代的九个要塞。《吕氏春秋·有始》:"何谓九塞?大汾、冥

阬、荆阮、方城、殽、井陉、令疵、句注、居庸。"

九山 《书·禹贡》"九山刊旅",指九州的名山。《吕氏春秋·有始览》、《淮南子·墬形训》以会稽、泰、王屋、首、太华、岐、太行、羊肠、孟门为九山。《史记·夏本纪》司马贞索隐以汧、壶口、砥柱、太行、西倾、熊耳、嶓冢、内方、汶为九山。

九韶 传说中的虞舜乐名。韶乐九章,故名。《书·益稷》:"《箫韶》九成。"《列子·周穆王》:"奏承云、六莹、九韶、晨露以乐之。""韶"亦作"招"。《史记·五帝本纪》:"于是禹乃兴九招之乐……皆自虞帝始。"

九思 《论语·季氏》:"君子有九思:视思明,听思聪,色思温,貌思恭,言思忠,事思敬,疑思问,忿思难,见得思义。"后以"九思"谓反覆地多方面地思考。《抱朴子·论仙》:"愿加九思,不远迷复焉。"

九死一生 ❶形容历尽艰险,死里逃生。《水浒全传》第九十三回:"蒙众兄弟于千枪万刃之中,九死一生,救出我来。"❷形容幸存者极少。《隋唐演义》第十三回:"见面时要打一百棍,十人解进,九死一生。"

九薮 古泽薮总称。(1)《周礼·职方》指扬州具区、荆州云梦(曹)、豫州圃田、青州望诸、兖州大野、雍州弦蒲、幽州貕养、冀州杨纡、并州昭馀祁。(2)《吕氏春秋·有始览》指吴具区、楚云梦、秦阳华、晋大陆、梁圃田、宋孟诸、齐海隅、赵钜鹿、燕大昭。(3)《淮南子·墬形训》指越具区、楚云梦、秦阳纡、晋大陆、郑圃田、宋孟诸、齐海隅、赵钜鹿、燕昭馀。

九天 ❶天的中央和八方。《离骚》:"指九天以为正兮,夫唯灵修之故也。"一说,九为阳数,九天即指天。参见"九野❶"。❷天空,极言其高。《孙子·形》:"善攻者动于九天之上。"梅尧臣注:"九天,言高不可测。"❸指皇室。王涯《宫词》:"为看九天公主贵,外边争学内家装。"

九天玄女 亦称玄女、元女、九天玄女娘娘。中国古代神话中的女神。后为道教所信奉。相传人头鸟身,为圣母元君弟子,黄帝之师。黄帝与蚩尤战于涿鹿,玄女下降,以六壬、遁甲、兵符、图策、印剑等物授予黄帝,并为制夔牛鼓八十面,遂破蚩尤。见《云笈七籤·九天玄女传》及《黄帝内传》等。

九头鸟 亦名"苍鸒"、"鬼车"。古代传说中的不祥怪鸟。《太平御览》卷九二七引《三国典略》:"齐后园有九头鸟见,色赤,似鸭,而九头皆鸣。"后演化为迷信故事。周密《齐东野语》卷十九"鬼车鸟":"鬼车,俗称九头鸟……世传此鸟,昔有十首,为犬噬其一,至今血滴人家,能为灾咎。故闻之者必叱犬灭灯,以速其过。"

九土 ❶九州之土。《国语·鲁语上》:"共工氏之伯九有也,其子曰后土,能平九土,故祀以为社。"❷各种地形、土质。《左传·襄公二十五年》:"芀掩书土田,度山林,鸠薮泽,辨京陵,表淳卤,数疆潦,规偃猪,町原防,牧隰皋,井衍沃,量入修赋。"杜预注:"量九土之所入,而治理其赋税。"

九畹 《离骚》:"余既滋兰之九畹兮,又树蕙之百亩。"朱熹注:"畹,十二亩,或曰三十亩也。"后常用为兰的典故。张昱《赵松雪墨兰》诗:"玉庐墨妙世不同,九畹高情更是工。"

九尾龟 传说中的异龟。海宁屠户王某父子遇渔父持巨龟,买归,将烹食。邻居有商人某见之,以告旅舍主人,欲以千钱赎买。主人问其故,商曰:"此乃九尾龟。"因踏龟背,其尾两旁,果露出小尾各四。见陆粲《庚巳编·九尾龟》。

九尾狐 ❶传说中的异兽。《山海经·南山经》:"有兽焉,其状如狐而九尾,其音如婴儿,能食人,食者不蛊。"郭璞注:"即九尾狐。"古人以为祥瑞。王褒《四子讲德论》:"昔文王应九尾狐而东夷归周。"❷比喻阴险奸佞的人。宋无名氏《儒林公议》卷上:"陈彭年被章圣(宋真宗)知遇……时人目为九尾狐,言其非国瑞而媚惑多歧也。"

九五 《易经》中的卦爻位名。九,阳爻;五,第五爻。《易·乾》:"九五,飞龙在天,利见大人。"孔颖达疏:"言九五阳气盛至于天,故飞龙在天……犹若圣人有龙德,飞腾而居天位。"后因以"九五"指帝位。李峤《上雍州高长史书》:"利见九五,差踪二八。"二八,八元八恺,此处喻指朝臣。

九锡 古代帝王赐给有大功或有权势的诸侯大臣的九种物品。《公羊传·庄公元年》"加我服也"何休注:"礼有九锡:一曰车马,二曰衣服,三曰乐则,四曰朱户,五曰纳陛,六曰虎贲,七曰弓矢,八曰铁钺,九曰秬鬯。"后世权臣图谋篡位,辄先邀九锡。

九夏 ❶谓夏季。因夏季有九十天而名。陶潜《荣木》诗序:"日月推迁,已复九夏。"❷古乐名。《周礼·春官·钟师》:"凡乐事,以钟鼓奏九夏:王夏、肆夏、昭夏、纳夏、章夏、齐夏、族夏、祴夏、骜夏。"郑玄注:"九夏皆诗篇名,颂之族类也。此歌之大者,载在乐章,乐崩亦从而亡。"

九霄 指天的极高处。《抱朴子·畅玄》:"其高则冠盖乎九霄,其旷则笼罩乎八隅。"亦以喻帝王或帝王所居。黄滔《敇水卢校书》诗:"九霄无诏下,何事近清尘?"

九霄云外 指天空极高远的地方。无名氏《争报恩》第二折:"諕的我魂飞在九霄云外。"

九刑 ❶周代的九种刑法。《左传·昭公六年》:"周有乱政,而作九刑。"《汉书·刑法志》:"谓正刑五(指墨、劓、刖、宫、大辟)及流、赎、鞭、扑。"❷周代的九篇刑书。《逸周书·尝麦解》:"太史策刑书九篇。"

九野 ❶古代指天的中央和八方,即中央的钧天,东方的苍天,东北的变天,北方的玄天,西北的幽天,西南的颢天(亦作昊天),西南的朱天,南方的炎天,东南的阳天。见《吕氏春秋·有始》及《淮南子·天文训》。又《广雅·释天》谓:东方皞天,西方赤天,西方成天;余同。❷指九州之地。《后汉书·冯衍传下》:"疆理九野,经营五山。"

九夷 古时谓东夷有九种。《论语·子罕》:"子欲居九夷。"疏:九夷:"一曰玄菟、二曰乐浪、三曰高丽、四曰满饰、五曰凫臾、六曰索家、七曰东屠、八曰倭人、九曰天鄙。"又《尔雅·释地》:"九夷、八狄、七戎、六蛮,谓之四海。"注"九夷在东"。疏引《后汉书·东夷传》云:"夷有九种:曰畎夷、于夷、方夷、黄夷、白夷、赤夷、玄夷、风夷、阳夷。"

九疑山 疑一作嶷。又名苍梧山。在湖南宁远南。相传虞舜葬此。《汉书·武帝纪》:"望祀虞舜于九疑。"《水经注·湘水》:九疑山"盘基苍梧之野,峰秀数郡之间,罗岩九举,各导一溪,岫壑负阻,异岭同势,游者疑焉,故曰九疑山"。

九嶷 嶷,一作"疑"。❶山名。即"九疑山"。相传为舜所葬处。❷九疑山之神。《楚辞·九歌·湘夫人》:"九嶷缤兮并迎。"

九译 谓不同民族或外国的语言经过辗转翻译始能通晓。《汉书·贾

捐之传》:"越裳氏重九译而献。"颜师古注引晋灼曰:"远国使来,因九译言语乃通也。"后亦通称殊方远国之人。《宋书·武帝纪》:"九译来庭。"

九域 即九州、九有,泛指全国。《晋书·孙惠传》:"今明公名著天下,声振九域。"陶潜《赠羊长史》诗:"九域甫已一,逝将理舟舆。"宋有全国地理总志《元丰九域志》。

九渊 ❶古乐歌名,其辞已亡。元结《补乐歌》序:"九渊,少昊氏之乐歌也。"❷深渊。《汉书·贾谊传》:"袭九渊之神龙兮,沕渊潜以自珍。"

九原 ❶九州。《国语·周语下》:"汩越九原,宅居九隩。"❷九泉,黄泉。《旧唐书·李嗣业传》:"忠诚未遂,空恨于九原。"宋苏轼《亡妻王氏墓志铭》:"君得从先大人于九原,余不能,呜呼哀哉!"金元好问《赠答刘御史云卿》诗之三:"九原如可作,吾欲起韩欧。"清龚自珍《乙酉除夕梦返故庐见先母及潘氏姑母》诗:"醒犹闻絮语,难谢九原心。"

九折臂 义同"三折肱"。谓多次折臂后自己也能懂得治疗之方,比喻阅历多,经验丰富。《楚辞·九章·惜诵》:"九折臂而成医兮,吾至今而知其信然。"

九州 ❶传说中的中国上古行政区划。起于春秋、战国时代。说法不

禹贡九州图

一。西汉以前,认为系禹治水后所划分,州名未有定说:《书·禹贡》作冀、兖(沇)、青、徐、扬、荆、豫、梁、雍;《吕氏春秋·有始览》有幽州而无梁州;《周礼·职方》有幽、并州而无徐、梁州;《尔雅·释地》有幽、营州而无青、梁州。《汉书·地理志》始以《职方》九州为周制;三国魏孙炎注《尔雅》,始以《尔雅》九州为殷制;后世经学家遂合称之为三代九州。《吕氏春秋》因为不是经,故经学家并未为之立说。实际上九州都只是当时学者各就其所知的大陆划分的九个地理区域。各家所说州境界亦多出入。如泰山以东北地

区于《禹贡》属青州,于《职方》属幽州,而《职方》的青州,则相当于《禹贡》徐州的大部分和豫州的一部分。❷泛指全中国。王昌龄《放歌行》:"清乐动千门,皇风被九州。"

九转金丹 道家以矿石药物烧炼成丹,谓服食后可以成仙,称为金丹。九转,谓反复地烧炼。认为丹药烧炼时间愈久,反复次数愈多,其功力便愈足。谓一转之丹,服后三年得仙;九转之丹,服后三日得仙。见《抱朴子·金丹》。后用以譬喻对文章所下的功夫。吕温《同恭夏月题寻真观李宽中秀才书院》诗:"愿君此地攻文字,如炼仙家九转丹。"

九子母 古代迷信传说,谓能佑人生子的女神。《汉书·成帝纪》:"元帝在太子宫生甲观画堂,为世嫡皇孙。"颜师古注引应劭曰:"画堂画九子母。"韩鄂《岁华纪丽》卷二引《荆楚岁时记》:"四月八日,长沙寺阁下有九子母神,是日市肆之人无子者,供养薄饼以乞子。"

九族 《书·尧典》:"以亲九族。"孔传:"以睦高祖、玄孙之亲。"指本身以上的父、祖、曾祖、高祖和以下的子、孙、曾孙、玄孙。旧时立宗法、定丧服,皆以此为准。也有包括异姓亲属而言的。如孔颖达疏引夏侯、欧阳氏说,以父族四、母族三、妻族二为"九族"。

久 (jiǔ) ❶长久;永久。如:长治久安;天长地久。❷时间;时间上的绵延。《墨子·经上》:"久,弥异时也。"弥,遍,包括;异时,不同的时间。又《经说上》:"久,古今旦莫(暮)。"具体的"久"也称为"时"。《经说上》:"时,或有久,或无久。""久"亦作"宙"。❸旧。《孔子家语·颜回》:"不忘久德,不思久怨。"❹久留。《左传·昭公二十四年》:"寡君以为盟主之故,是以久子。"久子,让你久留。❺塞。《仪礼·士丧礼》:"幂用疏布久之。"

久旱逢甘雨 形容宿愿一旦得以实现的得意心情。汪洙《喜》诗:"久旱逢甘雨,他乡遇故知,洞房花烛夜,金榜挂名时。"

久视 不老;耳目不衰。《老子》:"长生久视之道。"

久违 长久分别。刘长卿《送皇甫曾赴上都》诗:"东游久与故人违,西去荒凉旧路微。"常用作久别重逢时的寒暄语。《儒林外史》第十七回:"赵雪兄,久违了!"

久仰 仰慕已久。与人初次见面

的客气话。《桃花扇·题画》:"原来是蓝田老,一向久仰。"蓝田老,明代画家蓝瑛,字田叔。

久要 旧约;旧交。《论语·宪问》:"久要不忘平生之言,亦可以为成人矣。"

糺 (jiǔ) 同"糺"。

氿 (jiǔ) 地名用字。东氿、西氿,湖名,均在江苏宜兴。

另见 guǐ。

玖 (jiǔ) ❶似玉的浅黑色美石。《诗·王风·丘中有麻》:"贻我佩玖。"❷"九"的大写字。

灸 (jiǔ) 灼;烧。中医的一种医疗方法。《史记·扁鹊仓公列传》:"齐中大夫病龋齿,臣意(淳于意)灸其左大阳明脉。"

紏 (jiǔ) 见"紏军"。

另见 jiū 纠。

紏军 辽金以边地部落组织的军队,紏或作糺。《辽史·百官志》载有遥辇紏详稳司,所属有遥辇紏详稳、遥辇紏都监、遥辇紏将军、遥辇紏小将军等官;又载有十二行紏军、各宫分紏军、遥辇紏军、各部族紏军、群牧二紏军等名目。《金史·百官志》:"诸紏,详稳一员……掌守戍边堡。"《金史·地理志》载详稳九处,其名目为咩紏、木典紏、骨典紏、唐古紏、耶剌都紏、移典紏、苏木典紏、胡都紏、霞马紏。金宣宗贞祐二年(1214 年),紏军降蒙古。成吉思汗分其众与功臣李斡儿出、木华黎二人。元代辽东亦有紏军,不出戍他方,成为乡兵,与辽金的紏军不同。

韭 〔韮〕(jiǔ) 见"韭菜"。

韭菜 (*Allium tuberosum*) 百合科。多年生宿根草本。叶细长扁平而柔软,翠绿色。分蘖力强,每年有五次分蘖高峰期,以春夏为主。夏秋抽花茎,顶端集生小白花,伞形花序。种子小,黑色。按供食用部分不同分根韭、叶韭、花韭和叶花兼用韭等类型。经软化栽培成"韭黄"。性喜冷凉气候。播种或分株繁殖。原产中国,南北各地普遍栽培为蔬菜。种子供药用,主治腰膝酸痛、小便频数、遗尿、带下等症。

酒 (jiǔ) 用高粱、大麦、米、葡萄或其他水果发酵制成的饮料。如:白酒;黄酒;啤酒;葡萄酒。《诗·豳风·七月》:"为此春酒,以介眉寿。"

酒保　酒店里的伙计。《汉书·栾布传》："穷困,卖庸(佣)于齐,为酒家保。"颜师古注:"谓庸作受顾也。为保,谓保可任使。"《镜花缘》第二十三回:"酒保答应,又取四个碟子放在桌上。"

酒标　酒家的标帜,酒旗。洪昇《长生殿·疑谶》:"我家酒铺十分高,罚誓无赊挂酒标。"

酒兵　谓酒能消愁,像兵能克敌,因称酒为"酒兵"。唐彦谦《无题》诗:"忆别悠悠岁月长,酒兵无计敌愁肠。"

酒池肉林　形容穷奢极欲。《史记·殷本纪》:"〔帝纣〕大聚乐戏于沙丘,以酒为池,县肉为林,使男女倮相逐其间,为长夜之饮。"也用以形容酒肉之多。《汉书·张骞传》:"行赏赐,酒池肉林。"

酒筹　饮酒时用以计数的筹子。白居易《同李十一醉忆元九》诗:"花时同醉破春愁,醉折花枝作酒筹。"

酒德　《书·无逸》:"无若殷王受之迷乱,酗于酒德哉!"孔传:"以酗酒为德。"意即以酗酒为事,本属贬义。后多借指酒的属性或作用。晋刘伶有《酒德颂》,唐孟郊有《酒德》诗。黄庭坚《谢答闻善二兄》诗:"四座欢欣观酒德,一灯明暗又诗成。"谓饮酒足以助人成诗。

酒恶　因多喝了酒身体感到不爽。赵令畤《侯鲭录》卷八:"金陵人谓中酒曰'酒恶',则知李后主词云'酒恶时拈花蕊嗅',用乡人语也。"

酒酣耳热　形容酒兴正浓。曹丕《与吴质书》:"每至觞酌流行,丝竹并奏,酒酣耳热,仰而赋诗,当此之时,忽然不自知乐也。"

酒户　❶指酒量。方干《赠会稽张少府》诗:"一分酒户添犹得,五字诗名隐即难。"古时称酒量大者为大户,小者为小户。❷卖酒之家,酒肆。《宋史·范子奇传》:"召权户部侍郎,删酒户苛禁及奴婢告主给赏法。"

酒课　酒税。《宋史·食货志下七》:"诸路酒课,月比岁增。"

酒困　谓饮酒过多,为酒所醉困。《论语·子罕》:"不为酒困。"李商隐《崇让宅东亭醉后沔然有作》诗:"新秋仍酒困,幽兴暂江乡。"

酒醪　酒的泛称。《史记·扁鹊仓公列传》:"其在肠胃,酒醪之所及也。"

酒帘　也叫"酒旗",俗称"望子"。旧时酒家用布缀于竿头,悬在店门前,招引酒客。李中《江边吟》:"闪闪酒帘招醉客,深深绿树隐啼莺。"

酒令　饮酒时助兴取乐的游戏。推一人为令官,余人听令轮流说诗词,或做其他游戏,违令或负者罚饮。《红楼梦》第四十回:"〔鸳鸯〕吃了一钟酒,笑道:'酒令大如军令,不论尊卑,唯我是主,违了我的话,是要受罚的。'"

酒龙　称豪饮的人。陆龟蒙《自遣诗》:"思量北海徐刘辈,枉向人间号酒龙!"

酒母　酿酒用的曲。王安石《和王微之登高斋》:"剩留官屋贮酒母。"

酒囊饭袋　比喻无用之人,只会吃喝,不会做事。曾慥《类说》卷二十二引陶岳《荆湖近事》:"马氏(马殷)奢僭,诸院王子仆从烜赫;文武之道,未尝留意。时谓之酒囊饭袋。"马殷,五代时楚国主。

酒旗　❶即"酒帘"、"望子"。悬在酒店前的标帜。张籍《江南行》:"长干午日沽春酒,高高酒旗悬江口。"❷古星名。即狮子座ψ,ξ与ω三星。《晋书·天文志上》:"轩辕右角南三星曰酒旗。"

酒人　❶官名。《周礼·天官·酒人》:"酒人掌为五齐三酒,祭祀则共(供)奉之。"❷好喝酒的人;酒徒。《史记·刺客列传》:"荆轲虽游于酒人乎,然其为人沈深好书。"裴骃集解引徐广曰:"饮酒之人。"

酒色　❶酒和女色。《汉书·朱博传》:"博为人廉俭,不好酒色游宴。"❷酒容;醉态。《三国志·吴志·诸葛恪传》:"命恪行酒,至张昭前,昭先有酒色,不肯饮。"

酒色财气　嗜酒,好色,贪财,逞气。旧时以此为人生四戒。落落居士《招隐居》第二出:"俺想人生在世,惟有酒色财气,最是沾不得的。"

酒圣　❶《三国志·魏志·徐邈传》:"平日醉客,谓酒清者为圣人,浊者为贤人。"后因称酒之清者为酒圣。❷指善饮酒的人。李白《月下独酌》诗:"所以知酒圣,酒酣心自开。"

酒食地狱　朱彧《萍洲可谈》卷三:"东坡倅杭,不胜杯酌。诸公钦其才望,朝夕聚首,疲于应接,乃号杭倅为酒食地狱。"倅,副职,指苏轼任杭州通判。

酒徒　嗜酒的人。《史记·郦生陆贾列传》:"郦生瞋目按剑叱使者曰:'走!复入言沛公,吾高阳酒徒也,非儒人也。'"按自称酒徒,意含狂傲;称人酒徒,多带贬义。

酒席　宴会的席面上。《南史·韦粲传》:"右卫朱异,尝于酒席厉色谓粲曰:'卿何得已作领军面向人!'"也指筵席。《西游记》第四回:"众监官都安排酒席,一则与他接风,二则与他贺喜。"

酒仙　对酷好饮酒者的美称。杜甫《饮中八仙歌》:"李白一斗诗百篇,长安市上酒家眠,天子呼来不上船,自称臣是酒中仙。"《辽史·耶律和尚传》:"晚年沈湎尤甚,人称为酒仙云。"

酒蚁　酒中泛起的浮沫。萧翼《答辨才》诗:"酒蚁倾还泛,心猿躁似调。"

酒有别肠　《十国春秋·闽·景宗纪》:"帝(王曦)曰:'维岳(周维岳)身甚小,何饮酒之多?'左右曰:'酒有别肠,不必长大。'"谓酒量大小,不以身材为准。

jiù

旧　〔舊〕(jiù)　❶陈旧;过时。与"新"相对。如:旧式样;旧社会。《左传·僖公二十八年》:"舍其旧而新是谋。"❷以往;原先。如:照旧;旧居。陆游《沈园》诗:"沈园非复旧池台。"引申为旧友,旧交。如:访旧。《三国志·蜀志·许靖传》:"吴郡都尉许贡、会稽太守王朗素与靖有旧,故往保焉。"❸有声望的老臣。《诗·大雅·召旻》:"维今之人,不尚有旧。"参见"耆旧"。❹久。《诗·大雅·抑》:"於乎小子,告尔旧止。"郑玄笺:"旧,久也。"《书·无逸》:"其在高宗,时旧劳于外,爰暨小人。"

旧德　❶先人的德泽。《国语·周语上》:"〔能〕帅旧德,而守终纯固。"帅,通"率",遵循。❷往日的恩德。《国语·周语中》:"今女非他也,叔父使士季实来,修旧德,以奖王室。"❸指有德望的老臣。《晋书·何曾传》:"可谓旧德老成,国之宗臣者也。"

旧恶　❶犹言旧怨,指别人曾经对自己有过的过错。《论语·公冶长》:"伯夷、叔齐,不念旧恶,怨是用希。"❷当初的罪恶。《新唐书·赵彦昭传》:"彦昭本以权幸进……于是殿中侍御史郭震劾暴旧恶。"

旧贯　老办法;旧制度。《隋书·炀帝纪上》:"百度伊始,犹循旧贯,未暇改作。"

旧国 ❶故乡。《庄子·则阳》："旧国旧都,望之畅然。"成玄英疏："夫少失本邦,流离他邑,归望桑梓,畅然喜欢。"李白《梁园吟》："洪波浩荡迷旧国,路远西归安可得。"❷故国。庾信《周大将军崔说神道碑》："幸直和邻,言归旧国。"❸旧京;故都。杜甫《元日寄韦氏妹》诗:"京华旧国移。"朱鹤龄注:"谓肃宗行宫在灵武也。"按唐玄宗旧都在长安。

旧瓶装新酒 语本《新约·马太福音》第九章耶稣说:"没有人把新酒装在旧皮袋里;若是这样,皮袋就裂开,酒漏出来,连皮袋也坏了。惟独把新酒装在新皮袋里,两样就都保全了。""五四"新文学运动兴起以后,提倡白话文学的人认为文言和旧形式不能表现新内容,常以"旧瓶装新酒"作比喻。现泛指用旧形式来表现新内容。

旧物 ❶先代的遗物。《晋书·王献之传》:"青毡,我家旧物。"❷旧日的典章文物。《左传·哀公元年》:"祀夏配天,不失旧物。"❸旧时的信物。白居易《长恨歌》:"惟将旧物表深情,钿盒金钗寄将去。"❹旧的东西。如:丢弃无用旧物。

旧学 ❶旧时所学。朱熹《鹅湖寺和陆子寿》:"旧学商量加邃密,新知培养转深沈。"❷指旧时中国学者所钻研的义理、考据、词章等学。与明以后从外国输入的资本主义文化即"新学"相对。

旧雨 杜甫《秋述》:"常时车马之客,旧,雨来;今,雨不来。"谓旧时宾客遇雨也来,而现在遇雨就不来了。后因以"旧雨"为老朋友的代称。张炎《长亭怨》词:"故人何许? 浑忘了,江南旧雨。"参见"今雨"。

臼 (jiù) 舂米的器具,一般用石头凿成。《说文·臼部》:"古者掘地为臼,其后穿木石。"《后汉书·冯衍传下》:"儿女常自操井臼。"今为捣物的容器的通称,也叫"捣臼"、"碓臼"。又以形容臼状物。如:臼齿。

臼科 ❶臼形的坑。韩愈《石鼓歌》:"为我量度掘臼科。"❷陈旧的格调;老一套。黄庭坚《次韵无咎阎子常携琴入村》:"晁家公子屡经过,笑谈与世殊臼科。"今多作"窠臼"。

咎 (jiù) ❶灾祸;灾殃。如:咎由自取。《左传·庄公二十一年》:"郑伯效尤,其亦将有咎。"❷加罪;罪责。《论语·八佾》:"既往不咎。"《诗·小雅·北山》:"或惨惨畏咎。"❸憎恨。《书·西伯戡黎》:"殷始咎周。"

另见 gāo。

疚 (jiù) ❶久病。《释名·释疾病》:"疚,久也;久在体中也。"《韩非子·显学》:"无饥馑疾疚祸罪之殃。"❷忧虑;因过失而内心不安。如:负疚,内疚。《诗·小雅·采薇》:"忧心孔疚。"

疚心 内心不安,负疚。潘岳《秋兴赋》:"彼四感之疚心兮,遭一涂而难忍。"龚自珍《己亥杂诗》:"言行较详官阀略,报恩如此疚心多。"

枢 (jiù) 已盛尸体的棺材。《释名·释丧制》:"尸已在棺曰枢。"

柏 (jiù) 乌桕,落叶乔木。叶互生,菱状卵形。夏季开花,黄色。木材细致,供细木工用。

厩 〔廐、廏〕(jiù) 马房。《孟子·梁惠王上》:"厩有肥马。"

厩置 驿站。《史记·田儋列传》:"至尸乡厩置。"裴骃集解引瓒曰:"厩置,置马以传驿也。"

救 〔捄〕(jiù) ❶援助;救护。《诗·邶风·谷风》:"凡民有丧,匍匐救之。"❷止。《论语·八佾》:"季氏旅于泰山,子(孔子)谓冉有曰:'女弗能救与?'"❸治。《吕氏春秋·劝学》:"是救病而饮之以堇也。"高诱注:"救,治也。"❹通"纠"。《尔雅·释器》:"绚谓之救。"郭璞注:"救丝以为绚。"郝懿行义疏:"救盖借声,救之言纠也,纠缭敛聚之意。"参见"绚"。❺姓。汉有救仁。

救火扬沸 谓洒沸水救火,比喻治标不治本,灾祸难解除。《史记·酷吏列传》:"当是之时,吏治若救火扬沸。"司马贞索隐:"言本弊不除,则其末难止。"

救经引足 经,上吊。解救上吊的人却拉他的脚,结果适得其反。语出《荀子·强国》"辟(譬)之是犹伏而咶天,救经而引其足也。"

救困扶危 救济扶助困顿危难中的人。无名氏《来生债》第四折:"则为我救困扶危,疏财仗义,都做了注福消愆。"

救死扶伤 救护将死的人,照顾受伤的人。司马迁《报任少卿书》:"〔李陵〕与单于连战十有余日,所杀过半当,虏救死扶伤不给。"

就 (jiù) ❶成。如:造就;急就。《史记·礼书》:"招致儒术之士,令其定仪,十余年不就。"❷卒;终。见"就世"。❸归;趋;从。如:就

学;就业;他就;高就;迁就;俯就。《国语·齐语》:"处工就官府,处商就市井,处农就田野。"《孟子·告子上》:"犹水之就下也。"❹因;随。如:就近;就手;就事论事;就地取材。❺随即;即便。如:我就来;一学就会。❻正;即。如:就是他;就要这个。❼即使。如:你就不说,我也明白。《三国志·魏志·荀彧传》:"就能破之,尚不可有也。"❽只。如:就这一次,下不为例。❾偏偏。如:不叫我去,我就要去。

就逮 被逮捕。班固《咏史》:"太仓令有罪,就逮长安城。"

就教 从人受教;向人请教。李庾《西都赋》:"左立大学,前惇广文,膳丰中厨,就教九年。"

就木 犹言入棺,谓死亡。《左传·僖公二十三年》:"〔重耳〕将适齐,谓季隗曰:'待我二十五年,不来而后嫁。'对曰:'我二十五年矣,又如是而嫁,则就木焉。'"

就世 犹言逝世。《国语·越语下》:"先人就世,不穀即位。"也指顺从世俗。陆游《寒夜》诗:"低头就世吾所讳,千载伯鸾安在哉!"伯鸾,汉隐士梁鸿字。

就位 举行某种仪式时进入一定的位置。《晋书·礼志上》:"皇后还便坐,公主以下乃就位。"

就绪 《诗·大雅·常武》:"不留不处,三事就绪。"郑玄笺:"绪,业也。谓三农之事皆就其业。"后称事情安排妥当为就绪。归有光《跋唐道虔答友人问疾书》:"事已就绪,谢完东归。"

就养 侍养父母。颜延之《陶徵士诔序》:"母老子幼,就养勤匮。"《新唐书·李光弼传》:"〔光弼〕曰:'吾久在军中,不得就养,既为不孝子,夫复何言!'"亦谓父母至子弟任所受其供养。

就义 ❶为正义而死。《宋史·尹穀传》:"于烈焰中遥见穀正冠端笏危坐,阖门少长皆死焉。苴闻之,命酒酹穀曰:'尹务实,男子也,先我就义矣。'务实,穀号也。"❷归附正义方面。《后汉书·隗嚣传》:"夷吾束缚而相齐,黥布杖剑以归汉,去愚就义,功名并著。"

就正 请求指正。如:就正方家。语出《论语·学而》"就有道而正焉"。《聊斋志异·郭生》:"少嗜读,但山村无所就正,年二十余,字画多讹。"

舅（jiù）❶舅父，即母之兄或弟。❷夫之父或妻之父。参见"舅姑"。❸妻之兄或弟。《新唐书·朱延寿传》："杨行密妻，延寿姊也。行密泣曰：'吾丧明，诸子幼，得舅代我，无忧矣。'"❹古时天子称异姓大邦诸侯为伯舅，异姓小邦诸侯为叔舅。见《仪礼·觐礼》。又诸侯称异姓大夫为舅。《国语·晋语三》："舅所病也。"晋惠公称大夫虢射。

舅姑❶公婆。朱庆馀《近试上张籍水部》诗："洞房昨夜停红烛，待晓堂前拜舅姑。"❷岳父母。《礼记·坊记》："昏（婚）礼，婿亲迎，见于舅姑。"郑玄注："舅姑，妻之父母也。"参见"外舅"、"外姑"。

舅氏　舅父。《诗·秦风·渭阳》："我送舅氏，曰至渭阳。"

傶（jiù）❶运输。参见"傶费❶"。也指运输费。《商君书·垦令》："令送粮无取傶。"❷租赁。韩愈《送郑权尚书序》："家属百人，无数亩之宅，傶屋以居。"

傶费❶运输费。《史记·平准书》："弘羊以诸官各自市，相与争，物故腾跃，而天下赋输或不偿其傶费。"❷房租。

傶柜　唐时柜坊所设供客户保管财物的保管柜。后演变为典当质钱的质库（当铺）。《资治通鉴·唐德宗建中三年》："又括傶柜质钱。"胡三省注："民间以物质钱，异时赎出，于母钱之外复还子钱，谓之傶柜。"

鲠〔鯦〕（jiù，又读 qiú）　鱼名。《尔雅·释鱼》："鲠，当鮔。"郭璞注："海鱼也，似鳊而大鳞，肥美多鲠，今江东呼其最大长三尺者为当鮔。"郝懿行义疏："此鱼为今鲥鱼，但鲥鱼出江中，郭以此为海鱼。实一类，出于江海为异耳。"

鹫〔鷲〕（jiù）　鹫鸟，鹰科部分种类的通称。皆大型猛禽。如秃鹫、兀鹫等。又旧时常混称雕为"鹫"，如称海雕为"海鹫"。韩愈《南山》诗："或宛若藏龙，或翼若搏鹫。"

匶（jiù）"柩"的古字。《广韵·四十九宥》："柩，尸柩。《礼》注：'在床曰尸，在棺曰柩。'匶，古文。"

磨（jiù）　雄麇。《尔雅·释兽》："麇，牡磨，牝麀。"

櫃（jiù）　同"柩"。

jū

且（jū）❶多貌。《诗·大雅·韩奕》："笾豆有且。"❷通"趄"。见"且月"。❸作语助，用在句末。《诗·郑风·褰裳》："狂童之狂也且。"❹地名用字。春秋有且于、汉代西域有且末。❺姓。春秋时吴有且姚。

另见 cú，qiě。

且月　夏历六月的别称。《尔雅·释天》："六月为且。"郝懿行义疏："且者，次且行不进也。六月阴渐起，欲遂上，畏阳，犹次且也。"次且，即"趑趄"。谓由夏徂秋，阴虽前来而阳尚盛，故将进不进。

尻（jū）　同"居"。

告（jū）　通"鞫"。审讯定罪。《礼记·文王世子》："其刑罪则纤剸，亦告于甸人。"郑玄注："告读为鞫。读书用法曰鞫。"

另见 gào，gù。

苴（jū）❶鞋底的草垫；用以垫鞋底。《汉书·贾谊传》："冠虽敝，不以苴履。"❷麻子；结子的麻。如：苴麻。《诗·豳风·七月》："九月叔苴。"❸包裹。见"苴茅"。❹通"粗"。见"苴杖"。

另见 chá，zhǎ。

苴茅　古代皇帝以白茅包裹五色泥土分给诸侯，作为分封土地的象征。《文选·范晔〈宦者传论〉》："苴茅分虎，南面臣民者，盖以十数。"吕延济注："苴，裹也。王者以茅裹五色土，封诸侯。虎谓金虎符也。"

苴蒪　植物名，即"蘘荷"。叶如初生的甘蔗，根如姜芽。《楚辞·大招》："脍苴蒪只。"王逸注："苴蒪，蘘荷也……切蘘荷以为香，备众味也。"

苴杖　粗糙的竹杖。古时居父丧所用。母丧用"削杖"，参见该条。

拘（jū）❶拘留；拘禁。《国策·赵策三》："故拘之于牖里之库百日，而欲舍之死。"❷拘束。《汉书·司马迁传》："使人拘而多畏。"❸限制。如：不拘多少。

另见 gōu。

拘介　犹狷介。廉正自守。《晋书·王沉传》："今使教命班下，示以赏劝，将恐拘介之士或惮赏而不言，贪赇之人将慕利而妄举。"

拘录❶拘系；拘禁。《晋书·温峤传》："拘录人士，自免无路。"❷亦作"拘录"。勤劳貌。《荀子·君道》："材人：愿悫拘录，计数纤啬，而无敢遗丧，是官人使吏之材也。"又《荣辱》："孝弟原悫，拘录疾力，以敦比其事业而不敢怠傲。"王先谦集解引卢文弨曰："拘录，盖劳苦体之意。"

拘挛　拘束；束缚。扬雄《太玄赋》："荡然肆志，不拘挛兮。"

拘泥　固执，不知变通。《朱子全书·易》："要在看得活络，无所拘泥，则无不通耳。"

拘拎　拘束。韩愈《城南联句》："始知乐名教，何用苦拘拎！"

拘虚　《庄子·秋水》："井蛙不可以语于海者，拘于虚也。"虚，同"墟"。后因以"拘虚"比喻见闻狭隘。

岨（jū）　同"砠"。戴土的石山。

另见 jǔ，zǔ。

狙（jū）❶猕猴。《庄子·齐物论》："众狙皆悦。"❷窥伺。《管子·七臣七主》："从狙而好小察。"尹知章注："狙，伺也。"

狙公　养猕猴的人。《列子·黄帝》："宋有狙公者，爱狙，养之成群。"

狙犷　受惊远逃。扬雄《剧秦美新》："来仪之鸟，肉角之兽，狙犷而不臻。"

狙击　暗中埋伏，伺机袭击。《史记·留侯世家》："良与客狙击秦皇帝博浪沙中。"

狙诈　狡猾奸诈。《汉书·叙传下》："吴孙狙诈，申商酷烈。"

匊（jū）❶掬的本字。《说文·勹部》："在手曰匊。"段玉裁注："《唐风》'蕃衍盈匊'，《小雅》'不盈一匊'，毛皆云：'两手曰匊。'此云'在手'，恐传写之误。"❷量名。《正字通》："匊大于升，《礼书》曰：'匊二升，二匊为豆，四升。'"

沮（jū）❶水名。见"沮水"。❷姓。东汉有沮授。

另见 jǔ，jù。

沮溺　长沮和桀溺。春秋时的两个隐士，隐居不仕，从事耕作。《论语·微子》："长沮桀溺耦而耕。孔子过之，使子路问津焉。"陶潜《劝农》诗："冀缺携俪，沮溺结耦，相彼贤达，犹勤垄亩。"

沮水❶古水名。(1)《诗·大雅·绵》"自土沮、漆"，《周颂·潜》"猗与漆、沮"，毛传："漆、沮，岐周之二水也。"这是周朝发祥地即今陕西彬

县、岐山一带的沮水,当今何水无考。《禹贡锥指》以为就是麟游的漆水。(2)《书·禹贡》雍州,"漆、沮既从",导渭,"又东会于泾,又东过漆、沮,入于河"。此沮水在泾水以东,与岐周之沮有别。伪《孔传》、阚骃《十三州志》以为"漆沮"是一水,就是洛水(北洛)下游。《水经注》既沿用伪《孔传》、阚骃的说法,又将源出今陕西宜君,流经铜川市、耀县、富平,注入渭水的石川河和郑国渠故道在今富平南会合石川河以后东注洛水一段都叫做沮水。程大昌、胡渭认为沮水(石川河)循郑国渠东注洛水是郑国凿渠以后的事,《禹贡》所谓沮水应即为石川河。(3)《书·禹贡》兖州,"雷夏既泽,灉、沮会同";伪《孔传》:"雷夏,泽名,灉、沮二水会同此泽。《尔雅·释水》:水自济出为濋。"濋"、"沮"音近,一说沮水即濋水,是济水的岔流。《水经注》的北济水自今河南荥阳市东北从济水别出,一称别济,东北流经雷泽南,又东注入济水主流南济所潴巨野泽,可能就是《禹贡》所谓沮水。据《括地志》、《元和志》,唐时有沮水在雷泽县(今山东菏泽市东北)西北,会自雍水流入雷夏泽,当指另一水道。五代、北宋时雷夏、巨野泽一带屡为黄河决流所淹灌,沮水故道遂不可知。明清地方志又以出自今山东菏泽市东,流经巨野、嘉祥注入南阳湖的洙水河、澹台河及其自巨野北流至旧寿张注入运河一岔流为沮水,更与《禹贡》沮水无涉。(4)一名东沮水。源出陕西黄陵西子午岭,东经基县南注入北洛水。《汉书·地理志》:"直路(今富县西南),沮水出,东入洛",即此。《说文》的渲水、《水经·洛水注》的猪水皆指此。但《水经·沮水注》又以此水与《注》中所谓沮水即今石川河牵混为一水,后人多沿袭其误。实际石川河发源处远在汉直路县境之南,下游入渭不入洛;石川河、北洛水之间一段郑国渠,不应目为沮水下游入洛的干流。(5)一名上沮水,汉水北源之一。源出陕西留坝西,西南流折东南流至勉县西与汉水南源会。《汉书·地理志》作沮水;《说文》、《水经》作沔水,并以此为汉水正源。❷在湖北中部偏西。源出保康西南,东南流到当阳市两河口附近与漳水汇合为沮漳河,南流到荆州市西入长江。

泃 (jū) 水名。见"泃水"。

泃水 一作泃河。源出今天津市蓟县北,西南流经北京市平谷南,折东南经河北三河市东,至天津市宝坻东北流注蓟运河。《竹书纪年》:"梁惠成王十六年,齐师及燕师战于泃水。"即此。

居 (jū) ❶住。《易·系辞下》:"上古穴居而野处。"❷住所。向秀《思旧赋》:"经山阳之旧居。"❸固定;停留。《易·系辞下》:"变动不居。"孔融《与曹公论盛孝章书》:"岁月不居,时节如流。"❹处于。如:居首;居右。《史记·汲郑列传》:"陛下用群臣,如积薪耳,后来者居上。"❺当;任。如:居之不疑。《晋书·王祥传》:"祥南面几杖,以师道自居。"《红楼梦》第八十四回:"你这会子也有了几岁年纪,又居着官,自然越历练越老成。"❻占。如:二者必居其一。《礼记·王制》:"其有中士下士者,数各居其上之三分。"谓中士下士的数目相当于上士的三倍。见孙希旦《礼记集解》卷十二。❼积蓄;囤积。《书·益稷》:"懋迁有无化居。"孔传:"居,谓所宜居积者。"参见"居积"、"居奇"。❽坐。《论语·阳货》:"居,吾语女。"❾平居;常时。《老子》:"君子居则贵左,用兵则贵右。"《荀子·正论》:"居则设张容负依而坐。"杨倞注:"居,安居也,听朝之时也。"❿经过。表示相隔若干时间。《史记·项羽本纪》:"居数日,军果败。"⓫活着的人。《左传·僖公九年》:"送往事居,耦俱无猜,贞也。"杜预注:"往,死者;居,生者。"⓬治理。《逸周书·作雒解》:"农居鄙得以庶士,士居国家得以诸公大夫。"⓭姓。

另见 jī, qú。

居安思危 在安乐的境遇中,当虑及可能有的危难。《左传·襄公十一年》:"《书》曰:'居安思危。'思则有备,有备无患,敢以此规。"

居常 ❶平时;时常。《汉书·韩信传》:"由此,日怨望,居常鞅鞅。"《后汉书·崔瑗传》:"瑗爱士,好宾客,盛修肴膳,单(殚)极滋味,不问馀产,居常蔬食菜羹而已。"❷循旧;守常不变。《晋书·陆机传》:"心玩居常之安,耳饱从腴之悦,岂识功名在身外,任出才表者哉!"

居积 囤积。《论衡·知实》:"子贡善居积,意贵贱之期,数得其时,故货殖多,富比陶朱。"亦作"积居"。《汉书·货殖传》:"乃治产积居,与时逐,而不责于人。"

居间 ❶居于两者之间。《礼·杂记上》:"公七踊,大夫五踊,妇人居间。士三踊,妇人皆居间。"孔颖达疏:"谓妇人与大夫更踊也。男子先踊,踊毕而妇人踊,踊毕宾乃踊,妇人居宾主中间也。"❷谓为双方当事人调解或说合。《史记·游侠列传》:"雒阳人有相仇者,邑中贤豪居间者以十数。"❸民法上指为委托人提供订约机会或充当订约介绍人,由委托人付给报酬的法律行为。由此达成的协议称为居间合同。居间人所取得的报酬,习称佣金。在中国,法律保护正当的居间活动,取缔投机倒把、牟取暴利、破坏社会主义经济秩序的居间行为。

居间人 为委托人提供订约机会或充当订约介绍人而取得报酬的人。习称"捐客"、"纤手"、"跑合人"。

居敬穷理 宋理学家提倡的道德修养和认识方法。"居敬"原出《论语·雍也》:"居敬而行简"。其意"言自处以敬"(朱熹注)。"穷理"见《易·说卦》:"穷理尽性以至于命。"意谓"穷极万物深妙之理"(孔颖达疏)。程朱派理学家认为"居敬"和"穷理"不可分,朱熹说:"学者工夫,唯在居敬穷理二事,此二事互相发。能穷理,则居敬工夫日益进;能居敬,则穷理工夫日益密。"(《朱子语类》卷九)

居民 居住在一国境内受该国管辖的自然人。按照法律地位,分为本国人、外国人、无国籍人等不同类别。本国人构成一国居民的绝大多数。

居奇 谓视为奇货留之以待善价。语出《史记·吕不韦列传》:"〔子楚〕居处困,不得意。吕不韦贾邯郸,见而怜之。曰:'此奇货可居。'"裴骃集解:"以子楚方财货也。"

居然 ❶竟;竟然。表示出于意外,不当如此。杜甫《自京赴奉先县咏怀五百字》诗:"居然成濩落,白首甘契阔。"❷犹安然。《诗·大雅·生民》:"居然生子。"❸确然。《世说新语·言语》:"袁彦伯(袁宏)为谢安南(谢奉)司马,都下诸人送至濑乡。将别,既自凄惘,叹曰:'江山辽落,居然有万里之势。'"❹显然。《世说新语·夙惠》:"不闻人从日边来,居然可知。"

居摄 因皇帝年幼不能亲政,由大臣代居其位,称"居摄"。曹植《画赞》:"成王即位,年尚幼稚,周公居摄,四海慕利。"

居士 ❶犹处士。古称有才德而

隐居不仕的人。《礼记·玉藻》："居士锦带。"郑玄注："居士，道艺处士也。"《三国志·魏志·管宁传》："胡居士，贤者也。"❷译自梵语 Grhapati（迦罗越），亦译"家主"。原指古印度吠舍种姓工商业中的富人，因信佛教者颇多，故佛教用以称呼受过"三皈依"和"五戒"的在家佛教徒。《维摩诘经》称，维摩诘居家学道，号称维摩居士。慧远疏："居士有二：一、广积资财，居财之士，名为居士；一、在家修道，居家道士，名为居士。"又称在家佛教女信徒为女居士（有时亦称居士）。

居室 ❶住宅。《礼记·曲礼下》："君子将营宫室，宗庙为先，厩库为次，居室为后。"《后汉书·侯览传》："破人居室，发掘坟墓。"❷指夫妇同居。《孟子·万章上》："男女居室，人之大伦也。"❸官名。汉少府属官有居室、甘泉居室，武帝太初元年更名居室为保宫，甘泉居室为昆台。见《汉书·百官公卿表上》。居室的官署有时也用为系囚之所。《史记·魏其武安侯列传》："劾灌夫骂坐不敬，系居室。"

居停 寄居的处所。《宋史·丁谓传》："帝意欲谪寇（寇准）江淮间，谓退，除道州司马。同列不敢言，独王曾以帝语质之。谓顾曰：'居停主人勿复言。'盖指谓以第舍假寇也。"后因称寓所或寄寓之家为"居停"。

居心 ❶存心。《世说新语·言语》："卿居心不净，乃复强欲滓秽太清邪？"❷安居之心。《吕氏春秋·上农》："皆有远志，无有居心。"

居忧 居丧。旧时父母死后，在家守丧，不治外事。《书·太甲上》："王徂桐宫，居忧。"

屈 ^(jū) "居"的古字。

驹 〔駒〕(jū) ❶两岁以下的幼马；少壮的骏马。如：马驹子；千里驹。《诗·小雅·角弓》："老马反为驹。"❷比喻少年英俊的人。《后汉书·赵憙传》："卿，名家驹，努力勉之。"

驹齿 儿童的乳齿。《北齐书·杨愔传》："愔从父兄黄门侍郎昱，特相器重，曾谓人曰：'此儿驹齿未落，已是我家龙文；更十岁后，当求之千里外。'"

驹光 光阴。谓其流逝迅速。参见"白驹过隙"。

驹隙 比喻光阴流逝的迅速。参见"白驹过隙"。

柤 ^(jū，又读 zhā) 木阑。见《说文·木部》。《广雅·释器》："柤，距也。"按即行马之类。
另见 zhā、zǔ。

㽛 〔䩅〕(jū) 通"拘"。《荀子·荣辱》："孝弟原悫，㽛录疾力，以敦比其事业。"杨倞注："㽛与拘同，拘录谓自检束。"
另见 qú。

砠 (jū) 戴土的石山。《诗·周南·卷耳》："陟彼砠矣。"毛传："石山戴土曰砠。"一说是戴石的土山。《尔雅·释山》："土戴石为砠。"郭璞注："土山上有石者。"

捄 ^(jū，又读 jiū) 以手揪聚。《诗·大雅·绵》："捄之陾陾。"
另见 jiù 救、qiú。

鴡 〔鴡〕(jū) 亦作"雎"。鸟名，即"鴡鸠"。《尔雅·释鸟》："鴡鸠，王鴡。"郭璞注："雕类，今江东呼之为鹗。好在江渚山边食鱼。"陆德明释文："本又作雎。"

倶 (jū) 姓。晋代有倶石公。
另见 jù。

疽 (jū) 痈疽。《史记·孙子吴起列传》："〔吴起〕与士卒分劳苦，卒有病疽者，起为吮之。"

痀 ^(jū，又读 gōu，旧读 yǔ) 见"痀偻"。

痀偻 驼背。《庄子·达生》："仲尼适楚，出于林中，见痀偻者承蜩，犹掇之也。"成玄英疏："痀偻，老人曲腰之貌。"亦作"伛偻"。

掬 (jū) 双手捧取。《左传·宣公十二年》："舟中之指可掬也。"罗隐《秋夕对月》诗："夜月色可掬。"也指一捧。杜甫《佳人》诗："采柏动盈掬。"

据 (jū) 见"拮据"。
另见 jù。

蛆 (jū) 见"蝍蛆"。
另见 qū。

蚼 (jū) 亦作"驹"。蚼蟓，一名玄蚼，虫名，即蚍蜉。《方言》第十一："蚍蜉，齐鲁之间谓之蚼蟓，西南梁益之间谓之玄蚼。"郭璞注："《法言》曰'玄驹之步'是。"
另见 gǒu。

崌 (jū) 山名。郭璞《江赋》："源二分于崌崃。"崃山，即邛崃山，在四川省西部。崌山在崃山东。

屌 ^(jū) 屋舍。见《玉篇·宀部》。

娵 ^(jū) 见"娵隅"、"娵訾"。

娵隅 鱼的别称。《世说新语·排调》："〔郝隆〕揽笔便作一句云：'娵隅跃清池。'桓（桓温）问娵隅是何物。答曰：'蛮名鱼为娵隅。'"

娵訾 ❶十二次之一。配十二辰为亥，配二十八宿为室、壁两宿。古称娵訾之口，《尔雅》所载标志星同。按《汉书·律历志》，日至其初为立春，至其中为雨水。明末后译黄道十二宫的双鱼宫为娵訾宫。❷亦作"陬訾"。传说人物名。娵訾氏为帝喾高辛氏之妻，生子挚。

琚 (jū) 佩玉。《诗·卫风·木瓜》："投我以木瓜，报之以琼琚。"《文选·曹植〈洛神赋〉》："披罗衣之璀粲兮，珥瑶碧之华琚。"李善注引毛苌曰："琚，佩玉名。"

趄 (jū) 见"趑趄"。
另见 qiè。

椐 (jū) 木名。即灵寿木。多肿节，古时以为马鞭或手杖。《诗·大雅·皇矣》："启之辟之，其柽其椐。"

跔 (jū) ❶腿脚抽筋。见朱骏声《说文通训定声·需部》。《逸周书·太子晋》："师旷束躅其足，曰：'善哉！善哉！'王子曰：'太师何举足骤？'师旷曰：'天寒足跔是以数也。'"孔晁注："束躅，踏也。骤，亦数也。"❷见"踉跔"。

赇 〔賕〕(jū) ❶卖。见《广雅·释诂三》。❷贮存。元结《王如石铭序》："石有双目……一目命为洞樽，樽可赇酒。"

锔 〔鋦〕(jū) ❶锔子，两端弯曲的钉子，用以接补有裂缝的器物。❷用锔子补接器物。如：锔碗。
另见 jú。

腒 (jū) 鸟类的干脯。《周礼·天官·庖人》："夏行腒鱐。"郑玄注引郑司农云："腒，干雉；鱐，干鱼。"

雎 ^(jū) 见"雎鸠"。

雎鸠 鸟名。《诗·周南·关雎》："关关雎鸠，在河之洲。"毛传："雎鸠，王雎也。"《尔雅·释鸟》："鴡鸠，王鴡。"郭璞注："雕类，今江东呼之为鹗，好在江渚山边食鱼。"《禽经》："王雎，雎鸠，鱼鹰也。"

锯 〔鋸〕(jū) 通"锔"。如：锯碗。参见"锔(jū)❷"。
另见 jù。

鮈〔鮈〕(jū) 硬骨鱼纲,鲤科。一群生活于淡水中的中小型鱼类,一般栖息水的下层。体侧扁或呈亚圆筒形。背鳍一般无硬刺,臀鳍具六分枝鳍条。种类繁多。分布于欧洲、亚洲;中国各河流、湖泊均产。常见的有鳕、棒花鱼、麦穗鱼、银鮈、铜鱼、鳈和蛇鮈等。

裾(jū) ❶衣服的前襟,也称大襟。《淮南子·齐俗训》:"楚庄王裾衣博袍。"亦指后襟。《尔雅·释器》:"袉谓之裾。"郭璞注:"衣后襟也。"《汉书·邹阳传》:"饰固陋之心,则何王之门不可曳长裾乎?"❷衣袖。《方言》第四:"袿谓之裾。"郭璞注:"衣后裾也。或作袪,《广雅》云衣袖也。"

另见jù。

裾裾 盛服貌。《荀子·子道》:"子路盛服见孔子。孔子曰:'由,是裾裾何也?'"郝懿行补注:"裾裾,《说苑·杂言》篇作襜襜,裾与襜皆衣服之名,因其盛服,即以其名呼之。"

鶪〔鶪〕(jū) 见"鶪鶪"。

鶌〔鶌〕(jū) 见"鶌鸠"。

鶌鸠 古籍中鸟名。即"鹘鸠"。《尔雅·释鸟》:"鶌鸠,鹘鵃。"邢昺疏引舍人曰:"今之斑鸠。"参见"鹘鸠"。

蝑(jū) 见"蝑蛣"。

蝑蛣 虫名。《文选·郭璞〈江赋〉》:"蝑蛣森衰以垂翘。"李善注引《南越志》曰:"蝑蛣,一头,尾有数条,长二三尺,左右有脚,状如蚕,可食。"

郹(jū) 同"斛"。

跔(jū) 同"鞠"。古时一种皮球。见"蹴鞠"。

鋦(jū) 同"锔(鋦)"。

鞠(jū,又读jú) ❶养育;抚养。《诗·小雅·蓼莪》:"父兮生我,母兮鞠我。"参见"鞠育"。❷幼小。见"鞠子"。❸弯曲。见"鞠躬"。❹大;穷极。见"鞠凶❷"、"鞠讻"。❺高貌。张衡《南都赋》:"鞠巍巍其隐天。"❻穷困。《书·盘庚中》:"尔惟自鞠自苦。"❼告诫。《诗·小雅·采芑》:"陈师鞠旅。"❽古时的一种皮球。《汉书·枚乘传》:"蹴鞠刻镂。"颜师古注:"鞠,以韦为之,中实以物,蹴蹋为戏乐也。"❾通"鞫"。审讯罪人。《汉书·景武昭宣元成功臣表》:"鞠狱不实。"❿通"菊"。《礼记·月令》:"〔季秋之月〕鞠有黄华。"⓫姓。战国有鞠武。

鞠躬 ❶弯着身子,表示恭敬、谨慎。《论语·乡党》:"入公门,鞠躬如也。"后即用以形容恭敬、谨慎。《史记·太史公自序》:"敦厚慈孝,讷于言,敏于行,务在鞠躬,君子长者。"《汉书·冯奉世传赞》:"宜乡侯参(冯参)鞠躬履方,择地而行。"颜师古注:"鞠躬,谨敬貌。"❷弯身行礼。《敦煌变文集·庐山远公话》:"来至山神殿前,鞠躬唱喏。"

鞠躬尽瘁 鞠躬,恭敬谨慎;尽瘁,竭尽劳苦。谓不辞劳苦,贡献一切。《三国志·蜀志·诸葛亮传》"所总统如前"裴松之注引《汉晋春秋》载诸葛亮表:"臣鞠躬尽力,死而后已。"并谓"此表,亮集所无,出张俨《默记》"。后世选本题为《后出师表》,多作"鞠躬尽瘁"。

鞠旅 同"鞫旅"。谓誓师。《诗·小雅·采芑》:"钲人伐鼓,陈师鞠旅。"毛传:"鞠,告也。"

鞠凶 ❶预示灾祸。《汉书·刘向传》:"日月鞠凶,不用其行。"颜师古注:"鞠,告也。言日月不用其常行之道以告凶灾者,由四方之国无政理,不能用善人也。"❷大祸。《旧五代史·晋少帝纪五》:"旋属天降鞠凶,先君即世。"

鞠讻 犹"鞠凶",极大的灾祸。《诗·小雅·节南山》:"昊天不傭,降此鞠讻;昊天不惠,降此大戾。"毛传:"傭,均;鞠,盈;讻,讼也。"郑玄笺:"盈,犹多也。"马瑞辰通释谓"鞠"为"穷"的假借字,穷极之义;"讻"即"凶"字;"鞠讻",犹言极凶。

鞠养 犹"鞠育"。抚养。《北史·房彦谦传》:"彦谦早孤,不识父,为母兄鞠养。"

鞠育 养育;抚养。语出《诗·小雅·蓼莪》"父兮生我,母兮鞠我,拊我畜我,长我育我"。毛传:"鞠,养。"郑玄笺:"育,覆育也。"《晋书·嵇康传》:"母兄鞠育,有慈无威。"

鞠子 稚子。《书·康诰》:"兄亦不念鞠子哀。"

斛(jū) 亦作"郹"、"斛"。挹;酌。《诗·小雅·大东》"不可以斛酒浆"毛传:"斛,斛酒也。"刘禹锡《机汲记》:"昔予尝登埤,捆然念悬流之莫可遽斛,方勉保庸,督臧获,斛而挈之,至于裂肩龟手。"

鞫(jū,又读jú) ❶审讯。《史记·酷吏列传》:"讯鞫论报。"引申为记录犯人罪状的文书。《周礼·秋官·小司寇》"读书则用法"郑玄注引郑司农云:"如今时读鞫已乃论之。"❷查问。《汉书·车千秋传》:"未闻九卿廷尉有所鞫也。"❸阻塞。《诗·小雅·小弁》:"踧踧周道,鞫为茂草。"❹穷困。《诗·大雅·云汉》:"鞫哉庶正。"郑玄笺:"鞫,穷也。庶,众官之长也。"❺通"究"。尽头。《诗·大雅·公刘》:"止旅乃密,芮鞫之即。"毛传:"密,安也。芮,水厓也。鞫,究也。"郑玄笺:"芮之言内也。水之内曰隩,水之外曰鞫。公刘居豳既安,军旅之役止,士卒乃安,亦就涧水之内外而居修田事也。"❻姓。晋代有鞫居。

鞫狱 古指审理刑事案件。《汉书·刑法志》:"今遣廷史与郡鞫狱。"颜师古注引李奇曰:"鞫,穷也,狱事穷竟也。"《唐律疏议·断狱》:"诸鞫狱者,皆须依所告状鞫之。若于本状之外,别求他罪者,以故入人罪论。"宋、明两代沿袭唐制;明律补充规定,审理诉状中所告罪行时,如发现他应该审问的罪行,不在此限。

斛(jū) 同"斛"。

jú

局㊀(jú) ❶部分。《礼记·曲礼上》:"进退有度,左右有局。"郑玄注:"局,部分也。"孔颖达疏:"军之在左右,各有部分,不相滥也。"❷棋盘。班固《弈旨》:"局必方正,象地则也。"引申为下棋或其他比赛一次叫一局。如:下一局棋;平局。❸邻居。陶潜《归园田居》诗:"漉我新熟酒,只鸡招近局。"❹近。曹丕《与朝歌令吴质书》:"涂路虽局,官守有限。"❺机关单位的名称。如:文化局;农业局。亦指店铺。如:书局。❻形势。如:时局;大局;局势。❼人的胸襟器量。如:器局;识局;局量。❽狭隘;拘泥。潘尼《乘舆箴》:"文繁而义诡,意局而辞野。"引申为逼迫。《儒林外史》第三回:"屠户被众人局不过,只得连斟两碗酒喝了,壮一壮胆。"❾指某种聚会。如:赌局;饭局。❿骗人的圈套。如:骗局;局诈。

㊁〔侷、跼〕(jú) ❶见"局促"。❷弯曲。《南史·宋武帝纪》:"有司奏东西堂施局脚床,金涂钉。上不

许,使用直脚床,钉用铁。"

局促 亦作"局趣"。❶狭隘。如:居处局促。❷匆促。杜甫《梦李白》诗:"告归常局促,苦道来不易。"❸见识不广。《文选·傅毅〈舞赋〉》:"嘉《关雎》之不淫兮,哀《蟋蟀》之局促。"李善注:"局促,小见之貌。"《关雎》、《蟋蟀》,皆《诗经》篇名。❹拘束。如:局促不安。

局趣 同"局促"。拘牵;不开展。《史记·魏其武安侯列传》:"今日廷论,局趣效辕下驹。"

局度 犹言器量。《后汉书·袁绍传上》:"绍外宽雅有局度,忧喜不形于色,而性矜愎自高,短于从善。"

局蹐 ❶畏缩不安貌。《后汉书·秦彭传》:"每于农月,亲度顷亩,分别肥埆,差为三品,各立文簿,藏之乡县。于是奸吏局蹐,无所容649。"❷狭隘;不舒展。黄遵宪《海行杂感》诗:"寸地尺天虽局蹐,尽容稀米一微身。"参见"局天蹐地"。

局量 犹言器量。《晋书·褚裒传》:"祖盚有局量,以干用称。"

局面 ❶形势;情况。《水浒传》第四十九回:"不想他这两个不识局面,正中了他的计策。"❷规模;排场。

局内 亦作"局中"。局,本指棋局。后谓参与其事者为"局内人"。

局骗 谓构成圈套骗人。《水浒传》第二十五回:"那妇人拭着眼泪说道:'我的一时间不是了,吃那厮局骗了。'"

局天蹐地 形容戒慎,恐惧。《诗·小雅·正月》:"谓天盖高,不敢不局;谓地盖厚,不敢不蹐。"陆机《谢平原内史表》:"感恩惟咎,五情震悼。局天蹐地,若无所容。"

局外 棋局之外。刘克庄《象弈》诗:"君看橘中戏,妙不出局外。"引申为与事无关。《红楼梦》第四回:"只剩了几个局外之人。"

局诈 同"局骗"。《聊斋志异》卷八有《局诈》三则。

局躅 躅躅不进。《史记·淮阴侯列传》:"骐骥之局躅,不如驽马之安步。"

赒〔鵙〕(jú) 本作"鵙"。鸟名。"伯劳"的旧称。《诗·豳风·七月》:"七月鸣鵙。"

莘〔輂〕(jú) ❶古代驾马的运货大车。《史记·淮南衡山列传》:"以莘车四十乘反谷口。"❷古代运土的工具。《汉书·五行志上》:"陈畚莘。"颜师古注引应劭曰:"莘所以舆土也。"

桔(jú) "橘"今俗作"桔"。见屈大均《广东新语》卷二十五。

另见 jié, xié。

捐(jú) ❶抬土的器具。《左传·襄公九年》:"陈畚捐,具绠缶。"❷握持。《说文·手部》:"捐,戟持也。"段玉裁注:"谓有所操作,曲其手于戟而持之也。"

骟〔騎〕(jú) 跳跃。《楚辞·九辩》:"见执辔者非其人兮,故骟跳而远去。"

菊(jú) 植物名。学名 *Dendranthema morifolium*。通称"菊花"。菊科。多年生草本。叶卵圆形至披针形,具粗大锯齿或深裂。秋季开花,头状花序,大小、颜色和形状因品种而异。原产中国,久经栽培,品种很多,为著名观赏植物。世界各地普遍栽培。白菊花可作饮料;黄菊和白菊入药,性微寒、味甘苦,功能疏风清热、平肝明目,主治外感风热、头痛、目赤等症。

菊部 亦作"鞠部"。旧时戏班或戏曲界的泛称。据说宋高宗时内宫有菊夫人,善歌舞,精音律,宫中称为"菊部头",菊部之称源出于此。见南宋周密《齐东野语》。

菊月 夏历九月。为菊花开放时期,因称。

桸(jú) ❶抬物的器具。《国语·周语中》:"侍而畚桸。"韦昭注:"桸,举土之器。"❷古人登山的用具。《汉书·沟洫志》:"山行则桸。"颜师古注:"如淳曰:'桸,谓以铁如锥头,长半寸,施之履下,以上山,不蹉跌也。'韦昭曰:'桸,木器,如今舆床,人举以行也。'"按《史记·河渠书》作"桥"。

郹(jú) 见"郹氏"、"郹阳"。

郹氏 古地名。即垂葭。春秋卫地,当在今山东巨野西南。《左传·定公十三年》:"齐侯卫侯次于垂葭,实郹氏",即此。

郹阳 古邑名。春秋蔡地。在今河南新蔡境。《左传·昭公十九年》:"楚子之在蔡也,郹阳封人之女奔之。"

梮(jú) 柏树。用以制臼。《礼记·杂记上》:"畅(鬯)臼以梮,杵以梧。"郑玄注:"梮,柏也。"

铜〔鋦〕(jú) 化学元素[周期系第Ⅲ族(类)副族元素、锕系元素]。符号 Cm。原子序数 96。银白色金属。具强放射性。化学性质活泼。

人工获得的放射性元素(1944 年)。寿命最长的同位素^{247}Cm,半衰期为 1.56×10^7 年。以$^{242}_{96}$Cm(半衰期 163 天)和$^{244}_{96}$Cm(半衰期 18.1 年)为最重要。前者可用作核电池能源以及提供纯$^{238}_{94}$Pu 的放射性核素发生器;后者也可用作核电池能源。

另见 jū。

溴(jú) 水名。在河南西北部,源出济源市,东南流入黄河。

溴梁 古代筑在溴水旁的大堤。在今河南济源市西北。《尔雅·释地》:"梁莫大于溴梁。"郭璞注:"溴,水名;梁,堤也。"《春秋》襄公十六年(公元前 557 年):"公会晋侯、宋公……于溴梁",即此。

鶪〔鶪〕(jú) ❶见"鶪鸠"。❷见"鹄鹏"。

鶪鸠 鸟名。即"鸠"。《方言》第八:"鸠,自关而西秦汉之间谓之鶪鸠。"

榉〔欅〕(jú) 古人登山用具。《史记·夏本纪》:"山行乘榉。"裴骃集解引如淳曰:"榉车,谓以铁如锥头,长半寸,施之履下,以上山不蹉跌也。"张守节正义:"按上山前齿短,后齿长;下山前齿长,后齿短也。"按《史记·河渠书》作"山行即桥",《汉书·沟洫志》作"山行则桸"。参见"桸"。

缱〔繘〕(jú,又读 yù) 汲井用的绳索。亦谓以索汲井。《易·井》:"汔至亦未缱井,羸其瓶。"孔颖达疏:"汔,幾也。幾,近也。缱,绠也。虽汲水以至井上,然绠绠出犹未离井口,而钩羸其瓶而覆之也。羸,通'累',谓受阻。"

橘(jú) 果木名。见"柑"。

橘化为枳 《考工记序》:"橘逾淮而北为枳……此地气然也。"《晏子春秋·杂下》:"婴闻之:橘生淮南则为橘,生于淮北则为枳,叶徒相似,其实味不同,所以然者何? 水土异也。今民生长于齐不盗,入楚则盗,得无楚之水土,使民善盗耶?"后因以比喻人由于环境的影响而品质变坏。

橘井 相传汉代苏仙公得道仙去前,对母亲说:"明年天下疾疫,庭中井水一升,檐边橘叶一枚,可疗一人。"第二年,果然发生疫病,远近皆求治,果然痊愈。见葛洪《神仙传》。后因以"橘井"为良药之典故。

橘奴 《水经注·沅水》:"吴丹阳太守李衡,植柑于其上,临死,敕其子曰:'吾州里有木奴千头,不责衣食,

岁绢千匹。'太史公曰,江陵千树橘,可当封君,此之谓矣。"后因称橘为"橘奴"。郝经《橄榄》诗:"始觉众果俗,橘奴复梨儿。"

鮈〔鮈〕(jú) 鱼名。《说文·鱼部》:"鮈鱼也,出乐浪潘国,一曰鮈鱼出九江。有两乳,一曰薄浮。"段玉裁注:"鮈即今之江猪,亦曰江豚。薄浮,俗字作鱄鲜。"

蘜(jú) 同"菊"。《尔雅·释草》:"蘜,治墙。"郭璞注:"今之秋华菊。"

鵙(jú) "鵙(鵙)"的本字。

籍(jú) 同"鞫"。穷治罪人。

jǔ

巨(jǔ) 见"巨获"。
另见 jù。

巨获 规矩;法度。《管子·宙合》:"成功之术,必有巨获。"王念孙《读书杂志·管子第二》:"巨获读为矩矱。"

去(jǔ) 通"弆"。藏。《左传·昭公十九年》:"纺焉以度而去之。"孔颖达疏:"去,即藏也。"《汉书·苏武传》:"掘野鼠去中(草)实而食之。"
另见 qū,qù。

拒(jǔ) 通"矩"。《左传·桓公五年》:"郑子元请为左拒。"杜预注:"拒,方阵。"
另见 jù。

弆(jǔ) 收藏。恽敬《记苏州本淳化帖》:"文肃于此事虽未见深嗜,其家庭门馆多知者,何至弆此赝物?"

柜(jǔ) 见"柜柳"。
另见 guì。

柜柳 即杞柳。《孟子·告子上》"性犹杞柳也"赵岐注:"杞柳,柜柳也。"又为枫杨的异名。

咀(jǔ) 细嚼;含味。韩愈《进学解》:"沈浸酡郁,含英咀华。"
另见 zǔ,zuǐ。

咀嚼 细细咬嚼。司马相如《上林赋》:"咀嚼菱藕。"引申为玩味。《文心雕龙·序志》:"傲岸泉石,咀嚼文义。"

岨(jǔ) 同"龃"。见"岨峿"。
另见 jū,zǔ。

岨峿 同"龃龉"。不相融合貌。陆机《文赋》:"或妥帖而易施,或岨峿而不安。"

沮(jǔ) ❶终止。《诗·小雅·巧言》:"乱庶遄沮。"❷阻止。《孟子·梁惠王下》:"嬖人有臧仓者沮君,是以不果来也。"朱熹注:"沮、尼,皆止之之意也。"❸败坏;沮丧。如:气沮;色沮。《淮南子·修务训》:"故力竭功沮。"苏轼《贾谊论》:"一不见用,则忧伤病沮。"
另见 jū,jù。

沮丧 ❶灰心失望。《宋书·颜延之传》:"岂识向之夸慢,只足以成今之沮丧邪!"❷失色貌。杜甫《观公孙大娘弟子舞剑器行》:"观者如山色沮丧。"

莒(jǔ) ❶植物名。古代齐人称芋为莒。见《说文·艸部》。❷古国名。西周分封的诸侯国。己姓,一说曹姓。开国君主是兹舆期,建都计斤(一作介根,今山东胶州市西南),春秋初年迁于莒(今山东莒县)。有今山东安丘、诸城、沂水、莒、日照等市县间地。公元前431年为楚所灭。❸古邑名。在今山东莒县。周为莒国,公元前431年为楚所灭,后属齐,前284年燕将乐毅大破齐,唯莒与即墨未下,即此。后又入楚,楚灭鲁后,迁鲁君于此。

枸(jǔ) ❶木名,即"枳椇"。《诗·小雅·南山有台》:"南山有枸。"❷见"枸橼"。
另见 gōu,gǒu。

枸橼(*Citrus medica*) 一名"香橼"。芸香科。小乔木或大灌木。有短而坚硬的刺。叶长圆形或倒卵状长圆形,有锯齿,无叶翼。一年多次开花,花大,带紫色,花柱常宿存。果实卵形或长圆形,先端有乳状突起,皮粗厚而有芳香,熟时柠檬黄色,不易剥离。初冬果熟。瓤囊细小,约10瓣;肉黄白色,液汁不多,味苦。中国中部和南部有栽培。果供观赏,瓤制枸橼酸。果皮、花、叶可提芳香油;果皮供药用。

矩〔榘〕(jǔ) ❶画直角或方形的用具,即曲尺。《周髀算经》卷上:"圆出于方,方出于矩。"❷法度。如:循规蹈矩。《论语·为政》:"七十而从心所欲,不踰矩。"❸刻画以留标记。《考工记·轮人》:"凡斩毂之道,必矩其阴阳。"郑玄注:"矩,谓刻识之也。"贾公彦疏:"此欲斩毂之时,先就树刻之,记识其向日为阳、背日为阴之处。"❹概率论的基本概念。随机变量的一类数字特征的总称。最常用的矩有两种,

一种是原点矩,随机变量 ξ 的 k 次方的加权平均 $E\xi^k$ 称为 ξ 的 k 阶原点矩,数学期望是一阶原点矩;另一种是中心矩,随机变量 ξ 对其均值 $E\xi$ 的偏差的 k 次方的加权平均 $E(\xi-E\xi)^k$ 称为 ξ 的 k 阶中心矩,方差是二阶中心矩。概率论中矩的概念与力学中矩的概念有密切联系,数量上两者完全一致,矩的力学解释有助于对概率论中矩的理解。若把概率分布看成一根棒的质量分布,那么一阶原点矩(数学期望)相当于棒的重心,二阶中心距(方差)相当于棒的转动惯量。

矩矱 犹规矩、法度。《离骚》:"曰勉升降以上下兮,求矩矱之所同。"《楚辞·哀时命》:"上同凿枘于伏羲兮,下合矩矱于虞唐。"

举〔舉、擧〕(jǔ) ❶擎起;抬起。《史记·刺客列传》:"〔高渐离〕举筑扑秦皇帝,不中。"李白《静夜思》诗:"举头望明月,低头思故乡。"引申为提出。如:举例;举一反三。❷行动;举动。《国语·鲁语上》:"君举必书;书而不法,后嗣何观?"《周礼·地官·师氏》:"凡祭祀、宾客、会同、丧纪、军旅,王举则从。"引申为举行,举办。《周礼·天官·总序》"设官分职"郑玄注:"各有所职而百事举。"❸起飞。《吕氏春秋·论威》:"兔起凫举。"❹动问。《礼记·曲礼上》:"主人不问,客不先举。"❺推荐;选拔。《史记·殷本纪》:"是时,说(傅说)为胥靡,筑于傅险,见于武丁……举以为相,殷国大治。"❻旧时以科考取士之称。亦指赴试或考中。韩愈《讳辩》:"愈与李贺书,劝贺举进士;贺举进士有名。"❼攻克;占领。《史记·平原君虞卿列传》:"自起,小竖子耳,率数万之众,兴师以与楚战,一战而举鄢、郢。"❽收取。《周礼·地官·司关》:"凡货不出于关者,举其货,罚其人。"❾杀牲为盛馔。《周礼·天官·膳夫》:"王日一举,鼎十有二,物皆有俎,以乐侑食。"❿祭祀。《诗·大雅·云汉》:"靡神不举。"⓫抚养;生育。《史记·孟尝君列传》:"文(孟尝君)以五月五日生,婴(孟尝君之父)告其母曰:'勿举也。'母窃举生之。"恽敬《答来卿书》:"四月中得书,知小女举男子,喜甚。"⓬古代重量单位名。《小尔雅·广衡》:"两有半曰捷,倍捷曰举。"⓭全;皆。《孟子·梁惠王下》:"举欣欣然有喜色。"

举案齐眉　《后汉书·梁鸿传》："〔鸿〕为人赁春，每归，妻为具食，不敢于鸿前仰视，举案齐眉。"案，有脚的托盘。后因称夫妇相敬相爱为"举案齐眉"。张孝祥《虞美人·赠卢坚叔》词："卢敖夫妇骖鸾侣，相敬如宾主。森然兰玉满尊前，举案齐眉乐事看年年。"

举白　❶干杯，谓举杯告尽。《汉书·叙传上》："设宴饮之会，及赵、李诸侍中皆引满举白，谈笑（笑）大噱。"颜师古注："谓引取满觞而饮，饮讫举觞告白尽不也。"一说，白者，罚爵之名也。饮有不尽者，则以此爵罚之。故以"白"为罚酒的酒杯。苏轼《赠莘老七绝》："若对青山谈世事，当须举白便浮君。"参见"浮白"。❷举报；告发。《三国志·吴志·顾雍传》："壹（吕壹）等因此渐作威福……雍等皆见举白。"

举措　❶行动；动作。《后汉书·王霸妻传》："向见其子容服甚光，举措有适。"❷措施。《荀子·荣辱》："政令法，举措时，听断公。"亦作"举错"。《史记·秦始皇本纪》："举错必当，莫不如画。"

举错　❶擢用和废弃。语出《论语·为政》"举直错诸枉，则民服"。《宋史·陈宓传》："使大臣果能杜幸门，塞邪径，则举错当而人心服。"❷同"举措❷"。

举国　全国。如：举国欢腾；举国一致。《史记·刺客列传》："聂政曰：'……语泄，是韩举国而与仲子为仇。'"

举火　生火做饭。《庄子·让王》："三日不举火。"

举举　谓举止端丽。韩愈《送陆畅归江南》诗："举举江南子，名以能诗闻。"方崧卿《韩集举正》云："唐人以举止端丽为'举举'。"

举例发凡　左丘明为《春秋》作传，将《春秋》书法归纳为若干类例，加以概括的说明。后因称分类举例以说明一书的体例为"举例发凡"。《文心雕龙·史传》："按《春秋》经传，举例发凡。"参见"发凡"。

举棋不定　《左传·襄公二十五年》："弈者举棋不定，不胜其耦。"耦，同弈的对方。后用来比喻临事犹豫不决。《新唐书·郁林王恪传》："晋王仁厚，守文之良主，且举棋不定则败，况储位乎？"

举人　唐制为各地乡贡入京应试之通称，意即应举之人。明清则为乡试考中者之专称，作为一种出身资格。

举世　全世间。《楚辞·渔父》："举世皆浊我独清，众人皆醉我独醒，是以见放。"

举业　科举时代称应试的诗文为举业，又称举子业。《金史·元德明传》："子好问，最知名，年十有四，从陵川郝晋卿学，不事举业。"

举一反三　《论语·述而》："举一隅，不以三隅反，则不复也。"朱熹注："物之有四隅者，举一可知其三。反者，还以相证之义。"后以"举一反三"指善于推理，能由此知彼。《北堂书钞》卷九十八引《蔡邕别传》："邕与李则……始共读《左氏传》，通敏兼人，举一反三。"

举止　行动。《后汉书·冯异传》："观其言语举止，非庸人也。"

举踵　踮起脚跟，形容盼望之切。司马相如《难蜀父老》："举踵思慕，若枯旱之望雨。"参见"延颈举踵"。

举主　对被荐举者而言，荐举人为举主。《宋史·选举志六》："凡被举者，中书岁置二籍，疏其名衔，下列历任功过，举主姓名，及荐举数。"

举子　被举应试的士子。《旧唐书·高适传》："宋州刺史张九皋深奇之，荐举有道科。时右相李林甫擅权，薄于文雅，唯以举子待之。"

举足轻重　《后汉书·窦融传》："方蜀汉相攻，权在将军，举足左右，便有轻重。"本谓实力坚强者处于两强之间，稍偏于一方，即打破均势。后泛指处于重要地位，足以左右局势。

举最　汉制，长吏考绩，举其尤异者上之于朝，称举最。《汉书·京房传》："爱养吏民，化行县中，举最当迁。"亦称"报最"。

萬（jǔ）　通"矩"。曲尺。《考工记·轮人》："是故规之以眡其圜也，萬之以眡其匡也。"郑玄注引郑司农云："萬，书或作矩。"
另见 jù, yǔ。

椇（jǔ）　❶木名，即枳椇。也指其果实，味甜可食，俗称"鸡距子"。❷古代祭祀用的牲架。《礼记·明堂位》："俎，殷以椇。"陈澔集说："椇者，俎之足间横木，为曲桡之形，如椇枳之树枝也。"

跙（jǔ）　见"跙跙"。

跙跙　行不进貌。《太玄·更》："驷马跙跙，能更其御。"司马光注引王涯曰："驷马跙跙，行不进也；更以良御，乃得其宜。"

筥（jǔ）　❶圆形的盛物竹器。《诗·召南·采蘋》："于以盛之，维筐及筥。"毛传："方曰筐；圆曰筥。"❷古代禾的量名。《仪礼·聘礼》："四秉曰筥。"郑玄注："此秉，谓刈禾盈手之秉也。"

蒟（jǔ）　见"蒟蒻"。

蒟蒻　中药名。又称"魔芋"、"蛇六谷"、"独叶一枝花"。天南星科植物魔芋的块茎。性寒、味辛，有毒，功能消肿、攻毒，主治痈疮、肿毒、瘰疬结块等。多作外用，内服须久煎。

椇（jǔ，又读 yǔ）　❶木名，见《说文·木部》。❷姓。《诗·小雅·十月之交》："椇维师氏。"孔颖达疏："椇氏维为师氏之官。"

櫸〔榉〕（jǔ）　植物名。学名 Zelkova schneideriana。榆科。落叶乔木，高可达25米。小枝细，叶互生，排为两列，椭圆状卵形，单锯齿，羽状脉，有毛，叶柄甚短。春季开花，单性，雌雄同株。坚果小，上部歪，直径约4毫米。分布中国淮河以南各地。喜光，喜温暖气候及肥沃湿润土壤。木材坚实、耐水湿，为优良家具用材，又可供造船、建筑、桥梁等用材。

榉

龃〔齟〕（jǔ）　见"龃龉"。

龃龉　上下齿不相配合。比喻意见不合、不融洽。《太玄·亲》："其志龃龉。"白居易《达理》诗："谁能坐此苦，龃龉于其中。"参见"鉏铻"、"岨峿"。

鉏（jǔ）　见"鉏铻"。
另见 chú，chú 锄，xú。

鉏铻　同"龃龉"。不相配合。《楚辞·九辩》："圜凿而方枘兮，吾固知其鉏铻而难入。"枘，榫。

蜛（jǔ）　❶好貌。《吕氏春秋·应言》："然而视之，蜛焉美，无所可用。"高诱注："蜛读龃齿之龃。龃，鼎好貌。"按上文言市丘之鼎，故注谓"鼎好貌"。❷通"踽"。见"蜛偻"。

蜛偻　同"踽偻"。《文选·宋玉〈登徒子好色赋〉》："旁行踽偻。"李善注："踽偻，伛偻也。"李周翰注："蜛偻，身曲也。"

踽(jǔ) ❶独行貌。见"踽踽"。❷同"伛"。见"踽偻"。

踽踽 孤独貌。《诗·唐风·杕杜》:"独行踽踽。"毛传:"踽踽,无所亲也。"

踽偻 曲身;驼背。《文选·宋玉〈登徒子好色赋〉》:"旁行踽偻。"李善注:"踽偻,伛偻也。《广雅》曰:'伛偻,曲貌。'"

簴(jǔ) ❶饲牛器。《说文·竹部》:"簴,食牛筐。方曰筐,圆曰簴。"❷盛杯的容器。《广雅·释器》:"簴,杯落也。"王念孙疏证:"落,居也;杯落,亦所以居杯也。"

籧(jǔ) 同"筥"。圆形的竹器。《礼记·月令》:"〔季春之月〕具曲植籧筐。"
另见 qú。

鼅(jǔ) 同"龃(齟)"。

jù

巨㊀(jù) 姓。汉代有巨武、巨览。
㊀〔鉅〕(jù) ❶大。如:巨人;巨舰;巨款。《礼记·三年问》:"创巨者其日久。"《宋史·蔡京传》:"事无巨细,皆托而行。"❷通"讵"。岂。《汉书·高帝纪上》:"沛公不先破关中兵,公巨能入乎?"
另见 jǔ。

巨笔 犹大手笔。亦指名作品。苏轼《次韵张安道读杜诗》:"巨笔屠龙手,微官似马曹。"

巨擘 大拇指。比喻杰出的人物。《孟子·滕文公下》:"于齐国之士,吾必以仲子(陈仲子)为巨擘焉。"

巨公 犹言巨匠、大师。李贺《高轩过》诗:"云是东京才子,文章巨公。"后亦用以称达官贵人。

巨匠 指在艺术上有杰出成就的人。如:文坛巨匠。

巨浸 大湖。于濆《南越谣》:"迢迢东南天,巨浸无津壖。"

巨灵 巨神,古代神话传说中分开华山的河神。见《水经注·河水》。《晋书·左贵嫔传》:"峨峨华岳,峻极泰清,巨灵导流,河渎是经。"赵彦昭《登骊山》诗:"河看大禹凿,山见巨灵开。"

巨阙 古代剑名。《荀子·性恶》:"阖闾之干将、莫邪、巨阙、辟闾,皆古之良剑也。"

巨室 ❶巨大的房屋。《孟子·梁惠王下》:"为巨室,则必使工师求大木。"❷旧指世家大族。《孟子·离娄上》:"为政不难,不得罪于巨室。"后亦用以指富家。瞿佑《秋香亭记》:"王氏亦金陵巨室,开采帛铺于市。"

巨黍 古代良弓名。《荀子·性恶》:"繁弱、巨黍,古之良弓也。"潘岳《闲居赋》:"黎子、巨黍,异豢同机。"《史记·苏秦列传》作"距来"。据王念孙《读书杂志·史记第四》,"来"当为"黍"之误。

巨万 形容数目极大。《史记·平准书》:"京师之钱累巨万。"又《司马相如列传》:"费以巨万计。"

巨眼 谓极有眼力。江藩《汉学师承记·江艮庭先生》:"世无具巨眼人。"

巨(鉅)野泽 即大野泽。《史记·彭越列传》"常渔巨野泽中",即此。

巨子 ❶战国时墨家学派对其首领的尊称。巨子职位由前任巨子传给他所认可的人。墨子本人可能是第一任巨子。此外,据《吕氏春秋》记载,孟胜、田襄子、腹䵍(tūn)等曾先后为墨家巨子。❷泛称大家或大人物。黄宗羲《李杲堂文钞序》:"此十余人者,皆今之巨子也。"

句(jù) 句子。《文心雕龙·章句》:"句者,局也;局言者,联字以分疆。"
另见 gōu,qú。

句读 也叫"句逗"。文辞语意已尽处为句,语意未尽而须停顿处为读,书面上用圈(句号)和点(读号)来标记。何休《春秋公羊经传解诂序》:"援引他经,失其句读,以无为有,甚可闵笑者,不可胜记也。"韩愈《师说》:"句读之不知,惑之不解,或师焉,或不焉。"

句度 即"句读"。皇甫湜《答李生论文书》:"书字未识偏傍,高谈穆、契;读书未知句度,下视服(服虔)、郑(郑玄)。"

句号 标点符号的一种,即〔。〕。表示一句话完了之后的停顿。如:"中国是有数千年文明史的国家。"

句子 前后都有停顿,并带有一定的句调,表示相对完整意义的语言单位。

句子成分 句子的组成成分。在句子中,语词和语词之间有一定的关系,按照不同的关系可以分为不同的成分,因此句子成分实际上是句子中各种句法关系的关系项。主语、谓语、宾语、定语、状语、补语都是汉语的句子成分。也有人认为主谓句的直接组成成分是主语和谓语,宾语、定语、状语、补语是句法成分,即词组成分。

讵〔詎〕(jù) ❶岂。李白《行路难》诗:"华亭鹤唳讵可闻!"❷苟;如果。《国语·晋语六》:"讵非圣人,必偏而后可。"❸曾。潘岳《悼亡》诗:"尔祭讵几时。"

苣(jù) ❶蔬菜名。即莴苣。❷苇秆扎成的火炬。《墨子·备城门》:"寇在城下,闻鼓音,燔苣。"
另见 qǔ。

拒(jù) ❶抵御;抵抗。《三国志·魏志·文帝纪》:"岂有七百里营可以拒敌者乎?"❷拒绝。《孟子·尽心下》:"来者不拒。"
另见 jǔ。

拒谏饰非 拒绝劝谏,掩饰过错。《荀子·成相》:"拒谏饰非,愚而上同,国必祸。"

拒霜 木芙蓉的异名。以其秋季开花而耐寒,故称。苏轼《和陈述古拒霜花》:"千株扫作一番黄,只有芙蓉独自芳。唤作拒霜知未称,细思却是最宜霜。"

足(jù) ❶补足。《列子·杨朱》:"以昼足夜。"❷过分。见"足恭"。
另见 zú。

足恭 过分恭顺,以取媚于人。《论语·公冶长》:"巧言令色,足恭,左丘明耻之,丘亦耻之。"《管子·小匡》:"曹孙宿其为人也,小廉而苛忕,巧佞卑谄,足恭而辞给。"忕,惯习;辞给,犹辩给。

岠(jù) ❶大山。见《玉篇·山部》。❷通"距"。离开。《尔雅·释地》:"岠齐州以南戴日为丹穴。"郭璞注:"岠,去也。齐,中也。"引申为至。《汉书·食货志下》:"元龟岠冉长尺二寸。"颜师古注引孟康曰:"冉,龟甲缘也。岠,至也。度背两边缘尺二寸也。"

狟(jù) 同"駏"。

駏〔駏〕(jù) 见"駏驉"。

駏驉 即"蛩蛩"、"駏驉"。《说苑·复恩》:"北方有兽,其名曰蟨……食得甘草,必啮以遗蛩蛩巨虚。蛩蛩巨虚见人将来,必负蟨以走。"韩愈《醉留东野》诗:"愿得终始如駏驉。"韩愈诗意指朋友互相爱护。一说为二兽。《汉书·司马相如传上》:"蹴

蛩蛩，鳞距虚。"颜师古注引张揖曰："蛩蛩，青兽，状如马。距虚似赢而小。"另一说谓指一兽。《汉书·司马相如传上》颜师古注引郭璞说，"距虚即蛩蛩，变文互言耳。"刘昼《新论·审名》："蛩蛩巨虚，其实一兽，因其词烦，分而为二。"

驱驉 兽名。亦作"巨虚"、"驱虚"、"距虚"、"距驉"。《文选·枚乘〈七发〉》："前似飞鸟，后类驱虚。"张铣注："驱虚，兽名，善走。"《逸周书·王会》孔晁注："距虚，野兽，驴骡之属。"因亦以称驴。李商隐《李贺小传》："恒从小奚奴，骑距驉。"

距 (jù) ❶同"拒"。抵拒。《说文·止部》："距，止也。"段玉裁注："许无拒字，距即拒也。此与彼相抵为拒，相抵则止矣。"❷距离；超越。《汉书·扬雄传上》："腾空虚，距连卷。"颜师古注："距，即距字也。"

具 (jù) ❶器具；用具。如：家具；农具。❷指酒肴与食器。《史记·魏其武安侯列传》："将军昨日幸许过魏其，魏其夫妇治具，自旦至今，未敢尝食。"❸备办。《仪礼·士相见礼》："以食具告。"郑玄注："具，犹办也。"❹具有。见"具眼"。❺完备。张衡《东京赋》："礼举仪具。"薛综注："具，足也。"❻陈述；开列。《宋史·梁克家传》："上欣纳，因命条具风俗之弊。"❼才具。《晋书·王羲之传》："吾素自无廊庙具。"❽通"俱"。都；完全。《史记·项羽本纪》："良（张良）乃入，具告沛公。"❾用于器物的计数词。《史记·货殖列传》："旃席千具。"❿姓。春秋时晋国有具丙。

具草 拟草稿。《后汉书·周荣传》："及安举奏窦景及与窦宪争立北单于事，皆荣所具草。"

具臣 具，聊备其数。谓备位充数、不称职守之臣。《论语·先进》："今由与求也，可谓具臣矣。"朱熹注："具臣，谓备臣数而已。"

具尔 《诗·大雅·行苇》："戚戚兄弟，莫远具尔。"具，通"俱"；尔，通"迩"。本为都很亲近的意思，因上句有兄弟二字，后即用为兄弟的代称。《文选·陆机〈叹逝赋〉》："痛灵根之夙殒，怨具尔之多丧。"刘良注："具尔，谓兄弟也。"

具服 即朝服。《隋书·礼仪志七》"朝服"注："亦名具服。"《新唐书·车服志》："具服者，五品以上陪祭、朝飨、拜表大事之服也。亦曰朝服。"

具官 ❶配备应有的官员。《史记·孔子世家》："古者诸侯出疆，必具官以从。"❷唐宋以后，在公文函牍或其他应酬文字的底稿上，常把应写明的官爵品级简写为"具官"。欧阳修《上范司谏书》："月，日，具官谨斋沐拜书司谏学士执事。"

具庆 旧谓父母俱存。王明清《挥麈前录》卷四："时安厚卿亦在政府，父曰华尚康宁，且具庆焉。"

具区 古泽薮名。《尔雅·释地》十薮之一，《周礼·职方》扬州薮。一名震泽。即今太湖。

具体 ❶事物的各组成部分都全备。《孟子·公孙丑上》："子夏、子游、子张皆有圣人之一体；冉牛、闵子、颜渊，则具体而微。"朱熹注："具体而微，谓有其全体，但未广大耳。"❷指能为人直接感知或有实际内容和明显功能的事物。如：具体的办法；人物形象很具体。

具文 空文。谓徒具形式而无实际。《汉书·宣帝纪》："上计簿，具文而已。"

具眼 具有鉴别事物的眼力。《宋史·谢深甫传》："〔深甫〕为浙曹考官，一时士望，皆在选中。司业郑伯熊曰：'文士世不乏，求具眼如深甫者实鲜。'"

具狱 指据以定罪的全部案卷。《汉书·于定国传》："太守不听，于公争之弗能得，乃抱其具狱，哭于府上。"颜师古注："具狱者，狱案已成，其文具备也。"

具瞻 为众人所瞻仰。《诗·小雅·节南山》："赫赫师尹，民具尔瞻。"毛传："具，俱；瞻，视。"郑玄笺："此言尹氏，女（汝）居三公之位，天下之民俱视女（汝）之所为。"《三国志·魏志·贾诩传》裴松之注引《荀勖别传》："三公，具瞻所归，不可用非其人。"后因称三公宰相之位为"具瞻之位"。

炬 (jù) ❶本作"苣"。火把。《晋书·苻坚载记下》："系炬于树枝，光照十数里中。"引申为火焚。杜牧《阿房宫赋》："楚人一炬，可怜焦土！"❷蜡烛。梁简文帝《对烛赋》："绿炬怀翠，朱蜡含丹。"

沮 (jù) 见"沮洳"、"沮泽"。
另见 jū，jǔ。

沮洳 低湿之地。《诗·魏风·汾沮洳》："彼汾沮洳。"孔颖达疏："沮洳，润泽之处。"韩愈《赠侯喜》诗："大鱼岂肯居沮洳？"亦用为低湿

之意。左思《魏都赋》："隰壤瀸漏而沮洳。"

沮泽 水草丛生之处。《孙子·军争》："不知山林、险阻、沮泽之形者，不能行军。"

怚 (jù) "姐"的本字。
另见 cū。

姐 (jù) 本作"怚"。娇。嵇康《幽愤诗》："恃爱肆姐，不训不师。"
另见 jiě，zǐ。

臭 (jù，又读 xù) ❶犬视貌。见《说文·犬部》。❷鸟张翅休息。《尔雅·释兽》："鸟曰臭。"郭璞注："张两翅。"郝懿行义疏："臭者，张目视也。鸟之休息，恒张两翅，瞠目直视，所谓鸟伸鸱视也。"❸兽名。猿属，唇厚而碧色。见《广韵·二十三锡》。

秬 (jù) 黑黍。《诗·大雅·生民》："维秬维秠。"

秬鬯 用黑黍和香草酿造的酒，用于祭祀降神。《诗·大雅·江汉》："秬鬯一卣。"卣，古盛酒器。《礼记·表记》："天子亲耕，粢盛、秬鬯，以事上帝。"粢盛，盛在容器里的黍稷。

蚷 (jù，又读 qú) 见"商蚷"。

俱 (jù) ❶全；都。《史记·项羽本纪》："项王瞋目而叱之，赤泉侯人马俱惊，辟易数里。"❷在一起。《国策·齐策二》："〔齐王〕曰：'衍（公孙衍）也吾仇，而仪（张仪）与之俱。'"❸一样；相同。《素问·三部九候论》："所谓后者，应不俱也。"王冰注："俱犹同也，一也。"
另见 jū。

倨 (jù) ❶傲慢。如：前倨后恭。《汉书·汲黯传》："为人性倨少礼。"❷直而折曲。《礼记·乐记》："倨中矩，句中钩。"❸通"踞"。伸开脚坐着。《史记·郦生陆贾列传》："沛公方倨床。"

倨敖 同"倨傲"。《管子·四称》："唯君所事，倨敖不恭，不友善士。"

倨傲 傲慢不恭。《三国志·魏志·陈群传》："鲁国孔融，高才倨傲。"

倨固 傲慢固执。《荀子·修身》："体倨固而心埶（势）诈，术顺墨而精杂污。"

粔 (jù) 见"粔籹"。

粔籹 古代的一种食品。《楚辞·招魂》："粔籹蜜饵。"王逸注："言以蜜和米面，熬煎作粔籹。"

冣（jù） 同"聚"。积聚；积累。《隶释·高长蔡湛颂》："三载勋冣。"按此字后来形讹为"最"。见"最❸❹"。

剧〔劇〕（jù） ❶嬉戏。李白《长干行》："妾发初覆额，折花门前剧。"引申为戏剧。如：京剧；越剧。❷繁难；繁重。《后汉书·曹世叔妻传》："执务私事，不辞剧易。"❸疾；速。扬雄《剧秦美新》："二世而亡，何其剧与？"❹甚；剧烈。如：剧痛；病势加剧。杜甫《驱竖子摘苍耳》诗："江上秋已分，林中瘴犹剧。"❺姓。汉代有剧孟。

埧（jù） 堤塘。见《字汇·土部》。

菹（jù） 多水草的沼泽地带。《孟子·滕文公下》："驱蛇龙而放之菹。"赵岐注："菹，泽生草者也。"

另见 zū。

据㊀〔據、擄〕（jù） ❶凭依；依靠。《诗·邶风·柏舟》："亦有兄弟，不可以据。"❷占有。《史记·廉颇蔺相如列传》："先据北山上者胜。"❸根据；依据。如：据理力争。《史记·酷吏列传赞》："赵禹时据法守正。"❹证据；凭据。如：真凭实据。郭璞《尔雅序》："事有隐滞，援据征之。"

㊁（jù） 通"倨"。倨傲。《史记·司马相如列传》："低卬夭蟜，据以骄驁兮。"

另见 jū。

距（jù） ❶雄鸡、雄雉等跖后面突出像脚趾的部分。《汉书·五行志中之上》："雌鸡化为雄，毛衣变化而不鸣，不将，无距。"颜师古注："将，谓率领其群也。距，鸡附足骨，斗时所用刺之。"❷又称"瓣距"。花萼或花冠基部延伸而成的管状或囊状部分。凤仙花、旱金莲、楼斗菜和堇菜等的花都具显著的距。某些植物的距，内含花蜜，称为"蜜距"，多见于兰科和玄参科等植物。❸钓钩上的倒刺。《淮南子·原道训》："虽有钩箴芒距……犹不能与网罟争得也。"❹离开。如：距今九日。引申为两者间的距离。如：差距。❺到。《史记·苏秦列传》："不至四五日而距国都矣。"❻通"拒"。抗拒。《诗·大雅·皇矣》："敢距大邦？"❼通"巨"。大。《淮南子·氾论训》："跖距者举远。"❽通"讵"。岂。《韩非子·难四》："卫奚距然哉？"❾见"距虚"。

距虚 兽名。亦作"岠虚"、"巨虚"、"驱骥"、"距骥"。参见"邛邛岠虚"、"驱蛩"、"驱骥"。

距跃 ❶向前跳过。《左传·僖公二十八年》："距跃三百。"杜预注："距跃，超越也。"孔颖达疏："言距地向前跳而越物过也。"一说向上跳。顾炎武《左传杜解补正》卷上引邵宝曰："跃、踊者，皆绝地而起，所谓跳也。距跃，直跳也。"❷引申为精进之意。王褒《四子讲德论》："今夫子闭门距跃，专精趋学有日矣。"

駏（jù） 同"距"。❶鸡跖后面突出像脚趾的部分。见《玉篇·角部》。❷刃锋之倒刺。《文选·司马相如〈子虚赋〉》"建干将之雄戟"李善注引郭璞曰："雄戟，胡中有駏者。"胡，戈之下垂部分。

渠（jù） ❶通"讵"。岂。《汉书·孙宝传》："掾部渠有其人乎？"❷作语助，无义。《史记·郦生陆贾列传》："尉他大笑曰：'……使我居中国，何渠不若汉？'"《汉书》作"何遽"。

另见 qú。

渠渠 局促不安貌。《荀子·修身》："有法而无志其义，则渠渠然。"杨倞注："渠读为遽，古字渠、遽通；渠渠，不宽泰之貌也。"

惧〔懼〕（jù） ❶害怕；恐惧。《论语·子罕》："勇者不惧。"亦谓戒惧。《论语·述而》："临事而惧。"❷通"瞿"。惊惶失措貌。《汉书·惠帝纪赞》："闻叔孙通之谏则惧然。"颜师古注："惧读曰瞿。瞿然，失守貌。"

惧内 妻有内或内子之称，因谓怕妻为"惧内"。《官场现形记》第三十九回："朋友们都晓得他有惧内的毛病。"

萭（jù） 姓。汉代有萭章。

另见 jǔ，yǔ。

犋（jù） 牵引犁、耙等农具的畜力单位。能拉动一张犁或耙的畜力叫一犋。大牲口一头可拉动一张，小牲口两头或两头以上才能拉动一张，都叫一犋。

鉅（jù） ❶刚硬的铁。《史记·礼书》："宛（宛城）之鉅铁。"裴骃集解引徐广曰："大刚曰鉅。"❷钩子。潘岳《西征赋》："于是弛青鲲于网鉅。"

另见 jù 巨㊁。

颶〔颶、䫻〕（jù） 大风。娄元礼《田家五行·论风》："夏秋之交大风，及有海沙云起，俗呼谓之风潮，古

人名之曰颶风。言其具四方之风，故名颶风。有此风必有霖淫大雨同作，甚则拔木偃禾，坏房屋，决堤堰。"

虡（jù） 亦作"簴"。❶悬挂钟、磬木架两侧的柱叫"虡"，横梁叫"笋"。❷几属。《方言》第五："榻前几，其高者谓之虡。"《诗·周颂·有瞽》："设业设虡，崇牙树羽。"

锯〔鋸〕（jù） ❶用于手动或在机床上切割材料的刀具。有在钢条上或圆钢片周缘上开有许多齿的锯条（包括条状的弓锯和连成环的带锯）或圆锯片等。工作时，作往复、循环或旋转的切削运动。❷以锯断物。如：锯木材；锯铁管。❸古代断足的刑具。《汉书·刑法志》："中刑用刀锯。"颜师古注引韦昭曰："刀，割刑；锯，刖刑也。"

另见 jū。

锯屑 锯竹、木时落下的细末。也形容说话娓娓不绝。《晋书·胡母辅之传》："彦国吐佳言，如锯木屑，霏霏不绝，诚为后进领袖也。"彦国，辅之字。苏轼《生日王郎以诗见庆次其韵》："高论无穷如锯屑。"

裾（jù） ❶通"倨"。《汉书·赵禹传》："禹为人廉裾。"颜师古注："裾，亦傲也，读与倨同。"❷通"据"。《文选·左思〈魏都赋〉》："因长川之裾势。"李善注："裾势，依据川之形势也。……裾，古据字。"

另见 jū。

聚（jù） ❶村落。《史记·五帝本纪》："一年而所居成聚。"❷会集；集合。《易·系辞上》："方以类聚，物以群分。"《新唐书·张九龄传》："京师衣冠所聚，身名所出。"❸积聚。如：聚草屯粮。《左传·哀公十七年》："陈人恃其聚而侵楚。"

聚敛 ❶搜刮。《论语·先进》："季氏富于周公，而求也为之聚敛而附益之。"❷收集。《世说新语·德行》："遗（陈遗）已聚敛得数斗焦饭，未展归家，遂带以从军。"

聚讼 众说纷纭，莫衷一是。《后汉书·曹褒传》："谚言'作舍道边，三年不成'。会礼之家，名为聚讼，互生疑异，笔不得下。"李贤注："言相争不定也。"

聚蚊成雷 《汉书·中山靖王传》："夫众煦漂山，聚蚊成靁（雷）。"比喻众口嚣喧，积小成大。

寠（jù） 同"窭（窶）"。

另见 lóu。

窭〔窶〕（jù） 贫寒。《诗·邶风·北门》："终窭且贫，莫知

我艰。"毛传:"窭者无礼也;贫者困于财。"

另见 lóu。

窭人子 犹言贫家子。《汉书·霍光传》:"诸儒生多窭人子,远客饥寒,喜妄说狂言,不避忌讳。"

窭数 ❶亦作"窭籔"。用茅草结成的圆圈,放在头上做顶东西的垫子。《汉书·东方朔传》:"是窭籔也。"又:"盆下为窭数。"❷《释名·释姿容》:"窭数,犹局缩,皆小意也。"

嫭(jù) 娇。嵇康《琴赋》:"时劫捣以慷慨,或怨嫭而踌躇。"

勮(jù) 用力多。《说文·力部》:"勮,务也。"朱骏声《通训定声》:"谓用力之甚。"

踞(jù) ❶蹲或坐。庾信《哀江南赋》:"昔之虎踞龙蟠,加以黄旗紫气。"《史记·高祖本纪》:"沛公方踞床,使两女子洗足。"参见"踞坐"、"箕踞"。❷倚靠。《史记·留侯世家》:"汉王下马踞鞍而问。"❸通"倨"。《抱朴子·行品》:"捐贫贱之故旧,轻人士而踞傲者,骄人也。"

踞坐 坐时两脚底和臀部着地,两膝上耸,跟"箕踞"略有不同。《聊斋志异·夜叉国》:"见一巨物来,亦类夜叉状,竟奔入洞,踞坐鹗顾。"参见"箕踞"。

屦〔屨〕(jù) ❶麻、葛等制成的单底鞋。《诗·魏风·葛屦》:"纠纠葛屦。"❷践踏。《文选·扬雄〈羽猎赋〉》:"屦般首。"张铣注:"般首,猛兽也。屦,谓以屦踏之也。"❸通"屡"。《礼记·乐记》:"临事而屦断。"

屦及剑及 春秋时楚庄王使申舟去齐国聘问,申舟路过宋国,被宋人所杀。"楚子闻之,投袂而起,屦及于窒皇,剑及于寝门之外,车及于蒲胥之市。秋九月,楚子围宋"。见《左传·宣公十四年》。窒皇,寝门。谓楚庄王急欲出兵,给申舟报仇,追不及待地奔跑出去,奉屦的人追到窒皇,奉剑的人追到寝门以外,驾车的人追到蒲胥之市才追上他。后用"屦及剑及"形容意志坚决,行动迅速。亦作"剑及屦及"。

屦贱踊贵 《左传·昭公三年》:"国之诸市,屦贱踊贵,民人痛疾。"杜预注:"踊,刖足者屦。言刖多。"刖是断脚的刑罚。被刖者多,致使市场上鞋子跌价,而踊则涨价。因以谓刑罚重而滥。

據(jù) 姓。明代有據成。

另见 jù 据。

遽(jù) ❶驿车。《左传·昭公二年》:"惧弗及,乘遽而至。"❷急;骤然。《左传·僖公二十四年》:"公遽见之。"苏轼《贾谊论》:"安有立谈之间,而遽为人痛哭哉!"❸惶恐;窘急。《世说新语·雅量》:"谢太傅盘桓东山时,与孙兴公诸人泛海戏,风起浪涌,孙、王诸人色并遽。"❹遂;就。《淮南子·人间训》:"塘有万穴,塞其一,鱼何遽无由出?室有百户,闭其一,盗何遽无从入?"

鮔〔鮔〕(jù) 鱼名。银牙鰔的古称。

懅(jù) 慌张;惶恐。《后汉书·王霸传》:"霸惭懅而还。"又《徐登传》:"主人见之惊懅。"

瞿(jù) 惊视貌。《埤雅·释鸟》:"雀俯而啄,仰而四顾,所谓瞿也。"引申为惊动的样子。《礼记·杂记下》:"见似目瞿,闻名心瞿。"

另见 qú。

瞿瞿 ❶迅速张望貌。《礼记·檀弓上》:"既殡,瞿瞿如有求而弗得。"❷惊顾貌。《诗·齐风·东方未明》:"折柳樊圃,狂夫瞿瞿。"❸勤谨貌。《新唐书·吴凑传》:"凑为人强力劬俭,瞿瞿未尝扰民。"

鐻〔鐻〕(jù) ❶本作"虡"。古代悬挂钟鼓的架子。《周礼·春官·典庸器》"设笋虡"郑玄注引杜子春曰:"横者为笋,从者为鐻。"❷乐器,钟属。《史记·太史公自序》:"销锋铸鐻。"

另见 qú。

簴(jù) 同"虡"。

醵(jù) ❶凑钱饮酒。《礼记·礼器》:"周礼其犹醵与?"郑玄注:"合钱饮酒为醵。"❷凑钱;集资。如:醵资兴建。欧阳修《归田录》卷二:"每岁乾元节,醵钱饭僧进香,合以祝圣寿,谓之香钱。"

蹫(jù) 踞;蹲。《汉书·叙传上》:"应龙潜于潢汙,鱼鼋媟之,不睹其能奋灵德,合风云,超忽荒,而蹫颢苍也。"颜师古注:"蹫,以足据持也。"

---

juān

涓(juān) 同"涓"。

另见 xuàn。

捐(juān) ❶舍弃。韩愈《进学解》:"贪多务得,细大不捐。"❷除去。《史记·孙子吴起列传》:"捐不急之官。"❸捐助。如:捐款。又旧时纳资得官的叫"捐"。如:捐班出身。❹旧时税收名目。如:房捐;摊捐。

另见 yuán。

捐背 弃之而去,谓死亡。潘岳《寡妇赋》:"荣华晔其始茂兮,良人忽以捐背。"

捐馆 捐弃所居之馆舍。旧时因以为死亡的讳辞。《国策·赵策二》:"今奉阳君捐馆舍。"黄宗羲《李因传》:"光禄捐馆,家道丧失。"

捐监 指明清两代出资报捐而取得监生资格的。始于明景帝时,报捐者限于生员。后来无出身者也可捐纳而成为监生,称为例监。

捐躯 牺牲生命。如:为国捐躯。《三国志·魏志·陈思王植传》:"忧国忘家,捐躯济难。"

捐生 舍弃生命。潘岳《寡妇赋》:"感三良之殉秦兮,甘捐生而自引。"

捐输 ❶捐献财物。如:慷慨捐输。❷清凡按规定捐官办法捐纳银两,或对地方兴修公共建筑物捐献银两,或向清廷报效银两,统称捐输。在财政收入中,列有捐输名目。清末《辛丑和约》订立后,为筹措赔款资金,在四川等省所征田赋附加税,亦名"捐输"。

涓(juān) ❶细流。木华《海赋》:"涓流泱瀼,莫不来注。"❷除去;清除。如:涓除不洁。参见"涓人"。❸选择。左思《魏都赋》:"涓吉日,陟中坛,即帝位。"参见"涓吉"。❹姓。汉代有涓勋。

另见 xuàn。

涓埃 涓,细流;埃,轻尘。比喻微末细小。韩愈《为裴相公让官表》:"于神补无涓埃之微,而谗谤有丘山之积。"

涓尘 犹"涓埃"。比喻微末细小。王僧孺《侍宴》诗:"小臣良不才,涓尘愧所守。"

涓滴 小水点。杜甫《倦夜》诗:"重露成涓滴,稀星乍有无。"今多用以比喻极小或极少量的东西。如:涓滴不漏;涓滴归公。柳宗元《谢赐端午绫帛衣服表》:"臣谬典方州,效微涓滴。"

涓吉 选择吉利的日子。《聊斋志

异·潍水狐》："我将久居是；所以迟迟者，以涓吉在十日之后耳。"

涓涓　细水慢流貌。陶潜《归去来辞》："木欣欣以向荣，泉涓涓而始流。"亦指细小的水流。《孔子家语·观周》："涓涓不壅，终为江河。"

涓人　指在左右担任洒扫的人。《汉书·陈胜传》："胜故涓人将军吕臣为苍头军。"颜师古注："涓，洁也；涓人，主洁除之人。"亦转指亲信的侍臣；太监。《资治通鉴·周赧王三年》："郭隗曰：'古之人君有以千金使涓人求千里马者。'"参见"中涓"。

娟（juān）　姿态美好。如：娟秀。参见"娟娟"。

娟娟　美好貌。杜甫《狂夫》诗："风含翠篠娟娟静。"

圈（juān）　把禽畜关在栅栏里。张衡《西京赋》："鼻赤象，圈巨狿。"

另见 juǎn，juàn，quān。

朘（juān）　❶缩小；减少。《汉书·董仲舒传》："民日削月朘，寖以大穷。"❷少汁的肉羹。《盐铁论·散不足》："杨豚韭卵，狗膌马朘。"

另见 zuī。

朘削　搜刮；剥削。余继登《典故纪闻》卷十五："岁岁加增，朘削无极，言利之臣，贻害如此。"

鹃〔鵑〕（juān）　见"杜鹃"。

铅〔鉛〕（juān）　通"涓"。见"铅人"。

另见 xuān。

铅人　同"涓人"。宫中洒扫者。《史记·楚世家》："王行，遇其故铅人。"裴骃集解引韦昭曰："今之中涓。"

镌〔鐫〕（juān）　❶破木之器；亦谓破木。《说文》："镌，破木镌也。"段玉裁注："谓破木之器曰镌也；因而破木谓之镌矣。"❷凿；雕刻。《淮南子·本经训》："镌山石。"《汉书·沟洫志》："患底柱隘，可镌广之。"比喻深刻铭记。如：镌心之感。❸削。亦指官吏降级。见"镌级"。

镌级　削其品级，即降级。《正字通·金部》"镌"："中外官降级曰镌级。"

鐫（juān）　同"镌（鐫）"。

蠲（juān）　❶一种多足虫。《说文·虫部》："蠲，马蠲也。"段玉裁注："亦名马蚿……《庄子》谓之蚿，多足虫也。今巫山夔州人谓之草鞋绊，亦曰百足虫。茅茨陈朽，则多生之。"❷显示。《左传·襄公十四年》："惠公蠲其大德。"杜预注："蠲，明也。"❸通"涓"。清洁。《诗·小雅·天保》："吉蠲为饎。"毛传："吉，善；蠲，洁也。"❹通"捐"。除去；减免。《后汉书·卢植传》："宜弘大务，蠲略细微。"

蠲除　免除。《汉书·元帝纪》："有可蠲除减省，以便万姓者，条奏毋有所讳。"

juǎn

呟（juǎn）　大声。《文选·王褒〈洞箫赋〉》："哮呷呟唤，跻踬连绝。"李善注："言其声之大，哮呷呟唤，或跻或踬，时连时绝。"

卷〔捲〕（juǎn）　❶把东西弯曲裹成圆筒形。如：卷行李。《诗·邶风·柏舟》："我心匪席，不可卷也。"亦指圆筒形的东西。如：烟卷；铺盖卷。❷收起来。《仪礼·公食大夫礼》："有司卷三牲之俎归于宾馆。"郑玄注："卷，犹收也。"❸把东西撮起、掀起或裹住。李白《天门山铭》："卷沙扬涛。"

另见 gǔn，juàn，quān，quán。

卷卷　零落貌。韩愈《秋怀》诗："卷卷落地叶，随风走前轩。"

卷曲　弯曲。《庄子·逍遥游》："其小枝卷曲而不中规矩。"

卷土重来　比喻失败之后重新恢复势力。杜牧《题乌江亭》诗："胜败兵家事不期，包羞忍耻是男儿；江东子弟多才俊，卷土重来未可知。"

埢（juǎn，又读 quán）　见"埢垣"。

埢垣　圆貌。《文选·扬雄〈甘泉赋〉》："登降峛崺，单埢垣兮。"李善注："单，大貌。埢垣，圜貌。"按谓祭天坛圜丘大而且圆。

菤（juǎn）　见"菤耳"。

菤耳　草名。《尔雅·释草》："菤耳，苓耳。"郭璞注引《广雅》云："枲耳也。"按《诗·周南》作"卷耳"。

圏（juǎn）　转。《礼记·玉藻》："圏豚行不举足。"孔颖达疏："圏，转也。豚，循也。言徐趋法曳转足循地而行也。"

另见 juǎn，juàn，quān。

锩〔錈〕（juǎn）　锩子，卷筒状面制食品。亦作"卷子"。

䗶〔錈〕（juǎn）　使金属刃口卷曲。《吕氏春秋·别类》："柔则䗶，坚则折。剑折且䗶，焉得为利剑？"按后人称卷口。

臇（juǎn）　少汁的肉羹。《楚辞·招魂》："鹄酸臇凫。"洪兴祖补注："臇，子兖切，臛汁少也。"

juàn

阮（juàn）　见"五阮关"。
另见 ruǎn。

纮〔縳〕（juàn）　❶白色细绢。《仪礼·聘礼》"迎大夫贿，用束纮"郑玄注："纮，纺丝为之，今之纮也。"❷通"卷㊀"。谢肇淛《五杂组·事部》："佛书以一章为一则，又谓一纮……亦卷字通用耳。"

另见 zhuàn。

券（juàn）　通"倦"。《考工记·辀人》"终日驰骋左不楗"郑玄注："书楗或作券，玄谓券今倦字也。"

另见 quàn 券。

卷（juàn）　❶书卷。如：手不释卷。胡应麟《少室山房笔丛》卷一："凡书，唐以前皆为卷轴，盖今所谓一卷即古之一轴。"后指全书的一部分。如：第一卷；上卷。❷指试卷。如：交卷；阅卷。❸指案卷。如：调卷；查卷。❹通"倦"。《墨子·节用中》："殁世而不卷。"

另见 gǔn，juǎn，quān，quán。

卷帙　❶篇章；书籍。苏辙《次韵子瞻病中赠提刑段绎》："怜我久别离，卷帙为舒散。"❷书籍的篇幅。王明清《挥麈后录》卷一："使修群书……广其卷帙。"

卷轴　装裱的卷子，指书籍。古时文章，皆裱成长卷，有轴可以舒卷，故名。《南史·陆澄传》："今君（王俭）……虽复一览便谓，然见卷轴未必多仆（僕）。"李白《与韩荆州书》："至于制作，积成卷轴。"后世书籍装订成册，遂仅称字画为卷轴。

卷轴装　图书装订名称。用帛或纸若干张粘连成长幅，用木杆作轴（也有用金、玉、牙、磁轴的），从左到右卷成一束，即称一卷。普通高度一尺，长度由几尺到二三丈。唐以前书籍多出抄写，装成卷轴。后世书计卷数，即源于此。

卷子本　用卷轴形式装订的书籍。唐以前抄写书本，均用长幅纸卷成一卷。明胡应麟《少室山房笔丛》云："唐人写本存于今者皆为长卷，如手

卷之状,收藏家谓之卷子本。"参见"卷轴装"。

卷宗 ❶"案卷"的别称。❷办公室内保存文件的卷夹。

帣（juàn）❶有底的囊。《说文·巾部》:"今盐官三斛为一帣。"❷通"桊"。《史记·滑稽列传》:"髡帣鞲鞠膝"裴骃集解引徐广曰:"帣,收衣袖也。"

隽〔雋〕（juàn）❶谓鸟肉肥美。《广韵·二十八狝》:"隽,鸟肥也。"引申为滋味深长。参见"隽永"。❷姓。西汉时有隽不疑。
另见 jùn。

隽永 《汉书·蒯通传》:"通论战国时说士权变,亦自序其说,凡八十一首,号曰《隽永》。"颜师古注:"隽,肥肉也;永,长也。言其所论甘美而义深长也。"本为书名,后亦称文辞意味深长为"隽永"。

倦〔勌〕（juàn）❶厌倦。《论语·述而》:"诲人不倦。"❷疲劳;劳累。韩愈《赠侯喜》诗:"晡时坚坐到黄昏,手倦目劳方一起。"❸踞。《淮南子·道应训》:"方倦龟壳而食蛤梨。"高诱注:"楚人谓倨为倦。"

倦勤 《书·大禹谟》:"耄期倦于勤。"谓因年老厌倦于政事的辛劳。旧因以称居高位者告退为"倦勤"。

倦游 厌倦游宦生涯。《史记·司马相如列传》:"长卿故倦游。"裴骃集解引郭璞曰:"厌游宦也。"

狷〔獧〕（juàn）❶拘谨守分;洁身自好。《论语·子路》:"狂者进取,狷者有所不为也。"包咸注:"狷者守节无为。"参见"狷介"。❷性情急躁。杜牧《长安送友人游湖南》诗:"子性剧宏和,愚衷深褊狷。"参见"狷急"。

狷急 亦作"悁急"。急躁;浮躁。《后汉书·范冉传》:"以狷急不能从俗,常佩韦于朝。"

狷介 拘谨守分;洁身自好。《国语·晋语二》:"小心狷介,不敢行也。"韦昭注:"狷者,守分有所不为也。"陆龟蒙《张祜故居诗序》:"性狷介不容物,辄自劾去。"

棬〔棬〕（juàn）❶中断复半分的皮革。《尔雅·释器》:"革中绝谓之辨,革中辨谓之棬。"郭璞注:"辨,中断皮也。棬,复半分也。"邢昺疏:"中断之名辨,复中分其辨名棬也。"郝懿行义疏:"然则辨、棬,皆分判之名。"❷卷曲。《广雅·释诂》:"棬,诎也。"王念孙疏证:"《说

文》:'诎,诘诎也,一曰屈襞。''襞,棬衣也。'徐锴传云:'棬犹卷也。'……棬之言卷曲。"

桊（juàn）穿在牛鼻上的环。见《说文·木部》。
另见 quán。

悁（juàn）急躁。《南史·齐郁林王纪》:"果以轻悁而至于穷。"
另见 yuān。

悁急 同"狷急"。急躁。《宋史·晏殊传》:"殊性刚简,奉养清俭,累典州,吏民颇畏其悁急。"

绢〔絹〕（juàn）❶用桑蚕丝或化学纤维长丝以平纹或重平组织织成的色织或半色织物。经、纬一般加弱拈。质地较缎、锦薄而坚韧。可利用织物中桑蚕丝和化学纤维长丝的不同染色性能而染成双色。例如,天香绢、迎春绢等。❷手绢,即手帕。❸通"罥"。缠绕;网住。《后汉书·马融传》:"绢猭蹄。"

绢素 可用以作书画用的白绢。《新唐书·裴行俭传》:"行俭工草隶,名家。帝尝以绢素诏写《文选》。"

郓（juàn）春秋卫邑。在今山东郓城北旧城。《春秋·庄公十四年》:"单伯会齐侯、宋公、卫侯、郑伯于郓。"

圈（juàn）❶畜栏。如:羊圈;猪圈。❷姓。汉代有圈称。
另见 juān,juǎn,quān。

圈牢 饲养家畜的地方。曹植《求自试表》:"此徒圈牢之养物,非臣之所志也。"

眷㊀〔睠〕（juàn）回顾;恋慕。《诗·大雅·皇矣》:"乃眷西顾。"又《小雅·大东》:"睠言顾之,潸焉出涕"陆德明释文:"睠,本又作眷。"引申为关心、怀念。如:眷注;眷念。谢灵运《于南山往北山经湖中瞻眺》诗:"览物眷弥重。"
㊁（juàn）亲属;亲戚。如:眷属;亲眷。《新五代史·裴皞传》:"裴氏自魏晋以来,世为名族,居燕者号东眷,居凉者号西眷,居河东者号中眷。"亦专指妻子或妇女亲属。如:家眷;女眷。

眷眷 ❶反顾貌,依恋不舍。《诗·小雅·小明》:"念彼共人,眷眷怀顾。"王粲《登楼赋》:"情眷眷而怀归兮,孰忧思之可任?"❷一心一意。《三国志·吴志·孙权传》:"是以眷眷,勤求俊杰。"

眷恋 深切思念;依恋不舍。卢谌

《赠刘琨一首并书》:"感存念亡,触物眷恋。"

眷昒 犹言眷顾。柳宗元《为李京兆祭杨凝郎中文》:"优游多暇,眷昒逾深。"

眷生 旧时姻亲互称,对平辈自称"眷弟",对长辈自称"眷晚生",对晚辈自称"眷生"。朱存理《铁网珊瑚·书品》卷九记元人笔札,有"眷生张端庄肃奉书"、"眷晚生邵享贞顿首九拜"等称谓。

睠（juàn）同"棬"。盂。《方言》第五:"盂,海、岱、东齐、北燕之间或谓之睠。"钱绎笺疏:"《告子篇》:'以杞柳为桮棬。'孙奭音义引张镒云:'卷曲木为之。'又丁公著音及《太平御览》引此文,睠并作棬。"

港（juàn）见"港涟"。

港涟 水波回旋貌。张融《海赋》:"港涟浣濑,辗转纵横,扬珠起玉,流镜飞明。"

惓（juàn）病危。《淮南子·人间训》:"是犹病者已惓,而索良医也。"
另见 quán。

婘（juàn）见"婘属"。
另见 quán。

婘属 眷属。《史记·樊郦滕灌列传》:"高后崩,大臣诛诸吕、吕须婘属。"吕须,樊哙妻。

棬（juàn）同"桊"。牛鼻环。《吕氏春秋·重己》:"使五尺竖子引其棬,而牛恣所以之,顺也。"
另见 quán。

睊（juàn）见"睊睊"。

睊睊 侧目而视貌。《孟子·梁惠王下》:"睊睊胥谗"赵岐注:"睊睊,侧目相视也。"

罥（juàn）本指捕取鸟兽的网。引申为缠绕;牵挂。鲍照《芜城赋》:"泽葵依井,荒葛罥涂（途）。"

蜎（juàn）见"蜎蠋"。

蜎蠋 虫名。《方言》第十一:"蠾蟷,自关而东谓之蜗蠋,或谓之蜎蠋。"亦作"卷蠋"。

絭（juàn）❶束袖绳。引申为束缚。见《说文·糸部》"絭"段玉裁注。❷同"卷"。弩弓。潘岳《闲居赋》:"豁黍巨黍,异絭同机。"

蜎（juàn）蚊子的幼虫,即"孑孓"。
另见 xuān,yuān。

羂〔羂〕(juàn)　用绳索绊取野兽。司马相如《上林赋》:"羂騕褭。"

膚(juàn)　鬲属。见《说文·鬲部》。

juē

緳〔繑〕(juē)　同"屩"。草鞋。《管子·轻重戊》:"绁緳而踵相随。"

另见 qiāo。

捔〔捔〕(juē)　❶折断。尚仲贤《柳毅传书》第二折:"钱塘龙忿气雄,粗铁索似捔葱。"❷抓。秦简夫《东堂老》第二折:"你这般捔耳挠腮,可又便怎生。"

撅〔撅〕(juē)　翘起。如:撅着嘴,撅着尾巴。

另见 guì,jué。

jué

孒(jué)　见"孒孓"。

决〔决〕(jué)　❶开通水道;导引水流。《书·益稷》:"予决九川,距四海。"《孟子·告子上》:"决诸东方则东流,决诸西方则西流。"❷冲破堤岸。《史记·河渠书》:"孝文时,河决酸枣,东溃金堤。"❸啮断。《礼记·曲礼上》:"干肉不齿决。"❹判决。《淮南子·时则训》:"审决狱。"❺杀戮囚犯。如:斩决;枪决。❻决定。《三国志·蜀志·诸葛亮传》:"吾计决矣。"❼通"抉"。古代射箭时套在右手大拇指上的象骨套子,作为钩弦时保护手指之用,俗称扳指。参见"决拾"。❽通"诀"。分别。《史记·外戚世家》:"姊去我西时,与我决于传舍中。"❾通"诀"。诀窍。《列子·说符》:"卫人有善数者,以决喻其子。"

另见 quē,xuè。

决决　流水声。韦应物《县斋》诗:"决决水泉动,忻忻众鸟鸣。"卢纶《山店》诗:"登登山路行时尽,决决溪泉到处闻。"

决裂　❶破裂。《朱子全书·论语九》:"问克伐怨欲不行……曰:'须是克之,涵养以敬,于其方萌即绝之。若但欲不行,只是遏不住,一旦决裂大可忧。'"❷分割。《国策·秦策三》:"穰侯使者操王之重,决裂诸侯,剖符于天下,征敌伐国,莫敢不听。"

决明(Cassia obtusifolia)　豆科。一年生半灌木状草本,被短柔毛。茎基部木质化。羽状复叶互生,小叶2~4对,倒卵形至倒卵状长圆形,顶端圆,有小突尖,在下面两小叶之间的叶轴上有长形腺体。夏秋开花,黄色。荚果长线形,微弯。种子菱状方形,淡褐色,有光泽。中国各地栽培。种子称"决明子",代茶;亦入药,性平、味甘苦咸,功能清肝明目、润肠通便,主治目赤肿痛、头痛眩晕、目暗不明、大便秘结等症。另种小决明(C. tora),形态相似,但下面两对小叶间各有一个腺体;小花梗、果实及果柄均较短;种子较小。亦供药用。

决撒　犹言败露。《水浒传》第二十六回:"隔壁王婆听得,生怕决撒,即便走过来帮他支吾。"

决拾　同"抉拾"。古代射箭用具。决,即扳指,套在右手大拇指上,用以钩弦;拾,臂衣,著左臂上,以护臂。《诗·小雅·车攻》:"决拾既饮,弓矢既调。"

决遂　即"决拾"。《仪礼·乡射礼》:"祖决遂。"郑玄注:"决,犹闿也。以象骨为之,著右大擘指,以钩弦闿体也。遂,射講也。以韦为之,所以遂弦者也。"

决心　坚定不移的意志。

诀〔訣〕(jué)　❶决绝;长别。《史记·孙子吴起列传》:"〔吴起〕东出卫郭门,与其母诀。"《旧唐书·李勣传》:"生死永诀。"❷窍门;方法。如:口诀;秘诀。❸通"决"。《资治通鉴·陈宣帝太建十二年》:"赐后死,逼令引诀。"参见"引决"。

茮(jué)　茮光,一说即"决明",一说为"菱"。《尔雅·释草》:"薢茩,茮光。"郭璞注:"茮明也。叶锐,黄赤华,实如山茱萸;或曰薢茩也,关西谓之薢茩。"邢昺疏:"药草茮明也,一名茮光,一名决明。"郝懿行义疏:"《说文》:'菱,芰也。楚谓之芰,秦曰薢茩。'今棰霅人犹谓菱为菱薢。薢茩、茮光俱以声转为义。"按段玉裁《说文》注,以为可释决明子,与菱为异物同名。

抉(jué)　❶挑出;挖出。《史记·伍子胥列传》:"抉吾眼县(悬)吴东门之上,以观越寇之入灭吴也。"引申为撬开。《左传·襄公十年》:"县(悬)门发,耶人纥抉之以出门者。"杜预注:"言纥多力,抉举县门,出在内者。"❷戳;穿。《左传·襄公十七年》:"以杙抉其伤而死。"❸古代射箭的用具。见"抉拾"。

抉拾　亦作"决拾"。古代射箭用具。抉用骨做成,戴在右手大拇指上,用以钩弦;拾是软皮做的护臂。《周礼·夏官·缮人》:"掌王之用:弓弩、矢箙、矰弋、抉拾。"

谷(jué)　❶口上卷曲处。《说文·谷部》:"谷,口上阿也。"段玉裁注:"谓口吻已上之肉,随口卷曲。"❷笑。见《广雅·释诂》。❸笑貌。见《广韵·十八药》。

角(jué)　❶古代酒器。青铜制。形似爵而无柱,两尾对称,有盖,用以温酒和盛酒。出现于商代和西周初期。《礼记·礼器》:"宗庙之祭,尊者举觯,卑者举角。"❷演员,或指演员在戏剧中所扮演的人物;角色。如:名角;主角;丑角。❸较量;竞争。如:角力。《汉书·谷永传》:"角无用之虚文。"韩愈《寄崔二十六立之》诗:"搅搅争附托,无人角雄雌。"❹五音之一。见"五音❶"。

角

另见 gǔ,jiǎo,lù。

角抵　亦作"觳抵"。秦汉时对某些技艺表演的统称。《汉书·刑法志》:"春秋之后,灭弱吞小,并为战国。稍增讲武之礼,以为戏乐,用相夸视。而秦更名角抵。先王之乐没于淫乐中矣。"在汉代,与百戏通用。东汉张衡《西京赋》:"临迴望之广场,程角觚之妙戏。"自唐末至宋元,用以指称"相扑"或"争交",见南宋吴自牧《梦粱录》。

角妓　古称艺妓。夏庭芝《青楼集》:"汪怜怜,湖州角妓,美姿容,善杂剧。"

角力　比武。《礼记·月令》:"〔孟冬之月〕天子乃命将帅讲武,习射御、角力。"亦指以武力争胜。《三国志·吴志·华覈传》:"今当角力中原,以定强弱。"

角立　❶卓然特立。《后汉书·徐稺传》:"至于稺者,爰自江南卑薄之域,而角立杰出。"❷并立不相下。《宋史·吕午传》:"午疏论边阃角立,当协心释嫌。"

角色　同"脚色❷"。指戏剧、影视剧中人物。

角逐　争相取胜。《国策·赵策

三》："且王之先帝，驾犀首而驶马服，以与秦角逐。"

驶 〔駃〕(jué) 见"驶騠"。
另见 kuài。

驶騠 良马名。《史记·李斯列传》："骏良驶騠，不实外厩。"

珏 (jué) 同"瑴"。

玦 (jué) ❶古玉器名。环形，有缺口。新石器时代、西周晚期和春秋的墓葬中常有发现。多放置于死者的耳旁。古时又用作与人决断、决绝的象征物品。《荀子·大略》："绝人以玦，反绝以环。"❷通"决"。射箭钩弦之具。《礼记·内则》："右佩玦捍。"孙希旦集解："玦当作决。"

玦

沆 (jué) ❶水从洞穴中奔泻而出。❷水名。见"沆水"。
另见 xuè。

沆水 即"潏水"。

屈 (jué) 竭；穷尽。《荀子·王制》："使国家足用，而财物不屈。"
另见 qū。

珺 (jué) 同"瑴"、"珏"。

砄 (jué) 石头。见《集韵·十六屑》。

铁 〔鈌〕(jué) ❶刺。梅尧臣《正仲见赠依韵和答》："既无铁云剑，身世遭黮黯。"❷马饰。蔡邕《黄钺铭》："马不带铁，弓不受驱。"

趹 〔觖〕(jué) 同"鴂"。见"趹舌"。

趹舌 亦作"鴂舌"。谓语言如趹鸟叫声，比喻语音难懂。柳宗元《与萧翰林俛书》："楚越间声音特异，鴂舌啅噪，今听之怡然不怪，已与为类矣。"参见"南蛮趹舌"。

觉 〔覺〕(jué) ❶感觉。如：不知不觉。李商隐《无题》诗："夜吟应觉月光寒。"❷觉悟；明白。陶潜《归去来辞》："觉今是而昨非。"❸启发；使人觉悟。《孟子·万章上》："予将以斯道觉斯民也。"❹发觉。《汉书·高帝纪下》："有而弗言，觉，免。"❺通"桷"。高大；正直。《诗·小雅·斯干》："有觉其楹。"又《大雅·抑》："有觉德行，四国顺之。"《礼记·缁衣》引"觉"作"桷"。
另见 jiào。

觉王 佛的别称。《旧唐书·高祖纪》："自觉王迁谢，像法流行。"

觉悟 ❶从迷惑中醒悟过来。王逸《楚辞章句·招魂序》："以讽谏怀王，冀其觉悟而还之也。"亦作"觉寤"。《史记·项羽本纪论》："身死东城，尚不觉寤而不自责，过矣。"❷今常指一定的政治认识。如：阶级觉悟。❸佛教谓领悟真理。《南本涅槃经》："佛者名觉，既自觉悟，复能觉他。"

鴂 〔鴃〕(jué) ❶见"鹈鴂"。❷见"鸿鴂"。

绝 〔絕〕(jué) ❶断；断绝。如：戒绝；绝交；络绎不绝。《国策·秦策四》："魏许秦以上洛，以绝秦于楚。"韩愈《张中丞传后叙》："引绳而绝之，其绝必有处。"❷尽；穷尽。如：绝路；绝处逢生。《汉书·扬雄传赞》："盖诛绝之罪也。"《后汉书·马援传》："名灭爵绝，国土不传。"❸极；独特。杜甫《新安吏》诗："中男绝短小，何以守王城?"《新唐书·郑虔传》："〔虔〕尝自写其诗并画以献，帝大署其尾曰：'郑虔三绝。'"❹全然；彻底。如：绝无仅有；绝不相干。❺远隔；隔绝。江淹《别赋》："况秦吴兮绝国，复燕宋兮千里。"❻缺乏；贫困。《吕氏春秋·季春》："振乏绝。"高诱注："行而无资曰乏；居而无资曰绝。振，救也。"❼穿过；越过。《荀子·劝学》："假舟楫者，非能水也，而绝江河。"《汉书·成帝纪》："不敢绝驰道。"颜师古注："绝，横度也。"❽旧体诗的一种体裁。详"绝句"。

绝笔 ❶搁笔；不再写下去。范宁《穀梁传序》："因事备而终篇，故绝笔于斯年。"指孔子修《春秋》，绝笔于鲁哀公十四年"西狩获麟"。后临死写的东西为"绝笔"。李清照《金石录后序》："取笔作诗，绝笔而终。"❷好到极点的诗文书画。《宋史·周必大传》："尝建三忠堂于乡，谓欧阳文忠修、杨忠襄邦义、胡忠简铨，皆庐陵人，必大平生所敬慕，为文记之，盖绝笔也。"

绝壁 陡峭难登的山崖。李白《蜀道难》诗："连峰去天不盈尺，枯松倒挂倚绝壁。"

绝长补短 移多补少。指计量国土纵广。《孟子·滕文公上》："今滕绝长补短，将五十里也，犹可以为善国。"亦作"绝长继短"、"断长续短"、"绝长续短"、"折长补短"。《墨子·非命上》："古者汤封于亳，绝长继短，方地百里。"《国策·秦策一》："今秦地形，断长续短，方数千里。"又《楚策四》："今楚国虽小，绝长续短，犹以数千里。"《韩非子·初见秦》："今秦地折长补短，方数千里。"今通作"截长补短"，指事物长短相济，以有余补不足。《清史稿·姚祖同传》："迨工员报销，截长补短，斳合成例，言官以浮冒入奏。"

绝唱 指诗文创作的最高造诣；也指最好的作品。《宋书·谢灵运传论》："绝唱高踪，久无嗣响。"

绝尘 ❶脚不沾尘土，形容奔驰得很快。《庄子·田子方》："夫子步，亦步，夫子趋，亦趋，夫子驰，亦驰，夫子奔逸绝尘，而回瞠若乎后矣。"夫子，指孔子；回，颜回。后因以谓超绝凡俗，不可企及。❷隔绝尘俗。高濂《玉簪记·寄弄》："柏子座中焚，梅花帐绝尘，果然是冰清玉润。"

绝代 ❶冠绝当代。武平一《妾薄命》诗："尝矜绝代色，复恃倾城姿。"❷远古的年代。郭璞《尔雅序》："总绝代之离词。"邢昺疏："绝代，犹远代也；离词，犹异词也。"

绝倒 ❶大笑不能自持。《新五代史·晋家人传》："左右皆失笑，帝亦自绝倒。"❷极为倾倒；极其佩服。《世说新语·赏誉下》："王平子迈世有隽才，少所推服，每闻卫玠言，辄叹息绝倒。"❸晕倒。《北史·陈孝意传》："后以父忧去职，居丧过礼，朝夕哀临，每一发声，未尝不绝倒。"

绝地 ❶阻隔不通的绝远之地。《孙子·九地》："去国越境而师者，绝地也。"❷极为困窘的境地；没有生路的境地。《三国演义》第二十五回："吾今虽处绝地，视死如归。"

绝对 ❶完全。如：绝对优势。❷一定；肯定。如：绝对能办到；绝对可以获胜。❸只以某一条件为根据，不考虑其他条件的。如：绝对高度。

绝国 极为辽远的邦国。《汉书·武帝纪》："其令州郡察吏民有茂材异等，可为将相及使绝国者。"

绝迹 ❶不见辙迹。《庄子·人间世》："绝迹易，无行地难。"泛指断绝踪迹。如：行人绝迹。❷远方绝域，人迹不通的地方。班彪《北征赋》："超绝迹而远游。"❸谓不通往来。桓温《荐谯元彦表》："杜门绝迹，不面伪庭。"❹卓绝的功业；不寻常的事迹。司马相如《封禅文》："未有殊尤绝迹，可考于今者也。"

绝技 高超的少有人能及的本领、技艺。潘岳《射雉赋》："揆悬刀，骋绝技。"

绝交 同朋友断绝关系。《文心雕龙·书记》："嵇康绝交，实志高而文伟矣。"按嵇康有《与山巨源绝交书》。也指国与国间断绝外交关系或断绝某种关系。

绝叫 大声呼叫。《晋书·袁耽传》："耽投马绝叫。"马，赌博时计数的筹码。

绝裾 扯断衣襟。谓去意坚决。《世说新语·尤悔》："温公（温峤）初受刘司空（刘琨）使劝进。母崔氏固驻之，峤绝裾而去。"劝进，指刘琨使温峤到江南劝司马睿即帝位事。

绝句 即"绝诗"。亦称"截句"、"断句"。诗体名。截、断、绝均有短截义，因定格仅为四句，故名。一说六朝人联句，一人作四句，如取出单行，即为绝句。以五言、七言为主，简称五绝、七绝。也有六言绝句。唐以后通行者为近体，平仄和押韵都有一定。有人说绝诗是截取律诗的一半而成。但在唐代律诗形成以前，已有绝句，虽亦押韵而平仄较自由，如《玉台新咏》即载有《古绝句》。后人即用"古绝句"以别于近体绝句。

绝粒 ❶断粮。欧阳修《大理寺丞狄君墓志铭》："会秋大雨霖，米踊贵，绝粒。"❷犹辟谷。道家以摒除火食、不进米谷为主的一种修炼方法。《北史·李先传》："先少子皎为寇谦之弟子，服气绝粒数十年。"服气，道家吐纳之法。也泛指绝食。

绝伦 杰出；超过同辈。《三国志·蜀志·关羽传》："孟起（马超）兼资文武，雄烈过人……当与益德（张飞）并驱争先，犹未及髯之绝伦逸群也。"杜甫《寄张十二山人彪》诗："静者心多妙，先生艺绝伦。"

绝妙好辞 见"黄绢幼妇"。

绝命辞 将死时所写表示与世决绝的文辞。《汉书·息夫躬传》："初躬待诏，数危言高论，自恐遭害，著绝命辞。"

绝塞 ❶极远的边塞。马戴《赠友人边游回》诗："游子新从绝塞回。"❷越过防塞。《国策·东周策》："秦敢绝塞而伐韩者，信东周也。"鲍彪注："绝，横渡；塞，障也。"

绝色 指极美的女子。王嘉《拾遗记·吴》："〔孙亮〕爱姬四人，皆振古绝色。"也泛指极美的颜色。江淹《莲华赋》："蕊金光而绝色，藕冰拆而玉清。"

绝少分甘 谓自己刻苦，待人优厚。《孝经援神契》："'母之于子也，鞠养殷勤，推燥居湿，绝少分甘。'宋

均注：'少则自绝，甘则分。'"亦作"绝甘分少"。司马迁《报任少卿书》："李陵素与士大夫绝甘分少，能得人死力，虽古之名将，不能过也。"

绝诗 即"绝句"。

绝世 ❶死。《左传·哀公十五年》："绝世于良。"杜预注："绝世，犹言弃世。"良，地名。❷绝禄的世家。古时卿大夫的封邑采地，由子孙世享有。绝世，谓卿大夫子孙之失去世禄者。《论语·尧曰》："兴灭国，继绝世，举逸民。"❸冠绝当代。蔡邕《陈太丘碑文》："颍川陈君，绝世超伦。"

绝俗 ❶与世隔绝。《晋书·华轶传》："栖情玄远，确然绝俗。"❷远过寻常。《晋书·石崇传》："乃命左右悉取珊瑚树，有高三四尺者六七株，条干绝俗，光彩耀日。"

绝望 毫无希望；断念。《左传·襄公十四年》："百姓绝望，社稷无主。"柳宗元《上大理崔大卿应制举启》："遂用收视内顾，俯首绝望，甘以没没也。"

绝无仅有 极其少有。苏轼《上皇帝书》："改过不吝，从善如流，此尧舜禹汤之所勉强而力行，秦汉以来之所绝无而仅有。"

绝席 不同席，独坐一席。表示地位尊贵。《后汉书·王常传》："拜常为横野大将军，位次与诸将绝席。"李贤注："绝席，谓尊显之也。"

绝响 《晋书·嵇康传论》："嵇琴绝响。"按本传：嵇康善弹琴曲《广陵散》，将刑东市，索琴弹之，曰："《广陵散》于今绝矣。"后泛称学问技艺的失传为"绝响"。

绝学 ❶独到的学术；失传的学问。张载《语录拾遗》："为往圣继绝学。"刘因《张燕公读书堂》诗："不然起绝学，犹当垂后统。"❷废绝学业。《老子》："绝学无忧。"老子以为人之知能自然具足，学问反以增其忧，故倡绝学之说。朱熹《困学》诗："旧喜安心苦觅心，捐书绝学费追寻。"

绝缨 《韩诗外传》卷七载：楚庄王宴饮群臣正欢，灯烛忽灭。有人暗牵王后之衣，王后扯下他结冠的带，告诉庄王，要求查办。庄王不听，却叫大家都扯下冠缨尽欢而止。后吴兵攻楚，有一人抗敌尤勇，庄王问他，他说："臣，先殿上绝缨者也。"《说苑·复恩》庄王王作庄王美人。后遂以"绝缨"为气度宽宏之典。曹植《求自试表》："绝缨盗马之臣赦，楚赵以济其难。"

绝域 ❶极远的地方。《后汉书·班超传》："愿从谷吉，效命绝域。"❷与外界隔绝的地方。孙绰《游天台山赋》："邈彼绝域，幽邃窈窕。"

较〔較〕(jué) ❶车箱两旁板上的横木。《诗·卫风·淇奥》："倚重较兮。"陆德明释文："较，车两傍上出轼也。"❷通"角"。竞逐。《孟子·万章下》："鲁人猎较。"
　　另见 jiào。

蚗(jué) 见"蚗蛥"。

倔(jué) 见"倔强"。
　　另见 juè。

倔强 强硬；执拗。亦作"屈强"、"掘强"。《宋史·赵鼎传》："此老倔强犹昔。"

倔起 突然兴起。亦作"崛起"、"屈起"。《史记·秦始皇本纪赞》："蹑足行伍之间，而倔起什伯之中。"什伯，十长和百长。

欰(jué) 同"觖"。

觖(jué) 疲极。《史记·司马相如列传》："观壮士之暴怒，与猛兽之恐惧，徼觖受诎，殚睹众物之变态。"裴骃集解引郭璞曰："觖，疲极也。"

劂(jué) 同"劇"。

桷(jué) 大；正直。《礼记·缁衣》："《诗》云：'有桷德行，四国顺之。'"孔颖达疏："桷，大也；言贤者有大德行，四国从之。"按《诗·大雅·抑》作"有觉德行"。
　　另见 gù。

桷(jué) ❶方的椽子。《诗·鲁颂·閟宫》："松桷有舄，路寝孔硕。"❷平直像桷的树枝。《易·渐》："鸿渐于木，或得其桷。"孔颖达疏："鸟而之木，得其宜也……桷，榱也。之木而遇堪为桷之枝，取其易直可安也。"

掘(jué) ❶挖掘。如：掘井。❷通"崛"。特起貌。扬雄《甘泉赋》："洪台掘其独出兮。"❸通"屈"。尽；竭。《太玄·玄文》："掘变极物穷情。"❹通"窟"。《国策·秦策一》："且夫苏秦，特穷巷掘门桑户棬枢之士耳。"

掘阅 谓昆虫始生时穿穴而出。《诗·曹风·蜉蝣》："蜉蝣掘阅，麻衣如雪。"

趹(jué，又读 guì) ❶骡马等用后蹄踢人；尥蹶子。《淮南子·兵略训》："有毒者螫，有蹄者趹。"

❷形容马疾行时，后蹄踢地而腾空。《史记·张仪列传》："秦马之良，戎兵之众，探前趹后，蹄间三寻腾者，不可胜数。"司马贞索隐："谓马前足探向前，后足趹于后。趹谓后足抉地，言马之走势疾也。"

崛（jué）　特起貌。扬雄《甘泉赋》："洪台崛其独出兮。"

崛岉　高貌。王延寿《鲁灵光殿赋》："隆崛岉乎青云。"

倔（jué）　❶倦劳。《说文·人部》："倔，微倔受屈也。"段玉裁注："《子虚赋》曰：'徼䚡受诎。'司马彪云：'徼，遮也。䚡，倦也。谓遮其倦者。'按长卿用假借字作䚡，许用正字作倔。"❷同"噱"，笑。《广雅·释诂》："倔，笑也。"王念孙疏证："字亦作噱。"

脚〔腳〕（jué）　通"角"。见"脚色❷"。

另见 jiǎo。

脚色　❶出身履历。赵昇《朝野类要·入仕》："脚色：初入仕，必具乡贯、户头、三代名衔、家口、年齿、出身履历。"梁绍壬《两般秋雨庵随笔》卷七"履历"："今之履历，古之脚色也……宋末参选者，具脚色状，今谓之根脚。"❷亦作"角色"。传统戏曲中根据剧中人不同的性别、年龄、身份、性格等而划分的人物类型。如一般男子称生或末，老年妇女称老旦等。各具有表演上不同的特点。唐代参军戏只有参军、苍鹘两个固定脚色；其后宋杂剧、元杂剧、明传奇逐渐增加，由简而繁，名称也各有不同。近代各戏曲剧种大多以生、旦、净、丑为基本类型，并各有分支，如生又分老生、小生、武生，旦又分青衣、花旦、武旦、老旦等。演员大多专演一种类型的脚色，也可兼及其他。习惯上同行当通用，如旦脚也称旦行。

觖（jué）　❶不满足。《淮南子·缪称训》："禹无废功，无废财，自视犹觖如也。"高诱注："觖，不满也。"❷企望。《新唐书·窦卢钦望传》："钦望居宰相积十馀年，方易之、三思等怙势宣淫，窥间王室，戮忠戚，觖冀非常。"❸通"抉"。挑剔。《汉书·孙宝传》："故欲摘觖以扬我恶。"

觖望　❶不满意；抱怨。《史记·韩信卢绾列传》："欲王卢绾，为群臣觖望。"《晋书·华谭传》："由是官涂不至，谭每怀觖望。"❷希望。左思《吴都赋》："若率土而论都，则非列国之所觖望也。"

狷（jué）　见"猰狷"。

焆（jué）　❶见"焆焆"。❷火光。见《玉篇》。

焆焆　烟貌。见《说文·火部》。

邅（jué，又读 zhú）　见"邅律"。

邅律　气出迟缓貌。王褒《洞箫赋》："气旁连以飞射兮，驰散涣以邅律。"

蕝〔蕞〕（jué，又读 zuì）　古代演习朝会礼仪时束茅以表位之称。《国语·晋语八》："昔成王盟诸侯于岐阳，楚为荆蛮，置茅蕝。"韦昭注："置，立也。蕝，谓束茅而立之。"亦作"蕞"。《史记·刘敬叔孙通列传》："为绵蕞。"司马贞索隐引贾逵曰："束茅以表位为蕝。"

厥（jué）　❶其。《书·禹贡》："〔冀州〕厥土惟白壤，厥赋惟上上错，厥田惟中中。"❷之。《书·无逸》："自时厥后。"❸乃。《史记·太史公自序》："左丘失明，厥有《国语》。"❹通"橛"。断木。《庄子·达生》："吾处身也，若厥株枸。"陆德明释文："厥本作橛。"❺通"撅"。挖掘。《山海经·海外北经》："共工之臣曰相柳氏，九首，以食于九山。相柳之所抵，厥为泽溪。"郭璞注："抵，触也；厥，掘也。"❻磕碰；顿。见"厥角"。❼短。见"厥尾"。❽中医病症名。指昏厥或手足逆冷。

厥角　《书·泰誓中》："百姓懔懔，若崩厥角。"孔传："若崩摧其角。""厥"本训"其"，是指代词。后来称以头叩地为厥角。《孟子·尽心下》："若崩厥角稽首。"赵岐注："额（额）角犀厥地。"即解"厥角"为"崩角"。《汉书·诸侯王表》："汉诸侯王厥角稽（稽）首。"颜师古注引应劭曰："厥者，顿也。角者，额角也。"亦作"蹶角"。《文选·丘迟〈与陈伯之书〉》："蹶角受化。"李善注引赵岐曰："厥角，叩头，以额角犀厥地也。"

厥尾　秃尾狗。刘攽《贡父诗话》："今人呼秃尾狗为厥尾；衣之短后者，亦曰厥。"

催（jué）　用于人名。东汉末有李催。

屩〔屫〕（jué）　草鞋。《史记·孟尝君列传》："蹑屩而见之。"《释名·释衣服》："屩，草履也……出行著之，屩屩轻便，因以为名也。"

蟜（jué）　通"谲"。诡诈。《荀子·非十二子》："蟜宇嵬琐。"

使天下混然不知是非治乱之所存者，有人矣。"王先谦集解："蟜与谲同，诡诈也。"

另见 xù，yù。

阙〔闕〕（jué）　挖掘。《左传·隐公元年》："若阙地及泉。"

另见 quē，què。

阙剪　犹损害。《左传·成公十三年》："又欲阙剪我公室，倾覆我社稷。"

褊（jué）　短衣。《广韵·八物》："褊，衣短。"《方言》第四："〔襜褕〕以布而无缘，敝而纮之，谓之褴褛，自关而西谓之纮褊。"郭璞注："俗名褊袂。"按《后汉书·光武帝纪上》作"瑘"，李贤注："〔绣瑘〕如今半臂也。"参见"纮褊"。

瑴（jué）　本作"珏"、"玨"。白玉一双。《左传·僖公三十年》："公为之请纳玉于王与晋侯，皆十瑴。"欧阳修《送杨寘秀才》诗："其于获二生，厥价玉一瑴。"

劂（jué）　见"剞劂"。

劂（jué）　"倔强"的"倔"古字。《元包经·太阴第一·大壮》："大壮，劂仡仡。"李江注："劂，音厥，强力也。"

谲〔譎〕（jué）　❶诡诈；欺诳。《论语·宪问》："晋文公谲而不正，齐桓公正而不谲。"《新唐书·裴延龄传》："是时陆贽为宰相，帝素所信重，极论其谲妄不可任。"❷怪异；变化。参见"谲诡"。

谲诡　怪异；变化多端。《史记·司马相如列传》："奇物谲诡，俶傥穷变。"《旧唐书·郑畋传》："逞谲诡于笔端。"

谲谏　谏劝时不直言过失，隐约其词，使之自悟。《诗·周南·关雎序》："主文而谲谏，言之者无罪，闻之者足以戒。"

琚（jué）　同"褊"。短袖的上衣。《后汉书·光武帝纪上》："见诸将过，皆冠帻，而服妇人衣，诸于绣琚。"李贤注："字书无琚字，《续汉书》作褊，并音其物反。绣褊，如今之半臂也。"参见"褊"。

蕨（jué）　植物名。学名 *Pteridium aquilinum* var. *latiusculum*。亦称"蕨菜"、"乌糯"。蕨类植物，蕨科。多年生草本。根状茎长而横走，密被黑褐色茸毛。叶大，三或四回羽裂，侧脉两叉。孢子囊群生于叶背边缘；囊群盖条形，膜质，有假囊群盖。广布于中国各地。生于山下

蕨

阳坡或疏林下。嫩叶可食，俗称"蕨菜"；根状茎含淀粉，称"蕨粉"或"山粉"，可供食用或酿造；也供药用，有去暴热、利湿等效。

蕨攗 即菱角。亦称"芰"。《尔雅·释草》："菱，蕨攗。"郭璞注："水中芰。"

撅（jué） 通"掘"。挖掘；穿。《论衡·效力》："凿所以入木者，槌叩之也；锸所以能撅地者，跖蹋之也。"

另见 guì, jué。

撅竖 眼光浅，才识短。《魏书·崔浩传》："撅竖小人，无大经略。"

崛（jué） 夏时姐名。《礼记·明堂位》："俎，夏后氏以崛。"郑玄注："崛之言蹷也，谓中足为横距之象。《周礼》谓之距。"孔颖达疏："郑读崛为蹷，谓足横辟不正也。今俎足间有横似有横蹷之象，故知足中央为横距之象。言鸡有距以距外物，今两足有横而相距也。"

另见 guì。

玃（jué） 见"猳玃"。

瘚（jué） 亦作"厥"。逆气。见《说文·疒部》。按因气逆闭而昏晕。

潏（jué） ❶水涌出貌。杜甫《北征》诗："邠郊入地底，泾水中荡潏。"❷人造的洲渚。《尔雅·释水》："水中可居者曰洲，小洲曰渚，小渚曰沚，小沚曰坻，人所为为潏。"郭璞注："人力所作。"❸水名。见"潏水"。

潏湟 ❶水疾流貌。郭璞《江赋》："潏湟淴泱。"❷同"乔皇"。神名。《史记·司马相如列传》："前陆离而后潏湟。"裴骃集解："按《汉书音义》曰：'皆神名。'"

潏潏 水涌出貌。《楚辞·九章·悲回风》："泛潏潏其前后兮，伴张弛之信期。"

潏水 一作沇水，或讹作沈水。上游即今陕西长安东南的潏河上游。自县南皇子陂以下，汉、晋时故道大致即今皂河。惟古潏水在汉长安城西南支分为三：正流穿城西建章宫区北流入渭；支流一东流从章门入城，流经未央宫、桂宫、长乐宫，出青门，又东注漕渠，称沈水支渠；另一北流折东北绕城西、城北两面又北入渭，称沈水支津。今皂河下游但有一道，即古沈水支津。隋、唐时遏潏水西流汇交水，又遏交水西流汇丰水，后世遂统指自皇子陂西至秦渡镇入丰一段为潏河下游。

憰（jué） 欺诈。《庄子·齐物论》："恢诡憰怪，道通为一。"成玄英疏："憰者，矫诈之心。"

璚（jué） 同"珠"。
另见 qióng。

橛〔橜〕（jué） ❶小木桩；橛子。❷门中竖立以为限隔的短木。《尔雅·释宫》："橛谓之阒。"郝懿行义疏："阒是门橛，竖木为之。"❸树木或禾稼的残根。如：树橛；残橛。❹马口所衔的横木。《汉书·司马相如传下》："犹时有衔橛之变。"颜师古注引张揖曰："橛，騑马口长衔也。"❺一小段。黄庭坚《跋白兆语后》："伏惟烂木一橛，佛与众生不别。"❻敲；打击。《山海经·大荒东经》："橛以雷兽之骨。"❼通"掘"。《农政全书·种植》："三月中带土移栽，先橛区，用粪土相合内区中。"

噱（jué） ❶大笑。如：可发一噱。《汉书·叙传上》："谈笑大噱。"❷口腔。《汉书·扬雄传上》："沈沈容容，遥噱虖纮中。"颜师古注："口内之上下名为噱。言禽兽奔走倦极，皆遥张噱吐舌于纮冈之中也。"
另见 xué。

觳（jué） 通"角"。《韩非子·用人》："强弱不觳力。"参见"觳抵"。
另见 hú, què。

觳抵 同"角抵"。角力或角射箭骑马等技艺。《史记·李斯列传》："是时二世在甘泉，方作觳抵优俳之观。"裴骃《集解》引应劭曰："角者，角材也；抵者，相抵触也。"

鸄〔鸄〕（jué） 古籍中鸟名，即白鸄。《尔雅·释鸟》郭璞注："似鹰，尾上白。"

镢〔钁〕（jué） 镢头，撅土的工具。

镜〔鐍〕（jué） ❶有舌的环。《后汉书·舆服志下》："得施玉环镜。"❷箱子上加锁的铰纽。《庄子·胠箧》："固扃镜。"陆德明释文引李注："镜，纽也。"亦指门户、箱橱上锁。如：镜户而去。

爵（jué） ❶古代酒器。青铜制。有流、柱、鋬和三足。用以温酒和盛酒。盛行于殷代和西周初期。❷爵位。《礼记·王制》："王者之制禄爵，公、侯、伯、子、男，凡五等。"❸通"雀"。《孟子·离娄上》："为丛驱爵者，鹯也。"

爵

爵弁 亦作"雀弁"。古代礼冠的一种，比冕次一级，形如冕，无旒。大祭时士和乐人所服。《仪礼·士冠礼》："爵弁服：纁裳、纯衣、缁带、韎韐。"郑玄注："爵弁者，冕之次，其色赤而微黑，如爵（雀）头然。或谓之緅。其布三十升。"

臄（jué） 口腔肉。《诗·大雅·行苇》："嘉殽（肴）脾臄。"毛传："臄，函也。"陆德明释文："《说文》云：'函，舌也。'又云：'口次肉也。'《通俗文》云：'口上曰臄，口下曰函。'"函，通"颔"。据此，臄盖指牛舌及其相连部分之肉而言。脾通臕，指牛百叶。二者皆味美，故云嘉肴。

髻（jué） 同"褔"、"蹶"。半臂。《后汉书·五行志一》："皆帻而衣妇人衣绣拥髻。"

蠼（jué） 兽名。见"邛邛岠虚"。

蹶（jué） ❶同"蹷"。仆倒。《国策·秦策三》："独恐臣死之后，天下见臣尽忠而身蹶也，是以杜口裹足，莫敢即秦耳。"❷脚病名。《吕氏春秋·尽数》："处足则为痿为蹶。"

蹶（jué） 亦作"蹷"。❶倒；颠仆。《淮南子·精神训》："形劳而不休则蹶。"❷失败；挫折。如：一蹶不振。《汉书·贾谊传》："蹶六国，兼天下。"❸踏。《庄子·秋水》："赴水则接腋持颐，蹶泥则没足灭跗。"

另见 guì, juě。

蹶张 用脚踏强弩使之张开。《汉书·申屠嘉传》："申屠嘉，梁人也。"

以材官蹷张，从高帝击项籍。"颜师古注引如淳曰："材官之多力，能脚踏强弩张之，故曰蹷张。"材官，犹武官。按古代的弩用手张的叫"擘张"，用脚踏的叫"蹷张"。

蹻（jué）❶通"屩"。草鞋。《史记·平原君虞卿列传》："蹑蹻担簦。"❷见"蹻蹻"。

另见 jiāo，qiāo 跷。

蹻蹻　骄貌。《诗·大雅·板》："小子蹻蹻。"

鱊（jué）同"觼"。有舌的环。元稹《台中鞫狱忆开元观书旧事》诗："闹装镂头鱊，静拭腰带斑。"

屬（jué）同"屩（屩）"。

瞿（jué）❶惊惶四顾貌。班固《东都赋》："主人之辞未终，西都宾瞿然失容。"❷见"瞿铄"。❸姓。唐代有瞿璋。

瞿瞿　❶彷徨四顾貌。《易·震》："视瞿瞿。"❷心情急切貌。柳宗元《故秘书郎姜君墓志铭》："不瞿瞿于进取，不施施于骄伉。"

瞿铄　形容精神健旺。《后汉书·马援传》："援因复请行，时年六十二……帝令试之。援据鞍顾眄，以示可用。帝笑曰：'瞿铄哉，是翁也！'"

鱖〔鳜〕（jué）见"鱖鳊"。

另见 guì。

鱖鳊　鱼名。即鳑鲏。《尔雅·释鱼》："鱊鮬，鱖鳊。"郭璞注："小鱼也，似鮒子而黑，俗呼为鱼婢，江东呼为妾鱼。"罗愿《尔雅翼·释鱼二》："鱖鳊，似鲫而小，黑色而扬赤，今人谓之旁皮鲫，又谓之婢妾鱼。盖其行以三为率，一头在前，两头从之，若媵妾之状，故以为名。"

轎（jué）同"屩（屩）"。见《集韵·十八药》。

另见 qiāo，qiáo。

𩎕（jué）同"镉"。有舌的环。舌用以穿过皮带，使之固定。《诗·秦风·小戎》："鋈以𩎕钠。"陈奂传疏："𩎕者，所以贯骖内（纳）辔之环也。"参见"钠"。

爝（jué，又读 jiào）　古谓束苇为炬，烧之以被除不祥。《说文·火部》："爝，苣火祓也。"段玉裁注："苣，束苇烧之也；祓，除恶之祭也。"《吕氏春秋·本味》："汤得伊尹，祓之于庙，爝以爟火，衅以牺狼。"

爝火　炬火，小火。《庄子·逍遥游》："日月出矣，而爝火不息，其于光也，不亦难乎！"

攫（jué）　本指鸟用爪疾取。《汉书·黄霸传》："鸟攫其肉。"引申为夺取。如：攫为己有。《列子·说符》："因攫其金而去。"

攫拿　夺取。《汉书·扬雄传》："攫拿者亡，默默者存。"

玃（jué）　大母猴。即猕猴。司马相如《上林赋》："蜼玃飞蠝。"

懯（jué）　震惊貌。《史记·管晏列传》："晏子懯然，摄衣冠谢。"

彍（jué）　急张弓。《汉书·扬雄传上》："彍天狼之威弧。"

钁〔镢〕（jué）　大锄。《淮南子·精神训》："秣者揭钁垂。"高诱注："秣，役也；揭，举也；钁，斫也。"

綠（jué，又读 lù）　通作"角"。五声之一。《魏书·江式传》："宫商綠徵羽。"

螶（jué）　《史记·司马相如列传》："螶以连卷。"司马贞索隐引韦昭曰："螶，龙之形兒（貌）也。"《汉书·司马相如传下》作"躍以连卷"。

另见 qú。

螶蟝　一作"螶蝶"，亦称"蚨蝶"。昆虫纲，革翅目昆虫的通称。体中型或小型，一般扁平狭长。触角细长多节；口器咀嚼式。前翅短，革质，作截断状；后翅大而圆，膜质；或缺翅。腹端有强大铗状尾须一对，不分节，能夹人、物。生活于土中、石下、树皮或杂草间；杂食性或肉食性。成虫有保护卵和若虫的习性。

躍（jué）　❶跳。《淮南子·精神训》："兔浴猿躍。"宋之问《入泷州江诗》："猿躍时能啸，鸢飞莫敢鸣。"❷疾行。《庄子·山木》："褰裳躍步。"陆德明释文引司马彪曰："躍，疾行也。"

玃（jué）　同"玃"。大母猴。《尔雅·释兽》："玃父善顾。"郝懿行义疏："玃当作玃。"

juě

蹷（juě）　亦作"蹶"。通"跌"。参见"尥蹷子"。

另见 guì，jué。

juè

倔（juè）　性格粗直，态度生硬。如：那老头儿真倔。

另见 jué。

jūn

军〔軍〕（jūn）　❶军队。如红军、八路军、解放军。❷军种。如陆军、海军、空军。❸军事。如军情、军政、军令。❹由若干个师、旅编成的军队一级组织。通常隶属于军区（方面军）或军种、兵种。设有领导指挥机关，编有战斗或勤务保障部队。是基本战役兵团。❺驻扎。《史记·项羽本纪》："军彭城东。"❻中国古代军队最大的编制单位。春秋各大国多设有上、中、下三军，后晋吴等国曾扩至五军、六军。齐国以五人为伍，十伍为小戎，四小戎为卒，十卒为一旅，五旅为一军，一军一万人，见《国语·齐语》。历代沿用其名，人数多少不一。❼唐于设兵戍守之地，设置"军"、"守捉"、"镇"、"戍"。大的称"军"，小的称"守捉"、"镇"、"戍"。安史之乱后，内地也设"军"，如汴州（今河南开封）设宣武军。"军"与"守捉"的将领称使；"镇"与"戍"的将领镇将、戍主。❽明初实行卫所制度，其士兵正式名称为"军"。后来招募的兵才叫做"兵"。❾宋地方行政区划名。始于五代。有两种：一与府、州同级，隶属于路；一与县同级，隶属于府、州。

军持　佛家语。亦作"君迟"、"捃稚迦"。义译为瓶。即水瓶。僧人游方携带贮水，备饮用及净手等。贾岛《访鉴玄师侄》诗：我有军持凭弟子，岳阳溪里汲寒流。"

军阀　❶军功。《新唐书·郭虔瓘传》："开元初，录军阀，迁累右骁卫将军。"❷拥兵割据一方，自成派系的军人或军人集团。

军府　❶储藏军器处。《左传·成公七年》："晋人以钟仪归，囚诸军府。"❷将帅的府署。柳宗元《兴州江运记》："乃出军府之币，以备器用。"亦用为将帅的代称。张籍《送李骑曹灵州归觐》诗："军府知归庆，应教数骑迎。"

军功　从军所立的功劳。《史记·李将军列传》："而诸部校尉以下，才能不及中人，然以击胡军功取侯者数十人。"

军候　古代军中负责侦察敌情的军官。《后汉书·百官志一》："大将军营五部……部下有曲，曲有军候一人。"

军机　❶军事机谋。《宋书·颜竣

传》:"唯竣出入卧内,断决军机。"❷指军事行动。《陈书·高祖纪下》:"军机未息,征赋咸繁。"

军礼 古代五礼(吉、凶、军、宾、嘉)之一。《周礼·春官·大宗伯》:"以军礼同邦国。"军礼有大师、大均、大田、大役、大封等礼,包括军制、赋税、劳役、封疆经界等仪制。后多专指军中的礼节。《汉书·周勃传》:"介胄之士不拜,请以军礼见。"

军令状 将士于接受军令后所立的保证文书,写明如未完成任务,愿受军法处分。《三国演义》第四十九回:"云长曰:'愿依军法。'孔明曰:'如此,立下文书。'云长便与了军令状。"

军旅 军队;军事活动。《论语·宪问》:"仲叔圉治宾客,祝鮀治宗庙,王孙贾治军旅。"《三国志·魏志·刘劭传》:"时外兴军旅,内营宫室,劭作二赋,皆讽谏焉。"

军门 ❶军营的门。《左传·哀公十年》:"吴子三日哭于军门之外。"❷明代有称总督、巡抚为军门者,清代则为提督或总兵加提督衔者之尊称。❸星名。《晋书·天文志上》:"土司空北二星曰军门。"

军气 战斗的气氛。王昌龄《从军行》诗:"军气横大荒,战酣日将入。"

军容 ❶本指军队的武器、装备。左思《吴都赋》:"军容蓄用,器械兼储。"后常用来指军队的气象威仪和军人的仪表。如:军容整肃。❷官名。唐代对掌权宦官的尊称。亦为监视出征将帅的宦官之称。

军师 ❶古代官名,掌监察军务。东汉、三国、晋皆设置。如三国时魏以荀攸为军师,吴以朱然为右军师,蜀以诸葛亮为军师将军。❷戏曲和旧小说中称在军中帮助主将出谋划策的人。

军实 ❶军用器械。《左传·襄公二十四年》:"齐社,搜军实。"杜预注:"祭社因阅数军器。"❷军事物资。《三国志·蜀志·先主传》:"曹公以江陵有军实,恐先主据之,乃释辎重,轻车到襄阳。"❸指作战中的俘获。《周礼·天官·兽人》贾公彦疏:"至于斩首折馘,亦是军实。"《左传·僖公三十三年》:"先轸朝,问秦囚。公曰:'夫人请之,吾舍之矣。'先轸怒曰:'武夫力而拘诸原,妇人暂而免诸国,堕军实而长寇仇,亡无日矣!'杜预注:"堕,毁也。"❹战事,关于战争的事。《国语·楚语

上》:"故先王之为台榭也,榭不过讲军实。"韦昭注:"讲,习也;军实,戎事也。"

军市 古代军中的市场。《商君书·垦令》:"轻惰之民,不游军市。"《三国志·吴志·潘璋传》:"征伐止顿,便立军市,他军所无。"

军司 同"军师"。晋时避景帝讳,改师为司,司监军事。《晋书·谯王承传》:"请承以为军司,以军期上道。"

军台 清代设在新疆、蒙古一带的邮驿,专管西北两路军报和文书的递送。《清会典事例·邮政》:"张家口外阿尔泰军台正站二十九处。"

军帖 军中文告。古乐府《木兰诗》:"昨夜见军帖,可汗大点兵。"

军卫 从事保卫的军营。《左传·宣公十二年》:"虽诸侯相见,军卫不彻警也。"

军兴 ❶军事行动开始或战争开始。如:抗战军兴。引申指战时的法令制度。《汉书·隽不疑传》:"暴胜之为直指使者……以军兴诛不从命者。"颜师古注:"有所追捕及行诛罚,皆依兴军之制。"❷古代征集财物以供军用。《商君书·垦令》:"令人自给甲兵,使视军兴。"

军需 ❶特指军队所需的给养、被服、装具等。❷泛指军队作战、训练和生活所需的物资。❸军队旧职务名,办理军需业务的人员。

军正 ❶古代军中执法的人。《史记·司马穰苴列传》:"召军正问曰:'军法期而后至者云何?'"❷官名。王莽置。《汉书·王莽传中》:"执金吾曰奋武,中尉曰军正。"王先谦补注引刘攽曰:"中尉废久,此安得更名?盖是中垒校尉,脱两字。"

均 (jūn) ❶平均;均匀。如:均分;均衡。《论语·季氏》:"不患寡而患不均。"引申为衡量。《史记·廉颇蔺相如列传》:"均之二策,宁许以负秦曲。"❷调和。《礼记·月令》:"〔仲夏之月〕均琴瑟管箫。"❸通"钧"。造瓦器的转轮。《管子·七法》:"犹立朝夕于运均之上。"❹都;同。如:均已就绪。《论衡·奇怪》:"天人同道,好恶均心。"❺汉代量酒的单位。《汉书·食货志下》:"令官作酒,以二千五百石为一均。"❻调节乐器的用具。《后汉书·律历志上》:"是故天子常以日冬夏至御前殿,合八能之士,陈八音,听乐均。"王先谦集解引惠栋曰:"韦昭《国语》注云:'均者均钟,木长七尺,

有弦系之。'"

另见 yùn。

均势 势力平衡。张悛《为吴令谢询求为诸孙置守冢人表》:"将以位尝俦尊,力尝均势。"今多指双方或多方势均力敌的形势。

均水 古水名。"均",《汉书·地理志》作"钧";亦作"沟"。汉水支流之一,上、中游即今河南淅河,下游汇合浙河后的丹江。

均田 ❶"均"读"耘"。均田即耘田。《大戴礼记·夏小正》:"农率均田。率者,循也;均田者,始除田也。言农夫急除田也。"❷汉公卿吏民按品制所占田地。《汉书·王嘉传》:"诏书罢苑,而以赐贤(董贤)二千余顷。均田之制,从此堕坏。"颜师古注引孟康曰:"自公卿以下至于吏民,名曰均田,皆有顷数,于品制中令均等。今赐贤二千余顷,则坏其等制也。"❸平均田赋负担。唐元稹有《同州奏均田状》,"均田"作均平两税负担解。明中叶后赋役文献中亦同。

龟 〔龜〕(jūn) 亦作"皲"。通"皲"。皮肤受冻开裂。范成大《次韵李子永雪中长句》:"手龟笔退不可捉。"参见"不龟手"。

另见 guī、qiū。

龟坼 形容天旱地土开裂。也叫"龟裂"。王炎《喜雨赋》:"视衍沃而龟坼,沉高田之未耰。"也指手足皮肤皲裂。

沟 (jūn) 水名。即"均水"。

君 (jūn) ❶古代各级据有土地的统治者的通称。《仪礼·丧服》:"君,至尊也。"郑玄注:"天子、诸侯及卿、大夫有地者皆曰君。"后指君主制国家的元首。❷统治,主宰。《荀子·王霸》:"合天下而君之。"❸古时的一种尊号,如战国时商鞅称商君,白起称武安君。亦用于上层妇女。如汉武帝之外祖母臧儿被尊为平原君,其姊号为修成君。见《史记·外戚世家》。❹对人的敬称。如:王君,张君。《史记·张仪列传》:"臣非知君,知君乃苏君。"❺妻称夫。古乐府《孔雀东南飞》:"十七为君妇。"

君侧 原指君主旁边。《左传·成公十六年》:"唐苟谓石首曰:'子在君侧。'"后用为君主身边佞幸之臣的代称。李商隐《有感》诗:"古有清君侧,今非乏老成。"

君侯 秦汉对列侯而为丞相者的尊称。《史记·绛侯周勃世家》:"君

侯欲反邪？"后也用为对达官贵人的尊称。《世说新语·简傲》："人言君侯痴，君侯信自痴。"李白《与韩荆州书》："此畴曩心迹，安敢不尽于君侯哉！"

君家　❶对人的敬称。《续资治通鉴·宋宁宗嘉泰三年》："我与君家是白翎雀，他人鸿雁耳。"❷犹你家。《世说新语·言语》："果有梅。孔（孔坦）指以示儿（杨氏子）曰：'此是君家果。'儿应声答曰：'未闻孔雀是夫子家禽。'"

君临　《左传·襄公十三年》："赫赫楚国，而君临之。"谓君主统辖其所属。引申为统治。曹植《责躬诗》："受禅于汉，君临万邦。"

君王　古时对帝王的一种称呼。《诗·小雅·斯干》："朱芾斯皇，室家君王。"

君主　❶君主国的国家元首。如皇帝、国王等。君主是终身任职的，并且大多数是世袭的。❷公主。《史记·六国年表》："初以君主妻河。"司马贞索隐："君主，犹公主也；妻河，谓嫁之河伯。"

君子　❶西周、春秋时对贵族的通称。《书·无逸》："君子所其无逸。"孔颖达疏引郑玄曰："君子，止谓在官长者。"《国语·鲁语上》："君子务治，小人务力。"君子指当时的统治者，小人指当时的被统治者。春秋末年后，"君子"与"小人"逐渐成为"有德者"与"无德者"的称谓。❷古时妻对夫的敬称。《诗·召南·草虫》："未见君子，忧心忡忡。"

君子国　古人理想中的礼让之邦。《淮南子·墬形训》："东方有君子之国。"《山海经·海外东经》："君子国……其人好让不争。"清李汝珍所著《镜花缘》小说中有"君子国"，描写其国人民礼让不争，以讽刺现实社会。

君子花　❶莲花的别名。周敦颐《爱莲说》："莲，花之君子者也。"❷菊花的别名。高启《菊邻》诗："菊本君子花，幽姿可相亲。"

君子交　道义之交。《庄子·山木》："君子之交淡若水，小人之交甘若醴。君子淡以亲，小人甘以绝。"郭象注："去利故淡，道合故亲也。"

钧　〔鈞〕（jūn）❶古代重量单位之一。《文选·张衡〈西京赋〉》："洪钟万钧。"薛综注："三十斤曰钧。"❷铨，权衡。《吕氏春秋·仲春纪》："日夜分则同度量，钧衡石。"高诱注："钧，铨；衡石，称也。"石，重

量单位。❸比喻权力。《抱朴子·外篇·汉过》："操弄神器，秉国之钧。"❹制陶器所用的转轮。《汉书·董仲舒传》："犹泥之在钧，唯甄者之所为。"参见"陶钧"。❺通"均"。《孟子·告子上》："钧是人也，或为大人，或为小人，何也？"❻乐调。《国语·周语下》："细钧有钟无镈。"韦昭注："细，细声，谓角、徵、羽也。钧，调也。钟，大钟；镈，小钟也。"❼旧时的一种敬辞，下级对上级所用。如：钧座；钧部；钧谕。❽姓。汉代有钧喜。

钧衡　比喻掌握国政的重任。杨炯《王勃序》："幼有钧衡之略，独负舟航之用。"

钧枢　枢要；权要。韩愈《示儿》诗："凡此座中人，十九持钧枢。"

钧驷　毛色纯一的驷马。《史记·平准书》："自天子不能具钧驷。"《汉书》作"醇驷"，"醇"同"纯"。

钧陶　犹"陶钧"。比喻造就人才。雅琥《送王继学参政赴上都奏选》诗："参相朝天引列曹，三千硕士在钧陶。"

钧天　❶天之中央。《吕氏春秋·有始》："天有九野……中央曰钧天。"高诱注："钧，平也；为四方主，故曰钧天。"❷即"钧天广乐"。

钧天广乐　亦称"钧乐"、"钧天乐"。神话中天上的音乐。《列子·周穆王》："王实以为清都紫微，钧天广乐，帝之所居。"

钧旨　皇帝或上级长官的命令。《长生殿·收京》："〔外付令箭小生接介〕领钧旨。"

钧轴　指国家政务重任；亦指掌握国家大权的人。吕温《凌烟阁勋臣颂·房玄龄》："大邦钧轴，至则委汝。"白居易《和梦游春诗一百韵》："危言诋阉寺，直气忤钧轴。"

袀　（jūn）❶黑衣。《汉书·五行志中之上》："袀服振振。"颜师古注："袀服，黑衣。"❷服装一色。左思《吴都赋》："六军袀服。"

莙　（jūn）❶水藻名。《尔雅·释草》："莙，牛藻。"郭璞注："似藻，叶大，江东呼为马藻。"❷见"莙荙菜"。

莙荙菜　即红甜菜。

菌　（jūn）植物名。详"菌类"。另见 jùn。

菌类　一大群不含光合作用色素，以寄生或腐生方式摄取有机物质为营养的异养性原核生物或真核生物。是生物界的低级类群。习惯上包括

细菌、粘菌和真菌三大类（多数学者已把细菌列入原核生物超界）。寄生种类从动植物的活体中吸取养料，腐生种类从动植物的尸体或无生命的有机物质中吸取养料。也有一些种类在一生中寄生和腐生兼而有之，如以寄生为主兼行腐生的，称为兼性腐生；以腐生为主兼行寄生的，称为兼性寄生。它们不是一个在亲缘关系上有直接联系的自然类群。

棋　（jūn）见"棋桃"。

棋桃　也叫"君迁子"。落叶乔木，果实椭圆形，熟的可食，嫩的可榨汁供漆料，名见《本草拾遗》。左思《吴都赋》："平仲棋桃，松梓古度。"一作"君迁"。

皲　〔皸〕（jūn）手足的皮肤受冻坼裂。

皲瘃　手足受冻，裂坼和生冻疮。《汉书·赵充国传》："将军士寒，手足皲瘃，宁有利哉？"

硱　（jūn）见"硱磳"。

硱磳　山石高耸貌。《楚辞·招隐士》："硱磳磈硊。"

筠　（jūn）见"筠连"。另见 yún。

筠连　县名。在四川省宜宾市南部，邻接云南省。县人民政府驻筠连镇。唐置羁縻筠州、连州，元并为筠连州，明改筠连县。《大明一统名胜志》："其地南通芒部，西控乌蒙，四山皆竹，一色相连，故名。"农产以稻、玉米、油菜籽、苎麻、茶叶为主。矿产有煤、铁、磷、萤石。工业有采矿、机械、缫丝、造纸、制茶等。名胜有巡司温泉、边石坝。

鮶　〔鮶〕（jūn）硬骨鱼纲，鲉科。体延长，侧扁，长约30厘米。灰褐色，具不规则黑色斑纹，眼下有三条黑色斜纹。头部棘和棱较低。眼间距较宽平。口大而斜，牙细小。栖息近海岩礁间。卵胎生。中国产有黑鮶（*Sebastodes schlegeli*）和汤氏鮶（*S. thompsoni*）等，分布于渤海、黄海和东海。

麇　（jūn）❶同"麇"。兽名。即麇獐。❷春秋时国名。在今湖北郧县西。《春秋·文公十一年》："楚子伐麇。"另见 kǔn、qún。

麇　（jūn）同"麇"。另见 qún。

麇　（jūn）兽名。亦作"麇"。即獐。《诗·召南·野有死

麕》:"野有死麕,白茅包之。"
另见 qún。

jǔn

蝈(jǔn) 贝属。《尔雅·释鱼》:"蝈,大而险。"郭璞注:"险者谓污薄。"郝懿行义疏:"蝈者,蚖之别名也。……蝈蚖亦声转也。"

僒(jǔn) 困窘。《汉书·贾谊传》:"愚士系俗,僒若囚拘。"

jùn

夋(jùn) ❶舒迟。《说文·夊部》:"夋,行夋夋也。"按徐锴系传:"夋夋,舒迟也。"段玉裁注:"夋夋,行貌。"徐灏笺:"夋夋,犹逡巡也。"❷同"蹲"。《说文·夊部》:"夋,一曰倨也。"徐灏笺:"一曰倨也者,谓夋与踆同。踆,古蹲字,即蹲踞字也。"❸相传古帝王帝喾名。《史记·五帝本纪》"帝喾、高辛者"司马贞索隐引皇甫谧云:"帝喾名夋也。"

俊〔儁、㑺〕(jùn) ❶才智过人的人。《淮南子·泰族训》:"故智过万人者谓之英,千人者谓之俊,百人者谓之豪,十人者谓之杰。"❷容貌秀美。如:他长得很俊。《红楼梦》第六十九回:"老祖宗且别讲那些,只说比我俊不俊。"❸通"峻"。大。《大戴礼记·夏小正》:"时有俊风;俊者,大也。"

俊拔 卓异。杜甫《殿中杨监见示张旭草书图》诗:"俊拔为之主,暮年思转极。"

俊德 亦作"峻德"。德才出众的贤人。《书·尧典》:"克明俊德,以亲九族。"《礼记·大学》引作"峻德",谓自明其德。

俊健 俊逸雄健。元稹《遣兴》诗:"人生负俊健,天意与光华。"

俊杰 才智出众的人。《孟子·公孙丑上》:"尊贤使能,俊杰在位。"

俊良 才能出众。韩愈《请上尊号表》:"左右前后,莫非俊良,小大之材,咸尽其用。"

俊迈 英俊出众。《晋书·陆机陆云传》:"风鉴澄爽,神情俊迈。"

俊民 贤明的人。《书·洪范》:"俊民用章,家用平康。"孔传:"贤人显用,国家平宁。"

俊器 卓越的人才。《晋书·光逸传》:"便呼上车,与谈良久,果俊器。"

俊俏 俊秀美丽。多指容貌。《水浒传》第二回:"排号九大王,是个聪明俊俏人物。"

俊士 周代称优秀而入于大学的子弟。《礼记·王制》:"司徒论选士之秀者而升之学,曰俊士。"也泛称俊秀之士。《荀子·大略》:"天下、国有俊士,世有贤人。"

俊雄 俊杰;英雄。《鹖冠子·道端》:"有道之君,任用俊雄,动则明白。"

俊秀 ❶容貌清秀美丽。杨文奎《儿女团圆》第四折:"却生的这般俊秀的孩儿。"❷才智杰出的人。《三国志·吴志·孙权传》:"招延俊秀,聘求名士。"❸明代科举制度,平民纳粟入监,称"俊秀"。《明史·选举志一》:"庶民亦得援生员之例以入监,谓之民生,亦谓之俊秀。"

俊彦 才智过人之士。《书·太甲上》:"旁求俊彦,启迪后人。"

俊乂 亦作"俊艾"。贤能的人。《书·皋陶谟》:"俊乂在官,百僚师师,百工惟时。"

俊逸 俊秀出众。《后汉书·袁绍传》:"故九江太守边让,英才俊逸。"

俊游 良友。陆游《自咏》诗:"三十年前接俊游,即今身世寄沧州。"

郡(jùn) 春秋至隋唐时的地方行政区域名。详"郡县制"。

郡国 汉初,郡和王国同为地方高级行政区域。郡直隶中央,王国由分封的诸王统治。吴楚七国之乱后,王国权力削弱,上、中级官员均由中央政府任免,王国名存实亡。南北朝仍沿郡国并置之制,郡之长官为太守,国之长官为国相或内史,其实已无区别。至隋始废国存郡。

郡马 旧俗称郡主的丈夫为"郡马"。欧阳修《归田录》卷二:"皇女为公主,其夫必拜驸马都尉,故谓之驸马。宗室女封郡主者,谓其夫为郡马。县主者为县马,不知何义也。"参见"驸马"。

郡守 官名。战国置,为武职,防守边郡,后渐成地方长官。秦推行郡县制,设郡守,掌治其郡。汉景帝时改称太守。《汉书·百官公卿表上》:"郡守,秦官,掌治其郡,秩二千石……景帝中二年,更名太守。"

郡望 魏晋至隋唐时每郡显贵的世族,称为郡望,意即世居某郡为当地所仰望,如清河崔氏、太原王氏等。

郡袭 谓世袭郡王的封爵。《红楼梦》第十五回:"小王虽上叨天恩,

虚邀郡袭,岂可越仙辄而进呢?"

郡县制 由春秋、战国到秦代逐渐形成的地方政权组织。春秋时,秦、晋、楚等国初在边地设县,后渐在内地推行。春秋末年以后,各国开始在边地设郡,面积较县为大。战国时在边郡设县,渐形成县统于郡的两级制。秦统一中国,分全国为三十六郡,后增加到四十多郡,下设县。郡、县长官均由中央政府任免,成为专制主义中央集权政权组织的一部分。

郡庠 科举时代的府学。王恽《谒武惠鲁公林墓四十韵》:"清秩铨华省,群英萃郡庠。"

郡斋 郡守的住所。李端《送元晟归江东旧居》诗:"讲《易》居山寺,论《诗》到郡斋。"韦应物《听江笛送陆侍御》诗:"还愁独宿夜,更向郡斋闻。"

郡主 唐宋太子诸王之女称郡主。明清均以亲王之女为郡主。

陵(jùn) 同"峻"。山高而陡。《史记·司马相如列传》:"径陵赴险。"

捃(jùn) 亦作"攈"、"攟"、"𢬸"。摘取;拾取。李延寿《上〈南北史〉表》:"除其冗长,捃其菁华。"

捃拾 拾取;收集。《后汉书·范冉传》:"遂推鹿车,载妻子,捃拾自资。"沈约《答诏访古〈乐〉》:"案汉初典章灭绝,诸儒捃拾沟渠墙壁之间,得片简遗文,与礼事相关者,即编次以为《礼》。"

捃摭 亦作"攈摭"、"攟摭"。摘取;搜集。《史记·十二诸侯年表》:"荀卿、孟子、公孙固、韩非之徒,各往往捃摭《春秋》之文以著书。"《汉书·刑法志》:"于是相国萧何攟摭秦法,取其宜于时者,作律九章。"

峻(jùn) ❶高;高大。如:崇山峻岭。《书·五子之歌》:"峻宇雕墙。"❷长大。《离骚》:"冀枝叶之峻茂兮。"❸大。《礼记·大学》:"帝典曰:克明峻德。"帝典,即《尧典》。❹严厉。如:峻拒;严峻。《汉书·丙吉传》:"吉扞拒大难,不避严刑峻法。"

峻拔 高耸。刘禹锡《华山歌》:"俄然神功就,峻拔在寥廓。"

峻急 ❶水势湍急。柳宗元《愚溪诗序》:"盖其流甚下,不可以溉灌,又峻急,多坻石,大舟不可入也。"❷性情严厉而急躁。《晋书·傅玄传》:"天性峻急,不能有所容。"

峻刻 严峻刻薄。《宋书·谢方明

传》："江东民户殷盛，风俗峻刻，强弱相陵，奸吏蜂起。"

峻密 ❶严密。《三国志·魏志·杨阜传》："雍丘王植，怨于不齿，藩国至亲，法禁峻密。"❷高峻茂密。江淹《丽色赋》："亘虹梁之峻密。"

峻特 高超特出。柳宗元《南岳云峰寺和尚碑》："轨行峻特，器宇弘大。"

隽〔儁〕(jùn) 通"俊"。英俊。俊秀。洪迈《稼轩记》："予谓侯(指辛稼轩)本以中州隽人，抱忠仗义，章显闻于南邦。"

另见 juàn。

隽拔 亦作"俊拔"。俊逸挺秀。《宣和书谱·草书六》："〔孙过庭〕作草书，咄咄逼羲、献，尤妙于用笔俊拔。"亦指人才俊逸出众。曾巩《戏呈休文屯田》诗："陈侯隽拔人所羡。"

隽楚 杰出。犹言翘楚。韦孝宽《为行军元帅郧国公韦孝宽檄陈文》："伪公卿以下，或中华之冠带，流寓江淮；或东南之隽楚，世载名位。"

隽良 杰出的人才。范仲淹《明堂赋》："行典礼，扬风雅，访隽良，议穷寡。"

隽乂 才智出众的人。枚乘《忘忧馆柳赋》："隽乂英旄，列襟联袍。"

馂〔餕〕(jùn) ❶食之余。《礼记·曲礼上》："馂余不祭。"孔颖达疏："馂者，食余之名。祭，谓祭先也。"又谓吃尽所余的食物。《礼记·内则》："既食恒馂。"❷通"飧"。《公羊传·昭公二十五年》："馂饔未就。"何休注："馂，熟食；饔，熟肉。"王念孙《广雅疏证》卷八上："飧、馂古通用。"

浚〔濬〕(jùn) ❶深。《诗·小雅·小弁》："莫浚匪泉。"❷疏浚。如：浚河。《孟子·万章上》："使浚井。"《新唐书·诸公主传》："〔长宁公主〕作三重楼以冯观，筑山浚池。"❸榨取。《国语·晋语九》："浚民之膏泽以实之。"白居易《重赋》诗："浚我以求宠，敛索无冬春。"

另见 xùn。

浚哲《书·舜典》："浚哲文明。"孔传："浚，深；哲，智也。"蔡沈集传："深沈而有智。"

逡(jùn) 通"骏"。急速貌。《礼记·大传》："逡奔走。"郑玄注："《周颂》曰：'逡奔走在庙。'"按《诗·周颂·清庙》"逡"作"骏"。参见"骏"。

另见 qūn。

骏〔駿〕(jùn) ❶良马。《楚辞·七谏·谬谏》："驽骏杂而不分兮。"❷迅速。见"骏发❶"。❸大。《诗·大雅·文王》："骏命不易。"❹长；长久。《诗·小雅·雨无正》："浩浩昊天，不骏其德。"❺通"峻"。高。《诗·大雅·崧高》："骏极于天。"也用作严厉之意。《史记·商君列传》："残伤民以骏刑，是积怨畜祸也。"❻通"俊"。才智过人。《楚辞·怀沙》："诽骏疑桀兮，固庸态也。"

骏奔 急速奔走。应璩《与从弟君苗君冑书》："至有皓首犹未遇也，徒有饥寒骏奔之劳。"

骏发 ❶《诗·周颂·噫嘻》："骏发尔私。"郑玄笺："骏，疾也；发，伐也……使民疾耕发其私田"后用为迅速发达的意思。如：开张骏发。❷英俊风发。《文心雕龙·神思》："若夫骏发之士，心总要术，敏在虑前，应机立断。"

骏骨 骏马之骨，比喻贤才。元稹《献荥阳公》诗："骏骨黄金买，英髦绛帐延。"参见"千金市骨"。

骏烈 盛大的功业。陆机《文赋》："咏世德之骏烈，诵先人之清芬。"

骏厖 犹言笃厚。《诗·商颂·长发》："受小共大共，为下国骏厖。"毛传："骏，大；厖，厚。"孔颖达疏："言为下国大厚，谓成其志性，使大纯厚也。"马瑞辰《毛诗传笺通释》卷三十二以"骏厖"为覆庇意。《荀子·荣辱》引作"骏蒙"。

骏蒙 同"骏厖"。《荀子·荣辱》："《诗》曰'受小共大共，为下国骏蒙'，此之谓也。"杨倞注："蒙读为厖，厚也。今《诗》作'骏厖'。"

骏命 天命；帝命。陆云《大将军宴会被命作诗》："皇皇帝祐，诞隆骏命。"

骏爽 秀拔明朗。《文心雕龙·风骨》："结言端直，则文骨成焉；意气骏爽，则文风清焉。"

骏雄 犹俊杰。才智过人者。《管子·七法》："收天下之豪杰，有天下之骏雄。"

骏足 骏马。《南史·郑鲜之传》："燕昭市骨而骏足至。"常喻指贤才。参见"千金市骨"。

珺(jùn) 美玉。见《字汇·玉部》。

莙(jùn) 通"菌"。竹名。

另见 kūn。

另见 qūn。

莙蒢 香草名。亦作"菌蒢"。《楚辞·七谏·谬谏》："莙蒢杂于廘蒸兮。"

菌(jùn) 通"蕈"。竹笋。《吕氏春秋·本味》："越骆之菌。"

另见 jūn。

晙(jùn) 早晨。《尔雅·释诂》："晙，早也。"郭璞注："晙亦明也。"

焌(jùn) 点火。《周礼·春官·菙氏》："凡卜，以明火爇燋，遂龡(吹)其焌契以授卜师。"郑玄注："焌，谓以契柱燋火而吹之也。契既燃，以授卜师，用作龟也。"

葰(jùn) 通"俊"。大。司马相如《上林赋》："实叶葰楙。"

另见 suī。

睿(jùn，又读 ruì) 本义为浚深河川使通畅。亦用同"睿"。《说文·谷部》："睿，深通川也。"段玉裁注："深之使通也。睿与叡、睿音义皆相近，故今文《洪范》曰：'思心曰睿，睿作圣。'古文曰：'思曰睿，睿作圣。'"

畯(jùn) ❶古时的田官。见"田畯❶"。❷通"俊"。才智出众的人。见"寒畯"。

䐈(jùn) ❶肌肉突起处。《素问·玉机真藏论》："身热，脱肉破䐈，真藏见，十月之内死。"王冰注："䐈谓肘膝后肉如块者。"❷积聚的脂肪。见《玉篇·肉部》。

骏〔駿〕(jùn) 见"骏鸃"。

骏鸃 古籍中鸟名。《汉书·司马相如传上》："掩翡翠，射骏鸃。"颜师古注："骏鸃，鹭鸟也，似山鸡而小冠，背毛黄，腹下赤，项绿色，其尾毛红赤，光彩鲜明。"鹭，鹭雉，即赤雉。按所指为锦鸡。

竣(jùn) 退立。《国语·齐语》："有司已于事而竣。"韦昭注："竣，退伏也。"引申为完毕。如：竣工。

箸(jùn) 同"箘"。

筼(jùn) 同"箘"。竹名。《楚辞·哀时命》："筼簬杂于廘蒸兮。"

箘(jùn) ❶竹名。《书·禹贡》："惟箘簵楛。"孔传："箘、簵，善竹，楛中矢榦，三物皆出云梦之泽。"孔颖达疏："箘、簵是两种竹也。"❷竹笋。《吕氏春秋·本味》："和之美者……越骆之菌。"高诱注

"越骆,国名;箘,竹笋也。"

箘桂　即肉桂。《离骚》:"杂申椒与箘桂兮。"一本作"菌桂"。嵇含《南方草木状》卷中:"叶似柿叶者为菌桂。"

寯(jùn)　❶聚。见《广雅·释诂》。❷才俊。《玉篇·宀部》:"寯,才寯也。"

鵔(jùn)　狡兔名。《新序·杂事》:"齐有良兔曰东郭鵔,盖一旦而走五百里。"又泛指兔。吴潜《贺新郎·玩月》词:"玉鵔捣药何时歇?几千年,阴晴隐现,团圆亏缺。"

鵕(jùn)　同"骏(駿)"。

攈(jùn)　同"捃"。

攟(jùn)　同"捃"。

攟(jùn)　同"捃"。

攟载　拾取装载。《管子·小匡》:"垂橐而入,攟载而归。"